대종교 항일투쟁 인물사전

A dictionary of Daejonggyo figures' anti-Japanese struggles

이 사전은 '대한민국임시정부 수립 100주년'에 즈음하여
(재)롯데장학재단의 지원으로 연구·출간되었습니다.

大倧教抗日鬪爭人物事典
대종교 항일투쟁 인물사전
A dictionary of Daejonggyo figures' anti-Japanese struggles

초판 1쇄 인쇄   2024년 10월 15일
초판 1쇄 발행   2024년 10월 30일

지은이   김동환
펴낸이   윤관백
펴낸곳   선인
등 록   제5-77호(1998. 11. 4)
주 소   서울시 양천구 남부순환로 48길 1(신월동 163-1) 1층
전 화   02)718-6252/6257 | 팩 스   02)718-6253
E-mail   suninbook@naver.com

정 가   90,000원
ISBN   979-11-6068-919-8   93900

大倧教抗日鬪爭人物事典

대종교 항일투쟁
인물사전

A dictionary of Daejonggyo figures' anti-Japanese struggles

김동환 저

선인

1

역사는 나와 우리를 위한 변명이다. 주인 됨을 버리면 역사의 진위와 경중을 헤아릴 수 없다. '주인으로 보는 눈'이 소중한 이유다. 남겨야 할 기록을 방관하는 것도 주인 됨의 망각에서 기인한다. 특히 시류에 쓸려 과거를 묻어버리려 함은 주인의식의 붕괴를 넘어 역사적 죄악으로까지 비칠 수 있다.

한편 역사 서술의 기득권 행사는 그 사회의 강력한 힘으로 작용한다. 이른바 역사의 서술권력이다. 우리 전통사회에서 서술권력은 중화론자들에 의해 점령되었다. 우리 역사가 만신창이가 된 일제강점기에는 관학자들을 앞세운 일본제국주의가 그 서술권력의 중심에 있었다. 광복 이후 서술권력 역시 일제와 서구에 의해 탈색된 회색적 사회구조에 의해 휘둘려졌다. 그 왜곡된 서술권력에 의해 밀려난 대표적 집단이 대종교다.

2

대종교에 있어 광복은 희열이자 아픔이었다. 해방을 맞음과 동시에 분단이라는 멍에를 동시에 몰고 왔기 때문이다. 타의에 의해 씌워진 이념 굴레와 청소하지 못한 일제 앙금은 또 다른 시련으로 역사를 정지시켰다. 사이비 애국지사가 넘쳐나고 이념 충돌로 골육상잔이 끊이지 않았다. 그 소용돌이 속에 자화자찬의 애국지사, 이념편향의 애국지사, 친일의 가면을 숨긴 애국지사 등등, 회색적 군상들이 난무하였다. 일제에 의해 국내외 발판을 모두 잃어버린 대종교 세력이 아픔을 넘어 절망적 현실과 부딪히게 된 근본적 배경이다. 대종교는 종교적 장을 펼칠 수 있는 교당이나 교육기관·문화공간은커녕, 의지할 공간조차도 얻기 힘든 상황이 되었다. 더욱이 일제하 친일의 대가로 발붙인 국내의 종교·문화적 기득권 속에서, 해외항일운동으로 초지일관한 대종교 정서가 자리 잡기에는 그 구조적 토양이 너무 척박했다.

분단으로 갈라진 대종교의 단절도 뼈아팠다. 단애(檀崖) 윤세복(尹世復)을 중심으로 한 남쪽 대종교와 백연(白淵) 김두봉(金枓奉)을 비롯한 북쪽 대종교가 서로 대치하는 형국이 되었다. 설상가상으로 터진 6.25 한국전쟁은 조완구(趙琬九)·정인보(鄭寅普)·조소앙(趙素昻)·안재홍(安在鴻)·명제세(明濟世)·김의한(金毅漢) 등, 많은 대종교지도자들의 납북과 함께 대종교의 위축을 더욱 재촉하였다. 사회경제주의사학에 입각한 북쪽 유물사관은 대종교의 역사적 경험을 신비주의적 환상으로 매도하는가 하면, 외세와 친일에 의해 도배된 대한민국에서도 구시대 유물인 양 대종교를 외면했다.

　나라 제전인 개천절은 형식적 국경일로 전락해 갔고 보편적 인류애인 홍익인간 가치 또한 제국주의 이념 가치나 교육적 장식 구호로 전락하고 말았다. 더불어 경제성장제일주의로 인한 물질중심의 성장가치와 서구의 배타적 종교관에 밀려난 대종교 위상은 전근대적 유산인 양 더더욱 구축되어 갔다.

3

　대종교는 대한민국 근대정체성 그 자체라 해도 과언이 아니다. 홍암(弘巖) 나철(羅喆)이 대종교 중광(重光)의 명분으로 내세운 '국수망이도가존(國雖亡而道可存, 나라는 비록 망했으나 정신은 가히 존재한다)'이라는 경구가 그 핵심이다. 국망(國亡·일제의 침탈)이라는 절망감 속에서 도존(道存·단군사상)으로써 미래의 희망을 찾고자 하는 선택이었다. 또한 질곡의 족쇄였던 중화의 껍질을 벗고 민족정체성을 찾아가고자 하는 거대한 역사(役事)이기도 했다. 이 사건은 주권을 잃어버린 암흑시대에 희망의 메시지로 작용했으며, 민족정체성의 와해 속에서 방황하던 수많은 우국지사들과 동포들에게 정신적 안식처를 제공하였다.

　국망(國亡)이라는 수모를 당하게 된 역사적 원인에 대한 냉철한 반성과 도존(道存)이라는 정신적 일체감을 통한 치유 방안을 동시에 제시함으로써, 한민족 정체성 재건의 당위적 방향을 제공했다는 점에서도 의미가 크다. 대종교 중광이 한민족 근대정체성 확립과 표리 관계라는 이해도 이러한 배경과 맞물린다. 근대정체성의 핵심 가치인 국시(國是·홍익인간), 국전(國典·개천절), 그리고 국기(國紀·단군기원) 등이 대종교에서 잉태된 것만 보아도 알 수 있다. 또한 국교(國敎) 관념이나 한글 정착, 그리고 중화사관과 일제관학에 맞서 우리의 역사학을 개척한 집단이 대종교였다. 특히 대종교는 우리 고유 수행을 통한 '인간 완성[性通]'의 길을 제시하는가 하면, 조국 광복을 넘어 배달국이상향 건설의 꿈을 심어준 집단이기도 하다.

　대종교 중광 직후 나철이 일본 총리에게 보낸 서신의 내용도 주목된다. 일본 신도(神道)만이 아니라 일본문화의 모든 질서가 한국의 고유 신교(神敎·단군신앙)로부터 건너갔음을 일깨운 것이다. 20세기 초 해외신사 건설로 본격화된 일본 신사신도(神社神道)는 천황제 이데올로기와 결합하여 국가신도를 지향한 신도였다. 따라서 일본이 지배하는 영토에는 일본 신이 강림한다는 이른바 국체(國體) 교의에 입각하여 추진한 것이 해외신사 건설이다. 해외신사 건설이 다름 아닌 종교침략과 일맥하는 정책임을 드러낸 것이다. 일제가 한반도를 병탄한 이후 그들의 신도 보급에 있어, 한국 신교(대종교)를 용납하지 못한 배경이 된다.

일제가 패망할 때까지 극렬하게 대종교를 없애려 한 근본적인 이유도 여기에 있다. 일제는 그들의 신도와 한국 전래 신교(대종교)의 양립을 결코 용납할 수 없었다. 신도를 국교로 세우려 했던 일제로서는, 신도의 뿌리를 주장하는 조선 신교(대종교)를 온존시킨다는 것이 받아들여지지 않았다. 대종교와 신도와의 정체성 전쟁이 본격화된 계기다.

4

일제는 침략 직후부터 패망까지 대종교를 초지일관 항일단체로 규정하고 탄압하였다. 그들의 시각에서는 대종교에 입교하는 것이 곧 항일단체에 가담하는 것이며, 그 활동이 바로 항일투쟁이었고, 그 교인들 자체가 항일투사였다. 그러므로 대종교의 시간은 1909년 교단 성립 직후부터 일제통감부 경시청의 감시를 시작으로, 1942년 임오교변(壬午敎變, 대종교지도자 일제구속 사건)으로 인해 교세가 무너지기까지 혹독한 탄압의 경험이라 해도 과언이 아니었다. 일제의 대종교에 대한 아래와 같은 일관된 시각이 이를 말해 준다.

"그(대종교-인용자 주) 신도는 그 민족성과 국혼을 보전해 지키는 것이다. 그러므로 저들(일제-인용자 주)은 병합하던 날에 의논하여 이를 해산시키려 하였다. 그러나 때마침 일본인이 간행하는 잡지 『태양(太陽)』에서 대종교 처치 방법을 논하기를, '그 교(敎)는 자기 나라의 고교(古敎)로서 그 믿는 무리가 비록 많기는 하나, 모두 손에는 촌철(寸鐵)도 없다. 설혹 탈선하는 행동이 있을지라도 먼저 종교를 간섭한다는 원망과 비방을 불러일으킬 필요가 있는가' 하였으므로, 그 논의가 드디어 중지되었다. 그러나 경찰과 탐정하는 졸개들이 교직자(敎職者)의 미행을 잠시나마 그치지 않으며 또 까닭 없이 체포하는 경우가 많았다. 포교의 자유와 교당의 건설을 허가하지 않으며…(중략)…교도들에 대한 주목은 날마다 심하여 갔다."(병탄 당시 / 박은식, 『한국독립운동지혈사』)

"본디 단군교(대종교-인용자 주)는 국권회복(國權恢復)을 통한 민족국가로서의 독립발전(獨立發展)을 목적으로 하고 있다."(1915년 7월 21일 / 국사편찬위원회, 「劃一墾民敎育辦法ニ關スル件」, 『한국근대사자료집성』10권)

"(대종교는) 겉으로는 종교단체를 가장하지만 속으로는 순전한 배일단체(排日團體)로 신도(信徒)의 대부분이 배일사상(排日思想)을 가진 자들이다."(1918년 10월 1일 / 「在露 不逞鮮人의 現況에 관한 보고의 건(別紙:在露 不逞鮮人의 現況)」, 不逞團關係雜件-朝鮮人의 部-在西比利亞7, 機密 제46호, 한국사데이터베이스, 국사편찬위원회)

"때는 마침 무단통치시대인지라, 언론집회는 물론 대금물이어니와, 더구나 이 민족적 색채를 가진 대종교에 대한 감시야 실로 끔직하였지요! 빈궁한 살림살이에 고정한 회당조차 없이 이 집 저 집으로 돌아다니는 곤경에다가, 설상가상으로 그들의 핍박이 날이 갈수록 더욱 심하여, 심지어 교사(敎史) 원고까지 빼앗기는 등, 실로 피가 뛰고 이가 갈리는 비분한 경우도 많이 당하였습니다. 나는 이 교(敎)의 교리를 연구하여 보는 한편에, 그 교사(敎史) 즉 조선사를 배우는 것이 또한 큰 목적이었던 것이나, 주위의 사정이 그러하고 보니, 나는 그만 떡심이 풀리고 점점 회당에 다니기가 싫어졌습니다."(1920년대 후반 / 해경거사, 「나의 불교 믿게 된 경로」, 『불교』, 1930)

"대종교는 조선 고유의 신도중심(神道中心)으로 단군문화를 다시 발전하는 표방 하에서 조선민중에게 조선정신을 배양하고 민족자결의 의식을 선전하는 교화단체이니 만큼, 조선독립이 그 최후 목적이다."(1944년 2월 19일 / 강천봉, 「起訴譯文」, 『임오십현순교실록』, 1971)

이러한 탄압으로 인해 대종교는 포교뿐만이 아니라, 사사로운 집회나 강연 따위도 일절 금지되었다. 대종교가 대동청년단·조선국권회복단·귀일당(歸一黨)·자유공단(自由公團)·조선어학회·해원도(解寃道) 등과 같이 비밀결사로 많이 움직이게 된 것도 이러한 배경과 무관치 않았다.

5

대종교의 대일항쟁은 우리의 정체성을 지키기 위한 건곤일척의 투쟁이었다. 정치·경제·사회·문화 등 민족사회 전반에 총체적 저항으로 나타났다는 것이 이를 방증한다. 그것은 대종교라는 에너지가 어느 날 갑자기 만들어진 것이 아니라, 우리 민족사의 바닥에 연면히 흘러온 단군신앙을 현대적으로 부활시켰다는 점과, 당시대 많은 지식인들이 대종교를 국교적(國敎的) 정서로 인식했던 것과 무관치 않았다. 이것은 우리 역사 속에서 민족적 위기 때마다 고개를 든 단군구국론의 경험과도 맞닿는 말이다. 따라서 일제하 대종교의 항일투쟁은 우리 민족 자존심을 대내외에 천명한 일대사건으로써, 항일운동 본산으로서의 역할과 더불어 총체적 저항의 사표를 보여주었다는 점에서 의미가 크다.

우리 민족사에 있어 단군은 민족 구난의 상징적 존재였다. 단군구국론이란 바로 이러한 의식을 통해 민족의 위난을 극복코자 했던 우리의 정서를 말한다. 단군신앙과는 거리가 멀었던 불가(佛家)의 일연(一然)이 쓴 『삼국유사』나 유가(儒家)의 이승휴(李承休)가 지은 『제왕운기』에 실린 고조선과 단군사화가 민족의 위기를 극복하기 위한 자주적 역사의식의 발로였다는 점을 우리는 경험했다. 고려 공민왕이 요동 정벌의 명분으로 단군조선에서 내세운 것도 우연이 아니다. 또한 조선 후기 도가(道家)에 의해 주도된 단군숭배가 단군을 우리 도가의 종주로 추앙하면서 단군시대의 역사와 문화를 적극적으로 재평가한 것도 확인된다. 나아가 일부 실학자들에 의한 단군과 상고사 연구 역시, 실존하는 단군 의미를 고양시키는 계기가 되었을 뿐만 아니라 우리 상고사의 지평을 넓히는데 중요한 전기가 되었다. 한말 대종교의 등장으로 이러한 각성은 최고조를 맞았다. 전래 고신교(古神敎)인 단군신앙의 중흥을 내걸고 출발한 명분이 '국수망이도가존'이라는 것만 보아도 확인된다. 일제하 독립운동의 정신적 동력이 되었던 이 외침은, 정신의 망각으로 망한 나라를 정신의 지킴으로 되찾자는 구호였다. 그 정신이 바로 단군이요, 그 단군정신이 곧 대종교였다. 그 대종교가 바로 독립운동의 선봉에 나선 것으로, 단군구국론의 재확인이었다.

대종교는 항일투쟁 총본산으로서도 적지 않은 기여를 하였다. 항일투쟁의 정신적 토대를 제공했음은 물론, 이념과 종교를 넘어선 응집체 역할을 했다는 점이 그것이다. 국내외 주요 거점 개척을 통한 조직적이고 적극적인 항일의지를 북돋운 것 역시 이를 뒷받침한다. 대종교는 국내 기반뿐만이 아니라, 이미 1910년 북간도에 교당을 마련하여 독립운동의 거점을 확보하는가 하면, 1911년에는 나철에 의해 파견된 신규식에 의해 중국 상해에도 항일투쟁의 거점을 구축했다. 특히 나철은 1914년 음력 5월 백두산 기슭(화룡현 청파호)의 총본사를 세우고, 그곳을 중심으로 동도교구(동만주 일대와 노령·연해주 지방 관할), 서도교구(남만주로부터 중국 산해관까지 관할), 남도교구(한반도 전체 관할), 북도교구(북만주 일대 관할), 해외교구(중국·일본 및 구미지역 관할) 등의 교구를 획정함으로써, 항일투쟁 본산으로써의 위상을 구축하기에 이른다. 무장투쟁 방면에서는 서일·윤세복·현천묵·이상룡·백순·김동삼·정신·계화·윤정현·황학수·김승학·이민복·홍범도·김혁·김좌진·윤복영·이범석·여준·이홍래·이동하·한기욱·고평 등등, 실로 헤아릴 수 없을 정도로 많은 대종교인들이 무장항일투쟁의 지도자급으로 활동했다. 더욱이 나철의 제자 서일을 총재로 하여, 대종교도들이 중심이 되어 만들어진 대한군정서(북로군정서)의 '청산리독립전쟁'의 승리는 한국 독립운동사에 기념비적 사건으로 기록되고 있다. 1918년 대종교 2세 교주 김교헌은 재외 독립운동 지도자들을 결집해 「대한독립선언서'(일명 무오독립선언서)」를 발표한다. 이 선언은 일제에 대한 무장혈전주의 선언으로, 후일 동경유학생들에 의해 발표된 '2·8독립선언서'와 '3·1독립선언서'의 기폭제가 되었다. 특기할 만한 것은 여기에 서명한 39인 가운데 몇 명을 제외한 모든 인물이 대종교인이었다는 점이다. 대한민국임시정부의 산파역을 담당한 신규식도 대종교 시교사(施敎師) 자격으로 중국으로 건너간 인물이다. 그는 '한국민족의 부흥은 반드시 대종교가 발전하는 데 있다'는 신념 아래 박찬익·조성환·유동열·조완구·이상설 등 대종교의 중심인물들과 활발한 외교활동 및 독립운동 지원활동을 전개했다. 대한민국임시정부 국무위원급 이상으로 참여했던 대종교 인물들을 보더라도 이시영·박은식·이동녕·신규식·이상룡·조완구·박찬익·조성환 등을 망라하여 20여 명을 헤아린다.

대종교는 일제 질곡으로부터 벗어나고자 했던 총체적 저항의 출발이자 중심이기도 했다. 대종교 중광 선언이라 할 「단군교포명서(檀君敎佈明書)」야말로 이와 같은 총체적 저항의 교본으로써, 문화적 위기에 당면해 있던 당시 민족사회에 희망의 지침서와 같은 구실을 했기 때문이다. 「단군교포명서」는 우리 정신사에 변곡점이 되는 선언으로써, 단군사상의 가치를 종교·사상·문화적 측면에서 역사적인 구명을 함은 물론, 시대를 건너뛴 단군신앙의 승계를 선언한 중차대한 선언이라는 의미를 지닌다. 이것은 단순히 단군신앙 부활을 넘어서 민족 최대 축일인 개천절의 당위적 명분을 제공했을 뿐만 아니라, 민족의식을 토대로 한 민족주의역사관 확립에 중요한 계기를 만들어 주었다. 또한 전래적 인습이었던 사대(事大)의 정신적 폐해를 공박함으로써 민족문화의 자긍심을 심어줌과 더불어 국권회복을 통한 자주독립 당위성을 분명하게 일깨웠다. 일제하 대종교 교당이 곧 학교이면서 항일투쟁의 전초기지였다는 등식 또한 이러한 배경에서 가능했던 것이다. 그러므로 일제의 속박을 벗어나고자 했던 대종교 항일투쟁 또한, 앞에서도 언급했듯이 이러한 요소들을 포괄하는 정신[道·단군사상]을 토대로 운용되었다. 나철이 강조하는 정신을 몸통으로 하여 문화·정치외교·종교·무력투쟁 등을 쓰임으로 하는 총체적 항일투쟁이 펼쳐진 것이다.

6

역사는 인간의 자취다. 그 속에 실린 사건은 개개 인물들의 행적과 떨어질 수 없다. 인물연구가 역사연구의 출발이자 본질이 되는 이유다. 또한 역사에서 취급되는 개인은 수많은 '군상(群像)'들 중에 '한 사람(personal)'으로, 그 시대 그 개인과 관련된 가치나 무리를 대표하는 성격을 갖는다. 따라서 어떤 역사 속의 두드러진 인물이란 특정한 개인이 아니요, 그 시대 삶의 일면을 보여주는 '역사적 성격의 인물'이라 할 수 있다. 그러므로 역사는 인간을 외면하고는 결코 성립하지 않는다. 특히 인물의 행동이라는 현상 뒤에는 반드시 정신적 가치가 동력원이 되었음을 상기해 본다면, 대종교 인물들에 대한 연구만큼 우선하는 것도 없을 듯하다. 대종교 자체가 항일집단이었고 그에 속한 활동이 곧 항일투쟁이었다는 점에서는 더욱 그렇다. 그럼에도 대종교 인물들에 대한 신원(身元)이 대략이라도 정리된 것이 아직 없다. 아니 누가 대종교인이었는지에 대한 기초적 접근조차도 이루어지지 않았다. 『대종교항일투쟁인물사전』의 필요성이 대두되는 이유다.

『대종교항일투쟁인물사전』에 대한 단초는 50여 년 전으로 거슬러 오른다. 1970년대 중반, 저자는 수촌(水邨) 박영석(朴永錫, 1932~2017) 교수님으로부터 대종교 항일투쟁 관련 인물들의 정리 필요성을 처음 들었다. 대종교에서 종문수학(宗門修學)하던 저자는, 당시 건국대학교 교수로 재직하던 박영석 교수님의 연구실을 여러 차례 방문하였다. 대종교단의 『대종교중광육십년사』나 『임오십현순교실록』·『홍암신형조천기』 등의 서책들을 전해주기 위한 심부름이었다. 이후에도 만날 때마다 박교수님은 인물 사전 정리 필요성을 되뇌듯 언급하였다. 그러나 철없고 우매했던 저자는 능력은커녕 그 의미조차도 깊이 헤아리지 못한 때였다. 다만 그 이후로는 대종교 인물들에 대한 설왕설래가 있으면 귀가 쫑긋이 섰다. 종문 선배들에게 그에 관한 질문도 많이 던지게 된 계기가 되었을 뿐 아니라, 관련된 메모도 버릇처럼 일상화되었다. 또한 중국이나 일본답사를 통해 유독 관련 자료들에 대한 관심을 기울인 것도 그것이 계기가 되었다. 그렇게 보낸 시간이 무려 20여 년이다.

2014년 여름 중국 동북 지역 흑룡강성을 중심으로 한 답사 기회가 있었다. 하얼빈, 치치하얼, 만주리 등, 부여의 활동 무대와 흥안령 지역을 더듬으며 우리 고대사와 항일투쟁의 호연지기를 몸소 경험한 시간이었다. 당시 일행 중 허성관 장관님(노무현 대통령 시절 행정자치부 장관과 해양수산부 장관을 역임함)도 동행하였다. 저자는 허장관님과 대종교 항일투쟁의 역사적 의미를 교감하면서 많은 이야기를 주고받았다. 특히 하얼빈 아성(阿城) 지역에 있는 금태조릉(金太祖陵)을 답사할 당시, 허장관님은 백암 박은식의 저술인 『몽배금태조』에 담긴 남다른 역사인식을 피력했다. 또한 박은식을 비롯한 대종교 항일투쟁 관련 수많은 인물들이 현대사 뒷켠에 묻혀진 것에 대한 탄식을 내뱉으며 울컥해 하던 허장관님의 모습이 지금도 선하다. 이것이 후일 『대종교항일투쟁인물사전』 편찬을 수행하게 된 결정적 인연이 되었다.

다시 세월은 갔다. 그런 중에도 대종교 항일투쟁과 관련한 인물표제 작업에 매달림이 저자 삶의 일부가 되었다. 또 한편으로는 인물사전 편찬을 위한 다양한 시도도 게을리하지 않았으나, 기득권에서 밀려난 대종교에 대한 관심은 공공무문이나 민간부문 모두 아랑곳없었다. 이미 알려진 대종교 주요 인물들에 대한 이해 역시 대종교와는 상관없는 평가가 대부분이었다. 알려지지 않은 인물들이야 더 말할 나위 없었다. 그러던 2018년 9월, 허장관님이 롯데장학재단 이사장으로 취했다는 소식이 들렸다. 공교롭게도 그 이듬해인 2019년은 대한민국임시정부수립 100주년이 되는 해였다. 임시정부 내각에 20여 명이 참여한 대종교로서도 남다른 의미를 갖는 순간이었다. 그러나 우리 대통령과 국무총리가 보여준 임정수립 100주년 기념 발언은 졸렬하다 못해 자괴감마저 들게 하였다. 혁신적 포용국가, 정의 대한민국, 평화 한반도라는 구름 잡듯 뜨뜻미지근한 구호가 임정수립 100주년을 기념하는 메시지였다. 한편에서는 임정수립의 정신을 되살린답시고 많은 정부 예산을 들여 호들갑스런 이벤트만 난무하였다.

7

그렇게 2019년도 허탈하게 지나가는 듯했다. 그러던 중 이 작업을 늘 마음의 짐으로 안고 있던 허장관님과 연락이 닿았다. 『대종교항일투쟁인물사전』 편찬 사업 제안서'를 만들어 들어와 보라는 전갈이었다. 이에 저자는 제안서를 만들어 롯데장학재단 이사장실을 찾았다. 그때가 2019년 11월이다. 참고로 당시 제출한 제안서 모두(冒頭)에 담은 사전 편찬 필요성 4가지를 전재(轉載)해 본다.

국가적 책무다 대종교는 1909년 출발 당시부터 일제의 철저한 견제와 탄압을 받았다. 신도국교화(神道國敎化)를 도모했던 일제로서는 한민족 정체성의 근간이었던 대종교를 절대 인정할 수 없었기 때문이다. 당시 대종교의 핵심 구호는 정신의 망각으로 망한 나라를 정신의 지킴으로 되찾자는 외침이었다. 그 정신이 바로 단군이요, 그 단군정신이 곧 대종교였으며, 그 대종교가 바로 독립운동의 선봉에 선 것이다. 당시 수많은 지식인·일반인들이 동참했으며, 우리 역사 속에 위기 때마다 일어난 단군구국론을 재확인시켰다. 따라서 일제강점기 대종교에 입교한다는 것은 잠행징치반도법(暫行懲治叛徒法, 1925년 이후에는 치안유지법으로 대치)에 위배되는 것이었다. 대종교 활동 자체가 독립운동이었으며, 대종교에 입교한다는 것은 독립운동에 가담하는 것과 동일한 것이었기 때문이다. 일제가 대종교를 불령선인(不逞鮮人)의 집단으로 낙인하고 끝까지 말살하려 했던 이유다. 일제는 1915년 조선총독부 종교통제안에 의해 국내 대종교의 모든 활동을 불법화시켰다. 대종교가 종교 가운데 유일하게 만주로 망명을 단행한 배경이 된다. 대종교는 망명처인 만주 화룡현 청파호에 설치한 총본사를 근거로 모든 조직을 조국 광복운동에 두고 총체적 항일투쟁에 진력하였다. 일제강점기 10만 명에 이르는 유무명의 대종교인들이 희생되었다는 기록에서도 확인된다.

대동단결선언(1917)과 무오독립선언(1918)을 주도하면서 대한민국임시정부 성립의 산파 역할을 한 집단도 대종교다. 1920년 10월에는 청산리독립전쟁을 통해 일제군국주의의 오만을 무너뜨린 중심에도 대종교가 있었다. 나아가 일제 말기 모든 종교들이 친일의 전위대로 전락할 당시 마지막까지 저항한 종교가 대종교다. 일제가 대종교 말살 계획을 치밀하게 준비하여 실행했던 배경이 된다. 마침내 일제는 1942년 11월 대종교의 핵심지도자 21명을 국내외에서 동시에 구속했다. 대종교단에서는 이 사건을 임오교변(壬午敎變)이라 부르고 있다. 당시 취조 도중 일제의 고문에 의해 죽어간 대종교지도자들이 백산 안희제를 비롯하여 10명에 달했다. 이 사건으로 인해 대종교는 인맥(人脈)·조직(組織)·서적(書籍)·문서(文書) 등 모든 것을 잃어버린다.

대종교는 종교적 목표 이전에 조국광복을 최우선으로 삼았다. 그러므로 그들이 세운 교당(敎堂)은 곧 학교이자 독립운동의 거점이었다. 일제강점기 대종교가 일체의 타협을 거부하고 마지막까지 저항하며 산화한 이유다. 그러나 대종교에 있어 조국광복은 좌절 그 자체였다. 국내외의 모든 기반

(학교·교당·기록 등)을 망실했기 때문이다. 그들의 희생이라는 종자돈으로 이룩한 풍요와 번영의 해방 조국에서, 최소한의 보답을 고민하지 않을 수 없는 이유가 된다.

근대사의 완성이다 해방 이후 국내 대종교의 기반은 전무하였다. 일제에 의해 국내외적 기반이 모두 무너졌기 때문이다. 해방 이후의 정치적 여건(미군정기→이승만 정권→박정희 정권)과 사회적 모순(친일의 득세, 친일종교들의 침묵, 외세의 득세 등)은 이념을 넘어서 민족화합을 주장하는 대종교 세력을 철저히 구축하였다. 더욱이 분단으로 인해 갈라진 대종교지도자들의 양분(兩分, 남쪽은 윤세복 등과 북쪽은 김두봉 등)과 6.25 당시 대종교지도자(조완구·정인보·안재홍·명재세·조소앙·김의한 등)들의 납북은, 대종교의 인맥적 구조마저 붕괴시켜 버린 중요한 사건이었다.

『대종교항일투쟁인물사전』의 편찬은 이념을 넘어선 근대사의 완성과도 무관치 않다. 근대사의 상처를 치유하는 길이며 이념의 갈등을 극복하는 첩경이 될 것이다. 해방 후 북쪽을 선택한 김두봉·지장회·이극로·정열모·고준택·류열 등등, 대종교 인물에 대한 객관적 서술이 이에 대한 단초가 될 듯하다. 이러한 탈이념적 성격을 지향하는 『대종교항일투쟁인물사전』의 편찬은 불완전한 근대사의 공백을 메울 소중한 작업이 될 것이다.

정체성(正體性, identity)의 확립이다 국가의 정체성은 그 집단의 문·사·철(文史哲)과 직결된다. 병탄(倂呑) 이후 일제는 우리의 정체성을 무너뜨리기 위해 우리의 국어인 조선어를 탄압하면서 일본어를 국어로 세웠다. 또한 우리의 역사를 처절히 유린하면서 왜곡된 일본사를 우리의 국사로 정착시키는 한편, 신도국교화를 도모하며 우리의 정신적 뿌리인 신교(神敎, 대종교)를 말살시켰다.

대종교 인물들이 일제강점기 어문민족주의·역사민족주의·종교민족주의의 일선에서 일제에 대항해 싸운 이유이기도 하다. 한글이라는 명칭을 처음 정착시킨 주시경을 비롯하여 김두봉·이극로·최현배 등이 어문민족주의의 일선에 섰으며, 김교헌·박은식·신채호 등이 일제식민주의사학에 맞서 민족주의역사학의 선봉장이 되었다. 또한 신사참배를 통한 모든 조선인의 황국국민화(皇國國民化)에 대응하여, 우리의 국기(國紀)인 단군기원 확립과 우리의 국시(國是)인 홍익인간, 그리고 우리의 국전(國典)인 개천절을 마련한 것도 대종교 인물들이다. 따라서 『대종교항일투쟁인물사전』의 편찬사업은 우리의 문·사·철과 더불어 우리 문화의 근간을 회복하는 첫걸음이며, 관련된 인물들의 정신적 궤적을 올바르게 평가해 주는 작업이 될 것이다.

자료 발굴의 계기다 일제강점기 대종교에 의해 생산된 내부 자료들은 전무한 상태다. 대종교가 일어난 1909년부터 일제통감부 경시청의 감시를 시작으로 해서, 1942년 임오교변(壬午敎變: 대종교 간부 일제 구속 사건)에 의해 모든 서류와 서책이 압수되었기 때문이다. 또한 대종교지도자들의 비밀스런 활동으로 인해 대종교단 내 문서의 체계적 관리·보관이 불가능했다. 가령 백산 안희제는 그의 모든 활동을 자식들마저도 감지할 수 없을 정도로 극비리에 진행시켰다. 안희제가 조선어학회 사건 소식을 듣고 만주를 드나들며 기록해 놓은 『만몽일기(滿蒙日記)』와 함께 그 동안에 주고받았던 여러 가지 왕복서류(往復書類)들을 모두 소각해 버린 것이 그 대표적 예다.

특히 대종교의 임오교변(壬午敎變) 당시, 대종교총본사가 소장하고 있던 신간서적 2만 여권 및 구존 서적 3천여 권과 천진(天眞)과 인신(印信), 각종 도서 전부와 귀중한 서물(書物) 6백여 종 등, 대종교의 모든 기록을 일제에 압수당했다. 대종교의 기록이 빈곤하게 된 결정적 사건이다. 일제의 압수로 빼앗긴 자료들은 대종교를 넘어 우리 근대사의 고귀한 유산들이다. 그 자체가 독립운동의 흔적이요 근대사의 자취이기 때문이다. 그 자료들의 많은 부분이 중국의 당안관(黨案館)이나 일본의 외무성·국회도서관 자료 등에 묻혀 있다. 따라서 『대종교항일투쟁인물사전』 편찬 작업은 그러한 자료에 대한 발굴과 더불어 잃어버린 근대사의 흔적을 메우는 중요한 계기가 될 것이다.

저자는 이사장실에서 제안서에 대한 설명을 드렸다. 그 자리에는 롯데장학재단 소대봉 사무국장과 김병기(희산김승학선생기념사업회) 박사도 동석하였다. "이 작업은 해방 이후 국가적 차원에서 이루어졌어야 할 사업임에도 너무 오래 방기(放棄)되어 온 아픔이 있다. 오늘의 대한민국을 사는 우리 모두 대종교에 빚을 지지 않은 사람이 누가 있는가. 정부가 외면한 것이라면 우리 재단이라도 나서야 한다"는 허장관님 말에 잠시 숙연해지기도 하였다. 이후 재단이사회 결의를 통한 허장관님 결재가 이루어졌다. 『대종교항일투쟁인물사전』의 편찬 작업(2020년 1월~2023년 12월)은 이렇게 시작되었다. 실질적 집필은 4년이었지만 인물에 대한 검토·선택·표제 완성까지 헤아린다면 10년을 훌쩍 넘긴 작업이었다. 물론 저자의 우둔함이 지체의 근본적인 이유다. 그러나 사전은 머리에 우선하여 엉덩이가 무거워야 쓸 수 있다는 어느 노교수님의 조언이 새삼 와닿는 경험이었다.

8

인물 사전에 실릴 표제인물을 정리해 보니 대략 2천여 명을 넘어섰다. 그리고 사전에 실릴 최종 인물 수를 1천 5백 명 내외로 예상하면서 집필에 들어갔다. 집필의 방향은 우선적으로 대종교 인물임을 확인하는 것과 대종교적 성격으로 특화된 글을 생산하는 것이었다. 그러나 처음부터 쉽지 않았다. 집필을 진행하다 중단한 인물도 부지기수다. 자료의 한계로 인한 관계 구명이 쉽지 않았기 때문이다. 그러므로 교단 내부에서 대종교인으로 당연시되는 동농(東農) 김가진(金嘉鎭)을 비롯하여 오정(梧亭) 윤자형(尹滋亨), 연해주 독립운동의 대부 최재형(崔在亨), 우사(尤史) 김규식(金奎植), 우성(又醒) 박용만(朴容萬), 마라톤 영웅

손기정 등등, 수많은 인물들에 대해 이 사전에서는 일단 보류하였다. 1차 자료의 멸실로 인한 교차검증이 더 필요했던 까닭이다. 『대종교항일투쟁인물사전』에 실린 최종 인물 수가 약 1천 4백 명 정도로 줄어든 이유도 된다.

대종교의 1차 기관지인 『대종교보(大倧敎報)』는 1909년부터 매년 4회 발간되었다. 그러나 1945년까지 발간된 148회분 가운데 현전하는 것은 고작 20회분(전체 13.5%)에 불과하다. 더욱이 대종교 항일투쟁이 한창이었던 1911년부터 1936년까지의 『대종교보』는 고작 6회분(1922년 4회·1923년 2회)밖에 전하지 않는다. 그밖에 『종령(倧令)』(1911) 일부, 『종문영질(倧門榮秩)』(1922), 『본사행일기(本司行日記)』(1922), 1926년 '대종교만주포교금지령' 당시 압수당한 '대종교내부문서', 그리고 해방 이후 대종교 항일투사 이현익과 박명진이 기록한 『대종교인과 독립운동연원』(프린트본, 1962), 『대종교독립운동사』(필사본, 1964), 『홍암신형조천기』·『대종교중광육십년사』·『임오십현순교실록』 등이 전부라 할 수 있다. 특히 교적(敎籍) 확인의 1차 자료인 '입교원서(봉교원서)'나 '지역별 교인명단' 등, 모든 내부 문서 역시 현전하는 것이 없다.

그러므로 이 작업은 저자의 어설픈 객기를 토대로 맨 땅에 머리 부딪듯 진행되었다. 흩어진 퍼즐 조각을 흐릿한 밑그림에 듬성듬성 메우는 형국에 견줄 수 있을 듯하다. 그렇다고 결코 근거나 검증을 무시할 수는 없었다. 오히려 1차 자료 부재와 교차검증의 어려움으로 수록되지 못한 수많은 사람들에 대한 미안함과 아쉬움이 앞설 따름이다. 가령 『종문영질』 등에 실려있는 수많은 외자이름들의 실체와 적지 않은 여성들의 정체를 밝히지 못한 안타까움 등이 그 대표적인 소회(所懷)라 할 수 있다.

이제 『대종교항일투쟁인물사전』 편찬은 어설픈 첫걸음을 뗀 것에 불과하다. 우리 근현대사에 버려졌던 대종교 인물들에 대한 1차 출석부를 작성한 것에 비유할 수 있을 듯하다. 출석부에 오른 인물들에 대한 기본적 인적 사항(그 출신지역이나 생몰연대 등) 역시 메우지 못한 부분이 너무 많다. 더욱이 그 출석부에 오르지 못한 인물들 역시 한둘이 아닐 것이다. 또한 저자의 일천한 지식으로 인한 오류나 왜곡도 없다 할 수 없다. 이 방면 전문가들의 질책과 교정을 각오하는 이유다. 그리고 그 토대 위에서 추후 보다 완성된 증보 작업을 기약해 본다.

9

이 작업은 저자 혼자만이 이룩한 것이 아니다. 언급한 자료들만이 아니라, 이미 고인이 되신 박명진(朴明鎭·대종교 항일투사로 『대종교독립운동사』의 저자), 안호상(安浩相·전 대종교총전교), 김두종(金斗鍾·전 서울대부속병원장), 이상훈(李祥薰·전 대종교총전교), 박영준(朴英俊·전 대종교유지재단이사장), 이영재(李榮載·전 대종교총전교), 신철호(申哲鎬·전 대종교삼일원장), 우원상(禹元相·전 대종교선도사) 등, 여러 대종교 원로분들의 '인적 정보(HUMINT)'가 또 다른 바탕이 되었다. 그리고 어려운 여건 속에서도 자료발굴과 탈초·번역 등에 많은 도움을 준 김병기·이동언·최윤수·박걸순 등등, 여러 학자분들의 노고가 이 작업을 완성하는데 크게 기여했음을 밝혀 둔다. 더불어 사업 실무와 원고 정리, 그리고 교정 등에 열정을 쏟아준 이종열 님의 수고도 묻어둘 수 없다. 모두에게 고마움을 전한다.

무엇보다도 허성관 이사장님의 관심과 롯데장학재단의 적극적 후원 없이는 이 사업은 불가능했다. 다시금 진심으로 경의를 표한다. 그리고 사단법인 국학연구소의 김종성 이사장님을 비롯한 여러 이사님들의 성원 또한 큰 힘이 되었다. 더불어 어려운 조건 속에서도 기꺼이 활자화 작업을 떠맡아 편집·교정·인쇄·제본·출판 과정을 이끌어준 도서출판 선인의 윤관백 사장님 이하 관계자 여러분께도 심심한 감사를 드린다.

단기4357(2024)년 10월 3일
홍천 서곡리 상구재(商丘齋)에서   김 동 환

일러두기

1. 인명은 가나다 순으로 수록함

2. 인물명은 보편적으로 알려진 이름을 표제명으로 적고, 아호(별명)란에 자·호·이명(본명)·별명·대종교명 등을 모두 적음

3. 생몰연대는 불분명한 경우가 많은 이유로 확인된 인물의 연도만을 표시함

4. 서술 내용은 경우에 따라 '1단(일반)', '2단(일반-교력)', '3단(일반-주요저술 및 사상-교력)'의 형식을 취해 서술함

5. 참고문헌은 대종교 자료를 우선적으로 하고, 뒷받침되는 대표적 기초사료를 제시함과 아울러 필요한 경우에는 2차 연구자료를 제시함

6. 인물의 성씨 가운데 버들 류(柳)는 본관에 상관없이 '류'로 통일함

7. 인물 간의 사이나 자료 연결 부분에서, 편집상 간헐적으로 쪽 하단에 약간의 공백으로 남긴 부분이 있음

8. 본문의 편리한 이해를 위해 '대종교의 기본 용어 해설'을 참고 바람

본문 이해를 위한 대종교 기본 용어 해설

봉교(奉敎)	봉교원서를 쓰고 봉계식(奉戒式)을 거쳐 입교(入敎)하는 것을 말한다.
영계(靈戒)	교인 자격을 작성하는 예식으로, 봉교한 교인이 교리를 독신(篤信)하고 교인의 의무를 3개월 이상 성실히 지킨 사람에게 내리는 계(戒)로써, 영계를 받은 사람들을 기재한 책을 천록(天籙)이라 한다.
형제(兄弟)	봉교하여 영계를 받기 이전 단계의 남자 교인을 일컬으며, 여자의 경우는 자매라 한다.
교질(敎秩)	교인의 영질(榮秩)을 의미하는 것으로, 믿음의 단계와 같은 말이다. 1909년 12월 11일(음력)에 '찬교(贊敎)→참교(參敎)→사교(司敎)'의 3단계로 제정하였으나, 1911년 1월 15일(음력) 종령(倧令) 제1호로 '참교→지교(知敎)→상교(尙敎)→정교(正敎)→사교(司敎)'의 5단계로 나누었다. 교인들의 교질을 모아 놓은 책을 영질(榮秩)이라 한다.
교호(敎號)	종문의 큰 인물들에게 내리는 '아름다운 칭호[徽號]'로, 대형(大兄)→도형(道兄)→철형(哲兄)→신형(神兄)의 단계가 있다. 신형은 대종사에게 철형은 종사에게만 올리고, 도형은 도사교에게 대형은 사교 및 정교에게 올리는 것을 원칙으로 하였다.
교종(敎宗)	종문(倧門)의 '덕스러운 자리[德位]'로, 대종사(大宗師)와 종사(宗師)가 있다.
시교당(施敎堂)	대종교 시교사무(施敎事務)의 일선기관으로, 해당 교당의 시교강경(施敎講經), 영계시선(靈戒試選), 수지결산, 교육, 쟁변상벌, 사회사업 등에 관한 일을 관장하였다. 일제강점기 대종교 교당과 학교, 독립운동기관이 일치된 대종교 항일투쟁의 주요 거점이었다.
전무(典務)	대종교 항일투쟁의 1차 거점이었던 시교당(施敎堂)의 책임자로, 교당내의 직무를 관장하고 소속 교우들을 지휘하였다.
찬무(贊務)	시교당 부책임자로 전무를 도와 교당 내의 실무를 담당하였다.
귀천(歸天)	대종교에서 일반 교인들의 죽음을 일컫는다.
조천(朝天)	대종사나 종사와 같이 대종교 최고지도자들의 죽음을 일컫는다.

차 례

ㄱ

ㅇ

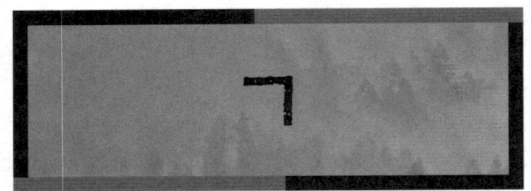

ㄱ

경남 창원군 진전면(鎭田面) 봉곡리(鳳谷里)에서 출생했다. 서울 중동학교에 유학할 당시, 동교 학생인 김진호(金進浩)·김규현(金奎鉉)·이교재(李教載)·유동진(劉東震)·오창주(吳昌周)·임영택(林榮澤)·오세윤(吳世倫)·김태원(金兌源)·전문택(全文澤) 등과 '만세운동'을 도모하였다. 유동진이 입수한 「학생 제군에게」라는 제목 하에 '경성은 조선의 중앙이다. 학생은 청년의 골격이다. 그런데 이 시기에 왜 가만히 있는가. 빨리 독립만세를 불러라'는 전단의 내용을 보고 행동하고자 한 것이다. 강경영 등은 우선 기(旗)를 만들어 한 장에는 「탄원서」라고 쓰고 또 한 장에는 「대조선독립만세」라고 쓰며, 또 한 장에는 「공립동맹서」라고 쓰고 또 한 장에는 「제2회 독립선전방식」이라고 쓴 4개를 지참하고 행동하려 하였다.

당시 「탄원서」는 워싱턴회의의 위원장 앞으로 보낼 8개 조항의 내용(1 조선의 대표자에게 제의권을 부여할 것을 원함, 2 조선 독립을 인정할 것. 3 인종 무차별을 원할 것. 4 남녀 동등권을 원할 것. 5 무역에 관한 만세를 철폐할 것. 6 말과 글을 공통으로 할 것. 7 교통을 편리하게 할 것. 8 종교의 당파 싸움을 없어지게 할 것)을 담고자 하였고, 일제에 요구할 「공립동맹서」에는 첫째 조선을 독립시킬 것, 둘째 조(朝)·일(日)·중(中)의 정립동맹(鼎立同盟)으로 동양평화를 보전할 것, 셋째 공화주의자와 독립 죄수를 석방할 것, 넷째 세계의 대세를 고찰하고 동양 영생을 도모할 것 등의 내용을 담고자 하였다. 그러나 당시 사건이 사회적 반향을 일으키지 못했고 피고들 모두 자신들의 행동을 뉘우치고 있다는 이유로 기소유예로 끝났다. 강경영의 대종교 관계를 보면, 성세영이 기록한 『본사행일기』에 1922년 당시 경상남도의 교인으로 기록되어 있다.

[참고 문헌]
『본사행일기』(성세영, 1922), 『한민족독립운동사자료집』 55권(국사편찬위원회, 2003)

경기도 일죽면 화곡(和谷) 출신이다. 일제강점기 신간회

경동지회(京東支會) 회원으로 활동한 인물로, 당시 조선일보 이천지국(利川支局) 기자였던 류남수(柳南秀)의 매형이다. 항일투쟁에 깊이 관여한 정황은 있으나 그 구체적 기록은 남아있지 않다. 그러나 그의 처남인 류남수가 만주의 참의부(參義府) 요원으로 국내로 잠입한 이수흥(李壽興)과 임무를 수행할 당시, 편의 제공과 함께 적극적인 동조를 한 정황이 나타난다. 이수흥은 단독으로 국내진입작전을 감행하여 동대문의 동소문파출소를 습격하는가 하면, 안성군의 부호 박승육(朴承六)의 집과 이천군 백사면(栢沙面)의 현방주재소 및 백사면사무소를 습격한 인물이다. 당시 이수흥이 남의 눈을 피하기 위해 변장의 거점으로 이용한 공간이 강경주의 집이었다. 또한 이수흥이 체포될 때 강경주의 처남 유남수(柳湳秀) 집에서 권총 한 정과 탄알 백여 발이 압수했고, 강경주 자신의 집에서 또 탄알 50여 발과 권총 1정이 발견되어 압수당했다. 해방 이전 강경주가 대종교에 입교한 기록은 전하지 않고 해방 이후인 1948년도 기록만이 남아 있다.

[참고 문헌]
『대종교보』 제159호(1948년), 『한민족독립운동사자료집』 40(국사편찬위원회, 1999), 『신간회경동지회 이사회에 관한 건』(思想問題에 關한 調査書類7, 京東警高秘 제1733호, 한국사DB, 국사편찬위원회)

출신지역과 생몰연대를 알 수 없는 인물이다. 일제의 문서에서도 일체 드러나지 않는다. 강관오의 대종교 입교 및 영계(靈戒)와 관련된 기록도 없다. 다만 1937년 5월 7일 대종교 하얼빈선도회(哈爾濱宣道會)의 장재사원(掌財司員)으로 임명된 기록이 전한다. 당시 그의 교질(教秩)이 참교(參教)였다. 그 이전에 입교한 인물임이 확인된다.

당시 하얼빈선도회는 총무원장(總務院長)에 박우진(朴宇鎭)을 비롯하여 총무원원(總務院員)에는 김서종(金書鍾)·김영숙(金永肅)·박성태(朴性泰)·홍철우(洪轍佑) 등이 있었으며, 교화사원(教化司員)으로는 강관오와 더불어 이수(李秀)·권영수(權英秀) 등이 함께 했다. 또한 박명진(朴明鎭)이 성남수(成南洙)와 함께 장재사원을 맡았고, 고평(高平)이 전의사원(典儀司員)을 그리고 김서종·김영헌(金榮軒)이 수호사원(修好社員)으로 활동하였다. 주목되는 것은, 강관오와 함께 한 이들 대부분이 항일투쟁의 중진들이었다는 점이다. 강관오 역시 항일투쟁과 뗄 수 없는 인물임을 알게 해 준다.

[참고문헌]
『대종교보』 제114호(1937년), 『대종교중광육십년사』(대종교총본사, 1971)

강근하(姜根夏, 남, 1898-?)

아호(별명) _ 강근하(姜根河)
입교 시기 _ 1922년 이전 | 교질 _ 참교

출신지역이 불분명한 인물로 의민단(義民團) 서무부 서기(書記)로 활동하였다. 의민단은 천주교인이 중심이 되어 조직한 무장독립단으로 왕청현(王淸縣) 춘화향(春華鄕)에 그 근거를 두었다. 방우룡(方雨龍, 또는 方渭龍)을 단장으로 김연군(金演君)·김종헌(金鍾憲)·허은(許垠)·정준수(鄭駿秀)·홍림(洪林) 등이 주축이 되었다. 한때는 홍범도(洪範圖)와도 제휴하여 활동을 한 바 있으나, 그 뒤 분리하여 독자적 행동을 하였다. 또한 1920년 10월 조직된 간북총판부(墾北總辦部)의 임원으로도 참여하여 청산리전투에도 참여하였으며, 이후 노령 자유시참변을 겪고 해산하였다. 강근하는 1921년 연길현 용정촌에 거주할 당시 일제의 정치범 자수신고 권유에 자수신고자로 기록되어있다. 또한 일제의 기록에는 의민단의 단장 방우룡과 서무부장 김연군, 선전부장 정준수의 동향을 일제에 제공한 것으로 나타나 있으나 그의 친일 문제는 분명치 않다. 강근하가 1922년 3월 21일(음력) 연길현 육도구에 소재한 대종교 중일시교당(中一施敎堂)의 찬무(贊務)를 맡은 것이나, 1923년 여름 대종교인 전성호(全盛鎬)와 함께 용정촌에 소학교를 설립하여 교육적 저항운동을 지속적으로 전개하려는 의도에서도 확인할 수 있다. 그의 대종교 교력을 살피면, 1922년 5월 영계와 함께 참교의 교질을 수여받았다.

[참고문헌]
『대종교보』제54호(1922년), 『종문영질』(프린트본, 1922), 『대종교중광육십년사』(대종교총본사, 1971), 『間島地方 治安狀況에 관한 件』(大正8年乃至同10年 朝鮮騷擾事件關係書類 共7冊 其2, 國外情報, 한국사DB, 국사편찬위원회), 『동아일보』1923.9.27.

강난주(姜蘭胄, 남, 생몰 미상)

입교 시기 _ 1923년 이전 | 교질 _ 참교

출신지역과 생몰연대를 알 수 없는 인물이다. 일제의 문서에서는 찾을 수 없으며, 오직 대종교의 기록에서만 발견되고 있다.
강난주의 대종교 교력을 보면, 1923년 6월 9일(음력) 대종교 동일도본사(東一道本司)의 특별추천으로 영계(靈戒)를 받았다. 그의 대종교 입교가 그 이전에 이루어졌음을 알게 해 준다. 또한 열흘 후인 6월 20일(음력)에는 역시 동일도본사 특별추천으로, 차병헌(車炳憲)·최응규(崔應奎)·최기훈(崔基勳)·최승붕(崔承鵬)·이근(李槿)·안정인(安正仁)·김종삼(金宗三) 등의 항일투사들과 참교(參敎)의 교질(敎秩)을 받았다. 당시 동이도본사 구역은 대종교 항일투쟁의 주요 근거로써, 영안·목릉(穆陵)·동녕(東寧)의 교구와 연해주

일대의 교구, 그리고 밀산현(密山縣)과 의란현(依蘭縣) 전 지역의 교구를 포함하였다.
이후 강난주 1939년 8월 11일(음력) 대종교 경의원(經議院)의 비서(祕書)로도 선임되어 목단강시협화회(牧丹江市協和會)의 성본부(省本部) 간담회에도 출석하여 대종교의 의견을 개진하기도 하였다. 또한 같은 해 10월(음력)에 조직된 '대종교서적간행회(大倧敎書籍刊行會)'에도 참여하여, 어려운 형편에도 불구하고 오근태(吳根泰)·윤정현(尹挺鉉)·최익항(崔益恒)·김상호(金相鎬) 등의 항일투쟁의 거물들과 마찬가지로 1주(株)의 투자로 정성을 보였다. 이 서적간행회는 대종교 교화를 위해 반드시 교적(敎籍)이 필요함을 취지로 하여 출범한 모임으로, 안희제(安熙濟)·강철구(姜鐵求)·김영숙(金永肅)·장도순(張道淳) 등이 주도하였다. 이 간행회의 출범이 후일 일제가 자행한 대종교 임오교변(壬午敎變, 1942년 대종교지도자 동시 구속 사건)의 주요 빌미가 되기도 하였다.

[참고문헌]
『대종교보』제58호(1923년)·제123호(1939), 『대종교중광육십년사』(대종교총본사, 1971)

강두환(姜斗桓, 남, 생몰 미상)

입교 시기 _ 1926년 이전 | 교질 _ 미상

출신지역과 생몰연대를 알 수 없는 인물이다. 대종교의 입교 시기과 영계(靈戒) 사항에 대한 기록도 전하지 않는다. 그러나 대종교만주포교금지령이 내려진 직후인 1926년 만주 당국에 의해 압수된 대종교의 문건을 보면, 강두환이란 인물이 대종교 삼성시교당(三成施敎堂)의 전무(典務, 책임자)를 맡은 기록이 있다. 그의 대종교 입교가 그보다 훨씬 전에 이루어졌음을 확인시켜 준다. 삼성시교당은 길림성(吉林省) 부여현(扶餘縣) 삼가자(三家子)에 소재했던 시교당으로, 옥기조(玉基祚)와 강응도(姜應道)가 찬무(贊務, 부책임자)를 맡아 강두환을 도왔다. 당시 강두환은 114명의 교인을 거느리고 부여현 도뢰소참(陶賴昭站) 북삼가자회육당(北三家子會育堂)을 연락 거점으로 하여 활동하였으나, 그 외의 기록은 남아있는 것이 없다.

[참고문헌]
『大倧敎施敎堂一覽表(1926年)』(延边朝鲜族自治州档案馆 全宗号42 目录号1 案卷号343, 和龙县历史档案 和龙县警察所, 令各区查禁韩人设立大倧教堂由, 民国十五年五月十二日)

강리호(姜利鎬, 남, 생몰 미상)

입교 시기 _ 1922년 이전 | 교질 _ 미상

출신지역과 생몰연대를 알 수 없는 인물이다. 해방 이후 서울에서 발행된 『평화일보(平和日報)』에 미국의 『타임스』지에 실린 글을 8회에 걸쳐 「마르크스와 그 주의(主義)」란 제목으로 번역 연재한 것으로 보아, 사회주의적 성향이 강했던 지식인임을 알 수 있으나, 이후의 행방이 묘연하다. 강리호의 대종교 교력을 살피면 1922년 10월 1일(음력) 대종교 의일시교당(義一施教堂) 찬무(贊務, 부책임자)로 임명된 기록이 있다. 그의 대종교 입교가 그 이전으로 올라감을 알게 해 준다. 의일시교당은 북간도 항일투쟁의 본거였던 대종교 동일도본사(東一道本司)가 관할한 시교당으로, 혼춘현(琿春縣) 순의사(純義社) 남태맹(南泰孟)에 있었다. 당시 의일시교당의 총책임자(典務)는 채천묵(蔡天默)이었으며, 정재호(鄭在鎬)가 찬무를 맡아 강리호와 함께 했다. 또한 김권협(金權協)·홍명도(洪明道)·이창욱(李昌旭) 등이 시교원(施教員)을 맡아 강리호 일행을 도왔다. 주목되는 것은 이들 모두가 북만주 혼춘지역 대종교 항일투쟁의 주요 인물들이었다는 점이다. 특히 책임자를 맡은 정재호는 대한민국임시정부의 연통제(聯通制) 사건과 연관된 인물로, 나남경찰서(羅南警察署)에 체포되어 1년 6월형을 선고받고 옥고를 치렀다.
이후 강리호는 같은 해 6월 28일(음력) 대종교 동일도본사의 특별추천으로 항일투사 김창현(金昌鉉) 등과 영계(靈戒)를 받았으나, 이후의 행적은 기록이 없다.

[참고문헌]
『대종교보』 제56호(1922년)·제58호(1923년). 『대종교중광육십년사』(대종교총본사, 1971). 『평화일보』 1948.3.17~25.

강석갑(姜錫甲, 남, 생몰 미상)

입교 시기 _ 1946년 이전 | 교질 _ 참교

충남 부여군 구룡면(九龍面) 현암리(玄岩里) 출신으로, 1920년 독립공채사건과 연관된 인물이다. 대종교 계열의 천영학교 교사와 북로군정서 총재비서 등을 역임한 강철구(姜鐵求)가, 그의 고향인 부여에 잠입하여 독립공채를 통한 독립자금을 모집할 당시 협조한 인물이다. 강석갑은 같은 군의 박남규(朴南奎)·박길화(朴吉和)·박창규(朴昌奎)·이기범(李箕範)·양규영(梁圭榮)·전영석(田永奭)·문장섭(文章燮) 등과 강철구를 도왔으며, 해방 이전의 입교기록은 현재 남아 있지 않고 해방 이후인 1946년에 다시 영계와 참교를 받았다. 대종교 현선시교당(玄善施教堂)의 찬무(贊務)를 맡아 활동하였다.

[참고문헌]
『대종교보』 제150호((1946년). 『대종교중광육십년사』(대종교총본사, 1971). 『한민족독립운동사자료집』38(국사편찬위원회, 1999)

강성모(姜聖模, 남, 생몰 미상)

아호(별명) _ 천봉(天奉)
입교 시기 _ 일제강점기 | 교질 _ 정교(正教)

대종교단의 강천봉(姜天奉)과 동일인물이다. 일찍이 만주에 거주하면서 대종교와 교류하며 단애 윤세복 교주를 도왔다. 만주에서 해방을 맞아 윤세복의 인도로 대종교에 입교하면서 보다 적극적으로 대종교 교무에 관여하였다. 윤세복이 1945년 음 10월 5일, 만주 동경성에 대종학원(大倧學園)을 부활시킬 당시에도 그 학원의 원장을 맡은 인물이 강천봉이었다. 당시 대종학원은 속성과로 중학과정을 개설하여 55명의 우수한 학생을 배출하기도 했다. 한편 윤세복이 대종교총본사를 거느리고 국내로 환국할 때에는 강천봉이 5명의 수행원 중의 하나로 보좌했다.
그의 교력(教歷)을 살피면 1945년 음 10월 1일에 총본사의 특별 추천으로 참교(參教)를 수여받고 그 지역 경일시교당(京一施教堂) 전무(典務)와 함께 대종학원 원장으로 임명되었다. 같은 해 음 11월 19일에는 총본사 특선(特選)으로 지교(知教)로 올랐으며, 환국 직후에는 총본사 찬범(贊範)과 찬리(贊理)를 맡는가 하면, 남도본사 시교원으로도 활동하였다. 1952년 대종교총본사가 교리강습회(教理講習會)를 개최하여 『삼일신고(三一神誥)』·『신리대전(神理大全)』·『신사기(神事記)』·『회삼경(會三經)』·『삼법회통(三法會通)』 등 종리(倧理)와 종사(倧史)를 교육할 때에는, 그 총무를 맡아 열정을 쏟았다. 1957년 대종교유지재단을 설립할 때에는 교섭과 인가에 이르기까지 남다른 노고를 보였다. 1960년 대종교도들을 중심으로 단군전봉안회를 조직하여 대종교의 양적 확산을 도모하였으나 5.16으로 그 계획이 좌절되었다. 그 뿐 아니라 대종교진흥추진회(大倧教振興推進會)를 만들어 이사로 활동하면서 대종교 중흥의 선봉에 서는가 하면, 70년대에 들어서 대종교경종교화원(大倧教敬倧教化院)이라는 교화기관을 만들어 무속인(巫俗人)들에 대한 체계적인 교육을 도모하였다.
이러한 업적을 토대로 교직이 삼일원장(三一園長)과 부전교(副典教)까지 올랐다. 특히 대종교총본사가 『임오십현순교실록(壬午十賢殉教實錄)』(1971년)을 엮을 때에는 그 편집과 함께 일제의 기소문(起訴文)을 직접 번역하여 「기소역문(起訴譯文)」이라는 제목으로 싣기도 했으며, 『대종교중광육십년사』(1971년)의 집필에 주무를 담당한 인물이 강천봉이다.

[참고 문헌]
『대종교보』 제150호(1945년). 『대종교보』 환국기념호. 『대종교중광육십년사』(대종교총본사, 1971)

강승경(姜承慶, 남, 1896-?)

아호(별명)_ 일암(一庵), 강승경(姜承卿), 강승경(姜承京), 강민선(姜民善), 강일취(姜日趣)
입교 시기_ 미상 | 교질_ 미상 | 서훈_ 애국장(2009)

함경북도 경성군(鏡城郡) 용성면(龍城面) 용성리(龍城里) 출신이다. 1912년 만주로 이주하여 살았다. 강승경의 대종교에 입교한 시기는 알 수 없으나, 1924년 일제의 문서에 대종교인으로 적혀있음을 보면 대한군정서(북로군정서)에 가입할 즈음으로 추정된다.

일찍이 강승경은 간도에서 사립중학교를 졸업하고 1919년 12월에 설립한 대한군정서 사관연성소를 마친 뒤 사관연성소 교관 및 군정서 소대장으로 임명되었다. 한편 대한군정서원으로서 전성호(全盛鎬)와 함께 흥업단 연무소(鍊武所)에 파견되어 군사교육을 시켰다. 당시 대한군정서에서는 이들 외에도 박장빈(朴章彬)·이옥규(李沃珪)·최시언(崔時彥)·한승제(韓承濟) 등 참모와 군인들을 파견하여 흥업단의 군사 조직 및 훈련·작전 등을 지도하였다. 흥업단은 대한독군비단, 광복단, 태극단, 대진단 등 무장 독립운동 단체들과 연락을 취하면서 군사활동을 전개했다.

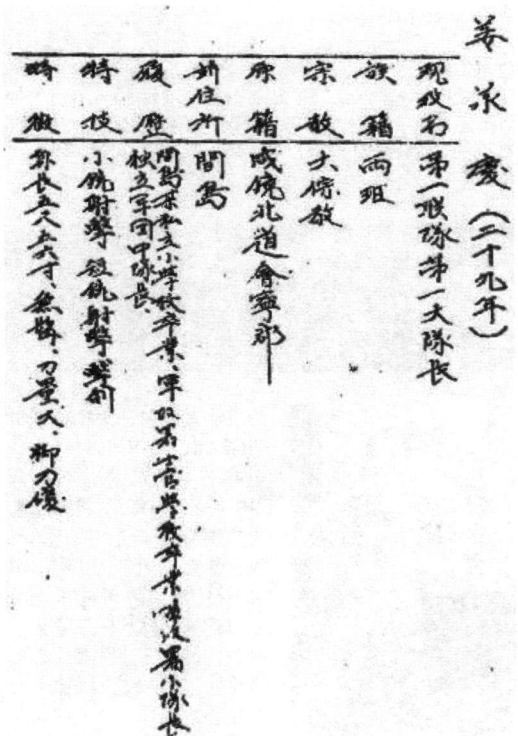

일제가 1924년 작성한 姜承慶의 신상에 대한 문서.
종교 부문에 大倧教로 적혀 있다.

1920년 10월 청산리전투가 시작되자 소대장 강승경은 사령관 김좌진의 휘하에 있는 제4중대의 대장 오상세, 대대부관 김옥현의 지휘 아래 소대장 김명하·이익구·정면수·김동섭 등과 함께 출전하여 승전하였다. 청산리전투 이후 강승경은 1921년부터 동지들과 함께 독립군단을 재건하고자 연길현 세린하 지방에서 사관연성소 졸업생을 규합하고 군정서에서 은닉해둔 무기를 모아 항일투쟁을 지속하였다. 이후 흥업단에서 발전한 광정단에서 군사부장으로 참여하여 무기 탄약의 보관, 군대 소집 및 훈련을 담당하였다. 1922년 9월 25일 국내로 출격하고자 광정단의 부하 30여 명을 이끌고 함경남도 삼수군(三水郡) 영성(嶺城) 주재소를 습격하여 송정효(松井孝)를 사살하고, 굴내종삼(堀內宗三)·김동정(金東挺)에게는 중경상을 입혔으나 무기 탈취는 성공하지 못했다.

1924년 3월 초순 강승경은 이홍래(李鴻來)와 연대하여 대한독립단 모연부대를 결성하여 돈화, 길림, 장춘, 하얼빈 등지에서 군자금 모금에 주력하였다. 특히 일본 순사 및 친일파 암살을 모도하다 일본 경찰에 체포되어 12년 형을 언도받고 상고하였다. 그 이후 행적은 알 수가 없다.

[관련자료]
「大韓獨立軍團 參謀 李楨이 陳述한 金佐鎭의 行動 및 一派 不逞鮮人團의 情況 等에 관한 件」(不逞團關係雜件-朝鮮人의 部-在滿洲의 部38, 機密 제121호, 한국사DB, 국사편찬위원회), 『동아일보』1925.4.24., 『대한민국임시정부자료집』0(국사편찬위원회, 2006)

강신문(姜信文, 남, 1892-1950)

아호(별명)_ 소청(紹菁)
입교 시기_ 1949년 이전 | 교질_ 미상

일제강점기 서화미술회 교수와 서화협회 발기인 등을 역임한 청운(靑雲) 강진희(姜璡熙)의 아들이다. 안진경(顔眞卿)의 글씨체에 능한 것으로 알려진 강신문은, 부친의 예술을 계승한 바탕 위에 월전(月田) 장우성(張遇聖), 제당(霽堂) 배렴(裵濂), 소전(素筌) 손재형(孫在馨), 남농(南農) 허건(許楗), 고암(顧菴) 이응로(李應魯) 등과 해강(海岡) 김규진(金圭鎭)에게 사사받았다. 해방 직후 조선서화동연회(朝鮮書畵同硏會)가 결성될 당시 예술인의 양심으로써 조국건설의 한 모퉁이를 담당하여 나가려는 취지에서 그 이사(理事)로 참여하기도 했다. 해방 이전 대종교에 입교한 기록은 나타나지 않으나, 해방 이후인 1949년 정월에 대종교중흥회(大倧教重興會)에 참여하여 제1회 중앙집행위원을 역임한 인물이다.

[참고 문헌]
『대종교중광육십년사』(대종교총본사, 1971), 『畵壇風霜七十年』(장우성, 미술문화, 2003)

충남 부여군 석성면(石城面) 봉정리(鳳亭里) 출신이다. 1933년 8월 부여면(扶餘面) 가증리(佳增里) 출신인 천용구(千龍九)와 함께 중국 상해(上海)로 망명하였다. 이후 의열단에 가입하고 의열단의 간부 양성을 위한 중국군관학교훈련단(中國軍官學校訓練團) 제2기생으로 입교하였다. 수료 후인 1936년 4월 1일 의열단의 지시에 따라 국내에 들어와서 독립운동을 위한 특수공작을 수행하던 중 일제 경기도 경찰부에 체포되었다. 1937년 3월 8일 공주지방법원에서 징역 1년형을 언도받고 옥고를 치렀으며, 이 공로로 1990년 건국훈장 애족장을 받았다. 강영직의 해방 이전의 대종교 기록은 현전하지 않는다. 다만 해방 이후인 1947년 초에 다시 다시 영계를 받고 참교를 수여받았다.

[참고 문헌]

『대종교보』 제153호(1947년), 『國外容疑朝鮮人名簿』(朝鮮總督府警務局, 1934), 『독립운동사자료집』13(국사편찬위원회, 1984)

충청남도 부여 장암면(場岩面) 장하리(長蝦里) 출신으로, 1920년대에 대종교 남도본사총전리를 역임한 호석(湖石) 강우(姜虞)의 3남이다. 첫째 형 진구(鎭求), 둘째형 철구(鐵求)와 함께 1922년 독립공채권 모금 사건에 연관되어 경찰의 심문조서를 받았다.

7세부터 17세까지 사숙(私塾)에서 한문을 배웠다. 1912년에 사립 천흥(天興)학교를 졸업했다. 1915년에 군산공립농업학교를 졸업하고 동양척식회사 강경(江景)지점에서 고원(雇員)으로 근무하다가 1916년에 사직하였다. 이어 홍산(鴻山)공립보통학교 촉탁교원으로 재직하다가 1918년 5월 사직하고 부친이 있는 간도로 건너가 용정촌(龍井村)에서 잡화상을 경영하며 항일민족운동에 참여했다. 1920년에 귀국하여 이듬해 2월부터 서울 권수동(勸水洞) 47번지에서 숙박업을 경영하다가 11월에 폐업하였다.

1922년 9월 둘째 형 철구가 대한군정서 사관양성소 재흥 및 군자금 모금을 위해 국내로 잠입했을 때 철구는 서울 가회동(嘉會洞)에 있는 강용구의 집을 거점으로 삼고, 강용구를 연락책으로 하여 활동했다. 강용구는 관훈동(寬勳洞)에서 일시 생활하고 있던 보령 출신의 김정제(金廷濟)와 연락하여 군자금 모금을 도왔고, 북간도로 귀환한 철구에게 군자금 모금 상황을 알리기도 했다.

강용구는 종로경찰서에서 심문조사를 받고 〈제령 제7호 위반〉의 죄목으로 경성지방법원에 회부되었으나, 재판 과정에서 강용구는 이 사건에 직접 개입하지 않았다고 그 관련성을 일체 부정하였다. 재판부는 증거불충분으로 강용구를 불기소 처분하였다.

강용구는 부친의 영향으로 대종교에 입교하였다. 1921년 참교(參敎)를 받았다. 강우가 남도본사총전교로 있던 시기에 강용구는 1922년 남일도본사 계리감정(計理監正)을 역임하였고, 1923년 계선시교당(桂善施敎堂) 찬무(贊務)로 활동하였다.

해방 이후 강용구는 대종교 중흥에 힘쓰는 가운데 1946년 2월에 지교(知敎)로, 3월에 상교(尙敎)로 승질하였다. 대종교 직무와 관련하여 1946년 8월에 총본사 찬리(贊理), 1947년 윤2월에 경각봉선(經閣奉宣), 1950년에 총본사 전강(典講)을 역임하였다. 1954년에는 대전 소재 대선(大善)시교당 개편 및 재흥을 위해 찬무(贊務)로서 참여하였다. 1955년에는 남이도본사 찬무를 역임하였다. 같은 해 8월 27일에 정교로 승질하여 대형의 교호(敎號)를 받았으며 원로원 참의 및 남2도구 순교원으로서 포교에 힘썼다. 이후로는 총본사에 합류하여 1959년에는 삼일원 대덕에 피임되었고, 1961년에는 대일각 전교에 피임되어 1963년까지 활동하는 등 대종교 발전에 힘쓴 공로를 인정받아 '중흥제현(中興諸賢)'으로 추앙되고 있다. 1970년에 75년의 생애를 마감하고 귀천하였다.

[관련자료]

『종문영질』(프린트본, 1922), 『대종교중광육십년사』(대종교총본사, 1971), 『임오십현순교실록』(대종교총본사, 1971), 『姜鎔求訊問調書』(국사편찬위원회, 『한민족독립운동사자료집』38권, 1999)

강우

충청남도 부여군(夫餘郡) 장암면(場岩面) 장정리(長亭里) 출신이다. 대종교 중광 이후 외자이름은 우(虞)로 개명하고, 평생을 대종교 항일투쟁으로 일관한 인물이다. 일찍이 고향에서 한학을 익히며 신동(神童)으로 불렸다. 9세에 한시를 지어 도장원(都壯元)에 급제하는가 하면, 14세에 사서삼경을 재독하고 가관례(加冠禮)를 지냈다 한다.

1900년에 경흥감리(慶興監理)를 거쳐 1901년에는 성진(城津)과 길주(吉州)의 감리를 지냈다. 이 시기 선정을 베풀고 지역 주민들 간의 갈등을 잘 해결하여 많은 존경을 받았다. 1905년에는 정계의 요인들과 밀의하여 미국에서 일본 동경으로 건너와 있던 의친왕(義親王)에게 역사(力士) 강일룡을 파견하여 정치개혁을 시도하려 하였으나 성공하지 못하였다. 그는 '신식 이야기'를 들으면 개화당으로 지목하는 몽매한 사람들을 비판하고, 예전 것만 고집하고 변하지 않으면 우리나라에는 반드시 사람이 없어질 것이라고 우려하였다. 강우는 그러한 현실구제책으로 아래와 같은 다섯 가지의 자강론을 제시하였다.

一. 학교를 많이 설립하여 청년을 교육시킬 것
一. 각지의 도회지에 식산은행을 설치할 것
一. 강이나 바닷가에 미루나무를 심을 것
一. 노상(魯桑) 종자를 사서 공한지에 심어 양잠업을 일으킬 것
一. 바닷가 황무지에 제방을 쌓고 논으로 만들 것

이러한 실천 방안의 하나로 시도한 것이 향리에 천영학교(天英學校)를 설립을 들 수 있다. 이를 통해 인근 여러 지역의 자제들을 교육하는 한편, 노동야학(勞動夜學)을 각 곳에 설치하여 농촌 부로(父老)에게까지 시대의 변혁을 알렸다. 당시 강경·논산·은진 등지에 30여개 야학을 설치되어 도처에 대성황을 이루었다 한다. 또한 자택에도 별도로 광일의숙(光一義塾)이라는 야학을 세워 학령을 넘긴 남녀 학동을 모아 보통학교 4년 정도의 교육을 실시하였다. 이무렵 백순(白純)과 함께 경성공업전습소(京城工業傳習所) 설립에도 참여하여 수백 명의 실업 인력을 배출하였다.

또한 강우가 공주와 강경 등지에 농공은행(農工銀行)을 설치하여 잔상소농(殘商小農)들에게 자금을 융통케 한 것, 금강(錦江) 연안에 미류나무 수십만 그루를 심도록 한 것, 그리고 양잠학(養蠶學)·양봉학(養蜂學)·양어학(養魚學) 등 실업 서적을 저술 발행한 것 역시, 이와 같은 실업 자강의 방편으로 실천한 것들이다.

한편 강우는 1905년 을사늑약에 이어 1907년 고종의 퇴위·군대해산·정미7늑약 등을 겪으면서 기울어가는 국운을 절감하게 된다. 그가 대종교 참여를 통한 정체성 부활운동에 나서게 된 배경이다. 당시 강우는 월남(越南) 이상재(李商在) 등에 의해 기독교 입교를 권유받았으나, 국혼(國魂)을 잃어버릴까 염려하여 대종교를 택하였다 한다. 1909년 대종교 중광(重光)에 참여한 그는, 일제의 핍박이 있자 1913년 두만강을 건너 만주 북간도 화룡현(和龍縣) 청파호(靑坡湖)로 넘어갔다.

대종교의 활동 공간에 있어 북간도는 남다른 곳이다. 우선 무장항일투쟁을 위한 최적의 장소였다. 일제강점기의 시대적 질곡에서 벗어나고자 대종교인들이 치열하게 투쟁하며 사라져간 공간이 그곳이다. 대종교는 1910년대 들어 북간도 지역에 포교의 거점을 마련하여 독립군기지를 건설하고자 노력하였다. 1910년 10월 25일 경성 대종교총본사에서 시교활동을 위한 북간도지사(北間島支司)를 설치하고 이건(李鍵)으로 하여금 책임을 맡긴 이후, 같은 해 11월에는 시교사 박찬익(朴贊翊)을 평강상리사(平岡上理社) 청산리에 파견하여 시교소를 설치하였다. 또한 1911년 6월

경에는 경성의 대종교인 이정완(李貞完)이 회령 간도 학성촌(鶴成村)에 와서 포교를 시작하였다. 당시 대종교를 일으킨 나철(羅喆)을 비롯하여 서일(徐一)·계화(桂和)·박찬익·남세극(南世極)·현천묵(玄天黙) 등은 북간도 곳곳에 동일학교, 청일학교, 명동학교(왕청현), 용지(湧智)학교, 양성(養成)학교 등등 한인학교도 설립하였다. 특히 대종교의 중심 인물들은 화룡현 삼도구 청파호(靑波湖)에 대종교의 거점을 마련하고 포교활동을 전개했는데, 중광단(重光團)을 조직하여 무장투쟁의 준비도 착실히 진행하였다. 이후 중광단은 청산리독립전쟁 주역이었던 북로군정서의 근간이 되었다.

또한 북간도의 청파호는 백두산으로 상징화되는 대종교의 성지로, 대종교 이해의 기본이 되는 교원(敎源)·교조(敎祖)·교리(敎理)·교사(敎史)·유적(遺蹟)·선철선성(先哲先聖) 등의 근거와 자취들이 널려져 있는 공간이다. 청파호의 종교적 의미를 새긴 대종교의 다음 기록이 그것을 대변한다. "청호는 청파라고도 하며 만주 간도 화룡현 삼도구에 있고, 대종사(홍암 나철·인용자 주)께서 4년간 수도하던 곳이요, 총본사 및 고경각이 있고 또 대종교에서 세운 청일학교가 있으며, 대종교 이상향으로 뒷날 삼종사(三宗師, 홍암 나철·무원 김교헌·백포 서일을 일컫는다·인용자 주)의 유해를 모두 이곳에 모셨다." 그러므로 대종교 선열들의 가슴 속에는 늘 이상향으로 그려지는 성지가 바로 청파호다.

그러므로 청파호에는 대종교 교당을 중심으로 수많은 항일투사들이 드나들었다. 1911년 국내 대종교 탄압으로 넘어온 교주 나철(羅喆)을 중심으로, 서일·현천묵·신규식(申圭植)·이상설(李相卨)·백순(白純)·류완무(柳完茂)·이동춘(李同春)·김영학(金永學)·박찬익·박승익(朴勝益) 등등, 헤아릴 수 없는 인물들이 넘나들며 활동하였다.

강우 역시 두만강을 건너 용정을 거쳐 1913년 초가을 청파호에 도착하였다. 그리고 교주 나철을 비롯한 대종교 중심인물들과 만나 다양한 활동을 모색하게 된다. 1914 여름, 교주 나철을 대신하여 백두산 제천을 올린 것이 대표적 행보다. 당시 강우는 심근(沈槿)·방성룡(方成龍)·최백은(崔白隱)·김도은(金島隱) 등의 대종교인들을 인솔하고 백두산 상봉에 혈서로써 구국제천(救國祭天)을 봉행하였다. 이에 수많은 우국 동포들이 감화하여 대종교를 받들게 되었다. 또한 이해 겨울에는 러시아 소학령(巢鶴嶺)에서 대종교 북도본사(北道本司)를 이끌고 있던 이상설의 초빙으로 그곳에 가서 대종교 포교와 항일투쟁의 거점 확보를 위해 러시아 동포사회를 순력하였다. 그리고 1915년에는 길림성 안도현(安圖縣) 토호(土豪)이며 군벌(軍閥)인 대영규(戴永奎, 만주인)란 인물이 강우의 인덕에 감복하여 그를 상부(尚父)의 예우로 모시자, 그곳에서 3년간 체류하며 「조만동포동맹서(朝滿同胞同盟書)」와 「천격문(天檄文)」 등을 작성·배포하여 모든 이들을 감복시켰다.

강우의 교육에 대한 열정은 그곳에서도 식지 않았다. 그는 1917년 연길현 관도구(官道溝)에도 국내 부여에서 세운 학교와 같은 이름의 천영학교(天英學校)를 세워 동포의 교육에 힘썼다. 강우가 그 학교 낙성식의 감회를 읊은 아래의 칠언율시를 소개해 본다.

萬姓洞中一校成　만성동 복판에 한 학교 낙성하니
覺門鑰闢大光明　깨닫는 문 활짝 열리어 대광명이로구나
百世天孫新學業　이어온 하늘백성들 새 학문을 배우니
千年神祖古歌聲　한배검[神祖]의 옛 노래가 끊임없이 들리도다
鵲雀東風初賀語　새들도 샛바람 타고 즐겁다 지저귀니
鵁鴿永日旦湛情　할미새 종일토록 정겹게 노니도다
金華峰下洪基肇　금화봉 아래에 넓은 터를 열었으니
教育英才樂此生　영재들 길러내며 이 생애 보내려네

강우는 사회진화론적 세상에서 교육만큼 중요한 것이 없음을 강조하며 천영학교를 건립하였다. 그리고 중학과 대학 설립까지도 계획하고 있었다. 또한 천영학교의 설립이 천시(天時)·지리(地利)·인화(仁和)에 맞는 시의성을 갖췄다고 하며, 귀국한 후에도 의연금 청구서를 작성하는 등 천영학교 운영에 공을 들였다.
한편 1919년 초, 강우는 서일과 김좌진 등에 의해 대종교 항일단체 중광단(重光團)의 후신으로 조직된 대한정의단의 총재로 추대되기도 하였으나 사양하였다. 이 대한정의단이 후일 대한군정서(북로군정서)로 개편되는 것이다. 그 시기 강우는 대종교도들이 많이 은거하던 연길현(延吉縣) 동불사(銅佛寺)에 거주하며 민족운동 노선에 깊이 관여하고 있었다. 대종교 중심인물들과 연결하며 독립선언서나 『독립신문』 및 기타 항일인쇄물들을 반포한 것 등이 그 대표적 사례다.
그 과정에서 강우는 1919년 4월, 그 지역 3·1독립만세운동에 연루되어 용정 일본영사관에 피체되어 옥고를 치르게 된다. 그는 당시의 굴욕적 회회를 칠언절구 6절의 시로 남겼다. 대종교적 다짐이 새겨긴 그 마지막 절은 아래와 같다.

生命危如一髮微　생명 위태롭기가 털 한 올 같은 것이
險於天下此圓扉　세상에 험한 곳이 이 감옥이로구나
萬層千疊今而己　층층 겹겹 위태한 것도 잠시일 뿐이러니
大道光明我有歸　대종교의 광명한 곳 내 갈 곳 거기로세

그곳에서 40여일의 옥고를 치른 강우는 일제 기마대의 삼엄한 호위를 받으며 그해 5월 국내로 강제로 송환되어 회령감옥으로 옮겨졌다. 그리고 7월에는 다시 서울로 압송되어 숱한 고통을 당한 후 풀려났다.
한편 일제는 1920년대에 들어와 소위 문화정치를 표방하면서 종교탄압정책 또한 형식적으로 완화시켰다. 심지어 그들은 사이토 총독 부임 후, 30만원이라는 거액의 돈을 대종교의 강우에게 원조하겠다며 회유하였다. 그러나 당시 남도본사의 책임을 맡고 있던 강우는 이를 단호하게 거절하였다. 이에 일제는 강우를 독립공채사건의 혐의를 씌워 체포하였으나, 혐의를 입증하지 못해 풀어주기도 했다. 그러므로 1920년대의 국내 대종교 활동은 더욱 어려워졌다. 비밀리에 집회를 할 수밖에 없었고, 중심부와 떨어진 변두리로 수시로 옮기며 집회를 갖기 일쑤였다.
강우는 1922년 9월에는 대종교 대표로서, 다른 사회단체 대표들과 연명으로 태평양회의에 우리 대표단 위원의 출석을 용인해 주기를 청원하는 「한국인민치태평양회의서(韓國人民致太平洋會議書)」를 제출하는 등, 항일운동에도 참여하였다. 그러자 1922년 11월 개천절 집회 당시, 일제는 항일 혐의로 강우를 다시 동대문경찰서로 연행하여 취조하였다. 일제가 대한군정서에 참여한 강우의 아들들과 조카 등을 대한민국임시정부 공채권 모집 사건으로 연행한 것과 연루시킨 것이다. 이에 강우는 갇혀 있던 2달 동안 3일간 단식투쟁하며 저항하였다.
이후에도 대종교의 국내책임자로서 힘을 다해 노력하였다. 그러나 일제의 시각에서는 그러한 강우의 노력이 곧 항일투쟁이었다. 설상가상으로 신·구 교인 간의 갈등으로 대종교의 위세는 더욱 위축되어 갔다. 고령의 나이에 건강마저 무너져 감에, 강우는 모든 것을 놓고 낙향하였다. 1930년 중풍까지 발병하여 신음하다가 1931년 3월 30일 사망하였다. 그는 죽기 전날까지도 대종교에 대한 걱정을 놓지 않았다. 큰아들 강진구(姜鎭求)로 하여금 '천하 동포'와 '배달 동포'에게 대종교의 가르침을 잊지 말고 한빛 기치 아래 엎드리라는 내용의 유고(遺誥) 2통을 쓰게 한 것에서 확인된다.
강우의 장례는 그해 4월 4일 부여군내의 사회운동자들이 동지연합장(同志聯合葬)으로 봉행하였다. 장례일에는 강경과 홍산청년회(鴻山靑年會) 등지에서 천여 명의 조문객이 운집하였다. 당시도 부여경찰서 여러 명의 경찰이 출동하여 엄중히 경계하였다. 살아있는 권력인 일제가 강우의 저승길도 감시하려 한 것이다.

[주요 저술 및 사상]
강우는 많은 대종교지도자들 중에서, 드물게 교리에 관한 연구업이 남달랐던 인물이다. 1914년 『천산도설(天山圖說)』과 『백두산28경찬문(白頭山二十八景贊文)』을 시작으로, 『종문문답(倧門問答)』(1919), 『자애진결서(自愛眞訣書)』(1921), 『종문수통대략설(倧門垂統大略說)』(1923), 『삼일의무포고문(三一義務布告文)』(1924), 『일신조삼극문(一神造三極文)』(1924), 『삼일진리서(三一眞理書)』(1925), 『정해천부경(正解天符經)』(1925), 『종리문답(倧理問答)』(1925), 『도화신사(圖畵神史)』(1929) 등, 수많은 교리 관련 저술을 남겼다.
이러한 강우의 연구는, 대종교를 중광한 홍암 나철의 교리연구『신리대전(神理大全)』이 그 대표적 연구임], 그리고 대종교동도본사를 이끌던 백포 서일의 교리연구『회삼경(會三經)』이 그 대표적 연구임]와 함께 중요한 토대를 이룬다는 점에서 주목된다. 더욱이 그의 연구가, 자신이 경험한 유교적 질서 혹은 신비적 주관에 의한 것이 아니라, 철저한 대종교적 질서(가령 『삼일신고』 혹은 삼일사상)에 토대를 둔 연구였다는 점에서, 그의 연구에 있어 종교적 정당성을 확보해 갔다. 다음의 기록 역시 이에 대한 암시를 준다.

"홍암(弘岩)이 서세(逝世)한 후에 공(公, 호석 강우를 말함-인용자주)이 주교(主敎)가 되어, 교중서적(敎中書籍)으로 여러 사람이 해설한 것을 두루 열람하고, 그 중 괴기허황(怪奇虛荒)하여 법 받지 못할 것은 모두 삭제하였다."

즉 대종교 중광 교주인 나철이 순교한 후, 대종교 교리에 대한 이해가 종단 내부에서도 어지러웠음을 암시하고 있다. 이에 강우는 대종교적 기본 교리에서 연역(演繹)하지 않은 개인적 주장들을 모두 배척한 것이다.

안타까운 것은 앞에서 언급한 강우의 저술들이 모두 남아 있는 것이 아니라는 점이다. 『종문문답』이나 『일신조삼극문』, 『삼일진리서』, 『정해천부경』 등은 현전하지 않는다. 다만 『종문문답』은 후일 나타나는 『종리문답』의 기초본이 아닐까 하는 추측을 해 볼 뿐이다. 또한 강우의 마지막 저술이라 할 『도화신사』 역시, 그 그림 전부와 설명 부분의 반정도가 전하지 않는다. 『백두산28경찬문』 또한 「기(記)」의 상당 부분이 유실되고 없다. 더욱이 강우가 8년 가까이 보낸 만주 시절의 저술들은 일제의 압수에 의해 거의 사라졌다. 다음의 기록이 확인해 준다.

> "만주에 있는 8년간의 저술한 글은 그대로 원수들에게 압수되어 없어졌으며, 약간 벽을 뚫고 집에 간직하였던 것도 해방 후에야 꺼내보니 허다하게 좀벌레의 상한 바 되어서, 억지로 글자의 한 쪽씩을 찾아내고 희미해진 점과 획을 짐작으로 알아보게 되지만, 마치도 이즈러진 달이 운무(雲霧) 속에 들어간 것 같아서 끝내 알아보기 어려운 것이 퍽 많은 것이니, 고자(孤子, 강우의 장남 강진구-인용자주)의 불명 불인(不仁)한 죄가 어찌 이보다 더 심함이 있으리오."

강우의 주요 저술 중 『백두산28경찬문』은 그의 만주 시절 저술로는 유일하게 남아있는 글이다. 그의 대종교적 가치관이 가장 잘 응집되어 있는 글로, 강우 사상의 백미라 할 수 있다. 그러기에 더욱 값지다.

본디 백두산은 동북아 역사지리에 있어 부채의 사북이 되는 산으로, 예로부터 가장 웅장하고 신성한 산으로 인식되어 왔다. 특히 대종교에 있어 백두산은 그 지리적·역사적·철학적 의미를 넘어서 종교적 상징성이 다양하게 중첩된 공간이다. 대종교에서 백두산은 곧 한울뫼[天山]다. 한울못[天池]과 한울가람[天河, 송화강]과 더불어 한울들[天坪]이 그곳에 있다. 그 한울가람인 '송아물[송화강]'은 모든 생명의 근원인 동시에 '한울백성[天民]'과 '검나라[神國]'의 상징과도 연결된다. 발해시대의 국상 임아상이 「삼일신고해설」에서 일깨운 다음의 가르침을 품었기 때문이다.

> "한얼님의 나라와 한울집이 반드시 한울에만 있는 것이 아니라, 땅 위에도 있고 사람의 몸에도 있다. 한밝뫼(백두산)의 남북 마루가 곧 한얼님의 나라요, 거기에서도 사람의 몸으로 화하여 내려오신 곳이 곳 한울집이다."

이렇듯 백두산은 대종교의 전신이라 할 신교(神敎)의 발상지이면서 역사적 활동무대인 동시에, 대종교 중광(重光-거듭 일어남)의 계기를 만든 성지이다. 또한 대종교 중광의 헌장이라 할 「단군교포명서(檀君敎佈明書)」는 물론, 포교의 근본이 되는 경전(經典) 역시 이곳을 근거로 유포되었다. 더욱이 대종교 성역의식(聖域意識)의 근간도 이곳을 벗어나서 생각할 수 없고, 중광 이후 수많은 선열들이 항일전

선에서 유명을 달리한 것 역시 이곳이다.

그러므로 대종교인들이 돌아가야 할 정신적 공간 역시 그곳이다. 신시 삼천단부의 교화 공간이 그곳이며 다물(多勿)의 의지를 담은 이상향도 그곳에 있다. 신지선인(神誌仙人)의 '수미균평위흥방보태평(首尾均平位興邦保太平)'의 거점도 이곳을 벗어나선 생각할 수 없고, 홍익인간의 구현 또한 이 공간을 떠나서 구도할 수 없다. 이러한 정서는 대종교 선열들 모두의 마음속에 담겨진 정서이기도 했다. 홍암 나철을 비롯하여 성재(省齋) 이시영(李始榮)의 역사인식에서 그려지고 있고, 백암 박은식이 『몽배금태조(夢拜金太祖)』에서 엮은 꿈에서도 드러난다. 또한 수당(水堂) 맹주천(孟柱天)의 마음속만이 아니라. 희산(希山) 김승학(金承學)이 품었던 배달국이상향의 꿈에서도, 그리고 한글학자 이윤재에게도 동일하게 펼쳐져있다. 한마디로 대종교 선열들에게 있어 그곳은 '땅 위의 한울집[地上天宮]'이었다.

근대에 들어 이러한 백두산의 가치를 아마도 강우만큼 깊이 이해한 이도 드물 듯하다. 강우는 국내로부터 1913년 만주 화룡현 청파로로 근거를 옮긴 후, 1919년 영어(囹圄)의 몸으로 국내로 돌아오기까지, 백두산을 근거로 모든 시간을 보냈다. 8년 가까운 세월을 보낸 것이다. 특히 이 기간의 대부분이, 백두산을 중심으로 한 종교적 기도와 경험으로 집중된 시간이었음을 보면 더욱 그렇다. 당시 대종교의 교주였던 홍암 나철과도 2년간을 이곳에서 함께 했다. 나철도 이미 1911년 백두산 북쪽 기슭 청파호(화룡현 소재)에 자리를 잡고 1915년 정월 국내로 돌아오기까지, 백두산을 근거로 활동했기 때문이다.

『백두산28경찬문』은, 강우가 백두산으로 옮겨간 이듬해인 1914년에 6월에 저술된 글이다. 중요한 것은, 『백두산28경찬문』이 저술될 즈음, 대종교가 백두산을 중심으로 교구 정비를 새롭게 했다는 점이다. 교주 나철은 1914년 백두산 북록인 화룡현 청파호에 총본사와 고경각(古經閣)을 권설(權設)했다. 그리고 가장 먼저 행한 것이 교구설정(敎區設定, 1914년 음 5월13일)이다. 즉 백두산 북쪽 기슭(만주 화룡현 청파호)에 총본사를 설치하고, 백두산을 중심으로 동도교구(동만주 일대와 노령·연해주 지방 관할), 서도교구(남만주로부터 중국 산해관까지 관할), 남도교구(한반도 전체 관할), 북도교구(북만주 일대 관할), 외도교구(外道敎區, 중국·일본 및 歐美지방 관할)로 나누었다. 아울러 각 교구에, 백포 서일(동도본사), 예관 신규식·석오 이동녕(서도본사), 보재 이상설(북도본사), 호석 강우(남도본사) 등을 임명하였다. 이것은 백두산 청파호를 중심으로 삼천단부(삼한관경)의 옛 신역(神域)을 교화하겠다는 대종교의 의지와도 맞물린 것이다.

그리고 강우는 1914년 6월 4일(음력) 당시 교주였던 나철을 대신하여 백두산 제천을 올리고 하산한 직후 『백두산28경찬문』을 지었다. 당시 강우가 나철을 대신하여 고한 제천문은 대종교의 중심에 성지 백두산이 존재함을 시작으로, 그 신령의 교화가 동북아 전역에 달함을 감복하고 있다. 또한 신손(神孫)으로서, 하느님 공경을 게을리하여 사전(祀典)·고묘(古廟)마저 폐지되고 황량케 만듦으로, 하늘의 벌 내림을 받고 있음을 애통해 했다. 그리고 제천문 마지막의 염원에서,

"하늘이 가없다 말하나 지극한 정성이면 통하니, 굽어 이에 흠향하시고 이 땅에 광복을 주소서, 말없는 믿음에 가르침을 주시어 깨우쳐 복을 내려주소서, 신성한 땅[神州]을 반드시 찾아 하늘나라[天國]를 거듭 일으키겠나이다."

라는 기도를 올렸다. 여기서의 신주(神州)는, 우리 대종교의 신역(神域)으로 삼천단부를 말한다. 고구려 다물정신의 근거가 되는 지역이다. 또한 천국은 대종교가 꿈꾸던 배달국이상향을 말하는 것으로 다물의 완성과도 통한다.

강우에게 있어 백두산천제는 중요한 정신적 경험이었다. 더욱이 근대 최초의 백두산 제천을 행했다는 감회는 남달랐을 듯하다. 그가 제천문을 혈고사(血告辭)로 올린 것 역시 이러한 분위기를 짐작게 한다. 혈고사란 최고의 정성으로 제천문을 올렸음을 말하는 것이다. 그러한 분위기의 연장에서 저술된 것이 바로 『백두산28경찬문』이다. 더욱이 강우는 백두산제천 당시, 간절한 기도 속에 『백두산28경찬문』을 짓고자 하는 마음을 정하고, 1915년 늦가을에 다시 백두산을 찾아 『백두산28경찬문』을 정리·완성했다.

『백두산28경찬문』의 원문은 현전하지 않는다. 또한 이 글은 1977년 활자화된 『호석선생문집』(『독립운동사자료집』 제12집, 독립운동사편찬위원회편)에도 실려 있지 않다. 현재 유일하게 전해지는 곳은 『대종교중광육십년사』(謄印本, 대종교총본사, 1971)에 실린 본이다. 한편 『대종교중광육십년사』의 저본(底本)이라 할 『종사취재고(倧史取才稿)』(원고지필사본)에도 실려 있지 않다.

『대종교중광육십년사』에 실려 있는 『백두산28경찬문』의 체계를 보면, 먼저 28경에 해당하는 풍광 제목 28편이 비유적 표현을 통한 네 글자의 한문으로 열거되어 있다. 그리고 그 28경에 대한 「서(序)」와 「사(詞)」 그리고 「기(記)」의 순서로써 이어진다. 또한 「기」의 부분에서는 각 경(景)에 대한 기술 뒤에 반드시 〈찬(贊)〉과 〈시(詩)〉를 붙였다. 다만 「서」나 「사」에서는 28경에 대한 내용을 모두 기술하고 있으나, 「기」에서는 앞의 부분 9경까지의 내용만을 기술했을 뿐, 나머지 19경에 대한 기술은 전하지 않는다.(아래 표 참조)

28경	「서(序)」			「사(詞)」	「기(記)」
	前	中間(28景禮讚)	後		
天山遠眺 천산원조	散文敍述	徒窮肉眼之力	散文敍述	登天山而遠眺 六大州而一丸	記文, 贊, 詩
檀木靈蹟 단목영적		維嶽會精而發揮 群像同春之光		檀木立於萬歲 三一神之蹟遺	記文, 贊, 詩
闔門飛瀑 달문비폭		天極開而浩蕩 萬尺落於漢波		闔門北而天開 銀河落於飛布	記文, 贊, 詩
滄溟朝暘 창명조양		七百界而恒照恒樂 欽誦神官之回斡		朝暘鮮於滄溟 采暾照於蒼天	記文, 贊, 詩
天池俯瞰 천지부감		玄玄然深無端倪 不見眞府之象		臨天之而俯瞰 五大洋而一源	記文, 贊, 詩
松花眞源 송화진원		如海噴沫而匯合 象水朝東之勢		松花發於萬里 天一水之源流	記文, 贊, 詩
遼野平蕪 요야평무		大陸遷而曠漠 千里展於楚色		遼野西而之闢 金湯固於平蕪	記文, 贊, 詩

28경	「서(序)」			「사(詞)」	「기(記)」
	前	中間(28景禮讚)	後		
渤海落照 발해낙조	散文敍述	十八境而同暗同苦 泣歎高王之湮沒	散文敍述	落照紅於渤海 瓊笈奉於何年	記文, 贊, 詩
青邱齊烟 청구제연		群生藝藝而火擦於三 韓古都 行人復逞		青邱開於鷄林 齊烟散兮陸遷	記文, 贊, 詩
綠江春水 녹강춘수		靈靈靄靄而檀雨若降 萬卉殊芳		一雨涵於綠江 春水生兮群芳	전하지 않음
大澤夏雲 대택하운		一朶呵氣風伯雷公依 眞而起 盡是造化之迹		萬化主於大澤 夏之雲兮騰彩	전하지 않음
松風仙鶴 송풍선학		道士扁翩於神宇之象 而森森而覆		百靈屬於松風 大機間兮仙鶴	전하지 않음
黑水朔風 흑수삭풍		狂瀾滔滔而水激於五 京遺墟 志士空悲		黑水注於龍江 朔風起兮海幻	전하지 않음
白河秋月 백하추월		虛虛空空而窈朧而啓 一輪遍照		百川涵於白河 秋月印兮孤影	전하지 않음
大嶺冬雲 대령동운		六花着根息客觸奴 任妄而走誰非失路之 歎		三途迷於大嶺 冬之雪兮封蔀	전하지 않음
都山遊鹿 도산유록		哲人娛樂於靈圃之中 而灌灌攸伏		萬邪絕於都山 正眼省兮遊鹿	전하지 않음
七湖星斗 칠호성두		璇璣幹於紫極 可觀象星拱於綠躔		星斗麗於紫極 大斡旋於七湖	전하지 않음
胞山樵語 포산초어		眞圖分於胎樸 太古語於落日		迷悟判於胞山 相傳析兮樵夫	전하지 않음
黃黑泛波 황흑범파		南北綠纖微於地外 庶驗祥機有象		地線分於黃黑 泛泛波兮現象	전하지 않음
五河眞珠 오하진주		水中之明明 恰似三一條道之先生 靈顆		寶藏採於五河 最上腦兮眞珠	전하지 않음
二道玉壁 이도옥벽		寶誥發於石室 復親五彩騰於雲潢		玉壁繞於白流 大光明於二道	전하지 않음
道河漁歌 도하어가		世波晏於活水 莫爾笑於明月		淸獨雜於道河 自取歌兮漁夫	전하지 않음
紅丹隱流 홍단은류		東西源包底於地中 始認眞宰無形		土門出於紅丹 隱隱流兮離聲	전하지 않음
三山香茶 삼산향차		雪裏之靑靑 宛是三六幻骨之不死 先藥		祥露沾於三山 不老草兮香茶	전하지 않음
金錢湯泉 금선탕천		善心中熱血沸騰 何憂一點雪之消惡		金錢湧於湯泉 中火噴於地中	전하지 않음
玉沙泡石 옥사포석		眞理上籌箋瑤璘 何患一炷燈之別昏		玉沙浮於泡石 寶寶緝於宸翰	전하지 않음
一望樹海 일망수해		星辰森列一碧萬頃 渺渺乎上下天光也		一色齊而樹海 波蒼蒼兮碧空	전하지 않음
四時雪山 사시설산		玉殿穹窿 長白千峰 巍巍乎上下天宮也		四時周而雪山 長白白兮天宮	전하지 않음

『백두산28경찬문』의 「서」는 모두 설명 형식의 산문이 아니라, '산문(앞부분)→운문(중간부분)→산문(끝부분)'의 형식을 취하는 것이 특징이다. 앞부분에서는 대종교의 성지로서의 백두산을 산문 형식으로 서술하고, 이어 28경 하나하나를 운문형식을 빌어 예찬하고 있다. 이어 끝부분에서는 다시 산문 형식을 빌어 『백두산28경찬문』을 짓게 된 동기와 감회를 총체적으로 술회하고 있다. 또한 『백두산28경찬문』은 철저하게 운문으로 엮어 있다. 28경의 각 경마다, 전후 6자씩 12자의 일정한 율격으로 백두산 풍광을 찬양하고 있다. 그리고 「기」에서는 백두산 28경과 관련한 소감

을 〈찬〉과 〈시〉로 대신하고 있다.

주목되는 부분은 「서」의 중간에 나타나는 운문이나 「사」 그리고 「기」의 〈찬〉과 〈시〉 등이 모두 고도의 함축으로 표현되었다는 점이다. 물론 그 원관념은 대부분이 대종교의 교리사상과 맞닿는다. 따라서 대종교의 교리를 토대로 하지 않고서는 강우의 글들을 파악하기 어렵다. 강우의 대종교 교리에 대한 이해만이 아니라, 문학성이 상당했음을 보여주고 있다. 이것은, 강우라는 인물이 대종교의 교리·교사와 관련한 경전 이해에 있어 특별했음을 보여주는 부분이다. 『백두산28경찬문』이 1915년에 완성된 글임을 본다면, 대종교가 등장한 시기인 1909년부터 6년만의 일이다. 이 당시까지 대종교 인물들 중, 교리·교사와 관련하여 발표한 글은 극히 드물다. 교주였던 홍암 나철의 『신리대전(神理大全)』(1912)과 대종교단 차원에서 정리한 『단조사고』(1911), 그리고 무원 김교헌이 저술한 『신단실기(神檀實記)』(1914)·『신단민사(神檀民史)』(1914)를 꼽을 수 있다. 이 가운데 본격적인 교리와 관련된 것은 『신리대전』뿐이다. 따라서 『백두산28경찬문』은 강우의 교리적 이해를 가능해 주는 중요한 글이다. 또한 짧은 시간 안에 대종교의 1차 경전들을 입체적으로 섭렵한 강우의 탁월한 능력을 확인시켜 주기도 한다. 대종교가 『대종교중광육십년사』에 백두산의 종교적 가치를 뒷받침하는 근거로 이 글을 실은 이유도 이해할 수 있다. 1971년 발간된 『대종교중광육십년사』에는 『백두산28경찬문』을 실은 배경을 이렇게 적고 있다.

"백두산은 신인(神人) 한배검께서 화강(化降)하신 영산(靈山)이오, 또한 단목영궁에서 홍제(弘濟)의 대도(大道)를 펴시어 배달나라를 건설하신 성지이며, 신공성덕(神功聖德)의 은총을 입어 우리 민족이 배달문화를 발상(發祥)한 지상천궁(地上天宮)이기도 하다. 이제 그 산세의 준엄함과 정기의 영명(靈明)과 수원(邃遠)한 청경(淸景)은 일설로 표하기 어렵기에, 고(故) 강호석(姜湖石) 도형(道兄)의 『백두산28경찬문』을 덧붙인다."

즉 대종교에 있어 백두산은 '신령한 산'이며 '성스러운 곳'인 동시에 '지상천궁'으로 숭앙되었다. 그리고 그러한 종교적 가치를 뒷받침하는 글로서 강우의 『백두산28경찬문』을 덧붙였다. 이것은 『대종교중광육십년사』가 출간될 당시(1971년)까지도, 백두산의 대종교적 가치 해석을 담은 글로써, 『백두산28경찬문』을 넘어서는 글이 없었음을 반증하는 것이다.

가령 28경 가운데 하나인 '포산초어(胞山樵語)' 부분의 예를 들어보자. 그 서(序)에 서술된 글을 그대로 해석하면 "포태산 나무꾼의 말이여! 진리의 판도가 태봉(胎峰)에서 갈라지니, 한 옛날 낙일(落日)을 말함이라(胞山樵語兮 眞圖分於胎峰 太古語於落日)"라는 정도로 직역할 수 있을 듯하다. 그러나 이러한 풀이로는 그 내용이 좀처럼 드러나지 않는다. 대종교경전 『삼일신고』「진리훈」을 연결시키지 않으면 알 수 없는 말들이기 때문이다. 「진리훈」에 나타나는 대종교의 가르침을 살피면 이렇다. 인간은 본디 '하늘(님)의 본

성[眞]'을 갖고 있으나, 어머니의 뱃속에서 육신의 탈을 만들면서 '사람의 본성[妄]'도 갖게 된다는 것이다. 이러한 배경지식을 토대로 '포산초어' 서(序)의 원관념을 말한다면 "육신의 가르침이여! 어머니의 태속에서 참과 가달의 판도가 나뉘니, 이미 한 옛적 인간이 가달에 빠짐을 말함이로다."라는 의미로 새길 수 있다.

강우의 『백두산28경찬문』의 대종교의 1차 경전을 보지 않고서는 이해하기 힘들다는 것을 헤아릴 수 있다. 대종교 중광의 계기를 마련해 준 『단군교포명서』를 시작으로, 교사의 핵심인 『신사기(神事記)』와 『단군교오대종지서(檀君敎五大宗旨書)』 그리고 대종교의 기본경전인 『삼일신고(본문)』·『삼일신고서(三一神誥序)』·『삼일신고예찬』·『삼일신고봉장기(三一神誥奉藏記)』·『삼일신고해설』 등의 교리 질서에 대한 이해가 『백두산28경찬문』 해석의 기본 조건이라는 것이다.

그러므로 『백두산28경찬문』에는 대종교의 다양한 종교관이 넘쳐난다. 달리 말한다면 『백두산28경찬문』은 문학적인 글의 형식을 취한 대종교의 교리서라 해도 무방하리 만큼, 그 종교적 함축이 대단하다. 대종교의 신관(神觀)·천관(天觀)·세계관·수행관 등등, 대부분의 사유가 대종교적 가치와 연결되고 있다.

28경 가운데 2경에 나오는 '단목영적(檀木靈蹟)' 하나를 예로 보자. "배달나무의 신령한 흔적이여! 배달나무를 기리 세우니, 삼일신의 남긴 흔적이라.(檀木靈蹟兮 檀木立於萬歲 三一神之蹟遺)"는 사(詞)를 통해, 대종교의 삼신일체의 신관과 더불어 삼일철학의 이치를 암시하고 있다. 대종교에 있어 단목은 신단수다. 신단수(Sacredtree)는 종교학에서 말하는 종교적 우주수(宇宙樹)다. 천상과 지상을 연결하는 신앙의 보편적 상징물이다. 넓은 뜻으로는 고대 제정일치 사회에서의 제사 장소였던 성역(聖域)의 의미로 통용된다. 따라서 '단목영적'은 '하늘의 뜻이 지상으로 연결된 성스러운 유적'이라고 풀어 쓸 수 있다.

이러한 '단목영적'이라는 개념어가 대종교의 문적으로부터 끌어왔음도 주목된다. 『단군교포명서』를 보면 "대황조께옵서 천명을 수하시고 단목영궁(檀木靈宮)에 강림하사 무극(無極)한 조화로 지도(至道)를 탄부(誕敷)하시며 대괴(大塊)를 통치하실새…."라는 구절이 나타난다. 또한 『단군교오대종지서』에도

"대황조 성신께서 천부(天符)와 삼인(三印)을 가지고…(중략)…단목영궁에 임금으로 임하셨다."

라는 기록이 적혀있다. 즉 강우의 단목영적은 바로 단목영궁과 동일한 의미로 대종교가 출발하는 성스러운 유적으로, 삼일신의 신관이나 철학의 토대가 되는 곳이다. 강우가 '단목영적'을 '기(記)'한 다음 부분에서도 확인된다.

"나무 가운데 가장 신령한 까닭에 '신령나무[靈木]'요 나무 가운데 가장 착하기에 '착한나무[善木]'니 신실[果]키도 하다. 천신 대황조께서 강세한 날에 하느님나라[神國], 신령대궐[靈宮]을 여기에 세우고, 삼천단부의 무리

를 통솔하고 인간 삼백 육십 가지의 착한 일을 주관하고 대종교의 기풍을 기리 드리워, 널리 온갖 생령(生靈)들을 구제하니, 진실로 마땅하도다."

14경 '백하추월'의 서(序)에 나타나는 "백하(白河)에 비춰진 가을 달빛이여! 겉도 속도 다 비인 창문을 연 듯이, 커다란 둥근 달은 골고루 비춰 주네.(白河秋月兮 虛虛空空而窓牖如启 一輪遍照)"라는 예찬 역시, 『삼일신고』「천훈(天訓)」에 실린 다음 내용과 직결된다. 즉 "(하늘은) 겉도 속도 다 비고 어디나 있지 않은 데가 없으며 무엇이나 싸지 않은 것이 없느니라.(虛虛空空 無不在 無不容)"는 가르침을 가져 온 것이다. 대종교의 원만자재(圓滿自在)한 내허외공(內虛外空)의 천관(天觀)을, 이도백하에 비친 백두산의 가을 달빛에 실어 드러내고 있다.

28경 '사시설산'의 서(序)에서는, 늘 흰 메 백두산을 구슬대궐에 빗대어, 대종교의 이상향인 하늘집[天宮]을 희구하고 있다. 즉 "늘 흰 백두산이여! 구슬대궐 드높고 늘 하얀 봉우리들, 세상의 하늘집이 드높이 솟아 있네.(四時雪山兮 玉殿穹窿 長白千峰 巍巍乎上下天宮也)"라는 구절이 그것이다. 대종교에 있어서의 하늘집[天宮]은 무엇인가. 가장 길상(吉祥)하고 가장 광명(光明)한 곳이다. 그러므로 온각 착함과 덕을 쌓고 만들어야 들어 갈 수 있는 곳이다. 『삼일신고』「천궁훈(天宮訓)」의 가르침이 바로 그것이다. 그러므로 강우는 '사시설산'의 사(詞)를 통하여서도 "사계절 두루 설산이여 늘 희고 흼이 하늘집이로다.(四時周而雪山 長白白兮天宮)"라는 표현을 통해, 지상천궁으로서의 백두산을 노래하고 있다. 이 역시 발해 국상 임아상(任雅相)의 『삼일신고』「천궁훈해설」과 그대로 연결되는 인식이다. 임아상은 "하늘집은 하늘에만 있는 것이 아니요 땅위에도 있으니, 백두산의 남북마루가 검나라[神國]요 그 정상의 내리신 곳이 곧 하늘집이다."라는 해설을 보였다. 한편 발해 고왕(대조영)이 지은 「천궁훈」 예찬을 보면

玉殿穹窿 구슬대궐이 크고 높을사
寶先煜煜 상서로운 빛이 번쩍이도다
惟善惟德 착한 이 덕 있는 이
方陛方入 그라사 오르고 들어가리라

라는 싯구가 나온다. 또한 "높고 높다 저 한밝메여 / 하늘 복판에 우뚝 솟았네 / 안개 구름 자욱함이여 / 일만 산악의 조종이로다 / 한배검 하늘에서 내려오시니 / 거룩할사 배달의 대궐이시여.(察彼長白 巖巖蒼穹 霧雨+翁霞靄 万嶽祖宗 維帝神降 靈檀寶宮)"라는 예찬도 찾을 수 있다. 강우가 백두산 28경 '사시설산'에서 발해 대조영의 『삼일신고예찬』 구절(玉殿穹窿, 巖巖蒼穹)을 그대로 가져간 것도 확인된다.

강우는 『백두산28경찬문』에서 대종교의 세계관도 빼놓지 않았다. 대종교의 세계관은 다음의 『삼일신고』「세계훈(世界訓)」에 잘 나타나 있다.

"너희들은 총총히 널린 저 별들을 바라보라. 그 수가 다함이 없으며 크고 작고 밝고 어둡고 괴롭고 즐거워 보임이 같지 않으니라. 하느님께서 모든 누리를 창조하시고 그 중에서 해누리 맡은 사자를 시켜 칠백 누리를 거느리게 하시니, 너희 땅이 스스로 큰 듯이 보이나 작은 한 알의 누리이니라. 속불이 터지고 퍼져 바다로 변하고 육지가 되어 마침내 모든 형상을 이루었는데, 하느님이 기운을 불어 밑까지 싸시고 햇빛과 열을 쬐시어, 다니고 날고 탈바꿈하고 헤엄질치고 심는 온갖 동식물들이 번성하게 되었느니라."

즉 조물주인 하느님[一神]이 '모든 누리[群世界]'를 창조하고 사자(使者)로 하여금 '해누리[日世界]'를 거느리게 했다는 기록과 더불어, 우리가 사는 곳이 '한 알의 누리[一丸世界]'에 불과함을 일깨우고 있다.

강우는 1경 '천산원조' 사(詞)를 통하여 "백두산에 올라 바라보니 온 세상이 한 덩어리라.(登天山而遠眺 六大州而一丸)"라는 감탄하고 있다. 또한 4경 '창명조양'의 서(序)에서는 "푸른 바다의 아침 햇빛이여! 칠백 누리에 늘 비치어 즐거우니, 공경히 송도하는 검사자[神官]의 돌림이로다.(滄溟朝陽兮 七百界而恒照恒樂 欽誦神官之回斡)"를 통해, 해누리의 칠백 세계와 우리가 사는 일환세계의 질서를 읊고 있음이 확인된다. 이러한 예찬은 『삼일신고』「세계훈」의 인용문에서 언급한 "하느님께서 모든 누리를 창조하시고 그 중에서 해누리 맡은 사자를 시켜 칠백 누리를 거느리게 하시니, 너희 땅이 스스로 큰 듯이 보이나 작은 한 알의 누리이니라."는 가르침과도 정확히 조응하고 있다. 더욱이 임아상은 『삼일신고해설』에서 해누리를 맡은 사자를, 태양계를 다스리는 신관(神官)이라고 주를 달았는데, 강우는 '창명조양'의 서(序)에서 '神官之回斡'이라는 인식으로 그대로 원용해 왔다. 또한 강우가 '창명조양'의 서(序)에서 사용한 칠백회간(七百回斡)은, "해 돌아가는 힘을 따라 칠백 별들이 따라 도나니…(太陽線躔 七百回斡…)"라는 대조영의 예찬에서도, 그대로 표현된 구절이다.

이뿐만이 아니다. 25경 '금선탕천'의 사(詞)에 나오는 "금실처럼 끓어오르는 물은 속불이 땅위로 솟아남이라.(金綫湧於湯泉 中火噴於地面)"는 구절과, 27경 '일망수해'의 서(序)에서 예찬한 "드넓게 펼쳐진 나무 바다여! 별들이 듬뿍 벌려진 듯 푸르름이 만 갈래의 이랑인 듯, 아득히 펼쳐져 하늘빛 가득하도다.(一望樹海兮 星辰森列一碧萬頃 渺渺乎上下天光也)"라는 표현 역시, 『삼일신고』, 「세계훈」에 나오는 "속불이 터지고 퍼져 바다로 변하고 육지가 되다.(中火震盪 海幻陸遷)"나 "너희들은 총총히 널린 저 별들을 바라보라. 그 수가 다함이 없으며 크고 작고 밝고 어둡고 괴롭고 즐거워함이 다 같지 않으니라.(爾觀森列星辰 數無盡大小明暗苦樂不同)"는 이미지를 그대로 조응시켜 표현한 것들이다.

『백두산28경찬문』에 드러나는 강우의 수행관도 주목된다. 대종교에 있어 수행은 전통적으로 중요한 의미를 지닌다. 대종교 중광의 동인(動因)을 마련해준 백봉집단이 백두산을 중심으로 한 수행집단이었다. 또한 대종교 중광 교주였던 홍암 나철 역시, 종교적 삶의 전부를 수행에 있음을 강조했다. 그리고 북로군정서의 총재로 만주 무장항일운동을 이끌었던 백포 서일도, 군교일치(軍敎一致)·수전병행(修戰竝行)의 삶을 실천하면서, 수행적 삶으로 일관한 인물이다. 강우 역시 수행적 삶과 떨어지지 않았다. 백두산 제

천과 내도산(內都山) 수행을 시작으로 강화도 마니산 의암단(倚岩壇)에서의 수도생활까지 오로지 수행의 공효를 강조했던 인물이다. 이러한 배경을 감안한다면 『백두산28경 찬문』에서, 수행에 관한 예찬이 많이 등장하는 것도 특이한 일이 아니다.

먼저 8경 '발해낙조' 서(序)에 등장하는 "발해의 낙조여! 거짓된 열여덟 지경에서 다 함께 헤매이니, 고왕(高王)님의 고고하심 울면서 탄식하네.(渤海落照兮 十八境而同暗同苦 泣歎高王之湮沒)"라는 구절이 눈에 띤다. 강우는 발해의 낙조를 바라보며 발해 고왕 대조영의 인물됨을 회고·흠모하면서, 그러한 경지에 범접치 못하고 가달길[妄途] 18지경에 헤매는 현실을 탄식하고 있다. 가달길 18지경이란 대종교의 『삼일신고』, 「진리훈(眞理訓)」에 다음과 같이 나타난다.

> "뭇 사람들은 아득한 땅에 태어나면서부터 '세 가지 가달[三妄]'이 뿌리박나니, 이는 마음[心]과 김[氣]과 몸[身]이니라. 마음은 성품에 의지한 것으로서 착하고 악함이 있으니 착하면 복되고 악하면 화가 되며, 김은 목숨에 의지한 것으로서 맑고 흐림이 있으니 맑으면 오래 살고 흐리면 일찍 죽으며, 몸은 정기에 의지한 것으로서 후하고 박함이 있으니 후하면 귀하고 박하면 천하게 되느니라. 참[眞]과 가달[妄]이 서로 맞서 '세 길[三途]'을 지으니, 이는 느낌[感]과 숨쉼[息]과 부딪침[觸]이요, 이것이 다시 '열여덟 경지[十八境]'를 이루나니, 느낌에는 기쁨과 두려움과 슬픔과 성냄과 탐함과 싫어함이 있고, 숨쉼에는 맑은 김과 흐린 김과 찬김과 더운 김과 마른 김과 젖은 김이 있으며, 부딪침에는 소리와 빛깔과 냄새와 맛과 음탕함과 살닿음이 있느니라."

대종교에서 이러한 18지경은 수행을 통해 극복해야 할 가치다. 그 수행이 바로 대종교의 삼법(三法)이다. 삼법이란 지감(止感)·조식(調息)·금촉(禁觸)하는 법을 말하는 것으로, 대종교의 가달[妄] 십팔경(十八境)을 벗어나는 방법이다. 즉 느낌 지경 여섯[喜·懼·哀·怒·貪·厭]과 숨쉼 지경 여섯[芬·歹+蘭·寒·熱·震·濕], 그리고 부딪힘의 여섯 지경[聲·色·臭·味·淫·抵]을, 그침[止]·고룸[調]·금함[禁]의 방법으로 물리치는 것을 말한다. 강우가 18지경에 헤매는 세속을 탄식하면서, 발해 고왕(대조영)을 회억한 이유는 왜일까. 발해의 대조영은 대종교의 선철(先哲)로서, 『삼일신고예찬』을 남겨준 인물이기 때문이다. 특히 대조영은 그 「진리훈」예찬에서 삼법수행의 공효를 다음과 같이 찬양한 인물이다.

自一而三 하나로부터 셋이 됨이여
眞妄分圖 참과 가달이 나누이도다
會三之一 셋이 모여 하나가 되니
迷悟判途 헤맴과 깨침 길이 갈리네
任化之間 맘대로 달리면 재앙이 되고
殃慶自呼 한 곬으로 달리면 복이 되나니
錯綜至理 얽히고 설킨 참된 이치는
惟之神府 오직 하느님의 믿음표로다

이러한 대조영의 예찬 역시 『삼일신고』「진리훈」에 나오는 이치를 설파한 것이다. 강우에게 있어 대조영의 예찬은, 깨달은 선철의 가르침이며 교훈이었다. 그러므로 15경 '대령동운' 서(序)에서 읊은 "단단대령 잿마루의 겨울철 눈발이여! 여섯 지경[六花] 뿌리박은 듯, 숨쉬[息客]고 부딪히[觸奴]니, 함부로 가달길 가면 뉘라 그 길 한탄치 않으리.(大嶺冬雲兮 六花着根息客觸奴 任妄而走誰非失路之歎)"라는 탄식 역시, 눈보라를 가달 18지경에 빗대어, 함몰되는 속세의 삶을 탄식한 것이다. 더욱이 눈의 결정체 모양에 기대어 육화(六花)로 빗대고 그 원관념을 삼도육경(三途六境-感途六境·息途六境·觸途六境)으로 드러낸 이중 비유는, 문학적 표현의 극치라 아니할 수 없다.

즉 강우는 『삼일신고』「진리훈」에 나오는 "세 가달이 뿌리박나니 이는 마음과 김과 몸이니라.(三妄着根 日心氣身)"의 삼망착근(三妄着根)을 육화착근(六花着根)으로 형상화한 것이다. 또한 강우는 "단단대령에서 세 가달길로 헤매니, 겨울의 눈발이여 참길을 가리누나.(三途迷於大嶺 冬之雪兮封蔀)"라는 구절도 읊조렸다. '대령동운' 사(詞)에 나오는 표현이다. 이 역시 대조영의 예찬 "앞이 가리고 가달에 잡혀, 어찌하면 벗어나리오. 향불 피우고 꿇어 읽으니, 세 길이 이에 밝아지도다.(封蔀粘妄 曷由超昇 焄馞跪讀 三途乃澄)"라는 구절을, 역(逆)으로 연상하여 탄식했음을 알 수 있다.

이 뿐이 아니다. 20경 '오하진주' 서(序)에 나오는 "(삼일신고) 오훈(五訓)의 참구슬이여! 물속에 영명하니, 삼일진리를 닦은 이의 영해(靈骸) 같구나.(五下眞珠兮 水中之明明 恰似三一修道之先生靈顆)"라는 구절은 『삼일신고』의 다섯 가르침[五訓]의 영험함을 함축한 것이다. 또한 그 사(詞)에서 노래한 "보배로운 가르침을 오훈에서 얻으니, 가장 귀한 참구슬은 우리의 머릿골이라.(寶藏採於五河 最上腦兮眞珠)"는 표현 역시, 『삼일신고』「신훈(神訓)」에 실린 "하느님은 그 위에 더없는 으뜸자리에 계시사…(중략)…원해도 친히 나타나 보이지 않으시지만 저마다의 본성에서 하느님의 씨알을 찾아보라. 이미 너희 머릿골 속에 내려와 계시느니라."라는 가르침과 그대로 연결된다. 더욱이 '오하진주'의 사(詞)는 발해의 반안군왕(盤安郡王) 대야발이 "이 삼일신고는 진실로 머리 속에 보배로이 간직한 가장 높은 이치요, 뭇사람들을 '밝은 이'가 되게 하는 둘도 없는 참 경전이다.(若三一神誥者 洵神府寶藏之最上腦珠)"라고 설명한 구절과 거의 일치하고 있다.

22경 '도하어가' 사(詞)에 나오는 "淸濁雜於道河 自取歌兮漁夫" 표현 역시 수행에 관한 비유다. '도하어가'를 직역하면 '이도백하의 뱃노래'지만 그 함축적 의미는 확연히 다르다. 사(詞)의 외연(外延)과 내포(內包)를 도식화해 보면 이렇다.

외연	맑고 흐린 물 뒤섞인 이도백하에	스스로 부르는 어부의 노래여!
詞	淸濁雜於道河	自取歌兮漁夫
내포	調息의 길에 맑고 흐린 김 섞이니	인간이 자초한 가달의 삶이여!

여기서의 '청탁(淸濁)'은 삼법수행 조식법의 대립적 가치이며 '도하(道河)'는 수행의 길이고 '어부(漁夫)'는 뭇사람[衆]을 말한다. 이 또한『삼일신고』진리훈」의 "김은 목숨에 의지한 것으로 맑고 흐림이 있으니 맑으면 오래살고 흐리면 일찍 죽으니…(중략)…뭇사람들은 착하고 악함과 맑고 흐림과 후하고 박함을 서로 섞어서, 가달길에서 제 맘대로 달리다가, 나고 자라고 늙고 병들고 죽는 괴로움에 떨어지고 마느니라.(氣依命 有淸濁 淸壽濁妖…(中略)…衆善惡淸濁 厚薄相雜 從境途任走 墮生長消病歿苦)"는 내용을 모르고서는 도저히 헤아릴 수 없는 말들이다.

이밖에도 3경 '달문비폭' 서(序)와 사(詞)에서는,

"달문에 떨어지는 폭포여! 하늘이 처음 열리는 호탕함이라. 은하수로 쏟아지는 만 길의 폭포여.(闥門飛瀑兮 天極開而浩蕩 萬尺落於漢波)"['달문비폭' 서(序)]

"달문 북쪽에 하늘이 열리니, 은하수 나는 폭포로 떨어지도다.(闥門北而天開 銀河落於飛瀑)"['달문비폭' 사(詞)]

라는 내용과 같이 대종교의 '개천사상(開天思想)'을 노래하고 있다. 또한 대종교의 '조화사상'[11경 '대택하운' 서(序)]이나 2경 '단목영적'의 기(記)와 9경 '청구제연'의 기(記)에 나타나는 '배달사상' 등등, 28경 찬문의 한 단어 한 구절이 대종교적 사상소와 맞닿지 않은 것이 없다. 바로 이러한 점이, 강우의 대종교 교리에 대한 해박한 이해에 대한 경탄과 더불어, 그것을 문학적으로 형상화한 능력에 대한 찬탄을 겸하여 자아내게 하는 부분이다.

『백두산28경찬문』에 실려 있는 또 하나의 줄기는 대종교적 역사인식이다. 강우의『백두산28경찬문』에는 특히 대종교의 강역관이 뚜렷하게 드러나고 있다. 이러한 인식의 배경에는 대종교의『단군교포명서』에 기록된 다음의 기록을 주목할 필요가 있다.

"대황조께옵서 천명을 수하시고 단목영궁에 강림하시어 무극(無極)한 조화로 지도(至道)를 탄부(誕敷)하시며 대괴(大塊)를 통치하실새 북서(北西)로 삭막궁양(朔漠窮壤)과 남동(南東)으로 영해제도(瀛海諸島)까지 신화(神化)가 과존(過存)하시고 공덕이 양익(洋溢)하시니, 서에서는 동방군자의 국이라 칭하고 동에서는 서방유성인(西方有聖人)이라 위(謂)함이 모두 우리 대황조를 모(慕)한 바이라."

즉 단군대황조의 통치 강역이 복서의 북방 사막 벌판으로부터 남동의 너른 바다 여러 섬들까지 미치고 있음을 기술하고 있다. 이러한 인식은 전래되는『단군교오대종지서』에 실린「배달신국삼천단부도(倍達神國三千團部圖)」라는 지도에 잘 드러나 있다. 대종교에서의 삼천단부의 강역이란 바로 배달강역과 일치하는 말이다. 그러므로 강우는 이 삼천단부의 중심인 백두산을 대동방의 진산(鎭山)이며 모든 산악의 조종으로 보았다. 그리고 서쪽으로 중국의 5악 명산, 남쪽으로 고려의 금강산, 동쪽으로 러시아의 시크호테아린(Sikhote-Alin, 錫赫特山)과 북쪽으로 외몽

고(外蒙古)의 완달산(完達山) 역시 백두산의 곁가지로 바라보았다. 강우의 또 다른 저술인『종리문답』에도 "'배달나라'의 강역은 어찌 되었습니까? - '한울메' 곧 백두산을 가운데에 두고 동서가 오 천리요, 남북이 만여 리였습니다."라는 인식과 더불어 아래와 같은 경계를 말하고 있다.

동쪽 지경[界]은 어디까지입니까? - '달달해협'으로부터 창해(滄海)를 다하였다는데, 달달해협은 지금 하바로스크(俄令沿海洲)며, 창해는 곧 동해(東海)입니다.
서쪽 경계는 어디까지입니까? - 홍안령(興安嶺)을 끼고 사막(沙漠)에 뻗혔는데, 홍안령은 만주 흑룡강성에 있고 사막은 지금 내몽고(內蒙古) 경계를 가리키는 것입니다.
남쪽 경계는 어디까지입니까? - 탐라(耽羅)를 거쳐서 영해(瀛海)에 이르렀다는데, 탐라는 곧 제주도요, 영해는 지금 동지나해(東支那海)입니다.
북쪽 지경은 어디까지입니까? - 흑수(黑水)를 넘어서 소해(小海)까지라는데, 흑수는 곧 흑룡강(黑龍江)이요, 소해는 지금 아무울(俄領黑龍州) 북편에 있습니다.
그러면 황해(黃海)와 발해(渤海)는 어찌 되었습니까? - 황해와 발해는 물론 나라 안에 있는 내해(內海)입니다.

강우는 우리 강역의 경계를 동(동해)·서(내몽고 경계)·남(동지나해)·북(흑룡강 넘어 小海)으로 정리하고 있다. 또한 흥미로운 것은 황해(서해)와 발해를 우리 강역의 내해(內海)로 인식했다는 것이다. 이러한 인식의 전제는, 우리의 서쪽 강역이 적어도 산동성·하남성·하북성을 아우를 때 가능하다는 점에서 흥미를 끈다.

강우의 이러한 강역인식은 1915년에 완성한『백두산28경찬문』에서 이미 동일하게 나타난다. 1경 '천산원조' 기(記)를 보면

"(백두산은) 암암창궁(巖巖蒼穹)이여 만악조종(萬嶽祖宗)이로다. 외외백봉(巍巍白峯)이여 사유수위(四維首位)로다. 신화(神化)가 보피어천하(普被於天下)하고 산맥이 만정우내고(蔓廷宇內)인 고(故)로 산지동(山之東) 왈(曰) 동도(東道)요 산지북(山之北) 왈 북도(北道)요 산지서(山之西) 왈 서도(西道)요 산지남(山之南) 왈 남도(南道) 이충막무은(而沖漠無垠)하야 불능진수(不能盡數)로대 약거근상(略擧近狀)하야 표이기지(表以記之)하노라."

로 시작하고 있다. 즉 백두산은 모든 산의 조종이며 천하의 으뜸으로, 그 신화(神化)가 천하에 가득 미친다고 했다. 또한 그 산맥이 온 세계에 가득하여, 그 동·서·남·북의 뻗침이 아득히 끝이 없어[沖漠無垠] 헤아릴 수 없지만[不能盡數], 간략하게나마 그것을 적어보겠다는 의사를 드러냈다. 강우가 '천산원조' 기(記)에서, 백두산의 산맥 뻗침에 비유하여 약술한 동·서·남·북의 지경(至境)을 정리해 보면 다음의 표와 같다.

방향	至境(경계 이름)
동도	흑룡강성 嫩江縣을 지나 시크호테아린山(錫赫特山)까지
북도	흑룡강, 흥안령, 瑚爾哈河(현 목단강)를 지나 興凱湖까지
서도	醫巫閭山을 지나 山東省의 登州까지
남도	무산과 갑산의 (南北)胞胎山으로부터 한반도 전역까지

이 역시 언급한 『단군교오대종지서』『배달신국삼천단부도』
의 강역 구도와 일치하는 것이다. 또한 강우가, 왜 황해
(서해)와 발해를 우리 강역의 내해(內海)로 인식했는가 하
는 이유도 분명하게 드러나고 있다.

한편 강우의 역사관(강역인식)이 총론적이며 간접적인 성
격으로 드러나는 부분이 '천산원조' 기(記)라면, '창명조
양'·'발해낙조'·'청구제연'·'흑수삭풍'의 기(記)에서는 좀 더
각론적이며 직접적으로 드러나고 있다. 즉 동(창명조양)·서
(발해낙조)·남(청구제연)·북(흑수삭풍)으로 나누어 기술하고
있다는 점과 '강역'이라는 용어를 직접적으로 사용하고 있
음이 그것이다. 즉 동해 바다가 동쪽 경계의 끝이며, 발해
를 낀(산동성) 지역이 서쪽 강역이라 직서하고, 남쪽 경계는
남도(한반도) 전역으로 일컫고, 북쪽 강역의 끝도 흑룡강 유
역까지 미치고 있음을 서술하고 있다.

[교력]

강우의 대종교 입교는 시대적 분위기와 무관치 않았다. 무
너져 가는 조국의 현실을 목도하고 우리의 정체성 회복을
통한 단합된 길을 모도하고자 한 것이다. 아래에 언급되는
바와 같이, 그가 대종교에 참여하게 된 결정적 계기다.

"특히, 기유년(융희 3년, 1909) 정월부터 대종교문(大倧敎
門)에 몸을 바친 후로는 오로지, 한배님을 공경하여 받
들고 종족(宗族)을 사랑하여 모아서 국혼(國魂)을 불러
깨우치고 정신을 통일함을 그 이상 더 없는 사업으로 삼
으시사, 하늘과 땅에 축원 기도하며 시종여일 성의 성
력을 다하니, 반 마디 한 조각의 언사가 모두 나라를 근
심하는 피눈물이요, 백성을 사랑하는 피 섞인 말이었
다."

강우는 대종교 중광에 참여하는 인물들과 이전부터 깊은
관계였다. 경흥·성진·길주의 감리 시절 맺었던 현천묵
등, 관북지역 인물들과의 교우가 그 대표적 사례다. 현천
묵은 대종교 중광 당시부터 관북지역 대종교의 중심인물
로 활약하였다. 또한 경성공업전습소(工業專習所)와 관련
된 인물들인 신규식·박찬익 등과 연결도 주목된다. 박찬
익이 공업전습소 학생으로 공업연구회를 조직하고 회장
을 맡아 활동할 때도, 강우는 신규식·김택영(金澤榮)·양
기탁(梁起鐸) 등의 유력 인사들과 적극적으로 후원하였다.
또한 경성공업전습소 안에서 『공업월보(工業月報)』와 『장학
월보(獎學月報)』를 창간하여 국민 지식을 보급할 당시도 후
원을 아끼지 않은 인물이 강우다. 후일 강우·신규식·백
순·박찬익 등, 공업전습소 세력이 대종교 중광의 한 축을

이룬다는 점도 우연이 아닐 듯하다.

대종교 중광에 함께 참여한 강우는 1909년 12월 11일(음력,
이하 음력) 참교(參敎)의 교질(敎秩)을 받았다. 그리고 1911
년 1월 15일 중광절(重光節)에는, 오혁(吳赫, 오기호)·최전
(崔顯)·이채우(李採雨)·신규식·최강(崔岡)·박찬익·김교
헌·이동춘(李同春)·김두봉(金枓奉) 등의 핵심인물들과 지
교(知敎)로 올랐다. 또한 같은 날 협리(協理)로 임명되어 종
무(宗務)를 돕는가 하면, 강실시교사(講室施敎師)로 선임되
어 대종교 포교의 중심에 섰다.

이후 만주 화룡현 청파호로 넘어간 강우는, 그곳을 거점
으로 대종교 인적 조직을 통한 포교 활동에 적극 나선다.
1912년 8월 보름에는 교주 나철, 절친한 동지 백순과 함께
단산(檀山)에 올랐다. 단산이란 대종교 교당에 붙은 뒷산
으로 대종교에서 명명한 것이다. 후일 대종교의 삼종사(三
宗師, 나철·김교헌·서일)가 묻힌 곳이기도 하다. 강우는 이들
과 더불어 백두산을 바라보며 추석날 추원보본(追遠報本)
의 감회를 새겼다. 나철과 함께 그 감회와 관련된 한시도
남겼다. 두 사람은 '산(山)'자를 운(韻)으로 하여 시를 주고
받았으나, 안타깝게도 나철의 글은 전하지 않는다. 그 당
시 강우가 남긴 칠언절구는 아래와 같다.

始見平生願見山　평생에 뵙고픈 산 이제야 처음 봅니다
青天削出白雲間　하늘에 우뚝 솟아 구름 사이 걸렸구려
看看敬愛行行路　공경히 보고 봄이 가도 가도 한없는데
萬事商量三笑邊　온갖 일 의논타가 시간 잊고 돌아옵니다

강우가 단산에서 백두산을 보며 읊은 시다. 강우는 이 시
를 읊을 당시의 감회를 "나홍암(羅弘岩), 백은계(白隱溪) 두
아우와 함께, 청파호 단산(檀山) 상봉에 올라가 천산(天山)
을 바라보니 기쁜 생각, 경애하는 마음 이를 데 없다."라
고 적었다.

강우는 1914년 5월 13일, 김교헌·오기호·최전·이채우·
류근(柳瑾)·조완구·김교준(金敎準)·최강(崔岡)·이건(李鍵)·
신규식·박찬익 등과 상교(尙敎)의 교질로 승질(陞秩)되었
다. 그리고 대종교의 모든 종무(宗務)를 총괄하는 총전리
(總典理)로도 임명되었다. 또한 같은 날, 교주 나철이 백
두산을 중심으로 대종교 교구설정(敎區設定)을 단행할 때,
강우는 국내 대종교를 관할하는 남도본사(南道本司)의 책
임자로도 임명되었다. 당시 교구는 동도교구(동만주 일대
와 노령·연해주 지방 관할), 서도교구(남만주로부터 중국 산해관까
지 관할), 남도교구(한반도 전체 관할), 북도교구(북만주 일대 관
할), 외도교구(外道敎區, 중국·일본 및 구미 지방 관할)로 나누었
다. 아울러 각 교구를 이끈 인물들을 보면, 남도본사의 강
우를 비롯하여 동도본사 서일, 서도본사 신규식과 이동녕
(李東寧), 북도본사 이상설(李相卨) 등이었다.

강우는 1914년 6월, 교주 나철을 대신하여 백두산 제천길
에도 올랐다. 그리고 같은 달 9일 심근 등의 대종교인들
을 인솔하고 백두산 상봉에 혈서로써 구국제천(救國祭天)
을 봉행하였다. 대종교에서의 제천은 중요한 정성이었다.
종교적으로 하늘의 근본으로 되돌아가려는 행위인 동시
에, 하늘의 대광명을 끊이지 않고 이 땅에 이으려는 인간

최고의 기도였다. 초월적 제의는 문명인의 세속 한가운데서도 의식되지 못한 채 반복되며, 신화가 제의와 결합하면 더 큰 생명력을 얻는다. 그 제의가 초월적인 존재를 대상으로 특정한 목적을 이루기 위하여 일정한 의식을 갖추어 비는 것을 말한다면, 전래 대종교에서의 천제는 하느님과 대화할 수 있는 최상의 정성이었던 것이다.

그러므로 대종교의 오대종지(五大宗旨) 가운데 으뜸인 경봉천신(敬奉天神, 공경으로 하느님을 받들 것)은, 홍익의 정신태(精神態)로 하늘에 대하여 보본(報本)하는 정성이었다. 『단군교오대종지서(檀君敎五大宗旨書)』에 드러나듯, 고구려 역시 '경천조(敬天祖)'를 오대종지의 으뜸으로 삼았다. 그리고 하느님의 뜻과 은혜를 잊지 않기 위하여 집집마다 사당을 만들어 세시 때마다 제를 드렸다. 매사를 사당에 삼가 고할 뿐만 아니라 살아 계신 어버이처럼 믿고 의지했다는 것이다. 이것은 고려말 이규보(李奎報)가 당 시대에 집집이 모셔진 단군영정을 보고 읊은 시(嶺外家家神祖像 當年半是出名工)를 보더라도, 고려조까지도 이러한 정신이 계승되었음을 짐작할 수 있다.

당시 강우가 올린 제천문에 실린 곡진한 정성도 주목된다. 대종교의 중심에 성지 백두산이 존재함을 시작으로, 그 신령의 교화가 동북아 전역에 달함을 감복하고 있다. 또한 신손(神孫)으로서, 하느님 공경을 게을리하여 사전(祀典)·고묘(古廟)마저 폐지되고 황량케 만듦으로, 하늘의 벌 내림을 받고 있음을 애통해했다. 그리고 제천문 마지막의 염원에서, "하늘이 가없다 말하나 지극한 정성이면 통하니, 굽어 이에 흠향하시고 이 땅에 광복을 주소서, 말 없는 믿음에 가르침을 주시어 깨우쳐 복을 내려주소서, 신성한 땅[神州]을 반드시 찾아 하늘나라[天國]를 거듭 일으키겠나이다."라는 기도를 올렸다. 여기서의 신주(神州)는 대종교의 신역(神域)으로 삼천단부를 동일한 의미다. 삼한관경(三韓管境) 혹은 구이지경(九夷之境)으로 표현되는 배달강역과 통하는 말로, 고구려 다물정신의 근거가 되는 지역이다. 그리고 천국은 대종교가 꿈꾸던 배달국이상향을 말하는 것으로 다물의 완성과도 통한다 할 수 있다.

강우는 1916년 8월 15일, 대종교 교주 나철이 구월산 삼성사에서 순명조천(殉命朝天)할 당시도 모든 장례를 주관하였다. 그는 대종교 총전리의 자격으로 조완구·심근·현천묵·남규일(南圭一)·김백(金白)·나정경(羅正經)·김서종(金書鍾)·계화(桂和)와 함께 나철의 신해(神骸, 교주의 유해)를 제례상(祭禮床) 앞에 모시는 등, 장례의 시종을 이끌었다. 그 당시 강우는 아래와 같은 추도만장(追悼輓章)으로 나철을 영결(永訣)하였다.

八月無風九月城　중추가절 고요한 구월산 자락
離歌三闋彩雲晴　순명삼조 세 구절에 구름도 영롱쿠나
大敎重光垂道統　대종교를 중광하여 도통을 드리우고
片言遺誡證神明　남겨 놓은 가르침마다 신명을 증명하도다
金花爛熳千秋節　금꽃이 흐드러진 명절이어니
玉殿穹隆萬里程　구슬대궐 길게 드리워 만리를 가누나
百世師兼天下士　백세의 스승이요 천하의 선비러니
乃知今日死猶生　지금의 죽음이 영생임을 알겠도다

강우는 나철의 조천(朝天) 의례를 마친 1916년 1월 15일 정교(正敎)의 교질과 더불어 대형(大兄)이 교호(敎號)를 받았다. 당시 강우가 받은 정교의 교질은, 대종교 중광 이후 초승(超陞, 교질을 건너 뜀)이 아닌 정상적인 단계로 주어진 최초의 정교 교질이었다는 점에서 의미가 크다. 그리고 1918년 1월 3일, 강우는 김교헌·최전·서일과 함께 일반인 최고의 교질인 사교(司敎)의 자리까지 올랐다.

강우는 1919년 4월, 만주 용정 3·1독립만세운동으로 체포되어 그 해 7월 국내 서울로 압송되었다. 숱한 고통을 당한 후 풀려난 강우는 1920년 5월 3일, 가회동(嘉會洞)에 소재 대종교 남도본사에서 개최된 삼신전천제식(三神殿天祭式)에 집례원(執禮員)으로 예식을 주도하였다. 또한 1921년 봄에는 교주 김교헌에 의해 대종교 교주의 권한을 위임받아 3년간 국내 대종교 안정을 위해 노력하였다. 강우가 1923년 1월 2일 대종교총본사의 전강(典講)에 임명되었다는 것도 눈길을 끄는 부분이다. 전강이란 대종교 포교를 위한 교육과 출판의 중추적 역할을 하는 자리다. 그 시기 대종교단 차원에서 여러 출판물이 준비되던 것과, 강우 자신이 중구난방하는 대종교 교리를 재정비하던 때와 일치한다.

한편 강우는 국내 대종교 활동의 열기를 위해 새로운 시도를 모색하였다. 1928년 중광절(음력 1월15일)을 기해 창간한 『한빛』이 그 대표적 시도다. 대종교의 경절인 중광절을 기해 창간했다는 점도 그렇지만, 『한빛』을 발간한 '한빛사'라는 인쇄소의 주소가 대종교남도본사와 동일하다는 것이다. 당시 『조선일보』에서도 『한빛』이 대종교남도본사의 주관으로 발간되었음을 보도하고 있음을 볼 때, 한빛사가 곧 대종교남도본사였음이 확인된다. 『한빛』이라는 종합잡지가 일제의 눈을 피하기 위해 만들어진 대종교의 기관지였음을 알 수 있다. 강우가 『한빛』 창간사를 대신하여 쓴 아래의 「상고의 신인화강(神人化降)과 한빛의 의의」라는 글에서 그 정신이 드러난다.

"반만년 이전에 한배검의 교화를 친히 입은 혈통종족은, 특히 그를 기념으로 하여 '한(桓)'으로 국(國)을 일컬으니 곧 천국(天國)이요, '해(解)'로 씨(氏)를 삼으니 곧 태양이요, 배달(倍達)은 조광(祖光)이며 조선(朝鮮)은 조일광선(朝日光鮮)이며, 고구려·신라·삼한이란 것도 다 천일(天日)의 광명을 의미하는 명칭입니다."

『한빛』의 의미가 그대로 드러난다. 이러한 역사상 전통적 빛의 관념을 가지고 나타난 잡지가 바로 『한빛』이었다. 당시 일제에 의해 대종교의 국내 기반은 처절하게 붕괴되어 갔다. 대종교를 노골적으로 드러내지 못했던 그 시절, 『한빛』은 국내 대종교의 존재 확인을 위한 마지막 몸부림이었다.

이 잡지의 편집은 국내 대종교의 중심이었던 이호(한뫼 이윤재의 대종교 이름)가 맡았다. 『한빛』은 대종교남도본사가 주관한 대종교의 기관지 성격을 가지면서도 한국 문화 전반을 민중들에게 계몽하려는 국학계몽잡지의 성향을 보여 주었다. 그러므로 그 내용 구성에서도 대종교 관련 기사뿐만이 아니라, 한국의 역사·지리·어학 등 국학 전반에 관한 글들을 폭넓게 실었다. 그 필진 역시 김교헌(遺稿 게재)·강우·이호(이윤재)·양병환·(梁昞煥)·문일평(文一平)·김윤경(金允經)·이능화(李能和)·이중화(李重華)·이병도(李丙燾)·최남선(崔南善)·안확(安廓) 등, 당대 대종교와 국학의 중심인물들이 대거 참여하였다.

강우는 『한빛』을 1927년 중광절을 기해 창간하려 했으나, 조선총독부의 원고압수로 1년 늦어지게 되었다. 더욱이 『한빛』은 창간 이후도 일제의 검열과 간섭으로 인해 통권 6호(실제로는 5권)로 폐간당한다. 이것은 당시 항일투쟁의 중심에 있었던 대종교의 활동이 곧 독립운동의 한 방편이라는 일제의 판단이 있었기 때문이었다. 당시 대종교의 이러한 국내 탄압상을 알려주는 기록 중,

> "나는 옮기어 배움을 경성○○학교에 수학하게 되자, 동무들의 권유로 대종교에 다니게 되었습니다. 내가 여기에 든 것은 나의 주제넘은 생각에는 민족적 색채를 가진 이 교에서, 자가(自家)의 보물을 좀 찾아볼 도리가 행여 있을까 함이었습니다. 그러나 때는 마침 무단통치시대인지라, 언론집회는 물론 대금물이어니와, 더구나 이 민족적 색채를 가진 대종교에 대한 감시야 실로 끔직하였지요! 빈궁한 살림살이에 고정한 회당조차 없이 이 집 저 집으로 돌아다니는 곤경에다가, 설상가상으로 그들의 핍박이 날이 갈수록 더욱 심하여, 심지어 교사(敎史) 원고까지 빼앗기는 등, 실로 피가 뛰고 이가 갈리는 비분한 경우도 많이 당하였습니다. 나는 이 교의 교리를 연구하여 보는 한편에, 그 교사 즉 조선사를 배우는 것이 또한 큰 목적이었던 것이나, 주위의 사정이 그러하고 보니, 나는 그만 떡심이 풀리고 점점 회당에 다니기가 싫어졌습니다."

라는 내용에서도 볼 수 있듯이, 대종교를 믿고자 해도 끔찍하고 피가 뛰며 이가 갈리는 핍박으로 인해 돌아설 수밖에 없었음을 전해주고 있다.

1920년대 말의 대종교의 국내 활동은 절망적 상황까지 치닫게 되었다. 집회할 장소도 없이 전전긍긍하며 떠돌았다. 마침내 대종교 국내 활동의 중심이었던 서울(경성) 남도본사가 일제의 탄압을 견디지 못하고 문을 닫았다. 대종교 국내 활동의 양상은 비밀결사적 형태로 더욱 숨어들면서, 강우는 대종교의 천진(天眞, 한배검 영정)을 여사(旅舍)로 옮겨 몰래 1년 넘게 봉안하는가 하면, 내원(萊園) 김교준(金敎準, 교주 김교헌의 동생)의 집으로 옮겨 비밀리에 모시기도 하였다.

급기야 1930년 4월 동대문 밖 신당리(新堂里) 연화동(蓮花洞)으로 이사할 때에는 협조하는 사람 하나 구할 수 없어 강우 홀로 탄식하며 동대문으로 향했다 한다. 쇠약해진 노구를 이끌고 강우가 당시의 아픔을 토로했던 다음의 칠언절구에서, 국혼(國魂)을 깨우치고자 고군분투했던 한 지사의 절규가 그대로 드러나 있다.

> 奉神四月出東門 천진을 받들고 4월에 동문을 나가며
> 喚盡長安萬億孫 서울의 많은 자손들 수없이 불렀다오

芳草萋萋無限恨 푸른 풀 무성한데 이내 한 가없으니
國魂警處自傷魂 국혼을 깨우치느라 혼자서 애태웁니다

이렇듯 강우는 당대 전국 지식인들이나 종교계로부터 존경받는 도덕가였다. 그리고 1909년 대종교 중광에 참여한 이후, 모든 삶의 기준을 대종교에 맞추며 살다 간 인물이다. 강우의 서거를 애도한 부여군 청년들의 아래 「봉도사(奉悼辭)」를 보아도 드러난다.

> "대교(大敎, 대종교를 높이는 말·인용자주)에 몸 바치기 전에 고 월남(月南) 선생을 비롯하여 기독교문(基督敎門)으로 끌려가는 이 많았지만, 선생은 국혼(國魂)을 상실할까 하여 종시 듣지 않으셨으니, 선생의 순일(純一)한 조국 사상이 여기에 빛날 것입니다."

그러므로 강우는 "강호석의 지성대덕(至誠大德)은 우리 종문(倧門)의 제일일 뿐 아니라, 조선근세사상에 드물게 보는 진정한 대선생(大先生)"으로 평가받았다. 해방 후 정명(晶明)이란 인물이 출판한 책에서, 강우의 인물됨을 평가한 다음의 기록을 보면 알 수 있다.

> "조선근세사상 가장 진정한 선생이 누구냐고 질문한다면 나는 주저치 않고 '조선혼 강호석(姜湖石) 선생이다'라고 답변하겠다. 왜 그러냐 하면 호석 선생은 제 3자가 우려할 정도로 철저하셨고, 제 3자가 탄식할 정도로 진정하셨던 까닭이다. 그러므로 조선민주당 수령 조만식(曺晩植)씨가 일찍 호석 선생을 평하되, '강호석 선생은 그 이상이 너무나 철저하고 심원한 까닭에 현대에는 그 포부를 실현하기가 곤란할 것이다' 하였고, 의열단의 맹장 고(故) 이성우(李成宇)씨는 10년간 영어(囹圄) 생활 후에 호석 선생을 배알하고 사제지의(師弟之義)를 맺은 후에, 호석 선생에 대하여 '안연(顔淵)이 공자(孔子)를 대하던 마음으로 선생님께 대하나이다' 하였고, 전(前) 『한빛』 잡지사 이호(李灝, 이윤재의 대종교명)씨는 강호 선생을 평하되, '강호석 선생의 도덕과 포부는 이상재를 능가한다' 하였고, 이화대학 교수 박노철(朴魯哲)씨는 호석 선생을 평하되 '강호석 선생은 종문(倧門) 제일의 도덕가다' 하였다."

강우의 인물됨은, 위에서 평한 '조선근세사상 가장 진정한 선생'이라는 한마디로 정리될 수 있을 듯하다. 대종교의 2대 교주였던 김교헌의 조천(朝天, 대종교에서는 교주의 죽음 조천이라 칭한다) 이후에, 당시 현천묵 등 대종교 원로들이 강우를 3대 교주로 추대하려 했던 움직임이 있었다는 것에서도, 강우의 종교적 덕망과 그 위상을 찾아볼 수 있다. 일찍이 가람 이병기가 강우에 대해 '참다운 선생님'이라고 표현한 것이나, 당시 『매일신보』(12922년 6월 9일자)의 기사에 "교중(敎衆)을 통할하고 제교인(諸敎人)이 스승으로 여기는 강우씨"라는 보도에서도 확인할 수 있다. 해방 이후인 1950년 5월 5일, 대종교에서는 강우와 함께 일제강점기에 이미 사교의 교질에 올랐으나 고인(故人)이 된 최전·오혁(오기호)·백순에게 도형(道兄) 교호를 추가(追

加)하였다.

[참고문헌]
『倧報』제4호(1909년), 『倧令』제3호(1911년), 『대종교보』제57호(1923년)·제166호(1950년), 『檀君敎五大宗旨書』(白峯大宗師 親閱, 1910), 『종문영질』(프린트본, 1922), 『한빛』창간호·3월호(한빛사, 1928), 『譯解倧經四部合編』(정열모 편, 대종교총본사, 1949), 『홍암신형조천기』(대종교총본사, 1954), 『대종교인과 독립운동연원』(이현익, 프린트본, 1962), 『대종교독립운동사』(박명진, 필사본, 1964), 『대종교중광육십년사』(대종교총본사, 1971), 『대한매일신보』1905.8.11., 『황성신문』1907.12.20., 1908.7.10., 『매일신보』1922.6.24., 12.1., 『조선일보』1927.11.25., 『동아일보』1922.12.2., 1931.4.2., 『불교』제77호(불교사, 1930), 『天國魂』(晶明, 海印島彌勒山正心道舘本山, 1947), 『독립운동사』8(독립운동사편찬위원회, 1976), 『호석선생문집』(독립운동사편찬위원회, 『독립운동사자료집』12, 1977), 『한민족독립운동사자료집』38(국사편찬위원회, 1999), 『해외의 한국독립운동사료-滿洲地域本邦人在留禁止關係雜件』34(국가보훈처, 2009), 『대종교 성지 청파호 연구-종교지리학적 관점을 중심으로』(김동환, 『국학연구』17, 국학연구소, 2013), 『대한민국임시정부자료집』18(국사편찬위원회, 2007), 『국학연구』18(국학연구소, 2014), 『호석 강석기 부자의 대종교 신앙과 민족운동』(박걸순, 『한국사연구』167, 한국사연구회, 2014)

강원빈(姜元斌, 남, 1882-1922)
아호(별명)_ 강문주(姜文周), 해산(海山)
입교 시기_ 1914년 | **교질**_ 참교

경기도 강화 출신으로 독립운동가로 초명인 강문주(姜文周)로 많이 알려져 있다. 많은 대종교계 독립운동가들 처럼 대종교에 귀의하면서 강원빈을 사용한 듯하다. 그는 일찍이 군대에 들어가 학술에 뛰어난 능력을 보여 보병정교(步兵正校)로 빠르게 진급하였다. 그러나 군대해산을 당하자 비분강개하며 경기·황해·영동(嶺東)의 각지를 전전했다. 1913년 큰 뜻을 품고 두만강을 건너 만주로 들어가 대종교를 신봉하면서 본격적인 항일투쟁의 길로 들어섰다. 대종교에서 경영하는 만주 각 학교의 체조를 담당하고 학생들의 강건한 체력 단련을 통한 정신력 강화에 힘을 쏟았다.

강원빈은 1919년 이후 무장독립단체에 가담하고 본격적 무장투쟁을 전개하였다. 그 대표적 흔적이 대한독립단과 의군부에서의 활동이다. 대한독립단은 1919년 3·1운동 이후 편성된 단체로 홍범도(사령관)·주건(朱建, 부사령관)·박경철(朴景哲, 참모장)이 중심이 되었으며, 강원빈은 대한독립군 제1군 중대장을 맡았다. 당시 그와 함께 한 주요 인물들과 그 보직을 보면 참모에는 박경철·이병채(李秉埰), 전위대장(前衛隊長) 허재욱(許在旭), 제1군 대장 최운곡(崔雲谷), 제1군 재무장(財務長) 김종운(金鍾雲), 제1군 감시(監視) 허근(許根), 제1군 소대장 지운(池雲)·김홍극(金洪極), 제2군 대장 박원봉(朴元峯), 제2군 재무장 김경삼(金景三), 제2군 소대장 이천오(李千五)·정운식(鄭雲植), 제3군 대장 홍범도(洪範燾), 제3군 참모 겸 대한독립단 재정부장 홍림(洪林), 제3군 중대장 홍사근(洪仕根), 제4군 대장 홍태준(洪泰俊) 등이었다.

이후 의군부에도 가담하여 항일투쟁의 폭을 넓혀 갔다.

의군부는 1919년 4월 이범윤(李範允)·진학신(秦學新)·최우익(崔友翼)·김현규(金鉉奎) 등이 동만주 연길현(延吉縣)에서 조직한 항일 무장 투쟁 단체였다. 강문주는 의군부의 군기감독(軍器監督)을 거쳐 1921년 6월경에는 의군부 참리부 경리국 소속 모연대장(募捐隊長)으로 군자금 확보에 남다른 노력을 기울였다. 당시 강원빈과 함께 한 각 지역의 모연대장들은 김진규(金晋奎)·이재안(李載安)·조재규(趙載奎)·황중삼(黃仲三)·김종섭(金鍾燮)·이일태(李日泰)·김열(金烈) 등이었다. 또한 그는 의군부가 대한군정서(북로군정서)와 협력하며 청산리전쟁의 승리를 이끄는데도 기여하였다. 청산리전쟁 후 노령 방면으로 이동한 의군부는 1921년 6월 자유시 참변의 수난을 겪게 된다. 이러한 소용돌이 속에 강원빈은 항일무장투쟁의 재기를 도모하던 1922년 5월, 영안현 목단강촌에서 향년 41세로 사망하였다.

강원빈의 대종교 교력을 살피면 1914년 5월 17일(음력)에 참교의 교질을 받은 것으로 보아 만주로 들어 간 직후 대종교에 봉교한 것으로 보인다. 더욱이 같은 해 대종교 시교원(施敎員)으로 임명되면서 만주지역 대종교 포교에 혁혁한 공을 세웠다.

[참고 문헌]
『대종교보』제54호(1922년), 『종문영질』(프린트본, 1922), 『朝鮮側 警察이 朝鮮人 金順 등을 拘引시킨 것에 관한 건』(不逞團關係雜件-朝鮮人의 部-在滿洲의 部28, 受20669호-公제259호, 한국사DB, 국사편찬위원회)

강윤선(姜允善, 남, 생몰 미상)
입교 시기_ 미상 | **교질**_ 미상

청산리대첩 이후 뿔뿔이 흩어졌던 대종교인들은 1922년 영안현(寧安縣) 영고탑(寧古塔)에서 재결집하였다. 이에 제2대 도사교 김교헌(金敎獻)은 1922년 3월 5일 대종교종회를 개최하여 동1도본사와 동2도본사의 관할구역을 획정하고, 대종교 발전을 위해 시교당 증가를 위해 대대적으로 대종교 부흥운동을 전개하였다. 1923년까지 설립된 대종교 시교당은 국내 6개, 만주 36개, 러시아 연해주 지역에 3개, 중국 상해에 3개 등 모두 48개를 세우고, 교인 수는 2만 5천 명에 달했다. 강윤선은 1923년 3월 1일 빈강현 시내에서 우덕순(禹德淳)이 세운 합성(哈成)시교당에서 찬무로 활동하며 대종교 포교에 주력하였다.

당시 대종교는 하얼빈 동철도연선을 따라 영고탑, 해림(海林) 밀강(密江), 삼차구(三岔口), 소수분(小綏芬), 목단강(牧丹江)을 중심을 민족교육을 일으키며 부흥운동을 전개한 결과, 영고탑은 대종교의 중심지가 되었다.

1923년 대종교에서는 총본사를 하얼빈으로 이전하여 대일항전을 지속하고자 김교헌, 김좌진, 현천묵, 조성환 등 대종교 지도부는 34명의 자산가들과 함께 '만몽산업회'를 결성하였다. 이때 하얼빈 전 조선인민회 서기로 있던 강윤선도 함께 참여했으며, 하얼빈 조선인민회 서기로도 활동한 이력과 더불어 1921년 독립신문 하얼빈지국장이자 조선인민회장 홍인국(洪仁國)과 함께 활동하였다. 일본 측 기록에는 '비교적 친일의 태도를 표방'하며 일본의 비호를 받는 인물로 묘사되어 있다.

강윤선의 대종교 교력을 보면, 1923년 3월 5일(음력) 우덕순이 개설한 빈강현(濱江縣) 소재 대종교 합성(哈成)시교당의 찬무(贊務)로 임명된 기록이 있으나 그 교질 관계는 전하지 않는다.

[참고문헌]
『대종교보』제57호(1923년). 『대종교중광육십년사』(대종교총본사, 1971). 『普通報 第5號(哈爾濱 朝鮮人의 現況』(不逞團關係雜件-朝鮮人의 部-在滿洲의 部26, 關參謀 第74號; 秘受 1913號, 한국사DB, 국사편찬위원회). 『臨時報 第172號(大倧敎設立計劃)』(不逞團關係雜件-朝鮮人의 部-在滿洲의 部36, 關機高收 第5452號-1; 機密受第262號, 한국사DB, 국사편찬위원회)

강을모(姜乙模, 남, 1914-1979)
입교 시기 _ 미상

호석(湖石) 강우(姜虞)의 장손으로 강진구(姜鎭求)의 장자다. 1921년 10월 조부(祖父) 강우가 북로군정서 혐의로 서울경찰서에 체포될 때, 만주 왕청현 대한군정서(大韓軍政署, 일명 북로군정서)에 관계한 혐의로 부친인 강진구, 숙부(叔父) 강철구(姜鐵求)·강용구(姜鎔求)와 함께 서울경찰부에 잡혀 2개월 간 고초를 겪었다. 그 후에도 강을모는 충남 지역 공무원을 지내면서 조부와 숙부들의 독립운동을 암암리에 지원하였다. 1920년대 이전에 대종교에 입교한 듯하나, 그 기록은 현전하지 않는다.

[참고 문헌]
「호석문집」(독립운동사편찬위원회, 「독립운동사」8, 1976)

강응도(姜應道, 남, 생몰 미상)
입교 시기 _ 1926년 이전 | 교질 _ 미상

출신지역과 생몰연대를 알 수 없는 인물이다. 대종교의 입교 시기과 영계(靈戒) 사항에 대한 기록도 전하지 않는다. 그러나 대종교만주포교금지령이 내려진 직후인 1926년 만주 당국에 의해 압수된 대종교의 문건에 강응도가 등장한다. 대종교만주포교금지령은 1926년 일본의 압력을 받은 만주 길림성장(吉林省長) 장작상(張作相)에 의하여 취해진 조치로, 이로 인해 동·서·북 3개의 대종교도본사가 해체되었고, 국내 서울에 잔존하던 남도본사마저 폐쇄된 사건이다.

압수된 문서 중에 있는 「대종교시교당일람표(大倧敎施敎堂一覽表)」에는, 강응도가 대종교 삼성시교당(三成施敎堂)의 찬무(贊務, 부책임자)를 맡은 기록이 있다. 그의 대종교 입교가 그 이전에 이루어졌음을 알게 해 준다. 당시 삼성시

교당은 길림성(吉林省) 부여현(扶餘縣) 삼가자(三家子)에 소재했던 시교당으로, 강두환(姜斗桓)이 전무(典務, 책임자)를 맡아 이끌었으며 옥기조(玉基祚)가 강응도와 더불어 찬무를 맡아 강두환을 도왔다. 강응도 등은 부여현 도뢰소참(陶賴昭站) 북삼가자회육당(北三家子會育堂)에 연락 거점을 두고 114명의 교인을 이끌며 활동하였으나, 이후의 행적은 알 길이 없다.

[참고문헌]
「大倧敎施敎堂一覽表(1926年)」(延边朝鲜族自治州档案馆 全宗号42 目录号1 案卷号343, 和龙县历史档案 和龙县警察所, 令各区查禁韩人设立大倧教堂由, 民国十五年五月十二日)

강의경(姜儀卿, 여, 생몰 미상)
입교 시기 _ 1911년 이전 | 교질 _ 지교

출신지역과 생몰연대를 알 수 없는 인물이다. 비교적 이른 시기인 1911년 4월 7일(음력), 김치원(金致媛)·김기원(金基媛)·김창원(金昌媛)·최효경(崔孝卿)·조중경(趙重卿)·손창숙(孫昌娅) 등의 여성들과 참교(參敎)의 교질(敎秩)을 받은 기록이 있다. 이로 보아 당시 대종교 중심인물의 부인(婦人)이거나, 사회적 활동이 다대했던 인물로 추정 되지만 확인이 안 된다.

또한 1916년 4월 1일(음력)에는 지교(知敎)의 교질까지 올랐다. 강의경이 지교를 받았을 당시 대종교단 내에 여성으로서 지교에 오른 인물은 2명밖에 없었다. 대종교를 중광(重光)한 홍암(弘巖) 나철(羅喆)의 부인인 기길(奇姞)과 행적이 불확실한 류정구(柳貞姤)라는 인물이 그들이다. 강의경의 대종교에서의 위치 또한 가볍지 않았음을 알 수 있으나 이외의 기록은 전하지 않는다.

[참고문헌]
『倧令』제3호(1911년). 『종문영질』(프린트본, 1922)

강인규(姜寅圭, 남, 생몰 미상)
아호(별명) _ 강인규(姜寅奎)
입교 시기 _ 1911년 이전 | 교질 _ 찬교(贊敎)

출신지역과 생몰연대가 불확실한 인물이다. 대한제국 시절 농상공부참서관(農商工部參書官)을 시작으로 통신국장(通信局長), 통신원서무국장(通信院庶務局長), 통신원회판(通信院會辦), 철도원감독(鐵道院監督) 등을 두루 역임하였다.

1896년 출범한 독립협회에도 가담하여 기관지인 『대조선독립협회회보』에 발간을 위한 찬조에 앞장섰으며, 1908년에는 대한협회 본회 회원으로도 활동한 기록이 있다. 1910년 3월 29일에는 고희준(高羲駿)·정응설(鄭應卨)·민원

식(閔元植)·이재극(李載克) 등 100명과 정우회(政友會) 발기총회를 열어 총재에 민영휘(閔泳徽)를 선출하고, 황실존영(皇室尊榮). 정치무실(政治務實). 교육진흥(敎育振興). 실업발달(實業發達), 사회개량(社會改良), 빈황구제(貧荒救濟). 한일친선(韓日親善) 등의 7개 조항을 정하기도 하였다.

한편 갑오개혁 이후인 1900년에 이미 협동회사(協同會社)를 설립하여 상업활동에 뛰어들었으며, 1921년 3월에는 경성부(京城府) 다옥정(茶屋町, 현재의 중구 다동)에 농림업을 주업으로 하는 조선토지(朝鮮土地)라는 주식회사를 설립하여 1930년대까지 지속하였다.

강인규의 대종교 교력을 살피면 1910년 10월 21일(음력) 황병욱(黃炳郁)·김사홍(金思洪)과 함께 찬교(贊敎)의 교질(敎秩)을 받은 기록이 있다. 그의 대종교 입교가 대종교 중광(重光, 음력 1909년 1월 15일) 직후에 이루어졌음이 확인된다. 또한 1911년 어천절(御天節, 음력 3월 15일) 행사에는 김사홍·정두화(鄭斗和)·민명식(閔命植)·나정련(羅正練) 등과 행사 설비위원(設備禮員)으로 선정되어 활동하였으나, 이후의 기록은 전하지 않는다.

[참고문헌]
『종보』 제8호(1910년). 『倧令』 제3호(1911년). 『대조선독립협회회보』 제3호(1896년). 『승정원일기』 1897년 11월 18일, 1900년 2월 26일, 1902년 10월 1일, 1904년 7월 13일, 『대한협회회보』 제2호(1908년), 『대한매일신보』 1910.3.30, 『朝鮮銀行會社要錄』(1921년판) 『轉國企業家史』(조기준, 박영사, 1983), 『고종시대사』 4·5·6(국사편찬위원회, 2015)

강인수(姜寅秀, 남, 1869-1932)

아호(별명) _ 백서(白棲). 은수(殷叟). 산미(山薇)
입교 시기 _ 1920년 무렵 | 교질 _ 미상 | 서훈 _ 애국장(1990)

충남 천안 출신이나 이후 경북 안동시 북후면(北後面) 옹천리(甕泉里)로 전적(轉籍)하였다. 1905년 을사늑약의 충격으로 서울에서 동우회(同友會)를 조직하고 국권 회복운동을 전개하였다. 1907년 헤이그 밀사 파견에 연루되어 일본 경찰로부터 수배를 받게 되자, 블라디보스토크로 피신하여 항일투쟁을 계속하였다.

1916년 만주로 이동한 강인수는 1920년 북로군정서에 가담하여 청산리 전투에 참가하였다. 이 시기 대종교에 입교하였다. 1922년에는 북만주 해림에서 조선인의 지식개발과 산업교육·경제진전(經濟進展)의 방법 연구를 목적으로 하는 북만경학연구회(北滿耕學研究會)가 설립되자 부회장을 맡고, 대종교 동지인 김영선(金榮璿)·원풍(元豊) 등과 연설을 하며 분위기를 주도하였다. 1925에 만주 영안현(寧安縣)에서 신민부(新民府)를 조직하는데 가담하였고, 현천묵·노호산(盧湖山)·김기남(金基南)·지장회(池章會)·양윤삼(楊允三)·강규상(姜奎尙)·황국민(黃國敏)·손일민(孫一民)·나중소(羅仲昭)·강명원(姜明鏡) 등과 검사원(檢查員)으로 선임되어 지방 조직과 독립군의 편성 및 훈련에 주력하였다. 이들 대부분이 대종교의 중진이었음이 주목되는 부분이

다. 그가 고려혁명군 간부와 극동청년공산당 요원으로 전전후의 활약을 보여주었던 시기도 이 무렵이다.

한편 강인수 활동의 중심이었던 신민부는 대종교 계열의 독립운동 단체로 대종교의 이상이었던 배달국 공화주의의 정치형태를 추구하였다. 또한 신민부에는 그 이상에 동조했던 김종진을 위시한 이을규·김야운·이준근·엄순봉·이봉해·이달 등의 젊은 아나키스트들도 적극 참여하였다. 그 아나키스트들의 정신지도에 중심이었던 인물이 바로 강인수였다. 그는 대종교 핵심이었던 은계(隱溪) 백순(白純)과 함께 이들의 정신적 계도에 앞장선 것이다.

이후 1929년에는 대종교의 교주였던 윤세복이 앞장서서, 재만 각 독립운동 단체를 통합한 한족연합회(韓族聯合會)를 결성할 당시 그 주도세력으로 합류하였다. 그리고 1930년에 일제의 탄압이 혹심해지자 하얼빈 접경지인 산시역(山市驛)에 은신하였으며, 1932년 10월 하얼빈으로 옮겼으나 과로로 인한 병을 얻어 사망하였다.

그의 저술로는 『강역고(彊域考)』·『한말년통사(韓末年痛史)』·『자서전』 등이 있다. 강인수는 대종교에 깊숙이 참여하면서 대종교 동이도제일지사(東二道第一支司)의 중추로 활약했으며, 1922년에는 영안현(寧安縣) 해림시(海林市)에 동일도제일지사에 소속한 장일시교당(帳一施教堂)의 책임을 맡아 대종교의 군교일치(軍敎一致)를 솔선하기도 했다.

[참고 문헌]
『대종교중광육십년사』(대종교총본사, 1971). 『한국독립운동사』4(국사편찬위원회, 1968). 『北滿耕學研究會 設立의 件』(不逞團關係雜件-朝鮮人의 部-在滿洲의 部33, 한국사DB, 국사편찬위원회). 『민족해방운동과 나』(이강훈, 제삼기획, 1994)

강종구(姜鍾求, 남, 1890-?)

입교 시기 _ 미상 | 교질 _ 미상

충남 부여군 장암면(場岩面) 장하리(長蝦里) 출신으로, 대종교의 지도자였던 강우(姜虞)의 조카이자 강철구(姜鐵九)의 4촌 동생이다. 1911년 한성사범학교를 졸업하고 제주도 공립 족의보통학교(族義普通學校)에서 부훈도(副訓導)를 지냈으며, 충남 온양공립보통학교 대용교원으로 있었다. 조선총독부 보통문관 시험에 합격한 후 조선총독부 군서기(郡書記)에 임명되어 충남 논산군 군속(郡屬)을 지냈다. 당시 논산군청년회 서무부장 및 부황리(夫皇里) 진흥회 회장을 맡기도 했다. 이 시절 독립공채를 통한 독립자금을 모으기 위해 북간도로부터 들어온 4촌형 강철구와 연관되면서 체포되어 2개월 가량 구금생활을 하였다. 주변인들이나 대종교 원로들의 전언에서 그가 대종교인이라는 것에는 의심의 여지가 없지만, 그의 대종교 입교 기록은 남아 있지 않으며 교질 관계 역시 확인할 수가 없다.

[참고 문헌]
『호석선생문집』(독립운동사자료집12, 1977). 『한민족독립운동사자료집』38(국사편찬위원회, 1999)

강주형(姜周衡, 남, 생몰 미상)
입교 시기_1923년 이전 | 교질_미상

출신지역과 생몰연대를 알 수 없는 인물이다. 일제의 기록에서는 찾을 수 없으며 1920년대 대종교의 문건에서만 등장하고 있다.

강주형의 대종교 교력을 살피면 1923년 1월 23일(음력) 대종교 동일도본사(東一道本司) 관할 농일시교당(農一施教堂)의 찬무(贊務, 부책임자)을 맡은 기록이 전한다. 그의 대종교 입교가 그 이전에 이루어졌음을 확인할 수 있다. 농일시교당은 혼춘현(琿春縣) 순의사(純義社) 농막동(農慕洞)에 소재한 시교당으로, 당시 서종영(徐鍾永)이 전무(典務, 책임자)로 임명되어 시교당을 이끌고 김기서(金箕瑞)라는 인물이 강주형과 더불어 찬무로 있으면서 서종영을 도왔다.

한편 서종영은 1926년 대종교만주포교금지령으로 시교당이 해산할 때까지도 농일시교당의 전무로 시무하고 있었으나, 그 시기 강주형은 그곳을 떠난 후였다. 당시에는 이관빈(李觀彬)과 류행준(柳幸俊)이 강주형과 김준서를 대신하여 찬무를 맡고 있었으며, 혼춘현 동문(東門) 안 협성상회(協成商會)의 이군빈(李君濱)을 연락 거점으로 32명의 교인을 거느리고 활동한 기록이 있다.

[참고문헌]
『대종교보』 제57호(1923년). 『大倧教施教堂一覽表(1926年)』,(延边朝鲜族自治州档案馆 全宗号42 目录号1 案卷号343, 和龙县历史档案 和龙县警察所, 令各区查禁韩人设立大倧教堂由, 民国十五年五月十二日』.『대종교중광육십년사』(대종교총본사, 1971)

강준(姜俊, 남, 1903-?)
아호(별명)_강창식(姜昌植)
입교 시기_1922년 | 교질_미상

함경북도 경성군(鏡城郡) 어랑면(漁郞面) 이암동(利岩洞) 출신이다. 1910년 가족을 따라 북간도로 건너가 대성학교와 사범학교 졸업하고 천주교 계통의 학교인 해성학교(海星學校)와 삼애학교(三愛學校)에서 교원 생활을 하였다.

강준의 대종교 교력을 살피면, 1923년 2월 28일(음력) 대종교 동도본사 제1지사에 속한 치일시교당(治一施教堂)의 시교원(施教員)으로 임명된 기록이 있다. 그 시기 시교원이나 시교사(施教師)는 시교당을 거점으로 종교적 포교와 함께 학교 교육을 담당하였다. 특히 경신대토벌 이후로는 대종교계 학교가 대부분 초토화되어 시교당을 거점으로 교육을 하였다. 당시 치일시교당은 혼춘현 치안사(治安社) 일하태(逸下坮) 지역에 있었으며, 그 책임자[전무(典務)]는 김병길(金秉吉)이 맡았다. 또한 최병옥(崔秉玉)과 송창수(宋昌秀)가 찬무(贊務, 부책임자)를 맡아 활동하였으며, 강준과 함께 채기업(蔡基業)·채천석(蔡天錫)이 시교원으로 복무하였다. 아

쉽게도 강준의 입교 기록이나 교질 사항에 대해 별도로 전하는 기록은 없다.

[참고문헌]
『대종교중광육십년사』(대종교총본사, 1971). 『경향신문』1907.6.14., 『间珲万姓大同谱』(姜运球·梁承武 編著, 1929)

강진건(姜鎭乾, 남, 1885-?)
입교 시기_1920년대 초반 추정 | 교질_미상

함경남도 이원군(利原郡) 남면 봉항리(封巷里) 출신이다. 1908년 고향에 협성학교(協成學校) 분교를 설립하여 후진 양성에 힘을 기울였다. 1910년 만주 장백현 16도구(道溝) 소덕수리(小德水里)로 건너가 육영사업 및 토지개척사업에 종사하였다. 1919년 3·1운동에 공명하고 조선독립의 목적을 달성하기 위해 적극적인 행동을 폈다.

중국 무송현(撫松縣) 하북(河北)의 윤세복·김호익(金虎翼) 등이 대종교인들을 중심으로 흥업단(興業團)이라는 단체를 조직하자 동지 10수 명에게 권유하여 함께 이 단체에 가입하였다. 이 단체의 경시(警視)로써 군자금 수령원의 감독, 일본 관헌의 밀정의 감시 등에 종사하고, 이후 군비단(軍備團)과 합병하여 국민단(國民團)으로 되자 그 의사부(議事部) 차장에 선임되었다. 다시 대진단(大震團)·태극단(太極團)과 합병하여 광정단(光正團)으로 개편되자 그 군사부장을 맡아 병기·탄약·군복 등의 보관, 군대의 소집 훈련 등의 임무에 종사하였다.

강진원이 경성복심법원에서 열린 2심에서 최종 무기징역이 언도된 과정을 실은 『매일신보』(1923년 10월 28일자) 기사.

1922년 11년 9월경, 광정단 부단장 임석우(林錫祐), 총무 윤덕보(尹德甫)가 강진원과 협의하여 동단의 소대장 강승경(姜承京), 부소대장 당인표(唐仁杓), 부교(副校) 김재성(金在成), 하사(下士) 박준혁(朴俊赫) 등의 30여명의 대원 소집하고 일본 관헌을 습격하여 병기를 강탈하였다. 또 군자금 모금과 함께 임무수행에 사용할 장총(長銃) 35정, 권총 5정, 1인당 탄환 20~50발씩을 교부하고 함경남도 삼수군 호인면 영성리(嶺城里) 주재소를 습격하여 순사 마쓰이 다카시(松井孝)를 사살하고, 또 응원 순사 호리우치 소우자(堀內宗三) 및 김동정(金東挺)에게 중경상을 입혔다. 일제는 이 사건과 관련하여 강진원을 강도살인·강도상인·가택침입·강도의 방조 혐의를 적용하여 무기징역을 선고했다.

해방 이후에는 청진농민조합장·함경북도농민조합장, 북조선임시인민위원회 상임위원, 북조선농민동맹 중앙위원회 위원장을 역임하였다. 또한 당 중앙위원회 중앙위원 겸 평안남도인민위원회 위원장과 더불어 애국투사후원회 중앙위원으로도 활동하면서, 1947년에는 북조선인민회의 상임위원회 위원과 1948년에는 제1기 최고인민회의 상임위원회 위원, 민주농민당 위원장, 1949년 6월 조국통일민주주의전선 중앙위원회 상무위원 등의 직책을 두루 수행하였다. 특히 1947년 미소공위협의에는 북한 측 농민동맹 대표로 참가하였으며, 1948년 여운형이 죽었을 당시도 북조선의 김일성·김두봉·최용건·김달진·이기영·김달진 등과 북조선농민동맹 대표로 추도문에 이름을 올렸다.

강진원은 6·25 이후에도 조선평화확보전국민족위원회 위원장, 조선노동당 제3회대회 중앙위원, 제2기 최고인민회의 대의원 및 중앙선거위원회 위원, 최고인민회의 상임위원회 위원, 조국통일민주주의전선 중앙위원회 상무위원, 그리고 조소친선협회(朝蘇親善協會) 중앙위원을 지냈다. 이어 1961년 5월 조국평화통일위원회 중앙위원회 상무위원, 1961년 9월 조선노동당 중앙위원(제4회 대회) 등을 역임하면서 김일성(金日成) 유일지도체계를 수립하는 데 큰 공을 세웠으나, 연로했던 까닭에 적극적인 정치활동은 못하였다. 1962년 노환으로 사망하여 평양 신미리 애국열사릉에 안장되었다.

강진건의 대종교 교력을 살피면, 광정단 시절을 전후로 하여 대종교에 입교한 것으로 전언되지만 관련 기록은 남아있지 않다. 다만 대종교 항일투사 박명진(朴明鎭)의 기록인『대종교독립운동사』(필사본, 1962)에는 1922년 3월 대종교 서일도본사(西一道本司) 관할 흥업단을 중심으로 태극단·광복단·군비단 등을 통합하여 광정단이 조직되어 군비(軍備)를 강화하였다 한다. 그리고 당시 참여한 서일도본사 소속의 주요 교인으로, 강진건을 비롯하여 윤세복(尹世復)·김호·김혁(金赫)·윤덕보·장승언·이현익(李顯翼) 등을 꼽고 있다. 강진원의 대종교 입교가 그 시기에 이루어졌음을 확인시킨다.

[참고문헌]
『대종교독립운동사』(박명진, 필사본, 1964),『동아일보』1923.9.1., 12.6. 『매일신보』1923.10.28.,『판결문』(경성복심법원, 1923.12.5.),『조선일보』·『경향신문』1947.6.22.,『로동신문』1946.10.29.,『한국유이민사』상(현진건, 어문각, 1967)

강진구

에 들어갔다. 강진구도 7세부터 가정에서 한학을 수학하였고, 1911년 강경보통학교(江景普通學校)를 졸업하였다.

1911년 28세부터 교육에 종사하여 2년 동안 부여에 있는 소양(蘇養)학교, 석성(石城)학교 교사로 재직하였다. 이후의 활동은 일제 관치질서에 편속되어 활동한 이력을 갖고 있다. 1913년부터 1914년까지 부여군 초촌면(草村面) 서기로 일했다. 1914년부터는 자작농을 하면서 대서업으로 생계를 이어갔다. 1919년에 삼운금융조합평의원(衫雲金融組合評議員)을 지냈고, 1920년 면협의원(面協議員)과 1920년 부여공립학교 학무위원에 임명되었다. 1925년에는 부여군농회평의원, 1927년 1927년 부여군 학교 평의원과 부여군산업조합평의원, 1930년 부여군삼림조합평의원 등을 지냈고, 1940년대 초에는 장암면장까지 지냈다.

이러한 관치질서로 편속은 부친 강우를 비롯하여 장정마을 사람들의 배일성향에 대한 일제의 감시와 통제정책에 따른 양상으로 보인다. 강우는 남도본사총전리를 역임하였고, 진구, 철구(鐵求), 용구(鎔求) 3형제도 모두 대종교인으로 장정마을 항일운동의 중심인물이었다. 이러한 배경으로 강진구는 사회활동을 할 때부터 일본 경찰의 감시와 통제를 받았다. 특히 동생 철구가 군자금 모금을 위해 만주에서 입국했을 때 강진구도 체포되어 고문을 당하는 탄압을 견뎌야 했다.

강진구는 강우가 설립했던 천영학교(天英學校)를 계승하여 1929년 자신의 가옥 사랑채에 광일의숙(光一義塾)을 세우고 남녀 학동을 모아 보통학교 4년의 야학을 운영했다. 1930년대에는 강석기의 당질인 강성구(姜星求)가 문중의 기금을 받아 장정야학으로 운영하였다. 특히 당시 장정마을에 공산주의사상이 확산되면서 장정학교도 민중야학으로서 공산주의 교육과 배일교육이 강조되었다.

강진구는 1921년 동생 철구(鐵求)의 독립운동 군자금 모금 사건으로, 여기에 관계된 대종교인 6명과 함께 체포된 일이 있다. 만주에 있던 강철구는 1921년 음력 1월 경 대한군정서 재무부장 윤정현(尹廷鉉)으로부터 임무를 받아 선포문과 함께 임시정부 발행 독립공채권을 가지고 국내로 잠입했다. 국내에서 공채를 팔면서 군자금 모금의 임무를 마친 철구는 북간도로 귀환할 때 2만5천원 상당의 독립공채권과 문서들을 강진구의 집에 은닉해두었다. 이 사실이 일본 경찰에 발각되어 강진구는 일본 경찰에 체포되어 취조를 받았다. 강진구는 "동생의 군자금 모금에는 찬성했지만 독립공채권 매각에는 직접 관여하지 않았다"는 진술로 일관하여 경찰에서는 강진구에 대해서 불기소 처리하는 것으로 마무리되었다.

해방 이후 강진구는 정치활동을 통해 부여에서 그의 입지를 키워갔다. 1945년 8월 26일 부여군민대회에서 건국준비

<table>
<tr><td>강진구(姜鎭求, 남, 1884~1957)</td></tr>
<tr><td>아호(별명) _ 장옥(丈玉), 소석(小石)
입교 시기 _ 1909년 | 교질 _ 정교</td></tr>
</table>

충청남도 부여군 장정마을 출신으로 대종교 남도본사총전리를 지낸 강우(姜虞, 姜錫箕)의 장남이다. 조부 강신발(姜信發, 1839~1882) 때부터 남다른 애정과 책임감으로 육영사업에 종사하여 종문의 자제들은 대부분 7세부터 숙문(塾門)

위원회 부여군위원장에 피임되었고, 10월 27일에는 군민대회를 통해 조선인민공화국 부여군위원장에 피임되었다.

강우가 황해도 구월산 삼성사부터 가져와 강진구가 보관하였던 단군진영(국립부여박물관 소장)

강진구의 대종교 교력은 1909년 1월 15일(음) 대종교의 중광(重光)에 입교하여 1922년 참교(參敎)에 승질하였고, 해방 후 1946년에 지교(知敎)와 상교(尙敎)에 각각 승질했다. 강진구는 일제 치하에서 부친 강우가 황해도 구월산 삼성사에서 가져온 단군 진영(眞影, 天眞)을 비밀리에 간직하고 있었다. 해방 후 부여의 천조궁 건립을 주도하면서 이에 천진 봉안식을 성대하게 거행하였다. 이 천진은(가로 34cm×세로 53cm) 현재 부여박물관에 보관되어 있다. 1950년 정교의 교질과 함께 대형(大兄)의 교호를 받고, 1954년 대종교 부여지사 전무로 피임되어 1954년까지 시무하였다. 1955년에는 남이도본사 전무로 추천되어 1년간 봉직하였다. 강진구는 해마다 장정마을의 천조궁에서 천제식을 주례하였고, 1957년 10월 18일 장정리 자택에서 노환으로 귀천하였다. 대종교에서는 그의 종교적 뜻을 기려 '중광제현(重光諸賢)'으로서 존숭하고 있다.

[참고문헌]
『종문영질』(프린트본, 1922), 『대종교보』 제150호·제151호·제161호·제164호, 『대종교중광육십년사』(대종교총본사), 『동아일보』1922.12.3.·1922.12.11, 『한민족독립운동사자료집』 38(국사편찬위원회, 2009)

강천희(姜天熙, 남, 생몰 미상)
입교 시기 _ 1918년 이전 | 교질 _ 참교

출신지역과 생몰연대가 불분명하다. 1922년 초반 연해주에 있는 대종교 철일시교당(鐵一施敎堂)의 부책임자로 있었음을 보면, 일찍이 북간도와 연해주를 중심으로 대종교 활동을 전개한 인물로 추정된다. 이후 국내로 들어와 영화 관련 사업에 주로 종사했는데, 대종교인인 나운규(羅雲奎)와의 연관성이 컸을 듯하다. 강천희는 중외영화사(中外映畵社)의 대표로서 중외극장을 조직하고 미나도좌(港座)에서 첫 공연을 하였다. 당시 서일성(徐一星)·윤봉춘(尹逢春)·전일(全一) 등 프롤레타리아 계열의 영화인들과 작품을 꾸몄다. 미나도좌는 나운규가 카프연극부를 지도했던 최승일과 손잡고 프롤레타리아 연극을 시도했던 곳으로, 소부르주아적인 연극이라는 비난을 들었던 곳이기도 하다.
이후 강천희는 1931년 11월 좌익극단(左翼劇團)인 이동식 소형극장(移動式小型劇場)이 창립되자 그 고문(顧問)을 맡았다. 당시 각본은 유진오와 이효석이, 연출은 김유영(金幽影)과 하북향(河北鄉)이, 그리고 연기는 석일량(石一良)과 윤봉춘이 담당하였다. 또한 강천희는 태양극단의 주도세력으로도 참여했다. 태양극단은 1932년 2월 조선신극운동을 주도했던 박승희(朴勝喜)가 토월회의 후신으로 만든 단체로서, 1940년까지 전국을 순회한 유랑극단이었다.
강천희의 대종교 교력을 살피면, 1918년 중광절을 앞두고 참교의 교질을 받았다. 또한 그가 대종교 동이도본사 관할 철일시교당을 맡을 당시, 그를 도와 함께 한 인물이 허연(許煉)이다.

[참고 문헌]
『종문영질』(프린트본, 1922), 『대종교중광육십년사』(대종교총본사, 1971), 『동아일보』1931.4.12., 『중앙일보』1931.12.16., 1932.2.3., 『삼천리』제5권 제4호(1933년)

강철구(姜鐵求, 남, 1891-1943)
아호(별명) _ 해산(海山)
입교 시기 _ 1910 | 교질 _ 정교 | 서훈 _ 독립장(1963)

충청남도 부여 장암(場岩) 장하리(長蝦里) 출신으로, 1920년대에 대종교 남도본사총전교를 역임했던 호석(湖石) 강우(姜虞)의 차남이다. 그의 출생연도는 1891년 혹은 1894년으로 알려져 있다. 독립유공자공적조서에는 1894년 2

월 8일, 『대종교중광60년사』〈정교 강해산 대형 약사〉에서 1891년 2월 9일, 그리고 〈姜鎭求 訊問調書〉에 따르면 1891년 출생이다. 1910년 3월 강경공립보통학교를 졸업하였다. 1914년 가을에 조선총독부 토지조사국 기수로 2년간 근무하였다.

1919년부터 대종교를 신봉하다가 1917년 가을, 부친이 있는 만주로 갔다. 그곳에서 조선총독부와 만철의 보조금으로 운영되는 철령육영학교(鐵嶺育英學校)에서 1년간 수업한 뒤 연길현(延吉縣) 동불사(銅佛寺)에 정착하였다.

1920년 1월 경 대한군정서 총재 서일(徐一)의 권유를 따라 대한군정서에 입단하였다. 강철구는 총재부 서일의 비서로 활동하면서 독립포고문과 문서 작성 등의 임무를 맡았다. 그는 군자금 모금을 위해 두 번 국내로 잠입하여 활동하였다. 첫 번째는 모친이 위독하다는 소식을 듣고 귀국할 때 대한군정서 재무부장 윤정현(尹珽鉉)의 지시에 따라 1920년 4월 대한민국임시정부 발행 독립공채와 군자금 수령증 등을 가지고 잠입하였다. 강철구는 모친 상중이라 동년 11월까지 부여 자택에 머무르면서 부여군 구룡면에 거주하는 박길화(朴吉和)와 협의한 뒤 자산가 박창규(朴昌奎)에게서 400원, 박남규(朴南奎)에게서 700원을 받고, 수령액 중 300원은 6월 북간도로 귀환할 때 군정서 서무부장 김택(金澤)에게 직접 전달했다.

두 번째는 1922년 6월 부친의 회갑연 참석을 위해 재차 귀국하였다. 이때 군정서 사관연성소 주임 전승호(全勝鎬)로부터 사관연성소 재흥을 위해 액면가 35,000원 독립공채권을 교부받았다. 공채금 모금은 부여군의 대종교인들과 일가친척들과 연계하여 이루어졌다. 강철구는 군자금 모금을 위해 그의 친형 진구(鎭求)와 친제 용구(鎔求), 그리고 종제 종구(鍾求)에게 연락하였고, 문경섭(文瓊燮, 북일시교당 전무), 문장섭(文章燮, 북일시교당 찬무, 남2도본사 시교원, 부여제2지사 전무 역임), 김철수(金哲洙) 등을 통해 공채권 매도와 군자금 모금 활동을 진행했다. 이로 인해 강우 및 그의 아들 3형제 모두 일경에 체포되었고, 강철구는 제령 제7호 위반 혐의로 1923년 서대문 함흥형무소에서 3년간 복역하였다.

강철구는 출옥 후 다시 만주로 갔다. 1933년 봄 동불사민회장에 피임되어 5년간 재임하면서 동시에 만주의 대종교 총본사에서 활동하였다. 1939년 7월 백산(白山) 안희제(安熙濟)가 대종교서적간행회를 조직할 때 총무로 선임되어 만주국 신경(新京)정부로부터 교적간행 승인을 얻어냈다. 그해 10월 25일 대종교 교우들의 성연금을 모아 서적 1만 5백부를 간행했다. 1942년 10월 대종교총본사 천전건축주비회(天殿建築籌備會) 발기에 참여하는 등 대종교 발전에 노력하였다.

1942년 11월 19일 만주 동경성(東京省) 대종교총본사에서 일어난 임오교변(壬午敎變) 때 윤세복(尹世復) 이하 주요간부들과 함께 일경에 피체되었다. 당시 동불사 자택에서 영안현서(寧安縣署)로, 목단강 경무처로 이수되어 9개월간 잔혹한 고문과 병마에 시달리다 9개월 만에 병보석으로 출옥했다. 그러나 고문의 여독으로 1943년 9월 23일 동불사 자택에서 귀천하였다. 이에 순교십현으로서 추앙되고

있다.

강철구의 대종교 교력은 1910년 3월 15일에 입교하여 만주국 치하에서 대종교 활동에 전력하며 영계, 참교, 지교, 상교로 승질되었다. 경의원 참의와 경각 봉선, 총본사 전강을 역임하였다. 1946년 정교의 교질로 추승되면서 대형의 교호를 받았다.

[참고문헌]
『대종교보』, 제115호·제123호·제124호·128호·151호, 『대종교인과 독립운동 연원』(이현익, 1963), 『대종교중광육십년사』(대종교총본사, 1971), 『동아일보』 1923.2.15.·1932.4.1, 「姜鎭求訊問調書」·「搜査復命書」(국사편찬위원회, 『한민족독립운동사자료집』38, 2009)

강태동(姜泰東, 남, 1889-1946)

아호(별명) _ 강석룡(姜錫龍)
입교 시기 _ 1922년 | 교질 _ 미상 | 서훈 _ 애국장(1990)

함경남도 이원군(利原郡) 문평리(文坪里)에서 태어났다. 1911년 105인사건에 연루되어 김구(金九) 등과 같이 황해도 해주형무소에서 복역한 바 있다. 향리에서 3·1운동을 주동하고 이후 김가진(金嘉鎭)과 같이 상해로 망명하여 임시정부 의정원의 함경도 의원으로 임봉래(林鳳來)·김성근(金聲根)·이춘숙(李春塾) 등과 선임되어 활동하였다.

1919년 7월 1일에는 상해에서 대한적십자회가 조직되자 김철·김병조·이광수·여운형·서병호·원세훈·현순·손정도 등과 그 상임위원(常任委員)으로서 임시정부를 지원하였다. 1919년 9월 그는 권태용(權泰容)·이을규(李乙奎)와 동반하여 다시 서울로 돌아와 임시정부의 격문과 포고문 등을 전국에 배포하는 한편, 대동단(大同團) 단장 전협(全協)과 상의하고 의친왕(義親王) 이강(李堈)을 상해로 탈출시켜 임시정부에 협력할 계획을 추진하였다. 그는 상해의 김가진으로부터 받아 온 밀서(密書)를 이강에게 전달하는데 성공하였으며, 이에 따라 이강의 망명계획이 착착 진행되어 11월 8일 서울을 탈출하는데 성공하였다. 일행은 일경의 경계망을 뚫고 아슬아슬하게 신의주를 통과하여 만주 땅까지 갈 수 있었으나, 일경 요네야마(米山) 경부의 끈질긴 추격으로 이강은 안동현 정거장에서 일경에게 연행되어 되돌아 올 수밖에 없게 되었다. 이 사건으로 강태동은 전협·한기동(韓基東)·송세호(宋世浩)·이신애(李信愛)·이을규 등과 같이 1920년 1월을 전후로 체포, 실형을 선고받았다.

이후 다시 상해로 도피하여 대동단 총재인 김가진과 독립운동을 계속하였다고 한다. 1921년 9월에는 동년 11월 11일 워싱턴에서 개최되는 태평양회의에 한국의 독립과 자유를 청원하는 진정서를 제출하게 되자, 그는 김한(金翰)과 함께 자유당의 대표로 이 청원서에 서명하기도 하였다. 또한 만주 국민회 등에서 활동한 기록이 보이나 동일인인지는 확실하지 않다. 1990년에 대한민국정부에서는 그의 공로를 기려 건국훈장 애국장을 수여하였다. 그의

대종교 관련 행적은 1922년 대종교에 들어와 영계(靈戒)를 받은 기록은 있으나, 그 구체적인 활동 내용은 전하지 않는다.

[참고 문헌]
『대종교보』제56호(1922년), 『대한민국임시정부자료집』7(국사편찬위원회, 2005)

강태순(姜泰淳, 남, 생몰 미상)
입교 시기_ 1922년 이전 | 교질_미상

경남 진주시 정촌면(井村面) 관봉리(官鳳里) 출신이다. 1930년 12월 10일 진주군 진주읍 내성동 1번지에 정미(精米)·정맥(精麥)·비료(肥料) 매매를 주업으로 하는 합명회사 남창정미소(南昌精米所)를 창업하였다. 이후 이 회사는 1940년대까지 지속하면서 지역의 경제 발전에 지대한 역할을 담당하였다. 강태순의 대종교 교력은 1920년대 경남 지역 대종교 교인으로 기록되어 있으나 구체적 행적은 전하지 않는다.

[참고 문헌]
『본사행일기』(성세영, 필사본, 1922), 『朝鮮銀行會社組合要錄』(東亞經濟時報社, 1942)

강필구(姜弼求, 남, 생몰 미상)
입교 시기_ 1922년 이전 | 교질_지교

충청남도 부여군 장암마을 출신이다. 장암마을은 전통적으로 진주 강(姜) 씨의 동족마을로, 일제강점기에는 마을 전체가 대종교 신앙공동체로서 많은 독립운동가를 배출한 역사적인 곳이다. 대표적인 대종교인으로 남도본사를 이끌었던 강우(姜虞)와 세 아들 진구(鎭求)·철구(鐵求)·용구(容求)가 모두 독립운동가로서 정교의 교질과 함께 대형의 교흥를 받은 인물들이다. 특히 강우가 마을의 지도적인 위치에 있으면서 강씨 문중은 대종교와 관련된 민족의식이 강했고, 해방 이후에도 대종교 재흥과정에서 시교당, 지사, 경학원 등에 참여한 인물들이 많이 나왔다. 그 중에 한 사람이 강필구이다.
강필구는 1922년 1월 23일 참교의 교질을 받고 부여 장암 장격리(長格裡) 소재 남일시교당 전무에 임명되었다. 당시 남일시교당에는 강씨 문중의 강명구(姜明求), 강현무(姜賢求)가 찬무로서 활동했다. 해방 이후에는 대종교 재흥에 참여하여 1946년 5월 11일에 지교에 승질되었고, 남선시교당 전무로도 활동하였다.

[참고문헌]
『종문영질』(프린트본, 1922), 『대종교보』제150호(1946년), 『대종교중광육십년사』(대종교총본사, 1971)

강필수(姜苾秀, 남, 생몰 미상)
입교 시기_ 1910년 | 교질_참교

출신지역과 생몰연대가 불분명한 인물이다. 1901년 중추원의관(中樞院議官)의 벼슬을 지냈다. 중추원의관이란 9품의 벼슬로, 1895년 중추원관제에 의하여 의장·부의장 밑에 설치한 직책이다. 또한 강필수가 1907년 4월 국채보상운동에도 동참한 기록이 전한다.
강필수의 대종교 교력을 보면, 1911년 중광절(重光節, 음력 1월 15일)에 백순(白純)·윤주찬(尹柱瓚)·박승익(朴勝益)·황병욱(黃炳郁)·김인식(金寅植)·조완구(趙琬九)·류근(柳瑾)·이광수(李光秀)·장지연(張志淵)·현천묵(玄天默) 등 수십 인과 참교의 교질을 받은 기록이 있다. 그의 대종교 입교 시기가 중광 당시나 1910년으로 올라감을 알 수 있다. 같은 날 강필수는 최전(崔顓)·황병욱·강우(姜虞)·이채우(李埰雨)·오혁(吳赫) 등의 인물들과 협리(協理)로도 임명되어 대종교의 교무(敎務) 행정을 도왔다. 이어 1911년 3월 10일(음력)에는, 그 해 어천절(御天節, 음력 3월 15일) 행사의 접대예원(接待禮員)으로 선임되어 행사의 의전을 담당했으나, 그 이후의 행적은 확인되지 않는다.

[참고문헌]
『悰令』제3호(1911년), 『종문영질』(프린트본, 1922), 『승정원일기』1901년 11월 22일, 『제국신문』1907.4.25.

강훈(姜勳, 남, 생몰 미상)
입교 시기_ 1922년 | 교질_미상

출신지역과 생몰연대가 분명하지 않다. 1920년 10월에 조직된 간도총판부(墾北總辦部)에 이름을 올리면서 본격적인 독립운동에 나선 인물이다. 간도에 있는 간북대한의민회(墾北大韓義民會)·대한신민단(大韓新民團)·대한광복회(大韓光復團)·대한국민회(大韓國民會) 등이 연합되어 대한민국임시정부의 지도·감독을 받기로 하고 간북남·북총판부(墾北南·北總辦部)를 조직할 당시 임원으로 참여하였다. 당시 강훈과 함께 임원에 이름을 올린 인물들을 보면, 구춘선·서일·현천묵·방우룡·서상용·이홍래 등 간도에서 꼽을 수 있는 독립운동지도자들이 대다수였다.
이후 강훈은 대종교계열의 대한군정서(북로군정서)에 가담하여 경신국(警信局) 제21분국장을 맡았으며, 고려혁명군에서 활동할 당시는 최성삼(崔成三)과 더불어 군사 백 수십 명을 거느리고 왕청현 나자구(羅子溝) 지역에서 군자금을 모금하기도 했다. 이후 1924년 코민테른 극동총국(極東總局) 고려부에 몸담고 있던 이동휘의 제의에 따라 상해의 임시정부에 대항하기 위하여 조직하려 한 '대한신정부' 구상하고, 독립사상의 고취와 구역 내 기관조직을 위한 보민시찰대(保民視察隊)를 조직할 당시 그 대장을 맡기도 했다. 이후 간도공산당사건(間島共産黨事件)과 관련하여 체포되었으나 강훈을 포함하여 15명이 불기소로 석방되었다. 강훈의 대종교 교력은 1922년 5월 21일 대종교에 입교하고 영계를 받은 것으로 기록되어있다. 그리고 그 다음날 참교의 교질 수여와 함께 대종교 동일도제이지사(東一道第二支司)의 규사감찬(規事監贊)에 임명되어 대종교의 군교일치(軍敎一致)를 적극 실천한 인물이다.

[참고 문헌]
『대종교보』 제54호(1922년), 『대종교중광육십년사』(대종교총본사, 1971), 『동아일보』 1928.12.4., 「朝鮮側 警察이 朝鮮人 金順 등을 拘引시킨 것에 관한 건」(不逞團關係雜件-朝鮮人의 部-在滿洲의 部26, 受20669호-公제259호, 한국사DB, 국사편찬위원회), 「大韓軍政署司令部日誌送付의 件」(金正明, 『朝鮮獨立運動Ⅲ-民族主義運動編』, 原書房, 1968)

강희(姜熹, 남, 생몰 미상)
아호(별명) _ 강의(姜意)
입교 시기 _ 1920년 이전 | 교질 _ 미상

출신지역과 생몰연대가 불분명하다. 그에 대한 기록도 거의 없다. 다만 남은 자취로 보아 백두산 기슭의 안도현을 중심으로 활동한 것으로 추정된다. 본디 유교적 가치를 토대로 한 공교도(孔敎徒)로서의 행동을 보였으나, 대종교로 몸담은 후에로는 우리의 정체성을 토대로 한 군교일치(軍敎一致)를 실천하려 한 인물로 돌아섰다.

강희는 3·1운동 직후 이규(李圭)·이동주(李東柱)·조동식(趙東植) 등과 같은 공교도들과 대한정의군정사(大韓正義軍政司)를 조직하여 활동하였다. 이후 보다 나은 항일전선을 도모하기 위해 대종교계 항일투쟁단체인 중광단의 연대를 추진하였다. 1919년 3월 13일 연길현 용정에서 북간도 지역에서는 처음으로 시위운동이 전개되었다. 이를 계기로 중광단의 대종교인들은 북간도 지역의 종교적 연대를 도모하게 된다. 조선독립기성회(朝鮮獨立期成會)의 조직이 그것이다. 그리고 동년 5월경에는 대종교인과 공교도들을 중심으로 대한정의단(大韓正義團)을 조직하기에 이르렀다. 당시 대한정의단의 중심인물인 서일·계화·양현(梁玄)·채오(蔡五) 등은 대종교인이었고, 김성극(金星極)·강희(姜熹)·이규(李圭) 등은 공교도였다. 강희나 김성극이 대종교를 신봉하게 된 시기도 이 시기였을 듯하다.

강희의 대종교 입교 시기나 교질 수여에 대해서는 남아있는 기록이 없다. 다만 박명진의 필사본인 『대종교독립운동사』에는 강희가 여준·정안립·박찬익·정신·신팔균·김동삼·현천묵·백순 등등의 인물들과 대종교 동일도본사(東一道本司)의 핵심인물로 적혀있다. 주목되는 것은 중국당안관 자료에 의하면 강희가 1926년 당시 대종교 북일도본사의 핵심인물로 등장하고 있다는 점이다. 즉 강희는 1926년 대종교 북일도본사 소속의 대종교순교원(大倧敎巡敎員)이면서 길림성 성우마행(城牛馬行)의 우두머리로 안도지역(安圖地域)을 관할하는 인물로 적혀 있다. 당시 북일도본사 소속

순교원과 그 관할 구역을 보면, 이수(李秀, 아성지역 관할)·신형규(辛亨奎, 부여지역 관할)·김태섭(金泰燮, 유수지역 관할)·윤각(尹覺, 길림지역 관할)·김수겸(金壽謙, 빈현지역 관할)·이현익(李顯翼, 돈화지역 관할) 등이었다. 강희가 대종교 내에서 상당한 위치에 있었을 것으로 추측되는 기록이다.

[참고 문헌]
『대종교독립운동사』(박명진, 필사본, 1964), 「大倧敎施敎堂一覽表(1926年)」(延边朝鲜族自治州档案馆 全宗号42 目录号1 案卷号343, 和龙县历史档案 和龙县警察所, 令各区查禁韩人设立大倧教堂由, 民国十五年五月十二日), 『독립운동사자료집』10(독립운동사편찬위원회, 1976)

경석조(慶錫祚, 남, 1881-1957)
아호(별명) _ 건양(建陽), 혜춘(惠春)
입교 시기 _ 일제강점기 | 교질 _ 지교 | 서훈 _ 애족장(1990)

경석조

충청북도 괴산군(槐山郡) 연풍면(延豊面) 유하리(柳下里) 출신이다. 경술국치 이후 만주로 망명하여 대한광복회(大韓光復會) 조직에 가담, 동지를 규합하다 일제에 체포·구금되었다. 광복회는 1915년 7월 대구 달성공원에서 한말의 병계열과 계몽운동계열이 연합 결성한 단체이다. 1913년 경상북도 풍기(豊基)에서 조직된 광복단(光復團)과 1915년 대구에서 정식으로 조직된 조선국권회복단(朝鮮國權回復團)이 중심이 되어 창립되었다. 광복회는 1915년 12월 만주 길림에서도 우재룡(禹在龍)·손일민(孫一民) 등에 의해서 조직되었으며, 1916년 서울을 중심으로 크게 확대된 단체이다.

다시 국내로 들어온 경석조는 1919년에는 대동단(大同團) 충북 지단 단원이 되어 국내에서 활동하였다. 1924년에 재차 만주로 건너가 북간도 용정 지역에서 조선고사연구회(朝鮮古史研究會)에 가담하여 활동하였다. 조선고사연구회는 1920년 1월 8일 대종교지도자 정안립(鄭安立)이 주동이 되어 조직한 단체이다. 당시 지방 유림(儒林)과 한학자(漢學者) 및 만주(滿洲)에 거주한 인사 60여명이 모여 경성 장춘관(長春舘)에서 발회식을 거행하였다. 이 연구회는 조선 고대역사의 실제적 자취를 조사·연구하여 조선민족의 발전을 도모함을 목적으로 하였다. 특히 대종교의 역사인식을 그대로 담은 강역관과 종족관을 드러내고 있는 그 취지서의 아래 내용이 주목을 끈다.

"우리 신조(神祖) 단군께서 백두산하에 기(起)하여 국호(國號)를 정함으로부터 국세일창(國勢日昌)하여 그 강역은 흥안령이남(興安嶺以南), 산해관이동(山海關以東), 서

백리(西白利) 연해주(沿海州)를 포유(包有)하여 인구(人口) 2억을 산(算)한 바, 금일 지나령(支那領) 만주 및 노령연해(露領沿海)의 일부는 우리 선조의 살림하던 지역인 즉, 금(今)에 차(此)의 고사(古史)를 연구하여 조선민족의 부흥을 책(策)함이라."

한편 1929년 7월에는 길림성 영안현(寧安縣)에서 대종교 항일단체인 신민부(新民府) 군정파가 재만조선무정부주의자연맹의 무정부주의이념을 수용하며 조직한 한족총연합회의 중앙 총무부장을 맡았다. 한족총연합회는 재만한족의 정치적·경제적 향상·발전을 도모하며 항일구국을 위해 재만동포의 총력을 집결한 자주자치적 협동조직체계을 목적으로 하였다. 그리고 당면사업으로 교포들의 정착사업과 협동조합·교육문화 사업, 게릴라 부대의 육성과 치안을 위한 군사훈련사업을 설정했다.

당시 북간도의 상황은 사회주의(공산주의)가 주체할 수 없을 정도로 만연해 있었다. "20년대 중반 북간도의 이념적 상황은 대개 사회주의자와 민족주의자들이 혼연일체가 되어 일제 무리와 싸워야 한다고 떠들면서도, 극소수의 촌노들이며 대종교신봉자 외에는 모두 사회주의에 물들어 있었다. 동경 등지에서 들어 온 엘리트층들이 중심이 되어 심오한 철학과 이론이 없이 단지 러시아 혁명풍조에 휩쓸려 감정적으로 사회주의를 동경하고 있는 꼴이었다. 그러다 보니 여기에는 속 다르고 겉 다른 기회주의자들도 만연하고 있었다."라는 이강훈(李康勳)의 경험담에서도 확인된다. 한족총연합회의 활동 역시 공산주의 계열 인사들의 공격으로 큰 어려움을 겪었다. 안타깝게도 한족총연합회 주석인 김좌진(金佐鎭)과 재만조선무정부주의자연맹을 이끌던 김종진(金宗鎭)이 암살당하면서 그 뜻을 펼치지 못했다.

1930년 한족총연합회 출신의 대종교 항일투사들이 홍진(洪震)·지청천(池靑天) 등과 함께 한국독립당을 창설할 때도 경석조는 북만주 한국독립당 기밀부장에 피선되었다. 당시 중앙위원장은 홍진이 맡았고, 각 위원장은 총무 신숙(申肅), 조직 남대관(南大觀), 선전 안훈(安勳), 군사 이청천(李靑天), 경리 최호(崔灝), 감찰 이장녕(李章寧) 등이었다. 경석조는 1944년에는 중국국민당에 입당해 항일활동을 이어갔으며, 만주지역으로 이주해 온 한인들을 보호하기 위해 남다른 노력하였다. 그리고 광복 후인 1949년 2월에는 반민특위(反民特委) 충청북도 책임자로 피선되어 활동하였다.

[교력]
경석조의 대종교 교력을 살피면 1910년대 후반 대종교에 입교한 인물이나, 관련된 기록은 모두 없어져 전하지 않는다. 그러나 그가 활동한 대한광복회는 대종교의 비밀결사적 성격을 가진 조선국권회복단(朝鮮國權恢復團)이 주축이 된 항일단체였으며, 조선고사연구회 역시 대종교지도자 정안립[본명 정영택(鄭永澤)]이 그 주도인물이었다. 특히 정안립은 1910년 6월 13일(음력) 대종교 시교사(施敎師)로 임명되어 만주로 넘어간 인물이다. 경석조의 고사연

구회 활동에서도 대종교의 영향을 직감할 수 있는 근거가 된다.

경석조가 가담한 한족총연합회도 주목되는 부분이다. 이 연합회의 주축을 이루는 신민부의 기본철학은 대종교의 홍익인간과 중광정신이었다. 그렇다고 해서 결코 봉건적이었다거나 파쇼적인 것은 아니었다. 또한 그 추구하는 정치형태 역시 배달국 공화주의를 추구하였다. 이것은 '대동단결선언'(1917년)부터 이어져온 대종교 계열의 전통이기도 하였다. 당시 김종진을 위시한 이을규(李乙奎)·이달(李達)·김야운(金野雲)·이붕해(李鵬海)·엄형순(嚴亨淳)·이준근(李俊根)·이강훈(李康勳)·엄순봉(嚴舜奉) 등 아나키스트들도 대종교의 영향을 깊게 받았다.

이것은 아나키스트들의 정신적 지도를 맡았던 인물들이 대종교지도자 백서(白棲) 강인수(姜寅秀)와 은계(隱溪) 백순(白純)이었음을 보더라도 직감하게 된다. 강인수는 대종교 동이도제일지사(東二道第一支司)에 속한 장일시교당(帳一施教堂, 寧安縣海林市)을 이끌었던 인물로서, 대종교의 중진인 현천묵·지장회(池章會)·손일민·나중소(羅仲昭) 등의 인물들과 신민부의 검사원에 소속된 인물이었다. 백순 역시 북간도 항일투쟁의 거물로서, 보재(溥齋) 이상설(李相卨)이 죽음에 임하여 주위에 말하기를 "내가 죽은 뒤에 나를 계승할 사람은 일 것이다"라고 유언할 정도로 그의 재주와 능력이 뛰어났다.

이와 같이 경술국치 이후 경석조의 삶은 대종교 인물들이나 그 연관단체와 떨어질 수 없는 행적을 밟았다. 대종교단 내에서 그의 대종교 입교가 대한광복회 활동으로부터 조선고사연구회 가담 전으로 전해 오는 이유이기도 하다. 이에 대종교에서는 대종교총본사가 만주로부터 환국한 직후인 1946년 2월 23일(음력), 경석조에게 대종교 남도본사(南道本司)의 특별추천으로 지교(知敎)의 교질(敎秩)을 수여하였다. 경석조가 '입교(入敎)→영계(靈戒)→참교(參敎)'의 단계를 건너뛰고 곧바로 지교의 교질을 받았다는 것은 매우 드문 경우다. 해방 직후 대종교 원로들 중에는 황학수(黃學秀)·이현익(李顯翼)·정원택(鄭元澤) 등등, 그와 함께 항일활동을 전개했던 인물들이 상당히 많았다. 상식적 단계를 넘은 지교의 수여는, 일제강점기 경석조의 대종교 교력에 대한 그들의 증언이 충분했기 때문이다.

또한 대종교에서는 그 해 3월 6일(음력), 경석조를 대종교 경의원(經議院) 참의(參議)로 선임하여 원로로서의 대접을 분명히 하였다. 경의원은 대종교 교주(敎主)의 자문기관으로 후일 원로원으로 바뀌는 기구다. 당시 원장에는 이시영(李始榮)이 추대되었으며 이동하(李東廈)가 부원장을 맡았다. 그리고 비서에는 고평(高平), 참의에는 경석조를 비롯하여 윤복영(尹復榮)·김승학(金承學)·황학수·이용태(李容兌)·이시열(李時說)·신백우(申伯雨)·정열모(鄭烈模) 등 50여명이 선임되었다. 모두 항일투쟁의 거물들이라는 점도 이채를 띤다.

[참고문헌]
『대종교보』 제55호(1922년)·환국기념호(1926년), 『대종교중광육십년사』(대종교총본사, 1971), 「朝鮮古史研究會 解散에 關한 件」(不逞團關係雜件-朝鮮人의 部·在滿洲의 部16, 高警 第9818號; 秘受 4347號, 한국사DB, 국사편찬위원회), 『매

일신보』1920.1.20., 4.10., 「판결문」(경성복심법원, 1920년 4월 27일), 『국외용의조선인명부』(조선총독부경무국, 1934), 『괴산군지』(괴산군지편찬위원회, 괴산군, 1990), 『愛國志士慶源祚公功德碑文』(괴산군 연풍면 杏村里 소재), 「한국독립운동인명사전」(독립기념관한국독립운동정보시스템, search.i815.or.kr/main.do), 『민족해방운동과 나』(이강훈, 제삼기획, 1994)

경원하(景元河, 남, 1896-?)
입교 시기_1925년 이전 | 교질_미상

출신지역을 알 수 없으며, 일제강점기 국내 대종교의 암흑기에 활동했던 인물이다. 경원하와 관련된 대종교의 교력 역시 교단 내에 전하는 것이 없다.

경원하는 1925년 10월 3일(음력) 서울 계동(桂洞) 남도본사에서 개최된 대종교개천절경하식(大倧教開天節慶賀式)에 주요 예원(禮員)으로 참여하여 포고(布告, 종무와 관련된 공지사항 전달)를 담당하였다. 그의 대종교 입교가 그보다 훨씬 이전임을 추정할 수 있다. 당시 경하식을 이끈 주요 인물들은 경원하를 비롯하여 이종원(李鍾遠)·유진찬(兪鎭贊) 등 국내 대종교의 중심들이었다.

경원하는 1926년 4월 대종교진흥회(大倧教振興會)에도 깊이 관여한다. 본디 대종교진흥회는 1924년 11월에 발기된 조직으로, 대종교 경전과 교리에 관한 서적 발간, 일반 신도들의 종교에 대한 신념 고취, 신구(新舊) 양파의 화합을 위해 노력하고자 했다. 또한 단조묘궁건축과 숭령전수보, 제천단수축과 단조사적간행 등의 다양한 대종교진흥책을 위한 다양한 사업을 구도하였다. 한편 이 시기 국내 대종교는 일제의 감시와 억압에 의해 겨우 명맥만 이어가던 시기였다. 경원하가 참여할 당시 대종교진흥회의 주요 인물들은 박용태(朴龍泰)·조철호(趙喆鎬)·양인환(梁寅煥)·유정근(兪政根)·이원식(李元植)·이후관(李侯觀)·이명하(李明夏)·채성식(蔡成植) 등이었으며, 그 주축이 유정근·이원식·박용태와 같이 국외 항일투쟁을 전개했던 인물들임도 주목되는 부분이다.

경원하는 1927년 6월 대종교 남도본사의 찬무(贊務, 부책임자)를 맡아 시무하기도 했다. 그러나 계동의 대종교교당에 딸린 부동산 경매 과정에서 횡령 문제가 불거지면서 행방불명이 되었다.

[참고문헌]
『조선일보』1925.11.19., 1927.6.26., 『동아일보』1926.4.22.

계화(桂和, 남, 1885-1928)
아호(별명)_백연(白淵), 계활(桂活), 흰못
입교 시기_1916 | 교질_정교 | 서훈_독립장(1963)

평안북도 선천 출신으로 본관은 수안(遂安), 휘는 활, 호는 백연이다. 1911년 북간도 대종교에서 서일(徐一), 현천묵(玄天默), 박찬익(朴贊翊) 등과 함께 중광단(重光團)을 조직하여 활동하였다.

대종교인들로 구성된 중광단은 항일무장투쟁에 대비하여 조직한 단체이다. 그러나 무장 준비가 어려웠던 초기에 중광단원들은 독립군을 양성하고 민족의 역량을 높이고자 학교를 설립하고 재만 한인의 민족교육에 집중하였다. 중광단에서는 1911년 박찬익이 설립한 청일(靑一)학교를 필두로 동일학교, 함일학교, 학성학교 등을 세웠고, 서일도 명동학교, 광동학교를 설립하여 민족교육의 중심에 있었다. 서일의 지우였던 계화는 현천묵이 교장으로 재임하던 동일학교에서 교사로 활동했고, 서일의 명동학교에서 교사로서 학생들 교육을 담당했다.

만주 및 연해주 지역으로 대종교의 위세가 확산되는 가운데 계화는 1918년 1월 서일 등과 함께 블라디보스톡에서 대종교 경전인 『사책합부(四冊合附)』를 간행하는데 참여했다. 이 책은 대종교의 주요 경전인 『신사기』, 『신리대전』, 『회삼경』, 『도해삼일신고강의』를 합한 것으로, 대종교의 종교 원리와 경전 해석에 해박한 서일, 계화, 정신, 고평 등이 함께 간행하였다. 이어 1918년 제1차 세계대전의 종식과 함께 등장한 윌슨의 민족자결주의 원칙은 식민지 상태의 약소국가들에게 큰 희망을 안겨주었다. 그러나 민족자결주의 원칙은 패전국의 지배하에 있던 일부 약소민족에게만 적용되는 승전국 중심의 원칙이었다. 이러한 세계 사조의 변화를 탐지하고 있던 중광단원들은 1918년 가을, 계화를 중심으로 길림(吉林)에 가서 폭탄 제조인을 고용하는 등 무기 제조를 위한 방안 등을 모색하고 있었다.

1919년 국내에서 3.1만세운동이 일어난데 이어 3월 13일 북간도 용정촌에서도 만세시위운동이 크게 일어났다. 계화도 한족독립선언축하식에 참여하며 만세운동을 주도해 갔다. 3월 26일 정오에 계화는 백초구(百草溝)에서 대종교들과 함께 독립만세를 외치며 대중 연설에 나섰다. 이날 백초구의 만세시위에는 대종교인 300여명, 사립학교생도 35명, 기독교도 300명, 기타 200명, 부인 50명 등 약 900명의 시위대가 참석한 큰 행사였다.

만세시위운동 이후 간도 독립운동계의 가장 큰 변화는 50여 개 크고 작은 독립군단체들이 대거 조직된 일이다. 대종교에서도 김교헌, 서일, 계화, 현천묵 등 주요 인물들이 주도하여 5월 중광단을 대한정의단으로 개칭하고, 강령을 만들어 본격적으로 군사 징모와 군자금 모금에 나섰다. 한편, 신문도 발간하여 재만 한인의 독립사상 고취에도 노력했다. 7월에는 서일, 계화, 김붕(金鵬), 김일봉(金一鋒), 정신(鄭信)이 연명(連名)하여 일본 내각총리 히라 다카시(原敬)에게 한국 독립을 보장할 것을 내용으로 하는 건백서(建白書)를 보냈다.

대한정의단은 대한군정부로 확대·개칭되면서 북간도 전역에 대한 군정(軍政)의 실시를 준비했다가 1919년 12월 임시정부 산하 독립군단체인 대한군정서(북로군정서)로 확정되었다. 조직 기구로는 서일을 중심으로 총재부를, 김좌진을 중심으로 사령부가 운영되었고, 계화는 총재부의 재무부장에 선임되어 군정서 전체의 재정업무를 담당했다.

계화의 활동은 대한군정서군으로서 청산리전투를 치른

이후에 독립군 통합운동으로까지 이어졌다. 1923년 계화는 강국모, 김규식, 김좌진, 이범석 등 21명이 발기한 독립당통일계획에 참여하는 한편, 1924년에는 대한군정서 재건에도 주요하게 참여하였다. 재건된 대한군정서에서 계화는 여전히 재무부장을 맡아 군자금 모금과 운영의 업무를 총괄했다. 또한 1924년 3월 15일에 북만주 독립군통합을 목적으로 발기한 부여족통일회의에 발기인으로 참여하여 총재에 이범윤, 부총재에 현천묵이 임명되었고, 계화는 재무부장에 선임되었다. 그러나 부여족통일회의 이후에 조직된 신민부에서 계화의 활동은 확인되지 않는다. 계화의 대종교 교력은 1916년 7월 3일(음력) 참교의 교질을 받으면서 시작된다. 이후 같은 해 12월 21일(음력) 지교로 승질되고 1918년 8월 5일(음력) 상교로 올랐다. 1926년 1월 16일(음력)에는 정교로 승질되면서 대형의 교호를 받았다. 특히 1922년 윤5월(음력)에는 대종교 교적역본기초위원(敎籍譯本起草委員)으로 임명되기도 했다. 그의 사망일은 정확히 알 수 없으나, 대종교에서는 1928년 영안현 구가(舊家)에서 귀천하였고, 그의 유해는 신안진 묘지에 안장된 것으로 기록되었다.

[참고문헌]
『대종교보』 제54호(1922년), 『종문영질』(프린트본, 1922), 『四冊合附』(대종교도본사, 1918), 『홍암신형조천기』(대종교총본사, 1954), 『대종교중광육십년사』(대종교총본사, 1971), 「國外情報–大韓軍政署의 日誌에 관한 건」(不逞團關係雜件–朝鮮人의 部–在滿洲의 部26, 高警 第1007號; 秘受 1502號, 한국사DB, 국사편찬위원회), 『한국독립운동사자료』 40·41·42·43(국사편찬위원회, 2004~2007)

고상식(高上植, 남, 1808-?)
아호(별명) _ 공공진인(空空眞人)
입교 시기 _ 미상 | **교질** _ 미상

출신지역과 생몰연대가 불분명한 인물이다. 1910년 당시 103세로 알려진 것을 보면 1808년생으로 역산할 수 있다. 대종교 원로였던 일석(一石) 백남규(白南奎)의 증언에 의하면, 대종교에 모셔오는 단군천진(檀君天眞)의 기원을 만들어준 장본인이 고상식이다.
고상식은 1910년 어천절(御天節, 음력 3월 15일) 자시(子時)에, 대종교를 중광(重光)한 홍암(弘巖) 나철(羅喆)을 찾아와 자신의 집안에 대대로 내려오는 단군천진을 전해주었다. 당시 고상식은 자신이 강원도 명주군(溟州郡) 석병산(石屛山)에서 왔음을 밝히고, 나철에게 단군천진을 건네면 다음과 같이 당부를 하였다 한다.

"내집에 대대로 모셔온 단군대황조의 천진이오. 이 초상화는 신라의 명공 솔거가 그려서 오늘까지 전해온 유일본이니, 잘 모시도록 하시오"

이것은 김교헌(金敎獻)이 『동사유고(東事類考)』를 인용하여 소개한 이규보(李奎報)의 아래 어진찬시(御眞讚詩)를 떠오르게 하는 부분이다.

嶺外家家神祖像　영외(嶺外)의 집집마다 모셔진 신조상(神祖像)은
當年半是出名工　그 시대 절반이 명공(名工, 솔거)에게서 나왔네

여기서의 영외(嶺外)란 태백산맥의 동쪽 영동(嶺東)과 동일한 의미다. 고상식의 거주지인 명주군은 조선시대 강릉대도호부로 영동지방의 중심지로 후일 강릉군이 된 곳이다. 고상식이 전해온 단군천진이 신라의 솔거와 연관된 것을 유추하게 해 준다.
한편 그것을 전해 받은 나철은 그 진상(眞像) 여부가 확실치 않아 쉽게 모시지 못하고 있었다. 그리고 데라우치 마사타케(寺內正毅)가 3대 통감으로 부임해 올 무렵(1910년 5월경) 영험한 꿈을 꾸었다. 고상식이 전해준 단군천진 모습 그대로 단군대황조가 신단(神壇)에 안아있는 모습이 나철의 꿈에 나타난 것이다. 나철은 즉시 백련(白蓮) 지운영(池運永) 화백에게 부탁하여 그대로 모사하였다. 그 해 8월 21일(음력)에 정식으로 봉안하였다. 신규식(申圭植)·안창호(安昌浩) 등을 비롯한 수많은 항일투사들이 모셨던 단군천진의 기원도 이로부터 기인한다.
고상식은 1909년 1월 15일(음력) 대종교가 중광하기 이전부터 단군신앙에 몸담았던 인물이다. 그러나 대종교 중광의 발판을 마련해 준 백봉신사(白峯神師), 그리고 그의 제자 백전(佰佺)·두일백(杜一白)·정숭묵(鄭崇默)과 같은 인물들과 교감하며 활동한 인물인지는 확인되지 않는다.

[참고문헌]
『神檀實記(석판본)』(金敎獻, 1914), 『한국중흥종교교조론』(신철호, 대종교총본사, 1979), 『檀祖事攷』(김교헌 외/김동환 역, 훈뿌리, 2006)

고승덕(高承悳, 남, 생몰 미상)
입교 시기 _ 1926년 이전 | **교질** _ 미상

출신지역과 생몰연대를 알 수 없는 인물이다. 전해오는 대종교의 기록이나 일제의 문서에서도 일체 찾을 수가 없다. 고승덕의 대종교의 입교 시기과 영계(靈戒) 사항에 대한 기록 역시 확인이 안 된다.
그러나 대종교만주포교금지령이 내려진 직후인 1926년, 만주 당국에 의해 압수된 대종교의 문건(현재 중국 화룡현당안관에 소재)에 고승덕이란 인물이 등장하고 있다. 그 문서에는 고승덕이 대종교 석광시교당(石光施敎堂)의 찬무(贊務, 부책임자)를 맡은 기록이 있다. 그의 대종교 입교가 그보다 훨씬 전에 이루어졌음을 확인시켜 준다.
석광시교당은 길림성(吉林省) 반석현(磐石縣) 남동북차(南東北岔) 지역에 소재했던 시교당이다. 이 시교당은 단애(檀崖) 윤세복(尹世復)이 활동하던 1910년대 말에, 무송현(撫松縣)의 송광(松光), 안도현(安圖縣)의 하광(河光), 화전현(樺甸縣)의 화광(樺光)과 더불어 설치된 시교당이다. 고승덕이 찬무로 있었던 시절 석광시교당의 전무(典務, 책임자)를 맡아 이끈 인

물은 장운단(張雲端)이다. 또한 조대규(趙大奎)가 고승덕과 함께 찬무로 임명되어 장운단을 도왔다. 당시 고승덕 일행은 길림성 반석현 흑석진가(黑石鎭街)에 연락 거점을 두고 28명의 교인과 함께 활동하였다.

[참고문헌]
「大倧敎施敎堂一覽表(1926年)」(延边朝鮮族自治州档案馆 全宗号42 目录号1 案卷号343, 和龙县历史档案 和龙县警察所, 令各区查禁韓人设立大倧敎堂由, 民国十五年五月十二日), 『대종교중광육십년사』(대종교총본사, 1971)

고영롱(高榮朧, 남, 1891-?)

아호(별명) _ 원불(遠芈), 고할신(高轄信), 고활신(高豁信), 이약(李若), 이원암(李遠岩), 장성정(張星政)
입교 시기 _ 1923년 이전 | 교질 _ 참교

평안남도 용강군(龍岡郡) 다미면(多美面) 대안리(大安里) 출신으로, 고할신(高轄信) 혹은 고활신(高豁信)으로 많이 알려져 있는 인물이다. 본명이 고영롱(高榮朧)이나 대종교의 1차 자료인 『대종교보(大倧敎報)』에는 고영롱(高榮朧)으로 기록되어 있다. 1914년 평양고등보통학교를 졸업한 후, 1918년까지 전라남도 장흥공립보통학교와 평안남도 중화공립보통학교 등에서 교원생활을 이어갔다.
1921년경 국내항일투쟁에 뛰어들면서 일제의 감시가 본격화 되자 남만주 지역으로 이주하여 중한농협회(中韓農協會)의 위원으로 활동하였다. 1922년 8월에는 대한통의부(大韓統軍府)에 참여하여 비서장을 지냈으며, 1924년 10월 18일 길림에서 열린 전만통일의회(全滿統一議會)에 김동삼(金東三) 등과 대한통의부 대표로 참여하여 대한정의부(大韓正義府)를 조직하였다.
그러나 1926년 1월 정의부 간부의 전횡으로 인한 불신임 사태가 야기되자, 중앙의회가 성립될 때까지 그 수습을 위해 김학선(金學善)·김탁(金鐸)·김정제(金正濟)·오대영(吳大泳) 등과 중앙행정위원으로 선출되어 활동하였다. 그리고 그 해 3월에는 정의부의 동지인 오동진(吳東振)·현정경(玄正卿) 등과 길림성내(吉林城內)에 고려혁명당을 조직하였다. 여기에는 소련서 돌아온 이규풍(李圭豊)·주진수(朱鎭壽)·최소수(崔素水), 국내 천도교 혁신파인 고려혁명위원회 김봉국(金鳳國)·이동락(李東洛), 형평사(衡平社)의 이동구(李東求)·송헌(宋憲) 등이 참여하였다.
고영롱은 1928년 5월 전민족유일당(全民族唯一黨) 운동이 본격화 되었을 때도, 김동삼·현정경·현익철(玄益哲)·김이대(金履大)·이웅(李雄)·김상덕(金尙德)·최동욱(崔東旭)·이희태(李義太)·김만선(金萬善)·이도일(李道一) 등의 인물들과 그 운동 방법 등을 결정위한 위원으로 선출되었다. 또한 1929년 4월 1일 조직된 국민부(國民府) 결성에도 많은 기여를 하였다. 3부 대표회의를 통한 통합을 결의하고 그 조직을 위한 회의를 길림에서 열릴 당시, 고영롱은 3부 통합을 위한 정의부 대표로 현익철·고이허(高而虛) 등의 인물들과 참석하였다. 그리고 1929년 12월 국민부의 혁명기

관인 민족유일당조직동맹이 조선혁명당으로 개칭되었을 때도, 고영롱은 조선혁명당의 선전부를 맡아 최동오(崔東旿)·류동열(柳東說)·이웅 등과 그 중심을 이루었다.
이후 의열단(義烈團)에도 참여한 고영롱은 1932년 10월 20일부터 1933년 4월 20일까지 개설된 조선혁명군사정치간부학교(朝鮮革命軍事政治幹部學校)의 정치학부 교관으로 참여하여 제1기생에게 정치학을 담당하기도 하였다. 이 학교는 1932년 의열단 단장 김원봉(金元鳳)이 중국 장개석(蔣介石)의 지원으로 독립운동 군사간부를 양성하기 위하여 남경(南京) 교외 선사묘(善祠廟)에 설립한 군사간부양성학교였다. 겉으로는 '중국국민정부군사위원회 간부훈련반 제6대'로 표방·위장하였으나, 실제로는 의열단원이 교관을 맡은 순수 한국인 군사학교였다.
고영롱의 대종교 교력을 살펴면, 1923년 4월 5일(음력) 대종교 서일도본사(西一道本司)의 특선(特選, 특별추천)에 의해 영계(靈戒)와 더불어 참교(參敎)의 교질(敎秩)을 동시에 받은 기록이 있다. 그의 특별추천에 의해 영계·참교를 동시에 받았다는 것은, 그의 대종교 입교가 국내 혹은 만주로 건너간 직후에 이루어졌음을 확인시킨다.
특히 고영롱이 신태익(申泰翼)·박원천(朴元千) 등과 함께 영계를 받은 점도 주목된다. 신태익은 평안북도 영변군(寧邊郡) 출신으로, 국내 군자금 모금 활동과 더불어 대한통의부를 결성할 당시 오동진(교통부장)과 함께 교통부 부감(部監)으로도 선임된 인물이다. 또한 박원천 역시 광정단(光正團)에 몸을 담고 남만주 항일투쟁에 적극 앞장선 경험이 있다.

[참고문헌]
『대종교보』 제58호(1923년), 『조선총독부관보』 제512호(1914년), 『高等警察要史』(경상북도경찰부, 1934), 『國外容疑朝鮮人名簿』(조선총독부경무국, 1934), 『무장독립운동비사』(채근식, 대한민국공보처, 1949), 『한국독립운동사』4(국사편찬위원회, 1970), 『한국독립운동사자료』37(국사편찬위원회, 2001)

고인석(高仁錫, 남, 생몰 미상)

입교 시기 _ 1910년 | 교질 _ 미상

출신지역과 생몰연대는 불분명하나 대종교 중광(重光) 이전부터 호남학회 활동에 적극 참여한 인물로 등장한다. 당시 호남학회는 호남지역의 교육 발달에 그 목적을 두고 주권수호운동을 전개하였다. 구체적으로는 교육구국운동·학보간행·계몽강연·토론회 등에 역점이 두었으며, 특히 교육운동을 중시해 지방의 임원과 회원을 분발케 하였다. 또한 호남 각 지역 사립학교의 진흥을 꾀하고 서울에 유학 중인 호남 출신 학생들을 후원하는가 하면, 법학강습소·측량학교도 설치해 직접 인재를 양성하였고 강연회와 토론활동을 통해 민중의 계몽과 주권수호의식을 강조하였다. 고인석은, 후일 나철과 함께 대종교 중광의 중추가 되는 최동식(崔東植, 대종교명은 崔顓)·윤주찬(尹柱瓚) 등과 이 호남학회를 통해 활발히 교류하였다. 이러한 인

연으로 일찍이 대종교에 참여하였으며, 1910년 4월에는 대종교 순교원(巡敎員)에 임명되어 대종교의 초기 활동에 깊숙이 관여했다.

[참고 문헌]
『종보』제6호(1910년), 『호남학보』제2호·제4호(1908년)

의 部-在滿洲의 部28, 高警17077호, 한국사DB, 국사편찬위원회), 『세기와 더불어』2(김일성, 조선로동당출판사, 1992)

고재봉(高在鳳, 남, 생몰 미상)
입교 시기 _ 1922년 | 교질 _ 미상

함경북도 부령군(富寧郡) 부거면(富居面) 용저동(龍渚洞) 출신으로, 일찍이 만주로 건너가 대종교에 가담한 인물이다. 1921년에는 대한독립군비단(大韓獨立軍備團) 제2구지단 지부(支部)의 서기(書記)를 맡아 장백현을 중심으로 활동하였다. 1922년 12월 5일에 대종교 입교(入敎)와 함께 영계(靈戒)를 수여받고, 봉천성(奉天省) 무송현(撫松縣) 만리하(萬里河) 부근에 세워진 대종교 서일도본사(西一道本司) 관할 하광시교당(河光施敎堂) 부책임자인 찬무(贊務)를 맡았다. 이 때 하광시교당의 총책임자는 이옥규(李沃珪)였으며, 고재봉과 같이 부책임자를 맡은 인물이 김하일(金河一)이다. 모두 대종교 정신을 통해 독립투쟁에 앞장선 인물들이었다.

이후 고재봉은 1937년 8월 24일 돈화현(敦化縣) 부근 대종교 재만교구경상금수납위원(在敎區經常金收納委員)이라는 중책을 맡아 대종교와 독립운동의 재정 확보에 앞장섰다. 이 시기 주목되는 것은 고재봉이 후일 북한의 주석이 되는 김일성과도 교유했다는 점이다. 김일성이 돈화현 할바령 부근에서 돈도선(돈화─도문) 철도부설공사에 동원된 일본군수송대와 격전을 펼친 직후였다. 당시 고재봉은 일제의 폭압이 심한 사도황구를 떠나 두도량자로 활동무대를 옮겨 지하조직이 운영하는 농민학원에서 교편을 잡고 있었다. 고재봉은 김일성에게 그의 어머니를 인사시킬 정도로 허물이 없었다.

1939년 10월 백산 안희제를 중심으로 대종교서적간행회가 조직될 당시, 고재봉은 이용태(李容兌)·양현(梁玄)·이동호(李東浩)와 함께 2주(株)의 주식으로 참여하였다. 당시 배경을 보면, 1939년 7월에 해산(海山) 강철구(姜鐵求)가 만주 괴뢰정권인 신경정부(新京政府)와 교섭하여 교적간행의 승인을 얻었다. 같은 해 10월 25일 서적간행회를 조직하고 대종교도들의 성연금을 모아 『홍범규제(弘範規制)』 5백부, 『삼일신고(三一神誥)』 2천부, 『신단실기(神檀實記)』 1천부, 『종례초략(倧禮抄略)』 2천부, 『오대종지강연(五大宗旨講演)』 3천부, 『종문지남(倧門指南)』 2천부 등, 총 6종 1만 5백부를 연길현에서 출판하였고, 『한얼노래[神歌]』 4천부를 경성(京城)에서 출판하였다.

[참고 문헌]
『대종교보』제56호(1922년)·제115호(1937년), 『대종교중광육십년사』(대종교총본사, 1971), 『中國 長白縣內에 있어서 不逞鮮人團』(不逞團關係雜件-朝鮮人

고평(高平, 남, 1886-?)
아호(별명) _ 고인석(高仁석), 고고찬(高高鑽)
입교 시기 _ 1911 | 교질 _ 지교 | 서훈 _ 독립장(1992)

고명

전라북도 정읍 고부(古阜) 출신으로 1902년 서울 보광(普光)중학교를 졸업하였다. 경성관립법관양성소에서 법률을 공부한 뒤, 1905년 4월 경성지방법원 춘천지청 검사에 임명되었다. 1911년 7월 대종교에 입교하였으며 1916년에 참교, 1917년에 지교에 승질되었다. 1916년 만주로 건너가 독립운동에 투신했다.

대종교에서는 1917년 총본사 및 도본사를 재편한 뒤 서일을 중심으로 동1도본사(동만~함경도 지역), 동2도본사(노령 및 연해주 지역 일대) 지역에 독립군 세력을 구축해갔다. 이와 관련하여 1918년에 고평은 동2도본사 지역인 블라디보스토크에서 대종교 포교의 주책임자로 활동했다. 당시 니꼴스크에는 이민복(李敏馥), 밀산부(密山府)에는 백순(白純), 소수분(小綏芬)에서는 진학신(秦學新) 등이 대종교와 연결하여 독립운동의 기반을 마련해갔다.

세계 제2차대전이 종결되면서 국내외적으로 독립운동의 분위기가 고조 될 때, 1919년 2월 18일과 20일 양일에 걸쳐 고평은 북간도 연길현 국자가 하장리 소재 박동원의 집에서 구춘선, 김영학, 류예균 등 33인과 함께 비밀모임을 갖고 북간도 만세시위운동과 독립선언을 계획하였다. 이어 4월 19일에는 고평, 구춘선, 김병흡, 강백규 등이 노령 니꼴리스에서 개최하는 국민회의에 참여했다.

3.1운동 이후 만주 및 노령지역에서 독립군단체가 설립되었다. 고평은 그해 8월 대한군정부 군정사사무서(독변 서일)에 군정회의원으로 활동했다. 그러다가 연길현 명월구에서 이범윤과 대한의군부 조직에도 참여하여 중부의군부 참모장에 임명되었다. 1920년 북간도 독립군부대 통합운동이 전개될 때 고평은 최명록, 홍범도와 함께 북로독군부를 결성하면서 참모부장으로도 참여했다. 봉오동전투에서 고평의 참여와 활동은 알려지지 않고 있지만 역사속에서 제대로 평가받아야 할 부분이다.

청산리전투 이후에 고평은 노령의 니콜리스크와 보크라니치나야 등을 근거지로 하여 전성환(全成煥), 허승완(許承完), 최태순(崔泰淳) 등과 더불어 조선독립군특무대를 조직하여 활동하였다. 1923년 3월경 함경남북도 방면을 다니며 비밀리에 군자금을 모아 특무대를 사단으로 편성 확대한 뒤 의열단장 김원봉을 만나 독립운동의 방침에 대해

협의하였다. 5월에는 김규식을 단장으로 하는 고려혁명군에서 참모장으로 활동했다. 신민부에서도 활동하였으나 기록에서 확인되지는 않는다. 1928년에는 재만동지회를 조직하여 이주 한인의 생활정책에 힘쓰다가 중국 관내로 이동하였다.

해방 이후로는 대종교 재흥에 참여하여 힘을 보탰다. 1945년 서울 사직공원내 단군천진 봉안식에서 사회를 보았다. 봉안식에는 임시정부에서 환국한 조소앙, 홍진 등도 참여했다. 1946년 3월 8일에는 대종교총본사 직할 한선시교당의 전무에 임명되었고, 3월 24일에는 경의원 참의에 선임되었다.

정부수립 후 1948년 12월 제헌의회의 반민족행위특별조사위원회 특별재판부 제2부 재판관으로 임명되어 활동했다. 그러나 반민특위의 활동에 반대했던 이승만 대통령의 영향으로 반민특위의 활동이 점점 약화되면서 반민특위는 1951년 2월에 폐지되었다. 1950년 한국전쟁이 일어나자 서울에 있던 고평은 북한군에 의해 납북되었다. 고평의 생질인 최기환이 1980년대 독립유공자 포상을 신청하여 1992년 서훈이 이루어졌다.

고평은 독립운동에 큰 공을 세웠지만 반민특위의 좌과 납북 건군훈장인사라는 점 때문에 역사 속에서 정당한 평가를 받지 못한 측면이 있다. 정부는 1992년 독립장을 추서하였다.

[참고문헌]
『대종교보』 제54호(1922년)·환국기념호(1946년), 『종문영질』(프린트본, 1922), 『대종교인과 독립운동연원』(이현익, 1963), 『대종교중광육십년사』(대종교총본사, 1971), 「在露 不逞鮮人의 현황에 관한 건」(不逞團關係雜件-朝鮮人의 部-在西比利亞7, 朝鮮機 제631호, 한국사DB, 국사편찬위원회), 「朝鮮側 警察이 朝鮮人 金順 等을 拘引시킨 것에 관한 건」(不逞團關係雜件-朝鮮人의 部-在滿洲의 部28, 公 第259號; 受 20669號, 한국사DB, 국사편찬위원회), 『독립신문』 1923.6.13., 『동아일보』 1945.12.17., 『무장독립운동비사』(채근식, 대한민국공보처, 1949), 『한민족독립운동사자료집』 37(국사편찬위원회, 1999)

공재철(孔在轍, 남, 생몰 미상)
입교 시기_ 1911년 | 교질_ 참교

함경남도 북청군 후창면(厚昌面) 당우리(唐隅里) 출신으로, 1914년 당시 그 지역을 중심으로 임업에 종사하던 인물이다. 일찍이 대종교에 참여하여 1911년에 이미 참교의 교질을 받았으나 그 후의 행적은 알려지지 않았다.

[참고 문헌]
『종문영질』(프린트본, 1922), 『조선총독부관보』제615호(1914년)

공진원(公震遠, 남, 1907-1943)
아호(별명)_ 학은(鶴隱), 고운기(高雲起), 공운기(孔雲起), 공흥국(公興國), 공흥원(公興園)
입교 시기_ 1910년대 | 교질_ 미상 | 서훈_ 독립장(1963)

평안북도 벽동군(碧潼郡) 출신이다. 대종교의 원로인 공창준(公昌俊)의 아들이지만 고운기(高雲起)라는 이명으로 많이 알려져 있다. 중국 하얼빈에서 중학교를 졸업하고 청년운동과 교육사업에 종사하면서 부친을 따라 대종교(大倧敎)에 입교했다. 1930년 7월에 결성된 한국독립당에 가입하고, 당에서 조직한 한국독립군 소대장에 임명되어 여러 차례의 치열한 전투에서 공을 세웠다. 부친인 공창준은 한국독립당의 간부였다. 한국독립당의 조직체제는 집행위원제였고, 집행위원장(홍진)과 부위원장 4명(이진산·황학수·이장녕·김규식), 그리고 28명의 집행위원으로 구성되었다. 창립 당시 공창준은 집행위원이자 조직부 위원이었다. 부자(父子)가 당의 간부와 독립군의 간부로 활동한 것이다.

1932년 12월 총사령관 지청천(池靑天)의 명령으로 한국독립당군의 대표로 중국구국군(中國救國軍) 총사령관 왕덕림(王德林)과 합작을 협의하러 영안(寧安)으로 갔다. 제14사단장 채세영(蔡世榮)과 합의가 되어 한중연합전선을 폈으나, 중국군의 배신으로 연합작전은 깨어졌다. 1933년 9월 동녕현(東寧縣) 전투에서 패퇴한 뒤, 11월 임시정부의 광복군기간장교 훈련책임자인 지청천을 따라 조경한(趙擎韓)·오광선(吳光鮮) 등과 함께 상해(上海)로 옮겼다. 그곳에서 중앙군관학교 낙양분교(洛陽分校)의 한국인 특설반에 입학하여 정치·군사 교육을 받고 졸업하였다.

당시 공진원은 1934년 2월 한인특별반에 입교하여 1년 2개월 동안 군사교육과 훈련을 받았다. 군사교육과 훈련은 일제의 정보망에 노출되지 않기 위해 비밀리에 이루어졌고, 입교한 학생들은 대부분 중국 이름을 사용하였다. 안춘생은 '왕형(王衡)', 나태섭(羅泰燮)은 '왕중량(王仲良)'이란 이름을 사용한 것이 대표적 사례다. 공진원 역시 이때 '고운기'라는 이름을 사용한 듯하다. 한인특별반의 교육과 훈련은 전술학·병기학·통신학·정치학 등의 학과와 무술·검술·사격 등 술과 등으로 이루어졌고, 1935년 4월 졸업하였다.

1935년 상해에서 지청천·황학수(黃學秀) 등과 한국독립당을 신한독립당으로 개편하는 데 참여하였고, 다시 조선혁명당과 통합하는 과정에서, 김원봉을 축출하고 민족혁명당으로 개편하였다. 1938년 9월 한국광복진선청년공작대(韓國光復陣線靑年工作隊)를 조직하여 대장에 취임한 뒤, 황학수와 함께 내몽고로 가서 일본의 군사기밀을 탐지하는 등 공작을 전개하였고, 한국독립당 감찰위원장에 선출되기도 하였다. 1939년 10월 사천성(四川省)에서 열린 임시의정원의 의원이 되었고, 1940년 2월 임시정부 군무부 군사학편수위원회 위원으로도 활동하였다.

1940년 9월 한국광복군이 창설되자 공진원은 광복군 창설 멤버로 참여하였다. 당시 총사령관은 총사령 이청천과 참모장 이범석, 부관장 황학수, 주계장(主計長) 조경한, 그리고 참모로 공진원을 포함한 이복원·김학규·이준식·유해준, 부관 조시원·노복선·고일명, 주계 지달수·민영구였다. 공진원과 이청천·이범석·황학수·이복원·김학규·이준식·지달수 등은 만주에서 활동하던 독립군이었고, 유해준·노복선·고일명·민영구는 중국의 육군군관학교 출신이었다. 총사령부 참모로 임명된 공진원은 충칭(重慶)에서 복무하다 11월 다시 서안(西安)에서 3개 지대로 편성될 때, 제2지대장 겸 징모2분처(徵募二分處)주임위원으로 임명되었다. 임시정부는 총사령부를 구성한 후, 1940년 9월 17일 중경(重慶)의 가릉빈관(嘉陵賓館)에서 한국광복군총사령부성립전례식을 거행하였다.

공진원은 나태섭·고시복(高時福)·유해준(兪海濬)·지달수(池達洙)·이욕해(李慾海) 등을 이끌고 내몽골 수원성(綏遠省)의 포두(包頭)를 근거지로 병력을 모집하는 초모활동(招募活動)을 전개하였다. 우선 포두를 거점으로 삼고, 각 지역에 비밀조직망을 만들고 이를 통해 한인청년들을 만나 포섭하여 서안으로 보냈다. 초모활동은 포두를 거점으로 수원성 일대를 비롯하여 북경·천진·당산과 찰합아성의 장가구 등지에서 이루어졌고, 많은 한인청년들을 모집하는 성과를 거두었다.

한국광복군총사령부성립전례식사진

이후 중경으로 돌아온 후 공진원은 임시의정원 의원으로 활동하면서, 당시 문제 사안이었던 '광복군9개준승(光復軍九個準繩)'을 취소시켜야 한다는 문제를 적극 제기했다. '광복군9개준승'이란 중국이 광복군 창설을 승인할 당시 '한국광복군 9개 행동준승'을 제정하여 한국군을 중국군사위원회의 통할·지휘를 받아야 한다는 것과, 임시정부가 아니라 중국 최고통수부의 유일한 군령을 접수해야 한다는 내용이었다. 오랏줄을 의미하는 '승(繩)'에서도 알 수 있듯이, 중국은 광복군이 한국으로 진공작전을 편다면 몰라도 중국 내에서는 중국군사위원회 묶여있어야 한다는 것이다. 그러나 공진원은 이러한 노력을 이루지 못하였다. 그리고 1943년에 병으로 사망한다. 향년 37세였다. 대한민국정부에서는 1963년 공진원에게 그 공을 기려 독립장을 추서하였다.

공진원의 대종교 교력과 관련된 기록 역시 남아있지 않다. 다만 그 부친과 더불어 1910년대에 입교한 것으로 보인다. 기록은 사라졌지만 그가 지교(知敎)의 교질(敎秩)도 받았다는 대종교단 내의 전언이 남아있다. 한편 독립운동가 박명진이 기록한 『대종교독립운동사』에도 공진원이 대종교 서일도본사(西一道本司)의 중심 교인으로 적혀있다. 당시 서일도본사는 단애 윤세복이 영도하였으며, 그 주요 교인으로는 조맹선·박장호·김혁·이청천·윤세용·황학수·이광 등, 수십 인이 등장한다.

[참고 문헌]
『대종교독립운동사』(박명진, 필사본, 1964), 『한국유이민사』상(현규환, 어문각, 1967), 『朝鮮獨立運動』II(金正明編, 原書房, 1967), 『독립운동사』4·6(독립운동사편찬위원회, 1973·1977), 『한국독립운동사자료』26(국사편찬위원회, 1994), 『대한민국임시정부자료집』11(국사편찬위원회, 2006)

공창준(孔昌俊, 남, 1877-1937)

아호(별명) _ 공름연(公름俊), 심연(心淵)
입교 시기 _ 미상 | 서훈 _ 애국장(1995)

함경남도 문천군(文川郡) 출신으로 대종교와 깊은 연관을 가진 인물이다. 그럼에도 대종교단 내의 그의 기록은 전무하다. 그는 유달리 천성이 공명정직하고 충직·청렴할 뿐 아니라, 애국심이 열렬하여 평생을 국가 광복 사업에 헌신한 인물로 알려져 있다. 또한 명리나 지위를 다투지 않고 모험과 험한 일을 꺼리지 않았던 인격자였다.

을사늑약 이후 함경도를 중심으로 홍범도와 함께 의병을 통한 항일투쟁을 전개하였는가 하면, 이후 중국 무송(撫松)·안도(安圖)로 옮겨가 윤세복과 함께 흥업단(興業團)을 조직하여 활동하였다. 기록은 사라졌지만 그가 대종교에 입교한 시기도 이 시기일 듯하다. 또한 공름연은 황의포수대(黃衣砲手隊)라는 독립군을 편성하여 스스로 대장이 되었고, 3.1운동이 일어나자 광복단을 조직하고 서왈보(徐日圃)·김좌진(金佐鎭) 등과 활동하였다. 1920년 일제가 간도로 출병하자 공창준은 러시아 연해주 우수리스크로 이동하여 1921년 대한독립단과 연계하였고, 그해 10월 안도현으로 이동하여 활동했다. 1924년 길림성(吉林省) 해룡현(海龍縣)에서 이상훈 이하 31명으로 구성된 단군기념회 조직에 발기인으로도 참여하였다.

1930년에는 이청천·홍진(洪震) 등과 만주에서 한국독립당을 조직하고 군대를 편성하여 중국의용군(中國義勇軍)과 연합하여 항일투쟁을 벌였다. 1930년 음력 11월 중순 경에는 한국독립당 유수현(楡樹縣) 동구지부(東溝支部) 지부장이 되어 조직을 확대시키는 데에 노력하였다. 1932년 3월에는 쌍성(雙城)에 위치하고 있던 한국독립당 제3지부의 중앙간부 몇 명과 모아산(帽兒山)에서 비상연석회의를 열고 그곳을 중심으로 활약을 펼쳤다. 그 후 1935년 만주에서 북평(北平)을 거쳐 남경(南京)까지 왔다가, 돌아가지 못하고 신병에 걸려 1937년 순국하였다.

마지막 숨을 거둘 당시 아들 공진원(公振遠)에게 '너는 국가와 민족을 위하여 진충(盡忠)하여라'는 유언을 남겼다. 그만큼 나라와 광복을 위해 모든 것을 바친 인물이다. 그의 대종교 내의 기록은 사라졌지만 그를 추모하는 글에 "향년이 57세이시오, 일찍 대종교를 독신(篤信)하셨다."라는 기록만이 전할 뿐이다.

[참고 문헌]
『대종교인과 독립운동연원』(이현익, 프린트본, 1962), 『한민』 제3호(1936년), 『광복』 제2권 제1호(1942년), 「國外情報-間島 및 그 接壤地方 不逞鮮人團의 動靜」(不逞團關係雜件-朝鮮人의 部-在滿洲의 部30, 高警 第28723號; 秘受 12975號, 한국사DB, 국사편찬위원회), 『한국독립사』(김승학, 독립문화사, 1965), 『백강회고록』(조경한, 한국종교협의회, 1979), 『한국독립운동사자료』 37(국사편찬위원회, 2001)

곽동조(郭東朝, 남, 생몰 미상)
아호(별명)_ 지헌(志軒)
입교 시기_ 1922년 이전 | 교질_ 미상

전북 김제군 만경면(萬頃面) 출신으로 호는 지헌(志軒)이다. 1908년 일찍이 대한협회 만경지회 서기(書記)를 맡았다. 1922년에는 한국인들이 군비제한을 주장하며 극동회의에 제출한 '군축회의 청원서'(영문 번역)에 김제군 대표로 참여한 것으로 보아, 출신 지역을 대표하여 활발한 활동을 전개했음을 추측할 수 있다. 그것을 짐작케 하는 또 하나의 예가 1929년에 있었던 '서울학생동맹휴교격문배포사건'이다. 당시 경성지방법원 예심계에서는 이 사건과 관련하여 김제 만경 출신인 곽동조와 곽량훈(郭良勳) 두 사람에 대하여 범죄 취조상의 필요로 만경면장에게 신분조회를 요청한 문건이 남아있다.

그러나 곽동조에 대한 구체적 기록은 아직 발견되지 않는다. 다만 그와 함께 언급된 곽량훈은 일명 곽현(郭炫)으로, 중앙학교 4학년을 수료하고 연희전문학교 영문과 1년을 수업한 인물이다. '서울학생동맹휴교격문배포사건' 당시 중앙청년동맹 교양부장과 신간회 경성지회 회원이었다. 1929년 12월 2일 밤과 3일 아침 사이에 경성제국대학을 비롯하여 중동학교·경성여자상업학교·동덕여자학교·중앙고등보통학교 및 기타 시내 공·사립학교와 시내 요소에 광주학생운동의 전국화를 위하여 학생과 민중의 총궐기를 촉구하는 격문이 살포되었다. 이에 놀란 일본경찰은 종로경찰서에 수사총본부를 설치하고 12월 4일 정오까지 각 사상단체·청년단체·근우회 등의 간부와 학생 등 127명을 검거하고 조사에 나서 13개 처를 수색, 격문 8,000매를 압수하였다. 이 때 살포된 격문을 인쇄한 인물이 곽량훈이었다. 곽동조가 독립운동에 암암리 관여하였음을 알게 해 주는 부분이다.

곽동조와 대종교의 관계를 보면 1922년 음 7월 19일 대종교에 입교하여 영계(靈戒)를 받은 기록이 남아있다. 또한 그가 경성부 수송동 46의 1번지에 살면서, 수시로 종로구 계동 101번지에 소재했던 대종교남도본사 경배식에 참석하였음이 확인되고 있다.

[참고 문헌]
『대종교보』 제55호(1922년), 『본사행일기』(성세영, 필사본, 1922), 『대한협회회보』 제8호(1908년), 『대한민국임시정부자료집』 18(국사편찬위원회, 2007), 『한민족독립운동사』 8(국사편찬위원회, 1990)

구덕수(具德壽, 남, 생몰 미상)
입교 시기_ 1922년 이전 | 교질_ 미상

경남 창녕 영산면(靈山面) 교리(校里) 출신이다. 마을 명칭을 교리라 한 것은 영산 향교(鄕校)가 그곳에 있었기에 붙여진 이름이었다. 흔히 향교가 있는 마을을 교동, 교리 등으로 불렀다. 구덕수의 기록을 보면 1927년과 1928년, 경남 마산 진동공립보통학교(鎭東公立普通學校)의 훈도(訓導)를 지낸 것으로 나타난다.

이 시절 『동아일보』에 「아이 듯는 데서 선생비평 말아, 너머 욕하고 두드리지도 마시오」란 제목으로 학교와 가정의 연계 중요성을 강조한 글도 발표했다. 그는 집에서 어린 아이를 욕하며 두드리지 말라는 부탁을 한다. 학교에서도 말을 듣지 않게 되고 그것을 배워 강박한 성질을 갖게 되기 때문이라는 것이다. 또한 아이 듣는 데서 학교 선생을 비평하지 말라는 부탁도 했다. 학생들은 자기 선생이 보통 사람과는 다른 특별한 존재로 여기기 때문이라는 이유였다. 구덕수의 대종교 입교 기록은 남아있지 않다. 다만 1922년 성세영이 쓴 일기에, 1920년대 경남지역 대종교 교인으로 적혀 있을 뿐이다.

[참고 문헌]
『본사행일기』(성세영, 필사본, 1922), 『동아일보』 1927.6.10., 『조선총독부 및 소속관서직원록』(1928년도)

구종식(具宗植, 남, 생몰 미상)
입교 시기_ 1911년 이전 | 교질_ 참교

일찍이 대한제국의 9품에서 6품까지의 관리를 지낸 인물이다. 경술국치를 당하자 대종교에 입교하여 구국의 뜻을 품었다. 일제강점기인 1927년에는 조선관염판매주식회사(朝鮮官鹽販賣株式會社)의 감사를 맡으면서 사업에도 뛰어들었다. 이 회사는 1921년 설립된 것으로, 사장(대표)은 안동 출신 독립운동가인 권태환(權泰煥)이 맡았으며 관염 판매업과 금융 및 기타 부대 사업을 병행한 회사였다. 구종식이 감사로 참여할 시기인 1927년에는 여운일(呂運一)과 여운홍(呂運弘)이 회사의 중역인 이사로 함께 했음이 주목을 끈다. 여운홍은 여운형(呂運亨)의 동생이고 여운일은 여운형의 4촌 동생이었다. 구종식의 대종교 활동에 대한 구체적 기록은 전하지 않는다. 다만 1911년 6월 19일(음력)에 참교의 교질을 받는 것으로 보아 이른 시기부터 대종교에 참여했음을 알 수 있다.

[참고 문헌]
『종문영질』(프린트본, 1922), 『朝鮮銀行會社組合要錄』(東亞經濟時報社, 1927년판)

구태서(具太書, 남, 생몰 미상)
입교 시기 _ 1926년 이전 | 교질 _ 미상

출신지역과 생몰연대를 알 수 없는 인물이다. 일제의 기록에서는 찾을 수 없으며, 오직 대종교만주포교금지령 직후인 1926년 만주 당국에 의해 압수된 대종교의 문건에만 등장하는 이름이다. 대종교만주포교금지령은 1926년 일본의 압력을 받은 만주 길림성장(吉林省長) 장작상(張作相)에 의하여 취해진 조치로, 이로 인해 동·서·북 3개의 대종교도본사가 해체되었고, 국내 서울에 잔존하던 남도본사마저 폐쇄된 사건이다.

그 압수된 문서에 보면, 구태서가 대종교 단일시교당(丹一施教堂)의 찬무(贊務, 부책임자)로 활동한 기록이 적혀있다. 그의 대종교 입교가 그 이전으로 올라감을 알 수 있다. 본디 단일시교당은 1922년 12월 12일(음력)에 영안현(寧安縣) 목단강시(牧丹江市)에 세워진 시교당이다. 동이도본사(東二道本司) 소속으로, 설립 당시는 항일투사 나병수(羅秉洙)가 전무(典務, 책임자)를 맡았고 김근우(金槿禹)와 김창선(金昌善, 金昌淳)이 찬무를 맡았다. 구태서가 찬무를 맡은 당시는 김근우가 전무로 있었으며, 김창선이 계속 찬무를 맡아 구태서와 함께 김근우를 도왔다. 구태서 일행은 목단강참(牡丹江站) 한인촌(韓人村)에 거주하는 김근산(金槿山)을 연락 거점으로, 26명의 교인을 거느리고 활동하였다.

[참고문헌]
「大倧教施教堂一覽表(1926년)」(延边朝鲜族自治州档案馆 全宗号42 目录号1 案卷号343, 和龙县历史档案 和龙县警察所, 令各区查禁韩人设立大倧教堂由, 民国十五年五月十二日)

국기열(鞠錤烈, 남, 1892-1970)
아호(별명) _ 일농(一農)
입교 시기 _ 1915 | 교질 _ 참교

전라남도 담양 출신으로 1915년 11월 13일 대종교에서 참교의 교질을 받았다. 1919년 3.1운동 이후 1920년 5월 2일 담양 청년회를 조직하여 항일운동을 하였다. 1921년 국기열은 동경에 유학중 3월 1일 조선독립기념일을 맞아 동경의 일비곡공원에서 만세를 부르다가 76명의 학생들과 함께 검거되었다. 1921년 4월 와세다대학 정치과에 입학하였으나 그해 11월 병 때문에 퇴학하였다.

동아일보에서 정리부 지방부 정치 경제 사회부 등 5개 부장을 두루 역임했으며 1927년부터 1930년에는 편집인으로 활동했다. 1934년 8월에 퇴임했다. 동아일보에서는 1925년 말 만주의 군벌 장작림(張作霖)이 1925년 말 화북 쟁탈전을 벌일 때 만주로 특파되었고, 1927년 여름 동아일보가 전국 13도로 파견하여 80여곳의 수리조합을 답사하고 그 실태를 조사해 보고할 때 강원도에 파견되었다. 정치부 기자로서 조선총독부를 오랫동안 출입금지 당했으며, 비구니로서 유명한 일엽스님(1896~1971)과 동거해 화제가 된 인물이다.

[참고 문헌]
『종문영질』(프린트본, 1922), 『동아일보』 1921.2.25., 『독립운동사자료집』 13(독립운동사편찬위원회, 1977), 『독립운동사』 10(독립운동사편찬위원회, 1978)

권덕규(權悳奎, 남, 1890-1949)
아호(별명) _ 애류(崖溜), 환민(桓民), 한별
입교 시기 _ 1910년대 | 교질 _ 참교 | 서훈 _ 애국장(2019)

권덕규

권덕규는 주시경의 제자로 일제의 한국 병탄 직후로부터 광복 이후까지 우리말과 우리글을 지켜온 대표적인 학자이다. 특히 그는 국어학자이자 국어교육자, 그리고 역사학자로서 대종교정신을 통한 우리의 고유 정신을 연구하고 지켜온 대표적인 학자임에도 불구하고 이 시기 다른 학자들에 비해 상대적으로 관심을 끌지 못한 학자 가운데 한 사람이라고 할 수 있다. 권덕규 삶의 행적은 매우 포괄적이다. 어학자·역사가·교육자로 평가되는가 하면, 수필가·시인·만담가(漫談家)·독설가(毒舌家)·기인(奇人)으로도 설왕설래한다.

권덕규는 경기도 김포의 한미한 양반가에서 출생하였다. 어렸을 적부터 명민했던 그는 소학교를 거치고 휘문의숙에 입학하면서 세상의 눈을 보다 크게 키웠다. 주시경과의 인연 역시 휘문의숙 시기였으며, 그 인연을 계기로 우리말에 대한 평생연구의 길로 접어들었다. 1910년대 초부터는 조선광문회에 참여하면서, 김교헌·박은식·류근·최남선 등 대종교 관련 인물들과 교유하면서 우리 역사의식에도 눈을 뜨게 된다. 특히 광문회 시절 절친했던 김두봉·이균영과 함께 주시경을 도와 『말모이』의 편찬에 참여하면서, 이후 우리말 연구를 통한 민족혼과 자주정신을 고취시키기 위해 더욱 노력하였다. 조선어강습원과 휘문학교·이화여고 등에서 30여 년간 국어와 국사를 가르쳤는가 하면, 1921년에는 조선어연구회에도 참여하였다. 1923년에는 『조선어문경위(朝鮮語文經緯)』를 발행하여 우리말의 역사와 음운, 훈민정음, 어원에 대한 연구, 우리말과 중국어·만주어·몽골어·일본어를 비교하여 우리말의 특징을 설명하는 등, 조선어에 대한 폭 넓은 연구 성과를 반영·수록하였다.

이후에도 '한글맞춤법통일안' 제정위원과 '한글표준어' 사정위원, '조선어사전편찬' 전임집필임원 등을 맡아 국어연구에 전력을 다했으며, 1933년부터 1936년까지 경성방송국에서 조선어 강의를 진행하였다. 같은 해부터 약 1년간 한글학회에서 『큰사전』 편찬에 참여하였고, 1944년 '조선어학회사건'으로 함흥형무소에 투옥되었다가 지병이 악화되어 병보석으로 석방되었다. 해방 이후에도 국학연구회를 통한 국사·국어강습회에 강사로 참여하는가 하면, 1946년 전조선문필가협회(全朝鮮文筆家協會)가 결성될 당시는 추천회원으로 참여하였다. 권덕규는 1949년 여름 무렵 행방불명이 되어, 1950년 10월 24일 정식으로 사망신고가 되었다.

[주요 저술 및 사상]

권덕규의 역사관은 대종교적 역사인식과 밀접하다. 대종교문화집합체인 조선광문회와의 인연도 그렇거니와 그곳에 속한 김교헌·박은식·류근과 같은 대종교계 역사가들의 영향이 컸다. 더욱이 그의 스승인 주시경 역시 대종교적 역사의식 속에서 우리의 국어사를 관조한 인물임이 주목된다. 권덕규의 역사인식이 가장 잘 응축된 글은 1920년 5월에 발표한 「가명인(假明人) 두상(頭上)에 일봉(一棒)」(『동아일보』)이라는 짧은 논설이다. 그리고 그러한 인식을 토대로 서술된 역사서가 『조선유기(朝鮮留記)』상(1924)과 『조선유기』중(1926)이다. 『조선사』는 후일 그가 앞의 두 책을 수정하여 합본한 것이다.

「가명인 두상에 일봉」이란 글은 중국(명나라)에 대한 사대적 삶에 매몰된 유교적 지식인들에 대해 통렬한 비판을 담은 글이다. 권덕규만이 아니라 대종교계 역사가(김교헌·박은식·신채호·정인보 등)들의 공통된 가치였다. 권덕규는 "양주(楊州) 밥 먹고 고양(高陽) 구실하는 일부 유학자(儒學者)"에 대한 공박을 내세워, 우리의 역사를 중국사의 아류로 몰아가려는 몰가치를 공박하였다. 그는 한족(漢族)이 아직 중국 본토에 자리 잡기 이전에 우리 민족이 요하(遼河)와 황하(黃河)의 사이에 진출하여 많은 나라를 건설하였음을 주장하였다. 또한 산동반도 부근에도 많은 나라를 열고 은주(殷周) 시대 천여 년 간 세력을 행사하였다고 강조하였다. 그러나 공자가 주나라를 종주국으로 삼아 춘추(春秋)를 만들면서, 한족은 화(華)요 주변의 모든 나라는 오랑캐로 몰아 화이의식(華夷意識)을 부추겼다는 것이다. 권덕규는 세상의 이치가 '나'를 주장하지 않고 성립된 것은 하나도 없음을 강조하였다. 개인으로서는 석가나 예수가 모두 그러하였고, 전체로서도 중국이나 유태 등이 오직 그들이 세계의 중심이라 주장했다는 것이다.

그러나 권덕규는 배알 없고 어리석은 우리의 유교지식인들이 중국사상의 노예가 되어 '남'을 '나'에 동화시키는 대신에 '나'를 '남'에게 동화시켜 중국인의 한 모형으로 전락해 버렸음을 한탄했다. 그러므로 역사인식에서도 "단조(檀朝)의 신정(神政)이 아무리 혁혁한들 누구나 찬사 하나

드리며, 부여의 지치(至治)가 아무리 찬찬한들 누가 일별(一瞥)에 시간을 벼르며, 삼국의 문예가 만장(萬丈)의 광휘가 있은들 하등의 가치를 얻느뇨. 후무(後無)의 성시(盛時)인 남북조(南北朝)는 명자(明字)조차 유무(有無)하고 발해의 계체인 여진은 송사(宋史)의 일엽(一葉)에 방주(傍註)되었으며, 고려의 자기는 고물상의 싸구려품에 지나지 못하며 문명화인 정음(正音)이 하급사회의 장난 건(件)이 되지 않았는가. 그 뒤에는 더욱이 저를 자존하고 더욱이 우리를 모욕한 춘추(春秋)를 대항하는 서기(書記)·유기(留記)가 다시 나지 아니하고, '한무제 토멸지(討滅之)하시고' 하는 노예적 문자가 무더기로 쏟아지니, 일조청류(一條淸流)의 똑똑한 학자가 있은 들 이로 광란을 돌 수 있으며, 여간 천품(天稟)이 청혜(淸慧)한 자 아니면 자타를 도치(倒置) 아닐 수 없는지라, 소위 '사문난적(斯文亂賊)'의 독한 어금니가 무는 곳과 '척사위정(斥邪衛正)'의 모진 방패가 서는 곳에 누가 고개를 드는 자더뇨."라는 탄식을 했다. 이것은 신교사관(神敎史觀)의 붕괴와 남북조사관(南北朝史觀)의 단절을 언급한 것으로, 대종교사관의 전형이라 할 수 있다.

이러한 역사인식의 붕괴 속에, 권덕규가 당대 우리 사회의 얼빠진 유학자들에게 던진 마지막 질타가 바로 가명인(假明人)이라는 몽둥이질이었다. "아아 자타(自他)를 도치(倒置)한 유학자여, 단군을 버리고 요우(堯禹)를 존숭하며 천군을 등지고 공맹(孔孟)을 섬김이여. 이것이 부사작척(父師作隻)에 그 부(父)를 저버림과 무엇이 다르리오. 그런 고로 내 너희를 명명하여 가명인(假明人)이라 하노라."

후일 권덕규의 『조선유기』와 『조선사』에 나타나는 역사서술 역시 이러한 인식을 토대로 이루어진 작업이었다. 특히 중화적 유교사관에 의해 붕괴된 신교사관과 남북조사관에 대한 재구가 그 역사서술의 흐름이다. 권덕규는 상고사를 서술함에 신시시대(神市時代)와 단군시대로 구분하였다. 환웅이라는 검[神]이 하느님의 아들로 인간 세상에 내려와 신시를 베풀고 오사(五事)를 주관한 시기를 신시시대로 보고, 환웅의 아들인 왕검이 이어받은 시대를 단군시대라 하였다. 이 시기 역시 단군 스스로 천자(天子)임을 자처하고 소도를 쌓아 신정(神政)을 베풀었음을 강조하고 있다. 권덕규는 부여시대의 문화를 논함에 있어서도 단군시대의 종교적 전통을 이어받은 신교(神敎)를 우선하여 세웠다. 그리고 이 종교가 소도에 모여 10월 영고를 하였으며, 이 신교의 갈래인 신선교(神仙敎)가 중국으로까지 전파되었다는 것이다.

권덕규는 삼국시대에도 그 상기(上期)까지는 단군의 신교를 받들었다는 것이 그의 인식이다. 그 무리가 소도에 모여 하늘에 제천하고 각 국이 묘(廟)를 세워 선(仙), 선인(仙人), 선왕(仙王), 신(神)이라 하여 제사하였으며, 오계(五戒)와 팔관(八關)의 의식 등이 있었다고 한다. 고려시대의 문화를 논함에도 신교를 그 시대 종교의 맨 앞에 놓았다. 국전(國典)인 팔관으로 신을 섬겼으며 임금은 매년 음 10월에 팔관재를 행하였고 음 2월 보름에는 전국이 연등(燃燈)하여 제천하였음을 적고 있다. 더불어 북방의 여진[金族] 역시 신교의 행사가 대단하였음을 빼놓지 않았다. 심지어 조선시대 종교를 논함에서도 신교를 가장 먼저 언급하고

있다. 즉 신교의 교의(敎義)가 풍속과 섞여 신사(神祠)들의 유속으로만 전하고, 신교의 일파인 선교는 여러 인물들에 의해 전해 졌다는 것이다.

권덕규의 강역인식도 대종교사관과 일맥하고 있다. 『조선유기』 맨 앞부분인 '조선의 지리와 종족'에서 그 대략이 나타난다. 그는 우리의 강역과 삼천단부에 대해 언급하고, 인(仁)을 소중히 하는 동이(東夷)와 동방군자지국이라는 자부심으로 출발하고 있다. 이러한 인식의 기반은 대종교의 전래 문적인 『신사기(神事記)』와 근대 신교사관을 개척한 김교헌의 『신단민사(神檀民史)』(1914년)·『신단실기(神檀實記)』(1914년)의 인식과 동일하다. 그러므로 권덕규는 한국사의 흐름을 서술함에도 '단군→부여→고구려→발해'를 그 중시하면서, 북강(北疆)의 중요성을 강조했다. 한국사 범위를 한반도에만 국한시키지 않고 만주와 중국내륙, 일본으로 확장하였던 것이다. 또한 숙신·말갈·여진 등을 모두 단군의 후손으로 정리하였는데, 대종교의 『단군교오대종지서(檀君敎五大宗旨書)』(1910년 이전)에 실린 「대황조신손원류지도(大皇祖神孫源流之圖)」와 「배달신국삼천단부도(倍達神國三千團部圖)」이후 신교사관과 남북조사관의 기본적 틀이 되었다.

권덕규는 김두봉·최현배 등과 함께 대종교와 주시경의 영향을 가장 잘 이어받은 언어학자라 평가할 수 있다. 그러나 그의 무게에 비해 이 방면에 대한 접근은 양적으로나 질적으로 미흡한 점이 많다. 그가 대종교의 영향 속에 학문을 했다는 것과 주시경의 사상과 학문을 이어받은 학자라는 점, 그가 남긴 논문과 저서가 많지 않다는 것과 그의 국어 연구가 국어 자체에 대한 체계적인 설명보다는 '국어 교육적 관점'에서 사전 편찬이나 규범화에 초점을 맞추고 있었다는 점 등이 그 이유일 듯하다.

권덕규의 언어관은 『매일신보』에 9회에 걸쳐 연재했던 「조선어문에 취하야」(1919-1920년)와 잡지 『동명』에 발표한 「조선어문의 연원과 그 성립」(1922년)에 이미 잘 드러나 있다. 이 글들을 중심으로 엮어진 책이 『조선어문경위』(1923년)다. 이러한 흐름은 이후 「조선어강좌」(1923년)와 「조선어강좌Ⅱ」(1933년) 그리고 수필집 『을지문덕』(1946년) 등을 통해서도 꾸준히 이어졌다. 권덕규 언어관의 특징은 대종교라는 정신적 배경을 통한 언어민족주의 실천적 구현이라 할 수 있을 것이다. 그러므로 그는 우리말·글의 연구는 우리의 정신 속에 우리 조선인들이 행해야 할 과제임을 강조하였다. 그러면서도 과학적 연구 즉 언어학적 연구를 수행을 소홀히 하지 않았다. 즉 조선어의 내적 논리를 개발하는 외에 자매어 등과의 비교연구 등, 문헌학적 연구를 수행할 수 있는 힘을 길러야 한다는 주장이 그것이다.

권덕규 언어 연구에서 눈에 띠는 몇 가지가 있다. 우선 국어 연구가 고어(古語) 연구 단계까지 나아가야 한다는 그의 주장이다. 즉 말과 글을 정리하는 실용적 단계에서, 순수언어학적 연구를 행하는 과학적 방면의 단계를 거쳐, 고어를 연구하여 동계어와의 비교를 행하는 응용적 방면으로의 단계로 나아가야 한다는 것이었다. 또 하나는 고유문자설을 내세웠다는 점이다. 권덕규는 1920년대 들어서는 본격적으로 훈민정음의 세종정리반포설(世宗整理領

布說)을 주장하였다. 실증적으로 훈민정음 이전에 우리의 문자가 있었다는 논리다. 그것을 뒷받침하는 근거로 삼황내문(三皇內文), 신지비사문(神誌秘詞文), 법수교비문(法首橋碑文), 왕문문자(王文文字), 수궁문자(手宮文字), 남해도 지면암 석각문(南海島地面巖石刻文), 각목자(刻木字), 고구려문자, 백제문자, 발해문자, 고려문자 등 11가지를 내세우고, 이를 다시 남북 양파로 분류하여 북파(北派, 檀祖→부여→고구려→백제 또는 발해)와 남파(南派, 신라→고려)로 구분하였다. 특히 신지가 지은 신지비사를 '조선문예의 시작'이라고 내세우는가 하면, 나아가서는 그는 조심스럽게 중국의 한자도 조선인이 만들었을 것이라고 주장도 주저하지 않았다. 또 하나 첨언한다면 그가 당시엔 찾아보기 힘들었던 문헌들을 살폈다는 점이다. 아마도 대종교와 조선광문회의 인맥을 통해 가능했을 것으로 추정된다. 가령 『단군교오대종지서』나 『삼일신고(三一神誥)』 관련 글들(『삼일신고』 원문만이 아니라 「삼일신고봉장기(三一神誥奉藏記)」 등), 그리고 『천부경(天符經)』이나 조선 숙종조 때의 『규원사화(揆園史話)』와 같은 문헌들이 그것이다.

권덕규의 종교관은 한마디로 신교(대종교) 국교관(國教觀)이라 할 수 있다. 이러한 주장을 잘 드러내는 글이 그의 「조선 생각을 찾을 때」(1924년)과 「대종교관, 대종교는 역사상으로 어떠한가」(1936년)이다. 그는 전래 신교가 단군교 곧 대종교이며, 유·불·선 삼교의 근원이라 하였다. 그는 "포함삼교(包含三敎)하여 접화군생(接化群生)이라 함도, 실상이 종교(倧敎)의 한 귀퉁이를 엿보아 그럴싸하게 설명한 것뿐이다. 그리하기에 우리 조선 사람처럼 동화력(同化力)의 부(富)하고 또한 여간 동화할 수 없는 민족이 없나니, 5천 년 전 그 시대에 이미 거룩한 이의 생각이라 하여 그것을 저자처럼 모여들어 들었다 하면, 그때 민족의 문화의 정도를 넉넉이 짐작할 수 있다. 아무튼지 우리 대종의 교리(教理)에는 가깝게 심신(心身)의 안과 멀리 나무 끝 바위틈까지라도 싸안지 아니함이 없어서, 말하면 어떤 한 귀퉁이를 떼더라도 당치 아니함이 없다. 그리하여서 불교의 생각도 유교의 생각도 어느 교의 생각도 다 여기에 싸여있다."는 주장이다. 그러므로 최치원과 같은 골수 유학자도 이 도를 찬양했다는 것이다.

권덕규는 중국의 종교들 역시 대종교의 영향과 무관치 않다는 설명이다. 즉 동이족의 소련과 대련이 공자에게 영향을 미쳐 삼강오륜을 주로 하여 수신제가 방향으로 사상을 만들었다는 것이다. 노자의 도교도 오히려 조선 선교의 맑고 높은 도리를 엿보아 무위무화의 거룩한 생각을 뽑아내었을 것이라는 의견이며, 선교가 연나라와 제나라에 전하여져 중국의 방사나 왕과 귀족들이 삼신산이나 불로초를 찾아온 배경이라는 설명이다. 심지어 인도 불교의 스투파도 우리 신교 소도의 전래라는 주장을 폈다.

한편 권덕규는 이러한 종교들이 대종이라는 한빗발[一雨]을 맞은 수많은 꽃과 같다고 표현했다. 이것이 대종교가 역사적으로 유·불·도와 평화적인 관계를 유지할 수 있었던 배경이라는 것이다. 그는 "이와 같이 종교(倧教)와 불교 또는 유교 사이에 암투(暗鬪)가 적지 아니 하였으며, 충돌이 한 두 번이 아니었건만 종교도들은 늘 한 모양 누가 나를 건드리랴 안여(晏如)하였다. 그러나 이 종교도들의 안여한 행동은 종리(悰理)에 떼여 볼 수가 없을지니, 우리 진종(眞悰)의 이(理)는 그 굉심광박(宏深廣博)한 법이 한울과 바다이라.”는 논리를 전개했다. 그는 종교 간의 전쟁을 해결할 수 있는 길 역시 대종교의 관용적인 평화관에서 찾고자 했는데, 이러한 전통을 우리의 홍익인간 정신으로 연결시켰다.

대종교의 역사적 명칭도 시대적으로 다양하다는 것이 권덕규의 견해다. 우리의 역사적 무지몽매를 일깨워준 근대적 집단을 대종교로 규정하고, “공(功) 없는 무리로도 덕(德)하지 않으려는 덕을 입어서 그를 받들고 그를 노래하게 되었으니, 그 뭉쳐지는 덩이를 이름하여 대종교이요. 시대를 따라 교명(敎名)이 다르니, 부여에서는 대천교라 하였고 고구려에서는 경천교요 신라에서는 숭천교요 고려에서는 왕검교라 하여 각개국(各個國)의 작은 부분의 의식도 없지 않았으나, 전민족 공동의식으로는 매 3월, 10월에 배천(拜天)의 절식(節式)이 있었으며, 혹 일부분이 불교에 가서 혼동되어 4월 8일에도 유행되었다.”는 주장을 폈다. 이것은 중국의 『속완위여편(續宛委餘篇)』를 근거로 한 것이나, 가깝게는 김교헌의 『신단민사』와 『신단실기』에서 영향을 받은 것이다.

더불어 권덕규는 대종교가 쇠퇴한 이유를 네 가지 들었다. 첫째, 왕조가 바뀌면서 역사서가 전하지 못했다는 것이다. 김춘추나 김유신이 끌어 들인 적병이 지른 불길에 사서가 전하지 못하여 종교의 영향을 설명할 길이 없어졌음이 그 예라 했다. 둘째, 중국에 사대하는 자들의 죄과라는 것이다. 그 예로 최치원이나 김부식의 사대모화적 가치로 우리의 종교가 사그라졌음을 들었다. 셋째, 대종교도 스스로의 죄과라 했다. 불교나 유교와 같은 외래 종교는 그 포교에 적극적으로 안달하는데 비해 대종교도들은 태평하게 처신했다는 것이다. 마지막으로, 대종교의 교리가 지나치게 광범하다는 것이다. 아이러니하게도 포함삼교나 접화군생의 포용과 평화사상이, 그 쇠퇴의 한 원인이라는 진단이다.

권덕규의 저서로는 『조선어문경위(朝鮮語文經緯)』(1923)를 시작으로, 『조선유기(朝鮮留記)』상(1924)·『조선유기(朝鮮留記)』중(1926)과 이를 합쳐 간추린 『조선유기략(朝鮮留記略)』(1929)이 있다. 그리고 해방 이후 『조선유기략』을 수정·합본한 『조선사(朝鮮史)』(1945)와 함께 『조선유기(朝鮮留記)』(1945) 및 수필집 『을지문덕(乙支文德)』(1946) 등이 있다.

[교력]

권덕규의 대종교 활동은 이미 1910년대 초반에 시작되었던 듯하나, 당시의 기록은 전하지 않는다. 그가 최남선과 같이 단군 한배를 노래하고 대종교를 신봉했다고 하나 그 시기도 분명치 않다. 그는 1920년대 들어 대종교청년회 활동뿐 아니라 관련 강연을 도맡아 했을 정도로 깊이 관여하였다. 1920년 개천절에는 ‘대종교의 위치’라는 주제로 강연을 하는가 하면, ‘가명인 두상에 일봉’·‘조선의 생각을 찾을 때’·‘대종교관, 대종교는 역사상으로 어떠한 종교인가’라는 글들이 모두 대종교의 영향 속에 생산된 내

용이라는 점이 주목된다. 또한 권덕규는 대종교의 주요 경전인 『천부경』과 『삼일신고』를 번역하기도 했으며, 『삼일신고』 번역본은 해방 이후(1949년) 윤세복이 『역해종경사부합편(譯解倧經四部合編)』을 출간할 당시 중요한 자료가 되었다. 현재 남아 있는 대종교 기록에는 권덕규가 1922년 9월 1일 영계를 받고 참교의 교질을 수여받은 것으로 기록되어 있다.

[참고 문헌]

『대종교보』제55호(1922년). 『조선어문경위』(광문사, 1923), 『조선유기』(상문관, 1924), 『동아일보』1930.9.5., 1931.7.10., 1935.8.5., 『조선사』(정음사, 1945), 『을지문덕』(정음사, 1948). 『가람일기』Ⅰ·Ⅱ(신구문화사, 1977), 『독립운동사』8(독립운동사편찬위원회, 1976)

권동규(權東奎, 남, 생몰 미상)

입교 시기_ 1922년 이전 ㅣ 교질_ 미상

1920년대 대종교남도본사의 중심이자 신간회 활동의 중추를 담당한 인물이다. 신간회는, 1929년 12월 13일 민중대회사건으로 인해 간부 44명을 비롯하여 90여명을 체포되어 그 세력이 크게 약화된다. 신간회는 새로운 조직의 확대를 도모하는 과정에서 타협적 민족주의자들과 제휴를 모색하였다. 이에 사회주의 세력들과 지방 지회들이 크게 반발하면서 신간회는 급격한 쇠퇴의 길로 접어들었다. 반면 코민테른(Comintern)이 극단적으로 좌경화되어 계급투쟁을 강조하고 민족주의와의 연대를 금지하는 지시를 내리자 사회주의 세력들은 이에 영향을 받아 신간회의 해소(解消)를 거론하였다. 결국 1930년 부산지회가 신간회의 활동에 이의를 제기하며 해소를 결정하자, 기회를 엿보고 있던 다른 지회도 동참하여 1931년 5월 전체 대회를 통하여 신간회의 해소안을 결의하게 된다. 당시 권동규는 홍기문(洪起文)·황태성(黃泰成) 등과 이 대회의 집행위원을 맡았다.

한편 1922년 6월, 대종교남도본사의 간부들에 대한 불신임이 대두될 당시 집행위원으로 선출 임시 대종교 종무(宗務)를 담당하기도 했다. 그 시기 경성 계동에 있던 대종교 남도본사는 강우(姜虞)가 전리(典理)로 총책임을 맡고 김성(金誠, 김교준)이 선리부령(宣理部令)으로 강우를 도왔다. 그러나 일각에서 간부들이 너무 전횡한다 하여 자체 교의회(敎議會) 구성을 요구하며 임시교인대회를 열자 간부들이 모두 사퇴하였다.

특히 이 사태는 신구의 충돌로 이어지면서, 만주 영안현 대종교총본사에 있던 대종교 도사교(都司敎, 교주) 김교헌의 임명이 있을 때까지 집행위원을 구성하여 종무를 운영하기로 결정하였다. 권동규는 황훈(黃勳)·박일병(朴一秉)·백남규(白南奎)·주익(朱翼)·박종식(朴琮植)·김진(金眞) 등과 집행위원으로 임명되어 대종교남도본사의 종무에 관여한 것이다. 이러한 정황으로 보면, 권동규는 대종교의 중심에 있었으나 그의 교력(敎歷)과 관련된 기록은 현재 남아

있지 않다.

[참고 문헌]
『매일신문』, 1922.6.6., 「解消可決前後의 新幹會. 5月15日 於京城全體大會光景」『삼천리』, 제16호, 1931년 6월)

권목(權穆, 남, 1886-?)
입교 시기 _ 1922년 | 교질 _ 참교

경남 양산 출신으로 만주지역을 거점으로 활동한 인물이다. 대종교는 1920년대 초반 청산리독립전쟁을 주도한 북로군정서의 모체라는 이유로 일제 대토벌을 당하면서 조직 자체가 지리멸렬하게 되었다. 절치부심하던 1923년 4월 무렵, 당시 교주였던 김교헌은 은거하였던 밀산으로부터 영안으로 옮겨와 본격적인 대종교 재건 계획을 실행하게 된다. 대종교는 그 일환의 하나로 하얼빈에 일제의 눈을 피하기 위해 만몽산업회(滿蒙産業會)란 이름을 걸고 제2의 상해를 꿈꾸며 활동을 재개했다.

당시 권목은 겉으로 해림(海林) 지역 조선인민회(朝鮮人民會) 총무라는 친일적 인물로 활동하면서 만몽산업회에 참여하여 대종교 재건 계획에 참여하게 된다. 그 시기 해림이라는 지역은 중동선(中東線)에서 일제 밀정들의 활약 장소로 유명했던 곳이다. 권목은 그 지역 대표적 친일파였던 이창림(李昌林)과 가까이 하면서, 그 지역 학교의 교장으로도 활동하였다. 후일 1925년에는 경상남도 양산군의 한 면장(面長)으로도 임명되었으나, 동일인인지는 확인되지 않는다.

권목의 대종교 교력을 보면, 1922년 9월 24일 영계와 함께 참교의 교질을 수여받았다. 특히 1923년 정월에 영안의 대종교총본사를 거점으로 발족한 소부계(蘇扶契)의 발기인으로 참여하면서 대종교 외연 확장에 적극 앞장선 인물이다. 소부(蘇扶)란 부여(扶餘)와 같은 이름으로 부여민족의 중흥을 내세웠던 대종교의 정신을 그대로 담은 명칭이었다. 소부계의 목적은 대종교 교우 간에 친목을 도모하고 교인 경조사의 상부상조와 대종교 발전에 협찬하는 것이었다. 또한 각시교당에 조직케 하고 회의는 매년 어천절(음력 3월 15일)과 개천절(음력 10월 3일)에 개최하도록 하였다. 당시 권목과 함께 소부계를 발기한 인물들은 독립운동과 대종교 포교의 일선에 선 이들로, 나병수(羅炳洙)·허류(許瑬)·현천극(玄天極)·김근우(金瑾禹)·이종수(李鍾琇)·김연원(金演元)·최충호(崔忠浩)·김영선(金榮璿)·민윤식(閔胤植)·이곤(李坤)·원무의(元武儀)·김백(金白) 등이었다.

[참고 문헌]
『대종교보』, 제55호(1922년)·제57호(1923년), 『배달공론』, 제2호(1923년), 『대종교중광육십년사』(대종교총본사, 1971), 「大倧敎設立計劃」(不逞團關係雜件-朝鮮人의 部-在滿洲의 部36, 機密受제262호-關機高收제5452호-1, 한국사DB, 국사편찬위원회)

권상윤(權相允, 남, 생몰 미상)
입교 시기 _ 미상 | 교질 _ 미상

만주 동경성 대종학원(大倧學園)에서 교편을 잡았던 인물이다. 대종교는 청산리독립전쟁의 승전 이후, 그 보복으로 행해진 일제의 경신대토벌과 그 뒤의 계속적인 탄압으로 포교활동이 위축되면서 교육사업도 재개하지 못하였다.

당시 대종교 교주였던 윤세복은 1934년 3월 안희제의 주선으로 하얼빈선도회(哈爾濱宣道會)의 설치를 시작으로 발해의 고도인 영안현 동경성에 총본사(總本司)를 이전하게 되었다. 그리고 1936년 3월 총본사 안에 대종학원을 설립하고 그 안에 한글강수회(講修會)도 설치하였다. 대종학원은 초등부·중등부와 여자야간부를 두었으며, 교과내용은 정규학교과정 이외 종경(倧經)과 한국사 과목이 강조되었다. 그러나 또다시 일제의 탄압을 받아 초등부는 1941년 봄에, 중등부와 여자야간부는 다음해 봄 폐지되고 만다.

한편 한글강수회를 통해서도 백여 명의 회원을 모집하여 한글·역사·한문·시사(時事) 등 각 과목을 교수하였다. 그 한글강수회의 주요 기치는, 1. 우리가 얼마동안 잊었던 한글과 역사를 다시 배우자, 2. 현대식에 적당한 과학을 연구하며 기술을 연습하자, 3. 체육과 지육(智育)을 향상하여 건전한 국민이 되자, 4. 토론과 강연을 실행하여 시대 상식을 보급케 하자, 5. 여자강습회를 극력으로 원조하자, 6. 우리 선열들의 충의를 경모하여 우리 사회를 위하는 희생적 정신을 극양(極養)하자, 7. 덕망과 학식이 높은 선각자의 후배는 될지언정 결코 명예나 지위만을 구하는 야심가의 종졸(從卒)은 되지 말자, 8. 좀 더 시국의 정세를 살펴어 상당한 동지를 얻어서 토태를 새롭게 세우자 등이었다.

권상윤은 1937년 2월 3일(음력), 이 대종학원의 교원으로 임명되어 대종교의 교학일여(教學一如)를 통한 독립의식의 고취 실현에 동참하게 된다. 권상윤이 교원으로 활동할 당시 대종학원의 원장은 성하식(成夏植)이었으며 학감으로는 이현익(李顯翼)과 박세환(朴世煥) 등 독립운동가들이 함께 하였다. 그러나 권상윤의 대종교 교력(教歷)에 관한 기록은 남아있지 않다.

[참고 문헌]
『대종교보』 제113호(1937년), 『대종교중광육십년사』(대종교총본사, 1971)

권상익(權相益, 남, 1900-1943)
입교 시기 _ 1913년 | 교질 _ 상교 | 서훈 _ 애국장(1996)

함북 성진(城津) 출신으로 윤세복의 제자다. 1913년 3월 함경도 성진공립보통학교를 졸업하고, 5월 국내에서 만주 밀산현(密山縣) 당벽진(當壁鎭)으로 이주하여 농업에 종사하였다. 같은 해 10월 3일 개천절에 대종교에 입교하여

권상익

독립운동을 지원하면서, 1929년 대종교 동이도본사 소속 밀산현의 대일시교당(大一施教堂) 찬무(贊務)와 전무(典務)를 역임하였다. 동시에 신민부의 요원으로, 북간도지역에서 대종교 활동을 통해 암암리 독립운동에 참여하였다.

당시 대종교는 1931년 만주사변 이후 일제의 탄압으로 그 활동이 크게 위축되자, 대종교의 3대 교주였던 윤세복이 이를 극복하고자 적극적인 포교활동을 통해 항일운동을 전개하여 갔다. 대종교의 이러한 활동에 대하여 일제 측은 밀정을 대종교 내부에 심어놓고 감시를 게을리 하지 않았다. 공교롭게도 그 시기 국내 조선어학회의 중심인물인 이극로(李克魯)로부터 한 통의 편지가 왔다. 일제는 그 편지에 담긴 「널리펴는 말」의 마지막 구절을 문제 삼아 대종교를 압박했다. 즉 그 내용 중에 있는 "일어나라. 움직이라"는 등의 구절을 "봉기하자. 폭동하자"로 날조하고 이를 구실로 대종교 지도자들을 체포하고자 하였던 것이다.

1942년 11월 19일 국내 대종교비밀결사인 조선어학회 간부 검거사건과 때를 같이 하여 조선과 만주 각지에서 윤세복 이하 다수의 대종교 지도자들을 동시에 검거하였다. 이때 권상익은 동지 24명과 함께 체포되었다. 이것이 임오년 대종교지도자 일제구속사건인 임오교변(壬午敎變)이다. 권상익은 1943년 3월 목단강(牧丹江) 경무처와 액하(掖河) 감옥에 이감되었으며, 3개월 동안 목단강성(牧丹江省) 경무청 특무과에서 혹독한 취조를 당하였다. 그 후 목단강 고등검찰청을 비롯한 여러 곳에서 무수한 고문을 받고 병보석으로 출옥하였으나, 1943년 5월 5일 목단강시(牧丹江市) 적십자병원에서 그 후유증으로 순국하였다.

윤세복은 옥중에서 그 소식을 접하고 "농사에 힘쓰며 대종교를 믿어 마흔 나이에 평정을 얻었도다. 괜스레 죄도 아닌 것에 포승줄 묶여 병든 몸으로 거부하려니 어찌했을까(旣務於農且信倅 行年四十得中庸 聊知縲絏非其罪 病豎何心不縡容)"라는 만시(輓詩)를 읊었다. 임오교변 당시 일제의 고문으로 숨겨간 사람들이 권상익을 포함하여 안희제(安熙濟)·김서종(金書鍾) 등등 모두 10명이었다. 대종교에서는 이들을 '임오십현(壬午十賢)'으로 추모하고 있다. 또한 대종교에서는 해방 이후인 1946년 8월 15일 권상익의 순국을 기려 "대종교를 믿음이 정성스러워, 그것을 지키고 어짊을 이루었다(信倅輪誠 衛道成仁)"는 추모의 기림을 올리고 권상익의 교질(敎秩)을 한 단계 올려 상교(尙敎)로 추승(追陞)하였다.

권상익의 대종교 교력(敎歷)을 보면, 1913년 개천절에 대종교에 입교하여 1929년 대종교 동이도본사 소속 밀산현 대일시교당의 찬무와 전무를 역임하였다. 1937년 2월 2일(음력)에는 동이도본사의 순교원(巡敎員)에 임명되어 포교활동에 전념했으며, 같은 해 8월 24일(음력)에는 밀산현 당

벽진 재만교구경상금수납위원(在滿敎區經常金收納委員)에 임명되어 동이교구 재정의 중추 역할을 담당하였다.

[참고 문헌]

『대종교보』 제113호(1929년)·제115호(1937년)·제151호(1946년), 『대종교인과 독립운동연원』(이현익, 프린트본, 1963), 『임오십현순교실록』(대종교총본사, 서울대출판부, 1971), 『대종교중광육십년사』(대종교총본사, 1971)

권상진(權相振, 남, 생몰 미상)
입교 시기_ 1939년 | 교질_ 상교

권상진의 출신 지역과 생몰연대는 분명하지 않다. 1939년 9월 3일(음력), 대종교총본사 특선(特選)으로 한글학자 이제순(李濟順), 독립운동가 안태산(安泰山) 등과 함께 참교를 수여받은 기록이 나타남을 볼 때, 독립운동과 직간접적으로 연관된 인물로 추정되지만, 그의 해방 이전의 기록은 더 이상 드러나는 것이 없다.

그는 1946년 대종교가 환국하여 국내 경성부 장교정(長橋町) 44번지로 이전할 당시 5천원의 비용을 찬조하였으며, 1951년 8월 25일(음력)에는 상교(尙敎)의 교질로 대일각원 선임되었다. 또한 1951년과 1954년, 그리고 1959년에는 삼일원의 대덕(大德)으로 추천되었으며, 1953년에는 대종교총본사 원(圓, ○)부의 찬무(贊務)에 임명된 기록이 남아 있다.

당시 대종교에서는 1950년 제7회 교의회(敎議會)를 통해 새로운 도약의 발판이 되는 대종교규범(大倧敎規範)을 새롭게 정비하였다. 육당 최남선에 의해 제술된 이 규범 속에 대종교총본사의 전통적 직제인 전리부(典理部)·전강부(典講部)·전범부(典範部)를 원(圓, ○)·방(方, □)·각(角, △)의 3부로 개편하였다. 대종교의 교의적(敎義的) 상징인 원·방·각을 조직에 원용한 것이었다. 당시 권상진이 찬무를 맡은 원(○)부의 역할은 시교설당(施敎設堂)·직원임면(職員任免)·회계감사(會計檢査)·교제교섭(交際交涉)·사회사업(社會事業)을 관할하는 부서였다. 나아가 권상진은 1960년 2월 13일(음력) 대종교 교주 윤세복이 조천했을 당시, 이광(李光)·김승학(金承學)·윤복영(尹復榮)·신백우(申伯雨)·민필호(閔弼鎬)·장도빈(張道斌)·이병기(李秉岐)·안호상(安浩相)·이탁(李鐸)·이범석(李範奭)·홍성초(洪性初)·이세정(李世楨) 등 쟁쟁한 대종교의 원로들과 장의위원(葬儀委員)을 맡기도 했다.

[참고 문헌]

『대종교보』 제123호(1939년)·제175호(1952년), 『대종교중광육십년사』(대종교총본사, 1971)

권영만(權寧萬, 남, 1878-1964)

아호(별명) _ 각헌(覺軒)
입교 시기 _ 1946년 이전 | 교질 _ 지교 | 서훈 _ 독립장(1963)

권영만

경상북도 청송군(靑松郡) 진보면(眞寶面) 광덕동(廣德洞) 출신으로, 의병활동, 군자금 모금, 무장투쟁까지 두루 활약한 인물이다. 병탄 직후 대구를 중심으로 활약하면서, 1915년 우재룡(禹在龍) 등과 대한광복회를 결성하여 활동하였다. 이 대한광복회는 대종교계 비밀결사인 조선국권회복단(朝鮮國權恢復團)의 일부 인사들과 풍기광복단(豊基光復團)이 제휴하여 조직한 비밀단체였다. 이들은 비밀·폭동·암살·명령의 4대 행동지침을 토대로 군자금 조달, 독립군 및 혁명군의 기지건설, 의열투쟁 등의 노선을 지향했다.

권영만 역시 1915년 12월 우재룡과 일제가 수탈한 세금을 탈취하여 대한광복회의 자금으로 사용하기도 했다. 이후 대한광복회의 조직이 노출되어 다수의 동지들이 일경에 피체되자, 한훈(韓焄)·우재룡 등과 독립운동을 계속하기 위해 만주로 옮겨갔다. 이후 서로군정서와 연락해 가며 일제의 고관대작들에 대한 처단을 계획하였으나 성공하지 못하고 다시 국내로 잠입하였다. 1919년 하반기에 여러 동지들과 충남 논산에 있는 안종운(安鍾雲)의 집에 모여 임시정부 지원을 위한 군자금을 모집을 협의하였다. 이에 따라 권영만은 논산의 부호인 김재엽(金在燁)·김유현(金裕鉉)으로부터 거액의 군자금을 수합해 임시정부 요인 김규일(金圭一)에게 전달하기도 했다. 1920년 6월(음력)에는 임시정부의 지시로 서울 연지동 경신학교 교정에서 주비단(籌備團)을 결성하고 군자금 모집 활동을 조직적으로 진행하였다. 권영만은 그 수행 과정에 일경에 체포되어 징역 8년형을 언도받고 옥고를 치렀다. 해방 이후에도 광복회를 개편하여 총무국장으로 활동하는가 하면, 한독당이 한독당(구임시정부계)과 신한국민당(혁신파), 민주한독당으로 분리될 당시는 신한국민당의 조직부를 맡아 정치적 활동을 지속했다.

권영만의 대종교 교력(敎歷)은 확실하지 않다. 1920년대 만주 시절 입교한 듯하나, 그 기록이 남아 있지 않다. 그는 이러한 종교적 경험으로 대종교가 해방을 맞아 환국한 직후인 1946년 4월 1일(음력), 다시 영계(靈戒)를 받고 참교(參敎)의 교질(敎秩)을 얻었다. 이후 곧바로 경의원(經議院) 상무참의(常務參議)라는 원로 대접을 받았으며, 1946년 5월 1일(음력)에는 지교(知敎)의 교질로 승질(陞秩)하였다.

[참고 문헌]

『대종교보』제150호(1946년), 『대종교중광육십년사』(대종교총본사, 1971), 『중앙신문』 1945.12.27., 『조선일보』 1947.6.22., 『대한민국독립유공자공훈록』제7권(국가보훈처, 1990)

권영수(權英秀, 남, 생몰 미상)

아호(별명) _ 권영수(權寧洙)
입교 시기 _ 1921년 이전 | 교질 _ 참교

권영수의 출신지역과 생몰연대는 확인된 것이 없다. 일제의 기밀문서에도 일체 등장하지는 않는다. 다만 남아있는 기록으로 미루어 1920년대 이후 북만주 지역의 대종교를 거점으로 꾸준히 활동한 인물로 추정할 뿐이다.

그가 대종교의 기록에 등장하는 것은 1921년 10월 6일(음력) 참교의 교질을 받은 것이 시작이다. 이후 1922년 3월 27일(음력)에는 대종교 동이도제삼지사(東二道第三支司)의 찬사(贊事)와 함께 밀산현 당벽진에 있는 대일시교당(大一施敎堂)의 찬무(贊務)를 동시에 맡은 것으로 나타난다. 찬사나 찬무는 전사(典事)나 전무(典務)를 돕는 직책으로, 권영수가 찬사와 찬무를 맡을 당시의 전사와 전무는 각기 한기욱(韓基昱)과 방용우(方龍雨)가 맡고 있었다. 이 두 인물은 당시 대종교의 중심으로, 특히 한기욱은 이상설(李相卨)이 세운 간도 용정촌(龍井村)의 서전의숙(瑞甸義塾)에서 숙감(塾監)으로 시무하기도 한 인물이었다.

권영수의 기록이 다시 등장하는 시기는 1937년 대종교 하얼빈선도회(哈爾濱宣道會, 일명 대종교선도회)의 활동이다. 하얼빈선도회(대종교선도회)는 1934년 3월(음력) 하얼빈시 안평가(安平街)에 대종교총본사의 직할로 설치한 기관으로, 마쓰이조약(三矢條約) 당시 내려진 대종교 포교금지가 풀리자 대종교의 재도약 위해 설치한 조직이었다. 권영수는 1937년 3월 7일(음력) 이 선도회의 교화사원(敎化社員)으로 임명되어 활동하였다. 이 시절 함께 했던 인물들이 박우진(朴宇鎭, 총무원장)·김서종(金書鍾, 총무원원)·박성태(朴性泰, 총무원원)·김영숙(金永肅, 총무원원) 외에도 박명진(朴明鎭)·이수(李秀)·고평(高平) 등이었다. 이들이 모두 대종교의 핵심이자 독립운동의 중추적 인물이었음을 감안해 볼 때, 권영수의 시대적 비중을 가늠해 볼 수 있다.

[참고 문헌]

『종문영질』(프린트본, 1922), 『대종교중광육십년사』(대종교총본사, 1971), 『동아일보』 1934.11.8.

권영원(權寧源, 남, 생몰 미상)

입교 시기 _ 1921년 이전 | 교질 _ 참교

출신지역과 생몰연대를 알 수 없는 인물이다. 일제의 기록에서는 찾을 수 없으며 1920년대 대종교의 일부 기록에만 등장하고 있다.

권영원의 대종교 교력을 살피면, 1921년 12월 1일(음력) 대종교 항일투사 최충호(崔忠浩)·이종수(李鍾琇)·신최수(申最秀)·오호준(吳昊俊)·이정희(李庭熙)·한성오(韓星五) 등과 참교(參教)의 교질(教秩)을 받은 기록이 전한다. 그의 대종교 입교가 그보다 훨씬 전에 이루어졌음을 알 수 있다. 또한 권영원은 1922년 3월 17일(음력)에는 대종교 동이도본사(東二道本司) 제3지사(第三支司)의 찬사(贊事, 부책임자)로도 임명되었다. 찬사란 해당 지사의 전사(典事, 책임자)를 도와 시무하는 직책이다. 당시 제3지사는 대종교 항일투쟁의 주요 근거였던 밀산현(密山縣) 동촌(東村)에 위치하였으며, 흑룡강성 의란현(依蘭縣) 전체와 그에 붙어있는 연해주 지대의 교구를 관할 하였다. 한편 전사란 해당 지사의 직무를 관장하고 소관 구내 각시교당 전무(典務)를 지휘하는 위치로, 항일투쟁의 거물인 한기욱(韓基旭)이 맡고 있었다.

권영원이 찬사로 참여할 당시 동이도본사 제3지사를 이끈 인물들로는, 전사를 맡은 한기욱을 비롯하여 한기중(韓基仲)·김백련(金百鍊) 등, 대종교 항일투쟁의 맹장들이 있었다. 특히 한기욱은 대종교지도자 이상설(李相卨)이 세운 간도 용정촌(龍井村)의 서전의숙(瑞甸義塾)에서 숙감(塾監)으로 시무하기도 한 인물이었다.

[참고문헌]
『종문영질』(프린트본, 1922), 『대종교중광육십년사』(대종교총본사, 1971)

권영준(權寧濬, 남, 1872-1948)
아호(별명) _ 아현(亞峴), 권명준(權明俊)
입교 시기 _ 1915 | 교질 _ 정교

함경북도 성진(城津) 출신으로, 일찍이 대종교에 입교하여 1915년 참교, 1921년 지교에 올랐다. 1926년에는 순교원(巡教員)으로 활동하며 대종교 포교에 힘썼다. 대종교 제2대 도사교 김교헌이 1917년 만주로 이주한 뒤 대종교 교구를 재편할 때 권영준은 동1도본사에 소속되었다. 동1도본사는 서일이 동2도본사와 함께 관할했던 구역으로 이후 대한군정서(북로군정서) 조직의 근거지가 되었던 곳이다. 대한군정서에서 권영준의 역할이나 활동은 자료상으로 파악되지 않는다. 그러나 1924년 영안현에서 현천묵(총재), 김규식(사령관), 조성환(고문) 등과 더불어 대한군정서 재흥까지도 참여한 것으로 볼 때 그는 대종교와 대한군정서에서 지속적으로 활동했음을 시사해준다. 대한군정서 재조직에서 권영준은 참모로 참여했고, 당시 최고 참모는 김혁이었다.

권영준은 1924년 10월 2일(음력)에는 대종교 동이도본사(東二道本司)의 목릉구(穆陵區)를 관할하는 순교원(巡教員)으로도 임명되어, 1926년 길림성장 장작상(張作相)에 의해 '대종교 포교금지령'이 내려질 때까지 포교에도 힘을 기울였다. 당시 대종교 순교원에 이름을 올린 인물들을 보면 김규식(金奎植)·채규오(蔡奎伍)·장도순(張道淳)·한기중(韓基仲)·오근태(吳根泰)·이헌(李憲)·공창준(公昌準) 등, 대종교

항일투쟁의 거물들이었다. 그의 대종교 항일투쟁 방면에서의 위상이 상당했음을 시사해 준다.

1942년 11월 일제가 대종교를 말살하기 위해 일으킨 '임오교변(壬午教變)'을 당하여 권영준은 윤세복 이하 24인과 함께 만주 일본 경찰에 체포되었다. 권영준은 당시 자신의 고향인 함북 성진부에서 피체되었다. 각지에서 피체된 25명의 대종교인들은 영안현 경무과, 목단강성 경무청과 고등검찰청 등 세 곳을 거치며 모진 고문과 취조를 받았다. 권영진은 당시 71세의 고령이었다. 일본경찰은 1년 3개월 동안 혹독한 고형을 다 받고난 뒤에야 고령이라는 이유로 1943년 10월 1일 출감시켰다.

해방 후 1946년 8월 19일 정교로 승질되어 대형의 교호를 받은 뒤 총본사 전리(典理)와 경의원(經議院) 참의(參議)를 역임하였다. 1948년 1월 15일 본적지에서 노환으로 귀천하였다

[참고문헌]
『종문영질』(프린트본, 1922), 『대종교보』 제151호(1946년)·제157호(1948년), 『대종교인과 독립운동연원』(이현익, 1963), 『대종교중광육십년사』(대종교총본사, 1971), 「令各区查禁韩人设立大倧教堂由」(延边朝鲜族自治州档案馆, 全宗号42 目录号1 案卷号343, 和龙县历史档案 和龙县警察所, 民国十五年五月十二日), 『독립신문』 1924.3.29.

권오규(權五奎, 남, 1898-1932)
아호(별명) _ 명오(明五)
입교 시기 _ 미상 | 교질 _ 참교 | 서훈 _ 애족장(1990)

경상북도 안동군(安東郡) 임동면(臨東面) 사월리(沙月里) 출신으로, 일제강점기에 경상북도 안동지역 만세운동에 참여한 인물이다. 1919년 3월 21일 안동시 임북면(현 임동면) 중평리 편항(鞭巷)장터에 모인 1천여 명의 군중들을 이끌며 시위행진을 시작했다. 당시 권오규는 권태환(權泰煥)·권영석(權寧奭)·천치락(千致洛)·김일선(金日先)·천점백(千占伯)·금명석(琴明石) 등과 함께 시위대를 이끌며 주재소와 면사무소를 습격, 파괴하고 이어서 22일 시위대 일부와 함께 임북면 사월동으로 잠입하였다.

권오규는 다음 날 22일에도, 그 지역의 사람들 3백여 명을 이끌고 임북면 면사무소로 몰려가 사무소 앞에서 만세 삼창을 고창하였다. 그리고 사무소 내에 있는 장부류 및 기타 비품 일체를 파기하는가 하면, 면사무소와 숙직실 건물 2채도 완전히 파괴하였다. 당시 시위대는 압수한 무기를 사용하지 않고 우물에 던져버렸다. 일본인 상점을 부수자는 의견도 있었지만 시위대 지위부에서 이를 저지시켰다. 그럼에도 만세시위 사건으로 체포된 권오규는 재판에 회부되어 징역 2년형을 선고받고 옥고를 치렀다.

권오규의 대종교 입교는 일제강점기에 이루어진 것으로 전해오나 남아있는 기록이 없다. 대종교에서는 이러한 경험을 존중하여, 해방 이후인 1949년 3월 4일(음력) 영계(靈戒)와 함께 참교(參教)의 교질(教秩)을 동시에 수여하였다.

[참고문헌]
『대종교보』제161호(1949년),『고등경찰요사』(경상북도경찰부, 1934),『대구경북 항일독립운동사』(광복회대구경북연합지부, 1991)

권오상(權五尙, 남, 1900-1928)

아호(별명) _ 권오돈(權五敦), 전현(田賢)
입교 시기 _ 1922년 이전 | 교질 _ 미상

권오상

경상북도 안동시 풍천면 가곡리 출신으로, 대종교계 사회주의독립운동가다. 대한광복회 고문으로 활동한 권준희(權準羲)의 손자로, 부인은 정차한(鄭次漢)이며, 6·10만세운동을 기획·주도한 권오설의 사촌 동생이다.

소작농 집안이었던 권오상은 1921년 경성 중앙고등보통학교에 입학하였다. 재학 중이던 1924년 화요계 청년운동 단체인 신흥청년회(新興靑年會)에 가입하면서 사회주의를 접하게 된다. 그가 다닌 중앙고보는 1915년 석농 유근이 교장으로 취임한 이후 민족적 성향을 강하게 드러낸 학교였다. 당시 유근은 국내 대종교의 핵심으로, 수많은 사람들로부터 존경받던 민족지도자 중의 한 명이었음을 헤아린다면, 권오상이 대종교에 입교한 시기도 중앙고보 시절로 추정된다. 이후 연희전문학교에 입학하고, 고려공산청년회 및 조선공산당에도 입당하였다. 또한 조선학생과학연구회 결성에 참여하여 집행위원으로 활동하였다. 1926년 4월 25일 조선학생과학연구회가 6·10만세 운동을 추진하자 권오상은 고려공산청년회와 조선학생과학연구회를 연결하는 중요한 역할을 맡았으며, 연희전문학교 학생들을 포섭하는 등 만세 운동을 준비하였다. 그러나 거사 직전에 발각되면서 사촌형 권오설 등과 함께 체포되었다. 이후 3년간 복역하며 고문의 후유증으로 고생하다가 1928년 5월 보석으로 풀려나 고향으로 돌아왔으나, 고문의 여독으로 동년 6월 3일 사망했다.

그의 대종교 내부 기록은 모두 사라졌다. 그러나 성세영의 일기에는, 같은 고향의 안기성(安基成)·권오설(權五卨) 등 사회주의의 대표적 인물들과 함께 1920년대 경상도 지역 주요 교인으로 기록되어 있다.

[참고 문헌]
『본사행일기』(성세영, 1922),『동아일보』1928.2.1., 6.8.,『騎驢隨筆』[丙寅萬歲(四) 丙寅六十萬歲, 共産黨(二) 丙寅三月]

권오설(權五卨, 남, 1898-1930)

아호(별명) _ 윤백(倫伯), 막난(莫難), 오서(五敍), 권일權(一), 부덕(富德), 김형신(金亨信), 박철희(朴喆熙), 김삼수(金三洙), 홍일헌(洪一憲)
입교 시기 _ 1922년 이전 | 교질 _ 미상 | 서훈 _ 독립장(2001)

권오설

경상북도 안동군(安東郡) 풍서면(豊西面) 가곡리(佳谷里) 출신이다. 안동권씨 동성 마을인 안동의 가곡리에서 권술조의 장남으로 태어났다. 빈농가이지만 조부 준하(準河)와 부친 술조(述朝)는 서당 훈장을 지냈다. 권오설은 부친에게서 한학을 공부하였다. 1907년에는 부친이 운영하던 남명(南明)학교에서 한문 이외에도 신학문을 배우기 시작하여 1908년 남명학교가 동화(東華)학교로 합해진 후 이곳에서 3년을 더 수학했다. 1916년 대구고등보통학교에 입학하여 2년간 수학하면서 신교육을 받다가 서울로 상경, 중앙고등보통학교를 다녔다. 그러나 생활의 궁핍으로 학업을 지속할 수 없었다. 1918년 10월경 전라남도 도청의 고용원으로 1년간 근무하였다. 일본의 기록에 의하면 시기는 알 수 없지만 동경 세이소쿠 영어학교(東京正則英語學校)에서도 수학한 적이 있다. 권오설은 1919년 3·1운동에 참여하였다가 체포되어 징역 6월의 형을 치렀다고 하나 구체적인 내용은 확인되지 않는다. 그 후 귀향하여 그해 가을부터 교육운동에 전념했다. 권오설은 11월 풍서 가곡동에 원흥학술강습소(元興學術講習所, 원흥의숙)를 창설하여 교장 겸 교사로서 학생들을 직접 지도하였다. 이어 은풍, 안동 임동, 금계 등지에도 교육을 확산하여 일직서숙(一直書塾, 1921년), 오륙의숙(五陸義塾)을 창설하면서 신교육을 주도해갔다. 1922년 8월 안동지역에는 30여 개의 학술강습소가 생겼다. 권오설은 이들 사숙을 통일하여 안동강습회연합협의회를 결성하는 등 교육활동의 확장에 집중했다.

권오설은 청년들의 교육을 확산해가는 한편 1923년에는 풍산소작인회 집행위원이 되어 교육운동에서 소작운동으로 새롭게 도약해갔다. 권오설은 김재봉, 이준태, 김남수 등과 교류를 통해 사상적 전환을 이루었다. 특히 사회주의 사상은 풍산 오미동 출신의 김재봉(1891~1944)과 풍산들 건너편 하리 우롱골의 이준태(1892~1950)에게서 직접 영향을 받았다. 김재봉은 1922년 1월 모스크바에서 열린 극동민족대표회의에 조선노동대표로 참석한 뒤 제1차 조선공산당 책임비서로 활동했다. 이준태는 1922년 무산자동맹회를 이끌고 신사상연구회를 조직하여 공산당 건설이 기반이 될 조선노농총동맹 결성을 준비하고 있었다. 당시 안동지방에서는 일본인들이 토지를 담보로 농민들의 토지를 빼앗아가는 일이 빈번했다. 빼앗긴 농토는 농민들의 소작지가 되어 7할에 가까운 소작료 착취로 이어졌다. 이러한 일본인의 횡포로 마을주민들은 권상설이 주도하는 운동에 참여하며 반일의식을 확산해갔다.

1923년 11월 권오설은 이준태, 김남수 등과 함께 풍산학술강습회를 기반으로 풍산소직인회를 조직하였다. 강습회에서 권오설과 농민들은 지세의 지주부담, 소작료 인하, 소작권 5년 이상 보장, 수탈반대 등을 내용으로 하는 소작인의 권익보호를 주장했고, 한편 역군훈련 양성과 무산청년 양성을 기치로 운동에 나섰다. 이러한 농민들의 요구는 집단적 소작쟁의로 발전하였다. 농민들은 쟁의과정을 통해 식민지 수탈체제를 인식하게 되면서 농민운동은 독립운동으로 발전해갔다.

1924년 풍산소작인회의 대표로서 권오설은 조선노동총동맹 창립대회에서 중앙집행위원과 상무위원에 선출되었다. 이때부터 조선노동총동맹을 대표하는 인물로 성장했다. 권오설은 안동의 8개 청년회를 모아 안동청년연맹을 결성, 이를 조선청년총동맹에 가입시켜 중앙의 운동조직과 연결했다. 또한 중앙에서는 시천교, 천도교 등 민족주의계와도 연결했다. 1924년 7월에 시천교와 연대하여 인쇄직공조합창립총회를 개최하고, 이어 천도교와도 연계하여 철공회합창립총회를 개최하였다. 그 결과 서울철공조합과 경성인쇄직공청년동맹을 조직하였다. 권오설이 중심이 되어 확산된 사회운동은 1925년과 1926년간에 경성전차 승무원, 평양인쇄직공, 경성방직 노동자 파업 등으로 나타났다.

1925년 2월 권오설은 김찬, 김재봉, 조봉암, 박헌영, 김단야 등과 함께 서울 훈정동에서 조선공산당을 창설하고, 고려공산청년회 조직부를 맡았다. 권오설은 청년, 학생들의 규합에 노력하면서 안동출신 안상훈과 동생 권오직을 비롯한 21명을 모스크바로 유학 보냈다. 또한 합법조직인 조선청년동맹에 프락션 작업으로 전국적인 조직구성에 나섰으나 1925년 11월 신의주사건으로 공산당 주요 간부들이 대거 체포되자 조직을 유지할 수 없게 되었다.

1926년 4월 26일 순종이 승하하자 반일감정의 고조로 3·1만세운동에 이어 대대적으로 독립운동이 추진되었다. 권오설은 1925년 12월에 재건된 고려공산청년회의 제2대 책임비서와 조선공산당 중앙집행위원이 되었다. 권오설은 중앙집행위원회 산하에 '6·10운동 투쟁지도 특별위원회'를 구성하고, 사회주의·민족주의·종교계·청년계를 망라한 '대한독립당' 조직을 구상하였다. 그리고 6월 10일을 기해 시위운동 전개 등의 투쟁방침을 세웠다. 전선통일을 위한 결성은 서울파의 반대로 실패했지만 권동진 등을 중심으로 한 천도교 구파, 즉 민족주의 계열과 사회주의인 조선노농총동맹, 학생계의 조선학생과학연구회와 연대를 이루었다.

천도교 조직은 만세운동의 전국 확산에 필요한 조직을 갖추고 있었다. 권오설은 천도교 청년동맹과 함께 격문을 인쇄하였다. 격문은 지방의 『조선일보』 지사, 『개벽』 지사, 소비자조합, 천도교 교구에 발송하기로 하고, 이를 조선학생과학연구회 회원들을 중심으로 학생들을 조직하여 유인물 살포할 계획이었다. 또한 권오설은 이병립을 통해

6·10만세운동의 계획과 투쟁 지침을 조선학생과학연구회에 전달하고, 이들을 가두행렬의 선봉역할로 정했다.

그러나 격문과 전단이 일본경찰에 발각되어 시위운동이 전개되기 전 6월 7일 권오설 및 일부 지도자들이 연행되는 불상사가 일어났다. 코민테른 상하이 연락부에서 권오규에게 시위 격문과 운동자금을 보낸 것이 발각되었고, 또한 화폐위조사건과 관련하여 천도교계가 감시당하고 있던 것과 연결하여 권오규가 체포되면서 지도부까지 체포된 것이다. 그러나 만세운동은 권오설과 강력하게 연결된 조선학생과학연구회 간부들에 의해 거행되었다. 인산행렬이 단성사 앞을 지날 때 시위가 시작되면서 당일에만 여덟 차례 일어났고, 이후 인천을 비롯하여 전국에서 시위가 이어졌다. 거사 직전에 권오설 등 지휘부의 체포로 6·10만세운동은 3·1운동만큼 거국적인 규모로 확대되지는 못했지만, 전국적인 시위와 동맹휴업 등 2만 명이 넘는 이들이 참가했다. 이중 1,000여명이 체포되거나 구속되었다. 권오설은 1년 10개월 동안 미결수로 예심과정을 거친 뒤에야 7년 금고형을 언도받았다.

일본 경찰은 권오설에 혹독한 고문을 가했다. 이에 권오설은 다른 피의자들과 함께 고문을 자행한 종로결찰서 고등계 주임경부 등을 고소했다. 이 사건은 비록 증거 불충분을 이유로 재판부에서는 불기소 처분을 내렸지만, 고소당한 경관들이 불안에 떨었다는 신문기사가 나올 만큼 사회적으로 큰 반향을 일으켰다. 권오설은 1930년 7월 출옥할 예정이었다. 그러나 출소를 100일 앞두고 갑자기 병세가 악화되어 순국하고 말았다.

해방 후 좌우갈등, 남북분단, 한국전쟁 등의 소용돌이에서 권오설에 대한 평가는 제대로 이루어지지 못했다. 부친 권술조는 해방 직전 1944년에 작고했다. 권오설의 두 동생 권오기와 권오직은 월북했다. 권오설의 고향 가일마을은 '안동의 모스크바'로 불렸을 정도로 사회주의 독립운동에 핵심인물들을 배출한 곳이다. 정부는 2005년 3·1절을 맞아 권오설을 비롯한 사회주의 운동가 중에서 독립유공자를 가려 서훈하였다.

[교력]

권오설의 대종교 입교 시기나 영계(靈戒) 사항, 그리고 교질(敎秩) 관계에 대한 기록은 전하지 않는다. 다만 성세영(成世英)의 『본사행일기(本司行日記)』(필사본, 1922)라는 기록에는 1922년 음력 10월 이전 경상도 지역 주요 대종교인 명단에 권오설을 적시하고 있다.

『본사행일기』는 말 그대로 일기체의 기록이다. 경북 성주군(星州郡)에 사는 성세영이 1922년 10월 10일(음력) 경북 성주를 출발하여 경성(서울) 대종교 남도본사를 방문하고 10월 27일(음력) 성주로 다시 돌아가기까지의 과정을 적은 기록물이다. 책의 주요 내용을 보면, 당시 대종교 남도본사에서 행하여지는 의식과 활동, 그리고 성세영이 접촉한 인물들, 그리고 자신이 활동하던 성주의 대종교 성일시교당(星一施敎堂)에 없거나 다른 내용을 가진 책들에 대한 기록이 거의 빠짐없이 적혀 있다.

특히 정운일(鄭雲馹)·서상일(徐相日) 등이 포함된 1910년대

경북지역 대종교인 234의 명단과, 1922년 당시 권오설·류인식(柳寅植) 등이 들어있는 경상도 지역 대종교인 214명의 명단, 그리고 우리나라 최초의 비행사 안창남 역시 대종교도였다는 기록 등을 포함하여, 총 592명의 명단이 기록되어 있어, 향후 대종교 인물연구에 있어 획기적 자료로 평가되는 책이다.

권오설의 대종교 입교 시기는 서울의 중앙학교 시절로 추정된다. 당시 중앙학교를 이끌던 류근(柳瑾)의 영향이 컸을 듯하다. 공교롭게도 1916년부터 대종교의 주축 인물인 김두봉(金科奉)도 중앙학교에서 국어를 가르쳤다. 당시 김두봉의 민족혼 교육으로 많은 제자들이 그를 좇아 항일운동에 앞장섰다는 증언도 주목해 볼 일이다. 특히 권오설의 유품에서 1912년판 『삼일신고(三一神誥)』와 당시 대종교 계통의 조직표가 발견된다는 점도 이를 뒷받침한다. 이 『삼일신고』는 당시 경성의 대종교총본사에서 김교헌(金敎獻)이 주관하여 찍어낸 것이다. 흥미로운 것은 그 시기 대종교총본사를 주도했던 인물들이 류근과 김교헌이었다. 류근은 1915년 김성수(金性洙)가 인수한 중앙학교(中央學校) 초대 교장을 지낸 인물이다.

[참고문헌]
『본사행일기』(성세영, 필사본, 1922), 『동아일보』 1925.12.2., 1926.6.19.·29., 1927.10.21., 1928.8.1., 『사상휘보』 제1호(朝鮮總督府 高等法院 檢事局 思想部, 1934), 『사상휘보』 제2호(朝鮮總督府 高等法院 檢事局 思想部, 1935), 「성세영의 《본사행일기》와 관련한 1920년대 대종교의 국내활동」(김동환, 『국학연구』 제12집, 국학연구소, 2008), 「단군을 배경으로 한 독립운동가−경상도, 안동 지역을 중심으로−」(김동환, 『선도문화』, 11, 국학연구원, 2011)

권장환(權章煥, 남, 1860-?)

아호(별명) _ 문욱(文郁), 영석(潁石)
입교 시기 _ 1910년대 | **교질** _ 미상

경상북도 안동군 임북면(臨北面) 사월리(沙月里) 출신이다. 일찍이 대한제국 시기 주사(主事)를 지낸 인물로, 1903년 정부에 영남 지역의 굶주림을 구휼하는 책략을 올리기도 했다. 대종교의 내부에는 그 기록이 전하지 않는다. 다만 성세영의 일기에 1910년대 경상도 지역 대종교 주요 인물로 전할 뿐이다.

[참고 문헌]
『본사행일기』(성세영, 1922), 『황성신문』 1903.8.3., 「書權章煥上政府書後」 『皐庵文稿』 卷之五, 「內集」

권종덕(權宗德, 남, 생몰 미상)

입교 시기 _ 1930년대 | **교질** _ 참교

출신 지역과 생몰연대가 불분명한 인물이다. 권종덕은 1937년 2월 2일(음력) 대종교 북일도본사 시교원(施敎員)으로 활동하는가 하면, 북일도본사가 관할하는 교구에 순교원(巡敎員)으로도 임명되어 암약하기도 했다. 당시 대종교 북일도본사가 관할하는 구역은 하얼빈을 비롯하여 쌍성현(雙城縣)·아성현(阿城縣)·유수현(楡樹縣)·돈화현(敦化縣)·부여현(扶餘縣)·빈강현(濱江縣) 등의 북만주 지역으로, 이 지역에 선도회와 시교당을 설치하여 대종교 포교와 함께 독립운동의 거점을 확보하고 있었다. 또한 권종덕은 1939년 안희제와 강철구 등이 앞장서서 대종교서적간행회를 만들 당시도 권상익·방용우·조정기·최문수·김병세 등과 찬성금을 협찬하기도 했다.

[참고 문헌]
『대종교보』 제113호(1937년), 『대종교중광육십년사』(대종교총본사, 1971)

권중락(權重洛, 남, 생몰 미상)

입교 시기 _ 1937년 이전 | **교질** _ 지교

경상도 출신이나 그 지역 연고나 생몰연대가 분명하지 않다. 1917년 만주로 망명하여 봉천 지역에 자리 잡고 주로 여관업에 종사하였다. 그가 이승희(李承熙)·김사진(金思鎭)·김연환(金璉煥)·정돈섭(丁敦燮)·박경종(朴慶鍾)·성종호(成鐘護) 등과 덕흥보(德興堡) 개간에 참여한 시기도 이 무렵이다. 또한 봉천조선인회를 통한 만주농회(滿洲農會)가 조직될 당시 그 평의원으로도 활동하였다.

그의 대종교 교력을 살피면 그 입교 기록은 전하지 않는다. 다만 1937년 3월 14일(음력) 대종교 북일도본사 관할 시교원(施敎員)으로 임명되는 기록을 보아 그 이전에 입교한 것으로 파악된다. 또한 1937년 8월 24일(음력)에는 내몽고 파언현(巴彦縣) 와흥교(窪興橋) 지역을 관할하는 대종교 재만교구경상금수납위원(在滿敎區經常金收納委員)으로 임명되는 것을 살피면, 그가 당시 대종교의 심층부에 있었음을 확인시켜 준다. 이어 1939년 안희제가 주도한 대종교 서적간행회가 출범할 때에도 그 출자금을 출연하였다. 그러므로 해방 이후인 1946년 8월 27일(음력) 대종교총본사에서는 그의 교질(敎秩)을 지교(知敎)로 승급시키고 경의원(經議院) 참의(參議)로 추대하였다.

[참고 문헌]
『대종교보』 제113호(1937년)·제115호(1937년)·제151호(1946년), 『遼行日記』(金思鎭), 『대종교중광육십년사』(대종교총본사, 1971), 『한국독립운동사자료』 41(국사편찬위원회, 2005)

권태형(權泰亨, 남, 1882-?)
입교 시기_ 1916년 | 교질_ 참교

경기도 진위군(振威郡, 지금의 평택) 이북면(二北面) 가곡리(佳谷里) 출신이다. 일찍이 사숙(私塾)에서 수학을 하고 1903년 혜민원(惠民院) 주사(主事)를 지내기도 했다. 1905년 법관양성소에 들어가 1907년 졸업하면서, 같은 해 법관양성소 박사로 8급 판임관(判任官)에 서임되었다. 1908년에는 변호사법률사무소에서 사무를 보는가 하면, 태극학회나 기호흥학회의 일원으로 활동하였다. 1919년에는 대한적십자회에서 의원(醫院) 설립과 간호원 양성을 위한 회원 대모집 경쟁회(競爭會) 구성 때에는 민제호(閔濟鎬)·윤보선(尹普善)·윤현진(尹顯振) 등과 같은 대원으로 참여하기도 했다. 이어 1925년 5월에는 만주 정의부의 생계부(生計部) 식산과(殖産課) 위원으로 활동했으며, 이후 공산주의 운동에도 참여하였다. 권태형의 대종교 교력은 1916년 2월 18일(음력) 참교의 교질을 받는 것으로 보아 그 이전에 입교한 것으로 추정되지만, 구체적 기록은 전하지 않는다.

[참고 문헌]
『종문영질』(프린트본, 1922), 『태극학보』제11호(1907년), 『기호흥학회원보』제5호(1908년), 『독립신문』1919.11.27., 『동아일보』1928.12.12.

권태형(權泰衡, 남, 1875-?)
아호(별명)_ 양운(陽雲)
입교 시기_ 1924년 이전 | 교질_ 미상

충청북도 음성군(陰城郡) 삼성면(三成面) 출신이다. 구한국 군무관학교를 졸업하고 육군보병 정위(正尉)를 지냈으며, 한학(漢學)과 문필(文筆)에도 재주가 있어 문무를 겸비한 인물이었다.
권태형이 만주로 건너간 시기는 불확실하다. 다만 1924년 4월 대한독립군단의 제2연대 제1대대장을 맡은 기록이 있으며, 1925년 3월에는 북경대학 제2원(第二院) 개최된 독립선언 기념일 행사에 참여하기도 했다. 이 행사는 북경의 한교동지회(韓僑同志會)와 고려학생회(高麗學生會)가 주최한 것으로, 권태형은 원세훈(元世勳)·최동오(崔東旿)·김성숙(金星淑) 등등의 인물들과 감상담(感想談)을 전하기도 했다. 또한 같은 해 5월에는 항일단체 정의부(正義府)에도 참여하여 방은(方殷)·김관선(金寬善)과 해원지방(海原地方)을 대표하는 행정위원(行政委員)으로 활동하였다.
권태형의 대종교 관련 교력은 교단 내에는 전하지 않는다. 다만 1924년 4월에 조사된 일제의 문서에 권익형이 대종교 인물로 명시되어 있음을 보면, 그 이전에 대종교에 입교한 것을 확인할 수 있다.

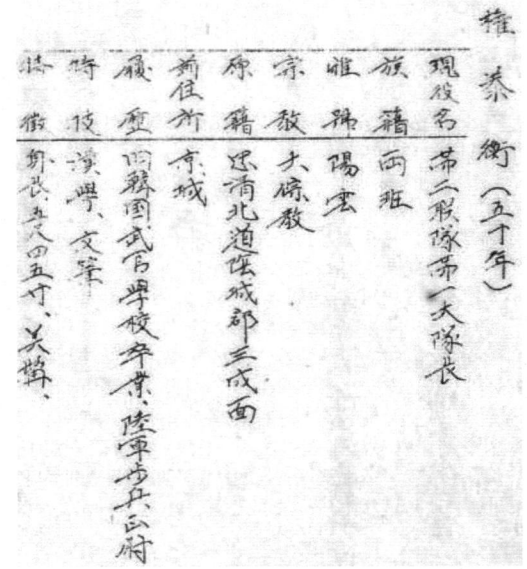

1924년 4월 작성된 일제의 문서에 적힌 權泰衡의 身上. 종교 부문에 大倧教라고 적혀 있다.

[참고문헌]
「大韓獨立軍團 參謀 李楨이 陳述한 金佐鎭의 行動 및 一派 不逞鮮人團의 情況 等에 관한 件」(不逞團關係雜件-朝鮮人의 部-在滿洲의 部38, 機密 제121호, 한국사DB, 국사편찬위원회), 「不逞團의 配付文書譯文 送付의 件」(不逞團關係雜件-朝鮮人의 部-在滿洲의 部41, 公 第31號; 普通受第36號, 한국사DB, 국사편찬위원회), 「國外에서의 所謂 獨立宣言紀念日의 狀況에 관한 件 1」(不逞團關係雜件-朝鮮人의 部-在支那各地4, 高警 제1090호, 한국사DB, 국사편찬위원회).

기길(奇姞, 여, 생몰 미상)
아호(별명)_ 기시영(奇始永), 기인당(奇仁堂)
입교 시기_ 1909년 | 교질_ 지교

출신지역과 생몰연대가 불분명한 인물로, 대종교를 중광한 홍암 나철의 두 번째 부인이다. 나철의 첫 번째 부인인 송씨 부인(1864-1900)은 1900년 11월(음력)에 사망하였으나, 이후 나철이 기길과 재혼한 시기에 대해서는 확실한 기록이 없다. 분명한 것은 기길이 나철의 을사오적 주살사건으로 인한 옥바라지와 일본의 왕복 과정에서 겪은 병수발, 그리고 대종교 중광 이후부터 모든 국내외적 우여곡절을 함께 했다는 점이다. 따라서 1900년(송씨 부인 사망)부터 1907년(옥바라지) 사이에 재혼한 것으로 추정할 수 있다.
기길의 대종교 교력을 살피면 1911년 1월 21일에 참교의 교질을 받는다. 그리고 1914년 3월 6일(음력) 지교로 승질하였다. 그러나 기길의 대종교 참여는, 나철의 유서에도 나오듯이 1909년 1월 15일(음력) 대종교를 중광할 당시에 이미 입교한 것에서 비롯한다. 그녀의 본명인 시영(始永)

을 길(姞)로 바꾼 것도 이 시기로 추정할 수 있다. 또한 여자로서 대종교의 첫 입교자가 기길이었다. 그리고 나철이 순명조천(殉命朝天)할 마지막 순간까지 종교적 동반자로 함께 하였다. 1916년 8월 16일(음력) 나철의 조천 소식을 접하고 장자 나정련(羅正練)과 삼자 나정채(羅正綵)을 거느리고 구월산 삼성사를 찾아 첫 분상한 인물도 기길이다. 다음은 나철의 애틋함이 담겨있는 「부인 기인당(奇仁堂)에게 유서(遺書)」라는 글이다.

이 길을 사람마다 슬퍼하지만 나는 오직 즐거이 아는 바다. 부인이 나를 알거든 실심으로 찬성하고 나를 모르거든 의례로 애탄해 하오. 오늘 한 실마리의 명을 끊음은 위로 천조의 큰 은덕을 갚고 아래로 신족의 모든 죄악을 대신하여 종문대도를 온 세계에 보전하여 천하종교를 통일하며 천하종족을 구제코저 함이니, 이는 나의 평생의 원이기에 부인이 있는 바가 아닌가. 오늘에야 이 뜻을 성취하니 부인이 찬성할 바가 아닌가. 또한 한울길로 직행하여 광명한 세계에서 우리 거룩 거룩 거룩하신 삼신상제한배님께 뵈올 듯하니 이러한 무상쾌락을 어찌 애탄해 하겠오. 나를 만나려거든 부디 독성으로 일심으로 묵도하며 수도하여 공덕을 쌓고 영성을 통하여 대교상 대광명처로 오시오. 무궁토록 같이 참쾌락 합시다. 부인은 중광절에 자매 중 첫째로 봉교한 한배님 자손 아닌가. 팔년 숭봉에 정성을 같이 하던 종문신도가 아닌가. 부디 부디 한결같은 마음 곧은 살 같은 힘으로 오시오. 임종에 두어 자 유탁하니 부디 정채와 더불어 친생자로 의지하여 고난을 복락으로 알고 또한 많은 어진 형제의 보호하는 사랑을 많이 받으시오. 형제와 자매 사이에 부디 순일한 도덕과 치애한 진심으로 힘쓰시오. 주효어육을 다 끊고는 신체가 건강키 어려우니 너무 고집 말고 신상을 보전하오.(현대어법으로 고침)

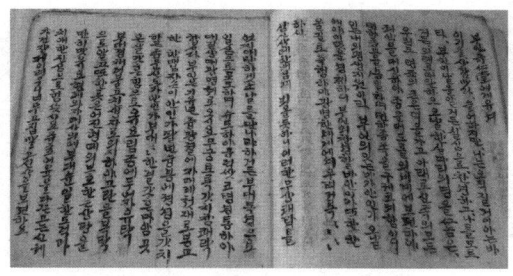

나철이 부인 기길에게 남긴 유서

[참고 문헌]
『倧報』제3호(1911년), 『종문영질』(프린트본, 1922), 「부인 奇仁堂에게 유서」・『三兒 正綵에게 遺書』(나철유서, 필사본, 보성군청소장), 『대종교중광육십년사』(대종교총본사, 1971), 『홍암신형조천기』(대종교총본사, 2002), 『속음청사』하(김윤식, 국사편찬위원회, 1971)

기산도(奇山度, 남, 1878-1928)
아호(별명) _ 의재(毅齋), 기산도(奇山濤)
입교 시기_ 미상 ㅣ 서훈 _ 독립장(1963)

본적은 전남 장성군 황룡면 관동리이다. 식재(植齋) 기재(奇宰)의 맏아들이고, 호남창의회맹소 대장 성재(省齋) 기삼연(奇參衍)은 그의 작은 할아버지가 된다. 의병장 녹천(鹿泉) 고광순(高光洵)의 사위이다. 고광순은 1907년 전남 구례의 연곡사에서 일본군과 항전하다가 산화한 호남의 대표적인 의병장이었다. 아버지 기재는 유학자로 집안의 종형인 기우만(奇宇萬)이 1896년 전남 장성에서 의병을 일으켰을 때 참모로 활동했던 인물이다.

기산도는 어려서 고향에서 한학을 수학하였다. 그러나 1896년 독립협회가 조직되자 서울을 오가며 젊은 지식인들과 사귀면서 개화사상을 받아들였다. 이후 그는 단발을 하고 기독교인이 되어 사동교회를 드나들며 청년지도자들과 함께 뜻을 같이 하기도 하였다. 특히 상동교회 부속기관으로 젊은 민족운동자들의 집합소였던 상동청년회에서 활동하였다.

1905년 10월 그는 상동청년회의 중추인사인 정순만・이동녕의 지시 아래 친일인사들을 처단하는 일에 관여하였다. 그들이 처단대산으로 지목한 인물은 이지용(이지용)・이근택(이근택)・이하영(이하영)・박용화 등 이른바 4간(奸)이었다. 기산도는 신문로 밖에서 열리는 국민교육회의 연회장에서 이들을 격살할 것을 모의하고 동지 손효경으로 하여금 은밀히 가서 관찰하도록 하였다. 그러나 연회에는 이하영만 참가하고 다른 거물급 친일파들은 참석하지 않는다는 연락을 받고 "이하영 한 놈 죽이는 거은 좋은 계책이 아니다"라고 말하고 이내 거사를 포기하고 돌아왔다. 이는 상동청년회의 인사들이 기산도를 행동대장을 내세워 친일인사들을 처단하려 하였음을 알 수 있다. 기산도는 11월 27일 상동교회 모임에 참석한 뒤에 정순만・이동녕 등과 더불어 대한문 앞에서 상소투쟁을 벌이기도 했다.

이러한 을사늑약 상소운동이 진행되는 도중에 기산도는 을사오적의 하나인 이근택의 부친 이민승(李敏承) 처단 거사에 행동대장으로 가담하였다. 그의 열렬투쟁 참가는 상소투쟁이 효과를 올리지 못하자 나온 새로운 항일운동의 방안이었다. 기산도의 이민승 처단활동을 기획하고 총괄한 인물은 전 주사 김석항(金錫恒)이었다. 그는 을사늑약이 체결되자 조약문에 서명한 5대신을 국권을 훼손한 매국역적이라고 단정하고 이들을 처단할 것을 모의하였다. 김석항은 이종대 집에서 기산도 등과 함께 결사대를 구성하기로 하고 이종대에게 자금을 지급하여 단도 3자루와 육혈포 1정을 매입하여 거사할 때 휴대하도록 하였다. 이때 김석항은 송요철(宋堯哲)로부터 당백전 3만냥을 건네받아 결사대를 조직한 것으로 알려졌다.

기산도는 11월 23일 밤 김성초・송창영・이근철・이종대(李鍾大)・박종섭(朴宗燮)・박경하(朴敬夏)・안한주(安漢朱) 등 7명과 함께 각가 칼과 총, 쇠뭉치를 들고 은밀히 이민승의 집을 찾아갔다. 그러나 이번 거사는 실패하였다.

이승민 격살 거사가 실패한 후 기산도는 을사 5적을 찔러 죽일 생각으로 박종섭·이종대·박경하·안한주 등에게 칼과 총을 가지고 5적들의 거동을 감시하도록 하였다. 마침 이근택이 지나가고 있었으므로 먼저 이근택을 찔러 죽이고자 하였으나 신변 경호가 매우 엄중하였기 때문에 착수하지 못했다.

1906년 2월 16일 밤, 기산도는 이범석(李範錫)·이근철(李根哲)과 함께 군부대신 이근택의 집을 습격하였다. 당시 이근택은 오후 7시경 퇴궐하여 8시경 손님 6명의 방문을 받고 이들과 대화를 나눈 다음 11시경에 후실과 함께 침실에 들었다. 이를 은밀히 살피고 있던 기산도를 비롯한 결사대는 이근택의 침실로 돌입하여 한 명은 이근택의 팔을 잡고, 다른 한 명은 칼로 그를 찔렀다. 이근택이 황급히 촛불을 끄자 기산도 등은 그의 머리에서부터 왼쪽 어깨와 오른쪽 팔과 등을 비롯해 10여 곳을 난자했다. 이근택과 그의 후실이 울부짖는 소리를 듣고 하인들이 달려오자 기산도 일행은 칼로 하인의 배와 얼굴, 다리 등 4곳을 찔렀다. 이때 설렁줄 소리를 듣고 집 안팎을 경비하던 병정 6명과 경위원(警衛院) 소속 순검 4인이 즉시 달려왔다. 또한 일본 헌병과 순사들도 대신들의 집 시령에 설치해 놓은 초인종이 울리는 소리를 듣고 즉시 출동하였다. 그러나 이미 기산도 등은 미리 준비한 줄사다리를 담장에 걸쳐 도망한 뒤였다. 시간은 17일 새벽 2시경이었다. 기산도 등의 이근택에 대한 의열투쟁은 을사오적들의 간담을 서늘하게 만들었다. 이로부터 박제순·이지용 등 5대신의 집에는 한국인 병사들이 총을 메고 경계하며 지켰는데 이전 보다 갑절이나 엄중하게 지켰으며 내방객들에게는 반드시 명함을 받고 몸을 수색한 후에야 들여보내곤 하였다고 한다. 당시 이완용 등 을사오적들은 밤을 낮처럼 불을 켜 놓고 잠을 이루지 못하고 불안에 떨었다.

이근택은 한성병원에 입원하여 겨우 목숨을 건질 수 있었다. 일제 경찰은 결사대를 검거하고자 혈안이 되었다. 그런데 기산도가 위장하기 위해 사용하였던 인조수염이 단서가 되고 말았다. 그는 이근택의 집에 머문 적이 있었기 때문에 얼굴이 발각될 것을 염려하여 인조수염을 달고 의거를 결행하였던 것이다. 의거 과정에서 인조수염 하나가 대청에 떨어졌고, 이를 팔았던 상점 주인의 증언에 의해 이근철이 범인으로 밝혀지게 됨에 따라 2월 18일 기산도를 비롯하여 이범석 등 12명이 체포되고 말았다.

기산도가 심문을 받을 때 동지가 800여 명이나 된다고 말하자 을사 5적을 비롯한 매국대신들은 일본 헌병까지 끌어들여 자택과 신변을 엄하게 경계하였으며, 내방객들에게는 반드시 명함을 받고 몸을 수색한 후에야 들여보내곤 하였다고 한다.

기산도를 비롯한 김석항·김일제·박경하·박종섭·이종대·안한주·손성원·송요splitter·정재헌·현학표 등은 1906년 5월 13일 재판을 받았다. 이때 기산도는 2년 6개월의 징역형을 받았다.

모진 고문과 악형을 받고 나온 기산도는 1920년 임시정부에 군자금을 보내기 위해 동지들을 규합하다가 다시 일경에 체포되어 광주지방법원에서 징역 3년형을 언도받고 옥

고를 치렀다. 그러나 심한 악형을 받으면서 다리를 상하여 절름발이가 된 채로 출옥한 그는 일생을 이곳저곳 유랑하다가 전남 장흥(長興)에서 병으로 세상을 떠났다.

기산도의 대종교 교력은 대종교가 중광(1909년)한 직후부터 참여한 것으로 교단 내에서 전언되고 있으나, 그 기록은 전하지 않는다. 다만 박명진의 필사본인 『대종교독립운동사』에는, 그가 주시경·지석영·김윤식 등과 함께 1910년대 대종교 남도본사(조선 전역 관할)의 주요 교인으로 올라 있다.

[참고 문헌]

『대종교독립운동사』(박명진, 필사본, 1964), 『무장독립운동비사』(채근식, 대한민국공보처, 1949), 『한국독립사』(김승학, 독립문화사, 1967), 『독립운동사』7(독립운동사편찬위원회, 1975)

김갑(金甲, 남, 1889-1933)
아호(별명) _ 김진원(金瑨源)
입교 시기 _ 1914년 | **교질** _ 상교 | **서훈** _ 독립장(1986)

경상남도 동래군 동래면(현 부산광역시 동래구 안락동) 출신이다. 본명은 김진원(金瑨源)이나 대종교 외자이름은 갑(甲)이다. 일찍이 고향의 동명학교를 졸업하고 대동청년단에 가입하여 활동하였다. 대동청년단은 1909년 신민회 계열의 인물들이 조직한 비밀결사로 대부분의 인물들이 대종교의 핵심이 되었다. 김갑을 위시하여 남형우·안희제·윤세복·서상일·윤병호·이극로·신백우·신팔균·배천택·신채호·이시열·고순흠 등이 그 대표적 인물들이다.

김갑과 대종교의 관계 역시 이러한 인맥들과의 교유 속에서 형성된 것이다. 특히 상해로 망명한 이후 신규식(申圭植)과의 만남이 그 결정적 계기가 되었던 듯하다. 1912년 신규식이 주도하여 결성한 동제사(同濟司)가 그 중심에 있었다. 동제사도 대종교와 뗄 수 없는 집단이었다. 당시 대종교의 핵심인물이었던 신규식·박은식·신채호·홍명희·조소앙·박찬익·조성환·신건식·민제호·이광·신석우 등이 주도한 단체로, 김갑 역시 그 일원으로 참여하였다. 김갑을 포함한 이들은, 상해를 관할 중심 지역으로 조직된 대종교 서이도본사(西二道本司)의 주축으로도 활동하였다.

이후 3·1운동 당시 국내로 잠입하여 경남지역 연락책으로 활약하다가 일경에게 쫓겨 다시 상해로 망명하였다. 김갑은 1919년 상해에 대한민국 임시정부가 수립되면서 국회 격에 해당되는 임시의정원의 경상도 대표의원이 되었으며, 같은 해 11월에 의열단(義烈團)이 결성되자 김갑도 가입하였다. 이후 1924년 4월에 법무총장 대리차장, 12월에 노동총판, 1926년 2월 14일 국무위원으로 활동하였다. 1927년 1월 15일 대한민국 임시 의정원 의원으로서 새로운 약헌의 기초위원으로 선출되어 개헌 작업에 참여하는가 하면, 1927년 8월에는 재무부장에 임명되어 재정을 마련하려고 몹시 애를 썼다. 특히 노동총판 당시에는 일제에 대한 경고문 만여 장을 국내외에 배포하여 일제를

긴장시키기도 했다.

한편 이보다 조금 앞선 1927년 4월에는 한국유일독립당 상해촉성회에도 참여하여 민족주의자와 사회주의자의 항일 통일 전선 운동에도 가담하였다. 4월 11일 창립총회를 개최하고, 한국유일당의 조직을 촉성할 것, 한국민족의 독립적 역량을 집중 하도록 노력할 것 등을 강령으로 채택하였다. 상해촉성회에는 임정계통 우파인물과 상해파 고려공산당 핵심인물들이었는데, 김갑을 비롯하여 홍진·이동녕·이규홍·조상섭·조완구·홍남표·조봉암·정백·황훈·강경선·이민달·나창헌·최석순·최창식·김철·오영선·김두봉·안태근·김구·윤기섭·송병조·김규식·현정건 등이 참여하였다. 그러나 좌우가 분리되고 대립되면서, 1930년 1월 이동녕·안창호와 함께 대한민국 임시정부와 흥사단을 중심으로 창당된 한국독립당에 참여하였다. 이렇듯 조국 광복을 위해 동분서주하던 김갑은 1933년 3월 14일 상하이 프랑스 조계(租界) 광제의원에서 사망하고 말았다.

김갑의 대종교 교력을 보면 1914년 2월 18일(음력)에 신형호(申衡浩)·김렬(金烈)·신덕(申德) 등과 함께 참교(參敎) 교질(敎秩)을 받았다. 이로 보아 대동청년단이나 상해 시절에 입교한 듯하다. 이 시기 김갑은 대종교 서이도본사의 중추로서 그 종교적 열정 역시 대단했다. 후일 그 교질이 지교(知敎)와 상교(尙敎)까지 올랐음이 이를 증명한다.

[참고 문헌]

『종문영질』(프린트본, 1922). 『대종교독립운동사』(박명진, 필사본, 1963). 『동아일보』1925.11.4.. 『高等警察要史』(경상북도경찰부, 1934). 『한국독립운동사자료』1·2·3(국사편찬위원회, 1970~1973). 『지산외유일지』(정원택, 탐구당, 1983)

김갑(金剛, 남, 1884-?)
입교 시기_1914 | 교질_지교

함경남도 출신으로 일찍이 만주로 넘어가 대종교에 몸을 담고 독립운동에 뛰어들었다. 3·1운동 이후 대한국민회에서 경호부장으로 활동한 평안도 출신 김강(金剛)과는 동명이인이다. 김강은 1914년 11월 북간도을 근거로 한 비밀결사에 가담하여 용정분대(龍井分隊)의 책임을 맡았으며 1920년 3월에는 대한군정부에 몸을 담고 활동하였다. 당시 대한군정부는 서일(徐一)이 고문을 맡고 있던 항일단체로, 노백린(군무총장)·김광국(군정서독판) 등과 함께 김강은 방화대(放火隊) 제1부장으로 활약하였다.

김강은 사회주의 항일단체인 고려공산당에도 몸을 담은 바 있고, 자유시 참변 이후인 1923년에는 영안현 영고탑에서 결성된 적기단(赤旗團)에 가담하여 활동하기도 했다. 또한 1924년 11월 정의부(正義府) 계통인 남만청년총동맹(南滿靑年總同盟)이 결성될 때에는 고려공산당원인 박병희(朴秉熙)·이종림(李鍾林)과 함께 결정적 역할을 하였다. 당시 김강은 남만청년총동맹의 초대 상무집행위원장 겸 중

앙집행위원장을 맡았으며, 중앙집행위원은 이종림(李鍾林)·이석호(李石虎)·한진(韓震)·박병희·신명산(申明山)·손경호(孫京鎬)·허용(許湧)·이성택(李成澤)·이간(李艮)·박정현(朴禎賢)이었고, 상무집행위원은 한진·이종림·박정현·손경호 등이었다.

김강은 1928년 4월 김승학을 참의장으로 하는 참의부 개편 당시 조직위원으로 선출되었고, 그 해 8월에 있었던 3부통합회의에는 김승학(金承學)·김소하(金篠廈)와 함께 참의부 대표로도 참여하였다. 다만 1944년 조선민족혁명당의 미주 총지부장을 맡은 김강(金剛)이 동일인인지는 확인되지 않는다.

김강의 대종교 교력을 보면 1914년 5월 13일(음력)에 지교의 교질을 받은 기록이 남아있다. 그것으로 보아 그 이전에 이미 입교하여 참교의 교질을 받았을 것으로 추정되나 그 기록은 전하지 않는다. 그러므로 1910년대 초반에 만주로 넘어가 바로 대종교에 입교한 것으로 추정할 수 있다.

[참고 문헌]

『종문영질』(프린트본, 1922). 「間島 不逞鮮人 團體와 그 動靜에 관한 調査書의 件」(不逞團關係雜件-朝鮮人의 部-在滿洲의 部16, 機密 제14호, 한국사DB, 국사편찬위원회). 『高等警察要史』(慶尙北道警察部, 1934). 『한국독립운동사자료』39(국사편찬위원회, 2003). 『中國안의 韓國獨立運動』(胡春惠 著/辛勝夏 譯, 단국대학교출판부, 1978)

김경렬(金慶烈, 남, ?-1912)
아호(별명)_백강(白岡)
입교 시기_1912년 이전 | 교질_미상

출신지역이 불분명한 인물이다. 1902년 경상남도관찰부 주사(主事)로 임용된 김경렬(金慶烈)이 있으나, 동일인인지는 불분명하다. 일찍이 상해로 건너가 활동하다가 1912년에 사망한 것이 예관 신규식의 추도문을 통해 확인될 뿐이다.

그의 대종교 교력 역시 남은 것이 없다. 다만 신규식이 올린 김경렬의 추도문에 만백강인체(晩白岡仁棣)로 적힌 것을 보아 그가 대종교인임을 확인할 수 있다. 인체란 대종교 교인들의 이름 뒤에 붙어 종교적 존중의 의미를 나타내는 단어이기 때문이다. 그러므로 김경렬이 사망한 해인 1912년 이전에 대종교에 입교한 것으로 추정된다. 참고로 신규식이 1913년 김경렬의 추도식 때 올린 추도문을 소개한다. 한배님(天祖)께 돌아가 의지하라는 내용이다.

夢耶去年別　　지난 해 이별한 것이 정녕 꿈일런가
誰意作千古永訣　영원히 떠날 줄이야 누가 알았으리
忍使恨人滋血淚　차마 한 맺힌 사람에게 피눈물을 흘리게 하네
魂號何處歸　　그대의 혼 어디로 갔는가
莫傷無一片乾淨　정갈한 데 없다고 상심하지 말고
長依天祖訴哀情　한배님께 의지하여 서러움을 하소연하시게

[참고 문헌]
『대종교중광육십년사』(대종교총본사, 1971), 『승정원일기』1902년 9월 26일(고종 39년), 「兒目淚」(申圭植, 『韓國魂』, 睨觀申圭植先生記念事業會, 1955)

김경석(金慶錫, 남, 1889-?)
아호(별명)_ 김구(金坵)
입교 시기_ 1916년 이전 | 교질_ 미상

경상북도 의성군(義城郡) 비안면(比安面) 창하동(倉下洞) 출신으로, 대종교의 외자이름은 구(坵)다. 1914년 고향인 비안공립보통학교의 교원으로 임명되었으나, 어떠한 이유인지 1915년 1월 21일 '문관징계령(文官懲戒令)'에 의하여 해면되었다.
이후 북간도로 이주한 김경석은 1924년 5월경 북간도 화룡현(和龍縣) 삼도구(三道溝) 지역에서 농업에 종사한 기록이 발견된다. 또한 그 시기 그곳 조양학교(朝陽學校)의 교원으로도 활동하였다. 조양학교는 1917년 8월 화룡현 태화사(泰化社) 증산동(甑山洞)에 설립된 학교로, 설립 당시 교장은 이기천(李基千)이 맡고 있었다. 이어 김경석은 그해 10월 10일에 조직된 삼도구청년총연맹회(三道溝靑年總聯盟)의 간부로도 참여하였다. 이 조직은 사회주의 성향의 단체로 회원이 1천여명에 달할 정도로 세력이 컸다. 일제가 김경석의 사상 성향을 공산주의와 민족주의로 기록하고 있음을 보면, 그가 대종교적 사회주의를 추구한 인물일 것으로 추정된다.

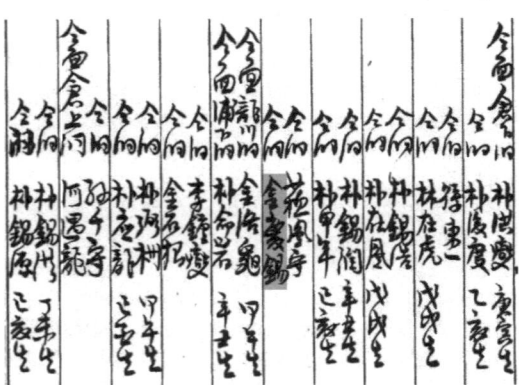

성세영의 『本司行日記』에 적혀 있는 1916년 이전의 경상북도 지역 대종교 교인 명단 중의 일부. 가운데 倉下洞 金慶錫이라는 이름이 보인다.

김경석과 관련된 대종교의 입교 시기이나 영계(靈戒) 사항에 대한 기록은 나아있는 것이 없다. 그러나 성주(星州) 사람 성세영(成世英)이 1922년에 남긴 『본사행일기(本司行日記)』라는 일기 속에는, 김경석이 1916년 이전 대종교에 입교한 경상북도 지역의 주요 교인으로 등장하고 있다. 그의 대종교 입교가 비안공립보통학교에 근무할 무렵임이 확인된다.

대종교에서는 김경석의 이와같은 종교적 이력을 존중하여, 환국 직후인 1946년 4월 20일(음력) 영계와 참교(參敎)의 교질(敎秩)을 동시에 수여하고, 같은 날 경의원(經議院)의 참의(參議)로도 선임하여 원로로서의 대우를 하였다.

[참고문헌]
『대종교보』제150호(1946년), 『본사행일기』(필사본, 1922), 『조선총독부관보』제0740호(1915년), 「間島 및 琿春地方 朝鮮人의 結社團體 調査報告에 關한 件」(不逞團關係雜件-朝鮮人의 部-在滿洲의 部43, 機密 第591號; 外務省文書課 受 第627號, 한국사DB, 국사편찬위원회), 『國外容疑朝鮮人名簿』(조선총독부경무국, 1934), 『조선총독부직원록자료』(한국사DB, 국사편찬위원회), 『일제침략하한국36년사』3(국사편찬위원회, 1969)

김경오(金京五, 남, 1874-?)
입교 시기_ 1913년 이전 | 교질_ 참교

출신지역과 생물연대과 불분명한 인물이다. 1915년 훈춘현(琿春縣) 관내에서 총기를 소지하고 노령 국경 지역에서 활동한 흔적이 있다. 1920년에는 연길현(延吉縣) 상의향(尙義鄉) 세린하(細鱗河)에 거주하며, 대종교 항일단체인 대한군정서(북로군정서)의 경신분국(警信分局) 제9분국 9과장을 맡아 항일투쟁에 앞장섰다.
김경오의 대종교 교력을 살피면 1913년 어천절(御天節, 음력 3월 15일)에 참교(參敎)의 교질(敎秩)을 받은 기록이 있다. 그의 대종교 입교가 그보다 훨씬 이전에 이루어졌음을 알게 해 준다. 또한 같은 날 함께 참교를 받은 인물들이 성호(成虎)·백철(白哲, 대종교지도자 백순의 장남)·남형우(南亨祐)·현호(玄昊)·장수(張修)·김현(金玄)·안태진(安泰鎭, 안중근의 백부)·현갑(玄甲, 현천묵의 장남) 등, 대종교 항일투쟁의 핵심인물들이었다.

[참고 문헌]
『종문영질』(프린트본, 1922), 「琿春縣人 管內에 있어서 朝鮮人과 中國人의 銃器所持者에 관한 건」(不逞團關係雜件-朝鮮人의 部-在滿洲의 部5, 機密 第49號; 秘 11297號, 한국사DB, 국사편찬위원회), 「朝鮮側 警察이 朝鮮人 金順 等을 拘引시킨 것에 관한 건」(不逞團關係雜件-朝鮮人의 部-在滿洲의 部28, 公 第259號; 受 20669號, 한국사DB, 국사편찬위원회) 『한국독립운동사자료』40(국사편찬위원회, 2004)

김경옥(金京玉, 남, 생몰 미상)
입교 시기_ 1910년대 초반 | 교질_ 지교

출신 지역과 생몰연대가 불분명한 인물이다. 1922년 4월 서간도 유하현 삼원포에 조직된 시사연구회의 일원이었음을 보아 그곳을 중심으로 활동한 인물로 추정된다. 당시 김경옥이 가담한 시사연구회는 1927년 민족유일당 조직을 위한 준비기관으로 만들어진 시사연구회와는 다른 단체다. 김경옥이 참여한 시사연구회는 흑하사변(자유시참변)으로 우리 독립군들의 목숨을 앗아간 집단에 대한 성토를 위해 조직된 단체였다. 이 단체에서는 성명서를 발표하고 스보보드니(자유시)에서 우리 독립군들의 목숨을 빼앗은 러시아 적색군에 대한 만행을 5가지의 죄목을 들어 극렬 성토했다.

김경옥의 대종교 교력은 1916년 12월(음력)에 지교(知教)를 받은 것으로 나타난다. 입교하여 참교(參教)의 교질을 받고 상당 시간이 흐른 후에 지교가 수여되었음을 감안한다면, 그가 1910년대 초반에 대종교에 입교하여 활동했음을 알 수 있다. 아마도 윤세복이 1911년 서간도 환인 지역에 거점을 잡고 활동한 시절과 연관이 깊을 듯하다.

[참고 문헌]
『종문영질』(프린트본, 1922), 「不穩通信」(機密受제151호-關機高收제3817호, 不逞團關係雜件-朝鮮人의 部-在滿洲의 部32, 한국사DB, 국사편찬위원회)

김경준(金京俊, 남, 1880-?)
입교 시기 _ 1914년 이전 | 교질 _ 지교

출신지역과 생몰연대가 불분명한 인물이다. 1920년 대한군정서(북로군정서)에서 서일 총재를 중심으로 한 총재부에서 활동하며 서무부 계사국장(稽査局長)를 담당했다. 청산리전투 이후에는 안도현(安圖縣)을 근거지로 하여 항일투쟁을 지속해갔다. 1922년 이도백하 근처 안도현 내두산(奶頭山)에서 한족회 무장단을 조직하여 대종교 동지인 연병준(延秉俊, 본명 延秉昊)이 회장 겸 사령관을 맡고, 김경준은 부사령관으로 활동하였다. 김병준은 부하 40명을 인솔하여 압록강 인근지역 혜산진(惠山鎭)에 소재한 다수의 일본 경찰관주재소를 습격하는 등 항일투쟁을 전개하였다.

김경준의 대종교 교력을 살피면 1914년 7월 8일(음력), 허재붕(許在鵬)·한태송((韓泰松)·김재성(金在星) 등과 참교(參教)의 교질(教秩)을 받은 기록이 있다. 그의 대종교 입교가 상당히 오래되었음을 알게 해 준다. 그리고 1917년 5월 27일(음력)에는 대종교 항일투쟁의 거물인 고평(高平) 등과 지교(知教)의 교질로 승질(陞秩)되었다. 그의 대종교단 내에서의 위상이 상당했을 듯하나, 이후의 행적은 발견되지 않는다.

[참고 문헌]
『종문영질』(프린트본, 1922), 「歸順申告者連名簿 送付에 관한 건」(不逞團關係雜件-朝鮮人의 部-在滿洲의 部24, 機密 第344號; 秘受 16435號, 한국사DB, 국사편찬위원회), 「朝鮮側 警察이 朝鮮人 金順 等을 拘引시킨 것에 관한 건」(不逞團關係雜件-朝鮮人의 部-在滿洲의 部28, 公 第259號; 受 20669號, 한국사DB, 국사편찬위원회), 「安圖 撫松 二縣에 있어서 不逞鮮人 武將團의 情況에 관한 건」(不逞團關係雜件-朝鮮人의 部-在滿洲의 部34, 機密 第5號; 機密受第454號, 한국사DB, 국사편찬위원회), 『한국독립운동사자료』42·43(국사편찬위원회, 2006·2007)

김경천(金擎天, 남, 1888-1942)
아호(별명) _ 영은(英殷), 김광서(金光瑞), 김응천(金應天), 김현충(金顯忠)
입교 시기 _ 미상 | 교질 _ 미상 | 서훈 _ 대통령장(1998)

함경남도 북청군 북청읍 서문 밖에서 출생하였다. 부친 김정우(金鼎愚)는 관비유학생으로 일본유학 후 대한제국의 군기창감을 지낸 인물이며, 형 김성은(金成殷)은 일본 육사 공병과 11기 출신이다.

1895년 가족 전체가 경기도 광주로 이사하였고, 1899년 모친 윤옥련이 사망하였다. 1900년 한성으로 이사하여 현재의 중구 순화동에 거주하였다. 1904년 10월 황실유학생 50명에 끼어 일본으로 유학, 도쿄 육군중앙유년학교를 거쳐 1909년 12월 일본 육사 23기로 기병과에 입학하였다. 이때 일본 육사의 후배인 지석규(池靑天)·홍사익·이응준과 함께 항일 무장투쟁 동지가 되기로 맹세하였다.

1911년 11월 기병 소위로 임관되고 이때 이름을 김광서로 고쳤다. 1918년 9월 독립전쟁을 위한 탈출 결심을 굳히고 병가를 얻어 귀국한 후 탈출 기회를 모색하다가 이듬해 6월 지청천과 만주로 탈출하여 서간도 신흥무관학교 교관이 되었다. 그해 11월 북간도를 거쳐 러시아 연해주 니콜스크 우수리스크에 도착한 후 군인구락부 결성에 참가하고, 이듬해인 1920년 수이푼(秋風) 만석동에서 군사교육을 실시하는 한편, 5월에는 일본군 사주를 받고 연해주로 와서 한인 부락을 약탈해 온 카오샨(靠山) 파 마적 300여 명을 공격하여 전멸시키고 많은 전리품을 획득하였는데, 부대 이름을 창해청년단(滄海靑年團)으로 정하고 총사령관이 되었다. 이후 '백마 탄 김장군' 명성이 널리 알려지게 되었던 것이다.

마적. 토벌에 성공한 후 러시아 적군(赤軍) 측의 요청으로 스찬지역에 군정(軍政)을 단행하였다. 이때 만일 중국인이나 러시아인도 관할구역을 벗어나 타지역으로 이동하고자 할 때는 그가 발행하는 증명서를 소지하여야만 했다. 이와 함께 재러동포들의 안정된 삶의 기반을 마련하기 위한 민정(民政)도 함께 실시하였다.

같은 해 9월 북간도 독립운동 단체에서 무관학교 개교를 준비하며 초청하자 북간도로 건너갔으나 무관학교 개설 계획이 중국측 요구로 무산되었다는 소식을 듣고 다시 연해주로 되돌아왔다. 이후 혈성단 단장 강국모(姜國模) 등 지도자들로부터 연합의병대 사령관과 무관교육의 전권을 위임받고 군대 양성에 힘쓰다.

1921년 4월 스찬의 뜨레치푸진에서 열린 연해주 한인연합 총회에서 연합의병대 사령관 겸 사관교육 책임자로 추대되었으며, 이때 부대 명칭을 '고려혁명군(高麗革命軍)'으로 정했다.

9월 러시아 적군사령부의 명령에 따라 중대 병력을 신용걸에 맡겨 올가항을 수비하게 하고, 주력 부대를 이끌고 스찬의 어수치노(도비허)로 이동하였다. 특히 그의 부대는 동포들의 요구에 따라 마적들을 방비하기 위하여 스찬의 뜨레치푸친과 수주허에 주둔하였다. 그 해 10월 김경천부대는 러시아 적군과 연합하여 스찬지역에 주둔한 백군을 공격하여 전투를 벌였다. 그러나 백군 1개 사단에 포위당해 참혹한 패배를 당하고 일본군과 백군의 추격을 받게 되자 그는 잔여 기병을 이끌고 이만지역으로 이동하였다. 이때 〈동아일보〉가 김경천이 부하 70여 명과 함께 전사했다는 기사를 실어 모국 동포들을 비탄에 빠뜨리기도 했다.

이후 영하 40도 혹한에 전날의 패전을 절치부심하며 이만으로 이동한 김경천은 한러연합사령관이 되었고, 1922년 2월 백군과 일본군 연합부대를 괴멸시키며 이만을 점령하게 되었다. 특히 이 전투에서는 적군의 사령관이 백군에 항복했음에도 불구하고 그는 스찬의병대와 더불어 러시아 적군도 함께 지휘하여 이만을 점령하였던 것이다. 3월에는 수이푼과 블라디보스토크 중간에 있는 고개 소학령(巢鶴嶺)에서 백군을 공격해 승리하였고, 백군은 우수리스크 방면을 쫓겨났다. 그가 이처럼 승리를 거두자 연해주 군사위원회는 그를 포시에트 지역사령관에 임명하였다. 이후 친일파 및 밀정 척단작전을 꾸준히 지휘한 김경천을 연해주혁명군사위원회는 연해주지역 한인의병대 총사령관에 임명하였다.

6월, 부대를 이끌고 시호테알린 산맥을 넘어 포시에트를 향하여 이동하면서 일본군 지역을 관통해 수이푼으로 들어갔다. 이즈음 '백마 탄 김 장군, 김경천이 생존해 있다고 〈동아일보〉가 정정 기사를 보도하기도 했다.

7월, 연해주 항일운동 지원자들이 3천 명이나 모이고 각지의 한인부대가 속속 도착하여 부대원이 5천여 명으로 늘어나게 되자 한인연합부대로서 대한혁명단(大韓革命團)을 조직하고 사령관이 되었다. 9월, 수이푼에서 두만강 국경과 가까운 얀치헤로 이동, 여러 전투에서 승리하고 부상을 당한 김경천은 스찬 다우지미(大烏吉密)로 호송되어 잠시 요양하였다. 이때 러시아와 중국 국경지방에 있는 단체들은 각 단체의 도모하는 동시에 장정의 모집과 무기 수집에 힘써 10월 일본군의 철퇴가 완료되기 직전에 고려혁명군을 조직하였다. 고려혁명군의 총재는 이중집(이중집)이며 소재지는 수이푼(秋風)이었는데, 이때 김경천은 동부사령관에 임명되었고 본부는 그의 근거지인 스찬(水靑)에 두었다.

1922년 일본군이 시베리아에서 철수하자 12월 말, '조선인 유격 연합대 해산 및 국민전쟁 참가자 귀가(歸家)'에 대한 우보레비츠 총사령의 명령이 내려왔다. 적군은 지금까지의 동맹군인 한인독립군에 대해 무장해제를 요구하였다. 김경천은 실의에 빠져 있었는데, 이때 상해에서 독립운동 단체들이 모두 모여 재기를 모색한다는 소식이 들렸다. 국민대표회의가 열린 것이다.

1923년 2월 그는 국민대표회의 참가를 위해 상하이로 혼자 밀행하였다. 그러나 이 회의에 실망한 그는 러시아 블라디보스토크로 다시 돌아와서 구로지코 부근에 무관학교의 설립을 추진하였다. 또한 그는 1924년 3월 한족군인구락부를 조직하여 본부를 블라디보스토크에, 그리고 지부는 니콜리스크에 두는 등 활발한 활동을 보였다. 그러나 그의 이러한 활동도 러시아 당국의 한인정책과 러시아 출신 2세들과의 갈등으로 점차 쇠퇴하고 말았다.

김경천은 그 후 1930년대 전반까지 주로 블라디보스토크에서 한인 군인구락부를 조직하여 각지로 흩어진 항일 무장투쟁의 역량을 다시 수습해 보려고 노력하였다. 그러나 소기의 성과를 거두지 못하고 실의의 나날을 보내다가 극적으로 가족들과 만나게 되었다.

1925년 2월 아내 유정화가 찾아와 20일간 머물다 돌아갔고, 이때부터 김경천은 진중일기를 작성하기 시작하여 후일 김경천의 회고록인 『경천아일록(擎天兒日錄)』을 집필하게 되었다. 그 해 6월 아내와 세 딸이 서울 사직동 저택을 탈출하여 블라디보스토크에 도착하였다.

1926년 봄, 가족과 스찬 다우지미 지역 서개척리(西開拓里)로 이사하여 옛 부하들이 만든 골호즈(협동농장) 위원장이 되었다. 이후 1929년 1월 스찬 난채시(蘭採市)에 있는 아프로 꼴호즈 위원장으로 활동하다가 1932년 하바롭스크 연방국가보안부에서 일본 정보 분석관으로 활동하였고, 이듬해에는 블라디보스토크 국제사범대학 교수로 자리를 옮겼다.

그런데 1935년 스탈린은 엔카베데(NKVD, 국가 내무인민위원회)가 일본에 협조할 잠재적 가능성이 있는 한인 지도자들의 숙청을 지시함으로써 그 해 9월 김경천은 종파 혐의와 반역 혐의로 체포되었다. 그는 연해주 국경수비대 군법회의에서 3년 징역형을 선고받았다.

한편 스탈린의 연해주 한인 16만 명의 강제 이주 명령에 따라 한인들은 중앙아시아로 강제 이주되었는데, 김경천의 가족은 카자흐스탄 텔만지구로 배치되어 제3 카루굴랴 국영농장에서 채소작업원으로 일하게 되었다.

1939년 2월 복역한 유형지에서 풀려난 김경천은 카자흐스탄으로 가서 가족과 합류하였고, 텔만 구역 독일인 농장 코민테른 꼴호즈의 작업부로 일하다가 곧 꼴호즈 대표가 되었다. 그 해 4월 다시 체포되어 카라간다 정치범수용소에 갔다가, 6월에 모스크바 부띠르스꼬이 감옥으로 이감되었다. 이어 모스크바 군구 군사재판에서 간첩죄로 강제노동수용소 노동교화 8년형을 선고 받았다.

1941년 1월 러시아공화국 아르헨겔스크 주 코틀라스에 있는 북부철도 수용소로 이송되어 철도건설 노역에 배치되었고, 이듬해인 1942년 비타민 결핍으로 인한 심장 질환으로 사망, 죄수들의 공동 매장지에 묻혔다.

1959년 모스크바 군구 군사재판소가 1939년의 간첩죄 혐의에 대해 재심을 열고 무죄를 선고하였다. 1993년 4월 카자흐스탄 정부에서는 '정치적 탄압에 의한 희생자의 명예 회복에 관한 법률'을 제정하여 명예가 회복되었다.

김경천의 대종교 교력은 남아 있는 것이 없다. 아마도 해방 이후 교단 내에서의 사회주의 계열 인물들에 대한 피기(避記) 현상과 연관이 깊은 듯하다. 그러나 대종교단에서는 김경천이 서간도 시절의 핵심 대종교인으로 전해져 온다. 또한 『대종교중광육십년사』에서는 김경천에 대해 1919 여름 일본육군사관학교졸업생으로, 이청천·신팔균 등과 삼일운동의 뜨거운 물결을 타고 망명래교(亡命來敎)하여 훈련을 맡게 됨에, 청년학도들의 사기는 드높아져 이로부터 입학지원자가 날로 늘어나게 되었다는 기록이 있다.

[참고 문헌]
『대종교중광육십년사』(대종교총본사, 1971), 『경천아일록』(김경천, 학고재, 2012), 『러시아지역 한인의 삶과 기억의 공간』(박환, 민속원, 2013), 『1920년대 만주 러시아지역 항일무장투쟁』(반병률, 한국독립운동사편찬위원회, 2009), 『김경천 평전』(이원규, 선인, 2018)

김경탁(金璟卓, 남, 생몰 미상)

아호(별명) _ 김경탁(金瓊卓)
입교 시기 _ 1922년 이전 | 교질 _ 참교

출신지역과 생몰연대가 확인되지 않는다. 김경탁에 대한 대종교의 내부 기록을 보면 북간도를 중심으로 대종교 항일투쟁을 전개한 인물로 추정된다. 그가 1922년 5월 22일 (음력) 대종교 동일도본사의 계사감찬(計事監贊)으로 참여할 당시, 그와 동일도본사에 함께 참여한 13명이 대부분 대종교계 대한군정서(북로군정서) 계열의 독립군들이었다는 점이 그 근거라 할 수 있다. 동일도본사의 총책임자였던 주견룡(朱見龍, 동일도본사 典禮代辦)을 비롯하여 이두석(李斗錫, 計事監正)·이형섭(李洞燮, 規事監正)·서강준(徐康駿, 贊事)·강훈(姜勳, 規事監贊) 등등이 그들이다.

김경탁의 대종교 교력을 보면 입교 시기나 영계(靈戒) 사항에 대한 기록은 전하지 않는다. 다만 그가 1922년 5월 22일(음력) 동이도본사 계사감찬에 임명될 시기, 그의 교질(敎秩)이 참교(參敎)로 기록되어 있음이 확인된다. 적어도 그 이전에 참교의 교질을 받았다는 근거가 되며, 그의 입교 시기 역시 그보다 훨씬 전으로 올라감을 알 수 있다. 그리고 김경탁이 1923년 5월 30일(음력)에도 동일도본사 관할 광일시교당(廣一施敎堂) 찬무(贊務)를 맡은 기록이 전한다.

[참고 문헌]
『대종교보』제54호(1922년)·제58호(1923년), 『대종교중광육십년사』(대종교총본사, 1971)

김경하(金敬河, 남, 1878-?)

입교 시기 _ 1912년 이전 | 교질 _ 미상

출신지역과 생몰연대가 불분명하다. 김경하는 1912년 8월 서간도 회인현(환인현)에 거주하며 중국에 귀화하지 아니하고 귀화하려는 동포들을 강하게 저지하면서 대종교를 통해 항일투쟁을 전개한 인물이다. 또한 1921년 12월 17일에는 상해 국민대표회를 반대하기 위하여 윤병구(尹炳求) 등 44인과 시사연구회를 발기하여 활동하기도 했다.

김경하의 대종교 교력은 남아있는 것이 없다. 다만 일제의 기록에는 김경하가 1912년 8월 윤서두(尹瑞斗, 윤세용)·

윤서복(尹瑞福, 윤세복)·이원식(李元植)·김윤혁(金允赫)·한천금(韓千金)·독고욱(獨古郁)과 환인지역 대종교 핵심교인임을 밝히고 있다. 1912년 8월 이전에 대종교에 입교했음을 알 수 있는 부분이다. 당시 윤세복이 주도하였던 대종교 환인시교당의 주요 구성원이었을 것으로 추정된다.

[참고 문헌]
「不逞朝鮮人에 관한 건」(不逞團關係雜件-朝鮮人의 部-在滿洲의 部2, 公 제533호, 한국사DB, 국사편찬위원회), 「不逞鮮人 組織에 關係된 時事研究會 記錄文에 관한 건」(不逞團關係雜件-朝鮮人의 部-在歐米6, 機密 제13호, 한국사DB, 국사편찬위원회)

김계업(金啓業, 남, 1917-2000)

아호(별명) _ 김계업(金繼業)
입교 시기 _ 일제강점기 | 교질 _ 참교

본관은 배천(白川)으로 김선(金善)의 19대 손이다. 부 김영달과 모 이학실의 장자로 1917년 11월 16일 평안북도 의주군 비현면 광하동 166번지에서 출생하였다. 조부인 애국지사 김승학이 붓을 꺾고 중국으로 망명하여 조국 광복운동에 헌신하게 되자 일제의 박해를 피해 부모의 등에 업혀 만주 각지를 전 가족이 전전하며 성장하였다.

1935년 중국 하북성 정정현 현립 제1우급 중학교를 졸업하고 그 해 5월 대한민국임시정부 주중국 북경비밀기관장 김승학 휘하의 연락원으로 임명되어 활동하였다. 같은 해 8월 정정현 현립 하기교원양성소 중등반을 수료하였다. 9월에는 북경비밀기관의 재정지원으로 정정현의 중국인 장선부(張善符), 왕봉의(王鳳儀), 정영천(程永川), 오찬주(吳贊周) 등을 포섭하여 이들과 함께 사립 환양중학교를 설립하고 후진양성과 항일사상 고취에 힘썼다. 11월 비밀기관의 명령으로 만주로 가서 조부인 김승학이 전일 각처에 은닉 보관시켰던 독립운동 사료, 독립신문 존안 및 기밀문서 등을 북경까지 운반하는데 성공하고 이를 즉시 임시정부 김구 주석 앞으로 보냈으며 그 서류는 광복후 한국독립사 사료로 참고 되었다.

1937년 중일전쟁이 일어나 정정현 성내에서 전쟁을 맞아 중국군이 퇴각하자 위의 중국인 장선부 등과 함께 중국인 학생을 총동원하여 10개월여의 수성전(守城戰)으로 수백명의 일본군을 살상하는 등 큰 타격을 주었다.

1938년 5월 일본군이 정정현 성내로 입성하자 수성전에 참전했던 학생들을 성밖으로 퇴격시켜 중국군 유격대에 편입시키고 나머지 주동자는 성애에 남아 연락을 취하며 천주교회로 피신하여 화를 면하게 하였다.

일본군이 점거한 후 폐교된 학교와 부자유한 중국인들을 모아 북경비밀기관의 재정지원을 얻어 일본어반을 신설한다는 구실로 학교를 다시 열어 자유로이 왕래 활동할 수 있도록 하였다. 또한 성내의 일본군 동태를 중국 유격대에 알려 작전을 도왔으며, 경한선 철도를 파괴하여 일본구의 작전을 저지하였다.

1938년 9월부터는 정정현과 북경을 왕래하며 북경의 일본군 야전사령부가 군수물자 운반을 위하여 중국 민간인 화물차량을 사용하는 기회를 이용하여 친척인 운수업자 문태욱(文泰郁)의 이름으로 중국인 자동차 30대를 임대하여 일본군과 수송계약을 맺고 수송 군수물자의 수량과 목적지를 탐지하여 비밀기관을 통하여 연락하는 등 중국군의 작전을 도왔다.

1939년 8월 중국인 연락원의 밀고로 임시정부 천진 비밀기관이 일제기관에 탐지되었음을 알고 북경 비밀기관은 지하로 잠적하고 기관장 김승학도 남중국 방면으로 피신하였다. 김계업은 정정현으로 가서 학교운영에 진력하는 한편 일본군 동태를 중국군에 통보하는 등 활약하다가 같은 해 11월 일경에 체포되어 국내로 압송 취조를 받았으나 학교운영 외에는 별다른 증거가 없자 3년간 거주제한 조건으로 석방되었다.

1941년 비밀기관의 명령으로 만주의 교민생활 실태조사와 우국지사 포섭 활동을 실행하면서 안동임시연락소에 들려 주구로 변한 김이대(金履大)에게 임시정부 특파원의 명의로 경고장을 보냈다. 이어 국내의 악질 주구들에게도 역시 경고장을 보내어 각성을 촉구하였다.

1943년 비밀조직의 명에 의하여 안동현 임시연락소에서 운동자금을 지원받아 사평성 이수현 예문촌 덕화농장에 정착하여 예문촌 공소에 적을 두고 만주로 건너온 동포들을 허위로 취적하게 하여 징병, 징용을 피할 수 있게 하였다.

1944년 국내로 잠입하여 신사참배 거부로 피신해 있던 고령삭면의 박장로 일가, 월화면의 신장로 일가, 신의주의 권권사 일가 등 4가구를 예문촌으로 인도하여 취적한 후 거주하게 하였다. 같은 해 11월 비현면에 거주하던 조성일(趙聖鎰)이 일본군에 강제로 징집되었다가 도주하여 의주군 마두산 속에 은신하고 있다는 정보를 듣고 국내로 잠입하여 구출하기도 했다.

광복 후 귀국하여 독립신문 기자로 활동하였으며, 『한국독립운동사』 편찬위원회 임원으로 편찬에 조력하였다. 1965년 『한국독립사』 편찬위원으로 조부의 유고를 편찬 발간하였다. 이후 대한독립운동총사편찬위원회 위원장으로 『환국배달족총사고(桓國民族總史考)』를 출판하였고, 이어 『한국독립항일투쟁총사』를 집필하였다.

김계업의 대종교 교력은 해방 이전에 입교한 것으로 전해지나 그 기록은 전하지 않는다. 이에 대종교에서는 해방 이후 영계(靈戒)와 참교(參敎)의 교질(敎秩)을 다시 내리고, 1955년 1월 31일(음력)에는 부산시 서면(西面)에 있던 대종교 서선시교당(西善施敎堂)의 찬무(贊務)로도 임명하였다.

[참고 문헌]
『대종교중광육십년사』(대종교총본사, 1971), 『김계업자필이력서』(김병기 所藏), 『대한독립항일투쟁총사』하(대한독립총사편찬위원회, 1989)

김공순(金恭淳, 여, 1910-?)
입교 시기_ 일제강점기 | 교질_ 참교

김공순

평안남도 강서군 진남포(鎭南浦) 출신으로 이토오 히로부미 저격 당시 안중근에게 권총을 넘겨준 김창걸의 막내딸이자, 조선어학회 간사장과 대종교총본사 전강(典講)을 지낸 고루 이극로(李克魯)의 부인이다. 평양여고와 경성사범학교를 졸업한 후, 1927년 강원도 간성보통학교 교사를 시작으로 1940년 경성효제심상소학교 교사까지 교육활동에 몸담았다.

김공순은 1929년, 당시 대종교 원로였던 백은(白隱) 유진태(兪鎭泰)의 주례로 이극로와 결혼을 했다. 이후 그녀의 삶에도 많은 변화가 온다. 이극로가 간사장으로 있던 조선어학회 활동에 대한 내조에 상당한 공을 기울인 것이다. 살림집을 조선어학회의 아래층으로 옮긴 후로는 이극로를 대신하여 가장의 역할까지 걱정해야 했다. 그 시기 이극로에게는 가장으로서의 임무 이전에 어학회의 임무 완성에 몰두해 있었기 때문이다.

김공순의 대종교 교력을 살피면 해방 이전의 기록은 남아 있지 않다. 1920년대 후반 대종교의 국내적 기반이 이미 무너져, 기록을 남길 수 없고 남아있던 기록도 사라졌기 때문이다. 이 시기 대종교 국내 비밀활동의 근거를 대신 한 곳이 조선어학회였다. 또한 그 중심에 이극로가 있었다. 당연히 대종교와 김공순의 연관성이 점쳐지는 부분이다. 해방 이후인 1946년 3월 24일(음력), 김공순에게 대종교총본사 특선(特選)으로 참교를 수여한 것도 그 이유다. 특선이란 말 그대로 특별한 경우를 평가하여 선발하는 것을 말한다. 더욱이 그해 5월 11일(음력)에는 여자로서 드물게 시교원(施敎員)에 임명되어 대종교 포교에 적극 앞장섰다.

결혼 30주년인 1939년에 찍은 가족사진. 왼쪽부터 장녀 세영, 김공순, 삼남 한세, 차남 대세, 이극로, 장남 억세

그러나 1948년 4월 '남북 제정당·사회단체 연석회의' 참석차 평양에 간 남편 이극로가 북에 정착하였다. 얼마 후 이극로는 밀사를 남으로 보내 부인 김공순과 그 자녀들마저 북으로 넘어오도록 했다. 김공순이 북으로 넘어가기 전 마지막으로 찾은 인물이 대종교 교주인 윤세복이었다. 윤세복은 이극로 스스로, 그의 삶에 가장 존경하는 인물로 꼽았던 인물이기도 했다. 윤세복은 북으로 가고자 하는 김공순에게 '어디를 가든 근본을 잊지 않으면 된다'는 말을 마지막으로 건넸다 한다.

[참고 문헌]
『대종교보』,한국기념호(1946년)·제150호(1946년), 『매일신보』,1930.11.25.., 『삼천리』,제12권 제3호(삼천리사, 1940)

김관(金寬, 남, 생몰 미상)
입교 시기_ 1923년 이전 | 교질_ 참교

출신지역과 생몰연대가 불분명한 인물로, 대종교계열의 대한군정서(북로군정서) 인사부 과장을 지냈다. 이후 1924년 8월에는 노령 등지에서 최진동 등과 연락하며 항일 활동을 전개하였고, 1925년에는 정의부에 몸담고 활동하였다. 당시 유하현(柳河縣) 지사(知事)로부터 해산 명령을 받은 정의부는 1925년 9월 화전현성(樺甸縣城)으로 옮겨가 성문 밖에 본부를 설치하였다. 또한 군무부무장부대(軍務部武裝部隊)를 화전현·무송현(撫松縣)·반석현(磐石縣)·안도현(安圖縣) 등에 분산 배치하였다. 당시 김관은 18명을 거느리고 무송현 남구(南溝)에 주둔하였다.
김관의 대종교 교력을 살피면 1923년 4월 1일(음력) 대종교 동일도본사의 특선(特選)으로 영계를 받고, 그 해 6월 20일(음력) 참교의 교질을 받았다. 특선에 의한 교질 수여는 이전의 특별한 공로나 인연을 헤아려 수여하는 것으로, 김관의 대종교 입교가 훨씬 이전에 이루어졌음을 암시하는 것이다. 아마도 1920년대 초반 대종교계 항일투쟁단체인 대한군정서 시절에 입교한 것이 아닐까 추정해 본다.

[참고 문헌]
『대종교보』,제58호(1923년), 「間島 및 接壤地方 不逞鮮人團의 行動에 關한 件」,(不逞團關係雜件-朝鮮人의 部-在滿洲의 部40, 機密 第226號, 한국사DB, 국사편찬위원회), 「正義府의 近況에 關한 報告」,(不逞團關係雜件-朝鮮人의 部-在滿洲의 部41, 機密 第459號, 한국DB, 국사편찬위원회)

김광(金光, 남, 1885-?)
입교 시기_ 1923년 이전 | 교질_ 미상

함경북도 회령(혹은 종성) 출신으로, 북간도와 연해주를 중심으로 한 사회주의 항일투쟁에 앞장선 인물이다. 일찍이 한족공산당원으로 활동한 김광은, 1921년 12월 최철(崔

哲)·최장혁(崔長赫)·최치능(崔峙能)·신광호(申光浩)·최걸(崔傑)·강석훈(姜錫勳)·유풍(俞豊)·김한수(金漢壽)·이승준(李承俊)·고양(高陽) 등 10여명을 이끌고 경원부(慶源府)의 신건원(新乾原)을 습격하여 일제를 괴롭혔다. 또한 1922년 5월에는 연해주 고려혁명군의 제2구를 관할하는 정보통 역할을 하였으며, 1923년 11월에는 흑룡강 지역과 연해주에 근거를 둔 고려공산당 연해주 지역의 교통부장을 맡았다. 당시 연해주 위원장은 이동휘였으며, 윤해(尹海, 고문)·김무(金武, 선전부장)·박진순(朴鎭淳, 비서부장)·이한업(李漢業, 정치부장)·최일도(崔一徒, 정리부장)·박춘일(朴春日, 영접부장) 등이 함께 하였다.
김광은 1924년 1월, 러시아 공산당의 후원을 받아 동지연선(東支沿線) 및 돈화현·액목현 방면을 거점으로 활동하기도 했다. 이를 못마땅하게 생각한 최진동이 연길도보위단(延吉道保衛團)의 맹부덕(孟富德)에게 조사하여 금지시켜 달라는 밀고로 곤혹을 치르기도 했다. 김광의 대종교 교력은 1923년 4월 1일(음력) 동일도본사의 특선(特選)으로 영계를 수여받은 기록이 있다. 그 이전에 이미 대종교에 입교했음을 알게 해 준다. 그러나 교질(教秩) 관계나 그 이후의 대종교 행적은 전하지 않는다.

[참고 문헌]
『대종교보』,제58호(1923년), 「新乾原을 襲擊한 不逞鮮人에 관한 건」,(不逞團關係雜件-朝鮮人의 部-在滿洲의 部32, 機密受제15호-機密公제11호, 한국사DB, 국사편찬위원회), 「不逞鮮人 관계서류 역문 송부 건」,(不逞團關係雜件-朝鮮人의 部-在西比利亞 13 公信 25호, 한국사DB, 국사편찬위원회), 「不逞鮮人의 行動에 관한 件1」,(不逞團關係雜件-朝鮮人의 部-國人과 過激派》, 公, 제250호, 한국사DB, 국사편찬위원회), 「支那官憲의 密告로 잡힌 不逞鮮人 행동에 관한 件」,(不逞團關係雜件-朝鮮人의 部-在滿洲의 部38, 機密 第24호, 한국사DB, 국사편찬위원회)

김광(金光, 남, 생몰 미상)
입교 시기_ 1922년 이전 | 교질_ 미상

경기도 개성 출신으로 생몰연대가 불분명하다. 1919년 7월 상해 거주하면서 안동현(安東縣)에 있는 이륭양행(怡隆洋行)과의 연락 역할을 담당하였으며, 1922년에는 대한민국임시정부의 재무총장을 지내기도 했다. 이후 내몽고 포두진(包頭鎭)에 청산의원(靑山醫院)을 경영하면서 그 지역 독립운동의 연락처가 되었다. 김광의 대종교 교력은 남아 있는 기록이 없다. 다만 그가 운영하는 청산의원이 그 지역 대종교의 비밀연락처로 대종교 핵심인물인 백순(白純)의 은신처이기도 했다. 또한 1922년도에는 청산의원을 연결고리로 조병준(趙秉準)·최준(崔浚)·신우현(申禹鉉)·백기준(白基俊) 등 대종교인들이 대종교 수광시교당(綏光施教堂)과 배달농장 그리고 배달학교를 건설할 수 있었다. 이러한 정황으로 보면, 김광의 대종교 입교는 1922년 이전에 이미 이루어졌을 듯하다.

[참고 문헌]
『대종교독립운동사』,(박명진, 필사본, 1964), 「大倧教施教堂一覽表(1926년)」,(延

边朝鮮族自治州档案馆 全宗号42 目录号1 案卷号343, 和龙县历史档案 和龙县警察所, 令各区査禁韩人设立大倧教堂由, 民国十五年五月十二日), 「독립운동에 관한 건」(不逞團關係雜件-朝鮮人의 部-在西比利亞8, 題密 제5127호, 한국사DB, 국사편찬위원회), 「內蒙古 包頭鎭 地方의 狀況에 關한 件」(不逞團關係雜件-朝鮮人의 部-在滿洲의 部37, 機密 第570號, 한국사DB, 국사편찬위원회)

김광국(金光國, 남, 1881-?)
입교 시기_ 1920년 이전 | 교질_ 미상

충청도 출신으로만 알려져 있으며 생몰연대 역시 명확하지 않다. 1919년 5월 대종교지도자 서일(徐一) 등과 함께 독립군단체 대한정의단(大韓正義團)을 조직하고, 항일무장투쟁에 대비하여 군자금 모금, 결사대원 모집 등을 주도하였다. 그해 9월 정의단을 대종교적 신념에 의한 군정부(軍政府)로 확대 개편할 때, 김광국은 군무부 독판(軍務府督辦)에, 서일은 고문 및 군무부 참모장에 올랐다.

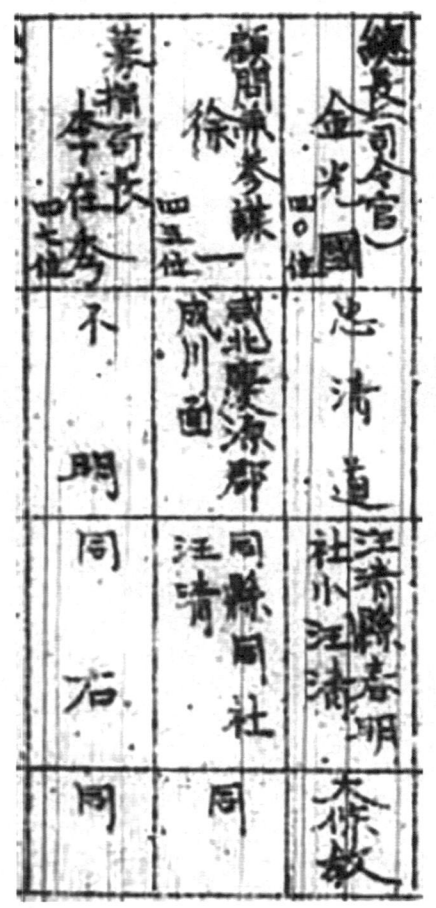

김광국을 대종교인으로 적시한 일제의 문서

김광국은 대한군정부에서 결사대, 모연대, 방화대 등을 조직하여 군정부를 북간도 최고의 독립군단체로 키우는 한편, 북간도의 독립군단체 통일에 노력하여 청림교(靑林敎)의 독립군단체인 야단(野團)을 군정부에 통합하였다. 김광국은 독판 명의로 고유문(告諭文) 및 모연, 징집, 군령에 관한 각종 부령(府令)과 서령(署令)을 발표하여 북간도 최고의 독립군단체로서 체계를 갖추었다. 1919년 12월, 대한군정부에서 대한군정서 체제로 전환할 때도 김광국은 군정부원들과 함께 활동한 것으로 확인된다. 그러나 대한군정서에서 구체적인 역할과 활동은 알 수가 없다.

김광국의 대종교 입교 시기나 영계(靈戒) 사항 및 교질(敎秩) 관계에 대한 기록은 전하지 않는다. 그러나 1920년 3월에 조사된 일제의 문서에 '간도 지방에서의 한족 독립기관 조사표(間島地方於ケル韓族獨立運動機關調査表)'라는 제목으로 실린 기록에 의하면, 김광국이 연길현(延吉縣) 춘명사(春明社) 소왕청(小汪淸)에 거주하며 대종교를 신봉하는 인물로 적혀 있다. 그의 대종교 입교가 그 이전에 이루어졌음을 확인시킨다. 특히 그가 대종교 항일단체인 대한군정부가 조직될 당시 최고책임자가 되었다는 것은 그의 대종교에서의 위치가 상당했음을 것으로 추정되지만, 이후의 행적은 확인이 안 된다.

[참고 문헌]
「國外情報:間島地方 韓族獨立運動 機關의 所在 및 首腦者 名單」(大正8年乃至同10年 朝鮮騷擾事件關係書類 共7冊 其5, 密 第102號 其760/高警 第7594號, 한국사DB, 국사편찬위원회), 「汪淸縣地方의 排日鮮人의 動靜 및 鮮內地의 官公吏의 동요에 관한 건」(不逞團關係雜件-朝鮮人의 部-在滿洲의 部14, 機密公信 第3號; 秘受 731號, 한국사DB, 국사편찬위원회), 「한국독립운동사자료」 41·42(국사편찬위원회, 2005·2006)

김광배(金光培, 남, 1897-1928)
아호(별명)_ 낭운(浪雲)
입교 시기_ 1916년 | 교질_ 참교

김광배

출신 지역이 분명하지 않은 인물이다. 빈한한 집안에서 태어나 혹독한 고생을 했다는 김달진(金達鎭)의 회고로 보아, 평생을 힘들게 살았음을 암시해 준다. 김광배는 관립경성고등교원양성소 제6회 졸업생으로, 대종교에 대한 경험도 이 시기로까지 소급할 수 있다.

당시 관립경성고등교원양성소 학생들의 종교적 성향은 대체로 대종교와 기독교로 나누어져 있었다. 이들 간에는 확연한 색채의 구별은 없으나 단군 문제에 대해 이견이 있었다. 대종교 생도들은 조선의 시조인 단군을 존경하는 것은 곧 조선의 국수를 보존하고 조선의 민족적 정신을 발양하며 국민의 신앙을 통일하는 것이므로 외래종교 신앙에 대한 필요성이 없다는 견해였다. 한편 기독교 생도들은 단군을 존숭하는 점에서는 대종교와 다를 바 없으나, 그 종교적 가치가 기독교에 미치지 못한다는 주장이었다. 기독교에 의해 서양의 문명을 받아들이는 것이 조선민족의 발전을 도모할 좋은 방법이라는 입장이었다. 김광배 역시 이러한 경험 속에서 대종교를 택한 인물일 듯하다.

김광배는 동료들과 함께 재학시절 일본 수학여행의 경험을 이후 답사기로 펴냈다. 『동유지(東遊誌)』가 그것이다. 김광배는 1914년 10월에 졸업여행으로 일본을 시찰하고 돌아와 『동유지』 90부를 비밀히 만들어 민족적 토론의 광장을 마련하였다. 김광배는 『동유지』를 펴낼 당시 끝부분에 붙은 「여행가(旅行歌)」를 썼다. 김광배와 함께 편찬에 참여한 인물들을 보면, 서문을 쓴 최진규(崔鎭圭)를 비롯하여 김하종(金河鍾)·정광호(鄭光好)·이광익(李光翼)·최원순(崔元淳)·독고순(獨孤淳)·이응영(李應泳) 등이었다. 이 『동유지』를 계기로 일선교육을 통하여 경제자립운동을 전개하자는 움직임도 나타났다. 휘문의숙의 교사로 대종교의 핵심이었던 남형우와 사회저명인이었던 최남선의 동조를 얻어, 전국의 교원과 신교육을 받은 인사들이 참여하는 조선산직장려계 결성으로 이어진 것이다.

김광배는 교원양성소를 졸업하고 충남 강경공립보통학교의 교원으로 재직하며 노동야학에도 관여하면서 사회주의운동에도 관심을 가졌다. 1923년 12월, 전일(全一)이 송파시천교당(宋派侍天教堂)을 거점으로 설계한 노동학원 참여가 그것이다. 그 설립과 관련한 창립총회에 대종교청년회의 핵심이자 신사상연구회를 대표한 박일병과 함께 노동학원 이사로 참여하였다. 당시 김광배와 박일병을 비롯하여 참여한 인물들을 보면, 전일·이낙영(李樂永)·김정덕(金正德)·송봉우(宋奉瑀)·전부일(全富一)·임봉순(任鳳淳)·이병의(李丙儀)·한인척(韓仁陟) 등 20여인을 헤아렸다. 그들의 소속을 보면 대종교청년회·시천교청년회·북성회·서울청년회·여자고학생상조회·상해고려공산당 등이었다.

김광배는 언론과 문학에도 종사하며, 『중외일보』 문예담당 기자 생활과 함께 창작에도 손을 댄 인물이었다. 1927년 1월에는 김동환·이은상·양주동·이광수·최남선·김억·변영로·조명희 등의 문필가들과 문인들의 최저원고료 보장을 위해 문예가협회를 조직하고 문필가들의 권리옹호에도 앞장섰다. 그러나 1928년 8월 19일 지병인 위장병으로 신음하다 "내가 죽거든 김달진(金達鎭) 군의 입회하에 화장해 달라"는 유언을 남기고 함경남도 안변군의 석왕사 요양지에서 31세의 나이로 숨을 거두었다. 그의 대종교 교력은 1916년 2월 18일(음력) 참교의 교질을 수여받은 것으로 나타나나, 이미 그 이전인 관립경성고등교원양성소 시절에 대종교와 연관을 갖은 것으로 봄이 옳을 듯하다.

[참고 문헌]
『종문영질』(프린트본, 1922), 『조선총독부및소속관서직원록』(조선총독부, 1917), 『매일신보』(1923.8.21., 9.19., 1923.12.17.), 『朝鮮人概況 第二 壹部 參考送付』(不逞團關係雜件-朝鮮人の部-在歐米 7雜, 한국사DB, 국사편찬위원회), 「노동학원 및 공산당원 행동에 관한 건(檢察行政事務に關する記錄1, 한국사DB, 국사편찬위원회)

김광술(金光戌, 남, 생몰 미상)
아호(별명) _ 종안(倧安)
입교 시기 _ 1919년 이전 | 교질 _ 미상

출신지역과 생몰연대가 불분명한 인물이다. 일찍이 흥업단(興業團)에 참여하여 재무부장(財務部長)을 맡아 항일투쟁에 앞장섰다. 흥업단은 1919년 봉천성 무송현에서 대종교의 중심인물들인 윤세복·김혁·김호(金虎, 金虎翼) 등이 조직한 것으로, 대종교적 정신 위에 항일무장투쟁을 전개한 집단이다. 이후 김광술은 광정단(光正團)에서 북부지단장(北部支團長)을 맡는가 하면, 정의부에 가담하여서는 조직위원(組織委員)으로도 활동하였다. 그러나 1931년 만주사변(滿洲事變) 당시 행방불명되었다.

김광술의 대종교 교력은 전하지 않는다. 다만 그와 함께 흥업단·광정단에서 활동하던 이현익의 기록에 대종교 핵심인물로 기록되어 있는 점을 보면, 흥업단 시절인 1919년 이전에 입교한 듯하다. 더욱이 김광술의 호(號)가 종안(倧安)이라는 점에서도 그의 대종교적 신심이 확인되고 있다. 종안이란 대종교(倧)로 세상을 평안(安)케 한다는 의미였다.

[참고 문헌]
『대종교인과 독립운동연원』(이현익, 프린트본, 1963), 『대종교중광육십년사』(종경종사편수위원회, 대종교총본사, 1971), 『대한민국독립운동공훈사』(김후경·신재홍, 한국민족운동연구소, 1971)

김광진(金光鎭, 남, 1885-1940)
아호(별명) _ 김화진(金華鎭), 중도(仲度), 해악(海岳)
입교 시기 _ 1914년 | 교질 _ 미상

김광진

경상북도 의성군 비안면(比安面) 도락동(道樂洞) 출신으로, 현 춘해대학교 김조영 이사장의 조부다. 스스로의 독학을 통해 학문을 개척했으며, 비안현감 임병두(林秉斗)가 그의 아들 교육을 공에게 맡길 정도로 일가견을 이루었다. 천품이 총명하고 영특하여 다양한 독서를 통해 이학(理學)·경제(經濟)·문장(文章)의 세 부문을 넘나들며 연구의 지평을 넓혔다. 그의 학문적 지향은 탈유교적 가치를 통해 국가와 민족의 위기를 분명히 자각하는 동시에, 개인의 자유와 권리에 대한 인식을 확산시키는데 있었다.

김광진은 1906년 경 대구의 우현서루(友弦書樓)에서 동서양의 학문을 폭넓게 공부하는 기회를 가졌다. 그리고 1910년 대구협성학교에 입학하여 1912년에 졸업하였다. 졸업 직후 청도 공암학교(孔岩學校) 교사를 지내고 1913년 대구 명신학교(明新學校) 교사로도 근무하였다.

대구 협성학교 재학시절의 김광진(원안)의 모습.

1915년에는 조선국권회복단(朝鮮國權恢復團)에도 가담하였다. 김광진은 일명 달성친목회(達城親睦會)라고도 하는 이 모임의 교육부장으로 활동했다. 이 단의 배경을 보면 1909년 10월 윤세복(尹世復)·안희제(安熙濟)·남형우(南亨祐)·서상일(徐相日) 등이 중심이 되어 대동청년단(大東靑年團)을 조직해 국권회복운동을 전개한다. 단원들은 경상도 지역의 청년 지사들이 중심이었고, 김동삼(金東三)·신채호(申采浩) 등 주로 신민회(新民會) 회원들이었다. 흥미로운 것은 이들 대부분이 후일 대종교의 중심세력이 된다는 점이다. 대동단은 교육을 통한 인재 육성과 무력항일투쟁을 위한 군자금 마련, 그리고 국외의 독립운동 기지 건설을 추진하였다. 이러한 활동은 영남 지역의 독립운동에 선구를 이룬 것으로 이후 달성친목회 즉 조선국권회복단으로 발전·계승되었다.

김광진의 대종교 입교 역시 대동단 및 조선국권회복단과 맞물려있을 듯하다. 조선국권회복단은 1910년대 경상도 지역을 중심으로 한 대종교계열의 비밀결사였다. 조선국권회복단은 윤상태(尹相泰)·서상일(徐相日)이 대구지역 청년들의 정치적 비밀모임인 달성친목회의 회원을 구축로 결성한 비밀결사로서, 단군대황조에 봉사(奉祀)했던 대종교적 민족주의 성향을 그대로 드러낸 집단이었다. 1913년 초 달성친목회원으로 평소 국권회복에 대한 의지를 품고 있던 박상진(朴尙鎭)·서상일·이시영(李始榮, 성재 이시영과는 다른 인물)·박영모(朴永模)·홍주일(洪宙一) 등은, 윤창기(尹昌基)가 대구 근교 안일암(安逸庵)에서 약을 먹기 위해 체재중인 점을 빌미로 모임을 갖기로 했다. 마침내 1913년 1월 15일(음력) 대종교의 중광절(重光節: 대종교가 다시 일어난 날)을 기하여 달성군 도성면 대명동에 위치한 안일암에서 시회(詩會)를 가장해 모여 국권회복에 대한 방안을

협의한 것이다.

당시 이들이 내세운 기치는 "수천 년 역사를 가진 우리 조선이 일한병합으로 망했으니 우리 시조 단군대황조(檀君大皇祖)에 미안한 일이니 어떻게 해서든 독립국으로 만들어야 한다"는 주창이었다. 그리고 이들은 이를 실천키 위해 우선 형제의 결의를 맺고 일치된 행동을 펴야 할 것을 다짐하면서, 독립운동을 추진해 갈 비밀결사인 조선국권회복단의 결성을 결의한 것이다. 주목되는 것은 이들의 맹세가 마치 대종교 중광의 명분으로 나철(羅喆)이 내세웠던 '국망도존(國亡道存: 나라는 망했으나 정신은 있다)'을 그대로 옮겨 놓은 듯한 의지를 보여준다는 점이다.

또한 이들은 각기 서약서를 작성하고 연서한 후 '단군대황조영위(檀君大皇祖靈位)'란 위패를 세워 그 앞에서 기원을 올리며 자신들의 목적이 관철되도록 가호를 빌고 각자 변심치 말고 끝까지 독립투쟁에 진력할 것을 굳게 맹세하였다. 이 역시 나철이 1909년 음력 1월 15일, 동지들과 더불어 북벽에 '단군대황조신위'를 걸고 대종교를 다시 일으킨 의례와 동일한 것인데, 다음의 그 내용을 보면 이들의 서약이 종교적 맹세와 흡사함을 볼 수 있다.

一. 한국의 국권을 회복할 것.
一. 매년 정월 15일 단군의 위패 앞에 목적수행을 기도할 것.
一. 단원은 마음대로 탈퇴하지 않을 것.
一. 비밀을 누설치 말 것.
一. 만약 이를 위반할 경우는 신명(神明)의 주벌(誅罰)을 받을 것.
一. 결사대로 하여금 살육케 할 것.

첫째 항에 내세운 조국광복이 조선국권회복단의 목적을 말한 것이라면, 둘째 항의 중광절 단군위패 앞에서의 기도는 이 집단의 정신적 구심점, 즉 종교적 신념이 무엇인가를 알려주는 것이다. 또한 셋째와 넷째 항이 행위지침이라면, 다섯째와 여섯째 항은 일벌백계의 응징을 나타낸다 할 수 있다. 그러므로 해악 김광진만이 아니라, 1910년대 경북지역 대종교인 명단에 올라 있는 서상일과 정운일, 그리고 1911년 1월 21일 대종교 참교의 교질을 받은 서병룡이 이 단체에 깊숙이 관여하여 활동했던 것도 우연이 아님을 헤아릴 수 있다. 대한광복단의 출현 역시 조선국권회복단과 풍기광복단의 연합으로 결성된 것으로, 그 배경에 단군정신이 깔려 있음을 직감할 수 있다.

이후 김광진은 1919년 대구에서 독립선언서를 베껴서 만세운동을 하던 중 일본 경찰에 구금되었다가 만주로 피신하게 된다. 그리고 1921년 다시 고향으로 돌아와 동지 윤상태가 설립한 대구 월배동(月背洞) 덕산학교(德山學校) 교장으로 초빙되어 후진들을 양성하였다. 이후 1927년 9월 3일에는 신간회(新幹會) 대구지회 총회에서 지부장으로 피선되어 활동했으며, 이 시기 송석계(松石契)라는 시회(詩會)를 통해 안희제·윤상태·서병룡·서상일·정운일 등 대종교 및 조선국권회복단 동지들과 계속해서 교류해 갔다. 이 시기 김광진과 조선어학회와의 관계도 빼 놓을 수 없

다. 조선어학회 역시 국내 대종교의 비밀결사로 대동청년단의 일원이자 국내 대종교의 중심이었던 고루 이극로(李克魯)가 주축이었다. 1929년 6월 27일 대구에서 열린 이극로 귀국환영회를 주재한 인물이 김광진이다. 특히 그가 1939년 한글 표기법을 연구·완성한 『정음고(正音考)』라는 글이 주목된다. 『정음고』는 당시 조선어의 현실음을 분석하여 현용 문자로 표기할 수 없는 중성음가를 발견하고 이를 극복할 수 있는 모음 글자를 새로 만든 것이다. 이것은 우리 어음(語音)에 대한 그의 뛰어난 통찰력을 보여주는 것으로, 한글에 대한 애착 없이는 시도할 수 없는 연구물이었다. 또한 이 같은 한글 관련 연구물을 완성할 수 있었던 배경 역시, 이극로와 조선어학회 그리고 대종교를 생각하지 않고서는 이해하기 힘든 부분이다.

한마디로 김광진의 삶은 연구와 집필을 떼어놓고서는 성립되지 않는다. 그의 『해악문집』에 실린 글들을 비롯하여 근대 지식 탐구와 관련된 글, 가계 및 의례 그리고 의학과 관련한 문헌, 직업과 일상생활 및 가족 관련된 글 등, 수많은 연구물들을 남겼다. 1935년 한 해 동안에 저술한 글이 2백여 편이었다는 증언만 보더라도 짐작이 간다.

[교력]

김광진의 대종교 입교나 교질(教秩) 관계 교력은 대종교단 내에서는 찾을 수가 없다. 대종교 연구의 1차 자료라 할 수 있는 1910년대 『대종교보』가 모두 전하지 않기 때문이다. 그러나 그 자신의 기록에서 보이듯 김광진은 1914년에 서울로 올라가 대종교에 입교한 인물이다. 그 뿐만이 아니라 전국을 순회하며 대종교 확산을 위한 포교(布教) 강연도 하였다. 상당한 무게를 두고 활동한 근거가 된다. 언급했듯이 협성학교, 대동청년단, 조선국권회복단의 인적 네트워크와 무관치 않을 듯하다. 가령 대종교 3세 교주를 지낸 단애(檀崖) 윤세복(尹世復) 역시 협성학교 교사를 역임하였고, 대동청년단의 핵심 구성원이자 대구 달성친목회 청년체육구락부 설립에 발기인으로 나선 인물이다.

김광진의 고향인 비안면을 보더라도 3·1운동 이전에 대종교 비안분회가 설치되었고, 1922년 이전에 이미 42명이나 되는 대종교인들이 그곳을 거점으로 활동하였다. 일각에서는 이러한 현상을 김광진의 대종교 활동의 결과로 추정하기도 하지만, 그 결정적 연결 고리는 현재 확인되지 않는다. 또한 1931년 둘째 아들 김영소(金永韶)를 서울로 보내 수표동 조선어학회에 있던 이극로에게 서신을 전한 것이나, 청량사(淸凉寺) 주지승(한용운일 듯함)에게도 비밀리에 서신 전달을 시킨 사례가 있다. 만해 한용운은 죽기 얼마 전까지도 대종교를 중광한 홍암 나철에 대한 전기(傳記) 쓰고자 했던 인물이다. 그리고 아들 김영소가 세브란스의전에 입학한 1934년에도 비밀연락책 역할을 한 기록이 남아있다. 김광진은 김영소를 시켜 자주 계동 자택에 있던 여운형과 화동의 조선어학회의 이극로, 만주에서 돌아와 명동의 소천여관(小川旅館)에 묵고 있던 안희제 등에게 비밀문서를 전달하기도 했다. 대종교 항일투쟁 관련 비밀 활동이 당시까지도 계속되었음을 확인시켜준다.

한편 김광진은 종교를 족성(族性)과 불가분의 관계로 보았다. 종교가 민족성까지도 바꾼다는 것이 그의 생각이었다. 이것은 한글투쟁의 선각 한힌샘 주시경이 종교를 정신 사대주의로 보고 대종교로 개종(改宗)한 사고와 흡사하다는 점에서 흥미를 끈다. 김광진이 남긴 「종교와 민족성」이라는 다음 시에서 확인할 수 있다.

유교 풍습 앞세워 조선민족 얼 없어졌고
라마교 들어와 몽고의 혼 아주 녹였더라.
을지문덕 위업은 지금 어디 있으며
징기스칸 정신 다시 존재하지 않는구나.
종교는 몰래 민족성 바꾸는 것이니
잘못 바꿔진 종교는 없는 것만 못하도다.
들에 나무 밭에 생강들 모두 본성 있는데
유교 되고 불교 되고 또 예수교까지 되는구나.

그는 당시 대종교인 대부분이 겪었던 일제와의 정체성 다툼으로도 많은 갈등을 했다. 일제강점기의 가장 큰 종교 쟁점은 우리의 전래 신교(神教, 대종교)와 일본 신도(神道)의 충돌이었다. 일본 정체성의 핵심인 신도를 통하여 식민지의 완성을 도모하려 했던 일제로서는, 일본 신도의 종주(宗主)를 자처하며 나타난 대종교를 부정하는 것이 새로운 식민지 구현의 첩경이었다. 김광진 역시 일제의 정체성 이식(移植) 작업에 대한 대종교적 지식인의 저항을 숨기지 않았다. 1938년 무인년 11월 10일, 손자인 김방영(金邦榮)이 '다이마[大麻]'를 모시도록 권장하는 시달문을 학교에서 가져 왔다. '다이마'란 일본 이세신궁(伊勢神宮)에서 주는 글귀가 새겨진 부적(符籍)이다. 이것은 신(神)을 상징하는 것으로 가미다나[神棚, 선반] 가운데 놓고 받들었다. 김광진은 「대마(大麻)」란 시를 통해 이러한 시책을 다음과 같이 통탄했다.

산천이 서로 멀고 나라 도읍지 각각이니
풍속 같지 않고 숭상 하는 바 다르네.
들에 계수나무 밭에 생강 모두 본성 가졌듯이
어찌 너희 조상을 우리 조상 삼으려느냐.
삼도(三島) 올빼미 바닷가에서 춤추고 있으니
천년동안 싸웠던 이야기 더욱 새롭다.
단군님 하늘에 계시어 조상이 서로 다른데
어찌 가미다나를 우리 민족에게 강권하는가.

[참고문헌]

『海岳文集』(김광진, 부산, 1980). 『海岳文集』(김광진/조원경 편역, 나라얼연구소, 2013). 『한민족독립운동사자료집』 8(국사편찬위원회, 1989). 「성세영의 《본사행일기》에 나타나는 인물 분석」(황영례, 『국학연구』 제12집, 국학연구소, 2008). 「단군을 배경으로 한 독립운동가─경상도, 안동 지역을 중심으로─」(김동환, 『선도문화』 제11권, 국학연구원, 2011). 「한말 식민지기 유교 지식인 김광진의 근대 지식의 탐구」(박지현·이훈상 편, 동아대학교 석당학술원 한국학연구소, 2015). 「한말 식민지기 유교 지식인 김광진의 가계와 일상 그리고 의례」(박지현·이훈상 편, 동아대학교 석당학술원 한국학연구소, 2015). 「한말 식민지기 유교 지식인 해악 금광진의 도시 이주와 의생 활동 그리고 지적 전환」(박지현, 동아대학교박사학위논문, 2016). 「식민지기 유교 지식인 김광진의 의생활동과 새로운 한의학 이론서 의학승강법의 저술」(박지현·이훈상 편, 동아대학교 석당학술원 한국학연구소, 2017)

서울 출신으로, 대종교 2대 교주를 지낸 김교헌(金教獻)의 동생이다. 그의 부인은 대한제국 의정부 총무국장과 궁내부 특진관를 역임하고, 경술국치 후에는 중추원찬의에 올랐던 윤달영(尹達榮)의 딸이다. 김교빈은 1908년 동대문안 연동(蓮洞)에 시탄회사(柴炭會社)를 설립하여 땔나무, 숯, 석탄, 무연탄 등을 채굴 및 제조 판매한 이력이 있다.
김교빈의 대종교 입교 시기와 영계(靈戒) 사항에 대한 기록은 전하지 않는다. 다만 그가 1922년 1월 23일(음력) 최익환(崔益煥)·임태호(林泰虎)·박낙종(朴洛鍾)·박순병(朴舜秉)·강진구(姜鎭求)·문경섭(文瓊燮) 등의 인물들과 참교(參教)의 교질(教秩)을 받은 기록이 있다. 그의 대종교 입교가 그보다 훨씬 전에 이루어졌음을 확인시킨다.

[참고문헌]
『종문영질』(프린트본, 1922), 『대한매일신보』1908.5.2., 『慶州金氏族譜』(安明信 編, 慶州金氏宗親會, 1985)

출신지역과 생몰연대가 불분명하다. 다만 1902년 당시 충청북도 관찰부(觀察府)의 주사(主事)를 지낸 것으로 보아 충북 출신이 아닐까 추정해 본다. 김교영은 대종교 중광 직후 입교하여 1910년 11월 28일(음력) 찬교(贊教)의 교질을 수여 받았다. 찬교란 초기 대종교의 교질(教秩)로서, 나철이 1909년 12월 11일(음력) 교명(教命)으로 사교(司教)·참교(參教)·찬교의 3단계로 나눈 교질 중 하나이다. 또한 김교영이 찬교를 받을 시기인 1910년 10월과 11월 간에 황병욱(黃炳郁)·김사홍(金思洪)·강인규(姜寅圭)·성선경(成善慶)·류근(柳瑾) 등도 찬교를 받았다. 이들 모두가 당시 대종교의 중심인물들이었음을 보면, 김교영의 대종교에서의 위상 역시 상당했을 것으로 짐작된다.

[참고 문헌]
『종보』제8호(1910년), 『승정원일기』1902년 7월 22일, 『대종교중광육십년사』(대종교총본사, 1971)

한성부 중서(中署) 수진방(壽進坊) 전동(磚洞, 오늘날 조계사 자

김교준

리) 출신으로, 대종교 외자이름은 준(準)이다. 김교준은 조선후기 명문거족의 후손으로, 부친은 공조판서와 사헌부 대사헌, 홍문관 대제학을 역임한 김창희(金昌熙)다. 조부 김정집(金鼎集)은 대사헌과 예조판서를 지냈고, 대한제국 초대 총리대신 김홍집의 재종손이기도 하다. 대종교 2대 교주 김교헌은 김교준의 맏형이다.
김교준은 1899년 10월 2일 관립의학교에 입학하여 1902년 7월 5일 제1기로 졸업하고 학부의학교교관 서판임6등(敍判任六等)에 임명되었다. 1903년 18세의 나이로 학부의학교교관에 임명되어 1904년 9월 23일까지 근무하며 생리학과 약물학을 가르쳤다. 1904년 대한제국의 군대 강화 조치에 따라 9월 23일 육군2등군의에 임명되었다. 1905년 3월 10일 군부군무국에서 근무하기 시작하여 1910년 경술국치로 퇴임할 때까지 의무과와 친위부(親衛部)를 거쳤다.
김교준에게 가장 큰 영향을 끼친 인물은 김교헌이다. 김교준은 1910년 3월 15일(음력, 이하 음력) 김교헌을 따라 대종교에 입교하여, 그해 10월 18일 조완구(趙琬九)와 함께 시교사(施教師)에 임명되었다. 1911년 참교(參教)의 교질(教秩)를 건너뛰어 지교(知教)로 초승(超陞)되어 배천시교당(白川施教堂) 개설에 참여했고, 1914년에는 상교(尙教)에 올랐다. 1916년 김교헌이 도사교에 올라 이듬해 만주 길림성 화룡현으로 갈 때 김교준도 동행하여 대종교 포교에 힘썼다. 국내에 있는 김교헌 가문의 토지는 종종 처분하여 김교헌에게 독립자금으로 전달되었는데, 이때 김교준이 돈심부름을 맡았다.
한편 김교준은 만주 연길현(延吉縣) 용정(龍井)에서 거주하며, 지역 동포들을 대상으로 의료활동을 통한 대종교 확산에 전념하였다. 그리고 1922년 만주에서 다시 귀국하며 그해 4월 대종교 남일도본사의 전리(典理) 대판(代辦)으로 임명되었다. 당시 김교준은 내과 전문 만제의원(萬濟醫院)를 개업하고, 암암리에 국내 대종교 활동에 헌신하였다. 이러한 노력에 대한 보답으로, 대종교에서는 1938년 1월 15일 정교(正教)의 교질과 함께 대형(大兄)의 교호를 내렸다.
해방 이후인 1946년 1월 대종교 남도본사를 재건하고, 그해 2월 20일 총본사 환국 후 초대 전리에 피임되었다. 같은 해 8월 20일 도사교 위리(偉理)에 피임되어 활동하였고, 그 뒤 남일도본사 전리에 임명되었다. 1950년에는 원로원 참의에 선임되는가 하면, 1953년에는 원로원장에 피선되었다. 그리고 5년 후인 1958년 10월 13일 마침내 사교(司教)의 교질과 더불어 도형(道兄)의 교호를 얻게 되었다. 1960년에는 대종교 남이도본사 전교(典教)에 피임되었고, 1962년 총전교 서리(署理)로 보선되었다. 1962년 4월 20일 마침내 대종교 총전교(總典教, 교주)로 공선되어 2년간 활동하였다.

[참고 문헌]
『종보』제8호(1910년),『대종교보』한국기념호(1946년)·제151호(1946년)·제161
호(1949년)·제165호(1950년)·제166호(1950년),『종문영질』(프린트본, 1922),
『대종교인과 독립운동연원』(이현익, 프린트본, 1962),『임오십현순교실록』(대
종교총본사, 1970),『대종교중광육십년사』(대종교총본사, 1971),『한국의학사』
(김두종, 탐구당, 1967),『대한민국관원이력서』(국사편찬위원회, 탐구당, 1972)

김교헌(金敎獻, 남, 1868-1923)

아호(별명)_ 백유(伯猷), 무원(茂園), 김헌(金獻), 보화당(普和堂)
입교 시기_ 1910년 | 교질_ 도사교(都司敎, 대종교 2대 교주) | 서
훈_ 독립장(1977)

김교헌

경기도 수원 구포(鷗浦)의 외
조가(外祖家)에서 출생하여 서
울에서 성장한 인물이다. 자
는 백유(伯猷) 호는 무원(茂園)
이며 당명은 보화당(普和堂)
이다. 후일 대종교에 입교한
후로 이름을 헌(獻)이라는 외
자로 개명했다. 부친은 공조
판서를 지낸 김창희(金昌熙,
1844~1890)이며 모친은 풍양조
씨로 판관을 역임한 조희필(趙
熙弼)의 딸이다. 해방 이후 대
종교 총전교(總典敎, 교주)를 지
낸 김교준(金敎準)이 그의 친동생이다.

김교헌은 18세인 1885년 과거에 급제하여 벼슬의 길에 들
어섰다. 1885년(고종 22년) 3월 29일 가주서(假注書)를 시작
으로, 성균관전적·부교리·별겸춘추·응교·문학·집의·
검교사서·경리청군사마·병조정랑·사간·예조참의·돈녕
부도정 등을 두루 역임하면서, 대사성·우부승지·내무참
의·첨지중추부사·법부참서관 겸 고등재판소판사·중추
원의관·비서원 승 등의 요직을 두루 섭렵하였다. 이어 문
헌비고속찬위원(文獻備考續撰委員) 및 감인위원과 내대신
비서관(內大臣祕書官)을 역임한 후에 옥구감리와 더불어 옥
구항재판소판사에 임명되었고 이어 동래감리 겸 부산항
재판소판사로 자리를 옮겼으며 곧 동래부윤으로 임명되
었다. 또한 국조보감찬집위원 및 규장각부제학이 되었다.
규장각부제학을 맡은 김교헌은 1910년 8월 25일 마침내 종
2품 가선대부(嘉善大夫)까지 특승(特陞)하게 된다.
이후 김교헌은 1898년 독립협회에 참여하면서 만민공동
회를 주도했다. 당시 대한제국은 밖으로는 제정러시아의
본격적인 식민지 속국화 침략 정책의 강화와 열강의 경쟁
적인 이권 침탈 요구가 자행되고 있었다. 또한 안으로는
친러 수구파 내각이 수립되어 이에 야합하는 상황에 처
하게 되었다. 마침내 대한제국은 반식민지 상태에 떨어
질 위험에 직면하게 된 것이다. 이러한 시대적 상황을 맞
아 김교헌은 만민공동회에 부회장 겸 회장대리급으로 참
여한다. 공교로운 것은 당시 만민공동회에 간부로 참여한
상당수의 인물들이 후일 홍암 나철이 중광한 대종교로 흡

수된다는 점이다. 김교헌·류근(부회장 또는 회장대리급), 나
철(도총무부장·총무장·부총무급), 장지연(편집부장급), 신규식(재
무부장 및 부장급), 최동식·오기호·김인식(선전부과장 및 부
장급), 지석영(서무부장 및 부장급), 신채호(내무부·문서부서기
장 및 과장·부장급), 이동녕(간사부과장 및 부장급), 김윤식·박
은식(문교부과장 및 부장급) 등등이 그들이었다.
김교헌의 정신적 변화는 대종교를 중광(重光, 다시 일으킴)
한 나철을 만나면서 일대 전환을 맞는다. 20세기 초, 나
철은 한국정신사의 판을 뒤집는 일대 외침을 들고 나왔
다. '국망도존(國亡道存, 나라는 망했으나 정신은 있다)'이 그것
이다. 이 가치는 을사오적 주살을 주도했던 나철이 대종
교를 일으키는 명분으로 내세운 구호였다. 나철은 일찍이
그의 정치적 스승인 운양 김윤식에게 '국망도존'을 내세워
유교적 지식인으로 살아온 과거의 삶을 후회하며 대종교
를 일으키는 일이 하늘이 준 사명이라는 고백을 한 인물
이다. 이러한 나철의 신념은 1909년 대종교를 중광한 이
후, 수많은 동지들을 규합하는 명분으로도 외쳐졌다. 그
대표적 사례가 단애 윤세복의 경험에서도 드러나고 있다.
윤세복이 대종교 3세 교주가 된 이후인 1925년, 만주 지역
에서는 대종교 포교금지령이 내려져 7년 동안이나 지하활
동으로 숨어들 수밖에 없었다. 이에 윤세복은 만주괴뢰정
권의 합법적인 양해 속에 대종교 포교 재개의 의지를 도
모하게 된다. 그리고 그 절치부심의 의지로 새긴 구호가
나철의 '국망도존'이었다.
김교헌이 대종교에 입교한 시기는 1910년 음력 정월 15일
중광절이다. 앞의 김윤식이나 윤세복의 경험에서 보더라
도, 김교헌 역시 나철의 '국망도존'에 깊은 공감을 했을 듯
하다. 나철의 소개로 김교헌과 윤세복이 처음 인사한 것
도, 윤세복이 나철에게 '국망도존'의 교화를 받던 시절인
1910년 12월 25일 밤이었음도 이를 뒷받침한다. 본디 김
교헌은 나철보다 5살 아래지만 관직 진출로는 5년 선배
다. 앞서 본 바와 같이 만민공동회 활동 당시도 김교헌이
회장대리급을 맡은 반면 나철은 부장급으로 참여하였다.
그러나 대종교 활동에서는 스승(나철)과 제자(김교헌)의 관
계로 인연을 맺었다. 아마도 김교헌 역시 만민공동회 활
동 이후부터 대종교 입교 시기 사이에 나철의 '국망도존'
의 논리를 많이 경험했을 것이다.
나철의 '국망도존'은 미증유의 일대 경종이었다. 긴 세월
중화주의적 가치관 속에 함몰된 우리 정체성 회복의 외침
이자 일본제국주의에 대한 저항의 중심이었다. 일제하 독
립운동의 정신적 동력이 되었던 이 외침은, 정신의 망각
으로 망한 나라를 정신의 지킴으로 되찾자는 구호였다.
그 정신[道]이 바로 단군이요, 그 단군정신이 곧 대종교였
다. 그러므로 일제의 속박을 벗어나고자 했던 나철의 독
립운동 또한, 모든 요소들을 포괄하는 정신을 토대로 운
용되었다. 나철이 강조하는 정신을 몸통으로 하여 언어투
쟁(한글운동)·역사투쟁(민족주의역사학의 개척)·무장투쟁 등
등, 총체적 독립운동의 동력이 된 것이다.
독립운동의 동력을 말함에 김교헌의 역할을 접어 두고는
말하기 힘들다. 국권을 상실한 일제하에서 무엇보다 시급
한 문제가 국권회복을 위한 투쟁의식이었다. 따라서 역

사교육을 통한 독립의식의 함양과 고취는 가장 중요한 요소였다. 특히 김교헌의 역사서는 재만한인사회의 학생들에게 독립의식 고취를 위한 교과서였던 동시에 일반민중이나 상해임시정부의 학생교육서로 쓰였다. 나아가 중광단·정의단·북로군정서를 비롯한 독립군들에게도 정신교육의 중요한 도구가 됨으로써 독립투쟁정신을 북돋는데 크게 이바지 한다.

그러므로 김교헌이 있던 곳이 독립운동의 거점이 됐고 동시에 곧 민족사 연구의 현장이었다. 그곳은 또한 독립군 양성의 요람으로 진정한 민족사학(民族私學)의 근거지였다. 우리가 얻어낸 독립과 자유는 이러한 역사의식을 통한 희생으로 얻어진 결과였다. 일제에 부응하면서 질곡의 시대에 안주하며 그러한 시대가 영원길 바라던 노예적 식민사학하고는 근본적인 차이를 보여준다.

김교헌의 이러한 삶은 무장항일운동에도 정신적 영향력을 크게 떨쳤다. 그는 나철의 유언으로 대종교 중광 2세 교주를 맡는 인물로서, 특히 국운쇠망의 시기에 민족사의 지평을 새로이 열어 민족적 자긍심 고취를 통한 무장항일의 정신적 토대를 마련했다. 그는 대종교 입교 이후부터 대종교적 신념으로 평생을 살기를 각오하고, 당시 그의 집에서 청소년 학도들을 방과 후에 모아놓고 민족사 교육을 실시하는 열정을 보인다.

김교헌의 역사서들은 단군을 비롯한 고유한 민족사상서임과 동시에 민족사를 체계화한 한국사이기도 했다. 또한 국권을 상실한 일제하에서 무엇보다 시급한 문제가 국권회복을 위한 독립투쟁으로 인식해 볼 때, 역사교육을 통한 독립의식의 함양과 고취는 무엇보다 중요한 요소였던 것이다. 그러므로 김교헌의 역사서 『신단민사(神檀民史)』는 재만한인사회의 학생들에게 역사의식을 통한 독립사상을 고취시키는데 지대한 역할을 했다. 당시 간도 용정의 동흥학교를 비롯한 여러 중학교에서 교과서로 쓰였는가 하면, 목릉현의 한인교육회에서도 각 학교에 역사교재로 『신단민사』를 사용하도록 하였다. 이 시기 만주 지역 『신단민사』의 보급은 상당했을 것으로 추정된다. 길림성 왕청현에 거주하던 대종교인 이단(李檀)의 집에서 『신단민사』 130권이 압수되었다는 기록을 보아도 짐작할 수 있을 듯하다. 또한 『배달족역사』는 상해임시정부의 학생교육서로 쓰였을 뿐만 아니라, 나아가 중광단·정의단·대한군정서(북로군정서)를 비롯한 독립군들에게도 김교헌의 역사서는 정신교육의 중요한 교재로 사용되면서, 독립투쟁정신을 북돋는데 크게 공헌을 했다.

북로군정서·신민부·한족연합회 등에서 주요간부로 독립군을 이끌었던 정신(鄭信)은 김교헌을 추모하면서 "나는 이 어른을 종교가나 문학가로만 보지 않고 군사가(軍事家)로도 보는데 이는 우리가 북간도(北間島)에서 군사행동을 할 때에 이 어른이 미리 말한 것이 여러 차례 있는데 그 뒤에 모두 이 어른 말한 대로 되었다"고 회고하고 있다. 이것을 보면 그가 단지 역사의식의 고양을 통해 독립의식을 일깨운 정신적 역할로만 머문 것이 아닌 무장항일운동의 작전과 방향설정에도 간여했음을 엿볼 수 있는 말이다.

이러한 무장항일운동에 김교헌이 직접 참여한 또 하나의 근거로는, 그가 주도하여 일궈낸 「대한독립선언서(일명, 무오독립선언서)」에 반영된 내용을 보더라도 직감할 수 있다. 대종교도들이 중심이 되어 발표한 이 선언서의 내용은 대종교적 정서를 반영한 무장혈전주의를 그대로 드러낸다. 먼저 이 선언은 대종교의 중광의 헌장인 「단군교포명서」에서 연유된 단군대황조(檀君大皇祖)에 원(願)하고 맹세하는 내용이다. 또한 자주독립쟁취의 방법으로써 평화적 협상이나 외교적 노력이 아닌, 우리 독립군의 힘과 피로써 빼앗긴 조국을 되찾아야 함을 다음과 같이 천명하고 있다.

"우리 마음이 같고 도덕이 같은 2천만 형제자매여, 단군황조께서는 상제좌우(上帝左右)에서 명을 내리시어 우리에게 기운을 주셨다. 세계와 시대와는 우리에게 복리를 주고자 한다. 정의는 무적(無敵)의 칼이므로 이로써 하늘에 거스르는 악마와 나라를 도적질하는 적을 한손으로 무찌르라. 이로써 4천년 조종(祖宗)의 영휘(榮輝)를 빛내고 이로써 2천만 적자(赤子)의 운명을 개척할 것이다. 궐기하라! 독립군! 독립군은 일제히 천지를 바르게 한다. 한 번 죽음은 사람의 면할 수 없는 바이니 개·돼지와도 같은 일생을 누가 원하는 바이랴. 살신성인하면 2천만 동포는 같이 부활할 것이다. 일신(一身)을 어찌 아낄 것이냐. 힘을 기울여 나라를 회복하면 삼천리 옥토는 자가소유(自家所有)이다. 일가의 희생을 어찌 아깝다고만 하겠느냐. 아아! 우리 마음이 같고 도덕이 같은 2천만 형제자매여! 국민된 본령을 자각한 독립인 것을 명심할 것이요, 동양평화를 보장하고 인류 평등을 실시하기 위해서의 자립인 것을 명심하도록 황천(皇天)의 명명(明命)을 받들고 일체의 사악(邪惡)으로부터 해탈하는 건국(建國)인 것을 확신하여 육탄혈전함으로써 독립을 완성할 것이다."

그러므로 이 선언서에 담긴 항일민족독립운동의 방략은 완전자주독립과 항일무장독립전에 있으며 이후 재만한인 독립운동의 행동지침을 제시한 헌장이 됨은 물론, 재만항일독립운동단체인 중광단·정의단의 군정부(軍政府)·북로군정서·신민부 등으로 맥락을 이어가는 행동지침을 제시한 이념과 사상이 되었다고 할 수 있다.

당시 이러한 무장혈전주의의 정서는 지역을 뛰어넘어 대부분 대종교지도자들의 중심정서였다. 「대동단결선언」과 「무오독립선언」을 모두 주도했고 상해를 중심으로 정치·외교적 항전을 수행했던 신규식 또한, 그의 저술 『한국혼』에서 다음과 같이 절규하며 혈전주의를 고무하고 있다.

"치욕을 알게 되면 피로써 죽엄을 할 수 있고, 치욕을 씻으려면 피로써 씻어야 할 것이다. 치욕을 잊어버린 자는 피가 식었음만이 아니라 피가 없는 것이다. 치욕을 아는 자의 피를 보지 못하거늘 어찌 치욕을 씻어버릴 수 있는 피가 있기를 바랄 것이냐! 오호! 동포들이여! 피가 있는 것인가? 또는 없는 것인가?"

김교헌의 조직적 무장투쟁은 만주무장투쟁의 실질적 영도자였던 서일이 죽은 후에도 계속되었다. 김교헌이 대종교적 차원에서 무장투쟁 관여한 사례가, 1922년 일제의 문서에서도 확인된다. 당시 일제의 간자(間者)였던 이림삼(李林三)이 하얼빈 총영사 야마우치 시로(山內四郞)에게 보고한 내용을 보면 알 수 있다. 즉 서일의 순국 이후 밀산에서 다시 영안으로 대종교총본사를 옮긴 김교헌은, 각지로 흩어진 북로군정서 간부들과 긴밀히 연락하며 재기를 도모했다. 또한 측근인 신최수(申最秀)를 국내로 파견하는 등 분주하게 움직였고, 특히 무기와 탄약까지 구입하는 등 조직적 무장투쟁의 준비를 도모한 것이다.

한편 김교헌은 교육활동을 통한 민족의식 고취에도 심혈을 기울인다. 김교헌에 있어 학교는 곧 독립운동의 기지였다. 김교헌은 1922년 3월 연해주의 블라디보스톡에서는 동림동흥학교(東林東興學校)와 여자야학부(女子夜學部)의 설치로써 재로(在露)한인사회에서의 문맹퇴치운동을 전개하여 교육수준을 높이는 운동을 전개하였으며, 1922년 10월에는 동2도본사 강당에서는 약 2개월에 걸쳐 대종교 종경(倧經), 한국사강습회를 개최하여 역사와 대종교의 교리를 강의하여 민족혼과 항일독립운동의 열의를 고조시켰다. 이러한 교육은 1923년 6월 동1도본사 교리강습회를 개최하였으며 연해주 블라디보스톡에서는 해항(海港)청년회 조직으로 이어진다. 그리고 연길현 용정촌에서도 용정청년회를 조직하였는데, 대종교의 발전, 교우친목, 문화보급, 덕·지·예(德智禮)의 발전과 청년계의 정신을 앙양하는 데 그 목적이 있었던 것이다. 국내에서도 1922년 2월 남1도본사 내에 음악강습소를 만들어 자매 교우 50명으로 신가(神歌) 강습의 보급을 꾀하였다.

물론 이것은 대종교의 교학일여(教學一如) 정신의 실천으로써, 김교헌뿐만이 아니라 서일이나 윤세복에게도 그대로 나타나는 것으로 대종교 독립운동의 대표적 특징이었다. 서일이 1911년 중광단을 조직하여 무장항일투쟁의 전초기지를 만들었을 당시도 명동학교·동일학교·청일학교 등 10여 개의 학교를 설립하여 운영하였던 것이나, 윤세복이 1911년 만주 환인현으로 이주하여 대종교 포교의 거점을 잡을 당시도 가장 먼저 동창학교를 설립을 시작으로 백산학교·대흥학교·대종학원 등 수많은 학교들을 설립·운영하였던 것도 모두 이러한 정신의 철저한 실천이었다. 또한 신흥강습소에서 발전된 서로군정서의 신흥무관학교나 북로군정서의 사관연성소, 신민부의 배달학교·성동사관학교 그리고 이 외의 무수한 소학교나 야간강습소 운영 등도, 교학일여(教學一如)을 통한 독립투쟁의 철저한 구현이었다.

그러나 경신토벌이 시작되어 그 잔학한 만행으로 남북만의 방방곡곡에서 살인, 방화와 약탈 참변이 다년간 이어졌다. 특히 대종교도들에 대한 탄압이 극심하여 교우들 태반이 피해를 당해 흩어지고 교당은 폐허되지 않은 곳이 없었다. 뿐만 아니라 백포 서일의 죽음과 예관 신규식의 죽음, 그리고 주변에서 힘을 보탰던 대종교 중진 호정(湖亭) 한기욱(韓基昱) 일가가 토비들에게 참화를 당한 사건이 겹치면서 몸져눕게 된다. 그리고 1923년 음 11월 18일 영안현 남관 총본사수도실에서 숨을 거둔다. 향년 56세였다.

[주요저술]

대종교 참여 이후의 김교헌의 역사인식은, 벼슬 시절 그가 경연(經筵)을 통해 숙지했던 『자치통감강목』의 그것과는 근본적으로 달랐다. 즉 유교적 중화사관에서 반유교적 신교사관(神教史觀)으로의 일대 반전이었다. 이것은 또한 법고창신·위정척사·동도서기로 이어오던 조선후기 지식인들의 정신적 굴레에서도 완전히 탈피했다는 의미이기도 하다. 그의 『단조사고(檀祖事攷)』(1911년)·『신단실기(神檀實記)』(1914년)·『신단민사(神檀民史)』(1914년)·『배달족역사(倍達族歷史)』(1923년)·『배달족강역형세도비고』(연대 미상)·『진단사승(震旦史乘)』(연대 미상) 그러한 인식을 드러낸 저술들이다.

김교헌의 대표적 저술 『神檀民史』(왼쪽, 1923년판)과 『神檀實記』(1914년판)

① 『단조사고』

『단조사고』는 김교헌·유근·박은식 등이 주도하여 대종교협제회 이름으로 출간한 단군자료집으로, 우리 민족사의 중요한 가치인 단군의 의미를 자료집으로 집성한 근대 기록의 희귀서인 동시에, 후일 단군과 관련한 연구와 활동에 중요한 역할을 제공해준 책이다.

『단조사고』 체재를 간략해 보면, 도표 2장[배달족원류도(단군혈통) 1도와 삼천단부(단군강역) 1도]과 내편(內篇)과 외편(外篇)으로 엮어져 있다. 도표 1의 '배달족원류도(단군혈통)'는 배달민족이 여섯 지파로 나뉘어 남방족(조선)과 북방족(금)으로 모아지는 계통도이며, 도표 2의 '삼천단부(단군강역)'는 만주와 연해주를 망라하는 배달민족의 강역형세도라 할 수 있다.

본문의 전체 구성은 두 권(내편·외편)의 형식으로 엮어져 있다. 내편과 외편의 맨 앞에는 저술자(大倧教編)를 밝혔으며 각 권 모두(冒頭)에 전체 내용의 대강을 적은 후 내용 전개를 꾀하고 있다.

내편에서 말하고자 하는 주요항목은 19개 항목이며, 외편에서 밝히고자 한 주요항목은 17개 항목이다. 『단조사고』 본문 내·외편은 위의 36개 주요항목을 주론(主論)으로 세우고, 그 근거와 함께 의견을 다는 3단계 방식(주론-근거-의견) 혹은 2단계 방식(주론-근거)으로 전개하고 있다. 이러한 서술방식은 전통적으로 보면 강목체(綱目體)와 흡사하다.

강목체란 편년체 역사기술의 하나로 다양한 역사적 사건을 객관적으로 전개하기보다는 저자의 사관에 따라 중요하다고 생각되는 사건을 서술하는데 용이하다. 즉 『단조사고』의 서술방법을 살피면 주론은 강(綱)에 부합되며 근거는 목(目)에 해당한다고 할 수 있다. 『단조사고』 본문에 나타나는 36개 주요항목 중, 3단계(주론-근거-의견)의 형식을 취한 것이 10개 항목(내편에서 9개 항, 외편에서 1개 항)이며, 나머지 26개 항목은 2단계(주론-근거)의 형식을 보이고 있다. 이렇듯 『단조사고』가 강목체의 형식을 취했던 것은 저술자의 입론(立論)을 보다 강조하기 위하여 가능한 한 많은 국내외 문헌 전거를 제시하려는 목적에서 나온 듯하다.

다음으로 『단조사고』의 내용은 한마디로 단군의 혈통과 강역, 행적과 유속들을 통해 단군의 역사성과 대종교의 당위성을 확보하고자 한 것이다. 책 제목인 『단조사고』에서의 '단조(檀祖)'란 '단군대황조(檀君大皇祖)'의 준말로써 대종교의 등장과 함께 대종교단에 의해 보급된 용어다. 또한 '배달족원류'는 단군의 혈통을 밝힌 것이며, '삼천단부'는 그 강역을 표시한 것이다. 또한 내편에서 밝히고자 한 것은 단군의 탄생(출현)부터 승천(어천)까지의 행적을 말하고 있고, 외편에서는 단군을 숭상하고 받든 유속들을 기록을 통해 증명하고자 했다.

먼저 '배달족원류(단군혈통)'라는 도표에서는 '배달(단군)족'이 여섯 지파로 나뉜 후 최종적으로 조선족(남방)과 만주족(북방·후금)으로 귀착된다고 이해했다. 이 분류에서 기자를 반배달족(半倍達族)으로 간주하고 우리 민족의 지파로 편입시켰다는 것이 주목된다. 특히 조선족(南朝)과 만주족(北朝)을 같은 단군의 혈통으로 엮었다는 것은, 대종교적 대륙사관의 중요한 근거가 되었다 할 수 있다.

이어 도표2로 실린 '삼천단부(단군강역)'는 배달민족의 강역 형세도로서, 남으로는 탐라(제주도)로 시작하여 동으로 동해 전체와 인접되었다. 동북으로는 달단해협(韃靼海峽)에 닿아 있고 북으로 흑룡강을 경계로 하였으며 서북으로 이륵호리산(伊勒胡里山)을 이고 있다. 서쪽으로는 흥안령을 경계로 산융(山戎)과 접했으며 서남 방향은 요하(遼河)를 끼고 발해와 황해에 맞닿았다. 여기서 주목되는 것은 『단조사고』에 도표로 실려 있는 '삼천단부'가 단순한 지도의 의미를 넘어 대종교의 전래 종지(宗旨)와 직결된다는 점이다. 즉 '삼천단부'란 우리 배달민족의 성역의식(聖域意識)과 직결된 것으로, 고구려의 건국정신인 다물정신으로 계승되고, 그러한 영토의식이 일제하 대종교 계열의 만주독립군들에게 '배달국이상향'의 정서로 이어졌다는 것이다. 대종교적 인식 속에서의 '삼천단부'라는 말 속에는 여기에 속한 집단들의 정신적 동류의식에서 배태된 영토관념이 자리 잡고 있음이 확인된다. 또한 그 사상적 배경에는 대종교의 오대종지 계율과 삼신사상이 깊게 자리잡고 있으며, 후일 고구려의 다물주의와 일제하 대종교인들의 배달국이상향 역시 이러한 가치의식의 연장 위에서 표출된 것이다. 그러므로 『단조사고』에 '삼천단부'라는 지도를 삽입한 것은 단순한 지도의 의미를 넘어 대종교의 종교적 이상향을 드러낸 것이며, 고토의식에 대한 향수의 반영임과 아울러 대종교적 대륙사관 전개의 필연성을 현시한 것이

라고 할 수 있다.

다음으로 대종교단에 의해 저술된 『단조사고』의 본문(내편·외편) 역시 대종교의 교리·역사·문화에 대한 정당한 인식을 확보하는데 초점이 맞춰져 있다. 이것은 백두산문화의 세계중심설이나 범동이민족주의(凡東夷民族主義), 또한 대륙주의 역사관이나 신교계승설 등을 표방하는 대종교의 인식과 그대로 합치한다. 『단조사고』 '외편'에 실린 17개 항목의 주론 역시, 단군과 관련된 종교적 유적과 제사·유풍(遺風)에 관한 것들로써, 대종교의 성지(聖地)·제례·예법의 골대를 이루고 있다.

이렇듯 『단조사고』 '내·외편'의 전부가 단군의 행적과 유적·제례 등과 관련된 내용들이다. 또한 전래 단군신앙의 교사(敎史)·교의(敎義)·문화(文化)와 불가분의 연관을 갖는다. 이것은 『단조사고』가 대종교단으로부터 출간된 것과도 연결되는 것으로, 그 출간의 의도를 확인할 수 있다. 즉 『단조사고』는 단군의 역사와 문화를 객관적으로 구명하려는 내용들인 동시에, 대종교의 역사와 문화적 당위성을 확보하기 위하여 만들어진 것이다.

② 『신단실기』

『신단실기』는 대종교의 종리(倧理)와 밀접한 연관을 갖는다. 이는 처음 대종교의 교명이 단군교인 것처럼, 단군을 종조로 내세워 민족종교의 교리와 단군역사를 체계화시킨 것이다. 따라서 『신단실기』는 일제에 의해 나라는 강탈당했으나, 우리에게는 유구한 민족의 시조가 있고 민족사가 있으며 민족의 고유한 종교가 있다는 것을 밝히고자 한 종교서인 동시에 민족혼을 일깨우는 단군역서서라 할 수 있다. 이 책의 내용 구성은 단군시대의 역사, 대종교(檀君神敎)의 기본적 신관, 대종교의 발전 과정, 역대 제천행사, 단군 관련의 민간신앙, 단군 관련 역사 유적, 백두산에 관한 논고, 단군고조선에 대한 영토문제, 상실된 태고의 단군고사 등, 총 19개 항목[단군세기·삼신상제·교화원류·신이징험(神異徵驗)·단사전묘(壇祠殿墓)·역대제천·족통원류·시사악장(詩詞樂章)·고속습유(古俗拾遺)·단군향수변(檀君享壽辨)·단군변(檀君辨)·강동릉변·부루변·태백산변·평양급패수변(平壤及浿水辨)·단군강역고·백두산고·백악고·경사재액(經史災厄)]에 이르는 단군 관련 역사 기록을 정리한 것이다.

이 책에서 가장 주목되는 부분은 「단군세기」다. 우선 「단군세기」는 단군·부여·고구려·백제·신라·발해·예맥·동옥저·비류·숙신·삼한·정안국·요·금의 순으로 14왕조의 흥망을 개관한 것으로, 이들 국가들 모두 단군족으로 이해하고 있음이 주목된다. 「단군세기」의 첫 부분인 '단국(檀國)'에서는 신교(神敎)의 성립과 삼천단부의 설치, 단군 칭호와 배달(倍達) 국호의 유래를 비롯하여 팽우·신지·고시·여수기·비천생(裶天生) 등의 역할을 설명하고 있다. 또한 국호를 조선으로 변경한 것과, 태자 부루의 도산회의(塗山會議), 삼랑(三郎)의 활동, 그리고 단군의 어천(御天)에 대해 기록했다.

흥미로운 것은 위만과 사군이부(四郡二府)의 역사를 삭제하고 있다는 점이다. 또한 삼국시대도 고구려·백제·신라

순으로 서술하고 있음이 주목된다. 이는 국사를 단군족(배달족)의 단일민족사로 체계화하고, 요·금과 같은 북방족까지도 국사에 편입시키며, 나아가 만주에서 영위되었던 국가들을 국사의 주류로 부각시키는 결과를 가져온 것으로, 대종교에서 표방하고 있는 단군중심의 역사관을 그대로 반영하고 있음이 확인된다.

한편 「단군세기」에서는 문헌 제시 없이 서술되고 있으나, 대체로 『고기』를 비롯하여 『삼국유사』·『삼국사기』·『동명왕편』·『위지동이전』 등에 의거하여 작성된 것이며, 끝부분에 미수 허목과 수산 이종휘의 단군에 관한 언설을 소개하고 있는 것으로 보아, 허목의 『동사』(記言)와 이종휘의 『동사』 및 『수산집』의 영향을 많이 받은 것을 알 수 있다. 허목과 이종휘의 사학에 대해서는 신채호의 『조선상고사』에서도 높이 평가하고 있는 터이지만, 시간적으로 보아 『신단실기』는 『조선상고사』보다 16년이나 앞선다는 점에서, 『신단실기』의 선구적 위치가 인정된다.

「삼신상제」 이하 「경사재액」에 이르기까지의 18항목은 단군 또는 단군조선과 관련되는 신앙·습속·지명·강역·연대, 그리고 문헌들을 고증 또는 소개하고 있다. 먼저 「삼신상제」에서는 삼신이 환인(天)·환웅(神)·단군(神人)에서 유래하고 삼신이 곧 상제·제석이며, 삼신산이 태백산(白頭山)이라는 것을 『고금기』·『한서』·『풍속고』 등을 인용하여 밝히고 있으며, 삼신에 대한 부설로서 부루단지 혹은 업주가리에 대한 민간풍속을 소개하고 있다.

다음에 「교화원류」를 보면, 단군이 성인 혹은 신인으로서 신교를 설립하여 주곡·주명·주형·주병·주선악하고, 남녀·부자(父子)·군신·의복·음식·궁실·편발·개수의 제도로써 교화하며, 구이의 소국을 모두 신교로써 교화하여, 백이가 인현지풍(仁賢之風)의 소문을 듣고 귀화했다는 것이다. 「신이징험」은 삼신상제가 인간에게 길흉화복을 내려준 여러 가지 신이한 징험의 사례들을 모은 것이며, 「단사전묘」에서는 마니산 참성단, 구월산 삼성사, 평양의 숭령전·성제사, 발해의 보본단과 목엽산묘, 금의 태백산묘, 고구려의 부여신묘와 고등신묘에 관한 내용을 기술하였다. 또한 「족통원류」에서는, 단군의 자손을 배달종족으로 간주하고 나뉘어서 조선족, 북부여족, 예맥족(濊貊族), 옥저족, 숙신족 5파가 되었다는 이해다. 특히 신라족과 발해족이 여러 분파를 흡수하여 전자가 현조선족으로 이어지고, 후자가 현만주족으로 이어져 내려온 것으로 이해하고 있다. 「시사악장」에서는, 이조의 문인 또는 중국문인이 지은 단군에 관한 시사(詩詞) 혹은 악장(樂章)을 모았고, 「고속유습」는 달[月]·임금[王]·서낭당(仙王堂)·고시네(高矢네)·단단(檀檀)·동령(東嶺)·댕기(檀戒·檀祈)·성주(成造)·신단제(檀神祭)·배(白) 등의 어원과 풍습이 모두 단국에서 유래한 유풍미속이라는 것을 밝혔는데, 언어·민속적인 측면에서 단국의 문화를 이해하고 있다는 점에서 주목된다. 이밖에도 「단군향수변」에서는, 『동국통감』을 따라 1,048년이 단군의 향수(享壽)가 아니라 단군조선의 역년(歷年)임을 밝혔고, 「평양급패수변」에서는 『열하일기』를 들어 복수의 평양설을 제시하면서, 요동의 봉성(鳳城), 요서의 영평·광녕 사이, 요양, 대동강유역 등을 평양으로 보았다. 마찬

가지로 패수 역시 요동의 헌우란수(萍芋灤水)와 대동강을 동시에 꼽았다. 「단군강역고」를 통해서는 『강역고』·『와유록』·『동방지명변』을 인용하여, 단·기시대의 강역을 요·심 일대를 포함하여 서쪽으로 요하를 넘어서고 북으로 흑수(黑水)를 넘어섰다고 밝히고, 한사군의 위치 역시 반은 요동에 반은 여진에 있었다는 것이다.

『신단실기』의 말미에는 「경사재액」이 실려 있다. 말 그대로 단군시대의 고사와 경전이 후세에 인멸된 과정을 설명한 것이다. 이에 의하면, 단군시대의 경사가 부여·고구려에 유전하여 번역 간행된 것이 많았으나, 신라와 당이 고구려를 멸하면서 서고를 불태우고 민간소장을 거두어 태웠다 했다. 또한 부여에 소장되었던 것은 발해로 전해졌으나, 금(시대적으로 보면 요나라의 오기인 듯하다—필자주)이 나·당의 전철을 밟아 훼손하였다는 것이다. 그래도 남아 전해온 경사의 일부마저도, 조선조 세조·예종·성종 때의 수서령(收書令)에 의하여 수거된 뒤 병화(兵火)로 인하여 유실되었음을 밝혔다.

이렇듯 『신단실기』는 단군의 역사를 수집·정리하여, 우리의 시각에서 해석했다는 점에서 의미가 크다. 그 연대표기에 있어서도 과거 존화사상의 잔재인 중국의 연호 표기나, 한말 교과서에서 보이던 일황연기(日皇年紀)를 쓰지 않고, 개천기년법을 쓰고 있다. 이는 단군숭배와 관련된 것이기도 하지만, 사대적 잔재와 친일적 잔재를 청산하려는 의도로 파악된다.

또한 이 책의 특징을 정리해 본다면, 과거의 방대한 역사문헌 안에 단편적으로 매몰되어 있던 단군 관련 기사를 새로 발굴·수집하여, 그러한 단군 기사들에 일관된 관련성을 부여하면서 근대적인 단군사관을 재구성한 점에 있다. 특히 본서에서는 여러 가지 역사기사를 종합하면서 동이족 곧 동북아시아 민족들이 공통적으로 신봉한 단군신교의 내용을 구체적으로 제시하였다. 그 단군신교의 내용이란 바로 '천신신앙'과 '제천의례'인 것이다. 그 뿐만 아니라 중국의 제천과 신선사상과 같은 것이 고대의 단군신교에 그 연원이 있다고 보고 오히려 고대 중국문화의 기원이 동이족의 신교문화 속에 있었다고 주장하는 것이다. 이러한 견해는 전통적인 유교 존화사대주의를 극복하여 민족의 문화적 주체성을 확립하는데 크게 기여하게 된다. 또한 이 책에서는 기존 성리학적 관점에서 음사(淫祀)·음습(淫習)으로 비판되어 오던 토착적인 민속문화를 한민족의 고유전통으로 긍정적으로 평가하여 역사연구를 위한 귀중한 연구대상으로 삼았다는 점이 주목된다. 그러한 의미에서 본서는 근대적인 '민속학'의 효시로도 매우 큰 의의를 지닌 것이다.

그리고 『신단실기』는 저자 김교헌이 대종교도의 입장에서 단군 또는 삼성에 대한 깊은 종교적 신앙심을 바탕으로 하여 편찬한 것이면서도, 어디까지나 문헌적 자료에 입각하여 객관적으로 배달족의 역사를 서술하려고 노력한 흔적이 많다는 점에서 단순한 사화로만 치부하기는 어렵다. 물론 대종교적 교리에 입각한 역사해석이 없는 것은 아니지만, 단군조선의 역사와 문화를 무리하게 날조하지 않고, 조선 후기 실학자들이 밝혀낸 단편적인 연구 성과를

광범하게 수집·정리하고, 여기에 대종교적인 세계관을 투영시켜 새로운 상고사의 체계를 수립하였던 것이다.

③ 『신단민사』

『신단민사』는 단군에서 갑오경장에 이르는 통사체계의 구성에 목적을 두고 교과용으로 편찬된 저술이다. 그러므로 훨씬 평이하고 정리된 개설서의 면모를 갖춘 저술로, 20세기 최초의 통사라는데 그 사학사적 의미가 크다.

앞서 살핀 『신단실기』가 상고 단군의 역사를 중점으로 한 저술이라면, 『신단민사』는 상고(신시시대·배달시대·부여시대·종교·제도·문학기예·풍속), 중고(열국시대·남북조시대·종교·제도·문학기예·풍속), 근고(여요시대·여금시대·고려시대·종교·제도·문학기예), 근세(조선시대·종교·제도·문학기예·풍속) 등으로 시대를 나누어 통사체제로 서술된 역사서다. 『신단민사』의 시대구분에서의 목차 가운데, 근고에서 요·금도 한국사에 포함시켰다는 것은, 만주를 지난날의 역사에서 우리의 영역으로 즉 구강(舊疆)으로 보았다는 것이라 할 수 있다. 그리고 이 『신단민사』는 또한 전래 신교(神敎, 대종교)의 가치를 기반으로 우리 민족사의 정통을 강조하고 체계화하였다는 점에서 의미가 크다.

이 책이 좁은 의미의 국가사가 아니라 넓은 의미의 민족사로 편찬되었다. 여기서 민족이라는 것은 단군민족=배달족=신단민(神檀民)=구이(九夷, 九族)을 가리킨다. 단군민족은 국조를 중심으로 부른 것이며, 배달족은 최초의 국호인 단(檀)의 방언에 따른 호칭이다. 또한 신단민은 배달족에 대한 존칭(신성한 배달민)이며, 구이 혹은 구족은 중국측 문헌에 보이는 배달족의 명칭이다. 배달족은 『단군교오대종지서』의 『대황조신손원류지도』와 『단조사고』의 『배달족원류단군혈통(圖)』, 그리고 『신단실기』의 『족통원류』 부분처럼 조선족·부여족·한족·예족·맥족·옥저족·숙신족으로 나뉜다. 이 중에서 가장 주류를 이루는 것은 조선족으로, 조선족이 부여족으로 이어지고, 부여족이 다시 동부여·북부여·졸본부여·서라부여·남부여로 나뉘어져, 졸본부여가 다시 고구려·발해·여진·금·청으로 이어지고, 서라부여가 다시 신라·고려·조선으로 이어지며, 부여에서 백제가 나온다.

다만 『신단실기』와 차이가 있다면, 『신단실기』에서는 조선족에서 삼한·신라·고려·조선으로 연결되고 부여족에서 고구려·발해·백제·여진(金·淸)이 이어지는 것으로 보았으나, 『신단민사』에서는 조선족과 부여족을 일원적으로 체계화하고 있다는 점이 서로 다르다. 즉, 민족사체계에서 한족보다도 부여족의 위치를 더욱 높인 것을 알 수 있는데, 아마도 만주사(北疆史)를 반도사(南疆史)보다도 더 중요시한 결과가 아닌가 짐작된다.

이어 『신단민사』에서는 우리의 역사 활동의 무대로, 만주(北疆)와 반도(南疆)를 하나로 묶어 인식하고 있다는 점이다. 즉 배달족의 활동무대를 모두 영토(領土, 國土)로 간주하는 입장에서 만주와 한반도가 하나의 국가로 통합된 시대를 통일시대로 이해하고, 그렇지 않았던 시대를 열국시대 혹은 남북조시대로 부르고 있다. 이러한 관점에서, 역사상 통일시대는 신시시대(神市時代, 桓族時代)·배달시대(단

군조선)뿐이며, 소위 삼국시대는 열국시대로, 통일신라시대는 남북조시대로, 그리고 고려와 조선도 각각 남북조시대로 취급되고 있다. 왜냐하면 통일신라 이후에도 만주에는 배달족 국가인 발해·요·금·청이 계속 건설되었던 까닭이다. 그리고 이러한 논리를 가지고 이해한다면, 배달족은 상고시대를 제외하고는 한 번도 통일을 이루지 못한 것이 되며, 만주의 실지(失地)를 다시 수복함으로써만 민족의 재통일이 이루어지고 민족사가 곧 국사가 될 수 있다는 논리로 귀결된다. 이 책의 권두에 『남북강통일국계표(南北疆統一國系表)』를 작성하여 북강국가와 남강국가를 확연히 구별하고 있는 것도, 이러한 취지와 관련된 것이다. 소위 북강국가는 기씨조선·위씨조선·부여·고구려·발해·요·금·청이며, 남강국가는 마한·백제·가락·신라·고려·조선이 이에 포함된다.

다음으로 『신단민사』는 정사(正史)에 보이지 않는 사화 내지는 전설을 수록함과 동시에 근대적인 역사 서술 방식을 취하고 있다. 말 그대로 사담이란 이야기 형식의 역사 서술을 말한다. 그렇다고 『신단민사』가 사찬(私撰) 서술이나 야사(野史)에 근거하여 엮어졌다는 말이 아니다. 오히려 근자에 많이 언급되는 내러티브(narrative)의 역사학과 연결되는 의미다. 내러티브란, 이야기하는 존재로서의 인간을 전제로 이야기의 형태 속에서 사건을 제시하고 이 세계의 모습을 집약시키는 것과 통한다. 『신단민사』의 서술이 평이하게 다가오는 이유다.

또한 『신단민사』는 전통적 편년체나 왕조중심의 연대기적 서술을 벗어난 근대적 역사 서술의 기법을 보여주었다. 『신단민사』가 고대에서 근세까지 생활사나 분류사적 기법으로 엮어진 이유라 할 수 있다. 그리고 국한문을 병용한 것은 한말의 교과서를 비롯하여 1910년대 초의 상당수의 사서들이 아직도 순한문 서술을 탈피하지 못한 사실에 비추어 진일보한 대중적 서술 방식으로 평가된다. 이 책이 시대구분과 편(編)·장(章)·절(節)의 구분으로 이루어진 것도 그 특징이다.

끝으로 『신단민사』는 우리 민족의 고유정신과 전래 미속에 중점을 두고 서술되었다. 실제로 본서는 문화사 서술에 주력하고 있으며, 문화 중에서도 종교·제도·문학기예·풍속을 반드시 각 시대마다 서술하고 있다. 그리고 종교에 대한 서술에서는 반드시 민족 고유신앙인 신교(神敎)를 첫머리에 싣고, 풍속 항에서는 관혼상제와 의식주 생활상의 고유한 풍습을 소개하는 데 주력하고 있다. 더불어 『신단실기』와 마찬가지로 연대 표기 방법에 개천기년(開天紀年)을 사용하고 있는데, 이 역시 대종교적 정서에서 기인한 것이다.

『신단민사』의 내용은 그 핵심이 되는 상고사인식과 문화사인식 측면에서 『신단실기』와 내용상 일맥하고 있다. 또한 전체적으로 보아 근대종교로서의 대종교의 입장에서 고대종교를 이해하고 문화사에 대한 이해체계를 세우려 하였다. 그럼에도 역사의식에 있어서 근대적 민족주의를 바탕으로 하여 유교중심·중국중심의 국사체계를 부인하고, 배달족이라는 단일민족을 설정하여 민족사 체계를 통사로서 구성했다는 것은 그 나름의 의미가 있다. 적어도

민족주의사관에 입각한 통사는 『신단민사』를 효시로 꼽지 않을 수 없다.

특히 『신단민사』는 1923년에 상해에서 인쇄·공간될 당시, 독립신문 사장이었던 희산 김승학의 노력이 남달랐다. 그리고 출간 이후 중국 각지의 민족학교에 배포되면서, 한국인 자제들을 위한 역사교과서로 널리 사용되게 되었다. 또한 일제 탄압을 피해 중국 땅에 망명한 독립운동가들에게 있어서 중국은 독립운동의 거점인 동시에 새로운 생활 장소이기도 하였다 그러므로 그들은 모국인 한국과 실제의 생활공간인 중국, 이 양쪽 지역을 통합한 새로운 역사인식을 필요로 하게 되었다. 이러한 의미에서 배달민족이라는 새로운 민족관념을 바탕으로, 한반도뿐만 아니라 중국 전역을 포함한 대조선주의 사관을 창도한 『신단민사』는 한국인 망명운동가들의 처지를 합리화해 주는 역사서로 급속히 보급되어 나갔다.

④ 『배달족역사』
『배달족역사』는 김교헌이 편집하여 소학생용 교과서로 편찬한 것이다. 『신단민사』와 더불어 1923에 출간된 이 책은, 『신단민사』를 요약하여 정리한 것이다. 전체 네 부분(상고역사·중고역사·근고역사·근세역사)으로 구성되었고 각 부분의 앞에 '배달족교과서'라고 붙어있어, 이 책이 교과서로 쓰였음을 보여준다.

이 책의 각 장은 상고역사 4장, 중고역사 3장, 근고역사 4장, 근세역사 3장의 전체 14장으로 엮어져 있다. 또한 각 장에 딸린 각 과(課)의 분량도 대략 3줄 이내로 요약 서술한 것으로, 『신단민사』와 체제·내용이 거의 일치한다. 다만 『신단민사』를 요약·정리한 책이니만큼, 그 목차나 내용이 상당히 축소되어 서술되었다. 그럼에도 『신단민사』에서 나타나는 대강의 줄거리나 역사인식은 그대로 나타난다. 특기되는 부분은 근세역사의 제2장 마지막 제42과(한청의 역년)에 『신단민사』에는 실리지 않은 다음의 내용이 들어가 있다.

"대한 융희 4년 경술에 통감 사내정의(寺內正毅)가 총리 이완용과 합병조약을 결하니 이씨의 조선이 519년을 역하얏고, 대청 선통 3년 신해에 무창에서 혁명군이 기하야 청은 국절(國絶)하고 중화민국이 되니, 애신각라씨의 제호(帝號)가 296년을 역하얏더라. 배달민족의 국명군호(國名君號)가 남북강(南北疆)에 개절(皆絶)함은 단군 이후 초유(初有)한 대변(大變)이러라."

즉 같은 시기 대한제국의 멸망과 청나라가 망한 것을 두고, 단군 이래 배달민족의 역사가 남북으로 모두 단절된 사태라고 인식하고 있다. 김교헌이 대륙사관을 통한 철저한 남북조사관(南北朝史觀)의 서술을 극명하게 보여주는 부분이다.

⑤ 그 외의 저술
이밖에도 『배달족강역형세도비고』는 현재 전하지 않는다. 또한 필사본이지 인쇄본인지도 알 수가 없다. 그러나 이 서책이 1934년에도 인용된 "檀은 '붉둘'의 訓으로 '빅둘'의 漢子義니 茂園(김교헌의 號-인용자 주)著『倍達族彊域形勢圖備考』에서 일으대 方言에 檀을 일커러 '빅둘'(倍達)이라 하였고 鷄林類事에도 檀을 일커러 倍達이라 하였다 이른다."는 내용을 보면, 김교헌의 저술로 그 당시까지도 전해졌음이 확인된다. 후일 이원태(李源台, 김교헌 교열)의 『배달족강역형세도』의 모본도 바로 『배달족강역형세도비고』였을 것으로 추정하고 있다. 더불어 김교헌이 『진단사승(震旦史乘)』이라는 역사서도 저술하였다고 하나, 현재까지 그 서적(혹은 원고)을 찾지 못하고 있다. 다만 『삼국유사』에 "통전에서 말하기를 발해는 속말말갈이다. 대조영에 이르러 나라를 세웠는데 나라 이름이 '진단'이라 하였다."는 기록으로 보아, 발해 혹은 우리나라를 대유(代喩)한 역사적 사실을 기록한 책으로 추정할 뿐이다.

[역사관과 평가]
조선조 역사 서술에서 강조되는 역사 정신은 춘추대의의 명분이었다. 성리학적 명분을 이상으로 여기며, 참월(僭越, 자신의 분수에 넘치게 외람됨)한 자와 난신적자를 응징하려는 뜻이 강하게 반영되어 있다. 바로 강목체 역사 서술이다. 의리와 명분이 강조되고 인물에 대한 도덕적인 평가가 중점적으로 서술되고 있으므로 사론이 적은 것이 일반적인 특징이다. 또한 특정 사건을 선정하여 목과 주에서 설명하며, 표현방식에서 저자의 포폄을 반영하므로 주자의 성리학적인 도덕사관을 가장 효과적으로 담아내는 서술방식이 된다. 『자치통감강목』은 이 전통을 가장 충실히 확대한 예의 하나로, 그 초점은 이미 사(史)가 아닌 경(經)에 맞춘 것이었고, 사학(史學)의 경학화(經學化) 또는 사실상 사(史)가 실종된 경(經)과 사(史)의 일체화된 대표적인 저술이 되었다. 또한 『자치통감강목』은 왕조의 정통론을 중시함으로써, 삼국의 촉·동진(東晉) 등 그때까지 정통성 여부가 일정하지 않았던 여러 왕조를 정통으로 인정했다. 한마디로 촉·한정통론을 토대로 한 중화주의 역사관(춘추사관)의 정착을 의미하는 것이기도 했다.

김교헌은 과거를 준비하던 시기는 물론이려니와, 과거 급제 후 벼슬 초기부터 유교(성리학)적 관료로서의 학습효과를 충실히 경험한 인물이다. 그 대표적 양태가 『자치통감강목』의 진강 참여였다. 조선조 대부분의 사대부들이 그러했듯이, 소중화인으로서의 자부심을 마음껏 향유한 것이다. 그리고 25년간의 벼슬 생활 속에서 실천하고 익힌 김교헌의 가치는 바로 소중화인으로서의 성취감이었다. 조선을 지탱한 사상적 구조 속에서 일탈 없는 유학자의 완성상이 김교헌이었다. 벼슬 말기 『문헌비고』 속찬위원으로의 참여(1904년)와 『국조보감』 찬집위원(1908년) 및 감인위원(1909년)으로의 발탁은 성리학적 유교 지식인으로서의 최고조를 의미했던 것이다.

한편 김교헌의 벼슬 노정 중에 문헌비고속찬위원과 국조보감찬집위원 및 감인위원, 그리고 규장각부제학의 경험은, 후일 대종교를 경험하면서 나타나는 민족주의적 역사 서술에 중요한 토대가 되었다. 『문헌비고』는 1770년(영조 46년)에 처음으로 『동국문헌비고』라는 이름으로 편찬·간행된 것이다. 후일 1903년 1월 홍문관 안에 찬집소(纂輯所)를 두고 박용대(朴容大)·조정구(趙鼎九)·김교헌·김택영·장지연 등 33인이 찬집을, 박제순 등 17인이 교정을, 한창수(韓昌洙) 등 9인이 감인(監印)을, 김영한(金榮漢) 등 3인이 인쇄를 각각 맡아 5년 만에 『증보문헌비고』로 완성시켰다. 세종 때 처음으로 구상된 『국조보감』은, 조선시대 역대 왕의 업적 가운데 선정(善政)만을 모아 편찬한 편년체의 사서다. 1457년(세조 3년)에 수찬청(修纂廳)을 두고 신숙주와 권람 등에게 명해 태조·태종·세종·문종 4조의 보감을 처음으로 완성하였으며, 숙종과 정조, 헌종으로 이어오면서 총 82권 24책으로 확대되었다. 그리고 1908년(융희 2년)에는 김교헌 등이 찬집위원으로 참여하여 헌종·철종 2조의 보감을 찬수하였다. 마침내 1909년, 이전의 것과 합하여 순종의 어제서와 이용원의 진전을 첨부하여 총 90권 28책으로 완성하였다. 김교헌이 『문헌비고』의 증보와 『국조보감』 편찬의 완성에 참여했다는 것은 중요한 의미를 지닌다. 이 두 서책은 조선후기 대표적 관찬서(官撰書)다. 왕명에 의해 차출된 김교헌으로서는 당대까지 내려오는 여러 사서들에 대한 열람과 검토를 가벼이 할 수 없음을 직감할 수 있다. 더욱이 김교헌이 규장각 부제학으로 있으면서 그곳에 소장된 수많은 관찬·사찬(私撰)의 서적들을 자유로이 열람할 수 있었던 점도, 후일 그의 역사인식 확장에 소중한 경험이 되었을 것이다.

특히 김교헌은 『증보문헌비고』 편찬 사업을 계기로 민족의 시조로 기록 혹은 전래되고 있던 단군에 대한 인식을 새롭게 했다는 점이다. 『증보문헌비고』에는 단군과 관련하여 소개된 내용만 해도 단군릉·단군묘·단군사·단군시(檀君詩)·단군입국·단군자부루(檀君子夫婁)·단군자삼랑(檀君三郎)·단군제천단·단군제천처·단군제향·단군조국(檀君肇國)·단군조선국 등의 항목이다. 즉 단군의 능묘·사당·자손·제향·건국 등에 관련된 내용이 두루 등장한다. 후일 김교헌이 대종교에 참여한 후 정리·저술한 『단조사고』와 『신단실기』에 실린 단군 관련 자료와 이해가 여기서부터 배태·축적되었음을 알 수 있는 부분이다. 이러한 단군인식은 대종교 3세교주였던 윤세복이 해방 이후 정리하여 발표한 「단군고(檀君考)」까지 그대로 이어지고 있다.

민족주의적 시각 위에 탈중화적 성격과 더불어 일제의 식민지민사관에 대한 대항적 성격이 두드러진 측면이 그것이다. 또한 그의 역사정신은 우리의 정체성과 연결된 신교사관(神教史觀)과 남북조사관(南北朝史觀)으로 응집된다.

① 신교사관

일제강점기는 치열한 정체성(Identity) 다툼으로도 이해할 수 있다. 그 중심에 조선의 전래 신교(神教)와 일본의 신도(神道)가 있었다. 일제는 조선 식민지배의 완성을 신도의 국교화로 이루려 하였고, 이를 저지하기 위해 총체적 저항의 중심에 선 집단이 우리 전래의 신교(대종교)였다.

20세기 초에 일본의 해외신사 건설로 본격화된 신도는 신사신도(神社神道)다. 신사신도는 교파신도나 민속신도와는 구별되는 일본 신도의 한 흐름으로, 신사를 정신 결합의 중심으로 삼고, 천황제 지배를 뒷받침하던 이념적 신사였

다는 점이다. 따라서 일본이 지배하는 영토에는 일본의 신이 강림한다는 이른바 국체(國體) 교의에 입각하여 추진한 것이 해외신사 건설이었다. 나아가 해외신사 건설이란 다름 아닌 종교침략과 일맥하는 정책으로, 신도국교화는 곧 식민지지배의 완성과 직결되었다.

따라서 일제의 조선식민지화 정책의 최정점에는 그들의 신도가 있었다. 일제가 우리 땅에 신사를 창건한 것 역시, 그들의 국교인 신도의 보급을 통해 일본의 정체성을 우리에게 이식하겠다는 의도에서 출발했기 때문이다. 즉 그들의 조상신을 우리의 조상이라 정당화함으로써, 내선일체·일선동조론의 명분을 합리화하고 궁극에서는 황민화를 달성하려 했던 것이다. 일제의 식민주의사관 역시 신도국교화를 위한 논리의 일환이었음이 드러나는 부분이다. 이러한 역사인식은 후일 황국사관으로 고착되면서 더욱 관념화된다. 일제의 황국사관이란 '15년전쟁기'에 '만세일계' 천황에 의한 일본국통치의 영원성과 불변성을 강조하고 이를 통해서 국민을 통합하고 전쟁에 동원하기 위해 만들어진 이데올로기적 역사관이다. 즉 일본 역사의 뿌리를 '국체(國體)'와 '국체의 정수(精髓)'에 두고, 이의 발전과정을 검증하려는 일종의 비과학적 역사관이다. 여기서 국체와 국체의 정수라는 말이 다소 생소하게 들릴지 모르겠지만, 국체는 '천황통치(天皇統治)'를 의미하며 국체의 정수는 '모든 일본 국민이 한마음으로 천황의 뜻을 받들고 충성과 효도의 미덕을 발휘하는 것'을 뜻한다. 한발 더 나아가 천황의 통치는 오류가 전혀 없는 절대적 정통성을 갖고 있으며, 또한 변해서는 안 될 영속성을 지니고 있다는 관점이다.

이러한 일제 신도 정책에 정면으로 저항한 집단이 대종교다. 대종교를 일으킨 홍암 나철은 일찍이 일본의 신도만이 아니라 일본문화의 모든 질서가 한국으로부터 건너갔음을 주장한 인물이다. 일본 신도의 뿌리가 우리의 신교라는 것이다. 일제가 패망 때까지 극렬하게 대종교를 없애려 한 근본적인 이유가 여기에 있다. 결코 일제는 그들의 신도와 한국 전래 신교(대종교)의 양립을 용납할 수 없었다. 신도를 국교로 했던 일제로서는, 신도의 뿌리를 자처하는 조선의 신교(대종교)를 용납한다는 것이 성립되지 않았다. 한마디로 신교와 신도의 양보 없는 전쟁이었다. 이것은 일본 신도의 '태생적 한계'(한국의 전래 신교에 그 뿌리를 둠)에서 오는 자격지심도 있으려니와, 신도의 국교화를 통한 조선의 영구지배를 위해서도 단군으로 상징되는 조선의 정체성을 방관할 수 없었기 때문이다.

흥미로운 것은 일제 식민주의역사학의 정신적 기반이 일본의 신도와 연결되는 것과 같이, 일제강점기 우리 민족주의역사학의 근저에 신교(대종교)가 깔려 있었다는 점이다. 우리 사학사의 흐름을 유교사학·불교사학 그리고 도가사학(道家史學, 즉 神教史學)의 흐름으로 이해해 볼 때, 신교사학은 철저하게 억눌려 왔다. 근대 대종교의 등장은 그러한 신교사학의 부활과도 통하는 말이다. 따라서 대종교의 역사인식은 과거 유교와 불교중심으로 흘러 내려오는 역사인식을 도가(道家) 또는 신교(神教), 즉 대종교적 역사인식으로 바꾸는 것을 의미하는 것이다. 더불어 이러

한 요소들의 강조는 당연히 민족적 성향을 강하게 나타내며 타율성(他律性)·정체성(停滯性)·반도사관(半島史觀)으로 위장된 일제 식민주의역사학에 대항하는 민족주의역사학으로 자리 잡았고 나아가 민족적 역사의식의 고취를 통해 항일운동의 중요한 요소로 부각될 수밖에 없었다.

일제 조선사편수회의 『조선사』 편찬이 우리 신교사관에 대한 대항이었다는 점에서도 주목된다. 일제는 3·1운동 이후 대종교계 역사학자 박은식이 중국에서 신교사관에 입각하여 지은 『한국통사』와 『한국독립운동지혈사』가 국내에 유입되자 크게 당황했다. 그로 인해 '조선사편수회'를 설치하여, 『조선사』편찬에 갑자기 열을 올리게 된 것이다. 특히 박은식의 『한국통사』는, 조선총독부 조선사편수회에서 식민사관에 입각하여 한국사를 정리한 『조선사』 편찬 작업에 직접적인 동인(動因)이 되었다. 당시 일제는 『조선사』 편찬의 목적을 한일합방의 정당성을 확보하는데 중점을 두었다. 여기서 그들이 신교사관과 관련된 서적들을 황탄한 서술로 매도했던 다음의 두려움을 보더라도 짐작이 간다.

"조선인은 여타의 식민지의 야만 미개한 민족과는 달라서, 독서와 문장에 있어 조금도 문명인에 뒤떨어지는 바 없는 민족이다. 고래로 史書가 많고 또 새로이 저작에 착수한 것도 적지 않다. 그리하여 前者는 독립시대(합방이전)의 저술로서, 현대와의 관계를 缺하고 있어 헛되이 독립국 시절의 옛 꿈에 연연케 하는 폐단이 있다. 후자는 근대 조선에 있어서의 日露·日淸 간의 세력 경쟁을 서술하여 조선의 나아갈 바를 설파하고, 혹은 『한국통사』라고 일컫는, 한 재외조선인의 저서 같은 것의 진상을 구명하지 않고 함부로 妄說을 드러내 보이고 있는 것이다. 이러한 史籍들이 인심을 현혹시키는 害毒, 또한 참으로 큰 것임은 말로 다 할 수 없는 것이다."

1915년 발간된 박은식의 『한국통사』는 그의 신교사관을 잘 보여주는 역사서이다. 『한국독립운동지혈사』(1920)와 함께 한국 근대사를 근대 역사학적 방법론을 도입하여 신교사관의 입장으로 정리한 근대 민족사학의 이정표적 저작이다. 『한국통사』의 내용은 서언에서 밝힌 바와 같이, 국가와 역사와의 관계를 가시적인 형(形)과 불가시적인 신(神)으로 파악했다. 비록 국가의 멸망으로 형은 훼손되었다 해도 국혼(國魂)인 신이 존속하면 형도 반드시 부활할 것이라는 신교사관의 본질을 보여주고 있는 것이다. 그러므로 박은식은 국사를 존재시키는 것이 국혼을 존재시키는 바라고 주장하면서 책의 서술 목적을 밝히고 있다. 이것은 신교 정신사관의 본질이기도 하다. 나철이 대종교 중흥의 명분으로 내세운 '국망도존(國亡道存)'이라는 가치와 직결되기 때문이다. 즉 '형은 무너졌으나(國亡)' '신이 존속하면(道存)' 광복할 수 있음을 확신한 것이다.

박은식이 『한국통사』에서 신교(대종교)가 국교적 가치가 있음을 고증한 것도 그것과 통한다. 즉 "대종교는 우리의 삼신 시조를 신앙하는 종교로써 가장 오래된 교(敎)."라고 밝히고, 단군이 신도(神道)로써 도를 베풀고 제천 보본하였다는 점과 우리 민족 역대 국가들이 대대로 신교를 준수하였으며, 우리 민간신앙 속에 삼신제사나 삼신으로서의 신교적 자취가 남아있다는 점을 들었다. 또한 기자 시대에는 단군묘를 세우고 숭봉했으며, 삼국 시대 불교가 흥했을 때 환인제석을 높여 화엄경에 실어 환인제석을 받들었고, 지금의 불교도 그러하다 했다. 또한 고려 시대에는 묘향산에 365개의 암자를 지었으니 이는 단군 치화(治化)의 360여사를 상징한 것이라 하고, 일연이 『삼국유사』를 찬(撰)할 때 삼신이화(三神理化)의 사적을 논했다는 것이다. 더불어 조선조 성호 이익이 우리 동방의 종교가 단군에서 시작했다고 밝혔고 다산 정약용 역시 삼신을 인민의 시조로 고증했다는 점을 들고 있다.

박은식은 우리 정신의 근간인 단군신앙이 단군의 신교를 출발점으로 연면히 이어왔다는 점을 강조함으로써, 신교사관의 통시적 당위성을 부여해 주고 있다. 또한 신채호도 "단군이 곧 선인(仙人)의 시조라, 선인은 곧 우리의 국교(國敎)이며"라고 밝힘으로써, 선교(仙敎, 神敎)가 우리 정체성의 근간임을 주창하고 있다. 신채호 역시 신교사관의 본질을 간파한 것이다.

김교헌은 신교사관의 근대적 위상을 개척하고 가장 잘 정리한 인물이다. 김교헌이 저술 혹은 교열한 『신단민사』·『신단실기』·『배달족역사』는 우리민족의 역사적 원형인 신교사관의 정수를 보여주는 책이다. 이러한 역사인식은 후일 박은식이나 신채호 등등의 민족주의역사학자들에게 많은 영향을 끼쳤다.

우선 김교헌의 주도하여 저술한 『단조사고』는 대종교의 교리·역사·문화에 대한 정당한 인식을 확보하는데 초점이 맞춰진 저술이다. 이것은 백두산문화의 세계중심설이나 범동이민족주의(凡東夷民族主義), 또한 대륙주의 역사관이나 신교계승설 등을 표방하는 대종교의 인식과 그대로 합치한다.

『단조사고』 내편 첫 시작이, 다음과 같이 대종교 신관의 중심을 이루는 '삼신설(三神說)'의 옹호로 출발한다는 점이다.

"삼신을 살펴보면 환인과 환웅과 환검이다."

이러한 삼신설은 대종교 신관의 근간으로써, 신교사관의 정신적 틀이라 할 수 있는 '민족의 고유한 정신'과 '신단민족의 가치'가 중시 되고 있다.

김교헌의 『신단민사』를 보면 문화사 서술에 주력하고 있으며, 문화 중에서도 종교·제도·문학기예·풍속을 반드시 각 시대마다 서술하고 있다. 그리고 종교에 대한 서술에서는 반드시 민족 고유신앙인 신교(神敎)를 첫머리에 싣고, 풍속 항에서는 관혼상제와 의식주 생활상의 고유한 풍습을 소개하는 데 주력하고 있다. 일반적으로 고유한 정신이 많이 나타나는 것은 제도보다는 종교와 풍속이라는 점에서, 저자가 종교와 풍속의 서술에 주력한 것으로 이해된다. 『신단민사』가 사담체와 개화사체를 병용하여 사담을 많이 실은 것도 실은 민족의 고유정신과 미풍을 소개하여, 말 그대로 신단민사의 가치를 드러내고자 한 것과 관련이 있을 듯하다. 사실 신교와 관련한 종교나 풍속은, 당시 유교적 질서 속에 여과된 정사에서는 찾을 수 없는 요소들이기 때문이다.

또한 그 문화사 서술에 있어서 종교를 가장 먼저 서술함에도 단군신교를 유교·불교·도교 등 다른 종교보다 우선적으로 서술하고 있다는 점이 주목된다. 신교는 신시 시대부터 조선조 말에 이르기까지 각 시대에 빠짐없이 서술되고 있으며, 특히 상고시대의 종교에서는 신교 하나만을 7절[신교의 문호(門戶)·신교의 배천(拜天)·신교의 사사(祠祀)·신교의 구서(九誓)·신교의 오계(五戒)·신교의 팔관(八關)·신교의 별파(別派)]로 나누어 상세하게 서술하고 있다. 이러한 인식은 대종교의 개교(開敎)·교리(敎理)·제전(祭典)·계율(戒律)과 그대로 접맥되는 가치로, 대종교의 전부라 해도 과언이 아니다.

즉 신교의 교문이 단군으로부터 시작되었음을 밝히고, 그 교리를 단군의 『삼일신고(三一神誥)』 '오훈[五訓, 천훈(天訓)·신훈(神訓)·천궁훈(天宮訓)·세계훈(世界訓)·진리훈(眞理訓)]'에서 찾았다. 또한 단군의 10월 배천(拜天)을 시작으로 부여의 영고, 예맥의 무천, 진한·변한의 계음, 마한의 소도 등으로 이어졌고, 소도를 주관하는 이를 천군이라 하였다. 사당의 기원이 기자의 삼신봉안(아사달)에서 비롯되었으며, 부여의 고속(古俗)을 들어 신교의 아홉맹세[九誓, 효(孝)·우(友)·신(信)·충(忠)·손(遜)·덕(德)·예(禮)·규(規)·휼(恤)]를 설명하고 있다. 특히 아홉맹세를 행함에 있어 서치례(序齒禮)를 소중히 했음도 밝히고 있다.

이어 신교의 계율이 엄격했음을 밝히면서 그 통용되는 것으로 오계를 들었는데, 후일 원광법사가 이 세속오계(世俗五戒)로 계승한 것이라 했다. 또한 신교의 팔관회를 설명하면서, 팔관이란 곧 신교의 팔죄[八罪, 살생(殺生)·투도(偸盜)·음일(淫洗)·망어(妄語)·음주(飮酒)·고대상좌(高大上坐)·향화착(香華着)·관청자락(觀聽自樂)]를 금폐(禁閉)하는 것으로, 윤등(輪燈)·향등(香燈)·채붕(彩棚)을 설치하고 왕과 왕비 그리고 조정백관들이 모여 의례를 행하는 것이다. 끝으로 중국의 선교(仙敎) 역시 신교의 별파로서 탄생했다는 주장이다. 대종교를 일으킨 나철의 유언에서도

"진실한 정성은 일찍이 팔관(八關)의 재계(齋誡)가 있었으며, 두터운 풍속은 또한 구서(九誓)의 예식을 전하였고…"

라는 내용이 들어있음을 볼 때, 팔관과 구서가 대종교의 중요한 계율임을 알 수 있다.

『신단민사』에서는 이러한 신교가 부여는 대천교(代天敎), 신라는 숭천교(崇天敎), 고구려는 경천교(敬天敎), 발해는 진종교(眞倧敎) 등으로 불렸고, 그밖에 신교의 속칭으로서 장교(掌敎)를 선인(仙人)이라고도 하여 왕검선인·신지선인·지제선인·남해선장(徘天生) 등의 칭했다 한다. 또한 해모수·주몽·혁거세를 천선(天仙)으로, 남해차차웅·김수로왕을 대선(大仙)으로, 명림답부·김유신을 국선(國仙)으로 칭했고, 고구려 관직에 조의선인(皂衣仙人)이 있으며, 신라에는 선랑(仙郎, 花郎)이 있다고 설명했다. 이러한 기풍은 고려에도 계승되어 왕검교(王儉敎)라 하였고, 신교의 제천을 팔관재·연등이라 하였음을 적시했다. 또한 강감찬·홍

언박과 같은 신교의 독실한 신자가 나오기도 했으며, 요·금에서도 신교가 융성이 이어졌다는 논리를 폈다.

김교헌은 신교가 쇠퇴한 시기를 몽고침략 이후로 보고 있다. 즉 몽고가 라마교를 적극 포교하고 금의 신교를 금할 때, 고려에서도 신교의 문호가 폐색되기 시작했다고 본 것이다. 이러한 인식은, 대종교가 몽고 침입에 의한 팔관행사의 단절을 교맥(敎脈)의 단절로 이해하고 있음도 이와 무관치 않다. 즉 대종교를 일으킨 나철의 다음 기록에서도 그러한 의식을 그대로 확인할 수 있다.

"몽고의 고려 침학(侵虐) 이족(異族)의 혐의(嫌疑)로다 / 서적문기(書籍文記) 다 뺏고 교문제전(敎門祭典) 다 폐절"

나철은 몽고의 침략으로 인해 교문제전(敎門祭典) 즉 팔관이 단절된 것으로 이해한 것이다. 그러므로 조선시대에는 오직 북강(만주)에서만 떨치고, 남강(반도)에서는 그 여의(餘儀)만이 남아 김시습·홍유손·정붕·정수곤·정희량·남주·서경덕·정렴·정작·정초·전우치·윤군평·남사고·박지화·이지함·류형진·장한웅·곽재우 등에 의해 전해져 선교(仙敎)로 오해 받으며 잔존해 왔다고 했다. 한편 당시 상해판 『신단민사』(1923)를 발간하는데 물심양면으로 헌신한 인물이 희산 김승학이다. 그는 『독립신문』에 책 광고를 내면서 『신단민사』의 신교사관적 요소를 더욱 분명히 드러내고 있다. 즉 대종교의 기본교리인 생(生, 조화)·교(敎, 교화)·치(治, 치화)의 삼화사상(三化思想)과 지(止, 止感)·조(調, 調息)·금(禁, 禁觸)의 삼법수행(三法修行)을 토대로, 『신단민사』의 역사적 가치를 선전하고 있다. 특히 부여와 숙신으로부터 산동지역의 서국(徐國), 그리고 중세 만주지역의 요·금·청까지 모두 우리 민족의 혈족사(血族史)임을 광고하고 있음이 주목된다. 물론 김교헌의 역사인식이다. 김승학은, 김교헌이야말로 우리 사학계의 독보적 존재로, 모든 국민이 받들어 칭찬하는 인물임을 강조하고 있다.

그 광고문에 등장하는 김승학의 『신단민사』 제목에 대한 풀이도 흥미롭다. "위로는 조종백대(祖宗百代)의 신신(神神)을 기리며, 아래로는 자손만세에 단단(檀檀)을 경계하는 것이 민사(民史)의 본의(本意)일가 하오며"라는 부분이 그것이다. 가히 신교사관적 해석이라 아니 할 수 없을 듯하다. 대종교에서 '신신을 기린다'는 것은 천자신손(天子神孫)으로서의 보본(報本)을 말하는 것이다. 또한 '단단을 경계한다'는 것은, 단군에 의지하면 나라가 단단해진다는 것을 드러내는 것이다. 대종교 중광(重光)의 중요한 계기가 『단군교포명서』에 보면 이러한 의미가 분명히 나타난다.

"견고하고 완전한 물건을 가리켜 '단단(檀檀)'이라 칭하고 화패(禍敗)하고 위태한 물건을 가리켜 '탈(脫)'이라 칭함은, 삼국시(三國時) 불법(佛法)이 처음 들어 올 때에, 본교인(本敎人)이 불상(佛像)을 탈탈(脫脫)이라 말하여 당시에 단단탈탈(檀檀脫脫)의 노래가 본교(本敎) 중에 유(有)한 바요"

삼국시대에, 전래 단군신앙의 정신 무장을 '단단'이라 하

고, 들어온 불교로 인한 정신적 불안함을 '탈탈'이라 하여 노래 불렀다는 것이다. 즉 '단단'은 순수하고 고유한 우리의 가치요, '탈탈'은 그것을 불안하게 만드는 외래적 가치임을 알 수 있다.

이처럼 『신단민사』가 신교에 역점을 두고 문화사를 이해하려고 하는 것은 신교가 대종교의 원류라는 점에서 당연한 것으로 보이지만, 그러면서도 『신단민사』는 신교 외의 다른 종교에 대해서도 외면하지 않았다. 유교·불교·도교 등에 대한 서술도 빠뜨리지 않고 있으며, 그 종교들의 긍정적 역할 역시 인정하고 있다. 한민족통사로서의 균형을 결코 외면하지 않은 것이다.

김교헌은 또 다른 저술인 『신단실기』에서도 대종교의 종리(倧理)·종사(倧史)를 토대로 역사를 서술하고 있다. 이는 처음 대종교의 교명이 단군교인 것처럼, 단군을 종조로 내세워 민족종교의 교리와 단군역사를 체계화시킨 것이다. 따라서 『신단실기』는 일제에 의해 나라는 강탈당했으나, 우리에게는 유구한 민족의 시조가 있고 민족사가 있으며 민족의 고유한 종교가 있다는 것을 밝히고자 한 종교서인 동시에 민족혼을 일깨우는 단군역사서로도 이해되고 있다.

특히 이 책에 실린 「삼신상제」·「교화원류」·「신이징험」·「단사전묘」·「역대제천」·「고속습유」 등은 신교사관의 근본적 틀이 되는 신교의 교리·교사·문화·유적 등에 대한 주제별 자료를 서술하고 있다. 먼저 「삼신상제」에서는 삼신이 환인(天)·환웅(神)·단군(神人)에서 유래하고 삼신이 곧 상제·제석이며, 삼신산이 태백산(곧 白頭山)이라는 것을 『고금기』·『한서』·『풍속고』 등을 인용하여 밝히고 있으며, 삼신과 연관된 부루단지 혹은 업주가리에 대한 민간 풍속을 소개하고 있다. 「교화원류」에는, 단군이 성인 혹은 신인으로서 신교를 설립하여 주곡·주명·주형·주병·주선악하고, 남녀·부자(父子)·군신·의복·음식·궁실·편발·개수의 제도로써 교화하며, 구이의 소국을 모두 신교로써 교화하여, 백이가 인현지풍(仁賢之風)의 소문을 듣고 귀화했다는 것이다. 또한 『성호사설』를 인용하여, 단군조선이 요·심지방을 병유하면서 유·영(幽營)의 순(舜)과 상접하였으므로 중국문화의 영향을 받았으리라는 것과, 『신이경(神異經)』을 통해서는 동방인이 주의(朱衣)·호대(縞帶)·현관(玄冠)·채의(綵衣)를 착용하고, 서로 범하지 않고 서로 훼손치 않으며, 타인의 환(患)을 보면 목숨을 걸고 구해주어 선인(善人)이라고 일컬어진다는 것이다. 그리고 동방인이 예의가 바르다고 알려진 것은 단군·기자의 교화의 결과로서 공자가 부해(浮海)의 뜻을 품고, 공자의 후손 공소(孔昭)가 고려에 귀화한 것은 이 때문이라 했다.

한편 단군이 창시한 종교를 명나라 왕세정(王世貞)의 『속완위여편(續宛委餘編)』과 『만주지』를 인용하여 다음과 같이 말했다. 즉 부여에서는 대천교 혹은 배천교, 신라에서는 숭천교, 고구려에서는 경천교, 고려에서는 왕검교라고 하였다는 것이다. 이어 최치원이 나라에 현묘한 도가 있는데, 유·불·도의 3교를 포함하고 있다는 것 등을 밝히고 있다.

「신이징험」은 삼신상제가 인간에게 길흉화복을 내려준 여러 가지 신이한 징험의 사례들을 모은 것다. 예컨대 『배씨구보(裵氏舊譜)』에 보이는 비의동자설화(緋衣童子說話), 『동사유고(東事類考)』에 있는 비삼문(扉三門)전설, 아란불의 몽천(夢天) 전설, 솔거의 신화, 『이상국집』의 김생신필(金生神筆), 『용비어천가』의 구변진단지도와 금척에 관한 기사, 『성종실록』에 기록된 삼성사 신앙에 관한 기록 등이 그것이다. 「단사전묘」에서는 마니산 참성단, 구월산 삼성사, 평양의 숭령전·성제사, 발해의 보본단과 목엽산묘, 금의 태백산묘, 고구려의 부여신묘와 고등신묘에 관한 내용을, 『수산집』·『문헌비고』·『춘관통고』·『문원보불(文苑黼黻)』·『고려사지리지』·『요사』·『금사』·『후주서』의 기록을 통해 제시하고 있다. 더불어 김교헌은 이러한 단·사·전·묘의 의미가, 단군신교에 대한 추원보본(報本追遠)의 뜻을 가진 것이라는 해석을 보였다. 이러한 의례가 「역대제천」에서 드러나는데, 고조선·부여·예맥·삼한·고구려·백제·신라·고려·요·금 등에서 이루어지고 있었던 제천행사, 즉 영고·무천·천군·동맹·교천·연등·예화악·사류(射柳) 등을 소개하고, 중국의 봉선·환구제보다 앞서서 동방의 제천이 행해졌다는 것이 김교헌의 해석이다.

이렇듯 『신단실기』는 신교와 관련된 단군의 역사를 수집·정리하여, 우리의 시각에서 해석했다는 점에서 의미가 크다. 그 연대표기에 있어서도 과거 존화사상의 잔재인 중국의 연호 표기나, 한말 교과서에서 보이던 일황연기(日皇年紀)를 쓰지 않고, 개천기년법을 쓰고 있다. 이는 신교적(대종교적) 종교성과 관련된 것이기도 하지만, 사대적 잔재와 친일적 잔재를 청산하려는 의도로 파악된다. 또한 『신단실기』가 저자 김교헌이 신교적(대종교적) 입장에서 단군 또는 삼성에 대한 깊은 종교적 신앙심을 바탕으로 하여 편찬한 것이지만, 어디까지나 문헌적 자료에 입각하여 객관적으로 배달족의 역사를 서술하려고 노력한 흔적이 많다는 점에서 단순한 사화로만 치부하기는 어렵다. 물론 너무 신교적 사관에 기울어진 면도 없는 것은 아니지만, 단군조선의 역사와 문화를 무리하게 날조하지 않고, 조선 후기 실학자들이 밝혀낸 단편적인 연구 성과를 광범하게 수집·정리한 토대 위에, 신교적(대종교적)인 세계관을 투영시켜 새로운 상고사의 체계를 수립하였던 것이다.

그의 『배달족역사』 역시 그 체제나 내용에서 『신단민사』의 신교사관적 요소와 거의 동일하지만, 그 제목 자체에 드러나는 신교적 요소도 의미가 크다. 배달이라는 용어도 근대 대종교의 성립과 관련되기 때문이다. 백봉집단에 의한 단군신앙의 전래는 배달이라는 용어 출현에도 결정적인 계기를 마련해 준 사건이었다. 즉 그들에 의해 전수된 서책인 『단군교포명서』와 『단군교오대종지서(檀君敎五大宗旨書)』가 그것이다. 먼저 『단군교포명서』에 배달과 간련한 기록을 보면

"단군조 시대에 '배달국(倍達國)'이라 하는 말이 중국 글자에 뜻과 음이 변하여 '조선'이 되었다. 옛말에 조부(祖父)를 이르되 '배(倍)'라 하고 아비를 이르되 '비(比)'라 하며 광채 있는 물건을 이르되 '달(達)'이라 하므로, '조상의 찬란한 은택[祖父光輝]'을 입은 토지라 하여 나라 이

름을 지은 것이다. '배달'은 곧 '조광(朝光)'두 글자를 이름이다. 중국의 역사 기록이 다른 나라의 국명을 기록함에 있어 험한 글자[險字]를 쓰는 것이 관례니, '조(祖)'자를 사용하지 않았을 것이다. '조(祖)'를 음역하여 '조(朝)' 자가 되고 '광휘(光輝)'를 의역하여 '선(鮮)'자가 되었으나, 지금까지 혁혁히 옛날 이름이 우리 입가에 붙어 있는 말로 '배달목'이라 하는 나무는 대황조의 '빛나신 나무[光輝木]'요…."

라고 적혀있다. 즉 단군조 때에 '배달이라는 나라'가 있었다는 것이다. 그리고 후일 조선이라는 말도 실은 배달에서 온 것이라는 주장이다. 주목되는 부분은 '배(倍)'가 조부(祖父)를 뜻하며 '달(達)'은 '광채 있는 물건(光輝之物)'을 지칭한다는 내용으로, 배달의 의미는 곧 '조광(祖光)'을 말한다는 것이다. 다만 조광(祖光)이 조광(朝光)으로 나타남은, 중국의 이국(異國)에 대한 멸시적 기록 관습이 그 원인임을 적시했다. 광(光)과 선(鮮)은 그 의미 새김으로는 '빛남'이라는 동일성으로 귀착된다. 따라서 배달이 곧 조광(祖光)이요 조선(朝鮮)이라는 연역이 가능해진다.

배달과 관련하여 『단군교오대종지서(檀君敎五大宗旨書)』도 주목된다. 이 책에 드러나는 사관은 기존의 여타 사서들과는 근본적으로 다르다. 단군조 지배자의 명칭에서 아돈(阿頓)·니고랑 혹은 니고라(尼古郞)·배달(倍達)·다라(多良)·서울(徐鬱)·미이타(美伊他) 등의 독특한 이름이 등장한다. 또한 지배자의 호칭으로도 검신(儉神)을 사용하고 있다는 점과 흘나사한(訖那沙翰)·수사노(秀斯老)·애극국(愛克國) 등, 다른 사서에서 발견되지 않는 단군신앙 관련 인물들이 등장하고 있다. 『단군교오대종지서』에 나오는 배달에 대한 설명은 『단군교포명서』의 그것보다 좀 더 구체적이다. 다음의 기록을 보자.

"배달검신(倍達儉神)께서 나라를 다스리실 때 수사노(秀斯老) 철인(哲人)의 교화로 삼천단부에게서 사랑하고 받드는 태초의 풍속을 다시 볼 수 있었다. 대황조께서 삼천단부의 영역을 합쳐서 이름하여 '배달(倍達)'이라 하였다. 당시 검신은 또한 배달을 임금의 성호(聖號)로 칭하였다. 이때는 단군조선 중엽 대단히 번성한 시대였다. 그 후 수사노 철인의 학식과 품행이 우수한 제자가 삼천단부의 수장이 되었는데 반이 넘었다. 이리하여 본교의 융성과 번창은 오래갔다. 사람들이 마음을 느껴 깨닫는 바는 깊고 오래갔으며 배달 경계 내의 삼천단부는 생활이 즐겁고 화평하였으며 어질고 덕이 있어 오래 사는 지역이었다."

단군조 지배자(儉神)의 성스러운 이름이 배달이라는 것이다. 또한 삼천단부의 영역을 배달이라 적고 있다. 그리고 삼천단부의 강역을 배달강역으로 인식했다.
이렇듯 신교사관이란 '민족의 고유한 정신'과 '신단민족의 가치'가 중시 되는 사관으로, 대종교의 전신인 우리 전래의 신교를 토대로 한국사의 줄기를 세우려 한 역사관이다. 김교헌은 그 신교사관의 위상을 가장 잘 정리한 인물로, 그의 저술인 『신단민사』·『신단실기』·『배달족역사』 등

에서 그 정수를 볼 수 있다. 이러한 역사인식은 후일 박은식이나 신채호 등등의 대종교계 민족주의역사학자들에게 많은 영향을 끼쳤다.

② 남북조사관
남북조사관이란 족통개념(族統槪念)을 통한 대종교의 역사인식이다. 단군조(檀君朝) 배달민족의 후예인 북조(北朝)의 부여와 남조(南朝)의 기씨(箕氏) 이래, 근세의 조선(남조)과 청나라(북조)로 이어지기까지 존재했던 남북강역의 세력과 집단을 단군 후예들의 역사 활동으로 간주하는 역사관이다. 이것은 일제식민지주의사관의 한 줄기인 반도사관의 대항 논리라 할 수 있는 대륙사관(大陸史觀)과도 흡사한 것이다. 즉 한국사의 일부로 취급되는 국가와 한국인의 활동 영역을 한반도뿐만 아니라 만주 또는 발해만 부근과 산동 반도를 비롯한 중국 본토의 동쪽 해안까지 확장하는 역사관이 대륙사관으로, 이 역시 대종교의 강역의식과도 그대로 맞물린다.
일각에서는 남북조사관이 일제관학자들의 만선사관(滿鮮史觀)과 겹칠 수 있다는 염려도 있다. 그러나 남북조사관이 민족주의적 시각의 역사관이라면 만선사관은 일제식민주의적 시각의 역사관이란 점에서 그 본질적 의도가 다르다. 만선사관은 시라토리 구라키치(白鳥庫吉)에 의해 주창되어 이나바 이와키치(稻葉岩吉)에 의해 체계화 된 것으로, 만선사 혹은 만선사학이라고도 한다. 지리적으로 만주 지역과 조선반도의 역사를 하나의 역사학의 단위로 파악하는 역사학이다. 한국역사학계에서도 일찍부터 일제식민지사학의 타율성론(他律性論)과 연결시켜 그 문제점이 지적되어 왔다. 그러므로 만선사관이 우리 민족의 역사적 타율성을 그 목적으로 한 접근이라면 남북조사관은 우리 민족의 역사적 정체성(正體性)을 찾고자 하는 시각이라는 점에서 구분되어야 한다.
이러한 남북조사관에 대한 틀을 마련한 인물이 김교헌이다. 물론 조선조 유득공(柳得恭)이 『발해고』 서문에서 신라와 발해를 남국과 북국으로 설정하여 남북국시대를 주장한 것이 그 효시라 할 수 있다. 이후 김정호(金正浩)도 『대동지지(大東地志)』 『방여총지(方輿總志)』 〈발해사〉 항목을 통해 발해사를 독립된 항목으로 다루며 삼한·삼국(신라·가야·백제)·삼국(고구려·신라·백제)·남북국(신라·발해)으로 이어지는 고대사 체계를 제시하였다.
그러나 김교헌의 남북조사관은 그 인식의 근본을 달리했다. 발해(북국)·신라(남국)로 한정되는 남북국이 아니라 열국시대·삼국시대 이후의 모든 역사질서를 남북조로 바라보았다. 이러한 배경에 작용한 것이 대종교의 족통개념과 강역의식이다. 김교헌이 중심이 되어 1911년 대종교에서 발간한 『단조사고』가 그 대표적 증적이다. 『단조사고』 앞 부분에 실린 「배달족원류도(단군혈통)」와 「삼천단부도(단군 강역)」의 도표 2장이 그것이다.
「배달족원류도」는 배달민족이 여섯 지파로 나뉘어 남방족(조선)과 북방족(금)으로 모아지는 계통도이며, 「삼천단부도」는 만주와 연해주를 망라하는 배달민족의 강역형세도라 할 수 있다. 「배달족원류도」라는 도표에서는 '배달(단군)족'

이 여섯 지파로 나뉜 후 최종적으로 조선족(남방)과 만주족(북방·후금)으로 귀착된다고 이해했다. 또한 기자를 반배달족(半倍達族)으로 간주하고 우리 민족의 지파로 편입시켰다는 것이 주목된다. 특히 조선족(南朝)과 만주족(北朝)을 같은 단군의 혈통으로 엮었다는 것은, 대종교적 남북조사관과 대륙사관의 중요한 근거가 되었다 할 수 있다.

김교헌의 남북조사관이 체계적으로 정리된 책이 『신단민사』다. 『단조사고』가 국내외 단군 관련 자료를 주제별로 정리하여 남북조사관의 안목을 제시했다면, 『신단민사』는 통사 체계를 통하여 남북조사관을 체계화했다. 『신단민사』에서는 「남북강통일국계(南北疆統一國系)」라는 표를 통하여, 단군조에서 출발하여 북강국계(北疆國系, 기자조선·위만조선·부여·동부여·북부여·고구려·발해·요·금·청)와 남강국계(南疆國系, 마한·백제·가락·신라고려·조선)로 연면히 이어온 것을 도식화 했고, 그 계통을 토대로 통사적 서술을 시도하고 있다.

좀더 들여다보자. 『신단민사』 「중고시대」의 〈열국시대〉 부분부터 '남북조시대'를 설정하여 발해와 신라만이 아니라 고구려·백제·말갈·거란·태봉·후백제 등의 역학 관계를 설명하고 있다. 또한 「근고시대」에 들어서는 〈여요시대(麗遼時代)〉·〈여금시대(麗金時代)〉의 설정을 통해 고려와 요나라, 고려와 금나라의 관계를 남북조로 설정하여 전개하는가 하면, 「근세시대」에 이르러서도 〈조청시대(朝淸時代)〉를 설정하여 조선과 청나라를 하나의 역사 남북조시대로 바라보고 있다. 남북조시대가 2천년 이상을 흘러온 것으로 간주한 것이다.

『신단민사』에서 남북조를 하나의 역사로 바라보고자 한 서술 근거는 간단하다. 책의 「범례」(전체 9항) 1항에 드러나 있다.

> "1. 이 책은 나라마다의 편년(編年)을 따져서 쓰지 않고 민족을 기준으로 하여 단군민족 전체를 망라하여 썼기 때문에 책 이름을 『신단민사(神檀民史)』라 한다."

즉 이 책이 좁은 의미의 국가사가 아니라 넓은 의미의 민족사로 편찬되었다는 것을 보여준다. 여기서 민족이라는 것은 단군민족=배달족=신단민(神檀民)=구이(九夷, 九族)을 가리킨다. 단군민족은 국조를 중심으로 부른 것이며, 배달족은 최초의 국호인 단(檀)의 방언에 따른 호칭이다. 또한 '신단민'은 배달족에 대한 존칭(신성한 배달민)이며, 구이 혹은 구족은 중국 측 문헌에 보이는 배달족의 명칭이다. 배달족은 『단군교오대종지서』의 「대황조신손원류지도(大皇祖神孫源流之圖)」와 『단조사고』의 「배달족원류단군혈통(圖)」, 그리고 『신단실기』의 「족통원류」 부분처럼 조선족·부여족·한족·예족·맥족·옥저족·숙신족으로 나뉜다. 이 중에서 가장 주류를 이루는 것은 조선족으로, 조선이 부여족으로 이어지고, 부여족이 다시 동부여·북부여·졸본부여·서라부여·남부여로 나뉘어져, 졸본부여가 다시 고구려·발해·여진·금·청으로 이어지고, 서라부여가 다시 신라·고려·조선으로 이어지며, 부여에서 백제가 나온다.

부여족의 부여는 북예(北濊)로 이어지고, 한족의 한(韓)은 진한·변한으로 나뉘어 진한이 신라로 연결되어, 변한이

가락으로 이어진다. 그리고 삼한의 하나인 마한은 다른 곳에서 들어온 족속(半倍達族)인 기씨의 후예로 간주된다. 예족의 예는 서예(徐濊)·한예(寒濊)·동예(東濊)·불내예(不耐濊) 등으로 나뉘어지고, 서예가 주나라 초기에 서국을 세워서 1천여 년 간 50여 국을 거느리는 동방의 맹주가 되었다. 맥족의 맥은 북맥(北貊)·호맥(胡貊)·양맥(梁貊)·구려맥(句麗貊)·소수맥(小水貊)·예맥(濊貊)·우수맥(牛首貊) 등 7파로 구분하고, 그 중에서 북맥을 선비·거란·요로 연결시켰다. 옥저족의 옥저는 동옥저와 서옥저로 나뉘어지며, 숙신족의 숙신은 읍루·물길·말갈·여진으로 이어진다.

다만 『신단실기』에서는 조선족에서 삼한·신라·고려·조선으로 연결되고 부여족에서 고구려·발해·백제·여진(金·淸)이 이어지는 것으로 보았으나, 『신단민사』에서는 조선족과 부여족을 일원적으로 체계화하고 있다는 점이 서로 다르다. 즉, 민족사체계에서 한(韓)족보다도 부여족의 위치를 더욱 높인 것을 알 수 있는데, 아마도 만주사(北疆史)를 반도사(南疆史)보다도 더 중요시한 결과가 아닌가 짐작된다.

이어 『신단민사』에서는 우리의 역사 활동의 무대로, 만주(北疆)와 반도(南疆)를 하나로 묶어 인식하고 있다는 점이다. 즉 배달족의 활동무대를 모두 영토(領土, 國土)로 간주하는 입장에서 만주와 한반도가 하나의 국가로 통합된 시대를 통일시대로 이해하고, 그렇지 않았던 시대를 열국시대 혹은 남북조시대로 부르고 있다. 이러한 관점에서, 역사상 통일시대는 신시시대(神市時代, 桓族시대)·배달시대(단군조선)뿐이며, 소위 삼국시대는 열국시대로, 통일신라시대는 남북조시대로, 그리고 고려와 조선도 각각 남북조시대로 취급되고 있다. 통일신라 이후에도 만주에는 배달족 국가인 발해·요·금·청이 계속 건설되었던 까닭이다. 그리고 이러한 논리를 가지고 이해한다면, 배달족은 상고시대를 제외하고는 한 번도 통일을 이루지 못한 것이 되며, 만주의 실지(失地)를 다시 수복함으로써만 민족의 재통일이 이루어지고 민족사가 곧 국사가 될 수 있다는 논리로 귀결된다. 이 책의 권두에 「남북강통일국계표」를 작성하여 북강국가와 남강국가를 확연히 구별하고 있는 것도, 이러한 취지와 관련된 것이다. 소위 북강국가는 기씨조선·위씨조선·부여·고구려·발해·요·금·청이며, 남강국가는 마한·백제·가락·신라·고려·조선이 이에 포함된다.

신교(대종교)사관의 입장으로 볼 때 남북조를 하나의 관점에서 인식한 것은 이상한 것이 아니었다. 즉 대종교에 있어 백두산 남북마루는 신앙의 발상지이므로, 만주 역시 우리의 구강인 동시에 종교적 성지로 이해되었던 것이다. 그러므로 대종교단에 전래되는 오대종지(五大宗旨)에서 성역의식에 대한 애착이 끊이지 않고 연결되는 것도 위와 같은 배경과 밀접하다.

대종교 성지수호의 의지를 잘 드러내 주는 문헌이 『단군교오대종지서』다. 이 책은 근대 단군신앙 부활의 상징적 인물인 백봉신사가 친열(親閱)한 것으로, 나철이 오대종지를 정식으로 발포한 시기보다 2개월 앞선 기록이다. 그리고 이 기록에는 오대종지 성립의 역사적 배경과 의미 그리고 변화에 대해서 자세히 밝히고 있다. 특히 여기서 주

목되는 것은 나철 발포한 오대종지 중의 '정구이복(靜求利福)'이 '안고기토(安固基土)'로 기록되어 있다는 점이다. 나철이 전래의 오대종지 중의 '안고기토(安固基土)'를 '정구이복(靜求利福)'으로 바꾸어 공포한 이유는 분명하지 않다. 아마도 당시엔 남의 영토에 속해 있던 배달고토(倍達故土)에 대한 성지 회복의 주장이 미묘한 지정학적 마찰의 소지가 있었기 때문인 듯 생각된다. 그러나 나철이 1914년 5월 13일 만주 화룡현 청파호(백두산 북쪽 기슭)에 총본사를 설치한 것이나, 유언을 통하여 묻히고자 했던 곳도 이 백두산 북록(만주 화룡현 청파호)임을 볼 때, 나철이 '정구이복'으로 숨기고자 했던 '배달고토에 대한 열렬한 집착(안고기토)'을 확인할 수 있다.

『단군교오대종지서』에서 전하는 오대종지 가운데, 영토의 소중함을 강조한 부분[단군조에서는 수단부(守團部), 고구려에서는 완기토(完基土)]이 나타난다는 것이다. 특히 『단군교오대종지서』에서는 단군시대 '수단부'의 종지를,

> "강역을 지켜라. 옛날 삼천단부의 강역은 대황조께서 하늘로부터 나누어 받아 몸소 개척하시어 자손에게 물려주었으나 자손들이 그 근거지를 지키지 않았다. 삼천단부가 하나 되어 존재할 때 동시에 다 같이 형제의 근거지이다. 본시 이 땅 저 땅이 없기를 몇 천 년 오다가 漢나라 도적들이 침입하여 각 단부가 찢어지는 피해를 당했다. 금일 단부를 하나로 모아서 옛 근거지를 회복하는 것은 단군 배달조의 영광이다.

라고 설명함으로써, 삼천단부가 곧 신교(대종교)의 성역이요 그것을 회복하는 것이 배달조의 영광임을 밝히고 있다. 후일 나철이 시대적 상황에 의해 위장(安固基土를 靜求利福으로)은 하였으나, 성역을 지키고자 하는 대종교단의 노력은 일관되게 이어져 왔다. 성역과 관련된 대종교단의 종지(宗旨)의 변화를 『단군교오대종지서』의 내용을 토대로 시대에 따라 세 단계로 살펴보면, 성역과 관련된 단군시대의 종지가 '수단부'에서 고구려 때 '완기토'를 거쳐 구한말에 와서 '안고기토(安固基土)'로 변하고 있다. 이것은 성역(聖域)을 점점 상실해 가면서 그 곳에 대한 관념이 '지키는 것'에서 '회복의지'로 변해 가는 것도 확인된다. 더욱이 교세(敎勢)의 변화가 성역의 상실지역이 확대되면서 융성에서 쇠퇴 그리고 침체(단절)로 옮겨간다는 것은, 대종교단에서의 성역의식과 교세흥망이 밀접한 변수 관계임을 확인할 수 있는 근거다.

그러므로 고구려가 다물정신[完基土]을 내세워 단군구강(檀君舊疆)을 회복하고자 했던 취지 또한 자연스레 드러나는 것으로, 즉 국운과 신교의 흥망이 이것과 밀접하기 때문이었다. 고구려가 오대종지[五大宗旨, 경천조(敬天祖)·감영성(感靈性)·족애우(愛族友)·완기토(完基土)·흥산업(興産業)]를 입국정신(立國精神)으로 삼아 체행실천(體行實踐)했다는 기록은, 김부식이 『삼국사기』「고구려본기」에 기록한 "고구려 말로 다물은 잃어버린 옛 땅을 되찾는 것을 말한다(麗語謂復古舊土爲多勿)"는 말과 견주어 볼 때, 결코 허구가 아님을 확인할 수 있다. 특히 주몽이 다물을 연호로 삼아 고구려를 건국했음을 보면, 다물은 고구려의 건국정신

이 된다는 점에서도 그 의미가 통한다.

『신단실기』에서도 족통개념을 통해 남북강역 모든 국가들에 대해 언급하고 있다. 그 책의 「단군세기」에 기록된 단군족 국가들의 혈통관계를 부여로부터 금나라까지 정리하면 아래표와 같다.

국가명	계통
부여	단군이 기자를 여지(餘地)에 봉하여 부여가 되었는데, 뒤에 북으로 옮겨 북부여가 되고, 해모수의 아들 부루가 가섭원으로 이도하여 동부여가 되었다. 동부여는 부루·금와·대소·갈사로 왕위가 이어지고, 갈사왕의 종제가 고구려에 투항하여 연나부에 소속되었다. 뒤에 부여는 위구태·부태·간위거·마여·의려·의라·잔왕 등으로 왕위가 이어지다가 고구려에 병합되었다.
고구려	시조 주몽의 성은 선씨(鮮氏)로, 북부여의 왕 해모수가 하백의 딸 유화를 아내로 맞아 낳은 아들이다. 후일 극재사·중실무골·소실묵거 등을 거느리고 고구려(졸본부여)를 세우고 성을 고씨라 하였다.
백제	시조 온조는 성이 본디 해씨(解氏)로, 우태와 소서노의 둘째 아들이다. 후일 오간·마려 등 10여명과 함께 남쪽으로 내려가 위례성에 나라를 세우고 백제라 칭했으며 성을 부여씨라 하였다.
신라	시조 혁거세의 성은 박씨로, 부여 제실(帝室)의 딸 동신성모의 아들이다. 후일 고조선의 유민으로 이루어진 진한(辰韓) 육부 사람들에게 추대되어 임금이 되었다. 지배자의 처음 이름을 거서간이 하고, 나라 이름을 사로라 하다가 후일 신라로 고쳤다.
발해	시조 고왕의 성은 대씨이며 이름은 조영이다. 그의 조상은 고구려의 속말말갈 사람이며, 그의 아버지는 걸걸중상이다. 후일 나라를 세우고 국호를 처음 진(震)이라 칭했으며 연호를 천통(天統)이라 했다. 이어 5천리 땅을 개척하고 나라 이름을 발해로 고쳤다.
예맥	조상은 단군의 자손으로 부여에서 나와, 동쪽은 예가 되고 서쪽은 맥이 되었다. 예는 혹 창해(滄海)라고도 했으며, 진나라 시기 예에 창해군이란 사람이 있었다. 한나라 시기 예의 남녀(南閭)가 요동에 나아가 항복하니, 한무제가 그곳에 군현(郡縣)을 설치하면서 망했다.
동옥저	역시 단군의 자손으로 북은 읍루와 부여, 남은 예맥과 접해 있었다. 고구려의 왕 궁(宮)이 침략하여 오자 항복했다.
비류	역시 단군의 자손이다. 비류수에 나라를 세우고 졸본·읍루·부여와 접해 있었다. 송양왕 때 이르러 주몽이 졸본을 점령하자 이후 고구려에 항복했다.
숙신	상고 동방구이(東方九夷) 가운데 가장 강성한 나라로, 식신(息愼)·직신(稷愼)이라고 하며 불함산의 북쪽 혼동강의 동쪽에 접해 있었다. 대궁(大弓)인 단궁(檀弓)이 유명했으며 이(夷)라는 명칭 역시 숙신 대궁에서 유래한 것이다. 읍루·물길·말갈로 이어져 발해로 연결되며 후일 여진으로 연결된다.
삼한	조선의 남쪽에 크고 작은 78개의 나라로 자리 잡은 집단으로, 단군과 기자와 교류가 수천 년이 되도록 끊이지 않았다. 제나라와 노나라는 바다를 격해서 바라보았으며, 북은 대수(帶水)를 지나고 동으로는 예맥과 접했고 남쪽은 바다와 닿았다.
정안	마한의 종족으로 거란의 침략을 받자, 그 우두머리가 무리를 모아 서쪽 변방에 자리잡고 국호를 정안이라 하고 연호를 정했다. 정안국의 왕 열만화는 송나라에 사신도 보냈다.
요	단군의 자손으로, 그 조상은 고구려에서 기인한다. 요태조는 영주 목엽산에 사당을 세우고 매년 10월에 예화악(禮和樂)으로 제사를 지냈다.
금	그 조상은 고구려의 사람으로, 평주 금준(今俊)의 아들 극수(克守)가 여진으로 들어가 여진 여자와 결혼하여 후손을 뻗쳤다. 그의 후손 중 아골타가 나라를 세우고, 고려를 부모의 나라로 섬겼다.

또한 그 책의 「족통원류」에서는, "단군의 자손을 배달종족이라고 한다. 나뉘어서 5파가 되었는데 첫째는 조선족, 둘째는 북부여족, 세째는 예맥족(濊貊族), 네째는 옥저족, 다섯째는 숙신족이다"라는 인식을 전제로, 나중에는 신라족과 발해족이 여러 분파를 흡수하여 전자가 현조선족으로 이어지고, 후자가 현만주족으로 이어져 내려온 것으로 이해하고 있다.

특히 과거에 중국계로 이해되어 온 한족(韓族, 辰韓·弁韓)을 배달족으로, 기자후예와 마한을 반배달족으로, 그리고 북방 이민족으로 간주되어 온 선비·거란·요·금·여진·청·말갈·만주족 등을 모두 배달족으로 간주하는 것이 특이한 점이다. 김교헌의 이러한 인식은, 1911년에 나온 『단조사고』 속에 「배달족원류단군혈통(圖)」으로 실린 그림을 서술 형식으로 설명했다 해도 과언이 아닐 만큼 정확히 일치한다. 좀더 근원적으로 보면, 대종교단에 전해져 오는 『단군교오대종지서』 맨 앞에 실린 「대황조신손원류지도」에서 동일한 인식이 나타난다는 점이다. 앞에서 본 「단군세기」에, 단국·부여·고구려·백제·신라·발해·예맥·동옥저·비류·숙신·삼한·정안·요·금 등의 역사를 서술하고 있는 것도 이와 같은 족통관념에 근거하고 있음을 알 수 있다.

김교헌의 교열로 대한민국임시정부에서 발행한 『배달족역사』의 대강 역시 『신단민사』와 그 체제·내용이 거의 일치한다. 다만 이 책이 『신단민사』를 요약·정리한 책이니만큼, 그 목차나 내용이 상당히 축소되어 서술되었다. 그럼에도 『신단민사』에서 나타나는 대강의 줄거리나 역사인식은 그대로 드러나 있다. 특기되는 부분은 「근세역사」의 제2장 마지막 제42와 '한청(韓淸)의 역년(歷年)'에 보면, 같은 시기 대한제국의 멸망과 청나라가 망한 것을 두고, 단군 이래 배달민족의 역사가 남북으로 모두 단절된 사태라고 인식하고 있다. 김교헌이 대륙사관을 통한 철저한 남북조사관(南北朝史觀)의 서술을 극명하게 보여주는 부분이다.

③ 평가

김교헌은 대종교에 입교하여 숨을 거두기까지, 민족사의 올바른 서술을 통하여 단군의 의미를 역사 속에 끌어들이고, 불교와 유교 중심의 역사 경험을 신교(神敎, 대종교)적 사관으로 체계화시키는데 헌신하였다. 당시 박은식이나 신채호를 비롯하여 수많은 민족사가들에게 영향을 키친 거목이 쓰러지자, 당시 생각하는 지식인들 모두 애도하지 않는 이 없었다. 그는 진실로 한 단체나 개인의 덕망있는 지도자가 아니라, 전민족의 모범적 지도자요 국학상의 둘도 없는 대학자였다. 그의 죽음을 추모한 다음의 신문기사를 보자.

"선생은 말없는 애국자였다. 그가 말이 없으나 조선과 조선인을 얼마만큼 깊이 사랑하였던 가는 그의 일생 생활이 증명한다. 선생은 가위 여러 대 문헌가(文獻家)의 후예로 한학에 자못 조예가 깊음은 지인(知人)이 모두 경앙(敬仰)하는 바이어니와, 그에게는 한학은 그리 중요한 것은 아니었고, 오직 그의 사랑하는 조선민족의

역사와 사상과 문학을 탐구하고 표창(表彰)함만이 그에게 의미가 있었다. 조선의 역사에 관한 것이면 천리를 멀다 아니하고 수집하였고 조선인의 저작이라 하면 편언척구(片言隻句)라도 등한히 아니하여, 그 속에서 조선인의 생명과 정신을 찾으려 하였다. 그가 빈한하고 의식을 구하기에 분망한 동안에도 조선광문회의 조선고적 간행에 수년 간 편찬과 교정(校正)의 극무(劇務)를 사양치 아니함도 실로 이 '무언(無言)의 민족애'에서 나온 것이다. 대세가 변하고 민심이 날로 정박(淨薄)하여져서 조종(祖宗)의 정신을 잊으려함을 볼 때에 그 통심(痛心)함이 얼마나 하였으랴. 그는 조선을 가장 잘 연구한 학자요 가장 잘 이해하고 사랑한 애국자이기 때문에, '조선정신'의 미점(美點)도 가장 잘 포착하고 애착하였다. 이것이 그로 하여금 조선정신의 시조인 단군에 대한 귀의찬앙(歸依讚仰)의 종교적 열정으로 화한 것이다. 전교도(全敎徒)의 숭앙을 받던 선생의 장서(長逝)에 대하야 대종교의 애도함이야 말할 것도 없거니와, 진정한 애국자요 의(倚)를 구하기 어려운 국학자를 잃은 것에 대하여는 전민족적 손실로 애도의 의(意)를 표할 것이다. 진실로 선생은 추도할 만한 '참된 조선 사람'이었다."

'말 없는 애국자'·'참된 조선인'으로서의 김교헌을 추모한 글이다. 비록 한학에 달관한 그였지만, 오히려 우리의 역사와 사상과 문학에 혼신을 다한 김교헌을 볼 수 있다. 우리 역사와 관련된 자료와 그 정리를 위해서라면 어려움도 마다 않고 열적으로 집중했음도 본다. 대종교에 몸 바친 이유 또한 그러한 정신의 연장이었다. 그러므로 그의 죽음은 곧 진정한 애국자·국학자를 잃은 것으로, 대종교도를 넘어 전민족의 손실로 애도하자는 것이다.

특히 김교헌은 동양사학과 우리 민족사를 살핌이 탁월하여 국내나 일본에서도 견줄 사람이 없었다 한다. 『독립신문』에 실린 다음의 기사에서도 확인되고 있다.

"선생은 다만 우리나라에서만 따를 이가 없을 뿐 아니라, 소위 일본의 대학자라고 유명한 자도 어림이 없었다."

그러므로 당시 우리의 역사학이 무너지고 잘못됨을 드러내며 교정(校正)하야 당대 사학자들의 길을 인도함도 모두 김교헌의 공이었다. 김교헌을 민족주의사학의 개척자로 보는 이유도 이 때문이다. 그뿐이 아니다. 평소부터 깊은 우애를 맺었던 우천 조완구는, 김교헌이야말로 인인(仁人)이요 군자(君子)라고 평하면서, 남들이 빼앗아 갈 수 없는 강인 마음을 동시에 소유한 인물로 회억했다.

한편 민세(民世) 안재홍(安在鴻)이 김교헌을 추도한 논설은, 김교헌 삶의 종교적·사회적·인간적 면모를 가장 잘 드러낸 글이라 할 수 있다. 안재홍은 1917년 대종교에 입교하여, 대종교의 교리와 교사에도 남다른 관심을 가졌던 인물이다. 안재홍은 김교헌 추모 논설의 서두를 "아아, 우리 사회의 선각이며 대종교 종문(倧門)의 숙덕(宿德)인 무원 김교헌 선생이, 향년 56세로서 음(陰) 본월(本月) 18일에 우리 종족의 구강(舊疆)인 현금 중령(中領) 길림성 영안현에서, 인세(人世)를 결별하고 양양하신 단군성조의 재천

(在天)하신 신령(神靈)을 따라 저 천국(天國)에 귀(歸)함을 보(報)하는도다.”라는 종교적 감회로 시작하고 있다. ‘종문(倧門)’이라는 표현을 통해 대종교적 소속감을 드러내고, 대종교가 소중히 여겨온 만주 길림 지역을 우리 종족의 옛 강토로 인식함도 주목된다. 그리고 김교헌의 죽음을 ‘하늘나라[天國]’으로 돌아감[歸]’으로 표현함으로써, 대종교의 교리인『삼일신고(三一神誥)』『천궁훈(天宮訓)』의 이치와 일치시키고 있다.

이어 안재홍은 김교헌의 사회적 역량을 추모함에, 김교헌이 남긴 참다운 업적은 감히 말로 다 표현할 수 없다고 했다. 또한 옥처럼 쇠처럼 단단한 인품과 부드러우면서 강인한 기질로, 20여년을 하루같이 대종교와 민족을 위하여 심혈을 기울임은 국내외 모든 동포들이 알고 있는 바라는 것이다. 더욱이 암담한 현실 속에서, 정신적으로 방황하는 수많은 사람들의 앞길에 지도자가 되어줌은, 표현할 수 없는 위안이 되었다는 것이다. 또한 안재홍은 김교헌의 인격을 논함에

“선생의 인격을 논하면 가장 순결하고 가장 독실한 종교가이며 군자인(君子人)이라 그럼으로 비록 보통사회에 대하여 무슨 직접적 공헌은 무하다 할지라도, 민족의 정신을 통일하고 후생(後生)의 지기(志氣)를 마려(磨礪)하야 우리 민족 무슨 일이 되든지, 그의 토대를 축(築)하게 하며, 그의 근거를 작(作)하게 한 점에 대하야는 어떤 이도 선생보다 우승할 자가 선소(鮮少)한지라. 이리하야 선생도 그 책임을 자임함에 결코 헐후(歇後)하지 안음을 자각하고 우리 민족에게 대하야는 여하한 곤난도 사양치 아니하며, 여하한 고통이라도 인내한 바이다. 삭설한풍(朔雪寒風)이 피부를 도려내고 소식여반(疏食糲飯)으로 뱃속을 채우지 못해도, 이것을 곳 당연한 의무처럼 간주하야 고국으로부터 외지를 순유하면서 동족을 유도하기에 전부심력을 제공하다가 필경 천년(千年)을 영종(永終)하였스니,”

라고 술회했다. 우리 사회의 보이지 않는 손으로 솔선수범하였음을 보여준다. 그리고 우리 민족의 일이라면 고통의 길이라도 긴 사설 없이 뛰어들었다는 것이다. 북간도의 혹한 속에서 굶주림을 다반사로 경험하면서도 동포들을 일깨우고 지도하는 삶이 그의 전부였음을 알려준다. 그러므로 안재홍은, 김교헌의 고행역정을 석가(釋迦)의 6년 고행을 넘어서는 삶으로 회억하면서

“그러면 선생은 단순히 개인의 선생이 아니며 일개 단체인 대종교의 선생이 아니라, 곳 우리 전체의 선생이니, 우리 전체의 선생이 되는 동시에 차일(此日)을 당하야 선생을 잃은 우리의 경우가 얼마나 비애이며, 우리의 손실이 얼마나 거대한가. 말하고자하여도 참아 말하지 못하겠으며, 말하지 않고자하여도 참아 말하지 않을 수 없도다.”

라는 추모의 변을 드리고 있다. 진정 김교헌은 개인과 단체를 넘어선 우리 민족 전체의 사표(師表)였으며, 그가 남

기고 간 인간적인 무게가 말로 표현할 수 없을 만큼 크다는 것이다.

그리고 안재홍은, 충혼기백으로 일관한 김교헌의 삶은 떠났을지라도, 그가 남기고 간 큰 가르침은 사라지지 않았다고 했다. 오히려 “교해(敎海)는 민멸(泯滅)되지 아니할 만큼 민족에게 파종되었으며 선생의 성력은 이미 사회에서 근대(根帶)가 기고(己固)하였은 즉….”이라는 회고와 같이, 김교헌의 가르침이 민족의 근간에 이미 굳건히 자리 잡았음을 강조하기도 했다. 그리고 마지막 추모를

“선생의 육신은 비록 이 세상에 없다하여도 선생의 정신은 영원토록 우주간에 존재하여, 우리의 광명한 앞길을 툭 터줄 날(衝出할 一日)이 반드시 있을지라. 그럼으로 오인(吾人)은 보잘 것 없는 몇 줄의 글(荒文數行)을 장(將)하여 선생의 영(靈)을 조(弔)하려는 것보다도 선생의 유지(遺志)를 바르게 체득하여 선생을 위로코저 하는 견지에서 이와 같이 애도의 의(意)를 표함이로다, 아 슬프고 애통하도다(悲夫痛矣)”

로 맺고 있다. 안재홍은 김교헌에 대한 추모가, 결코 애도만으로 끝나는 것이 아닌, 그가 남긴 정신을 우리 사회에 체득화시키는 것임을 드러낸 것이다.

그러면 김교헌이 남긴 정신이란 무엇인가. 그것의 핵심은 그의 종교적 배경을 통해 구축된 민족사관으로 귀착된다. 김교헌에 대한 백연 김두봉의 회고가 이에 대한 답일 듯하다. 나철과 주시경의 수제자로 긴 세월 김교헌과도 인연을 맺은 인물이 김두봉이다. 김두봉 역시 우리 역사와 어문에 남다른 조예를 보였다. 그는 김교헌이 우리 역사에 끼친 공적을 추모함에, “사마천의 공보다 크다.”고 아래와 같이 평가했다. 더 이상의 무게 있는 표현이 없을 듯하다.

“나는 이 어른(김교헌-필자주)과 십여 년을 같이 있었는데, 나의 본 것으로는 우리나라의 역사에 관한 공부와 발견이 제일 많다. 그럼으로 광문회에서 고고(考古)의 책을 많이 발행하였으나 거기도 이 어른의 공이 많으며, 또 오늘의 우리가 이만치라도 역사에 대한 생각을 가진 것은 모두 이 어른의 공이라 할지니, 그 공의 큰 것은 중국의 사마천(司馬遷)이가 세운 공보다 더 큰 것이다.”

김교헌은 우리 역사계의 거대한 산맥이었다. 은계(隱溪) 백순(白純)이 이승만에게 보낸 편지에서, “김교헌씨는 아국(我國) 역사가의 종장(宗匠, 우두머리-필자 주)이라”는 평가가 모든 것을 말해 준다.

[교력]
김교헌은 홍암 나철을 스승으로 하여 대종교를 입문한 이후 모든 삶을 대종교 발전과 항일투쟁에 헌신한 인물이다. 그는 1910년 중광절(重光節, 음력 1월 15일, 이하 음력)에 대종교에 정식으로 입교한다. 그리고 그 해 9월 19일 참교(參敎)의 교질(敎秩)을 받고 얼마 후인 개천절 경하식(慶

賀式)에서는 원도문(願禱文)을 올렸다. 당시 운양 김윤식은 경하사(慶賀辭)를 규강(圭江) 이건(李鍵)은 경하문(慶賀文)을 찬진(撰進)하였다. 또한 같은 해 12월 6일에는 신규식·류근·조완구와 함께 대종교 규제기초위원(規制起草委員)으로 임명되어, 초기 대종교의 종교적 조직과 질서에 대한 틀을 잡는데 일조했다.

1911년 중광절에는 지교(知教)의 교질로 올라가면서 대종교총본사의 부전무(副典務, 부책임자)를 맡았다. 전무(典務, 책임자)는 류근이었으며, 이건이 종리부장(宗理部長), 조완구가 서리부장(庶理部長), 이억(李億)이 규리부장(規理部長), 신규식이 경리부장(經理部長)를 각각 맡아 시무하였다. 그리고 3월 26일에는 협리(協理)였던 오혁(吳赫)이 부전무를 맡으면서 김교헌은 경리부장으로 자리를 옮겼다. 이 시기 김교헌은 도사교(都司教, 대종교에서 교주를 칭함·필자 주)의 직무를 위임받아 4년간 관리하게 된다. 당시 대종교 도사교(교주)였던 나철은, 1911년 음 7월 2일에 대종교의 고적 및 영적을 답사하기 위하여 서울을 출발하여 강화(마니산), 평양을 거쳐 백두산 북쪽 기슭 청파호에 이르러 자리를 잡았다. 이어 그곳을 중심으로 포교의 거점을 확립하고 1915년에 다시 서울로 돌아온다. 서울에 있었던 김교헌이 도사교의 직무를 4년간 대신했다는 것은 이 기간을 말하는 것이다.

이후 김교헌은 1914년 5월 13일 상교(尙教)로 승질(陞秩)하면서 대종교 남도본사(南道本司) 전리를 맡았다. 이어 1915년에는 남도본사 도강사(都講師)로 자리를 옮겼으며 1916년 초에는 대종교총본사 전강(典講)을 맡았고, 그 해 4월 13일에는 교통(教統) 전수를 위한 천궁(天宮) 영선(靈選)에 당선되어 정교(正教)를 건너뛰어 사교(司教)로 초승(超陞)하였다. 1916년 8월 15일 나철의 유명(遺命)을 받아 그 해 9월 1일 도사교(교주)로 취임하였다. 당시 김교헌에게 교주의 권한을 넘기는 나철의 전수도통문(傳授道統文)은 다음과 같다.

[대종교도사교 제2세]
한얼명령의 큰 운수가 그대의 밝은 몸에 있으니 힘쓰고 공경할지어다.(神命曆數在爾哲躬 勗哉欽哉)
　　단제강세 4373년 병진 8월 15일 대종교도사교 　나철
　　　　　　　　　　　　　　　　　　사교 김교헌 철체(喆棣)

또한 나철은 김교헌에게 다음과 같은 간곡한 유서도 남긴다.

"보화당[普和堂, 김교헌의 당호(堂號)−인용자 주]보시오. 아사달메 한배님 오르신 곳에 들어와서 이 세상을 위하며 이 백성을 위하여 한번 죽기를 판단하니 죽음은 진실로 영광이로되 다만 다시 만나서 즐거워함을 얻지 못하고 천고(千古)의 이별을 지으니 보통 인정으로써 헤아리면 혹시 섭섭할 듯하나, 죽음에 다다라서 한번 생각하건대 선생(김교헌을 지칭함-인용자 주)의 지신 짐이 매우 무겁고 크오니 오직 힘써 지음[饗]을 더 하시와, 이 세상에 복이 되며 이 백성이 다행하게 하소서. 여러 개의 서류는 아래 적은 대로 거두시오. 큰길의 편하게 닦음을

길게 기리오며 널리 베푸시고 크게 건지심을 정성껏 비나이다.
개천한 지 일흔두돌[七十二週]인 병진 가배절 철형(喆兄, 나철 자신-인용자 주) 죽음에 앞서 황급히 적음."

그리고 나철은 김교헌에게 순명삼조(殉命三條), 전수도통문(傳授道統文), 밀유(密諭), 공고교도문(恭告教徒文), 유계장사칠조(遺誡葬事七條), 이세가삼장(離世歌三章), 중광가오십사장(重光歌五十四章), 여일본총리대외서초(與日本總理大隈書抄), 여조선총독사내서초(與朝鮮總督寺內書抄) 등의 유서를 전했으며, 인장(印章), 대종교인(大倧教印), 대종교도사교장(大倧教司教章), 대종교총본사종령(大倧教總本司倧令), 고경각인(古經閣印) 등을 남겼다.

김교헌은 1916년 9월 1일, 1대 교주인 나철을 추숭(追崇)하여 대종사(大宗師)의 교종(教宗)과 함께 신형(神兄) 교호(教號)를 올리고, 마침내 대종교 제2세 교주에 올랐다. 당시 남도본사 전리(典理)였던 최전(崔顓) 등이 계유문(啓由文)과 전수도통문(傳授道統文), 그리고 하사(賀辭)를 올리고, 김교헌이 답사(答辭)로써 제2세 교주를 승낙하였다. 특히 김교헌은 답사를 하면서 대종교인으로 '말아야 할 아홉가지[九勿]'를 다음과 같이 강조했다.

一, 종규(倧規)에 어기우지 말 것
一, 윤리를 어지럽게 말 것
一, 신의를 잃지 말 것
一, 직업을 버리고 게으르지 말 것
一, 사치를 숭상하지 말 것
一, 질투심을 가지지 말 것
一, 와언(訛言)을 짓지 말 것
一, 이기욕을 채우지 말 것
一, 함부로 정법(政法)에 간섭하지 말 것

또한 김교헌의 답사가 끝나자 교인들이 다음의 순우리말 노래 경광가(景光歌)로 2대 교주의 취임을 축하하였다.

네세일세(四三七三) 가온날 아사달 달 밝은 밤에
오르라 맡기라신 임뜻 이뤄나셨네
맡으심도 임의 뜻이니
즐김이 좇아 자라(길다)리로다

나니너니(나와너의) 목숨이 오늘로 새로워짐을
뽑히사 이끌으실 김님(김선생) 안아(향하여) 기리세
맡으심도 임의 뜻이니
즐김이 좇아 자라리로다

제2세 교주로 취임한 김교헌은 1917년 봄 만주 화룡현으로 활동의 거점을 옮겼다. 당시 일제의 대종교포교금지령으로 인해 국내에서의 포교가 불가능해지자, 총본사 소재지요 또 대종교우들의 활동무대인 동만주 화룡현으로 이동한 것이다. 김교헌은 1917년 3월 15일 어천절(御天節)을 기하여 화룡현 삼도구(三道溝) 소재 대종교총본사에서 제1회 교의회를 소집하였다. 이것은 대종교 최고의 의결기관

으로 대종교 중광 후 처음 개최되었던 의회로 기록된다. 이 회의에서 나철이 1910년 1월 15일에 종령 제1호로 신리(神理)와 함께 제정 반포한 홍범(弘範) 17조항을 전문 23항으로 개정하였다. 더불어 직제와 교도들의 준수할 종문규약 등 58개 조항을 67조 규제로 개정 발포하여 직제를 현실화하고 교헌을 확립하였다.

그러나 일제의 감시가 심해져오자 화룡현 태평구(太平溝)에 있는 백순의 집이나 연길현(延吉縣) 동불사(銅佛寺)에 있는 소운(小雲) 황병욱(黃炳郁)의 집 등으로 피신하여 은거하기도 했다. 이에 1917년 후반부터는 왕청현(汪淸縣) 덕원리(德源里) 백포 서일의 집으로 거처를 옮겨 2년간 종무(宗務)를 집행했다. 당시 서일은 대한군정서(북로군정서)를 성립시키기 위해 동분서주하던 시기였다. 1919년 말에 작성된 일제의 문서에 김교헌이 왕청·동령(東寧) 지방을 거점으로 한 정의단(正義團)의 수령으로 나오는 것도 이러한 배경과 연관된다. 더불어 김교헌이 교주의 자리를 서일에게 양여하려 한 시기도 이 무렵이다. 그러나 서일은 항일투쟁에 집중할 시기임을 내세워 5년간의 유예를 청하였다.

청산리독립전쟁 이후 김교헌은 대종교 항일투쟁 세력과 함께 포교의 본거를 밀산(密山)으로 옮겼다. 그리고 1922년 초 다시 영안현(寧安縣) 남관(南關)으로 이전하였다. 김교헌은 이곳을 거점으로 시교당 확장사업을 대대적으로 추진하여 1922~1923년 2년 동안 개척한 시교당 수가 46개소에 이르렀다. 대종교의 시교당 설치는 바로 항일운동의 교육장인 동시에 항일독립운동의 거점이 되었다. 그러므로 대종교의 시교당이 늘어난다는 것은 항일독립운동의 의식과 거점이 그만큼 확산된다는 의미이기도 했다.

그러므로 김교헌은 1922년 9월 대종교 항일단체인 대한군정서의 부활을 위하여 국내 대종교 남도본사와 긴밀히 의논하는 등, 조직적인 재건 활동을 전개하였다. 당시 영안의 대종교총본사에는 해산된 군정서 간부들이 수시로 드나들면서 그 부활을 도모하였다. 또한 1923년 4월에는 하얼빈을 거점으로 만몽산업회(滿蒙産業會)라는 단체로 가장하여 대종교 재건을 모도하기도 했다. 대종교 포교와 항일투쟁의 전개가 별개가 아님을 다시금 확인시켜 준다.

한편 김교헌은 증가하는 교도와 시교당의 통솔을 용이케하기 위해, 1922년 3월 5일에 종령(宗令)으로 동일도본사와 동이도본사의 관할구역을 조정하고 소속 지사의 위치를 따로 정함과 동시에 교구분리조례를 발포하였다. 참고로 당시 김교헌이 구도한 교구분리조례는 다음과 같다.

[부(附) 교구분리조례]
제1조 종교의 동도교계를 노야령(老爺嶺)으로 한하여 영남(嶺南)은 동일도구에 속케 하고 영북(嶺北)은 동이도구에 속케 함.
제2조 동일도본사 위치는 연길 역내(域內)로 정하고 동이도본사 위치는 영안현내에 정함.
제3조 동일도 제1지사는 왕청현 덕원리에 잉치(仍置)하며 왕청과 혼춘의 교구를 관할케 하고 동제2지사는 연길현 용정촌에 치(置)하여 연길과 화룡의 교구를 관할케 하고 동제3지사는 위치를 경성(鏡城)

역내로 정하여 함북 전도(全道)의 교구를 관리케 함.
제4조 증전(曾前) 동일도 제3지사구에 속하였던 각 시교당은 동이도 교구내로 이속(移屬)함.
제5조 동이도 제1지사는 영안현 가리에 치(置)하여 영안과 목릉과 동녕의 교구를 관리케 하고 동제2지사는 해삼위에 치하여 연해주일대지의 교구를 관리케 하게 동제3지사는 밀산현 동촌에 치하여 의란(依蘭) 전도(全道)와 접영(接迎)한 연해주지대의 교구를 관리케 함.
제6조 본령은 개천 4379년 임술 3월 15부터 시행함.

또한 김교헌은 고(故) 백포(白圃) 서일(徐一)의 묘책(墓柵) 건립도 추진하였다. 1923년 1월 15일 중광절을 기해 대종교 대일시교당(大一施敎堂, 밀산현 소재)에서 중광절 경하식을 봉행하고 서일의 묘소에 원(圓)·방(方)·각(角)의 목책(木柵)을 건립하였다. 그리고 교우들로 하여금 시화(時貨) 대양(大洋) 150원을 갹출토록 하고, 밀산현 대흥동(大興洞)에 있는 제전(祭田)을 구입해 향사비(享祀費)에 충당케 하였다.

[참고문헌]
『종보』제8호(1910년), 『倧令』제3호(1911년), 『종문영질』(프린트본, 1922), 『檀君敎五大宗旨書』(白峯神師 親閱, 필사본, 1910), 『檀祖史攷』(대종교협제회, 1911), 『神檀實記』(김교헌, 대종교총본사, 1914), 『神檀民史』(김교헌, 삼일인서관, 1923), 『倍達族歷史』(金献 편, 대한민국임시정부, 1923), 『홍암신형조천기』(김교헌 엮음, 대종교총본사, 1954), 『대종교인과 독립운동연원』(이현익, 프린트본, 1963), 『대종교중광육십년사』(대종교총본사, 1971), 「大倧敎 陰謀計劃에 관한 건」(不逞團關係雜件-朝鮮人의 部-在滿洲의 部33, 機密受제186호-機密제184호, 한국사DB, 국사편찬위원회), 『독립신문』1923.7.21., 『동아일보』1923.11.24·26., 12.2., 1924.1.19·23·24., 1926.7.14., 『조선일보』1926.1.2., 『한빛』창간호(한빛사, 1928년), 『檀考』(湖山生, 개벽신간 제2호, 개벽사, 1934), 『朝鮮史編修會事業槪要』(조선사편수회 편, 조선총독부조선사편수회, 1938), 『조선교육사』(이만규, 을유문화사, 1947), 『독립운동사』 3권(국사편찬위원회편, 국사편찬위원회, 1967), 『國家神道』(村上重良, 岩波書店, 1974), 『독립협회와 만민공동회』(신용하, 한국일보사, 1975), 『호석선생문집』(독립운동사편찬위원회, 『독립운동사자료집-문화투쟁사자료집』12, 1977), 「일제하 독립운동사 연구-만주 노령 지역을 중심으로」(박영석, 일조각, 1984), 「김교헌의 생애와 사상」(조항래, 『경기사학』, 경기대사학과, 2004), 『대한민국임시정부자료집-서한집』42(국사편찬위원회, 2011), 「역사서술의 권력, 권력의 서술」(이성규, 『역사학보』제224집, 역사학회, 2014), 「근대 유교지식인의 인식변화에 대한 연구」(김동환, 『원불교사상과 종교문화』제71집, 원불교사상연구원, 2017), 「애국과 매국의 역사학-무원 김교헌과 두계 이병도의 역사적 선택을 중심으로-」(김세갈, 『국학연구』제23집, 국학연구소, 2019), 『배달의 역사, 새 길을 열다』(화성3독립운동자료총서10(김동환 외, 화성시, 2020), 「무원 김교헌의 역사인식에 대한 연구-그의 신교사관과 남북조사관에 대한 응시-」(김동환, 『화성독립운동연구』2, 화성시, 2020)

김교혁(金敎爀, 남, 생몰 미상)
입교 시기 _ 1911년 | 교질 _ 참교

출신지역과 생몰연대를 알 수 없는 인물이다. 대한제국의 무관을 지내며 3품까지 올라 참령(參領)에 임용되면서, 병마(馬兵) 제1대대 대대장을 지냈다. 그러나 1898년 2월 동학당의 진무사(鎭撫使)로서 7도의 도시찰(都視察) 겸 사령관에 임명되어 많은 구설수로 물의를 일으켰다. 그는 도처에서 권위를 부려 백성들로부터 재물을 빼앗았다 한다. 지방의 부호 다수를 동학당으로 몰아 구인(拘引)하고 많은 부하들로부터 분노를 사기도 했다.

김교혁은 비교적 이른 시기인 1911년 11월 4일(음력)에 대종교 참교(參敎)의 교질(敎秩)을 받았다. 그의 대종교 입교 시기가 그 이전임을 알게 해 주지만, 그 밖의 종교적·사회적 행적은 확인이 안 된다.

[참고 문헌]
『종문영질』(프린트본, 1922), 『일성록』1895년 6월 3일, 『駐韓日本公使館記錄』13(국사편찬위원회, 1990)

김구(金九, 남, 1876-1949)

아호(별명) _ 백범(白凡), 김구(金龜), 김창수(金昌洙)
입교 시기_ 미상 _ **교질**_ 미상 _ **서훈**_ 대한민국장(1962)

본적은 황해도 해주 백운방(白雲坊) 기동(基洞)이다. 1893년 동학교도 오응선(吳膺善)을 찾아가 종지(宗旨)를 듣고 동학에 입도한 후 이름을 창수(昌洙)라 개명하였다. 그 해 말에 황해도 도유사(도유사)의 한 사람으로 선발되어 충북 보은에서 최시형(崔時亨)을 만났다. 1894년 4월 팔봉접주(八峰接主)로 임명되었으며, 9월에는 동학군의 선봉장이 되어 해주성을 공략하여 탐관오리를 추방하려 했으나 관군에게 패하였다. 동학의 기강이 점차 무너져 규율을 잃고 백성의 원망을 사게 되자 김구는 연소한 몸으로 이를 수습하기 어려움을 깨닫고 신천군(信川郡)에 사는 안태훈(安泰勳) 진사를 찾아가 몸을 의탁하였다. 당시 그의 아들 안중근은 16세로 그의 부친을 따라 사병(私兵)을 이끌고 동학군 토벌에 전념하고 있었다. 그곳에서 당시 명망이 높은 해서(海西) 유학자 고능선(高能善)을 만나 그의 지도를 받았다. 이후 참빗장수 김형진과 만주를 답사하는 중 돌아오는 길에 김이언 의병진에 참가하여 고산리전투에서 패하고 귀국하였다.

1895년 명성황후 시해사건이 발생하였고, 이듬해 2월 안악군(安岳郡) 치하포에서 우연히 만난 평복차림의 일본군 육군중위 쓰치다(土田讓亮)을 죽이고 그 해 5월 해주감영에 구금되었다. 그는 7월 초 인천 감리영으로 이감되었고, 1897년 7월 사형이 확정되었으나 도중에 탈옥하여 삼남지방을 방랑하다가 공주 마곡사에 들어가 삭발하고 중이 되었는데 법명은 원종(圓宗)이라 하였다.

1899년 늦가을에 환속하여 고향에 돌아온 뒤 이름을 김두래(金斗來)로 고치고 다시 방랑길에 올랐다. 이후 무주 유인무(柳仁茂)의 집에 머무르면서 이름을 구(龜), 자를 연상(蓮上), 호를 연하(蓮下)로 고쳤다.

1905년 을사늑약이 체결되자 이준·이동녕 등과 함께 구국운동에 앞장섰다. 이듬해에는 해서교육회(海西教育會) 총감이 되어 학교 설립을 적극 추진하였으며, 황해도 서명의숙(西明義塾)에서 교원으로 활동하였다. 이후 1908년에는 독립운동가들의 비밀 결사 조직인 신민회(新民會)에 가입하여 구국운동을 전개하였다.

1909년 10월 송화군(松禾郡)으로 강연을 나갔다가 때마침 안중근 의사가 하얼빈에서 이토 히로부미(伊藤博文)을 살해하고 난 직후였으므로 공모의 혐의를 받아 다시 투옥되어 몇 달 후 해주지방법원으로 이송되었다가 증거 불충분으로 불기소 석방되었다.

1910년 국권이 피탈되자 신민회 간부들과 함께 양기탁의 집에 모여 비밀결사 회의를 갖고 이동녕·안창호·이시영·안태국 등 여러 인사들과 함께 만주에 독립운동기지를 건설하기로 결정하였다. 이에 이동녕을 비롯한 이회영 일가는 남만주로 건너가 무장투쟁을 위한 전초기지를 마련하기로 하고 김구는 양기탁과 함께 기부금 모집의 책임을 맡기로 하였다.

1911년 안명근사건으로 일제 헌병에 체포되어 갖은 고문을 받은 후 경성지방재판소에서 징역 15년 판결을 받았다. 1912년 메이지 일왕이 죽었을 때 7년형으로, 또 그의 부인이 죽자 5년형으로 감형되어 1915년 가출옥으로 석방될 때까지 서대문감옥과 인천감옥에서 수형생활을 이어갔다. 이때 이름을 구(龜)에서 구(九)로 바꾸고 호도 연하(蓮下)에서 백범(白凡)으로 고쳤다. 1917년 동산평농장의 농감이 되어 소작인들을 계몽하고 학교를 세우는 등 교육운동에 힘쓰다가 1919년 3.1만세운동이 발발하자 중국 상해로 망명하여 대한민국임시정부 경무국장으로 임명되었다.

1922년 4월 임시정부의 내무총장으로 임명되었으며, 같은 해 한국노병회(韓國勞兵會)를 조직하고 초대 이사장을 맡아 활동하였다. 1923년에는 내무총장으로서 국민대표회의 해산령을 내렸고, 1926년 임시정부의 행정수반인 국무령에 선출되었다. 1930년 이동녕·안창호 등과 임시정부 옹호를 위해 한국독립당을 창당하는 한편 임시정부 재무장으로 피선되었다.

1931년 특무활동을 목적으로 한 한인애국단을 결성하였다. 그 실행 행동으로 이듬해 1월 이봉창 의사가 일본에서 일왕을 처단하기 위해 폭탄 투척 의거를 결행하였고, 4월에는 윤봉길 의사가 상해 홍구공원에서 거행된 전승기념 및 일왕 생일 기념식 단상에 폭탄을 투척하여 일본 상해거류민단장 가와바타와 육군대장 시라카와 등을 처단하는 의거를 결행하였다. 이후 한인애국단에서는 조선총독을 처단하기 위해 이덕주·유진식을 국내로 파견하였으나 사전에 체포되었고, 관동군 사령관을 처단하기 위해 유상근·최흥식을 대련으로 파견하였으나 또한 사전에 피체되었다. 김구는 중국 각 신문에 홍구공원 폭탄사건의 주모자가 자신임을 발표하고 가흥으로 피신하여 광동인 장진구(張震球) 혹은 장진(張震)라 행세하며 피신생활을 이어갔다.

1933년 5월에는 중국의 장개석 총통을 만나 회담하여 장차 낙양군관학교를 광복군 무관양성소로 할 것을 결정하였다. 1934년 낙양군관학교에 한인특별반을 설치하고 군사간부를 양성하기 시작했다. 1935년 임시정부 폐지를 전제로 통일운동이 전개되자 그 부당성을 지적하고 이후 임시정부가 무정부상태에 빠지게 되자 가흥 남호에서 임시의정원 회의를 열고 국무위원을 보선하여 무정부상태를 수습하기도 하였다. 이동녕·이시영 등과 임시정부를 옹호하기 위해 한국국민당(韓國國民黨)을 창당하고 이사장을 역임하였다.

1937년 중일전쟁이 발발한 이후 한국국민당·한국독립당·조선혁명당 및 미주지역 단체들과 연합을 추진하여 '한국광복운동단체연합회'를 결성하였다. 중일전쟁으로 남경이 함락되자 김구는 임시정부를 이끌고 진강에서 장사로 이동하였다. 이런 와중에 1938년 5월 호남성 장사 남목청에서 3당 통합문제를 논의하던 중, 이운환이 들어와 권총을 난사하여 중상을 입었다. 이때 현익철은 현장에서 절명했고, 이청천과 유동열은 경상을 입었다. 일본군이 장사로 침공해오자 임시정부는 다시 광동성 광주로 이동하였다. 광주를 거쳐 유주로 피신해 있던 임시정부는 1939년 다시 사천성 기강으로 이동하였다. 이때 좌우 양진영의 통일을 위해 '7당통일회의'를 개최하였다. 이듬해 한국국민당·한국독립당·조선혁명당을 통합하여 한국독립당을 창당하고 중앙집행위원장에 선출되었다. 같은 해 9월 임시정부를 기강에서 다시 중경으로 옮긴 뒤 중경의 가릉빈관에서 한국광복군 총사령부 성립전례식을 거행하고 광복군을 창설하는 한편 단일지도체제인 주석제로 헌법을 개정하고 주석에 선출되었다.

1941년 광복 후 독립국가 건설 계획으로 '대한민국 건국강령'을 제정 발표하였고, 미일간에 태평양전쟁이 발발하자, 외무부장과 공동명의로 '대한민국임시정부 대일선전성명서'를 발표하여 일본에 선전포고하였다.

1942년 김원봉이 이끄는 조선의용대를 광복군에 합편하고, 김원봉을 광복군 부사령 겸 제1지대장으로 임명하였다. 1943년에는 조소앙·김규식·이청천·김원봉과 함께 장개석을 면담하고, 미국과 영국의 국제공동관리를 반대하고 전후 한국독립을 강력하게 주장하여 줄 것을 요청하였다. 1944년 헌법을 개정하고 '대한민국 임시헌장'을 제정, 공포하였다. 개정된 헌법에 의해 주석에 재선되었다. 또한 장개석과 면담하고 임시정부 승인을 요청하였다.

1945년 광복군과 미국 OSS와 협의된 '독수리작전'을 승인하였고, 서안의 광복군 제2지대 본부에서 미국 OSS 총책임자 도노반 소장과 국내진입작전을 추진하기로 합의하여 훈련 중 일제의 항복에 따라 본토 상륙작전은 끝내 실현되지 못하였다. 이에 따라 임시정부가 환국 후 추진할 당면정책 14개 조항을 발표하고, 11월 5일 상해에 도착한 후 11월 23일 환국하였다. 이후 한국의 신탁통치를 결의한 모스크바 3상회의 결정안에 반대하여 신탁통치반대 국민총동원위원회를 결성하고 반탁운동을 전개하였다.

1946년 임시의정원을 계승한 비상국민회의를 결성하고 부총재에 취임하는 한편 이봉창·윤봉길·백정기 의사의 유해를 일본에서 모셔와 국민장으로 효창원에 안장하였다. 1947년 1월 비상국민회의가 국민의회로 개편되어 부주석에 취임하였으며, 해방이후 인재 양성을 위해 건국실천양성소를 설립하였다. 1948년 UN한국위원단에 통일정부 수립을 요구하는 6개항의 의견서를 제출하고, 김규식과 공동으로 남북회담을 제안하는 서신을 북한에 보냈다.

이후 김규식·김창숙·조소앙·조성환·조완구·홍명희와 7인 공동성명을 발표하고 남한만의 단독정부 수립을 위한 총선거에 불참할 것을 표명하였다. 같은 해 4월 평양에서 개최된 남북협상에 참가하고 북한의 단정 수립에도 반대한다는 입장을 밝히고, 통일독립촉진회를 결성하였다.

1949년 백범학원, 창암학원을 세워 후진양성에 힘쓰며 통일국가 수립을 위한 정국을 구상중 경교장에서 안두희의 흉탄에 맞아 별세하여 효창원에 안장되었다.

김구의 대종교 교력은 현전하지 않으나, 김구는 대종교를 한민족의 공민종교(公民宗敎)로 받아들인 인물이다. 일제 강점기 대한민국임시정부를 이끄는 과정에 늘 대종교의 핵심 인물들(가령 이시영·이동녕·조완구 등등)과 동반하면서, 대종교를 정신적 국교(國敎)로 받아들였다. 그러므로 해방 이후 대종교단에서는 김구를 대종교의 원로로 대접했으며, 김구 스스로도 수시로 대종교를 방문하여 천진전(天眞殿)에 참배를 올렸다. 독립운동가 이현익의 다음 회고가 될 듯하다.

"또 한 가지 예를 들면 백범 김구 선생은 대종교를 방문할 때 천진전(天眞殿)에 참배 드리고, 윤단애(尹檀崖) 선생을 배견(拜見)하신 후 처음 말씀이 '나도 대종교인(大倧敎人)이올시다. 우리가 한배검 자손인 이상 다 이 교화에 살아온 것 아닙니까?' 하면서 '그러나 완전한 교인 행세를 하지 못하는 이유는 선비(先妣)께서 천주교 신자로 소시신교(少時信敎)하시라는 명을 받은지라 개종할 수는 없으나 정신만은 대종교인이외다. 버리지 마소서.'라 하고 이시영 선생 외 3~4명의 원로가 동좌 환담하시었고, 대교(大敎)에서 개천절·어천절·중광절·가경절 4대경절이면 임정요인(臨政要人)을 동반하여 내참(來參)하시고, 적지 않은 성금까지 헌납(獻納)하셨다. 그러함으로써 준(準) 대교원로(大敎元老)로 아는 동시에 선생의 충효를 늘 경모하며 숭봉하여 온 것이다."

[참고 문헌]
『대종교인과 독립운동연원』(이현익, 1963), 『고등경찰요사』(경상북도 경찰부, 1934), 『백범일지』(도진순 주해/돌베개, 2002), 『한국독립사』(김승학, 독립문화사, 1967), 『임시정부의정원문서』(국회도서관, 1974), 『한민족독립운동사』제7권(국사편찬위원회, 1990), 『민족과 국가를 위해 살다 간 지도자, 김구』(한시준, 한국독립운동사연구소, 2015).

김국권(金國權, 남, 생몰 미상)
입교 시기_ 1926년 이전 | 교질_ 미상

출신지역과 생몰연대가 불분명한 인물이다. 신흥청년회(新興靑年會)의 후신인 신진청년회(新進靑年會)의 위원장을 맡아 회원 상호 간의 친목을 도모하여 교육과 체육 양성과 함께 풍속을 교정하는데 앞장섰다. 신진청년회는 1926년 3월 12일에 대종교 신도들이 설립한 단체로, 그 소재지도 대종교 계열의 대한군정서의 근거였던 왕청현 춘명향(春明鄕)에 두었다.

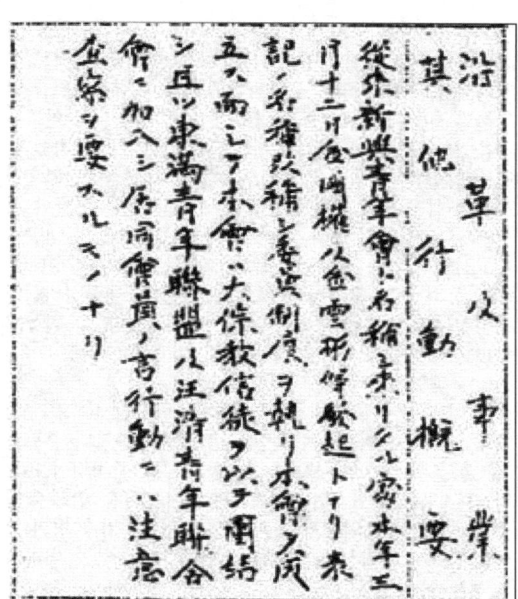
일제의 문서에 적힌 신진청년회의 연혁과 사업 및 기타행위 개요에 관한 기록. 대종교신도들의 단결이 주된 목적임이 나타나 있다.

1923년 3월에는 유하현 지역이 한족회의 연고지를 내세워 활동을 전개하면서, 친일파 납치 및 군자금모집에 열중하였다. 또한 같은 해 12월에는 한규석(韓奎錫)·차용륙(車用陸)·장치보(張致保) 등과 2백여 명의 유하현 지역 동조자들을 동명학교로 모아 비밀집회를 갖고, 통의부(統義府) 유지(維持), 친일 인물 암살, 일제 관헌의 명령에 불복종, 친일단체인 조선인회(朝鮮人會)의 파괴, 조선인회의 회비 납부 거부, 독립자금 모금, 일제 관헌의 행동 보고 등의 결의를 다지기도 했다.

1924년 6월 대한통의부 의용군 제4중대 제3소대장으로 있으면서, 당시 집안현에 근거를 둔 대한통의부 의용군 제1중대장 백광운과 더불어 각 곳에 산재해 있는 중대장들을 모아 비밀리 회의를 하고 다음과 같은 서약문을 결의하였다.

> 우리는 절대적 독립정신으로 3만호 인민의 의지를 감안하여, 본부의 신성(神聖)을 보장하고 진행 방침으로 삼아, 대한민국 6년 6월 16일 임시장교회의 석상에서 만든 결의문에 기인하여, 통일된 운동으로 광복사업을 완성할 것을 이에 서약함. 대한민국 6년 6월 17일
>
> 대한통의부의용군장교   홍기주(洪基柱), 문학빈(文學彬), 김보국(金保國), 차용륙(車用陸), 현일천(玄日天), 김창룡(金昌龍), 이규성(李奎星), 김창헌(金昌憲), 신호영(申浩永), 김국주(金國柱)

이후 김국주는 만주 길림성에서 통의부·길림주민회·의성단·광정단 등의 여러 단체들이 모여서 이룬 정의부(正義府)에도 참여하여 모험요원(冒險要員)으로 활동하며 옥고(獄苦)를 치렀다. 출옥 이후에는 대종교 활동을 전개하다가 1942년 '대종교지도자일제구속사건(大倧教指導者一齊拘束事件)'인 임오교변(壬午教變)과 연관되어 다시 옥고(獄苦)를 겪으면서, 석방(釋放)후 병사(病死)하였다

김국주의 대종교 교력을 살피면 1939년 12월 7일(음력) 대종교총본사의 특별추천으로 영계(靈戒)와 함께 참교(參教)의 교질(教秩)을 동시에 받았다. 그의 대종교 입교가 대종교 항일단체인 흥업단 시절로 올라감을 알 수 있다. 그와 함께 흥업단 활동부터 임오교변까지 동고동락한 이현익(李顯翼)이 대종교의 주요 인물로 그를 언급한 것도 이를 뒷받침한다. 특히 임오교변 당시, 최초로 검거된 25인 중의 한 명이라는 점이 주목된다. 그가 그 시기 대종교의 지도부에 깊숙이 가담하여 활동하였음을 알 수 있다.

신진청년회는 그 회원이 110여명에 달했으며, 그 주된 목적은 두 가지였다. 첫째는 대종교 신도 간의 단결이었고, 둘째는 당시 사회주의 단체였던 동만청년연맹과 왕청청년연합회에 가입하여 활동하는 회원들에게 말과 행동을 주의시키는 것이었다. 이 단체의 조직에는 김국권이 김운빈(金雲彬, 상무집행위원)과 앞장 선 것으로, 최령(崔領)·최기진(崔基珍)·김병학(金炳學) 등이 상무집행위원으로 함께 하였다.

김국권의 대종교 교력은 대종교단 내에 남아있는 것이 없다. 입교 시기나 교질 사항 역시 추적이 불가능하다. 다만 신진청년회가 1926년 3월 12일에 대종교 신도들이 조직한 단체라는 점에서, 그 이전에 입교하였음이 확인될 뿐이다.

[참고 문헌]
『間島 및 琿春地方 朝鮮人의 結社團體 調査報告에 關한 件』(不逞團關係雜件-朝鮮人의 部-在滿洲의 部43, 外務省文書課受 第627號, 한국사DB, 국사편찬위원회)

김국주(金國柱, 남, 1891-1957)
아호(별명) _ 도근(島槿), 김두천(金斗千)
입교 시기 _ 1939년 이전 | **교질** _ 참교 | **서훈** _ 애족장(1990)

경상남도 안동 출신으로 대종교단에서는 김두천(金斗千)이란 이름으로 활동했다. 함경남도 원산 출신의 광복군 김국주(金國柱)와는 동명이인이다. 일찍이 서간도에서 흥업단(興業團) 및 대한통의부에 몸을 담고 유하현을 중심으로 항일투쟁을 펼친 인물이다.

[참고 문헌]
『대종교보』제124호(1939년), 『대종교인과 독립운동연원』(이현익, 필사본, 1963), 『대종교중광육십년사』(대종교총본사, 1971), 『不逞團關係雜件-朝鮮人의 部-在滿洲의 部35, 普通受제90호·本公제80호, 한국사DB, 국사편찬위원회), 『柳河縣 三源浦에 있어서 不逞鮮人大會에 關한 件』(不逞團關係雜件-朝鮮人의 部-在滿洲의 部37, 機密 第9號, 한국사DB, 국사편찬위원회), 『大韓統義府 義勇軍 將校 會議에서의 誓約文 및 決議案』(不逞團關係雜件-朝鮮人의 部-在滿洲의 部39, 機密受제765호-關機高收제14542호-1, 한국사DB, 국사편찬위원회)

출신지역과 생몰연대가 불분명하다. 1920년대 초 독립운동가 정재호(鄭在鎬)·강리호(姜利鎬)·이창욱(李昌旭) 등과 북만주 훈춘지역 대종교 활동을 통해 항일투쟁을 전개했다. 김권협의 대종교 교력 역시 확실히 드러나지 않는다. 그의 입교 시기나 교질 관계를 알 수 있는 기록은 남아있지 않다. 다만 1922년 10월 1일(음력) 대종교 의일시교당(義一施教堂) 시교원(施教員)으로 임명된 기록이 전할 뿐이다. 이 기록은 김권협이 그 이전에 이미 대종교에 입교하였음을 알게 해 준다. 의일시교당은 북간도 항일투쟁의 본거였던 대종교 동일도본사(東一道本司)가 관할한 시교당으로, 혼춘현 순의사(純義社) 남태맹(南泰孟)에 있었다. 당시 의일시교당의 총책임자(典務)는 채천묵(蔡天默)이었으며, 부책임자(贊務)는 정재호와 강리호가 맡고 있었고, 김권협은 홍명도(洪明道)와 함께 시교원으로 활동하였다.

[참고 문헌]
『대종교보』제56호(1922년), 『대종교중광육십년사』(종경종사편수회편, 대종교총본사, 1971)

김규식

경기도 양주군(楊州郡) 구리면(九里面) 사노리(四老里) 출신이다. 임시정부 외무총장을 지낸 우사(尤史) 김규식(金奎植)이나 서로군정서의 김규식(金圭植)과는 동명이인이다.
1902년 1월 대한제국 육군무관학교 졸업 후 육군참위에 임명되었으며, 1906년 시위대에 입대하여 부교(副校)로 활동하였다. 1907년 8월 군대해산 이후에는 현덕후(玄德厚)와 양주로 귀향하였다. 이후 의병장 허위(許蔿) 부대에 합류하여, 같은 해 9월부터 포천·연천 등지에서 일본군과 전투를 벌였다. 1907년 양주에서 결성된 13도창의대진소의 일원으로 활동하였으며, 이인영(李仁榮) 의병부대와 합진하여 사령장(使令將)을 맡아 1천 5백여명의 의병을 지휘하였다. 그러나 1908년 6월 서울진공작전 때 허위와 함께 일본 군경에 체포되었다. 1908년 8월 경성공소원(京城公訴院)에서 15년 유배형을 선고받고 2년 간 유배 생활을 하던 중, 1910년 9월 5일자로 사면되었다.

1908년 8월 경성공소원(京城公訴院)에서 15년 유배형을 선고받고 2년 간 유배 생활을 하다가 1910년 9월 5일자로 사면되었다. 1917년 양주군 구리면 동구릉 삼림감시원을 역임하였으며, 1919년 1월 동양척식주식회사의 소작인조합장을 지내다가 1919년 3·1운동 전후 만주로 망명하였다. 만주 망명 후 중광단을 토대로 설립한 대한정의단(大韓正義團)에 몸을 담고 활동하였다. 당시 정의단을 이끌던 서일(徐一)은 김규식 등과, 1919년 가을 무장투쟁의 역량을 제고시키기 위해 김좌진(金佐鎭)·조성환(曺成煥)·박성태(朴性泰) 등의 주요 군사전략가들 영입하였다. 대한정의단의 구성원과 이들의 주된 연결고리는 대종교였다. 그 결실이 1919년 10월에 조직된 군정부(軍政府, 대한군정서 혹은 북로군정서)로 맺어지게 된다.

한편 이 시기 김규식이 참여한 「대한독립선언서(무오독립선언서)」도 주목된다. 「대한독립선언서」는 대종교의 중광단(重光團)을 중심으로 무오년(1918년) 초부터 준비되어 1919년 2월(또는 1918년 11월), 만주 길림에서 만주와 연해주 및 중국, 미국 등 해외에서 활동 중인 독립운동가 39명의 명의로 발표된 독립선언서다. 이 선언을 '중광단선언'이라고도 하는 이유다.

그 주축이 된 중광단은 1911년 대종교도인 현천묵(玄天默)·박찬익(朴贊翊) 등이 중심이 되어 조직한 독립운동단체로, 1909년 대종교의 중광(重光, 우리 고유의 단군신앙이 다시 부활했다는 의미)에서 그 명칭을 가져왔다. 중광단은 1911년 왕청현(汪淸縣)에 본부를 두고 단장으로 서일을 선출한 후, 3·1운동 직후 1919년 4월 대한정의단으로, 그 해 10월에는 대한군정부로 개편하였다. 대한군정부는 같은 해 12월 상해 임시정부의 승인을 받아 대한군정서(북로군정서)가 되었다. 이 단체는 만주에서 결성된 최초의 항일운동단체로, 대종교의 정신을 토대로 적극적인 무장항일운동을 전개했다. '대한독립선언'은 그 작성과 서명이 사전에 이루어졌음을 고려하여, 별칭으로 '무오독립선언' 또는 '길림선언'으로 불리기도 한다. 일제강점기 우리 민족이 최초로 선포한 독립선언서로 '2·8독립선언'과 '3·1운동'의 선구적 역할을 했다고 평가를 받는다.

「대한독립선언서」는 '중광단선언'이라 명명한 것에서도 보듯, 김규식 등 그 서명한 대부분이 대종교의 중심인물들이거나 친대종교적 인물들이었다. 또한 그들은 해외독립운동의 지도급 인물이란 점에서 대종교의 독립선언이라 해도 무리가 없을 듯하다. 전체 서명 39인 가운데 대종교 단내의 기록에 적혀 있는 대종교 인물은 25명이다. 대종교의 기록이 거의 사라진 가운데 확인된 결과라는 점에서 의미가 남다르다. 그리고 기독교가 7명이며, 종교 미확인으로 구분되는 인물이 7명이다.(아래표 참조)

종교	서명자
대종교	김교헌, 김동삼, 조용은(조소앙), 신규식, 여준, 이범윤, 박은식, 박찬익, 이시영, 이상룡, 윤세복, 이동녕, 신채호, 허혁, 이세영, 이광, 김좌진, 김학만, 손일민, 김규식, 조욱(조성환), 한흥, 이탁, 황상규, 박성태
기독교	정재관, 이대위, 이승만, 김약연, 이동휘, 이봉우, 안창호
미확인	문창범, 유동열, 안정근, 최병학, 박용만, 임방, 이종탁

김규식은 1919년 8월 서일·김좌진 등과 함께 대한군정서(북로군정서)를 조직하고, 그해 12월 상해의 대한민국임시정부는 명칭로부터 '대한군정서(大韓軍政署)'로 변경을 승낙받았다. 이 당시의 임원은 총재 서일, 총사령관 김좌진, 참모장 이장녕(李章寧)·여단장 최해(崔海)·연대장 정훈(鄭勳)·연성대장(研成隊長) 이범석(李範奭)·경리 계화(桂和)·길림분서고문 윤복영(尹復榮)·군기감독 양현(梁玄) 등이었고, 김규식은 사단장을 맡아 군사를 통합하였다.

군정서는 근거지를 왕청현(汪淸縣)의 서대파십리평(西大坡十里坪) 일대의 약 30리에 걸친 삼림 지대에 두고 8동의 병영을 지어 사관연성소(士官練成所)도 설립하였다. 그리고 소장은 김좌진이 맡았으며, 교관에는 김규식을 비롯한 이범석·이장녕·김홍국(金洪國)·최상운(崔尙雲)·오상세(吳祥世) 등 다수의 장교들이 임명되었다. 이들은 각종 교재를 공급받고, 관할 지역내 주민들과 국내로부터 오는 청년들을 뽑아 본격적인 군사 훈련을 실시하였다.

김규식은 1920년 10월 북로군정서의 보병 대대장으로 청산리전투에 참가하여 일본군을 대파하는 전공을 세웠다. 그리고 밀산으로 이동한 후, 북로군정서를 중심으로 서로군정서·대한독립단·재간도 대한국민회·대한신민단·도독부·의군부·혈성단·대한정의군정사·야단 등 여러 단체의 군대가 통합된 대한독립군단(大韓獨立軍團)이 편성되었다. 총재에는 대종교지도자 서일을 추대되었으며, 부총재에 홍범도·김좌진·조성환으로 선임되었고, 김규식은 군사를 지휘하는 자리인 총사령에 임명되었다.

1921년 6월 자유시참변을 겪은 김규식은 옛 근거지인 연길현으로 돌아왔다. 이후 1923년 5월 연길현 명월구에 고려혁명군(高麗革命軍)을 조직하고 총사령에 선출되어 무장 항일투쟁을 계속하였다. 고려혁명군은 병농일치의 제도를 실시하여 농사를 짓고 식량문제를 해결하는 한편 러시아 방면으로부터 비밀리에 무기를 구입하여 무장하고 군사훈련을 강화하였다. 1924년 5월에는 대종교 항일단체인 대한군정서를 재건하려는 목표로 조직된 중로군정서(中路軍政署) 조직에도 앞장섰다. 이 단체는 같은 해 4월 하순 영고탑(寧古塔)에 있는 대종교당(大倧敎堂)에서 조선독립당군정서연합회총회(朝鮮獨立黨軍政署聯合會總會)를 개최하고 다음과 같은 사항을 결의하며 출범한 조직이다.

一. 본부를 동빈현(同賓縣)에 둔다.
一. 지부를 영안현(寧安縣)에 둔다.
一. 통신기관을 하얼빈, 모아산(帽兒山), 일면파(一面坡), 조길밀하(鳥吉密河), 해림(海林), 목단강(牡丹江), 목릉(穆稜), 소분하(小綏芬), 동녕(東寧)에 둔다.
一. 지급(至急) 군인 모집에 착수한다.
一. 곧 募捐事務를 開始한다.
一. 무기(武器), 양복(洋服)의 수집 준비를 서두른다.
一. 재정을 긴축하여 기금을 공고히 한다.
一. 한국민족으로서 왜노(倭奴)의 밀정이 된 자는 곧 살륙한다.
一. 각 지방과의 통신 연락을 한층 신속 정확히 한다.
一. 금년은 갑자년에 해당하며 한국독립 실현의 기운이 무르익어 있으므로, 두만강을 건너 삼각산두(三角山頭)에 태극기를 수립하고 만세를 고창하며 우리 민족이 왜노의 압정(壓政)을 벗어나 열국(列國)에 우리들의 독립을 광포(廣布)할 최호(最好) 시기다. 우리들의 행동을 방해하는 자는 군법에 비추어 엄벌할지니, 우리 민족된 자는 이 때에 제하여 전력을 다하여 후원하여야 한다.

특히 이 단체는 "군정서는 한인(韓人)의 종교의 주권(主權)을 장악하고 있으며 대종교(大倧敎) 신도(信徒)는 동계(同系)의 한인(韓人)이다"라는 일제의 기록처럼, 대한군정서의 부활을 꿈꾸며 만든 대종교 항일단체였다. 총재를 맡은 현천묵(玄天默)을 비롯하여 조성환(曺成煥, 고문)·최충호(崔忠浩, 통신부장)·이범석(李範奭, 군사부장)·박운집(朴雲集, 외교부장)·김연원(金演元, 군의관) 등 모두 대종교의 중진들이었다. 당시 김규식은 사령관을 맡아 이곳에서도 군사를 통괄하였다.

김규식의 신민부(新民府) 참여도 주목된다. 이 조직은 1925년 3월 대한군정서 계열의 항일투사들을 중심으로 구성된 항일단체다. 당시 북만주 지역에서 활동하던 독립운동 단체들이 목릉현(穆陵縣)에서 부여족통일회의(夫餘族統一會議)를 개최하고 김규식을 비롯한 김좌진·김혁(金爀, 김학소) 등의 대종교 핵심들이 주축이었다.

신민부 역시 대종교계 독립운동단체로, 1920년대 후반 정의부(正義府) 및 참의부(參議部)와 함께 재만 독립군의 조국 독립운동을 주도하였다. 신민부는 대한군정서(북로군정서)를 계승한 단체로서, 그 주요 구성원의 대부분이 대종교인이었다. 따라서 이들이 신봉하였던 대종교 이념이 자연스레 신민부의 주요한 이념으로 자리 잡았다. 아나키스트로 신민부 요원이기도 했던 이강훈이 "신민부의 기본철학은 대종교의 홍익인간과 중광 정신이었다. 그렇다고 해서 결코 봉건적이었다거나 파쇼적인 것은 아니었다."는 회고가 이에 대한 방증이다.

신민부의 정치 형태 역시 배달국 공화주의를 추구하였다. 이것은 '대동단결선언'(1917년)부터 이어져온 대종교 계열의 전통이기도 했다. 그 시기 김종진(金宗鎭)을 위시한 이을규(李乙奎)·김야운(金野雲)·이준근(李俊根)·엄순봉(嚴舜奉)·이붕해(李鵬海)·이달(李達) 등 많은 아나키스트들이 신민부에 동참한 이유다. 그러므로 그들에 대한 정신적 지도를 맡았던 인물도 대종교지도자 백순과 백서(白棲) 강인수(姜寅秀)였다.

이 시기 김규식은 김좌진과 함께 한족총연합회 활동을 하면서 방정현(方正縣)과 연수현 및 주하현(珠河縣, 현 尙志市)으로 활동 무대를 옮겼다. 또한 1926년에는 이념과 사상으로 무장한 독립투쟁을 위하여 각계의 대표들이 길림에 모여 고려혁명당을 조직할 때 그는 중앙위원으로 선정되어 위원장 양기탁과 함께 이 혁신적인 조직을 이끌어 가게 되었다. 그리고 1927년 2월 신민부 내 민정파(民政派)로 구성된 고려국민당(高麗國民黨)에서 군사부위원으로도 활동하였다. 고려국민당은 동빈현(同賓縣) 소량자(小亮子)에 본부를 두고 주하현과 동빈현 일대를 중심으로 활동하였으며, 1929년에는 국민부 결성에 참여하였다.

이후 신민부 관할 구역인 빈강성(濱江省) 연수현(延壽縣) 태평촌(太平村)에 학교를 세워 독립군 인재양성에 주력하고자 하였다. 교육에 의한 후진 양성을 통해 장기적인 항일투쟁에 대비하여야 한다는 이유였다. 그 운영 문제를 협의하기 위하여 1931년 4월 주하현으로 넘어가 최악(崔岳)·홍진(洪震)·신숙(申肅) 등을 만났다. 그러나 이미 공산주의자로 전향한 최악은 독립군의 호장군(虎將軍)이라는 별명이 붙은 그를 제거하도록 사주하였다. 결국 오로지 대종교적 민족주의 가치 위에 항일투쟁을 전개했던 김규식은 공산주의 계열의 동족 일당에 의하여 만주 땅에서 피살되고 말았다.

[교력]
김규식의 대종교 입교 시기나 영계(靈戒) 사항 그리고 교질(教秩) 관계에 대한 기록은 모두 전하지 않는다. 다만 김규식이 1910년 11월 27일(음력, 이하 음력) 대종교 순교원(巡教員)으로 임명된 기록이 남아 있다. 그의 대종교 입교가 대종교 중광(1909년) 직후에 이루어졌음을 시사해 주는 부분이다. 순교원이란 1910년 시교사(施教師)와 함께 마련된 교직(教職)으로, 당시 대종교의 성직자(聖職者)와 동일한 역할을 하였다. 아쉬운 점은 1910년 직제 마련 당시의 순교원(역할·직무 등)에 대한 기록은 전하지 않는다.
그러나 1924년 3월 16일 영안현(寧安縣) 대종교총본사에서 개정된 교규(教規)를 보면 '순교원직제'가 기록되어 있다. 이 시기 직제를 기준으로 살펴보면, 순교원은 교계(教界) 규찰(糾察)을 위하여 총본사 및 도본사, 각 지사(支司)에 두었다. 또한 각 해당 본사의 전리(典理, 책임자)와 각 해당 지사 전사(典事, 책임자)의 지휘를 받아 관할 교계를 순시(巡視)하여 보고하게 하였으며, 그 수는 정해지지 않았다. 그리고 아래와 같은 5가지의 직무를 명시하고 있다.

一, 교황흥체(教況興替)에 관한 사(事)
一, 직원장부(職員臧否)에 관한 사
一, 고물영적(古物靈蹟)에 관한 사
一, 교우특행(教友特行)에 관한 사
一, 사회정세(社會政勢)에 관한 사

1910년대 순교원의 직무·역할 역시 위의 사항과 유사했을 것으로 추정된다. 이것을 보면 김규식이 1910년에 이미 대종교의 중심부에서 활동하고 있음을 알 수 있다. 참고로 김규식이 순교원으로 임명되었던 1910년 11월에 순교원이나 시교사(施教師)로 임명된 인물들을 보면 아래표와 같다.

이름	교직	임명일자(음력)
류영락(柳榮樂)	순교원(巡教員)	1910년 11월 10일
이섬호(李暹鎬)	〃	〃
유문종(劉汶鍾)	〃	〃
차경휘(車庚暉)	〃	1910년 11월 19일
맹정순(孟鼎淳)	〃	1910년 11월 21일
김익한(金益漢)	시교사(施教師)	1910년 11월 26일
김규식(金奎植)	순교원(巡教員)	1910년 11월 27일

김규식은 만주로 건너간 이후로는 대종교 포교와 더불어 본격적인 항일투쟁에 나섰다. 그가 창설요원으로 참여한 대한군정서(북로군정서)는 대종교의 중광(重光) 정신으로 만들어진 중광단의 후신으로, 철저하게 군교일치(軍教一致)를 지향한 항일조직이었다. 대한군정서 총재였던 서일이 대종교 동도본사(東道本司)를 대한군정서 군영(軍營) 내에 병치(竝置)한 것에서도 알 수 있다.
김규식의 만몽산업회(滿蒙産業會) 참여도 주목되는 사건이다. 그는 1923년 초, 대한혁명군의 사령관을 수행하면서 대종교의 재건을 위한 만몽산업회의 활동에도 뛰어들었다. 만몽산업회는 하얼빈을 거점으로 당시 대종교 교주였던 김교헌이 직접 앞장서서 주도한 것으로, 청산리독립전쟁 이후 각 곳으로 흩어진 대종교 세력의 재건을 위해 도모된 비밀조직이었다. 당시 대종교도들은 하얼빈을 제2의 상해로 여기고, 상해임시정부를 하얼빈으로 옮겨오려는 복안까지도 갖고 있었다.
만몽산업회에 참여한 인물들은 김규식을 비롯하여, 고문으로 이름을 올린 김교헌·김좌진·조성환·현천묵과 함께, 유정근(兪政根)·최계화(崔桂華)·김영선·김원식(金元植)·우덕순(禹德淳)·원풍(元豊)·강윤선(姜允善)·김백(金白)·이재근(李在根)·이종수(李鍾秀) 등, 대종교의 지도급 인사들이 대거 참여하였다. 당시 김규식에 있어 대종교 포교와 항일투쟁이 떨어진 것이 아님을 다시금 확인시키는 동시에, 그의 대종교에서의 위상 역시 가볍지 않았음을 확인시켜 주고 있다.
김규식은 1925년 12월 25일 만주 지역 동빈현을 관할하는 대종교순교원으로도 임명되었다. 이 시기는 김규식이 대종교 차원에서 대한군정서를 재건하려는 목표로 조직된 중로군정서에 몸담았을 때다. 중로군정서는 같은 해 4월 하순 영고탑에 있는 대종교당에서 조선독립당군정서연합회총회를 개최를 통해 만들어진 조직으로 본부를 동빈현에 두었다.
대종교순교원 임명 기록 역시 대종교단 내에는 전하는 것이 없고, 1926년 만주 정권에 의해 내려진 대종교포교금지령 당시 압수당한 대종교 문건(현재 화룡현 당안관에 소장)에 남아 있다. 1920년대 말 국내의 조직 기반을 상실한 대종교가 만주 지역의 거점을 더욱 공고히 하고 독립운동을 주도하며 교세를 떨치자, 일제는 중국의 동북군벌정권과 결탁하여 대종교의 탄압을 모색했다. 즉 1925년 만주 지역의 항일독립운동을 차단하기 위해 맺어진 「미쯔야협정(三矢協定)」에 의하여 길림성장 겸 독군(督軍)이었던 장작상(張作相)은 만주 지역 대종교포교금지령(1926년)을 내렸다.
당시 만주군벌은 대종교가 중국인으로 귀화하지 않은 잡거 구역(雜居區域)의 간민들 사이에 조직되어 있었으며, 종교 활동도 중국 당국에 신고하지 않고 활동하였음은 물론, 대종교 교인들이 불렀던 신가(神歌)에는 정치적인 내용이 많았다고 파악하였다. 1926년 4월, 대종교포교금지령이 내려진 이후 대종교 백일시교당(白一施教堂) 전무(典務, 책임자) 김려환(金礪煥) 등 9명이 왕청현 소속 제4구 중국 경찰에 검거되었을 당시의 조서에도 비슷한 내용이 담겨있다. 즉 화룡현의 대종교 교인 수천 명이 모여서 주야 가리지 않고 집회를 가진 내용과 그들이 중국 당국에 신고하지 않고 비밀리에 활동하고 있었다는 내용이 그것이다.

더욱이 「미쯔야협정」의 '부대조항'에 "대종교는 반일군단(反日軍團)의 모체로서 종교를 가장한 항일단체이니 중국에서 영토책임상 이를 해산시켜야 한다"는 조항이 대종교 포교금지령의 결정적 단서가 되었다. 1929년 이 금지령이 해제될 때까지 대종교는 만주의 각지를 전전하면서 철저히 은둔해야만 했다. 이것은 단순히 교세의 위축을 넘어서, 교단의 체제와 연락망 그리고 기록의 분실 등과도 연결된 것으로 대종교에 심각한 타격을 안겨준 시간이었다. 만주 당국이 압수한 문건 가운데 실린 「대종교순교원일람표(大倧敎巡敎員一覽表)」에 기록된 만주 지역 대종교순교원의 관련 사항은 아래표와 같다.

대종교순교원일람표(大倧敎巡敎員一覽表)

성명	소관구도	서임년월일(음력)	통신처	비고(음력)
주흥섭(朱興燮)	東一 各區	1924년 8월 1일		1924년 8월 1일 살해 당함
권영준(權寧濬)	東二 穆稜縣	1924년 10월 2일	中東路 馬橋河	1925년 11월 16일 면직됨
정경현(鄭輕鉉)	東一 和龍縣	1925년 11월 17일	延吉縣 頭道溝 下場市 鄭允甫商店交收 細鱗河	
김규식(金奎植)	北一 同賓區	1925년 12월 25일	同賓縣 東街 春生轉 原家屯	
채규오(蔡奎伍)	東一 琿春區	1926년 2월 12일	琿春縣 東門內 協成商會	
장도순(張道淳)	東一 延吉區	〃	延吉縣六道溝龍井村大倧敎堂	
현호(玄昊)	東一 和龍區	〃	和龍縣 三道溝 忠信場 富春藥房	
한호(韓昊)	東一 汪淸區	〃	汪淸縣 春明社 大肚川 德成和	
한기중(韓基中)	東二 密山區	〃	密山縣街 廣德成 收交 權湖堂再交	
김주학(金柱鶴)	東二 東寧區	〃	中東線 五站 麗興校	
조남철(趙南哲)	東二 寧女區	〃	中東線 五站 同興成交	
오근태(吳根泰)	東二 穆稜區	〃		
김영선(金榮璿)	北一 阿城區	〃	阿城縣 聚源昶街	
이헌(李憲)	北一 扶餘區	〃	哈長線 陶賴昭 北三亲子會育堂 收交 三興學校	
공창준(公昌準)	北一 楡樹區	〃	楡樹縣 東亞醫院 收交 金松坡再交	
성세영(成世榮)	北一 賓縣區	〃	賓縣 新甸街 德興合	

위에 적힌 내용과 같이 김규식은 대종교 북일도본사(北一道本司) 소속의 동빈구를 관할하는 순교원이었다. 순교원이란 관할 지역 대종교 포교의 우두머리로, 시교원(施敎員)을 거느리고 그 지역 포교를 총괄하는 직책이었다. 당시 대종교 순교원에 이름을 올린 인물들에는 김규식을 포함하여 채규오(蔡奎伍)·장도순(張道淳)·한기중(韓基中)·오근태(吳根泰)·이헌(李憲)·공창준(公昌準) 등, 대종교 항일투쟁의 거물들이었다. 그 시기 김규식의 대종교에서의 위상이나 항일투쟁 방면에서의 영향력이 상당했음을 시사해 준다.

참고로 김규식보다 4년 늦게 대종교에 입교한 채규오나 오근태의 경우를 보자. 1926년 대종교순교원으로 임명 당시 그들의 교질이 지교(知敎)였다. 이러한 정황에서 보면 김규식의 대종교에서의 교질(敎秩) 단계가 상교(尙敎) 이상이었을 것으로 추정되지만 안타깝게도 확인이 안 된다. 또한 만주에서의 대종교포교금지령 이후, 김규식의 대종교 행적 역시 전하는 것이 없다.

[참고 문헌]
『종보』제8호(1910년). 『대종교인과 독립운동연원』(이현익, 1963). 『대종교독립운동사』(박영진, 필사본, 1964). 『대종교중광육십년사』(대종교총본사, 1971). 「令各区査禁韓人設立大倧敎堂由」(延边朝鲜族自治州档案馆, 全宗号42 目录号1 案卷号343, 和龙县历史档案 和龙县警察所, 民国十五年五月十二日). 「판결문」(京城控訴院, 1908.8.25). 「不逞鮮人 玄天黙을 중심으로 한 會合의 件」(不逞團關係雜件-朝鮮人의 部-在滿洲의 部34, 機密 第247號; 機密受第250號, 한국사DB, 국사편찬위원회). 「普天敎眞正院 불온문서 사건에 관한 건」(檢察行政事務에 關한 記錄1, 京東警高秘 제3545호, 한국사DB, 국사편찬위원회). 「臨時報 第172號(大倧敎 設立計劃)」(不逞團關係雜件-朝鮮人의 部-在滿洲의 部36, 關機高收 第5452號-1; 機密受第262號, 한국사DB, 국사편찬위원회). 「新民府의 近況에 關한 件」(不逞團關係雜件-朝鮮人의 部-在滿洲의 部43, 機密 第444號; 外務省文書課受 第470號, 한국사DB, 국사편찬위원회). 『시대일보』1926.7.14. 『고등경찰요사』(경상북도경찰부, 1934). 『무장독립운동비사』(채근식, 대한민국공보처, 1949). 『한국독립사』(김승학, 독립문화사, 1967). 『朝鮮獨立運動』II·III(金正明 編, 原書房, 1967). 『독립운동사』제5권(독립운동사편찬위원회, 1975). 『독립유공자공훈록』제4권(국가보훈처, 1987). 『죽은 자의 숨결, 산 자의 발길』(강용권, 장산, 1996). 『한국독립운동인명사전』(한국독립운동정보시스템)

김규연(남, 생몰 미상)
아호(별명) _ 김규련
입교 시기_ 1934년 | 교질_ 참교

출신지역과 생물연대가 불분명한 인물이다. 뿐만 아니라 그 한자 이름도 알려진 것이 없다. 대종교 내부의 기록에 김규연 혹은 김규련이라는 한글 이름만이 기록되어 있을 뿐이다. 김규연은 1934년 11월 28일(음력) 대종교 북일도본사 관할 유성시교당(裕城施敎堂)의 책임자[典務]로 임명되었다. 유성시교당은 길림성 유수현(柳樹縣) 동구(東歐)에 위한 시교당으로, 당시 이 지역은 대종교 항일투쟁의 은거(隱居)이기도 했다. 김규연의 대종교 교력은 1934년 11월 28일(음력) 참교의 교질로 시교당의 책임을 맡은 것으로 보아 그 입교 시기는 1934년 초반일 듯하다. 그러나 김규연이 주요 시교당의 책임을 맡았다는 것은 당시 그의 대종교단 내에서의 비중을 알게 해 주는 부분이다.

[참고 문헌]
『대종교중광육십년사』(대종교총본사, 1971)

경남 창원군 진전면 곡안리에서 출신이다. 1919년 4월 향리인 창원군 진전면에서 일어난 3.1만세운동에 참여하였다. 창원군 진전면에서는 1919년 3월 28일 오후 1시 경 권영대(權寧大) 등의 주도로 4백여 명의 군중이 진전면 고현시장과 진동면에서 만세시위를 전개하고 4월 3일 창원군 진전면·진북면·진동면의 3개 면이 연합하여 만세운동을 펼쳤다. 이를 흔히 '삼진(三鎭)의거'라 하였다. 이 만세시위는 당시 수원, 선천, 수안의 대 만세시위와 함께 4대 만세시위로 손꼽는 만세시위였다. 진전면에 거주하고 있던 김규현도 이 삼진의거에 참가했다가 일경에 체포되어 1919년 5월 16일 부산지방법원 마산지청에서 이른바 '보안법위반'으로 징역 8월을 받았다. 그는 마산형무소에서 옥고를 치르고 1919년 19월 3일 출옥하였다.

김규현의 대종교 교력은 남아 있는 것이 없다. 다만 성세영의 일기에 1922년 당시 경상북도의 주요 교인으로 기록되어 있을 뿐이다.

[참고 문헌]
『본사행일기』(성세영, 필사본, 1922), 『한민족독립운동사자료집』제55권(국사편찬위원회, 2003) 『국내3.1운동 Ⅱ-남부』(김진호·박이준·박철규, 한국독립운동사편찬위원회, 2009)

평북 선천 출신으로 생몰연대는 분명치 않다. 일찍이 신민회계열 인물들이 중심이 되어 만든 비밀결사 대동청년단에 가입하였다. 김규환을 포함한 대동청년단 구성원들은 후일 대부분이 대종교로 연결되어 그 중심인물로 활동하였다. 김규환은 1912년 같은 고향 사람인 김진호(金鎭浩) 등과 같이 서간도로 망명하여, 환인현(桓仁縣)의 동창학교(東昌學校)에서 후진을 양성하였다. 동창학교는 같은 대동청년단 회원이었던 윤세복이 설립한 대종교계 학교로, 역시 대동청년단원이자 대종교인이었던 이극로·이시열 등도 이곳에서 교편을 잡았다. 김규환이 대종교에 입교한 시기도 이 무렵이다.

1919년에는 국내 3·1독립운동의 소식을 듣고 현익철(玄益哲)·이세항(李世恒)·김석수(金錫壽)·이춘원(李春源) 등과 흥경현(興京縣) 지역의 3백여 조선인을 모아 독립만세운동 분위기를 고취시켰다. 1920년 7월 만주지역 독립군단체가 연합을 도모했을 당시에는 국민회 대표로도 참여하였으며, 1922년에는 본계현(本溪縣)에서 조직된 독립단에서 활동한 기록이 보이고, 1923년에는 관전현(寬甸縣) 향로구(香爐溝)에 근거를 둔 대한통의부에도 가담하였다. 한편 김규

환은 1934년 9월 북평(北平)의 고묘(高廟)에 은거하면서 국내로부터 넘어오는 독립운동 관련 인물들을 암암리에 도운 기록도 나타난다. 김순곤(金順坤)·정희범(鄭熙範)·김탁(金鐸) 등이 봉천(심양)을 경유하여 북평으로 오자, 숙식의 비용 지불과 함께 군관학교 입학을 준비시키기도 했다.

김규환이 교편을 잡았던 동창학교의 분교(老學堂)가 있었던 곳의 유지비(遺趾費)

김규환의 대종교 교력은 환인의 동창학교 시절인 1913년 9월 10일(음력)에 참교의 교질을 받은 것으로 나타난다. 당시 동창학교는 대종교 시교사(施教師)의 자격으로 망명한 윤세복이 중심이 된 학교로, 독립운동의 거점이자 대종교 시교당의 역할과 함께 서간도 대종교 인물들의 회합소이기도 했다. 이원식(李元植) 교장을 비롯하여 박은식·신채호·이극로·이시열·김영숙(金永肅)·김석현(金錫鉉) 등등이 그들이다.

[참고 문헌]
『종문영질』(프린트본, 1922), 『한국독립운동사자료』41(국사편찬위원회, 2005), 『한국독립운동사자료』43(국사편찬위원회, 2007), 『대한민국임시정부자료집』9(국사편찬위원회, 2009)

출신지역과 생몰연대가 불분명한 인물로, 일제의 기록에도 일체 드러나지 않고 있다. 다만 대종교의 기록에 1920년대 중반 영안현 목단강시를 거점으로 활동한 것으로 나타날 뿐이다. 당시 영안현은 대종교 포교의 거점인 동시에 대종교 항일투쟁의 주요 근거이기도 했다.

김근산은 1926년 당시 목단강참(牡丹江站) 한인촌(韓人村)에 거주하며 그의 집을 대종교 단일시교당(丹一施教堂)으로 사용한 인물로, 당시 단일시교당의 전무(典務, 책임자)는 김근우(金槿禹)였으며, 김창선(金昌善)과 구태서(具太書)가 찬무(贊務, 부책임자)를 맡아 26명의 교인들을 거느리고 시무하였다.

이후 김근산은 1937년 8월 24일(음력), 최학수(崔學秀)와 함

께 영안현 목단강시를 관할하는 대종교재만교구경상금수납위원(大倧教在滿教區經常金收納委員)에도 임명되었다. 이 당시 경상급수납위원은 영안현·아성현·하얼빈시·오상현·쌍성현·유수현·신경(新京)특별시·화전현·돈화현·왕청현·화룡현·도문시(圖門市)·연길현·동빈현·동흥현·파언현(巴彦縣)·밀산현·봉천성십간방(奉天省十間方) 등, 만주 전 지역에 임명되었다. 그 중에서도 당시 대종교총본사가 있던 영안현과 총본사가 옮기기 전의 거점이었던 밀산현의 수납위원이 가장 많았다. 참고로 김근산이 영안현 목단강시를 관할할 당시, 영안현 각 지역의 담당자들을 보면 동경성(東京城, 이현익·이창수), 사란진(沙蘭鎭, 이경렬·이경진), 와룡둔(臥龍屯, 전태익), 대목단(大牡丹, 김희영), 신안진(新安鎭, 김선·양현·윤준선), 해림참(海林站, 김영헌), 영안현시내(채오) 등으로, 모두 항일투쟁에 몸담은 인물들이었다.

김근산의 대종교 교력을 살피면, 그 입교 기록이나 교질 사항은 전하지 않는다. 다만 앞의 활동을 감안해 보면 1926년 이전에 이미 대종교에 깊이 관여한 것으로 확인된다.

[참고 문헌]
『대종교보』제115호(1937년), 「大倧教施教堂一覽表(1926年)」,(延边朝鲜族自治州档案馆 全宗号42 目录号1 案卷号343, 和龙县历史档案 和龙县警察所, 令各区查禁韩人设立大倧教堂由, 民国十五年五月十二日)

김근우(金槿禹, 남, 생몰 미상)
아호(별명) _ 김근우(金瑾禹), 김근우(金根禹)
입교 시기 _ 1922년 이전 | **교질** _ 참교

출신지역과 생몰연대가 불분명한 인물로, 1920년 3월 고평·손범철(孫範哲)·김덕현(金德賢)·신원균(申元均)·김희(金熙) 등과 대한군정부(大韓軍政府)의 군정회의원(軍政會議員)으로 참여하여 항일투쟁에 앞장섰다. 대한군정부는 1919년 10월 대종교와 신민회 주도로 대한정의단(大韓正義團)과 대한군정회(大韓軍政會)가 통합 개편된 단체로, 그 해 12월 상해임시정부와의 교감 속에서 대한군정서(大韓軍政署, 북로군정서)로 변경되었다.

이후 김근우는 1924년 4월 23일부터 26일까지 영고탑 대종교총본사에서 각 지역 대표를 소집하여 대종교교우회에도 참여하였다. 당시 김근우는 동지연선지방위원(東支沿線地方委員)으로 목단강 대표로 참석하여 대종교 당면 과제를 논의하게 된다. 당시 주요의제는 1 전(前) 대종교교주 김교헌(1923년 사망)과 고(故) 대종교 동도본사 전리(典理)에 대한 경칭(敬稱) 문제, 2 홍범규제(弘範規制) 개정에 관한 문제, 3 총본사를 용정촌으로 이전하는 문제, 4 교주 선임에 관한 문제 등이었다.

김근우의 대종교 교력을 살피면, 입교 시기나 교질 수여 등에 대한 기록이 남아있지 않다. 그러나 1922년 12월 12일(음력) 참교의 교질로 대종교 동일도본사 관할인 단일시교당(檀一施教堂)의 부책임자[贊務]를 맡은 것으로 보아, 그보다 훨씬 이전에 이미 입교한 것을 확인할 수 있다. 단

일시교당은 화룡현 명신사(明信社) 단촌(檀村)에 소재했으며 전무(典務, 책임자)는 나병수, 김창순은 김근우와 함께 찬무를 맡아 이끌어 갔다. 또한 1923년 1월 2일(음력)에는 단일시교당을 함께 이끌던 나병수 등 13인과 소부계(蘇扶契)를 발기하였다. 소부(蘇扶)란 부여(扶餘)와 같은 이름으로 부여민족의 중흥을 내세웠던 대종교의 정신을 그대로 담은 명칭이었다. 소부계의 주요 목적은, 대종교 교우 간에 친목을 도모하고, 교인 경조사의 상부상조와 대종교 발전에 협찬하는 것이었다. 또한 각시교당에 조직케 하고 회의는 매년 어천절(음력 3월 15일)과 개천절(음력 10월 3일)에 개최하도록 하였다. 참고로 「소부계창기사(蘇扶契創起辭)」는 아래와 같았다.

"대교(大教)의 진리는 미(迷)한 자를 제(濟)하며 각(覺)할 자를 계(啓)하여 인생의 쾌락을 도인(導引)키로 자족하였도다. 그 자체의 포부를 보자! 사위(四圍)의 경우를 살피자! 한울에 계신 신(神)만 만능이 아니오, 네게 있는 신(神)도 본래는 만능이니, 딴 데서 구하지 말고 저마다 진성(眞性)을 통하여 자기 뇌에 있는 제 신(神)을 찾으라 함은, 그 자체의 포부이오, 요사이 염세와 이기와 문약과 미신의 폐는 그 사위(四圍)의 경우라, 어디로 보든지 그는 심후한 체웅(体熊)과 익숙한 솜씨가 있도다. 가로 보든지 세로 보든지 그의 포부는 무한과 무궁이오, 개인으로나 민중으로나 세계로나 그 시적(時適)은 유일과 무이라, 이리 두르고 저리 두르자. 이것도 견주고 저것도 견주어보자 오직 진종(眞倧)의 대도보성(大道寶星)이라. 따라서 우리는 그 사명자로 자처하지 아니치 못할지라. 그러나 어떻게 하면 저 화선(化線)의 길상(吉祥)과 복계(福界)의 광명(光明)을 전인류에게 공(供)할까. 아마 우리 앞에는 산과 물이 있을지오, 눈보라와 어둠의 황량도 있을지니, 미리 차림새가 있어야할 것은 더 말할 바가 아니라, 그 동안 우리는 헐벗은 옷과 붉은 손으로 인하여 노중(路中) 지체는 고사하고 오히려 그 상광(祥光)을 흐림이 많도다. 어찌 이 같은 차림새로 먼 길을 걸으리오. 십년의 광색(光色)이 머지않은 바는 아니로되 오히려 무한보다 비근할지며, 백만의 금액이 적지 않은 바가 아니로되 오히려 없음보다는 차승(此勝)할지라, 누구나 이 점에 대하여 미리 준비가 있어야 할 것은 다시는 바이어니와, 이제 제제 미루다가 지금 현상에 이르렀도다. 그리하여 이번 우리 몇 사람이 아래 수강(數綱)을 나타내고 여러 형제자매의 동성(同聲)을 구하노라."

이후 영안현(寧安縣) 지역으로 옮겨온 김근우는, 1926년 당시 영안현 목단강참(牡丹江站)에 소재한 단일시교당(丹一施教堂)의 전무로도 활동하였다. 단일시교당은 구태서(具泰書)·김창선이 찬무를 맡아 김근우를 도왔다. 김근우는 목단강참 한인촌(韓人村) 김근산(金槿山)의 집에 거점을 두고 26명의 교인과 대종교 포교를 통한 항일 활동에 진력하였다.

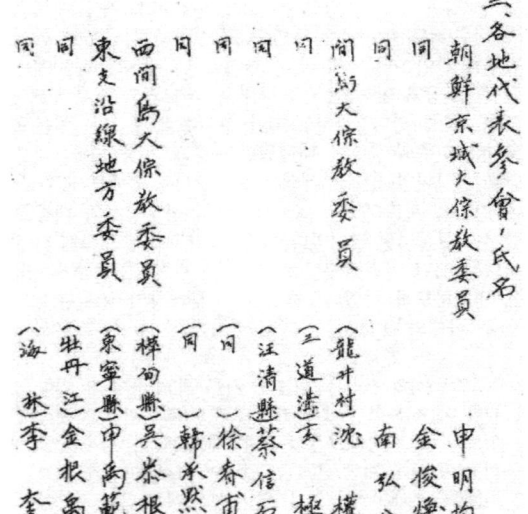

三各地代表參會,氏名
同
朝鮮京城大倧教委員
同
同為大倧教委員
同
同
同
同
西間島大倧教委員
同
東支沿線地方委員

(龍井村)沈道滉玄
二道溝汪清縣蔡信石
同一韓米然
(同一)徐壽市
同一徐奎極樺
(樺甸縣)吳秉根
(東寧縣)申禹範
南金弘煥八
申明俊均
(海林)李根島奎
(牡丹江)金根島

1924년 5월 북만주 영안에서 대종교교우회가 개최되었을 당시 일제의 기록. 각 지역을 대표하는 참석자들의 명단에 김근우는 목단강 대표로 적혀 있다.

[참고 문헌]
『대종교교보』제56호(1922년)·제57호(1923년), 『대종교중광육십년사』(대종교총본사, 1971), 「大倧敎施敎堂一覽表(1926년)」(延边朝鲜族自治州档案馆 全宗号 42 目录号1 案卷号343, 和龙县历史档案 和龙县警察所, 令各区查禁韓人設立大倧敎堂由, 民國十五年五月十二日), 「間島 不逞鮮人 團體와 그 動靜에 관한 調査書의 件」(不逞團關係雜件-朝鮮人의 部-在滿洲의 部16, 機密 제14호, 한국사DB, 국사편찬위원회), 「寧古塔에서 大倧敎 敎友會 開催 狀況에 관한 건」(不逞團關係雜件-朝鮮人의 部-在滿洲의 部39, 機密受제144호-機密제136호, 한국사DB, 국사편찬위원회)

김기서(金箕瑞, 남, 생몰 미상)
입교 시기_1923년 이전 | 교질_미상

출신지역과 생몰연대가 알려지지 않았다. 일제의 기록에도 현재 드러나 있는 것이 없다. 다만 대종교단 내의 기록에만 전해지는 인물이다. 김기서는 1923년 1월 23일(음력) 대종교 동일도본사가 관할하는 농일시교당(農一施敎堂)의 찬무(贊務, 부책임자)에 임명된다. 농일시교당은 혼춘현 순의사(純義社) 농막동(農幕洞)에 소재한 시교당으로, 서종영(徐鍾永)이 전무(典務, 책임자)를 맡고 강주형(姜周衡)이 김기서와 찬무를 맡아 이끌었다. 김기서의 대종교 입교 기록이나 교질 사항 역시 불분명하다.

[참고 문헌]
『대종교교보』제57호(1923년), 『대종교중광육십년사』(대종교총본사, 1971)

김기석(金基碩, 남, 생몰 미상)
입교 시기_1922년 이전 | 교질_미상

경상북도 의성군 점곡면(點谷面) 서변리(西邊里, 沙村) 출신으로, 생몰연대가 확실치 않다. 1933년 12월 재동경의성군인회(在東京義城郡人會) 대표로 이름을 올린 것을 보아, 일본으로 건너가 활동한 인물이다. 재동경의성군인회는 재일한국인 민족주의계 단체로 1935년 11월 5일에는 기관지 『의우지(義友誌)』를 창간하지만, 창간 당시부터 발매가 금지되었다. 김기석의 대종교 교력 역시 대종교단 내에는 남아있는 것이 없다. 다만 경상북도 성주 사람인 성세영의 일기에 1920년대 초 경상도 지역 주요 교인으로 기록되어 있을 뿐이다.

[참고 문헌]
『본사행일기』(성세영, 필사본, 1922), 「在日韓國人民族主義系團體一覽表(1933년12월末現在)」(국사편찬위원회, 『일제침략하한국36년사』10, 1975)

김기순(金基順, 남, 생몰 미상)
입교 시기_1922년 | 교질_미상

출신지역과 생몰연대가 확인되지 않는다. 청산리·봉오동 전투의 패전에 대한 보복으로 일제가 경신대토벌을 감행하자, 많은 독립군들이 상황을 피해가기 위해 귀순자 명단에 이름을 올린다. 김기순 역시 국민회 계열의 항일투사로 무기은닉의 역할을 했으며, 1921년 1월 지인사(志仁社) 지역의 귀순자 명단에 올라있다. 김기순의 대종교 교력은 1922년 12월 26일(음력) 김창만(金昌萬)·한재호(韓在鎬)·한석동(韓錫東) 등의 항일투사들과 영계를 받은 것으로 나타나나, 구체적 교질 사항은 확인할 수가 없다.

[참고 문헌]
『대종교교보』제56호(1922년), 「歸順者 名簿 送付의 건」(不逞團關係雜件-朝鮮人의 部-在滿洲의 部26, 秘受1848호-機密제4호, 한국사DB, 국사편찬위원회)

김기제(金岐濟, 남, 생몰 미상)
입교 시기_1922년 | 교질_미상

출신지역과 생몰연대가 불분명하다. 다만 김기제가 1930년대 후반 평안북도 창성군 동창면에 있는 『동아일보』 대유동(大楡洞) 지국의 기자를 맡은 것으로 보아 그 지역 출신일 가능성이 높다. 김기제는 1922년 7월 19일(음력), 국내 독립운동가 최양희(崔養憙)·김선진(金善鎭)·이순용(李淳鎔)·이문재(李文載) 등등과 대종교 남도본사의 시선(試選)

으로 대종교 영계를 수여 받았다. 그 역시 항일투쟁과 연관된 인물일 가능성을 짙게 해 준다. 그러나 그의 대종교 교질 사항은 남아있는 것이 없다.

[참고 문헌]
『대종교보』제55호(1922년), 『동아일보』1938.3.9.

김기중(金基中, 남, 생몰 미상)
입교 시기 _ 1922년 이전 | 교질 _ 미상

경상북도 안동시 예안면 오천리(烏川里) 출신으로 생몰연대는 확실하지 않다. 김기중은 항일비밀결사인 대동단(大同團)에 가입하여 활동한 인물이다. 대동단은 전협(全協)·최익환(崔益煥) 등이 전민족의 대동단결을 표방하며 1919년 3월말 서울에서 결성한 독립운동단체로, 조선민족대동단으로 칭해진 단체다.

대동단의 대표적 활동은 의친왕 상해 망명 거사라 할 수 있다. 김기중은 당시 대동단의 동지인 나창헌(羅昌憲)·한기동(韓基東)·동창률(董昌律)·이재호(李在浩)·정남용(鄭南用)과 모의하여 의친왕의 상해 망명 계획을 실행하였다. 그러나 도중에 일경에게 탐지되어, 만주 안동까지 탈출했던 의친왕 일행이 체포되었다. 이에 대동단 본부의 상하이 이전과 제2의 독립만세시위는 실패했으며, 대동단의 조직 또한 파괴당하고 말았다.

김기중의 대종교 교력에 대한 대종교단 내부의 기록은 남아있는 것이 없다. 다만 1922년에 기록된 경상북도 성주 사람인 성세영의 일기에는 1920년대 초 경상도 지역 대종교 주요 교인으로 올라 있다.

[참고 문헌]
『본사행일기』(성세영, 필사본, 1922), 『동아일보』1920.6.29·30, 7.12, 「李堈公事件」(不逞團關係雜件 朝鮮人ノ部 在內地 九, 高警第33431號;秘受13691號, 한국사DB, 국사편찬위원회), 『한민족독립운동사자료집』5(국사편찬위원회, 1988)

김기철(金基哲, 남, 생몰 미상)
입교 시기 _ 1918년 | 교질 _ 참교

대종교계 사회주의(공산주의) 운동가로, 출신 지역과 생몰 연대가 확실하지 않다. 1926년 5월 동흥학교 재학시절 "회원 상호 간의 친목과 함께 덕성의 함양·지식의 계발·신체의 단련"을 목적으로 결성된 재간도노령류학생친목회(在間島露領留學生親睦會) 집행위원으로 참여하였다. 이 단체는 동흥학교 학생이 주축이 된 모임으로 은진학교·영신학교·명신학교 학생들도 동참하였다. 이어 1926년 6월 북간도 지역 독서회(讀書會)가 구성될 당시는 그 모임의 간부로도 활동한다. 신사상 및 문화의 보급을 목적으

로 구성된 이 단체는, 회장에는 김우근(金宇根)과 간부는 김기철과 더불어 정성기(鄭成基)·조병삼(趙秉三)이었다. 그 지도를 맡은 동흥학교 교사들의 영향으로 사회주의 성향을 강하게 드러냈다.

이후 김기철은 사회주의 운동에 보다 적극적으로 참여하였다. 1926년 10월 7일에 북간도 용정촌 간도극장(間島劇場)에서 개최된 제1회 동만청년총연맹의 임시총회가 그 계기가 되었다. 김기철은 그 회의에서 동만청년총연맹(東滿靑年總聯盟)의 전행위원(專行委員)과 집행위원(執行委員)을 맡아 사회주의 운동에 앞장섰다. 이어 1927년 5월 16일 당시 경성 조선기독교청년회관에서 열린 조선사회단체중앙협의회 창립대회에서는 북간도 동만청년총연맹 대표로 주주희(朱珠熙)·이주화(李周和)와 참석하여 그 위상을 보였으며, 1927년 6월 17일에 열린 조선청년총동맹의 집행위원회 간담회에도 참여하여 전진택(全振澤)·이주화(李周和)와 함께 만주지역 중앙집행위원으로 선출되었다. 이 간담회에서는 서면대회(書面大會)를 통하여 현재의 규약을 전부 개정하고 종전의 무산계급적 청년운동으로부터 전민족적 청년운동으로 전선을 확대시키기로 하결의하였다. 또한 조직형태도 근본적으로 개조하여 각 면에는 지부, 각 리에는 반을 설치하여, 위로 각 도에는 도연맹을 설치하는 중앙집권적 조직을 하기로 하였다.

김기철의 구체적 대종교 활동은 전하지 않는다. 다만 대종교의 『종문영질(倧門榮秩)』에는 그가 1918년 7월 29일(음력) 참교의 교질을 받았음이 적혀 있다.

[참고 문헌]
『종문영질』(프린트본, 1922), 『동아일보』1927년 6월 20일·8월 14일자, 「在間島露領留學生親睦會に關する件」(外務省文書課受 第512號, 不逞團關係雜件-朝鮮人の部-在滿洲の部42, 한국사DB, 국사편찬위원회), 「間島 및 琿春地方 朝鮮人の結社團體調査報告に關する件」(外務省文書課受 第627號, 不逞團關係雜件-朝鮮人の部-在滿洲の部43, 한국사DB, 국사편찬위원회), 「在間島思想團體の行動と共産主義 宣傳員の活動に關する報告」(外務省文書課受 第985號, 不逞團關係雜件-朝鮮人の部-在滿洲の部43, 한국사DB, 국사편찬위원회), 「조선사회단체중앙협의회 창립대회 개최상황 및 집회금지에 관한 건」(警高秘 제2502호의 1, 思想問題に關する調査書類 3, 한국사DB, 국사편찬위원회)

김낙구(金洛龜, 남, 1894-?)
아호(별명) _ 김정식(金鼎植)
입교 시기 _ 1910년대 | 교질 _ 미상

경상북도 의성군 비안면(比安面) 용천동(龍川洞) 출신이다. 일찍이 서간도로 넘어가 항일투쟁에 몸담은 인물로 추정되지만, 어느 시기에 넘어갔는지는 확인되지 않는다. 김낙구는 1919년 3·1운동 후 항일기관인 대한정의단임시군정부(大韓正義團臨時軍政府) 안도현(安圖縣) 내도산(內島山)에서 조직될 당시 검사과장을 맡았다. 이 단체를 주도 인물은 한말에 의병운동을 전개했던 이규(李圭)·강희(姜熙)·이동주(李東柱)·조동식(趙東植) 등이었다.

김낙구에 대한 일제의 기록에는 1919년 7월 집안현 납자

구독립단(拉子溝獨立團)의 총무장(總務長)으로 활동한 기록이 발견되며, 그 해 10월에는 안도현에서 금전과 곡식을 모으는 등의 독립운동 준비 작업을 진행하였다. 당시 조동식(趙東植)를 비롯한 최재용(崔載容)·박윤희(朴允凞)·엄홍구(嚴洪龜) 등 10여명이 김낙구와 함께 한 기록이 전한다. 김낙구의 대종교 교력은 대종교단 내에는 전하는 것이 없다. 다만 경상북도 성주 사람 성세영의 일기에 1910년대 경상도 지역 대종교 주요 교인으로 올라 있을 뿐이다.

[참고 문헌]

『본사행일기』(성세영, 필사본, 1922), 「독립운동에 관한 건」(不逞團關係雜件-朝鮮人의 部-在西比利亞8, 顯密 제5858호, 한국사DB, 국사편찬위원회), 「國外情報」(不逞團關係雜件-朝鮮人의 部-在滿洲의 部12, 高警 제28506호, 한국사DB, 국사편찬위원회), 『조선민족운동연감』(국사편찬위원회, 『대한민국임시정부자료집』별책2, 2009)

김낙용(金洛容, 남, 1861-?)
입교 시기_ 1918년 | 교질_ 참교

김낙용

평안북도 구성군(龜城郡) 출신으로 성격이 강직하고 늘 근검소박에 앞장 선 인물이다. 세간에는 오산학교의 기반을 다진 숨은 공로자로 많이 알려져 있다. 김낙용은 오산학교 초창기의 경영에 있어, 조만식(曺晩植)·조시연(趙始淵)·승계련(承啓璉)과 함께 그 토대석이 되었다. 일찍이 강명의숙로 설립된 오산학교가 1907년 11월 20일 경세사정으로 위기에 처하자 기꺼이 재산을 모아 소생시켰다. 또한 1911년 1월 16일 오산학교가 절체절명의 위기에 처했을 때도 각고의 재생 노력을 기울인 장본인이다. 한편 1926년대 구성군 이현면장(梨峴面長)으로도 재직하며, 지역 사람들의 자립과 경제생활 향상에도 적지 않은 노력을 하였다. 김낙용의 대종교 교력을 보면, 1918년 8월 15일(음력) 중광절(重光節)에 참교의 교질을 받았으나, 그 구체적 행적은 전하지 않다.

[참고 문헌]

『종문영질』(프린트본, 1922), 『매일신보』1926년 4월 5일자, 『동아일보』1938년 11월 11일, 『삼천리』제7권 제10호

김난수(金蘭秀, 남, 생몰 미상)
입교 시기_ 1910년대 | 교질_ 미상

경상북도 안동군 풍북면(豊北面) 오미동(五美洞) 출신으로, 생몰연대가 불분명하다. 김난수는 일찍이 하와이로 건너가 독립운동의 뜻을 펼친 인물이다. 1921년 10월 23일 하와이 동포 850명이 모여 대조선국민대표기성회(大朝鮮國民代表期成會)를 조직에 중추 역할을 한 것이 그 대표적 사례다. 국민대표기성회는 3.1운동 이후의 각 단체가 분열하는 것을 통탄하며, 우리의 독립을 위하여 통일된 최고의 독립운동기관을 만드는 것을 기치로 삼았다.

대조선국민대표기성회는 회장에 황사용(黃思溶), 부회장에 신홍균(申洪均), 총무에 조병요(趙炳堯), 재무에 강영효(姜英孝), 서기에 김진세(金鎭洗) 등을 선출하고, 김난수 역시 임준치(林準治)·정두옥(鄭斗玉)·주명근(朱明根)·이상호(李尙浩)·최두옥(崔斗玉)·이종홍(李鍾洪)·유동면(柳東勉)·함삼녀(咸三汝)·남세윤(南世允)·이선일(李善一)·백운택(白運澤) 등과 위원을 맡아 참여하였다. 당시 국민대표기성회가 선언서에서 내세운 목적은 다음 세 가지였다.

1. 본 국민대표기성회는 해내외에 산재한 우리 민족의 난국을 수습하여 최고기관을 완성하기 위하여 성립하였다
2. 국민대표기성회의 자격은 대조선민족의 혈통으로 절대독립운동에 대하여 물질과 생명을 받치는 자일 것
3. 국민대표기성회는 국민대표회가 통일적으로 초집되는 날까지로 함

김난수의 대종교 교력은 성세영의 일기에만 전할 뿐, 대종교단 내에는 남아있지 않다. 1922년에 기록한 그 일기 속에는 김난수가 경상도 지역 대종교 주요 교인으로 적혀 있다. 그가 하와이로 건너간 시기 역시 불분명하지만, 건너가기 전에 이미 입교한 듯하다.

1921년 10월 하와이에서 발표된 '대조선국민대표기성회선언서'의 日文 내용. 뒷부분 기성회 위원의 명단에 金蘭秀가 올라 있다.

[참고 문헌]

『본사행일기』(성세영, 필사본, 1922), 「在布哇獨立團 狀況에 관한 건」(不逞團關係雜件-朝鮮人의 部-在歐米5, 高警 제28589호 電受 12518호, 한국사DB, 국사편찬위원회), 『한국독립운동사자료』3(국사편찬위원회, 1983)

김남덕(金南德, 남, 생물 미상)
입교 시기_ 1937년 이전 | 교질_미상

출신지역과 생물연대가 불분명하다. 뒤 늦게 대종교에 입문하여 조선의용대를 중심으로 활동한 인물이다. 조선의용대는 1938년 민족혁명당의 김원봉을 중심으로 만들어진 군사조직으로, 1942년 조선의용군의 모태가 되었다. 당시 일부 대원은 한국광복군의 제1지대로 개편·흡수되기도 했는데, 김남덕은 김두봉·김원봉·류자명·한지성·김학무·이달 등과 조선의용대의 주요 대원으로 활동하였다. 김남덕의 대종교 교력은 1937년 중광절(음력 1월 15일)에 영계를 받은 것으로 나타나지만, 그의 대종교 교질 사항에 대해서는 전하는 것이 없다. 김남덕이 영계를 받은 곳은 대종교 동이도본사(東二道本司) 관할인 신일시교당(信一施教堂)이었다. 이 교당은 당시 대종교의 거점이자 사회주의 운동의 본거였던 영안현 신안진촌(新安鎭村)에 개설된 교당으로, 교주 윤세복의 정성이 남다른 곳이었다.

[참고 문헌]
『대종교보』제113호(1937년), 『대종교중광육십년사』(대종교총본사, 1971), 『朝鮮獨立運動』II (金正明, 原書房, 1967)

김남식(金南植, 남, 생물 미상)
입교 시기_ 1926년 이전 | 교질_미상

경성 출신으로 생물연대는 불분명한 인물이다. 1920년대 초 이미 상해 지역 주요 인물로 자리 잡았음을 볼 때, 1910년대에 상해로 건너갔을 가능성이 크다. 상해 시절 기호파(畿湖派)로 분류되어 활동하면서, 공공기차공사(公共汽車公司)의 합승자동차 차장 감독을 맡으며 경제 활동에도 수완을 보였다.
김남식은 1921년 12월 초에 상해 지역 한인동맹저축회(韓人同盟貯蓄會)에 참여하여 활동하였다. 이 조직은 상해임시정부를 지원하기 위해 만들어진 단체로, 실업(實業)에 뜻을 가진 대한민국 동포를 규합하여 저축을 장려하고, 그것을 기반으로 장래 식산흥업하는 것을 목적으로 하였다. 당시 옥성빈(玉成彬)·옥관빈(玉觀彬)·박진우(朴鎭宇)·옥홍빈(玉洪彬)·선우훈(鮮于燻)·박영세(朴榮世)·구세오(具世吾)·진대균(秦大均) 등이 김남식과 함께 하였다. 이후 김남식은 1922년 8월 국민대표회 반대선언서에도 이름을 올렸고, 1924년 10월에는 청년동맹회(靑年同盟會)에 참여하여 활동하기도 했다. 청년동맹회는 15세부터 35세까지의 일반 청년 남녀의 혁명적 정신을 고취하고 단합된 행동을 훈련하여 민족적 독립을 완성하자는 목적을 지닌 단체였다.
1925년 1월에는 임시정부의 기호파 인물들인 김구·조완구·윤기섭·정태희(鄭泰熙)·김우진 등이 조직한 한혈단(韓血團)에도 가입하여 활동했다. 이 단체는 상해 지역 기호파 비밀단체로, 밀정이나 친일부호들의 암살을 계획한 결사체였다. 당시 김남식과 함께 한 중심인물들로는 김무동(金武東)·김노원(金魯源)·차영호(車榮鎬, 陳一秀)·박정철(朴正哲)·김의한(金毅漢)·김가진(金嘉鎭)·박정철(朴正哲)·임인순(任仁淳)·장의주(張儀柱)·이화천(李花天)·최경희(崔景輝)·임긍호(林兢鎬) 등이 있었다.
김남식의 대종교 교력을 보면, 그의 입교 기록이나 교질 수여 사항은 전하지 않는다. 다만 1926년 당시 대종교 서이도본사(西二道本司) 관할인 호광시교당(滬光施教堂)의 부책임자[贊務]로 임명된 기록이 남아 있다. 호광시교당은 상해 프랑스조계인 애인리(愛仁裡)에 있었으며, 책임자[典務]는 김병오(金炳傛)였고 조영원(趙永元)이 부책임자로 활동하였다. 또한 이 두 사람이 의열단과 신민부에서 활동했던 인물임이 주목된다.

중국 화룡당안관에 소장된 1926년 당시의 대종교문서 중의 일부. 대종교 西二道本司 관할 아래 부분에 金南植이 적혀 있다.

[참고 문헌]
『大倧教施教堂一覽表(1926年)』(延边朝鲜族自治州档案馆 全宗号42 目录号1 案卷号343, 和龙县历史档案 和龙县警察所, 令各区查禁韩人设立大倧教堂由, 民国十五年五月十二日), 「韓人同盟貯蓄會 組織에 관한 件」(不逞團關係雜件·鮮人의 部-在上海地方3, 機密 제171호, 한국사DB, 국사편찬위원회), 「鮮人靑年同盟會 總會狀況에 관한 件」(不逞團關係雜件·鮮人의 部-在上海地方5, 機密 제176호, 한국사DB, 국사편찬위원회), 「在上海 畿湖派 不逞鮮人이 組織한 韓血團에 관한 件」(不逞團關係雜件·鮮人의 部-在上海地方5, 高警 제460호, 한국사DB, 국사편찬위원회), 『한민족독립운동사자료집』46(국사편찬위원회, 2001)

김노극(金魯極, 남, 생몰 미상)
입교 시기_ 1923년 이전 | 교질_ 미상

출신지역과 생몰연대가 알려지지 않았다. 일제의 문서에는 드러나지 않고 대종교단의 내부 기록에만 언급되는 인물이다. 1923년 6월 23일(음력) 대종교 동이도본사(東二道本司)가 관할하는 용일시교당(勇一施敎堂)의 찬무(贊務)에 임명된 기록이 있다. 찬무란 시교당의 책임자인 전무(典務)를 도와 부책임을 맡는 직책이다. 용일시교당은 당시 항일투쟁의 주요 거점이었던 혼춘현 용지향(勇智鄕)에 소재했으며, 당시 전무는 황용섭(黃龍涉)이었고 또 다른 찬무는 채규룡(蔡奎龍)이었다.

[참고 문헌]
『대종교보』제58호(1923년), 『대종교중광육십년사』(대종교총본사, 1971)

김노흠(金魯欽, 남, 생몰 미상)
입교 시기_ 1922년 이전 | 교질_ 미상

대종교단 내의 일부 기록 외에는 발견되지 않는 인물이다. 출신지역과 생몰연대 역시 확인하기 힘들다. 1922년 7월 24일(음력) 대종교 북일도본사가 관할하는 삼성시교당(三成施敎堂)의 찬무에 임명되었다. 삼성시교당은 북만주의 부여현 삼가자진(三家子鎭)에 소재한 시교당으로, 당시 책임자[典務]는 이시행(李時行)이었으며 신형규(辛亨奎)가 시교원(施敎員)을 맡아 활동하였다. 이후 김노흠은 같은 해 12월 23일(음력) 대종교 북일도본사의 추천으로 이시행·류원우(柳遠佑)·신형규 등과 영계를 수여받았지만, 그 외의 교질 사항은 확인할 수가 없다.

[참고 문헌]
『대종교보』제56호(1922년), 『대종교중광육십년사』(대종교총본사, 1971)

김달흠(金達欽, 남, 생몰 미상)
입교 시기_ 1922년 이전 | 교질_ 미상

경상북도 예천군 감천면(甘泉面) 출신으로, 생몰연대는 확인되지 않는다. 1918년 조선총독부관보에 의성지역의 김달흠이 연초경작면허증(煙草耕作免許證)이 무효가 된 광고가 실려 있다. 이로 보아 김달흠이 1910년대 의성군을 중심으로 연초경작(煙草耕作) 사업을 벌인 인물임을 알 수 있다. 김달흠의 대종교 교력에 대한 종단 내에는 기록은 남아 있는 것이 없다. 다만 경북 성주 사람인 성세영이 기록한 일기에, 1922년 이전 경상도 지역 대종교 주요교인으로 김달흠이 올라 있다.

[참고 문헌]
『본사행일기』(성세영, 필사본, 1922), 『조선총독부관보』제1707호(1918년 4월 13일)

김덕룡(金德龍, 남, 1892-?)
입교 시기_ 1918년 | 교질_ 참교

함경북도 경흥 출신으로 대한군정서(북로군정서) 경신분국 제10과장을 지낸 인물이다. 청산리전쟁 이후 일제의 대토벌이 대대적으로 전개되자, 연길현 상의향(尙義鄕)에 거주하면서 거짓 귀순으로 일제의 눈을 피했다. 청산리전쟁 이후 많은 대종교계 독립운동가들이 거짓 귀순으로 일제의 예봉을 피해 활동하던 시대였다. 이후 김덕룡은 러시아 지역으로 이동하여 암약하면서 용정 지역 독립운동가들과도 꾸준히 연락을 취하였다. 그리고 다시 과거 북로군정서의 근거지였던 왕청현(汪淸縣) 춘명향(春明鄕)으로 들어와 움직이다가. 1926년 5월 일제에 의해 검거되었다. 일제의 문서 '5월중 간도지방 불령선인 검거상황표'에도 청산리전쟁 이후 러시아로 피신했던 김덕룡이 왕청향 춘명향에서 잡혔다고 적혀 있다. 왕청현 춘명향 서대파구(西大坡溝)는 북로군정서의 사령부가 이었던 곳이며 사관연성소 역시 그곳에 있었다. 한편 1930년대 공산주의 운동과 관련하여서도 김덕룡이란 인물이 여러 번 등장하지만, 동일인인지는 확실하지 않다. 김덕룡의 대종교 교력을 보면, 1918년 11년 26일(음력) 참교의 교질을 받음이 확인됨을 볼 때, 북로군정서 성립 이전에 이미 대종교에 몸을 담았을 알 수 있다.

[참고 문헌]
『종문영질』(프린트본, 1922), 「本館 政治犯 自首 申告 受理 名簿 送付」(不逞團關係雜件-朝鮮人의 部-在滿洲의 部27, 秘密4810호-機密제177호, 한국사DB, 국사편찬위원회), 「大正十五年 一月 間島(琿春縣을 包含) 및 接壤地方 治安情況에 關한 報告」(不逞團關係雜件-朝鮮人의 部-在滿洲의 部42, 外務省文書課受 第156號, 한국사DB, 국사편찬위원회), 「大正十五年 五月中 間島(琿春縣을 包含) 및 接壤地方 治安情況」(不逞團關係雜件-朝鮮人의 部-在滿洲의 部43, 外務省文書課受 第***號, 한국사DB, 국사편찬위원회)

김덕진(金德鎭, 남, 생몰 미상)
아호(별명)_ 김탁(金鐸), 동성(東醒)
입교 시기_ 1922년 | 교질_ 미상

출신지역과 생몰연대가 불분명하다. 다만 그가 상해에서 유호청년회(留滬靑年會)를 중심으로 활동한 것으로 보아 기호지방 출신일 것으로 추정된다. 김덕진의 본명은 김탁(金鐸)으로 청양 출신의 의병 김덕진(金德鎭, 1964-1947, 애국장)과는 동명이인이다. 일찍이 상해로 건너가 신규식·홍명희 등 대종교 인물들과 교류하며 활동하였다.

그는 1914년 단정(檀庭) 김진용(金晉鏞), 벽초 홍명희, 지산(芝山) 정원택(鄭元澤) 등과 독립운동의 자금기반 조성을 위해 남양군도 지역을 주유한 인물이다. 김덕진 등은 싱가포르를 중심으로 말레이반도 전역을 돌아다니며 현지의 중국계들과 접촉하였다. 특히 김덕진은 1916년 6월 자바섬까지 방문하는 열정을 보이기도 했다. 한편 김덕진 일행이 남양군도로 갈 수 있었던 것은 당시 상해에서 한인들을 돌봐주고 있었던 예관 신규식의 도움이 매우 컸다.

이후 1922년 6월에는 임시정부 의정원의 문제를 해결하기 위해 경기·충청도 출신들이 모여 발기한 유호청년회(留滬靑年會)에도 가담하였다. 김덕진은 이 단체에서 시국연설회를 개최할 당시, 김상옥·서영환(徐永煥)·김용철(金容喆)·이규정(李圭廷)·이기룡(李起龍)·손수식(孫壽植)·채희창(蔡熙昌)·변지명(卞志明) 등과 발기인 대표로 참여하기도 했다. 또한 이 시기 각 독립운동단체의 지도자들이 국민대표회의 소집 문제를 포함하여 몇 가지 현안 문제를 해결하기 위해 조직한 시사책진회(時事策進會)에도 이름을 올렸다. 이 단체의 회원은 김덕진을 비롯하여 대한민국 임시정부 및 독립운동 단체의 주도적 인물들로, 안창호·이동녕·조소앙·남형우·김구·신익희·여운형 등등이 참여하였다.

김덕진은 1910년대 초반부터 대종교와 긴밀히 연결되었을 것으로 추정되지만 당시의 기록은 전하지 않는다. 그의 교력이 기록으로 남아있는 시기는 1922년이다. 이 해 9월 6일(음력) 대종교 서이도본사 관할 호광시교당(滬光施敎堂)의 부책임자[贊務]로 임명된 것이 그것이다. 호광시교당은 상해 복주로(福煦路) 애인리(愛仁里)에 소재했으며, 당시 책임자[典務]는 민제호(閔濟鎬)였고 김덕진과 부책임자를 맡은 인물이 신건식(申建植)이었다.

김덕진이 남양군도 외유 중일 당시 찍은 사진. 왼쪽부터 정원택, 김덕진, 김진용, 홍명희

[참고 문헌]

『대종교보』제55호(1922년), 『대종교중광육십년사』(대종교총본사, 1971), 「京畿, 忠淸道出身者 發起의 時局演說會 狀況에 관한 件, 不逞團關係雜件—鮮人의 部—在上海地方4, 機密 제200호, 한국사DB, 국사편찬위원회), 「時事策進會 組織內容의 件, 不逞團關係雜件—鮮人의 部—在上海地方4, 公信 제505호, 한국사DB, 국사편찬위원회), 『지산외유일지』(정원택, 탐구당, 1983)

김도은(金島隱, 남, 생몰 미상)
입교 시기_1914년 이전 | 교질_미상

출신지역과 생몰연대가 불분명한 인물이다. 다만 1914년 6월 9일(음력) 대종교지도자 호석(湖石) 강우(姜虞)가 백두산 봉심(奉審)을 떠날 당시, 심근(沈槿)·방성룡(方成龍)·최백은(崔白隱)과 함께 시봉(侍奉)한 것으로 보아 그 시기 만주 청파호(靑波湖) 지역의 대종교 중심에 있었음을 확인할 수 있다. 또한 도은(島隱)이라는 이름 역시 대종교의 교호(敎號)일 가능성이 크지만, 그 호를 가진 대종교 인물 역시 확인되지 않는다. 김도은 일행은 강우를 중심으로 3일간을 단식·재계하고 하늘을 섬기는 한 마음 한 뜻으로 하느님(上帝)께 맹세하였는데, 강우는 왼 팔에 천(天)자, 가슴에는 일(一)자를 그어 천일(天一)의 피를 내어서 혈서로 하늘에 기도하였다.

[참고 문헌]

『호석선생문집』(독립운동사편찬위원회, 『독립운동사자료집(문화투쟁사자료집)』12, 1977), 「호석 강우의 사상관」(김동환, 『국학연구』제18집, 국학연구소, 2014)

김도익(金道益, 남, 1892-?)
입교 시기_1910년 | 교질_참교

평안북도 의주 출신이다. 일찍이 대종교에 입교하여 언론에 종사하며 신간회 활동에도 몸을 담았다. 초창기 태극학회의 활동도 나타남을 볼 때 일본유학생 출신으로 추정된다. 태극학회는 '대조선 일본유학생 친목회'에 이은 두 번째 일본유학생회로 주로 평안도와 황해도 출신이 중심이 되어 조직한 유학생 단체였기 때문이다.

1920년대 이후에는 주로 서간도 안동현(安東縣, 지금의 단동)의 『동아일보』 분국(分局)을 중심으로 분국장이나 기자로 활동했다. 안동현 분국은 신의주지국의 분국이었다. 1928년 1월 20일 신간회 신의주지회가 설립될 때에는 백용구(白溶龜)·박은혁(朴殷赫)·송창엽(宋昌燁)·안병진(安秉珍) 등 11인과 간사를 맡았다. 당시 신의주지회 회장과 부회장에는 박영휘(朴榮徽)와 박립(朴立)이 선출되었다. 신의주지회는 설립 당일 임시대회를 열고, 조선인의 언론·집회·결사·출판 등 자유획득 운동의 촉성, 동양척식회사 등의 이민정책의 반대, 모든 악법의 철폐, 감옥제도의 개선, 일체 가혹한 세금의 철폐, 조선인 본위의 산업정책 확립, 노동자·농민의 금융기관 설치 등, 무려 30여 가지의 요구사항을 결의하였다. 또한 이 시기 김도익은, 재만동포가 추방당하는 문제를 논의하기 위해 열린 만주조선인대회에 재만동포 퇴거문제 대책 안동강구회(安東講究會)의 대표로 참여하여 재만조선인의 권리와 안정을 위해 적극 노력하였다. 이 회의에서 현실만이 아니라 장래의 문제까지 해결키 위하여 중국과 함께 일제에 공동으로 대응하자는 취지를 내세웠다. 중국인들과 우의적으로 악수하여 일제에 대항하자는 취지였다.

1930년대 들어서는 안동 지역 노동조합에도 참여하여 총무를 맡아, 그 지역 조선인의 노동인권을 보호하고 증진시키기 위해 노력했다. 나아가 김도익은 1935년 9월 10일에 열린 안동현 조선인체육회 창립회의의 사회를 맡아 전체를 이끄는가 하면, 김동주(金東周)·고유문(高有文)과 함께 감사로도 참여하였다. 이후 이 체육회 행사 때에는 김도익이 앞장서서 안동현에 소재로 우리글로 발행되는 신문지국들이 적극 후원을 하도록 유도하였다.

김도익의 대종교 교력은 1911년 중광절(음력 1월 15일)에 이미 참교의 교질을 받은 기록이 있다. 그의 입교 시기가 그 이전으로 올라감이 확인된다. 또한 같은 날 참교의 교질을 받은 인물들이 백순(白純)·조완구(趙琬九)·류근(柳瑾)·김원식(金遠植)·현천묵(玄天默) 등과 같이, 대종교 초창기의 핵심들이라는 점도 주목된다. 김도익 역시 당시 대종교에서 상당한 비중을 차지한 인물임을 알 수 있다. 이어 김도익은 같은 해 2월 19일(음력) 윤병호(尹炳浩)와 함께 시교사(施敎師)로 임명되어 대종교 포교의 일선으로 나섰다.

[참고 문헌]
『倧令』제3호(1911년), 『종문영질』(프린트본, 1922), 『태극학보』제19호(1908년 03월 24일), 『동아일보』 1928. 3. 2., 1935. 4. 2., 『중외일보』 1928. 1. 16., 『조선일보』 1928. 1. 27., 『매일신보』 1935. 9. 13., 『조선중앙일보』 1935. 11. 26.

김도일(金道逸, 남, 생몰 미상)
입교 시기_ 1923년 | 교질_ 미상

러시아 블라디보스토크의 유민 출신으로 생몰연대는 알려지지 않았다. 김도일은 블라디보스토크에서 성장한 이후, 러시아 공사관의 통역으로 조선에 온지 수개월 만에 고종황제의 눈에 들어 특사가 된 인물이다.

1896년 5월 26일에 거행된 러시아 니콜라이 2세 대관식에, 민영환이 조선 축하사절로 파견될 때 러시아어 통역관으로 동행하였다. 당시 축하사절단의 구성을 보면 민영환을 특명전권공사로 하여 윤치호·손희영(孫喜永)·김득련(金得鍊)·김도일(金道逸)·스테인(Evgenii Fedorovich Stein) 등 6명이었다. 민영환은 황제의 친서를 받들고 가는 대표였으며, 윤치호는 학부협판으로 영어통역을 담당하였다. 또한 민영환의 비서였던 김득련은 2등 참서관(參書官)으로 중국어 통역을, 김도일은 3등 참서관으로 러시아어 통역을 맡았다. 그리고 손희영은 수행원으로, 러시아공사관에서 파견한 스테인은 안내인으로 참가하였다. 그러나 통역으로 동행한 3인 가운데 김득련과 김도일의 능력은 기대 이하였다. 특히 김도일은 한문은 물론 한글도 읽을 줄 몰랐으며 한국어 어휘 구사 역시 초보적 수준에도 못 미쳤다 한다. 블라디보스토크에서 나고 자라 국내에서의 생활이 전무했던 그의 생장 배경과 무관치 않았다.

한편 이 시기의 국내 정세는 아관파천(俄館播遷)이 진행되

던 때였다. 1896년 2월 11일부터 다음해 2월 25일까지 이어진 아관파천은 조선의 고종과 왕세자 순종이 을미사변 이후 일본군과 친일내각이 장악한 경복궁을 탈출해 러시아공사관으로 옮겨 피신한 사건이었다. 김도일 일행의 러시아 사행(使行)은 1차적으로 니콜라이 2세의 즉위를 축하하는 것이었지만, 이면에 숨은 또 다른 목적은 한·러 밀약을 통해 일본의 침략을 억제하는 것이었다.

김도일의 대종교 교력은 1923년 3월 1일(음력) 만주 영안현 남관(南關)에 있던 대종교총본사 의 특선(特選)으로 영계를 수여받은 기록이 있으나, 구체적인 교질 사항은 전하는 것이 없다. 다만 이 당시에는 김도일이 북만주에 거주하고 있었음이 확인되는 부분이다.

러시아 행 당시의 김도일 일행. 앞줄 왼쪽부터 김득련, 윤치호, 민영환이 앉아 있고, 뒷줄 왼쪽이 김도일, 오른쪽 끝이 손희영이다.

[참고 문헌]
『대종교보』제57호(1923년), 『閔忠正公遺稿』(국사편찬위원회, 1958), 「지금으로 31년 전 露西亞 대사 갔던 이야기」(윤치호, 『삼천리』1933년 1월호, 삼천리사, 1933), 「斷髮했다가 또 기르고, 또 斷髮」(이상재, 『新女性』1923년 8월호)

김도흥(金道興, 남, 1886-?)
입교 시기_ 1910년 | 교질_ 미상

평안북도 철산군(鐵山郡) 고성면(古城面) 영산동(令山洞) 출신이다. 일찍이 대한협회 창립 당시 평안도 철산지부 서기(書記)를 지낸 인물로, 1916년 4월에는 제2회 사립학교 교원 임시시험에 평안북도 지역 합격자에 이름을 올리면서 지역 교원으로도 활동하였다.

김도흥은 1920년에는 평안북도에서 조직된 보합단(普合團)의 단원으로 가담하여 항일투쟁의 길을 걷게 된다. 보합단은 김동식(金東植)·백운기(白雲起)·박초식(朴楚植)·김중량(金仲亮) 등이 중심이 되어, 평안북도 의주군 월화면 고관동(古館洞)의 동암산(東巖山)을 근거로 조직된 항일단체였다. 이후 보합단은 서로군정서·대한독립단·광복군총영

등이 통합하여 대한통군부를 결성할 때 이에 편입되었다. 김도흥은 비교적 이른 시기에 대종교에 참여하였다. 1910년 8월 16일(음력), 같은 지역의 의생(醫生)인 탁면호(卓冕鎬)와 함께 순교원(巡敎員)으로 임명된 기록이 그것이다. 아마도 대종교 중광 직후 그 중심이 되는 유근(柳瑾)·조완구(趙琬九) 등과, 대한협회 활동부터 맺은 인연이 작용했을 듯하다. 김도흥의 대종교 교질 사항은 전하는 것이 없다.

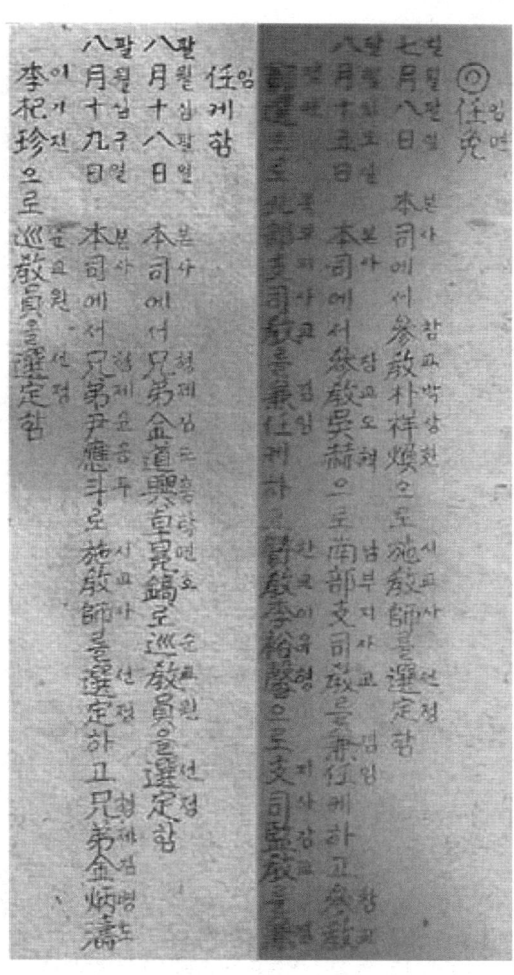

『종보』제7호(1910년)에 실린 金道興의 순교원 임명 기록.

[참고 문헌]

『종보』제7호(1910년), 『대종교중광육십년사』(대종교총본사, 1971), 『대한협회회보』제1호(1908년), 『조선총독부관보』제1116호(조선총독부, 1916), 『한민족독립운동사자료집』34(국사편찬위원회, 1998)

김돈희(金敦熙, 남, 1867-1922)

입교 시기_ 1922년 이전 | 교질_ 미상 | 서훈_ 건국포장(2011)

본적은 경남 의령군 의령면 하리 74번지이다. 경상도지역에서 독립운동을 위한 군자금 모집활동을 전개한 조선독립후원의용단(朝鮮獨立後援義勇團)에서 활동하였다. 조선독립후원의용단은 1920년 9월 김찬규(金燦奎)·신태식(申泰植)·이응수(李應洙)·장세명(張世明) 등이 중심이 되어 독립운동 자금과 단원을 모집하여 남만지역의 서로군정서를 지원하기 위해 결성되었다. 대동단의 단원으로 활동하던 김찬규는 1920년 중국 길림성에서 안동 출신의 김응섭(金應燮)을 만나 독립운동을 계속하기로 하고 권총과 탄환 그리고 서로군정서 총재 이상룡 발급의 위임장 등을 소지하고 국내로 들어와서 1920년 9월 경북 김천에서 신태식·이응수 등과 만나 조선독립후원의용단을 결성하였다.

당시의 조직은 경북 단장에 신태식, 총무국장 이응수, 군무총장 장세명, 군량총장 이명균, 재무총장 김병동, 군무국장 김병포, 재무국장 서상업·손성운, 경주지국장 허달, 경남 단장 김찬규, 총무국장 김홍기 등이며, 여기에서 김돈희는 경남지역 재무국장으로 활동하였다.

조선독립후원의용단은 경북 각 지역의 부호들로부터 군자금을 확보하기 위한 활동을 벌였다. 1922년 1월부터 경북 경산의 안병길(安炳吉), 청송의 조규한(趙奎漢)·황보훈(黃甫薰)·조병식(趙炳植), 안동의 이중황(李中晃)·최명길(崔命吉)·권병규(權秉奎), 영일의 이경연(李慶淵)·이원기(李源璣), 영천의 권중황(權重晃), 군위의 홍해근(洪海根)·홍정수(洪貞修), 영덕의 권모(權某) 외 1명, 경남 창녕의 신연식(辛延植) 등에게 군자금 지원을 촉구하는 서신과 불응할 때는 처단한다는 이른바 '사형선언서'를 발송하는 등의 활동을 전개하였다.

1922년 11월 28일 대구에서 이태기·김사묵·장탁원 등 4명이 체포됨으로서 이 단체의 실체가 밝혀졌는데, 이후 1922년 12월 18일과 28일에 '제령위반(制令違反)' 등으로 송치된 인원은 모두 42명으로 김돈희도 이때 체포되어 취조를 받던 중 고문을 견디지 못하고 1922년 8월 순국하였다.

김돈희의 대종교 교력을 보면 입교시기와 교질에 관하여 남아 있는 기록이 없다. 다만 성세영의 일기 속에 1922년 이전 경북지역의 대종교 주요 교인으로 기록이어 있음을 볼 때, 그 이전에 입교하여 활동한 것으로 확인된다.

[참고 문헌]

『본사행일기』(성세영, 필사본, 1922), 『고등경찰요사』(경북경찰부, 1934), 『동아일보』1922.12.20., 12.23., 12. 30, 『영주독립운동사』(김일수 외, 영주시, 2006)

김동삼(金東三, 남, 1878-1937)

아호(별명) _ 일송(一松), 김긍식(金肯植), 김종식(金宗植)
입교 시기 _ 미상 | 교질 _ 미상 | 서훈 _ 대통령장(1962)

김동삼

본적은 경북 안동시 임하면 천전리 278이다. 1907년 안동에서 유인식(柳寅植)·김후병(金厚秉) 등과 함께 협동중학교를 설립하여 민족교육에 힘썼다. 1910년 국권피탈 이후 만주에 독립운동기지 설치를 위해 안동 혁신유림 이상룡·김대락(金大洛) 등이 망명할 때 이에 동조하여 유하현 삼원포에 정착하였다. 1911년 이상룡·이회영 형제·이동녕·윤기섭·김창환 등과 더불어 경학사(耕學社)를 조직하고 재만동포의 농지개척과 이주민의 안정책을 도모하였다. 또한 신흥강습소(新興講習所)를 설립하여 민족교육과 군인 양성에 힘썼다.

1921년 유인식과 같이 통화현에 중국어학원을 설립하여 한중 양국의 친선을 도모하였으며, 1913년 합니하에서 여준(呂準)·이탁(李沰)·이상룡 등과 교포들의 자치기관으로 부민단(扶民團)을 조직하여 재만동포의 민생과 교육 등에 진력하였다. 1914년부터 이탁·김창환 등과 함께 둔전제를 실시하기 위하여 유하현 밀림지대에 병영인 백서농장(白西農庄)을 설립하여 장주(庄主)로서 청년동지들을 규합하고 병농일체의 교육을 실시하였다.

1918년에는 길림에서 서일·여준·신팔균·김좌진 등 39인이 민족대표로서 연서한 대한독립선언서를 발표하였다. 1919년 3.1만세운동이 일어나자 이상룡·이탁 등 남만주지역 지도자들과 상의하여 유하현 삼원포에서 부민단의 범위와 사업을 확대하여 한족회(韓族會)로 개편하고 서무부장에 취임하였으며, 또한 남만주 독립운동의 총본영으로 군정부(軍政府)를 조직하기도 하였다. 그 후 군정부는 임시정부의 요청에 따라 서로군정서(西路軍政署)로 명칭을 개편하고 김동삼은 참모장에 임명되어 독판(督辦) 이상룡을 보필하였다.

1920년에는 서로군정서를 길림성 화전현으로 옮겼다가 지청천(池靑天)과 함께 그 소속부대를 안도현(安圖縣) 밀림지대로 다시 옮기면서 대규모 일본군의 만주침략에 대비하였다. 같은 해 11월에는 서일의 대한군정서, 홍범도의 대한독립군 등과 함께 조직된 대한독립군단의 일원으로 밀산을 거쳐 러시아 이만지역으로 이동하였다.

1922년 김동삼은 연해주(沿海洲) 각지와 흑룡강 등지를 순회하며 독립운동 기지를 물색하는 한편, 같은 해 8월에는 봉천성 흥경현에서 오동진(吳東振)·현정경(玄正卿) 등과 함께 지금까지 분산 조직되었던 각 단체의 통합에 힘써 민족 단일의 독립운동단체인 통군부(統軍府)를 조직하고 교

육부장에 임명되었다. 이후 통군부는 확대 발전하여 통의부(統義府)가 되었으며 김동삼은 최고 지도자인 총장에 취임하였다.

1923년 1월 상해의 국민대표회의에 서로군정서 대표로 참석하여 의장에 임명되어 회의를 주재하였다. 임시정부의 유지에 대하여 개조파와 창조파로 대립하며 갈등이 계속되자 양파를 조정하여 독립운동 기구를 일원화하기 위해 노력하였으나 뜻대로 되지 않자, 같은 해 6월 성명을 발표하고 만주로 귀환하였다.

1925년 1월 길림주민회·의성단·광정단 등 지방 자치단체들을 망라하여 길림성 화전현에서 정의부(正義府)가 조직되자 참모장 및 행정위원에 임명되었다. 같은 해 9월 이상룡이 임시정부의 국무령에 취임하고 이듬해 2월 그를 국무위원에 임명하였으나 취임하지 않았고, 같은 해 10월 국무령 홍진이 또다시 국무위원에 임명하였으나 역시 취임하지 않았다.

1927년 만주지역 무장투쟁을 주도했던 참의부·정의부·신민부가 단체를 통합하여 하나로 결성하자는 이른바 '삼부합작(三府合作)'운동이 전개되자 촉성회파는 정의부 대표 김동삼, 참의부 대표 김승학, 신민부 대표 김좌진과 회합하고 1928년 12월 '혁신의회(革新議會)'를 조직하였다. 한편 협의회파는 정의부의 이동림·현익철과 참의부의 심용준 계열, 신민부의 이교원 등과 협의하여 별도로 1929년 4월 국민부(國民府)를 설립하였다. 국민부는 이후 조선혁명당, 조선혁명군을 조직하였고, 혁신의회 계열에서는 한족총연합회 계열의 민족운동가들과 한국독립당, 한국독립군을 조직하게 되었다. 이로써 삼부는 각각 조선혁명당과 한국독립당으로 분리되어 만주지역에서 독자적인 항일투쟁을 전개하다가 1932년 만주국이 설립되자 대거 중국 관내로 넘어가 임시정부와 합류하게 되는 것이다.

이때 김동삼은 혁신의회 의장과 중앙집행위원장에 선출되어 통합운동에 힘썼다. 이후 김동삼은 김좌진이 북만주로 돌아가 조직한 한족총연합회 회장이 되었고, 1930년 1월 김좌진이 산시역에서 공산주의자들에 의해 피살된 이후에는 한때 한국독립당 고문에 임명되기도 했다. 김동삼은 재만한인반제국주의 동맹의 책임자가 되는 등 사회주의 계열과 타협을 하기도 하지만 그 자신이 공산주의자가 된 것은 물론 아니었다.

1931년 9월 만주사변이 일어나 일본군이 만주로 진출하자 동지 이원일(李源一)과 함께 북만주로 갔다가 같은 해 10월 하얼빈에서 일경에 체포되어 신의주지방법원에서 10년형 선고받고 평양을 거쳐 서울 서대문형무소로 이감되었다. 만주에 있는 가족들이 여비가 없어서 서울까지 면회를 가지 못하자 가족사진을 찍어 김동삼에게 보내기도 했다. 감옥에서 병이 악화되어 1937년 옥중에서 순국하였으니 그의 나이 59세였다.

가족들이 모두 만주에 있어 인사동 경일여관에 호상소를 만들고 문상객을 맞이했는데, 만해 한용운이 주선하여 성북동 심우장으로 유해를 옮기고 5일장으로 모셨다. 유언에 따라 유골은 한강에 뿌려졌다.

김동삼의 대종교 교력을 살피면 입교 기록이나 교질 수

여에 대한 흔적이 모두 사라졌다. 그러나 박명진의『대종교독립운동사』(필사본)에는 대종교 동도본사의 주요인물로 적시되어 있다. 일찍이 윤세복·유인식 등과 대구 협동학교를 설립하여 계몽 운동을 벌였던 그는, 보수적인 성격이 강한 안동 지역에서 개혁적 성향으로 교육활동에 열정을 보였다. 한일 병탄 조약이 체결된 다음 해인 1911년, 서간도로 망명하여 만주독립운동의 일선에서 활동했다. 이회영·이시영·이상룡·이동녕 등과 함께 간도 지방에 경학사와 신흥강습소를 설립하는 데 참가했다. 경학사는 자치 조직, 신흥강습소는 훗날 신흥무관학교로 발전하는 교육 기관이었다. 김동삼이 대종교에 입교한 시기 역시 이 무렵일 것으로 추정된다.

주목되는 것은 김동삼의 절친한 동지였던 윤세복의 회고다. 윤세복은 1924년 대종교 3세 교주로 취임하여 1960년 숨을 거둘 때까지, 오로지 대종교를 이끌던 기둥이었다. 윤세복이 해방 이후 육필로 직접 적은 기록 중에,『우리 스승님들 모습』이란 제목의 서책이 전한다. 말 그대로 대종교를 지켜온 스승들의 행적을 적은 것이다. 대종교의 스승 10명을 뽑아 간추린 글에 김동삼을 집어넣고 있음이 발견된다. 즉「삼종사약사(三宗師略史)」에 홍암 나철과 무원 김교헌 그리고 백포 서일 등 3인을 집어넣었다. 또한「삼도형약사(三道兄略史)」에서는 예관 신규식·청사 조성환·남파 박찬익 등 3인을 기술했으며,「4선생약전(四先生略傳)」에서는 석오 이동녕·단재 신채호·일송 김동삼·백산 안희제를 나란히 올려놓은 것이다. 더욱이 이 기록이, 대동청년단부터 김동삼의 진정한 동지이자 대종교의 교주였던 윤세복의 육필이라는 점이 중요하다. 대종교 2세 교주 무원 김교헌의 서거 당시에도, 김동삼은 대종교의 새로운 도사교(교주)인 윤세복과 함께 상해로부터 영안으로 들어와 김교헌의 장례집행을 거행했다. 한마디로 대종교단 내에서의 김동삼의 무게감을 알 수 있는 내용들이다.

[참고 문헌]

『대종교독립운동사』(박명진, 필사본, 1964),『우리 스승님들 모습』(윤세복, 필사본, 1950),『조선민족운동연감』(재상해일본영사관경찰부, 1932),『고등경찰요사』(경상북도경찰부, 1934),『한국독립사』(김승학, 독립문화사, 1967),『독립운동사』5(독립운동사편찬위원회, 1975),『독립유공자공훈록』4(국가보훈처, 1987),「朝鮮軍參謀部發 朝特報에 관한 綴(2)—海林附近의 情況」(일본외무성 편,『일본의 한국침략사료총서』, 한국출판문화원, 1988),『만주지역 통합운동의 주역, 김동삼』(김병기, 한국독립운동사연구소, 2012)

김동욱(金東旭, 남, 1897-?)

아호(별명) _ 김병욱(金秉旭), 김영기(金永基), 아일(亞一),
입교 시기 _ 1937년 이전 | 교질 _ 지교

경상북도 문경군 마성면(麻城面) 하내리(下乃里) 출신이다. 김동욱은 일제에 의해 상해임시정부계로 절대독립을 추구한 인물로 지목되어 감시를 받았다. 그는 1919년 11월 상해로 건너가 대한인거류민단(大韓人居留民團)을 거점으로 활동하였으며, 1920년 1월에 잠시 국내로 들어왔다가

3월에 다시 상해로 건너갔다.

1924년 12월 17일에는, 민정식(閔庭植) 사건 이후 임시정부의 책임을 지적하는 경고문(警告文)을 내기도 했다. 민정식 사건이란 1924년 4월 4일 민영익의 서자 민정식이 상해로 건너와 민영익의 유산을 찾는 일로 발단이 된 사건이다. 당시 임시정부는 민정식으로부터 자금을 얻을 수 있다는 판단으로 청년들을 동원하여 프랑스조계의 경찰과 함께 그를 보호하기에 급급했다. 그러나 그 자금의 행방을 찾지도 못한 채, 같은 해 12월 10일 민정식이 일제에 의해 연행되었다. 이에 흥분한 일부 교민들이 임시정부의 무능을 공박하자, 마침내 국무총리 이동녕이 그 책임을 지고 물러난 사건이었다. 김동욱은 민정식이 연행된 7일 후에, 운남사관학교(雲南士官學校) 동기생들인 이기용(李基溶)·문일민(文逸民)·손효식(孫孝植)·안경근(安敬根)·이웅(李雄)·김엄해(金奄海)·김태원(金泰源)·주부정(朱富丁)·차정신(車貞信)·이희연(李希渊) 등과 연계하여 11명의 명의로 장문(長文)의 경고문을 배포하였다.

운남사관학교를 마친 1925년 2월에는 임시정부 군무총장인 노백린의 지시로 북만주 통의부의 군사교육도 담당하였다. 김동욱은 이기용·차정신과 함께 임시정부의 특파원 자격으로 교관의 임무를 수행한 것이다. 김동욱에 대한 일제의 기록에는, 1934년 현재 길림성 합장선(哈長線) 장가구도리(張家灣道裡)에 소재한 동려의원(東麗醫院)을 거점으로 생활하면서 농기구 판매를 계획하는 것으로 정탐되어 있다. 아마도 통의부 교관 참여 이후 그곳에 거주하면서 대종교 활동에 비중을 둔 듯하다.

이후 김동욱은 1939년 개천절에 조직된 대종교서적간행회(大倧教書籍刊行會)에도 관여하여 금전적 헌성도 아끼지 않았다. 대종교서적간행회는 1939년 7월(음력)에 강철구(姜鐵求)가 만주의 신경정부(新京府)에 교섭하여 교적간행의 승인을 얻은 것이 시발이 되었다. 이후 서적간행회를 조직하고 백산 안희제와 강철구의 노력으로 대종교 교인들의 성연금을 모아 1941년『홍범규제(弘範規制)』5백부,『삼일신고(三一神誥)』2천부,『신단실기(神檀實記)』1천부,『종례초략(倧禮抄略)』2천부,『오대종지강연(五大宗旨講演)』3천부,『종문지남(倧門指南)』2천부 등, 6종 1만 5백부를 연길현에서 출판하였다. 그리고 1942년에『한얼노래』4천부를 국내 경성(京城)에서 출판하였으나, 같은 해 11월(음력)에 임오교변(壬午教變, 대종교지도자구속사건)이 일어나 연길에서 출간된 모든 교적(教籍)이 일제에 압수되었다. 다만『한얼노래』는 국내 경성에 거주하던 조선어학회 이극로의 집에 숨겨두었다가, 해방 후 대종교총본사가 환국하여 다시 수습하였다.

김동욱의 대종교 교력을 보면 1937년 5월 28일(음력)에 대종교총본사의 특선(特選)으로 영계를 받았다. 주목되는 것은 같은 날 바로 참교(參教)의 교질을 거치지 않고 지교(知教)의 교질을 받음과 동시에 경의원(經議院) 참의(參議)로 임명되었다는 점이다. 특선이란 말 그대로 특별한 경우에 행해지는 대종교의 종교적 행위다. 또한 같은 날 영계와 지교의 교질과 경의원 참의를 동시에 얻었다는 것은, 김동욱이 그 이전에 이미 대종교에 깊숙이 참여하고 있었음

을 말해주는 부분이다. 아마도 상해 시절 이미 대종교와 연관되었을 가능성이 크다.

1921년 12월 무렵, 김동욱이 상해임시정부 파견원으로 활동했다는 일제의 문서 기록.

[참고 문헌]
『대종교보』제114호(1937년), 『대종교중광육십년사』(대종교총본사, 1971), 『國外ニ於ケル容疑朝鮮人名簿』(朝鮮總督府警務局, 1934), 「上海 鮮人의 行動에 관한 件5」(不逞團關係雜件-鮮人의 部-在上海地方3, 機密 154호, 한국사DB, 국사편찬위원회), 「朝鮮側 警察이 朝鮮人 金順 등을 拘引시킨 것에 관한 件」(不逞團關係雜件-朝鮮人의 部-在滿洲의 部 28, 受20669호-公제259호, 한국사DB, 국사편찬위원회), 「北滿 統義府 派遣員 出發에 關한 件」(不逞團關係雜件-朝鮮人의 部-在滿洲의 部40, 機密 第35號, 한국사DB, 국사편찬위원회)

김동진(金東鎭, 남, 1896-?)
입교 시기_ 일제강점기 | 교질_ 지교 | 서훈_ 애족장(1990)

함경북도 청진 사람이다. 1919년 3.1만세운동 이후 대종교의 주요인물인 강철구(姜鐵求)와 문장섭(文章燮)·문경섭(文瓊燮)·김동순(金東純)·박길화(朴吉和) 등과 상호 연락하면서 대한군정서에 가담하여 군자금을 모집하다가 1922년 10월 일경에게 피체되어 1년 6월형을 받고 옥고를 치렀다.
김동진은 일찍이 대종교계열의 대한군정서에 가담한 시절에 입교한 듯 하나 그 기록은 적지는 않는다. 이러한 배경을 존중하여 대종교에서는 환국한 직후인 1946년 4월 10일(음력, 이하 음력) 영계를 수여 하고 바로 경의원 참의로 선임하였다. 또한 4월 11일 참교의 교질을 내리고 다음해인 1947년 7월 11일에 지교로 승질하였다.

[참고 문헌]
『대종교보』제150호·제155호, 『대종교중광육십년사』(대종교총본사, 1971), 『대한독립항일투쟁총사』하권(대한독립항일투쟁총사편찬위원회, 1989), 『동아일보』1923.2.15., 1927.8.14.

김동택(金東澤, 남, 1899-1943)
입교 시기_ 1922년 이전 | 교질_ 미상 | 서훈_ 애족장(1995)

경상북도 안동시 도산면 서부리 출신으로, 1919년 안동 지역의 3·1 만세 시위에 참가한 인물이다. 당시 김동택은 3월 17일 예안면 1차 만세 시위와 18일에 일어난 안동면 2차 만세 시위에 참여했다가 일제 경찰에 체포되었다. 이로 인해 1919년 3월 24일 대구지방법원 안동지청에서 징역 6월, 집행유예 2년형을 언도 받았다
이후 김동택은 서울로 상경하여 보성전문학교를 졸업하고 다시 낙향하였다. 고향으로 돌아온 그는 안동 예안 지역에 별똥회라는 모임을 조직하는가 하면, 그 지역 조선일보와 동아일보의 기자로도 활동하게 된다. 1927년 3월에는 경북 안동군 내에 있는 조선문신문잡지기자(朝鮮文新聞雜誌記者)들을 중심으로 안동기자단을 조직하고 지역 언론계의 권위 신장을 위해 노력하였다.
한편 김동택은 예안청년회 활동에도 적극 개입한 인물이다. 그는 1927년 7월 2일 열린 예안청년회집행위원회에서 신우규(申禹圭)와 함께 서무부를 관장하는가 하면, 이후 안동청년회 예안지부 집행위원으로도 참여하였다. 특히 1929년 1월에는 경북안동신간지회(慶北安東新幹支會)에도 가담하여 대표회원(代表會員)으로 선출되었다. 이후 일제로부터 사상단체의 중심인물로 지목되어, 마침내 1931년 5월 대구경찰서고등계에 검거되어 엄중한 취조를 받기도 했다.
김동택은 그 후 일본으로 옮겨가 새로운 활동 도모하게 된다. 그는 1932년 일본노동조합전국협의회[全協] 토목건축노동조합 오사카 지부에 가입하여 활동하는가 하면, 센슈우일반노동조합(泉州一般勞動組合) 본부 상임위원으로도 활약하였다. 또한 공명학원(共鳴學院) 교사로 재직하면서 사상 잡지인 『동방평론(東方評論)』과 『삼천리(三千里)』의 오사카 지부를 설립·운영 하는 등, 민족의식 고취에 남다른 노력을 기울였다. 김동택은 이로 인해 1936년 12월 14일 다시 체포되어 1938년 7월 19일 오사카 지방재판소에서 징역 1년형을 얻도 받고 옥고를 치렀다.
김동택의 대종교 교력은 대종교단 내의 기록에는 남아있는 것이 없다. 따라서 그의 입교 사항이나 교질에 대한 내용도 확인되지 않는다. 다만 1922년 경북 성주 사람 성세영이 기록한 일기에, 그 시기 경상도 지역 대종교 주요 교인으로 김동택을 기록하고 있다. 김동택이 1922년 이전에 대종교에 입교하여 활동했음을 알려준다. 아마도 보성학교 시절에 입교한 것이 아닐까 추정해 본다.

안동청년연맹 예안지부 김동택이 출옥했다는『동아일보』(1930년 1월 1일)의 기사.

[참고 문헌]

『본사행일기』(성세영, 필사본, 1922), 『조선일보』1925.8.15., 1927.3.23., 1929.1.25., 1931.5.3, 『동아일보』1925.9.8., 1930.1.1, 『재일조선인관계자료집성』제3권—2(박경식편, 삼일서방, 1976), 『독립운동사자료집』별집3(원호처, 1978)

김동필(金東弼, 남, 1860-1944)

아호(별명) _ 추암(秋庵), 준여(俊汝)
입교 시기 _ 1910년대 | 교질 _ 미상 | 서훈 _ 애국장(1990)

본적은 경북 영천군 신령면 신덕동 268이다. 1905년 11월 17일 일제에 의해 강제로 을사늑약이 체결되었다. 을사늑약은 1904년 2월 발발한 러일전쟁과 긴밀한 상관성을 가지고 있다. 1894년 청일전쟁 이후 한국을 병탄하는데 가장 큰 장애물로 부상한 러시아 세력을 구축하기 위해 일제가 러일전쟁을 일으킨 것이다. 일제는 도발 직후 한일의정서(韓日議定書)와 한일협정서(韓日協定書)라 부르는 제1차 한일협약을 강제로 체결하고 이른바 '고문정치(顧問政治)'를 자행하였다. 일제의 일방적 강요아래 체결된 을사늑약은 실질적인 국망(國亡)을 의미하는 이른바 망국조약의 속성을 지니고 있었기 때문에, 이 조약으로 인해 한국민은 큰 충격을 받고 조약반대투쟁을 거국적으로 전개하였다.
『황성신문』에서는 조약 늑결의 전말을 상세히 보도하고, 「시일야방성대곡(是日也放聲大哭)」이라는 유명한 논설을 실었다. 『황성신문』외에도 『제국신문』·『대한매일신보』등도 조약 늑결의 실상과 반대여론을 상세히 보도하고 그 무효화를 주장함으로써 거국적 항쟁을 선도하였다. 조약 늑결을 막기 위해 서울에 모인 전국의 유생들은 대한십삼도유약소(大韓十三道儒約所)를 설치했다. 조약 전에 이미 일본 공사 임권조(林權助)와 이등박문(伊藤博文)에게 공함을 보

내 일제의 불신을 규탄하고 각성을 촉구해왔다.
김동필도 1905년 1월 동지들과 함께 유약소를 설치하고 일제의 침략정책을 규탄하는 상소운동을 전개하였으며, 각국 공사관에 일제의 침략을 규탄하는 공한을 보냈다. 상소항쟁과 순국투쟁이 이어지고, 일제와 결탁하여 나라와 민족을 팔아먹은 데 찬동, 협조한 을사5적 등 매국관료를 성토, 처단하려는 의열투쟁도 연이어 일어났다. 을사5적 처단의거는 군부대신 이근택을 난자해 중상을 입힌 기산도 의거에 뒤이어 나인영(羅寅永)과 오기호(吳基鎬) 등에 의해서도 계속적으로 전개되었다.
1907년 김동필은 나인영·오기호 등이 조직한 자신회(自新會)에 참가하였다. 자신회는 정신을 개조하여 새로운 사상과 사업을 새롭게 하겠다는 계몽단체를 표방했지만, 실은 을사오적과 매국 대신들을 처단하기 위한 비밀결사였다. 나인영과 오기호는 가산을 털어 1천냥을 마련하는 한편 전 내부대신 이용태를 설득해 1만 7천냥의 자금을 확보할 수 있었다. 나인영은 자금을 김동필에게 주어 인천항에서 양총 8자루를 구입하게 하였다. 그리고 대신들이 입궐하는 설날(양력 2월 13일)을 기해 거사를 도모했으나 모집한 장사들이 기한 내에 도착하지 못해 실패하였다. 이후 수차례의 거사가 모두 실패하였고, 감사의용단(敢死義勇團)을 모집하여 을사오적 대신들을 처단하기로 했으나 그마저 실패하였다. 그러다가 서창보가 체포되어 사건의 드러나게 되자 무고한 동지들을 보호하기 위해 나인영은 오기호, 김인식과 함께 평리원에 자수하였다. 자신회 회원 31명이 체포되어 심문을 받았다. 나인영에게 유배 10년형, 오기호와 김인식은 유배 5년형, 이기는 유배 7년형을 선고하였다. 매국대신 암살에 직접 가담한 김동필은 10년형을 받았다. 이들은 신안군 지도(智島) 등에 유배되었는데 1907년 12월 순종의 특사로 해배되었다.
1909년 이상설(李相卨)은 이해 11월경부터 다시 개최키로 예정된 만국평화회의에 제2차 특사를 보낼 계획을 추진하였던 것으로 알려져 있다. 이때 이상설은 1907년의 제1차 특사 때의 경험에 비추어 대규모의 사절단을 파견하고자 국내에 널리 연락하여 이를 추진하였다. 그래서 러시아 페테르스부르크에 망명 중인 이범진(李範晉)이 중심이 되고, 러시아의 전명운(田明雲), 간도의 유인석(柳麟錫), 상해의 민영익(閔泳翊)·현상건(玄尙健), 미국의 이승만(李承晩)과 상호 연락이 추진되었고, 헐버트 박사에게 알선역을 맡겼다.
한편 이상설은 서울에 있는 김동필과 김진구(金鎭九)를 선정하여 극비리에 여비 3천원을 보내 상해로 나오도록 하고, 그곳에서 그들과 동행하기로 하였다. 우선 미국으로 가서 국무장관을 만나 보다 악화하는 한국의 실정을 호소하고 이어 평화회의로 직행하려는 것이었다. 그러나 김동필은 김진구와 함께 일제에 연금(軟禁)되어 있어 국외로의 탈출에 성공하지 못했다.
김동필과 관련한 대종교 입교 기록과 교질 관계는 남아있지 않다. 그러나 김동필은 민영환의 부하로 나철(나인영)·오기호와 의기투합한 인물로 대종교 중광 이전인 을사오적 주살사건부터 이들과 교류하였다. 1909년 대종교 중광

당시 을사오적주살사건 관련 인물들 대부분이 참여한 것을 보면, 김동필 역시 중광 당시에 대종교에 입교한 것으로 추정할 뿐이다. 이것은 성세영이 남긴 일기 속에 김동필을 1910년대 경상도 지역의 대종교주요 인물로 기록하고 있음이 그 방증이다.

[참고 문헌]
『본사행일기』(성세영, 필사본, 1922), 『한국중흥종교교조론』(신철호, 대종교총본사, 1979), 『증보이상설전』(윤병석, 일조각, 1998), 『독립운동사자료집』1,(고려서림, 1983), 『매천야록』(황현, 국사편찬위원회, 1955)

김두권(金斗權, 남, 생몰 미상)
입교 시기 _ 1923년 이전 | 교질 _ 미상

출신지역과 생몰연대가 불분명한 인물이다. 1920년 음력 7월, 김승익(金昇翊)·오영(吳英)·오승현(吳昇鉉)·지순덕(池淳德)·홍진우(洪震禹) 등과 혈성단(血誠團)을 중심으로 활동하면서, 무기를 휴대하고 국내 원산(元山)으로 들어가 거사를 도모하려 한 기록이 전한다.
김두권이 활동한 혈성단은 러시아 연해주 수이푼에서 결성된 대표적인 민족주의적 한인빨치산부대로, 대한제국 북청진위대 정교(正校)를 지낸 강국모(姜國模)가 중심이 되어 조직한 단체였다. 혈성단의 정식 명칭은 대한국민혈성단이었으며, 강국모가 1920년 음력 1월 오호츠크로부터 함께 동행한 14명과 더불어 수이푼 지역 한인촌락 재피거우에서 남만주 서간도로부터 그로데고보에 와 있던 독립단원 80명을 기본으로 삼아 결성된 것이다. 후일 혈성단은 대한군정서(북로군정서)·대한독립군·대한국민회군·훈춘한민회·대한신민단·군무독군부·대한의군부·야단·대한정의군정사 등의 항일단체들과 함께 대한독립군단에 합류하였다.
김두권의 대종교 교력을 보면, 그 교질사항이나 입교기록은 전하지 않는다. 다만 1923년 6월 20일(음력) 대종교 동이도본사(東二道本司)가 관할하는 수일시교당(綏一施敎堂)의 부책임자[贊務]를 맡은 기록이 남아있다. 수일시교당은 동녕현(東寧縣) 소수분하역(小綏芬河驛)에 설치된 시교당으로, 당시 책임자[典務]는 이병운(李炳云)이었으며 이만수(李萬秀)가 부책임자로 김두권과 함께 했다.

[참고 문헌]
『대종교보』제58호(1923년), 『대종교중광육십년사』(대종교총본사, 1971), 『독립신문』1922.8.22, 『鮮人의 행동에 관한 건(血誠團의 행동에 관한 건 외 6건)』(不逞團關係雜件-朝鮮人의 部-在西比利亞10, 機密 제56호, 한국사DB, 국사편찬위원회), 『한국독립운동사』3(국사편찬위원회, 1983), 『1920년대 전반 만주·러시아지역 항일무장투쟁』(한국독립운동의 역사 49)(반병률, 한국독립운동사편찬위원회, 2009)

김두봉(金枓奉, 남, 1889-?)
아호(별명) _ 김규(金圭), 백연(白淵), 백련(帛蓮), 태항산호랑이
입교 시기 _ 1910년 이전 | 교질 _ 상교

김두봉

경상남도 동래군(현재의 부산광역시 기장군) 기장읍 동부리 출신으로, 대종교 외자이름은 규(圭)다. 일찍이 부친으로부터 한학을 수학하고 1906년 상경하여 기호소학교(중앙고등보통학교의 전신)를 다녔다. 이후 보성고등보통학교에 진학했으며 졸업 후 잠시 교사로 근무한 후 다시 배재학당으로 진학했다.
1911년 김두봉은 대종교 선배이자 스승인 주시경과 함께 『말모이』 사전 편찬 작업에 참여하였다. 당시 광문회를 중심으로 권덕규·이규영 등과 진행한 이 사업은 우리말 사전 편찬의 시초가 된 작업이었다. 한편 배재학당 시절에는 학교공부를 하면서 밤에는 주시경이 운영하는 하기강습소에 다니며 한글원리 및 국어연구법을 배우기도 했다. 이 하기강습소는 1917년 조선총독부의 탄압으로 문 닫을 때까지 계속되었다.
경술국치 이후 김두봉은 대동청년단 활동에도 참여하였다. 이 조직은 대종교계 비밀결사로, 1909년 10월 국권회복운동을 목적으로 출범한 단체다. 당시 김두봉과 활동한 인물들을 보면 안희제·윤세복·남형우·신백우·이경희 등, 대부분이 대종교에 참여한 동지들이었다. 그러나 일본 경찰에 적발되어 관련자들이 검거됨으로써 활동은 실패로 돌아가고 배재학당도 중퇴해야 했다. 이후 김두봉은 광문회 활동에 적극 개입하면서, 한글 연구는 물론 『청춘』 등의 잡지 편집에도 관여하게 된다. 그리고 보성·휘문·중앙학교 등에서 국어와 관련한 시간강사로 꾸준히 활동하였다.
한편 김두봉은 스승 주시경이 우리말 연구서인 우리말본을 짓고 가르치는 일에도 적극 보조하며 도왔다. 그러나 1914년 7월 주시경이 갑작스럽게 세상을 떠나자 스승의 뜻을 계승하여 국어문법서 집필에 열정을 쏟게 된다. 1916년 4월 서울에서 출판을 한 『조선말본』이 그 결실이다. 세로쓰기로 간행된 이 문법서는, 당시 서울말을 기준으로 하고 우리말 이해를 위해 순한글로 집필한 것으로 옆에 한자를 부서해 놓았다. 같은 해 음력 8월에는 대종교 교주 나철의 구월산 봉심에 수석(首席) 시자(侍者)로 동행하여 그의 순교행(殉敎行)을 마지막까지 보필하였다. 2년 사이로 언어적 스승인 주시경과 종교적 스승인 나철과 이별한 것이다.

1916년 새글집[新文館]에서 발행한 『조선말본』

김두봉은 1919년 3·1독립만세운동 당시 한위건(韓偉健) 등과 서울 시위에 참가한 후, 4월 신의주를 거쳐 중국 상해로 망명하였다. 상해에서는 신채호가 주필로 있던 순한문 신문인 『신대한신문(新大韓新聞)』의 편집에 관여하기도 했고, 여운형·김규식·서병호 등과 신한청년당(新韓靑年黨) 활동에도 가담하였다. 또한 대한민국임시정부가 조직되자 임시의정원 의원을 지내는 등 민족주의적 독립운동에 참여하였으며, 1920년에는 이동휘를 중심으로 한 사회주의운동에도 가담하였다. 주시경 이후 한글연구에서 선구자적 위치를 점하며 『조선말본』을 펴냈던 김두봉은, 1922년 상해에서 그것을 정해(精解)하여 『깁더조선말본』으로 출판하였다. 1923년에는 고려공산당 총무국의 간부로 활동하였고, 1924년에는 상해 교민단의 학무위원장에 선출되어 교민자녀교육기관인 인성학교(仁成學校)에 관계하면서 국어와 역사를 가르치기도 했다.

1928년 12월 고려공산당이 코민테른의 지시로 해산되자, 김두봉은 홍남표(洪南杓)·조완구 등과 대한독립당성립촉성회에 참여하였고, 안창호를 중심으로 한 각파혁명이론비교연구회에 가담하는가 하면 한인학우회의 강연 등에도 참여하였다. 1935년 김원봉과 한국민족혁명당(1937년 조선민족혁명당으로 개칭)을 결성하여 중앙집행위원으로 활동하다가, 1937년에는 호북성(湖北省) 강릉(江陵)으로 근거를 옮겼다. 이후 중경(重慶)으로 활동무대를 바꾸었다가 1942년 연안(延安)에서 독립동맹을 결성, 주석으로 활동했다. 연안은 당시 중국팔로군의 근거지로서, 중국 국민당 및 임시정부와 관계를 유지하던 김원봉과는 노선을 달리하여 최창익(崔昌益)·무정(武丁)·한빈(韓斌) 등과 더불어 조선독립동맹을 결성하여 주석에 취임하였다. 이후 임시정부 및 국내의 건국동맹 등과 대일연합전선 형성을 위하여 연락하던 중 광복을 맞아 1945년 12월 독립동맹과 함께 평양으로 귀환하였다.

해방 이후 북쪽을 택한 김두봉은 1946년 조선독립동맹을 조선신민당(朝鮮新民黨)으로 개편하고 그 위원장에 취임하였다. 당시 소련의 지원을 받던 김일성과는 달리 조선의 혁명 단계를 신민주주의혁명단계로 규정한 김두봉은, 모택동의 중국 혁명 전략을 수용하였다. 1946년 8월 조선신민당이 북조선조선공산당과 합당하여 북조선노동당으로 통합될 때 위원장에 선출되었다. 이것은 김두봉으로 상징되는 민족주의와 김일성으로 대표되는 공산주의의 결합으로 보아도 지나치지 않은 만남이었다.

구월산 봉심 당시 대종교 교주 나철을 수행한 시자(侍者) 6명. 앞줄 왼쪽의 첫 번째 인물이 김두봉이고 두 번째 인물이 나철이다.

이후 김두봉은 김일성대학 총장, 북조선인민회의 의장, 최고인민회의 대의원 및 상임위원회 위원장, 조국통일전선의장단 의장 등을 역임하였으나, 1958년 3월 제1차 공산당대표자대회에서 반혁명종파분자로 공격받아 축출된 후, 1960년 지방협동농장에서 사망하였다고 한다. 김두봉이 꿈꾸었던 민족적 이상주의의의 지향도 그의 숙청과 함께 좌절되었다.

[주요 사상]

어떤 이는 김두봉을 민족애에 사로잡혀 조선적인 것은 무엇보다 사랑하고 자랑하고 싶은 인물이라 평했다. 또한 종래의 역사 관념을 그대로 계승하여 배달민족으로서 조선인의 긍지를 가진 완고한 국수주의자라고도 말하기도 한다. 한편에서는 대종교에 종사한 이론가이면서 과학적 혁명이론으로 무장한 역전의 투사라는 평가를 내리기도 했다. 그러나 분명한 것은 그의 인물평에 등장하는 조선, 민족애, 역사 관념, 배달민족, 국수주의, 과학적 혁명이론, 투사 등을 관통하는 흐름이 대종교라는 점에서는 이의가 없을 듯하다. 일찍이 대종교에 입교하여 나라사랑과 국어사랑, 그리고 항일투쟁의 길을 올곧게 걸어간 인물이 김두봉이기 때문이다.

그러나 그의 사상적 측면을 체계적으로 평한 것은 거의 없다. 국어문법서 외에 그가 남긴 체계적인 서적이 없기 때문이다. 그럼에도 그를 기억하는 인물들의 회고와 단편적 글에서 그 일단을 살필 수 있을 듯하다. 먼저 상해 시절 김두봉을 회고한 다음의 평가를 보자.

"김두봉은 그가 한글학자이니만큼 본시가 '참민족주의자'였다. 그러기에 앞서 말한 박춘천(朴春泉)과 내게 언제나 민족혼을 일깨워주었다. 국조단군을 숭배했고 또 말끝마다 반만년의 국사를 일러주기도 했다."

한글학자, 참민족주의자, 민족혼, 단군숭배, 반만년 국사 역시 대종교와 떨어질 수 없는 용어들이다. 더욱이 주변 인들에게 그러한 정신을 각성시키기 위해 노력한 모습도 엿볼 수 있다.

일제강점기 한글운동의 정신적 배경을 살핌에 있어 대종교의 역할을 빼놓을 수 없다. 그 대표적 인물이 한힌샘 주시경이다. 주시경은 우리글의 명칭을 '한글'이라고 처음 명명한 사람으로서, 한글을 통한 언어민족주의와 한글 대중화를 위해 1914년 7월 27일 임종하기까지 오로지 헌신했던 인물이다. 그는 국어학자인 동시에 국어를 통하여 민족혼을 불어넣은 국어운동가라 할 수 있다. 까닭에 그의 국어연구와 운동을 이해함에 있어서는 그의 정신적 배경을 떼어놓고는 생각할 수가 없다. 그는 대종교가 나타나기 전인 1908년에 이미 우리말에 대한 연원을 단군시대로부터 찾았으며, 그러한 우수한 언어와 문자에 대해 사천 년 동안 연구가 없어 어전(語典) 한 권도 갖추지 못했음을 개탄한 인물이다. 특히 주시경은 1909년 대종교가 등장한 이후부터는 대종교의 교리와 거의 동일한 주장으로 그의 논리를 펼치고 있다.

주시경이 1909년 『국문연구』에서 주장한 단군의 신성한 정교(政敎)에 의해 그 언어는 고상하고 국문의 본원도 심원하다고 말한 것이나, 1910년 『국어문법』을 통해 드러낸 대동아주의적 역사관 및 우리 국어의 출현이 단군의 강림에 의한 것이라는 주장 등이 대종교적 가치와 동일하다는 것이다. 특히 1909년에 저술한 『국문초학』에서는 단군의 출현 배경과 조선이라는 국호에 대해 설명하고, 단군신앙과 연관된 유적 소개와 함께, 단군시대의 광활한 영토와 강력한 국력을 찬양하고 있다. 주시경의 이러한 주장은 대종교 사관에 나타나는 '단군-부여 정통론'을 그대로 답습하고 있는 것이며, 단군시대의 신성한 역사에 대한 찬양 또한 대종교 사관과 일치하는 것이다. 그러므로 주시경의 단군이데올로기를 바탕으로 한 한글운동은 당시 일반 서민들에게도 단군 이념을 보급하는데 크게 기여했다.

김두봉은 주시경의 수제자이면서 대종교를 중광한 나철의 수제자로, 한글연구만이 아니라 대종교의 교리·교사에 해박한 지식을 갖춘 인물이었다. 그는 1914년 주시경

이 세상을 떠나자 스승이 못다 한 일을 이어 받아 그것을 더 넓히고 더 열어서 우리의 말과 글과 얼이 묻히지 않고 영원히 자랄 수 있는 기틀을 다지기 위해 『조선말본』(1916년)을 저술하였다. 이후 상해로 망명하여 『깁더조선말본』(1922년)도 펴냈다. '깁더'라는 말은 깊이를 더한다는 순우리말로 '정해(精解)' 혹은 '증보(增補)'라는 한자어와 유사한 의미다.

『조선말본』의 서술체재와 내용은 주시경의 국어정신을 담은 『국어문법』(1910년)에 바탕을 두고 있으나, 세부사항의 기술에 있어서는 차이를 보이고 있다. 또한 상해에서 펴낸 『깁더조선말본』에서는 부록으로 가로풀어쓰기·속기법, 그리고 표준어 제정의 여러 조건들을 구체적으로 논의한 '표준말'이 더 붙어 있다. 후일 '조선어학회' 조직에도 절대적인 영향력을 행사한 김두봉이 일찍부터 대종교에 입교하여 활동했음은 물론 대종교에서의 그 역할 또한 중요했음을 짐작해 볼 때, 그의 한글사랑 배경에도 대종교 정신 굳게 자리 잡고 있음을 직감할 수 있다.

김두봉의 사상관과 관련된 대종교단 내의 기록은 남아있는 것이 없다. 이 역시 대종교단 내의 특수한 사정(사회주의 관련 내용 혹은 인물들에 대한 기록 회피 현상)과 무관치 않을 듯하다. 그러므로 여기서는 그의 대종교관을 살필 수 있는 유일한 자료인 「개천절력(開天節歷)」을 중심으로 바라보고자 한다.

대종교에 있어 개천은 '세상을 다스리도록 하늘이 열린 것'을 말한다. 개천이란 본디 환웅이 처음으로 하늘을 열고 백두산 신단수 아래로 내려와 홍익인간·이화세계의 뜻을 펼치기 시작한 사건과 관련 있다. 그리고 여기서 개천(하늘이 열림)이라 함은, 천명(天命)에 의해 최초의 인간공동체인 신시를 열고 첫 국가 고조선을 건설한 사건을 상징적으로 표현한 것이다. 우리 민족이 천자신손으로서의 자격을 갖고 제천숭조의 당위성을 확보하는 근거도 여기에 있다. 그러므로 개천절은 '하늘이 열려 세상을 다스리는 질서'를 기념하는 날이라 할 수 있다.

개천절은 단군제천을 시작으로 상고 때부터 내려오는 전통으로, 영고·동맹·무천·상달제·팔관 등과 연결되고 있으나, 그 명칭의 역사적 흐름은 정확하지 않다. 다만 조선 숙종조 북애자의 『규원사화』에는 이러한 제천의 전통을 '오랜 세월 이어온 우리의 국가제전(東方萬世之國典)'으로 단정하였다.

상해임시정부(1919)도 발족한 첫해부터 국무원 주최로 음력 10월 3일에 「대황조성탄 및 건국기원절 축하식」을 거행하였다. 따라서 일제강점기를 통하여, 개천절 행사는 민족의식을 고취하는 데 기여하였으며, 중경(重慶) 등지의 임시정부에서도 대종교와 합동으로 경축행사를 거행하였다. 독립운동의 대표기관을 자처한 임시정부가 10월 3일을 대황조성탄절이자 건국기원절로 정하여 공식적인 정부차원의 축하식을 거행한 것은 중요한 의미를 갖는 사건이었다.

대종교의 개천절 복원은 당시 일제의 문화정책을 근본적으로 후퇴시키는 저항이기도 했다. 즉 일본 황국주의자들에 의해 날조된 일본 역사의 기원에 대한 근본적 부정임

과 아울러, 일제가 말살하려던 전래 신교의 제전(祭典)을 공식화한 것이라는 점에서 그렇다. 일본의 건국신화를 절대적인 역사적 사실로 둔갑시킨 장본인들은 19세기 명치유신(明治維新)을 추진한 일본의 국수주의자들이다. 기원전 660년 신무천황(神武天皇)이 야마도국을 정복하고 일본국을 세웠다는 『일본서기』의 건국신화를 근거로, 그 날짜를 2월 11일로 삼아 기원절(紀元節)을 제정한 것이다. 그들은 기원전 660년 음력 정월 초하루를 약력으로 환산하여 2월 11일을 기원절(紀元節)이라는 이름의 개국기념일로 공식화시켰다. 일본은 한반도와 만주지역에서 개국한 다른 나라들, 즉 신라의 기원전 57년, 고구려의 기원전 37년, 백제의 기원전 18년보다 그 개국연도가 500여년 앞선 선진국이기 때문에, 20세기에 들어와 한국과 만주를 지배하는 것이 당연하다는 명분을 내세웠던 것이다. 일선동조론(日鮮同祖論)의 성립도 여기서 명분을 얻었다.

일제의 기원절을 넘어서는 우리의 개천절 행사는 일제 감시 대상의 주요한 하나였다. 당시 항일운동의 총본산이었던 대종교가 주도하는 행사였으며, 민족적 정체성 확인과 자주독립 의지를 고취시키는 동력이 바로 개천절이었기 때문이다. 일제의 동원수탈정책과 민족말살책동이 심화되던 만주사변 이후에는 국내에서는 개천절 행사 개최 자체가 불가능하게 되어갔고, 관련 보도도 일제의 핍박에 의해 언론에서 거의 사라지게 되었음이 그 방증이다.

김두봉이 『독립신문』에 실은 「개천절력」은 짧은 글임에도 상식적 수준을 넘어 해박한 식견을 보여주고 있다는 점에서 주목된다. 이 글은 김두봉이 중국 상해 시절 개천절경축회 석상에서 개천절에 대한 역사를 소술한 내용이다. 그는 이 글에서 개천절의 성격과 국경일로서의 배경이 언급하고 있다. 또한 개천절이 대종교의 성립과 연관됨을 빼놓지 않았다. 특히 명칭이나 의식의 시대적 언급을 통해 개천절의 역사적 전개를 더듬는가 하면, 그 시기의 적정성에 대해서도 언급하고 있다.

먼저 개천절은 종교적 성격과 역사적 성격을 동시에 내포하는 의미지만, 김두봉은 개천절이 아닌 건국기념일로의 역사성을 강조했다. 개천절은 전래 신교정신문화(神敎精神文化)의 기반인 홍익인간과 쌍벽을 이루는 유산으로, 「단군교포명서」(1904년)의 서두에 10월 3일을 '개극입도지경절(開極立道之慶節)'이라고 밝힌 데서 기인한다. 후일 나철이 이것을 계승하여 1910년 9월 27일(음력) 의식규례를 제정발포하면서, '개천절은 강세일(降世日)과 개국일(開國日)이 동시 10월 3일이라 경일(慶日)을 합칭(合稱)함'이라고 규정함으로써, 개천절의 명칭을 분명하게 했다. 대종교의 교리로 한다면 교화주인 환웅이 강세한 날과 치화주인 단군이 개국한 날이 10월 3일(음력)이기에 개천절이라 명명한 것이다. 개천기원과 단군기원의 차이도 여기에서 기인한다. 전자와 연관된 기원이 개천기원이라면 후자와 연결된 기원이 단군기원이다. 김두봉이 언급한 건국기념일은 역사적 의미에서의 개천절을 강조하려 한 듯하다.

또한 김두봉은 개천절이 우리의 국경일임을 강조하고 있다. 일찍이 김두봉은 신규식·조완구·박찬익 등 대종교의 중심인물들과, 상해 지역을 거점으로 대종교의 어천절·

개천절은 물론 나라를 빼앗긴 치욕을 상기하자는 의미에서 국치기념일 행사를 통해 민족의식 고취에 노력했던 인물이다. 단순한 종교적 활동에 머문 것이 아니라, 상해 한인들의 단합과 경각심을 촉구하는데 기여함은 물론, 독립운동의 정신적·사상적 기반을 구축하였던 것이다.

더욱이 1919년 대한민국 임시정부가 수립되자 임시정부에서는 음력 10월 3일을 국경일로 제정하였다. 이는 대종교라는 종교적 차원을 넘어, 당시 단군을 한겨레의 시조로 고조선을 한민족 최초의 국가로 보는 보편화된 역사인식을 바탕으로 한 것이었다.

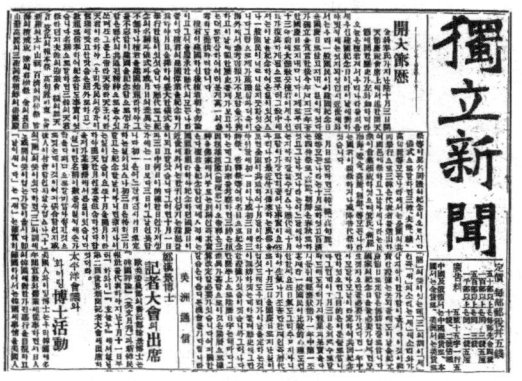

「독립신문」에 실린 김두봉의 「開天節歷」

개천절은 북간도에서도 축제인 동시에, 독립군들에게는 조국독립을 바라는 간절한 염원의 시간이기도 했다. 1930년대 임시정부 식구들의 피난의 여정에서도 개천절은 축제와 위안의 시간이었다. 이러한 국경일로서의 의미 부여는 김두봉의 개천절 가치 평가와 조금도 어긋나지 않는다. 오히려 대종교를 넘어 국내와 중국 본토, 만주, 심지어는 미주까지도 우리민족을 하나로 묶어주는 정신적 구심점이 되었다.

한편 김두봉이 대종교를 창교(創敎)가 아닌 부흥으로 이해한 점도 주목되는 부분이다. 대종교의 부흥이란 중광(重光, 다시 빛남)과 같은 의미로 전래되는 단군신앙(神敎)을 부활시킨 것을 말한다. 대종교를 중광한 나철은 몽고의 침략으로 인해 대종교의 교문(敎門)과 교문제전(敎門祭典, 즉 팔관)이 단절된 것으로 이해했다. 대종교단 내의 기록에서도, 대종교의 중광이 몽고의 침략으로 7백년 간 단절되었던 신교(神敎)의 부활임을 밝히고 있다. 그러므로 대종교의 중광은 곧 팔관의 부활과 동일한 의미였다. 나철이 순교 당시 유서를 통해서도 진실한 정성을 위해 팔관의 재계(齋戒)가 있음을 일깨운 것도 이러한 배경과 맞물린다. 팔관은 고려조 이지백(李知白)의 상소 내용에서도 확인되듯이 전래되어온 선랑(仙郞)의 유풍으로, 우리 고유의 제천과 불가분의 관계를 갖는 동시에 개천절과 이음동의적 가치라 해도 지나치지 않다.

또한 개천절의 명칭이나 의식에 대한 김두봉의 언급이다.

그는 시대적·공간적 차이로 그것이 다양하게 나타났으나, 단군 건국의 위업을 기리는 정신은 공통된다는 견해를 폈다. 천군제·영고·무천·보본제·동맹·태백산사·사중제·단계축·군수제·장백산책·삼성사제 그리고 숭령전제 등이 모두 단군 숭봉의 이명동체(異名同體)라는 것이다. 또한 그 의식 숭봉의 제(祭) 역시 대표자를 통한 제천(삼한), 회집반축(會集頒祝, 부여·예·고구려), 나라임금이 친제(親祭)하거나 혹 강향대제(降香代祭)를 하는 것(箕氏·신라·발해·遼金·고려·조선)으로 나타났으나, 모두가 단군을 기념하는 의식으로 간주했다.

김두봉의 이러한 견해는 역사적 고증과도 상당 부분 부합하는 주장이다. 부여의 영고, 고구려의 동맹, 예의 무천, 삼한의 소도 등은 중국의 기록에도 간략히 설명되어 있고, 그 유사한 기록이 범엽(范曄, 398~445)의『후한서(後漢書)』에도 그대로 실려 있다. 대종교의 교사(敎史)를 정리한 김교헌은『삼국지』에 언급된 위의 내용만이 아니라,『삼국사기』와『문헌비고』등에 실린 백제 제천, 신라의 신궁(神宮) 제사, 가락국(駕洛國)의 시조사당 제사 등이 대종교의 역대제천의 흐름과 무관치 않은 것으로 보았다.

아마도 김두봉의 개천절 고증에 가장 많은 영향을 준 것이 김교헌의『신단실기(神檀實記)』가 아닐까 한다.『신단실기』는 김교헌의 저술로, 1914년 초에 신문관(新文館)을 통해 발행된 것이다. 김두봉에 있어 김교헌은 대종교 중광 이전부터 대종교 중광 이후뿐만 아니라, 조선광문회를 통해서도 많은 영향을 준 인물이었다. 조선광문회는 최남선이 주간을 맡아 주요 업무를 주관하였으며, 김교헌을 비롯한 박은식·류근·주시경·김두봉·이규영·권덕규 등이 참여하여 활동을 했다. 여기서 주목되는 것은 그들이 모두 대종교에 참여하여 활동하는 핵심인물들이었다는 점이다. 특히 김교헌은 1910년 조선광문회 활동을 이끌면서 고전(古典)과 사서(史書)의 수집·간행 및 보급에 적극적으로 나섰다. 최남선·장지연·류근·신채호 등도 이 당시 김교헌의 영향을 받으며 민족사에 대한 인식의 지평을 넓혀 갔다. 광문회에서는 김교헌의 가문에 역대로 수집·소장되어 오던 방대한 양의 서책과 문헌이 중요하게 활용되었고, 후일 그 책들은 최남선이 보관하다가 고려대학교 도서관에 기증되었다.

끝으로 김두봉은 개천절의 시기에 대해서도 언급했다. 그는 역사적 실례와 합리적 소견 그리고 언어학적 견해를 통해 개천절의 10월 3일을 긍정하고 있다. 그것은 전래의 전통인 동시에, 근자까지 삼신제·제석제 등의 풍속에서도 이 시기를 지킨다는 것이다. 또한 삼신은 환인·환웅·환검(곧 단군)이며 제석은 삼신을 불가에서 부르는 별칭으로, 모두 단군을 기념하는 제례라는 입장도 보였다.

10월 3일에 대한 언급은 발해 문왕이 기록했다는 대종교의『삼일신고봉장기(三一神誥奉藏記)』에 다음과 같이 등장하는 내용이다.

"삼가 상고하건대『고조선기』에 이르기를 '삼백 예순 여섯 갑자에 임금께서 천부인 세 개를 가지시고 운사, 우사, 풍백, 뇌공 등 신장(神將)등을 거느리시고 태백산(백

두산) 박달나무 아래 내려오시어 산과 물을 개척하고 사람과 만물을 낳아 기르며, 두 돌 갑자 지낸 무진 상달 초사흗날에 이르러 신령한 대궐에 거동하사 신고(神誥)를 가르치시니, 때에 팽우는 삼천집단의 무리들을 거느리고 와서 머리 숙여 받들며, '…(후략)…"

즉 천부인 세 개를 갖고 내려온 때가 개천기원이라면, 두 돌 갑자(120년)가 지난 무진년(갑자→을축→병인→정묘→무진)은 124년이 되므로, 신고를 가르친 무진년 10월 3일이 단군기원으로 기산이 된다. 김교헌은『신단실기』『단군세기』에서 환인·환웅·환검을 삼신으로 지칭하고, 상원갑자 10월 3일에 환검이 이신화인(以神化人)하여 신교(神敎)를 베풀었다고 하였다. 또한『신단민사』에서는 신시씨(神市氏)가 개천 갑자 상달(10월) 초사흗날(3일)에 '신시'의 시대를 열고 120년간 백성을 가르치고 무진년 10월 단군이 나라를 세웠다는 내용을 기록하고 있다. 김교헌 시대 구분에서도 신시시대와 배달시대를 구분했는데, 전자를 환웅 교화의 시대로 이해한다면 후자는 단군 치화의 시대라 할 수 있을 것이다. 교화시대의 시작과 치화시대의 시작이 모두 10월 3일임을 새기고 있다.

김두봉 역시 이러한 대종교설(개천절 10월 3일설)을 취한 것이다. 물론 김두봉은 이를 뒷받침하기 위한 자신의 의견도 빼지 않았다. 우선 언어학적 식견을 동원하여, 십은 손가락을 모두 연다는 뜻이 있고, 삼은 '세' 혹은 '새'로서 연다는 뜻을 갖는다는 논리다. 새로 여는 날이라는 뜻으로 받아들이자는 의견이다. 또한 계절적 요인을 동원하여, 10월 3일 정도가 되면 추수가 된 이후라 경제상황이 안정되어 심리도 편안해 지는 시기라 했다. 그리고 날씨도 춥지 않고 기운이 날 좋은 때임을 강조하고 있다.

김두봉이 언급한 환인·환웅·환검을 체계적으로 논한 문적 역시 대종교의『신사기(神事記)』다.『신사기』는 대종교에 전래되어 오는 경전으로, 환인·환웅·환검을 조화주·교화주·치화주의 역할로 상세화한 경전이다. 또한 김두봉의 종교적 스승이자 대종교를 중광한 홍암 나철에 의해 보다 체계화 되었다. 나철은 1911년 중광절(음력 1월 15일)에 대종교 삼신론(三神論)의 기초가 되는『신리대전(神理大全)』을 저술·간행했다. 나철은 그 안에 '하느님 자리[神位]'를 논하면서 "한얼님(하느님-인용자주)은 한임(桓因)과 한웅(桓雄)과 한검(桓儉)이시니, 한임은 조화의 자리에 계시고, 한웅은 교화의 자리에 계시며, 한검은 치화의 자리에 계시니라."는 기술을 통해, 일신(一神)의 작용론으로서의 삼신의 기능을 잘 설명해 주었다.

한편 김두봉은 제석제를 삼신제와 동일한 의미로 간주하고 있다. 본디 제석이란 불교의 궁극적 이상으로 우주의 주재자와 같은 의미다.『법화경』에서는 제석환인(帝釋桓因)으로 등장하며 제석천(帝釋天)으로도 명명한다. 즉 범어로는 샤크로데반드라(S'akrodevandra)로, 석제환인타라·석가제파인타라(釋提桓因陀羅·釋迦提婆因陀羅)라고 쓰던 것을 줄여 제석천이라 한 것이다. 불교사관으로 저술된 우리의『삼국유사』에서 조화주 혹은 하늘나라로 새길 수 있는 환인(환국)을 제석으로 해석한 것도 이를 뒷받침한다. 그러

므로 대종교 사서 『규원사화(揆園史話)』에는 "삼신은 곧 하늘과 땅을 열고 백성과 사물을 만들어 다스린 삼신을 말하는 것이다. 제석 등의 말은 비록 불가의 『법화경』에서 나왔지만 역시 하늘 임금의 뜻이다. 이것은 단지 옛 역사가 승려의 손으로 옮겨진 까닭일 뿐이니, 망령되게 잘못되었다고만 할 수는 없다. 옛날 사마상여가 한나라 무제에게 아뢰어 '폐하께서 겸손하게 사양만 하시고 내어 비치지 않으신다면 이는 삼신의 기쁨을 끊는 것입니다' 하였는데, 그 주석에 삼신은 상제를 말한다 하였으니, 삼신이란 말은 당시 한나라에도 통용되었던 것이다."라는 인식을 보이고 있다. 삼신이 곧 제석과 동일한 의미임을 언급한 것이다.

수산 이종휘(李鍾徽, 1731-1797) 역시 단군이 아사달로 들어가 신이 되었다고 설명하면서, 그곳에는 단군사(檀君祠)가 있어 역대로 그곳에 제사를 지냈음을 밝혔다. 또한 그 제사는 위로 환인과 환웅까지 미치므로 이름을 삼성사(三聖祠)라 칭했다는 것이다. 당시 우리나라 사람들이 받드는 제석신이 바로 환인이라는 것을 강조하였다. 이능화도 이러한 제석신이 일연이 『삼국유사』에서 환국(桓國)을 잘못 주석(註釋)한데서 온 것으로 단정하고, 승가(僧家)와 속가(俗家)에서 제석신을 받드는 여러 의식의 잔영을 소개하기도 했다.

살핀 바와 같이 김두봉의 「개천절력」은 짧은 글이지만 그의 대종교적 역사인식과 종교사상적 이해가 농축된 글임을 확인시켜주고 있다. 더욱이 그의 독자적 역사인식이나 종교철학 관련 기록이 전무한 상황에서, 「개천절력」은 그의 사상세계를 살필 수 있는 유일한 기록이라는 점에서 의미를 더한다.

[교력]
김두봉의 대종교명은 김규(金圭)로, 그의 대종교 입교 시기는 분명하지 않다. 그러나 그가 1911년 중광절(重光節, 음력 1월 15일)에 지교(知教)의 교질(教秩)을 받은 것으로 보아, 대종교 중광 직후인 1909년 전반기에 입교한 것으로 추정할 수 있다. 당시 김두봉과 함께 지교의 교질을 받은 인물들을 보면, 오혁(吳赫, 吳基鎬)·강우(姜虞, 姜錫箕)·최전(崔顚, 崔東植)·이채우(李採雨)·조승호(趙承鎬)·신정(申檉, 申圭植)·박상환(朴祥煥)·이건(李鍵)·이민걸(李敏杰)·나병원(羅炳元)·최강(崔岡)·박찬익(朴贊翊)·심헌택(沈憲澤)·조경호(趙京鎬)·이용규(李用珪)·나기학(羅紀學)·김헌(金獻, 金敎獻)·서광숙(徐光肅)·이억(李億)·박성회(朴聖會)·김성(金誠, 金敎準)·이동춘(李同春)·차광(車光) 등 23명에 불과했다. 모두 대종교의 핵심인물들이었다. 또한 지교의 교질을 받은 날 동시에 대종교시교사(大倧敎施敎師)로도 선임되었다. 함께 시교사를 받은 인물들 역시 박찬익·이동춘·김교준·김원식(金遠植) 등 당대 대종교의 중심인물들이었다.

더욱이 김두봉이 1915년 11월 13일(음력) 대종교 상교의 교질에 오를 당시, 상교의 교질은 그를 포함하여 대종교단 내에 16명밖에 없었음도 주목된다. 김두봉을 포함하여 김교헌·오혁·강우·최전·이채우·조승호·류근(柳瑾)·조완구·김교준·최강·신규식·박찬익·나기학·황훈 등이 그들

이다. 모두가 대종교의 중추였을 뿐만 아니라, 당대 사회의 지도층이자 항일투사들이었다는 점도 특기되는 부분이다.

김두봉은 그의 호 백연(白淵)에서도 알 수 있듯이, 대종교에 대한 참여와 애착은 남달랐다. 그는 1916년 대종교를 일으킨 나철의 구월산 봉심(奉審)에 수석시자(首席侍者)로 동행을 했다. 당시 나철은 6명의 시봉자(侍奉者)를 대동하는데 그 중에서 김두봉은 교질(教秩:대종교 믿음의 단계)이 가장 높은 상교(尙敎)의 위치에 있었다. 상교의 교질이란 믿음을 행함이 일치하고 교리(教理)의 연구가 월등하며 교문(教門)의 오대종지(五大宗旨)와 오대의무(五大義務)를 잘 이행하여 타교우들에 모범이 되는 사람에게 주어지는 교질이었다.

특히 1916년 나철의 구월산 봉심(奉審)과 순명조천 당시 김두봉의 역할은, 그의 대종교단 내에서의 위상을 더욱 분명하게 확인시켜 주었다. 나철이 순명하기 직전에 행한 선의식(禮儀式) 「주유문(奏由文)」의 말미에도 김두봉을 가장 먼저 언급하고 있음도 그 하나의 예다.

"철(喆)이 이제 우리 교도 김두봉·엄주천·안영중·김서종·나주영·나정수들을 거느리고 와서 마음은 재계하며 몸은 목욕하고 사당을 쓸며 위판을 고쳐서 개천한 지 72돌인 병진해 8월 보름날에 삼사히 맑은 물 정한 메를 갖추어 제사를 받들고 한얼께 아뢰옵나니, 엎드려 비옵건대 밝으시게 적은 정성을 살피시와 널리 억만 백성으로 하여금 한가지로 복리를 입고 다 대종교문에 돌아와서 백대(百代)가 되도록 이울지 않게 하옵소서, 이것이 철의 지극히 바라는 바입니다."

안타깝게도 당시 김두봉의 구체적 행적이나 역할은 대종교단 내에 전하지 않는다. 언급했듯이 사회주의계열 인물들에 대한 피기(避記) 현상을 다시 언급하지 않을 수 없다. 이것은 나철이 1910년 음력 8월 10일에 발포한 사신(四愼, 네 가지 삼감) 가운데, (1) 교(教)는 시국에 무관하니 안신입명(安身立命)함, (2) 신법(新法)에 주의하여 범과(犯科)가 무(無)케 함이라는 두 항목이 관심을 끈다. 사신이란 대종교 교인들이 삼가고 지킬 네 가지의 당부였다. 정치와 거리를 두라는 경계를 하고 있다. 나철은 순명조천 당시 남긴 유서 가운데도 "…(전략)…마음을 놓아서 아무나 속이지 말며 기운에 불려서 함부로 떠들지 말고 나쁜 생각으로 정치에 덤비지 말며 못된 버릇으로 법률에 범하지 말고 겁냄과 원망을 품지 말며 음탕과 미혹에 가까이 말고 교문을 빙자하여 일을 저지르지 말며 교도들을 믿고서 공론(公論)에 다투지 말고…(후략)…"라는 정치적 거리두기를 유언하고 있다.

이러한 정치와 이념에 대한 경계는 2세 교주 김교헌 시대에도 다르지 않았다. 그가 대종교의 도통전수를 승낙하면서 교인들에게 당부한 구물(九物, 아홉 가지 금함)의 마지막이 "함부로 정법(政法)에 간섭하지 말 것"임을 보아도 알 수 있다. 더욱이 1922년 음력 2월 14일에 반포한 계명(誡命)에서는 사회주의에 대한 경계가 명문화 되고 있다. 그

앞의 두 개 조항을 보면

> 一. 종교와 정치는 구분이 현수(懸殊)하니 대교(大敎)를 신봉하는 인(人)은 정계상(政界上) 경동(輕動)이나 망담(妄談)함이 불가함.
> 一. 사회주의와 과격한 언동은 대교문(大敎門)의 주창선동(主唱煽動)할 바가 아닌 즉, 절물침염(切勿浸染)하고, 오교규제(吾敎規制)는 보통집회(普通集會)와 형이(迥異)하니 오해망동(誤解妄動)함을 부득(不得)함.

이란 내용이 등장한다. 특히 두 번 째 항목에서는 사회주의나 과격한 행동은 대종교 안에서는 주창하고 선동해서는 안 됨을 밝히고 그 사상에 물들어서는 안 된다는 것이다. 이 계명은 대종교 내의 기강을 확립하고 교우의 신행을 독실하게 하기 위하여 반포한 것으로 전체 5조항으로 이루어졌다. 그 마지막 항에서는, 앞의 조항들을 어길 경우 가볍게는 정교(停敎)에서 무겁게는 출교(黜敎)를 하도록 명시하고 있다. 당시 대종교가 사회주의 활동에 대해 얼마나 부담을 가졌는가를 알려 주는 부분이다.

그러나 밝혀둘 것은 김두봉이 공산주의자가 아니라는 점이다. 그는 민족적(대종교적) 이상주의에 가까운 인물이었다. 언급한 상해 시절 우승규(禹昇圭)의 회고를 보더라도 이해할 수 있다. 또한 1929년 8월 상해에서 김두봉을 만나 대담을 나눈 환산(桓山) 이윤재(李允宰)의 기억에서도 확인된다. 당시 인성학교(仁成學校) 교장을 맡고 있던 김두봉은, 인성학교성토문(仁成學校聲討文)을 돌리며 학교 반대 투쟁을 펼치던 공산주의자들에 대해 경멸하였다. 특히 '천진한 아동의 머리속에 그런 정치적 투쟁의 악습관을 길러주는 것은 차마 못할 일'로 비판했던 인물이다.

기록의 부재 속에서도 김두봉은 1922년 음력 9월 3일 대종교 서이도본사(西二道本司)의 선강부령(宣講部令)에 임명된 기록이 남아 있다. 당시 서이도본사의 전리(典理)는 김두봉이 존경했던 백암 박은식이, 선리부령(宣理部令)은 우천 조완구가 임명되었다. 대종교는 김교헌 교주 시대에 백두산을 중심으로 동·서·남·북의 도본사를 정하고 도본사는 도내 각 지사 및 시교당을 관할토록 하였다. 도본사에는 전리실(典理室)을 두고 그 아래 선리부(宣理部)·선범부(宣範部)·선강부(宣講部)를 설치하였다. 이 시기 서이도본사는 상해 지역을 관할하였으며, 김두봉이 맡았던 선강부는 교질시선(敎秩試選)·교적간행(敎籍刊行)·교리강수(敎理講修)·교육시전(敎育展展) 등 학리(學理)에 관한 일을 수행한 부서였다. 상해 지역 대종교 포교의 주요 임무를 책임진 것이다.

김두봉은 1926년 대종교 중심인물 백순·조완구·김교준·신명균·채규오·김연원(金演元)·정신(鄭信, 鄭潤) 등과 함께 '대종교홍범 및 규제수정기초위원'으로 임명되기도 했다. 대종교에 있어 홍범(弘範)과 규제(規制)는 교헌(敎憲)과 교법(敎法)과 같은 것으로, 대종교를 지탱하고 운용해 가는 기본적 질서와도 같은 규율이었다. 또한 그 임명된 인물들의 거주지가 국내와 북만주 그리고 내몽고와 상해까지 두루 퍼져 있었음이 흥미롭다. 이것은 그 시기 대종교의

인적 네트워크가 활발하게 작동하고 있었음을 방증하는 것이기도 하다. 김두봉이 여기에 참여했다는 것은 당시까지 대종교의 중심부에 있었음을 알게 해 준다.

그 이후의 김두봉과 대종교의 연관 기록은 현재 발견되는 것이 없다. 다만 1928년 4월 27일 김두봉의 부친상이 주목될 뿐이다. 당시 김두봉의 부친인 김돈홍(金敦洪)이 사망하자, 그 부고를 접하고 가람 이병기, 주산 신명균, 백수 정열모, 황훈 등이 문상을 했다. 이들은 그 시기 국내 대종교의 중심인물들이었다는 점에서 주목된다.

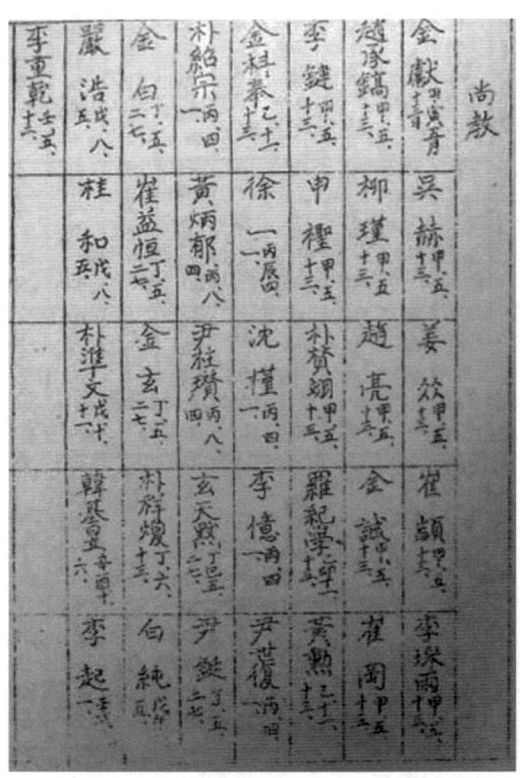

대종교 『倧門榮秩』에 올라있는 김두봉의 기록. 尙敎 부분에 올라있다.

[참고 문헌]

『倧令』제3호(1911년), 『종문영질』(프린트본, 1922), 『대종교보』제55호(1922년), 『신단민사』(김교헌, 대종교총본사, 1914), 『신단실기』(김교헌, 대종교총본사, 1914), 『譯解倧經四部合編』(대종교총본사, 1949), 『대종교독립운동사』(박영진, 필사본, 1964), 『대종교중광육십년사』(대종교총본사, 1971), 『조선말본』(김두봉, 새글집, 1916), 『깁더조선말본』(김두봉, 상해·새글집사, 1922), 『독립신문』 1921.11.11., 「大倧敎施敎堂一覽表(1926年)」(延边朝鲜族自治州档案馆 全宗号 42 目录号1 案卷号343, 和龙县历史档案 和龙县警察所, 令各区查禁韩人设立大倧敎堂由, 民国十五年五月十二日), 「한글大家 金枓奉氏 訪問記. 在外名士訪問記」(이윤재, 『별건곤』제24호, 1929년 12월), 『지도자군상』(김오성, 대성출판사, 1946), 『조선연감』(조선통신사, 1947), 『한국공산주의운동사』5(김준엽·김창순, 고려대학교 아세아문제연구소, 1976), 『가람일기』Ⅰ(이병기, 신구문화사, 1976), 『나절로만필─신문 생활 반세기의 조각보』(우승규, 탐구당, 1978), 『지산외유일지』(정원택, 탐구당, 1983), 『朝鮮神事誌』(이능화, 동문선, 2007), 「백연 김두봉과 대종교」(김동환, 『국학연구』제24집, 국학연구소, 2020)

김두종

1896-1988 경상남도 함안군 칠원면(漆原面) 구성리(龜城里) 출신이다. 영남 유학자 김성직(金性稷)의 둘째 아들로, 대종교 임오십현(壬午十賢, 1942년 임오년에 일제의 고문으로 죽어간 대종교지도자 10인) 중 1인인 김서종(金書鍾)의 친동생이다. 일찍이 부친으로부터 한학을 배우고, 늦은 나이인 14세에 칠원보통학교에 들어가 17세가 되던 1913년에 졸업하였다. 이후 상경하여 1913년 4월 휘문의숙에 입학하여 1916년 3월에 졸업하였다. 김두종이 대종교에 입교한 시기도 휘문의숙 시절이다. 그리고 평생을 이 정신으로 일관하였다. 형인 김서종의 절대적 영향과 함께 광문회를 드나들며 인연을 맺은 대종교 선배들과도 무관치 않았다.

이후 1918년 4월 경성의학전문학교에 입학한 김두종은 3·1독립운동과 연관되어 1학년을 마친 후 퇴학당했다. 그러나 일본의 경계가 느슨한 틈을 타 1919년 가을 일본으로 건너가 1920년 교토부립의과대학에 입학하면서 다시 의학도의 길을 걷게 된다. 이태규(李泰圭)·윤일선(尹日善)·최현배 등과 교분을 나누며 밤마다 나라 잃은 설움을 술을 마시던 때도 이 시기였다. 1922년 여름 방학 때는 최현배 등과 국내로 들어와 학술강연회도 개최하였다. 평양의 숭덕학교(崇德學校)를 빌려 개최된 이 강연회는 '제1회 경도유학생학우회하기순강단(京都留學生學友會夏期巡講團)'이라는 모임을 꾸려 진행되었다. 1922년 7월 23일부터 29일까지 개최된 강연회에서는, 김두종의 '현대생활과 과학지식'이라는 주제를 비롯해, 최현배(우리글의 가로쓰기), 이관구[반도경제계(半島經濟界)의 진로], 문목규(생물의 기원과 그 진화), 이희준(자연과학과 그 응용) 등이 수고하였다.

김두종은 1925년 중국 북경으로 건너갔다. 그리고 일본인들이 운영하는 병원에서 약 1년 반 동안 근무하고 다시 봉천(奉天)에 있는 만주의과대학 부속병원으로 자리를 옮겨 1928년 3월까지 재직하였다. 이후 하얼빈으로 넘어와 그곳 병원에서 1931년 9월까지 근무하였다. 물러난 후 개인적으로 개원한 병원이 제세의원(濟世醫院)이다. 말 그대로 홍제인세(弘濟人世)의 활인공간(活人空間)을 마련한 것이다. 김두종이 제세의원을 개원한 이유는 두 가지 추찰된다. 경제적 토대의 마련과 대종교 활동 공간의 확보였다. 공교롭게도 하얼빈은 청산리독립전쟁 이후 흩어진 대종교 세력을 재건하려던 공간이기도 했다. 1923년 4월 위장 조직 만몽산업회(滿蒙産業會)의 구성이 그것이다. 당시 참여한 인물들은 대종교 교주인 김교헌을 비롯하여 30여명

이었다. 일제는 이들이 하얼빈을 제2의 상해(上海)로 만들 구상을 하고 있다고 주목했다.

꼭 10년 후인 1932년, 김두종은 제세의원 운영과 병행하여 하얼빈 아성현(阿城縣) 태평교(太平橋) 부근에서 조선인들이 수전(水田) 경영에 필요한 중국인의 안심을 얻기 위해 지역 기관에 협조를 구하는 노력을 기울였다. 이 또한 대종교의 거점 확보와 무관치 않았다. 이 시기 그의 형 김서종이 북만주로 건너가 1932년 2월(음력)에 빈강성(濱江省) 오상현(五常縣)에서 소산자(小山子) 농장을 경영하는 한편, 하얼빈시에서 주식회사 북만농구공사(北滿農具公司)를 설립한 시기와 그대로 맞물리기 때문이다.

당시 대종교는 새로운 변화를 모색하던 시기였다. 1926년 12월 길림성장(吉林省長) 겸 독군(督軍)인 장작상(張作相)이 '대종교포교금지령'을 발포한 이후, 중·소국경지대인 밀산현(密山縣) 당벽진(當壁鎭)으로 옮겨가 근 8년간을 은거하고 있었다. 그 재도약을 위한 첫 번째의 시도가 1934년 3월 만주 하얼빈 안평가(安平街)에 설립한 하얼빈선도회(일명 대종교선도회)였다. 김서종은 안희제·김영숙 등과 이 선도회를 주선하고 이끌었다. 제세의원과 농장 마련을 통한 김두종의 역할이 큰 몫을 했을 듯하다.

김두종은 43세 되는 1938년 다시 봉천의 만주의과대학 동아의학연구소로 옮겨가 연구생활을 시작하였다. 그 이유는 분명치 않으나, 경제적 여유에서 채우지 못한 새로운 연구에 대한 욕구가 아니었을까 한다. 그는 기초의학분야를 깊이 고민하면서 의학사를 연구하기로 결심을 굳혔다. 그가 동아의학연구소를 택한 이유도 이와 무관치 않다. 동아의학연구소에는 중국의 역대 고의서(古醫書) 3만여 권이 소장되어 있어, 그가 의학사를 연구하는데 최적의 공간이었기 때문이다. 또한 김두종은 이 연구소에서 중국의 고의서를 수집하는 일도 동시에 맡게 되면서, 그는 관련 지식을 갖추기 위해 틈틈이 중국 서지학(書誌學)에 관한 공부도 게을리 하지 않았다. 당시 이 연구소는 풍부한 재력을 바탕으로 중국의 고의서들을 수집하였던 것이다. 이때 수집된 책들은 전쟁이 끝난 후 모두 북경의 의학연구소로 보내어져 거기에 보관되어 있다 한다. 김두종이 서지학에 눈을 뜨고, 이후 최고의 권위를 갖게 된 배경이기도 하다.

김두종은 해방을 맞았으나 바로 귀국할 수가 없었다. 진주한 러시아군이 만주의대를 관리하면서 대학의 안정적인 운영을 위해 모든 교직원에게 2년 동안 의무적으로 근무하도록 했기 때문이다. 다만 한국인인 김두종은 자신이 보던 일을 정리하고 후임자에게 인계한 후 귀국할 수 있도록 허락되었으나 이 과정이 지체되어 광복이 되던 해에는 귀국하지 못하고 이듬해인 1946년 2월에 귀국하였다.

귀국 후 서울대학교에 있던 윤일선의 권유로 서울대학교 의과대학에서 의사학(醫史學)을 강의하며 부속병원장을 맡았다. 그 뒤 1957년 미국 존스홉킨즈대학 의학사연구소에서 연구원으로 한국의학사를 연구하고 김규식이 창설한 대한적십자사의 전신인 조선적십자사의 초대보건부장으로 활약하며 부총재를 역임하기도 하였다. 이어 1960년 숙명여자대학교 총장, 1963년 성균관대학교 재단이사장

을 역임하고, 1980년 학술원 원로회원이 되었다. 이 과정을 통해 김두종은 의학의 기술적 발전과 문화적 의의, 그리고 사상적 배경을 토대로 하여 의학사를 서술하는 일에 전력하여 이 분야에서 큰 족적을 남겼다.

[주요 저술 및 사상]
김두종의 학문적 관심은 의학·서지학·종교학 등 다양했다. 그의 의학적 분야의 대표적 저술이『한국의학사(韓國醫學史)』(탐구당, 1966)이다. 특히 이 책은 한국의학의 기원을 고조선 이전으로부터 찾고 있음이 주목을 끈다. 이것은 김두종의 역사인식과도 무관치 않을 듯하다. 그의 학문적 경쟁자였던 미키 사카에(三木榮)가『조선의학사급질병사(朝鮮醫學史及疾病史)』(등사본, 1955)를 저술하며 노골적인 식민사관을 드러낸 것에 대한 반발이라 할 수 있다. 김두종의『한방의골학(漢方醫骨學)』은 전하지 않는다. 일제의 패망 당시 이 책이 인쇄 중이었으나 러시아군이 그 인쇄소가 있던 지역 내의 모든 공장 기계시설을 분해하여 러시아로 가져가는 와중에 이 저서의 원고가 분실되었다 한다. 이후 김두종이 그 내용을 간추려 일본에서 발표한 것이「漢方醫學の解剖學的研究」(『漢方の臨床』 25권 9호)이다. 서지학 분야에서도 김두종의 위상은 독보적이다.『한국고인쇄기술사(韓國古印刷技術史)』(탐구당, 1974)는 그 방면의 대표적 역작이다. 특히 이 저술은 우리나라 형태서지학의 주축을 이루고 있는 고인쇄사 분야의 학문적 수준을 한 차원 끌어올린 개척적 저작으로 평가받고 있다. 이러한 역작의 배경에는 김두종의 경험을 무시할 수 없다. 일찍이 인맥(人脈)으로나 서책으로, 우리 고전(古典)의 보고(寶庫)라 할 수 있는 조선광문회의 출입이 그 하나이다. 또한 만주 시절 동아의학연구소의 경험도 무시할 수 없다. 그곳에는 중국의 역대 고의서(古醫書) 등 3만여 권이 소장되어 있었다 한다. 더욱이 이 연구소의 풍부한 재력을 바탕으로 필요한 중국의 고서들을 마음껏 수집하여 열람할 수 있었던 것도 중요한 경험이다. 이 과정을 통해 중국고판본(中國古版本)들을 감식할 수 서지학적 지식 훈련을 통해, 우리의 고서에 대한 서지학 연구에도 일가를 이룰 수 있었던 것이다.
끝으로 종교학 분야에 대한 그의 관심이다. 물론 이 방면의 단독 저술은 없다. 그러나 대종교에 대한 그의 관심과 이해는 상식을 넘어 전문적 식견을 갖췄다. 그가 남긴 대종교 관련 글은「십현약력(十賢略歷)」(『임오십현순교실록』)과「대종교의 사상」(『대세계백과서전(종교)』12) 2편이다.「십현약력」은 임오년(1942년)에 일제의 대종교 탄압 사건으로 숨진 10명에 대한 약력을 기술한 글이다. 일제는 1942년 11월 19일 대종교를 근본적으로 없애기 위해, 당시 교주 윤세복을 비롯하여 간부 21명을 동시에 검거하였다. 이 사건이 대종교의 임오교변이다. 또한 그 당시 권상익(權相益)·이정(李楨)·안희제(安熙濟)·나정련(羅正練)·김서종(金書鍾)·강철구(姜銕求)·오근태(吳根泰)·나정문(羅正紋)·이창언(李昌彦)·이재유(李在囿) 등 10명이 고문으로 순교하였다. 이들이 임오십현이며 이들에 대한 약력 기술이 김두종의「십현약력」이다. 특히 임오십현 중 김서종은 김두종

의 친형이다.「십현약력」이 김두종의 대종교에 대한 경험인 동시에 개인적 정성이라는 점을 알 수 있다. 한편 김두종의「대종교의 사상」은 대종교 관련의 글로 흔하지 않은 연구물이다. 그는「대종교의 사상」을 통해, 대종교의 교명(教名)과 교의(教義), 우주관과 인류관(人類觀), 그리고 인간관과 수행관을 제시하면서 체계적이고 분석적으로 대종교를 이해하고자 했다. 또한 조화사상·아사상·삼교합일사상을 통한 대종교의 이해는 그의 학자적 소질과 종교적 자질이 결합된 업적으로, 향후 대종교 연구의 또 다른 화두를 던짐에 충분한 글이라는 평가다.
김두종은 의학자이자 서지학자로 알려 있다. 서양의학을 전공한 의학자로서 한의학에도 조예가 남달랐다. 그가 서양의 해부학과 견주어 한의학의 골학(骨學) 및 내장학(內臟學)의 저술에 착수하여『한방의골학(漢方醫骨學)』(현전하지 않음)이라는 책을 완성한 것만 보아도 헤아리게 된다. 또한 그가 한국 서지학에 남긴 자취는 타의 추종을 불허한다. 그의 서지학 분야의 연구 업적을 보면, 한국인쇄술의 효시, 중국판본의 수입, 고려시대 판본의 발달, 활자인쇄의 기원, 조선시대 활자본의 발달과 복각, 조선시대 목판본의 발달과 책판목록, 활자인쇄술의 일본 전파, 활자 인쇄의 기술과정, 근대 연활자의 수입, 고서의 수집 등 다양한 영역으로 평가받고 있다.
주목되는 것은 그의 한국사상사에 대한 관심이다. 특히 대종교사상에 대한 이해는 어떠한 종교학자나 철학자와 견주어도 손색이 없다. 그는 대종교를 고대 동방민족의 원시신앙 가운데 하느님[一神]을 존경하는 우리 고유의 신교(神教) 즉 천신교(天神教)로 정의했다. 또한 대종교의 우주관을 상계(上界, 神界)·중계(中界, 人間界)·하계(下界, 暗黑界)의 3계로 이해했으며, 지극한 정성으로 살면 다시 하늘(하느님)로 돌아간다는 귀천(歸天)의 질서로 파악하였다. 대종교라는 교명에 대해서도 동방민족의 역사적 신앙체의 근대적 역명(譯名)으로 개념화하면서, 종(倧)은 상고신인(上古神人)을 의미하는 글자로 삼신(三神)을 지칭하는 것으로 보았다.
한편 김두종은 대종교의 교의(教義)를, 인간세상을 홍제(弘濟)하여 천국을 이루는 것으로 파악했다. 곧 배달겨레의 건국이념인 동시에 민족의 전통적 종교사상이라는 주장이다. 또한 대종교의 교리질서는 삼진귀일(三眞歸一)과 삼법수행(三法修行)이 그 핵심이 되는 것으로 이해했다. 삼진귀일사상은『삼일신고(三一神誥)』「진리훈(眞理訓)」에 토대를 둔 것으로, 대종교의 인간관과 수행관을 동시에 싸안고 있는 가치다. 김두종은 이를 토대로 인간이 하늘(하느님)으로부터 받은 성(性)·명(命)·정(精) 삼진(三眞)을 삼법수행을 통해 올바로 지켜가는 것이 인간완성의 길로 보았다. 즉 인간이 육신의 탈을 쓰면서 생겨나는 심(心)·기(氣)·신(身) 삼망(三妄)을 지감(止感, 느낌을 그침)·조식(調息, 숨을 고름)·금촉(禁觸, 부딪힘을 금함)을 통해 다시 삼진으로 돌아가게 하는 방법이 삼법수행임을 밝히고 있다.
대종교의 경전인『신사기(神事記)』「조화기(造化紀)」와『삼일신고』「세계훈(世界訓)」을 들어 조화사상(造化思想)의 섭리도 파악하였다. 특히 대종교의 삼신일체(三神一體) 사상을

하나의 유일신이 세 가지 작용신으로 나타난다는 의미로 이해하기도 했다. 1은 3의 몸이 되고 3은 1의 작용이 된다는 견해로, 상호보족적(相互補足的)이며 상호불가분(相互不可分)의 위상이라는 것이 그의 안목이다.

김두종의 대종교관에서 흥미로운 또 하나는, 그가 백두산 인류발생사상을 소개하고 있다는 점이다. 그는 대종교의 경전 『신사기』 『조화기』에 나오는 나반(那般)과 아만(阿曼) 이야기를 주목했다. 인류의 시조인 이 두 남녀가 천하(天河, 송화강)의 동쪽과 서쪽에 있으면서, 처음에는 서로가 오고 가지 않다가 오랜 뒤에 서로 만나서 배우자가 되었다는 것이다. 그 자손이 나뉘어 황(黃)·백(白)·현(玄)·적(赤)·남(藍)색의 다섯 빛깔의 종족이 되고, 다섯 종족 가운데 황족이 가장 커서 넷으로 나뉘었음을 적고 있다. 그리고 백두산의 남쪽에 사는 이들은 양족(陽族)이 되고, 동녘에 사는 이들은 간족(干族)이 되고, 송화강 북쪽에 사는 이들은 방족(方族)이 되고, 그 서쪽에 사는 이들은 견족(畎族)이 되었다는 대종교의 인류발생설을 그대로 끌고 왔다.

아사상(我思想)이란 관점 역시 김두종이 대종교를 바라보는 독특한 안목이다. 김두종은 아사상 형성의 근거로 대종교의 경전인 『회삼경(會三經)』 『삼아(三我)』 부분을 끌고 왔다. 『회삼경』은 대종교지도자이자 대한군정서(북로군정서)의 총재였던 백포(白圃) 서일(徐一)이 지은 저술로, 『삼일신고』 『진리훈』을 철학적으로 해석한 글이다. 김두종은 「삼아」를 통해 소아관(小我觀)으로서의 '나'나 대아관(大我觀)으로서의 '인류'가 모두 '나'라는 것에 공감했다. 김두종이 그 지탱의 논리로 언급한 것이 천신대도(天神大道, 대종교)의 '씨알(子)' 사상이다. 그는 그 씨알은 영원무궁토록 바뀌지도 사라지지도 않으며 전하고 계승하여 삼연(三緣)을 만드는 영아(靈我)와 동일한 것으로 보았다. 이것이 『삼일신고』 『신훈(神訓)』에 나오는 '스스로의 본성에서 하느님의 씨알(子)을 구하라, 너희 머리골속에 내려와 있느니라(自性求子降在爾腦)'라는 가르침을 염두했을 듯하다. 또한 김두종의 이러한 관점은 대종교 중광(重光)의 선언문이었던 『단군교포명서』에 담긴 '개전일체(個全一體)' 사상과도 통한다는 점에서 주목을 끈다.

김두종은 삼교합일사상(三敎合一思想) 또한 대종교의 중요한 가치로 꼽았다. 그 중요한 근거로 언급한 것이 대종교의 삼법수행이다. 그 삼법 가운데 지감(止感)에 속하는 것이 불교의 명심견성(明心見性)이요, 조식(調息)과 닿는 것이 선교의 양기연성(養氣鍊性)이며, 금촉(禁觸)에 해당하는 것이 유교의 수신솔성(修身率性)이라는 것이다. 신라 때 최치원의 「난랑비서(鸞郎碑序)」 역시 이것에 대한 언급임을 빼놓지 않았다. 김두종은 이러한 삼교합일사상이 여타의 종교사상과는 다른 대종교의 대표적 특징으로, 만교근원성이나 종합성 그리고 포용성을 보여주는 요소가 된다는 관점이다.

[교력]

김두종은 휘문의숙 시절에 대종교에 입교하여 1915년 11월 13일(음력) 참교의 교질을 받았다. 그리고 만주 하얼빈 시절, 그의 형 김서종과 더불어 대종교선도회(1934년)를 지원하는가 하면 대종교서적간행회(1939년)를 위해서도 많은 기여를 했다. 해방 이후에는 대종교총본사의 찬범(贊範)을 시작으로 경의원 참의(參議)·총본사 찬리(贊理)·총본사 전범대리(典範代理)·대종교중흥회 총무부장 및 집행위원·원로원부원장 등의 주요직을 두루 거쳤다. 그의 교질 역시 참교(1915년)를 시작으로, 지교(知教, 1946년 3월)·상교(尙教, 1946년 8월)·정교(政教, 1950년 3월)를 거쳐, 교주 아래 최고의 교질인 사교(司教, 1958년)까지 올라 도형(道兄)의 교호(教號)를 받았다.

[참고 문헌]

『종문영질』(프린트본, 1922), 『대종교보』제150호·151호·152호·155호·161호·165호·166호, 『대종교독립운동사』(박영진, 필사본, 1963), 『대종교중광육십년사』(대종교총본사, 1971), 『십현약력』(김두종, 『임오십현순교실록』, 서울대출판부, 1970), 『대종교의 사상』(김두종, 『대세계백과서전(종교)』12, 태극출판사, 1972), 『동아일보』1922. 7. 26., 「鮮人水田經營에 관한 件」(滿蒙 各地에서의 鮮人의 農業關係 雜件3, 8954 略 제399호, 한국사DB, 국사편찬위원회)

김락(金洛, 남, 생몰 미상)
입교 시기_1922년 | 교질_참교

출신지역과 생몰연대가 불분명하다. 김락이라는 이름 역시 대종교명일 듯하나 그 본명 역시 알려지지 않았다.

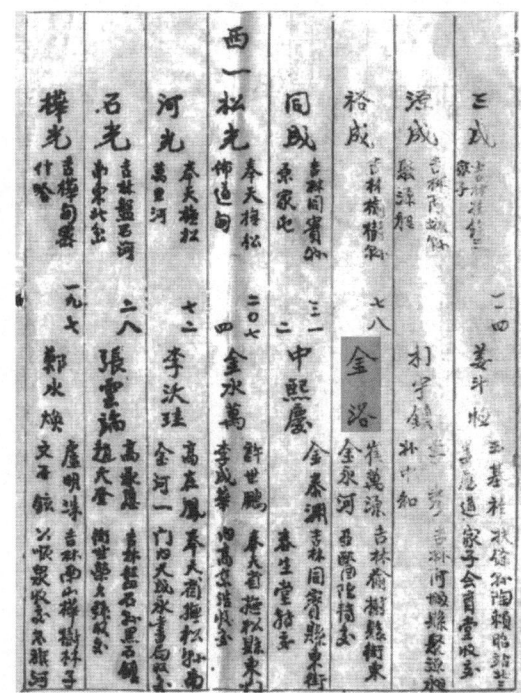

1926년에 작성된 대종교의 문서. 대종교 북일도본사 관할 裕成施教堂의 책임자 金洛이라는 이름이 보인다

독립투사이자 대종교 원로였던 박명진의 『대종교독립운동사』에는, 김락이 윤복영·김서종·우덕순·김백·김정일 등등의 독립운동가들과 북만주를 관할하는 대종교 북일도본사의 주요인물로 언급되고 있다. 그럼에도 그의 이름은 일제강점기 여타의 기록에는 발견되지 않고 오직 대종교의 기록에만 등장한다. 김락이 본명이 아닐 가능성을 더욱 짙게 하는 부분이다. 김락은 1922년 12월 5일(음력) 영계를 수여 받고, 그 다음날 참교의 교질을 받았다. 이후 1926년에는 길림 북만주 유수현(楡樹縣)에 소재한 대종교 유성시교당(裕成施敎堂)의 총책임자[典務]를 맡았다. 당시 김락을 도와 유성시교당을 이끈 인물은 항일투사 최만원(崔萬源)과 김영하(金永河)였다. 한편 이 시기 김락이 대종교총본사의 기본금(基本金) 및 경상금(經常金) 수금위원(收金委員)으로도 활동했음을 보면, 그가 대종교단의 중심부에 속해 있었음을 시사해 주고 있다.

[참고 문헌]

「대종교보」제56호(1922년), 「大倧敎施敎堂一覽表(1926年)」(延边朝鲜族自治州档案馆 全宗号42 目录号1 案卷号343, 和龙县历史档案 和龙县警察所, 令各区查禁韩人设立大倧教堂由, 民国十五年五月十二日), 『대종교독립운동사』(박명진, 필사본, 1964)

김려수(金麗水, 남, 생몰 미상)

입교 시기 _ 1926년 이전 | 교질 _ 미상

출신지역과 생몰연대가 확실하지 않다. 1920년대 북간도를 거점으로 대종교 포교와 항일투쟁을 전개한 인물이다. 1930년대에는 대한통의부와 참의부에 참여하여 국내로 진입 군자금 모금과 친일 밀정을 교살하는 등 항일투쟁을 한 기록도 있다. 또한 1934년 12월에는 평북 박천에서 민족주의자동맹을 조직하여 활동하다 치안 유지법 위반으로 체포되는 등, 항일투쟁의 끈을 놓지 않은 인물이다.

김려수의 대종교 교력은 교단 내에 남아있는 기록이 없다. 다만 1926년 4월 29일 대종교해산령 당시 대종교 광일시교당(廣一施敎堂)의 찬무(贊務)를 맡은 것으로 보아, 그 이전에 대종교에 입교한 것으로 파악된다. 당시 일제는 영안현지사의 품청에 의해 길림성장이 내린 대종교해산령 발포가 내려지자 4월 29일 연길현 경찰이 훈령을 발하여 관할 구역 대종교해산령을 내렸다. 당시 김려수가 활동했던 대종교 광일시교당의 책임자[典務]는 독립운동가 안정인(安正仁)이었으며 항일투사 박건(朴健) 역시 찬무로서 김려수와 함께 포교 활동을 폈다.

[참고 문헌]

「大倧敎施敎堂一覽表(1926年)」(延边朝鲜族自治州档案馆 全宗号42 目录号1 案卷号343, 和龙县历史档案 和龙县警察所, 令各区查禁韩人设立大倧教堂由, 民国十五年五月十二日), 「大正十五年 五月中 間島(琿春縣을 包含) 및 接壤地方治安情況」(不逞團關係雜件-朝鮮人의 部-在滿洲의 部43, 外務省文書課受 第***號, 한국사DB, 국사편찬위원회), 『동아일보』1934.12.31., 『한국독립운동사』5(국사편찬위원회, 1969)

(四) 吉林省長ハ寧安縣知事ノ稟請ニ基キ大倧教ハ治安
ヲ妨害スルモノト認メ解散ヲ命シ取締方ニ關シ訓令
シタル所アリ爾来四月二十九日延吉縣警察所長ハ管下
ニ訓令ヲ發シ五月五日銅佛寺地方警察分所ハ楊進
官外三名ヲ延吉縣尚義郷細鱗河柳花洞廣一大倧
教堂ニ派シ典務安正仁、賛務金秉栄等ニ對シ同教
ノ解散ヲ命シタリ尚五月十一日龍井大倧教堂典務
李鎮求賛務金正琪徐黄相ニ對シ龍井街巡局ヨリ
解散ヲ命シタリ

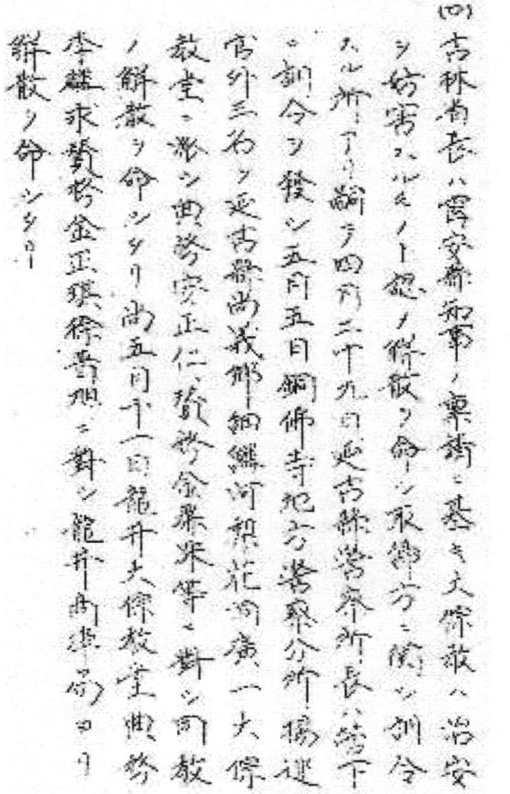

대종교 해산명령과 함께 광일시교당 찬무로서 김려수가 기록되어 있는 일제의 문서

김려환(金礪煥, 남, 생몰 미상)

입교 시기 _ 1914년 이전 | 교질 _ 참교

출신지역과 생몰연대가 확인되지 않는다. 그에 관한 기록 역시 거의 없다. 김려환은 대종교계열의 항일단체인 대한군정서(북로군정서)에 가담하여 경신활동(警信活動)을 벌였던 인물이다. 경신활동이란 일제의 통제와 단속에 대해 경계하면서, 관할구역의 각 처에 경찰사무와 정보연락을 담당하는 활동이었다. 김려환은 대한군정서 경신국 제1분국 제1과장을 맡았다. 당시 제1분국은 왕청현 춘명향(春明鄕)이 관할 구역이었다. 춘명향 서대파구(西大坡溝)가 대한군정서의 본부가 자리 잡았던 곳임을 감안한다면, 김려환이 속한 제1분국이 경신활동의 핵심이었음을 알 수 있다. 당시 대한군정서 경신분국 제1분국 분국장은 이민주(李敏柱)가 맡았으며, 제1분국의 전체 7과는 김려환(제1과장)과 함께 이인백(李仁伯, 제2과장)·이창구(李昌九, 제3과장)·이

상태(李尙泰, 제4과장)·김병덕(金秉德, 제5과장)·이덕춘(李德春, 제6과장)·장남익(張南益, 제7과장) 등이 관장하였다.

김려환의 대종교 교력을 보면, 그의 입교기록이나 교질 사항이 따로 기록된 것은 전하지 않는다. 다만 1922년 3월 14일(음력), 참교의 교질로 대종교 동일도본사 제1지사의 규사감정(規事監正)에 임명된 기록이 남아 있다. 규사감정이란 대종교 규범을 통한 해당 지사의 조직 질서를 담당하던 자리였다. 당시 동일도본사 제1지사를 함께 이끈 인물들 역시 항일투사들로, 한승묵[韓承黙, 종사감정(宗事監正)]·소진극[蘇眞極, 계사감정(計事監正)]·엄호(嚴浩)·이민혁(李敏赫) 등이었다. 또한 김려환은 1926년, 대종교 동일도본사가 관할하는 백일시교당(白一施敎堂)의 책임자[典務]를 맡기도 했다. 백일시교당은 대한군정서의 총재부가 자리 잡았던 곳으로, 왕청현 춘명사(春明社) 덕원리(德源裡)에 소재했다. 그를 도운 부책임자[贊務] 역시 항일투사로서, 박창준(朴昌俊)과 최두봉(崔斗峰)이 그들이다.

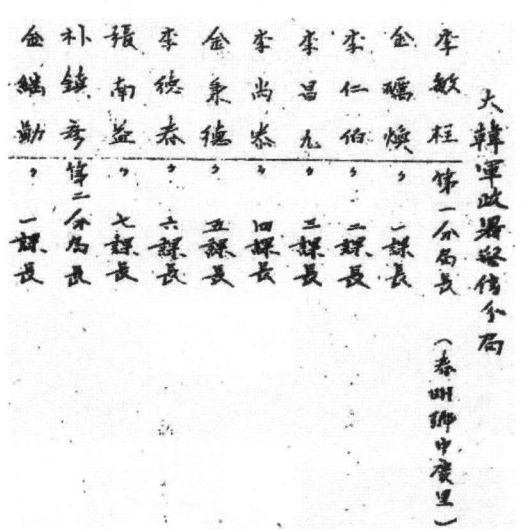

대종교계 대한군정서(북로군정서)의 경신분국의 명단이 기록된 일제의 문서. 제1분국 제1과장으로 金礪煥이 올라 있다.

[참고 문헌]
『대종교중광육십년사』(대종교총본사, 1971), 『大倧敎施敎堂一覽表(1926年)』(延边朝鮮族自治州档案馆 全宗号42 目录号1 案卷号343, 和龙县历史档案 和龙县警察所, 令各区查禁韓人设立大倧敎堂由, 民国十五年五月十二日), 「朝鮮側 警察이 朝鮮人 金順 등을 拘引시킨 것에 관한 건」(不逞團關係雜件-朝鮮人의 部-在滿洲의 部28, 受20669호-公제259호, 한국사DB, 국사편찬위원회)

김련(金鍊, 남, 1885-?)

아호(별명) _ 치정(致精)
입교 시기 _ 1921년 | 교질 _ 참교

평안남도 개천군(价川郡) 중화면(中和面) 신현리(薪峴里) 출신이다. 일찍이 변영태(卞榮泰)·성준식(成駿寔) 등과 신흥강습소 제1회 특기생을 수료하고 서간도 통화현을 중심으로 항일투쟁에 몸담았다. 1921년 8월에는 강계(江界)로 들어와 초산(楚山)·위원(渭原)·강계(江界)·자성(慈城)·후창(厚昌)에 있는 동지들 모아 독립단동지회(獨立團同志會)를 조직했다. 그리고 그 지역을 토대로 군자금 2백원을 모집하고, 또한 강계군 성간면(城干面) 등에서도 군자금을 조달한 혐의로 경찰에 체포되었다. 이후 경성청년회에도 한 때 가담하였으며, 동아일보사가 평안남도 안주지국(安州支局)의 개천분국을 설치할 당시 분국장으로도 활동했다. 1928년 6월에는 폭탄제조와 위조지폐를 통한 항일투쟁이 발각되어 강도 및 사기 혐의로 체포되기도 했다. 그의 대종교 교력은 1921년 12월 1일(음력) 참교의 교질을 받았다. 그리고 1923년 4월 23일 총본사 특선으로 지교를 수여받으면서, 동일도본사 선범부령으로도 임명되었다.

[참고 문헌]
『종문영질』(프린트본, 1922), 『대종교보』제58호, 『동아일보』1921. 8. 31., 1926. 1. 17., 1928. 6. 16.

김만수(金萬秀, 남, 1892-1924)

입교 시기 _ 1923년 | 교질 _ 미상 | 서훈 _ 독립장(1963)

경북 안동군 풍산면 오미동에서 김낙운(金洛雲)의 장남으로 출생하였다. 1910년 경술국치를 당하자 동향인이며 풍산김씨 일가인 김재봉(金在鳳)·김응섭(金應燮)·김지섭(金祉燮)과 같이 항일투쟁을 결의하고 만주로 망명하였다. 1918년 봄 안동출신 이상룡(李相龍)이 만주 화전(樺甸)에서 길남장(吉南庄)을 설립하고 병농일치의 훈련을 실시할 때 이에 참여하였다. 1919년 3.1만세운동 직후 서로군정서를 결성할 때 여기에 가담하였으며, 1922년 이후 최병호(崔炳鎬)와 함께 서로군정서 헌병으로 활약하였다.

1923년 가을 휘남(輝南)지역에 비상연락이 있어 헌병을 파견하여 진압하려 하였다. 김만수는 최병호와 함께 길에서 마적을 만났는데 중과부적으로 권총 두 자루를 빼앗겼다. 이때 김만수가 앞으로 나서서 마적의 두목에게 말하기를 "우리는 대한독립군으로 휘남에 출동 명령을 받고 가는 중이라 너희들과는 관계가 없다. 우리 권총을 돌려주기 바란다."하고 곧 서로군정서의 명령서를 꺼내 보여주었다. 명령서를 본 마적 두목은 "이것은 믿을 것이 못된다. 반드시 군사령관의 공문이 있으면 우리도 바로 돌려

주겠다."라고 하니 이들은 다시 공문을 받아 그 장소에 갔으나 마적들은 간 데가 없었다.

수소문을 하였으나 찾을 길이 없었는데 이때 하얼빈 주재 일본총영사 쿠니요시 세이호(國吉精保)와 일본영사관경찰서 형사부장 마츠시마(松島) 등이 장춘과 하얼빈일대의 한인들을 함부로 해친다는 소식을 듣고 이들을 제거하기로 결의하였다. 이들은 동지 10여인을 모아 건국청년모험단(建國靑年冒險團)을 결성하고 각지로 분산하여 활동하기로 하였다. 김만수는 1924년 4월 하얼빈 18도가(道街) 상에서 흥업단원으로 있던 친지 유기동(柳基東)을 만나 암살계획을 설명하니 뜻이 서로 맞았다.

이 보다 며칠 전 일경은 하얼빈 전가점(傳家店)에서 북로군정서의 이홍래(李鴻來)와 강민선(姜民善)을 검거하여 삼엄한 경계를 펴고 있던 터라 김만수 등 3인이 있던 숙소가 탐지되고 말았다. 1924년 4월 8일 밤 12시 총영사 쿠니요시가 10여 명의 경찰을 인솔하여 먼저 와서 방을 포위하고 한편으로는 빈강진사(濱江鎭使)와 도윤특파참모장(道尹特派參謀長)과 부관(副官)에게 후하게 뇌물을 주어 다수의 보기병(步騎兵)을 끌고 뒤이어 달려오게 했다.

총소리가 진동하자 김만수는 형세가 불리한 것을 알고, 문을 열고 우뚝 서서 큰 소리로 말하였다. "우리는 대한독립군이다. 국가와 민족을 위하여 일본 적과 사생결단하고자 하니 중국 군민(軍民)들을 다치게 하는 일은 결코 없을 것이다." 말을 마치고 몸을 돌려 안으로 들어오는데 국길총영사가 경찰을 데리고 총을 들고 곧바로 들어오는 것을 김만수가 권총을 발사하여 쿠니요시의 가슴을 정통으로 맞춰 즉사케 하였다. 그러자 나머지 적들은 물러나 숨었다. 이때 빈강진사가 중국군 한 개 소대를 더 파견하면서 한 사람당 현상금 3백원을 걸어 놓고 중일합동군이 철통같은 포위망을 둘러친 후 총을 난사하였다. 안에서는 권총으로 응사하여 일경 10여명을 사살하였다.

날이 밝자 적들이 지붕 위로 올라가 지붕을 부수고 구멍을 내어 폭탄 대여섯 개를 투척하고 사방에서 총탄을 쏜 아뭇자 담벽이 마침내 무너졌다. 집안에서 총성이 멎자 중일합동군이 일제히 들어가 살펴보니 세 사람은 이미 땅에 엎어져 있는데 살점이 흩어지고 피가 흥건하였다. 가슴에 각각 총흔(銃痕)이 있었으니, 이를 본 사람들은 모두 스스로 자결하였다고 하였다. 이때가 1924년 4월 9일 오후 2시였다. 장장 14시간 동안 장렬한 항전을 한 것이었다. 삼의사의 유해는 중국인 공동묘지에 가매장되었다가 중국의 적십자회에서 한인 공동묘지에 안장하였다.

서로군정서 독판(督辦) 이상룡은 「삼의사전(三義士傳)」을 지어 이들을 추모하면서, 태사씨(太史氏)를 인용하여 다음과 같이 기록하였다.

"지금 세 사람의 행적을 읽는 사람 중에 어떤 이는 그들의 계획이 정밀하지 못하여 죽음에 이르게 된 것을 안타깝게 여기고, 어떤 이는 적 하나를 없애는데 세 분을 잃게 된 것을 애석하게 여기는데, 이것은 모두 세 분의 마음을 모르는 사람들이다.

이 세 분의 경우 독립이 속성(速成)할 수 없다는 것을 확실하게 알고 있었다. 일을 속성할 수 없다면 예비하는 것뿐이다. 예비하기 위해서는 국민들을 편안하게 하지 않을 수 없고, 국민을 편안하게 위해서는 그 해(害)되는 것을 없애지 않을 수 없다. 그 해되는 것을 없애려 한다면 그 삶을 버리지 않을 수 없으니, 이른바 살신성인(殺身成仁)한 분들이며, 죽고 사는 것에 마음을 쓴 분들이 아니다.

살아서 나라에 아무런 유익함이 없다면 살아있는 것이 영광스럽다고 할 수 없으며, 죽어서 국민들에게 도움이 있게 된다면 죽음을 슬퍼할 만한 것이 되지 못하나니, 이른바 「맹자」 '등문공 하'에 말한대로 '용사(勇士)는 자기 머리를 잃을 것을 잊지 않는다(勇士 不忘喪其元)'라는 것이다. 의(義)란 마땅함(義)이다. 마땅히 없애야 할 것을 없앤다면 그 공로를 따지지 않고, 마땅히 죽어야 할 곳이라면 죽더라도 그 뜻을 바꾸지 않는 것, 이것이 의사(義士)일 것이다."

김만수의 대종교 교력을 살피면 1923년 4월 1일(음력) 대종교동일도본사의 특선(特選)에 의해 영계를 받았다. 특선이란 말 그대로 특별한 경우에 뽑아 올리는 것이다. 이것은 그 시기보다 훨씬 이전부터, 김만수가 대종교에 깊이 관여하였음을 보여주는 것이다.

[참고 문헌]

『대종교교보』제58호, 『독립신문』 1924.4.26, 「삼의사합전」(경인문화사, 『국역석주유고』, 2008), 『독립운동사』제5권(독립운동사편찬위원회, 1975)

김만와(金晩窩, 남, 1898-1967)

아호(별명) _ 김순학(金舜鶴)
입교 시기 _ 일제강점기 | 교질 _ 참교 | 서훈 _ 애국장(1990)

김만와

함경북도 무산군(茂山郡) 영북면(永北面) 서호리(西湖里) 출신이다. 1919년 만주에서 철혈광복단(鐵血光復團)에 입단하였으며, 1922년에는 대한독립단에도 가담하였다. 또한 정의부(正義府)의 결사대원으로 활동하는가 하면, 1926년에는 고려혁명당에 가입하여 고려혁명군 결사대원으로 활약하였다.

1929년 10월 결사대원 이병무(李炳武)·손성우(孫聖宇)·김해룡(金海龍)·최기호(崔基浩)·김보형(金寶炯) 등과 함께 하얼빈에 거주하는 이규은(李圭殷)에게 군자금을 요구하다가 그의 밀고로 일본경찰에 붙잡혀 신의주지방법원으로 송치되었다. 이후 여러 차례의 공판 끝에 1932년 4월 신의주지방법원에서 징역 10월형을 선고받았다.

金晩窩(金舜鶴, 네모 안)가 1932년 4월 20일 고력혁명군 군자금 모집 혐의로 공판을 받았다는 『동아일보』 기사.

김만와는 일제강점기에 대종교에 입교한 인물이나 관련 기록은 남아있는 것이 없다. 대종교에서는 김만와의 이러한 대종교의 경험을 존중하여 환국 직후인 1946년 4월 1일(음력) 영계(靈戒)와 함께 참교(參敎)의 교질((敎秩)을 동시에 수여하였다. 또한 항일투사 이현익(李顯翼)·신최수(申最秀)·윤병호(尹炳浩)·최양희(崔養憙)·권영만(權寧萬) 등과 함께 대종교 경의원(經議院) 참의(參議)로도 천거하여 원로로서의 대접을 정중히 하였다.

[참고문헌]
『대종교보』제150호(1946년), 『대종교중광육십년사』(대종교총본사, 1971), 『동아일보』1932.4.23., 5.5., 『한국독립사』(김승학, 독립문화사, 1965)

김만제(金萬濟, 남, 생몰 미상)
입교 시기_ 1911년 | 교질_ 참교

출신지역과 생몰연대가 화인되지 않는다. 조선후기에 정6품 관직인 정언(正言)을 지냈다. 1885년(고종 22)에 화폐유통의 폐단을 시정하기 위해 당오전의 전국 통용 방안을 상소하였다. 1911년 중광절(음력 1월 15일)에 참교의 교질을 수여 받았다.

[참고 문헌]
『倧令』제3호(1911), 『종문영질』(프린트본, 1922)

김면하(金面河, 남, 1892-?)
입교 시기_ 미상 | 교질_ 미상

출신지역이 불분명한 인물로, 일제의 기록에도 거의 등장하지 않는다. 또한 김면하와 관련된 대종교의 입교 기록이나 교질(敎秩) 사항 역시, 현재 대종교단 내에 남아있는 것이 없다. 다만 1920년대 하얼빈 지역의 상당한 자산가로, 1923년 4월에 출범한 만몽산업회(滿蒙産業會)의 주요인물로 올라있다는 점이다. 만몽산업회는 대종교 재건을 위해 설립된 위장단체로, 김교헌 교주를 비롯하여 김규식·최계화·유정근·김좌진·조성환·현천묵 등, 대종교의 주요지도자들이 이름을 올린 단체였다.
그 설립 배경을 살피면, 교주 김교헌은 청산리 독립전쟁

이후 일제의 발악으로 인해 근거를 밀산으로 옮겨가 훗날의 기회를 보며 은인자중하고 있었다. 그 후 새로운 활동을 위해 영안현으로 대종교총본사를 옮기고 재기를 도모하기 시작한다. 각지에 흩어져 있는 과거 대한군정서의 간부들을 중심으로 대종교 재건을 위한 구체적 행동을 시도했다. 그러나 대종교를 표면적으로 내세우면 일제의 감시를 받을 수 있으므로 위장 명칭이 필요했다. 만몽산업회라는 명칭이 그것으로, 만몽산업회는 바로 대종교재건회와도 같은 조직이었다. 이 산업회의 구성원들 대부분은 대종교의 핵심이자 독립운동의 거두들로서, 상해의 임시정부를 하얼빈으로 옮겨 제2의 상해를 꿈꾸고자 하였다.
김면하는 대종교 재건을 위한 만몽산업회에 이정근(李廷根)·김정구(金鼎九)·박남섭(朴南燮)·홍병수(洪炳秀)·전승묵(田昇黙) 등, 하얼빈 지역의 주요인물들과 함께 참여하여 대종교 재건을 위해 노력하였다.

金 趙 文 白	海 林 元 夏 伯	石 頭 河 子 趙 文	寧 古 塔 俞 正 常	哈 爾 賓 李 重 根	李 廷 根	李 延 源	金 鼎 九	朴 南 燮	洪 炳 秀	金 面 河	田 昇 黙	寧 古 塔 李 鍾 銹
三 一	三 四			二	四 〇	二	三 七		三 三		三 五	
大韓革命團幹部	獨立困ノ幹部及大倧敎敎師	大倧敎傳道徒	大倧敎ノ信使	英雄ヲ以テ自任スル者	大韓革命困ノ幹部	大倧敎師	農屋業ナ及資産家	資産家	洪仁團ヲ率相當資産ノ有ス	相當ノ有ス		

일제의 문서에 나오는 대종교 만몽산업회 회원 명단의 일부. 金面河가 하얼빈 지역 상당한 자산가로 적혀 있다.

[참고 문헌]
「大倧敎 設立計劃」(不逞團關係雜件-朝鮮人의 部-在滿洲의 部36, 機密受제262호-關機高收제5452호-1, 한국사DB, 국사편찬위원회)

김명규 (金明奎, 남, 1884-?)
입교 시기_ 1911년 이전 | 교질_ 참교

출신지역이 불분명하나 대한협회 의주지회(義州支會) 회원으로 활동한 것을 보아 평안북도 의주 출신일 가능성이 높은 인물이다. 또한 대한제국 시기 농상공부(農商工部) 대신(大臣)을 지낸 김명규(金明奎)나, 1920년대 시대일보 마산지국 기자로 활동하며 사회주의 운동을 전개했던 김명규(金明奎)와는 동명이인이다.

김명규는 1899년 9월 시위대(侍衛隊)에 들어간 이후 원수부(元帥府)에 속해 근무하였으며, 1904년에는 참교(參校)를 거쳐 부교(副校)로 승진하여 무관부(武官府)의 서기(書記)로 시종(侍從)하는가 하면, 그 해 정교(正校)로까지 승진하였다. 1907년에는 무관부 서기랑(書記郎)을 거쳐 1908년에는 무관부 주사(主事)로 임명되었으며, 이후 1909년 물러날 때까지 오로지 무관의 길을 걸었던 인물이다.

김명규의 대종교 교력을 살피면, 1911년 1월 15일(음력) 백순(白純)·윤주찬(尹柱瓚)·박승익(朴勝益)·황병욱(黃炳郁)·조완구(趙琬九)·류근(柳瑾)·장지연(張志淵) 등, 대종교 중광(重光)의 주요 인물들과 참교(參校)의 교질(敎秩)을 받은 기록이 전한다. 그의 대종교 입교가 1909년 중광 직후에 이루어졌음을 확인할 수 있으나, 그 이후의 행적은 알 수가 없다.

[참고문헌]
『悰令』제3호(1911년), 『종문영질』(프린트본, 1922), 『승정원일기』1909년 6월 15일(음력), 『대한협회회보』제4호(1908년), 『대한제국관원이력서』(국사편찬위회, 1971)

김명기 (金明琪, 남, 1890-?)
입교 시기_ 1918년 | 교질_ 지교

출신 지역이 불분명한 인물로 대종교와 북로군정서를 중심으로 활동을 했다. 청산리독립전쟁 직후인 1921년 1월 일제의 정치범 자수명단에 오를 당시 북로군정서 과장으로 기재되었음을 볼 때, 그가 북로군정서의 일원으로 활동했음을 알 수 있다. 1925년에도 중국 용정의 말이거우학교를 거점으로 꾸준히 활동하였음이 나타난다. 김명기의 대종교의 교력을 보면, 1918년 2월 28일(음력) 참교의 교질을 받고 1922년 5월 22일(음력)에는 지교로 올랐다. 특히 1922년 2월에는 대종교동일도본사 소속 중일시교당(中一施敎堂)의 책임을 맡으면서 동시에 진일시교당(進一施敎堂)의 책임을 맡기도 했다. 중일시교당의 책임을 맡을 당시 항일투사 서병홍(徐丙弘)·강근하(姜根夏)·김진국(金進國) 등이 부책임자로 김명기를 도왔다. 대종교시교당이 독립운동의 근거지임을 확인시키는 부분이다.

[참고 문헌]
『종문영질』(프린트본, 1922), 『대종교중광육십년사』(대종교총본사, 1971), 「政治犯 自首申告者에 관한 건」(不逞團關係雜件-朝鮮人의 部-在滿洲의 部26, 秘受 1441호-機密제36호, 한국사DB, 국사편찬위원회), 「容疑학생의 행동에 관한 건」(檢察事務에 關한 記錄2, 京鍾警高秘 제5907호의 2, 한국사DB, 국사편찬위원회)

김명학 (金明學, 남, 1890-?)
입교 시기_ 1918년 | 교질_ 참교

김명학의 출신 지역은 분명하지 않다. 러시아 수이푼(秋豊) 지역에 연고를 둔 인물로만 알려져 있다. 1919년 당시 용정의 명동중학교 2학년에 재학하고 있었으며 졸업 후의 행적 역시 나타나지 않는다. 다만 1927년 8월에 개벽사(開闢社) 간도지사(間島支社)의 총무를 맡은 기록이 있을 뿐이다. 당시 개벽사 간도지사에는 대종교의 중심인물이었던 이상호(李相鎬)가 고문(顧問)으로 있었다. 이상호가 1926년 무렵 대종교총본사의 기본경상금(基本經常金)을 감독하는 위원으로 재임하고 있었음을 볼 때, 김명학의 활동 역시 그 시기에도 계속되었을 듯하다. 김명학의 대종교 교력은 1918년 2월 28일(음력) 참교의 교질을 받은 기록이 남아 있다.

[참고 문헌]
『종문영질』(프린트본, 1922), 「朝鮮獨立運動ニ關スル情報送付ノ件」(국사편찬위원회, 『한국독립운동사자료』41, 2005), 『별건곤』제8호(1927년 8월 17일)

김문삼 (金文三, 남, 생몰 미상)
입교 시기_ 미상 | 교질_ 미상

의병에 종사하다가 경술국치 이후 서간도로 옮겨 독립운동에 투신하였다. 1912년 이범윤의 부하로서 국내에 들어가 기부금을 모집하는 한편, 두만강 지역 일본군의 정황을 살펴 무장투쟁에 대비하였다. 또한 북간도 대종교에서 활동하고 있던 현천묵(玄天默), 백순(白純)을 선생으로 모시며 대종교에 관계하였다. 1919년 1월 19일 서간도에서 길림(吉林)에 도착하여 정원택(鄭元澤)과 연결되어 있던 중, 2월 하순 경 여준, 조소앙, 박찬익, 황상규, 김좌진, 손일민 등이 조직한 대한독립의군부에 참여하였다. 이 무렵에 대한독립의군부에서 「대한독립선언서」 작성이 완성되자 김문삼은 성낙신(成樂信)과 함께 서간도 지역으로 연락하는 임무를 맡았다. 「대한독립선언서」 서명자는 39인으로, 당시 서간도에서는 이상룡·김동삼·이동녕·이세영·이시영·이탁·허혁 등 7인이 서명하였다.

3.1운동 이후 서북간도 지역에서 무장단체들이 설립될 때 김문삼은 길림성 화전현(樺甸縣)에서 박세종(朴世宗)·강응호(姜應浩)와 함께 의용군강습소(義勇軍講習所)를 세워 직접 교관으로 활동하였다. 김문삼은 농민 중 20세 이상 30세

이하 장정 약 400명을 모집하여 병식교련을 실시하였다. 특히 기민한 장정 십 수 명을 선발하여 총기를 휴대시키고 국내 진격을 지휘하였다.

김문삼은 일제강점기에 입교한 인물로 전해져오나 그의 대종교 교력은 대종교단 내에 남아 있는 기록이 없다. 다만 대종교도들이 주축이 된 대한독립의군부 및 「대한독립선언서」에 관여한 것이나, 현천묵·백순·손일민·황상규·김좌진·정원택 등 그 주변 인물들이 모두 대종교의 핵심들이었음을 살피면, 1910년대 서간도 시절에 이미 대종교에 입교했을 것으로 추정하고 있다.

[참고문헌]
『지산외유일지』(정원택, 탐구당, 1983), 「圖們江 對岸 排日 鮮人 및 暴徒狀況彙報」(『不逞團關係雜件-朝鮮人의 部-在滿洲의 部』 2, 한국사DB, 국사편찬위원회), 『독립운동사』 제5권(독립유공자사업기금운영위원회, 1970)

김문언(金汶彦, 남, 생몰 미상)
아호(별명) _ 김문언(金文彦)
입교 시기 _ 1922년 | 교질 _ 미상

출신지역과 생몰연대를 알 수 없는 인물이다. 청산리 독립전쟁 직후인 1920년 12월 21일 일제가 작성한 귀순자명부(名簿)에 김문언(金文彦)이라는 이름으로 올라가 있다. 아마도 1920년 초 대종교 계열의 대한군정서와 연결되어 활동한 인물이 날까 추정되는 이유다. 김문언의 대종교 교력은 1922년 12월 26일(음력) 대종교 동일도본사의 추천으로 영계를 받은 것으로 나타나지만, 그의 교질 사항에 대해서는 전하는 기록이 없다. 그리고 1926년에는, 당시 대종교 동일도본사가 관할하는 홍일시교당(興一施敎堂)의 부책임자[贊務]로도 임명되었다. 홍일시교당은 대한군정서의 근거지였던 왕청현 춘명사(春明社) 신흥동(新興洞)에 소재한 교당이다. 그 책임자(典務)는 이우(李宇)였으며, 대한군정서 사관학교 졸업한 항일투사 김창만(金昌萬)이 김문언과 함께 부책임자(찬무)를 맡았다.

[참고 문헌]
『대종교교보』제56호(1922년), 「大倧敎施敎堂一覽表(1926년)」(延边朝鲜族自治州档案馆 全宗号42 目录号1 案卷号343, 和龙县历史档案 和龙县警察所, 令各区查禁韩人设立大倧敎堂由, 民国十五年五月十二日), 「歸順 申告者 連名簿 송부에 관한 건」(『不逞團關係雜件-朝鮮人의 部-在滿洲의 部』25, 秘受0824호-機密제7호, 한국사DB, 국사편찬위원회)

김민섭(金珉燮, 남, 생몰 미상)
아호(별명) _ 김민섭(金眠燮)
입교 시기 _ 1923년 | 교질 _ 미상

출신지역과 생몰연대가 확인되지 않는다. 김민섭은 1923년 6월 28일(음력), 북만주 지역을 관할하는 대종교 동일도

본사의 특선(特選)으로 영계를 받은 인물로, 교질 관계에 대해서는 전하는 기록이 없다. 특선에 의해 영계를 받았다는 것은, 그 이전에 이미 대종교와의 연관성이 남달랐음을 알 게 해 준다. 김민섭과 관련한 일제의 기록도 거의 없다. 다만 1926년 6월, 혼춘현 숭례향(崇禮鄕) 도흥촌(圖豊村)을 거점으로 활동한 도흥농촌청년회(圖興農村靑年會)에 대한 기록이 남아있을 뿐이다. 이 청년회는 지육(智育)·덕육(德育)·체육(體育)의 향상과 악습(惡習)의 교정을 통한 농촌의 계발을 목적으로 한 단체로, 50여명의 회원이 활동하였다. 김민섭은 당시 회장을 맡은 김창원(金昌元)과 함께, 최석추(崔錫秋)·최건규(崔健奎)·김상흠(金尙欽) 등과 주요 간부로 활동하였다.

[참고 문헌]
『대종교교보』제58호(1923년), 「間島 및 琿春地方 朝鮮人의 結社團體 調査報告에 關한 件」(『不逞團關係雜件-朝鮮人의 部-在滿洲의 部』 3, 外務省文書課受 第627號, 한국사DB, 국사편찬위원회)

김민원(金珉元, 남, 생몰 미상)
입교 시기 _ 1923년 이전 | 교질 _ 미상

출신지역과 생몰연대가 불분명한 인물로, 대종교의 입교 시기나 교질 사항도 전하는 것이 없다. 다만 1923년 1월 27일(음력) 혼춘현 숭례사(崇禮社) 남구(南溝)에 있는 대종교 예일시교당(禮一施敎堂)의 찬무(贊務, 부책임자)를 맡은 기록이 전한다. 예일시교당은 대종교 동도본사가 관할하는 곳으로, 당시 전무(典務, 책임자)는 채헌묵(蔡憲默)이었으며 박병흡(朴炳洽)이 찬무를 맡아 김민원과 함께 했다. 김민원은 1926년까지도 이 예일시교당의 찬무로 계속 활동했다. 김민원이 오랜 시기를 혼춘 지역을 거점으로 움직였음을 알 수 있는 부분이다. 한편 이 시기 예일시교당의 전무는 채진막(蔡鎭莫)이었으며, 채천석(蔡天錫)이 김민원과 더불어 찬무를 맡았다.

[참고 문헌]
『대종교교보』제57호(1923년), 『대종교중광육십년사』(대종교총본사, 1971), 「大倧敎施敎堂一覽表(1926년)」(延边朝鲜族自治州档案馆 全宗号42 目录号1 案卷号343, 和龙县历史档案 和龙县警察所, 令各区查禁韩人设立大倧敎堂由, 民国十五年五月十二日)

김백련(金百鍊, 남, 1888-?)
입교 시기 _ 1921년 | 교질 _ 참교

서울 종로 출신으로, 일찍이 상해로 망명하여 독립운동에 뛰어든 인물이다. 1917년 1월, 상해전차공사(上海電車公司)의 전차감독으로 근무할 당시, 이미 일본 등을 왕래하면서 일제에 의해 요주의 인물로 지목되었다. 김백련은

1919년 9월 23일에 있었던 상해대한인민단(上海大韓人民團) 총회에서 평의원으로 선출될 만큼 상해의 입지도 단단한 인물이었다. 당시 단장은 여운형이 당선되었다. 이어 1920년 9월 상해 대한인거류민단(大韓人居留民團)의 의사회 의원(議事會議員)을 개선할 당시에도 동구(東區) 선거인으로 당선되기도 했다.
청산리독립전쟁 직후인 1920년 12월에는, 김백련이 북만주 용지사(湧知社) 남장암(南獐岩) 거주인으로 귀순자명단에도 올라 있다. 이 시기 이미 대종교의 루트를 통해 만주지역과도 깊은 교감을 나누었음을 시사해주는 부분이다. 일제는 청산리전쟁의 패배 이후 광란에 가까울 정도로 북간도 지역을 초토화시켰다. 특히 대종교인들의 핍박은 형언할 수 없을 정도로 참혹했다. 이 무렵 대종교인들 가운데 거짓 귀순한 이들이 많았던 이유다. 김백련은 1922년 8월에, 상해임시정부를 옹호하며 국민대표회의 소집을 반대하는 선언서에 서명했다. 국민대표회의 소집 배경에는 1920년대 상해임시정부가 제대로 역할을 수행하지 못하고 있다는 이유가 컸다. 그러므로 독립운동 단체들의 대표들이 한자리에 모여 독립운동 계획과 독립운동의 나아갈 방향 등을 토의해 보자는 취지였다. 김백련이 이 회의 소집에 반대한 것은 그 과정에서 번연히 나타날 갈등과 대립을 염려한 것이다.
1923년 여름, 평안도와 황해도지방에 수해와 지진피해가 극심했다. "금수강산이 삽시간에 진흙천지가 되고 말았다."는 신문기사의 내용이 그 정황을 알게 해 준다. 특히 평양지역은 참혹하기 그지없었다. 김백련은 이 구호활동에도 적극 나섰다. 1923년 9월 상해 지역 인사들이 발기한 내지동포수재구제회(內地同胞水災救濟會)에 발기인으로 참여하여 국내 수재를 구원하기위한 적극 노력한 것이다. 1923년 11월 14일에는 실질적인 의정원(議政院) 의원선거를 위한 상해대한인교민단 제4회 의원총선거가 있었다. 이 회의에서도 김백련은 상해 동구(東區)의 후보자로 당선되었다. 일제가 작성한 1923년 상해에 거주하는 독립운동가들의 명단에 이름을 올린 이유다. 김백련은 1920년대 후반에 북간도 지역으로 거점을 옮겨 대종교 활동을 통한 항일투쟁에 전념하였다.
김백련의 대종교 교력을 보면 1921년 10월 6일(음력)에 참교의 교질을 받았다. 그리고 1922년 3월 27일(음력)에는 대종교 동이도본사(東二道本司) 제3지사의 종사감찬과 더불어 연해주에 있는 한일시교당(韓一施教堂)의 부책임자[贊務]를 동시에 맡았다. 또한 1926년 2월 12일(음력)에는 대종교시교원(大倧教施教員)으로 임명되어 동녕(東寧) 지역 대종교 활동을 책임졌다. 당시 김백련의 활동 거점은 신민부 지역으로, 중동선(中東線) 6참(站)에 있는 해동상점(海東商店)이었다. 그 상점은 박낙현(朴洛鉉)이 운영하고 있었다. 이후 1937년 8월에는 대종교 재만교구경상금수납위원(在滿教區經常及收納委員)에 임명되면서 그 거점을 연길현 용정시로 옮겼다. 이것은 김백련이 만주지역 대종교 재정(財政)의 중심에 있었음을 말해 주는 것이다. 나아가 김백련이 1939년 대종교서적간행회 구성 당시에도 그 이름이 나타나는 등, 끊이지 않는 활동을 전개했다. 이로 미루어 그의 대종교 교질 역시 상당했을 듯하나, 참교 이상의 기록은 아직 확인되지 않고 있다.

[참고 문헌]
『종문영질』(프린트본, 1922), 『대종교보』제115호, 『대종교중광육십년사』(대종교총본사, 1971), 『독립신문』1919년 9월 27일자, 「朝鮮人來往ノ件」(不逞團關係雜件 朝鮮人ノ部 在內地 一, 高秘特收第28號;秘受0180號, 한국사DB, 국사편찬위원회), 「上海 鮮人의 行動에 관한 件」(不逞團關係雜件-鮮人의 部-在上海地方3, 機密 154호, 한국사DB, 국사편찬위원회), 「國民代表會 反對派의 宣言書 配付에 관한 件」(不逞團關係雜件-鮮人의 部-在上海地方4, 公信 제613호, 한국사DB, 국사편찬위원회)

김백원(金百源, 남, 1859-1935)

아호(별명) _ 김백원(金白源)
입교 시기 _ 1923년 | 교질 _ 미상 | 서훈 _ 애족장(1990)

본적이 서울 종로구 안국동이나, 본디 평안남도 평양부 외성리에서 출생했다. 일찍이 운양 김윤식과 교류하면서 인맥을 쌓았으며, 기독교 목사에서 대종교 활동으로 넘어선 독특한 경력의 소유자다.
김백원은 1919년 서울 안국동에서 기독교 목사로 활동하면서 3월 1일의 독립만세운동에 참여하였다. 또한 3월 12일, 문일평(文一平)·차상진(車相晋)·조형국(趙衡國)·문성호(文成鎬)·김극선(金極善)·백관형(白觀亨) 등 10명과 33인의 후계자임을 자처하고 독립운동을 계승할 것을 다짐하였다. 이들은 13도 대표자 명의로 총독부로 보내는 청원서를 작성하고 보신각 앞에서 군중에게 발표하였다. 김백원은 이 사건으로 체포되어, 이 해 11월 6일 경성지방법원에서 소위 보안법 및 출판법 위반으로 징역 8월형을 언도받고 공소를 제기하였다. 그러나 1920년 2월 27일 경성복심법원에서 기각되어 1년여의 옥고를 치렀다.
이후 만주로 옮겨간 김백원은 대종교 활동을 통한 항일투쟁을 이어갔다. 그가 만주로 넘어간 시기와 과정은 상세하지 않으나, 1923년 3월 9일(음력) 대종교 북일도본사가 관할하는 삼성시교당(三成施教堂)의 전무(典務, 책임자)로 이름을 올린 기록이 있다. 삼성시교당은 길림 지역 부여현(扶餘縣) 삼가자(三家子)에 위치하였으며, 이시행(李時行)과 김사첨(金士添)이 각각 전무와 찬무(贊務, 부책임자)를 맡아 활동하고 있었다. 그들이 부득이 거처를 옮김으로 공백이 생기자 김백원이 그 책임자로 임명된 것이다.
주목되는 것은 김백원이 삼성시교당의 전무로 임명될 당시, 영계(靈戒)는 물론이고 참교의 교질도 없는 '형제(兄弟)'의 상태였다는 점이다. 대종교에서 영계의 의식은 입교하여 6개월을 성실히 신행(信行)하여야 이루어지는 절차다. 입교하여 영계를 받기 전의 인물에게 붙여지는 호칭이 '형제'다. 대종교에서 입교한 지 얼마 되지 않은 김백원에게 시교당의 책임을 맡겼다는 것은, 그의 연륜과 함께 종교적 경험과 대종교 관련 인물들과의 오랜 교유가 그 이유였을 듯하다. 항일투사이자 대종교의 원로였던 박명진이 기록한 『대종교독립운동사』에도 김백원을 윤복영·김서종·우덕순·김정일·주익 등과 대종교 북도본사의 핵심 인물로 기록한 것이 그 증거라 할 수 있다.

[참고 문헌]

『대종교보』제57호(1923년), 『대종교독립운동사』(박명진, 필사본, 1964), 『대종교중광육십년사』(대종교총본사, 1971), 『속음청사』하(김윤식, 국사편찬위원회, 1960), 『한국독립운동사자료』4(국사편찬위원회, 1974), 『한민족독립운동사』3(국사편찬위원회, 1988), 『한민족독립운동사』11(국사편찬위원회, 1992)

김병길(金秉吉, 남, 생몰 미상)
입교 시기_ 1923년 | 교질_ 미상

출신지역과 생몰연대를 알 수 없는 인물이다. 일제의 기록에도 1933년 9월 연길현 숭례향(崇禮鄕) 지역에서 종모우(種牡牛) 사업에 종사하는 것 외엔 드러나는 것이 없다. 김병길의 대종교 관계는 북간도 혼춘 지역 시교당의 책임자를 맡은 기록에서 찾을 수 있다. 1923년 2월 28일(음력) 대종교 동일도본사가 관할하는 치일시교당(治一施敎堂)의 전무(典務)를 맡은 것이 그것이다. 당시 최병옥(崔秉玉)과 송창수(宋昌秀)가 찬무(贊務)를 맡았고, 강준(姜濬)·채기업(蔡基業)·채천석(蔡天錫) 등이 시교원(施敎員)으로 활동하며 김병길을 도왔다. 치일시교당은 혼춘현 치안사(治安社) 일하태(逸下坮) 지역에 있었는데, 1926년의 기록에도 김병길은 최병옥·송창수 등을 이끌고 치일시교당 활동을 지속하고 있었다.

[참고 문헌]

『대종교보』제57호(1923년), 『대종교중광육십년사』(대종교총본사, 1971), 「大倧敎施敎堂一覽表(1926년)」(延边朝鲜族自治州档案馆 全宗号42 目录号1 案卷号343, 和龙县历史档案 和龙县警察所, 令各区査禁韩人设立大倧敎堂由, 民国十五年五月十二日), 「農事 및 畜産奬勵」施設에 관한 件(「滿蒙 各地에서의 鮮人의 農業關係 雜件5, 公普通 제136호, 한국사DB, 국사편찬위원회)

김병덕(金秉德, 남, 1890-1946)
아호(별명)_ 김성(金星), 김성(金聲)
입교 시기_ 1914년 이전 | 교질_ 참교 | 서훈_ 애국장(1991)

함경남도 출신으로, 김병덕 본명 보다는 김성(金星)으로 더 많이 알려져 있다. 함경북도에서 근대적인 교육기관으로 이름 높았던 함일학교(咸一學校)를 졸업하였다. 함일학교는 1909년에 현천묵, 김영학이 교장으로 재직하였었고, 서일(徐一), 안무(安武), 김학섭(金學燮), 현기준(玄璣濬) 등 굵직한 독립운동가들이 졸업한 곳이다. 일본 동지사(同志社)대학에서도 수학하여 일본어 구사가 뛰어났으며, 1912년에는 토지조사국 서기보로 일했다.

북간도 이주한 시기는 정확히 알 수가 없다. 그러나 북간도로 이주한 뒤 서일, 현천묵, 박찬익, 계화, 정신 등이 창설한 중광단에서 활동하면서 화룡현 삼개사(三開社) 정동학교(正東學敎) 교사로 재직하였다.

북간도로 이주한 뒤 대종교를 신앙하여 1914년에는 참교에 승질하였다. 1917년 김교헌이 제2대 도사교에 올라 독립군을 조직할 때 서일이 관할하는 동1도본사에 소속되어 무장 투쟁을 준비해갔다. 한편, 1918년 말 제1차 세계대전의 종결과 민족자결주의 분위기가 확산되는 국제정세에 편승하여 독립운동계에서는 파리평화회의에 한국대표 파견이 추진되었다. 대종교총본사에서는 노령(露領) 지역 대표로 나선 백순(白純)을 지원하는 한편, 서일은 김병덕, 이홍래(李鴻來), 정신(鄭信)과 함께 동원당(東圓黨)을 조직하여 후방 지원에 나섰다. 이때 김병덕과 정신은 파리강화회의 참석하고자 1919년 초 직접 파리로 출발하였다가 대표단 파견이 좌절되면서 중도에서 귀환하였다. 이어 4월에는 김성봉(金聖奉)과 함께 일본 요로 암살을 목적으로 동경에 잠입했다가 블라디보스토크를 거쳐 화룡현으로 귀환하였다.

중광단은 정의단과 대한군정부를 거쳐 1919년 12월 대한군정서로 변천했다. 특히 군정부는 북간도 전역에 군정을 실시하기 위해 서일, 김병덕, 정신, 계화 등을 주축으로 한 군무서가 별도로 있어서 이곳에서 군령을 제정하여 군자금 모금과 장병 징모에 관한 군무 일체를 진행해갔다. 이에 민정 중심의 대한국민회에서 반발하자 서일은 상해 대한민국임시정부로 김병덕을 파견하여 조율한 결과, 군정부 대신 대한군정서라는 이름을 사용하게 되었다.

대한군정서에서 김병덕은 서일로부터 신임 받는 몇 안 되는 인물이었다. 그는 총재부 비서장에 선임되어 사관연성소 및 각 지방에 편재한 경신국의 활동을 관리하는 중직을 맡았다. 한편, 외교부장으로서의 직무도 수행했다. 특히 봉오동전투 이후 전개된 북간도 독립군단체 통합운동에 김좌진과 함께 대한군정서 대표로 참여하였다. 1920년 7월 말 독립군부대가 통합되어 대한군정서를 중심으로 한 동도군정서와 홍범도를 중심으로 한 동도독군부로 구성되자 동도독군부 제4대대 대장이 되어 청산리 전투에 참여하였다.

1920년 10월 상해임시정부 주도하에 연통제가 실시될 때 간북 북부총판부 참사로 임명되었다. 자유시참변 이후 서일이 사망하자 김병덕은 부총재 현천묵과 함께 대한군정서 재흥에 노력하였다. 이어 1925년에는 대한군정서 부원들과 함께 신민부 조직에 참여하였다. 1926년 3월 독립군이 은닉해놓은 병기를 되찾아 신민부로 귀환하는 도중 중국 관헌에게 피체되어 고초를 겪었다.

김병덕의 대종교 교력을 보면 1914년에 참교의 교질을 받은 것으로 보아 그 이전에 입교했음이 확인된다. 또한 박명진의 『대종교독립운동사』에는 동만주와 함경도를 관할하는 대종교 동일도본사의 주요 교인으로 기록되어 있다.

[참고 문헌]

『대종교독립운동사』(박명진, 필사본, 1964), 『咸北大觀』, 「國外情報(間島地方 不逞鮮人團體의 武力 準備狀況과 首腦部의 所在地」(『不逞團關係雜件-朝鮮人의 部-在西比利亞』10, 한국사DB, 국사편찬위원회), 「間島 不逞鮮人 團體와 그 動靜에 관한 調査書의 件」(『不逞團關係雜件-朝鮮人의 部-在滿洲의 部』16), 「獨立軍團員李鴻來等逮捕ニ關スル件」(『不逞團關係雜件-朝鮮人ノ部-在滿洲ノ部』38), 「獨立運動에 관한 건(國外 제46報)」(『不逞團關係雜件-朝鮮人의部-在滿洲의 部』9), 『독립운동사자료집』10(독립운동사편찬위원회, 1971), 『한국독립운동사 자료』41(국사편찬위원회, 2003)

김병도(金炳濤, 남, 생몰 미상)
입교 시기_ 1910년 | 교질 _미상

출신지역과 생몰연대가 불분명하다. 다만 그가 평안도 지역, 특히 평안북도 태천군(泰川郡)을 거점으로 활동한 기록을 보아 그곳 출신이 아닐까 추정해본다. 김병도는 1908년 서북학회 회원으로 활동한 바가 있고, 1912년 2월에는 김창련(金昌璉)·백종위(白宗瑋)·백규범(白圭範)·이형거(李瀅鑛)·이봉화(李鳳華) 등과 평안북도 태천공립보통학교 교원으로 임명된 기록이 있다. 또한 1920년 당시에는 태천군 참사(參事)로 천거되어 군수의 자문을 도왔다.
김병도의 대종교 교력을 보면 1910년 8월 19일(음력) 이기진(李杞珍)과 함께 시교원(施敎員)에 임명된 기록이 있으나, 입교 기록과 교질 사항은 알 수가 없고 그 후의 활동에 대해서도 전하지 않는다.

[참고 문헌]
『종보』제7호(1910년), 『서북학회월보』제5호(1908년), 『대한민국임시정부자료집』별책2(조선민족연감)(국사편찬위원회, 2009), 『한국근대사기초자료집』1(국사편찬위원회, 2010)

김병모(金秉模, 남, 1891-?)
입교 시기_ 1922년 | 교질 _미상

평안북도 선천군(宣川郡) 출신으로, 1921년 10월 대한민국임시정부 내무부의 서기(書記)로 임명되어 활동한 인물이다.
김병모는 1924년 3월에는 안무(安武)가 이끄는 대한국민위원회(大韓國民委員會) 제4군구(第四軍區)의 선전위원(宣傳委員)으로 활동하였다. 대한국민위원회는 북경에 거점을 둔 조직으로, 노령과 만주 지역을 5개군구로 펼쳐놓았다. 당시 제4군구는 안무를 사령관으로 하여 연길(延吉)·화룡(和龍)·안도(安圖) 지역을 관할하였으며, 이동호(李東浩)가 재무부장(財務部長), 김동녕(金東寧)과 정문항(鄭文恒)이 모연위원(募捐委員), 그리고 정창언(鄭昌彦)이 통신위원(通信委員)을 담당하였다.
안무와 김병모 일행은 신숙(申肅)·이청천(李靑天)·김규식(金奎植) 등 북경지도부의 서명이 담긴 공채(公債)를 지참하고 연길현 명월구(明月溝)로 들어와 독립자금 모집에 힘을 쏟았으며, 국민대표회의의 발표와 관련된 포고문 및 책자 등을 배포하기도 하였다.
김병모의 대종교 교력을 살피면, 1922년 12월 5일(음력) 대종교 북일도본사(北一道本司)의 추천으로 항일투쟁의 거물인 윤복영(尹復榮) 등과 함께 영계(靈戒)를 받은 기록이 있다. 그의 대종교 입교가 그 이전에 이루어졌음을 알 수 있으나, 이외의 기록은 전하지 않는다.

[참고문헌]
『대종교보』제56호(1922년), 「安武一派 檢擧에 關한 件」(不逞團關係雜件-朝鮮

人의 部-在滿洲의 部40, 機密 第239號; 機密受第246號, 한국사DB, 국사편찬위원회), 『일제침략하한국36년사』5(국사편찬위원회, 1970), 『대한민국임시정부자료집』27(국사편찬위원회, 2008)

김병상(金炳尙, 남, 생몰 미상)
입교 시기_ 1922년 | 교질 _참교

출신지역과 생몰연대가 불분명한 인물이다. 서북간도를 중심으로 대종교 활동을 통한 항일투쟁을 전개했다. 김병상은 1922년 12월 5일(음력) 대종교 영계 수여와 함께 참교의 교질을 받았다. 또한 다음 날 대종교 서일도본사 제1지사의 찬사(贊事, 부책임자)와 송광시교당(松光施敎堂)의 찬무(贊務, 부책임자)로 임명된다. 당시 서일도본사 제1지사는 최남표(崔南表)가 전사대판(典司代辦, 책임자 대리)을 맡았고, 윤광원(尹光源)이 김병상과 함께 최남표를 도왔다. 제1지사의 책임을 맡았던 최남표는 동삼성 한족생계회(韓族生計會)의 핵심인물로, 항일투쟁의 중심인물이기도 하다.
이후 김병상은 돈화현 지역으로 옮겨와 1936년 11월 6일(음력)에 대종교 도성시교당(道成施敎堂)의 찬무를 맡게 된다. 당시 도성시교당의 전무(典務, 책임자)는 최병욱(崔秉郁)이었으며 박장빈(朴章彬)은 김병상과 함께 찬무를 맡았다. 전무를 맡은 최병욱은 흥업단·광정단·신민부 등 남북만주를 휩쓴 항일투사로, 1914년에는 단애(檀崖) 윤세복(尹世復)·백람(白嵐) 이재유(李在囿) 등과 3년의 옥고(獄苦)를 치른 인물이기도 하다. 박장빈 역시 정의부 안도현 관부(管部)의 조직부장을 지낸 인물로, 서간도 지역의 이름난 항일투사였다.
김병상의 대종교 교력을 보면 1922년 12월 5일(음력) 영계와 함께 참교의 교질을 수여 받는 것으로 나온다. 흥미로운 것은 그 이후의 기록이다. 그로부터 8년 후인 1936년 11월 6일(음력) 김병상은 다시 영계를 받는 것으로 나타나기 때문이다. 당시 대종교단 내에서의 기록의 공유와 통합적 관리가 원활치 못했음을 시사해주는 부분이다. 또한 항일집단이라는 비밀 유지를 위해 각도본사 간에도 연계가 수월치 않았음을 알 수 있다. 더욱이 수시로 없어진 기록의 수난도 빼놓을 수 없을 듯하다. 해방 이후, 일제강점기부터 활동한 많은 대종교인들이 특선에 의해 다시 영계와 교질을 받게 된 경우도 이러한 정황과 무관치 않다. 대종교 서도본사와 북도본사의 기록에서 나타나는 김병상에 관한 교력 차이 역시, 그 사례의 하나라 할 수 있을 것이다.

[참고 문헌]
『대종교보』제56호(1922년), 『대종교인과 독립운동연원』(이현익, 프린트본, 1963), 『대종교중광육십년사』(대종교총본사, 1971)

김병세(金丙世, 남, 생몰 미상)
입교 시기_1920년대 | 교질_미상

대종교의 이념을 통해 북간도를 중심으로 활동한 인물로, 그 출신지역이나 생몰연대가 확인되지 않는다. 1916년 3월 당시 혼춘현 춘화향(春化鄕) 남별리(南別里)에 거주한 기록이 있으나 구체적 활동 내용은 잡히지 않는다.

김병세는 1935년 11월 20일(음력) 대종교 북일도본사 관할 아성시교당(阿城施敎堂)의 찬무(贊務, 부책임자)를 맡아 활동한 기록이 있다. 아성시교당은 아성현 동문리(東門里)에 소재한 시교당으로, 당시 지세훈(池世勳)이 전무(典務, 책임자)를 맡았으며, 만주 항일투쟁의 대표적 인물인 이창근(李昌根)이 김병세와 찬무를 맡아 활동했다. 또한 북간도의 항일투사 지원식(池源植)·이석태(李錫泰)·이중렬(李仲烈) 등이 시교원(施敎員)을 맡아 대종교 정신을 통한 항일투쟁에 앞장섰다.

한편 김병세는 2년 후인 1937년 8월 24일(음력)에 대종교 재만교구(在滿敎區) 경상금수납위원(經常金收納委員)에 임명되어, 아성현 부근의 책임을 맡았다. 경상금수납위원은 대종교의 예산 확보와 운용에 중요한 역할을 하는 위치로, 당시 그 지역 책임을 함께 맡은 인물들은 아성시교당의 시교원으로 있던 지원식과 이석태였다. 또한 1939년 음력 10월에 "교화를 보급케 함에는 반드시 문자의 힘을 시뢰(恃賴)할 것이다. 이제 대교 부흥기에 당하야 만구동성으로 종경(倧經) 요구가 날로 높은 터이다. 이 요구를 수응함은 무엇보다도 대교 발전상 최대 급무일 것이다. 이것을 공감하는 우리는 미성박력(微誠薄力)을 불고하고 교적간행회를 발기한다."는 정신으로 조직된 대종교서적간행회에도 참여하여 찬성금을 희사하기도 했다.

김병세의 대종교 교력을 살피면, 그의 입교 기록이나 영계 사항을 알려주는 기록은 전하지 않는다. 다만 김병세가 1935년 아성시교당의 찬무를 맡을 당시, 이미 참교(參敎)의 교질을 넘어 지교(知敎)의 위치에 있었다는 점이다. 이것은 김병세가 1920년대에 대종교에 입교하였음을 알려주고 있다.

[참고 문헌]
『대종교보』제115호(1937년). 『대종교인과 독립운동연원』(이현익, 프린트본, 1963). 『대종교중광육십년사』(대종교총본사, 1971)

김병순(金炳淳, 남, 1871-?)
입교 시기_1923년 이전 추정 | 교질_미상 | 서훈_애족장(2015)

함경남도 갑산(甲山) 출신으로, 일찍이 만주로 넘어가 안도현(安圖縣) 사도백하(四道白河)에 거주하며 명망을 떨친 인물이다.

1919년 3·1독립만세운동이 일어나자 김병길·이경문·김순삼·홍용화·주내문·최승화·이춘화·이계철 등과 함께 결사대를 조직하고 안도현에서 500명의 동포들을 모아 만세운동을 주도하였다. 이어 임성(林成)·홍우찬(洪祐贊)·양석고(楊錫枯) 등을 발기인으로 하여 친목회(親睦會)를 조직하고 독립금자금을 모아 활동하는가 하면, 대종교지도자 서일(徐一)·현천묵(玄天黙) 등이 창설한 정의단에 흡수되었다. 김병순의 대종교 입교에 관한 기록은 확인되지 않으나 아마도 정의단에서 활동하던 시기에 입교했을 것으로 추정된다.

이후 다시 안도현 내도산(內島山)으로 돌아간 김병순은 그곳을 근거지로 설립된 대한정의군정사에서 경위부장으로 활동했다. 대한정의군정사는 인근 지역에서 활동하던 대한독립군 및 동맹결사 등과 긴밀하게 연락하며 두만강 대안지역의 헌병대, 주재소, 관공서 등을 습격하며 공을 세웠다. 총재 이규(李圭), 부총재 강희(姜熹), 사령관 이동주(李東柱)가 있었고, 김병순과 친목회를 조직했던 홍우찬(洪祐贊)은 비서과장으로 활동하였다. 대한정의군정사는 1920년 8월 일본군의 간도침공으로 영안현(寧安縣)으로 퇴각하였다. 청산리전투 이후 독립군들이 밀산에서 집결하여 대한군정서(서일), 대한독립군(홍범도), 대한국민회(구춘선), 대한신민회, 광복단, 서로군정서(이청천) 등이 모여 대한독립군단을 조직할 때 흡수되었다. 당시 김병순은 대한독립군단에 통신원으로 참여하였다.

또한 김병순은 대한통의부 활동을 전개하면서 단조기념사업회(檀祖紀念事業會)에도 참여하였다. 이 조직은 1923년 대종교의 주요 경절인 어천절(御天節, 음력 3월 15일)을 기해 화전현(樺甸縣)에서 만들어진 것이다. 이 회의 목적은 대종교 정신을 토대로 국내외에 산재해 있는 단조전(檀祖殿)을 한 마음으로 숭배하고, 단조의 옛 도읍에 기념비를 세우며, 사적(事跡)을 등기(謄記)하여 동족 간의 친목을 더욱 돈독히 하는 등, 아래와 같은 규칙을 공포하였다.

[발기요지에 관한 규칙]
一. 본회는 국내외를 물론하고 대황조님을 일심숭배하며 유도(遺都)에 기념비를 건(建)하여 사적(事蹟)을 등재(謄載)하며 동족(同族)의 친목을 증독(增篤)함.
一. 본회 회원은 조선민족 남녀 17세 이상자로 인정함.
一. 중앙 위치는 백두산 신시(神市)로 정함.
一. 중앙 총회장은 국내외 분지회(分支會)를 확장한 후에 선정키로 함.
一. 각지 분지회를 성립한 후에 발기처(發起處)로 통지하여 호상(互相) 연락케 함.
一. 회금(會金)은 매명하(每名下)에 소은(小銀) 2각(貳角)으로 정함.
一. 본회 회원이 성미(誠米)를 저축(儲蓄)하기로 함
一. 회원이 본회의 목적을 위하여 특연(特捐)이나 열심(熱心)으로 각지에 선전하심을 망(望)함.
一. 본회 규칙은 분지회 성립통지서(成立通知書)를 접수한 후에 송교(送交)하기로 함.

대종교가 백두산 신시를 중심으로 추구하고자 한 배달국 이상향 건설과도 그대로 부합되는 내용이다. 당시 이 회를 주도한 인물들이 김병순을 비롯하여 지장회(池章會)·이천민(李天民)·공창준(公昌準)·김봉림(金鳳林) 등, 대종교의 중진인 동시에 항일투쟁의 거물들이었음도 우연이 아님을 알 수 있다. 이후 정의부 설립에 참여하여 1926년 8월에는 안도현 두도백하(頭道白河)에서 정의부총관부(正義府總管府) 사무소를 설치하였다. 조직의 총관을 김병순이 맡았고, 그 아래 의사장에 최동화(崔東和), 조직부장에 박장빈(朴章彬), 재무부장 겸 서기에 채승락(蔡承洛), 통신부장에 김군선(金君先), 탐정부장에 방태규(方泰奎), 외교검무원에 염치삼(廉治三), 군의에 김성천(金聖天), 중대장에 장철호(張哲鎬), 소대장에 김경근(金敬根), 하사에 정도범(鄭道範)·최기순(崔基淳) 등이다.

김병순은 일제강점기에 대종교에 입교한 인물로 전언되어 오나, 그와 관련된 대종교 입교 기록이나 영계(靈戒) 사항에 대해서는 남아있는 것이 없다. 그러나 대종교의 중진들인 지장회·공창준·이천민·김봉림 등과 1923년 어천절에 단조기념사업회의 중심에 섰던 것을 보면 그 이전에 대종교에 입교한 것을 알 수 있다.

[참고문헌]
『間島地方에 不逞鮮人의 侵入에 관한 건』(不逞團關係雜件-朝鮮人의 部-在滿洲의 部30, 機密第443號; 秘受 12610號, 한국사DB, 국사편찬위원회), 『間島 및 同接壤地方에 있어서 排日團體 및 親日團體 調査의 건』(不逞團關係雜件-朝鮮人의 部-在滿洲의 部32, 機密 第93號; 機密受第110號, 한국사DB, 국사편찬위원회). 『한국독립운동사자료』 37(국사편찬위원회, 2001)

김병용(金秉鏞, 남, 생몰 미상)
입교 시기_ 1918년 | 교질_ 참교

출신지역과 생몰연대가 불분명한 인물이다. 일찍이 사회주의에 관심을 갖고 문예활동에도 참여하였다. 1929년 4월에는 서대문에 거주하며 서울청년회에 가입했다. 1921년 1월 27일 서울에서 조직되었던 서울청년회는 민족주의적 성격을 띠고 출발했으나 점차 사회주의적 성격으로 변화된 단체다. 공교롭게도 이 청년회의 사회주의계를 대표한 인물이 같은 대종교인이었던 김사국(金思國)이었다. 김사국 등은 장덕수 계열의 민족주의계를 추방하고 주도권을 장악한 것이다.

이후 서울청년회는 1929년 8월 31일 조선청년총동맹의 중앙청년동맹에 흡수되었다. 한편 김병용은 극본 창작에도 그 이름이 등장한다. 그 대표작이 희극 「세상은 나를 바라보고」다. 이 희극은 1933년 12월 16일, 극단 황금좌(黃金座)가 도화극장(桃花劇場)에서 공연할 당시, 김동환(金東煥)의 「능수버들」, 박영호(朴英鎬)의 「원앙선」, 성광현(成光顯)의 「장가 가는날」, 김서정(金曙汀)의 「기만」, 남풍일(南風日)의 「서울은 이렇다」와 함께 2회로 나누어 공연하였다. 김병용의 대종교 교력은 1918년 7월 20일(음력) 참교의 교질을 받은 것으로 나타나나, 그 이후의 대종교 행적은 전하지 않는다.

[참고 문헌]
『종문영질』(프린트본, 1922), 「서울청년회 집행위원회의 건」(思想問題에 關한 調査書類7, 京鍾警高秘 제4835호, 한국사DB, 국사편찬위원회), 『한국연극사』(이두현, 민중서관, 1973)

김병원(金秉源, 남, 1879-?)
입교 시기_ 1912년 이전 | 교질_ 참교

함경북도 성진군(城津郡) 학성면(鶴城面) 원리동(遠里洞) 출신으로 생몰연대는 알 수가 없다. 다만 1916년 일제의 문서에는 38세로, 1921년 문서에는 40세로 적혀 있다. 또한 1919년 천주교인을 중심으로 구성된 대한의민단(大韓義民團)에서 활동했던 김병원(金秉源)과는 동명이인이다.

김병원은 1913년 성진으로부터 연해주의 블라디보스토크로 건너가 무역업에 종사한 인물로, 1916년에는 장민구(張敏九)·고영만(高永萬)과 더불어 모종의 임무를 도모하기도 했다. 러시아 의용선(義勇船)을 이용하여 일본 나가사키를 경유하여 중국 상해로 건너가는 정황이 일제에 의해 감시·관찰된 것을 보아도 알 수 있다. 또한 1921년 3월에는 왕청현(汪淸縣)에 근거를 둔 대한광복단(大韓光復團) 함경남도 갑산분단(甲山分團) 제1분지단(第一分支團)의 지단장을 맡아 요로 습격 및 군자금 모금에 앞장서기도 했다.

김병원의 대종교 교력을 살피면 1912년 10월 10일(음력)에 참교(參敎)의 교질(敎秩)을 받은 기록이 있다. 그의 대종교 입교가 국내 시절에 이미 이루어졌음을 알 수 있다. 그러나 안타깝게도 그 이후의 교력 관계는 확인이 안 된다.

[참고문헌]
『종문영질』(프린트본, 1922), 「朝鮮人上海渡航ノ件」(不逞團關係雜件 朝鮮人ノ部 在內地 一, 高秘特收第5369號; 秘13047號, 한국사DB, 국사편찬위원회), 「大韓光復團分團檢擧」(不逞團關係雜件 朝鮮人ノ部 在內地 十二, 高警第3104號; 秘受2181號, 한국사DB, 국사편찬위원회)

김병찬(金秉燦, 남, 생몰 미상)
입교 시기_ 1911년 이전 | 교질_미상

출신지역과 생몰연대가 불분명하다. 1911년 8월 같은 대종교인인 김창국(金昌國)을 따라 북간도 용정촌 대랍자(大拉子) 걸만동(傑滿洞) 인근의 마을 신의동(新義洞)으로 건너왔다. 김창국은 1910년에 이미 간도로 건너온 인물로, 1911년 다시 경성으로 들어가 김병찬과 서상협(徐相俠)을 데리고 용정으로 건너온 것이다. 아마도 남파(南坡) 박찬익(朴贊翊)처럼 대종교 초창기에 북간도의 대종교 거점 확보를 위한 움직임이었을 듯하다. 김창국은 노령과 북간도의 항일투쟁 뿐만 아니라, 임시정부의 의경대장(義警隊長)을 역임한 인물로 한국독립당의 일원으로도 활동하였다. 한편 북간도 용정으로 건너온 김병찬이 구체적으로 어떠한 활동을 펼쳤는지는 확인되지 않고 있다. 그의 대종교 교력 역시 일제의 기록에만 대종교인으로 나타날 뿐, 대종교단 내에서는 그에 대한 기록이 전하지 않는다.

김병찬이 김창국·서상협과 단군교(대종교) 활동을 모색하고 있다는 일제의 문서.

[참고 문헌]
「間島 및 琿春地方 一般狀況에 관한 건(不逞團關係雜件-朝鮮人의 部-在滿洲의 部1, 朝憲機 제1674호, 한국사DB, 국사편찬위원회)

김병학(金秉學, 남, 1863-?)
아호(별명) _ 니콜라이 니콜라이비치 김(金)
입교 시기 _ 1918년 | 교질 _ 참교

1880년대 말에 연해주로 넘어가 1906년 9월 이전에 이미

러시아로 귀화한 인물로, 그 출신지역이 불분명하다. 러시아 이름은 니콜라이 니콜라이비치 김(金)이다. 당시 블라디보스톡 지역에 여러 채의 저택을 소유할 정도로 자산가였다 한다. 일찍이 이범윤·최재형·최봉준·조희순(趙希淳)·신익경(申益京)·조도선 등과 연결되면서 안중근의 의거와도 암암리에 연관이 있다.

20세기 초 연해주 한인사회의 구성원을 구체적으로 살펴보면 첫째, 러일전쟁 이전에 이주하여 그 곳에서 경제적 토대를 장만하면서 러시아에 귀화하여 정치·경제적 지위와 신분을 획득한 부류이다. 최재형을 비롯하여 최봉준(崔鳳俊)·김학만(金學萬)·김도녀(金道汝)·차석보(車錫甫)·김익용(金翼鎔)·김병학(金秉學) 등이 그 계열이다. 이들은 그 동안 그 곳 한인사회의 지도급 인물로 부상하여 한인의 경제적·사회적 지위 향상에 기여해 왔다. 이들은 시베리아의 한인의 이주와 개척에 중요한 역할을 수행하였고 나아가 한인사회 자치의 근간을 이루는 각 지방 한민회의 풍헌(風憲)·풍속(風俗)·도헌(都憲) 등의 직임을 맡아 한인사회의 자치제 확립에 기여한 인물들이었다. 일제의 문서에도 1910년대 블라디보스톡 지역의 인물들을 이범윤·이갑·최봉준·정순만·김학만(金學萬)파로 나누었다. 그리고 김병학을, 최재형·엄인섭(嚴仁燮)·강창동(姜昌東)·박창순(朴昌淳)·문창범(文昌範)·김(金)그리고리·조장원(趙璋元)·강순기(姜順琦) 등과 함께 최봉준(崔鳳俊) 계열로 파악하고 있다. 사실 김병학은 최봉준이 그 지역의 민장(民長)을 지낼 당시 상시부민장(常時副民長)으로 가장 큰 세력을 가진 인물이었다.

1908년 6월에 창간된 『대동공보(大同公報)』의 뒷배 역시 김병학의 노고가 컸다. 이 신문은 블라디보스톡의 교포단체인 한국국민회(韓國國民會)의 기관지로서, 『해조신문(海朝新聞)』을 이어 발간된 것이다. 이 신문의 재정에도 최재형과 더불어 김병학의 기여가 상당했다. 이후 『대동공보』1910년 8월 18일 『대동신보(大同新報)』로 제목을 고치고 분발하였으나, 일제의 외교적 농간으로 그 해 9월 10일 러시아 총독의 명령에 따라 정간되었다.

김병학은 이상설·안창호·신채호 등과 교류하며 그 지역의 다양한 입지를 다졌다. 1911년 6월에는 지역 거류민회의 민장으로도 선출되었다. 1922년 2월 김병학은 서간도 시사연구회(時事研究會) 회원으로 참여하여, 흑하(자유시)참변과 연관한 '반역무도자 등의 죄악을 성토한다'는 제목의 성명서에도 참여하는데, 동일인인지는 확실하지 않다.

그의 대종교 교력은 1918년 7월 7일(음력) 참교의 교질을 받은 것으로 나타나나, 1910년대 초기부터 대종교와 밀접했을 것으로 추정된다. 당시 대종교의 핵심으로 그 지역을 거점으로 활동하던 이상설이나 진학신(秦學新), 그리고 북간도를 넘나들던 백순(白純)이나 김영학(金永學) 등과의 관계를 살피더라도 짐작할 수 있다. 더욱이 김병학과 절친했던 최재형이 사망 이전까지 대종교계 북로군정서의 고문으로 있었던 것만 보아도 확인할 수 있다.

[참고 문헌]
『종문영질』(프린트본, 1922), 「排日 朝鮮人 名簿 進達의 건(不逞團關係雜件-朝鮮人의 部-在西比利亞1, 機密韓 제62號, 한국사DB, 국사편찬위원회), 「不穩通

信」(不逞團關係雜件-朝鮮人의 部-在滿洲의 部32, 機密受제151호-關機高收제3817호, 한국사DB, 국사편찬위원회), 『한국공산주의운동사』1(김창순·김준엽, 고려대아세아문제연구소, 1967)

김병헌(金炳憲, 남, 생몰 미상)
입교 시기_1910년 후반 추정 | **교질**_미상

경상북도 봉화군(奉化郡) 내성면(乃城面) 해저리(海底里) 출신이다. 생몰연대는 알 수가 없는 인물로, 1923년 6월 길림성을 중심으로 항일투쟁을 전개한 기록이 있다. 당시 김병헌은 대종교 항일단체인 대한군정서(북로군정서)의 주축이었던 김좌진(金佐鎭)·이장녕(李章寧)·박찬익(朴贊翊)·안무(安武) 등의 항일투사들과 항일투쟁을 도모하였다. 이들은 같은 달 16일, 대종교의 주축이었던 정안립(鄭安立)·손일민(孫逸民) 등 70여명과 함께, 길림성 성북산(城北山)에서 밀회를 갖고 아래의 결의사항을 다졌다.

- 一. 길림현 화피창(樺皮廠) 남쪽 신안촌(新按村)에 독립단 본부를 두도록 함
- 一. 해림(海林)·블라디보스토크에 지부를 두도록 함
- 一. 군자금 조달을 위하여 회원을 모집하도록 함
- 一. 일로통상회의(日露通商會議) 방해·중지시키도록 함
- 一. 장춘(長春)에 지부를 설치하고 그곳의 일본·중국 관헌들의 동정을 살피도록 함

김병헌의 대종교 입교 기록이나 영계(靈戒) 관련 사항은 대종교단 내에는 전하는 것이 없다. 다만 일제강점기의 일기인 『본사행일기(本司行日記)』라는 기록에, 1910년 9월(음력, 이하 음력)부터 1922년 10월 사이 대종교에 입교한 경상도 지역 주요교인의 명단에 김병헌이 적혀 있다. 『본사행일기』는 경북 성주(星州) 지역 인물인 나옹(裸翁) 성세영(成世英)이, 1922년 10월 10일 경북 성주를 출발하여 경성(서울) 대종교남도본사를 방문하고 10월 27일 성주로 다시 돌아가기까지의 과정을 적은 기록물이다.

이 기록을 헤아리면, 김병헌은 1910년대 후반 대종교에 입교한 후 만주로 건너가 대종교 항일투쟁에 종사한 인물일 듯하나, 여타의 행적은 전하는 것이 없다.

[참고문헌]
『본사행일기』(성세영, 필사본, 1922), 『臨時報 第312號(吉林附近에 있어서 不逞鮮人의 狀況)』(不逞團關係雜件-朝鮮人의 部-在滿洲의 部36, 關機高收 第9285號-1; 機密受第382號, 한국사DB, 국사편찬위원회)

김병호(金炳昊, 남, 생몰 미상)
입교 시기_1922년 | **교질**_미상

출신지역과 생몰연대가 확인되지 않는 인물로, 북간도와 노령 지역에서 대종교시교당 활동을 통해 포교와 항일투쟁을 전개했다. 김병호는 1922년 9월 28일(음력) 대종교 동2도본사가 관할하는 영일시교당(嶺一施教堂)의 찬무(贊務, 부책임자)를 맡은 기록이 있다. 영일시교당은 노령 지역 연해주에 소재했던 시교당으로, 전무(典務, 책임자)는 임도준(任度準)이었다. 또한 박병권(朴丙權)이 김병호와 함께 찬무를 맡았고, 김천오(金千伍)가 시교원(施教員)으로 동참했다. 특히 임도준은 북간도와 노령 지역 항일투쟁의 거물로, 대한제국 육군조장(陸軍曹長) 출신이었다. 그는 대종교계 대한군정서(북로군정서)에 참여하여 제3대대장과 서무부장(庶務部長)을 역임하기도 한 인물이다.

김병호의 대종교 입교 시기나 교질 사항은 전하는 기록이 없다. 다만 영일시교당의 찬무를 맡을 당시 '형제'의 자격으로 참여한 것으로 보아, 1922년 중반 경에 입교한 것으로 추정된다. 대종교에서는 입교를 하여 6개월이 지나서 영계(靈戒)를 받는데, 그 사이의 호칭을 '형제'라 칭하기 때문이다.

[참고 문헌]
『대종교보』제55호(1922년), 『대종교중광육십년사』(대종교총본사, 1971)

김병화(金炳華, 남, 1881-?)
입교 시기_1917년 | **교질**_참교

함경북도 출신으로 일찍이 간도로 건너가 활동한 인물이다. 대종교와의 인연은 1912년 화룡현 청파호에 있는 대종교시교당을 출입하면서 시작되었다. 1918년 8월에는 광복회의 이관구(李寬求)가 계획한 국권회복운동과 연관되어 체포되기도 했는데, 이관구는 대종교계 역사서인 『단기고사(檀奇古史)』를 출간한 인물로 광복회를 통한 비밀활동을 전개하였다.

한편 김병화는 1920년 8월에 간도 지역 동포들의 악습을 바꾸기 위한 노력에 힘을 기울이기도 했다. 연길 용정촌에서 조직된 삼단동맹회(三斷同盟會)의 참여가 그것이다. 삼단(三斷)이란 음주(飮酒)·여색(女色)·도박(賭博) 3가지를 끊자는 것으로, 김병화는 이 모임의 의사(議事) 겸 경리(經理)로 선임되었다. 당시 참여 회원수는 46명으로, 주요임원으로는 회장에 이경재(李庚在), 총무에 박일문(朴一文), 그리고 간사에 배동희(裵東熙)·양병원(梁秉元)·김진국(金鎭國) 등이 선임되었다.

이어 1920년 12월에는 청산리독립전쟁 이후에는 귀순자 명단에 이름을 올려 일제의 눈을 피했으며, 1921년 6월에는 대한국민부 총부상비경호원(總府常備警護員)으로 항일투쟁을 쉬지 않았다. 그의 대종교 교력은 1917년 3월 16일(음력)에 참교의 교질을 받은 것으로 나타난다.

[참고 문헌]
『종문영질』(프린트본, 1922), 『백농실기』(조창용, 1912), 『國權恢復ヲ標榜セル不逞鮮人檢擧』(不逞團關係雜件 朝鮮人ノ部 在內地 二, 高第23808號;秘受14119

號, 한국사DB, 국사편찬위원회), 「三斷同盟會組織에 관한 건」(不逞團關係雜件-朝鮮人의 部-在滿洲의 部21, 機密公 제220호), 「한국독립운동사자료」 43(국사편찬위원회, 2007)

김병화(金炳華, 남, 생몰 미상)

입교 시기 _ 1939년 | 교질 _ 미상

출신지역과 생몰연대가 불분명한 인물이다. 1939년 대종교에 입교하여 그 해 3월 5일 북간도 밀산현(密山縣) 향양촌(向陽村)에 소재한 태일시교당(泰一施教堂) 총책임[典務]를 맡았다. 태일시교당은 대종교 동이도본사(東二道本司)의 관할로, 일찍이 대종교계열의 신민부(新民府) 간부 김정현(金鼎鉉)과 대종교 재만교구경상금수납위원(在滿敎區經常金收納委員)이었던 홍재경(洪在京)이 그 책임을 맡았던 곳이다. 김병화가 책임을 맡을 당시는 사회주의 계열의 독립운동가 김일(金一)과 신원이 불분명한 김익태라는 인물이 찬무(贊務)로 임명되어 김병화를 도왔다. 김병화의 대종교 교력은 1939년 3월(음력)에 입교한 것으로 나타나나, 그 교질에 관해서는 기록이 전하지 않는다.

[참고 문헌]
「대종교보」제115호·제121호, 「대종교중광육십년사」(대종교총본사, 1971), 「공산주의 宣佈文 入鮮에 관한 건」(檢察事務에 關한 記錄2, 京鍾警高秘 제3845호의1, 한국사DB, 국사편찬위원회)

김병희(金炳僖, 남, 1886-1928)

아호(별명) _ 해창(海倉)

입교 시기 _ 미상 | 교질 _ 미상 | 서훈 _ 애국장(1991)

김병희

충청남도 대전 출신으로 경성외국어학교를 졸업하였다. 경술국치 이후 하얼빈, 장춘, 봉천 각지를 다니면서 항일운동에 참여하다가 1916년 무렵 블라디보스토크에서 거주하였다. 1919년 7월 미국에서 블라디보스토크로 온 박용만(朴容萬)과 함께 김병희는 경성외국어학교를 동문인 박상환(朴尙煥)과 이민복(李敏馥), 조성환(曺成煥), 백순(白純) 등 대종교인들과 더불어 독립군을 편성하고자 하였다. 김병희는 이들과 함께 서북파를 제외한 기호파(경기, 충청남도) 중심으로 '대한국민군'이라는 독립군단체를 조직하고, 총사령부는 블라디보스토크에 두고 조성환을 사령으로, 박용만을 총참모로 세웠다. 이들은 간도 길림지방의 독립군들과 연락을 취하는 한편

우선 군자금 모집에 주력하였다. 김병희와 박상환은 당시 경성중학교 교장 김성수와 고양군 용강면의 부호 민영달(閔永達)에게 군자금을 청하러 국내에 잠입하였다가 일본 경찰에 체포되어 옥고를 치렀다.

1922년 김병희는 국내에서 이상재(李商在), 현상윤(玄相允) 등과 함께 민립대학기성준비회 위원으로 활동하고, 조선일보 기자로 활동하였다. 1923년 김병희는 민정식(閔貞植), 민병길(閔丙吉)과 함께 상해로 가서 임정에 재정적인 지원을 많이 했다. 김병희는 임시정부 충청도 의원에 선출되었다.

1923년 다시 국내로 돌아온 김병희는 서울에서 조선물산장려회 중앙조직에 참여했다. 또한 홍증식, 홍명희, 윤덕병, 박일병 등과 함께 낙원동에 신사상연구회를 조직하여 활동했다.

1925년 북만주에서 신민부가 설립되자 김병희는 그해 여름 신민부에 가입, 니콜리스크 주재 외교위원으로 활동하며 국내를 오갔다. 1927년 4월 신민부 중앙선전부위원 허성묵(許聖黙)과 김병희 등 10인의 신민부원은 김혁(金赫)의 지시로 군자금 모금을 위해 국내로 잠입을 계획하던 중 하얼빈에서 중국관헌에게 체포되어 신의주경찰로 송치되었다. 이 사건으로 허성묵은 징역 2년, 김병희는 징역 1년을 언도받았고, 김연수(金演洙), 여봉구(呂鳳九), 이기진(李基珍) 등은 징역 1년에 집행유예 2년을 선고받았다. 김병희는 고문의 여독으로 1928년 4월 26일 옥사 순국하였다.

대종교의 교력을 보면 1918년 1월 13일 참교의 교질을 받았다. 1926년 상해 호광시교당(滬光施教堂)의 전무(典務)로 재임하며 대종교 포교에 힘썼다. 당시 찬무는 조영원(趙永元), 김남식(金南植)이었다.

[참고 문헌]
「大倧教施教堂一覽表」(延边朝鲜族自治州档案馆, 全宗号42, 目录号1, 案卷号343, 和龙县历史档案 和龙县警察所, 令各区查禁韩人设立大倧教堂由, 民国十五年五月十二日), 「동아일보」1922.11.30., 1923.7.11., 8.2., 1927.8.3.·14.

김병희(남, 생몰 미상)

입교 시기 _ 1939년 이전 | 교질 _ 참교

출신지역과 생몰연대가 확인되지 않으며 그의 한자 이름도 불분명하다. 김병희는 1930년대 후반 북만주 밀산(密山)을 중심으로 활동한 인물로, 1928년에 사망한 대종교인 김병희(金炳僖)와는 한글 이름이 같다.

대종교에 있어 밀산은 남다른 곳이다. 1910년대 초반에 이미 대종교를 일으킨 나철이 포교의 자취를 남긴 곳이며, 대종교 2세 교주 김교헌이 경신대토벌을 피해 대종교총본사를 옮겨간 곳이 밀산이다. 밀산은 대한군정서(북로군정서) 군영(軍營)에 대종교 동도본사를 설치하고 군교일치(軍敎一致)를 지향했던 백포(白圃) 서일(徐一)이 숨진 곳이기도 하고, 3세 교주 윤세복이 대종교포교금지령을 피해 대종교총본사를 은거시킨 곳이다.

대종교의 기록에는 김병희가 1939년 3월 1일(음력) 밀산현 선구촌(船口村)에 있는 대종교 선일시교당(善一施敎堂)의 찬무(贊務, 부책임자)를 맡은 기록이 있다. 선구촌은 밀산 지역에서도 대종교의 거점이었다. 선구학교(船口學校)가 세워진 곳도 이곳이다. 선구학교는 1928년 만주 밀산현 선구촌에 설립된 대종교계열의 학교로써, 당시 교장은 나철의 장남이었던 나정련(羅正練)이 맡았다. 이 선구학교의 운동회 때 부르던 운동회응원가도, 본디 대종교 동도본사 책임자이자 대한군정서(북로군정서)의 총재였던 서일이 작사한 가사에 곡을 붙인 노래였다. "(1절) 백두산 높은 봉은 우리 넋이요/천지수는 대양으로 흘러가도다/영원무궁 일월성신 나아갈 때에/활발하게 나아가니 엄숙하도다 (2절) 너희들의 팔다리로 창검을 삼아/좌충우돌 적진을 격퇴하고서/아름다운 우승기를 쟁취하도록/용감하게 분투하라 우리 선수여"라는 가사에서도 드러나듯이, 은연 중 항일투쟁을 고무시킨 내용이었다. 김병희의 대종교 교력을 보면, 그의 입교 시기는 확인되지 않는다. 다만 그가 1939년 당시 참교의 교질로 선일시교당의 찬무를 맡은 내용이 남아있는 기록의 전부다. 선일시교당 역시 1922년 음력 5월 항일투사 김하익(金河益, 당시 전무)과 김해룡(金海龍, 당시 찬무)이 터를 닦은 곳이다. 김병희가 찬무를 맡아 활동할 당시는 김상산(金尙山)이 책임자[典務]였으며 이종전(李鍾鈿)이 찬무로서 김병희와 함께 했다.

[참고 문헌]
『대종교중광육십년사』(대종교총본사, 1971). 『배달의 맥박(독립군시가집)』(독립군시가집편찬위회편, 송산출판사, 1986)

김보경(金寶景, 남, 생몰 미상)
입교 시기 _ 1923년 이전 | 교질 _ 미상

출신 지역과 생몰 연대를 알 수 없는 인물이다. 일제의 기록에는 영안현의 대종교간부로 기록되어 있으나, 당시 영안현 대종교총본사를 거점으로 활동한 인물 중 김보경이란 이름은 없다. 또한 대종교단 내에도 김보경이란 이름으로 활동한 중심인물은 없다. 아마도 가명일 가능성이 농후하다.
대종교는 청산리독립전쟁 이후 일제의 경신대토벌을 피해 밀산으로 총본사의 거점을 이전했다. 또한 대한군정서(북로군정서)의 대종교 독립군들은 사분오열하여 각 곳에 산거해 있었다. 당시 대종교 교주였던 김교헌은 대종교와 대한군정서의 재건을 위해 일차적으로 대종교총본사를 길림성 영안현으로 다시 옮겼다. 그리고 각지에 산재해 있던 대한군정서 간부들과 연락하며 새로운 계획을 모색했다. 그러나 대종교를 겉으로 내세우는 것이 일제의 주목을 받을 수 있으므로 표면적으로는 만몽산업회(滿蒙産業會)를 내걸었다. 만몽산업회는 1923년 4월경 하얼빈에서 제2의 상해를 꿈꾸며 출범하였다.

김보경의 대종교 교력에 대한 기록은 남아있는 것이 없다. 그의 입교 시기나 교질 사항도 확인하기 힘들다. 대종교와 관련하여 유일하게 그의 이름이 등장하는 곳은 일제의 문서다. 그 문건의 제목이 「대종교 설립 계획」이란 것으로, 대종교비밀조직인 만몽산업회와 관련한 내용이다. 여기에는 김보경이 영안현의 대종교간부로 기록되어 있다. 당시 영안현은 대종교의 거점이었다. 김보경과 함께 참여한 만몽산업회의 주요인물들을 보면 대종교 교주 김교헌을 비롯하여 당시 항일투쟁의 거두이자 대종교의 핵심이었던 현천묵·김좌진·조성환·유정근(兪正根)·김원식(金遠植)·우덕순·원풍(元豊)·김규식·김백(金白) 등 30여 명을 헤아렸다.

만몽산업회에 참여한 인물들을 기록한 일제의 문서. 영안현의 대종교간부로 김보경(金宝景)이란 이름이 보인다.

[참고 문헌]
「大倧敎 設立計劃」(不逞團關係雜件-朝鮮人의 部-在滿洲의 部36, 機密受제262호-關機高收제5452호-1, 한국사DB, 국사편찬위원회)

김보익(金輔益, 남, 생몰 미상)
입교 시기 _ 1926년 이전 | 교질 _ 미상

출신 지역과 생몰 연대를 알 수 없는 인물이다. 그에 대한 기록 역시 대종교단 내에는 남아 있는 것이 없다. 다만 일제에 의해 압수된 대종교 문건에 1926년 당시 대종교 분일시교당(芬一施教堂)의 부책임자[贊務]를 맡은 것으로 기록되어 있다. 분일시교당은 대종교 동도본사의 관할로 동녕현(東寧縣) 소수분(小綏芬) 지역의 송하촌(松河村)에 소재해 있었다. 이 시기 책임자[典務]는 임현민(林現珉)이었으며 최세권(崔世權)이 부책임자[贊務]를 맡아 시교당을 이끌었다. 또한 소수분참(小綏芬站)의 해동상점(海東商店)을 그 주요 연락 거점으로 이용한 것으로 나타난다. 김보익의 대종교 교력 역시 기록의 부전(不傳)으로 확인하기 힘들다. 다만 1926년 당시 시교당의 찬무를 맡은 것으로 보아, 그 이전에 입교한 것만 확인할 수 있다.

로 있으면서, 청산리독립전쟁 이후 대한군정서(북로군정서)가 안도 지역으로 퇴진할 때에 남다른 역할을 하였다.

일제의 문서에 日文으로 번역되어 실린 단조기념사업회취지서

1923년 어천절(음력 3월 15일)에는 길림성 화전현(樺甸縣)에서 단조기념회(檀祖紀念會)를 발기하는데 앞장섰다. 이 회의 목적은 국내외에 산재해 있는 단조전(檀祖殿)을 한 마음으로 숭배하고, 단조의 옛 도읍에 기념비를 세우며, 사적(事跡)을 등기(謄記)하여 동족 간의 친목을 더욱 돈독히 하는 데 있었다. 당시 김봉림과 함께 발기인으로 참여한 인물들 역시 공창준(公昌準)·지장회(池章會) 등, 대종교의 중진인 동시에 항일투쟁의 거물들이었다.

1926년에 작성된 대종교의 문건. 芬一(施教堂) 아래 부분에 金輔益이란 이름이 보인다.

[참고 문헌]
「大倧教施教堂一覽表(1926年)」,(延边朝鲜族自治州档案馆 全宗号42 目录号1 案卷号343, 和龙县历史档案 和龙县警察所, 令各区查禁韩人设立大倧教堂由, 民国十五年五月十二日)

김봉림(金鳳林, 남, 생몰 미상)

아호(별명)_ 송파(松坡)
입교 시기 _ 1923년 이전 | 교질_ 미상

출신 지역과 생몰 연대의 확인이 여의치 않다. 김봉림은 대종교 계열의 항일단체 흥업단(興業團)을 중심으로 활동한 인물이다. 특히 그는 흥업단 안도지단장(安圖支團長)으

일제의 문서에 번역되어 실린 「단조기념회발기취지서」의 앞부분.

김봉림의 대종교 교력을 살피면, 그의 입교 시기나 교질 사항에 대한 기록은 남아있지 않다. 다만 그가 1937년 8월

24일(음력) 대종교 재만교구경상금수납위원(在滿敎區經常金收納委員)에 임명된 기록이 있어, 대종교에서의 비중이 상당했을 인물로 추정된다. 당시 김봉림은 유수현(楡樹縣) 부근 지역을 관할하였는데, 주상무(朱相武)·최명춘(崔鳴春) 등과 함께 하였다. 그의 마지막 역시 연도는 확실치 않지만 화전(樺甸)에서 병사(病死)한 것으로 전할 뿐이다.

[참고 문헌]
『대종교보』제115호(1937년), 『대종교인과 독립운동연원』(이현익, 프린트본, 1963), 『不逞鮮人 宣傳文 押收에 관한 건』(不逞團關係雜件-朝鮮人의 部-在滿洲의 部36, 普通受제55호-公제46호, 한국사DB, 국사편찬위원회)

김봉수(金奉水, 남, 생몰 미상)
입교 시기 _ 1922년 | 교질 _ 미상

출신 지역과 생몰 연대가 확실치 않다. 3·1운동 당시 전라북도 부안군 진서면(鎭西面) 석포리(石浦里)의 간석지(干潟地)에서 일을 하면서 만세운동에 관여하였다. 당시 김봉수가 이용구(李用九)·김영식(金永植) 등과 경성으로부터 내려 온 인부(人夫)라는 기록이 있으나, 그의 출신지가 경성인지는 불분명하다.
김봉수의 대종교 교력은 1922년 윤5월 10일(음력) 대종교 여일시교당(礪一施敎堂)의 찬무(贊務, 부책임자)로 임명된 기록으로 보아, 그 이전에 대종교에 입교한 것으로 확인된다. 그리고 같은 해 9월 21일(음력) 영계를 받았다. 여일시교당은 남도본사의 관할(당시 국내)로, 전라북도 익산군 여산면(礪山面) 일산리(一山里)에 소재해 있었다. 이 시기 최택규(朴宅圭)가 전무(典務, 책임자)였으며 최민중(崔玟重)이 김봉수와 함께 찬무를 맡았다.

[참고 문헌]
『대종교보』제54호(1922년)·제55호(1922년), 『대종교중광육십년사』(대종교총본사, 1971), 『한민족독립운동사자료집』21(국사편찬위원회, 1995)

김봉제(金鳳濟, 남, 1860-1929)
입교 시기 _ 1911년 | 교질 _ 참교

충청남도 서산군 운산면(雲山面) 거성리(巨城里) 출신이다. 일찍이 증광감시(增廣監試) 초시(初試)에 합격하여 궁내부 내장원(內藏院) 수륜과(水輪課) 주사(主事)와 통신사 전화과(電話課) 주사를 역임했다. 일제강점기인 1919년 3월에는 유림(儒林)들의 독립청원서에도 서명한 인물이다. 파리장서사건(巴里長書事件)이라고 불리는 이 거사에는 김복한(金福漢)을 중심으로 한 호서유림과 곽종석(郭鍾錫)을 중심으로 한 영남유림이 함께 함으로써 유림의 항일운동의 대표적 사건으로 회자되고 있다. 김봉제의 대종교 교력은

1911년 2월 16일(음력)에 참교의 교질을 받았으나 이후의 활동은 안 나타나 있다.

[참고 문헌]
『종문영질』(프린트본, 1922), 『승정원일기』(고종 38년 12월 21일·고종 39년 9월 9일), 『한국독립운동사자료』4(국사편찬위원회, 1974)

김봉훈(金鳳壎, 남, 1885-?)
아호(별명) _ 김봉훈(金鳳薰)
입교 시기 _ 1920년 전후 | 교질 _ 미상 | 서훈 _ 애국장(1991)

평안북도 희천군(熙川郡) 장동면(長洞面) 관동(館洞) 출신으로, 일찍이 서북학회에 참여하여 대외 활동을 시작한 인물이다. 1919년 3·1독립운동이 일어나자 만주로 망명하여 남만주의 독립단(獨立團)에 가입하였다. 김봉훈은 군자금 모집을 위해 국내 고향인 희천특파원(熙川特派員)으로 파견되었다. 그러나 1920년 11월 8일 연통제 사건으로 구속되어 4년형을 언도 받고 구속 수감되어 1924년 9월 4일 만기 출소하였다.
이후 김봉훈은 대종교진흥회 활동에 참여하게 된다. 대종교진흥회는 1924년 말부터 국내 대종교의 중심이었던 이건(李鍵)·박용태(朴龍泰)가 주동하여 대종교인들의 협동을 도모하고 만주 대종교총본사와 긴밀히 연락하여 대종교를 진흥키 위해 태동한 단체였다. 김봉훈은 대종교진흥회 선전부원을 맡아 단조묘궁건축과 평양의 숭령전 수보(修補), 마니산 제천단 수축(修築)과 단조사적(檀祖史籍) 간행 등을 추진하였다. 당시 김봉훈과 함께 한 부원으로는 박용태·이원식(李元植)·양인환(梁寅煥)·유정근(兪政根)·김진우(金振宇)·이후관(李侯觀)·조철호(趙喆鎬)·경원하(景元河)·채성식(蔡成植)·이명하(李明夏) 등이 있었으며, 고문으로는 강세형(姜世馨)·김성수(金性洙)·장도빈(張道斌)·정인보·이범승(李範昇)·이범세(李範世)·민형식(閔衡植)·민강(閔橿)·백인기(白寅基)·유진태(兪鎭泰)·최규동(崔奎東)·현공렴(玄公廉) 등, 국내 대종교의 중심인물들이 맡았다.
김봉훈 1927년 3월 다시 북만주로 넘어가 대종교계 항일단체인 신민부에 가담하여 항일투쟁을 펼치던 중, 1928년 음력 1월 하얼빈영사관 경찰서에 재차 검거되었다. 평양복심법원에서 개정된 공소 공판에서 신민부 중앙집행위원인 유정근(兪政根)이 15년, 김봉훈 5년, 박광원(朴光遠) 4년, 남중희(南重熙)·김윤희(金允熙)가 각 2년을 선고받았다. 그리고 김봉훈은 1933년 10월 5일 꼬박 5년을 복역하고 만기 출소하였다.
김봉훈의 대종교 교력에 대한 대종교단 내의 기록은 전하지 않는다. 다만 그가 연통제 사건으로 구속되어 만기 출소한 직후 대종교진흥회의 임원을 맡은 것으로 보아, 처음 남만주(서간도)로 넘어간 시절 입교한 것이 아닐까 추정할 뿐이다.

김봉훈이 대종교진흥회의 임원으로 참여한 내용이 담긴 「동아일보」 (1926.4.22.) 기사.

[참고 문헌]
『서우』제7호(1907년 6월 1일), 『동아일보』1924.9.6., 1924.11.26., 1926.4.22., 1928.10.30., 1933.12.23., 『한국독립사』하(김승학, 독립문화사, 1970)

김빈(金斌, 남, 1899-1946)
아호(별명)_ 김병태(金餠泰), 김빈(金彬), 조국동(曺國棟)
입교 시기_ 1922년 | 교질_ 참교 | 서훈_ 독립장(1995)

경상남도 동래부(東萊府) 좌자천(佐自川) 출신이다. 본명은 김병태(金餠泰)로 대종교에 입교하면서 외자이름 빈(斌)으로 개명하였다. 1918년 중국 상해로 망명하여 의열단(義烈團)과 대한통의부(大韓統義府) 등에 가담하며 적극적 항일투쟁에 가담한 인물이다.
1922년 8월 만주에서 조직된 항일독립군 연합단체인 대한통의부의 군무부장(軍務部長) 이천민(李天民) 아래서 서기를 맡아 활동하였다. 1925년 말에는 대종교 동지이자 의열단 동지인 한봉근(韓鳳根) 등과 상해 및 그 주변 지역을 관할하며 의열단 활동을 전개했으며, 1928년 상해에서 김원봉과 함께 의열단의 활동 방향을 재정비하고자 한 제3차 전국대표대회에도 깊이 관여하였다. 한편 일제의 만주 침략 이후인 1932년, 의열단에서는 장개석(蔣介石)의 원조로 중국 남경(南京)에 위치한 중국중앙육군군관학교(中國中央陸軍軍官學校) 교외의 탕산(湯山)에 조선혁명군사정치간부학교(朝鮮革命軍事政治幹部學校)를 설립하였다. 당시 김빈은 1934년까지 조선혁명군사정치간부학교 교관으로 활동하면서 사관생도 양성을 통한 항일의 일선에 섰다.
김빈은 1934년 3월 중국 남경에서 개최된 한국대일전선통일동맹(韓國對日戰線統一同盟) 제2차 대표자대회에 의열단원 박건웅(朴建雄) 등과 함께 조선의열단 대표로 참석하여 유일당 건설을 결정하였다. 그리고 1935년 7월 민족혁명

당(民族革命黨)이 창당되자 간부로 활동하는 한편, 1936년 이후 의열단 단장 김원봉의 비서로 활동하면서 중국 측에 보내는 문서 집필을 담당하기도 하였다. 1940년 9월, 중경(重慶)에서 한국광복군총사령부(韓國光復軍總司令部)가 창설되자 광복군에 지원하여 활동하였으며, 1945년 3월에는 인도(印度) 파견공작에 선출되기도 하였다. 그러나 1945년 광복 이후 김원봉이 귀국하여 1946년 8월 민족혁명당을 조직하자, 중국 상해에서 중앙집행위원으로 선정되어 활동하다가 중국 남경에서 병으로 사망하였다.
김빈의 대종교 교력을 살피면 1922년 6월 4일(음력) 대종교 동일도본사(東一道本司)의 추천으로 항일투사 박승명(朴承明)·김영환(金永煥)·최동범(崔東範)·김우(金祐)·최기섭(崔基燮) 등과 영계를 받았다. 그의 대종교 입교가 만주로 건너간 직후에 이루어졌음을 확인시켜 준다. 특히 함께 영계를 받은 인물 중 박승명은 대종교계 항일단체인 대한군정서(북로군정서)에 종사한 인물이다. 박승명은 대한군정서 경신국(警信局) 제4분국 제1과장을 맡아, 관할 지역의 경사(警査)와 통신(通信)을 담당하였다.
일제의 기록에는 "1918년 봄 무단가출하여 상해로 가서 김원봉과 함께 의열단을 조직하고 반일운동에 매진한 자로, 절대독립과 민족주의자로서 과격사상을 갖고 있다"고 김빈을 적고 있다. 김빈 역시 대종교 무장항일투쟁의 노선에 적극 앞장선 인물임을 암시받을 수 있다. 대종교에서는 1922년 11월 17일(음력) 동일도본사의 추천으로 참교(參敎)의 교질(敎秩)을 수여하였으나, 이후의 교력에 대해서는 남아있는 것이 없다.

[참고문헌]
『대종교보』제54호(1922년)·제56호(1922년), 「臨時報 第510號(大韓統義府의 內容)」(不逞團關係雜件-朝鮮人의 部-在滿洲의 部37, 關機高收 第18271號-1; 機密受第602號, 한국사DB, 국사편찬위원회), 「義烈團ノ近狀ニ關スル件」(不逞團關係雜件朝鮮人ノ部-別冊 義烈團行動 附 金元鳳, 高警第4311號 / 機密受第593號, 한국사DB, 국사편찬위원회), 『朝鮮の治安狀況』(朝鮮總督府警務局, 1927), 『國外容疑朝鮮人名簿』(조선총독부경무국, 1934), 『한국독립운동사자료』3(국사편찬위원회, 1973), 『일제침략하한국36년사』12(국사편찬위원회, 1976), 『한민족독립운동사자료집』31·45(국사편찬위원회, 1997·2001)

김사국(金思國, 남, 1892-1926)
아호(별명)_ 김은국(金恩國), 해광(解光)
입교 시기_ 미상 | 교질_ 미상 | 서훈_ 애족장(2002)

충청남도 논산군 연산면 출신으로 일제강점기 사회주의 투쟁의 상징적 인물이다. 일찍이 부친이 사망하자 동생 김사민(金思民)과 금강산 유점사(楡岾寺)로 들어가 한학을 공부했다. 이후 보성고등보통학교에 입학하였으나 중퇴하고, 1908년 일본에 건너가 피혁회사 등에 다니며 고학을 했다. 그 시기 동경유학생들의 연합단체인 대한흥학회에 가입하고 기관지 『대한흥학보』 출판부원으로도 활동했다.
김사국은 경술국치를 당하자 곧장 귀국하여 한성중학

김사국

에 입학했다. 그리고 졸업한 후에는 교사로도 활동한다. 1918년 6월 이후는 만주와 연해주 등지를 순력했다 하나 그 행적은 명확히 잡히지 않는다. 다시 국내로 들어와 1919년 4월에 있었던 국민대회사건으로 옥고를 치르고 출감 이후 사회주의 투쟁에 첫발을 디뎠다. 그 첫 움직임은 조선노동대회의 참여였다. 이곳의 간사가 바로 동생 김사민으로, 노동자들의 상호 부조와 지적·인격적 지위 향상을 위해 1920년 5월 2일 출범한 단체였다.

김사국은 이득년(李得秊)·장덕수(張德秀)·김한(金翰)·오상근(吳祥根)·김명식(金明植) 등과 1921년 1월에 서울청년회를 출범시키고 그 이사로 참여하였다. 이 단체는 본디 사회주의와 민족주의의 결합적 성격으로 출발하였으나, 이후 김사국이 주도권을 장악하면서 사회주의 성향으로 기울었다. 한편 1921년 4월부터 조선청년회연합회위원, 조선노동대회의 간부로 활동하다가 10월 일본으로 건너갔다. 일본으로 건너간 직후 『오일신보(五一新報)』를 발기하는가 하면, 박열·김약수·조봉암 등과 재일조선인 사회주의 운동단체의 효시인 흑도회(黑濤會) 결성을 주도하였다. 그 해 12월에는 재일유학생 이기동(李起東)·김찬·김약수·정태성 등과 조선고학생동우회(朝鮮苦學生同友會)를 조직하고 고학생과 노동자를 대상으로 하는 강습회 등의 진행과 더불어기관지로 『동우』를 발행하였다.

1922년 귀국 후에는 서울청년회를 중심으로 노동자·농민의 사상단체를 조직하며 자신의 정치적 기반을 확대해 나갔다. 그 해 3월에 열린 조선청년연합회 제3회 정기총회에서 '사기공산당사건' 관련자인 장덕수(張德秀)·김명식·박이규(朴珥圭) 등의 제명을 이끌고, 이영(李英) 등과 18개 단체로 이루어진 연합회에서의 서울청년회 탈퇴를 주도하였다. 당시 『동아일보』가 추진한 김윤식의 사회장 문제를 둘러싸고 대립하다가 장덕수·최팔용 등이 이동휘·김철수를 통해 전달된 코민테른의 자금을 전용한 사건(사기공산당사건)을 계기로 분열되면서 사회주의 단체로 재편된 것이다.

이후에도 조선노동공제회에 대한 영향력 행사와 자유노동조합 발기총회 개최 등, 분주하게 움직였다. 그러나 김사국은 1922년 11월에 일어난 신생활사(新生活社) 필화사건으로 새로운 국면을 맞았다. 이 사건은 사회주의 계열의 잡지 『신생활』에 대한 일제의 언론 탄압 사건으로, 아우 김사민은 투옥되었고 김사국은 만주로 떠났다.

김사국은 1923년 2월 서울파 공산주의그룹을 중심으로 고려공산동맹 창립을 위한 대표자 회의를 소집하고 17명 중 앙위원의 1명으로 선출되었으며, 블라디보스톡 코민테른 집행위원회 원동부에 파견되기도 했다. 또한 1923년 3월 연길현 용정 동양학원(東洋學院)과 그 후신인 영고탑(寧古塔)의 대동학원(大同學院)을 통해 사회주의 이념을 전파하기 위해 노력하였다.

이후 러시아로 넘어가 조선 사회운동의 통일을 위해 노력하다가 1924년 6월 무렵 폐병에 걸려 귀국했다. 10월 고려공산동맹을 결성하고 책임비서가 되었고 12월 사회주의자동맹 집행위원으로 선임되었다. 1925년 조선사회운동자동맹 상무위원이 되었고 1926년 5월 8일 사망했다.

[교력]

김사국에 대한 대종교 교력은, 그의 입교 및 교질과 관련된 부분의 일체가 남아있지 않다. 아마도 해방 전후 대종교단 내에서 사회주의자들에 대한 기록을 꺼렸던 상황과 무관치 않을 듯하다. 가령 김두봉(金枓奉)이나 최창익(崔昌益)과 같은 인물이 그 대표적 예라 할 수 있다. 김사국 역시 당대 걸출한 사회주의자로서 그에 대한 언급은 더더욱 부담이었을 듯하다.

그러나 김사국의 대종교와의 연관성은 주변 인물들의 관계를 보아도 쉽게 유추할 수 있다. 그와 교류한 대표적 사회주의투쟁가들(괄호 안은 대종교 입교시기)인 박일병(1912년 이전)·최창익(1913년 이전)·최익환(1922년 이전)·권오설(1922년 이전)·안기성(1922년 이전) 등등이 모두 대종교의 핵심이었다는 점이다. 특히 사회주의자 김정기(金正琪, 1911년 이전)와의 관계는 김사국의 대종교 연관성을 더욱 깊게 만들어준다. 김정기는 당시 대종교의 교주였던 김교헌(金敎獻)의 장남이었다.

또한 김사국이 대종교와 밀접한 대동단(大同團)이나 동양학원(東洋學院)과 연관이 깊었다는 점도 그렇다. 대동단은 그 주축이 된 최익환을 비롯하여 이형남(李馨南)·양정(楊槇)·이건호(李建鎬) 등등이 모두 대종교의 인물이었다. 비밀결사였던 대동단 속의 또 다른 비밀결사가 대종교였다는 점이다. 동양학원은 김정기가 설립한 것으로 만주 사회주의 보급의 요람이었다. 김사국이 그 부인인 박원희(朴元熙)와 함께 교사로 근무하면서 남다른 열정을 쏟았던 곳이다. 더불어 동양학원의 방한민(方漢旻) 역시 대종교와 무관치 않은 인물이다. 그의 부친인 방규석(方圭錫)이 대종교 도임도 주목된다.

더욱이 김사국이 심택(沈澤)·이용범(李龍範) 등과 1925년 10월 무렵 영고탑 지역에 대종교당(大倧教堂)을 설립하려 했다는 점에서는, 대종교인으로서의 김사국에 대한 확신이 더욱 짙어진다. 당시 신문기사에는 '대종교당(大宗教堂)'(『동아일보』 1925년 10월 20일자)으로 적혀 있지만, 대종교(大宗教)는 1909년 하상역(河相易)이라는 인물이 세운 영가무도교(詠歌舞蹈教)를 말한다는 점에서, 대종교(大倧教)의 오기로 봄이 정확하다.

또한 심택과 이용범은 김사국과 함께 북만주 사회주의투쟁의 대표적 인물들이었다. 김사국과 이들이 1925년 11월 길림 지역 독립운동의 거물이었던 마천안(馬天安) 등과 북만주 지역에서 공산주의 선전을 위해 노력한 기록도 있다. 마천안은 본명이 마준(馬駿)으로 천안(天安)은 그의 호다. 길림성 영안현 출신으로 천진(天津) 남개대학(南開大學)을 졸업한 공산주의자로 길림의 육문중학교(毓文中學校)

교무주임을 지냈다.

김사국의 이러한 행적에서 하나의 의문이 남게 된다. 대부분의 연구에서 김사국의 마지막 귀국이 1924년 6월로 언급되기 때문이다. 아마도 당시 신문에서 언급한 "1924년 6월에 폐병이 걸린 몸을 끌고 귀국"이라는 기사내용(『동아일보』 1926년 5월 10일자, 「氏의 略歷」)이 주요 단서가 된 듯하다. 그러나 1925년 10·11월의 만주 행적을 어떻게 설명할 것인가는 또 다른 해명과제라 할 수 있다.

김사국의 부인 박원희(경성여자고등통학교 시절)의 모습

[참고 문헌]

『동아일보』1925년 10월 20일자·1926년 5월 10일자, 「在露都 本邦主義者의 狀況 其他에 관한 件」(不逞團關係雜件-朝鮮人의 部-鮮人과 過激派6, 亞二機密 제35호, 한국사DB, 국사편찬위원회), 『現代史資料』29(姜德相, みすず書房, 1972), 『한국공산주의운동사』(김준엽·김창순, 청계연구소, 1986)

김사용(金思容, 남, 1882-1941)

아호(별명) _ 김달(金達)
입교 시기 _ 1910년대 초반(추정) | 교질 _ 지교 | 서훈 _ 애국장(1991)

경상북도 상주군 상주읍 인봉(仁鳳)리 출신으로, 신흥강습소 교감을 지낸 김달(金達)과 동일인이다. 일찍이 휘문의숙을 졸업하고 대종교계 비밀결사 대동청년당(大東靑年黨)에 가담하여 후일 대종교의 주축이 되는 윤세복·안희제·김동삼·신팔균·이시열·이극로·서상일 등과 항일투쟁을 전개하였다.

김사용이 몸담은 대동청년단은 일제 36년과 해방 후 오랜 시기까지도 정확한 내막이 밝혀지지 않을 정도로 치밀하고 완벽한 조직으로, 17세부터 30세 미만의 청소년 80여 명으로 조직된 단체였다. 지금까지도 조직원 80여명이 완전히 밝혀진 것은 아니지만, 당시 단원이었던 윤병호(尹炳浩)의 메모에 기록되어 있는 50여명의 명단을 보면, 김사용을 비롯하여 윤세복·김동삼·남형우·안희제·신채호·서상일·윤현진(尹顯振)·이호연(李浩然)·장건상(張建相)·윤병호(尹炳浩)·이수영(李逐榮)·이경희(李慶熙)·최병찬(崔炳贊)·윤경방(尹環滂)·차병철(車乘轍)·백광흠(白光欽)·이극

로·김갑(金甲)·박영모(朴永模)·윤상태(尹相泰)·오상근(吳尙根)·서세충(徐世忠)·신백우(申伯雨)·박중화(朴重華)·신성모·신팔균·민강(閔橿)·최윤동(崔胤東)·송전도(宋鈺度)·김관제(金觀濟)·최완(崔浣)·배천택(裵天澤)·신상태(申相泰)·곽재기(郭在驥)·김홍권(金弘權)·이범영(李範英)·이병립(李炳立)·박광(朴洸)·서초(徐超)·김홍량(金鴻亮)·최인환(崔仁煥)·김삼(金三)·고병남(高柄南)·김규환(金奎煥)·김태희(金泰熙)·임현(林玄)·남백우(南百祐)·김기수(金箕壽)·이시열(李時悅)·고순흠(高順欽)·이우식(李祐植) 등이 가담하였다.

대동청년단의 단규(團規)는, (1) 단원은 반드시 피로 맹서할 것, (2) 새 단원의 가입은 단원 2명 이상의 추천을 받을 것, (3) 단명(團名)이나 단(團)에 관한 사항은 문자로 표시하지 말 것, (4) 경찰 기타 기관에 체포될 경우 그 사건은 본인에만 한하고 다른 단원에게 연루시키지 말 것 등이었다. 이것은 비밀 활동을 원칙으로 하는 대동청년단이 철칙으로, 이들의 활동사항이 체계적으로 기록된 곳이 극히 드문 이유다.

주목되는 것은 김사용을 비롯하여 윤세복·김동삼·남형우·안희제·신채호·서상일·윤현진·윤병호·이경희·차병철·이극로·김갑·신백우·박중화·신성모·신팔균·민강·이범영·박광·김삼·이시열·고순흠 등, 이 단의 대다수가 대종교의 중심인물이었다는 점이다. 또한 대동청년단의 활동은 대종교와 연계하며 암암리에 1930년대까지도 이어졌다. 안희제가 1930년대 북간도 밀산 방면에 은거하며 대종교 활동을 하고 있을 때, 대종교총본사를 동경성으로 옮기게 하는 한편, 목단강·영안·동경성·해림 및 간도 각지를 순방하며 종래의 대동청년단을 강화시키기 위해 대종교의 간부·농민, 그리고 간도성내의 한인학교(韓人學校) 교사들을 가입시키는 공작을 지속한 것이다.

김사용은 1910년대 초 서간도로 넘어가 신흥강습소의 개소에도 한 몫을 담당했다. 1911년 경학사(耕學社)의 부설기관으로 설립된 신흥강습소(新興講習所)의 교감을 맡은 것이다. '신흥'이란 신민회의 정신을 계승하는 의미의 '신(新)'과 흥왕된 독립운동기구가 되어야 한다는 '흥(興)'을 뜻한다. 곧 신민회에서 목적으로 한 무관학교의 전신으로서의 의의가 있다. 신흥강습소의 초대교장은 이동녕이 맡았으며, 당시 김사용은 김달(金達)이라는 이름으로 교감을 맡았다.

한편 김사용은 1920년 2월에는 신흥무관학교 졸업생으로 구성된 신흥학우단(新興學友團)과 연락하며 항일투쟁을 도모했다. 이들과 연계하여 서상일·문상직(文相直)·김춘배(金春培)·서영균(徐榮均)·송정덕(宋貞德)·김용만(金用萬) 등 다수의 동지들과 함께, 김동삼이 만주 유하현 삼원포로부터 보내 온 독립문서·임시정부강령·선포문 등을 배포하였다. 또한 폭탄으로 일제의 주요 관공서를 파괴하며 친일매국노들을 처단하려고 계획하다가 일제 관헌에게 체포되었다. 1923년 3월에는 의열단의 김시현(金始顯)·황옥(黃鈺)·유석현(劉錫鉉) 등이 상해에서 폭탄을 반입하여 일제 주요기관들을 폭파하려고 하자, 이의 연락을 받고 폭탄 5개를 보관하는 등 적극 가담했다가 일제에 다시 체포되어 투옥되었다.

이후 북간도로 옮겨간 김사용은 1937년 9월 10일(음력) 대종학원(大倧學園)의 학감(學監)으로 취임하였다. 대종학원은 김사용의 종교적·사상적 동지인 윤세복(당시 대종교 교주)과 안희제의 노력으로 이루어진 대종교 교육기관이었다. 일제의 경신대토벌과 만주군벌의 대종교포교금지령으로 북만주 밀산으로 대종교의 근거를 옮긴 윤세복은, 하얼빈선도회의 개설(1934년)과 때를 맞춰 대종교 재건에 깃발을 올렸다. 그 과정에서 적극 역할한 인물이 안희제다. 안희제는 발해의 고도 동경성에 대종교총본사 간판을 붙이는데 앞장섰다. 대종학원 역시 그 일환으로 탄생한 교육기관으로, 1937년 음력 4월 총본사 내에 신설되어 초·중등부를 개설하였다. 특기되는 것은 김사용이 학감을 맡을 당시의 대종학원 원장이 안희제였다는 점이다. 윤세복과 안희제 그리고 김사용이 만난 것은, 대종교와 대동청년단으로 이어진 30년 동지들의 해후이기도 했다. 김사용의 대종교 교력에 대한 구체적 기록은 남아있는 것이 없다. 다만 그가 1937년 대종학원 학감으로 취임할 당시의 교질(敎秩)이 지교(知敎)였다는 점이다. 당시 대종학원의 원장을 맡았던 안희제의 교질도 역시 지교였다. 참고로 안희제는 1910년 개천절(음력 10월 3일)에 대종교에 입교한 인물이다. 이러한 정황으로 볼 때, 김사용 대종교 입교 역시, 대동청년단 활동과 함께 서간도로 넘어가 신흥강습소의 교감을 맡았을 무렵인 1910년대 초반이 아닐까 추정해 본다.

1934년 동경성에 자리 잡았던 대종교총본사와 대종학원의 터.(독립기념관소장)

[참고 문헌]
『대종교보』제115호(1937년), 『대종교중광육십년사』(대종교총본사, 1971), 『국역고등경찰요사』(안동독립기념관, 2010), 「발해농장 시절의 백산」(안상만, 『나라사랑』제19집, 외솔회, 1975), 『부산일보』1981.10.22, 『중국동북지역한국독립운동사』(독립유공자협회, 집문당, 1997), 『일제강점기한국민족사』(신용하, 서울대출판부, 2001)

김사중(金駟重, 남, ?-1950)
입교 시기_1916년 | 교질_참교

경상북도 출신으로 평생을 교직에 몸담은 인물이다. 1917년 대구공립보통학교를 시작으로 의성(義城)·청하(淸河)·기계(杞溪)·군위(軍威)·금호(琴湖)·풍북(豊北)·호서남(戶西南)공립보통학교를 거쳐 1940년 건천심상(乾川尋常)소학교까지 교사의 길로 일관했다. 안타까운 것은 일제 말기인 1940년 간바야시(上林護重)로 창씨개명을 한 기록도 확인된다는 점이다.
김사중은 해방 이후인 1948년에도 문경중학교의 초대 교장을 맡으면서 교육자의 길을 걸었으나 6·25전쟁 중인 1950년 7월 13일 신병으로 사망했다. 김사중의 대종교 교력은 그가 교편을 잡기 직전인 1916년 2월 16일(음력) 참교의 교질을 받은 것으로 기록되어 있다. 이후의 흔적은 전해지지 않지만 대종교 정신으로 살고자 한 그의 의취는 평생을 이어갔다. 문경중학교 초대 교장 당시 그가 작사한 다음 교가 3절에서도 확인된다. '한 마음 한 뜻으로 일보 또 전진/면 옛날 한배님이 가르쳐 주신/인간의 홍익정신 높이 받들어/온 누리 오랜 날을 널리 기리세.'

[참고 문헌]
『종문영질』(프린트본, 1922), 『조선총독부관보』제4054호, 『조선총독부직원록』(한국사DB, 국사편찬위원회)

김사학(金思鶴, 남, 생몰 미상)
입교 시기_1910년대 | 교질_정교

출신지역과 생몰연대를 알 수 없는 인물이다. 일제강점기인 1910년대 국내 대종교에 입교하여 남도본사를 중심으로 활동하였으나, 대종교단 내에는 남아있는 기록이 없다. 그러나 대종교 항일투사인 박명진(朴明鎭)의 기록을 보면, 1910년대 국내 대종교의 주요 교인으로 김사학이란 이름이 들어 있다. 당시 김사학과 더불어 국내 대종교도로 이름을 올린 인물들은 홍명희(洪命喜)·안재홍(安在鴻)·신백우(申伯雨)·정열모(鄭烈模)·백남규(白南圭)·류근(柳槿)·명제세(明濟世)·서상일(徐相日) 등, 국내 대종교 항일투쟁의 중심인물들이었다. 그 시기 김사학이 국내 대종교 항일투쟁에 깊이 관여된 인물임이 확인된다.
해방을 맞아 대종교에서는 이와 같은 김사학의 종교적 경험을 존중하여 1946년 9월 9일(음력, 이하 음력) 영계(靈戒)를 다시 수여하고 이어 참교(參敎)의 교질(敎秩)을 내렸다. 김사학은 1949년 9월 1일 지교(知敎)로 승질(陞秩)됨과 아울러 순교원(巡敎員)으로 임명되었으며, 같은 달 19일에는 경의원(經議院) 비서(祕書)로도 뽑혔다. 1950년 1월 17일에는 대종교의 새로운 발전 방향을 모색하기 위해 조직된 대종교중흥회 제2차 중앙감찰위원 및 집행위원에 선임되었으며 3일 뒤인 20일에는 상교(尙敎)의 교질로도 올랐다. 또한 1950년 3월 28일 대종교 홍범규제개정심토회(弘範規制改正審討會)가 출범할 당시는, 김승학(金承學)·황학수(黃學秀)·김두종(金斗鍾)·장유순(張裕淳)·이원태(李源台)·김교준(金敎準)·김영숙(金永肅) 등, 대종교 중진 20여명과 더불어 위원에 임명되어 그 초안 마련과 심의에 큰 역할을 하였으나, 한국전쟁의 발발로 이렇다 적극적인 대외 활동을 펼치지 못하였다.

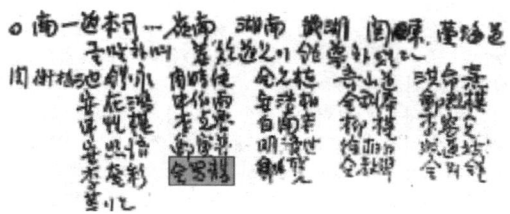

박명진의 『대종교독립운동사』(필사본, 1964)에 실린 1910년대 국내 대종교 중심인물들의 명단. 아래에 金思鶴(네모 안)이란 이름이 적혀있다.

한국전쟁 이후인 1954년 5월 3일에는 대종교 삼일원(三一園)의 대덕(大德)으로 뽑히는가 하면, 1959년 5월과 9월에는 순교원과 시교원(施敎員)으로 선임되어 대종교 포교의 중심에 서기도 하였다. 또한 1960년 10월 17일 원로원(元老院)의 참의(參議)로 선임되었고 1964년 6월 1일에는 정교(正敎)의 교질과 함께 대형(大兄)의 교호(敎號)를 받았다. 그리고 1966년 4월 6일 대종교총본사의 전범(典範)을 맡는가 하면 1967년 4월 24일에는 전리(典理)로도 임명되어, 대종교의 규율질서와 종무제반(宗務諸般)을 총괄하는 위치에 서기도 하였다. 더불어 1968년 3월 9일에는 대종교유지재단(大倧敎維持財團)의 이사(理事)로 선임되어 이흥수(李興秀) 이사장을 비롯한 안호상(安浩相)·최항묵(崔恒黙)·박명진(朴明鎭)·이항재(李恒載)·허암(許岩) 등의 이사진과 더불어 대종교의 전체 살림을 책임졌다.

[참고문헌]
『대종교보』제151호(1946년)·제163호(1949년)·제165호(1950년), 『대종교독립운동사』(박명진, 필사본, 1964), 『대종교중광육십년사』(대종교총본사, 1971)

김사홍(金思洪, 남, 생몰 미상)
입교 시기_ 1910년 | 교질_ 찬교(贊敎)

일찍이 군부(軍部)의 주사(主事)와 유강원(裕康園) 참봉을 지낸 인물로, 그 출신지역과 생몰연대가 불분명하다. 다만 그가 대한노동회 인천항지회장, 노동학회 경기지회장 등을 맡는 것으로 보아 인천 지역 출신이 아닐까 추정해 본다. 또한 그가 운양 김윤식의 일기에 소운(小雲) 황병욱(黃炳郁) 등과 언급되는 것으로 보아 김윤식의 문인(門人)으로 활동한 듯하다.

김사홍은 1907년 말 일진회(一進會)에 가담하여 그들이 자위단(自衛團) 11부(部)를 만들 당시 유학주(兪鶴柱)·이병의(李秉儀)·권우섭(權友燮)·이근용(李根容)·김지련(金知鍊)·권중기(權重基)·양재성(梁在星) 등과 제5부에 속해 활동하였다. 또한 일진회를 탈퇴한 듯 소문을 내고 은밀히 정부 동향을 파악하여 일진회에 보고하기도 해, 당시 언론에 '박쥐행세'라는 비난을 받기도 했다. 1908년 말에는 서기순(徐起淳)과 함께 조선 황제와 일본 천황의 초상을 송덕비를 세워 모시려 한 행태를 드러내기도 했다.

그러나 김사홍은 1910년대 후반 대종교에 참여한 후로는 항일적 성향으로 돌아섰다. 그 대표적 사례가 고종 망명과 관련된 사건이다. 1915년 3월 이상설을 비롯한 신규식·박은식·유동열·성낙형 등은 북경에서 신한혁명당을 창당하고 고종을 당수로 추대하였다. 당시 이상설은 대종교 북도본사(연해주 중심)의 책임자였으며, 신규식과 박은식은 서도본사(상해 중심)를 이끌고 있었다. 신한혁명당이 대종교인들 중심으로 만들어진 결사라는 점을 알게 준다. 이들은 고종과 의친왕 이강(李剛), 그리고 의친왕의 장인인 김사준(金思濬)의 망명을 도모하였다. 그리고 성낙형을 국내로 파견하여 고종의 망명을 실현하려 하였으나 그가 체포되면서 실패하고 말았다. 김사홍 역시 김사준·김승현(金勝鉉) 등과 관련자로 검거되어 곤혹을 치렀다.

김사홍의 대종교 교력은 1910년 10월 21일(음력) 찬교(贊敎)의 교질을 받은 것으로 시작된다. 찬교란 홍암 나철이 1909년 12월 11일(음력)에 만든 교질(敎秩) 체계의 하나로, 당시의 교질은 사교(司敎)·참교(參敎)·찬교의 3단계만으로 이루어졌다. 이후 1911년 중광절(음력 1월 15일)에 백순(白純)·윤주찬(尹柱瓚)·박승익(朴勝益)·황병욱(黃炳郁)·김인식(金寅植)·조완구(趙琬九)·류근(柳瑾)·이광수(李光秀)·장지연(張志淵)·현천묵(玄天默) 등, 당대의 지도적 인물 수십 인과 참교의 교질을 받았다. 동시에 조경호(趙京鎬)·황주현(黃柱顯)·윤석동(尹錫東)·이명구(李命求)·조상호(趙相鎬) 드과 찬무(贊務)로 임명되어 대종교 교무행정(敎務行政)의 업무를 도왔다.

[참고 문헌]
『종보』제8호, 『倧彙』제3호(1910년), 『종문영질』(프린트본, 1922), 『대종교중광육십년사』(대종교총본사, 1971), 『승정원일기』(고종 40년 9월 30일·고종 44년 4월 2일), 『황성신문』1903. 11. 20., ·1910. 1. 11., 『대한매일신보』1907. 11. 19., 1910. 1. 11., 『대한계년사』하(정교, 국사편찬위원회, 1957), 『朝鮮統治史料』5(金正柱 編, 韓國史料研究所, 1970), 『속음청사』하(김윤식, 국사편찬위원회, 1971)

김삼(金三, 남, 생몰 미상)
입교 시기_ 1913년 | 교질_ 참교 | 서훈_ 애족장(1990)

강원도 강릉 출신으로 생몰연대는 확인되지 않는다. 1909년 윤세복·남형우·안희제·김동삼·이극로·이원식(李元植)·신백우(申伯雨)·김태희(金泰熙)·이시열(李時說)·박중화(朴重華)·배천택(裵天澤) 등 80여명의 동지들과 함께, 국권회복을 목적으로 한 대종교 계열의 비밀결사인 대동청년당(大東靑年黨)을 가담하여 항일투쟁을 전개하였다.

이후 중국으로 건너가 남경(南京)·진강(鎭江)·북경을 중심으로 항일투쟁을 이어갔다. 1913년 음력 정월에 남경에 있는 자유당 본부에서 계선(桂宣)과 함께 박은식을 보필한 인물로 등장하고 있음을 보아, 그 이전에 그곳에 자리 잡았음이 확인된다. 당시 자유당 본부는 대종교 교당(教堂)으로도 사용된 곳으로, 매 경일(敬日)마다 대종교의 경배식을 올리는가 하면, 개천절·어천절에도 의미 있는 행사를 거행하여 단합을 도모하였다.

김삼이 활동하던 때의 남경에는 박은식·신규식·홍명희·정인보·김갑(金甲)·이극로·문일평·신상식(申相武)·신성모·이찬영(李瓚榮)·계선·이병진(李秉鎭)·김열(金烈)·정원택(鄭元澤)·김덕진(金德鎭)·김필한(金弼漢)·김정기(金正琪)·신건식(申楗植)·김진(金震)·왕세진(王世珍)·이해붕(李海鵬)·윤영한尹英漢 등, 대종교와 항일투쟁으로 연결된 수많은 인물들이 활동하고 있었다.

김삼의 대종교 교력을 보면, 1914년 5월 13일(음력) 참교의 교질을 받은 기록이 있다. 적어도 그보다 훨씬 이전에 대종교에 입교한 것이 확인된다. 아마도 대동청년단의 여러 인물들과 마찬가지로, 그가 대동청년단에서 활동하던 1910년을 전후로 입교했을 가능성이 매우 크다. 아니면, 1913년 음력 8월경에 이극로·윤영한과 함께 남경에서 북경으로 떠났다는 기록으로 보아, 이 시기를 전후하여 입교했을 가능성도 배제할 수 없다.

[참고 문헌]
『종문영질』(프린트본, 1922). 『지산외유일지』(정원택, 탐구당, 1983). 『한국독립운동사』(문일민, 애국동지원호회, 1956)

김상배(金相培, 남, 생몰 미상)
입교 시기_ 1922년 | 교질_ 미상

출신지역과 생몰연대가 불분명한 인물로, 1920년대 후반 정의부 모연대원으로 활동한 기록이 있다. 1927년 4월 13일, 계형진(桂亨鎭)·김승무(金承懋) 등과 간도 연길현에서 정의부의 군자금을 모집하였다. 김상배의 대종교 교력을 살피면, 1922년 11월 13일(음력) 대종교 남일도본사의 추천으로 영계를 수여 받았으나, 그 교질 사항은 전하는 것이 없다. 또한 만주로 건너간 이후의 대종교 행적 역시 불분명하다.

[참고 문헌]
『대종교보』제56호(1922년). 『동아일보』1928.1.31.

김상산(金尙山, 남, 생몰 미상)
입교 시기_ 1910년대(추정) | 교질_ 지교

출신지역과 생몰연대가 확인되지 않는다. 김상산은 대종교의 주요 거점이었던 밀산 지역을 중심으로 활동한 인물이다. 본디 밀산은 1653년(순치 10년)에 청나라가 정한 봉금구였다. 1861년(함풍 11년)에서야 밀산금지구역을 개방하였고, 1899년(광서25년)부터 개간자들을 모집하여 황무지를 개간하기 시작하였다. 그 개간에 상당 부분 앞장선 부류가 조선인들이었으며 구한말 일제강점기에는 항일무장투쟁의 기지이기도 했다.

김상산의 대종교 교력을 보면, 그의 입교 시기나 영계 사항은 확인되지 않는다. 다만 대종교의 기록에는 1937년 8월 24일(음력) 밀산현(密山縣) 선구촌(船口村) 지역을 관할하는 대종교 재만교구경상금수납위원(在滿敎區經常金收納委員)으로 임명된 기록이 전한다. 그의 입교가 그 이전에 이루어졌음을 알 수 있다. 또한 김상산은 1939년 3월 1일(음력) 밀산현 선구촌에 있는 대종교 선일시교당(善一施敎堂)의 책임자(典務)를 맡았다. 주목되는 점은 선일시교당의 전무(典務)를 맡을 당시 김상산의 교질이 지교(知敎)였다는 것이다. 당시 그의 대종교단에서의 위상이 가볍지 않았음을 알게 해 준다. 또한 그의 대종교 입교 시기 역시 상당히 이른 시기였을 것으로 추정되는 근거다. 대종교 선일시교당은 북만주 대종교 포교와 항일투쟁의 주요 거점으로, 1922년 음력 5월 항일투사 김하익(金河益, 당시 전무)과 김해룡(金海龍, 당시 찬무)이 터를 닦은 곳이다. 김상산이 책임을 맡아 활동할 당시는 김병희와 이종전(李鍾鈿)이 찬무(贊務, 부책임자)로서 김상산을 도왔다.

[참고 문헌]
『대종교교보』제115호(1937년). 『대종교중광육십년사』(대종교총본사, 1971). 『大倧敎施敎堂一覧表(1926年)』(延边朝鮮族自治州档案馆 全宗号42 目录号1 案卷号343, 和龙县历史档案 和龙县警察所, 令各区查禁韓人设立大倧敎敎堂由, 民国十五年五月十二日). 『밀산조선족백년사』(밀산조선족백년사편찬위원회편, 흑룡강조선민족출판사, 2007)

김상영(金祥榮, 남, 생몰 미상)
입교 시기_ 1910년 이전 | 교질_ 미상

출신지역과 생몰연대를 알 수 없는 인물이다. 1910년 1월에 이미 북간도 화룡현(和龍縣)에 거주한 것으로 보아, 간도로 옮겨간 것이 비교적 이른 시기에 진행되었음을 알 수 있다. 김상영의 대종교 입교 역시 그 시기에 이루어졌으나 대종교단 내의 기록은 전하지 않는다.

대종교의 간도 진출은 중광(重光, 1909년 음력 1월 15일) 직후에 이미 시도되었다고 하나, 그 관련 자료는 남아있는 것이 없다. 그러나 대종교가 1910년 10월 25일 경성 대종교총본사에서 시교 활동을 위해 북간도지사(北間島支司)를 설치하고 이건(李鍵)으로 하여금 책임을 맡긴 이후, 같은 해 11월에는 시교사 박창익(朴昌益, 박찬익을 말함)을 평강상리사(平岡上理社) 청산리에 파견하여 시교소를 설치한 기록이 전하고 있다. 또한 1911년 6월 경에는 경성의 대종교인 이정완(李貞完)이 회령 간도 학성촌(鶴成村)에 와서 포교를 시작한 기록도 있다.

한편 1910년 8월 이전 만주에서의 대종교(혹은 그 계열의 학교) 확산이 당시 만주 당국자들에게도 큰 부담이 되었음을 알려주는 일제의 문서가 주목을 끈다. 만주 당국이 1910년에 이미 북간도의 대종교를 해산시키려 한 시도가 그것이다. 1910년 8월, 당시 길림성 연길도윤(延吉道尹)이었던 도빈(陶彬)은 관하 각도(各道)에 이주해 있는 조선인 교육을 중국의 학제 맞게 통일시키려는 계획을 도모하였다. 그러한 시도의 일환으로 당시 화룡현 교육과장은 1910년 8월 6일 각 지역 조선인학교 선생들을 불러 다음 4개항의 요지를 설명하였다.

一. 교과서는 추가로 편찬 중인 것을 배포할 것
一. 3·4학년은 중국 지리·역사·수신(修身)·이과(理科)
　　과목을 중국어로 가르칠 것
一. 단군교(대종교-필자 주)는 모두 해산할 것
一. 기독교 성경은 수업 전에 보도록 할 것

등이다. 여기서 주목되는 것은 3항이다. 대종교는 교육(기관)은 고사하고 그 자체를 모두 해산시키라는 명령이다. 이 기록은 대종교(혹은 학교)가 1910년 8월 이전에, 간도에서 상당한 세력을 형성하고 있었음을 방증하는 것이다. 또한 이 시기 적지 않은 대종교 계열의 학교들이 이후 통계에 잡히지 않거나 관련 인물들이 드러나지 않는 이유라고도 할 수 있다.

김상영 역시 1910년 이전에 대종교 학교를 운영하던 인물이다. 일제가 1910년 1월에 조사한 간도내학교조사표(間島內學校調査表)에 의하면 김상영이 화룡사(和龍社) 풍약동(豊藥洞)에서 대종교 학교인 신풍서숙(新豊書塾)을 운영한 것으로 조사 되어 있다. 간도에서의 조선인 교육의 확산은 1909년 간민자치회(墾民自治會)를 조직과 무관치 않다. 이 자치회는 중국 당국의 권유로 '자치'를 개칭하여 간민교육회(墾民教育會)로 하였는데 독립자치를 표방하였기 때문이었다. 대종교시교사(大倧教施教師)였던 이동춘(李同春)이 회장을 맡았던 간민교육회는 중국 측의 감독하에 내용적으로는 항일교육을 시켰으며 학당 내에 농림학교, 소학당, 임시교원양성소가 설치되었다. 김상영의 신풍서숙은 비록 간민교육회에 속한 교육기관은 아니었으나, 당시 염직과(染織科)를 중심으로 운영하면서 관할 지역 31명의 학생을 교육하고 있었다.

김상영과 관련된 대종교 입교 기록이나 영계(靈戒) 사항은 남아있는 기록이 없다. 그러나 언급했듯이 그가 1910년 1월 당시 대종교 학교를 운영하고 있었음을 보면, 그의 대종교 입교가 중광 연도인 1909년에 이루어졌음을 알게 해준다.

[참고문헌]
『間島事情』(東洋拓殖株式會社京城支店編, 東洋拓殖株式會社, 1918), 『한국독립운동사』2(국사편찬위원회편, 탐구당, 1970), 『한민족독립운동사』4(국사편찬위원회, 1988), 『韓國近代史資料集成』9·10(국사편찬위원회, 2004)

김상오(金常五, 남, 1880-?)

아호(별명) _ 김창무(金昌武)
입교 시기 _ 1939년 이전 | 교질 _ 미상

평안북도 안주군(安州郡) 출신으로, 일찍이 서간도 통화현(通化縣) 추가가(鄒家街)로 건너가 항일투쟁에 앞장선 인물이다. 이후 북간도로 넘어가 1923년 11월 당시 동빈현(同濱縣)·방정현(方正縣)·빈주현(賓州縣)·아성현(阿城縣)·쌍성현(双城縣) 지역을 거점으로 조직된 입적간민권업회(入籍墾民勸業會)에 가담하여 방정현 지역의 주요인물로도 활동하였다.

입적간민권업회는 청산리·봉오동 독립전쟁 이후 재편된 대한독립군단의 지파라 할 수 있다. 1920년 12월 대종교 지도자 서일(徐一)이 이끈 대한군정서(북로군정서)의 주도 아래 여러 항일단체가 밀산으로 모여 조직된 것이 대한독립군단이다. 이 단체가 다시 흩어지면서 재편된 집단 중의 하나가 입적간민권업회다. 이 권업회는 표면적으로는 자치활동을 표방했지만 내면적으로는 항일투쟁을 목적으로 한 단체로, 회장에 조성환(曺成煥), 총무에 최익항(崔益恒), 군사위사령관에 김규식(金奎植) 등이 관장하였다. 이들은 모두 대한군정서 계열의 대종교 거물들이라는 점도 주목해 볼 부분이다.

이후 김상오는 1925년 5월경에는 흑룡강성 하얼빈 지역의 통하현(通河縣)으로 옮겨가 농무계(農務契) 활동에도 가담했다. 당시 통하현농무계는 유동열(柳東悅)이 회장을 맡았으며, 이종혁(李鍾赫, 교육)·이명중(李明仲, 산업)·김동산(金東山, 의료)·신영삼(申榮三, 교통)·최동규(崔東奎, 통하지방 주임)·백성태(白成泰, 북하지방 주임)·양도선(梁道善, 교사) 등이 각 방면의 역할을 담당하였고, 김상오는 농무계의 총무를 맡아 조직 전체를 조율하였다. 통하현농무계는 경영상에서 열악한 그 지역의 조선인들로 하여금 상황을 개선시키고자 노력하였으며, 수전(水田) 기술을 바탕으로 수전을 개발해 생산력을 증진시키는가 하면, 나아가 항일투쟁의 조직으로도 역할을 하였다.

김상오는 1939년 대종교서적간행회에도 관여한다. "교화를 보급케 함에는 반드시 문자의 힘을 시뢰(恃賴)할 것이다. 이제 대교 부흥기에 당하야 만구동성으로 종경(倧經) 요구가 날로 높은 터이다. 이 요구를 수응함은 무엇보다도 대교 발전상 최대 급무일 것이다. 이것을 공감하는 우리는 미성박력(微誠薄力)을 불고하고 교적간행회를 발기한다. 또 본회 사업의 확충됨을 꾀하여 먼저 아래 조관(條款)으로써 약속한다. 따라서 한배검의 특별하신 사랑 가운데서 본무(本務)를 다하고자 하는 형제자매들의 많은 동정을 빌고 바라는 바이다."라는 취지문를 내걸고 발족한 모임이었다. 이 간행회를 발기한 인물들 역시 안희제·이현익(李顯翼)·이용태(李容兌)·최관(崔寬)·서윤제(徐允濟)·김영숙(金永肅)·장도순(張道淳) 등으로, 이들 역시 항일투쟁의 거물이자 대종교의 중심인물들이었다. 당시 서적간행회의 회장은 안희제가 맡았으며 총무는 강철구(姜鐵求), 그리고 간사는 이용태가 맡았다.

아쉬운 것은 김상오의 대종교 교력을 살필 수 있는 기록이 남아 있지 않다는 점이다. 다만 그가 1939년 만주 동경성에서 조직된 대종교서적간행회에 관여한 것으로 보아 그 이전에 입교했을 것은 확실해 보이나, 그 입교 시기와 교질 사항은 확인할 길이 없다.

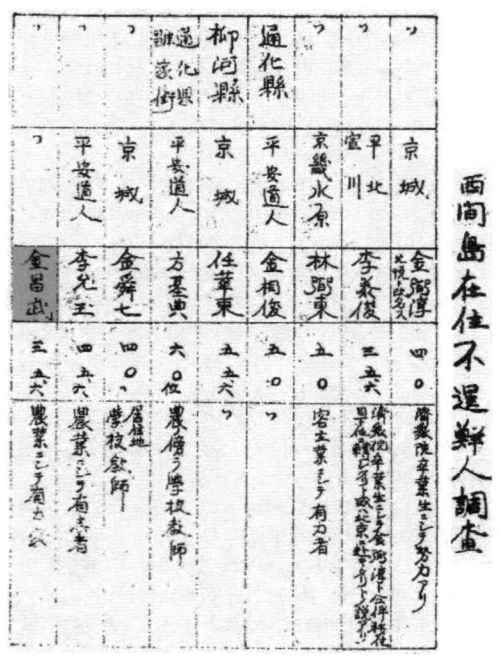

일제가 작성한 1914년 당시 서간도지역 항일투사(不逞鮮人) 명단의 일부. 맨 왼쪽에 金昌武(金常五)의 이름과 함께 평안북도 출신이라는 기록과 35~6세의 나이를 적고 있다.

[참고 문헌]

『대종교중광육십년사』(대종교총본사, 1971), 「不逞者의 處分」(不逞團關係雜件－朝鮮人의 部-在滿洲의 部4, 警高機發 제3049호, 한국사DB, 국사편찬위원회), 「南北滿洲있어서 不逞鮮人 團體 調査의 件」(不逞團關係雜件-朝鮮人의 部-在滿洲의 部41, 機密 第768號, 한국사DB, 국사편찬위원회), 「大韓獨立軍團의 現狀에 關한 件」(不逞團關係雜件－朝鮮人의 部-在滿洲의 部40, 機密 第1號, 한국사DB, 국사편찬위원회)

김상운(金相雲, 남, 생몰 미상)

입교 시기_ 1937년 | 교질_ 미상

출신지역과 생몰연대를 알 수 없는 인물이다. 1926년 서간도의 환인현으로부터 봉천을 거쳐 상해임시정부로 향하려던 기록으로 보아, 이 시기 환인현을 거점으로 항일투쟁을 벌인 인물로 추정할 수 있다. 이 당시 남만독판부원(南滿督辦府員)이었던 김상운이 상해로 가고자 했던 이유는 상해임시정부의정원의 신임의원(新任議員) 선거를 위해서였다.

김상운의 대종교 교력과 관련된 구체적 자료는 거의 없다. 다만 1937년 1월 27일(음력) 대종교 동도본사 관할인 기일시교당(起一施敎堂)의 추천으로 영계를 받은 기록이 전한다. 북만주 밀산현 기성촌(箕城村)에 소재했던 기일시교당은 김상운이 영계를 추천 받던 그 날 처음 개설(開設)한 시교당이었다. 당시 기일시교당의 책임을 맡은 인물들은 밀산 지역 대종교의 중심인물로, 전무(典務)는 허태원(許泰元), 찬무(贊務)는 류진묵(柳鎭默)·이계용(李啓溶)이었다.

[참고 문헌]

『대종교보』제113호(1937년), 『대종교중광육십년사』(대종교총본사, 1971), 「奉天鮮人情報에 關한 件」(不逞團關係雜件-朝鮮人의 部-在滿洲의 部43, 外務省文書課受 第286號, 한국사DB, 국사편찬위원회)

김상원(金相元, 남, 생몰 미상)

아호(별명)_ 김한(金漢)
입교 시기_ 1916년 | 교질_ 참교

출신 지역과 생몰연대가 분명하지 않다. 그의 본명 역시 김상원(金相元)인지 김한(金漢)인지 확인하기 힘들다. 다만 대종교계 인물들이 외자의 이명(異名)을 많이 사용했음을 볼 때, 김상원이 본명일 것으로 추정해 본다. 그가 훈춘(琿春)에 있을 때인 1919년 9월 1일, 블라디보스톡 대한국민의회의 문창범이 국제 여론 환기 위해 독립 시위 계획을 비밀리에 알려왔다. 이에 김상원은 고일섭(高日燮)·김정규(金貞奎) 등과 훈춘의 북문 밖 사진관에 모여 그 시위를 도모한 기록이 있다. 또한 1920년 2월 대종교계열의 항일무장단체인 대한군정서(북로군정서)로 편성되기 이전인 군정사군무서(軍政司軍務署) 시절, 이미 모연대(募捐隊) 제3대장에 임명되어 북로군정서 시기까지 계속되었다. 그의 대종교 교력은 1916년 7월 3일(음력) 참교의 교질을 받은 기록이 있다.

[참고 문헌]

『종문영질』(프린트본, 1922), 「國外情報」(不逞團關係雜件-朝鮮人의 部-在滿洲의 部12, 高警 제27534호, 한국사DB, 국사편찬위원회), 「中露聯合宣傳部의 활동 및 琿春地方 不逞鮮人 情況에 관한 건」(不逞團關係雜件-朝鮮人의 部-在滿洲의 部25, 機密제385호, 한국사DB, 국사편찬위원회)

김상익(金相益, 남, 생몰 미상)
입교 시기 _ 1920년대 | 교질 _ 상교

출신지역과 생몰연대를 알 수 없는 인물로, 1920년대 국내 대종교의 중심부에서 활동한 흔적이 있다. 김상익은 1925년 10월 16일, 경성부 시내 수창동(需昌洞)에 근거를 두고 김상찬(金相瓚)·김용기(金容起)·이인상(李寅相) 등 구 대종교인들이 환인·환웅·단군의 삼신을 숭봉하는 일원도문(一元道門)을 만들 당시 함께 한 기록이 있다. 그의 대종교 참여가 그 이전에 이루어졌음을 확인해 준다.

당시 국내 대종교는 일제의 탄압에 의해 지리멸렬한 상황이었다. 특히 국내 대종교 소장파의 중심인물이었던 권덕규(權悳奎)가 1920년 5월 8일과 9일 2회에 걸쳐 『동아일보』에 발표한 「가명인두상(假明人頭上)에 일봉(一棒)」이라는 짧은 논설은 유교계만이 아니라 대종교단 내에서도 큰 파문이 일으켰다. 이 글은 중국(명나라)에 대한 사대적 삶에 매몰된 유교적 지식인들에 대해 비아냥한 글로, 배알 없고 어리석은 유교지식인들이 중국사상의 노예가 되어 '남'을 '나'에 동화시키는 대신에 '나'를 '남'에게 동화시켜 중국인의 한 모형으로 전락했음을 통박한 것이다.

특히 권덕규의 논설 중에 일본 유교계의 분위기를 언급하면서, 만일 공자가 제자들과 무리를 거느리고 침략해 온다면 어떻게 하겠느냐는 가정적(假定的) 질문에 대해 "먼저 공구(孔丘, 공자-필자 주)의 목을 베고 다음에 그 죄를 묻겠다"고 대답한 일본유학자의 견해를 소개한 것이 파문을 일으켰다. 그 중에서도 충청북도 진천(鎭川) 출신의 오진영(吳震泳)은 「경고세계문(敬告世界文)」이란 글을 통해, 하늘의 상제(上帝)와 지상의 공자를 일치시키고 논설 가운데 "공자의 목을 벤다"는 표현이 상제에 대한 모독이라 하여 격분하였다.

권덕규의 논설은 대종교단 내에서도 문제가 되었다. 그 중에서도 대종교에 입교하였으나 유교의 가치를 채 벗어나지 못한 노장파 대종교인들에게 많은 반감을 샀다. 1920년대 들어 대종교의 신구세력 간의 대립과 계동파(桂洞派)와 재동파(齋洞派) 간의 알력이 본격화된 계기라 할수 있다. 김상익 등의 일원도문 역시 이러한 어지러운 분위기를 틈타 등장한 것이다. 그러나 일원도문은 검검신전(儉儉神殿)을 조성하여 검검신상(儉儉神像)을 봉안하고 활동하였으나 주위의 비판과 함께 유야무야되고 말았다.

김상익은 행방 이후 김용기·김상찬 등과 일원도문 사건에서 해금되어 다시 복교(復敎)되었다. 또한 1946년 3월 24일(음력) 대종교총본사의 특별추천으로 상교(尙敎)의 교질(敎秩)을 받았다. '입교→영계(靈戒)→참교(參敎)→지교(知敎)'의 단계를 거쳐야만 오를 수 있는 자리가 상교이고 보면, 일제강점기 김상익의 대종교에서의 위상이 가볍지 않았음을 확인시켜 준다. 또한 김상익은 같은 날 대종교 경의원(經議院)의 참의(參議)로도 선임되어 대종교 원로의 반열에도 올랐다.

[참고문헌]
『대종교보』한국기념호(1946년), 『대종교중광육십년사』(대종교총본사, 1971), 『동아일보』1920.5.8·9., 『매일신보』1925.10.27.

김상준(金相俊, 남, ?-1923)
입교 시기 _ 1918년 | 교질 _ 참교 | 서훈 _ 애국장(1995)

평안남도 평양군(平壤郡) 출신이다. 1913년 무렵 길림성 통화현(通化縣) 성내(城內)에 거주하며 객주업(客主業)으로 기반을 닦은 것으로 보아, 비교적 이른 시기에 만주로 넘어간 인물임을 알 수 있다. 또한 그 시기 이시영(李始榮) 등과 관계하면서 그 지역 학교 후원에도 많은 노력을 기울였다.

김상준은 대한국민회 의군산포대(義軍山砲隊)에서 활동하는가 하면, 1921년에 당시는 대한국민회 제2중부지방회 지인향(志仁鄕) 의란구(依蘭溝) 구룡평지회(九龍坪支會) 통신구장(通信區長)을 지내기도 하였다. 이후 대한통의부(大韓統義府)에 가담하여 의용군 제2중대 제2소대원으로 활동한 기록도 전한다. 그러나 1923년 10월 13일, 2소대장 대리(代理)인 현용환(玄用煥)의 지휘하에 부대원 30여 명과 함께 고려성자(高麗城子)에서 활동 중, 중국 순경 40명에 의해 포위를 당하여 1시간 동안 교전 끝에 김성복(金成福)·김성옥(金成玉)·정덕곡(鄭德谷)·계영기(桂永基)·이근택(李根澤)·김용희(金龍熙) 등과 순국하였다.

김상준의 대종교 입교 시기나 영계(靈戒) 사항에 대해서는 남아있는 기록이 없다. 그러나 대종교 교인들의 교질(敎秩, 믿음의 단계) 관계를 정리해 놓은 『종문영질(倧門榮秩』(프린트본, 1922)이라는 기록에는, 김상준이 1918년 8월 15일(음력) 평안도 출신의 항일투사 김형필(金衡弼)·김낙용(金洛容) 등과 참교(參敎)의 교질을 받은 기록이 남아있다. 그의 대종교 입교가 그보다 훨씬 전이었음이 확인된다. 특히 함께 참교를 받은 김형필은 한도형(韓道衡) 등 50여 명과 조선독립동지단(朝鮮獨立同志團)을 조직한 인물로, 광정단(匡正團)의 장백현(長白縣) 지역장을 맡기도 하였다. 김낙용 역시 조만식(曺晩植)·조시연(趙始淵)·승계연(承啓璉)과 함께 오산학교(五山學校) 초창기의 경영에 있어 그 토대를 마련한 인물임이 주목된다.

[참고문헌]
『종문영질』(프린트본, 1922), 『大韓國民會의 各 機關紙 및 役員』(不逞團關係雜件-朝鮮人의 部-在滿洲의 部25, 機密 第359號; 秘受 126號, 한국사DB, 국사편찬위원회), 『歸順者 名簿 送付의 건』(不逞團關係雜件-朝鮮人의 部-在滿洲의 部26, 機密 第4號; 秘受 1848號, 한국사DB, 국사편찬위원회), 『한국독립운동사』4(국사편찬위원회, 1965), 『한국독립운동사자료』38·39(국사편찬위원회, 2002·2003)

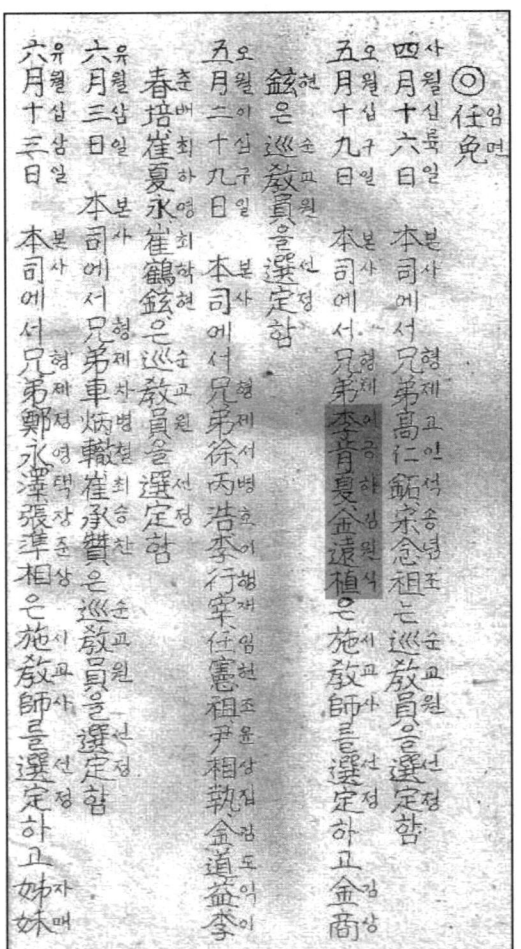

김상찬(金相儹, 남, 생몰 미상)

입교 시기 _ 1910년 | 교질 _ 지교

출신지역과 생몰연대가 불분명한 인물이다. 일찍이 대종교에 입교하여 국내를 거점으로 활동하였음에도 그에 대한 국내외 기록은 거의 없다. 그러나 그와 어깨를 나란히 하여 활동한 인물들이 당대 국내의 거물들이었음을 보면, 그 역시 사회적 비중이 상당했을 것으로 추정된다. 김상찬이란 이름이 가명일 가능성도 배제할 수 없는 이유다.

김상찬의 대종교 교력을 보면 1911년 1월 21일(음력)에 참교의 교질을 받았다. 그의 대종교 입교와 영계를 받은 시기가 1910년임을 알게 해 준다. 이후 1918년 7월 7일(음력)에는 지교의 교질로 승질(陞秩)했다. 그리고 1922년 음력 4월에는 경성에 소재한 대종교 남일도본사(南一道本司)의 종리감정(宗理監正)을 맡았다. 종리감정이란 도본사 관리의 요직으로, 대종교의 포교와 시교당의 개설 문제, 도본사의 직원을 임면하는 문제, 회지의 편집과 간행에 관한 문제, 사회사업에 관한 문제, 그리고 도본사의 각 부에 불속(不屬)된 일체의 문제를 관리한 직책이었다. 참고로 김상찬이 종리감정을 맡았던 1922년 당시 대종교 남일도본사의 직책을 맡은 주요 인물들에 대한 신상을 보면 다음과 같다.

성명	교질(敎秩)	직명(職名)	비고
강우(姜虞)	정교(正敎)	전리(典理)	독립운동(만주·국내)
황주현(黃柱顯)	상교(尙敎)	시교령(施敎領)	독립운동 (국내군자금모금)
이채우(李埰雨)	상교(尙敎)	선범부령 (宣範部領)	독립운동 (국내군자금모금)
김교준(金敎準)	상교(尙敎)	선리부령 (宣理部領)	독립운동(만주·국내)
황훈(黃勳)	상교(尙敎)	시교령(施敎領)	독립운동 (국내언론투쟁)
박상환(朴祥煥)	상교(尙敎)	선리부령 (宣理部領)	독립운동(만주·국내)
박승익(朴勝益)	상교(尙敎)	찬리(贊理)	독립운동(만주·국내)
백남규(白南奎)	지교(知敎)	학리감정 (學理監正)	독립운동 (국내어문투쟁)
민중식(閔中植)	지교(知敎)	계리감정 (計理監正)	독립운동 (국내사회투쟁)

도표에 언급된 인물들 모두가 당대 국내 대종교의 지도자들인 동시에 항일투쟁의 거물들이었다. 이들과 함께 한 김상찬의 종교적·사회적 위상을 가늠해 볼 수 있을 듯하다. 한 때 김상찬은 1925년경 신흥종교인 일원도(一元道) 사건에 개입되어 대종교로부터 출교를 당하기도 했으나, 해방 이후인 1946년 2월 23일(음력) 해금되어 복교(復敎)하였다. 일원도란 대종교의 아류 종파로 환인·환웅·단군을 숭봉하는 종교로써, 검검신전(儉儉神殿)에 검검신상(儉儉神像)을 봉안하고 예배를 드린 종교단체였다.

[참고 문헌]

『종문영질』(프린트본, 1922), 『대종교보』환국기념호(1946년), 『대종교중광육십년사』(대종교총본사, 1971), 『동아일보』1925.11.17

김상현(金商鉉, 남, 생몰 미상)

입교 시기 _ 1909년(추정) | 교질 _ 미상

출신지역이나 생몰연대를 확인할 수 있는 기록이 없다. 일찍이 대종교에 입문하여 포교에 앞장 선 인물이다. 이후 만주로 넘어간 후로는 이단(李壇, 李檀)이 교주를 맡았던 공교회(孔敎會) 활동에도 가담하여 항일활동을 전개했다. 이 공교회의 많은 구성원이 후일 대종교 계열의 항일단체인 대한군정서(북로군정서)로 편입되었다.

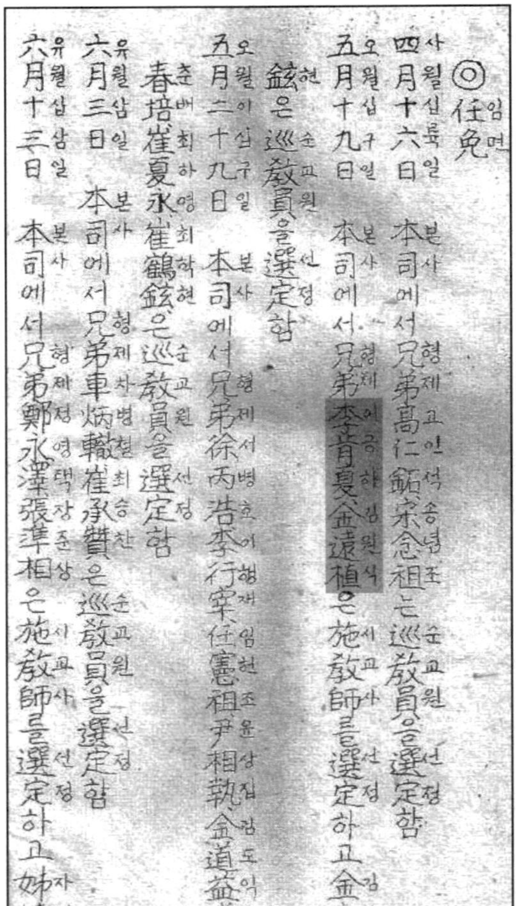
◎任免
四月十六日 本司에서 兄弟高仁鎬 宋念祖는 巡敎員을 選定함
五月十九日 本司에서 兄弟李肯夏 金遠植은 施敎師를 選定하고 金商
鉉은 巡敎員을 選定함
五月二十九日 本司에서 兄弟徐丙浩 李行宰 任憲祖 尹相執 金道益 李
春培 崔夏永 崔鶴鉉은 巡敎員을 選定함
六月三日 本司에서 兄弟車炳轍 崔承贊은 巡敎員을 選定함
六月十三日 本司에서 兄弟鄭永澤 張準相은 施敎師를 選定하고 姊妹

김상현이 1910년 5월 19일(음력) 순교원으로 임면(任免)된 기록이 담긴 대종교의 『종보』 내용. 시교사로 임면된 이긍하·김원식의 이름도 보인다.

김상현의 대종교 교력을 살피면 1910년 5월 19일(음력)에 순교원(巡敎員)에 임명된 기록이 있다. 그의 대종교 입교가 1909년 대종교 중광 직후에 이루어졌음을 시사해 주는 부분이다. 참고로 후일 공교회의 교주를 맡았던 이단 역시 1912년에 참교의 교질을 받은 인물이다. 순교원 제도는 1909년 12월 11일(음력) 시교사(施敎師)와 함께 마련된 제도로써, 대종교총본사 직원회의의 공선(公選)으로 총본사의 전리(典理)가 임명하였다. 김상현이 순교원으로 임명되던 날, 함께 시교사를 받은 인물이 김원식(金遠植)·이긍하(李肯夏)로, 이들 역시 항일투쟁에 적극 앞장 선 인물들이다.

[참고 문헌]
『종보』제6호(1910년), 『대종교중광육십년사』(대종교총본사, 1971), 「孔敎會에 관한 건」(不逞團關係雜件-朝鮮人의 部-在滿洲의 部12, 公信 제215호, 한국사DB, 국사편찬위원회), 『한국독립운동사자료』41(국사편찬위원회, 2005)

김상호(金相鎬, 남, 1908-?)
아호(별명) _ 김상호(金相晧)
입교 시기 _ 1937년 이전 | 교질 _ 지교

출신지역과 생몰연대를 확인할 기록이 없다. 대종교단에서는 김상호(金相晧)로도 기록된 인물이다. 1921년 11월 북간도 용정에 거주하면서 대한국민회의 유인물 인쇄와 관련된 한글 활자를 압수당한 인물이다. 1922년에는 간도 용정촌에 있는 항일단체인 명성청년회(明成靑年會)에 가담하여 재무(財務)를 맡아 활동하기도 했다. 『정의부공보(正義府公報)』에 실린 「칙임(勅任)·사령(使令)」에 보면, 1925년 5월 조자중(趙子仲)·문석시(文錫視)와 함께 정의부 무본지방(撫本地方)의 행정위원을 담당하였다.
김상호의 대종교 교력은 특이하다. 대종교가 만주로부터 환국한 직후인 1946년 2월 23일(음력) 남도본사 특선에 의해 영계를 받았다. 그리고 같은 날 참교(參敎)를 건너 뛰어 지교(知敎)의 교질을 동시에 받는다. 일제강점기 만주에서부터 이미 대종교 활동을 한 경험 때문이다. 그의 대종교 입교 시기 역시 만주 시절로 추정되지만 남아 있는 기록이 없다. 특히 1937년 8월 24일 만주국의 수도 신경특별시(新京特別市, 지금의 장춘)을 관할하는 대종교 재만교구경상금수납위원(在滿敎區經常金收納委員)으로 임명되었다. 이 시기에 이미 대종교의 핵심이었음을 알게 해 준다.

[참고 문헌]
『대종교보』제115호(1937년)·환국기념호(1946년)·제150호(1946년)·제151호(1946년)·제153호(1947년), 『대종교중광육십년사』(대종교총본사, 1971), 「不逞鮮人團用 活字 押收의 건」(不逞團關係雜件-朝鮮人의 部-在滿洲의 部30, 秘受13915호-機密제494호, 한국사DB, 국사편찬위원회), 「間島 및 同 接壤地方에 있어서 排日團體 및 親日團體 調査의 건」(不逞團關係雜件-朝鮮人의 部-在滿洲의 部32, 機密受제110호-機密제93호, 한국사DB, 국사편찬위원회), 「不逞團의 配付文書譯文 送付의 件」(不逞團關係雜件-朝鮮人의 部-在滿洲의 部41, 機密 第36號, 한국사DB, 국사편찬위원회)

김서종(金書鍾, 남, 1893-1943)
아호(별명) _ 설도(雪島), 김학두(金學斗)
입교 시기 _ 1915년 | 교질 _ 정교 | 서훈 _ 애국장(1991)

김서종

경상남도 함안군 칠원면 구성리 출신으로, 대종교 원로원 부원장을 지낸 일산(一山) 김두종(金斗鍾)의 친형이다. 김학두(金學斗)라는 별명과 함께 호는 설도(雪島)라 하였다. 일찍이 함안군 파릉학우장학회(巴陵學友獎學會)의 후원으로 진주중학교를 마쳤으며, 보성전문학교 법과를 졸업한 후 경성의 양원여학교(養源女學校) 교무주임으로 3년간 직무하였다. 보정전문 재학 때부터 교남학생친목회 회장을 역임하였으며, 한 때는 영남 각지의 동지를 규합하여 영우저축회(嶺友貯蓄會) 등을 창설하기도 하였다.
김서종은 보성학교를 졸업한 1915년 어천절(음력 3월 15일)에 대종교에 입교하여 평생을 그 정신으로 살았다. 특히 1916년 8월 15일(음력), 대종교를 일으킨 홍암 나철의 구월산 순교(殉敎)를 시봉(侍奉)한 경험은 그의 대종교적 삶에 중요한 계기가 되었다. 당시 김서종과 함께 시봉한 사람은 김두봉(金枓奉)·엄주천(嚴柱天)·안영중(安英中)·나주영(羅宙永)·나정수(羅正綬) 등 모두 6명이다. 나철의 순교를 경성 대종교남도본사에 전보로 알린 사람도 김서종이다. 또한 전보를 치고 돌아오는 길에 신비한 종교적 경험을 한 인물도 김서종이다. 칠색 찬란한 쌍무지개가 구월산 증산령으로부터 사황봉에 뻗쳐 있어 원근에서 보는 이들 모두가 놀라워했다 한다.
김서종은 만주 화룡현 청파호 대종교총본사에서 나철의 장례식이 거행될 때 국내 대종교남도본사 파견원으로 참석하여 정성을 다했다. 대종교의 원로인 강우(姜虞)·조완구·계화(桂和) 등이 봉장지(奉葬地)와 봉장일(奉葬日), 석구(石柩)와 석비(石碑) 등을 정할 때도 김서종은 함께 했다. 그리고 봉장일 아침, 석구(石柩)를 수도실에 들여놓고 나철의 신해(神骸)를 예상(禮床)에 모시고 시립(侍立)했다. 당시 함께 시립한 인물은 강우·조완구·현천묵·계화·심근(沈槿)·남규일(南圭一)·김백(金白)·나정경(羅正經) 등으로, 김서종의 대종교에서의 위치를 확인케 해주는 일면이다.
이후 김서종은 그의 나이 40세 때 1932년 2월 북만주 빈강성(濱江省) 오상현(五常縣)으로 옮겨갔다. 당시 하얼빈에는 그의 동생 김두종이 제세의원(濟世醫院)을 개업하여 자리잡고 있었다. 김두종은 그곳에 큰 농장을 경영하는 한편 하얼빈에서 주식회사 북만농구공사(北滿農具公司)를 창설하고 사장에 취임하여 재만교포들의 복지향상을 위하여 진력하였다.
김서종의 동생 김두종은 이후 하얼빈으로 넘어와 그곳 병원에서 1931년 9월까지 근무하였다. 물러난 후 개인적으로 개원한 병원이 제세의원(濟世醫院)이다. 말 그대로 홍제인세(弘濟人世)의 활인공간(活人空間)을 마련한 것이다. 김두종이 제세의원을 개원한 이유는 두 가지 추찰된다. 경제적 토대의 마련과 대종교 활동 공간의 확보였다. 공교롭게도 하얼빈은 청산리독립전쟁 이후 흩어진 대종교 세력을 재건하려던 공간이기도 했다. 1923년 4월 위장조직 만몽산업회(滿蒙産業會)의 구성이 그것이다. 당시 참여한 인물들은 대종교 교주인 김교헌을 비롯하여 30여명이었다. 일제는 이들이 하얼빈을 제2의 상해(上海)로 만들 구상을 하고 있다고 주목했다.

꼭 10년 후인 1932년, 김두종은 제세의원 운영과 병행하여 하얼빈 아성현(阿城縣) 태평교(太平橋) 부근에서 조선인들이 수전(水田) 경영에 필요한 중국인의 안심을 얻기 위해 지역 기관에 협조를 구하는 노력을 기울였다. 이 또한 대종교의 거점 확보와 무관치 않았다. 이 시기 그의 형 김서종이 북만주로 건너가 1932년 2월(음력)에 빈강성(濱江省) 오상현(五常縣)에서 소산자(小山子) 농장을 경영하는 한편, 하얼빈시에서 주식회사 북만농구공사(北滿農具公司)를 설립한 시기와 그대로 맞물리기 때문이다.

김서종은 이러한 지역적 배경을 통해 1934년 중요한 선택을 한다. 하얼빈을 거점으로 한 대종교선도회(大倧敎宣道會, 일명 하얼빈선도회)의 활동이 그것이다. 그 배경을 보면, 1926년 일본의 압력을 받은 만주 길림성장(吉林省長) 장작상(張作相)은 마침내 대종교포교금지령을 발포하였다. 이로 인해 대종교의 동·서·북 3개의 도본사가 해체되고 국내 경성에 있던 남도본사 역시 폐쇄되었다. 위기를 맞은 대종교는 1928년 1월 16일(음력) 영안현 해림참에서 제6회 교의회를 소집하게 된다. 그리고 대종교의 교주였던 윤세복은, 은계(隱溪) 백순(白純)에게 영안현 해림에 머물러 있으면서 각 지방과의 연락 사무를 담당케 하고, 대종교총본사를 밀산현 당벽진(當壁鎭)으로 이전하였다.

대종교에 있어 당벽진은 남다른 공간이었다. 비록 중·러 국경의 추운 지방으로 교통이 불편하고 거리가 요원하였지만, 북로군정서 총재로 대종교동일도본사를 이끌던 백포 서일이 목숨을 마친 곳이었다. 또한 청산리전쟁 이후 대종교계 독립군들이 잠주(暫駐)하던 곳으로, 수십 년간 대종교를 신봉하던 교우들이 다수 거주하고 있었다. 또한 밀산은 접경지대라 국경을 넘나드는 일도 다른 곳보다 수월하였다. 중국 관헌들의 경비가 소홀한 틈을 타 홍적(紅賊) 또는 토비(土匪)의 내습하는 일이 잦았던 이유다. 대종교는 이곳 밀산에서 1921년 비적의 만행으로 살인·방화의 대참화를 당하였다. 또한 1934년 초여름에는 다시 토비의 습격을 당하여 대종교가 비장하고 있던 중요한 교적들을 약탈당했다. 홍암 나철이 1908년 4차 도일(渡日) 때에 기록한 일기인 『도동기(渡東記)』가 사라진 것도 이 당시였다.

한편 1933년 봄, 소위 일본토벌대가 호림(虎林)까지 진출하자 밀산 역시 풍전등화를 맞게 되었다. 밀산 오지에서 6년간을 절치부심하던 윤세복은 대종교의 재도약을 위해 새로운 결심을 하게 된다. 대종교의 합법적 포교를 통해

일제와 정면으로 맞서보겠다는 각오였다. 윤세복이 1933년 밀산현 대일시교당에서 어천절 경하식을 통해 외친 다음의 외침이 그것이다. "우리 대종교가 중광한 지 25년 동안 피(彼)일본의 무리한 박해를 늘 받아왔으나, 지금 시국의 정세는 더욱 변천되고 갈 데 올 데가 없는 오늘날, 나는 한배검의 묵시를 받고 자신 순교의 길을 떠나는데, 만일 피당국의 양해를 얻으면 '나라는 비록 망했으나 정신은 존재한다(國雖亡而道可存)'이라 하신 신형(神兄, 홍암 나철을 칭함-인용자 주)의 유지를 봉승할 것이요, 또 여의치 않으면 나의 일신을 희생하여 선종사(先宗師, 대종교 2세 교주 김교헌을 칭함-인용자 주)의 부탁하신 대은(大恩)을 갚겠노라"

이에 윤세복은 일제의 괴뢰정권인 만주국으로부터 포교와 선교에 대한 승인을 받지 않을 수 없었다. 대종교총본사를 임시로 밀산 평양진 신안촌으로 이전하고 성하식(成夏植)과 최익항(崔益恒)에게 모든 사무를 일임하였다. 그리고 서행(西行)하여 하얼빈으로 향하였다. 그곳에서 김응두(金應斗)·박관해(朴觀海)의 노력으로 대종교 재만(在滿) 시교권 인허를 받았다. 그 토대 위에 설계된 것이 대종교선도회다.

김서종은 김영숙(金永肅)과 함께 이 작업에 앞장섰다. 마침내 1934년 3월 2일(음력) 하얼빈시 안평가(安平街)에 대종교선도회가 설립되었다. 이 선도회는 대종교 8년의 암흑을 떨치고자 한 교두보가 된 동시에, 후일 대종교청년운동의 모태가 되었다. 중요한 것은 대종교선도회가 하얼빈에 잉태된 배경일 듯하다. 당연히 김서종·김두종 형제와의 연관성을 말하지 않을 수 없다. 김서종의 북만농구공사(北滿農具公司)와 농장, 그리고 김두종의 제세의원(濟世醫院)이 그 발판이 되었기 때문이다. 김서종은 대종교선도회의 총무를 맡아 그 중심에 섰다. 그리고 다음과 같은 「선도문(宣道文)」을 외치며 대종교 재건의 일선에 적극 나섰다.

"종교는 인류평화의 사명이요 개인 정신의 양식이다. 우리 대종교는 곧 대도(大道)의 본원(本源)이오 진리의 보고(寶庫)이며 또 인간 행복의 지침(指針)이다. 우리 대종교는 신인(神人) 단군께서 사천년 전에 인간을 홍익키 위하여 삼진귀일(三眞歸一)의 진리를 밝히시고 화중성철(化衆成哲)하는 종문을 열으신지라. 우리 인생은 마땅히 지·조·금(止·調·禁) 삼법(三法)으로써 심·기·신(心·氣·身) 삼망(三妄)을 돌이켜 성·명·정(性·命·精) 삼진(三眞)에 나아갈지니, 이것은 곧 우리 인간이 천국화(天國化)하는 구공(究貢)이다. 아! 세계 교란을 미워하고 인류 평화를 사랑하거든 우리 종문으로 들어오라. 현재의 고민을 벗고 영원한 행복을 누리려거든 진종대도(眞倧大道)를 믿으라. 아! 우리 최경최애(最敬最愛)하는 만천하 동포들이시여."

김서종은 1937년 8월 24일(음력), 대종교 재만교구(在滿敎區)의 하얼빈시가지를 관할하는 경상금수납위원(經常金收納委員)으로 임명되었다. 당시 김서종과 함께 하얼빈시가지를 책임진 대종교 경상금수납위원은 항일투쟁의 선봉에 섰던 정주해(鄭周海)와 이수(李秀)였다. 특히 정주해는

신흥무관학교를 졸업하고 서로군정서를 중심으로 활동한 인물로, 1926년 이후 하얼빈에서 여관을 경영하며 대종교 포교 및 독립군의 숙식과 연락을 맡아왔다.

한편 대종교의 합법적인 포교활동은 비록 타협은 아닐지라도 일종의 함정을 안고 있었다. 일제의 대종교 포교 허가는, 그것을 계기로 대종교의 중심인물들을 표면으로 드러나게 함으로써, 대종교를 근본적으로 폐쇄시키고자 하는 회유책이었다. 일제는 대종교에 대한 내사와 감시를 더욱 엄밀히 할 뿐만 아니라 심지어는 대종교총본사 내에 교인을 가장한 밀정까지 잠입시켜 대종교의 동향과 간부들의 언행마저도 일일이 정탐하였다.

이러한 분위기 속에서 1942년 여름, 윤세복 교주가 당시 국내에 있던 조선어학회 이극로에게 편지를 보낸 일이 빌미가 되어 일이 터졌다. 그 편지 속에 「널리펴는 말」이라는 원고가 동봉되었다. 이극로의 「널리펴는 말」은 그 내용을 살피면 대종교 교당 설립과 대종학원 설립 취지문과 같은 것이었다. 그 말미에 나오는 "이제 우리는 체면을 유지할 만한 천전과 교당도 가지지 못하였으며 또는 교회의 일꾼을 길러낼 만한 교육기관도 없다.…(중략)…반석 위에 천전과 교당을 짓자! 기름진 만주 벌판에 대종학원을 세워서 억센 일꾼을 길러내자! 우리에게는 오직 희망과 광명이 있을 뿐이다. 일어나라 움직이라! 한배검이 도우신다."라는 구절이 이를 뒷받침한다. 일제는 검열 과정에서 이 글의 끝에 나오는 "일어나라, 움직이라!"라는 구절을 "봉기하자, 폭동하자!"로 날조하고 이것을 「조선독립선언서」라 하여 대종교를 압박하기 시작했다. 이 필화사건이 바로 임오교변(壬午敎變, 임오년인 1942년 대종교지도자 일제 구속 사건)의 도화선이 되는 것이다.

마침내 일제는 "대종교는 조선 고유의 신도(神道) 중심으로 단군문화를 다시 발전하는 표방 하에서 조선민족에게 조선정신을 배양하고 민족자결의 의식을 선전하는 교화단체이니 만큼 조선독립이 그 최후 목적이라."는 반국가단체의 죄목을 씌워, 1942년 11월 19일 국내에서는 조선어학회사건과 때를 같이 하여 만주와 국내 각처에서 교주 윤세복과 김서종을 포함한 대종교지도자 21명을 동시에 체포했다. 이것이 한국종교사에도 잘 드러나지 않은 대종교의 임오교변이다. 당시 피검 상황을 볼 때, 이들에 대한 구속이 한 날 동시에 이루어 졌다는 것만 살피더라도, 일제가 대종교의 말살을 위하여 얼마나 치밀한 사전계획을 세웠는가를 알 수 있다.

김서종을 비롯한 20여명의 대종교 지도자들은 이른 바 치안유지법위반이라는 죄목으로 목단강 경무처와 액하감옥에 분산 구금되어 혹독한 취조를 받았다. 일제의 고문 또한 악랄했다. 배탈로 인해 참지 못하고 설사를 한 사람을 기진력진하도록 무수히 난타하고는 2,3일 씩 밥을 굶기는 것은 예사였다. 또한 날마다 2,3인 혹은 3,4인 씩을 뽑아 개별로 취조할 때의 각양 각종의 고문은 말로 다 형언할 수가 없었다. 그들은 나이의 고하를 가리지 않고 고문을 행했다. 김서종 역시 하얼빈 시내 우택(寓宅)에서 검거되었다. 당시 그의 나이 50세로 매우 건강한 상태였다. 그러나 영안현 경무과에 구금된 지 4개월과 목단강 액하감옥에 이수된 지 5개월 동안 온갖 고문으로 만신창이가 되었다. 이 와중에, 함께 투옥된 나정련(홍암 나철의 장남으로 임오십현 중의 1인)이 고문을 견디다 못해 사망했다는 소식을 접하고 "염제(念齊, 나정련의 호) 형은 진정 가치 있게 죽었도다."라고 통탄하였다. 그리고 꼭 10일 후인 1943년 8월 27일(음력)에 뇌일혈로 졸도한 지 수 시간만에 액하감옥 감방에서 숨을 거두었다. 그 유해는 국내로 운구되어 경남 함안군 공원면 선영(先塋) 아래 안장되었다.

대종교의 임오십현(壬午十賢)이란, 당시 김서종처럼 일제의 혹독한 고문으로 인해 죽어 간 열 명의 순교자를 일컫는다. 그 열 명은 김서종을 비롯하여 권상익(權相益)·이정(李楨)·안희제(安熙濟)·나정련(羅正練)·강철구(姜銕求)·오근태(吳根泰)·나정문(羅正紋)·이창언(李昌彦)·이재유(李在囿) 등이다. 김서종의 죽음을 접하고 함께 감옥에 갔혔던 교주 윤세복은 통곡했다. 다음이 김서종의 죽음을 곡(哭)한 윤세복의 만시(輓詩)다.

鐵窓吟病共相憐　옥에 갇혀 신음하며 서로 연민했건만
五六星墜未及年　해가 차지도 않아 또 한 사람 떠나가나
禱願神兄如在上　신형(神兄)께 원도함이 하늘에 닿을 것이니
送君今日億朝天　오늘 자네를 보내나 한울집에서 편안하시게.

김서종의 대종교 교력은 1915년 4월 23일(음력)에 참교의 교질(敎秩)을 받으며 시작된다. 이어 1916년에 지교로 승질(陞秩)되고, 1934년 하얼빈에서 대종교선도회 총무원장이 되었으며, 1936년에는 경의원(經議院) 참의(參議)에 임명되었다. 1942년에는 교질이 상교로 오르면서, 대종교총본사의 전강(典講)과 함께 천전건축주비회(天殿建築籌備會) 부위원장으로 선출되었다. 그리고 해방 직후인 1946년 중광절(음 8월 15일)에, 대종교에서는 그의 교력을 기려 정교(正敎)로 추승(追陞)함과 동시에 대형(大兄)의 교호(敎號)를 추증(追贈)하였다. 당시 김서종의 교질을 정교로 올리는 '상호표(上號表)'에는 '고 상교 김서종은 하느님을 공경하고 겨레를 사랑하며 대종교를 지켜 어짊을 이루었다(故尙敎金書鍾 敬神愛族衛道成仁)'고 적혀있다.

[참고 문헌]

『종문영질』(프린트본, 1922). 『대종교보』,제115호·제151호, 『대종교인과 독립운동연원』(이현익, 프린트본, 1962). 『대종교중광육십년사』(대종교총본사, 1971). 『임오십현순교실록』(서울대출판부, 1970)

김석근(金石根, 남, 1894-1947)
아호(별명) _ 김석근(金碩根)
입교 시기_1910년대 | 교질_미상 | 서훈_건국포장(2007)

경상북도 의성군 비안면 동부동 출신이다. 1919년 3월 12일 자신의 집에서 동지들과 모여 태극기 120매를 만들고,

이튿날인 3월 13일 밤 태극기 40매를 휴대하여 비안면 서부동 비안 우시장으로 가서 농민 50여명에게 태극기를 나누어주고 독립만세운동을 전개하였다.

의성군에서 3.1만세시위를 처음 알린 것은 김원휘(金原輝)로부터 시작되었다. 그는 의성군 안평면 괴산동 장로교회 조사(助事)로서 평양신학교에 입학하기 위해 3월 3일 평양에 도착하였으나 때마침 평양에 3.1만세운동이 일어나 입학이 불가능하게 되자 3월 6일 귀향하였다. 비안동 쌍계동 장로교회 박영화(朴永和) 목사에게 만세시위 상황을 이야기하면서 만세시위를 촉구하였던 것이다.

한편 3월 10일 대구 만세시위를 목격하고 돌아온 안평면 괴산동 장로교회 박우완과 대구 계성학교 학생 박상동 등이 여기에 가담하게 되는데, 박상동은 3월 8일 대구 학생의거에 참가한 후 고향으로 돌아와 비안면 쌍계장로교회 목사인 부친 박영화에게 대구 학생의거의 소식을 상세히 전했다. 이에 따라 비안 공립보통학교 학생과 비안면 안평동 지역의 기독교도들이 함께 봉기함으로써 의성군에서 만세시위가 촉발되었다.

3월 13일 밤 비안 우시장 시위운동에서 주모자로 활약한 김석근은 1919년 4월 7일 대구지방과 4월 30일 대구복심법원에서 이른바 보안법 위반으로 징역 10월을 선고받고 옥고를 치렀다.

김석근의 대종교 교력에 대한 대종교단 내의 기록은 남아 있는 것이 없다. 다만 1922년 성주 사람 성세영이 기록한 『본사행일기』에 1910년대 경상도 지역 대종교인으로 등재되어 있다.

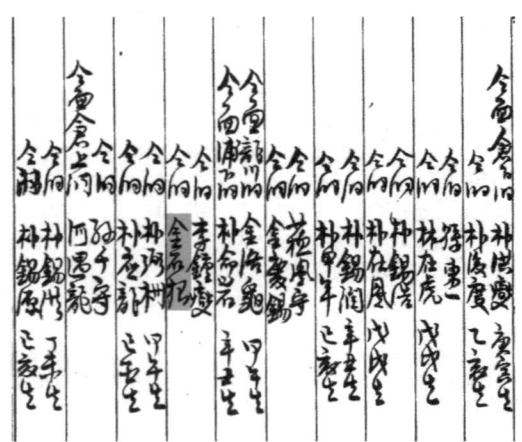

성세영의 『본사행일기』에 적힌 1910년대 경북 지역 대종교 주요 교인 명단의 일부. 왼쪽에서 일곱 번째에 (義城郡 比安面) 浦下洞 金石根의 이름이 적혀 있다.

[참고 문헌]
『본사행일기』(성세영, 필사본, 1922), 「김석근 외 5인의 판결문」(대구지방법원, 1919년 4월 7일), 『매일신보』1919. 4. 12., 『고등경찰요사』(경상북도경찰부, 1934), 『국내3.1운동Ⅱ-남부』(한국독립운동사편찬위원회, 2009)

김석영(金錫永, 남, 1896-?)
입교 시기 _ 1926년 이전 | 교질 _ 미상

황해도 신천군(信川郡) 출신으로 생몰연대는 확실하지 않다. 일찍이 북간도로 넘어가 항일투쟁에 몸담은 인물이다. 1912년 4월 당시 북간도 명동서숙(明東書塾)의 교사로 근무하였고, 1913년 1월에는 간민회조직총회소집(墾民會組織總會召集)을 위한 발기인으로도 참여하였다. 이 당시 발기인에는 이동춘(李同春)·정안립(鄭安立)·김현(金玄)·김영학(金永學) 등, 북간도 항일투쟁의 지도급 인사들이자 대종교의 중심인물들이 함께 하였다. 또한 1915년 10월에는 항일투쟁의 거물 유예균(劉禮均)과 국내로 잠입하여 모종의 임무를 수행하기도 했다.

김석영의 대종교 교력을 보면, 그의 입교와 영계 및 교질에 관한 사항은 남아있는 것이 없다. 다만 중국 당안관 자료에, 김석영이 1920년대 대종교 탑일시교당(塔一施教堂)의 부책임자(贊務)를 맡은 것으로 되어있다. 탑일시교당은 영안현가(寧安縣街) 남관(南關)에 위치한 시교당으로 당시 남관은 대종교의 거점이기도 했다. 또한 김석영과 함께 탑일시교당을 이끈 인물은 북만주 항일투사 박노범[朴魯範, 책임자(典務)]과 현순[玄濬, 부책임자(贊務)]이었다.

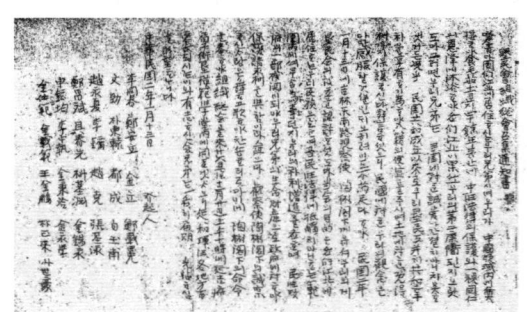

1913년 1월 13일자로 통보된 墾民會組織總會召集通知書. 발기인 명단에 金錫永의 이름이 보인다.

[참고 문헌]
「大倧教施教堂一覽表(1926年)」(延边朝鲜族自治州档案馆 全宗号42 目录号1 案卷号343, 和龙县历史档案 和龙县警察所, 令各区查禁韩人设立大倧教堂由, 民国十五年五月十二日), 「保安法 違反者 取調送致에 관한 건」(不逞團關係雜件-朝鮮人의 部-在滿洲의 部1, 朝惠機 제521호, 한국사DB, 국사편찬위원회), 「鮮人集會에 관한 報告의 건」(不逞團關係雜件-朝鮮人의 部-在滿洲의 部2, 公信 제40호, 한국사DB, 국사편찬위원회), 「排日鮮人 行動에 관한 報告의 건」(不逞團關係雜件-朝鮮人의 部-在滿洲의 部5, 政機密 제27호, 한국사DB, 국사편찬위원회)

김석현(金錫鉉, 남, 생몰 미상)
아호(별명) _ 동평(東平)
입교 시기 _ 1913년 | 교질 _ 지교

출신지역과 생몰연대가 불분명하다. 일찍이 의병활동과 함께 서간도로 망명하여 대종교 항일투쟁에 가담하였다. 1914년 경에는 절친한 동지인 윤세복·이석대(李碩大, 李鎭龍), 그리고 이극로 등과 무송현(撫松縣)으로 들어가 게릴라 활동을 펼치기도 했다. 무송현은 백두산 산록에 있는 봉천성에 속한 현으로 의병활동을 펼치기에는 최적지였다. 김석현은 윤세복 등과 이곳 대종교계 학교인 백산학교(白山學校)에 거점을 두고 활동하였다. 당시 이곳을 드나들던 인물들로는 김호익(金虎翼)·성호(成虎)·차도선(車道善)·이장녕(李章寧) 등, 독립투쟁의 맹장들이었다. 1900년대 후반에는 북만주 지역으로 넘어가 대한군정서(북로군정서)의 전신인 길림군정사(吉林軍政司)에도 관여하였다. 1919년 정월에 대종교 동지인 박찬익·조소앙·김좌진·박관해(朴觀海)·황상규(黃尙奎)·송재일(宋在日)·손일민(孫一民)·성낙신(成樂信)·정원택(鄭元澤) 등과 길림에서 만나 독립운동의 방략을 구상하기도 했다. 독립운동가 박명진(朴明鎭)이 김석현을 북만주지역을 관할하는 대종교 동일도본사(東一道本司)의 주요교인으로 기록한 것도 같은 맥락이다.

김석현의 마지막에 대한 대종교 내의 기억은 두 가지가 엇갈린다. 하나는 1914년 경 무송현에서 윤세복과 함께 홍범도 부대와 연락을 취하면서 활동하다가, 3·1운동 당시 국내에서 체포되어 10년의 언도를 받고 옥고(獄苦)를 치르고, 병보석(病保釋)으로 나와 사망했다는 기록이다. 또 하나는 3·1운동 당시 국내에서 잡혀 사형을 언도받았다는 기록도 있다. 분명한 것은 3·1운동을 전후하여 대종교 조직과 연관하여 활동하다가 국내에서 체포되어 최후를 맞았다는 것이다.

김석현의 대종교 교력을 보면 1913년 9월 10일(음력) 참교의 교질을 받았다. 아마도 윤세복과의 연결을 감안한다면, 서간도 환인현 동창학교 시절로 추정된다. 그 시기 동창학교에는 윤세복·윤세용(尹世茸)·신채호·김영숙(金永肅)·이극로·이시열 등, 수많은 대종교 인물들이 활동하고 있었다. 그리고 1916년 4월 15일(음력) 지교의 교질을 받은 것이 김석현의 마지막 흔적이다.

[참고 문헌]
『종문영질』(프린트본, 1922), 『고투사십년』(이극로, 을유문화사, 1947), 『대종교독립운동사』(박영진, 필사본, 1963), 『지산외유일지』(정원택, 탐구당, 1983), 『한국유이민사』상(현규환, 어문각, 1967)

김석희(金錫熙, 남, 생몰 미상)
입교 시기 _ 1911년 | 교질 _ 미상

출신지역과 생몰연대가 불분명하다. 다만 그가 1910년대 초 충남 공주에 있던 사립 명화학교(明化學校)의 교감으로 있었던 것으로 보아, 그 지역 출신이 아닐까 추정해 본다. 김석희는 1911년 1월 중순 서울 대종교본사에서 내려온 성홍석(成洪錫)·손형순(孫亨淳)과 이미 그 지역에서 활동하고 있던 임헌일(林憲一, 당시 공주보통학교 학무위원), 김재면(金在勉, 당시 명화학교 학감) 등의 포교 활동에 감화되어 대종교에 입교한 인물이다. 성홍석 일행은 공주 지역 명화학교(사립), 공주보통학교(공립), 공주농림학교(도립)를 대상으로 『단군교포명서』와 『단군교오대종지서(檀君敎五大宗旨書)』를 배포하며 교사와 학생들을 대상으로 대종교 포교를 전개하였다. 특히 공주 교육 현장에 내려와 활동하던 임헌일과 김재면은 1911년 중광절(重光節, 음력 1월 15일)에 대종교의 시교사(施敎師)로도 임명된 인물들이다.

김석희는 이들의 영향으로 대종교에 입교하고, 1911년 2월 2일(음력) 공주 고상아(古上衙)에 있는 그의 집에 대종교 공주시교당(公州施敎堂)까지 개설하였다. 그리고 대종교에서는 김재면을 공주시교당의 전무(典務, 책임자)로 임명하였으며, 같은 달 27일(음력)에는 공주시교당 사무시찰을 위해 오혁(吳赫)을 파견하기도 했다. 이후 김석희의 대종교 관련 기록은 전하지 않는다.

[참고문헌]
『倧令』제3호(1911년), 『社寺宗敎』(조선총독부내무부지방국지방과, 1911)

김선(金宣, 남, 생몰 미상)
입교 시기 _ 미상 | 교질 _ 미상

출신지역과 생몰연대가 확인되지 않는다. 1930년 12월 25일 열린 천도교청년당확대중앙집행위원회에 평안남도 순안(順安) 대표로 참석한 김선(金宣)과는 동명이인인 듯하다. 그의 대종교단 내에서의 비중을 볼 때, 많은 대종교인들처럼 본명이 아닌 외자 가명일 가능성이 높으나 추적할 수가 없다.

그에 대한 대종교단 내의 기록은 1937년에 나온 『대종교보』(115호)에 실린 내용이 전부다. 김선은 1937년 8월 24일(음력) 대종교단에서 발표한 재만교구경상금수납위원(在滿敎區經常金收納委員) 명단에 올라 있다. 당시 그가 관할한 지역은 영안현 신안진(新安鎭) 구역으로 항일투사 양현(梁玄)과 윤준선(尹俊善)이 함께 관할하였다. 양현은 대종교 항일단체인 대한군정서(북로군정서)의 군기감독(軍機監督)·기계국장(器械局長)을 맡았던 인물로 대종교와 항일전선의 거물이었다. 또한 윤준선은 15만원 탈취거사를 이끈 윤준희(尹俊熙)와 형제가 되는 인물이다. 윤준희는 1920년 대한군정서에 입단해 특파대장으로, 동지 몇 명과 15만원 지폐탈취 사건을 성사시켰다. 이 돈이 블라디보스토크 신한촌으로 들어가 체코슬로바키아제 무기 구입에 요긴하게 쓰였다. 대한군정서의 청산리독립전쟁 승리에 지대한 역할 한 것이다.

김선의 대종교 교력 역시 남아있는 것이 없어 그의 입교 시기나 영계 사항, 그리고 교질 관계를 살필 수가 없다. 그러나 언급한 바와 같이, 그가 1937년 대종교의 중요한 직무를 대종교 핵심인물들과 맡았음을 보면, 이른 시기에 대종교에 입문한 것으로 추정된다.

[참고 문헌]
『대종교보』제115호(1937년), 「朝鮮銀行 紙幣 掠奪犯人 家族에 대한 大韓國民會의 慰問金 지출에 관한 건」(不逞團關係雜件-朝鮮人의 部-在滿洲의 部25, 機密제61호, 한국사DB, 국사편찬위원회)

김선동(金先同, 남, 1898-?)
입교 시기 _ 일제강점기 | 교질 _ 참교

경기도 양평군(楊平郡) 양서면(楊西面) 신원리(新院里) 출신으로, 1931년 고려공산당 사건으로 집행유예를 받은 김선동(金先同)과는 동명이인이다.

3.1독립만세운동 이후인 1920년 5월 조직된 조선독립단 경기도지단(京畿道支團)의 조직원으로 활동한 인물이다. 이 조직은, 일찍이 기호흥학회 회원으로 이 지역의 할동을 전개한 신우균(申祐均)의 권고를 받고 결성된 것으로 지역 유지인 한덕리(韓悳履)가 중심이 되었다. 김선동은 단장을 맡은 한덕리와 함께 1920년 10월 2일, 대한민국 임시정부로부터 발송된 격문을 「유고(諭告)」라는 제목으로 지역 군민들에게 배포하였다. 또한 양평군수 및 양평군 지역 각 면장들에게 사형집행선고문 및 협박장을 발송하면서 독립운동에 참여할 것을 권유하는가 하면, 양평군 지역 부호들에게는 군자금을 모집하였다. 이후에도 경기도 광주군 남종면사무소에서 단원 이재규(李載圭) 등이 광주지방 독립단 규약을 만들어 인쇄하고 군자금 모집을 계획하였으나, 사전에 발각되어 1921년 5월 김선동을 비롯한 한덕리·정경시(鄭慶時)·한봉철(韓奉喆)·김종후(金鍾厚)·유래완(柳來琬)·이재규·박영식(朴永植) 등, 조선독립단 경기도지단 단원 모두가 체포되었다.

김선동의 대종교 입교는 일제강점기에 이루어졌으나, 그 기록은 남아있지 않다. 이에 대종교에서는 국내로 환국한 직후인 1946년 4월 10일(음력), 여타 항일투사들과 더불어 참교(參敎)의 교질(敎秩)과 경의원(經議院) 참의(參議)로 선임하였다.

[참고문헌]
『대종교중광육십년사』(대종교총본사, 1971), 「獨立團檢擧 ノ件」(不逞團關係雜件 朝鮮人 ノ部 在內地 十二, 高警第19511號; 秘受7359號, 한국사DB, 국사편찬위원회), 『동아일보』 1921.6.9.

김선진(金善鎭, 남, 1892-1942)
입교 시기 _ 1922년 | 교질 _ 미상 | 서훈 _ 대통령표창(2018)

서울 종로구 충신동 출신이다. 일찍이 국내를 거점으로 대종교 인물들과 교유하면서 3·1독립만세운동에 가담하였다. 1918년 4월, 지산(芝山) 정원택(鄭元澤)이 경성 가회동에 집을 장만하여 입주할 당시 백미(白米) 10말을 보낸 인물이 김선진이다. 그 시기 정원택이 대종교 활동에 중심에 있었으며, 해방 이후 대종교 총전교(總典敎, 敎主)을 지낸 인물이라는 점에서 주목되는 부분이다. 김선진은 1919년 3월 23일 밤 종로에서 독립만세운동에 가담한 혐의로 검거되었다. 그 해 5월에 징역 6월을 선고 받았으나, 7월 18일 경성복심법원에서 태(笞) 90도(度)를 최종 선고받았다.

김선진의 대종교 교력을 살피면, 1922년 7월 19일(음력) 대종교 남일도본사의 추천으로 영계(靈戒)를 받았다. 당시 대종교 남일도본사가 경성에 거점을 두고 국내를 관할하는 기구란 점에서, 그가 국내를 중심으로 활동했음을 알 수 있다. 그러나 그의 교질(敎秩) 관계와 연관된 구체적 기록은 전하는 것이 없다.

[참고 문헌]
『대종교보』제55호(1922년), 「判決文」(京城地方法院, 1919. 5. 8), 『매일신보』 1919. 5. 11., 『지산외유일지』(정원택, 탐구당, 1983), 『한민족독립운동사자료집』27(국사편찬위원회, 1996)

김성규(金成奎, 남, 1890-?)
입교 시기 _ 1922년 | 교질 _ 참교

출신지역과 생몰연대를 불확실한 인물이다. 만주로 건너간 시기 역시 알 수 없으나, 1921년 당시 32세의 나이로 대한북로독군부(大韓北路督軍府)에서 활동한 기록이 있다. 독군부는 1920년 5월 최진동(崔振東)의 대한군무도독부(大韓軍務都督府)와 안무(安武)의 대한국민회 군무위원회가 연합하여 성립된 항일단체다. 김성규의 대종교 교력을 살피면 1922년 12월 5일(음력) 서일도본사(西一道本司)의 추천으로 영계(靈戒)를 받았다. 그 이전에 입교한 것이 확인된다. 당시 김성규와 함께 영계를 받은 인물들을 보면 김하일(金河一)·오근태(吳根泰)·박장빈(朴章彬)·이현익(李顯翼)·고재봉(高在鳳) 등 30여명으로, 모두 대종교 항일투쟁에 헌신한 인물들이었다. 김성규 역시 서간도 지역으로 옮겨 대종교 항일투쟁을 지속했을 것으로 추정되지만, 이후의 기록은 발견되지 않는다.

[참고문헌]
『대종교보』제56호(1922년), 「政治犯 自首申告者에 관한 건」(不逞團關係雜件-朝鮮人의 部-在滿洲의 部26, 機密公信7號; 秘受 1847號, 한국사DB, 국사편찬위원회)

김성극(金星極, 남, 1872-1931)

아호(별명)_ 계산(桂山), 김승민(金升旼), 김승민(金昇旼), 김승문(金昇文)
입교 시기_ 미상 | 교질_ 미상 | 서훈_ 애국장(1990)

함경남도 함주군(咸州郡) 연포면(連浦面) 신흥리(新興里) 출신으로, 일찍이 최익현(崔益鉉) 등과 함께 의병운동에 관여한 인물이다. 1906년 5월 18일에는 오적토벌 관계로 일본군 감옥에서 옥고를 치렀고, 1909년에는 헤아밀사사건으로 서울 경무청에 수감되기도 하였다. 이후 만주로 건너간 김성극은 국민회 참모장, 광복단·적기단(赤旗團)·서간도군비단 고문, 대한정의단 심판원장, 총합부(總合部) 사령관, 광복단 단장, 돈화대동회(敦化大同會) 회장 등을 두루 거치면서 항일투쟁의 중심에서 활동하였다.

1919년 음력 7월에는 이규(李珪) 등 공교도들을 중심으로 화한구국동맹(華韓救國同盟)의 발기에 앞장서는가 하면, 1921년에는 총합부의 사령관으로 취임하여 국내 유격전에도 공을 들였다. 총합부는 간민국(墾民局)이 확대된 조직으로, 간민국은 1921년 말 대한군정서(북로군정서) 일부와 간도국민회를 연합하여 설립된 기구였다. 간민국은 동지들을 규합하는 한편 군관학교를 설립하여 독립군 양성계획을 세웠으며, 양성된 독립군으로 무장활동을 펼치는 동시에 돈화현 내의 황무지를 개간하는 병농일치를 실시하였다. 이후 독립군 총합부로 확대되면서 그 총지휘관을 김성극이 맡은 것이다. 총합부는 한 부대당 50명의 대원을 보유한 4개의 유격부대를 조직하여 국내진입작전을 펼치는 한편, 안도현 잉두산(仍頭山)에 또 다른 사관학교를 설치하여 지속적으로 독립군을 양성하는 활동을 펼쳤다.

김성극은 1922년 2월 서간도군비단 고문으로 부하 수명과 함께 서간도로부터 왕청현 백초구로 들어와 무기를 반출하기도 했으며, 그 해 7월에는 김좌진이 공산주의운동에 대처하기 위해 조직한 통일당(統一黨) 활동에도 적극 호응한다. 당시 통일당의 당강(黨綱)은 조국 광복을 넘어 다음과 같은 대동사회의 지향이었다.

1. 국민의 마음을 통일하여 조국 광복의 신시대의 이상에 기초한 신국가를 건설할 것.
1. 인본주의(민주주의)를 창명(創明)하고 구천지·구사회를 신천지·신사회로 개조하여 조선적 신문화를 세계에 건설할 것.
1. 전 인류의 자유·평등을 위하여 강원을 배제하고 세계의 대동사회를 실현할 것.
1. 산업 및 교육의 신건설을 도모하여 인류 공동생활의 행복을 증진할 것.

그 시기 김성극은 안도현에 근거를 두고 있었다. 그곳에는 대종교 북로군정서의 참모를 역임한 나중소도 일부의 부대를 거느리고 주둔한 상태였다. 김성극은 나중소와 안도현을 거점으로 통일당 운동에 공조를 취하며 2백여 명의 동지를 확보해 나갔다.

1925년 안도현 대동회(大同會)를 중심으로 활동하던 김성극은, 간도 일영사관의 간계로 중국 관헌에 다시 체포되었다. 그러나 대종교의 동지였던 항일투사 이현익(李顯翼)이 중국 당국과의 적극적 교섭을 통해 5개월 구금 후에 풀려났다. 이후 안도현을 거점으로 활동하던 김성극은 공산주의자에 의해 피격 사망하였다.

김성극의 대종교 교력과 관련한 대종교단 내의 자료는 남아있는 것이 없다. 그의 입교 시기나 교질 사항 역시 확인이 불가능하다. 그러나 그의 대종교항일투쟁의 동지이자 후배인 이현익의 기록에는, 대종교항일투쟁의 주요인물 126명 중 한 사람으로 김성극을 꼽고 있음이 주목된다.

[참고 문헌]

『대종교인과 독립운동연원』(이현익, 프린트본, 1963), 「華韓救國同盟趣旨書 送付의 건」(不逞團關係雜件-朝鮮人의 部-在滿洲의 部12, 機密公信 제37호, 한국사DB, 국사편찬위원회), 「敦化縣에 있어서 不逞鮮人의 團體組織의 건」(不逞團關係雜件-朝鮮人의 部-在滿洲의 部30, 秘受13916호-機密제495호, 한국사DB, 국사편찬위원회), 「金佐鎭의 統一黨編成」(不逞團關係雜件-朝鮮人의 部-在滿洲의 部33, 機密受제761호-關機高收제8852호-1, 한국사DB, 국사편찬위원회), 『한국독립사』하(김승학, 독립문화사, 1965)

김성덕(金成德, 남, 생몰 미상)
입교 시기_ 1918년 | 교질_ 참교

출신지역과 생몰연대가 불분명한 인물이다. 일찍이 대종교계 항일단체인 대한군정서(북로군정서)에 가담하여 경신분국(警信分局) 제13분국 제1과장을 맡아 왕청현(汪淸縣) 춘방향(春芳鄉) 대동(大洞) 지역을 관할하였다. 경신분국이란 대한군정서 경신국의 하위 기관으로 관할 지방에 관한 경사(警査) 또는 통신상의 업무를 분담하는 기관이었다. 당시 김성덕이 관할한 춘방향 대동 지역은 경신 활동의 핵심지역으로 대한군정서의 거점이기도 했다. 김성덕은 청산리전쟁 이후 일제의 집중 토벌이 벌어지자 동지대(東支隊) 거짓 귀순 명단에 올려 일제의 예봉을 피해 갔다. 이후 사회주의투쟁으로 눈을 돌려 1925년 5월 의열단으로부터 갈라져 나온 상해청년동맹회에 가담하게 된다. 상해청년동맹회는 윤자영(尹滋英)이 주도한 단체로, 1926년 만주로 이동하여 상하이파와 화요파가 연합한 조선공산당 만주총국으로 연결되는 단체다. 김성덕은 이 청년회에서 이기환(李箕煥)·방규환(方奎煥)·나석주(羅錫疇) 등과 함께 감사위원을 맡아 그 중심에 섰다. 한편 1937년 8월 조선부인들로 구성된 친일단체 애국금차회(愛國金釵會)의 간사(幹事)로도 김성덕이라는 이름이 등장하나, 언급한 김성덕과는 동명이인이다. 김성덕의 대종교 교력은 1918년 1월 13일(음력) 참교의 교질을 받은 것으로 기록되어 있으나, 여타 활동 기록은 전하지 않는다.

[참고 문헌]

『종문영질』(프린트본, 1922), 「歸順申告者連名簿 送付에 관한 건」(不逞團關係雜件-朝鮮人의 部-在滿洲의 部24, 機密 제244호, 한국사DB, 국사편찬위원회), 「青

年同盟會 第二回定期總會에 관한 件」(『不逞團關係雜件-鮮人의 部-在上海地方 5, 機密 제55호, 한국사DB, 국사편찬위원회)

김성룡(金成龍, 남, 1894-?)
입교 시기_ 1915년 | **교질**_ 참교

평안북도 의주군 옥강진(玉江鎭) 출신으로 일찍이 대종교에 몸을 담고 항일투쟁에 앞장선 인물이다. 1919년 6월 유하현 삼원포 지역에서 학교 교사로 활동하며 독립운동에 가담한 이후, 이곳을 거점으로 한 독립단의 외교원으로도 활동했다. 1921년에는 대한독립청년단원의 일원으로 평안북도 영변 등지로 들어가 독립문서를 배포하다가 피검되기도 했다. 이후 북간도로 넘어와 대종교 북로군정서 계열에 몸을 담았다. 홍범도 부대에 있을 때에는 13명의 무리로 왕청현 백초구에서 국내 함북 무산으로 습격을 시도하는가 하면, 1921년 10월 3일 밀산현에 은거하던 김좌진과 나중소가 의논하여 국내 습격작전을 모의할 때 그 작전의 일부를 수행하기도 했다. 당시 김좌진과 나중소는 북로군정서사관학교졸업생들 모두 소집하여 대오를 나누어 연길·화룡·왕청현 지방으로 보내 군량 마련을 추진했다. 특히 모연대(募捐隊) 30여명을 소집하여 네 지역으로 파견할 당시, 김성룡은 연길현 숭례향(崇禮鄕) 대명월구(大明月溝)로 파견 책임자가 되어 임무를 수행하였다. 또한 1922년 2월경에는 집안현 충화보(冲和堡) 대청구(大淸溝)에 있던 독립단지단의 검찰(檢察)의 역할을 맡았으며, 광복단 제3영 단원으로도 몸담았다. 이후에는 정의부에 가담하여 조선혁명군의 홍장석(洪長錫)·신정환(申正煥), 그리고 같은 정의부원인 정성운(鄭成雲) 등과 군자금 징수 등의 혐의로 체포되기도 했다. 한편 1925년 2월에는 「조선과 만주속이입(滿洲粟移入)의 현재 및 장래」라는 글을 『개벽』 잡지에 발표하기도 하나, 동일인지는 확인이 안 된다. 그의 대종교 교력을 보면 1915년 12월 12일(음력)에 이미 참교의 교질을 받은 것으로 나타나나, 그 외의 구체적 활동 기록은 전하지 않는다.

[참고 문헌]
『종문영질』(프린트본, 1922), 「間島地方에 不逞鮮人의 侵入에 관한 건」(『不逞團關係雜件-鮮人의 部-在滿洲의 部30, 秘受12610호-機密제433호, 한국사DB, 국사편찬위원회), 「大正十年中에 있어서 管內 不逞鮮人의 狀況」(『不逞團關係雜件-鮮人의 部-在滿洲의 部32, 機密受제9호-機密제8호, 한국사DB, 국사편찬위원회), 『동아일보』1929. 12. 10.

김성린(金聖麟, 남, 1897-?)
입교 시기_ 1918년 | **교질**_ 참교

출신지역과 생몰연대가 불분명한 인물이다. 김성린은 대종교 계열의 항일단체인 대한군정서에서 거점으로 항일 투쟁을 전개하였다. 그는 서일이 직접 관할하는 총재부 소속으로 있으면서 최황(崔晃)·장남길(張南吉) 등과 정찰원으로 암약하는가 하면, 모연대 대원 및 재무원으로도 활동했다. 1921년 3월 12일 일제의 정치범 귀순자 명단에 당시 '25세, 군정서 모연원 및 재무원'이라는 소속으로 기재된 것으로 보아 1987년생일 가능성이 크다. 김성린의 대종교 교력은 1918년 1월 13일(음력)에 참교의 교질을 받은 것으로 보아 1917년 말에 입교한 것으로 추정된다.

[참고 문헌]
『종문영질』(프린트본, 1922), 「政治犯 申告者 連名簿 送付의 件」(『不逞團關係雜件-朝鮮人의 部-在滿洲의 部』27, 한국사DB, 국사편찬위원회), 「진중일지」(『독립운동사자료집』 10, 독립운동사편찬위원회, 1971)

김성봉(金聖奉, 남, 1890-?)
입교 시기_ 1919년 이전 | **교질**_ 미상

함경북도 회령군 고녕진(古寧鎭) 출신의 인물로, 일찍이 토지조사국 서기보(書記補)를 지냈다. 김성봉은 1919년 2월, 화룡현 영대사(永代社) 송언시(松堰市)의 사립학교 교원으로 종사할 당시, 같은 고향 출신이자 대종교도인 김병덕(金秉德)과 함께 일본으로 건너가 일본의 요인들을 저격할 계획을 세웠던 인물이다. 일본어에도 능통했던 그는, 일본으로 건너간 후의 구체적 행적은 알려지지 않았다. 김성봉의 대종교 입교 시기나 교질 사항에 대해 대종교단 내에 남아있는 기록이 없다. 다만 일제의 문서에 1919년 당시 대종교인으로 적시되어 있음을 보면, 그 이전에 대종교에 입교한 것으로 추정된다.

[참고 문헌]
「朝鮮獨立運動에 관한 건」(『不逞團關係雜件-朝鮮人의 部-在滿洲의 部9, 機密公信 제6호, 한국사DB, 국사편찬위원회)

김성욱(金成郁, 남, 생몰 미상)
입교 시기_ 1937년 이전 | **교질**_ 참교

출신지역과 생몰연대가 불분명한 인물이다. 그는 1937년 1월 22일(음력) 대종교 신일시교당(信一施敎堂)에서 고성학(高聲鶴)·최남성(崔南星) 등과 영계(靈戒)를 받았다. 또한 같은 날 참교의 교질을 동시에 받은 기록으로 보아, 그 이전에 이미 대종교 입교가 이루어졌을 가능성이 크다. 당시 신일시교당은 대종교의 거점이었던 북만주 영안현(寧安縣) 신안진촌(新安鎭村)에 소재해 있었다. 이것은 김성욱이란 인물이 1930년 이 지역을 중심을 활동한 인물임을 알게 해 준다. 한편 1921년 황해도 지역에서 조직된 임시군사주비단(臨時軍事籌備團)의 한용단(韓勇團) 통신원으로 김성

욱(金成郁)이 등장하지만, 동일인인지는 확인이 안 된다.

[참고 문헌]
『대종교보』제113호(1937년), 『대종교중광육십년사』(대종교총본사, 1971), 『대한민국임시정부자료집』 32(국사편찬위원회, 2009)

김성일(金成一, 남, 생몰 미상)
입교 시기_ 1937년 이전 | 교질_ 참교

출신지역과 생몰연대를 확인할 수 없는 인물이다. 다만 일제의 심문기록에 그가 북간도 출생이라고 소개되어 있으나 확실하지는 않다. 김성일은 대종교 교우인 최익한(崔益翰)이 1919년 국내에서 임시정부의 군자금 모집을 펼칠 당시, 상해와의 연결고리 역할을 한 인물로 알려져 있다. 해방 이후인 1946년 12월에는 김진성(金振聲)과 함께 신진당(新進黨)의 기획부를 담당한 기록도 전한다.
김성일의 대종교 교력을 살피면, 1937년 2월 2일(음력) 대종교총본사의 특별 추천으로 영계를 받았다. 주목되는 부분은 김성일이 영계를 받은 날, 참교의 교질과 함께 대종교 북일도구(北一道區)의 시교원(施教員)으로 동시 임명되었다는 점이다. 이것은 김성일이 그 이전에 이미 대종교 활동에 깊숙이 관여하고 있었음을 시사해 준다.

[참고 문헌]
『대종교보』제113호(1937년), 『대종교중광육십년사』(대종교총본사, 1971), 『동아일보』1933. 3. 9., 『자유신문』1946. 12. 16., 『한민족독립운동사자료집』37(국사편찬위원회, 1999), 『대한민국건국청년운동사』(건국청년운동협의회본부, 1989)

김세익(金世翼, 남, 생몰 미상)
입교 시기_ 1937년 이전 | 교질_ 참교

출신지역과 생몰연대가 확인되지 않으며, 1930년대 북만주를 거점으로 대종교 항일투쟁을 전개한 인물이다. 김세익의 대종교 입교 시기와 영계 사항은 기록이 없다. 그러나 1937년 3월 14일(음력) 대종교 북일도본사 관할 시교원(施教員)으로 임명될 당시, 이미 그의 교질이 참교에 있었다. 이것은 그 이전에 이미 대종교에 입교하여 영계를 받았음을 알게 해 준다.
그가 속해 있던 북도교구는 북만주일대를 관할하던 대종교 교구로 대종교총본사가 직접 관할하던 곳이다. 김세익이 시교원으로 임명될 당시 북도본사의 책임은 항일투쟁의 거물 윤정현(尹珽鉉)이 맡았으며, 권종덕(權宗德)·정승오·김성일(金成一)·김종우(金鍾禹)·이중열(李仲烈)·권중락(權重洛)·심상직·윤충한(尹忠漢) 등의 항일투사들이 시교원으로 함께 활동하였다. 또한 김세익은 같은 해 8월 24

일(음력)에는 대종교 재만교구경상금수납위원(在滿教區經常金受納委員)으로 임명되어 윤충한과 함께 동흥현(東興縣) 지역의 책임을 맡았다.

[참고 문헌]
『대종교보』제113호(1937년)·제115호(1937년), 『대종교중광육십년사』(대종교총본사, 1971)

김손(金巽, 남, 1896-?)
입교 시기_ 1914년 | 교질_ 참교

평안북도 철산군(鐵山郡) 서림면(西林面) 연산동(蓮山洞) 출신으로, 대종교의 중심됐던 이시열(李時說) 등과 광한단(光韓團) 활동을 전개한 인물이다. 김손이 활동한 광한단은 이시열·현정경(玄正卿)·현익철(玄益哲) 등이, 국내에서 건너온 장명환(張明煥)·김관성(金觀聲) 등과 1920년 2월 만주의 관전현(寬甸縣) 향로구(香爐溝)에 조직한 항일투쟁단체였다. 후일 광한단은 1922년에 만들어진 통합조직인 대한통군부(大韓統軍府)에 통합되었다. 김손은 1921년, 광한단원들과 상해 대한민국임시정부의 독립운동을 원조하기 위하여 독립자금을 모집하다가 검거되었다. 그가 1921년 1월 30일 군자금 1천원을 내놓도록 협박하고, 2월 27일에는 국내 정주군(定州郡) 안흥면(安興面) 안의동(安義洞)으로 들어가 5백원을 내놓도록 협박한 혐의가 이유라는 것이다. 김손의 대종교 교력은 1914년 2월 28일(음력) 참교의 교질을 받은 것으로 보아, 그의 대종교 입교는 윤세복이 주도하고 이시열의 속했던 대종교 환인시교당(桓仁施教堂) 시절로 추정된다.

[참고 문헌]
『종문영질』(프린트본, 1922), 「光韓團員檢擧ノ件」(不逞團關係雜件 朝鮮人ノ部 在內地 十二, 高警第11851號/秘受4765號, 한국사DB, 국사편찬위원회)

김수(金守, 남, 생몰 미상)
입교 시기_ 1923년 이전 | 교질_ 미상

출신지역과 생몰연대를 확인할 수 없는 인물이다. 그에 대한 기록은 대종교단 내부나 일제의 문서에도 발견되지 않는다. 다만 그가 1923년 대종교의 중심인물들과 대종교 부흥을 도모하려 한 계획에 참여한 기록이 유일하다. 이것은 여타 대종교의 중심인물들이 이름을 외자(外字)로 개명하여 쓰거나 가명을 많이 사용한 것처럼, 김수 역시 그럴 가능성이 높다.
김수는 1923년 4월 하얼빈에 거주하면서, 그곳을 거점으로 조직된 만몽산업회(滿蒙産業會)라는 조직에 참여했다. 이 단체는 암암리에 대종교 재건을 모색하려는 비밀조직으로, 김교헌(당시 대종교 교주)을 위시하여 우덕순·원풍·김규식·최계화·유정근·김좌진·조성환·현천묵 등 37명이 가담하였다. 주목되는 것은 이들 모두 대종교의 핵심 인물들로서, 김호경(金顯景)·김보경(金寶景) 등과 같이 가명의 인물들도 참여했다는 점이다. 김수 역시 가명일 가능성을 짙게 해 주는 부분이다. 김수의 대종교 교력 역시 1923년 4월 이전에 이미 대종교의 중심에 있었을 듯하나, 그의 입교 시기나 교질 사항은 확인할 수가 없다.

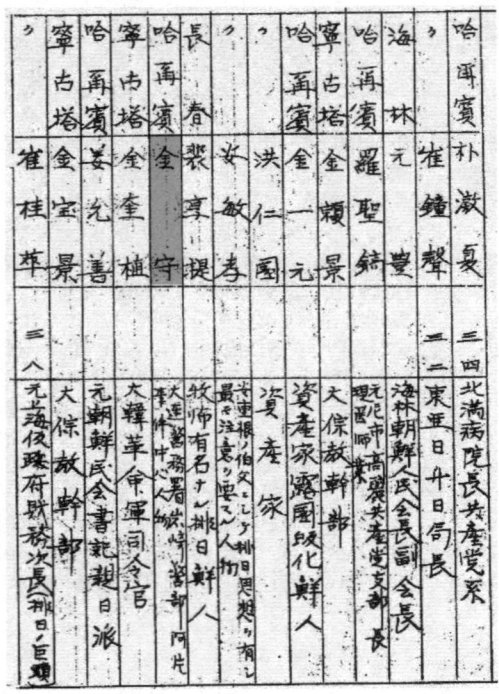

1923년 4월 일제가 대종교 설립계획과 관련하여 기록한 문서 중의 일부. 하얼빈(哈爾賓)의 김수(金守)라는 이름이 적혀 있다.

[참고 문헌]
「大倧敎 設立計劃」(不逞團關係雜件-朝鮮人의 部-在滿洲의 部36, 機密受제262호-關機高收제5452호-1, 한국사DB, 국사편찬위원회)

김수갑(金水甲, 남, 생물 미상)
입교 시기_ 1914년 | 교질_ 참교

출신 지역과 생몰 연대가 불분명하다. 일제의 병탄 전인 1910년 5월(음력) 궁내부의 부속기관인 시종원(侍從院)의 시종(侍從)을 지냈으며, 일제강점기인 1916년 6월에도 윤덕영(尹德榮)·이교영(李喬永)·윤형구(尹逈求)·김관호(金觀鎬) 등과 함께 이왕직(李王職)의 찬시(贊侍)로 임명된 인물이다. 이왕직이란 일제가 식민지배 체제를 확립하기 위하

여 1910년 12월 30일 「이왕직관제(李王職官制)」에 따라 신설한 기관으로, 그 감독권은 조선총독에 있었다. 김수갑의 대종교 교력은 1914년 윤5월 27일(음력) 참교를 받은 것으로 나타나 있다. 또한 1922년 9월 18일(음력)에는 북간도 훈춘현에 있던 원일시교당(대종교동일도본사 관할)의 찬무(贊務)를 맡은 기록이 있으나, 그곳으로 넘어간 이유나 연고에 대한 기록은 전하지 않는다.

[참고 문헌]
『종문영질』(프린트본, 1922), 『대종교중광육십년사』(대종교총본사, 1971), 『承寧府日記』隆熙四年五月六日, 『조선총독부관보』1916년 6월 16일.

김수겸(金壽謙, 남, 생물 미상)
입교 시기_ 1926년 이전 | 교질_ 미상

출신지역과 생몰연대가 확인되지 않는다. 1923년 3월 서간도의 통화현 부근에서 통의부 관할 군자금 모집에 관여한 기록이 있다. 이후 북간도 하얼빈 지역으로 넘어와 대종교 항일투쟁에 몸을 담았다.

김수겸의 대종교 입교 시기와 교질 사항에 대한 기록은 남아있지 않다. 다만 1926년 무렵 대종교 북일도본사 소속 시교원(施敎員)으로 활동한 기록이 남아 있음을 보아, 적어도 그 이전에 입교한 것이 확인된다. 당시 김수겸은 시교원으로 빈현구(賓縣區)를 관할하였다. 이 시기 시교원으로 함께 한 인물들을 보면, 이수(李秀, 아성구 관할)·신형규(辛亨奎, 부여구 관할)·김태섭(金泰燮, 유수구 관할)·강희(姜熹, 안도구 관할)·윤각(尹覺, 길림구 관할)·이승림(李承林, 돈화구 관할) 등으로, 모두 항일투쟁에 앞장 선 인물들이다.

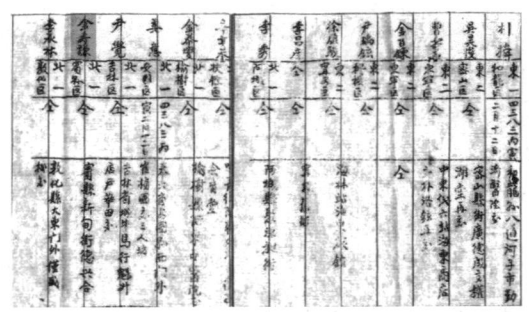

1926년 대종교교단에서 작성한 施敎員一覽表의 일부. 왼쪽에서 두 번째에 金壽謙이 보인다.

[참고 문헌]
「大倧敎施敎堂一覽表(1926年)」(延边朝鮮族自治州档案馆 全宗号42 目录号1 案卷号343, 和龙县历史档案 和龙县警察所, 令各区查禁鮮韓人设立大倧敎堂由, 民国十五年五月十二日), 「不逞鮮人狀況에 관한 건」(不逞團關係雜件-朝鮮人의 部-在滿洲의 部35, 普通受제103호-本公제93호, 한국사DB, 국사편찬위원회)

김수만(金水萬, 남, 생몰 미상)
입교 시기_1922년 | 교질_미상

출신지역과 생몰연대가 불분명한 인물로, 1908년 전북 고부(高阜)와 태인(泰仁) 일대에서 의병활동을 전개한 김수만(金水萬)과는 동명이인이다. 김수만은 1922년 12월 5일(음력) 대종교 서일도본사 추천으로 영계를 받았으며, 1926년 당시도 대종교 서일도본사 소속 송광시교당(松光施敎堂)의 책임자(典務)를 맡았다. 송광시교당은 무송현(撫松縣)에 소재한 시교당이다. 김수만이 1920년대 이 지역을 중심으로 꾸준히 대종교 항일투쟁을 전개했음을 알 수 있다. 더욱이 무송현은 서간도 대종교 항일투쟁의 주요 거점으로 대종교지도자 윤세복(尹世復)과 김호(金虎)가 중심이 되어 조직된 흥업단(興業團)의 활동무대였다. 그러나 김수만과 관련된 대종교 교질 사항은 현재 전하는 기록이 없다.

[참고 문헌]
『대종교보』제56호(1922년). 『대종교인과 독립운동연원』(이현익, 프린트본, 1963). 『大倧敎施敎堂一覽表(1926年)』(延边朝鲜族自治州档案馆 全宗号42 目录号1 案卷号343, 和龙县历史档案 和龙县警察所, 令各区查禁韩人设立大倧敎堂由, 民国十五年五月十二日)

김승욱(金承郁, 남, 생몰 미상)
입교 시기_1922년 | 교질_미상 | 서훈_애국장(2009)

출신지역과 생몰연대를 확인할 수 없는 인물로, 1922년대 대종교의 기록에만 나타나있다. 김승욱은 1922년 11월 18일(음력) 러시아령인 연해주의 대종교 석일시교당(石一施敎堂)의 찬무(贊務, 부책임자)를 맡았다. 석일시교당은 대종교 동이도본사 관할로 이재준(李再俊)이 전무(典務, 책임자)를 맡았으며 동광렬(董光烈)이 김승욱과 함께 찬무를 맡아 활동하였다. 참고로 1922년 당시 동이도본사를 이끈 주요 인물들을 보면 이종수(李鍾琇)·엄호(嚴浩)·김영숙(金永肅)·현천극(玄天極)·이정(李楨) 등 항일투사들이었다. 한편 김승욱은 석일시교당 찬무를 맡을 당시 '형제'의 자격으로 참여하였다. 대종교에서는 입교한 후 6개월이 지난 후에 영계를 받는다. 그 사이의 호칭이 '형제'(여자는 '자매')임을 보면, 김승욱의 대종교 입교가 1922년 중·후반에 이루어졌음을 알 수 있다.

[참고 문헌]
『대종교보』제56호(1922년). 『대종교중광육십년사』(대종교총본사, 1971)

김승학(金承學, 남, 1881-1965)
아호(별명)_희산(希山), 김탁(金鐸)
입교 시기_1922년 이전 | 교질_정교 | 서훈_독립장(1962)

김승학

평안북도 의주군 비현면(枇峴面) 마산동(馬山洞) 동상곡(東上谷) 신보라(新保羅) 절골에서 태어났다. 임진왜란 당시 선조대왕의 의주파천을 도운 공신 가문이었지만, 김승학이 태어날 때는 가세가 몰락하여 소작농 생활을 할 정도로 한미했다. 그는 10세 때부터 한학을 수학하고 1899년부터 평안북도의 대학자 조병준(趙秉準)의 증곡재(曾谷齋)에 들어가 수학하였다. 이 시기 스승 조병준의 애국적 탄식은 후일 김승학이 항일 민족의식을 공고히 하게 된 직접적 계기가 되었다. 또한 만주에 대해 동경과 함께 독립운동에 뛰어들게 한 결정적 동기로도 작용하였다. 1900년 10월부터 이듬해 3월까지 서간도 환인, 통화 지방 등을 탐방하면서 항일투쟁을 모색한 것도 이러한 정황과 무관치 않다.

김승학은 1904년 8월 한성고등사범학교에 입학하여 1년여 동안 신학문을 수학하였다. 1907년에는 종로 각 노상으로 다니면서 배일 강연을 한 혐의로 체포되어 평리원 구치감에서 3개월 동안 옥고를 치렀다. 이후 신민회에 가입하여 비현면 면감(面監)으로 활동하면서 의주 극명(克明)사범학교 학감, 명의(明義)학교 교사로 민족교육운동을 전개하였다.

특히 안중근의 의거는 김승학이 해외 망명을 결심하게 된 결정적 계기가 되었다. 1909년 10월 26일 안중근 의사가 이등박문을 처단한 직후부터 일제의 김승학에 대한 감시가 심해졌다. 당시 체육행사에서 일장기의 게양을 반대하고, 구의주(舊儀州)와 신의주(新義州)를 오가면서 일장기 든 사람들을 설득하여 파손시켰기 때문이다. 이로 인해 신의주 왜병에게 잡혀 2일 동안 무수한 악형(惡刑)을 받았다.

김승학은 경술국치를 당하자 1910년 10월 단신으로 압록강을 건너 만주로 망명하였다. 이어 1912년에는 동삼성 관립 강무당에 입학하여 본격적으로 무장투쟁을 준비하여 갔다. 김탁(金鐸)이라는 필명을 사용한 것도 이 때였다. 김승학은 6개월 속성과(速成科)를 마치고, 만주 오지에 있는 한국 의병단에 참가하여 만몽 각지에서 활동을 실행해 갔다. 이어 국내에서 3.1운동이 발발한 직후 만주에 있던 의병단, 향약계, 농무계, 포수단 등이 통합하여 단군어천절(음 3월 15일)을 기해 대한독립단을 결성한다. 대한독립단은 김승학의 스승인 평북의병장 조병준과 전덕원을 비롯하여 황해도 평산의진의 이진룡(李鎭龍)과 조맹선(趙孟善)·우병렬(禹炳烈)·백삼규(白三圭), 그리고 강원도의 박장호(朴長浩) 등, 서간도로 망명한 대표적인 의병세력을 근간으로 조직된 단체였다.

만주에 본부를 둔 대한독립단은 국내 전국적으로 조직망을 갖추고 적극적으로 활동했다. 김승학은 이 대한독립단의 재무부장으로 피선되었다. 김승학은 국내에 잠입하여 독립운동 자금을 모집하고, 대한독립단 지부를 조직하여 국내외 독립운동을 연계시킬 계획을 추진하였다. 그는 우선 1919년 8월초 동창생인 백의범(白義範)·백기준(白基俊)을 유하현 삼원포 대화사에 있던 대한독립단 도총재부로 초청하였다. 국내에 들어가 활동할 것을 상의하기 위한 것이었다. 그리고 국내 지단의 설치에 대해 도총재 박장호의 결재를 얻고, 평안남북도 특파원의 임무를 띠고 길을 떠났다. 이후 김승학은 이듬해 1월경까지 대한독립단 및 임시정부 평안북도 독판부 특파원으로 활약하면서, 평안남북도 일대 52개소에 연통제 기관과 독립단 지단을 조직하였다. 뿐만 아니라 각지로 다니며 임시정부와 독립단을 선전한 결과, 국내 각 기관에서 청년들이 많이 찾아 왔고 독립운동 자금도 수 만원이 모금되었다. 이것이 바로 대한독립단의 무기 구입 및 활동 자금으로, 또 임시정부 평안북도 독판부 활동자금으로 사용되었다.

서간도로 귀환한 김승학은 곧 이 지역에서 활동하던 대한독립단, 한족회(韓族會), 청년단연합회(靑年團聯合會) 등 독립운동단체를 통합하여 항일 투쟁 역량을 강화하기 위해 심혈을 기울였다. 마침내 통일기관의 간부로는 한족회 대표 이탁(李鐸), 독립단 대표 김승학, 청년단연합회 대표 안병찬(安秉瓚) 등의 세 사람이 피선(被選)되어, 마침내 1920년 2월 관전현 향로구에 통일기관을 설치하였다. 그리고 임시정부에 대표를 파견하여 그간의 정황을 보고하게 하고 그 기관의 명칭을 받아 오도록 하였다. 김승학은 이 사명을 띠고 상해로 출발했다. 더욱이 무기를 구입하여 오는 일을 동시에 떠맡았다.

김승학은 상해에 도착한 뒤 도산 안창호를 방문하여 서간도의 사정을 보고하고, 무기 구입의 알선을 부탁하였다. 안창호는 이를 당시 경무국장이던 김구에게 맡겼다. 또한 상해임시정부로부터 통일기관의 이름으로 광복군사령부(光復軍司令部)와 광복군참리부(光復軍參理部)라는 명칭을 받았다. 참리부는 임시정부 군무부 산하에 두는 것으로 최종 결정되었다. 그리고 김승학은 광복군사령부 군정국장 겸 군기(軍機)국장에 선임되었다. 김승학은 무기 구입의 임무에도 총력을 기울여 권총 등 2백 40정의 무기와 수 만발의 탄약을 구입하였다. 같은 해 음력 8월 보름 다시 이륭양행의 기선을 타고 서간도로 귀환하는데 성공했다. 이 무기를 광복군사령부의 독립군 병사들에게 분배할 때, 김승학은 이루 말할 수 없는 감회에 젖었다. 무기수여식에서 토로한 다음의 연설에서 김승학의 당시 심경이 그대로 드러난다.

"우리 광복군사령부는 대한민국임시정부 군무부에 직속한 군단이며, 임시정부 군무부(軍務部)를 대표하여 우리의 원수 왜노(倭奴)와 혈전하는 기관이요, 제군에게 주는 무기는 국내의 동포들이 피와 땀을 모아서 마련한 것이며, 내가 몇 번이나 위험한 경우를 무릅쓰고 다니면서 모집하였고, 사천 리되는 상해를 왕반(往返)하면서 수륙 양로로 가진 고난을 겪으면서 구입한 것이다. 내가 지난해 7월에 독립단 도총재부 소재지인 유하 삼원보 서구(西構) 대화사(大花斜)에 갔을 때에, 청년들의 집단훈련하는 것을 보았는데 무기라고는 구 러시아식 장총(長銃) 2정과 화승(火繩) 통포대 총(銃) 2정이 있을 뿐이요, 그 외는 전부가 목총(木銃)을 메었기로, 나는 그 때에 청년들에게 이런 말을 하였다. 금번에 국내에 출장하였다가 무사히 돌아오게 된다면, 제군의 휴대할만한 무기를 마련하려는 결심이니, 제군은 무기 없는 것을 낙심하지 말고 훈련만 잘 받으라고 근면(勤勉)한 일이 있었다. 그랬더니 그 길에 다행하게도 무기 자금이 마련되어서 지난 봄에 황해도에 출장하는 군인에게도 다소의 무기를 주었고, 이번에 제군에게 무기를 수여하게 된 것이다. 이 무기는 국내 동포들이 주는 것이며, 임시정부 군무부에서 주는 것이니, 제군은 그렇게 알고 무기를 생명과 같이 사랑하여 1발의 탄환이라도 헛되게 쓰지 말고, 1발에 왜적 1명 씩 잡기로 결심하여야 한다."

김승학의 외침처럼 이 무기는 국내에서 핍박받는 동포들의 헌혈과도 같았다. 그러므로 이 무기를 기반으로, 대한독립단을 비롯한 광복군사령부 휘하 독립군들이 거둔 성과 또한 적지 않았다. 즉 광복군사령부 휘하의 독립군 부대들은 국내 진공작전으로 일제의 식민통치 기관을 파괴하는 일에 전력하였다. 그리하여 이들 부대는 3~4개월 동안 일본군과 78회 교전하면서, 56개소의 주재소를 공격하였고, 20개소의 면사무소와 영림창을 불태우거나 파괴하였다. 그리고 일본 군경 95명을 사살하는 전과를 올렸다.

김승학은 1921년 3월 중순 재차 상해로 옮긴다. 새로운 독립운동 방략을 모색하기 위함이었다. 그 대표적인 활동이 바로 『독립신문』의 복간이다. 당시 『독립신문』의 발행은 여러 가지 이유로 중단되어 있었다. 발행을 주도하던 이광수는 변절하여 귀국해 버렸고, 일제의 집요한 교섭으로 프랑스 조계 당국에 의해 신문사는 봉쇄되고 인쇄 도구는 압수되어 있는 형편이었다. 김승학은 가지고 있던 독립운동 자금을 이용하여 『독립신문』의 복간을 구상했다. 그 결과 1921년 4월 중순 『독립신문』은 복간되기 시작하였고, 선생은 독립신문사 사장을 맡아 그 발행을 총괄하였다.

이 시기 김승학은 독립신문사의 부대사업으로 교과서편찬위원회를 부설하고, 박은식·조완구·윤기섭·김두봉·정신·차리석·백기준 등과 함께 교과서 편찬사업도 벌였다. 그 대표적 출판물이 『배달족역사』다. 1923년 발간된 『배달족역사』는, 김교헌이 교열하고 대한민국임시정부가 발간한 것이다. 대한민국임시정부의 국사교과서로, 인성학교 등의 교재로도 쓰였다고 한다. 또한 이 책을 교열한 김교헌은, 백순이 이승만에게 보낸 편지에 언급했듯이 대한민국 역사가의 진정한 우두머리[宗匠]였다.

또한 김승학은 한중 양국인의 항일 연대투쟁과 친선 도모를 위해 조직된 중한국민호조사총사(中韓國民互助社總社) 선전부장으로 활약하였다. 1923년 국민대표회의 이후 임시정부가 위축되던 시기인 1924년 4월 임시의정원 평안도 지역 의원, 그리고 같은 해 5월 학무부 차장에 임명되어 학무총장을 대리하면서, 그 세력 회복과 확대에 노력하기도 하였다. 이어 임시정부는 1926년 10월 김승학을 육군주만참의부 제4대 참의장으로 임명하였다. 그리고 남만 독립군 단체의 통합 사명을 부여하면서 취임하기를 독촉한다. 이 시기 만주지역 독립운동계의 상황이 급변하고 있었다. 1925년 6월 11일 중국 동북 군벌과 조선총독부 경무국장 사이에 체결된 이른바 「삼시협정(三矢協定)」에 따라 독립운동의 환경 변화였다. 삼시협정이 봉천성과 조선총독부 간에 맺어진 조약이기는 하였지만, 그 대상은 만주 전역에 주둔하거나 거주하는 한국독립군과 배일한인을 대상으로 한 것이었기 때문이다. 한국독립군들이 이 같이 불리한 상황에 처해 있을 때, 친일한인들 중에는 독립군을 도와주기는커녕 이 기회를 이용하여 자신의 안위와 부귀영화를 꾀하는데 전념하였다. 즉 그들도 한국독립군을 탄압하는 중국 측과 마찬가지로 독립군의 소재지나 배일한인을 지목해 일제에 알려주고 상금을 받아가는 행위를 자행했던 것이다. 이러한 상황이었으므로 신민부의 독립군들은 이들을 척결하는 것을 우선적인 목표로 정하고 활동하였다.

한편 만주지역에는 1925년 이래 참의부(參議府)·정의부(正義府)·신민부(新民府) 등 3부가 정립(鼎立)함으로써 이 같은 상황 변화에 능동적으로 대처하지 못하고, 독립운동의 역량을 분산시켰다. 이 같은 상황에서 3부 통합의 임무를 맡은 것도 바로 김승학이었다. 김승학은 상해로부터 출발하여 1927년 3월 참의부 소재지인 서간도 환인현에 도착하여 3부 통합운동을 주도하여 갔다. 여러 우여곡절 끝에 각 부에서 3명씩 대표를 선출하여 3부 통합운동을 전개하였다. 참의부 대표로는 김승학을 비롯하여 장기초·박희곤 등 3인, 정의부에서는 김동삼·이청천·이관일 등 3인, 신민부에서는 김좌진·정신·김동진 등 3인이 선출되어, 이들은 길림에 모여 3부 통합회의를 열었다.

그러나 김승학이 3부 통합회의에 참석하며 참의부를 비운 사이 내분이 일어났다. 제3중대 심용준 일파가 중앙호위대장 차천리(車千里)를 살해하는 구데타를 일으킨 것이다. 심용준은 참의부 내에서도 전민족유일당조직촉성회파가 아닌 전민족유일당협의회파로 구분되는 인물이었다. 3부의 합동에 의해 민족유일당 조직동맹을 강화한 협의회파는 1929년 3월 하순 길림에서 3부 대표자회의를 별도로 개최하였다. 그리고 4월 1일 3부 통일회의 명의로 선언문을 발표하고 국민부를 성립시켰다. 김승학을 비롯한 참의부 주류파 역시, 1928년 12월 하순 정의부의 인사들 중 촉성회를 지지하는 측과 신민부의 군정파들과 연합하여 혁신의회(革新議會)를 조직하였다. 중앙집행위원장에 김원식을 선임하였고, 위원에는 김승학과 함께 지청천·정신 등을 선출하였다. 혁신의회의 주요 업무는 첫째, 대당(大黨) 촉성의 적극적 방조, 둘째, 군사후원 및 적세 침입 방지, 셋째, 합법적 중국 지방자치기관동향회 조직, 넷째, 잔무정리 등이었다. 당시 김승학은 민정정리위원을 맡았다. 나아가 '이당치국론'에 따라 한국독립당을 조직하고, 그

당군으로 한국독립군을 설치함으로써 당·정·군의 체제를 갖추게 되었다.

그러나 혁신의회 의장 김동삼이 하얼빈에서 일제경찰에 체포되고, 김승학과 박창식, 김소하 등도 통화현에서 중·일 경찰에 체포되어 김동삼은 10년, 김소하는 15년, 김승학은 5년, 박창식은 3년형을 언도받았다. 이후 1935년 4월 12일 평양형무소에서 출옥할 때까지 5년여의 옥고를 치렀다.

그 과정에서 김승학이 당한 고문은 형언하기 힘들었다. 그 이유는 두 가지로 압축된다. 하나는 언제 상해로부터 무기(武器)를 얼마나 샀었느냐는 것이다. 또 하나는 각지로 다니면서 수집한 독립운동사 자료들을 어느 곳에 감춰 두었는가 하는 것이었다. 그들은 김승학이 구입한 무기가 만주 불령배(不逞輩)들에게 공급되어 국경을 교란시켰다고 협박했다. 또한 상해에서는 불량(不良) 신문지를 통하여 대일본국체에 대해 수많은 모욕을 주었다는 것이다. 그런데 또 허위사실을 담은 독립운동사 자료를 얼마나 모아가지고 다니며, 그것을 어디에 감추었느냐 하는 것이 그들의 반복된 심문이었다.

특히 김승학은 독립운동사 자료에 목숨을 걸었다. 그 이유는 백암 박은식과의 굳은 약속 때문이었다. 김승학이 해방 이후 엮은 『한국독립사』의 다음 서문이 주목된다.

"내가 일찍이 조국 광복을 위한 운동 대열에 참여하여 상해에서 『독립신문』을 발행할 때, 백암 박은식 동지가 편저한 『한국통사』라는 나라를 잃은 눈물의 기록과 『독립운동지혈사』라는 나라를 찾으려는 피의 기록을 간행할 때, 그 사료 수집에 미력이나마 협조하면서, 다음번에는 『한국독립사』라는 나라를 찾은 웃음의 역사를 편찬하고자 굳은 맹약을 하였다."

김승학이 상해 독립신문의 사장으로 있을 당시, 이때 주필 박은식의 『한국통사』 집필을 도우면서 해방 후 『한국독립사』를 편찬하겠다는 맹세를 한 것이다. 그러므로 김승학은 출옥 후에 일제의 감시를 피해 다시 만주로 망명하였다. 그것은 물론 독립운동을 재개하기 위한 것이었지만, 또 한 가지 이유는 만주 천금채(千金寨)에 맡겨두었던 독립운동 자료를 찾기 위한 것이었다. 이후 김승학은 북경에 주재하면서 천진의 안경근과 협조하여 임시정부의 만주 연락책으로 활동하였고, 또 청년들을 선발하여 김구에게 보내는 역할을 하였다. 그러다가 남만주 사평성 예문촌(禮文村)에 돌아와 은거한다. 그리고 동지들과 연락하며 독립운동을 모색하던 중, 8.15 광복을 맞이하였다.

해방된 조국에서도 김승학의 삶은 녹녹치 않았다. 일제에 의한 억압으로 국내의 발판을 모두 잃어버린 독립운동 세력은 아픔을 넘어 절망적 현실과 부딪히게 된다. 또한 타의에 의해 씌워진 이념의 굴레와 청소하지 못한 일제의 앙금은 또 다른 시련으로 역사를 정지시켰다. 김승학 역시 광복과 동시에 청년 수십 명 및 친척들과 더불어 고향을 찾았다. 그 때가 1945년 9월 상순이었다. 그리고 가장 먼저 시도한 사업이 독립운동사 편찬이었다. 마침내

동지 십여 명과 더불어 평북인민위원회 간부들의 양해 아래, 정식으로 독립운동사편찬회를 조직(組織)하고 신의주의 노송정(老松町)에 사무소를 두고 자료 수집에 나섰다. 그러나 9월 하순 경 서울에서 찾아온 동지들의 권유로 부득이 상경하게 된다. 그리고 옛 동지들인 오광선·전성호·김해강 등과 한국혁명군이라는 명칭 아래 동지를 모집하였다. 때마침 임시정부의 광복군총사령관 이청천으로부터 김승학에게 전갈이 왔다. 그것은 한국혁명군을 '광복군 국내 제1지대'로 고치고, 김승학에게 참모장의 임무를 맡아 달라는 것이었다. 임정 요인들이 환국한 뒤에 대한국군준비위원회와 대한국군총사령부가 정식으로 조직되었다. 김승학은 대한국군준비총사령부에서도 참모부장을 맡았다. 그 후 김승학은 '광복군 국내 제2지대' 설립 책임을 지고 개성으로 갔다. 여기서 해외에서 입국하는 청년 100여 명과 국내 청년을 모아 만월대에 임시군영을 두고 군사훈련도 실시하게 된다. 그러나 미주둔군(美駐屯軍) 군정령(軍政令)으로 강제 해산을 당하고, 더욱이 훈련책임자였던 김(金)아무개는 미군재판 하에서 5년이라는 구형(求刑)까지 받았다.

해방 직후 대한민국임시정부 주석 김구가 국내 한국광복군 제2지대 설치에 대한 모든 권한을 김승학에게 위임하겠다는 위임장

『독립신문』의 속간 역시 광복 후 김승학의 활동에서 주목되는 부분이다. 이것은 그의 독립촉성 활동에서도 볼 수 있듯이, 해방의 공간이 곧 독립의 완성으로 보지 않았음을 의미하는 것이기도 했다. 상해에서 『독립신문』을 운영했던 김승학은 김석황 등과 속간 발행을 주도했다. 또한 사장은 이시영·조소앙 등 임시정부 인사들이 맡았으며, 제호는 『독립신문』이지만 상해 독립신문과 구분하기 위해 『(환국속간)독립신문』이란 별칭이 붙었다. 『(환국속간)독립신문』은 속간 1호(1946년 12월27일)부터 제388호(1949년 3월31일)까지 발간되었다. 또한 속간 1호에는 김구를 비롯해 이시영(국무위원), 조소앙(외무부장) 등 임시정부 요인들의 속간 축하 휘호를 실었다. 당시 김구가 쓴 휘호는 '발양정기(發揚正氣, 바른 기운을 발양하다)'였다. 그러나 『(환국속간)독립

신문』은 공교롭게도 김구와 그 운명을 같이했다. 즉 1949년 6월 26일 서거한 김구가, 그해 7월 5일 효창원에 안장되자, 『(한국속간)독립신문』 역시 그 다음날 공보처로부터 무기정간(폐간)을 당했다. 폐간의 이유는 대한민국임시정부의 기관지라는 것, 절대 독립을 지지했다는 것, 그리고 남한단독정부를 반대한다는 것이 그것이었다. 이밖에도 김승학은 1946년 1월 신탁통치반대국민총동원위원회 중앙위원으로 선임되어 신탁통치 반대 입장을 천명했는가 하면, 1947년 6월에는 엄항섭 등과 함께 반탁시위책임자로 체포되기까지 했다. 특히 이들은 임시정부추진회를 동시에 했는데, 독촉국민회(獨促國民會)의 책임을 맡았던 김승학은 임정추진의 위원장까지 맡았다.

[주요저술과 역사인식]

어린 시절 김승학의 학문은 여타 인물들과 만찬가지로 유교적 소양 쌓기가 전부였다. 이 시절 김승학이 접한 서책은 『십구사략(十九史略)』·『자치통감』·『사서삼경』 등 유교적 교과가 주종이었다. 『십구사략』은 말 그대로 중국 18사에 원사(元史)를 더한 19사를 요약한 역사서이다. 『자치통감』 역시 중국 송나라 사마광(司馬光)이 영종(英宗)의 명으로 편찬한 중국의 편년체(編年體) 역사서로, 기원전 403년 주나라 위열왕(威烈王)으로부터 960년 후주(後周)의 세종에 이르기까지 1362년간의 역사를 1년씩 묶어서 편찬한 사서다. 『사서삼경』을 포함한 모든 것이 중국적 가치와 역사를 기록한 것이다. 더욱이 한성사범학교 시절 접했을 『조선역대사략』도 민족적 역사서술과는 너무 거리가 멀었다. 후일 김승학의 『배달족이상국건설방략』·『오천년 민중의 유래사』·『망명객행적록』·『한국독립운동사재료초안』·『한국독립사』 등에 실려 있는 그의 역사인식은, 대종교의 경험으로부터 형성된 것이다. 그는 단적으로, 과거 조선조의 인식을 유교적 사대주의로 표현하고 인간을 홍익하려던 건국이념과 동양문화를 선양하려던 대업(大業)을 급속히 위축시켰다고 공박했다. 물론 이것은 대종교 계열의 역사학자인 김교헌·박은식·신채호·장도빈 등등의 사례에서도 나타나는 전형이라 할 수 있다. 특히 김승학에게 커다란 영향을 준 박은식 인식변화를 보면 더욱 분명해진다. 박은식의 정신적 신념은 전통유교기에서 개혁유교기로, 그리고 대종교영향기로 변화된다. 그리고 유교로부터 탈피한 그의 민족주의 사학은 대종교의 영향 속에서 잉태된 것이었다.

김승학 역사인식의 변화 역시 3단계로 추리해 볼 수 있다. 그가 유교적 한학을 수학하던 시절의 유교영향기와, 한성사범학교를 수학한 시기인 신교육영향기, 그리고 상해 시절부터 본격화되는 대종교영향기가 그것이다. 물론 김승학의 유교영향기와 신교육영향기의 역사인식을 살필 수 있는 글은 없다. 현전하는 김승학의 글이 대부분 1920년대 이후의 글이며, 더욱이 역사인식과 관련한 당시의 글은 전무하기 때문이다. 다만 유교영향기에 학습한 『십구사략』·『자치통감』·『사서삼경』의 내용과 유교적 제술공부(製述工夫, 과거시험 준비 공부)와 경의공부(經義工夫, 성리학 공부), 그리고 신교육영향기에 학습했을 『조선역대사략』이

근대민족주의 역사학과는 거리가 먼 것들임을 고려한다면, 박은식이 전통유교기와 개혁유교기에 보여준 역사인식과 크게 벗어나지 않았을 것으로 추찰된다.

한편 김승학의 역사와 관련한 체계적 저술은 근대사와 관련한 『한국독립사』한 권뿐이다. 특히 고대사와 관련한 체계적 저술은 전하지 않는다. 그러나 그가 육필로 남긴 『배달족이상국건설방략』·『오천년 민중의 유래사』·『망명객행적록』·『한국독립운동사재료초안』 등등에는 시대와 강역 인식이 적지 않게 드러나고 있다. 물론 그 속에 담긴 인식은 『십구사략』·『자치통감』·『사서삼경』·『조선역대사략』 등의 역사 가치나 서술관과는 근본적으로 다르다. 즉 대종교의 영향 혹은 관련 인물들과의 교감에 의한 민족주의적 역사인식이 그대로 반영되어 있다.

가장 대표적인 것이 강역인식이다. 1900년 경 김승학이 1차 만주행을 모색할 당시, 이미 만주(서간도)에 대한 고토의식을 드러냈다. 이것은 김승학이 유교적 영향기에 이미 서간도에 대한 고토의식이 형성되고 있음을 암시하는 부분이다. 이러한 인식은 대종교를 접하면서 더욱 뚜렷하고 구체화 되어 간다. 김승학은 『배달족이상국건설방략』에서

"단군조부터 고구려조까지 우리 단족(檀族) 즉 배달족의 발상지역은 대략 다음과 같다. 동으로는 창해를 지나 태평양을 접하며, 서쪽으로는 지나 연해안(황하)과 동몽고를 내포하였고, 남으로는 현해를 건너 대마도까지며, 북으로는 흑룡강을 지나 오랍산 즉 동서양 접경이었다. 수륙 수만리 강토 중에 거주하던 종족은 합하여 아홉 족속이다. 이름하여 남족(藍族)·황족(黃族)·적족(赤族)·백족(白族)·현족(玄族)·풍족(風族)·견족(畎族)·방족(方族)·묘족(畝族)으로 나뉘었다. 이것을 전부 이름하여 단족 즉 배달족이라 한다."

라는 인식을 드러내고 있다. 앞부분은 우리 배달족 강역을 말하는 부분이고 뒷부분은 배달족 종족 구성을 드러낸 부분이다. 배달족 강역과 관련된 대종교의 체계적 인식의 출발은 대종교의 『단군교포명서』(1904)에서 찾을 수 있다. 거기에는 단군대황조의 통치 강역이 복서의 북방 사막 벌판으로부터 남동의 너른 바다 여러 섬들까지 미치고 있음을 기술하고 있다. 또한 나철이 백봉집단으로부터 받은 『단군교오대종지서』에도 그대로 나타나 있다. 이러한 강역 인식은 김승학의 배달족 강역과 거의 일치하는 것으로, 김교헌과 박은식·류근 등이 편찬한 『단조사고(檀祖事攷)』(1911)에도 그대로 나타나며, 후일 대종교 계열의 역사학자나 대종교지도자들의 공통된 인식이었다.

또한 뒷부분에 나오는 김승학의 배달 종족관 역시 대종교의 9족설(九族說)에서 연유한 것이다. 대종교의 전래 경전 가운데 『신사기(神事記)』를 보면, 오물(五物) 가운데 가장 빼어난 것이 사람으로, 본디 황인종·백인종·흑인종·홍인종 및 남인종(藍人種)이 있었다. 세월이 지나며 제각기 한 모퉁이씩 자리 잡고, 적게는 일가친척을 이루고, 크게는 한 부락을 이루었는데, 황인종은 넓은 벌판에 살고, 백인종은 호숫가에 살고, 홍인종은 남녘 바닷가에 살고, 남

인종은 여러 섬들에서 살았다고 전한다. 그리고 그 다섯 종족 가운데 황인종이 가장 커서, 넷으로 나뉜다. 개마산(蓋馬山) 남녘에 사는 이들은 양족(陽族)이 되고, 동녘에 사는 이들은 간족(干族)이 되고, 속말강인 송화강 북녘에 사는 이들은 방족(方族)이 되고, 서녘에 사는 이들은 견족(畎族)이 되었다는 것이다.

이러한 전거(典據)가 김승학 9족설의 출발이다. 더욱이 김승학이 편수·발행한 김교헌의 『신단민사』의 맨 앞부분 「신시시대(神市時代)」 '민족의 산거(散居)'에도, 9족설의 다른 표현인 9이설(九夷說)이 등장하고 있다. 김승학의 종족관 역시 대종교의 9족설과 뗄 수 없음을 알 수 있다. 나아가 김승학은 9족의 수는 고구려조까지도 지나족 즉 황제헌원씨 유족보다 몇 배가 많고 지나 본토보다 몇 배가 광대했다고 다음과 같이 주장하고 있다.

"단군조부터 고구려 중엽 광개토왕 시대까지 근 3천여 년 간은 우리 배달족이 동아 대륙에서 제일 다수족이며 제일 문명족이며 웅비하던 족속이다. 뿐만 아니라 국경 토지도 지나 본토(황하 이남 양자강 이북) 구주(九州)에 비하면 3배나 광대하였다."

그리고 요하 서쪽 8백여리 지방에 거주하였던 인민은 자연 당나라로 이적하여 지나족으로 화했다는 것이다. 또한 요하 동쪽 7백여 리 지역에 거주하던 인민은 요금과 청나라를 따라 역시 지나족으로 귀화하였다는 견해다. 영평부 방면에 위치하고 있던 고죽국 국민과 산동성 부근에 거주하던 우국(嵎國)과 엄국(奄國)과 내국(萊國)과 전국(顓國)과 사국(史國) 등, 여러 소국에 거주하던 인민과 하남성 방면에서 웅비하던 대서국(大徐國) 서언왕의 신민(臣民) 등 몇 천만 명도, 그 국호가 없어짐을 따라 지나족으로 변화했다는 것이 김승학의 인식이다.

한편 김승학의 이와 같은 강역 인식은 과거완료형으로 멈춘 것이 아니라, 미래의지형으로 이어지고 있다는 점도 주목된다. 그는 백두산과 만주를 거점으로 한 배달국이상향을 설계하고자 했다. 이것은 김승학이 젊은 시절부터 동경하던 만주에 대한 연민과도 무관치 않다. 특히 김승학이 대종교를 경험한 이후부터는, 그에게 있어 이 지역은 '과거의 향수'(Home-sick)이자 '미래의 꿈'(Nostalgia)이었다. 이러한 인식은 당시 대종교지도자들의 공통된 이상이었으며, 역사적으로 대륙사관을 버리지 못한 또 다른 이유이기도 했다.

동북아 역사에 이름을 올린 국가들에 대한 인식에 있어서도, 김승학은 대종교적 역사인식과 궤를 같이 하고 있다. 김승학은, 고조선, 부여, 숙신, 선비, 읍루, 물길, 말갈, 옥저, 예, 맥, 마한, 진한, 변한, 신라, 가락(駕洛), 가야, 탐라, 고구려, 백제, 고려, 졸본(卒本), 발해, 오환, 여진, 만주를 종횡으로, 광막한 지역이 모두 우리 선조들의 유산으로 보고, 그 지역 내에서 사는 겨레들도 누구를 막론하고 우리 선조의 자손이라는 것이다. 김승학이 1923년 직접 편수·발행한 『신단민사』의 「신단민사표(神檀民史表)」에서는 배달족의 민족계(民族系)를 자세히 도표화하고 있

는데, 김승학의 민족계 인식은 이것을 요약한 것이다. 그러므로 김승학이 직접 광고한『신단민사』의 홍보에서도

"한검의 후손으로 북륙(北陸)을 전거(奠據)하고 동아(東亞)를 석권하던 여(餘), 신(愼), 진(眞), 진(震)과 서(徐), 요(遼), 금(金), 청(淸)을 포괄한 민족혈계사(民族血系史)가 지금까지 세상에 현출(顯出)되지 못하야, 신조(神祖)의 창고개천(創古開天)하신 위모(偉模)와 성손(聖孫)의 궁금락토(亘今樂土)하는 영전(榮典)을 발휘치 못한 것은 종성족수(宗性族粹)에 막대한 결흠(缺欠)이더니……"

라는 동일한 민족계 인식을 보여주고 있다. 주목되는 것은『신단민사』『신단민사표(神檀民史表)』와 김승학이 보여준 민족계 인식의 출발 역시 대종교의 전래 문헌과 연결된다는 점이다. 즉『단군교오대종지서』의 앞부분에 실린「대황조신손원류지도(大皇祖神孫源流之圖)」가 그것이다. 이 문헌에 나타나는 혈계사 인식은 1911년 간행된『단조사고』「배달족원류단군혈통(倍達族源流檀君血統)」이라는 도표에 그대로 계승되고, 역대 국가와 관련한 김승학의 민족혈계사 인식 역시 이것을 그대로 이은 것이었다. 그러므로 김승학이 해방 후 정리한『한국독립사』에서도, 다음과 같이 동일한 인식을 확인할 수 있다.

"대단군은 이미 우주조직의 원리를 설명하는 삼신오제(三神五帝)의 신설(神說)로써 인민을 교화하였으며, 지방을 다스리는 제도도 이에 맞추어 삼경오부(三京五部)를 두었으니 이것이 우리나라 수천 년래 백성을 다스리는 나라의 대전(大典)이 되었고, 그 후에 대(代)와 곳을 따라 조선·부여·숙신·옥저·예맥·대진(大震)·대서(大徐)·진한(辰韓)·마한(馬韓)·변한(弁韓)·가락(駕洛)이 되며, 혹은 고구려·백제·신라·발해·여진·요·금·고려·근세조선(李氏朝鮮)·청이 되어, 겨레의 통서(統緖)가 연면하고 나라의 세운(勢運)이 혁혁하기 반만년에 이르렀다."

위의 글에서 김승학의 삼신오제와 삼경오부 장치에 대한 긍정 역시 눈길을 끈다. 삼신설은 대종교 신앙의 근본으로 삼신일체 사상과 관련이 있다. 대종교 계열의 신채호도 고대 삼한(三韓)도 삼신설(三神說)에 의해 만들어 졌으나, 삼신에 대한 믿음이 타락하면서 붕괴일로로 치닫게 되었다는 주장이다. 신채호는 '대단군'을 제사장으로, '수두(蘇塗)'를 신단라 보았다. 그리고 고대의 모든 제도는 수두에서 시작됐으며, 일체의 풍속도 모두 여기서 비롯했다는 인식이다. 또한 수두에서 삼신오제가 나왔고, 삼신오제를 거쳐 삼경오부가 나왔다고 했다. 즉 삼신사상을 민족정신의 핵심으로 인식했던 것이다. 또한 삼신이야말로 우리 고유신앙(신채호는 仙敎라 칭함)의 주체로서 기독교의 삼위일체나 불교의 삼불여래와 흡사하다고 이해했다. 대종교적 가치를 공유한 두 사람이고 보면, 삼신오제와 삼경오부에 대한 김승학의 구체적 설명은 없지만, 그것에 대한 구체적 이해 역시 신채호와 흡사할 듯하다.

김승학의 역사인식에서 신채호와 통하는 또 하나가 있다. 신라가 당나라를 끌어 들인데 대한 증오와 김부식의 역사

서술에 대한 유감이다. 그는 첫째, 신라가 당을 끌어들여 고구려와 백제를 멸한 이후, 우리 민족이 대륙을 잃어버렸다는 인식을 보였다. 둘째, 중국의 한·수·당나라 시기에는 고구려가 그들을 제압하고 있었음을 드러내고 있다. 마지막으로, 신라가 고구려·백제를 멸한 것을, 적에게 승리한 영웅처럼 묘사하는 것에 대한 비판이다.

그러므로 김승학은 나·당연합군이 고구려를 협공 승전한 후, 그 밀약과 같이 요서 땅 8백 여리는 당의 판도로 하고 요하 동쪽 7백 여리 땅만 신라의 소유로 하였다는 인식을 보인다. 그러나 요하 동쪽 7백 여리 백두산까지도 지키지 못하고, 우리 속담 "죽쒀서 개 살린 모양"이라는 글귀를 인용하여, 신라의 역사적 죄과를 공박하고 있다. 더욱이 신라가 당병을 끌어들여 고구려 수도를 함락시킨 후, 사고(史庫)와 각 명산에 숨겨두었던 국사 즉 단군조부터 고구려까지 전래하던 상고 국사와 각 보물을 당나라에게 양도하고 신라는 한 건도 보관치 못하였다고 했다. 그러므로 우리나라는 고대사를 학습한 사람이 한 사람도 없고 조선 고대사는 지나 역사 중에서 일일이 찾아보게 될 뿐이라는 인식이다.

또한 김승학은 당나라 조정에서는 조선 상·중고사를 몰수해 가 사고에 감추었다가, 청나라 강희황제 때에 명나라 유신(儒臣)들로 자기 사고에 적치하여 있는 서적을 등본(謄本)시켜, 소위 사고전서란 책자를 만들어 네 곳(봉천, 해상위, 북경, 항주)에 보관하였다 한다. 안타까운 것은, 일제강점기 중국의 항주에 있는 사고전서 중에, '조선고대국경지도'(단군조·부여조·고구려조) 각 본이 발견되어 그것을 김승학 일행이 베껴온 일도 있었다는 것이다. 아무튼 김승학은, 신라의 그러한 역사적 잘못에 대해, 그 후 무렴치한 사람들로 조선사를 만들되 조선은 옛날부터 중국에 예속되었던 소국이며 지나는 대국이라 하고, 우리는 자칭 소국 또는 소중화란 잘못된 역사를 지었다는 것이다. 그리고 그 대표적 인물과 사서가 김부식의『삼국사기』라 했다.

김승학의 역사 인식에서『한국독립사』역시 언급하지 않을 수 없다. 이 책은『한국통사』(박은식, 1915)와『한국독립운동지혈사』(박은식, 1920)의 맥을 잇는 업적으로 평가된다. 김승학의 "내가 일찍 조국 광복을 위한 운동 대열에 참여하여 상해에서『독립신문』을 발행할 때, 백암 박은식 동지가 편저한『한국통사』라는 나라를 잃은 눈물의 기록과『독립운동지혈사』라는 나라를 찾으려는 피의 기록을 간행할 때, 그 사료 수집에 미력이나마 협조하면서, 다음번에는『한국독립사』라는 나라를 찾은 웃음의 역사를 편찬하고자 굳은 맹약을 하였었다."라는 회고가 그것을 뒷받침한다. 특히『한국독립사』를 편찬한 김승학은 망국을 경험하며 통탄한 인물이다. 그리고 생사를 넘나드는 독립운동에 앞장선 인물이다. 나아가 그 독립운동 관련 자료들을 죽음을 무릅쓰며 모으고 지켜낸 인물이다. 그러한 장본인이 만들어낸 독립사이기에 더더욱 의미가 있다.

김승학은 박은식과의 약속처럼『한국독립사』를 웃음의 역사로 써야 했지만, 현실은 그렇지 못했다. 그가 겪은 다음의 우여곡절을 보면, 그 편찬의 과정이 피눈물의 역사는 아니었을까 하는 비애를 감출 수 없다.

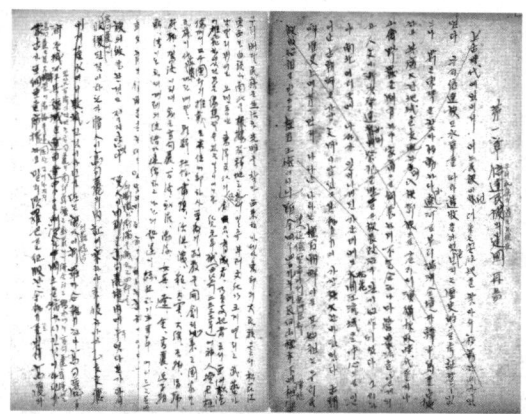

김승학이 친필로 적은 『한국독립사』 초고.

"무릇 한 국가를 창건하거나 중흥시키면 시정(施政) 최초 유공자에게 후중(厚重)한 논공행상을 하고 반역자를 엄격한 의법치죄(依法治罪)하는 것은, 후세 자손으로 하여금 유공자의 그 위국충성(爲國忠誠)을 본받게 하고 반역자의 그 죄과와 말로(末路)를 경계케 하여 국가 주권을 길이 만년 반석 위에 놓고자 함이다. 이 중요한 정치철학은 동서고금을 통하여 역사가 증명하는 것이다. 우리나라는 반세기 동안 국파민천(國破民賤)의 뼈저린 수난 중 광복되어 건국 이래 이 국가 백년대계의 원칙을 소홀히 한 것은 고사하고, 도리어 일제의 주구(走狗)로 독립운동자를 박해하던 민족반역자를 중용하는 우거(愚擧)를 범한 것은 광복운동에 헌신하였던 항일투사의 한 사람으로서의 전 초대 대통령 이승만 박사의 시정(施政) 가운데 가장 큰 과오이니, 후일 지하에 돌아가 수많은 선배와 동지들을 무슨 면목으로 대할까 보냐."

김승학이 『한국독립사』「자서」에서 토로한 아픔이다. 해방 후 세우지 못한 민족정기에 대한 회한이 서려있다. 피아(彼我)를 구별하고, 정사(正邪)를 헤아리며, 진위(眞僞)를 가려내는 기준을 무너뜨린 위정자에 대한 지탄도 담겼다. 『한국독립사』를 엮어내는 기쁨과 웃음의 감회가 아니라, 진행형의 『한국독립사』를 편찬해야만 하는 김승학의 피눈물이 숨겨진 넋두리를 더 보자.

"출옥 후 다시 중국으로 건너가 북경 그윽하고 외진 곳에 옮겨 두었다가 일제 항복 후에 이 사료를 40년래 내의 혈한(血汗)의 결정(結晶)으로 삼아 귀국하였다. 붓이 이에 이르러 백암 동지의 추억이 새로워 눈물이 지면을 적신다. 슬프다! 일이 아직 반도 이루어지지 않았는데 숙병(宿病)이 침중(沈重)하여 타세(他世)할 시점에 임한 듯하다. 내 사랑하는 자손 계업(啓業)아, 이 할아버지의 미진한 뜻을 폐포(肺胞)에 깊이 새겨 면지(勉之) 성지(誠之)하여 계승하라."

박은식을 회억하며 눈물 흘린 김승학이었다. 이루고자 해도 시간이 없었던 김승학이었다. 만들고자 해도 세월을

이기지 못한 김승학이었다. 몸은 기울어 감에도 의지는 남겨두려는 김승학이었다. 그리고 손자 김계업에게 유언하듯 『한국독립사』를 부탁했다.

한편 김승학은 독립의 당위 역시 단군의 국가 건설에서 찾았다. 그는 『한국독립사』 모두(冒頭)에서, "우리 배달민족은 생활상 조건과 광명의 본원을 찾아 백두산을 중심으로 집단 번흥(繁興)한 대민족으로서, 송화강의 동서와 백두산의 남북을 발상지로 하여 일찍부터 문화가 크게 열리고 무용(武勇)이 남달리 뛰어나 아세아 대륙에 있어 오랫동안 동양문화의 창조자·육성자 내지 지배자로서, 웅비활약하였던 것은 사전시대(史前時代)의 유적과 유물을 보아도 넉넉히 상상할 수 있는 일이다. 이러하기 누천년 단군 원년 무진(서기 2,333년 전)에 민족을 통솔하고 교화하던 신인(神人) 단군왕검의 황은(皇恩)이 전민족에 입히고 위덕(威德)이 사방에 떨치니, 이에 삼천 부락의 추대를 받아 대단군이 나아가니, 이때부터 우리민족이 각지에 산재하였던 부락제도가 비로소 대집단을 형성하여 국가 생활을 향유하게 된 것이다."라는 전제를 길게 서술하고 있다.

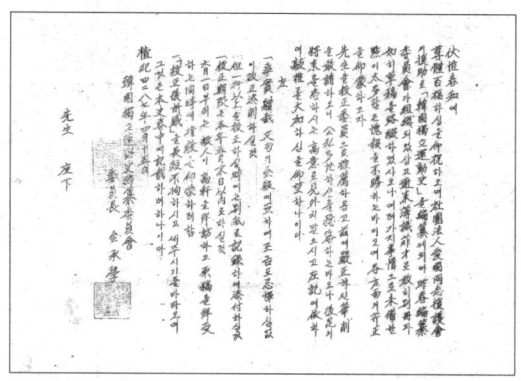

한국독립운동사편찬위원회 김승학 위원장 명의로 한국독립사의 교정위원(校正委員)을 위촉하고자 하는 공문.

김승학이 '국가 생활의 향유'를 구태여 『한국독립사』 맨 앞부분 '우리 민족의 유래'라는 소제목으로 강조한 이유는 무엇일까. 독립의 준거인 동시에 독립운동의 당위이기 때문이다. 유구한 민족국가로서의 역사성을 통해서, 반드시 독립해야 한다는 당위와 의지를 드러낸 것이다. 이 역시 '우리의 독립정신이 우리 역사상의 정신에서 발생하는 동력'으로 인식한 박은식의 주장과도 동일했다.

김승학의 『한국독립사』는 민족의 자주독립을 쟁취하기 위하여 일제와 투쟁한 실기(實記)를 연대별·사건별로 구분하고 있다. 5만 여의 충혼과 일제의 학정(虐政)에 옥고를 겪은 수 십 만의 선열과 애국지사들의 항일투쟁의 피어린 역사를 수록하였다. 또한 민족 수난과 국토 침략의 뼈저린 역사를 통하여 선열의 유지를 받들어 민족의식의 함양에 주력한 책이다. 특히 일제의 침략에 이어 합병 통치로부터 약 반세기 동안을 독립투쟁 기간으로 했다는 점도 특이하다. 당시의 신문·잡지·사직(司直) 기관의 비밀문서

를 근거로, 범독립운동 지사들의 생생한 증언을 합하여 냉철한 비판과 엄격한 검토 아래 자료화 한 것이 이 책이고 보면, 한마디로 우리 독립운동사의 결정판이 바로 『한국독립사』다.

이렇듯 김승학에 있어 역사인식은 독립의 준거이자 당위였다. 따라서 『한국독립사』는 바로 김승학 역사인식의 응결체인 동시에, 한 독립운동가의 간양록(看羊錄)이라 해도 지나치지 않을 듯하다. 김승학이 남긴 다음의 「애국가」에 모든 것이 농축되어 있다.

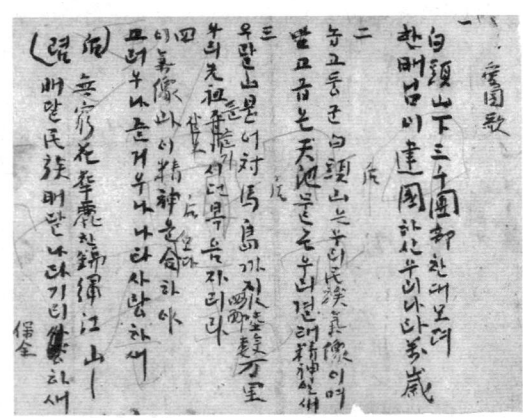
김승학이 친필로 적은 애국가 가사. '백두산'·'한배님'·'천지'·'배달' 등, 대종교적 분위기 잘 드러나 있다.

一. 백두산하 삼천단부 한데 모여, 한배님이 건국하신 우리나라 만세
二. 높고 둥근 백두산은 우리 민족 기상이며, 맑고 깊은 천지물은 우리 겨레 정신일세
三. 우랄산부터 대마도까지 수륙 수만 리, 우리의 선조들이 사르시던 보금자리라
四. 이 기상과 이 정신을 모두 합하여 괴로우나 즐거우나 나라 사랑하세
　(후렴) 무궁화 화려한 금수강산, 배달 민족 배달 나라 기리 사랑하세

[교력]
김승학의 대종교 교력을 살피면, 1922년 9월 대종교의 영계(靈界) 및 참교(參敎)의 교질(敎秩)을 동시에 받았다. 그 이전에 이미 대종교에 깊이 관여했다는 근거가 된다. 당시 대종교의 상해 지역 책임자는 백암 박은식이었다. 박은식은 1922년 9월 3일에는 중국 상해(上海) 지역의 대종교 총책임자인 서이도본사(西二道本司) 전리(典理)에 임명되었다. 전리란 도본사 내의 직무를 관리하고, 소속 직원들을 감독하며, 해당 도본사에 속하는 각 지사(支司) 및 시교당(施敎堂)의 책임자를 지휘하는 직책이다. 또한 박은식이 대종교 서이도본사 전리를 맡을 당시, 우천 조완구와 백연 김두봉이 박은식을 도와 대종교 간부로 종사했다. 앞에서 언급한 임시정부 교과서편찬위원 중, 김승학을 비

롯하여 박은식·조완구·김두봉·정신·백기준 등이 모두 대종교도였다. 그러므로 김승학이 사장으로 있었던 삼일인서관(三一印書館 혹은 三一印刷所)을 통해, 대종교의 교리(敎理) 4책을 합한 『종경(倧經)』이 처음으로 등장한 것도 특이한 것이 아니었다. 이 경전은 1923년 대종교의 경절 중의 하나인 중광절(重光節 : 음력 1월 15일, 대종교를 다시 일으킨 날)을 기해 출판되었다. 그리고 같은 해, 『배달족역사』와 함께 『신단민사(神檀民史)』 그리고 『사지통속고(史誌通俗攷)』 등 대종교 혹은 대종교인과 관련된 출판물이 잇달아 선을 보인다. 당시는 대종교 활동 자체가 독립운동이었기 때문이다.

한편 김승학의 대종교 입교는, 그의 스승인 조병준과 연관되었을 가능성이 크다. 조병준은 내몽고 포두진(包頭鎭) 지역의 청산의원을 거점으로 대종교 수광시교당(綏光施敎堂)을 이끈 인물이다. 1926년 조병준은 수광시교당의 총책임(典務)를 맡았으며, 부책임자(贊務)가 조병준의 제자이자 김승학의 동료였던 최준(崔濬)과 백기준(白基俊)이었다. 최준은 1921년에 조직된 중한국민호조사총사(中韓國民互助社總社)에서 김규식, 김홍서(金弘敍), 신익희, 이유필, 이탁, 조상섭, 여운형 등과 함께 한국 측 서무과 이사(1922년 9월 현재)를 맡은 인물로, 임시의정원(臨時議政院) 평안도 지역 의원을 지내기도 했다. 또한 백기준은 김승학의 동창생으로 상해 교과서편찬위원회를 함께 이끈 인물로, 그 역시 중한국민호조사총사의 간사를 지냈으며 임시의정원의 서간도 지역을 대표하는 의원으로 활동했다. 이러한 정황으로 보면 1920년대 초, 조병준이 그의 많은 제자들을 이끌고 대종교에 입교하여 활동했을 가능성이 높다.

김승학은 대종교에 입교한 이후 상해의 대종교서이도본사를 거점으로 대종교의 교육과 출판 활동에 지대한 공헌을 했다. 그리고 해방 직후인 1946년 대종교 상교(尙敎)의 교질까지 오른 김승학은 대종교 경의원 참의(參議)에 피선되고, 1949년에는 정교(正敎)로 승질되어 대형(大兄)의 교호(敎號)를 얻었다. 또한 1950년 5월에는 대종교 원로원(元老院)의 참의가 되었으며, 동년 11월에는 서일도순교원(西一道巡敎員)으로 임명되어 활동했다. 김승학이 부산으로 옮긴 이후인 1955년부터는 대종교 부산지사(釜山支司)의 총책임자인 전무(典務)를 맡아 9년 동안 시무(視務)하였다.

한편 김승학은 대종교의 교리강습에도 깊숙이 참여했다. 1948년 12월 2일부터 1개월 간 대종교총본사 직원 및 중견 교우 50여명을 대상으로 갑종강습회(甲種講習會)를 개최하였는데, 이 강습회의 총무를 맡아 주도하였다. 또한 해방 이후 대종교의 중흥을 위해 조직된 대종교중흥회 활동 역시 김승학이 깊이 관여했다. '대종교 발전을 위한 새로운 방안을 모색'한다는 기치 아래 출범한 이 모임은 1·2차로 조직되었다. 김승학 1·2차 모두 중앙상무위원으로 참여했다. 1차에서는 총무부장을, 2차에서는 위원장을 맡아 앞장섰다.

[참고 문헌]
『대종교보』한국기념호(1946년)·제150호(1946년)·제161호(1949년)·제162호(1949년)·제165호(1950년)·제166호(1950년)·제168호(1950년), 『독립신문』1922.9.11·1922.9.30·1923.4.4. 『종경』(김승학 편, 대종교시교회, 1923). 『신단

민사』(김승학 편, 대종교서이도본사, 1923), 『역해종경사부합편』(대종교총본사, 1947), 『대종교인과 독립운동연원』(이현익, 프린트본, 1963), 『대종교독립운동사』(박영진, 필사본, 1964), 『대종교중광육십년사』(대종교총본사, 1971), 『한국독립사』(김승학, 독립문화사, 1965), 『희산 김승학 독립운동사 자료 정리』(박정신 외, 한국학중앙연구원출판부, 2018), 『독립운동가 희산 김승학의 행적과 이상국가 건설방략』(강병수 외, 한국중앙연구원출판부, 2020), 『총을 든 역사학자 김승학– 그 삶과 사상』(김동환, 한가람역사문화연구소, 2021)

김시구(金時求, 남, 1913-1940)
입교 시기_ 1937년 | 교질_ 지교

출신지역이 불분명한 인물로, 1930년대 교육과 포교를 통한 대종교 항일투쟁에 적극 앞장선 기록이 전한다. 김시구는 1937년 7월 16일(음력) 대종학원 교원으로 임명되었으며, 같은 날 대종교 경일시교당(京一施敎堂)의 찬무(贊務, 부책임자)로도 서임되었다.

김시구가 대종학원 교원으로 임명될 당시, 그곳의 총책임자(원장)는 항일투쟁의 거물 백산 안희제였다. 또한 신흥강습소의 교감을 지낸 김사용(金思容, 金達)이 학감(學監)을 맡아 지도를 총괄하였고, 권상윤(權相允)·이종주(李鍾洲)·박달규(朴達圭) 등 항일투사들이 김시구와 함께 교원으로 활동하였다. 또한 김시구가 찬무로 서임된 경일시교당은 영안현 온춘촌(溫春村) 동둔(東屯)에 소재했던 시교당으로, 서간도 항일투쟁의 지도자였던 김진호(金鎭浩)가 전무(典務, 책임자)를 맡았으며 서윤제(徐允濟)·김용주(金龍珠)가 김시구와 함께 찬무를 맡았다. 특히 서윤제는 대한군정서(북로군정서)의 총재를 지낸 백포 서일의 장남으로 안희제가 경영한 발해농장의 관리인으로도 활동한 인물이다.

김시구의 대종교 교력을 살피면, 1937년 7월 16일(음력) 총본사 특선으로 영계를 받은 기록이 있다. 그 이전에 이미 대종교에 입교했다는 의미다. 또한 같은 해 9월 7일 총본사 특선으로 참교 수여받은 것으로 보아 남다른 종교적 열정이 있었던 인물임을 알 수 있다. 그가 1939년 대종교의 조배식(朝拜式)과 경배식(敬拜式)에서 가장 우수한 모범을 보였다는 기록에서도 확인된다. 그러나 김시구는 1940년 27세의 젊은 나이에 병사(病死)했다. 그 당시 그의 교질(敎秩)은 지교(知敎)였다. 대종교에 헌신하던 젊은 일꾼의 죽음에, 주변에서는 노소(老少)를 가리지 않고 애석해 했다.

[참고 문헌]
『대종교보』제115호(1937년)·제121호(1939년)·제123호(1939년)·제128호(1940년), 『대종교중광육십년사』(대종교총본사, 1971)

김시택(金始澤, 남, 생몰 미상)
입교 시기_ 1910년 | 교질_ 참교

출신지역과 생몰연대를 확인할 수 없는 인물로, 대종교

초창기인 1910년 6월 13일(음력) 시교사(施敎師)의 교직을 받은 여성이다. 다만 여성으로서 당대 유력인물들과 대사회적 활동을 전개한 것을 보아 서울 지역을 거점으로 활동한 인물일 듯하다. 또한 일찍이 여성으로서 쉽게 접할 수 없었던 대종교 활동의 중심에 초창기부터 몸담은 것으로 보아, 당시 대종교 핵심인물의 배우자이거나 가족일 가능성도 배제할 수 없다.

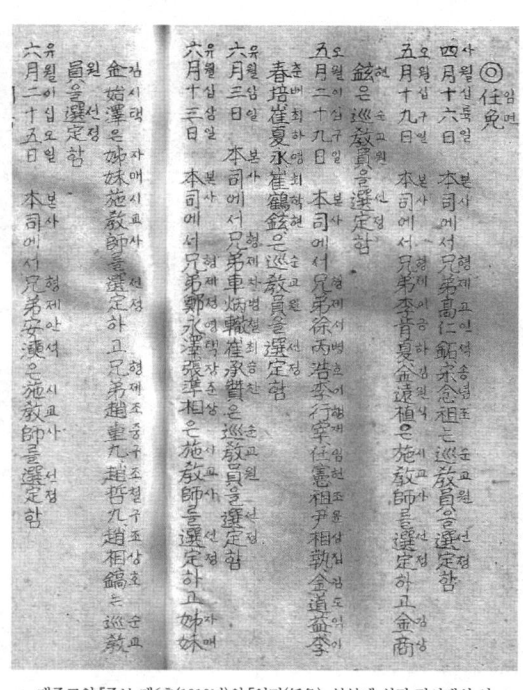

대종교의 『종보』 제6호(1910년)의 「임면(任免)」 부분에 실린 김시택의 시교사 임면 기록. 김시택을 자매시교사로 선정한다는 내용이 있다.

1910년에 서임된 대종교 시교사와 순교원(巡敎員)·시교원(施敎員) 총수 68명 중, 2명의 여성이 있었다. 김시택은 유정구(柳貞姤)와 함께 그 2명의 여성에 포함된 인물이다. 당시 시교사·순교원·시교원으로 임명된 인물들을 보면, 오혁(吳赫)·정훈모(鄭薰謨)·조완구(趙琬九)·신규식(申圭植)·박찬익(朴贊翊)·이동춘(李同春)·김규식(金奎植)·김연호(金然灝)·김원식(金遠植)·정안립(鄭安立)·박상환(朴祥煥)·김교준(金敎準)·서광숙(徐光肅)·서병호(徐丙浩)·차병철(車炳喆)·박승익(朴勝益) 등, 당대 사회지도층으로 항일투쟁에 적극 앞장선 인물들이었다. 그러한 인물군에 여성으로서 동등한 교직에 올랐다는 것은, 그 시기 김시택의 사회·종교적 능력이 범상치 않음을 알게 해 주는 부분이다.

김시택의 대종교 교력을 보면, 1910년 6월 13일(음력) '자매'의 자격으로 시교사에 임명된 기록이 있다. '자매'의 칭호가 입교하여 영계를 받기 이전의 여성신도에게 붙이는 대종교의 호칭이고 보면, 그 이전에 입교한 것이 확인된다. 그리고 김시택은 1911년 1월 21일(음력) 참교의 교질을 받았으나, 그 이후의 교력은 발견되지 않고 있다. 참고로 김시택과 같은 날 참교의 교질을 함께 받은 여성 가운데 김시제(金始濟)라는 인물도 주목되는데, 김시택과 자매일 가능성이 높은 인물이다.

[참고 문헌]
『종보』제6호(1910년), 『대종교중광육십년사』(대종교총본사, 1971)

김여익(남, 생몰 미상)

입교 시기_1937년 이전 | 교질_지교

출신지역과 생몰연대를 알 수 없는 인물이다. 그의 한자 이름 역시 기록이 없다. 1939년 안희제·김영숙·장도순 등이 발기한 '대종교서적간행회'에 참여한 기록이 전한다. 당시 서적간행회는 "교화를 보급케 함에는 반드시 문자의 힘을 시뢰(恃賴)할 것이다. 이제 대교 부흥기에 당하야 만구동성으로 종경(倧經) 요구가 날로 높은 터이다. 이 요구를 수응함은 무엇보다도 대교 발전상 최대 급무일 것이다. 이것을 공감하는 우리는 미성박력(微誠薄力)을 불고하고 교적간행회를 발기한다."는 취지로 출발하였다. 김여익은 어려운 형편에서도 항일투사 오근태·최익항·이정·권중락 등과 작은 헌성을 부담했다.
그의 대종교 교력 역시 남아있는 것이 없다. 다만 1940년 12월 2일까지 대종교 경의원(經議院) 참의(參議)를 지낸 경력이 있다. 경의원이란 대종교 교주의 자문기관으로 원로들로 구성된 기구였다. 김여익 역시 경의원 참의로 임직할 당시 교질이 지교에 있었다. 지교는 입교와 영계 의식, 그리고 참교의 교질을 거쳐야 이르는 단계다. 그의 대종교 입교 시기가 상당히 이른 시기에 이루어졌음을 알 수 있다.

[참고 문헌]
『대종교중광육십년사』(대종교총본사, 1971)

김연병(金鍊炳, 남, 생몰 미상)

입교 시기_1926년 이전 | 교질_미상

출신지역과 생몰연대를 알 수 없는 인물로, 대종교단 내의 기록이나 일제의 여타 문서에도 드러나지 않는다. 다만 1926년 압수당한 대종교의 서류(중국 화룡당안관 소장)에 그의 기록이 실려 전할 뿐이다. 그 문서를 보면, 김연병은 1926년 대종교 계일시교당(啓一施教堂)의 찬무(贊務, 부책임자)로 활동하고 있었다.
계일시교당은 왕청현 소황구(小荒溝)에 소재한 교당으로, 연길현 춘양향(春陽鄉) 북쪽 소삼차구(小三岔口)에 거주한 현석구(玄錫九)가 그 주요 연결 역할을 하였다. 당시 전무

(典務, 책임자)를 맡은 인물은 항일투사 김진환(金珍煥)이었으며, 역시 항일투사인 박문경(朴文京)이 김연병과 찬무를 맡아 이끌고 있었다. 김연병의 대종교 교력 역시 확인하기 힘드나, 그의 대종교 입교는 계일시교당의 찬무로 활동하던 1926년 이전까지 소급된다. 그의 구체적 교질 관계도 알 수가 없다.

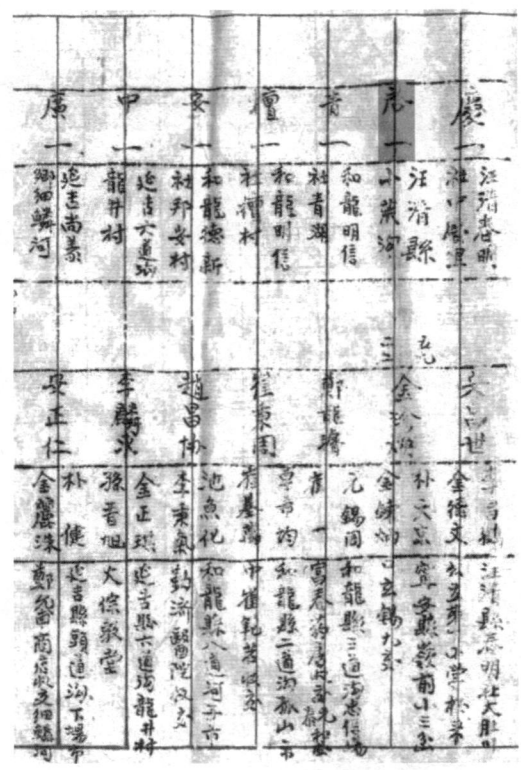

1926년 대종교단에서 작성한 시교당 관련 문서.(중국 화룡당안관 소장) 오른쪽에서 두 번째로 계일(啓一) 시교당이 적혀 있다.

[참고 문헌]
「大倧教施教堂一覽表(1926年)」(延边朝鲜族自治州档案馆 全宗号42 目录号1 案卷号343, 和龙县历史档案 和龙县警察所, 令各区查禁韩人设立大倧教堂由, 民国十五年五月十二日)

김연원(金演元, 남, 생몰 미상)

아호(별명)_인재(仁齋), 김연원(金演源)
입교 시기_1910년대 | 교질_지교

출신지역과 생몰연대가 불분명하다. 김연원은 1921년 9월경 방우룡(方雨龍)과 함께 의민단(義民團)을 이끈 기록이 있다. 1923년 2월에는 대종교의 핵심이자 만주항일투쟁의 거두인 김규식(金奎植)이 주도하는 동삼성 선인자치회(鮮

人自治會) 조직 운동에 이중실(李仲實)과 영안현 대표로 이름을 올렸다. 당시 김연원은 일제의 첩보에도 김중구(金重九)·최충호(崔忠浩)·최계화(崔桂華) 등과 함께 영안현 지역의 유력인사로 언급된 인물이다. 그는 일본어가 가능했던 인물로, 의술업(醫術業)을 하면서 일제의 눈을 피해가며 행동했다.

1923년 4월에는 대종교 재건 계획에도 참여하였다. 당시 대종교는 청산리독립전쟁 이후 일제의 경신대토벌을 피해 밀산으로 총본사의 거점을 이전해 있었다. 또한 대한군정서(북로군정서)의 대종교 독립군들은 사분오열하여 각곳에 산거해 은거한 상황이었다. 대종교 교주였던 김교헌은 대종교와 대한군정서의 재건을 위해 일차적으로 대종교총본사를 길림성 영안현으로 다시 옮긴다. 그리고 각지에 산재해 있던 대한군정서 간부들과 연락하며 새로운 계획을 모색했다. 그러나 대종교를 겉으로 내세우는 것이 일제의 주목을 받을 수 있으므로 표면적으로는 만몽산업회(滿蒙産業會)를 내걸었다. 만몽산업회는 1923년 4월경 하얼빈에서 제2의 상해를 꿈꾸며 출범한 조직이었다.

김연원은 영안지역을 대표하여 만몽산업회에도 이름을 올렸다. 만몽산업회에 구성원들을 보면 대종교 교주 김교헌을 비롯하여 당시 항일투쟁의 거두이자 대종교의 핵심이었던 현천묵·김좌진·조성환·유정근(兪正根)·김원식(金遠植)·우덕순·원풍(元豊)·김규식·김백(金白) 등 30여명을 헤아렸다. 그 시기 대종교단 내에서 김연원의 무게를 확인할 수 있는 부분이다.

한편 김연원은 1924년 3월 현천묵·조성환·김규식 등 대종교 동지들과 동빈현에서 대한독립군정서라는 조직에도 가담한다. 대한독립군정서는 대한군정서(북로군정서)의 출신들이 중심이 되어 조직한 단체로, 현천묵(총재)·김규식(사령관)·조성환(고문)·최충호(통신부장)·양현(梁賢, 재무부장)·신청농(申靑儂, 募捐部長)·이범석(군사부장)·박운집(朴雲集, 외교부장)·박두희(행정부장)·최계화(검사부장)·신명식(申明植, 서기장)·나중소(서무부장, 참모)·김혁(참모)·김필(金弼, 참모)·권영준(權寧濬, 참모)·정신 등이 주축이었다. 모두 대종교의 동지들로 김연원은 군의(軍醫)로 참여하였다.

김연원의 대종교 교력을 보면, 그의 입교 시기나 교질 사항에 대한 구체적 기록은 전하지 않는다. 그러나 1922년 9월 24일(음력) 지교(知敎)의 교질을 수여 받음과 동시에 동이도제1지사의 전사(典事)로 임명된 기록이 있다. 전사란 도본사에 속한 지사를 책임지는 교직으로 찬사(贊事, 부책임자)를 거느리고 직무를 수행했다. 그 시기 동일도제1지사는 왕청현 덕원리에 소재했으며 왕청과 혼춘의 교구를 관할한 지사였다. 더불어 김연원이 1922년 9월(음력)에 지교의 교질이었다는 것은 그의 대종교 입교 시기가 1910년대였음을 알게 해 준다.

한편 김연원은 1923년 1월 2일 대종교총본사를 거점으로 조직된 소부계(蘇扶契) 발기에도 앞장섰다. 소부계는 대종교 교우 사이에 친목을 도모하고, 경조사에 서로 상부상조하며, 대종교 발전에 협찬하는 것을 목적으로 한 조직이었다. 김연원은 나병수(羅炳洙)·허류(許瑬)·현천극(玄天極)·김근우(金瑾禹)·이종수(李鍾琇)·최충호(崔忠浩)·김영선

(金榮璿)·민윤식(閔胤植)·권목(權穆)·이곤(李坤)·원무의(元武儀)·김백(金白) 등과 소부계 발기인으로 참여하여 대종교 발전에 적극이바지 한다. 또한 1926년경에는 백순·조완구·김두봉·김교준·신명균·심근(沈槿)·채규오·정신(鄭信) 등, 대종교 핵심인물들과 대종교 홍범(弘範) 및 규제수정기초위원(規制修正起草委員)에 임명되어 대종교 질서의 토대를 마련하기도 했다.

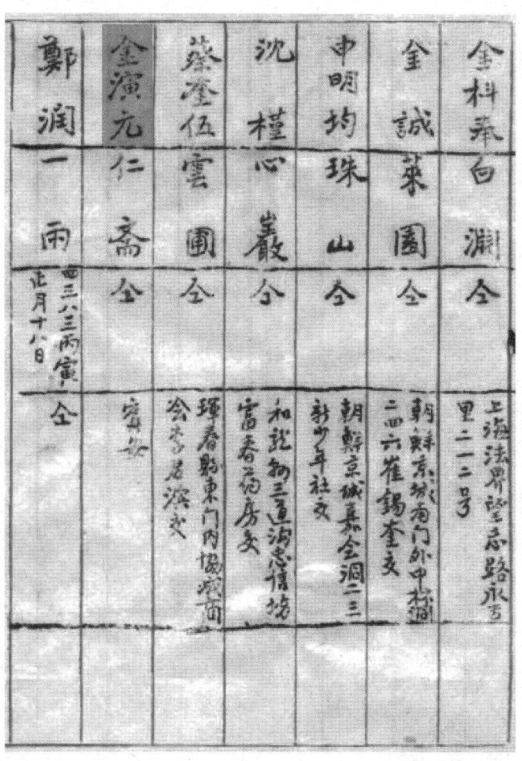

1926년 당시 '대종교홍범 및 규제수정기초위원' 명단의 일부(중국 화룡당안관 소장). 왼쪽에서 두 번째에 김연원의 이름이 보인다.

[참고 문헌]
『대종교보』제55호(1922년)·제57호(1923년), 『대종교독립운동사』(박명진, 필사본, 1964), 『대종교중광육십년사』(대종교총본사, 1971), 『독립신문』1924.3.28., 「大倧敎施敎堂一覽表(1926年)」(延边朝鲜族自治州档案馆 全宗号42 目录号1 案卷号343, 和龙县历史档案 和龙县警察所, 令各区查禁韩人设立大倧教堂由, 民国十五年五月十二日), 「大正十二年 一月中 間島地方 治安情況에 관한 건」(不逞團關係雜件-朝鮮人의 部-在滿洲의 部35, 機密受제48호-機密제38호, 한국사DB, 국사편찬위원회), 「大倧敎 設立計劃」(不逞團關係雜件-朝鮮人의 部-在滿洲의 部36, 機密受제262호-關機高收제5452호-1, 한국사DB, 국사편찬위원회), 『朝鮮獨立運動』Ⅱ(金正明, 原書房, 1967), 『일제침략하한국36년사』6권(국사편찬위원회, 1971)

출신지역과 생몰연대가 불분명하며, 북간도를 중심으로
대종교 항일투쟁을 전개한 인물이다. 김연일은 1920년 10
월 간북총판부(墾北總辦府)의 임원으로 이름을 올렸다. 간
북총판부는 간도에 있는 여러 독립운동단체들이 연합하
여 대한민국임시정부의 지도·감독을 받기로 하고 간북
남·북총판부로 조직된 단체였다. 원래 임시정부가 국내
에만 실시하려던 연통제를 확대하는 과정에서 탄생한 단
체다. 즉 연통제를 남만주지방에도 실시하여 1920년 10월
간북남부총판부와 간북북부총판부 설치하여 서간도와 북
간도 동포사회를 통합하게 한 것이다. 이것은 임시정부
산하 서로군정서와 북로군정서 조직을 옮겨 놓은 것으로,
이 지역에 많은 동포가 거주하는 곳이었기에 실시되었다.
당시 간북총판부의 임원으로는 김연일을 비롯하여 서일·
구춘선·현천묵·서상용 등 40여명의 항일투쟁지도자들이
이름을 올렸다.

김연일의 입교 시기와 교질 사항에 대한 대종교 기록은
남아있는 것이 없다. 다만 1922년 2월 13일(음력) 대종교
돈성시교당(敦成施敎堂)의 찬무(贊務)를 맡은 기록이 전한
다. 돈성시교당은 돈화현 이도량자(二道梁子)에 소재한 시
교당이었다. 김연일이 이 시교당에 '형제'의 자격으로 참
여한 것으로 보아, 당시 김연일의 대종교에서의 위치는
입교하여 영계를 받기 이전의 상태로 파악할 수 있다. 또
한 김연일과 돈성시교당을 이끌던 인물들 역시 북간도 항
일투사들이었다. 전무(典務, 책임자)를 맡은 남진호(南鎭浩)
는 대한군정서(북로군정서)의 군법국(軍法局) 이사(理事)로
있던 인물이며, 김연일과 찬무를 맡았던 유백(兪栢) 역시
한족공산당 돈화현 간부를 맡고 있었다.

[참고 문헌]
『대종교중광육십년사』(대종교총본사, 1971), 『조선민족운동년감』1920년 10월
29일(국사편찬위원회, 『일제침략하한국36년사』, 1970)

출신지역과 생몰연대가 알려지지 않았다. 대종교단 내의
기록이나 일제의 문서에도 일체 기록을 찾을 수 없는 인
물이다. 다만 중국 화룡당안관 문서에, 1926년 무렵 대종
교 목일시교당(穆一施敎堂)의 전무(典務)를 맡은 기록이 있
다. 이 문서는 1926년 압수당한 대종교의 문서다. 당시 목
일시교당은 목릉현(穆稜縣) 팔참(八站) 마교하(馬橋河)에 있
었으며, 그 주요 연락처는 흥성교(興成交)의 몽암(夢庵)이
었다. 이 시교당의 찬무(贊務, 부책임자)를 맡아 김연직을
도운 인물이 조남철(趙南哲)로, 이 둘은 1925년 11월 17일

(음력) 대종교 동이도본사 목릉현 관할 대종교시교원으로
도 임명되어 활동하였다.

[참고 문헌]
「大倧敎施敎堂一覽表(1926年)」(延边朝鮮族自治州档案馆 全宗号42 目录号1 案
卷号343, 和龙县历史档案 和龙县警察所, 令各区查禁韩人设立大倧教堂由, 民国
十五年五月十二日)

한성부 북서(北署) 통의방(通義坊) 출신으로, 시인 이상(李
霜)의 백부다. 1909년 관립공업전습소(官立工業傳習所) 금공
과(金工科)를 제1회로 졸업했다. 관립공업전습소는 대한제
국 정부에서 1899년 5월 설립한 관립상공학교에 그 기원
을 둔다. 대한제국 정부는 1904년 9월 관립상공학교에 농
과를 증설해 관립농상공학교로 개편했다가, 1906년 4월
공과를 분리해 관립공업전습소로 독립시켰다.

대종교가 중광한 1909년 무렵 관립공업전습소의 분위기
는 대종교와 밀접하였다. 그 중심에는 후일 대종교의 중
심이 되는 남파(南坡) 박찬익(朴贊翊)이나 정재(貞齋) 박승
익(朴勝益)과 같은 인물들이 있었다. 이들은 공업전습소
시절 일제에 대한 저항의식을 강하게 품었다. 특히 박찬
익은 1909년 1월 15일(음력) 대종교가 중광하자 동교생 전
부를 이끌고 입교할 정도로 대종교와 공업전습소의 관계
는 뗄 수가 없다. 공업전습소를 졸업한 김연필이 후일
대종교에 입교한 배경 역시 이와 무관치 않을 듯하다. 한
편 공업전습소를 졸업한 김연필은 이후 공업계통의 학교
에서 교편을 잡다가 조선총독부 상공과 기술관으로 옮겨
근무한 것 외에는 뚜렷한 족적이 전하지 않는다.

김연필의 대종교 교력을 보면 1911년 4월 1일(음력) 이미
참교의 교질을 받는다. 그리고 1915년 11월 13일(음력) 지
교의 교질로 승질(陞秩)하였고, 1922년 9월 1일(음력)에는
상교(尙敎)로까지 올랐다. 1926년에는 서울 가회동(嘉會洞)
23번지에 대종교 남일도본사 관할 회선시교당(會善施敎堂)
을 설치되고 김연필이 그 책임자[典務]를 맡았다. 또한 당
시 회선시교당의 주요 연락처는 수표동에 있던 조선교육
회의 주산(珠山) 신명균(申明均)이었으며, 나철의 차남인
나정문(羅正紋)과 함께 김천경(金天經)이 찬무(贊務)를 맡아
김연필을 도왔다.

[참고 문헌]
『종문영질』(프린트본, 1922), 『대종교교보』제55호, 『대한제국관보』1909년 5월 16
일자, 『대종교중광육십년사』(대종교총본사, 1971), 「大倧敎施敎堂一覽表」(延
边朝鮮族自治州档案馆 全宗号1 案卷号343, 和龙县历史档案和龙县警察
所, 令各区查禁韩人设立大倧教堂由, 民国十五年五月十二日)

김연호(金然灝, 남, 생몰 미상)

아호(별명)_ 석전(石田)
입교 시기_ 1910년 | 교질_ 지교

전라북도 김제군 백석면(白石面) 상말리(上末里) 출신으로 호는 석전(石田)이다. 1903년 전주 이씨의 시조 사공(司空) 이한(李翰)의 위패를 봉안한 조경묘(肇慶廟)의 참봉을 지냈다. 일찍이 황현(黃玹)·이기(李沂)와 호남 3걸로 꼽히는 석정(石亭) 이정직(李定稷)에게 서화를 배워, 그 방면에도 일가견을 이룬 인물이다.

1907년 홍암 나철이 주도한 을사오적주살을 위한 준비 작업에서, 동지인 김인식(金寅植)과 이광수(李光秀)가 권유하자 정의감에 북받쳐 흔쾌히 5천냥을 내놓은 인물이기도 하다. 당시 나철과 오기호는 거사에 필요한 무기와 자금 조달을 위해 자기 부인들의 패물을 팔았고, 성균관 박사였던 이광수, 전 내부·궁내부대신 이용태(李容泰), 전 군수 정인국(鄭寅國), 농상공부 주사 윤주찬(尹柱瓚), 호위국원(扈衛局員) 최익진(崔翼軫), 학부협찬(學部協辦) 민형식(閔衡植) 등이 기꺼이 돈을 내놓았다. 후일 이들은 모두 나철이 일으킨 대종교 중광의 중심 인물이 되었다. 김연호는 1908년 호남학회에도 참여하여, 강기찬(姜基鑽)·강순용(姜舜容)·고홍진(高鴻鎭)·안상묵(安尙默)·조병헌(趙秉憲)·조중두(趙重斗) 등과 김제 지역 회원으로 활동했다. 이 학회에는 윤주찬 뿐만 아니라, 후일 대종교 중광의 중추가 되는 최동식(崔東植) 등도 깊이 관여하고 있었다.

김연호의 대종교 교력은 1910년 2월 16일(음력) 시교사(施敎師)로 임명된 것이 그 시발이다. 당시 대종교의 시교사란 1909년 12월 11일(음력) 교명(敎命)으로 공포된 최초의 성직자로, 김연호가 시교사로 임명될 당시까지 그 임명자 수가 손가락에 꼽을 정도였다. 김연호는 1911년 중광절(음력 1월 15일)에 참교(參敎)의 교질(敎秩)을 받는다. 그리고 박성회(朴聖會)·박찬익(朴贊翊)·이동춘(李同春)·김교준(金敎準)·김두봉(金科奉) 등의 인물들과 정식 시교사로도 임명되었다. 이후 김연호는 1916년 4월 1일(음력)에 지교로 승질(陞秩)되었으나, 그 이후의 종교적 행적은 전하지 않는다. 다만 1916년 8월 15일(음력) 당시 대종교 교주였던 나철이 순교(殉敎)하자, 그 종교적 덕을 기리는 김연호의 추도만장(追悼輓章)이 다음과 같이 전하고 있다.

九月山靑屹半天 푸르른 구월산, 하늘 복판에 우뚝하니
龍飛弓墜四千年 단군께서 승천하신 지 4천년이라
先生靈質應時出 선생의 신령한 자질 때맞춰 나타나니
寶石函中遺敎傳 돌집 속에 숨긴 경전 보배로이 전하도다

淸心持戒處窮廬 맑은 마음 변함없어 가난할 뿐이니
一鉢麁飱一楪蔬 한 종지 거친 밥과 한 접시 푸성귀라
海內弟兄知溯本 나라 안의 형제들 근본을 깨우치니
家家敬受佈明書 집집이 공경히 받은 단군교포명서라

神兄曾降白峯師 일찍이 백봉신사가 신형(홍암 나철)에
게 내려오셔

救世洪功設教爲 대종교를 세워 구세의 공을 행하라 하다
何幸弘巖膺黙契 다행히 홍암께서 그 뜻을 묵묵히 품으니
復將靈誥已多施 다시 영험한 신고(神誥)가 이곳저곳 퍼
질지라

寰宇千岐萬經多 세상에 부딪힐 일 수없이 많은데
前頭艱險幾時過 앞으로의 험난함을 얼마나 겪을 것인가
縱云使尼於人有 비록 남에게 빼앗김이 있더라도
通塞由來奈命何 통하고 막힘이 천명인 것을 어이하리

阿斯千古暮雲凉 아사달 저녁구름 변함없이 상서로우니
晏駕先生在帝鄉 선생은 조천(朝天)하여 하늘집에 머무
시나
衛道捐生眞得所 목숨 끊어 도를 지켜 참된 곳에 이르시니
嘉俳圓月倍淸光 한가위 둥근달이 더더욱 빛나도다

閩風渺渺載靈旗 아스라한 신령마을 만장(輓章)을 드높
이니
皇祖珠旒密邇時 대황조의 면류관이 눈앞에 와 닿도다
羅麗以來興廢事 신라와 고려 이래 흥하고 쇠한 일들
也應敷袘仰陳辭 마땅히 옷깃을 펴고 우러러 아뢰도다

今古回思此節稀 고금을 돌이켜도 이런 경험 드물거니
餘生獨奈失歸依 나머지 삶 돌아갈 곳 잃어 어이할거나
敎門復有遺書示 교문의 뜻 유서(遺書)로서 다시금 깨우
치니
擎讀秋燈涕淚揮 가을 등불에 공경히 읽으며 눈물을 흘
뿌리도다

此身塵累苦侵尋 이내 몸 세속 티끌이 괴롭게 뒤덮어서
二載天涯阻德音 이 년간 멀리 떨어져 고이[德] 음성 멀
어졌도다
三聖祠前千里路 삼성사 길게 뻗은 길 위에서
重違匍匐愧余忱 그 뜻을 어긴 것, 엎드려 기어도 부끄
럽구나

[참고 문헌]
『종보』제5호(1910년), 『倧令』제3호(1911년), 『종문영질』(프린트본, 1922), 『호남학보』제4호, 『대한계년사』8(정교/조광 외 옮김, 소명출판, 2004), 『홍암신형조천기(謄印本)』(대종교총본사, 1954)

김열(金烈, 남, 생몰 미상)

입교 시기_ 1914년 | 교질_ 참교

출신지역과 생몰연대가 확실하지 않다. 일찍이 상해로 건너가, 대종교시교사로 이미 활동하고 있던 예관 신규식의 측근에서 그를 보좌한 인물이다. 이 시기 김열은 민권보사(民權報社)에도 관여하며 중국 측 인사들과도 교류하였다. 『민권보』는 상해에서 호한민(胡漢民) 등이 혁명사상을 고취시키려고 발행한 잡지로, 창간 당시 망명객 신규식이 거액을 희사하여 중국 인사들을 놀라게 하였다.

이후 북간도로 옮겨가 무장항일투쟁에 몸을 담았다. 1921년 6월 의군부(義軍府) 산포대(山砲隊) 소속의 모연대원(募捐隊員)으로 활동한 흔적이 나타난다. 의군부는 총재 이범윤이나 사령관 진학신(秦學新) 역시 대종교의 핵심으로, 청산리전쟁 당시 북로군정서와 동맹해 효과적인 작전을 전개한 단체였다. 이후 일본군의 토벌작전을 피하면서 서일·홍범도 등이 대한독립군단(大韓獨立軍團)을 조직할 때 의군부도 가맹해 1921년에 흑룡강을 넘어 노령으로 갔다. 그곳에서 자유시참변(흑하사변)을 겪고 강제로 무장해제를 당하면서 연해주 지방에서의 항일독립투쟁은 더욱 힘들어졌다.

김열이 노령으로 넘어갔다 돌아왔는지, 아니면 처음부터 가지 않았는지는 확인되지 않는다. 다만 1926년 11월 20일부터 26일까지 길림성 반석현(磐石縣)에서 한족노동당 전당원대표회의가 개최될 때, 중앙집행위원으로 등장하고 있다. 그의 노선이 본격적인 사회주의 투쟁으로 접어든 것이다. 당시 김열을 포함한 김응섭(金應燮)·이광민(李光民)·김원식(金元植)·박동초(朴東初) 등 20명의 명의로 발표된 회의의 주된 기치를 보면, 일체의 제국주의를 타도함, 전세계 무산계급혁명운동에 참가함, 소수 운동자의 혁명운동을 다수 민중의 혁명운동으로 옮겨감, 울고 있는 민중들을 혁명의 기치 아래 모이게 함, 공장은 노동자에게 토지는 농민에게로 함, 공리사(公利社)는 노동자 농민의 경제적 무기로 함, 혁명의 희생자와 그 가족을 원조함 등이다.

이후 그 행적이 묘연하던 김열이라는 이름이 다시 등장한 것은 해방 이후 북한의 정치계다. 1946년 8월에 열린 조선노동당 제1차 당대회 때 그 존재를 드러냈다. 중앙위원 43명 중 소련에서 나온 6명 중의 1인에 김열이 있었다. 김열과 함께 이름을 올린 6인은 허가이(許哥而)·박창식(朴昌植)·김재욱(金在旭)·한일무(韓一武)·태성수(太成洙)였다. 허가이와 김재욱은 타쉬켄트에서, 박창식은 하바로브스크에서 들어왔고, 태성수는 중앙아시아에서 온 사람이며 한일무는 소련 해군장교였다. 당시 김열은 사마르칸드(Samarkand)에서 들어온 것으로 나타난다.

김열은 제1차 노동당중앙위원 및 후보위원으로 당서열 19위에 올랐으며, 제2차 대회 때는 당서열 15위까지 올라갔다. 또한 1948년 8월 25일에 열린 제1기 최고인민회의 대의원 대회 때는 선거서열 86위로 이름을 올렸다. 당시 제1기 대의원 572명 중 재소한인은 8명에 불과했다. 더욱이 제2기에는 7명, 제3기에 가면 3명밖에 되지 않았다. 이것은 북한 최고인민회의대의원 전체수로 보아 극소수이며 또 이들은 최고인민회의의 요직은 차지하지 못했다. 그럼에도 김열은 최용건·장익환·정율·기석복·박영빈·이희준·이신팔·이동건 등과 같이 김일성 내각에서 부상(副相)까지도 지냈다.

그러나 김일성은 소련이 한국전쟁에 참전하지 않은 기회를 타서 북한 내 소련의 영향을 많이 없애버렸다. 1955년 12월 반소친중운동(反蘇親中運動)의 기회를 이용해서 허가이·박영(朴英)·김응 등, 소련에서 나온 한인들을 전부 숙청하였다. 당시 황해도 당위원장을 맡았던 김열 역시 징

역 8년을 언도받고 숙청되었다 한다.

김열의 대종교 교력은 1914년 3월 24일(음력)에 참교를 받은 것으로 나타난다. 상해 시절 신규식과의 인연이 작용했을 것이다. 그러나 그 이후의 대종교 활동 기록은 전하지 않고 있다.

[참고 문헌]

『종문영질』(프린트본, 1922), 「韓族勞働黨 全黨員代表會議에 關한 件」(不逞團關係雜件-朝鮮人의 部-在滿洲의 部44, 機密公 第328號, 한국사DB, 국사편찬위원회), 『지산외유일지』(정원택/홍순오 엮음, 탐구당, 1983), 『김일성저작선집』제1권~6권(조선로동당출판사, 1967-1974), 『소비에트 한인 백년사』(서대숙/이서구 옮김, 태암, 1989)

김엽 (金燁, 남, 1896-?)

아호(별명) _ 동곡(桐谷), 김우경(金又卿)
입교 시기 _ 1920년대 초반 | 교질 _ 상교

평안남도 진남포시(鎭南浦市) 억양기리(億兩機里) 출신으로, 북간도 대종교 항일투쟁에 앞장선 인물이다. 김엽은 경신참변 이후 대종교 중심인물인 조성환(曹成煥)·정신(鄭信) 등과 대한독립군정서(大韓獨立軍政署)를 조직하여 활동하였다. 이후 1925년에는 같은 대종교계 인물들인 김좌진·최호(崔灝)·박두희(朴斗熙)·유현(劉賢) 등이 조직한 대한독립군단(大韓獨立軍團) 등, 북만주의 각 항일투쟁인물들과 길림성 목릉현(穆陵縣)에서 조직한 신민부에도 가담하였다. 김엽이 참여한 신민부는 대종교의 이념과 밀접한 항일단체로, 다음과 같은 선포문(宣布文)을 내걸고 출범하였다.

아등(我等)은 민중의 요구에 응하여 이래(爾來) 단체의 의사에 기(基)하여 각 단체의 명의를 취소하고 일치한 정신 하에 신민부의 조직성장함을 자(玆)에 선포한다. 희(噫)라 과거를 사(思)하면 사회의 상태는 분열하고 민중의 심리(心理) 환산(渙散)하여 아등의 사업은 날로 위미(萎靡)하는 일방(一方)이었다. 차(此)를 각오한 아등은 만방동작(萬般動作)에 합일하여 국가의 건설과 민중의 철저한 해방을 도(圖)키 위하여 강권폭력의 침략주의를 근본적으로 제거하고 갱(更)히 일보를 전진하여 아등과 동일한 지위에 재(在)한 세계민중과 협동동작을 취함에 있다. 차(此) 신사명(新使命)을 수(受)한 신민부의 신운명 개척은 유아(惟我) 민중의 희생적 정신에 있다. 래(來)하라 단결, 기(起)하라 분투(奮鬪).

한편 김엽은 고려공산당에 가입하여 활동하기도 했다. 그가 가담한 고려공산당은 1921년 5월 상해에서 조직된 고려공산당(상해파)이 아닌, 1921년 4월 이르쿠츠크에서 창당된 고려공산당(이르쿠츠크파)이었다. 당시 김엽은 김혁파(金革坡)·김동엽(金東燁)·김동원(金東元)·김훈(金勳)·김적파(金赤派)·김동인(金東仁)·김혁(金爀) 등과 고려공산당 조선영구선전파견원(朝鮮永久宣傳派遣員)으로 이름을 올렸다.

김엽은 1937년 북경(北京)으로 거점을 옮겨 항일투쟁을 지속했다. 그곳에서도 동곡의원(桐谷醫院)을 경영하면서 독립운동가들의 활동을 원조하는가 하면, 항일단체에 대한 독립운동자금을 지원하였다. 또한 1938년 4월에는 중국 측과의 무역을 목적으로 동아산업주식회사라는 것을 발기하였다. 더욱이 김엽은 일제의 주요 관헌(官憲)을 방문하여 분위기를 탐색하여 중국 측이나 우리의 항일투쟁단체에 첩보하기도 했다.

김엽의 대종교 교력을 살피면 일제강점기의 기록은 전하지 않고 있다. 그러나 해방 직후 대종교단에서는, 총본사가 만주로부터 국내로 환국하자마자 그에게 대종교남도본사 특선(特選)으로 지교의 교질을 수여하였다. 이러한 파격은 김엽이 일제강점기에 입교하여 대종교 활동에 기여하였음을 알게 해 주는 부분이다. 아마도 그의 대종교 입교 시기는 대종교 인물들과 항일투쟁을 전개하던 1920년대 초반으로 추정된다. 해방 이후 김엽의 대종교 활동은 다양하게 이루어졌다. 1946년 2월 23일(음력, 이하 음력) 지교를 수여 받은 뒤, 그 해 3월 14일에 경의원(經議院) 참의(參議)에 선임되었다. 또한 같은 해 6월 8일에는 경의원 비서로 뽑히는가 하면, 12월 1일에는 대종교총본사 찬범(贊範)을 맡기도 했다. 이후 1947년 7월 11일에는 교질이 상교(尙敎)로 올랐으며, 1949년 2월 21일에는 경의원 참의로 다시 참여하였다. 그리고 1954년 5월 3일에는 대종교(大倧敎) 전도기구(傳道機構)를 총괄하는 삼일원(三一園) 대덕(大德)으로까지 이름을 올렸다.

[참고 문헌]
『대종교교보』환국기념호·제150호·제152호·제156호·제160호, 『대종교중광육십년사』(대종교총본사, 1971), 『동아일보』1925.3.22·1928.12.27, 『독립신문』1925.5.5, 『北支地方に於ける要視察(容疑者を含む)朝鮮人の概況(昭和14年6月末現在)』(奧平康弘 編, 『昭和思想統制史資料』24. 高麗書林, 1989), 『한국독립운동사』4(국사편찬위원회編, 정음문화사, 1983)

김엽동(金葉同, 여, 1910-?)
입교 시기_ 일제강점기 | 교질_ 지교

서울 출신으로 대종교 2세 교주를 지낸 김교헌의 딸이다. 배화여자고등보통학교를 졸업하였으며 대외활동에 대해서는 일체 알려지지 않았다. 부친인 김교헌과 숙부(叔父)들의 대종교 활동으로 집안 자체가 늘 감시와 통제를 받았다. 특히 그녀가 8세 때인 1917년, 부친인 김교헌이 나철을 이어 대종교의 교주가 되어 만주로 넘어간 이후로는 더더욱 심해졌다. 그녀의 남편인 이환(李寰)은 보성전문학교를 퇴학 당한 인물로, 퇴학의 사유 역시 확실치 않다.
김엽동에 대한 해방 이전 대종교 교력은 현전하는 것이 없다. 당시(특히 1920년대 이후) 국내 대종교의 기록은 모두 없어졌기 때문이다. 김엽동은 해방 이후인 1946년 5월 25일(음력) 영계와 함께 참교의 교질을 받았다. 또한 같은 날 정수영(鄭洙英)·김성숙(金成淑)과 자매 시교원(施敎員)에 임

명되어 대종교 포교 활동의 일선에 섰다. 그리고 3개월 후인 8월 27일(음력) 지교로 승질(陞秩)했다. 3개월 만에 영계와 함께 참교를 받고 지교에 오른 것이다. 그녀의 대종교 활동이 일제강점기에 이미 깊이 이루어졌음을 알게 해 준다.

[참고 문헌]
『대종교교보』제150호(1946년)·제151호(1946년), 『대종교중광육십년사』(대종교총본사, 1971), 『朝鮮人事興信錄』(조선인사흥신록편찬부, 1935)

김영갑(金永甲, 남, 1899-?)
입교 시기_ 1922년 | 교질_ 미상

출신지역이 불분명한 인물로, 1922년 개천절에 대종교 동일도본사의 추천으로 영계를 수여받은 기록이 있다. 당시 이덕기(李德基)·최순범(崔舜範)·김창한(金彰漢)·김천길(金千吉)·채창묵(蔡昌黙)·서헌(徐憲)·서병호(徐丙浩) 등, 북간도 지역 항일투사들과 함께 영계를 받았다. 김영갑은 1925년 2월 상해의 의열단원으로 모종의 임무를 띠고 일본에 잠입하여 일본 경찰에 체포된 기록이 전하나, 그의 대종교 교질(敎秩)과 관련된 사항은 남아있지 않다.

『동아일보』(1925년 2월 18일)에 실린 의열단원 김영갑의 체포 기사.

[참고 문헌]
『대종교교보』제56호(1922년), 『동아일보』1925.2.18.

김영걸(金英傑, 남, 1914-?)
입교 시기_ 1939년 이전 | 교질_미상

김영걸

함경북도 명천군(明川郡) 출신이다. 1930년 왕청현(汪淸縣) 백초구(百草溝)를 거점으로 공산주의 운동을 전개하던 중 '제4차 간도공산당 사건'과 연관되어 체포된 기록이 있다. 당시 김영걸은 고려공산청년회에 소속으로 왕청구 백초구 지부원으로 활동하면서 중국공산당 인물들과 연합해 국치기념일을 기해 거사를 도모하였다. 그러나 간도총영사관 경찰에 의해 사전 탐지되어 1930년 11월 8일 김철우(金哲宇)·이병섭(李炳燮)·김홍식(金鴻植)·이재섭(李在) 등과 체포되었다. 1931년 1월초 경성지방법원으로 이송된 후, 사건 연루자 37인과 더불어 치안유지법 위반으로 기소되어 서대문형무소에 수감되었으나, 1932년 12월 28일 열린 경성지방법원 제1예심에서 면소(免訴)되어 1933년 1월 18일 출소하였다.

김영걸과 관련된 대종교 입교 시기나 영계(靈戒) 사항에 대한 기록은 전하지 않는다. 그러나 1939년 3월 당시, 만주 동경성(東京城)을 중심으로 한 대종교 집회에 가장 열성적으로 참여한 인물이다. 그의 대종교 입교가 그 이전에 이루어졌음을 확인할 수 있다.

[참고문헌]
『대종교보』제121호(1939년), 『매일신보』,1931.2.6., 『중앙일보』,1932.12.29., 1933.1.19., 『裵東健 외 36명(치안유지법 위반 등)』(일제강점기 사회·사상운동자료 해제 I , 1930 刑 6402/1931 豫 7/1933 刑公 165, 한국사DB, 국사편찬위원회)

김영동(金永東, 남, 1896-?)
입교 시기_ 일제강점기 | 교질_미상

경상남도 합천군(陜川郡) 출신으로 16년간 한학(漢學)을 수학하였다. 북간도, 연길, 용정, 연해주 일대에서 항일투쟁을 전개하고 해방 이후 제헌국회의원을 지낸 김영동(金永東)과는 동명이인이다.

김영동은 1927년 5월에 일어난 대구항일사건에 연루되어 만주로 피신한 이후, 그곳에서 10여 년간 한약재 생산업에 종사한 인물이다. 해방 직전인 1944년 귀국하여 충청남도 대전시 선화동(宣化洞)에 거점을 잡고 대전만주약국(大田滿洲藥局)을 개업하여 활동하였다. 해방 이후에는 충남약업조합(忠南藥業組合)의 고문으로 활동하는가 하면, 충남대학교 문리과대학 후원회의 이사를 맡아 지역의 후

학을 양성에 많은 기여를 하였다.

김영동의 대종교 입교는 일제강점기 이루어졌으나 관련 기록은 전하지 않는다. 해방 이후의 대종교 기록에도 남아있는 것이 없다. 다만 그 스스로의 약력을 밝힌 『대한민국건국십년지(大韓民國建國十年誌)』에 대종교인으로 적혀있다.

[참고문헌]
『대한민국건국십년지』(대한민국건국십년지간행회, 건국기념사업회, 1956)

김영선(金榮瓘, 남, 1878-?)
아호(별명)_ 백농(白農), 김영선(金榮璇), 김영현(金榮賢), 김영선(金甕瓘)
입교 시기_ 1922년 | 교질_상교 | 서훈_애국장(1992)

김영선

경기도 장단군(長湍郡) 대강면(大江面) 독정리(篤正里) 출신이다. 대한제국 육군 정위(正尉)를 지낸 인물로, 일찍이 신민회에 참여하여 정치·경제·교육·문화 각 분야의 진흥을 위하여 활동하였다. 이후 블라디보스토크로 망명하여 그 지역 배일사상의 거두로 자리잡는다.

1914년 4월에는 블라디보스토크를 중심으로 이범윤·이상설·이동녕·엄인섭·이행식 등과 독립운동을 모의하는가 하면, 1919년 4월 중국 상해로 건너가 대한민국임시정부수립에 참여하였다. 김영선은 4월 22일 임시의정원(臨時議政院) 회의에서 군무부 위원으로 선출되어 조성환(曺成煥)·신철(申徹)·박종병(朴宗秉)·김충일(金忠一) 등과 함께 동(同) 위원으로 활동하였다. 1921년 다시 블라디보스토크로 넘어온 그는 사위인 주홍익(朱弘翼)과 독립군의 무기를 조달에도 일조하였다.

김영선은 1922년 4월에 연해주로부터 북간도 해림(海林)으로 넘어와 그 해 6월 25일(음력) 그곳에 근거를 두고 북만경학연구회(北滿耕學硏究會)를 설립하여 회장으로 활동하게 된다. 이 회의 표면적 목적은 그 지역 조선인의 지식계발과 산업·교육·경제를 진흥시키는 방법 모색하자는 것이었으나, 그 이면은 대종교의 외곽조직과 같은 것이었다. 부회장 강인수(姜寅秀), 감찰원 원풍(元豊), 교육부장 김흥원(金興元), 경제부장 이재근(李在根) 등이 모두 그 지역 대종교의 핵심임을 보더라도 알 수 있다. 또한 1923년 4월에는 해림조선인민회(海林朝鮮人民會) 회장을 맡아 일제의 감시를 교묘히 완충시켰으며, 다음 해 4월에는 해림 지역 대종교계 학교인 동흥학교(東興學校)를 주도하기도 했다. 1923년 4월, 하얼빈을 거점으로 조직된 대종교 비밀단체인 만몽산업회(滿蒙産業會)에도 이름을 올렸다. 참여한 인

물들은 김교헌(당시 대종교 교주)을 위시하여 김영선과 우덕순·원풍·김규식·최계화·유정근·김좌진·조성환·현천묵 등 37명으로 모두 대종교의 핵심인물들이었다.

김영선의 대종교 교력을 보면 1922년 9월 24일(음력) 영계를 받았다. 이로 보아 그가 연해주로부터 해림으로 넘어온 직후 입교한 듯하다. 1923년 1월 2일(음)에는 영안현 남관에 있는 대종교총본사에서 13명의 대종교 동지들과 소부계(蘇扶契)의 발기인으로 참여하였다. 소부계의 목적은 대종교 교우 간의 친목을 도모하고 경조사(慶弔事)에 있어 상부상조와 함께 대종교 발전에 협찬하기 위함이었다. 또한 1924년에는 권목(權穆)·이석우(李錫雨)·김흥원(金興元)과 함께, 해림 지역 대종교 활동의 지도적 역할을 담당하였다.

1926년 2월 12일(음력)에는 대종교 북일도본사(北一道本司)의 아성구(阿城區)를 관할하는 순교원(巡教員)으로도 임명되었다. 순교원이란 관할 지역 대종교 포교의 우두머리로, 시교원(施教員)을 거느리고 그 지역 포교를 총괄하는 직책이었다. 당시 대종교 순교원에 이름을 올린 인물들을 보면 김규식(金奎植)·채오오(蔡奎伍)·장도순(張道淳)·한기중(韓基中)·오근태(吳根泰)·이헌(李憲)·공창준(公昌準) 등, 대종교 항일투쟁의 거물들이었다. 그의 대종교 항일투쟁 방면에서의 위상이 상당했음을 시사해 준다.

그리고 해방 직후인 1946년 5월 11일(음력)에는, 상교(尙敎)의 교질로 대종교 경의원 참의로 선임된 기록이 있다.

[참고 문헌]

『대종교보』제55호(1922년)·제57호(1923년), 『대종교중광육십년사』(대종교총본사, 1971), 「各区查禁韓人設立大倧教堂由(延边朝鲜族自治州档案馆, 全宗号42 目录号1 案卷号343, 和龙县历史档案 和龙县警察所, 民国十五年五月十二日), 「義兵件에 대한 조선인의 논의, 露探鮮人 등에 대한 정보」(不逞團關係雜件-朝鮮人의 部-在西比利亞5, 朝憲機 제262호, 한국사DB, 국사편찬위원회), 「北滿耕學研究會 設立의 건」(不逞團關係雜件-朝鮮人의 部-在滿洲의 部33, 機密受제179호-機密제177호, 한국사DB, 국사편찬위원회), 「大倧教 設立計劃」(不逞團關係雜件-朝鮮人의 部-在滿洲의 部36, 機密受제262호-關機高收제5452호-1, 한국사DB, 국사편찬위원회), 「鮮人이 믿는 宗教 類似團體인 大倧教에 관한 건」(不逞團關係雜件-朝鮮人의 部-在滿洲의 部36, 公제484호-公제434호, 한국사DB, 국사편찬위원회), 「대한민국임시정부의정원문서」(국회도서관, 1974), 「일본의 한국침략사료총서(1867-1945)」(일본외무성육해군성 편, 한국출판문화원, 1989)

김영숙(金永肅, 남, 1886-1955)

아호(별명) _ 김형(金衡), 김진(金眞), 김진(金振), 김백(金白), 백주(白舟), 김병우(金東羽)

입교 시기 _ 1912년 | 교질 _ 정교 | 서훈 _ 독립장(1963)

충청남도 홍성군 결성면(結城面) 이동(梨洞) 출신으로, 원적은 같은 도의 논산군 양촌면(陽村面) 임화리(林花里)이다. 초명(初名)은 백(白)으로, 7세부터 당숙인 소사(素四) 김간(金衎)으로부터 한학을 수학하고 이후 상경하여 신학문을 닦았다. 1911년 중앙고보 사범과를 졸업한 뒤 서울 승동소학교에서 교편을 잡았으며, 1912년 8월 만주로 망명하여 환인현의 대종교 동창학교에서도 교편을 잡았다. 김영

김영숙

숙은 일찍이 주시경의 제자로서 한글에도 조예가 깊었다. 만주 망명 당시도 조선어 연구의 좋은 참고서를 가지고 만주로 건너갔다. 이곳 환인현에서 고루 이극로에게 한글 연구의 동기를 만들어준 인물도 김영숙이다.

동창학교는 1910년 국권피탈 후 경남 밀양 출신의 윤세용·윤세복 형제가 망명을 결심하고, 가산을 정리한 후 1911년 만주로 건너가서 세운 학교였다. 국권회복을 기약한다는 취지에서 학교명을 '동창(東昌)'이라 하였고, 교장은 이원식, 교사에는 박은식을 비롯하여 이극로·김영숙·김규환·이시열·김진호·김석현·신채호 등 모두 대종교 인물들이었다. 교과서는 단군사상을 민족사의 정통으로 삼아 역사·국어·한문·지리 등을 가르쳤으며, 학비는 물론 기숙사비와 피복비도 학교측에서 지급하였다고 한다.

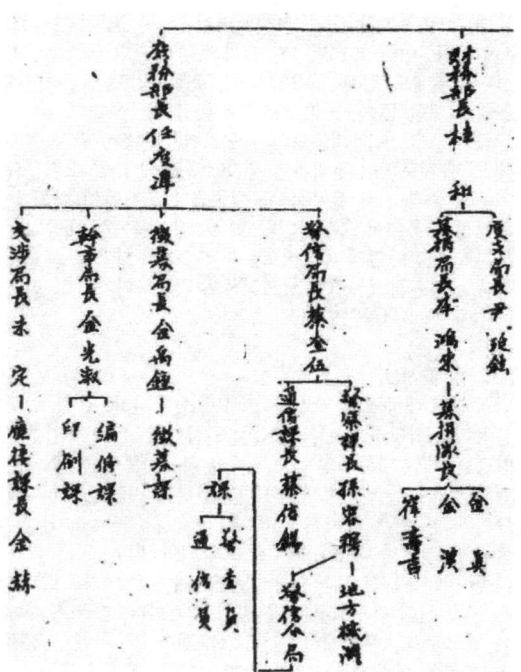

1920년 대종교인들이 중심이 되어 만들어진 대한군정서 창설 당시의 조직표 일부. 재무부 아래 모연국, 그리고 그 밑에 모연대장 金眞(김영숙)의 이름이 보인다.

일제는 동창학교 설립 초기부터 학교를 감시하였다. 1914년 겨울에는 회유와 협박을 거듭하던 일본영사관이 중국 관헌과 교섭하여 학교폐지와 교사축출령을 내리면서 강제 폐교되고 말았다. 교사들도 뿔뿔이 흩어져 김영숙도 북간도 화룡현 청일학교로 거처를 옮겼다. 이후 동녕현의

송화학교, 영안현의 여명학교 등에서 교편을 잡는 한편, 대종교인이 중심이 된 대한군정서(북로군정서)의 성립 당시 김한(金漢)·최수길(崔壽吉)과 함께 모연대장(募捐隊長)을 맡아 활동했다. 당시 북로군정서는 재무부(부장 계화) 아래 탁지국(度支局, 국장 윤정현)과 모연국(국장 이홍래)을 두었으며 모연국 밑에 여러 개의 모연과를 두었다. 특히 김영숙은 북로군정서의 무기 구입에도 큰 역할을 했다. 대종교의 중심인물 백순(白純)·진학신(秦學新)과 러시아 과격파로부터 무기를 구입하여 북로군정서에 공급한 것이다. 그러므로 1923년 초기 일제의 문서에, 김영숙이 대종교의 간부로서 배일사상의 거두로 기록된 이유이기도 하다.

한편 청산리독립전쟁 이후 군정서 계열의 일부가 돈화현(敦化縣) 황토요자(黃土要子) 부근에 주둔하면서, 1924년 1월경에는 군정서 동로선전기관(東路宣傳機關) 및 동로중앙집행부(東路中央執行部)를 구성하였다. 김영숙은 이 때에도 김규식·이장녕·서청·이홍래 등 대종교 중심인물들과 함께 하면서 모연대장을 맡아 활동을 지속하였다. 특히 이 시기 김영숙은 이념을 넘어선 투쟁에도 기꺼이 참여하였다. 1924년 10월 길림성 돈화현 흑석둔(黑石屯)에서 열린 공산당계 독립운동가들의 모임에 동참한 것이다. 당시 그는 박종권(朴鍾權)과 함께 길림 지역 대표로 이름을 올렸는데, 조국광복의 길에 이념의 벽이 없다는 것이 그의 정신이었다. 이어 1925년 4월에 기록된 일제의 극동청년공산당명부에도 김좌진·유현(劉賢) 등과 영고탑 동경성에 근거한 대한독립군단 계열로 등장하고 있다.

1942년 11월 19일 대종교의 임오교변(壬午敎變) 당시 일제에 의해 체포되어 복역하던 중 1945년 8월 12일 소련군의 만주 진출과 함께 윤세복 등 대종교 지도자들이 함께 목단강성 감옥에서 출옥하였다. 이후 영안현에서 대종교총본사를 재건하는데 앞장섰고, 귀국 후에는 대종교 포교에 집중하며 단군전봉건회를 조직하여 활동하다가 6.25 전쟁 때 대구에서 사망하였다.

[주요저술 및 사상]

김영숙은 대종교의 교리와 교사만이 아니라, 한글 연구 분야에도 상당한 조예가 있었던 인물이다. 1912년 만주로 망명한 이후 대종교의 종교활동과 학교활동을 통해 많은 원고와 서책을 남겼을 듯 하지만 전하는 것이 없다. 다만 그가 해방 이후 간략히 정리한 「신교원류(神敎源流)」라는 글 속에서 그의 대종교관이 잘 요약되어 있다.

대종교에서의 신교란 중광 이전의 대종교 명칭으로, 우리 민족 전래 하느님 신앙을 말하는 것이다. 단군조 때에는 신교(神敎), 부여에서 대천교(代天敎), 고구려에서 경천교(敬天敎), 신라에서 숭천교(崇天敎), 백제에서 수두(蘇塗), 발해에서 진종교(眞倧敎)로 이어졌다. 또 고려 때는 왕검교(王儉敎), 만주에서는 주신교(主神敎), 다른 곳에서는 신교(神敎) 또는 천신교라고도 하였다. 역대로 교명(敎名)을 달리하면서 계승되어 오다가, 1909년 나철에 의해 중광(重光·부활)되었다.

본디 신교란 이신설교(以神設敎)의 준말로써, 신의 권능으로써 가르침을 베푼다는 의미와 통한다. '이신설교'란 『규

원사화』『태시기(太始記)』와 「단군기(檀君記)」, 그리고 수산 이종휘의 『동사(東史)』에 나오는 말이다. 백봉교단의 『단군교오대종지서(檀君敎五大宗旨書)』에는, 신교를 단군신앙의 종지를 드러내는 행위로 설명하고 있다. 또한 역사가들이 이러한 행위를 선교(仙敎)라는 이름으로 칭하기도 하지만, 그 연원은 오직 신교라고 밝히고 있다.

김영숙의 「신교원류」 역시 곧 대종교 중광(重光, 1909년) 이전의 형적으로, '대종교원류'라는 말로도 바꿀 수 있는 제목이다. 그는 이 글에서 신교의 연원, 신교의 발상지, 신교의 교화와 치화의 대상, 신교의 교리, 신교의 역사적 흐름, 신교의 부활, 신교의 가치에 대해 대략하고 있다.

그는 신교의 연원이 우리 고래의 삼신일체 한배님(하느님)으로부터 찾을 수 있으며, 우주의 진리이자 만법의 근원으로 이해했다. 이러한 조화(造化)의 주체가 이신화인(以神化人)하여 교화(敎化)와 치화(治化)를 베푼 거점이 백두산 남북마루로, 그곳의 9족(九族, 삼천단부)이 그 대상이자 문화적 인류의 시작으로 인식한다. 또한 거짓[妄]을 돌이켜 참[眞]으로 돌아가는 지감(止感)·조식(調息)·금촉(禁觸)의 삼법수행(三法修行)이 신교의 주요 교리로, 하느님의 권능인 덕(德)·혜(慧)·력(力)에 합하는 첩경으로 이해했다. 이것이 신교 교리의 요체인 삼진귀일(三眞歸一)이라는 것이다.

이러한 신교의 역사적 흐름은 신라 최치원의 가르침이나 화랑의 세속오계, 고구려의 선인(仙人), 그리고 고려·조선까지 연면히 이어왔다는 것이 김영숙의 견해다. 그는 신교와 관련된 여러 증적(證跡)과 인물, 유속(遺俗)의 소개를 통해 이것을 확인시키고 있다. 그리고 그 흐름을 근대에 재천명한 인물이 홍암 나철이며, 이 사건이 바로 대종교의 중광이라는 입장이다. 그 정신이 무원 김교헌(무원종사), 백포 서일(백포종사), 단애 윤세복(단애종사)로 계승되면서, 교사의 정리와 항일투쟁의 정신으로 살아났음을 주지시키고 있다.

김영숙의 「신교원류」에 나타나는 이러한 이해는, 대종교의 전래 경전인 『신사기(神事記)』와 『삼일신고(三一神誥)』 그리고 『단군교포명서』와 함께, 1911년 대종교단에서 정리한 『단조사고(檀祖事攷)』에 근거를 둔 이해였다. 이것은 그가 대종교의 교리·교사에 상당한 조예가 있었음을 보여주는 근거가 된다.

[교력]

김영숙의 대종교 교력은 만주 환인현 대종교시교당 시절부터 찾을 수 있다. 1912년 그곳에서 맞은 개천절(음력 10월 3일)에 대종교를 봉교(奉敎)한 것이 그 시발이다. 이후 참교(參敎, 1914년), 지교(知敎, 1916년), 상교(尙敎, 1917년)를 거쳐 해방 되던 해에 정교(正敎)의 교질에 올라 대형(大兄)의 교호(敎號)를 받았다.

그의 대종교단에서의 발자취 역시 큰 족적을 남겼다. 만주 환인의 대종교시교당 활동을 시작으로, 1916년 8월 15일(음력, 이하 음력) 교주 나철이 순교하자 그 봉장식의 주요 역할도 담당하였다. 그 해 11월 20일 만주 화룡현 청파호에 옮겨져 봉장식이 거행될 당시 김영숙은 지교(知敎)의 교질로, 상교(尙敎)인 강우(姜虞)·조완구(趙琬九)·심근(沈權)

과 지교인 현천묵(玄天黙)·남규일(南圭一), 그리고 참교(參敎)인 나정경(羅正經)·김서종(金書鍾)·계화(桂和)와 함께 나철의 봉장례를 주도하였다. 김영숙의 대종교적 위상을 확인케 해주는 부분이다.

이후 영안현·액목현·돈화현 등지에 흩어져 있던 북로군정서원들을 재규합하여 대종교의 재건을 도모하며 각지에 학교를 설립하기로 하고 1924년 중광절(음력 1월 15일)에 이섭(李燮)·윤정현·정신 등과 함께 대종교시교회창기문(大倧敎施敎會刱起文)을 발포하기도 했다. 그리고 같은 해 어천절(음력 3월 15일)에는 대종교 동이도본사의 선강부령(宣講部令)을 맡았으며, 같은 해 윤5월 8일에는 계화·채오(蔡伍)·신최수(申最秀)·유정근(兪政根)과 함께 대종교 교적역본기초위원(敎籍譯本起草委員)으로도 임명되었다. 이것은 한문으로 된 대종교의 교사(敎史)·교리(敎理)를 순우리말로 번역하는 토대를 마련하는 작업이었다. 그의 한글에 대한 능력이 마음껏 발휘되었던 작업으로, 해방 이후 1949년에 발간된 『역해종경사부합편(譯解倧經四部合編)』의 중요한 밑거름이 되었다. 이어 1923년 1월 2일자로 대종교총본사 종리부령(宗理部令)으로 임명되어 교무를 주관하는 책임자가 되었다.

한편 김영숙은 대종교단의 외적 발전에도 많은 기여와 노력을 기울인 인물이다. 1923년 12월에 구성된 소부계(蘇扶契)의 참여가 대표적이다. 소부(蘇扶)란 부여(扶餘)와 같은 이름으로 부여민족의 중흥을 내세웠던 대종교의 정신을 그대로 담은 명칭이었다. 소부계의 목적은 대종교 교우 간에 친목을 도모하고 교인 경조사의 상부상조와 대종교 발전에 협찬하는 것이었다. 또한 각시교당에 조직케 하고 회의는 매년 어천절(음력 3월 15일)과 개천절(음력 10월 3일)에 개최하도록 하였다. 김영숙은 이 소부계의 발기인으로 이름을 올려 대종교 발전을 도모하는데 힘을 보탰다.

또한 1934년 3월 2일에는 대종교 교주 윤세복을 도와 김응두(金應斗)·박관해(朴觀海)·김서종(金書鍾) 등과 함께 하얼빈시 안평가(安平街)에 대종교선도회를 설치하였다. 이 선도회는 만주의 대종교포교금지령(1925년) 이후 은거해 있던 대종교 재건을 위한 핵심단체로서, 대종교 청년운동의 시발이 된 조직이기도 했다. 대종교총본사가 직접 관할한 대종교선도회에서 김영숙은 종무원원(宗務院員)으로 선출되어 그 주역할을 담당하였다. 김영숙은 1939년 10월 대종교교적간행회(大倧敎敎籍刊行會)의 발기인으로도 참여한다. 이 간행회는 대종교의 발전을 위하여 대종교 서적 간행을 목적한 조직으로, 당시 김영숙은 안희제·장도순·강철구와 함께 가장 많은 경제적 부담도 감당하였다.

1942년에 김영숙을 포함한 대종교지도자들이 일제에 의해 모두 구속되는 사건이 발생한다. 그 해 11월 19일 국내 대종교비밀결사인 조선어학회 간부 검거 사건과 때를 같이하여 선만(鮮滿) 각처에 있던 대종교지도자 21명이 모두 구속된 사태다. 대종교에서는 이 사건을 임오교변(壬午敎變, 임오년에 발생한 대종교지도자들의 변고)이라 부른다. 임오교변은 일제가 식민지 지배를 영구히 하고자 하는 목적으로 일제에 항거하는 항일단체나 독립운동자를 일제히 검거한 정책적인 조치로서, 일제하 희대의 종교적 탄압 사건이었다.

이것은 대종교라는 종교단체가 바로 항일독립운동의 본거지로서, 대종교의 포교와 교육활동 그리고 한글과 우리 역사에 대한 연구 작업 모두가 조국광복을 위한 노력으로 귀착되었다는 점과 연관된 사건이다.

당시 하얼빈 마가구(馬家溝)에 거주하던 김영숙 역시 같은 날 검거되었다. 치안유지법 제2조를 어겼다는 이유로 15년형을 선고 받고 복역하던 중, 8·15광복을 며칠 앞두고 출옥하였다. 그리고 교주 윤세복과 더불어 가장 먼저 시도한 것이 대종교 재기를 위한 걸음이었다. 먼저 영안현 해남촌(海南村) 최창진(崔昌鎭)의 집에서 여러 교우들과 몽방식(蒙放式, 형이나 감옥 따위에서 풀려난 것을 알리는 의식)을 행하고 1945년 7월 7일 총본사를 부활시켰다. 당시 김영숙은 대종교총본사의 전리(典理, 종무의 총책임자)를 맡아 대종교 재건에 적극 앞장섰다.

김영숙은 대종교의 국내 환국 후에도 주요요직을 두루 맡아 활동하였다. 1946년 8월 24일 대종교 남이도본사을 순교원을 시작으로 같은 해 11월 29일에는 대종교 경의원(經議院) 부원장에 선출되었다. 당시 김영숙과 함께 대종교 경의원을 이끈 인물들은 이시영을 위시하여 김승학·정열모·안재홍·정인보·황학수 등 항일투쟁의 거물들이었다. 또한 1947년 3월 28일에는 대종교 대표 자격으로 종교연합회에도 참여하여 부회장으로 선임되기도 했다. 이어 대종교중흥회 발기인(1947년), 제7회 교의회 부의장(1950년), 원로원 참의(1950년), 그리고 1951년 3월 28일에는 대종교 규범개정위원으로 선임되어 대종교의 질서를 다잡는데 기여했다.

[참고 문헌]
『대종교보』, 제151호(1946년)·제152호(1946년)·제153호(1947년)·제161호(1949년)·제166호(1950년)·제175호(1951년). 『대종교인과 독립운동연원』(이현익, 프린트본, 1963). 『대종교독립운동사』(박영진, 필사본, 1964). 『대종교중광육십년사』(대종교총본사, 1971). 『임오십현순교실록』(대종교총본사, 1971). 「不逞鮮人 獨立運動 現況에 관한 건」(不逞團關係雜件-朝鮮人의 部-在滿州의 部14, 機密 제26호, 한국사DB, 국사편찬위원회). 「大倧敎 設立計劃」(不逞團關係雜件-朝鮮人의 部-在滿州의 部36, 機密受제262호-關機高收제5452호-1, 한국사DB, 국사편찬위원회). 「共産黨系 不逞鮮人의 會議 開催」(不逞團關係雜件-朝鮮人의 部-鮮人과 過激派5, 關機高收 제24801호의 1, 한국사DB, 국사편찬위원회), 「極東靑年共産黨 名簿 入手의 件」(不逞團關係雜件-朝鮮人과 過激派5, 秘關機高收 제11173호의 1, 한국사DB, 국사편찬위원회). 『한국독립사』(김승학, 독립문화사, 1967). 『한국독립운동사자료』38(국사편찬위원회, 2002). 「대종교의 독립운동」(김동환, 『종교계의 민족운동』, 한국독립운동사편찬위원회, 2008). 『고투40년(이극로 자서전)』(조준희 옮김, 아라, 2014)

김영진(金永珍, 남, 생몰 미상)

아호(별명)_ 옥강(玉岡)
입교 시기_ 일제강점기 | 교질_ 정교

출신지역과 생몰연대가 확인되지 않는다. 일제강점기 북간도의 대종교계 항일단체인 신민부의 중앙위원으로 활동하면서, 김좌진·정신·김혁·유정근 등과 항일투쟁에 앞장 선 인물이다. 김영진의 대종교 입교 시기 역시 불분명하다. 그러나 해방 직후인 1946년 3월 14일(음력, 이하 음력) 총본사 특선에 의해 곧바로 지교를 받은 기록이 있다. 비록 기록은 사라졌지만 그의 입교 시기가 일제강점기였음을 알게 해 준다. 이후 경의원(經議院) 참의(1946년)를 거쳐 1950년 1월 17일 상교(尙敎)로 승질하였다. 또한 대종교 중흥회 2차 집행위원(1950년), 총본사 부전무(副典務, 1953년), 삼일원 대덕(大德, 1954년)을 거쳐 1957년 정교(正敎)로 올라 대형(大兄)의 교호(敎號)를 받았다. 이후에도 원로원 참의(1957년), 삼일원주(三一園主, 1960년 2월), 총본사 부전무(1960년 4월), 대종교유지재단 이사(1962년), 총본사 교무부장(敎務部長, 1963년)을 거쳐 원로원 참의(1968년)를 지냈다.

[참고 문헌]
『대종교보』환국기념호(1946년)·제165호(1950년), 『대종교중광육십년사』(대종교총본사, 1971), 『대종교인과 독립운동연원』(이현익, 프린트본, 1963)

김영창(金永昌, 남, 생몰 미상)
아호(별명) _ 성재(惺齋)
입교 시기_ 1922년 | 교질_ 미상

출신지역과 생몰연대가 불분명한 인물이다. 다만 충남 강경을 중심으로 꾸준히 활동한 것을 보아 이 지역 출신일 가능성이 높다. 김영창은 1920년 강경에 거주하면서 동아일보에 「시대와 청년」이라는 글을 기고하였다. 그는 그 기고문을 통해 신사조(新思潮)와 신생활을 위해 청년들이 생각하고 또 생각하며 분발하고 또 분발할 것을 촉구하였다. 또한 1929년 5월 13일 개최된 경성염세노동조합(京城染洗勞動組合) 제2회 정기대회에 참석하여 노동운동에도 참여한 기록이 있다. 그리고 1931년 11월 15일에는 안순환(安淳煥)이 주도한 단군신전봉찬회(檀君神殿奉贊會) 창립에도 관여하여 감사로 선임되기도 했다.

김영창의 대종교 교력을 살피면, 1923년 3월 1일(음력) 대종교총본사의 추천으로 영계를 받았다. 그러나 그보다 4개월 전인 1922년 12월 13일(음력)에 대종교 남일도본사 소속 경일시교당(景一施敎堂)의 찬무로 임명된 것으로 보아, 그 시기에 입교한 듯하다. 경일시교당은 충남 논산군 강경읍에 소재했던 시교당으로 당시 책임자는 김재형(金載炯)이었다.

[참고 문헌]
『대종교보』제56호(1922년)·제57호(1923년), 『대종교중광육십년사』(대종교총본사, 1971), 『동아일보』1920.7.13., 「京城染洗노동조합 제2회 정기대회에 관한 건」(思想問題에 關한 調査書類7, 京鍾警高秘 제6316호, 한국사DB, 국사편찬위원회), 「檀君神殿奉贊會創立總會」集會取締狀況報告(通報)」(思想에 關한 情報1, 京鍾警高秘 제14018호, 한국사DB, 국사편찬위원회)

김영하(金永河, 남, 1906-?)
입교 시기_ 1926년 이전 | 교질_ 미상 | 서훈_ 애족장(1990)

함경남도 원산 중리(中里) 출신으로 생몰연대는 정확치 않다. 다만 1926년 작성된 일제의 문서에는 당년 21세로 기록되어 있다.

김영하는 1920년 10월경 간도에서 대한적십자회에 가입하여 의연금과 회원 모집 활동을 하였다. 그 해 12월에 오희영(吳熙泳)과 함께 국내 고향으로 들어와 활동하던 중 체포되어 징역 1년형을 받고 옥고를 치렀다. 출옥 후 다시 만주로 망명하여 1924년 7월 12일에는 참의부(參議府) 2중대원으로 김창균(金昌均)·김창옥(金昌玉)·이기섭(李基涉)·한영환(韓永煥) 등과 함께 위원군(渭源郡) 화창면(和昌面)주재소를 소탕하는 등 활동을 전개하였다.

김영하는 1926년 2월경까지도 참의부 군사부(軍事部) 제4중대 상등병(上等兵)으로 소속되어 활동을 지속하였다. 당시 제4중대의 주요 구성원은 김영하를 포함하여 김상옥(金尙玉, 중대장)·송시옥(宋時玉, 부관)·김창(金昌, 소대장)·이국정(李國正, 참사)·이하구(李河九, 상등병)·김성근(金成根, 일등병)·전자룡(田子龍, 일등병) 등이었다.

김영하의 대종교 영계(靈戒)나 교질(敎秩) 사항은 전하지 않는다. 그러나 중국 당국에 압수된 문서에 보면, 그가 1926년 당시 유성시교당(裕成施敎堂)의 부책임자[贊務]를 맡은 기록이 있다. 유성시교당은 대종교 북일도본사 관할로 길림성 유수현(榆樹縣)에 소재했으며 유수현가의 동아의원(東亞醫院)이 주요 연락처였다. 또한 당시 책임자[典務]는 김락(金洛)이 맡았으며, 최만원(崔萬源)이 찬무[贊務]를 맡아 김영하와 함께 했다.

[참고 문헌]
「大倧敎施敎堂一覽表(1926年)」(延边朝鮮族自治州档案馆 全宗号42 目录号1 案卷号343, 和龙县历史档案 和龙县警察所, 令各区查禁韩人设立大倧敎堂由, 民国十五年五月十二日), 『동아일보』1921.4.13., 『독립신문』1921.5.7., 「不逞團 參議部의 近況報告」(不逞團關係雜件-朝鮮人의 部-在滿洲의 部42, 外務省文書課受 第43號, 한국사DB, 국사편찬위원회), 『한국독립사』하(김승학, 독립문화사, 1970)

김영학(金永學, 남, 1871-1944)
아호(별명) _ 백하(白下)
입교 시기_ 1913년 | 교질_ 참교 | 서훈_ 애족장(1990)

함경북도 경성군(鏡城郡) 서면(西面) 일향동(一鄕洞) 출신으로 호는 백하(白下)다. 7살에 사숙에 입학하여 10년간을 한문 수학을 하였다. 1902년에 함경남도 함주군 동천면 소재 화릉(和陵)의 참봉에 임명되었으나 스스로 사임하였다. 1906년에 함일학교(咸一學校) 학감으로 근무하기 시작하면서 1년 뒤에 교감으로, 그리고 그의 나이 36세 때인 1909년 3월 5일 교장으로 취임하였다.

김영학이 교장까지 지낸 함일학교는 본디 사숙(私塾)으

로 출범한 학교로, 사숙(1900)→유지의숙(有志義塾, 1907년 1월)→함일학교(1907년 2월)→함일실업학교(1910년)로 변화되었다. 함일학교로의 자리매김에는 그 지역 유지 이운협(李雲協)의 교육적 열정이 절대적이었다. 이운협은 파인 김동환의 매형으로, 함일학교에 그의 재산을 거의 바쳤다. 또한 이운협의 장인이자 김동환의 아버지인 김석구(金錫龜) 역시 함일학교의 발기인으로 학교 발전을 위해 남달리 기여한 인물이다. 이운협은 실력 있는 교사를 초빙하기 위하여 직접 경성으로 올라와 동분서주할 정도로 학교 발전을 위해 헌신키도 했다. 그러나 이운협은 안타깝게도 1910년에 죽었다. 함북 신교육의 선도자였던 그를 회고하는 한 기록에는 "함북 경성의 함일학교는 북관일대의 문명을 나은 태모(胎母)이다. 당시 옛 학문이 성할 때 경사(京師)에 유(遊)하여 신학문을 닦고, 곳 하향하여 없는 돈에 피땀을 모아 함일학교를 창설하여 북도 11군에 영재들을 배양하여 내었다. 실로 금일 이 도의 중추 인물치고 이운협씨의 열렬적 교육을 아니 받은 이가 없다. 그는 너무 격정적이고 너무 순교적이어서 40미만에 객혈이유(喀血而遊)하다. 후인이 그의 분묘에 송모(頌慕)의 비를 눈물로써 건립함이 대개 뜻이 있다 할 것이다."라는 안타까움을 전하고 있다.

김영학은 이러한 이운협의 좋은 벗이자 교육적 동업자였다. 당시 이들과 함께 한 인물들로는 김석구를 비롯하여 조교원(趙敎員)·이능규(李菱圭)·김동하(金東廈)·김창제(金昶濟)·김서규(金瑞圭) 등이 있었다. 함일학교의 설립취지는 관북의 중심인 경성에 학교를 세워, 학문진작을 통해 함일이라는 이름을 전국에 빛나게 하자는 것이었다. 또한 함일의 뜻은 모두[咸] 마음과 힘을 하나로 하여 함북의 사람들이 학문이나 사업을 모르는 사람을 하나도 없이함으로, 나라를 이끄는 스승이 되고 전인류에 이름을 날리는 의미였다.

김영학은 함일학교에 몸을 담으면서도, 1908년부터 1909년 초까지 대한자강회·대한협회뿐만 아니라 서북학회의 회원으로 활동하면서 교육과 사회적 연대를 통한 구국항쟁의 길을 도모하였다. 그 본격적 시발이 북간도로의 망명이다. 이 시기 북간도에서는 서전서숙이 폐쇄되었음에도 불구하고, 그후 국내의 민족운동가들이 계속 몰려들어 교육·종교·실업 등의 각 방면에 걸쳐 항일민족독립운동이 활발히 추진되었다. 이러한 현상은 보다 조직적이고 효과적인 활동을 추진할 항일민족운동단체의 성립을 갈망케 하였다. 이 노력의 결실로 맺어진 것이 간민교육회(墾民敎育會)의 결성이다. 처음 명동학교를 중심으로 활동하던 민족운동가들은 명동학교가 어느 정도 발전하여 민족주의 교육기관으로 자리를 잡자, 북간도 전 한인사회를 효과적으로 조직하여 한인의 자치와 경제력 향상을 도모하면서 강력한 독립운동을 추진하고자 '간민자치회(墾民自治會)'를 조직하였다. 그리고 도처에 지부를 설치하고 본격적인 정치활동을 할 수 있을 만큼 세력이 확장되자, 일제의 본격적인 중상모략이 시작되었다. 중국관헌 측의 불가피한 견제가 나타나자, 한인들은 회의 명칭을 '간민교육회'로 개칭하면서 중국관청의 허가까지 얻고 합법적 활동

을 전개하게 되었다.

1910년 3월, 길림동남로병비도관찰사서(吉林東南路兵備道觀察使署)의 공식 인가를 받을 당시, 간민교육회의 중심인물은 연길도윤공서(延吉道尹公署)의 외교부 관리였던 대종교인 이동춘(李同春)을 비롯하여 임원은 김영학·박무림(朴茂林)·구춘선·김약연·정재면·정안립(鄭安立)·계봉우·김립(金立)·윤해·박상환(朴祥煥)·장석함(張錫咸)·강봉우(姜鳳羽)·윤명희(尹命熙)·강백규(姜佰奎)·문치정(文治政)·김정규(金定圭)·김하규(金河圭)·마진(馬晉)등 여러 사립학교 및 종교계 인사들로 구성되었다. 간민교육회는 본부를 국자가에 두고 간민모범학당(墾民模範學堂)을 직접 설립하여 운영하면서, 기관지로『교육보(敎育報)』를 간행하여 상호이익을 도모하였고, 시베리아의『권업신문(勸業新聞)』과 미주의『신한민보(新韓民報)』까지 주문하여 한인사회에 보급시켰다. 그리고 민족주의 교육기관을 각지에 설립 운영하였는데, 그 대표적인 학교로는 명동학교를 비롯하여 정동·은진·명신·광성·창동·북일학교 등이 그것이다.

그러나 간민교육회는 1911년 중국의 신해혁명으로 전환점을 맞이한다. 즉 신해혁명이 한인의 조국독립운동에 유리한 노선으로 추진된 것이다. 간민교육회는 이동휘·이동춘·정재면·박찬익 등 4명의 대표를 북경 여원홍(黎元洪) 대총통에게 보내 혁명의 성공을 경축하고, 북간도 한인사회의 실상을 알려 중국 혁명정부의 지지와 원조를 청하면서 '간민자치회'를 조직하여 한중친선과 발전을 도모하겠다고 제의하였다. 여원홍 대총통도 이러한 제의에 찬성하였으나 '자치'라는 말은 삭제해 줄 것을 요청하여 '간민회(墾民會)'를 조직하게 되었다. 마침내 1913년 4월, 북간도의 한인들은 간민교육회 이래 중요인물로 부상한 김영학을 비롯하여 이동춘·박찬익·김립·김약연·도성(都成)·장기영(張基永)·백옥보(白玉甫) 등이 앞장서는 가운데, 한인의 자치와 독립운동을 보다 활발하게 추진할 간민회를 출범시켰다. 그 회장에는 명동학교 설립자인 김약연을, 부회장에는 김영학(金永學), 총무에는 정재면을 각각 선임하였으며, 집행부에는 법률·교육·교섭 등 12부를, 그리고 각부에는 책임간사를 두었다. 또한 지방조직으로서는 한인이 많이 거주하는 곳에 지방총회를 두고 그 밑의 지회를 설치하였다.

김영학이 앞장 선 간민회는 제1차 세계대전의 발발과 중·일간의 만몽조약(滿蒙條約)체결로 인하여 중국정부의 탄압을 받을 때까지, 2년 동안 북간도 한인에게 조국정신을 고취하여 사상 변천의 일대 기원이 되었다. 그러므로 중국 관헌들도 북간도 한인에 대한 행정을 집행할 때, 간민회에 협력을 구할 정도로 영향력을 행사했다. 그러나 간민회는 한인사회의 '자치'에 대해 극도로 민감한 반응을 보이고 있던 중국정부에 의해 1914년 3월 경 해산명령으로 문을 닫았다.

한편 북간도 한인자치운동의 중심이었던 간민교육회(간민회)는 대종교와 기독교가 연계하여 활동한 대표적 사례이기도 했다. 이러한 정황은 이미 일제의 기록에서도 확인되는 부분이다. 일제는 대종교를 언급하는 부분에서, 대종교인들이 기독교인들에게 단군을 언급하고 있음을 적

고 있다. 즉 예수는 서양의 성인이고 단군은 우리 조상인데, 조종(祖宗)에 등을 돌리고 서양 성인만 제사하는 것은 다만 조선인의 정신을 상실하는 것이므로, 천지(天地)의 윤리와 의리에 어긋나는 것이라는 곡설(曲說)로 조선인의 눈과 귀를 흔들어 놓는다는 것이다. 그리고 "오직 배일흥한(排日興韓)의 화심(禍心)은 스스로 기독교과와 일치하고자 함으로, 피차 서로 간에 기맥을 통하여 간민회에 저들(기독교-필자 주)과 함께 참여하고 있음"을 적고 있다.

김영학의 무관학교 설립도 주목되는 부분이다. 그는 1914년 이동휘와 함께 소동대전자(蘇洞大甸子; 楡芬大甸子)에 무관학교를 세웠다. 당시 학교 건물과 학생 기숙사는 주민들의 추렴과 노력을 동원하여 세웠고, 학교 운영비는 이종호가 담당하였다. 교장은 이동휘였고, 김영학은 김립·김규면·장기영·오영선·김광은·강성남·한홍·김하정 등과 교관을 맡았다. 사관학생은 태흥학교에서 수학하던 학생들을 비롯하여 간도와 연해주 각지에서 모집하였으며, 80여명에서 100여명에 달하였다. 어떤 기록에는 사관학생 수가 많을 때는 300여 명에 달하였다고도 하였다.

1918년 1월에는 대종교의 핵심 백순·고평과 함께 북간도에서 노령의 추카노브카(烟秋)로 넘어가 대종교 포교에도 적극 앞장섰다. 1919년 9월에는 블라디보스톡의 신한촌에 본부를 둔 국민의회의 간부로 활동하면서 재정부장을 맡기도 했다. 또한 김영학은 국자가의 이홍준·이성근·박동원, 용정의 김정, 개산둔의 배규정, 팔도구의 유예근, 평강지방의 고동환 등과 함께, 비밀단체인 철혈광복단에 혈서를 쓰고 가입하였다. 이 철혈광복단은 일찍부터 항일운동에 앞장서왔던 김순문·강룡헌·구춘선·이성호·고평·최봉렬·박정훈·이동식 등이 참여한 항일 무장투쟁단체로 1919년에 조직된 것이다. 1920년 1월 4일에 일어난 조선은행 회령지점의 15만원 현금 탈취사건을 주도하였으며, 이후 대부분의 단원이 대종교계 대한군정서(북로군정서)에 흡수되었다.

한편 일제는 대종교계 대한군정서를 가장 과격한 항일투쟁 단체로 파악하였다. 특히 그 무기를 구입하여 무장하는 과정의 중심에 김영학이 있음에 주목하였다. 그가 대한군정서의 외교부장으로 깊숙이 관여하여 움직였기 때문이다. 당시 일제의 문서에는 중국 당국이 대한군정서에 대한 감시를 수박겉핥기식으로 하는 것에 불만을 표출하는 내용이 실려 있다. 또한 중국 당국의 대한군정서에 대한 암묵적 비호를 비판하는 정황도 나타난다. "그들은 중국관헌과 맥락이 있으며, 군정서의 외교부장 김영학은 누누이 연길도윤(延吉道尹) 공서(公署)에 출입한다고 한다."는 기록이 그것이다. 그 시기 연길도윤공서에는 대종교의 핵심이었던 이동춘이 버티고 있었다.

김영학은 간민교육회 이후에도 교육에 대한 열정을 쉬지 않았다. 1922년 들어서는 시베리아 등지에 거주하는 동포 자제들의 교육을 위하여 블라디보스톡에 중학교를 설립하려는 노력을 기울였다. 김영학은 그 일환으로, 그 해 1월에 시베리아 조선인교육협회를 조직하고 그 회장을 맡았으며, 국내 동포들의 협조를 얻기 위해 백성환(白星煥) 등과 경성으로 들어와 적극 활동하기도 하였다. 1924년

들어서 열린 간민교육자대회(墾民教育者大會) 때도 그 회장을 맡았으며, 직접 사회를 보면서까지 다음의 결의사항을 이끌어 냈다.

> 一. 학년은 6년제로 채용하되 실시 기간은 명년(明年) 신학기부터 할 것
> 一. 교과서는 조선문 또는 조한문(朝漢文)으로 편찬할 것
> 一. 교수 용어는 순조선어로 사용할 것
> 一. 외국어학과는 5·6 두 학년에 설치하되 매주 2시간 씩 중국어만 교수할 것
> 一. 교과서는 교육연구회의 편찬 또는 검열·인정한 것에 한하여 채용할 것
> 一. 교육연구회의 주최로 오는 8월 1일부터 20일까지 교원강습회를 개최할 것
> 一. 교육연구회의 주최로 전간도(全間島) 춘기연합대운동회를 개최할 것

김영학은 간도 지역의 민족적 여론을 조성하고 민족적 단합을 위한 노력에도 심혈을 기울였다. 그가 1920년대 중반부터 30년대 중반까지, 국자가나 연길 지역 『동아일보』 등의 고문 역할을 놓지 않았던 것도 그 이유다. 그에 대한 기록이 희미해 진 것도 이 시기다. 김영학은 1935년 『동아일보』 연길지국의 고문을 맡을 당시 국자가 상부지(商埠地)에서 중앙여관(中央旋館)을 경영하고 있었다. 그를 아는 지인(知人)의 기록에는 당시 그의 모습을 새하얀 흰머리의 노인으로 묘사하고 있다.

[교력]

김영학에 대한 대종교 교력은, 1913년 4월 20일(음력) 박은식·신채호·한홍(韓興) 등과 함께 참교의 교질을 받은 것이 남아 있는 전부다. 그러나 김영학은 국내 시절부터 대종교의 핵심 서일·현천묵과 더불어 함경도 경성 지역에서 교육에 힘썼다는 공통점을 갖고 있다. 김영학(1871년생)은 서일보다 10살 연상이었다. 북간도 시절에도 대종교를 끈으로 하여, 중광단으로부터 대한군정서까지 현천묵과 함께 서일의 곁을 지키고 있었던 이유이기도 하다. 더욱이 김영학은 박찬익·이동춘과 더불어 북간도 교민활동의 삼두마차를 이루며, 교학일여(教學一如)의 신념으로 대종교포교에 매진했던 인물이다. 그러므로 대종교의 전교건학(傳教建學)의 정신을 한 번도 잊지 않고 독립사상 고취를 위해 심혈을 기울였다. 김영학이 1913년 참교의 교질을 받기 이전에 이미 대종교의 중심에 깊이 들어와 있었음을 암시해 준다.

이러한 정황은 1912년 8월 12일(음력), 화룡현 청파호 대종교시교당에서 대종교의 교세 확장을 위한 논의에 깊이 참여한 것에서도 확인되고 있다. 더욱이 당시 함께 의논한 인물들이 연해주에서 온 보재 이상설과 상해에서 온 예관 신규식, 그리고 은계(隱溪) 백순(白純), 백초(白樵) 류완무(柳完武)와 같은 거물들이었다. 당시 김영학의 대종교에서의 위상을 알게 해 준다. 이 무렵 화룡현 청파호 대종교총본사에는 교주인 나철을 비롯하여 현천묵·박찬익·서일·안

태진 등등의 중심인물들이 기거 혹은 드나들었던 시기다. 『백농실기(白農實記)』를 남긴 조창용(趙昌龍)은, 그 무렵 김영학이 간도 제일가는 부자로 대종교를 믿는 마음 역시 정성스러웠음을 회고하고 있다. 해방 후 대종교총전교(대종교 교주)를 지낸 지산(芝山) 정원택(鄭元澤)이 1912년 초 만주로 망명하면서 용정촌 김영학 집에 유숙할 수 있었던 것도 이러한 대종교의 인적 네트워크와 연결되었던 것이다.

김영학은 1918년 1월 하순 연해주의 블라디보스톡에서 대종교를 포교하던 백순과 함께 간도로 나아가 대종교포교 활동을 함께 도모했으며, 1919년 2월에는 파리만국평화회의와 관련된 북간도 지역 독립운동가들의 회의에 대종교도 고평과 함께 대종교 대표로 참석하기도 했다. 또한 국내에서 일어난 3·1운동 직후에도 대종교도 임도준(任度準) 등과 함경북도 온성과 경성의 대종교도들을 암암리에 선동하여 또 다른 독립운동 계획을 모의하는 등, 그 대종교적 항일투쟁을 연면히 이어간 인물이다.

[참고 문헌]
『종문영질』(프린트본, 1922), 『황성신문』1907. 2. 22, 『私立實業學校設置關係書類』(朝鮮總督府學務局學務課, 1910), 『間島事情』(동양척식주식회사, 日韓印刷社, 1917), 「朝鮮人의 近狀에 관한 보고의 件」(不逞團關係雜件-朝鮮人의 部-在西比利亞6, 機密 제25호, 한국사DB, 국사편찬위원회), 「排日鮮人 等 國權恢復秘密運動에 관한 風說報告의 件」(不逞團關係雜件-朝鮮人의 部-在滿洲의 部8, 機密 제12호, 한국사DB, 국사편찬위원회), 『동아일보』1924.2.3·1924.5.2·1935.4.24, 『개벽』제23호, 『삼천리』제6권5호, 『現代史資料』26(姜德相·梶村秀樹, みすず書房(日本·東京), 1972), 『연변문사자료(교육사료전집)』5(정협연변조선족자치주위원회, 연변대학교, 1988)

김영헌(金榮軒, 남, 생몰 미상)
입교 시기_ 1922년대 이전 | 교질_ 지교

출신지역과 생몰연대가 불분명한 인물이다. 그와 관련된 활동 기록 역시 발견되지 않는다. 다만 일제의 문서 중에 김영헌이 권화산(權華山)·안희제·이붕해(李鵬海)·박관해(朴觀海) 등과 만주지역 주요인물로 주목된 기록이 있다. 이들이 대개 대종교 계열의 한족총연합회와 신민부를 중심으로 활동한 인물들로 이해한다면, 김영헌 역시 당시 대종교 중심으로 항일투쟁을 전개한 비중 있는 인물임이 확인된다.

김영헌은 1937년 5월 7일(음력)에는 대종교 하얼빈선도회의 수호사원(守護社員)으로 참여하였다. 하얼빈선도회는 1934년 3월 설립한 대종교의 포교 기구였다. 그 배경을 보면, 1925년 일제가 만주 군벌과 삼시협정(三矢協定)을 체결한 뒤에 '대종교포교금지령'을 내려 대종교를 불법화하였다. 이에 따라 밀산(密山)으로 은거하여 활동하던 중, 당시 교주였던 윤세복은 포교 사업의 재개를 선언하고 일본 정부와 교섭하여 1934년에 이 기구를 설립한 것이다. 한편 김영헌은 1937년 8월 24일(음력) 영안현의 해림(海林) 지역을 관할하는 대종교 재만교구경상금수납위원(在滿敎區經常金收納委員)으로도 임명되었다. 그의 대종교에서의 비중을

다시금 확인시키는 사례다.

김영헌의 대종교 입교와 영계, 그리고 교질 수여 등과 관련된 기록도 전하지 않는다. 다만 그가 하얼빈선도회의 수호사원으로 임명될 당시, 그의 교질(敎秩)이 이미 지교(知敎)에 있었다. 그 시기 하얼빈선도회의 구성원들과 그 교질을 보면, 김서종(金書鍾)·김영숙(金永肅)·고평(高平)이 상교(尙敎), 김영헌과 박우진(朴宇鎭)·박성태(朴性泰)·홍철우·이수(李修)가 지교, 정주해(鄭周海)·성남수·박명진(朴明鎭)·권영수(權寧洙)·당관오 등이 참교(參敎)였다. 모두들 만주항일투쟁의 주요인물들이다. 입교와 영계, 그리고 참교를 거쳐 오르는 교질이 지교이고 보면, 김영헌의 대종교 입교 시기는 1920년대 이전으로 보는 것이 타당할 듯하다.

[참고 문헌]
『대종교보』제115호(1937년), 『대종교중광육십년사』(대종교총본사, 1971), 『(일본외무성외교사료관소장)한국관계사료목록』(崔書勉 編. 국사편찬위원회, 2003)

김영환(金永煥, 남, 1880-?)
입교 시기_ 1922년 | 교질_ 미상

평안북도 의주 송장면(松長面) 출신이다. 1920년대 초 상해임시정부 교통국 선천(宣川) 교통지국장을 맡으면서 독립자금모금과 연락책 역할을 담당하였다. 당시 상해임시정부의 교통부 및 교통국은 임시정부와 만주 및 국내 지역의 독립운동단체들과의 연결을 통해 독립운동을 하는 핵심기구 역할을 했다. 1919년 8월 규정화된 조직체계로, 겉으로는 우편 사무를 취급하는 것처럼 되어 있었으나 실질적으로는 임정활동 자금 조달을 하고 임시정부의 지령을 전달하며 독립운동 요인들을 배로 상해로 보내주고 무기를 제공하기도 하였다.

김영환은 1920년 봄 대한독립단 관전현 서부지단에 입단하여 활동하기도 했다. 대한독립단은 1919년 대화사(大和社)에 본부를 두고 조직된 단체로, 통화현·홍경현·임강현·집안현·환인현·관전현 등지에 총관(總管)·지단(支團) 등 지방조직을 갖춘 뒤 독립군의 편성과 훈련에 주력한 항일단체다. 김영환은 이 조직을 토대로 1922년 관전현 지역에서 군자금 모집에도 관여하는 등 항일투쟁에 앞장섰다.

1924년 8월에는 길림성 반석현(磐石縣)에서 조직된 한족노동당(韓族勞働黨) 발기인으로도 참여하여 농촌노동자들에 대한 독립의식 고취에도 한 몫을 했다. 한족노동당의 주요 강령은 다음과 같았다.

1. 우리는 노동자 계급에 대한 광복사업에 대하여 민중적 자각정신을 환기한다.
2. 농촌 개량을 실시하여 생활상의 영구적 기초를 마련한다.

3. 교육·실업을 장려함과 동시에 근검·저축을 실시하여 공통의 이익을 도모한다.
4. 사회의 흥론(興論)을 마련하여 공존공영의 실현을 촉진한다.
5. 이를 철저히 하기 위해 단결에 노력하며 실무에 주력한다.

![1922년 독립자금 모집 당시 일제의 문서에 기록된 김영환의 내용]

1922년 독립자금 모집 당시 일제의 문서에 기록된 김영환의 내용. 의주 송장면 출신으로 43세로 적혀 있다.

김영환의 대종교 교력을 보면 1922년 6월 4일(음력) 대종교 동일도본사 추천으로 영계를 수여받은 기록이 있다. 당시 항일투사 박승명(朴承明)·최동범(崔東範) 등과 함께 영계를 받았으나, 그의 교질 관계나 이후의 기록은 전하지 않는다.

[참고 문헌]
『대종교보』제54호(1922년), 「上海假政府員檢擧ノ件」(不逞團關係雜件 朝鮮人ノ部 在內地九, 高警第2751號;秘受1904號, 한국사DB, 국사편찬위원회), 「不逞鮮人의 行動」(不逞團關係雜件-朝鮮人의 部-在滿洲의 部32, 機密受제170호-關機高收제3846호-1, 한국사DB, 국사편찬위원회), 「韓族勞働黨의 組織에 關한 件」(不逞團關係雜件-朝鮮人의 部-在滿洲의 部40, 機密 第47號, 한국사DB, 국사편찬위원회), 『고등경찰요사』(경상북도경찰부, 1934)

김완(金完, 남, 1894-?)
입교 시기_1914년 | 교질_지교

출신지역과 생몰연대가 불분명한 인물이다. 청산리전쟁 이후 정치범 자수자(自首者) 명부에 대한군정서(북로군정서) 경비대원으로 이름이 오른 것으로 보아, 대종교계열의 항일무장단체인 북로군정서 요원임이 확인되고 있다. 또한 1926년 11월에는 정의부 암살모험대(暗殺冒險隊) 제1구 암살대원에 속해 중동선(中東線) 일대를 관할하는 인물로도 나타난다. 암살모험대는 관할 지역에서의 군자금 모집과 일제 경찰관 및 밀정 등의 암살 계획 수립하여 수행하는 임무로서, 당시 김완과 함께 한 인물은 이성립(李成立)이었다. 김완의 대종교 교력은 1914년 5월 13일(음력)에 참교의 교질을 받았고, 1917년 3월 16일(음력)에는 지교로까지 승질(陞秩)되었다.

[참고 문헌]
『종문영질』(프린트본, 1922), 「政治犯 自首申告者에 관한 건」(不逞團關係雜件-朝鮮人의 部-在滿洲의 部26, 秘受1441호-機密제36호, 한국사DB, 국사편찬위원회), 「大正十五年 十一月中 間島(琿春縣을 包含) 및 接壤地方 治安情況」(不逞團關係雜件-朝鮮人의 部-在滿洲의 部44, 機密 第1104號, 한국사DB, 국사편찬위원회)

김완일(金完一, 남, 생몰 미상)
입교 시기_1926년 이전 | 교질_미상

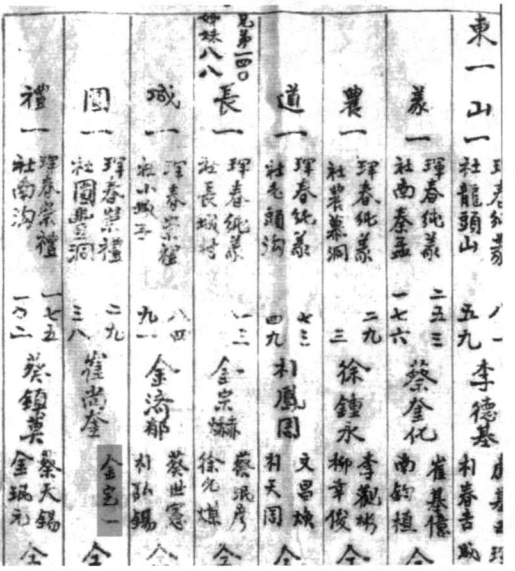

만주 군벌에 압수된 대종교의 문서(1926년 작성) 중의 일부. 圓一(시교당)에 속한 金完一의 이름이 보인다.

출신지역과 생몰연대를 확인할 수 없다. 그가 항일투사들과 대종교 활동을 펼친 것을 보아 대종교계 항일투쟁을 전개한 인물로 추정되지만, 일제의 문서에도 발견되지 않는다. 다만 김완일은 1926년 당시 대종교 동도본사 관할 원일시교당(圓一施教堂)의 부책임자[贊務]를 맡은 기록이 있다. 당시 책임자[典務]는 항일투사 최상규(崔尙奎)였다. 원일시교당은 1922년 8월 23일(음력) 항일투사 김창한(金彰漢)·김수갑(金洙甲)·최상규 등이 출범시킨 시교당으로, 혼춘현 숭례사(崇禮社) 원풍동(圓豊洞)에 소재하였다. 김완일의 대종교 입교 시기나 교질 사항 역시 전하는 것이 없다.

[참고 문헌]

『대종교중광육십년사』(대종교총본사, 1971), 「大倧教施教堂一覽表(1926年)」(延边朝鲜族自治州档案馆 全宗号42 目录号1 案卷号343, 和龙县历史档案 和龙县警察所, 令各区查禁韩人设立大倧教堂由, 民国十五年五月十二日)

김용(金湧, 남, 생몰 미상)
입교 시기 _ 1913년 | 교질 _ 참교

출신지역과 생몰연대가 불분명한 인물로, 평안남도 평원(平原) 출신의 광복군 김용(金湧)과는 동명이인이다. 일찍이 만주로 이주하여 1917년 1월 북간도 두도구조선인회(頭道溝朝鮮人會) 창립 당시 간사(幹事)를 맡아 그 지역민의 규합에 적극 앞장섰다. 당시 두도구조선인회는 대종교의 중심인물이었던 나병수(羅秉洙) 등이 주창하여 조직된 단체로, 그곳에 주재하는 조선인 간에 친목 일체를 도모함을 목적으로 하였다. 참여한 인물들은 그 지역 조선인 37명이었으며 나병수가 총무를 맡고 김용이 간사를 맡았다. 이어 1920년 6월 경에는 대종교계 항일무장단체인 대한군정서(북로군정서)의 경신과(警信課) 경사부(警査部)의 경사원(警査員)에 김용의 이름이 실려 있다. 당시 경신과장 역시 두도구조선인회를 주도했던 대종교 핵심 나병수였음이 주목된다. 김용의 대종교 교력을 살피면, 비교적 이른 시기인 1913년 8월 1일(음력) 참교의 교질을 받았다. 이 시기는 나철과 서일·현천묵·박찬익 등 대종교 중심인물들이, 화룡현 청파호를 중심으로 그 세력을 확장하던 때와 맞물리고 있다.

[참고 문헌]

『종문영질』(프린트본, 1922), 「頭道溝朝鮮人會 創立에 관한 건」(不逞團關係雜件-朝鮮人의 部-在滿洲의 部6, 朝憲機 제48호, 한국사데이터베이스, 국사편찬위원회), 『한국독립운동사자료』43(국사편찬위원회, 2003)

김용기(金容起, 남, 1876-?)
아호(별명) _ 추운(秋雲)
입교 시기 _ 1921년 | 교질 _ 상교

경상남도 고성군 하이면(下二面) 덕명리(德明里) 출신으로 호는 추운(秋雲)이다. 일찍이 면암 최익현 문하에서 수학하였으며, 희릉참봉(禧陵參奉)·내부주사(內部主事)·임업사무소기수(林業事務所技手) 등의 관직을 역임했다.

그의 대사회적 활동은 1920년대 대종교에 입문하면서 구체화되었다. 1930년대에는 신간회 활동과 함께 물산장려운동, 그리고 조선어학회의 후원 방면에서도 적극적이었다. 그는 1921년도에 이미 대종교 임원으로 운양 김윤식을 방문할 정도의 위치에 있었다. 당시 나기학(羅紀學)과 함께 대종교청년회장 추대를 김윤식에게 청하는 자리였다. 또한 이 시기는 일제의 대종교에 대한 압박이 극렬하던 때였으나, 김용기는 1922년도 대종교 국내 남도본사의 규리감정(規理監正)을 맡아 대종교 활동의 중심에 섰다. 특히 1923년 12월 대종교 교주 김교헌이 서거하자, 대종교 남도본사 대표로 중국 영고탑에서 거행된 장례식에도 참석하였다. 그러나 김용기는 1925년 10월 16일 경성부 시내 수창동(需昌洞)에 근거를 두고, 이인상(李寅相)·김상익(金相益) 등과 환인·환웅·단군의 삼신을 숭봉하는 일원도문(一元道門)이라는 단군계파를 만들어 비난받았다. 이 단체는 검검신전(儉儉神殿)을 조성하여 검검신상(儉儉神像)을 봉안하고 활동하였으나 흐지부지 되고 말았다.

김용기는 1930년 5월 물산장려회의 이사로 참여했으며, 이 시기 신간회 활동에도 적극 개입하였다. 신간회는 1927년 2월 비타협적 민족주의 계열과 사회주의 계열이 독립운동의 이념과 방법의 차이를 넘어 민족 협동 전선을 결성하자는 취지로 조직된 단체로, 민중으로부터 큰 지지를 받은 국내에서 가장 규모가 큰 항일 운동 단체였다. 김용기는 신간회 해소운동 제기로 어수선했던 1930년 말에 신간회에 참여한다. 당시 '민중대회사건'으로 위원장 허헌과 홍명희·이관용·조병옥·김무삼·이원혁 등 간부들이 3년 및 그에 가까운 실형을 언도받고 복역하게 되자 신간회는 중앙본부의 간부 공백을 메울 대책을 수립해야 했기 때문이다. 이에 신간회 중앙집행 상무위원회는 1930년 10월 25일 임시규정을 개정하여 신간회 중앙집행위원회는 1930년 11월 9일 회의를 개최하여 결원 중인 중앙집행위원장에 김병로를 선출하고, 40명의 중앙집행위원과 5명의 중앙집행후보위원 및 5명의 중앙검사위원을 선출하였다. 김용기는 중앙집행위원과 함께 회계 겸 재무부장을 맡았다.

한편 김용기는 신간회 해소운동에 부정적 의견을 보인 인물이다. 그는 이러한 주장을 시기상조로 보았다. 신간회가 해체되고 특수한 투쟁단체가 재조직된다 할지라도, 그 운동에 의문을 품지 않을 수 없다는 것이다. 오히려 민족주의 토대 위에서 협동전선을 취하는 것이 올바른 방향이라 그러나 김용기의 소망은 이루어지지 않았다. 일부 사회주의자들에 의해 1929년부터 제기된 신간회 해소운동은, 결국 1931년 열린 전체 대회에서 민족주의자들의 반대 속에 사회주의자들의 해소 주장이 가결되어 신간회는 사실상 해체되었다.

김용기는 한글운동을 통한 투쟁에도 지대한 관심을 보였다. 1936년 10월 28일에 발표된 「표준어모음」을 발간하는 데도 그 비용의 전부를 부담하였다. 이 공역은 이미 공포된 1933년 「한글맞춤법 통일안」과 더불어 조선말큰사전의 발간을 위한 기초작업으로서 의미가 큰 작업이었다. 그러므로 1934년에 발족한 표준어사정위원회를 토대로 전체 3회의 독회(讀會)를 거쳐 「표준어모음」이 만들어진 것이다. 이 작업 진행의 중심에도 권덕규·이극로·정열모·최현배·이윤재와 같은 대종교 인물들이 버티고 있었음이 주목된다. 한편 김용기가 1930년 신간회의 재무부장을 맡은 것이나, 1935년에도 전액을 부담하여 충청남도 홍성군 문당리(文堂里)의 교량을 설치해 준 것을 보아, 그의 재력 역시 상당했을 것으로 추정된다.

김용기는 해방 이후에도 대종교를 통한 민족주의운동에 적극 앞장섰다. 그는 1945년 9월 6일건국준비위원회가 전국인민대표자대회를 개최할 당시 이시영·홍명희·김항규·오세창·권동진·김창숙·정운수·김상은·장도빈·김관식·이영 등과 함께 고문(顧問)으로 참여하였다. 주목되는 것은 이시영·홍명희·김항규·장도빈 등이 모두 대종교의 동지들이었다는 점이다. 그러나 이 대회에서 여운형이 조선인민공화국을 선포하고 공산주의노선을 분명히 하자 거리를 두었다 그리고 택한 것이 통일정권촉성회였다. 이 모임 역시 김용기를 비롯하여 이극로·김항규·정열모와 같이 대종교의 중심인물들이 그 위원으로 참여하여 선도한 것이다. "빛나는 5천년의 국사와 민족흥폐의 중대관두(重大關頭)에 처하여서도 아직 통합 못되는 국내전선의 현상에 통분"하며 출범한 통일정권촉성회는 서울에 있는 비정치인(非政治人)들로 결성된 것으로, 민족 앞에 좌우 두 정당의 조속한 합작을 희구하는 성명서를 다음과 같이 발표했다.

"우리는 통일을 부르짖은 지 벌써 반년이 되었다. 그동안 유명무명 공식 비공식적 모든 회합에서 통일을 논의할 때마다 민중들은 목마른 사람 물을 찾는 듯이 혈안(血眼)으로 희보(喜報)를 고대하고 있었다. 그러나 그때마다 그 결과는 반대였을 뿐 아니라 도리어 통일의 각도는 점점 멀어지고 말았다. 그래서 이에 실망한 민중들의 밟은 길은 오직 자폭과 추락뿐이요 그 결과로는 생산기능의 전면적 마비 각종 파렴치죄의 속출, 폭리배들의 횡행만 성행한 비문화적 폭력의 발호 등 현상이 확대되어 우리 사회는 그 기능을 거의 상실하고 말았다. 이것은 긴급 대책을 요하는 당면한 초미의 급(急)인 것과 동시에 우리 국가건설의 모체가 될 모든 요소의 파괴를 의미하는 것이다. 이 얼마나 중대한 일이겠느냐. 그뿐 아니라 남들이 지어준 천재일우의 호기도 바로 이용할 줄 모르는 우리 민족의 체면을 자성하여 볼 때는 더욱 송연함을 이기지 못하는 터이다. 이 이상 통일을 천연하는 것은 민족의 멸망을 자초하는 것이다. 통일이 아닌 모든 공작과 회합은 단연 그 행동을 중지하거나 또는 해산까지라도 하여서 통일노선으로 일로매진하는 것만이 우리 민족천부(民族天賦)의 지상명령이요 통일만이 민중이 염원하는 유일의 목표이다. 우리는 여기서 국민의 일원으로써 통절히 느끼는 바 있어 통일정권촉성회를 조직하여 동감의 애국열사들의 궐기를 갈망하는 바이다. 애국열성이 있고 생활노선이 분명한 국민이면 어느 당파의 소속임을 막론하고 누구나 다 찬성할 줄 믿는다. 이 위급한 시국을 염려하는 동지들이여! 분연모여 통일촉성을 위하여 쇄신의 성력(誠力)을 다하자."

[주요저술]

김용기가 남긴 저술은 『단전요의(檀典要義)』로, 그의 유일한 저작이다. 1925년 7월 15일에 발간한 이 책은 대종교의 교사(敎史)라 해도 무방할 정도로 대종교의 신교사관(神敎史觀)과 일맥한다. 단전요의(檀典要義)의 의미는 이 책의 서문을 쓴 송촌(松村) 지석영(池錫永)의 글에 잘 드러나 있다. 지석영은 대황조 단군의 사적을 위주로 한 까닭에 '단전'이요, 우리의 자료와 함께 요나라·금나라·청나라의 관찬(官撰)·사찬(私撰)의 사서를 모두 모아 그 대강의 요지를 기록한 것이기에 '요의'라는 것이다.

전체의 체제를 보면 '단전요의서(序)'·'단군천진(檀君天眞)'·'단군조선강역도'·'(단군혈통배달종족)족통원류도'·'단군전세도(檀君傳世圖)'·'단전요의범례' 그리고 '단전요의 본문'으로 엮어졌다. '본문'은 단군의 강세, 신시씨(神市氏)와 단군, 국호와 제호(帝號)와 국도, 서갑후(西岬后)와 사황자(四皇子), 정교(政敎)와 치적, 종교, 경전(經典), 어천(御天), 단군세기, 단군조선강역, 족통원류, 단사전묘(檀祠殿廟), 신적(神蹟), 유속(遺俗) 등 전체 14장으로 나뉜다.

김용기의 저술인 『단전요의』

'단군천진'의 뒤에는 고려의 이규보가 쓴 "고개 밖 집집마다 모신 신조의 상은, 당년에 절반은 명공의 작품이었네(嶺外家家神祖像 當年半是出名工)"라는 시를 적었다. 이 시의 출처는 『동사유고(東史類考)』라는 책으로, 대종교의 「단군교포명서」에 언급되고 있는 내용이다. '단군조선강역도'도 홍암 나철이 백봉교단으로부터 받은 『단군교오대종지서(檀君敎五大宗旨書)』의 맨 앞부분에 실려 있으며, '족통원류도' 역시 마찬가지다. 또한 '단군전세도'는 대종교의 전래 교사(教史)인 『규원사화(揆園史話)』, 『단군기』에 실린 47대 단군을 도표화한 것이다. 본문 전체의 체제나 내용 역시, 대종교 2세 교주를 지낸 김교헌의 『신단실기(神檀實記)』(1914년)·『신단민사(神檀民史)』와 대동소이하다는 점에서 김용기의 『단전요의』 역시 대종교사관과 그대로 연결된 저술이다.

[교력]
김용기는 1921년 9월 1일(음력) 대종교의 참교 교질을 받은 것으로 되어있다. 그리고 1922년 3월 18일(음력)에 대종교남도본사의 규리감정에 임명된다. 나아가 1924년 1월에는 대종교남도본사의 대표로 만주 영안현 대종교총본사에서 거행된 2세 교주 김교헌의 장례식에도 참석한다. 그러나 1925년 10월 16일 일원도문(一元道門)이라는 종파에 참여하면서, 대종교로부터 출교당한 듯하다. 해방 이후인 1946년 2월 23일 과거 일원도문 사건에서 해금되어 다시 복교(復教)되는 기록이 있기 때문이다. 그리고 김용기는 같은 날 대종교총본사 특선(特選)으로 상교(尙教)의 교질에 올랐다. 이어 같은 해 3월 6일(음력) 대종교 경의원 참의로 선임되었다.

[참고 문헌]
『종문영질』(프린트본, 1922), 『대종교보』1946년 환국기념호, 『승정원일기』1908(순종2)년 3월 25일, 『속음청사』하(김윤식, 국사편찬위원회, 1971), 『檀典要義』(김용기, 한성도서주식회사, 1925), 『삼천리』제12호, 『동아일보』1924년 1월 4일자·1930년 11월 20일자, 『시대일보』1925년 10월 21일자, 『조선일보』1936년 10월 29일자·1946년 2월 4일자.

동아일보 마산지국장 이영재가 동아일보 사장을 대신하여 김용도에게 상품을 수여하는 모습

[참고 문헌]
『본사행일기』(성세영, 필사본, 1922), 『동아일보』1934.3.9., 『韋庵文稿』한국사료총서제4집(국사편찬위원회, 1956)

김용도(金容道, 남, 생몰 미상)

입교 시기 _ 1922년 이전 | 교질 _ 미상

경상남도 마산 월영동(月影洞) 출신으로 생몰연대는 불분명하다. 1921년 대종교 동지 위암 장지연이 사망하자 다음과 같은 추도만장(追悼輓章)을 남겼다.

大韓逸士張先生　대한의 은일지사 장선생이여
欲訴衷情上玉京　우국충정을 하늘나라에 호소하소서
更從何處承嘉誨　훌륭한 가르침 어느 곳에 다시 이을까
痛哭靈前淚似傾　영전에 통곡하니 눈물이 끊임없이 흐르구려.

김용도는 1930년 5월 25일 고향 마산부(馬山府) 신정(新町)에 영창인쇄주식회사(永昌印刷株式會社)를 설립하여 문명계도와 지식각성에 앞장섰다. 1934년에는 동아일보사 신년 행운권 행사에 1등으로 당첨된 행운도 얻은 인물이다. 김용도의 대종교 교력에 대한 대종교단 내의 기록은 전하지 않는다. 그의 입교 기록이나 영계 사항 및 교질 수여에 관한 내용 역시 찾을 수가 없다. 다만 성세영이라는 인물이 쓴 『본사행일기』라는 기록 속에 1922년 이전 경상도 지역 대종교 주요 교인으로 기록되어 있을 뿐이다.

김용수(金鎔洙, 남, 생몰 미상)

입교 시기 _ 1912년 | 교질 _ 참교 | 서훈 _ 애국장(2009)

출신지역과 생몰연대가 불분명하다. 다만 공교회(孔教會)를 이끌던 한계(韓溪) 이승희(李承熙)가 사망하자 아래의 만사(輓辭)를 읊은 것으로 보아, 일찍이 만주를 중심으로 활동한 인물로 추정되고 있다.

先生天下士　선생은 천하의 선비니
海嶽巋嵯峨　큰 은혜 울창하고 드높아라
黑夜政如此　어두운 세상 이렇듯 바로 잡아
蒼生復欲何　세상 사람들 도모해 보려 하였으나
千秋扶大義　긴 시간 대의를 놓지 않으니
萬里動悲謌　슬픈 노래 북받쳐 그치지 않도다
憤淚平常積　분노의 눈물 하염없이 흘러
空添鴨綠波　압록강물만 더욱 보태네.

이승희는 1909년 북만주 밀산현(密山縣) 봉밀산 지역에 한흥동을 개척한 인물로, 1913년 대종교도 백순(白純)과 김헌(金玄) 등에게 경영권을 양도하고 서간도로 이거하였다. 이어 남만주의 안동현(安東縣)으로 이주하여 동삼성한인공교회(東三省韓人孔教會)를 창립하고, 1916년 봉천에서 사망했다. 김용수의 대종교 교력은 1912년 4월 3일(음력) 참교의 교질을 받았음이 확인된다. 1912년 이전에 이미 대종교에 깊이 관여하고 있었음을 알 수 있다.

[참고 문헌]
『종문영질』(프린트본, 1922), 『韓溪遺稿』八(국사편찬위원회, 1981)

김용운(金龍雲, 남, 생몰 미상)
입교 시기 _ 1937년 이전 | 교질 _ 미상

함경북도 부령군(富寧郡) 출신으로, 일찍이 간도로 넘어가 항일투쟁에 몸담은 인물이다. 1911년 5월 당시 간도의 국자가에 거주하던 대종교 시교사(施敎師)이자 항일운동의 거물인 이동춘(李同春)의 권유로 화룡현자치회에 가입하여 항일투쟁을 전개했다. 또한 1915년에는 연길현 경찰국에서 통역으로 활동했는가 하면, 1920년 3월에는 러시아 이만(자유시)한인회 회장 이명운과 그 지역 공산계열과 연계하여 항일투쟁을 펼쳤고, 이후 1921년에는 대한통의부에 가담하여 활동한 기록이 있다. 김용운의 대종교 교력과 관련한 구체적 내용은 전하지 않는다. 그러나 1937년 8월 4일(음력) 조병원(曺秉元)과 함께 밀산현 복전촌(福田村)을 관할하는 대종교 재만교구경상금수납위원(在滿敎區經常金收納委員)에 임명된 기록이 있다. 그가 대종교에 관여한 시기가 그보다 훨씬 이전이었음을 알게 해 준다.

[참고 문헌]
『대종교보』제115호(1937년), 「노령에서의 不逞鮮人과 공산당과의 관계에 관한 건」(不逞團關係雜件-朝鮮人의 部-在西比利亞13, 亞三機密 제67호, 한국사DB, 국사편찬위원회), 「大韓義軍府의 行動에 관한 건」(不逞團關係雜件-朝鮮人의 部-在滿洲의 部25, 秘受1287호-機密제32호, 한국사DB, 국사편찬위원회), 『한국독립운동사자료』40(국사편찬위원회, 2010)

김용주(金龍珠, 남, 생몰 미상)
입교 시기 _ 1937년 이전 | 교질 _ 참교

출신지역과 생몰연대가 확인되지 않는다. 1930년대 후반 대종교에 적극 참여하여 활동한 인물이다. 1937년 7월 16일(음력, 이하 음력) 대종교 경일시교당(京一施敎堂)의 찬무(贊務, 부책임자)를 맡은 것으로 보아, 그의 대종교 입교가 그 이전이었음을 확인할 수 있다. 또한 1939년 후반에는 대종교에 경배(敬拜)에 '성실하고 근면하게 참여[誠勤來參]'했다는 공로로 수차례 상을 받았다.
해방 직후인 1945년 8월 18일(음력)에는 영안현 동경성에 소재한 대종교 경일시교당의 책임자[典務]로 임명되어, 부책임자[贊務]를 맡은 최동길(崔東吉)·이원갑(李元甲)과 시교원(施敎員)인 박최동(朴最童)을 이끌고 포교에 앞장섰다. 같은 해 8월 26일(음력)에 개최된 대종교 한글강습회의 부회장을 맡아 민족정신을 환기시키고 국학을 장려하는 데도 일조하였다. 대종교에서는 한글강습회를 종립학교인 대종학원 내에 설치하고 한글·역사·한문·시사(時事) 등을 강의하였다. 당시 수강생들에게는 다음의 신조를 준수하게 하였다.

1. 우리가 얼마동안 잊었던 한글과 역사를 다시 배우자
2. 현대식에 적당한 과학을 연구하며 기술을 연습하자

3. 체육과 지육(智育)을 향상하여 건전한 국민이 되자
4. 토론과 강연을 실행하여 시대 상식을 보급케 하자
5. 여자강습회를 극력(極力)으로 원조하자
6. 우리 선열들의 충의를 경모하여 우리 사회를 위하는 희생적 정신을 극양(極養)하자
7. 덕망과 학식이 높은 선각자의 후배는 될지언정, 결코 명예나 지위만을 구하는 야심가의 종졸(從卒)은 되지 말자
8. 좀 더 시국의 정세를 살피어 상당한 동지를 얻어서 토태를 새롭게 세우자

이 강습회의 강의는, 당시 대종교 교주인 윤세복을 비롯하여 태흥선(太興先)·이영재(李榮載)·남영덕(南永德) 등, 항일지사들이 담당하였다. 김용주의 대종교 교력에 대해서는 그 기록이 남아있지 않으나, 경일시교당의 책임자를 맡을 당시 참교의 교질에 있었다. 그 이전에 이미 대종교에 입교한 것이 확인된다.

[참고 문헌]
『대종교보』제123호·제124호(1939년), 『대종교중광육십년사』(대종교총본사, 1971)

김용학(金容學, 남, 생몰 미상)
입교 시기 _ 1910년 | 교질 _ 지교

충청남도 해미(海美) 출신으로 벼슬이 정3품까지 이른 인물이다. 종9품 수봉관(守奉官)을 시작으로 인릉참봉(仁陵參奉), 좌·우시직(左右侍直)·부위솔(副衛率)·사리국장(司理局長) 등을 두루 거쳤다. 또한 기호학회와 대동학회의 회원으로 활동하는가 하면, 법부(法部) 서리대신(署理大臣) 이기동(李基東)의 사주로 이용익(李容翊)의 징계면관(懲戒免官)에 대한 반대 상소를 올리기도 했다. 김용학의 대종교 교력은 1910년 10월 24일(음력) 의주부윤(義州府尹)을 지낸 이민부(李民溥)와 함께 대종교 찬교(贊敎)를 받았다. 그리고 1911년 중광절(음력 1월 15일)에 참교의 교질을 받고 3년 후인 1914년 5월 13일(음력)에 지교로 올랐다.

[참고 문헌]
『종보』제8호(1910년), 『倧令』제3호(1911년), 『종문영질』(프린트본, 1922), 『대종교중광육십년사』(대종교총본사, 1971)

김우동(金佑東, 남, 생몰 미상)
입교 시기 _ 1922년 이전 | 교질 _ 미상

경상북도 선산군 구미읍 도량동(道良洞) 출신으로, 생몰연대는 불분명하다. 1921년 10월, 경상도 상주 출신으로 대종교의 선배인 위암 장지연이 사망하자 추도만장과 제문

을 올린 인물이다. 1922년 3월 소학교 및 보통학교 교원 제3종 시험에 합격한 후, 고향 인근 지역인 상주공립보통학교 교사를 시작으로, 상주보통학교, 대덕보통학교, 1940년 일직심상소학교까지 교사 생활에 충실했다. 김우동의 대종교 교력은 대종교단 내에는 남아있는 기록은 없다. 다만 1922년에 작성된 성세영의 일기에 그 시기 경상도 지역 대종교 주요인물로 김우동을 언급하고 있다.

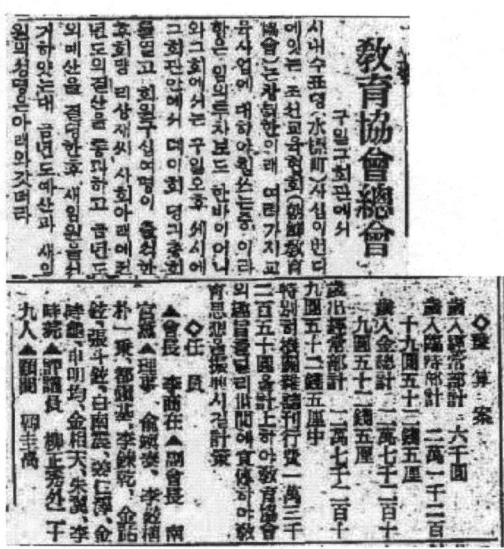

성세영의 『본사행일기』에 기록된 1922년 이전 경상도지역 대종교인 명단의 일부. 아래 오른 쪽에서 세 번째로 金佑東의 이름이 보인다.

[참고 문헌]
『본사행일기』(성세영, 필사본, 1922), 『조선총독부관보』제2886호(1922년 3월 30일), 『韋庵文稿(한국사료총서 제4집)』(국사편찬위원회, 1956)

김우태(金禹泰, 남, 생몰 미상)
입교 시기 _ 1923년 | 교질 _ 미상

함경남도 북청군 후창면(厚昌面) 오평리(梧坪里) 출신으로 생몰연대는 확인할 수 없다. 1915년 이후 연해주로 넘어가 대종교 활동에 몸담은 인물이다. 김우태는 연해주의 대종교 석일시교당(石一施敎堂)에서 활동하면서, 1923년 5월 7일(음력) 대종교 동이도본사의 특별 추천으로 훈시열

(薰時烈)과 함께 영계를 받았다. 석일시교당은 1922년 9월 30일(음력) 항일투사 이용준(李用俊)이 책임[典務]을 맡아 개설한 시교당이다. 김우태의 대종교 교질(敎秩) 사항에 대해서는 전하는 기록이 없다.

[참고 문헌]
『대종교보』제58호(1923년), 『조선총독부관보』제0732호(1915년)

김우현(金祐鉉, 남, 생몰 미상)
입교 시기 _ 1922년 이전 | 교질 _ 미상

경상남도 창원군 진전면(鎭田面) 곡안리(谷安里) 출신으로 생몰연대는 불분명하다. 일찍이 대종교계 비밀결사인 조선국권회복단에 관여하면서, 김기성(金璣成)·배중세(裵重世) 등과 독립운동 자금조성에 앞장 선 인물이다. 1922년 5월에는 조선교육협회에도 참여하여, 대종교의 핵심이었던 유진태(兪鎭泰)·박일병(朴一秉)·이연건(李鍊乾)·신명균(申明均)·주익(朱翼) 등과 협회의 이사로 피선되어 활동하였다. 김우현의 대종교 교력에 대해선 대종교단 내에는 전하는 기록이 없으나, 성세영이 1922년에 쓴 일기에 이미 경상도 지역 대종교 주요 교인을 올라았다.

1922년 5월 11일 기사에 실린 조선교육회총회 내용. 임원의 이사진에 金祐鉉이 올라 있다.

[참고 문헌]
『본사행일기』(성세영, 필사본, 1922), 『동아일보』1922.5.11., 『한민족독립운동사자료집』7(국사편찬위원회, 1988)

김운빈(金雲彬, 남, 생몰 미상)
입교 시기 _ 1926년 이전 | 교질 _ 미상

출신지역과 생몰연대가 불분명한 인물로, 대종교의 입교 시기나 교질 사항도 남아 있는 것이 없다. 1926년 3월 12일, 대종교 신도들이 설립한 신진청년회(新進青年會)에서 활동한 일제의 기록이 전한다. 이 단체는 회원 상호 간의 친목 도모를 통해 교육과 체육 양성과 더불어 풍속을 교정하고자 함을 기치로 내세웠다.

신진청년회는 신흥청년회(新興青年會)의 후신으로, 대종교 계열의 대한군정서의 근거였던 왕청현 춘명향(春明鄉)에 소재한 단체였다. 이 단체의 회원은 110여명에 달했으며 그 주된 목적은 두 가지였다. 첫째는 대종교 신도 간의 단결이었고, 둘째는 당시 사회주의 단체였던 동만청년연맹과 왕청청년연합회에 가입하여 활동하는 회원들에게 말과 행동을 주의시키는 것이었다. 김운빈은 상무집행위원장을 맡은 김국권(金國權)과 함께 이 단체의 조직에 앞장섰으며, 최령(崔領)·최기진(崔基珍)·김병학(金炳學) 등이 상무집행위원으로 동참하였다.

김운빈의 대종교 교력은 대종교단 내에 기록이 전하지 않아 확인할 수 없지만, 신진청년회가 1926년 3월 12일에 대종교 신도들이 조직한 단체라는 점에서, 그 이전에 입교하였음을 알 수 있다.

[참고 문헌]
「間島 及 琿春地方 朝鮮人의 結社團體 調査報告에 關한 件」(不逞團關係雜件-朝鮮人의 部-在滿洲의 部43, 外務省文書課受 第627號, 한국사DB, 국사편찬위원회)

김운세(金雲世, 남, 생몰 미상)
입교 시기 _ 1922년 | 교질 _ 미상

출신지역과 생몰연대를 확인할 수 없다. 연해주 추풍(秋風) 지역 자피거우(夾皮溝)에 거주하던 김운세는, 1922년 11월 혼춘 지역에서 넘어온 신우여(申禹汝) 독립군 부대에 군량의 일부를 제공했다. 신우여는 일제강점기 고려혁명군 연해주 총지부 서부사령관을 역임한 사회주의운동가다. 1922년 6월 200여 명의 일본원정대가 빨치산들을 소탕하기 위하여 출병했을 때, 이를 맞아 40여 명의 적을 사살하고 성공적인 방어를 했던 인물이다. 당시 신우여 부대는 1922년 10월 시베리아내전이 끝난 뒤에 소련 적군에 의하여 러시아 국외로 추방되어 혼춘현 금당촌(金塘村)에 거주하고 있었다. 김운세의 대종교 교력은 1922년 12월 18일(음력) 대종교 동이도본사의 추천으로 영계를 받은 기록을 볼 때, 그 해 중순 무렵에 대종교에 입교한 것으로 추정된다.

[참고 문헌]
『대종교보』제56호(1922년), 「노령방면 불령선인의 동정에 관한 건」(不逞團關係

雜件-朝鮮人의 部-在西比利亞12, 機密 第469號, 한국사DB, 국사편찬위원회), 『일제하 극동 시베리아의 한인사회주의자들』(마뜨베이 김/이준형 역, 역사비평사, 1990)

김운송(金雲松, 남, 생몰 미상)
입교 시기 _ 1918년 | 교질 _ 참교

출신지역과 생몰연대가 불분명하다. 1915년부터 20년대 초까지 전라남도 담양군 용면(龍面)에 있는 보리암(菩提庵)의 주지(住持)를 지낸 특이한 이력을 가졌다. 보리암은 보리사(菩提寺)라고도 하며, 고려 신종 때 보조국사 지눌(知訥)이 창건한 고찰이다. 김운송의 대종교 교력은 그가 주지 시절인 1918년 2월 28일(음력)에 참교의 교질을 받았다는 기록이 있다. 북만주로 넘어가기 전까지는 불교에 몸을 담고 대종교를 함께 신앙한 반신반불(半神半佛)의 삶을 산 것이다. 북간도로 넘어간 이후 김운송은 대종교 동이도본사 제2지사를 거점으로 활동했다. 동이도본사는 노령 연해주와 동북만주 일대를 관할한 기구였다. 그는 1922년 어천절(御天節, 음력 3월 15일)을 계기로 동이도본사 제2지사의 규사감정(規事監正)까지 맡았다. 당시 제2지사의 책임자는 블라디보스톡과 동북만주 독립운동의 거두 이기(李起)라는 인물이 맡고 있었다.

[참고 문헌]
『종문영질』(프린트본, 1922), 『대종교중광육십년사』(대종교총본사, 1971)

김운택(金雲澤, 남, 생몰 미상)
입교 시기 _ 1937년 이전 | 교질 _ 미상

출신지역과 생몰연대를 알 수 없는 인물이다. 1920년대 연길현(延吉縣) 지인사(志仁社)에 거주하며 대한국민회 경호원으로 활동한 기록이 있다.

김운택의 대종교 교력을 살피면 1937년 중광절(重光節, 음력 1월 15일)에 대종교 신일시교당(信一施教堂)의 추천으로 영계를 받은 기록이 전한다. 그의 대종교 입교가 그 이전으로 올라감을 알 수 있다. 신일시교당은 대종교 동이도본사(東二道本司)의 관할로 영안현(寧安縣) 신안촌(新安村)에 소재한 것으로, 김태호(金泰鎬)가 1934년 3월 9일(음력, 이하음력) 개설하였다. 특히 신일시교당은 대종교의 거점이자 사회주의 운동의 본거였던 영안현 신안진촌에 자리잡은 교당으로, 당시 교주 윤세복(尹世復)의 정성이 남다른 곳이었다. 그러나 대종교의 임오교변(壬午教變, 1942년 대종교 지도자 동시 구속 사건)의 발발로 폐쇄된 이후, 1945년 7월 18일에 대종교항일지도자인 양현(梁玄)을 중심으로 다시 복설되었다.

김운택은 조선의용대에서 활동한 김남덕(金南德) 등과 함께 영계를 받았으나, 그의 대종교 교질(教秩) 사항에 대해서는 남아 있는 것이 없다.

[참고문헌]
『대종교보』제113호(1937년), 「歸順者 名簿 送付의 건」(不逞團關係雜件-朝鮮人의 部-在滿洲의 部26, 機密 第4號; 秘受 1848號, 한국사DB, 국사편찬위원회)

김원(金元, 남, 1885-?)
입교 시기_ 1913년 | 교질_ 참교

강원도 강릉 출신으로 대한제국 육군보병 참령(參領)을 지낸 인물로 알려져 있다. 1920년 9월 연해주에 거주할 당시, 독립단원(獨立團員) 조원석(趙元錫)과 접선하며 항일투쟁을 모색했으며, 이후 1921년 5월 26일 대진단(大震團)의 총무를 맡아 장백현 관내의 독립운동단체인 군비단(軍備團)·흥업단(興業團)·광복단(光復團)·태극단(太極團)과 연계하며 항일투쟁을 전개하였다. 1921년 10월경에는 노령 지역을 중심으로 공산주의 선전 및 군자금 모집에도 관여한 기록이 전한다. 그의 부하인 모연대장(募捐隊長) 박기석(朴基錫)으로 하여금, 부하 수십 명을 거느리고 연해주로 들어가는 요충지인 수분대전자(綏芬大甸子) 지방을 순회하며 군자금을 징수하게 한 기록이 그것이다. 김원의 대종교 교력은 비교적 이른 시기인 1913년 5월 14일(음력)에 참교의 교질을 받은 것으로 나타나나, 그 외의 대종교 기록은 전하지 않는다.

[참고 문헌]
『종문영질』(프린트본, 1922), 「不逞鮮人의 行動에 관한 건」(不逞團關係雜件-朝鮮人의 部-在滿洲의 部28, 受19220호-公信제128호, 한국사DB, 국사편찬위원회), 「露領地方 不逞鮮人團의 狀況에 관한 件」(不逞團關係雜件-朝鮮人의 部-鮮人과 過激派2, 機密 제510호)

김원(金園, 남, 생몰 미상)
입교 시기_ 1923년 | 교질_ 미상

출신지역과 생몰연대를 알 수 없는 인물로, 일제의 문서에서도 찾을 수가 없다. 김원(金園)이란 이름 역시 대종교에 입교하며 개명한 외자이름인 듯하나 그 또한 확인이 안 된다. 다만 1923년 4월 1일(음력) 대종교 동일도본사(東一道本司)의 특별추천으로 김찬(金燦)·박건(朴健)·김혁(金赫)·박진(朴震)·김철(金哲)·김련(金鍊)·김포(金圃)·김관(金寬)·안영(安英)·김광(金光)·박걸(朴杰) 등과 같이 영계(靈戒)를 받은 기록이 전한다. 함께 영계를 받은 인물들 대다수가 만주 항일투쟁의 중심인물들이었다. 김원 역시 대종교 항일투쟁에 깊이 관여했던 인물로 추정되나, 이후의 기록은 전하는 것이 없다.

[참고문헌]
『대종교보』제58호(1923년)

김원시(金源時, 남, 생몰 미상)
입교 시기_ 일제강점기 | 교질_ 상교

경기도 장단군 출신으로 생몰연대는 불분명하다. 일제강점기 의료업(醫療業)을 영위하면서 대종교 국내 항일운동에 암암리 참여한 인물이다.

그의 대종교 입교는 비교적 이른 시기에 이루어진 듯하다. 1911년 중광절(重光節, 음력 1월 15일)에 백순(白純)·윤주찬(尹柱瓚)·박승익(朴勝益)·황병욱(黃炳郁)·김인식(金寅植)·조완구(趙琬九)·류근(柳瑾)·이광수(李光秀)·장지연(張志淵)·현천묵(玄天默) 등 수십 인과 참교의 교질을 함께 받았다. 그의 입교 시기가 중광 당시나 1910년으로 볼 수 있는 이유다. 그가 지교(知敎)의 교질을 받은 것도 해방 이전으로 알려져 있으나, 그에 관한 기록은 전하지 않는다.

이러한 배경에서, 대종교단에서는 해방 직후인 1946년 3월 24일(음력), 총본사 특선으로 그에게 상교(尙敎)의 교질을 수여하였다. 당시 해방 이전에 지교를 받고 김원시와 함께 상교에 오른 인물들이 항일투사 윤복영·김진호·강철구 등과 거물이었음을 보더라도 김원시의 대종교항일투쟁사에서의 무게를 확인해 볼 수 있을 듯하다. 또한 김원시는 같은 날 고평·이세정·정운일·우덕순·김진호·신최수 등, 많은 항일투쟁의 거물들과 대종교 경의원(經議院) 참의(參議)로도 선임되었다.

[참고 문헌]
『倧令』제3호(1911년), 『대종교보』한국기념호(1946년), 『대종교중광육십년사』(대종교총본사, 1971), 『조선총독부관보』제2477호(1920년)·제3354호(1923년)

김원식(金遠植, 남, 1885-?)
입교 시기_ 1910년 이전 | 교질_ 미상 | 서훈_ 애족장(2014)

충청북도 충주 출신으로 일찍이 유인석의 문하에서 수학하였다. 공업전습소 1회 출신으로 공업연구회 회원으로 활동한 인물이다. 대종교에 귀의한 후로는 만주와 연해주, 상해를 넘나들며 항일투쟁에 몸 바쳤다. 김원식은 1910년 4월 신민회의 외곽단체인 청년학우회 한성연회를 중심으로 행해진 강연회에서 '우리의 업(業)으로'라는 제목으로 강연한 기록이 있다. 1911년 만주로 넘어간 후로는 북만주 지역과 러시아 치타시를 거점으로 활동하였다. 1915년 치타시에 거주할 당시에는 이강·정재관·이갑 등과 연결되어 항일활동을 전개했으며, 남파 박찬익의 주선으로 상해로 건너갔다.

김원식은 1920년 4월 9일 중국 상해에서 대한민국임시정부 내무부 참사로 임명되어 9월 15일 의원면직할 때까지 활동하였다. 또한 1921년 2월 28일부터 5월 20일까지 진행된 대한민국 임시의정원 제8회 회의에서는 홍진(洪震)·신현창(申鉉唱)과 함께 충청도 의원으로 참석하였으며, 같은 해 9월 25일부터 10월 1일까지 진행된 임시의정원 제9회 회의에 참석하여 상임위원회 제7과에서 활동하였다. 이어 홍진 등 임시의정원 의원 25명과 함께 태평양회의에 참석한 각국 대표들에게 독립청원서(獨立請願書)를 발송하였다. 1922년 2월 8일부터 6월까지 개최된 임시의정원 제10회 회의에서 의원직을 사임하였다.

이후 하얼빈으로 넘어가 대종교 재건 계획에도 적극 관여했다. 1923년 4월, 하얼빈을 거점으로 만몽산업회(滿蒙産業會)라는 이름을 내걸고 대종교 활동을 모색하려는 움직임에 가담한 것이다. 당시 김원식은 대한군정서의 간부로서 만몽산업회에 가담했는데, 참여한 인물들은 김교헌(당시 대종교 교주)을 위시하여 우덕순·원풍·김규식·최계화·유정근·김좌진·조성환·현천묵 등 37명으로 모두 대종교의 핵심인물들이었다. 그 이후의 김원식에 대한 행적은 발견되지 않는다.

김원식의 대종교 교력을 보면 1910년 5월 19일(음력)에 이미 시교사(施敎師)로 임명되었고 순교원(巡敎員)의 임무를 띠고 만주로 향했다. 1911년 하순에는 대종교의 만주 거점이었던 화룡현 청파호 소재 대종교시교당에 근거를 두고 포교 활동에 전념하였다. 당시 김원식과 청파호시교당의 시교사는 김원식 외에 백순과 박찬익이 있었다. 김원식의 대종교에서의 위치를 가늠할 수 있는 부분이다. 상해로 건너간 후에도 신규식·조완구·김두봉 등과 대종교 활동에 적극 나섰다. 1921년 상해임시정부 의정원의장(議政院議長) 내에서 거행된 어천절 경축식에서는 조완구와 함께 신가(神歌, 얼노래)를 병창(竝唱)하기도 했으며, 같은 해 상해 서장로(西藏路) 영파회관(寧波會館)에서 열린 개천절 경축회에서도 신가를 독창하였다. 김원식이 부른 '신가'란 대종교 전래의 종교악(宗敎樂)으로 노래의 가사는 다음과 같았다.

어아 어아 우리 대황죠(大皇祖) 놉흔 은덕(恩德)
배달국(倍達國)의 우리들이 백천만년(百千萬年) 잇지 마세
어아 어아 선심(善心)은 활이 되고 악심(惡心)은 관혁(貫革)이라
우리 백천만인(百千萬人) 활줄갓치 바른 선심(善心) 곳은 살갓치 일심(一心)이예
어아 어아 우리 백천만인 한활쟝에 무수관혁(無數貫革) 천파(穿破)하니
열탕(熱湯) 갓튼 선심중(善心中)에 일점설(一點雪)이 악심(惡心)이라
어아 어아 우리 백천만인 활갓치 굿센 마암 배달국의 광채로다
백천만년 놉흔 은덕 우리 대황죠 우리 대황죠

이 노래는 대종교에 전래되는 것으로, 그 전래 내력에 대해 고사기(古事記)를 인용하여 "고구려의 제사 때에 이 노래를 늘 불렀고 또 전쟁에 임할 때에 군사들이 노래하여 군기를 북돋았다."라고 적고 있다. '신가' 가사의 중심 내용은 대황조(大皇祖, 한배검)의 업적을 잊지 말고 참마음의 화살로 악한 마음의 과녁을 맞추어 버리듯 광명정대하게

살고자 함을 대황조에게 맹세하는 것이다. 또한 '신가'는 종교적 의식의 노래로 쓰임과 동시에 군인(軍人)들에게는 사기를 북돋는 노래로 사용되었음을 볼 때, 군교일치(軍敎一致)의 전형을 그대로 확인할 수 있다. 이 노래가 대종교의 수전병행(修戰竝行)의 가치로 그대로 연결되고 있음을 알게 해 준다. 김원식이 1923년 하얼빈으로 넘어가 대종교 재건 계획에 참여한 이후의 행적은 아직 오리무중이다.

[참고 문헌]
『종보』제6호, 『대종교중광육십년사』(대종교총본사, 1971), 『독립신문』1920년 5월 18일자·1921년 4월 30일자, 「大倧敎設立計劃」(不逞團關係雜件-朝鮮人의 部-在滿洲의 部36, 機密受제262호-關機高收제5452호-1, 한국사DB, 국사편찬위원회), 『대한민국임시정부자료집』45(국사편찬위원회, 2011), 「치타市에서의 排日鮮人 拘引에 관한 건」(不逞團關係雜件-朝鮮人의 部-在西比利亞5, 機密 제3호, 한국사DB, 국사편찬위원회), 『일제침략하한국36년사』5권·6권(국사편찬위원회, 1970), 『지산외유일지』(정원택, 탐구당, 1983)

김원한(金元漢, 남, 생몰 미상)
입교 시기 _ 1922년 이전 | 교질 _ 미상

경상북도 상주군(尙州郡) 함창면(咸昌面) 증촌리(曾村里) 출신이다. 1934년 3월 26일 상주군 함창면 오동리(梧桐里)에 식료품제조업체인 함창주조(咸昌酒造) 주식회사를 설립하여 대표를 맡았던 인물이다.

1934년 3월 설립 당시 咸昌酒造(株)의 전경 사진

함창주조는 우리의 약주와 탁주의 제조 판매와 본업에 부대하는 업무 일체를 취급했던 회사로 김석진(金碩鎭)·김한봉(金漢鳳)·이상화(李相華) 등이 이사를 맡아 김원한과 함께 했다. 김원한은 해방 이후에도 안동중앙시장 내에 김원한상점을 마련하여 학용품 및 일용잡화 도산매업을 이어간 기록이 있다.

김원한의 대종교 입교 시기나 영계(靈戒) 사항과 관련된 대종교단 내의 기록은 남아있는 것이 없다. 다만 1922년 음력 10월에 기록한 성세영(成世英)의 『본사행일기(本司行日記)』라는 일기 속에는, 1922년 당시 경상도 지역 주요 교인의 명단으로 김원한의 이름이 올라 있다. 그 기록이

1916년 음력 9월부터 1922년 음력 9월까지 대종교에 입교한 대종교인들의 명단이고 보면, 김원한의 대종교 입교도 그 사이에 이루어졌음을 확인시켜 준다.

[참고문헌]

『본사행일기』(성세영, 필사본, 1922), 『朝鮮銀行會社組合要錄』(中村資良, 東亞經濟時報社, 1935년판), 『독립신문』 1947. 3. 27.

김유신(金攸信, 남, 1899-1989)

아호(별명) _ 김동식(金東植), 박천호(朴天浩)
입교 시기 _ 일제강점기 | 교질 _ 참교 | 서훈 _ 애국장(1990)

평안북도 의주군 비현면(枇峴面) 정산동(亭山洞) 출신이다. 김동식(金東植)이라는 이름으로 많이 알려졌으며, 박천호(朴天浩)라는 가명을 사용하기도 한 인물이다. 김유신은 1919년 3·1독립운동 당시 만세운동을 주도하였으며, 1920년 3월에는 백운기(白雲起)·안효준(安孝俊) 등과 함께 대한청년결사대원으로서 의주군 비현면 정산동(枇峴面 亭山洞) 김대호에게서 군자금을 모금하는가 하면, 그 해 5월말까지 의주·용천·철산·선천 등 10개 면내에서 군자금 3천원을 각출하였다.
김유신은 1920년 5월 김시황(金時晄)·박초식(朴初植)·백운기 등과 함께 의주 동암산(東岩山)에서 보합단(普合團)을 조직하여 총무로서 활약하였다. 또한 독립단과도 계속 연락을 취하여 무기를 구입, 일제 기관의 파괴와 주구 숙청에 전력을 기울였다. 같은 해 6월에는 대원 30명을 거느리고 적의 앞잡이 수명을 사살하였고, 선천(宣川) 내산사(內山寺)에 은거할 때에는 승려의 밀고로 일경 30여명과 교전한 일도 있었다.
그러나 1920년 11월 서울에 파견된 보합단 김도원(金道源)이 일경과 교전하고 총격전 끝에 체포되자, 함흥사람 장희원(張喜源)과 함께 중국으로 망명하여 손문(孫文)의 소개로 황포군관학교에 입학하였으나 진형명(陳炯明)의 반란으로 학업을 마치지 못하였다. 그 후 낙양강무당(洛陽講武堂)에서 수업하던 중, 장작림(張作霖)의 봉천파(奉天派)와 직예파(直隸派)의 오패부(吳佩孚) 간의 일명 봉직전쟁(奉直戰爭)이 발발하자, 직예파에 가담하여 오패부의 직속 참모로 출전하기도 하였다. 이후 임시정부를 따라 전전하였고 홍콩 등지에서 활동하기도 하였으나, 태평양전쟁 발발 이후에는 은거 생활을 하다가 해방되면서 환국하였다.
김유신은 일제강점기에 대종교에 입교한 듯하나, 그 시기의 대종교 교력은 남아있는 것이 없다. 다만 김유신이 해방되자 바로 평안남·북도를 관할하는 대종교 서일도구(西一道區)를 중심으로 활동하였고, 6.25전쟁이 발발하자 그 지역 선무반원(宣撫班員)으로도 활약한 것을 보아, 해방 이전에 이미 대종교에 깊이 관여했음을 알게 해 준다. 이러한 배경을 감안하여, 대종교에서는 1950년 11월 7일(음력) 뒤늦게 교무회의를 열어 특별 추천으로 참교의 교질을 수여하고 서일도구 시교원으로 발령하였다.

보합단 총무로 활동하던 김유신의 기록이 실린
『동아일보』(1921.5.23.) 기사.

[참고 문헌]

『대종교보』제168호(1950년), 『대종교중광육십년사』(대종교총본사, 1971), 「秘密結社 獨立普合團 檢擧」(大正8年乃至同10年 朝鮮騷擾事件關係書類 共7冊 其3, 密 第33號 其5/高警 第40728號, 한국사DB, 국사편찬위원회), 『동아일보』 1921.5.23., 『무장독립운동비사』(채근식, 공보처, 1949), 『한국독립사』하(김승학, 독립문화사, 1971), 『한민족독립운동사자료집』34(국사편찬위원회, 1998)

김윤국(金潤國, 남, 생몰 미상)

입교 시기 _ 1915년 | 교질 _ 참교

출신지역과 생몰연대가 불분명하다. 1902년 혜민원(惠民院)의 주사(主事)로 활동한 김윤국과 1900년대 후반 평안남도 안주(安州) 지역에서 교육활동에 등장하는 김윤국이 이름은 같으나 동일인지는 확실하지 않다. 다만 1919년 만주에 거점을 두고 활동한 기록이 남아있다. 1919년 대종교계 항일투쟁 단체인 중광단(重光團)의 후신이자 대한군정서(북

로군정서)의 전신인 길림군정부(吉林軍政府)에서 활동한 것이 그것이다. 그는 길림군정부의 군무독판(軍務督辦) 겸 총사령관 김좌진과의 연락 속에 국내로 잠입하여 군자금을 모급하고 불온문서를 각 곳의 부호들에게 발송하는 등의 활동을 하다가 체포되었다. 김윤국의 대종교 교력은 1915년 1월 12일(음력) 대종교의 참교 교질을 받는 것으로 기록되어 있다. 그가 1910년대 초반 만주로 들어가 대종교에 입교하고 항일투쟁에 뛰어든 것으로 추정된다.

[참고 문헌]
『종문영질』(프린트본, 1922), 『승정원일기』고종 39년(1902) 8월 3일, 『황성신문』1902. 6. 13., 1908. 12. 11., 『매일신보』 1922. 7. 6.

김윤식(金允植, 남, 1835-1922)
아호(별명)_ 운양(雲養), 순경(洵卿)
입교 시기_ 1909년 | 교질_ 지교

경기도 광주 출신으로 실학자인 박규수와 유신환(兪莘煥)의 문하에서 수학하였다. 불혹의 나이인 1874년 들어 벼슬길에 올라 여러 관직을 두루 거쳤다. 친청(親淸)과 친일(親日), 온건과 참여, 민족과 반민족의 균형추를 가장 잘 이용하면서, 지식인이 가질 수 있는 고뇌와 정세에 약삭빠르게 대처하고 변신한 인물로 평가받는다.

김윤식

김윤식은 일찍이 박규수의 영향 속에 청나라의 문물을 받아들이는 일에 앞장서면서, 1881년에 영선사(領選使)로 청나라에도 다녀왔다. 이러한 인연으로 1882년 임오군란이 일어나자 청에 파병을 요청하는 동시에, 청을 끌어들여 흥선대원군을 제거하였다. 1884년 갑신정변 때는 원세개(袁世凱)에게 출병을 요청하여 개화파와 일본군을 물리치고 정변을 진압했다. 정변 뒤 병조판서를 거쳐 독판교섭통상사무(督辦交涉通商事務)가 되어 대외관계를 주도했으며, 민씨 척족과 친일급진개화파 세력에 대항하기 위해 대원군을 귀국시키기도 했다. 그는 1894년 강화부유수가 되고 이후 친일적 성격의 김홍집 내각에 등용되어 군국기무처 회의원으로 갑오개혁에 참여하면서 외무아문대신이 되었다. 1896년 2월 아관파천이 일어나자 외무대신직에서 면직되었고, 을미사변 뒤 친로(親露)내각이 들어서자 명성황후 시해 음모를 알고서도 방관했다는 이유로 탄핵되어 제주목(濟州牧)으로 종신 유형에 처해졌다. 그리고 10년 만에 풀려나면서 황실제도국 총재(皇室制度局總裁)·제실회계감사원경(帝室會計監査院卿)·중추원의장 등을 거치면서 친일적 행보를 더욱 노골화하였다. 더욱이 1908년 9월에는 훈일등태극장(勳一等太極章)

을 받는가 하면, 1909년 도쿄에서 열린 이토 히로부미의 장례식에 정부를 대표하여 애도를 표하기까지 했다.

1910년 일제의 병탄 당시 드러낸 김윤식의 태도도 입에 오른다. 이른바 경술국치를 앞두고 열린 어전회의에서 김윤식이 낸 "불가불가(不可不可)"라는 의견이 그것이다. 이 말은 두 가지로 해석될 수 있다. 하나는 "옳지 않다, 옳지 않다(不可 不可)"라는 강한 반대의 뜻이다. 또 하나는 "어쩔 수 없이 찬성한다(不可不 可)"라는 부득이한 찬성의 의미다. 김윤식의 시대적 줄타기의 모습이 여실히 드러나는 사례다. 말장난을 통해 선택적 곤궁을 피해가려 했던 우유부단한 지식인의 전형이라 할 수 있다. 이러한 선택을 통해 김윤식은 일제의 강점 뒤에도 중추원 부의장이 되고, 자작(子爵)의 작위와 은사금(恩賜金)을 받았다. 1916년에는 경학원대제학(經學院大提學)에 임명되었다.

김윤식의 사회적 행보 역시 다양했다. 갑신정변과 을미사변에 관련된 인사들을 중심으로 강구회(講舊會)를 조직하여 회장이 되었으며 계몽운동 단체인 기호학회(畿湖學會) 회장을 맡기도 했다. 또한 흥사단(興士團) 단장과 교육구락부(教育俱樂部) 부장을 맡는가 하면 대동교총회(大同教總會) 총장으로도 활약했다.

그의 대종교 참여 또한 미묘한 부분이다. 우유부단한 삶으로 시대타협적인 처세자였던 그가, 항일투쟁의 최일선에서 총체적 저항의 중심에 섰던 대종교에 관여했다는 것은 분명 이율배반이기 때문이다. 김윤식의 마지막 선택 또한 왈가왈부로 남아있다. 1919년에 3·1운동 당시 민족대표에 이름 올리기를 거절했다가 한 달쯤 지나 일본정부에 독립을 요구하는 글을 보냈다. 그의 '대일본장서(對日本長書)'가 그것이다. 일각에서는 이 글을 '일본 천황에게 독립을 청원한 문서'라고 보는가 하면, 어떤 이들은 '일본 의회에 조선의 독립을 요구한 문서'로도 보고 있다. 아무튼 이로 인해 김윤식은 가벼운 심문을 받은 끝에 집행유예 3년을 받고 풀려났다. 또한 그의 아들과 손자도 한때 갇히는 몸이 되었으며, 그의 작위 역시 박탈되고 모든 직책에서 면직되었다.

[주요저술]
김윤식의 대표적 저술은 『운양집(雲養集)』과 함께 『임갑영고(壬甲零稿)』·『천진담초(天津談草)』·『음청사(陰晴史)』 그리고 『속음청사(續陰晴史)』 등이 있다. 1915년 일본학사원 상까지 받은 『운양집』은 그의 시(詩)·서(序)·기(記)·서독(書牘) 등을 수록한 시문집이다. 특히 서독(書牘) 편에 실린 추도문 2편 가운데 대종교를 일으킨 나철에 대한 추도문이 눈에 띤다. 영고(零稿)란 변변하지 못하다는 의미로, 『임갑영고』는 지난 임갑년 간에 느낀 나라에 대한 근심을 토로한 글이다. 크게 나누면 주자(奏咨)·교령(教令)·서독(書牘)·치제문(致祭文)·조회(照會) 그리고 공사(公私)간에 오간 문서와 잡저(雜著) 등이 실려 있다.

『천진담초』는 『음청사』 속에 실린 부분을 별도로 떼어 낸 것으로, 영선사로 청나라에 파견되었을 때 이홍장(李鴻章) 등과의 회담 내용을 기록한 외교서라 할 수 있다. 그 회담의 시기는 1881년 11월 28일부터 1882년 6월 30일까지이며, 상대 인물들은 이홍장을 비롯하여 장수성(張樹聲)·유지개(遊智開)·주복(周馥)·허기광(許其光)·유함방(劉含芳)·마건충(馬建忠)·왕덕균(王德均)·반준덕(潘駿德)·당정추(唐廷樞)·서건인(徐健寅)·나풍(羅豊) 등이다.

『음청사』는 1881년 9월 1일부터 1883년 8월 25일까지의 기록이다. 순천부사 재임 중에 영선사(領選使)로 임명되어 학도(學徒)·공장(工匠)의 선발을 비롯한 사행에 관련된 사항과, 귀국한 뒤 강화유수로 부임하는 데까지를 기록하고 있다. 그에 덧붙여 월별 중요 안건에 대한 비망록을 적었으며, 마지막에는 그의 부인 파평윤씨(坡平尹氏)의 죽음과 산역(山役)이 실려 있다. 『속음청사』 역시 그의 일기로, 유배 생활과 정계의 동향 등을 적은 것이다. 기간은 1887년(고종 24) 5월 29일부터 그가 사망하기 20일 전인 1921년 12월 31일까지 35년간의 기록이다. 특히 『속음청사』에서는 대종교를 중광하기 이전과 이후의 대종교 인맥들의 정황과 함께, 나철과의 끈끈한 관계사가 여러 곳 나타난다는 점에서 주목을 끈다.

[교력]
조선사회에서의 유교는 입신출세의 유일한 관문이었다. 김윤식의 학문 수학 과정이나, 과거합격, 그리고 관직 생활 역시 이러한 노정과 어긋나지 않는다. 한편 구한말은 유교적 가치에 등을 돌리고 새로운 가치지향이 본격화된 시기이기도 하다. 그 대표적인 방향의 하나가 자기정체성에 대한 냉철한 성찰로, 대종교 등장이 그것이다. 김윤식 역시 유교에 기반한 대종교로의 관심을 모색했던 인물 중의 하나다. 전형적 반유반중(半儒半倧)의 아노미를 품고 살았다.

김윤식은 나철의 정치적 스승이자 동반자였다. 일면식도 없는 두 사람이 서울 남산(南山)의 시회(詩會)에서 우연히 만나, 나철이 읊은 다음의 오언절구가 인연이 되었다.

初習江南岸　남녘 땅 한갓진 곳에서 나래짓 익혀
便飛漢北雲　한강의 구름 위를 날아 왔소이다
珠樓千萬戶　화려한 집들 헤아릴 수 없지만
末得一樑春　머무를 처마 밑은 얻지 못하였구려.

시골 촌놈 같은 나철에게 김윤식이 시 한 수를 청하자, 남쪽 벌교의 가난한 선비(나철 자신)가 서울의 운양대감을 찾아왔다는 의미를 숨긴 나철의 시였다. 이것이 김윤식의 마음을 움직여 마침내 두 사람은 망년지교(忘年之交)를 맺게 되었다. 이후 청빈한 시골 선비였던 나철이 경성에 머물면서 과거급제하기까지의 모든 행적에 김윤식이 있었다.

김윤식이 대종교에 입교한 것과 참교의 교질을 받은 기록은 현재 남아있지 않다. 그러나 그가 대종교의 중광(重光, 1909년) 당시부터 참여하였음을 헤아린다면, 1909년 1월 15일(음력)이 그의 입교시기로 보는 것이 타당하다. 또한 『종문영질(倧門榮秩)』에는 그가 지교의 교질을 받은 시기가 1921년 12월 26일(음력)로 기록되어 있다. 그러나 그가 1916년 8월 24일(음력)에 지은 나철의 치제식(致祭式) 제문에는 이미 '지교 김윤식'으로 나옴을 볼 때, 지교의 교질

역시 1916년 음력 8월 이전에 받았음을 알 수 있다.

김윤식은 중광 당해인 1909년 개천절 경하식 당시 공향(供餉)을 모두 부담하여 정성을 표했으며, 다음 해 개천절에는 경하사(慶賀辭)를 손수 지어 올림으로 종교적 지성을 다했다. 이후에도 대종교에 대한 지극한 관심으로 그 주변을 살폈으며, 사망하기 1년 전인 1921년 초에는 대종교 청년회장으로 추대되어 활동하기도 했다.

특히 1916년 8월 20일(음력), 김윤식이 나철의 영전에 올린 치제문은 그의 대종교적 정서의 압권이라 할 수 있다. 나철의 유해를 백두산으로 옮겨가기 전 국내 경성의 남도본사에서 권정례(權停例)를 행하였다. 당시 김윤식은 병으로 인해 참가하지 못했으나 술과 과일을 갖추어 소운(小雲) 황병욱(黃炳郁)으로 하여금 영결을 고하게 했다. 황병욱이 대신한 김윤식의 제문은 아래와 같았다.

嗚呼 아아

天道玄遠 聲氣夐絶	천도가 심원하여 음성과 기운이 막히고 끊어지니
得聞者寡 至性乃達	얻어 들은 것 적었으나 천성이 지극하여 통달하였도다
皇皇檀祖 大啓震維	황황하신 단군께서 이 나라를 크게 깨우치시어
育我群生 君之師之	우리 무리들 기르시니 임금이요 스승이로다
歷代崇祀 莫不尊親	대대로 숭배하고 제사 지내어 모두들 어버이처럼 존경했는데
世遠教弛 瀆我明神	세대가 오래고 가르침 무뎌져 우리의 하느님을 업신여겼도다
挺生異人 實惟羅君	이인이 우뚝이 태어났으니 그가 바로 나철(羅喆) 군으로
誠意懇篤 默契于天	성심이 간절하고 돈독하여 묵묵히 하늘의 뜻에 부합하도다
以道自任 神符是握	도를 자임하여 신령한 경전(經典) 손에 넣으니
律身淸苦 秉心淵塞	몸 다스림이 지극히 청렴하고 마음가짐은 깊고도 성실했도다
瞻彼白山 靈跡所發	저 백두산 바라보니 신령스러운 자취가 드러난 곳
北遊探源 修教布德	만주로 떠나 근원을 탐색하고 가르침을 닦아서 덕을 펼쳤도다
華裔共仰 奉若神明	중국인들도 함께 우러르며 하늘처럼 받들었고
校舍林立 英髦雲興	학교를 수없이 세우니 인재들 구름처럼 일어났도다
乃眷槿域 神化所被	돌아보니 우리나라 신의 교화 입었던 곳
杖策南還 宣揚道揆	단장 짚고 경성으로 돌아와 도법(道法)을 선양하도다.
事與心違 反招人疑	세속과 뜻이 맞지 않아 오히려 일제의 의심을 초래하여
跋前疐後 困石據藜	앞으로 넘어지고 뒤로 자빠져 피할 수 없는 곤경에 처하였도다
道之不行 身何足惜	도가 행해지지 않으니 몸을 어찌

아낄 것인가

寧棄塵世 歸侍帝側　차라리 속박을 버리고 돌아가 하느님 전에 함께하리라

巖巖斯達 翼翼神殿　아사달산은 우뚝하고 삼성사 신전은 장엄하리니

薄言往省 忽聞凶電　잠깐 가 만나보려 했건만 흉한 전보 갑자기 접하였도다

鳥獸哀號 草樹色變　새와 짐승들 슬피 울고 풀과 나무들 색이 변하니

倧門益孤 萬事泡幻　대종교문 더욱 외로워져 모든 일이 물거품이 되려는도다

記昔丁酉 我竄瀛島　정유년 지난 날 기억해 보면 내가 제주도에 귀양 갔을 때

惟君隨我 患難相保　그대만이 나를 따라와 근심과 어려움을 서로 도왔도다

君先我歸 時値滄桑　그대가 먼저 돌아와 격동의 시국을 만나

熱血沸腔 凜如秋霜　뜨거운 피 가슴에 끓고 늠름한 기상 추상과 같았으나

塡海精衛 奮臂螗螂　정위(精衛)와 사마귀처럼 세상풍파 감당하기 어려웠도다

幽囚狴犴 壯志彌烈　감옥에 깊이 갇혔으나 큰 뜻은 더욱 빛났고

自入敎門 翻然改轍　단군교문에 들어가면서 사는 뜻 모두 바꾸었도다

君嘗語余 昨非今悟　그대가 일찍이 나에게 말하길 어제가 잘못이었음을 오늘에 깨달았다고

國亡道存 天所畀付　나라는 망해도 도는 남았으니 하늘이 위임한 바라 하도다

四海一家 誰愛誰惡　온 세상이 한 가족이니 누구를 사랑하고 미워하리오

蠲忿釋滯 置懷昭融　분노를 삭이고 막힌 마음 풀면 마음속이 밝고 화평해질 거라 하였으나

無乃運屯 莫之我容　험난한 운수를 만나서인가 나를 용납해 주는 이 없다 하며

行不見信 罪在子躬　행하고 신뢰받지 못한 죄 그것은 나에게 있다 하도다

哀我同胞 忘本樂禍　불쌍한 내 동포들 근본 잊고 재앙을 즐기니

厭舊趨新 如赴湯火　옛것 내치고 새것 쫓기를 끓는 물 뜨거운 불로 들어가듯 하도다

子爲司敎 不能拯溺　교문의 책임자가 된 내가 이들을 구제하지 못한다면

怠棄所司 厥罰當殛　책임자의 임무 게을리 함이니 그 벌은 죽어야 마땅하다 하도다

誓捐一縷 爲萬民贖　맹세컨대 한오리 목숨 바쳐 만백성의 죄를 대신하리니

神祖在上 庶察微志　하늘에 계신 하느님께서 미약한 뜻 살펴 주시리라 하였도다

余謂不可 死亦有義　나는 옳지 않다 하며 죽음에도 의가 있어

禍至自外 固當順受　외부로부터 이른 화는 본디 순리로 받아야 하니

溝瀆之諒 仁者不取　도랑만한 작은 절개는 어진 사람이 취하지 않는 것이라

養眞守道 靜以俟時　참함을 길러 도를 지키며 조용히 때를 기다리네

天鑑孔昭 報應無差　하늘이 밝게 보살펴서 어김없이 보답하리라 하였도다

君心如石 不可轉移　그대 마음 돌처럼 굳세어 바꿀 수가 없었으니

遺戒申申 言不及私　교훈을 남겨 거듭 당부하고 사사로운 일 말하지 않았도다

魄歸祖山 魂遊天宮　육신은 백두산으로 돌아가나 정신은 천궁에서 노닐 것이니

綏我民福 啓彼群蒙　우리 백성에게 복 주고 저 어리석은 무리들 깨우쳐주시길

病枕呻吟 語不成文　병들어 누워 신음하니 말이 문장을 이루지 못하는도다

北望長號 一別千春　북망산 바라보며 길게 부르짖으니 이제 영원한 이별이로다

嗚呼痛哉 尙饗　아아 슬프다 부디 흠향하소서

[참고 문헌]

『종보』제4호·제8호, 『종문영질』(프린트본, 1922), 『동아일보』1922. 1. 26., 『속음청사』상·하(국사편찬위원회, 1971), 『운양집』(한국문집총간 328집), 『대종교중광육십년사』(대종교총본사, 1971), 『한국중흥종교교조론』(신철호, 대종교총본사, 1979)

김윤혁(金允赫, 남, 1870-?)

입교 시기 _ 1912년 이전 | 교질 _ 미상

평안북도 초산군(楚山郡) 출신으로, 일찍이 서간도로 넘어가 대종교항일투쟁에 몸담은 인물이다. 김윤혁은 1912년 8월 당시 회인현(환인현) 흥도촌(興道村)에 거주하며 대종교 환인시교당(桓仁施敎堂)의 핵심 교인으로 활동했다.

환인시교당은 대종교 시교사(施敎師) 윤세복(尹世復)이, 친형인 윤세용(尹世茸)과 1911년 음력 정월 만주 환인현(桓仁縣) 성내(城內)로 이주하여 그 해 개천절(음력 10월 3일)에 개설한 시교당이었다. 윤세복은 시교당과 함께 동창학교(東昌學校)를 병설하여 동지를 규합과 함께 민족의식 고취를 통한 조국광복의 실현을 도모하였다.

학교의 이름인 '동창(東昌)'은 우리나라의 무궁한 발전과 국권 회복을 기약한다는 취지에서 명명한 것으로, 교장 이원식(李元植)을 비롯하여 박은식(朴殷植)·이극로(李克魯)·김영숙(金永肅)·김규환(金奎煥)·이시열(李時說)·김진호(金鎭浩)·신채호(申采浩)·김석현(金錫鉉) 등, 대종교의 핵심들이 교사로 참여하였다. 그 주된 교육 내용은 대종교정신을 민족사의 정통으로 삼아, 역사·국어·한문·지리 등을 가르쳤으며, 교내에 기숙사도 설치했다. 심지어 생활이 매우 곤궁한 이주한 동포들의 자제들에게는 기숙사비

와 피복비도 학교 측에서 제공하였다.

김윤혁의 대종교 교력과 관련한 대종교단 내의 기록은 남아있지 않다. 당연히 그의 영계 사항이나 교질 관계 역시 전하는 것이 없다. 그러나 1912년 일제의 문서에 윤세복·윤세용·이원식·박은식·조성환·김경하(金敏河)·한천금(韓千金)·독고욱(獨古郁) 등과 그 지역 대종교의 핵심인물로 기록된 것으로 보아, 그의 대종교적 위상은 상당했을 것으로 추정된다.

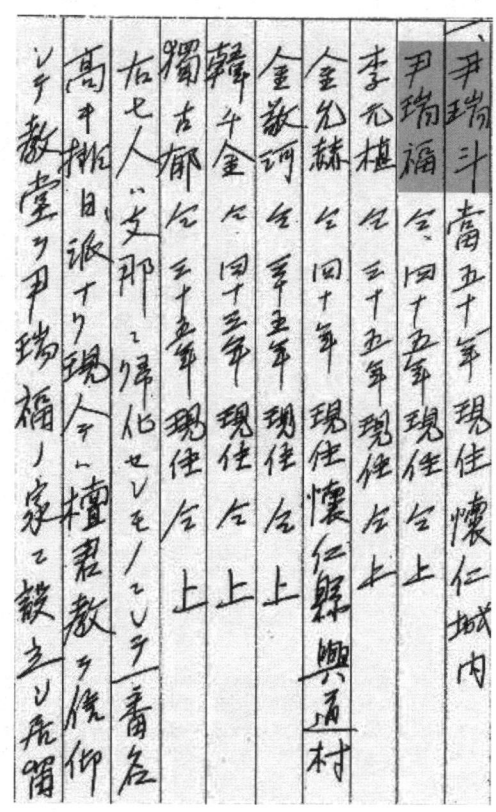

1912년 일제의 문서에 기록된 金允赫의 대종교(단군교) 관련 내용.
尹瑞斗와 尹瑞福은 尹世茸과 尹世復의 가명이다.

[참고 문헌]
『대종교중광육십년사』(대종교총본사, 1971). 「不逞朝鮮人에 關한 件」(不逞團關係雜件-朝鮮人의 部-在滿洲의 部2, 公 제533호, 한국사DB, 국사편찬위원회). 「不逞者의 處分」(不逞團關係雜件-朝鮮人의 部-在滿洲의 部4, 警高機發 제3049호, 한국사DB, 국사편찬위원회)

김은식(金殷植, 남, 생몰 미상)
입교 시기_ 1914년 | 교질_ 참교

출신지역과 생몰연대가 불분명한 인물이다. 다만 그가 1921년 강계(江界) 지역 청년단체의 연합강연회에 참여하여 '조선청년들아 일어나라'라는 주제로 강연을 한 것으로 보아 평안북도 출신일 것으로 추정해 본다.

김은식은 1920년대 사회주의 노동투쟁에 적극 앞장 선 인물로, 1925년 대종교계 사회주의자 권오설·김명규 등과 조선노농총동맹(朝鮮勞農總同盟)에 가담하여 적극 활동했다. 조선노농총동맹은 1924년 서울에서 조직된 노농운동(勞農運動)의 중앙단체로, 167개의 관련 단체 204명의 대표가 모여 결성한 단체였다. 조선노농총동맹은 당시 전국적으로 확대되던 각종 쟁의 활동과 더불어, 그 쟁의에 개입해 일제의 식민통치에 항쟁하였다. 또 쟁의를 지원한 것 외에도 기관지의 발간, 형평운동의 지원, 청년운동과의 제휴, 민족개량주의로 지목된 「동아일보」에 대한 규탄 등 노농운동의 주변 문제에까지 관여하면서 일제와 투쟁하였다.

김은식의 대종교 교력은 1914년 4월 7일(음력) 조선국권회복단에서 활동한 황봉서(黃鳳瑞)와 참교(參敎)의 교질(敎秩)을 받은 것으로 기록되어 있으나, 그 이후의 구체적 대종교 행적은 전하지 않는다.

[참고 문헌]
『종문영질』(프린트본, 1922). 「동아일보」1921년 7월 3일자. 「조선노농총동맹 통문의 건」(檢察事務에 關한 記錄1, 京鍾警高秘 제13071호의 1, 한국사DB, 국사편찬위원회)

김응률(金應律, 남, 생몰 미상)
입교 시기_ 1918년 | 교질_ 참교

출신지역과 생몰연대가 분명하지 않다. 다만 1921년 10월 군정서청년모험대(軍政署靑年冒險隊) 대원으로 활동한 기록이 있다. 이 모험대는 대종교 핵심인물인 이홍래(李鴻來)가 조직한 단체로 돈화현 양수천자(凉水泉子) 부근에 근거를 두었다. 대종교계 항일무장단체였던 대한군정서(북로군정서)의 간부였던 이홍래가, 청산리독립전쟁 이후 흩어진 군정서 재건의 일환으로 조직한 것이다. 1921년 10월, 군정서청년모험대에 속한 제2분대장 정사흥(鄭仕興)이 무장한 여러 명의 부하들을 이끌고 국자가나 두도구 방면에서 군자금 거출 중 일경의 총에 맞고 사망한 사건이 있었다. 당시 김응률은 박승극(朴承極)과 함께 분대장 정사흥을 도와 독립자금 등을 모금하였다. 한편 1920년에 간도 용정지역 기독교 인물로 대한학생광복단 모연대장(募捐隊長)으로 활동하던 김응률(金應律)이 있지마는 동일인인지 확인되지 않는다. 김응률의 대종교 교력을 보면, 1918년 2월 28일(음력)에 대종교 참교의 교질을 받았다.

[참고 문헌]
『종문영질』(프린트본, 1922). 「大韓軍政署 靑年冒險隊 分隊長 鄭仕興의 日本警察官에 抵抗 拳銃에 의한 卽死에 關한 件」(不逞團關係雜件-朝鮮人의 部-在滿洲의 部32, 機密受제95호·機密제78호, 한국사DB, 국사편찬위원회)

김응석(金應錫, 남, 생몰 미상)
입교 시기_ 1923년 | 교질_미상

출신지역과 생몰연대가 확인이 안 된다. 일제의 문서에서는 나타나지 않으며, 오직 1920년대 대종교의 기록에서만 등장하는 인물이다.

김응석은 1923년 6월 12일(음력) 대종교 분일시교당(芬一施教堂)의 찬무(贊務, 책임자)로 임명된 기록이 있다. 당시 김응석의 종교적 위치가 형제(兄弟)에 있었음을 보면, 그의 대종교 입교가 그 이전으로 올라감이 확인된다. 대종교에서의 형제(여자는 자매)란 입교하여 영계(靈戒)를 받기 이전의 상태를 일컫는 것이다. 분일시교당은 대종교 동이도본사(東二道本司) 제일지사(第一支司) 소속으로 동녕현(東寧縣) 소수분하(小綏芬河) 송하촌(松河村)에 있었다. 조주승(曹疇承)이 전무(典務, 책임자)를 맡아 이끌었으며, 최여진(崔汝眞)이 찬무를 맡아 김응석과 함께 조주승을 도왔다.

분일시교당은 1926년 대종교만주포교금지령으로 폐쇄되기까지 지속되었다. 그 시기 전무는 임현민(林現珉)이었으며 김보익(金輔益)과 최세권(崔世權)이 찬무를 맡았다. 이들은 중동선(中東線) 소수분하참(小綏芬河站) 해동상점(海東商店)을 거점으로 80여명의 신도를 거느리고 활동하였다. 한편 당시 김응석은 그곳을 이미 떠난 상태였으나, 이후의 행적은 알 수가 없다.

[참고문헌]
『대종교보』제58호(1923년), 「大倧敎施敎堂一覽表(1926年)」(延边朝鲜族自治州档案馆 全宗号42 目录号1 案卷号343, 和龙县历史档案 和龙县警察所, 令各区查禁韓人設立大倧敎堂由, 民國十五年五月十二日),『대종교중광육십년사』(대종교총본사, 1971)

김응준(金應駿, 남, 생몰 미상)
입교 시기_ 1926년 이전 | 교질_미상

출신지역과 생몰연대가 확인되지 않는다. 대종교단이나 일제의 문서에서도 김응준에 대한 기록을 발견할 수가 없다. 다만 대종교포교금지령 이후 만주 당국에 압수된 대종교 문건에, 김응준이 1926년 당시 대종교 수일시교당(綏一施敎堂)의 부책임자[贊務]를 맡은 것으로 기록되어 있다. 수일시교당은 대종교 동도본사의 관할로 동녕현(東寧縣) 소수분(小綏芬) 팔리평(八裡坪) 지역에 위치한 시교당으로, 당시 책임자[典務]는 이장춘(李長春)이었으며 김현종(金現鍾)이 찬무(贊務)를 맡아 김응준과 함께 했다. 특히 이장춘이, 1921년 5월 청산리 독립전쟁 이후인 밀산에 모인 여러 독립군부대들이 대한군정서를 중심으로 재편될 당시 대한총군부의 모연과장을 지낸 인물이고 보면, 김응준 역시 대종교계 항일투쟁에 깊숙이 관여했던 인물로 추측된다. 김응준과 관련한 대종교의 영계 사항이나 교질 관

계 역시 확인할 수 없으나, 1926년 당시 시교당의 찬무를 맡은 것으로 보아 그 이전에 입교한 것만은 분명하다.

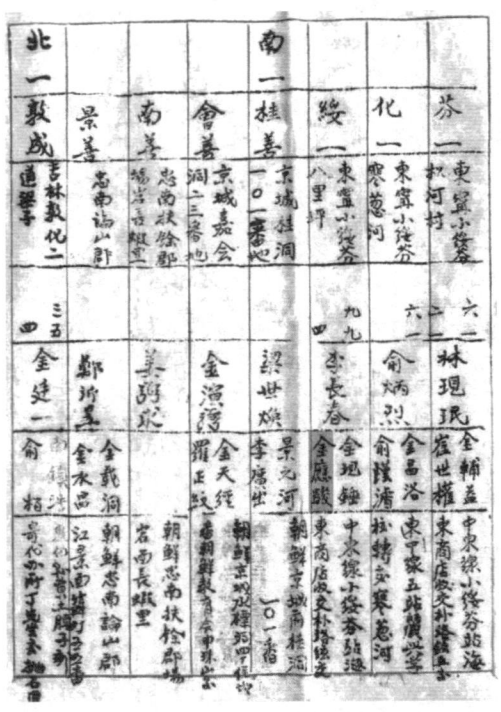

일제에 의해 압수된 대종교 문건. 이 문서는 1926년에 작성된 것으로, 당시 대종교 綏一施敎堂 아래 부책임자[贊務]를 맡은 金應駿의 이름이 보인다.

[참고 문헌]
「大倧敎施敎堂一覽表(1926年)」(延边朝鲜族自治州档案馆 全宗号42 目录号1 案卷号343, 和龙县历史档案 和龙县警察所, 令各区查禁韓人設立大倧敎堂由, 民國十五年五月十二日), 「在露領 不逞鮮人團의 統一에 관한 件」(不逞團關係雜件-朝鮮人의 部·鮮人과 過激派)1, 高警 제12589호, 한국사DB, 국사편찬위원회)

김응태(金應泰, 남, 1896-?)
입교 시기_ 1939년 이전 | 교질_미상

제주도 출신으로 생몰연대는 불확실하다. 경기도 수원 출신의 감리교목사 김응태(金應泰), 경기도 인천 출신으로 인천청년동맹으로 활동한 김응태(金應泰)와는 동명이인이다. 일본으로 건너간 시기는 불분명하나, 일제의 기록으로 보아 그곳에서 사회주의자 활동을 펼친 인물로 추정된다. 1922년 9월경에는, 일본에 재류(在留)하는 한국인을 대표하여 상해로 들어온 기록이 있다. 당시 친구를 면회하기 위한 목적이라 하였으나, 모종의 공산주의대회에 참석하기 위함이라고 일제의 문서에서는 파악하고 있다. 또한

1923년 1월경에는 환인현(桓仁縣) 동구(東區) 횡도천(橫道川)에 거주하며 독립단(獨立團)으로도 활동한 인물이다.
김응태의 대종교 입교나 영계(靈戒) 사항에 대한 기록은 남아있는 것이 없다. 그러나 1939년 11월 당시, 영안현(寧安縣) 동경성(東京城) 지역에 거주하며 대종교 집회 활동에 열성적으로 참여한 기록이 있다. 그의 대종교 입교가 그 이전에 이루어졌음을 알 수 있으나, 구체적 행적은 알 수가 없다.

[참고문헌]
『대종교보』제124호(1939년), 『上海情報』(不逞團關係雜件-鮮人의 部-在上海地方 4, 高警 제2861호, 한국사DB, 국사편찬위원회)

김의근(金義根, 남, 생몰 미상)
아호(별명) _ 김이근(金利根), 김이근(金二根), 전의근(全義根), 전이근(全利根)
입교 시기 _ 1912년 | **교질** _ 참교 | **서훈** _ 애국장(2014)

출신지역과 생몰연대가 확실하지 않은 인물이다. 그의 활동 흔적 역시 1919년 중기부터 1920년 초기까지로, 북간도 왕청현(汪淸縣)의 나자구(羅子溝)를 중심으로 나타날 뿐이다.
김의근은 1919년 6월 중순 니콜리스크로부터 나자구로 넘어온 남공선·전일(全一) 등과 독립투쟁의 방략을 모의하였다. 당시 나자구 지역에서는 장기영(張基永)·구춘선·유예균(劉禮均) 등이 함께 하였다. 또한 같은 해 7월에는 이동휘 등과 모의한 무관학교 설립이 무산되자 그 해산대금으로 무기 28정을 구입하기도 한다.
1919년 9월 혼춘(琿春)에서 대한국민지회(大韓國民支會)의 총회(總會)가 개최될 때는 강석훈(姜錫勳)·오윤언(吳允彦) 등과 나자구 지역을 대표하여 참석하였다. 대한국민회는 기독교인 중심으로 이루어진 항일단체였다. 당시 일제의 기록에도 김의근이 기독교 신자로 기록되어 있다. 김의근 1919년 10월 초 나자구 방면에서 결사대 2백여 명을 거느리고 활약하는가 하면, 1920년 3월에는 홍범도·구춘선·이범윤김광국·서성권·황병길 등 약40명이 나자구 합마당(蛤蟆塘)에 모여 각 단체 대표자회의를 개최하기도 했다. 그 이후의 행적은 묘연하다.
김의근의 대종교 입교는 비교적 이른 시기에 이루어졌다. 1912년 4월 3일(음력) 참교의 교질을 받은 것이 그것이다. 국내에서 받은 것인지 국외에서 받은 것인지도 헤아리기 힘들다. 다만 김의근이 석주 이상룡의 조카 이형국(李衡國, 당시 만주에 거주) 등과 같은 날 참교를 받은 것으로 보아 만주 지역으로 추정해 볼 뿐이다.

[참고 문헌]
『종문영질』(프린트본, 1922), 『間島方面에서 排日鮮人의 행동(2월 중순~3월 중순)』(大正8年乃至同10年 朝鮮騷擾事件關係書類 共7冊 其6, 密第102號 其848/朝特報 第20號, 한국사DB, 국사편찬위원회), 『한국독립운동사자료』41(국사편찬위원회, 2005)

김의한(金毅漢, 남, 1900-1964)
아호(별명) _ 성엄(誠广), 김재한(金載漢), 김의환(金毅煥), 김의한(金義翰), 진해(陳海)
입교 시기 _ 일제강점기 | **교질** _ 지교 | **서훈** _ 독립장(1990)

김의한

서울 종로구 사직동 출신으로 김가진(金嘉鎭)의 3남이다. 후일 정정화(鄭靖和)와 결혼을 하면서 정두화(鄭斗和)의 매제가 되었다. 김의한은 1914년 매동(梅洞)보통학교를 다녔고, 1917년부터 중동(中東)학교에서 신학문을 배웠다. 부친인 김가진은 안동김씨 집안에서 태어나 황해도관찰사, 법부대신, 농상공부대신 등을 지낸 구한말의 거물 정치인으로 1919년 3.1만세운동을 계기로 비밀결사인 조선독립대동단을 결성하고 총재로 취임하였다. 김의한은 부친이 대동단을 조직할 때 적극 가담하여 총재를 보좌하였으며, 1919년 10월 부친 김가진과 함께 중국 상하이로 망명하였다.
1928년 6월 상해의 중국본부한인청년동맹 상해지부 조직에 가담하여 무정(武亭)과 함께 재정위원으로 활동하였다. 중국본부한인청년동맹은 광동(廣東)혁명청년회·무창(武昌)혁명청년회·북경한인청년회·상해한인청년회 등의 대표들이 모여 결성한 단체이다. 이는 중국 관내 및 만주지방에 있는 모든 한인청년조직을 망라하는 유일전선을 구축하기 위해 1927년 11월 창립되었다. 중앙집행위원장 및 정치·문화부 담당에 김기진(金基鎭), 서무부 이관수(李寬洙)·정태희(鄭泰熙), 재무부 엄항섭, 선전·조직부 정원(鄭遠), 조사부 안우(安愚)가 선임되었다. 이들은 1928년 1월 정원을 만주로 파견하여 만주의 각 청년단체들과 접촉하였고, 같은 해 5월 만주 청년단체들과 함께 재중국한인청년동맹을 결성하였다. 1931년 10월 결성된 한인애국단에 가입하여 엄항섭·안공근 등과 활동하였으며, 낙양군관학교내의 한인특별반과 의열단 계열의 군관학교(조선혁명군사정치간부학교)에도 관여하면서 독립군 양성에 힘썼다.
1932년 5월 윤봉길 의사의 홍구공원 폭탄의거 이후 일제의 탄압을 피하여 대한민국임시정부가 상하이에서 항주(杭州)로 이전할 때 김구 등과 함께 강소성 가흥(嘉興)으로 피신하였고, 한 때 강서성 풍성현(豊城縣)과 무녕현(武寧縣) 등지에서 중국 관청에 재직하여 일을 보기도 하였다.
1935년 11월 항주에서 김구와 이동녕·엄항섭 등의 주도로 한국국민당이 창당되자 여기에 참여하였다. 이해 7월 조선민족혁명당의 창당으로 수세국면에 처한 임정옹호세력은 한국국민당의 창당을 통해 재기의 발판을 마련하고자 했다. 1937년 중일전쟁이 일어나자 중국 관청 일을 청산하고, 1938년 2월 남경에서 옮겨온 임시정부와 장사(長沙)에서 합류하였다. 이때 임시정부 국무원 비서로서 국무원 비서장이던 차리석과 함께 임시정부 살림을 도맡았다. 1939년 10월 임시정부 비서처 비서와 선전위원회 선전위원으로 활동하였으며, 특히 중경방송국을 통해 국내에 있는 한인들에게 선전활동을 전개하였다.

부인 鄭靖和 여사(가운데)와 아들 金滋東(오른쪽)과 함께
찍은 김의한(왼쪽)의 사진

1940년 5월 기강(綦江)에서 조선혁명당·한국국민당·한국독립당의 3당이 통합하여 신당인 (통합)한국독립당을 창립할 때 이시영·공진원 등과 함께 감찰위원회 위원으로 선임되었고, 상무위원 겸 조직부 주임으로도 활동하였다. 같은 해 9월 임시정부 및 임시의정원이 충칭으로 이전한 후 지달수(池達洙)·민영구(民泳玖) 등과 함께 한국광복군총사령부 주계(主計)에 선임되었다.
한편 1941년 12월 임시정부 외무부 부원에 선임되었으며, 외교연구위원회 위원으로 활동하였다. 이어 1943년 8월에는 한국광복군총사령부 정훈실 조직훈련 과장으로 활약하였으며, 1945년 6월에는 광복군 정령(正領) 계급으로 정훈처 선전과장을 역임하면서 광복군의 선전활동에 진력하였다.
광복을 맞아 귀국 후에는 한국독립당 상무위원을 지냈고, 1947년 3월 '독립운동사자료수집위원회'를 설립하고 그 대표로 독립운동 관련 자료를 수집하는데 힘썼다. 이 자료들은 6.25 한국전쟁 이후 아깝게도 모두 분실하고 말았다

고 한다. 1950년 6.25 한국전쟁 당시 납북되었으며, 부인인 정정화 역시 여성독립운동가로 건국훈장 애족장을 받은 인물이다.
김의한의 대종교 교력을 보면, 그의 입교시기와 영계사항은 남아있는 것이 없다. 다만 독립운동가 민필호(閔弼鎬)와 함께 1949년 3월 23일(음력) 참교를 건너뛰고 곧 바로 지교(知敎)의 교질을 받은 기록이 전한다. 교질을 내린 대종교단에서는 그 이유로 '대종교의 신앙이 이미 독실하면 교질을 올려주는 법이 있음(信悰旣篤 陞秩有典)'을 들어, 지교의 교질을 수여한 것이다. 이것은 김의한이 일제강점기에 이미 대종교에 입교하여 깊숙이 관여했다는 의미였다.

[참고 문헌]
『대종교보』제161호(1949년), 『지산외유일지』(정원택/홍순옥 옮김, 탐구당, 1983), 『朝鮮獨立運動』II(金正明, 原書房, 1967), 『韓國民族運動史料(中國編)』(國會圖書館, 1976), 『한국광복군연구』(한시준, 일조각, 1993), 『대한민국임시정부 II-장정시기』(한상도, 한국독립운동사편찬위원회, 2008), 『여자 독립군 정정화의 녹두꽃』(정정화, 미완, 1987)

김익수(金益洙, 남, 생몰 미상)
입교 시기 _ 1935년 이전 | 교질 _ 참교

출신지역과 생몰연대를 알 수 없는 인물이다. 1920년 4월 대종교지도자인 박우진(朴宇鎭) 등과 서로군정서(西路軍政署)의 선전위원을 맡기도 하고, 1924년 음력 4월 정의부(正義府)의 주도로 조직된 유한농업공사(有限農業公司)의 발기인으로 참여한 김익수(金益洙)와는 동일인 여부가 확인이 안 된다.
김익수는 1925년 10월 19일 조직된 신민부혼춘지회(新民府琿春支會)의 통신원으로 선임되어 활동한 기록이 있다. 신민부는 1925년 3월, 대종교 항일단체인 대한군정서(북로군정서)의 인물들을 주축으로 조직한 대종교계 항일단체로, 그 주요 구성원의 대부분이 대종교인이었다. 따라서 이들이 신봉하였던 대종교 이념이 자연스레 신민부의 주요한 이념으로 자리 잡았다. 신민부 요원이기도 했던 이강훈(李康勳)이 "신민부의 기본철학은 대종교의 홍익인간과 중광정신이었다. 그렇다고 해서 결코 봉건적이었다거나 파쇼적인 것은 아니었다."라고 회고한 것이 이를 방증한다.
김익수의 대종교 입교나 영계(靈戒) 사항과 관련된 기록은 남아있는 것이 없다. 그러나 1935년 3월 20일(음력) 대종교 성일시교당(誠一施教堂)의 찬무(贊務, 부책임자)를 맡았던 기록이 전한다. 그 당시 그의 교질(教秩)은 참교(知敎)였다. 그의 대종교 입교 시기가 상당히 오래되었음을 확인시켜 주는 것으로, 적어도 신민부 활동 그 이전으로 올라감을 추정케 해 준다.
한편 성일시교당은 밀산현(密山縣) 복전촌(福田村)에 소재한 시교당으로 대종교 동이도본사(東二道本司) 관할이었다. 당시 밀산현은 1926년 대종교만주포교금지령 이후 대종교총본사가 은거했던 곳으로, 1930년대까지도 영안현

(靈安縣)과 함께 대종교의 주요 거점이었다. 당시 조병원(曹秉元)이 전무(典務, 책임자)를 맡았으며, 항일투사 이봉춘(李逢春)이 찬무를 맡아 김익수와 함께 했다. 이봉춘은 1926년 4월 1일 조직된 동일소년회(東一少年會)의 음악부장을 맡았던 인물이다. 동일소년회는 공산주의 계열의 단체로 연길현(延吉縣) 상의향(尙義鄕) 노두구(老頭溝)에 위치해 있었다.

[참고문헌]
『대종교중광육십년사』(대종교총본사, 1971), 「不逞鮮人 行動에 關한 件」(不逞團關係雜件-朝鮮人의 部-在滿洲의 部41, 機密公 第60號; 機密受第67號, 한국사DB, 국사편찬위원회), 「琿春縣 春化鄕 大五道溝에 不逞新民府 支會設置한 外交部員 全海雲 檢擧에 關한 處置 方向에 관한 件」(不逞團關係雜件-朝鮮人의 部-在滿洲의 部42, 機密 第7號; 外務省文書課受 第16號, 한국사DB, 국사편찬위원회), 『민족해방운동과 나』(이강훈, 제삼기획, 1994)

김익한(金益漢, 남, 1859-?)
입교 시기 _ 1910년 | 교질 _ 미상

출신지역과 생몰연대가 확실치 않은 인물로, 한말 기술직 중인(中人) 출신의 관료를 지냈다. 1896년 6월 우체기수보(郵遞技手補)를 시작으로, 진주우체사(晉州郵遞司) 주사(主事)와 삼화항우체사(三和港郵遞司, 1899년) 주사로 6품의 벼슬까지 올랐다.

대종교의 『종보』제8호(1910년)에 실린 김익한의 시교사 선정 기록.

김익한의 대종교 교력을 살피면 1910년 11월 26일(음력) 총본사 시교사(施敎師)로 서임된 기록이 있다. 시교사는 대종교의 강실(講室) 직제(職制) 중의 하나로, 시교를 담임하는 임무를 주로 하였다. 그러므로 김익한이 맡은 총본사 시교사는 서울의 총본사를 중심으로 대종교 시교의 업무를 관장한 직책이다. 1910년 4/4분기 간에 임명된 시교사를 보면 김익한을 비롯하여 김서규(金瑞圭)·조완구·김교준·서광숙·유정구(柳貞姤, 女)·김교헌·신규식·유근(柳瑾)·김재면(金在勉)·임헌일(林憲一) 등으로, 그 시기 대표적 지식인이요 유력자들이다. 이것은 그 시기 김익한의 종교적·사회적 무게가 작지 않음을 보여주는 사례라 할 수 있다.

김익한이 대종교에 입교한 시기는 알 수 없으나, 그가 시교사로 임명될 당시의 호칭이 '형제'였다는 점이 주목된다. 대종교에서의 '형제'라는 명명은 입교하여 일정 기간(대략 6개월)을 지난 후 영계를 받기 이전의 지위다. 따라서 김익한의 대종교 입교는 1910년 중반 무렵이었음을 알 수 있다.

[참고 문헌]
『종보』제8호(1910년), 『대종교중광육십년사』(대종교총본사, 1971), 『대한제국관원이력서』(국사편찬위원회, 1971)

김익형(金翼衡, 남, 1867-?)
아호(별명) _ 김순약(金舜若)
입교 시기 _ 1922년 | 교질 _ 지교

함경북도 성진군 학동면(鶴洞面) 출신으로 김순약(金舜若)이라는 이름이 우리에게 더 익숙하다. 그는 블라디보스톡에서 출범한 노인동맹단을 중심으로 활동했다. 노인동맹단은 1919년 3월 블라디보스톡 신한촌에서 김치보(金致寶)를 단장으로 결성된 단체로, 동지 규합과 자금 모금이 그 목적이었으며 회원자격은 46세 이상 70세까지의 남녀 노인들이었다. 김익형은 1919년 7월 노인동맹단의 총무 자격으로 상해임시정부를 찾아갔다. 그리고 5천명의 노인동맹단이 만세시위에 나서겠다는 것과 연해주의 모든 동포가 상해임시정부를 적극 지지한다는 뜻을 전하기도 한 인물이다.

한편 1919년 4월에 발표된 노인동맹단선언서에도 언급되었듯이 '신성한 단조(檀祖)의 혈통의식'을 통한 독립의 의지는 노인동맹단 구성원들 모두의 염원이었다. 그러므로 노인동맹단 구성원들의 대종교에 대한 이해 역시 국교적(國敎的) 인식과 밀접했을 듯하다. 이러한 인식의 대표적 사례가 다음 「노인동맹단이 일본정부에 보내는 글」 속에도 잘 드러나 있다.

…(전략)…한국 종교의 세력으로 말할 것 같으면, 고대로부터 면면히 전통을 이어 내려온 대종교는 국조 단군을 모시는 한국의 대표적 토착종교이다. 비록 외부로부

터 들어온 것이기는 하지만, 유교와 불교도 1,500년의 역사를 지니고 있다. 근대에 이르러서야 발흥한 보수적인 성향의 천도교는 모험적이며 죽음을 두려워하지 않는 혁명성을 지닌 종교이다. 구미로부터 수입된 기독교는 워싱턴의 독립정신을 신도들의 뇌리에 깊이 각인시키는 역할을 하였다. 근년에 이르러 정치와 사회방면에서 뜻을 펼칠 기회가 없던 한국의 지도자급 인사들은 대부분 교회를 중심으로 활동을 전개하였다. 비록 종교의 이름과 형식은 다르지만, 한국의 모든 종교는 정치사상이 농후한 특징을 지니고 있으며, 또한 날로 그 교세가 확장되는 모습을 보이고 있다. 일본 종교의 힘으로는 아무리 발버둥쳐도 한국종교를 정복할 수 없다. 이것이 한국이 병합되어서는 안 되는 세 번째 이유이다. …(후략)…

이 글은 김익형을 포함하여 김치보(金致甫)·박은식(朴殷植)·서상구(徐相矩) 등 21명의 대한국민노인동맹단대표 명의로 작성된 것이다. 대종교를 우리 민족 고래로 내려온 토착종교로 간주하고 그 외의 여타 종교들도 농후한 정치사상을 갖고 있으므로, 결코 일제가 우리를 정복할 수 없음을 일깨우고 있다. 김익형의 행보 역시 노인동맹단 해체 이후 대종교에 몸을 담고 인생을 바쳤다.

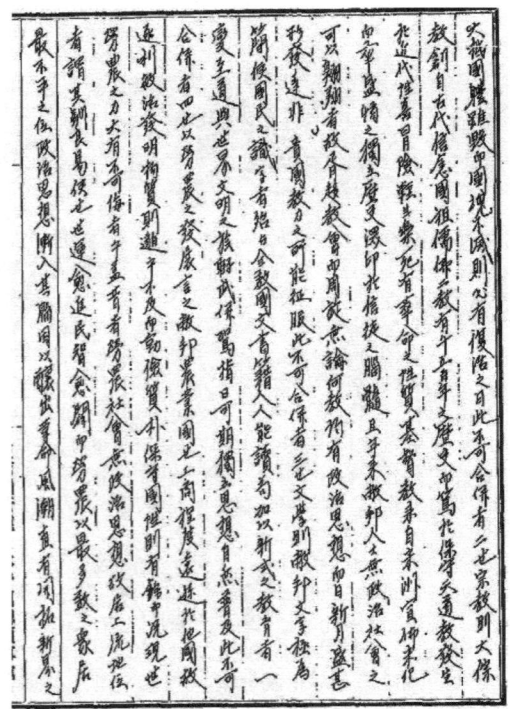

대종교에 대한 국교적 인식이 담긴 노인동맹단의 선언 내용

그의 한의학적 권위 또한 상당했던 듯하다. 해방 전후 연변지역 조의학(朝醫學, 조선의학) 분야를 개척한 정기인(鄭基仁, 1911-1991)의 회고에서 확인할 수 있다. 정기인은 함경

북도 회령 출신으로 7세 때 중국 연변으로 넘어간 인물이다. 8세부터 아버지에게 의학을 전수받았고 이 지역 김익형으로부터 임상(臨床)을 지도받았다. 1930년대 김익형이 자리 잡았던 곳이 바로 연길현 동불사(銅佛寺) 지역이었다. 그래서인지 정기인 역시 해방 후에는 연길현 동불사 위생원(金佛寺衛生院)에서 의술을 행하며 의학을 전공하는 문도들을 양성하였다.

김익형의 대종교 교력을 보면 노인동맹단 해체 직후 대종교에 입교하여 1922년 1월 24일(음력) 참교의 교질을 받았다. 그리고 연해주 신한동촌(新韓東村)에 해일시교당(海一施教堂)을 개설하여 그 책임을 맡는다. 몇 개월 후에는 대종교 동이도제이지사(東二道第二支司)의 종사감정(宗司監正)을 겸임하면서 대종교 연해주 지역의 핵심인물이 되었다. 그 당시 연해주 지역의 대종교 중심인물로는 김익형을 포함하여 이화(李華)·정광(丁光)·이범윤(李範允)·홍범도·김백연(金百鍊)·허철(許徹) 등이 활동하고 있었다. 이후 연길 지역으로 넘어온 김익형은 동불사 지역에 근거를 틀고 대종교 포교와 항일투쟁을 이어갔다. 그리고 1936년 10월 27일(음력)에는 교질이 지교(知教)로 오르면서, 동불사에 대종교 동일시교당(同一施教堂)을 설치하여 그 책임을 맡았다.

[참고 문헌]

『대종교중광육십년사』(대종교총본사, 1971), 『대종교독립운동사』(박명진, 필사본, 1964), 「鮮人의 행동에 관한 건」(不逞團關係雜件-朝鮮人의 部-在西比利亞8, 機密 제79호, 한국사DB, 국사편찬위원회), 『대한민국임시정부자료집』32(국사편찬위원회, 2009), 『中國朝醫學』(崔海英 主編, 延邊大學出版社, 2015)

김인식(金寅植, 남, 1879-1926)

아호(별명) _ 김찬(金瓚)
입교 시기 _ 1909년 | 교질 _ 참교 | 서훈 _ 애국장(1990)

전라북도 임실군 삼덕면(三德面) 후천리(後川里) 출신이다. 김찬(金瓚)이라는 외자 이름도 사용한 것으로 보아, 많은 인물들이 대종교 중광 초기 외자 이름으로 개명한 것과 무관치 않을 듯하다. 김인식은 1901년 전보학교(電報學校)를 졸업하였다. 당시 전보학교는 체신관을 양성하던 곳으로 3개월을 수학하면 전보주사(電報主事)의 자격을 주었다. 후일 김인식을 언급함에 전주사(前主事)라는 명칭이 붙은 이유다.

김인식은 나라가 풍전등화의 위기에 처하자 나철·오기호(吳基鎬)·이기(李沂)·정훈모(鄭薰模) 등과 미국으로 건너가 한국의 입장과 일본의 야심을 호소하기 위한 민간외교를 도모하고자 하였다. 그러나 일본공사 하야시 곤쓰께(林權助)의 방해로 좌절되자 새로운 방법을 모색하게 된다. 그 첫 시도로 1907년 1월 자신회(自新會)를 규합하였다. 주로 호남 인물들을 중심으로 만들어진 자신회는 김인식과 함께 나인영(羅寅永, 후일 羅喆로 개명)·오기호·이기·윤주찬(尹柱瓚)·김영채(金永采)·이광수(李光秀) 등이 중심이 되었

다. 이들 중 김인식은 오기호의 친구였으며, 김영채와 이광수는 김인식의 친구였다.

자신회의 주된 목적은 을사늑약 체결에 협조했던 박제순(朴齊純)·이지용(李址鎔)·이근택(李根澤)·이완용(李完用)·권중현(權重顯) 등 오적(五賊)을 처단하는 것이었다. 이들은 김동필(金東弼)·박대하(朴大夏)·이홍래(李鴻來) 등과 모의하여 결사대를 모집하고 1907년 2월 13일 이들을 처단하기로 하였다. 당시 김인식은 김영채·이광수·이용태(李容泰) 등과 경비를 염출하고 총기 구매에도 적극 나섰다. 그러나 거사에 실패로 모두 검거되었다.

이 사건으로 이종학(李鍾學)·최상오(崔相五)·박응칠(朴應七)은 교수형에 처해졌으며, 나인영·김동필·강상원(康相元)·지팔문(池八文)·박종섭(朴鍾燮)·김경선(金京善)·황문숙(黃文叔)·황성주(黃聖周)·이경진(李京辰)·조화춘(趙化春)·이용태·민형식(閔衡植)·최익진(崔翼軫)·이석종(李奭鍾)·서팽보(徐彭甫)·이광수·윤충하(尹忠夏)·이승대(李承大)·김영채·최동식(崔東植) 등은 각각 10년의 유배형을 받았다. 또한 이기와 정인국(鄭寅國)은 각각 7년의 유배형에 처해졌고, 김인식은 오기호·윤주찬·서정희(徐廷禧)·김덕준(全德俊) 함께 5년의 유배형을 받았다.

이후 김인식은 1909년 1월 15일(음력) 대종교 중광(重光, 다시 일으킴)에 참여하면서 그의 항일구국운동을 지속시켰다. 당시 대종교 중광 참여한 인사들이 나철을 비롯하여 강우(姜虞)·최전(崔顓)·유근(柳瑾)·정훈모·김인식·김춘식(金春植)·김윤식(金允植) 등 수십 명이었다는 기록으로 보아, 나철과 함께 대일민간외교를 추진했던 인사들과 을사오적 암살을 시도했던 인사들이 주축이었을 듯하다.

김인식 항일투쟁의 대표적 족적은 1921년 5월에 발발한 상해임시정부의 독립공채 모집사건에서도 찾을 수 있다. 이 사건의 중심에는 윤철(尹喆)이라는 인물과 그의 매부(妹夫)인 최창식(崔昌植)이 있었다. 최창식은 대종교인으로 안창호의 비서를 지낸 인물이기도 하다. 윤철은 3·1독립운동이 발발하고 상해에 대한민국임시정부가 수립되자 최창식을 상해로 파견하고 자기는 국내에서 대한민국임시정부를 원조하기로 약조하였다. 이후 그것을 실천하는 과정에서 이 사건이 발발한 것이다. 당시 경성 권농동에 거주하고 있었던 김윤식은 이 사건으로 체포되어 많은 고초를 겪기도 했다.

김인식의 대종교 교력은 1911년 중광절(음력 1월 15일)에 참교의 교질을 받은 기록이 있다. 그러나 그의 대종교 입교는 이미 1909년 중광 당시부터 시작되었다. 그는 대종교 중광의 인물로, 그 이후 삶도 이 정신으로 일관하였다.

[참고 문헌]
『倧令』제3호(1911년), 『대종교중광육십년사』(대종교총본사, 1971), 『고종실록』1907년 7월 6일자, 「獨立運動資金募集及赤化運動企劃者檢擧 /件」(不逞團關係雜件 朝鮮人 /部 在内地 十二, 高警第18229號)秘受6781號, 한국사DB, 국사편찬위원회)『(국역)매천야록』하(황현/허경진 옮김, 서해문집, 2006), 『대한계년사』8(정교/조광 외 번역, 소명출판사, 2004), 『대한제국관원이력서』(국사편찬위원회, 탐구당, 1972)

김인준(金仁濬, 남, 생몰 미상)
입교 시기_ 1939년 이전 | **교질_** 참교 | **서훈_** 애족장(1990)

평안남도 강동군 삼등면(三登面) 출신이다. 1919년 고향지역 3·1독립만세시위에 참가하면서 항일투쟁의 길로 뛰어 든 인물이다. 이후 만주 관전현(寬甸縣) 향신구(香燼溝)를 몰래 찾아 그곳의 대한청년단 임원들과 만나 조선 내에 비밀결사를 조직하기로 밀약한 후, 다시 국내로 들어와 대한청년활동단이라는 비밀조직을 결성하고 군자금 모금 활동을 벌였다. 그러나 고향 지역의 이두남(李斗南)과 황해도 수안군(遂安郡) 공포면(公浦面)의 김영두(金永斗) 등으로부터 독립자금을 모금한 혐의로 일경에게 쫓기게 되었다. 강원도 홍천(洪川) 산판(山板) 등지로 피신해 있던 김인준은 사기·공갈 및 제령(制令) 제7호 위반 혐의로 체포되어 징역 1년형을 받고 평양형무소에서 1년의 옥고를 치르고 출옥하였다. 이후 해방 시기까지 일제의 감시를 피해 함남과 만주 지역을 전전하며 활동을 지속하였다.

김인준의 대종교 입교 시기나 영계(靈戒) 사항에 대한 기록은 전하지 않는다. 그러나 그는 1939년 3월 1일(음력) 대종교 유성시교당(裕成施敎堂)의 책임자[典務]를 맡을 당시에 이미 참교(參敎)의 교질을 갖고 있었다. 이것은 그의 대종교 입교 시기가 3·1독립만세시위 이후 관전현을 찾았던 즈음이나, 아니면 출옥 이후 만주로 옮겨간 직후로 추정할 수 있다. 관전현을 찾았던 시기를 점쳐보는 것은, 당시 윤세복 등이 주도한 대종교계 항일단체 흥업단이 무송현과 관전현을 중심으로 왕성히 활동하고 있었기 때문이다. 참고로 김인준이 유성시교당을 이끌 당시, 최해준·주상무(朱相武)·최명춘(崔鳴春) 등이 찬무(贊務, 부책임자)로 참여하여 그를 도왔다.

[참고 문헌]
『대종교중광육십년사』(대종교총본사, 1971), 『매일신보』1921.5.7., 「身分帳指紋照會回報書」(警察廳)

김인표(金仁杓, 남, 생몰 미상)
입교 시기_ 1922년 이전 | **교질_** 미상

경상남도 하동군 하동읍 출신의 음악가로, 생몰연대는 불분명하다. 하동공립보통학교를 졸업했으나, 그의 해외 유학 관계 역시 확인되지 않는다. 이러한 인연으로 1925년 8월에 열린 하동보교동창총회(河東普校同窓會)에서는 강우석(姜佑錫)·이보순(李輔淳)·김계영(金桂英)·김대근(金大根)·윤영철(尹永轍)·이태영(李泰榮)·김주탁(金周鐸)·김용구(金容球)·박양언(朴陽彦) 등과 동창회 실행위원으로 선임되어 활동하기도 했다.

김인표는 고향의 가난한 사람들을 위한 신구음악연주회(新舊音樂演奏會)에 기꺼이 참여하여 힘을 보탰다. 그는 일

제강점기 피아노의 김원복(金元福)·이복선(李福善), 바이올린의 홍난파·안병소(安炳玿) 등과 어깨를 나란히 했던 조선음악계의 거물이었으며, 바이올린뿐만 아니라 만도린 연주로는 당대 독보적인 명성을 얻었다. 또한 김인표는 유종철(柳鍾哲)·이덕상(李德常)·김흥규(金興奎) 등과 종합악대(綜合樂隊)도 조직하여 오케스트라를 시도하기도 했다. 주로 '바그다드의 도적' 등과 같은 서양 곡목을 연주하여 당시 청중들을 열광시키는 등, 대중 친화적인 음악가로 평가 받기도 했다.

김인표의 대종교 영계 사항이나 교질 관계에 대한 기록은 전하는 것이 없다. 다만 1922년 성세영의 일기 속에, 그 시기 경상도 지역 대종교 주요 교인으로 김인표가 등장한다.

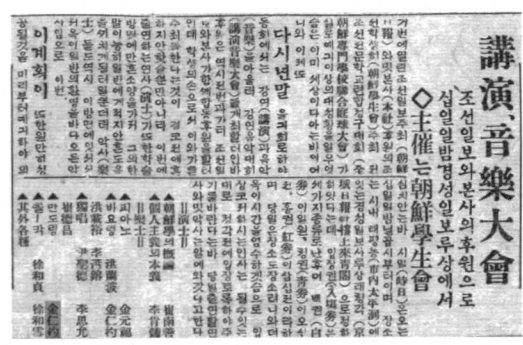

1925년 8월 14일 『시대일보』에 실린 '강연 및 음악대회'에 관한 기사. 바이올린과 만도린 연주자로 金仁杓가 올라있다.

[참고 문헌]
『본사행일기(성세영, 필사본, 1922). 『시대일보』1924.6.22·1925.8.14.. 『조선일보』1925.8.16.·1928.4.7.. 『중외일보』1928.4.7.

김일(金一, 남, 생몰 미상)

아호(별명) _ 김춘익(金春翊)
입교 시기 _ 1939년 이전 _ 교질 _ 참교

1919년 만주 유하현(柳河縣)에서 조직된 대한독립단(大韓獨立團)의 김일(金鎰)과는 다른 인물로, 그의 출신지역과 생몰연대가 불분명하다. 사회주의계열 인물들의 기록을 꺼렸던 대종교단의 분위기로, 주로 그 계통에서 활동한 김일의 기록 역시 교단 내에는 거의 없다.

김일은 1919년 2월 20일 니콜스크한족중앙총회(韓族中央總會)에서 거행한 고종추도회(高宗追悼)에서 연설하였으며, 같은 해 8월에는 그 지역을 거점으로 이동휘·이강(李剛)과 함께 항일투쟁을 전개했다. 1920년 3월에는 대종교계 항일단체인 대한군정부(대한군정서, 북로군정서)에서 군사교육국장을 맡았으며, 1922년 9월경에는 노령 추풍 송전관(松田關)에서 노령과 중국의 국경지역 항일단체들이 통일위원회를 조직할 때 그 주요 구성원으로도 참여하였다. 김

일은 당시 경사원(警査員)으로 임명된 강익태(姜益泰)·황운봉(黃雲峰)·차룡식(車龍植)·정갑(鄭甲) 등을 거느리고 경사장(警査長)을 맡았다.

1923년 8월 15일에는 화전현(樺甸縣)에 거주하면서, 그곳에서 개최된 만몽신당(滿蒙新黨) 창당대회에도 참여하였다. 만몽신당은 만몽지역 항일단체 통일을 위한 조직으로, 그 실체에 대한 구체적 기록은 확인되지 않는다. 다만 그 구성원 대부분이 대한군정서(북로군정서)에 관여했던 인물이고 보면, 군정서 재건을 위한 모임이었을 것으로 추정된다. 만몽신당은 총재 이범윤을 비롯하여 김성극(金星極, 부총리)·채상덕(蔡相德, 비서)·윤정현(尹挺鉉, 비서)·김동삼(서무부장)·류시언(柳時彦, 선전부장)·강구우(姜九禹, 교통부장)·최진동(사교부장)·김헌(金獻, 교육부장)·김좌진(노동부장)·양백당(梁白堂, 심사부장)·이장녕(군사부장)·안훈(安勳, 의사부장) 등이 그 간부를 맡았으며, 김일은 재무부장으로 선임되어 활동하였다.

김일은 1924년 초, 당시 대종교의 중심 지역인 영안현 해림(海林)을 중심으로 학교 활동에 참여하면서 대종교계열의 신민부(新民府) 군사부(軍事部)의 별동대장도 맡아 움직였다. 김일은 본인의 명의로 "본 별동대는 중앙군정위원회의 명령을 받아 일제의 앞잡이와 혁명분자들을 청소하여 양민을 보호하는 것을 임무로 함에 군무부 경리부(經理部)에 각 1분대를 배속하여 군사정치재정에 대한 안전한 책임지는 것이 본대의 임무다."라는 경론문(警論文)을 발행하여 배포하는 등, 적극적인 항일투쟁에 앞장섰다. 또한 김일은 이 무렵 적기단(赤旗團)에도 가입하여 활동했다. 적기단은 1923년 영안을 근거로 조직된 항일비밀결사로, 일본 관공서를 습격하여 파괴하고 관리들을 처단하는 것 등을 목적으로 삼았다. 단체의 성격은 사회주의적 성향이 강했으나, 조국의 독립을 위해서라면 정치적 성향은 가리지 않겠다는 비타협적 민족주의를 기본으로 삼았다. 그러나 1925년 12월 초, 김일은 신민부와 적기단의 갈등으로 적기단 단장이었던 최계립(崔溪立)과 함께 신변의 위협을 느끼고 노령으로 피신하여 은둔하게 된다.

이후 1930년대에는 동북항일연군에 참여하여 제2군 제2단 제1연장(連長)을 맡아 활동하였다. 그러나 상황이 불리해지자 부하 30여명과 길림성 동녕현(東寧縣)으로 밀려 들어와 노흑산(老黑山) 부근에 은거하여 활동했다. 1936년 10월 무렵에는 같은 항일연군 김철산(金哲山)의 부하 10여명을 연합하여 그 지역 춘화보(春化保)와 덕혜보(德惠保)를 중심으로 항일투쟁을 쉬지 않았다.

김일에 대한 대종교단 내의 기록은 전무하다 해도 과언이 아니다. 사회주의계열에 대한 피기(避記) 현상이 그 원인이라 할 수 있다. 다만 『대종교중광육십년사』에 1939년 3월 1일(음력) 대종교 태일시교당(泰一施敎堂)의 부책임자[贊務]을 맡은 기록이 김일에 대한 유일한 언급이다. 그에 대한 영계 사항이나 교질 관계 역시 확인할 수 없다. 그러나 김일이 태일시교당의 찬무로 임명될 당시의 교질이 참교(參敎)였다는 점이 주목된다. 그의 대종교 입교시기가 신민부 등에서 활동했던 1920년대로 올라갈 수 있음을 암시해 주고 있다. 태일시교당은 북간도의 오지이자 노령과 맞닿은 밀

산현 향양촌(向陽村)에 소재한 교당으로, 1934년 신민부의 간부였던 김정현(金鼎鉉)이 개설한 시교당이었다.

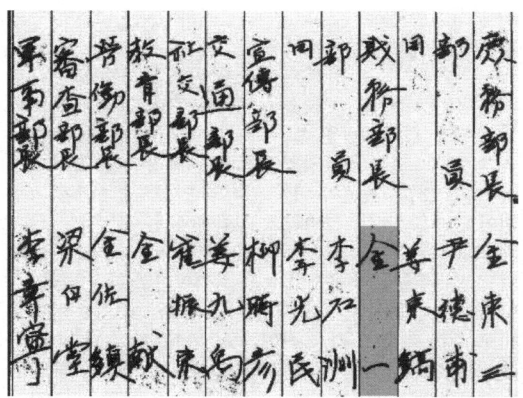

일제의 문서에 기록된 滿蒙新黨의 간부 명단. 財務部長 金一이라는 기록에 이름이 보인다.

[참고 문헌]
『대종교중광육십년사』(대종교총본사, 1971). 「露國雜件 : 講和談判地에 니콜스크代表者 出發에 관한 건, 國民議會 組織에 관한 건, 니콜스크 李太王 追悼會의 狀況」(大正8年乃至同10年 朝鮮騷擾事件關係書類 共7冊 其7, 朝參密 第316號/課報 第21號, 한국사DB, 국사편찬위원회), 「樺甸縣에 있어서 南北滿州 不逞鮮人團 統一大會 經過報告의 件」(不逞團關係雜件-朝鮮人의 部-在滿洲 의 部37, 機密 第11號, 한국사DB, 국사편찬위원회), 「出版警察槪況−不許可 差押 및 削除 出版物 記事要旨−(新民府 軍務部 別動隊長 金−)警論文(朝鮮出版警察月報 第4號, 한국사DB, 국사편찬위원회), 「新民府와 赤旗團의 衝突에 關한 報告」(不逞團關係雜件-朝鮮人의 部-在滿洲의 部42, 外務省文書課受 第70號, 한국사DB, 국사편찬위원회), 「在滿 朝鮮人 槪況 年次報告書 提出의 件」(滿蒙 各地에서의 鮮人의 農業關係 雜件8, 機密 제314호, 한국사DB, 국사편찬위원회), 『동아일보』 1934.7.9.. 『한국독립운동사자료』 41(국사편찬위원회, 2005). 『한국독립운동사자료』 42(국사편찬위원회, 2006)

김일구(金一球, 남, 생몰 미상)
입교 시기 _ 1912년 | 교질 _ 참교

출신지역과 생몰연대가 불분명한 인물이다. 1921년 초에는 상해의 대한민국임시정부 외무부 서기(書記)로 활동하였고 이후 만주로 넘어가 무장항일투쟁에 앞장섰다. 1923년 8월 경에는 고려공산당 암살단장이라는 이름으로 부하 5,6명과 함께 혼춘으로 잠입하여 일본 관헌을 암살하려는 계획을 실행하기도 한다.

이후 김일구는 일본으로 건너가 노동조합 활동에도 참여하였다. 1927년 3월 15일에 열린 재일본동경동부조선노동조합(在日本東京東部朝鮮勞動組合)의 정기총회 임원개선에서는 정시영(鄭侍永)과 함께 재정감사를 선임되기도 했다. 또한 당시 총회에서 수립한 새로운 정책은 '一. 전민족적 단일당(單一黨)을 결성하자, 一. 민족적 압박에 철저 항쟁하자, 一. 이론투쟁에서 정치적 폭로를 거듭하자, 一. 모든 정치적 행동에 적극적으로 동원하자, 一. 파벌주의 잔재를 근제(根除)하자'라는 내용이었다. 한편 1930년대에 들어서 국내 잡지에 김일구라는 이름으로 '세태비평'의 기사가 실려 있기는 하지만 동일인인지는 확인되지 않는다. 김일구의 대종교 교력은 비교적 이른 시기인 1912년 7월 20일(음력)에 참교의 교질을 받은 것으로 나타나지만, 그 이후의 대종교 행적은 남아있지 않다.

[참고 문헌]
『종문영질』(프린트본, 1922). 「東支沿線 및 間島接壤地方에 있어서 不逞鮮人 및 馬賊團의 近況에 관한 건」(不逞團關係雜件-朝鮮人의 部-在滿洲의 部34, 機密受제호-機密제호, 한국사DB, 국사편찬위원회). 『동아일보』 1927.3.27.. 『별건곤』 제42호. 『대한민국임시정부자료집』 45(국사편찬위원회, 2011)

김일두(金一斗, 남, 1891-1955)
아호(별명) _ 동수(東秀), 추산(秋山), 김진동(金鎭東)
입교 시기 _ 1910년대 | 교질 _ 참교 | 서훈 _ 독립장(1980)

김일두

전라북도 순창군(淳昌郡) 동계면(東溪面) 동심리(同心里) 추동(秋洞) 마을 출신이다. 일찍이 한학을 익혀 경서(經書)에 능숙하였으며 기골이 강인하고 호연지기가 남달랐다.

1907년 한일신협약이 무력으로 체결되자 민긍호(閔肯鎬)의 의병진에 참여하여 소대장으로 큰 전과를 올렸다. 충주 결전에서 민긍호 대장이 전사한 후에도 동지들과 의병부대를 이끌며 항일투쟁을 진두지휘했다. 경술국치를 당하자 반항회(反抗會)를 조직하여 투쟁을 지속하는가 하면, 폭탄을 구입하여 경찰서 등의 폭파를 도모하다가 실패하고 중국으로 망명하였다. 만주로 건너간 김일두는 대한유생독립단(大韓儒生獨立團)을 조직하여 단장으로 활약하였다.

그 시기 국내 경성으로 잠입하여 조종국(趙鍾國)·곽한일(郭韓一) 등과 독립의군(獨立義軍)을 결성하고 지하운동을 전개하였으나, 일본 경찰에 발각돼 다시 중국 북경으로 망명하였다. 그곳에서 의학(醫學)을 공부하던 중 대종교 동지인 이시영(李始榮)·신채호(申采浩)·조성환(曺成煥) 등과 연결되어 항일투쟁을 위한 군자금 조달과 조직책을 맡았다. 이후에는 노령 신한촌의 대종교지도자로 있었던 고평(高平)의 휘하에 들어가 여러 차례에 걸친 일제와의 전투에서 많은 공을 세웠다.

이후 김일두는 서간도로 돌아와 약국을 경영하며 암암리에 군자금 모집 활동을 펼쳤다. 또한 1919년 3·1독립만세운동 직후 대한민국임시정부가 설립되자, 임시정부와 연계하여 군자금 모금을 지속해 갔다. 1920년 임시정부의 통신원의 자격으로 김환(金煥)과 함께 국내에 밀파되어 군자금을 모금 활동을 전개하였다. 당시 김진동(金鎭東)이란 가명으로 비밀리에 움직였으나, 1921년 일제의 추적에 의해 체포되었다. 김일두는 그 해 5월 경성복심법원에서 징역 3년을 선고받고 복역 후 풀려났다. 그러나 1926년에도 전라북도 김제(金堤)에서 군자금 모금 활동을 전개하다 다시 체포되어, 전주지방법원에서 실형을 선고 받고 3년간의 옥고를 거듭 치른다. 출옥 후 김일두는 은거하듯 지리산으로 들어갔다. 당시 일제의 탄압이 극에 달했기 때문이다.

해방 이후에는 3·1동지회를 조직하며 백범 김구와 함께 건국에 힘쓰는 한편, 남북통일정부수립을 위한 노력을 아끼지 않았다. 그러나 김구가 불의의 총탄으로 쓰러지자 고향에 내려갔다. 김일두는 감옥 생활의 후유증과 더불어 한국전쟁으로 인한 골육상잔의 역사를 개탄하며 숨을 거둔다.

김일두의 대종교 입교나 영계(靈戒)와 관련된 기록은, 대종교단 내에는 일체 남아있는 것이 없다. 그러나 그 스스로가 밝힌 바와 같이, 처음 만주로 건너간 시절 대종교에 입교한 인물이다. 더욱이 그 시절에 이미 참교(參教)의 교질(教秩)과 함께 대종교 시교원(施教員)으로 활동하고 있었다. 김일두의 대종교 입교가 1910년대 초반에 이루어졌음을 알수 있으나, 이후의 교력에 대해서는 확인이 안 된다.

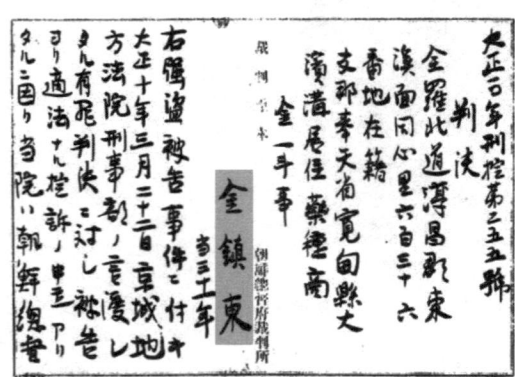

1921년 5월 6일 내려진 金鎭東(김일두의 가명)에 대한 京城覆審法院의 판결문 첫 쪽.

[참고문헌]
「金鎭東判決文」(京城覆審法院, 1921.5.6.), 「義士秋山金一斗先生紀蹟碑文」(趙炳喜 撰/林仁煥 書, 단기 4312년 9월, 全州德津公園所在), 『동아일보』 1926.7.10·15., 『신한민보』1926.8.12., 『한국독립사』하(김승학, 독립문화사, 1965), 『朝鮮獨立運動』Ⅱ(金正明, 原書房, 1967), 『독립운동사자료집』9(독립운동사편찬위원회, 1975), 『독립운동가공훈록』4(국가보훈처, 1987)

김일원(金一元, 남, 1880-?)
입교 시기 _ 1923년 이전(추정) | 교질 _ 미상

출신지역과 생몰연대가 불분명하나, 일제의 문서에는 1919년 당시 40세로 기록되어 있다. 1924년 무렵 정의단(正義團)과 의성단(義誠團) 단원으로 활동한 김일원과는 동명이인이다. 또한 김일원이 부모 생존 당시 이미 러시아에 귀화한 인물로 일제의 기록에 적혀 있음을 보면, 그의 집안이 일찍이 노령으로 망명했음을 시사해 준다.

1919년 2월 하얼빈 지역 한명성(韓明星)·김규섭(金奎涉)·김인학(金仁學)·박남규(朴南奎)·한창섭(韓昌涉) 등과 강화회의와 연관한 항일투쟁을 벌인 기록이 전한다. 또한 같은 시기 니콜리스크 한족중앙위원회 회장 문창범 등 노령지역에 있는 항일투사가 미국 윌슨의 민족자결주의에 고무되어 움직일 당시, 사범학교 설립을 위한 사업에도 많은 액수를 기부했다. 1919년 5월에는 배정자(裵貞子)를 방문하여 조선독립운동의 문제로 논쟁을 벌이기도 한 인물이다. 이후 하얼빈으로 넘어가 하얼빈 도리(道裡)에 거주하며 대종교 재건 계획에 적극 관여하였다. 1923년 4월, 하얼빈을 거점으로 만몽산업회(滿蒙産業會)라는 이름을 내걸고 대종교 활동을 모색하려는 움직임에 가담한 것이다. 만몽산업회는 청산리독립전쟁 이후 각 곳으로 흩어진 대종교 세력의 재건을 위해 도모된 비밀조직이었다. 당시 김일원은 노령 지역 자산가로 알려진 홍인국(洪仁國)과 함께 참여했는데, 만몽산업회에 참여한 주요인물들을 보면 김교헌(당시 대종교 교주)을 위시하여 우덕순·원풍·김규식·최계화·유정근·김좌진·조성환·현천묵 등 37명으로 모두 대종교의 핵심들이었다. 또한 김일원은 1926년 하얼빈 부두구(埠頭區)에서 부두구특산물상(埠頭特産物商)을 경영하면서, 암암리에 대종교계 항일단체인 신민부에 독립자금을 지원하기도 했다.

대종교 재건을 위한 비밀단체인 만몽산업회 명단이 적힌 일제의 문서.
하얼빈 지역 자산가인 홍인국과 함께 김일원의 이름이 보인다.

김일원의 대종교 교력에 대한 대종교단 내의 기록은 전하는 것이 없다. 그의 입교와 영계, 그리고 교질 관계 역시 알 수가 없다. 그러나 그가 대종교 재건을 위해 대종교지도자들을 중심으로 조직된 비밀단체 만몽산업회에 가담한 것을 보면, 그 이전에 이미 대종교에 깊이 관여했을 뿐만 아니라, 그의 대종교적 위치 역시 상당했을 것으로 추정된다.

[참고 문헌]
「大倧教 設立計劃」(不逞團關係雜件-朝鮮人의 部-在滿洲의 部36, 機密受제262호-關機高收제5452호-1, 한국사DB, 국사편찬위원회), 「한국독립문제에 관한 건」(不逞團關係雜件-朝鮮人의 部-在西比利亞7, 公 제42호, 한국사DB, 국사편찬위원회), 『한국독립운동사자료』40(국사편찬위원회, 2010)

김일주(金日朱, 남, 생몰 미상)
입교 시기_ 1924년 이전(추정) | 교질_ 미상

출신지역과 생몰연대를 알 수 없는 인물이다. 대종교가 북만주의 영고탑(寧古塔) 지역을 거점으로 번성할 무렵, 그 지역 대종교계 학교인 여명의숙(黎明義塾)의 주책임자로 활동하였다. 여명학교는 대종교의 핵심인물인 최계화(崔桂華)가 교장을 맡은 학교로, 1924년 2월 당시 학생수는 42명이며 주요 교수 과목은 한국어·한국사·산술(算術)·중국어 등이었다.

영고탑 지역 여명의숙에 대한 일제의 기록. 대종교 계열의 학교로 최계화 교장과 주관인 김일주의 이름이 아래 보인다.

김일주와 함께 여명의숙을 이끈 최계화는 그 지역 대종교 중심인물로 대종교 2대 교주 김교헌(金教獻)이나 3대 교주 윤세복(尹世復)이 영안을 중심으로 자리 잡는데 중요한 역할을 한 인물이다. 여명의숙은 "우리들 한국 민족은 일본의 압박 정치를 배격하고 마땅히 윌슨이 제창한 민족자결을 결행하지 않으면 안 된다. 우리들은 동지를 규합하고 먼저 지반으로 할 토지를 얻어 생활의 안정을 얻지 않으면 안 된다. 이 일이 성공한 후에야 비로소 문화적 독립 수단을 강구할 수 있다. 합리적 문화독립은 자연의 이치이며 각국 식자도 우리들에게 성원을 줄 것이나, 무력적 독립은 불합리이며 시세에 맞지 않다. 그러면 우리는 여하히 하여 그 목적을 달성할 것인가. 이른바 식산흥업 지식계발에 있다."는 취지에 의하여 출범한 학교였다. 또한 여명학교는 영안 지역 독립군들의 회의 장소로도 활용되면서, 암암리에 항일투쟁의 전진기지로도 활용되었다.
김일주의 대종교 입교 시기나 교질 상황을 알 수 있는 기록은 전하지 않는다. 다만 만주지역 대종교 활동에서 대종교 교당과 학교가 분리되지 않았으며 대종교의 시교사(施教師)가 곧 학교의 교사 역할을 주로 했음을 보면, 김일주 역시 대종교에 깊은 관련이 있었을 것으로 추정하고 있다.

[참고 문헌]
「朝鮮軍參謀部發 朝特報에 관한 綴(2)-東部東支線方面에서 보는 露支鮮의 情況」(일본외무성 편, 『일본의 한국침략사료총서』, 한국출판문화원, 1988), 『朝鮮獨立運動』II(金正明編, 原書房, 1967)

김재면(金在勉, 남, 생몰 미상)
입교 시기_ 1910년 | 교질_ 참교

출신지역과 생몰연대가 불분명하다. 다만 그의 대종교 동지이자 공주보통학교 학무위원(學務委員)을 함께 지낸 임헌일(林憲一)이 기호흥학회의 공주지회회원이었던 것을 감안하면, 김재면 역시 충남 공주 출신이 아닐까 추정해 본다. 김재면은 1911년 공주보통학교의 학무위원으로 재직했으며 당시 그 학교에 임헌일도 함께 근무했다.
김재면의 대종교 교력을 보면 1910년 12월 17일(음력)에 이미 시교사와 더불어 순교원에 임명되었다. 그리고 1911년 중광절(重光節, 음력 1월 15일)에 백순(白純)·윤주찬(尹柱瓚)·박승익(朴勝益)·황병욱(黃炳郁)·김인식(金寅植)·조완구(趙琬九)·류근(柳瑾)·이광수(李光秀)·장지연(張志淵)·현천묵(玄天默) 등 수십 인과 정식으로 참교(參教)의 교질(教秩)을 받은 기록이 있다. 또한 같은 해 2월 6일(음력)에는 공주군(公州郡) 부내(府內)에 설치한 공주시교당(公州施教堂)의 전무(典務, 책임자)로 임명되어 지역 포교에도 앞장섰다.

[참고 문헌]
『종보』제8호, 『倧令』제3호(1911년), 『종문영질』(프린트본, 1922), 『대종교중광육십년사』(대종교총본사, 1971), 『조선총독부관보』제0150호

김재선(金在善, 남, 생몰 미상)
입교 시기 _ 1923년 이전 | 교질 _ 참교

출신지역과 생몰연대를 알 수 없는 인물이다. 장건상(張建相)·이소산(李小山)·김대지(金大地) 등과 1919년 11월 만주에서 조직된 의열단의 김원봉을 적극 후원한 인물로 알려져 있으나, 그 외의 활동 내역은 발견되지 않는다.

김재선의 대종교 교력 역시 구체적인 기록은 전하지 않고 있다. 다만 그가 1923년 4월 23일(음력) 대종교총본사의 특별 추천으로 참교의 교질을 받은 것으로 보아, 대종교 활동과 항일투쟁 방면에서 상당한 비중을 가진 인물임을 추정하게 해 준다. 같은 날 그와 함께 참교의 교질을 받은 인물들이 이용선(李鏞先)·이동희(李東熙)이고 보면 더욱 그렇다. 이용선은 대한군정서(북로군정서)와 대한독립군단의 군의(軍醫)를 지낸 인물이며, 이동희 역시 국민회의 핵심 간부로 대한독립군단에도 합류한 인물이었다.

김재선은 1926년 2월 12일(음력)에는 대종교 동일도본사 소속 연길도구를 관할하는 시교원(施教員)으로 서임되어 활동하기도 했다. 당시 김재선은 연길현 6도구 용정촌 대종교당에 거점을 두고 대종교 시교와 함께 항일투쟁을 지속하였다.

[참고 문헌]
『대종교보』제58호(1923년), 「大倧敎施敎堂一覽表(1926年)」(延边朝鲜族自治州档案馆 全宗号42 目录号1 案卷号343, 和龙县历史档案 和龙县警察所, 令各区查禁韓人设立大倧教堂由, 民國十五年五月十二日), 「大韓軍政署의 日誌에 관한 건」(不逞團關係雜件-朝鮮人의 部-在滿洲의 部26, 秘受1502호·高警제1007호, 한국사DB, 국사편찬위원회), 『독립운동사자료집』9(독립운동사편찬위원회 편, 1975)

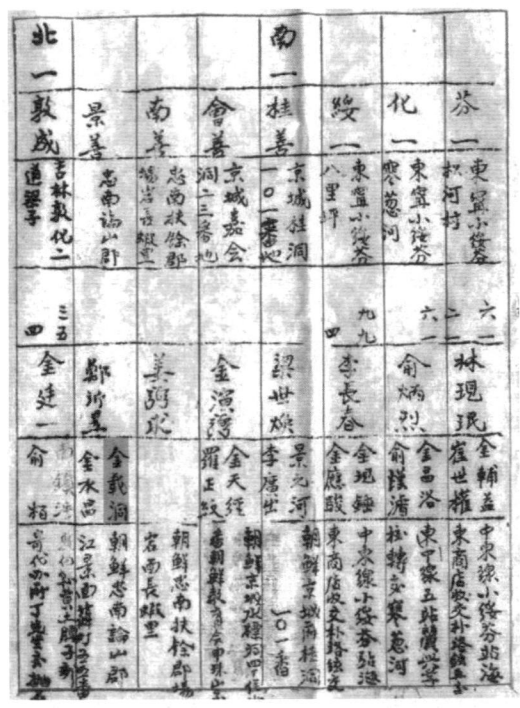

1926년에 작성된 대종교 문건(중국 화룡현당안관 소장). 대종교 南一道 本司 관할 景善施教堂 아래에 金載洞이 적혀 있다.

[참고 문헌]
『대종교보』제56호(1922년)·제57호(1923년), 『대종교중광육십년사』(대종교총본사, 1971), 「大倧敎施敎堂一覽表(1926年)」(延边朝鲜族自治州档案馆 全宗号42 目录号1 案卷号343, 和龙县历史档案 和龙县警察所, 令各区查禁韓人设立大倧教堂由, 民國十五年五月十二日)

김재형(金載洞, 남, 생몰 미상)
아호(별명) _ 김재형(金載炯)
입교 시기 _ 1922년 이전 | 교질 _ 미상

출신지역과 생몰연대에 대한 기록이 없다. 다만 김재형이 대종교 남도본사가 관할하는 충남 논산을 중심으로 활동한 것으로 보아 이 지역 출신일 가능성이 높다. 김재형은 일제에 의해 국내 대종교가 거의 사라진 시기인 1922년 12월 13일(음력) 김영창(金永昌)과 함께 충청남도 논산에 있는 경일시교당(景一施教堂)의 찬무(贊務, 부책임자)로 임명되었다. 그리고 다음해 3월 1일(음력) 총본사의 특별 추천으로 김영창과 나란히 영계를 받았다. 또한 경일시교당이 경선시교당(景善施教堂)으로 바뀐 1926년 당시도 김영창과 더불어 부책임자를 맡아 봉직하였다. 경선시교당의 의 위치는 논산군 강경면 염정(鹽町)에 있었으며, 책임자[典務]는 정기욱(鄭沂昱)이 맡고 있었다.

김재화(金在華, 남, 1897-1952)
입교 시기 _ 1917년 | 교질 _ 지교 | 서훈 _ 애족장(1990)

경상북도 청도군 운문면 신원리(新院里) 출신이다. 그 지역 출신의 대종교인인 김종태(金鐘台) 등이 상경하여 3·1독립운동을 겪은 것이 계기가 되면서 시위운동에 참여하게 된 인물이다. 그는 김종태 등이 지역 청년들에게 독립만세운동을 제의하자 적극 가담하여, 1919년 3월 15일 수명의 동지들과 만세운동의 거사를 위하여 격문 20여 매를 작성하고 이날 어두운 밤을 틈타 면내 각 동리에 부쳤다. 이어 이강우(李康雨) 등과 진양군 진주읍을 3개구로 나누어 3월 18일 정촌면민(井村面民)들과 합세하여 만세시위를 이끌었다. 이 사건으로 3월 20일 대구의 일본군 헌병분대에 의해 붙잡혀 이해 5월 2일 대구지방법원에서 소위 보안법 위반으로 징역 1년형을 언도받았다. 김재화 등은 대구복심법원과 고등법원에서 항고하였으나 모두 기각되어 옥고를 치렀다.

김재화의 대종교 교력은 1917년 4월 14일(음력) 참교의 교질을 받았다. 그리고 다음해인 1918년 7월 7일(음력) 인근 지역인 창원의 정기헌(鄭基憲) 등과 지교(知教)의 교질로 승급하였다.

[참고 문헌]
『종문영질』(프린트본, 1922), 『매일신보』1919년 4월 25일자, 『한국독립사』하(김승학, 독립문화사, 1965), 『독립운동사』3권(독립유공자사업기금운용위원회, 1971)

김재흠(金才欽, 남, 생몰 미상)
입교 시기 _ 1922년 | 교질 _ 참교

출신지역과 생몰연대를 확인할 수 없다. 김재흠은 일제의 기록에는 나타나지 않으나, 1920년대에 동만주 지역 대종교 항일투쟁을 펼친 인물로 추정된다. 그가 1922년 6월 4일(음력) 대종교 동일도본사의 추천으로 항일투사 박승명(朴承明)·김영환(金永煥)·최동범(崔東範)·김빈(金斌)·김우(金祐)·최기섭(崔基燮) 등과 영계를 받은 사실이 이를 뒷받침한다. 1922년 3월 5일(음력)에 발포된 대종교「교구분리조례(教區分離條例)」에 의하면, 동일도본사의 주요 관할이 왕청·혼춘·연길·화룡 그리고 국내 함경북도 등으로 동만주 항일투쟁의 근거였다는 점도 그 근거라 할 수 있다. 김재흠은 같은 해 11월 17일(음력) 참교의 교질을 수여받으나, 그 이후의 교력에 대해선 전하는 기록이 없다.

[참고 문헌]
『대종교보』제54호(1922년)·제56호(1922년), 『대종교중광육십년사』(대종교총본사, 1971)

김점성(金点成, 남, 1898-?)
아호(별명) _ 대산(大山)
입교 시기 _ 1910년대 | 교질 _ 미상

경상남도 성주군(星州郡) 성주면(星州面) 경산리(京山里) 출신으로, 사회주의 노동운동에 앞장선 인물이다. 서울로 올라와 청진동을 중심으로 음식점을 경영하였으나, 1923년 어떤 이유인지 영업허가 취소를 당하였다.
이후 대구로 내려와 명치정(明治町)에서 음식점 운영하면서, 1925년 1월에 결성된 비밀결사 대구용진단(大邱勇進團)에 가담하였다. 대구용진단은 일월회(一月會) 계열의 조직으로, 계급적 절대해방과 신생활의 안정, 그리고 사상 단체의 옹호 등 표방하며 조직된 결사였다. 김점성은 1925년 4월 20일 화요회(火曜會)의 조봉암 등이 주도한 전조선민중운동자대회(全朝鮮民衆運動者大會)에 참석하였으나 보안법 위반으로 체포되었다.

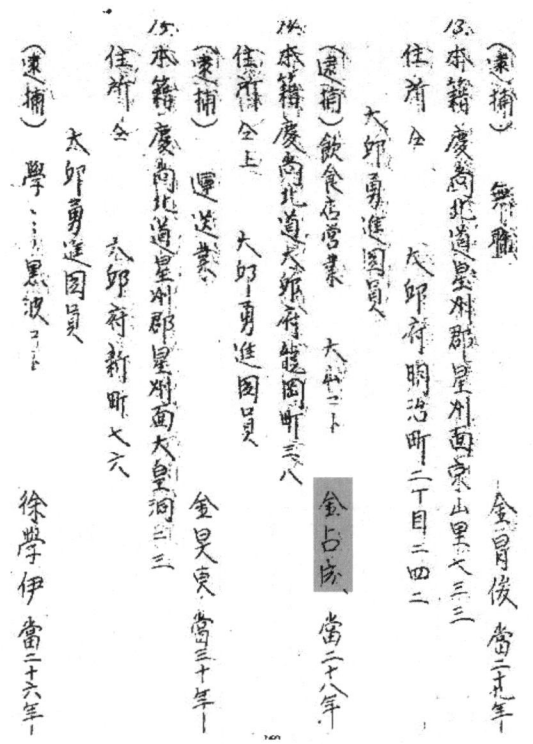
1925년 조선민중운동자대회로 체포된 金点成에 대한 일제의 기록.

전조선민중운동자대회는 사회운동의 조직적 통일과 기본 방침을 토의하고자 개최된 민중운동자대회로, 화요회가 1925년 3월 15일 북풍회계인 경성청년회 등 20여 단체를 망라해 전조선민중운동자대회응원회를 조직하면서 움튼 대회였다. 당시 전조선민중운동자대회의 준비회 측이 공식 발표한 3월 18일 오후까지의 참가단체는 노농단체 263개, 청년단체 100개, 형평단체 18개, 사상단체 44개 등 총 425개 단체에 대표자 508인이었다. 그러나 4월 20일에 열릴 예정이었던 집회 개최 몇 시간 전인 19일, 일제는 갑자기 집회금지조치를 내려 대회를 무산시켰다. 전조선민중운동자대회 참가와 반대를 둘러싼 세력경쟁은 결국 노동·농민·청년·사상단체가 두 편으로 분열되는 결과를 초래하였다.
김점성의 대종교 교력은 대종교단 내에는 전하는 기록이 없다. 그러나 경상북도 성주 사람인 성세영(成世英)이 쓴 일기 속에, 1910년대 경상북도 지역 대종교 주요 교인으로 김점성을 기록하고 있다. 1910년대에 이미 대종교에 입교한 것이 확인된다.

[참고 문헌]
『본사행일기』(성세영, 필사본, 1922), 『조선총독부관보』제3313호(1923년), 『全朝鮮民衆運動者大會集會禁止後ニ於ケル不穩行動者檢擧ニ關スル件』(경원문화사 편, 『한국민족해방운동사자료집』3권, 1994), 『한국공산주의운동사』2(김준엽·김창순, 청계연구소, 1986)

김정구(金鼎九, 남, 1885-?)
입교 시기 _ 1920년대(추정) | 교질 _ 미상

함경북도 경성군(鏡城郡) 색일리동(色一里洞) 출신으로, 러시아통으로 알려진 인물이다. 일찍이 연해주로 건너간 것으로 알려졌지만 구체적 기록은 전하지 않는다. 1919년 4월경에는 장춘(長春)에 거주하면서 사업과 함께 장춘조선인회(長春朝鮮人會) 활동도 전개하였다.

이후 대종교 항일단체인 대한군정서(북로군정서) 경신분국(警信分局) 제19분국 5과장을 맡아 대한군정서의 연락과 함께 독립자금 모집에도 관여하였다. 당시 경신 제19분국은 연길현 용지향(勇智鄕) 신흥동(興新洞) 지역을 관할하였다. 대한군정서의 경신국 조직이 대종교 조직과 불가분의 관계를 가졌다는 점에서 주목되는 부분이다.

일제의 문서에 기록된 대종교 재건을 위한 만몽산업회 명단의 일부. 러시아통으로 요주의(要注意) 인물이라는 내용과 함께 金鼎九의 이름이 보인다.

김정구는 이후 하얼빈으로 옮겨가 사업을 계속했다. 그리고 1923년 4월에는 청산리독립전쟁 이후 침체된 대종교 재건을 위한 비밀단체인 만몽산업회에도 가담하여 대종교 부흥에 앞장섰다. 그 당시 참여한 인물들 중에는 하얼빈 지역 자산가인 이정근(李廷根)·박남섭(朴南燮)·홍병수(洪炳秀)·김면하(金面河)·전승묵(田昇黙) 등도 함께 하였다. 1924년 6월에는 하얼빈시에 잠입한 의성단원들에게 독립자금을 제공하는가 하면, 1925년에는 의열단원 양건호(梁建鎬)와 신민부원 이계호(李系鎬)·정백(鄭柏) 등에게도 독립자금을 건넸으며, 1926년 8월 11일에는 대종교계 항일단체 신민부의 보안대장인 주혁(朱赫)에게도 독립자금을 헌사했다.

김정구와 관련된 대종교단 내의 기록은 전무하다. 그러나 그가 대종교인들의 핵심 연계조직인 대한군정서의 경신분국의 한 부분을 책임졌다는 것과 1923년 비밀단체 만몽산업회에 참여하여 대종교 재건을 도모한 점을 보아, 대종교단에서의 비중이 상당했을 것으로 추정된다.

[참고 문헌]
「大倧敎 設立計劃」(不逞團關係雜件-朝鮮人의 部-在滿洲의 部36, 機密受제262호-關機高收제5452호-1, 한국사DB, 국사편찬위원회), 「義成團員 哈爾濱 潛入에 관한 건」(不逞團關係雜件-朝鮮人의 部-在滿洲의 部39, 機密受제92호-機密제87호, 한국사DB, 국사편찬위원회), 「在露都 本邦主義者의 狀況 其他에 관한 件」(不逞團關係雜件-朝鮮人의 部-鮮人과 過激派6, 亞二機密 제35호, 한국사DB, 국사편찬위원회), 『한국독립운동사자료』11(국사편찬위원회, 2005), 『한국독립운동사자료』43(국사편찬위원회, 2007)

김정규(金鼎奎, 남, 1881-1953)
아호(별명) _ 용연(龍淵)
입교 시기 _ 1912년 | 교질 _ 미상 | 서훈 _ 애국장(1993)

김정규

함경북도 경성군(鏡城郡) 명간사(明澗社) 거문동(巨文洞) 출신이다. 1908년 함북 경성에서 이남기(李南基)·서상욱(徐相郁) 등과 함께 의병을 일으켜 관북의진(關北義陣)을 결성하고 참모장(參謀長)에 선임된 인물이다. 연해주에서 국내로 진공한 강동의병부대(江東義兵部隊)의 잔류부대인 장석회(張錫會) 중대와 합진(合陣)하여 대일항전을 전개하였다. 그러나 일본군의 탄압으로 국내에서의 활동이 여의치 않자 1909년 간도(間島)로 망명하게 된다.

김정규는 이곳에서 의병세력을 규합하여 지역 의병진의 결성에 힘을 쏟았다. 그 후 1910년 노령 연해주에서 결성된 십삼도의군(十三道義軍)에 참여하여 장의군종사(壯義軍從事)로 활약하였다. 경술국치 이후 결성된 성명회(聲明會)가 그 부당성을 전세계에 알리는 선언문을 채택하자 이에 서명하였다. 1920년 8월에는 간도(間島)에서 대한의군부(大韓義軍府) 지방정위대(地方正衛隊)를 편성, 연해주의 의군부 본대와 연계하여 항일투쟁을 펼쳤다.

김정규의 대종교 교력과 관련된 교단 내의 기록은 전하지 않는다. 그러나 김정규는 자신의 일기인 『야사(野史)』에서, 1912년 1월 29일(음력) 현천묵(玄天默)의 설득으로 본인이 대종교에 입교한 것을 밝히고 있다. 현천묵은 김정규와 같은 경성 지역 출신으로 김정규보다 19살이나 많은 원로로, 백포(白圃) 서일(徐一)과 함께 대종교 동도본사(東道本司)를 이끌고 있었다. 현천묵은 대종교 중광 직후 입교하여, 독실한 대종교 신앙을 통해 조국광복의 의지를 주변에 북돋은 인물이다.

당시 김정규는 현천묵의 입교 권유에 유교적 관성(慣性)을 드러내며 머뭇거렸다. 김정규의 "정말 노장(老丈, 현천묵을 말함-인용자 주)께서 하신 말씀과 같다면 그것은 바로 우리 유도(儒道)의 가르침이고 내가 평생 주의를 기울인 것입니다. 비록 그렇다 해도 말을 다 믿을 수는 없으니 훗날을 기다려 옳은지 따져봅시다."라는 반응이 그것이다. 그러나 현천묵은 김정규가 원근의 사람들로부터 존경받는 중인(中人)으로, 대종교에 입교한다면 큰 힘이 될 것이라 거듭 설득하였다. 또한 "우리의 조국정신(祖國精神)을 고동시켜 외교(外敎)에 대비하고 국혼(國魂)을 잃지 않게 하자"는 현천묵의 주장에 공감하고 대종교에 입교했다.

김정규가 대종교에 입교할 즈음 대종교 동도본사의 책임자는 서일이었다. 당시 서일은 현천묵 등과 왕청현(汪淸縣)에 거점을 둔 대종교 항일단체 중광단(重光團)을 이끌면서 북간도 항일투쟁의 중심적 역할을 하였다. 김정규의 대종교 관련 기록이 교단 내에 전하지 않는 것은, 1910년대의 대종교단 내의 『대종교보(大倧敎報)』를 비롯한 문서 등, 1차 기록이 모두 사라진 것이 그 원인이다.

김정규가 1907년부터 1921년까지 15년 동안 기록한 野史的 성격의 일기

[참고문헌]
『野史』8권(1912년 1월 29일자), 『해외의 한국독립운동사료』2(국가보훈처, 1991), 「백포 서일의 생애와 사상」(김동환, 『만주벌의 혼-독립군 총재 서일』, 백포서일기념사업회, 2011), 「한말 두만강 지역의 유학자들—金魯奎와 金鼎奎를 중심으로—」(우경섭, 『한국학연구』32, 인하대한국학연구소, 2014)

김정기(金正琪, 남, 1891-?)
아호(별명)_ 천봉(天峰)
입교 시기_ 1911년 | 교질_ 지교

경기도 광주군 언주면 역삼리 출신이다. 대종교의 2대 교주(도사교)를 지낸 무원(茂園) 김교헌(金敎獻)이 그의 부친이다. 일찍이 아버지를 따라 대종교에 발을 디딘 후 평생을 그 정신과 사회주의 이념으로 독립투쟁에 몸 바쳤다.

김정기는 1913년 초 중국 남경으로 넘어가 그곳 무상중학(務商中學)에 입학했으나, 학비가 없어 중퇴하였다. 김정기의 집안이 이미 경제적 고통 속에 처했음을 시사해주는 부분이다. 무상중학은 해방 이후 대종교 총전교(總典敎, 교주)를 지낸 지산(芝山) 정원택(鄭元澤) 등도 수학한 곳이다. 당시 예관 신규식이 이끈 동제사의 청년교육의 일환으로 추진한 교육 사업으로, 특히 중국어의 습득과 밀접하게 연결된 학교였다.

이후 10년 가까이 김정기의 행적은 오리무중이다. 아마도 이 시기 대종교와 연관된 활동에 집중한 듯하다. 그가 1911년에 대종교의 참교 교질을 받은 이후 1922년에 지교의 교질로 올라가는 것으로 보아, 그 사이 대종교에 대한 활동이 끊이지 않았음을 짐작할 수 있기 때문이다.

김정기에 대한 행적이 다시 잡히는 시기는 1923년 2월경이다. 이 시기 그는 북간도 용정의 동아일보지국장을 맡아 지역 교민사회 소통의 중심이 되었다. 또한 영신학교(永信學校) 교감인 윤화수(尹和洙), 광명학교(光明學校) 직원 정사빈(鄭士斌) 등과 그 지역 산업장려회를 조직하여 조선 물품을 사용하고 생활비를 절약하며 조선물산을 장려하자는 운동을 전개하였다. 또한 회원으로부터 1주당 5엔(円)에 해당하는 산업무역회사도 설립하였다.

김정기에 있어 가장 주목되는 행적은 동양학원의 운영이다. 1923년 3월에 용정에 설립한 이 학교는 사회주의 최초 교육기관으로, 김정기는 설립자로서 원장 겸 교사로 활동하였다. 1학년 204명, 2학년 54명이 등록해 학생 총수가 258명에 달했다. 당시 동양학원은 김사국(金思國)을 고리로 하는 서울파 공산그룹과 밀접하게 연관된 교육기관으로 급진적 학생운동을 일으키는 진원지 역할을 하였다. 특히 이 학교 교사였던 방한민(方漢旻)은 고려공산당과 연결되어 움직이면서, 급진 학생 교육에 열정을 쏟았다. 예의 주시하던 일제는 조선총독을 주살하고 일본은행 등에 폭탄을 투척하려는 계획·진행 과정에서 폭탄 30개와 선전문이 발각되자 전격 체포 작업에 들어갔다. 일명 동양학원사건이 터진 것이다. 김정기는 동지인 김사국·방한민 등 10명과 일본 영사관 경찰에 체포당했다. 그 지역 동아일보지국장인 동시에 동양학원의 운영자이기도 했던 김정기는, 당연히 이 사건의 수괴로 지목되어 많은 고초를 겪게 된다. 한편 김정기는 간도 지역 조선인들의 단합에도 남다른 열정을 쏟았다. 1923년 5월에는 용정주민대회 간부로서 동삼성지역 귀화(歸化)·비귀화(非歸化)를 넘어서 조선인들의 자치운동에 힘을 쏟자는데 의견을 모으고 이에 적극 앞장섰다.

1925년 4월의 행적도 특이하다. 용정 지역 동아일보지국장으로 활동하던 그가 조선일보 기자로 국내에 나타나고 있다. 당시 경성 경운동 천도교기념관에서 열린 전조선기자대회에 조선일보 간도 용정촌 지국 기자로 참석한 것이다. 그리고 1926년 5월 그가 관여하고 있던 용정의 대종교시교당이 길림 당국으로부터 해산 명령을 받자 본격적인 국내 활동으로 뛰어들었다. 그 행보의 첫걸음이 조선민흥회(朝鮮民興會) 참여였다. 이 단체는 1926년 7월 8일 명제세·조만식 등 조선물산장려회의 비타협적 민족주의자들과 조선공산당에서 배제된 사회주의단체인 서울청년회 계통의 권태석(權泰錫)·송내호(宋乃浩) 등이 합작한 민족협동전선이었다. 그 해 11월 29명의 조선민흥회의 위원을 선출할 당시, 김정기는 준비위원과 상무위원에 선임되었다. 김정기와 함께 상무위원에 선임된 인물들은 명제세(明濟世)·권태석(權泰錫)·최익환(崔益煥)·김동철(金東轍)·송내호(宋乃浩)·서세충(徐世忠)·신현익(申鉉翼)·유청(柳靑) 등이었다.

이 무렵 김정기는 신문 창간에도 관여하였다. 1926년 9월에 창간된 『중외일보(中外日報)』에서 그의 흔적이 드러나고 있다. 『중외일보』는 이상협(李相協)이 『시대일보』를 인수하여 그 제호를 바꾼 신문이었다. 그 해 9월 18일자로 발행 허가가 나와 11월 15일자로 창간하였다. 당시 편집 겸 발행인은 이상협, 그리고 인쇄인을 김정기가 맡았다. 또한 김정기는 이 시기 신간회 활동에도 적극성을 띤다. 1927년 출범한 신간회 경성지회 간사로 활동하는가 하면, 그 해 11월 개최된 신간회본부 대회준비위원회 준비위원으로도 참여하였다. 그 대회에 홍명희·최익환·김항규·안재홍 등의 대종교 인물들과 참석한 김정기는, 의안작성부원(議案作成部員)으로 선임되어 정치경제과로 배속되었다.

김정기의 마지막 행적이 드러나는 곳은 조선물산장려회다. 1929년 4월에는 이 단체의 이사로도 선임되었다. 김정기는 제7회 정기대회에서 신임임원으로 선출된 8명 중의 한 명이었다. 상무이사 5명 가운데 보성전문학교 법과 교수였던 최태영(崔泰永)과 건축가로 건양사 전무였던 정세권(鄭世權) 2명이 새로 선출된다. 기술자이거나 자본가로서 이사에 참여한 인물로는 김용관(金容瓘)·유영모(柳永模)·양정식(梁晶植)·이우경(李愚璟)이 있었다. 김정기는 주요한과 함께 민족주의계열로 분류된 신임이사였다.

김정기의 가계를 살피면 조선조 개국공신인 계림군(鷄林君) 김균(金稇, ?~1398)의 계파(季派)다. 김균은 공민왕 시절 성균시(成均試)에 합격하였으나 과거에 급제하지 못하다가 근시(近侍)에 소속되어 조준과 친구가 되었다. 조준이 국정(國政)을 맡게 되자 여러 번 천직(遷職)되어 전법판서(典法判書)와 밀직부사(密直副使)까지 이르렀다. 조선이 개국할 즈음에는 조준이 그를 추천하여 함께 동맹(同盟)하여 익대공신(翊戴功臣)이 되고 중추원부사(中樞院副使)에 가자(加資)되었다. 김맹성(金孟誠)·김중성(金仲誠)·김계성(金季誠)의 세 아들을 두었다.

김계성의 후대로 내려와 첨지중추부사를 지낸 김수렴(金守廉, 11대조)과 대사성·대사헌·대사간과 공조·형조판서를 지낸 김남중(金南重, 10대조), 그리고 평시서령을 지낸

김일진(金一振, 9대조)으로 이어진다. 특히 숙종의 왕후인 인원왕후(仁元王后) 부친 경은부원군(慶恩府院君) 김주신(金柱臣, 8대조)이 주목된다.

김주신은 전동가문(磚洞家門) 경은가(慶恩家)를 형성하며 가문의 영예를 드높였다. 그의 7대 종손이 김교헌(金敎獻)이고 8대손이 김정기다. 8대조 경은부원군 김주신은 소론(少論)에 속한 입장임에도 불구하고 딸이 숙종의 왕후가 되자 일찍부터 연잉군(延礽君, 후일의 영조)의 인물됨에 주목한 인물이다. 어린 영조를 사가(私家)에 드나들게 하면서 사랑하였고, 특히 죽기 전에 여식인 인원왕후에게 영조의 후사를 각별히 당부함으로써, 당시의 극심한 노론과 소론의 당쟁 속에서 영조의 등극을 가능케 하였다.

영의정을 역임한 김사목(5대조)은 검소함과 성실함을 생활 신조로 삼았다. 특히 수하자(手下者)에게 관대하고 남에게 겸허한 반면, 자신은 엄격히 절제하고 안일함을 경계하여 '무구실(無求室)'이라는 액자를 써서 걸어놓고는 교훈으로 삼았다. 4대조인 김영수는 김사목에게 출계(出系)하여 노약함을 걱정한 나머지 별세할 때까지 30여 간을 벼슬길을 사양하면서 오로지 효성을 다한 덕행을 행한 인물이다. 진정한 효행이 높은 벼슬보다도 훌륭한 일로 여겼기 때문이다. 예조판서를 역임한 2대조인 조부 김정집은 사학에 밝았고 지방관으로 많은 선정을 베풀었다. 특히 평안도관찰사 재임 때 횡포가 극심하였던 온갖 잡세를 혁파하는 등 민심에 부합하는 치세를 올렸다. 공조판서를 역임한 1대인 부친 김창희는 6조의 요직과 삼사(三司)와 문한(文翰)의 주요 직책을 두루 거친 인물이다. 1882년 임오군란 직후에는 호군(護軍)으로 영접관에 임명되어 청군을 이끌고 내조한 오장경(吳長慶), 마건충(馬建忠) 등과 협력하여 군란수습에 활약하기도 하였다.

이렇듯 8대조 김주신이 전동가문을 일으킨 이후 여러 대를 내려오면서 약 2백년간, 소론가문임에도 불구하고 노론 측에서 세도의 주류를 이룬 가운데, 1정승(一政丞)과 3판서(三判書)를 배출하였다. 또한 선비(先妣)만이 정부인(貞夫人)에 머물렀을 뿐 선조비(先祖妣) 위로 5대가 모두 정경부인(貞敬夫人)의 교지(敎旨)를 받는 등 경흥가의 영광이 이어졌다. 이러한 배경 속에서, 김정기는 그의 부친 김교헌과 전동가문의 정통 종손으로서의 투철한 사명감과 선조들의 유훈을 본받아 스스로 훌륭한 가치관을 키우면서 또한 이를 바탕으로 투철한 가족관과 국가관을 갖게 되었다.

[교력]

김정기는 이른 시기인 1911년 4월 1일(음력) 대종교 참교의 교질을 받았다. 이것은 그가 그 이전에 이미 대종교에 입교했다는 것을 말해주는 것이다. 그의 부친인 김교헌의 영향이 컸으리라 짐작된다. 그리고 1922년 3월 6일(음력) 지교의 교질로 승질(陞秩)하였다. 또한 1926년경에는 대종교의 교무(敎務)에도 참여했다. 그는 연길현 육도구 용정촌에 있던 대종교 중일시교당(中一施敎堂)의 찬무(贊務, 부책임자)로 활동하였다.

그러나 1926년 4월 29일 길림성장에 의해 대종교해산령이 내려지자, 치안방해라는 구실로 연길현경찰소장 훈령에

의해 그 해 5월 11일 해산명령을 받게 된다. 그 배경을 보면, 길림성장은 영안현 지사의 건의에 의해 대종교는 치안방해를 이유로 해산 명령을 명했다. 그 해 4월 29일 연길현 경찰소장은 관할 지역에 훈령을 발하고 5월 5일 동불사 지방 경찰분서에서는 연길현 상의향(尙義鄕) 세린하(細鱗河) 이화동(梨花洞) 대종교 광일시교당(光一施敎堂)에 파견하여 전무(典務, 책임자) 안정인(安正仁)과 찬무 김여수(金麗洙)에게 대종교해산을 명했다. 그리고 5월 11일 용정 소재 대종교 중일시교당에 해산 명령을 내린 것이다. 그 당시 중일시교당의 전무는 이인구(李麟求)였고 찬무는 김정기와 함께 서진욱(徐晋旭)이 맡고 있었다. 그 이후의 대종교와 관련한 김정기의 행적은 전하지 않는다.

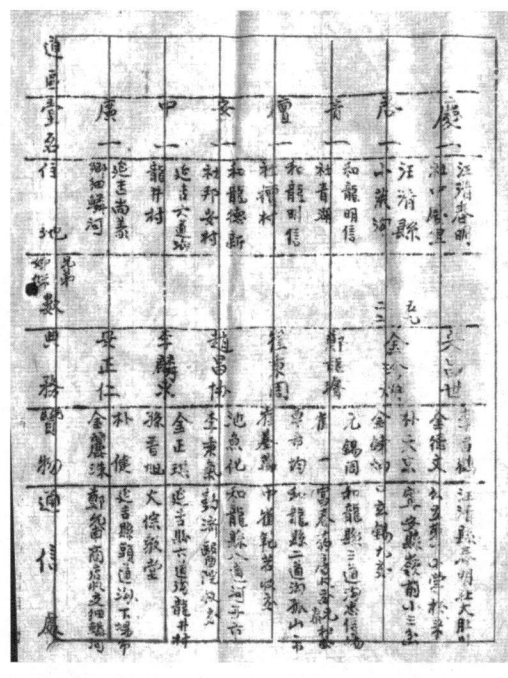

김정기가 용정 대종교 중일시교당 찬무를 맡고 있었다는 문서(화룡현 당안관 소재)

[참고 문헌]
『종문영질』(프린트본, 1922), 『고려사절요』, 『태조실록』, 『間島新聞』 1923년 7월 5일자, 『중외일보』 1930. 5. 19., 「大倧敎施敎堂一覽表(1926年)」(延边朝鲜族自治州档案馆 全宗号42 目录号1 案卷号343, 和龙县历史档案 和龙县警察所, 令各区查禁韩人设立大倧敎堂由, 民国十五年五月十二日), 「大正十二年 二月中 間島地方 治安情況에 관한 건」(不逞團關係雜件·朝鮮人의 部·在滿洲의 部35, 機密受80호·機密72호, 한국사DB, 국사편찬위원회), 「大正十五年 五月中 間島(琿春縣을 包含) 및 接壤地方 治安情況」(不逞團關係雜件·朝鮮人의 部·在滿洲의 部43, 外務省文書課受 第***號, 한국사DB, 국사편찬위원회), 「전조선기자대회의 건」(檢察事務에 關한 記錄1, 京鍾警高秘 제2755호, 한국사DB, 국사편찬위원회), 『지산외유일지』(정원택, 탐구당, 1983)

김정린(金正璘, 남, 생몰 미상)
입교 시기 _ 일제강점기 | 교질 _ 상교

출신지역과 생몰연대를 알 수 없는 인물이다. 1930년대 경상북도 소재 금오산(金烏山)에서 주지(住持) 생활을 한 것으로 보아 승려로서 생활했음을 알 수 있다. 금오산에 소재한 대표적 사찰로는 해운사(海雲寺)와 약사암(藥師庵)이 있으나 어느 사찰에 적을 두었는지도 확인이 안 된다. 김정린은 그곳에 은거하며 『매일신보』 등에 「금오산상봉(金烏山上峯)」을 비롯한 여러 편의 시조를 발표하였다.
김정린의 대종교 입교는 일제강점기에 이루어졌으나 관련 기록은 전하지 않는다. 이에 대종교에서는 국내로 환국한 직후인 1946년 2월 23일(음력, 이하 음력) 대종교 남도본사의 특별추천으로 영계(靈戒)와 함께 참교(參敎)의 교질(敎秩)을 동시에 수여하였다. 또한 1950년 1월 17일에는 대종교중흥회(大倧敎中興會)의 제2차 집행위원으로 선임되는가 하면, 1954년 7월 20일에는 상교(尙敎)의 교질로 승질(陞秩)함과 함께 삼일원(三一園)의 대덕(大德)으로도 추대되었다.

[참고문헌]
『대종교보』환국기념호(1946년)·165호(1950년), 『대종교중광육십년사』(대종교총본사, 1971), 『매일신보』1934.3.14.·28., 4·10., 『조선중앙일보』1936.2.11.

김정수(金正洙, 남, 생몰 미상)
입교 시기 _ 1932년 이전 | 교질 _ 참교

출신지역과 생몰연대를 알 수 없는 인물이다. 1919년 4월 강명구(姜明九)·안학선(安學先)·주기도(朱基道)·이응신(李應信) 등과 장백현 치부동(致釜洞) 지역에 거주하며 항일투쟁을 도모한 기록이 있다. 또한 일제의 경신대토벌 당시 연길현 지신사(智新社) 대랍자(大拉子)에 거주하며 귀순자신고 명단에 이름을 올린 것으로 보아, 대종교계 항일단체인 대한군정서(북로군정서)와 연관된 인물일 것으로 추정된다.
김정수의 영계(靈戒)나 교질(敎秩)과 관련한 대종교 교력 역시 구체적 기록은 전하지 않는다. 다만 1932년 6월 6일 대종교 동이도본사 관할 통일시교당(通一施敎堂)의 부책임자[贊務]를 맡은 기록이 있다. 그 시기 김정수와 함께 한 통일시교당의 책임자[典務]는 지교(知敎)의 교질에 있었던 엄준섭(嚴俊燮)이었다. 엄준섭은 대한군정서 계열의 항일투사로, 길림성 동녕현에 근거를 둔 대한독립군의 서무부장도 지낸 인물이다. 김정수의 대종교 입교 시기 역시 대한군정서 시절로 추정된다. 그가 통일시교당의 찬무[贊務]로 임명될 당시 참교의 교질에 있었던 것도 이를 뒷받침 한다.

[참고 문헌]
『대종교중광육십년사』(대종교총본사, 1971), 「獨立運動에 관한 건(國外 제34보) : 圖們江方面, 鴨綠江方面」(大正8年乃至同10年 朝鮮騷擾事件關係書類 共7冊 其7, 驪密 第301號, 한국사DB, 국사편찬위원회), 『한국독립운동사자료』43(국사편찬위원회, 2007)

김정순(金定淳, 남, 생몰 미상)

입교 시기 _ 1916년 이전 | 교질 _ 참교

출신지역과 생몰연대를 알 수 없는 인물이다. 1916년 관립경성고등교원양성소를 졸업하고 경상북도 안동공립보통학교 교원으로 임명되면서 교육자의 길을 걸었다. 1920년 5월 23일에는 안동공립보통학교에서 창립된 안동청년회의 평의원으로도 선출되어 지역사회의 지·덕·체 함양에 앞장선 경험도 있다. 1921년 강원도 양양공립보통학교로 옮겨간 이후 1940년까지 강원도 지역 창촌(蒼村), 매화(梅花), 지석(支石)보통학교 등으로 옮겨가며 교원과 교장으로 근무하였다.

김정순의 대종교 교력을 보면, 관립경성고등학교교원양성소를 졸업하기 직전인 1916년 2월 18일(음력) 김광배(金光培)·최진규(崔鎭圭)·김철현(金澈炫)·독고순(獨孤淳)·김사중(金嗣重) 등, 교원양성소 출신들과 참교(參敎)의 교질(敎秩)을 받은 기록이 있다. 그보다 훨씬 전에 대종교에 입교한 것이 확인된다.

당시 관립경성고등교원양성소 학생들의 종교적 성향은 대체로 대종교와 기독교로 나누어져 있었다. 이들 간에는 확연한 색채의 구별은 없었으나 단군 문제에 대해 이견이 있었다. 대종교 생도들은 조선의 시조인 단군을 존경하는 것은 곧 조선의 국수(國粹)를 보존하고 조선의 민족적 정신을 발양(發揚)하며 국민의 신앙을 통일하는 것이므로 외래종교 신앙에 대한 필요성이 없다는 견해였다. 반면에 기독교 생도들은 단군을 존숭하는 점에서는 대종교와 다를 바 없으나, 그 종교적 가치가 기독교에 미치지 못한다는 주장이었다. 기독교에 의해 서양의 문명을 받아들이는 것이 조선민족의 발전을 도모할 좋은 방법이라는 입장이었다. 김정순 역시 이러한 경험 속에서 대종교를 택한 인물일 듯하나, 이외의 대종교 관련 기록은 전하지 않는다.

[참고문헌]
『종문영질』(프린트본, 1922), 『朝鮮總督府及所屬官署職員錄』(조선총독부, 1917년~1940년), 「朝鮮人槪況 送付에 관한 건」(不逞團關係雜件-朝鮮人의 部-在歐米 7雜, 警秘 제26호, 한국사DB, 국사편찬위원회), 『매일신보』1916.4.1., 1920.6.6.

김정식(金政植, 남, 1888-1941)

아호(별명) _ 욱이(郁伊), 김정식(金正植), 갈전(葛田), 일중(一中)
입교 시기 _ 미상 | 교질 _ 참교 | 서훈 _ 애족장(1993)

1888년 경상북도 안동의 의성김씨 동성마을인 내앞마을(현 안동시 임하면 천전1리)에서 김소락(金紹洛)의 셋째 아들로 태어났다. 김소락은 안동의 유림이자 서간도에서 신흥강습소를 설립했던 백하(白下) 김대락(金大洛)의 동생이다.

애국계몽운동기에 경상북도 지역에서 구국교육운동이 전개될 때 이상룡, 김동삼, 류인식 등 안동의 혁신유림이 그 중심에 있었다. 이들은 교남교육회를 중심으로 경북지역에 근대식 학교를 설립하고 계몽운동을 주도하였다. 당시 민족교육에 역사 및 정신교육에 사용했던 교재 중 하나가 대종교의 『삼일신고』였다.

경술국치 후 김대락, 이상룡, 김동삼 등 안동의 혁신유림들이 서간도로 이주할 때 김정식도 큰아버지인 김대락을 따라 서간도로 이주했다. 서간도에 정착한 김대락은 유하현에 정착한 뒤 이상룡, 이회영, 김동삼 등과 함께 경학사, 부민단, 신흥강습소 설립에 참여하여 독립운동기지 건설에 노력하고, 1919년에는 서로군정서에 참가하였다. 1920년대 일본군대의 간도침공 이후 동포사회가 폐허에 이르자 이를 재건하기 위해 국내로 잠입하여 군자금 모금을 벌이던 중 일본 경찰에 체포되어 3년간 옥고를 치렀다. 1993년 정부는 건국훈장 애족장을 추서하였다.

대종교에 입교한 시기는 알 수 없으나 서간도로 망명한 뒤 1914년 4월 20일 참교의 교질을 받았다. 김정식은 경상남도 함안 출신의 대종교인 김두종(金斗鐘)과는 동서지간이다.

[참고문헌]
『國外二於ケル容疑朝鮮人名簿』(조선총독부, 1934)

김정완(金正完, 남, 생몰 미상)

입교 시기 _ 1930년대 이전 | 교질 _ 지교

출신지역과 생몰연대를 알 수 없는 인물로, 1930년대 후반 영안현 동경성 대종교총본사를 중심으로 활동한 기록이 있다. 김정완은 1939년 12월 7일(음력, 이하 음력) 대종교총본사의 특별 추천으로 지교(知敎)를 수여받은 것으로 나타난다. 이것은 그의 대종교 입교 시기가 상당히 이른 시기에 이루어졌음을 시사해 주는 동시에, 대종교 항일투쟁 활동 방면에서도 적지 않은 기여를 했음을 암시해 주는 부분이다.

그는 해방 직후인 1945년 8월 18일에 동경성 대종교총본사의 찬리(贊理)로 임명되어 항일투쟁의 거물인 김영숙[金永肅, 당시 총본사 전리(典理)]을 도와 대종교를 이끌었다. 또한 다음해 1월 9일에는 영안현 동경성에 소재한 대종교

경일시교당(景一施敎堂)의 찬무(贊務)도 맡아 해방 직후 대종교 안정 도모에 기여를 하였다.

특히 1945년 8월 17일에는 영안현 동경성 나종권[羅鍾權, 염재(念齋) 나정련(羅正練)의 차자]의 집에서, 나정련의 치제제식(致祭式)에 예원으로 참여하였다. 나정련은 대종교를 일으킨 나철의 장자로, 임오교변(壬午敎變, 1942년에 발생한 대종교지도자 일제 구속 사건) 당시 고문으로 숨진 인물이다. 당시 치제식은 항일투사 이현익[李顯翼, 주제(主祭)]·이용태[李容兌, 의식(儀式)]·김용주[金龍珠, 원도(願禱)]·최관[崔冠, 제문(祭文)]·이영재[李榮載, 송도(頌禱)] 등이 이끌었으며, 김정완도 설전(設奠)의 예원으로 함께 하였다. 또한 김정완은 1946년 1월 6일에도 대종교총본사 찬리의 자격으로 일도(一島) 나정문(羅正紋)의 치제식을 주제(主祭)하였다. 나정문은 나철의 차자로 대종교의 임오교변의 고문으로 역시 목숨을 잃은 인물이다. 이 치제식도 나종권의 집에서 거행되었는데, 대종교 교주인 단애 윤세복이 친히 참례하여 제문을 올렸다.

[참고 문헌]
『대종교보』제124호(1939년)·제148호(1945년), 『대종교중광육십년사』(대종교총본사, 1971)

김정익(金正翼, 남, 1891-1938)
입교 시기 _ 1914년 | 교질 _ 참교 | 서훈 _ 애국장(1991)

1891년 5월 16일 경상북도 안동 임하면 오대동에서 태어났다. 김정익은 1919년 3·1운동이 일어나자 오대동에 사는 손영학(孫永學)·장두희(張斗熙)와 함께 의거를 계획하고, 3월 21일 장날을 이용해 바로 이웃 천지동에서 만세운동을 준비하였다. 김정익과 동지들은 광목을 구해 '대한독립만세'라고 적힌 큰 깃발과 태극기를 만들고 의거에 참여할 30명의 장정을 모았다.

3월 21일 길안면 면소재지인 천지동에 장이 서자 많은 사람들이 모여들었다. 김정익과 동지들은 오후 5시쯤 장터 한가운데서 깃발과 태극기를 꺼내 독립만세를 외치며 만세운동을 주도했다. 군중 400명이 모여들어 함께 만세를 외치며 일제히 길안 면사무소로 진격하여 면장과 면서기들도 만세운동에 동참할 것을 종용했다. 주재소 경찰의 제지에 투석으로 맞서면서 면사무소 기물을 파괴하였고, 일부는 주재소를 포위하면서 경찰에 맞서 투석전을 벌였다. 경찰의 무차별 발포로 군중들은 후퇴한 뒤 밤 12시쯤 되어 해산하였다.

사건 이후 대부분의 주동자들이 경찰에 피체되었다. 손영학, 김정익, 김정연(金正演)은 박정하(朴正夏)의 집에 피신해 있으면서 상해로 망명할 계획이었으나 결국 경찰에 체포되었다. 1920년 6월 대구복심원에서 5년의 징역형을 받고 옥고를 치렀다.

김정익의 대종교 교력을 살피면 1914년 5월 13일(음력) 참교의 교질을 받은 것으로 보아 그 이전에 이미 대종교에 입교한 것이 확인된다.

[참고 문헌]
『종문영질』(프린트본, 1922), 『대구경북항일독립운동사』(광복회 대국경북 연합지부, 1991)

김정일(金廷一, 남, 생몰 미상)
아호(별명) _ 송포(松圃)
입교 시기 _ 1921년 | 교질 _ 참교

출신지역과 생몰연대가 불분명한 인물이다. 1910년대 후반부터 만주를 거점으로 다양한 방면의 항일투쟁을 전개하였다. 1919년 3·1운동 직후 임창세(林昌世)가 단장으로 있는 항일단체 야단(野團)의 부단장을 맡고 동불사 지역을 중심으로 군자금을 모았다. 1919년 4월에는 정의단(正義團)에 관여하면서 윤철(尹喆)·남계명(南啓明)과 왼손 무명지(無名指)의 끝을 잘라 단지동맹(斷指同盟)을 하였다. 이후 김원서(金元瑞)·송정호(宋正浩)·이전섭(李傳燮)·이규철(李奎哲)·이이술(李二述)·김명여(金明汝)·백공락(白供樂) 등 50명에 가까운 동지들이 이 단지동맹에 참여하여 단지결사대를 조직하였다.

당시 정의단의 김정일은 김우종(金禹鍾)·이태극(李泰極) 등과 그 결사대를 관리한 인물이었다. 1919년 9월 29일까지 알려진 단지동맹자는 김정일을 비롯하여 김명여·송종락(宋宗洛)·김창수(金昌洙)·김원서(金遠瑞)·이리술(李鯉述)·남응락(南應洛)·김인술(金仁述)·김광옥(金光玉)·이시우(李時雨)·박재하(朴載夏)·이용하(李龍河)·이태극·안석진·김우종·허량권·최황·강칠성(姜七星)·황용기(黃龍起)·이규철(李揆哲) 등 19명이었다.

김정일은 1919년 9월 이태극·안석진(安錫鎭)·김우종·허량권(許亮權)·최황(崔晃) 등과 군자금 5천여원을 마련하는 등 분주하게 움직였다. 김정일은 안도현 시내에 처처를 정하고 단지결사대와 관련된 연락 및 중요사안을 도모하였다. 안석진은 그 곳에서 좀 떨어진 소소하(小少河)에서 정의단원들과 함께 결사대 50명을 훈련시키고 있었으나 총기를 마련하지 못해 목총으로 대신하였다. 한편 이들의 경비는 김정일 등이 모금한 돈으로 충당하였는데, 그 모금한 액수가 1만 5천원에 달했다 한다.

김정일은 1920년 10월 대한민국임시정부의 연통제(聯通制)와 관련하여 간북남부총판부(間北南部總辦府)의 참사(參事)에 임명되었다. 본디 연통제는 국내에만 실시하고 해외동포사회에는 거류민단제(居留民團制)를 통해 독립운동을 통할하려 하였으나, 1920년 10월 들어서는 만주지역에서도 실시하였다. 만주 북간도를 대표하는 항일단체로는 대한군정서와 대한국민회가 있었다. 임시정부는 이들과의 행정적 통할을 강화하기 위하여 1920년 10월부터 대한군정서 관할을 왕청·혼춘·동녕·영안·목릉으로, 국민회 관할은 연길·화룡·돈화·액목현으로 정하였다. 그리고 간북남부총판부를 설치하고 총판에는 각기 단체의 북부 책임자 서일(徐一)과 남부 책임자 구춘선(具春先)을 임명하였다. 김정일은 국민회의 관할인 간남부총판부의 참사였으며, 1921년 1월 국민회 부회장으로도 추대되었다.

1921년 8월에는 돈화현에서 조직된 간민국(墾民局)에도 참여하였다. 간민국은 전대한군정서 모연대장(募捐隊長)이었던 이홍래(李鴻來)와 국민회 향관(餉官)이었던 허동규(許東奎) 등이 앞장선 것으로 그 주된 목적은 다음과 같았다.

1. 돈화현 지방의 황무지를 많이 개간할 것
2. 조선음모단(朝鮮陰謀團)을 많이 배양할 것
3. 조선무관학교를 설립할 것

일제의 문서에 기록된 간민회의 주요간부들을 보면, 김정일[전군정서원, 연길현 세린하 대회막동(大灰幕洞) 거주]을 비롯하여 이홍래[전군정서모연대장, 연길현 상의향 대장구어구(大壯溝於口) 거주]·허동규[전국민회향관, 연길현 상의향 상관도구(上官道溝) 거주]·김태호(金泰湖, 전군정서원, 연길현 상의향 국수동(掬水洞) 거주]·허영진[許永振, 전군정서원, 연길현 상의향 응암재(鷹岩材) 거주]·안태진[安泰鎭, 전군정서원, 연길현 상의향 소파기구(小簸箕溝) 거주] 등이었다. 허동규를 빼면 모두 대한군정서의 요원들이었음이 주목된다. 김정일 역시 전군정서원으로 적혀 있음을 볼 때, 그 역시 대한군정서의 구성원으로도 활동했음을 알 수 있다.

김정일은 1922년 12월, 당시 대종교의 중진이었던 정안립·윤묵 등과 동삼성지방자치간민가입주비회(東三省地方自治墾民加入籌備會) 활동도 펼쳤다. 이것은 연길현귀화민 대표 전풍(田豊)·왕수연(王秀連), 돈화현귀화민 대표 허영진(許泳鎭)·이군일(李君日), 영안현귀화민 대표 김연원(金演源)·이중실(李仲實) 액목현귀화민 대표 공원준(孔元俊)·마진(馬晋) 등과 교유하여, 귀화민·비귀화민을 넘어 교민단 합을 도모하고자 함이었다. 이어 1923년 2월경에는 정안립과 함께 동삼성에 거주하는 조선인자치회를 주창하고 주도하게 동삼성귀화선인자치회자위단(東三省歸化鮮人自治會自衛團)도 이끌게 되었다. 선인자치회는 중국관헌의 일본관헌에 대한 견제를 통해 지방토비들에 대비하고 일본 경찰과 친일 조선민회의 간섭으로부터 일반 선인들의 생명과 재산을 스스로 보호하려는 것이 그 목적이었다. 한편 노령으로부터 만주 지역으로 넘어오는 독립군들과 합세하기 위한 노력도 적극 시도하였다. 당시 김정일 외에도 대종교의 중심인물인 정안립·김규식·이장녕 등이 적극 앞장섰으며, 이범윤·구춘선·남세극(南世極) 등도 이에 동참하였다.

1924년 4월에는 동아민족합단연구회취지서(東亞民族合團研究會趣旨書)를 통해 동아민족합단(東亞民族合團)을 제창하며, 수십만 간도 동포의 각성을 촉구했다. 당시 이현직(李賢稷)을 임시회장으로 박시준(朴時俊)을 총무로 한 이 연구회의 발족에는, 김정일과 함께 최창극·이단(李檀)·김문약(金文若) 등 50여명이 동참하였다. 또한 김정일은 민립중학교(民立中學校)의 건립에도 힘을 보탰다. 1928년 3월 국자가에서 각 지방 사회단체의 대표가 참석한 가운데 간도

민립중학기성회 대표회가 개최되었다. 이 회의의 사회를 보면서 분위기를 이끈 인물도 김정일이었다. 여기서는 중국 관청과의 교섭과 이미 신청한 대성중학교를 신학기부터 관리할 것을 결의하였으며, 나아가 당면문제인 학교재정을 위해 대표들이 각 5원씩을 의무적으로 납부하기로 하였다. 김정일 마지막 행보는 중국관헌에 의해 검거되었다 풀려났다는 소식이다. 국자가에서 연길진수사(延吉鎭守使)의 명령으로 많은 조선인들로부터 신망을 받던 김정일이 안세훈(安世勳)과 함께 돌연 검거되어 조사를 받고 풀려났다는 기록이 그 마지막 행적이다.

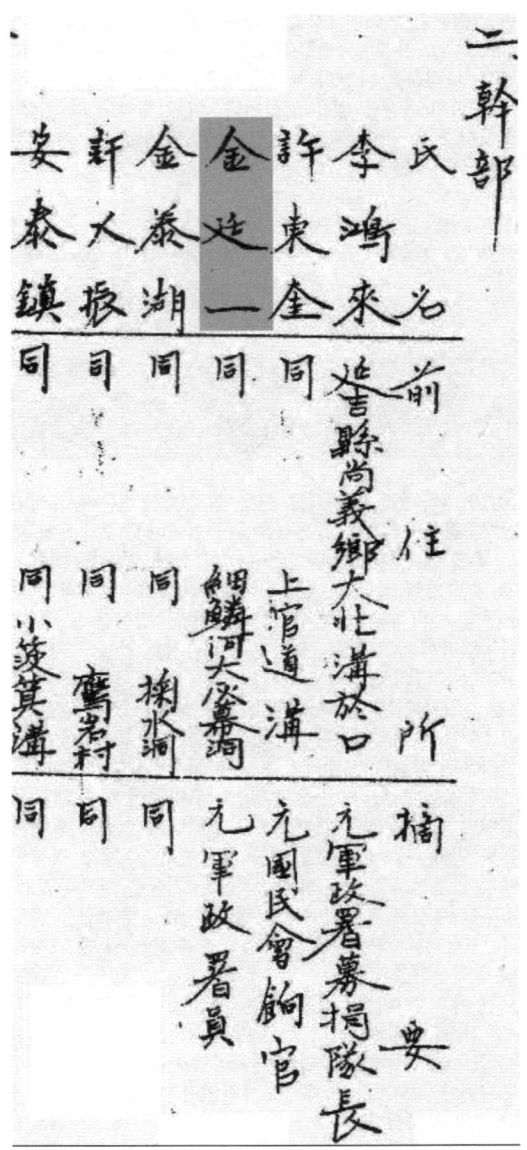

김정일을 간민회 간부로 기록해 놓은 일제의 문서

[교력]

김정일의 교력은 1922년 6월 4일(음력) 대종교의 영계(靈戒)를 받고 참교의 교질에 오른 기록이 있다. 그러나 그는 대종교 참교의 교질을 받기 이전인 1922년 2월 13일(음력)에 돈화현 이도양자(二道楊子)에 있는 대종교 돈성시교당(敦成施教堂)의 책임자로 임명되었다. 그의 대종교 입교가 그보다 훨씬 이전에 이루어졌음을 알게 해 준다.

돈성시교당은 대종교 북일도제1지사의 소속으로 한기욱(韓基昱)이 이끌던 곳이다. 그곳의 주요교인들로는 김정일을 포함하여 윤복영(尹復榮)·박세진(朴世鎭)·김서종(金書鍾)·우덕순·심근(沈槿)·윤정(尹鋌)·주익(朱翼)·윤각(尹覺) 등이 있었으며, 그들은 모두 그 지역 항일투쟁의 중심인물들이었다. 김정일은 그의 항일투쟁의 지역적 연고가 돈화현을 중심으로 이루어졌듯이 그의 대종교 활동의 거점도 그곳을 중심으로 전개되었다. 그가 1926년까지도 돈화현에 있는 대종교 돈성시교당의 전무(典務, 책임자)를 맡고 있었음을 보더라도 알 수 있다.

[참고 문헌]

『종문영질』(프린트본, 1922), 『대종교보』제54호, 『대종교중광육십년사』(대종교총본사, 1971), 『대종교독립운동사』(박영진, 필사본, 1964), 『독립신문』1921. 3. 26., 『동아일보』1928. 3. 28., 1930. 10. 3., 「歸順者 名簿 送付의 건」(不逞團關係雜件-朝鮮人의 部-在滿洲의 部26, 秘受1848호-機密제4호, 한국사DB, 국사편찬위원회), 「不逞鮮人 自稱 墾民局을 組織함」(不逞團關係雜件-朝鮮人의 部-在滿洲의 部29, 秘受9243호-高警제24726호, 한국사DB, 국사편찬위원회), 「大倧敎施敎堂一覽表(1926年)」(延辺朝鮮族自治州档案館 全宗号42 目录号1 案卷号343, 和龙县历史档案 和龙县警察所, 令各区查禁韩人设立大倧教堂由, 民國十五年五月十二日), 『독립운동사(임시정부사)』제4권(독립운동사편찬위원회, 1975), 『한국독립운동사자료』41(국사편찬위원회, 2005), 『한국독립운동사자료』43(국사편찬위원회, 2007)

김정한(金鼎漢, 남, 1892-1969)
입교 시기 _ 1922년 | 교질 _ 미상

경상북도 안동군(安東郡) 길안면(吉安面) 묵계리(黙溪里) 출신으로, 길안면장을 역임하며 면민의 권익과 생활 증진을 위하여 남다른 노력을 기울인 인물이다. 또한 1921년 길안면에서 창립된 진명학술강습회(進明學術講習會)에 참여하여 지역민의 교육 계몽을 암암리에 실천하였고, 1925년 5월 8일에는 부회장으로 선출되어 활동하였다.

김정한의 대종교 교력을 살피면 1922년 7월 19일(음력) 대종교 남일도본사(南一道本司)의 특별추천으로 곽동조(郭東朝)·정기욱(鄭沂昱) 등과 영계(靈戒)를 받은 기록이 있다. 그의 대종교 입교가 이 이전에 이루어졌을 확인시켜준다.

[참고문헌]

『대종교보』제55호(1922년), 『매일신보』1924.10.25., 1926.4.18., 『동아일보』1925.5.15.

김정현(金鼎鉉, 남, 생몰 미상)
입교 시기 _ 1930년 이전 | 교질 _ 지교

출신지역과 생몰연대를 확인할 수 없다. 1919년 4월 이태걸(李泰杰)·조영수(趙榮秀)·김응성(金應聲)·조창락(趙昌樂)·김인식(金仁植)·설관협(薛寬協)·설관성(薛官成) 등과 장백현 18도구 지역에 거주하며 항일투쟁을 도모한 기록이 있다. 일제의 문서에는 홍범도의 부하로 적혀 있으며, 1921년 2월 초에는 연길현으로 옮겨 상의향(尙義鄕) 석마동(石磨洞)을 근거로 활동하였다.

이후 김정현은 1925년 3월 15일, 길림성 목릉현에서 열린 신민부 창립 조직 당시 동녕현(東寧縣)을 대표하는 민선대표로 참여하였다. 신민부는 대종교 항일단체인 대한군정서(북로군정서)의 계열인 대한독립군정서(김혁·조성환·정신)와 대한독립군단(김좌진·남성극·최호·박두희·유현)이 중심이 되어 조직된 집단으로, 대종교적 가치를 소중히 한 항일단체였다. 당시 김정현과 함께 북만주 지역의 민선대표로 참여한 인물들을 보면 윤우현(尹瑀鉉)·박세황(朴世晃)·김규현(金奎鉉)·최우(崔愚)·이주현(李周鉉)·김태선(金泰善)·간기형(干璣衡)·박정덕朴正德·이근(李根)·황공삼(黃公三)·최수완(崔秀完)·이영백(李英伯)·이병천(李秉天)·김유성(金有聲)·정석준(鄭錫俊)·유응진(劉應鎭)·강수군(姜壽君) 등, 대부분이 대종교도였다는 점이 주목된다.

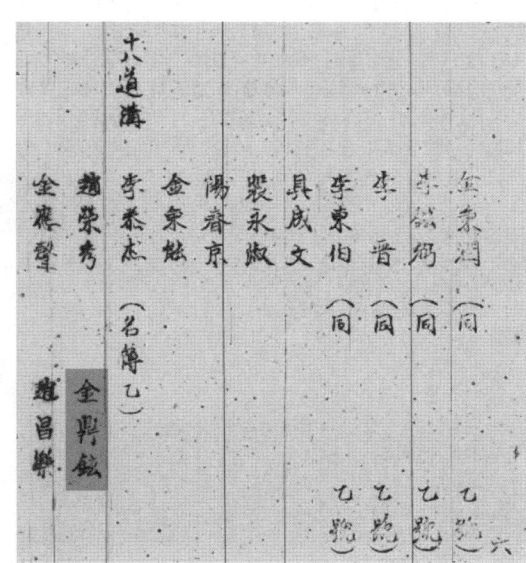

김정현이 1919년 장백현 18도구 지역에서 활동한 기록을 적은 일제의 문서.

김정현의 대종교 교력을 보면, 1934년 1월 3일(음력) 대종교 태일시교당(泰一施教堂)의 책임자[典務]를 맡았다. 태일시교당은 밀산현 향양촌(向陽村)에 소재했던 시교당이다. 이 당시 김정현의 교질(敎秩)이 이미 지교(知敎)였음을 보면, 그의 대종교 입교 시기가 1910년대 말에서 20년대 초반으로 점쳐진다. 또한 1937년 8월 24일(음력) 발포된 대종교 재만교구경상금수납위원(在滿教區經常金收納委員)으로도 임명되어, 홍재경(洪在京)과 함께 밀산현 향양촌을 관할하였다.

[참고 문헌]
『대종교보』제115호(1937년), 『대종교중광육십년사』(대종교총본사, 1971), 「獨立運動에 관한 건(國外 제34보) : 圖們江方面, 鴨綠江方面」(大正8年乃至同10年 朝鮮騷擾事件關係書類 共7冊 其7, 驅密 第301號, 한국사DB, 국사편찬위원회), 「政治犯 自首 申告者 名簿」(不逞團關係雜件-朝鮮人의 部-在滿洲의 部26, 秘受2211호-機密제82호, 한국사DB, 국사편찬위원회), 『한민족독립운동사』4(국사편찬위원회, 1988)

<table>
<tr><td>김정호(金鼎鎬, 남, 1887-?)</td></tr>
<tr><td>입교 시기 _ 1914년 | 교질 _ 참교</td></tr>
</table>

한성부 서서(西署) 반송방(盤松坊) 아현(阿峴) 출신이다. 1906년 11월 대한제국의 군수품을 만들고 수리하던 군기창기수(軍器廠技手)로 입관하여 1907년 5월에 그만둔 기록이 있다. 이후의 행적은 불분명 하며, 그가 만주로 건너간 경위도 파악할 수 없다. 다만 그가 1914년 초에 대종교에 입교한 것으로 보아, 대종교 루트를 통해 망명했을 가능성이 점쳐진다. 그가 1920년 주견룡(朱見龍)·김주빈(金周斌)·나정훈(羅廷勳)·주운강(朱雲崗)·나병호(羅秉浩)·임학형(林學瀅)·이용선(李傭先) 등과 대종교계 항일투쟁단체인 대한군정서(북로군정서)의 군의(軍醫)로 활동하고 있음도 우연이 아닐 듯하다. 그의 대종교 교력은 비교적 이른 시기인 1914년 3월 2일(음력) 참교의 교질을 받았다는 기록이 있으나, 그 이후의 행적은 전해지지 않는다.

[참고 문헌]
『종문영질』(프린트본, 1922), 『승정원일기』1906년 9월 22일자·1907년 5월 28일자, 「朝鮮側 警察이 朝鮮人 金順 등을 拘引시킨 것에 관한 건」(不逞團關係雜件-朝鮮人의 部-在滿洲의 部28, 受20669호-公제259호, 한국사DB, 국사편찬위원회)

<table>
<tr><td>김정후(金正珝, 남, 1903-?)</td></tr>
<tr><td>아호(별명) _ 단천(檀泉)
입교 시기 _ 일제강점기 | 교질 _ 정교</td></tr>
</table>

일제강점기 대종교 탄압에 맞서, 전라남도 광주 지역을 중심으로 대종교 활동을 전개한 인물이다. 그의 출신 지역 역시 그 지역일듯하나 정확히 확인되지는 않는다.
김정후의 대종교 입교도 일제강점기에 이루어졌으나 남아있는 기록은 없다. 해방 직후 만주에서 환국한 대종교가, 김정후에게 1946년 2월 23일(음력, 이하 음력) 남도본사

(南道本司)의 특별추천으로 다시 영계(靈戒)와 함께 참교(參敎)의 교질(敎秩)을 동시에 수여한 배경이다. 그리고 같은 해 2월 29일에는 경각(經閣, 대종교 교주를 상징하는 공간)의 찬선(贊宣)으로 임명되어 대종교 교주인 윤세복(尹世復)을 보필했다. 찬선이란 대종교 교주의 비서실장격인 봉선(奉宣)을 돕는 직책으로 교주의 비서와 같은 것이다.
1946년 3월 8일 남도본사의 찬리(贊理)로 임명된 김정후는, 2주 후인 3월 24일 대종교총본사의 특별추천에 의해 지교(知敎)로 승질(陞秩)되었다. 그리고 1950년 3월 27일 상교(尙敎)이 교질에 오르고, 같은 해 4월 30일 열린 제7회 교의회(敎議會)에서 전무(典務)로도 선출되었다. 한국전쟁 이후인 11월 14일에는 대종교 남일도구(南一道區) 관할 순교원(巡敎員)으로 임명되는가 하면, 1954년 5월 3일에는 삼일원(三一園) 대덕(大德)으로도 추대되었다. 이후 정교(正敎)의 교질과 더불어 대형(大兄)의 교호(敎號)를 받은 김정후는, 1960년 1월 17일 교주 윤세복이 서거하자 장의위원회(葬儀委員會)의 위원으로도 선임되었다.
이후에도 김정후는 원로원(元老院) 참의(參議), 대종교총본사 서무감정(庶務監正) 등을 두루 거치면서 대종교의 안정과 발전에 많은 역할을 하였다. 특히 김정후는 자신의 환갑 해인 1963년 여름 마니산 제천단을 찾았다. 그리고 제천단에서 제를 올린 감회를 종문(倧門) 선배인 원대(圓臺) 이원태(李源台)에게 말하며 시 한 수를 부탁하였다. 당시 이원태가 김정후의 환갑을 축하하며 써 준 것이 아래의 칠언율시다.

人間甲子盡經來(인간갑자진경래)
返妄歸眞意思開(반망귀진의사개)
頭岳輒星承古蹟(두악참성승고적)
心香天水奠神盃(심향천수전신배)
猶存一理逢誠懿(유존일리봉성의)
不有群魔作障哀(불유군마작장애)
千里送傳消息好(천리송전소식호)
病吾欣似上春臺(병오흔사상춘대)

주목되는 것은 이원태의 한시를 받은 김정후 해석이 걸작이다. 이원태의 한시를 전라도사투리를 섞어 연시조로 풀어 쓴 아래의 글이 그것이다.

육십을 산다거나 '참'으로 돌아간 이 많당게요
마리산 오천년 얼 님 자욱 서린 참성단
천수에 마음향불이 '한빛'을 점줬 심진가뵈

한오리 남은 정성이 이 땅의 새론 평화로고
머언 천리길 찾은 기쁜 소식은
아픈 나 슬몃 일으켜 봄정자 오른 것 같애

[참고문헌]
『대종교보』한국기념호(1946년)·제165호(1950년)·제166호(1950년)·제168호(1950년)·제211호(1963년), 『대종교중광육십년사』(대종교총본사, 1971)

김정희(한자명, 남, 생몰 미상)
입교 시기 _ 1922년 이전 | 교질 _ 참교

출신지역과 생몰연대를 알 수 없는 인물로, 그의 한자(漢字) 이름 역시 확인이 안 된다. 1915년 4월 북간도 명동중학교(明洞中學校)를 제5회로 졸업한 김정희(金正熙)와는 동일인으로 추정되지만, 그 연관 기록을 찾을 수가 없다.

김정희의 대종교 교력을 살피면 1922년 3월 17일(음력) 대종교 철일시교당(哲一施敎堂)의 전무(典務, 책임자)로 임명된 기록이 있다. 당시 그가 이미 참교(參敎)의 교질(敎秩)에 있었음을 보면, 그의 대종교 입교 시기가 훨씬 전에 이루어졌음을 살필 수 있다. 철일시교당은 대종교 동이도본사 제이지사(第二支社) 소속으로, 해일시교당(海一施敎堂)·수일(秀一施敎堂)과 함께 연해주에 위치해 있었다. 또한 동이도본사의 관할 구역은 노령 연해주 및 해삼위 지역과 동북만주 일대로, 이범윤(李範允)·홍범도(洪範圖)·이화(李華)·정광(丁光)·허연(許煉)·김익형(金翼衡)·박서연(朴瑞連)·최우익(崔友翼)·황강(黃剛)·김백련(金百練) 등이 주요 교인으로 활동하고 있었다.

한편 김정희가 철일시교당을 이끌 당시 찬무(贊務, 부책임자)를 맡았던 인물들은 허연과 강천희(姜天熙)였다. 허연은 1910년대 후반 대종교 동이도본사(東二道本司) 소속 주요 항일투사였으며, 강천희 역시 나운규(羅雲奎)처럼 극단을 이끌며 문화투쟁을 전개하였다. 김정희가 대종교 항일투쟁과 불가분의 관계에 있었음을 시사해 준다.

[참고문헌]
『대종교중광육십년사』(대종교총본사, 1971),「朝鮮獨立運動에 관한 情報送付의 件」(不逞團關係雜件-朝鮮人의 部-在滿洲의 部11, 機密公信 第21號; 秘受7301號, 한국사DB, 국사편찬위원회)

김제섭(金濟燮, 남, 생몰 미상)
입교 시기 _ 1922년 | 교질 _ 미상

출신지역과 생몰연대를 알 수 없는 인물로, 일제의 기록에서도 발견되지 않는다. 김제섭은 대종교에 입교한 후인 1922년 8월 22일(음력) 성일시교당(城一施敎堂)의 부책임자[贊務]로 임명된 기록이 있다. 성일시교당은 대종교 동도본사 관할로 혼춘현 숭례사(崇禮社) 소성자(小城子)에 위치한 시교당으로, 함께 찬무(贊務)를 맡아 활동한 인물이 항일투사 최률(崔律)이다. 김제섭은 같은 해 개천절(음력 10월 3일)에 영계도 수여 받았다. 당시 김제섭과 함께 영계를 받은 인물들을 보면, 이덕기(李德基)·김창한(金彰漢)·김천길(金千吉)·김영갑(金永甲)·최상규(崔祥奎)·채창묵(蔡昌黙)·최하규(崔河奎)·서헌(徐憲)·서병호(徐丙浩)·최병일(崔秉一)·이병철(李秉喆)·서재익(徐在益) 등이다. 모두 항일투사들이란 점에서 주목된다. 김제섭이 대종교 항일투쟁과 무관치 않은 인물임을 확인시켜 준다.

[참고 문헌]
『대종교보』제56호(1922년),『대종교중광육십년사』(대종교총본사, 1971)

김제욱(金濟郁, 남, 생몰 미상)
입교 시기 _ 1926년 이전 | 교질 _ 미상

출신지역과 생몰연대를 알 수 없는 인물이다. 일찍이 대종교 항일단체인 대한군정서(북로군정서) 경신분국(警信分局)의 16분국장에 이름이 올라 있다. 김제욱이 맡은 16분국은 9개의 과(課)를 거느린 분국으로, 박상순(朴尙淳)·김창한(金昌漢)·원기선(元祺善)·최규묵(崔奎黙)·박기규(朴基奎)·박종국(朴鐘國)·서종식(徐鐘植)·황민협(黃敏洽)·김혁(金爀) 등이 1~9과장까지 맡아 이끌었다.

북로군정서의 경신국은 말 그대로 경사(警査)와 통신(通信)을 주로 하는 조직이었다. 경사 임무는 민정(民情) 시찰, 각 단체의 행동과 적정(賊情) 정찰, 군사 기밀 조사, 내부 불순분자 색출, 임원 경호 등이다. 통신 임무는 신보(新報) 전파, 보도(報道) 및 통신 전달, 서령(署令) 및 선유문(宣諭文) 배포, 하물(荷物) 운반 등이다. 경신국은 만주·조선·연해주 등지에서 광범위하게 정보를 수집해 빠르게 상부로 보고하는 비밀첩보 조직으로 39분국으로 나뉘어 있었으며, 대종교의 조직과 불가분의 관계를 맺고 있었다.

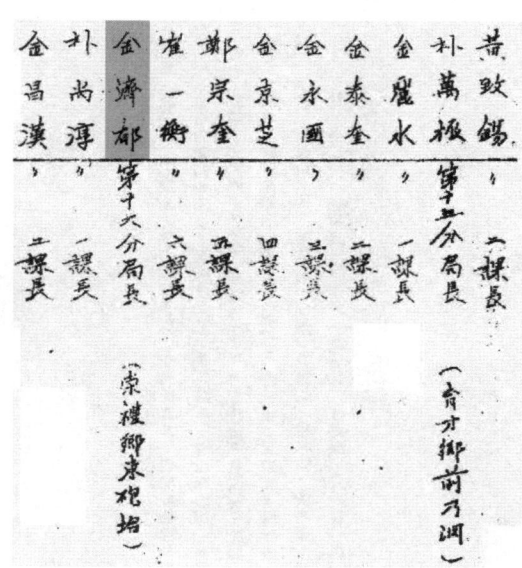

북로군정서 경신분국 제16분국장 김제욱이 기록되어 있는 일제의 문서

김제욱의 영계 사항이나 교질 관계와 관련된 대종교의 기록은 남아있는 것이 없다. 다만 연변자치주 화룡당안관(和龙档案馆)이 소장하고 있는 일제강점기 대종교문서(1926년도 작성)에는, 김제욱이 대종교 성일시교당(城一施敎堂)의

책임자[典務]를 맡은 것으로 적혀있다. 당시 성일시교당은 혼춘 숭례사(崇禮社) 소성자(小城子) 지역에 있었으며, 채세헌(蔡世憲)과 박홍석(朴弘錫)이 찬무(贊務)를 맡아 김제욱을 도왔다.

[참고 문헌]
「朝鮮側 警察이 朝鮮人 金順 등을 拘引시킨 것에 관한 건」(不逞團關係雜件-朝鮮人의 部-在滿洲의 部28, 受20669호-公第259호, 한국사DB, 국사편찬위원회), 「大倧敎施敎堂一覽表(1926年)」(延边朝鲜族自治州档案馆 全宗号42 目录号1 案卷号343, 和龙县历史档案 和龙县警察所, 令各区查禁韩人设立大倧教堂由, 民国十五年五月十二日)

김종만(金鍾萬, 남, 생몰 미상)
입교 시기_ 일제강점기 | 교질_ 지교

출신지역과 생몰연대가 확인되지 않는다. 1920년 연해주를 중심으로 한 항일투쟁, 1933년 인천 환이상회(丸二商會)와 관련된 노동운동, 그리고 1935년에 있었던 중앙고보(中央高普) 반제국주의운동 비밀결사 전교오르그위원회(全校org委員會) 사건과 관련한 김종만(金鍾萬)이 있으나 동일인인지는 불분명하다.

김종만이 이시영·이동하·황학수·고평·김승학·김진호·이용태·신백우 등, 항일투쟁의 거물들과 해방 직후 대종교 참의원으로 임명된 『대종교보』환국기념호'의 기록.

그러나 김종만은 대종교 환국 직후인 1946년 2월 23일(음력, 이하 음력)에 열린 제7회 대종교총본사 확대직원회(擴對職員會)에서, 남도본사의 특별 추천으로 영계와 참교의 교질을 함께 받은 인물이다. 그의 대종교 입교가 일제강점기에 이미 이루어졌음을 알게 해 준다. 그리고 같은 해 3월 6일에는 경의원(經議院) 참의(參議)로 선임되었고, 이틀 후에는 서울 사직동에 있던 한선시교당(漢善施敎堂)의 부책임자[贊務]로 임명되었다. 이어 1주일 후인 3월 14일 지교(知敎)의 교질로 승질(陞秩)된다. 대종교 항일투쟁에서의 그의 무게도 짐작할 수 있다. 김종만이 이시영·이동하·황학수·고평·김승학·김진호·이용태·신백우 등, 대종교 항일투쟁의 거물들과 대종교 교주에 대한 자문기관인 경의원의 참의로 선임된 것이 그 중요한 근거가 된다. 또한 그가 찬무를 맡았던 한선시교당을 주도한 인물들 역시 이규채(李圭彩)·고평과 같은 거물 독립운동가였다는 점도, 그 또 하나의 방증이라 할 것이다.

[참고 문헌]
『대종교보』환국기념호(1946년), 『대종교중광육십년사』(대종교총본사, 1971)

김종삼(金鍾三, 남, 생몰 미상)
입교 시기_ 1923년 | 교질_ 참교

출신지역과 생몰연대를 알 수 없는 인물이다. 일제의 문서에서는 찾을 수 없으며 1920년대 대종교의 기록에서만 등장하고 있다.
김종삼은 1923년 4월 1일(음력) 대종교 동일도본사(東一道本司)의 특별 추천으로 영계(靈戒)를 받은 기록이 있다. 그의 대종교 입교가 그 이전으로 올라감이 확인된다. 같은 날 함께 영계를 받은 인물들을 보면, 동성한족생계회(東省韓族生計會)를 주도한 박우진((朴宇鎭, 朴健), 대한군정서(북로군정서) 활동을 전개한 안정인(安正仁), 그리고 김찬(金燦)·김혁(金赫)·박진(朴震)·김철(金哲)·김포(金圃)·김원(金圓)·김련(金鍊)·김관(金寬)·안영(安英)·김광(金光)·박걸(朴杰) 등, 그 대다수가 만주 항일투쟁의 중심인물들이었다.
또한 김종삼은 같은 해 6월 20일(음력) 동일도본사의 특별 추천으로 참교(參敎)의 교질(敎秩)도 받았다. 상해 한인청년동맹(韓人靑年同盟)을 발기한 박진(朴震), 만주의 대종교계 동명학교(東明學校)와 동흥학교(東興學校)를 이끈 이근(李槿)을 포함한 차병헌(車炳憲)·최용규(崔應奎)·최기훈(崔基薰)·최승붕(崔承鵬)·강난주(姜蘭宥)·안정인(安正仁) 등의 항일투사들이 이날 김종삼과 함께 참교를 받았다. 김종삼 역시 대종교 항일투쟁과 무관치 않은 인물임을 알 수 있으나, 그 이후의 기록은 확인되지 않는다.

[참고문헌]
『대종교보』제58호(1923년)

김종수(金鍾秀, 남, 생몰 미상)
입교 시기_ 1937년 이전 | 교질_ 미상

출신지역과 생몰연대가 확인되지 않으며, 일제의 기록에서도 그의 행적이 나타나지 않는다. 다만 1937년 8월 24일(음력) 대한독립군비단의 서기를 지낸 고재봉(高在鳳)과 함께 돈화현 부근 대종교 재만교구경상금수납위원(在滿敎區經常金收納委員)에 임명된 기록으로 보아, 이 지역 대종교 항일투쟁의 중심부에 있었던 인물로 추정된다.

또한 김종수는 1939년 10월(음력)에 조직된 대종교서적간행회에도 참여하였다. 이 회는 대종교를 보급하는 데는 반드시 문자의 힘이 필요하다는 기치 아래 만들어진 조직으로, "이제 대교(大敎) 부흥기에 당하여 만구동성(萬口同聲)으로 종경(倧經)의 요구가 날로 높은 터이다. 이 요구를 수응함은 무엇보다도 대교 발전상 최대 급무일 것이다. 이것을 공감하는 우리는 미성박력(微誠薄力)을 불고하고 교적간행회를 발기한다."는 취지로 안희제와 강철구가 앞장선 것이다.

김종수의 영계 사항이나 교질 단계와 관련된 대종교 교력은 전하는 것이 없다. 그러나 1937년 돈화현 지역 대종교 재만교구경상금수납위원으로 임명된 것으로 보아, 이 시기에 이미 낮지 않은 위치에 있었음을 짐작할 수 있다.

[참고 문헌]
『대종교보』제115호(1937년), 『대종교중광육십년사』(대종교총본사, 1971)

김종순(金鍾舜, 남, 생몰 미상)
입교 시기_ 1922년 이전 | 교질_ 참교

출신지역과 생몰연대를 알 수 없으나, 1920년대 대종교에 몸을 담고 항일투쟁을 전개한 인물이다. 1922년 6월 8일(음력, 이하 음력) 대종교 서일도본사가 관할하는 송광시교당(松光施敎堂)의 전무(典務, 책임자)를 맡았다. 송광시교당은 무송현에 있었으며, 당시 김종순을 도운 인물은 후일 신민부(新民府) 요원으로 활약한 이옥규(李沃珪)와 윤광원(尹光源)이 찬무(贊務, 부책임자)를 맡아 함께 했다. 또한 같은 해 9월 30일(음력)에는 같은 무송현에 순광시교당(順光施敎堂)을 단독으로 맡아 대종교 포교와 항일의 거점을 구축하는데 앞장섰다.

김종순의 교력을 보면 1922년 6월 8일 대종교 서일도본사(西一道本司)의 추천으로 영계(靈戒)와 함께 참교(參敎)의 교질(敎秩)을 동시에 받았다. 그의 대종교 입교 시기가 1910년대 후반에서 1920년대 초반일 가능성을 점쳐 준다.

[참고 문헌]
『대종교보』제54호(1922년), 『대종교중광육십년사』(대종교총본사, 1971), 『한민족독립운동사』4(국사편찬위원회, 1988)

김종식(金宗植, 남, 1893-?)
아호(별명)_ 김원식(金元植)
입교 시기_ 1918년 | 교질_ 참교

평안북도 창성군(昌城郡) 창주면(倉州面) 하평리(下坪里) 출신으로, 김원식(金元植)이라는 이명도 썼다. 1919년 5월 나자구(羅子溝)에서 임시의사부(臨時議事部)를 조직한 김종식(金宗植, 당시 60세)과는 동명이인이며, 경상북도 안동 출신의 독립운동가 김원식(金元植)과도 별개 인물이다. 주로 통의부(統義部)의 암살단원으로 활동했으며, 짧은 머리에 중국복장으로 모젤권총을 휴대했다 한다. 1921년 5월 27일 관전현 백채지(白菜地)에서 이도준(李道俊)·이창선(李昌善)·이교준(李敎俊)·일찬화(日贊化)·박원엽(朴元燁)·박희원(朴熙元)·김봉손(金奉孫)·김낙범(金洛範)·황집(黃集) 등의 동지들과 국내로 진입 작전을 전개하기도 했다. 김종식의 대종교 교력은 1918년 2월 18일(음력) 참교의 교질을 받은 기록이 있다.

[참고 문헌]
『종문영질』(프린트본, 1922), 「在留一般鮮人의 狀況」(不逞團關係雜件-朝鮮人의 部-鮮人과 馬賊, 關參課 제381호 普通報 제20호, 한국사DB, 국사편찬위원회)

김종우(金鍾禹, 남, 생몰 미상)
입교 시기_ 1937년 이전 | 교질_ 참교

출신지역과 생몰연대를 확인할 수 없는 인물로, 일제의 기록에서도 드러나지 않는다. 1937년 2월 2일(음력) 대종교총본사의 특별 추천으로 영계와 참교의 교질을 동시에 받았다. 그 이전에 이미 대종교적 경험이 남달랐음을 알려주는 근거라 할 수 있다. 더욱이 같은 날 대종교 북일도구(北一道區)의 시교원(施敎員)으로 임명되어, 함께 임명된 항일투사 김성일(金成一)·권중락(權重洛) 등과 대종교 포교 활동을 통한 항일투쟁을 전개하였다. 또한 김종우가 활동할 당시 북일도본사의 중심인물은 대종교 항일단체인 북로군정서의 맹장이었던 윤정현(尹珽鉉)이었다. 윤정현은 대종교 경의원장(經議院長)과 총본사(總本司) 전강(典講) 등, 교단의 중책을 수행한 인물로 북로군정서의 탁지국장으로도 활약한 인물이다. 김종우 역시 대종교 항일투쟁과 무관치 않은 인물임을 알려주고 있다.

[참고 문헌]
『대종교보』제113호(1937년), 『대종교중광육십년사』(대종교총본사, 1971)

김종진(金鍾震, 남, 생몰 미상)
입교 시기 _ 1924년 이전 | 교질 _ 미상

출신지역과 생몰연대가 확인되지 않는다. 다만 1908년 대한협회 경상북도 자인군(慈仁郡) 지회의 회계와 평의원을 지낸 것으로 보아 이곳 출신일 가능성이 높다. 또한 김종진이 도쿄 한국 유학생들이 조직한 독립운동 단체인 대한흥학회 회원으로 활동했다는 점에서 일본유학을 한 인물임도 확인된다.

김종진은 대종교의 비밀결사였던 조선국권회복단과 연관된 부산의 무역회사 주일상회(主一商會)의 투자자이기도 했다. 주일상회는 1918년 5월에 손영순(孫永洵)과 최연무(崔演武)가 5,000원씩을 투자하여 발기한 회사로, 김종진(2,500원 투자)을 비롯하여 조선국권회복단의 주요 인물이었던 최준(崔浚)·윤병호(尹炳浩) 등 45명이 6만 3,000원을 모아 설립한 회사였다.

김종진은 1924년 2월에 대종교진흥회에도 참여한다. 대종교진흥회는 국내(경성) 계동(桂洞)에 있던 대종교남도본사에서, 일제에 의해 침체된 대종교를 진흥시키기 위하여 박용태(朴龍泰)를 중심으로 조직한 단체였다. 당시 만주 영안현에 있던 대종교총본사와 연락을 취하면서 대종교 포교사업을 일층 확장하고 대종교서적과 정기출판물을 발행하여 대종교의 정신을 선전하고자 조직한 것이다. 김종진은 이 진흥회의 전례(典禮)를 맡아 의전활동을 책임졌다. 이 진흥회는 박용태가 회장을 맡고 김진우(金振宇, 부회장)·이홍도(李弘道, 총무)·이승천(李承天, 서무)·조철호(趙喆鎬, 교섭)가 중심을 이루었다. 이들은 「대종교진흥회취지서」를 만들어 국내뿐만 아니라 상해 등지에도 배포하고 대종교 발전을 위한 다각적인 모색을 하였다. 그 취지서에는 대종교의 역사적 기원과 전래 명칭, 삼일신고(三一神誥)의 훈포(訓布), 홍암 나철의 중광(重光)과 순교(殉敎), 만주 영고탑으로 총본사를 옮기게 된 배경 등을 설명하고, 정신을 통일하여 대종교의 신화를 만천하에 발휘하는데 뜻있는 동지들의 참여를 독려하는 내용을 담았다.

김종진의 영계 사항이나 교질 관계에 대한 대종교단 내의 기록은 전하지 않는다. 그러나 1924년 2월 대종교 재도약의 기치를 내건 대종교진흥회의 임원으로 참여한 것을 보아, 적어도 그 이전에 깊이 관여하고 있었음이 확인된다.

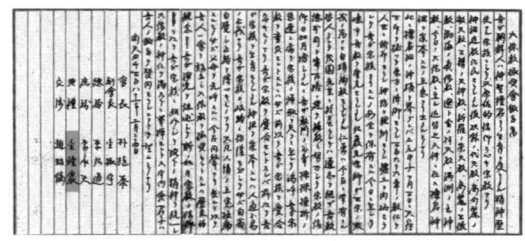

일제의 문서에 담긴 '대종교진흥회취지서' 일본어 번역문. 뒷부분 연명자 가운데 典禮 金鍾震의 이름이 보인다.

[참고 문헌]
『대한협회회보』제9호(1908년), 「大倧敎振興會 趣旨書 譯文 進達의 件」(不逞團關係雜件-朝鮮人의 部-在滿洲의 部40, 機密 第1號, 한국사DB, 국사편찬위원회), 『동아일보』1924.11.26., 『한민족독립운동사자료집』8(국사편찬위원회, 1989)

김종한(金宗漢, 남, 1844-1932)
아호(별명) _ 조경(組卿), 유하(游霞)
입교 시기 _ 1922년 | 교질 _ 참교

경기도 수원에서 출생한 인물로, 친일파 윤덕영(尹德榮)의 외사촌형이다. 조선 말기에 이조참판·사헌부 대사헌 등에 임명되었고, 대한제국기에는 한성은행장·함경남도관찰사·판돈녕사사(判敦寧司事), 정우회(政友會)와 대한수상조합소(大韓水商組合所) 총재 등을 역임했다. 일제강점기에는 조선유도사(朝鮮儒道社) 총재, 산릉주감(山陵主監) 제조(提調), 단군신전봉찬회(檀君神殿奉讚會) 고문과 함께 대성원(大聖院) 원장 등을 맡았으며, 남작의 작위를 받아 친일의 행각을 보였다. 김종한의 대종교 교력을 보면, 1922년 윤5월 11일(음력) 남도본사의 추천으로 영계를 수여받았으며, 같은 해 7월 23일(음력) 참교의 교질을 받은 기록이 있다.

[참고 문헌]
『대종교보』제54호(1922년)·제55호(1922년), 『친일반민족행위진상규명보고서』Ⅳ-4:친일반민족행위자 결정이유서(친일반민족행위진상규명위원회, 현대문화사, 2009)

김종헌(金鍾憲, 남, 1868-?)
입교 시기 _ 1918년 | 교질 _ 참교 | 서훈 _ 애족장(2009)

함경북도 길주(吉州) 출신으로 대한의군부에 기반을 두고 항일투쟁을 전개한 인물이다. 의군부는 동북 만주 각지에 산재해 있던 국내 출신 의병들이 중심이 되어 1919년 4월에 조직한 단체였다. 1919년 3·1운동에 자극을 받아 연길현 명월구(明月溝)에서 이범윤(李範允)·진학신(秦學新)·최우익(崔友翼)·김청봉(金淸鳳)·김현규(金鉉圭) 등이 주동이 되어 출범하였다.

의군부의 조직은 2원화되어 본부와 중부로 나뉘었다. 본부에는 총재에 이범윤, 총사령 김현규, 참모장 진학신, 총무부장 최우익, 군사부장 김청봉, 외교부장 신립(申立), 통신부장 지우강(池雨江)이었고, 중부의 참모장은 고평(高平), 서무부장 이을(李乙), 외교부장 김종환(金鍾煥), 통신부장 박재(朴在), 군법원장 허승완(許承完), 헌병대장 최상운(崔尙雲), 군기감독 강문주(姜文周)였다. 당시 김종헌은 대한의군부 전위대(前衛隊)의 중부경리국장(中部經理局長, 재무부장)과 함께 참모부의 사계국장(司計局長)을 맡아 부대의 경제적 흐름을 총괄하였다.

한편 의군부의 본부와 중부의 이원적 조직은 중앙 통제를 약화시키고 각지 의군부의 분산된 독립군부대를 개별적으로 원활하게 움직이기 위함이었다. 중부의군부가 '조선독립군'으로 행세한 것이나, 의군부 소속 허근(許根)·강창대(姜昌大)·박재눌(朴載訥)·강영찬(姜永讚) 등이 '구국단(救國團)'이라는 독립군단체를 조직한 것도 이러한 배경과 맞물린다.

김종헌은 1920년 6월 1일 대한군정서와 의군부가 있는 왕청현 봉의동(鳳儀洞)에서 열린 재북간도각기관협의회(在北懇各機關協議會)에 의군부 대표로 참석하기도 했다. 당시 참여한 항일단체는 의군부를 포함하여 6개 단체(대표자)로, 대한군정서(김좌진·나중소), 신민단(김준근·이홍수), 군무도독부(최진동·이춘범), 광복단(김성륜·홍두식), 국민회(김동흡·김규찬), 의군부(김종헌·박재눌) 등이었다. 이 협의회에서는, 1 기부금을 강제하거나 청년의 입단을 강요하는 것을 지양하고 지단이나 지부를 설치할 시 관할 단체와 미리 협의 할 것, 2 앞으로의 기부금은 자산가(資産家)들을 중심으로 애국금 출연 형식으로 할 것, 3 대한민국임시정부가 발행하는 공채를 간도로 반입할 경우 일률적으로 유통하도록 할 것, 4 각 부락마다 통신원을 두어 미리 대비하도록 하는 것 등의 4가지의 주요사항을 결의하였다.

이후 김종헌은 영고탑으로 옮겨 항일투쟁을 이어갔다. 청산리독립전쟁 이후 왕청현 지역의 활동이 불가능했기 때문이다. 1922년 2월경 그의 대한의민단과 혈성단에서의 활약이 대표적이다. 그가 참모로 참여할 당시의 대한의민단은 단장 방위룡(方渭龍)·부단장 박정규(朴定奎), 그리고 참모로 허근(許根) 등이 있었다. 한편으로 혈성단(血誠團)에도 참여하였다. 이 때의 혈성단은 노령의 혈성단과 대한의군부의 인맥이 합쳐진 단체였다. 김종헌은 혈성단의 지단제2영(支團第二營, 일명 太極團)의 군사령(軍使令)을 맡았는데, 영안현 부근이 그 관할 지역이었다. 당시 제2영의 영단장(營團長)은 지도천(池道天)이었으며, 최원(崔元, 총무)·허재눌(許在訥, 외무장) 등이 함께 하였다.

김종헌의 대종교 교력은 1918년 1월 13일(음력)에 참교의 교질을 받은 기록이 있다. 대한의군부 활동 이전에 대종교에 입교한 것이다. 그러나 그 후의 행적은 전하지 않는다.

[참고 문헌]
『종문영질』(프린트본, 1922), 「大韓義軍府의 行動에 관한 건」(不逞團關係雜件-朝鮮人의 部-在滿洲의 部25, 秘受1287호-機密제32호, 한국사DB, 국사편찬위원회), 「間島 및 同 接壤地方에 있어서 排日團體 및 親日團體 調査의 건」(不逞團關係雜件-朝鮮人의 部-在滿洲의 部32, 機密受제110호-機密제93호, 한국사DB, 국사편찬위원회), 『한국독립운동사자료』42(국사편찬위원회, 2006)

김종혁(金宗爀, 남, 1882-?)
아호(별명) _ 김종헌(金鍾爀), 김종혁(金宗赫)
입교 시기 _ 1922년 이전 | 교질 _ 미상

함경북도 경원군(鏡源郡) 경원면(鏡源面)출신으로, 어려서 한문을 수학하고 기독교에 몸담았던 인물이다. 일제의 기

록에는 1915년 황병길의 부하로서 대종교인 이동춘 등과 어울리며 혼춘 지역 배일조선인(排日朝鮮人)으로 올라 있다. 이후 김종혁은 북간도 혼춘 지역 대종교 활동을 통한 항일투쟁을 꾸준히 전개했다.

김종혁의 영계 사항이나 교질 관계를 확인할 수 있는 대종교 기록은 전하지 않는다. 그러나 1922년 개천절(음력 10월 3일)에 대종교 장일시교당(長一施教堂)의 전무(典務, 책임자)를 맡은 것으로 보아, 그 이전에 이미 대종교에 깊이 관여하고 있었음이 확인된다. 장일시교당은 혼춘 순의사(純義社) 장성촌(長城村)에 소재해 있었으며, 채민언(蔡泯彦)과 서윤혁(徐允爀)이 찬무(贊務, 부책임자)를 맡고 백인순(白仁淳)·허명기(許明璣)가 시교원(施教員)으로 임명되어 활동하였다. 특히 김종혁은 채민언·서윤혁과 함께 1926년대까지 장일시교당을 맡아 활동하였다.

[참고 문헌]
『대종교보』제56호(1922년), 『대종교중광육십년사』(대종교총본사, 1971), 「排日鮮人에 관한 名簿 送付의 건」(不逞團關係雜件-朝鮮人의 部-在滿洲의 部5, 機密公信 제37호, 한국사DB, 국사편찬위원회)

김종호(金鍾浩, 남, 생몰 미상)
입교 시기 _ 1923년 이전 | 교질 _ 미상

출신지역과 생몰연대를 알 수 없는 인물로, 일제의 기록에서도 발견되지 않는다. 1923년 4월 26일(음력) 대종교 동일도본사가 관할하는 명일시교당(明一施教堂)의 찬무(贊務)를 맡은 기록이 있다. 당시 명일시교당은 연길현 두도구(頭道溝) 명수동(明水洞)에 있었으며, 한경수(韓景洙)가 전무(典務, 책임자)를 맡고 이봉화(李逢華)가 김종호와 같이 찬무를 맡아 이끌었다. 김종호의 교질 관계에 대해서도 기록이 전하지 않는다.

[참고 문헌]
『대종교보』제58호(1923년), 『대종교중광육십년사』(대종교총본사, 1971)

김종효(金鍾曉, 남, 생몰 미상)
입교 시기 _ 1922년 이전 | 교질 _ 미상

경상남도 창원군 진북면(鎭北面) 대평리(大坪里) 출신이다. 주로 그 지역을 거점으로 활동하였다. 진북면 농림조합장과 진동금융조합의 이사를 지냈으며, 마산금융조합의 감사와 함께 마산지역 교과서용 도서를 보급하기도 했다. 1919년부터 1924년까지 창원군 진북면장을 역임한 기록이 있으며, 동아일보 마산지국 창원분국장과 진동분국장으로 활동하기도 했다. 김종효의 대종교 관련 사항(영계나 교질 관계)에 대한 대종교단 내의 기록은 모두 없어졌다.

다만 1922년 음력 10월, 성주(星州) 사람 성세영이 쓴 『본사행일기』에 경상도 지역 주요 교인으로 김종효가 올라 있다. 그 시기 이전에 이미 대종교에 입교하여 활동하고 있었다.

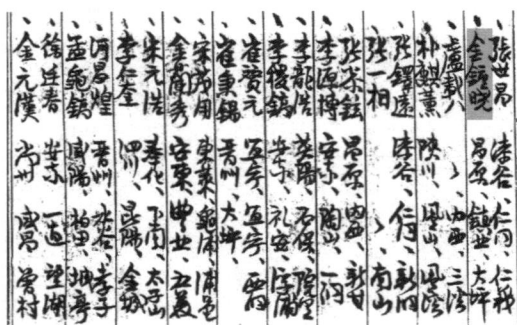

성세영의 『本司行日記』(1922년)에 적혀 있는 1920년대 초 경상도지역 대종교 교인들의 명단 일부. 오른 쪽에서 두 번 째 金宗曉(昌原 鎭北 大坪)의 이름이 보인다.

[참고 문헌]
『본사행일기』(성세영, 필사본, 1922), 『조선총독부관보』제1542호 · 제2011호 · 제2624호 · 제2989호(1917년~1922년), 『조선총독부 및 소속관서직원록』(1919년), 『동아일보』1920.5.24., 1922.3.13., 『시대일보』1924.6.12.

김좌진(金佐鎮, 남, 1889-1930)

아호(별명) _ 명여(明汝), 백야(白冶), 정원(丁園), 홍종순(洪鍾淳)
입교 시기 _ 1920년 | 교질 _ 참교 | 서훈 _ 대한민국장(1962)

김좌진

1889년 음력 11월 24일, 충청남도 홍주군 고도면(高道面) 행산리(杏山里, 현재 홍성군 갈산면)에서 부친 김형규(金衡圭)와 이윤식(李潤植)의 딸인 모친 이씨(李氏) 사이에 둘째 아들로 태어났다. 본관은 안동(安東)이며, 자는 명여(明汝), 호는 백야(白冶)이다.
10대조 김광현(金光炫, 1584~1647)은 인조반정 이후 이조참판을 지냈으나 소현세자 부인 강빈(姜嬪)의 사사 문제로 좌천된 뒤에 사망하였다. 이후 자손들은 높은 관직에 오르지 못했다. 다만 5대조 김이진(金履稹)이 장성부사(長城府使)에, 4대조 김락행은 형조정랑, 그리고 고조부 김장순(金章淳)이 도정(都政)을 지냈다. 반면에 각 대의 처가는 대부분 관료 출신들이었다.
김좌진은 3세에 부친을 여의었다. 친형 김경진은 15촌 아저씨인 김덕규(金德圭, 판서)의 양자로 들어갔다. 편모슬하

에서 동생 김동진(金東鎮)과 남은 김좌진은 실질적인 가장이 되었다. 김좌진은 한문사숙을 다녔지만 문(文) 보다는 무예에 더 관심이 높았다. 7~8세부터 이미 군대훈련과 말 타기 연습을 더 좋아했다. 부친이 없었음에도 김좌진 집안은 홍주의 대지주로서 많은 재산과 가내 노비를 소유했다. 그러나 청년 김좌진은 집안의 뇌비문서를 다 태우고 노복들에게 농사지을 땅까지 나누어줄 만큼 그는 호방한 기질을 갖고 있었다.
1904년 경 서울로 상경하여 1905년 육군무관학교에 입학하였다. 그러나 무관학교 생활은 그리 오래가지 않았다. 1906년에 다시 홍주로 내려가서 서울과 홍주를 오가며 활동했다. 1907년 대한제국 군대가 해산되고 전국적으로 국권회복을 위한 운동이 확대되는 가운데 김좌진도 애국계몽운동에 참가하였다. 1907년 대한협회 홍성지회 설치에 참여하고 동시에 기호흥학회 홍성지회 창립에도 참여하는 등 지방의 구국교육운동을 선도했다. 당시 사립학교 하나 없던 홍성에 김좌진은 자택을 교사로 제공하여 호명학교(湖明學校) 설립을 지원했다. 당시 김좌진은 단발을 하고 호명학교 학감의 신분으로 인근 각처를 다니며 시국에 관한 열변을 토하기도 했다. 서울에서는 1908년 비밀결사 신민회에서 청년학우회 한성연회 간부로 활동하는 한편 1909년 서북학회에 평의원으로 활동하면서 계몽지식인들과 다양한 인맥을 형성해갔다.
한편, 대한제국 말기에는 간도에서 대규모 군사 교육을 계획하여 군자금 모집에 나섰다가 형무소에 투옥되기도 하였다. 그 과정을 보면, 1909년 말경 김좌진은 군사교육 확충을 위해 서울에서 염직회사 설립을 추진했다. 수개월에 걸쳐 농상공부에 회사 설립에 관한 청원을 올렸다가 퇴자를 맞았다. 그러다가 이듬해 7월 서울 관철동(貫鐵洞)에 이창양행(怡昌洋行)을 차려서 운영하였다. 그러나 군자금 확보가 어려워지자 김좌진은 안승구(安承龜) · 민병옥(閔丙玉) · 조형원(趙亨元) · 김찬수(金燦洙) 등과 직접 군자금 모금에 나섰다. 이창양행은 표면상 설립한 것이고 실제로는 의병 출신이나 구척장신이 장사패들을 모아 구국운동을 전개하기 위한 방편이었다. 김좌진은 동지들과 함께 1910년 12월부터 서울의 부호인 우성모(禹聖模), 남정철(南廷哲)의 집과 족질인 김종근(金鍾根)의 집, 오명환(吳明環), 어호선(魚浩善)의 집에 들어가 군자금을 요구하는 등 맹렬하게 의거활동을 벌였다. 서울 장안에서 김좌진의 거사가 계속되자 정보를 입수한 통감부는 일본 경찰을 투입해 김좌진과 그의 동지들을 체포해갔다. 이 일로 인해 김좌진은 2년 6개월간 서대문형무소에서 옥고를 치렀다.
1913년 9월 출옥한 김좌진은 일본에서 사관학교를 갓 졸업하고 돌아온 윤치성(尹致晟), 노백린(盧伯麟), 이갑(李甲), 유동열(柳東說), 신현대(申鉉大), 권태진(權泰鎭), 임병한(林炳漢) 등과 교류하게 되었다. 이들과 교류하면서 열정에만 의존했던 자신의 행동을 다스려 군사전략과 군사학에 관한 지식들을 갖추게 되었다. 이전의 김좌진은 호방하고 열정이 앞섰다면, 이후의 김좌진은 최신의 군사지식을 습득하고 체계적인 전략을 고민하는 등 변화를 통해 인생의 새로운 국면을 맞이했다.

그 와중에 김좌진은 대한광복회와 특별한 인연을 맺게 되었다. 1915년 경주의 박상진(朴尙鎭)과 영주의 채기중(蔡基中) 등이 비밀결사인 대한광복회를 창설하자 김좌진은 부사령관 이석대(李奭大)의 후임으로 참여했다. 대한광복회에서 김좌진은 최익환, 이기필, 감익룡, 성규식, 강석룡, 성욱환 등과 경상도 지역에서 군자금 모금을 추진하였다. 그러나 1917년 3월에 다시 경찰에 체포되어 감익룡, 이기필, 신효범은 유죄판결을 받았고, 김좌진과 최익환은 무죄로 방면되었다. 하지만 김좌진의 군자금 모금은 여기에서 그치지 않았다. 1917년 4월, 만주 안동(安東)에서 중국 지폐를 위조해 군자금으로 사용할 계획을 세웠다가 이듬해 1월에 동지들이 체포되면서 실행에 옮기지 못했다. 이에 대한광복회 조직망도 발각되고 박상진도 사형선고를 받아 순국하면서 대한광복회 조직도 약화되었다. 일본의 추적을 계속 받던 김좌진은 마침내 만주로 망명을 결심했다. 이때 김좌진의 나이 29세였다.

김좌진은 1918년 4월 동성한족생계회(東三省韓族生計會)의 재무부장으로 선출되어 수전개발(水田開發) 및 자치적 삶의 확장을 위해 노력하였다. 당시 정안립이 연설을 통해 밝혔듯이 동성한족생계회는 국권회복(國權恢復)을 위해 조직된 항일단체로, 노령에 있던 이범윤(李範允)·이동휘(李東輝) 등과도 긴밀히 연계하며 활동하였다. 이 동성한족생계회는 1917년 대종교지도자 정안립(鄭安立)과 여준(呂準) 등이 주도하여 설립한 항일투쟁을 위한 자치조직이었다.

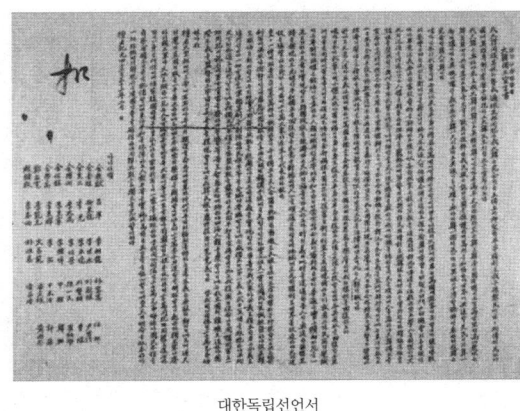

이에 응하여 조직된 것으로, 총재에는 여준, 총무 겸 외무에 박찬익, 재무에 황상규, 서무는 정원택과 정운해가 맡았고, 김좌진은 군사를 담당했다. 그리고 대종교가 교단차원에서 준비하여 1919년 2월 「대한독립선언서」를 발표하였다. 이 선언서의 서명에는 김좌진 및 대한독립의군부에 참여했던 독립운동가들, 대종교 2대 도사교 김교헌과 대종교의 주요 간부들이 20여 명이상 참여했고, 상해, 노령, 미주, 그리고 국내 독립운동계 인사를 합하여 전체 39명이 참여했다. 이 선언서는 항일무장투쟁으로 독립의 쟁취를 선포한 최초의 선언서라는 점에서 중요한 의미를 갖는다. 1919년 3·1운동 이후 북간도에는 40여 개, 서간도에는 60여 개의 독립군단체가 설립되었다. 이 가운데 북간도에서 유력단체는 대종교인들이 세운 대한군정서이다. 북로군정서라는 별칭의 이 단체는 원래 1911년에 대종교인들이 세운 중광단에서 시작하였다. 1919년 5월 서일은 현천묵(玄天默), 계화(桂和), 정신(鄭信) 등과 함께 대한정의단을 설립하면서 공교회, 일부 기독교인들과 연합하였다. 정의단은 북간도 각 지에 5개 분단과 70여 개 지단을 갖추었다. 순한글 신문인 『민보(民報)』와 『신국보(新國報)』를 발행하여 재만 한인의 항일의식을 높이고, 의병과 청년들을 모아 결사대를 조직하였다. 이러한 활동과 함께 세력을 키우면서 정의단은 군무·법무·재무의 3서(署)를 갖추었다. 특히 군무부는 왕청현에 두고 서일 등 대종교인들이 직접 담당하여 장정 모집과 군자금 모집에 주력하였다.

대한독립선언서

이에 8월 말경 정의단은 대종교 지도부를 중심으로 대한군정부로 확대 재편하였다. 군정부는 왕청현(王淸縣) 춘명향(春明鄉)에 군무서를 설치하고 군자금 모금과 장병 모집에 주력하였다. 그러나 군사를 교육하고 양성할 수 있는 실질적인 전문가는 없었다. 이에 10월 경 서일은 길림에 있는 김좌진을 군사교육가로 초대하여, 이때부터 김좌진은 대종교인들과 함께 활동을 시작했다.

1919년 12월 대한군정부는 상해 대한민국시정부를 봉대하는 의미에서 대한군정서로 개칭하였다. 김좌진이 영입된 이후 군정서 조직은 본격으로 독립군을 양성하며 정예부대를 갖춘 단체로 재편성되었다. 군정서는 서일을 총

김좌진이 만주로 넘어가, 1918년 洪鍾淳(네모 안)이란 이름으로 대종교인 鄭安立·呂準·徐相庸·鄭信과 동성한족생계회의 재무부장으로 참여했음을 보여주는 일제의 문서.

1919년 2월 중국 길림에서는 독립운동가들이 모여 새로 독립군 단체를 조직하였다. 대한독립의군부이다. 제1차 세계대전의 종식과 우드로 윌슨 미국 대통령이 선언한 민족자결주의에 힘입어 한국 독립운동계도 새로운 전환을 맞이했다. 이를 계기로 국내 및 일본, 러시아 연해주, 미국 등지에서 독립운동가들은 대대적인 독립선언을 준비하였다. 대한독립의군부도 이러한 국제정세의 변화에 대

재, 현천묵을 부총재로 한 총재부와 김좌진을 사령관으로 한 사령부를 둔 이원 조직으로 구성되었다. 총재부는 대부분 대종교 지도부로 조직되었고, 사령부는 김좌진 총사령관으로서 조직을 이끌었다. 김좌진은 왕청현 서대파(西大坡) 십리평(十里坪)에 사관연성소를 설치하여 군사훈련을 실시하였다.

한편, 사관연성소 장교들은 대부분 신흥무관 출신의 서로군정서 군인들이 담당했다. 사령관 김좌진의 부관인 박영희(朴寧熙), 참모총장 이장녕(李章寧), 제1학도대장 이민화(李敏華)·백종렬(白鍾烈)·김훈(金勳), 제2학도대장 오상세(吳祥世)·강화린(姜華麟)은 신흥무관학교 출신에 서로군정서군이었고, 이범석, 지청천, 김동삼 등도 모두 서로군정서에서 활동하다가 대한군정서 교관이나 고문으로 지원하였다. 김좌진의 지휘아래 600여 명의 병사들은 모두 미래의 사관생으로서 상등병 견장을 붙이고 전략전술 및 군사훈련을 받았다.

한편 1920년 6월 7일부터 봉오동전투가 시작되었다. 홍범도, 최진동, 안무 부대가 연합한 대한북로독군부가 일본군과 교전에서 대승하였다. 이것을 계기로 북간도의 여러 독립군단체는 통합을 추진해갔다. 독립군단체 통합은 또한 1920년 초에 대일전쟁을 선포한 임시정부의 시정방침도 작용했다. 김좌진은 대한군정서를 대표하여 홍범도 부대, 대한국민회, 신민단, 의군단, 광복단, 군무도독부 등과 함께 통합운동에 참여하였다. 5월부터 7월까지 수차례에 걸쳐서 연석회의를 한 결과 북간도 독립군단체는 하나의 통일된 조직을 이루지는 못했고, 군정(軍政)기관과 민정(民政)기관의 이원체제를 구축했다. 즉 군정기관에는 대한군정서와 홍범도 부대가 각각 동도군정서와 동도독군부라는 이름을 갖고 그 아래 단체들을 통합했고, 민정기관은 대한국민회가 담당했다. 표면상 통합에 이르렀지만 실제 군자금과 무기, 병사 관리에 관한 세부적인 부분까지 통합되지는 못했다. 또한 독립군단체 간에 누적되어있던 갈등도 해소되지 않았다. 하지만 군사교육만은 함께 실시하며 새로운 활로를 모색하고 있었다. 이러한 와중에 일본의 간도침공과 이에 대응하는 청산리전투가 전개되었다.

봉오동전투에서 패전한 일본은 간도 독립군 '토벌'을 계획하였다. 그리고 일본군으로부터 압력을 받은 중국 측에서 독립군에 대한 철거 명령을 내려 북간도에 있던 독립군단체들은 근거지를 옮겨 떠나야만 했다. 이에 따라 8월 하순부터 길림성의 연길현, 훈춘현, 왕청현, 화룡현의 4곳에 설치되었던 독립군부대들은 청산리 지역으로 대이동을 시작했다. 군정서 부대는 가장 마지막에 9월 16일 사관생들의 졸업식을 마치고 9월 17일부터 18일 간에 이동하기 시작했다. 그리고 10월 12일, 13일에 걸쳐 삼도구(三道溝) 청산리 부근에 도착하였다. 그런데 군정서군의 이동은 두 방면으로 나뉘어 이루어졌다. 총재 서일과 사령관 김좌진의 의견이 서로 달랐기 때문이다. 서일은 당장은 피전책을 택하여 북쪽 오지로 들어가 후일을 기약해야 한다는 입장이었고, 김좌진은 독립군단체와 행동을 같이 하여 대일항쟁에 대비할 것을 주장했다. 결국 군정서군은

두 갈래 길로 나누어 근거지를 떠났다.

김좌진이 택한 청산리지역은 대종교 교인들의 집단 거주지인 화룡현과 가까운데다 대종교총본사까지 있는 곳으로, 대종교 교세가 대단히 강한 지역이었다. 이러한 배경으로 김좌진은 이 지역을 독립군의 새로운 근거지로 택했다. 이때부터 800여 명의 사령부 조직은 온전히 김좌진의 지휘 아래 이루어졌다. 청산리에서 동포들은 군인들의 숙식을 제공하고 때로는 일본군의 이동 경로를 탐색하여 전하는 중요한 역할을 수행했다. 그러나 이들의 지원과 첩보활동으로 청산리전투는 승전고를 울렸지만 그 이후 동포마을은 일본군에게서 끔찍한 참화를 당했다.

군정서군을 이끌고 청산리로 출발한 김좌진은 군정서 조직을 다음과 같이 재편하였다.

사령부: 사령관 김좌진, 부관 박영희, 참모장 이장녕, 참모부장 나중소
연성대: 대장 이범석, 종군장교 이민화·김훈·백종렬·한건원
보병대: 대대장 김규식, 부관 김옥현
1중대: 중대장서리 강화린, 1소대장 강승경, 2소대장 신희경
2중대: 중대장 홍충희(대대장 대리겸), 1소대장 채춘, 2소대장 김영하
3중대: 중대장 김찬수, 1소대장 이익구, 2소대장 정면수
4중대: 중대장 오상세, 1소대장 김동섭, 2소대장 이운강
제1중대 특무정사 나상원
제3중대 특무정사 권중행
기관총대: 소대장서리 김덕선·최인걸

재편된 부대에서 김좌진은 제1대대를 직접 지휘하였다. 기존의 조직과 다르게 새로 편성된 부서는 연성대와 종군장교들이다. 연성대는 원래 이범석을 단장으로 한 여행단이었는데, 김좌진이 조직을 재편하면서 졸업한 사관생들을 묶어 연성대로 편성하였다. 연성대는 본대 보병 1대대의 후위가 되었다. 종군장교도 원래 군정서 조직에는 없었다. 종군장교 이민화·김훈·백종렬은 제1학도대 지휘관으로 군사교육을 담당했다. 김좌진은 이들에게 종군장교라는 직위를 부여해 최전선과 측후위첨병으로서 기동타격과 특수임무를 수행하도록 했다. 이들은 모두 사관연성소의 최정예 부대들이었다. 이들의 능력과 병력을 효과적으로 쓰기 위해 재편한 조직은 비정규전을 염두에 둔 것이었다. 그리고 일본군과 전투에서 매우 효과적이었다. 김좌진을 선두로 한 군정서군은 1920년 10월 5일 화룡현 청산리에 도착하여 주둔했다가 21일 오전 9시 백운평 부근에서 잠복하고 있었다. 김좌진은 일본군 선발대 야마다(山田)보병연대가 진입하자 선제공격을 감행하여, 2회에 걸친 격전 끝에 일본군을 완전히 섬멸하였다. 아군의 피해는 부상 3명, 일본군 피해는 사상자 200~300명이었다. 백운평 전투 후 갑산촌으로 이동한 군정서군은 천수평에 일본군 1개 기병 수색대 1중대가 주둔하고 있다는 정보를 받았다. 이어 어랑촌에 보병 2개 대대, 기병 1개 중대, 포

병 1개 중대가 숙영하고 있다는 정보도 받았다. 김좌진은 먼저 이범석과 연성대를 천수평으로 보내 22일 새벽 5시 30분 경 잠자고 있는 일본군을 확인하고는 기습 공격을 단행하였다. 일본군은 4명을 제외하고 전원 사살되었다. 천수평 전투를 끝내고 어랑촌으로 이동한 군정서군은 874 고지를 선점하였다. 10월 22일 어랑촌에 도착한 일본군이 독립군을 향해 공격해왔다. 그러나 일본군은 유리한 고지를 차지하고 일본군을 내려다보면서 공격하고 있는 군정서군을 이길 수 없었다. 해가 질 때까지 이 전투가 지속되면서 일본군은 막대한 희생을 치렀다. 이 전투에서 일본군 기병연대장 가노(加納) 대좌를 비롯해 300명의 일본군 전사자가 나왔고, 군정서 군도 100여 명이 넘는 부상자를 냈다.

청산리전쟁이 끝나고 총재 서일은 1921년 2월 25일 대한민국임시정부로 청산리전투의 결과보고를 올렸다. 『독립신문』 95호에 실려 있는 이 보고에 따르면 "적의 사상자, 죽은자 연대장 1인, 대대장 2인, 기타 장교 이하 1,254명(적의 자상격살 500여 명), 부상자 장교 이하 200명"이다. 박은식도 『독립운동지혈사』에 일본군 가노 연대장을 비롯해 대대장 2명, 소대장 9명, 하사 이하 병사 도합 800명을 살상했다고 남겼다.

일본군은 청산리전투 이전에 독립군을 섬멸할 계획을 세우고 있었다. 소위 '간도지방 불령선인 초토계획'에 따라 우선 독립군을 처단하고 나아가 비무장 독립운동세력까지 완전히 초토화한다는 계획이었다. 그러나 청산리전투에서 독립군이 압승함으로써 일본의 계획은 완전히 실패하였다. 그에 대한 보복으로 일본군은 우리 동포와 동포 마을을 대상으로 끔찍한 만행을 저질렀다. '경신참변'이라는 일제의 만행이 이어지자 독립군은 더 이상 청산리에 머무를 수 없게 되었다. 김좌진과 독립군들은 장기전을 준비하기 위해 청산리를 떠나 북쪽 러시아 지역으로 이동해갔다.

김좌진은 군정서군과 함께 밀산(密山)으로 이동했다. 이곳에서는 군정서 서일 총재가 총재부원들과 그 가족들을 인솔하여 자리 잡고 있으면서 연해주에서 활동 중이던 무장단체들과 연계하여 향후 방향을 논의하고 있었다. 독립군을 이끌고 러시아로 이동하면 볼세비키 혁명군의 지원을 받을 수 있다는 희망에 기대를 걸었다. 1920년 12월 밀산에는 군정서 부대 이외에도 홍범도 부대와 지청전의 서로군정서도 모두 모였다. 이곳에서 다시 독립군 통합을 논의하면서 러시아군으로부터 무기를 공급받아 대일전에 재기할 계획을 세웠다.

군정서에서 『격고문』을 발포하자 독립군 통합은 신속하게 이루어졌다. 군정서를 필두로 대한독립군, 대한국민회군, 훈춘한민회, 대한신민단, 군무독군부, 대한의군부, 혈성단, 야단, 대한정의군정사 등 10여 개 단체에 3,000명의 독립군이 모였다. 독립군들은 대한의용군총사령부라는 이름의 독립군통합 부대를 조직했다가 최종적으로 '대한독립단'으로 확정했다. 여기에 대종교지도자 서일을 총재로 추대하고, 홍범도를 부총재로, 백순과 김호익을 고문으로 세웠다. 대외 창구도 신설하여 군무도독부의 최명록

을 외교부장에 선출했다. 군사부분은 김좌진을 책임자로 하였다. 즉 참모부장에 김좌진을, 참모로 이장녕·나중소가 선임되었다. 그리고 군사부 고문에는 지청전이 선임되었다. 그 아래 제1여단장 김규식, 제1여단 참모에 박영희, 제2여단장에 안무, 2여단 참모에 이단승, 2여단 기병부장에 강필립이 각각 선임되었다.

대한독립단이 결성되었지만, 본격적으로 활동하기 전 한인부대 통솔권 문제가 불거졌다. 당시 러시아 지역에는 한인사회를 대표하는 '국민의회'와 '이르쿠츠파'의 지원을 받는 '고려혁명군'이 있었다. 또 하나 임시정부와 상해파 고려공산당의 지원을 받는 '대한의용군 총사령부'가 있었다. 이들 단체는 대한독립단을 자신의 휘하에 두기 위해 서로 반목했다. 한편 러시아 원동정부는 대한독립단을 블라고베시첸스크(자유시)로 이동할 것을 요구하고, 자유시에 올 때는 무장해제까지 요구하였다. 서일, 홍범도, 최진동, 안무, 지청천 등은 자유시로 이동하는데 찬성했고, 김좌진, 김규식, 이범석은 무장해제는 절대불가라며 자유시행 열차를 타지 않았다. 이 갈림길에서 자유시로 들어간 독립군부대는 적군 29연대에 의해 무차별 학살을 당하는 사건을 겪었다. 이른바 '흑사사변' 또는 '자유시참변'이라는 사건이다.

대한군정서 총재부 출신의 서일, 조성환, 계화 등은 자유시로 들어갔으나 서일이 병을 얻어 '자유시 참변 직전'에 밀산으로 돌아와 둔병(屯兵)을 준비하였다. 그러나 1921년 9월 26일, '쾌당별(당벽진) 사건'으로 불리는 마적단 습격으로 인해 서일이 있던 당벽진 일대의 독립운동가들이 거의 전멸당했다. 이 사건으로 서일도 자결하는 참담한 일이 벌어졌다.

한편 자유시에 들어가지 않고 북만주로 돌아온 김좌진은 다시 독립군 재건을 위해 동빈현에서 '대한독립군단'을 창설하였다. 대종교의 거점이었던 영안현(寧安縣)에서는 대한군정서 부총재 현천묵(玄天默), 김혁(金赫), 조성환(曺成煥), 정신(鄭信) 등이 대한군정서 재기에 주력하였다. 그무렵 남만주에서 대한통의부가 성립되고 이후 다시 정의부, 참의부가 설립되었다. 대한군정서 총재부 출신의 인사들과 달리 김좌진은 별도의 독립군조직을 거느리고 있었지만 두 개의 단체를 통합하는데는 일치된 의견을 보았다. 그 결과 1925년 3월 10일 목릉현에서 '부여족통일회의'를 거친 뒤 곧이어 북만의 자치정부로서 신민부가 탄생하였다.

신민부는 옛 대한군정서원들과 김좌진의 대한독립군, 이범윤 부대를 중심으로 한 군정조직, 그리고 각지역 대표들이 참여한 민정조직으로 구성되었다. 중앙집행위원장은 김혁이 맡았고, 김좌진은 군사부위원장 겸 총사령관에 선임되었다. 김좌진은 목릉(穆陵)의 소추풍에 김혁을 교장으로 성동사관학교를 설립하여 정규군을 양성하고, 둔전제를 실시하며, 대종교총본사와 연계하여 학교를 설립하는 등 과거 대종교와 대한군정서에서 추진했던 독립군 양성 과정을 모델로 신민부 활동을 이끌었다. 독립군을 밀고하는 친일파 처단도 신민부에서 김좌진이 맡은 중요한 임무였다.

그러나 신민부 활동은 크게 결실을 맺지 못했다. 1920년 대 중반 만주지역은 이미 공산주의 사상의 확산으로 민족주의 운동이 위축되어 있었다. 게다가 1925년 만주군벌 장작림과 일제의 타협으로 이른바 미쓰야협정(三矢協定)까지 체결되어 만주에서 한국독립군의 무장활동은 엄격히 금지되었다. 이러한 상황에서 1928년 2월 일제경찰이 석두하자에 있던 신민부 본부를 급습하여 위원장 김혁을 비롯하여 경리부 위원장 유정근 김윤희 박경찬 등 12명의 간부를 체포한 사건이 일어났다. 이 일로 신민부는 거의 와해 지경에 이르렀다. 혼란 속에서 민정 대표인 최호가 나서서 신민부의 활동은 군사 활동보다도 산업과 교육에 치중하자며 무장노선에 제동을 걸었다.

1927년 12월 25일 신민부의 군정과 민정은 완전히 결별하였다. 김좌진은 중앙집행위원장 및 군사부위원장을 맡으며 황학수, 정신, 류현, 백종렬, 오상세, 장종철, 주혁, 김종진, 박두희 등 군정파 간부들과 함께 신민부를 재건하였다. 본부는 영안현 신안진에 두었다. 신민부는 이후 민족주의계열의 통합운동에 나서 1928년 2월 3일에 영안현에서 개최된 민족유일당운동에 참가하였고, 그해 12월에는 남만주 참의부 간부들과 함께 혁신의회(革新議會)에도 참여하였다. 김좌진은 혁신의회에 참여하면서 신민부를 해체했다. 기존의 단체를 해체하고 통합을 지향한 것이었다. 그러나 민족주의 계열과 공산주의 계열 사이에 주도권 다툼으로 결국 통합에 이르지 못하였다.

다시 신민부 근거지인 북만주로 돌아온 김좌진은 1929년 봄 생육사를 조직하여 활동하다가 그해 7월 한족총연합회를 창립하였다. 한족총연합회에 김좌진의 6촌 동생이자 청년 아나키스트인 김종진이 합류하게 됨으로써 민족주의자인 김좌진의 활동은 이전과 다른 방향으로 선회하는 계기가 되었다. 그렇다고 해서 김좌진이 무정부주의를 수용했다는 뜻은 아니다. 첫째, 김좌진과 무정부주의자 사이에 공산주의 배격이라는 공통분모가 있었고, 둘째는 동포사회의 요구에 따라 대일항쟁보다는 자치를 통해 동포의 생활수준을 올리고 민족의 독립까지 나아간다는 방향을 가졌다. 이에 김좌진은 김종진에게 '재만조선무정부주의자연맹'을 결성하게 하고, 신민부 조직과 연합을 시도했다. 이에 대종교적 민족주의와 아나키즘의 실행을 합친 한족총연합회가 결성되었다.

김좌진은 한족총연합회 집행위원장으로 공동농장에 직접 참여하고 공동구매, 공동판매, 상호금고 등을 운영하였다. 1929년 10월에는 산시참(山市站)에 정미소를 설치 운영하는 등 실업도 몸소 실천하였다. 또한 북만중학 설립을 추진하면서 동포사회의 변화를 이끌어갔다. 그러나 김좌진의 활동에 가장 위협을 느낀 세력은 공산주의자들이었다. 김좌진은 한족총연합회에서 경제활동에 참여하면서 동시에 직접 친일세력을 제거했다. 이러한 대립이 지속되는 가운데 김좌진은 1930년 1월 24일 공산청년동맹에서 파견한 박상실(朴尙實)의 총에 맞아 순국하였다.

김좌진은 일제의 식민지배에 대항하여 20년 이상을 항일 무장투쟁의 선봉에서 있다가 목숨을 다했다. 그의 탁월한 전략과 과감한 선제공격으로 청산리전투에서 대승하

였다. 그 배경에는 대종교를 통해 깊어진 신앙심과 항일 무장투쟁이 하나 된 정신세계가 있었다. 후세에 김좌진을 항일투쟁의 영웅으로 존중하는 이유이기도 하다. 김좌진의 장례식은 만주 동포들의 사회장으로 치러졌다. 그의 유해는 본부인 오숙근 여사가 만주에 잠입해 유해를 수습하여 1934년에 홍성군 서북면 이호리에 밀장하였으나, 그 뒤 1957년에 김두한이 선산으로 다시 이장하였다.

[교력]
김좌진과 관련한 대종교 입교기록은 전하지 않는다. 그러나 대한군정서 사령관시절 이미 참교(參敎)의 교질(敎秩)을 갖고 있었음을 보면, 그의 대종교입교가 그보다 훨씬 전에 이루어졌음을 알 수 있다. 김좌진의 대종교 신앙은 상당히 깊었다. 김좌진의 막빈(幕賓)이었던 이정(李楨)이 기록한『사령부일지(司令部日誌)』에는 "이날 밤부터 사령관은 조상연(趙相衍)군을 데리고 수도실로 들어가고, 영내의 일체 요무는 참모부장(사관 연성소 교수부장 겸직) 나중소 각하에게 위임하였다."라고 기록되었다. 김좌진은 군사교육 중에도 짬을 내어 며칠씩 수도에 들어가곤 했다.

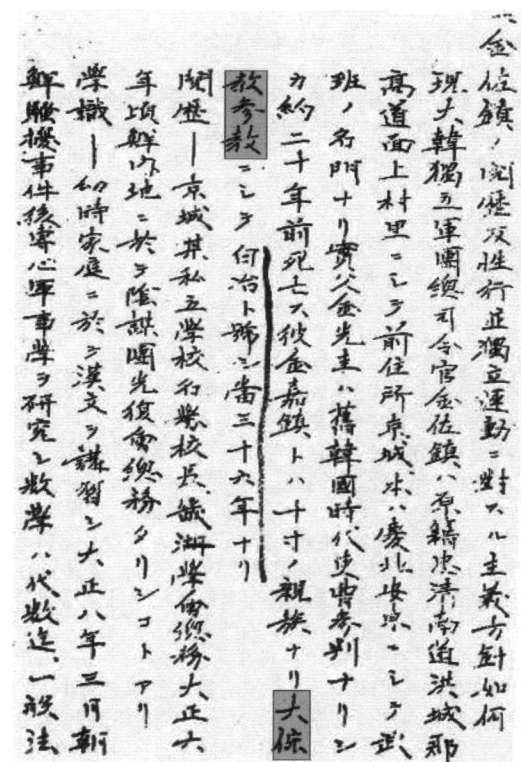

일제가 1924년 작성한 김좌진의 신상에 대한 문서의 일부. 金嘉鎭과 10촌 관계로 大倧敎 參敎(네모 안)라는 기록이 적혀 있다.

이러한 김좌진의 신앙심은 대한군정서의 전체 분위기를 보여준다. 「대한독립선언서」에서도 선언했듯이 대종교인

들에게 독립전쟁이란 "천인합응(天人合應)의 순수한 동기에 따라 민족이 스스로 지키는 정당한 권리의 행사"이며 "진정한 도의의 실현"이라고 여겼다. 독립은 단군대황조께서 명하신 기운을 받아 "황천(皇天)의 밝은 뜻을 받들어 일체의 삿된 것에서 해탈하는 건국"이 되어야 하므로, 김좌진과 대한군정서군은 늘 마음에서 단군을 뜻을 되새기는 경건함으로 일체화되었던 것이다.

[참고문헌]

『대종교인과 독립운동연원』(이현익, 1963), 『대종교독립운동사』(박명진, 필사본, 1964), 『대종교중광육십년사』(대종교총본사,1971), 「東省韓族生計會 組織에 관한 건 續報」(不逞團關係雜件-朝鮮人의 部-在滿洲의 部7, 朝憲機 제330호, 한국사DB, 국사편찬위원회), 「大韓獨立軍團 參謀 李楨이 陳述한 金佐鎮의 行動 및 一派 不逞鮮人團의 情況 等에 관한 件」(不逞團關係雜件-朝鮮人의 部-在滿洲의 部38, 機密 제121호, 한국사DB, 국사편찬위원회), 『독립신문』1920.3.1.·1920.12.25.·1921.1.18.·1921.2.25.·1921.11.11., 『한 독립군병사의 항일전투: 북로군정서 병사 이우석 옹의 사례』(박영석, 박영사, 1984), 『김좌진 평전』(박환, 선인, 2010), 『독립군의 청산리독립전쟁의 연구』(신용하, 『한국민족독립운동사연구』, 을유문화사, 1985), 『백야 김좌진』(윤병석, 태극출판사, 1971), 『是也 金宗鎮先生傳』(이을규, 한웅인쇄소, 1963), 『해외의 한국독립운동사료:중국편4』(국가보훈처, 1993).

김주학(金柱鶴, 남, 생몰 미상)
입교 시기_ 1922년 | 교질_ 미상

출신지역과 생몰연대가 불분명하다. 1930년대 간도공산당사건과 연관된 인물인 김주학과는 동명이인이며, 해방 이후 부산시장과 조민당(朝民黨) 부당수(副黨首) 등을 지낸 김주학과는 동일인 여부가 불분명하다. 그가 중동선(中東線) 5참(五站) 서모둔(西毛屯)에 있던 여흥학교(麗興學校)를 연락처로 했던 점으로 보아, 이곳에서 교사 생활 했을 가능성도 배제하지 못한다.

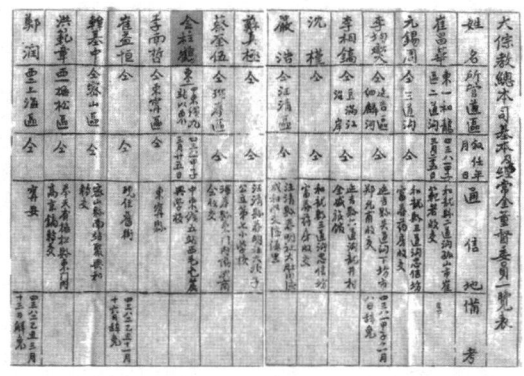

1926년 당시 『大倧敎總本司基本及經常金董督委員一覽表』(和龙档案馆 所藏). 왼쪽에서 여섯 번 째 金柱鶴의 이름이 보인다.

김주학은 1922년 12월 18일(음력) 대종교 동이도본사 추천

으로 항일투사 김간(金侃)·나병수(羅秉洙)·김철(金哲) 등과 영계를 받았다. 이후 1924년 3월 25일(음력)에는 신명균(申明均)·엄호(嚴浩)·정신(鄭信)·최익항(崔益恒) 등과 대종교 총본사기본금 및 경상금 동독위원(董督委員)으로 임명되어 예산운용을 감독하였다. 또한 1926년 2월 12일(음력)에는 공창준(公昌準)·김규식(金奎植)·장도순(張道淳) 등, 항일투쟁의 거물들과 대종교순교원(大倧敎巡敎員)으로 임명되어 북만주 중동선 지역 동녕구(東寧區)의 대종교포교를 관할하였다.

김주학과 관련한 대종교단 내의 기록은 전하는 것이 거의 없다. 또한 일제의 기록에도 드러나는 않는다. 당시 대종교 항일투쟁의 거물들과 대종교순교원과 자금동독위원을 지낸 것을 보아 그의 대종교단에서의 위치나 교질의 단계 역시 상당했을 것으로 추정되지만, 현재까지 구체적 자료가 발견되지 않고 있다.

[참고 문헌]

『대종교보』제56호(1922년), 「大倧敎施敎堂一覽表(1926年)」(延边朝鲜族自治州档案馆 全宗号42 目录号1 案卷号343, 和龙县历史档案 和龙县警察所, 令各区查禁韩人设立大倧教堂由, 民国十五年五月十二日), 『조선중앙일보』1933.9.25., 1951.11.21., 『부산일보』1950.7.6., 1951.12.23.

김준(金鐏, 남, 생몰 미상)
입교 시기_ 1910년 | 교질_ 참교

출신지역과 생몰연대를 알 수 없는 인물이다. 다만 김준이 교남교육회(嶠南敎育會)의 회지인 『교남교육회잡지』에 「과수원예학(果樹園藝學)」이나 「서세동점(西勢東漸)」 등의 경제와 시사에 관한 글을 발표하며 활동한 것으로 보아, 영남 출신의 인물임을 짐작케 해 준다.

김준의 대종교 교력을 보면 1910년 6월 18일(음력) 류상하(柳相夏)와 함께 찬교(贊敎)를 받은 기록이 있다. 찬교란 1909년 12월 11일(음력)에 나철의 교명(敎命)으로 나눈 3단계 교질[敎秩, 찬교(贊敎)·참교(參敎)·사교(司敎)] 중의 하나였다. 김준의 대종교 입교가 그 이전으로 올라감을 알 수 있다. 한편 함께 찬교를 받은 류상하는 1889년 무과에 급제한 후 대한제국시기 상주영장(尙州營將)과 함경남도 덕원항(德源港)의 치안을 담당하는 총순(摠巡)을 역임한 인물이다. 그러나 류상하는 경술국치 이후 모든 관직을 버리고 고향으로 돌아와 지우(知友)인 윤치호(尹致昊) 등과 교류하며 후진 교육에 힘썼다.

이후 김준은 1911년 중광절(重光節, 음력 1월 15일)에 백순(白純)·박승익(朴勝益)·황병욱(黃炳郁)·조완구(趙琬九)·류근(柳瑾)·장지연(張志淵) 수십 명의 저명(著名) 인물들과 참교(參敎)의 교질(敎秩)을 받았으나, 이후의 행적은 확인되지 않는다.

[참고문헌]

『종보』제6호(1910년), 『倧令』제3호(1911년), 『교남교육회잡지』제10호(1910년)·제11호(1910년)

김준섭(金俊燮, 남, 생몰 미상)

입교 시기_1914년 | 교질_참교

출신지역과 생몰연대가 불분명한 인물로, 일찍이 대종교에 입교하여 만주 항일투쟁을 전개한 인물이다. 1907년 대한자강회 남양군(南陽郡) 회원으로 등장하기도 하나 동일인인지는 확인되지 않으며, 1926년 중국의 남군영(南軍營)에 복무하다 북벌(北伐) 중 전사한 김준섭(金俊燮)은 동명이인이다. 1919년 9월에는 결사대를 조직하여 국내 교란작전을 시도했다. 당시 동지인 서정학(徐正鶴) 등과 왕청현을 근거로 한인결사대(韓人決死隊)을 모으고, 국내 온성과 종성으로 들어와 교란 기습작전을 편 뒤 무산 지역으로 빠져나가는 작전이었다. 1919년 10월 대한군무부(大韓軍務府) 시절에는 왕청현 대감자(大坎子) 지역에서 서일(徐一)·채규오(蔡奎五)·정신(鄭信)·장봉한(張鳳翰) 등과 그 지역을 근거로 군자금을 모은 혐의로 일제에 추적을 당하기도 했다. 1919년 12월 대한군정서(북로군정서)가 출범하면서 중심인물로 참여하여 경찰과장(警察課長)의 주요업무를 맡기도 했다. 김준섭의 대종교 교력은 비교적 이른 시기인 1914년 3월 2일(음력)에 참교의 교질을 받은 기록이 남아 있다.

[참고 문헌]
『종문영질』(프린트본, 1922), 「決死隊의 入鮮道路에 관한 건」(不逞團關係雜件-朝鮮人의 部-在滿洲의 部12, 機密公信 제139호, 한국사DB, 국사편찬위원회), 「不逞鮮人 軍資金강요에 관한 건」(不逞團關係雜件-朝鮮人의 部-在滿洲의 部13, 機密 제67호, 한국사DB, 국사편찬위원회)

김준한(金晙漢, 남, 1898-?)

아호(별명)_김준환(金俊煥)
입교 시기_1922년 | 교질_미상

일제에 체포되어 수감되었을
당시의 김준한

충청남도 홍성군 고도면(高道面) 운곡리(雲谷里) 출신으로, 김좌진의 9촌 조카가 되는 인물이다. 대종교에서는 김준환(金俊煥)이라는 가명으로도 활동했다. 일찍이 고향 서당에서 5~6년간 한문을 수학하고 서울로 올라와 연진강습소(延進講習所)라는 곳에 들어가 2년간 공부하였다.

김준한은 1919년 9월(음력)에 김좌진의 동생인 김동진(金東鎭)의 부탁을 받고, 김좌진의 처와 딸을 데리고 길림으로 넘어가 김좌진과 해후시켰다. 당시 김좌진과 독립운동 방향

을 의논하고 국내로 들어와 비밀조직 광복회(光復會)를 통한 독립자금모금 등의 활동을 전개했다. 또한 유병의(柳秉義) 등에게 서간도로 넘어가 독립운동 단체에 가입할 것을 권유하는 등, 활발히 항일투쟁을 전개하다가 체포되었다. 1932년 12월, 김좌진이 암살된 이후 어렵사리 귀국한 김좌진의 미망인 오숙근(吳淑根) 등의 유족들을 종로구 팔판동 자신의 집에 함께 거처하며 보살핀 인물도 김준한이다.

김준한의 대종교 교력을 보면 1922년 윤5월 5일(음력) 대종교 남일도지사(南一道支司)의 선강부찬(宣講部贊)으로 임명된 기록이 있다. 선강부찬이란 선강부령(宣講部令)을 도와 지사(支司)의 학리(學理)에 관한 일을 수행하는 역할이다. 교질시선(敎秩試選)·교적간행(敎籍刊行)·교리강수(敎理講修)·교육시전(敎育施展) 등이 그 주업무였다. 그리고 같은 해 7월 19일(음력) 정식으로 영계를 수여받았으나, 이후 그의 교질(敎秩) 관계에 대해서는 전하는 기록이 없다.

특히 김준한은 북만주 영고탑(寧古塔) 대종교총본사에서 열린대종교교우회(大倧敎敎友會)에 국내 경성대표로도 참석하였다. 당시 27명[서울 3명, 북간도 5명, 서간도 1명, 동지연선(東支沿線) 5명, 영고탑 인근지역 13명]의 대표교우들이 모였는데, 서울대표는 김준한 외에 한글학자 신명균(申明均)과 그리고 남굉팔(南弘八)이었다. 김준한은 이 회의에 김준환(金俊煥)이라는 가명으로 참가하였다. 일제의 감시망에 대한 부담이 컸을 듯하다. 김준한만이 아니라 당시 교우대표 여러 명이 가명을 썼다. 가령 용정촌 대표로 참여한 심근(沈權)도 심권(沈權)으로, 서간도 대표였던 오근태(吳根泰) 역시 오태근(吳泰根)으로 참여한 것이 그 예다. 1924년 4월 23일부터 26일까지 4일간 열렸던 이 회의는 당시 대종교 교주였던 윤세복이 직접 주재하였다. 당시 이 회의의 주요사항은 사망한 김교헌(金敎獻)과 서일(徐一)에 대한 경칭(敬稱) 문제, 홍범규제(弘範規制) 개정에 관한 문제, 일반교우들이 교사(敎事)에 직접 참여하는 문제, 대종교총본사를 용정촌으로 이전하는 문제, 대종교 교주를 교우회(敎友會)에서 공선하는 문제 등이었다.

光復會豫審決定

광복회 독립운동자금 모금과 관련되어 체포된 후, 여러 차례의 예심을 거쳐 내려진 『매일신보』의 예심결정 기사. 당시 김준한은 김동진과 함께 혐의가 입증되지 않아 무죄 방면되었다.

[참고 문헌]
『대종교보』제54호(1922년)·제55호(1922년), 『대종교중광육십년사』(대종교총

본사, 1971), 「籌備團組織計劃發見檢擧」(不逞團關係雜件 朝鮮人ノ部 在內地 十二, 高警第41516號;秘受1280號, 한국사DB,국사편찬위원회), 「寧古塔에서 大 倧敎 敎友會 開催 狀況에 관한 건」(不逞團關係雜件-朝鮮人ノ部-在滿洲ノ部 39, 機密受제144호-機密제136호, 한국사DB,국사편찬위원회), 『동아일보』, 1921. 12. 26., 『매일신보』1921.12.25., 26·27., 『중앙일보』1932.12.23., 『한민족독립운 동사자료집』32(국사편찬위원회, 1997)

김중화(金中和, 남, 1888-1972)

아호(별명) _ 동산(東山), 김용문(金龍文)
입교 시기 _ 일제강점기 | 교질 _ 정교 | 서훈 _ 애족장(1990)

평안남도 중화군(中和郡) 간동면(看東面) 중리(中里) 출신으로 본명은 용문(龍文)이다. 일찍이 관립 대한의원 부속 의학교를 졸업한 의학도였다. 1909년 11월경 이재명(李在明)·오복원(吳復元) 등과 서울에서 만나 이완용·이용구 등 매국적 처단을 계획하고 11월 하순경부터 12월 상순까지 평양·서울 등에서 동지규합과 거사준비에 힘썼다. 당시 김중화는 이완용의 동정을 탐지하는 역할을 맡아, 12월 23일 이완용 등이 명동성당에 참석한다는 사실을 동지들에게 알렸다. 이재명이 서울 명동성당 앞에서 이완용을 찔러 중상을 입힌 후 피체되자 김중화 역시 공범으로 체포되었다.

이 사건으로 김중화는 경성지방법원에서 박태은(朴泰殷)과 7년형을 언도받고 옥고를 치렀다. 당시 이재명이 교수형을 받은 것을 비롯하여, 김정익(金貞益)·김병록(金丙錄)·조창호(趙昌鎬)가 각각 징역 15년을 언도받았다. 또한 오복원과 김태선(金泰善)이 징역 10년에 처해지는가 하면, 이응삼(李應三)·김병현(金秉鉉)·이학필(李學泌)·김이걸(金履杰) 등이 각각 징역 5년에 처해졌다.

김중화는 출옥 후인 1916년 만주로 건너가 흑룡강성 지역의 황무지를 개간하고 독립운동에 필요한 군자금을 조달하는 한편, 독립군 양성을 위해 학교를 설립하고 송강의원(松江醫院)도 개설하여 항일투사들의 규합에 진력하였다. 1920년에는 고려혁명군 조직에 참여하여 독립투쟁을 전개하기도 하였다. 특히 1920년 1월 1일자로 발포한 경고동포급수군비서(警告急輪軍費書)에 임시정부의 주요구성원들과 함께 연명하여, 독립투쟁을 위한 군비확보의 절박성을 외치기도 했다. 이 군비서에는 임시정부 군사독판참모총장이었던 유동열과 군사협의간사장이었던 김희선을 비롯하여 이상룡·안창호·여운영·김구 등 31명이 참여하였다. 특히 이 군비서는 '우리 상제는 우리민족을 살게 하셨고'로 시작하여 '우리 조신령(祖神靈)이 함께 할 것'이라는 말로 맺음으로써, 대종교의 「단군교포명서」의 분위기를 보여준다는 점에서 주목된다. 또한 해방 직후인 1949년에는 대한민국정부가 수립되자, 자신의 전공을 살려 군에 가장 먼저 입대하여 의무관(醫務官) 복무하며 소령(少領)으로 예편하기도 한 인물이다.

김중화의 대종교 교력을 살피면 해방 이전의 기록은 전하지 않는다. 다만 항일투사 이현익(李顯翼)의 『대종교인과 독립운동연원』(프린트본, 1962)에는 김중화가 일제강점기

만주지역 대종교 주요 교인으로 올라있다는 점이다. 해방 이전에 이미 대종교에 관여하고 있었음을 보여주고 있다. 대종교가 환국한 직후인 1946년 3월 14일(음력, 이하 음력) 총본사 특별추천으로 김중화에게 영계와 함께 참교의 교질을 동시에 수여한 것도 그러한 배경과 연관이 있다.

이후 김중화는 1946년 경의원(經議院) 참의(參議)로 선임되고 다음해에는 상무참의(常務參議)로 임명되었다. 그리고 1947년 4월 22일 지교(知敎)로 승질(陞秩)되었으며 1953년 7월 25일에는 상교(尙敎)로 교질이 올랐다. 또한 1954년 대종교총본사의 전무(典務)를 맡아 종무행정(宗務行政)의 중심에 섰으며, 같은 해 5월 3일에는 삼일원(三一園) 대덕(大德)으로 뽑혀 교리적(敎理的) 방면에서도 종교적 권위를 인정받았다. 대종교에서는 김중화의 이러한 행적을 인정하여 1956년 10월 8일 마침내 정교(正敎)의 교질을 수여하고 대형(大兄)의 교호(敎號)를 내렸다.

1961년 4월 29일에는 대종교 교의회(敎議會)에서 전교(典敎)로 공선(公選)되어 3년간을 시무하였다. 전교란 대종교 최고기관인 대일각(大一閣)의 구성원이며, 대일각은 대종교의 교주(총전교)를 상징하는 기구로 대종교의 모든 교문(敎門)을 거느리는 기관이었다. 당시 전교 중의 우두머리(총전교, 대종교 교주)는 김교준(金敎準, 대종교명 準坤)이었으며, 정관(鄭觀)·김두종·박명진·강용구 등 항일투쟁의 거물들이 김중화와 함께 전교의 위치에 있었다. 김중화는 76세 고령의 나이인 1964년 5월 15일에도 원로원장(元老院長)으로 취임하여 2년간의 봉사하면서, 대종교의 공식적 시무를 마감하였다.

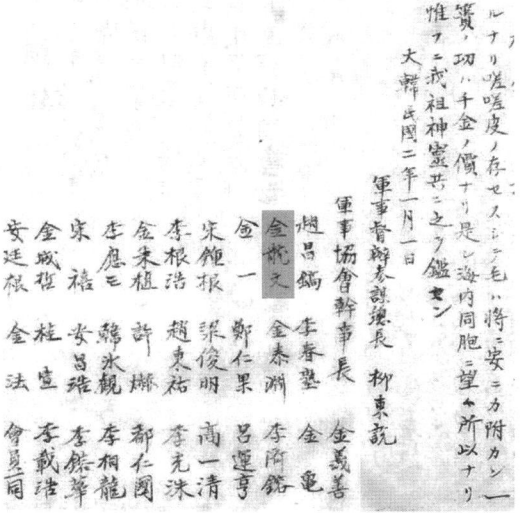

'警告急輪軍費書'의 마지막 부분에 적힌 연명자의 명단. 김중화가 金龍文의 이름으로 올라 있다.

[참고 문헌]
『대종교보』한국기념호(1946)·제150호(1946년)·제152호(1947년)·제153호(1947년)·제161호(1949년), 『대종교인과 독립운동연원』(이현익, 프린트본, 1963), 『대종교중광육십년사』(대종교총본사, 1971), 「李完用謀殺未遂事件」

意見書」(總理大臣李完用謀殺未遂事件記錄, 한국사DB, 국사편찬위원회), 『조선소요사건관계서류』6(공훈전자사료관), 『한국독립사』하(김승학, 독립문화사, 1971), 『독립운동사자료집』11권(독립운동사편찬위원회, 1976), 『한민족독립운동사자료집』2(국사편찬위원회, 1986)

김중화(金重華, 남, 생몰 미상)
입교 시기_1923년 | 교질_참교

함경북도 명천군(明川郡) 출신으로 생몰연대는 불분명하다. 일찍이 러시아로 귀화하여 1900년경 간도지방을 넘나들며 상업에 종사한 것으로 알려져 있다. 1911년 5월경에는 홍범도·허근(許根)·조장원(趙璋元)·이춘식(李春植)·최병규(崔炳奎)·엄인섭(嚴仁燮) 등과 블라디보스토크의 태화루(福泰樓)에서 회합을 가지면 항일투쟁을 모종의 도모를 숙의하였다.

또한 1915년에는 러시아 연해주의 오소리(烏蘇里) 지역으로 이사와 그 지역 한족회의 총무장(總務長)으로 복무하며 항일투쟁을 지속해 갔다. 당시 일제의 기록에는 러시아의 군사탐정 역할을 하며 늘 과격한 행동과 함께 배일사상을 고취시킨 인물로 조사되어 있다. 김중화는 1919년 7월에도 연해주에 거주하면서 그 지역 한족독립운동의 선두에 서는가 하면, 그 지역 귀화 조선인들을 규합하여 독립사상을 고취하는데 앞장섰다.

김중화의 대종교 교력은 1923년 3월 3일(음력) 채헌묵(蔡憲默)·신형규(辛亨奎) 등 독립투사들과 함께 대종교총본사의 추천으로 영계 수여받은 기록이 있다. 그리고 3주일 후인 3월 28일(음력) 총본사 특별추천에 의해 채헌묵·신형규 등과 참교의 교질을 받았으나, 그 이후의 행적은 알 수가 없다.

[참고 문헌]
『대종교보』제57호(1923년), 『독립신문』1920.2.20.~1920.4.12., 「鮮人의 행동에 관한 건」(不逞團關係雜件─朝鮮人의 部─在西比利亞10, 政二機密送 제61호, 한국사DB, 국사편찬위원회), 「5월 24일 이후 嚴仁燮으로부터 얻은 鮮人 정보」(不逞團關係雜件─朝鮮人의 部─在西比利亞2, 憲機 제1086호 제281호, 한국사DB, 국사편찬위원회), 「독립운동에 관한 건」(不逞團關係雜件─朝鮮人의 部─在西比利亞8, 騷密 제5559호, 한국사DB, 국사편찬위원회)

김진(金眞, 남, 생몰 미상)
입교 시기_1915년 | 교질_참교

출신지역과 생몰연대가 불분명한 인물이다. 당시 많은 대종교의 중심인물들이 입교와 함께 이름을 외자로 개명하였다. 김진 역시 대종교 이름으로, 그 본명은 따로 있을 듯하나 관련 기록이 발견되지 않는다. 그러나 1922년 국내 남도본사에서 대종교간부불신임 사태가 야기되었을 때, 황훈(黃勳)·박일병(朴一秉)·백남규(白南奎)·주익(朱翼)·박종식(朴琮植)·김상찬(金相纘)과 함께 집행위원으로 선출

되었음을 보면, 꽤 알려진 인물로 추정된다.

대종교간부불신임 문제는, 1922년 6월 국내 서울에 있던 대종교남도본사의 교무를 교주(도사교)의 승낙 없이 몇 사람이 전횡했다는 문제로 불거졌다. 그 시기 대종교총본사는 북만주 영안현에 있었고 교주 김교헌 역시 그곳에 상주했다. 당시 대종교남도본사의 주무는 전리(典理)를 맡은 강우(姜虞, 본명은 姜錫箕)와 선리부령(宣理部令)을 맡은 김성(金誠, 본명은 金教準으로 김교헌의 동생) 등이 이끌었다. 당시 불신임 문제를 제기한 측에서는 국내의 대종교 교인이 7~8만명에 이르는데 교의회(教議會)의 운명 없이 몇몇 사람이 움직였다는 것이다. 이에 교인 신명균(申明均)을 비롯한 백여 명이 임시교인대회를 열고 교주(도사교)가 임원들을 새로 임명할 때까지 임시로 집행위원을 선출하여 운영하고자 한 사건이었다.

김진의 대종교 교력을 보면 1915년 11월 13일(음력) 참교의 교질을 받는다. 그러나 이후 김진이라는 이름으로의 대종교 활동은 전술한 1922년 집행위원 명단에만 발견될 뿐이다. 그의 본명에 대한 추적이 요구되는 부분이다.

[참고 문헌]
『종문영질』(프린트본, 1922), 『매일신보』1922. 6. 6.

김진국(金進國, 남, 생몰 미상)
입교 시기_1923년 이전 | 교질_미상

출신지역과 생몰연대를 알 수 없는 인물이다. 1929년 2월경 용정촌에 거주하며 왕청현(汪淸縣) 동남부 고원지대인 춘경향(春耕鄉) 화소포(火燒舖) 지역의 땅을 불하받아 경작하였다. 당시 김진국이 함북 온성(穩城)과 경원(鏡源) 지방으로부터 이주해 온 한인들을 중심으로 경작한 것으로 보아, 그 역시 그 지역 출신일 가능성을 점치게 한다.

김진국의 대종교 교력을 살피면 1923년 4월 27일(음력) 대종교 동일도본사(東一道本司) 관할의 중일시교당(中一施教堂)의 전무(典務, 책임자)를 맡은 기록이 있다. 그의 대종교 입교가 그 전에 이루어졌음이 확인된다. 중일시교당은 연길현(延吉縣) 육도구(六道溝)에 소재한 시교당으로 김진국의 전임(前任) 전무는 김명기(金明琪)였다. 김명기는 대종교 항일단체인 대한군정서(북로군정서)의 경신과장(警信課長)을 지낸 인물이다. 그 시기 대종교시교당이 곧 대종교 항일투쟁의 전초기지였음을 염두해 둔다면, 김진국 역시 대한군정서 경신조직의 일원이었음을 직감할 수 있다.

한편 김진국이 전무로 있을 당시 중일시교당의 찬무(贊務, 부책임자)는 서병홍(徐丙弘)과 강근하(姜根夏)였다. 강근하 역시 항일단체 의민단(義民團)의 서무부 서기(書記)로 활동하였음이 주목된다.

[참고문헌]
『대종교보』제58호(1923년), 『대종교중광육십년사』(대종교총본사, 1971), 「政治犯 自首申告者에 관한 건」(不逞團關係雜件─朝鮮人의 部─在滿洲의 部26, 秘受

1441호-機密제36호, 한국사DB, 국사편찬위원회), 「汪淸縣 火燒鋪地方의 開拓 狀況에 관한 件」(滿蒙 各地에서의 鮮人의 農業關係 雜件1, 機密 제407호, 한국사 DB, 국사편찬위원회)

김진용(金晉鏞, 남, 1889-1958)

아호(별명) _ 단정(檀庭)
입교 시기 _ 1910년대 초 | 교질_ 미상 | 서훈_ 애족장(1990)

김진용

한성부 서부(西部) 적선방(積善坊) 도렴동(都染洞, 지금의 종로구 도렴동) 출신이다. 1905년 관비유학생으로 동경부립제일중학교(東京府立第一中學敎)에 입학하였으나, 을사늑약이 체결되자 자퇴를 표명하며 반일의식을 강하게 드러낸 인물이다.

1907년 재일 한국유학생들이 간행하던 신문의 경기 지역 책임자로 활동하였다. 1908년 명치대학(明治大學) 법률전문과 재학 중, 유학생 단체인 대한학회(大韓學會)에서 참여하여 평의원으로 선임되었다. 그리고 1909년 1월 각 단체가 통합하여 창립된 대한흥학회(大韓興學會)의 평의원으로도 선임되어 활동을 이어갔다.

1913년 봄 중국 상해로 건너온 김진용은 대종교지도자 신규식(申圭植) 측근으로 활동하며 동제사(同濟社)에도 참여하였다. 또한 김영일(金永一) 등과 이풍양행(移豊洋行)이라는 비밀기관을 만들어 독립운동 자금 모금에 앞장섰다. 1914년 11월 23일에는 대종교 동지인 홍명희(洪命熹)·김덕진(金德鎭)·정원택(鄭元澤)과 독립운동의 자금기반 조성을 위해 남양군도 지역을 주유하기도 하였다. 김진용 등은 싱가포르를 중심으로 말레이반도 전역을 돌아다니며 현지의 중국계 인물들과 접촉하였다. 당시 김진용 일행이 남양군도로 갈 수 있었던 것은 상해에서 한인들을 돌봐주고 있었던 신규식의 도움이 매우 컸다.

중국으로 돌아온 김진용은 1918년 4월(음력) 남만주 봉천(奉天)에서 조소앙(趙素昻)과 거주하며 지속적인 항일투쟁을 모색하였다. 또한 1919년 4월에는 국내 13도 대표가 조직한 한성정부의 평정관(評政官) 18인 중의 한 사람으로 선임되는가 하면, 상해에서 출범한 대한민국임시정부에도 참여하여 신규식의 외교활동에 많은 역할을 하였다. 1921년 10월 임시정부 법무총장 신규식 등이 손문(孫文)과의 회담을 위해 광주(廣州) 호법정부(護法政府)를 방문할 당시, 외교부원으로 회담에 앞서 파견되어 사전 준비 작업에 일조한 인물이 김진용이다. 또한 주염조(朱念祖)·정삼겸(丁象謙) 등 광주 비상국회 의원들과도 중한협회(中韓協會)를 조직하였다.

김진용의 대종교 입교는 동제사 시절로 전언되어 오지만

그와 관련된 기록은 남아있는 것이 없다. 그러나 그가 크게 의지했던 신규식이라는 인물이 상해 지역 대종교와 임시정부를 개척한 인물이라는 점이 주목된다. 또한 신규식이 주동이 되어 만들어진 동제사 역시 대종교계 결사였다. 더욱이 남양군도를 함께 주유했던 홍명희·김덕진·정원택 역시, 그 시기 상해 지역 대종교의 핵심들이었다. 김덕진은 상해 대종교의 호광시교당(滬光施敎堂)에서 시무하기도 하였으며, 정원택은 해방 이후 대종교의 총전교(總典敎, 교주)까지 오른 인물이다. '배달마당'으로 새겨지는 김진용의 아호 '단정(檀庭)'에서도, 대종교와 떨어질 수 없는 그의 삶을 엿볼 수 있다.

[참고문헌]

「臨時政府閣員」(不逞團關係雜件 朝鮮人ノ部 在內地 四, 한국사DB, 국사편찬위원회), 「獨立運動ニ關スル不穩文書發見ノ件」(不逞團關係雜件 朝鮮人ノ部 在內地 五, 驅密第783號;秘受04894號, 한국사DB, 국사편찬위원회), 『朝鮮民族運動年鑑』(在上海日本總領事館, 1946), 『독립운동사자료집』8(독립운동사편찬위원회, 1974), 『지산외유일지』(정원택, 탐구당, 1983), 『대한민국임시정부자료집』8·42(국사편찬위원회, 2006·2011)

김진우(金振宇, 남, 1883-1950)

아호(별명) _ 일주(一洲), 금강산인(金剛山人)
입교 시기 _ 1924년 이전 | 교질_ 미상 | 서훈_ 애족장(2005)

강원도 영월군 서면(西面) 후탄리(後灘里) 출신으로 의암 유인석(柳麟錫)의 제자이다. 해강(海岡) 김규진(金圭鎭)이 개설한 서화연구회(書畵硏究會)에서 그림 수업을 받고 필업하였다. 그는 사군자(四君子)에 명성이 있었으며 중에서도 특히 대나무를 잘 그렸다.

1919년 중국으로 건너가 대한민국임시정부 요구에 의하여 소집한 제6회 임시의회에서 이필규(李弼珪)·박건병(朴健秉)과 함께 임시정부의정원 강원도대표 의원으로 선출되었다. 또한 1921년 초에는 국민대표회의 소집을 제창하며 박은식·김창숙·최동오·원세훈 등 14인과 "오등(吾等)이 자(玆)에 국민대표회를 소집할 것을 제창함은 양개(兩個)의 주의(主義)에 연유한 까닭이다."로 시작하는 「아동포(我同胞)에게 고함」이란 격문을 발표하기도 했다. 그러나 그 직후인 1921년 2월 임시정부의 밀명을 띠고 국내로 들어오다 체포되어 3년 징역형에 처해져 복역하였다.

출옥 후에는 김진우는 왕성한 서화 활동을 통한 전개하면서 1937년 10월경에는 동지인 여운형·신흥우(申興雨)·최창률(崔昌律)·조한용(趙漢用)·조동호(趙東祜) 등과 민족운동의 새로운 방향 모색을 위한 협진회(協進會) 조직을 도모하기도 했다. 그리고 일제의 패망이 다가오자 여운형 등과 더불어 건국동맹(建國同盟)을 결성하였다.

김진우의 대종교 영계 사항이나 교질과 관련된 기록은 전하는 것이 없다. 그러나 1924년 11월에 발기된 대종교진흥회의 중심인물로 참여하였다. 당시 진흥회 회장 박용태(朴龍泰)를 비롯하여 이홍도(李弘道, 진흥회 총무)·이승천(李承天, 진흥회 서무)·김종진(金鍾震, 진흥회 전례)·조철호(趙喆

鎬, 진흥회 교섭) 등이 중심이 되었으며, 김진우도 부회장이라는 중책을 맡았다. 김진우가 그 이전에 이미 국내 대종교의 주요 인물이었음을 알게 해 준다.

일제의 문서에 日文으로 번역되어 실린 '대종교진흥회취지서'. 그 말미에 副會長 金振宇라는 이름이 보인다.

당시 대종교진흥회는 사무실을 낙원동 84번지에 두고 대종교 경전과 교리에 관한 서적 발간, 일반 신도들의 종교에 대한 신념 고취, 신구(新舊) 양파의 화합을 위해 노력하고자 했다. 그리고 단조묘궁건축과 숭령전수보, 제천단수축과 단조사적간행 등의 다양한 대종교진흥책을 준비·시행하였으나, 김진우에 대한 더 이상의 행적은 전하지 않는다.

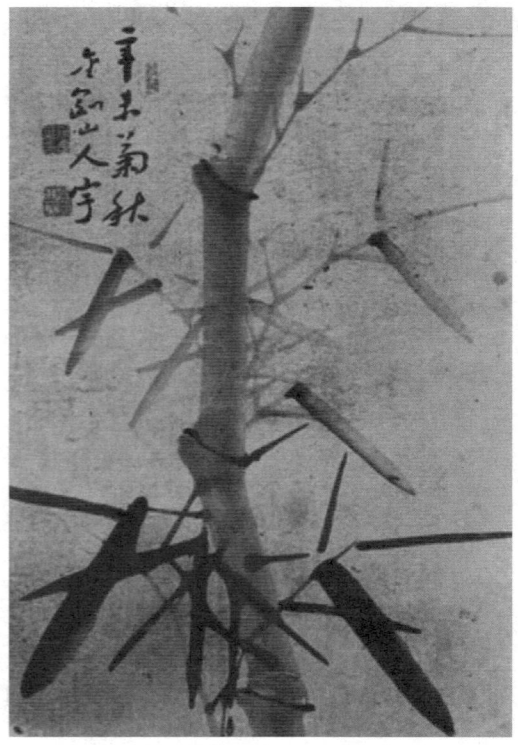
김진우가 1931년(49세)에 그림 네 폭의 묵죽 가운데 마지막 그림. 그의 기개처럼 항일의지가 표출되는 듯하다.

[참고 문헌]

『동아일보』1921.7.25.·1926.4.22., 『매일신보』1924.11.26., 1925.2.20., 「大倧敎振興會 趣旨書 譯文 進達의 件」(不逞團關係雜件-朝鮮人의 部-在滿洲의 部40, 機密 第1號, 한국사DB, 국사편찬위원회), 「協進會 組織準備 其他에 관한 건」(思想에 關한 情報8, 京西警高秘 제320호, 한국사DB, 국사편찬위원회), 『한국독립운동사자료』2(국사편찬위원회, 1971), 『한국독립운동사자료』3(국사편찬위원회, 1973), 『한국근대미술산고』(이구열, 을유문화사, 1972)

김진호(金鎭浩, 남, 1890-1962)
아호(별명) _ 중파(中波)
입교 시기 _ 1914년 | 교질 _ 정교 | 서훈 _ 애국장(1990)

김진호

평안북도 선천군 수청면(水淸面) 고읍리(古邑里) 출신이다. 1910년 경술국치를 당한 후 김규환(金奎煥) 등과 함께 만주로 망명하여 1913년 봉천성 환인현에서 대종교인 윤세복이 세운 동창학교에 관계하며 교육을 통한 독립운동에 힘썼다.

1919년에는 무송현에서 흥업단(興業團)에 가입하여 재무부장을 역임했다. 1924년 4월에는 대한통의부의 흥경현 지역 흥남총관(興南總管)을 맡아 항일투쟁 거점 확보에 진력했으며, 같은 해 7월경에는 환인현 지역 대종교 중심인물들인 윤세용·김석현(金錫鉉)·이홍주(李鴻洲)·김영숙(金永肅)등과 독립정신을 기리기 위한 충절신사(忠節神社) 건립을 계획하기도 했다. 1925년 1월 길림에서 양기탁·이청천·김동삼·오동진 등을 중심으로 정의부가 조직되었을 때, 통북지방 총관(通北地方 總管)을 역임하는 한편, 이탁(李沰)·현정경·김동삼·이청천·김상덕·이진탁·김찬·이규동·현익철·이진산·오동진·이웅·고이허 등과 함께 중앙위원으로 피선되어 활동하였다. 또한 교육위원에 임명되어 재만 한인들의 교육사업을 통한 항일운동에 진력하였다.

1927년 4월에는 농촌문제에 깊은 관심을 가지고 김기풍(金基豊) 김이대·김원식·김호·김동삼·김유성 등과 농민호조사(農民互助社)를 조직하여 재만한인의 농업생산의 증가를 위해 근대적인 영농법과 기계의 수력전기 개발에도 노력했다. 이와 함께 교육 발전을 위해 각 처에 교육기관을 설치하여 국내에서 중등이상의 학교를 졸업한 자를 교원으로 초빙하였으며, 교포들의 보건 위생을 위한 계몽활동과 의료원 설치에 힘썼다.

이후 1928년 신민부·정의부·참의부 대표가 길림성의 동북지역에 있는 대둔(大屯)에 모여 결성한 민족통일 단체인 국민부(國民府)에 참여하여 심용준·이일세·이동림 등과 함께 중앙집행위원으로 활동하였다. 또한 1929년 3월 민족혁명가들이 길림시 우마행호동(牛馬行胡同)의 국민부 사무실에 모여 국민부를 지지하는 유일당의 필요성을 느껴

'조선혁명당(朝鮮革命黨)을 조직하였을 때 이탁·이웅·이진탁·장세용·이동산·문시영·김석하·현익철·현정경·김보안·유동열 등과 함께 중앙위원으로 선출되어 활약하였다. 1931년 길장선(吉長線) 관성자(寬城子) 서북 40리에 있는 만보산 부근에서 한·중·일 삼각관계의 미묘한 이해 관계에서 발생한 한중 농민간의 갈등을 해소하기 위하여 국민부에서 조직한 만보산사건 대책위원회의 회원으로 최동오·김이대 등과 함께 진상조사에 노력하는 한편 중국 당국에 교섭하여 일본의 침략적 음모를 폭로하고자 노력하였다. 광복 후 귀국하여 중풍으로 고생하다가 부산에서 사망하였다.

김진호의 대종교 교력은 1914년 윤5월 3일(음력, 이하 음력) 참교의 교질을 받은 것으로 시작된다. 1924년 3월 16일에는 지교(知教)로 승질하였고, 1926년 10월 1일 흑룡강성 빈강현(濱江縣)에 있는 대종교 합성시교당(哈成施教堂)의 책임자(典務)가 되었다. 1937년 7월 16일에는 영안현 동경성에 소재한 대종교 경일시교당(京一施教堂)의 전무(典務, 책임자)를 맡았다. 당시 경일시교당의 찬무(贊務, 부책임자)를 맡아 김진호를 도운 인물은 백포 서일의 아들인 서윤제(徐允濟)였다.

김진호 등, 환인현 지역 대종교지도자들이 독립정신을 기리기 위해 충절신사 건립을 계획하고 있다는 내용을 담은 일제의 문서.

이어 김진호는 1939년 12월 7일 경의원 참의로 선임되어, 대종교 활동의 중심부로 들어섰으나, 1942년 일제에 의해 자행된 대종교의 임오교변(壬午教變) 당시, 김진호는 동년 11월 19일 길림성 반석현 거주지에서 체포되었다. 임오교변이란 임오년(1942년)에 일어난 일제의 대종교지도자 구속 사건을 말한다. 당시 국내외 대종교지도자 20여명을 동시에 구속한 이 사건은, 일제강점기 최대의 종교적 박해 사건이었다. 김진호는 이 사건으로 만주 목단강 감옥에 수감되어 14개월 만에 석방되었다.

이후 김진호는 대종교의 환국과 더불어 국내로 들어와 1946년 3월 24일 총본사의 특별 추천으로 상교(尙教)의 교질을 받았다. 그리고 같은 날 경의원 참의로 선임되었고 1개월 후인 4월 27일에는 상무참의(常務參議)로 자리 잡았다. 1949년 1월 5일에는 해방 공간에서의 대종교 재건을 기치로 조직된 대종교중흥회 제1회 중앙집행위원으로 피선되면서, 대종교 중흥을 위한 일선에 섰다.

그러나 6.25전쟁이 발발하자 그 실천이 좌절되고 김진호는 부산으로 내려갔다. 그는 어려운 부산 생활 속에서도 대종교 활동을 꾸준히 전개했다. 1952년 10월 1일 부산시 대신동에 위치한 대종교 내선시교당(萊善施教堂)의 전무(典務)를 맡아 그 지역 대종교 포교를 그치지 않았다. 그리고 1954년 5월 3일 삼일원 대덕(大德)이 되었으며, 1957년 4월 28일 마침내 정교(正教)의 교질과 함께 대형(大兄)의 교호(教號)를 받았다. 그리고 그 해 7월 6일 원로원 참의로 공선되어 고령의 나이에도 불구하고 5년간을 시무하였다.

[참고 문헌]
『대종교보』 제124호(1939년) · 환국기념호(1946년) · 제150호(1946년) · 제155호(1947년) · 제161호(1947년), 『대종교인과 독립운동연원』(이현익, 프린트본, 1963), 『대종교중광육십년사』(대종교본사, 1971), 『大韓統義府의 狀況(臨時報 제180호)』(不逞團關係雜件-朝鮮人의 部-在滿洲의 部38, 秘 關機高收 제6317호-機密受 제312호, 한국사DB, 국사편찬위원회), 『忠節神社 建立計劃』(不逞團關係雜件-朝鮮人의 部-在滿洲의 部39, 關機高收14473호-1, 한국사DB, 국사편찬위원회), 『무장독립운동비사』(채근식, 대한민국공보처, 1949), 『한국독립사』(김승학, 독립문화사, 1967)

김진호(金眞浩, 남, 생몰 미상)

아호(별명)_ 김진호(金眞皓)
입교 시기_ 1913년 | 교질_ 정교

출신지역과 생몰연대에 대한 기록이 남아있지 않다. 만주 무장투쟁의 거두이자 대종교의 원로 김진호(金鎭浩, 1890-1962)와는 한자명이 다른 별개 인물이다. 그러나 1916년 대종교 교주(도사교) 나철이 순교할 당시, 그 비석의 글씨를 쓸 정도로 비중이 있었다. 화룡현 청파호에 세워진 그 비문의 전면은 '대종교대종사홍암나선생신해지장(大倧教大宗師弘巖羅先生神骸之藏)'이라 썼고, 후면은 '단제어천후 4157년 병진 11월 20일(檀帝御天後 四千一百五十七年 丙辰 十一月 二十日)'이라 새겼다. 이러한 정황으로 보아 당시 김진호의 대종교단 내에서의 무게를 쉽게 직감할 수 있다.

김진호의 교력을 보면 1913년 8월 6일(음력)에 참교의 교질을 받았고 1917년 3월 16일(음력)에는 지교의 교질을 받았다. 해방 이후인 1947년 7월 11일(음력) 상교(尙敎)의 교질에 오르고, 1964년 3월 29일(음력) 이전에 정교의 교질을 받은 것으로 확인된다. 김진호가 1964년 3월 29일(음력)에 정교(政敎)의 교질로 대종교원로원의 참의(參議)에 선임된 기록이 있기 때문이다.

[참고 문헌]
『종문영질』(프린트본, 1922), 『대종교보』제155호, 『대종교중광육십년사』(대종교총본사, 1971)

김진환(金珍煥, 남, 생몰 미상)
입교 시기 _ 1926년 이전 | 교질 _ 미상

출신지역과 생몰연대를 알 수 없는 인물이다. 현재 남아 있는 대종교단 내의 기록이나 일제의 문서에도 전하는 것이 없다. 그러나 1926년 대종교만주포교금지령 이후 압수당한 대종교의 문서 속에 김진환이란 이름이 등장한다. 그 문서 속에 포함된 「대종교시교당일람표(大倧敎施敎堂一覽表, 1926年)」에 보면, 김진환이 1926년 대종교 계일시교당(啓一施敎堂)의 전무(典務, 책임자)로 활동하고 있었다. 계일시교당은 대종교항일투쟁의 주요 근거였던 왕청현 소황구(小荒溝)에 소재한 교당으로, 연길현 춘양향(春陽鄕) 북쪽 소삼차구(小三岔口)에 있는 현석구(玄錫九)가 그 주요 연결 역할을 하였다. 당시 항일투사 박문경(朴文京)과 김연병(金鍊炳)이 찬무(贊務, 부책임자)를 맡아 김진환을 도왔으며, 81명의 교인을 거느리고 활동하고 있었다.

[참고문헌]
「大倧敎施敎堂一覽表(1926年)」(延邊朝鮮族自治州档案馆 全宗号42 目录号1 案卷号343, 和龙县历史档案 和龙县警察所, 令各区査禁韓人設立大倧敎堂由, 民國十五年五月十二日)

김찬(金燦, 남, 1885-?)
아호(별명) _ 윤덕걸(尹德杰)
입교 시기 _ 1914년 | 교질 _ 참교

함경북도 북청군 혜서면(惠書面) 월근동(月近洞) 출신이다. 일찍이 서간도의 장백현으로 넘어가 그곳을 거점으로 항일투쟁을 전개했다. 1916년에는 순치동제당(脣齒同濟黨)에 가입하였다. 본디 순치동제당은 신해혁명 당시 중국인 왕용여(王永如)·왕종강(王宗江)와 조선인 백규삼(白圭三)·황병길(黃丙吉) 등 총 14명이 발기한 것으로 조선과 중국이 공동운명체임을 각성하자는 것이었다. 1916년 김찬이 참여할 당시 순치동맹당의 드러난 인물들은 발기인 14명을 포함하여 98명이었다.

이후 김찬은 대한독립군비단(大韓獨立軍備團)에 참여하여 보다 조직적인 항일투쟁을 전개하였다. 대한독립군비단은 1919년에 중국 만주 장백현 17도구에서 김찬을 비롯하여 이동백(李東白)·이은향(李殷鄕)·이태걸(李泰杰)·윤덕보(尹德甫) 등이 조직한 항일투쟁 단체였다. 그들은 무송현의 백산분단장(白山分團長) 윤세복(尹世復) 그리고 김호익(金虎翼) 등과 상의하고 대한군정서(북로군정서)의 전신인 길림군정부(吉林軍政府)로 들어가 보다 효율적인 항일투쟁을 전개하였다. 이후 대한군정서로부터 무기를 공급 받고 국내 상황을 탐사 및 군자금을 모금하는 일에 주력하였으며, 일제의 기관을 파괴하고 일제 경찰을 사살하는 일 따위의 무장 투쟁 활동도 하였다. 특히 김찬은 화약제조에 경험이 많아 그 분야에도 이바지하였다. 1920년 초반 당시 김찬은 군비단의 참모부장을 맡고 있었다. 그 주요 임원은 이은향(단장)·이태걸(부장)·이동백(李東白, 군사부장)·윤덕보(재무부장)·정삼성(鄭三星, 경찰부장)·김종기(金宗基, 문사부장)·조훈(趙勳, 외교부장)·김정익(金鼎益, 소집부장)· 김진무(金振武, 공창부장) 등이었고, 이들 대부분은 함경남도 출신이었다.

김찬은 군비단이 대한국민단(大韓國民團)으로 확대 재편될 때도 중책을 맡았다. 대한국민단 은 청산리독립전쟁 이후 간도에 산재해 있던 군비단·홍업단·광복단·대진단(大震團)·태극단(太極團) 등이 상해 임시정부의 지시에 따를 것을 다짐하고 합류하게 된 항일무장독립 군단이었다.이들은 장백현(長白縣) 16도구(道溝)를 중심으로 1921년 1월부터 연합체를 구성하고자 하는 노력을 기울이고 각 대표들이 대진단지부사무소에서 회합하였다. 그리고 압록강연안 각 단체의 연락통일과 본격적인 무장투쟁 전개를 목적으로 하는 다음의 전문 10조의 연합규약을 제정하고, 연합회의 임원단을 선임하였다.

1. 압록강 연안 각 도구(道溝)에 있는 각 단은 연락의 통일을 도모한다.
2. 각 단의 제1조 규약에 대하여는 방해하지 않는다.
3. 각 단에서는 매월 15일 통상회(通相會)를 개최하여 연락을 도모한다.
4. 각 도구마다 1명의 법단(法團)을 설치하여, 법단의 각 단원으로 하여금 품행이 부정한 자를 처벌할 권한을 준다.
5. 각 단원이 여행을 함에, 행선에 어둡거나 금전으로 어려움이 있으면 법단이 이끌도록 한다.
6. 각 단원 중 신체 강건한 자로 암살대(暗殺隊)를 편성하여 실력 양성에 노력하도록 한다.
7. 각 단 모두 국내에서의 군자금 모금을 장려하도록 한다.
8. 모아진 자금은 군사부장에게 송금하고 다시 북로사령부군정서(北路司令部軍政署)로 납부하여 무기를 구매하도록 한다.
9. 각 단 모두 30세 이하인 자를 북로사령부로 보내, 군정서에서 1개월 간 교련을 익히고 사령부의 명령을 기다려 압록강 연안에 출동하도록 한다.
10. 각 단원들은 광복사업에 대한 비밀을 누설할 경우 사형에 처한다.

그 해 10월 이것이 모체가 되어 결성된 것이 대한국민단이다. 흥업단 단장 김호익[金虎翼, 대종교 이름 김호[(金虎)]이 회장을 맡고, 이은향(부회장)·윤병용(尹秉庸, 총무)·김용대(金容大, 비서)·윤세복(의사부장)·강연상(姜鍊翔, 재무부장)·석계(石桂, 서무부장)·한창언(韓昌彥, 경호부장) 등이 주요 직책을 맡았다. 이 때도 김찬은 군사부장을 맡아 가장 중요한 업무를 수행하였다.

김찬의 대종교 교력은 1914년 3월 4일(음력)에 참교의 교질을 받은 기록이 있다. 그가 1910년대 초반 서간도 장백현 지역으로 망명했을 가능성을 보면, 그 지역 대종교책 임자였던 윤세복 등과의 인연이 작용한 듯하다.

[참고 문헌]
『종문영질』(프린트본, 1922), 「不逞鮮人 名簿에 관한 건」(不逞團關係雜件-朝鮮人의 部-在滿洲의 部5, 機密公信 제7호, 한국사DB, 국사편찬위원회), 「西間島 不逞鮮人團의 상황」(不逞團關係雜件-朝鮮人의 部-在滿洲의 部25, 高警제41,242호, 한국사DB, 국사편찬위원회), 「長白縣下 不逞團의 系統的 調査」(不逞團關係雜件-朝鮮人의 部-在滿洲의 部31, 機密受제33호-關機高收제12699호, 한국사DB, 국사편찬위원회), 「不逞鮮人의 行動에 관한 건」(不逞團關係雜件-朝鮮人의 部-在滿洲의 部28, 受19220호-公信제128호, 한국사DB, 국사편찬위원회), 『한민족독립운동사』4(국사편찬위원회, 1988)

김찬규(金燦奎, 남, 1866-1931)

아호(별명)_ 석룡(石龍), 김석연(金石然), 김선량(金善亮)
입교 시기_ 1922년 이전 | **교질_** 미상 | **서훈_** 애국장(1990)

경상북도 영주군 이산면(伊山面) 석포리(石浦里) 출신이다. 대한제국 시기 비서승(秘書丞) 등의 관직을 역임했으며, 1905년 을사늑약이 체결되자 망국의 울분을 품고 관직에서 물러났다. 1919년 3·1독립운동이 일어나자, 최익환(崔益煥)이 조선독립운동의 목적을 위해 대동단(大同團) 조직이 필요하다는 의견에 공감하고 동참하였다.

대동단은 독립달성을 위해 전민족의 대단결을 표방하고, 1919년 3월말 김찬규·전협·최익환 등이 서울에서 결성한 독립운동단체였다. 사회 각층의 인사들을 단원으로 포섭함으로써 전국적 조직을 계획하고 있었다. 그리하여 이들은 사회 각층을 황족(皇族)·진신(縉紳)·유림(儒林)·종교(宗教)·교육(教育)·상공(商工)·노동(勞動)·청년(青年)·군인(軍人)·부인(婦人)·지역구역(地域區域) 등 11개 단(團)으로 분류하고, 이들을 통일·종합하여 독립운동의 구심적 역할을 수행하고자 했다.

당시 김찬규는 과거 벼슬 생활의 인연을 토대로 진신(縉紳)·유림(儒林) 등의 상류층 인사를 규합하는 책임을 맡았다. 이를 위해 민병석(閔丙奭)·윤이병(尹彛炳) 등과 교류하며 박영효(朴泳孝)·김가진(金嘉鎮)·민영달(閔泳達)·곽종석(郭鍾錫)·맹보순(孟輔淳) 등을 대상으로 포섭활동을 추진했으나, 대부분의 인사들이 냉담하거나 미온적인 반응을 보임으로써 처음의 계획처럼 뜻을 이룰 수 없었다. 다만 김가진의 영입을 성사시키는데 그쳤다. 그리고 곽종석 문하의 유림들을 포섭하기 위해 동년 5월 초순 경남 거창으로

내려갔으나, 이때 서울에서 최익환 등이 일경에 붙잡히는 바람에 그의 행적이 드러나게 됨에 따라 피신하였다.

1919년 11월에 대동단의 조직이 발각된 후, 그는 1920년 가을에 신태식(申泰植)과 함께 만주의 서로군정서(西路軍政署)의 독립군 활동을 지원하기 위해 비밀결사 의용단(義勇團)을 조직하고, 동단의 경상남도 단장을 맡아 동지 포섭 및 군자금 모집 활동을 폈다. 의용단의 주요 진용을 보면 아래와 같았다.

경북 단장	신태식(申泰植)
경북 총무국장	이응수(李應洙)
경북 군무총장	장세명(張世明)
경북 군량총장	이명균(李明均)
경북 재무총장	김병동(金秉東)
경북 군무국장	김병표(金炳豹)
경북 재무국장	서상업(徐相業)
경북 재무국장	손성운(孫聖雲)
경북 경주지국장	허달(許達)
경남 단장	김찬규(金燦奎)
경남 총무국장	김공기(金供基)
경남 재무국장	김돈희(金敦熙)

김찬규는 그의 2남 김건(金鍵)이 경영하는 경성부 적선동 160번지 소재 중앙여관에 근거를 두고 최양옥 등과 독립운동자금 모집에 분주히 움직였다. 그러나 1921년 겨울 의용단의 조직이 일경에 발각되자 그는 만주로 넘어가, 남만주군정서 부총재인 김응섭(金應燮)과 길림에서 만나 항일투쟁의 효과적 방략을 논의하였다. 그리고 1922년 음력 4월 말 다시 국내로 들어와 신의주·평양·수원·경성·평택 등지를 경유하여 김천에 도착 활동하다가, 같은 해 6월경에 문경군 산양면(山陽面) 불암리(佛岩里)의 여인숙에서 문경 경찰서 형사의 불심검문에 검거되었다. 체포 당시 그는 권총 1정, 실탄 14발, 남만주군정서 총재 이계원(李啓元) 발행의 군자금모집위임장, 암호 1점 등을 소지하고 있었다. 그리고 김찬규는 이 사건으로 징역 1년 6월형을 언도 받고 옥고를 치렀다.

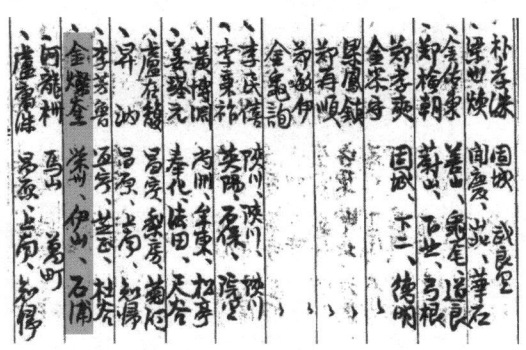

성세영의 『본사행일기』에 적힌 1922년 당시의 경상도 지역 대종교 주요 교인의 명단. 왼쪽에서 세 번째 金燦奎, 榮州, 伊山, 石浦라는 기록이 적혀 있다.

1924년 2월에 출옥한 김찬규는 과년한 나이에도 항일투쟁을 그치지 않았다. 그는 동지 신태식(申泰植)·손병선(孫秉善)·신석원(申錫遠) 등과 함께 상해 임시정부 군무총장(軍務總長) 노백린(盧伯麟) 명의의 지령문을 수 백매 인쇄한 뒤 경남 밀양(密陽) 등지에서 군자금 모집 활동을 전개했다. 이와 함께 이들은 임시정부에 직접 참여하기 위해 상해(上海) 망명을 추진했으나, 사전 발각되어 1925년 2월경에 다시 체포되어 징역 5년형을 언도받고 옥고를 치르던 중 순국했다.

김찬규의 대종교 교력과 관련한 대종교단 내의 기록은 남아 있지 않다. 다만 1922년 경성의 대종교남도본사를 방문했던 경상북도 성주 사람 성세영의 일기에 김찬규가 등장한다. 성세영의『본사행일기』에 1922년 당시 경상도 지역 대종교 주요 교인의 명단에 김찬규가 올라 있다는 점이다. 김찬규가 1922년 이전에 대종교에 입교했음을 확인할 수 있는 부분이다.

『매일신보』(1922년 12월 30일)에 실린 의용단 사건 관련 기사. 흰줄 네모 안에 義勇團慶南團長 金燦奎라는 글자가 보인다.

[참고 문헌]
『본사행일기』(성세영, 필사본, 1922), 『승정원일기』고종 38년 9월 22일·고종 39년 3월 10일, 『동아일보』1922.12.20.·22·23·30., 『매일신보』1922.12.21., 『高等警察要史』(경상북도경찰부, 1934), 『葦庵文稿』(국사편찬위원회, 1956), 『독립운동사』제5권(독립운동사편찬위원회, 1975), 『한민족독립운동사자료집』5(국사편찬위원회, 1988), 『한민족독립운동사자료집』32(국사편찬위원회, 1997), 『한민족독립운동사자료집』41(국사편찬위원회, 2000)

김찬수(金燦洙, 남, 1882-?)

입교 시기_ 일제강점기 | 교질_ 지교 | 서훈_ 독립장(1998)

출신지역이 불분명한 인물이다. 다만 1907년 군인에서 물러날 당시 그의 거주지가 한성부 북서(北署) 관광방(觀光坊) 벽동계(碧洞契) 암동(岩洞)으로 되어있는 것을 보아, 이 지역 출신일 가능성이 높다. 김찬수는 1899년 무관학교에 입학하여 1903년 졸업했다. 그는 졸업과 동시에 구한국군 참위(參尉)로 임관하여 1907년 물러날 때까지 육군기병 분야에서 두각을 드러낸 인물로, 1907년에는 대황제폐하즉위기념장(大皇帝陛下卽位紀念章)을 받기도 했다.

김찬수는 군인에서 물러난 1911년경, 김좌진·안승구(安承龜)·민병옥(閔丙玉)·조형원(趙亨元)·남정면(南廷冕)·박종원(朴鍾元) 등과 국권회복을 위한 군자금모금에 연루되어 5년의 징역형을 선도 받았다. 이후 만주로 넘어가 1920년 8월 대한군정서(북로군정서)에서 대한제국 장교 영입을 위하여 국내에 파견된 이성규(李成奎)를 따라 김규식(金圭植)·홍충희(洪忠喜)·박형식(朴亨植) 등과 함께 북로군정서에 입대하였다. 그리고 그 해 8월 20일 중대장을 맡았다. 북로군정서는 1911년 대종교인들이 조직한 중광단(重光團)을 모태로 한 항일단체로, 1919년 북간도 왕청현에서 서일(徐一)·현천묵(玄天默)·조성환(曺成煥)·김좌진 등 대종교지도자들을 중심으로 조직한 무장독립운동단체였다.

그는 1920년 9월 12일 북로군정서에서 보병 1개 대대를 편성할 당시, 김규식·홍충희·오상세(吳相世) 등과 함께 중대장에 임명되어 대대장 김사직(金思稷)을 보좌하였다. 1921년 10월 21일 아침 화룡현(和龍縣) 삼도구(三道溝) 천수동(泉水洞)에서 일본군과의 전투에 참전하였다. 제3중대장과 군사부경리국장(軍事部經理局長)으로 청산리전투에 참전하여 전공을 세웠다.

청산리부근 전투에서 적군의 공격을 격파한 독립군이 갑산촌(甲山村)에 도착하여 거주동포들의 환대를 받으며 쉬는 동안, 북로군정서 독립군 사령부는 부락민들로부터 적정에 대한 보고를 받았다. 적 기병 1개 중대가 갑산촌을 지나 30리 떨어져 있는 천수평에 들어가 머물고 있다는 것이었다. 이에 공격을 가하여 적의 기마 중대 120명을 거의 전멸시켰다. 이 천수평 전투시 그는 제3중대장으로 참전하여 큰 전과를 올렸다.

청산리독립전쟁 이후인 1922년에는 흩어진 북로군정서 계열을 중심으로 대한독립군단을 출범시켜 군사부원(軍事部員)을 맡기도 했다. 당시 그 주요 보직을 맡은 인물들 역시 아래와 같이 대부분이 대종교도였다.

총 재	이범윤
부총재	현천묵
비 서	김필(金弼)
군사부장	조성환
군사부원	김찬수
경신부장	최호(崔顥)
경신부원	신명식(申明湜)

경신부원	최준설(崔俊卨)
민사부장	김혁(金爀)
민사부원	최익태(崔益泰)
재무부장	계화(桂和)
총사령	김좌진
참 모	이장녕
참 모	정인철(鄭寅哲)
참 모	이범석
참 모	서철수(徐哲洙)
부관장(副官長)	박두희
부 관	백종렬(白鍾烈)
주계정(主計正)	이원방(李源芳)
여단장	김규식
여단부관	오광선
연대장	양규열(梁圭烈)
대대장	강승경(姜承慶)
대대장	홍충관(洪忠觀)
대대장	강국모(姜國模)
대대장	권태형(權泰衡)
대대장	신희경(申熙慶)

김찬수는 1923년 11월경에도 강국모·계화·김병우(金秉愚)·김정의(金鼎義)·김혁·김규식·김좌진·남상순(南相洵)·양재헌(梁在憲)·양규렬(梁圭烈)·이범윤·이경심(李景審)·이범석·박두희·배영선(裵永善)·조성환·최진동·현천묵·홍결률(洪景津)·홍충희(洪忠喜) 등 20여명과 발기하여 남북만주의 독립단체의 통일을 도모하는데 앞장서기도 했다.

김찬수의 대종교 교력을 보면, 일제강점기의 기록은 전하지 않는다. 그러나 항일투사 박명진이 기록한 『대종교독립운동사』(필사본)에 의하면, 그가 해방 이전 대종교 동일도본사의 핵심교인으로 올라있다. 대종교가 해방 직후 환국했을 당시 그가 대종교 참교(參敎)의 교질(敎秩)로 경의원(經議院) 참의(參議)를 맡은 기록도 있다. 해방 이전에 이미 참교의 교질을 받았음을 알게 해 준다. 대종교에서는 그의 교력을 기려 얼마 지나지 않은 1946년 8월 27일(음력)에 지교(知敎)로 승질(陞秩, 교질을 올림)시켰다. 그 이후의 기록은 알 수가 없다.

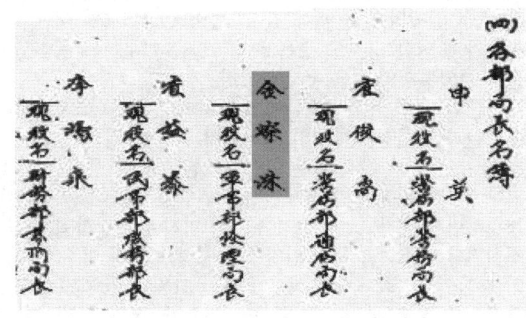

북로군정서 당시 각부 국장의 이름을 적은 일제의 명부(名簿). 金燦洙 軍事部經理局長이란 기록이 보인다.

[참고 문헌]
『대종교보』제150호(1946년)·제151호(1946년), 『대종교독립운동사』(박명진, 필사본, 1964), 『대종교중광육십년사』(대종교총본사, 1971), 『승정원일기』고종 40년(1903) 윤 5월 9일·순종 1년(1907) 7월 26일, 『매일신보』1911.3.14·17, 5.18, 6.27, 『독립신문』1921.1.18., 『동아일보』1923.11.17., 「大韓獨立軍團 參謀 李楨이 陳述한 金佐鎭의 行動 및 一派 不逞鮮人團의 情況 等에 관한 件」(不逞團關係雜件-朝鮮人의 部-在滿洲의 部38, 機密 제99호-機密受 제107호, 한국사DB, 국사편찬위원회), 「南北滿洲에 있어서 不逞鮮人 團體 調査의 件」(不逞團關係雜件-朝鮮人의 部-在滿洲의 部41, 機密 第768號, 한국사DB, 국사편찬위원회), 『朝鮮獨立運動』(金正明, 原書房, 1967), 『독립운동사』제5권(국가보훈처, 1973)

김찬수(金贊洙, 남, 생몰 미상)
입교 시기 _ 1909년 | 교질 _ 미상

출신지역과 생몰연대가 확인되지 않는다. 다만 1907년 대한자강회와 1908년~1909년 대한협회의 제주지부 회원으로 활동한 김찬수(金贊洙)가 있어 그 지역 출신일 가능성이 높으나, 동일인 관계 역시 확증 자료가 없다. 나인영(대종교를 일으킨 후 나철로 개명)이 대종교를 중광하기 이전에 제주도로 유배를 떠난 운양 김윤식을 따라 1898년부터 약 3년간을 동고동락한 경험을 주목해 볼 뿐이다. 김찬수의 대종교 교력을 살피면 1910년 1월 4일(음력) 변우섭(卞宇燮)과 함께 시교원(施敎員)으로 임명된 기록이 있다. 그의 대종교 입교 시기는 그 이전인 1909년에 이루어졌음을 알 수 있다. 그러나 그 이후의 종교적·사회적 행적은 발견되지 않는다.

[참고 문헌]
『종보』제5호(1910년), 『대종교중광육십년사』(대종교총본사, 1971), 『대한자강회월보』제11호(1907년 5월 25일), 『대한협회회보』제4호(1908년 7월 25일)·제11호(1909년 2월 25일)

김창국(金昌國, 남, 생몰 미상)
입교 시기 _ 1911년 경 | 교질 _ 미상

출신지역과 생몰연대를 알 수 없는 인물이다. 대종교단 내에도 남아있는 기록이 없다. 다만 일제의 문서 안에 1911년경 북만주 화룡현 걸만동(傑滿洞) 인근의 신의동(新義洞)을 거점으로 대종교 활동을 전개하려 한다는 기록이 있다. 당시 김창국은 국내 경성으로 들어가 1년여를 거주하고, 1911년 경성에서 서상협(徐相俠)·김병찬(金秉粲)과 함께 다시 신의동으로 들어왔다. 그들은 들어와 당장에 어떠한 움직임을 보이지 않았으나, 조만간에 대종교와 관련된 모종의 움직임을 보일 것이라는 것이 일제의 기록이다. 김창국의 대종교 교력 역시 교단 내에는 전하는 것이 없다. 그러나 일제의 기록으로 보아 1911년 이전에 대종교에 입교한 것으로 추정된다.

김창국의 단군교(대종교) 활동과 관련한 일제의 기록.

[참고 문헌]
「間島 및 琿春地方 一般狀況에 관한 건」(不逞團關係雜件-朝鮮人의 部-在滿洲의 部1, 朝憲機 제1674호, 한국사DB, 국사편찬위원회), 『한국독립운동사자료』 39(국사편찬위원회, 2003)

김창근(金昌根, 남, 1897-?)
입교 시기_ 1917년 | 교질_ 참교

함경북도 경성 출신으로 일찍이 북간도로 망명하여 항일투쟁에 몸담았다. 1912년 연길현 국자가에 거주하며 연해주 지역의 권업신문 등을 수령하여 전달하는 통신원 역할을 담당했다. 1914년 2월 4일 개최된 간민회(墾民會) 연길분회(延吉分會) 총회에서는 총무라는 중책을 맡았다. 간

민회는 1911년 만주에서 조직된 독립운동 단체로서, 주로 자치 활동과 애국심 고취 활동을 하였다. 특히 1919년 3·1운동 당시 북간도 지방에서 만세 운동을 주도하였고, 이후 간도국민회로 개편되었다. 김창근이 총무를 맡을 당시의 간민회 연길분회 임원은 정재면(鄭載冕, 부회장)·김사범(金仕範, 총무)·방정규(方正規, 서기)·박경철(朴敬喆, 재무)·이긍식(李肯植, 의사장) 등이었다.

이후 김창근은 간민회의 동제회(同濟會) 활동으로 보다 폭넓은 행보를 전개했다. 동제회는 1914년 4월 15일 간민회 산하 대동협신회(大同協新會)와 청년친목회(靑年親睦會)가 통합하여 결성된 단체로, 회장에 조희림(趙喜林), 부회장에 남공선(南公善)을 선출하고 김창근은 김갑(金剛)·전일(全一) 등과 평의원(評議員)을 맡아 활동했다. 당시 동제회의 주요 목적은 다음과 같았는데,

1. 동포의 정신을 움직이게 하여 일본인에게 굴하지 않도록 한다.
2. 청년학생에게 정신적 학문을 교육하여 조국을 회복하도록 한다.
3. 우둔한 민족을 이상적으로 지도하여 일본인의 치하로부터 벗어나도록 한다.
4. 학교는 문학과 공업(工業)을 알게 하되 모두 군사적으로 한다.
5. 민족은 남녀를 가리지 않고 가히 군인이 되도록 지도한다.

4항과 5항에서 보이듯 독립군 양성과 무관치 않았다.

1919년 2월 말에도 김창근의 통신 역할은 은밀히 계속되었다. 그가 국자가에서 운영하던 동남상점(東南商店)을 거점으로 항일투쟁과 연관된 연결고리를 수행한 것이다. 재미 한인(在美韓人) 독립운동 계획, 재미 한인의 파리강화회의에 조선독립문제 제기, 재미 한인의 파리강화회의 분위기 속에서 국권회복을 위한 주동기관과의 연락 등이 그 대표적 내용들이었다. 당시 김창근은 국자가 지역 이홍준(李弘俊)과 함께 연해주와 만주의 우편 연락 및 인적 연락관계를 총괄하면서 열거한 내용들을 소통시켰다. 이후에도 대한국민단의 재무원(財務員)을 맡아 많은 독립자금을 기부하면서도, 1920년 12월 연길현 귀순자 명단에도 이름을 올려 일제의 눈을 피해 갔다. 이어 1921년 1월 대한의군부가 출범할 당시도 광목(廣木) 1필을 기부하는 등, 꾸준한 항일투쟁의 끈을 놓지 않았다.

김창근의 이승만 등에 대한 성토도 눈에 띈다. 1922년 4월 이승만과 정한경(鄭漢卿)의 위임통치 청원을 적극 비판한 것이 그것이다. 이 발단은 1919년 2월 이승만 등이 미국 정부에 한국을 당분간 국제연맹의 위임통치 아래 둘 것을 청원하면서 제기되었다. 1919년 1월 파리에서 강화회의가 개최된다는 소식을 듣고 안창호를 중심으로 한 미주(美州)의 대한인국민회 중앙총회는 1918년 11월 25일 대표자회의를 소집하고 파리 강화회의에 이승만·정한경·민찬호(閔讚鎬) 등을 파견했다. 그러나 미국정부의 비자발급 거부로 파리 강화회의 참석이 좌절되자, 이승만과 정한경은 즉각적인 독립보다는 국제연맹에의 위임통치 청원이 국

제여론, 특히 미국 내 일반여론에 호소하고자 했다. 이에 1919년 2월 25일자로 미국 대통령에게 보내는 청원문을 작성했다. 청원문은 파리 강화회의에 자신들의 위임통치에 관한 청원서를 제출해줄 것과 연합국 열강이 장래 한국의 완전독립을 보장하는 조건하에 일본의 현 통치로부터 한국을 해방시켜 국제연맹의 위임통치 아래 두는 조처를 취할 수 있도록 평화회의 석상에서 이를 지지해줄 것을 청원하는 내용이었다. 김창근을 포함한 이극로·남공선·신채호·김창숙 등 54명은 이러한 위임통치 청원에 대해 성토문을 통해 매국·매족의 청원이라고 신랄하게 비판하였다.

김창근의 대종교 교력은 1917년 6월 10일(음력) 참교의 교질을 받은 것으로 나타나나, 그 외의 기록은 전하지 않는다.

[참고 문헌]
『종문영질』(프린트본, 1922), 「局子街에 있어서 排日 鮮人 家宅搜索 結果 具申」(不逞團關係雜件-朝鮮人의 部-在滿洲의 部2, 機密 제42호, 한국사DB, 국사편찬위원회), 「墾民會 開會에 관한 건」(不逞團關係雜件-朝鮮人의 部-在滿洲의 部3, 朝憲機 제131호, 한국사DB, 국사편찬위원회), 「在間島 排日鮮人結社 同濟會에 관한 건」(不逞團關係雜件-朝鮮人의 部-在滿洲의 部4, 朝憲機 제663호, 한국사DB, 국사편찬위원회), 「排日鮮人 等 國權恢復秘密運動에 관한 風說報告의 건」(不逞團關係雜件-朝鮮人의 部-在滿洲의 部8, 機密 제12호, 한국사DB, 국사편찬위원회), 「間島 不逞鮮人 團體와 그 動靜에 관한 調査書의 件」(不逞團關係雜件-朝鮮人의 部-在滿洲의 部16, 機密 제14호, 한국사DB, 국사편찬위원회)

김창락(金昌洛, 남, 1894-?)
입교 시기 _ 1923년 | 교질 _ 미상

출신지역이 불분명하다. 경산북도 예안군 출신의 김창락(1884년생)과 평안북도 구성군 출신의 김창락(1892년생)이 있으나, 한자명이 같은 동명이인이다. 김창락은 1919년 2월 밀산 지역 한흥동(韓興洞)에 거주하는 이춘화(李春和)·김병길(金丙吉)·김병순(金炳淳)·김순삼(金淳三)·홍용화(洪龍和)·최승화(崔承和)·주내문(朱乃文)·한몽필(韓夢弼) 등과 한국의 독립을 다지는 맹세를 결의한 기록이 있다. 이후 동녕(東寧)과 혼춘(琿春) 지역으로 옮겨와 대종교 활동을 통한 항일투쟁에 몸을 담았다.

김창락의 대종교 교력을 보면, 1923년 6월 15일(음력) 대종교 동이도본사 관할 화일시교당(化一施敎堂)의 부책임자(贊務)를 맡은 기록이 있다. 당시 화일시교당의 책임자(典務)는 유승권(兪承權)이었으며 유병렬(兪炳烈)이 찬무(贊務)를 맡아 김창락과 함께 했다. 또한 1926년 무렵에는 혼춘현에 있는 대종교 귀일시교당(歸一施敎堂, 동이도본사 관할)의 찬무로 임명되어 최원경(崔源慶, 典務)·서윤문(徐允文, 贊務)과 이끌었다. 주목되는 것은 김창락이 1926년 당시에도 동녕현 소수분(小綏芬) 한총하(寒蔥河)에 소재한 화일시교당(化一施敎堂, 동일도본사 관할)의 찬무를 계속 맡았다는 점이다. 당시 전무는 유병렬(兪炳烈), 찬무는 유한준(兪漢俊)이었다. 김창락이 동녕과 혼춘을 오가며 활동했음을 보여

주는 근거라 할 수 있다.

[참고 문헌]
『대종교보』제58호(1923년), 『대종교중광육십년사』(대종교총본사, 1971), 「鮮人의 盟約에 관한 건」(不逞團關係雜件-朝鮮人의 部-在西比利亞7, 機密 제35호, 한국사DB, 국사편찬위원회), 「大倧敎施敎堂一覽表(1926年)」(延边朝鲜族自治州档案馆 全宗号42 目录号1 案卷号343, 和龙县历史档案 和龙县警察所, 令各区查禁韩人设立大倧教堂由, 民国十五年五月十二日)

김창로(金昌魯, 남, 1889-1943)
아호(별명) _ 천경(天卿)
입교 시기 _ 1922년 | 교질 _ 참교

경상북도 안동군 임하면(臨河面) 천전동(川前洞) 출신이다. 안동의 거유(巨儒) 백하(白河) 김대락(金大洛, 1845-1914)의 손자이자 대종교인인 김형식(金衡植)의 조카다. 경술국치 이후 신민회의 해외 독립군 기지건설 계획에 따라 조부 김대락과 숙부 김형식을 따라 서간도로 망명하였다. 이후 삼원포를 중심으로 독립운동 기지건설에 참여하는가 하면, 1919년 서로군정서가 조직되자 이에 가담하여 항일투쟁을 이어나갔다. 1920년 경신참변 이후 독립운동의 거점은 물론 망명촌락들마저 붕괴되자 국내로 잠입하여 군자금 모금에 노력했다. 이후 재차 북간도로 건너가 대종교에 몸을 담고 항일투쟁의 의지를 꺾지 않았다.

김창로의 대종교 교력을 보면 1922년 어천절(음력 3월 15일)에 참교의 교질을 받았다. 그리고 대종교 동이도제일지사(東二道第一支司)의 종사감정(宗事監正)을 맡았다. 동이도본사가 관할하는 지역은 노령과 동북만주 일대였으며, 당시 김창로와 제이지사를 이끈 인물들은 김연원(金演元)·민윤식(閔胤植)·한봉근(韓鳳根) 등 항일투사들이었다.

[참고 문헌]
『종문영질』(프린트본, 1922), 『대종교중광육십년사』(대종교총본사, 1971), 『(국역)백하일기』(김대락/안동독립기념관편, 경인문화사, 2011), 『안동독립운동인물사전』(김희곤, 선인, 2011)

김창만(金昌萬, 남, 1902-?)
입교 시기 _ 1922년 | 교질 _ 미상

출신지역이 불분명한 인물로, 권업회와 한국국민당과 연관된 김창만(金昌萬)과는 동명이인이다. 대종교계 항일단체인 대한군정서(북로군정서) 사관연성소 출신으로, 청산리독립전쟁에도 참여하였다. 1921년 돈화현 방면에 은둔하던 중 부형의 설득으로 귀순자의 명단에 오르기도 했으나, 이후 대종교 활동을 통한 항일 활동을 지속해 갔다.

김창만의 대종교 교력은 1922년 12월 23일(음력) 동일도본사 추천으로 항일투사 김기순(金基順, 국민회 관련)·안공섭

(安公燮, 광복군 관련) 등과 영계를 받았다. 또한 1926년에는 대종교 동일도본사 관할 흥일시교당(興一施教堂)의 찬무(贊務, 부책임자)를 맡았다. 왕청현 춘명사(春明社) 신흥동(新興洞)에 소재했던 이 시교당은, 이우(李宇)가 전무(典務, 책임자)를 맡고 김문언(金汶彦)이 김창만과 함께 찬무로 있었다. 이 시교당의 그 주요 통신처도 왕청현 춘명사 덕원리로, 북로군정서의 총재가 있었던 곳이다. 김창만의 교질 사항에 대해서는 남은 기록이 없다.

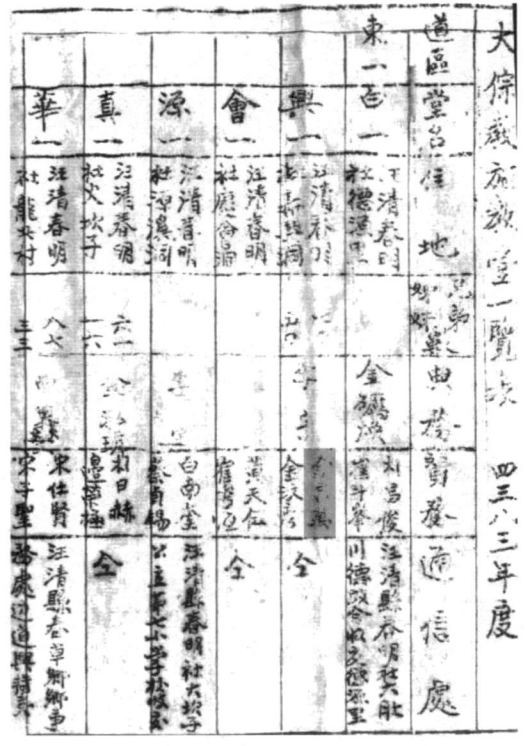

1926년에 작성된 『大倧敎施敎堂一覽表』의 일부. 東一(道本司) 관할 興一(施敎堂) 아래 金昌萬의 이름이 보인다.

[참고 문헌]
『대종교보』제56호(1922년), 「洪範圖를 비롯한 不逞鮮人團의 活動에 관한 건」(不逞團關係雜件-朝鮮人의 部-在滿洲의 部25, 秘受1315호-機密제34호, 한국사DB, 국편찬위원회), 『大倧敎施敎堂一覽表(1926年)』(延边朝鲜族自治州档案馆全宗号42 目录号1 案卷号343, 和龙县历史档案 和龙县警察所, 令各区査辦韓人设立大倧教堂由, 民国十五年五月十二日)

김창무(金昌懋, 남, 생몰 미상)
입교 시기_ 1915년 | 교질_ 참교

출신지역과 생몰연대가 불분명하다. 다만 그가 평안북도에서만 교사 생활을 보냈으며, 1918년부터 1921년까지 평안북도 의주군 광평면(廣坪面) 청수동(靑水洞)을 거점으로 교과용도서(敎科用圖書) 발매인(發賣人)을 한 것으로 보아, 이곳이 그의 출신지역이 아닐까 추정해 본다. 김창무는 1915년 4월 경성고등보통학교부설(京城高等普通學校附設) 임시교원양성소(臨時教員養成所)를 졸업하였다. 그리고 1915년부터 1928년까지 평안북도의 청정·영변·곽산·정주공립보통학교에서 교사를 두루 역임하였고, 정주보통학교와 가산보통학교에서도 학생들을 가르쳤다. 그의 대종교 교력은 1915년 11월 13일(음력) 참교의 교질을 받았다는 기록이 남아 있다.

[참고 문헌]
『종문영질』(프린트본, 1922), 『조선총독부관보』제0805호·제1733호·제2577호

김창범(金昌範, 남, 생몰 미상)
입교 시기_ 1923년 | 교질_ 미상

출신지역과 생몰연대를 확인할 수 없다. 만주를 중심으로 대종교계 사회주의운동을 통한 항일투쟁을 전개한 인물로, 1916년 무렵 혼춘선인기독교우회(琿春鮮人基督敎友會) 교제과원(交際課員)으로 활동한 김창범(金昌範)과는 동명이인이다.

1929년 10월에는 모종의 사건과 연관되어 간도 용정에 있던 동흥중학교(東興中學校)의 교원 조철호(趙喆鎬) 등과 검거되기도 했다. 조철호는 김창범의 대종교 동지로 1924년 국내 경성에 발기된 대종교진흥회를 이끌기도 했으며, 6·10만세운동 이후 간도로 망명한 인물이다. 또한 김창범은 공산당 적위대장(赤衛隊長)의 직책으로 1930년 가을 연길현 수신향(守信鄕) 장인강(長仁江) 약수동(藥水洞)을 거점으로 군자금을 모금활동을 전개한 혐의로, 1931년 3월 26일 일제에 의해 체포되었다.

김창범의 대종교 교력은 1923년 6월 28일(음력) 대종교 동일도본사 특별 추천으로 영계를 받은 기록이 있으나, 그의 교질 사항이나 이후의 행적은 전하지 않는다.

『동아일보』(1931년 4월 17일)에 실린 김창범의 체포 기사.

[참고 문헌]
『대종교보』제58호(1923년), 『동아일보』1929.10.20., 1931.4.17.

김창선(金昌善, 남, 1897-?)

아호(별명) _ 이광혁(李光爀), 이영호(李英浩)
입교 시기 _ 1926년 이전 | **교질** _ 미상 | **서훈** _ 애국장(2011년)

평안북도 선천군(宣川郡) 수청면(水清面) 가물남리(嘉物南里) 출신이다. 일찍이 광한단(光韓團)에 가입하여 장충국(張忠國)·박민희(朴敏熙)·김익삼(金益三) 등과 평안북도 군자금 모집 담당으로 활약한 인물이다.

광한단은 1920년 2월 이시열(李時悅)·현익철(玄益哲) 등이 중심이 되어 남만주 지역 관전현(寬甸縣)을 중심으로 결성된 조직이다. 이조직은 각 지역에 기관을 배치하고 무기를 구입하여 일시에 일제의 군사시설과 행정기관을 파괴 등을 목표로 활동하였으나, 1922년 통군부(統軍府)가 결성되면서 흡수되었다.

김창선의 광한단 가입은 1920년 8월(음력)에 이루어졌으며, 같은 해 11월부터 1921년 3월까지 평북 정주(定州)에서 군자금 모집 활동을 하다 체포(逮捕)되었다. 이후 1921년 7월 14일 평양복심법원(平壤覆審法院)에서 무기징역을 선고받고 경성형무소에서 옥고(獄苦)를 치렀다.

김창선과 관련된 대종교의 입교 기록이나 영계(靈戒) 사항은 전하지 않는다. 그러나 1926년 대종교만주포교금지령 당시 만주 당국에 압수당한 대종교 관련 문건에 보면, 김창선 대종교 단일시교당(丹一施教堂)의 찬무(贊務, 부책임자)로 활동하고 있었음이 확인된다. 그의 대종교 입교가 그 이전에 이루어졌음을 알 수 있다.

단일시교당은 영안현(寧安縣) 목단강참(牡丹江站)에 소재했던 시교당으로, 대종교 동지인 김근산(金槿山)의 집에 설치된 시교당이었다. 당시 전무(典務, 책임자)를 맡았던 인물은 김당우(金檔禹)였으며, 구태서(具太書)가 찬무로 임명되어 김창선 함께 시무하였다. 이 시기 영안현은 대종교 항일투쟁의 주요 근거로, 그 시기 김창선 일행은 26명의 교인들을 거느리고 대종교 항일투쟁을 전개하였다. 김창선은 이후에도 영안현을 중심으로 꾸준히 대종교 활동을 전개하였으며, 1945년 12월 20일(음력)에는 겨울철 성미(誠米) 헌납으로, 곤궁한 대종교 살림에 정성을 표하기도 하였다.

[참고문헌]
『대종교보』제148호(1945년), 「大倧教施教堂一覽表(1926年)」,(延边朝鲜族自治州档案馆 全宗号42 目录号1 案卷号343, 和龙县历史档案 和龙县警察所, 令各区查禁鲜人设立大倧教堂由, 民国十五年五月十二日), 「光韓團員 檢擧의 건」(不逞團關係雜件-朝鮮人의 部-在滿洲의 部26, 高警 第4465號; 秘受 2448號, 한국사DB, 국사편찬위원회), 「判決文抄本」(平壤覆審院 : 1921. 7. 14), 『假出獄關係書類』(국가기록원 소장)

김창순(金昌淳, 남, 생몰 미상)

아호(별명) _ 김창선(金昌善)
입교 시기 _ 1922년 | **교질** _ 미상

출신지역과 생몰연대가 확인되지 않는다. 미국 하와이로 건너가 1940년대 조선민족혁명당 미주지부 하와이지역 책임자를 지낸 김창순(金昌淳)과도 동일인 관계가 불분명하다.

김창순은 1919년 6월경 자결운동단대(自決運動團隊)로 조직된 신민단(新民團)에서 활동했으며, 1924년 2월 12일에는 연길현 명월구 이환수(李煥洙)의 집에서 대종교의 동지인 이홍래(李鴻來)와 함께 폭탄 제조와 의연금 모금에 대해 숙의한 인물이다. 또한 1926년 3월에는 연해주에서 이동휘·김(金)미하일·계봉우(桂奉瑀) 등과 논의하여 박응칠(朴應七)을 국내로 보내 조선공산당과 제휴하여 활동하고자 하는 노력을 기울인 기록도 있다.

김창순의 대종교 교력을 보면, 1922년 12월 5일(음력) 영계 수여받은 기록이 전한다. 그리고 동년 12월 12일(음력) 대종교 동이도본사 관할 단일시교당(丹一施教堂)의 찬무(贊務)를 맡았다. 단일시교당은 영안현(寧安縣) 목단강참(牡丹江站)에 있었으며, 당시의 책임자는 항일투사 나병수(羅秉洙)였다. 김창순은 김창선(金昌善)이란 이름으로 1926년까지도 단일시교당의 찬무로 활동하였다.

[참고 문헌]
『대종교보』제56호(1922년), 『대종교중광육십년사』(대종교총본사, 1971), 「大倧教施教堂一覽表(1926年)」,(延边朝鲜族自治州档案馆 全宗号42 目录号1 案卷号343, 和龙县历史档案 和龙县警察所, 令各区查禁鲜人设立大倧教堂由, 民国十五年五月十二日), 「露支領 不逞鮮人의 行動에 관한 件」(不逞團關係雜件-朝鮮人의 部-在滿洲의 部38, 機密 제82호-機密受 제90호, 한국사DB, 국사편찬위원회), 「朝鮮共産黨事件 檢擧에 관한 件」(不逞團關係雜件-朝鮮人의 部-鮮人과 過激派7, 朝保秘 제1019호, 한국사DB, 국사편찬위원회), 『한국독립운동사자료』41(국사편찬위원회, 2005)

김창한(金彰漢, 남, 생몰 미상)

입교 시기 _ 1922년 | **교질** _ 미상

출신지역과 생몰연대를 알 수 없는 인물로 일제의 문서에서는 드러나지 않는다. 1930년대 국내 단군신전봉찬회(檀君神殿奉贊會)에 참여한 김창한(金彰漢)과는 동명이인이다.

김창한의 대종교 교력을 보면 1922년 9월 18일(음력) 대종교 원일시교당(圓一施教堂)의 전무(典務, 책임자)로 임명된 기록이 있다. 그의 대종교 입교가 그 이전에 이루어졌음을 확인시킨다. 원일시교당은 혼춘현(琿春縣) 숭례사(崇禮社) 원풍동(圓豊洞)에 위치한 시교당으로 대종교 동도본사가 관할하던 곳이다. 전통적으로 혼춘현 숭례사 지역은 대종교 항일단체인 대한군정서(북로군정서) 시절 경신국(警信局) 제10분국과 제16분국 관할 구역이었다. 일제강점기

대종교시교당이 학교이자 곧 독립운동기지의 역할을 담당하였음을 보면, 김창한을 포함한 이들이 그 지역 경신 조직의 일부였을 가능성을 보여주는 부분이다.

한편 원일시교당은 최상규(崔祥奎)와 김수갑(金水甲)이 찬무(贊務, 부책임자)를 맡아 김창한을 도왔으며, 서재익(徐在益)·박종현(朴宗賢)·채창묵(蔡昌默)·최하규(崔河奎)·서헌(徐憲)·채선묵(蔡宣黙)·최병일(崔秉一)·서병호(徐丙浩) 등 항일투사들이 시교원(施敎員)으로 임명되어 대종교 포교를 통한 항일투쟁의 일선에 섰다.

김창한은 1922년 개천절(開天節, 음력 10월 3일)에 영계(靈戒)를 받은 기록이 있으나, 그 이후의 행적에 대해서는 남아 있는 것이 없다.

[참고문헌]
『대종교보』제56호(1922년), 『대종교중광육십년사』(대종교총본사, 1971)

김창현(金昌鉉, 남, 1894-?)
입교 시기 _ 1922년 | 교질 _ 미상

함경북도 종성군 풍곡면(豊谷面) 서풍리(西風里) 대궐동(大闕洞) 출신이다. 일찍이 한학을 수학하고 종두(種痘) 분야에 관심이 깊어 함경북도 종두위원(種痘委員)을 지내기도 했다. 경술년 국치를 당하자 북간도로 망명하여 왕청현 춘화사(春和社) 고려령(高麗嶺) 신선평(新鮮坪)에 자리 잡고 활동하였다. 1925년 4월 당시는 정의부의 사령부 부관(副官)으로도 활약한 기록도 있다. 김창현의 대종교 교력을 살피면 1923년 6월 28일(음력) 대종교 동일도본사의 특별 추천으로 영계를 받은 기록이 있으나, 그 이후의 활동이나 교질 사항은 전하지 않는다.

[참고 문헌]
『대종교보』제58호(1923년), 「正義府職員任命에 關한 件」不逞團關係雜件－朝鮮人의 部－在滿洲의 部41, 機密 第181號, 한국사DB, 국사편찬위원회), 『間琿萬姓大同譜』(姜運球·梁承武 編撰, 1929)

김창환(金昌煥, 남, 1872-1937)
아호(별명) _ 추당(秋堂), 김석주(金錫柱)
입교 시기 _ 1922년 | 교질 _ 미상 | 서훈 _ 독립장(1963)

경기도 광주 출신으로 대한제국시기 육군 부위(副尉)를 역임한 인물이다. 을사늑약이 체결되자 군복을 벗어던지고 신민회에 가입하였다. 양기탁·이동녕·전덕기 등과 구국운동을 하던 중 각 지방 의병 운동의 연락 책임을 맡기도 했다. 이후 1909년에는 신민회의 만주 이주계획에 따라 이시영·이석영(李石榮)·이회영·이상룡·주진수(朱鎭洙) 등과 함께 압록강을 건너 요녕성 유하현(柳河縣)에 도착하여

김창환

독립운동기지 건설에 전념하였다.

김창환은 1910년 4월 서간도 삼원포(三源浦)에 민간자치기관으로 경학사(耕學社)를 조직하는데 앞장섰다. 또한 그 부속기관으로 설치된 신흥강습소를 통해 국내에서 몰려든 청년들을 훈련시켰다. 그는 신민회의 자금이 도착하지 않고 또한 대흉작이 들어 이곳의 동지들이 봉천(奉天)·노령(露領) 등지로 떠날 때에도 윤기섭(尹琦燮)과 함께 남아 온갖 고생을 견뎌가며 학교를 계속 유지케 하였다. 김창환은 각지로 돌아다니며 일상 경비의 모연 활동만이 아니라 학교 유지를 위한 찬성자(讚成者)도 모집하였다. 당시 신흥강습소에는 본과와 특별과의 두 과정이 있었다. 본과는 보통중학과정으로서 장도순·윤기섭·이규봉(李圭鳳) 등이 교사로 활동하였다. 특별과는 군사학을 전수하는 과정으로 김창환과 함께 이관직·이장녕 등이 교육을 담당하였다. 이 세 사람은 모두 구한말에 군인 출신으로 대일항쟁을 전개하였다는 공통점을 갖고 있었다.

한편 1911년 국내로 잠입하여 활동하던 중, 105인 사건으로 인해 일제에 검거되면서 혹독한 고문을 당하였다. 출옥 후에도 배재학당과 오산학교의 체육을 맡아 학생들에게 군사훈련을 시켰다. 1914년 다시 남만(南滿)으로 돌아온 김창환은 이시영·윤기섭·이천민(李天民) 등과 신흥학교의 교관으로서 동교(同校)를 군사전문 교육기관으로 개편하였다. 또한 일본군 육군사관학교를 졸업한 일본군 보병중위 이청천, 기병중위 김경천(金擎天), 대한제국육군 보병부위(副尉) 신팔균, 운남강무당 기병과(騎兵科)출신 이범석 등과 협력하여 독립군 양성에 주력하였다. 1919년 통화현 한족회 시절에는 삼원포의 은양학교(恩陽學校)와 함니하에 있는 신흥지학교(新興支學校)의 신체 강건한 생도 4백여 명을 선발하여 그들의 훈련에도 앞장섰다. 당시 김창환이 여러 교사를 거느리고 그 훈련의 주임을 맡아 군사훈련을 담당한 것이다. 이 훈련생들은 국제연맹회의 전후를 기해 홍범도 등의 유격대와 서로 호응하여 국내 진격을 계획하기도 했다.

김창환은 1920년 10월 한족회의 군정서(軍政署) 참모장을 맡는다. 또한 청산리독립전쟁 이후 밀산에서 조직된 대한독립군단에서는 대종교의 핵심인물들과 함께 요직을 맡아 활약하기도 했다. 당시 구성을 보면 총재 서일(徐一), 부총재 홍범도(洪範圖), 고문 백순(白純)·김호익(金虎翼), 외교부장 최진동(崔振東), 참모부장 김좌진(金佐鎭), 참모 이장녕(李章寧)·나중소(羅仲昭), 군사고문 지청천(池靑天), 제1여단장 김규식(金奎植), 참모 박영희(朴寧熙), 제2여단장 안무(安武), 참모 이단승(李檀承), 제2여단 기병대장 강필립 등이었으며, 김창환은 오광선(吳光鮮)·조동식(趙東植) 등과 중대장에 선임되었다. 그리고 1922년 2월 대한독립단의

일부와 광한단(光韓團)·한교회(韓僑會) 등의 단체들이 통일 독립운동기관으로 조직한 대한통군부(大韓統軍府)에서도 사령관에 임명되었다. 당시 통군부의 결성 목적은 분산되었던 독립군 단체를 통합하여 효과적인 항일전을 전개하는 데에 그치지 않고 재만한인사회(在滿韓人社會)의 자치행정을 담당하는 행정부의 기능까지도 포괄하고자 한 의도였다.

이어 1922년 6월에는 서로군정서의용군 총지휘관으로서 남만통일회(南滿統一會)를 조직하고 통일의 절대 필요성을 주장한 결의안을 발표하였다. 그리고 같은 해 8월에 남만의 여러 독립운동단체들이 모여 통의부(統義府)를 조직할 당시, 김창환은 그 사령장(司令長)에 임명되어 군사부장 양규열(梁圭烈), 부감 김혁(金赫) 등과 통의부군을 지휘하여 항일투쟁을 계속하였다. 또한 1923년 2월에는 상해에서 개최된 국민대표회의에 김이제(金利濟)와 함께 통의부 대표로 참석하여 민족의 주권확립, 독립운동 노선의 통일 등을 역설하기도 했으며, 이 시기 상해 인성학교(仁成學校) 졸업식에도 참석하여 이청천과 함께 축사도 하였다. 1924년 6월에는 통의부의 군사사령장으로 다음과 같은 11개 조항의 대한통의부 의용군 장교임시회의결의(將校臨時會議決議)를 다짐하기도 했다.

1. 군인과 무기의 혼성(混成)은 이번 달 30일 안에 군적(軍籍)과 무기대장(武器臺帳)을 일체 정리하여 군사부에 제출하도록 하고 일반 회원을 그 때 참관하도록 한다.
2. 각 부대에 현재 있는 금전은 무기와 군적 납부와 함께 군사부로 취합토록 하고 해당 금전은 무기구입비에 충당하도록 하며, 무기위원(武器委員) 2인을 선정하여 군사부 지휘 하에 무기구입의 모든 책임을 맡도록 한다.
3. 무기위원은 정이형(鄭伊衡)·현활천(玄活天)을 선정하고 위원의 유고(有故) 시에는 표수(票數)에서 차첨(次點)을 얻은 김석하(金錫夏)를 후보자로 하여 그 책임을 맡긴다.
4. 군대편제는 후퇴한 군대를 제외하고 다시 섞어 새롭게 편성하도록 한다.
5. 각 부대는 이전 부대의 명칭을 없애고 중대를 본위로 하여 4개 중대로 개편한다.
6. 사령부의 사무를 속히 이어 시무하도록 하고 사령장에는 신망이 있는 인물의 선거 방안을 요구하도록 한다.
7. 군인이 모연(募捐)한 것은 해당 금액 전부를 군사부에 바로 납부하도록 한다.
8. 표훈상공(表勳賞功)은 금후 시행토록하고 군사부에 요구하도록 한다.
9. 5중대와 주임소대(駐臨小隊)의 장교 중에서 특파원을 선정하도록 한다. 주임소대에서는 안홍(安鴻)을 5중대에서는 김국주(金國柱)·김보국(金保國)을 특파하도록 한다.
10. 중대사무실은 중앙소재지로부터 50리 이내에 두도록 한다.
11. 장교회의는 매월 음력 15일에 통상적으로 개최토록 한다.

김창환은 1925년 정의부(正義府)의 조직에도 가담했다. 정의부는 길림에서 통의부·길림민회(吉林民會) 등을 토대로 만들어진 단체로, 김창환은 재무위원으로 선출되어 동포사회의 치안확보 및 독립군의 국내 진격을 추진하였다. 일제의 만주 침략 이후에는 한국독립당의 총사령 대리를 맡아 항일투쟁의 일선에 섰다. 1932년 3월 쌍성(雙城)에 있던 한국독립당 제3지부 간부 공심연(公心淵) 등과 의논하여 중국군과의 교섭을 통한 한·중 양군의 합작 작전을 도모하면서, 각 방면에 사람을 보내 동지를 규합하여 총사령 대리로서 각 부대를 지휘하였다. 이후 한국독립군은 중국의 항일반만군(抗日反滿軍)과 연합하여 큰 전과를 올렸다. 그는 총사령 이청천을 도와 부사령을 맡아 큰 승리를 거두었다.

이후 김창환은 일본군의 반격으로 만주가 일본군의 영향권에 들어가자 남경(南京)으로 이동하였다. 그리고 1935년 여름 한국독립당·신한독립당(新韓獨立黨)·조선혁명당·의열단·미주대한인독립단(美洲大韓人獨立團) 등이 통합한 민족혁명당 조직에 앞장섰다. 당시 김창환은 중앙검사위원(中央檢査委員) 후보위원(候補委員)과 함께 윤기섭 등과 군사부 위원으로도 선출되었다. 1937년 들어서는 황학수·이청천·조경한·현익철·유동열·김학규·최동오·양기탁·이복원(李復源) 등과 전당비상대표대회(全黨非常代表大會)를 개최하고 김원봉 등 공산주의자들을 제명시켰다. 그리고 당명을 한국민족혁명당(후에 조선혁명당으로 됨)으로 개칭한 후 항일투쟁의 노력을 기울이다가 1937년 2월 12일 중풍으로 사망하였다. 그의 죽음을 추모한 「우리 혁명운동의 대손실─추당 김창환 선생 서세(逝世)」(『앞길』)라는 글을 소개해 본다.

"양 2월 12일 조선혁명 선구자 김창환 선생은 중풍병(中風病)으로 66세를 일기로 한 많은 세상을 뒤로 두고 남경서 서세하셧다. 강도 일본이 조선을 병탄한 후 대지(大志)를 품고 만주로 가서서 독립군 부사령의 직으로 왜적과 결사적으로 싸우시다가 관내(관내)에 들어오신 후 조선민족혁명당 창립의 산파역의 1인으로 공로가 많으신 분이라 한다. 이 선생이 서세하심은 우리 혁명운동계의 큰 손실이며 국인(國人)들이 다 애통하는 바이다."

김창환의 대종교 교력은 1922년 11월 11일 영계(靈戒)를 받은 것으로 나타난다. 영계란 의식이 대종교에 입교한 후 6개월이 지난 후에 행하는 것임을 감안한다면, 그의 대종교 입교는 1922년 전반기로 추측할 수 있다. 한편 이현익의 『대종교인과 독립운동연원』이라는 회고에는 김창환이 신규식·조성환·박찬익·박은식·조완구 등과 대중국(對中國) 외교와 임시정부수립에 관여한 대종교 원로로 기록되어 있다. 1922년 이전에 이미 대종교에 깊이 관여한 것으로 추정되는 내용이다. 그러나 그 당시의 기록이나 영계를 받은 이후의 기록 역시 전하지 않는다.

[참고 문헌]
『대종교보』제56호, 『대종교인과 독립운동연원』(이현익, 프린트본, 1963), 『독립신문』1923년 7월 21일자, 「三源浦 合泥河地方의 狀況에 관한 건」(不逞團關

係雜件-朝鮮人의 部-在滿洲의 部6, 朝憲機 제259호, 한국사DB, 국사편찬위원회).
「大韓統義府의 行動」(不逞團關係雜件-朝鮮人의 部-在滿洲의 部36, 機密受제259호-關機高收제5310호, 한국사DB, 국사편찬위원회). 「大韓統義府 金東三의 書面 및 不穩文書 送付의 건」(不逞團關係雜件-朝鮮人의 部-在滿洲의 部39, 普通受제300호-公제266호, 한국사DB, 국사편찬위원회). 「思想彙報」 제7호. 「앞길」창간호. 「한국독립사」하(김승학, 독립문화사, 1965). 「(국역)석주유고」(이상룡/안동독립운동기념관편, 경인문화사, 2008)

김창훈(金昌勳, 남, 1872-?)

입교 시기 _ 1914년 | 교질 _ 참교

경상남도 안동 출신으로 일찍이 북간도로 이주하여 독립투쟁에 앞장선 인물이다. 1911년 8월 혼춘(琿春)의 남쪽 장정등(獐定嶝) 금당촌(金塘村)에 머물며 사숙(私塾)을 열고 조선인 학생들에게 배일사상을 고취시켰다. 1915년에는 황병길·이동휘·백규삼(白奎三) 등 기독교인들과 교류하며 배일활동을 전개했으며, 혼춘선인기독교우회(琿春鮮人基督教友會)에도 가담하여 배일선인 명부에 오르기도 했다.
김창훈은 1919년 10월에 조직된 혼춘한민회(琿春韓民會)에서도 교육부장을 맡아 활동했다. 혼춘한민회는 항일투쟁을 목적으로 훈춘현에서 조직된 무장독립운동단체로, 대한국민회와 밀접한 연관을 맺고 있었다. 그는 1920년 신대한청년회(新大韓青年會)를 조직할 당시에도 비밀사찰(秘密査察)이라는 요직에 임명되었다. 이 단체는 간도 청년들을 혁신시킨다는 목적을 내걸고 자주독립을 쟁취하기 위하여 매월 1회씩 회합하였으며, 회원은 350여 명에 이르렀다. 김창훈과 함께 한 신대한청년회의 주요 임원은 이경호(李京鎬, 회장)·최덕재(崔德在, 부회장)·김영수(金永洙, 총무)·조원요(趙元堯, 서기)·김관극(金觀極, 재무)·최주경(崔柱京, 사찰) 등이었다.
이후에는 통의부(統義府) 의용군에도 가담하여 항일투쟁을 펼쳤다. 이 의용군은 통의부 결성에 참여한 각 독립군 부대를 통합 편제한 것이었다. 그 조직은 1개 대대(大隊) 산하에 5개 중대(中隊)와 독립중대인 유격대(遊擊隊) 및 헌병대(憲兵隊)의 7개 중대로 편제된 단일 지휘체계였으며, 각 중대는 3개 소대로 편제되어 있었다. 당시 의용대의 본부 사령장은 대종교인 김창환(金昌煥)이었으며, 김창훈은 그 부관을 맡아 활동했다.
김창훈의 대종교 교력은 1914년 10월 4일에 이미 참교의 교질을 받은 것으로 기록되어 있다. 혼춘을 거점으로 항일투쟁할 시기에 입교한 것이다. 흥미로운 것은 김창훈이 대종교 입교 후에도 기독교 인물들이나 단체와 밀접한 교감 속에서 움직였다는 점이다. 이것은 그 시기 대종교와 기독교 간의 긴밀한 연계활동이 많았던 북간도 항일투쟁의 성격과도 무관치 않을 듯하다.

[참고 문헌]
「종문영질」(프린트본, 1922). 「調 在外 不良鮮人의 言動」(不逞團關係雜件-朝鮮人의 部-在西比利亞4, 大正 元年 11月, 한국사DB, 국사편찬위원회). 「不逞鮮人團 大韓統義府에 關한 件」(不逞團關係雜件-朝鮮人의 部-在滿洲의 部37, 機密第2號, 한국사DB, 국사편찬위원회). 「한국독립운동사자료」40(국사편찬위원회, 2004). 「무장독립운동비사」(채근식, 대한민국공보처, 1949)

김채형(金采瀅, 남, 생몰 미상)

아호(별명) _ 금해(琴海)
입교 시기 _ 1926년 이전 | 교질 _ 미상

출신지역과 생몰연대를 알 수 없는 인물이다. 1926년 국내 대종교 남도본사를 이끌던 호석(湖石) 강우(姜虞)와 함께 대종교 성지인 구월산을 찾아 한시를 읊은 기록이 전한다. 당시 김채형이 경성에 있는 대종교 남도본사로부터 강우를 시봉(侍奉)하여 구월산을 찾은 것인지, 아니면 그 지역 대종교도로서 강우와 합류한 것인지는 불확실하다. 구월산은 대종교의 몇 안 되는 성지다. 이신화인(以神化人)했던 단군이 화신어천(化神御天)한 곳이 구월산이다. 대종교의 경절 중 개천절 다음으로 중요한 어천절(御天節)의 유래가 구월산과 연결되어 있다. 또한 대종교를 중광(重光)한 홍암(弘巖)이 1916년 8월 15일(음력) 자진순교(自盡殉教)한 곳이 구월산 삼성사(三聖祠)다. 대종교 4대경절 중의 하나인 가경절(嘉慶節)도 그날 그곳에서 순교한 나철의 종교적 의미를 기리는 경절이다. 대종교 가경절의 유래 역시 이곳과 밀접함을 알게 해 준다. 김채형은 강우를 시봉하고 구월산 사황봉(思皇峰)을 찾아 아래의 칠언배율시를 읊었다.

三聖祠前一小亭	삼성사 앞의 작은 정자 하나
山光如繪莫能形	산빛이 그림 같아 형언할 길 없구나
天祖當年方昇日	그 해 한배님 하늘로 오르시고
宗師何夜奄隕星	홍암 스승 어느 날 밤 큰 별로 지셨도다
四野舖黃禽自醉	벼 누런 들판에 새들 마냥 즐기고
千溪瀑白石能醒	계곡마다 날리는 폭포 소리도 우렁차다
臨風灑淚愀然立	바람에 흩날리며 추연(愀然)히 선 것이
太昊冥冥庶有靈	아득한 저 하늘의 영검으로 오려는지
此行不是暫偷閑	이번 길 잠시라도 놀기 위함 아닌데
顚倒誰憐憔悴顏	허겁지겁 내 행색을 누가 있어 동정하리
愛國先當愛厥祖	나라를 사랑하려면 그 조상을 먼저 사랑할 것이
禱天又可禱于山	하늘에 기도하려면 산에서 빌어야 한다네
踽蹡攀蘿衝暑去	돌길 타고 넝쿨 잡고 무더위를 뚫고 가서
褰裳涉險踏昏還	옷을 걷고 험한 곳을 지나 어스름 길에 돌아오다
半萬年前神返御	반만 년 전 신으로 화하여 하늘에 오르시니
我東造化盡斯間	이 나라의 큰 조화(造化) 여기에 모두 있었도다
一片檀臺共與言	단군대에 올라 더불어 말을 하니
此山依若入鄉園	이 산이 그대로 고향 동산 같구나
繡林玉壁皆靈迹	비단 숲 구슬 벽 모두 신령한 자취로고
野鳥溪花總異痕	들 새와 시내 꽃들 신이한 흔적이로다
興亡時變千年間	세월 속에 흥망은 때때로 변하지만
生長恒存九月村	생명이 끊이지 않는 곳, 이곳이 구월산이라

貝葉午鐘香飯後 패엽사(貝葉寺) 낮 종소리에 절밥을 달
게 먹고
古城纔到月黃昏 옛 성터 찾아 드니 날은 이미 어스름

한편, 그 시기 강우는 국내 대종교를 이끄는 최고지도
자였다. 김채형이 강우를 시봉하고 대종교 성지를 순례
했다는 것은, 당시 그가 대종교에 깊이 관여한 주요 인
물임을 말해 주는 것이다. 다만 김채형과 관련한 대종
교의 입교 시기나 영계(靈戒) 사항, 그리고 교질(教秩) 관
계 등이 모두 전하지 않고 있다.

[참고문헌]
『湖石先生文集』(『독립운동사자료집(문화투쟁사자료집)』12, 독립운동사편찬위
원회, 1984)

김천경(金天經, 남, 생몰 미상)
입교 시기 _ 1915년 | 교질 _ 지교

출신지역과 생몰연대가 불분명한 인물로, 1915년 대종
교에 들어와 1920년대 후반까지 활동한 기록이 전한다.
1912년에서 1916년까지 토지조사국 기수(技手)와 기수보
(技手補)를 지낸 김천경(金天經)이라는 인물이 있고, 1917년
당시 재판소 서기 겸 통역생을 지낸 김천경(金天經)이 발
견되지만 동일인인지는 확인되지 않는다. 또한 1916년 09
월 『학지광』제10호에 「인격권을 논함」이라는 글을 발표한
김천경(金天經)도 있으나, 이 역시 동일인인지는 불분명하
다.
그의 대종교 교력을 살피면 1915년 11월 17일(음력)에 참교
의 교질을 받았다. 그리고 1916년 4월 1일(음력) 지교의 교
질로 승질되었다. 이후 1926년에는 서울 가회동(嘉會洞) 23
번지에 설치된 대종교 남일도본사 관할 회선시교당(會善
施教堂)의 부책임자[贊務]을 맡았다. 당시 책임자[典務]는
시인 이상의 백부인 김연필이 맡았으며, 대종교를 중광한
나철의 차남인 나정문(羅正紋)이 김천경과 함께 부책임자
를 맡아 활동했다.

[참고 문헌]
『종문영질』(프린트본, 1922), 『대종교보』제55호, 『대한제국관보』1909년 5월 16
일자, 『대종교중광육십년사』(대종교총본사, 1971), 「大倧教施教堂一覽表」(延
边朝鲜族自治州档案馆 全宗号42 目录号1 案卷号343, 和龙县历史档案和龙县警察
所, 令各区査禁韓人設立大倧教堂由, 民國十五年五月十二日), 『종문영질』(프린트
본, 1922), 「大倧教施教堂一覽表」(延边朝鲜族自治州档案馆 全宗号42 目录号1
案卷号343, 和龙县历史档案和龙县警察所, 令各区査禁韓人設立大倧教堂由, 民國
十五年五月十二日)

김천길(金千吉, 남, 1904-?)
입교 시기 _ 1922년 | 교질 _ 미상

출신지역이 확실치 않은 인물로, 1920년 6월 임병극(林秉
極) 등과 혁명군의 구성원에 속해 연길현·왕청현·혼춘현
지방에서 무기운반을 맡아 활동하였다. 일제의 경신대토
벌이 벌어지자 노령으로 넘어가 오하묵(吳夏默)의 휘하에
서 항일투쟁을 이어갔다. 이후 연길현 지신사(智新社) 장
재촌(藏財村)으로 돌아온 후. 1923년 4월 정치범자수자 명
단에 올려 일제의 감시를 피하고, 대종교 활동을 통한 항
일투쟁을 이어갔다.
김천길의 대종교 교력을 보면, 1922년 9월 16일(음력) 대종
교 산일시교당(山一施教堂)의 찬무(贊務, 부책임자)를 맡은 기
록이 있다. 산일시교당은 혼춘현 순의사(純義社) 용두산(龍
頭山)에 소재한 교당으로 이덕기(李德基)가 전무(典務, 책임
자)를 맡아 운영하였다. 또한 김천길은 같은 해 개천절(음
력 10월 3일)에 대종교 동일도본사의 추천으로 이덕기·최
순범(崔舜範) 등과 함께 영계를 받은 기록이 있으나, 그 이
후의 교질 사항이나 활동 내용은 전하지 않는다.

[참고 문헌]
『대종교보』제56호(1922년), 『대종교중광육십년사』(대종교총본사, 1971), 「政治
犯 申告者 連名簿 送付의 건」(不逞團關係雜件-朝鮮人의 部-在滿洲의 部36, 機
密受제12호-機密제12호, 한국사DB, 국사편찬위원회)

김천오(金千伍, 남, 생몰 미상)
입교 시기 _ 1922년 | 교질 _ 미상

출신지역과 생몰연대를 확인할 수 없다. 일제의 문서에도
일체 드러나지 않는 인물로, 1920년대 초반 대종교의 기
록에만 전할 뿐이다. 그러나 김천오의 행적을 더듬으면
그가 대종교계 항일단체인 대한군정서(북로군정서)의 구성
원이었거나, 1922년 노령 니콜리스크에 세워진 대한혁명
단의 무관학교 학생이었을 가능성이 높다. 그것은 김천오
의 대종교 행적에서 암시 받을 수 있다. 그는 1922년 9월
28일(음력) 임도준(任度準)을 책임자로 노령에 설치한 대종
교 영일시교당(嶺一施教堂)의 시교원(施教員)을 맡았다. 이
시교당은 청산리전쟁 이후 노령으로 은신한 임도준이 중
심이 되어 설치한 시교당이다. 임도준은 북로군정서 제3
대대장과 서무부장을 역임한 항일투쟁의 거물로, 청산리
전쟁 이후인 1922년 노령 니콜리스크에서 고려혁명단이
설립한 무관학교의 교장을 맡기도 했다. 당시 김천오와
함께 임도준을 도와 영일시교당을 이끈 인물들은 김병호
(金秉昊)와 박병권(朴丙權)이었다.

[참고 문헌]
『대종교보』제55호(1922년), 『대종교중광육십년사』(대종교총본사, 1971)

김철(金徹, 남, 1886-1934)
아호(별명) _ 일강(一江), 김철(金澈), 김영택(金永澤), 김중청(金重淸)
입교 시기 _ 1920년 이전 · 교질 _ 미상 · 서훈 _ 독립장(1962)

김철

전라남도 함평군 신광면(新光面) 함정리(咸井里) 출신이다. 일본 메이지대학에서 법학을 전공했고 귀국한 후에는 집안의 노비들을 방면해 주기도 했다. 1917년 2월 항일투쟁의 결심을 품고 상해로 망명하여 1919년 1월 여운형 등과 신한청년당을 조직하여 국권회복을 위한 첫걸음을 디뎠다. 신한청년당 결성에 결정적인 영향을 끼친 단체는 동제사(同濟社)였다. 동제사는 1912년 7월 신규식·박은식·박찬익·신채호·조성환·홍명희 등, 대종교인들에 의해 조직된 단체였다. 동제사 출범 이후 점차 소장 층 청년 운동가들도 가입하게 되었다. 이들은 동제사 지도층의 영향 아래, 1910년대 중국 본토에서 전개된 한국인 독립운동의 축적된 역량을 받아들이며 성장해 나갔다. 동제사의 소장 층은 세계정세의 변화와 흐름에 예민하게 반응하며 독립운동의 전개방향을 찾고자 노력하였다. 그들은 1차대전이 끝나기 전인 1918년 여름부터 이미 정기적인 모임을 갖고 앞으로의 운동 방향에 대해 진지하게 토론하였다. 이러한 노력이 신한청년당 성립으로 연결된 것이다.

1919년 임정 수립 직후 국무원들과 함께 찍은 사진. 뒷줄 맨 왼쪽이 김철이다.

이러한 배경 속에서 김철은 신한청년당의 동지였던 선우혁·서병호와 국내에 잠입하여 손병희 등과 3.1운동 거사 모의했으며, 경향 각지를 다니며 독립자금 모금에 심혈을

기울였다. 3.1운동 직후 집안의 가산을 처분하여 다시 상해로 넘어갔다. 그곳에서 대한독립임시사무소 개설에 관여하는가 하면, 임시정부 수립 후에는 전라도의원, 재무위원겸 법무위원, 임시정부 교통차장을 맡기도 했다. 1920년 1월에는 김구·손정도·김순애 등과 의용단 조직하였고, 3월에는 안창호·정인과·손두환 등과 임시정부선전위원회 만들어 임시정부의 시책 선전 및 군자금조달에 앞장서기도 했다. 1924년부터 1927년까지 임시정부 국무원 회계검사원 검사장을 비롯하여 임시정부 국무원과 임시정부 군무장 등을 두루 역임했다. 1931년 10월에는 김구를 단장으로 하는 대한교민단(大韓僑民團)에 참여하여 안창호·김은집(金恩潗)과 심판분과를 맡았으며, 그 해 11월에는 중국항일대동맹조직이 결성되자 조소앙, 그리고 중국인 오징천(伍澄千)·서천방(徐天放) 등과 상무위원으로 활약하였다.

1932년 1월에는 대한교민단의 정치위원으로 피선되고, 이봉창·윤봉길 의거 당시 김구와 함께 적극적인 지원에 나서기도 했다. 이후 임정요인들과 항주로 이동하여 임시정부판공처(臨時政府判公處)를 개설하고 국무회의를 통해 재무장으로 선출되었으며, 1934년 1월 구성된 양기탁 내각에서는 무임소장에 임명되었다. 그러나 동년 4월 국무원 비서장으로 선임되어 활동하던 중, 과도한 업무로 인해 절강성 광자병원에서 치료받던 중 48세의 나이로 숨을 거두었다. 그의 장례는 대종교와 임시정부의 선배인 이시영·조완구 등이 앞장 서 임시정부장으로 거행되었다.

항일투사 박명진이 기록한 『대종교독립운동사』(필사본) 내용 중의 일부. 임시정부에 참여한 대종교 西二道區(상해와 중국 본토 지역 관할)의 주요 인물로 金徹이 적혀 있다.

김철의 교력과 관련된 대종교단 내의 기록은 남아있지 않다. 그의 입교 시기와 교질 관계 역시 확인할 수가 없다. 그러나 항일투사 박명진이 기록한 『대종교독립운동사』에는 그가 대종교 서이도본사 주요 교인으로 적시되어 있다. 서이도본사는 상해와 중국 본토를 관할하던 대종교 교구로, 그 주요 활동 교인들로는 이동녕·신규식·이시영·조성환·조완구·박찬익·남형우·차리석·김승학 등 30여명이 등장하고 있다. 그러므로 김철의 대종교 입교 시

기는 그가 상해로 건너가 신한청년당 활동을 할 무렵으로 추정할 수 있을 듯하다.

[참고 문헌]

『대종교독립운동사』(박명진, 필사본, 1964), 『高等警察要史』(慶尙北道警察部, 1934), 『무장독립운동비사』(채근식, 공보처, 1949), 『한국독립운동사 자료』2·3(국사편찬위원회, 1971~1973), 『독립운동사』2·3·4·8·9(독립운동사편찬위원회, 1971~1977), 『임시정부의정원문서』(국회도서관, 1974), 『한민족독립운동사』3(국사편찬위원회, 1988), 『대한민국임시정부자료집』31·32·33·39(국사편찬위원회, 2009~2010)

김철배(金喆培, 남, 생몰 미상)
입교 시기_1922년 | 교질_미상

출신지역과 생몰연대를 알 수가 없다. 김철배는 1919년 4월 홍경현 홍묘자(紅庙子) 수화락(水伙洛)에 거주하면서 17세 이상 60세 이하 남녀 1천명을 모아 각각 한국기를 휴대하고 독립을 경하는 외침을 주도한 인물이다. 1920년 5월경에는 홍경현 왕청문(旺淸門)의 조선인들을 규합하여 의용단(義勇團)을 조직하고 단장으로 추대되었다. 그는 수시로 국내와 연락하며 암암리에 집회를 주도한 혐의로 일제에 의해 추적 대상이 되자 북간도 영안현으로 넘어가 대종교 항일투쟁에 몸을 담았다.

홍경현 지역 독립지단장으로 있던 김철배를 체포하려 한 내용이 담긴 일제의 문서.

김철배의 대종교 교력을 보면 1922년 10월 15일(음력) 대종교 동이도본사 관할 숙일시교당(肅一施敎堂)의 찬무(贊務, 부책임자)를 맡은 기록이 있다. 찬무를 맡을 당시 김철배는 '형제'라는 위치에 있었다. 대종교에서의 '형제(여자는 자매)'라는 위치는 입교하여 교질을 받기 이전의 교인에게 붙이는 칭호이다. 그러므로 김철배의 대종교 입교 시기는 1922년도 초·중반일 것으로 추정된다. 한편 숙일시교당은 영안현 밀강(密江)에 있었던 시교당으로, 당시 책임자(典務)는 대한독립군단에서 경신부장(警信部長)을 지내고 후일 신민부의 중앙집행위원 등 핵심 간부를 맡았던 최호(崔灝)였다. 또한 김철배와 함께 찬무를 맡았던 인물 역시 항일투사 이현기(李現基)였다.

[참고 문헌]

『대종교보』제56호(1922년), 『대종교중광육십년사』(대종교총본사, 1971), 『興京縣地方 不逞鮮人 狀況에 관한 건』(不逞團關係雜件-朝鮮人의 部-在滿洲의 部18, 機密公 제 97호, 한국사DB,국사편찬위원회), 『吉長日報』1919.5.20., 『한국독립운동사자료』41(국사편찬위원회, 2005)

김철주(남, 생몰 미상)
입교 시기_1935년 이전 | 교질_참교

출신지역과 생몰연대를 알 수 없으며, 그의 한자 이름 역시 확인이 안 된다. 김철주는 대종교단 내에 남아있는 기록에 의하면, 1935년 5월 16일(음력) 대종교 원일시교당(源一施敎堂)의 찬무(贊務, 부책임자)를 맡았던 인물이다. 그의 대종교 입교가 그 이전에 이루어졌음을 알 수 있다.

원일시교당은 1910년대부터 대종교 항일투쟁의 주요 근거였던 왕청현(汪淸縣) 춘명사(春明社) 대감자(大坎子) 원계동(源溪洞)에 소재한 시교당으로, 당시 전무(典務, 책임자)는 박일혁(朴日赫)이었다. 박일혁은 대종교지도자이자 대한군정서(북로군정서) 총재였던 백포(白圃) 서일(徐一)의 유저(遺著)인 『진리도설(眞理圖說)』을 비장(秘藏)해 오던 인물이다. 박일혁이 서일의 최측근이었음을 암시받을 수 있다. 이것은 박일혁이 중광단(重光團)을 거쳐 대한군정서(북로군정서) 등에서 대종교 항일투쟁에 깊이 관여했음을 확인시키는 부분이다. 김철주 역시 대종교 항일투쟁과 무관치 않은 인물임을 방증해 준다.

김철주의 대종교 입교 시기나 영계(靈戒) 사항에 대한 기록은 전하지 않는다. 그러나 그가 원일시교당의 찬무로 임명될 당시 이미 참교(參敎)의 교질(敎秩)에 있었다. 이것은 그의 대종교 입교 시기가 그보다 훨씬 이전임을 확인시키는 것으로, 그 시기가 대한군정서 시절로 추정되는 이유라 할 수 있다.

[참고문헌]

『대종교중광육십년사』(대종교총본사, 1971), 「大倧敎施敎堂一覽表(1926年)」(延边朝鲜族自治州档案馆 全宗号42 目录号1 案卷号343, 和龙县历史档案 和龙县警察所, 饬各区查禁韩人设立大倧教堂由, 民国十五年五月十二日)

김철현(金澈炫, 남, 1893-1969)
아호(별명) _ 청계(聽溪)
입교 시기 _ 1916년 | 교질 _ 참교

김철현

전라남도 고흥군 옥하리(玉下里) 출신으로 평생을 교육계에 헌신한 인물이다. 만 20세가 되던 1913년 경성고등보통학교교원양성소(京城高等普通學校敎員養成所)에 들어가 1916년 3월 23일에 졸업하였다. 김철현이 재학 중이던 1915년 3월에는 재학생들을 중심으로 조선산직장려계가 조직되었다. 이 단체는 민족경제자립을 목적으로 조직한 비밀단체로서, 김철현 역시

이 활동과 연결되었을 가능성을 시사해 준다. 1917년 이후에는 고향인 고흥 지역 고흥공립보통학교의 교사를 시작으로 해방 직전까지 도양공립보통학교·도화공립보통학교·도화심상소학교·풍양공립국민학교에서 교사·교장으로 교육에 헌신하였다. 도화공립보통학교 교장 시절에는 그의 교육적 공로를 인정 받아 고흥교육회로부터 에서포창(褒彰)를 받기도 했다. 해방 이후에도 목포중학교·고흥중학교·고흥농업고등학교 교장을 역임하며 지역과 국가의 인재 양성에 헌신했다.

김철현의 대종교 교력을 살피면 1916년 2월 18일(음력)에 참교의 교질을 받은 것으로 기록되어 있다. 양력으로 환산하면 1916년 3월 23일이다. 그가 경성고등교원양성소를 졸업하기 이틀 전에 참교의 교질을 받은 것이다. 당시 경성고등교원양성소 학생들의 종교적 성향을 살펴볼 필요성이 대두된다. 당시 이 학교 학생들의 종교적 성향은 크게 대종교와 기독교로 나누어져 있었다. 이들 간의 이견은 단군 문제에서 크게 차이가 있었다. 대종교 생도들은 조선의 시조인 단군을 존경하는 것은 곧 조선의 국수를 보존하고 조선의 민족적 정신을 발양하며 국민의 신앙을 통일하는 것이므로 외래종교 신앙에 대한 필요성이 없다는 견해였다. 반면 기독교 생도들은 단군을 존숭하는 점에서는 대종교와 다를 바 없으나, 그 종교적 가치가 기독교에 미치지 못한다는 주장이었다. 단군은 존숭하지만 기독교에 의해 서양의 문명을 받아들이는 것이 조선민족의 발전을 도모할 좋은 방법이라는 입장이었다. 김철현 역시 이러한 경험 속에서 대종교를 택한 인물일 듯하다. 같은 경성고등교원양성소를 졸업한 맹주천(孟柱天)·독고순(獨孤淳) 등이 김철현과 함께 같은 날 대종교 참교의 교질을 받았고, 이들이 후일 대종교의 중추가 된다는 점에서도 주목할 수 있다.

[참고 문헌]
『종문영질』(프린트본, 1922), 『조선총독부직원록』(조선총독부, 1910~1943), 『동

김철호(金喆浩, 남, 생몰 미상)
입교 시기 _ 1912년 | 교질 _ 참교

출신지역과 생몰연대가 불분명한 인물이다. 일찍이 북간도 화룡현 청파호 대종교시교당을 거점으로 1910년대 초반 대종교의 포교활동에 토대를 지대한 역할을 하였다. 1921년 9월에는 화룡현 명신사 토산자(土山子) 남동(南洞)에 위치한 동명학교(東明學校)의 교장으로도 재직하였다. 이 학교는 청림교(靑林敎) 계통의 학교로, 이 청림교는 대종교의 영향을 상당히 받은 집단이었다.

청림교는 동학혁명 후 남정(南正)이 창시한 종교로, 청림이라는 명칭은 남정의 호가 청림이었기 때문에 붙여진 이름이다. 남정은 1904년에 후계자 없이 죽었다. 이에 1920년 김상설(金相卨)과 이옥정(李玉汀) 등이 서울에서 소멸되어가는 청림교의 간판을 다시 달고 포교활동을 시작하여 그 교세가 만주의 길림과 북간도 방면까지 뻗쳤다. 특히 이 지역의 청림교는 대종교의 교리적 영향이 컸다. 아마도 만주 지역 책임자였던 임창세(林昌世)의 단군 존숭과 무관치 않았을 듯하다. 그 대표적 사례가 그들의 백두산 단군천제라 할 수 있다. 그들은 백두산에 올라 조선개국신왕 단군제를 지내면서 일본놈들이 멸망할 것을 바라는 기도를 드렸다. 백두산에서의 단군천제는 1920년부터 1935년까지 15년 동안 그치지 않았다. 매번 제사 때마다 단군께 올리는 제물준비에 온갖 정성을 다하였다. 그들은 개척도 되지 않은 백두산으로 700리 길을 소발구에 제물과 식량을 싣고 오르며, 15년 간 단군천제를 지낸 것이다. 당시 제사 때마다 임창세는 "영명하신 개국신왕 단군님과 선왕님들 그리고 애국충신들이여, 망국노 3천만 백의동포를 가엾이 여기시어 강도 왜놈을 하루속히 멸망시키고 우리 민족의 국권을 회복시켜주옵소서"라는 주문을 외웠다 한다.

그러므로 김철호의 동명학교 교장 활동만이 아니라, 1921년 7월 청림교에서 세운 용정의 대성중학 학감을 대종교인 강훈(姜勳)이 맡은 것도 이러한 배경과 무관치 않았을 것이다. 더욱이 청림교의 항일단체인 야단(野團)이 대종교 계열의 항일단체인 북로군정서에 예속되어 활동한 것도 이런 점을 시사해 준다. 당시 야단은 북로군정서로부터 무기 공급만이 아니라 실질적으로 연계되어 공동작전도 수행했다. 김철호의 청림교 관여 역시 이런 부분에서 주목할 수 있다. 청림교와 단군신앙의 접합, 야단과 북로군정서의 통합 과정에서 김철호와 같은 인물들이 주요 연결고리가 되었을 듯하나, 그 기록을 아직 찾을 수가 없다. 또 다른 숙제요 연구 과제다.

동명학교 교장으로 김철호가 적혀있는 일제의 문서.

김철호의 대종교 교력을 보면 1912년 7월 20일(음력)에 참교의 교질을 받은 것으로 기록되어 있다. 그러나 그의 대종교 활동이 1912년 5월 1일(음력)에 이미 대종교경배식의 원도(願禱) 등을 맡는 것으로 보아, 그보다 훨씬 이전에 입교한 것으로 추정된다. 1912년만 하더라도 대종교의 청호시교당(靑湖施教堂)에서 당시 대종교의 중심인물이었던 박승익(朴勝益)·심근(沈槿)·조창용(趙昌容) 등과 경배식의 사회·원도(願禱)·강의(講議)를 주도했음을 보더라도 알 수 있다. 더욱이 화룡현 청파호에 위치한 대종교 청호시교당은, 대종교의 교주 홍암 나철이 1910년 음력 10월 북간도로 망명하여 처음 자리 잡은 곳이었다. 나철은 그 곳을 중심으로 대종교 포교의 근거와 함께 북간도와 연해주 항일투쟁의 거점으로 삼았다. 김철호가 이 시기 나철과 함께 이곳의 중심인물로 활동했다는 것은, 그의 대종교 내에서의 비중을 알게 해 준다. 그러나 그 이후 대종교와 관련된 김철호의 기록은 전해지지 않는다.

[참고 문헌]
『종문영질』(프린트본, 1922), 『백농실기』(조창용, 필사본, 1912), 『대종교중광육십년사』(대종교총본사, 1971), 「間島地方 日本側 施設 및 朝鮮人經營 私立學校 調査의 건」(不逞團關係雜件-朝鮮人의 部-在滿洲의 部31, 機密受제19호-機密제2호, 한국사DB, 국사편찬위원회), 「간도에서 일어난 반일독립운동—청림교(영막전) 사건」(박장성, 「연변문사자료(종교사료전집)』, 제8집, 연변정협문사자료위원회, 1997)

김춘식(金春植, 남, 생몰 미상)
입교 시기_ 중광 당시 | 교질_ 미상

출신지역과 생몰연대가 불분명한 인물이다. 대한제국 주

사(主事)를 지냈으며 1909년 1월 15일(음력) 대종교 중광(重光)에 참여하였다. 당시의 정황을 기록한 대종교단 내의 기록을 보면 아래와 같이 적혀 있다.

"이에 대종사(홍암 나철을 말함-인용자 주)는 신교(神教)의 중광과 종도(倧道)의 재천(再闡)으로써 민족의 앞날을 바로잡고 병탄당하려던 조국의 쇠운을 회복시킴과 아울러 동양평화와 인류의 자유행복을 증진시키려는 대 이념(理念) 하에 한배검의 영계을 받들어 4366년 기유(1909) 음정월15일 자시(子時)를 기하여 동지 오기호(吳基鎬)·강우(姜虞)·최전(崔顓)·류근(柳槿)·정훈모(鄭薰模)·이기(李沂)·김인식(金寅植)·김춘식(金春植)·김윤식(金允植) 등, 수십인과 함께 한성(漢城) 북부(北部) 제동(齋洞) 취운정(翠雲亭) 아래 8통 10호 육간 초옥 북벽(北壁)에 단군대황조신위를 모시고 제천(祭天)의 대례(大禮)를 행하시며 단군교포명서를 공포하니 고려 원종 때 몽고의 침입으로부터 700간년 폐색되었던 신교의 교문이 다시 열리어 한말의 암흑풍속에도 일맥의 서광이 민족의 앞날을 밝게 비치었으니 이날이 곧 우리 겨레의 새 역사를 창조한 거룩한 날이요 우리 대교(大教)의 중광절(重光節)인 것이다."

특히 김춘식은 기독교 장로로서 대종교 중광에 참여한 인물이다. 이것은 대종교가 중광할 당시부터, 많은 이들에게 정서적 국교(國教) 혹은 공민종교(公民宗教)로 받아들여지고 있음을 알려주고 있다.

[참고문헌]
『대종교중광육십년사』(대종교총본사, 1971), 『대종교중흥종교교조론』(신철호, 대종교총본사, 1979), 『한국신흥종교총람』(이강오, 대흥기획, 1992)

김태섭(金泰燮, 남, 생몰 미상)
입교 시기_ 1926년 이전 | 교질_ 미상

출신지역과 생몰연대를 알 수 없는 인물로, 일제의 문서에서는 찾을 수가 없다. 1923년 6월(음력, 이하 음력), 김태섭(金兌燮)이라는 이름으로 대종교 동일도본사의 특별추천에 의해 영계(靈戒)를 받은 인물과 동일인으로 추정되나, 좀더 추적이 필요한 부분이다. 당시 김태섭(金兌燮)은 상해임시정부의 특파원인 이근(李瑾), 의군산포대(義軍山砲隊) 출신으로 어랑촌전투(漁郞村戰鬪)에서 의군단 소사(小使)로 참전한 박리범(朴利範) 등의 항일투사들과 영계를 받았다. 김태섭(金兌燮)이란 인물 역시 항일투쟁과 무관치 않음을 알게 해 준다.
한편 김태섭(金泰燮)은 대종교만주포교금지령 이후 압수당한 대종교의 문건에서 그 이름이 확인된다. 1926년 2월 12일에 대종교 북일도본사(北一道本司) 관할의 유수구(楡樹區)를 책임지는 시교원(施教員)으로 임명된 기록이 그것이다. 그의 대종교 입교가 그보다 훨씬 전으로 올라감을 알 수 있다. 당시 김태섭은 유수현(楡樹縣) 시가에 있는 동아의원(東亞醫院)을 거점으로 활동하였다. 또한 김태섭과 같은 날 각 구역 시교원으로 임명된 인물들을 보면, 김수겸(金壽謙, 빈현구 관할), 이수(李秀, 아성구 관할), 신형규(辛亨奎, 부여구 관할), 강희(姜熹, 안도구 관할), 윤복영(尹復榮, 길림구 관할), 이승림(李承林, 돈화구 관할) 등, 모두 항일투쟁의 쟁쟁한 인물들임이 주목된다.

[참고문헌]
『대종교보』제58호(1923년), 「大倧敎施敎堂一覽表(1926年)」(延边朝鲜族自治州档案馆 全宗号42 目录号1 案卷号343, 和龙县历史档案 和龙县警察所, 令各区查禁韩人设立大倧教堂由, 民国十五年五月十二日)

김태연(金泰淵, 남, 생몰 미상)
아호(별명) _ 김태현(金泰鉉), 김연태(金淵泰), 김진수(金晋守)
입교 시기 _ 1926년 이전 | 교질 _ 미상 | 서훈 _ 독립장(1968)

평안북도 삭주군(朔州郡) 삭주면(朔州面) 동부동(東部洞) 출신이다. 3·1독립만세운동 당시 고향에서 시위를 주동한 혐의로 일제의 추적을 피해 서간도로 망명한 인물이다. 1921년 9월 미국에서 열리는 태평양회의(太平洋會議) 개최에 자극 받고 결사대를 구성하여 압록강을 건너 삭주군 대관경찰주재소(大館警察駐在所)를 습격하였다. 1922년에는 대한통의부(大韓統義府)에 참여하여 강수영(姜壽永)·이만성(李萬聲)·정창화(鄭昌華) 등과 검무원(檢務員)으로 활동하는가 하면, 2차로 압록강을 건너 영산경찰주재소(永山警察駐在所)를 습격하였다. 당시 일경 3명을 사살하고 다수의 무기를 노획하는 전과를 올리고 귀대하였으며, 이후 남만주 한족통일회(韓族統一會)에 참여하여 검무원으로 임명되었다.
1925년에는 북만주 동빈현(同賓縣)으로 이전하여 대종교계 항일단체인 신민부(新民府)에 몸을 담고 항일투쟁을 이어갔다. 그러나 1936년 3월 8일(음력) 목릉현(穆棱縣)에서 일경에 체포되어 의주경찰서로 옮겨졌다. 이후 1939년 6월 26일 평양복심법원에서 소위 제령위반(制令違反) 살인·강도·방화 등의 죄목으로 15년 징역형이 최종 확정되었다. 그리고 마포(麻浦) 경성형무소에 수감되어 옥고를 치르다가 8.15광복과 더불어 출옥하였다.
김태연의 대종교 입교 시기나 영계(靈戒) 사항에 대한 기록은 남아있는 것이 없다. 다만 1926년 대종교만주포교금지령 이후 만주 당국에 압수당한 대종교의 문건 중에 김태연이 등장하고 있다. 그 문건 가운데 들어있는 「대종교시교당일람표(大倧敎施敎堂一覽表)」에는 김태연이 대종교 동성시교당(同成施敎堂)의 찬무(贊務, 부책임자)로 적혀있다. 그의 대종교 입교가 그 이전으로 올라감이 확인된다.
김태연이 활동한 동성시교당은 길림성(吉林省) 동빈현(同賓縣) 원가둔(原家屯)에 있었다. 김태연이 북간도로 넘어가 신민부에서 활동한 시기와 일치한다. 당시 동성시교당의 전무(典務, 책임자)는 항일투사 신희경(申熙慶)이었다. 김태

연은 신희경을 도와 동빈현 동가(東街) 춘생당(春生堂)이라는 점포를 연락거점으로 30여명의 교인들을 거느리고 시무하였다.

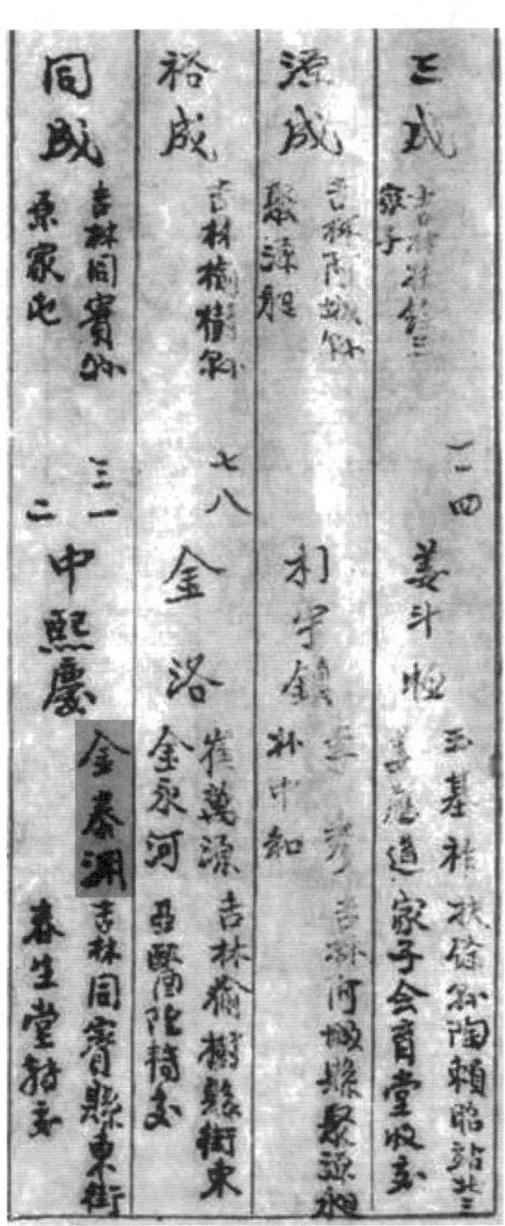

1920년대 중반 대종교의 문서(和龙县历史档案 所藏)에 金泰淵(왼쪽 아래)이 대종교 同成施敎堂의 贊務로 기록되어 있다.

김태연과 함께 활동한 신희경이라는 인물도 주목된다. 신희경은 대종교 항일단체인 대한군정서(북로군정서)의 소대장으로 청산리전투에 참전하였다. 또한 1924년에는 대종

교지도자 김규식(金奎植)이 이끄는 대한독립군단 제2연대 제2대대장을 지내는가 하면, 대종교 항일투사들이 중심이 된 동빈현입적간민권업회(同濱縣入籍墾民勸業會)의 경호부장(警護部長)으로도 활동하였다. 이어 1925년 1월에는 대한독립군의 모연대장(募捐隊長)으로도 참여했으며, 1926년 12월에는 혁신단(革新團) 재무위원을 거쳐 고려혁명군(高麗革命軍)에서도 활약한 인물이다.

이러한 정황에서 보면 김태연의 대종교 항일투사로서의 연륜이 짧지 않았을 듯하다. 더불어 그의 대종교단 내에서의 비중이나 교력 역시 상당했을 것으로 추정되지만, 이외의 기록은 찾을 수가 없다.

[참고문헌]

「大倧教施教堂一覽表(1926年)」(延边朝鲜族自治州档案馆 全宗号42 目录号1 案卷号343, 和龙县历史档案 和龙县警察所, 令各区査禁韓人设立大倧教堂由, 民国十五年五月十二日), 『國外容疑朝鮮人名簿』(조선총독부경무국, 1934), 『동아일보』 1938.6.10, 『한국독립사』下(김승학, 독립문화사, 1965), 『朝鮮獨立運動』II (金正明, 原書房, 1967), 『독립운동사』5·7(독립운동사편찬위원회, 1977)

김태우(金泰禹, 남, 생몰 미상)
아호(별명) _ 김택(金澤)
입교 시기 _ 1918년 | 교질 _ 참교

출신지역과 생몰연대가 불분명하다. 일제강점기의 기록에는 김태우보다 김택(金澤)이라는 이름으로 많이 등장하고 있다. 다만 1915년 초에 이강·정재관·고성삼(高成三)·강희춘(姜熙春)·이재한(李在漢) 등과 『대한정교보(大韓正教報)』를 통해 배일활동을 전개했던 김택(金澤)과 동일인인지는 장담할 수 없다. 또한 1920년대 초반 국민회 통신원으로 활동했던 김택(金澤)과의 동일인 관계도 좀더 따져봐야 할 문제다.

김태우는 대종교계열의 항일단체인 대한군정서(북로군정서)에서 최수길(崔壽吉)·김정(金貞)·현갑(玄甲)과 함께 대한군정서의 모연대장(募捐隊長)으로 활동했다. 당시 일제의 문서에는 김태우와 함께 대한군정서 모연대장으로 올라 있는 김택(金澤)을 동일인물로 간주하고 있다. 그는 1922년 초 유하현 삼원포를 거점으로 조직된 시사연구회에도 가담하려 활동했으며, 1924년 3월에는 동녕현 방면에서 중국 측의 양해를 얻어 조직된 자위단을 기반으로 항일투쟁을 전개했다.

이후 김태우는 신민부에서도 깊숙이 가담해 움직였다. 신민부는 대한군정서(북로군정서)를 계승한 단체로서, 그 주요 구성원의 대부분이 대종교인이었다. 따라서 이들이 신봉하였던 대종교 이념이 자연스레 신민부의 주요한 이념으로 자리 잡았다. 그들이 추구한 정치형태 역시 대종교가 지향한 배달국공화주의와 맞닿아 있었다. "신민부의 기본철학은 대종교의 홍익인간과 중광정신이었다."는 이강훈의 회고에서도 확인되는 부분이다.

한편 신민부는 각 지방에 총판부(總辦部)를 두고 총판 1인

서기 1인 경사과장(警司課長) 1인 경사원(警司員) 5인 이상 15인 이하를 두었다. 또한 구(區)에는 구장을 두고 구장은 총판의 부재시 그 직무를 대행했으며, 구 서기 1인 구 서무를 두었다. 김태우는 신민부의 밀강지방(密江地方) 제1구장을 맡았다. 당시 밀강지방 총판은 김도경(金道景)이었으며 김문섭(金文燮, 서기), 이문원(李文元, 제2구장), 전공선(全恭善, 제3구장), 방국성(方國成, 교육과원), 방무언(方武彦, 교통과원), 정치묵(鄭致黙, 교통과원), 문시영(文時英, 보안과장), 현정한(玄貞漢, 보안과원), 고태산(高泰山, 보안과원) 등이 신민부 밀강지역의 핵심을 이루었다.

김태우의 대종교 교력은 1918년 2월 28일 염덕준(廉德俊)·이균섭(李均燮)·정승주(鄭承周) 등과 참교의 교질을 받은 것으로 기록되어 있으나, 그 이후의 기록은 전하지 않는다.

[참고 문헌]

『종문영질』(프린트본, 1922), 「朝鮮側 警察이 朝鮮人 金順 등을 拘引시킨 것에 관한 건」(不逞團關係雜件-朝鮮人의 部-在滿洲의 部28, 受20669호-公제259호, 한국사DB, 국사편찬위원회), 「不穩通信」(不逞團關係雜件-朝鮮人의 部-在滿洲의 部32, 機密受제151호-關機高제3817호, 한국사DB, 국사편찬위원회), 「報告書 提出의 件」(不逞團關係雜件-朝鮮人의 部-在滿洲의 部41, 機密 第496號, 한국사DB, 국사편찬위원회), 『민족해방운동과 나』(이강훈, 제삼기획, 1994)

김태익(金泰益, 남, 1899-?)
입교 시기 _ 1937년 이전 | 교질 _ 미상

출신지역을 알 수 없으며 생몰연대 역시 불확실한 인물이다. 국민회 경호원으로 활동한 김태익(金泰益)과는 동명이인이다.

김택익은 연길현(延吉縣) 삼도구(三道溝) 영흥촌(永興村)에 거주하면서, 대종교 항일단체인 대한군정서(북로군정서)에 가담하여 서기(書記)로 활동하였다. 1921년 9월에는 대한신민단(大韓新民團) 및 대한군무도독부(大韓軍務都督府)와 비밀리에 연락을 취하며 군자금을 모집과 함께 청년회를 조직하였다는 혐의로 체포되어 고초를 겪기도 했다.

김택익의 대종교 입교 시기나 영계(靈戒) 사항에 대한 기록은 남아있는 것이 없다. 그러나 김태익이 1937년 8월 24일(음력) 재만교구경상금수납위원(在滿教區經常金收納委員)으로 임명된 기록이 전한다. 그의 대종교 입교가 그보다 훨씬 전으로 올라감을 알 수 있는 동시에, 그 시기 대종교 경제 부문에 있어 핵심 인물 중의 하나임을 확인시키고 있다. 더욱이 김태익이 관할한 구역은 영안현(寧安縣)와 룡둔(臥龍屯) 지역이었다. 당시 영안현은 대종교총본사가 소재한 곳으로 대종교 항일투쟁의 근거지도 했다. 그러므로 김태익과 함께 영안현을 관할한 수납위원들을 보면 이경문(李敬文)·이경렬(李京烈)·이희영(李禧榮)·김선(金宣)·양현(梁玄)·윤태선(尹泰善)·김영헌(金榮軒)·채오(蔡五)·김근산(金槿山)·최학수(崔學秀) 등, 그 대부분이 대한군정서 시절부터 항일투쟁에 앞서온 인물들이다.

김태익이 이들과 더불어 대종교 만주교구의 경제적 기반

의 중심에 있었다는 것은, 대종교나 항일투쟁에서 그의 위치가 상당했다는 것을 시사해준다.

[참고문헌]
『대종교보』제115호(1937년), 「政治犯 檢擧의 件」(大正8年乃至同10年 朝鮮騷擾事件關係書類 共7冊 其2, 密 第33號 其278/高警 第27964號, 한국사DB, 국사편찬위원회), 「政治犯 自首申告者에 관한 건」(不逞團關係雜件-朝鮮人의 部-在滿洲의 部26, 機密公信7號; 秘受 1847號, 한국사DB, 국사편찬위원회), 『朝鮮獨立運動』I 卷 分冊(金正明, 原書房, 1967)

김태호(金泰浩, 남, 1902-?)
입교 시기_1934년 이전 | 교질_참교

출신지역을 알 수 없으며 생몰연대 역시 불확실한 인물이다. 1920년 2월 서간도에서 조직된 광한단(光韓團)에 참여하여 항일투쟁을 전개하였다. 광한단은 대종교 항일투사 이시열(李時說) 등이 주동이 되어 만든 조직으로, 상해 대한민국임시정부와도 긴밀히 협조한 항일단체다. 김태호는 이시열이 이끄는 단원 20여 명과 함께 임시정부의 독립운동을 지원하기 위한 작전에 참가하였다. 1921년 1월 관전현(寬甸縣) 향로구(香爐溝)부터 국내에 진입하여 군자금을 모집을 펼친 사건이 그것이다. 그러나 작전 도중 발각되어 체포되었다.
김태호는 1923년 유응하(劉應夏)·여순근(呂淳根)·독고욱(獨孤旭)·김우근(金宇根)·이영선(李永善) 등과 대한국민부(大韓軍民部) 조직에도 참여하였다. 대한국민부는 1922년 8월에 결성된 대한통의부에 뿌리를 둔 단체다. 그러나 1923년 2월 전덕원(全德元) 등이 이탈해 의군부(義軍府)를 만들 당시, 김태호·유응하·여순근 등이 별도로 조직한 단체가 대한국민부다. 김태호의 대한국민부는 후일 참의부·정의부 등에 흡수되어 대한민국임시정부 산하로 들어갔다.
김태호의 대종교 입교 시기는 서간도 항일투쟁 시절로 알려져 있으나, 연관 기록은 전하지 않는다. 그러나 김태호가 1934년 3월 9일(음력) 대종교 신일시교당(信一施敎堂)의 전무(典務, 책임자)로 임명된 기록이 남아있다. 당시 그의 교질(敎秩)이 이미 참교(參敎)의 단계에 있었음을 보면, 그의 대종교 입교가 서간도 시절에 이루어졌음을 뒷받침해준다.
한편 신일시교당은 대종교의 주요 근거였던 영안현(寧安縣) 신안진촌(新安鎭村)에 소재한 시교당이다. 김태호를 도와 이희춘(李喜春)이 찬무(贊務, 부책임자)를 맡아 시무하였으며, 최태순(崔泰淳)이 시교원(施敎員)으로 임명되어 김태호를 도왔다. 이희춘은 대한의군산포대(大韓義軍山砲隊)에 소속으로 항일투쟁을 전개하였으며, 최태순 역시 대종교지도자 고평(高平)이 이끈 조선독립군특무대(朝鮮獨立軍特務隊)에 참여하여 항일활동을 펼친 인물이다.
김태호는 1939년에 조직된 대종교서적간행회(大倧敎敎籍刊行會)에도 참여하였다. 이 서적간행회는 안희제(安熙濟)·김영숙(金永肅)·장도순(張道淳) 등이 발기한 것으로, "교화

를 보급케 함에는 반드시 문자의 힘을 시뢰(恃賴)할 것이다. 이제 대교 부흥기에 당하야 만구동성으로 종경(倧經) 요구가 날로 높은 터이다. 이 요구를 수응함은 무엇보다도 대교 발전상 최대 급무일 것이다. 이것을 공감하는 우리는 미성박력(微誠薄力)을 불고하고 교적간행회를 발기한다."는 취지로 출발한 조직이다. 당시 김태호는 대종교 항일투사 오근태(吳根泰)·최익항(崔益恒)·이정(李錠)·권중락(權重洛)·김상호(金相鎬)·윤정현(尹挺鉉)·안용수(安龍洙) 등과 어려운 형편에도 1주(株)의 투자로 동참하였다.

[참고문헌]
『대종교중광육십년사』(대종교총본사, 1971), 『독립신문』1923.3.7., 「光韓團員 檢擧 ノ件」(不逞團關係雜件 朝鮮人ノ部 在內地 十二, 高警第11851號; 秘受4765號, 한국사DB, 국사편찬위원회), 『朝鮮獨立運動』I 卷 分冊(金正明, 原書房, 1967)

김택수(金宅洙, 남, 생몰 미상)
입교 시기_일제강점기 | 교질_참교

출신지역과 생몰연대를 알 수 없는 인물이다. 일제강점기 대종교 사회주의 운동에 적극 앞장선 기록이 있다. 1936년 이재유(李載裕)와 이관술(李觀述) 등이 주도한 공산당재건경성지방협의회(共産黨再建京城地方協議會)에 가담하여, 경성준비그룹 결성에 적극 참여하였다.
김택수의 대종교 입교는 일제강점기에 이루어졌으나 그와 관련된 기록은 전하지 않는다. 그러므로 대종교에서는 국내로 환국한 직후인 1946년 2월 23일(음력), 남도본사의 특별 추천으로 김택수에게 영계(靈戒)와 더불어 참교(參敎)의 교질(敎秩)을 동시에 수여하였다. 또한 2주 후인 3월 6일(음력)에는 경의원(經議院)의 참의(參議)로도 선임하여 원로로서의 대우를 극진히 하였다.
당시 경의원장은 이시영(李始榮)이 추대되었으며, 부원장은 이동하(李東廈) 비서(秘書)는 고평(高平)이 맡았다. 또한 윤복영(尹復榮)·김승학(金承學)·김상호(金相鎬)·이경희(李慶熙)·황학수(黃學秀)·이용태(李容兌)·김진호(金鎭浩)·이시열(李時說)·정열모(鄭烈模)·김원시(金源時)·전성(全盛)·박명진(朴明鎭)·신백우(申伯雨)·우덕순(禹德淳) 등, 항일투쟁의 맹장들이 김택수와 함께 참의로 선임되어 활동하였다. 김택수의 대종교단 내에서의 비중을 헤아릴 수 있으나, 이후의 행적은 알 수가 없다.

[참고문헌]
『대종교보』한국기념호(1946년), 『대종교중광육십년사』(대종교총본사, 1971), 「朝鮮共産黨再建京城準備그룹事件 檢擧의 件」(思想에 關한 情報(副本) 2, 京高特秘 제400호, 한국사DB, 국사편찬위원회)

김평식(金平植, 남, 1880-1938)
아호(별명) _ 문곡(文谷)
입교 시기 _ 1910년대 | 교질_ 미상 | 서훈_ 독립장(1963)

평안북도 의주군(義州郡) 월화면(月華面) 출신이다. 1917년경 서간도로 망명한 후 대동향약(大東鄕約)을 조직하여 자치운동을 통한 항일투쟁에 뛰어들었다.

1919년 조맹선(趙孟善)·박장호(朴長浩) 등 대종교 동지들과 대한독립단(大韓獨立團)을 조직하여 총무부장에 피선되었다. 1920년 국내로 진입하여 의주(義州)·용천(龍川)·철산(鐵山) 등지에서 군자금 모집과 더불어 항일의식 고취에 진력하였다. 1922년 여러 항일단체가 통합하여 발족한 대한통의부(大韓統義府)에도 가담하였고, 이어 의군부(義軍府)가 결성되자 정무총감(政務總監)에 취임하여 항일투쟁을 지속하였다. 일제의 만주 침략 이후 만주에서의 무장투쟁이 힘들게 되자 북경(北京)의 서해전(西海甸) 방면으로 은거하는가 하면, 동지들과의 연락 속에 다시 만주 봉천성(奉天省) 수암현(岫巖縣)의 농장으로 돌아와 재기를 엿보다 사망하였다.

김평식의 대종교 입교는 서간도에서 의군부 활동 시기로 알려져 있다. 그러나 그와 관련한 『대종교보(大倧敎報)』등의 1차 자료는 전하지 않는다. 다만 대종교 항일투사 박명진(朴明鎭)이 기록한 『대종교독립운동사』(필사본, 1964)에는 아래와 같은 기록이 실려 있다.

"1922년 3월 서일도구(西一道區) 환인현구(桓仁地區)에서 의군부(義軍府)를 조직하고 군사 운동을 하니, 그 중요 인물은 채상덕(蔡尙悳)·전덕원(全德元)·김평식 등이다."

박명진의 『대종교독립운동사』에, 金平植(네모 안)이 대종교 西一道區 소속으로 義軍府 조직에 참여했음을 적고 있다.

이것은 김평식이 의군부 참여 시절 이미 채상덕·전덕원 등의 동지들과 대종교 서일도구(西一道區) 소속의 주요 교인으로 올라 있음을 알려준다. 그러므로 해방 이후 또 다른 기록에는 김평식이 참교(參敎)를 넘어 지교(知敎)의 교질(敎秩) 단계에 있었음을 적고 있다.

[참고문헌]
『대종교독립운동사』(박명진, 필사본, 1964),「高警 第33853號 祕密結社大韓鮮獨立普合團檢擧」(不逞團關係雜件 朝鮮人ノ部 在內地 十三, 한국사DB, 국사편찬위원회),『독립신문』1923.12.5.·26.,『高等警察要史』(경상북도경찰부, 1934),『무장독립운동비사』(채근식, 대한민국공보처, 1949),『한국독립사』하(김승학, 독립문화사, 1965),『독립운동』5(독립운동사편찬위원회, 1973),『인명사전』(인명사전편찬위원회, 민중서관, 2002)

김포(金圃, 남, 생몰 미상)
아호(별명) _ 김대수(金大洙)
입교 시기 _ 1923년 | 교질_ 미상

출신지역과 생몰연대를 확인할 수 없는 인물이다. 본명은 김대수(金大洙)로 대종교에 입교하면서 외자이름인 김포(金圃)로 개명하였다. 1930년대 서암(徐巖, 徐致命) 등과 중국공산당의 만주 지역 확산 운동에 적극 참여한 기록이 있다.

김포의 대종교 교력을 보면 1923년 4월 1일(음력) 대종교 동일도본사(東一道本司)의 특별추천으로 영계(靈戒)를 받은 기록이 전한다. 당시 함께 영계를 받은 인물들을 보면, 김찬(金燦)·박건(朴健)·김혁(金赫)·박진(朴震)·김철(金哲)·김원(金園)·김련(金鍊)·김관(金寬)·안영(安英)·김광(金光)·박걸(朴杰) 등과 같이 대부분의 인물들이 대종교식 외자로 개명한 이름들이다. 또 그 대다수가 만주 항일투쟁의 중심인물들이었다. 김포 역시 대종교 항일투쟁에 깊이 관여했던 인물로 추정되나, 이후의 교질(敎秩) 관계 등은 전하는 것이 없다.

[참고문헌]
『대종교보』제58호(1923년),『思想月報』제4권 제5호(朝鮮總督府高等法院檢査局思想部, 1934)

김필(金弼, 남, 생몰 미상)
입교 시기 _ 1922년 | 교질_ 참교

출신지역과 생몰연대가 불분명하다. 김필은 1920년 5월 서간도 유하현에서, 행정사무를 관할한 한족회와 군무(軍務)를 통솔한 군정부가 통합한 군정서(軍政署)의 법무사(法務司) 상법과장(常法課長)으로 등장하는 인물이다. 당시 군정서의 총판(總辦)은 이계원(李啓元)이었으며 여준(呂準, 부독판), 이탁(李沰, 정무청장), 남정섭(南庭燮, 재무사장), 김형식(金衡植, 학무사장), 양규열(梁圭烈, 군무사장), 김동삼(참모부장), 이청천(사령부장), 이장녕(李章寧, 독판부부관) 등이 주요 임무를 맡았다. 여준·이탁·김형식·김동삼·이청천·이장녕 등 모두 대종교와 연관된 인물들이라는 점이 주목된다.

이후 김필은 1924년 3월에 대한독립군정서의 참모로 참여면서 항일투쟁의 끈을 이어갔다. 그 배경을 보면, 청산리 독립전쟁 이후 서일·홍범도·김좌진·이청천 등이 거느리는 독립군부대는 새로운 항일근거지를 마련하기 위해 밀산에서 합류해 대한독립군단으로 재편된다. 총재에 대종교지도자 서일(徐一)을 추대하고 부총재에 홍범도·김좌진·조성환, 총사령관에 김규식(金圭植), 참모총장에 이장녕을 내세웠으며, 여단장에 이청천, 중대장에 김창환·조동식·오광선 등이 선임되었다. 그 총병력은 3,500여명으로, 1개 여단을 두고 그 아래에 3개 대대 9개 중대 27개

소대를 편성하였다. 이후 러시아로 이동한 대한독립군단의 많은 인원이 자유시참변으로 무장해제를 당하면서 수많은 희생자가 발생했다.

그러한 고난 속에서도 대한독립군단의 일부는 동녕현을 중심으로 또 다른 도모를 했다. 1924년 3월 동빈현에서 현천묵·조성환·김규식(金圭植) 등을 중심으로 조직한 대한독립군정서가 그것이다. 대한독립군정서는 대한군정서의 출신들이 중심이 되어 조직한 단체로 대종교적 성향이 강한 집단이었다. 김필은 이 군정서의 참모를 맡았다. 당시 주요 인물들을 보면 현천묵(총재)·김규식(사령관)·조성환(고문)·최충호(崔忠浩, 통신부장)·양현(梁賢, 재무부장)·신청농(申靑農, 모연부장)·김연원(金演元, 군의관)·이범석(군사부장)·박운집(朴雲集, 외교부장)·박두희(朴斗熙, 행정부장)·백계화(白桂華, 검사부장)·신명식(申明植, 서기장)·나중소(서무부장 겸 참모)·김혁(참모)·권영준(權寧濬, 참모) 그리고 정신(鄭信) 등으로, 대부분 대종교인들이 중심이 되었다. 그 이후에도 김필은 러시아 지역을 거점으로 이범윤·최진동·김좌진 등과 연락을 취하며 활동을 이어간 기록이 있다.

다만 『독립유공자공훈록』19권(국가보훈처, 2011)에 애국장을 받은 김필(金弼)이 올라있다는 점이. 그 공적조서에는 "1920년 5월 중국 간도에서 서로군정서 상법과장으로 활동하다 같은 해 11월 경신참변으로 서간도 삼원포(三源浦)에서 일군(日軍)에게 피살(被殺) 순국(殉國)하였다"라는 기록이 실려 있다. 그 활동 흔적으로 보아 대종교의 김필과 동일인인 듯한데. 1920년에 피살 순국한 것으로 적혀있다. 다시금 추적·정리해야 할 과제다.

김필의 대종교 교력은 1922년 6월 4일 영계(靈戒)와 함께 참교의 교질을 동시에 받았다. 입교 6개월 이후에 영계를 수여한다는 점을 보면, 그 이전에 대종교에 입교한 것을 알 수 있다.

[참고 문헌]
『대종교보』제54호, 『종문영질』(프린트본, 1922), 『독립신문』1924년 3월 28일자, 「間島 및 接壤地方 不逞鮮人團의 行動에 關한 件」(不逞團關係雜件-朝鮮人의 部-在滿洲의 部40, 機密 第226號, 한국사DB, 국사편찬위원회), 「不逞鮮人團조직 변경에 관한 건」(不逞團關係雜件-朝鮮人의 部-在滿洲의 部18, 機密公 제19호, 한국사DB, 국사편찬위원회), 『朝鮮獨立運動』II (金正明, 原書房, 1967), 「大正14年6月10日附高警第1757號附屬在外不逞鮮人の槪況附錄第4號追加」(국사편찬위원회, 『(일제침략하)한국36년사』, 제7권, 1972)

김하섭(金河燮, 남, 1880-?)
입교 시기_ 1918년 | 교질_ 참교

출신지역이 불분명하다. 1919년 6월 연해주 블라디보스톡에 있으면서 문창범·김학현(金鶴鉉) 등과 비밀리에 독립자금을 모금했던 인물이다. 또한 1921년에는 이범윤이 이끄는 대한의군부의 중부소속(中部所屬) 제2이정국(第二理正局)의 서무부장(庶務部長)으로 활약했다. 당시 제2이정국은 왕청현 지인향(志仁鄕) 유채구(有菜溝) 봉루동(鳳樓洞)을 관할 지역으로 하였다. 이진철(李振哲)이 국장을 맡았으며,

경리과장 황성문(黃聖文), 경위과장(警衛課長) 방창규(方昌奎), 통신과장 최우경(崔禹京), 서기 차순천(車舜天) 등이 함께 하였다. 김하섭의 대종교 교력은 1918년 5월 10일(음력)에 참교의 교질을 받은 것으로 나타나나, 이후의 활동 내역은 전하지 않는다.

[참고 문헌]
『종문영질』(프린트본, 1922), 「朝鮮人ノ言動ニ關スル件」(不逞團關係雜件 朝鮮人ノ部 在內地7, 高秘甲第4368號;秘受7748號, 한국사DB, 국사편찬위원회), 「朝鮮側 警察이 朝鮮人 金順 등을 拘引시킨 것에 관한 건」(不逞團關係雜件-朝鮮人의 部-在滿洲의 部28, 受20669호-公제259호, 한국사DB, 국사편찬위원회)

김하익(金河益, 남, 생몰 미상)
입교 시기_ 1914년 | 교질_ 참교

출신지역과 생몰연대가 불분명하다. 대종교계열의 항일단체인 대한군정서(북로군정서)에 몸담고 활동한 인물이다. 청산리독립전쟁 이후 대부분의 독립군들이 외곽 지역으로 은둔하면서, 삼삼오오 각 지역에 거점을 잡고 국내 진격 작전을 도모하고 있었다. 김하익 역시 최수길(崔秀吉)·최성세(崔成世)와 함께 2백여 명을 거느리고 왕청현 나자구(羅子溝) 지역에 거점을 잡았다. 그들은 자위단을 조직하고 학교를 세우는 등, 국내 진격을 위한 착실한 준비를 꾀했다. 김하익의 대종교 교력은, 비교적 이른 시기인 1914년 12월 23일(음력)에 참교의 교질을 받았으나 그 이후의 행적은 전하지 않는다.

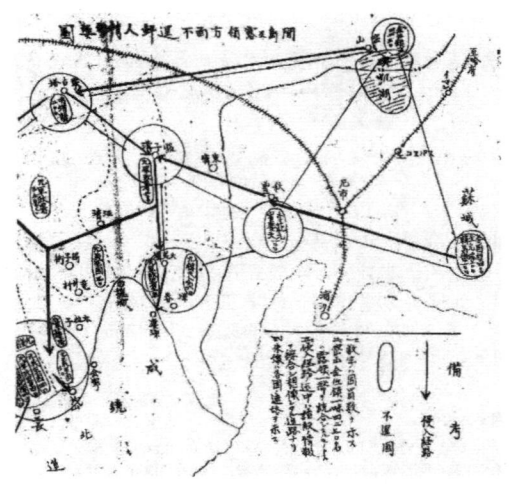

당시 일제가 그린 「間島及露領方面下不逞鮮人情勢要圖」. 김하익이 거점을 잡았던 羅子溝 지역 표시와 元軍政署 200이란 기록이 있다.

[참고 문헌]
『종문영질』(프린트본, 1922), 「間島 및 그 接壤地方에 있어서 不逞鮮人團」(不逞團關係雜件-朝鮮人의 部-在滿洲의 部29, 秘受9533호-高警제24216호, 한국사DB, 국사편찬위원회)

김하일(金河一, 남, 생물 미상)
입교 시기 _ 1922년 이전 | 교질 _ 미상

출신지역과 생몰연대가 확인되지 않는다. 1923년 6월 8일 노령 추풍 지역에서 대종교인이자 독립운동지도자인 이범석이 만든 대한독립국무회(大韓獨立國務會)에 참여하였다. 이 회는 노령·길림·영안에 3개 분회를 두었으며, 김하일은 영안현에 거점을 둔 제3분회의 장을 맡았다. 당시 김하일과 함께 제3분회를 이끈 인물들은 선전원 윤규철(尹奎喆), 통신원 김인섭(金仁燮)·오봉삼(吳鳳三), 모연대장 채옥산(蔡玉山) 등이었다.
이후 김하일은 블라디보스토크에서 조직된 조선공산당만주총국에 이름을 올린다. 이 만주총국은 1928년 1월 제3차 조선공산당으로부터 만주총국 위원에 임명받은 박윤서(朴允瑞)가 주도한 조직으로, 만주비서부 계열을 중심으로 ML파의 조선공산당 및 고려공산청년회가 주축이 되어 만주총국으로 재건된 집단이었다. 이 조직의 주요 인물들은 박윤서·김하일을 비롯하여 김만복(金福萬)·한빈(韓斌)·이기석(李基錫)·김만선(金萬善)·허양(許楊)·황아연(黃阿淵)·한여(韓汝) 등이었다.

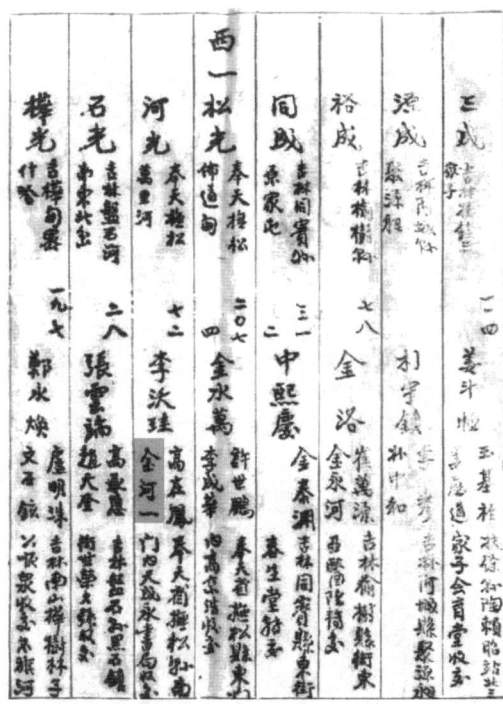

만주 당국에 압수된 대종교문서(1926년 작성). 왼쪽에서 세 번 째, 西一(道本司) 관할 河光(施敎堂)의 아래쪽에 부책임자로 金河一이 적혀 있다.

이후 김하일은 1935년 7월 모스크바에서 개최된 제7차 코민테른 대회에 참가하였다. 이 대회에서는 식민지·반식민지에서 반파쇼인민전선과 함께 소수민족문제에 주의를 기울여야 한다는 방침이 제시되었다. 당시 스탈린은 소련과 국제 공산주의에 대한 가장 큰 위협은 서양 자본주의 민주국가들이 아니라 유럽과 아시아의 파시스트 체제라고 규정하면서 독일·이탈리아·일본이라는 파시즘 체제와의 정면 대결을 선언했다. 당연히 일본의 식민지였던 우리에게도 고무적인 외침이었다. 의외였던 것은 이 대회에 참가한 김하일이 국내에는 그리 알려지지 않았던 인물이었다는 점이다. 김하일의 이 대회 참가 역시 국내 조선공산당원으로서가 아니라 연해주 블라디보스토크에 있는 공산당원이 조선공산당을 대표하여 연설한 형국이 되었다. 당시 조선공산당 지도자들과 무산자의 조국이라고 자랑하는 소련이 1935년 이후 거의 연락이 두절된 상태였다는 배경이 작용한 듯하다.
김하일의 대종교 교력을 살피면, 1922년 12월 5일(음력) 대종교 서일도본사 추천으로 이홍신(李鴻信)·윤광제(尹光濟)·박장빈(朴章彬)·홍범장(洪範章) 등과 함께 영계를 받은 기록이 있다. 또한 1926년에는 대종교 서일도본사 관할 하광시교당(河光施敎堂)의 찬무(贊務, 부책임자)를 맡은 기록도 전한다. 하광시교당은 대종교 항일투쟁의 거점이었던 봉천성 무송현(撫松縣) 만리하(萬裡河) 지역에 있었으며, 이옥규(李沃珪)가 전무(典務, 책임자), 고재봉(高在鳳)이 찬무로서 김하일과 함께 했다. 김하일의 교질(教秩)에 대한 기록은 남아 있는 것이 없다.

[참고 문헌]
『대종교보』제56호(1922년), 「大倧敎施敎堂一覽表(1926年)」(延边朝鲜族自治州档案馆 全宗号42 目录号1 案卷号343, 和龙县历史档案 和龙县警察所, 令各区查禁韩人设立大倧教堂由, 民国十五年五月十二日), 「東支沿線 및 間島接壤地方에 있어서 不逞鮮人 및 馬賊團의 近況에 관한 건」(不逞團關係雜件-朝鮮人의 部-在滿洲의 部34, 機密受제로-機密제 호, 한국사DB, 국사편찬위원회), 『조선중앙일보』1933.5.1., 「反帝國主義戰爭에 있어서의 조선공산주의자들의 任務」(金河一, 모스크바外國勞動者出版部, 1935), 『朝鮮獨立運動』Ⅲ(金正明, 東京:原書房, 1967), 『한민족독립운동사』6(국사편찬위원회, 1989)

김하종(金河鍾, 남, 생물 미상)
입교 시기 _ 1915년 | 교질 _ 참교

함경북도 출신으로 생몰연대는 정확하지 않다. 다만 김하종이 1917년부터 2년간을 함경북도 고건원(古乾原)공립보통학교와 부령(富寧)공립보통학교에서 교사생활을 하였으며, 청진청년회가 주최한 강연회와 『동아일보』 청진지국 설치 당시 총무 겸 기자를 맡은 것으로 보아, 청진 출신일 가능성이 크다.
경성고등보통학교교교원양성소 출신인 김하종은, 동기인 독고순(獨孤淳)·김광배(金光培) 등과 『동유지(東遊誌)』 편찬을 발의·주동하였다. 당시 김하종은 동기생 10여명을 학교 도서실에 모아놓고, 많은 사람들이 조국정신을 잊어버리고 일본에 쉽게 동화되기 쉬운 상황에서 일본 여행 중에 느낀 감회를 적어 편찬함으로써 독립정신을 되새기자고 강조했다. 이에 동의한 50여명의 찬성자를 규합한 후 편찬에 착수하여 90부를 비밀히 만들어 민족적 토론의 광장을 마련하였다. 한편 이 『동유지』 편찬 작업의 노정이 경제자립운동의 도화선이 되기도 했다. 많은 사회·교육계 인사들이 일선교육을 통하여 이 운동을 전개하기로 결정하고 휘문의숙의 남형우와 사회 인사 최남선의 동조를 얻어 전국의 교원과 신교육을 받은 인사를 포섭하여 조선산직장려계를 결성하는 계기가 된 것이다.

졸업 후 함경북도 지역으로 발령을 받은 김하종은 3·1운동 이후에는 대한민국 임시정부 13도 총간부 산하 함북지부를 설치하는데 참여한다. 당시 김하종과 함께한 인물들은 박두환(朴斗煥)·이상호(李相鎬)·전재일(全在一)·정두현(鄭斗賢)·송윤섭(宋玧燮)·송관섭(宋瓘燮)·김동식(金東湜)·최붕남(崔鵬南)·전용락(全龍洛)·이영순(李永順)·석린욱(石麟郁)·정재호(鄭在鎬) 등으로 전재일이 지부장을 맡고 정두현(재무부장)·전용락(경무부장)·박두환(서무부장)이 주요 간부를 맡았다.

이후 상해로 넘어가 사업을 시작한 김하종은 암암리에 남화한인연맹에도 자금을 제공했다. 이 단체는 1930년 4월 20일 중국 상해에서 조직된 무정부주의운동단체로, 민족혁명당을 탈퇴한 인물들을 규합하여 남화한인청년연맹의 별동대인 맹혈단(盟血團)도 조직하였다. 이들을 중심으로 활동자금을 모아 남화한인청년연맹의 기관지 『남화통신』을 발행하게 된다. 그 자금의 일부를 담당한 인물이 김하종이었다. 김하종은 상해에서 덕태창(德泰昌)이라는 잡화(雜貨)·식량(食糧) 상점을 경영하기도 했다. 덕태창은 1939년 조선인 주요특수기업 현황에 대한 조사에서 자본금 2만원의 잡화 및 식량상이었다. 그러나 이후 담배 사업과 소주잔(紹酒棧) 사업 등으로 영업을 확장해 간 기록이 있다.

김하종의 대종교 교력은 1915년 11월 13일(음력) 참교의 교질을 받은 것으로 나타난다. 그가 경성고등보통학교교원양성소 졸업을 앞둔 시기와 맞물린다. 당시 경성고등보통학교교원양성소는 대종교적 색채를 가진 학생들이 많이 있었다. 김하종과 함께 『동유지』를 편찬·주도한 독고순·김광배 역시 졸업과 함께 대종교에 입교하여 활동한 대표적 인물들이다.

[참고 문헌]
『종문영질』(프린트본, 1922), 「朝鮮人槪況 送付에 관한 건」(不逞團關係雜件-朝鮮人ノ部在歐米 7雜, 警秘 第26호, 한국사DB, 국사편찬위원회), 「判決文」(京城覆審法院, 1920. 11. 29), 『동아일보』 1920. 8. 7., 1921. 4. 5., 『한국유이민사』상(현규환, 어문각, 1967), 『조선독립운동』II (金正明, 原書房, 1967), 『독립운동사자료집(의열투쟁사)』11(독립운동사편찬위원회, 1976), 『關内地區朝鮮人反日獨立運動資料匯編』上(楊昭全 外, 遼寧民族出版社, 1987)

김하준(金河俊, 남, ?-1928)
입교 시기_1922년 | 교질_미상

함경남도 원산 출신으로 일본 와세다대학교 정경과를 졸

업한 인물이다. 1920년 12월 무렵 화룡현 지신사(智新社)에 거주하며 귀순자 명부에 이름을 올려 경신대토벌의 예봉을 피했다. 이것으로 보아 그 이전에 만주로 넘어가 항일투쟁에 몸담은 듯하다.

이후 간도에 설립된 사회주의 교육기관 동양학원(東洋學院)의 원장을 지내기도 했다. 동양학원은 대종교의 주요 인물인 김정기(金正琪)·김사국(金思國) 등이 주도하여 1923년에 설립한 학교로, 김하준은 이곳에서 간도 조선청년들의 지적 성장을 위해 적지 않은 공헌을 남겼다. 1925년 6월 무렵에는 이도구(二道溝) 구산중학교(邱山中學校)와 용정의 견덕중학교(見悳中學校) 등에서도 오창식(吳昌植)과 함께 교육활동을 전개했으며, 동흥학교에서도 교편을 잡고 후진을 양성했다. 또한 이 해에 함경북도 청진 출신으로 근우회 중앙집행위원장을 지낸 김정원(金貞媛)과 결혼하여 이목을 끌었다.

김하준은 1926년 12월 6일에 결성된 남만청년총동맹(南滿靑年聯盟)에도 참여 한다. 봉천성 흥경현에서 조직된 이 단체는 신흥(新興)·영흥(永興)·전진(前進)·신성(新成)·용진(勇進)·진흥(進興)·대광(大光)·광명(光明)·자유(自由)청년회 등 9개 단체가 동참하였다. '무산청년본위(無産靑年本位)'의 운동을 표방하며 각 청년단체 대표 22명이 모여 결성한 이 모임에 김하준은 강영호(姜英豪)와 함께 진흥청년회(進興靑年會)를 대표하여 참여하였다. 창립 당시 남만청년연맹은 아래와 같은 2가지 주요 강령을 내세웠다.

1. 우리 청년들은 시대 과학을 강구하고 견인(堅忍)의 지기(志氣)를 배양하여 신사상을 환기하고 의식 단결에 노력함.
2. 우리 청년 등은 개조 운동의 기세와 열정을 진작함으로써 신사회를 건설하는 한편, 역군(役軍)의 훈련 및 양성을 기약함.

김하준의 대종교 교력을 보면 1922년 12월 5일(음력) 대종교 서일도본사의 추천으로 영계(靈戒)를 받은 것으로 나타난다. 당시 한청모(韓清模)·최남표(崔南表)·김성규(金成奎)·고재봉(高在鳳) 등 항일투사 30명과 함께 같은 날 대종교의 영계를 받은 것으로 보아, 이 시기 이미 대종교 항일투쟁에 상당 부분 관여하고 있었음을 확인시켜 준다.

1928년 김하준의 추도식 소식을 실은 『동아일보』 기사.

[참고 문헌]
『대종교보』제56호(1922년), 『동아일보』1925.7.24., 1928.2.24., 「歸順申告者連名簿 送付에 관한 건」(不逞團關係雜件-朝鮮人의 部-在滿洲의 部24, 機密 제244호, 한국사DB, 국사편찬위원회) 「容疑學生의 행동에 관한 건」(檢察事務에 關한 記錄2, 京鍾警高秘 제5907호의2, 容疑學生의 행동에 관한 건, 한국사DB, 국사편찬위원회), 「南滿靑年聯盟組織에 關한 件」(不逞團關係雜件-朝鮮人의 部-在滿洲의 部44, 機密公 第341號, 한국사DB, 국사편찬위원회)

김학근(金學根, 남, 생몰 미상)
입교 시기 _ 1923년 이전 | 교질 _ 미상

출신지역과 생몰연대가 확인되지 않는다. 1919년 9월 간도에서 대종교인 고태우(高泰祐)·이교성(李敎性) 등과 함께 단지결사대(斷指決死隊)를 이끌던 황용기(黃龍起)를 암암리에 도운 기록이 있다. 이 단지결사대는 1919년 3월 일본과 개전을 위해 군자금을 모집하고 무기를 구입하기 위해 조직된 결사였다.

김학근 1923년 5월 대종교의 어천절(음력 3월 15일)을 기해, 길림성 관전현(寬甸縣)에서 발기한 단조기념발기회(檀祖紀念發起會)에 대종교 동지들과 동참하였다. 이 발기회는 단군대황조의 숭배를 통한 만주 지역 동포의 합심을 각성시키고, 그 뜻을 기리고자 하는 취지에서 출범한 단체였다. 그 취지서는 마치 대종교 중광 당시 선포된 『단군교포명서』를 연상시키는 내용으로, 그 발기 요지에 관한 규칙은 다음과 같았다.

- 一. 본회는 국내외를 물론하고 대황조님을 일심 숭배하며 유도(遺都)에 기념비를 건(建)하야 사적을 등재(謄載)하며 동족의 친목을 증독(增篤)함
- 一. 본회 회원은 조선민족 남녀 17세 이상 자로 인정함
- 一. 중앙 위치는 백두산 신시(神市)로 정함
- 一. 중앙총회장은 국내외 분지회(分支會) 확장한 후에 선정키로 함
- 一. 각지 분지회 성립한 후에 발기처로 통지하야 호상 연락케 함
- 一. 회금(會金)은 매명하(每名下)에 소은(小銀) 이각(貳角)으로 정함
- 一. 본회 회원이 성미(誠米)를 저축(儲蓄)하기로 함
- 一. 회원이 본회의 목적을 위하야 특연(特捐)이나 열심으로 각지에 선전하심을 망(望)함
- 一. 본회 규칙은 분지회 성립 통지서를 접수한 후에 송교(送交)하기로 함

또한 이 발기회에는 김학근을 비롯한 공창준(公昌準)·지장회(池章會)·허옥(許沃) 등 대종교의 중심인물들이 대거 참여하여 주도하였다.
이후 김학근은 북간도 영안현으로 넘어가 대종교계 항일단체인 신민부(新民府) 활동에 몸을 담았다. 그는 1926년 4월 29일 동지 이수백(李守白), 신민부 보안대장인 주백완(朱白完) 등과 그 지역 친일단체인 해림권농회(海林勸農會) 사무

소를 기습하여 5천 8백원 독립자금을 탈취하기도 했다.
한편 김학근의 대종교 교력에 대해서는 남아있는 기록이 없다. 다만 그가 1923년 어천절에 단조기념발기회를 주도한 이후 대종교 항일투쟁에 적극 몸담았던 것으로 보아, 적어도 1923년 3월 15일(음력) 이전에 대종교에 입교하였음을 알게 해 준다.

1923년 어천절에 발기한 '단조기념발기취지서'. 일본 문서에 일어로 번역되어 실려 있다.

[참고 문헌]
『한민족독립운동사자료집』30(국사편찬위원회, 1997), 『한국독립운동사자료』37(국사편찬위원회, 2001), 『한국독립운동사자료』41(국사편찬위원회, 2005)

김학만(金學滿, 남, 생몰 미상)
아호(별명) _ 김학만(金鶴萬)
입교 시기 _ 1922년 | 교질 _ 참교 | 서훈 _ 애국장(2012)

1907년 5월 블라디보스토크 신한촌에서 계동학교(啓東學校)를 설립하여 교장으로 활동하는 한편, 1908년 명동학교·동흥학교·선흥의숙(鮮興義塾) 등 각 학교 설립과 운영에 적극 참여하였다. 같은 해 1월에는 함경북도에서 이강년(李康秊) 의병부대에 재정을 제공하기도 하였다.
1910년 노령 블라디보스토크에서 한인겨류민회회 회장에 당선되어 1914년까지 활동하였으며 같은 해 8월 경술국치의 소식이 전해지자 신한촌에서 유인석·이범윤·차석보(車錫甫)·김좌두(金左斗)·김치보(金致寶) 등과 함께 성명회를 조직하여 취지서를 발표하고 '한일합방'의 부당성을 세계 각국에 호소하였다. 이와 함께 두만강의 결빙기를 기다려 2백명 단위의 국내 침공부대를 조직하여 이들을 국내로 침투시켜 총병력 1만 명에 달하면 독립전쟁을 전개하지는 이범윤의 제의를 만장일치로 의결하였고, 이에 김학만은 이범윤의 독립군 부대 편성에 필요한 군자금을 적극 후원하였다. 그러나 이러한 애국동포들의 의결은 일본 정부의 외교적 압력을 받은 러시아 당국의 탄압으로 실천에 옮길 수 없었다.
1911년 5월 항일운동단체인 권업회(勸業會)가 창립되자 같은 해 12월 총재로 선임되었으며, 1911년부터 1918년까지 이승희(李承熙) 등과 함께 중국 밀산현 봉밀산(蜂密山) 일대에 독립군기지 개척의 일환으로 한인 정착촌인 한흥동(韓興洞) 건설사업을 적극 추진하기도 하였다. 이때 1917년 대동단결선언서(大同團結宣言書)와 찬동통지서를 받고도

봉밀산에 있던 관계로 이에 서명하지 못하였다. 1919년 2월 대종교가 중심이 되어 중국 길림에서 발표한 대한독립선언서에 서명자로 참여하였고, 1921년에는 노인동맹단(老人同盟團) 단장으로도 활동하였다.

김학만의 대종교 교력을 보면 1922년 6월 4일(음력) 대종교 동이도본사(東二道本司)의 추천으로 김필(金弼)·박두희(朴斗熙)·차희균(車希均)·장병한(張秉漢) 등 항일투사들과 함께 영계(靈戒)를 받았다. 또한 같은 날 총본사의 추천에 의해 참교(參敎)의 교질(敎秩)을 받았으나, 그 이후의 기록은 전하는 것이 없다.

[참고 문헌]
『대종교보』제54호(1922년), 『독립운동사』(독립운동사편찬위원회, 1975), 『독립운동사』3(독립운동사편찬위원회, 1978), 『한계유고』(국사편찬위원회, 1981), 『대한독립항일무장투쟁사』(육지사, 1989)

김학섭(金學燮, 남, 1888-1923)
입교 시기_ 1914년 | 교질_ 참교 | 서훈_ 독립장(1968)

함경북도 경원군 유덕면 출신이다. 1919년 3월 대한군정서에 가입하였으며, 같은 해 9월 동지 강병관(姜秉官)과 함께 훈춘 황구(荒溝)에서 러시아 군대로부터 무기와 탄약을 구입하여 국내 진공작전을 도모하려다가 일본군의 출동으로 좌절되었다.

1920년 8월 청산리독립전쟁 직후 대규모의 군사행동이 불가능하기 때문에 강병관·강석훈(姜錫薰)과 함께 대한독립은 오로지 국내 일본 관공서의 파괴와 일본 밀정의 암살, 기타의 직접적인 행동에 의해서만 성취할 수 있다고 생각하고 1920년 12월 러시아 시지미에서 '대한독립군 결사대'를 조직하였다. 대장에는 김학섭이 선출되었고, 문창학(文昌學)·강병관·강석훈·최시능(崔時能)·최영찬(崔英燦) 등이 이에 가담하였다. 그들은 미주에서 열리는 워싱턴회의에 대표를 파견할 것을 계획하고 우선 자신들의 실적을 보여주기 위해 국내로 들어가 일제 경찰과 투쟁할 것을 결의하였다.

먼저 함경북도 웅기를 습격하여 경찰서·금융조합사무소 등을 폭파하고 무기와 군자금을 확보할 것을 결의하였다. 강병관이 무기 책임자가 되어 장총·권총·탄약을 구입하여 각 사람에게 탄약 200발을 분배하였다. 대한독립군 15명의 대원들은 오소리강(烏蘇里江)을 건너 웅기로 향했다. 1921년 1월 만주 훈춘현 홍룡구(紅龍溝)에 도착하여 대안의 경비상황을 탐색해 보니 연초의 특별경계기간이라 도강하기 어렵고 웅기까지 간다는 것은 도저히 불가능해 보였다. 이들은 문창학의 제의에 따라 서방 40리 지점에 있는 신건원(新乾源) 주재소를 습격하기로 계획을 바꾸었다. 공격 일시를 1월 4일로 정하고, 전원을 3개 대(隊)로 구분하여 제1대장을 그가 맡고, 제2대장은 강병관, 제3대장은 강석훈이 맡게 되었다. 그리고 제1, 제2대는 신건원 입구 양측 고지를 점령하여 수비대의 출동을 제압하고 제3대는 신건원주

재소를 공격하기로 하였다.

새벽 1시 심야에 예정된 부서에 배치된 대원들은 수비대와 경찰주재소를 습격하였다. 주재소에는 일인 순사 5명이 있었고, 한인 순사 3인은 외출 중에 있었으므로 이 기회를 놓치지 않고 교전 40분 만에 일인 순사 송기안태랑(松岐安太郞)을 사살하고 주재소를 파괴하였으며, 수비대에게도 큰 피해를 준 후 전원 두만강을 건너갔다.

그들은 이후 훈춘을 근거지로 정하고 한민회(韓民會) 등 독립운동단체와 연락하여 일경 및 밀정 숙청에 전념하였다. 그러나 같은 해 12월 한인 밀정의 밀고에 의하여 문창학·최시능과 함께 훈춘일본영사관에 체포되었다. 그는 1923년 5월 함흥지방법원 청진지청에서 사형 언도를 받고 공소하였으나 경성복심법원에서 기각 판결을 받았다. 그 해 11월 고등법원에서 사형이 확정되고, 12월 서대문형무소에서 순국하였다.

김학섭의 대종교 교력을 보면, 비교적 이른 시기인 1914년 윤 5월 27일(음력) 대종교 참교의 교질을 받았으나 그 이후의 행적은 전하지 않는다.

[참고 문헌]
『종문영질』(프린트본, 1922), 「鮮地侵入高麗共産黨系統不逞鮮人申光浩 檢擧에 關한 件」(不逞團關係雜件-朝鮮人의 部-在滿洲의 部37, 機密 第28號, 한국사DB, 국사편찬위원회), 『동아일보』1923.6.23., 『한국독립사』(김승학, 독립문화사, 1967), 『무장독립운동비사』(채근식, 민족문화사, 1985), 『독립운동사』제5권(국가보훈처, 1975)

김한구(金翰九, 남, 생몰 미상)
입교 시기_ 1922년 이전 | 교질_ 미상

경상북도 안동군 예안면 오천동(烏川洞) 출신으로 생몰연대는 불분명하다. 향산(響山) 이만도(李晩燾)의 차자(次子)인 이중집(李中執)의 사위로, 이만도에게는 손녀 사위가 되는 인물이다. 그의 장인인 이중집은 형인 기암(起巖) 이중업(李中業)을 따라 학문을 익히며 재지(才志)가 탁월했으나 20세에 요절하였다.

『매일신보』(1934년 12월 24일자)에 실린 김한구에 대한 활동 기사.

김한구는 일찍이 경성으로 올라가 사립중학교를 마치고

고향으로 돌아와 지역 계몽활동을 펼쳤으며, 지역 발전을 위한 사회사업에 적극 앞장섰다. 1932년 11월에는 안동군 예안면 오천동 농촌진흥조합장으로 취임하여 불철주야 노력을 쏟았다. 이러한 노력으로 1934년 6월 25일에는 경상북도 지역 모범인물로 선정되어 표창을 받기도 했다.

김한구의 대종교 교력에 대한 교단 내에 전하는 기록은 없다. 다만 1922년 경상북도 성주 사람 성세영의 일기에 전할 뿐이다. 당시 성세영은 경성의 대종교남도본사를 방문하면서 그곳에 비치된 교인 명부 중 경상도 지역 대종교인을 필사한다. 그 필사 기록 중 김한구가 1920년대 초 경상도 지역 대종교 주요 교인으로 적혀 있다.

[참고 문헌]
『본사행일기』(성세영, 필사본, 1922), 『매일신보』1934.12.24, 『향산집』제7책(이만도/강만문 外 번역, 한국고전번역원, 2018), 『東亭遺稿』(李炳鎬, 한국역대문집DB)

김한규(金翰奎, 남, 생몰 미상)
입교 시기 _ 1918년 | 교질 _ 참교

지금의 평원 지역인 평안남도 영유(永柔) 출신이다. 일찍이 조선 제5대 문종과 그의 비 현덕왕후 권씨의 능인 현릉(顯陵)과 조선 제12대 인종과 왕비 인성왕후 박씨의 능인 효릉(孝陵)의 참봉을 지냈다. 또한 1908년에는 태극학회 영유지회(永柔支會) 회원으로 이름을 올리는가 하면, 1909년에는 대한흥학회 영유지회 회원으로 활동한 인물이다. 김한규의 대종교 교력은 1918년 2월 28일(음력) 참교의 교질을 받은 기록이 전하나, 이후의 행적은 알 수가 없다.

[참고 문헌]
『종문영질』(프린트본, 1922), 「宮內府來文」(『各司謄錄』1900년 12년 12일), 『승정원일기』고종37년(1900년) 12월 12일, 『태극학보』제25호, 『대한흥학보』제5호

김항규(金恒圭, 남, 1881-1948)
아호(별명) _ 소석(紹石)
입교 시기 _ 1918년 | 교질 _ 지교 | 서훈 _ 건국포장(1993)

서울 종로구 계동 출신으로 법률전문학교를 졸업한 인물이다. 해방 이전에는 주로 신간회 활동을 중심으로 항일투쟁을 전개했으며, 해방 이후에는 좌·우합작을 통한 정치적 통합에 많은 관심을 기울였다.

김항규는 1927년 6월 신간회 경성지회가 설립될 당시 조직부 총간사로 참여하였다. 당시 회장은 한용운이었으며 부회장은 허헌(許憲)으로, 신현익(申鉉翼)이 조직부 상임간사로 김항규를 도왔다. 1928년에는 조선교육협회의 정기 총회에서 평의원(評議員)으로도 선출되어 활동했다. 당시

정기총회에서는 야학교재(夜學敎材)의 편찬간행과 정기강연회 실시를 해당년의 사업으로 결의하기도 했다. 한편 일제의 집회금지로 인해 열리지 못했던 신간회 경성지회 제3회 정기대회가 1929년 1월 19일~20일의 양일간 개최되었다. 이 대회에서는 과거 1년간 일제의 온갖 집회금지와 노동쟁의 및 학교 맹휴 탄압 등에 대해 질문과 성토가 있은 후에 회관 신축을 토의하였다. 또한 새롭게 임원을 선출했는데, 김항규는 간사와 함께 본부대회 대표회원으로도 선출되었다.

1930년 2월에는 근우회(權友會) 박차정(朴次貞)의 병보석에 앞장서기도 했다. 김항규는 근우회집행위원으로 활동하다 보안법 위반으로 부산 동래경찰서에 체포된 박차정이 취조 중 신장병(腎臟病)이 발생하자 청원서를 내 석방케 한 것이다. 박차정은 대종교의 핵심인물이었던 김두봉(金斗棒) 조카딸로, 여성의 좌·우합작 민족운동단체인 근우회에 참여하면서 지도층으로 부상한 인물이다. 그녀는 1930년 1월, 서울의 11개 여자학교 학생들이 주도한 광주학생운동 때의 막후활동 관련자로 일경에 체포된 후, 서대문형무소에서 3개월 만에 병보석으로 풀려났다.

김항규의 대사회적 활동은 해방의 공간에서도 지속되었다. 건국준비위원회의 가담이 그 첫 번째 행보였다. 그는 이 준비위원회에 대종교의 중심인물들인 안재홍·홍명희·명제세·이인·이극로·최현배·정인보·최익환·이광·정렬모·이관구·윤병호·서상일 등과 준비위원으로 참여하였다. 또한 이 시기 한국민주당의 발기인으로도 참여하면서 행보의 폭을 넓혀갔다.

김항규는 1946년 1월 통일정권촉성회 위원으로 참여하여, 좌우정당의 즉시합작을 희구하는 성명발표에도 동참하였다. 빛나는 5천년의 국사와 민족흥폐의 중대한 시기에 처하여서도 아직 통합 못하는 현실에 통분한다는 외침을 담았다. 서울에 있는 비정치인(非政治人)으로 결성된 통일정권촉성회에서는 좌우 두 정당의 즉시 합작을 희구하는 동시에, 정쟁의 중지 또는 정당의 자발적 해산을 절규하였다. 이들은 성명서를 발표하고 각 정당·정객·정치단체의 각성을 촉진시켰는데, 좌·우 양대 세력이 혼연일치하여 국내전선이 통일되는 즉시로 해산할 것도 선언하였다.

같은 해 전국민주주의민족전선(약칭 民戰) 활동을 통해서도 김항규는 통일의 외침을 쉬지 않았다. 그를 포함한 민전(民戰) 산하 단체 대표인 10여 명은 그 해 8·15 기념행사를 거족적으로 거행하고자 하였다. 이에 김항규를 비롯한 김광수(金光洙)·권태휘(權泰彙)·김기도(金基道)·현우현(玄又玄) 5명을 기념행사 통일준비위원으로 선출하고, 첫째, 8·15 당일 기념행사는 거족적으로 행하여야 한다, 둘째, 당일 행사의 좌·우통일은 현재 합작공작에 헌신적으로 노력하고 있는 합작 요인 10명에게 일임한다는 결의를 하였다.

김항규의 마지막 행적은 근로인민당(勤勞人民黨)의 활동에서 찾을 수 있다. 그는 1947년 4월 7일 개최된 근로인민당 중앙준비위원회에서 여운형·장건상·조동우·이만규·이림수(李林洙)·강응진(姜膺鎭)姜膺鎭)·이여성·김성숙·오석균(吳錫均)·이상백 등과 정치협의회(政治協議會) 11인에 선

정되었다. 당시 발기인대표는 여운형으로 정치협의회는 준비위원회의 고문 역할을 담당하였다.

김항규의 대종교 교력을 살피면 1918년 5월 10일(음력) 참교의 교질을 받은 것으로 시작된다. 이후 1922년 12월 13일(음력) 대종교남일도본사의 선리부령(宣理府令) 대리에 임명되었고 같은 해 7월 23일(음력) 지교로 승질(陞秩)하였다. 그 시기 성세영이 기록한『본사행일기』에는 경성부 소격동에 거주하는 김항규가 남도본사의 중심인물로 활동하고 있음을 적고 있다. 이에 김항규는 1923년 1월 2일(음력) 대종교남일도본사 제3지사의 총책임자[典司]로 임명되었다.

[참고 문헌]
『종문영질』(프린트본, 1922), 『본사행일기』(성세영 필사본, 1922), 『대종교보』제55호·제56호·제57호, 『대종교중광육십년사』(대종교총본사, 1971), 「보안법 위반 피의자 수배에 관한 건」(思想에 關한 情報綴 第2冊, 京西高秘 제853호, 한국사DB, 국사편찬위원회), 『조선일보』1928.6.18., 1929. 1. 21·22, 1946. 2. 4, 『동아일보』1946. 7. 23, 『매일신보』1945. 9. 1., 『경향신문』1947. 4. 13., 1947. 4. 15.

김해룡(金海龍, 남, 1895-?)
입교 시기 _ 1916년 | 교질 _ 참교

출신지역과 생몰연대가 불확실한 인물이다. 다만 일제의 기록에는 강원도 출신으로 기록되어 있다. 또한 함경북도 경흥 출신으로 1920년 국민회의 무기조달원으로 활동하다가, 일제에 의해 총살된 김해룡(金海龍, 애국장·1991)과는 동명이인이다.

김해룡은 일찍이 연해주로 들어가 그곳을 거점으로 활동하였다. 1920년에는 연해주의 블라디보스토크 신한촌(新韓村)에 거주하며 암살단을 조직하여 활동하기도 했다. 또한 1925년 1월에는 항일투쟁의 기초를 경제적으로 다지기 위해 이동휘를 중심으로 만든 신한노농회(新韓勞農會) 조직에도 가담했다. 당시 이동휘가 회장을 맡고 김해룡이 조직을 담당했으며 김하석(金夏錫, 총무), 최계화(崔桂華, 재무), 유선정(劉善鼎, 농무위원), 한창걸(韓昌杰, 서기) 등이 간부를 맡았다. 이 노농회는 동녕현 수분하(綏芬河) 유역 및 영안현 영고탑 지방, 그리고 목단강 유역의 적지(適地)를 개간할 계획으로 만들어진 단체였다.

한편 1911년 6월 간도 연길현 수신향 사도구(四道溝) 황직(黃直) 지역에서 조상갑(趙相甲)·김성록(金成錄)과 함께 국내로 잠입하여 경비력을 살피고 공격을 시도하려 한 김해룡이나, 장백현 17도구에서 백산국민회본부를 조직하여 활동한 김해룡은, 이름(金海龍)은 동일하나 같은 인물인지는 확인되지 않는다.

김해룡의 대종교 교력은 1916년 9월 25일(음력) 참교의 교질을 받은 것으로 나타난다. 그리고 1922년 윤5월 22일(음력) 대종교동일도본사 관할 선일시교당(善一施敎堂)의 부책임자[贊務]를 맡았다. 동일도본사 관할은 동만주에서 함경도 지역으로, 당시 김해룡이 활동한 지역과 맞물린다.

당시 선일시교당의 책임자[典務]는 대한군정서의 간부 출신으로 후일 자위단을 만들어 항일투쟁을 전개하던 김하익(金河益)이었다.

[참고 문헌]
『종문영질』(프린트본, 1922), 『대종교보』제54호, 「調 在外 不良鮮人의 言動」(不逞團關係雜件-朝鮮人의 部-在西比利亞4, 大正 元年 11月, 한국사DB, 국사편찬위원회), 「鮮人의 행동에 관한 건」(不逞團關係雜件-朝鮮人의 部-在西比利亞10, 政二機密送 제61호, 한국사DB, 국사편찬위원회), 「李東輝 一派 新韓勞農會 組織에 關한 件」(不逞團關係雜件-朝鮮人의 部-在滿洲의 部40, 機密 第133號, 한국사DB, 국사편찬위원회)

김혁(金赫, 남, 1875-1939)
아호(별명) _ 오석(吾石·烏石), 김학소(金學韶·金學召), 김혁(金爀)
입교 시기 _ 1910년대 초반 | 교질 _ 지교 | 서훈 _ 독립장(1962)

김혁

경기도 용인군(龍仁郡) 기흥면(器興面) 농서리(農書里) 출신으로 본명은 김학소(金學韶)다. 일찍이 서간도로 망명했을 당시 대종교에 입교하면서 혁(赫)이라는 외자이름으로 개명하였다.

대한제국 육군 정위(正尉)로 근무하던 중 1907년 8월 군대가 해산되자 비분하여 항일투쟁을 결심하고 고향으로 내려갔다. 한때 만주로 망명하였다가 귀국하였으나, 1919년 3·1만세 시위에 참가한 후 일경의 눈을 피해 만주로 재망명하였고, 1920년에는 무장투쟁의 뜻을 품고 당시 무장 항일 투쟁을 맹렬히 전개하던 무송현(撫松縣)의 흥업단(興業團)에 참가하여 부단장으로 활동하였다. 당시 단장에는 김호(金虎), 총무에는 윤세복(尹世復), 재무에는 이원일(李源一) 등이 참여하였으며, 대종교의 중심인물이라는 공통점이 있다. 흥업단 역시 백두산 북녘 화룡현 청파호(靑坡湖)에 자리 잡은 대종교총본사와 백두산 동북쪽 왕청현에 있던 대한군정서(북로군정서) 등과 긴밀하게 연락을 취하며 활동한 집단이다. 모두 대종교와 관련된 단체라는 점도 특기된다.

한편 1920년 봄부터 대한군정서의 총재 서일(徐一)과 경리담당인 계화(桂和)가 계속 병력 증가에 힘써 백초구(百草溝) 기타 각지에서 약 3백 여명의 장정을 모집하고 있었다. 또한 이성규(李成奎)를 국내로 파견하여 대한제국 시기의 육군 장교를 활동하던 김규식(金奎植)·홍충희(洪忠熹)·김찬수(金燦洙)·박형식(朴亨植) 등을 동반하여 왔다. 이때 김혁도 유우석(柳佑錫)과 함께 무송현 흥업단을 떠나 대한군정서에 참가하여 대일항쟁에 진력하였다. 당시 대한군정서에서는 군사훈련과 관련하여 구한국 육군식의 조련 방법을 택하고 있어서 김혁은 군사훈련과 관련하여 큰 역할을 맡았을 것으로 보인다. 대한군정서는 1920년 2월 초 사관연성소를 왕청현 서대파 상촌에 설립하였다. 대한군정서 사관연성소의 제1회 졸업식은 1920년 9월 9일 군정서 본영에서 성대하게 거행되었다. 이때 김혁은 조성환과 함께 축사를 하여 학생들의 민족의식을 고취하였다. 이 대한군정서는 1920년 10월 청산리대첩에 참전하여 승리를 거두는데, 김혁이 여기에 간여하였다는 직접적인 자료는 보이지 않는다. 하지만 그의 위치나 입장으로 보아 고위 지휘부 일원으로 전투를 승리로 이끄는 견인차 역할을 한 것으로 생각된다.

김혁은 1922년 8월 30일 환인현 남구 마권자(馬圈子, 현 向陽))에서 서로군정서·대한독립군·관전동로한교민단·대한광복군영·대한정의군영·대한광복군총영·평북독판부·대한통군부 등 8개 단체 대표 71명이 참가하여 조직된 통의부(統義府)의 군사부감으로 선출되어 군사부장 양규열(梁圭烈)·사령장 김창환(金昌煥) 등과 함께 활동하였다. 또한 1922년 7월, 김혁은 당시 대종교 교주 김교헌(金敎獻)을 비롯한 대종교 항일투사들과 더불어 영안현에 있다가 10월부터는 수분하의 독립군 부대에서 활동하였다. 이후 1923년 1월 5일 만주 동부지역인 중동선 인근에 살고 있는 주민 대표인 황공삼·양규열·현천극 등과 더불어 중동선 조선중학교 설립 취지에 동감하고 발기인이 되었다. 또한 영안현에서 학생 80여명의 동양학원 원장으로 활동하기도 하였다. 이 학원의 부원장에는 현천묵, 학감에 양백헌, 권학부장 최규화, 교원으로 계화·이범석 등, 대종교 인물들이 참여하였다.

한편 자유시참변 이후 각지에 흩어졌던 독립군들이 수습되어 소규모 항일단체를 재편성하게 되었다. 이때 김혁을 비롯한 이전의 대한군정서(북로군정서)의 간부들이 다시 모여 1924년 3월 북만주 동빈현(同賓縣)을 근거로 대한군정서를 재조직하였다. 총재 현천묵, 군사부장 조성환, 서무부장 나중소, 재무부장 계화, 참모진에는 조성환·나중소·계화·김규식·이장녕·김필(金弼)·권영준(權寧濬) 등으로 구성되었다. 김혁 역시 참모진으로 동참하였다. 김혁을 비롯한 이들은 같은 해 4월 하순에 영안현에 있는 대종교당에서 연합총회를 열고 항일 독립전쟁을 준비하였다. 재건된 대한군정서에서는 자금을 모집하여 무기를 구입하고 일제의 밀정을 사살하는 한편, 국내로 진격하여 일제를 축출하고자 하였다. 이를 위해 흑룡강성 오운현에 사관학교를 설치하여 독립군을 양성하기 위한 계획도 세웠다.

1925년 1월 목릉현에서 북만지역을 중심으로 한 군사통일을 실현하기 위해 부여족통일회의(扶餘族統一會議)가 개최되었다. 이 회의에는 김혁을 비롯하여 조성환·정신 등의 재건 대한군정서 대표와 김좌진·남성극·최호·박두희·유현 등 대한독립군단 대표, 그리고 북만주의 지역 대표들이 함께 모였다. 그 협의 결과로 그해 3월 15일 조직된 대종교계 항일단체가 신민부(新民府)다. 이로써 남만주의 참의부와 서간도의 정의부, 북만주의 신민부가 성립됨으로서 마침내 3부가 정립되었다.

김혁은 신민부의 핵심기관인 중앙집행위원회의 최고 책임자인 위원장으로 선출되었고, 민사부위원장 최호, 군사부위원장 김좌진, 참모부위원장 나중소, 외교부위원장 조성환, 법무부위원장 박성태, 경리부위원장 유정근, 교육부위원장 허빈, 선전부위원장 허성묵, 연락부위원장 정신, 실업부위원장 이일세, 심판원장 김돈, 총사령관은 김좌진이 겸임하였다. 신민부에서는 목릉현 소추풍에 성동사관학교를 설립하고 교장 김혁, 부교장 김좌진, 교관에 박두희·오상세·백종열 등을 임명하여 군 간부 양성에 힘썼다.

신민부는 1928년 1월 25일 음력 정초를 기하여 위하현 중동선 석두하자 역 고려촌에서 신민부 총회를 열었다. 이 정보를 입수한 일제는 일본총영사관의 순사부장과 순사 10명, 중국 순경 32명의 협조를 얻어 총회가 열리는 조선인 촌락을 급습하고 포위 수색하여 신민부 주요 간부 10명을 검거하고 무기와 서류 일체를 압수하였다. 때마침 마을로 순행을 나갔던 김좌진만은 화를 피했다. 체포된 인물은 김혁을 비롯하여 유정근·황처준·이춘섭·이원학·윤영순·김봉훈·박동춘·박춘재·김윤희이다.

체포된 김혁 등은 하얼빈에서 신의주경찰서로 이송되었고, 1929년 6월 신의주지방법원에서 제령 제7호 치안유지법 위반으로 김혁은 징역 19년형, 유정근 15년, 김봉훈 6년, 박광원·남중희 각 4년, 서광수·김윤희·이춘하 각 2년의 형을 받았다. 김혁은 7년여의 수형생활 끝에 1936년 8월 서대문형무소에서 가출옥하였다. 이후 향리에 은거하던 김혁은 고문 후유증으로 1939년 4월 23일 용인 농서리 자택에서 순국하였다.

[교력]

김혁의 대종교 입교는 그가 처음 서간도로 건너간 시기인 1910년대 초반에 이루어졌으나, 관련 기록은 전하지 않는다. 그러나 김혁은 1914년 4월 29일(음력) 참교(參敎)의 교질(敎秩)을 받은 인물이다. 대종교에서의 참교란, 그 기간은 일정하지 않지만, 입교하여 일정 시간이 지난 다음 영계(靈戒)를 받고 다시 일정 기간을 두고 신심을 확인한 후에 내려지는 교질이다. 김혁의 대종교 입교가 1910년대 초반에 이루어졌음을 확인시키고 있다.

이어 김혁은 국내로 들어오기 이전인 1917년 11월 20일(음력) 대종교 중광단(重光團)의 중심인물이자 후일 대한군정서의 중추가 되는 양현(梁玄)·임도준(任度準)·한승묵(韓承黙) 등과 지교(知敎)의 교질로 승질(陞秩)되었다. 그가 그 시기 대종교의 중심부에서 활동했음을 알게 해 준다. 그러므로 대종교 항일투사 박명진(朴明鎭)은 그의 『대종교독립운동사』(필사본)에서 1910년대 대종교 서일도본사(西一道本司) 소속의 주요 교인으로 김혁의 이름을 올렸다.

당시 서일도본사는 남만주 일대로부터 국내 평안도 지역을 관할하였으며, 대종교지도자 윤세복(尹世復)이 책임을 맡고 있었다. 그 소속된 주요 인물들을 보면 김혁을 비롯하여 조맹선(趙孟善)·박장호(朴長浩)·이진룡(李鎭龍)·조병준(趙秉準)·김호(金虎)·이시영(李始榮)·이회영(李會榮)·윤기섭(尹綺燮)·이세영(李世永)·김승학(金承學)·윤세용(尹世茸)·

황학수(黃學秀)·공진원(公震遠) 등, 당대 그 지역의 대표적 항일투사들이었다.

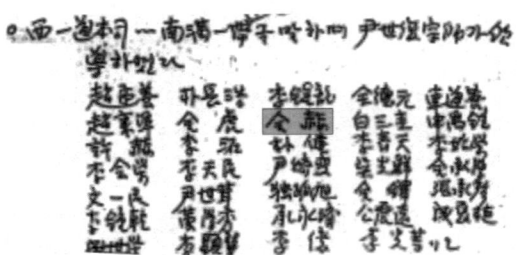
박명진의 『대종교독립운동사』에 기록된 1910년대 후반 대종교 서일도본사 소속의 주요 항일투사들의 명단. 가운데(네모 안) 金赫이라는 이름이 보인다.

해방 이후 『대종교인과 독립운동연원』(1962)이란 기록을 남긴 항일투사 이현익(李顯翼)도, 김혁을 대한군정서의 최고참모이자 흥업단(興業團) 고문으로 기억하고 있다. 특히 김혁을 대종교 항일투사 박장빈(朴章彬)·이옥규(李沃珪)·최시언(崔時彦)·한승제(韓承濟) 등 수십 명과 더불어, 흥업단 본부에서 대한군정서로 파견한 참모와 군인으로 적고 있음이 주목된다.

[참고 문헌]

『종문영질』(프린트본, 1922), 『대종교인과 독립운동연원』(이현익, 프린트본, 1962), 『대종교독립운동사』(박명진, 필사본, 1964), 「大韓軍政署의 日誌에 관한 건」(不逞團關係雜件-朝鮮人의 部-在滿洲의 部26, 高警 第1007號; 秘受 1502號, 한국사DB, 국사편찬위원회), 「東支東線에서 鮮人中學校 設立計劃에 관한 건」(不逞團關係雜件-朝鮮人의 部-在滿洲의 部35, 機密 第165號; 機密第173號, 한국사DB, 국사편찬위원회), 「獨立不逞鮮人團體 新民府의 創立 및 組織에 關한 件」(不逞團關係雜件-朝鮮人의 部-在滿洲의 部41, 機密公 第24號; 機密受第27號, 한국사DB, 국사편찬위원회), 『한국독립사』(김승학, 독립문화사, 1967), 『독립운동사』5(독립운동사편찬위원회, 1975), 『한국독립운동과 용인』(용인문화원, 2019)

김현(金玄, 남, 생몰 미상)

입교 시기_ 1913년 | 교질_ 상교

출신지역과 생몰연대가 불분명한 인물이다. 일찍이 북간도를 중심으로 대종교 활동과 함께 항일투쟁의 일선에서 중요한 역할을 했지만, 그에 비해 남아 있는 기록은 극히 적다.

김현의 흔적은 간민회(墾民會) 참여로부터 찾을 수 있다. 간민회는 중국 지방정부와의 협의 하에 세금 징수 등의 행정 업무를 대신하는 등, 명실상부한 한인자치기관의 역할을 담당하고자 했다. 특히 문맹 퇴치와 사숙(私塾) 개량, 식산흥업(殖産興業) 등 신문화 운동을 벌였고, 일제의 통제를 벗어나 궁극적 자치(自治)를 실현하는 것을 목적으로 하였다. 김현은 1913년 1월 13일 간민회 발기인으로 참여하여 이 목적 구현에 앞장 선 것이다. 당시 이동춘(李同春)·정안립(鄭安立)·김영학(金永學)·이용(李鏞) 등의 대종교 동지들이 발기인으로 참여하였다. 특히 이동춘은 공화민국(共和民國)을 주창하며 이 조직구성을 위해 선두에 섰다. 같은 해 김현은 대종교 외연 확장을 위해서도 노력하였다. 당시 노령과 북간도 지역의 대종교 거두 은계(隱溪) 백순(白純)과 밀산현 한흥동(韓興洞) 사업의 재건을 도모한 것이다. 본디 한흥동 건설은 국외독립운동기지로 착수된 사업의 일환으로 북만주 밀산현 봉밀산(蜂密山) 일대를 거점으로 진행된 사업이었다. 일찍이 블라디보스토크로 망명한 이상설·김학만(金學萬)·정순만(鄭淳萬)·이승희(李承熙) 등에 의해 추진된 것으로, 개척을 시작하는 일은 이승희가 앞섰다. 이승희는 봉밀산 밑에 45방(方)의 토지를 사들이고, 100여 호를 이주시키면서 그곳의 이름을 한흥동(韓興洞)으로 명명하였다. 말 그대로 한국을 부흥시키는 마을이란 뜻이다. 또한 한민학교(韓民學校)를 세워 교육에 힘쓰면서 4년 동안 민족 부흥을 위한 노력을 쏟아 부었다. 그러나 여러 상황 변화로 어려움을 겪게 된다. 이 때 한흥동 사업의 출자 문제를 제시하며 재건의 의지를 다진 인물이 대종교인 김현과 백순이다. 이승희는 보재 이상설과의 숙의 끝에 경영권을 넘겨주고 봉천성 안동현(安東縣)으로 이주하였다.

1919년 7월에는 대종교계 대한군정서의 사관양성기금 모집에도 관여하였다. 당시 국내로 잠입하여 모금 활동을 전개한 강철구(姜鐵求)의 만주지역 거점이 바로 김현의 집이었다. 국내 활동 이후 만주로 건너간 강철구는 간도 용정리(龍井里) 김현의 집에 주소를 두고 국내로부터의 송금을 접수한 것이다.

김현의 대종교 교력은 1913년 어천절(御天節, 음력 3월 15일)에 참교의 교질을 받은 것으로 시작된다. 이어 1916년 4월 15일(음력)에는 지교로 올랐으며, 1917년 5월 27일(음력)에는 상교로까지 승질(陞秩)되었다. 특히 나철의 도통을 이어 대종교 제2세 교주가 된 김교헌이 1917년 만주 화룡현 대종교총본사로 옮겨갈 당시, 강우(姜虞)와 함께 하룻밤 유숙한 곳도 김현의 집이었다. 또한 1919년 강철구의 대한군정서 모금의 거점 역시 그의 집이었다. 그 시기 대종교에서의 김현의 위상을 알게 해 주는 부분이다.

[참고 문헌]

『종문영질』(프린트본, 1922), 『한계유고』9(국사편찬위원회, 1981), 「鮮人集會에 관한 報告의 건」(不逞團關係雜件-朝鮮人의 部-在滿洲의 部2, 公信 제40호, 한국사DB, 국사편찬위원회), 『한민족독립운동사자료집』38(국사편찬위원회, 1999)

김현묵(金玄黙, 남, 1893-?)

입교 시기_ 1918년 | 교질_ 참교 | 서훈_ 애국장(2009)

함경북도 무산군 동면 강선동 출신이다. 1919년 만주 북간도에 근거지를 둔 독립군단인 대한군정서(북로군정서)에 가입하여 활동하였다. 대한군정서는 서간도의 서로군정서와 함께 초기 독립군의 무장활동을 주도한 독립군단이었다. 대한군정서는 1911년 북간도로 망명한 대종교 계통의 인사들이 힘을 합해 조직한 중광단(重光團)이 발전해 만들어졌다. 1919년 3.1만세운동이 일어나자 중광단은 항일 무장투쟁을 전개할 목적으로 북간도로 이주한 한인 청장년을 모집하여 군세를 확장한 뒤 정의단(正義團)으로 단명을 바꾸었고, 같은 해 8월에는 군정회(軍政會)로 명칭을 바꾸었다가, 10월에는 군정부(軍政府)로 명칭을 변경해 독자적인 군사정부임을 천명하였다. 이어 1919년 12월 대한민국임시정부의 요청에 따라 대한군정서가 되었고, 서간도의 서로군정서에 대응하여 흔히 북로군정서로 불렸던 것이다.

이러한 대한군정서의 지방과 경신분국의 조직원이 된 김현묵은 1920년 3월 동지 4명과 함께 일제의 밀정 안대화(安大和)를 격살하였다. 또한 1920년 11월에는 대한군정서의 모연대장으로 국내 진입작전을 수차례 진행하여 다수의 군자금을 모집하였다. 이러한 무장활동을 벌이던 김현묵은 1922년 일제에 체포되어 경성복심법원에서 이른바 '제령7호 위반'으로 징역 15년을 선고 받고, 12년 6개월여의 옥고를 치르다가 1934년 12월 가출옥되었다.

김현묵의 대종교 교력은 1918년 2월 29일(음력) 참교의 교질을 받은 기록이 있으나 그 이후의 행적은 남아있지 않다.

[참고 문헌]

『종문영질』(프린트본, 1922), 「間情 제70호 送付」(不逞團關係雜件-朝鮮人의 部-在滿洲의 部24, 機密 제317호, 한국사DB, 국사편찬위원회), 『동아일보』1922. 7. 27.. 「가출옥의 건」(조선총독부, 1934.12.7)

김현종(金現鍾, 남, 생몰 미상)

입교 시기 _ 1926년 이전 | 교질 _ 미상

출신지역과 생몰연대를 알 수 없는 인물로, 1926년 만주 당국에 압수당한 대종교의 문건에만 등장하고 있다.

대종교만주포교금지령을 발포된 후, 만주 당국은 대종교 시교당의 폐쇄와 함께 여러 문적과 문적을 압수하였다. 그 압수된 문건 가운데 실린 「대종교시교당일람표(大倧教施教堂一覽表)」에 보면, 김현종이 대종교 수일시교당(綏一施教堂)의 찬무(贊務, 부책임자)로 활동한 기록이 있다. 수일시교당은 동녕현(東寧縣) 소수분(小綏芬) 팔리평(八裡坪) 지역에 소재했던 시교당으로, 이장춘(李長春)이 전무(典務, 책임자)를 맡아 시무하였으며, 김응준(金應駿)이 찬무로 임명되어 김현종과 함께 이장춘을 도왔다. 당시 김현종 등은 그 지역 소수분하역에 위치한 해동상점(海東商店)을 연락 거점으로 하여 103명의 교인을 거느리고 활동하였다. 특히 전무를 맡았던 이장춘은 대한국민회 남양동지회(南陽洞支會)의 서기(書記)로 활약하였으며, 또한 봉오동·청산리전쟁 이후 밀산으로 이동하여 조직한 대한총군부(대한독립군단)에서도 재무국장 계화(桂和)의 밑에서 모연과장(募捐課長)을 맡아 일조한 인물이다.

김현종의 대종교 입교 시기나 영계(靈戒) 사항에 대한 기록은 전하지 않는다. 그러나 1926년 이미 수일시교당의 찬무로 시무했음을 보면, 그의 입교 시기가 그 이전으로 올라감이 확인되나 이외의 행적은 알 수가 없다.

[참고문헌]

「大倧敎施教堂一覽表(1926年)」(延边朝鲜族自治州档案馆 全宗号42 目录号1 案卷号343, 和龙县历史档案 和龙县警察而, 令各区查禁韩人设立大倧教堂由, 民国十五年五月十二日)

김형식(金衡植, 남, 1877-1950)

아호(별명) _ 월송(月松)
입교 시기 _ 1910년대 초반으로 추정 | 교질 _ 미상

경상북도 안동군 임하면 천전동(川前洞) 출신이다. 백하(白下) 김대락(金大洛) 아들로, 일송(一松) 김동삼(金東三)이 집안 형이며 석주(石洲) 이상룡(李相龍)이 그의 고모부다.

1907년 유인식(柳寅植)·김동삼·김병후(金秉厚)·하중환(河中煥) 등과 고향에 협동학교(協同學校)를 설립하고 교사로 참여하여 지역 청소년들의 근대 교육에 앞장섰다. 1908년에는 이상룡이 앞장서 대한협회 안동지회를 만들자, 종형(從兄) 김만식(金萬植)과 함께 동참하여 구국계몽운동에도 뛰어들었다.

1910년 대한제국이 멸망하자, 부친인 김대락과 이상룡·김동삼 등 집안의 청장년들이 신민회(新民會)와 더불어 해외 독립운동기지 건설을 위해 서간도 망명에 올랐다. 삼원포(三源浦) 이도구(二道溝)에 정착한 그는 부친을 도와 독립운동기지 건설에 적극 앞장섰다. 경학사와 신흥학교를 건립하는 한편 연해주를 답사하여 새로운 정착지를 모색하기도 했다. 1916년 부민단(扶民團)이 조직되자 서무부장을 맡는가 하면, 광업사(廣業社)를 조직하여 이주 동포들의 생활 거점 확보에도 심혈을 기울였다.

1919년 부민단의 후신인 한족회(韓族會)가 발족하자 학무부장(學務部長)을 맡아 지역 교민들의 민족교육에도 적극 앞장섰다. 1920년 4월에는 서로군정서의 법무사장(法務司長)을 맡는가 하면, 그 해 12월에는 대한민국임시정부 간서총판부(間西總辦府)의 부총판으로 위촉되어 경신참변 이후의 사태수습에도 노력하였다. 1923년 1월에는 상해에서 열린 국민대표회의에 한족회 대표로 참가하였다. 국민대표회의는 새로운 독립운동의 방향 모색을 위해 국내, 상하이, 만주 일대, 북경, 간도 일대, 노령, 미주 등 120여 개의 단체 인물들이 모여들었다. 그러나 창조파·개조파·중도파·임정계 등으로 분열되어 그 접점을 찾지 못했다. 이에 김형식은 김동삼·배천택·이진산 등과 함께 다시 서간도로 철수하였다.

서간도로 돌아온 김형식은 요양을 위해 양자인 김정로(金正魯)가 있는 북만주 영안(寧安)으로 옮겨갔다. 1924년 전만통일회 중앙위원 피선되었으나 신병으로 취임하지 못했으며, 1925년에도 정의부(正義府) 민사위원장(내무부장)으로도 선임되었으나 취임하지 않았다. 1925년 말 하얼빈

아성(阿城) 취원창(聚源昶) 지역으로 옮겨가 대종교 활동 및 학교 운영에도 참여하며, 민족정신과 민족의식 고양에 적극 노력하였다. 1927년에는 민족유일당 운동에 참여하는가 하면, 1930년대 들어 김일성의 부친인 김형직을 만나 중국 동북지방에서 지하운동을 통해 항일유격대 원호사업을 펼치기도 했다. 이 시기 김형식은 사회주의 항일투쟁으로 적극 돌아 서게 된다.

김형식은 1944년 연안 독립동맹에서 파견된 이상조(李相朝)로부터 북만지부 책임자로 위촉되면서, 조선의용군 북만주지부를 총괄하는 입장에 서게 되었다. 해방을 맞은 김형식은 귀국길에 같은 대종교의 동지인 김두봉의 초청을 받아 북한에 머물게 되고, 애국투사후원회(반일투사후원회) 부위원장을 맡았다. 그리고 1948년 남북 제정당사회단체대표자연석회의 임시의장을 맡아 개회사를 하였으나, 1950년 10월 한국전쟁 당시 금강산 구룡폭포에 투신자살한 것으로 알려져 있다. 북한은 김형식에게 처음으로 조국통일상을 수여했으며, 애국열사릉에 안장하였다. 김형식은 금강산에 자살할 당시 다음과 같은 절명시(絶命詩)를 남겼다 한다.

此山應有仙　이 산에 응당 신선이 있을 터인데
肉眼不分看　눈으로는 분간이 어렵구나
白髮聳雲間　백발 노인 구름 사이로 치솟으니
人謂我神仙　사람들은 나를 신선이라 하겠도다

말년의 김형식 모습(왼쪽)과 애국열사릉에 있는 김형식(김월송)의 묘비(오른쪽).[사진출처-조선의 오늘]

김형식의 대종교 교력은 남아 전하는 것이 없다. 특히 대종교단 내의 사회주의(공산주의) 인물들에 대한 피기(避記) 현상으로 인해, 교단 내에도 그의 흔적을 남기지 않았다. 그러나 일제의 기록에 대종교의 지도급 거물로 지목된 인물이 김형식이다. 1925년 말 하얼빈 아성 취원창 지역으로 옮겨간 김형식은, 대종교를 대표하여 1925년 개천절(음력 10월 3일)을 기해 이 지역 각 학교에서 경하식을 거행하고, 천도교를 대표하는 신숙(申肅)과 연합하여 청년운동 및 사상활동을 통해 세력 확장을 도모하고 있다는 기록이 전한다.

이 시기 하얼빈은 대종교에 있어 중요한 거점이었다. 대종교는 하얼빈 지역을 독립운동의 거점으로 인식하고 제2의 상해로까지 만들고자 하였다. 1923년 4월 하얼빈을 거점으로 대종교의 위장조직인 만몽산업회(滿蒙産業會)를 구성한 것이 그것이다. 당시 참여한 인물들은 대종교 교주인 김교헌을 비롯하여 김좌진·조성환(曹成煥)·현천묵(玄天默)·우덕순(禹德淳) 등 대종교인 30여명이었다. 대종교는 청산리독립전쟁 이후 주요 인물들이 각지로 흩어졌다.

1925년 11월경, 하얼빈 아성 지역에서 대종교를 대표하는 김형식과 천도교 대표하는 신숙이 힘을 합해 새로운 계획을 도모하려 한다는 일제의 기록.

이에 산재하는 군정서 간부 등이 비밀리에 모여 이후 방침에 대해 간부회를 열어 밀의한 결과 하얼빈으로 근거를 옮기고 대대적 활동을 모색한 것이다. 김형식의 하얼빈으로의 이주 역시 이러한 배경과 무관치 않을 듯하나, 연관 기록은 남아 있지 않다. 이것은 대종교단이 1934년 3월 하얼빈에 설립한 대종교선도회의 정신으로 그대로 이어져 갔다. 서간도 시절부터 김형식과 절친했던 백주(白舟) 김영숙(金永肅)을 비롯하여 김응두(金應斗)·박관해(朴觀海)·김서종(金書鐘) 등이 하얼빈을 거점으로 대종교 포교와 함께 항일투쟁을 전개하였다.

김형식의 대종교 입교 시기 역시 확인할 자료가 없다. 그러나 1925년 당시 하얼빈 아성 지역에서 대종교를 대표하는 인물로 기록된 것으로 보아, 그의 대종교 입교가 상당히 이른 시기에 이루어졌을 가능성이 크다. 가령 남아 있는 기록 가운데 안동에서 협동학교를 함께 했던 유인식은 1913년경 대종교에 입교하였다. 김형식 역시 서간도로 망명한 전후 시기인 1910년대 초반에 대종교에 입교한 것으로 추정된다.

[참고 문헌]
『대종교중광육십년사』(대종교총본사, 1971), 「大倧敎 設立計劃」(不逞團關係雜件-朝鮮人의 部-在滿洲의 部36, 機密受제262호-關機高收제5452호-1, 한국사DB, 국사편찬위원회), 「朝鮮總督府派遣員 報告書 提出의 件」(不逞團關係雜件-朝鮮人의 部-在滿洲의 部41, 機密 第536號, 한국사DB, 국사편찬위원회), 『(국역)백하일기』(안동독립운동기념관 편, 경인문화사, 2011), 『고등경찰요사』(경상북도경찰부, 1934), 『한민족독립운동사』4(국사편찬위원회, 1988), 『한국독립운동사자료』40(국사편찬위원회, 2010), 『한국독립운동사자료』42(국사편찬위원회, 2006), 『안동독립운동인물사전』(김희곤, 선인, 2011), 「북한 첫 조국통일상 수상자는 김월송」『통일뉴스』, http://www.tongilnews.com)

김형필(金衡弼, 남, 1872-?)
입교 시기 _ 1918년 | 교질 _ 참교 | 서훈 _ 애국장(2009)

함경남도 북청 출신으로 백두산 기슭을 중심으로 항일투쟁을 전개한 인물이다. 김형필은 1923년 5월에는 장백현 13도구 하구리(河口里)를 거점으로 한도형(韓道衡) 등 동지 50여명과 조선독립동지단(朝鮮獨立同志團)을 조직하였다. 이 단체의 목적은 독립단의 활동을 원조하는 것으로 지역 항일투쟁의 기반을 굳건히 하기 위함이었다. 또한 같은 해 12월에는 장백현 광정단(匡正團)의 지역장으로도 이름을 올렸다. 본디 광정단은 1922년 4월 결성된 항일단체로, 장백현(長白縣)을 중심으로 활약하던 대한독립군비단·흥업단·대진단(大震團)·태극단·광복단의 5개 단체가 연합하여 조직된 것이었다.

그 뒤 1923년 6월 조직 개편을 단행하여 윤덕보 단장을 중심으로 새롭게 개편되었다. 그러나 윤덕보가 무송현에 참모부를 설치하고 그곳을 중심으로 거점을 잡자, 같은 해 12월 진영을 새롭게 개편하였다. 당시 주요 간부들을 보면 총무부장 이태걸(李泰杰), 재무부장 이병률(李秉律), 군사부장 최성팔(崔星八), 경호부장 박두원(朴斗元) 등이었다. 김형필은 장백현 광정단 제2서 서장(署長)으로 신덕선(辛德善·총무), 김규원(金奎元·재무), 조성욱(趙成郁·외교원)을 거느리고 18도구로부터 14도구까지 관할 지역을 책임졌다. 김형필의 대종교 교력은 1918년 중광절(음력 8월 15일)에 참교의 교질을 받지만, 그 외의 대종교 행적에 대해서는 전하지 않는다.

[참고 문헌]
『종문영질』(프린트본, 1922), 『동아일보』1923. 5. 19, 「光正團 役員 改善」(不逞團關係雜件-朝鮮人의 部-在滿洲의 部37, 機密 第611號, 한국사DB, 국사편찬위원회)

김호익(金虎翼, 남, 1881-?)
아호(별명) _ 소림(蘆林), 소림(嘯林), 김호(金虎), 김호익(金浩翼)
입교 시기 _ 1922년 이전 | 교질 _ 미상 | 서훈 _ 독립장(2010)

함경남도 함흥 출신이다. 일찍부터 함남 의병대를 이끌던 홍범도와 함께 간도와 국내를 넘나들며 유격전을 펼쳤다. 특히 김호익은 홍범도의 참모장으로 부하들을 통솔하고 사냥을 핑계로 백두산 지역을 종횡으로 누비면서 게릴라전을 전개했다. 또한 서신 연락이나 직접 내왕을 통해 만주 및 국내 동지 규합에 앞장서는가 하면, 국경시설이나 일제의 기관 등을 파괴하여 독립군들의 사기를 북돋은 인물이다.

김호익은 1916년 무송(撫松)에서 윤세복(尹世復)·김동삼·이억(李億) 등 대종교의 중심인물들과 협력하여 백산(白山)·흥동(興東) 두 학교를 설립(設立)하였다. 또한 1919년 무송현에 근거를 둔 흥업단(興業團)이 출범하자 그 단장으로 활동하였다. 흥업단은 각 현(縣)에 지단을 설치하고 도만(渡滿)하는 조선청년들을 모집하여 백산학교(白山學校)에 보내는 한편, 국내에서 군자금을 모집하는 등 항일독립운동을 전개하였다. 본디 흥업단은 금난계(金蘭契)·친목회(親睦會) 등의 비밀결사를 중심으로 조직된 단체로, 그 단원은 약 200명 정도였다. 1921년에는 군비단(軍備團)과 통합(統合)하여 광정단(光正團)으로 확대 개편되었으며, 김호익은 그 총단장(總團長)에 취임하고 부단장은 윤포(尹甫), 총무는 오주환(吳周煥), 북부외교장(北部外交長)은 이현익(李顯翼)이 맡았다. 특히 광정단은 안도현에서 독립군이 후퇴할 당시, 중국군의 방해를 완전 저지시키는데 큰 역할을 하였다.

김호익이 활동한 무송 지역은 당시 대종교의 주요 거점이었다. 밀림 지역인 무송이 독립군 근거지로서 크게 드러나지 않았기 때문이다. 심지어 김호림이 이끈 흥업단의 지방 사무원들조차도 그 근거지를 확실히 모른 채 활동했다 한다. 또한 상해의 송죽양행(松竹洋行)이 임시정부 통신처였다면, 무송의 송림병원(松林病院)은 흥업단의 통신소로 암암리에 긴밀한 연락을 취해 왔다. 국내외의 비밀스런 연결과 협조, 노령 지역의 무기구입 등의 임무를 수행하면서도 세상에 노출되지 않았다. 그 중심에 김호림과 함께 그 지역 대종교지도자 윤세복이 버티고 있었다. 당시 무송현을 중심으로 한 흥업단과 광정단의 활동에 대해 두 단체의 간부를 지낸 이현익은 다음과 같이 회고 했다.

배달민족의 발상지인 천산(天山) 남북지구 교도(敎徒) 중, 북에는 서백포(徐白圃, 백포 서일·인용자 주) 종사(宗

師)의 지도로 북로군정서가 조직되고 남에는 김소림(金嘯林, 김호익-인용자 주) 선생 및 윤단애(尹檀崖, 단애 윤세복-인용자 주) 종사의 지휘로 흥업단을 결성하여 내수외공(內守外攻)의 자매기관으로 되고, 북로군정서 사관(士官) 설립에 밀접한 역할은 김소림 선생이 노령의 홍범도 장군과 같이 하신 것이다. 당시 대종교로서는 자주적 정신의 철저성 없이는 교인이 될 수 없고, 교인이 아니면 이 단체에 가입할 수 없었다. 그러므로 질서정연하며 시종일관하게 살신성인한 천하막강의 북로군정서와 함평(咸平) 국경선에 신출귀몰하는 독립군의 위용(威勇)을 날린 흥업단 또는 광정단이 생겼다.

흥업단과 광정단의 대종교적 의미를 알게 해 주는 부분으로, 윤세복과 김호익의 역할이 남달랐음을 알게 해 준다. 이후 김호익은 1921년 4월 노령 스보보드니(自由市)에서 조직된 대한독립단(大韓獨立團)의 고문으로 추대되었다. 그리고 그 해 10월 장백에 본부를 둔 대한국민단의 회장으로도 선임되었으며, 11월에는 흥업단 단장의 자격으로 조선독립단 연합총회를 개최하기도 했다.
한편 김호익은 1923년 4월 무렵, 무송현에 중앙총본부를 두고 있는 광정단의 세력을 더욱 넓혀 다음과 같은 조직 구도로 확장하였다.

위치	조직부서	책임자
무송현	참모부	이덕신(李德信)
장백현	암살단	원문화(元文化)
안도현	동부(東部)	이범윤(李範允)
임강현	서부(西部)	임석우(林錫祐)
장백현	남부(南部)	김용대(金容大)

이밖에도 각 도구(道溝)에는 지서(支署)를 두고 운용했으며, 당시 총단원수는 2,600여명에 달했다.
1924년 중국 길림성(吉林省)에서 전만통일발기회(全滿統一發起會)에 광정단 대표로 참석해 남북만주 지역에 산재한 단체의 통합에 노력하였으며, 정의부(正義府)의 재정분과위원(財政分科委員)으로 1926년까지 활동하였다. 1927년에는 정의부 산하에서 만주지역 농민의 생활 안정을 도모하는 농민호조사(農民互助社)를 결성(結成)하고 발기인으로 참여하였다. 이후 대종교의 주요 거점이었던 하얼빈으로 옮겨가 포교 활동과 항일투쟁을 벌이던 중 병을 얻어 사망하였다.
김호익의 대종교 교력을 보면 1922년 6월 8일(음력) 대종교 서이도본사의 추천으로 영계를 받은 기록이 있다. 그러나 그가 1918년 4월에 발족한 동삼성한족생계회(東三省韓族生計會)의 발기인으로 참여할 당시, 김호(金虎)라는 외자 이름으로 연명한 것이 주목된다. 당시 동삼성한족생계회에는 많은 대종교의 인물들이 참여했으며, 더욱이 대종교 지도급에 있는 많은 인물들이 대종교에 입교하면서 외자 이름으로 개명한 사례가 빈번했기 때문이다. 김호익

역시 그러한 사례로 보면 이른 시기에 대종교에 입교했을 것으로 추정된다. 김호익이 1915년 4월 백두산록 내도산(內都山)에서 수행 중인 대종교지도자 강우[姜虞, 강호석(姜湖石)]와 만만 것이 주목된다. 강우는 당시 김호익을 만나 다음의 7언배율시를 읊어 주었다. 김호익은 이 시기 강우에 의해 대종교에 입교했을 가능성이 농후하다.

蒼天今日送人來	하늘이 오늘에야 사람을 보내신 것이
千載風雲一會開	천 년의 세월이 한 번 만남으로 통하도다
經綸此地能籌策	큰 경륜 이 곳에서 계책을 세울 것이
號令何時數擧盃	호령이야 어느 땐 들 못하리 어서 술잔 들게나
荊山白玉誰藏櫝	보물 같은 인재를 누가 우리 겨레에 감추었나
燕市黃金已築臺	걸출한 인물들 이미 여럿 되건마는
與君相見云何晩	자네와 만나기 어찌 이리도 늦었나
異代從知不借才	아마도 이런 인재 어느 때 다시 만나리
白山山下有人來	백두산 그 아래로 사람들 찾아오니
暗合風期一路開	의사 서로 통하는 곳에 한 길이 열렸네
觸目無非赤子井	눈에 보이는 것 너무도 위태로우니
回頭忍說靑衣盃	머리를 돌려 어찌 차마 나라 수치를 말하리오
若過千層危梯棧	위태로운 천 층 다리를 지나고 나면
便登百尺好樓臺	백 척 되는 좋은 누대(樓臺) 오를 수 있다네
逢輒許心誠曷故	한 번 만나 마음 줌이 참으로 무슨 이유인고
只因其德不因才	재주를 본 게 아니라 덕이 있기 때문이로세
二道江聲動地來	이도하(二道河) 강물 소리 온누리 진동하는데
鐵衣征路向東開	군사들 출정하는 길 고국으로 향하누나
洹水當前宜歃血	원수(洹水)가 앞에 있으니 피를 마셔 맹세할 것이
鴻門在後莫辭盃	홍문(鴻門)이 뒤에 있으니 술잔을 사양마시게
惡草將除病夏畦	악초(惡草)를 제거 하려니 여름 밭에 일이 고되나
好花光折上春臺	좋은 꽃 먼저 꺾어 봄 누대로 올라가세
試看籠絡風雲日	시련으로 농락당하는 날 때로는 만날 것이니
到此如知才不才	인재인지 아닌지는 그 때 알 것이로세

[참고 문헌]
『대종교보』제54호(1922년). 『대종교인과 독립운동연원』(이현익, 프린트본, 1963). 『대종교독립운동사』(박영진, 필사본, 1964). 『대종교중광육십년사』(대종교총본사, 1971). 『동아일보』1922.12.30.·1923.4.12.·1923.5.8. 「五月中에 있어서 間島地方 槪況에 관한 건」(不逞團關係雜件-朝鮮人의 部-在滿洲의 部28, 秘受7207호-機密제245호, 한국사DB, 국사편찬위원회). 『고투사십년』(이극로, 을유문화사, 1947). 「호석선생문집』(독립운동사편찬위원회, 『독립운동사자료집(문화투쟁사자료집)』12, 1977)

김홍린(金泓璘, 남, 생몰 미상)

입교 시기 _ 1926년 이전 | 교질 _ 미상

출신지역과 생몰연대가 알려지지 않았다. 1926년 당시 대종교 진일시교당(眞一施敎堂)의 전무(典務, 책임자)를 맡은 인물로 기록되어 있다. 진일시교당은 대종교 대한군정서(북로군정서)의 거점이었던 왕청현 춘명사(春明社) 대감자(大坎子)에 소재했던 시교당으로, 당시 박일혁(朴日赫)과 변영극(邊榮極)이 김홍린을 도와 찬무(贊務, 부책임자)를 맡았다. 김홍린의 입교 시기나 교질 사항은 따로 전하는 것이 없다. 다만 그 지역적 특성으로 보아 대한군정서 시절부터 대종교와 연관된 인물이었을 것으로 추정할 뿐이다.

[참고 문헌]
『대종교중광육십년사』(대종교총본사, 1971), 「大倧敎施敎堂一覽表(1926年)」(延边朝鲜族自治州档案馆 全宗号42 目录号1 案卷号343, 和龙县历史档案 和龙县警察所, 令各区査禁韓人设立大倧敎堂由, 民國十五年五月十二日)

김효선(金孝璇, 남, 생몰 미상)

입교 시기 _ 1926년 이전 | 교질 _ 미상

출신지역과 생몰연대를 알 수 없는 인물이다. 그의 대종교 입교 시기나 교질 사항도 남아있는 것이 없다. 일제의 문서에서도 일체 발견되지 않는다. 다만 1920년대 압수당한 대종교의 문건에 그 이름이 올라 있을 뿐이다. 그 문서에는 김효선이 1926년 대종교 기광시교당(旗光施敎堂)의 부책임자[贊務]를 맡은 것으로 적혀 있다. 기광시교당은 길림성 화전현(樺甸縣) 목기하(木旗河)에 소재했던 시교당으로, 당시 책임자[典務]는 조범석(趙範錫)이었으며 최이순(崔而舜)과 최승기(崔承祺)가 김효선과 함께 찬무(贊務)를 맡았다.

[참고 문헌]
「大倧敎施敎堂一覽表(1926年)」(延边朝鲜族自治州档案馆 全宗号42 目录号1 案卷号343, 和龙县历史档案 和龙县警察所, 令各区査禁韓人设立大倧敎堂由, 民國十五年五月十二日)

김훈(金勳, 남, 1898-1936)

아호(별명) _ 김훈(金勳), 김춘식(金春植), 양림(楊林), 양주평(楊洲平), 필사제(畢士第), 양녕(楊寧), 양령(楊令), 주(周)동무

입교 시기 _ 1917년 | 교질 _ 참교 | 서훈 _ 독립장(1995)

평안북도 출신으로 알려져 있으나, 일제의 문서에는 함경북도 태생으로도 적혀 있다. 본명은 김훈(金勳)으로, 중국군으로 활동하며 양림(楊林)·양주평(楊洲平)·필사제(畢士第)·양녕(楊寧)·양령(楊令)·주(周)동무 등으로 많이 알려진 인물이다. 김훈은 주은래(周恩来)도 아낄 만큼 자질과 용기가 탁월했으며 중국군에서도 인정을 받았다. 해방 직후 압록강 연안지방에서는 진짜 김일성(金日成)은 양녕장군(楊寧將軍)이라는 설이 나돌 정도로 그 명성 역시 드높았다.

김훈

김훈은 평양에서 중학교를 다닐 당시 3·1만세운동을 맞아 이에 적극 동참하였으나, 함께 만세운동에 참여했던 부친이 희생당하는 아픔을 겪었다. 같은 해 하반기 암암리에 만주로 망명하여 길림성 통화현(通化縣) 합니하(哈泥河)에 있는 신흥무관학교(新興武官學校)에 입학, 1920년 5월 졸업하였다. 신흥무관학교는 신민회(新民會)가 만주에 독립군기지를 건설하기로 하고 1911년 세운 신흥강습소를 발전 시켜 1919년 만주 유하현에 세운 독립군 양성기관이다. 국내에서 모여드는 청년들에게 구국이념과 항일정신을 고취시켜 조국광복의 중견 간부로 양성시킬 것을 목적으로 세운 것이다.

그 후 김훈은 북간도로 넘어가 대종교 항일단체인 대한군정서(북로군정서)에 참여하였다. 대한군정서는 1919년 10월 만주의 북간도지역 왕청현(汪淸縣) 서대파(西大坡)에서 독립전쟁을 목적으로 조직된 군정부(軍政府)가 모태가 된 단체로, 서일(徐一)·현천묵(玄天默)·김좌진(金佐鎭)·계화(桂和)·이장녕(李章寧)·이범석(李範奭)·조성환(曹成煥)·박성태(朴性泰)·정신(鄭信)·박영희(朴寧熙)·이홍래(李鴻來)·윤창현(尹昌鉉)·나중소(羅仲昭)·김성(金星) 등 대종교의 핵심인물들이 그 중심을 이루었다.

대한군정서의 조직 당시 주요 간부를 보면 총재 서일, 총사령관 김좌진, 참모장 이장녕, 여단장 최해(崔海), 연대장 정훈(鄭勳), 경리(經理) 계화(桂和), 길림분서 고문 윤복영(尹復榮), 군기감독 양현(梁玄) 등으로 모두 대종교인이었다. 특히 서일은 대한군정서의 본영에 대종교 동도본사를 설치하고, 대종교를 중심으로 한 민족정신을 배양하여 일제를 물리치고 이상국가인 배달국(倍達國)을 지상에 재건하고자 하였다.

대한군정서는 그 중앙조직의 체계를 총재부와 사령부로 나누었다. 총재부는 주로 대한정의단의 중심인물들로 군정서의 대외업무와 행정업무를 담당하였고, 사령부는 주로 신흥무관학교 출신들로 군사부분을 담당하였다. 물론 그 연결의 끈 역시 대종교였다. 정신의 상징인 총재부와 행동의 상징인 사령부의 체제는 서일이 지향하던 군교일치(軍敎一致)·수전병행의 효율적 수행(遂行)을 위한 조직체계였다.

김훈은 사령부에 속하여 활동하면서 사관연성소에 배속되어 독립군 양성에 일조하였다. 이 연성소는 군정서 사령관인 김좌진(金佐鎭)이 교장을 맡았고, 교수부장에는 나중소(羅仲昭), 교관에는 이장녕(李章寧)·김규식(金奎植)·이

범석(李範奭) 등이 있었으며, 당시 김훈은 구대장(區隊長)에 임명되어 복무하였다.

1920년 9월 9일 제1회 사관연성소 졸업식이 거행되었다. 그리고 1920년 9월 12일, 근거지 이동을 위해 교성대[敎成隊], 연성대(硏成隊)·여행대(旅行隊)를 조직하게 된다. 당시 교성대는 군정서의 사관연성소 졸업생 280명을 주축으로 조직하였다. 당시 김훈은 이민화(李敏華)·이탁(李鐸)·남익(南益) 등과 소대장으로 임명되었는데, 그 최초의 간부를 보면 아래와 같다.

교성대장　나중소
부　　관　최준형(崔峻衡)
중 대 장　이범석
소 대 장　김훈·이민화·이탁(李鐸)·남익(南益)

이 교성대는 대원들 모두 소위(小尉) 자격을 가진 장교들과 같았다. 현대적 전술·전략과 군사학을 교육받은 정예들이었다. 혹독한 군사훈련과 함께 투철한 정신무장을 한 막강한 정예부대였다. 이 교성대가 이후 청산리전쟁을 승리로 이끈 주력부대가 된 이유다.

1920년 10월 16일 만주 화룡현(和龍縣) 삼도구(三道溝)에서 대한군정서 사령부와 홍범도(洪範圖)·안무(安武)·최진동(崔振東) 등의 부대가 청산리전역를 앞두고 연합작전회의를 개최하였다. 이 회의에서 김훈은 대한군정서 사령부에 소속되어 제2연대 종군장교로서 이민화·백종열(白鍾烈)·한건원(韓建源) 등과 함께 편성되었다. 그리고 10월 21일 만주 화룡현 삼도구 백운평(白雲坪) 전투에 참가하여 일본군 소좌 안천(安川)이 이끄는 부대와 교전하여 승리하였다. 10월 22일 제2지대 소속인 김훈은 그의 중대원들과 함께 화룡현 삼도구 동쪽의 만록구(萬鹿溝) 고지를 점령하여 일본군의 퇴로를 차단하였다. 그리고 일본군 중대장 시마다(島田)가 지휘하는 부대와 교전하여 승리로 이끈다. 또한 김훈은 중대를 거느리고 어랑촌(漁郎村)에서도 일본군과 전투 중, 한건원 중대와 함께 후방에서 본대의 철수를 엄호하여 부대를 무사히 철수하도록 하였다.

김훈은 1921년 신흥무관학교의 스승인 윤기섭(尹琦燮)과 함께 상해로 넘어갔다. 그리고 같은 해 2월 20일 인성학교(仁成學校)에서 개최된 환영회에 참석하여 청산리전투 당시 독립군의 용감성에 대하여 선전하고 무기와 인원이 부족하여 퇴각한 것임을 밝히기도 하였다. 1921년 5월 10일에는 이동휘파(李東輝派)에 가담하여 노태연(盧泰然)·도인권(都寅權) 등과 함께 군사력 양성과 외교문제를 담당하면서 활동하였다.

1921년 이후 광주를 거쳐 2천여 리를 걸어 1921년 초 곤명에 도착했다. 그는 이름을 양주평으로 고친 후 운남강무학교(雲南講武學校)에 제6대 제1구분대에 편입하였다. 그가 군사학교에 들어간 목적은 매우 명확했다. 중국혁명의 힘을 빌려 조국 광복을 위한 공부를 위한 것이었다. 1923년 말 운남강무학교를 졸업하고 광주로 건너가 황포군관학교(黃埔軍官學校)에 들어가 공부를 계속하였다. 이후 황포군관학교의 집훈처 교관과 제4군 독립단에 전근되어 제3영

영장으로 활동하는가 하면, 1927년 8월 소련에 파견되었다가 1930년 다시 상해로 돌아왔다.

이후 김훈은 동만지구에 파견되어 소련통으로 활약하는가 하면, 1934년 대장정(大長征)에도 참여하였다. 그러나 1936년 2월 홍군(紅軍)의 황하도하(黃河渡河)를 통한 동정작전(東征作戰) 도중 전사하였다.

김훈의 대종교 교력을 살피면 1917년 3월 16일(음력) 참교(參敎)의 교질(敎秩)을 받은 기록이 전한다. 그의 대종교 입교와 교질을 받은 시기가, 만주로 건너가기 이전에 이루어졌음을 알 수 있다. 흥미로운 것은 김훈이 참교를 받은 날, 후일 대한군정서에서 모연대장으로 활동한 조백(趙白)이 함께 받았다는 점이다. 조백이 함경북도 회령(會寧) 출신이라는 점에서 그의 출신지 역시 일제의 문서처럼 함경북도일 가능성도 배제할 수 없을 듯하다. 그러나 그 이후의 대종교 관련 기록은 현재 전하는 것이 없다.

[참고문헌]
『종문영질』(프린트본, 1922), 『대종교중광육십년사』(대종교총본사, 1971), 『무장독립운동비사』(채근식, 대한민국공보처, 1949), 『明治百年史叢書』2(金正明, 原書房, 1967), 『우동불』(이범석, 삼육출판사, 1971), 『東北抗日烈士傳』(中共黨黑龍江省社會科學院 地方黨史硏究所 東北烈士紀念館編, 黑龍江人民出版社, 1980), 『滿洲 抗日聯軍 硏究』(김창순, 『국사관논총』제11집, 국사편찬위원회, 1990), 『東北人物大辭典』(東北人物大辭典編委會編, 遼寧人民出版社·遼寧敎育出版社, 1991), 『죽은 자의 숨결, 산 자의 발길』(강용권, 장산, 1996), 『겨레의 항일지사들』3(리광인, 민족출판사, 2007)

김흥곤(金興坤, 남, 1883-?)
입교 시기 _ 1922년 이전 | 교질 _ 미상

원적은 경상북도 경산군 고산면(孤山面) 삼덕리(三德里)로 되어 있으나 대구부(大邱府)에서 출생했다. 일찍이 서당을 차려 학생들을 가르치며 암암리에 독립운동자금 모집에

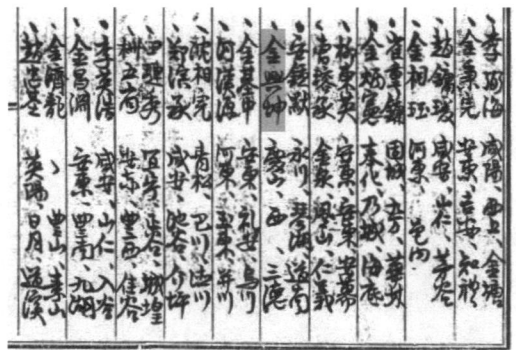
성세영의 『본사행일기』에 기록된 1920년대 초 경상북도 지역 대종교 주요 교인 명단. 중간 부분에 慶山 三德 金興坤의 이름이 적혀 있다.

관여한 인물이다. 1921년 1월 대한민국임시정부 특별모금원 사건과 관련하여 김상옥(金相玉)·유득신(劉得信)·홍학

수(洪學洙)·엄우룡(嚴雨龍)·홍준(洪俊)·김태현(金泰鉉)·안종묵(安鍾默)·김택룡(金澤龍) 등과 연락하며 모금에 관여하였다. 김흥곤의 대종교 교력과 관련한 교단 내의 기록은 전하지 않는다. 다만 1922년 성세영의 일기 속에, 1920년대 초반 경상북도 지역 대종교 주요 인물로 김흥곤이 올라 있다. 대종교에서는 이를 평가하여, 대종교총본사가 만주에서 귀환한 직후인 1946년 2월 13일(음력) 특별 추천으로 다시 영계를 수여하였다.

[참고 문헌]
『본사행일기』(성세영, 필사본, 1922), 「軍資金募集者 檢擧 續報」(大正8年乃至同10年 朝鮮騷擾事件關係書類 共7冊 其3, 密 第33號 其52/高警 第2686號, 한국사DB, 국사편찬위원회), 『일제침략하』한국36년사』6(국사편찬위원회, 1971), 『한민족독립운동사자료집』36(국사편찬위원회, 1998)

김흥섭(金興燮, 남, 1896-?)
아호(별명) _ 김철(金哲)
입교 시기 _ 1918년 | 교질 _ 참교

출신지역과 생몰연대과 확실하지 않다. 일찍이 국민회 통신원으로 활동했으며, 1921년 3월 이렁에 의해 작성된 정치범자수신고명부에 올라 있는 인물이다. 그럼에도 1926년에는 적기단(赤旗團) 및 대동회(大同會)의 멤버로 박창렬(朴昌烈)·안창언(安昌彦)·박춘산(朴春山)·김룡(金龍)·심용필(沈用弼) 등과 모연활동을 통한 항일투쟁을 지속했으며, 영안현 영고탑에서는 최계립(崔溪立, 적기단 단장)과 함께 적기단전위대 제1대장을 맡아 활동하기도 했다.
김흥섭의 대종교 교력은 1918년 7월 7일(음력) 참교의 교질을 받은 것으로 나타난다. 특히 1922년 3월에는 독립운동가 이민혁(李敏赫)과 대종교 동일도본사 관할 흥일시교당(興一施教堂)의 책임을 맡기도 했다. 흥일시교당은 대종교 계열의 대한군정서의 총재부의 근거였던 왕청현 춘명사(春明社) 덕원리(德源里)에 거점을 두었는데, 당시 대종교에서는 이곳에 대종교동일도본사 제1지사도 병설하였다. 청산리독립전쟁과 경신대토벌 이후 돈화·액목·영안현 등지에 흩어져있던 대한군정서의 구성원들이 다시 동지를 규합하고, 대종교총본사의 양해 아래 영안현에 있던 채신석(蔡信錫, 전 대한군정서 경찰과장)·서청(徐青, 전 대한군정서 보관과장) 이하 여러 명이 들어와 대종교동일도 제1지사를 설립한 것이다. 그리고 이민혁 외 3명을 관할 임원으로 선임하였다. 대종교의 시교당이 바로 독립운동의 거점이라는 것을 새삼 확인시키는 부분이다.

[참고 문헌]
『종문실질』(프린트본, 1922), 『대종교중광육십년사』(대종교총본사, 1971), 「本館 政治犯自首申告 受理 名簿 送付」(不逞團關係雜件-朝鮮人의 部-在滿洲의 部27, 秘受4443호-機密제16호, 한국사DB, 국사편찬위원회), 「大正十一年 四月中 間島地方 治安情況에 관한 건」(不逞團關係雜件-朝鮮人의 部-在滿洲의 部32, 機密受제205호-機密제187호, 한국사DB, 국사편찬위원회)

김흥원(金興元, 남, 1871-?)
입교 시기 _ 일제강점기 | 교질 _ 미상

평안북도 강계군(江界郡) 출신으로 생몰연대는 불분명하다. 조선혁명자동맹(朝鮮革命者同盟) 조직과 경성적색노동조합창립대회(京城赤色勞動組合創立大會)와 깊이 관련된 김흥원(金興元)과는 동명이인이다.
1920년 9월에 북만주 해림(海林)에 설립된 해림민회 회장으로 활동하면서 암암리에 대종교 활동을 전개한 인물이다. 1922년 음력 6월 해림에서 조직된 북만경학연구회(北滿耕學研究會)에도 참여하여 교육부장에 선임되었다. 북만경학연구회는 그 지역 조선인의 지식개발과 산업교육·경제진전(經濟進展)의 방법 연구를 목적으로 한 조직이다. 김흥원을 비롯하여 회장을 맡은 김영선(金榮璿)과 부회장으로 선임된 강인수(姜寅秀), 감찰원으로 임명된 원풍(元豊) 등, 모든 인물들이 대종교인이었다.
1924년 1월에 작성된 일제의 문서에도 권목(權穆)·김영선·원후상(元厚常)·이석우(李錫雨) 등과 해림 지역 대종교의 주요 인물로 김흥원이 거론되고 있다. 또한 김흥원은 같은 해 4월 해림 지역 동흥학교(東興學校)의 교장으로도 활동한 기록이 있다. 동흥학교는 기독교인 배형식(裵亨湜)도 참여한 학교로, 대종교인 원후상과 김영선이 주관하여 이끌었다.
김흥원의 대종교 입교 시기나 영계(靈戒) 사항과 관련된 대종교단 내의 기록은 남아있는 것이 없다. 그러나 언급한 바와 같이, 1920년대 초반부터 일제의 여러 문서에 대종교인으로 활동한 김흥원의 흔적이 드러난다. 김흥원이 그 시기 이전에 이미 대종교에 입교한 것이 확인된다.

[참고문헌]
「臨時報 第119號(東支線 鮮人狀況」(不逞團關係雜件-朝鮮人의 部-在滿洲의 部32, 關機高收 第2585號-1; 機密受第140號, 한국사DB, 국사편찬위원회), 「北滿耕學研究會 設立의 件」(不逞團關係雜件-朝鮮人의 部-在滿洲의 部33, 한국사DB, 국사편찬위원회), 「哈爾賓以東 鐵道沿線 在住鮮人 情況에 관한 件」(朝鮮人에 대한 施政關係件 一般의 部3, 機密 제7호, 한국사DB, 국사편찬위원회), 「朝鮮軍參謀部發 朝特報에 관한 綴(2)」(朝鮮軍參謀部, 공훈전자사료관 원문자료실)

김희경(金熙敬, 남, 1895-1929)
아호(별명) _ 김영희(金永熙)
입교 시기 _ 1916년 | 교질 _ 참교 | 서훈 _ 애국장(1990)

경기도 안성군(安城郡) 원곡면(元谷面) 칠곡리(七谷里) 출신으로, 본명은 김영희(金永熙)다. 3·1독립만세운동 직후인 4월 1일과 2일 사이 안성군 원곡면과 양성면(陽城面) 일대에서, 이근수(李根洙)·이유석(李裕奭)·홍창섭(洪昌燮)·이덕순(李德順)·최은식(崔殷植)·이희룡(李熙龍) 등이 계획하여 전개한 독립만세운동에 참여하였다.
김희경은 4월 1일 외가천리(外加川里)에 있던 원곡면 사무소 앞에서 1천여 명의 만세시위 군중들과 독립만세를 외치고, 태극기와 횃불을 들고서 양성면 동항리(東恒里)로 행진하였다. 이어 이유석을 비롯한 인물들과 독립만세운동에 대한 취지를 설명하고, 양성면과 원곡면내의 경찰주재소·면사무소·우편소등을 파괴하고 일본인 거주자를 축출하기로 결의하였다. 그리고 그날 밤 양성면민들로 구성된 수백 명의 독립만세 시위대가 경찰주재소 앞에서 독립만세를 외치고 해산하여 돌아가던 길에, 원곡면에서 행진하여 오던 만세시위대와 합세하여 밤 10시경 재차 주재소로 돌진하였다.

당시 김희경은 앞장서 돌을 던지며 주재소 기물을 파괴했다. 이어 양성면 우편소로 달려가 유리문을 부수고 사무실로 들어가서 집기류를 앞마당에 끄집어내어 소각시켰다. 또한 그 동리에서 일본인 토자 토요테(外里與手)가 경영하는 잡화점을 습격하여 투석(投石)으로 건물을 파괴하였다. 4월 2일까지 이어진 시위는 새벽녘에 군중들과 함께 원곡면사무소로 되돌아와 건물을 파괴하고 사무소의 출입문을 방화하는 등, 앞장서 독립만세운동을 전개하다가 체포되었다. 이후 1921년 1월 22일 경성복심법원에서 이른 바 보안법 위반 및 건조물 소훼, 그리고 소요 혐의로 징역 7년형을 선고받고 옥고를 치렀다.

김희경의 대종교 교력을 살피면 1916년 4월 16일(음력) 참교(參敎)의 교질(敎秩)을 받은 기록이 있다. 그의 대종교 입교가 그보다 훨씬 이전에 이루어졌음을 확인시켜준다. 당시 함께 참교를 받은 인물들이 주익(朱翼)·성관호(成瑄鎬)·나홍균(羅弘均)·나정채(羅正採) 등, 항일투사들이었음도 주목된다.

[참고문헌]
『종문영질』(프린트본, 1922), 『독립운동사자료집』5(독립운동사편찬위원회, 1984), 『한민족독립운동사자료집』23(국사편찬위원회, 1995), 『안성4·1독립항쟁. 2일간 해방사』(김태수, 광복회서울시지부, 2021)

김희규(金熙奎, 남, 생몰 미상)
입교 시기 _ 1920년대 초반(추정) | 교질 _ 지교

함경남도 단천(端川) 출신으로 생몰연대는 불확실하다. 1922년 5월 장백현 19도구(道溝)에 거점을 둔 광복단(光復團)의 단장을 맡아 항일투쟁에 앞장선 기록이 전할 뿐, 그 외의 기록은 드러나지 않는다. 김희규의 대종교 교력을 보면, 대종교가 환국하기 이전인 1945년 10월 1일(음력) 만주 동경성에서 총본사의 특별 추천에 의해 지교(知敎)를 받았다. 또한 그의 대종교 입교 시기는 1945년 10월 1일(음력) 당시 이미 참교의 교질을 갖고 있었음으로 보아, 대종교 동지들과 교유하던 1920년대 이전에 이미 입교한 것으로 추측된다.

[참고 문헌]
『대종교보』제148호(1945년), 「朝鮮人概況」(不逞團關係雜件-朝鮮人의 部-在滿洲의 部32, 機密受제308호-關機高發제7394호, 한국사DB,국사편찬위원회)

김희균(金熙均, 남, 1897-1970)
아호(별명) _ 단원(檀園)
입교 시기 _ 1923년 이전 | 교질 _ 상교 | 서훈 _ 애국장(1991)

김희균

함경북도 회령군 회령읍 출신이다. 대종교 항일단체인 대한군정서(북로군정서) 회령지역 연락원으로 활동했으며, 임시정부 연통제사건(聯統制事件) 및 청진감옥 파옥사건(破獄事件)으로 감옥생활을 했다.

김희균은 1919년 7월 10일, 임시정부가 국무원령 제1호로 발표한 임시연통제에 따라 함경북도 회령군에서 김인서(金麟瑞)·이재하(李載夏)와 함께 참사(參事)로 임명되었다. 비밀행정조직인 연통제는 상해에 본부청사를 둔 임시정부가 민주적 국민국가로서의 고유한 업무 수행을 위하여 실시한 지방행정제도로서 임시정부가 국내외를 지휘, 감독하기 위한 기본조직이며 기능이었다. 각 기관의 업무는 법령 및 공문의 전포(傳佈), 군인 군속의 징모, 군수품의 조사 수렴, 시위운동의 계획, 애국성금의 모집운동, 통신연락, 정보수집 등이었다. 그러나 1919년 12월 이 조직이 탄로나 체포되어 함흥(咸興)지방법원 청진지청(淸津支廳)에서 징역 2년형을 받고 옥고를 치렀다.

감옥에서 나온 후에는 신간회 활동에 뛰어 든다. 그는 1927년 7월 23일 신간회 회령지회(會寧支會)에 가담하여 조직부 간사를 맡았다. 당시 신간회 회령지회의 주요 인물들과 직책을 보면 다음과 같다.

인물명	직책	인물명	직책
전창국(全昌國)	지회장	박지병(朴智秉)	정치문화부 간사
박태항(朴兌恒)	부지회장	송원규(宋元奎)	조사연구부 간사
권학종(權學鍾)	서무부상무 간사	김영환(金泳煥)	조사연구부 간사
나민규(羅玟奎)	서무부상무 간사	김희균(金熙均)	조직부 간사
구철회(具哲會)	재무부 간사	허종국(許鍾國)	선전부 간사
한용호(韓用鎬)	출판부 간사	정완실(鄭完實)	선전부 간사

또한 김희균은 1929년 12월에 열린 신간회 회령지회 정기대회 때에는 집행위원장으로 선출되어, 지회의 발전 방안을 협의하고 그것을 추진해 나가는 중책을 맡기도 했다.

해방 이후 김희균의 활동은 대종교로 집중되었다. 1948년 3월 12일에 창립한 종교단체연합회에 대종교를 대표하여 부회장으로 이름을 올렸다. 이 모임은 남북통일 촉성

을 위해 조직된 단체로서 대종교를 비롯한 천도교·천주교·기독교·불교·유도회(儒道會) 등 6대 종교단체가 참여하였다. 종래에 조직되었던 조선독립촉성종교단체연합회를 발전적으로 변화시켜 남북통일촉성종교단체연합회를 구성한 것이다.

한편 김희균은 민족진영강화위원회(民族陣營强化委員會)에 대종교 대표로도 참여하였다. 특히 1949년 8월 30일 열린 제3차 총회에서는 민족자주연맹의 윤기섭·김붕준, 한독당의 조경한·나재하·신창균, 신생회(新生會)의 엄우룡(嚴雨龍)·최흥국(崔興國)·김창엽(金昌燁), 사회당의 백홍균(白泓均)·조시원·민영수(閔泳壽), 조민당(朝民黨)의 한근조(韓根朝)·박선준(朴善準), 대한노농당(大韓勞農黨)의 주태도(朱泰道)·주상식(朱祥植), 농민당의 원세훈, 신정회(新政會)의 연병호, 대한부인회의 박병복(朴永福), 천도교의 이단(李團) 등 25인과 다음과 같은 선언문을 이끌어내기도 했다.

결합하면 살고 분열되면 죽는 것은 영원히 묵은 채 또 영원히 새로운 인류 존생의 진리인 것이고 다난(多難)한 후진 민족의 운명에 있어 더욱 그러하다. 결합은 그대로 민족 생존의 대의(大義)이다. 공산주의를 배격하고 진정한 민주주의 민족독립국가에로 만민공생의 총역량을 집결 회통(會通)하는 것은 현 단계 우리 민족의 역사적 객관적 요청이다. 그것이 갑자기 실현되지 않는 경우 우선 진정한 민족주의 노선에서 전 민족진영 강화의 공작을 추진하는 것은 오로지 긴급한 과업으로 된다. 그러함으로써 강토통일, 민족결합을 촉진하면서 국민 대중으로 하여금 자욱자욱 신뢰와 안정에 지향케 할 것이다. 누가 이것을 무시하면서 한갓 정치적 종파관념에 달라붙어서 분열을 만성화시키고 결합 생존의 민족 대의를 일부러 말살할 자이냐? 이제 우내(宇內)의 대세를 살피건대 미·소의 전국적 대립갈등은 화전필결(和戰必決)의 관두(關頭)에 올라섰고 우리 민족 진로 또한 안위의 기로에 다다라 있나니 중대한 정세 스스로 잦아든 종파적 성패욕에 끌려 있을 때가 아니다. 이에 우리들은 민족진영 강화의 깃발을 높이 들게 되었다. 모든 굴곡 많은 객관적인 실천투쟁을 통해서 현 단계의 최대 임무를 엄중 파악하여 온 우리들은 과업 완수 때문에 다음 3강령을 목표로 가장 강렬 과감하게 일로매진(一路邁進)할 것이다. 함께들 나아가자!　단기 4282년 8월 30일

김희균의 대종교 교력을 보면 1923년 5월 21일(음력, 이하 음력)) 동일도본사의 특별 추천으로 영계를 받은 기록이 있다. 김희균이 활동한 함경도 지역은 대종교 동일도본사 제3지사 관할로, 함경북도 전역의 교구를 관장하였다. 또한 특별 추천에 의해 영계를 받았다는 것은 그의 입교 시기가 비교적 빨랐음을 의미한다.

그러므로 해방 다음해인 1946년 2월 23일 대종교가 만주에서 환국하자마자 김희균은 대종교 남도본사의 특별 추천에 의해 지교(知敎)를 수여 받았다. 그리고 대종교총본사의 찬리(贊理, 종무의 총책임자인 典理를 돕는 직책)를 시작으로 남일도본사 전무(典務, 책임자)를 지내기도 했다. 또한 그의 교질(敎秩) 역시 1947년 7월 11일 지교에서 상교(尙敎)

로 올랐으며, 1949년 1월 5일에는 대종교중흥회 제1회 중앙상무위원회 총무부원과 함께 중앙집행위원으로 선임되어 활동하였다.

1950년 11월 14일에는 남일도본사 관할 지역의 포교를 지도하는 순교원에 임명되었으며, 삼일원(三一園)의 대덕(大德)을 거쳐 경의원(經議院, 후일 원로원으로 개칭) 참의(參議) 등을 두루 역임하였다.

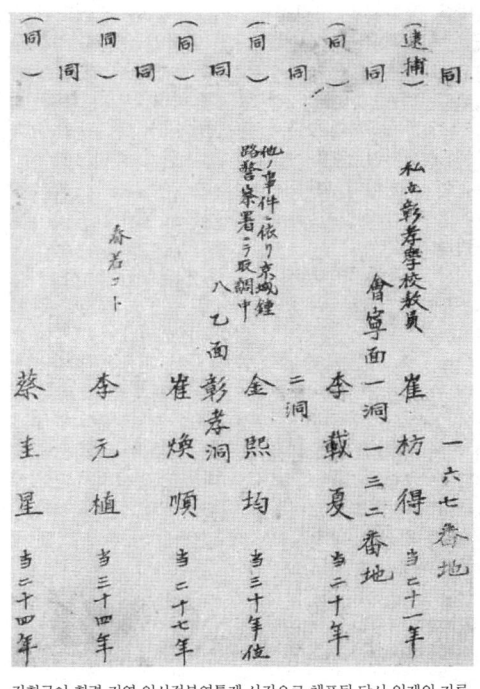

김희균이 회령 지역 임시정부연통제 사건으로 채포될 당시 일제의 기록.

[참고 문헌]

『대종교보』제58호(1923년)·환국기념호(1946년)·제150호(1946년)·제153호(1947년)·제155호(1947년)·제159호(1948년)·제161호(1949년)·제162호(1949년)·제165호(1950년)·제166호(1950년)·제168호(1950년),『대종교중광육십년사』(대종교총본사, 1971),『대종교인과 독립운동연원』(이현익, 프린트본, 1963),『동아일보』1930.1.3.·1927.7.28.,『평화일보』1949.3.15.,『한성일보』1949.9.14.,『한국독립사』하(김승학, 독립문화사, 1970),『한국독립운동사자료』2(국사편찬위원회, 1971)

김희남(金熙南, 남, 1910-1977)

입교 시기_ 일제강점기 | 교질_ 상교 | 서훈_ 애국장(1990)

평안북도 의주(義州) 출신으로 대종교계 항일투사 김평식(金平植)의 아들이다. 일찍이 부친 김평식을 따라 만주 봉천성 수암현으로 이주한 후, 부친을 도와 독립운동에 참여하면서 국내에 파견되어 활동하기도 하였다.

1932년 만주사변 이래 독립운동이 어려워지자 중국반만 항일군(中國反滿抗日軍) 등철마(鄧鐵馬)부대의 참모로 임명되어 재만교포의 안녕을 도모하는 한편, 조선혁명당군(朝鮮革命黨軍)에 특파되어 동부사령 박대호(朴大鎬)와 김덕모(金德模)·김학규(金學奎) 등과 만나 한중연합군(韓中聯合軍)을 구성하는데 기여하였다. 1935년에는 남경에 있는 임시정부를 찾아가 만주특파원에 임명되어 다시 만주로 돌아와 지하운동을 하였다.

해방을 맞아서는 비상국민회의(非常國民會議)에도 참여하였다. 이 회의는 1946년 2월 1일 대한민국 임시 정부를 중심으로 한 자주적 과도정부를 수립하기 위해 결성된 단체이다. 김희남은 2월 2일 개최된 비상국민회의에서 유동열·김원봉·이규채·이동산(李東山)·김산·최윤동(崔允東)과 함께 국방위원으로 선임되었다. 또한 1947년 1월에는 대종교의 선배이자 고향 선배이기도 한 김승학·백기준 등과 『(환국속간)독립신문』 준비위원으로 참여하여 물심양면 노력하기도 했다.

김희남은 만주 항일투쟁 시절 부친 김평식과 함께 대종교에 입교한 것으로 추정되지만, 그 시기 그와 관련된 대종교 기록은 남아 있는 것이 없다. 1955년 1월 31일(음력, 이하 음력)) 지교(知敎)의 교질로 부산시 개금동(開琴洞)에 있었던 금선시교당(琴善施敎堂)의 책임자[典務]를 맡은 것이 남아 있는 첫 기록이다. 이것은 그가 참교(參敎)의 교질도 꽤 이른 시기에 받았음을 알 게 해 준다. 그리고 1957년 10월 25일 상교(尙敎)의 교질로 대종교 부산지사의 찬무(贊務, 부책임자)를 맡았으며 1960년 2월 25일에는 희산 김승학을 도와 부산시 내선시교당(萊善施敎堂)의 찬무를 맡아 활동하였다.

[참고 문헌]
『대종교중광육십년사』(대종교총본사, 1971), 『자유신문』, 1946.2.4., 『중앙신문』 1946.2.5., 『(환국속간)독립신문』 1947.1.13., 『한국독립사』(김승학, 독립문화사, 1970)

김희수(金希洙, 남, 생몰 미상)
입교 시기_ 1937년 이전 | 교질_ 참교

추신지역과 생몰연대가 불분명하다. 만주 길림성 연길현과 돈화현을 중심으로 대종교와 사회주의를 통한 항일투쟁을 전개한 인물이다. 1925년 4월 연길현 국자가에 거주하면서 같은 창조파인 강수희(姜受禧)·장진환(張振煥)과 함께 극동청년공산당원(極東靑年共産黨員)으로 활동한 기록이 있다.

이후 돈화현으로 넘어와 대종교 포교와 항일투쟁에 전념했다. 1937년 2월 28일(음력, 이하 음력) 영계를 받고, 같은 해 7월 21일 최윤호(崔崙昊)와 함께 돈화현 두도량자(頭道樑子)에 위치한 도성시교당(道成施敎堂)의 찬무(贊務, 부책임자)로 시무(試務)하였다. 또한 1937년 8월 24일에는 이옥규(李沃珪)·최윤호와 돈화현 두도량자 지역을 관할하는 대

종교 재만교구경상금수납위원(在滿敎區經常金收納委員)으로 임명되어 활동했으며, 같은 해 9월 7일에는 대종교총본사 특별 추천으로 참교의 교질을 받았다.

[참고 문헌]
『대종교보』제113호·제115호(1937년), 『대종교중광육십년사』(대종교총본사, 1971), 「極東 靑年共産黨 名簿 入手의 件」(不逞團關係雜件-朝鮮人의 部-鮮人과 過激派5, 秘關機高收 제11173호의 1, 한국사DB, 국사편찬위원회)

김희양(金熺陽, 남, 생몰 미상)
입교 시기_ 1911년 | 교질_ 참교

함경북도 회령 출신으로, 짧은 기간 교사 활동만이 전하는 인물이다. 김희양의 기록은 1910년 간도보통학교(間島普通學校)의 교사로 처음 등장한다. 간도보통학교는 통감부간도파출소(統監府間島派出所)가 항일민족교육의 요람인 서전서숙을 폐교시킨 후 그 교사(校舍)를 사들여 세운 학교였다. 당시 교사 구입은 친일파 일진회장(一進會長) 윤갑병이 나서서 사들였으며, 학부(學部)에서는 일본인 교감 가와구치 우키쓰(川口卯橘)와 한국인 교사 김희양과 송수민(宋壽民)을 파견하였다. 또한 명예교장을 파출소 사무관이 맡았고, 모든 것은 파출소장의 감독 하에 교육활동을 시행하였다. 그러나 이유는 분명치 않으나 김희양은 바로 함경북도 회령보통학교로 옮겨 갔다. 대신 한국인 교사 강성주(姜聖周)·이병현(李秉玹)이 송수민과 함께 간도보통학교에 근무하게 된다. 김희양의 기록은 회령보통학교에서 1913년까지 근무한 후로는 전하지 않는다.

김희양은 이른 시기에 대종교에 참여했다. 그가 회령보통학교 교사로 있을 당시인 1911년 중광절(음력 1월 15일)에 참교의 교질을 받았다. 그의 고향 회령 출신의 대종교인들도 많았다. 특히 대종교인 나운규(羅雲奎)와 그의 부친 나형권(羅亨權)을 대표적으로 꼽을 수 있을 듯하다. 1910년대 대종교계 독립운동가들이 북간도로 넘어가는 마지막 루트가 회령 나형권의 집이었다. 회령의 김희양과 나형권이 같은 날짜(1911년 음 1월 15일)에 참교를 받았다는 점도 주목되는 부분이다.

[참고 문헌]
『종문영질』(프린트본, 1922), 『統監府臨時間島派出所紀要』(篠田治策 編著, 統監府臨時間島派出所殘務整理所, 1910), 『조선총독부직원록』(1910년), 「일본 외무성 외교사료관 소장 한국관계사료목록」(국사편찬위원회, 『해외사료총서』5권, 2003)

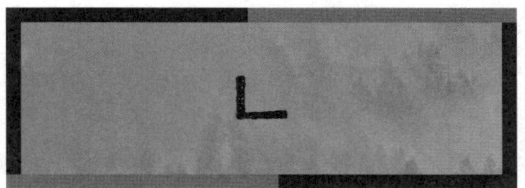

나경석(羅景錫, 남, 1890-1959)

아호(별명) _ 나두남(羅斗南), 공민(公民), 나공민(羅公民), 나석(羅錫)
입교 시기 _ 1920년 전후(추정) | 교질 _ 상교

나경석

경기도 수원군 남부면 남수동리(수원시 팔달구 남수동)에서 출생했다. 화가이자 시인인 나혜석의 오빠이며 탤런트 나문희(본명 나경자)의 숙조부(叔祖父)다. 수원공립보통학교 졸업하고 일본으로 유학하여 세이소쿠 영어학교(正則英語学校)를 마친 후 도쿄고등공업학교 응용화학과를 전공했다. 나경석은 일본 유학 중 정태신(鄭泰信)·김종상(金鐘商)·김종복(金鐘復)·김우영(金雨英) 등과 교유하면서 조선인친목회 조직과 함께 연해주와 상해를 연결하며 일을 도모했다. 이러한 이유로 나경석은 일제에 의해 배일주의자·요시찰인물로 지목되었다. 또한 유학 때 만난 친구인 신익희 등과 함께 축구단을 조직하여 전국을 순회하는가 하면, 1918년 6월 윌슨의 민족자결주의가 발표된 후 신익희·윤홍섭 등과 비밀리에 독립운동을 모의하기도 했다. 또한 제약 사업 등 사업에도 종사했으나 성공하지 못했고, 이 시기 무정부사회주의운동가인 오스기 사카에(大杉榮), 이츠미 타다시츠쿠리(逸見直造) 등과 교분을 맺어 사회주의를 만나게 된다. 일제가 나경석을, 공산주의자로서 치열한 배일사상을 가지고 있으며 그 사상의 고취에 노력하고 있는 인물로 주목한 배경이기도 하다.

1922년 8월 5일에는 김사국(金思國)과 함께 니이카타현(新潟縣)의 조선인 학살 문제의 진상 조사를 위해 도오쿄오로 건너갔다. 이 학살 사건은 1920년대 초 일본 니이카타현 시나노카와(信濃川) 소재한 신월전력주식회사(信越電力株式會社) 수력발전소 공사장에서 일어난 조선인노동자 학살 사건을 말하는 것이다. 나경석은 동경에서 니이카타현 조선인노동자학살사건(朝鮮人勞動者虐殺事件)과 관련한 대연설회를 개최하고 일제의 만행과 은폐를 규탄하였다.

나경석은 다음 해 1월, 조선물산을 장려하여 조선인의 산업 진흥을 도모하며 조선인으로 하여금 경제상 자립을 목적으로 하는 조선물산장려회 조직에 앞장섰다. 나경석은 유진태(兪鎭泰)·정노식(鄭魯湜)·김윤수(金潤洙)·이종린(李鍾麟)·

오현옥(吳鉉玉)·이득년(李得年)·고용환(高龍煥)·백관수(白寬洙)·김철수(金喆壽) 등과 발기준비인으로 선출되어, 1월 20일 서울 낙원동 협성학교에서 조선물산장려회 발기총회를 개최하였다. 이 회는 단순한 외화(外貨) 배척의 수준을 넘어서서 민족기업에 의한 생필제조상품의 생산과 국산제품 소비를 일체화시키고자 한 자립적 민족경제를 지향하는 경제적 민족주의를 지향했다는 점에서 의미가 컸다. 나경석은 창립총회에서 이 회의 핵심이며 이 운동의 구심력이라고도 할 수 있는 초대이사로 선출되어 활동하였다. 물론 당시 사회주의 급진사상의 인텔리 계열에서는 물산장려운동을 소부르조아 개량주의운동으로 규정짓고 그것은 프롤레타리아의 반제의식을 약화시키는 것이라 하여 반대하기도 했다. 이에 나경석은 1923년 2월 24일 『동아일보』 지상에 「물산장려와 사회문제」라는 제목으로 그것을 적극 반박했다. 그는 정치적 독립 없이 민족자본의 축적이 어렵다는 것을 전제로, 현실론적으로 일거에 독립이 어려우므로 가능한 모든 방도를 다해 민족의 살 길을 마련해야 한다는 논리를 폈다. 그리고 물산장려운동을 꼭 무슨 주의라고 명명하라고 한다면, "나는 조선인의 면사주의(免死主義)라고 할 수 밖에 없다"라고 역설하였다.

1923년 9월 만주 봉천으로 건너간 나경석은, 그곳에서 봉천동아근업회사(奉天東亞勤業會社)에 입사하였다. 또한 1925년 9월에는 봉천에서 농사회사인 민천공사(民天公司) 전무(專務)로 재직하면서 암암리에 정의부를 후원하기도 한다. 1928년 1월에는 조선인대회를 개최하여 봉천성 신민현(新民縣)의 중국 관헌이 내린 조선인 퇴거령(退去令)에 적극 앞장서 규탄하였다. 당시 신민현의 중국 관헌이 만약 1인당 70원(圓)을 납부하면 퇴거령을 취소하겠다고 협박하자, 봉천 지역 조선인청년회와 기타 단체들이 당지 청년회관에서 회합을 갖고 선후책을 강구하기 위해 대회를 개최한 것이다.

한편 일제는 1928년 침략정책의 일환으로 만주개발대(滿洲開發隊) 사무소 설립을 추진했다. 그 원활한 진행을 위해 조선총독부와 일본정부 거액을 지원하여 조선인을 매수하고 있다는 교활한 주장·선동을 폈다. 나경석 역시 그 개발대의 봉천대장(奉天隊長)으로 그 구설에 올랐다.

나경석과 이육사(李陸史, 李活, 李源祿)와의 관계도 주목된다. 1932년 7월 하순 이육사가 봉천의 궁도정(宮島町) 11번지에 소재한 나경석의 집에 체재한 것이 그것이다. 그리고 그곳에서 중외일보 영업국 서무부장을 지낸 윤세주(尹世胄)와도 어울렸다. 모두 의열단원으로 활동한 인물들임이 눈길을 끈다. 나경석과 의열단과의 연관성을 가능케 해주는 부분이다.

1934년 7월 나경석은 만주 봉천에서 재조선인(在朝鮮人)들이 조직한 공영회(共榮會)의 회장을 맡기도 했다. 이 공영회는 조선인들의 단결과 함께 근검저축과 친목을 도모함이 목적이었다. 부회장은 이경순(李慶順)을 비롯하여 김창근(金昌根, 총무)·이헌(李憲, 서무부장)·임성택(林成澤, 저축부장)·이성환(李晟煥, 교양부장)·김승원(金承遠, 체육부장) 등이 함께 했다. 더불어 나경석은 봉천 지역에서 사업이나 사회활동뿐만이 아니라 신문사 지국 경영에도 관여하였다.

『동아일보』 봉천지국장과 함께 남만주총지국장을 지내기도 했다.

나경석의 해방 이후 활동 역시 다양하게 이루어졌다. 한국민주당 중앙감찰위원과 민주국민당 전임위원·최고위원, 고려청년당의 고문, 사회당의 농림정책위원장을 두루 역임하였다. 또한 나경석 본인의 전공 분야를 살려 조선전재기술자협회(朝鮮戰災技術者協會)의 고문을 맡는가 하면, 1948년 대한민국 정부 수립이 되자 한국 전쟁 시절 대한민국 문교부 편수관 직책을 잠시 지냈으며, 주로 대종교 활동에 많은 노력을 기울였다.

나경석의 대종교 입교 시기는 남아 있는 기록이 없다. 그러나 그가 1937년 8월 24일(음력, 이하 음력) 봉천성 십간방(十間房)을 관할하는 대종교 재만교구경상금수납위원(在滿敎區經常金收納委員)에 임명한 것을 보아, 그 이전에 이미 대종교에 깊이 관여했음을 알 수 있다. 이것은 대종교가 만주 동경성으로부터 환국한 직후인 1946년 4월 20일 바로 경의원의 참의(參議)에 선임한 것을 보아도 짐작 가는 부분이다. 경의원은 대종교 총전교(總典敎, 敎主)의 자문기관으로 후일 원로원으로 바뀐 데서 보듯이 대종교 원로들이 모인 기관이다. 그리고 며칠 뒤인 4월 27일에는 그 기구의 핵심이 되는 상무참의(常務參議)로까지 임명되었다. 더욱이 나경석이 그 해 6월 8일에 참교(參敎)와 지교(知敎)의 교질을 건너뛰고 상교(尙敎)로 승질(陞秩)하였다. 이것은 해방 이전에 이미 참교를 넘어 지교의 교질을 갖고 있었음을 말해 준다. 그러므로 나경석의 대종교 입교 시기는 동경 유학 후 귀국한 때인 1920년 전후로 추정할 수 있다. 1946년 8월 3일 『대종교보』제149호(환국기념호)를 제작한 인물도 나경석이다. 당시 나경석은 자비를 들여 환국기념호 1천부를 인쇄하여 헌성하였다. 이후 나경석은 1954년 삼일원(三一園)의 대덕(大德)으로도 천거되었다.

[참고 문헌]
『대종교보』제115호(1937년)·환국기념호(1946년)·제150호(1946년)·제151호(1946년)·제152호(1946년, 『대종교중광육십년사』(대종교총본사, 1971), 「社會日誌(八月)」(『개벽』제27호, 1922년 9월 1일), 『동아일보』1922.9.6·9·11., 1922.10.23., 1923.1.11., 1923.2.26., 1927.12.15., 1928.9.18., 1929.6.24., 1934.7.25., 「要視察鮮人等ノ動靜ニ關スル件」(不逞團關係雜件 朝鮮人ノ部 在內地 一, 特秘第93號,秘受1266號, 한국사DB, 국사편찬위원회), 「鮮匪團 正義府 募捐狀況ニ關한 件」(不逞團關係雜件-朝鮮人ノ部-在滿洲ノ部41, 機密 第488號, 한국사DB, 국사편찬위원회), 『朝鮮出版警察月報』第3號(警務局圖書課, 1929), 『매일신보』1945.9.9·22, 1945.10.2., 『독립신문』1948.12.18., 『韓民族獨立運動史資料集』31(국사편찬위원회,1997), 『한국독립운동사자료』39(국사편찬위원회, 2003)

지사(湖南志士)로서 대종교 중광 당시부터 돈독한 믿음으로 시교(施敎)하여 그 성적이 매우 뛰어났다"고 언급한 단애 윤세복의 짧은 기록에서 보듯이, 대종교의 중광(1909년) 당시 입교하여 국내 포교 활동에 성심을 다한 인물로 추정할 수 있다.

그의 기록은 운양 김윤식의 일기에서도 잠깐 등장한다. 1921년 11월 김윤식을 대종교청년회장으로 추대하기 위해 김용기(金容起)·김교준(金敎準)·나정문(羅正文)·엄주천(嚴柱天) 등, 국내 대종교 중심인물들과 방문한 내용이 그것이다. 당시 국내 대종교는 신구(新舊)의 대립이 첨예했다. 특히 애류 권덕규가 1920년 5월, 2회에 걸쳐 『동아일보』에 게재한 「가명인 두상에 일봉(假明人 頭上에 一棒)」이란 논설이 시발이었다. 권덕규는 명나라 황제의 제사를 지내고 그 마지막 황제인 숭정제(崇禎帝)의 연호를 고집하던 당시의 유학자들을 가리켜 "심장도 창자도 없는 지나 사상의 노예"라고 공박하면서, 중화주의에 함몰된 과거지식인들의 행보를 신랄하게 비판했다. 이것을 계기로 권덕규와 박일병(朴一秉) 등의 대종교 신진 세력과 유교적 흔적을 채 지우지 못한 구세력의 갈등이 노골화되었다. 김윤식의 대종교청년회장으로의 추대는 이러한 갈등 봉합을 위한 시도였지만, 김윤식의 사양으로 이루어지지 않았다.

한편 이 시기 국내 대종교는 일제의 통제와 압박으로 침체 일로를 걷고 있었다. 그러한 가운데 나기학은 호석(湖石) 강우(姜虞)를 중심으로 국내 대종교 유지를 위해 온갖 정성을 다 기울인 인물이다. 박상환(朴祥煥)·박승익(朴勝益)·최강(崔剛)·유진찬(兪鎭贊)·지석영(池錫永)·지성채(池盛彩) 등이 그 시기 그 역경을 위해 함께 노력했던 인물들이었다. 나기학의 대종교 교력을 살피면 대종교 중광 당시 입교하여 1911년에 중광절(음력 1월 15일)에 지교(知敎)의 교질을 받았다. 그리고 1914년 5월 13일(음력, 이하 음력) 상교(尙敎)에 오르고 1922년 3월 18일 대종교 남도본사의 교범(敎範)을 책임지는 선범부령(宣範部令)으로 임명된다. 대종교에서는 그의 성심성력을 평가하여 1927년 1월 16일 마침내 정교(正敎)의 교질을 수여하고 대형(大兄)의 교호(敎號)를 내렸다.

[참고 문헌]
『종문영질』(프린트본, 1922), 『본사행일기』(성세영, 필사본, 1922), 『대종교중광육십년사』(대종교총본사, 1971), 『동아일보』1920.5.8·9., 『속음청사』하(국사편찬위원회, 1971)

나기학(羅紀學, 남, 생몰 미상)
아호(별명) _ 기천(杞泉)
입교 시기 _ 1909년(추정) | 교질 _ 정교

호남 지역 출신으로 생몰 연대는 확인되지 않는다. 일제의 문서에만이 아니라 대종교단 내의 기록에서도 그의 이름을 거의 찾을 수 없다. 그러나 해방 이후 "충직한 호남

나병수(羅秉洙, 남, 1885-?)
아호(별명) _ 나익(羅翼)
입교 시기 _ 1922년 | 교질 _ 참교

함경북도 명천군(明川郡) 출신이다. 1917년 2월 간도 연길현 수신사(守信社) 두도구(頭道溝) 상부지(商埠地)에서, 그 지역 조선인들의 친목도모를 위해 조직한 조선인회에서 활동한 것으로 보아 그 이전 이미 간도로 넘어간 것이 확

인된다.

1920년 3월에는 대종교계 항일단체 대한군정서(북로군정서)로부터 정식 군자금 협찬의 서함을 받을 정도로 밀접한 연관이 있었다. 그리고 3개월 후에는 대한군정서 경신제9분국(警信第九分局) 제20분과장으로 정식 임명되었다. 이에 나병수는 엄정서(嚴正瑞)·나정섭(羅貞燮)·장진호(張鎭鴻)·김낙도(金洛道)·박인호(朴寅鎬)·김용(金湧) 등과 두도구 상부지 지역의 경사(警査)와 통신(通信)을 책임졌다.

그 후 나병수는 영안현 목단강으로 옮겨가 1922년 5월 26일 설립된 구세공산당(救世共産黨)에 가담하였다. 구세공산당은 손규동(孫奎東)이 목릉현 춘방구(春坊溝)에 본부를 두고 설립한 단체로, 나병수는 목단강 아남구(阿南溝)에 근거를 둔 구세공산당 제1분당의 단장을 맡아 활동하였다. 또한 이 시기 나병수는 목단강의 대종교계 동명학교(東明學校) 교장으로 있으면서 이근(李根)과 함께 교육과 포교 활동에도 종사하였다.

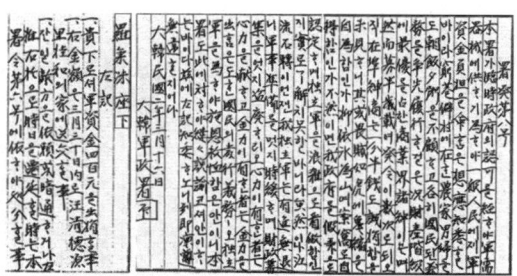
대한군정서가 1920년 3월 16일자로 나병수에게 보낸 군자금 4백원 협찬의 서함이 일제의 문서에 일어로 번역되어 실려 있다.

1923년 1월 2일(음력, 이하 음력), 나병수는 대종교인 허류·현천극(玄天極)·김근우(金瑾禹)·이종수(李鍾琇)·김연원(金演元)·최충호(崔忠浩)·김영선(金榮璿)·민윤식(閔胤植)·권목(權穆)·이곤(李坤)·원무의(元武儀)·김백(金白) 등 12인과 소부계(蘇扶契)를 발기하였다. 소부(蘇扶)란 부여(扶餘)와 같은 이름으로 부여민족의 중흥을 내세웠던 대종교의 정신을 그대로 담은 명칭이었다. 소부계의 주요 목적은, 대종교 교우 간에 친목을 도모하고, 교인 경조사의 상부상조와 대종교 발전에 협찬하는 것이었다. 또한 각시교당에 조직케 하고 회의는 매년 어천절(음력 3월 15일)과 개천절(음력 10월 3일)에 개최하도록 하였다. 나병수 등은 대종교총본사의 재가를 얻어 그 창기사(創起辭)를 발행하고 대종교의 각시교당에 조직케 하였다.

나병수의 대종교 교력을 살피면 1922년 12월 12일 동이 도본사 관할 단일시교당(丹一施敎堂)의 전무(典務)로 임명된 기록이 있다. 그 이전에 대종교에 입교했음을 말해 준다. 그의 이름을 나익(羅翼)으로 개명한 것도 대종교 입교 시기와 맞물릴 것이다. 나인영(羅寅永)이 대종교를 중광(重光, 1909)하면서 나철(羅喆)로 개명한 이후, 많은 대종교계 항일투사들이 입교와 함께 외자 이름으로 개명한 사례와 같은 전통이라 할 수 있다. 일제의 문서에 나병수가 두도구에서 목단강 지역으로 옮기면서 개명한 이름이 나익

이라는 기록에서 확인되는 부분이다. 그는 1922년 12월 18일 영계와 동시에 참교의 교질을 받았다.

[참고 문헌]

『대종교보』제56호(1922년)·제57호(1923년), 『대종교중광육십년사』(대종교총본사, 1971), 『軍資金募集에 關한 件』(不逞團關係雜件-朝鮮人의 部-在滿洲의 部16, 機密公信 10호, 한국사DB, 국사편찬위원회), 『東支沿線 및 間島接壤地方에 있어서 不逞鮮人 및 馬賊團의 近況에 관한 건』(不逞團關係雜件-朝鮮人의 部-在滿洲의 部34, 機密受제호-機密제 호, 한국사DB, 국사편찬위원회), 『北滿情況』(朝鮮軍參謀部發 朝特報에 관한 綴2, 공훈전자사료관원문사료실)

나병원(羅炳元, 남, 생몰 미상)

아호(별명) _ 긍천(肯川)
입교 시기 _ 1909년 | 교질_ 지교

출신지역과 생몰연대를 알 수 없는 인물이다. 광주학생운동으로 구속된 학생들을 석방하라는 격문서를 돌리다, 1930년 3월 체포된 김제청년동맹 백구지부(白鷗支部) 회원인 나병원(羅炳元)과는 동일인지 확인이 안 된다.

나병원은 대종교 중광(重光, 1909) 직후에 입교하여 그 해 8월 4일(음력)에는 대종교의 등장을 예찬하는 창교문(創敎文)을 만들어 종문(倧門)에 바치기도 한 인물이다. 더욱이 그가 1910년 1월 4일(음력), 신규식(申圭植)·이민걸(李敏杰)·최강(崔岡)·박상환(朴祥煥) 등, 당대 쟁쟁한 인물들과 함께 참교(參敎)의 교질(敎秩)을 받았음을 보면 사회적으로나 종교적으로 상당한 비중을 지닌 인물임을 직감케 한다. 또한 1911년 중광절(음력 1월 15일)에 지교(知敎)로 승질(陞秩)되었고, 동시에 박찬익(朴贊翊)·이동춘(李同春)·김교준(金敎準) 등과 시교사(施敎師)로 선임된 기록이 있으나, 그 이후의 활동은 알 수가 없다.

[참고 문헌]

『倧報』제3호(1909년)·제5호(1910년), 『倧令』제3호(1911년), 『종문영질』(프린트본, 1922), 『매일신보』1930.3.4.

나석기(羅錫璂, 남, 생몰 미상)

아호(별명) _ 백간(柏軒)
입교 시기 _ 1910년 | 교질 _ 참교

평안북도 용강군(龍岡郡) 다미면(多美面) 출신이다. 대종교를 접하기 이전에는 여타의 유학자들처럼 공자(孔子)의 학문이 모든 해결책으로 생각하였다. 1908년부터 서북학회 회원으로 활동하며 학회의 월보에 기고한 여러 편의 글에서도 확인된다. 1925년부터는 의생면허를 획득하여 고향인 용강군 다미면 일대를 중심으로 인술을 펼쳤으며, 1937년에는 최응식(崔膺植)·송관헌(宋觀獻) 등과 조선후기 유학자 송암(松菴) 최정현(崔定鉉)의 시가와 산문을 엮어 『최송

암문집(崔松菴文集)을 간행하기도 했다. 그러나 1937년부터 조선총독부 직속기관인 경학원(經學院) 강사(講師)로 참여하여 수당을 받는 등, 친일적 행보를 보인 인물이다.

나석기의 대종교 교력을 살피면, 1911년 중광절(重光節, 음력 1월 15일)에 참교(參敎)의 교질(敎秩)을 받은 기록이 있다. 그의 입교 시기가 그보다 훨씬 이전에 이루어졌음을 알 수 있다. 당시 그와 교질을 함께 받은 인물들을 보면 백순(白純)·윤주찬(尹柱瓚)·박승익(朴勝益)·황병욱(黃炳郁)·김인식(金寅植)·조완구(趙琬九)·류근(柳瑾)·이광수(李光秀)·장지연(張志淵)·현천묵(玄天默) 등의 지도적 인물들이었다. 이것으로 보아 그 역시 사회적 명망이 적지 않았을 것으로 생각되나, 유교적 가치 고수와 친일적 행보로 인해 대종교적 삶을 지속하지 못한 듯하다.

[참고문헌]
『倧令』제3호(1911년), 『서북학회월보』제1호(1908년)·제8호(1908년)·제8호(1909년)·제19호(1910년), 『조선총독부및소속관서직원록』(조선총독부, 1937년·1938년·1939년도)

나성호(羅聖鎬, 남, 1883~?)

아호(별명) _ 나준영(羅俊英)
입교 시기 _ 1922년 이전(추정) | **교질** _ 미상

경기도 부천군 부내면(富內面) 출신으로. 임시정부 연통제 사건과 관련된 항일투사 나성호(羅聖鎬, 함경북도 회령 출신)와는 동명이인이다. 세브란스의전 4회 출신으로 장진섭(張震燮, 평안북도 용천군 출신)·신필호(申弼浩, 충청북도 청주 출신)·이원재(李元載, 함경남도 원산 출신) 등과 동기다. 1915년 병원 개업을 목적으로 연해주 니꼴니스크로 도항하여 러시아로 귀화하였다.

나성호는 그곳에서 친일단체인 간화회(懇話會)에 참여하면서 일제의 감시망을 피하며 항일운동을 전개하였다. 간화회는 1920년 4월경에 니코리스크에 조직된 단체로, 일본의 육군 특무기관에서 일본군 주둔지에 속해 있는 조선인 부락에 조직한 한인자치기관이다. 간화회 회칙 제1조를 보면 본회는 내지인 조선인의 친목융화를 주의로 하여 본회 소정의 규약을 준수하는 자로서 조직한다고 되어 있다. 즉 간화회는 일본인과 한국인의 융화를 그 주의로 하고 있는 친일적인 조직이었던 것이었다.

그러나 나성호의 니꼴니스크 지역 간화회 참여는 위장적 성격이 강했다. 일제 역시 이러한 나성호의 태도를 이미 파악하고 있었다. 일제가 1920년 5월에 조사한 문서에 의하면, 나성호라는 인물이 표면적으로는 친일적 태도를 보이지만 배일주의자(排日主義者)라고 단정하고 있다. 일제는 나성호가 그 지역 대표적 항일투사인 황경섭(黃景燮, 황카피톤) 등의 도움으로 부상병원(扶桑病院)을 개설하고 김이직(金利稷)·허자일(許子日) 등과 결탁하여 배일운동과 독립운동 획책한 인물이라는 것이다

나성호는 지역적 특성에 의한 공산주의 운동에도 가담했

다. 1922년 허자일(許子日)과 함께 고려공산당 노령 지역 선전지부(宣傳支部) 간부를 맡은 것이 그것이다. 당시 지부장은 최고려(崔高麗)였다. 또한 하얼빈으로 이주한 나성호는 1922년 12월 그곳에 고려의원을 개설하여 항일운동의 연락처로 사용하면서 만몽산업회(滿蒙産業會) 조직에 가담하여 대종교 재건 사업에도 뛰어 들었다.

이후 나성호는 흑룡강성 치치하얼 앙앙계(昂昂溪)로 옮겨 갔다. 1928년 10월 남군성(南君星)·김명린(金明麟) 등과 그곳 태림양행(泰林洋行)에서 한인구락부(韓人俱樂部)를 결성하고 한인들의 친목과 생활향상을 도모에 앞장섰다. 그리고 1929년 1월에는 그곳에 부소병원(扶蘇病院)을 개설하여 인술과 더불어 항일투쟁의 은거지(隱居地)로 삼았다.

나성호의 대종교 입교 시기나 영계·교질 사항에 대한 기록은 남아있는 것이 없다. 그러나 나성호가 하얼빈으로 옮겨간 이후, 1923년 4월에 있었던 대종교 재건 계획에 적극 가담했다는 것이 주목된다. 그 이전에 이미 대종교 입교 가능성을 짙게 하는 부분이다.

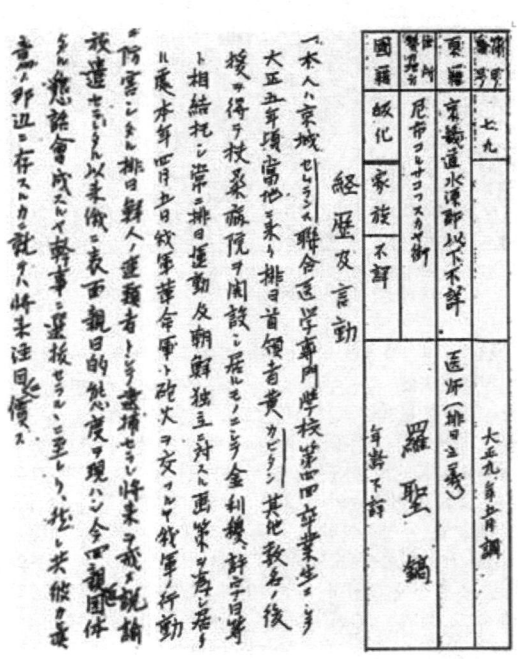

일제가 1920년 5월 나성호라는 인물에 대해 조사·작성한 문서. 표면적으로는 친일적 태도를 보이지만 배일주의자로 단정하고 있다.

당시 대종교는 일제의 철저한 감시 속에서 침체된 교세의 재건을 위해 하얼빈을 거점으로 만몽산업회(滿蒙産業會)라는 조직을 만들었다. 이 단체는 암암리에 대종교 재건을 모색하려는 비밀조직으로, 김교헌(당시 대종교 교주)을 위시하여 나상호와 함께 우덕순·원풍·김규식·최계화·유정근·김좌진·조성환·현천묵 등 37명이 가담하였다. 주목되는 것은 이들 모두 대종교의 핵심인물들이었다는 점이다. 나성호 역시 대종교에서의 비중을 알게 해 주는 부

분이다. 나아가 이들은 종교적 모색만이 아니라 하얼빈을 제2의 상해로 만들려는 야심도 보였다. 나상호가 치치하얼 앙앙계에 개업한 부소(扶蘇)라는 병원의 이름도 대종교와 뗄 수 없는 이름이다. 부소는 단군의 둘째 아들로, 대종교에서는 약을 시험하여 병을 다스린 인물로 추앙되고 있다.

[참고 문헌]
「大倧敎 設立計劃」不逞團關係雜件−朝鮮人의 部−在滿洲의 部36, 機密受제262호−關機高收제5452호−1, 한국사DB, 국사편찬위원회). 「鮮人의 행동에 관한 건」(不逞團關係雜件−朝鮮人의 部−在西比利亞10, 政二機密送 제61호, 한국사DB, 국사편찬위원회). 「동아일보」,1928.10.4., 「삼천리」제4권 제2호(삼천리사, 1932년). 「한국독립운동사자료」2·3(국사편찬위원회, 1971·1973). 「러시아지역 한인 민족운동과 일제의 회유정책−니코리스크 지역 懇話會를 중심으로−」(박환, 「한국민족운동사연구」69, 한국민족운동사학회, 2011)

나우(羅愚, 남, 1885-?)
아호(별명) _ 나순응(羅順膺, 본명)
입교 시기 _ 1918년 전후(추정) | 교질 _ 미상

평안남도 용강군 다미면(多美面) 지사리(芝沙里) 출신으로, 본명은 나순응(羅順膺)이다. 일찍이 고향 사숙(私塾)에서 수학하고 1905년 용강예수교사범학교를 마친 후 1910년까지 기독교진명소학교 교장을 지냈다. 이 시기 신민회 활동에도 관여하였다.
1914년 서간도로 넘어가 통화현 기독교계 선동소학교(先東小學校) 교사를 지냈으며 1918년 5월에는 흥경현에 거주하며 대종교지도자 정안립(鄭安立)이 주도한 동삼성한족생계회(東三省韓族生計會)에 조사부장으로 참여하여 항일독립운동 자치조직에 적극 앞장섰다. 이후 북만주로 넘어가 1919년 길림으로 옮김 후 대종교인들이 중심이 된 길림군정사(吉林軍政司)에도 관여하였다. 후일 대한정의단과 길림군정사가 연합하여 탄생한 조직이 대한군정서(북로군정서)다. 나우는 1919년 9월까지 길림에 머무르면서 박찬익·정안립·황상규 등 대종교 동지들과 항일투쟁의 방향 및 조직활성화를 위한 활동을 전개하였다.
상해로 넘어 온 나우는 1920년 6월 15일 임시정부 내무부 참사로 임명되면서 임시정부와 인연을 맺는다. 1921년 2월 20일에는 상해 인성학교에서 개최된 윤기섭과 김훈(金勳)에 대한 환영식에서 환영사를 담당하기도 했다. 이 환영식은 임정특파원 자격으로 간도 방면 감찰원 활동을 마치고 돌아온 윤기섭과 북로군정서 소속으로 청산리독립전쟁에 참가했던 김훈에 대한 상해 입성 환영하는 행사였다. 나우는 이 시기 중국 상해(上海)에서 조직된 한중호조사(韓中互助社)에도 사원으로 참여하여 한중우호에도 일조하였다. 그리고 1923년 1월 국민대표회의 개최 당시는 광복군단(光復軍團)을 대표하여 참석하였다. 당시 나우는 손정도·백남준·송병조·김철·김동삼·김형식 등과 개조파(改造派)의 입장에 서서 활동하였다. 나우는 1924년 11월에

개최된 전만통일대회(全滿統一大會)에도 광복군단 대표로 참여한 기록이 있다.
나우는 1935년 11월 항주에 결성된 한국국민당에도 가담했다. 한국국민당의 탄생 배경은 한국독립당과 임시정부 고수파가 제휴하여 결집을 도모하는 과정에서, 김구 세력과 임시정부 고수파만으로 결성된 조직이었다. 그 중앙본부는 남경에 있었으나, 나우는 조상섭(趙尙燮)과 함께 상해지부의 책임을 맡았다. 이 시기 나우는 상해 흥사단을 거점으로 활동하면서, 생활고의 해결을 위해 상해전차회사(上海電車會社) 감독(監督), 영상전차공사(英商電車公司) 검표원(檢票員) 등 직장 생활도 하였으며 상해한족노병회(上海韓族勞兵會)의 회원에도 이름을 올렸다. 특히 안창호가 1932년 4월 윤봉길의 홍구공원(虹口公園) 폭탄사건으로 체포된 후, 나우는 홍재형·조원창·유진동·김립·허상련 등과 서무·재무·심사 등 실무를 맡아 활동하였다.
나우와 관련된 대종교단 내의 기록은 전하지 않는다. 그의 입교 시기나 교질 관계 역시 확인되는 것이 없다. 다만 만주에서 항일투쟁을 벌인 애국지사 박명진의 기록에 백포 서일이 이끄는 대종교동일도본사의 주요 교인으로 정안립·여준·박찬익·김좌진·현천묵 등등의 인물들과 함께 나우를 적고 있다는 점이다. 아마도 그의 대종교 입교가 대종교의 주요 인물들이 주도한 동삼성한족생계회에 참여할 지전이 아닐까 추정해 본다. 나우(羅愚)라는 외자 이름으로 개명한 시기도 이 때였다. 많은 대종교 인물들이 입교와 함께 외자 이름으로의 개명한 것을 상기해 볼 일이다.

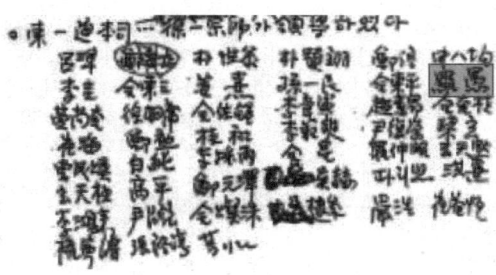

박명진이 「대종교독립운동사」에 기록한 대종교동일도본사 주요 교인 명단에 羅愚(우측상단)의 이름이 올라 있다.

[참고 문헌]
「대종교독립운동사」(박명진, 필사본, 1964). 「東省韓族生計會 組織에 관한 건 續報」(不逞團關係雜件−朝鮮人의 部−在滿洲의 部7, 朝憲機 제330호, 한국사DB, 국사편찬위원회). 「독립신문」,1919.10.7.·1920.12.25., 「제222단우. 羅愚」(안창호문서, 독립기념관한국독립운동사정보시스템). 「조선독립운동」III(김정명, 原書房, 1967). 「한국독립운동사자료」3(국사편찬위원회, 1973). 「한국독립운동사자료」20(국사편찬위원회, 1991)

나운규(羅雲奎, 남, 1902-1937)

아호(별명) _ 춘사(春史)
입교 시기 _ 1910년대(추정) | 교질 _ 미상 | 서훈 _ 애국장(1993)

나운규

함경북도 회령군(會寧郡) 회령면(會寧面) 출신으로, 1910년대 함경북도 대종교 중심인물이었던 나형권(羅亨權)의 셋째 아들이다. 회령공립보통학교와 신흥보통학교 고등과를 졸업하고, 간도 명동중학교를 다녔다. 일찍이 감수성이 빼어나 지역 아이들에게 잡지에 실린 이야기를 들려주며 그의 연기에 대한 끼를 드러낸 인물이다. 또한 고향 지우인 윤봉춘(尹逢春)·이범래(李範來)·김용국(金容國) 등과 회청동우회(會淸同友會)를 결성하고 '이전반(二錢半)'이라는 연극을 공연한 적도 있다.

나운규는 어려서부터 부친의 영향에 의해 민족의식도 남달랐다. 그가 후일 저항적 연기자로 발을 딛게 된 계기다. 1919년 4월 초순 회령에서 윤봉춘·이범래 등과 함께 3·1독립만세운동에 참가한 후, 윤봉춘과 함께 북간도로 건너가 본격적인 항일투쟁에 뛰어들었다. 그리고 만주와 러시아 일대를 주유하며 대한국민회(大韓國民會)에 가입하여 항일전을 전개하는가 하면, 독립군 비밀 조직체인 도판부(圖判部)에 가입하여 무산령 터널 폭파 지령을 하달받기도 했다. 윤봉춘·김용국 등의 동지와 함께 독립군의 국내진공을 원활히 하기 위한 사전 조치로, 나남(羅南)의 사단 본부와 회령 수비대간의 교통을 차단코자 회청선(會淸線) 7호 터널 폭파 및 전선절단 임무를 부여받기도 하는 등 항일전선의 대열에 적극 투신한 것이다.

1920년 경성으로 들어와 공부할 때 도판부 사건이 드러나며 옥고를 치루기도 했다. 그러나 1921년 1월 윤봉춘과 함께 일경에게 붙잡혀 고향으로 압송되었다. 그리고 1921년 3월 5일 함흥지방법원 회령지청에서 소위 보안법 및 제령(制令) 제7호 위반으로 징역 2년을 받고 옥고를 치렀다. 나운규가 연예계와 인연을 맺게 된 계기는 함경도 지방을 방문한 안종화의 예림회 때문이었다. 1923년 출소하고 고향으로 돌아온 나운규는, 그 해 12월 회령으로 순회공연을 온 극단 예림회(藝林會)의 문예부장 안종화를 알게 된다. 안종화와의 인연으로 예림회의 연구생 신분으로 무대에서 연기를 갈고 닦았다. 이것은 본격적인 의미에서 나운규의 첫 무대 데뷔였다. 안종화가 조선키네마주식회사에 입사하자, 나운규는 안종화를 따라 부산까지 내려가 끈질기게 입사를 희망했고, 결국에는 입사하게 되었다. 이후 영화계로도 진출하여 윤봉춘과 더불어 한국의 영화예술을 개척하였을 뿐만 아니라 「아리랑」 등 주로 민족적 성향이 강한 영화를 제작함으로써 일제하 항일민족의식 고취에 크게 공헌하였다.

나운규의 대종교 교력은 대종교단 내에는 남아있는 것이 없다. 그의 영계(靈戒) 사항이나 교질(教秩) 관계 역시 전하지 않는다. 그러나 현규환의 『한국유이민사(韓國流移民史)』(어문각, 1967) 상권에 보면, 1920년대 대종교 남도본사의 주요 교인으로 나운규를 적고 있다. 당시 남도본사는 국내를 관할하는 대종교 교구로, 호석(湖石) 강우(姜虞)가 이끌고 있었다. 1920년대 남도본사의 주요 교인으로는 나운규를 비롯하여 민형식(閔衡植)·지석영(池錫永)·김윤식(金允植)·기산도(奇山道)·홍명희(洪命憙)·안재홍(安在鴻)·신백우(申伯雨)·안호상(安浩相)·정열모(鄭烈模)·신성모(申性模)·이극로(李克魯)·백남규(白南圭)·정인보(鄭寅普)·명제세(明濟世)·서상일(徐相日)·장도빈(張道斌)·정관(鄭寬)·김교준(金敎準) 등을 열거할 수 있다.

나운규의 대종교 입교는 그의 부친인 나형권의 영향이 절대적이었을 것으로 추정된다. 나형권은 1911년 중광절(음력 1월 15일)에 참교의 교질을 받은 인물로, 같은 해 2월 6일(음력) 대종교 회령 지역을 총괄하는 회령시교당(會寧施教堂)의 전무(典務, 책임자)를 맡았다. 나형권이 함경북도 대종교 거점의 중심인물이었음이 확인된다. 또한 1910년대 초반 대종교 인물들이 북간도로 넘어가는 루트 중, 회령 지역 거점이 나형권의 집이자 대종교 회령시교당이었다. 나운규의 집이 바로 함경북도 대종교의 중심이었던 것이다.

한편 나운규가 관여한 영화제작회사의 이름이 원·방·각(圓方角, ○□△)이라는 것도 주목되는 사건이다. 1929년 나운규 프로덕션이 단성사 영화부로 흡수되면서 '원방각사(圓方角社)'라는 새로운 제작사로 재탄생되었다. 본디 원(○)·방(□)·각(△)은 대종교의 '교기에 나타나는 상징[教象]'이다. 대종교에서는 '천신교기(天神教旗)' 혹은 '천기(天旗)'라고도 부른다. 천기의 원방각 교상은, 그 기원은 분명하지 않으나 지상에 홍익인간을 구현할 수 있는 천권(天權)의 상징이요, 인치(人治)의 천부(天符)라는 의미를 가진 천부삼인(天符三印)으로도 새겨진다. 즉 한 옛날 우리 한민족이 가진 고유한 세 가지의 특징 요소로, 불교에서의 인계(印契)나 도교에서의 부적(符籍)과 같이 신앙과 연결된 주물(呪物) 내지는 주부(呪符)의 기원에 해당하는 상징이다. 나아가 원방각은 철학적으로 천·지·인과 대응하는 가치이며, 종교적으로 신과 물질과 인간을 상징하고, 모든 도형과 수리(數理)의 근본이며 기준이 된다.

원방각 교상은 1926년 정월 16일(음력) 북만주 영안(寧安)에서 소집된 대종교 제4차 교의회에서 당시 교주였던 윤세복의 고안(考案)에 따라 제정된 것이다. 이 천기는 대종교의 교리상으로 천·지·인(天·地·人) 삼재(三才)와 원·방·각 삼묘(三妙), 그리고 성·명·정(性·命·精) 삼진(三眞)과 인·지·용(仁·智·勇) 삼달(三達)의 표상이다. 전래하는 원방각에 대한 기록은 이미 발해시대부터 찾을 수 있다. 대종교의 경전인 『삼일신고해설(三一神誥解說)』을 보면, 원방각의 철학적 의미를 처음으로 연결시킨 인물이 발해 시대의 국상(國相)인 임아상(任雅相)으로 기록되어 있다. 임아상은 원방각을 『삼일신고』「진리훈」에 나오는 삼진(三眞, 성·명·정)과 연결하여 해석한 인물이다. 임아상님은 참[眞]이란 유일무이한 것으로, 성(性)은 원(○)이요 명(命)은 방(□)이며 정(精)은 각(△)이라고 정의했다. 나아가 임아상은 원방각의 이치는 너무 기묘하여 억지로 풀이하고 이해할 수 없음도 덧붙이고 있다.

이러한 배경에서 보면, 나운규의 '원방각사'라는 영화제작사의 이름 역시 우연히 명명된 것이라 볼 수 없다. 그의 가치인식이 그대로 반영된 이름이 '원방각사'로, 그의 대종교적 삶의 일단을 살필 수 있는 중요한 근거가 된다.

[참고문헌]
『倧令』(1911년). 『譯解倧經四部合編』(정열모 편, 대종교총본사, 1949). 『대종교독립운동사』(박명진, 필사본, 1964). 『대종교중광육십년사』(대종교총본사, 1971). 『身分帳指紋照會回報書』『문학신문』1957.8.15. 『한국유이민사』上(현규환, 어문각, 1967). 『나운규』(조희문, 한길사, 1997). 『韓國映畵側面祕史』(안종화, 현대미학사, 1998). 『나운규』(조희문, 한길사, 1997)

나정련(羅正練, 남, 1882-1943)

아호(별명) _ 염재(念齋), 나정경(羅正經)
입교 시기 _ 1909년 | 교질 _ 정교 | 서훈 _ 애국장(1991)

나정련

전라남도 보성군 벌교읍 출신으로, 1909년 대종교를 중광한 나인영(羅寅永, 대종교 중광 이후 羅喆로 개명)의 맏아들이다. 대종교 중광 이전인 1905년부터 경성 재동으로 올라와 부친을 시봉하면서, 1909년 대종교 중광에 동참한 이후로 평생을 대종교 정신으로 항일투쟁에 앞장섰다.

1911년 만주 길림성 왕청현으로 넘어가 대종교 중광단 조직에 참여하여 정신 교육을 통한 인재 양성에 힘썼으며, 1914년 연길현 의란구(依蘭溝)로 이주하여 부인 임정원(任正媛) 여사와 함께 동지규합과 계몽활동에 전념했다. 1916년 8월 15일(음력, 이하 음력) 부친인 나철이 순교(殉敎)하자 봉장례의 시종(始終)을 주관하기도 했으며, 나철이 순교 당시 자식들에게 남긴 다음의 유서(가중유서와 붙임) 내용을 지키기 위해 장남으로서 솔선수범하며 생을 살았다.

집안에 주신 글[家中遺書]
정경·정문·정채·정강·정기 다섯 아이에게,
네 아비의 돌아감은 한울에 순(順)함이니 서러워하지 마라. 내가 이미 수십 년을 밖에 있어서 이제 너희들로 하여금 개천구렁에 빠지게 하니 실로 너 아비의 덕이 없음이라. 너의 무리 가운데 혹시 내 뜻을 이어 몸을 종문에 바치는 자가 있으면 참으로 내 아들이다 누가 할 수 있을까! 초상 장사 제사의 세 가지를 아래에 적으니 너희들은 경계하야 행할지어다.

한늘이 나리신지 사천 삼백 일흔 세 해 병진 팔월 보름 날에
아비가 아사달메에서 마지막으로 남기는 글

붙임[附]

一. 장사에, 머리를 풀지 말며 울음을 울지 말며 염(殮)함에 명주비단을 쓰지 말며 다만 삼베·무명으로 하고 아침·저녁의 곡을 폐할 것(평일에 입던 대로 할 것).

一. 장사에, 시체를 싸는데 관곽(棺槨)을 쓰지 말며 다만 부들자리[蒲席]로 하고 꽃상여 등 옛 제도를 쓰지 말며 명정에는 다만 성명 두자만 쓰고 화장하여 깨끗함을 얻게 하고 궤연(几筵)·제복(祭服)·방립(方笠)·상장(喪杖)·직령(直領)·조석전(朝夕奠)·시묘(侍墓) 등 옛 제도를 폐하며 다만 삼백 예순 여섯 날로써 복을 벗고 기공(朞功) 등은 이에 따라서 감할 것.

一. 제사에, 기일에는 고기·술들을 쓰지 말며, 다만 한 그릇 밥과 한 가지 반찬으로 하고 신주를 만들지 말며 소리 내어 울지 말 것.

1918년에는 중광단이 개편된 대한정의단에도 동참하여 활동하였다. 1920년에는 연길현 의란구 구룡학교(九龍學校) 교장으로 선임되어 시무하는가 하면, 대한군정서 비밀요원으로 암약하며 군자금조달·군량미보급·의병모집 등에 헌신하였다. 1922년 밀산현 당벽진(當壁鎭)으로 이주한 후에는 평양진(平壤嶺) 선구촌(船口村)에 한인학교를 설립하여 인재양성에 앞장섰으며, 이곳을 근거로 한신민부의 배후 활동에도 관여하였다. 특히 나정련은 밀산에 덕창국(德昌局)이란 한약방을 개설하여 그 수익으로 학교 운영비 및 독립운동자금을 조달하였다.

이후 나정련은 20년 간 활동하던 밀산현을 떠나 1941년 영안현 동경성으로 이주하게 된다. 당시 그곳은 밀산을 근거로 은둔하던 윤세복 교주가 이끄는 대종교총본사가 먼저 나가 자리 잡은 곳이었다. 나정련은 교주 윤세복을 도와 대종교 포교 및 항일활동의 거점 확보에 노력을 기울였다. 그러나 1942년(임오년) 11월 19일, 일제가 치안유지법을 내세워 국내외 대종교지도자들을 일제히 구속한 사건으로 구속되었다. 대종교의 임오교변(壬午敎變)이다. 나정련 역시 영안현 동경성 자택에서 피검되어 영안현 경무과에서 4개월 간 고문형을 당했다. 이어 액하감옥으로 옮겨 다시 4개월 동안 무리한 혹형과 고역에 시달렸다. 이에 식음을 전폐한 지 10여 일인 1943년 8월 18일 목단강 액하감옥(掖河監獄, 일명 鐵嶺河監獄) 병감(病監)에서 사망하였다. 그의 영구(靈柩)는 영안현 동경성 대황지(大荒地) 공동묘지 안장되었다. 나정련의 사망 소식을 접하고 임오교변으로 옥중에 있던 교주 윤세복은 아래와 같은 만시(輓詩)를 올린다.

吾情君魄兩相憐 내 뜻과 그대의 기백 서로 연민하면서
怨慕號旻問幾年 하늘에 하소함이 그 몇 해였던가
共待坎中容赦日 옥중에서 나갈 날만 함께 기다렸는데
今朝何事獨歸天 오늘 아침 어인 일로 홀로 귀천하셨나

나정련의 대종교 교력을 살피면, 그의 삶 자체가 대종교의 역사였다. 대종교 중광 이전부터 부친(나철)을 도와 대종교 중광의 일익을 담당했으며 일제강점기 최대의 종교박해 사건인 임오교변을 순국할 때까지 오로지 대종교 포교를 통한 항일투쟁에 몸 바쳤다. 1911년 4월 1일(음력, 이하 음력) 참교의 교질을 받고 나철의 순교 직후인 1916년 9월 15일에 지교의 교질로 승질하였다. 특히 대종교 교주이자 부친인 나철이 순교하자, 구월산 삼성사에서 경성남도본사 그리고 백두산 북쪽 기슭인 청파호 장지까지 신구(神柩)를 받들어 모신 인물이 나정련이다. 마지막 봉장례가 거행된 1916년 11월 20일, 나정련은 신구를 받들어 봉장지에 모시고 다음과 같이 제찬(祭饌)의 고축(告祝)도 올렸다.

장남(長男) 지교(知敎) 나정경(羅正經)
단제 강세 사천 삼백 칠십 삼년 병진 십일월 이십일(檀帝降世四千三百七十三年丙辰十一月二十日)에 고애자(孤哀子) 정경正經이 감소고우(敢昭告于) 현고대종교대종사부군(顯考大倧敎大宗師府君)하옵니다. 삼가 유명(遺命)을 받들어 청호(靑湖)에 봉안하오니, 호천망극(昊天罔極)하야 영무소호(永無所怙)니다. 삼가 한울밥[天飯] 한울국[天湯]으로 애천장사(哀薦藏事) 상향(尙饗)하노이다.

이후 나정련은 연길과 밀산 그리고 영안현으로 이동하며 대종교의 시교원(施敎員)으로서 교육과 항일투쟁에 앞장섰다. 그러나 1941년 총본사가 있는 영안현 동경성으로 이주하였다. 1942년 10월 1일 상교(尙敎)로 승질되면서 경의원(經議院) 참의(參議) 등 총본사의 중책을 맡아 활약하던 중, 1942년 11월 일본경찰에 검거되었다. 대종교를 독립운동단체로 규정한 일제가 치안유지법 위반으로 대종교지도자 20여명을 일제히 검거한 것이다.
당시 나정련은 62세의 고령이었음에도 체질이 정강(精康)했다. 그러나 일제의 수많은 고문으로 목단강 액하감옥에서 옥사한다. 권상익(權相益)·이정(李楨)·안희제(安熙濟)·김서종(金書鍾)·강철구(姜銕求)·오근태(吳根泰)·나정문(羅正紋)·이창언(李昌彦)·이재유(李在囿) 등의 대종교지도자들도 고문으로 옥사하였다. 이 10인이 일제하 최대 종교박해 사건으로 희생된 대종교의 임오십현(壬午十賢)이다. 대종교에서는 그의 종교적 업적을 기려 1946년 8월 15일 '선천의 유훈을 잘 계승하여 살신성인으로 대종교를 지켰다(守訓繼志 衛道成仁)'는 상호표(上號表)를 올렸다. 이와 함께 상교(尙敎)에서 정교(正敎)의 교질(敎秩)로 추승(追陞)함과 동시에 대형(大兄)의 교호(敎號)를 추증(追贈)하였다.

[참고 문헌]
『대종교보』제151호(1946년), 『종문영질』(프린트본, 1922), 『대종교인과 독립운동연원』(이현익, 프린트본, 1963), 『홍암신형조천기』(대종교총본사, 1954), 『임오십현순교실론』(대종교총본사, 1971), 『대종교중광육십년사』(대종교총본사, 1971), 『念齋羅正練獨立運動功績』(희산 김승학의 손자 김병기 所藏)

나정문(羅正紋, 남, 1891-1944)
아호(별명) _ 일도(一島)
입교 시기 _ 1909년 | 교질 _ 정교 | 서훈 _ 애국장(1991)

나정문

전라남도 보성군 벌교읍 출신이다. 대종교를 중광한 나철의 차남이자, 임오교변(壬午敎變, 1942년 대종교지도자 일제 구속사건)으로 숨진 나정련(羅正練)의 동생이다. 평생을 대종교에 의지하여 독신으로 살았다. 그는 고향에서 8년간 한학을 공부하고 상경하여 운양 김윤식의 후원으로 1909년 선린상업학교를 마쳤다. 졸업 후 원산농공은행(元山農工銀行)에서 2년, 성진척식은행(城津拓殖銀行)에서 6년간 근무하게 된다.
당시 국내 대종교인들이 북간도로 넘어가는 주요 루트는 원산, 청진, 회령을 거쳐 북간도로 넘어가는 방법이었다. 나정문은 원산 시절 그 지역 대종교 거점의 주요 역할을 담당하였다. 그 중 한 사례가 1913년 대종교지도자 호석(湖石) 강우(姜虞)에 대한 영접이다. 그는 북간도 넘어가는 강우가 원산을 들르자 정중히 맞았다. 강우는 원산 역을 떠나며 나정문 형제(몇 째 동생인지는 확인 안 됨)에게 다음의 7언시를 남겼다. 현실이 고달프더라도 초지일관하라는 내용이다.

宥君兄弟喜而悲　그대 형제 만나보니 기쁘고도 슬프구나
那忍風霜困苦時　풍상의 고달픔을 어찌 차마 견디려나
寄語莫從岐路去　부탁하네만 딴 길은 찾아가지 마시게
無量天福有前期　가 없는 하늘 복락이 앞날을 기약하리니

1926년에는 경성에 있던 대종교남도본사 관할 회선시교당(會善施敎堂)의 찬무(贊務, 부책임자)를 맡아 전무(典務, 책임자)인 김연필(金演弼)를 도왔다. 회선시교당은 가회동(嘉會洞) 23번지에 소재했던 시교당으로 김천경(金天經)이 나정문과 함께 찬무를 맡았고, 그 중심인물은 조선교육회를 거점으로 움직였던 한글학자 주산(珠山) 신명균(申明均)이었다.
이후 나정문은 만주로 넘어가 대종교 포교를 통한 항일투쟁에 진력한다. 특히 1941년 대종교총본사가 소재한 영안현 동경성으로 이주하면서 총본사의 찬범(贊範)·찬강(贊講)·찬리(贊理) 등을 두루 역임했다. 종무행정의 중심에서 활동한 것이다. 또한 대종교 관련 서적을 간행하는 교적간행회(敎籍刊行會)의 총무와 함께 천전건축주비회(天殿建築籌備會)의 발기인으로서 수많은 공적을 쌓았다. 그러나 일제가 획책한 임오교변(壬午敎變, 1942년 대종교지도자 일제 구속사건)으로 투옥 중 고문 후유증으로 사망한다. 독신이었던 나정문의 영구(靈柩)는 양자인 나종권(羅鍾權)에 의해 화장된 후 목단강에 뿌려졌다. 임오교변으로 함께 투옥된 교주 윤세복은 나정문의 사망 소식을 접하고 다음과 같은 만시(輓詩)를 올렸다.

昨哭念齊今哭君　자네 형을 어제 보내고 오늘 또 곡하니
時時淚眼望雲門　먼 하늘 바라보며 눈물만 흘릴 뿐
倧師何意招兄弟　스승(나철)께선 어인 뜻으로 형제 모두 불렀나
特設天宮講習云　하늘집을 특설하여 가르치려 함인저

나정문의 대종교 교력은 1909년 1월 15일(음력, 이하 음력) 대종교 중광과 함께 입교하면서 시작된다. 1914년 5월 13일 참교의 교질을 받고 1916년 12월 21일 지교에 올랐다. 이후 1942년 10월 1일 상교의 교질을 받았으나, 그 해 11월 임오교변을 맞으며 검거되었다. 영안현서(寧安縣署)를 거쳐 목단강경무처(牧丹江警務處)에 구금된 지 15개월 만에 병보석 되었으나, 고문 후유증으로 출감 3일 만에 사망했다. 그 뒤 교단에서는 생전의 공로를 기려 1946년 8월 15일 정교(正敎)로 추승(追陞)함과 동시에 대형(大兄)의 교호(敎號)를 추증(追贈)하였다. 당시 대종교에서는 교질 추승을 기리며 형인 나정련과 마찬가지로 '선천의 유훈을 잘 계승하여 살신성인으로 대종교를 지켰다[守訓繼志 衛道成仁]'는 상호표(上號表)를 올렸다.

[참고 문헌]
『대종교보』제151호(1946년), 『종문영질』(프린트본, 1922), 『홍암신형조천기』(대종교총본사, 1954), 『대종교인과 독립운동연원』(이현익, 프린트본, 1963), 『대종교중광육십년사』(대종교총본사, 1971), 『大倧敎施敎堂一覽表(1926年)』(延边朝鲜族自治州档案馆 全宗号42 目录号1 案卷号343, 和龙县历史档案 和龙县警察所, 令各区査禁韓人設立大倧敎堂由, 民國十五年五月十二日), 『속음청사』하(국사편찬위원회, 1960), 『한국중흥종교교조론』(신철호, 대종교총본사, 1979)

나정수(羅正綬, 남, 1887-?)
아호(별명) _ 여장(汝章), 여은(余隱)
입교 시기 _ 1909년(추정) | 교질 _상교

전라남도 보성군 벌교읍 출신이다. 나정수는 집안의 종손으로, 대종교를 중광한 나철의 백형(伯兄)인 나태영(羅台永)의 장자다. 그러므로 나철은 구월산 삼성사에서 순교할 당시도 친히 나정수에게 집안의 후사를 유서로 남겨 부탁할 정도로 그를 신뢰했다.
나정수는 일찍이 대종교에 입교하여 대종교 활동과 더불어 사회주의 농민운동, 그리고 지역 언론 활성화에 많은 노력을 한 인물이다. 1924년 4월 20일 창립된 조선노농총동맹(朝鮮勞農總同盟)에 참여하여 농민의 이익 옹호에 앞장섰다. 조선노농총동맹은 북풍파가 주도한 남선노농동맹과 화요파의 조선노동연맹회 그리고 서울파의 조선노농대회의 세력이 주축이 되어 성립된 단체였다. 당시 나정수는 남선노농동맹회의 순천농민회연맹회를 대표하여 동참하였다. 또한 1925년부터는 『시대일보』와 『중외일보』의 벌교지국 기자로 활동하면서 지역 발전에 상당한 역할을

하였다. 이 당시 임형순(林炯珣)·구교찬(具敎贊)·박맹(朴猛)·조병학(曺秉鶴) 등이 그와 함께 기자로 활동한 인물들이다.

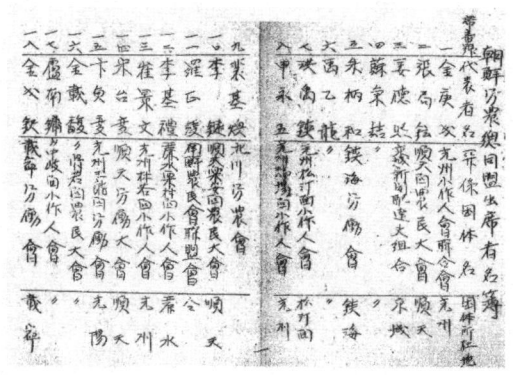

1924년 4월 조선노농총동맹에 참여한 인물들을 적은 일제의 문서. 羅正綬는 南鮮農民會聯合會 관계자로 적혀 있다.

나철의 순교 직전인 1916년 음력 8월 5일, 사리원역 앞 대기사진관(大崎寫眞館)에 찍은 사진. 왼쪽부터 김두봉·엄주천·나철·안영중·김서종·나주영·나정수의 모습이다.

나정수의 대종교 교력은 중광 당시부터 참여한 것으로 추정되지만, 그의 입교 기록이나 영계 사항은 남아있는 것이 없다. 나정수는 1916년 8월 4일(음력, 이하 음력) 참교의

교질을 받았다. 그것은 나철이 순교의 결심을 품고 경성 소재 대종교남도본사로부터 구월산 삼성사로 출발하기 직전에 받은 의미 있는 교질이었다. 당시 나철을 수행한 시자(侍者)는 6명이었다. 교질이 가장 높은 백연 김두봉(당시 상교의 교질)을 비롯하여 엄주천(嚴柱天, 당시 지교의 교질)이 수행했다. 그리고 나정수와 함께 안영중(安英中)·김서종(金書鍾)·나주영(羅宙永, 나철의 사촌동생) 등이 참교의 교질로 동행하였다.

대종교에서는 나정수의 이러한 공을 기려, 나철의 봉장례를 모두 마친 직후인 1916년 12월 21일 지교로 승질(陞秩)시켰다. 해방 이후에도 나정수는 호남 지역을 중심으로 대종교 포교에 노력한다. 1955년 3월 21일에는 전라남도 광주시에 설치된 대종교광주지사의 시교원(施敎員)을 맡았다. 당시의 교질이 상교(尙敎)에 있었다. 그 광주지사의 전무(典務, 책임자)는 백당(白堂) 신태윤(申泰允)이었으며 김정상(金正祥)·나정현(羅正絢)·임재갑(任在甲) 등이 찬무(贊務, 부책임자)를 맡았다. 또한 나정수와 함께 시교원으로 임명된 인물들은 안신(安㣐, 나철의 사위)과 오원석(吳元錫)이었다.

[참고 문헌]
『대종교보』제47권 3·4호(1955년), 『종문영질』(프린트본, 1922), 『홍암신형조천기』(대종교총본사, 1954), 『대종교중광육십년사』(대종교총본사, 1971), 「조선노농총동맹 발기회의 건』(檢察行政事務에 關한 記錄1, 京鍾警高秘 제4409호의 3, 한국사DB, 국사편찬위원회), 『한국중흥종교교조론』(신철호, 대종교총본사, 1979), 『시대일보』1925.7.11., 『중외일보』1926.12.31., 『1920년대 한국사회주의 운동연구』(전명혁, 선인, 2006)

나정채(羅承慶, 남, 1895-1936)
입교 시기 _ 1909년(추정) | 교질 _ 참교

전라남도 보성군 벌교읍 출신으로 홍암 나철의 셋째 아들이다. 1916년 8월 16일(음력) 나철의 조천 소식을 접하고 계모(繼母)인 기길(奇姞) 여사와 큰형 나정련(羅正練)과 함께 구월산 삼성사를 찾아 첫 분상한 인물이다.

나정채의 사회적 활동은 거의 알려지지 않았다. 대종교단 내의 기록도 거의 없다. 그러나 나철이 집안과 관련하여 가장 신뢰한 인물이 나정채였다. 그의 자상하고 사려 깊은 인품에 의미르 둔 듯하다. 나철이 순교를 앞두고 남긴 「삼아(三兒) 정채(正綵)에게 유서(遺書)」라는 다음의 유서에서 잘 드러나 있다.

삼아(三兒) 정채에게 유서
셋째 아이 정채야. 너희 오형제 유서 중에 이미 일체로 말하였고, 또 특별히 너에게 유훈할 말은 너의 계모(繼母) 기씨(奇氏)를 봉양하라는 부탁이다. 채야, 채야, 잊지마라. 저버리지 마라. 네 아비로 인하여 정미년 옥사(獄事)의 고통과 중병(重病) 치료의 공효와 8년 대교(大敎) 숭봉의 일체 근로와 내지로 외지로 종사한 허다한 고초를 생각하면 너희들이 차마 잊지 못하고 저버리지

못할 너의 계모가 아니냐…(중략)…네가 또 근일에 효심이 있는 듯, 대교에 정성심도 있는 듯, 집안일을 이을 만하기로 네게 전탁하니, 너의 천생(天生) 어미로 알고 극진히 봉양하여 천복을 같이 입어 일심으로 통성(通性)하여 네 아비 있는 쾌락계로 같이 오너라.(현대어법으로 고침)

나정채의 대종교 교력을 살피면, 1916년 4월 16일(음력) 참교의 교질을 받은 기록이 있다. 그의 대종교 입교가 대종교 중광 시기와 근접해 있을 것으로 추정되는 부분이다. 그러나 1936년 숨을 거둘 때까지 더 이상의 행적은 발견되지 않는다.

홍암 나철이 3자 나정채에게 남긴 친필유서(보성군청소장)

[참고 문헌]
『종문영질』(프린트본, 1922), 『대종교중광육십년사』(대종교총본사, 1971), 『홍암신형조천기』(대종교총본사, 1954), 「三兒 正綵에게 遺書」(나철유서, 필사본, 보성군청소장)

나종권(羅鍾權, 남, 1923-1994)
아호(별명) _ 심계(心溪)
입교 시기 _ 일제강점기 | 교질 _ 정교

만주 영안현 출신으로, 대종교 임오교변(壬午敎變, 1942년 대종교지도자 일제 구속 사건) 당시 순교한 나정련(羅正練)의 차남이다. 나정련은 대종교를 중광한 홍암 나철의 장자(長子)로 나종권은 나철의 손자가 된다. 또한 나종권은 독신이었던 숙부(叔父) 나정문(羅正紋)의 양자로 입적하였다. 숙부 나정문 역시 임오교변으로 순교하자 그의 영구(靈柩)를 화장하여 목단강에 뿌린 인물도 나종권이다.

나종권은 대종교의 임오교변을 직접 목격한 장본인이기도 하다. 당시 그의 집은 영안현 동경성에 있었으며, 친부(나정련)와 양부(나정문)를 함께 모시고 기거했다. 그는 그들의 대종교 활동과 관련한 심부름만이 아니라, 총본사를

중심으로 한 대종교지도자들의 은밀한 연락책을 담당했다. 대종교 대한군정서 시절부터 활성화되었던 경신원(警信院)의 역할을 수행한 것이다. 나종권은 친부와 양부가 끌려가는 역사적 현장에도 직접 있었다. 나종권의 친구로 임오교변의 상황을 직접 목격했던 차경순의 다음 목격담에도 드러난다.

"내가 보통학교 6학년 때 하루는 친구인 나종권의 집으로 시험 공부하러 간 적이 있는데, 일본경찰들이 사람을 들어가게만 하고 나오지는 못하게 했다. 나는 영문도 모르고 안으로 들어가 보니 집안에는 두루마기를 입은 네 명의 노인을 앉혀놓았는데, 머리에는 모두 검은 광주리를 씌워 놓아 누구인지 분간할 수가 없었다. 일본경찰들은 부산하게 움직이며 수색을 하고 있었다. 일경들이 나를 가운데 앉히더니 꼬치꼬치 캐물었다. 나는 몇 번이고 학생이라고 했으나 믿어지지 않는지 나를 데리고 학교까지 가서 확인하고서야 놓아 주었다. 일본경찰들은 대종교 간판을 떼 간다, 대종교 서적을 날라 간다, 사람을 잡아 간다, 하루 종일 법석을 떨었다."

임오교변 때 검거된 대종교지도자는 모두 20여명이다. 그 중 1942년 11월 19일(음력) 영안현 동경성에서 구속된 인물들은 나정련·나정문과 함께 서윤제(徐允濟, 백포 서일의 아들)·최관(崔寬, 백포 서일의 사위) 그리고 대종교지도자 김진호(金鎭浩)였다. 차경순의 목격담에 나오는 4명의 노인은 나정련·나정문 외에 서윤제·최관·김진호 중의 2인임을 알 수 있다. 나종권은 친부와 양부가 최종형을 언도받고 목단강 액하감옥(掖河監獄, 일명 鐵嶺監獄)에 투옥된 후에도 옥바라지에 정성을 다했다. 또한 그들의 순교 후에도 남다른 정성으로 추도를 행했다.
나종권과 관련된 대종교 입교 기록이나 영계 사항은 전하는 것이 없다. 그러나 대종교에서는, 일제가 패망하고 대종교가 환국하기 직전인 1945년 10월 1일(음력, 이하 음력) 만주 동경성 총본사의 특별추천으로 지교(知教)의 교질(教秩)을 바로 수여하였다. 이것으로 보아 그의 대종교 입교 시기가 상당히 빨랐을 것으로 추정된다. 또한 대종교 환국 직전인 1945년 10월 3일, 만주 동경성에 열린 개천절 행사에서 의미 있는 송도(頌禱)의 예원(禮員)을 맡아 그의 교단 내의 위상을 확인시켰다. 특히 나종권은 대종교가 국내로 환국할 당시 대종교총본사 이전을 위한 남도본사복설(南道本司復設) 경비 조달에서 가장 많은 성연금(誠捐金)을 희사한 인물이다. 모두 모인 성연금 총액 2만 3천 2백 7십원 가운데 1만원을 나종권이 성연했다. 그 역시 어려운 형편이었음에도 가산을 모두 정리하다시피 하여 성연했다는 점에서, 그의 종교적 열성이 확인된다.
나종권은 1950년 1월 17일 대종교중흥회 제2차 중앙상무위원회 구성 때는 총무부원 겸 집행위원을 맡아 대종교 발전 도모에 적극 앞장섰다. 그리고 1950년 5월 14일 대종교 남일도본사 찬무(贊務, 부책임자)로 임명되었고 5월 22일에는 상교(尙敎)로 승질(陞秩)되면서 대종교의 국내 정착에 남다른 노력을 기울였다. 그러나 6·25한국전쟁이 발발하면서 그 뜻을 펴지 못했다. 이후 대종교 정교(正敎)의 교

질과 함께 대형(大兄)의 교호(敎號)를 받으면서 원로로서의 반열에 올랐고, 1969년에는 만주 동경성의 대종학원을 계승하여 만들어진 대종고등공민학교의 교감을 맡아 후학 양성에도 열정을 쏟았다.

[참고 문헌]
『대종교보』제148호(1945년)·제165호(1950년)·제166호(1950년), 『대종교중광육십년사』(대종교총본사, 1971), 「念齋羅正練獨立運動功績」(회산 김승학의 손자 김병기 所藏), 『한국중흥종교교조론』(대종교총본사, 1979), 『죽은 자의 숨결, 산 자의 발길』(강용권, 장산, 1996)

나주영(羅宙永, 남, 1878-1927)

아호(별명) _ 무경(武卿), 위당(衛堂)
입교 시기 _ 1909년(추정) | 교질 _ 지교

전라남도 보성군 벌교읍 출신으로, 대종교를 중광한 홍암 나철의 종제(從弟)다. 본디 나철의 숙부인 나승집(羅升集)의 2자로 태어났으나, 계부인 나봉집(羅鳳集)의 양자로 들어갔다. 나주영의 사회적 활동은 알려진 것이 없고 남아 있는 기록도 전무하다.
나주영의 대종교 교력은 대종교가 중광한 해인 1909년부터 시작될 듯하나, 이 역시 전하는 기록이 없다. 그러나 1916년 8월 15일(음력, 이하 음력) 대종교 교주 나철이 구월산 삼성사 봉심을 떠나 순교할 당시, 김두봉(金枓奉)·엄주천(嚴柱天)·안영중(安英中)·김서종(金書鍾)·나정수(羅正綬)와 함께 시봉(侍奉)하여 나철의 유서(遺書)와 유명(遺命)을 함께 봉승(奉承)한 인물이다. 나주영이 참교의 교질을 받은 것도 나철이 구월산 삼성사로 출발하기 직전인 1916년 8월 4일이었으며, 지교로 승질(陞秩)한 것도 나철의 봉장례를 마친 직후인 1916년 12월 21일이었다. 나철의 순교를 시종(始終) 시봉한 종교적 공로를 인정한 것이다.

[참고 문헌]
『종문영질』(프린트본, 1922), 『대종교중광육십년사』(대종교총본사, 1971), 『한국중흥종교교조론』(신철호, 대종교총본사, 1979)

나중소(羅仲昭, 남, 1867-1928)

아호(별명) _ 나영훈(羅泳薰), 나중소(羅仲昭), 나중소(羅仲紹), 포석(拋石), 일운(一雲), 나봉길(羅奉吉), 나비장군
입교 시기 _ 1910년대 말(추정) | 교질 _ 미상 | 서훈 _ 독립장(1963)

경기도 고양군 숭인면 정릉리(현 서울시 성북구 정릉동 603번지) 출신이다. 본명은 영훈(泳薰)으로 만주 망명 이후 대종교에 몸담으면서 중소(仲昭)로 개명한 듯하다. 나중소는 대한제국의 무관학교 출신으로 육군 정위로 복무하였으며 군대해산 이후 일본육군사관학교에 선발되어 국비유학생으로 유학하였다.

귀국 이후 경술국치를 당하자 만주로 망명하여 대한군정서(북로군정서)와 신민부, 대한독립군정서를 중심으로 한 대종교계 항일투쟁에 앞장섰다. 나중소는 서일·현천묵·박찬익·김좌진·이장녕·김규식 등 대종교 중광단을 주축으로 한 대한정의단에 참여하였다. 1919년 말 정의단이 북로군정서로 개편되자 사령부의 참모부장(參謀副長)·교성대장(教成隊長) 등, 핵심요직을 맡아 을 맡아 조직 안정과 독립군 양성에 많은 업적을 쌓았다.

당시 나중소의 대한군정서는 중앙조직 체계를 총재부와 사령부로 나누었다. 총재부는 왕청현 덕원리에 두고 사령부는 왕청현 서대파에 두었다. 또한 양부의 대다수 인물들이 대종교도였다는 점을 본다면, 양부 체제는 정신의 상징이라 할 수 있는 총재부와 행동의 상징으로 볼 수 있는 사령부의 체제로 이해할 수 있다. 이것은 바로 대종교가 지향한 군교일치(軍敎一致)의 가치를 가장 효율적으로 수행할 수 있는 조직체계로 볼 수 있다는 점에서 주목된다. 1920년 당시 대한군정서의 총재부와 사령부의 주요 구성원들 가운데, 확인된 대종교인들만 보더라도 아래(도표)와 같다.

구분	성 명	직 위	입교시기	비 고
총재부	서 일(徐 一)	총재	1912년	
	현천묵(玄天黙)	부총재	1909년	
	김 성(金 星)	총재부비서실장	1910년	김규식(金奎植)
	윤창현(尹昌玄)	비서	미 상	
	윤정현(尹挺鉉)	탁지국장(度支局長)	1911년	윤정(尹挺)
사령부	김좌진(金佐鎭)	사령관	1917년	
	양 현(梁 玄)	기계국장	1914년	
	박영희(朴寧熙)	사령부부관	1922년	박두희(朴斗熙)
	서 청(徐 青)	기계보관과장	1914년	
	이장녕(李章寧)	참모장	미 상	
	채규오(蔡奎伍)	경신국장(警信局長)	1914년	
	나중소(羅仲昭)	참모부장	미 상	
	임도준(任度準)	서무부장	1914년	
	강 훈(姜 勳)	제21분국장	1922년	
	계 화(桂 和)	재무부장	1916년	
	정 신(鄭 信)	인사국장(人事局長)	1914년	정 윤(鄭 潤)
	채신석(蔡信錫)	통신과장	1914년	
	최익항(崔益恒)	경리국장(經理局長)	1913년	
	남진호(南鎭浩)	이사(理事)	1922년	
	주견룡(朱見龍)	군의정(軍醫正)	1922년	

특히 나중소의 대한군정서는 1920년 10월 21일부터 26일 새벽까지 전개된 청산리독립전쟁에서 적의 연대장을 포함한 1,200여명을 사살하는 전과를 올렸다. 이 전쟁에서 나중소는 참모부장으로 종군했다. 그 주요 인물들을 보면, 김좌진(총사령관), 박영희(朴寧熙, 부관), 이범석(연성대장), 이민화(李敏華, 종군참교), 홍충희(洪忠憙, 대대장서리 제2중대장), 강화린(姜華麟, 제1중대장서리), 김찬수(金燦洙, 제3중대장), 오상세(吳祥世, 제4중대장), 김옥현(金玉玄, 대대부관), 김훈(金勳, 종군참교), 백종렬(白鍾烈, 종군참교), 한건원(韓建源, 종군참교) 등이 주축이었다.

청산리독립전쟁 이후 밀산으로 집결한 항일단체들은 대한군정서를 중심으로 대한독립군단으로 재편되었다. 나중소는 이 대한독립군단이 동녕현을 중심으로 활동하고 있던 1924년 3월에 현천묵·조성환·김규식·이장녕 등 대종교 동지들과 대한독립군정서라는 단체를 조직하였다. 이 단체는 대종교계 대한군정서 출신들이 주축을 이룬 것으로, 나중소(서무부장 및 참모)를 비롯하여 현천묵(총재)·김규식(사령관)·조성환(고문)·최충호(崔忠浩, 통신부장)·양현(梁賢, 재무부장)·신청농(申靑儂, 募捐部長)·김연원(金演元, 군의관)·이범석(군사부장)·박운집(朴雲集, 외교부장)·박두희(박영희, 행정부장)·계화(桂和, 검사부장)·신명식(申明植, 서기장)·김혁(참모)·김필(金弼, 참모)·권영준(權寧濬, 참모)·정신 등이 참여하였다.

이후 나중소는 신민부 활동으로 옮겨갔다. 신민부는 1925년 1월 길림성 목릉현에서 부여족통일회의(扶餘族統一會議)를 개최하고 그 해 3월 10일 당시 대종교의 거점이었던 영안현 영안성(寧安城) 내에서 결성된 단체였다. 신민부는 북로군정서를 계승한 것으로, 그 주요 구성원의 대부분이 대종교인이었다. 따라서 이들이 신봉하였던 대종교 이념이 자연스레 신민부의 주요한 이념으로 자리 잡았다. 신민부의 기본철학은 대종교의 홍익인간과 중광정신으로, 그들이 추구한 정치형태 역시 배달국 공화주의 추구였다. 나중소는 김혁·김좌진·조성환·윤복영·오상세·박성태·정신·박두희·최호·유현 등 대종교지도자들과 신민부 중앙집행위원회의 위원을 맡아 단체 운영의 중심에 섰다. 또한 대종교의 핵심이었던 현천묵·지장회(池章會)·손일민(孫一民) 등과 검사원(檢查院)에 소속되어 신민부를 견인하는데 중요한 역할을 한다. 참고로 신민부의 정신적 지도는 대종교의 중심이었던 은계(隱溪) 백순(白純)과 백서(白棲) 강인수(姜寅秀)가 주로 담당하였다. 백순은 대종교의 최고원로로 만주와 노령 지방의 항일투쟁 거물이었으며, 강인수는 대종교 동이도제일지사(東二道第一支司)에 속한 장일시교당(帳一施敎堂, 寧安縣海林市)을 이끌었던 인물이었다.

나중소의 대종교 입교 시기나 교력 사항과 관련된 대종교단 내의 기록은 전하지 않는다. 그러나 홍업단과 신민부에서 활동한 이현익의 기록에는 나중소가 대종교인으로서 "노령·만주에서 검산도수(劍山刀水) 돌파하며 독립운동에 일관하다가 간도(間島)에서 병사(病死)"한 인물로 적고 있다. 또한 항일투사 박명진은 현천묵·여준·정안립·박찬익·정신·신팔균·서상용·김좌진·이홍래·계화·이범석·양현·조성환·백순 등등과 나중소를 백포(白圃) 서일

(徐一)이 이끄는 대종교 동일도본사(東一道本司)의 주요 교인으로 적시하고 있다. 그러므로 대한군정서를 이끌던 서일에 대한 추도식도 나중소가 앞장서 이끌기도 했다. 또한 일제가 1924년 작성한 나중소의 신상에 대한 문서에도 대종교인으로 적시하고 있음을 보면, 아마도 나중소의 대종교 입교 시기는 그가 만주로 넘어가 대종교계열의 항일단체였던 정의단에 가담할 시기인 1910년대 말이 아닐까 추정해본다.

일제가 1924년 작성한 나중소의 신상에 대한 문서. 종교 부문에 大倧教로 적혀 있다.

『동아일보』 1928년 10월 11일자에 실린 나중소의 사망 소식.

[참고 문헌]
『대종교인과 독립운동연원』(이현익, 프린트본, 1963), 『대종교독립운동사』(박명진, 필사본, 1964), 『대종교중광육십년사』(대종교총본사, 1971), 『고종실록』1902년(광무 6년) 7월 20일자, 「大韓獨立軍團 參謀 李棟이 陳述한 金佐鎭의 行動 및 一派 不逞鮮人團의 情況 等에 관한 件」(不逞團關係雜件-朝鮮人의 部-在滿洲의 部38, 機密 제121호, 한국사DB, 국사편찬위원회), 「國外情報:大韓軍政署의 日誌에 관한 件」(大正8年乃至同10年 朝鮮騷擾事件關係書類 共7冊 其3, 密第33號 其33/高警 第1007號, 한국사DB, 국사편찬위원회), 「不逞鮮人의 行動에 관한 건」(不逞團關係雜件-朝鮮人의 部-在滿洲의 部30, 秘受14239호-機密제508호, 한국사DB, 국사편찬위원회), 『독립신문』1924.3.28, 『동아일보』1928.10.11, 『무장독립운동비사』(채근식, 대한민국공보처, 1949), 『한국류이민사』상(현규환, 어문

각, 1967), 『한국독립사』하(김승학, 독립문화사, 1970), 『대한민국독립운동공훈사』(김후경, 광복출판사, 1983), 『한민족독립운동사』4(국사편찬위원회, 1988), 『한국독립운동사자료』42(국사편찬위원회, 2006), 『한국독립운동사자료』43(국사편찬위원회, 2007)

나철(羅喆, 남, 1863-1916)
아호(별명) _ 홍암(弘巖), 일지당(一之堂), 문경(文卿), 경전(耕田, 經田), 나두영(羅斗永), 나인영(羅寅永, 羅仁永)
입교 시기 _ 1905년 **교질** _ 도사교, 대종사(大宗師)
서훈 _ 독립장(1962)

나철

① 생장

전라남도 낙안군(樂安郡) 남상면(南上面) 금곡리(錦谷里) 출신으로, 현 보성군 벌교읍 칠동리 금곡부락이다. 본명은 나두영(羅斗永) 혹은 나인영(羅寅永)으로, 나철(羅喆)이란 이름은 그가 대종교를 중광(重光)하면서 개명한 이름이다. 경전(經田)이라는 아호(雅號)를 사용했지만, 대종교를 일으킨 후 홍암(弘巖)이라는 도호와 일지당(一之堂)이라는 당호를 사용하였다.

나철의 집안은 경제적으로 가난하고 한미(寒微)한 양반가로 비교적 늦게 학문을 접했다. 10세 때에 비로소 국문을 해독하고 한문을 수학하였으며, 16세 때 순창군 향시(鄕試)에 응시하기도 했다. 이후 형(兄) 나태영(羅台永)과 보다 큰 세상을 유람할 계획으로 상경하였다. 이 때 조우(遭遇)하여 정치적 스승이 된 인물이 운양(雲養) 김윤식(金允植)이다.

나철은 김윤식의 도움으로 본격적인 과거준비를 통해, 비교적 과년한 나이인 29세(1891년)에 문과에 급제하게 된다. 같은 해 최고의 요직인 승정원 가주서(假注書)로 임명되어 고종 임금을 알현하고 시무에 임했다. 가주서란 기거주(起居注)라는 별칭으로 불리는 벼슬로, 임금의 모든 움직임을 친히 모시면서 기록하는 사관(史官)이다. 따라서 시골의 한빈(寒貧)한 유생 출신의 나철로서는 출세를 위한 절호의 기회이기도 했다. 그는 고종의 총애를 받으며, 31(1893년)세에 병조사정(兵曹司正)에 그리고 같은 해 몇 개월 후에는 승정원 부정자(副正字)에 임명되었다. 그러나 10여일 근 후에 사직서를 내고 낙향을 한다. 그리고 33세인 1895년에는 핵심요직인 징세국장(徵稅局長)에 임명되지마는 겸허히 사양하고 끝내 취임하지 않았다. 개인적 영달의 길을 스스로 포기하는 것이다.

나철 자신의 출세기회를 스스로 접고 고난의 길을 택한 이유에 대한 분명한 기록은 없다. 그러나 그가 벼슬길을 포기할 당시의 시대적 상황은 내우외란이 그치지 않고 국운이 쇠망해 가던 시기임을 상기해 볼 필요가 있다. 동학

농민전쟁(1984년)·청일전쟁(1984년)·을미사변(1985년) 등 실로 미증유의 사건들이 연속되었던 시기였다. 그러나 이러한 국가적 위기의 상황에서 보여준 고위 지도층의 행태는 관료적 병폐로 나타나는 가렴주구나 일삼고 친청파·친일파·친러파 등등으로 갈리어 국가와 민족은 안중에도 없었다. 나철의 벼슬에 대한 염증과 우국적 울분의 배경을 이해할 수 있는 부분이다. 또한 명성황후 시해 사건과 연루된 혐의로 정치적 시련을 겪게 되는 김윤식과도 무관하지 않다고 본다. 나철의 후원자이며 정치적 스승이었던 김윤식이 이 사건으로 1987년 제주도 종신유배에 처해지자 나철은 김윤식과 함께 유배의 길을 떠났던 것이다.

한편 나철의 우국적 행보에는 김윤식의 영향도 컸던 것으로 이해된다. 나철은 김윤식의 배경으로 서울 상류문인층에 접할 수 있었고 그의 절대적인 후원에 힘입어 과거에 급제했다 해도 과언이 아니다. 또한 나철이 벼슬길에 나아간 후에도 정치적 후견자로서의 김윤식의 역할은 적지 않았으며, 김윤식과 5년간의 제주도 유배생활을 함께 하기도 했다. 김윤식은 온건개화파로 친일적 성향이 강했던 인물이다. 또한 1907년 중추원 의장으로 임명된 후로는 노골적인 친일 행각을 드러내기도 했다. 김윤식은 대동아공영권을 주장했던 오카모토(岡本柳之助)를 위시하여 일본의 많은 국수적 인물들과 절친한 관계를 맺고 있었다.

나철이 그의 우국운동의 첫 행보를 의병항쟁과 같은 적극적인 무력투쟁의 방법을 취하지 않고, 1905년 이후 몇 번의 도일(渡日)을 통하여 민간외교적 교섭을 통한 동양평화론을 들고 나온 것도 이러한 김윤식의 영향과 연관된 것으로 볼 수 있을 듯하다. 나철은 김윤식의 영향 속에서 개화론·자강론·외교론의 지식을 경험했으며, 일본으로 건너가 일본 정계의 거물들과 면회하고 정치적 독립의 당위를 따질 수 있었던 것도 김윤식의 인맥 및 소개와 유관했던 것으로 판단되기 때문이다.

민간외교적 노력에 실패한 나철은 을사5조약 체결에 도장을 찍은 매국대신들을 처단하기 위해 오기호 등과 자신회(自新會)를 조직하여 적극적 주살(誅殺)계획을 모의한다. 그리고 모금을 통하여 권총을 구입하고 계획을 실행하지만 실패로 끝났다. 그러나 이 거사는 당시 생각하는 지식인들에게 커다란 감명과 더불어 나철의 존재를 각인시키는데 결정적인 계기가 되었다. 일찍이 정교(鄭喬)가, '나라 걱정을 자기의 임무로 알고 살았던 나철'에 대해 술회한 다음의 기억을 통해서도 알 수 있다.

"(나철은)세계의 대세를 두루 살펴보면서 나라에 대해 근심하는 것을 자기의 임무로 삼았다. 이에 일본 도쿄에 가서, 정부와 각 성(省)에 편지를 보냈다. 또 일본 천황에게도 편지를 올렸다. 논한 바가 근엄하고 명쾌하여, 각 신문에서 베껴 보도했다. 세계에서 비로소 우리 한국에 인물이 있음을 알게 되었다. 일본 조정의 신하들도 모두 감탄하면서 칭찬을 그치지 않았다. 의로운 선비 150명을 모아 박제순 등을 죽이려 하다가 뜻을 이루지 못했다. 나라사람들도 통쾌해 하며 슬퍼하지 않는 사람이 없었다."

나철은 이 사건으로 인해 내란죄의 죄목을 쓰고 유형(流刑) 10년의 선고를 받지마는 고종의 배려로 유형살이 몇 개월 만에 사면된다.

이 시기의 나철사상의 중심은 유교라고 정리할 수 있다. 그는 고향에서 유교적 학문소양을 쌓고 한양에 올라와 김윤식을 만나면서 유교적 심화학습을 통해 과거준비를 한다. 과거급제 후에는 유교적 관료주의의 구조 속에 편입되어 생활하다가 우국적 개화사상에 눈을 뜨고 급기야는 행동하는 혁명가로 치닫는 것이다.

② 대종교 중광

고종의 특별사면으로 유배생활에서 돌아온 나철은 일제의 침략으로 국운이 절망적으로 치닫고 있음을 직감했다. 그는 후일 대종교 중광에 함께 참여한 정훈모(鄭薰模) 등과 1908년 11월 네 번째 도일을 시도하여 국운을 돌리려는 노력을 하지마는 신통한 결과를 얻지 못했다. 그러나 이 네 번째 도일에서 나철은 대종교 중광(重光)과 관련된 운명적인 만남을 경험한다.

먼저 대종교 중광의 근원과 연유를 밝힌 「중광원유(重光源由)」(『倧報』제1호, 1909년)의 기록을 살펴보자.

"을사(1905년·인용자주) 12월 30일(대한 광무 10년 1월 24일) 상오 9시에 나인영이 일본으로부터 부산에 상륙하여 기차를 탑승하고 당일 하오 11시에 경성 서대문역에 내려 한 노인에게 단군교를 신봉하고 교적(敎籍) 2책[신고((神誥)와 신사기(神事記)]을 비수(秘受)하니, 노인은 자칭하되 명(名)은 백전(伯佺)이오 호(號)가 두암(頭岩)이오 년(年)이 90이라 하며 성(姓)은 불언(不言)함. 무신(1908년·인용자주) 11월 12일(대한 융희 2년 12월 5일) 상오에 나인영이 일본 강호지구(江戶芝區) 앵전(櫻田) 본향정(本鄕町) 13번지 청광관(淸光館)에서 두웅(杜雄)을 봉(逢)하여 『포명서(佈明書)』일책(一冊)을 수(受)함. 두웅의 성명은 두일백(杜一白)이오 호는 미도(彌島)오 년(年)은 69세니, 백전 등 32인과 공(共)히 백봉(白峯)을 사사하여 갑진(1904년·인용자주) 10월 3일에 백두산 하(下)에 회(會)하여 일심(一心戒)를 동수(同受)하고 『포명서』를 발행함. 갑진 12월 초9일(대한 융희 2년 12월 31일) 하오 10시에 나인영이 일본 동경 본향구(本鄕區) 삼천정(森川町) 1번지 신판상(新坂上) 개평관(盖平館)에서 두미두웅을 우봉(又逢)하여 영계식(靈戒式)을 행할 새, 시(時)에 정선(鄭選), 원명 훈모(薰謨)]이 재좌(在座)라가 공(共)히 수계함. 기유(1909년·인용자주) 정월 15일(융희 3년 2월 5일) 오전 1시에 나인영이 동지로 더불어 서울 북부 제동 취운정하(翠雲亭下) 8통 10호 모옥(茅屋)에서 제천포교(祭天佈敎)하니 이날이 중광절이다."

위의 기록을 더듬으면, 나인영(대종교 중광 후 나철로 개명하기 이전의 이름)은 대종교를 중광하기 전(1905년 음 12월 30일) 단군교에 입교하였음을 알 수 있다. 그리고 백봉신사(白峯神師)의 제자인 두암(頭岩) 백전(伯佺)과 미도(彌島) 두일백(杜一白)으로부터 단군교(대종교) 중광을 재촉 받는다. 또한 백봉 집단은 1904년 단군교포명 이후 2년 가까이 인물을 물색하다가 나철을 택한 것으로 나타나고 있다.

위의 「중광원유(重光源由)」에 나타나는 바와 같이, 나철이 1905년 백봉신사의 제자 백전노인을 만나 단군교에 입교하고 『삼일신고』와 『신사기』를 전해 받았다. 이것이 나철과 백봉집단의 첫 번째 만남이다. 그러나 당시 나철은 목전에 닥친 구국의 일념에만 몰두한 나머지, 이 만남에 큰 의미를 두지 않았다. 나철이 백봉집단과 다시 상면케 된 것은 3년이 지난 1908년, 그가 구국운동의 일환으로 네 번째 일본을 방문했을 때다. 즉 일본 토쿄(東京)에 있는 세이코칸(清光館)에 머물 당시, 백봉신사의 제자 두일백이라는 인물이 또 찾아온 것이다. 두일백은 나철 일행에게 『단군교포명서』와 『고본신가집(古本神歌集)』·『입교의절(入教儀節)』, 그리고 『봉교절차(奉敎節次)』·『봉교과규(奉敎課規)』 등의 서책을 전하면서,

> "나의 성명은 두일백이요 호는 미도(彌島)라 하는데 나이는 69세요. 지난 을사년(1905년-인용자주) 겨울에 서대문역 근처에서 백전도사(伯佺道士)를 만나 신서(神書) 두 권을 받은 일이 있을 것이오. 그 백전도사는 나에게 도형(道兄)이 되는 이로서, 백전도형과 함께 32인이 백봉신사에게 사사(師事)하고 갑진년(1904년-인용자주) 10월 초 3일에 백두산에서 회합하여 일심계(一心戒)를 받고 이 포명서를 발행한 것이니, 귀 나공(羅公)은 금후의 사명이 단군교포명서에 관한 일이라는 것을 명심하시오."

라는 말을 부탁하면서 나가 버렸다. 더욱이 며칠 후에는 나철 일행이 옮긴 숙소인 가이헤이칸(蓋平館)으로 다시 찾아와 "국운(國運)은 이미 다하였는데, 어찌 이 바쁜 시기에 쓸데없는 일로 다니시오. 곧 귀국하여 단군대황조의 교화(敎化)를 펴시오. 이 한마디가 마지막 부탁이니 빨리 떠나시오."라는 꾸짖음을 남기고 사라졌다.

나철은 바로 귀국 길에 올랐다. 그리고 마음에 새긴 것이 국망도존(國亡道存, 나라는 망했어도 정신은 있다)이다. 그는 국망(國亡, 일제의 강점)이라는 절망감 속에서 도존(道存, 단군사상)으로써 미래의 희망을 찾고, 그 구체적 방법으로 단군신앙의 중광(重光, 단군신앙의 부활)을 모색하게 된다. 나철이 창교(創教)가 아닌 중광을 선택한 것도 이러한 배경을 알면 이해할 수 있는 부분이다. 즉 동학의 최제우나 증산교의 강일순처럼 창교주로 등장하는 것이 아니라, 백봉집단의 단군교에 입교한 일개 교인으로써 단군신앙의 연결자로 스스로를 낮추었던 것이다. 그러므로 대종교단에서는 나철이 선택한 중광의 의미를 다음과 같이 새기고 있다.

> "대종사(나철을 말함-인용자주)는 신교(神教)의 중광과 종도(倧道)의 재천(再闡)으로써 민족의 앞날을 바로잡고 병탄 당하려던 조국의 쇠운을 회복시킴과 아울러 동양평화와 인류의 자유행복을 증진시키려는 대이념(大理念) 하에 한배검의 영계(靈契)를 받들어 4366년 기유(1909) 음력 정월 15일 자시(子時)를 기하여 동지 오기호(吳基鎬)·강우(姜虞)·최전(崔顓)·류근(柳瑾)·정훈모(鄭薰模)·이기(李沂)·김인식(金寅植)·김춘식(金春植)·김윤식(金允植) 등, 수십 인과 함께 한성 북부 제동(齋洞) 취운정(翠

雲亭) 아래 8통 10호 육간 초옥 북벽(北壁)에 단군대황조 신위를 모시고 제천의 대례(大禮)를 행하시며 단군교포명서를 공포하시니, 고려 원종 때 몽고의 침입으로부터 700년간 폐색되었던 신교의 교문이 다시 열리어 한말의 암흑풍운 속에도 일맥의 서광이 민족의 앞날을 밝게 비치었으니, 이날이 곧 우리 겨레의 새 역사를 창조한 거룩한 날이요, 우리 대교의 중광절(重光節)인 것이다."

즉 대종교의 중광을 전래 신교(神教)의 재천명으로 규정하고 있다. 신교란 '신으로서 교를 베풀었다'는 이신설교(以神設教)의 준말이다. 대종교(단군신앙)과 이음동의어라 해도 무방한 가치다. 또한 대종교에서는 몽고의 고려 침략으로 이러한 신교의 교문(教門)이 닫혔으며, 20세기 초 대종교의 등장으로 신교의 부활이 완성되었다는 이해. 몽고의 침략으로 인한 신교의 단절이란 고려 팔관(八關)의 폐쇄와도 동일한 의미다. 고려 정체성의 상징이라 할 팔관회의 위상이 몽고의 적극적 간섭에 의해 추락해 갔음을 말하는 것이다. 대종교에서 몽고 침입에 의한 팔관 행사의 단절을 교맥(教脈)의 단절로 이해하고 있음도 이와 무관치 않다. 이것은 대종교를 중광한 나철의 다음 기록에서도 그러한 의식을 그대로 확인할 수 있다.

> "몽고의 고려 침학(侵虐) 이법(異族)의 혐의(嫌疑)로다 / 서적문기(書籍文記) 다 뺏고 교문제전(教門祭典) 다 폐절(廢絶)"

나철은 몽고의 침략으로 인해 교문제전(教門祭典) 즉 팔관이 단절된 것으로 이해했고, 팔관의 재계가 우리 민족 진실한 정성의 예(禮)임을 말하고 있다. 그러므로 대종교의 중광은 끊어진 신교(팔관)의 도맥을 다시 연결한 사건으로, 나철이 그 명분으로 주창한 '국망도존'의 가치와도 직결되는 의미였다. 일제하 독립운동의 정신적 동력이 되었던 이 외침은, 정신의 망각으로 망한 나라를 정신의 지킴으로 되찾자는 구호였다. 그 정신이 바로 단군신앙(신교, 팔관)이요, 그 정신의 근대적 부활이 곧 대종교였으며, 그 대종교가 바로 독립운동의 선봉에 나선 것으로, 단군구국론의 재확인이었던 것이다.

일제강점기 대종교의 총체적 저항 역시 이러한 중광의 배경을 외면하고서는 이해하기 힘들 듯하다. 즉 대종교라는 에너지가 어느 날 갑자기 만들어진 것이 아니라, 우리 민족사의 바닥에 연면히 흘러온 단군신앙을 현대적으로 부활시켰다는 점과, 당시대의 많은 지식인들이 대종교를 국교적 정서로 인식했던 것과 관련이 있다. 또한 우리의 역사 속에서 민족적 위기 때마다 고개를 든 단군구국론의 경험과도 무관치 않다고 본다. 따라서 일제하 대종교 중광을 통한 독립운동은 우리 민족의 자존심을 대내외에 천명한 일대사건으로써, 항일운동 본산으로서의 역할과 더불어, 총체적 저항의 사표를 보여주었다는 점에서 의미가 크다.

1911년 만주 왕청현에서 조직된 중광단 역시 이와 같은 대종교의 중광 정신에서 탄생한 항일단체다. 경술국치 이후 비밀결사 형식의 중광단으로 출범하여, 대한정의단(大

韓正義團)으로 북로군정서(대한군정서)로 변화하였다. 중광단의 중심을 이룬 인물들은 단장인 서일을 비롯하여 현천묵·백순·박찬익·계화·김병덕(金秉德)·채오·양현·서상용(徐相庸) 등이다. 모두 대종교의 신자로 근대적인 교육을 받은 인물들이었다. 중광단은 일차적으로 대종교 포교를 통하여 재만동포들에 대한 민족의식의 함양에 노력을 경주하고자 한 이유도 여기에 있다.

한편 나철에 있어 대종교 중광은 그 개인에서는 과거의 족쇄였던 유교적 자아의 껍질을 벗고 민족적 자아로 변모하는 것이며, 민족적으로는 단절되었던 민족문화의 거대한 줄기를 세우는 역사(役事)이기도 했다. 마침내 나철은 1909년 음력 1월 15일, 오기호·최전·류근·정훈모·이기·김인식·김윤식 등, 뜻을 함께 하는 동지들과 더불어 「단군교포명서」를 선포하고 단군신앙을 다시 일으킨다. 바로 대종교 중광이다.

대종교의 중광은 절망적 현실 속에서 민족적 자긍심을 북돋워 준 일대사건으로써, 우리 민족사의 전반에 혁명적인 변화를 몰고 온다. 즉 역사 속에 침잠되어 오던 단군신앙의 부활을 통해, 당시 주권을 잃어버린 암울한 민족사회 전반에 희망의 메시지를 전달했으며, 민족정체성의 와해 속에서 방황하던 수많은 우국지사들과 동포들에게 정신적 안식처를 제공하게 된다. 특히 「단군교포명서」에 나타나는 바와 같이, 국망(國亡)이라는 수모를 당하게 된 역사적 원인에 대한 냉철한 반성과 함께 도존(道存)이라는 정신적 일체감을 통한 치유방안을 동시에 제시함으로써, 국학중흥의 당위적 방향을 제공했다는 점에서도 의미가 크다.

1910년 일제의 강압에 의한 한일병탄은 우리 민족사의 최대 수치요 비극이었다. 그들은 한반도의 무력지배만이 아니라 그것을 통하여 대륙진출의 전초기지를 확고히 하고자 했다. 특히 일제는 조선의 영구지배를 획책하기 위해 다양한 술수를 동원하여 한민족의 정체성을 교묘하게 흔들어 놓았다. 그 중에서도 식민사관을 통한 한국사의 날조와 일본어 국어정책을 통한 우리의 말과 글에 대한 탄압은, 한민족성의 근간을 없애고 민족문화의 근원을 훼손시키기 위한 일제의 주요술책이었던 것이다.

나철의 대종교 중광은, 일제의 이러한 질곡의 사슬로부터 벗어나고자 하는 총체적 저항의 출발이자 중심이었다. 중광의 헌장이라 할 『단군교포명서』야말로 이와 같은 총체적 저항의 교본이었다. 또한 문화적 위기에 당면해 있던 당시 민족사회로 볼 때는, 희망의 지침서와 같은 선언이었다. 『단군교포명서』는 철저하게 단군사상의 가치를 종교·사상·문화적 측면에서 역사적인 구명을 함은 물론, 시대를 건너 뛴 단군신앙의 승계를 선언한 중차대한 선언이라는 것이다. 이것은 단순히 단군신앙의 부활을 넘어서, 민족 최대의 축일인 개천절의 당위적 명분을 제공했을 뿐만 아니라, 민족의식을 토대로 한 정신사관 확립에 중요한 계기를 만들어 주었다. 또한 전래적 인습이었던 사대(事大)의 정신적 폐해를 공박함으로써 민족문화의 자긍심을 심어줌과 더불어 국권회복을 통한 자주독립의 당위성을 분명하게 일깨웠다. 그러므로 일제의 속박을 벗어나고자 했던 나철의 항일투쟁 또한 그가 강조하는 정신을

몸통으로 하여 문화·정치외교·종교·무력투쟁 등을 쓰임으로 하는 총체적 독립운동이 전개되었던 것이다.

③ 순명조천

1916년 8월 15일(음력), 우리 근대사의 중요한 인물 하나가 세상을 떠났다. 1909년 대종교를 일으킨 홍암 나철의 자결(自決)이 그것이다. 당시 나철에 의한 대종교가 30만 교도(教徒)의 획득과 일제에 대한 총체적 저항으로 나타나자, 일제는 철저한 탄압을 통하여 대종교의 말살을 획책하게 된다. 일제는 신교(神教)의 부활체인 대종교를 종교유사단체로 규정함과 동시에 폐교를 명령하고 집회와 설당(設堂)의 불허는 물론, 나철 이하 모든 간부들의 일거수일투족을 감시했다. 그리고 대종교 관련인에 대한 고의적인 검문·검색과 대종교인과 관련된 소송사건(訴訟事件)에 대해서는 이유 불문하고 불이익을 안김으로, 대종교와 대종교인에 대한 전방위적 박해를 자행했다. 나아가 교주 나철의 만주행마저도 철저하게 봉쇄했다.

나철은 대종교 재건을 위한 새로운 길을 모색할 수밖에 없었다. 대종교의 절망적 위기 구난을 위하여 또 다른 방도를 찾아야 했던 것이다. 나철은 1916년 1월 1일(음력, 이하 음력) 대종교 남도본사(경성京城 소재) 삼신전(三神殿)에서 제천의례를 특별히 행하고, 1월 10일에는 대종교의 신주(神呪)라 할 수 있는 밀고삼장(密誥三章)을 하늘로부터 내려받았다. 그리고 4월 13일에는 신명(神命)에 의한 영선(靈選)으로 김교헌(金教獻, 대종교명은 金獻)에게 교주의 도통을 넘겨줌으로써, 대종교의 책임을 인계함과 동시에 구월산 삼성사 수도행을 결심하게 된다. 같은 해 8월 4일, 나철은 수도행의 준비가 끝나자 단군천진(檀君天眞)을 가슴에 품고 깨달음의 징표인 단주(檀珠)와 정화(淨化)의 상징인 단표(檀瓢), 그리고 구원의 도구인 단장(檀丈)을 갖추고 출발하게 된다. 당시 나철을 시봉(侍奉)한 인물들은 6명이었다. 나철의 수제자 백연(白淵) 김두봉(金枓奉)이 책임을 맡았다.

구월산 삼성사는 고려 말 이승휴의 『제왕운기』에도 나오는, 대종교의 유서 깊은 사당이다. 나철은 삼성사에 도착하여 쇠락한 곳곳을 수선하고 동·서·북 세 곳으로 떨어져 모셔졌던 삼신위패(三神位牌)를, 삼신일체(三神一體)의 신리(神理)에 따라 북벽에 함께 모셨다. 그리고 8월 10일 수도실을 정하여 북벽에 단군천진을 봉안한다. 다음 날 11일에, 수행문(修行文)을 수도실 문 밖 기둥에 붙이게 한 후, 폐문수도(閉門修道)에 들어갔다. 그리고 8월 15일 오후 11시경 마침내 자결로써 생을 마친다.

죽음은 삶을 긴장시키고, 삶은 죽음을 두렵게 만든다. 삶과 죽음은 하나로 경험될 수 없음에도 동전의 양면과 같이 붙어 다닌다. 삶 없이는 죽음도 죽음이 아니며, 죽음이 없다면 삶 역시 삶이 아니다. 또한 죽음이란 생(生)이 지불하는 대가라는 말처럼, 의미 있는 삶은 고귀한 죽음과 맞닿음이 많고, 뜻 깊은 죽음에는 삶의 여운 역시 길게 남는다. 우리 근대사의 수많은 죽음 속에서 나철만큼 뜻 깊은 죽음을 남긴 인물도 없을 듯하다. 치열한 수행을 통한 삶의 일관 속에서 수행을 통한 자결(自決)이 가져온 반향

이 너무 컸기 때문이다. 특히 그의 죽음이 갖는 대종교적 의미는 남다르다.

자진순명을 결심하고 6명의 제자들과 함께 구월산 행에 나선 나철이, 1916년 8월 5일(음력) 사리원역 앞 사진관에서 마지막으로 찍은 기념사진. 앞줄 왼쪽에서 2번째가 나철이고 1번째가 首席侍者였던 김두봉이다.

먼저 개인적 자살이 아닌 사회적 타살의 의미가 크다는 점이다. 일제는 일본은 신도를 앞세워 조선정체성을 말살하고자 했다. 그리고 신도국교화(神道國敎化)를 통한 식민지의 완성을 도모한 것이다. 그 거대한 강압을 깨뜨리고자 한 중심에 대종교가 있었다. 그리고 핵심인물이 나철이다. 일제의 대종교 거세를 위한 총체적 압박은, 대종교의 모든 것을 정지시키고 고사(枯死)시켰다. 그 절망의 중심에도 나철이 있었다. 한마디로 나철의 자결은 뒤집힌 사회가 강요한 사회적 타살과 무관치 않은 것이다.

당시 나철을 비롯한 대종교인들은 천은신토(天恩神土)로 물려받은 땅이 노예의 공간으로 몰락한 것에 대해 수긍할 수 없었다. 우리의 정체성을 자처한 대종교가 일본 신도를 앞세운 일제에 의해 붕괴해 가는 것을 방관하지 않았다. 대종교가 국권회복(조국광복)을 넘어 배달국이상향을 완성하고자 한 배경과도 연결된다. 나철의 유서 내용에 나오는 다음의 시대인식을 보자.

"모두가 근본을 잊으며 근원을 저버리고서 사특한 길에 달리고 참함[眞]에 아득하며 가달길[妄途]에 잠기어서

죄 바다로 떨어짐에 마치 촛불에 닿는 약한 나비와 우물에 빠지는 어린 아기와 같거든, 하물며 또 굿것(귀신의 순 우리말-인용자 주)이 수파람(휘파람-인용자 주)하고 도깨비 뛰노니 한울·땅의 정기빛이 어두우며 뱀이 먹고 돼지가 뛰어가니 사람겨레의 피·고기가 번지르 하도다. 나라 땅은 유리쪽으로 부서지고 티끌모래는 비·바람에 날렸도다. 날이 저물고 길이 궁(窮)한데 인간이 어디메뇨?"

식민지의 참담한 시대 상황이 그대로 드러난다. 귀신이 휘파람을 불고 도깨비가 날뛰는 세상으로 인간 세상이 아니다. 게다가 풍비박산된 나라 땅은 사람 겨레의 피·고기가 질펀한 공간이다. 사람다운 사람이 살 공간이 아님을 탄식한 것이다. 나철에 있어 그 절망의 중심에서 벗어나는 길이 자결이었다. 인간의 죽음이라는 개념이, 어떤 상실이나 회한·경고의 성격을 띠고 있기보다는, 또 다른 미래의 사유로의 열림을 의미할 수 있다는 미셸 푸코(Michel Foucault)의 이해와 같이, 나철은 자결을 통해 또 다른 희망의 사유를 모색했다. 나철은 그의 자결이 닫힌 사회의 새로운 돌파구가 될 수 있다는 확신을 한 것이다.

또한 나철의 죽음은 대일항쟁을 일깨운 육신제와도 같았다. 대종교 중광 이후, 우리의 역사 속에서 민족적 위기 때마다 고개를 든 단군구국론이 다시 불붙었다. 대종교의 독립운동은 우리 민족의 자존심을 대내외에 천명한 일대사건으로써, 항일운동 본산으로서의 역할과 더불어, 총체적 저항의 사표를 보여주었다는 점에서 의의가 크다. 1911년 만주 최초의 독립운동단체인 중광단 조직을 효시로 대한정의단으로 그리고 북로군정서로의 발전, 신민부로의 계승과 한족연합회로의 단결, 또한 흥업단 발족에서 광정단, 그리고 정의부의 성립, 서로군정서·통의부·참의부·의열단·광복단에서의 활동까지, 영욕과 부침(浮沈)이 교차하는 가운데서도 불굴의 의지로 투쟁과 승리의 길을 개척해온 업적은 민족운동사에 고귀한 발자취다.

물론 이와 같은 단기간의 혁명적 영향력의 배면에는, 대종교라는 에너지가 어느 날 갑자기 만들어진 것이 아니었다. 우리 민족사의 바닥에 연면히 흘러온 단군신앙을 현대적으로 부활시켰다는 점과, 당시대의 많은 지식인들이 대종교를 국교적 정서로 인식했던 것과 관련이 있다. 또한 우리의 역사 속에서 민족적 위기 때마다 고개를 든 단군구국론의 경험과도 무관치 않다고 본다. 따라서 일제하 대종교의 독립운동은 우리 민족의 자존심을 대내외에 천명한 일대사건으로써, 항일운동 본산으로서의 역할과 더불어, 총체적 저항의 사표를 보여주었다는 점에서 의의가 크다.

더욱이 나철이 백봉교단으로부터 받은 문류(文類) 가운데 「봉교과규(奉敎課規)」를 보면, 보다 결정적인 배경이 드러난다.

"만약 교문을 능욕하거나 능멸하면 대황조성신께 죽음으로 맹세하고 싸우라. 혹 이로 인해 목숨을 잃거나 몸을 다치면 마땅히 교문에서 그 절의를 숭상하고 그 처자를 구휼하라."

는 내용이 그것이다. 교문에 반하는 언행에 대해 '죽음으로 맹세하고 싸우라'는 내용이다. 더욱이 종교적 성지(聖地, 당시 조선 땅)를 모조리 강탈당한 상황에서, 교주인 나철 자결의 원흉인 일제에 대한 대항의지가 어떠했을까를 짐작할 수 있다. 대종교도들의 이러한 정서가 일제하 대종교 무장항쟁에 나타나는 군교일치·수전병행의 정신으로 연결되면서, 철학이 있는 싸움, 정사(正邪)를 구별하는 싸움, 살신성인하는 싸움을 가능케 했다. 한민족 정체성의 중심을 자처한 대종교가, 일제의 패망 때까지 정치·경제·사회·문화 등 민족사회 전반에서 총체적 대일항쟁의 길을 걷게 됨도 위와 같은 배경과 관련된다.

특히 나철의 자결로 인해 우리의 독립운동이 들판의 불길처럼 번져 나갔다. 나철의 구월산 순교야말로 우리 민족 혁명사상 최대결정(最大結晶)이었다. 나철의 순교로 인해 지리멸렬하던 민족전선이 비로소 통일된 정신적 지주 또 구심점을 갖게 된 것이다. 육당 최남선이 나철의 순교를 육신제(肉身祭)로 표현하면서 다음과 같이 평가했는데,

"병합 이래로 조선의 고유신앙인 대종교에 대하여 일본 관헌의 탄압이 날로 가열을 더하매, 교주 나철이 육신제의 뜻으로서 구월산에 들어가서 자정(自靖)하고 …(중략)… 무릇 국외에 있는 모든 광복운동이 흡연(洽然)히 이리로 귀일하여 교세융성을 극(極)하고, 종래의 지리멸렬하던 민족전선이 비로소 통일된 정신적 지주 또 구심점을 가졌다."

라는 내용으로도 나철의 종교적 순교가 본격적인 항일운동의 도화선이 되었음을 짐작할 수 있다.

권력이 때로는 죽음을 기반으로 나온다. 보편적으로 죽음은 권력을 생성하고 강화하며 유지하는 힘을 발휘한다. 작게 한 집안의 제사는 물론이고, 정치인들의 의미 있는 묘소 참배, 일본 수상의 야스쿠니신사 참배는 모두 권력 생성의 메카니즘이라고 볼 수 있다. 기독교는 예수의 죽음에서 영원한 생명을 얻었으며, 조선조는 충의효열(忠義孝烈)의 이름으로 죽어간 수많은 사람들의 힘으로 도덕적 권위를 유지했다. 수많은 사찰에 세워져있는 진신사리탑(眞身舍利塔)의 기능도 크게 다르지 않다. 나철의 자결을 통한 항일운동의 정신적 현시(顯示)를 말함에 있어, 국가와 민족을 위하여 정신과 육체를 다 바친 대종교도의 저항은 모두 나철이 남긴 죽음의 힘이었다.

끝으로 나철의 자결은, 단순한 죽음을 넘어 순명조천(殉命朝天)이라는 수행적 완성과도 통한다. 대종교 중광 이후 나철의 삶은 수행으로 시작하여 수행으로 우뚝 섰다. 그에 있어서 수행은 일제하 대종교를 지탱해온 동력의 원천이요, 세속의 숲을 벗어나고자 한 수도자적 삶의 지표였다. 역사적 고난도 수행을 통해 극복했을 뿐만이 아니라, 한 순간 속세의 영화 또한 수행으로 묻어 버렸다. 그리고 시대적 위기로 인한 절체절명의 순간에도, 수행의 완성을 통하여 순명조천을 실현했던 것이다. 삶의 힘이 없이는 죽을 능력도 없다는 것을 보여준 것이다. 나철은 스스로의 자결을 통해 삶을 유보하였다. 죽어 살고 있는 모든 것

을 살리기 위해서였다. 대종교를 위해, 하느님을 위해, 인류를 위해 순명(殉命)하였다. 특히 수행의 최고 경지인 폐기(閉氣)를 통해 목숨을 끊은 것은, 성스러운 죽음을 넘어 하늘과 만나는 조천이었다는 것을 알게 되었다.

④ 이적(異蹟)과 예언

대종교에 있어 백두산은 그 역사적 인식을 넘어서 종교적 상징성이 다양하게 중첩된다. 대종교의 전신이라 할 신교의 발상지이면서 역사적 활동무대인 동시에, 대종교 중광의 계기를 만든 백봉 집단의 근거지가 이곳이다. 또한 중광의 헌장이라 할 「단군교포명서」는 물론, 포교의 근본이 되는 경전(經典) 역시 이곳을 근거로 유포되었다. 더욱이 대종교 성역의식(聖域意識)의 근간도 이곳을 벗어나서 생각할 수 없고, 중광 이후 수많은 선열들이 항일전선에서 유명을 달리한 것 역시 이곳이다.

그러므로 대종교에 있어 백두산은 '성스러움의 그 자체'다. 종교적 시원이 이루어진 곳이요, 돌아가야 할 정신적 공간 역시 그곳이다. 신시(神市) 삼천단부의 교화 공간이 그곳이며 다물(多勿)의 의지를 담은 이상향도 그곳에 있다. 신지선인(神誌仙人)의 '수미균평위홍방보태평(首尾均平位興邦保太平)'의 거점도 이곳을 벗어나선 생각할 수 없고 홍익인간의 구현 또한 이 공간을 떠나서 구도할 수 없다. 이러한 정서는 대종교 선열들 모두의 마음속에 담겨진 정서이기도 하다. 가령, 성재(省齋) 이시영(李始榮)의 역사인식에서 그려지고 있고, 백암(白巖) 박은식(朴殷植)이 『몽배금태조(夢拜金太祖)』에서 엮은 꿈에서도 드러난다. 또한 석농(石儂) 류근(柳瑾)과 수당(水堂) 맹주천(孟柱天)의 마음속만이 아니라, 희산(希山) 김승학(金承學)이 품었던 배달국이상향의 꿈에서도, 그리고 한글학자 이호(李灝, 이윤재) 등 수많은 인물들에게 나타나는 현상이다. 한마디로 대종교 선열들에게 있어 그곳은 '땅 위의 한울집[地上天宮]'이었다. 발해시대 국상(國相)인 임아상(任雅相)이 「삼일신고해설」에서 일깨운 다음의 가르침을 품었기 때문이다.

"한얼님의 나라와 한울집이 반드시 한울에만 있는 것이 아니라, 땅 위에도 있고 사람의 몸에도 있다. 한밝뫼(백두산)의 남북 마루가 곧 한얼님의 나라요, 거기에서도 사람의 몸으로 화하여 내려오신 곳이 곧 한울집이다."

나철은 백두산 북쪽 기슭인 청파호에 대종교총본사와 함께 고령사(古靈祠)를 설치했다. 그 때가 1914년 10월 5일(음력)이다. 고령사란 대종교의 선철선성(先哲先聖)을 기리는 사당을 말한다. 그리고 고령사의 설치는, 전래 신교(대종교)의 붕괴와 더불어 소멸된 사묘(祠廟) 재건의 상징이라고도 할 수 있다. 따라서 대종교의 역사 속에 나타나는 수많은 성현(聖賢)들 가운데, 우선 『단군교포명서』와 『단군교오대종지서』에 기록된 선철선성(先哲先聖) 14인을 봉선(奉選)하여 제를 올렸다. 당시 봉선된 14인은, 대종교문이 배출한 대표적 인물들이었다.

성통십철(性通十哲, 성품을 통한 10명의 철인)로는 부루대왕·부여대왕·원보팽우·상신(相臣)고시·사관신지·해부루대

왕·혁거세대왕·동명성제·비서갑신후·동신성모 등의 10인과, 공완사성(功完四聖, 공적 마친 4명의 성인)으로는 예국군(濊國君) 여수기·남해장(南海長) 배천생·발해고왕·금태조 등의 4인이 봉선되었다. 대종사는 이 선열들에게 제례를 올림으로써, 숭조교본(崇祖敎本)의 정신을 드높였다. 이들은 모두 신교체행(神敎體行)의 삶을 실천한 인물들로서, 이들에 대한 제례를 통하여 신교 계승의 정통성을 만천하에 알린 것이다.

나철은 고령사 제문을 통해 "대종교가 중도에 폐하여 유적이 망가지고, 지금 혹여 받들자 함이 있어도 더럽혀지고 경전이 없었으나, 하느님의 베품과 선철의 도움으로 백두산 사방에 천기(天旗)를 거듭 세우고…(중략)…이제 사당을 세워 영령들을 합향하오니…(중략)…모두 하늘나라로 돌아가 하늘이 준 복록을 누리소서"라는 치제(致祭)로서, 대종교 선열들에 대한 정성을 지극히 했다.

한편 종교적 성지는 기적이나 화해, 그리고 치유나 예언과 관련한 영적 기억들과 밀접하다. 가령 고대 이스라엘에는 신의 현존을 지속적으로 보장할 수 있는 성지들이 없었다. 그 성지들은 오직 지나간 일이 되어 버린 신과의 만남을 기리는 역사적 기념 장소들이었다. 그러한 역사적인 사건들에 대한 기억을 보존하였던 장소가 기억의 장소가 되었던 것이다. 그러한 기억의 장소들에서 신의 역사가 그의 민족과 더불어 공간적으로 구체화되었고 확증된 것이다.

나철에 있어 백두산 청파호라는 공간은, 기적의 공간이요 치유의 공간이며 예언의 공간이기도 했다. 청파호 총본사에서 15리 정도 떨어진 곳에 단촌(檀村)이라는 촌락이 있었다. 단촌이라는 이름은 나철이 친히 지은 명칭으로, 이름 그대로 대종교촌이었다. 이곳에 급성전염병이 발생하여 마을 전체가 위급해진 상황이었다. 밤늦게 이 소식을 전해들은 대종사는 야심을 무릅쓰고 단촌을 향해 출발하였다. 단촌까지 가는 데는 강 하나를 건너야 했다. 그러나 배가 없어 암담한 상황이었다. 이때 대종사가 강 건너를 응시하며 기도를 하자, 홀연히 바람과 함께 건너편에 머물던 배가 떠 건너오는 이적이 일어났다. 동행했던 시자들 모두 놀랐다 한다. 이어 병자들의 집 문기둥마다 '이신대명(以身代命-나철 자신의 몸으로써 병자들의 목숨을 대신하겠다는 의미)'을 써 붙였다. 그리고 환자들의 이마에다 손을 얹고 각사(覺辭)를 염송하자 모두 소생했다 한다.

또 하나는 1914년 겨울에 있었던 일화다. 나철이 고경각에 머물고 있을 때, 청년신도인 예대건(芮大建) 형제가 급사했다는 기별을 받았다. 당시 예대건 형제는 총망 받는 신도로 나철의 기대를 모았던 인물이었다. 나철이 급히 달려가 청년의 이마에 손을 얹고 간절히 각사를 외우자, 죽었던 예대건 청년이 눈을 떴다. 죽은 자를 살린 기적이었다. 이 뿐만이 아니다. 당시 함북 경원에서 갓 이사 온 방생원(方生員) 집의 며느리가 출산하다가 죽었다. 염(殮)을 미루게 하고 간절히 기도하자, 이 역시 소생한 것이다. 가뭄에 단비를 내리게 한 이적도 있었다. 1912년 만주에는 큰 가뭄이 들었다. 당시 중국인들은 절에 모여 기우불공을 드리고, 기독교 교회에서는 밤새워 기우기도를 드렸

으며, 촌락마다 목욕재계하고 기우제를 드리는 노력을 쉬지 않았으나 비가 오지 않았다. 나철은 또다시 자신을 제물로 하여 '이신대명'이라는 절체절명의 절식기우원도(絶食祈雨願禱)를 드렸다. 그리고 5일 되는 날 기적처럼 비가 쏟아진 것이다. 감격한 나철은, 이 비를 한배님이 주신 비라 하여 '한배雨'라 했다 한다. 나철이 무송현 눈 속에서 72일간 행했던 석상기도(石上祈禱)와 그 이후 일어났던 이적 역시 불가사의한 일화로 전한다. 나철이 이 기도를 마치고 용정이나 훈춘, 밀산 등지로 나갔을 때, 마을 어귀에 들어서기만 하면 죽어가던 사람들이 벌떡벌떡 일어났다고 증언한 백강 조경한의 증언이 이를 뒷받침한다.

나철의 이러한 치병과 이적은, 대종교의 성지인 청파호를 중심으로 이루어진 신화다. 나철 스스로도 그의 유시인 「중광가」 51장에, "일부삼인(一符三印) 거듭 운(運) 빛빛마다 새 신화(神化) / 단촌에 병을 빌 때 사십 일인 곧 소성(蘇醒) / 청호에 비를 빌 때 절식(絶食)한 오일득우(五日得雨) / 왕청 화룡 밀산 골 종종 영험 다 신명(神明)"이라는 내용으로 전하고 있다.

예언적 기능 역시 종교의 중요한 요소다. 종교계의 예언은 현세를 벗어난 내세(來世), 또는 지상 천국의 지향(志向) 등과 무관치 않으므로, 그 종교의 독자적인 미래관과 연결된다. 또한 그러한 예언과 관련된 장소 역시 종교적 성지와 밀접하다. 나철이 남긴 「중광가」 43장을 보자.

"기(記)하라 사자언지(四子言志) 봉교자(奉敎子) 출반언(出班言)에 / 행봉(幸逢)한 문명시대 천신교(天神敎) 중창(重創)하야 / 태백산 단목 하에 총교궁 다시 건축 / 세계 각 교 다 귀일 천하 각 족 다 동화"

'천신교의 중창'이나 '백두산에 총교궁 건축', 그리고 '세계 각 교 다 귀의'와 '천하 각 족 다 동화'라는 노래 역시 예언적 성격이 짙다. 여기서의 사자언지(四子言志)란 뜻은, 말 그대로 네 사람이 말한 뜻을 일컫는 것이다. 1910년 『대한매일신보』에 네 사람이 노래한 형식의 시가 실려 있다. 그 가운데 대종교에 봉교한 인물로의 봉교자(奉敎子)를 화자로 내세워 다음과 같이 노래한 구절이 있다.

봉교자(奉敎子)가 말하기를,
문명시대 당하여서 특별 종교 창립하고
전국 내에 각 교회를 모두 함께 혼합하며
천하 각 교 통일하고 각 국 민족 통치하여
태백산상 높은 곳에 총교당(總敎堂)을 건축하고
조선 민족 교황(敎皇) 되면 이게 장부 쾌사로다.

신문에 실린 노래를 통해 나철의 유시를 보면, 대종교가 문명시대를 맞아 다시 하느님신앙[天神敎]으로 중창(重創, 중광을 넘어 거듭 새롭게 만들어짐)할 것임을 예언하고 있다. 또한 백두산에 총교궁을 설치하여 중심이 된다는 것이다. 그리고 만교가 합일되고 온누리가 하나로 뭉친다는 노래다. 이것이 나철이 꿈꾼 배달국이상향의 궁극일 듯하다. 또한 나철이 청파호에 머물던 시절, 남파(南坡) 박찬익(朴

贊翊)에게 써주었던 비결시(秘訣詩) 역시 예언적 성격이 강한 글이다. 당시 개천절 봉축식을 거행하고 고경각을 찾은 박찬익에게 건네준 다음의 시가 그것이다. (해석은 예언적 성격을 헤아려 필자가 한 것임)

鳥鷄七七日落東天(조계칠칠일락동천)
黑狼紅猿分邦南北(흑랑홍원분방남북)
狼道猿敎滅土破國(낭도원교멸토파국)
赤靑兩陽焚蕩世界(적청양양분탕세계)
天山白陽旭日昇天(천산백양욱일승천)
食飮赤靑弘益理化(식음적청홍익이화)

을유년 칠월 칠석 다시 듣는 광복성(光復聲)
패권주의 이념 투쟁 동강나는 한반도
양보 없는 가치 논박 금수강산 진흙탕
냉전 대립 외래사조 세계주의 먼먼 꿈
백두산 천신대도(天神大道) 중창 기운 솟는 날
이념 종교 하나 되는 온누리 한나라

이 시 역시 일본의 멸망과 남북 분단, 냉전과 이념 논쟁으로 어지러워지는 세계상을 예언하고 있다. 그 분탕의 세계를 종식시키는 가치가 백두산의 백양(白陽)으로 곧 하느님신앙[天神敎]이다. 그리고 맞이하는 질서가 홍익이화의 세상이다. 대종교적 이상세계와 맞닿아 있다.

[주요저술]
나철은 대종교를 중광한 직후 발표한 「주필기사(走筆記事)」(『종보』제1호, 1909년)를 시작으로 「단단조(檀檀調)」(『대한매일신보』1909년 7월 27일), 「단군가(檀君歌)」(『대한매일신보』1909년 8월 6일), 「세모소감(歲暮所感)」(『종보』제4호, 1909년) 등과, 유서(遺書) 중에서도 「악장문(樂章文)」(1916년 음력 8월)이나 「이세가(離世歌, 세상 떠나는 노래)」(1916년 음력 8월) 등의 많은 글들을 남겨 대종교 계도와 남은 이들의 권계(勸誡)에 노력했다.
이 중 흥미를 끄는 것은 「단군가」다. 이 글은 후일 안창호의 「대왕조의 높은 덕」이라는 글에 절대적 영향을 기쳤다. 아래 두 글을 비교해 보면 사용된 약간의 어휘와 마지막 1연이 생략되었다는 것뿐, 안창호의 글이 나철의 글과 거의 동일하다는 것을 알 수 있다.

[나철의 「단군가」]
우리 시조 단군의셔 태백산이 강림ᄒᆞ샤
나라 집을 창립ᄒᆞ야 우리 자손 쥬시셧네
거륵ᄒᆞ고 거륵ᄒᆞ다 대황조의 놉흔 성덕 거륵ᄒᆞ다

모든 고난 무릅쓰고 황무지를 개척ᄒᆞ샤
양전미택(良田美宅) 터를 닥가 우리 자손 기르셨네
닛지 마셰 닛지 마셰 대황조의 깁흔 은택 닛지 마셰

모든 위험 무릅쓰고 악ᄒᆞᆫ 짐싱 모라←샤
해와 독을 멀니ᄒᆞ야 우리 자손보호힛네
닛지 마셰 닛지 마셰 대황조의 크신 공덕 닛지 마셰

착흔 도를 세우시고 어진 정사베프시와
청구산하 빗←시고 천자만손 복주셧네
닛지마셰 닛지마셰 대황조의 어진 덕화 닛지 마셰

형제들아 자매들아 대황조의 자손된 자
우리 형제자매들아 천번 만번 죽드릴도
변치 마셰 변치 마셰 대황조를 향ᄒᆞᆫ 충성 변치 마셰

형제들아 자매들아 조상나라 모든 민족
우리 형제자매들아 혈성(血誠) 픔고 동력(同力)ᄒᆞ야
빗←보셰 빗←보셰 대황조의 놉흔 일홈 빗←보셰

[안창호의 「대왕조의 높은 덕」]
우리 황조 단군께서 태백산에 강림하사
나라일을 건설하여 자손 우리에게 전하셨네
거룩하다 의의탕탕 대황조의 성덕 거룩하다

모든 곤란 무릅쓰고 황무지를 개척하사
의식 거처 편케 하여 자손들을 기르셨네
영원무궁 잊지마세 대황조의 높은 덕 잊지마세

모든 위험 무릅쓰고 악한 짐승 몰아내사
(한 구절이 생략된 듯함) 자손들을 보호했네
공덕무량 기념하세 대황조의 큰 공덕 기념하세
착한 도를 세우시고 어진 정사 베풀으사
윤리 도덕 가르쳐서 자손들을 화하셨네
전지무궁 빛내보세 대황조의 높은 교화 빛내보세

형제들아 자매들아 대황조의 자손된 자
우리 형제 자매들아 천 번 죽고 만 번 죽어도
변치마세 변치마세 대황조계 향한 충성 변치마세

나철의 대표적 저술로는 『도동기(渡東記)』와 『대종교신리(大倧敎神理)』, 그리고 『신리대전』과 『중광가』를 꼽을 수 있다. 이 중 『도동기』는 나철이 대종교를 중광하기 이전의 육필 저술로, 네 번째 도일(渡日) 당시를 기록한 기행록이다. 그러나 『도동기』는 1934년 초여름, 비적들에게 습격당할 당시 약탈당했다. 그 시기 대종교의 거점이었던 밀산은 국경지대라 월경(越境)하는 일도 다른 곳보다 수월했다. 또한 당시 중국 관헌들의 경비가 소홀했기에 홍적(紅賊)이나 토비(土匪)의 내습하는 일이 잦았다. 대종교는 1921년에도 비적들의 만행으로 살인·방화 등의 대참화를 당했는데, 1934년 다시 큰 참화를 겪은 것이다.
또한 『대종교신리(大倧敎神理)』는 1911년 중광절(음력 1월 15일)에 프린트본으로 출간한 짧은 서술이다. 작은 제목으로는 '신인(神人)'·'태백산단목(太白山檀木-사진)'·'단군(檀君)'·'한배진상(眞象-사진)'·'삼신(三神)'·'대종교(大倧敎)'·'신리계설(神理繫說)' 등, 일곱 가지가 담겨 있다. 이 『대종교신리』 토대로 후일 정리한 저술이 『신리대전』이다.
『신리대전』은 그 완성 시기가 명확치 않으나, 1915년 초에서 1916년 초기일 가능성이 점쳐진다. 나철은 『대종교신

리』를 간파한 후 얼마 되지 않은 1911년 7월 21일(음력), 국내의 마리산 제천단과 평양의 숭령전 참배를 거쳐 바로 만주 화룡현으로 떠났다. 그리고 그가 다시 국내 경성으로 돌아온 것은 1915년 1월 14일(음력)이다. 나철은 4년 가까이를 만주에서 보냈으며, 그 기간에도 만주 지역의 단군 유적 순례 및 교단 조직 등으로 분주하게 보냈다. 그러므로 나철이 『신리대전』을 정리하여 완성한 시기는 1915년 국내로 돌아온 직후부터 1916년 초기 사이가 가장 크다고 할 수 있다. 『신리대전』의 출간은 나철이 순교한 후인 1917년 7월 16일(음력) 무원 김교헌에 의해 이루어졌다. 『신리대전』은 대종교 전래 경전인 『삼일신고』의 '신훈(神訓)'을 「신위(神位, 하느님자리)」·「신도(神道, 하느님도리)」·「신인(神人, 하느님사람)」·「신교(神教, 하느님가르침)」라는 네 방면으로 풀어 해석한 글이다. 나철은 이 글에서 대종교 철학의 근본인 삼일을 철학적 원리로 명쾌히 구명하고 있다. 『신리대전』의 본문은 4장으로 나뉘고 대종교의 중회수(中會數)인 216자로 이루어졌다.

「신위」에서는 하느님의 위격(位格)을 밝히고 있다. 하느님은 한인[桓因]·한웅[桓雄]·한검[桓儉]으로서 각기 조화(造化)·교화(教化)·치화(治化)의 3위(三位)로 분위된다. 그리고 조화란 창조주로서의 속성을 말하며 교화와 치화는 교정일치(教政一致)의 이념을 나타내고 있다. 이와 같이 나누면 셋이지만 합하면 하나이므로 셋이면서 하나이고 하나이면서 셋이다. 대종교 삼신일체의 신관과도 연결되는 부분이다.

「신도」에서는 하느님의 도(道)가 모습 없이 나타내고 말이 없이 말하며 함이 없이 하므로 만물이 나지[生] 않음이 없고 되지[化] 않음이 없으며 이루지[成] 않음이 없다고 한다. 「신인」에서는 위와 같은 하느님의 도가 인간세상에서는 하느님사람[神人]에 의해 실현됨을 밝히고 있다. 신인합일(神人合一)·천인상여(天人相與)의 중요한 근거가 된다. 마지막 「신교」 부분에서는 하느님의 이치가 삼일사상(三一思想)으로 표현됨을 밝히고 있다. 하나만 있고 셋이 없으면 곧 쓰임(用)이 없게 되고, 셋만 있고 하나가 없으면 곧 본체(體)가 없게 된다. 즉 하나는 셋의 본체이고 셋은 하나의 쓰임이다. 그러므로 '한 뜻으로 되어감[化行一意]'은 곧 셋에 나아가는 것이고, 3가지 참됨[三眞]으로 회귀(會歸)하는 것은 곧 '하나로 돌아[歸一]'가는 것이다. 이와 같이 셋에 나아가고 동시에 하나에 나아갈 때 비로소 하느님과 합일(合一)할 수 있다고 내용이다.

한편 『중광가』는 60여 편 되는 나철의 유서 가운데 한 편이다. 그 유서 중 『중광가』는 가장 장편의 글로서, 종교적 의미뿐만이 아니라 문학성과 철학성, 그리고 역사성이 고루 드러나는 나철의 수작(秀作)이라 할 수 있다. 이 글은 전체 54장 216구(후렴구 제외) 3·4(4·4)조의 개화가사 형식을 취하고 있다. 54장의 54는 나철의 나이(54세)에 맞춘 것이며 216구 숫자 역시 대종교의 중회수에 부합시킨 것이다. 시간적으로 보면 대종교의 시원부터 전개·융성·쇠퇴·폐관·중광, 그리고 미래 중창시대까지 통시적으로 꿰뚫고 있다. 또한 공간적으로는 한반도를 넘어 만주와 중국 본토, 그리고 일본 열도까지 포함하는 종교·문화·역사·사상적 지평을 깔고 있는 글이다. 그러므로 이 『중광가』를 이해한다면 대종교의 모든 것을 알 수 있다 해도 과언이 아니다. 대종교의 교리와 교사, 문화의 토대가 되는 역사·유적·인물·이적, 그리고 미래의 의미 등이 모두 담겨 있기 때문이다. 물론 『중광가』 속에 숨은 다양한 메타포어를 헤아릴 수 있는 능력이 담보되어야 한다.

[사상]
우리 민족사의 흐름 속에서 단군의 존재는 남다른 의미를 갖는다. 그것은 배달민족의 역사를 역사답게 하는 출발점으로서, 우리 민족 정체성의 상징인 동시에, 한민족 문화와 사상의 원형질이기도 하다. 또한 민족의 고난과 위기 때마다, 국가를 국가답게 하고 민족을 민족답게 만들어 준 요소가 단군으로서, 대외 자주성의 표상이었음은 물론 민족 단결의 구심점으로 작용했다.

구한말 우리 역사의 현실 또한 국내외적으로 심각한 격랑이 몰아쳤던 시기다. 내적으로는 유교를 국시로 버텨오던 조선왕조가 관료적 병폐와 민심의 이반으로 인하여 국가적 통치기능을 상실해 갔으며, 외적으로는 제국주의 열강들의 아귀다툼에 풍전등화의 국권을 염려하게 되었다. 급기야는 동북아의 주도권 장악을 꿈꾸던 일제의 야욕에 의해 주권마저 강탈당한 우리 민족의 충격은 실로 컸다.

나철은 그러한 민족적 위기의 시대에 민족 전래의 단군신앙을 부활시킨 인물로, 8년이라는 길지 않은 활동을 통하여, 우리 민족사회 전반에 단군신드롬을 일으킨 장본인이다. 특히 나철에 의하여 체계화·보편화되는 단군사상은 종교사상 뿐만이 아니라, 국어·국사 등 국학 전반에 지대한 반향의 동인이 되었다.

그럼에도 나철에 대한 체계적인 가치평가는 초보적이고 피상적인 접근에 머물러 있다. 특히 그의 사상에 대한 연구·분석은 거의 전무한 상태라 해도 과언이 아니다. 그가 우리 현대사의 여명기 혹은 일제강점기에 끼친 영향력을 감안한다면, 이해할 수 없을 정도로 철저하게 외면되어 왔다. 아마도 그것은 시류에 편승해온 학계의 의도적인 외면 이전에, 일제강점기와 광복 후의 미군정기 그리고 분단시대를 경험해 오면서, 친일잔재와 서구중심가치로의 편향 또한 이념쟁탈 등과 같은 구조적인 여건 속에 발붙이지 못한 단군사상의 입지와도 미묘하게 맞물려 있다고 생각한다.

이와 같이 우리 역사 속에서 홀대받고 있는 인물의 중심에 서있는 나철에 대해, '왜 나철인가' 하는 문제는 우리가 고민하지 않을 수 과제로 다가 오는 것이다. 또한 그에 대한 역사적 재평가를 함에 있어, 특히 그의 종교사상적 방면에 초점을 맞추어 전개하고자 한다. 왜냐하면 그는 단군을 만나면서 세계주의자로 수행주의자로 변화되어 갔고, 그가 궁극적으로 지향하고자 했던 단군사상의 본질 역시, 과거와 현재를 넘어 미래지향적인 중창(重創, 단군사상으로 통일된 새로운 미래의 시대)으로 연결되어 있기 때문이다.

흔히 나철이 남긴 글이나 행동양태를 통하여 그의 사상을 평함에 있어, 유교적 우국주의, 신교계승주의(神教繼承主義), 단군민족주의, 사해일가주의, 만교합일주의, 국수주의, 대종교적 민족주의 등 다양한 용어를 동원하고 있다. 그리고 그 명칭 나름대로 나철의 사상이나 행동과 부합되는 측면이 분명히 나타난다. 분명한 것은 나철의 사상이 대종교 중광을 계기로 유교적 측면에서 민족 전래의 신교적 측면으로, 소아적 사상관에서 대아적 사상관으로, 민족이나 국가적 범주에서 범인류적 범주로 변화가 된다는 점이다. 그리고 변화된 그의 사상의 핵심이 대종교의 교리와 연관된 '도(道)'와 '애(愛)', 그리고 '수(修)'에 집중되고 있다.

그의 사상에 있어서 '도(정신)'는 대종교 중광의 대의명분이면서, 대종교나 당시의 민족사회에 정신적 귀감이었다. 또 그가 중요시 한 '애'는 사전적(辭典的) 의미에서의 '애'가 아니라, 대종교의 홍익인간이나 접화군생의 삶과 연관된 '천리(天理)'에 의해 엮어진 호생(好生)'을 의미하는 것이다. 끝으로 그의 생활에 전부였던 '수(修)'는 인간과 사회혁명을 위한 중요한 수단으로서, 성통공완(性通功完)의 실천적 지표로 나타난다. 그러므로 나철 사상의 본질이라 할 수 있는 도·애·수를, 중도주의(重道主義)와 호생주의(好生主義) 그리고 수행주의(修行主義)라는 가치로 바라봄도 가능해진다.

① 중도주의

나철 사상의 대표적인 하나가 중도주의라 할 수 있다. 중도주의란 나철의 도(대종교)를 중시하는 총체적 정신주의 이념을 말하는 것이다. 물론 모든 사상이나 종교에서 정신적 가치가 중시됨은 당연하다. 그러나 나철의 중도주의는 우리 민족 정체성의 정수를 말하는 것으로 후일 대종교라는 종교민족주의의 핵심이 되며, 한글이라는 어문민족주의의 고갱이로의 역할과 함께, 정신사학으로 대변되는 역사민족주의의 토대가 된다는 점에서 그 의미가 크다. 또한 그의 중도주의는 민족이라는 특수한 경계로 닫혀있는 것이 아니라 홍익홍제(弘益弘濟)라는 인류보편적 가치와 연결된다는 측면에서도 주목된다.

대종교 중광의 대의명분으로 나철이 내세운 대표적인 일성이 '국수망이도가존(國雖亡而道可存, 나라는 비록 망했으나 정신은 가히 존재한다)'이라는 구호다. 이것은 대종교를 중광하기 이전부터 그가 품어 온 가치로서, 운양 김윤식이 나철을 추모한 글에서 찾아 볼 수 있다. 이 글을 보면 나철은 '국망도존'이라는 중도적 가치를 이미 내재화시키고, 그의 정신적 범주가 민족을 넘어 사해일가주의라는 호생주의 사상관에까지 연결되고 있음을 확인 할 수 있다.

나철은 또한 대종교를 중광한 지 얼마 되지 않은 1909년 2월 어느 날 새벽에, 다음과 같은 스물 두 자의 밀계(密誡)를 기도 중에 받는다.

"순수한 것을 도라 하나니 하루하루 정성을 다하라. 일을 꾸미지 말며 밖을 장식하지 말라. 도는 고요함이요 정성은 검소함이니 스스로 속이지 않을 때 통하는 것이다.(純曰道 一日誠 勿作事 勿服飾 道者靜 誠者儉 不自欺通)"

위의 밀계 내용 중의 핵심어는 '도'다. 그리고 나철은 도

를 정의하여 '순수한 것'이라고 말하고 도통(道通)의 과정에 있어 정성과 진실을 강조하고 있다. 나철은 위의 밀계를 상당히 중시하였다. 그가 순교 당시 남긴 「중광가」 42장에도 "이십팔일(二月十八) 새벽 빛 스물두 자 신서(神書)에 / 부자기통(不自欺通) 잊을라 맘 새겨 염염(念念)하라." 고 당부함을 보더라도 알 수 있다. 또한 위에서 언급한 바와 같이 나철은 대종교가 우리의 고유신앙을 계승했음을 말함에 있어, 그것을 신도(神道)라고 표현한 것이나 「중광가」 3장에서는 대종교를 종도(倧道)로 표현하고 또 같은 글 10장에서는 "도연원(道淵源) 찾아보라 가닥 가닥 한배 빛" 이라고 표현함으로써 대종교를 '도'라는 한 글자로 드러내고 있다. 이밖에도 「중광가」에는 이러한 도를 표현한 구절이 무수히 등장한다.

그리고 나철의 유서 중 하나인 「이세가(離世歌, 세상 떠나는 노래)」에도 "신명한 우리 교(敎)는 상제 세운 도통(道統)으로"라고 노래함으로써, 그의 가치 중심이 '도'에 집중되어 있음을 확인할 수 있다. 일찍이 나철이 단군교단으로부터 받은 「단군교포명서」의 맨 앞에 나오는

"금일은 유아(惟我) 단군대황조 성신(聖神)의 사천 삼백 삼십칠 회(回) 개국입도지경절(開極立道之慶節)이라."

는 것과도 일치한다.

나철의 중도주의 가치를 가장 잘 보여주는 것은 그의 저술 『신리대전』이다. 이 책은 나철이 내세우는 도(道, 정신)의 근본언 신(神, 한얼)에 대한 분석이, 철학적이면서도 체계적으로 이루어져 있다. 『신리대전』은 대종교의 주요 정전인 『삼일신고』의 『신훈(神訓)』을 '신위(神位, 하느님 자리)', '신도(神道, 하느님 도리)', '신인(神人, 하느님 사람)', 그리고 '신교(神敎, 하느님 교화)'라는 네 방면에서 풀어 해석한 것이다. 나철은 이 책에서, 대종교사상의 수리학적 바탕인 삼일철학의 철학적 이치를 구명함과 동시에, 그의 사상에 근본인 도(정신·神)의 의미에 대해 신학적(神學的)인 해석을 하고 있다.

이렇듯 나철이 내세우는 '도'는, 그가 중광한 대종교를 말하는 것이면서도 신(神)·정신·전통·순수·수행·교화·이치 등의 다양한 정신가치로 살아 움직인다. 이러한 나철의 정신이 후일 대종교라는 종교적 상황에만 국한되지 않고 국어·문학·국사·철학 등의 방향에서 국학중흥운동으로 나타나는 것이며, 단군민족주의의 정신적 에너지 역할은 물론 대종교 항일운동의 정신적 동력이 되었다. 대종교가 일제의 만주괴뢰정권에 의해 핍박받던 시기인 1933년, 단애 윤세복(당시의 대종교 교주)이 어천절 경하식을 거행한 후, 모든 것이 속박된 절망의 상황에서 대종교의 합법적 포교를 위해 발표한 선언에서도 비장하게 되새기는 것이 나철의 '국수망이도가존'이라는 경구임을 확인해 볼 수 있다.

한편 그의 중도주의 사상은 독립운동의 총체적 동력을 제공한다. 즉 그가 강조한 '도(정신)'를 체(體)로 하여 문화·정치외교·종교·무력투쟁 등을 용(用)으로 하는 총제적 항일투쟁이 가능했기 때문이다.

문화사적으로 나철의 중도주의는 정신문화에 대한 복원을 의미하기도 했다. 개천절의 가치를 민족의 생일로 자리매김함은 물론, 민간 유속 속에 잠류(潛流)되어 오던 신교문화(神敎文化)의 재건을 촉진함으로써, 민족적 자긍심을 통한 대일항쟁의 요소로 크게 작용했다.

또한 나철의 중도주의는 어문민족주의의 정신적 토대가 되어 한글정착과 민족문학 개척에 중요한 역할을 한다. 한글 투쟁의 선구자인 주시경은 기독교에서 대종교로 개종을 하고 투철한 단군정신을 토대로 한글 연구에 몰두하였다. 그는 무력침략보다 정신적 침략을 더 무서운 것으로 여겼으며 본인이 예수교인으로 있다는 것은 이미 정신적 침략을 받은 것으로 단정한 인물이다. 또한 우리 민족 과거의 사대사상이 종교침략의 결과임을 분명히 밝히고 종래의 국교(國敎)인 대종교로 개종한다고 천명하였다.

신정국문(新訂國文)을 주창한 지석영 또한 대종교 활동을 통해 민족의식을 고취시켰으며, 김두봉은 주시경의 수제자로서, 대종교에도 깊숙이 관여했던 인물이다. 그는 특히 나철의 순교 당시 수행한 제자 중의 한 사람으로서, 나철의 순교 의미를 누구보다도 가까이서 경험한 인물이다. 또한 김두봉은 '조선어학회' 설립에도 상당한 영향을 줌으로써 대종교 정신을 통한 한글연구와 문화운동에 앞장섰다.

이극로 또한 대종교의 영향으로 한글연구를 본격화한다. 그는 윤세복이 주도하던 만주 회인현(懷仁縣, 후일 桓仁縣) 소재 대종교시교당에 기거하면서, 주시경의 제자이자 대종교 중심인물이었던 김영숙(金永肅)을 만나게 된다. 당시 김영숙은 한글연구와 관련된 여러 참고서를 소장하고 있었는데, 이극로는 이와의 만남을 한글연구의 계기가 된 것으로 회고하고 있다. 또한 이극로는 이 당시 윤세복에게 많은 정신적 감화를 받아, 해방 후까지도 대종교의 주요직책을 맡아 대종교 발전에 기여한다. 특히 일제하 '조선어학회'를 사실상 이끌면서, 만주의 대종교 관계자들과 비밀리에 연락을 주고받으며 대종교 국내비밀활동을 전개하기도 했다.

해방 이후까지 한글연구에 크게 기여했던 최현배 역시, 대종교 정신을 토대로 그의 한글연구를 개척했다. 그는 우리 민족의 이상을 단군신화에서 찾는데, 예수교의 창세기와 대비시키면서 인류구제의 대이상을 품고 이 세상에 내려온 민족은 우리 배달겨레뿐이라고 강조한다. 그리고 대종교야말로, 이러한 정신을 연면히 계승하여, 이 시대에 민족적 신앙으로 갱생한 하느님을 신앙하는 종교라고 극찬했다. 그는 이어서 한글 완성의 민족적·인류적 의미도 우리 민족신앙의 하느님이 부여한 신명(神明)이라고 해석한 인물이다.

이밖에도 조선어학회에 몸담고 활동한 권덕규·신명균·이윤재·정인보·안호상·안재홍·이병기 등도, 시련으로 인한 대종교의 기록인멸에도 불구하고, 대종교 정신을 중심으로 활동한 흔적이 여러 곳에서 발견된다. 이와 같은 대종교의 어문민족주의적 노력은, 우리의 말과 글을 없앰으로써 식민지 지배를 용이하게 이끌어 가려던 일제의 민족말살정책에 중요한 저항요소로 작용했다.

문학적인 측면에서도 중요한 획을 긋는다. 먼저 『조선문학사』를 통해 한국 국문학의 통사체계를 처음으로 수립한 자산(自山) 안확(安廓)을 꼽을 수 있다. 안확은 당시 지식인들의 일반적인 경향이었던 사회진화론과 문명개화론을 적극 주장하였지만, 대부분의 애국계몽가들이 취한 서구문명 우월주의에 빠지지 않고 오히려 우리 민족의 장점를 찾아, 민족 스스로의 역량에 의한 개화와 선진문명 성취를 제시하고자 한 인물이었다. 또한 그의 사관(史觀) 역시 당대의 대종교 계열의 학자들과 마찬가지로 정신사관을 강조했는데, 『조선문학사』는 문학을 통한 국민사상사라고 할 수 있는 것이다.

특히 안확의 『조선문학사』는 대종교의 영향이 지대했다. 그의 문학사에서 핵심적인 부분을 사상의 변천으로 볼 때, 그의 『조선문학사』는 조선사상의 변천을 추구한 것이다. 그리고 그는 우리 고유사상의 핵심을 단군의 '삼신(三神)의 도(道)'로 규정하고 그것을 종(倧)으로 구체화시킨 것이다. 이러한 그의 노력은 당시의 시대적 상황 및 지적 풍토 속에서 각별한 의미를 지니는 것으로써, 엄밀한 학문적 기반 위에서 민족문화의 전통을 긍정적으로 이해하고 나철 중도주의의 정신의 핵인 종을 바탕으로 시도된 최초의 문학사 정리였다는데 의미가 크다. 또한 이것은 한국문학의 전통단절론이나 서구문학이식론과 같은 주장에도 중요한 반론요소로 작용함으로써, 민족문학의 자부심을 심는 소중한 업적으로 평가된다.

또한 한국 현대시조문학을 개척한 이병기의 문학정신에도 대종교의 정신이 투영되고 있다. 그는 대종교를 오랜 세월 우리 민족의 생활 속에 흘러온 국교의 가치로 이해하고 대종교의 믿음을 통해 문명국으로 우뚝 서기를 소망한 인물이었다. 빙허 현진건이 『동아일보』에 연재했던 『단군성적순례』는 식민지 백성들의 피폐한 문화의식에 민족문화의 긍지를 심어준 글로써, 이 또한 대종교의 영향을 크게 받은 문학이다. 현진건이 이 글 속에서 보여 준 한배검에 대한 지극한 신앙심이 그것을 대변하며, 특히 글의 맨 마지막에 "대종도맥지금전(大倧道脈至今傳, 대종교의 진리 골찰 해로 전하네)'로 끝나는 나철의 시 한 수를 올림으로써, 나철의 중도주의 가치를 기리고 있다.

나철의 중도주의 가치는 한국사학사에도 역사민족주의라는 커다란 반향을 몰고 온다. 그것은 대종교의 교리나 교사의 특성상, 정신사관적인 요소와 대륙사관적인 측면, 그리고 문화사관적인 방향이 중시되었던 것과 밀접한 관계가 있다. 정신사관적인 측면에서 본다면, 대종교의 출현은 역사인식을 도가(道家) 또는 신교, 즉 대종교적 역사인식으로 바꾸는 것을 의미하는 것이었다. 또 대륙사관적 측면에서는 반도중심에서 신교의 무대인 대륙중심으로 역사인식을 변화시키는 작업임과 동시에, 외래사조에 침체되고 와해된 우리의 신교문화를 복원하고 정체성을 부여하는 문화사관적 성격을 강하게 드러냈다.

또한 대종교는 단군이라는 인물과의 연결이 불가피한데, 국조로서의 단군관과 함께 교조(敎祖)로서의 의미를 동시에 부여해야 하는 복합적인 면이 있었다. 까닭에 대종교에서 단군의 위상을 올바로 세운다는 의미는 종교사와 국사를 동시에 바로 세운다는 의미로써, 대종교사관의 본질이 여기에 있는 것이다. 대종교가 우리의 상고사를 중시하고 역사의 흐름 속에서 비유(非儒)·비불적(非佛的) 사상를 중시하고자 한 것도 이러한 배경과 밀접하다. 한편 영구적 식민지배를 꾀하던 일제에게는 이와 같은 대종교사관이, 조선지배에 큰 걸림돌로 작용함으로써, 대종교를 항일집단으로 주목하게 된 요인 중의 하나가 되었다.

대종교사관의 체계를 잡은 인물은 김교헌이다. 그는 1910년 나철에게 감화를 받고 대종교에 입교하여 평생을 헌신한 인물이다. 특히 김교헌은 1910년 광문회 활동을 이끌면서 최남선·장지연·류근·신채호 등에게 영향을 크게 끼친 인물로, 방대한 양의 서책과 문헌을 소장하고 있었다. 이러한 자료는 광문회에서 소중하게 활용되었으며 후일 최남선이 보관하다가 고려대학교 도서관에 기증된다.

낭가사상(郎家思想)을 우리 역사정신의 화두로 내세운 신채호의 사학도 대종교의 정신적 요소가 크게 작용했다. 신채호 또한 대종교를 경험하기 이전에는 유교적 정신 바탕을 벗어나지 못했다는 것이 이를 대변한다. 대종교를 경험하면서 그는 우리 고유의 선교(仙敎)에 대한 의식을 완전히 바꾸면서 선교의 실체를 연구한다. 대종교를 경험한 1910년 이후의 그의 역사연구는 우리 고유의 선교를 연구하는데 두어졌다 해도 과언이 아닐 만큼 선교연구에 탐닉하고 대종교 사서(史書)로 분류되는 『단기고사(檀奇古史)』의 중간서를 쓸 정도로 관심을 기울였다. 신채호가 나철의 순교를 통분하며 썼다는 「도제사언문(悼祭四言文)」이 남아 있다면, 나철의 중도주의 가치에 대한 그의 관심을 직접적으로 확인할 수 있겠지마는 아쉽게도 남아 있지 않다. 다만 「도제사언문」을 목격한 정인보의 회고에 의하면

> "…상해서 나철 선생을 도제(悼祭)한 사언문(四言文) 일편(一篇)을 보니까, 그야말로 웅기(雄奇)·연아(淵雅)의 치(致)를 다하여 우리네의 조예(造詣)로는 도저히 그 온오(蘊奧)를 엿보기 어려울 만한 대가임을 놀랐다."

고 기술함으로써 문장의 내용이 상당함을 암시 받을 뿐이다.

국혼(國魂)을 중심으로 정신사관을 펼친 박은식도 대종교의 영향 속에 그의 가치관을 탈바꿈한다. 대종교를 경험하기 이전의 그의 역사관은 한마디로 중화주의에 흠뻑 빠진 고루한 유학자였다. 그는 전통유교기와 개량유교기를 거치면서 유교의 혁신을 통한 사회변화를 모색하는데, 그 사회혁신의 대명제로 변함없이 '공부자(孔夫子)의 도(道)'를 내세웠던 인물이다. 그 도의 중심이, 1910년 대종교를 경험하면서 나철의 중도주의 가치로 변화됨과 더불어 대종교를 국교로까지 인식하게 된다. 한 마디로 가치의 전도를 통한 환골탈태 그 자체였다.

박은식 민족사관의 본질인 국혼이, 과거 그가 지극히 숭봉하던 '공부자의 도'에 의하여 핍박받고 멸시되던 가치였다는 것을 깨닫는다. 그가 서두에서 스스로 대종교의 정신이 집필동기였음을 밝힌 「몽배금태조(夢拜金太祖)」는, 박은식의 역사정신이 가장 잘 집약된 글로서 평가된다. 그는 이 글을 통하여 유교적 가치에 대한 환멸과 함께, 유교

즉 '공부자의 도'를 민족의 자존과 독립을 위해 반드시 청산해야 할 몰민족적 가치로까지 규정하고 있다. 또한 그는, 육체의 생활은 잠시일 뿐 영혼의 존재는 영구한 것이라고 말하면서 인간이 나라에 충성하고 민족을 사랑하는 자면 육신의 고초는 잠시일 뿐이요 정신의 쾌락은 무궁한 것이라고 밝힌다. 반면에 나라를 팔아먹고 민족에 화를 주는 자는 육체의 쾌락은 잠시일 뿐이요 영혼의 고초는 무궁할 것이라고 경고함으로써, 정신사관의 본질을 분명히 드러내고 있다.

이밖에도 정인보·안재홍·이상용·류근·장도빈·최남선 등도 대종교의 영향을 직·간접적으로 받으며 우리의 역사를 연구하고 개척한 인물들인데, 다시 말하면 나철의 중도주의 가치를 역사정신에 투영한 우리 민족사의 개척자들이다.

② 호생주의

호생주의란 천덕(天德)과 인애(人愛)가 어울어진 더불어 사는 삶의 이념을 말한다. 나철의 사상을 보면 사해일가나 만교합일의 대아적 성격이 강하다. 나철 혹은 대종교를 국수주의적 방향으로 몰고 가는 학계 일부의 시각도 있으나, 이것은 나철 사상의 본령을 올바로 보지 못하는 것이다. 오히려 나철은 대종교를 중광하는 1909년을 기점으로 소아적 우국지사에서 대아적 사상가로 변신한다. 나철이 대종교를 중광하기 전 운양 김윤식에게 말한 내용 중,

> 四海一家 세상이 한 집안인데
> 誰愛誰惡 누구를 사랑하고 누구를 원망하리오

라는 표현을 보더라도 확인이 된다. 또한 이것은 나철이 순교한 후, 그의 지우(知友)이자 대종교 동지인 윤주찬(尹柱瓚)이 고술한 「신형역사(神兄歷史)」에서도 찾을 수 있다. 윤주찬은 나철이 대종교 중광 이전에 가졌던 우국적 분노는 국민으로서의 의무를 행한 것이오, 국가관념을 포기하고 새롭게 세계주의의 기치를 쥐고 대종교에 헌신했음을 밝히고 있다. 더욱이 윤주찬이라는 인물은 나철과 동향인으로서, 을사오적 주살 사건 당시 자금공여 혐의로 체포되었던 우국지사였다. 또한 대종교 중광에도 함께 참여한 인물로 나철의 삶을 누구보다 잘 알고 있었음을 상기할 필요가 있다.

나철의 이러한 사상관에는 종교라는 일반적 상식과 함께 대종교의 교리관이 크게 작용했을 것이다. 먼저 종교라는 것은 인간보편의 문제를 다루는 것이라는 점과 인간과 인간 관계에 머무르는 것이 아니라 인간과 신의 관계로 이어진다는 점이다. 또한 종교는 인간의 세속적 질서에 의해 구속되는 것이 아닌 선악관념에 의해 질서가 잡혀간다는 것을 생각해 볼 수 있다. 대종교의 교리나 규례 또한 이러한 보편적 종교현상에 어긋남이 없다. 물론 대종교의 교리가 백두산 남북마루를 신교문화의 발상지로 보고 우리 배달민족을 하늘과 직결된 천민(天民)으로 설정함으로써 민족우월적인 성격도 없지 않지마는, 오히려 여타 기성종교보다도 더 개방적이며 포용적인 성격을 강하게 보

여 준다는 점에서 관심을 끈다.

먼저 나철이 단군교단으로부터 전수받은 『삼일신고』와 『신사기(神事記)』를 주목할 필요가 있다. 『삼일신고』는 '오훈(五訓)'으로 이루어진 대종교의 주요경전으로서, 신학적 측면에서 대종교의 천관(天觀)·신관(神觀)·내세관(來世觀)·세계관·진리관을 정리한 경전이다. 또한 『신사기』는 인류의 출현에서부터 문명을 잡아가는 과정을 만듦[造化]과 가르침[敎化]과 다스림[治化]으로 나누어 기록한 글이다. 이 글들에서 보면, 우리 민족에 국한된 사상이나 족보와 같은 폐쇄적인 흔적은 추호도 없다. 더욱이 이 경전들에는 대종교 중광 이후 민족사회 전반에 들끓었던 '단군'이라는 용어가 하나도 사용되지 않았다는 점이다. 오히려 보편적 하느님[神]의 질서를 이야기하고 있다.

이러한 인류 보편적 가치인식은 『삼일신고』의 「신훈」을 철학적으로 분석한 나철의 『신리대전』에도 그대로 나타난다. 오히려 나철은 일반포고문이나 문서에서는 우리의 국조이자 족조(族祖)이며 대종교로 본다면 교조(敎祖)가 되는 단군을 내세워 민족의식을 고양하면서, 한편으로 경전에서는 인류보편적인 하느님(신)을 수용하고 사용함으로써 민족이라는 특수성과 종교라는 보편성을 조화시켰다.

이와 같은 보편적이고 개방적인 성향은 나철이 단군교단으로부터 승계한 종교적 규례에서도 이미 드러난다. 그 내용들 속에는 다른 종교나 종교인에 대해 지극한 존경의 예로 대하라는 것과 타종교의 선열들에게도 공경히 대할 뿐만이 아니라, 일반 교인들에게도 종교와 종교의 벽을 넘어 이단(異端)이 없는 진정한 신앙인의 자세를 갖추라고 일러 주고 있다. 이것은 현금 회자되는 종교다원주의의 가치보다도 그 단계를 훨씬 뛰어 넘는 대아적 종교관을 드러낸다는 점에서 주목된다 하겠다.

그러므로 나철은 대종교를 중광한 해인 1909년 12월 1일 '오대종지(五大宗旨)'를 발포함에 있어서도 민족을 넘어 인류라는 보편적 가치에 부합시키고 있다. '오대종지'는 대종교의 교의(敎義)인 홍익인간을 구현하기 위한 대종교인들의 종교적 실천강령이다. 특히 '사랑으로 인류를 합할 것[愛合種族]'의 항목은 이러한 것을 단적으로 보여주는 근거가 된다.

나철은 이와 같은 대종교의 범인류적 교리사상을 토대로, 인간과 인간의 관계를 넘어, 하늘의 뜻에 의해 인간이 사이좋게 지냄을 '호생'이라 했다. 그는 '호생'이라는 표현을, 1914년 6월 9일 당시 대종교 사무의 총책임을 맡은 호석(湖石) 강우(姜虞)를 대신 보내 천제를 봉행할 때, 「백두산제천문」에 '호생천덕(好生天德)'이라는 말로 처음으로 사용한다. 즉 나철은 '호생'이 인간관계로만 만들어지는 것이 아니라, 천덕(天德)으로 엮어지는 사이좋은 인간의 삶으로 이해했다. 천덕은 달리 표현한다면 하늘의 아량이요 신의 섭리라고도 할 수 있다. 또한 그러한 아량과 섭리는 바로 대종교의 교리사상과 직결된다. 인간이 서로 사는 관계로 통용되는 '상생'을 넘어 천리와 인애가 어울려진 승화된 인간의 삶을 '호생'으로 본 것이다.

'호생'은 홍익인간과 상통하는 말이다. 우리 민족의 조화로운 삶을 전래적으로 표현해 온 접화군생(接化群生)의 가

치와도 통한다. 나철의 가치로 달리 표현한다면 홍익인간이나 접화군생도 천덕과 연결이 안 되면 이룰 수 없다는 논리가 된다. 그러므로 민세 안재홍은 천인화합(天人化合)이란 생존의 대도(大道)가 홍익인간의 의도와 염원으로 잘 나타나며, 접화군생의 가치도 홍익인간과 표리본말(表裏本末) 관계로 이해했다. 또한 접화군생의 기상이 없이 홍익인간의 염원이 생길 수 없고 홍익인간에 대한 바람이 열렬하면 저절로 접화군생의 감격이 일어난다는 논리를 폈다. 위당 정인보도 홍익인간이 천인상여(天人相與)의 심인(心印)으로 홍익대도의 교조(敎祖)는 단군으로써, 홍익이란 그 대도의 교의(敎義)라고 주장했다. 또한 그는 홍익인간 정신이야말로 전래 우리 민족 공통의 교의로서, 홍익인간의 교가 접화군생의 도라고 단정하고 있다. 나철이 대종교 오대종지에서 '경봉천신(敬奉天神)'과 '애합종족'을 내세운 것도 이러한 이치로 이해된다.

또한 나철은 대종교의 삼일철학을 토대로, 1914년 개천절 경하사(慶賀辭)를 통해 "교문을 세우니 이름하여 대종이요 현묘한 도의 근원은 삼일이니"라고 밝힘으로써, 접화군생의 원리가 삼일임을 밝혔다. 그리고 순교를 앞둔 1916년 8월 15일에 쓴 글에서는

"주재유일(主宰惟一)이나 적용유삼(作用惟三)이로다. 진리미묘(眞理微妙)하시니 마유포함(萬有包涵)이로다."

고 밝힘으로 삼일철학이 온갖 것을 아우르는 이치임을 천명하여, '호생'을 위한 천덕의 관문도 이것임을 드러낸 것이다.

이러한 나철의 호생주의 가치관은 그의 유서인 「중광가」의 내용들을 살펴보면 더욱 분명해 진다. 즉 중광가의 여러 곳에서 나철의 사해일가·만교합일의 정신이 그대로 드러나기 때문이다. 특히 「중광가」42장에서는 이와 같은 가치구현이 하늘 뜻에 의한 '호생'한 삶임을 다음과 같이 노래하고 있다.

"호생(好生)한 천의(天意)받아 도덕평화 부를 때 / 천신도(天神道) 명명(明明)한 빛 전세계 동휘(同輝)하되"

그러므로 나철은 순교 직전인 8월 15일, 김두봉(金枓奉)·엄주천(嚴柱天)·안영중(安英中)·김서종(金書鍾)·나주영(羅宙永)·나정수(羅正綬) 등의 시자(侍者)들과 하늘에 올린 선의식 주유문(奏由文)에서도, 그가 마지막으로 간절하게 원한 것도 소아적 독립을 넘어선 인류호생(人類好生)의 원도(願禱)였다. 특히 나철 사상의 대아적 희생관을 극명하게 보여준 그의 「순명삼조(殉命三條)」에도 종교적 희생을 통한 '호생'의 의미를 그대로 엿볼 수 있다. 나철의 지우인 윤주찬이 「순명삼조」야말로 천하를 일깨운 가르침이라고 기록한 것을 보더라도 확인되는 것이다.

한편 이러한 나철의 호생주의 사상은 아(我)와 비아(非我), 지배와 피지배, 식민과 피식민이라는 소아적 대립을 벗어나, 선(善)과 악(惡)이라는 인간의 보편적인 대립관념을 설정함으로써, 조국독립을 넘어 배달국 이상향 건설이라는

대아적이며 철학적인 투쟁관을 갖게 한 배경으로도 작용하였다.

나철의 제자인 백포(白圃) 서일(徐一)이 그의 저술『오대종지강연(五大宗旨講演)』에서 애합종족을 설명함에, 한 옛날 우리 인간이 동녘 땅에서 처음 아홉 겨레로 시작했음을 말하면서 동근동족설을 구체화시켰다. 또한 서일은 인간의 참자유와 참문명의 근원이 믿음과 사랑을 통한 착한 마음(善心)임을 밝히고 있다. 여기서 주목되는 것은『오대종지강연』을 쓴 인물이, 만주 최초의 독립운동단체인 중광단(重光團)을 설립한 서일이라는 점이다. 그는 후일 중광단이 확대 개편된 대한군정서(북로군정서)의 총재를 맡아, 청산리독립전쟁의 정신적 지주의 역할을 담당하였으며 당시 만주 독립군들의 실질적 지도자로 추앙받던 인물이었다.

부드러운 인성과 강인한 용기를 겸비한 서일은 '참된 것으로 나아가는 길(卽眞)'은 돌이킴에 있고 '망령됨을 돌이키는 일(返妄)'은 잘됨에 있고 잘 되어 가는 법은 뜻을 하나로 함에 있다고 강조하였다. 이것은 서일의 내면에 무장된 부드러운 도덕적 가치가 추상(秋霜)같은 독립군 조직으로 외연화된다는 점을 암시받을 수 있는 철학적 근거 대목이다. 이것을 단적으로 드러내주는 것이 다음과 같은 서일의 가치다.

"마땅이 복되지 않을 때 복되면 이것은 도리어 허물이오, 마땅히 장수하지 않을 때 장수하면 이것은 도리어 욕됨이오, 마땅히 귀하지 않을 때 귀하면 이것은 도리어 부끄러움이니라."

망국민으로서 가치질서가 뒤집힌 세상을 살아가면서, 복됨을 바라고 오래살기를 기원하며 귀함을 추구한다는 것이 그에게는 부끄러움이요 죄악이었을지도 모른다. 후일 서일이 만주 밀산 당벽진에서, 자진(自盡)을 통해 순교의 길을 택할 때에, 그가 마지막으로 읊조린 구절이 역시 스승 나철의 유서 내용이다. 서일 또한 죽음의 의미를 통해 나타나는 진정한 힘을 알았고, 철학을 가진 종교인의 투쟁이 무엇인가를 보여주었으며, 참과 착함을 통해 거짓과 악함을 물리치는 호생주의적 저항의 뜻을 실천한 것이다. 그러므로 호생주의적 투쟁은, 이데올로기나 소아적 집단대립에서 흔히 나타나는 물리적 갈등구도가 아닌, 참[眞]과 가달[妄] 그리고 선과 악이 대립하는 도덕적 갈등구도로 형태가 짜여진다. 또한 이러한 구도 속에서는 권선징악을 행하여 반망즉진(返妄卽眞)을 이룸으로써 진정한 승리자가 될 수 있는 것이다.

대종교 중광의 헌장인「단군교포명서」를 보더라도, 대종교를 숭봉하여 선을 따르고 악을 피하며 영원한 복리가 모두에게 퍼지기를 소망하며 권선징악의 중요함을 밝히고 있다. 또한 고구려 당시 제악(祭樂)이자 군가(軍歌)로써, 군사들의 사기를 북돋는데 사용되었다는 대종교 전래의 신가(神歌, 얼노래·어아가)가 다음과 같이 전한다.

어아 어아 우리 대황조 높은 은덕

배달국의 우리들이 백년만년 잊지마세

어아 어아 선심(善心)은 활이 되고 악심(惡心)은 관혁이라
우리 백천만인 활줄같이 바른 선심 곧은 살같이 일심(一心)이에

어아 어아 우리 백천만인 한 활장에 무수(無數) 관혁 천파(穿破)하니
열탕(熱湯)같은 선심 중에 일점(一點)이 악심이라.

어아 어아 우리 백천만인 활같이 굳센 마음 배달국의 광채로다.
백년만년 높은 은덕 우리 대황조 우리 대황조

이 노래 내용은 대황조(한배검)에 대한 근본을 잊지 말자는 맹세로 시작해서 선을 숭봉하고 악을 구축하자는 내용이다. 선행이야말로 배달민족의 자랑이라고 내세우는데, 여기서도 권선징악의 요소가 그대로 드러난다. 다시 말하면 권선징악의 마음다짐을 통해 군대의 사기를 드높였다는 말이다.

나철 역시 권선징악을 통한 도덕적 승리의 실현 소망을, 그가 순교 당시 남긴「이세가」에서 "만덕문(萬德門) 들어가서 인간 선악(善惡) 여쭈올 때 / 간사(奸詐)코 악독한 자 용서없이 다스리며 / 정직코 착한 사람 보전하여 다 왕성케 / 살벌풍진(殺伐風塵) 쓸어내고 도덕세계 새로 열어 보세"라고 읊고 있다. 또한 나철은 순교 당시 일본총리와 조선총독에게 주는 유서인「여일본총리대외서(與日本總理大隈書)」와「여조선총독사내서(與朝鮮總督寺內書)」에서도, 결코 증오와 원한을 담은 극단적인 표현이나 행동지침을 드러내지 않는다. 오히려 대종교의 내력과 교리를 소개하면서 종교적 감화를 유도하고 있다. 또한 대종교가 일제에 종교적 승인을 받지 못하고 박해받은 일을 설명하면서도, 세계종교사의 사례를 들면서 보편적 타당성을 일깨우고 있다. 또한 일본의 신도(神道)의 원류가 우리나라의 신교(神敎)에 있음을 밝힘으로 문화적 우월성을 당당히 현시했다. 그리고 대종교와 당시 시국의 모든 문제의 원인을, 일제에 책임전가가 아닌 나철 스스로의 책임이라고 나섬으로써, 오히려 상황역설을 통해 일제의 양심적 각성을 촉구했던 것이다.

이러한 나철의 호생주의적 저항은, 그의 영향을 가장 많이 받은 인물로 알려진 서일에게도 그대로 연결된다. 서일은 나철의 유해를 봉장할 당시, 대종교 동도본사를 대표하여 애사(哀辭)를 올렸다. 서일의 이 애사에도 스승의 죽음에 대한 원인을 제공한 일제에 원망하거나 증오하는 내용은 추호도 없다. 오히려 종교적 추모를 통한 스승의 성통공완을 갈망하면서, 스승의 음덕을 통해 식민지의 굴레를 벗고 도덕적 삶의 세계를 맞을 수 있기(哀此衆生 普濟再生)를 암유적으로 희구하고 있다. 서일 또한 진정한 도덕적 무장의 힘이 어떻다는 것을 실감한 인물로서, 철학을 가진 전쟁의 의미를 살신성인으로 실천한 인물이었음을 볼 때, 스승 나철의 호생주의적 저항의 뜻을 추모의 글에서도 승계하고 있는 것이다.

예관(睨觀) 신규식(申圭植) 역시 나철의 호생주의적 저항을 가장 잘 헤아린 인물이다. 그는 나철에 의해 목숨을 건지고 형제의 의(義)까지 맺은 인물로, 대종교에 입교하여 대

종교 제1호 시교사(施教師)로 상해로 건너가 정치·외교적 저항의 물꼬를 튼 인물이다. 그는 망국의 원인을 진단함에 있어, 가장 먼저 꼽은 것이 선조(先祖)들의 교화(教化)와 종법(宗法)을 망각함이라고 지적하고 다음으로 선민(先民)들의 공열(功烈)과 이기(利器) 그리고 국사(國史)를 잊음으로 나라가 쓰러졌다고 한탄했다. 그리고 그는 대종교의 흥망이 곧 민족의 흥망으로서, 한민족이 부흥하려면 반드시 대종교가 발전해야 한다고 확신했으며, 대종교가 존재한다는 것은 한국민의 민족정신이 그만큼 존재하는 것이라고 믿었던 인물이다.

신규식은 나철이 순교 당시인 1916년 추도문에서, 일제가 나철의 죽음을 독립운동의 강적을 제거한 것으로 이해하고 있음을 밝히고 있다. 또한 그 이듬해 3월 15일, 상해에 거류하는 동제사 사원들과 대종교 교도들 그리고 유학생들이 함께 모여 추도식을 거행할 당시, 추도문을 통하여서도, 절명(絶命)의 유서 속에 숨겨진 의미가 조국광복의 소망과 식민지의 질곡을 탄식한 것임을 일깨운다. 그리고 같은 날 상해 후학들과 함께 올린 추도사에서는 나철의 순교를 애통해 하면서 그 순교의 뜻을 계승할 자 수없이 많음을 다지하고 하늘의 도움으로 반드시 신성한 조국은 광복될 것임을 확신하고 있다.

아무튼 나철의 호생주의적 저항은 독립운동의 차원을 한 단계 승화시켰다. 총칼보다 더 무서운 것이 천리(天理)를 바탕한 사랑이라는 것을 일깨웠으며, 직접적인 저항보다도 때로는 철학적 메타포어를 통한 저항이 더 큰 힘으로 나타날 수 있음을 보여 주었다. 이러한 정신 속에서의 싸움은 전쟁이 아닌 '풀이'로 이해된다. '풀이'란 우리 민족에 전래되는 신사(神事)의 일종으로 축살(逐煞)을 '살(煞)풀이', 구사(驅邪)를 '뜬것풀이'라고 일컬어 왔다. 또 일상생활 속에서도 발민(撥憫)을 '화풀이', 보원(報寃)을 '분풀이', 해한(解恨)을 '한풀이'라고 함을 볼 때, 그 의미가 쫓아냄·떨어버림 등의 의미로 사용됨을 알 수 있다. 그러므로 최남선은 '풀이Puri'의 의미를

> "결체(結滯)를 융해한다, 분노를 누그러뜨린다, 증오를 푼다, 종교적으로 말해서 예(穢)를 버리고 정(淨)을 취하며, 죄를 소멸하고 선(善)으로 돌아가며, 화액(禍厄)을 돌려서 길상(吉祥)에 가까이 하며, 악령을 피하고 선령으로 감 등이 원래 '풀다'는 일원의(一原義)에서 파생된 것임에 불외(不外)한 것이다."

라고 해석함으로써, 호생주의적 저항이 종교적 저항인 '풀이'와 연관됨을 시사하고 있다.

이렇듯 나철의 호생주의적 저항은 한 인간의 도덕적 실천 궁행이 역사를 바꾸는 원동력이 될 수 있음을 알려 준다. 그가 남긴 다음의 「순명삼조」야말로, 하늘이 인간에게 준 철학적 분노의 표출이며 인간이 인간에게 베풀 수 있는 위대한 관용의 극치였다. 그러므로 나철의 저항에 있어 일제에 대한 저항은 인류 홍익이라는 거대한 간류(幹流) 속에 포함된 한 줄기의 지류(支流)에 불과하다 할 것이다.

③ 수행주의

수행주의란 가달[妄]을 돌이켜 참[眞]을 이루어 인간사회의 완성(性通功完)을 추구하는 대종교적 가치를 말한다. 물론 모든 종교지도자가 영육(靈肉)을 다스리는 방법으로 수행을 중요시함이 상례다. 나철 역시 대종교 중광 이후부터 순교 때까지 8년 동안의 삶을 수행 자체로 보냈다 해도 과언이 아니다. 이것은 대종교의 도맥(道脈)을 전해준 백봉신사의 수행의지를 그대로 계승한 나철의 교행합일(教行合一)의 삶과 밀접한 연관이 있다고 본다. 대종교의 『종보(倧報)』제1호에 실려있는 「두형면담(杜兄面談)」이라는 회고내용을 보더라도 도맥 수행의 전통이 백봉신사에게 연결됨을 알 수 있다.

흔히 수련이나 수도의 세계에서는 스승이 제자를 선택하는 것이 관례다. 또한 스승이 제자에게 도맥을 잇게 하는 방법으로 진언(眞言)을 내리거나 또는 책·문서 따위를 전하는 방법이 쓰인다. 백봉신사가 나철을 택해 도맥을 전수한 방법은 후자의 방법과 관련이 있다. 나철이 전해 받은 『삼일신고』나 『신사기』 그리고 『단군교포명서』 등은, 우리 배달민족의 역사와 도맥 또한 수행방법의 모든 것을 담은 핵심이라 할 수 있기 때문이다.

특히 『삼일신고』 '진리훈'은 인간이 하늘로부터 받은 성(性)·명(命)·정(精)의 세참함[三眞]을 심(心)·기(氣)·신(身)의 세가달[三妄]에 함몰되지 않고 온전히 하여, 성품을 트고 공적을 마침으로 얻어지는 신인합일(神人合一)의 경지로 들어가는 가르침을 적은 글이다. 여기에서 가달을 물리치고 참을 지킬 수 있는 방법론이 바로 도맥 수행의 근본이 되는 대종교의 삼법수행(三法修行)이다. 삼법이란 지감(止感)·조식(調息)·금촉(禁觸)법을 말하는 것으로, 지감은 느낌을 그치는 마음공부로써 불교의 명심견성(明心見性)과 연결되고, 조식은 숨을 고루는 숨공부로써 도교의 양기연성(養氣煉性)과 관련되며, 금촉은 부딪침을 금하는 몸공부로써 유교의 수신솔성(修身率性)과 밀접하다. 수행적 측면에서도 대종교가 유·불·선 삼교합일의 묘리(妙理)를 내포하고 있다는 것은 이것을 근거로 하는 말이다.

또한 나철은 삼법수행을 행함에 있어 위의 '진리훈'과 함께 『삼일신고』 '신훈'을 중요시 했다. 그가 순교할 당시, 오랜 세월 뜻을 같이 한 소운(小雲) 황병욱(黃炳郁)에게 남긴 '도감(道鑒)'이라는 다음의 유서를 통해서도 나타난다.

> "소운 형장께 삼가 도감(道鑒)을 드립니다. 신훈(神訓)에서 말한 '스스로의 머리골 속에서 하느님의 씨알을 찾으라(自性求子降在爾腦)'는 것은 믿음의 근본이며, 진리훈(眞理訓)에서 말한 '느낌을 그치고 숨을 고루며 부딪힘을 금하라(止感調息禁觸)'는 것은 정성의 근원이니, 이 말을 소중히 받들어 수행하십시오. 단제강세 4373년 병진 가경절에 홍암 나철(謹贈 小雲兄丈 道鑒 神訓曰 自性求子降在爾腦 信之本也 眞理訓曰 止感調息禁觸 誠之原也 昂哉 專修. 檀帝降世四千三百七十三年 丙辰之嘉慶節 弘巖 羅喆)"

즉 진실한 믿음을 붙잡고 정성껏 수행에 정진할 때 성공할 수 있음을 밝히고 있는 것이다. 그러므로 나철은 그가

또 다른 유서인 「중광가」에서도, 삼법수행의 요긴함을 강조하면서, 우리 마음에서의 깨달음을 먼저 하라는 가르침과 함께 참[眞]과 가달[妄]이 우리 마음 속에서 결정됨을 암시하고 있다.

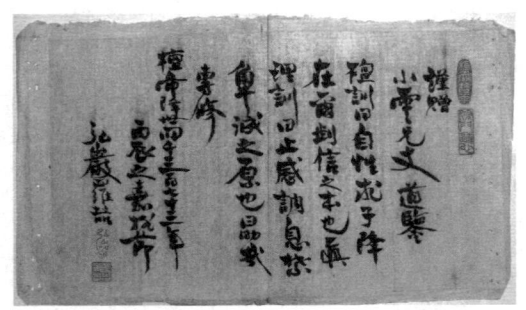

나철이 知友인 小雲 黃炳郁에게 남긴 유서. 대종교 수행의 핵심이 담겨있다.

이렇게 볼 때, 나철이 대종교 중광 원년에 발포한 '오대종지'에 그 으뜸으로 경봉천신을 놓고 성수영성(誠修靈性)을 버금으로 내세운 의미 또한 이해할 수 있다. 1909년 12월 1일 발포한 '오대종지'에서 '성수영성'(정성으로 성품을 닦을 것)을 포함시킴으로 수행의 중요성을 강조한 그는, 1909년 12월 30일 발표한 중광 원년의 「세모소감(歲暮所感)」을 통해서도 수행의 공효(功效)를 극찬하는데, 여기서 보면 인간사의 모든 것이 수행에 있다라는 공효와 함께, 나철의 수행이 숭봉의 믿음을 붙잡고 지극한 정성으로 이루어졌음[篤誠崇奉]을 발견할 수 있다.

또한 그는 일반 교인들에게 대종교의 '오대종지' 중, '성수영성' 네 자에 특히 관심을 가지라고 말하면서 '성수영성'을 마음 속에 잠시라도 늦추지 않는 것이 대종교의 행복이라고까지 할 만큼 수행의 비중을 중요시했다. 이것은 그가 知己들에게 남긴 다음과 같은 짧은 유서에서도 암시가 된다.

"죽고 사는 것은 육신에 있는 것이 아니니 진정한 믿음은 오직 하느님(하늘)이 증명할 뿐이다(死生不在軀殼 信義惟證神明)"

즉 인간의 정신 속에 있는 '하느님의 씨알'를 밝히라는 것으로, 신명남이 없이는 신바람(진실한 믿음)도 없음을 말하는 것이다.

그는 순교하기 며칠 전인 1916년 8월 11일, 방 앞의 기둥에 "오로지 삼법의 진리를 궁구하고 닦아, 나고 자라고 늙고 병들고 죽는 고통의 세계를 널리 구하라(專修研三眞理 普求離五苦界)"는 대아적 수행관을 써 붙이고 수행에 정진한다. 그리고 이와 같은 수행의지는 죽음을 맞이하는 순간까지도 일관된다. 즉 나철은 그의 죽음에서도, 삼법 중 하나인 '조식법'을 통해, 스스로 절식(絶息)함으로 숨을 거두었던 것이다. 이러한 폐기(閉氣)의 수행경지는 최고의 수행경지를 보여준 것인데, 일관된 도력으로 육체의 생리작용을 버리고 정령(精靈)을 돌이켜 통성(通性)·지명(知

命)·보정(保精)의 삼미(三美)를 온전히 갖춤으로 얻을 수 있는 성철(聖哲)의 죽음으로 평가된다. 이것은 나철의 주검을 확인·검시(檢屍)하는 과정에서, 나철의 죽음을 '가히 성스러운 죽음(可謂聖死)'이라고 표현한 검시의사의 소견으로도 확인할 수 있다.

그리고 나철은 마지막 유서로서도 교인들에게 삼법수행을 힘써 행하여 마음의 욕심을 가라앉히라고 당부하면서, 「중광가」에서는 삼법수행의 공효를 다음과 같이 일깨웠다.

"셋 하나 참이치를 힘쓰라 공부하라 / 십팔지경 세 길로 망(妄)에서 진(眞)에 가면 / 오고계(五苦界) 아주 떠나 사신기(四神機) 바루 얻어 / 통성(通性)한 이 길 우에 만덕문(萬德門) 광명 광명"(34장)

즉 위의 내용은 우리 인간의 삶에 '왜 삼법수행인가'라는 의문에 대한 답인 동시에, 나철 스스로 본인이 수행정진으로 일관한 이유에 대한 해명인 것이다.

흔히들 수행이라 하면 숨공부(조식법)에 많이 경도되어 있다. 그러나 나철의 진정한 삼법수행은, 금촉을 통해 정욕의 그릇인 몸을 강(康)하게 하는 것이요, 조식을 통해 생사의 문인 기를 화(和)하는 것이며, 지감을 통해 길흉의 집인 마음을 평(平)하게 하는 것이다. 까닭에 삼법수행은 생명이나 연장하는 소아적 건강법이 아니라, 인간계(인간사회의 모든 관계)의 오고(五苦, 나고 자라고 늙고 병들고 죽는 고통)를 벗고 천리(天理)에 합쳐 깨달아 가는 것이다. 대종교의 교리로 본다면 '거짓을 돌이켜 참으로 나아가(返妄卽眞) 성품을 트고 공적을 완성하는 것(性通功完)'이라 하겠다.

그러므로 민세 안재홍은 대종교의 삼법수행에 있어, 자수련(自修鍊)과 선봉행(善奉行)이 병행되어야 함을 강조한다. 그는 자수련과 선봉행은 표리본말(表裏本末)한 것으로, 자수련에만 정진하면 소승독선(小乘獨善)에 그치므로 홍익인간의 대도에 어긋난다는 것이다. 즉 홍익인간이 성통공완의 표적이 되어야 한다는 것이 안재홍의 논리인다. 대아적 수행관을 제시한다는 점에서 주목할 만하다. 삼법수행이 인간혁명(성통)이요 사회갱생(공완)의 방법이라는 것도 이런 논리에서 나오는 것이다.

아무튼 이러한 경지에 이르면 사대신기[四大神機, 봄(見)·들음(聞)·앎(知)·행함(行)]가 발하여, 하늘의 눈으로 세상을 보게 되고(見神機), 하늘과 자연과 인간이 소리교감을 할 수 있으며(聞神機), 하늘과 땅의 질서를 알 수 있음(知神機)은 물론, 속세의 힘을 넘어 하늘 능력을 행함(行神機) 수 있다는 것이다. 나철이 한겨울 만주 무송현에서 무려 72일간 석상단식기도(石上斷食祈禱)의 이적을 행했다는 우천(藕泉) 조완구(趙琬九)와 백강(白崗) 조경한(趙擎韓)의 생생한 증언이나, 나철이 직접 「중광가」에도 노래한 그의 신비적 일화는 모두 위의 능력과 견주어 생각해 볼 일이다.

이와 같이 나철의 삶은 수행과 불가분의 관계를 갖는다. 그에 있어서 수행은 일제하 대종교를 지탱해온 동력의 원천이요, 세속의 숲을 벗어나고자 한 수도자적 삶의 지표였다. 역사적 고난도 수행을 통해 극복했을 뿐만이 아니라, 한 순간 속세의 영화 또한 수행으로 묻어 버렸다. 그리고 시대적 위기로 인한 절체절명의 순간에도, 그는 수행을 통해 생을 마쳤으며 수행의 완성을 통하여 아름다운 비극을 실현했던 것이다.

한편 나철의 수행주의 사상관은, 대종교 독립운동의 중요한 특징 중의 하나인 군교일치(軍敎一致)와 수전병행(修戰竝行)의 정신을 심어 주었을 뿐만 아니라, 거짓인간과 거짓사회를 벗어나 참된 인간사회의 건설을 위한 희망을 보여주었다.

나철은 경술국치의 소식을 접하고, 그 자신 또한 죽은 목숨이라고 말하면서, 죽은 나라를 위해 죽을 때까지 흰 옷으로 복을 입고 살겠노라 다짐을 했고 또 그것을 실천했다. 그리고 망국의 죄인으로 좋은 음식을 가까이 할 수 없음을 밝히면서, 순교시까지 조촐한 음식으로 연명한 인물이다. 이 또한 그가 밀계에서 밝힌 바와 같이, 수행에서 가장 중요한 요소인 정성(誠)을 검소함(儉)으로 해석하고 또한 하루하루 정성을 행함에 있어 일을 꾸미지 말고 밖을 장식하지 말라는 것과 연관이 있다. 이것은 수행이 겉치레가 아님을 경고한 것으로, 나철이 순교 당시 남긴 '유계장사칠조(遺誡葬事七條)'의 다음 내용에서도 그의 이와 같은 수행주의적 철학관을 사후에도 관철하려 했던 것이다.

　一. 지금 조선 땅에 이 몸을 묻을 곳이 없으니 화장으로써 깨끗하게 할 것.
　一. 염습에는 명주·비단을 쓰지 말고 삼베·무명(평일에 입음과 같은 것)으로써 몸을 싸며 시체를 거둠에는 관곽을 쓰지 말고 오직 부들·갈대의 자리로써 묶을 것.
　一. 상여를 쓰지 말고 지게로써 옮길 것.
　一. 부고를 돌리지 말며 조상을 받지 말고 장사함에 손님을 청하지 말 것.
　一. 명정은 다만 성명만 쓸 것.
　一. 만일에 제사를 지내면 고기·술을 쓰지 말고 다만 밥 한 그릇, 반찬 한 그릇(평일에 먹음과 같은 것)으로써 차릴 것.
　一. 교문의 형제·자매들은 상장(喪章)을 붙이지 말 것.

이러한 나철의 수행주의적 가치는 김교헌이나 서일, 그리고 윤세복의 삶에도 그대로 영향을 줌으로써, 그들 또한 겉치레를 뒤로 한 채 오직 수행과 포교 그리고 독립운동에만 전념했다. 김교헌·서일·윤세복이 이역 땅 만주에서 함께 활동하면서도 셋이 회합한 적이 단 한 번도 없었음은 놀라운 일이다. 김교헌과 윤세복 간에 몇 번의 만남과 김교헌과 서일 간의 2년 생활이 있었을 뿐, 서일과 윤세복은 단 한 번의 만남도 없었다. 그럼에도 그들은 각자의 역할과 임무를 충실히 이행함으로써, 대종교의 포교와 교육 그리고 독립운동의 삼위일체적 저항을 일궈냈다. 이들이 형식을 넘어 심심상인했던 삶의 근저에도 역시 나철의 수행주의적 전통이 그대로 계승되고 있음을 암시받을 수 있는 부분이다.

나철의 수행주의적 가치는 단군신앙의 전래적 전통으로서, 고구려 조의선인들의 영육수행(靈肉修行)이나 신라 화랑들이 명산대천을 순회하며 닦은 심신수련, 고려조 이지백(李知白)의 상소에 나오는 연등(燃燈)·팔관(八關)·선랑(仙郎) 등의 전통적인 선풍(仙風), 그리고 조선조 『규원사화(揆園史話)』·『해동전도록(海東傳導錄)』·『청학집(靑鶴集)』 등에 나타나는 도가적 수행의 흐름과 밀접한 연관을 갖는다. 특히 나철이, 이러한 흐름의 맥을 옹골게 계승한 백봉신사의 도맥을 직접적으로 전승했다는 것은, 그 정통성에 있어서도 의미가 크다.

나철의 수행주의적 삶이 일제강점기 대종교지도자 및 구성원(독립군 관계자라고 해도 무방할 것임)들에게 끼친 영향은 지대한 것이었다. 수행은 개인의 의지를 굳히고 혜안(慧眼)을 열어 주는 요체로서, 배달민족 성원으로서의 정체성 확인과 배달국 이상향이라는 대의명분 추구에 있어 중요한 구실을 한 것이다.

또한 대종교는 교당과 학교, 그리고 독립군기지가 결합된 성격체로써 종교와 교육, 항일투쟁이 삼위일체된 집단이었다. 이러한 집단을 양적으로 확산시키고 질적으로 응집시킬 수 있는 효과적 방법이 질서·절제(검소)·명분의 결합인데, 수행이야말로 이와 같은 요소를 묶을 수 있는 최고의 통과의례였던 것이다. 이것은 단군시대부터 종교와 군대가 밀접한 연관을 지니고 내려온 우리 신교의 전통과 접맥되는 것으로, 최남선은 그 개연성을 다음과 같이 밝히고 있다.

"여하간 사(師, 神人, 上古에는 그대로 君長) 있는 곳이 경(京)이요, 경에는 사중[師衆, 성지(聖地)의 위력적 표현이 되는 단체, 단군신전(壇君神典)으로 말하면 '도삼천(徒三千)'같은 것], 성중(聖衆)이 있어 이것이 타일(他日) 군대(軍隊)의 연원을 지으니, 후세까지도 군(軍)을 사(師)라 함에는 실상 이러한 고의(古義)가 들어 있을 것이다. 말하자면 상고의 무군(巫君)은 덕(德)으론 생민(生民)의 모범이요, 식(識)으론 교사(敎師)요, 의(威)론 장수(將帥)요, 이 삼자(三者)를 겸섭(兼攝)·표현(表現)하여 원수(元首)의 위(位)를 얻은 것인데, 이러한 상태 또 인격(人格)의 단일적 명칭이 사(師)이었을 것이다."

만주 최초의 독립운동단체로 꼽히는 중광단을 보더라도, 그 명칭 자체가 나철의 대종교 중광에서 가져온 것이고 그 구성원 역시 대종교도들을 중심으로 결합된 단체였다. 그리고 중광단이 확대 개편된 대한군정서 또한 대종교적 질서를 그대로 승계한 집단이었다. 특히 중광단을 만들고 대한군정서의 총재를 맡은 서일은, 나철의 수행주의를 정통으로 계승한 인물이었다. 서일은, 대종교 교리의 핵심이라 할 수 있는 삼일철학이야말로 백봉신사가 이를 나철 스승에게 전하여 준 것으로 밝히고, 나같이 갖지 못한 사람으로서도 다행스럽게 나철 스승에게 친히 가르침을 받을 수 있었음에 감격했던 인물이다.

서일 또한 짧은 생을 사는 동안 종교·철학·교육·무장투쟁 등 여러 방면에서 실로 기적에 가까운 능력을 보여주는데, 이러한 능력의 바탕에는 바로 나철의 수행주의가 결부된 것이다. 즉 그가 수많은 독립군들을 통솔하던 지혜와 용기의 바탕이나, 종교적 수행·연구 속에서도 무장투쟁을 행할 수 있었던 수전병행의 토대가 바로 여기에 있다고 할 수 있다. 그러므로 나철의 수행주의를 외면한 채 서일의 행동적 삶을 이해하려고 하는 것은, 마치 체를 외면한 채 용만을 이해하려는 이치와 다를 바가 없는 것이다.

서일은 수행주의적 삶을 실천함에 있어서, 진중(陣中)에서도 수도실을 따로 마련하여 항상 원도(願禱)와 수행, 그리고 연구를 게을리 않는 수전병행의 삶으로 일관했다. 심지어는 전투의 와중에서도 대종교 깨달음의 상징인 단주(檀珠)를 항상 목에 걸고 있었다. 그리고 서일은 이러한 수전병행의 삶을 보다 효율적으로 구현하기 위해 대종교 동도본사(東道本司)를 독립군기지 내에 두고 그 책임 또한 그가 스스로 맡음으로써, 군교일치(軍敎一致)를 철저하게 지향했다.

대한군정서의 조직체계도 정신의 상징인 총재부와 행동의 상징인 사령부로 이원화하여, 보다 전문적이고 효율적인 조직운용을 모색했다. 당시 총재부의 중심인물들은 대한정의단 계통이 대부분이었고 사령부의 핵심인물들은 신흥무관학교 출신들이 주종을 이루었다. 물론 각 구성원들의 연결고리는 대종교도였다. 이와 같은 정신과 행동의 이원화된 조직운용은, 서일의 수행주의적 삶이 투영된 수전병행의 효율적인 실천을 위한 제도적 장치였던 것이다. 또한 대한군정서의 관할 구역의 구성원 대다수가 대종교 신자들로, 군정서의 경신조직(警信組織)도 대종교 조직이었다. 그러므로 모연대(募捐隊)를 통한 군자금의 징수·모금이 상당히 수월했다. 그들이 내는 세금의 의미는 종교적 성금임과 동시에 독립을 위한 군자금으로써, 여기서 군교일치·수전병행의 가치가 독립군을 넘어 대종교 신도들에게까지도 연결됨을 확인할 수 있는 것이다. 더욱이 군교일치·수전병행의 정신으로 훈련·무장된 대한군정서의 독립군정신은, 청산리독립전쟁의 승리가 결코 우연히 이루어진 쾌거가 아니라는 것을 증거해 주고 있다.

대한군정서 연성대장으로 청산리전투에 참가했던 이범석(李範奭)은, 당시 만주 교포의 대다수가 대종교도였고 대종교의 확장은 독립운동의 확장이었으므로 청산리전쟁의 승리도 대종교라는 신앙의 힘과 민족정신에 불타는 신념의 결과라고 말한다. 또한 독립군들은 대부분이 대종교 신앙에 뭉쳐서 파벌이나 사리잡념이 없었고 광명정대했다고 증언하고 있다. 그러므로 독립군들은 10월 상달이 되면 돌로 제단을 쌓아, 어려운 재정에도 불구하고 돼지나 소를 잡아 제천보본하고 나라의 독립과 민족의 영원한 번영을 빌었다는 것이다.

이렇듯 나철의 수행주의적 삶을 계승한 서일의 정신가치가 대한군정서에 영향을 주고 청산리독립전쟁의 승리로 연결됨을 확인할 수 있다. 이범석이 청산리전쟁을 앞두고 쓴 '기전사가(祈戰死歌, 싸우다 죽기를 기원하는 노래)'라는 마지막 구절을 보더라도, 수전병행으로 무장된 살신성인의 각오가 확연히 드러난다.

"한배님 저희들은 이후에라도 / 천만 대 자손들의 행복을 위해 / 맹세코 이 한 목숨 바치겠으니 / 성결한 전사를 하게 하소서"

지(智)·용(勇)·인(仁)을 겸비한 서일의 행동적 삶에는 항상 수행이라는 절제와 극기의 미학이 깔려 있었다. 이것은 그 스스로의 인간완성의 길이면서도 조직을 조직답게 하는 최선의 방법이었다. 그는 그의 스승 나철의 수행주의적 삶을 계승하여 군교일치·수전병행의 가치로 조직을 무장시키고 나아가서는 살신성인·멸사봉공이라는 의지결합을 통하여 수행주의적 저항을 행동화했다.

서일은 수행의 마지막 완성이라 할 수 있는 순교의 순간에도 나철의 수행주의를 그대로 계승한다. 나철의 유서내용 중 일부 구절을 죽음을 맞이하며 읊조린 것이나, 조식(調息)을 통한 폐기절명(閉氣絶命)이라는 수행사(修行死)도 스승 나철의 길을 따른 것이다. 나철과 서일의 순교는 재생·구원 혹은 영생·득도 또는 새질서·새생명을 위한 선택이라는 종교학이나 미학적 해석을 떠나서, 구도자가 얻을 수 있는 수행주의의 극치를 나타낸 것이었다. 또한 그들은 육체적·시대적 죽음이라는 세속적 자극을 통하여 정신적 각성과 함께 역사적 동력이라는 무한한 힘을 얻어냄으로써, 사후에도 수행주의적 저항의 힘을 극대화시키는데 기여했다.

윤세복 또한 스승 나철의 순교 소식을 감옥에서 접하고 나철이 남긴 '죽고 삶이 몸뚱이 껍데기에 있지 않고 믿음과 의리는 오직 신명으로써 증거되느니라(死生不在軀殼信義惟證神明)'는 유서를 눈물로 봉독하며 포교와 독립의 의지를 더욱 굳게 다진 인물이다. 윤세복은 스승 나철의 검소함을 생활화하여 수행의 정성을 실천했던 인물로서, 그는 마른 미역 한 토막에 좁쌀밥을 먹으면서도 늘 감사했다. 그리고 비단이나 가죽옷 등을 몸에 걸친 예가 없고, 노동복에 낡은 방한모로 추위를 견뎠으며 평생 방석도 깔지 않은 채 생활함으로써, 겉치레와 편안함을 멀리했던 것이다.

특히 그는 1942년 일제에 의해 자행된 임오교변(壬午敎變, 임오년 대종교지도자 일제구속사건) 당시, 모진 고문 속에서도 수행을 통해 의연함을 보여줌으로써, 오히려 감옥관계자들을 감동시킨 인물이다. 그리고 열악한 감옥생활 속에서도, 대종교의 경전 『삼일신고』·『진리훈』과 나철의 수행주의를 체계적으로 연구·체득하여, 『삼법회통(三法會通)』이라는 수행서를 완성하였다.

홍암 나철과 관련된 주요사건과 정신가치의 변화

시기	주요사건	종교	가치관		이념	
1891	과거급제	유교	권력지향 출세지향	소아적	중화주의 관료주의	특수주의
1893	벼슬(가주서, 권지부정자)사임					
1894	김윤식 외부대신 임명		청렴론 명분론		우국주의	
1895	장세서장 임명 거절					
1897	김윤식 제주도 유배 (동행)		수행론 외교론 (동양평화론) 무력론			
1901	내륙(벌교로 귀향)					
1907	을사오적 주살사건 주도					
1909	대종교중광	신교/대종교	종교적 이타적 수행적	대아적	민족주의 세계주의	보편주의
1916	순명조천					

나철은 그의 삶 자체가 대종교 교력이었다. 나철이 대종교를 중광(1909년)하여 순명조천(1916년)하기까지의 8년은, 대종교의 교리이자 교사이자 문화로 점철된다 해도 과언이 아니다. 그러므로 그의 행적 하나하나가 대종교의 교력이기에, 비교적 상세하게 살펴보기로 한다.

나철의 대종교 교력을 살피면, 대종교의 전신인 단군교에 입교한 교인으로 출발한다. 1905년 12월 30일(음력, 이하 음력), 1차 도일 후 국내로 돌아올 당시 서대문역 근처 노상에서 단군교에 입교하였다. 그를 입교시킨 인물은 백봉신사의 제자 중 한 명인 두암 백전으로, 나철은 백전으로부터 입교와 함께 『삼일신고』와 『신사기』를 전해 받았다.

그리고 나철이 네 번째로 일본을 방문했을 때인 1908년 11월 12일 오전, 일본 동경 강호지구(江戶芝區) 앵전(櫻田) 본향정(本鄕町)에 있는 청광관(清光館)에서 역시 백봉신사의 제자인 미도 두일백으로부터 『단군교포명서』와 『고본신가집(古本神歌集)』·『입교의절(入敎儀節)』·『봉교절차(奉敎節次)』·『봉교과규(奉敎課規)』 등의 책을 전해 받았다. 그리고 『단군교포명서』의 선포의 중요성을 알리고 사라졌다. 그 해 12월 9일, 나철이 본향구(本鄕區) 삼천정(森川町) 신판상(新坂上)에 소재한 개평관(盖平館)에 유숙할 때 다시 두일백이 찾아 왔다. 그리고 나철에게 단군교 영계식(靈戒式)을 통한 영계를 주고 『단군교포명서』의 재천명이 시대적 사명임을 재차 종용하였다. 당시 나철과 동행했던 정훈모[鄭薰謨, 대종교 이름 정선(鄭選)]도 역시 영계를 받았다. 마침내 나철은 국내로 돌아와 1909년 1월 15일 경성 재동 취운정 밑 육간초가에서 단군교(대종교)를 중광(重光, 다시 일으킴)하고 『단군교포명서』를 발행·공포하였다.

나철은 중광한 해인 1909년 2월 8일 기도 중에 아래와 같은 밀계(密誠) 22자를 묵수(默受)하였다.

> "純日道 一日誠 勿作事 勿服飾 道者靜 誠者儉 不自欺通
> (순수한 것을 도라 하나니 하루하루 정성을 다하라. 일을 꾸미지 말며 밖을 장식하지 말라. 도는 고요함이요 정성은 검소함이니 스스로 속이지 않을 때 통하는 것이다)"

밀계란 말 그대로 기도 중에 받은 하느님의 교훈이다. 이후 밀계는 대종교 교인들의 도통(道通)을 위한 지침이 되었다. 정성스러움과 고요함으로 검소함과 자기를 속이지 않을 때 비로소 도에 다다른다는 가르침이다. 나철은 이 밀계를 친필로 써서 붙이고 수행을 하였다.

이 해 12월 11일에는 교명(敎命)으로 사교(司敎)·참교(參敎)·찬교(贊敎)의 3단계 교질(敎秩)과 함께 시교사(施敎師)와 순교원(巡敎員)의 교임(敎任)을 제정·공포하였다. 또한 교우들의 추대로 도사교(都司敎, 이전에는 사교가 최고의 교질이었음)가 되어 도사교(교주)의 전통을 세웠으며, 본명 인영(寅永)을 철(喆)로 개명하고 대종교인의 명부를 『우애록(友愛錄)』이라 칭하였다.

한편 나철은 1910년 7월 30일, 중대한 결정을 내린다. 중광 당시의 명칭인 단군교를 전래의 교명인 대종교(大倧敎)로 개칭한 것이다. 그리고 천신강세(天神降世)라는 기년(紀

年)을 사용하였다. 그 배경에는 종교적·시대적 이유를 살필 수 있다. 종교적으로는 본래의 하느님 신앙의 회귀였다. '대종(大倧)'의 대(大)자는 그 의미가 '한'이오 '종(倧)'은 검이며 '교(敎)'는 수두를 뜻하는 것으로' 순우리말로는 '한검수'와 같다. 또한 한검수는 천신교(天神敎)와 같은 의미로 대종교는 곧 천신교와 동일한 의미다. 그러므로 단군교에서 대종교로의 변경은 삼신일체 하느님신앙으로의 성격을 극명하게 드러내기 위한 종교적 이유였다. 기년 역시 천신강세로 정한 배경을 알 수 있다.

또한 일제통감부 경시청은 1909년 대종교가 중광하자마자 철저한 감시에 들어갔다. 1910년 병탄과 함께 일제는 대종교를 해산시키려는 음모를 꾸몄다. 박은식의 『독립운동지혈사』에 적힌 다음 기록이 그것을 말해 준다.

> "그(대종교) 신도는 그 민족성과 국혼을 보전해 지키는 것이다. 그러므로 저들(일제)은 병합하던 날에 의논하여 이를 해산시키려 하였다. 그러나 때마침 일본인이 간행하는 잡지 『태양(太陽)』에서 대종교 처치 방법을 논하기를, '그 교(敎)는 자기 나라의 고교(古敎)로서 그 믿는 무리가 비록 많기는 하나, 모두 손에는 촌철(寸鐵)도 없다. 설혹 탈선하는 행동이 있을지라도 먼저 종교를 간섭한다는 원망과 비방을 불러일으킬 필요가 있는가' 하였으므로, 그 논의가 드디어 중지되었다. 그러나 경찰과 탐정하는 졸개들이 교직자(敎職者)의 미행을 잠시나마 그치지 않으며 또 까닭 없이 체포하는 경우가 많았다. 포교의 자유와 교당의 건설을 허가하지 않으며…(중략)… 교도들에 대한 주목은 날마다 심하여 갔다."

그러므로 나철의 대종교로의 교명 변경은 일제와의 표면적 마찰을 최소화시키기 위한 시대적 요인도 감안된 것이었다. 며칠 후인 8월 10일에 교단 내에 다음의 '사신(四愼, 네 가지 삼감)'을 포고하여 교인들의 신수(愼守)를 촉구한 것도 그러한 이유와 맞물린다.

　一. 교(敎)는 시국에 무관하니 안신입명(安身立命)함
　一. 신법(新法)에 주의하여 범과(犯過)가 무케 함
　一. 재산보관은 소유권과 법률을 신뢰함
　一. 혹 원왕(冤枉)을 피(被)하면 성심으로 해결함

또한 나철은 8월 21일 신위(神位) 대신에 처음으로 천진(天眞, 단군한배검 영정)을 총본사 천전(天殿)에 봉안하고 제례를 행하였다. 그리고 9월 15에는 종래의 소제(小祭, 매월 1일과 15일)와 중제[中祭, 사중월(四仲月)의 중순]의 제제(祭制)를 혁파하고 일요일을 경일(敬日)로 정하여, 같은 날 상오 11시에 총본사 천전에서 역사적인 제1회 경배식을 거행하였다. 특히 동년 9월 27일에는 교명(敎命)으로 『의식규례(儀式規例)』를 처음 정리하여 다음과 같이 제정·발표함으로써, 대종교 초기의 종교의식과 문화 형성에 중요한 전기를 마련했다.

　흠유(欽惟) 오조(吾祖)는 천신(天神)이시니 지고무상하시고 오교(吾敎)는 신도(神道)이니 유일무이라, 천하종족에게 홍복(洪福)을 시(施)하며 숭대(崇戴)를 수(受)할지라, 제반의식과 규례를 천신경봉(天神敬奉)하는 의(義)로 발포 혹 개정(改正) 혹 정폐(停廢)하여 좌(左)에 열서(列書)하노라

一. 대종교의 종(倧)자는 상고신인이며 인(人)의 종(宗)이라는 의(義)니 즉 아(我) 천신단군이오
一. 천신강세 기원은 태백산 단목하에 강림하신 갑자년이니 개극(開極) 기원 4243년에 124년을 증가함이여
一. 개천절은 강세일과 개국일이 동시 10월 3일이라 고로 경일(慶日)을 합칭함이며
一. 어천절은 어극(御極)하신 93년에 다시 천부(天府)로 상어(上御)하심이며
一. 소제와 중제와 대제의 예식과 품수(品需)는 함께 정폐(停廢)하고 신위(神位)는 철(撤)함이며
一. 천조를 경배하는 정당(正堂)은 천궁이라 하고 어진(御眞)을 봉안하는 영당은 천진전이라 하며
一. 천조께서 어천하시니 무형하신 신이라 천궁은 천부를 상하여 공공(空空)케 하고 차(此)에서 경하식과 경배식과 시교식과 영계식을 행하며
一. 천신이 강세하시니 유형하신 인(人)이라 천진전은 태백산 단목영궁을 모방하여 진상(眞像)을 봉안하고 만만세 앙첨(仰瞻) 추모케함이며
一. 천조께 경배하는 일을 일요로 정하고 차(此)를 경일이라 하여 매 경일에 일반 형제자매가 재욕치결(齋浴致潔)하고 부근 천궁에 회집하여 경배식을 행함이며
一. 형제자매는 경일 외라도 부근 천궁에 회집하여 원도와 신가와 강론과 시교를 행함도 역가(亦可)함이며
一. 상견례는 형제자매가 궤좌(跪坐) 상읍(相揖)하기로 정하고 중다(衆多) 시(時)와 도로시교(道路施敎) 시(時)는 입읍(立揖)도 역가함이며
一. 봉교인은 봉교 후 삼일 혹 일일에 각기 자가(自家) 혹 여관에서 자신식(自信式)을 예행(例行)함이며
一. 자매와 동치(童稚)의 서서(誓辭)는 국문으로 역해(譯解)하여 진의(眞義)를 통효(通曉)케 함이며
一. 천조(天祖)는 삼신일체시니 환인과 환웅과 환검이라 함이 실아(實我) 천조단군일위의 신을 분칭함이며
一. 영계(靈戒)는 성신(誠信)이 유(有)한 교인에게 수(授)하고 수계인 성명을 기재한 책은 천록(天籙)이라 함이며
一. 천조(天祖) 영계를 서(書)한 지편(紙片)은 계정(戒幀)이라 함이며
一. 교기(敎旗)는 천조의 소립(所立)하신 대종교문을 표기하여 입(立)하니 왈 천기(天旗)라, 체(體)는 원(圓)하고 색은 청(靑)하니 천(天)을 상(象)함이오 중심에 신(神)자는 백색이니 천조의 본위(本位)를 표함이며
一. 포교 규식(規式)은 도사교가 임시 제정하여 실행케 하고 상벌도 또한 그것을 전행케 함이며
一. 교계(敎界)는 본교의 발전을 수하여 획정하고 매계(每界) 주무인(主務人)을 선임케 함이며
一. 규범은 진행 정도와 시의를 참작하여 발포함이라.

더불어 이 해에 만주 북간도 삼도구(三道溝)에 지사를 설치하여 만주활동의 거점을 마련하는가 하면, 대종교 월력(月曆)을 간행하여 배포하기도 했다.

나철은 1911년 중광절을 기해 대종교 신관(神觀)의 철학적 기초가 되는 「대종교신리」을 프린트본으로 저술·간행하였으며, 그 해 가을에는 단군신앙과 관련된 고적(古跡)과 영적(靈蹟) 봉심(奉審)의 길을 떠났다. 강화 마니산과 제천단을 거쳐 평양의 숭령전을 봉심하고, 만주 화룡현 백두산 기슭인 청파호(靑波湖)에 대종교 교당을 신설함과 동시에 산북지사(山北支司)를 설치하였다.

나철은 1912년 3월 3일, 당시 남도본사에 머물며 도사교 직무대리를 맡고 있던 김교헌으로 하여금 대종교의 전래 경전인 『삼일신고』를 간행하도록 하였다. 또한 1913년 2월에는 시교문(施敎文)을 국한문으로 간행함으로써, 대종교 포교의 대중적 기반 마련과 함께 우리 정체성의 뿌리인 한글의 중요성을 고취하였다.

1914년 중광절에는 도사교 직무대리인 김교헌에게 『신단실기(神檀實記)』를 저술·간행케 하여 교사와 민족사의 뿌리를 세우도록 하였다. 이 『신단실기』는 대종교의 종리(倧理)와 연관된 것으로, 단군을 종조로 내세워 민족종교의 교리와 단군역사를 체계화시킨 것이다. 이 책의 내용 구성은 단군시대의 역사, 대종교(檀君敎)의 기본적 신관, 대종교의 발전 과정, 역대 제천행사, 단군 관련의 민간신앙, 단군 관련 역사 유적, 백두산에 관한 논고, 단군고조선에 대한 영토문제, 상실된 태고의 단군고사 등, 총 19개 항목[단군세기·삼신상제·교화원류·신이징험(神異徵驗)·단사전묘(壇祠殿墓), 역대제천·족통원류·시사악장(詩詞樂章)·고속습유(古俗拾遺)·단군향수변(檀君享壽辨)·단군변(檀君辨)·강동릉변·부루변·태백산변·평양급패수변(平壤及浿水辨)·단군강역고·백두산고·백악고·경사재액(經史災厄)]에 이르는 단군 관련 역사 기록을 정리한 것이다.

나철은 같은 해 5월 13일에는 만주 화룡현 청파호로 대종교총본사를 이전하고 대종교의 종교적 거점 마련과 더불어 만주항일투쟁의 본거를 확보하였다. 또한 그곳을 중심으로 동도교구(동만주 일대와 노령·연해주 지방 관할), 서도교구(남만주로부터 중국 산해관까지 관할), 남도교구(한반도 전체 관할), 북도교구(북만주 일대 관할)의 사도교구(四道敎區)를 설치하고 각 교구의 책임자도 임명하였다. 당시 임명된 각 교구의 책임자는 서일(徐一, 동도교구), 신규식·이동녕(申圭植·李東寧, 서도교구), 이상설(李相卨, 북도교구), 강우(姜虞, 남도교구) 등이었다. 이어 6월 9일에는 대종교의 최고 성지인 백두산에 강우를 파견하여 천제(天祭)를 대행토록 하고 10월 5일에는 청파호 총본사에 고령사(古靈祠)를 설치하고 대종교의 선열들을 봉안함과 아울러 제례를 행하였다.

한편 일제는 총독부는 종교 자유 보장, 포교 활동 공인, 종교에 대한 평등한 대우를 위함이라는 명분으로, 1915년 양력 8월 16일에는 총독부령 제3호로 「포교규칙」을 한국의 모든 종교를 통제하기 위한 법령으로 공포하였다. 그러나 이 법령은 "본령(本令)에서 종교라 함은 신도·불도 및 기독교를 일컫는다."(제1조)라고 하여 세 종교만을 종교로 인정하였고, 그 이외의 종교들은 '유사종교' 혹은 '비종교'(非宗敎)

로 분류하였다. 그러므로 1915년 양력 10월 1일 조선총독부령 제83호로 발포한 「종교통제안」에 의하여 국내 대종교는 사실상 포교금지를 당한다.

나철은 국내 대종교의 급박한 소식을 접하고 국내 남도본사로 급히 돌아왔다. 그리고 그 해 12월 21일자로 신교포교규칙(神敎布敎規則)에 준한 신청서를 총독부에 제출했으나 총독부측은 고의적으로 일반유사종단으로 보아 오던 군소신앙단체는 모두 서류를 접수하고 오직 대종교만은 신교(神敎)가 아니라는 이유로 신청서류를 각하하였다. 그리고 대종교의 모든 교내외 활동을 못하게 함은 물론 나철의 수도행까지 저지하는 한편, 구속한다고까지 위협해 왔다.

나철은 그러한 일제의 황탄한 강압에 의한 심적 동요를, 수행을 통해 다스리며 심사숙고 하게 된다. 1916년 1월 10일 묵수한 「밀고(密誥)」3장은 그러한 수행 속에 얻어진 종교적 경험이었다. 「밀고」는 '대길상밀고(大吉詳密誥)'50자, '정신밀고(淨身密誥)'31자, '정경밀고(淨境密誥)'32자로 이루어졌다. '대길상밀고'는 길하고 상서로움을 부르고, '정신밀고'는 몸을 정결히 하며, '정경밀고'는 주위 환경을 말끔히 하는 주문이다. 상서로움을 불러 마음을 다스리고 주변을 정결히 하는 것이 「밀고」란 것이다. 특히 「밀고」의 끝에는 강해신극(强解神殛)이라는 말이 붙어있다. '그 뜻을 억지로 해석하고자 하면 신의 큰 벌을 받는다'는 의미다. 「밀고」가 뜻[意]이 아니라 소리[音]의 주문임을 알게 해 준다. 그러므로 「밀고」는 천·지·인이 어우러지는 소리로 성심상송(誠心常誦)하면 감신(感神)의 은총에 의해 재액과 환난을 면하고 소원성취를 이루는 신비의 묘주(妙呪)라 할 수 있다. 「밀고」 3장의 전문은 아래와 같다.

대길상밀고(大吉詳密誥)
위 쟝관료아 날매료자아 마데지불애 파내유검 배달구모 아즉가시니 하둔항라도 부조실 쥬기심하쇼 불전이 각합급이 오라(位 壯官了阿 辣妹嫋姿阿 摩帝知弗厓 波奈由儉 倍達具母 我卽嘉時呢 何苊姮羅道 夫助實 周期尋何囒 祓戩呷 覺哈汲呷 吾囉)

정신밀고(淨身密誥)
문읍손날시 불즁 증이 시사시사 토권호 슈알자 이근몰 시사시사 불전이 오라(文挹孫辣是 弗甊 增而 時沙時沙 土卷胡 須謁玆 爾勤沒 時沙時沙 祓戩呷 吾囉)

정경밀고(淨境密誥)
파내유 수대구 한할 어류배류 일목슈등 량방위영아읍금 쵸 파내유 시지이 오라(波奈由 手大久 漢轄 於留倍留 日木水登 良方魏盈 牙邑金肯 波奈由 示止呷 吾囉)

나철은 그 해 7월 15에는 부여 시대의 의식인 서치례(序齒禮)와 구서(九誓, 아홉 맹세)를 행하였다. 그것은 부여의 고속(古俗)으로, 당시 단군신앙 일반 교도(敎徒)들이 춘추(春秋)로 회집하여 나이대로 상호례를 행하고 서사(誓辭)를 읽은 데서 유래한 것이다. 그 아홉 맹세는 불효자는 출(黜, 내침)하고, 불우자(不友者) 출하고, 불신자(不信者)는 출하

고, 불충자(不忠者)는 출하고, 불손자(不遜者) 출하고, 덕업에 힘쓰고, 과부를 규(規)하고, 환난을 휼(恤)하고, 예속을 성하여 한가지로 두텁게 돌아간다는 내용이다.

나철은 1916년 8월 15일 죽음을 결심하는 순간에도, 우리 종교사에 커다란 자취를 남겼다. 구월산 삼성사에서 행한 선의식(示+亘儀式) 거행이 그것이다. 선의식은 우리 고유의 제천의식으로, 고려의 팔관(八關)의 폐관(閉關)과 함께 단절된 것을 나철이 부활시킨 것이다. 이후 선의식은 대종교의 4대경절(四大慶節, 개천절·어천절·중광절·가경절) 때에 행하는 천제의식으로 자리 잡았다. 경배식(敬拜式)이 일요일마다 행하는 종교집회의식인데 비해, 선의식은 정해진 홀기(笏記)를 통하여 인간이 하늘에 드리는 최고의 치성례다.

그 배경은 대종교의 전래 기록에서 찾을 수 있다. 대종교단에는 예로부터 5개의 종지(宗旨)가 전하여 온다. 단군조(檀君朝) 당시에는 염조신(念祖神)·연명성(演明性)·합동류(合同類)·수단부(守團部)·근의식(勤衣食)으로 시작되었다. 즉 단군조 이고랑검신(尼古郞儉神) 때, 수사로(秀斯老)라는 철인(哲人)이 나타나서 신교(神敎)의 스승인 흘나사한(訖那沙翰)의 전통을 이어 '오대종지(五大宗旨)'로 자리매김 시켰음을 알리고 있다. 이것이 고구려에서는 경천조(敬天祖)·감영성(感靈誠)·애족우(愛族友)·완기토(完基土)·흥산업(興産業)으로 계승되면서, 고구려의 입국정신으로 삼음은 물론 고구려의 인민들을 가르치고 체행실천(體行實踐)했다고 적고 있다. 근대에 들어와 나철 역시 이러한 전래 신교의 5대종지 전통을 계승하여, 경봉천신(敬奉天神)·성수영성(誠修靈性)·애합종족(愛合種族)·정구이복(靜求利福)·근무산업(勤務産業)으로 정착시켰다.

주목되는 것은 시대의 흐름과는 무관하게, 대종교 5대종지의 가장 으뜸이 '하느님을 받들라'(念祖神·敬天祖·敬奉天神)라는 것이다. 대종교가 하늘(하느님)을 대하는 무게를 알 수 있다. 우리 민족은 아득한 옛날부터 하늘을 공경하는 경천(敬天)사상을 가진 민족으로, 제천의식을 소중히 여겨 온 풍속을 지니고 있다. 광명(光明), 즉 밝은 것을 숭상하며 하느님을 신앙하며 뭇 백성들은 아침저녁으로 경배하는 의식을 치르고 천손(天孫) 천민(天民)을 긍지로 삼았다. 그러나 고려 말 팔관의 폐절 이후 이러한 치성은 사라져 버렸다. 더욱이 조선조 제의의 형식을 보면, 천·지·인제에 대한 천자국(중국)과 제후국(조선)의 향사 대상의 차이에 대한 인식, 곧 천자(天子)는 천·지·인 모두에 제사할 수 있고 제후는 지·인에만 제사할 수 있다는 인식이 더욱 분명해지게 되었다. 따라서 조선의 건국세력은 천(하늘)과 관련한 모든 종류의 제례를 폐기하고자 하였다. 한국종교사의 뿌리에 닿아 있는 제천 전통의 강고함에도 불구하고 조선의 성리학자들은 신교식(神敎式) 제천의례, 유교식 제천의례, 도교식 제천의례 할 것 없이, 천과 관련된 제례라면 모두 폐지하고자 한 것이다. 결국 조선의 공식 예제인 유교례에서는 천제(天祭)는 사라지고 지제(地祭)인 사직제(社稷祭), 인제(人祭)인 종묘제(宗廟祭)가 최고의 제사(祭祀, 大祀)가 되었다.

유교의 종주국이자 천자국인 중국에게 신교(단군신앙)의 오랜 전통이자 상징인 제천권마저 박탈당한 것이다. 우

리 정체성의 근본인 제천권을 행사 못한다는 것은 정신사적으로도 뼈아픈 경험이었다. 먼저, 성스러움과 교통하는 최고의 수단을 포기하는 것으로, 종교적 천손의식이나 배달민족의 관념을 상실한 것과 통한다. 또한 제후국으로서의 조선이 천자국인 중국을 향하여 모든 권한을 포기하는 부끄러운 경험이었다.

나철이 선의식의 복원을 도모한 이유이기도 하다. 전래 신교의 천제를 되살리는 작업임과 동시에 정신적·문화적 정체성을 회복하는 중요한 사건이었다. 마침내 나철은 죽음을 앞두고 선의식을 완성한다. 1916년 8월 15일 새벽, 나철은 '선의'라는 이름으로 대종교의 의식절차를 갖추어 치성 봉행한다. 이것이 근대 선의식의 시작이다.

선의식은 대종교 4대경절일 새벽에 홀기(笏記)의 절차에 따라 올린다. 홀기란 선의식을 거행하는 순서를 적은 글을 말한다. 이에 따르면 예원(禮員)에는 주사(主祀)·도식(導式)·전의(典儀)·봉향(奉香)·봉지(奉贄)·봉찬(奉餐)·주유(奏由)·주악(奏樂)·원도(願禱) 등이 있어 제사를 질서정연하게 봉행한다. 제폐(祭幣)는 신폐(神幣)라고도 하며 한배검께 올리는 폐백이다. 제폐는 곡지(穀贄, 오곡), 사지(絲贄, 천), 화지(貨贄, 돈)의 3가지로서 곡식, 천, 돈의 3가지는 인간의 생활에 가장 기본이 되는 물건임으로 항상 이것을 내려 주신 은혜에 감사하고 더욱 풍족하게 주실 것을 기원하는 뜻이다. 제물(祭物)로는 천수(天水), 천래(天來), 천과(天果), 천채(天菜), 천반(天飯), 천탕(天湯)이 있고, 제구(祭具)는 제기(祭器) 및 제품(祭品)으로 제사에 쓰이는 여러 가지 기구가 있다.

마침내 1916년 8월 16일 새벽 나철은 자진순명(自盡殉命)의 길을 택했다. 대종교에서는 10일장을 치르고 8월 25일에 경성에서 화장식을 거행한 후, 9월 1일에 남도본사에서 대종사(大宗師)의 교종(敎宗)과 함께 신형(神兄)의 교호(敎號)를 추숭(追崇)하는 상호식(上號式)을 봉행하였다. 그리고 동년 11월 20일, 나철의 다음과 같은 유언에 의해 백두산 동북쪽 기슭 화룡현 청파호의 뒷산[대종교에서는 단산(檀山)이라고 함]에 유해를 봉장하였다.

"유해의 재는 거두어 백두산 아래(총본사에 가까운 땅) 묻을 것"[收裹爐餘遺骸 以埋於祖山之下(總本司近地)]

화룡현 청파호 檀山 언덕에 조성된 대종교 三宗師의 묘역. 가운데 나철(대종사) 묘를 중심으로 오른쪽이 김교헌(종사), 왼쪽이 서일(종사)의 묘다.

[참고문헌]
『종보』제1호·제2호·제3호·제4호(1909년), 제5호·제6호·제7호·제8호(1910년), 『대종교보』제286호(2000년), 『곡조한얼노래』(이극로 편, 대종교총본사, 1942), 『譯解倧經四部合編(全)』(정열모 편, 대종교총본사, 1949), 『홍암신형조천기』(김교헌 편, 대종교총본사, 1954), 『대종교인과 독립운동연원』(이현익, 프린트본, 1963), 『대종교경전(한글판)』(대종교경경사편수회, 대종교총본사, 1969), 『대종교중광육십년사』(대종교총본사, 1971), 『倧史取材稿(影印本)』3(대종교총본사, 1998), 『대한매일신보(한글판)』1910.4.17., 『朝鮮總督府施政年報』(조선총독부, 1915), 『梅泉野錄』(황현, 국사편찬위원회, 1955), 『續陰晴史』(김윤식, 국사편찬위원회, 1960), 『한국중흥종교교조론』(신철호, 대종교총본사, 1979), 「鐵驥 李範奭 將軍과의 對談」(양대석, 『한얼』10월호, 한얼청년회, 1971), 「대왕조의 높은 긍」(안창호, 『島山愛國歌選集』석벽, 1956년 5월호), 『朝鮮獨立運動史』(최남선, 『六堂崔南善全集』2, 현암사, 1974), 「祭大倧都司敎羅君詰文」(김윤식, 『金允植全集上』, 亞細亞文化社, 1980), 「기유중광의 민족사적 의의」(김동환, 『국학연구』제1집, 국학연구소, 1988), 『三一神誥 註』(안재홍, 『民世安在鴻選集』4, 지식산업사, 1992), 「대종교 항일운동의 정신적 배경」(김동환, 『국학연구』제6집, 국학연구소, 2001), 「대종교와 홍익인간사상-홍암사상을 중심으로-」(김동환, 『국학연구』제7집, 국학연구소, 2002), 「홍암 나철의 사상과 독립운동방략」(김동환, 『한국독립운동사연구』제19집, 한국독립운동사연구소, 2002), 「국학과 홍암 나철에 대한 연구」(김동환, 『국학연구』제9집, 국학연구소, 2004), 『대한계년사』1(정교/조광 편·변주승 역주, 소명출판, 2004), 「이 달의 문화인물-나철」(김동환, 문화관광부, 2005), 「단조사고에 대하여」(김교헌·박은식 외/김동환 해제 외, 『단조사고』,훈뿌리, 2006), 「단군교포명서의 단군신앙 체계」(김동환, 『국학연구』제13집, 국학연구소, 2009), 「대종교 성지 청파호 연구-종교지리학적 관점을 중심으로-」(김동환, 『국학연구』제17집, 국학연구소, 2013), 「홍암 나철 죽음의 대종교적 의미」(김동환, 『국학연구』제19집, 국학연구소, 2015)

나헌상(羅憲庠, 남, 생몰 미상)
입교 시기 _ 1910년 | 교질 _ 지교

전라남도 무주(茂朱) 출신으로 생몰연대는 확인이 안 된다. 1906년 이능우(李能雨)·구연흠(具然欽)과 함께 지방조사위원(地方調査委員)에 임명된 기록이 있다. 이 직책은 1907년 11월에 마련된 「임시 제실(帝室) 소유 및 국유재산조사국 지방조사위원에 관한 내규(內規)」를 보면 '각 지방에 출장하여 궁내부 소관의 각 궁원(宮園)의 임야·전답 및 경리원(經理院)의 각 역둔토(驛屯土)를 실지(實地) 답사(踏査)'하여 조사하는 자리였다.

나헌상은 1906년 대한자강회에 참여하여 간사원(幹事員)을 맡기도 했으며, 1908년에는 무주 지역을 연고로 하는 호남학회 회원으로도 활동하였다. 후일 대종교 중광(重光)의 주역이 되는 나인영(羅寅永, 대종교 중광 후 羅喆로 개명함)이 낙안(樂安)을 연고하는 호남학회 회원이었던 점도 흥미를 끈다. 한편 나헌상은 주사(主事)를 지낸 서상리(徐相理)와 함께 1909년 말, 일진회(一進會)를 앞세워 매국의 길을 가던 송병준(宋秉畯)과 이용구(李容九)를 벌하지 않는 책임을 묻는 서한을 내각(內閣)에 보내기도 한 인물이다.

나헌상의 대종교 교력을 보면 입교 시기와 영계(靈戒), 그리고 참교(參敎)의 교질(敎秩)을 받은 기록은 전하지 않는다. 그러나 1911년 중광절(重光節, 음력 1월 15일)에 지교(知敎)의 교질을 받은 기록이 있다. 더욱이 지교를 함께 받은 인물들이 오혁(吳赫)·최전(崔顚)·강우(姜虞)·신규식(申圭植)·박찬익(朴贊翊)·김교헌(金敎獻)·이동춘(李同春) 등 대종교의 중심인물들이고 보면, 나헌상 역시 대종교의 중심에 있던 인물임을 알 수 있다.

그 시기 국내 대종교 교무(教務)의 책임을 류근(柳瑾, 典務)이 맡았고, 김교헌이 부전교(副典務, 부책임자)를 맡았다. 그리고 이건(李鍵)이 종리부장(宗理部長), 조완구(趙琬九)는 서리부장(庶理部長), 이억(李億)이 규리부장(規理部長) 그리고 신규식은 경리부장(經理部長)으로 있었으며, 나헌상은 협리(協理)로 임명되어 이들의 업무를 도왔다. 그런 한편으로 나헌상은 강우와 함께 강실시교사(講室施教師)로도 선임되어 포교의 일선에 서기도 했다.

[참고문헌]
『倧令』제3호(1911년). 『승정원일기』1906년 4월 1일. 『대한자강회월보』제5호(1906년). 『호남학보』제5호(1908년). 『大韓季年史』下(정교, 국사편찬위원회, 1971). 1924.11.5.·1925.10.21., 『중외일보』1928.2.8., 『동아일보』1930.11.17.

나형권(羅亨權, 남, 생몰 미상)
입교 시기 _ 1910년 | 교질 _ 참교

함경북도 회령 출신으로 대종교인 춘사(春史) 나운규(羅雲奎)의 부친이다. 일찍이 교육에 관심이 높아 1906년 고향에 있는 회령학교 의연금 모금에 적극 참여하였으며, 회령 사민교육회(四民教育會) 회원으로 국채보상모집활동에도 적극 앞장섰다. 1907년 2월에는 회령군 사립회흥학교(私立會興學校)에서 직접 산술(算術) 과목을 맡아 가르칠 정도로 지역 후진 양성에 대한 애착이 남달랐던 인물이다.

나형권은 정식 교원자격을 획득하기 위해 1907년 7월 학부(學部)에서 주관하는 교원검정시험에 합격하여 정식 교원이 되었다. 이후 공립장진보통학교(公立長津普通學校) 부교원(副教員)을 시작으로 공립회령보통학교 부교원과 부훈도(副訓導)를 역임했다. 교원을 그만 둔 나형권은 1914년 회령 지역 종두면허원(種痘免許員)으로 활동하는가 하면, 1914년 9월에 회령군 남면(南面) 2리에 거주하며 정식 의생면허(醫生免許)를 취득하였으나, 그 이후 나형권에 대한 기록은 발견되지 않는다.

나형권에 대한 대종교 교력 보면 1911년 중광절(음력 1월 15일)에 참교의 교질을 받은 기록이 남아 있다. 1910년 후반기에 대종교에 입교했음을 알 수 있다. 또한 같은 해 2월 6일(음력) 대종교 회령 지역을 총괄하는 회령시교당(會寧施教堂)의 전무(典務, 책임자)를 맡았다. 그가 함경북도 대종교 거점의 중심인물이었음이 다시금 확인된다. 그의 대종교 연결 고리는 같은 지역 출신으로 회흥학교 등에서 교원생활을 함께 했던 박성회(朴聖會)였을 것으로 추정해 본다. 박성회는 대종교 중광 당시 입교한 인물로, 1910년 1월 4일(음력) 참교의 교질을 받았고 나형권이 참교를 받은 같은 날 지교의 교질로 오른 인물이다. 그러므로 1910년대 초반 대종교 인물들이 북간도로 넘어가는 루트 중, 회령 지역 거점이 나형권의 집이자 대종교 회령시교당이었다.

[참고 문헌]
『종보』제5호(1910년). 『倧令』제3호(1911년). 『종문영질』(프린트본, 1922). 『각사등록(근대편)』1907년 8월 2일자. 『승정원일기』1907년 7월 23일·9월 26일·11월 28일. 1909년 12월 29일. 『대한매일신보』1907.2.21., 『황성신문』1906.8.10·1907.9.19., 『조선총독부관보』제562호(1914년 6월 17일)·제628호(1914년 9월 4일). 『백농실기』(조창용, 독립운동사연구소, 1993)

나홍균(羅鴻均, 남, 생몰 미상)
아호(별명) _ 추봉(秋峯), 백봉(白峰), 운강공(雲岡公)
입교 시기 _ 1916년 | 교질 _ 참교

전라남도 정읍군 영원면(永元面) 운학리(雲鶴里) 출신이다. 생김새가 출중하고 문필이 장했으며 위당 정인보와도 교유가 깊었던 인물이다. 대한민국임시정부가 1919년 7월 10일 연통제를 공포할 당시 전라북도 지역 고문을 맡았다. 당시 전라남도 지역의 연통제 감독(監督)에는 노진룡(魯鎭龍)이 임명되었으며, 오의균(吳毅均, 부감독)·이휴열(李烋烈, 재무원)·황종관(黃鍾寬, 재무원) 그리고 강대직(姜大直)·이석열(李錫烈)·이종택(李鍾澤) 등이 나홍균과 함께 고문을 맡아 임시정부의 군자금 모집 및 격문 살포 등의 활동을 하였다.

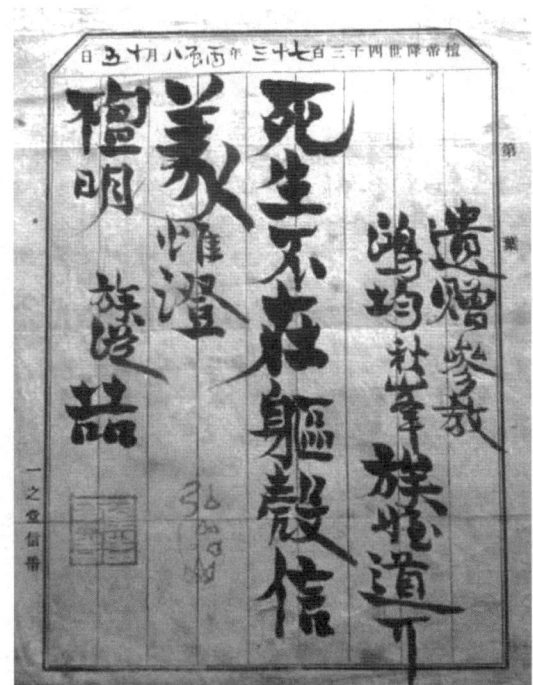

나철이 순교 당시 나홍균에게 남긴 친필유서.

나홍균은 1934년, 영원면에 공립보통학교가 없다는 점에 지역 유지들과 공감하면서 지역 공립보통학교를 설립하기 위해 앞장서기도 했다. 그는 지역 보통학교설립기성회를 조직하고 그 회장을 맡아 2천원의 기부금을 모집하는데도 솔선하였다. 또한 1935년부터 해방 이후까지 운수사업(運輸事業)과 양조사업(釀造)을 통해 지역 경제의 활성화를 위해 부단히 노력한 인물이다.

나홍균의 대종교 교력은 1916년 4월 16일(음력) 참교의 교질을 받은 기록이 있다. 그의 대종교의 입교 시기가 그 이전으로 올라감을 알게 해 준다. 특히 나홍균은 대종교를 중광한 나철의 집안 조카[族姪]로 나철의 신망을 두텁게 받았던 인물이다. 나철이 구월산 삼성사에서 순교할 당시, 나홍균에게 친히 유서를 남긴 것만 보아도 확인된다. 당시 나홍균에게 남긴 나철의 유서 내용은 "죽고 사는 것은 몸뚱이에 있지 않고 믿음과 의리는 오직 신명으로써 증거된다.(死生不在軀殼信義惟證神明)"라는 글이었다. 하느님[神明]을 진실로 믿음이 전부임을 일깨우는 내용이다.

[참고 문헌]
『종문영질』(프린트본, 1922), 『나철친필유서』(보성군청소장), 『조선총독부관보』제4009호(1940년), 『매일신보』1934.11.21., 『대한민국임시정부연구:1919년~1948년』(이연복, 경희대박사학위논문, 1982), 『대한민국임시정부자료집별책 2(조선민족운동연감)』(국사편찬위원회, 2009)

남규일(南圭一, 남, 생몰 미상)
입교 시기 _ 1913년 | 교질 _ 지교

출신지역과 생몰연대를 확인할 수 없다. 일제의 기록이나 당대의 신문에도 그에 대한 흔적이 발견되지 않는다. 혹여 대종교의 특성상 가명일 가능성도 크지만 그 역시 추정일 뿐이다. 그러나 남규일이 1910년대부터 대종교의 중심에서 활동한 것으로 보아, 그의 사회적·종교적 비중이 작지 않았음을 암시해 준다.

남규일의 대종교 교력을 보면, 1913년 9월 20일(음력, 이하 음력) 참교를 받은 기록이 전한다. 그 이전에 대종교에 입교했음을 알 수 있다. 그리고 1916년 4월 1일 지교의 교질로 승질(陞秩)하였다. 특히 1916년 11월 20일에 거행된 대종교 1세 교주 홍암 나철의 봉장례(奉葬禮) 때, 조완구·강우·심근·현천묵·김백(金白)·나정경·김서종·계화와 함께 나철의 신해(神骸)를 예상(禮床) 앞에 모신 인물 중의 하나이다. 언급한 인물들이 모두 당시 대종교와 항일투쟁의 지도자급이라는 점을 보아도, 그 시기 남규일의 위상을 재차 확인할 수 있다. 또한 이들이 주로 국내가 아닌 만주 지역에서 활동한 인물들이고 보면, 남규일 역시 만주 지역을 거점으로 활동한 인물이었을 듯하다.

[참고 문헌]
『종문영질』(프린트본, 1921), 『홍암신형조천기』(김교헌 편, 대종교총본사, 1954), 『대종교중광육십년사』(대종교총본사, 1971)

남균식(南鈞植, 남, 생몰 미상)
입교 시기 _ 1926년 이전 | 교질 _ 미상

출신지역과 생몰연대를 알 수 없으며, 일제의 문서에는 찾을 수 없는 인물이다. 대종교만주포교금지령 이후인 1926년, 만주 당국에 의해 압수당한 대종교 문건에서만 남균식이란 인물이 등장하고 있다.

그 문건 중에 들어 있는 「대종교시교당일람표(大倧敎施敎堂一覽表)」에 보면, 남균식이 대종교 의일시교당(義一施敎堂)의 찬무(贊務, 부책임자)로 시무한 기록이 있다. 그의 대종교 입교가 그 이전으로 올라감이 확인된다. 의일시교당은 혼춘현(琿春縣) 순의향(純義鄕) 남태맹(南泰孟)에 소재했던 시교당으로, 채규화(蔡奎化)가 전무(典務, 책임자)를 맡아 이끌었다. 또한 최기억(崔基億)이 찬무로 임명되어 남균식과 함께 채규화를 도왔다. 남균식 등은 당시 혼춘현 동문(東門) 안에 있는 협성상회(協成商會)를 연락 거점으로 하여, 420여명의 교인들을 거느리고 활동하였다.

특히 의일시교당의 전무를 맡았던 채규화란 인물이 주목된다. 그는 1926년 1월에 조직된 만선청년회(滿鮮靑年會)에 참여하였다. 만선청년회는 대종교계 배일단체(排日團體)로 의일시교당과 같은 남태맹에 근거를 둔 조직이다. 지(智)·덕(德)·체(體)의 육성을 통해 회원 상호 간의 친목 도모를 목적으로 70명의 회원을 거느리고 활동하였다. 대종교 동지인 최규협(崔奎俠)이 회장을 맡았으며 채규화는 박순(朴淳)과 함께 주요 간부로 참여하였다. 의일시교당과 만선청년회가 인물 및 활동 시기 그리고 구성원의 종교적 성향이 모두 일치하고 있음을 알 수 있다. 남균식 역시 의일시교당의 간부로서 만선청년회의 주요 성원으로 활동했을 듯하나, 이외의 행적은 확인이 안 된다.

[참고문헌]
「大倧敎施敎堂一覽表(1926年)」(延边朝鲜族自治州档案馆 全宗号42 目录号1 案卷号343, 和龙县历史档案 和龙县警察所, 令各区查禁韩人设立大倧教堂由, 民国十五年五月十二日), 「間島 및 琿春地方 朝鮮人의 結社團體 調査報告에 關한 件」(不逞團關係雜件-朝鮮人의 部-在滿洲의 部43, 外務省文書課受 第627號, 한국사DB, 국사편찬위원회)

남동우(南東佑, 남, 생몰 미상)
입교 시기 _ 1910년대 후반(추정) | 교질 _ 미상

출신지역과 생몰연대가 불분명한 인물이다. 일찍이 상해 지역으로 건너가 활동한 것으로 알려졌으나, 그 구체적 기록은 전하지 않는다. 남동우는 1945년 11월 2일 열린 전조선출판노동자대회에서 중앙집행위원으로 선정되어 박봉열(朴鳳烈)·박백중(朴百仲)과 함께 쟁의부(爭議部)를 맡아 활동한 기로킹 있다. 또한 같은 해 12에 결성된 조선사회문제대책중앙위원회(朝鮮社會問題對策中央委員會)에 허헌·김병로·안재홍·이극로·최두선 등 71명과 중앙

위원에 선출되어 실업자, 고물가, 빈민구제, 38도 남북 물자교류, 주택 기타 모든 사회 문제를 해결하는데 앞장 서고자 했다.

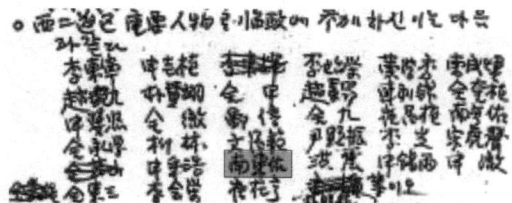
대종교서이도본사 소속으로 대한민국임시정부에 참여한 주요 인물 명단에 대한 기록.(박명진의 『대종교독립운동사』) 네모 안에 南東佑가 보인다.

남동우의 대종교 입교 시기나 교질 사항과 관련된 기록은 전하지 않는다. 그러나 항일투사 박명진은, 남동우가 상 해 지역을 관할하는 대종교서이도본사의 주요 교인으로 이동녕·신규식·이시영·조성환·조완구·박찬익·남형우 등과 대한민국임시정부에 참여한 인물로 적고 있다. 그의 대종교 입교 시기가 임시정부 출범 전임을 알려주는 부분 이다.

[참고 문헌]
『대종교독립운동사』(박명진, 프린트본, 1964). 『중앙신문』1945.11.5.. 『서울신 문』1945.12.5.

남병극(南秉極, 남, 생몰 미상)
입교 시기_ 1914년 | 교질_ 참교

출신지역과 생몰연대가 불분명하다. 남병극은 1879년 하 위 관직의 시작으로부터 1899년 면관(免官)할 때까지 주로 함경북도 경성부(鏡城府)와 그곳 관찰부(觀察府)에서 활동 하였다. 또한 1903년에는 경흥(慶興) 덕릉(德陵)의 유지(遺 址)와 비각(碑閣)을 개수(改修)하는데 많은 공을 세워 참하 직(參下職)에서 참상직(參上職)으로 승륙(陞六)된 인물이다. 이후 남병극은 1921년 대한민국임시정부 교통사무국 소 속 함경남도 삼수(三水) 지국의 통신원으로 활동하였다. 이것은 남병극이 이 지역 출신일 가능성도 높게 해 주는 부분이다. 당시 임시정부 교통국은 비밀 연락 조직망으 로, 비밀 행정 조직망인 연통제와 임시정부 국내 거점 확 보의 중요한 역할을 담당하는 기구다.
남병극의 대종교 교력을 보면, 1914년 4월 13일(음력) 참교의 교질을 받은 기록이 있다. 그 이전에 이미 대종교에 입교한 것이 확인되지만, 그 이후의 대종교 활동에 대해선 전하는 것이 없다.

[참고 문헌]
『종문영질』(프린트본, 1922), 『승정원일기』1903년 9월 3일자. 『각사등록(근대 편)』(국사편찬위원회, 1974), 『조선민족운동연감』(국사편찬위원회, 『대한민국임시 정부자료집』별책2권, 2009)

남봉성(南鋒星, 남, 생몰 미상)
입교 시기_ 1924년 이전 | 교질_미상

출신지역과 생몰연대를 알 수 없는 인물이다. 그러나 1924년 4월 23일에서 26일까지 만주 영안현 대종교총본사 에서 열린 대종교교우회(大倧敎敎友會)에 동빈현(同賓縣)을 대표하여 참석한 것으로 보아 대종교단 내에서의 위상이 상당했을 것으로 추정된다.
당시 열린 교우회는 대종교 제2세 교주인 무원 김교헌이 서거하고 제3세 교주 단애 윤세복이 취임한 이후 열린 중 차대한 회의였다. 윤세복의 주재로 개최된 이 회의에 참 석한 인물들을 보면 아래표와 같다.

자격	지역	인원	대표이름
국내 대종교위원	경성(京城)	3명	신명균(申明均)
			김준환(金俊煥)
			남홍팔(南弘八)
간도 대종교위원	용정촌(龍井村)	1명	심 근(沈 槿)
	삼도구(三道溝)	1명	현천극(玄天極)
	왕청현(汪淸縣)	3명	채신석(蔡信石)
			서춘보(徐春甫)
			한승묵(韓承黙)
서간도 대종교위원	화전현(樺甸縣)	1명	오근태(吳根泰)
동지연선지방 대종교위원	동녕현(東寧縣)	1명	신우범(申禹範)
	목단강(牧丹江)	1명	김근우(金根禹)
	해림(海林)	1명	이 규(李 奎)
	동빈현(同賓縣)	1명	남봉성(南鋒星)
	부여현(扶餘縣)	1명	신강묵(申剛黙)
영고탑 총본사 및 부근 지역 참석자		13명	
도 합		27명	

당시 주요 의제는 다음과 같았다.

1. 전(前) 대종교 교주 김교헌(金敎獻, 1923년 사망)과 고 (故) 대종교 동도본사 전리(典理) 서일(徐一, 1921년 사 망)에 대한 경칭(敬稱) 문제
2. 홍범규제(弘範規制) 개정에 관한 문제
3. 총본사를 용청촌으로 이전하는 문제
4. 교주(敎主) 선임에 관한 문제
5. 전항에 속하지 않은 비밀스런 결의 사항

위에 열거된 회의 사항들은 종사(宗師) 호칭 부여, 대종교 헌법(홍범) 개정, 대종교 중심거점(총본사)의 이전, 교주의 선출 방식 등, 대종교의 핵심적 사항들과 연결될 문제들

이다. 이러한 중대사를 결정하는 회의에 남봉성이 14인의 대표 중 1인으로 천거되었다는 것은, 대종교에서의 그의 비중을 다시금 확인시키는 근거라 할 수 있다

남봉성의 대종교 교력과 관련된 교단 내의 기록은 전무하다. 이것은 그 시기 대종교의 1차 자료라 할 수 있는 1920년대의 『대종교보』가 하나도 전하지 않고 있는 것과 무관치 않다. 따라서 그의 입교 시기나 교질 사항도 확인하기 힘들다. 그러나 언급한 바와 같이, 1924년 당시 대종교의 중심부에 활동한 인물이고 보면 그의 교질 또한 낮지 않았을 것으로 추정된다.

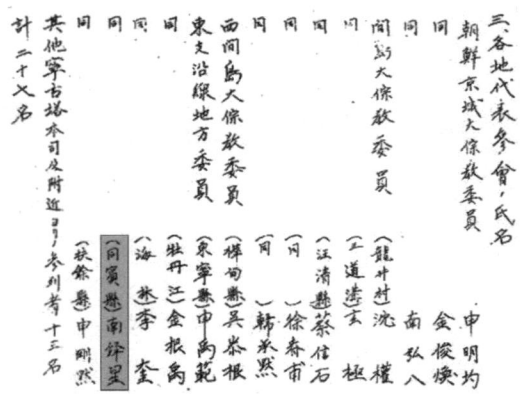

1924년 4월 대종교교우회 개최 당시 참석한 지역대표 명단을 적은 일제의 문서. 네모 안에 同賓縣 대표로 참석한 南鋒星의 이름이 보인다.

[참고 문헌]

『寧古塔에서 大倧敎 敎友會 開催 狀況에 관한 건』(不逞團關係雜件-朝鮮人의 部·在滿洲의 部39, 機密受제144호·機密제136호, 한국사DB, 국사편찬위원회)

남시욱(南時郁, 남, 생몰 미상)
입교 시기_ 1934년 이전 | 교질_ 참교

출신지역과 생몰연대를 확인할 수 없는 인물이다. 1929년 5월 연길현 용정촌 지역 의용소방대(義勇消防隊) 활동을 펼친 기록이 전한다. 또한 1936년 2월까지도 『동아일보』 도문지국(圖們支局) 노두구분국장(老頭溝分局長)을 지낸 것으로 보아, 용정·도문 지역을 중심으로 활동한 인물임을 알 수 있다.

남시욱의 대종교 교력을 보면 1934년 10월 13일(음력) 참교의 교질로 대종교 중일시교당(中一施敎堂)의 시교원(施敎員)을 맡은 기록이 있다. 이 시교당은 1920년대 중반 항일투사 이인구(李麟求)·김정기(金正琪)·손진욱(孫晋旭) 등이 개척한 시교당이다. 남시욱이 시교원을 맡을 당시는 항일투사 장도순(張道淳)이 전무(典務, 책임자)를 맡았고 찬무(贊務, 부책임자)는 여종률(呂宗律)이, 박봉래(朴鳳來)가 남시욱과 함께 시교원을 맡았다.

[참고 문헌]

『대종교중광육십년사』(대종교총본사, 1971), 『朝鮮新聞』1929.5.21., 『동아일보』 1936.2.28

남영덕(南永德, 남, 생몰 미상)
입교 시기_ 1945년 이전 | 교질_ 참교

출신지역과 생몰연대가 불분명한 인물로, 1940년대 대종교의 기록에만 등장하는 인물이다. 1942년 음력 11월 임오교변(壬午敎變, 1942년 대종교지도자 일제 구속 사건)으로 교주 윤세복을 비롯한 대종교지도자들이 모두 구속되었다. 일제가 패망하면서 풀려난 윤세복은 1945년 10월 5일(음력) 영안현 동경성 대종교총본사에 우선적으로 속성중학 과정인 대종학원(大倧學園)을 개설하였다. 또한 대종학원 내에 한글강수회도 부설하고 인근 지역 교민들의 한글교육에 적극 앞장섰다.

남영덕은 이 대종학원과 한글강수회의 강사(講師)로 참여하여 교인과 교민들의 지식 각성을 위해 노력한 인물이다. 당시 남영덕과 함께 한 대종학원 강사는 윤세복·강천봉(姜天奉)·태흥선(太興先)·이원갑(李元甲)·박희정(朴熙政)·김고분(金古粉)·박월선(朴月仙)·조병애(趙炳愛) 등이었다. 또한 윤세복·태흥선(太興先)·이영재(李榮載) 등이 남영덕과 한글강수회의 강사로 참여하였다.

남영덕의 대종교 교력을 보면 1945년 10월 1일(음력) 총본사의 특별 추천에 의해 영계(靈戒)와 참교(參敎)의 교질(敎秩)을 동시에 받았다. 그의 대종교 입교가 그보다 훨씬 이전에 이루어졌음을 확인할 수 있다. 더불어 그의 대종교에 대한 이바지 역시 작지 않았음을 확인케 해 준다.

[참고 문헌]

『대종교보』제148호(1945년), 『대종교중광육십년사』(대종교총본사, 1971)

남영우(남, 생몰 미상)
입교 시기_ 1922년 | 교질_ 미상

출신지역과 생몰연대를 알 수 없으며, 그의 한자이름 역시 확인이 안 된다. 1920년대 초반 대종교의 기록에만 등장하며, 러시아령인 연해주를 근거로 활동한 인물이다. 1922년 3월 27일(음력) 대종교 동이도본사(東二道本司) 제3지사의 계사감찬(計事監贊)과 함께 연해주에 있는 한일시교당(韓一施敎堂)의 찬무(贊務, 부책임자)에 임명된 기록이 전한다. 이 당시 남영우는 형제(兄弟)의 자격으로 참여하였다. 즉 대종교에 입교는 하였지만 정식 교질(敎秩)을 받기 이전의 종교적 신분이었다. 이 시기 남영우와 함께 한 인물들을 보면 한기욱(韓基旭)·한기중(韓基仲)·김백련(金百鍊) 등 대종교와 항일투쟁의 거물들이었다.

[참고 문헌]
『대종교중광육십년사』(대종교총본사, 1971)

남진호(南鎭浩, 남, 1881-1951)
아호(별명)_ 최명수(崔明洙), 최중산(崔中山)
입교 시기_ 1922년 | 교질_ 미상 | 서훈_애국장(1991)

충청남도 청주군 북일면 도원리(桃源里) 출신으로 본명은
최명수(崔明洙)다. 1895년까지 고향에서 한문을 수학하고
기독교 전도 활동도 하였다. 경술국치를 당하자 1912년 1
월 만주로 망명한 후, 부민단(扶民團)을 시작으로 대한군
정서·통의부·정의부·국민부 등의 주요 간부를 거치며
항일투쟁에 앞장섰다.
부민단은 본디 우리 민족이 부여족이라는 정체성을 외치
며 성립된 항일단체다. 남진호는 이 부민단의 남의사장
(南義司長)을 맡아 활약하였다. 이후 대종교계 항일단체인
대한군정서(북로군정서)에 가담하여 무기운반대(武器運搬隊)
감독과 함께 군법국(軍法局) 이사(理事)로 활동하였으며,
1920년 10월에는 부민단의 후신인 한족회(韓族會)의 헌병
과장, 검무감, 암살대장(暗殺隊長)을 맡아 친일분자 처단에
앞장서는가 하면, 서로군정서(西路軍政署)의 중앙의회 의
장직을 맡기도 하였다.
이후 1922년 8월에는 재만독립운동단체가 통합된 대한통
의부(大韓統義府)가 조직 되자 검무국장(檢務局長)에 선임되
어 활약하였다. 또한 1923년 1월 봉천을 중심으로 재중국
조선인자치운동을 위한 주비회(籌備會)가 추진될 당시 돈화
현을 대표하여 참여하였다. 이 주비회는 대종교들이 중심
이 된 것으로 김정일(金廷一)을 비롯하여 백순(白純, 상해 대
표), 윤각(尹覺, 연길현 대표), 박관해(朴觀海, 길림 대표), 김호익
(金鎬益, 장백현 대표), 김태섭(金太燮, 무송현 대표), 지장호(池章
浩, 안도현 대표), 그리고 남만주독립군을 대표하여 이장녕(李
章寧)과 나중소(羅仲昭) 등이 함께 하였다. 그리고 그 해 2월
남진호는 정안립(鄭安立)·김정일·박관해 등 10여명과 길림
에 모여 동삼성한인자치회를 도모하기도 했다.
이후 지리멸렬해진 대한통의부를 중심으로 1924년 8월 군
정서(軍政署)·광정단(匡正團)·의우단(義友團)·길림주민회
(吉林住民會)·노동친목회·변론자치회·고본계(固本契) 등의
각 대표들이 길림성 유하현(柳河縣)에 모여 정의부를 만들
자 길림주민회를 대표하여 참여하였다. 남진호는 새로이
통합된 정의부의 행정부 각원과 동시에 외무부장에도 임
명되었으나 내부적인 갈등으로 활동이 활발하지 않았다.
남진호는 신민부의 민정위원회 측과 참의부의 심용준(沈
龍俊) 계열, 정의부의 현익철(玄益哲)·고활신(高豁信, 高轄
信) 계열이 1929년 4월 군정위원회의 성격을 띤 국민부를
조직하자 간부로 참여하여 활동하였다. 그러나 일제의 만
주침략전쟁이 본격화되자 북평(北平)으로 옮기고 다시 남
파(南坡) 박찬익(朴贊翊)의 주선으로 남경(南京)으로 갔다.
남진호는 대종교와 항일투쟁의 동지인 박찬익의 집으로
다시 옮겼다. 박찬익은 당시 자림진(柘林鎭)에 거주하고

있었는데, 자림진은 상해시 봉현(奉賢) 서남부(西南部)에
속한 지역으로, 박찬익이 이곳에서 작은 농장을 경영하고
있었다.
남진호는 자림진 박찬익의 농장을 거점으로 표면적 농
부 생활과 함께 실질적 항일투쟁을 쉬지 않았다. 그러던
1934년 12월 6일 남진호가 상해로 들어와 모종의 접선을
시도하다가 현지 일본영사경찰에 의해 체포되었다. 그
리고 1935년 2월 22일에 국내로 송환되어 1935년 6월 신
의주지방법원에서 징역 2년 6월형을 선고 받고 옥고를 치
렀다.
남진호의 대종교 교력은 1922년 3월 6일(음력, 이하 음력) 돈
성시교당(敦成施敎堂)의 부책임자[贊務]를 맡은 기록에서
시작된다. 그 이전에 대종교에 입교했음을 알 수 있다. 이
때는 남진호가 한족회를 거쳐 정의부 활동을 시작하려 한
무렵과 맞물리는 시기다. 또한 돈성시교당은 대종교 북일
도본사 관할로 돈화현 이도량자(二道梁子)에 소재해 있었
다. 그 책임자[典務]는 항일투쟁의 거물 김정일이 맡았고
항일투사 유백(兪栢)이 찬무(贊務)를 맡아 남진호와 함께
했다.

『동아일보』(1934.12.23.)에 실린 남진호의 체포 당시의 기사. 5~6가지의
다른 이름으로 활동했음을 적고 있다.

남진호는 이러한 노력으로 1922년 6월 4일 영계(靈戒)를
받았다. 한편 1926년의 기록에서도 남진호와 김정일·유

백이 돈성시교당의 중심에 서서 이끈 것이 확인된다. 남진호가 북평 지역으로 이주하기 전까지, 돈화현을 중심으로 항일투쟁과 대종교 활동을 지속적으로 이어갔음을 알 수 있는 부분이다. 그러므로 항일투사 박명진은 그의 『대종교독립운동사』(필사본, 1964)에서 이러한 한기욱(韓基昱)이 이끄는 대종교 북일도본사의 주요 교인으로, 남진호를 비롯하여 윤복영·박세진(朴世鎭)·김서종(金書鍾)·우덕순(禹德淳)·김백원(金百源)·심근(沈槿)·김백(金白)·김정일·유백·윤각(尹覺)·윤정(尹鋌)·주익(朱翼) 등을 꼽고 있다. 모두 항일투쟁의 거물들임이 주목된다.

[참고 문헌]
『대종교보』제54호(1922년), 『대종교독립운동사』(박명진, 필사본, 1964), 『대종교중광육십년사』(대종교총본사, 1971), 「大倧敎施敎堂一覽表(1926年)」(延边朝鮮族自治州档案馆 全宗号42 目录号1 案卷号343, 和龙县历史档案 和龙县警察所, 令各区查禁韩人设立大倧教堂由, 民国十五年五月十二日), 「在支鮮人의 自治團體組織 運動에 관한 件」(不逞團關係雜件-朝鮮人의 部-在滿洲의 部35, 機密受제16호-機密제6호, 한국사DB, 국사편찬위원회), 「東三省歸化鮮人 自治運動에 관한 件」(不逞團關係雜件-朝鮮人의 部-在滿洲의 部35, 機密受제52호-機密제42호, 한국사DB, 국사편찬위원회), 「國外情報:大韓軍政署의 日誌에 관한 件」(大正8年乃至同10年 朝鮮騷擾事件關係書類 共7冊 其3, 密 第33號 其33/高警 第1007號, 한국사DB, 국사편찬위원회), 『고등경찰요사』(경상북도경찰부, 1934), 『동아일보』1934.12.23.·1935.6.14.·1935.6.21., 『한민족독립운동사자료집』43(국사편찬위원회, 2000), 『한민족독립운동사』4(국사편찬위원회, 1988)

남창식(南昌植, 남, 1876-?)
입교 시기 _ 1923년 | 교질 _ 미상 | 서훈 _ 건국포장(2011))

출신지역이 불분명한 인물이다. 일제가 1919년 1월에 조사한 문서에는 러시아어가 가능한 인물로 남창식을 기록하고 있다. 이것은 그가 비교적 이른 시기에 연해주 쪽으로 넘어갔음을 암시해 준다.
남창식은 1919년 4월 7일 김남묵(金南黙)·조도선(趙道善) 등과 함께 이르크츠크에 거주하는 한인들의 집에 태극기를 게양하고 독립을 외치게 하였다. 또한 이 지역 한인 7백여 명을 모아 놓고 거류민총회를 개최하여 독립의식을 고양시켰다. 이러한 이유로 러시아 관헌에 붙잡혀 금고(禁錮) 1개월을 받았다. 남창식은 1919년 5월 이르크츠크 조선인민회(朝鮮人民會)에서 러시아문서를 관할하는 서기(書記)를 맡아 그 지역 한인거류민과 독립운동의 중심인물로 자리 잡았다.
1919년 4월 상해의 대한민국임시정부가 수립되자, 임시정부 내무부에서는 남창식을 최영기(崔永基)와 함께 러시아 연해주 지역 특파원으로 선임하였다. 특파원의 임무는 대한민국 임시정부 수립에 대한 계몽과 선전, 독립사상의 고취, 독립운동 단체의 조직, 정세파악, 연락 거점의 확보 등이었다. 남창식은 이러한 특파원의 역할에 남다른 노력을 기울였다. 1919년 12월에는 러시아 이르크츠크에서 조선독립을 위한 30여만 루블의 찬성금을 모아 상해임시정부로 송금하는 일을 주도하였다. 이 과정에서 이 지역 유

지들은 임시정부의 실체를 확인하기 위해 1919년 12월 1일 정기걸(鄭基傑)을 상해로 파견하기도 하였다. 당시 임시정부 후원금을 낸 인물들과 찬성금액을 보면 아래표와 같다.

이름	당시 직책	후원 금액
김자유(金子有)	이르쿠츠크 조선인민회 회장	10만 루블
조도선(曹道善)	이르쿠츠크 조선인민회 부회장	5만 루블
김남익(金南翊)	이르쿠츠크 조선인민회 찬성원(贊成員)	5만 루블
김성백(金成伯)	이르쿠츠크 조선인민회 찬성원	10만 루블
남창식(南昌植)	이르쿠츠크 조선인민회 찬성원	2천 루블
최태일(崔泰日)	이르쿠츠크 조선인민회 찬성원	5천 루블
김창원(金昌元)	이르쿠츠크 조선인민회 찬성원	1만 5천 루블

이후 남창식은 이동휘가 주도하는 고려공산당에도 참여하였다. 1922년 6월에는 치타(cheetah, 知多) 지역 고려공산당 선전계(宣傳係)를 맡아 선전 관련 사무를 관장하였다. 당시 치타 지방 고려공산당의 주요 인물들은 남창식을 비롯하여 남만총(南萬聰)·한규선(韓奎善)·이인섭(李仁涉)·오성묵(吳成黙)·방덕보(方德甫)·계봉호(桂奉浩)·장도종(張道鍾)·태용서(太龍瑞)·이성(李成) 등이었다.

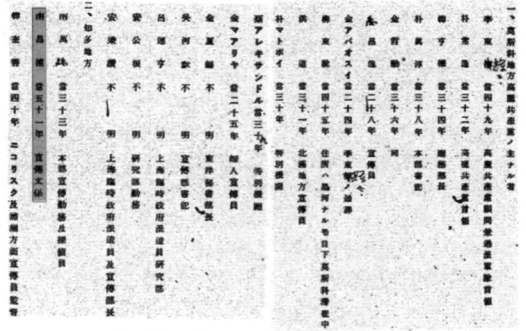

일제의 문서에 기록된 이동휘계 고려공산당 주요 인물들의 명단 일부.
치타(知多) 지방에 南昌植(네모 안)이란 이름이 보인다.

남창식의 대종교 교력을 살피면, 1923년 6월 28일(음력) 대종교 동일도본사 추천으로 영계를 받은 기록이 있으나, 그 이후의 교력 사항은 전하는 것이 없다. 다만 그가 치타 지역 고려공산당을 중심으로 활동하던 시절 대종교에 입교한 것으로 추정할 뿐이다. 당시 러시아 연해주 지역은 대종교 동일도본사 제2지사가 관할하였다. 그 제2지사의 거점을 블라디보스토크에 두고 연해주 일대 지역의 교구를 관리케 하였다.

[참고 문헌]
『대종교보』제58호(1923년), 「在西伯利 鮮人 행동의 건」(不逞團關係雜件-朝鮮

人의 部-在西比利亞7, 公 제102호, 한국사DB, 국사편찬위원회), 「鮮人의 행동에
관한 건」(不逞團關係雜件-朝鮮人의 部-在西比利亞9, 機密 제4호, 한국사DB, 국사
편찬위원회), 「高麗共産黨 重要人物 調査의 件1」(不逞團關係雜件-朝鮮人의 部
-鮮人과 過激派3, 機密 제103호, 한국사DB, 국사편찬위원회), 『독립운동사자료
집』7(독립운동사편찬위원회, 1973), 『대한민국임시정부자료집』27(국사편찬위원
회, 2008)

남형우(南亨祐, 남, 1875-1943)
아호(별명) _ 수석(瘦石), 오일태(吳一泰), 남경우(南京祐), 남형우(南亨祐)
입교 시기 _ 1913년 | 교질 _ 참교 | 서훈 _ 애국장(1983)

경상북도 고령군 고령읍 쾌빈리 출신으로, 대종교에서는
남경우(南京祐)라는 이름으로 활동한 인물이다. 보성전문
학교를 졸업하고 1911년부터 1917년까지 동교 법률학 교
수로 재직하며, 주변의 제자들이나 동료들에게 항일의식
고무와 단체 가입을 적극 권유하였다.
남형우는 1909년, 후일 대종교의 핵심을 이루는 윤세복·
안희제·서상일·김동삼 등과 비밀결사 대동청년단(大東靑
年團)을 결성하여 그 주축이 되었다. 이 대동청년단은 지
금까지도 정확한 내막이 밝혀지지 않을 정도로 치밀한 비
밀결사로, 17세부터 30세 미만의 청소년 80여명이 남형우
의 집에서 조직한 단체였다. 아직까지도 그 조직원 80여
명의 실체가 완전히 밝혀진 것은 아니지만, 당시 단원이
었던 윤병호(尹炳浩)의 메모에는 53명의 단원 이름이 등장
하고 있다. 출범 당시 단장은 남형우가 맡고 부단장을 안
희제가 맡았다. 그리고 참여한 인물들 중, 대종교 3세 교
주를 지낸 윤세복을 비롯하여 안희제·이원식·남형우·서
상일·윤병호·이경희·차병철·이극로·김갑·김사용·신백
우·신성모·신팔균·박광·김동삼·신채호·이시열·고순
흠·이우식 등이 후일 대종교의 중심을 이룬다.
그는 1915년 대종교계 비밀결사인 조선국권회복단에도
가입하였다. 조선국권회복단은 1913년 초 달성친목회원
으로 평소 국권회복에 대한 의지를 품고 있던 서상일·이
시영(李始榮)·박영모·홍주일 등이 조직한 대종교계 비밀
결사다. 이들은 윤창기가 대구 근교 안일암(安逸庵)에서
약을 먹기 위해 체재중인 점을 빌미로 모임을 갖기로 하
였다. 그리고 1913년 1월 15일(음력) 대종교의 중광절(重光
節: 대종교가 다시 일어난 날)을 기하여 달성군 도성면 대명동
에 위치한 안일암에서 시회(詩會)를 가장해 윤상태·서상
일·이시영·정운일·홍주일·박영모·서병룡·윤창기 등이
모여 국권회복에 대한 방안을 협의하여 단체를 결성하였
다. 당시 이들이 내세운 기치는 "수천년 역사를 가진 우리
조선이 일한병합으로 망했으니 우리 시조 단군대황조(檀
君大皇祖)에 미안한 일이니 어떻게 해서든 독립국으로 만
들어야 한다"는 주창이었다. 그리고 이들은 이를 실천키
위해 우선 형제의 결의를 맺고 일치된 행동을 펴야 할 것
을 다짐하면서, 독립운동을 추진해 갈 비밀결사인 조선국
권회복단의 결성을 결의한 것이다.
주목되는 것은 이들의 맹세가 마치 대종교 중광의 명분이

었던 '국망도존(國亡道存: 나라는 망했으나 정신은 있다)을 그대
로 옮겨 놓은 듯한 의지를 보여준다는 점이다. 또한 이들
은 각기 서약서를 작성하고 연서한 후 '단군대황조영위(檀
君大皇祖靈位)'란 위패를 세워 그 앞에서 기원을 올리며 자
신들의 목적이 관철되도록 가호를 빌고 각자 변심치 말고
끝까지 독립투쟁에 진력할 것을 굳게 맹세하였다. 이 역
시 나철이 1909년 음력 1월 15일(중광절), 동지들과 더불어
북벽에 '단군대황조신위'를 걸고 대종교를 다시 일으킨 의
례와 동일한 것인데, 다음의 그 내용을 보면 이들의 서약
이 종교적 맹세와 흡사함을 볼 수 있다.

一. 한국의 국권을 회복할 것.
一. 매년 정월 15일 단군의 위패 앞에 목적수행을 기도할 것.
一. 단원은 마음대로 탈퇴하지 않을 것.
一. 비밀을 누설치 말 것.
一. 만약 이를 위반할 경우는 신명(神明)의 주벌(誅罰)을 받을 것.
一. 결사대로 하여금 살육케 할 것.

첫째 항에 내세운 조국광복이 조선국권회복단의 목적을
말한 것이라면, 둘째 항의 중광절 단군위패 앞에서의 기
도는 이 집단의 정신적 구심점, 즉 종교적 신념이 무엇인
가를 알려주는 것이다. 또한 셋째와 넷째 항이 행위지침
이라면, 다섯째와 여섯째 항은 일벌백계의 응징을 나타낸
다 할 수 있다.
남형우는 1919년 3·1독립운동이 일어나자 경남 창원 등
지에서 시위를 적극 주도하였다. 또한 1919년 3월 17일 블
라디보스토크 신한촌(新韓村)에서 전로한족회중앙총회를
토대로 개편된 대한국민의회에도 이름을 올린다. 이 대
한국민의회는 별도의 행정부를 조직하여 대통령에 손병
희, 부통령에 박영효, 국무총리에 이승만, 탁지총장(度支
總長)에 윤현진(尹顯振), 군무총장(軍務總長)에 이동휘, 내무
총장에 안창호, 참모총장에 유동열, 강화대사(講和大使)에
김규식(金奎植)을 각각 추대하였으며, 당시 남형우(南亨祐)
는 산업총장으로 이름을 올렸다.

1921년 1월 1일에 있었던 '임시정부 및 임시의정원 신년축하식' 기념사
진. 두 번째 줄의 흰 원 안의 인물이 남형우이며, 그 오른 쪽이 안창호
그 왼쪽이 이동녕이다.

1919년 4월 남형우는 조선국권회복단에서 모금한 독립운동자금을 가지고 상해로 건너가 대한민국임시정부 수립에도 참여하였다. 그는 곧 바로 법무차장에 임명되었고 임시의정원 의원에 선출되어 의정원 회의에 참석하였다. 같은 해 5월에는 법무총장에 임명되는가 하면, 1920년에는 교통총장으로 전임되어 1921년 4월까지 활동하였다.

한편 1920년 9월 신채호·박용만·신숙 등이 주축이 된 북경군사통일회와 1921년 5월 김동삼·이탁(李鐸)·여준(呂準) 등이 앞장선 간도의 액목현회의(額穆縣會議) 등에서 대한민국임시정부를 부인하는 사태가 나타났다. 이에 임시정부 지지파를 중심으로 국민대표회의를 열어야 한다는 여론이 확산되자, 1922년 5월 10일 국민대표회의를 추진할 단체로서 국민대표회의주비위원회를 결성하였다. 남형우는 국민대표회의주비위원장에 선임되어, 1922년 5월에 "과거의 분규와 착잡한 문제를 해결하고 미래의 완전 확실한 방침을 수립하여 독립운동이 통일적 조직적으로 진행할 것"을 선언하는 선언서를 발표하였다.

일제의 문서에 기록된 임시정부 교통부총장 남형우(네모 안). 대종교의 이름인 남경우(南京祐)로 적혀 있다.

또한 남형우는 1925년 4월 배천택(裵天澤)·서동일(徐東日) 등과 북경성 마사묘(麻四廟)에서 무언실행(無言實行)을 행동 지침으로 일제 앞잡이를 처단하는 다물단(多勿團)을 조직하고 독립운동 자금을 모집하기도 하였다. 그 단원은 주로 영남 출신으로 40~50명의 청년들로 구성되었다. 그러나 1925년 5월 이미 두 차례에 걸쳐 국내에 들어와 경상북도에서 군자금을 모금했던 다물단원 서동일이, 다시 국

내로 잠입하여 경상북도 경산 지역 자산가들에게 다물단의 선언서를 제시하고 군자금을 모금하다가 체포되었다. 이 사건으로 남형우도 배천택·윤영섭(尹瑛燮)·윤병래(尹炳來)·윤병일(尹炳馹)·최성희(崔聖熙)·이종호(李鍾昊) 등과 붙잡혔다.

1928년 남형우는 가족과 함께 다시 만주 하얼빈으로 이주하여 흑룡강에서 사설학원을 운영하기도 한다. 1930년에는 한국인 의사 부인이 밀고하여 공산주의자 혐의를 받고 공안부(公安部)에 잡혔다가 주민들의 진정으로 석방되었으며, 1931년 수토병(水土病)으로 귀국하여 고향에서 요양을 하였다. 그러나 일제의 혹독한 감시와 위협을 못 견디면서 1943년 3월 13일 음독자살한 것으로 전해지고 있다.

남형우의 대종교 교력을 살피면, 1913년 어천절(御天節, 음력 3월 15일)에 참교의 교질을 받은 기록이 있다. 그가 윤세복이나 안희제처럼 대종교비밀결사인 대동청년단 시절에 이미 대종교에 입교한 것을 알 수 있다. 이것은 남형우가 이 시기부터 대종교의 인적 네트워크를 통해 항일투쟁에 뛰어든 것을 말해 주지만, 그 구체적 행적은 전하지 않는다. 항일투사 박명진의 기록도 주목된다. 박명진은 상해를 거점으로 하는 대종교서이도본사의 주요 교인으로서, 당시 대한민국임시정부에 참여한 인물로 남형우를 기록하고 있기 때문이다.

[참고 문헌]
『종문영질』(프린트본, 1922), 『대종교독립운동사』(박명진, 필사본, 1964), 「國外情報:在上海不逞鮮人의 內訌에 관한 件」(大正8年乃至同10年 朝鮮騷擾事件關係書類 共7冊 其3, 密 第33號 其51/高警 第3943號, 한국사DB, 국사편찬위원회), 『고등경찰요사』(경상북도경찰부, 1934), 『무장독립운동비사』(채근식, 대한민국공보처, 1949), 『독립운동사』5(독립운동사편찬위원회, 1973), 『한민족독립운동사자료집』7(국사편찬위원회, 1989), 『대한민국임시정부의정원문서』(국회도서관, 1974), 『부산일보』1981.10.22.

남홍우(南鴻祐, 남, 1874-?)
입교 시기_ 1910년대 초반(추정) | 교질_ 참교

서울(한성부) 출신으로 1893년 식년시에 합격하여 내장원(內藏院) 공업과(工業課) 주사(主事)를 지낸 인물이다. 공세(貢稅)와 관련한 관직 경험을 토대로 1908년에는 권연제조업(卷煙製造業)에 뛰어들었다. 남홍우는 현학원(玄學元)·김응룡(金應龍) 등과 권연제조소를 남대문밖 도동(桃洞)에 개설하고 물품제조와 상업 활성화 도모했다.

1910년대에는 김응룡 등과 충남 공주, 충북 옥천·괴산, 경북 경주·영천, 경기도 여주, 평남 덕양(陽德) 등, 전국적으로 광산업에 손을 대기도 했다. 이러한 행보와 맞물려 1921년 4월 1일에는 시내 서린동(瑞麟洞)에 있는 자신의 집에서 상무협회(商務協會), 상무실업단(商務實業團), 상무연구회(商務研究會)를 연합한 상무회(商務會) 설립을 주도하기도 한다.

남홍우의 대종교 교력을 보면 1918년 1월 13일(음력) 참교

의 교질을 받은 기록이 있다. 그보다 훨씬 전에 대종교에 입교한 듯하다. 그러나 기록의 모두 사라져 그 이후의 종교적 행적은 확인이 안 된다.

[참고 문헌]
『종문영질』(프린트본, 1922), 『승정원일기』1893년 2월 12일자·1893년 2월 13일자·1903년 9월 7일자, 『해조신문』1908.5.1., 『매일신보』1921.4.5.

남홍팔(南弘八, 남, 생몰 미상)
입교 시기 _ 1910년대(추정) | 교질 _ 미상

출신지역과 생몰연대를 알 수가 없다. 일제의 문서에서나 대종교단 내의 기록에서도 찾을 수 없는 인물이다. 다만 1924년 5월 20일 간도 총영사였던 스즈키 요타로(鈴木要太郎)가 외무대신 마츠이 케이시로(松井慶四郎) 보낸 문서(「寧古塔에서 大倧教 教友會 開催 狀況에 관한 건」)에 유일하게 등장하고 있다.

남홍팔은 당시 만주 영고탑 대종교총본사에서 국내외 대종교 대표들이 모여 개최하는 대종교교우회에 국내(경성) 대표로 참석하는 인물이다. 남홍팔과 함께 경성 대표로 참석했던 인물은 신명균(申明均)과 김준환(金俊煥)이었다. 김준환의 본명은 김준한(金晙漢)으로 김좌진의 9촌 조카가 되는 인물이다. 대종교에서는 김준환(金俊煥)이라는 가명으로도 활동했다. 김준환은 1922년 윤5월 5일(음력) 대종교 남일도지사(南一道支司)의 선강부찬(宣講部贊)으로 임명되어 활동하던 인물이다. 신명균은 주시경의 제자이자 한글학자로 당시 국내 대종교의 중심부에 있었다. 1921년 대종교 동지인 이윤재(李允宰) 등과 함께 조선어연구회를 창립했으며, 후일 조선어학회가 발족하자 주요구성원으로 활약한 인물이다.

남홍팔 역시 그 시기 국내 대종교나 사회적으로 상당한 위치에 있었을 것으로 추정되나 그 관련 기록이 전하지 않는다. 그의 이름이 가명일 가능성을 높게 하는 이유다. 남홍팔의 대종교 입교 시기나 교질 사항 역시 확인이 안 된다.

[참고 문헌]
「寧古塔에서 大倧教 教友會 開催 狀況에 관한 건」(不逞團關係雜件-朝鮮人의 部-在滿洲의 部39, 機密受제144호-機密제136호, 한국사DB, 국사편찬위원회)

노경근(盧涇根, 남, 생몰 미상)
입교 시기 _ 1930년대(추정) | 교질 _ 지교

출신지역과 생몰연대를 확인할 수 없다. 대종교단 내에도 1945년 이후의 기록만 일부 전할 뿐이다. 일제가 자행한 임오교변(壬午教變, 1942년 대종교지도자 일제 구속 사건) 당시,

---

그 이전의 기록이 모두 압수되었기 때문이다.

1945년 8월 18일(음력), 노경근은 참교의 교질로 대종교 총전교(總典教, 교주)인 윤세복을 보좌하는 찬선(贊宣)에 임명되었다. 찬선이란 봉선(奉宣, 총전교 비서실장)을 도와 총전교를 보좌하는 비서와 같은 직책이다. 당시 봉선은 백포(白圃) 서일(徐一)의 사위인 최관(崔寬)이었다. 또한 노경근은 같은 해 10월 1일(음력) 지교로 승질(陞秩)되면서 영안현 동경성에 소재한 대종교 경일시교당(京一施教堂)의 찬무(贊務, 부책임자)로도 선임되었다.

노경근의 대종교 입교시기도 정확히 알 수 없다. 1930년대 후반에 입교한 것으로 추정된다. 찬선으로 임명될 당시 이미 참교에 있었고, 얼마 되지 않아 지교로 승질함을 보더라도 짐작할 수 있다.

[참고 문헌]
『대종교보』제148호(1945년), 『대종교중광육십년사』(대종교총본사, 1971)

노인(盧仁, 남, 생몰 미상)
입교 시기 _ 1922년 이전 | 교질 _ 미상

경상남도 합천군 적중면(赤中面) 황정리(黃井里)출신으로 생몰연대는 불분명하다. 1935년 당시 일제의 문서에 50세 가량으로 적어 놓은 것으로 보아, 1880년대에 출생한 인물일 듯하다.

1928년 1월 만주 봉천(奉天)을 중심으로 활동하면서, 나경석(羅京錫)·이영선(李永善) 등과 봉천조선인대회를 대표하여 참석하였다. 이 대회는 1월 9~10일 양일에 걸쳐 예비회담 의안(議案) 6개조를 채택하고 이를 본대회에 회부하였다. 본대회는 대표의원 46명이 300여 동포가 지켜보는 가운데 대책을 협의하고, '생활 상 편의를 도모하기 위하여 중국에 입적하는 동포에게 적극적으로 후원할 것'을 결의하는 동시에, 만주조선인대회를 상설기구로 창립하였다. 당시 노인은 김희중(金熙重)·박광(朴洸)·장영기(張永基)와 함께 중앙집행위 위원으로 선출되었다.

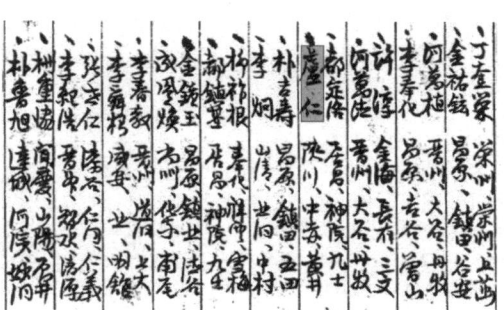

성세영의 『본사행일기』에 기록된 1922년 당시 경상도 지역 대종교 주요 교인 명단의 일부. 중간 부분(네모 안)에 盧仁이라는 이름이 보인다.

또한 1934년 9월 노인은 봉천 북시장(北市場)에 거점을 두고 심양현(瀋陽縣) 유수둔(愉樹屯)에 논농사[水畓]를 지으며 항일투쟁의 자금 마련과 거점 확보에도 노력했다. 그가 김탁(金鐸)·정희범(鄭熙範)·김순곤(金順坤) 등을 무관학교 입학을 위해 북평(北平)의 김규환(金奎煥)에게 소개한 것도 이 무렵이다. 김탁은 함경북도 출신으로 의열단(義烈團) 조선혁명간부학교를 졸업한 인물로, 해방 후 북한에서 조선민주혁명당 중앙위원 겸 선전부 차장, 그리고 노동당출판사 부장 등을 역임한 언론인이다. 김순곤 역시 의열단원으로 상해(上海)에서 중국중앙군관학교생이었던 김병화(金炳華)와 함께 폭탄을 제조하던 중 폭발하여 중상을 입은 채 체포된 인물이다.

노인의 대종교 교력에 대해서는 교단 내에 기록은 전하지 않는다. 다만 1922년 경북 성주 사람 성세영이 쓴 『본사행일기』 속에, 경상도 지역 주요 교인으로 노인이 올라 있다. 적어도 1922년 이전 대종교에 깊이 관여하고 있었음을 알게 해 준다.

[참고 문헌]
『본사행일기』(성세영, 필사본, 1922), 『동아일보』1928.1.12·14·16., 「日滿人間 農事紛爭事件 解決狀況 報告의 件」(滿蒙 各地에서의 鮮人의 農業關係 雜件 5, 機密 제825호, 한국사DB, 국사편찬위원회), 『조선독립운동』II (김정명, 原書房, 1967), 『대한민국임시정부자료집』9(국사편찬위원회, 2006)

노현근(盧鉉根, 남, 생몰 미상)

입교 시기_ 1916년 이전 | 교질_ 참교

출신지역과 생몰연대를 알 수 없는 인물이다. 1915년 4월 대종교 동지인 이관구(李觀求)·이원식(李元植)·정열모(鄭烈模) 등과 관립경성고등교원양성소(官立京城高等教員養成所)를 졸업하였다. 졸업 직후 평안북도 정주공립보통학교 교사로 임용되어 1917년까지 근무한 행적이 남아있다.

노현근의 대종교 입교 시기나 영계(靈戒) 사항에 대한 기록은 전하지 않는다. 그러나 1916년 2월 18일(음력) 김광배(金光培)·독고순(獨孤淳)·김철현(金澈炫) 등, 관립경성고등교원양성소 출신의 인물들과 참교(參敎)의 교질(教秩)을 받은 기록이 있다. 그의 대종교 입교가 그보다 훨씬 전에 이루어졌음이 확인된다. 한편 그 시기 관립경성고등교원양성소 학생들의 종교적 성향은 대체로 대종교와 기독교로 나누어져 있었다. 이들 간의 가장 큰 이견은 단군 문제였다. 대종교 생도들은 조선의 시조인 단군을 존경하는 것은 곧 조선의 국수를 보존하고 조선의 민족적 정신을 발양하며 국민의 신앙을 통일하는 것이므로 외래종교 신앙에 대한 필요성이 없다는 견해였다. 그러나 기독교 생도들은 단군을 존숭하는 점에서는 대종교와 다를 바 없으나, 그 종교적 가치가 기독교에 미치지 못한다는 주장이었다.

노현근은 이러한 경험 속에서 대종교를 택한 인물로, 그의 대종교 입교 시기 역시 관립경성고등교원양성소 재학

시절에 이루어졌음을 알 수 있다.

[참고문헌]
『종문영질』(프린트본, 1922), 『조선총독부관보』제0805호(1915년), 『조선총독부직원록』(1916년·1917년), 「朝鮮人槪況 送付에 관한 건」(不逞團關係雜件-朝鮮人의 部-在歐米 7雜, 警秘 제26호, 한국사DB, 국사편찬위원회)

대영규(戴永奎, 남, 생몰 미상)

입교 시기_ 1915년 | 교질_ 미상

출신지역과 생몰연대를 확인할 수 없는 인물로 중국인이다. 대영규는 대종교지도자 호석(湖石) 강우(姜虞)가 1915년 7월 백두산 북쪽 내두산(奶頭山, 內都山)에 있을 때 인연을 맺었다. 내두산(내도산)은 백두산 북쪽에 있는 화산 모양이 둥그렇게 솟아 있고 중심 부분이 뾰족해 젖꼭지 모양 같다고 해서 붙여진 이름이다. 이 산은 백두산 천지에서 북동쪽으로 45km 정도 떨어진 하늘 아래 첫 마을로 일찍부터 조선족 마을이 형성되어 있었다.

내두산은 광복단이라는 항일단체의 근거로, 1920년 10월 이청천(지청천)의 서로군정서군과 합류하였다. 그리고 그해 10월말 장강호(長江好)가 이끄는 마적단과 충돌한 곳도 이곳이다. 또한 1935년 3월 동북인민혁명군 제2군 군장 왕덕태(王德泰)가 그 주력부대의 일부를 인솔하고 내두산 항일 유격 근거지를 마련한 곳으로도 알려져 있다.

당시 강우는 그곳에 수도실을 짓고 수년 간 백두산 기도와 함께 수도생활을 하고 있었다. 그 때 강우의 인품에 감복 받아 대종교에 입교한 인물이 대영규다. 그는 만석군(萬石君) 부자로 강우와 피로서 맹세하는 의(義)를 행하고 홍호자(紅鬍子, 마적) 수천 명을 대종교에 봉교시켰다 한다. 이에 강우는 그들을 끌어안고 하늘에 고하는 글인 「초홍호자동포문(招紅鬍子同胞文)」 1장과 「천격문(天檄文)」 3장을 지었다 하나 전하지 않는다.

[참고 문헌]
「호선선생문집」(독립운동사편찬위원회, 『독립운동사자료집(문화투쟁사자료집)』 12, 1977)

도문환(都文煥, 남, 1887-?)

아호(별명) _ 규욱(奎郁), 송당(松堂)
입교 시기 _ 1910년대 | 교질 _ 미상

경상북도 성주군(星州郡) 성주면(星州面) 용산리(龍山里) 약부동(若夫洞) 출신이다. 일찍이 출신지역인 성주와 대구를 거점으로 성주검축상회(星州儉蓄商會)·성주금융조합(星州金融組合)·태양금속공업(太陽金庫工業) 등을 경영하면서, 잡화매매·금융대부·비철(扉鐵)제조판매, 그리고 곡물정미 및 농기구 판매까지 다양한 사업을 전개한 인물이다.
일찍부터 대종교비밀결사인 조선국권회복단과 연결되어 활동하였다. 1928년 11년 무렵에는 국내 대종교의 중심 인물들인 안희제·황상규·이경희(李慶熙) 등이 주축이 된 『중외일보』 중흥을 위한 주주로 참여하여 민족언론 창도에 일조하였다. 1934년 6월경에는 만주 철령(鐵嶺) 마봉구(馬蜂溝) 지역에 수전농장(水田農場開發)을 건설하는데도 관여한다. 당시 대종교 동지인 서병우(徐丙祐)와 돈줄 역할을 하면서, 이곳에 한인(韓人) 이주농 140여 호를 수용·정착하는데 앞장 선 것이다. 또한 1936년 무렵에는 중국 군관학교(軍官學校) 입교 주선을 위해 국내로 들어와 활동하던 김재형(金梓瀅)을 숨겨주는 등, 암암리에 대종교 활동을 통한 항일투쟁의 길을 걸었던 인물이다.
도문환의 대종교 입교 시기는 분명하지 않으나, 그가 1922년 12월 23일(음력) 영계를 받은 것으로 보아 그 이전에 입교하였음을 확인할 수 있다. 아마도 대종교비밀결사인 조선국권회복단과도 연결되어 활동하면서 입교한 듯하다. 그는 영계를 받은 날 경북 성주군 성주면 경산동(慶山洞)에 소재한 대종교 산선시교당(山善施教堂)의 시교원(施教員)으로도 임명되었다. 당시 산선시교당의 전무(典務, 책임자)는 『본사행일기(本司行日記)』를 쓴 성세영(成世英)이었으며, 서병우(徐丙祐)·배준기(裵準琪)가 찬무(贊務, 부책임자)를 맡았다. 또한 성봉식(成鳳植)·배상준(裵相準)·배상영(裵相榮)·송해근(宋海根)·송상익(宋象翼)이 도문환과 함께 시교원을 맡아, 관할 지역의 포교와 세력 확산에 앞장섰다.

[참고 문헌]
『대종교보』제56호(1922년), 『본사행일기』(성세영, 필사본, 1922), 『대종교중광육십년사』(대종교총본사, 1971), 『주식회사 중외일보사 창립총회의 건』(思想問題에 關한 調査書類5, 京鍾警高秘 제15854호, 한국사DB, 국사편찬위원회), 『조선중앙일보』1935.5.20., 『朝鮮銀行會社組合要錄』(東亞經濟時報社, 1927·1931·1933·1935·1937·1939·1941년판), 『한민족독립운동사자료집』8·45(국사편찬위원회, 1989·2001)

도인환(都仁煥, 남, 1897-?)

아호(별명) _ 성욱(聖旭), 창범(蒼帆)
입교 시기 _ 1910년대 | 교질 _ 미상

대종교인 도문환(都文煥)의 동생으로, 경상북도 성주군 성주면 용산리(龍山里) 약부동(若夫洞) 출신이다. 1930년대 도

문환이 대표로 있었던 주식회사 성주검축상회(星州儉蓄商會)에, 대종교 동지인 배준기(裵準琪)와 함께 감사로 참여하여 형을 도왔다. 성주검축상회는 일용품 잡화와 기타 물품의 매매, 그리고 산업자금의 대부 및 그와 연관된 부대 업무를 취급하였다. 또한 이 회사에 이사로 재직한 서병우(徐丙祐)와 지배인으로 참여한 배상준(裵相準) 역시 성주 지역 대종교 성산시교당(星山施教堂)의 주요 책임자였다. 도인환은 배상준과 성주체육회의 고문으로도 활동하면서 성주체육회의 명예회장인 도문환을 도와 지역 단합과 건강증진에 적극 앞장섰다. 도인환의 대종교 교력과 관련하여 대종교단 내에 남아있는 없다. 다만 성세영의 『본사행일기』(필사본, 1922)에 1910년대 경상북도 지역의 대종교 주요 교인으로 도인환이 올라 있는 것으로 보아, 그의 입교 시기가 상당히 빨랐던 것으로 확인된다.

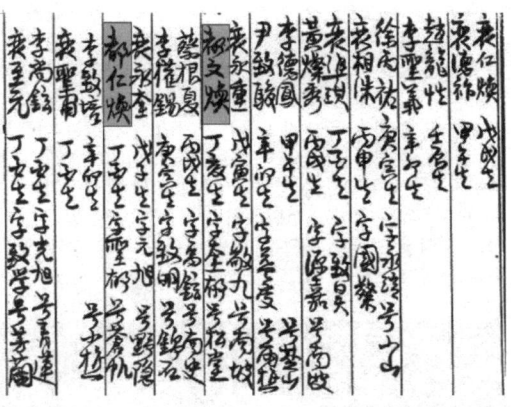

『본사행일기』에 기록된 1910년대 경북 지역 대종교 주요 교인 명단의 일부. 도인환(네모 왼쪽)과 도문환(네모 오른쪽) 형제의 이름이 적혀 있다.

[참고 문헌]
『본사행일기』(성세영, 필사본, 1922), 『조선중앙일보』1936.4.1., 『朝鮮銀行會社組合要錄』(東亞經濟時報社, 1935·1937·1939년판)

독고순(獨孤淳, 남, 생몰 미상)

입교 시기 _ 1916년 이전 | 교질 _ 참교

출신지역과 생몰연대가 불분명한 인물이다. 다만 그가 오랜 시간 평안북도 의주를 중심으로 교원생활을 한 것으로 보아 그 지역 출신이 아닐까 추정해 본다. 독고순은 1916년 경성고등보통학교부설 임시교원양성소 제1부 졸업생으로, 당시 홍종오(洪鍾五)·김철현(金澈炫)·진서림(陳瑞林)과 함께 우등으로 졸업하였다. 졸업 후 1917년부터 1924년까지 백마·용천·의주공립보통학교와 신의주고등보통학교에서 교사생활을 한 기록이 있다.
독고순은 『동유지(東遊誌)』 편찬에도 관여하였다. 『동유지』는 관립경성고등학교의 대종교 중심인물이었던 김광배(金

光培) 등이 재학시절 일본 수학여행의 경험을 엮어 펴낸 답사기다. 독고순은 김광배·최진규(崔鎭圭)·김하종(金河鍾)·정광호(鄭光好)·이광익(李光翼)·최원순(崔元淳)·이응영(李應泳) 등과 『동유지』의 편집을 맡아 완성하였다. 이 『동유지』를 계기로 일선교육을 통하여 경제자립운동을 전개하자는 움직임이 일어났다. 특히 국내 대종교의 주요 인물이었던 휘문의숙의 교사 남형우와 최남선의 동조를 얻어, 전국의 교원과 신교육을 받은 인사들이 참여하는 조선산직장려계 결성으로 이어졌다.

독고순의 대종교 교력을 보면, 관립경성고등학교교원양성소를 졸업하기 직전인 1916년 2월 18일(음력) 김광배·최진규·김철현 등과 참교의 교질을 받은 기록이 있다. 그보다 이전에 대종교에 입교한 것이 확인된다. 아마도 이들 모두 교원양성소 시절에 입교한 것이 아닐까 한다. 당시 관립경성고등교원양성소 학생들의 종교적 성향은 대체로 대종교와 기독교로 나누어져 있었다. 대종교 생도들은 조선의 시조인 단군을 존경하는 것은 곧 조선의 국수를 보존하고 조선의 민족적 정신을 발양하며 국민의 신앙을 통일하는 것이므로 외래종교 신앙에 대한 필요성이 없다는 견해였다. 한편 기독교 생도들은 단군을 존숭하는 점에서는 대종교와 다를 바 없으나, 그 종교적 가치가 기독교에 미치지 못한다는 주장이었다. 기독교에 의해 서양의 문명을 받아들이는 것이 조선민족의 발전을 도모할 좋은 방법이라는 입장이었다. 독고순 역시 이러한 경험 속에서 대종교에 입교한 것이다.

교원양성소를 우등으로 졸업할 당시 독고순(뒷줄 원안)의 모습. [『매일신보』(1916.3.24.)]

[참고 문헌]
『종문영질』(프린트본, 1922), 『조선총독부관보』제1111호(1916.4.20.), 『매일신보』1916.3.24.,『朝鮮人槪況 送付에 관한 건』(不逞團關係雜件-朝鮮人의 部-在歐米 7雜』, 警秘 제26호, 한국사DB, 국사편찬위원회)

독고욱(獨孤旭, 남, 1876-?)
입교 시기 _ 1910년대 초반(추정) | 교질 _ 미상

평안북도 의주군 수진면(水鎭面) 출신이다. 1908년 대한협회 본회 회원으로 활동했으며, 1910년 2월에는 국민대연설회(國民大演說會)에 참여하여 서명하기도 했다. 이후 서간도 회인현(懷仁縣, 桓仁縣)으로 넘어가 그 지역 이주 한인의 삶과 권익옹호에 노력했다.

1916년 7월 환인현에서 김윤혁(金潤赫)·홍승국(洪承國)·김광제(金廣濟)·최항신(崔恒信) 등과 환인현조선인조합(桓仁縣朝鮮人組合)을 설립하여 활동하는가 하면, 1919년 3·1운동이 일어나자, 손극장(孫克章)·손병헌(孫炳憲)·이천민(李天民:世永) 등과 이 인근 각처의 청년들을 다수 망라하여 한교공회(韓僑公會)를 설립하고 부회장을 맡았다. 1922년 2월경에는 관전현을 중심으로 이명선(李明善)·이승우(李承祐)·황재중(黃在中) 등과 독립단 활동을 전개했다. 또한 그해 6월 재만군사기관이 통합하여 대한통의부로 조직되자 윤세복(尹世茸)·손병헌(孫炳憲)·오석영(吳錫永) 등과 참모로 참여하여 참모부장인 이천민(李天民)과 함께 했다. 그러나 1923년 2월, 환인현 대황구(大荒溝)에서 전덕원(全德元) 등이 이탈해 의군부(義軍府)를 만들자, 독고욱은 유응하(劉應夏)·여순근(呂淳根) 등과 대한군민부(大韓軍民部)를 만들어 분열되기도 했다. 이후 한의제(韓義濟)·김선풍(金旋風)·이기술(李己述) 등과 친일적 행적을 보임으로써, 항일단체 국민부(國民府)의 표적이 되기도 했다.

독고욱의 대종교 교력에 대해선 교단 내에 남아있는 기록이 없다. 그의 교질(敎秩) 사항도 확인이 안 된다. 그러나 항일투사 박명진의 『대종교독립운동사』(필사본, 1964)에는 윤세복이 이끄는 대종교 서일도본사(西一道本司)의 핵심 교인으로 문일민·윤세용·공진원(公震遠) 등과 올라 있다. 그는 1910년대 이미 회인현(환인현) 동창학교(東昌學校) 시절 핵심 대종교인이었다.

[참고 문헌]
『대종교독립운동사』(박명진, 필사본, 1964), 『대한협회회보』제5호(1908년), 『독립신문』1923.3.7., 『朝鮮出版警察月報』제11호(警務局圖書課, 1929), 「不逞鮮人 名簿 送付의 건」(不逞團關係雜件-朝鮮人의 部-在滿洲의 部28, 秘受8077호-機密公제27호, 한국사DB, 국사편찬위원회), 『한국독립운동사』3·5(국사편찬위원회, 1967·1983), 『한민족독립운동사』4(국사편찬위원회, 1988)

동광렬(董光烈, 남, 생몰 미상)
입교 시기 _ 1922년 | 교질 _ 미상

출신지역과 생몰연대를 알 수 없으며, 1920년대 대종교의 기록에서만 확인되는 인물이다. 동광렬은 1922년 11월 18일(음력) 대종교 동이도본사(東二道本司) 소속 석일시교당(石一施教堂)의 찬무(贊務, 부책임자)로 임명된 기록이 있다. 당시 동광렬의 종교적 지위는 '형제'였다. '형제(여자는 자매)'란 입교하여 영계(靈戒)를 받기 전 단계를 가리키는 대종교의 호칭이다. 동광렬의 대종교 입교가 그 이전으로 올라감이 확인된다.

석일시교당은 연해주의 석토하자(石土河子)에 소재한 시교당으로, 당시 전무(典務, 책임자)는 이재준(李再俊)이었으며 김승욱(金承郁)이 찬무를 맡아 동광렬과 함께 이재준을 도왔다. 한편 그 시기 동이도본사를 이끈 주요 인물들을 보면 이종수(李鍾琇)·엄호(嚴浩)·김영숙(金永肅)·현천극(玄天極)·이정(李楨) 등이었다. 모두 대종교의 중진들로 동북만

주 항일투쟁의 전사들이었다. 동광렬 역시 대종교 항일투쟁과 무관치 않음을 엿볼 수 있으나, 이후의 행적은 파악되지 않는다.

[참고문헌]
『대종교보』제56호(1922년), 대종교중광육십년사(대종교총본사, 1971)

두성(杜誠, 남, 생몰 미상)
입교 시기 _ 중광 이전의 인물 | 교질 _ 미상

출신지역과 생몰연대를 확인할 수 없다. 대종교가 중광(重光)한 1909년 1월 15일(음력, 이하 음력) 이전에 이미 단군교(대종교 이전의 명칭)도였던 인물이다. 두성은 대종교의 기록에 한반도의 북녘을 관할한 인물이라는 기록으로 보아, 백봉신사(白峯神師)와 일심계(一心戒)를 나눈 13인 혹은 33인 중의 1인으로 추정된다.

두성은 백봉신사의 제자로 대종교 혹은 나철과 직·간접으로 접한 4인 중의 1명이다. 나철은 1905년 12월 30일 백봉신사의 제자 백전[伯佺, 호는 두암(頭岩)]을 만나 『삼일신고(三一神誥)』와 『신사기(神事記)』를 받고 단군교에 입교했다. 그것이 단군교와의 첫 인연이다. 이후 나철이 1908년 4번째 도일(渡日) 과정에서 두일백[杜一白, 호는 미도(彌島)]이라는 백봉신사의 제자를 만나 대종교의 중광을 종용 받았다. 그리고 당시 받은 것이 『단군교포명서(檀君敎布明書)』와 『고본신가집(古本神歌集)』 및 『입교절차(入敎節次)』였다. 또한 대종교 중광 후인 1909년 8월 27일, 백두산 고경각(古經閣)의 정참(正參)이었던 정승묵(鄭崇默)이 보낸 고서(告書)를 받는다.

두성은 대종교(나철)가 두일백과 정승묵과의 만남 사이에 등장하는 인물이다. 그는 1909년 6월 30일 백봉신사의 제자인 두일백[杜一白, 호는 미도(彌島)]이 직접 쓴 편지를 홍암 나철에게 가져와 손수 전달하였다. 그 두일백의 수찰(手札)에 담긴 주된 내용은 '홍암 아우가 경전을 올바로 전포하여 세상을 부디 바로잡아 달라'는 것이었다.

두성은 대종교가 중광하기 이전의 인물로, 백봉신사 등 33명으로 된 백봉교단의 일원이었다. 그들은 단군신앙의 근대적 부활(대종교의 중광)을 위하여 경전의 수습과 체제의 준비 그리고 포명의 틀을 마련한 종교결사로서, 근대 단군신앙의 선지자 혹은 선지자집단으로 이해할 수 있을 듯하다. 이들은 1904년 음력 10월 3일에 백두산 대숭전 고경각에서 13명이 참여하여 『단군교포명서』를 반포하고 다른 20인은 만주·몽고·일본 등지에의 포교를 담당하였다. 그들의 포교 지역은 백두산을 중심으로, 중국의 동북3성(봉천성·길림성·흑룡강성) 지역과 일본, 그리고 당시의 조선 관내 13도를 망라했다.

[참고 문헌]
『종보』제2호(1909년), 『대종교중광육십년사』(대종교총본사, 1971). 「단군교포명서의 단군신앙체계」(김동환, 『국학연구』제13집, 국학연구소, 2009)

두일백(杜一白, 남, 1840-?)
아호(별명) _ 미도(彌島)
입교 시기 _ 중광 이전의 인물 | 교질 _ 미상

출신지역이 불분명한 인물로, 대종교 중광(重光, 1909년 음력 1월 15일)의 계기를 만들어 준 백봉신사(白峯神師)의 제자다. 특히 홍암 나철로 하여금 대종교 중광의 필요성을 직접적으로 자극시킨 인물이 두일백이었다.

두일백은 나철이 4번째로 일본을 방문했던 1908년, 두 번이나 나철의 숙소를 찾아가 단군신앙 부활의 시대적 절박함을 일깨운 인물이다. 한 번은 나철이 일본 토쿄(東京)에 있는 청광관(清光館)에 머물 당시 찾아와 『단군교포명서(檀君敎佈明書)』와 『고본신가집(古本神歌集)』·『입교의절(入敎儀節)』, 그리고 『봉교절차(奉敎節次)』·『봉교과규(奉敎課規)』 등의 서책을 전하면서 『단군교포명서』 반포의 시의성을 다음과 같이 강조했다.

> 나의 성명은 두일백이요 호는 미도(彌島)라 하는데 나이는 69세요. 지난 을사년(1905년-인용자주) 겨울에 서대문역 근처에서 백전도사(伯佺道士)를 만나 신서(神書) 두 권을 받은 일이 있을 것이오. 그 백전도사는 나에게 도형(道兄)이 되는 이로서, 백전도형과 함께 32인이 백봉신사에게 사사(師事)하고 갑진년(1904년-인용자주) 10월 초 3일에 백두산에서 회합하여 일심계(一心戒)를 받고 이 포명서를 발행한 것이니, 귀 나공(羅公)은 금후의 사명이 단군교포명서에 관한 일이라는 것을 명심하시오.

그러나 나철이 그 간절한 호소에 큰 의미를 두지 않자, 며칠 후 나철 일행이 옮긴 숙소인 개평관(蓋平館)으로 다시 찾아왔다. 당시 두일백은 "국운(國運)은 이미 다하였는데, 어찌 이 바쁜 시기에 쓸데없는 일로 다니시오. 곧 귀국하여 단군대황조의 교화를 펴시오. 이 한마디가 마지막 부탁이니 빨리 떠나시오."라는 꾸짖음을 남기고 사라졌다 한다.

이에 나철은 바로 귀국 길에 올랐다. 그리고 마음에 새긴 것이 국망도존(國亡道存, 나라는 망했으나 정신은 있다)이다. 그리고 국망(國亡: 일제의 강점)이라는 절망감 속에서 도존(道存: 단군사상)으로써 미래의 희망을 찾고, 그 구체적 방법으로 단군신앙의 중광(重光: 다시 일으킴)을 모색하게 된다. 그 결정적 계기를 만들어 준 인물이 바로 두일백이었다.

두일백은 대종교 중광 이전에 이미 단군교(檀君敎) 교도(教徒)로서 백봉신사를 중심으로 수행한 집단의 일원이었다. 백봉신사와 그 집단은 단군신앙의 근대적 부활을 위하여 경전의 수습과 체제의 준비 그리고 포명의 틀을 마련한 종교결사로써, 근대 단군신앙의 선지자 혹은 선지자집단으로 이해된다. 이들은 1904년 음력 10월 3일에 백두산 대숭전(大崇殿) 고경각(古經閣)에서 13명이 참여하여 『단군교포명서』를 반포하고, 다른 20인은 만주·몽고·일본 등지에의 포교를 담당하였다. 두일백은 그 13인 중의 한 사람이었다.

[참고 문헌]
『종보』제1호(1909년), 『대종교중광육십년사』(대종교총본사, 1971), 『한국중흥종교교조론』(신철호, 대종교총본사, 1979), 「단군교포명서의 단군신앙체계」(김동환, 『국학연구』제13집, 국학연구소, 2009)

류광민(柳光民, 남, 생몰 미상)
입교 시기_1916년 이전 | 교질_지교

출신지역과 생몰 연대를 알 수 없는 인물이다. 1922년 10월경 영안현(寧安縣) 영고탑(寧古塔) 지역에서 활동한 기록이 전한다. 류광민은 이곳에 근거를 둔 입적간민호회(入籍墾民戶會) 회장인 최계화(崔桂華)를 비롯하여 최충호(崔忠浩)·김영숙(金永肅)·이교성(李敎成)·이종수(李鐘秀)·유현(兪賢)·김창환(金昌煥) 등, 대종교 인물들과 항일활동을 펼쳤다.
당시 류광민 등은 겉으로 일제(日帝)에 협조하는 듯하면서, 배면적으로는 상해임시정부와의 교감하며 항일투쟁을 도모했다. 동지연선(東支沿線)에서 일제의 군대를 공격하는가 하면, 모연대(募捐隊)를 조직하여 군자금 확보에도 노력하였다. 또한 병기와 탄약 확보에도 힘을 기울이고 항일선전문을 만들어 각지에 산재한 동지들에게 배포하였다.
류광민은 1916년 2월 18일(음력, 이하 음력) 참교(參敎)의 교질(敎秩)을 받은 교력(敎歷)이 남아있다. 그 이전에 입교(入敎)와 영계(靈戒)를 거친 것이 확인된다. 또한 같은 해 12월 21일에 지교(知敎)의 교질로 승질(陞秩)한 것으로 보아, 그의 종교적 성심(誠心) 역시 지극했음을 알 수 있다. 특히 1922년 어천절(御天節, 3월 15일)에 발포(發布)된 「교구분리조례(敎區分離條例)」로 출범한 대종교 동이도본사(東二道本司)의 규리감정(規理監正)에 임명되어, 관할 교구의 교인쟁변(敎人爭辯)과 포상징죄(褒賞懲罪)를 담당하였다.
당시 동이도본사는 제1지사[영안현을 중심으로 목릉(穆陵)과 동녕(東寧) 지역 관할], 제2지사[블라디보스토크를 중심으로 연해주 일대를 관할), 제3지사[밀산현(密山縣)을 중심으로 연해주와 접한 의란(依蘭) 지역 전체를 관할]까지 두고 대종교 북만주·연해주 포교의 중심이 되었던 곳이다. 더욱이 류광민과 더불어 동이도본사를 이끈 인물들 중 이종수·김영숙·최충호 등은 영안현 입적간민호회를 통해 항일투쟁을 함께 했던 동지들이었다.

柳光民(네모 안)이 영안현을 중심으로 항일투쟁을 전개한 내용을 기록한 일제의 문서.

[참고문헌]
『종문영질』(프린트본, 1922), 『대종교중광육십년사』(대종교총본사, 1971), 「不逞鮮人의 行動에 관한 건」(不逞團關係雜件-朝鮮人의 部-在滿洲의 部34, 機密 第234號; 機密受第236號, 한국사DB, 국사편찬위원회)

류근(柳瑾, 남, 1861-1921)
아호(별명) _ 경집(敬集), 석농(石儂), 류은식(柳殷植)
입교 시기_1909년 | 교질_ 정교 | 서훈_독립장(1962)

경기도 용인 출신으로 일찍이 한학을 수학했다. 1894년부터 1905년까지는 김홍집 내각과 연결되어 탁지부(度支部) 주사(主事)로 오래 근무했다. 이 시기 독립협회에 가입하여 토론회를 지도하며 국민을 계몽하고 자유로운 논쟁을 통해 정부정책을 비판하는가 하면, 만민공동회 때는 간부로 활동하였다.
류근은 1898년 남궁억·나수연(羅壽淵)·장지연 등과 함께

류근

『대한황성신문(大韓皇城新聞)』을 인수에도 참여했다. 그리고 그해 9월 5일 국한문혼용의 『황성신문』을 창간하고 이를 통한 독립정신의 고양과 사회계몽에 힘썼다. 특히 류근

은 장지연과 함께 『황성신문』을 국한문체로 발간하면서 우리나라 신문 문체의 새 역사를 개척했다. 1905년 11월 18일 장지연이 을사늑약을 규탄하는 「시일야방성대곡(是日也放聲大哭)」을 『황성신문』에 실을 당시, 분노를 참지 못해 끝을 맺지 못하자 그 후반부를 류근이 마무리하고 끝내고 밤새도록 인쇄하여 배달하기도 했다. 이 사건으로 『황성신문』은 무기정간을 당하고 1906년 2월이 되어야 속간되었다. 류근은 장지연을 이어 사장을 맡아 국권회복을 위한 언론구국활동에 앞장섰다.

1906년 대한자강회(大韓自强會)에 가입하는가 하면, 휘문의숙 숙장(교장)으로도 활동했다. 1907년 11월에는 권동진·남궁억·오세창등과 함께 대한협회(大韓協會)를 발기하여 활동하였다. 회보에 교육과 관련한 많은 글을 발표한 것도 이 무렵이었다. 또한 신민회에 가입하여 언론·출판·교육 부문에서 많은 활동하였으며, 박은식·김교헌 등과 함께 최남선이 주도하는 조선광문회(朝鮮光文會)에 참여하여 국학 관계 고문헌의 출판사업에 주력하였다.

1910년 8월 일제가 한국을 병탄하고 『황성신문』 등 모든 한국인의 신문을 폐간하자 교육사업을 통한 투쟁에 눈을 돌렸다. 그 중에서도 중앙학교 교장 시절의 일화가 주목된다. 그는 1915년 중앙학교의 교장을 맡아 1917년 3월까지 근무하였다. 류근은 1916년 1학기 봄소풍을 강화도로 잡았다. 마니산의 단군역사를 일깨우기 위함이었다. 그는 마니산의 참성단에 올라 학생들에게 단군사화를 이야기하면서 목이 메었다. 함께 간 인촌 김성수(金性洙) 역시 소리 없이 흐느꼈다. 학생들도 그때서야 나룻배까지 빌어타고 강화도에 소풍을 온 까닭을 깨닫고는 모두 울었다.

류근의 조선산직장려계(朝鮮産織奬勵稧)를 통한 민족운동 지도도 빼놓을 수 없다. 조선산직장려계는 1915년 3월 경성고등보통학교 부설 교원양성소 학생들이 조직한 비밀결사로서, 김광배(金光培)·최진규(崔鎭圭)·김하종(金河鍾)·독고욱(獨孤旭) 등 대종교 계열의 학생들이 주도한 조직임이 주목된다. 류근은 조선산직장려계를 지도한 혐의로 1917년 박중화(朴重華)·안재홍·김성수 등 130여 명과 함께 일본 경찰에 붙잡혔다가 풀려났다.

1919년 3·1독립운동이 일어나자, 그 해 4월에 개최된 13도 대표자의 국민대회에 주익(朱翼) 등과 대종교계 대표로 참석하고, '한성정부'라는 임시정부의 정부체제 선택과 각료 선정에 관여하다가 다시 붙잡혔다. 1920년 4월 『동아일보』 창간 당시, 그 '동아(東亞)'라는 신문 제호를 명명한 인물도 류근이다. 또한 양기탁과 함께 고문으로 추대되어 창간호에 「아보(我報)의 본분(本分)과 책임(責任)」이라는 창간의 변(辯)를 싣는다. 이 글에서 류근은 『동아일보』의 시대적 사명을 '조선 민중의 표현기관'·'조선 민중의 권리보호자'·'조선 민중의 문화소개자'로 압축시키며 다음과 같이 강조하였다.

동아일보야, 너의 부담 무겁도다. 너는 조선 민중의 표현기관이다. 그의 사상, 그의 희망, 그의 목표, 그의 심리 일일이 보도하여, 그로 하여금 능히 기립(起立)케 하며, 그로 하여금 능히 발전케 하며, 그로 하여금 능히

비약케 함은 믿노니 너를.
너는 조선 민중의 권리보호자이다. 그의 정신, 그의 정의, 그의 활동 일일이 지배하여 그로 하여금 능히 압제를 탈면(脫免)케 하며, 그로 하여금 능히 권능을 시사(施使)케 하며, 그로 하여금 능히 언론을 표현케 하여, 인(人)의 고유한 자유를 유지함은 믿노니 너를.
너는 조선 민중의 문화소개자이다. 그의 교육, 그의 경제, 그의 정치 일일이 지도하여 그로 하여금 능히 개명케 하며, 그로 하여금 능히 부유케 하며, 그로 하여금 능히 공평 정직케 하며, 세계문명에 병가구치(幷駕驅馳)함은 믿노니 너를.

류근은 1920년 6월 한규설·이상재 등과 조선교육회 발기에도 앞장섰다. 조선교육회는 조선인본위(朝鮮人本位) 교육운동의 효시로, 6월 26일 서울에서 창립총회를 개최하였다. 회장에 이상재, 부회장에 김사묵(金思默), 이사에 윤치소(尹致昭) 외 14명이 뽑혔으며, 류근도 23명의 평의원 중에 선임되었다. 조선교육회는 한국인의 재력과 노력으로 교육사업을 일으켜야 한다는 취지 아래 교육제도의 개선, 교육사상의 보급, 교육기관의 확장, 교육계 풍기의 개선, 도서관 설치 및 잡지 발행, 교육공로자 표창 등의 본격적인 활동에 앞서 이에 필요한 기금을 마련하는 작업에 들어갔다. 특히 신교육운동의 전개와 더불어 민립대학설립을 추진하게 된다. 조선인본위 교육운동의 급선무가 대학 설립이라 생각했기 때문이다.

이렇듯 교육·언론·종교 활동을 통한 류근의 항일투쟁은 그의 죽음과 함께 정지되고 만다. 류근은 1921년 5월 20일 경성 소격동(昭格洞) 자택에서 61세의 나이로 숨을 거두었다. 당시 동아일보사의 편집감독(編輯監督)이기도 했던 그의 마지막 유언은 다음과 같은 지방색 근절이었다.

지방열(地方熱)을 없이 하라. 이것은 조선인의 고질(痼疾)이니, 사회를 위하여 활동하는 자, 민족을 위하여 일하는 자는 마땅히 조심하여 근본을 없애라.

상해에서 류근의 사망 소식을 접한 예관 신규식도 오열했다. 신규식은, 조국을 떠날 당시 경성 대종교총본사에서 전별해 주던 류근의 모습을 회억하며, 류근의 죽음을 다음(「輓石儂道長(대종교의 어른 석농 선생을 애도함)」)과 같이 애도하였다.

先生竟長逝耶	선생은 영영 가셨구나
頻年敎務維持熱忱是矢	해마다 대종교 유지에 정성을 쏟고
況又培學界辦報章	또 학계를 키우고 신문을 꾸렸도다
亮節極堅貞	그 절개 맑고 극진하여
艱苦備嘗	어려운 고통 두루 겪은 것
無非謀同胞之幸福.	다름 아닌 동포의 행복을 도모함이로다.
知己恨不多也	알아주는 이 적은 것을 한스러워 하고

同憶都門祖餞大事相期	떠나는 나를 전별해 주며 대사를 기약했는데
詎料歷迅途違初願	온갖 고생 겪으시며 처음 뜻이 어그러지도다
舊邦未光復	조국 광복은 아직 이루지 못했건만
芳徽遽渺	아름다운 자취만 남기시니
那禁灑淸淚而欷歔	터져 나오는 눈물 어찌 참을 수 있으랴.

[역사인식]

류근이 남긴 대표적 저술로는 『신정동국역사(新訂東國歷史)』(1906년)·『초등본국역사(初等本國歷史)』(1908년)·『신찬초등역사(新撰初等歷史)』(1910년) 등이 있다. 이들 모두 초등학교 역사교육을 위한 교과서로 편찬되었으나, 그 역사인식에서는 민족주의적 시각과는 거리가 멀었다.

『신정동국역사』는 원영의(元泳義)와 공저한 것으로, 류근이 휘문의숙 숙장 시절 휘문의숙출판부에서 편낸 것이다. 단군조선부터 고려까지의 역사를 편년체로 개설한 국사 교과서로, 앞부분에 장지연의 서(序)가 실려 있다. 『초등본국역사』는 안종화(安鐘和)와 장지연이 교정하여 발행한 국한문혼용체 교과서다. 단군부터 순종(純宗) 즉위까지를 상고(上古)·중고(中古)·근고(近古)로 구분한 신사체(新史體)의 역사서술방법으로 간략 서술하였다. 『신찬초등역사』 역시 장지연 교열한 것으로, 단군에서 조선조에 이르는 역사적 변천 내용을 알기 쉽게 개관한 교과서다.

류근의 역사인식은 대종교를 경험하면서 달라진다. 특히 그가 형제처럼 지냈던 김교헌과 박은식의 영향이 절대적이었다. 두 사람은 대종교의 역사인식을 통해 민족주의역사학을 개척·정리하는데 많은 기여를 한 인물들이다. 두 사람 모두 대종교의 원형인 신교(神敎)를 국교(國敎)로 인식하고 신교사관(神敎史觀)·남북조사관(南北朝史觀)의 틀을 정리하였다.

류근 역시 대종교의 중심인물들이었던 두 인물과의 특별한 관계 속에서, 유교적 역사인식의 틀에서 벗어나 대종교적 역사인식의 구도를 세워갔다. 그 대표적 행적이 1911년 『단조사고(檀祖事攷)』 편찬 참여라 할 수 있다. 『단조사고』는 대종교협제회(大倧敎協濟會)를 통해 준비·진행된 것으로, 대종교편으로 출간된 것이다. 그 중심적 역할을 한 인물들이 류근·김교헌·박은식이다.

『단조사고』의 핵심은 단군이다. 까닭에 제목도 '檀祖事攷(단군성조의 사적을 살피다)'라고 붙인 듯하다. 또한 그 사료 동원에서는, 국내외 서적은 물론이고, 재야사서까지 망라했다. 그러므로 『단조사고』로 인하여 우리 상고사의 핵심이 단군이며, 우리 정신사의 고갱이가 단군임이 분명히 드러난 것이다. 『단조사고』는 단군에 대한 총체적 이해를 위한 열망의 응집이 실려있다. 이것은 단군의식의 고양과 더불어 나타난 단군자료의 집성인 동시에 최초의 정리서였다는 점에서도 그 의미가 크다. 『단조사고』에 동원된 인용서가 『큰책』과 『작은책』을 합하여 70종이 넘고, 인용서목의 저술자도 50명이 넘는다는 것을 보더라도 단군관련 자료집으로서의 가치를 확인할 수 있을 것이다.

또 하나 주목되는 것은 권덕규의 다음과 같은 증언이다. "(류근 선생이) 대종교에 관한 문헌을 수집(修輯)하는 데에는 전심(專心)과 치력(致力)을 하였으니, 대종교로서 발포(發布)된 단조사고(檀祖事攷)나 신단실기(神檀實記)는 이들(김교헌과 류근-인용자 주)의 손으로 나온 것이며, 비록 그 중 한 분의 이름으로 간포(刊布)되었다 할지라도 서로 보조(輔助)의 적지 않음은 누구나 알 것이다." 즉 『단조사고』의 편찬에 류근이 깊이 관여했음이 나타나 있다. 특히 김교헌의 이름으로 1914년에 저술한 『신단실기』에도 류근의 역할이 적지 않았음을 알려주고 있다. 『신단실기』의 내용 역시 『단조사고』의 내용이 거의 흡사하게 반복되고 있는 것도 흥미를 끈다. 단군에 대한 사적(事蹟)과 신교사상에 대한 자취를 모아 자료집의 성격으로 정리해 놓고 있다. 이것은 『단조사고』내용을 주제별로 재정리했다는 점에서, 『단조사고』와 이명동체(異名同體)라 할 수 있을 듯하다. 류근이 박은식의 저술인 『한국통사(韓國痛史)』를 완성함에도 많은 기여를 하였다는 권덕규의 다음의 증언도 눈길을 끄는 부분이다.

선생(류근-인용자 주)의 수속(手續)의 든 것으로 아주 세상이 모르며, 오즉 몇 사람이 아는 이 밖에 아는 이 없는 것이 하나 있으니, 곧 상해에서 간포(刊布)된 한국통사가 그것이다. 그런데 이 통사는 태백광노(太白狂奴)라는 익명(匿名)으로 간포(刊布)된 것이요, 태백광노는 겸곡(謙谷) 박은식 선생의 서유(西遊) 후(後)의 희호(稀號)인데 겸곡 선생과 선생과의 사이와 관계도 앞서 얼마 논고(論攷)한 것으로, 이의 부탁(付託)이 있고 선생이 역시 응(應)하야 재료수집(材料收集)으로 되는대로 초(抄)하야 간 것이 있다 하며, 겸곡 선생은 자기도 모으고 이것을 보태고 하야 그것을 마루재어 다듬고 맨들어 낸 것이다.

이 역시 박은식의 저술인 『한국통사』에 류근의 역할이 상당했음을 말해 주고 있다.

아무튼 『단조사고』·『신단실기』·『한국통사』 등의 저술 속에 류근의 지분이 숨어있다는 것은 분명히 확인되고 있다. 이것은 류근이 김교헌·박은식과의 절친한 인간관계만이 아니라 대종교적 동지의식이 결부된 역사인식의 공감이 아니면 나타날 수 없는 현상이다. 즉 『신정동국역사』·『초등본국역사』·『신찬초등역사』의 역사인식에서 민족주의적 역사인식으로 옮겨갔음을 보여주는 근거가 된다.

[교력]

류근의 대종교 교력은 1909년 1월 15일(음력) 대종교 중광 참여로부터 시작된다. 이러한 인연은 그의 인맥과 무관치 않은 듯하다. 가령 그가 독립협회에 가입하여 만민공동회 간부로 활동할 당시의 인물들을 보면 확인된다. 김교헌(부회장 또는 회장대리급), 나철(도총무부장·총무부·부총무급), 장지연(편집부장급), 신규식(재무부과장 및 부장급), 최동식·오기호·김인식(선전부과장 및 부장급), 지석영(서무부과장 및 부장급), 신채호(내무부·문서부부서기장 및 과장·부장급), 이동녕(간사부과장 및 부장급), 김윤식·박은식(문교부과장 및 부장급) 등등이 그들이었다. 모두 후일 대종교의 핵심이 되는 인물들이다.

그러므로 류근은 대종교야말로 조선인들의 식량(食糧)과 같은 종교라고 인식했으며, 대종교의 경험을 통해 그의 조선학적 소양을 더욱 깊게 만들어 간 인물이었다. 특히 류근은 7년 연하인 김교헌과도 남다른 대종교의 동지였다. 인간관계로서도 형제 이상이었고 대종교의 업무에서도 친형제처럼 의지했다고 한다. 1910년대 초반 류근이 대종교 교무의 책임자를 맡을 당시, 그 부책임자가 김교헌이었다. 이들의 교감 속에 박은식 서간도 동창학교로의 망명도 이루어졌고, 당시 만주와의 인적 왕래 역시 이들이 깊이 관여하여 논의했다. 『지산외유일지(志山外遊日誌)』의 저자인 지산 정원택(鄭元澤)이 1911년 북간도로 옮겨갈 당시도, 대종교총본사를 이끌고 있던 류근·김교헌과의 긴밀한 상의 하에 이루어졌다.

더욱이 류근은 대종교의 발상지라 할 수 있는 만주에 대한 평소의 인식이 남달랐다. 그는 만주가 단순한 도피처가 아니라 대종교의 정신적 근거로 여겼던 인물이다. 이건은 대종교에 대한 종교지리학적 이해와 함께 대종교적 역사인식에 기반을 둔 안목이었다. 애류 권덕규의 다음 회고가 그것을 말해준다.

선생(류근-인용자주)은 가끔 만주를 이야기하였다. 그 속에 무슨 뜻이 있었는지는 모르되 그의 말씀은 이러하였다. 사람이 널리 놀아야 뜻이 갑갑지 아니하며 사람이 커지는 것이다. 공부(工夫)도 그러하고 일도 그러하다. 더욱이 만주는 우리 조상이 뒤굴군 데로, 우리 대종(大倧)이 베푸신 데라. 이것을 모르는 세상의 어린이들은 이 곳을 생각에 걸지도 아니하지마는, 소위 문자(文字)하는 뜻있는 사람으로 저 컴컴한 구덩이를 그냥 버려둘 수가 있나 하였으니, 곰곰이 말을 캐어본다면 그 뜻의 범연치 아니함을 여러 방면으로 짐작할 것이다.

류근은 대종교의 교리 구축에도 남다른 노력을 기울였다. 특히 1911년 1월 그가 위암 장지연(당시 『경남일보』 사장)에게 보낸 편지에는 『단군교팔리(檀君教八理)』가 언급되고 있다. 『단군교팔리』는 후일 『팔리훈(八理訓)』·『성경팔리(聖經八理)』·『성경(聖經)』·『참전계경(恭佺戒經)』이라고도 부른 경전으로, 대종교 교리의 한 축을 이루는 경전이다. 1911년 류근이 언급한 『단군교팔리』는 서지학적(書誌學的)으로도 가장 오래된 흔적으로, 대종교의 경전사(經典史) 뿐만이 아니라 한국종교사에서도 중요한 사건이었다. 그 내용을 대략 살피면, 류근은 대종교 선배인 장지연에게 지금 우리 대종교가 점차 번창하려는 조짐이 있어 우리 형제자매들에게 큰 행운이라고 운을 떼었다. 그리고 들려오는 소문에 경주(慶州)의 최처사(崔處士) 집안에 수십 대 이어져 내려오는 보배로운 경전이 있다는 것이다. 『단군교팔리』라고 하는 이 경전은 상하 2권 366사라고도 하는 것으로, 그것이 사실이라면 진실로 우리 대종교에 큰 행운이라고 적고 있다.

대종교 중광과 함께 입교한 류근은 1910년 11월 10일(음력, 이하 음력) 찬교(贊教)를 수여 받았다. 찬교란 1909년 12월 11일에 나철의 교명(教命)으로 나눈 3단계의 교질[教秩, 사교(司教)·참교(參教)·찬교(贊教)] 중의 하나다. 또한 1910년 12월 6일에는 규제기초위원(規制起草委員)으로 임명되어 대종교의 종교적 질서를 세우는데 중추적 역할을 하게 된다. 이에 류근은 1911년 중광절(음력 1월 15일)에 참교에 오르고, 같은 해 윤6월 24일 지교(知教)로 승질(陞秩)되었다. 또한 1914년 5월 13일 상교(尙教)로 올라 국내 대종교 활동의 중심이 되었다. 특히 1917년 대종교 제2대 교주로 취임한 무원 김교헌이 탄압을 피해 만주로 망명한 뒤 포교 활동과 아울러 독립운동에 투신하자, 류근은 강우(姜虞) 등과 더불어 대종교 남도본사(南道本司, 서울)에서 교무를 전담하며 해외독립운동을 지원하였다. 이러한 공로로 1918년 7월 7일, 마침내 대종교에서는 당시 몇 안 되는 정교(政教)의 교질을 수여하고 대형(大兄)의 교호(教號)를 내렸다.

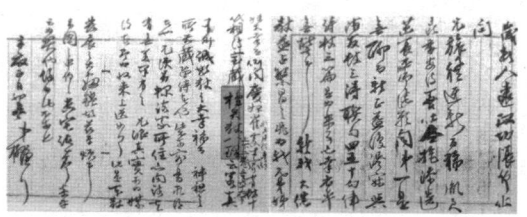

1911년 1월, 석농 류근이 위암 장지연에게 보낸 편지. 대종교의 주요 경전인 檀君教八理(네모 안)를 꼭 확보해 달라는 내용이 담겨있다.

[참고문헌]
『종보』 제8호(1910년), 『종문영질』(프린트본, 1922), 『대종교인과 독립운동연원』(이현익, 프린트본, 1963), 『대종교독립운동사』(박명진, 필사본, 1964), 『대종교중광육십년사』(대종교총본사, 1971), 『동아일보』 1920.4.1.·1920.6.23.·1921.5.21.·1921.5.23., 『을지문덕』(권덕규, 정음사, 1948), 『兒目淚』(신규식, 『韓國魂』, 예관선생기념회, 1955), 『지산외유일지』(정원택, 탐구당, 1983), 『가람일기』 II (이병기, 신구문화사, 1977), 『독립운동사』4(독립운동사편찬위원회, 1983), 『인촌 김성수의 사상과 일화』(權五琦, 동아일보사, 1987), 『위암장지연서간집』제2권(위암장지연선생기념사업회, 2004)

류근(柳僅, 남, 생몰 미상)

입교 시기 _ 1934년 이전 | 교질 _ 미상

출신지역과 생몰연대를 확인할 수가 없다. 대한제국 궁내부(宮內府) 주사(主事)를 지낸 인물로 일본에서 의과대학을 다닌 것으로 알려져 있다. 1914년 중국 군대 군의부(軍醫部)에 소속되어 북경(北京)을 중심으로 암암리에 항일투쟁에 종사한 인물이다.

류근의 대종교 교력을 살피면 1934년 3월 9일(음력) 대종교 신일시교당(新一施教堂)의 시교원(施教員)에 임명된 기록이 전한다. 이 시기 류근은 이미 참교(參教)의 교질(教秩)에 있었다. 그의 대종교 입교 시기가 훨씬 이전으로 소급됨을 알려주는 부분이다. 이 신일시교당은 당시 대종교의 거점이었던 영안현(寧安縣) 신안진촌(新安鎭村)에 소재한 시교당으로 김태호(金泰浩)가 전무(典務, 책임자)를, 이희춘

(李喜春)이 찬무(贊務, 부책임자)를 맡아 이끌었다. 또한 최태순(崔泰淳)이 류근과 함께 시교원으로 임명되어 포교의 일선에 섰다.

주목되는 것은 열거한 인물들 모두 대종교 항일단체인 대한군정서(북로군정서) 계열에 몸을 담고 항일투쟁을 펼친 투사들이었다는 점이다. 류근 역시 그 계열에 몸을 담고 꾸준히 항일투쟁을 전개해 왔음을 알 수 있다.

[참고문헌]

『대종교중광육십년사』(대종교총본사, 1971), 「要注意鮮人表 進達의 건」(不逞團關係雜件-朝鮮人의 部-在滿洲의 部6, 政機密 第23號; 秘受 5273號, 한국사DB, 국사편찬위원회), 『한국독립운동사 자료』39(국사편찬위원회, 2003)

류기복(柳基馥, 남, 1906-?)

아호(별명)_ 류기로(柳基魯), 동천(東泉)
입교 시기_ 1922년 이전 | 교질_ 미상

경상북도 안동군 동후면(東後面) 삼산리(三山里) 주진동(舟津洞) 출신이다. 일찍이 고향에 삼산노동야학회를 설립하여 문맹퇴치 운동에 앞장섰다. 이 야학회는 류기복이 류면희(柳冕熙)·류기태(柳基泰) 등과 이웃 마을을 순회하며 기부금을 모아 그것으로 기본을 삼아 창립한 학교다. 서파정(西坡亭) 인근 부지에 교사 다섯 칸을 설립한 후 16년간 유지하였으나 1940년에 일경(日警)의 방화로 폐교되었다. 당시 류기복은 노동야학회가(勞動夜學會歌)도 다음과 같이 직접 작사하여 학생들에게 긍지와 희망과 북돋웠다.

1. 낙수(洛水)ㅅ가 벽수산(碧壽山) 밑 작은 마을은
   예부터 이름 높은 우리의 삼산(三山)
   우레 같은 소리가 들리는 곳이
   피땀이 엉키어 된 노동야학회

2. 눈보라 살을 깎는 추운 겨울도
   흑칠야(黑漆夜) 별도 없는 어두운 밤도
   우리들의 뜨거운 마음 풀리랴
   나가자 배움터로 앞을 다투어

3. 정기(正氣)의 불을 놓아 악(惡)한 씨 사르고
   자유의 칼을 갈아 쇠사슬 끊어
   넓고 넓은 대지에 깃발 세우고
   우리의 새 세상을 창조해 보세

유기복은 1927년 8월에 창립된 신간회 안동지회에도 참여하였으며, 1929년 1월에는 간사로 선출되어 활동하였다. 또한 1930년 4월에는 경북안동청년연맹 예안지부 책임자를 맡아 류기만(柳基萬)·류기일(柳基一) 등과 예안노농(禮安勞農) 행동대를 주도하다 채포되어 옥고를 치르기도 하였다. 이후에도 류기만은 조선공산당 재건운동을 전개한 안동콤그룹에 참여하여 사회주의 항일투쟁을 이어갔다. 한편 류기복은 1932년 11월 중앙일보 안동지국장을 맡아

지역 언론 창달에도 한 몫을 한다. 당시 김경한(金慶漢)·권중택(權重澤) 등이 지역 기자로 함께 하며 류기복을 도왔다. 류기복은 1930년대 후반까지 안동 지역의 중심인물로 꾸준히 움직였다. 1935년 9월 16일 개교한 안동의 월곡공립보통학교(月谷公立普通學校) 개교식에 의미심장한 축사를 했다는 기록에서도 흔적을 볼 수 있다.

류기복의 대종교 교력과 관련된 기록은 대종교단 내에는 남아있지 않다. 다만 경북 성주(星州) 지역 대종교 중심인물이었던 성세영(成世英)의 『본사행일기(本司行日記)』(필사본, 1922)라는 글에, 1922년 당시 대종교 경북 지역 주요 교인으로 류기복을 적고 있다. 그 이전에 이미 대종교에 깊이 관여하고 있었음이 확인된다. 이 일기는 1922년 음력 10월 성세영이 서울의 대종교남도본사를 방문하여, 경애록(敬愛錄, 대종교 교인 명부로 지금은 전하지 않음)을 보고 경상도 지역 교인들의 이름만 필사한 것이다. 여기에는 정운일·서상일 등이 포함된 1910년대 경북지역 대종교인 234의 명단과, 1922년 당시 권오설·유인식 등이 들어있는 경상도지역 대종교인 214명의 명단이 실려 있다.

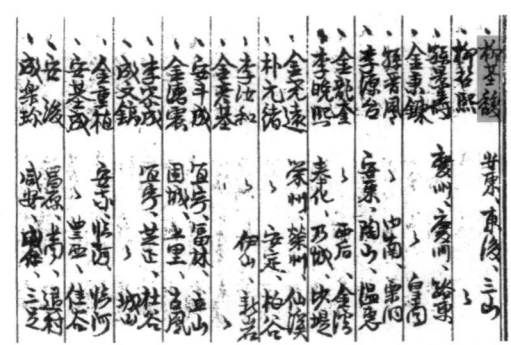

성세영의 『본사행일기』에 적혀있는 1922년 당시 대종교 경북 지역 주요 교인 명단의 일부. 맨 오른쪽에 柳基馥(安東, 東後, 三山)이 올라 있다.

[참고문헌]

『본사행일기』(성세영, 필사본, 1922), 『조선일보』1929.1.29. · 『중외일보』1930.4.17. · 『중앙일보』1932.11.16., 1935.9.23., 『三峴留記』(洪牛漫, 필사본, 1939./曾孫 홍상준 所藏), 「三山光復運動記念碑文』(조동걸, 2007), 『안동독립운동인물사전』(김희곤, 선인, 2011)

류기임(柳基任, 여, 생몰 미상)

입교 시기_ 1922년 이전 | 교질_ 참교

출신지역과 생몰연대를 알 수가 없다. 1922년 9월 27일(음력) 밀산현에서 토비들의 습격으로 숨진 대종교지도자 호정(湖亭) 한기욱(韓基昱)의 처다. 토비 습격 당시 유기임도 심한 부상을 입었다. 남편 한기욱의 출신지가 함경북도 경원군(鏡源郡) 농포면(農圃面)임을 보면, 그녀 역시 그 지역 출신일 가능성이 높다. 일찍이 한기욱이 가난한 가솔

을 이끌고 연해주의 그라스키노(延秋)와 북만주의 밀산(密山)로 옮겨 다니며 교육사업과 대종교 포교를 통한 항일투쟁을 벌일 때, 남부여대·동고동락하며 내조한 인물이 유기임이다. 유기임의 대종교 교력을 보면, 1922년 8월 1일(음력) 참교의 교질을 받은 기록이 있다. 그 이전에 이미 대종교에 입교한 것이 확인된다.

[참고문헌]
『대종교보』제55호·제56호(1922년)

류림(柳林, 남, 1894-1961)

아호(별명)_ 월파(月波), 단주(旦洲), 화종(花宗), 화영(華永), 고상진(高尙眞), 고자성(高自性)
입교 시기_ 1922년 | 교질_ 미상 | 서훈_ 독립장(1962)

류림

경상북도 안동군(安東郡) 임북면(臨北面) 계곡리(桂谷里) 출신이다. 어려서 한학을 수학하고 1907년 협동학교(協東學校)에 입학하여 1911년 3월 졸업한 것으로 알려져 있다. 그가 졸업하던 무렵 협동학교 주역이자 스승인 유인식(柳寅植)·김동삼(金東三) 등이 독립운동 기지를 건설하려고 만주로 망명하였다. 이들은 모두 대종교의 핵심이었다. 류림 역시 이들로부터 이미 대종교적 민족의식에 대한 영향을 받은 듯하다.

1919년에는 3·1독립운동에 가담하여 시위에 참가한 뒤 식솔을 거느리고 만주로 건너가 서로군정서(西路軍政署)에 가담하였다. 이후 상해로 옮겨가 신한청년당에 가입하고 1921년에는 북경으로 가서 신채호의 『천고(天鼓)』 발행을 돕기도 했다. 이 시기 아나키즘을 접하고 그 사상에 대한 관심을 갖기 시작했다. 그는 사상적 심화를 위해 고상진(高尙眞)으로 이름까지 바꿔가며 성도대학(成都大學) 관비생으로 입학하여 공부하였다. 졸업 후 광주(廣州)·무한(武漢)·남경(南京)·상해를 거쳐 봉천(奉天)으로 옮기며 항일투쟁을 이어갔다.

1927년 길림(吉林)에서 아나키스트 김종진(金宗鎭)을 만났다. 그리고 만주 중동선(中東線) 일대 지역을 활동지로 잡는 한편, 해림(海林)으로 가서 대종교계 항일단체인 신민부(新民府)의 김좌진과 합류하였다. 그 당시 유림은 한족노동당 중앙집행위원, 신민부 교육위원장에 선출되었으며, 재만한인교육회를 조직해 교과서 편찬과 교원 양성에 힘썼다. 1929년 북만주에서 김좌진·김종진·이을규 등과 민족진영에 대한 공산주의의 침투를 막고자 한족총연합회를 조직하고, 그 뒤 재만무정부주의자연맹 결성의 산파역을 맡았다. 그리고 1929년 11월에는 국내 평양으로 들

어가 조선공산무정부주의동맹이란 결사를 조직하고 만주부 책임자로 피선되어 항일투쟁을 이어가다 체포되어 만주로 추방된다. 이후 독립투사 양성기관인 의성숙(義誠塾)이란 학교를 세워 인재양성에 힘쓰던 중 체포되어 5년간 옥고를 치르고 만기 출옥했다.

류림은 다시 만주로 넘어가 한·중항일연합군 조직에 힘쓰고, 1942년 중경(重慶)에서 임시정부를 중심으로 한 모든 혁명세력의 총집결을 호소했다. 그리고 1943년 임시의정원 경상북도 대의원과 임시헌장수정기초위원이 되었고, 다음해 임시정부 국무위원에 선임 되어 1945년 12월 귀국할 때까지 국무위원으로 임시정부를 이끌었다.

해방이 되자, 대한민국 임시정부 요인들이 귀환할 때 제2진에 속하여 12월 1일 조국으로 돌아왔다. 환국한 뒤 신탁통치를 반대하였으며, 외세를 배격하면서 자주적 통일 민주정부를 수립하려고 노력하였다. 또한 좌·우노선을 모두 비판하면서 독립노농당을 결성하고 『노농신문』을 창간하여 노동자와 농민이 주체가 되는 사회를 만든다는 목표를 내걸고 활동하였다. 다음 해에는 전국혁명자총연맹을 창립해 그 위원장을 맡기도 했다. 1948년 대한국민의회 의장이 되었으나 국민의회의 몰락으로 다시 좌익계열을 제외하고 통일독립운동자중앙협의회를 결성해 대표간사가 되었다. 1960년 4·19혁명 이후 김창숙·조경한·정화암·장건상·김학규·권오돈(權五惇) 등과 함께 혁신동지총연맹을 결성하여 안동에서 입후보했으나 낙선했다. 1961년 4월 심장마비로 숨을 거둔다.

박명진의 『대종교독립운동사』(1964년)에 기록된 대종교 서이도구 소속으로 임시정부에 참여한 인물들의 명단. 柳林(네모 안)이라는 이름이 보인다.

류림의 대종교 관련 교력은 1922년 5월 23일(음력) 대종교 동이도본사의 추천으로 영계를 받은 기록이 있다. 당시 항일투사 성인호(成仁鎬)·최시언(崔時彦)·신재영(辛在英) 등이 류림과 함께 영계를 받았다. 그러므로 대종교 항일투사 박명진(朴明鎭)은, 류림을 이동녕·신규식·이시영·황학수·조성환·조완구 등 20여명과 함께 대종교 서이도구(西二道區)의 주요인물로 임시정부에 참여한 것으로 기록하였다.

[참고문헌]
『대종교보』제54호(1922년), 『대종교독립운동사』(박명진, 필사본, 1964), 『旦洲柳林資料集』1(旦洲柳林先生紀念事業會, 1991), 『한국독립사』하(김승학, 독립문화사, 1965), 「나의 아버지 柳林」(柳原植, 『世代』9권3호, 1971), 『대한민국임시정부자료집』1·3·4(국사편찬위원회, 2005), 『아나키스트들의 민족해방운동』(이호룡, 한국독립운동사연구소, 2008), 「아나키스트 柳林의 독립운동」(김희곤, 『경북을 독립운동의 성지로 만든 사람들』, 선인, 2015)

류면희(柳冕熙, 남, 1906-1944)

아호(별명) _ 류호백(柳虎伯)

입교 시기 _ 1922년 이전 | 교질 _ 미상 | 서훈 _ 애족장(1990)

류면희

경상북도 안동군 동후면(東後面) 삼산리(三山里) 출신으로, 중앙고보 4년에 재학 중이던 1926년 조선학생과학연구회에 참여하여 활동하였다. 이 연구회는 1925년 9월 서울에서 창립된 사회주의 계통의 학생단체로, 사회주의 단체 화요회계(火曜會系)와 제휴하여 출범한 단체였다. 이 연구회의 주된 강령은 사회과학 보급, 학생의 사상 통일과 상호 단결, 인간교육 본위의 실시, 조선 학생 당면 문제의 해결 등이었다.

류면희는 1926년 6월 9일 조선학생과학연구회의 동지이자 같은 중앙고보생인 이선호(李先鎬)와 함께 순종 인산일을 기해 대규모 만세시위를 계획하고 격문과 태극기를 배포하였다. 시위 당일에는 이선호·임종업(林鍾業)·이현상(李鉉相) 등과 함께 종로3가 단성사 앞에서 휴대하고 있던 격문을 학생들에게 나누어주며 대한독립만세를 불렀다. 일명 6·10만세운동으로 일본 경찰에 검거된 그는 1926년 6월 14일 서대문 형무소에 수감된다. 그리고 그 해 11월 3일에 징역 1년형을 언도 받고 항소하여 1927년 4월 1일에 경성복심법원에서 징역 1년 집행유예 3년형을 언도 받고 복역하였다. 출옥 후 류면희는 1929년 5월에 조선학생과학연구회 집행위원으로 선임되어 활동을 이어갔다.

한편 류면희가 행동한 6·10만세운동의 배후에는 중앙고보 교사 조철호(趙喆鎬)가 있었음이 주목된다. 당시 중앙고보의 대종교적 정서는 남달랐다. 한 때 교장을 맡았던 류근을 비롯하여 김두봉·권덕규·이윤제 등이 모두 대종교 핵심으로 교편을 잡던 곳이다. 특히 6·10만세운동의 배후조종자로 지목된 조철호는 그 시기 대종교 중심인물로 대종교진흥회의원으로 활동하던 인물이었다. 그는 옥고를 치르고 출옥 후 북간도로 망명하였다.

출옥 후 고향으로 내려온 류면희는 류기태(柳基泰)·류기복(柳基馥) 등과 삼산야학(三山夜學)을 설립했다. 지역민들과 협동하여 교사(校舍)를 세우고 학생들을 가르쳤으나 1940년에 일경(日警)의 방화로 폐교되고 만다. 이후에도 류면희는 광산노동운동(鑛山勞動運動)을 통한 광부들의 권익 보호와 항일투쟁에 앞장섰다. 그러나 기업정비령(企業整備令) 위반으로 투옥·수감 중 서대문형무소에서 옥사하였다.

류면희의 대종교 교력과 관련된 대종교단 내의 기록은 전하지 않는다. 그의 교질(教秩)에 관한 사항도 찾을 수가 없다. 그러나 경북 성주(星州) 사람 성세영의 일기에 보면, 그가 1922년 이전에 이미 경북지역 대종교 중심인물로 기록되어 있다. 그의 대종교 입교가 1910년대 후반에서 1920년대 초에 이루어졌음을 알려주는 내용이다.

기미년의 3·1독립운동을 경험으로, 因山日 당일에 거사하려 했다고 밝힌 류면희의 진술이 담긴 신문기사 내용.(『동아일보』 1927년 4월 2일)

[참고문헌]

『본사행일기』(성세영, 필사본, 1922), 『기려수필』(국사편찬위원회, 탐구당, 1971), 『동아일보』1926.6.16·19·20·26., 1927.4.2., 『조선일보』1927.3.26.·4.2., 『고등경찰요사』(경상북도경찰부, 1934), 『일제침략하한국36년사』7(국사편찬위원회, 1972), 『독립운동사자료집』3(독립운동사편찬위원회, 고려서림, 1973), 『한민족독립운동사』8(국사편찬위원회, 1990), 『인촌 김성수의 사상과 일화』(權五琦, 동아일보사, 1987)

류상하(柳相夏, 남, 1860-1924)

아호(별명) _ 문백(文伯), 오산(五山)

입교 시기 _ 1910년 | 교질 _ 참교

전라남도 화순군(和順郡) 동면(東面) 언도리(彦道里) 언동(彦洞) 출신으로, 제3공화국 당시 문교부장관을 지낸 류기춘(柳基春)의 조부다. 1889년 무과에 급제하여 상주영장(尙州營將)과 원산항총순(元山港總巡)을 역임하였다.

호남학회 회원으로도 활동하였으며, 경술국치 이후 관직에서 물러나 낙향하여 윤치호(尹致昊) 등과 교유하며 후진교육에 진력하였다. 류상하가 윤치호에게 보낸 서신을 통해 일본인이 조선인 지주를 희생시켜서 조선인 소작인의 환심을 사려고 발버둥친다는 내용과 함께, 일제는 조선인 소작인의 껍질을 벗기고 있는 일본인 지주에게는 절대 싫은 소리를 하지 않는다는 비판을 가하기도 했다.

류상하의 대종교 교력을 보면, 1910년 6월 18일(음력, 이하 음력) 김준(金鐏)과 더불어 찬교(贊教)의 교질을 받은 기록이 전한다. 그의 대종교 입교가 그 이전에 이루어졌음을 알 수 있다. 찬교란 1909년 12월 11일에 교명(教命)으로 발포된 3단계의 교질[教秩, 사교(司教)·참교(參教)·찬교(贊教)] 중 가장 아래 단계에 해당되는 교질이다. 이 3단계의 교질은, 대종교 교주 나철(羅喆)이 1911년 1월 15일 제정·공포한 홍범(弘範)에서 5단계의 교질[사교(司教)·정교(正教)·상교(尙教)·지교(知教)·참교]로 바뀐다. 같은 날 류상하는 참교의 교질을 받았다. 또한 최전(崔顚)·황병욱(黃炳郁)·강우(姜虞)·오혁(吳赫)·최강(崔岡) 등, 대종교 중광의 핵심인물과 협리(協理)로 선임되어 대종교의 종무(宗務)를 도왔다.

[참고문헌]
『종보』제6호(1910년), 『倧勅』제3호(1911년), 『종문영질』(프린트본, 1922), 『대종교중광육십년사』(대종교총본사, 1971), 『승정원일기』1900년 8월 25일(음)·1901년 8월 28일(음)·1902년 1월 3일(음), 『호남학보』제6호(1908년), 『(국역)윤치호영문일기』(윤치호, 국사편찬위원회, 2014)

류시영(柳時泳, 남, ?-1972)
입교 시기 _ 일제강점기 | 교질 _ 지교

경상북도 안동군(安東郡) 풍남면(豊南面) 금계동(錦溪洞) 출신으로 생몰연대는 불확실하다. 1924년 4월 창간한 시대일보(時代日報)의 발기인으로 참여하였으며, 이후 신간회(新幹會)에도 이름을 올렸다. 1927년 8월 26일 열린 신간회 안동지회(安東支會) 설치 대회에서는 권태석(權泰錫)·이운호(李雲鎬)·김주근(金湊根)·김헌재(金憲在)·권중렬(權重烈) 등의 인물들과 간사로 선임되었다.

1927년 8월에 있었던 신간회 안동지회 설치 대회에서 幹事로 선출된 柳時泳(네모 안)에 대한 기사.

해방 이후 류시영은 정당 참여와 학교 사업에 많은 열정을 쏟았다. 1946년 4월 사회민주당 결성에 참여하여 여운홍(呂運弘, 국장)과 함께 선전국(宣傳局) 차장으로 선임되었으며, 1947년 4월에는 여운형(呂運亨) 등과 근로인민당(勤勞人民黨) 창당을 위한 중앙준비위원으로도 동참하였다. 또한 같은 해 7월에는 학교법인 병산교육재단(屛山敎育財團)의 설립인가를 받아 초대 재단이사장에 취임하였다. 그리고 1967년 10월 현 풍산고등학교의 전신인 병산상업고등학교를 출범시켜 지역의 인재양성에도 많은 관심을 기울였다.
류시영의 대종교 입교는 신간회 활동 이전(1920년대)으로 알려져 있으나, 관련 자료는 전하지 않는다. 대종교에서

는 류시영의 이러한 교력을 존중하여, 환국 직후인 1946년 3월 24일(음력) 영계(靈戒)와 함께 참교(參教)의 교질(教秩)을 동시에 수여하였다. 또한 같은 날 대종교경의원(大倧教經議院)의 참의(參議)로도 선임하여 원로로서의 대우를 소홀히 하지 않았으며, 같은 해 5월 1일(음력)에는 지교(知教)의 교질을 수여하였다.

[참고문헌]
『대종교보』한국기념호(1946년)·제150호(1946년), 『대종교중광육십년사』(대종교총본사, 1971), 「株式會社 時代日報社 發起人會 狀況에 關한 件」(檢察行政事務에 關한 記錄2, 京鍾警高秘 제10144호의 3;地檢秘 제718호, 한국사DB, 국사편찬위원회), 『중외일보』1927.8.30., 『서울신문』1946.8.13., 『조선일보』1947.4.13·15., 『한국언론사연구』(정진석, 일조각, 1983), 「학교연혁」(https://school.gyo6.net/poongsanhs/main.do?sysId=poongsanhs)

류연수(柳年秀, 남, 1900-1953)
아호(별명) _ 류영호(柳英孝), 류천식(柳天植)
입교 시기 _ 1921년 | 교질 _ 지교 | 서훈 _ 대통령표창(2010)

서울 출신으로 석농(石儂) 류근(柳瑾)의 외아들이다. 일찍이 부친을 도와 대종교 항일투쟁에 몸을 담았다. 1919년 9월 김가진과 상해 대한민국 임시정부로 망명한 임봉순(任鳳淳)·박민오(朴玟悟)·김봉신(金奉信) 등이 보내온 『독립신문』·『혁신공보(革新公報)』·『신대한(新大韓)』·『신한청년(新韓青年)』등 독립운동 인쇄물을 김영선(金榮善)·이임창(李壬昌)·김용인(金用仁) 등과 함께 경성시내에 배포한 혐의로 경기경찰에 체포되었다. 소위 보안법 위반으로 징역 6월형을 받고 만주의 안동(安東) 감옥에서 옥고를 치렀다. 1921년 5월 20일 부친 류근이 숨을 거둘 때도 수감 중이라 임종을 지키지 못했다. 같은 해 10월 2일에는 대종교의 대선배이자 백부(伯父)와 같았던 장지연마저 사망하자 더욱 비탄에 빠졌다. 류연수가 '희비를 서로 나눈 것이 두 집안의 정(悲歡交說兩家情)'이라고 애도한 만장(輓章)의 마지막 구절이 그 감정을 드러낸 것이다.
류연수의 대종교 교력을 보면 1921년 9월 1일(음력) 참교의 교질을 받은 기록이 있다. 그 이전에 입교하여 영계(靈戒)를 받았음을 알게 해 준다. 또한 류연수와 같은 날 함께 참교의 교질을 받은 인물들 중, 김용기(金容起)·맹주천(孟柱天)·박치병(朴致秉)·강용구(姜鎔求)·최익채(崔益采)·최창식(崔昌植) 등은 당시 대종교 국내 비밀결사의 주축 인물들이란 점이 주목된다. 류연수 역시 이들과 그 시기 국내 대종교의 중심이었음을 확인할 수 있다. 이 공로로 류연수는 대종교 환국 직후인 1946년 2월 23일(음력) 대종교 남도본사 특별 추천에 의해 지교(知教)로 승질(陞秩)되고 같은 해 3월 6일(음력)에는 경의원 참의(參議)로도 선임되었다.

[참고문헌]
『대종교보』한국기념호(1946년), 『종문영질』(프린트본, 1922), 『대종교중광육십년사』(대종교총본사, 1971), 「不穩印刷物配布者及獨立運動資金募集者檢擧

ノ件」「不逞團關係雑件 朝鮮人ノ部 在内地 九, 高警第3728號, 한국사DB,
국사편찬위원회), 『동아일보』1921.5.22., 『일제침략하한국36년사』5(국사편찬
위원회, 1970)

류영락(柳榮樂, 남, 생몰 미상)
아호(별명) _ 춘구(春邱)
입교 시기 _ 1910년 | 교질 _ 참교

함경남도 함흥군 함흥면 중리(中里) 출신이다. 1919년 8
월 연해주 소왕영(蘇王營, 니콜리스크)의 한민학교(韓民學校)
에서 조직된 전국청년연합회(일명 六十靑年團)의 회장을 맡
아, 오익표(吳翼杓, 부회장)·박인원(朴仁源, 총무)와 함께 활
동한 기록이 있다. 또한 1920년 음력 8월 연해주 니콜리스
크에서 국내 대종교의 핵심인물인 황훈(黃勳)에게 편지를
전하기도 했다. 그 서한의 주된 요지는 항일투쟁을 고무
해 달라는 것으로, 국내 유력가들을 끊임없이 선동하고,
재산을 한 곳으로 모으며, 뜻 있는 모험가들을 계속해서
연해주로 보내라는 내용이었다. 그러나 류영락은 1930년
대 들어 만주국의 행정관료로 참여하며 친일적 행보를 보
이기도 했다. 그는 만주제국협화회(滿洲帝國協和會)의 서란
현(舒蘭縣) 사무장(事務長)을 맡아 일제에 부용하는 행보를
보이기도 했다.
류영락의 대종교 교력을 보면 1910년 11월 10일(음력) 순교
원(巡敎員)으로 임명된 기록이 전한다. 그 이전에 이미 대
종교에 입교한 것을 알 수 있다. 순교원이란 1909년 12월
11일(음력) 시교사(施敎師)와 함께 교명(敎命)으로 공포된 교
임(敎任)으로 대종교의 포교를 책임지는 자리였다. 그리고
1911년 중광절(음력 1월 15일)에 참교의 교질을 받았다.

[참고문헌]
『종보』제8호(1910년), 『종문영질』(프린트본, 1922), 『독립신문』1919.10.7., 「鮮人
의 행동에 관한 건(블라디보스토크 基督敎會 및 그 中心人物의 寫眞 전 외 13건)」
(不逞團關係雜件-朝鮮人의 部-在西比利亞11, 機密 제61호한국사DB, 국사편찬위
원회), 『조선총독부관보』제1386호·제2467호(1917년·1920년), 『삼천리』제12권
제9호(1940년)

류영오(柳泳旿, 남, 1887-?)
입교 시기 _ 1923년 이전 | 교질 _ 참교

함경북도 명천군(明川郡) 서면(西面) 우동동(雩東洞) 출신이
다. 3·1독립만세운동 직후인 1919년 4월 8일 고향에서 대
규모의 독립만세운동을 주동한 인물이다. 당시 사립우동
학교(私立雩東學校) 교사였던 류영오는 차종협(車鍾協)·김
양익(金瀁翼)과 함께 서면 지역 우동동, 추진동(楸津洞), 삼
기동(三岐洞) 사람 약 5백 명을 우동동에 모아 독립만세를
고창하는가 하였다. 또한 한 시간 가량 우동동을 가두시위
를 하고, 추진동·삼기동에서도 가두시위를 한 후 해질

류영오

무렵에 해산하였다.
이 사건으로 류영오 등은 체
포되었으나 9일에도 시위는
그치지 않고 계속 이어졌다.
그리고 인근 마을의 민심마
저 자극하여 동면(東面), 하우
면(下雩面) 지역에 있는 각 동
의 만세시위도 촉발되었다.
마침내 명천군수(明川郡守)까
지 나서서 각 마을을 순회하며
진압하는 상황으로 번져나갔
다. 류영오는 그 주모자로 몰
려 보안법위반이라는 죄목으
로 징역 1년 2월을 언도받고 서대문형무소에 복역하고 만
기 출소했다.
류영오의 대종교 교력을 살피면 1914년 5월 13일(음력) 참
교의 교질은 받은 기록이 있다. 그리고 1923년 5월 29일
(음력) 항일투사 최붕남(崔鵬南)과 함께 대종교총본사의 시
교령(施敎令)에 임명된 기록도 전한다. 시교령이란 말 그
대로 관할 지역 시교원(施敎員)을 거느리고 포교활동을 책
임지는 위치다. 그러므로 시교령으로 임명된 인물들은 대
부분 지교(知敎) 이상의 교질에 있었다. 이것은 류영오가
1910년대 초에 이미 대종교에 입교했을 가능성을 말해 주
는 근거다. 이후 그의 교질 역시 상당한 위치까지 이르렀
을 듯하나 확인되지 않는다.

[참고문헌]
『대종교보』제58호(1923년), 『종문영질』(프린트본, 1922), 『대종교중광육십년
사』(대종교총본사, 1971), 「地方騷擾ニ關スル件」(大正八年 騷擾事件ニ關スル道
長官報告綴 七冊ノ内五, 朝鮮總督府 内秘補 867;秘第250號, 한국사DB, 국사편찬
위원회)

류오영(柳伍榮, 남, 1870-1948)
아호(별명) _ 기경(箕卿), 류오영(柳五榮)
입교 시기 _ 1922년 이전 | 교질 _ 미상

경상북도 안동군 풍남면(豊南面) 하회동(河廻洞) 출신으로,
서애 류성룡의 직계 후손이다. 1908년 3월 재경(在京) 영남
인사들이 창립한 교남교육회에 참여하여 교육구국운동에
일조하였다. 또한 서애 류성룡을 봉사(奉祀)하는 병산서원
(屛山書院)의 원장을 맡아, 조상과 선학(先學)에 대한 정성
을 다했다. 그리고 1901년 목판본 『침구요결(鍼灸要訣)』을
간행했으며 1925년에는 석판본으로도 간행하였다. 『침구
요결』은 침구에 관하여 편찬한 의서로서, 『의학입문(醫學
入門)』의 침구편(鍼灸篇)에서 발췌하여 경혈도와 침구도를
작성하여 치료법 등을 알기 쉽게 저술한 의학서다.
류오영의 대종교 영계 사항이나 교질 관계는 전하지 않는
다. 다만 1922년 경북 성주(星州) 사람 성세영(成世英)이 기
록한 일기 속에, 당시 대종교 경북 지역 주요 교인으로 올

라 있다. 이것은 류오영의 대종교 입교가 1910년대 후반이나 1920년대 초반에 이루어졌을 가능성을 시사해 준다.

[참고문헌]
『본사행일기』(성세영, 필사본, 1922), 『鍼灸要訣』(柳伍榮 編, 東亞紙物商會, 1925), 『매일신보』1935.5.10., 『안동독립운동인물사전』(김희곤, 선인, 2011)

류완무(柳完茂, 남, 1861-?)

아호(별명)_ 백초(白樵), 백산초부(白山樵夫), 류인무(柳寅茂), 류안무(柳安茂), 류완무(柳完懋)
입교 시기_ 대종교 중광(1909) 직후로 추정 ┃ 교질_ 미상
서훈_ 애족장(2009)

경기도 부평부 모월곶면(毛月串面) 시천리(始川里) 출신이다. 1898년 일본인 처단 사건[일명 치하포사건(鴟河浦事件)]으로 인천감옥(仁川監獄)에 수감된 김구(金九)를 구출하기 위해 계획을 세운 바 있다. 김구의 본명인 김창수(金昌洙, 혹은 金昌巖, 혹은 金斗來)란 이름을 김구(金龜)라 고쳐준 인물도 류완무다. 이후 1900년대 초에 북간도와 연해주지방으로 망명하여 국권회복운동을 전개하는가 하면, 서북학회를 비롯한 애국계몽활동에도 열정을 쏟았다.

특히 간도에서 민족운동을 도모할 시기에 이미 간도영유권 문제에 남다른 관심을 드러냈다. 1904년 간도감계(間島勘界) 관계 지리서인 김노규(金魯奎)의 『북여요선(北輿要選)』 간행사업의 주도가 그 대표적 하였다. 그는 그 책의 서(序)를 통해 한국의 모든 산천이 백두산을 조종(祖宗)으로 삼았을 뿐만 아니라, 북간도의 간동(幹東)·해관(奚關)·남경(南京) 세 지역도 우리 성조(聖祖)의 발상지(發祥地)였다는 주장을 폈다. 류완무에게 이 백두산은 우리 역사와 정신사의 뿌리와 같은 곳이었다. 유완무의 호 백초도 백산초부(白山樵夫)를 줄인 것이다. 구태여 옮긴다면 백두산에서 열심히 일하는 나무꾼이란 의미일 것이다. 그것은 바로 우리의 정체성의 본질을 가꾸고자 했던 류완무의 역사인식과 그대로 맞닿는다. 더욱이 막역지우인 장지연의 『대한강역고(大韓疆域考)』를 읽은 후 장지연에게 그 부분적 내용의 수정을 요구한 일화는 유명하다. 류완무 자신이 직접 답사하여 목도한 선춘령비가 두만강 너머 700리에 위치해 있다는 사실을 장지연에게 각성시킨 것이다.

또한 북간도와 러시아 일대에서 성태영(成泰英) 등과 독립운동근거지를 개척하기 위한 사업을 전개하였으며, 1908년 연해주 블라디보스톡에서 항일신문 간행사업에 참여하여 장지연(張志淵)을 영입하였고 교육사업에도 적극 앞장섰다. 같은 해 12월에는 국민회 샌프란시스코지방회 특별회원이 되는가 하면, 1909년 2월에는 블라디보스토크 지방회 회원으로도 활동하였다.

그 동안 류완무의 행적은 1909년 2월 비운의 죽음을 맞은 것으로 알려져 왔다. 혼춘경무국(琿春警務局)의 「경무국 비밀조사안」을 토대로 『권업신문』(1912년 8월 25일자)에 실은 「유백초의 해골」이라는 기사가 그 주요 근거였다. 류완무와 구국의 동지였던 이범윤의 사주에 의해 살해되었다

는 것이 골자다. 문제는 그 기사의 내용이 시기도 헷갈리고 류완무의 주검 역시 확인되지 않았다는 데 있다. 더욱이 백농(白農) 조창용(趙昌容)의 기록 『백농실기(白農實記)』에는 1912년 음력 8월까지 류완무의 흔적이 나타난다. 좀 더 추적해야 할 과제로 남아있다.

김노규의 『북여요선』(1904)에 실린 柳完茂의 「序」 처음과 끝부분. 류완무 역사인식의 일단을 살필 수 있는 글이다.

[교력]
류완무의 대종교와 관련된 교력은 일체 남아있지 않다. 그러나 정황으로 보아 그의 대종교 입교는 대종교 중광(重光, 1909년) 직후로 추정된다. 언급한 조창용의 『백농실기』가 그 주된 단서다. 특히 『백농실기』에 실린 「북간도시찰기(北墾道視察記)」라는 일기 내용이 주목된다. 그 기록은 1912년 3월 24일(음력, 이하 음력)을 시발점으로 하고 있다. 그리고 진주 경남일보사를 출발하여 만주 화룡현 청파호 대종교시교당에서의 대종교 포교 활동을 거쳐, 그 해 11월 3일 다시 진주로 돌아오기까지를 적어놓은 일기다.

류완무는 사상적으로 위정척사파와는 달랐다. 그의 행동을 개신유학적 입장에서 이해하는 이유다. 또 한편에서는 김창숙(金昌淑)을 중심으로 파리장서운동을 이끌어 낸 재경유림(在京儒林) 활동의 전사(前史)로서, 백초와 그 동지들의 행적을 이해하려는 측면도 있다. 백초가 북간도와 연해주로 망명하여 성태영(成泰英)이나 이승희(李承熙), 김창숙 같은 유학자들과 긴밀히 연결되어 활동했다는 점에서 추론되는 것일 듯하다.

그러나 류완무의 치열한 행적을 보면 개신유학적 울타리 안에 머물지 않았다. 그가 보여준 역사인식이 그 대표적 근거다. 또한 그는 1906년 초여름 이회영·이상설·여준·이동녕·장유순 등과 서울에서 독립운동의 방략을 논의하는 모임에 가담했다. 만주의 독립운동기지 설치와 서전서숙(瑞甸書塾) 설립에도 백초는 동참했다. 공교롭게도 이들 모두가 후일 대종교로 들어와 핵심이 된다는 점이다. 대종교는 탈유교적·탈식민지적 정체성의 각성과 뗄 수 없

는 집단이었다. 류완무 역시 개신유학을 넘어 대종교를 토대로 우리의 근원적 정체성 문제로 고민했을 가능성이 대두되는 부분이다.

먼저 류완무와 『백농실기』의 저자 조창용이라는 인물 관계를 보자. 당시 류완무는 긴 안목 속에 국민교육사업을 블라디보스토크 동포들의 호응을 얻어 추진하던 중이었다. 그 과정에서 대구협성학교 교사 출신인 조창용의 블라디보스토크 망명을 주선하게 된다. 그리고 류완무는 1907년 5월 17일 신한촌(新韓村)에 설립된 계동학교(啓東學校)의 교사로 조창용을 부임시켰다. 조창용은 류완무의 뜻에 따라 장지연과의 연락을 도모하기도 했다. 1908년 초 조창용에게 류완무 자신의 명함을 주고 블라디보스토크로 떠나는 장지연과 동행시키기도 했다. 이후 류완과 장지연 사이에 늘 조창용이 있었다.

『백농실기』는 바로 류완무의 사람인 조창용의 글이다. 그 책에 담긴 「북간도시찰기」의 1912년 8월 9일 내용을 보면 이러한 내용이 나온다. 용정 국자가(局子街)에 있는 백초(류완무의 호)와 백순(白純)이 이도구(二道溝)에 유람하러 왔다. 밤에는 나익(羅翊, 그곳에 사는 대종교인)의 집에 묵으며 대종교 시교(施敎)를 하였다는 것이다. 1909년 2월에 죽은 것으로 알려진 류완무가 3년 후에도 활동하고 있다. 그것도 은계(隱溪) 백순과 대종교 포교활동을 하고 있다는 내용은 천만 뜻밖이다. 혹시 또 다른 백초가 아닐까. 아니면 조창용의 착각도 생각해 볼 수 있을 듯하다. 그러나 그 시기 그 곳에 백초라는 호를 가진 또 다른 인물은 없다. 더욱이 조창용은 류완무와 고굉지간(股肱之間)이었다.

「북간도시찰기」에 실린 그 며칠 후의 기록은 우리를 더욱 의아하게 한다. 1912년 8월 12일은 대종교 경배일(敬拜日)로 맑았다. 개회식 원도(願禱)는 박승익(朴勝益)이 하고, 강의(講義)는 백순이 하였다. 근본적인 도덕성을 권면하는 내용이었다. 대종교의 학교(당시 청일학교로 추정됨) 교실을 시급히 새로 건립하는 일이 부득이 정지되자, 류완무가 중국인의 가옥을 매입하였다는 내용도 실려 있다. 당시 박승익과 백순은 대종교의 시교사(施敎師)이자 북간도 독립운동의 거물들이었다. 류완무 역시 연해주와 북간도 독립운동의 대부라 할 만한 인물 아닌가. 그러한 류완무가 대종교의 학교 교실 신축이 여의치 않자 중국인의 가옥을 매입하였다는 내용에서, 그의 대종교에서의 위상은 물론 재력 역시 상당했음을 확인시켜준다.

그 날 경배 이후에는 우리 근대사에서 보기 힘든 풍경도 연출되었다. 백두산 북쪽 기슭인 청파호 대종교시교당에 4명의 당대 거물들이 회합한 것이다. 상해로부터 건너온 예관 신규식, 연해주에서 넘어 온 보재 이상설, 그리고 그곳에 머물던 류완무와 백순이 자리를 함께 하였다. 회합의 주된 목적은 대종교를 확장하는 문제였다. 류완는 백순과 함께 교육과 종교의 중요성을 강조했다. 그리고 대종교 자제에 대한 교육은 청년 중에서 뜻이 있는 사람이 담당해야 한다고 했다. 또한 연로한 사람들이 담당할 것은, 사람마다 집집마다 종교적 믿음의 의미로 설명해야 한다고 했다. 이에 모두 공감하였다.

이렇듯 류완무는 1912년 당시 이상설·신규식·백순 등과

어깨를 나란히 하는 대종교의 거물이었다. 그의 대종교 입교 시기가 중광 직후에 이루어졌을 가능성을 더욱 확증케 한다. 다만 그의 교질(敎秩) 사항은 전하는 것이 없다.

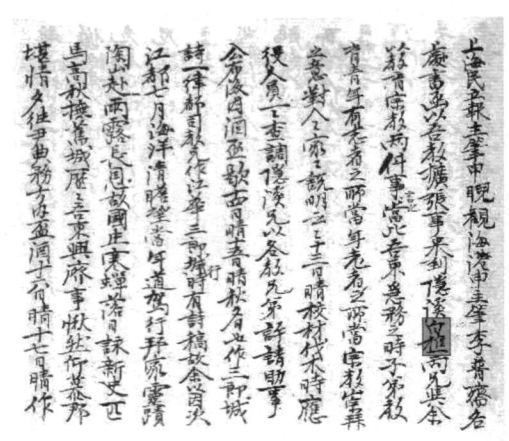

1912년 8월 12일(음력) 睨觀 申圭植, 尃齋 李相卨, 隱溪 白純, 白樵(네모 안) 柳完茂가 청파호 대종교시교당에 모여 대종교 교세 확장을 위한 회의를 했다는 기록을 적은 조창용의 『白農實記』 중 「北墾道視察記」

[참고문헌]

『백농실기』(조창용, 독립기념관, 1993), 『北輿要選』(金魯奎, 1904), 『권업신문』 1912.8.25., 『心山遺稿』(김창숙, 국사편찬위원회, 1973), 『韓溪遺稿』7·8·9(국사편찬위원회, 1980~1982), 『백범일지』(김구/도진순 편, 돌베개, 1997), 『위암장지연해서간집』(위암장지연선생기념사업회, 2004), 「백초 유완무의 생애와 민족운동」(이희환, 『인천학연구』제10호, 인천대학교인천학연구원, 2009)

류우식(柳佑植, 남, 1892-1924)

아호(별명)_ 일우(一愚), 류기동(柳基東), 류동범(柳東範)
입교 시기_ 미상 | **교질**_ 미상 | **서훈**_ 독립장(1963)

경상북도 성주(星州) 출신으로, 만주로 건너가 흥업단(興業團)의 모연대원(募捐隊員), 대한군정서 연락원, 정의부원, 참의부 별동대원(別動隊員) 등 다양한 활약한 활동을 전개한 인물이다. 1920년 봉천성 무송현(撫松縣)에서 조직된 대종교계 항일단체인 흥업단에 가담하여 항일투쟁을 펼쳤다. 이 무렵 김혁(金赫)과 함께 대종교 항일단체인 대한군정서(북로군정서)의 무송현 지역 주요 연락을 담당하기도 했다.

류우식의 순국은 장렬했다. 그는 1924년 4월 서로군정서(西路軍政署)에 참가하여 헌병으로 활동하던 같은 단원 김만수(金萬秀)·최병호(崔炳浩)와 함께 하얼빈에 머물고 있었다. 때마침 독립군과 애국지사 체포를 전문으로 하는 일본인 특별형사 경찰부장 구니요시 세이호(国吉精保)를 위주로 하는 특별형사대가 며칠 전 하얼빈에서 북로군정서의 독립투사 2명을 체포하였다는 정보를 입수하게 된다.

류우식 일행은 일본 형사대를 급습하기로 하고 거사계획을 세웠으나 사전에 발각 되었다. 일본 특별형사대와 하얼빈주재 일본총령사관 경찰 및 중국경찰 200여명이 동원되어 그들이 묵고 있는 여관을 포위하면서 격전이 벌어졌다. 류우식 일행은 특별형사부장 구니요시 세이호와 일본 형사 마쯔시마(松島) 등 10여명을 사살했다. 중과부적으로도 분투했으나 중국경찰이 던진 폭탄이 폭발하여 현장에서 전사하였다.

류우식의 대종교 관련 교력은 교단 내에는 전하지 않는다. 그러나 류우식과 흥업단에서 함께 활동한 대종교 항일투사 이현익(李顯翼)은, 그의『대종교인과 독립운동연원』(프린트본, 1962)이라는 글 속에서 류우식을 적고 있다. 이현익이 기억하는 100여명의 대종교 항일투사에 류우식이 등장한다는 것은, 류우식이 만주 흥업단 시절 혹은 그 이전에 대종교에 입교했을 가능성이 높게 해 주는 부분이다. 특히 흥업단은 대종교지도자 윤세복(尹世復)·김혁·김호[金虎, 김호익(金虎翼)] 등이 주도한 항일단체로, 그 지역 대종교의 거점이기도 했다.

[참고문헌]
『대종교인과 독립운동연원』(이현익, 프린트본, 1963), 『조선일보』1924.4.16., 「大韓軍政署의 日誌에 관한 건」(不逞團關係雜件-朝鮮人의 部-在滿洲의 部26, 秘受1502호-高警제1007호, 한국사DB, 국사편찬위원회), 「國吉警部 補射殺 犯人 등의 身元에 관한 건」(不逞團關係雜件-朝鮮人의 部-在滿洲의 部39, 機密受제54호-機密제49호, 한국사DB, 국사편찬위원회), 『한국독립사』하(김승학, 독립문화사, 1971)

류운희(柳運熙, 남, 1880-?)
아호(별명) _ 선거(善居)
입교 시기 _ 1910년대 | **교질** _ 미상

경상북도 안동군 임북면(臨北面) 삼산동(三山洞) 출신으로, 항일투사 서강(曙岡) 류기태(柳基泰)의 생부다. 일찍이 아들 류기태를 통하여 집안 종숙(從叔)인 동산(東山) 류인식(柳寅植)의 구국계몽운동을 적극 후원한 인물이다. 이러한 후원은 류인식이 1907년 설립한 협동학교부터, 1927년 신간회 안동지회가 만들어진 후까지도 꾸준히 이어졌다. 류운희의 대종교 관련 교력은 교단 내에는 전하지 않는다. 다만 경북 성주(星州) 사람인 성세영(成世英)의 일기 속에 1910년대 초반 경상도 지역 대종교 주요 교인의 명단에 올라 있다. 그의 대종교 입교 시기가 상당히 빨랐음을 알게 해 주지만, 그와 관련된 교질(敎秩) 사항은 확인이 안 된다.

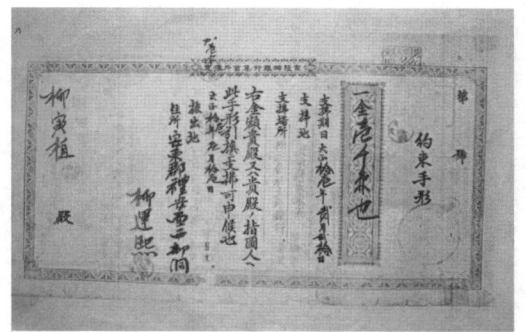

1922년 2월 12일 류운희가 동산 류인식에게 활동 자금으로 어음을 발행한 내역.

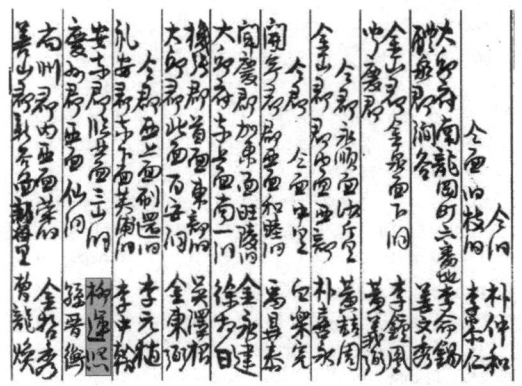

성세영의 『본사행일기』(1922)에 실려 있는 1910년대 초반 대종교 경상도 지역 주요 교인 명단의 일부. 安東郡 臨北面 三山洞의 柳運熙(네모 안)라는 이름이 보인다.

[참고문헌]
『본사행일기』(성세영, 필사본, 1922)

류인식(柳寅植, 남, 1865-1928)
아호(별명) _ 성래(聖來), 동산(東山)
입교 시기 _ 1913년 | **교질** _ 미상 | **서훈** _ 독립장(1982)

경상북도 안동군 동후면(東後面) 주진동(舟津洞) 삼산(三山) 출신이다. 1903년 상경하여 류근(柳瑾)·장지연(張志淵)·신채호 등과 교유하며 시국을 토론하는 기회를 접했다. 특히 신채호의 권유로 해외의 각종 서적들을 섭렵하면서 세계는 넓고 각 민족 사이에는 문명과 미개의 차이가 있다는 사실에 눈을 떴다.

1905년 11월 일제가 무력으로 을사늑약을 체결하고 국권을 박탈하자 국권회복을 위한 애국계몽운동에 참가하여 대한협회(大韓協會) 발기에 참여한다. 또한 안동에 협동학교(協東學校)를 설립하여 인습타파와 교육구국운동에 앞장섰다. 당시 지방의 고루한 유림들로부터 거센 저항을 받았으

류인식

나 개화교육에 의한 교육구국운동을 포기하지 않았다. 특히 『대동사(大東史)』를 직접 저술하여 학교의 교재로 사용하면서 중화적 역사관을 벗어난 주체적 민족사를 교수하기도 했다.

1907년 4월 국권회복을 위한 비밀결사인 신민회(新民會)가 창립되자 이에 가입하여 경상북도 지회에서 활동하였다. 1920년에는 재차 상경하여 이상재(李商在)·유진태(兪鎭泰) 등과 전국 통일교육기관인 조선교육협회(朝鮮敎育協會)를 창립하고, 같은 해에 박중화(朴重華) 등과 조선노동공제회(朝鮮勞動共濟會)의 설립에도 참가하여 노동자의 권리를 옹호하였다. 노동공제회의 취지문에서 노동의 착취는 망국의 근원일 뿐만 아니라 인류 멸망의 계기라고 질타하고 대동(大同)의 운세가 도래하고 태평의 세계가 임박하였음을 천명하였다. 류인식은 노동운동 참여를 계기로 교육운동만이 아니라 사회운동으로의 변화된 모습을 보여준다. 그의 관심의 범위도 독립지사·애국청년·학계인사·사회인사를 넘어 노동자·상인으로 확산되었다. 이러한 의식은 1920년 1월 10일에 자신의 처지와 국내외 독립운동계의 현실을 드러낸 「차야한십절(此夜寒十絶)」이라는 시에 잘 드러나 있다. 그 중 마지막 세 소절을 보자. 대종교의 '4천년 검겨레[神族] 의식'이 드러난다는 점에서도 주목된다.

勞動諸君此夜寒　노동자들이여 이 날 밤은 춥구나
氷程雪海走如丸　얼음길 눈 바다를 헤쳐 온 우리인데
四千餘載神明族　4천 년 역사 가진 신령한 검겨레가
何異呻吟異種鞭　왜놈들 채찍 아래 어이 신음할 건가

玄陸陰凌此夜寒　음산한 대륙이여 이 날 밤은 춥다
東鮮無處不愁顔　우리나라 어느 곳도 신음소리뿐인데
聞說多金侯爵里　들어보니 돈 많은 매국노 마을에
炭爐毛帳煖如春　난로불 털 담요 따스하기 봄날 같다네

莫恨窮廬此夜寒　오막살이 사는 이여! 이 밤 차다고 한탄하지 말라
地中陽復已經旬　땅속에 따스한 기운 돌고 있으니
次第春風煽大地　이제 곧 봄바람이 대지에 불어오면
死根枯木向榮欣　죽은 뿌리 마른 나무에 싹이 트리라

류인식은 1922년 11월 이상재를 대표로 해서 47명의 지도급 인사들이 조선민립대학기성회(朝鮮民立大學期成會)를 발기할 때 주동적 발기인이 되어 적극적으로 활동하였다. 1923년 3월 29일 각계 대표 400명이 서울 종로 중앙청년회관에 모여 조선민립대학기성회 발기총회를 개최하고 전국적으로 1천만원의 기금을 모집하여 재단을 구성해서 민립종합대학을 설립하기로 결정하는 대회에서 중앙집행

위원(中央執行委員)으로 선출되어 경상남북도를 돌며 청년들에게 민족의식을 고취 시키고 주인의식을 가질 것을 촉구하였다.

류인식은 1927년 다시 서울에 올라가 권동진(權東鎭)·홍명희(洪命熹)·허헌(許憲) 등과 신간회(新幹會)를 조직하고 고향으로 내려와 그 지부를 설립을 주도하게 된다. 그 해 7월 9일에 안동지회 설립 준비를 위한 발기 모임을 열고, 8월 26일에는 회원 197명이 참석한 가운데 설립대회가 각각 개최했다. 이 자리에는 서울에서 파견된 홍명희도 동석하였다. 류인식은 이 대회에서 청년들에 의해 초대 회장으로 추대되었고, 정현모(鄭顯模)와 권태석이 각각 부회장과 총무에 선출되었다.

[역사인식]

류인식의 역사인식을 살필 수 있는 자료로는 그가 저술한 『대동사』라는 통사(通史)다. 1910년대의 민족주의역사학 형성에 깊은 영향을 끼친 대종교였다. 이 시기의 민족주의역사학을 대표하는 인물로는 김교헌·박은식·신채호를 꼽을 수 있고, 안동 출신 이상룡 역시 그러한 영향과 무관치 않은 인물이다. 류인식은 신채호·이상룡과 깊이 교우했던 인물로, 그의 『대동사』 역시 1910년대 대종교적 민족주의역사학을 외면하고서는 이해하기 힘들 듯하다.

류인식은 1903년 무렵 신채호와 만난다. 그리고 양계초(梁啓超)의 『음빙실문집(飮氷室文集)』 등을 접하면서 개화사상에 눈을 떴다. 이후 격정적인 계몽운동, 만주로의 망명과 귀국, 강습소 설치를 통한 교육활동에 전념하였다. 특히 류인식이 1913년 대종교 입교한 것은 그의 역사인식에 눈을 뜨는 전기가 되었다. 그가 『대동사』를 저술을 착수한 시기도 이 무렵이다. 류인식의 『대동사』 저술의 동기 역시 대종교의 역사인식과 그대로 맞물린다. 그는 고유문명을 지닌 민족사가 노예사가(奴隸史家)들에 의해 하나도 완전한 것이 없이 말살 당한 것을 통한으로 여겼다. 또한 역사 관념이 박약해지는 젊은이들에게 조국정신(祖國精神)을 심어주고 국수(國粹)를 발휘하게 하기 위하여 『대동사』를 지은 것이다. 이러한 중화적 노예사관으로부터의 탈피를 외치는 역사인식은 대종교 계열의 김교헌·박은식·신채호 등의 안목과 동일한 것으로, 류인식의 『대동사』에도 그대로 드러나 있다.

다만 류인식은 그의 『대동사』에서 많은 대종교 관련 사서를 인용하였음에도 불구하고 유교적 색채를 완전히 벗어나지는 못하였다. 기자(箕子)에 대한 인식 등이 그 대표적 사례라 할 것이다. 일각에서는 그가 대종교의 영향을 받았다고 하여도 공교(孔敎)를 국수(國粹)로 인식한 역사인식의 반영이라고 해석하기도 한다. 대종교의 역사인식 체계에서의 기자는 모호하게 위치시키거나 아예 삭제되었으며, 그 족통(族統) 역시 반배달족(半倍達族)으로 간주하고 있다. 그러나 류인식의 『대동사』에서는 기자를 남조의 정통으로 간주하였는데, 이러한 역사인식이 유교적인 토대에 입각한 서술이라는 주장이다.

류인식의 역사인식 체계에서 가장 주목되는 것은 그의 남북조사관(南北朝史觀)이다. 남북조 개념은 실학자 유득공

의 구분이래 신라의 삼국통일을 부정하고 발해를 민족사로 수용하려 한 민족주의 사가들에의해 일반화된 시기구분이다. 이러한 사관은 국가 중심의 국가사가 아니라 민족 중심의 국가사 서술을 지향한 것이라 할 수 있다. 류인식의 남북조사관은 우리의 고대사를 단군−부여−고구려로 이어지는 계통과, 기자−마한(삼한)−삼국으로 이어지는 계통으로 이해하였던 조선조 이종휘(李種徽)의 고대사인식과 연결된 것으로 김교헌이나 신채호 등 대종교 계열 역사가들의 영향을 받은 것이다. 특히 이같은 류인식의 남북조사관은 김교헌의 저술 『신단민사(神檀民史)』 권수에 도표로 실린 「남북강통일국계표(南北疆統一國系表)」에서 체계화 되어 있다.

[교력]

류인식의 대종교 교력과 관련된 교단 내의 기록은 전하는 것이 없다. 1910년대의 대종교 상황을 알 수 있는 모든 자료들이 없어졌기 때문이다. 특히 1911년부터 1921년까지의 『대종교보(大倧敎報)』가 하나도 전하지 않는 것은 그 시기 대종교 인물 연구에 결정적 부담이다. 가령 류인식과 같은 지역 출신으로 대종교의 중심을 이루었던 이상룡·김동삼 등도 마찬가지다. 이들 역시 1910년대 초반 대종교 입교했을 가능성이 크지만, 그 기록이 전하지 않는다. 오히려 류인식의 대종교 관련 교력은 그가 스스로 작성한 기록에서 찾을 수 있다. 『동산문집(東山文集)』하권에 실린 「부록(附錄)」「약력(畧歷)」에 보면 1913년에 대종교에 입교한 것으로 나타난다. 성주인(星州人) 성세영의 『본사행일기』에도 1922년 이전 대종교 경북지역 주요 교인 명단에 류인식이 올라있다. 다만 그의 교질(敎秩) 사항 역시 확인할 수가 없다.

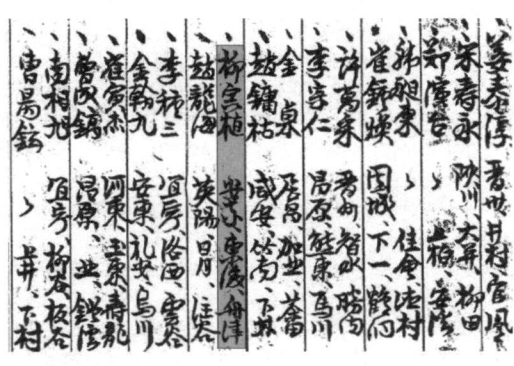

성세영의 『본사행일기』(1922년)에 실려 있는 1922년 이전 대종교 경북지역 주요 교인 명단의 일부. 네모 안에 '柳寅植 安東 東後 舟津'이라는 기록이 있다.

[참고문헌]

『본사행일기』(성세영, 필사본, 1922), 『東山全集』上·下(柳寅植, 동산선생기념사업회, 1978), 『조선일보』1927.7.11.·8.30., 『동아일보』1927.8.31.·1928.5.4., 「東山 柳寅植의 생애와 독립운동」(김희곤, 『한국근현대사연구』제7집, 한국근현대사학회, 1997), 「東山 柳寅植의 歷史認識」(박걸순, 『한국사학사학보』2, 한국사학사학회, 2000), 「단군을 배경으로 한 독립운동가:경상도, 안동 지역을 중심으로」

(김동환, 『선도문화』제11권, 국학연구원, 2011), 「무원 김교헌의 역사인식에 대한 연구」(김동환, 『화성독립운동연구』2, 화성시, 2020)

류장영(柳長榮, 남, 1893-1948)
아호(별명)_ 사송(四松)
입교 시기_ 일제강점기 | 교질_지교

경상북도 안동군 풍남면(豊南面) 하회동(河廻洞) 출신으로 서애 류성룡의 후손이다. 일찍이 중앙고보를 졸업하고 일본 메에지대학을 중퇴한 후, 안동 협동학교(協東學校)의 교사로 활동하였다. 협동학교는 1907년 이상룡·류인식·김동삼 등이 중심이 되어 경상도 북부 지역에 최초로 설립한 신식 학교로, 후일 이들은 모두 대종교의 중심이 된다는 공통점을 가졌다.

당시 안동 협동학교의 校舍로 쓴 건물

당시 협동학교의 설립은 많은 보수 유림들로부터 공격을 받았다. 인습 타파와 변화에 대한 저항이기도 했다. 류인식은 부친 류필영(柳必永)으로부터 의절을 당했고, 스승 김도화로부터도 파문을 당했다. 안동의 보수 유림들은 단발을 했다는 이유로 신민회에서 파견한 교사들을 추방하였다. 그럼에도 교사들이 다시 돌아오자 무장 공격까지 동원하였다. 무장대는 인근 예천의 의병이었다. 안동과 서울의 계몽운동가들이 연합하자 안동과 예천의 보수 유림이 연합하여 대항한 형국이었다. 1910년 7월 18일 오후 3시 의병 10여명이 총과 칼로 무장하고 안동의 협동학교를 습격하여 교감 김기수(金箕壽)와 교사 안상덕(安商德) 등 3명을 살해했다. 학생들의 단발을 선동했다는 이유였다. 류장영 역시 이러한 전통을 가진 개혁 교육의 일선에서 변화의 시기를 몸소 겪었다. 류장영의 협동학교 교사 생활은 류인식과의 인연이 남달랐을 것으로 추정된다. 물론 같은 집안, 같은 지역 출신이라는 점이 우선했겠지만 변화에 대한 열정 공유가 무엇보다 컸을 듯하다. 후일 류장영이 밀양 퇴로리(退老里)에 있는 정진학교(正進學校)에 근무할 당시도 류인식이 3일간 방문한 것도 그 둘의 인연을 말해 준다. 1923년 봄 유인식은 민립대학기성회중앙집행위원(民立大學期成會中央執行委員)으로서 기금 조성을 위해 서울을 떠나 경상남·북도를 순방하였다. 그 때 밀양 정진학교를 방문하여 3일 간 머물며 강연과 함께 류장영 등과 많은 이야기를 나눈다.

한편 류장영은 정진학교의 교가도 직접 작사할 정도로 문재(文才)를 보였다. 그가 1921년 3월 『동아일보』에 「봄마지」라는 시를 발표한 것에서도 확인된다. 교가의 내용은 온건한 듯하면서 씩씩하고 진취적인 기상이 넘쳤다. 바른 길을 찾아서 나아가며 애교심을 기르는 한편, 전편에 민족의식을 은근히 고취하고 있음을 엿볼 수 있다. 교가의 전체 가사는 다음과 같다.

1. 백두산 나린 맥이 화악(華嶽)이 되고 / 응천강(凝川江) 흐르는 물 낙동강이라 / 물 길고 메 높은 이 두 사이에 / 우뚝 솟은 우리 집 깊은 뜻 있네.
   (후렴) 나아가세 나아가세 바른길을 찾아서 / 나아가세 나아가세 바른길을 찾아서
2. 번쩍 떠서 살펴라 밝은 눈으로 / 훨씬 널리 걸어라 굳센 다리로 / 큰 사업 이루움도 이로 나오고 / 온 세계 비추움도 여기 있도다
   (후렴)
3. 세워라 견확(堅確)한 너의 지기(志氣)는 / 고금에 변함없는 저 메와 같이 / 힘쓰라 장원(長遠)한 너의 진취는 / 주야로 쉬지 않는 저 가람 같이
   (후렴)

일제강점기 류장영의 대종교 입교 기록은 남아있지 않다. 아마도 협동학교 시절이 아닐까 추정해 본다. 가령 유인식의 대종교 입교는 1913년에 이루어졌다. 또한 그 지역 중앙고보 출신들의 대종교 관련성도 덮어둘 수 없을 듯하다. 그러므로 대종교에서는 환국 직후인 1946년 2월 13일(음력, 이하 음력) 류장영에게 남도본사의 특별추천으로 영계와 함께 참교의 교질을 동시에 수여하였다. 그리고 3월 14일에는 대종교의 원로원이라 할 수 있는 경의원의 참의(參議)로 선임하는가 하면, 얼마 지나지 않은 5월 1일에는 지교(知敎)로 승질(陞秩)시켰다.

[참고문헌]

『대종교보』, 한국기념호(1946년)·제150호(1946년), 『대종교중광육십년사』(대종교총본사, 1971), 『동아일보』1921.3.3., 『東山全集』(유인식, 동산선생기념사업회, 1978), 「경남밀양 근대교육의 요람 정진학교 연구」(김성준, 『국사관논총』제23집, 국사편찬위원회, 1991), 『안동의 독립운동사』(김희곤, 안동시, 1999), 『안동독립운동인물사전』(김희곤, 선인, 2011)

류정구 (柳貞姤, 여, 생몰 미상)
입교 시기_ 1910년 | 교질_ 지교

출신지역과 생몰연대를 알 수 없는 인물이다. 1910년 10월 25일(음력, 이하 음력), 여성으로서는 드물게 시교사(施敎師)로 임명되었다. 그녀의 대종교 입교가 그 이전에 이루어졌음을 알게 해 준다. 이후 1911년 1월 15일에는 김상익(金相益)·서병룡(徐丙龍)·이종선(李鍾善)·기시영(奇始永) 등과 참교(參敎)의 교질(敎秩)을 받았다. 특히 기시영이란 인물은 홍암(弘巖) 나철(羅喆)의 부인이다. 같은 날 류정구는 박찬익(朴贊翊)·이동춘(李同春)·김교준(金敎準)·김두봉(金枓奉) 등과 정식 시교사로도 서임되었다. 류정구와 함께 임명된 이들 모두가 당대 최고의 지식인이자 활동가였음을 헤아린다면, 여성으로서 그녀의 능력이 보통이 아니었음을 알 수 있는 부분이다. 류정구는 1917년 3월 18일, 당시 여성으로서는 드물게 지교(知敎)로까지 승질(陞秩)하였다.

[참고문헌]

『종보』제8호(1910년), 『倧令』제3호(1911년), 『종문영질』(프린트본, 1922), 『대종교중광육십년사』(대종교총본사, 1971)

류주희 (柳周熙, 남, 1892-1965)
아호(별명)_ 공집(公緝)
입교 시기_ 1922년 이전 | 교질_ 미상

경상북도 안동군 임동면(臨東面) 박곡동(朴谷洞) 출신이다. 1907년 설립된 협동학교 제1회 졸업생으로 졸업 후 모교에서 교사로 활동하였다. 1919년 7월경에는 안동군 읍내에서 백남상회(白南商會)를 경영하면서 북경의 대한독립청년단원 김사익(金思益)이 독립자금 확보를 위해 안동에 잠입하자 이를 돕기도 했다. 대한독립청년단은 1919년 6월경 김사익·이기호(李祈鎬)·임기반(林基磐) 등이 중국 북경의 서왈보(徐曰甫)의 집에 기숙하면서 조직한 단체로, 신채호·한진산·조동진(趙東珍)·문철(文哲) 등이 함께 한 단체였다.

류주희는 1920년 9월 23일 창립된 조선노동공제회 안동지회에 참여하여, 1921년 제2회 총회에서는 총간사로 선출되어 활동하기도 했다. 또한 1924년 8월 9일 경성에서 개최된 시대일보 발기인으로 참여하여 가장 많은 4백주의 주식을 투자하였다. 1939년부터는 고향 임동면의 면장을 지내며 지역 발전과 면민의 권익을 위해 종사한 인물이다.

류주희의 대종교 교력은 교단 내에는 남아 있는 자료가 없다. 다만 1922년 경북 성주(星州)에 거주하는 성세영(成世英)이 쓴 일기에 류주희가 등장한다. 그 기록에는 1922년 이전 대종교 경북 지역 주요 교인으로 류주희가 올라 있으나 그의 교질(敎秩) 사항은 확인되지 않는다.

「시대일보」 발기인으로 참여할 당시 柳周熙가 400주의 주식을 투자했다는
일제의 문서.

[참고문헌]
『본사행일기』(성세영, 필사본, 1922), 『동아일보』1921.7.22., 「在北京 鮮人獨
立青年團 組織計劃者 檢擧에 관한 件」(不逞團關係雜件-朝鮮人의 部-在支那
各地1, 高警 제8549호, 한국사DB, 국사편찬위원회), 「주식회사 시대일보사 발기
인회 상황에 관한 건」(檢察行政事務에 關한 記錄2, 京鍾警高秘 제10144호의 3,
한국사DB, 국사편찬위원회), 『안동곡립운동인물사전』(김희곤, 선인, 1911)

출신지역과 생몰연대를 알 수 없는 인물이다. 항일투쟁에
깊이 관여한 듯 보이나, 일제의 기록에는 발견되지 않고
있다. 또한 1937년 1월 27일(음력, 이하 음력) 총본사 특별
추천으로 참교 수여받은 것으로 보아, 1936년 후반기에
대종교에 입교한 인물로 추정된다. 당시 류진묵은 허익
(許益 혹은 許翼)과 함께 참교(參敎)를 받았다. 허익이 1910
년대 연해주에서 활동한 항일투쟁의 거물이고 보면, 독립
운동을 함께 한 그 주변 인물로도 생각되지만 확증할 자
료가 없다.
류진묵은 참교(參敎)의 교질(敎秩)을 받은 그 날, 동시에 밀
산현(密山縣) 기성촌(箕城村)에 위치한 대종교 기일시교당
(起一敎堂)의 찬무(贊務, 부책임자)에도 임명되었다. 기일
시교당의 책임자[典務]는 허태원(許泰元), 당시 교질은 知敎)이
었으며 참교인 이계용(李啓容)이 류진묵과 함께 찬무를 맡
아 활동하였다. 또한 류진묵은 허태원(許泰元)·박세환(朴

世桓)과 1937년 8월 24일 밀산현 기성촌 지역을 관할하는
재만교구경상금수납위원(在滿敎區經常金收納委員)으로 임
명된다. 그가 밀산 지역 대종교 항일투쟁의 중심인물임을
알게 해주는 부분이다.

[참고문헌]
『대종교보』제113호(1937년)·제115호(1937년), 『대종교중광육십년사』(대종교
총본사, 1971)

출신지역과 생몰연대를 알 수 없는 인물로, 일제의 기록
에서도 확인이 안 된다. 1925년에 내려진 대종교만주포교
금지령(大倧敎滿洲布敎禁止令)으로 인해 압수된 대종교문건
에만 유일하게 실려 있는 인물이다.
1925년 6월 조선총독부 경무국장 미쓰야 미야마쓰(三矢宮
松)는 중국 봉천성 경무국장 우진(于珍)과 삼시협정(三矢協
定)을 체결하였다. 이것은 만주에서의 한인독립운동을 막
을 목적으로 일제의 교활한 계략에 의해 맺어진 조약으
로, 대종교의 만주활동에 큰 걸림돌로 작용하였다. 특히
병탄 직후부터 대종교를 독립운동단체로 규정한 일제는,
대종교 관련자들을 잠행징치반도법(暫行懲治叛徒法)과 치
안유지법(治安維持法)으로 더욱 옥죄었다. 마침내 1926년 7
월 중국 길림성 영안현(寧安縣) 영고탑(寧古塔)에 본부를 두
고 북만주 각지에 지부를 둔 대종교에 대하여, 길림성장
(吉林省長)의 훈령(訓令)을 받은 영안현 지사(知事)와 혼춘
현 지사가 대종교해산을 명령을 내렸다. 이 해산명령으로
혼춘(琿春) 지역만 하더라도 산일(山一)·의일(義一)·도일(道
一)·장일(長一)·성일(城一)·원일(圓一)·예일(禮一)·보일(保
一)·귀일(歸一)·치일(治一) 시교당 등 11곳이 심각한 타격
을 받았다.

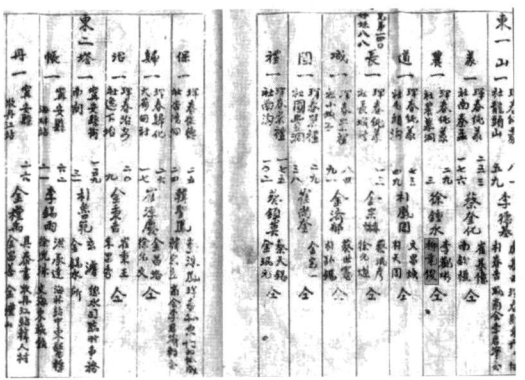

대종교포교금지령이 내려진 이후 만주 당국에 의해 압수된 대종교문건
중에 실려 있는 「大倧敎施敎堂一覽表」 중의 일부. 오른쪽 하단에 柳幸俊
(네모 안)이라는 이름이 보인다.

1926년 당시 류행준은 대종교 동일도본사 관할 농일시교당(農一施教堂)의 찬무(贊務, 부책임자)를 맡고 있었다. 그의 대종교 입교(入教)가 그 이전에 이루어졌음을 알게 해 준다. 당시 농일시교당은 혼춘현 순양사(純養社) 농막동(農慕洞)에 소재한 시교당으로 항일투사 서종영(徐鐘永)이 전무(典務, 책임자)를 맡아 이끌었으며, 이관빈(李觀彬)이 찬무로 임명되어 류행준과 함께 시무하였다.

[참고문헌]
「大倧教施教堂一覽表(1926年)」(延边朝鮮族自治州档案馆 全宗号42 目录号1 案卷号343, 和龍县历史档案 和龍县警察所, 令各区查禁韓人设立大倧教堂由, 民国十五年五月十二日)

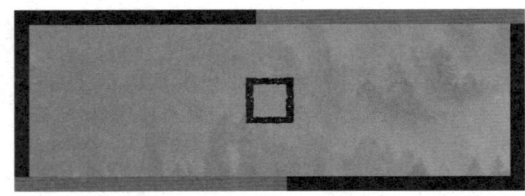

맹정순(孟鼎淳, 남, 생몰 미상)
아호(별명) _ 맹정순(孟貞淳)
입교 시기_ 1910년 | 교질_ 참교

생몰연대와 출신지역이 불분명하다. 대한제국 시절 재무서주사(財務署主事)를 지낸 인물로, 일찍이 간도로 넘어가 무신사(茂德社) 미전동(米田洞)에서 이형국(李亨國)과 함께 대종교 학교인 동창학교(東昌學校)를 운영하였다. 동창학교는 국어·한문·수신(修身)·산술(算術)·체조(體操)·창가(唱歌) 등을 교육하였다. 1913년 11월에는 병식훈련(兵式訓練)을 가르치다가 일제의 경고를 받기도 했다.
맹정순의 대종교 교력을 살피면 1910년 11월 21일(음력) 순교원(巡教員)으로 임명된 기록이 있다. 그 이전에 입교한 것이 확인된다. 그리고 1911년 중광절(음력 1월 15일)에 참교(參教)의 교질(教秩)을 받았으나, 그 이후의 교력은 전하지 않는다.

[참고문헌]
『종보』제8호(1910년), 『종문영질』(프린트본, 1922), 『대종교중광육십년사』(대종교총본사, 1971), 『승정원일기』1907년 6월 18일·11월 28일, 「北間島 中國官憲의 移住 鮮人의 排日活動 取締에 관한 건」(不逞團關係雜件-朝鮮人의 部-在滿洲의 部, 朝憲機 제1006호, 한국사DB, 국사편찬위원회), 『한민족독립운동사』4(국사편찬위원회,1988), 「間島及琿春地方狀況ニ關スル件(在間島吉田憲兵大尉報告)」(국사편찬위원회, 『韓國近代史資料集成』9, 2004)

맹주천(孟柱天, 남, 1897-1973)
아호(별명) _ 수당(水堂)
입교 시기_ 1921년 | 교질_ 참교

경기도 양평군 양동면(楊東面) 고송리(高松里) 출신이다. 이명박 대통령 시절 행정안전부 장관을 지낸 맹형규(孟亨奎)의 조부(祖父)로서, 평생을 교육과 대종교 활동에 헌신했다. 1916년 경성고등보통학교 사범과를 졸업하고 중등교육계에 투신하여 교편을 잡았다. 해방 이후에는 경기상업학교, 경기중학교(6년제), 경기고등학교, 경복고등학교, 경기공립사범학교(현서울교육대학교) 등 여러 학교의 교장을 두루 역임하였으며, 대한교육연합회의 감사와 서울시 교육회의 이사 등을 맡으며 교육행정에도 많은 기여를 하였다.
맹주천은 대종교에 입교한 이후, 대종교를 중광한 홍암 나철의 유훈(遺訓)을 받들어 정인보·이세정(李世楨)·신명균(申明均)·엄주천(嚴柱天) 등 30여명의 동지들과 함께 국내 대종교 비밀결사원으로 활동하였다. 1926년 4월 25일 경성 가회동 23번지에 있던 대종교 회선시교당(會善施教堂) 모임이 그 대표적 사례다. 맹주천이 그 시기 국내 대종교의 주축이었던 가람 이병기, 애류 권덕규, 주산 신명균, 백헌(白軒) 이중건(李重乾) 등과 그곳에서 회합하여 대종교 현안 등을 논의한 기록이 그것이다. 그러면서 그는 국내 교육 현장에서 활동하며 청소년들의 정신운동교육에 초지일관한 인물이다.
맹주천의 대종교 교력을 보면 1921년 9월 1일(음력, 이하 음력) 참교(參教)의 교질(教秩)을 받은 기록이 있다. 그 이전에 대종교에 입교한 것이 확인된다. 해방과 함께 대종교가 환국한 1946년 5월 25일, 맹주천은 지교(知教)로 승질(陞秩)되면서 경의원(經議院) 참의(參議)로 피선되었다. 같은 해 6월 8일에는 대종교총본사의 찬범(贊範)을 맡았으며 12월 1일에는 찬강(贊講)으로 임명되어 시무하였다. 1947년 7월 11일에는 교질이 상교(尙教)로 올랐고 이틀 후인 7월 13일에는 대종교 제례문화의 기본을 만드는 제복제기제정위원(祭服祭器制定委員)으로 선출되었다. 또한 맹주천은 1950년 1월 17일에는 대종교중흥회 제2차 집행위원으로 선출됨과 함께 중흥회의 자문 역할을 하는 참여(參與)로도 활동하였다. 대종교중흥회는 해방 직후 개최한 제1차 교리강수회(教理講修會)의 수료생들을 중심으로 만든 조직으로, '대종교 발전을 위한 새로운 방안을 모색'한다는 기치 아래 출범한 단체다.
대종교는 6·25전쟁으로 인해 교단 활동이 정지되고, 지도자들의 대거 납북에 의한 교세 위축이 심각한 상황에 이르렀다. 이러한 절체절명의 시기인 1960년 2월 29일 맹주천은 정교(正教)로 승질되면서 대형(大兄)의 교호(教號)를 받았다. 그리고 원로원(元老院)의 부원장, 대일각(大一閣)의 전교(典教), 삼일원(三一圜)의 원주(圜主) 등 중책을 짊어짐은 물론, 여러 차례 교의회(教議會)의 의장을 맡아 대종교 재건을 위해 노력하였다. 이러한 노력으로 1971년 4월에는 교의회 공선에 따라 대종교 교주의 자리인 총전교(總典教)에 추대되어, 사교(司教)의 교질과 함께 도형(道兄)의 교호(教號)를 받았다. 그 뒤 대종학원(大倧學園)의 육성을 비롯하여 부녀회 활동의 진작 및 교단운영의 효율화를 꾀하는가 하면, 『임오십현순교실록』과 『대종교중광육십년사』의 간행은 그의 총전교 임기에서 이루어낸 소중한 업적이라 할 수 있다. 특히 『임오십현순교실록』 초두에 실린 다음의 「간행사」는, 맹주천의 대종교적 역사·사상관을 엿볼 수 있는 유일한 기록이라는 점에서 의미가 크다.

산 높고 물 맑은 진단(震檀) 남북에서 백두산 광명의 신도(神道) 문화를 널리 아세아 전역에 전포(傳布)하고, 단일 혈통의 배달신족(倍達神族)으로 고유한 문자와 통일된 언어와 삼신(三神)의 신앙을 보전하여 예의동방의 칭송을 받으면서 그 국위를 천하에 떨친 지 무릇 수천 년! 아! 그러나 흥진비래는 세상일의 정한 이치인지, 그 뒤 외래문화의 침입과 타교(他教) 사상의 침식으로 국혼(國魂)은 변질하고 족수(族粹)는 상실되어, 사대주의와 모화정신(慕華精神)은 마침내 망본배원과 동족상잔의 비운을 초래하게 되었으니, 어찌 천조(天祖)의 벌책을 면할 수 있었으랴!
이러한 죄과의 반성과 보본(報本)의 대의를 밝히기도 전에, 이어 당쟁의 계속과 사상의 분열과 문약(文弱)의 병폐로 말미암아 청·아·일(淸·俄·日)의 3면 각축전이 격심하던 한말풍운은 드디어 경술국치를 자아내고 만 것이 아닌가?
그러나 어찌 천도(天道)가 무심하며 신화(神化)가 영멸(永滅)하랴! 고려 중엽부터 7백 년간 민속에 의존해오던 대교(大教, 대종교를 말함-인용자주)는 드디어 반만 년 전래의 종통(倧統)을 세상에 포명하여 중광(重光) 이념을 다시 밝히고, 민족정기를 앙양함과 아울러 구국운동의 선봉이 된 것이다.
이에 놀란 일정(日政)은 대교 탄압에 혈안이 되어 주야광분(晝夜狂奔)하므로, 부득이 국내 포교를 일시 단념하고 만주로 건너가 천산청호(天山靑湖, 백두산 북쪽 기슭 청파호를 말함-인용자 주)에 총사(總司)를 권설(權設)하고 중·아(中·俄) 양령(兩領)을 망라하여 50만 교우가 시교항적(施教抗敵, 대종교 포교를 통해 일제에 대적함-인용자주)의 깃발을 높이든지 10년간에 10만 희생의 불행을 치루었으니, 이 충천(冲天)의 통분을 어찌 일설(一舌)로 설파(說破)하리오.
무도한 감시와 잔인한 수색은 날로 더욱 심하여 발해 고도(古都, 만주 동경성)에서 포교의 종소리가 다시 울리자, 시운의 불리로 임오동간(壬午冬間, 1942년 임오년 겨울에-인용자주)에 윤단애(尹檀崖, 단애 윤세복-인용자주) 이하 수십 명이 피검되어 악형고문 끝에 오죽포[吳竹圃, 죽포 오근태(吳根泰)] 도형(道兄) 이하 십현순교(十賢殉教)의 교변(教變)을 당하였으니, 실로 설상가상인 교문참사(教門慘事)였다.
그러나 희생이 없는 곳에 어찌 발전이 있으며 광명을 기대할 수 있으랴! 이 희생의 댓가로 신우(神佑)를 입어 이과중중(以寡敵衆)의 저 유명한 청산리대첩을 거두었고, 이 순명(殉命)의 보람으로 신총(神寵)을 받아 장차 대교

의 발전을 기하여 홍익인간의 교의(教義)를 이루게 되면 불행으로만 생각하리오.
돌아보건대 굴욕풍상을 겪은 36년간 조국과 민족을 위하여 신명(身命)을 도결(賭決)한 선열들이 그 수를 헤아릴 수 없지만, 이역만리에서 풍찬노숙하면서 경신애족(敬神愛族)하고 위도성인(衛道成仁)한 순교십현(殉教十賢)이야말로 조국의 귀감이요 민족의 태양이라 아니할 수 없다.
이 고결한 정신과 혁혁한 공적을 세간에 선포하여, 숭조애국(崇祖愛國)의 사상과 민족자존의 이념을 환기시켜 자주통일의 성업완수에 공헌코자 하였으나, 시의부중(時宜不中)하고 사세불허(事勢不許)하여 다년 숙원을 이루지 못하고 초심(焦心)하던 차, 다행히 대종교 재단이사장 춘곡(春谷) 이동준(李東俊) 대형(大兄)의 특별한 정성으로 이 실록을 간행·공개하게 되니, 단군한배검[天祖神]에 죄를 용서받은 듯하고 십현 영전에 부끄러운 땀을 씻은 듯하여 막혔던 가슴이 활짝 열림을 크게 기뻐하는 바이다.
친애하는 교우형제자매와 뜻있는 동포제현이시여! 이 단편의 기록을 통하여 우리의 염원인 대교 발전과 민족중흥에 생명의 교훈과 양식이 되기를 간절히 바라는 바이다.
1971년 8월 26회 광복절을 맞으면서
대종교총전교 수당 맹주천 씀

[참고문헌]
『대종교보』제150호(1946년)·제152호(1946년)·제155호(1947년)·제161호(1949년)·제163호(1949년)·제165호(1950년), 『종문영질』(프린트본, 1922), 『대종교중광육십년사』(대종교본사, 1971), 『대종교인과 독립운동연원』(이현익, 프린트본, 1963), 『임오교변순교실록』(대종교총사, 1971), 『조선총독부관보』제1111호(1916년), 『가람일기』II (이병기, 신구문화사, 1976)

맹진(孟震, 남, 1901-?)
입교 시기_1922년 | 교질_미상

함경북도 명천군(明川郡) 하고면(下古面) 출신이다. 일찍이 대한군정서원으로 활동하며 청산리독립전쟁 이후에는 간도 용정촌의 동양학원(東洋學院)에서 수학했다. 동양학원은 1923년 3월 용정촌에 설립된 이 학교로 최초의 사회주의 교육기관이었다. 이 학교의 설립자는 대종교인 김정기(金正琪, 대종교 2세 교주 김교헌의 아들)로 원장 겸 교사로 활동하였다. 1학년 204명, 2학년 54명이 등록해 학생 총수가 258명에 달했다. 당시 동양학원은 대종교인 김사국(金思國)을 고리로 하는 서울파 공산그룹과 밀접하게 연관된 교육기관으로 급진적 학생운동을 일으키는 진원지 역할을 하였다. 특히 이 학교 교사였던 방한민(方漢旻)은 고려공산당과 연결되어 움직이면서, 급진 학생 교육에 열정을 쏟았다. 맹진은 1923년 8월 동양학원 재학 중, 교사인 방한민(方漢旻)과 노령 고려혁명군 소속인 차정호(車正浩)·박종주(朴宗柱) 등이 계획한 모종의 폭파할 계획에 관여한 혐의로 체포되기도 했다.

맹진의 대종교 교력을 보면, 1922년 5월 21일(음력) 영계(靈戒)를 받고 그 다음날 대종교 동일도본사 제이지사(第二支司)의 종사감찬(宗事監贊)으로 임명된 기록이 전한다. 종사감찬이란 종사감정(宗事監正)을 도와 관할 구역의 종교적 사무를 책임지는 직책이다. 흥미로운 것은 제이지사의 종사감찬을 맡을 당시 제이지사의 총책임을 주견룡(朱見龍)이 맡았으며, 장수(張修)·서강준(徐康駿)·강훈(姜勳) 등 대한군정서의 항일투사들이 대거 보직을 맡았다. 대종교 교당이 곧 독립운동기지라는 말을 다시금 확인할 수 있는 부분이다.

1923년 7월 일제에 의해 조사된 동양학원 1학년 甲組 학생 명단의 일부.
孟震(네모 안, 당시 23세)의 이름이 보인다.

[참고문헌]
『대종교중광육십년사』(대종교총본사, 1971), 「東洋學院生 調査에 관한 건」(不逞團關係雜件-朝鮮人의 部-在滿洲의 部34, 機密受제279호-機密제271호, 한국사DB, 국사편찬위원회), 「高麗革命軍 系統 不逞鮮人 檢擧에 관한 건」(不逞團關係雜件-朝鮮人의 部-在滿洲의 部34, 機密受제270호-機密제254호, 한국사DB, 국사편찬위원회)

명제세

명제세(明濟世, 남, 1885-1964)

아호(별명) _ 일광(一光)
입교 시기 _ 일제강점기 | 교질 _ 정교 | 서훈 _ 독립장(1990)

평안북도 영변군 봉산면(鳳山面) 망일동(望日洞) 출신이다. 일찍이 러시아령 블라디보스토크로 건너가 외국어학교를 다녔다. 졸업 후 귀국하여 1906년 대한매일신보 평안북도지사장을 지냈으며 이후 중국의 북평(北平)과 천진(天津)을 중심으로 항일투쟁을 전개했다.

명제세는 1910년대에 국내에서 활동했던 대표적인 항일 비밀결사 조직 중의 하나인 광복단에 가입하여 활동했다. 광복단은 1913년 경상북도 풍기에서 채기중(蔡祺中)·유창순·한훈 등이 조직한 대한광복단에 그 근원을 둔다. 1915년에 대구의 박상진(朴尙鎭)·양제안·우재룡(禹在龍) 등 조선국권회복단의 일부 인사들이 합류하여 광복회로 개칭되었고, 다시 1916년에 노백린·김좌진 등이 가담하여 광복단이 되었다. 광복단은 만주에서 군력을 길러 국권을 회복한다는 것을 목표로 삼았고, 전국에 있는 부자들에게 군자금 지원 요청을 했다. 이후 친일파를 처단하는 등 활발한 활동을 전개하였다.

명제세는 1919년 중국 상해의 대한민국임시정부 이동녕(李東寧)이 임시정부의 옹호와 독립운동 원조 목적으로 중국내에 있는 한국 청년을 규합하여 불변단(不變團)을 조직할 때 총무에 선출되어 활동하다. 또한 이 단체가 1919년 4월 18일 천진불변단(天津不變團)으로 확대 조직되자 부단장이 되었다. 당시 참여한 주요 인물들은 명제세를 비롯하여 조선홍(趙宣弘)·김철(金哲)·박세충(朴世忠)·조방걸(趙邦傑)·이경생(李敬生)·임재걸(任在杰)·김태준(金台俊) 등이었으며, 같은 해 8월 15일 조직개편 시에는 단장으로 선임되어 활동하였다.

명제세는 1919년 8월 25일 상해 대한민국임시정부 내무부에서 국내의 독립운동 지도와 임시정부의 선전 및 정보보고 등을 목적으로 국내특파원제를 실시할 당시도, 경원선(京元線) 일대를 담당하는 특파원으로 임명되었다. 또한 박은식·안정근·도인권(都寅權)·박문용(朴文鎔) 등 30여명과 함께 1919년 10월 31일 중국 상해에서 임시정부를 중심으로 전민족적 단결을 호소하고 일제에 대한 항쟁을 천명한 독립선언서를 발표하는가 하면, 다음과 같은 「축하가(祝賀歌)」덧붙였다.

1. 자유민아 소리쳐서 만세 불러라 / 대한민국 임시정부 만세 불러라 / 대통령 국무총리 각부총장과 / 국제연맹 여러 특사(特使) 만세 불러라 / (후렴) 대한민국 임시정부 만세
2. 우리 이미 이민족(異民族)의 노예 아니오 / 또한 전제정치(專制政治) 하의 백성 아니라 / 독립국 민주정치 자유민이니 / 동포여 소리쳐서 만세 불러라 / (후렴)
3. 자유민아 일어나라 마지막까지 / 삼천리 신성국토(神聖國土) 광복하도록 / 개선식(凱旋式) 독립연(獨立宴)의 날이 가깝다 / 동포야 용감하게 일어나거라

1919년 10월 서울에서 3·1독립운동을 기념하기 위하여 거사할 것을 비밀리에 추진하고 있을 때, 명제세는 1920

년 1월 30일경 임시정부 요인 안창호(安昌浩)를 중국 상해에서 만나고 서울에서 절친이었던 조만식(曺晚植)과 1920년 3월 1일을 기하여 독립만세시위를 거사하기로 협의 추진하였다. 그러나 이러한 사실이 김상옥의 암살단(暗殺團) 조직 등과 관련하여 일경에 탐지되는 바람에 성사되지 못하였다.

1920년 8월 미국의원단(美國議員團)이 동양시찰을 목적으로 중국을 거쳐 방한(訪韓)함을 계기로, 명제세는 한국인의 독립의지를 세계에 표명하기 위하여 조선총독의 주살을 도모하였다. 그리고 같은 대한광복단의 단원이자 대종교 동지였던 한훈(韓焄) 등과 추진하다가 일경에 피체되어 징역 3년형을 언도받고 옥고를 치렀다. 이 시기 명제세는 대종교 중광교조(重光敎祖)인 홍암 나철의 유훈(遺訓)을 받들어 이세정(李世楨)·신명균(申明均)·엄주천(嚴柱天) 등 수십 명과 대종교 항일투쟁의 국내 비밀요원으로도 암약하였다. 국내 대종교는 1915년 종교통제령 이후 모든 것이 정지되었다. 종교적 행위의 전제가 되는 물론 결사·집회의 자유가 원천적으로 봉쇄되었다. 관련 서적과 문서 등도 모두 빼앗겼다. 그러한 암흑의 공간에서 비밀리에 국내외 연락을 도모한 것이다. 그 대표적 활약이 대종교 항일단체인 대한군정서(북로군정서)의 국내 중요 연락 관계였다.

해방 이후 김상옥 의사 관련 동지들과 함께 찍은 사진. 원 안의 인물이 명제세다.

명제세는 1922년 겨울 연희전문학교생 염태진(廉台鎭)·박태화(朴泰和)등 50여 명이 주동이 되어 자작회(自作會)를 조직하고 국산품애용운동을 벌이자 이 운동을 전국에 확산시키고자 움직였다. 그리고 1924년 서울에서 조만식 등과 조선물산장려회(朝鮮物産獎勵會)를 결성하고 1934년 4월 27일까지 중앙회 이사 및 경성지회(京城支會) 이사장 등으로 선출되어 기관지로 『신조선(新朝鮮)』을 간행하는 등 주도적으로 활동하였다. 또한 1926년 10월초에는 조선민흥회(朝鮮民興會) 위원으로 선출되어 활동하였다. 이 단체는 서울청년회와 조선물산장려회가 중심이 되어 조직한 민족협동 전선 단체로써, 후일 신간회(新幹會)로 흡수되었다. 명제세는 1927년 2월 14일 신간회 출범 당시 조선민흥회 측 위원으로 권동진(權東鎭)·안재홍(安在鴻) 등과 함께 발

기인의 한사람으로서 참여하여 신간회 창립대회에서 중앙위원으로 선출되어 활동하였다.

대종교 항일단체 대한군정서 암살단(줄친 부분) 사건과 연관되어 법정에 선 명제세(네모 안)의 기사 내용.(『동아일보』 1921년 10월 28일)

명제세는 해방 이후에도 왕성한 활동을 보여주었다. 건국준비위원회에 참여와 함께, 국민당 부위원장, 한국독립당 중앙상무집행위원, 대한독립촉성국민회 간부 등을 역임했다. 그리고 1948년 남한 단독정부 출범 때에는 초대 심계원장(審計院長)으로 임명되어 내각에 참여하였으나, 그해 12월 한국독립당을 탈당하여 조소앙 등과 사회당을 결성했고, 1949년 1월에는 대한독립촉성국민회 최고 고문을 지냈다. 6·25전쟁 당시 조완구·조소앙·안재홍·정인보 등 대종교지도자들과 함께 납북되어, 1956년 7월 재북평화통일협의회의 집행위원과 상무위원을 지낸 것으로 알려졌다.

명제세와 관련된 일제강점기의 대종교 교력은 현재 전하지 않는다. 그러나 대종교 항일투사인 이현익의『대종교인과 독립운동연원』에는 120여명의 대종교 항일투사에 명단에 명제세를 언급하고 있으며, 대종교 애국지사 박명진의『대종교독립운동사』에도 일제강점기 대종교 남도본사(국내 관할)의 주요 교인으로 명제세를 올려놓았다. 명제세가 해방 직후인 1946년 8월 26일(음력, 이하 음력) 영계(靈戒)를 받음과 동시에 참교(參敎)의 교질(敎秩)을 수여받고 대종교의 원로원인 경의원(經議院)의 참의로 추대된 것도 그러한 이유다. 그리고 3개월 후인 1946년 11월 29일에는 지교(知敎)로 승질(陞秩) 되었다.

또한 1947년 5월 10일에는 경의원 부원장으로 선임되는가 하면, 1949년 2월 20일에는 '나라의 결산과 감사를 잘 수행하고 대종교 신앙으로 백성들을 계도했다(審時勢信倧啓民)'는 공로로 상교(尙敎)의 교질에 올랐다. 그리고 1949년 7월 13일에는 대종교의 제례문화 확립의 근간이 되는 제복제기제정위원(祭服祭器制定委員)으로 임명되었다. 이어 1950년 중광절(음력 1월 15일)에 올린 선의식(襢儀式)에서는 전의(典儀)로서 의식을 이끌었으며, 이들 후인 1월 17일 제2차 대종교중흥회 당시는 고문으로 추대되어 활동

하였다. 대종교에서는 명제세의 이러한 종교적 공헌을 높이 평가하여 '오랫동안 경의원을 잘 이끌고 정성과 덕성이 이미 경지에 올랐다(久協經院旣誠且德)'는 기림과 함께, 1950년 2월 7일 정교(正敎)의 교질(敎秩)과 더불어 대형(大兄)의 교호(敎號)를 내렸다.

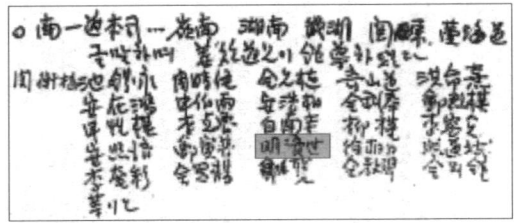

일제강점기 姜虞가 주도하는 대종교 남일도본사의 주요 교인 명단.『대종교독립운동사』(박영진, 필사본, 1964)』明濟世(네모 안)를 포함하여 金允植·池錫永·周時經·洪命熹·安在鴻·申佰雨·羅雲奎·安浩相·金科奉·鄭寅普·徐相日·鄭寬·金斗鍾·鄭烈模·申性模·李克魯·白南奎·柳權·李容兌·安熙濟 등의 이름이 올라 있다.

[참고문헌]
『대종교보』제151호(1946년)·제152호(1946년)·제154호(1947년)·제161호(1949년)·제163호(1949년)·제165호(1950년)·제166호(1950년), 『대종교중광육십년사』(대종교총본사, 1971), 『대종교인과 독립운동연원』(이현익, 프린트본, 1963), 『대종교독립운동사』(박영진, 필사본, 1964), 『동아일보』1921.6.19.·6.26.·10.28.·11.16.·1925.10.5., 『조선일보』1927.2.14.·1930.4.17., 『高等警察要史』(경북경찰부, 1934), 『무장독립운동비사』(채근식, 대한민국공보처, 1949), 『한국독립운동사자료』2·3(국사편찬위원회, 1971·1973), 『한민족독립운동사자료집』6(국사편찬위원회, 1988), 『한민족독립운동사』8(국사편찬위원회, 1990)

문경섭(文瓊燮, 남, 1883-1941)
입교 시기_1922년 | 교질_참교 | 서훈_애족장(1990)

충청남도 부여군 장암면(場岩面) 북고리(北皐里) 출신이다. 일찍이 고향에서 한문을 수학하고 강경공립보통학교를 다니며 신학문을 접했다. 졸업 후인 1911년 초 조선총독부로부터 순사보(巡査補)를 명받고 홍산경찰서(鴻山警察署)에 근무하였으나, 그 해 12월 사직하였다. 1914년에는 부여군 초촌면(草村面)의 면장이 되어 마을 발전에 앞장섰고,

문경섭

1917년 퇴직하면서 농사와 함께 대종교 항일투쟁에 뛰어 들었다.
1921년 초 대종교 동지인 강철구(姜鐵求)·강진구(姜鎭求)·박길화(朴吉和)·문장섭(文章燮)·김정제(金廷濟) 등과 대한군정서(북로군정서) 사관연성소의 재건을 위한 독립공채 모

집에 관여하였다. 당시 같은 고향 출신인 강철구는 1920년 항일투쟁을 목적으로 만주로 망명하여 북간도 왕청현(汪淸縣)에 본부를 둔 대한군정서(大韓獨立軍政署)에 가입하였다. 강철구는 총재 서일(徐一)의 비서실장으로 활약하던 중, 동년 4월 서일의 밀명을 받고 독립군자금을 모집하기 위하여 독립공채를 소지하고 입국하게 된다.
강철구는 함북 회령과 청진 및 서울 등지에서 동지를 규합하고 고향인 부여로 들어왔다. 1921년 초 박길화(朴吉和)·문장섭·김정제 등의 동지와 함께 군자금을 모금하여 대한독립군정서 서무부장 김택(金澤)에게 전달하는 등 활동하였다. 문경섭은 이들과 함께 군자금모금 활동에 가담했으며, 1922년 10월 모든 공채를 다 처분하게 되었다. 이후 강철구가 다시 만주로 건너가려고 준비하던 중 일경에게 탐지되어 문경섭은 동지들과 같이 체포되었다. 그는 이 사건으로 1923년 4월 1일 경성지방법원에서 징역 1년형을 받고 옥고를 치렀다.
문경섭의 대종교 교력을 보면 1922년 1월 16일(음력) 참교(參敎)의 교질(敎秩)을 받은 기록이 있다. 그 이전에 입교한 것이 확인된다. 아마도 그가 초촌면의 면장을 그만 둔 시기로 추정된다. 대종교에서의 참교의 교질이란, 입교 이후 일정 기간이 지나 영계(靈戒)을 받고 다시 일정 시간이 경과된 후에 수여되는 것이기 때문이다. 그 기간이 몇 개월 혹은 몇 년이 걸릴 수도 있다. 문경섭은 참교의 교질을 받은 7일 후에 대종교 남일도본사 제이지사(第二支司) 소속의 북일시교당(北一施敎堂)의 전무(典務, 책임자)로 임명되었다. 북일시교당은 부여에 소재한 시교당으로, 그의 10촌 동생이자 독립공채 사건에 연루되었던 문장섭(文章燮)이 찬무(贊務, 부책임자)를 맡아 그를 도왔다.

대한군정서 사관연성소 자금 마련을 위한 독립공채 사건에 연루되어 1년의 형을 선고 받은 文瓊燮(네모 안)의 신문기사 내용(『동아일보』1923년 4월 1일)

[참고문헌]
『종문영질』(프린트본, 1922), 『대종교중광육십년사』(대종교총본사, 1971), 『동아

일보』1923.2.15.·3.15·30·31.·4.1.,『한민족독립운동사자료집』38(국사편찬위원회, 1999),「(不逞團關係雜件-朝鮮人의 部-在滿洲의 部34, 機密受제279호-機密제271호, 한국사DB, 국사편찬위원회)」,「高麗革命軍 系統 不逞鮮人 檢擧에 관한 건」(不逞團關係雜件-朝鮮人의 部-在滿洲의 部34, 機密受제270호-機密제254호, 한국사DB, 국사편찬위원회)

문상구(文相龜, 남, 1877-?)
입교 시기_일제강점기 | 교질_참교

충청남도 부여군 장암면(場岩面) 북고리(北皐里) 출신이다. 대종교 항일단체인 대한군정서(북로군정서) 독립공채 사건의 연루자인 문장섭(文章燮)의 부친으로, 그의 부인은 당시 국내 대종교를 이끌던 호석(湖石) 강우(姜虞)의 집안이었다. 그의 아들인 문장섭 역시 강우의 아들 강철구(姜鐵求)와 막역지우로 만주를 드나들며 독립공채 군자금 모금에 적극 앞장 선 인물이다. 당시 문상구는 강철구와 문장섭이 주도한 대한군정서 독립공채 모금 활동에 편의 제공과 함께 많은 알선을 한 것으로 알려졌다.
문상구의 대종교 입교 시기는 1920년대 초반 독립공채 모금 활동 무렵이지만, 이와 관련된 그 시기의 교력은 남아 있는 것이 없다. 대종교는 환국 이후 그의 교력을 인정하여 1946년 9월 4일(음력) 영계(靈戒)와 함께 참교(參敎)의 교질(敎秩)을 동시에 수여하고 북선시교당(北善施敎堂)의 전무(典務, 책임자)로 임명하였다. 북선시교당은 그의 고향인 부여군 장암면 북고리에 소재한 시교당으로서, 찬무(贊務, 부책임자)를 맡은 문건섭(文建燮)·강태구(姜泰九), 시교원(施敎員)으로 활동한 문인섭(文仁燮)·강석길(姜錫吉)이 모두 호석 강우와 문상구의 집안임도 주목되는 부분이다.

[참고문헌]
『대종교보』제151호(1946년),『대종교중광육십년사』(대종교총본사, 1971),『한민족독립운동사자료집』38(국사편찬위원회, 1999)

문석열(姜承慶, 남, 생몰 미상)
입교 시기_중광 직후 | 교질_참교

출신지역과 생몰연대를 확인할 수 없다. 다만 그가 활동한 지역적 연고가 주로 함경남도 함흥군 함흥면 일대이고 보면, 그 지역 출신일 가능성이 높다. 문석열은 대한제국 시기 상공학교교관(商工學校敎官)을 역임했으며 서북학회 회원으로도 활동한 인물이다. 1918년 2월에는 한인숙(韓仁淑)·한상위(韓相威)와 함경남도 함흥군 함흥면 상리(上里)에 함흥고등보통학교 설립을 주도하였으며, 19131년까지 직접 교편을 잡고 훈도하였다. 또한 그 지역 유림계(儒林界)를 선도하는가 하면 지역 향교(鄕校) 활동에도 참여하였으며, 1930년대에는 친일적 성향의 조선유교회(朝鮮儒敎會) 명리원(明理院) 의정(議正)으로도 이름을 올렸다.

문석열의 대종교 교력을 보면, 백순(白純)·윤주찬(尹柱瓚)·박승익(朴勝益)·황병욱(黃炳郁)·김인식(金寅植)·조완구(趙琬九)·류근(柳瑾)·이광수(李光秀)·장지연(張志淵)·현천묵(玄天默) 등 수십 인과 참교의 교질을 받은 기록이 있다. 그가 대종교 중광 직후에 입교했을 가능성을 말해 준다. 또한 동년 2월 17일(음력)에는 함흥시교당(咸興施敎堂)의 전무(典務, 책임자)로 임명되어, 그 지역 대종교 포교의 중심이 되었다. 그리고 대종교의 국내 활동이 철저히 억압되었던 1922년 2월 5일(음력)에는 대종교 남도본사의 시교원(施敎員)으로도 활동하였다.

[참고문헌]
『倧令』제3호(1911년),『종문영질』(프린트본, 1922),『대종교중광육십년사』(대종교총본사, 1971),『승정원일기』1901년 5월 17일,『서북학회월보』제11호·제16호(1909년),『매일신보』1930.6.26.

문석현(姜承慶, 남, 생몰 미상)
입교 시기_1926년 이전 | 교질_미상

출신지역과 생몰연대를 알 수 없는 인물이다. 대종교 만주포교금지령으로, 1926년 만주 당국에 압수된 대종교의 문건에만 등장하고 있다. 그 문건 가운데 실린「대종교시교당일람표(大倧敎施敎堂一覽表)」를 보면, 문석현이 1926년 당시 대종교 화광시교당(樺光施敎堂)의 찬무(贊務, 부책임자)를 맡은 기록이 전한다. 그의 대종교 입교가 그 이전에 이루어졌음을 확인시키고 있다.
화광시교당은 길림성(吉林省) 화전현(樺甸縣) 밀십합(密什哈)에 있던 시교당이다. 무송현(撫松縣)과 반석현(盤石縣) 지역과 더불어, 1910년대 후반부터 흥업단(興業團)·광정단(匡正團)을 중심으로 대종교 서간도 항일투쟁의 주요 거점이었던 곳이다. 문석현이 화광시교당을 거점으로 시무할 당시, 이 지역에는 화광시교당을 비롯하여 6개의 시교당이 설치되어 780여 명의 핵심 교인들이 활동하고 있었다. 화광시교당의 전무(典務, 책임자)는 정영환(鄭永煥)이었으며 노명수(盧明洙)가 찬무를 맡아 문석현과 함께 정영환을 도왔다. 문석현은 화전현 남산(南山) 화수림자(樺樹林子)에 시교당의 연락처를 두고 197명의 교우들과 대종교 활동을 펼쳤으나, 대종교 관련 교력이나 이외의 활동 상황은 전하는 것이 없다.

[참고문헌]
「大倧敎施敎堂一覽表(1926年)」(延边朝鲜族自治州档案馆 全宗号42 目录号1 案卷号343, 和龙县历史档案 和龙县警察所, 令各区查禁韩人设立大倧教堂由, 民国十五年五月十二日)

문세완(文世完, 여, 생몰 미상)
입교 시기_1922년 이전 | 교질_미상

출신지역과 생몰연대를 알 수가 없다. 다만 전라북도 익산군에서 대종교시교당 활동을 펼친 것으로 보아 그 지역 출신일 가능성을 점쳐본다. 문세완은 1923년 1월 조선물산장려회가 전국적 조직체를 결성할 당시, 그 확산의 일환으로 조직된 토산애용부인회(土産愛用婦人會)에 참여한 인물이다. 이 모임은 이도(李道)·박영자(朴英子)·최영아(崔永牙)·이숙(李淑) 등 50여 명의 부인들이 모여 발기한 것으로, 1923년 2월 5일 서대문 민우회관에서 창립총회를 가졌다. 물산장려운동이 주부의 책임이란 기치를 내걸고 72세의 심정택(沈貞澤)이 회장을 맡고, 53세의 홍옥경(洪鈺卿)이 부회장으로 선출되었다. 문세완은 이숙자(李淑子)·이인숙(李仁淑) 등 대종교 선배들과 간사(幹事)로 참여하여 이 운동에 적극 앞장섰다.

문세완의 대종교 교력을 살피면 1922년 1월 28일(음력) 대종교 남도본사 제삼지사(第三支司) 소속의 익선시교당(益善施教堂)의 시교원(施教員)에 임명된 기록이 있다. 그 이전에 입교한 것이 확인된다. 익선시교당은 전라북도 이리부(裡里府) 주현동(珠峴洞)에 위치했던 시교당으로 당시 책임자(典務)는 김정민(金禎敏)이었다. 이후 서울로 올라온 문세완은 계동(桂洞) 101번지에 위치한 대종교 남도본사에 거점을 두고 포교와 부녀 활동을 전개했으나, 그의 교질 사항은 확인되지 않는다.

[참고문헌]
『종문영질』(프린트본, 1922), 『본사행일기』(성세영, 필사본, 1922), 『대종교중광육십년사』(대종교총본사, 1971), 『동아일보』 1923.2.7.

문일민(文一民, 남, 1894-1968)
아호(별명)_무강(武剛), 문일민(文逸民), 문희석(文熙錫), 문현철(文賢哲)
입교 시기_일제강점기 | 교질_참교 | 서훈_독립장(1962)

문일민

평안남도 강서군 출신으로 어려서 한학을 수학한 인물이다. 1919년 3·1독립만세운동 이후 남만주로 건너가 신흥무관학교에서 군사교육을 받았다. 이후 한족회(韓族會)에 가입하여 활동하면서, 한족회 중앙본부의 밀명을 받고 국내 평양으로 잠입하여 조직 강화에 노력하는 한편, 대한청년연합회에도 가담하였다.

임시정부에서는 1920년 8월 미국 국회의원단이 내한한다는 소식이 전해지자 대한광복군총영(大韓光復軍總營)에 특수 임무를 내렸다. 특공대를 국내에 파견하여 일제기관 폭파, 일제요인 암살 등으로 우리의 독립의지를 드러내라는 밀명이었다. 대한청년단연합회에 소속되어 있던 문일민은 장덕진(張德鎭)·박태열(朴泰烈)·우덕선(禹德善)·김예진(金禮鎭)·안경신(安敬信, 女) 등과 함께 제2대에 편성되어 평양에 특파되었다. 국내로 들어오던 중 평남 안주(安州)에서 검문을 당하자 일제 경부(警部) 1명을 현장에서 사살하였다. 평양 시내에 들어온 문일민 일행은 1920년 8월 3일 평안남도 경찰부에 폭탄을 던져 일경 2명을 폭사시키고 청사를 대파하였다. 거사 직후 그곳을 벗어나던 중 순사 1명을 더 사살하고 상해로 귀환하였다.

문일민은 1921년 9월 삼육대학(三育大學)에 입학하여 학업을 계속하였으며, 1924년에는 운남(雲南) 육군군관학교에 들어가 군사학을 전공하였다. 1925년에는 임시정부 임시의정원 의원에 선출되었으며, 동년 3월 13일에는 '이승만 탄핵결의안' 제안에도 동참하였다. 1926년에는 다시 만주로 돌아가 정의부(正義府)의 독립군을 양성하는 군사교련에 참여하였고, 1928년 2월에는 상해로 돌아와 한국노병회(韓國勞兵會) 제25회 이사회에서 특별회원으로 입회하였다. 1931년 9월 김철(金澈)·박창세(朴昌世) 등과 한국군인회를 조직하여 군인회간장(軍人會簡章)을 발표하는 등, 무장항일투쟁을 모도하기도 하였다.

1933년 1월 15일에는 상해에서 한국독립당대회에 참가하였고, 흥사단 원동반(遠東班)에 가입하여 제1반에서 활동하였다. 같은 해 12월에는 김규식(金奎植)·유동열(柳東說)과 중국 지역을 대표하는 의정원 의원에 보선되어 이후 광복 당시까지 활동이 이어졌다. 1934년 초에는 교민단(僑民團) 재건을 위해서 활동하였고, 동년 10월에는 항주(杭州)에서 한국독립당 대회에 참여하였으며, 제26회 의정원 회의에서는 상임위원에 선출되어 임시정부 운영에 전념하였다. 1936년에는 한국독립당 재건을 위하여 노력하다가, 신한민주당(新韓民主黨) 조직에 참가하기도 하였다.

이후에도 임시정부 활동에 집중한 문일민은, 1943년 4월 임시정부 교통부 총무과장, 1944년 10월에는 참모부 유동열 참모총장 휘하에서 참모로 활약하게 된다. 그리고 1945년 2월 신한민주당 중앙집행위원에 선출되어 동분서주하던 중, 해방을 맞아 귀국하였다. 1950년 애국동지후원회를 조직하여 1954년에는 회장으로 추대되었으며, 『한국독립운동사』에 발간에도 앞장섰다

문일민의 대종교 교력은 일제강점기로 올라가지만 교단 내의 관련 기록은 전하지 않는다. 그러나 신흥무관학교 출신으로 서간도 시절 함께 활동하기도 했던 호산(湖山) 박명진(朴明鎭)의 기록(『대종교독립운동사』, 필사본, 1964)에는, 문일민이 서간도 지역 대종교 주요 인물로 올라있다. 문일민이 조맹선(趙孟善)·김호(金虎)·허혁(許赫)·이시영(李始榮)·이회영(李會榮)·김승학(金承學)·윤세용(尹世茸)·이광(李光) 등 30여명의 항일투사들과 함께 단애(檀崖) 윤세복(尹世復)이 이끄는 대종교 서일도본사(西一道本司)의 대종교인으로 기록되어 있는 것이다. 해방 이후 대종교에서는 문일민의 이러한 이력을 감안하여, 1948년 11월 22일(음

력) 영계(靈戒)와 함께 참교(參敎)의 교질(敎秩)을 수여하였다. 그리고 백산 안희제의 동생인 안국제(安國濟)와 함께 1953년 10월 27일 지교(知敎)에 올랐다.

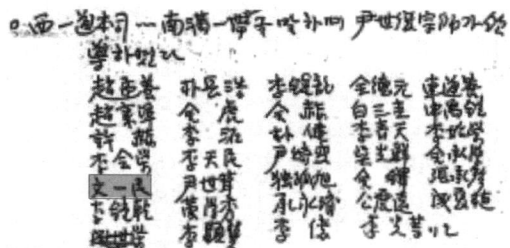

호산 박명진이 기록한 『대종교독립운동사』(필사본, 1964)에, 문일민(네모 안)이 대종교 西一道本司의 주요 교인으로 적혀 있다.

[참고문헌]
『대종교보』제160호(1948년)·제180호(1953년), 『대종교독립운동사』(박명진, 필사본, 1964), 『대종교중광육십년사』(대종교총본사, 1971), 『동아일보』1923.2.7. 『한국독립사』하(김승학, 독립문화사, 1971), 『대한민국임시정부의정원문서』(국회도서관, 1974), 『일제침략하한국36년사』13(국사편찬위원회, 1978), 『한민족독립운동사』8(국사편찬위원회, 1990), 『대한민국임시정부자료집』45(국사편찬위원회, 2011).

문장국(文章國, 남, 1893-?)
아호(별명) _ 문봉룡(文鳳龍)
입교 시기 _ 1937년 이전 | 교질 _ 미상

충청남도 서산군 근흥면(近興面) 마금리(磨金里) 출신이다. 1923년 2월 경성에서 창립된 동아상무주식회사(東亞商務株式會社)에 입사하여 회원 모집에 종사하였다. 1924년 4월 만주 용정촌(龍井村) 출장소 근무를 발령받고 그곳으로 이주해 간다. 당시 그의 동향을 조사한 일제의 기록에 절대 독립주의자라고 적힌 것을 보아, 만주로 옮겨간 이후 대종교 활동과 함께 본격적인 항일투쟁에 뛰어든 듯하다.
문장국의 대종교 영계(靈戒) 사항이나 교질(敎秩)과 관련된 기록은 전하지 않는다. 다만 그가 1937년 8월 24일(음력) 현천극(玄天極)·최원일(崔元一) 등 항일투사들과 함께 만주 왕청현 지역 대종교 재만교구경상금수납위원(在滿敎區經常金收納委員)이란 주요 직책에 임명된 기록이 있다. 경상금수납위원이란 관할 지역의 재정을 관리하는 직책으로, 그가 당시 대종교의 중심부에서 활동했음을 시사해 준다. 이것으로 보아 그의 대종교 입교 시기 역시 상당히 빨랐을 것으로 추정되는데, 아마도 만주로 이주하기 직전이나 직후 시기일 듯하다.

[참고문헌]
『대종교보』제115호(1937년), 『용의조선인명부』(조선총독부경무국, 1934)

문장섭(文章燮, 남, 1896-1967)
입교 시기 _ 일제강점기 | 교질 _ 상교 | 서훈 _ 애족장(1990)

충청남도 부여군 장암면(場岩面) 북고리(北皐里) 출신으로, 대종교인 문상구(文相龜)의 아들이다. 일찍이 지역 명망가이자 대종교지도자였던 호석(湖石) 강우(姜虞)로부터 한문을 배우고, 강우의 아들 강진구(姜鎭求)로부터 국어와 산술을 습득하였다.
문장섭의 스승 강우와 강진구는 그의 동창생이자 우국동지였던 강철구(姜銕求)의 부친과 형으로 대종교의 핵심 인물들이었으며, 문장섭의 모친 역시 강우의 집안이었다. 문장섭과 강씨 집안의 관계를 짐작케 해 준다. 이후 문장섭은 1914년 강경보통학교를 마치고 그 해 4월 군산공립농업학교(群山公立農業學校)에 입학하여 1916년 3월에 졸업하였다. 그리고 부여군 잠업조합(蠶業組合) 기수(技手)로 임명되어 잠시 근무하기도 했다.
문장섭은 1919년 3·1독립운동과 임시정부(臨時政府)의 수립으로 독립의 기운이 고조되자 북간도에 소재한 대종교 독립군 단체인 대한군정서(북로군정서)에 가입하여 강철구·김동진(金東鎭)·박길화(朴吉和) 등과 함께 군자금 모집활동을 펼쳤다. 1921년 초 대종교 동지인 강철구·강진구·박길화·김정제(金廷濟) 등과 대한군정서 사관연성소의 재건을 위한 독립공채 모집 활동을 전개하던 중, 일경에 붙잡혀 1923년 2월 13일 경성지방법원에서 징역 1년형을 받아 옥고를 치렀다.
1936년 1월에는 박성호(朴成鎬)와 함께 동아일보 부여지국(扶餘支局)의 고문(顧問)을 맡아 지역 언론 창달에 일익을 담당했다. 또한 그 해 9월 충청남도 부여군 부여면 관북리에 우수만(禹壽萬)·민영조(閔泳曹)·강태영(姜泰榮)·문용섭(文龍燮)·우순복(禹順福)·황익상(黃益相) 등과 합명회사(合名會社) 부여양조장(扶餘酒造場)이라는 양조업체를 차려 경제 활동을 펼치기도 했다.
문장섭은 일제강점기에 대종교에 입교하였으나, 그 시기나 교질(敎秩) 관계는 남아있지 않다. 다만 1922년 1월 23일(음력) 대종교 남일도본사 제이지사(第二支司) 소속의 북일시교당(北一施敎堂)의 찬무(典務, 부책임자)로 임명된 기록이 있다. 그 이전에 입교한 것이 확인된다. 북일시교당은 부여에 소재한 시교당으로, 그의 10촌 형이자 독립공채 사건에 연루되었던 문장섭(文瓊燮)이 전무(典務, 책임자)를 맡아 주관한 시교당이다.
해방 이후인 1946년 9월 4일(음력, 이하 음력), 대종교에서는 문장섭에게 다시 영계(靈戒)와 함께 참교(參敎)의 교질(敎秩)을 수여하고, 하루 뒤인 5일자로 남이도구(南二道區) 순교원(巡敎員)으로 임명하였다. 그리고 1954년 11월 27일에는 상교(尙敎)의 교질로 오름과 함께 대종교 부여제일지사(夫餘第一支司)의 찬무(贊務, 부책임자)로 임명되었다. 당시 그곳의 전무(典務, 책임자)는 스승이자 고향 선배인 강진구가 맡았으며, 1958년 4월 10일에는 강진구를 이어 전무를 맡았다.

[참고문헌]
『대종교보』제151호(1946년), 『대종교중광육십년사』(대종교총본사, 1971), 『동아일보』1923.2.15., 3.15·30·31.·4.1., 1936.1.25., 『朝鮮銀行會社組合要錄』(東亞經濟時報社, 1937년·1939판), 『한민족독립운동사자료집』38(국사편찬위원회, 1999)

문창범(姜承慶, 남, 1870-1938(?))

아호(별명) _ 원창범(元昌範)
입교 시기 _ 1910년대 | 교질 _ 미상 | 서훈 _ 대통령장(1990)

문창범

함경북도 경원군(慶源郡) 유덕면(有德面) 죽기동(竹基洞) 출신이다. 일찍이 부친을 따라 노령 니콜리스크 인근의 육성촌(六城村, 푸칠로프카)으로 망명하여 그곳 노서아학교(露西亞學校)를 졸업하였다. 1908년 민족교육을 위하여 노령 니콜리스크에 광동학교(光東學校)를 설립하여 운영하는 한편, 능숙한 러시아어를 기반으로 러시아 군대의 납품업자로 많은 재산을 모았다.

1910년 이후 대종교지도자 이상설(李相卨) 등과 항일 구국운동을 전개하였고, 1911년 12월에는 권업회 조직에 참여하여 대표를 맡기도 하였다. 1918년 6월 전로한족중앙총회(全露韓族中央總會)가 발족하자 그 회장으로 선출되었으며, 1919년 초에는 「대한독립선언서(무오독립선언서)」에도 서명하였다. 「대한독립선언」은 무오년 초부터 대종교의 인맥을 통하여 비밀리에 진행된 거사로, 대종교 교주였던 김교헌(金敎獻)을 중심으로 문창범·여준(呂準)·정안립(鄭安立)·박찬익(朴贊翊)·정신(鄭信)·신팔균(申八均)·조소앙(趙素昻)·김좌진(金佐鎭)·이승만(李承晚)·안창호(安昌浩)·김약연(金躍淵) 등, 국외 항일운동지도자 39인이 서명하였다. 특히 그 서명자 39인 가운데 확인된 대종교인만도 25명이다. 이 선언을 대종교선언으로 일컫는 이유라 할 수 있다. 특히 이 선언은 후일 국내 「3·1독립선언」의 도화선이 되었으며, 그 선언에 담긴 혈전주의는 후일 만주무장항일투쟁의 정신적 지침이 되었다.

문창범은 1919년 4월 상해에서 출범한 대한민국임시정부에서 재로한인사회의 대표로 교통총장에 추대되었으나 부임하지 않았다. 그리고 연해주를 중심으로 새로운 국제정세에 대처하기 위한 변화를 도모하였다. 김치보(金致寶)·김하석(金河錫)·장기영(張基永)·김진(金震) 등과 의논하여 전로한족중앙총회를 대한국민의회(大韓國民議會)로 개편한 것이 그것으로, 문창범은 대한국민의회의 의장으로 추대되었다. 또한 1920년 1월에는 연해주 이르쿠츠크에서 대한국민의회의 김철훈(金哲勳)·오하묵(吳夏默)·김하석(金河錫)·한명서(韓明瑞) 등의 동지들과 고려공산당을 창당

하는 한편, 4월에는 대한국민의회를 블라디보스토크에서 블라고웨시첸스크(武市)로 이전한 뒤 흑룡강주(黑龍江州)에 한족공산당 본부를 설치하고 러시아 공산당 정부의 원조를 받아 군대를 편성하였다. 또한 대표를 모스크바에 파견하고 『자유보(自由報)』·『신세계(新世界)』 등 홍보물을 발행하며 활발한 활동을 전개하였다.

1921년 2월 고려공산당 연추(煙秋) 지부의 책임을 담당하여 중국 동삼성 및 노령에 거주하는 교민의 독립운동을 지도하였다. 또한 치타에 무관학교(武官學校)를 설립하고 노령 내 귀화 교민들에게 입교를 권유하여 독립군 양성에 힘썼다. 동년 6월 노령 하바로브스크 소재 소련 공산군 제2군단과 교섭하여 간도 지역 독립군의 노령 자유시(自由市)로의 이주를 성사시켰다. 자유시참변(自由市慘變) 이후인 1922년 6월 노령 블라고웨시첸스크에 고려중앙정청(高麗中央政廳)을 조직하고 이동휘와 함께 고문으로 활동하였으나, 1938년 10월 일제가 보낸 첩자에 의해 상해 혹은 러시아에서 독살당하였다 한다.

문창범과 관련한 대종교 입교 시기나 영계(靈戒) 사항에 대한 기록은 전하지 않는다. 그의 교질(敎秩) 관계 역시 확인할 수가 없다. 그러나 대종교 항일투사 박명진(朴明鎭)이 기록한 『대종교독립운동사』에는 대종교 서이도본사(西二道本司) 소속으로 대한민국임시정부에 참여한 인물들을 회고하고 있다. 박명진은 의정원(議政院) 의원 29명 중 21명, 정부조직에 참여한 13명 중 11명이 대종교 원로(元老)로 적고 있다. 그 시기 대종교 서이도본사는 상해와 중국 본토 지역을 관할했던 교구로써, 신규식(申圭植)과 이동녕(李東寧)이 이끌고 있었다. 당시 문창범 역시 서이도구의 주요 교인으로 올라 있다. 그의 대종교 입교가 그 이전이었음을 알 수 있으며, 1910년대 전반일 것으로 추정해 본다.

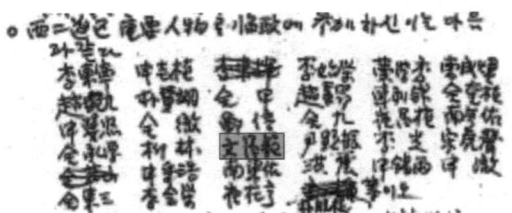

박명진의 『대종교독립운동사』에 대종교 西二道區 소속으로 대한민국임시정부에 참여한 주요 교인 명단이 적혀있다. 文昌範(네모 안)의 이름이 보인다.

이것은 1910년대 전반 연해주에서 문창범과 밀착했던 보재(溥齋) 이상설을 보더라도 암시받을 수 있다. 이상설은 대종교 중광 직후에 입교한 인물로, 1914년에는 대종교 북도본사(北道本司)의 책임을 맡았던 인물이다. 당시 북도본사는 연해주 지역을 관할하던 대종교 교구였다. 또한 한족생계회에 참여한 문창범이 니콜리스크의 대종교 시무자 이민복(李敏馥)과 블라디보스토크의 대종교 시무자 고평(高平) 등 대종교인과 밀접한 관계에 있었음도 우연이 아닐 듯하다. 문창범이 대한군정서의 무기공급에 일정한 역할을 한 것도, 이러한 대종교 네트워크 속에서 이루어

진 것이다. 또한 그가 「대한독립선언서」에 이름을 올린 것도, 이동휘와 더불어 연해주의 대표적 항일투사로서 대종교 인맥 속에서 활동하였음이 그 배경이라 할 수 있다.

한편 박명진이 임시정부와 관련하여 언급한 대종교 서이도구의 주요 교인들을 보면, 문창범을 비롯하여 박은식(朴殷植)·이동녕·신규식·이시영(李始榮)·황학수(黃學秀)·조성환(曹成煥)·조완구(趙琬九)·김갑(金甲)·조소앙(趙素昻)·남형우(南亨佑) 등, 수십 인을 헤아린다.

[참고문헌]
『대종교독립운동사』(박명진, 필사본, 1964), 『國外容疑朝鮮人名簿』(조선총독부경무국, 1934), 『高等警察要史』(경상북도경찰부, 1934), 『무장독립운동비사』(채근식, 대한민국공보처, 1949), 『한국공산주의운동사』(김준엽·김창순, 고려대학교아세아문제연구소, 1962), 『한국독립사』하(김승학, 독립문화사, 1965), 『朝鮮獨立運動』Ⅰ·Ⅱ·Ⅲ(金正明, 原書房, 1967), 『독립운동사』2·3·4·5·8·10(독립운동사편찬위원회, 1972~1976), 『대한민국임시정부의정원문서』(국회도서관, 1974), 『러시아한인민족운동사』(박환, 탐구당, 1995), 『러시아지역 한인의 항일무장투쟁 연구(1918-1922)』(윤상원, 고려대학교박사학위논문, 2010)

문창환(文昌煥, 남, 1899-?)
입교 시기_ 1926년 이전 | 교질_ 미상

평안북도 선천군(宣川郡) 출신이다. 일찍이 만주 개원(開元)으로 넘어가 철령육영학교(鐵嶺育英學校)에서 공부한 인물이다. 이 학교는 일본 외무성 촉탁으로 재직하던 장우근(張宇根)이 설립하여 교장을 지낸 학교로, 만철(滿鐵)로부터 지원을 받은 학교였다. 후일 독립공채 군자금모금을 함께 수행했던 강철구(姜鐵求)·문경환(文瓊煥) 역시 문창환과 이 학교 동창이다.

문창환은 육영학교를 졸업하고 동창이자 대종교 동지인 강철구·문경환 등과 대종교계 항일단체인 대한군정서(북로군정서)에 가입하였다. 그리고 대한민국 임시정부 산하 대한군정서의 독립공채 모집위원에 임명된다. 1920년 4월 대한군정서 재무국장 윤정현(尹庭鉉)의 명령으로 강철구와 국내에 파견되어 군자금을 조달하고 만주로 돌아와 대한군정서에 전달했다. 1924년 6월경에는 고향 선천으로 들어와 활동한 흔적이 있으나, 그 구체적 기록은 확인되지 않는다.

문창환의 대종교 교력과 관련된 교단 내의 기록은 남아 있는 것이 없다. 다만 만주정부에 의해 대종교포교금지령이 내려진 이후 만주정부에 압수된 대종교 문서(1926년 작성)에는 문창환이 대종교 도일시교당(道一施教堂)의 부책임자(贊務)를 맡은 기록이 있다. 그 이전에 입교한 것이 확인된다. 아마도 대한군정서가 대부분 대종교 교인들에 의해 구성된 점을 고려한다면, 그의 대종교 입교 시기도 대한군정서에 가입한 무렵이었을 듯하다. 도일시교당은 혼춘(琿春) 순의사(純義社) 노두구(老頭溝)에 소재했던 시교당으로, 당시 책임자(典務)는 항일투사 박봉주(朴鳳周)가 맡았으며 박천주(朴天周)가 부책임자를 맡아 문창환과 함께 했다.

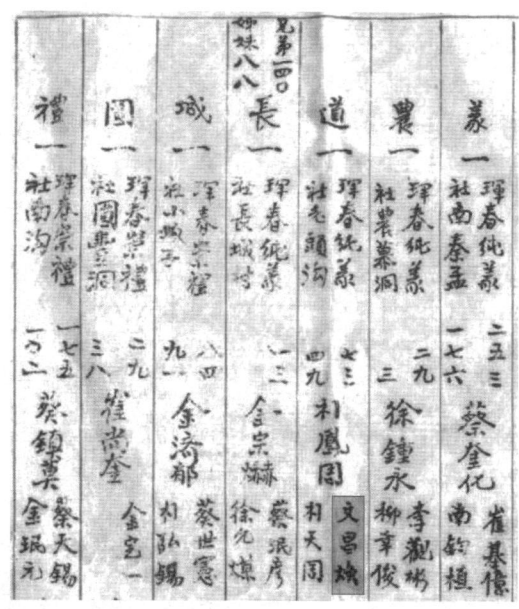

대종교포교금지령으로 인해 만주정부에 의해 압수된 대종교의 문서. 道一施教堂아래 文昌煥(네모 안)이란 이름이 적혀 있다.

[참고문헌]
『大倧教施教堂一覽表(1926年)』(延边朝鲜族自治州档案馆 全宗号42 目录号1 案卷号343, 和龙县历史档案 和龙县警察所, 令各区查禁韩人设立大倧教堂由, 民国十五年五月十二日), 『시대일보』1924.5.20., 『한민족독립운동사자료집』38(국사편찬위원회, 1999), 『한국근대사자료집성』10(국사편찬위원회, 2004)54

민강(閔橿, 남, 1883-1931)
아호(별명)_ 민소광(閔小光), 호삼(虎三), 은포(恩浦)
입교 시기_ 미상 | 교질_ 미상 | 서훈_ 독립장(1963)

민강

충청북도 청주목(清州牧) 남이면(南二面) 양촌리(陽村里) 출신으로 동화약방(同化藥房, 지금의 부채표 동화약품)의 창업주다. 중앙기독교청년회 중학부(中學部)를 졸업하고 일찍이 비밀결사 활동에 가담하여 활동했다. 일제의 조사보고서에는 '극단적인 배일사상(排日思想)의 소지자로서 항상 불령(不逞)한 무리들과 한패를 이루어 불온한 기도를 할 우려가 있다'고 적고 있다. 그의 항일투쟁적 삶을 단적으로 드러낸 말이다.

1909년 윤세복(尹世復)·안희제(安熙濟)·남형우(南亨祐)·신백우(申伯雨)·김동삼(金東三) 등 각계 인사 80여 명과 함께 비밀청년단체인 대동청년당(大同靑年黨)을 조직, 국권회복운동을 전개했다. 1910년 한일합병으로 청년단 활동이 어렵게 되자 남대문 밖에 소의학교(昭義學校)를 설립해 민족교육사업의 일선에 나섰으며, 서울대학교 약학대학의 전신인 서울약학교 설립에도 기여했다. 19191년 3·1독립만세운동이 일어나자 적극 참여하는가 하면, 홍진(洪震)·안상덕(安商德)·이규갑(李奎甲) 등과 함께 한성 임시정부의 성립과 국민대회 개최를 추진했다.

민강은 자신이 경영하는 동화약방을 연락 거점으로 삼아 자금조달 활동을 폈다. 이 일로 일경에 체포되어 옥고를 치르다가 8월에 보석으로 출옥했다. 출옥 후 전협(全協)·최익환(崔益煥) 등이 조직한 대동단(大同團)에 가입, 동화약방을 대동단 및 연통본부의 연락거점으로 제공하는 한편, 대동단이 일제의 이른바 천장절(天長節)인 1919년 10월 31일을 기해 거행하려 한 독립만세시위에 강매(姜邁)와 함께 서울의 연통단(聯通團)·중앙단(中央團)·중앙청년단(中央靑年團)·독립청년단(獨立靑年團)·불교중앙학림(佛敎中央學林) 등의 학생청년단체들의 동원 책임을 맡고 이를 추진했다. 그러나 11월 대동단원인 의친왕(義親王) 이강(李堈)의 상하이 망명계획이 발각되자, 공범으로 체포되어 1년 6개월의 옥고를 치렀다. 출옥 후 상하이로 건너가서 1924년 1월 12일 교민단의사회(僑民團議事會)의 학무위원(學務委員)으로 임명되어 한인사회 계몽과 민족교육사업에 종사했다. 이후 학무위원을 사임하고 국내로 귀환하여 동화약방을 주식회사 '동화약품'으로 개명하고 경영난을 겪는 기업을 살리려 노력했다. 그러나 1924년 3월 독립운동에 가담한 혐의로 다시 체포되어 수개월 간 가혹한 취조를 받았으며, 그 고문의 후유증에 시달리다 1931년 사망했다.

민강의 대종교 영계(靈戒) 사항이나 교질(敎秩) 관계에 대한 기록은 교단 내에 전하지 않는다. 그러나 일제의 기록에 보면 '이강 공을 유인해 냈던 대동단 사건 관계자로서 대종교(大倧敎) 선교부(宣敎部)의 고문(顧問)'이었다고 적혀 있다. 1915년 이후 일제의 종교통제안(宗敎統制案)을 통한 대종교에 대한 압박은 상상 그 이상이었다. 포교금지령으로 국내 대종교의 모든 활동을 금지시키는가 하면, 모든 기록 역시 다음과 같이 압수하였다.

"나는 옮기어 배움을 경성××학교에 수학하게 되자, 동무들의 권유로 대종교에 다니게 되었습니다. 내가 여기에 든 것은 나의 주제넘은 생각에는 민족적 색채를 가진 이 교(敎)에서, 자가(自家)의 보물을 좀 찾아볼 도리가 행여 있을까 함이었습니다. 그러나 때는 마침 무단통치시대인지라, 언론집회는 물론 대금물이어니와, 더구나 이 민족적 색채를 가진 대종교에 대한 감시야 실로 끔찍하였지요! 빈궁한 살림살이에 고정한 회당조차 없이 이 집 저 집으로 돌아다니는 곤경에다가, 설상가상으로 그들의 핍박이 날이 갈수록 더욱 심하여, 심지어 교사(敎史) 원고까지 빼앗기는 등, 실로 피가 뛰고 이가 갈리는 비분한 경우도 많이 당하였습니다. 나는 이 교의 교리를 연구하여 보는 한편에, 그 교사 즉 조선사를 배우는 것이 또한 큰 목적이었던 것이나, 주위의 사정이 그러하고 보니, 나는 그만 떡심이 풀리고 점점 회당

에 다니기가 싫어졌습니다."

대종교와 관련된 민강의 기록 역시 이러한 배경 속에서 감춰진 듯하다. 특히 『대종교보(大倧敎報)』는 대종교연구의 1차 자료다. 그러나 가장 중요한 시기인 1911년부터 1921년까지의 『대종교보』가 모두 사라졌다. 민강의 대종교 관계 역시 이 속에 있을 듯하나 발견되지 않는다. 민강이 대종교와 뗄 수 없는 대동청년단이나 대동단을 통해 활발히 활동한 것도 우연이 아닐 것이다. 앞서 언급한 윤세복·안희제·남형우·신백우·김동삼(이상 대동청년단)이나 최익환(대동단)과 같은 인물들이 그 시기 대종교의 핵심이라는 점을 상기할 필요가 있다.

다만 민강이 1926년 4월 당시 대종교진흥회(大倧敎振興會)의 고문(顧問)으로 참여한 기록이 있다. 대종교진흥회는 1924년 11월 24일(음력) 경성 대종교 남도본사에서 발기한 모임으로 박용태(朴龍泰·회장), 김진우(金振宇·부회장), 이홍도(李弘道·총무), 이승천(李承天·서무), 김종진(金鍾震·전례), 조철호(趙喆鎬·교섭) 등이 중책을 맡아 활동하였다. 그 취지서를 보면, 대종교를 우리 민족의 역사적 종교로 규정하고, 시대에 따른 그 명칭의 변화에 대한 설명과 함께 홍암 나철 순교(殉敎)의 숭고한 가치를 새기면서, 대종교진흥의 시대적 사명을 각성시키고 그 동참을 호소하는 내용을 담고 있다.

당시 민강과 함께 고문으로 참여한 인물들은 강세형(姜世馨)·김성수(金性洙)·장도빈(張道斌)·정인보(鄭寅普)·이범승(李範昇)·이범세(李範世)·민형식(閔衡植)·백인기(白寅基)·유진태(兪鎭泰)·최규동(崔奎東)·현공렴(玄公廉) 등이었다. 이들은 대종교진흥회가 추진하는 단조묘궁건축, 승령전수보, 제천단수축, 단조사적간행 등을 적극 지지하며 후원하였으나, 일제의 탄압으로 진전을 보지 못하였다.

[참고문헌]
『동아일보』1926.4.22.,「나의 불교 믿게 된 경로」(해경거사, 『불교』, 불교사, 1930.11), 『왜정시대인물사료』(국회도서관, 영인본, 1983), 『한국독립운동사』(애국동지원호회, 1956), 『자료대한민국사』1(국사편찬위원회, 탐구당, 1968), 『한민족독립운동사자료집』6(국사편찬위원회, 1988), 『한민족독립운동사』7(국사편찬위원회, 1990)

민명식(閔命植, 남, 생몰 미상)
입교 시기_1911년 | 교질_지교

출신지역과 생몰연대를 알 수 없는 인물이다. 다만 그가 1920년대 경기도 진위군(振威郡, 지금의 평택) 북면(北面) 봉남리(鳳南里)에 있는 원명학원(圓明學院, 일명 具氏學院) 원장을 지낸 것으로 보아 이곳 출신일 가능성이 높다. 민명식은 1987년 종2품인 오위장(五衛將)의 벼슬과 이후 평안남도 함종부사(咸從府使)를 역임한 인물이다. 그의 대종교 교력을 보면, 1911년 윤6월 26일(음력)에 참교(參敎)의 교질(敎秩)을 받고 1916년 9월 15일(음력) 지교(知敎)로 승질(陞

秩.)한 기록이 있다.

[참고문헌]
『종문영질』(프린트본, 1922), 『승정원일기』1887년 6월 22일·1889년 4월 19일, 『시대일보』1926.5.14.

민병석(閔丙奭, 남, 1858-1940)
아호(별명) _ 경소(景召), 시남(詩南), 의재(毅齋)
입교 시기 _ 1921년 | 교질 _ 참교

민병석

충청남도 회덕군(현 대전) 출신으로, 해방 이후 대법원장을 지낸 민복기(閔復基)의 부친이다. 조선 말기에 동부승지·이조참판·평안도관찰사 등과, 대한제국기에는 농상공부대신·군부대신·철도원 총재·헌병대 사령관·궁내부대신 등을 두루 역임한 인물이다. 일제강점기에도 자작의 작위를 받음은 물론 이왕직장관·조선귀족회 회장·중추원 부회장·조선사편수회 고문 등으로 활동하며 친일의 행보를 적극적으로 드러내면서 '경술국적(庚戌國賊)'으로 지탄을 받았다.

민병석의 대종교 교력을 살피면 1921년 가을에 입교(入敎)한 기록이 있다. 가람 이병기의 일기를 살피건대 그 해 개천절(開天節)에 입교한 것으로 추정된다. 그의 입교 배경에는 호석(湖石) 강우(姜虞)의 배려가 컸을 것으로 추정된다. 당시 국내 대종교를 이끌던 강우는, 그 시기 첨예하게 대립되었던 대종교 신·구 교인들 간의 갈등을 봉합하고 친일의 행적을 걷는 인물들에게 개과천선의 길을 열어주고자 했다. 1921년 11월 2일 가람 이병기의 다음 일기 내용에도 묻어나 있다.

> 11월 2일(수) 비 오다. 우리네가 누구든지 느끼고 생각할 한배님 내리신 날이다. 대종교당(大倧教堂)에 갔다. 모인 이가 400여인. 그 가운데는 윤덕영(尹德榮)·민병석·이재곤(李載昆) 등 귀족도 있고, 귀족 부인도 있고, 또한 모르는 이도 많이 있다. 나는 가만히 한배님께 이 형제자매들을 다 사람다운 사람이 되게 해 주옵소서 하고 빌었다.

그리고 대종교에서는 1922년 3월 18일(음력) 민병석에게 참교(參敎)의 교질(敎秩)을 수여하였으나 그의 친일적 행보는 그치지 않았다. 단군신전봉찬회(檀君神殿奉讚會)의 고문(顧問)을 맡으며 위세도 떨었으나, 조선협회 고문, 조선총독 자문기구인 중추원의 고문, 친일단체 동민회(同民會) 고문, 조선귀족세습재산심의회 위원, 조선국방의회연합회(朝鮮國防義會聯合會) 고문 등을 맡는가 하면, 죽기 얼마 전까지도 조선총후보국회(朝鮮銃後報國會) 발기인, 국민정신총동원조선연맹 고문 등을 맡으며 친일의 행보를 돌이키지 않았다.

[참고문헌]
『종문영질』(프린트본, 1922), 『호석선생문집』(독립운동사편찬위원회, 『독립운동사자료집(문화투쟁사자료집)』12, 1977), 『가람일기』I (이병기, 신구문화사, 1976), 『친일반민족행위진상규명 보고서』IV-5(친일반민족행위진상규명위원회, 현대문화사, 2009), 『친일인명사전』1(민족문제연구소, 2009)

민영화(閔泳華, 남, ?-1911)
입교 시기 _ 1910년대 초 | 교질 _ 미상

출신지역과 생몰연대를 알 수 없다. 민필호(閔弼鎬)의 여식(女息)인 민영화(閔泳華)와는 동명이인이다. 대종교지도자인 신규식(申圭植)이 '뜻을 품고 북녘을 주유하며 오직 한마음으로 나라를 위하여 학문을 닦았도다(北遊壯志 斷斷無他 修養學問 惟我國家)'라고 추억한 것으로 보아, 일찍이 만주나 북경 지역으로 망명하여 공부하다가 상해로 넘어온 인물일 듯하다. 그러나 그는 1911년 10월 23일 지병으로 중국 상해에서 방년(芳年)의 나이로 요절하였다.

민영화의 대종교 입교 시기나 영계(靈戒) 사항에 대한 기록은 남아있는 것이 없다. 다만 신규식이 남긴 「조민영화군(弔閔泳華君)」이란 애도시 맨 앞에 '오호인체(嗚呼人棣)'라는 표현이 나온다. '인체(人棣)'라는 표현은 대종교의 용어로, 요즘 말로 하면 '귀하'라는 칭호와 흡사하다. 서신 왕래나 문서 표기 시에 대종교도들 간에 드러내는 호칭이다. 더욱이 신규식이 동지들과 함께 대종교 천궁(天宮)에서 민영화를 추도한 내용도 담겨있다. 민영화가 생전에 이미 대종교에 입교한 인물임이 확인된다.

[참고문헌]
『兒目淚』(예관신규식전집편찬위원회, 『예관신규식선생전집』1, 2019)

민윤식(閔胤植, 남, 생몰 미상)
입교 시기 _ 1922년 이전 | 교질 _ 참교

출신지역과 생몰연대를 확인할 수 없다. 일제의 문서에서는 발견되지 않고 대종교단 내의 기록에서만 확인되는 인물이다. 민윤식의 대종교 교력을 보면 1922년 어천절(御天節, 음력 3월 15일)에 참교(參敎)의 교질(敎秩)을 받은 기록이 있다. 그 이전에 입교한 것이 확인된다. 그리고 그 해 11월 6일(음력) 대종교 동이도본사 제일지사(第一支司)가 관할하는 탑일시교당(塔一施教堂)의 책임자(典務)로 임명되었다. 탑일시교당은 영안현(寧安縣) 남관(南關)에 소재한 시교당으로, 당시 남관은 대종교의 중심지이면서 항일운동의 본거지이기도 했다. 동시에 민윤식은 동이도본사 제일지사의 계리감정(計理監正)을 맡아 지사의 회계 사항을 관할하였다.

민윤식과 함께 제일지사를 이끈 인물들이 현천극(玄天極)·이종수(李鍾琇)·권상익(權相翊) 등과 같은 항일투사들이었음이 주목된다. 민윤식 역시 대종교 포교와 함께 항일투쟁의 일선에서 활동했음을 가늠케 해주는 부분이다. 민윤식은 1923년 1월 2일(음력) '대종교 교우들 간에 친목을 도모하고 경조사의 상부상조와 대종교 발전에 협찬하기 위한' 목적으로 대종교총본사를 중심으로 발기된 소부계(蘇扶契) 조직에도 앞장섰다. 이 조직은 민윤식을 비롯하여 나병수(羅秉洙)·현천극·허류(許瑬)·이종수·김연원(金演元)·김영선(金榮璿)·김백(金白) 등 13인이 주동이 되었는데, 모두 대종교 항일투사들이었다.

[참고문헌]
『대종교보』제56호(1922년)·제57호(1923년), 『종문영질』(프린트본, 1922), 『대종교중광육십년사』(대종교총본사, 1971)

민제호(閔濟鎬, 남, 1890-1932)

아호(별명) _ 소운(少雲), 민우명(閔禹明)
입교 시기 _ 1922년 │ **교질** _ 참교 │ **서훈** _ 애국장(1990)

한성부 동부 연화방(蓮花坊, 현재 종로구 인의동) 출신으로, 대종교 항일투사 민필호(閔弼鎬)의 형이다. 서울 경신학교를 졸업하고 한성영어학교(漢城英語學校)에서 수학 중 경술국치를 맞았다. 비분강개로 날을 보내던 그는 1913년 11월 중국 상해로 건너가 대종교지도자 예관(睨觀) 신규식(申圭植)이 조직한 동제사(同濟社)에 가입하여 활동하였다. 신규식은 1919년 7월 그의 동생 민필호가 신규식의 딸과 결혼하면서 사돈지간이 된 인물이다.

민제호는 대한민국청년단에 가입하여 재무부장으로 활약했으며, 1919년 4월 임시정부가 수립되고 의정원이 개원되자 이동녕(李東寧)·이시영(李始榮) 등과 함께 제2차 의정원회의에 선출되어 1929년까지 활동했다. 또한 제4차 의정원회의에서 국내 각 지방의 구급의연금 모집위원을 선출했을 때, 그는 여운형(呂運亨) 등과 함께 경기도 위원으로도 선출되었다.

한편 민제호는 1920년 8월에 출범한 대한적십자회에 가담하여 회원 모집 활동에 종사했고, 대한민국임시정부 외무부 참사와 외사국장 등을 역임했다. 1923년에는 김상옥의 귀국을 주선해 그가 종로 경찰서에 폭탄을 던지고 일본 형사들과 총격전을 벌이도록 뒷받침했으며, 1925년에는 임시의정원의 경기도 의원을 역임하면서 입법 활동과 더불어 구국에 필요한 안건을 통과시키는 데 가담했다. 또한 상해 교민단의 서구위원(西歐委員)을 맡아 임시정부 외곽단체로서의 임무를 충실하게 수행했다. 1932년 이봉창과 윤봉길의 의거가 있은 뒤 일본군이 상해를 공략하고

끈질기게 추적해 오자 항주(杭州)로 옮겨가 항일 운동을 지속했으나, 1932년 12월 14일 병에 걸려 사망했다.

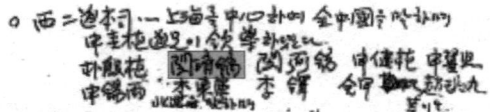

박명진의 『대종교독립운동사』(필사본, 1964)에 적혀 있는 대종교 서이도본사의 주요 교인 명단. 네모 안에 閔濟鎬라는 이름이 보인다.

민제호의 대종교 교력을 살피면 1922년 9월 3일(음력) 영계(靈戒)와 함께 참교(參敎)의 교질(敎秩)을 받은 기록이 있다. 그 이전에 대종교에 입교했음을 알 게 해 준다. 그리고 그 다음 날인 9월 4일(음력) 대종교 서이도본사(西二道本司) 관할 호광시교당(滬光施敎堂)의 전무(典務, 책임자)로 임명되었다. 호광시교당은 상해 불조계(佛租界) 복조로(福照路) 애인리(愛仁里)에 소재한 시교당이었다. 당시 민제호를 도와 찬무(贊務, 부책임자)를 맡은 인물이 신규식의 동생인 신건식(申健植)이었으며, 김덕진(金德鎭, 金鐸) 역시 찬무를 맡아 대종교 포교와 항일투쟁을 병행했다. 그러므로 대종교계 항일투사 박명진(朴明鎭)은 그의 『대종교독립운동사』(필사본, 1964)에서 민제호를 박은식·이동녕·민필호·신건식·신익희·신석우(申錫雨)·이탁(李鐸)·김갑(金甲) 등과 함께 대종교 서이도본사의 핵심 교인으로 꼽고 있다. 당시 서이도본사를 이끈 인물은 신규식이었다.

[참고문헌]
『대종교보』제55호(1922년)·제57호(1923년), 『대종교독립운동사』(박명진, 필사본, 1964), 『대종교중광육십년사』(대종교총본사, 1971), 『한국독립사』하(김승학, 독립문화사, 1971), 『대한민국임시정부의정원문서』(국회도서관, 1974)

민중식(閔中植, 남, 1896-?)

입교 시기 _ 1912년 │ **교질** _ 지교

서울 출신으로 휘문고보를 졸업한 인물이다. 일찍이 대종교에 입교하여 사회주의운동과 신간회 활동을 왕성하게 펼쳤다. 1918년 3월에는 중국에서 잠시 들어온 대종교 동지 지산(芝山) 정원택(鄭元澤)을 경성에서 만나 만주개척 문제를 깊이 의논하는 한편, 1920년대 초반 대종교청년회 활동에 뛰어 들어 젊은 층의 입장을 적극 관철하려 하였다. 당시 대종교청년회의 중심인물들은 민중식을 포함하여 권덕규(權悳奎)·신명균(申明均)·황훈(黃勳) 등이었다. 그러나 민중식은 대종교 신·구갈등의 책임추궁과 함께 황훈·신명균·이필근(李弼根)과 함께 출교를 당하기도 했다. 바로 복교(復敎)한 민중식은 대종교중앙청년회 대표 자격으로 사회주의 단체 결성에 참여하였다. 그 배경을 보면, 1921년 1월에 조직된 서울청년회는 '김윤식 사회장사건', '사기공산당 사건'을 겪으면서 그들 내부에 존재했던 이론

적 대립을 드러냈다. 그리고 사회주의 세력이 주도적 세력을 형성하게 된다. 이후 김사국(金思國)과 이영(李英)을 비롯한 서울청년회 인물들은 1922년 10월 독자적인 강령과 조직체계를 갖춘 전위당을 지향하는 그룹을 만들었다. 사회주의 분파로서 서울파가 태동된 것이다. 서울파는 1923년 2월, 다음 달 3월 23일부터 전조선청년당대회를 개최한다면서 준비위원 명단을 발표했다. 그리고 서울청년회의 이영, 천도교 유신회(維新會)의 강인택(姜仁澤), 불교청년회의 이종천(李鍾天), 대종교중앙청년회의 민중식 등이 선임되었다. 일제의 시선이 청년당대회에 쏠린 틈을 타서 2월 20일에 기습적으로 '고려공산동맹'을 결성했다. 이후 민중식은 신간회(新幹會) 경성지부 활동에도 깊이 개입했다. 1929년 1월, 김항규(金恒圭)·김인수(金仁洙)와 함께 신간회 경성지부 서무부 상무간사 및 본부대회 대표회원으로 선임되었다. 또한 그 해 7월 21일 개최된 임시대회에서는 상무집행위원 겸 조직부장으로 선출되어 활동하면서, 이후 조선일보 폐간 당시까지 언론활동에도 관여하였다.

민중식의 대종교 입교는 비교적 이른 시기에 이루어졌다. 1912년 7월 20일 참교(參敎)의 교질(敎秩)을 받은 것으로 보아, 그 이전에 입교한 것이 확인된다. 그리고 1916년 12월 27일(음력) 당시 국내 대종교의 주요 멤버였던 류광민(柳光民)·어영선(魚英善)·나주영(羅宙永)·나정수(羅正綬)·김교영(金敎榮)·정택기(鄭宅基)·이광수(李光秀)·이훈(李薰)·나정문(羅正紋) 등과 지교(知敎)의 교질로 올라갔다. 당시 그의 대종교단 내에서의 무게를 가늠할 수 있는 대목이다. 또한 1922년 음력 4월에는 호석(湖石) 강우(姜虞)가 이끄는 대종교 남도본사(국내 관할)의 계리감정(計理監正)을 맡아 예산과 회계 문제를 총괄하였다. 강우의 총책임(典理) 아래 김교준(金敎準)·황훈·김상찬(金相僎)·조승호(趙昇鎬) 등이 민중식과 함께 했다.

[참고문헌]
『종문영질』(프린트본, 1922), 『대종교중광육십년사』(대종교총본사, 1971), 「朝鮮青年運動의 史的考察(中)」(李江, 『현대평론』1927년10월, 현대평론사), 『독립신문』1922.3.22., 『매일신보』1922.6.24., 『조선일보』1929.1.21.·22.·1929.2.4., 『삼천리』제5호(1930년), 「廢刊 兩諺文紙의 社員退職金 支給狀況에 관한 건」(思想에 關한 情報12, 京高秘 제2756호, 한국사DB, 국사편찬위원회), 『지산외유일지』(정원택, 탐구당, 1983), 「신간회의 민족운동」,한국독립운동의역사46(신용하, 한국독립운동사편찬위원회, 2007)

민필호(閔弼鎬, 남, 1898-1963)

아호(별명) _ 석린(石麟), 중우(仲禹), 임동반(林東潘), 왕량성(王良誠)
입교 시기 _ 일제강점기 | 교질 _지교 | 서훈 _ 독립장(1990)

서울 종로구 원남동(苑南洞) 출신이다. 광복군 출신으로 고려대 총장을 지낸 김준엽(金俊燁)의 장인이자 대종교지도자 예관(睨觀) 신규식(申圭植)의 사위이다. 또한 대종교 항일투사 민제호(閔濟鎬)의 동생이기도 하다.
휘문의숙(徽文義塾)에 3학년 재학 중 경술국치를 당하자

민필호

졸업을 앞 둔 1911년 겨울에 상해로 망명하였다. 그곳에서 둘째 형 민제호의 소개로 평생의 스승이자 동지인 신규식을 만난다. 민필호는 신규식이 창설·운영하던 대종교계 학교 박달학원에 들어가 중국어·영어·역사 등을 공부하였다. 당시 박달학원 교수진 역시 대종교의 주요 멤버였던 박은식·신채호·조소앙·홍명희 등이었다. 민필호는 신규식이 주도하는 동제사(同濟社) 및 신아동제사(新亞同濟社)에도 참여하여 그를 도왔다. 민필호가 대종교에 입교한 시기도 이 때였을 듯하다. 또한 1917년 7월 신규식의 주선으로 상해에 있는 교통부체신학교에 들어가 1년 반 동안 전신기술을 배웠으며 졸업 후 중국 교통부 상해전신국(上海電信局) 전신 검사원으로 일하게 되었다.

신규식이 묻혔던 상해만국공묘의 묘비 앞에 모인 민필호의 가족. 민필호(아래 중앙), 아들 민영수(아래 오른쪽), 부인 신명호(위 왼쪽), 장모 조정완(위 가운데), 딸 민영주(위 오른쪽)

윌슨 대통령의 민족자결주의에 대한 제창으로 고무된 1918년 6월, 동제사(同濟社) 이사장인 신규식은 본국의 동지들에게 분주히 밀서를 보내며 움직였다. 당시 민필호는 국내의 천도교 측 손병희(孫秉熙)와 기독교 측 이상재

(李商在) 사이의 연락 실무를 맡았다. 1919년 일어난 3·1 독립만세운동을 계기로 상해 대한민국임시정부가 수립되고 1919년 11월에 신규식이 임시정부 법무총장이 되자 민필호는 비서가 되어 임정의 외교업무를 보좌하였다. 한편 동제사 업무에도 적극 관여하여 중국 인사들과 연락하는 일을 맡아 일본인들의 비인간적인 만행과 동포들의 항일 애국 정신을 알리고 국내와 국외의 각지 연락사무를 담당하였다. 또한 민필호는 1920년 7월 상해에서 신규식의 딸인 신명호(申明浩)와 결혼하였다.

1921년 10월 임시정부 국무회의에서는 국무총리 겸 외무총장인 신규식을 중국 호법정부(護法政府, 廣東政府)에 특사로 파견하였다. 당시 민필호는 직장(교통부 상해전보국)에 1개월간의 휴가를 내고 수행비서로 동행하게 된다. 먼저 호법정부의 요인이며 운남독판(雲南督辦)인 당계요(唐繼堯)를 만나 한국인의 군관 양성을 위해 적극 협조하기로 하였다. 광동에 도착하여서는 호한민(胡漢民)·서계룡(徐季龍)·여천민(呂天民)·유백천(劉白泉) 등을 만나 시국과 임시정부의 원조문제에 대하여 토론하였다. 그리고 동년 11월 3일 호법정부의 총통인 손문(孫文)과 역사적인 회담을 가졌다. 이때 신규식이 내세운 것은 다음의 임시정부 호혜(互惠) 5개 조항이었다.

　一. 대한민국 임시정부는 대중화민국 호법정부를 승인함
　一. 대중화민국호법정부는 대한민국임시정부를 승인할 것
　一. 중국군사학교에 한인(韓人)을 대량 수용하여 줄 것
　一. 5백만 원의 차관건(借款件)
　一. 적당한 지역을 빌려주어 둔전양병(屯田養兵)할 수 있도록 도와줄 것

손문은 앞 세 개 항은 승인하였고 넷째와 다섯 번째 항은 추후 진전 사항을 보고 결정하겠다고 하였다. 또한 파리강화회의에 보낸 한국대표를 중국대표와 연락하여 도와줄 것을 요청하는가 하면, 두 정부 간에 계통적인 외교 연락을 위하여 임시정부 대표를 보내기로 합의하였다. 손문은 같은 달 18일 중국 총통부의 각원(閣員)과 참의원, 중의원의 전체 의원, 그리고 육해군 전체 장교가 참석하는 예식에 정식으로 신규식 일행을 초대하였다. 신규식이 이 자리에서 국서(國書)를 전달하자 손문은 두 나라의 외교관계가 친선 우호의 길로 영구히 지속해 나갈 것이란 내용의 답사를 하였다. 그러나 손문의 북벌에 저항하며 반란을 일으킨 광동 지역의 군벌 진형명(陳炯明)의 사태로 상황이 어려워졌다. 설상가상으로 신규식이 과중한 업무와 누적된 피로, 그리고 어려운 호법정부의 소식 등이 겹치면서 병석에 누워 일어나지 못한 채 1922년 8월 5일 서거했다.

민필호는 신규식의 장례를 치른 후에도 임시정부와의 관계를 멈추지 않았다. 1923년 10월부터 1936년까지 임시정부 재무총장 이시영의 비서로서 재정의 실질적인 책임을 맡아 임정의 경상비 조달 등 어려운 문제를 해결하였다. 또한 1924년 1월에는 상해교민단의사회(上海僑民團議事會)

학무위원으로 피선되어 교포의 교육 자치기관인 인성학교(仁成學校)의 운영을 맡기도 하였다. 1932년에는 이봉창·윤봉길 의사의 폭탄 의거로 김구 등 임정 요인들이 쫓기게 되자 이들의 안전한 피신을 위해 적극 노력하였다. 민필호는 중국 친우인 은여려(殷汝驪)에게 도움을 청하여 김구를 절강성 가흥(嘉興, 가흥)으로, 이동녕·이시영·엄항섭·조완구·안공근 등을 항주로 피신케 하는 등 임정요인의 신변위기를 모면케 했다.

민필호·신명호 부부의 젊은 시절 모습(임시정부기념사업회 제공)

한편 민필호는 낙양군관학교에 입학시킬 한국 청년을 수용하기 위하여 임시정부와 중국 국민정부간의 연락원으로 활약하는가 하면, 1937년 왕량성(王良誠)이란 이름으로 중국 군사위원회 위원장 장개석 시종실(侍從室)의 직속기관인 암전연구소(暗電研究所) 총무(대령급)로 근무하였다. 민필호는 이곳을 사직하고 1939년 5월 임시정부로 복귀하여 김구 주석을 보필하였다. 이 무렵 중국정부로부터 중·일 전쟁 기간 중에 일본의 외교, 군사 암호전보 36종을 연구 해독한 공로로 중화민국 육·해·공군 광화장장(光華獎章)을 받았으며 사직 후에도 공로자라 하여 중국 군사위원회에서 봉급을 계속 지불 받았다.

이 시기 임시정부 청사는 무척 초라했다. 중국 국민당이 원조해주는 매월 6만원의 경비로 임정 직원과 가족 등 300여명의 생활을 겨우 유지하고 있었다. 이런 시련과 곤경 속에서도 민필호는 임시정부 여러 방면의 중책을 맡아 1945년 10월까지 헌신적인 활동으로 임정 발전에 커다란 기여를 하였다. 1939년 5월에는 대한민국 임시정부 주석 김구의 판공실장(辦公室長) 겸 외부차장(外務次長)에 기용되었으며 임시 의정원의 의원으로 활약하였다. 또한 이당치국(以黨治國)의 건국이념에 따라 한국독립당(韓國獨立黨)이 설립되자 동당의 선전부장이 되어 임시정부의 기관지였던 상해판 독립신문을 새로이 복간 발행하여 중경판 독립신문 시대를 열어놓았다. 1942년 12월에는 김구·조성환 등과 함께 미령(美領)을 대표하는 임시정부 의정원의원이 되었고, 1944년 3월에는 주석판공실(主席辦公室)의 비서로 근무하다가 동년 7월에는 주임(主任)으로 승진되어 광복 때까지 김구 주석을 보필하였다.

대한민국임시정부 주화대표단 시절(1946.4) 민필호(1열 맨오른쪽)의 모습. 그의 왼쪽으로 당시 단장이었던 박찬익과 신건식·김은충이 앉아있다.

일제의 패망 이후 임시정부 요인의 귀국 대책 논의를 위해 김구 주석과 장개석 주석의 면담을 적극 주선한 인물도 민필호였다. 1945년 10월 16일 이루어진 이 회담에서 김구 주석은 다음의 두 가지를 부탁하였다.

1. 일본 교민(僑民)과 포로를 일본으로 압송시킬 때 한국인을 별도로 모아 자유롭게 거주토록 하고 일군(日軍) 중 한적(韓籍) 군인은 가려내어 모두 광복군으로 집결시키라는 명령을 전국에 내려 한인들을 안전하게 귀국할 수 있도록 하여줄 것.
2. 임시정부 귀국 후 박찬익(朴贊翊)과 민필호 두 사람을 대표단으로 이곳에 주재케 하여 임정의 잔무와 정식 정부가 수립되기 전까지 모든 여화교민권익사무(旅華僑民權益事務)를 처리하게 할 것.

장개석 주석은 이를 기꺼이 받아들였다. 그리고 회담 직후 김구 주석은 임정 국무회의를 열어 임정주화대표단(臨政駐華代表團) 단장에 박찬익을, 부단장에 민필호를 임명하였다. 1945년 11월 5일 주요 임정요인들을 환국시킨 뒤, 민필호는 박찬익을 도와 1946년 7월까지 주화대표단의 임무를 착실히 수행하였다. 임정 잔무와 소유건물과 토지처리, 임정이 임대한 건물처리, 중경 거주 임정 직원과 가족의 귀국 사무, 귀국 전 체류기간 동안의 직원과 동포들의 생활비 조달 업무, 임정 직원 이외의 교포들의 귀국 업무, 중경 주재 광복군 귀국 관련 업무, 여화한교(旅華韓僑)의 생명과 재산보호 관련 업무, 화북·화중·화남·만주 일대에 대표단

과 분단(分團)을 설치하는 업무 등에 진력하였다.

이후에도 민필호는 1948년 10월 중국 내란으로 인한 소용돌이가 일자 잔여 교민들을 대만으로 이동시키는 등 분주히 움직였다. 1949년 8월 중화민국 대만주재 대한민국 초대 총영사로 재임하던 중 1951년 7월 신병으로 총영사직을 사직하였다. 1957년 7월 귀국한 후에는 중일전쟁 당시 중경에서 창설된 한중문화협회를 재건하여 한·중간에 우호와 문화교류를 위해 노력 하다가 1963년 4월 14일 오전 7시 서울 성북구 돈암동 자택에서 숙환으로 서거하였다. 그의 대표적 저서로는 『한중외교사화(韓中外交史話)』·『한국사지총서(韓國史地叢書)』 등이 있으며, 장인(丈人)인 신규식의 애국수필인 『한국혼(韓國魂)』을 중국어로 번역 소개한 글도 전한다. 참고로 민필호 집안 인물들의 서훈 관계를 보면 아래와 같다.

이 름	관 계	독립운동방면	서 훈
민필호(閔弼鎬)	본인	임시정부	독립장
신규식(申圭植)	장인	임시정부	대통령장
민제호(閔濟鎬)	형	임시정부	애국장
신명호(申明浩)	부인	광복군	건국포장
민영수(閔泳秀)	장남	광복군	애국장
민영주(閔泳珠)	장녀	광복군	애국장
김준엽(金準燁)	사위	광복군	애국장
민영구(閔泳玖)	조카	광복군	독립장
민영완(閔泳婉)	조카	광복군	애국장
민영숙(閔泳淑)	질녀	임시정부	애국장

[교력]
일제강점기 민필호와 관련된 대종교 교력은 전하지 않는다. 그러나 대종교의 원로이자 항일투사였던 이현익(『대종교인과 독립운동연원』)과 박명진(『대종교독립운동사』)의 기록에는 민필호를 일제강점기 대종교 주요 인물로 적고 있다. 이현익은 대종교 항일투사 120여명 속에 민필호를 집어넣었고, 박명진은 상해 지역을 중심으로 한 대종교 서이도본사(西二道本司)의 주요 교인으로 박은식·이동녕·민제호·신건식·신익희·신석우·이탁(李鐸)·김갑(金甲)과 함께 민필호를 언급하고 있다. 상해 시절 이미 대종교에 입교한 것을 확인시켜 준다.
상해 시기 민필호와 대종교를 말함에 신규식을 빼놓을 수 없을 듯하다. 민필호에 있어 신규식은 정치적·종교적 스승이자 선배였다. 특히 민필호가 회고하듯이 신규식의 대종교적 신념은 그의 전부이기도 했다. 신규식은 이러한 질곡의 상황을 벗어날 수 있는 길로 단연 대종교 부흥을 내세웠다. 신규식은 조국을 광복하는 일을 하나의 공작(工作)이나 포부로만 생각지 않고 일종의 종교요 신앙으로 보았던 것이다. 그러므로 그는 한민족이 부흥하려면 반드시 대종교가 발전해야 한다고 확신했으며, 대종교가 존재한다는 것은 한국민의 민족정신이 그만큼 존재하는 것이

라고 믿었던 인물이다. 그러한 신규식 삶의 한 분분을 지탱해 준 인물이 민필호였다.

신규식은 상해로 건너온 후 대종교 포교에 적극적으로 나섰고 매주 교우들과 경배를 올렸는데, 당시 활동했던 대종교 중심인물들로서는 민필호를 비롯하여 조완구·김두봉·박순·박찬익·정신 등의 많은 사람들이 활동했다. 그리고 매년 어천절(御天節)과 개천절(開天節), 그리고 국치기념일(國恥紀念日)에는 반드시 상해에 있는 교포들을 모두 모아 성대한 기념식을 거행하였다. 신규식이 개인적 영달과 영예를 뒤로 접은 채, 오로지 우국일념의 정치·외교적 저항의 길을 걸을 수 있었던 것도 바로 위와 같은 대종교라는 정신적 힘이 절대적이었다. 민필호는 신규식의 이러한 삶을 다음과 같이 회고했다.

> 매일 아무리 바쁘셔도 새벽과 밤에는 반드시 우리나라 개국(開國)의 국조(國祖) 단군의 신상(神像)을 향해 향을 피우시고 배례를 두 차례 하시고 아울러 묵도로써 하루 바삐 혁명을 일으켜 산하를 광복하고 깊은 물과 불같은 고생 속에 묻힌 삼천만 겨레를 구해낼 것을 비셨다.

민필호가 상해 시절 처음 접한 동제사 역시, 1912년 신규식이 대종교계 인물들을 중심으로 조직한 것이다. 상해독립운동의 중심기구가 된 동제사는 박은식이 총재를 맡고 신규식이 본부의 이사장직을 맡았다. 동제사는 그 구성원의 핵심인물들이 민족정체성을 중시하는 민족주의적 역사관과 대종교의 국교적 신앙을 공통으로 가졌던 점으로 보아 그들에 의해 경영되는 동제사의 기본이념과 독립운동방략도 이와 등치되는 지향이었다. 그러므로 상해 시절 민필호의 동제사·신아동제사·임시정부 활동에서 대종교적 가치를 분리시킬 수 없는 것이다.

대종교에서는 이러한 민필호의 경험을 평가하여, 1949년 3월 23일(음력, 이하 음력) 입교(入敎)→영계(靈戒)→참교(參敎)의 단계를 모두 건너뛰고 바로 지교(知敎)의 교질(敎秩)을 수여하였다. 이러한 종교적 절차를 대종교에서는 초승(超陞)이라 한다. 당시 '대종교에 대한 믿음이 이미 독실하면 교질(敎秩)을 초승(超陞)할 수 있다(信悰旣篤陞秩有典)'는 홍범(弘範)을 근거로 행한 절차였다. 그리고 그 해 4월 2일에는 경의원(經議院) 참의(參議)로도 선임되었다. 당시 원장은 이시영이 맡았으며 명제세와 정관(鄭寬)이 부원장을 그리고 신건식이 비서를 맡았다. 민필호와 함께 참의로 참여한 인물들을 보면 조완구·윤복영·김승학·장유순·이범석·정인보·안재홍·신성모·황학수·서상일 등 항일투쟁의 거물들이었이 주목된다. 이후 민필호는 1950년 1월 17일 제2차 대종교중흥회에서는 참여(參與)로 선출되어 자문역할도 수행했다.

[참고문헌]
『대종교보』,제161호(1949년)·제122호(1949년)·제165호(1950년), 『대종교인과 독립운동연원』(이현익, 프린트본, 1963), 『대종교독립운동사』(박명진, 필사본, 1964), 『대종교중광육십년사』(대종교총본사, 1971), 『韓國魂』(睨觀先生紀念會, 1955), 『한국독립운동사』3·4·5(국사편찬위원회, 1967·1968·1969), 『독립운동사』4(독립운동사편찬위원회, 1972), 『대한민국임시정부의원원문서』(국회도서

관, 1974), 『대한민국임시정부사』(이현희, 집문당, 1982), 『石麟閔弼鎬傳』(김준엽, 나남출판, 1995)

민효식(閔孝植, 남, 1903-?)
아호(별명) _ 죽오(竹五)
입교 시기 _ 1922년 | 교질 _ 정교

강원도 원주군 신림면(神林面) 구학리(九鶴里) 출신이다. 황해도 연백과 평산 지역에서 활동한 의병장 민효식(閔孝植)과는 동명이인이다. 우리 전래 야담(野談)에 대한 관심이 많았던 인물로, 1927년 11월 대종교 동지인 김진구(金振九)·김종원(金鍾遠) 등과 조선야담사(朝鮮野談社)를 만들어 대중운동에 앞장섰다.

당시 주간 겸 편집부장 김진구, 광고부장 김익환(金翊煥), 지방부장은 김종원이 맡았으며, 민효식은 서무부장을 맡아 움직였다. 조선야담사는 민중 교화를 목적으로 하고 오락성을 곁들여 근대야사를 주로 구연(口演)했다. 민효식 일행은 전국에서 개최한 야담대회를 통해 학생과 부인의 각성·계몽을 목표로 삼았으며, 개성과 논산에서 개최된 야담대회의 경과를 『중외일보』와 『동아일보』에 연재하여 당시 야담대회의 현장을 확인시켜 주었다.

또한 민효식은 태평레코드의 문예부장으로 활동하며 대중가요의 보급에도 일익을 담당한 인물이다. 해방 직후에는 만주 동경성에 있는 대종교총본사를 국내로 이전시키기 위한 주비회(籌備會)를 대대적으로 구성하는데 앞장섰다. 당시 회장은 권택(權澤)·김의동(金宜東)·김희균(金熙均)이었으며 민효식은 이극로(李克魯)·민위식(閔偉植)과 서기를 맡아 대종교 환국을 준비하였다.

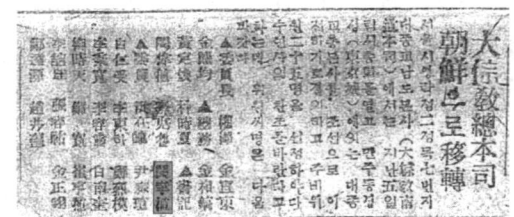

해방 직후 만주 동경성에 있는 대종교총본사를 국내로 옮기는 籌備會 모임에 대한 『중앙신문』 기사. 書記로 참여한 閔孝植(네모 안)이란 이름이 보인다.

민효식의 대종교 교력을 보면, 1922년 7월 19일(음력, 이하 음력) 대종교 남도본사의 추천으로 영계(靈戒)를 받았다. 그 이전에 입교한 것이 확인된다. 1946년 2월 23일에는 남도본사 특별 추천으로 지교(知敎)에 올랐다. 그리고 같은 해 3월 6일 경의원(經議院) 참의(參議)에 선임되었고 4월 27일에는 경의원 상무참의(常務參議)로 발탁되었다. 한국전쟁 이후인 1954년 7월 20일에 상교(尙敎)로 승질(陞秩)되면서 삼일원(三一圜)의 대덕(大德)이 되었으며, 1960년 10월

17일에는 정교(政敎)로 오르면서 대형(大兄)의 교호(敎號)를 받았다.

[참고문헌]
『대종교보』제55호(1922년)·환국기념호(1946년)·제150호(1946년), 『본사행일기』(성세영, 필사본, 1922), 『대종교중광육십년사』(대종교총본사, 1971), 『중외일보』1928.3.13., 4.13., 『중앙신문』1946.2.8. 『삼천리』제8권제2호(1936년)

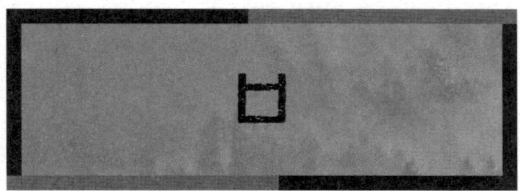

박걸(朴杰, 남, 생몰 미상)
입교 시기 _ 1923년 | 교질 _ 미상

출신지역과 생몰연대를 확인할 수 없는 인물로, 일제의 문서에서도 찾을 수가 없다. 그 이름 역시 대종교에 입교하며 개명한 외자이름으로 추정되지만 그 또한 확인이 안 된다. 박걸의 대종교와의 연관성은 1923년 4월 1일(음력) 대종교 동일도본사(東一道本司)의 특별추천으로 영계(靈戒)를 받으면서 인연을 맺는다. 그 이전에 대종교에 입교한 것을 알 수 있는 부분이다. 당시 박걸과 함께 영계를 받은 인물들 대다수가 김찬(金燦)·박건(朴健)·김혁(金赫)·박진(朴震)·김철(金哲)·김련(金鍊)·김포(金圃)·김관(金寬)·김원(金園)·김광(金光)·안영(安英) 등과 같이 외자이름이다. 대종교에 입교하며 개명한 이름임을 암시받을 수 있다. 또한 이들 대부분이 만주 항일투쟁사에 이름을 올린 인물들이고 보면, 박걸 또한 대종교 항일투쟁에 깊이 관여했던 인물로 추정된다.

[참고문헌]
『대종교보』제58호(1923년)

박관섭(朴寬燮, 남, 생물 미상)
입교 시기 _ 1939년 | 교질 _ 미상

출신지역과 생몰연대를 확인할 수 없다. 1923년 8월부터 1924년 1월까지 이춘화(李春化)·이용준(李容俊)·김병구(金炳九) 등과 조선무정단(朝鮮武政團)이란 조직을 만들어 활동한 인물이다. 무정단은 조선 독립이 군사적 실력과 정치적 실력을 동시에 갖추어야 만이 달성할 수 있다는 취지 아래 결성된 단체다. 그들은 간도를 중심으로 이와 관련한 선언서를 배포하고 암살단 운용, 군자금 모집 등 다양한 활동을 전개했다. 해방 이후인 1945년 9월 8일에는 한국민주당(韓國民主黨) 발기인으로 참여하여 임정정부 외에 정권을 참칭하는 단체 및 행동 배격 결의 성명서를 내기도 했다.

박관섭의 대종교 교력을 살피면, 1939년 12월 9일(음력) 영안현에 소재한 대종교 대목단분교당(大牧丹分敎堂)의 추천으로 항일투사 김창수(金昌洙)·이명학(李明學) 등 10여인의 동지들과 영계(靈戒)를 받은 기록이 전하나, 그의 교질(敎秩) 관계는 확인되지 않는다.

[참고문헌]
『대종교보』제124호(1939년), 「朝鮮 武政團 系統 不逞鮮人 檢擧에 관한 件」(不逞團關係雜件-朝鮮人의 部-在滿洲의 部38, 機密 제42호-機密受 제50호, 한국사DB, 국사편찬위원회), 『자료대한민국사』1(국사편찬위원회, 1968)

박광(朴洸, 남, 1882-1970)
아호(별명) _ 남정(南汀), 박황(朴況), 박근호(朴根浩)
입교 시기 _ 1910년대 | 교질 _ 미상 | 서훈 _ 애족장(1990)

경상남도 고령군(高靈郡) 고령면(高靈面) 일양동(一良洞) 출신이다. 본명은 박근호(朴根浩)로 대종교에 참여하며 외자 이름인 광(洸)으로 개명하였다.

1909년 대종교 동지인 윤세복(尹世復)·안희제(安熙濟)·김동삼(金東三)·신팔균(申八均) 등 80여 명의 동지와 함께 비밀결사 대동청년단(大同青年團)을 만들어 항일투쟁의 길에 들어섰다. 대동청년단은 단규(團規)에도 나타나듯이 철저한 비밀 활동을 원칙으로 하여, 이들의 활동사항이 체계적으로 기록된 곳은 극히 드물다. 대동청년단은 17세부터 30세 미만의 청소년 80여명으로 조직된 단체로, 그 모든 구성원의 명단은 지금도 알려지지 않았다. 다만 조직원 80여명이 완전히 밝혀진 것은 아니지만, 당시 단원이자 대종교 항일투사인 윤병호(尹炳浩)의 메모에 의해 53명의 명단이 전할 뿐이다. 그 명단 중에는 박광을 비롯하여 윤세복(尹世復)·안희제(安熙濟)·이원식(李元植)·남형우(南亨祐)·서상일(徐相日)·차병철(車秉轍)·신백우(申伯雨)·신성모(申性模)·신팔균(申八均)·민강(閔橿)·이경희(李慶熙)·김동삼(金東三)·신채호(申采浩)·이시열(李時說) 등, 대부분이 후일 대종교의 지도급 인물들로 활동하는 것도 특기되는 부분이다.

또한 박광은 대종교계 비밀결사인 조선국권회복단(朝鮮國權恢復團)에도 참여하여 항일투쟁의 지평을 넓혔다. 조선국권회복단은 1913년 1월 15일(음력) 대종교의 중광절(重光節, 대종교가 다시 일어난 날)을 기하여 달성군 도성면 대명동에 위치한 안일암에서 시회(詩會)를 가장해 모여 국권회복에 대한 방안을 협의한 끝에 탄생한 모임이다. 당시 이들이 내세운 기치는 "수천년 역사를 가진 우리 조선이 일한병합으로 망했으니 우리 시조 단군대황조(檀君大皇祖)에 미안한 일이니 어떻게 해서든 독립국으로 만들어야 한다"는 주창이었다. 그리고 이들은 이를 실천키 위해 우선 형제의 결의를 맺고 일치된 행동을 펴야 할 것을 다짐하면서, 독립운동을 추진해 갈 비밀결사인 조선국권회복단의 결성을 결의하였다. 주목되는 것은 이들의 맹세가 마치 대종교 중광(重光)의 명분이었던 '국망도존(國亡道存, 나라는 망했으나 정신은 있다)을 그대로 옮겨 놓은 듯한 의지를 보여준다는 점이다.

이들은 각기 서약서를 작성하고 연서한 후 '단군대황조영위(檀君大皇祖靈位)'란 위패를 세워 그 앞에서 기원을 올리며 자신들의 목적이 관철되도록 가호를 빌고 각자 변심치 말고 끝까지 독립투쟁에 진력할 것을 굳게 맹세하였다. 이 역시 홍암(弘巖) 나철(羅喆)이 1909년 음력 1월 15일, 동지들과 더불어 북벽에 '단군대황조신위'를 걸고 대종교를 다시 일으킨 의례와 동일한 것이다. 다음의 그 내용을 보면 이들의 서약이 대종교적 맹세와 유사함을 엿볼 수 있다.

  一. 한국의 국권을 회복할 것.
  一. 매년 정월 15일 단군의 위패 앞에 목적수행을 기도할 것.
  一. 단원은 마음대로 탈퇴하지 않을 것.
  一. 비밀을 누설치 말 것.
  一. 만약 이를 위반할 경우는 신명(神明)의 주벌(誅罰)을 받을 것.
  一. 결사대로 하여금 살육케 할 것.

첫째 항에 내세운 조국광복이 조선국권회복단의 목적을 말한 것이라면, 둘째 항의 중광절 단군위패 앞에서의 기도는 이 집단의 정신적 구심점, 즉 종교적 신념이 무엇인가를 알려주는 것이다. 또한 셋째와 넷째 항이 행위지침이라면, 다섯째와 여섯째 항은 일벌백계의 응징을 나타낸다 할 수 있다.

대동청년단의 활동은 이러한 조선국권회복단과 안희제의 백산상회(白山商會)와 밀접한 관련을 맺고 전개되었다. 박광은 1913년 8월 만주로 건너가 문상직(文相直)·이남기(李南基) 등과 함께 만주 안동현(安東縣)에서 표면상 신동상회(信東商會)라는 곡물 무역상을 경영하였다. 그리고 그곳을 독립운동의 거점으로 삼아 국내의 백산상회와 연계하여 독립운동가를 은닉해 주거나 여비를 제공해 주었다. 또한 대종교 동지이자 동제사(同濟社) 지도자였던 신규식(申圭植)·조성환(曹成煥)·박은식(朴殷植) 등을 통해 미국 샌프란시스코와 하와이 호놀룰루 동포들의 기관지인 『신한민보(新韓民報)』·『국민보(國民報)』 등을 들여와 국내에 배포하며 항일 독립 의식의 고취에 힘썼다. 동제사 역시 상해에서 조직된 대종교적 결사체로, 한인들의 친목융화와 간난상구를 내세운 친목단체를 표방한 것이지만 진정한 목표는 국권회복에 있었다.

박광은 1919년 국내 유림(儒林)들이 서명한 독립청원서를 파리강화회의에 제출하기 위해 만주에 건너온 김창숙(金

昌淑)과 박돈서(朴敦緒)에게 여행 편의를 제공하고 국내외의 연락을 맡아 활동하였다. 또한 그 해 7월에는 대한민국임시정부 통신원 황대벽(黃大闢)에게서 고유문(告諭文)과 『독립신문』 그리고 대한민국임시정부 각원개조서(閣員改造書) 등의 문서를 교부받아 송재기(宋載基)를 통해 국내에 배포하기도 하였다.

이후 김원봉(金元鳳)이 주도하여 조직한 의열단(義烈團)에 가입하여 안동현의 신동상회를 독립운동 거점으로 제공하며 활동하는가 하면, 1923년 11월에는 김원봉에게서 무기와 신임장을 인수받아 동지들로 하여금 국내로 잠입하여 군자금 모집 활동을 펴도록 하였다. 또한 봉천에서 민천공사(民天公社)를 조직하여 활동하던 나경석(羅景錫)이나 이호연(李浩然), 영고탑(寧古塔)에 있는 대종교총전교 윤세복 등 항일투사들과 긴밀히 연결하면서 암암리에 그들의 항일투쟁을 지속적으로 도왔다.

박광의 대종교 입교는 윤세복·안희제 등과 마찬가지로 대동청년단 시절로 알려져 있으나, 관련 기록은 전하지 않는다. 그러나 그의 대종교 외자 이름으로의 개명이나, 대종교적 비밀결사였던 대동청년단이나 조선국권회복단을 중심으로 활동한 것을 보면, 대종교와 뗄 수 없는 박광의 삶이 확인된다. 그러므로 일제강점기 그의 활동 대부분이 대종교적 인맥이나 조직을 통해 이루어졌다.

해방 이후에도 대종교 교단 활동에는 직접 관여하지 않았으나, 늘 물심양면의 헌성을 아끼지 않았던 인물이 박광이다. 1954년 4월(음력) 대종교 교적출판(敎籍出版)을 위해 거액을 헌성했던 것이 그 대표적 사례라 할 수 있다. 1960년 2월 23일(음력)에는 평생동지이자 대종교 총전교(교주)였던 윤세복이 조천(朝天)하자 장례위원으로 참여하여, 그의 가는 길을 애도하였다. 대종교장(大倧敎葬)으로 치러진 윤세복의 장례 당시, 박광이 올린 아래의 만시(輓詩)를 소개해 본다.

雨雪凄凄二月天　진눈깨비 처연히 몰아치는 날
檀崖同志化神仙　단애 동지여 신선되어 가시는가
獨行苦節三千衆　올곧은 절개로 우리만을 위하여
一貫丹心八十年　충심으로 살아온 길 팔십 년이라
生涯不染非公道　평생을 사사로움에 물들지 않으니
處世無求任自然　세상을 벗어나 순리에 기대려는가
匝域風塵猶未息　나라의 풍진은 아직도 씻김 없는데
只今後死淚漣漣　이제 죽어가니 눈물만 하염없구나

[참고문헌]
『대종교중광육십년사』(대종교총본사, 1971), 『판결문』(대구지검, 1920.10.6.), 『고등경찰요사』(경상북도경찰부, 1934), 『朝鮮獨立運動』ㅣ(金正明, 原書房, 1967), 『한국독립사』하(김승학, 독립문화사, 1965), 『독립운동사』1~10(독립운동사편찬위원회, 1970~1978), 『독립운동사자료집』1~14(독립운동사편찬위원회, 1970~1978), 『지산외유일지』(정원택, 탐구당, 1983), 『한민족독립운동사자료집』28(국사편찬위원회, 1996), 『고령군지』(고령군지편찬위원회, 1996)

박광희(朴廣熙, 남, 생몰 미상)
입교 시기_1916년 | 교질_참교

충청남도 대전 출신으로, 대종교 사회주의 항일투쟁에 앞장 선 인물이다. 또한 경성여자청년회 대표, 근우회 창립준비위원 등을 역임한 박원희(朴元熙)의 오빠이자 대종교 사회주의 투쟁의 대표적 인물인 김사국(金思國)의 처남이다.

1924년 4월에 서울 종로 기독교청년회관에서 조선노농총동맹(朝鮮勞農總同盟)을 결성하기 위해 열린 전국 노농대회(勞農大會)에 유성농우회(儒城農友會) 대표로 참석하여 활발한 의견을 개진하였다. 일제강점기 한국사회는 노동운동보다 소작쟁의로 나타난 농민운동이 더욱 큰 민족문제로 부상하던 시기였다. 1923년경에는 전국적으로 소작쟁의가 일어나 일제 식민통치와 그 지주적 수탈에 항쟁하고 있었다. 그러므로 당시의 노동운동자는 농민운동에도 관심을 가지게 되었다. 조선노농총동맹이 출범하게 된 배경이다.

박광희는 1921년 1월 서울에서 조직된 청년 단체인 서울청년회계로 분류되어, 충남 대전 지역을 대표하였다. 그러므로 서울청년회 계열 사회주의자들이 1925년 4월 발기한 조선사회운동자동맹에도 대전을 대표하여 이름을 올렸다. 이 조직은 사회주의자동맹, 경상북도사회운동자동맹, 전라남도사회운동자동맹 등, 도 단위의 사상운동단체 상위조직이 모여 구성되었으나, 일제의 집회 금지로 최종적 결성이 좌절되었다.

또한 1926년 2월 서울에서 설립된 사회주의 운동 조직인 조선사회단체중앙협의회에도 참여하는가 하면, 각황사에서 열린 조선불교대회(朝鮮佛敎大會)에서는 '불교상인생관(佛敎上人生觀)'·'조선 불교에 대하여'를, 또한 강경양영학원(江景養英學院)에서는 '잘살아보자'는 등의 강연 활동도 활발히 하였다. 그러나 1931년 9월 유성면장(儒城面長)에 취임한 이후부터는 체제순응적인 경향으로 기울어졌다. 특히 1938년부터는 국민총동원령에 순응하는 모습을 모이는 등, 어두운 일면을 남겼다.

박광희는 1916년 3월 13일(음력) 참교(參敎)의 교질(敎秩)을 받은 기록이 있다. 그 이전에 이미 대종교에 입교한 것이 확인된다. 그와 같은 날 참교를 받은 인물이 항일투사 류광민(柳光民)과 엄주천(嚴柱天)이었다.

[참고문헌]
『종문영질』(프린트본, 1922), 「조선노농총동맹 발기회의 건」(檢察行政事務에 關한 記錄1, 京鍾警高秘 제4409호의 3, 한국사DB, 국사편찬위원회), 「조선사회운동자동맹 발기 준비위원회의 동정에 관한 건」(檢察事務에 關한 記錄2, 京鍾警高秘 제4625호, 한국사DB, 국사편찬위원회), 『동아일보』1922.1.24., 9.9., 『조선신문』1931.9.17., 『매일신보』1938.7.20·27.

박근식(朴根植, 남, 1884-?)
입교 시기_미상 | 교질_미상

황해도 장연군(長淵郡) 박택면(尊澤面) 창현리(蒼峴里) 출신이다. 일찍이 연해주 수청(水淸)으로 넘어가 러시아인과 결혼한 인물로 알려졌다. 1907년에는 블라디보스토크에서 여관을 경영한 기록이 있으며, 우덕순이 1908년 연해주에서 활동할 당시 거점을 잡은 곳도 바로 박근식의 집이다. 1909년 봄에는 김기열(金基烈)·백낙길(白樂吉)·김대연(金太連)·안계린(安啓麟)·이주천(李周天)·황병화(黃化炳)·강두찬(姜斗瓚)·유파홍(劉坡弘) 10여명의 동지들과 함께 대한국기(大韓國旗)에 혈서로 '독립자유' 4자를 대서(大書)하고 손가락을 잘라 단지동맹을 결성하며 일사보국을 맹세했다.

1914년경 남만주 화전현(樺甸縣)으로 넘어가 그곳을 거점으로 항일투쟁을 전개했다. 1922년 4월 임시정부와 협의하여 화전현 지역 강남오(姜南五)·정병식(鄭秉植)·최진구(崔鎭九)·김인현(金仁賢)·최남표(崔南杓) 등과 암살대를 조직하여 활동하는가 하면, 그 이듬해에는 그 지역 귀화선인들을 중심으로 군자금을 모집하는데도 적극 앞장섰다. 1923년 5월에는 대종교지도자 노은(蘆隱) 김규식(金奎植) 등이 제제합이(齊齊哈爾) 용강현(龍江縣) 조선인 농장에서 개최한 남북만주선인대표회의(南北滿洲鮮人代表會議)에 한경래(韓敬來)·남상복(南尙福)·이동훈(李東勳) 등과 화전현 대표로 참석하였다.

1924년 1월에는 화전현 관가(官街)에서 석주 이상룡을 중심으로 하여 종래 서로군정서를 중정부(重政府)라는 이름으로 개칭하고 조직을 정비할 당시, 박근식은 군사국장(軍事局長) 겸 군의장(軍醫長)을 맡아 참여하기도 했다. 그리고 1927년 1월경 다시 연해주로 옮겨 거주했다 하나, 그 후의 구체적 행적은 전하지 않는다.

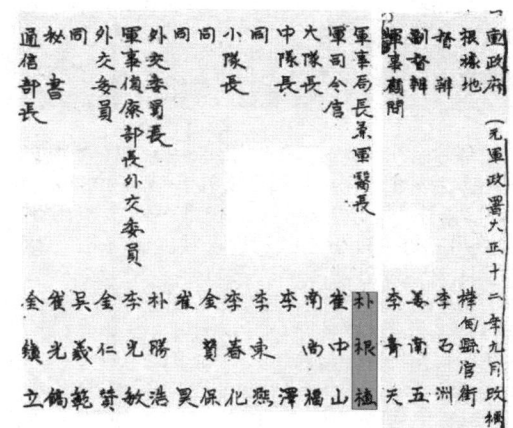

1924년 李石州(이상룡)가 이끄는 重政府에 대해 기록한 일제의 문서. 朴根植(네모 안)의 이름이 적혀 있다.

박근식의 대종교 입교(入敎), 영계(靈戒), 교질(敎秩)과 관련한 대종교단 내의 기록은 전무하다. 그러나 1923년 어천절(음력 3월 15일)에 길림성 화전현(樺甸縣) 대종교 인물들을 중심으로 조직된 단조기념회(檀祖紀念會) 발기인으로 이름이 올라있다. 그 기념회의 참여 인물들이 박우진(朴宇鎭)·공창준(公昌準)·지장회(池章會)·김학근(金學根)·이천민(李天民) 등 그 지역 대종교 중진들이었고 보면, 박근식의 대종교 입교가 연해주에서 화전현으로 넘어간 직후였을 가능성이 높으며, 그 종교적 위치 역시 낮지 않았을 것으로 추정된다. 당시 이 기념회의 목적은 단군대황조(檀君大皇祖)를 한 마음으로 숭배하며, 국내외에 산재해 있는 단조전(檀祖殿)을 공경하는 것과, 단조의 옛 도읍에 기념비를 세우고, 사적(事蹟)을 등기(謄記)하여 동족 간의 친목을 더욱 돈독히 하는 데 있었다. 그 취지서의 내용 역시 단군대황조의 덕을 기리고 하늘[皇天]에 맹세하는 것으로, 마치 대종교 중광의 선언서라 할 수 있는 「단군교포명서(檀君敎佈明書)」의 이미지를 그대로 옮겨놓은 듯하다. 그 기념회의 「발기요지(發起要旨)에 관한 규칙」 제1항에서도 아래와 같이 확인된다.

一.본회는 국내외를 막론하고 대황조(大皇祖)님을 일심숭배(一心崇拜)하며 유도(遺都)에 기념비를 건(建)하여 사적(事蹟)을 등재(謄載)하며 동족(同族)의 친목을 증독(增篤)함

[참고문헌]
「不逞鮮人의 暗殺計劃에 관한 건,不逞團關係雜件―朝鮮人의 部-在滿洲의 部32, 機密受제44호-機密公제39호, 한국사DB, 국사편찬위원회), 「南北滿洲 不逞鮮人代表會 開催」(不逞團關係雜件·朝鮮人의 部-在滿洲의 部36, 機密受제293호-關機高收제6238호, 한국사DB, 국사편찬위원회), 「용의조선인명부」(조선총독부경무국, 1934), 『한국독립운동사자료』6·7·37(국사편찬위원회, 1976·1978·2001)

박기준(朴基俊, 남, ?-1921)
아호(별명) _ 박기준(朴基駿)
입교 시기 _ 1912년 | 교질 _ 참교 | 서훈 _ 애족장(1995)

함경북도 성진(城津) 출신으로, 잡화상으로 위장하여 항일투쟁을 전개한 인물이다. 대종교 일각에서는 1917년 대종교지도자들이 중심이 되어 발표한 『대동단결선언(大同團結宣言)』의 서명자 박기준(朴基駿)과 동일인으로 보는 시각도 있으나, 확인이 안 된다.
박기준은 1919년 7월경, 함경남도 출신들이 많이 거주하는 연해주의 슬라즈예프카에 거주하며 김춘상(金春常)·박병흡(朴炳洽)·최석보(崔錫甫) 등과 교유하며 잡화상을 경영하였다. 그러나 1921년 1월 3일, 모종의 임무를 수행하던 중 함경남도 삼수군(三水郡) 삼남면(三南面)에서 중평장경찰서(仲坪場警察署) 수사반에 의해 피살되었다. 당시 박기준은 2개의 폭탄을 소지하고 있었는데, 검문에 걸려 연행되어 취조 도중 권총을 빼앗아 저항하다가 피살 순국한

것이다.
박기준의 대종교 교력을 살피면 1912년 4월 3일 참교(參敎)의 교질(敎秩)을 받은 기록이 있다. 그 이전에 대종교에 입교한 것이 확인된다. 특히 같은 날 함께 참교의 교질을 받은 인물 중에는 석주(石洲) 이상룡(李相龍)의 조카인 이형국(李衡國)과 만주의 항일투사 김의근(金義根) 등이 포함되어 있다.

[참고문헌]
『종문영질』(프린트본, 1922), 「黑龍州 각지 조선인 상황에 관한 건,(不逞團關係雜件-朝鮮人의 部-在西比利亞8, 機密 제85호, 한국사DB, 국사편찬위원회), 「不逞鮮人侵入及檢擧」(不逞團關係雜件 朝鮮人ノ部 在內地 十二, 高警第872號;秘受0733號, 한국사DB, 국사편찬위원회), 「독립운동사자료집」(독립운동사편찬위원회, 1978)

박길화(朴吉和, 남, 1872-1952)
입교 시기 _ 1921년 | 교질 _ 미상 | 서훈 _ 애족장(1990)

충청남도 부여군 구룡면(九龍面) 동방리(東芳里) 출신이다. 어려서 한문을 익히고 향리에서 삼학서원(三學書院)을 설립하여 청소년 교육에 앞장섰다. 이후 그 지역 동창학교(東彰學校)와 홍산면(鴻山面)의 서기와 면장을 지내는가 하면, 구룡공립보통학교(九龍公立普通學校)의 학무위원도 역임하였다.

대종교 항일단체 대한군정서 독립공채 사건과 관련한 최종 판결 기사.(『동아일보』1923.4.1.) 1년형을 선고 받은 朴吉和(네모 안)의 이름이 보인다.

박길화는 1921년초 동향인(同鄕人) 강철구(姜鐵求)를 도와 독립공채를 통한 군자금 모집에 앞장섰다. 강철구는 대종교지도자 호석(湖石) 강우(姜虞)의 아들로, 1917년 만주로 망명하여 대종교 항일단체 대한군정서(북로군정서)에 몸을 담고 총재 서일(徐一)의 비서역으로 활동하고 있었다. 강

철구가 군자금 모집을 위해 독립공채를 소지하고 간도(間島)로부터 귀국하여 충남 부여군으로 들어왔을 당시, 박길화는 그 지역 자산가들을 강철구에게 연결시키고 직접 회유하여 군자금 모집에 앞장섰다. 그러나 강철구가 임무를 끝내고 만주로 귀환하려 준비하던 중, 일경에 탐지되어 박길화를 포함한 동지들이 모두 체포되었다. 이 사건으로 박길화는 1923년 4월 1일 경성지방법원에서 징역 1년형을 받고 옥고를 치렀다.

박길화의 대종교 입교와 영계(靈戒) 관련 사항은 교단 내에 남아있지 않다. 다만 구속 당시 일제 검찰로부터 심문(審問) 받은 기록에 1921년 2월 강철구의 권유로 대종교에 입교한 것이 확인된다.

[참고문헌]
「동아일보」1923.2.15., 3.14·30·31., 4.1., 『한국독립사』하(김승학, 독립문화사, 1971), 『한민족독립운동사자료집』38(국사편찬위원회, 1999)

박남섭(朴南燮, 남, 1887-?)
입교 시기 _ 1923년 이전 | 교질 _ 미상

출신지역과 생몰연대를 확인할 수 없는 인물이다. 다만 일제의 문서에 한명성(韓明星)·전승묵(田昇默) 등과 함경북도 계열로 분류됨을 보아 그 지역 출신일 가능성이 높다. 박남섭은 그의 형 박남익(朴南益)과 함께 하얼빈 지역 상당한 자산가로 알려진 인물이다. 박남익은 고려공산당 문창범 일행을 암암리에 도운 인물로도 알려져 있다.

박남섭의 대종교 교력은 교단 내에 전하는 기록은 없다. 그러나 1923년 4월 하얼빈에 거주하면서, 그곳을 거점으로 조직된 만몽산업회(滿蒙産業會)라는 조직에 참여했다는 점이 주목된다. 이 단체는 암암리에 대종교 재건을 통한 항일투쟁의 거점 확보를 모색하려는 비밀조직으로, 당시 대종교 교주였던 김교헌(金敎獻)을 비롯하여 박남섭·우덕순(禹德淳)·원풍(元豊)·김규식(金奎植)·최계화(崔桂華)·유정근(兪政根)·김좌진(金佐鎭)·조성환(曹成煥)·현천묵(玄天黙)·김원식(金遠植)·강윤선(姜允善)·전승묵(田昇默)·이종수(李鍾秀) 등 30여명이 가담하였다. 모두 대종교지도자급의 인물들이다. 박남섭의 이러한 비중을 감안한다면, 그 입교가 그 시기보다 훨씬 이전에 이루어졌음을 알 수 있다.

[참고문헌]
「大倧敎 設立計劃」(不逞團關係雜件-朝鮮人의 部-在滿洲의 部36, 機密受제262호-關機高收제5452호-1, 한국사DB, 국사편찬위원회), 「山崎眞雄(朝鮮總督府 事務官 兼 外務事務官)」(朝鮮人에 대한 施政關係雜件 一般의 部3, 鮮人을 中心으로 한 哈爾賓의 考察, 한국사DB, 국사편찬위원회)

박노범(朴魯範, 남, 생몰 미상)
입교 시기 _ 1922년 | 교질 _ 미상

출신지역과 생몰연대를 확인할 수 없으며, 일제의 문서에도 드러나지 않는 인물이다. 그러나 1922년 5월 23일(음력) 대종교 동이도본사(東二道本司)의 추천으로 항일투사 류림(柳林)·성인호(成仁鎬)·최시언(崔時彦) 등과 영계(靈戒)를 받은 것으로 보아, 대종교 항일투쟁에 관여한 인물임을 알 수 있다. 더욱이 1926년 당시에는 대종교 탑일시교당(塔一施教堂)의 책임자(典務)를 맡은 기록이 있다. 당시 탑일시교당은 대종교의 영안현가(寧安縣街) 남관(南關)에 위치했으며, 박노범을 도와 그 시교당의 찬무(贊務, 부책임자)를 맡은 인물도 항일투사 김석영(金錫永)이었다. 이런 점에서 보면, 그의 교질(教秩)의 단계 역시 지교(知教) 수준에 있었을 것으로 추정되나, 이 역시 기록이 전하지 않는다.

[참고문헌]
「대종교보」제54호(1922년), 「大倧教施教堂一覽表(1926년)」(延边朝鲜族自治州档案馆 全宗号42 目录号1 案卷号343, 和龙县历史档案 和龙县警察所, 令各区查禁韩人设立大倧教堂由, 民国十五年五月十二日), 「排日鮮人 行動에 관한 報告의 건」(不逞團關係雜件-朝鮮人의 部-在滿洲의 部5, 政機密 제27호, 한국사DB, 국사편찬위원회)

박노창(朴魯昌, 남, 1888-1977)
아호(별명) _ 박형남(朴馨南)
입교 시기 _ 1920년 이전 | 교질 _ 미상 | 서훈 _ 애족장(1990)

박노창

경상북도 달성군(達城郡) 출신으로 알려져 있으나, 일제의 심문조서에는 경상북도 문경군(聞慶郡) 신북면(身北面) 평천리(坪川里)로 기록되어 있다. 1912년 왕산(旺山) 허위(許蔿)의 장남 허학(許壆) 등과 만주의 통화현(通化縣) 이도구(二道溝)로 망명한 후, 1914년 한인촌을 중심으로 김동삼(金東三) 등 동지들과 함께 동화학교(東華學校)를 세우고 민족의식 고취에 힘을 쏟았다. 그 후 국내로 돌아와 서울을 중심으로 활동하던 중, 강원도 고성(固城) 출신의 대동단원인 정남용(鄭南用)의 권유로 1919년 5월 대동단(大同團)에 가입하였다.

대동단은 전협(全協)·최익환(崔益煥) 등이 전민족의 대동단결을 표방하며 1919년 3월 말 서울에서 결성한 독립운동단체로, 조선민족대동단이라고도 부른다. 김가진(金嘉鎭)을 총재로 추대하고 전 사회 각 계층의 인사들을 규합하려던 조직으로, 주로 각종 인쇄물의 인쇄·배포 등을 통한 독립사상의 고취와 동단의 선전 및 군자금 모집활동을 전개했다. 그러나 결성 초기부터 큰 반향을 얻지 못한 채, 인쇄물에 의한 홍보 차원을 벗어나지 못하였다. 박노창 역시 동지 이건호(李建鎬)의 집에 영동활판소(永同活版所)라는 비밀 인쇄소를 차려 놓고 정남용·권헌복(權憲復)·이근고(李根高)·김용의(金用儀) 등과 대동단의 기관지인 『대동신보(大同新報)』를 제작·발행하였으며, 「대동단규칙」 등 지하 문서와 각종 선전문을 인쇄·배포하였다.

박노창은 동지 규합과 군자금을 모집하기 위해 『대동신보』, 「대동단규칙」 등의 문서를 소지하고 부산에 거주하는 구상서(具尙瑞)를 만나 그와 함께 선전물을 배포하였다. 그러던 도중 일제에 의해 체포되어 1920년 12월 7일 경성지방법원에서 출판법 및 보안법 위반 혐의로 징역 2년을 언도 받고 옥고를 치렀다. 출옥 이후인 1924년 9월 15일에는 박형남이란 이름으로 조선노동교육회(朝鮮勞動教育會) 창립에도 참여하였다. 이 단체는 '국내외 노동교육상황을 조사하여 노동교육의 원리를 연구할 것'을 표방하고 결성된 단체로, 박노창은 원세만(元世萬)·박상훈(朴尙薰)·임경순(任敬淳)·이락영(李樂永)·이성(李星)·이준열(李駿烈)·김지태(金知泰)·박영준(朴英駿) 등과 집행위원으로 이름을 올렸다.

박노창은 만주로 건너간 1910년대 초반에 대종교에 입교한 인물로 알려져 있으나, 관련 기록은 남아있지 않다. 그러나 1920년 대동단사건으로 체포되어 심문을 받을 당시, 본인 스스로 단군교(대종교)도임을 떳떳이 밝힌 인물이 박노창이다. 그의 대종교 입교가 만주 시절로 거슬러 올라감을 알려주고 있으나, 구체적인 교력 관계는 확인이 안 된다.

[참고문헌]
「판결문」(경성지방법원, 1920.12.7.), 「朝鮮勞動教育會 發起 創立總會에 關한 件」(檢察行政事務에 關한 記錄2, 地檢秘 제756호, 한국사DB, 국사편찬위원회), 「삼일운동비사」(시사시보사, 1959), 「한국독립사」하(김승학, 독립문화사, 1965), 「한민족독립운동사자료집」5(국사편찬위원회, 1988)

박노현(朴魯賢, 남, 1896-?)

아호(별명) _ 남악(南樂)
입교 시기 _ 일제강점기 | 교질 _ 상교

출신지역과 생몰연대를 확인할 수 없는 인물이다. 박노현에 대한 기록은 일제의 문서에는 일체의 언급이 없다. 대종교단 내의 기록에도 일제강점기의 활동 이력은 전하지 않는다. 그러나 그와 신민부(新民府) 활동을 함께 했던 항일투사 이현익(李顯翼)의 기록에는 박노현에 대한 기억이 뚜렷하다. 그가 대종교 항일단체인 대한군정서(북로군정서)의 무기운수대원(武器運輸隊員)이었으며 신민부의 요원이었다는 회고다.

대한군정서는 군교일치(軍教一致)를 추구하던 대종교 집단이었다. 그 집단의 무기운수대원의 주요 임무는 러시아

로부터의 무기운반이었다. 당시 대한군정서는 시베리아에서 철수하는 체코 군의 무기를 구입하거나, 러시아인과 러시아 귀화 한국인들을 통해 다량의 무기를 입수할 수 있었다. 대한군정서의 총재이자 대종교 동도본사(東道本司)의 책임자였던 백포(白圃) 서일(徐一)은 직접 러시아 영토에 출장하여 무기 구입을 추진하였다. 이렇게 구입한 무기를 옮기기 위해 운반대가 조직되어, 여러 경로를 통해 왕청현 서대파의 대한군정서 본영지로 운반되었다. 그 운반대의 일원으로 박노현이 참여한 것이다.

신민부 역시 대한군정서를 계승한 단체로, 그 주요 구성원의 대부분이 대종교인이었다. 따라서 이들이 신봉하였던 대종교 이념이 자연스레 신민부의 주요한 이념으로 자리 잡았다. "신민부의 기본철학은 대종교의 홍익인간과 중광정신이었다. 그렇다고 해서 결코 봉건적이었다거나 파쇼적인 것은 아니었다."라는 아나키스트로 신민부 요원이기도 했던 이강훈의 회고가 이를 방증한다. 그러므로 신민부 중앙집행위원회의 위원이었던 김혁(金爀)·김좌진(金佐鎭)·나중소(羅仲昭)·조성환(曺成煥)·윤복영(尹復榮)·오상세(吳祥世)·박성태(朴性泰)·정신정신(鄭信)·박두희(朴斗熙)·최호(崔灝)·유현(劉賢) 등이 모두 대종교인들이었다. 이밖에도 신민부원으로서 대종교의 신자로 알려진 대표적 인물들은 박노현을 포함하여 이옥규(李沃圭)·성하식(成夏植)·이재유(李在囿)·오근태(吳根泰)·이현익·정순상(鄭舜相)·윤창열(尹昌烈)·류우식(柳佑植)·최병욱(崔秉郁)·우덕순(禹德淳)·이성우(李成宇)·지장회(池章會)·현천극(玄天極)·이정(李楨)·나정련(羅正練)·김영숙(金永肅)·박찬익(朴贊翊) 등, 헤아리기 힘들 정도였다.

박노현과 관련된 일제강점기의 대종교 교력은 모두 없어졌다. 그러나 해방 직후 대종교의 기록에는 특이한 교력이 실려 있다. 박노현이 1946 8월 27일(음력) 이미 상교(尙教)의 교질(教秩)로 경의원(經議院)의 참의(參議)을 맡은 기록이 그것이다. 같은 날 함께 참의로 임명된 권중락(權重洛, 知教)·안신(安甡, 홍암 나철의 사위, 知教)·양세환(梁世煥, 參教)·명제세(明濟世, 參教)·안재홍(安在鴻, 參教) 등 쟁쟁한 인물들보다도 교질이 더 높았다. 박노현의 대종교 입교가 매우 이른 시기에 이루어졌음을 말해주는 부분이다. 아마도 그가 대한군정서에 가담할 시기인 1920년 전후로 짐작된다.

[참고문헌]
「대종교보」제151호(1946년), 「대종교인과 독립운동연원」(이현익, 프린트본, 1963), 「대종교중광육십년사」(대종교총본사, 1971), 「한민족독립운동사」4(국사편찬위원회, 1988), 「민족해방운동과 나」(이강훈, 제삼기획, 1994)

박달규(朴達圭, 남, 1896-?)

입교 시기 _ 1937년 | 교질 _ 참교

출신지역과 생몰연대를 알 수 없는 인물이다. 1937년 8월 2일(음력) 만주 동경성(東京城)에 소재한 대종학원(大倧學園)

의 교사로 임명된 기록이 있다. 당시 대종학원의 원장은 백산(白山) 안희제(安熙濟)로, 일제강점기 대종교의 학교는 곧 시교당이자 독립운동 기지이기도 했다. 일제가 대종교에 입교하는 그 자체를 항일투쟁으로 간주한 이유다. 1942년 일제가 대종교지도자들을 한 번에 모두 구속시킨 사건인 임오교변(壬午敎變)의 구실 역시 대종학원과 무관치 않다. 1942년 9월, 국내 조선어학회를 이끌고 있던 고루 이극로가 동경성 대종교총본사 단애 윤세복(당시 대종교 교주)에게 보낸 편지를 빌미 삼은 것이다. 그 편지의 마지막 구절은 다음과 같다.

"…(전략)…그런데 이제는 때가 왔다. 우리는 모든 힘을 발휘하여 대교(大敎, 대종교-인용자 주)의 만년대계를 세우고 나아가야 된다. 이 어찌 우연이랴. 오는 복을 받아들이지 아니하는 것도 큰 죄가 되는 것을 깊이 깨달아야 된다. 만나기 어려운 광명의 세계는 왔다. 반석 우에 천전(天殿)과 교당(敎堂)을 짓자! 기름진 만주벌판 대종학원(大倧學園)을 세워서 억센 일군을 길러내자! 우리에게는 오직 희망과 광명이 있을 뿐이다. 일어나라 움직이라! 한배검이 도우신다."

이극로가 외치는 것은 대종교의 시교당 건설과 만주에서의 대종학원 확장이었다. 그러나 일제는 이것을 폭동과 내란을 선동하는 독립선언서로 규정하고 임오교변을 일으켰다. 일제에게는 대종학원이 곧 독립군기지이며 독립군양성소였던 것이다. 박달규의 대종교 참여와 대종학원 교사로서의 근무 역시 항일투쟁과 동일선상에 있었다. 대종교에서는 1937년 9월 7일(음력), 총본사의 특별 추천에 의해 김시구(金時求)·전봉협(全鳳協)·최윤호(崔崙昊)·김희수(金希洙)와 더불어 박달규에게 참교(參敎)의 교질(敎秩)을 수여하였다.

[참고문헌]
『대종교교보』제115호(1937년). 『대종교중광육십년사』(대종교총본사, 1971). 「대종교 항일운동의 정신적 배경」(김동환, 『국학연구』제6집, 국학연구소, 2001)

박대우(朴大祐, 남, 1877-?)
입교 시기_ 1920년 이전 | 교질_ 참교

평안남도 출신으로, 대종교단 내에서는 기록이 일체 전하지 않는다. 다만 1923년 3월에 기록된 일제의 문서에 박대우란 인물이 등장하고 있다. 그가 1920년 3월 대종교인으로 군정사군무서(軍政司軍務署)의 화단장(火團長)을 맡았다는 기록이 그것이다. 대종교 항일단체인 북로군정서(대한군정서)가 1919년 10월에 출범한다는 점을 감안해 본다면, 군정사군무서란 그 이전의 단계를 부른 명칭으로 볼 수 있다. 당시 백포(白圃) 서일(徐一)이 고문을 맡았으며, 김광국(金光國)이 총장(사령관)을 맡았다. 또한 이재수(李在秀, 募捐局長)·정신(鄭信, 募捐隊長)·정도기(丁道基, 서무과장)·이식

(李植, 종군기자) 등의 이름과 직위가 적혀 있다. 박대우와 더불어 모두 대종교인이었다는 점이 주목된다. 그러므로 박대우의 대종교 입교 시기 역시 이 기밀문서가 작성된 1920년 3월 이전임을 알 수 있으나, 영계(靈戒)나 교질(敎秩) 사항은 알 수가 없다.

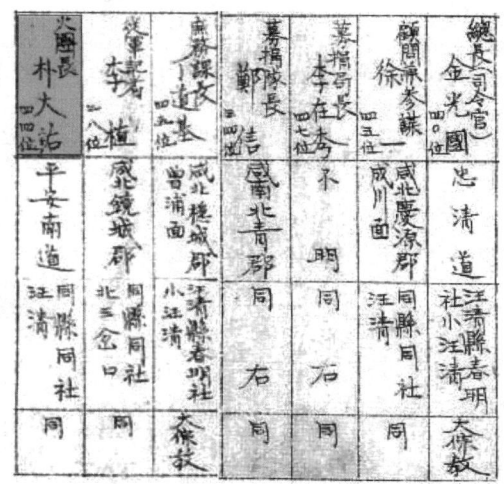

1920년 3월 당시 軍政司軍務署(북로군정서)의 주요 구성원들을 적어 놓은 일제의 문서. 맨 왼쪽 네모 안에 火團長, 朴大祐, 44세라는 기록과 함께 종교가 大倧敎로 적혀 있다.

[참고문헌]
「國外情報(間島派遣員報告要旨)」(不逞團關係雜件 朝鮮人ノ部 在内地 十, 高警第7594號;秘受03507號, 한국사DB, 국사편찬위원회)

박돈하(朴激夏, 남, 1895-?)
입교 시기_ 1923년 이전 | 교질_ 미상

함경남도 함흥부(咸興府) 본정(本町) 출신으로, 일제의 기록에는 대종교계 공산주의자로 분류된 인물이다. 그는 1918년 3월 경성의학전문학교를 졸업하고 간도 영정촌(龍井村)으로 망명하였다. 그곳에서 병원 조수로 근무한 후 1923년 하얼빈으로 옮겨갔다. 1924년 하얼빈 중동선(中東線) 일면파(一面坡)에 북만의원(北滿醫院)을 개업하고 그 지역을 중심으로 상당한 자산과 신용을 획득하였다. 박돈하는 이를 토대로 대종교계 공산주의 활동을 꾸준히 전개하는가 하는 한편, 1926년 9월에는 그곳 일면파에 영진학교(永進學校) 설립하여 후진 양성에도 힘을 쏟았다. 그의 교육에 대한 열정은, 그가 스스로 영진학교의 교장을 맡아 교사 2명을 거느리고 수년간 헌신한 것에서도 확인된다. 박돈하의 대종교 관련 기록은 교단 내에 전하는 것이 없다. 물론 일제의 압수 등, 여러 수난으로 망실 혹은 은닉되었을 가능성이 크다. 그러나 그의 공산주의 활동 역시

그에 대한 기록 부재와 무관치 않을 듯하다. 대종교는 일제강점기부터 교단 차원에서 사회주의(공산주의)에 대한 경계를 분명히 드러냈기 때문이다. 이것은 해방 이후의 기록에서도 그 사상과 관련된 인물들의 기록 회피 현상으로 그대로 연결되었다.

오히려 박돈하의 대종교 관련 기록은 일제의 문서에 찾을 수 있다. 그가 1923년 4월경에 조직된 만몽산업회(滿蒙産業會)에 가담한 기록이 그것이다. 만몽산업회는 당시 대종교 교주였던 김교헌(金敎獻)이 직접 앞장서서 주도한 것으로, 청산리독립전쟁 이후 각 곳으로 흩어진 대종교 세력의 재건을 위해 도모된 비밀조직이었다. 만몽산업회에 참여한 주요 인물들을 보면 김교헌(당시 대종교 교주)과 박돈하를 위시하여 우덕순·원풍·김규식·최계화·유정근·김좌진·조성환·현천묵 등 37명으로 모두 대종교의 핵심들이었다. 박돈하가 대종교 재건을 위해 대종교지도자들을 중심으로 조직된 비밀단체 만몽산업회에 가담한 것을 보면, 그 이전에 이미 대종교에 깊이 관여했을 뿐만 아니라, 그의 대종교적 위치 역시 상당했을 것으로 추정된다.

일제가 1923년 4월 대종교 비밀조직 만몽산업회에 대해 기록해 놓은 명단의 일부. 맨 오른쪽에 朴激夏(네모 안)라는 이름이 보인다.

[참고문헌]
「大倧敎 設立計劃」(不逞團關係雜件-朝鮮人의 部-在滿洲의 部36, 機密受제262호-關機高收제5452호-1, 한국사DB, 국사편찬위원회), 『동아일보』1929.1.16., 『용의조선인명부』(조선총독부경무국, 1934)

박동초(朴東初, 남, 생몰 미상)

입교 시기 _ 1923년 이전 | 교질 _ 미상

출신지역과 생몰연대를 확인할 수 없다. 다만 1926년 11월 정의부(正義府)를 개선할 당시, 박동초가 국내 평안북도 초산(楚山)을 대표하여 중앙의회의원(中央議會議員)으로 선출된 기록이 있다. 이 당시 피선된 인물들이 각기 자신의 출신지역을 대표한 것으로 보면, 박동초 역시 초산 출신이 아닐까 추정해 본다.

그는 1924년 11월 길림성 반석현(盤石縣)에서 출범한 한국노동당(韓國勞働黨)에 참여한다. 한국노동당은 '조선민중해방운동에 대한 완전한 전사(戰士)가 되도록 기함'과 '신사회 건설에 대한 수양 촉진을 도모함'을 그 주요 강령(綱領)으로 내세운 단체로, 1925년 1월 1일자로 『로동보』라는 순간(旬刊) 잡지도 창간하였다. 박동초는 대종교의 중심인물인 박우진(朴宇鎭)·박근식(朴根植) 등과 함께 한족노동당(韓族勞働党) 중앙의사위원(中央議事委員)으로 활동하였다.

또한 박동초는 1926년 5월, 이수흥(李壽興)의 국내로 잠입 활동도 적극 도운 인물이다. 이수흥은 1923년 만주로 망명하여 사관 양성을 목적으로, 김좌진(金佐鎭)이 길림성에 세운 대종교계 신명학교를 졸업한 인물이다. 그는 육군주만참의부 특무정사로 임명되어 류남수(柳南秀)와 함께 국내로 들어와 총독 및 일제 고관을 처형하려는 시도를 하였다. 당시 이수흥의 거사 자금의 일부를 기꺼이 제공한 인물이 박동초였다. 이어 박동초는 1926년 11월에 개선된 정의부의 조직에, 평북 초산 지역을 대표하여 중앙의회의원을 맡았으며, 1928년 5월 길림성 화전현(樺甸縣)에서 개최된 유일당촉성(唯一黨組織促成) 문제 토의에도 참가하였다. 이 토론은 정의부를 비롯한 18개 단체 대표가 모인 모임으로, 박동초는 반석현의 이도일(李道一)·김응섭(金應變) 등과 재만농민동맹(在滿農民同盟)을 대표하여 참여하였다.

박동초와 관련된 대종교단 내의 기록은 전하지 않는다. 일제강점기 대부분의 기록이 압수 혹은 망실된 것과 연관이 있다. 또한 박동초가 대종교계 사회주의(공산주의) 활동에 깊이 관여했던 것과도 무관치 않다. 대종교단 내의 사회주의 계열에 대한 피기(避記) 현상은 해방 이후까지도 지속되었다.

박동초와 대종교와의 연관성은, 1923년 어천절(御天節, 음력 3월 15일)에 화전현(樺甸縣)에서 만들어진 단조기념발기회(檀祖紀念發起會)에서 찾을 수 있다. 어천절은 개천절과 더불어 대종교의 2대 경절에 속하는 중요한 날이다. 대종교를 일으킨 홍암 나철이 1910년 9월 27일(음력) 교명(敎命)으로 제정한 「의식규례발포안(儀式規例發布案)」에 '어천절은 어극(御極)하신 93년에 다시 천부(天府)로 상어(上御)하심이며'로 규정하면서 정착된 것이다. 대종교 교리에 의한 어천절은, 한배검[天祖神]이 상원갑자년(上元甲子年)에 인간세계에 내려와 125년 동안 신시(神市)를 열어 가르치고, 무진년에 임금의 자리에 올라 93년 동안 다스리는 등, 삼신일체(三神一體)의 자리에 서서 각각의 자리에 따라 조화(造

化)·교화(敎化)·치화(治化)의 은덕을 217년 동안 베푼 다음, 경자년 음력 3월 15일에 다시 하늘(한울)로 올라간 날이다. 단조기념회의 발기가 대종교 어천절에 이루어진 것은 남다른 종교적 의미가 있다. 그 취지서의 내용 역시 단군대황조의 덕을 기리고 하늘[皇天]에 맹세하는 것으로, 마치 대종교 중광의 선언서라 할 수 있는 「단군교포명서(檀君敎佈明書)」의 이미지를 그대로 옮겨놓은 듯하다. 그 기념회의 「발기요지(發起要旨)에 관한 규칙」 제1항에 나오는 '본회는 국내외를 막론하고 대황조(大皇祖)님을 일심숭배(一心崇拜)하며 유도(遺都)에 기념비를 건(建)하여 사적(事蹟)을 등재(謄載)하며 동족(同族)의 친목을 증독(增篤)함'에서도 확인된다. 이 회의 목적 역시 국내외에 산재해 있는 단조전(檀祖殿)을 한 마음으로 숭배하고, 단조의 옛 도읍에 기념비를 세우며, 사적(事跡)을 등기(謄記)하여 동족 간의 친목을 더욱 돈독히 하는 데 있었다.

그러므로 이 기념회 발기에 참여한 인물들은 박우진(朴宇鎭)·공창준(公昌準)·지장회(池章會)·김학근(金學根)·이천민(李天民) 등, 대종교의 중진인 동시에 항일투쟁의 거물들이었다. 박동초 역시 예외는 아니었을 듯하다. 그의 대종교 입교 시기가 이보다 훨씬 이전에 이루어졌음을 쉽게 짐작되는 이유다. 참고로 1924년 4월 발행된 대종교계 잡지 『배달공론(倍達公論)』에 실린 박동초의 시 한 수를 소개한다.(현대어로 고침) '배달'은 곧 대종교의 정신으로 일제강점기 항일투쟁의 정신적 동력이 된 구호이기도 하다.

동천(東天)에 뜨는 일월(日月)은
천하 만방에 따뜻한 광명을 주고
근원(槿園)에 출생된 군(君)은
배달족에게 새 빛을 내리는도다
아- 군이여! 군!!
군은 우리의 생명이며
또한 우리의 정신이로다
전진하라 활발한 보조(步調)로
물리쳐라 앞길의 장애를
돌아보니 때는 분란(紛亂)하고
네의 몸은 약하고 어리다
그러나 그러나 용진분투(勇進奮鬪)!
쉬임 없을 뿐이러라.

[참고문헌]
『대종교중광육십년사』(대종교총본사, 1971), 「不逞鮮人 宣傳文 押收에 관한 건」不逞團關係雜件—朝鮮人の部—在滿洲の部36, 普通受제55호—公제46호, 한국사DB, 국사편찬위원회), 「韓族勞動黨 創立總會 槪況」(不逞團關係雜件—朝鮮人の部—在滿洲の部40, 機密 第81號, 한국사DB, 국사편찬위원회), 『高等警察要史』(慶尙北道警察部, 1934), 『한국독립운동사』4(국사편찬위원회, 1968), 『한민족독립운동사자료집』39(국사편찬위원회, 1999), 『한국독립운동사자료』37(국사편찬위원회, 2001), 『대한민국임시정부자료집』별책3(국사편찬위원회, 2010)

박두환(朴斗煥, 남, 1884-?)

입교 시기_1923년 | 교질_미상 | 서훈_애족장(2013)

함경북도 경성군(鏡城郡) 주을온면(朱乙溫面) 연향리(連鄕里) 출신이다. 1919년 9월 무렵, 상해 대한민국 임시정부의 지령으로 조직된 함경북도 연통제(聯通制)와 연관되어 고초를 겪은 인물이다. 연통제는 조선독립을 쟁취하기 위하여 임시정부가 국내 각 도, 각 군, 각 면에 항일만세운동, 독립자금모집 등을 전개하기 위해 설치한 비밀 행정 조직이었다.

당시 임시정부 연통제 조직인 13도 총감부(總監部)를 조직하고 총무로 활동하던 윤태선(尹台善)은 함경북도지부 설치를 위해 1919년 10월 하순 함북 경성군(鏡城郡)을 방문하였다. 대종교인 정재호(鄭在鎬)의 집에서 대종교 함경도 지역의 핵심이었던 이상호(李相鎬)·전재일(全在一) 등을 만나 협의한 끝에 지부장에 전재일, 재무부장 정두현, 경무부장 전용락을 임명하고 박두환은 서무부장으로 선임하였다. 그들은 윤태선이 전해 준 독립운동 유고문(諭告文), 대한임시정부 13도 총감부 명의의 찬의사(贊議士) 임명사령서, 총감부 명의의 애국금수금위원 사령서 등을 토대로 활동하다가 1920년 1월 체포되었다. 이 사건으로 징역 2년을 선고 받고 공소하였으나, 1920년 11월 29일 경성복심법원에서 기각되어 옥고를 치렀다. 박두환은 출옥 후 대종교 조직을 토대로 항일투쟁을 지속하면서 신간회(新幹會) 주을지회(朱乙支會) 집행위원장으로도 선임되어 활동하였다. 그러나 1931년 5월 7일 일제의 나남경찰서(羅南警察署) 주을주재소에 체포되어 취조를 받았다. 그 이후의 행적은 불분명하다.

박두환의 대종교 교력을 보면 1923년 5월 21일(음력) 대종교 동일도본사(東一道本司)의 특별 추천으로 영계(靈戒)를 받은 기록이 전한다. 1922년 3월 5일(음력)에 단행된 대종교 교구분리조례(敎區分離條例)에 따르면, 함경북도 지역은 동일도본사 제3지사의 관할이었다. 박두환의 고향인 경성(鏡城)을 거점으로 함북 전도(全道)의 교구를 관리케 한 것이다. 당시 그곳에는 1914년에 이미 참교(參敎)의 교질(敎秩)을 받은 이상호 등이 활동하고 있었다. 박두환의 대종교 입교나 연통제 활동, 그리고 신간회 가담 역시 이 인맥과 뗄 수 없을 듯하다.

[참고문헌]
『대종교보』제58호(1923년), 『대종교중광육십년사』(대종교총본사, 1971), 『동아일보』1920.8.22., 23·27·28·29·30·31., 『한국독립사』상(김승학, 독립문화사, 1970)

박두희(朴斗熙, 남, 1896-1930)

아호(별명) _ 박영희(朴寧熙), 정헌(靜軒), 검추(劍秋), 박영섭(朴寧燮),
　　　　　박장섭(朴章燮)
입교 시기 _ 1922년 | 교질 _ 참교 | 서훈 _ 독립장(1977)

박두희

충청남도 부여군 은산면(恩山面) 가곡리(佳谷里) 출신으로, 본명은 박영희(朴寧熙)다. 일찍이 고향에 세워진 신명의숙(信明義塾)에서 한학과 더불어 신학문을 공부하였다. 신명의숙은 1908년 박두희의 고향에 설립된 사숙으로 지역 유지들이 신학문과 전통학문을 혼합해서 가르치고자 설립한 학교였다.

이후 서울로 상경하여 휘문의숙에 진학하였으나, 재학 중이던 1915년 신명학교 시절의 은사인 이세영(李世永)을 따라 만주로 망명하여 항일투쟁의 길에 나섰다. 이세영은 후일 대종교의 중심이 되는 인물로 국내에서 의병장으로 활동하다가 국외로 넘어간 인물이다. 특히 대종교계 독립선언서인 「대한독립선언서(무오독립선언서)」에도 서명한 인물이다. 박두희는 우리의 독립이 강력한 무력투쟁에 의하여 성취될 수 있다는 신념하에 신흥무관학교에 입교하여 수학하고 졸업과 동시에 모교의 교관과 학도감으로 종사하였다.

이후 신흥무관학교 졸업생들과 함께 대종교계 대한군정서(북로군정서)에서 교관으로 활동하게 된다. 후일 대종교 동지가 되는 오상세(吳祥世)·최해(崔海) 등이 그 대표적 인물들이다. 그들이 훈련시킨 대한군정서 독립군들이 청산리 독립전쟁을 승리로 이끈 주역이 되었다. 대한군정서는 대종교의 중광단(重光團)을 계승하여 대한정의단(大韓正義團)이 되고, 그것을 개편하여 임전태세의 군정부(軍政府)로 출범시킨 항일단체다. 그러므로 조직 당시 서일(徐一)·현천묵(玄天默)·김좌진(金佐鎭)·계화(桂和)·이장녕(李章寧)·김규식(金圭植)·이범석(李範奭) 등과 같이 대종교의 중진들이 주요 간부로 참여하였다.

박두희는 대한군정서 사관연성소의 학도단장을 맡는가 하면, 1920년 8월에는 사령관 김좌진의 부관으로서 일하였다. 또한 적극적으로 독립군 모집 및 군자금 모집에도 앞장서 대한군정서의 외연 확장에도 상당한 공헌을 하였다. 당시 사관연성소의 교육은 6개월 과정의 속성이었으며, 과목은 정신교육·역사·군사학·술과(術科)·체조 및 구령법 등이었다. 대한군정서는 두 개의 연병장에서 사관생도들에게 철저한 군사훈련을 실시했으며, 술과는 일본군의 모형을 만들어 놓고 실탄으로 사격연습을 하였다. 또한 대한군정서 독립군은 모든 병사들에게 사관연성소에서 기초훈련을 받도록 하여 정예부대를 추구하였다.

이렇게 훈련된 독립군들이 청산리독립전쟁의 주축이 되

었다. 사관연성소 출신을 근간으로 이루어진 북로군정서군은 당시 만주 독립군 부대 가운데 단위 부대로서는 가장 훈련이 잘된 정예부대였다. 1920년 9월 대한군정서의 총병력은 약 1,100명이었으며, 이 중에서 잘 훈련되고 완전 무장된 정예는 약 600명으로 모두 사관연성소 출신들이었다. 나머지 500명은 경호 병력이었다. 대한군정서는 중국군과 협상에 의하여 그 동안 닦아놓았던 왕청현 서대파(西大坡) 근거지를 떠나 청산리 방면으로 근거지 이동을 시작하게 되었다. 대한군정서군의 근간을 이룬 여행대는 1920년 10월 21일부터 26일까지 만주 길림성 화룡현(和龍縣) 청산리 계곡에서 닦아온 군사기술을 유감없이 발휘하여 일본군을 무찌르고 독립전쟁을 빛나는 승리로 장식하였다. 이들은 기습섬멸전으로 일본군을 능동적으로 공격해서 크게 섬멸하고 대승리를 거둔 주역이 되었다. 이것이 청산리독립전쟁이다.

사령관의 부관으로 청산리독립전쟁에 참여하였던 박두희는, 그 전쟁 이후 일본군의 추격을 피하여 러시아영토로 이동하게 된다. 그러나 1921년 6월 자유시참변을 겪고 다시 만주로 돌아와 1922년에는 대한군정서 부사령관으로 활동하였다. 또한 1924년 1월에는 이범윤(李範允, 총재)을 중심으로 한 대한독립군단에 가입, 김좌진·신일헌(申日憲)·한함산(韓咸山)·최대갑(崔大甲)·조생갑(趙生甲) 등과 함께 항일투쟁을 지속하였다.

박두희는 1924년 5월 대한군정서를 재건하려는 목표로 조직된 중로군정서(中路軍政署)에 참여하였다. 이 단체는 같은 해 4월 하순 영고탑(寧古塔)에 있는 대종교당(大倧敎堂)에서 조선독립당군정서연합회총회(朝鮮獨立黨軍政署聯合會總會)를 개최하고 다음과 같은 사항을 결의하며 출범하였다.

一. 본부를 동빈현(同賓縣)에 둔다.
一. 지부를 영안현(寧安縣)에 둔다.
一. 통신기관을 하얼빈, 모아산(帽兒山), 일면파(一面坡),
　　조길밀하(鳥吉密河), 해림(海林), 목단강(牡丹江), 목
　　릉(穆稜), 소분하(小綏芬), 동녕(東寗)에 둔다.
一. 지급(至急) 군인 모집에 착수한다.
一. 곧 모연사무(募捐事務)를 개시한다.
一. 무기(武器), 양복(洋服)의 수집 준비를 서두른다.
一. 재정을 긴축하여 기금을 공고히 한다.
一. 한국민족으로서 왜노(倭奴)의 밀정이 된 자는 곧 살륙한다.
一. 각 지방과의 통신 연락을 한층 신속 정확히 한다.
一. 금년은 갑자년에 해당하며 한국독립 실현의 기운이 무르익어 있으므로, 두만강을 건너 삼각산두(三角山頭)에 태극기를 수립하고 만세를 고창하며 우리 민족이 왜노의 압정(壓政)을 벗어나 열국(列國)에 우리들의 독립을 광포(廣布)할 최호(最好) 시기다. 우리들의 행동을 방해하는 자는 군법에 비추어 엄벌할지니, 우리 민족된 자는 이 때에 제하여 전력을 다하여 후원하여야 한다.

특히 이 단체는 "군정서는 한인(韓人)의 종교의 주권(主權)을 장악하고 있으며 대종교(大倧敎) 신도(信徒)는 동계(同

系)의 한인(韓人)이다"라는 일제의 기록처럼, 대한군정서의 부활을 꿈꾸며 만든 대종교 항일단체였다. 총재를 맡은 현천묵(玄天默)을 비롯하여 조성환(曺成煥, 고문)·김규식(金奎植, 사령관)·최충호(崔忠浩, 통신부장)·이범석(李範奭, 군사부장)·박운집(朴雲集, 외교부장)·김연원(金演元, 군의관) 등 모두 대종교의 중진들이었다. 박두희 역시 중로군정서의 행정부장을 맡아 단체의 진영정비에 앞장섰다.

한편 북만주 지역의 독립운동단체들은 이 지역 독립운동단체들의 통합을 위하여 1925년 1월 목릉현(穆陵縣)에 모여 부여족통일회의(扶餘族統一會議)를 개최한 결과, 동년 3월 10일에 영안현(寧安縣) 영안성 내에서 신민부(新民府)를 조직하게 되었다. 이 회의는 대한독립군단, 대한독립군정서 및 16개 지역의 민선대표(民選代表)와 10개의 국내 단체 대표 등이 참가한 가운데 개최되었다. '부여족'이란 명칭 역시 대종교적 역사인식에 토대를 둔 용어였다. 이것은 우리 배달겨레의 주류가 '부여족'이라는 인식과 통한다. 단군으로부터 시작되는 우리 고대사를 처음으로 끌어안은 대종교는 김교헌·신채호·박은식 등이 정립한 대륙사관에 따라 고구려뿐만 아니라 고구려 이전의 부여와 고구려 이후의 발해를 우리 역사에서 중요하게 자리매김시켰다.

신민부의 이념 역시 대한군정서와 마찬가지로 대종교적 민족주의였다. 그것은 조선인의 민족정신, 즉 단군을 중심으로 한 민족정신을 배양하여 이상적인 국가인 '배달국'을 지상에 재건하려는 것이 목적이었다. 그러므로 당시 주축이 되었던 박두희를 비롯한 대한독립군단계의 김좌진·남성극(南星極)·최호(崔灝)·유현(劉賢)이나, 대한독립군정서계의 김혁(金爀)·조성환·정신(鄭信) 등이 모두 대종교의 중심 인물들이었다.

또한 신민부는 목릉현 소추풍(小秋風)에 성동사관학교(城東士官學校)를 설립하여 독립군 양성에도 힘을 기울였다. 이것은 대한군정서 시절 서대파에 사관연성소를 세워 정예독립군을 양성한 경험을 소중히 한 것이다. 사관학교의 고문(顧問)으로는 이범윤·조성환을 추대하고 교장은 김혁이 맡았다. 또한 김좌진이 부교장을, 박두희·백종열·오상세 등 5인이 교관을 맡았다. 박두희는 여타 교관들과 더불어 생도들의 군사교육에 진력하였다. 초기에는 150명의 청년을 선발하여 교육기간은 6개월로 년 2회 속성교육을 시행하였다. 이 학교에서 배출한 졸업생은 500여 명에 달하였으며, 이들은 신민부 군대의 간부 및 그 외 독립군으로 활약하게 된다.

신민부는 무장투쟁의 정면 돌파를 통하여 조국 광복을 추구하였으나, 현실적으로는 불가능하였다. 그러므로 보안사령관이었던 박두희를 중심으로 국내 예비공작 작업을 선행하고자 했다. 특수공작대를 잠입시켜 국내 지역의 작전지도의 작성과 일본 주재소의 위치 등을 파악하였다. 또한 대원을 파견하여 조선총독 사이토 마코토(齋藤實)의 암살을 기도하는가 하면, 북만 지역의 친일 주구(走狗)의 암살에도 주력하였다. 독립군에 대한 정보를 제공하고 독립군을 잡는데 협력을 한 친일단체장들을 주로 암살대상으로 삼았다. 해림 지역의 초대 조선인민회의 회장인 배두

산(裵斗山)의 암살이 그 대표적 사례다.

한편 박두희는 만주지역의 대표적인 문필가이자 군사전문가 가운데 한사람이었다. 그는 양반자제로 한문학에 밝았으며 필재도 남달랐다. 특히 그의 군사학에 관련된 전문성은 주목되는 부분이다. 중국 상해에서 1923년 9월 1일자로 창간된 국한문본 잡지 『배달공론(倍達公論)』에 게재한 「군사학강의(軍事學講義)」라는 글에서 잘 알 수 있다. 그는 『배달공론』만이 아니라 신민부의 기관지인 『신민보(新民報)』에도 여러 편의 글을 실었다.(아래표 참조)

집지명	게재호수	원고제목	발행처	비고
『배달공론』	창간호	「군사학강의」	배달공론사	
『배달공론』	제3호	「군사학강의」	배달공론사	
『신민보』	제4호	「북만(北滿)의 통일」	신민부	사설
『신민보』	제5호	「주만학교(住滿韓僑)의 경성(警醒)을 촉(促)」	신민부	사설
『신민보』	제5호	「사면관란(四面觀欄)」	신민부	
『신민보』	제9호	「자본제국의 침략과 중국의 배외운동(排外運動)」	신민부	사설
『신민보』	제11호	「생활운동과 경제투쟁」	신민부	사설

1925년 3월 22일, 대종교항일투사들을 중심으로 만들어진 新民府의 조직을 선포하는 『宣佈文』. 김좌진·최호 등과 더불어 대한독립군의 대표로 참여한 朴斗熙(네모 안)의 이름이 보인다.

박두희와 관련된 대종교 입교 시기는 확인되지 않는다. 그러나 1922년 6월 4일(음력) 영계(靈戒)와 함께 참교(參敎)의 교질(敎秩)을 받은 기록이 있다. 그가 그 이전에 대종교에 입교한 것을 알 수 있다. 아마도 대한군정서에 관계하기 시작한 1919년 무렵으로 추정할 수 있다. 서로군정서(西路軍政署)를 중심으로 활동한 박명진(朴明鎭)이 기록한 『대종교독립운동사』(필사본, 1964)에, 박두희를 대종교 동일도본사의 주요 교인으로 적고 있음도 이를 뒷받침해 주고 있다. 당시 동도본사를 이끌고 있던 인물은 대한군정서의 총재였던 백포(白圃) 서일(徐一)이었으며, 대종교 동도본사가 대한군정서 군영 안에 병치(倂置)되어있었다는 점도 이를 방증한다.

[참고문헌]
『대종교보』 제54호(1922년), 『종문영질』(프린트본, 1922), 『대종교중광육십년사』(대종교총본사, 1971), 『대종교독립운동사』(박명진, 필사본, 1964), 『동아일보』1923.11.17., 1925.3.22, 『독립신문』1925.5.5., 「공산주의 宣佈文 入鮮에 관한 건」(檢察事務에 關한 記錄2, 京鍾警高秘 제3845호의 1, 한국사DB, 국사편찬위원회), 「신민부 간부 崔昌盆 취체 상황에 관한 건」(檢察事務에 關한 記錄1, 京鍾警高秘 제12739호의 1, 한국사DB, 국사편찬위원회), 『무장독립운동비사』(채근식, 대한민국공보처, 1949), 『朝鮮獨立運動』Ⅱ(金正明, 原書房, 1967), 『한국독립사』하(김승학, 독립문화사, 1970), 『독립운동사』5(국가보훈처, 1973).

박락종(朴洛鍾, 남, 1899-1950)
입교 시기_ 1922년 | 교질_ 참교

박락종

경상남도 사천군(泗川郡) 곤명면(昆明面) 금성리(金城里) 출신으로, 일찍이 한학을 수학하고 상경하여 중동학교에서 2년간 수학하였다. 1922년 일본으로 건너가 동경(東京)에 있는 세이소쿠[正則] 영어학교에서 2년간 수학한 뒤 와세다(早稻田) 대학 전문부 정치경제과에 들어가 1926년 졸업하였다.

1924년 대학을 입학하면서 구월회(九月會)를 조직하고 북성회(北星會)에도 참여하였다. 그 해 11월에는 하필원(河弼源) 등과 인쇄소를 경영하며 주로 한국어로 된 사회주의 출판물을 발행하기 시작했다. 1925년 1월에는 북성회를 해산하고 일월회(一月會)를 조직하여 사회주의운동에 본격적으로 참여하면서, 그 기관지인 『사상운동(思想運動)』의 발행인 겸 편집인도 맡았다. 또한 이 잡지 출판을 본격화하기 위해 한국어 인쇄가 가능한 동성사(東聲社)라는 인쇄소를 차려 이사로 참여하였다.

대학을 졸업한 1926년 4월에는 일월회가 발행하는 『대중신문(大衆新聞)』의 발기인으로 앞장서면서 『대중신문』·『현

단계(現段階)』 등의 정기간행물과 7백여종의 사회주의 관련 출판물을 발간하였다. 그 해 12월에는 안광천(安光泉)·하필원이 일시 귀국, '조선공산당 제2차 대회'에 재일조선인대표로 출석하여 제3차 조선공산당 재건에 참여하였다. 그리고 안광천은 동경에 체류하고 있는 박낙종을 통하여 공산당과 공산청년회(共産靑年會, 약칭 共靑) 일본부(日本部)의 조직을 도모하였다. 그 결과 1927년 5월에 박낙종을 책임비서로 하는 조선공산당 일본부가 결성되었고, 또한 같은 시기에 한림(韓林)을 책임비서로 하는 공청 일본부도 결성되었다.

여기서 조선공산당 일본부의 초기 간부진 중, 책임비서 박낙종과 호흡을 맞춘 최익한(崔益翰)이라는 인물이 주목된다. 최익한은 박낙종과 대종교로 맺어진 사회주의 동지로, 당시 조직부장을 맡았다. 그는 동생 최익채(崔益釆)와 대종교 항일단체인 대한군정서의 군자금 모집에 연루되면서 고초를 겪었던 인물로, 1920년 가람 이병기(李秉岐)를 대종교에 입교 시킨 장본인이기도 하다. 당시 대종교의 중진으로 해방 이후 북한에서 조선인민공화국 주요 간부와 최고인민회의 대의원 등을 역임하였다.

박낙종은 1928년 2월, 조선공산당에 대한 대검거가 시작될 즈음, '3.1운동기념일'에 뿌릴 격문 20만 장을 인쇄하여 조선에 우송하다 발각되어 3월 최익한 등과 함께 검거되었다. 검거된지 6백여 일만에 1929년 10월 28일 경성지방법원에서 예심이 종결되어 경성지방법원 검사국을 거쳐 형사합의부로 넘어갔다. 박낙종은 1930년 경성지방법원에서 치안유지법위반으로 징역 5년을 선고받고 복역, 1934년 1월 출옥하였다.

해방과 함께 박낙종은 조선공산당(장안파) 결성에 적극 참여하였다. 그리고 1945년 9월 조선인민공화국 중앙인민위원회 위원으로 선임되었으며, 조선정판사 사장으로도 선임되어 『해방일보』를 비롯한 당 관계 각종 출판물을 간행하였다. 1946년 2월에는 민주주의민족전선의 중앙위원을 맡아 활동하였으나, 그 해 5월 조선정판사사건으로 경찰에 검거되어 무기징역을 선고받았다. 이 사건은 1945년 10월 20일부터 6회에 걸쳐 박낙종 등 조선공산당원 7명이 위조지폐를 발행한 사건이다. 당시 그가 법정 심리 과정에서 "나를 무죄로 석방하지 못하겠거든 사형에 처해 주오"라는 외침은 지금도 회자되는 유명한 말이다. 박낙종은 목포형무소에 수감 중 한국전쟁이 일어난 직후 총살되었다.

박낙종에 대한 대종교단 내의 기록은 거의 전하지 않는다. 물론 그 근본적 원인은 일제강점기 대종교 말살정책과 연관된 것이나, 교단 내의 사회주의(공산주의)에 대한 경계와도 무관치 않을 듯하다. 대종교는 1909년 출범 이후부터 정치적 활동을 금지시켰다. 특히 민족 해방을 외치던 사회주의(공산주의) 활동이 1920년대 중반 이후 계급 해방 운동으로 넘어가면서 더욱 경계의 대상이 되었다. 이러한 정서는 해방 이후에도 대종교 사회주의계열의 인물에 대한 피기(避記) 현상으로 이어졌다. 교단 내 박낙종에 대한 기록의 부재 역시 이와 직결된다.

다행히도 『종문영질(倧門榮秩)』(프린트본, 1922)이란 기록 속에 박낙종의 대종교 교력이 일부 전하고 있다. 1922년 1월 23

일(음력) 참교(參敎)의 교질을 받은 기록이 그것이다. 박낙종이 그 이전에 대종교에 입교한 것이 확인되는 자료다. 특히 박낙종과 같은 날 함께 참교의 교질을 받은 최익환(崔益煥)·임태호(林泰虎)·박순병(朴舜秉) 등이 주목된다. 이들 역시 당시 사회주의 운동의 대표적 인물들로 대종교의 핵심 세력이었다. 최익환은 대동단(大同團)과 조선민흥회(朝鮮民興會)의 중심이었으며, 임태호는 조선공산당재조직준비위원회(朝鮮共産黨再組織準備委員會) 경성(鏡城) 그룹의 책임자였다. 또한 박순병은 고려공산청년회 중앙위원 후보를 지낸 인물로 일제의 고문에 의해 죽어간 인물이다.

조선정판사위폐사건으로 구속된 박낙종이 법원 심리 과정에서 '무죄가 아니면 사형'(네모 안)을 호소한 신문기사 내용.(『동아일보』 1946년 9월 11일)

[참고문헌]
『종문영질』(프린트본, 1922), 『김한경 외 29명 치안유지법위반 피고사건 예심종결결정서』(1930.6.30.), 『동아일보』1927.9.12·1928.2.7.·1929.11·1·2·1934.1.7.·1946.9.11., 『가람일기』I (이병기, 신구문화사, 1976), 『독립운동사자료집』별집3(독립운동사편찬위원회, 1971), 『한국공산주의운동사』3(김창순·김준엽, 청계연구소, 1986), 『한민족독립운동사』8(국사편찬위원회, 1990)

박리범(朴利範, 남, 1897-?)
입교 시기 _ 1923년 | 교질 _ 미상

출신지역과 생몰연대를 알 수 없는 인물이다. 1920년 대종교계 인물인 홍범도(洪範圖)·지장회(池章會)·허은(許垠) 등이 조직한 의군단(義軍團)에 소속되어 활동하였다. 의군단은 산포대 출신 의병을 핵심요원으로 하였기에 의군산포대(義軍山砲隊)라고도 불린 단체다. 중심활동지는 만주 왕청현(汪淸縣) 춘양사(春陽社) 북삼분구(北三岔溝)로, 단원 600여 명이 소총 600여 자루, 권총 30여 자루 등으로 무장한 무장항일단체였다. 의군단은 청산리독립전쟁, 특히 어랑촌전투(漁郎村戰鬪)에서 큰 전과를 올렸다. 박리범은 어랑촌전투 당시 의군단 소사(小使)로 직접 참전하였다.
박리범의 대종교 교력을 살피면, 1923년 6월 9일(음력) 대종교 동일도본사(東一道本司)의 특별 추천으로 특선 영계(靈戒)를 받은 기록이 전한다. 당시 박리범은 상해임시정부의 특파원인 이근(李瑾) 등과 함께 영계를 받았다. 그 이전에 대종교에 입교한 것이 확인된다.

[참고문헌]
『대종교보』제58호(1923년), 『中露聯合宣傳部 및 軍政署의 動向에 관한 건』不逞團關係雜件-朝鮮人의 部-在滿洲의 部25, 機密제376호, 한국사DB, 국사편찬위원회), 『政治犯 自首申告者에 관한 건』(不逞團關係雜件-朝鮮人의 部-在滿洲의 部26, 秘受1847호-機密公信7호, 한국사DB, 국사편찬위원회)

박명진(朴明鎭, 남, 1895-1983)
아호(별명) _ 박의훈(朴義薰), 호산(湖山)
입교 시기 _ 1924년 | 교질 _ 사교 | 서훈 _ 애국장(1990)

경상북도 영덕군 창수면(蒼水面) 오촌동(梧村洞) 출신이다. 대종교 중진이자 항일투쟁의 거물인 해사(海史) 박우진(朴宇鎭, 朴健)의 친동생으로, 본명은 박의훈(朴義薰)이다. 일찍이 고향에서 한문을 수학하고, 18세 때인 1913년 1월에 만주 환인현(桓仁縣)으로 이주하였다. 그곳 통화현(通化縣)의 남흥소학교(南興小學校)를 졸업하고 신흥무관학교(新興武官學校) 속성과에 입학하여 25세인 1921년 졸업하였다.
졸업 후 서로군정서(西路軍政署) 유격대원(遊擊隊員)으로 활동하며 본격적인 항일투쟁에 나섰다. 1922년에는 대한통의부(大韓統義府) 제4중대원으로 입대하여 섭외를 담당하였다. 대한통의부는 1920년 10월의 경신참변(庚申慘變)과

박명진

1921년 자유시참변 이래 소강 상태에 있던 남만주 지역 독립군 단체들 연합의 의지 속에 탄생된 단체였다. 1922년 2월 독립군 단체 대표들이 환인현(桓仁縣)에 모여 남만한족통일회를 개최하여 기존의 조직을 해체하고 통합 조직체로서 대한통군부를 결성한 것이다. 박명진은 1922년 10월에는 대한통의부 북만파견대(北滿派遣隊) 소대장으로 선임되어 활동하였다.

1925년에는 대종교계 항일단체인 신민부(新民府)가 조직되자 그 비밀요원으로 활약하는가 하면, 이후 하얼빈으로 넘어갔다. 박명진은 1930년 5월 독립군 결사대원 50여명과 함께 하얼빈 일본총영사관을 습격하였으나, 동지 31명이 중국 관헌에게 체포되었다. 그리고 1931년에는 한국독립당에 입당하였다. 1933년에는 동삼성(東三省)을 뒤로 하고 이청천(李靑天)·오광선(吳光鮮) 등과 함께 산해관(山海關)으로 이동하여 은신하였다.

1934년에는 하얼빈 교외 승덕가(承德街)에서 중국인과 같이 동풍태정미소(東豊泰精米所)를 경영하면서, 대종교 하얼빈선도회(哈爾濱宣道會)가 조직되자 장재위원(掌財委員)을 피임(被任)되었다. 장재위원이란 재무책임자로서 재산의 관리와 운용을 맡은 직책이다. 1936년 7월에는 낙양군관학교(洛陽軍官學校)에서 학생 모집 차 오광선(吳光鮮)이 파견한 황인식(黃仁植)·김기대(金基大) 두 청년을 유숙하게 하고 여비를 만들어 주는 등 항일투쟁의 전면과 후면에서 꾸준히 활약하다가 광복 후 귀국하였다.

해방을 직후인 1945년 10월 29일 대한국군준비위원회와 동 총사령부가 조직될 당시, 박명진은 총사령부의 군기부(軍機部) 차장을 맡아 국군의 재건을 위해 앞장섰다. 그러나 미군정이 사설군사단체라는 이유로 해산을 지시하자 1946년 3월 1일 해체되었다. 이후 박명진은 1946년 10월 광복청년회(光復靑年會) 경리부장(經理部長), 1947년 3월에는 대동청년단(大同靑年團)의 관재위원장(管財委員長), 그리고 1948년 8월에는 신흥학우단(新興學友團)의 부단장(副團長)을 맡아 항일투쟁의 정신을 국가재건의 동력으로 바꾸는 일에 열성을 쏟았다.

[주요 저술]

박명진이 남긴 글로는 유일하게 『대종교독립운동사』(필사본)라는 기록이 있다. 이 글은 그가 대종교의 교무(敎務)를 총괄하는 전리(典理)를 맡고 있던 1964년에 구술한 것을, 당시 대종교 선도사(宣道師) 박천(朴天)이 받아 적은 것이다. 특히 박명진이 몸소 겪었거나, 생존하여 환국한 항일투사들과의 증언을 토대로 엮어진 작업이다. 대종교 항일운동의 인물과 사건들에 대한 기록이 담겨 있다는 점에서 의미가 크다. 박명진은 이 기록을 남기는 의미를 다음과 같이 적었다.

"대종교는 중광(重光) 후 나철 대종사의 순명정신(殉命精神)에 입각하여 일통(一統)같이 깨끗하게 살아왔다. 왜정(倭政) 36년간은 한 손에 단군한배검의 종경(倧經)을 들고 한 손에는 정의의 총을 들고 생생한 한국광복의 중추적 역할을 하여왔다.

전중국(全中國)을 통하여 독립운동의 선봉으로 혹은 뒷받침으로 많은 경제기관·산업기관을 가졌으며 일편으로는 언론기관을 창설하여 광복정신을 고취하였고 또 교육기관을 2천여 개소(중학교·소학교·야간강습소)를 창설하여 민족계몽에 힘썼고 사관학교를 4개소에 설립하여 중견 독립투사를 양성하여 토왜사(討倭史)에 커다란 빛을 이루었으니, 그 전과를 보면 청산리대첩을 위시하여 왜병영(倭兵營) 및 경찰서 습격 등이 국내외를 포함하면 수백 회에 달하였다. 이러한 나라 없는 민족의 투쟁이란 말할 수 없는 고초 속에 배를 주리고 전전긍긍 36년간 희생만 하더라도 수만 명에 달하였으니, 어떤 가족은 멸족의 환을 당하여 그 혈통이 아주 끊어진 자가 수백에 달하니 어찌 비참하지 않으리오.

이제 이 글을 써서 이역 타국의 황폐된 광야에 쓸쓸하게 묻힌 수만의 무주애국고혼(無主愛國孤魂)들을 위로하고자 한다. 해방 후 대종교는 불리한 여건으로 교세는 비록 지지부진하나 피비린 애국혼이 쌓아올린 반만년의 정의탑(正義塔)이니, 그 투지와 정신은 끈끈하게 정의의 용사같이 민족의 수호신답게 자비로운 눈으로 고요한 전진을 하고 있음을 알려둔다."

『대종교독립운동사』는 전체 16쪽(16절지)밖에 안 되는 짧은 글이지만, 일제강점기 대부분의 자료들을 잃어버린 대종교로서는 금과옥조와 같은 기록이다. 전체의 내용 구성은, 1.서언, 2.대종교의 연혁(연혁·발달사·중광), 3.독립운동사, 4.결어로 엮어져 있다. 크게는 머리말(1)과 본문(2·3), 그리고 맺음말(4)로 이루어진 글이다. 본문은 '대종교의 연혁'과 '독립운동사'로 다시 나뉘고 글의 제목과 걸맞는 부분은 3의 '독립운동사'로 모아진다. '대종교의 연혁'은 '독립운동사'라는 행동을 위한 전제(동력)라 할 수 있다.

박명진은 '독립운동사' 부분에서 대종교 독립운동의 서술을 편년 형식으로 요약·정리했다. 1904년 백봉신사(白峯神師)를 위시한 13인의 신교집단(神敎集團)이 백두산에서의 단군교포명서(檀君敎佈明書)를 발포하고 일심계(一心戒)를 나눈 사건부터, 1942년 음력 11월 임오교변(壬午敎變, 임오년에 일제가 자행한 대종교지도자 일체 구속사건)까지 연차별로 간략하고 있다. 현규환이 1967년에 저술한 『한국유이민사(韓國流移民史)』의 대종교 관련 기록 역시 박명진의 『대종교독립운동사』를 토대로 엮어진 것이다. 박명진의 기록을 그 연대별 주요 사건과 관련 인물들로 정리해 보면 아래 표(월 표시는 음력임)와 같다.

연도	대종교 관련 주요사건	관련 대종교 인물
1904년	백두산에서의 단군교포명서(檀君敎佈明書)를 발포	백봉신사(白峯神師)를 위시한 13인
1907년	나철·오기호 등이 오적주살 계획 실패	
1909년	나철 등이 대종교를 중광(重光)함	동지 30여명

연도	대종교 관련 주요사건	관련 대종교 인물
1910년	신흥무관학교의 전신인 신흥강습소 설립	이회영, 이시영 등
1911년	대종교 북간도 포교를 시작	
1911년	백포 서일이 대종교인을 중심으로 중광단을 조직	
1911년	남만주에 경학사(耕學社)를 조직 항일투쟁 전개	이시영, 이철영, 이동녕, 윤기섭 등
1912년	경학사 후신으로 부민단(扶民團)을 조직	허혁, 이상룡, 이탁, 김동삼, 이동녕, 박우진 등 이 중심
1914년	대종교총본사를 북간도에 옮기고 4대 교구를 정함	
1916년	대종교의 교주 나철이 구월산 삼성사에서 순교(殉敎)	김교헌에게 교통(敎統) 전수
1917년	북간도 왕청현에서 첫 교의회(敎議會) 개최	
1918년	서일이 교주 김교헌에게 본격적 항일투쟁을 일으킬 것을 서약함	
1918년	동년 1월 39인의 명의로 기미독립운동의 전주곡인 무오독립선언서를 발포함	김교헌 등 39인
1918년	동년 8월 중광단은 정의단으로 재조직하고 군정부를 편성함	서일, 현천묵, 김좌진, 계화, 이장녕, 김규식, 이범석, 조성환, 박성태, 정신, 이홍래, 나중소, 최해, 양현 등
1918년	동년 12월 정의단을 북로군정서로 개칭하고 시베리아에 출병한 체코군대로부터 무기 구입	
1919년	3월 대종교 동일도구(東一道區) 소속 항일투사들이 블라디보스토크를 근거로 대한독립군을 조직하여 두만강·압록강 건너 일제의 병영을 습격	홍범도, 안무 등
1919년	동년 4월 대종교 동일도구 소속 항일투사들이 의군부를 조직하고 북간도 왜병과 교전	이범윤, 최우익, 진학신 등
1919년	동년 4월 대종교 서일도구 관할에 부민단의 후신인 한족회를 조직하고 한교(韓僑)의 치안유지와 계몽사업을 통한 항일투쟁을 벌임	이상룡, 이탁, 김동삼, 박우진, 윤기섭 등
1919년	동년 4월 대종교 서일도구에서 어천절(御天節)경하식(慶賀式)이 끝나고 남만군사운동의 단일기구로 대한독립단을 조직함	이진룡, 조맹선, 조병준, 전덕원, 백삼규, 윤세부, 윤세용, 박장호 등
1919년	동년 4월 서일도구 환인지교구(桓仁支敎區)에서 한교공회(韓僑公會)를 조직하고 군사운동을 일으킴	이천민, 윤세용, 독고욱 등
1919년	동년 4월 서일도본사 무송교구(撫松敎區)에서 흥업단을 조직하고 군사운동을 일으킴	윤세복, 김호, 김혁, 이현익, 윤해송 등
1919년	동년 4월 서일도본사 관할에서 서로군정서를 조직하고 군사운동을 일으킴	이상룡, 여준, 이청천 등
1919년	동년 4월 서이도구 관할 상해에 임시정부가 출범하자 의정원 의원 29명 중 21명, 정부조직 13명 중 11명이 대종교 교인이 맡음	이동녕, 이시영 등
1919년	서일도구 관할 한족회·독립단 등 4개 단체의 통일을 보고 상해임정 광복사령부에 예속케 함	조병준 등
1920년	동년 2월 광복사령부 참리부를 조직함	조병준, 조맹선, 이탁 등
1920년	동년 9월 동일도구 관할의 북로군정서가 화룡현 청산리에서 왜군 대부대와 교전하여 대승함	서일, 김좌진, 이범석 등
1920년	동년 9월 동일도구 북로군정서가 청산리에서 후퇴하는 며칠 후 천수평에서 왜기병중대와 싸워 전멸시킴	
1920년	동년 10월 청산리전역에서 참패한 왜군은 동만일대의 대종교인과 우리 교포를 무자비하게 학살하니, 학살당한 자가 6천여 명이요 방화로 민가 3천여 호, 교옥(敎屋) 50여 개 소, 학교 30여 개 소, 곡물(穀物) 15만 석을 태워버림	
1920년	동년 11월 동만주 일대 각 단체가 회합하여 통의부를 조직하고 군사운동을 다시 강화함	박장호, 채상덕, 김동삼, 김혁, 이천민 등
1920년	동년 11월 일제의 대학살로 일부인사는 몽고로후퇴하여 의민부를 조직하는 동시 대종교 수광시교당(綏光施敎堂)을 설립하고 그 유지책으로배달농장과 배달학교를 창설함	조병준, 신우현, 김승학, 황학수, 공진원 등
1921년	동이도구 북로군정서 일부가 북만 밀산에 주둔하고 있던 중, 토비들 급습으로 100여 명 대종교 청년 사졸이 살해를 당하자, 크게 상심한 서일이 마을 흥개호 당벽진 뒷산 삼림 중에서 한을 품은 채 순명함	
1922년 신민부의 조직은 1925년을 착각함 것임	3월 서일도구 환인지구에서 의군부를 조직하고군사운동을 재개함	채상덕, 전덕원, 김평식 등
1922년 신민부의 조직은 1925년을 착각함 것임	동년 3월 서일도구 흥업단이 태극단, 광복단, 군비단 등과 통합하여 광정단을 조직하고 군비를 강화함	윤세복, 김호, 김혁, 강진건, 윤덕보, 장승언, 이현익 등
1922년 신민부의 조직은 1925년을 착각함 것임	동년 3월 동일도구 관할 연길에서 청산리전역 후 북로군정서의 정신에 입각하여 고려혁명군을 조직함	김규식, 고평, 최해, 이범석, 최준형, 허승완, 정신 등
1922년 신민부의 조직은 1925년을 착각함 것임	동년 3월 북일도구에서 북로군정서의 정신을 계승하는 군사단체로 신민부를 조직함. 또한 성동사관학교를 부설하여 500여 명의 졸업생을 배출함	김혁, 최호, 김좌진, 나중소, 조성환, 윤복영, 박성태, 유정근, 허빈, 정신, 이일세, 허성묵, 박두희, 황학수, 이범윤, 백종렬, 오상세 등
1922년 신민부의 조직은 1925년을 착각함 것임	동년 9월 상해에 서이도본사를 조직하고 중국일대를 관할게 함	박은식이 주도
1922년 신민부의 조직은 1925년을 착각함 것임	동년 9월 상해와 북경에 시교당을 설립함	
1922년 신민부의 조직은 1925년을 착각함 것임	동년 9월 상해임시정부와 그 지역 대종교의 거물 신규식이 서거함	
1923년	대종교 제2세 교주 김교헌이 조천(朝天)하고 유명(遺命)에 의하여 제3세 교주 윤세복이 취임함	
1924년	참의부 군대가 고마령(古馬嶺)에서 왜경찰대와 접전하여 29명의 전사자를 내고 대원이 다수 피체되는 참변을 당함	
1927년	중·일 양군의 습격으로 독립군 간부 다수가 피체됨으로, 참의부·정의부·신민부 3부가 통합하여 군민의회를 조직하고 군비를 재강화함	김동삼, 홍진, 이청천, 김좌진, 황학수, 박창식, 전성호, 김승학, 김소하, 김동진, 정신, 이관일 등
1933년	3월 한·중연합군이 사도하자(四道河子) 전투에 왜병을 물리치는 대전과를 거둠	
1933년	동년 6월 한·중연합군이 대전자령(大甸子嶺) 전투에서 또다시 왜병과 싸워 대승함	

연도	대종교 관련 주요사건	관련 대종교 인물
1934년	만주국으로부터 정식으로 대종교포교 허가권을 받음	
	북일도구 하얼빈에 대종교선도회를 조직하고 포교사업에 힘을 기울임	박우진, 김영숙, 박성태, 김서종, 박명진등
1934년	대종교총본사가 토비의 습격을 받아 살해당한 교인이 5명이요, 납치당한 교인 20여 명에 달하는 변을 당함	
	대종교총본사를 발해의 고도인 동경성으로 옮김	
1942년	대종교 천진전건축위원회(天眞殿建築委員會)를 조직하고 천진전을 동경성에 건립할 것을 추진함	
	동년 11월 일제의 급습으로 교주 윤세복 이하 21명의 중견간부들이 피체되어, 그 중 10명은 혹독한 고문에 못 이겨 옥사하는 임오교변이 발생함	윤세복 등

[교력]

박명진의 대종교 교력을 보면, 1924년 어천절(御天節, 음력 3월 15일)에 영계(靈戒)를 받은 기록이 있다. 그리고 6년 후인 1930년 3월 10일(음력, 이하 음력)에는 참교(參教)의 교질(教秩)에 올랐다. 1934년 3월 5일에는 만주 하얼빈 안평가(安平街)에 설립된 하얼빈선도회에도 관여하였다. 이 선도회는 대종교 재건을 위해 조직된 총본사 직할의 포교기구로, 당시 박명진은 장재위원으로 선임되어 재무관리의 책임을 맡았다.

박명진은 해방을 맞아 대종교가 환국한 직후인 1946년 3월 6일에는 경의원(經議院)의 참의(參議)로 선임되었고 1952년 5월 7일에는 지교(知教)로 승질(陞秩)하였다. 이어 1953년 7월 25일 상교(尙教)의 교질로 오르고, 그 해 9월 21일에는 대종교총본사의 전무(典務)라는 중책을 맡았다. 또한 1954년 5월 3일 삼일원(三一園)의 대덕(大德)으로 피선되는가 하면, 1956년 10월 8일에는 정교(正教)의 교질과 함께 대형(大兄)의 교호(教號)를 받았다.

1957년 7월 6일에는 원로원의 참의로, 1958년 11월 10일에는 원로원의 부원장에 피선되었다. 그리고 1962년 4월 8일에는 대종교유지재단의 이사로 선임되었고, 20일에는 원로원 원장까지 올랐다. 1964년 5월 31일에는 대종교총본사의 종무(宗務)를 책임지는 교무부장(教務部長)을 맡는가 하면, 1967년 4월 24일에는 대종교의 부교주(副教主)인 부전교(副典教)의 자리에 오르면서, 사교(司教)의 교질과 함께 도형(道兄)의 교호를 받는 영예를 얻었다.

[참고문헌]
『대종교보』,한국기념호(1946년), 『대종교인과 독립운동연원』(이현익, 프린트본, 1964), 『대종교독립운동사』(박명진, 필사본, 1964), 『대종교중광육십년사』(대종교총본사, 1971), 『조선일보』,1930.5.4., 『매일신보』,1945.11.1., 『무장독립운동비사』(채근식, 대한민국공보처, 1949), 『한국유이민사』상(현규환, 어문각, 1967), 『한국독립사』상·하(김승학, 독립문화사, 1970), 『대종교독립운동사』(박명진, 『국학연구』제8집, 국학연구소, 2003)

박문섭(朴文涉, 남, 1879-?)
입교 시기 _ 1915년 | 교질_ 참교 | 서훈 _ 애국장(2014)

평안북도 구성군(龜城郡) 관서면(館西面) 어궁리((御宮里) 출신으로, 1920년 12월 평북 구성군에서 이운봉(李運鳳)·김시옥(金時沃)·김정엽(金正燁)·김덕희(金德熙) 등의 권유에 따라 대한광복단에 입단한 인물이다. 대한광복단은 1919년 3·1운동 직후 왕청현(汪淸縣) 대감자(大坎子)와 의란구(依蘭溝) 일대에서 김성극(金星極)과 김성륜(金聖倫)이 이범윤(李範允)을 단장으로 추대하고 조직된 항일단체였다.

박문섭은 1921년 2월 3일 평북 의주군 고령삭면(古寧朔面) 동고동(東古洞)에서 광복단 군자금 모집을 수행하였다. 또한 그 해 11월 20일에는 평북 구성군 관서면 대하동(大蝦洞)과 원봉동(圓峰洞)에서 역시 군자금을 모집하다 체포되어 제령(制令) 제7호 위반 및 강도죄로 징역 7년을 받아 옥고를 치르고 1926년 6월 25일 가출옥하였다.

박문섭의 대종교 교력을 살피면, 1915년 10월 27일 참교의 교질을 받은 기록이 남아있다. 비교적 이른 시기에 대종교에 입교한 것이 확인되지만, 그 외의 기록은 전하지 않는다.

[참고문헌]
『종문영질』(프린트본, 1922), 「判決文」(平壤覆審法院, 1921.10.26.), 「判決文」(高等法院, 1921.11.24.), 『독립유공자공훈록』,22권(국가보훈처, 2016)

박병권(朴丙權, 남, 생몰 미상)
입교 시기 _ 1922년 | 교질 _ 미상

출신지역과 생몰연대를 알 수 없는 인물로, 일제의 문서에서도 발견되지 않는다. 다만 1920년대 초반 대종교의 기록에서는 임도준(任度準)·김병호(金秉昊)·김천오(金千伍) 등과 활동한 기록이 남아있다. 박병권이 1922년 9월 28일(음력) 노령 연해주에 설치한 대종교 영일시교당(嶺一施教堂)의 부책임자(贊務)를 맡았다. 그 이전에 이미 대종교에 입교한 것이 확인된다. 또한 이 시교당은 청산리전쟁 이후 노령으로 은신한 임도준이 중심이 되어 설치한 시교당이다. 특히 임도준은 대한군정서(북로군정서) 제3대대장과 서무부장을 역임한 항일투쟁의 거물로, 청산리전쟁 이후인 1922년 노령 니콜리스크에서 고려혁명단이 설립한 무관학교의 교장을 맡기도 했다. 이러한 정황에서 보면 박병권 역시 대한군정서나 고려혁명단과 연결된 항일투사일 가능성이 크나, 그 연관 기록은 남아있지 않다.

[참고문헌]
『대종교보』,제55호(1922년), 『대종교중광육십년사』(대종교총본사, 1971)

박병준(朴秉俊, 남, 생몰 미상)
입교 시기_ 1937년 | 교질_ 미상

함경북도 성진군(城津郡) 출신으로, 대종교계 사회주의(공산주의) 투쟁에 앞장선 인물로 추정된다. 박병준에 대한 일제의 기록을 보면, 1930년대 초반 길림성 혼춘현 경신향(敬信鄕) 석장판(石匠板)에 거주하면서 중국공산당 만주성위원회(滿洲省委員會) 동만특위(東滿特委) 경신향 근구(近區)의 책임을 맡은 인물로 조사되어 있다. 또한 1933년 3월 4일 혼춘 도문강 북쪽 흑정자(黑頂子)에 있는 일경의 분서(分署)에서 토벌을 펼칠 분위기를 보이자 권총을 휴대하여 피신한 것으로 파악했다.

박병준의 대종교 교력에는 1937년 1월 27일(음력) 대종교 기일시교당(起一施敎堂)의 추천으로 영계(靈戒)를 받은 기록이 있다. 기일시교당은 북만주 밀산현 기성촌(箕城村)에 소재한 시교당이다. 혼춘 지역에서 사회주의 투쟁을 전개하던 박병준이, 그에 대한 일제의 추적이 좁혀오자 비교적 오지라 할 수 있는 밀산현으로 들어와 대종교 활동에 뛰어든 것으로 추정할 수 있다.

[참고문헌]
『대종교보』제113호(1937년), 『대종교중광육십년사』(대종교총본사, 1971), 『용의조선인명부』(조선총독부경무국, 1934)

박병흡(朴炳洽, 남, 생몰 미상)
입교 시기_ 1923년 이전 | 교질_ 미상

함경북도 성진군(城津郡) 출신으로 생몰연대는 알 수가 없다. 1919년 7월경 연해주에 거주하며 김춘경(金春京)·박기준(朴基俊)·최석보(崔錫甫) 등, 함경도 출신의 인물들과 전포(廛鋪)를 운영한 기록이 있다. 박병흡의 업종은 잡화상이었으며, 언급한 인물들과 더불어 그 지역 한인학교(韓人學校)의 설립과 운영에도 많은 역할을 하였다.

박병흡의 대종교 입교 시기나 영계(靈戒) 사항에 대한 기록은 전하지 않는다. 그러나 1923년 1월 27일(음력) 혼춘현(琿春縣) 숭례사(崇禮社) 남구(南溝)에 있는 대종교 예일시교당(禮一施敎堂)의 찬무(贊務, 부책임자)를 맡은 기록이 전한다. 그의 대종교 입교 시기가 그 이전으로 올라감을 알 수 있다. 예일시교당은 대종교 동도본사가 관할하는 곳으로, 당시 전무(典務, 책임자)는 채헌묵(蔡憲默)이었으며 김민원(金珉元)이 찬무를 맡아 박병흡과 함께 했다.

[참고문헌]
『대종교보』제57호(1923년), 『대종교중광육십년사』(대종교총본사, 1971), 「黑龍州 각지 조선인 상황에 관한 건」(不逞團關係雜件-朝鮮人ノ部-在西比利亞58, 機密 제85호, 한국사DB, 국사편찬위원회)

박봉래(朴奉來, 남, 1879(1863-?)
아호(별명)_ 박순경(朴順京)
입교 시기_ 1923년 | 교질_ 지교

전라북도 전주군 남문외(南門外) 반석리(盤石里) 출신으로 생몰연대는 분명하지 않다. 일제의 어떤 기록에는 1921년 당시 43세로 나타나는가 하면, 또 다른 곳에서는 1863년 생으로 적기도 했다. 박봉래는 1903년 통신사(通信司) 전화과(電話課)의 주사를 시작으로 산릉도감 제조관(監造官)을 거쳐 6품 승훈랑(承訓郞)까지 지낸 인물이다.

또한 전주농공은행장(全州農工銀行長, 1907년)과 전주지방금융조합 설립위원(設立委員, 1907년) 및 전주수형조합(全州手形組合) 평의원(1907년) 그리고 1908년에는 전주종묘장(全州種苗場) 설립위원으로 활동하는가 하면, 1911년에는 전주수형조합의 조합장으로 추대되는 등, 지역 산업과 금융발전에도 남다른 기여를 하였다. 한편으로는 호남학회의 회원 및 대한협회 전주지회 총무 역임하면서 지역의 지식계몽과 지식인의 단결에도 앞장섰으며, 1911년에는 전주농업학교의 상의원(商議員)을 맡아 후진양성에도 일조하였다.

이후 만주로 넘어간 박봉래는 대종교 중진 이범윤(李範允)이 이끄는 대한의군부에 가담하여 항일투쟁에 몸을 담는다. 1920년 8월경 대한의군부 지방통신원 겸 무기·탄약 그리고 기타군수품 구입·수집원인 최병직(崔秉直)을 도와 총기 120정을 구입하여 전달하려 하였다. 그러나 일본헌병에 발각되어 체포되면서 함흥지방법원 청진지청에서 3년형을 선고 받았다.

박봉래의 대종교 입교 시기나 영계(靈戒) 사항에 대한 기록은 전하지 않는다. 그러나 1934년 10월 13일(음력, 이하 음력), 참교(參敎)의 교질(敎秩)로 시교원(施敎員)을 맡은 기록이 남아있다. 연길현 육도구 용정촌에 있던 대종교 중일시교당(中一施敎堂)의 시교원을 맡은 것이 그것이다. 당시 중일시교당의 책임자(典務)는 대종교 중진이자 항일투쟁의 거물이었던 장도순(張道淳)이었다.

이후 밀산으로 옮겨온 박봉래는 2개월이 조금 지난 1934년 12월 30일에 지교(知敎)의 교질에 올랐다. 이것은 매우 특별한 경우로, 그의 대종교 입교가 매우 이른 시기에 이루어졌음을 알려주는 부분이다. 박봉래는 그곳 영안촌(永安村)에서 대한군정서의 장교이자 신민부의 경호대장이었던 오상세(吳祥世) 등을 이끌고 영일시교당(永一施敎堂)의 책임자(典務)를 맡았다. 그리고 1937년 8월 24일에도 밀산현 영안촌 지역 관할하는 대종교 재만교구경상금수납위원(在滿敎區經常金收納委員)으로 임명되어 그 지역 대종교의 중추적 역할을 담당하였다.

[참고문헌]
『대종교보』제115호(1937년), 『대종교중광육십년사』(대종교총본사, 1971), 『대한협회회보』제10호(1909년), 『호남학보』제5호(1908년), 『조선신사보감』(조선출판협회, 1912), 「鮮人의 행동에 관한 건(金萬謙에 관한 건 외 8건)」(不逞團關係雜件-朝鮮人ノ部-在西比利亞11, 機密 제66호, 한국사DB, 국사편찬위원회), 『동아일보』1921.3.24.

출신지역과 생몰연대가 확실치 않은 인물이다. 다만 박봉주가 1909년 당시 서북학회 함경북도 갑산(甲山) 지역 회원임을 보면 그곳 출신일 가능성이 높다. 박봉주에 대한 기록 역시 일제의 문서나 대종교단 내에는 전하는 것이 없다. 그의 이름이 등장하는 곳은 화룡현 당안관(檔案館)에 보관된 문서다. 이 문서는 일제가 중국의 동북군벌 정권과 결탁해 1925년 이후 만주지역에 대종교 포교금지령을 내린 이후 압수된 대종교 내부 문건으로, 1926년에 작성된 것이다. 그 문서에는 박봉주가 대종교 도일시교당(道一施教堂)의 전무(典務, 책임자)를 맡은 기록이 전한다. 그의 교질(教秩) 역시 참교(參教) 이상일 것으로 추정되지만 확인할 수가 없다. 도일시교당은 혼춘현 순양사(純養社) 노두구(老頭溝)에 소재했던 시교당으로, 당시 찬무(贊務, 부책임자)를 맡아 박봉주를 도운 인물이 문창환(文昌煥)이었다. 문창환은 대한군정서(북로군정서)의 강철구(姜鐵求)와 함께 군정서 독립자금 모집을 위한 독립공채사건과 연관되었던 인물이다. 박봉주 역시 대한군정서 등과 같은 대종교계 항일단체와 연관된 인물일 듯하나, 그 관련 기록 역시 발견되지 않는다.

[참고문헌]
「大倧敎施敎堂一覽表(1926년)」(延边朝鲜族自治州档案馆 全宗号42 目录号1 案卷号343, 和龙县历史档案 和龙县警察所, 令各区查禁韩人设立大倧教堂, 民国十五年五月十二日), 「서북학회월보」제16호(1909년), 「한민족독립운동사자료집」38(국사편찬위원회, 1999)

출신지역과 생몰연대를 알 수 없는 인물이다. 경상북도 경산군(慶山郡) 자인면(慈仁面) 출신으로, 대한협회 자인지회(慈仁支會) 회원으로 활동한 박상호(朴尙鎬)와 동일인일 듯하나 이 역시 확인이 안 된다.
박상호는 일찍이 서간도 무송(撫松) 지역으로 넘어가 대종교에 몸을 담고 항일투쟁을 전개하였다. 1915년 봄, 박상호는 일제의 사주를 받은 중국 관헌들에 의해 윤세복(尹世復)·전성규(全星奎)·윤창렬(尹昌烈)을 비롯한 30여 명의 대종교 항일투사들과 일본인 살인 혐의로 체포된 경험도 있다. 대종교단 내에서 말하는 무송옥사(撫松獄事)다. 이 사건으로 박상호는 대종교 동지들과 3년의 옥고를 치르고 출옥하였다. 당시 대종교 중진인 조성환(曺成煥)·신규식(申圭植) 등 북경과 상해 등지에서 활동하던 대종교의 동지들이 백방으로 노력한 결과였다. 이후에도 대종교 항일단체인 흥업단에 몸을 담고 압록강을 건너 국내로 들어와

후창헌병대(厚昌憲兵隊) 등을 야습(夜襲)하기도 하였으며, 정의부원(正義府員)으로도 활동하며 항일투쟁을 지속하였다.
박상호의 대종교 입교 시기나 영계(靈戒) 사항에 대한 기록은 전하지 않는다. 그러나 이현익(李顯翼)의 『대종교인과 독립운동연원』이라는 기록을 보면, 대종교 항일투사 120여명의 명단에 박상호의 이름을 올리고 있다. 당시 대종교에서의 비중이 상당했음을 시사해주는 부분이다. 또한 박상호가 대종교인들의 참변이라 할 수 있는 무송옥사(1915년)와 관련된 인물이고 보면, 그의 대종교 입교가 1915년 이전으로 올라감을 확인할 수 있다. 그러나 1920년대 중반 행방불명되면서, 이후의 교력에 대해서도 전하는 것이 없다.

[참고문헌]
『대종교인과 독립운동연원』(이현익, 프린트본, 1962), 『대한협회회보』제9호(1908년)

충청남도 논산군 강경면(江景面) 중앙리(中央里) 출신이다. 일찍이 경성외국어학교 졸업하고 구한국 통신원(通信院) 주사를 지냈다. 1906년 대한자강회 활동을 시작으로 이후 신민회(新民會)에도 가담하여 1909년 8월 그 외곽단체로 창립된 청년학우회 한성연회(漢城聯會) 집행부의 서기원(書記員)을 맡으면서 최남선·이동녕 등과 관계를 맺었다. 한편 1909년에는 고향 논산에 채운금융조합(彩雲金融組合)이라는 조합 설립에 앞장서면서 초대 조합장을 지내기도 했다.
1910년 경술국치를 맞자 비분강개하며 북간도로 넘어갔다. 그곳 화룡현 동명학교(東明學校)와 연동사(沿東社)의 중흥서숙(中興書塾), 그리고 청일학교(靑一學校) 등에서 교편을 잡았다. 특히 기독교 목사 김약연이 주도한 명동중학교에서 한국사를 담당했으며, 교무를 전담하기도 했다. 1910년 간민교육회(墾民教育會)의 출범 당시는, 연길도윤공서(延吉道尹公署)의 외교부 관리였던 이동춘(李同春)을 비롯하여 정안립(鄭安立)·김영학(金永學) 등 대종교 중진들과 참여하였다. 간민교육회가 1913년 간민회로 개편될 때에도 박상환의 활동은 그대로 이어진다. 회장을 맡은 김약연(金躍淵)과 부회장 김영학, 총무에는 정재면 외에, 이동휘·황병길 등이 깊이 관여하였다. 여기서 기독교인인 구춘선·김약연·이동휘·정재면·황병길 외에 주목되는 이름이 박상환을 비롯하여 이동춘·정안립·김영학·박찬익과 같은 대종교 인물들이다. 이 다섯 인물은 일찍이 북간도에 진출하여 한인사회의 연계를 통한 항일투쟁에 크게 기여했다. 특히 박상환과 함께 이동춘·정안립·박찬익은 대종교의 시교사라는 성직(聖職)을 받고 북간도에 진출하는

인물들이다.

박상환은 1919년 7월경에 화룡현에 근거를 두고 잡화상을 경영하는 한편, 만주와 시베리아 각지의 항일투사들과 연계하였다. 미주 지역 인물들과 연락하면서 블라디보스토크와 니콜리스크 지역에서 활동하던 김병희(金炳僖)·이승복(李昇馥)·이민복(李敏馥)·박용만(朴容萬)·조성환·백순(白純) 등과도 긴밀한 관계를 형성하였다. 이들은 기호파를 중심으로 한 대한독립군 편성을 계획하고 블라디보스토크에 총본영을 두자는 구상도 하였다. 그리고 박용만을 총참모로 삼고 기타 동지들은 우선 군자금 모집에 힘쓰기로 의견을 모았다. 그러나 박상환은 당시 경성중학교(京城中學校) 교장 김성수(金性洙)와 고양군(高陽郡) 용강면(龍江面)의 부호 민영달(閔永達)에게 자금을 청하러 가던 도중 다시 체포되어 옥고를 치렀다.

박상환은 당시 대종교의 핵심이던 은계(隱溪) 백순과 동향인이다. 북간도의 대종교 동지였던 이동춘과 박찬익보다 1개월 빠른 1910년 음 1월 4일(음력, 이하 음력) 이미 참교(參敎)의 교질(敎秩)을 받은 것으로 보아, 대종교 중광과 함께 입교한 인물로 파악된다. 그리고 1910년 7월 8일 시교사(施敎師)에 임명될 정도로 대종교 핵심 중의 핵심이었다. 북간도로 넘어가서는 화룡현 청파호 대종교시교당을 중심으로 활동하였다. 그곳에서 1911년 중광절(음력 1월 15일) 지교(知敎)의 교질로 승질(陞秩)하였고, 이후 박승익(朴勝益)·안태진(安泰鎭, 안중근의 伯父) 등과 그곳 대종교시교당을 이끌었던 인물이다. 또한 나철(羅喆)·서일(徐一)·현천묵(玄天默)·계화(桂和)·박찬익·백순 등과 그곳에 설립한 대종교 청일학교 운영의 주역을 맡기도 했다. 이 학교는 형식상에서 대종교를 교수하는 학교인 것 같았으나 배면에는 종교 내세워 독립군 사관을 양성하는 기지 역할을 하였다.

박상환은 1917년 6월 13일 교질이 상교(尙敎)로 올랐다. 이후 국내로 들어와 군자금 모금 활동을 펼치다 체포되어 옥고를 치른 후 국내 대종교 재건에 심혈을 쏟는다. 그는 1922년 윤5월 11일 대종교 남일도본사의 선리부령(宣理部令)을 맡았다. 그리고 한 달 만인 6월 4일 남일도본사를 총책임지는 전리(典理)의 자리에 올라 찬리(贊理, 부책임자) 박승익과 함께 교무에 힘썼다. 그는 그 해 7월 13일 대종교 교적간행(敎籍刊行)의 중심이 되는 진단사(震檀社)를 발기하고 본격적인 간행작업을 준비하였으나, 동년 12월 25일 일신상의 이유로 사직서를 제출하고 낙향하였다. 낙향한 후에도 고향을 거점으로 대종교 포교에 진력하였다. 그러한 노력을 기려 대종교에서는 1923년 1월 2일 남일도본사 제2지사의 책임자인 전사(典事)를 맡겨 충북·충남·전북·전남에 있는 대종교시교당을 이끌게 하였다.

[참고문헌]
『종보』제5호(1910년)·제7호(1910년), 『대종교보』제54호·제55호·제56호(1922년)·제57호(1923년), 『종문영질』(프린트본, 1922), 『본사행일기』(성세영, 필사본, 1922), 『대종교중광육십년사』(대종교총본사, 1971), 『청호촌 존사』(이경식, 1999), 『대한자강회월보』제2호(1906년), 『少年』제3권 제4권(1910년 4월호)·제5권(1910년 5월호)·제6권(1910년 6월호), 「獨立運動資金 募集者 檢擧의 件」(조선소요사건관계서류(5), 공훈전자사료관DB), 「獨立運動資金募集者 검거의

건(別紙一書翰 譯文)」(不逞團關係雜件-朝鮮人의 部-在西比利亞8, 高警 제35081호, 한국사DB, 국사편찬위원회), 『朝鮮銀行會社組合要錄』(東亞經濟時報社, 1933년판). 『백농실기(영인본)』(조창룡, 독립기념관, 1993). 『지산외유일지』(정원택, 탐구당, 1983). 『한민족독립운동사』4(국사편찬위원회, 1988), 「일제강점기 대종교와 기독교의 연계활동에 대한 담론-1910년대 북간도에서의 활동을 중심으로-」(김동환, 『국학연구』제21집, 국학연구소, 2017)

박선익(朴善翊, 남, 1893-?)
입교 시기_ 1912년 | 교질_ 참교

출신지역과 생몰연대가 불분명하다. 다만 1921년 당시 그의 주소가 경기도 고양군(高陽郡) 한지면(漢芝面) 한강리(漢江里)로 기록되어 있음을 보면, 그 지역 출신일 가능성이 높은 인물이다. 박선익은 1919년 10월 신문관(新文館) 사무원으로 재직하면서 군자금 모집에 관여한 혐의로 체포되었다. 신문관은 대종교문화공동체인 조선광문회의 출판사로, 대종교 인물들이 중심이 된 집단이다. 신문관은 일제강점기 민족정신의 고취와 대중계몽교육의 선구자로서 커다란 의미를 남겼다. 특히 경술국치부터 1919년까지 언론·출판·결사·집회 등의 자유가 전혀 보장되지 않은 암흑기에, 폭넓은 출판활동을 통하여 잊혀져가는 우리 문화의 발굴과 전승 및 창달에 기여한 기관이다.

당시 국내 대종교의 핵심이었던 이채우(李採雨)는 절친한 동지인 김영준(金永準)과 함께 만주로 건너가 유동열(柳東說)을 만나 임시정부 군자금 모금의 지령을 받고 국내로 들어왔다. 이채우는 신문관 사무원이자 대종교의 후배인 박선익과 그의 신문관 동지인 최성우(崔誠愚)·김연제(金㻰濟) 등을 설득하여 군자금 모집과 간련한 군령장(軍令狀)을 인쇄하는 동시에, 각 도에 애국금영수위원(愛國金領受委員)을 두고 군자금을 모집을 시도했다. 그러나 박선익은 그 군령장을 인쇄하여 각처로 배부하고 독립운동의 중심인물을 포섭해 가는 과정에서, 이채우·김영준·최성우·김연제 등 8명과 경성종로경찰서에 체포되었다.

1919년 박선익(네모 안)이 최성우·김연제 등과 軍令狀을 인쇄하여 군자금 모집 활동을 벌인 사건을 기록한 당시 『매일신보』(1919년 11월 3일) 기사.

박선익의 대종교 입교시기나 영계를 받은 구체적 기록은

전하지 않는다. 다만 1922년 당시 대종교인들의 교질(教秩) 상황을 적어놓은 『종문영질(倧門榮秩)』(프린트본, 1922)이라는 문적에는, 박선익이 1912년 10월 1일(음력)에 진전국(陳田國) 등과 함께 이미 참교(參教)의 교질을 받은 것으로 적혀있다. 비교적 이른 시기에 대종교에 입교한 인물임이 확인된다.

[참고문헌]
『종문영질』(프린트본, 1922), 『매일신보』1919.11.3. 「獨立運動資金募集者檢擧ノ件」(不逞團關係雜件 朝鮮人ノ部 在内地 八, 高警第28169號;秘受11816號, 한국사DB, 국사편찬위원회), 『조선총독부관보』제2641호(1921년)

박성준(朴性儁, 남, 생몰 미상)
입교 시기 _ 일제강점기 | 교질 _ 지교

출신지역과 생몰연대를 알 수 없는 인물이다. 그의 국내에서의 활동이나 만주로 건너간 시기 역시 확인되지 않는다. 박성준의 이름이 등장하는 것은 1924년 3월 하순에 조직된 전만통일회주비회(全滿統一會籌備會)의 명단에서다. 당시 만주로 건너와 의성단(義成團)의 고문으로 있던 양기탁(梁起鐸)이, 임시정부를 새로 만들자는 창조파에 속했던 신숙(申肅)·윤해(尹海) 등과 접촉을 갖고 독립군의 통합 방안을 논의하였다. 먼저 만주의 독립군을 하나로 통합한 후 대규모의 토지를 매입하여 둔전병제(屯田兵制)를 실시해 산업을 일으키면서 군사를 육성하자는 실력양성에 뜻을 모았다. 그리고 남만주지역 대종교계 독립군 지도자들인 이장녕(李章寧)·지청천(池靑天)·손일민(孫逸民) 등을 설득하여 1924년 3월 하순 전만통일회주비회(全滿統一會籌備會)를 조직하였다.
전만통일회주비회는 이장녕을 회장으로 선출하고 성립 이후 약 4개월간 각 단의 통합을 위해 노력하였다. 그 결과 이들의 의견에 찬성한 각 단체의 대표들이 1924년 7월 10일 길림에 모여 주비회 발기회를 개최하였다. 이 회에 참가한 각 단체 및 대표들을 살펴보면 군정서(軍政署) 대표로 이진산과 이광민(李光民), 길림주민회(吉林住民會) 대표로 이욱(李旭), 광정단(光正團) 대표로 김호(金虎)와 윤덕보(尹德甫), 대한독립군(大韓獨立軍) 대표로 이장녕, 대한통의부(大韓統義府) 대표로 김기전(金基甸)과 이종건(李鍾乾), 노동친목회(勞動親睦會) 대표로 최명수(崔明洙)와 장상우(張相友), 의성단(義成團) 대표로 승진(承震)이 각각 참석하였다. 당시 박성준은 대종교의 동지인 윤각(尹覺)과 더불어 대한독립군단(大韓獨立軍團) 대표로 참여하였다.
박성준은, 1925년 3월 15일 조직된 대종교계 항일단체 신민부(新民府)의 중앙집행위원으로도 선임되었다. 신민부는 대종교 항일단체인 대한군정서(북로군정서)를 계승한 단체로서, 박성준을 비롯한 그 주요 구성원의 대부분이 대종교인이었다. 따라서 이들이 신봉하였던 대종교 이념이 자연스레 신민부의 주요한 이념으로 자리 잡았다. 아나키스트로 신민부 요원이기도 했던 이강훈이 "신민부의 기본

철학은 대종교의 홍익인간과 중광정신이었다. 그렇다고 해서 결코 봉건적이었다거나 파쇼적인 것은 아니었다."고 회고한 내용에서도 확인된다. 또한 신민부가 지향한 정치형태는 배달국 공화주의를 추구였다. 이것은 '대동단결선언'(1917년)부터 이어져온 대종교 계열의 전통이기도 했다. 김좌진을 중심으로 한 이 집단은, 그 정신적 지도에 있어서는 대종교의 중심이었던 백서(白棲) 강인수(姜寅秀)와 은계(隱溪) 백순(白純)이 역할이 지대하였다.
박성준과 함께 중앙집행위원을 맡은 김혁(金赫)·허빈(許斌)·김좌진·유현(劉賢)·정신(鄭信)·최호(崔顥) 등이 모두 대종교의 핵심이었다. 특히 박성준이 김혁·김좌진과 함께 신민부를 대표하여 이승만에게 서한을 보낸 것만을 보아도, 그 시기 대종교와 신민부에서의 위상을 쉽게 파악할 수 있을 듯하다.
박성준의 대종교 관련 일제강점기의 기록은 현전하는 것이 없다. 그의 입교 시기나 영계 사항 역시 파악하기 힘들다. 그러나 대종교총본사가 만주에서 환국한 직후인 1946년 3월 6일(음력), 그를 경의원(經議院) 참의(參議)로 선임한 기록이 있다. 당시 경의원 구성은 이시영(李始榮, 원장)·이동하(李東廈, 부원장)·고평(高平, 비서)을 비롯하여 윤복영(尹復榮)·김승학(金承學)·황학수(黃學秀)·이용태(李容兌)·이시열(李時說)·정열모(鄭烈模)·신백우(申伯雨)·우덕순(禹德淳) 등, 50여명의 참의들이 모두 항일투쟁의 거물들이자 대종교의 원로들이었다. 그 당시 박성준의 교질(教秩)도 이미 지교(知教)에 있었다. 그의 입교 시기가 일제강점기로 소급함을 알게 해 준다. 아마도 신민부 참여 훨씬 이전에 이미 대종교에 입교한 듯하다.

[참고문헌]
『대종교보』한국기념호(1946년), 『대종교중광육십년사』(대종교총본사, 1971) 「不逞鮮人 全滿統一에 관한 건」(不逞團關係雜件·朝鮮人의 部-在滿洲의 部39, 機密受제862호-關機高收제17715호-1, 한국사DB, 국사편찬위원회), 「不逞鮮人行動에 關한 件」(不逞團關係雜件·朝鮮人의 部-在滿洲의 部41, 機密 第99號, 한국사DB, 국사편찬위원회), 「獨立不逞鮮人團體 新民府의 創立 및 組織에 關한 件」(不逞團關係雜件·朝鮮人의 部-在滿洲의 部41, 機密 第23號, 한국사DB, 국사편찬위원회), 『민족해방운동과 나』(이강훈, 제삼기획, 1994), 『대한민국임시정부자료집』42(국사편찬위원회, 2011)

박성태(朴性泰, 남, 생몰 미상)
아호(별명) _ 관해(觀海)
입교 시기 _ 1910년대(추정) | 교질 _ 정교

서울 종로구 누상동(樓上洞) 출신으로 대한제국 시기 진보당(進步黨) 간부로 활동한 인물이다. 이후 대한광복회에 가담하여 본격적인 항일투쟁의 길에 들어섰다. 대한광복회는 1910년대의 비밀결사 중 가장 활발한 활동을 전개하였던 단체로, 1913년 경북 풍기에서 채기중(蔡基中) 등이 독립운동을 목적으로 대한광복단을 조직한 것이 그 효시다. 이후 1915년 박상진(朴尙鎭) 등이 합류하면서 광복회라 개칭하였으며, 1916년 노백린(盧伯麟)·김좌진 등이 참가함

으로써 다시 광복단으로 이름을 바꿨다. 대한광복회의 회원은 대략 2백여 명 정도로 알려져 있다. 이들 중 독립운동의 터전을 넓히기 위하여 국외로 망명한 인물들도 다수다. 노백린은 동지 10여명과 중국 상해로 옮겨갔고, 김좌진 등은 만주로 건너갔다. 박성태 역시 1917년 김좌진과 만주로 망명하였다.

박성태는 1918년 길림에서 대종교들을 중심으로 조직된 대한정의단의 군부 집법국장(執法局長)으로 활동하였다. 당시 박성태를 비롯한 김좌진·조성환(曹成煥)·박찬익(朴贊翊) 등은 길림군정사(吉林軍政司)의 구성원들로 대한정의단의 단장이었던 서일(徐一)이 1919년 가을 무장투쟁의 역량을 제고시키기 위해 영입한 인물들이었다. 이들 모두 대종교인들로「대한독립선언서(무오독립선언서)」에 동참했던 인물들이다. 대한정의단의 구성원과 길림군정사의 주요 군사전략가들의 주된 연결고리는 대종교였다. 대종교를 토대로 상호의 필요에 의하여 기능적인 결합을 하기에 이르렀던 것이다. 그 결실이 1919년 10월에 조직된 군정부(軍政府, 대한군정서 혹은 북로군정서)이다.

「대한독립선언서」역시 대종교도들이 주축이 된 선언으로 박성태도 참여하였다. 「대한독립선언서」는 대종교의 중광단(重光團)을 중심으로 무오년(1918년) 초부터 준비되어 1919년 2월 (또는 1918년 11월), 만주 길림에서 만주와 연해주 및 중국, 미국 등 해외에서 활동 중인 독립운동가 39명의 명의로 발표된 독립선언서이다. 이 선언을 '중광단선언'이라고도 하는 이유다. 그 주축이 된 중광단은 1911년 대종교도인 현천묵·박찬익 등이 중심이 되어 조직한 독립운동단체로, 1909년 대종교의 중광(重光, 우리 고유의 단군신앙이 다시 부활했다는 의미)에서 그 명칭을 가져왔다. 중광단은 1911년 왕청현에 본부를 두고 단장으로 서일을 선출하고, 3·1운동 직후 1919년 4월 대한정의단으로, 그 해 10월에는 대한군정부로 개편하였다. 대한군정부는 같은 해 12월 상해 임시정부의 승인을 받아 대한군정서(북로군정서)가 되었다. 이 단체는 만주에서 결성된 대표적 항일운동단체로, 대종교의 정신을 토대로 적극적인 무장항일운동을 전개했다. '대한독립선언'은 그 작성과 서명이 사전에 이루어졌음을 고려하여, 별칭으로 '무오독립선언' 또는 '길림선언'으로 불리기도 한다. 일제강점기 우리 민족이 최초로 선포한 독립선언서로 2·8 독립선언과 3·1운동의 선구적 역할을 했다고 평가를 받는다.

이후 박성태는 1919년 말 북로군정서의 길림분서장(吉林分署長) 등 그 주요 간부를 맡았다. 그리고 1921년 전만통일발기준비회(全滿統一發起準備會) 집행위원을 지냈으며, 전만통일조직총회(全滿統一組織總會)에 대한독립군단 대표로도 참가하였다. 1925년에는 신민부 법무부 위원장과 중앙심판원장(中央審判院長) 등의 주요 요직을 거쳤다. 신민부역시 대종교 항일단체인 북로군정서를 계승한 단체로서, 그 주요 구성원의 대부분이 대종교인이었다. 따라서 이들이 신봉하였던 대종교 이념이 자연스레 신민부의 주요한 이념으로 자리 잡았다. 아나키스트로 신민부 요원이기도 했던 이강훈이 "신민부의 기본철학은 대종교의 홍익인간과 중광정신이었다. 그렇다고 해서 결코 봉건적이었

거나 파쇼적인 것은 아니었다."고 회고한 것이 이에 대한 방증이다. 또한 신민부가 추구한 정치형태는 배달국 공화주의를 추구하였다. 이것은 '대동단결선언'(1917년)부터 이어져온 대종교 계열의 전통이기도 했다. 뒤이어 박성태는 재만한족자치연합회(在滿韓族自治聯合會)의 중앙집행위원과 재만동지회(在滿同志會) 위원장 등도 역임하였다. 모두 대종교적 가치 추구와 밀접한 집단이었다. 박성태가 북간도 지역을 중심으로 대종교적 민족주의의 바탕 위에서 적극적인 독립운동을 수행하였으며, 철저한 민족주의자인 동시에 공화주의자였음을 확인시켜준다.

박성태의 대종교 입교 기록이나 영계 사항은 남아있는 것이 없다. 다만 그가 1937년 5월 7일(음력, 이하 음력) 하얼빈시 안평가(安平街)에 설치된 대종교하얼빈선도회의 종무원원(宗務院員)을 맡은 기록이 남아있다. 그 당시 박성태의 교질(敎秩)이 지교(知敎)의 위치에 있었음을 보면, 그의 대종교 입교 시기가 그보다 훨씬 이전에 이루어졌음이 확인된다. 대종교 2세 교주인 김교헌(金敎獻)은 1917년 왕청현에서 교의회(敎議會)를 열어 각 교구(敎區)를 새롭게 설정하였다. 당시 박성태는 여준(呂準)·박찬익(朴贊翊)·김좌진·이장녕(李章寧)·백순(白純)·정신(鄭信) 등과 백포(白圃) 서일(徐一)이 이끄는 대종교 동일도본사(東一道本司)의 주요 교도였다. 그의 대종교 입교 시기가 김좌진과 만주로 망명한 직후임을 알게 해 준다.

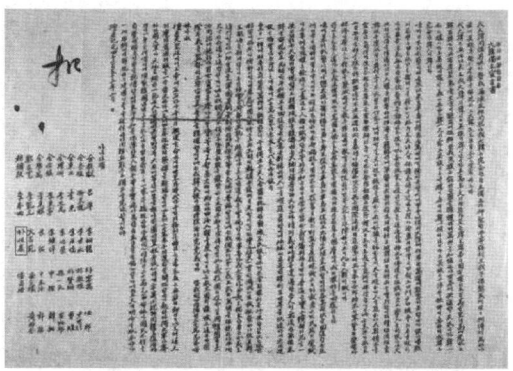

1918(무오)년 초부터 준비되어 그 해 말에 발표된「대한독립선언서(무오독립선언서)」의 전문 내용과 서명자. 서명자에 朴性泰(네모 안)의 이름이 보인다.

박성태는 해방 이후인 1947년 2월 26일 대종교 경의원(經議院)의 상무참의(常務參議)로 임명되었다. 또한 그 해 7월 11일에는 상교(尙敎)의 교질을 받았으며, 1955 1월 3일에는 대종교 남이도본사 소속 순교원(巡敎員)으로 임명되어 대종교 교세 확장에 선두적 역할을 담당하였다. 대종교에서는 그의 그러한 공로와 업적으로 1960년 10월 17일 정교(正敎)의 교질로 승질(陞秩)시키고 대형(大兄)의 교호(敎號)를 내렸다.

[참고문헌]
「대종교보」제153호·제155호(1947년), 「대종교인과 독립운동연원」(이현익, 프

린트본, 1963), 『대종교독립운동사』(박명진, 필사본, 1964), 『대종교중광육십년사』(대종교총본사, 1971), 『독립신문』1919.10.7., 1920.1.10., 4.22., 『무장독립운동비사』(채근식, 대한민국공보처, 1949), 『한국독립운동사』2(국사편찬위원회, 1966), 『한국독립사』하(김승학, 독립문화사, 1970), 『沃坡備忘錄』(이종일, 『沃坡李鍾一先生論說集』권3, 옥파기념사업회, 1984), 『한민족독립운동사』4(국사편찬위원회, 1988), 『북로군정서의 성립과 활동』(박환, 『국사관논총』제11집, 국사편찬위원회, 1990), 『민족해방운동과 나』(이강훈, 제삼기획, 1994)

박성회(朴聖會, 남, 생몰 미상)
입교 시기_1909년 | 교질_지교

출신지역과 생몰연대를 알 수 없는 인물이다. 다만 박성회가 1907년부터 1917년까지 함경북도 회령군(會寧郡) 지역에서 교사 생활을 한 것으로 보아 그 지역 출신일 가능성이 높다.

고구려 시기 축조한 雲頭山城의 역사적인 일화를 雲城總論이라는 제목으로 기록한 족자. 마지막 부분(네모 안)에 會興學校 敎師 朴聖會라는 이름이 보인다.(kobay 경매품으로 나올 당시 사진)

박성회는 1907년 학부(學部) 소관 교원검정회(敎員檢定會)의 검정에 합격하여 5월 16일자로 공립회령보통학교 교원에 임명되었다. 그 시기 회령군 회흥학교(會興學校)에 근무

하면서 고구려 시기 두만강변에 축조된 운두산성(雲頭山城)에 관한 역사적인 일화를 운성총론(雲城總論)이라는 제목으로 족자에 적어 남기기도 한 인물이다.

박성회는 1909년 대한흥학회의 회원으로 활동하면서 기관지인 『대한흥학보』에 「관유학생계유감(觀留學生界有感)」·「조배공문(吊裴公文)」·「교육방침에 대흔 의견」 등의 시론을 발표하여 당대 지식계의 주목을 받았다. 특히 「조배공문」은 영국의 언론인 베델[Ernest Thomas Bethell, 한국 이름 배설(裵說)]의 죽음에 대한 조문이다. 베델은 런던 데일리 뉴스의 특파원으로 우리나라에 와서 양기탁과 함께 『대한매일신보』를 발행하여 일본의 침략 정책을 비판한 인물이다.

이후 박성태는 만주로 넘어가 활동하였으나, 그 정확한 시기는 알 수가 없다. 1917년 회령 나남공립보통학교 훈도로서 활동한 후 만주로 넘어간 것으로 추정된다. 그 이후의 국내 활동이 발견되지 않기 때문이다. 그의 이름이 다시 등장하는 것은 1925년 만주 안도현(安圖縣) 활동에 대한 기록이다. 그는 1925년 8월 17일 안도현을 거점으로 한인자치공회(韓人自治公會)를 조직하여 활동하였다. 이 조직은 겉으로는 자치회를 표방하였지만 백산대(白山隊)의 김룡(金龍) 등과 연락하며 군자금 모연활동을 전개하기도 했다. 그 공회의 주축 인물은 김몽운(金夢雲, 회장)·안창헌(安昌憲, 간사장)·박춘산(朴春山, 서기) 등이었으며, 박성회역시 부회장을 맡아 활동하였다.

박성회의 대종교 교력은 일찍이 시작된다. 1910년 1월 4일(음력) 참교(參敎)의 교질(敎秩)을 받은 것으로 보아, 그의 입교 시기는 1909년으로 추정할 수 있다. 그리고 1911년 중광절(重光節, 음력 1월 15일) 지교(知敎)의 교질을 받고 시교사(施敎師)로 선임되었으나, 그 이후의 교력은 전하는 것이 없다.

[참고문헌]

『종보』제5호(1910년), 『倧令』제3호(1911년), 『종문영질』(프린트본, 1922), 『승정원일기』1909년 1907년 5월 16일, 12월 29일, 『대한흥학보』제3호·제4호·제5호(1909년), 『조선총독부관보』제1372호(1917년), 「安圖縣地方 不逞鮮人 韓人自治公會 組織에 關한 件」(不逞團關係雜件-朝鮮人의 部-在滿洲의 部41, 機密 第257號, 한국사DB, 국사편찬위원회)

박세균(朴世均, 남, 1898-?)
입교 시기_1916년 | 교질_참교

함경남도 함흥군 상조양면(上朝陽面) 상한리(上閒里) 출신이다. 일찍이 경성으로 유학하여 경성전수학교(京城專修學校)를 졸업하였다. 경성전수학교는 1895년 설립된 법관양성소에 그 기원을 둔 학교다. 1909년 법학교로 바뀌었으며 1911년 경성전수학교로 개칭되었고, 1916년 4월 조선총독부 전문학교 관제 발표에 따라 전문학교 수준의 법관양성기관으로 자리 잡았다. 1922년 경성법학전문학교로 명칭을 바꾸고 이후 경성제국대학 법학과로 자리 잡

았다.

박세균은 경성전수학교 3학년에 재학 중이던 1919년 3·1 독립만세운동에 참여하였다. 당시 종로구 소격동(昭格洞)에 거주하던 그는 남대문역 앞과 종로에서 독립만세를 부르는가 하면, 깃발을 흔들고 군중에 솔선하여 독립만세를 외치며 시위운동의 기세를 고무했다. 이로 인해 일제에 보안법 혐의로 체포되어 징역 6월을 선고 받았다. 박세균은 경성지방법원에서 재판을 받으면서, "피고는 이전부터 조선이 독립하고 싶다는 생각을 가지고 있었는가"라는 호리 나오요시(堀直喜) 판사의 질문에 다음의 답변으로 독립운동의 의지를 굽히지 않았다.

"일한합병 당시 나는 12~3세였는데 학교 선생이 '일본국은 일등국으로 문명국이다. 병합한 이상은 일본인과 마찬가지로 대우를 받을 수 있다'고 들었고, 또 병합칙어에도 일선인(日鮮人)을 일시동인(一視同仁)한다는 것이었으므로 기뻐하고 있었으나 점점 지식이 발달함에 따라 병합후의 상황을 보면 방금 말한 것과 같은 것은 사실이 아니고 조선인은 피정복자의 대우를 받고 있고, 또 참정권도 없으며 언론, 집회의 자유도 없을 뿐 아니라 심지어는 종교의 자유까지 침해되고 있는 것을 알았다. 또 교육 방면에서는 조선인에 대해서 저급한 교육을 실시하고 조선인을 노예의 지위에 두었으며, 동양척식회사를 설립하고 조선인을 간도(間島) 방면으로 이주하지 않으면 안 되도록 하고, 관리도 대단한 차별 대우를 하고 있다. 그래서 조선인이 나쁜 대우에서 벗어나려면 아무래도 독립하지 않으면 안된다고 생각해 왔던 것이다."

3·1독립만세운동과 관련된 인물들에 대한 경성지방법원 판결문(1919년 8월 30일)의 일부. 왼쪽 상단 네모 안에 朴世均의 이름이 보인다.

특히 박세균이 언급한 '종교의 자유에 대한 침해'는 일제의 대종교 탄압정책과 무관치 않다. 일제는 병탄(倂呑) 직후부터 대종교 탄압하여 종교 가운데 유일하게 만주로의 망명을 단행한 집단이었다. 당시 국내 대종교에 대한 극렬한 탄압상을 알려주는 다음 기록을 보면 알 수 있다.

"나는 옮기어 배움을 경성××학교에 수학하게 되자, 동무들의 권유로 대종교에 다니게 되었습니다. 내가 여

기에 든 것은 나의 주제넘은 생각에는 민족적 색채를 가진 이 교(教)에서, 자가(自家)의 보물을 좀 찾아볼 도리가 행여 있을까 함이었습니다. 그러나 때는 마침 무단통치시대인지라, 언론집회는 물론 대금물이어니와, 더구나 이 민족적 색채를 가진 대종교에 대한 감시야 실로 끔찍하였지요! 빈궁한 살림살이에 고정한 회당(會堂)조차 없이 이 집 저 집으로 돌아다니는 곤경에다가, 설상가상으로 그들의 핍박이 날이 갈수록 더욱 심하여, 심지어 교사(教史) 원고까지 빼앗기는 등, 실로 피가 뛰고 이가 갈리는 비분한 경우도 많이 당하였습니다. 나는 이 교의 교리를 연구하여 보는 한편에, 그 교사 즉 조선사를 배우는 것이 또한 큰 목적이었던 것이나, 주위의 사정이 그러하고 보니, 나는 그만 떡심이 풀리고 점점 회당에 다니기가 싫어졌습니다."

특히 박세균은 "장래에도 독립운동을 할 생각인가"라는 나오요시 판사의 마지막 질문에도 "독립이 될 가망이 있으면 운동 하겠다"는 답변으로 의기를 꺾지 않았다. 1920년 3월 경성전수학교 졸업한 박세균은 1926년 9월 2일 시행한 조선변호사시험에 합격하였다.

박세균의 대종교 입교 시기나 영계(靈戒) 사항에 대한 교단 내의 기록은 전하지 않는다. 다만 1922년 대종교 교인들의 교질(教秩) 관계를 적어 놓은 「종문영질(倧門榮秩)」(프린트본)에는, 박세균이 1916년 12월 27일(음력) 참교(參教)의 교질을 받은 것으로 적혀 있다. 그의 입교 시기가 1916년 중반에 이루어졌음을 확인시켜준다.

[참고문헌]
「종문영질」(프린트본, 1922), 「매일신보」1919.11.8, 「京濱地方震災에 關한 國外 情報(14)」(「關東震災에 對한 情報」, 秘 高警 제3093호(14), 한국사DB, 국사편찬위원회), 「조선총독부관보」제2328호(1920년)·제4214호(1926), 「나의 불교 믿게 된 경로」(해경거사, 「불교」, 불교사, 1930), 「한민족독립운동사자료집」16(국사편찬위원회, 1993)

박세진(朴世鎭, 남, 1889-1930)

아호(별명) _ 하산(河山), 박의열(朴義烈)
입교 시기 _ 1910년대(추정) | 교질 _ 미상 | 서훈 _ 애국장(1991)

경상북도 영덕군 창수면 오촌리 출신이다. 백형(伯兄)인 박우진(朴宇鎭, 朴健)과 중형(仲兄)인 박명진(朴明鎭)과 함께 3형제 대종교 항일투사로 알려져 있다. 경술국치 이후인 1912년에 만주로 이주하여 통화현(通化縣) 하서구(下西溝)에서 그 지역 대종교 중진이었던 허혁(許爀) 등과 부민단(扶民團)을 조직하고 중앙검찰장(中央檢察長)에 임명되어 활동한 것으로 전해진다.

1917년 신흥무관학교를 졸업하였으며, 1919년 4월 화전현(樺甸縣)에 근거를 두고 조선독립군 제1분대장의 자격으로 대종교인 성세영(成世英)을 부분대장으로 이끌고 평안북도 지역으로 들어가 군자금과 독립군을 모집하였다. 1922년에는 통의부(統義府) 통화(通化) 지역 검찰감(檢察監) 겸 중

대장으로 임명되어 이도구(二道溝) 전투에도 참가하였다. 1923년에는 통의부의 참사(參事)로 임명되었고 큰형인 박우진(박건)과 한족노동당의 발기인으로도 참여하였다. 1925년 정의부(正義府)가 조직되자 부교(副校) 및 지방조직책을 맡으면서 항일투쟁을 지속적으로 이어갔다. 그러나 일제의 토벌대(討伐隊) 진격으로 북만(北滿)에 이주한 후 아성현(阿城縣) 취원창(聚源昶)에서 대종교계 동원학교(東源學校)를 설립하고 그 교장이 되어 민족교육에 주력하였다. 또한 1928년 빈강현8구(濱江縣八區)에 빈성정미소(濱成精米所)를 운영하는가 하면, 중동선 오길밀하(烏吉密河)라는 곳에 농장도 경영하면서 독립운동을 지원하였다. 당시 박세진은 민족주의 항일투쟁의 거두로 자리 잡았으나, 1930년 말에 중동선(中東線) 오밀하(烏密河) 부근 주하현(珠河縣)에서 공산당에게 피살되었다. 이에 평소 그를 따르던 정의부 계열의 50여명이 결사대를 조직하여 공산당의 토벌을 시도하기도 하였다.

박세진의 대종교 관련 교력에 대한 교단 내의 기록은 전하는 것이 없다. 그러나 흥업단 및 신민부 등에서 활동한 이현익(李顯翼)은 그의 『대종교인과 독립운동연원』에서 "가족적(家族的) 독립운동의 공로가 혁혁함"이라는 부기(附記)와 함께, 120여명의 대종교 항일투사 속에 박세진의 이름을 적시하고 있다. 또한 박세진의 중형(仲兄)인 박명진이 쓴 『대종교독립운동사』에도 윤복영(尹復榮)·김서종(金書鍾)·우덕순(禹德淳) 등과 대종교 북일도본사(北一道本司)의 핵심 인물로 적시하고 있다. 박세진이 대종교 항일투쟁의 중진이었음을 알게 해 준다. 이러한 정황에서 보면, 그의 대종교 입교는 신흥무관학교 졸업 전후로 추정할 수 있다.

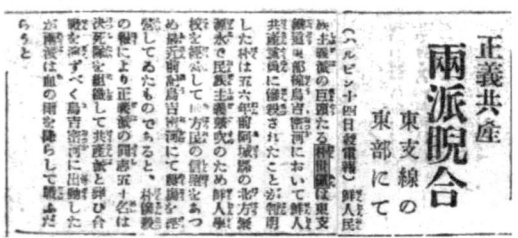

공산주의와 첨예히 대립하던 민족주의 계열의 거두 朴世鎭(네모 안)이 공산당원에서 피살당했다는 『朝鮮新聞』(1931년 1월 15일)의 기사 내용.

[참고문헌]
『대종교인과 독립운동연원』(이현익, 프린트, 1963), 『대종교독립운동사』(박명진, 필사본, 1964), 『독립신문』1923.3.1., 「樺甸縣 內에 있어서 鮮人行動에 관한 건(不逞團關係件-朝鮮人의 部-在滿洲의 部10, 機密公 제21호, 한국사DB, 국사편찬위원회), 『朝鮮新聞』1931.1.15., 『동아일보』1931.1.18., 『한국독립사』하(김승학, 독립문화사, 1970)

박세환(朴世桓, 남, 생몰 미상)
입교 시기_ 1920년대(추정) | 교질_ 지교

출신지역과 생몰연대를 확인할 수 없는 인물이다. 그와 관련한 기록은 일제의 문서에서는 발견되지 않으며, 대종교단 내부의 기록에서만 일부 찾을 수 있다.

박세환은 1937년 1월(음력, 이하 음력) 이전에 이미 대종교총본사 경의원(經議院) 참의(參議)를 역임했으며, 또한 대종교 밀산구(密山區) 순교원(巡敎員)을 지내기도 했다. 당시 그의 교질(敎秩)은 지교(知敎)였다. 또한 그 해 1월 28일에는 백포(白圃) 서일(徐一)의 사위인 최관(崔寬)과 함께 봉선(奉宣)에 선임되었다. 봉선이란 대종교 교주(敎主)의 비서를 담당하는 직책으로, 교단 내의 중진이 맡는 것이 상례다. 더욱이 봉선을 함께 맡은 최관의 교질이 상교(尙敎)였음을 감안한다면, 박세환의 대종교 내에서의 무게감을 쉽게 확인할 수 있는 부분이다. 그의 대종교 입교 시기 역시 상당히 이른 시기(1920년대 초반으로 추정)에 이루어졌음을 암시해 준다.

또한 박세환은 같은 해 2월 3일에는 대종교총본사 부설 대종학원 학감(學監)을 맡아 후진 양성에 심혈을 기울였다. 그 시기 대종학원 원장은 백산(白山) 안희제(安熙濟)였음도 주목된다. 그리고 그 해 8월 24일에는 허태원(許泰元)·류진묵(柳鎭黙)과 더불어 밀산현 기성촌(箕城村) 지역을 관할하는 재만교구경상금수납위원(在滿敎區經常金收納委員)에 임명되어, 그 지역 대종교 재정의 중심인물 역할을 하였다.

[참고문헌]
『대종교보』제113호·제115호(1937년), 『대종교중광육십년사』(대종교총본사, 1971)

박세훈(朴世勳, 남, 1897(1900-?)
입교 시기_ 1920년대 초반(추정) | 교질_ 지교

출신지역이나 생몰연대가 확실하지 않다. 경성의학전문학교(京城醫學專門學校)을 중퇴한 인물로, 1921년도 일제의 문서에는 평안북도 은율(殷栗) 출신(1897년생)으로 조사되어 있는가 하면, 1939년도 일제의 『사상휘보(思想彙報)』에는 평안남도 증산군(甑山郡) 출신(1897년생)으로 기록되어 있다. 또한 1940년도 그들의 『소화사상통제사자료(昭和思想統制史資料)』에는 황해도 송목군(松木郡) 진풀면(眞風面) 덕안동(德安洞) 태생(1900년생)으로도 적고 있다.

박세훈이 중국으로 건너간 시기 역시 분명치 않다. 1920년 4월 천진(天津) 프랑스 조계 내에서 조직된 한국교민단(韓國僑民團)의 발기인으로 오인석(吳仁錫)·류백련(柳百鍊)·곽천일(郭千一) 등과 참여한 기록이 전한다. 당시 총책임자는 김응순(金應淳)이었고 박세훈이 경무(警務)를 맡아 김정(金政, 선전), 김기수(金基洙, 서무·회계) 등과 함께 했다. 상해임시정부와 연관된 한국교민단 활동으로 박세훈은 1921년 12월 일경에 검거되어 1922년 5월 석방되었다.

1924년 북만주 동빈현(同賓縣)으로 넘어간 박세훈은, 대종교 중진인 김규식(金奎植)·조성환(曺成煥)·최익항(崔益恒)·박두희(朴斗熙) 등과 간민권업회(墾民勸業會)를 조직하여 항일투쟁의 고삐를 늦추지 않았다. 일제의 기록에 박세훈이 대한독립군단과 연관을 맺고 활동한 인물로 당시 대종교 핵심인 조성환 등과 원군정서계(元軍政署系)로 분류한 것을 보면, 그가 대종교 항일단체인 대한군정서(북로군정서)와도 밀접한 연관을 가졌던 것으로 추정된다.

1925년에는 다시 천진으로 내려온 박세훈은 그 해 3월 12일 개최된 한국교민단의 임원 개선(改選)에서 총무를 맡아, 단장으로 선임된 김정(金政)과 호흡을 맞춰 교민단을 이끌었다. 그러나 동년 6월 1일, 김정 단장이 단원들의 거부로 자리에서 구축 당하자 김정을 대신하여 임시단장대리를 맡아 수습에 앞장서기도 했다.

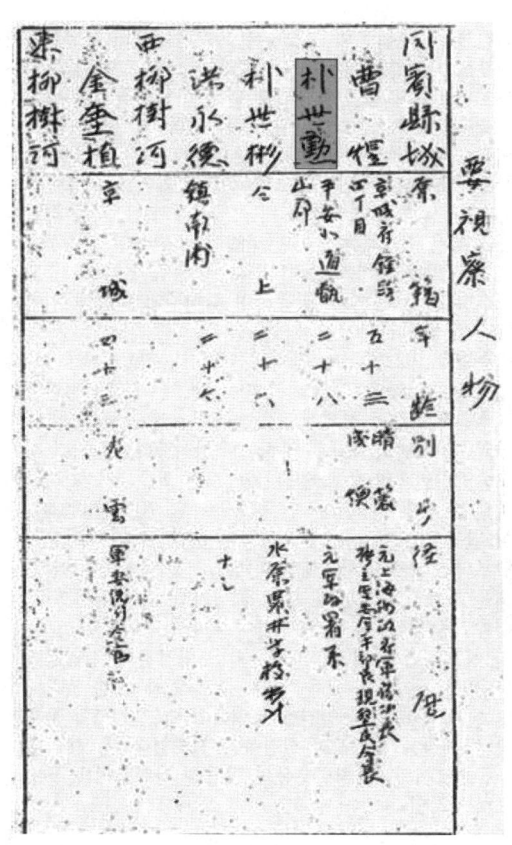

1924년 일제의 문서에, 同賓縣을 거점으로 활동하던 시절, 대종교의 거물인 曺成煥(曺煜) 등과 요시찰인물로 기록된 朴世勳(네모 안)의 이름.

이후 박세훈은 김구(金九)가 천진으로 밀파한 안경근(安敬根)·이원일(李元一) 등과 긴밀히 접촉하며 천진 지역의 동

향을 전달하였다. 또한 김구의 밀명으로 천진으로 와 활동하던 조상연(趙相淵)의 첩보활동에도 깊이 관여하였다. 1938년 6월 12일 박세훈은 천락반점(天樂飯店)에서 조상연을 만나 천진에 있는 일본군대의 규모와 그 이동 상황 대한 정보 조사를 의뢰 받고 비밀리에 조사하여 전달한 것이다. 조상연 역시 대종교의 중심 인물인 박찬익(朴贊翊)의 주선으로 안휘중학(安徽中學)으로 유학한 인물이었다.

박세훈의 대종교 입교 시기와 영계 사항에 대한 기록은 전하는 것이 없다. 그러나 그가 1932년 3월 3일(음력) 북만주 밀산현(密山縣) 하량자(下亮子)에 소재한 대종교 양일시교당(亮一施教堂)의 전무(典務, 책임자)를 맡은 기록이 남아 있다. 그 당시 그의 교질(教秩)은 지교(知教)의 위치에 있었다. 그의 입교 시기가 상당히 오래 전이었음을 확인시켜 준다. 아마도 그의 대종교 입교가 중국으로 건너가 천진 지역에서 활동하던 1920년 초반에 이루어졌을 가능성을 짙게 해 준다. 지교의 교질은 입교(入教)→영계(靈戒)→참교(參教)의 단계를 거쳐 얻어지는 위치이기 때문이다. 양일시교당은 대종교 동이도본사(東二道本司) 관할로, 당시 참교의 교질에 있었던 이대범(李大範) 등이 부책임자인 찬무(贊務)를 맡아 박세훈을 도왔다.

박세훈은 다시 천진으로 내려오기 전까지, 밀산을 거점으로 대종교 활동을 꾸준히 펼쳤다. 1937년 8월 24일(음력) 이대범·이관영(李寬永)과 함께 밀산현 하량자 지역을 관장하는 대종교 재만교구경상금수납위원(在滿教區經常金收納委員)을 맡아 활동한 기록을 보아도 알 수 있다.

[참고문헌]
『대종교보』제115호(1937년). 『대종교중광육십년사』(대종교총본사, 1971). 「不逞鮮人 組織에 관계되는 僑民團 役員 改選의 件」(『不逞團關係雜件-朝鮮人의 部-在支那各地』4, 公信 제118호, 한국사DB, 국사편찬위원회). 「大韓獨立軍團의 現狀에 關한 件」(『不逞團關係雜件-朝鮮人의 部-在滿洲의 部』40, 機密 第1號, 한국사DB, 국사편찬위원회). 『사상휘보』제20호(朝鮮總督府, 1939). 「北支地方에 於ける 要視察(容疑者를 含む)朝鮮人의 槪況(昭和14年6月 末現在)」(『소화사상통제사자료』24, 한국사DB, 국사편찬위원회). 『대한민국임시정부자료집』31(국사편찬위원회, 2009)

박순(朴淳, 남, 생몰 미상)

아호(별명) _ 박순(朴楯)
입교 시기 _ 1919년 | 교질 _ 참교

출신지역과 생몰연대를 알 수 없는 인물로, 일찍이 북간도로 넘어가 대종교 입교와 함께 대한군정서(북로군정서)에 몸을 담았다. 박순은 대한군정서 경신국(警信局) 제19분국 4과장을 맡았던 인물로 제34분국이 생기면서 그 분국장을 담당했다. 제19분국은 그 관할 지역이 연길현(延吉縣) 용지향(勇智鄕) 흥신동(興新洞)이었으며 제34분국은 용지향 용포동(龍浦洞)이었다. 박순이 연길현 용지향을 거점으로 활동한 인물임을 알게 해 준다.

대한군정서의 경신국은 만주·조선·연해주 등지에서 광범위하게 정보를 수집해 빠르게 상부로 보고하는 비밀첩

보 조직이었다. 그러므로 대종교의 각 지역 시교당(施教堂)과 그 교인들의 거점과 불가분의 연관성을 가졌으며 39분국까지 두었다. 또한 그 조직의 총책임자는 대종교 조직을 누구보다 잘 아는 인물이어야 했다. 정신(鄭信, 鄭潤)·이홍래(李鴻來)·계화(桂和)와 같은 대종교 중진들이 맡았던 이유다. 대종교의 시교당이 곧 그 지역의 학교이자 독립운동의 거점이었다는 등식을 가장 잘 드러낸 것이 대한군정서의 경신국 조직이었다. 경신국의 주요 임무는 경사(警査)와 통신(通信)으로, 경사는 민정(民情) 시찰, 각 단체의 행동과 적정(賊情) 정찰, 군사 기밀 조사, 내부 불순분자 색출, 임원 경호 등이 그 주요 임무였다. 통신 임무는 신보(新報) 전파, 보도(報道) 및 통신 전달, 서령(署令) 및 선유문(宣諭文) 배포, 하물(荷物) 운반 등이었다.

박순은 청산리독립전쟁 이후에도 그 지역을 거점으로 활동을 이어갔다. 또한 1926년 1월에는 만선청년회(滿鮮青年會)를 결성하여 행동하였다. 만선청년회 역시 대종교계 청년회로 혼춘현 순의향(純義鄉) 남태맹(南泰孟)에 근거를 둔 조직이었다. 회장은 최규협(崔奎俠)이 맡았으며 주요 간부는 박순과 채규화(蔡奎化)로, 지(智)·덕(德)·체(體)의 육성을 통해 회원 상호간의 친목을 도모한다는 목적을 내세웠다.

박순의 대종교 교력을 보면, 1919년 1월 26일(음력, 이하 음력) 참교(參教)의 교질(教秩)을 받은 것으로 나타난다. 대종교의 대한군정서 조직에 참여하기 직전에 입교한 것을 알 수 있다. 또한 1922년 5월 22일 대종교 동일도본사의 찬사(贊事)로 임명되었다. 찬사란 대종교 각 지사(支司)에 둔 종사(宗事)·계사(計事)·규사(規事)를 돕는 직책이다. 박순이 대종교 동일도본사의 찬사로 참여할 당시, 그와 동일도본사에 함께 참여한 대부분의 인물들이 대종교 대한군정서 계열의 독립군들이었다는 점이다. 청산리독립전쟁 이후 대한군정서 구성원들이 삼삼오오 각 지역으로 흩어질 당시, 대종교의 거점이 곧 그들의 또 다른 거점이었음을 확인시키고 있다. 동일도본사의 총책임자였던 주견룡(朱見龍, 동일도본사 典事代辦)을 비롯하여 이두석(李斗錫, 計事監正)·이형섭(李洞燮, 規事監正)·서강준(徐康駿, 贊事)·강훈(姜勳, 規事監贊) 등등이 모두 대한군정서의 독립군들이었다. 대종교 동일도본사가 소규모의 대한군정서였음을 알 수 있다. 1926년 2월 12일에는 화룡현 지역을 관할하는 대종교 시교원(施教員)으로 임명되어 포교와 항일투쟁을 그치지 않았고, 1936년 10월 27일에는 항일투사 김익형(金翼衡)·이동호(李東浩)와 함께 대종교 동일시교당(東一施教堂)을 이끌었다. 동일시교당은 연길현 동불사(銅佛寺)에 소재한 시교당으로, 이 지역을 중심으로 한 박순의 활동은 1930년대까지 그대로 이어졌다. 1937년 8월 24일 대한군정서 동지였던 강철구(姜鐵求)·이동호와 함께 동불사 지역을 관할하는 대종교 재만교구경상금수납위원(在滿教區經常金收納委員)으로 임명되어 역할한 것이 그에 대한 방증이다.

[참고문헌]
『대종교보』제54호(1922년)·제115호(1937년). 『종문영질』(프린트본, 1922). 『대종교중광육십년사』(대종교총본사, 1971). 「大倧教施教堂一覽表(1926年)」(延边朝鮮族自治州档案馆 全宗号42 目录号1 案卷号343, 和龙县历史档案 和龙县警察所, 令各区查禁韩人设立大倧教堂由, 民国十五年五月十二日). 「大韓軍政署의 日誌에 관한 건」(不逞團關係雜件-朝鮮人의 部-在滿洲의 部26, 秘受1502호-高警제1007호, 한국사DB, 국사편찬위원회). 「間島 및 琿春地方 朝鮮人의 結社團體調查報告에 關한 件」(不逞團關係雜件-朝鮮人의 部-在滿洲의 部43, 外務省文書課受 第627號, 한국사DB, 국사편찬위원회)

박순병(朴舜秉, 남, 1901-1926)
아호(별명) _ 박순병(朴純秉)
입교 시기 _ 1922년 | 교질 _ 참교 | 서훈 _ 애국장(2007)

함경북도 온성군(穩城郡) 온성면(穩城面) 주원동(周原洞) 출신이다. 일제강점기 대종교 청년운동의 대부이자 사회주의 투쟁의 거물인 박일병(朴一秉)의 동생이기도 하다. 박순병은 형의 뒤를 따라 대종교와 사회주의, 그리고 언론활동을 통해 항일투쟁에 앞장서다가 일제의 고문으로 순국한 인물이다.

박순병 사회 활동의 첫걸음은 1921년 조선고학생갈돕회 간부로 참여한 것에서 찾을 수 있다. 조선고학생갈돕회는 1920년 6월에 창립된 단체로 남녀 고학생들의 연학상조(研學相助)를 도모하기 위해 조직되었다. '갈'이란 '서로'란 의미이며 '돕'이란 '돕는다'는 뜻으로서 조선고학생들끼리 상부상조한다는 취지의 모임이었다. 그러므로 고학생들의 학비 및 기숙사 마련을 위한 후원금 모집, 각종 강연회 개최 등을 전개하는가 하면, 사회주의 단체인 서울청년회와도 긴밀한 관계를 유지하였다. 박순병이 이 시기 고려공산당 선전부원으로 활동하며 사회주의 운동에 뛰어들었던 배경이다.

박순병은 1922년 10월 경성무산청년회(京城無産青年會) 결성에 참여하였다. 그리고 그 다음 해에는 전조선청년당대회후원회 결성에 참여했으며, 3월 전조선청년당대회에 대종교중앙청년회 대표의 일원으로 참석했다. 그 시기 대종교중앙청년회의 주요 인물들을 보면 박순병을 위시하여 박일병·신명균(申明均)·민중식(閔仲植)·권덕규(權悳奎) 등이 활동하고 있었다. 전조선청년당대회는 1923년 3월 24일부터 30일까지 서울에서 회의 장소를 옮겨가며 94개 단체가 참가한 대회였다. 여기에 참가한 주요 청년 단체는 대종교중앙청년회를 비롯하여 서울청년회·천도교유신회·불교청년회·불교여자청년회·포항청년회·진영청년회 등이었다. 이들은 교육·경제·종교·민족·노동·부인·청년 문제 등에 대한 안건을 토의하고 당면의 사활 문제를 상담·해결하여 구체적 실현을 촉진하였다. 동시에 대중운동으로서의 새 청년운동의 방향을 사회주의 운동노선으로 정하였다.

또한 그 해 8월 신흥청년단 결성준비위원으로 활동한 박순병은, 1924년 2월 신흥청년동맹 결성에 참여하여 상무집행위원이 되었다. 그 배경을 보면 1923년 1월 15일 일본 동경에서 김약수(金若水)·김종범·송봉우(宋奉瑀)·변희용(卞熙鎔)·김장현(金章鉉)·이여성(李如星) 등이 조직한 북성회(北星會, 국내 본부는 북풍회)는 당시 가장 친일적이며 또한 계급적 국제주의 성격을 띤 단체로서 국내에 들어와서는 사회주의 사상을 전파하는데 주력하였다. 더욱이 자파(自派) 인물들로 국내의 기존단체들을 장악하려는 야심을 드러내기도 했다.

이에 1923년 5월 20일 서울에서 조직된 바 있는 북성회계 사회주의 사상단체 토요회(土曜會)는 그 후 김찬(金燦)·박일병을 가입시키고, 이미 조직되어 있던 서울청년회에 대항할 수 있는 새로운 무산자만의 청년회조직을 시도하고 나섰다. 그러나 이 계획은 일제에 의해 좌절됨으로써, 부득이 새로운 회의 발족을 연기하고 앞으로 조속한 시일 내에 창립할 수 있게 하기 위하여 발기준비위원회만을 구성하여 두었다. 박순병은 이 당시 발기준비위원으로, 박일병·김찬·이호·민태흥·이운순(李雲淳)·임봉순(任鳳淳)·한신교·최완(崔完) 등 8명과 이름을 올렸다. 그 후 이 준비위원회는 가칭 경성신흥청년단(京城新興靑年團) 창립총회를 개최하려고 9월 2일에 집회허가를 제출하였으나 이것 역시 일제당국의 불허로 이루지 못하고 있었다. 그러므로 가칭 경성신흥청년단 규칙안을 작성하여 놓고 기회만 있으면 창립총회를 거행할 태세를 갖추고 있다가, 1924년 2월 신흥청년동맹이 결성 되자 상무집행위원으로 참여한 것이다. 박순병은 이와 함께 경기도청년연맹(京畿道靑年聯盟) 상무집행위원, 한양청년연맹(漢陽靑年聯盟) 상무집행위원, 화요회원, 혁청당(革淸黨) 당원 등을 역임하는 한편, 『무산자신문』 경성지국장, 『청년대중』 조선지국장을 지내며 언론을 통한 사회주의 투쟁의 중심에 있었다.

박순병은 1925년 4월 고려공산청년회 창립대회에 참가하고 중앙위원 후보로 선임되었다. 이 단체는 사회주의사상을 가진 청년에게 사상교양을 하고 선전훈련을 하는 예비학교의 성격을 가졌으나, 아직 사회주의운동이 이론의 미숙과 경험의 부족 등으로 많은 어려움을 겪었다. 그런 상황 속에서도 공산대학에 학생을 파견하고 직접 학교를 운영함으로써 청년운동지도자들의 사상을 순화하는 한편, 그들에게 선전 방법도 훈련시키고자 했다. 또한 박순병은 동년 11월 조선학생과학연구회 결성에 참여했다. 이 단체는 화요회계의 사회주의 학생운동단체로서 사회과학의 보급, 학생의 사상통일, 상호단결 등의 강령을 내세웠다. 또한 학술강연회나 농촌강좌를 여는 등의 교육 활동을 중심으로 진행했으며, 6·10만세운동의 주도적 역할을 하기도 했다.

박순병은 1926년에 들어서도 조카 박장송(朴長松)을 고려공산청년회에 가입시켜 모스크바 동방노력자공산대학에 유학을 보내는 등, 사회주의 투쟁 확산에 심혈을 기울였다. 그리고 『시대일보』 사회부 기자로 재직하면서 조선공산당에도 입당하여 경성부 제4야체이카 언론기관 프랙션에 배속되었으나, 그 해 7월경 '제2차 조선공산당검거사건'으로 체포되어 신문 도중 고문으로 사망했다. 6·10만세운동 10주기를 즈음하여 『앞으로』라는 사회주의 잡지에 발표된 다음의 글에서도 확인된다.

"…그럼으로 일본제국주의들의 조선공산주의들에 대한

압박은 더욱 포학하였다. 전국을 통하여 수백여 명의 공산당원을 검거하여 야만적 고문으로 학살(박순병 동무는 경찰서에서 학살당하고 백광흠·박길양 동무는 감옥에서 참사되었다)하고 마침내 공산당원 백일인에 대한 계급적 대재판으로써…"

박순병의 대종교 입교 시기와 영계 사항과 관련된 교단 내의 기록은 전하지 않는다. 이것은 대종교의 사회주의(공산주의) 관련 인물들에 대한 기록 회피 현상과 무관치 않다. 다만 1922년에 작성된 『종문영질(倧門榮秩)』을 보면, 박순병이 1922년 1월 23일(음력) 참교(參敎)의 교질(敎秩)을 받은 기록이 남아 있다. 그의 입교 시기가 1921년 혹은 그 이전에 이루어졌음을 알려 주는 부분이다. 더욱이 박순병과 같은 날 함께 참교를 받은 인물들도 주목된다. 당시 사회주의 운동의 거물인 최익환(崔益煥)·박낙종(朴洛鍾)·임태호(林泰虎) 등이 그들이다. 일제강점기 대종교계 사회주의 인물들의 투쟁이 광범위하게 전개되었음을 알려 주고 있다.

박순병이 체포되어 혹독한 신문의 후유증으로 입원 중에 요절했다는 내용을 실은 『동아일보』(1926년 8월 27일)의 기사.

[참고문헌]
『종문영질』(프린트본, 1922), 『동아일보』1921.5.28., 1924.10.8., 12.8., 1925.3.17., 1926.7.16·19·20., 1927.4.2., 1926.8.26·27., 1928.1.31., 「갈돕회」(최진순, 『별건곤』제29호, 1930년 6월), 「六십(六월십일)만세十주년을 마즈면서」(『앞으로』, 3·4(6), 1936), 『1920年代朝鮮의 社會主義運動史』(金森襄, 未來社, 1985), 『한국공산주의운동사』1·2·3·4(김창순·김준엽, 청계연구소, 1986), 『한국사회주의운동인명사전』(강만길·성대경, 창작과 비평사, 1996)

박순학(朴順學, 남, 1891-?)
입교 시기 _ 1923년 | 교질 _ 참교

함경북도 경흥군(慶興郡) 출신으로, 충남 홍성군 출신으로 대통령표창을 받은 박순학(朴順學)과는 동명이인이다. 박순학이 만주로 넘어간 시기는 분명치 않으나, 1921년 7월 당시 혼춘현 용지향(勇智鄕) 두도구(頭道溝)에 거주하며 항일투쟁을 전개한 기록이 있다. 일제의 문서에는 독립군의 경호대(警護隊) 소속으로 기록하고 있는 것으로 보아, 대종교계열의 대한군정서(북로군정서)나 혹은 국민회 소속의 항일투사였을 것으로 점쳐진다. 당시 경호대를 본격적으로 운용하고 있던 집단은 이 두 단체였기 때문이다.

박순학의 대종교 교력을 보면, 1923년 4월 1일(음력) 대종교 동일도본사(東一道本司)의 특선(特選)으로 영계(靈戒)를 받은 기록이 있다. 특선이란 특별한 경우 추천하는 것을 말한다. 박순학의 대종교와의 연관이 그 이전부터 남달랐음을 시사해 주는 부분이다. 그리고 대종교에서는 동년 6월 20일(음력), 역시 동일도본사 특선에 의해 박순학에게 참교(參敎)의 교질(敎秩)을 수여하였다.

[참고문헌]
『대종교보』제58호(1923년), 「不逞鮮人 名簿 送付의 건」(不逞團關係雜件-朝鮮人의 部-在滿洲의 部28, 秘受8634호-機密公信제36호, 한국사DB, 국사편찬위원회)

박순희(朴淳熙, 여, 생몰 미상)

입교 시기 _ 1937년 | 교질 _ 참교

함경북도 성진군(城津郡) 출신으로 생몰연대는 알 수가 없다. 대종교의 지교(知敎)로 함북 성진 지역의 중심인물이었던 박영소(朴永韶)의 장녀다. 그녀의 출신 학교 등은 확인되지 않으나, 대종교총본사가 만주 동경성에 부설한 대종학원(大倧學園)의 여자 교원(敎員)으로 활동한 것으로 보아 어느 정도의 학력을 갖춘 인물로 추정된다.
박순희의 대종교 교력은 1937년 2월 2일(음력) 대종교총본사 특별 추천으로 참교(參敎)의 교질(敎秩)을 받은 기록이 있다. 그 이전부터 대종교와의 연관이 남달랐음을 시사해 준다. 그리고 그 다음날인 2월 3일(음력) 박세환(朴世煥)·권상윤(權相允)과 함께 대종학원 교원으로 임명되었다. 그 시기 대종학원의 원장이 백산(白山) 안희제(安熙濟)였고 '대종교시교당=학교=독립운동기지'라는 인식에서 보면, 박순희 역시 대종교 항일투쟁과 밀접하게 연관된 인물이었을 듯하다.

[참고문헌]
『대종교보』제113호(1937년), 『대종교중광육십년사』(대종교총본사, 1971)

박승길(朴承吉, 남, 1886-?)

입교 시기 _ 1921년 이전 | 교질 _ 미상

출신지역과 생몰연대가 불확실한 인물로, 신민단(新民團)에 몸을 담고 항일투쟁을 전개했다. 1920년 6월에 전개된 삼둔자전투(三屯子戰鬪) 당시, 추격해오던 일본군 1개 중대를 두만강을 건너 삼둔자에서 대패시켰다.
1921년 말에는 태평양회의 참석을 위한 경비 모금을 위해 대종교 동지인 조백(趙白) 등과 군자금 모집에도 앞장섰다. 그 배경을 살피면 1921년 5월경, 대한군정서(북로군정서) 총재를 지낸 서일(徐一)이 밀산현(密山縣)으로부터 영안현(靈安縣)으로 현천묵·나중소(羅仲昭) 등을 보내, 그곳에 있던 김좌진(金佐鎭)·장남환(張南煥)·채오(蔡伍) 등의 대종교 동지들과 새로운 항일투쟁의 길을 모색하도록 하였

다. 당시 서일이 현천묵 등에게 당부한 주요 사항은 민심의 부활, 독립단체의 수립, 노령지역 공산당의 원조, 중국 관헌들의 협조, 영안현에 사관학교의 건설, 우리에게 유리한 각종 사항을 선전 등이었다. 그 과정의 하나로 박승길은 조백 등과 대왕청(大汪靑) 유수하(柳樹河)로 넘어와 군자금 모집과 일제 관헌의 동정을 조사하고, 연길 용정촌(龍井村)으로 잠입하여 활동을 전개한 것이다.

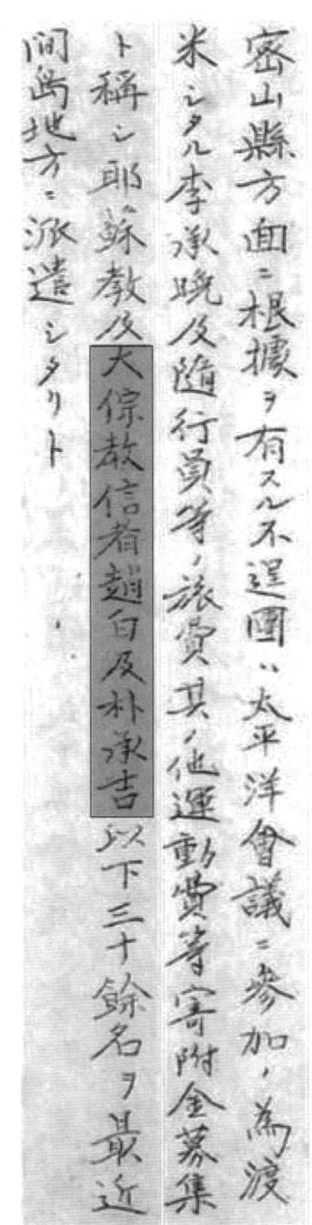

박승길이 대종교 신자임을 기록한 일제의 문서

박승길의 대종교의 입교 시기나 영계(靈戒) 사항에 대한 기록은 전하지 않는다. 그러나 1921년 10월에 작성된 일제의 문서에 보면, 박승길이 조백과 함께 대종교 신자(信者)로 적시되고 있다. 그의 대종교 입교가 적어도 그 이전에 이루어졌음을 확인시켜 준다. 특히 함께 군자금 모집 활동을 펼친 조백은 대종교 항일단체인 대한군정서(북로군정서)의 모연대장(募捐隊長)을 지내며 신출귀몰했던 인물이다. 또한 대한군정서 기계국(器械局) 보관과장(保管課長)을 지낸 서청(徐靑)과 경찰과장(警察課長)을 맡았던 채신석(蔡信錫) 등, 다수의 대한군정서 출신의 동지들과 대종교 동일도본사 제일지사를 설립하기도 했다. 당시 조백은 황문길(黃文吉)과 함께 동일도본사 제일지사 소속 대종교 시교사(施敎師)로도 활동하였다. 이러한 정황을 보면 그 시기 박승길의 대종교단 내에서의 위상 역시 상당했을 것으로 추정되지만, 이 외의 기록은 발견되지 않는다.

[참고문헌]

「間島地方에 있어서 不逞鮮人의 行動에 관한 건」(不逞團關係雜件-朝鮮人의 部-在滿洲의 部30, 機密 第439號, 秘受 12589號, 한국사DB, 국사편찬위원회), 「軍政署 趙白의 朝鮮 內地 侵入計劃에 관한 건」(不逞團關係雜件-朝鮮人의 部-在滿洲의 部30, 機密 第535號, 秘受 14655號, 한국사DB, 국사편찬위원회), 「不逞鮮人의 行動 및 中國 官吏 等의 所爲 等 調査에 관한 通報의 건」(不逞團關係雜件-朝鮮人의 部-在滿洲의 部26, 機密 第46號, 秘受 1555號, 한국사DB, 국사편찬위원회), 「대한신민단 독립군의 연구」(신용하, 『동양학』18, 단국대동양학연구소, 1988)

박승명(朴承明, 남, 생몰 미상)
입교 시기_ 1922년 이전 | 교질_ 참교

평안남도 강서군(江西郡) 반석면(班石面) 출신으로 생몰연대는 확인되지 않는다. 평양의 기독교 신학교(神學校)를 수학한 기록이 있으나, 경상도 마산과 김해 지역을 중심으로 기독교 활동을 펼친 박승명(朴承明)과는 동명이인이다.

박승명은 1919년 8월 평양 지역에 상해임시정부를 지원하기 위해 비밀결사 대한국민회(大韓國民會)를 조직하여 활동하였다. 그는 독립운동을 미국의 후원에만 의뢰할 것이 아니라 자력으로 독립할 수 있도록 국민의 중견이 될 단체의 필요성을 인식하고 대한국민회를 결성한 것이다. 그는 그 활성화의 일환으로 노동관(盧東觀)·이명구(李明九)·이동관(李東植) 등 동지들과 국민향촌회(國民鄕村會)를 조직하여 군자금을 모집하여 임시정부에 송부하였다. 또한 그 해 11월에는 평양의 기독교도들을 중심으로 국민통곡단(國民痛哭團)을 조직하여 대규모 시위를 도모하기도 했다. 1920년 5월 5일(음력)에는 대한독립청년단 평양지부장 겸 평안남도 총무였던 김봉규(金鳳奎)의 권유로 대한독립청년단 건지리지단(乾芝里支團)을 조직하고 군자금모집, 친일파 암살, 독립전쟁을 위한 결사대 조직하여 활동하였다.

이후 박승명은 북간도 왕청현으로 넘어가 대종교계 항일단체인 대한군정서(북로군정서)에 가담한다. 그는 왕청현 춘화향(春華鄕) 용북동(龍北洞)에 거주하면서 대한군정서 경신국(警信局) 제4분국 제1과장을 맡아, 그 지역의 경사(警査)와 통신(通信)을 담당하였다.

박승명의 대종교 교력을 살펴보면, 1922년 2월 12일(음력) 대종교 동일도본사(東一道本司) 제1지사 관할 화일시교당(華一施敎堂)의 전무(典務, 책임자)를 맡은 기록이 있다. 화일시교당은 그가 대한군정서 시절 경신 활동 지역이었던 왕청현 춘화향 용북동에 소재한 시교당이다. 또한 당시 박승명의 종교적 위치는 당시 '형제'의 자리에 있었다. 대종교에서의 '형제'란, 입교하여 영계(靈戒)는 받았으나 아직 참교(參敎)의 교질(敎秩)를 받기 이전의 단계에 있는 사람을 일컫는 호칭이다. 대한군정서 시절 각 지역의 대종교 시교당이 경신분국의 역할을 했음을 보면, 박승명이 대한군정서의 이산(離散) 이후에도 그 지역 대종교시교당을 맡아 활동했음을 알게 해 준다. 그의 대종교 입교 시기 역시 국내에서 왕청현으로 넘어가 대한군정서에 가담한 시기(1920년 말)로 추정할 수 있다. 이후 대종교에서는 1922년 6월 4일(음력) 박승명에게 참교의 교질을 수여하였다.

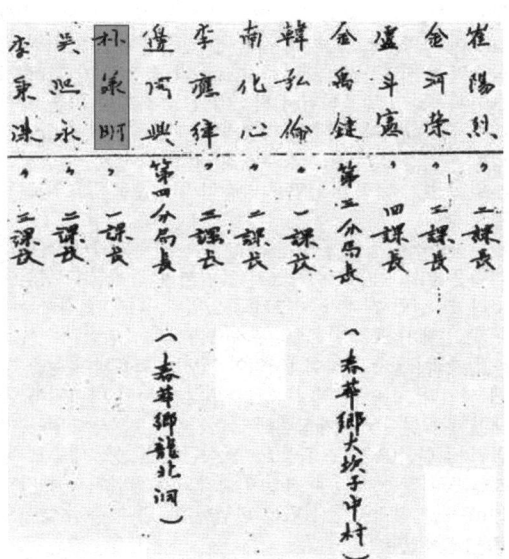

朴承明(네모 안)이 대종교 항일단체인 대한군정서 경신국 제4분국 제1과장이었다는 기록을 담은 일제의 문서.

[참고문헌]

『대종교교보』제54호·제56호(1922년), 『종문영질』(프린트본, 1922), 『대종교중광육십년사』(대종교총본사, 1971), 「國民痛哭團의 組織」(조선소요사건관계서류(4), 한국사DB, 국사편찬위원회), 『동아일보』1920.9.3., 『매일신보』1920.10.9., 「朝鮮側 警察이 朝鮮人 金順 등을 拘引시킨 것에 관한 건」(不逞團關係雜件-朝鮮人의 部-在滿洲의 部28, 受20669호-公제259호, 한국사DB, 국사편찬위원회), 『朝鮮獨立運動』 I (金正明, 原書房,1967)

충청북도 충주군 충주읍 용산리(龍山里) 출신으로, 충남 홍성군 장곡면 출신으로 대통령표창(2010년)을 받은 박승익(朴勝益)과는 동명이인이다. 박승익은 동향(충주시 산척면) 출신이자 임오교변(壬午敎變, 1942년 대종교지도자 일제 구속 사건)의 당사자였던 단암(檀庵) 이용태(李容兌)에게 대종교를 알게 해 준 장본인이기도 하다.

한미한 집안에서 태어난 박승익은 상경하여 관립공업전습소(官立工業傳習所) 응용화학과에 입학하였다. 관립공업전습소 1회 졸업생인 그는 한일병탄 후에 교내외의 학생들을 동원하여 항일운동을 계획한 적이 있었다. 그는 공업전습소 학생들이 조직한 공업연구회의 평의원과 공업연구회의 기관지인 『공업계(工業界)』의 편집부원을 지냈다. 이때 그와 가장 친하게 지낸 박찬익(朴贊翊)이 공업연구회 회장을, 그리고 박찬익의 정신적 대부인 신규식(申圭植)이 『공업계(工業界)』의 사장 겸 편집인을 맡고 있었다. 박승익 역시 『공업계』에 「석감(石鹼)의 정제(精製)」(제1권 제2호)라는 글도 발표하면서 자신의 전공에 대한 학문적 견해를 피력하였다. 더욱이 박승익의 대종교 입교에 상당한 영향을 끼친 호석(湖石) 강우(姜虞) 역시 『공업계』의 상당한 후원자였다. 이러한 인연은 박승익의 대종교 입교와도 무관치 않다.

관립공업전습소를 졸업한 박승익은 박찬익과 방직공장 설립을 위해 동분서주하였지만 일제의 경제침략 정책에 따라 그 설립 허가가 보류되고 있었다. 더욱이 경술국치 이후 일제가 조작한 '데라우치(寺內) 총독 암살미수사건[安岳事件]'을 조작하여 105인이 재판에 회부되어 형을 받게 되었다. 신민회 역시 중앙본부의 기능이 마비되어 국내에서는 실질상 해체상태에 들어가게 된다. 박승익은 박찬익·김원근(金遠根)·조열(趙烈)·심근(沈權) 등, 대종교 동지들과의 활동이 일본 경찰에 발각되어 탄압이 가해지자 1910년 말 방직공장 설립을 단념한 채 만주 용정(龍井)으로 망명하였다.

만주 망명 이후 박승익의 삶은 용정과 화룡 지역을 거점으로 대종교 포교와 항일투쟁의 방향으로 집중되었다. 특히 화룡 청파호(靑波湖, 혹은 靑湖) 지역은 대종교 만주 포교의 중심으로, 대종교에 있어서는 백두산과 만주의 대유적(代喩的) 가치로 존재하는 곳이다. 대종교의 전신인 전래 신교(神敎)의 시간과 공간이 블랙홀처럼 결정화(結晶化)된 곳이 청파호였다. 백두산과 만주의 종교적 상징성이 옹글게 농축된 것도 그곳이며, 대종교도들이 그렇게 꿈꾸었던 배달국 이상향의 중심축 역시 그곳이 된다. 만주 항일투쟁의 정신적·지리적 거점 역시 청파호였다.

대종교를 일으킨 홍암(弘巖) 나철(羅喆)이 1911년 만주로 건너가 총본사를 마련하고 후일 교구설정(敎區設定: 1914년 음 5월13일)의 중심으로 잡은 곳도 이곳이다. 청파호(백두산

북쪽 기슭)에 총본사를 설치하고, 백두산을 중심으로 동도교구(동만주 일대와 노령·연해주 지방 관할), 서도교구(남만주로부터 중국 산해관까지 관할), 남도교구(한반도 전체 관할), 북도교구(북만주 일대 관할), 외도교구(外道敎區: 중국·일본 및 歐美 지방 관할)로 나누었다. 아울러 각 교구에, 백포 서일(동도본사), 예관 신규식·석오 이동녕(서도본사), 보재 이상설(북도본사), 호석 강우(남도본사) 등을 임명하였다. 그러므로 대종교의 기록에서도 청파호(혹은 청호)의 대종교적 의미를 다음과 같이 적고 있다. "청호는 청파호라고도 하며 만주 간도 화룡현 삼도구에 있고, 대종사(홍암 나철·인용자 주)께서 4년간 수도하던 곳이요, 총본사 및 고경각(古經閣)이 있고 또 대종교에서 세운 청일학교(靑一學校)가 있으며, 대종교의 이상향으로 뒷날 삼종사(三宗師, 홍암 나철·무원 김교헌·백포 서일을 말함·인용자 주)의 유해를 모두 이곳에 모셨다."라는 기록이 그것이다.

한편 박승익의 대종교 항일투쟁에는 호석 강우와 은계(隱溪) 백순(白純)의 영향이 남달랐다. 두 사람 모두 충청도 출신의 대선배라는 지연을 떠나, 박승익은 대종교라는 공감 속에서 양인(兩人)을 모시다시피 하며 간도에서 3년 동안 대종교 시교사로 활동하였다. 특히 박승익은 만사를 백순에게 의지하며 따라서 배웠고, 근대 학문의 여러 분과에 해박한 지식을 지닌 백순은 박승익을 각별하게 여겼다. 또한 관립공업전습소 시절부터 박승익에게 스승과도 같았던 강우 역시 많은 영향을 끼쳤다. 1913년 7월, 강우가 박승익과 박찬익을 용정에서 만나 향후 대종교 활동에 매진하라고 읊어 준 다음의 한시에서도 확인되는 부분이다.

四千餘載見重華　　4천여 년 지나서 거듭 빛 드러나니
萬里門庭爲一家　　드넓은 땅덩어리 한 집이 되었구나
海東基礎靑年進　　우리나라 기초는 청년들로 나오는데
關北文章白髮多　　관북의 문장가는 백발이 많네 그려
龍井何人初闢地　　그 옛날 용정 땅을 누가 처음 개척했나
鳳林今日又開花　　만주 땅 오늘에 다시 한 번 꽃 피도다
檀帝遺功今記否　　단제의 끼친 공을 기억하는지 못하는지
諸君須唱古神歌　　제군들 이제 부터는 고신가(古神歌)만 부르시게나

마지막 줄에 나오는 고신가(古神歌, 얼노래)란, 백두산 수도 집단인 백봉신사(白峯神師) 일행이 홍암 나철에게 전해준 문류(文類) 속에 포함된 글로, 대종교를 대유(代喩)하는 말이다. 강우는 박승익과 박찬익에게 대종교의 정신으로 드넓은 만주벌판에 젊은 기개를 마음껏 펼칠 것을 당부하고 있다. 박승익은 이러한 울타리 속에서, 황량한 풍토와 극심한 배고픔, 일제의 탄압과 마적의 약탈 등, 온갖 어려움을 겪어가며 대종교 포교와 학교 설립에 지대한 공을 세웠다. 특히 그 시기 박승익은 청파호에 소재한 대종교시교당(大倧敎施敎堂)에서 매주 일요일 거행된 경배식(敬拜式)을 이끌기도 했다. 당시 이 시교당은 대종교의 교주였던 나철이 머물던 공간으로 대종교와 항일투쟁의 중심이기도 했다. 강우나 백순은 물론이고 보재(溥齋) 이상설(李相卨)·예관(睨觀) 신규식(申圭植)·백초(白樵) 류완무(柳完

茂)·백취(白醉) 현천묵(玄天默)·백하(白下) 김영학(金永學) 등
등이 왕래하며 대종교 발전과 항일투쟁의 방략을 숙의했
던 곳이다. 박승익은 국내로부터 절친한 동지였던 박찬
익·조열·심근 등은 물론이고 안중근(安重根)의 백부(伯父)
인 안태진(安泰鎭), 경암(鏡庵) 박상환(朴祥煥) 등과 함께 경
배식 주관과 더불어 포교를 통한 항일투쟁의 거점 확보에
매진했다.

박승익의 간민회(墾民會) 활동도 주목되는 부분이다. 간민
회 역시 대종교 인물들이 깊이 관여한 집단으로 이동춘(李
同春)·정안립(鄭安立)·김영학 등이 앞장선 단체였다. 이들
은 "각 도문강북에 주거하는 우리 민족으로 하여금, 민국
법률에 저촉치 아니하는 범위 내에서 무슨 일을 하든지.
우리의 복리 증진을 모도하며 민국정부의 일부 기관이 되
어서, 우리 형제의 생명과 재산에 대하여 정부가 보호 청
구권을 주는 것이다."라는 주장을 목적으로 하는 「간민회
조직총회소집통지서」를 발송하고, 종교의 경계를 넘어선
참여와 협조를 구하였다. 이러한 인맥과 취지를 토대로
1913년 1월 북간도지역의 한인자치와 민족운동을 도모하
기 위한 결사인 간민회의 결성을 보게 된 것이다. 박승익
은 김영학·백옥보(白玉宝)·최영봉(崔英鳳) 등과 간민회 총
회의 중진으로 활동하면서 지회의 구성을 통한 조직 확장
에 적극 앞장섰다.

이후 박승익은 부친의 간곡한 부름이 있자 강우·백순 등
과 의논하여 1910년대 중반 경에 국내로 들어왔다. 그는
연로한 부모의 생계를 위해 충주에서 대서(代書)를 하며
생활하기도 했다. 1919년 봄에는 성묘 차 충주로 내려온
대종교의 동지 위당(爲堂) 정인보(鄭寅普)와 '형제의 우정'
을 나누게 되었다. 1920년에 그는 대서를 계속하며 충주·
제천·단양·영월·평창·정선 등 6군을 관할하는 동아일보
충주지국장을 맡았다. 그러나 일제의 탄압으로 인해 대서
업무를 그만두고 신문사 지국도 해체되고 말았다.

박승익은 1922년에 정인보의 추천으로 서울 유지들이 입
학난 해소를 위해 설립한 중·고등 과정의 동아강습소(東
亞講習所)에 강사로 들어갔다. 또한 그 시기 경성에 있던
대종교 남도본사에도 적극 관여하면서 국내 포교에 앞장
섰다. 그러나 친일왕족의 대종교 진흥자금 지원요청을 둘
러싸고 교단과 이견이 생겨 다시 귀향하여 제천으로 이사
하였다. 그리고 1923년 4월을 전후한 시기에 제천의 봉양
보통학교의 교장으로 취임하였다. 박승익은 지역 유지이
자 후일 대종교의 핵심이 되는 단암 이용태 등과 1923년
11월에 봉양보통학교 후원회를 조직하고 면내의 각 호에
후원금을 분배하였다. 박승익은 교장의 위치에서 이용태
를 비롯한 조명구(趙命龜)·원세천(元世千) 등 지역 유지들
과 더불어 각 리를 순회하며 후원회 조직과 취지를 설명
하고 다녔다.

그러나 박승익은 38세의 나이에 요절한다. 지역의 후
학 양성을 통한 교육 발전에 남다른 정열을 쏟았던 그는
1924년 음력 12월에 과로로 쓰러져 일어나지 못했다. 박
승익으로부터 대종교를 알게 되고 후일 그 중심에 섰던
이용태는, 박승익의 죽음을 하늘의 원통함과 사회의 실망
함이 비할 데가 없을 것이라고 애도하였다. 또한 10년 동

안 서울에서 세상이 바뀌는 풍파를 겪으면서도 분통함을
참고 원한을 가슴 깊이 새겨 백 번 굽혀도 꺾이지 않았고
천 번 흔들려도 움직이지 않았다고 박승익의 항일의지를
칭송하였다. 나아가 이용태는 "나와 같이 무뢰한 사람이
그대의 정신을 탄복하여 배웠으니 눈물이 절로 흐른다"며
그 자신이 박승익에게 배운 바가 참으로 많았음을 토로하
였다. 물론 이용태가 박승익에게 탄복하며 배운 '정신'이
란 것은 강렬한 애국정신, 시조 단군성조(檀君聖祖)와 민족
종교 대종교에 대한 깨달음이었다.

박승익의 대종교 교력을 살피면 1910년 10월 18일(음력) 순
교원(巡敎員)으로 임명된 기록이 그 효시다. 같은 날 우천
(藕泉) 조완구(趙琬九)와 내원(萊園) 김교준(金敎準)은 시교
사(施敎師)로 임명되었다. 박승익의 대종교 입교가 대종교
중광(重光, 1919년 음력 1월 15일) 직후에 이루어졌음을 알 수
있다. 또한 1911년 중광절(음력 1월 15일)에 참교(參敎)의 교
질(敎秩)을 받고 1913년 4월 6일(음력) 지교(知敎)로 승질(陞
秩)하였다. 이후 1922년 9월 1일(음력) 상교(尙敎)로 교질이
오르면서 대종교 남도본사의 찬무(贊務, 같은 해 음력 9월 16
일)와 찬리(贊理, 같은 해 음력 12월 13일)로 임명되었다. 찬무
시절인 1922년 10월 1일에는 경성 계동(桂洞) 대종교남도
본사에서 신규식에 대한 추도회를 주고하기도 했다. 조승
호(趙承鎬)의 사회로 진행된 이 추도회에서 박승익은 강철
구(姜鐵求)·김순규(金順圭)·신구영(申龜永)·이종원(李鍾遠)
등과 애절한 감회와 추모로 주위를 울렸다.

1912년 후반기, 朴勝益(네모 안)이 朴祥煥·趙昌容 등과 대종교 경배식을
이끈 기록.(조창용의 『백농실기』 중에서)

[참고문헌]
『종보』제8호(1910년), 『倧乘』제3호(1911년), 『대종교보』제55호·제56호(1922
년), 『종문영질』(프린트본, 1922), 『본사행일기』(성세영, 필사본, 1922), 『대종
교독립운동사』(박명진, 필사본, 1964), 『대종교중광육십년사』(대종교총본사,
1971), 『공업계』제1권 제1·2·3·4호(공업월보사, 1909), 『北間島 狀況 彙報』
(不逞團關係雜件-朝鮮人の部-在滿洲の部3, 朝憲機 제188호, 한국사DB, 국사편
찬위원회), 『개벽』제29호(1922.11), 『동아일보』1920.4.27., 「간민회조직총회소
집통지서」(『독립운동가자료』, 독립기념관소장), 「호석선생문집」(『독립운동사편찬
위원회』, 『독립운동사자료집』12문화투쟁사자료집, 1977), 『지산외유일지』(정원택,

탐구당, 1983), 『담원정인보전집』(연세대학교출판부, 1983), 『백농실기』(조창룡, 독립기념관, 1993), 『남파박찬익전기』(남파박찬익전기간행위원회, 을유문화사, 1989), 『애국지사단암이용태선생문고』(박달재수련원, 1997), 『위암장지연서간집』제1권(위암장지연선생기념사업회, 2004)

박영산(朴榮山, 남, 1887-1931)

아호(별명) _ 박병곤(朴炳坤), 박영산(朴永山)
입교 시기 _ 1923년 이전(추정) | 교질 _ 미상 | 서훈 _ 애국장(1995)

경상북도 청송군(靑松郡) 진보면(眞寶面) 월전동(月田洞) 출신이다. 일찍이 고향에서 한학을 연구하다가 1909년 만주로 망명하여 독립운동을 전개한 인물이다. 3·1독립만세운동 이후에는 한족회(韓族會)에서 활동하였으며, 1924년에는 서로군정서(西路軍政署)·정의부(正義府) 등에 몸을 담고 항일투쟁을 펼쳤다.

특히 그는 1924년 11월 길림성 반석현(盤石縣)에서 출범한 한국노동당(韓國勞動黨)의 발기인으로도 참여한다. 한국노동당은 '조선민중해방운동에 대한 완전한 전사(戰士)가 되도록 기함'과 '신사회 건설에 대한 수양 촉진을 도모함'을 그 주요 강령(綱領)으로 내세운 단체로, 1925년 1월 1일자로 『로동보』라는 순간(旬刊) 잡지도 창간하였다. 박영산은 대종교의 중심인물인 박우진(朴宇鎭)·박근식(朴根植) 등과 함께 활동하였다. 그러나 만주사변 직후인 1931년 10월 11일 반석현(磐石縣)에서 병으로 서거하였다.

박영산의 대종교 영계(靈戒) 사항이나 교질(敎秩) 관계에 대한 기록은 일체 전하지 않는다. 그러나 1923년 어천절(御天節, 음력 3월 15일)에 화전현(樺甸縣)에서 만들어진 단조기념발기회(檀祖紀念發起會)에서 그의 이름을 찾을 수 있다. 어천절은 개천절과 더불어 대종교의 2대 경절에 속하는 중요한 날이다. 단조기념회의 발기가 대종교 어천절에 이루어진 것은 남다른 종교적 의미가 있다. 그 취지서의 내용 역시 단군대황조의 덕을 기리고 하늘[皇天]에 맹세하는 것으로, 마치 대종교 중광의 선언이라 할 수 있는 「단군교포명서(檀君敎佈明書)」의 이미지를 그대로 옮겨놓은 듯하다.

그러므로 이 기념회 발기에 참여한 인물들 역시 박우진(朴宇鎭)·공창준(公昌準)·지장회(池章會)·김학근(金學根)·이천민(李天民) 등, 대종교의 중진인 동시에 항일투쟁의 거물들이었다. 박영산 역시 예외는 아니었던 듯하다. 그의 대종교 입교 시기가 이보다 훨씬 이전에 이루어졌음을 쉽게 짐작되는 이유다.

[참고문헌]
「不逞鮮人 宣傳文 押收에 관한 건」(不逞團關係雜件-朝鮮人의 部-在滿洲의 部36, 普通受제55호-公제46호, 한국사DB, 국사편찬위원회), 『조선일보』 1931.10.21., 『동아일보』1931.10.22., 『독립운동사자료집』14(독립운동사편찬위원회, 2007)

박영소(朴永韶, 남, 1873-1937)

입교 시기 _ 1920년대(추정) | 교질 _ 지교

함경북도 성진(城津) 출신으로, 만주 동경성(東京城) 대종교총본사 부설 대종학원(大倧學院)의 교사였던 박순희(朴淳熙, 여)의 부친이다. 박영소는 국내 함경도 지역의 핵심 교인으로 알려져 있으나, 그의 입교 시기나 영계 사항은 전하는 것이 없다. 그러나 1937년 1월 22일(음력) 국내 성진 자택에서 귀천(歸天, 사망)할 당시의 박영소의 교질이 지교(知敎)였다. 그의 대종교 입교 시기가 1920년대로 거슬러 올라감을 시사해 준다.

[참고문헌]
『대종교보』제113호(1937년)

박영준(朴英俊, 남, 1915-2000)

아호(별명) _ 남정(南庭)
입교 시기 _ 1920년대 | 교질 _ 사교 | 서훈 _ 독립장(1977)

박영준

중국 길림성(吉林省) 용정시(龍井市) 남대랄자(南大辣子) 출신이다. 대종교지도자이자 항일투쟁의 거물이었던 남파(南坡) 박찬익(朴贊翊)의 넷째 아들로, 여성 항일투사 신순호(申順浩)의 남편이기도 하다.

1930년 상해로 넘어가 부친을 처음 만나며 항일투쟁의 길에 들어섰다. 1938년 부친의 적극적 권유로 한국광복진선청년공작대(韓國光復陣線靑年工作隊)에 가담하여 항일연극과 강연, 합창, 전단 배포 등을 수행하며 반일 사상 고취 및 초모공작활동(招募工作活動)을 전개하였다. 특히 초모활동으로 일본 군대에 있던 한국인 병사들의 심적 동요를 일으켜 일본군을 탈출하여 광복군으로 넘어오는데 큰 동기를 만들어 주었다.

1939년 11월에는 중경(重慶) 임시정부의 인재양성계획에 따라 설치된 중국중앙군관학교 특별훈련반 교육과에 입교하여 1941년 12월에 졸업하였다. 마침 중국중앙군관학교 재학 중 창설된 광복군에 입대하여 김학규(金學奎) 지대장의 부관으로 광복군 제3지대에서 근무하였다. 1942년 중국군 장교로 임관 후에도 광복군 활동에 참여하였고, 동년 4월 광복군 상위 신분으로 총사령부 서무과에 근무하였다. 또한 1943년 1월에는 임시정부 한인청년회 문화부장으로 활동하는 한편, 동년 8월에는 총사령부의 서무과장으로도 임명되었다. 1944년 6월에는 대한민국임시정

부 재무부장 이시영(李始榮)으로부터 위임장을 받아 임시
정부 재무부 이재과장으로 근무하였고, 1945년 3월 광복
군 제3지대 제1구대장 겸 훈련총대장으로 활약하였다.

1939년 4월 4일. 柳州 지역에 있는 韓國光復陣線靑年工作隊員들과 각
기관단체 대표들이 함께 찍은 기념사진.

이후 개봉(開封) 지역으로 파견되어 항일 활동을 펼치던
박영준은 1945년 8월 일본의 항복 소식을 접하고 만주로
건너갔다. 그곳에서 대한민국 주화대표단(駐華代表團) 동
북총판사처(東北總辦事處) 외무주임으로 근무하며 자위대
를 조직해 만주 교포들의 귀국 및 치안을 담당했다. 당시
중국인 탄압에 앞장섰던 일부 한국인들이 망국노(妄國奴)
로 불리우는 등 집단 테러의 대상이 되었기 때문이다.
1948년 귀국 후 육군사관학교 8기 특별 2기를 졸업한 후
육군 소령으로 임관하였다. 임관 후 정훈국 지도과장으로
시작하여, 6.25 전쟁 중 국방부 정훈감으로 임명되었다.
박영준은 취임하면서 육군 정훈감실 조직을 체계화하고
정훈 교범을 확립하는 등, 군의 정신강화 및 사기진작, 정
서함양에 많은 기여를 하였다. 1953년 준장으로 진급하였
고, 1954년 7월 육군본부 조달감에 임명되었으며, 그 후
제29보병사단 사단장, 육군 보도실장, 제6군단 부군단장
등을 역임하고, 1961년 육군 소장으로 진급했다. 이 시기
한국전력공사가 발족하자 군인의 신분으로 초대 사장에
임명되어, 전력의 체계적 보급을 통한 기간 산업 발전에
많은 공헌을 하였다. 1964년 1월 예편하였고, 1968년 한전
사장직에서 물러났다.
한편 박영준은 광복군동지회장, 백범김구기념사업회장,
독립유공자협회장을 지내며 독립운동가들의 애국정신을
현창하는 사업을 통해, 그들의 업적을 재조명하는데도 힘
썼다.

[교력]
박영준의 대종교 입교 시기나 영계(靈戒) 사항과 관련된
기록은 전하지 않는다. 그러나 박영준 어린 시절부터 가
족과 함께 대종교를 신앙하였다. 박영준이 회고한 아래의
기록을 보자.

"선친(박찬익·인용자 주)을 비롯한 모든 식구가 만주로 망
명을 한 후, 내(박영준·인용자 주)가 태어날 무렵에는 '대
종교=독립운동'이라는 등식이 성립하던 그런 시절이었
다. 따라서 나는 철없는 어린 시절부터 식구들과 함께
국조인 단군을 모시는 신앙 활동을 하였다. '홍익인간'
이라는 대종교의 근본 이념을 제대로 이해는 못하였어
도, 우리 가족뿐만이 아니라 대부분의 독립운동가들의
가족들이 믿고 따르는 것을 보고 무척 좋은 것이라는 생
각을 갖게 되었다.
그 후 만주를 떠나 중원에서 학교를 다니고 또 광복군에
있으면서도 일제에 대한 저항의식과 조국 독립의 강한
의지 뒤에는 항상 대종교의 사상이 나를 따라다녔다.
그것은 마르지 않는 샘물처럼 외세에 대한 투쟁의 원천
이 되었다. 낯설은 외국의 종교보다는 우리 민족의 정
서와 겨레 사랑의 근본이 되는 우리 민족의 종교였기 때
문이었다."

박영준은 1915년 용정에서 태어나 1930년 상해로 넘어갔
다. 그의 어린 시절이란 만 15년을 보낸 용정 시절을 말하
는 듯하다. 당시 용정과 화룡(和龍)·왕청(汪淸) 지역은 대
종교 항일투쟁의 주요 거점이었다. 특히 박영준이 태어날
무렵 용정 지역은 대종교 중광단(重光團)의 영향권에 있었
다. 그곳에는 박영준의 가족만이 아니라 연병환(延秉煥)·
조완구(趙琬九)·김현(金玄) 등등, 많은 대종교 중심인물의
가족들이 우거하고 있었다.
특히 연병환과 김현은 그 지역 대종교 인적 교류의 중심
축이었다. 연병환은 연미당(延薇堂)의 부친이자 엄항섭(嚴
恒燮, 연미당의 남편)의 장인이다. 그는 대종교 만주 진출 초
창기에 박찬익·박승익(朴勝益)의 포교 활동에 많은 도움을
주었다. 또한 일찍부터 용정에 거주하면서 대종교 교주인
나철(羅喆)이 집무하던 화룡현 청파호시교당(靑坡湖施敎堂)
과 국내의 『경남일보』 및 서신을 연결시키는 근거지 역할
도 하였다. 그러므로 대종교 인물들이 국내에서 그 지역
도착하면 가장 먼저 소개 받은 인물도 연병환이었다.
조완구의 여식(女息)인 조규은(趙圭恩)의 기억에서도 확인
된다. 조규은은 박영준보다 4살 많은 1911년 생이다. 부
친 조완구가 1914년 단신으로 대종교 항일투쟁을 위해 간
도로 넘어가자, 3년 후인 1917년 봄 가족들 역시 용정으
로 건너갔다. 조규은은 그곳에서 천자문을 익히고 1919년
용정중앙보통학교에 입학하여 수년 후 졸업하였다. 이 시
기 조규은은 모친을 도와 대종교 항일투사인 김현과 연병
호 등의 집을 드나들며 비밀히 심부름을 하기도 했다. 때
로는 모친이 무명의 인물들에게 독립자금을 건네는 것도
목격하였다 한다. 이것은 당시 용정 지역의 대종교인 가
족들의 종교 활동 속에 항일투쟁의 맥이 흐르고 있었음을
시사해주는 것으로, 박영준이 언급한 '대종교=독립운동'
이란 등식이 확인되는 부분이다. 박영준은 용정을 떠난
이후 학교생활이나 광복군에서 복무할 때도 늘 대종교적
가치를 떼어놓지 않았다. 일제강점기를 살며 대종교가 그
의 삶의 일부였음을 말해 주고 있다.
해방을 맞아 바로 귀국하지 못한 박영준은 1948년에야 국

내로 돌아왔다. 태어나 조국 땅을 처음 밟은 것이다. 박영준은 귀국하자마자 광복군 출신을 중심으로 한 대종교 청년 활동을 본격화하려 하였다. 그러나 해방 이후 국내의 상황은 외래사조의 난무와 분단으로 인한 이념 갈등, 그리고 청산하지 못한 친일세력의 준동이 첨예화되면서 대종교의 거점은 거의 설 자리가 없었다고 박영준은 회고했다. 이러한 상황에서 부친인 박찬익의 정성은 박영준의 대종교 중흥의 의지를 더욱 굳게 만들었다. 아래의 회고가 그것이다.

"이러한 사태에 민족정기의 상실을 염려한 선친은 귀국 직전 중국의 장개석(蔣介石) 주석이 여비와 치료비로 준 4백만원을 대종교에 헌납하여 대종교경전을 만들게 하는 등, 물심양면으로 노력을 다하셨다."

그러나 박영준은 바로 군에 들어가 국방에 종사하게 되면서 본격적인 대종교 활동을 미루게 된다. 더욱이 한국전쟁의 발발은 그의 대종교 참여를 더욱 힘들게 하였다. 그러므로 박영준은 1960년대에 들어서나 비로소 대종교 활동에 참여하게 되었다.

대종교에서는 군에서 예편한 박영준에게 1966년 3월 13일(음력, 이하 음력) 곧바로 지교(知敎)의 교질(敎秩)로 초승(超陞)하였다. 초승이란 말 그대로 단계를 뛰어넘는 승질을 말한다. 대종교의 종리(倧理)나 정성이 특별할 경우에 주어지는 사례다. 특히 2년 후인 1968년 6월 7일에는 또다시 정교(正敎)로 초승되면서 대형(大兄)의 교호(敎號)를 받았다. 또한 같은 날 교의회를 통해 제3대 부전교(副典敎)로 선출되었다. 부전교란 총전교(總典敎, 교주) 다음의 부교주(副敎主)의 지위다. 박영준의 교력과 정성에 대한 대종교의 예우가 극진했음을 알 수 있다.

1970년 박영준과 이은상의 노력으로 완성된 『대종교경전』. 해방 이후 순수 우리말 사용의 모범을 보여준 기념비적 업적이다.

박영준은 같은 달 23일에는 종경종사편수위원회(倧經倧史編修委員會)를 조직하고 위원장으로도 추대되었다. 이 위원회는 위원장을 맡은 박영준을 비롯하여 안호상(安浩相)·이은상(李殷相)·김용국(金龍國)·이선근(李瑄根)·백광하(白光河)·이원선(李源善)·손보기(孫寶基)·김상기(金庠基)·강천봉(姜天峰) 등, 당대의 석학들이었다. 이 위원회는 대종교의 교리와 교사 정리에 지대한 업적을 남기게 된다. 대표적으로 대종교 경전의 한글 번역 작업을 통한 『대종교경전』(1970년)의 발간과 중광(重光) 이후의 교사를 정리한 『대종교중광육십년사(大倧敎重光六十年史)』의 출간을 들 수 있다. 박영준에게 이 사업은 선친인 박찬익의 유업을 완성시키는 일이기도 하였다.

박영준이 특히 정성을 쏟은 것은 대종교 경전의 한글 번역 작업이었다. 어려운 한자 경전은 대종교의 대중화에 큰 걸림이란 것을 익히 알았기 때문이다. 당대 한글문학의 권위자였던 이은상이 이 위원회에 참여한 것도 박영준의 정성 때문이었다. 박영준은 이은상을 참여시키기 위해 여러 번 찾아가, 이 사업이 민족경전을 번역하는 역사적 사업임을 강조한 끝에 동참시킨 것이다.

박영준은 이은상을 종경종사편수위원회의 종경분과위원장으로 선임하였다. 그리고 대종교의 주경전(主鏡典)인 『삼일신고(三一神誥)』·『신리대전(神理大全)』·『신사기(神事記)』·『회삼경(會三經)』 등의 순우리말 번역을 진행시켰다. 이 작업은 철학성과 문학성이 동시에 요구되는 어려운 작업으로 대종교의 교리적 이해 없이는 불가능한 작업이었다. 이은상의 대종교에 대한 이해 역시 보통이 넘었음을 알 수 있는 부분이다. 이은상은 번역 과정에서 조금이라도 막히고 의문이 드는 경우는 그 방면의 권위자들을 직접 만나 자문을 구했다. 이은상의 노력도 남달랐음을 확인시켜 준다. 1970년 순수 우리말 사용을 통한 『대종교한글경전』의 발간은, 이렇듯 박영준의 정성과 이은상의 노력이 합쳐진 결과물이었다. 그 결과 대종교를 넘어 해방 이후 우리말 사용의 모범을 보여준 기념비적 업적으로 남아있다.

한편 1968년 10월 4일에는 재단법인 대종교유지재단(大倧敎維持財團) 상무이사로 취임하는가 하면, 얼마 뒤에는 이 사장으로 추대되어 대종교의 살림을 이끌기도 하였다. 그리고 1969년 1월 31일에는 대종교청년회(大倧敎靑年會)의 회장으로도 추대되었다. 일명 '한얼청년회'로도 불리운 이 조직은 박영준이 대종교 재건의 중심축을 만들기 위해 해방 직후부터 도모하고자 했던 조직이었다.

박영준은 대종교한글경전 완성에 큰 역할을 한 이은상과 더불어 한얼청년회를 출범시켰다. 이은상은 한얼청년회의 이론적 틀을 마련하는 데도 많은 기여를 하였다. 한얼청년회는 하루아침에 만들어진 조직이 아니다. 그 기원은 1934년 만주에서, 대종교 확산을 통한 민족의식 고취의 방편으로 조직된 '하얼빈선도회(大倧敎宣道會)'에 그 뿌리를 두고 있다. 아래 한얼청년회 설립 연혁에서 그 정신을 찾을 수 있다.

"한얼청년회는 1934년 만주 하얼빈에서 민족의식의 고취를 목적하고 결성되었으나, 일제의 탄압으로 정체되었다. 1945년 역시 만주 동경성에서 재조직하여 한글강습을 열어 민족의식 앙양에 이바지하여 왔으나, 공산도당의 박해로 환국하여 1946년 서울 저동에서 광복군에 복무하던 청년들을 거의 망라하여 청년회 활동을 활발히 하다가, 6.25 동란으로 활동이 중지되었다. 1958년 당주동에서 또 다시 조직되었으나, 5.16 혁명 후 간부 임원 및 회원들의 이동이 심하여 활동이 중지되고 1968년 서울 삼일빌딩 808호실에서 청년회재건준비위원 27명이 참석하여, 사업계획을 확정하고 각 대학교에 한얼 연구회 등을 조직하였다.

1970년 5월 25일 한얼청년회 중흥을 위한 대폭적인 재정비로, 회칙 개정에 따른 기구 개편 및 임원을 개신(改新)하여 민족정신의 앙양과 조국중흥에 헌신할 강력한 청년조직체로써, 다시 출발하여 금일에 이른 것이다. 현재 중앙본부는 청년회원 300여명, 대학생회원 80여명이 매주 정기집회를 통해 한얼이념을 연구하고 있다. 지부는 충남 예산·대전, 충북 청주, 경남, 부산, 대구, 광주, 강원도의 강릉시 및 제주시에 각각 설치 또는 결성 준비를 진행시키고 있다.”

한얼청년회가 일제강점기 대종교선도회의 계보를 계승하고 있음을 분명히 천명하고 있다. 항일투쟁 고취를 위해 만들어져, 해방 후에는 광복군 출신 젊은이들이 주축이 되었음도 알 수 있다. 한얼청년회가 대종교 및 독립운동 계열의 이념적 전통을 계승한 조직임이 다시금 확인되는 것이다.

특히 한얼청년회가 하얼빈선도회(일제강점기)와 대종교청년회(해방 이후)를 계승했다는 점은 눈여겨볼 일이다. 그 뿌리가 되는 대종교선도회(하얼빈선도회)는 1934년 3월 2일, 대종교 항일투사 김영숙(金永肅)·김응두(金應斗)·박관해(朴觀海)·김서종(金書鍾) 등이 대종교 교주 윤세복(尹世復)을 도와 하얼빈시 안평가(安平街)에 설립한 조직이다. 이 선도회는 만주의 대종교포교금지령(1925년) 이후 은거해 있던 대종교 재건을 위한 핵심단체로서, 대종교 청년운동의 시발이 된 조직이기도 했다. 당시 대종교총본사가 직접 관할했다는 점에서도 그 중요성을 알 수 있다.

아무튼 1970년 재출범하는 한얼청년회는, 해방 이후 단군정신을 토대로 민족운동의 방향을 제시한 최초의 단체라 해도 과언이 아니다. 그들의 목적은, 회헌(會憲) 제1장 총칙 제2조에 나타나는 바와 같이, ‘한배검의 홍익사상을 펴 밝히어, 잃어가는 배달의 얼을 되찾아 민족의 주체성을 확립함으로써, 민족중흥과 민족사회 발전에 기여함’을 그 목적으로 하기 때문이다. 또한 이를 분설(分說)하여 다음의 5대 목적으로 표시했다.

一. 한배검의 홍익사상을 펴 밝힌다
一. 배달의 얼을 되찾는다
一. 민족주체성을 확립한다
一. 민족중흥에 기여한다
一. 민족사회 발전에 기여한다

그리고 한배검의 홍익사상을 펴 밝힌다는 것은 민주주의의 구현, 인도주의의 실현, 경제복지주의의 현실전화(現實轉化) 및 국제평화주의를 이끌어 받드는 것이라 했다. 또한 배달의 얼을 되찾는다는 것은, 민족 고유의 영토적·군사적·종교적·문화적·역사적 전통을 계승·확립하여, 새

로운 외국문물과의 창조적 교합을 통해 새로운 한국적 역사의 창조를 도모하려는 의미라는 것이다.

또한 한얼청년회의 지향은 ‘닫혀 있는 정신(민족)’이 아니라 ‘열려 있는 정신(인류)’을 추구하고 있다. 이것은 대종교를 중광한 홍암 나철의 정신과도 직결된다. 한얼청년회의 기관지인『한얼』‘창간호’에 ‘한얼이념을 중광하신 나철’이라는 제목으로 홍암 나철의 사진을 싣고 있다. 한얼이념이 곧 대종교라는 것이다.『한얼』‘창간호’에 실린 아래의 내용이 곧 그것이다.

“여기 횃불을 높이 들어 위대한 민족사상인 대종교의 빛을 다시 밝히시고, 민족의 혼을 일깨우시던 선종사(先宗師) 나철 신형(神兄)의 끼치신 발자취를 더듬어, 한얼정신을 펴고 홍익인간의 이념을 실현하는 길잡이가 되자.”

그러므로 한얼청년회의 회장을 맡은 박영준은 “우리 홍익사상의 한얼진리는 우주만상의 창조 이전에 있었고, 창조와 함께 있었고, 영원무궁토록 있는 것이다. 다만 이 진리가 무엇인가를 밝히신 이가 단군한배검이며, 이 진리 속에 자라온 민족이 배달겨레이다.”라고 천명함으로써, 한얼이념이 곧 단군(대종교)정신임을 분명히 했다.

또한 박영준은 해방 직후 주화대표단 시절의 재만교민(在滿僑民)들에 대한 경험, 한국전쟁을 통한 참상 목도, 이후로도 수 차례 만주 지역의 방문을 통한 동포들과의 대담을 통해 통일을 위해 대종교의 역할이 너무도 중요하다는 것을 강조하였다. 나아가 통일 후에도 한민족 결합의 중심 역할을 대종교가 할 수밖에 없음을 아래와 같이 정리하였다.

“통일이 되어서도 남북의 이념과 체제를 민족을 하나로 결집시킬 수 있는 종교는 역시 대종교밖에 없다는 생각이 들었다.”

후일 대종교에서는 박영준의 이러한 정성을 기려, 최고의 교질인 사교(司敎)와 더불어 도형(道兄)의 교호를 수여하였다.

[참고문헌]
『한얼』창간호(한얼청년회, 1970),『대종교중광육십년사』(대종교총본사, 1971).『한국독립사』하(김승학, 독립문화사, 1965),『대한민국임시정부의정원문서』(국회도서관, 1974),『독립운동사』6(독립운동사편찬위원회, 1977),『일제침략하한국36년사』13(국사편찬위원회, 1978),『남파박찬익전기』(남파박찬익전기 행위원회, 율유문화사, 1989),『고독한 승리』(조규은, 한민출판사, 1993),『한강물 다시 흐르고』(박영준, 한국독립유공자협회, 2005)

박용연(朴龍淵, 남, 생몰 미상)
입교 시기_1909년 | 교질_참교

평안남도 영유군(永柔郡) 출신으로 생몰연대는 알 수가 없다. 1907년 김정기(金貞基)·위남식(韋南植)·이성언(李星彦)·이주찬(李周贊) 등과 태극학회(太極學會) 영유지회(永柔支會)

에 가입하여 애국계몽운동을 전개한 인물이다. 태극학회는 1905년 일본 동경에서 황해도와 평안도 지역 출신 유학생들이 중심이 되어 조직한 단체다. 초기에는 유학생 친목단체 또는 학술단체로써 출발하였으나, 차츰 국내에 지회를 설치하면서 애국계몽운동 단체로서의 모습을 보였다. 한편 박용연 역시 일본 유학생일 가능성도 시사해 주는 대목이다.

박용연의 대종교 교력을 살피면, 1910년 2월 30일(음력) 대종교총본사의 특별추천에 의해 찬교(贊教)를 받은 기록이 있다. 그의 대종교 입교가 그 이전으로 올라감이 확인된다. 또한 1911년 중광절(重光節, 음력 1월 15일)에는 백순(白純)·윤주찬(尹柱瓚)·황병욱(黃炳郁)·조완구(趙琬九)·류근(柳瑾) 등, 수십 인의 대종교 중광 동지들과 참교(參教)의 교질(教秩)을 받았다. 그의 대종교 참여 역시 중광 직후에 이루어진 것임을 알 수 있으나, 이후의 행적은 확인이 안 된다.

[참고문헌]
『종보』제5호(1910년), 『倧令』제3호(1911년), 『태극학보』제15호(1907년)

박용태(朴龍泰, 남, 1988-1938)

아호(별명) _ 검산(劒山), 박험산(撲險山), 박혜관(朴慧觀)
입교 시기 _ 1924년 이전 | 교질 _ 미상 | 서훈 _ 애국장(2005)

황해도 봉산군(鳳山郡) 사리원면(沙里院面) 동리(東里)가 원적(原籍)이나, 출생은 경기도 경성부 마포동이다. 1919년 2월 중국 천진(天津)으로 건너가 같은 해 4월 항일결사 불변단(不變團) 조직에 참가하여 독립운동을 전개했다. 일명 천진불변단으로 잘 알려진 이 단체는 1919년 4월 18일 천진 프랑스 조계지에서 박용태를 비롯하여 명제세(明濟世)·박환(朴桓)·독고감 등이 '대한독립의 기초를 공고하게 함'을 목적으로 조직한 독립운동단체였다.

이 불변단은 대한민국임시정부와 깊게 연계되어 있었다. 또한 도산 안창호와 연결되면서 단원들이 대거 국내에 파견되어 1919년 10월 31일 일제의 소위 '천장절(天長節)'을 기해 일으킨 '제2차 독립만세시위'를 추진하는 등 활발한 활동을 전개하였다. 박용태는 1920년 8월 중국·조선 양 민족에게 배포한 「한국망국기념(韓國亡國記念) 제11회 경고문(警告文)」에서 일제의 3·1운동에 대한 탄압을 지적하고 "우리 민족은 다행히 대운(大運)이 밀숙(密熟)하는 기회를 타고 또 세계대조류의 비호의 힘을 믿고 우리 2천만 민족의 자유·정의를 발휘하여 인류의 공동생존권을 천명할 것이다. 이것이 곧 우리 민족의 자결적(自決的) 독립정신이다"고 외쳐댔다. 박용태는 불변단의 서무를 맡아 활동하다가 1921년 3월 26일 천진에서 체포되어 징역 3년을 받아 옥고를 치른다. 그리고 1924년 출옥 후 국내에서 대종교진흥회(大倧教振興會) 회장으로 활동하였으며, 1926년 7월 다시 천진으로 넘어가 천진 한교동지회(韓僑同志會)를 조직하여 회장으로 취임하였다. 이 모임은 천진에 거주하는 한국인 항일투사들을 규합하여 중국인 공산파와 비밀

리에 연락을 취하며 움직이기도 했다.

1930년 6월에는 대한독립당주비회(大韓獨立黨籌備會)의 기관지 『조선지혈(朝鮮之血)』을 창간하여 주간으로 활동하였다. 대한대독립당주비회는 '한국독립청년당'을 조직하여 학생단체를 운영했으며, 중국 각계의 인사들과 국내외 한인들로부터 자금을 충당하여 발행한 것이 『조선지혈』이다. 『조선지혈』은 북경의 유기석(柳基石)이 고문을 맡은 가운데, 대종교의 동지인 이광(李光) 등이 기자로 가세하여 박용태를 도왔다. 그 기사 내용들은 북경과 천진을 비롯한 국내외 소식과 일제의 침략상을 비판하고, 우리의 독립을 위해서 민족이 단결하여 대항해야 한다는 내용이 주를 이루고 있었다. 1933년 박용태는 광주학생운동과 관련하여 중국에 있는 한국인들을 선동하기도 했으나, 일제의 감시가 좁혀오자 제남(濟南) 방면으로 도피하기도 했다.

다시 천진으로 옮겨온 박용태는 1937년 박험산(撲險山)이라고 이름을 바꾸어 의업(醫業)을 펼치는 한편, 임시정부의 김구(金九)·안경근(安敬根) 등과 연계하며 독립운동을 전개하였다. 1937년 10월 말경 김구의 지령에 따라 천진에 밀파된 안경근·이원일(李元一) 등과 연락하며 일본의 군사행동에 대한 첩보를 모아 안경근 등에게 전달하기도 했다. 또한 이 시기 천진에서 미곡상과 잡화상을 경영하던 전라남도 장성 출신의 전채규(田釆奎)와도 교류하며, 그에게 깊은 영향을 끼치기도 했다.

박용태가 주간을 맡았던 『조선지혈』 창간호.

박용태와 관련한 대종교단 내의 기록은 전무하다. 당연히 그의 입교 시기나 교질(敎秩) 관계 역시 확인할 길이 없다. 그러나 1924년 출옥 후 대종교진흥회(大倧敎振興會) 회장을 맡아 순회 활동을 펴며 지부를 8개나 설치하는 것을 보면, 그 이전에 이미 대종교에 입교하여 중요한 위치에 있었음을 알게 해 준다. 대종교진흥회는 1924년 11월 24일(음력) 경성 대종교남도본사에서 발기한 모임으로 김진우(金振宇, 부회장)·이홍도(李弘道, 총무)·이승천(李承天, 서무)·김종진(金鍾震, 전례)·조철호(趙喆鎬, 교섭) 등이 중책을 맡아 활동하였다. 그 취지서를 보면, 대종교를 우리 민족의 역사적 종교로 규정하고, 시대에 따른 그 명칭의 변화에 대한 설명과 함께 홍암 나철 순교(殉敎)의 숭고한 가치를 새기면서, 대종교진흥의 시대적 사명을 각성시키고 그 동참을 호소하는 내용을 담고 있다.

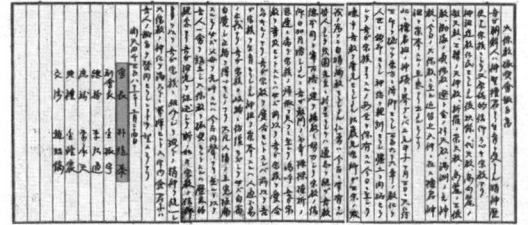

일제의 문서에 日文으로 번역되어 실린 '대종교진흥회취지서' 전문. 마지막에 會長 朴龍泰(네모 안)의 이름이 적혀 있다.

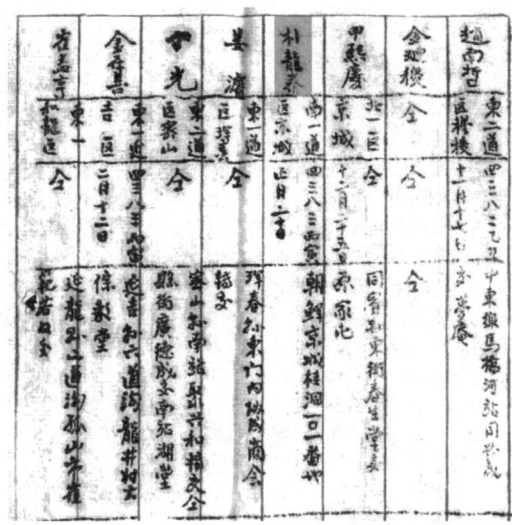

1926년 만주국에 압수된 대종교문서 가운데 실려 있는 「大倧敎施敎員一覽表」 중의 일부. 朴龍泰의 이름이 중앙 부분에 보인다.

또한 1925년 2월에는 대종교진흥회 주최로 김진우·최재학(崔在學)과 함께 평양에서 강도회 개최하는가 하면, 1927년 1월 2일에는 『중외일보』에 「삼성사중건(三聖祠重建)을 기회로 전백의민중(全白衣民衆)에게 소(訴)함」이라

는 글을 기고하기도 했다. 박용태는 이 글에서 '대종교의 본원(本源)과 중광(重光)', '대종교의 과거와 앞으로의 발전을 '체계적으로 설명하며 대종교의 발전 방안을 제시했다. 이 시기 박용태는 대종교남도본사 소속의 시교원(施敎員)으로도 활동하면서 대종교 포교에 적극 앞장섰다. 더욱이 박용태는 1926년 7월 대종교의 포교자금 2,500원을 지참하고 천진으로 건너가 그것을 씨자본으로 천진 한교동지회를 조직한 것이다.

[참고문헌]

「大倧敎施敎堂一覽表(1926年)」(延边朝鮮族自治州档案馆 全宗号42 目录号1 案卷号343, 和龙县历史档案 和龙县警察所, 令各区直禁韓人設立大倧敎堂由, 民國十五年五月十二日), 『독립신문』1921.4.30., 『시대일보』1924.3.31., 1925.11.17., 1926.1.3., 『매일신보』1925.7·20., 『중외일보』26.11.15., 1927.1.2., 『용의조선인명부』(조선총독부, 1934), [北支地方に於ける要視察(容疑者を含む)朝鮮人の槪況(昭和14年6月末現在)」(『소화사상통제사자료』24권, 한국사DB, 국사편찬위원회), 『朝鮮獨立運動』II(金正明, 原書房, 1966), 『한민족독립운동사자료집』30(국사편찬위원회, 1997), 『한국독립운동사자료』3·37(국사편찬위원회, 1973·2001), 『한국민족운동사료(중국편)』(국회도서관, 1976)

박우진(朴宇鎭, 남, 1880-1943)

아호(별명) _ 해사(海蓑), 해사(海史), 박건(朴健)
입교 시기 _ 1923년 | 교질 _ 지교 | 서훈 _ 애국장(1990)

박우진

경상북도 영덕군 창수면(蒼水面) 오촌동(梧村洞) 출신으로 대종교 항일투사 박세진(朴世鎭)·박명진(朴明鎭)의 형이다. 을사늑약 이후 신돌석 의병대에 참여하였고 1909년에는 신민회 영덕지역 대표를 맡았다. 경술국치를 당하자 1911년 서간도로 망명하여 대종교의 윤세복(尹世復)·이동하(李東廈)·윤세용(尹世茸) 등과 환인현 소재 대종교 동창학교 운영에 동참하였다.

1913년 10월 만주 통화현(通化縣)에서 이상룡(李相龍)·김동삼(金東三)·김형식(金衡植) 등과 부민단(扶民團)에 관여하면서 동고동락을 함께 했다. 부민단은 침체된 경학사(耕學社)를 재건한 조직으로, 재만한인의 복리증진, 자활대책의 강구, 자녀교육, 애국청년의 군사훈련, 독립운동기지 조성 등, 경학사 이념을 그대로 계승한 단체였다. 1916년 3월에는 일본경찰의 밀정 유길선(柳吉善)을 독립단원 한치응(韓致應)·박응서(朴應瑞)와 같이 사살, 제거하였다. 1918년에는 대종교의 중진인 정안립(鄭安立) 등과 한인 이주자들의 생계를 돕기 위하여 동성한족생계회(東省韓族生計會) 발기인으로 참여 중앙위원을 맡기도 했다.

1919년 5월에는 김동삼이 이끄는 서로군정서에 참여하여, 그 해 11월 국내 각 지방의 유지·재산가·학교·종교상황의

실태조사원으로 임명되어 주로 경상북도 의성군 일대의 현황을 조사, 보고하였다. 그리고 서로군정서의 선전위원으로 선임되었다. 1920년 5월 통화북지단(通化北支團)의 참모장을 맡아 암살대를 조직하여 활동하던 중 일본경찰에 붙잡혀 사형이 확정되었다. 그러나 형장(刑場)으로 압송 도중 김자선(金子善, 일본군 임시통역인)과 동생 박세진(朴世鎭)·박명진(朴明鎭) 등의 도움으로 탈출에 성공하였다.

이후 박우진은 한족노동당(韓族勞働黨)의 창당을 주도하기도 했다. 1924년 11월 4일 길림성 반석현(盤石縣) 부태하(富太河)에 있는 이순(李淳)의 집에서 34명이 모여 한국노동당 창립총회를 개최하였다. 박우진은 회장으로 추대되어 김철(金鐵, 비서), 권화진(權華進, 책임간부)과 당약기초위원(黨約起草委員)으로 임명된 이광민(李光民)·김철·김경달(金敬達) 등과 한족노동당을 발족시킨 것이다. 당시 발기인은 총495명으로 그 주요 강령(綱領)은

一. 조선민중해방운동에 대한 완전한 전사(戰士)가 되도록 기함
一. 신사회 건설에 대한 수양 촉진을 도모함
一. 조선 학생 상호 간의 건설과 친목을 도모하여 사상의 통일을 기함
一. 조선 학생에 당면해 있는 모든 문제에 대한 스스로의 결정을 기함

등이었다. 1925년 1월 1일자로 『로동보』라는 순간(旬刊) 잡지도 창간한 한족노동당의 중앙기관과 그 책임자들을 보면 다음 표와 같다.

직 책	선임인물
會長	박건(朴健, 朴宇鎭)
秘書	김철(金鐵)
責任幹部	권화진(權華進)
黨約起草委員	이광민(李光民), 김철(金鐵), 김경달(金敬達)
中央議事委員	홍기룡(洪起龍), 박근식(朴根植), 박동초(朴同草), 박경종(朴敬鍾), 이석순(李錫淳), 오상은(吳尙殷), 이재섭(李在燮), 오재걸(吳在杰), 성태영(成泰永), 김응섭(金應燮), 박우기(朴友錤), 황국찬(黃國燦), 이종찬(李鍾燦)
理財部委員	박영산(朴英山)
奬學部委員	김경달(金敬達)
産業部委員	안창섭(安昌燮)
宣傳部委員	이광민(李光民), 김철(金鐵)
組織委員	배연극(裴連克), 박세진(朴世進), 이희태(李凞泰), 김윤녀(金允汝), 오재걸(吳在杰), 이흥(李興)

1926년 박우진은 하얼빈으로 넘어갔다. 그곳에서 취원학교(聚源學校)를 설립 운영하는가 하면, 1927년 신숙(申肅) 등과 3부 통합운동을 전개하며 항일투쟁을 지속해 갔다. 특히 1933년 하얼빈에서 남자현(南慈賢)·이규동(李奎東) 등과 일본 대사 무토 노부요시(武藤信義)를 격살하기로 계획했으나 성공하지 못했다.

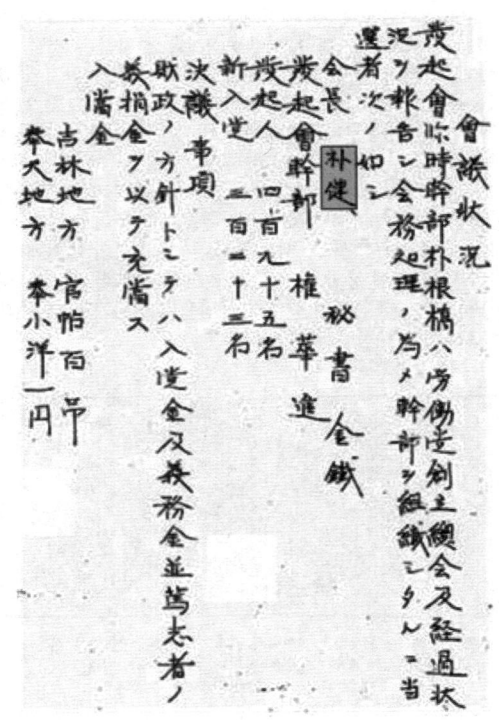

1924년 말에 발기된 韓族勞働黨과 관련한 일제의 문서. 회장으로 추대된 朴健(朴宇鎭, 네모 안)의 이름이 보인다.

[교력]
박우진의 대종교 입교 시기는 만주로 이주한 직후로 전해지지만 그 기록은 전하지 않는다. 그러나 그의 동생 박명진의 기록한 『대종교독립운동사』(필사본, 1964)에는 조맹선(趙孟善)·이진룡(李鎭龍)·박장호(朴長浩)·전덕원(全德元)·차도선(車道善) 등등의 인물과 더불어 윤세복이 이끄는 대종교 서이도본사(西二道本司)의 주요 교인으로 올라있다. 또한 박우진과 대종교 항일투쟁 동지였던 이현익(李顯翼)의 『대종교인과 독립운동연원』(프린트본, 1963)에도, 이상룡과 동고(同苦)한 인물로 서로군정서·통의부(統義府)·정의부(正義府)의 간부로서 활약하다가 빈강(濱江)에서 병사(病死)한 것으로 적고 있다. 대종교에서 1923년 4월 1일(음력) 동일도본사 특별 추천에 의해 영계 수여한 이유다.

박우진은 1923년 어천절(음력 3월 15일)에는 길림성 화전현(樺甸縣)에서 대종교 인물들을 중심으로 단조기념회(檀祖紀念會)를 발기하는데도 적극 앞장섰다. 이 회의 목적은 국내외에 산재해 있는 단조전(檀祖殿)을 한 마음으로 숭배하고, 단조의 옛 도읍에 기념비를 세우며, 사적(事跡)을 등기(謄記)하여 동족 간의 친목을 더욱 돈독히 하는 데 있었다. 당시 박우진과 더불어 발기인으로 참여한 인물들 역시 공창준(公昌準)·지장회(池章會)·김학근(金學根)·이천민(李天民) 등, 대종교의 중진인 동시에 항일투쟁의 거물들이었

다는 점이 주목된다.

한편 1926년 하얼빈으로 넘어간 박우진은 대종교시교당 활동을 중심으로 포교에 적극 나서기도 했다. 아성현(阿城縣) 취원창(聚源昶)에 소재한 대종교 원성시교당(源成施教堂)의 활동이 그것이다. 당시 박우진은 그 시교당의 전무(典務)를 맡아 책임을 졌으며 항일투사 이수(李秀)와 박중화(朴中和)가 찬무(贊務)를 맡아 그를 도왔다. 더욱 주목되는 것은 박우진의 대종교 하얼빈선도회(哈爾濱宣道會, 일명 대종교선도회)의 활동이다. 하얼빈선도회(대종교선도회)는 1934년 3월(음력) 하얼빈시 안평가(安平街)에 대종교총본사의 직할로 설치한 기관으로, 마쓰이조약(三矢條約) 당시 내려진 대종교 포교금지가 풀리자 대종교의 재도약 위해 설치한 조직이었다. 박우진은 1937년 3월 7일(음력), 이 선도회의 총책임자인 총무원장(總務院長)을 맡아 대종교재건의 책임을 졌다. 그 무렵 그는 지교(知教)의 교질(教秩)에 올라 있었다. 또한 김서종(金書鍾, 총무원원)·박성태(朴性泰, 총무원원)·김영숙(金永肅, 총무원원) 외에도 그의 동생 박명진(朴明鎭)과 함께 이수(李秀)·고평(高平) 등이 박우진과 함께 하며 대종교항일투쟁을 이어갔다.

[참고문헌]
『대종교보』제58호(1923년). 『대종교인과 독립운동연원』(이현익, 프린트본, 1963). 『대종교독립운동사』(박명진, 필사본, 1964). 『대종교중광육십년사』(대종교총본사, 1971). 「大倧敎施敎堂一覽表(1926年)」(延边朝鮮族自治州档案馆 全宗号42 目录号1 案卷号343, 和龙县历史档案 和龙县警察所, 令各区查禁韓人设立大倧教堂由, 民国十五年五月十二日). 「韓族勞動黨 創立總會 槪況」(不逞團關係雜件-朝鮮人의 部-在滿洲의 部40, 機密 第81號, 한국사DB, 국사편찬위원회). 『나의 일생』(신숙, 일신사, 1959). 『朝鮮獨立運動』II(金正明, 原書房, 1967). 『한국독립사』하(김승학, 독립문화사, 1971). 『한국독립운동사자료』42(국사편찬위원회, 2006)

박원(朴元, 남, 1883-?)
아호(별명) _ 달헌(達軒)
입교 시기 _ 1922년 | 교질 _ 참교

출신지역과 생몰연대가 불분명하다. 다만 박원이 1922년 당시 전라남도 순천군 서면 판교리(板橋里)에 소재한 대종교 일선시교당(一善施教堂)의 찬무(贊務, 부책임자)를 맡은 것으로 보아 그 지역 출신일 가능성이 높다. 박원은 1922년 9월 14일(음력, 이하 음력) 영계(靈戒)를 받고 5일 뒤인 19일에 참교(參敎)의 교질(教秩)을 받았다. 그리고 같은 해 10월 9일 일선시교당의 찬무로 임명되어 경성의 남도본사를 왕래하며 업무를 수행하였다. 당시 일선시교당은 남일도본사 제4구역으로, 전무(典務, 책임자)는 김백(金白)이었으며 임복(任濮)이 찬무를 맡아 시교당을 이끌었다. 박원이나 김백·임복이라는 이름 역시 외자로 개명한 대종교 이름일 듯하나, 그것 역시 확인이 안 된다.

[참고문헌]
『대종교보』제55호·제56호(1922년). 『본사행일기』(성세영, 필사본, 1922). 『대종교중광육십년사』(대종교총본사, 1971)

박원천(朴元千, 남, 생몰 미상)
입교 시기 _ 1923년 | 교질 _ 미상

출신지역과 생몰연대를 알 수 없는 인물이다. 1924년 2월 당시 길림성(吉林省) 장백현(長白縣) 14도구(道溝) 요암덕리(要岩德里)에 거주하면서 대한독립광정단(大韓獨立光正團)에 가입하여 활동하였다. 대한독립광정단은 장백현에서 1922년 4월 대한국민단(大韓國民團)·대진단(大震團)·태극단(太極團)·광복단(光復團)의 일부가 통합하여 성립된 단체다. 이 단체는 임강현(臨江縣)·무송현(撫松縣) 등 압록강 주변 지역을 근거지로 하여 항일 무장투쟁을 전개하는 한편, 이주 한인의 산업 발전을 도모하는 활동을 하였다.

총부(總部)의 단장에는 윤덕보(尹德甫), 부단장 강진건(姜鎭健), 총무 이태걸(李泰杰), 비서 한운섭(韓雲燮), 재무부장 이병율(李秉律), 군사부장 강승경(姜承京), 서무부장 강구쇠(姜九釗), 경호부장 최진용(崔鎭鏞), 의사부장 김문보(金文甫), 권업부장 강명하(姜明河), 문화부장 한동초(韓東超), 통신부장 겸 회계부장 임태선(林泰仙), 위생부장 김진열(金振烈) 등이 맡아 활동하였다. 박원천은 14도구 고치동(高致洞)에 소재한 대한독립광정단 제3서(署) 구장(區長)을 맡아 항일투쟁에 동참했다.

박원천의 대종교 교력을 살피면, 1923년 4월 5일(음력) 대종교 서일도본사(西一道本司)의 특별 추천으로 영계(靈戒)를 받은 기록이 있으나, 그 외의 관계는 남아있는 것이 없다.

[참고문헌]
『대종교보』제58호(1923년). 「大韓獨立光正團 및 長白縣光復復團 組織表(臨時報 제71호)」(不逞團關係雜件-朝鮮人의 部-在滿洲의 部38, 秘 關機高收 제2840호-機密受 제132호, 한국사DB, 국사편찬위원회)

박월선(朴月仙, 여, 생몰 미상)
입교 시기 _ 1939년 이전 | 교질 _ 참교

출신지역과 생몰연대를 알 수가 없다. 대종교의 특성상 대종교 집안의 여식(女息)일 듯하나 이 역시 확인되지 않는다. 박월선이 1939년 3월 4일(음력) 대종교의 아침 경배식(敬拜式)에 성실·근면하게 참석한 공로로 시상(施賞)을 받은 기록을 보면, 그 이전에 대종교에 입교한 것이 확인된다. 그리고 일제가 항복한 직후인 1945년 10월 1일(음력) 만주 동경성에 소재한 대종교총본사의 특별 추천에 의해 참교(參敎)의 교질(教秩)을 받았다. 그리고 며칠 후인 10월 5일(음력) 동경성에서 개강한 대종학원(大倧學園) 교사로 임명되었다.

당시 대종학원은 임오교변(壬午教變, 1942년 대종교지도자 동시 구속 사건)으로 감옥살이를 하던 단애(檀崖) 윤세복(尹世復, 당시 대종교 교주)이 출옥한 직후, 동포들의 지식 향상을 위해 재개한 교육기관으로, 주간(晝間) 속성과(速成科)인

중학과정(中學科程)을 학습하게 하였다. 대종학원의 강사로는 교주 윤세복이 직접 강사로 참여하였고 강천봉(姜天奉, 원장)·태흥선(太興先)·이원갑(李元甲)·남영덕(南永德)·박희정(朴熙政) 등이 시무하였다. 또한 여교사로는 박월선과 함께 김고분(金古粉)·조병애(趙炳愛)가 근무하였다.

[참고문헌]
『대종교교보』제121호(1939년)·제148호(1945년), 『대종교중광육십년사』(대종교총본사, 1971)

박은식(朴殷植, 남, 1859-1925)

아호(별명) _ 성칠(聖七), 겸곡(謙谷), 백암(白巖), 백암(白菴), 백치[白癡(痴)], 백산포민(白山浦民), 박소종(朴紹宗), 박기정(朴箕貞), 박기정(朴基正), 박승언(朴承彦), 박인식(朴寅植), 태백광노(太白狂奴), 무치생(無恥生), 창해노방실(滄海老紡室), 계림냉혈생(鷄林冷血生)
입교 시기 _ 1913년 이전 | 교질_ 정교 | 서훈 _ 대통령장(1962)

박은식

황해도 황주군(黃州郡) 남면(南面) 출신으로, 대종교에서는 박소종(朴紹宗)이라는 이름이 더 익숙한 인물이다. 일찍이 정통 성리학을 공부하며 과거시험을 준비하였다. 시국의 회의를 품고 과거를 포기한 이후 황해도 일대 청년 명사들과 교유하며 식견을 넓혔다. 1880년에는 경기도 광주(廣州)로 정약용(丁若鏞)의 제자인 신기영(申耆永)과 정관섭(丁觀燮)을 찾아가 다산의 학문을 접하고 실사구시(實事求是) 학풍에도 눈을 떴다.

서울로 올라간 박은식은 임오군란(壬午軍亂)을 목도하고 시무책(時務策)을 정부에 제출했으나 받아들여지지 않자 다시 귀향하였다. 그리고 박문일(朴文一)의 문하에 들어가 주자학 연구에 몰두하였다. 1885년에는 향시(鄕試)에 응시하여 특선으로 뽑혀 능참봉(陵參奉)의 관직생활도 경험하였다. 1898년 독립협회 회원이 되었으며, 만민공동회(萬民共同會) 간부로 활동하게 된다. 이 시기 『황성신문(皇城新聞)』을 창간되자 장지연(張志淵)과 함께 주필(논설기자)이 되었다. 또한 성균관의 후신인 경학원(經學院) 강사와 한성사범학교 교수를 역임하는가 하면, 『대한매일신보(大韓每日申報)』의 주필로도 초빙되었다. 특히 을사늑약 당시 장지연의 「시일야방성대곡(是日也放聲大哭)」이란 논설로 정간당한 『황성신문』이 복간되자, 경술국치까지 그 주필로 활동하였다.

한편 1906년 3월에 창립한 대한자강회(大韓自强會)에 가입하였고, 10월에는 서우학회(西友學會) 창립을 주도하고, 기관지 『서우(西友)』의 주필이 되었다. 1907년에는 국권회복을 위한 비밀결사로 창립한 신민회(新民會)에 가입하여 원로회원으로서 교육과 출판 부문에서 활동하였다. 1908년 1월 신민회의 주도로 서우학회와 한북흥학회(漢北興學會)가 통합한 서북학회(西北學會)가 창립되자 이 학회를 지도하고, 기관지 『서북학회월보(西北學會月報)』의 주필이 되었다. 이 무렵 일제가 신기선(申箕善) 등의 대동학회(大東學會)를 내세워 유림계를 친일화하려는 정치공작을 전개하자 이에 대항하여 1909년 9월 장지연(張志淵)·이범규(李範圭)·원영의(元泳儀)·조완구(趙琓九) 등과 함께 대동교(大同敎)를 창립하였다. 이것은 대동사상(大同思想)과 양명학(陽明學)에 입각하여 유교를 개혁해서, 유림계와 유교문화를 국권회복운동에 동원하려 한 시도였다.

그러나 경술국치 이후 박은식의 삶은 일대 변화를 맞는다. 그 변곡점이 대종교(大倧敎)와의 만남이었다. 그의 정체성의 기준이 달라짐은 물론, 역사인식에서도 환골탈태를 보여주었다. 그는 김교헌(金敎獻)·류근(柳瑾)과 함께 조선광문회(朝鮮光文會)에 고문으로 참여하며 대종교적 가치관을 내재화시켜 갔다. 또한 그 시절 '대종교단조사고편찬위원회(大倧敎檀祖事攷編纂委員會)'를 통한 『단조사고(檀祖事攷)』(1911년) 편찬 작업의 참여는 박은식의 역사인식에 중요한 전기가 되었다.

박은식이 1911년 4월 만주로 망명한 것도 대종교 김교헌·류근 등과의 의논 속에 결행된 것이다. 그가 망명지로 택한 곳 역시 대종교시교당(大倧敎施敎堂)이었다. 이 시교당은 만주 환인현(桓仁縣)에 소재했으며 대종교시교사(大倧敎施敎師)로 파견된 윤세복(尹世復)이 주도한 시교당으로, 동창학교(東昌學校)를 병설하여 운영하고 있었다. 박은식은 그곳에 기거하며 교단 내의 장로(長老)로서 집필한 글들이, 『동명성왕실기(東明聖王實記)』·『발해태조건국지(渤海太祖建國誌)』·『몽배금태조(夢拜金太祖)』·『명림답부전(明臨答夫傳)』·『천개소문전(泉蓋蘇文傳)』·『대동고대사론(大東古代史論)』 등이다. 모두 그 이전에는 볼 수 없었던 대종교적 역사인식을 토대로 한 글들이다.

1912년 상해(上海)로 넘어간 박은식은, 역시 대종교시교사로 파견된 신규식(申圭植) 등과 함께 친대종교 공동체인 동제사(同濟社)를 조직하였다. 또한 동포들의 자녀 교육을 위하여 대종교계 학교인 박달학원(博達學院) 설립에도 참여하였다. 그리고 1913년에는 홍콩으로 가서 중국어 잡지 『향강(香江)』의 주간으로 활동하기도 했다. 상해로 다시 돌아 온 1914년에는 『안중근전(安重根傳)』을 저술하였고, 1915년 망명 후 꾸준히 집필해 온 『한국통사(韓國痛史)』를 간행하고 『이순신전(李舜臣傳)』도 저술하였다. 이 무렵 대종교지도자 이상설(李相卨)·신규식 등과 신한혁명단(新韓革命團)을 조직하여 감독으로 선임되었으며, 그 후 신규식 등과 대동보국단(大東輔國團)도 조직하여 단장으로 취임하였다. 1918년에는 노령으로 넘어가 『한족공보(韓族公報)』의 주간에 취임하는가 하면, 중단된 뒤에는 한인촌의 학교를 돌아다니면서 한국역사에 대한 강연을 통해 독립사상을 고취하였다. 『발해사(渤海史)』와 『금사(金史)』를 한글로 역술하고 『이준전(李儁傳)』을 저술한 때도 이 시기였다.

1919년 국내에서 3·1독립만세운동이 일어날 당시 박은식은 노령 연해주 블라디보스토크에 있었다. 그는 그곳에서 61세의 고령에도 불구하고 대한국민노인동맹단(大韓國民老人同盟團)을 조직하여 강우규(姜宇奎) 의사를 국내에 파견하여 일제 총독 사이토 마코토(齋藤實)에게 폭탄을 투척하였다. 그 해 8월에는 상해로 건너가 임시정부의 통합과 독립운동을 지원하면서, 1920년 한국근대사 분야의 또 하나의 고전인 『한국독립운동지혈사(韓國獨立運動之血史)』를 간행하였다. 1923년 국민대표회의(國民代表會議) 실패 후 임시정부가 약화되고 독립운동계가 혼란과 분열에 빠지자 그 사태 수습에 혼신을 기울였으며, 1924년에는 대종교의 동지인 희산(希山) 김승학(金承學)이 운영하는 독립신문사 사장에 취임하였다.

1924년 6월 임시정부 의정원(議政院)에서 「이승만 대통령 유고안(李承晚大統領有故案)」을 통과시킨 다음, 박은식은 임시정부 국무총리 겸 대통령 대리로 추대되었다. 1925년 3월 21일 의정원은 「임시대통령 이승만 탄핵안(臨時大統領李承晚彈劾案)」을 가결시키고, 3월 24일 박은식의 대한민국임시정부 제2대 대통령 취임을 선언하였다. 이후 임시정부의 혼란 상황을 수습하기 위한 방책의 하나로 1925년 3월 30일 헌법개정안을 의정원에 제출하였다. 대통령제를 폐지하고 국무령을 중심으로 하는 내각책임제로 바꾸자는 요지였다. 이어서 서로군정서(西路軍政署) 전 총재였던 이상룡(李相龍)을 국무령으로 추천 선출케 한 다음, 스스로 대통령직을 사임하였다.

[주요 저술]
박은식의 주요 저술은 대종교 경험 이전과 이후의 것으로 구분된다. 대종교를 경험하기 이전 박은식의 가치는 유교적 애국사상에 토대를 둔 것으로, 그가 발표한 인물들의 대부분이 유교적 인물들이었고 유교사상에 대한 절대적 옹호였다. 또한 고대사 인식에 있어서도 단군의 의미를 거론하지 못했을 뿐만 아니라, 강역문제에 있어서도 한반도의 틀을 크게 벗어나지 못했다. 전통 유학적 세계에서 젊은 시절을 보낸 박은식은 양명학을 통해 개화사상을 부르짖는가 하면, 대동교(大同敎)의 창건을 통한 유교개혁을 외치면서 유교의 국교화를 고집하던 골수 유학자였다. 대종교 경험 이전의 박은식 저술로는 『겸곡문서(謙谷文稿)』(1901)·『왕양명실기(王陽明實記)』(1910)·『고등한문독본(高等漢文讀本)』(1910)·『성세소설영웅루(醒世小說英雄淚)』(1910년대) 등을 꼽을 수 있다. 모두 유교적 가치 위에서 서술된 글들이다.

주목되는 것은 대종교 경험 이후에 나타나는 박은식의 저술들이다. 『동명성왕실기(東明聖王實記)』(1911)·『발해태조건국지(渤海太祖建國誌)』(1911)·『몽배금태조(夢拜金太祖)』(1911)·『명림답부전(明臨答夫傳)』(1911)·『천개소문전(泉蓋蘇文傳)』(1911)·『대동고대사론(大東古代史論)』(1911)·『안중근전(安重根傳)』(1914)·『한국통사(韓國痛史)』(1915)·『이순신전(李舜臣傳)』(1915)·『발해사(渤海史)』(1918)·『금사(金史)』(1918)·『이준전(李儁傳)』(1918)·『한국독립운동지혈사(韓國獨立運動之血史)』(1920) 등이 그것이다. 이 중 『안중근전』·『이순신전』·『이준전』 등은 영웅대망론(英雄待望論)을 담은 역사소설로 이해할 수 있을 듯하다.

박은식은 1910년 경술국치를 계기로 대종교로 귀의하고, 그 정신을 토대로 새로운 역사인식을 갈무리하였다. 그 대표적 저술들이 서간도 동창학교 망명시절 저술한 『동명성왕실기』·『발해태조건국지』·『몽배금태조』·『명림답부전』·『천개소문전』·『대동고대사론』 등이다. 상해 시절의 저술인 『한국통사』과 『한국독립운동지혈사』 역시 이러한 대종교사관(大倧敎史觀, 神敎史觀)을 토대로 완성된 결과물이라 할 수 있다.

[역사인식]
박은식의 역사인식은 전통유교기→개혁유교기→대종교 영향기의 3단계로 변화한다. 오로지 유교라는 인식(1단계), 유교를 개혁하면 된다는 인식(2단계), 그리고 신교(神敎, 대종교)만이 살 길이라는 인식(3단계)으로의 변화가 그것이다. 1·2단계의 정체성(正體性)은 유교다. 그러나 3단계의 정체성은 대종교다. 그의 역사인식 역시 정체성의 천이(遷移) 과정과 그대로 맞물리는 인식이다. 박은식 민족주의역사학은 중화주의역사학(1·2단계)을 벗어난 3단계에 와서 드러나는 역사관이다.

[1]
조선조 국시(國是)인 유교(성리학)는 조선이라는 사회를 지탱하는 지적 원천이었다. 박은식 역시 당대의 지식인들과 마찬가지로 유교적 소양을 통해 입신한 인물이다. 그의 전통유교기의 정신적 가치를 살필 수 있는 대표적 저술로 『겸곡문고(謙谷文庫)』와 『학규신론(學規新論)』을 꼽을 수 있다. 『겸곡문고』는 「흥학설(興學說)」과 「종교설(宗敎說)」을 중심으로 다양한 형식의 글이 실려 있는 것으로, 그 서술의 정신적 토대는 철저한 유교가치 위에서 전개되고 있다. 이 시기 박은식의 정신가치를 지배한 중심 명제는 "무릇 천하의 대중(大中)을 극(極)하고 천하의 바른 이치를 다한 것으로 공자의 가르침보다 더 나은 것이 없다"에서 볼 수 있는 바와 같이, 철저한 유교 옹호로 출발한다. 나아가 그는 한국의 종교가 유교라고 전제한 뒤, 유교를 다시 일으켜 유지시켜야 함을 강하게 주장하고 있다. 이것은 이 시기 박은식의 정신세계에 있어 유교라는 가치가 전부임을 확인시키는 중요한 단서가 된다.

이 시기 박은식은 역사적인 측면보다는 교육적인 측면에 더 많은 관심을 보여 주었다. 그 정신적 토대 역시 철저한 유교정신에서 찾았다. 학문의 추세가 아무리 변한다고 하더라도 그 근본적 신심(身心)은 변할 수 없는 것으로, 공자와 맹자의 서(書)야말로 그 신심을 다스리는 근본임을 강조했던 그였다. 따라서 열성조종(列聖祖宗)이 공맹(孔孟)을 스승으로 삼아 인륜을 밝히고 다스림을 융성케 하며 풍속을 아름답게 하고, 어진 유학자들이 계속해서 출현, 백년 이전만 되돌아 봐도 선비는 모두 인(仁)을 생각하고 의(義)를 행했다는 것이다. 또한 그들은 이름을 닦고 실행에 힘써서 국사(國事)로써 자기의 책임을 삼아 목숨을 바쳐도 아깝게 생각지 않았다고 말하고 있다. 유림의 폐해를 지적하면서도, 이것은 본래 공맹의 의(義)를 크게 잃은 것으로 유교가 잘못된 것이 아니라는 주장이다.

또한 국맥(國脈)을 올바로 지키는 수단으로서도 유교의 중요성을 내세우고 유교의 종교적 유지를 무엇보다 강조했으며, 민중들이 서교(西教)나 동학(東學) 등 이교(異教)에 빠져들어 가는 것을 염려하기도 했다. 여기서 주목되는 부분은, 백암이 서양종교 뿐만이 아니라 우리 민족의 자생종교인 동학마저도 이단으로 간주했다는 점이다. 이것은 이 시기 박은식의 민족과 민중에 대한 인식이 유교적 중화중심주의에 굳게 갇혀 있었음을 보여주는 단적인 근거라 할 수 있을 것이다. 따라서 이 시기의 백암은 우리 민족사와 연관된 체계적인 글을 단 한 편도 선보이지 못했다. 이것은 1904년도에 정리한 글 속에서 기자(箕子)에 대한 언급만이 다음과 같이 나타남을 보더라도 알 수 있다.

"기자로부터 내려오면서 풍속이 예의를 숭상하였건만, 서적이 많지 않아 글자를 아는 자가 적은 데 또 어찌하랴."

"우리 대한은 처음 기자성인(箕子聖人)께서 팔조(八條)의 가르침이 있은 뒤로는 예(禮)로써 사양하는 풍속을 숭상하고, 부녀들은 곧게 믿은 까닭에 세상이 그것을 칭하여 군자국이라…."

이렇듯 전통유교기에 나타나는 박은식의 정신적 가치는 유교적 정서에 흠뻑 젖은 유학적 지식인의 모습을 벗어나지 못했으며, 단군에 대한 인식은 기자에 가려져 드러내지도 못한 시기였다.

[2]

박은식이 개혁유교를 통한 정신적 변화를 도모하게 되는 사건은 1905년 을사늑약체결과 1906년 서우학회(西友學會, 후일 서북학회로 개편) 창립이라 할 수 있다. 서북학회의 출현은 단군·기자·고구려의 상무적 기상을 통해 국권회복을 도모하려하는 정신적 제공처가 된 사건이었다. 그 지역적 배경이 과거 고조선과 고구려의 활동 영역으로써, 그것에 대한 문화적 자부심 또한 대단했다는 점이다.
이 시기 박은식은 유교적 한계를 극복하고 새로운 시대에 맞는 유교상을 정립하려 했다. 그리고 유교를 국교적 가치로까지 끌어올리기 위한 구체적 움직임을 도모하게 된다. 유교구신운동(儒教救新運動)이나 양명학운동, 그리고 대동교(大同教)의 창건 등이 그것이라 할 수 있다. 박은식은 1906년『황성신문』을 통해 고루지습(固陋之習)이 유림(儒林)의 가장 큰 폐해라고 지적하고 유교의 새로운 변화의 당위성을 각성시켰다. 이러한 인식은 당대 여론의 일반적 분위기로써, 변화에 능동적으로 부응하지 못하는 유림 전체의 총체적 반성이기도 했다. 또한 유교를 국시(國是)로 하여 지탱해온 조선 사회에 대한 근본적 성찰이라고 해도 과언은 아니다. 그러나 박은식의 이러한 노력은 유교적 한계를 유교로 극복해 보겠다는 자가당착인 가치였다는 점에서, 후일 또 다른 변화를 기약할 수밖에 없었다.
박은식은 스스로를 대한유교계(大韓儒教界)의 일분자임을 자처하면서, 당시 유교계의 삼대문제를 제왕을 위한 유교만 있지 백성을 위한 유교가 없다는 점과, 백성들을 일깨우는 경세(經世)의 목탁(木鐸)을 잃어버렸다는 것, 그리고 어렵고 복잡한 유교의 문제로 꼽고 이를 공박했다. 그리고 첫 번째의 문제를 해결하기 위한 방편으로, 공자의 대동지의(大同之義)와 맹자의 민위중지설(民爲重之說)의 가르침을 넓혀서 개량구신(改良救新)하여 인민사회에 보급할 것을 강력히 주장하였으며, 두 번째 문제에 대한 해결책으로는 유교의 대중화·생활화에 관심을 기울여야 함을 강조했다. 그리고 세 번째의 문제해결방안으로 내세운 것이 양명학이다.
이러한 정신은 개혁유교기에 박은식이 지녔던 핵심 가치로써, 대동교 창건(1909)과『왕양명실기』의 저술(1910) 또한 이 연장선 위에서 나타났다 할 수 있다. 그의 대동사상을 전인류애의 실현과 세계적 평화를 이루고자 하는 사상이며 독립을 위해 민족의 단결을 촉구하는데서 나온 사상이라는 평가도 이러한 이해와 동일한 것이다. 또한 그의 양명학이 주자학의 고루한 폐습에서 벗어나 유교구신을 도모하고 이를 통하여 대동세계를 구축하는데 있었으며, 그의 내면적 요구는 침체된 사기를 진작시키고 도탄에 빠진 민생을 구하며 구습을 개혁하여 국권을 회복하자는 애국계몽운동에 있었다는 주장 역시 이러한 가치 위에서 얻어진 결과였던 것이다.
그러나 개혁유교기 당시 박은식이 보여준 정신가치는 일정한 한계를 갖고 있었다. 그가 애국계몽운동과 유교개혁의 수단으로 내세운 대동사상이나 양명학이, 우리의 민족적 가치와는 일정한 거리를 둔 유교사상에 그대로 기반하고 있었다는 점이 그렇다. 그러므로 이 시기에 나타난 그의 역사인식 또한 민족주의와 연관된 사론(史論)이 아닌 유교적 애국사상에 바탕을 둔 역사인물에 관한 논설 다수와 구월산삼성사·신라시조설화·탐라국의 삼신설화 등 고사(古事)에 관한 몇 가지가 있을 뿐이다. 다만 이 시기에 들어서서 기자 중심의 사고에서 벗어나 단군과 기자를 병치시키는 기록들이 나타나고 있다는 점에서 박은식의 단군인식이 본격화되고 있음을 알 수 있다. 이것은 서우학회(서북학회)가 조직(1906)된 이후 나타난 현상으로, 전술한 바와 같이 서북지방 사람들의 단군·기자·고구려에 대한 강한 문화적 자부심과 연결되는 것이다. 이러한 박은식의 단기적(檀箕的) 역사인식은, 그가 관계했던『황성신문』를 통해서도 1908년 전반까지 꾸준히 나타났다.
이 시기 박은식의 가치는 유교 일변도적인 기자 중심의 사고로부터 벗어났다는 점에서 큰 의미를 가질 수 있다. 그러나 단군과 기자를 병치시키고 기자로부터 완전히 벗어나고자 했던 유교적 굴레 속에 백암 스스로 갇혀 있었음을 암시하는 부분이기도 하다. 그러므로 이 시기 백암의 역사 인식 또한 기본적으로 유교적 애국사상에 바탕을 둔 것으로, 당시 교과서류에 반영되었던 일반적인 역사인식과 크게 다를 바 없었다.

[3]

박은식의 정신적 변화에 있어 가장 큰 사건은 1910년 경술국치였다. 일제의 강압에 의해 언론기관이 폐쇄되고 서북학회가 해산되면서 그의 삶에 일대 전환을 맞게 된 것이다. 박은식은 "일언일자의 자유가 없으니, 오로지 해외에 나가서 사천년 문헌을 모아 편찬하는 것이 오족(吾族)의 국혼을 유지하는 유일한 방법이다."라는 민족사에 대한 각성을 안고 망명을 결심하게 된다. 특히 1911년 망명을 전후하여 접하게 된 대종교의 경험은 그의 역사인식의 환골탈태를 가져온 결정적 계기가 되었다.

박은식의 민족주의적 역사 인식의 축이 되는 단군 인식은 이미 1908년 단군개국(檀君開國)이라는 말을 사용하며 드러나고, 1909년에 들어서는 단군성조(檀君聖祖)라는 표현으로 바뀌고 있다. 그러나 그의 이러한 단군 중심의 인식이 곧 탈유교적인 정서로는 연결되지 않았다. 그가 1909년 10월까지도 동양의 도(道)를 천인합일로 단정하고 그 흐름을 철저하게 중국에서 찾고자 했음을 보더라도 확인되는 부분이다. 이것은 1909년 9월부터 1910년 6월까지, 『황성신문』의 사장 겸 주필을 맡은 류근과 함께 그 신문을 통해 단군사상을 제창하고 대종교적 교리와 역사관을 선전·보도했던 박은식이었지만, 정신적으로 유교를 완전히 벗어버리고 대종교로 들어오지 않았음을 말하는 것이기도 하다. 이 당시까지도 그는 종교적으로 공자의 대동세계를 추구하는 대동교(大同敎) 활동에 관심을 가졌던 것도 이것을 뒷받침한다.

그러므로 박은식이 대종교영향기로 완전히 접어드는 시기는 1911년 망명 전후로 볼 수 있다. 1911년 만주 환인현으로 망명한 그는 본격적으로 대종교에 동참하게 된다. 당시 대종교 시교사였던 단애 윤세복의 후원을 받으면서 이루어지는 그의 역사 연구는, 유교의 구각을 벗고 대종교적 역사관을 새롭게 보여주는 사론(史論)들을 만들어 냈다. 『동명성왕실기』·『발해태조건국지』·『몽배금태조』·『명림답부전』·『천개소문전』·『대동고대사론』 등이 그것이다. 이 글들의 대표적인 특징은, 대종교의 원류가 되는 신교(神敎)와 관련된 인물들이라는 점, 박은식이 이전에는 언급하지 못했던 고대사에 관한 것이 대부분이라는 점, 그리고 강역인식에 있어서도 만주를 중심으로 한 대륙사관적인 시각이 뚜렷하다는 특징을 가지고 있다는 것이다. 즉 대종교사관이 그 본질이다. 이후 그의 역사 서술은 1925년 11월 최후의 임종까지 이러한 인식 위에서 전개·정리되었다. 『한국통사』와 『한국독립운동지혈사』의 완성 역시 이 정신 속에서 집대성된 것이며, 그의 역사 정신의 핵이라 할 수 있는 '국혼(國魂)'이라는 개념 또한 대종교의 이음동의어라 해도 과언이 아니다. 박은식이 『한국통사』에서 절규한 다음의 문장들이 이를 반증한다.

> "국교(國敎)와 국사(國史)가 망하지 아니하면 그 나라는 망하지 않는 것이다. 오호라, 한국의 백(魄)은 이미 죽었으나 이른바 혼(魂)이란 것은 남아있는 것인가 없어진 것인가."

박은식이 언급한 국교란 대종교다. 또한 그의 혼백(魂魄)에 대한 언급 역시 대종교 중광(重光)의 가치와 통하는 것이다. 이것은 대종교를 일으킨 홍암 나철의 '국수망이도가존(國雖亡而道可存: 나라는 비록 망했으나 정신은 가히 존재한

다)'의 가치와 통하는 것으로, 나라를 빼앗긴 현실 속에서도 그 정신을 온전히 지키면 반드시 광복이 될 수 있다는 말이기도 하다. 그리고 나철의 '도(道)'나 백암의 '혼(魂)'이 모두 대종교의 정신적 의미와 통하고 있음을 확인할 수 있다.

대종교영향기에 들어서는 박은식의 정체성도 확연히 달라진다. 공자의 도가 아니면 세상을 바로 세울 수 없다고 외쳤던 그가, 공자를 화인(華人)으로 단정하고 공자의 가르침에 앞서는 것이 나라를 세우는 의리라고 돌변하는 것이다. 그러면서 과거 중화주의에 함몰되었던 자신의 삶을 속죄하고 유교의 잘못된 면을 통렬하게 공박하면서 당대의 유생(儒生)들을 실제의 삶과는 동떨어진 자들이요 세상을 속이는 도둑들이라고까지 낙인찍었다. 한마디로 유교적 가치에 대한 환멸을 넘어, 유교야말로 자존과 독립을 위해서는 반드시 청산해야 할 가치로 규정하였다. 이것은 박은식 스스로 보면 인생 후반에 깨달은 중화적 가치에 대한 단절의 외침이었던 동시에, 민족으로서는 천 년을 흘러온 중국 노예로서의 역사에 대한 회개의 통곡이기도 했다.

[교력]

박은식의 대종교 입교 시기나 영계(靈戒) 사항에 대한 기록은 전하지 않는다. 이 역시 1909년부터 일제통감부 경시청의 대종교 감시를 시작으로 해서, 1942년 임오교변(壬午敎變: 대종교 간부 일제 구속 사건)에 의해 모든 서류와 서책이 압수되기까지, 문서의 체계적 관리·보관이 불가능했던 배경과 무관치 않다.

그러나 대종교에 남아 있는 기록으로 보면, 박은식의 대종교 입교 시기를 1911년 서간도 망명 전후로 추정해 볼 수 있다. 박은식은 1913년 4월 20일(음력, 이하 음력) 신채호·한흥(韓興) 등과 함께 참교(參敎)의 교질(敎秩)을 받았다. 참교의 교질은, 대종교에 입교한 이후 6개월이 지나 영계를 받은 후, 일정 기간이 경과되어 수여하는 교질이다. 그러므로 박은식이 대종교에 입교한 시기는 1913년 4월 참교의 교질을 받기 훨씬 전인, 1911년 망명 전후로 보는 것이 타당할 것이다.

물론 박은식은 1911년 이전에 이미 대종교를 깊이 체득한 인물이다. 그의 절친한 정신적 동지이자 대종교의 핵심에 있었던 류근과의 친분을 보더라도 쉽게 유추된다. 그는 류근과 일찍부터 교분을 쌓고 더불어 글도 씀은 물론, 적지 않은 시간을 함께 공무(公務)에 임했다. 또한 두 살 차이인 박은식(1859년 생)과 류근(1861년 생)은 서로 이 놈 저 놈하며 지낼 만큼 격이 없는 사이였다. 류근은 대종교가 만들어질 당시부터 깊숙이 참여한 인물이다. 그는 대종교야말로 조선인들의 식량(食糧)과 같은 종교라고 인식했으며, 대종교의 경험을 통해 그의 조선학적 소양을 더욱 깊게 만들어갔다. 특히 류근이 1906년 9월부터 1910년 6월까지 『황성신문』 사장을 맡아 이끌어간 기간은, 박은식에 있어서는 단군과 대종교의 인식을 체계화시키는데 중요한 기간이었을 것으로 생각된다.

또한 박은식과 관련하여 주목되는 하나는, 1910년 10월에

출범하는 조선광문회다. 전술한 바와 같이 조선광문회는 대다수가 대종교의 신자들로서, 대종교의 문화적 공동체라 할 수 있을 만큼 대종교적 구국이념이 나타나는 단체였기 때문이다. 박은식과 류근은, 후일 대종교 2세 교주가 되는 김교헌과 함께 이 조선광문회의 고문으로 참여하는데, 박은식이 조선광문회 활동을 통해서도 대종교적 정서를 많이 체득했을 것으로 추측되는 부분이다. 류근은 7년 연하인 김교헌과도 남다른 사이였다. 인간 관계로서도 형제 이상이었고 대종교의 업무에서도 친형제처럼 의지했다고 한다. 이러한 정황에서 보면, 박은식은 류근 뿐만이 아니라 김교헌과도 깊이 교유하면서 단군과 대종교에 대한 역사적 소양을 더욱 깊고 넓게 키워 간 듯하다.

더불어 박은식이 『한국통사』를 완성함에 류근의 보이지 않는 도움이 적지 않았다는 애류(崖溜) 권덕규 (權悳奎)의 회고도 주목되는 부분이다.

> "선생(유근-인용자 주)의 수속(手績)의 든 것으로 아주 세상이 모르며, 오직 몇 사람이 아는 이 밖에 아는 이 없는 것이 하나 있으니, 곧 상해에서 간포(刊布)된 한국통사(韓國痛史)가 그것이다. 그런데 이 통사는 태백광노(太白狂奴)라는 익명(匿名)으로 간포된 것이요, 태백광노는 겸곡 박은식 선생의 서유(西遊) 후의 희호(稀號)인데 겸곡 선생과 선생(유근-인용자 주)과의 사이와 관계도 앞서 얼마 논고한 것으로, 이의 부탁(付託)이 있고 선생(유근-인용자 주)이 역시 응하야 재료수집으로 되는대로 초(抄)하여 간 것이 있었다 하며, 겸곡 선생은 자기도 모우고 이것을 보내고 하야 그것을 마루재어 다듬고 만들어 낸 것이다."

이것은 박은식의 저술인 『한국통사』에 류근이 많은 역할을 하였다는 의미를 떠나서, 자료의 긴밀한 부탁도 꺼리지 않았던 두 사람의 관계가 얼마나 가까웠는가를 암시하는 단적인 예라 할 수 있다. 박은식과 류근 그리고 류근과 김교헌의 관계 속에서, 세 사람의 긴밀한 정신적 교감이 쉽게 유추된다. 또한 이러한 관계는 박은식이 1911년 4월 만주 환인현에 있는 대종교시교당으로 망명을 택하게 되는 필연적 노정과도 직결되고 있다. 1911년 당시 경성의 대종교총본사의 직무를 김교헌과 류근이 맡고 있었고 만주와의 인적 왕래 역시 이들이 깊이 관여하여 논의했다. 해방 후 대종교 총천교(교주)를 역임했던 지산(芝山) 정원택(鄭元澤)이 1911년 북간도로 옮겨갈 당시도, 대종교총본사를 이끌고 있던 김교헌·류근과 긴밀한 상의 하에 이루어졌다는 다음 기록이 있다.

> "(1911년 11월 29일) 저녁에 대종교총본사로 김교헌·유근 양선생에게 북간도로 떠날 방편을 토의하여, 가는 도중에 방문할 곳을 상세히 기록해 두었다."(『志山外遊日誌』)

이 기록은 박은식이 윤세복이 있는 만주 환인현으로 떠나게 되는 과정에서, 류근과 김교헌이 관여하지 않을 수 없었던 필연성을 그대로 확인시켜 주고 있다. 즉 대종교 조직의 긴

밀한 협조 속에서 박은식의 망명이 진행되었음을 알려주는 부분이다.

이렇듯 대종교와 깊은 인연을 맺은 박은식은, 1914년 5월 13일 교질이 지교(知敎)가 되고 1916년 4월 1일에는 상교(尙敎)의 교질로 올라갔다. 그리고 1922년 9월 3일에는 중국 상해 지역의 대종교 총책임자인 서이도본사(西二道本司) 전리(典理)에 임명된다. 전리란 도본사 내의 직무를 관리하고, 소속 직원들을 감독하며, 해당 도본사에 속하는 각 지사(支司) 및 시교당(施敎堂)의 책임자를 지휘하는 직책이다. 박은식이 대종교 서이도본사 전리를 맡을 당시, 우천(藕泉) 조완구(趙琬九)와 백연(白淵) 김두봉(金枓奉)이 부책임자를 맡아 서이도본사 간부로 종사했다. 조완구는 경술국치 이전 박은식과 함께 대동교를 창건하여 유교개혁운동에 앞장섰던 인물이었다. 그는 대종교에 일찍이 입교하여 1910년 대종교 시교사로 임명되었으며, 나철의 신뢰를 깊이 얻어 대종교의 중추적 역할을 했다. 김두봉도 나철의 수제자이자 한힌샘 주시경의 수제자로서 일찍부터 대종교에 관여했다. 특히 대종교 교주 나철이 1916년 구월산 삼성사에서 자진순명(自盡殉命)할 당시, 나철이 수석제자로 대동할 만큼 절대적 신뢰를 받았던 인물이 김두봉이다. 박은식이 당시 대종교의 중심 인물들이었던 이 두 사람보다 위에 앉아, 해외 주요 거점이었던 상해(上海) 지역 대종교 총책임자를 맡았다는 것은 주목할 부분이다. 이것은 그가 조완구나 김두봉보다 단순히 연장자라는 의미를 넘어, 대종교에 대한 믿음의 깊이와 무게를 가늠케 하는 근거이기 때문이다.

한편 대종교나 박은식에 있어 만주와 상해는 그 의미가 남다른 곳이었다. 두 곳 모두 대종교의 해외 거점으로 비슷한 시기에 개척되었고, 박은식 역시 만주 망명 이후 상해로 이동하여 생활하다 숨을 거두었기 때문이다. 대종교는 1910년 10월 만주 북간도 삼도구에 대종교지사를 설치한 이후, 1914년 5월 화룡현 청파호에 총본사를 설치한다. 대종교가 만주에 대한 애착을 강하게 드러낸 데는, 백두산 남북마루가 우리 민족의 발상지요 단군신앙의 성지로 여겼기 때문이다. 박은식이 만주로 망명한 후, 그의 후견인으로 적극적인 역할을 했던 윤세복도 1911년 초에 만주 환인에 대종교의 거점을 마련하였다. 상해 역시 1911년 초, 예관(睨觀) 신규식(申圭植)에 의해 대종교의 거점이 마련된 곳으로, 박은식의 상해 정착에도 신규식의 역할이 지대했다. 이것은 박은식이 해외로 망명하여 숨을 거둘 때까지 대종교와의 밀접한 연관 속에서 생활했음을 말해주는 것이기도 하다.

먼저 박은식의 만주시절 후견인이었던 윤세복은, 1910년 12월 나철에게 감화되어 대종교에 입교한 인물이다. 1911년 초에 참교의 교질과 시교사(施敎師)의 성직을 받고 만주포교의 명을 받는데, 곧바로 만주 환인에 이동 정착하였다. 신규식 역시 박은식에게는 남다른 인물이었다. 박은식이 안창호에게 보낸 다음 서한 내용에서도 확인되는 부분이다.

> "오직 신정(申檉, 신규식-인용자 주) 군이 여기 있는데, 매

우 이 곳 인사의 동정을 얻었고, 또 좋은 청년이 각 학당에 입교하고 있어 같은 기운으로 연락이 되는 것이 다행일 따름입니다."

"이 곳의 사회 유지(有志)가 우리들에 대하여 지극히 동정을 표하고 현재 이미 은혜를 받은 것이 진실로 여러 가지인데, 장래에 관해서도 면려(勉勵)가 많으니, 이것은 모두 신정 군이 적성(積誠)한 힘 때문입니다."

신규식은 자신의 목숨을 구해준 나철의 인도로 1909년 대종교에 입교한 후, 본격적인 포교활동에 전념한 인물이다. 신규식은 한민족의 부흥은 반드시 대종교의 발전에 있다고 확신한 인물로, 1911년 대종교의 시교사의 자격으로 상해로 떠났다. 후일 박은식이 신규식과 주동이 되어 발표하고 조직한 대동단결선언(大同團結宣言)과 동제사에도, 대종교도 혹은 그 정서에 찬동하는 부류들이 주축이 된 것도, 신규식의 노력과 무관치 않았다. 또한 임시정부의 수립 과정에서도 신규식의 역할은 실로 지대했다.
공교롭게도 박은식 망명 초기인 1911년 저술들을 윤세복이 열(閱)을 했고, 망명 후기 대표작인 『한국통사』의 후서(後序)를 신규식이 썼다는 점이다. 박은식의 사상적 변화를 가장 잘 보여주는 『몽배금태조』·『명림답부전』·『천개소문전』·『대동고대사론』·『발해태조건국지』등의 열(閱)을 윤세복이 했다는 것은, 대종교와 박은식의 교감을 단적으로 보여주는 부분이며 박은식과 윤세복의 절친한 관계를 말해 주는 근거이다. 윤세복이 "무치생(無恥生, 박은식의 별호 중의 하나)은 우리 무리의 장로(長老)다."라고 밝힌 것처럼, 박은식은 1911년 환인현 거주 당시 대종교의 원로로 대접받았음을 알 수 있다. 특히 박은식 스스로가 자신의 글에서, 윤세복이 열(閱)한 소감을

"단애생(檀崖生, 윤세복을 말함-인용자 주)은 말한다. '탁이(卓異)한 견해와 정확한 사론(史論)은 실로 우리나라에 처음 있는 문자로, 산을 개척한 대부(大斧)로 한 번 용문(龍門)을 찍어 황하(黃河)의 물이 비로소 옛 물길로 흐르는 것과 같다. 종지(宗旨)의 간절하고 중요한 것을 모아 제시한다면, 우리 대동민족(大東民族)이 우리의 신성한 종교를 보존하고 우리의 신성한 역사를 발휘하여 정신을 둘 곳이 만고토록 오직 한결같아야 하는 것이 이것이라, 하늘이 선생을 태어나시게 하신 것은 우리 민족을 행복하게 하신 것이 아니겠는가.'"

라고 기록했다는 점은, 박은식의 후견자로서의 윤세복에 대한 의미가 무엇인지를 단적으로 보여주는 것이다. 신규식 역시 박은식과의 긴밀한 교분이 망명 이전 국내에서부터 깊었던 듯하다. 신규식이 박은식과의 인연을 읊은 다음의 시문(「朴白巖 편지에 답하여 부치는 詩」)에서 알 수 있다.

홀로이 상해 강가에 섰노라니
강물만 유유히 안개 속에 흐른다
삼년 세월 함께 느낀 망명의 심경
참아온 치욕과 고통 억울하고 심하나

싸움꾼의 웅혼한 마음 갈수록 벅차거니
거울 속 늙은 모습 무슨 근심거리인가
새해에도 많은 일 끊임이 없으리니
굳게 다진 맹세 잊지 말자 하시네.

이것은 같은 시기(1911년 4월)에 상해(신규식)와 서간도 환인(박은식)으로 망명한 두 사람이, 망명 이전에 다졌던 독립 혹은 종교적 맹세가 있었음을 암시하는 글이다. 그러므로 동제사의 설립(1912년)→대동단결선언(1917년)→대한독립선언(음1918년)→임시정부수립(1919년) 등 굵직한 사건에, 두 사람의 인연은 큰 역할을 한다. 또한 상해 지역에 신규식이 개척한 대종교의 총책임을, 후일(1922년) 박은식이 맡았던 것도 우연이 아니었다. 거기에는 조국 독립이라는 대의명분과 더불어 대종교라는 정신 가치가 굳게 교감하고 있었다.
박은식의 『한국통사』 후서를 신규식이 썼다는 것도 두 사람의 이러한 인연과 연결되는 것이다. 이 사실은 세간에 잘 알려지지 않았지만, 후서의 마지막에 나타나는 '아목루실(兒目淚室)'이 신규식의 당호(堂號)이며, 아목루는 그의 별호였다. 후일 그의 시문집 명칭을 『아목루』라고 붙인 것도 여기에서 연유한다. 박은식은 『한국통사』를 완성한 후, 그 끝에 말 한마디 없음을 신규식에게 한탄한 듯하다. 신규식은 후서를 자청하여 그 애틋한 감회를 다음과 같이 토로했다.

"선생(박은식-인용자 주)이 개연히 나에게 일러 말하기를, '군(君, 신규식-인용자 주) 또한 광노(狂奴)일세. 거친 쌀을 찾아 헤매다 처자는 벌거벗었네. 진실로 깊이 아픈 것은 역사가 없는 것일세. 이제 역사가 있게 되었으나 그 끝에 한 마디 말이 없네.'하셨다. 그 말을 듣고 눈물을 흘리면서 감히 문사(文辭)가 없어서는 아니된다 하고, 이에 문장에 종사함이 본시 나의 일은 아니나, 감정이 북받쳐 오르매 어찌 그만둘 수 있겠는가. 나는 본시 한이 많은 사람이다. 옛 도읍은 가시밭이 되어 황폐해 졌음에 눈물 흘린다. 풍경은 다를 것이 없으나 눈을 들어 바라보니 산하의 다름이 있어 마음이 몹시 상하는데, 이 통사(痛史)를 보니 내 마음이 더욱 아프다."

그리고 신규식은 이 통사 한 권이 역사서로 있음을 통탄하고, 세상의 인인지사(仁人志士)들이 이 책을 읽으며 공감의 눈물을 뿌리지 않을 수 없을 것이라고 적고 있다.
이렇듯 망명 이후 박은식의 모든 생활이 대종교와의 깊은 관계 속에서 이루어졌다. 류근·김교헌과의 정서적 일체감 속에서 단군과 대종교에 대한 신념을 정착시켰다. 또한 망명 직전 대종교 입교 가능성과 함께, 만주로 망명하여 윤세복의 도움으로 새로운 박은식으로서의 면모를 드러냈다. 상해에 정착하여서도 신규식과의 교감 속에 대종교공동체를 이루는데 큰 역할을 했으며, 마침내 상해 지역 대종교 총책임까지도 맡게 되었다. 1925년 박은식이 서거하자, 대종교단에서 그 이듬해인 1926년 개천절(음력 10월 3일)에 그의 교질을 정교(正教)로 추숭(追陞)하고 대형(大兄)의 교호(教號)를 내린 것도 그의 이러한 종교적 공적을 기린 것이다. 특히 박은식이 대종교 정교의 교질을 추

승 받을 당시, 대종교에서 정교 이상의 교질을 받은 사람이 모두 합해야 겨우 15명 정도였다. 이것도 당시 박은식이 대종교에서 차지하는 비중을 보여 주는 단적인 근거라고 할 수 있을 것이다.

[참고 문헌]
『대종교보』제55호(1922년). 『종문영질』(프린트본, 1922). 『대종교인과 독립운동연원』(이현익, 프린트본, 1963). 『대종교독립운동사』(박명진, 필사본, 1964). 『대종교중광육십년사』(대종교총본사, 1971). 『대한민국임시의정원문서』(국회도서관, 1974). 「박은식의 교육구국사상」(신용하, 『한국학보』1, 일지사, 1975). 「박은식의 사학사상」(이만열, 『숙대사론』9, 숙대사학과, 1976). 「박은식의 유교구신론·양명학론·대동사상」(신용하, 『역사학보』73, 역사학회, 1977). 「박은식의 역사관 상·하」(신용하, 『역사학보』90-91, 역사학회, 1981). 『박은식의 사회사상 연구』(신용하, 서울대학교출판부, 1986). 「박은식 민족사학의 정신적 배경」(김동환, 『국학연구』제4집, 국학연구소, 1999). 「박은식의 민족운동과 한국사 저술」(윤병석, 『한국사학사학보』6, 한국사학사학회, 2002). 「박은식의 고대사 인식과 대동사관」(박걸순, 『백암학보』제1집, 백암학회, 2006). 「백암 박은식과 대종교」(김동환, 『백암학보』제1집, 백암학회, 2006). 「근대 유교지식인의 인식 변화에 대한 연구—박은식 유교 가치에서 대종교 가치로의 인식 변화를 중심으로—」(김동환, 『선도문화』제20권, 국학연구원, 2016)

박일리야(朴일리야, 남, 1891-1938)

아호(별명) _ 박윤천(朴允天)
입교 시기 _ 1924년 이전 | **교질** _ 미상

함경북도 경원군(慶源郡) 출신으로 일찍이 러시아로 귀화한 인물이다. 러시아에서 중학교를 졸업하고 대종교계 사희주의 항일투쟁에 몸을 담았다. 1917년 3월 러시아 제2차 혁명 후 니콜라옙스크[尼港]에서는 독신자들을 중심으로 한 한인노동자들에 의해 적색(赤色)빨치산이 조직될 당시, 박일리야 역시 1919년 한인 빨치산 부대를 결성함으로써 직접 혁명에 가담했다. 사할린의용대로 부르는 이항군대(尼港軍隊)는 바로 이 빨치산 부대를 말하는 것이다. 단총사격의 명수였던 박일리야는 한인 빨치산 부대의 부책임자를 맡았다. 책임자는 고려인민회와 고려청년회의 회장이었던 박병길(朴秉吉)이었다.
1920년 초 박일리야는 사할린의용대 사령관으로 니콜라옙스크 해방전투를 벌였다. 1920년 3월에는 적색빨치산의 습격으로 일본군대와 거류민이 몰살당하는 이항사건(尼港事件)이 발생한다. 이때 사할린의용대도 일본군을 공격하였던 적색빨치산에 포함되었다. 이 사건으로 사할린의용대는 자유시로 도피하여 그 곳의 자유보병대로 편입된다.
당시 사할린의용대의 대장이었던 박일리야는, 자유시에 집결한 간도계(間島系) 독립군을 비롯한 기타의 한인무장대와 함께 극동공화국 제2군단 산하에 배속되었다. 그리고 1920년 10월 러시아공산당 극동국 한인부에 의해 니콜라옙스크 한인부대 군정위원장으로 임명되었다. 1921년 3월에는 러시아 흑룡주 마사노프에서 개최된 전한의병대회에 참석하여 전한군사위원회 군사위원으로 선임되는가 하면, 1921년 5월 중국 상하이에서 열린 고려공산당 창립대회에서 군사부 담당 중앙위원을 맡게 된다. 당시 박일리야

는 전한군사위원회 휘하 한인 부대들이 당연히 상해임시정부의 독립군단이어야 한다는 주장을 펼쳤다. 이러한 주장은 결국 훗날 자유시사변(自由市事變)[일명 흑하사변(黑河事變)]을 겪게 되는 하나의 계기가 되었다.
1921년 6월 자유시사변 당시, 박일리야는 대한의용군의 무장해제에 강렬하게 저항하다가 간신히 사지를 벗어나 연해주 지역으로 탈출하여 이만으로 이동했다. 1921년 11월 이만에서 이동휘(李東輝)·이용(李鏞)·김규면(金圭冕) 등과 제3차 전한군사위원회를 결성하고 위원이 되었으며, 이후 1922년 8월 고려혁명군정위원회 결성에 참여하여 군정위원이 되었다.
박일리야와 관련된 대종교단 내의 기록은 찾을 수 없다. 사회주의(공산주의) 인물들에 대한 기록 회피 현상 때문이다. 당연히 그의 입교 시기나 교질(敎秩) 관계 역시 확인되지 않는다. 그러나 1924년 4월, 일제의 간도총영사가 작성하여 외무성에 보고한 문서를 보면 박일리야의 종교가 대종교로 적혀 있다. 이 문서는 청산리독립전쟁 이후 대한독립군단(大韓獨立軍團)으로 재편될 당시의 정황을 정리한 것이다. 대한독립군단은 1921년 가을 러시아령 수분(綏芬)에서 북로군정서(北路軍政署)·의군부(義軍府)·광복단(光復團)·총군부(總軍府)·의민단(義民團)·공의단(共義團)·맹호단(猛虎團)·대진단(大震團)·광정단(光正團)·군비단(軍備團)·구국단(救國團)·신민단(新民團)·청년의용군(靑年義勇軍) 13개 단체대표 30여명이 회합하여 대동단결을 결의하고 종래 각단의 명칭을 일률로 없애고 하나로 통일한 단체였다. 박일리야는 대한독립군단에서 총사령부 사령관 직속으로 배속된 제1여단의 독립기관총대대장을 맡았다.

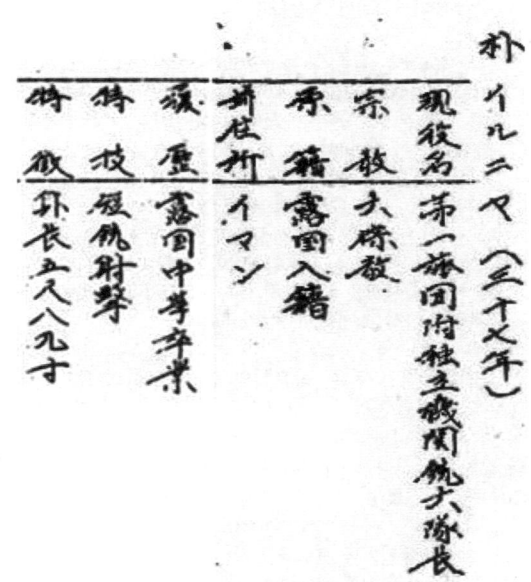

1924년 일제가 작성한 박일리야(朴イルニヤ)의 신상을 기록한 문서. 종교 부문에 大倧敎로 적혀 있다.

[참고문헌]
「大韓獨立軍團 參謀 李楨이 陳述한 金佐鎭의 行動 및 一派 不逞鮮人團의 情況 等에 관한 件」(不逞團關係雜件-朝鮮人의 部-在滿洲의 部38, 機密 제121호, 한국사DB, 국사편찬위원회), 『일제하 극동시베리아의 한인사회주의자들』(마뜨베이 찌모페예비치 김/이준형 옮김, 역사비평사, 1990), 『한국사회주의운동인명사전』(강만길·성대경, 창작과 비평사, 1996), 『한국공산주의운동사』1(김준엽·김창순, 청계연구소, 1986)

박일만(朴一萬, 남, 생몰 미상)
입교 시기_ 1923년 이전 | 교질_ 미상

경기도 수원군(水原郡) 출신으로 생몰연대는 불분명하다. 1930년 1월 길림성 오상현(五常縣) 충하진(沖河鎭)에서 농장을 경영하면서, 대종교 동지인 이규채(李圭彩)와 도전공사(稻田公司)라는 대규모의 농장 설립을 도모했던 인물이다. 그러나 오상현 일대에 할거하던 이영민(李榮民)·조동구(趙東九) 등, 공산주의자들의 농장 설립 반대에 밀려 박일만은 이규채와 함께 유수현(楡林縣)에 있는 그의 집으로 도피하였다.
박일만과 관련된 대종교단 내의 기록은 전하지 않는다. 그러나 그가 1923년 어천절(御天節, 음력 3월 15일)에 화전현(樺甸縣)에서 만들어진 단조기념발기회(檀祖紀念發起會)에서 찾을 수 있다. 단조기념발기회는 대종교인들을 중심으로 발족된 단체로, 대종교에 있어 어천절은 개천절과 더불어 대종교의 2대 경절에 속하는 중요한 날이다. 그 취지서의 내용 역시 단군대황조의 덕을 기리고 하늘[皇天]에 맹세하는 것으로, 대종교 중광의 선언인 「단군교포명서(檀君敎佈明書)」와 흡사한 형식을 취하고 있다. 그러므로 이 기념회 발기에 참여한 인물들은 박일만을 비롯하여, 박우진(朴宇鎭)·공창준(公昌準)·지장회(池章會)·김학근(金學根)·이천민(李天民)·박동초(朴東初) 등, 대종교의 중진인 동시에 항일투쟁의 거물들이었다. 박일만 역시 예외는 아니었을 듯하다. 그의 대종교 입교 시기가 이보다 훨씬 이전에 이루어졌음을 쉽게 짐작되는 이유다.

[참고문헌]
「不逞鮮人 宣傳文 押收에 관한 건」(不逞團關係雜件-朝鮮人의 部-在滿洲의 部36, 普通受제55호—公제46호, 한국사DB, 국사편찬위원회), 『한민족독립운동사자료집』43(국사편찬위원회, 2000)

박일병(朴一秉, 남, 1893-1937)
아호(별명)_ 박춘도(朴春濤)
입교 시기_ 1911년 | 교질_ 상교 | 서훈_ 애국장(2007)

함경북도 온성군(穩城郡) 변포면(汴浦面) 상당동(桑棠洞)에서 출생했다. 박춘도(朴春濤)라는 필명으로도 활동했으며, 대종교계 사회주의투쟁가인 박순병(朴舜秉)의 형이다.

박일병

고향에서 한학을 수학하고, 1907년 길림성 연길현 용정촌에 설립된 서전서숙(瑞甸書塾)을 필업하였다. 이후 경성으로 올라와 1910년 오성학교와 1913년 보성전문학교를 졸업하였다.
1916년 일본으로 건너가 와세다대학 문과에 입학하면서 역사와 철학뿐만 아니라, 정치·경제에 대해서도 깊이 있는 연구를 하였다. 1920년에는 조선고학생동우회를 결성하고 회장에 선임되었다. 박일병은 귀국하여 1920년 김광제가 회장을 맡은 노동대회(勞働大會) 총무를 시작으로, 대종교의 중진 류근이 편집감독을 맡은 『동아일보』의 논설반(論說班)에 합류했다. 특히 그는 그 시대 최고의 웅변가로도 정평이 난 인물이었다. 다음의 일화로도 짐작할 수 있다.

"한참 당년은 김명식(金明植)·장덕수(張德秀)·김창제(金昶濟)씨 등과 같이 일세의 웅변객으로 이름을 날리던 춘도(春濤) 박일병씨가, 어느 때에 씨 독특(獨特)의 음성과 '제스치아'를 성(盛)히 써가며 연설하고 있을 때에, 곁에서 그것을 바라보고 있던 경찰 측의 모 일인(日人) 고관(高官)이, '전시(戰時) 같은 때에 국채모집(國債募集)하는 연설을 시켰으면 훌륭히 성공할 것 같다' 하고 탄복하기를 마지않았다고."

박일병의 절친인 시인 황석우 역시 당대 최고의 웅변가로 그를 꼽으면서

"군(박일병-인용자주)도 안씨(안창호를 말함-인용자주)와 같이 많은 시비를 가진 인물. 그러나 그 말 재주에 있어서는 누가 무어라 한 데도 조선의 단 하나의 존재였다. 그는 참으로 이조 500년 이후에 처음 난 웅변가, 군에게 근대학적 수양이 좀더 있었다면 그의 웅변은 일본에도 그 짝이 없었을 것이다. 그 청산유수의 변(辯)에야 취(醉)치 않을 사람이 누가 있었으랴? 박군은 함북이 낳은 조선 근대의 말의 거인! 안씨도 김창제씨도 박군의 말 앞에는 다리를 도사리지 않을 수 없었을 것이다. 그러나 이러한 군은 년말급 40에 불행하게도 실명(失明), 그 후에 또한 불치에 가까운 병구(病軀)가 되었다. 지금 박군은 향리(鄕里)에 돌아가 정양(靜養) 중. 그는 몸만 왠만큼 회복되면 맹인의 몸으로도 다시 단상의 인(人)이 되야, 말로 그 일생을 시종(始終)하겠다 한다. 오! 박군의 거듭나는 그 현하(懸河)의 변(辯)을 다시 들어볼 날이 언제 올는지! 불행한 박군아! 행(幸)히 그 웅자(雄姿)를 세상에 다시 나타내는 사람이 되어지라."

고 예찬했다. 조선조 500년에 최고의 웅변가, 일본에도 그 짝을 찾을 수 없는 웅변가, 조선 근대의 말의 거인(巨人), 안창호도 두려워했을 웅변가, 그가 바로 박일병이었

다.

그는 1921년 소작인대회를 조직하여 소작인 권익운동에 적극 나서는가 하면, 1922년 1월 윤덕병·신백우·이준태 등과 무산자(無産者) 상호의 친목과 구제를 목적으로 무산자동지회를 조직하였고, 그해 12월 장덕수·오상근 등과 함께 조선청년회연합회를 결성한 뒤 집행위원이 되었다. 1923년에는 홍명희·홍증식·구연흠 등과 함께 사회주의 단체인 신사상연구회(화요회의 전신)를 결성하였고, 1924년 2월 김찬·윤덕병·백광흠 등과 함께 신흥청년동맹을 결성하여 전형위원에 선임되었으며, 1924년 11월 화요회(火曜會, 신사상연구회 후신) 창설에 참여하였다.

그 후 1925년 8월에 조선공산당에 입당하였으며, 1926년 4월 화요회·북풍회·조선노동당·무산자동맹 등의 통합단체인 정우회(正友會)에 가입 활동하였고, 그해 6월 제2차 조선공산당 검거사건 때 체포되어 징역 1년 6월을 선고받고 서대문형무소에 수감되었다가 시력을 거의 잃어 병보석으로 출감게 된다.

해방 후 박일병의 대종교 교력(教歷)과 관련된 대종교단 내의 기록은 전무하다. 사회주의(공산주의) 인물들의 기록을 회피했던 대종교의 특성이 그 원인이라 할 수 있다. 그가 교유한 인물들에서도 대종교계열의 사회주의자들이 많았다. 동생 박순병(朴純秉)을 비롯하여 김찬(金燦)·최창익(崔昌益)·최창식(崔昌植)·박치병(朴致秉)·김한(金翰)·김사국(金思國)·김명식(金明植) 등이 대표적이다. 이들에 대한 대종교단 내의 기록 역시 전하지 않는다. 그러나 1922년 작성된 대종교의 문건인『종문영질(倧門榮秩)』(프린트본)에서는 박일병의 교질(教秩) 관계가 정확히 적혀있다.

조선학생대회 주최로 열린 종교강연회에 불교의 韓龍雲, 천도교의 李敦化와 함께 대종교를 대표하여 참여한 朴一秉의 기사.(『동아일보』1922년 1월 26일자)

박일병은 1912년 7월 27일(음력, 이하 음력) 대종교 참교(參教)의 교질을 받았다. 그의 입교 시기가 1911년까지 거슬러 올라갈 수 있음을 짐작하게 해주는 부분이다. 아마

도 경성으로 올라온 직후, 그 시기 대종교의 교무를 책임지고 있던 류근의 권유로 대종교에 입문한 듯하다. 이후 류근과의 인연은『동아일보』로 까지 지속되었다. 그리고 1915년 11월 13일에 김연필(金演弼)·이신직(李紳植)과 같이 지교(知教)의 교질로 승급했다. 박일병과 같은 날 지교를 받은 김연필은, 시인 이상(본명, 김해경)의 큰아버지로 후일 이상의 양부(養父)가 되는 인물이다.

박일병은 대종교를 중심으로 젊은 학생들을 교화·선도하는데 열정을 쏟았다. 1920년 개천절을 기해서는 '천산(天山)에 대하여'란 강연을 통해, 백두산의 역사적·종교적·지리적 의미를 설파하였다. 또한 1921년 중광절(음력 1월 15일, 대종교가 다시 일어난 날)을 기해 대종교청년회가 주최한 강연회에 '종광(倧光)'이란 주제로 강연함과 함께, 그 해 개천절에는 송진우(강연주제, 종교와 인생)·권덕규(강연주제, 대종교)와 함께 '군생의 환희'라는 주제로 강연을 함은 물론, 대종교청년회 회장으로도 본격 활동을 폈다. 그리고 1922년 조선학생대회(朝鮮學生大會) 주최로 열린 종교강연회에서는 대종교의 대표로 참여하여 불교 대표 한용운, 천도교 대표 이돈화와 함께 강연회를 갖기도 했다.

한편 1822년 5월에 발발한 대종교 간부 불신임 당시 집행위원으로 선출 임시 종무를 담당하여 사태 수습에 역량을 보이기도 했다. 대종교에서는 박일병의 이러한 활동을 기려 1922년 9월 1일 상교(尙教)의 교질을 수여하였다.

[참고문헌]

『대종교교보』제55호(1922년).『종문영질』(프린트본, 1922).『독립신문』1920.5.18..『동아일보』1920.4.1., 1921.2.22., 1922.1.26..『매일신보』1921.11.23..『삼천리』제3호(1929년)·제4호(1932년).『혜성』1-6(개벽사, 1931.9).『한국공산주의운동사』2(김준엽·김창순, 고려대학교아세아문제연구소, 1969).『가람일기』I (이병기, 신구문화사, 1975).「일제하 항일운동 배경으로서의 단군의 위상」(김동환,『선도문화』제10권, 국학연구원, 2011)

박일혁(朴日赫, 남, 생몰 미상)
입교 시기_1926년 이전 | 교질_참교

출신지역과 생몰연대를 알 수 없는 인물이다. 1910년부터 대종교지도자 백포(白圃) 서일(徐一)과 함께 한 흔적이 있으나 구체적 기록은 전하지 않는다. 박일혁은 1926년 대종교 진일시교당(眞一施教堂)의 찬무(贊務, 부책임자)를 맡아 활동하였다. 진일시교당은 대종교 동일도본사(東一道本司) 관할로 왕청현(汪淸縣) 춘명사(春明社) 대감자(大坎子) 지역에 소재했으며, 이 지역은 대종교 항일단체인 대한군정서(북로군정서)의 활동하던 곳이다. 이 시교당의 전무(典務, 책임자)는 김홍린(金泓璘)이 맡았으며 변영극(邊榮極)이 찬무를 맡아 박일혁과 함께 했다.

1935년 5월 16일(음력)에는, 역시 왕청현 대감자에 소재한 대종교 원일시교당(源一施教堂)의 전무(典務)로 임명되어 그 책임자가 되었다. 당시 박일혁의 교질(教秩)은 참교(參教)였다. 그 이전에 대종교에 입교한 것이 확인된다. 또한 박

일혁이 백포 서일의 저술인 『진리도설(眞理圖說)』을 공개한 것도 이 시기 그곳이었다. 『진리도설』은 전체 36장으로 구성한 글로, 천(天)·지(地)·인(人) 삼극(三極)의 원리를 생(生)·화(化)·성(成)의 변칙에 의하여 가달[妄]을 돌이켜 참[眞]으로 돌아가 성통공완(性通功完)에 이르는 삼일철학(三一哲學)의 대종교 이치를 밝힌 글이다. 『진리도설』의 저작 연대는 확실치 않으나, 죽포(竹圃) 오근태(吳根泰)의 다음 회고를 보면 1910년대 중반으로 추정된다.

"내가 병자년(1936) 가을에 도사교(단애종사, 당시 대종교 교주인 윤세복-인용자 주)의 명을 받들고 동만주 각 교구의 현황을 살필 때다. 왕청현 대감자촌의 원일시교당 전무 박일혁 아우 집에 이르러 시국의 살기 어려움을 위문하고 거슬러 선철(先哲)들을 이야기할 때, 아우가 내게 책 한 권을 보이면서 '이 『진리도설』은 백포종사(白圃宗師, 백포 서일-인용자 주)께서 지으시고 손수 쓰신 것인데 궤 속에 보관한 채 때를 기다린 지 이십 년이 되어 가는 바, 이제 대교(大敎, 대종교-인용자주)의 부흥할 시기를 당하였으니 세상에 널리 반포함이 옳지 아니한가?' 하기로, 나는 이 책을 가지고 돌아와 단애도형(檀崖道兄, 단애 윤세복-인용자 주)께 사유를 아뢰었다. 도형께서 기뻐하시며 '과연 이와 같이 진귀한 책이 있었던가? 이 책과 『구변도설(九變圖說)』을 함께 전함이 옳다'고 하셨다. 1년이 넘는 동안 이 책의 출판을 계획하였으나, 끝내 돌아가신 스승님께서 세상을 건지려던 뜻을 펴지 못하고 등사(謄寫)해 붙여서 우리 동지들이 추모하는 정성을 도탑게 하고자 한다."

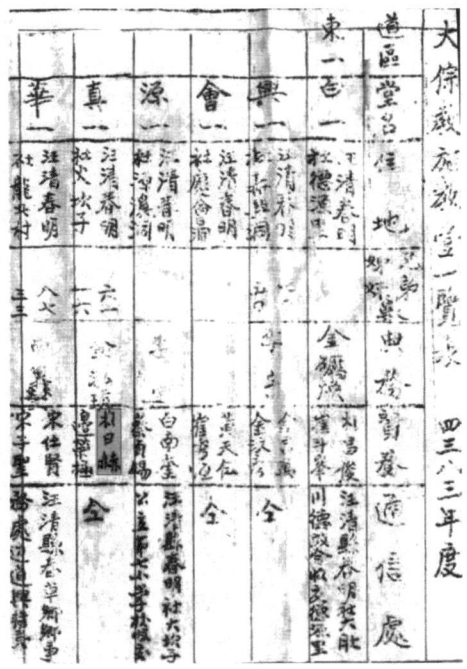

1926년 당시 대종교 眞一施敎堂의 贊務(부책임자)를 맡은 기록을 담은 대종교의 문서.(延边朝鮮族自治州档案馆 所藏) 朴日赫(네모 안)의 이름이 보인다.

박일혁이 서일의 『진리도설』 원본을 간직하게 된 사연은 나타나지 않는다. 그러나 1936년 오근태를 만난 박일혁이 20년을 간직한 『진리도설』을 내 놓은 것으로 보아, 그 저술 시기가 1910년대 중반임이 확인되는 것이다. 또한 박일혁의 대종교와의 인연이 1919년 성립된 대한군정서(북로군정서)의 전신인 중광단(重光團) 시절로까지 거슬러 올라감도 알 수가 있다. 그의 입교(入敎) 시기 역시 이 때였을 듯하다. 박일혁은 1937년 8월 24일(음력)에도 왕청현 대감자 지역을 관할하는 대종교 재만교구경상금수납위원(在滿敎區經常金收納委員)으로 임명되어 그 지역의 대종교 재정을 책임졌다.

[참고문헌]

『대종교보』제115호(1937년), 『대종교중광육십년사』(대종교총본사, 1971), 「大倧敎施敎堂一覽表(1926년)」(延边朝鮮族自治州档案馆 全宗号42 目录号1 案卷号343, 和龙县历史档案 和龙县警察所, 令各区查禁韩人设立大倧敎堂由, 民国十五年五月十二日)

박장빈(朴章彬, 남, 1888-1937)

아호(별명) _ 일근(一槿)
입교 시기 _ 1926년 이전 | 교질 _ 지교

출신지역을 알 수 없는 인물이다. 서간도의 정의부(正義府)에 가담하여 항일투쟁을 전개한 기록이 있다. 1926년 8월 26일 안도현(安圖縣)에 정의부 안도현 총관부(總管部)를 설치할 때 조직부장을 맡아 활동하였다. 이 총관부는 정의부 대원 70여명이 각자 총기를 휴대하고 무송현(撫松縣)으로부터 안도현(安圖縣) 두도백하(頭道白河)로 이동하여 설치한 기관이다. 이들은 3~7명을 모연대(募捐隊)를 만들어 각 부락에 배치하고 군자금 모집 활동을 전개했다. 당시 정의부 안도현총관부의 주요인물과 직위를 보면 아래와 같았다.

소속	성명	직위
정의부 안도총관부	김병순(金炳淳)	총관
"	최동화(崔東和)	의사장(議事長)
"	박장빈(朴章彬)	조직부장
"	채승락(蔡承洛)	재무부장 겸 서기
"	김군선(金君先)	통신부장
"	방태규(方泰奎)	탐정부장
"	염치삼(廉治三)	외교검무원
"	김성천(金聖天)	군의(軍醫)
"	장철호(張哲鎬)	중대장
"	김경근(金敬根)	소대장
"	정도범(鄭道範)	하사
"	최기순(崔基淳)	"
"	임금룡(林金龍)	"

박장빈의 대종교 교력을 살피면 1922년 12월 5일(음력, 이하 음력) 영계(靈戒)와 참교(參敎)의 교질(敎秩)을 함께 받은 기록이 있다. 그의 대종교 입교 시기가 그보다 훨씬 이전에 이루어졌음을 가늠케 해 준다. 그리고 1936년 11월 26일 대종교 도성시교당(道成施敎堂)의 찬무(贊務, 부책임자)를 맡아 시무하였다. 도성시교당은 대종교 북일도본사(北一道本司) 관할로 돈화현 두도량자에 소재해 있었다. 그러나 박장빈은 1937년 5월 18일 교무(敎務)로 쇠약해진 몸을 일으키지 못하고 끝내 사망했다. 당시 그의 교질은 지교(知敎)였다. 사망 소식을 접한 대종교 교주 단애(檀崖) 윤세복(尹世復)은 그의 애틋한 심경을 「곡박일근체(哭朴一權棣)」라는 추도만시(追悼輓詩)로 다음과 같이 추모했다.

憂道傷時不遇緣　병상에서도 대종교 걱정은 우연이 아닌데
一生歌哭白山邊　평생을 백두산 곁에서 곡하듯 노래하더니
十年隱酒今何去　십년을 취해 살다 어이 지금 떠나는가
羽駕飄飄伴謫仙　수레 타고 날아올라 신선과 함께 하시게.

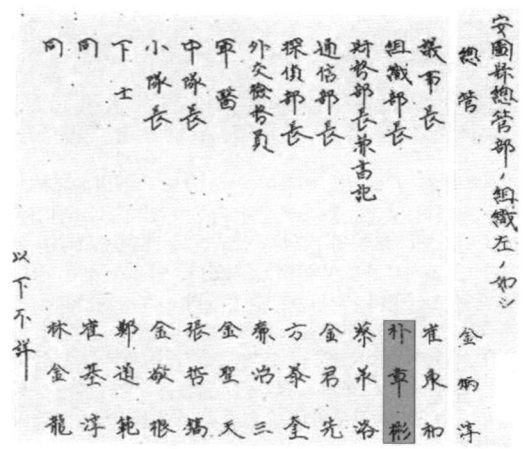

1926년 일제의 문서에 실린 정의부 안도현집관부의 주요인물과 직위에 대한 기록. 조직부장 朴章彬(네모 안)의 이름이 보인다.

[참고문헌]
『대종교보』제56호(1922년)·114호(1937년). 『대종교중광육십년사』(대종교총본사, 1971). 「安圖縣系에 있어서 正義府의 行動에 關한 報告」(不逞團關係雜件-朝鮮人의 部-在滿洲의 部43, 外務省文書課受 第957號, 한국사DB, 국사편찬위원회)

박장호(朴長浩, 남, 1850-1922)

아호(별명) _ 양직(養直), 화남(華南)
입교 시기 _ 1910년대 | 교질 _ 미상 | 서훈 _ 독립장(1962)

경기도 가평군 북면(北面) 이곡리(梨谷里) 화양동(華陽洞) 출신이다. 1906년 홍천(洪川)에서 의병을 일으켜 관동의병(關東義兵)의 지도자로서 활약하였고, 1907년에는 운강(雲岡) 이강년(李康秊)과 함께 연합하여 계속 일본군과 격전하였

박장호

다. 경술국치 이후 국내에서의 항쟁이 불가능해지자 본격적인 항일투쟁을 위하여 만주로 망명하였다.

3·1독립운동이 일어나 국내로부터 도만(渡滿)해 오는 청년들이 수십만에 이르자 1919년 4월 15일 각지에 산재해 있는 의병영수와 유림수뇌, 그리고 보약사(保約社) 대표, 농무계(農務契)·포수단(砲手團) 대표 등 수백 명이 새로운 항일단체를 도모하였다. 이들은 유하현(柳河縣) 삼원보(三源堡) 서구(西溝) 대화사(大花斜)에 모여 종래의 개별적인 행동을 지양하고 단일체로 통합하여 체계화한 항전을 전개하고자 대한독립단(大韓獨立團)을 조직하고 독립선언문을 발표하였다. 당시 박장호는 도총재(都總裁)로 추대되어 대한독립단의 최고책임자가 되었고, 부총재는 백삼규(白三奎), 총단장 조맹선(趙孟善), 군사부장 전덕원(全德元) 등의 주요 간부를 맡아 항일투쟁의 의지를 다졌다.

박장호는 각 현(縣)에 지단(支團)과 분단(分團)을 설치하고 보민회(保民會)·강립단(强立團) 등 주변 지역 친일단체들의 숙청에 노력하였다. 또한 1921년 5월, 대한민국임시정부와 공동보조를 취하기 위한 광복군총영(光復軍總營)을 설립하게 되자 이에 합류하였다. 그러나 1922년 4월 2일 일제가 파견한 밀정(密偵) 김헌(金憲)에게 이역 땅에서 암살당하여 순국했다.

박장호와 관련한 대종교단 내의 기록은 전하지 않는다. 그의 영계(靈戒) 사항이나 교질(敎秩) 관계 역시 확인할 수가 없다. 그러나 신흥무관학교 출신으로 서로군정서 등에서 활약한 박명진(朴明鎭)의 『대종교독립운동사』(필사본, 1964)에는, 1910년대 대종교 서일도본사(西一道本司)의 주요 교인으로 박장호를 언급하고 있다. 당시 서일도본사는 남만주 일대와 평안도 지역을 관할하는 대종교 교구로서, 단애(檀崖) 윤세복(尹世復)이 이끌고 있었다. 특기되는 부분은 박장호와 대한독립단을 함께 한 백삼규·조맹선·전덕원 등도 그 시기 서일도본사의 주요 교인으로 활동했다는 점이다.

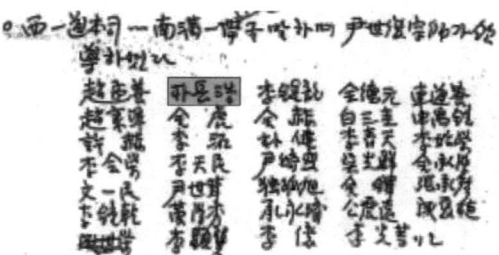

박명진이 기록한 『대종교독립운동사』에 1910년대 후반 남만주와 평양 일대를 관할하는 대종교 서일도본사의 주요 교인으로 올라 있는 朴長浩(네모 안)의 이름.

[참고문헌]
『대종교독립운동사』(박명진, 필사본, 1964), 『무장독립운동비사』(채근식, 대한민국공보처, 1949), 『한국독립운동사』3(국사편찬위원회, 1967), 『독립운동사』5(독립운동사편찬위원회, 1973), 『대한민국독립운동공훈사』(김후경·신재홍, 한국민족운동연구소, 1971), 『대한민국독립유공인물록』(국가보훈처, 1997)

박재락(朴在洛, 남, 생몰 미상)
입교 시기_ 1937년 이전 | 교질_ 참교

출신지역과 생몰연대를 알 수 없는 인물이다. 일제의 당시 문서에서도 확인되지 않는다. 박재락은 1937년 8월 24일(음력), 길림성 쌍성현(雙城縣) 지역을 책임지는 대종교 재만교구경상금수납위원(在滿敎區經常金收納委員)으로 임명된 기록이 있다. 그의 대종교 입교(入敎)가 그 이전에 이루어졌음을 확인시킬 뿐 아니라, 당시 그 지역 대종교의 중심인물이었다는 점도 알게 해 준다. 더욱이 박재락과 함께 쌍성현 경상금수납위원을 맡았던 인물들이 대종교계 사회주의 항일투사 이헌(李憲)·이익선(李益善) 등이었음도 주목되는 부분이다. 1939년 3월 1일(음력), 박재락은 대종교 쌍성시교당(雙城施敎堂)의 찬무(贊務)를 맡아 포교 활동에도 앞장섰다. 쌍성시교당은 대종교 북일도본사(北一道本司)의 관할로 하얼빈 남쪽 쌍성현 동궐(東闕) 내에 소재했으며, 당시 박재락의 교질(敎秩)은 참교(參敎)였다.

[참고문헌]
『대종교보』제115호(1937년), 『대종교중광육십년사』(대종교총본사, 1971)

박재칠(朴齋七, 남, 생몰 미상)
아호(별명)_ 석하(石下)
입교 시기_ 1916년 이전 | 교질_ 미상

출신지역과 생몰연대가 확인되지 않는다. 박재칠에 대한 대종교 관련 교력(敎歷) 역시 남아 있는 것이 없다. 다만 대종교 2대 교주를 지낸 무원(茂園) 김교헌(金敎獻)이 정리한 『홍암신형조천기(弘巖神兄朝天記)』에 그가 대종교문의 신망(信望) 있는 교인으로 적혀 있을 뿐이다. 『홍암신형조천기』는 대종교를 중광(重光)한 홍암(弘巖) 나철(羅喆)이 1916년 8월 15일(음력) 순교(殉敎)한 사건을 그 배경에서부터 서거(逝去), 그리고 장례 과정까지 정리해 놓은 책이다. 당시 박재칠은 나철의 순교를 암시하는 예지몽(知智夢)을 경험한 인물이다. 당시의 상황을 기록한 『홍암신형조천기』에는 아래와 같이 적혀 있다.

"(박재칠이) 이날 밤 새벽에 꿈 가운데 한울에 올라서 한님께 뵈오니 한울집은 높고 보배로운 빛이 번쩍거리는데 뭇 신장과 여러 선관이 그 좌우(左右)에 모시었고 윗편 첫 자리에 신형(神兄, 홍암 나철-인용자 주)께서 섰으니 금관(金冠)과 옥패(玉珮)로 그 옷이 찬란(燦爛)하거늘 마음에 이상하게 여겼더니 마침내 이런 일이 있다 한다."

이러한 박재칠의 예지몽은 홍암 나철과 백포(白圃) 서일(徐一)의 꿈경험과도 연결되는 것이다. 나철이 만주 화룡현 청파호(靑波湖)에 머물던 1912년 음력 8월 보름날, 나철은 청파호의 구릉인 단산(檀山)에 올랐다. 단산이란 이름은, 청파호나 단촌(檀村) 마을과 마찬가지로 대종교에서 명명한 것이다. 당시 호석(湖石) 강우(姜虞)와 은계(隱溪) 백순(白純)도 함께 했다. 이들은 멀리 백두산을 바라보며 추석날 추원보본(追遠報本)의 감회를 새기며 '산(山)'자를 운(韻)으로 한시를 주고받았다. 당시 강우가 남긴 칠언절구는 이렇게 전한다.

始見平生願見山　평생에 뵙고픈 산 이제야 처음 봅니다
靑天削出白雲間　하늘에 우뚝 솟아 구름 사이 걸렸구려
看看敬愛行行路　공경히 보고 봄이 가도 가도 한없는데
萬事商量三笑還　온갖 일 의논타가 시간 잊고 돌아옵니다

단산에서 백두산을 보며 읊은 시다. 강우는 이 시를 읊을 당시의 감회를 "나홍암(羅弘巖), 백은계(白隱溪) 두 아우와 함께, 청파호 단산 상봉에 올라가 천산(天山)을 바라보니 기쁜 생각, 경애하는 마음 이를 데 없다."라고 적었다.
같은 해 10월 8일(음력) 새벽, 나철은 꿈을 꾸었다. 꿈에 단산에 오르니 꼭 가배절(嘉俳節)의 경치와 같았다. 이에 지난 8월 보름날의 '산'자 운을 따서 몽작시(夢作詩) 세 수를 지었다. 나철이 꿈에서 깨어 그 한시를 옮겼으나, 세 번째 시, 셋째 구절의 두 글자가 생각나지 않아 "옥전금화○○일(玉殿金花○○日)"로 남기면서 늘 애를 태웠다. 시간이 지난 1915년 음력 8월 보름날 밤, 당시 대종교 동도본사(東道本司)의 전리(典理, 책임자)로 있었던 백포 서일이 꿈을 꾸었다. 그 꿈속에서 '가경(嘉慶)'이란 두 글자를 얻어 스승 나철에게 전하니 나철의 기쁨이 말할 수 없었다. 이심전심으로 3년간 미완성으로 있었던 세 번째 시가 완성된 것이다. 당시 완성된 나철의 몽작시는 아래와 같다.

秋風吹我上檀山　가을 바람 불어 단산에 오르니
檀山迴出雲霧間　단산에서 멀리 운무 간에 솟아오른
何處天然神靈跡　하늘이 낸 신령한 자취 어느 곳인가
策屐履履却忘還　나막신 신고 휠휠 나니 돌아감을 잊겠도다

檀山高處拜崇山　단산 높은 곳서 천산에 절을 하니
崇山獨立天地間　한밝뫼 천지 간에 홀로이 우뚝 섰다
長白四千三百年　이 산에 내린 신화 사천 삼백 년이라
神祖洋洋如復還　한배님 충만함이 다시 돌아오는 듯

南宗北族倧玆山　남북의 조종이여, 바로 이 산이라
萬姓洞開兩白間　온 백성 활짝 여니 진정 명당이로세
玉殿金花嘉慶日　구슬대궐 금꽃 피는 아름다운 날
一符三印再回還　대종교의 삼일진리 다시 돌아오도다

훗날 무원 김교헌은 이 세 번째 시에 대하여, 옥전(玉殿)은 삼성사(三聖祠)를 이르고 금화(金花)는 피꽃[血花, 희생], 가경일(嘉慶日)은 가배절(嘉俳節)이라 했다. 나철이 순교할 것을 미리 하느님께서 알려 주신 징험이라 회고한 것이다. 김교헌이 정리하여 『홍암신형조천기』에 실은 박재칠의 예지몽 역시 이러한 꿈경험과 연결된다.

박재칠의 대종교 영계(靈戒) 사항이나 교질(教秩) 관계는 확인되지 않는다. 그러나 『홍암신형조천기』에 "그가 대종교문의 신망(信望) 있는 교인"으로 적혀 있음을 보면, 박재칠의 입교(入教) 시기가 1916년 나철의 순교 이전에 이루어졌음을 알려주고 있다. 더불어 그의 교질 관계 역시 낮지 않았을 것으로 추정된다.

[참고문헌]
『홍암신형조천기』(김교헌 엮음, 대종교총본사, 1954), 『대종교중광육십년사』(대종교총본사, 1971), 『한국중흥종교교조론』(신철호, 대종교총본사, 1979), 『단산(檀山)에 가고지고』(김동환, 『대종교보』제294호, 대종교총본사, 2013)

박정조(朴正祚, 남, 1881-?)
입교 시기_ 1923년 이전 | 교질_ 미상

출신지역과 생몰연대를 알 수가 없다. 평안북도 벽동(碧潼) 출신으로 애국장(1998)을 받은 박정조(朴禎祚)와는 다른 인물이다. 박정조는 1919년 대종교 인물들이 중심이 된 한족회(韓族會) 화전현(樺甸縣) 지부장으로 활동하면서, 대종교 동지들인 홍범도(洪範圖)·황상규(黃尙奎) 등과 중동(中東)·경봉(京奉)·남만(南滿)·길장선(吉長線) 등의 철도 파괴를 모의하기도 했다.

박정조는 1924년 7월 10일 길림(吉林)에서 개최된 전만통일의회준비회(全滿通一議會準備會) 발기회(發起會)에도 참여하였다. 이 회의에는 길림주민회(吉林住民會) 대표로 이욱(李旭), 광정단(光正團) 대표로 김호(金虎)와 윤덕보(尹德甫), 대한독립군(大韓獨立軍) 대표로 이장녕, 대한독립군단(大韓獨立軍團) 대표로 윤각(尹覺)과 박성준(朴性儁), 대한통의부(大韓統義府) 대표로 김기전(金基甸)과 이종건(李鍾乾), 노동친목회(勞動親睦會) 대표로 최명수(崔明洙)와 장상우(張相友), 의성단(義成團) 대표로 승진(承震) 등이 각각 참석하였고, 당시 박정조는 군정서(軍政署) 대표로 동참하게 된다.

발기회를 개최 이후 각 단체의 대표들은 1924년 10월 18일 위의 8개 단체 외에 잡륜자치회(雜倫自治會) 대표 윤하진(尹河振), 고본계(固本契) 대표 신형규(辛亨奎), 학우회(學友會) 대표 김철(金鐵) 등 3개 단체를 더 참가시켜 본회의를 개최하였다. 그리고 11개 단체 대표들은 회의 의장으로 통의부 대표인 김동삼을 선출하고 새로운 독립군단의 명칭과 이후 결성될 단체의 운영방식 등에 대해 다음과 같이 결의하였다.

1. 새로운 통합기구의 명칭은 정의부(正義府)로 한다.
2. 지방치안유지를 위하여 무장대를 둔다.

3. 통치구역은 당분간 하얼빈·액목(額穆)·북간도의 선(線)을 획(劃)하여 그 이남의 만주 전부로 한다.
4. 세입(歲入)으로서 매호(每戶) 연액(年額) 6원과 따로 소득세를 부과한다.

이것이 1925년 1월에 정식으로 발족된 정의부의 성립이다. 당시 주요임인을 보면 자치위원에 이진산·맹철호(盟喆鎬)·최명수, 군사위원에 이장녕·조욱(曹煜)·김철(金鐵), 재정위원에 김호·윤덕보(尹德甫)·승진, 중앙행정위원에 이탁(李拓)·오동진(吳東振)·현정경(玄正卿)·김이대(金履大)·윤덕보·김용대(金容大)·이진산·김형식·지청천 등이 기용되었다. 박정조 역시 김정제(金定濟)·백남준(白南俊)과 생계위원을 맡았다.

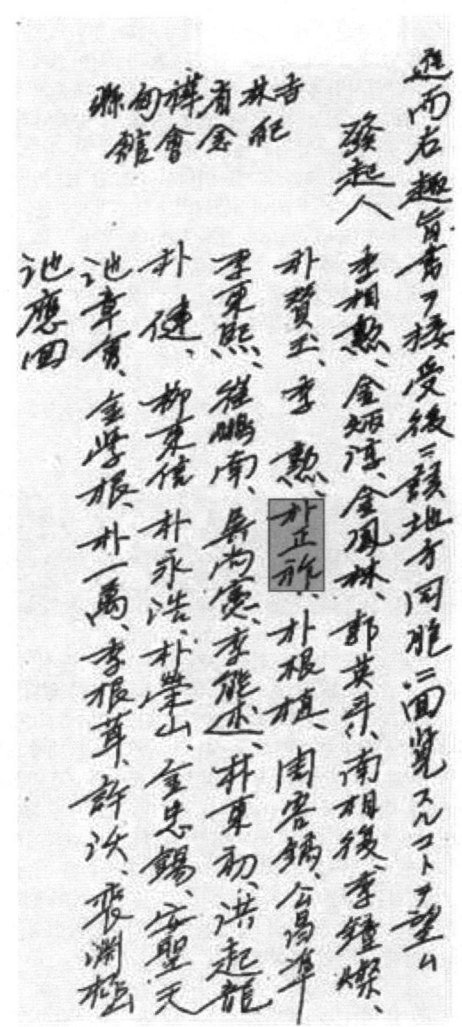

단조기념사업회의 취지서 말미에 적힌 발기인 명단. 朴正祚(네모 안)라는 이름이 보인다.

한편 이 무렵 박정조는 1924년 11월 길림성 반석현(盤石縣)에서 출범한 한국노동당(韓國勞働黨) 출범에도 동참하였다. 한국노동당은 '조선민중해방운동에 대한 완전한 전사(戰士)가 되도록 기함'과 '신사회 건설에 대한 수양 촉진을 도모함'을 그 주요 강령(綱領)으로 내세운 단체로, 1925년 1월 1일자로 『로동보』라는 순간(旬刊) 잡지도 창간하였다. 그는 대종교의 중심인물인 박우진(朴宇鎭)·박근식(朴根植)·박동초(朴東初) 등과 함께 한족노동당(韓族勞働黨) 중앙의사위원(中央議事委員)으로 활동하였다.

박정조와 관련된 대종교단 내의 기록은 전하는 것이 없다. 다만 1923년 5월 대종교의 어천절(음력 3월 15일)을 기해 발족한 단조기념발기회(檀祖紀念發起會)에 참여한 기록이 전한다. 단조기념발기회는 길림성 관전현(樺甸縣)에서 조직된 것으로, 단군대황조의 숭배를 통한 만주 지역 동포의 합심을 각성시키고 그 뜻을 기리고자 하는 취지에서 출범한 단체였다. 특히 그 취지서는 대종교 중광 당시 선포된 『단군교포명서(檀君教佈明書)』와 거의 동일한 정서로, 단군대황조의 덕을 기리고 그에 의지하여 복락을 기원하는 내용들이다. 박정조가 그 이전에 이미 대종교에 깊이 관여한 인물임을 알게 해 준다. 더욱이 이 발기회에 참여한 인물들이 김학근을 비롯한 공창준(公昌準)·지장회(池章會)·허옥(許沃) 등 대종교의 중심인물들이고 보면, 박정조 역시 대종교의 중심인물로 참여했을 가능성이 크다.

[참고문헌]
「不逞鮮人 宣傳文 押收에 관한 건」(不逞團關係件·朝鮮人의 部·在滿洲의 部36, 普通受제55호·公제46호, 한국사DB, 국사편찬위원회), 「韓族勞動黨 創立總會 槪況」(不逞團關係件·朝鮮人의 部·在滿洲의 部40, 機密 第81號, 한국사DB, 국사편찬위원회), 『무장독립운동비사』(채근식, 대한민국공보처, 1949), 『한민족독립운동사』4(국사편찬위원회, 1988), 『한국독립운동사자료』37·42(국사편찬위원회, 2001·2006)

로 전남 지도군(智島郡) 지도로 유형(流刑) 10년을 받았다. 박종섭에 대한 대종교 교력은 남아 있는 기록이 없다. 그러나 을사오적 주살사건과 연관된 인물들이 대종교 중광(重光, 1909년 음력 1월 15일)에 거의 참여한 것을 감안한다면, 박종섭 역시 대종교 중광 당시 입교한 인물로 보아도 무리가 없을 듯하다. 『대종교중광육십년사(大倧敎重光六十年史)』에는 다음의 기록이 실려 있다.

"(나철이) 기유(1909) 음 정월 15일 자시(子時)를 기하여 동지 오기호·강우(姜虞)·최전(崔顓)·류근(柳槿)·정훈모(鄭薰模)·이기(李沂)·김인식(金寅植)·김춘식(金春植)·김윤식(金允植) 등 수십 인과 함께 한성(漢城) 북부(北部) 재동(齋洞) 취운정(翠雲亭) 아래 8통 10호 육간 초옥 북벽(北壁)에 단군대황조신위를 모시고 제천(祭天)의 대례(大禮)를 행하시며 단군교포명서를 공포하시니, 고려 원종 때 몽고의 침입으로부터 700년간 폐색되었던 신교의 교문이 다시 열리어 한말의 암흑풍운 속에도 일맥의 서광이 민족의 앞날을 밝게 비치었으니, 이 날이 곧 우리 겨레의 새 역사를 창조한 거룩한 날이요 우리 대교의 중광절(重光節)인 것이다."

이 인용문에는, 열거된 인물과 함께 수십 인이 중광에 참여했다는 기록이 있다. 그 수십 인이 바로 윤주찬·서팽보·이광수 등, 을사오적 주살사건을 주도한 인물들이라는 것이 대종교의 이해다.

[참고문헌]
『대종교중광육십년사』(대종교총본사, 1971), 『판결문』(平理院, 1907년 7월 3일), 『일성록』(1907년 5월 26일, 6월 3일, 10월 23일), 『대한계년사』하(정교, 국사편찬위원회, 1971), 『독립운동사자료집』3·11(독립운동사편찬위원회, 1971·1976), 『독립운동사』7·8(독립운동사편찬위원회, 1976)

박종섭(朴鍾燮, 남, 1873-?)
아호(별명) _ 박종섭(朴種燮), 박종섭(朴鐘燮)
입교 시기 _ 1909년(추정) | 교질_ 미상 | 서훈 _ 애족장(2015)

충청북도 옥천군(沃川郡) 출신으로, 을사오적 주살(誅殺)사건에 관여한 인물이다. 박종섭은 1907년 3월 충남 대전(大田)에서 나인영(羅寅永, 대종교 중광 이후 羅喆로 개명함)·오기호(吳基鎬) 등이 주도하는 을사오적 처단 계획에 참가하기로 결정하고 서울로 올라왔다. 거사의 계획대로 남대문 밖 정차장 부근에서 같은 고향 인물인 지팔문(池八文)과 함께 실행에 옮기려다 체포되었다.

당시 체포된 인물들은 박종섭을 비롯하여 나인영·오기호·김인식(金寅植)·이용태(李容泰)·정인국(鄭寅國)·윤주찬(尹柱瓚)·서팽보(徐彭輔)·이광수(李光秀)·윤충하(尹忠夏)·강상원(康相元)·지팔문(池八文)·박종섭(朴鍾燮)·이종학(李鍾學)·황문숙(黃文淑)·이경진(李京辰)·이기(李沂)·김경선(金京善)·조화춘(趙和春) 등 18명이었다. 박종섭은 1907년 7월 3일 평리원(平理院)에서 이른바 내란죄(內亂罪)라는 죄목으

박종식(朴琮植, 남, 1896-1950)
입교 시기 _ 1916년 | 교질_ 참교 | 서훈 _ 애국장(2008)

경상남도 함안군 여항면(艅航面) 외암리(外岩) 출신으로, 함안에서 보통학교를 졸업하였다. 이후 서울로 올라와, 1913년 서울 사립중앙학교 중등야학교(中等夜學校)에서 교육을 받았다. 그리고 만주 지역의 항일투쟁 단체와 연계를 통한 국내의 청년들을 비밀리에 훈련케 해 질곡에 빠진 조국광복을 꾀하고 하였다.

박종식은 이를 위한 수단으로 1916년 5월 서울에 거주하는 친일파 부호 민영휘(閔泳徽)에게 독립운동 자금을 요구하는 서한을 발송하였다. 그는 편지에서 "거사에 찬성하고 이에 요구되는 비용의 제공을 허락할 것이요, 만약 이에 응하지 않을 경우에는 토멸대를 조직하고 와서 징벌을 가할 것이다. 정안(正眼)과 정재(正財)로써 정의의 사업에 사용하지 않고 비열한 사업을 하는 자는 징벌을 하더라도 도리에 통하고 천리(天理)에 합치하는 것이다"라고 으름장

을 놓았다. 그러나 민영휘는 편지를 받고 곧장 종로경찰
서장에게 제출하였다. 이로써 박종식은 1916년 7월 8일,
경성지방법원에서 공갈과 보안법 위반으로 징역 6월의 옥
고를 치렀다.

박종식은 3·1독립만세운동 직후인 1919년 3월 19일, 함
안 읍내에서 독립만세시위에도 앞장섰으며, 이 시위를 지
도하던 안지호(安知鎬)가 구금되자 이를 구출하기도 하였
다. 이후 1920년경 경남 마산 등지에서 대한민국임시정부
군자금 모집책 송두환(宋斗煥)과 함께 활동하던 중, 그 해
12월 23일(음력) 경북경찰부 고등경찰과에 검거되어 두 달
동안 혹독한 취조를 받았으나 완강한 부인과 묵비권 행사
로 인해 증거 불충분으로 석방되었다.

박종식은 이규채(李圭彩) 등 대종교 동지들과 1923년 또
다시 독립운동자금 모집책으로 활동을 전개했다. 그러던
1924년 1월경 일경에 체포되어 부산지방법원 진주지청에
서 소위 강도죄로 징역 7년을 받고 옥고를 치렀다.

박종식의 대종교 교력을 살피면 1916년 2월 18일(음력) 참
교(參敎)의 교질(敎秩)을 받은 기록이 있다. 그 이전에 입
교(入敎)하여 영계(靈戒)를 받았음을 알 수 있다. 그는 항
상 대종교를 국교(國敎)로 세워 새로운 대한제국(大韓帝國)
의 건설을 꿈꾸던 인물이었다. 그와 같은 날 참교의 교질
을 받은 인물들도 흥미를 끈다. 탁동조(卓同朝)·최진규(崔
鎭圭)·독고순(獨孤淳)·김광배(金光培)·김사중(金馹重) 등,
모두 학생·교육투쟁에 앞장선 인물들이라는 점이다. 박
종식은 1922년 6월 6일에는 대종교간부불신임으로 종무
(宗務)가 마비된 대종교 남도본사의 정상화를 위해 황훈(黃
勳)·박일병(朴一秉)·백남규(白南奎)·권동규(權東奎)·주익(朱
翼)·김진(金眞)·김상찬(金相纘) 등과 문제 해결을 위한 집
행위원으로 선출되어 임시 종무를 담당하기도 했다.

1922년 대종교 新舊敎人 간의 충돌 당시, 그 수습을 위한 집행위원으로 선
정된 朴琮植(네모 안)의 이름이 올라 있다. (『매일신보』 1922년 6월 6일)

[참고문헌]
『종문영질』(프린트본, 1922), 「판결문」(京城地方法院, 1916년 7월 8일), 『동아일
보』1921.3.11., 『매일신보』1922.6.6. 『해외사료총서』제5권(일본외무성외교사료관
소장 한국관계사료 목록, 한국사DB, 국사편찬위원회)

박종실(朴琮實, 남, 1890-1965)

아호(별명) _ 선무(善武), 단춘(檀春)
입교 시기 _ 1922년 이전 | 교질 _ 미상

박종실

경상남도 사천군(泗川郡) 남양
면(南陽面) 노룡리(魯龍里) 출
신이다. 일찍이 서당에서 수
학하고 진주 낙육학교(樂育學
校)를 거쳐 민족학교인 평양
대성학교(平壤大成學校)를 졸
업하였다. 특히 대성학교 시
절 안창호(安昌浩)의 지도를
받고 문인으로서의 길을 평생
토록 걷게 되었다.

고향으로 돌아와 부친이 설립
한 지신학교(知新學校)를 계승
하여 운영하다가 일제의 끈질

긴 탄압으로 폐교 당했다. 그러나 다시 야학(夜學)을 열어
밤에는 후학들을 모아 신학문을 가르치고 낮에는 헐벗은
와룡산에 나무를 심자는 식림(殖林)운동을 전개하였다. 이
러한 농촌 계몽운동 역시 항일 독립사상을 고취시킨다는
구실로 일제의 극심한 탄압을 받기도 하였다. 1919년 3·1
독립만세운동 때에는 삼천포 지역의 시위를 주동하고 그
선두에 서서 군중을 선동 지휘하다 피체되어 무수한 고문
을 당하는가 하면 재판에 회부되었으나 심리를 거부하기
도 했다.

박종실(朴琮實)은 1924년 3월 대구에서 141개 단체가 참여
하여 결성된 사회주의 노동운동단체 남선노농연맹에도 동
참했다. 그는 권태용(權泰鎔)·최원택(崔元澤)·김명규(金明
奎)·박병두(朴炳斗)·고태호(高台浩)·정운해(鄭雲海)·김정규
(金正奎) 등과 이 연맹의 중앙상무집행위원에 선출되었다.
이후 일제의 문화정치에 반발하여 전국 각지에서 민족계
몽운동이 일어나자, 박종실 역시 이에 호응하여 보명학
원(普明學院)을 세워 농촌계몽운동에 적극 앞장섰다. 또한
1926년에는 남양보통학교 설립을 발기하여 삼천포보통학
교에서 분리 독립시켜, 남양면 교육의 터전을 닦았다. 그
뿐만 아니라 무본계(務本契)와 소작상조회(小作相助會)를 조
직하여 일본인 지주의 착취에서 소작인의 권리 보호에 진
력하였고, 또 선고(先考)의 유지를 받들어 식림사업(植林事
業)과 지역의 저수지를 축조에도 큰 공헌을 하였다. 또한
같은 해 6월에는 남양노동상조회(南陽勞働相助會)의 대의원
자격으로 조선사회단체중앙협의회에도 참여하기도 했다.

박종실과 관련된 대종교단 내의 기록은 전하지 않는다.
그의 영계(靈戒) 사항이나 교질(敎秩) 관계 역시 파악하기
힘들다. 다만 1922년 성주인(星州人) 성세영(成世永)이 기록
한 일기에, 1922년 이전 경상도 지역 대종교 주요 교인으
로, 같은 사천 출신인 조경제(趙慶濟)·정동호(鄭東濠)·이인
구(李仁奎)와 함께 박종실을 적고 있다. 그의 대종교 입교
시기가 1910년대에 이루어졌음을 사사해 주는 부분이다.

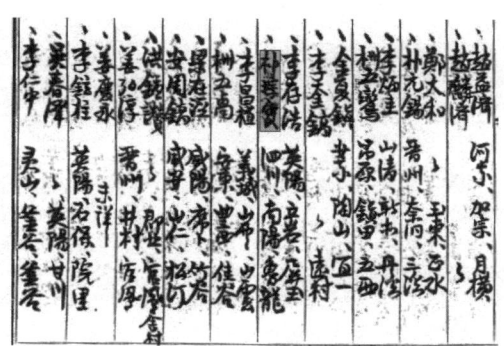

성세영의 『本司行日記』(필사본, 1922)에 적힌 1922년 이전 대종교 경상도 지역 주요 교인 명단의 일부. 朴宗實(네모 안)이란 이름과 그 아래 泗川, 南陽, 魯龍이란 글씨가 보인다.

[참고문헌]

『본사행일기』(필사본, 1922), 『동아일보』1921.7.3., 「조선사회단체중앙협의회 가맹단체에 관한 건」(思想問題에 關한 調査書類2, 京鍾警高秘 제6915호, 한국사 DB, 국사편찬위원회), 『泗川市史』下(사천시사편찬위원회, 2003)

박종오(朴鍾梧, 남, 1904-?)
입교 시기 _ 일제강점기 | 교질 _ 정교

함경남도 함흥 출신이다. 일찍이 고향에서 함흥외국어전문학원을 설립하여 인재들을 양성했으며, 7년간 한약종상(漢藥種商)을 하기도 했다. 또한 조선물산장려회가 조직되자 함흥분회의 이사를 맡아 지역의 경제자립운동에 중심적 역할을 담당하는가 하면, 1934년에는 삼생구락부(三生俱樂部)를 조직하여 항일운동에도 가담하였다. 해방 이후에는 대종교 활동을 중심으로 조선유림성정회(朝鮮儒林聖政會)의 부회장과 함께 입법의원(立法議院)의 서울시 대표로도 활약한 인물이다.

박종오의 대종교 교력은 일제강점기로 소급되나 그 기록은 전하지 않는다. 이러한 경험으로, 대종교에서는 만주 동경성에서 환국한 직후인 1946년 4월 6일(음력, 이하 음력) 박종오에게 영계(靈戒) 의식과 함께 참교(參敎)의 교질을 동시에 수여하였으며, 경의원(經議院) 참의(參議)로 선임하였다. 또한 얼마 지나지 않은 4월 27일에는 경의원 상무참의(常務參議)를 맡기고, 같은 해 5월 1일에는 지교(知敎)로 승질(陞秩)시켰다. 이후 박종오는 1950년 1월 17일 대종교중흥회 제2차 집행위원과 함께 참여(參與, 자문)로 뽑혔으며, 그 해 3월 27일 상교(尙敎)로 승질하였다. 그리고 1966년 4월 7일에는 정교(政敎)의 교질(敎秩)에 오르면서 대형(大兄)의 교호(敎號)를 받았으며, 4월 15일에는 삼일원(三一圓)의 수도원주(修道院主)를 맡기도 했다.

[참고문헌]

『대종교보』제150호(1946년)·제165호(1950년), 『대종교중광육십년사』(대종교총본사, 1971), 『민중일보』1947.10.4., 『대한민국인사록』(내외홍보사, 1950)

박종현(朴宗賢, 남, 1904-?)
입교 시기 _ 1922년 | 교질 _ 미상

출신지역과 생몰연대를 알 수 없는 인물로, 일제의 문서에서도 찾을 수가 없다. 일본 아오야먀(靑山)학원 재학 당시 기독교계 '일맥회(一脈會)' 회원으로 활동한 박종현(朴宗賢)이 있으나, 동일인지는 확인되지 않는다.

박종현은 1922년 9월 18일(음력) 대종교 원일시교당(圓一施敎堂)의 시교원(施敎員)으로 서임된 기록으로 보아, 그 이전에 대종교에 입교했음을 알 수 있다. 원일시교당은 대종교 동일도본사(東一道本司) 관할로 혼춘현 숭례사(崇禮社) 원풍동(圓豊洞)에 소재하였다. 당시 김창한(金彰漢)이 전무(典務, 책임자)를 맡고 김영갑(金永甲)·최상규(崔祥奎)가 찬무(贊務, 부책임자)를 맡았으며, 박종현을 비롯한 채창묵(蔡昌默)·채동일(蔡東一)·최하규(崔河奎)·서헌(徐憲)·서병호(徐丙浩)·최병일(崔秉一)·이병철(李秉喆)·서재익(徐在益) 등이 시교원으로 임명되어 대종교 포교를 통한 항일투쟁에 앞장섰다. 주목되는 것은 최상규 등 여러 인물들이 대한군정서(북로군정서) 경신분국(警信分局)에 속한 경신원(警信員)으로 활동한 경험이 있다는 점이다. 대종교시교당이 곧 항일투쟁의 거점이었다는 공식이 다시금 확인되는 부분이다. 그 해 개천절(음력 10월 3일) 박종현은 대종교 동일도본사의 추천으로 영계(靈戒)를 받았으나, 그 이후의 기록은 전하지 않는다.

[참고문헌]

『대종교보』제56호(1922년), 『대종교중광육십년사』(대종교총본사, 1971), 『열린 세계를 가진 나그네』(이상철, 한국기독교장로회출판사, 2011)

박준석(朴俊錫, 남, 생몰 미상)
입교 시기 _ 1923년 | 교질 _ 미상

출신지역과 생몰연대를 알 수 없는 인물이다. 다만 1908년 서북학회 함경도 고원군(高原郡) 지부 회원으로 활동한 것을 보면, 그 지역 출신일 가능성이 높다. 박준석은 1926년 1월 5일 혼춘현(琿春縣) 숭례향(崇禮鄉) 동포대(東砲臺)에 조직된 동포대청년친목회(東砲臺靑年親睦會)의 회장을 맡아 간부인 이용규(李用奎)와 함께 모임을 이끌었다.

박준석의 대종교 교력을 살피면 1923년 6월 28일(음력) 대종교 동일도본사(東一道本司)의 특별 추천으로 영계(靈戒)를 받은 기록이 있다. 이 당시 형제인 듯한 박홍석(朴弘錫)·박춘석(朴春錫)도 함께 영계를 받았으나, 그 관계 역시 확인이 안 된다.

[참고문헌]

『대종교보』제58호(1923년), 『서북학회월보』제6호(1908년 11월 1일), 「間島 및 琿春地方 朝鮮人의 結社團體 調査報告에 關한 件」(不逞團關係雜件-朝鮮人의 部-在滿洲의 部43, 外務省文書課受 第627號, 한국사DB, 국사편찬위원회)

박준일(朴準一, 남, 생몰 미상)
입교 시기 _ 1910년 | 교질_ 참교

충청남도 당진군(唐津郡) 송악면(宋嶽面) 기지시리(旗地市里) 출신이다. 일찍이 함경남도 안변군(安邊郡)에 있는 태조고황제(太祖高皇帝)의 비석과 비각 개수에 참여한 공로로 9품의 벼슬에서 6품으로 오른 인물이다.

1906년 봄에는 고향 인근인 부여의 임천(林川)과 한산(漢山) 등지를 유람하다가 임천 장정리(長亭里)의 강석기(姜錫箕)가 적수공권으로 천영학교(天英學校)를 세우고 후학을 양성한다는 미담을 직접 목격하고 『황성신문』에 기고하기도 했다. 1919년 7월에는 그 역시 송악면 기지시리에 노동학원(勞動學院)을 설립하고 지역의 후학을 양성하기도 했다. 또한 1929년 8월 11일에 있었던 신간회(新幹會) 당진지회 제3기 집행부 출범 당시는 한익동(韓翊東)·박기신(朴箕信)·최종길(崔鍾吉)·임철호(林哲鎬)·홍현일(洪顯一)·김종완(金鍾完) 등과 집행위원후보로 뽑히기도 했다.

박준일의 대종교 교력은 1911년 중광절(重光節, 음력 1월 15일)에 참교(參敎)의 교질(敎秩)을 받은 기록이 전한다. 입교(入敎)와 영계(靈戒)의 단계를 거쳐 얻는 교질이 참교임을 고려한다면, 그의 대종교 입교 시기가 1910년으로 올라감을 알 수 있다. 박준일과 대종교의 연결고리는 1906년에 임천 장정리에서 만난 강석기와의 인연일 듯하다. 강석기는 대종교 중광(1909년 음력 1월 15일)의 중추가 되는 인물로, 당시 많은 지식인들이 그들 따라 대종교에 가담하였다. 그는 강우(姜虞)로 많이 알려졌으며 대종교에 참여한 이후 '석기'란 이름을 외자인 '우(虞)'로 고친 것이다.

1906년 4월, 朴準一(글의 맨 끝)이 후일 대종교지도자로 활동하는 姜虞(姜錫箕)를 만나 감명 받은 이야기를 신문에 기고한 내용.(『황성신문』 1906년 4월 12일)

[참고문헌]
『倧令』제3호(1911년), 『승정원일기』1907년 3월 5일, 『황성신문』1906.4.12., 『기호흥학회월보』제6호(1909년), 『동아일보』1929.1.12., 『조선일보』1929.8.16., 『일제하사회운동사자료집』제3권(한울아카데미, 1989)

박중화(朴中和, 남, 1879-?)
아호(별명) _ 박중화(朴仲和)
입교 시기 _ 1923년 이전 | 교질_ 미상

경상북도 의성군(義城郡) 비안면(比安面) 창상동(倉上洞) 출신이다. 만주로 넘어간 시기는 확실치 않으나, 1924년경 길림성 반석현(盤石縣) 부태하(富太河)에서 개최된 한족노동당(韓族勞働黨) 창립총회 때 발기인으로 참여하였다. 이 당시 대종교 동지였던 박우진(朴宇鎭)이 회장으로 추대되었고 김철(金鐵, 비서), 권화진(權華進, 책임간부)과 당약기초위원(黨約起草委員)으로 임명된 이광민(李光民)·김철·김경달(金敬達) 등이 주축이 되었다. 이 단체는 '조선민중해방운동에 대한 완전한 전사(戰士)가 되도록 기함'·'신사회 건설에 대한 수양 촉진을 도모함'·'조선 학생 상호 간의 건설과 친목을 도모하여 사상의 통일을 기함'·'조선 학생에 당면해 있는 모든 문제에 대한 스스로의 결정을 기함' 등의 강령을 내세웠다. 그 직후 박중화는 박우진·이수(李秀) 등과 함께 하얼빈 아성현(阿城縣) 취원창(聚源昶)으로 넘어가 학교 활동 및 대종교 포교에 앞장섰다.

박중화의 관련된 대종교의 영계(靈戒) 사항이나 교질(敎秩) 관계는 남아있는 기록이 없다. 그러나 1926년 작성된 대종교문서에는 박중화가 대종교 원성시교당(源成施敎堂)의 찬무(贊務, 부책임자)를 맡은 기록이 있다. 이 문서는 1925년 만주정권에 의해 내려진 대종교포교금지령으로 인해 압수된 문서로, 화룡현당안관(和龙县档案馆)에 소장된 자료다. 당시 원성시교당의 전무(典務)를 맡아 책임진 인물은 박우진이었으며 이수가 찬무(贊務, 부책임자)를 맡아 박중화와 함께 했다. 이수라는 인물 역시 서간도 시절 한족노동당 발기인으로 참여한 인물이었다. 이러한 정황에서 보면, 박중화의 대종교 입교 시기는 박우진이나 이수 등과 마찬가지로 1910년대 서간도 활동 시기 이전으로 점쳐진다. 성세영(成世英)이 기록한 『본사행일기(本司行日記)』에 박중화(朴仲和)를 1910년대 경북 지역 대종교 주요 인물로 적고 있음도 이를 뒷받침한다.

[참고문헌]
『대종교보』제58호(1923년), 『본사행일기』(성세영, 필사본, 1922), 「大倧敎施敎堂一覽表(1926年)」(延边朝鲜族自治州档案馆 全宗号42 目录号1 案卷号343, 和龙县历史档案 和龙县警察所, 令各区查禁韩人设立大倧教堂由, 民国十五年五月十二日), 「韓族勞働黨의 組織에 關한 件」(不逞團關係雑件-朝鮮人의 部-在滿洲의 部 40, 機密 第47號, 한국사DB, 국사편찬위원회), 『哈爾賓日日新聞』1924.5.9.

박지성(朴志成, 남, 1903-?)
아호(별명) _ 박장송(朴長松), 김윤실(金允實), 서영호(徐永鎬), 최강(崔剛), 점리
입교 시기 _ 1921년 | 교질 _ 참교

함경북도 온성군(穩城郡) 온성면(穩城面) 주원동(周原洞) 출신으로, 대종교 사회주의 투쟁의 거물인 박일병(朴一秉)·

박지성

박순병(朴純秉)의 조카다. 1924년 3월 서울에서 고등보통학교를 졸업했으며, 1925년 6월 연희전문학교를 중퇴한 후 신흥청년동맹에 가입하여 활동했다. 이 시기 삼촌 박순병의 권유로 고려공산청년회에 가입하고, 그 해 11월 고려공산청년회의 추천으로 모스크바 동방노력자공산대학에 입학하여 1928년 졸업하였다.

1929년 12월 코민테른 동양부의 지시를 받고 귀국하여 인천 가등정미소(加藤精米所) 동맹파업을 지원하는 한편, 인천노동연맹의 부활을 위해 노력했다. 1930년 2월 3·1독립만세운동 기념격문을 각 단체에 배포하다가 온성경찰서에 검거되어 1931년 10월 경성지법에서 징역 3년을 선고받았다. 1930년 3·1운동 제11주년을 맞이하여 부산에서 박장송(朴長松)·안영달(安永達)·김형윤(金炯潤) 등과 함께 「전조선 피압박 피착취계급에 격(檄)함」이라는 전단을 제작·배포하려다 검거되기도 했다.

박지성은 1936년 8월에 벌어진 『동아일보』 '일장기 말소 사건'과도 연결된 인물이다. 당시 박지성은 서영호(徐永鎬)라는 이름으로 동아일보사 제판기술자로 근무하고 있었다. 그 해 8월 10일 베를린 올림픽의 마라톤 경기에서 한국의 손기정과 남승룡이 각각 1위와 3위를 차지하자 국내 신문들도 호외를 발행하고 연일 대서특필하면서 이 사실을 보도했다. 그러나 『동아일보』는 8월 25일자에서 『대판조일신문(大阪朝日新聞)』을 전재하여 손기정의 사진을 실으면서 일장기를 지워버렸다. 일본 경찰은 즉시 사진수정을 발의한 운동부기자 이길용(李吉用), 사진을 고쳐 일장기를 지운 조사부소속 전속 화가 이상범(李象範), 사회부장 현진건(玄鎭健), 사진부장 신낙균(申樂均), 편집기자 임병철(林炳哲), 제판기술자 서영호(徐永鎬, 박지성)와 백운선(白雲善), 잡지부장 최승만(崔承萬) 등 8명을 구속하고 8월 27일자로 동아일보에 대해 무기정간처분을 내렸다. 또 동아일보가 발행하던 『신동아』와 『신가정』에 대해서는 폐간처분을 내렸다. 손기정 일장기 말소 사건의 직접 책임자인 현진건을 비롯하여 이길용·최승만·신낙균·서영호(박지성) 등 5명은 "1.언론기관에 일체 참석하지 않는다. 2.시말서를 쓴다. 3.만약 또 다른 운동에 참가했을 때는 이번 사건의 책임에 가중하여 엄벌 받을 것을 각오한다"는 내용의 서약을 강요당하고 1936년 9월 26일 석방되었다.

박지성의 대종교 관련 기록은 일체 전하지 않는다. 사회주의(공산주의) 인물들에 대한 대종교의 피기(避記) 현상이 그 원인이다. 그러나 1922년 대종교인들의 교질(敎秩) 상황을 정리한 『종문영질(倧門榮秩)』에는, 박지성이 1921년 12월 25일(음력) 참교(參敎)의 교질을 받은 것으로 적혀있다. 그 이전에 이미 대종교에 입교한 것이 확인된다. 아마도 그의 삼촌 박일병·박순병의 영향이 컸을 듯하다.

1936년 8월 25일 『동아일보』 지방판 조간 2면에 운동복에 일장기가 찍힌 사진(오른쪽)에서 일장기를 없애버린 사진(왼쪽)을 실었다.

[참고문헌]

『종문영질』(프린트본, 1922), 『동아일보』 1936.8.25., 「미제 간첩 박헌영·이승엽 판결문」(평양, 1956), 『한국독립운동사』 5(국사편찬위원회, 1969), 『한국공산주의운동사』 3(김준엽·김창순, 고려대학교아세아문제연구소, 1973), 『東亞日報社史』 권1(동아일보사, 1975), 『한국근대체육사연구』(이학래, 지식산업사, 1990)

박진(朴震, 남, 1897-1968)

아호(별명) _ 박노영(朴魯泳), 박노영(朴魯英)
입교 시기 _ 1923년 | 교질 _ 참교 | 서훈 _ 애국장(1999)

전라남도 장흥군 용산면(蓉山面) 백송리(白松里) 출신이다. 함경북도 명천군(明川郡) 출신으로 1930년대 조선공산당과 동북인민혁명군(東北人民革命軍)에서 활동한 박진(朴震, 1907년생)과는 다른 인물이다. 박진은 1917년 5월 상해로 넘어갔다. 그리고 그곳 윌리엄스대학의 영문과를 졸업한 후 영국인이 운영하는 회사에 근무하며 항일투쟁의 일선에 나서게 된다.

1919년 4월 상해 지역 청년단 활동에 참여하여 노태연(盧泰然)과 함께 인쇄부(印刷部)의 책임을 맡았다. 1922년 8월에는 강석훈(姜錫勳)·이한호(李漢浩)·박태열(朴泰烈)·박관해(朴觀海)·최찬학(崔燦鶴)·정유린(鄭有隣)·장덕진(張德震)·방원성(方遠成)·김성덕(金聖德) 등과 맹호단(猛虎團)을 조직하여 시국 비판 연설회를 개최하였다. 또한 침체된 대한민국 임시정부의 활로를 모색하기 위하여 국민대표회의(國民代表會議)의 활동을 지지한다는 선언서를 다음과 같이 발표하기도 하였다.

"아등(我等)은 독립운동의 중단에 대한 유일한 구제책은 전국민의 대회합 대결정에 있음을 인정한다. 그러므로 다소의 불만이 있음에도 불구하고 독립운동을 위하여 국민대표 소집의 임(任)을 자부하는 국민대표회주비회를 후원하여 지급(至急)히 국민대회를 소집하도록 노력하는 것으로 여기에 대한 지장, 반항의 역(力)은 여하한 이유 하에서도 허용되지 않는다. 또 주비회에서도 만일

사소한 점을 고려하여 주저준순(躊躇逡巡)으로 시간을 허비할 때는 우리들은 단연 행동을 취하여 촉진력(促進力)을 아끼지 않을 것을 여기에 선언한다. …(후략)…"

1924년 3월에는 상해에 거주하는 청년들을 규합하여 대동단결을 외치며 한인청년동맹(韓人靑年同盟)을 발기하였다. 당시 윤자영(尹滋英)·신현창(申鉉彰)·신국권(申國權)·주요한(朱耀翰) 등 10명과 함께 집행위원으로 선출되어 활동하였으며, 같은 해 9월에는 상해한인유학생회의 집행위원으로도 참여하였다. 1925년 3월에는 신한청년당(新韓靑年黨)의 부흥을 도모하며 출발한 모임에서 김규식(金奎植)을 이사장으로, 대종교 동지인 김철(金徹)을 비롯한 여운형(呂運亨)·정광호(鄭光好)·서병호(徐丙浩)·한진교(韓鎭敎) 등과 이사로 선임되기도 하였다.

한편 박진은 상해임시정부 출범 이후 임시정부의정원과 늘 함께 한 인물이다. 1923년부터 1926까지와 1931년부터 1934까지 그리고 광복을 앞둔 1945년에 임시의정원에서 전라도를 대표하는 의원을 역임하기도 하였다. 또한 1931년 윤봉길(尹奉吉)이 거사를 실행하기 직전에 근무했던 직장도 박진이 경영하는 공장이었다. 이후 박진은 임시정부에 합류하기 위하여 중경으로 가던 중 중국 공산군에 붙잡혀 중국 국민당군의 특파원이란 혐의로 8개월간 구금되었다가 1945년 광복으로 출옥하였다고 한다.

박진과 관련된 대종교 교력을 보면, 1923년 4월 1일(음력) 대종교 동일도본사(東一道本司)의 특별추천으로 영계(靈戒)를 받은 기록이 있다. 당시 그는 독립운동가 김찬(金燦)·김혁(金赫)·김철(金哲) 등의 거물들과 함께 받았다. 흥미로운 것은 박진이 주로 활동한 곳은 상해 지역으로 대종교 서이도본사(西二道本司)가 관할 지역이다. 그러한 그가 어떠한 연고로 동만주와 함경도를 관할하는 동일도본사의 추천으로 영계를 받았는지는 밝혀야 할 또 다른 과제다. 박진은 같은 해 6월 20일(음력)에, 역시 동일도본사 특별추천에 의해 참교(參敎)의 교질(敎秩)을 받았으나 그 이후의 자료는 전하지 않는다.

[참고문헌]
『대종교보』제58호(1923년), 「獨立運動에 관한 건,不逞團關係雜件-朝鮮人의 部-上海假政府1, 騷密 제2219호, 한국사DB, 국사편찬위원회」, 「在米朝鮮人의 排日言動에 관한 건」(不逞團關係雜件-朝鮮人의 部-在歐米8, 高警 제3539호, 한국사DB, 국사편찬위원회), 「上海情報」(不逞團關係雜件-鮮人의 部-在上海地方4, 高警 제2746호, 한국사DB, 국사편찬위원회), 「新韓靑年黨의 復興에 관한 件」(不逞團關係雜件-鮮人의 部-在上海地方5, 高警 제1479호, 한국사DB, 국사편찬위원회), 『시대일보』1924.4.12., 『동아일보』1925.3.13., 『한국독립운동사』2(국사편찬위원회, 1965), 『조선독립운동』II (김정명, 原書房, 1967), 『대한민국임시정부의정원문서』(대한민국국회도서관, 1974), 『한국독립운동사자료』1·2(국사편찬위원회, 1970-1971)

박찬익

박찬익(朴贊翊, 남, 1884-1949)
아호(별명)_ 남파(南坡), 정일(精一), 박정일(濮精一), 박순(濮純), 박창익(朴昌益)
입교 시기_ 1910년 | 교질_ 사교 | 서훈_ 독립장(1963)

경기도 파주군(坡州郡) 주내면(州內面) 파주리(坡州里) 출신이다. 1901년 상공학교(商工學校)에 입학하여, 철도공사 노역에 동원되어 일인 교사에게 반항하자 퇴학당했다. 1904년 상공학교 동기생인 박호원(朴浩元)의 추천으로 보안회(保安會)에 가입하여 일본의 황무지개척요구안 반대투쟁에 참여하였고, 을사늑약 후 민영환이 자결하자 아버지와 함께 문상하기도 했다.

1908년 상공학교의 후신인 관립공업전습소(官立工業傳習所) 염직과에 입학하였다. 공업 연구와 발전에 선두 주자가 될 것을 결심하고 학생들과 함께 공업연구회를 조직하고 회장을 맡았다. 신규식(申圭植)·강석기(姜錫箕, 대종교명 姜虞)·김택영(金澤榮)·양기탁(梁起鐸) 등 유지 인사들이 이들의 취지에 공감하고 찬성원이 되어 후원해 주었다. 이때부터 신규식과 인연을 맺게 되었다. 『공업계』라는 잡지를 발행하며 활동하였고 1910년 졸업하였다. 그는 관립공업전습소에 다니면서 신민회에 참여하였다. 1909년 8월 신민회의 외곽단체인 청년학우회가 조직되고 각 지역에 연회가 결성될 때, 한성연회에 참여하여 후일 대종교 동지로 함께 했던 옥관빈·윤기섭 등과 의사원으로 선출되었다.

박찬익은 1910년 2월 북간도로 망명하였다. 이곳에서 대종교의 항일투쟁의 거물인 백포(白圃) 서일(徐一)이 대종교 무장단체인 중광단(重光團)을 조직하자 이에 가담하여 조직 활성화에 총력을 기울였다. 1910년 일제에 의해 국권이 피탈된 이후 대종교 세력은 본부를 만주로 이전하였다. 또한 그곳에 거주하고 있던 많은 한인이 대종교에 입교하였다. 중광단은 이들을 중심으로 결성된 조직으로, 1909년 대종교 중광(重光)의 정신을 그대로 계승하여 만주에서 결성된 최초의 항일투쟁단체였다. 박찬익은 중광단의 무장에도 큰 공헌을 하였다. 1913년 그가 중광단에서 필요한 무기 구입을 위해 중국과의 교섭으로, 보병총 300정, 권총 10정, 수류탄 150발, 탄환 5,000발 등을 조달할 수 있었다. 또한 용정(龍井)에 거주하면서 통사(通辭, 통역)들 중 중국어를 모르는 이주민들에게 토지 등을 알선해주면서 부인이나 딸을 겁탈하는 등 악행을 저지르는 것을 보고 중국어 공부를 해야겠다고 생각하였다. 연길(延吉) 국자가(局子街)에 있는 중국 학교에서 일본어 교사로 재직하며 중국어를 배웠다. 중국어는 훗날 그의 활동에 주요한 자산이 되었다.

한편 박찬익은 이 시기 간민교육회(墾民敎育會) 활동에도 적극 참여하였다. 간민교육회는 국내의 민족운동가들이 계속 북간도로 몰려들어 교육·종교·실업 등의 각 방면에 걸쳐 항일민족독립운동이 활발히 전개되자, 보다 조직적이고 효과적인 활동을 추진할 항일민족운동단체 성립에 대한 갈망으로 결성된 조직이었다. 1910년 3월, 길림동남로병비도관찰사서(吉林東南路兵備道觀察使署)의 공식 인가를 받을 당시, 박찬익의 절친이자 연길도윤공서(延吉道尹公署)의 외교부 관리였던 대종교인 이동춘(李同春)의 공이 컸다. 1912년경 본부임원은 회장 이동춘, 총무 박정기(朴正基), 연구회장 이봉우, 지회장 조기정(曹起貞), 평의장 손운순(孫雲順), 재무장 허순(許順), 찬리원(贊理員) 윤해 등이었다. 당시 그 회원수가 300여 명에 달할 정도로 한인사회에서 영향력을 발휘하는 단체였다.

간민교육회는 1911년 중국의 신해혁명으로 전환점을 맞이한다. 즉 신해혁명이 한인의 조국독립운동에 유리한 노선으로 추진된 것이다. 박찬익은 이동휘·이동춘·정재면 등과 간민교육회의 대표를 북경 여원홍(黎元洪) 대총통을 방문하고 혁명의 성공을 경축하였다. 그리고 북간도 한인사회의 실상을 알려 중국 혁명정부의 지지와 원조를 청하면서 '간민자치회(墾民自治會)'를 조직하여 한중친선과 발전을 도모하겠다고 제의하였다. 여원홍 대총통도 이러한 제의에 찬성하였으나 '자치'라는 말은 삭제해 줄 것을 요청하여 '간민회(墾民會)'를 조직하게 되었다. 마침내 1913년 4월, 박찬익을 비롯한 김약연·이동춘·김립·도성(都成)·장기영(張基永)·백옥보(白玉甫) 등 당시 북간도의 중요 인물들이 앞장서는 가운데, 한인의 자치와 독립운동을 보다 활발하게 추진할 간민회를 출범시켰다.

박찬익은 1915년 이시영(李始榮)의 연락을 받고 서간도로 건너가 신흥무관학교에서 중국어와 한국역사를 가르치는 한편, 중국 관헌의 경계를 풀고 한인들의 농토 구입 시 어려움 등을 해결하였다. 그러나 일제의 감시가 심해지자 상해로 가서 신규식의 권유로 동제사(同濟社)에 가입하였다. 동제사 역시 대종교적 기반 위에 성립된 단체로, 1912년 7월 4일 결성된 단체다. 신규식과 박은식이 주도적인 역할을 하였고, 박찬익을 비롯하여 신채호·조소앙·문일평·김규식·조성환·신건식·민필호·신석우·한홍·정원택·여운형·선우혁·서병호·조동호·홍명희 등이 참여하였다. 총재(박은식)·이사장(신규식)·간사 및 사원으로 편제되었으며, 전성기의 회원이 300여 명을 헤아렸다고 한다. 주도인물의 면모로 미루어 보면, 대부분이 대종교인들로 시민적 민족주의·대동사상·개량적 사회주의를 추구한 것으로 추정된다. '동주공제(同舟共濟)'라는 명칭이 함축하듯이, 표면상으로는 동포들의 호조기관이라는 명분을 내세웠으나, 실제적인 의미에서는 국권회복을 전개했던 독립운동단체였다. 박찬익은 1917년 신규식의 지령을 받고 국내에 잠입하여 동제사에 호응할 조직을 건설하고 독립운동 자금을 마련하는 활동을 벌이기도 했다. 그러나 일경의 추격을 심해지자 다시 북간도를 거쳐 길림(吉林)으로 갔다.

이 시기 박찬익은 대종교의 후배인 정원택(鄭元澤)이 휴대하고 온 신규식의 서신을 받았다. 그 내용은 파리강화회의에 대표를 파견 중인데 길림에서도 이에 호응하라는 것이었다. 이에 박찬익은 여준(呂準)·조소앙(趙素昻)·김좌진(金佐鎭) 등과 협의하여 대한독립의군부를 결성하고 총무 겸 외무를 맡아 준비해오던 독립선언서를 서둘렀다. 마침내 1919년 2월 김교헌·김동삼·여준·이상룡 등, 대종교인들을 중심으로 한 국내외 각지 대표자 39명의 명의로 「대한독립선언서(일명 무오독립선언서)」를 발표하였다.

「대한독립선언서」는 선언 주체가 중광단으로서 대종교의 '중광(단군신앙의 부활)'의 정신이 그 바닥에 흐르는 선언이다. 중광단의 구성원들은 박찬익을 비롯하여 대종교도들이 주축이 되었으며, 조국독립을 대종교의 정신적 기반 위에 쟁취하자는 외침과 함께, 궁극적으로 한인들의 결합과 민족정신을 배양하여 일제의 제국통치권을 벗어나 독립형태인 이상국가인 배달국을 지상에 재건하는 것을 목적으로 삼았다. 「대한독립선언서」의 서명자들 역시 대부분이 대종교의 중심인물들이거나 친대종교적 인물들이었다. 더욱이 그들이 해외독립운동의 지도급 인물이란 점에서 대종교의 독립선언이라 해도 무리가 없을 듯하다. 전체 서명 39인 가운데 대종교인이 25명, 기독교가 7명, 종교 미확인으로 구분되는 인물이 7명이다. 그러나 기독교 혹은 종교 미확인으로 분류되는 인물들 모두 단군 사상의 정점에 있었던 대종교를 국교로 받아들이려는 정서가 팽배해 있었다. 또한 「대한독립선언서」에 담긴 단군대황조(檀君大皇祖)·황천(皇天)·황황일신(皇皇一神) 등의 많은 용어들이 단순히 보편적 형식을 통한 보편적 내용 전달로 사용된 말들이 아니라, 대종교만의 정체성을 드러내는 특수한 용어라는 점도 주목된다. 그리고 선언서에 나타난 단락 구성의 형식에서도, 종교적 존엄성·신성성을 나타내는 대종교의 서법이 강하게 드러나고 있는 선언이 「대한독립선언서」다. 그 중심에서 활약한 인물이 박찬익이었다.

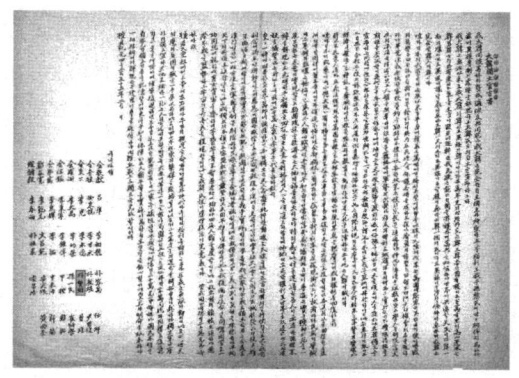

朴贊翊(네모 안) 등 대종교 중광단원이 중심이 되어 발표한「大韓獨立宣言書」

이후 박찬익은 상해임시정부 수립에 적극 관여했다. 3·1독립선언이 발표된 직후 상해에서 임시정부 수립이 추진되자, 대한독립의군부에서는 조소앙을 대표로 파견하여 대한민국임시정부 수립에 참여토록 하였다. 한편으로 박찬익은 4월 23일 서울에서 수립된 한성정부에서 박은식·

신채호 등과 평정관에 선임되기도 하였고, 길림에서 대한독립의군부를 길림군정사(吉林軍政司)로 이름을 바꾸고 통령(統領)을 맡기도 했다. 1919년 12월 여준과 함께 연해주 니콜리스크에 가서 무기를 구입해 왔고, 일제 요인 처단을 목적으로 한 결사대도 조직하였다.

1921년 4월 임시의정원 경기도 의원으로 선출된 박찬익은, 이어 7월에는 외무부 외사국장으로 발령을 받았고 외무차장 대리도 맡았다. 외사국장으로 태평양회의외교후원회 간사를 맡아 워싱턴에서 개최되는 태평양회의에 대표를 참석시키기 위한 활동을 전개하였다. 그해 10월 임시정부에서 신규식을 전권특사로 광동(廣東) 호법정부(護法政府)에 파견할 때, 부사로 임명되었고 수행원 민필호와 함께 신규식을 수행하여 광주(廣州)로 갔다. 신규식은 호법정부 대총통인 손문(孫文)을 접견하고 임시정부에 대한 승인과 한국독립운동에 대한 협조를 얻었다. 1922년 2월 광동주재 임시정부 대표로 임명되어 호법정부와의 외교업무를 담당하였다. 5월 진형명(陳炯明)의 반란으로 호법정부가 붕괴되자 상하이로 돌아왔다.

1922년 9월 상해 지역 대종교의 중심인물이자 의형제를 맺은 신규식이 세상을 떠나자, 상해를 떠나 만주와 북경을 오가며 활동을 이어갔다. 1923년 3월 봉천(奉天)에서 중국 요인들과 회견하고 1924년 12월 북경에서 중국국민당 인사 서겸(徐謙) 등을 상대로 중국에 이주한 한인들의 보호를 요청하였다. 조소앙과 함께 차정신(車廷信)·이빈(李彬)·정성철(鄭聖哲)·유철산(劉鐵山) 등을 진과부(陳果夫)에게 소개하여 황포군관학교에 입학시킨 것도 이 시기였다. 이후 박찬익은 만주로 가서 1925년 1월 목릉현(穆陵縣)에서 개최된 대종교 부여족통일회의에 참여하였다. 부여족통일회의란 단군조선의 적통이 부여라는 인식에서 원용된 것으로 대종교적 역사의식을 반영한 명칭이었다. 또한 그해 3월 박찬익은 영안현(寧安縣)에서 김좌진·김혁(金爀)·정신(鄭信) 등과 신민부(新民府)를 조직하였다. 신민부 역시 북로군정서를 계승한 대종교 항일단체로 그 주요 구성원의 대부분이 대종교인이었다. 따라서 이들이 신봉하였던 대종교 이념이 자연스레 신민부의 주요한 이념으로 자리 잡았다. 아나키스트로 신민부 요원이기도 했던 이강훈이 "신민부의 기본철학은 대종교의 홍익인간과 중광정신이었다. 그렇다고 해서 결코 봉건적이었다거나 파쇼적인 것은 아니었다."라는 회고가 이를 방증한다.

또한 신민부가 추구한 정치형태 역시 배달국 공화주의를 추구하였다. 이것은 '대동단결선언'(1917년)부터 이어져온 대종교 계열의 전통이기도 했다. 이 신민부에는 김종진을 비롯한 이을규·김야운·이준근·엄순봉·이봉해·이달 등 아나키스트들도 대거 참여한 것이 눈길을 끈다. 당시 그들에 대한 그 정신적 지도는 대종교의 중심이었던 백서(白棲) 강인수(姜寅秀)와 은계(隱溪) 백순(白純)이 역할을 하였다. 강인수는 대종교 동이도제일지사(東二道第一支司)에 속한 장일시교당(帳一施敎堂, 영안현 해림시)을 이끌었던 인물로서, 대종교의 중진인 현천묵·지장회(池章會)·손일민(孫一民)·나중소(羅仲昭) 등의 일물들과 신민부의 검사원에 소속된 인물이었다. 백순 역시 대종교 중진이자 북간도

독립운동의 거물이었다.

박찬익은 1930년 1월 다시 상해로 넘어갔다. 이어 이동녕·이시영·안창호·조소앙·김구 등 민족주의 계열 인사들과 함께 한국독립당을 창당하고, 이광제(李光濟)·임득산(林得山) 등과 남경지부에서 활동하게 된다. 또한 그 시기 남경에서 진과부(陳果夫)의 도움을 받아 중국국민당 국제부 선전과에서도 근무하였다. 그리고 1930년 11월 남경에서 개최된 중국국민당 제4차 중앙집행위원회에 조소앙과 함께 한국독립당 대표로 참석하여「동삼성한교문제(東三省韓僑問題)」를 제출하고 중국에 거주하는 한인 문제와 독립운동에 대해 협력을 요청하기도 했다. 1932년 4월 윤봉길 의거가 일어난 후 김구 등을 비롯한 임시정부 요인들을 피난시킨 인물도 박찬익이다. 그는 진과부와 교섭하여 가흥(嘉興)에 피신처를 마련하고 엄항섭·안공근으로 하여금 이동녕·이시영 등 요인들을 가흥으로 모시도록 하였다.

1933년 8월 진과부와 교섭하여 김구와 장개석(蔣介石)의 회담을 추진하였고, 김구와 장개석의 회담에서 통역을 맡았다. 이 회담을 계기로 중국국민당 정부가 대한민국 임시정부를 지원하기 시작하였고 하남성(河南省) 낙양(洛陽)에 있는 중국군관학교 분교에 한인특별반을 설치하여 군사간부를 양성하게 되었다.

남경에서 활동하며 중국국민당과 가흥에 있는 김구의 연락을 맡았다. 주요 임무는 중국측의 지원 자금을 전달하는 일이었다. 이러한 역할을 수행하면서 김구의 핵심 측근으로서 위상을 확보하였다.

김구의 위임을 받아 북만주에서 활동하고 있던 한국독립군의 남경 이동을 주선하였다. 김구는 장개석과 면담 후 낙양군관학교에서 군사간부를 양성하고자 하였고 이를 위해 한국독립군 총사령 지청천을 교관으로 초빙하고 그 휘하에 있는 독립군들을 입교시키고자 하였다. 남경에 온 이규채, 신숙 등과 함께 한국독립군의 중국 관내 이동을 성사시켰다. 그 결과 1933년 말 한국독립군 총사령 지청천 등은 남경으로 이동하여 한인특별반에 입교하였다.

김구와 함께 찍은 박찬익의 사진(뒷줄 오른쪽). 앞줄 김구 좌우에 있는 인물들은 윤봉길 의사 의거 때 폭탄을 만들어준 상해병공창의 중국인 王伯修 부부이며, 뒷줄 왼쪽은 엄항섭이다.

1934년 6월 자금 문제로 인한 오해로 김구와 결별하고 건강 악화로 홍콩·소주(蘇州) 등지에서 요양하였다. 중일전쟁기 이동녕, 이시영 등의 주선으로 김구와 다시 손잡았다. 임시정부가 사천성(四川省) 기강(綦江)에 도착한 뒤에는 다시 임시정부에 참여하였다.

1939년 10월 임시의정원에서 의원으로 선출되었고, 1940년 5월 9일 한국독립당창당에 참여하여 중앙집행위원으로 선임되었다. 한국독립당은 임시정부의 기반이된 정당으로 중앙집행위원장은 김구였고 조소앙, 지청천, 조완구 등과 함께 중앙집행위원으로 활동하였다.

이후 지청천, 유동열, 김학규, 조경한, 이범석 등과 한국광복군 창설(1940년 9월 17일)의 실무를 맡았다. 주로 중국 측과의 교섭을 담당하였다. 광복군 창설이 중국의 항일전에 유익하다는 논리로 광복군 창설에 대한 지원과 승인을 요청하였다.

1940년 10월 9일 임시정부는 헌법을 개정하여 종래의 집단지도체제를 단일지도체제인 주석제로 바꾸었다. 김구가 주석에 선출되었고 박찬익은 이시영, 조완구, 조소앙, 차리석 등과 국무위원에 선임되어 법무장을 맡았다.

1941년 11월 중국군사위원회가 광복군을 예속하는 '한국광복군행동9개준승'을 통보해 왔는데 광복군을 중국군사위원회의 통제하에 두려는 것이었다. 재정적 문제 등으로 중국측의 지원이 필요했던 임시정부는 이를 받아들일 수밖에 없었다. 1943년 2월 조소앙, 김규식과 함께 교섭 대표로 선출되어 중국측을 상대로 9개준승 취소를 위한 교섭을 전개하였다. 그 결과 1944년 8월 23일 중국군사위원회 참모총장 허응흠(何應欽)이 취소를 통보해 왔다. 이로써 광복군은 독자적으로 활동할 수 있게 되었다.

1944년 4월 22일 임시의정원에서는 헌법을 개정하여 조선민족혁명당의 김규식을 부주석에 선출하고 김원봉, 최석순을 군무부장과 문화부장으로 선임하여 좌우연합정부를 구성하였는데, 이때 박찬익은 이시영, 조성환, 황학수 등과 함께 국무위원에 선임되었다.

1944년 9월 5일 김구 주석과 장개석 중국군사위원장의 면담을 주선하고 통역을 맡았다. 김구는 임시정부에 대한 승인, 재정적 원조, 임시정부 사무실 마련 등 6개 사항을 요구하였다. 일제 패망 직후인 1945년 9월 26일 김구와 장개석의 면담에서도 통역을 맡았다.

해방 이후인 1945년 11월 1일에는 주화대표단 단장에 임명되었다. 북경에 화북한교선무단(단장 이광), 개봉(開封)에 화중한교선무단(단장 이상만), 남경에 화남한교선무단(단장 지청천)을 설치하여 교포들의 생명과 재산을 보호하는 활동을 전개하는 한편 배편으로 한인들을 귀국시키는 업무를 총괄하였다.

1946년 2월 중경(重慶)에서 한국독립당 중국총지부를 조직하고 집행위원장에 선임되었다. 5월 남경으로 천도한 중국 정부를 따라 주화대표단도 남경으로 이전하였다. 그해 가을 주화대표단의 업무를 민석린(閔石麟)에게 맡기고 봉천(奉天, 지금의 瀋陽)으로 가서 만주 지역에 거주하고 있던 동포들에 대한 보호 활동과 이들의 귀국을 주선하고, 1948년 4월 16일 귀국하였다. 남북 협상에 참여하려는 김

구를 만류하라는 장개석의 부탁으로 귀국하였다고 한다. 귀국 후에는 대종교의 교적 간행을 위해 기부하는 등 대종교 활동에 전념하다가 1949년 3월 9일 별세하였다.

[교력]

박찬익의 대종교 교력을 살피면 공업전습소 시절로 올라간다. 그는 공업전습소 재학 시절, 그가 이끌던 공업연구회를 지도하던 신규식 등의 영향에 의해 대종교에 입교하였다. 특히 그는 당시 공업전습소의 많은 학우들을 대종교에 봉교시키기도 했다. 박찬익은 1910년 2월 30일(음력, 이하 음력), 그와 북간도 항일투쟁과 대종교 포교의 절친한 동지였던 이동춘(李同春)과 함께 참교(參敎)의 교질(敎秩) 수여와 함께 시교사(施敎師)로 임명되었다.

1910년 말 대종교 거점 확보를 위해 북간도로 넘어간 박찬익은 평강(平崗) 상리사(上里社) 청산리(靑山里) 청호(靑湖) 북로(北路)에 자리를 잡았다. 그는 안중근(安重根)의 백부(伯父)인 안태진(安泰鎭)이 기부한 가옥에 대종교 시교당(施敎堂)을 개설하고 포교에 뛰어 들었다. 그리고 1911년 중광절(음력 1월 15일)에 오혁(吳赫)·강우(姜虞)·신규식·김교헌(金敎獻)·이동춘 등, 대종교의 중진들과 더불어 지교(知敎)의 교질로 승질(陞秩)하였다. 1912년 초에는 그가 개척한 청호시교당에 부속학교도 병설하여 초등과와 고등과의 교육을 시행하였다. 초등과의 교과는 산술·습자(習字)·작문·조선국문·수신(修身)·체조였으며 고등과는 한문·작문·역사·지리·이과(理科)·국문·산술·습자·수신·교련(敎鍊) 등을 가르쳤다.

한편 당시 대종교 교주인 나철이 청호에 머물며 박찬익에게 예언시를 전해주었던 것도 이 시기다. 당시 개천절 봉축식을 거행하고 고경각(古經閣, 대종교 교주의 집무 공간)을 찾은 박찬익에게 다음과 같은 비결적 성격의 글을 적어 주었다.

鳥鷄七七日落東天 (조계칠칠일락동천)
黑狼紅猿分邦南北 (흑랑홍원분방남북)
狼道猿教減土破國 (낭도원교멸토파국)
赤青兩陽焚蕩世界 (적청양양분탕세계)
天山白陽旭日昇天 (천산백양욱일승천)
食飲赤青弘益理化 (식음적청홍익이화)

이 시에서는 일본의 멸망(1행)과 남북 분단(2행), 냉전과 이념 논쟁으로 어지러워지는 세계상을 예언하고 있다. 또한 그 분탕의 세계를 종식시키는 가치가 백두산의 백양(白陽)으로 곧 하느님신앙[天神教]임을 밝히고, 이후 맞이하는 질서가 홍익이화의 대종교적 이상세계라는 내용을 담고 있다. 박찬익은 이것을 품고 있다가 1948년 환국 직후, 대종교총본사에서 윤세복(당시 대종교 교주)과의 대담에서 처음 공개했다. 그리고 당시 대종교 경의원 참의로 동석 했던 신철호(申哲鎬)가 받아 적어 기록한 것이다.

1913년 7월 용정에서 절친한 동지인 박승익과 함께 대종교 지도자 호석 강우를 만난 것도 소중한 경험이었다. 강우는 공업연구회부터 박찬익에게 지도를 아끼지 않았던 인물이

다. 당시 박찬익은 용정에서 조금 떨어진 봉림동(鳳林洞)에 거주하고 있었다. 절친한 동지인 박승익과 용정에서 만나 대종교 활동에 대한 의논을 하였다. 강우는 박찬익에게 앞으로 대종교 활동에 매진하라고 다음과 같은 한시도 지어 주었다.

四千餘載見重華　　4천여 년 지나서 거듭 빛 드러나니
萬里門庭爲一家　　드넓은 땅덩어리 한 집이 되었구나
海東基礎青年進　　우리나라 기초는 청년들로 나오는데
關北文章白髮多　　관북의 문장가는 백발이 많네 그려
龍井何人初闢地　　그 옛날 용정 땅을 누가 처음 개척했나
鳳林今日又開花　　만주 땅 오늘에 다시 한 번 꽃 피도다
檀帝遺功今記否　　단제께서 끼친 공을 기억하는지 못하는지
諸君須唱古神歌　　제군들 이제 부터는 고신가(古神歌)만
　　　　　　　　　　　부르시게나.

강우가 박찬익에게 대종교의 정신으로 드넓은 만주벌판에 젊은 기개를 마음껏 펼칠 것을 당부하는 내용을 담고 있다. 특히 마지막 줄에 나오는 고신가(古神歌, 얼노래)란, 백두산 수도집단인 백봉신사(白峯神師) 일행이 나철에게 전해준 문류(文類) 속에 포함된 글로, 대종교를 대유(代喩)하는 말이다.

이 무렵 일제와 중국 당국의 대종교 견제에 대한 박찬익의 역할도 주목할 부분이다. 1912년 일본영사(日本領事)의 간책으로 간도 일대에 새로 세운 대종교 교당들이 한 때 폐지를 당하였다. 박찬익은 나철의 지시를 받고 곧바로 동변도태(東邊道台) 도빈(陶彬)과 길림성장(吉林省長) 진소상(陳昭常) 그리고 동삼성주변사(東三省籌邊使) 장병린(章炳麟)을 교섭하여 닫혔던 대종교 교당들이 다시 문을 열도록 하였다.

또한 1914년 중국 당국에서 대종교 활동에 압박을 가해오자, 길림성장 겸 독군(督軍)인 장작상(張作相)을 만나 대종교 활동이 독립운동의 일환임을 설득한 인물도 박찬익이다. 당시 장작상과의 교섭과정에서 나타난 만주 관련 논쟁도 흥미를 끄는 부분이다. 박찬익은 길림성 일대의 대종교 탄압이 본격화되고 있다는 백포(白圃) 서일(徐一)의 전갈을 받고 그 해결을 위해 장작상을 만났다. 그 자리에서 장작상은

"너희는 지금 독립운동을 한답시고 우리 만주를 넘보고 있다. 그리고 대종교라는 것이, 나는 너희 나라 국조를 섬기는 교인 줄 알았더니, 백두산을 너희는 대종교들의 천산이라 부르며, 백두산 일대의 땅은 모두 너희들 땅이라고 생각한다면서! 그래 어느 땅이 감히 너희들 땅이냐!"

라는 격앙된 인식을 보였다 한다. 이에 대해 박찬익은, 만주를 비롯한 백두산이 당연히 예로부터 조선의 땅임은 삼척동자도 아는 것이 아니냐며 단호히 반문을 했다. 그러나 대종교가 그 옛 땅을 찾고자 하는 것이 결코 아니며, 일제에 강점당한 조국을 찾겠다는 일념밖에는 아무런 욕심이 없다는 것을 분명히 하면서, 이 모든 것이 일제의 이간질임을 설득시켰다. 당시 장작상은 박찬익의 말에 공감

하면서, 오히려 1만원짜리 어음을 선물로 주었다. 그리고 이 돈은 대한군정서의 근간이 된 대종교 중광단의 무기구입에 사용되었다. 이러한 공로로 1914년 5월 13일, 박찬익은 교질이 상교(尚敎)로 올랐다.

1926년 겨울에도 길림성장(吉林省長) 장작상(張作相)이 대종교포교금지령(大倧敎佈敎禁止令)을 만주 지역에 대대적으로 발포하였다. 이 때도 박찬익은 길림으로 달려가 1년 동안 항의(抗議)하며 교섭하였으나 효과를 얻지 못하였다. 그럼에도 각계 요로에 대종교 해금령(解禁令)을 위한 외교적 노력을 쉬지 않았다. 1929년 봄에는 남경으로 가 국민정부와 교섭하였다. 그 결과 대종교 해금령을 얻어내는데 성공하여 만주지역에 그 해금령을 내렸으나, 때마침 만주사변이 일어나 모든 것이 수포로 돌아갔다.

비록 결과는 일제의 만주침략으로 이루어지진 않았지만, 박찬익이 오랜 기간 보여준 노력과 능력은 대단했다. 1910~1920년대 남·북만주에 대종교의 교세가 확장될 수 있었던 배경에는 박찬익의 외교적 업적이 작용했던 것이다. 대종교에서는 박찬익의 이러한 공로를 기리기 위하여 함께 노력했던 청사(晴簑) 조성환(曺成煥)과 1927년 정교(政敎)의 교질과 대형(大兄)의 교호(敎號)를 내렸다.

박찬익이 1948년 7월 11일 40년 만에 환국하자, 30여명의 대종교 동지들이 총본사에 환영회를 마련하였다. 당시 조완구 등이 간곡한 환영사를 했으며, 이에 박찬익은 답사를 하며 대종교 발전 방향에 대해 깊이 논의하기도 했다. 특히 검소한 생활 속에 절약한 돈 기백만원을 헌성하여 대종교 종경(倧經)을 만드는 작업에 공헌하기도 했다. 그러나 박찬익은 쇠약해진 건강을 회복하지 못하고 1949년 1월 1일 귀천(歸天)하였다.

대종교에서는 회의를 통해 고 박찬익의 장례를 교회장(敎會葬)으로 치르기로 결정한다. 먼저 천전(天殿)에 고유(告由)한 후, 당시 교주인 윤세복은 3일간 절식원도(絶食願禱)하고 총본사는 3일간 업무를 멈추었으며 7일간 조기(弔旗)를 계양하여 명복을 빌었다. 그리고 1월 26일 오후 3시에 창신동 호상소(護喪所)에서 춘파(春坡) 정관(鄭寬)의 주제(主祭)로 총본사 직원 및 교우 다수가 모여 총본사의 치제식을 거행했다. 그리고 27일 오전 10시에 총본사 천궁(天宮) 앞뜰에서 교우들과 이승만 대통령을 비롯한 정부요인, 그리고 김구 주석 이하 임시정부요인들과 각 정당 및 사회단체 대표, 주한외교사절 등 내외 귀빈 다수 참석한 가운데 대종교교회장으로 영결식을 거행하였다. 당시 영결식 예원들 역시 대종교 활동과 항일투쟁을 함께 했던 동지들이 다음과 같이 맡았다.

一. 의식(儀式)　　백수(白水) 정열모(鄭烈模)
一. 원도(願禱)　　보본(普本) 엄주천(嚴柱天)
一. 식사(式辭)　　백주(白舟) 김영숙(金永肅)
一. 약사(略史)　　우천(藕泉) 조완구(趙琬九)
一. 조사(弔詞)　　지산(志山) 정원택(鄭元澤)
一. 신가(神歌)　　일사(一史) 태흥선(太興先)

특히 영구(靈柩) 사령식(辭靈式)에는 교주 윤세복이 친히 조사(弔辭)를 올려 참석한 많은 사람들을 심금을 울렸다.

이 조사의 내용은 박찬익의 대종교적 삶의 일면을 잘 살필 수 있는 글이기에 그 전문을 적어본다.

박남파 대형! 남파 대형! 대형이시여, 대형은 이미 형해(形骸)를 감추고 기리 잠드는 길을 떠나는 이 자리에서 불초 한 이 사람이 조사를 드리게 됨은 정말 꿈같은 사실이요, 또 대형의 일생을 돌아보면 실로 감개무량합니다.

불행하게도 한국 말년에 태어났고 다행하게도 대교(大敎) 중광한 때를 만났습니다. 지난 40년 동안에 나라 이름을 잃고 일시 왜로(倭虜)의 식민지가 되었던 우리 사회는 명의상 독립이나마 대한민국이 이미 국제공인을 얻은 이 때이요, 또 우리 대교가 왜노의 학정밑에서 천신만고로 오랜 동안 수난기를 다 지내고 다시 중흥기로 전환되는 오늘날입니다

대형은 그동안 험악한 풍조를 헤치고 분투노력하던 귀중하신 몸이 과도한 피로로서 수년 신음하시다가 마침내 환국요양(還國療養)을 얻었고, 또 만리 이역에 유리 표박하던 가족이 모두 고국으로 단취(團聚)되었으며, 그와 같은 만난역경을 밟으면서도 66세의 고령으로 향수(享壽)하신 대형이 무슨 유감이 있겠습니까.

이제 대형의 공생활(公生活)에 관한 개략을 잠깐 말하고자 합니다. 대한민국 임시정부가 수립될 때부터 중국에 대한 외교사무는 신예관(申睨觀, 신규식을 말함-인용자 주) 대형의 뒤를 이어 수십 년을 전무(專務)하심은 일반이 공인하는 바요, 대교가 중광할 때에 대형은 공업학교 시대인데 동교학생을 전부 인솔하고 대교를 신봉한 기적은 대형의 정신적 활동력이 큰 것을 흠탄불이(欽嘆不已)오며, 또 지금부터 37년 전 곧 중화민국 2년도의 일입니다. 홍암대종사께서 화룡현 청파호에서 수도포교(修道布敎)하실 때에 일본 총령사의 교섭으로 말미암아 간도 일대의 신설 교당 십수 처가 일시 봉폐를 당하였는 바, 용정촌에 거주하던 대형은 대종사의 명의(命意)를 받아서 그때 동변도태(東邊道台) 도빈(陶彬)과 길림성장(吉林省長) 진소상(陳昭常)과 동삼성주변사(東三省籌邊使) 장병린(章炳麟)을 교섭한 결과, 봉폐된 교당이 다시 문을 열고, 급히 남북만주에 교세가 확장된 당시 사실은 대교의 외교사상(外交史上)에 위대한 훈업을 세운 것이 30미만인 청년시대의 일이 아닙니까.

뿐만 아니라 지금부터 24년 전 곧 중화민국 15년도에 길림독군 겸 성장 장작상(張作相)이 대종교포교금지령을 발표하였으니, 이것은 소위 삼시협정(三矢條約)을 배경으로 한 불상사인 바, 북경에 머물던 대형은 곧 길림으로 나와서 윤화전(尹華田, 윤복영을 말함-인용자주), 조청사(曹晴簑, 조성환을 말함-인용자 주) 양(兩) 대형과 연명(聯名)하여 항의교섭을 개시한 지 1년에 종시 실패를 보고, 동 18년도에 대형은 남경으로 전왕(專往)하여 국민정부를 교섭한 결과 대종교해금령은 동북4성에 발하(發下)되고, 동정부의 공함(公函)을 접수한 총본사는 곧 동북각성에 교섭을 재개하고 만주 교세를 경장(更張)할 즈음에 소위 만주사변이 발생되자 이 교섭은 무효되었으나 대형의 위훈은 교사(敎史)에 불민(不泯)할 것인 바, 전후 교섭에 중요한 문서를 임오교변(壬午敎變, 1942년 대종교지도자 일제 구속사건-인용자 주)에 죄다 잃고 오직 그 개략

만을 이 사람의 뇌리에 역력히 기억합니다.

대형의 교력(敎歷)을 대강 말하면, 대종사 재세시(在世時) 대형은 갑인(甲寅, 1914년-인용자 주) 5월에 무원종사(茂園宗師, 김교헌을 말함-인용자 주)와 같이 상교(尙敎)의 교질을 받으셨고, 나는 병진(丙辰, 1916년-인용자 주) 4월에 백포종사(白圃宗師, 서일을 말함-인용자 주)와 함께 상교의 교질을 받았으니, 자연히 나로는 내가 세 살이 더하지만 종문(倧門)의 나로는 대형이 두 해 위가 아닙니까. 또 남경교섭이 끝나자 조청사 대형과 같이 정교(正敎) 가(加) 대형(大兄) 호로 승질(陞秩)하신 것이 이미 22년 전의 일입니다.

그런데 위훈이 있고 성덕(誠德)을 가진 대형이 어째서 죄악만 지고 불초무상(不肖無狀)한 이 사람 보담 먼저 가십니까? 이것이 대교를 위하야 억울한 생각을 금하기 어렵습니다. 지난 가을에 유서로써 보이신 조건은 한배검의 종경인쇄비(倧經印刷費)로 2백만원을 제공하신 것은 출판 계획이 그대로 진행될 뿐 아니라, 동기휴가(冬期休暇)에 총본사직원의 교리강수가 우수한 성적을 발포하게 된 바, 대형의 주심이 실로 큽니다.

이 성금을 제공하실 때에 대형의 말씀이 "나는 이것을 명예적이나 사업한다는 관념이 없고 다만 나의 대교에 향하는 적은 정성을 표하는 것뿐이니, 도형(道兄)만 알으시고 취급하는 사람도 나의 이름은 모르게 하여 주시오"하시던 촌탁(寸託)을 내가 어찌 잊겠습니까마는, 결코 유명(幽明)이 다르다 해서 대형의 뜻을 어기려는 것이 아닙니다. 나의 생각에는 알음이 적은 우리 일반 교우로 하여금 대형의 그 고귀하신 정신, 이념, 인격을 모범적으로 추모하는 것이 우리의 전도에 큰 힘이 될까 함입니다. 노염(怒念)내지 말아 주세요!

임종 전에 두 차례나 최후 교담(交談)을 하였는데, 대교의 전도와 시국의 현장에 관한 대형의 우도려시(憂道慮時)는 그 진성지정(眞誠至情)을 감탄불이(感嘆不已)하는 바이오나, 대저 사회의 발전은 끝이 없고 인간의 욕망도 한정되지 않습니다. 그런데 우리 사회의 현정세를 살펴보면 곧 자멸되고 말 것 같으나 결코 그리될 것은 아닙니다. 우리는 이미 제 정신을 잃고 노예 지옥에 떨어진 지 근 천년에 많은 죄악을 지었기 때문에 지금 자벌(自罰)로서 자상잔해(自相殘害)하는 것인데, 전민족의 백분의 일이 감축되기 전에 반드시 각오가 있을 것이요, 상당한 각오가 있다면 남북통일과 민생자급이 그리 큰 문제는 아닐 것입니다. 또 대교 전도에 대한 시전책(施展策)은 착착 예비하는 터인 바 시국의 해결을 따라서 교세확장만은 틀림이 없을 줄 믿습니다.

대형이시여! 이 세상일은 너무 염려 말으시고 곧 삼종사(三宗師)의 인도로서 천궁(天宮)에 조회(朝會)하여 무등락(無等樂)을 길이 누리옵소서.

대종교에서는 생전 박찬익의 종교적인 삶을 기려 1950년 2월 1일 교주의 집무실인 경각(經閣)에 그의 유상(遺像)을 봉안(奉安)했으며, 같은 해 5월 8일에는 사교(司敎)의 교질과 함께 도형(道兄)의 교호를 추승(追陞)하였다. 또한 윤세복은 박찬익의 종교적 귀감을 기리기 위하여, 돌아가신 대종교 스승들 10인의 삶을 개략한 『우리 스승님들의 모

습」(필사본, 1950년)에 박찬익을 대종교 스승의 1인으로 넣어 찬하기도 했다.

[참고문헌]
『종보』제5호(1910년), 『倧訊』제3호(1911년), 『대종교보』제159호(1948년)·제161호(1949년)·제165호(1950년)제166호(1950년), 『종문영질』(프린트본, 1922), 『대종교인과 독립운동연원』(이현익, 프린트본, 1963), 『대종교독립운동사』(박명진, 필사본, 1964), 『대종교중광육십년사』(대종교총본사, 1971), 『우리스승님들 모습』(윤세복, 필사본, 1950), 『독립신문』1944.10.8., 『한국중흥종교교조론』(신철호, 대종교총본사, 1979), 『독립운동사자료집』8(독립운동사편찬위원회 편, 1974), 『호석선생문집』(독립운동사편찬위원회, 『독립운동사자료집』12문화투쟁사자료집, 1977), 『남파박찬익전기』(남파박찬익전기간행위원회편, 을유문화사, 1989), 『남파 박찬익연구』(이연복, 『국사관논총』18, 국사편찬위원회, 1990), 『석린민필호전』(김준엽 편, 나남출판, 1995), 『임정 주화대표단의 조직과 활동』(김정인, 『역사와 현실』24, 한국역사연구회, 1997), 『백범김구전집』5·7(백범김구선생전집편찬위원회, 1999), 『대한민국 임시정부의 환국』(한시준, 『한국근현대사연구』25, 한국근현대사학회, 2003), 『韓國近代史資料集成』9(국사편찬위원회, 2004), 『대한민국 임시정부자료집』1·2·3·8·12·22(국사편찬위원회, 2005~2010), 『대한민국 임시정부Ⅲ -중경시기』한국독립운동의역사제25권(한시준, 독립기념관 한국독립운동사연구소, 2009), 『예관신규식선생전집』제1권(예관신규식전집편찬위원회, 2019)

박창순(朴昌淳, 남, 1885~?)

아호(별명) _ 관란산인(觀蘭山人), 박알렉산더
입교 시기 _ 1918년 이전 | 교질 _ 참교

함경남도 함흥 출신이다. 국내 3·1독립만세운동과 관련하여 애족장(2007년)을 받은 박창순(朴昌淳)과는 동명이인이다. 일찍이 참봉의 벼슬을 지내고 러시아 블라디보스토크로 망명하였다. 박창순의 모친 역시 블라디보스토크의 애국부인회 회장 등으로 활동한 것으로 보아 가족 전체가 망명하였음을 알 수 있다. 또한 박알렉산더라는 러시아 이름으로도 활동했음을 보면 귀화한 인물일 가능성이 크다.

박창순은 1909년 9월에 발행된 『대동공보(大東共報)』에 다음과 같은 글을 기고할 정도로, 지역적 기반도 일찍이 다진 인물이다.

"낯 놓고 기억자도 모르는 농부가 홀연히 병마에 걸려 마침내 황천객이 된 뒤 며칠 후에 글을 인가에게 보내어 말하기를, 표연히 영(靈)을 타고 천상에 이르니 일월신두(日月辰斗) 찬란한 별천지라 이곳을 염라국이라 한다. 망연 문외(門外)에서 배회하기를 30분쯤, 갑자기 내외의 세 개의 문이 열리더니 굉장한 진동이 산과 골짜기에 울려 퍼지고 쇠사슬에 묶인 수많은 죄인이 청귀적귀(靑鬼赤鬼)에 이끌려서 염라왕의 법정에 끌려나와 염라대왕의 추상같은 엄차숙(嚴且肅)한 대갈일성(大喝一聲)으로 이르기를, 천은을 입으면서도 보은의 의를 잊고 불충한 마음이 가슴에 가득 찼으니 그대의 원수 왜노를 주인같이 섬기며 수많은 역신이 공모하여 금수강산을 남에게 주고 나라의 충신을 살해하며 얼마 안 되는 월봉을 달게 받으며 태평을 꿈꾸고 있으니 오늘의 이 벌이 있을 줄을 몰랐던가? 옥사장(獄司長)을 불러서 속히 중형에 처

하라고 천뢰(天雷)같이 호령하자, 옥사장은 또다시 일일이 묶더니 전후좌우를 에워싸고 한 사람 한 사람 성명을 불렀다. 그 중에서 내가 아는 자를 들면 5조약(을사5조약)의 수괴 박제순·이완용 악운이 센 5조약(을사5조약)의 역적 이지용, 대역(大逆)을 꾸민 권중현, 역신 이근택·이재곤, 일진회를 창립한 7적의 수괴 송병준, 일본의 종노가 되어 대신자리를 얻어 7적 중에 끼어든 조중응·7적 창귀(倀鬼) 임선준(任善準)·7적 간신 공영희(高永喜)·돼지 같은 이병무(李秉武), 다 읽고 나자 또 다시 새로이 다시 묶어 펄펄 끓는 급살탕 속에 던져 넣었다. 다시 끌어내어 맹수독사에 잡아먹히게 하니 한 마리의 새가 수연히 말하기를, 우리는 예전부터 반포(反哺)의 효를 아는데 어찌 그 고기를 먹을 수 있겠느냐, 나는 이 경황을 보자 애국의 정성이 갑자기 솟아올랐다. 바라건대 현세의 사람들이여 내가 말하는 것이 거짓말이라고 하지 말라. 노는데 팔려 집으로 돌아가기를 잊지 말고 화류주색(花柳酒色)을 금하고 일심 단합하여 원수를 갚자."

이 글을 실은 『대동공보』는 1908년 블라디보스토크에서 창간된 신문으로 교포단체인 한국국민회의 기관지였다. 박창순은 이 글에서 나라를 팔아먹은 7적에 대한 분노와 함께 올바른 행동거지로 조국광복의 의기를 다지고 있다. 그의 항일투쟁의 의지가 경술국치 이전에 이미 솟구치고 있음을 보여주는 부분이다.

박창순은 1910년 블라디보스토크 러시아경찰서에 근무하며 대일본 정보요원으로 활동했으며, 1914년 4월에는 이동녕(李東寧) 등과 함께 블라디보스토크에 거주하는 일본인들에 대한 동정을 탐지하기도 했다. 1918년 4월 일본의 육전대(陸戰隊)가 블라디보스토크에 상륙하자 그곳 신한촌민회(新韓村民會) 내에 한인군인회(韓人軍人會)를 개최하여 그 지역 한인들의 자위(自衛)를 위해 김하구(金河球)·조장원(趙璋元)·강량오(姜良五) 등과 경비단을 조직하는데도 앞장섰다. 또한 1919년 3월 블라디보스토크에서 3·1독립만세운동의 분위기를 이어가기 위해 박은식이 노인단을 중심으로 성명서를 발표를 도모할 당시, 박창순의 모친 역시 그 지역 애국부인회 회장으로 지역 부인들을 통한 적극적 협조와 기금모금에도 적극 앞장섰다.

한편 1936년 6월 박창순이 김상훈(金尙勳)·이욱(李旭)·김우련(金禹練)·방은권(方銀權)·박광섭(朴光燮) 등과 만주 장백현(長白縣)에 거주하는 한국인들이 지방진흥 및 공존공영의 복리증진을 목적으로 장백번영회(長白繁榮會)를 창립한 기록도 있으나, 동일인인지는 확인이 안 된다.

박창순과 대종교의 관계가 처음 나타나는 것은, 그가 블라디보스토크에서 대종교의 경전(經典)인 『사책합부(四冊合附)』의 발행인으로 등장하면서다. 『사책합부』는 대종교지도자이자 항일투쟁의 거물인 백포(白圃) 서일(徐一)이 대종교동도본사를 이끌던 시절인 1918년 1월 초순 블라디보스토크에서 출간한 경전이다. 대종교 교리(教理)·교사(教史)의 핵심이 되는 『신사기(神事記)』·『신리대전(神理大全)』과 서일 스스로의 저술인 『회삼경(會三經)』 그리고 『도해삼일신고강의(圖解三一神誥講義)』 등 4편을 하나로 엮은 경전이다. 특히 이 책의 출간에는 서일뿐만이 아니라, 당시 대종교

동도본사의 주요 인물들이며 대한군정서(북로군정서)의 핵심요원으로 합류하는 계화(桂和)·정삼(鄭森)·고평(高平) 등의 인물들도 대거 참여하였다. 계화는 『신사기』의 주해(註解)와 정삼은 『회삼경』의 발문(跋文)을 썼으며, 고평은 책의 편수(編修)를 담당하였다. 더욱이 박창순이 그 출판을 총괄하는 발행인의 역할을 하였다는 것은, 그가 대종교인으로서 그 지역의 유지였다는 점과 그 시기 이미 대종교에 깊이 관여하고 있었음을 알게 해 준다. 또한 대종교도들이 중심이 된 후일의 대한군정서가 그 행동의 배면에 대종교의 종교철학적 배경과 밀접했음을 확인할 수 있다. 박창순은 1918년 1월 13일(음력) 참교(參敎)의 교질(敎秩)을 받은 기록이 있다. 블라디보스토크에서 『사책합부』를 발간한 그 직후임을 확인하게 된다. 그가 1922년 11월 11일(음력) 영계(靈戒)를 받았다는 대종교의 또 다른 기록은, 제3의 인물이거나 소통이 원활치 않았던 대종교단 내의 오류일 가능성이 크다.

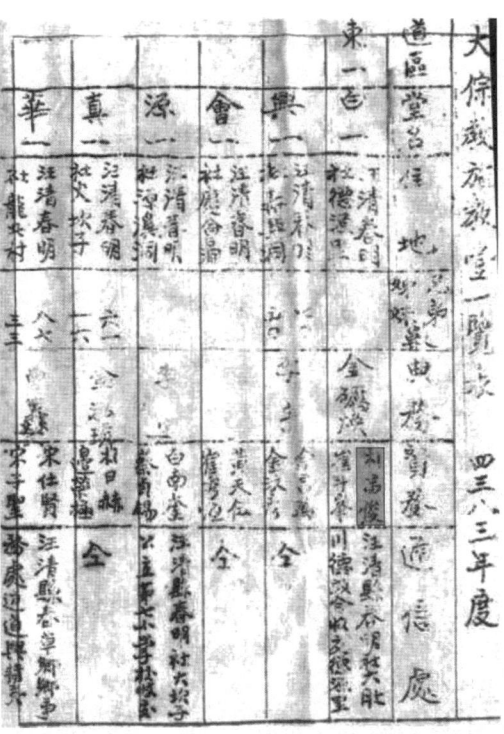

1918년 1월 白圃 徐一이 이끄는 대종교동도본사의 이름으로 러시아 블라디보스토크에서 발간된 『四冊合附』의 표지(왼쪽)와 판권. 판권 부분에 발행자로 朴昌淳의 이름이 보인다.

[참고문헌]
『대종교보』제56호(1922년), 『종문영질』(프린트본, 1922), 『四冊合附』(대종교동도본사, 블라디보스토크, 1918), 『大東共報』제79호(국가보훈처, 『해외의 독립운동사료』4-1, 1993), 「排日 朝鮮人 名簿 進達의 건(첨부)」(『不逞團關係雜件-朝鮮人의 部-在西比利亞』1, 機密韓 제62號, 한국사DB, 국사편찬위원회), 「國外情報浦潮에서의 不逞鮮人 行動」(大正8年乃至同10年 朝鮮騒擾事件關係書類 共7冊 其5, 密 제102號 其651/高警 第35835號, 한국사DB, 국사편찬위원회), 「新韓村 排日鮮人의 警備團 조직에 관한 건」(『不逞團關係雜件-朝鮮人의 部-在西比利亞』6, 朝憲機 제222호, 한국사DB, 국사편찬위원회).

박창준(朴昌俊, 남, 1885-?)
입교 시기_1926년 이전 | 교질_미상

출신지역과 생몰연대가 불분명한 인물로, 일찍이 연해주 지역으로 넘어가 이범윤의 측근으로 활동했다. 1916년 5월 왕청현(汪淸縣) 나자구(羅子溝) 지역 의용단(義勇團)의 단장을 맡아 중국인 최자녀(崔子汝)와 연계하여 마적을 방비하는 등 지역 치안유지에 앞장섰으며, 1919년 5월에는 김종식(金宗植) 등과 나자구 지역에서 한인항일투쟁의 중앙기관인 국민의사부(國民議事部)를 조직하고 독립운동자금을 모집하는 등 항일활동을 전개했다. 이 의사부는 1920년 중반까지도 이어진 조직으로, 박창준은 이 의사부의 재무부장 겸 대대장을 맡았고 김이근(金利根, 부장)과 최정국(崔正國, 총무)과 함께 했다. 한편 박창준은 1920년 2월 나자구를 중심으로 도독부(都督府) 조직에도 참여하여 항일투쟁을 이어갔다. 당시 임시독판 겸 군무(軍務)의 총지휘는 홍범도(洪範圖)가 맡았으며 박창준은 군기국장(軍器局長)을 맡아 국원(局員)인 김천보(金天寶)와 함께 참여했다. 이후 1926년 4월에는 공산주의투쟁에도 가담하여 왕청현 나자구 지역 공산당후원회 지부 부지부장(副支部長)을 맡기도 했으나, 그 이후의 행적은 확인되지 않는다.

만주 정권에 의해 압수된, 1926년 대종교교단에서 작성한 「大倧敎施敎堂一覽表」(延邊朝鮮族自治州档案館 所藏)에 白一施敎堂 朴昌俊(네모 안)의 이름이 보인다.

박창준의 대종교 영계(靈戒)나 교질(敎秩)과 관련된 기록은 대종교단 내에는 전하지 않는다. 그의 공산주의 활동 참여와 무관치 않을 듯하다. 다만 1926년 만주군벌에 압수된 대종교 문건에는 박창준이 백일시교당(白一施敎堂)의 찬무(贊務, 부책임자)로 임명된 기록이 전한다. 백일시교당은 박창준의 활동 거점이었던 왕청현 춘명사(春明社) 덕원리(德源裡)에 소재한 시교당으로 김려환(金礪煥)이 전무(典

務, 책임자)를 맡아 이끌었으며 최두봉(崔斗峯)이 찬무로서 박창준과 함께 그를 도왔다.

[참고문헌]
「大倧敎施敎堂一覽表(1926年)」(延边朝鮮族自治州档案馆 全宗号42 目录号1 案卷号343, 和龙县历史档案 和龙县警察所, 令各区查禁韓人设立大倧敎堂由, 民国十五年五月十二日),「排日 朝鮮人 名簿 進達의 건(첨부)」(不逞團關係雜件-朝鮮人의 部-在西比利亞1, 機密韓 제62號, 한국사DB, 국사편찬위원회),「6월 21日 이후 木屠 通譯官이 嚴仁燮으로부터 얻은 정보」(不逞團關係雜件-朝鮮人의 部-在西比利亞3, 朝憲機 제1390호 제319호, 한국사DB, 국사편찬위원회),「獨立運動에 관한 건(國外日報 제61보)圖們江方面」,「上海方面」(大正8年乃至同10年 朝鮮騷擾事件關係書類 共用 其7, 騷密 제1616號, 한국사DB, 국사편찬위원회),「在浦潮 鮮人의 동정」(不逞團關係雜件-朝鮮人의 部-在西比利亞5, 朝憲機 제482호, 한국사DB, 국사편찬위원회),「新韓村 排日鮮人의 警備團 조직에 관한 건」(不逞團關係雜件-朝鮮人의 部-在西比利亞6, 朝憲機 제222호, 한국사DB, 국사편찬위원회),「露領在住 鮮人의 독립운동에 관한 건」(不逞團關係雜件-朝鮮人의 部-在西比利亞7, 機密 제46호, 한국사DB, 국사편찬위원회),「한국독립운동사 자료」12·40·42·43(국사편찬위원회, 1983·2004·2006·2007)

박창현(朴昌鉉, 남, 생몰 미상)
입교 시기_ 1922년 | 교질_ 미상

출신지역과 생몰연대를 확인할 수 없다. 함께 활동한 주변 인물들로 보아 대종교 항일투쟁에 몸담은 인물로 추정되나 일제의 기록에는 잡히지 않는다. 박창현은 1922년 10월 15일(음력) 대종교 숙일시교당(肅一施敎堂)의 시교원(施敎員)으로 임명된 기록이 있다. 숙일시교당은 대종교동이도본사(東二道本司) 관할로, 대종교의 근거지였던 영안현(寧安縣) 밀강(密江)에 소재한 시교당이다. 당시 시교당의 총책임은 항일투쟁의 거물 최호(崔灝)가 맡았으며 항일투사 이현기(李現基)·김철배(金喆培)·홍승달(洪承達) 등이 박창현과 함께 최호를 도왔다. 이어 박창현은 1922년 12월 18일(음력) 항일투사 나병수(羅秉洙) 등과 영계(靈戒)를 받은 기록이 있으나, 그 외의 대종교 교력은 전하지 않는다.

[참고문헌]
「대종교보」제56호(1922년),「대종교중광육십년사」(대종교총본사, 1971)

박천주(朴天周, 남, 생몰 미상)
입교 시기_ 1926년 이전 | 교질_ 미상

출신지역과 생몰연대를 알 수 없으며, 대종교단 내의 문건이나 일제의 기록에서는 발견되지 않는 인물이다. 다만 화룡현당안관(和龍縣檔案館)에 보관된 문서 중,「대종교시교당일람표(大倧敎施敎堂一覽表)」라는 기록에 박천주가 등장하고 있다. 이 문서는 일제가 중국의 동북군벌정권과 결탁해 1925년 이후 만주지역에 대종교 포교금지령을 내린 이후 압수된 대종교 내부 문건으로, 1926년에 작성된

것이다.
그곳에는 박천주가 대종교 도일시교당(道一施敎堂)의 찬무(贊務, 부책임자)를 맡은 기록이 전한다. 그의 대종교 입교가 그 이전에 이루어졌음을 알 수 있다. 도일시교당은 혼춘현(琿春縣) 순양사(純養社) 노두구(老頭溝)에 소재했던 시교당으로, 당시 박봉주(朴鳳周)가 전무(典務, 책임자)를 맡아 이끌었으며 문창환(文昌煥)이 찬무로 선임되어 박천주와 더불어 시무하였다. 이들은 혼춘현 동문(東門) 안에 있는 협성상회(協成商會) 이군빈(李君濱)을 연락 거점으로 이용했으며, 120여명의 교우들을 거느리고 활동하였다.
특히 박천주와 함께 찬무를 맡은 문창환은 대종교 항일단체인 대한군정서(북로군정서)의 강철구(姜鐵求)와 함께 군정서 독립자금 모집을 위한 독립공채사건과 연관되었던 인물이다. 박천주 역시 대한군정서 등과 같은 대종교계 항일단체와 연관된 인물일 듯하나, 그 관련 기록 역시 드러나지 않고 있다.

[참고문헌]
「大倧敎施敎堂一覽表(1926年)」(延边朝鮮族自治州档案馆 全宗号42 目录号1 案卷号343, 和龙县历史档案 和龙县警察所, 令各区查禁韓人设立大倧敎堂由, 民国十五年五月十二日)

박춘길(朴春吉, 남, 생몰 미상)
입교 시기_ 1926년 이전 | 교질_ 미상

출신지역과 생몰연대를 알 수 없는 인물로, 대종교계 사회주의투쟁에서 그 흔적을 찾을 수 있다. 박춘길은 1924년 11월 길림성 반석현(盤石縣)에서 출범한 한국노동당(韓國勞働黨)에 관여한다. 한국노동당은 '조선민중해방운동에 대한 완전한 전사(戰士)가 되도록 기함'과 '신사회 건설에 대한 수양 촉진을 도모함'을 그 주요 강령(綱領)으로 내세운 단체로, 1925년 1월 1일자로「로동보」라는 순간(旬刊) 잡지를 창간하기도 했다. 박춘길는 대종교의 중심인물인 박우진(朴宇鎭)·박근식(朴根植) 등과 함께 한족노동당(韓族勞働黨) 발기인으로 참여하였다. 박춘길에 대한 대종교단 내의 기록도 전하지 않는다. 다만 1926년 대종교단 내에서 작성한 문서에는 그가 대종교 산일시교당(山一施敎堂)의 찬무(贊務, 부책임자)로 기록되어 있다. 산일시교당은 혼춘현(琿春縣) 순양사(純養社) 용두산(龍頭山)에 소재했던 시교당으로 이덕기(李德基)기 전무(典務, 책임자)를 맡아 이끌었다.

[참고문헌]
「大倧敎施敎堂一覽表(1926年)」(延边朝鮮族自治州档案馆 全宗号42 目录号1 案卷号343, 和龙县历史档案 和龙县警察所, 令各区查禁韓人设立大倧敎堂由, 民国十五年五月十二日),「韓族勞働黨의 組織에 關한 件」(不逞團關係雜件-朝鮮人의 部-在滿洲의 部40, 機密 第47號, 한국사DB, 국사천찬위원회)

1924년 길림성 반석현에서 출범한 한국노동당 발기인 명단의 일부. 朴春皙(네모 안)의 이름이 보인다.

박춘석(朴春錫, 남, 생몰 미상)
입교 시기_ 1923년 | 교질_ 미상

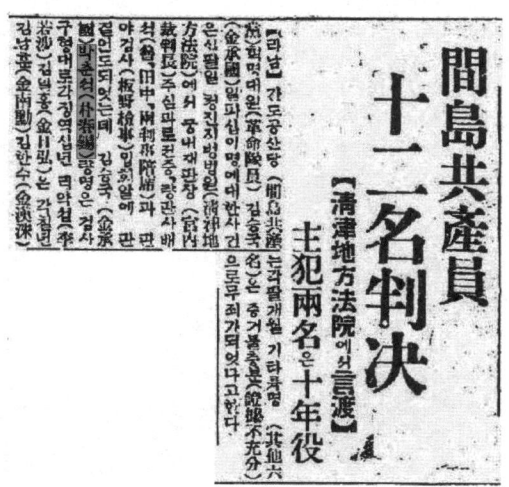

대종교 사회주의투쟁에 앞장선 인물로, 그 출신지역과 생몰연대는 확인이 안 된다. 1930년 5월 동만주 일대에서 발생한 제4차 간도공산당 사건과 연관되어 체포된 인물이

다. 당시 간도공산당 혁명대원으로 활동하던 박춘석은, 김승국(金承國) 등 11명에의 동지와 체포되어 청진지방법원에서 재판을 받았다. 그 결과 박춘석은 김승국과 징역 10년을, 이약섭(李若涉)·김일홍(金日弘)은 7년, 김남훈(金南勳)·김한수(金漢洙)는 8개월, 그 밖의 인물들에게는 무죄가 선고되었다.

박춘석의 대종교 교력을 살피면 1923년 6월 28일(음력) 대종교 동일도본사(東一道本司)의 특별 추천으로 영계(靈戒)를 받은 기록이 있다. 특히 당시 대일항전의 거물인 남창극(南昌植)·김창현(金昌鉉) 등 항일투사 31명과 함께 영계를 받았다는 점이 주목된다.

[참고문헌]
『대종교보』제58호(1923년), 『동아일보』1930.9.27.

박치병(朴致秉, 남, 생물 미상)
입교 시기_ 1921년 이전 | 교질_ 참교

함경북도 온성군(穩城郡) 온성면(穩城面) 주원동(周原洞) 출신이다. 대종교청년회장을 맡았던 박일병(朴一秉)과 친척으로 알려져 있으나, 그의 행적에 대해서는 기록이 거의 없다.

박치병에게 영향을 준 박일병은 『동아일보』 창간 사원으로, 조선청년회의 발기인으로 활약한 대종교적 민족주의 의자로 알려져 있다. 또한 무산자동맹(無産者同盟), 신사상연구회(新思想研究會), 화요회(火曜會), 신흥청년동맹(新興青年同盟), 조선노농총동맹(朝鮮勞農總同盟) 등에서 중심인물로 활동한 대표적 사회주의이기도 하다. 박치병이 대종교를 통한 사회주의 항일투쟁에 앞장선 배경을 알 수 있다.

한편 박치병은 고향인 온성청년회에서도 활동한 기록이 있다. 1927년 6월 10일 열린 온성청년회 제6회 총회에서, 그 해 단오절(端午節)을 기해 시민들을 위한 음악회 및 강연회를 열기로 결정하였다. 당시 박치병은 조진급(趙珍給)·최원용(崔元容) 등과 강연회의 연사로 선발되어 지역계도에도 노력했다.

박치병(네모 안)의 온성청년회 활동을 기록한 『중외일보』(1927년 6월 10일) 기사.

박치병의 대종교 교력을 살피면 1921년 9월 1일(음력) 참교(參敎)의 교질(敎秩)을 받은 기록이 있다. 그의 대종교 입교가 그 이전으로 올라감이 확인된다. 당시 최익채(崔益采)·강용구(姜鎔求)·조용해(趙龍海)·이필근(李弼根)·맹주천(孟柱天)·최창식(崔昌植) 등이 박치병과 함께 참교를 받았다. 이들 모두가 국내 항일투쟁의 중심에 섰던 인물들임이 주목된다.

[참고문헌]
『종문영질』(프린트본, 1922), 『중외일보』1927.6.10., 『왜정시대인물사료』(한국사DB, 국사편찬위원회)

박치열(朴致烈, 남, 생몰 미상)
아호(별명) _ 창빈(彰彬)
입교 시기 _ 1910년대 후반(추정) | 교질 _ 미상

출신지역과 생몰연대를 알 수 없는 인물이다. 일찍이 대종교인 중심의 흥업단(興業團)의 경호원과 광정단(光正團)의 교육위원을 지냈으며, 두 단체의 연락부원으로도 활약했다.
1920년 10월 유하현(柳河縣) 양자초(樣子哨)에서 조직된 조선인보민회(朝鮮人保民會)의 서기(書記)를 맡기도 했다. 이 보민회는 "조선인 상호간의 친목을 돈독히 하고 지덕을 연마하며 교육을 장려하고 실업을 면려하여 함께 복리를 증진케 함"을 목적으로 한 조직이었다. 김성규(金性奎)가 회장을 맡고 권상록(朴尙錄, 간사)·김병선(金炳先, 부회장)·權治機(總務)·최해원(崔海源, 조사원)·이원혁(李元赫, 조사원)·권수옥(權洙玉, 조사원)·손기옥(孫基玉, 書記)·박치서(朴致瑞, 평의원)·장석주(張錫周, 평의원)·김기홍(金基洪, 평의원) 등이 함께 했다. 박치열은 1924년 4월에는 관전현(寬甸縣) 용와구(龍瓜溝)에 거주하면서 문학빈(文學彬)·장리백(張利伯)·손성태(孫成秀)·김태현(金泰賢)·홍봉구(洪奉九)·김의범(金義凡)·김영호(金榮鎬)·송지남(宋之南) 등과 통의부유격대(統義府遊擊隊)로 활동한 기록도 전한다.
박치열에 관한 대종교단 내의 기록은 전무하다. 그의 입교 시기나 교질(敎秩) 관계도 확인되지 않는다. 다만 박치열과 흥업단 활동을 함께 했던 이현익(李顯翼)의 기록(『대종교인과 독립운동연원』)에 대종교항일투쟁 인물 120여명 가운데 박치열을 언급하면서 돈화(敦化)에서 병사(病死)한 인물로 적고 있다. 그의 입교 시기가 대종교 항일단체인 흥업단(1919년 조직) 시절일 가능성을 높게 하는 부분이다.

[참고문헌]
『대종교인과 독립운동연원』(이현익, 프린트본, 1963), 「柳河縣 樣子哨 保民會 設立의 件」(朝鮮人에 대한 施政關係雜件-保民會1, 公 제125호, 한국사DB, 국사편찬위원회), 「大韓統義府의 狀況(臨時報 제180호)」(不逞團關係雜件-朝鮮人의 部-在滿洲의 部38, 秘 關機高收 제6317호-機密受 제312호, 한국사DB, 국사편찬위원회)

박태홍(朴泰鴻, 남, 생몰 미상)
입교 시기 _ 1923년 | 교질 _ 미상

출신지역과 생몰연대를 알 수 없는 인물이다. 의군산포대장(義軍團山砲隊長)으로 활동하고 조선공산당사건으로 서대문형무소에 투옥되었던 박태홍(朴泰弘)과 동일인이라고도 하나 정확히 확인이 안 된다.
박태홍은 1923년 4월 26일(음력) 대종교 동일도본사 관할 길일시교당(吉一施敎堂)의 전무(典務, 책임자)로 임명되어 활동한 기록이 있다. 당시 길일시교당은 대종교 항일투쟁의 주요 거점이었던 연길현(延吉縣) 수신향(守信鄕) 세린하간동(細鱗河間洞)에 소재한 시교당으로, 지동연(池東蓮)과 류도훈(柳道勳)이 찬무(贊務, 부책임자)를 맡아 박태홍을 도왔다.

[참고문헌]
『대종교보』제58호(1923년), 『대종교중광육십년사』(대종교총본사, 1971)

박택규(朴宅圭, 남, 생몰 미상)
입교 시기 _ 1922년 | 교질 _ 참교

출신지역과 생몰연대가 불분명하다. 다만 그가 전라북도 익산군(益山郡)에 소재한 대종교시교당 활동을 펼쳤던 것으로 보아, 이 지역 출신일 가능성이 높다. 일제강점기 국내 대종교의 지역 시교당은 대부분이 그 곳 출신의 인물들이 책임을 맡아 활동하였기 때문이다.
박택규는 1922년 윤5월 10일(음력) 이전에 대종교에 입교하여, 대종교 남일도본사(南一道本司) 소속 여일시교당(礪一施敎堂)의 전무(典務, 책임자)를 맡은 기록이 있다. 당시 여일시교당은 전북 익산군에 소재했던 시교당으로 김봉수(金奉洙)와 권민중(權珉重)이 찬무(贊務)를 맡고 황종규(黃宗奎)가 시교원(施敎員)으로 임명되어 그를 도왔다. 그리고 같은 해 9월 21일(음력)에는 영계(靈戒)와 함께 참교(參敎)의 교질(敎秩)을 받았으나, 그 이후의 기록은 전하지 않는다.

[참고문헌]
『대종교보』제54호(1922년)·제55호(1922년)·제56호(1922년), 『대종교중광육십년사』(대종교총본사, 1971)

박해양(朴海陽, 남, 생몰 미상)
입교 시기 _ 1922년 이전 | 교질 _ 미상

출신지역과 생몰연대를 알 수 없는 인물이다. 일제의 대종교포교금지령으로 인해, 암흑기를 헤매던 1920년대 국내 대종교 활동에 몸담은 기록이 있다.

박해양은 1922년 윤5월 5일(음력) 대종교 남일도본사의 선범부찬(宣範部贊)으로 임명되었다. 그의 대종교 입교가 그 이전에 이루어졌음이 확인된다. 도본사의 선범부는 규범(規範)을 다스리는 조직으로 의식예의(儀式禮儀)와 회계검사(會計檢査), 교인쟁변(敎人爭辯)과 포상징벌(褒賞懲罰)을 관장하였다. 1인의 부령(部令)과 약간 명의 부찬(部贊)을 두었으며 부찬이란 부령을 돕는 직위다. 박해양이 부찬으로 있을 당시의 부령은 항일투쟁의 거물인 이채우(李埰雨)였음도 주목된다.

한편 그 시기 대종교 남도본사의 전무(典務, 책임자)를 맡았던 인물은 민족지도자 강우(姜虞)였으며 박상환(朴祥煥)·유진찬(俞鎭贊)·박승익(朴勝益)·김준(金準)·강용구(姜鎔求) 등, 항일투쟁의 거물들이 직책을 맡아 시무하였다. 이러한 정황으로 보면, 대종교단 내에서의 박해양의 위상도 가볍지 않았을 듯하나, 이외의 관련 기록은 전하지 않는다.

[참고문헌]
『대종교보』 제54호(1922년), 『대종교중광육십년사』(대종교총본사, 1971)

박헌용(朴憲用, 남, 1882-1940)
아호(별명)_ 동관(東觀), 동관생(東觀生)
입교 시기_ 1916년 | 교질_ 참교

박헌용

경기도 강화군 내가면(內可面) 황청리(黃淸里) 출신으로, 인천을 대표하는 서예가인 동정(東庭) 박세림(朴世霖)의 부친이다. 시문에 뛰어나 경기문장(京畿文章)으로 알려진 학자였으며 보성전문학교(普成專門學校)에서 법률을 전공하여 신학문에도 밝았다. 일찍이 대한학회와 대한흥학회의 회원으로 활동하면서 회지에 글을 기고하기도 했다.

박헌용은 신교육에도 앞장서 이건승(李健昇)과 강화 하도면(下道面) 사기리(沙器里)에서 계명의숙(啓明義塾)을 설립하여 후진을 양성하는가 하면, 동덕고등학교에서 한국사를 가르치기도 했다. 또한 임시정부 요인 김석황(金錫璜)과 연락하며 군자금 조달 및 정보 연락을 하였으며, 서울에서 심상옥(沈相玉) 등과 의용단(義勇團)을 조직하여 활동했다고도 한다.

1932년 7월에는 강화도 내가면에서 내가면혁신회(內可面革新會)를 조직하여 회장을 맡아 고향인 황청리의 생활 개선에도 적극 앞장섰다. 낙후된 고향의 산업진흥과 풍교개선(風敎改善), 교통 및 위생 개량을 목적으로 출범한 이 회는, 박승찬(朴承贊, 당시 부회장)과 박승규(朴承圭, 당시 총무) 등이 역원(役員)을 맡아 박헌용을 도왔다.

1932년 박헌용이 상·하책으로 편술한 『續修增補江都誌』.

한편 박헌용은 강화 지역 향토사에 남다른 애착을 가진 인물이다. 1926년에는 향토 곳곳에 산재한 시고(詩稿)를 엮어 『강도고금시선(江都古今詩選)』을 편술하는가 하면, 1932년에는 강화 역사를 재정립한 『속수증보강도지(續修增補江都誌)』를 편찬하여 강화 역사 문화를 체계적으로 기록·완성하는데 큰 업적을 남겼다.

이 『속수증보강도지』는 1928년 7월, 당시 강화군수였던 송량호(宋良浩)의 주선으로 시작된 사업이다. 1929년 1월 구체적인 착수작업을 거쳐 1932년 5월경에 완성되었다. 당시 박헌용은 주관자가 되어 편술(編述)을 맡았으며, 황범주(黃範周)·이득년(李得季)·황명희(黃明熙)가 교열(校閱)을 담당하였다. 이 책 출간의 경과를 보면, 효종 때까지의 연혁·인문(人文)·지리(地理) 등을 간단하게 적은 구본(舊本)과, 1714년(숙종 40)에 강화유수(江華留守) 김진규(金鎭圭)가 구본에 강도(江都)에 대한 제영시문(題詠詩文)을 첨가한 전본(前本)이 있었다. 그리고 1721년(경종 1)에 좌랑(佐郞) 유택하(柳宅夏)가 엮은 신본(新本), 1782년(정조 6)에 강화유수 김노진(金魯鎭)이 엮은 후본(後本), 신·구본을 참작 편찬하여 예조(禮曹)에 비치하였던 것을 경기감영에서 사출한 경본(京本), 또한 1893년(고종 30)에 강화의 유학자 임승익(林承翼)·민태현(閔台鉉)·남궁호(南宮鎬) 등이 엮은 속본(續本) 등이 있었으나, 모두 내용이 누락된 것이 많았다. 이에 박헌용은 이들 6종의 강도지를 종합하고, 그밖에도 누락된 자료를 수집하여 상·하 2책으로 엮은 것이다.

특히 이 책에는 대종교를 중광(重光)한 홍암(弘巖) 나철(羅喆)의 마리산 제천단 관련 다음의 한시(漢詩)가 실려 있어 주목을 끈다.

參星壇上拜吾天　제천단에 올라 하늘에 절하니
天祖神靈赫林然　내 마음에 스미는 한배님의 영검
廣開南北東西地　조상의 자취어린 드넓은 땅
歷溯四千三百年　느리워진 시간 사천 삼백 년
倍達族光從古闢　검무리의 밝은 믿음 예로부터 열리어
大倧道脈至今傳　대종교의 진리 골잘 해로 전하네.

이 시는 나철의 대종교 영적(靈跡) 순례와 연관된 시다. 나철은 대종교의 영적을 조사하기 위해 1911년 7월 21일(음력), 서울의 대종교를 출발하여 강화 마리산의 제천단, 평양의 숭령전(崇靈殿)을 거쳐 천산(天山, 백두산)에 이르는 봉심(奉審) 길에 올랐다. 그리고 그 해 말에 이르러 화룡현 청파호(靑波湖)에 대종교시교당을 세우고 백두산을 중심으로 한 포교의 거점을 잡았다. 그러므로 이 시가 만들어진 시기는 1911년 음력 7월 하순에서 8월 초순경으로 짐작된다.

박헌용의 대종교 교력과 관련된 기록은 대종교단 내에는 전하지 않는다. 다만 1922년에 만들어진 문서에 보면, 그가 1916년 12월 27일(음력) 당대의 걸출한 문인이면서 항일투사였던 유창환(兪昌煥)·유진태(兪鎭泰) 등과 참교(參敎)의 교질(敎秩)을 받은 기록이 전한다. 그의 대종교 입교 시기가 그 이전에 이루어졌음을 알려주고 있다. 안타깝게도 그 이외의 흔적은 남아있는 것이 없다.

[참고문헌]
『종문영질』(프린트본, 1922), 『대종교중광육십년사』(대종교총본사, 1971), 『대한국회월보』(1908년), 『대한흥학보』제1호(1909년)·제2호(1909년), 『매일신보』 1928.4.14., 1929.1.8., 1932.6.4., 1932.7.23., 『續修增補江都誌』(朴惠用 編, 1932), 『인천광역시사』(인천광역시사편찬위원회, 2002).

박호암(朴湖岩, 남, 생몰 미상)
입교 시기_ 1909년 | 교질_ 미상

출신지역과 생몰연대를 알 수가 없는 인물이다. 그에 관한 기록은 대종교단 내에는 남아있는 것이 없다. 박호암이라는 이름은 『한국신흥종교총감(韓國新興宗敎總鑑)』(이강오, 한국신흥종교연구소, 1992)에, 1909년 1월 15일(음력) 대종교 중광 당시의 참여 인물로만 기록되어 있을 뿐이다.

해방 이후 대종교단의 기록인 『대종교중광육십년사(大倧敎重光六十年史)』와 이강오의 『한국신흥종교총감』의 기록을 비교해 보면 다음의 차이가 있다.

"기유(1909) 음 정월 15일 자시(子時)를 기하여 동지 오기호(吳基鎬)·강우(姜虞)·최전(崔顓)·류근(柳槿)·정훈모(鄭薰模)·이기(李沂)·김인식(金寅植)·김춘식(金春植)·김윤식(金允植) 등, 수십인과 함께 한성 북부 제동(齋洞) 취운정(翠雲亭) 아래 8통 10호 육간 초옥 북벽(北壁)에 단군대황조신위를 모시고 제천(祭天)의 대례(大禮)를 행하시며 단군교포명서를 공포하시니…"(『대종교중광육십년사』)

"이 중광식(重光式)에 참석한 사람은 오기호·강우·최전(승려)·류근·정훈모·박호암(朴湖岩)·김인식·이기·김춘식(교회장로) 등이다."(『한국신흥종교총감』)

대종교단의 기록에는 없는 '박호암(朴湖岩)'이 이강오의 책에는 나타난다. 또한 이강오의 책에는 '김윤식(金允植)'이 빠져 있다. 그렇다고 김윤식을 박호암과 동일인물로 바라봄도 억측일 듯하다. 더불어 호암(湖岩)이라는 이름은 본명이 아닌 호(號)일 가능성이 크지만, 당대 박씨 성으로

그 호를 가진 인물도 비정하기 힘들다. 다만 이 책의 저자인 이강오(李康五, 1920-1996)가 1970년대 자료 수집 당시 대종교 원로들과 수많은 교감이 있었던 인물이라는 점이 주목된다. 아마도 박호암이란 인물은 대종교에 전언(傳言)되어 오던 중광 참여 수십 인 중의 1인일 가능성이 크다.

[참고문헌]
『대종교중광육십년사』(대종교총본사, 1971), 『한국신흥종교총감』(이강오, 한국신흥종교연구소, 1992)

박홍석(朴弘錫, 남, 생몰 미상)
입교 시기_ 1923년 | 교질_ 미상

출신지역과 생몰연대를 알 수 없다. 만주 혼춘현(琿春縣) 일대를 토대 대종교 항일투쟁을 전개한 인물로, 일제의 문서에도 일체 드러나지 않는다. 박홍석은 1923년 6월 28일(음력) 여러 항일투사들과 함께 대종교 동일도본사(東一道本司) 특별 추천으로 영계(靈戒)를 받았다. 그가 그 이전에 대종교에 깊이 관여했음을 알 수 있다.

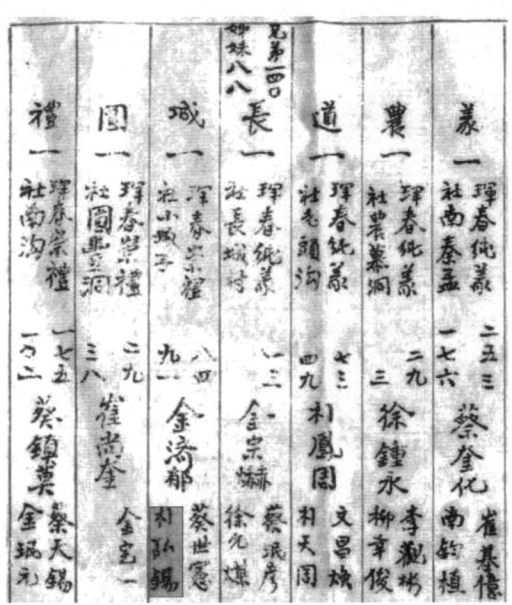

1926년 작성된 대종교의 문서(延边朝鮮族自治州档案馆 所藏)에 적힌 박홍석(네모 안)의 기록.

1925년 만주 지역 대종교포교금지령 이후 만주정권에 압수된 문서에는 박홍석이 대종교 성일시교당(城一施敎堂)의 찬무(贊務, 부책임자)를 맡은 기록이 전한다. 이 문서는 1926년 대종교에서 작성한 문서로 현재 연변조선족자치주당안관(延边朝鮮族自治州档案馆)에 소장되어 있다. 성일

시교당은 당시 혼춘현 숭례사(崇禮社) 소성자(小城子)에 소재한 시교당으로 김제욱(金濟郁)이 전무(典務, 책임자)를 맡았으며 채세헌(蔡世憲)이 찬무로 임명되어 박흥석과 함께했다. 주목되는 것은 책임을 맡은 김제욱이 대종교항일단체인 대한군정서(북로군정서) 시절, 경신국(警信局) 제16분국의 책임자였다는 점이다. 김제욱은 16분국 관할 각 지역의 9개 과장들을 거느리고 혼춘현 숭례향(崇禮鄉) 지역을 담당하였다.

일제강점기 대종교의 시교당은 곧 학고이자 항일투쟁의 기지였다. 일제가 대종교를 항일단체로 규정하고 대종교인들을 항일투사와 동일시한 이유의 배경이다. 그러므로 대종교인들의 집합 장소는 곧 독립운동의 지역적 거점 역할을 하였다. 그 대표적인 사례가 39개 분국까지 펼쳐진 대한군정서의 경신국 조직이다. 혼춘현을 거점으로 활동한 박흥석 역시 대한군정서 시절부터 경신분국 활동에 가담했을 인물일 듯하다.

[참고문헌]
『대종교보』제58호(1923년), 『대종교중광육십년사』(대종교총본사, 1971), 「大倧教施教堂一覽表(1926年)」(延边朝鲜族自治州档案馆 全宗号42 目录号1 案卷号343, 和龙县历史档案 和龙县警察所, 令各区查禁韩人设立大倧教堂由, 民国十五年五月十二日), 「朝鮮側 警察이 朝鮮人 金順 등을 拘引시킨 것에 관한 건(不逞團關係雜件-朝鮮人의 部-在滿洲의 部28, 受20669호-公제259호, 한국사DB, 국사편찬위원회)

박홍섭(朴洪燮, 남, 1890-1937)
입교 시기 _ 1910년대 | 교질 _ 미상 | 서훈 _ 건국포장(2006)

박홍섭

경상북도 의성군 비안면(比安面) 동부리(東部里) 창하동(倉下洞) 출신으로, 1919년 3월 16일 경북 의성군 비안면에서 펼쳐진 독립만세운동에 앞장선 인물이다. 박홍섭은 전국 각지에서 독립운동이 일어나고 있는 상황에 호응하여, 그 지역 동지들과 3월 12일 시위 전개를 약속하고 태극기 120개를 만들었다. 다음날인 13일에는 서부동시장(西部洞市場)에서 마을 주민 수십 명에게 태극기를 나누어주고 대한독립만세를 소리 높여 부르며 독립만세시위를 주도하였다. 또한 3월 16일 오후에도 서부동시장에서 50여 명의 군중에게 태극기를 나누어주고 독립만세를 외치며 시위를 전개하였다. 박홍섭은 같은 대종교의 동지인 박준도(朴俊度) 등과 이 사건으로 체포되었다. 당시 이 사건으로 의성 지역에서만 체포된 인물이 박춘도를 포함하여 23명에 달했다. 박홍섭은 1919년 5월 29일 고등법원에서 소위 보안법 위반으로 징역 10월을 받고 옥고를 치렀다.

박홍섭의 대종교 관련 교력은 대종교단 내에는 남아있는 기록이 없다. 다만 일제강점기 경북 성주(星州) 지역 대종교를 이끌던 성세영(成世英)의 기록에, 1910년대 경북 지역 대종교 주요 교인으로 박홍섭을 언급하고 있다. 또한 성세영의 기록에는 박홍섭과 같은 고을의 대종교 교인으로 박준도(朴俊度)·손동일(孫東一)·박재호(朴在虎)·박석호(朴錫浩)·박재봉(朴在鳳)·박석윤(朴錫允)·박갑년(朴甲年)·소봉수(蘇鳳守)·김경석(金慶錫) 등도 적고 있음이 주목된다.

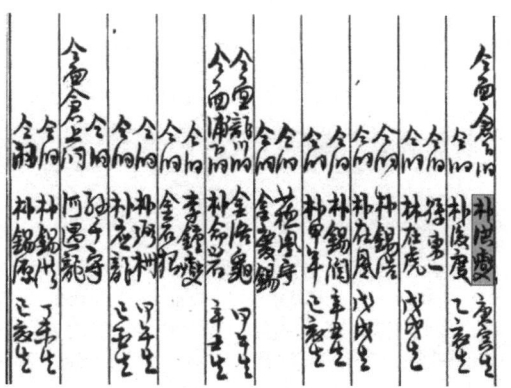
성세영의 『本司行日記』 속에 기록된 1910년대 경북 지역 주요 대종교인의 명단 일부. 맨 오른 쪽에 朴洪燮(네모 안)이라는 이름이 적혀있다.

[참고문헌]
『본사행일기』(성세영, 필사본, 1922), 「판결문」(대구지방법원, 1919.4.7.), 「판결문」(대구복심법원, 1919.4.30.), 『매일신보』1919.4.12., 『독립유공자공훈록』제17권(국가보훈처, 2009)

박화섭(朴和燮, 남, 생몰 미상)
입교 시기 _ 1934년 이전 | 교질 _ 참교

출신지역과 생몰연대를 알 수 없으며, 1930년대 밀산(密山)을 거점으로 대종교 항일투쟁을 벌인 인물이다. 박화섭은 1934년 12월 30일(음력) 대종교 영일시교당(永一施教堂)의 찬무(贊務, 부책임자)를 맡은 기록이 있다. 당시의 교질(教秩)이 참교(參敎)인 것을 보아, 그의 대종교 입교 시기가 이보다 훨씬 전임을 알 수 있다.

영일시교당은 밀산현 영안촌(永安村)에 소재한 시교당으로, 책임자는 지교(知敎)의 교질에 있던 박봉래(朴奉來)였다. 또한 오상세(吳祥世)가 참교의 교질로 박화섭과 함께 찬무를 맡아 시교당을 이끌었다. 박봉래는 이범윤(李範允)이 이끈 함께 대한의군부에서 활동한 인물로 일제에 체포되어 함흥지방법원 청진지청에서 3년형을 선고 받았던 인물이다. 오상세 역시 대종교의 항일단체인 대한군정서(북로군정서)의 장교이자 신민부의 경호대장을 지낸 인물로,

북간도 항일투쟁의 중진이었다. 일제의 문서에는 드러나지 않지만, 박화섭 역시 항일투쟁과 무관치 않았던 인물임을 시사해 준다.

박화섭은 1937년 8월 24일(음력)에도 밀산현 영안촌 지역 관할하는 대종교 재만교구경상금수납위원(在滿敎區經常金收納委員)으로 임명되었다. 경상금수납위원이란 관할 지역 대종교 재정(財政)을 관리·책임지는 역할이다. 박봉래 역시 그 지역 경상금수납위원으로 박화섭과 계속 활동한 기록이 있다.

[참고문헌]
『대종교보』제115호(1937년), 『대종교중광육십년사』(대종교총본사, 1971)

박효수(朴孝洙, 남, 생몰 미상)
입교 시기 _ 1922년 이전 | 교질 _ 미상

경상남도 고성군(固城郡) 서읍면(西邑面) 무량리(武良里) 출신으로 생몰연대는 불분명하다. 주로 공공 참여와 경제 활동, 교육 진흥을 통한 지역 발전에 앞장선 인물이다.

1919년부터 20여 년간 경남의 고성군과 하동군에서 여러 면(面)의 면장을 역임했다. 또한 1920년부터 해방 전까지 마산 지역에서 옥기환(玉麒煥) 등이 경영하는 원동무역(元東貿易) 주식회사에 주주로 참여하여 무역업에 종사하는가 하면, 광산업에도 관여하였다. 1925년 7월에는 하동군 옥진면(玉振面)에 있는 옥진학교(玉振學校)의 침체 국면을 벗어나기 위해, 지역 유지인 정영석(鄭永錫)과 함께 학부형회의를 개최하여 학교의 재건에 앞장서기도 했다. 1930년 7월에는 하동군농회(河東郡農會)를 조직하여 평의원(評議員)으로 활동하며 지역의 농업 활성에도 기여한다.

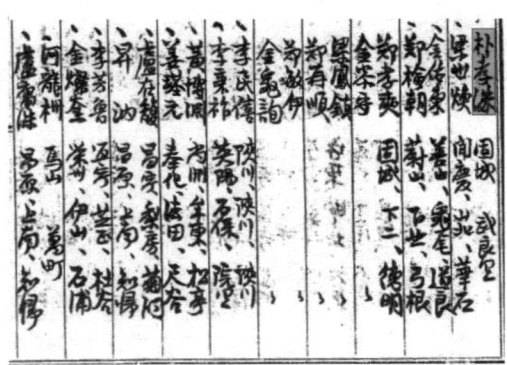

1922년 말 成世英이 기록한 『本司行日記』속에 적혀 있는 1922년 당시 경상도 지역 대종교인 명단의 일부. 固城 武良里 朴孝洙의 이름(네모 안)이 보인다.

박효수와 관련한 대종교단 내의 기록은 일체 남아있지 않다. 다만 1922년 성주(星州) 사람 성세영(成世英)의 일기에, 1922년 이전 경상도 지역 대종교 주요 교인으로 나타난

다. 그러나 그의 영계(靈戒) 사항이나 교질(敎秩) 관계는 전하는 것이 없다.

[참고문헌]
『본사행일기』(성세영, 필사본, 1922), 『조선총독부및소속관서직원록』(조선총독부, 1919년·1929년·1930년·1931년·1932년·1936년도), 『시대일보』1925.7.24., 『중외일보』1930.7.21., 『매일신보』1936.11.3., 『조선은행회사요록』(동아경제시보사, 1921년·1941년판)

방규석(方圭錫, 남, 1862-1944)
아호(별명) _ 일감(一龕)
입교 시기 _ 1923년 | 교질 _ 미상

충청남도 논산군 강경읍 부곡리 출신으로, 일제강점기 사회주의 투쟁을 펼친 방한민(方漢旻)의 부친이다. 방한민은 방규석의 3남으로 『조선일보』·『동아일보』의 기자를 지내는가 하면, 대종교의 핵심이었던 김정기(金正琪)·김사국(金思國) 등과 함께 만주 사회주의 교육의 요람으로 불리던 동양학원(東洋學院)에 깊이 참여했던 인물이다.

방규석은 1885년 무과에 합격하여 이후 해방영(海防營) 간역(看役)으로 임명되어 토목공사 감독을 맡아 상으로 통정대부(通政大夫)의 품계에 오르기도 했다. 1908년 민회의장으로 선출되었으며 면민들을 위하여 헌신하였다. 경술국치를 당하자 15년 동안 강경면과 성동면장(城東面長)을 맡아 지역 발전에 남다른 열정을 보였다. 1922년 7월 이후에는 『동아일보』 강경지국 고문을 오랜 기간 맡으면서 지역의 언론 창달에도 많은 기여를 하였다. 1926년 1월에는 논산군수 후지이 구마노스케(藤井熊之助)가 자신의 비위를 맞추지 않는다는 이유로 성동면장이던 방규석의 면장 사직을 강권하였다. 이에 성동면 주민들은 면민대회까지 열면서 부당한 사직에 대해 격렬하게 항의하며 면장 유임운동을 벌이기도 했다.

방규석은 1923년 3월 1일(음력) 대종교총본사 특별추천에 의해 영계(靈戒)를 받은 인물이다. 그의 대종교 입교가 그 이전에 이루어졌음을 확인시켜 준다. 또한 같은 날 함께 영계를 받은 인물들 중에는 강경 지역 항일투사 김영창(金永昌)·정기섭(鄭沂燮)·한규섭(韓圭燮) 등이 포함되어 있다. 김영창은 당시 강경에 거주하면서 동아일보에 「시대와 청년」이라는 글 등을 기고하며 활동하던 인물이다. 정기섭 역시 강경 출신으로 강경 창영학교(昌永學校) 교사 재직하면서 김영창·한규섭 등과 강경 3.1독립만세운동을 주도했던 인물임이 주목된다. 이들의 3.1독립만세운동 배후에 방규석이 있었음을 암시해주는 부분이다.

한편 그 시기 강경 지역의 대종교를 이끌던 인물은 항일투쟁의 거물 박상환(朴祥煥)이었다. 박상환은 만주 김약연(金躍淵)과 함께 만주 명동학교(明洞學校)를 이끌던 인물로, 강우(姜虞, 부여 출신)·백순(白純, 강경 출신)·박승익(朴勝益, 충주 출신) 등과 1910년대 초반 만주지역 항일투쟁을 주도한 경험이 있다. 또한 정기섭의 형 정기욱(鄭沂昱)이 박상환

을 도와 강경 지역의 대종교를 이끌면서, 1926년에는 강경에 있던 대종교 경선시교당(景善施敎堂)의 전무(典務, 책임자)까지 맡았다. 강경을 중심으로 한 대종교 활동에 방규석의 역할이 지대했을 것으로 추정되나, 이 외의 기록은 전하지 않는다.

[참고문헌]
『대종교보』 제57호(1923년), 『各司謄錄』(京畿道篇4, 開城府留營狀啓謄錄3, 한국사DB, 국사편찬위원회), 『동아일보』1922.7.28., 1926.1.11., 『독립운동사』(독립운동사편찬위원회, 1971), 『논산 지역의 독립운동사』(논산문화원, 1991)

방동훈(方東勳, 남, 생몰 미상)
입교 시기 _ 1923년 | 교질 _ 미상

출신지역과 생몰연대를 알 수 없는 인물이다. 일제의 문서에서는 등장하지 않으며, 1920년대 대종교의 기록에만 나타나고 있다. 방동훈은 1923년 5월 30일(음력) 대종교 영일시교당(永一施敎堂)의 찬무(贊務, 부책임자)를 맡은 기록이 있다. 당시 영일시교당은 대종교 동일도본사 제일지사 관할로 연길현(延吉縣) 수신사(守信鄕) 세린하(細鱗河) 지역에 있었다. 이 지역은 1910년대부터 대종교 항일투쟁의 주요 거점으로, 당시 서순의(徐舜義)가 전무(典務, 책임자)를 맡아 시무하였고 서행도(徐行道)가 찬무를 맡아 방동훈과 함께 서순의를 도왔다. 한편 영일시교당의 찬무를 맡을 당시 방동훈의 대종교적 위치는 '형제(兄弟)'의 지위에 있었다. '형제(여자는 자매)'란 입교(入敎)하여 영계(靈戒)를 받기 이전의 단계를 말하는 것으로, 방동훈의 대종교 입교가 그 이전에 이루어졌음을 알 수 있다.

[참고문헌]
『대종교보』 제58호(1923년), 『대종교중광육십년사』(대종교총본사, 1971)

방성룡(方成龍, 남, 1899-?)
입교 시기 _ 1910년대 초반(추정) | 교질 _ 미상

충청남도 청양군(靑陽郡) 사양면(斜陽面) 온암리(溫岩里) 출신이다. 1912년경 가산을 정리하여 부친 방일현(方馹鉉)을 따라 북간도 용정촌(龍井村)으로 망명하였다. 일제의 문서에 민족주의적 성향을 가진 인물로 분류됨과 같이 대종교계 항일투쟁에 앞장선 것으로 추정된다.
방성룡과 관련한 대종교 교력은 교단 내에는 전하지 않는다. 그의 영계(靈戒) 사항이나 교질(敎秩) 관계도 알 수가 없다. 그러나 1914년 6월 9일(음력) 대종교지도자 호석(湖石) 강우(姜虞)를 모시고 백두산 제천어 동행한 기록이 있다. 그의 대종교 입교가 그 이전에 이루어졌음을 알 수 있으며, 그가 대종교에 깊이 관여한 인물임이 확인된다. 당시 강우가 대동한 인물들은 방성룡 외에 심근(沈權)·최백은(崔白隱)·김도은(金島隱) 등이었다. 강우 등은 3일 간 단식재계(斷食齋戒)하고 하늘을 섬기는 한 마음 한 뜻으로 하느님께 맹세하여 고했다. 왼 팔에 천(天) 자와 가슴에 일(一) 자를 그어 천일(天一)의 피를 내어서 혈서로 종교적 맹세를 하였다.

[참고문헌]
『호석선생문집』(독립운동사편찬위원회, 『독립운동사자료집』12(문화투쟁사자료집), 1977), 『용의조선인명부』(조선총독부, 1934)

방용우(方龍雨, 남, 생몰 미상)
입교 시기 _ 1921년 | 교질 _ 참교

출신지역과 생몰연대를 알 수가 없다. 방용우란 이름은 일제의 문서에도 등장하지 않으나, 주로 만주 밀산현(密山縣)을 중심으로 대종교계 항일투쟁을 전개한 인물로 추정된다. 방용우는 1921년 10월 13일(음력) 대종교 대일시교당(大一施敎堂)의 설립하여 그 전무(典務, 책임자)를 맡은 기록이 있다. 대일시교당은 밀산현 당벽진(當壁鎭)에 소재했던 시교당으로, 당벽진은 1921년 음력 8월 말 백포 서일이 순교한 곳이기도 하다. 또한 단애(檀崖) 윤세복(尹世復) 교주 시절, 일제의 탄압에 쫓겨 8년간을 대종교총본사를 은둔시킨 곳이 이 지역이다.
대일시교당을 설립할 당시 방용우의 교질(敎秩)은 참교였다. 그의 대종교 입교가 그 이전으로 올라감을 알려준다. 또한 홍응갑(洪應甲)과 천승호(千承鎬)가 각기 1922년과 1926년 대일시교당의 전무를 맡은 후에도, 방용우가 다시 대일시교당의 책임(전무)을 맡았다. 그 때가 1937년 1월 27일(음력)이다. 방용우는 항일투사 허익(許益)을 찬무(贊務, 부책임자)로 거느리고 대일시교당을 이끌었다. 1939년 8월(음력) 대종교총본사에 사무실을 둔 대종교서적간행회가 출범하자 기꺼이 동참하여 헌성한 기록도 전한다.

[참고문헌]
『대종교보』 제113호(1937년), 『대종교중광육십년사』(대종교총본사, 1971)

방윤풍(方允豊, 남, 생몰 미상)
입교 시기 _ 1922년 | 교질 _ 미상

평안북도 후창군(厚昌郡) 동신면(東薪面) 임지동(林芝洞) 출신이다. 1922년 초 조기수(趙機樹)· 한청모(韓晴模)·이주풍(李舟豊)·채지현(蔡之鉉)·김유성(金有聲)·김영로(金路路)·김영해(金榮海)·김원홍(金元弘)·함덕일(咸德日) 등과 등과 장백현(長白縣) 팔도구(八道溝)에 근거를 둔 대종교계열의 흥업단(興業團) 회원으로 활동하였다. 또한 대한정의단(大韓光正團)에도 관여하면서, 1924년 11월 24일 개최된 전만통일회의의

(全滿統一會議)에 윤병용(尹秉庸)·이관술(李冠戌)·정흠(鄭欽)·윤덕보(尹德甫)·김호(金虎) 등과 대한정의단 대표로 참여하여 정의부 조직의 산파 역할을 한 인물이다.

방윤풍의 대종교 교력을 살피면, 1922년 12월 5일(음력) 대종교 서일도본사(西一道本司)의 추천으로 영계(靈戒)를 받은 기록이 있다. 그의 대종교 입교가 대종교계열의 항일단체인 흥업단 시절에 이루어졌음을 시사해 준다. 서일도본사는 서간도 지역을 관할하는 대종교 교구였다. 당시 방윤풍은 김하일(金河一)·박장빈(朴章彬)·홍범장(洪範章)·이현익(李顯翼) 등 서간도 항일투사 36인과 함께 같은 날 영계를 받았으나, 이후의 기록은 전하지 않는다.

[참고문헌]

『대종교보』제56호(1922년), 「大正十年中에 있어서 管內 不逞鮮人의 狀況」(不逞團關係雜件-朝鮮人의 部-在滿洲의 部32, 機密受제9호·機密제8호, 한국사DB, 국사편찬위원회), 『매일신보』1933.2.7.

배병렬(裴秉烈, 남, 생몰 미상)

입교 시기 _ 1916년 이전 | 교질 _ 참교

출신지역과 생몰연대를 알 수 없는 인물이다. 1916년 4월 대종교 동지인 독고순(獨孤淳)·맹주천(孟桂天) 등과 경성고등보통학교부설 임시교원양성소를 졸업하고, 1917년부터 경상남도 영해공립보통학교(寧海公立普通學校)에서 교사 생활을 하였다. 배병렬은 3.1독립만세운동 직후인 3월 18일, 그 지역의 권태응(權泰應)·권태원(權泰源)·정규하(丁奎河)·권영조(權永祚)·조영한(趙榮漢) 등이 주도하는 영해시장의 만세 시위에 보통학교 학생들을 이끌고 동참하였다. 배병렬의 대종교 입교 시기나 영계(靈戒) 사항에 대한 기록은 전하지 않는다. 그러나 1916년 2월 18일(음력) 관립경성고등학교교원양성소 출신인 독고순·김광배(金光培)·최진규(崔鎭圭)·김철현(金澈炫) 등과 참교(參敎)의 교질(敎秩)을 받은 기록이 남아있다. 배병렬 등이 참교의 교질을 받은 시기가 졸업 직전임을 알 수 있다. 또한 입교와 영계의 단계를 거쳐 참교에 이르는 것임을 감안한다면, 배병렬의 대종교 입교가 그보다 훨씬 전으로 올라감을 알 수 있다. 배병렬 등이 재학시절에 대종교에 입교했음을 시사해주는 부분이다.

당시 관립경성고등교원양성소 학생들의 종교적 성향은 대체로 대종교와 기독교로 나누어져 있었다 한다. 대종교 생도들은 조선의 시조인 단군을 존경하는 것은 곧 조선의 국수를 보존하고 조선의 민족적 정신을 발양하며 국민의 신앙을 통일하는 것이므로 외래종교 신앙에 대한 필요성이 없다는 견해였다. 한편 기독교 생도들은 단군을 존숭하는 점에서는 대종교와 다를 바 없으나, 그 종교적 가치가 기독교에 미치지 못한다는 주장이었다. 기독교에 의해 서양의 문명을 받아들이는 것이 조선민족의 발전을 도모할 좋은 방법이라는 입장이었다. 배병렬 역시 이러한 학창생활의 경험 속에서 대종교에 입교한 것임을 알 수 있다.

[참고문헌]

『종문영질』(프린트본, 1922), 『조선총독부관보』제1111호(1916년)·제2159호(1919년), 「판결문」(대구지방법원, 1919.6.5.), 「朝鮮人槪況 送付에 관한 건」(不逞團關係雜件-朝鮮人의 部-在歐米 7雜, 警秘 제26호, 한국사DB, 국사편찬위원회)

배상준(裴相準, 남, 생몰 미상)

입교 시기 _ 1922년 | 교질 _ 미상

경상북도 성주군(星州郡) 성주면(星州面) 출신이다. 1927년부터 1941년까지 성주면 경산동(京山洞)에 소재한 (주)성주검축상회(星州儉蓄商會)의 임원으로 재직하였다. 당시 임원으로 활동한 인물들 중에는 대종교 동지인 도문환(都文煥)·배준기(裵準璂) 등이 함께 한 기록이 있다. 또한 1936년 6월에 같은 지역에 설립된 성주미곡(星州米穀) 합자회사의 주주로 참여하여 지역 농경제 활성화에 일익을 담당하였다. 이 회사의 대표 역시 대종교인 서병우(徐丙祐)였으며, 도문환·배준기 등도 대주주로 이름을 올렸다. 또한 같은 시기, 배상준은 성주 지역 발전을 위한 유지들의 모임인 성주번영회의 평의원으로 참여하여 지역 발전에도 일익을 보탰다.

배상준의 대종교 교력을 살피면 1922년 12월 23일(음력) 서병우·도문환·배준기 등 지역 동지들과 영계(靈戒)를 받은 기록이 있다. 그리고 같은 날 성봉식(成鳳植)·배준기·도문환 등과 대종교 산선시교당(山善施教堂)의 시교원(施教員)으로 임명되었다. 산선시교당은 대종교 남일도본사 제3지사 관하로, 그 지역 대종교지도자이자 월선시교당(月善施教堂)의 전무(典務, 책임자)였던 성세영(成世英)이 전무를 겸임하였다. 또한 산선시교당의 소재지가 성주면 경산동이었고 성주검축상회와 성주미곡의 소재지 역시 성주면 경산동이었다. 산선시교당이 이 두 회사 중의 한 곳이었을 가능성을 높게 해 준다.

한편 배상준의 교질(敎秩)이 어느 단계까지 올랐을지는 관련 기록이 없다. 또한 항일투쟁과 연관된 기록도 전하지 않는다. 그러나 절친한 동지인 도문환 등이 대종교비밀결사인 조선국권회복단 등과 연계하여 항일투쟁을 벌인 점으로 보아, 배상준 역시 이와 무관치 않았을 듯하다.

[참고문헌]

『대종교보』제56호(1922년), 『대종교중광육십년사』(대종교총본사, 1971), 『朝鮮銀行會社組合要錄』(東亞經濟時報社, 1927·1937·1941년판), 『조선중앙일보』1935.6.20.

배영규(裵永奎, 남, 1888-?)

아호(별명) _ 원욱(元旭), 야은(野隱)

입교 시기 _ 1910년대 | 교질 _ 미상

경상북도 성주군(星州郡) 본아면(本牙面) 야동리(冶洞里) 출

신이다. 시기는 분명치 않으나 북간도 왕청현(汪淸縣) 지인사(志仁社) 의란구(依蘭溝)로 넘어가 자리를 잡고 대종교 항일투쟁에 몸담은 인물이다.

배영규는 대종교 항일단체인 대한군정서(북로군정서)의 경신국(警信局) 제39분국 제1과장을 맡아 지인사 의란구 지역을 담당했다. 군정서의 경신국이란 경사(警査)와 통신(通信)을 담당하는 기관이었다. 경사 업무는 민정시찰, 각 단체의 행동과 적정(賊情) 정찰, 군사기밀조사, 내부 불순분자 색출, 임원 경호 등이었다. 또한 통신 업무는 신보(新報) 전파, 보도 및 통신 전달, 서령(署令) 및 선유문(宣諭文) 배포, 하물(荷物) 운반 등을 관할하였다.

한편 대한군정서의 경신국 조직이 39분국까지 펼쳐졌다는 점도 흥미를 끈다. 더욱이 각 분국을 보면, 소분국은 1과에서 대분국은 20과까지를 두어 총 218과를 운영하고 있었다. 그 분국장이나 과장들이 모두 대종교인들이었다. 한마디로 대한군정서 경신국 조직이 대종교의 시교당·포교소 조직과 동일체라는 것이 확인되는 부분이다.

배영규의 대종교 관련 기록은 교단 내에는 전하지 않는다. 그의 영계(靈戒)나 교질(敎秩) 관계도 불분명하다. 그러나 성세영(成世英)이 1922년에 쓴 『본사행일기(本司行日記)』를 보면, 배영규가 1910년대 경북 지역 대종교 주요 교인으로 적혀 있다. 그의 입교 시기가 1910년대임을 확인시켜 준다.

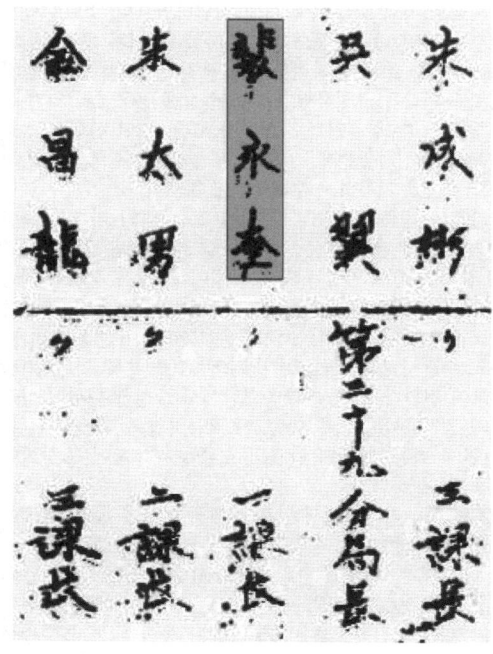

일제의 문서에 기록된 대한군정서 경신국 명단의 일부. 제39분국 1과장에 裵永奎(네모 안)라는 이름이 적혀있다.

[참고문헌]
『본사행일기』(성세영, 필사본, 1922), 「朝鮮側 警察이 朝鮮人 金順 등을 拘引시킨 것에 관한 건」(不逞團關係雜件—朝鮮人의 部—在滿洲의 部28, 受2

배준기(裵準琪, 남, 1897-?)
아호(별명)_ 치호(致昊)
입교 시기_ 1910년대 | 교질_ 미상

경상북도 성주군(星州郡) 남산면(南山面) 서문동(西門洞) 출신이다. 1923년부터 1941년까지 성주면 경산동(京山洞)에 소재한 (주)성주검축상회(星州儉蓄商會)와 성주미곡(星州米穀) 합자회사의 임원으로 활동했다. 당시 배준기와 함께 한 임원들은 그 지역 유지이자 대종교 동지였던 서병우(徐丙祐)·도문환(都文煥)·배상준(裵相準) 등이다.

배준기는 1930년 9월에 도문환과 함께 중외일보 성주지국 고문을 맡아, 지역 언론 창달에 앞장섰다. 또한 1930년대 중반에는 성주체육회의 고문을 맡는가 하면, 성주 지역 발전을 위한 성주번영회의 평의원으로 참여하여 지역 발전에도 이바지하였다.

배준기는 1922년 12월 23일(음력) 서병호·도문환·배상준 등 지역 동지들과 영계(靈戒)를 받았으며, 같은 날 배상준·성봉식(成鳳植)·도문환 등과 대종교 산선시교당(山善施敎堂)의 시교원(施敎員)으로 임명되었다. 그러나 성세영(成世英)의 일기 속에는 배준기가 1910년대 대종교 경북 지역 교인으로 이미 올라 있다. 그의 입교시기가 1910년대였을 것으로 추정되는 부분이다. 또한 항일투쟁과 연관된 기록도 전하지 않는다. 그러나 절친한 동지인 도문환 등이 대종교비밀결사인 조선국권회복단 등과 연계하여 항일투쟁을 벌인 점으로 보아, 배상준 역시 이와 연결되어 활동했을 듯하다. 안타깝게도 배준기의 교질(敎秩)이 어느 단계까지 올랐을지는 관련 기록이 없다.

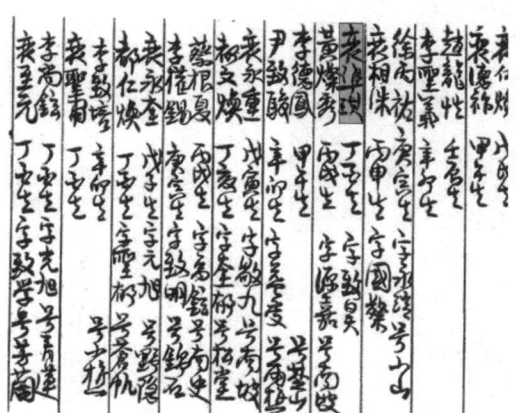

1922년 성세영의 『本司行日記』 속에 적힌 1910년대 경북지역 대종교 교인 명단의 일부. 裵準琪(네모 안)라는 이름이 보인다.

[참고문헌]
『대종교보』제56호(1922년), 『본사행일기』(성세영, 필사본, 1922), 『대종교중광육십년사』(대종교총본사, 1971), 『朝鮮銀行會社組合要錄』(東亞經濟時報社, 1927년·1937년·1941년판), 『조선중앙일보』1935.6.20., 1936.4.1.

ㅂ • 449

배준환(裵俊煥, 남, 1896-?)

입교 시기_ 1910년대 | 교질_ 미상

경상북도 성주군(星州郡) 남산면(南山面) 동야동(東也洞) 출신이다. 1911년부터 1915년까지 경북 지역 종두인허원(種痘認許員)으로 임명되어 그 지역 우두의사(牛痘醫師)의 역할을 수행하였다. 또한 1930년대에는 경북 성주군 지사면(志士面)에서 금은광업(金銀鑛業)에 손을 댄 인물이다. 배준환과 관련된 대종교단 내의 기록은 없다. 그의 영계(靈戒) 사항이나 교질(教秩) 관계도 확인하기 힘들다. 다만 1922년 경북 성주인(星州人) 성세영(成世英)의 일기 속에 1910년대 경북 지역 대종교 교인으로 배준환을 올려 놓고 있다. 1910년대에 입교한 인물임이 확인된다.

[참고문헌]
『본사행일기』(성세영, 필사본, 1922). 『조선총독부관보』제0233호(1911년)·제1928호(1933년)

백기준(白基俊, 남, 1887-1974)

아호(별명)_ 운계(雲溪)
입교 시기_ 1920년대 초반 | 교질_ 미상 | 서훈_ 독립장(1963)

백기준

평안북도 의주군(義州郡) 비현면(批峴面) 홍희동(弘希洞) 출신이다. 보성전문학교 재학 중 을사늑약(乙巳勒約)이 체결되었다. 이에 일제의 기밀을 탐지를 통해 의병활동에 도움을 주고자 경찰에 투신하였으나 성공하지 못하고 3개월만에 자진 사임한 후, 일제의 눈을 피해 1919년 만주로 망명하였다. 같은 해 7월에는 동지 김승학(金承學)·백의범(白義範) 등과 대한민국임시정부 연통제 평안북도 독판부(督辦府)와 독립단(獨立團) 총본부로부터 국내 특파원으로 파견되어 연통제와 독립단 지부를 평북지역에 조직하고 군자금을 모집하는 등을 수행하였다. 당시 백기준은 백의범과 같이 용천(龍川)과 의주(義州) 등지에서, 그리고 김승학은 평남 황해도 일대에서 지부를 설치하고 많은 청년들을 독립운동대열에 동참케 하였다. 그 결과 80여 개소의 지부를 설치하고 청년들을 포섭, 독립운동 대열에 동참하게 하였다. 또 거액의 군자금을 모아 독립단 본부로 돌아가 나누어주고 대한민국임시정부에도 송금하였다.

1920년에 그는 민국독립단(民國獨立團) 총무부장에 취임하고 독립운동 단체 통합에 진력하였다. 민국독립단은 1919년 4월 만주에서 조직된 대한독립단(大韓獨立團)이 양분되면서 기원독립단(紀元獨立團)에 대립하며 탄생한 조직이다. 기원(紀元) 연호를 주장한 기원독립단과는 다르게 민국독립단은 민국(대한민국임시정부를 따른다는 뜻) 연호를 각기 주장하며 분열되었다.

한편 백기준은 재만교민(在滿僑民)의 통치기관으로서 광복군참리부(光復軍參理部)가 결성되자 그 참사(參事)에 임명되기도 하였다. 남북만주의 군사기관이 임시정부 군무부(軍務部) 직할로 광복군사령부(光復軍司令部)가 수립되자 그 재무사장(財務司長)에도 선임되었다. 이후 상해로 건너가 1921년 임시의정원 의원에 선출되어 입법 활동에 참여하였다. 또한 재정난으로 발간이 중단되고 있던 『독립신문』을 김승학과 같이 운영 자금을 마련해 속간하면서, 『독립신문』의 발송부장을 겸직하기도 하였다.

1922년에는 임시정부 국무원 비서장 대리에 선임되었으며 한·중 양국국민의 친선을 도모하고 제국주의의 침략에 대항하기 위하여 조직된 한중호조사(韓中互助社)에 가입하여 오세영(吳世英, 중국인) 등과 문서과(文書課) 간사로 활동하였다. 1923년 10월 24일에는 교민단 제4회 의원 총선거에서 본구의원(本區議員)으로 당선되기도 하였다. 1924년에는 전 각료가 경질됨으로 사직원을 제출하고 스승인 조병준(趙秉準)이 자리 잡고 있던 내몽고 포두(包頭)로 넘어가 의민부(義民府)에 참여하여 그 총무부장이 되었다. 그러나 경질된 각료들이 다시 집무하게 되자 그들을 따라 상해로 돌아와 국무원 비서에 취임하였으며, 1930년에는 임정 국무원 비서국장으로 승진하였다. 이후 한국독립당(韓國獨立黨) 조직에 참여하여 기관지 『한보(韓報)』를 발간해 민족의식을 고취하였다 1932년 상해 홍구공원 의거 이후 일경의 수색 검거가 강화되자, 그는 일단 산동성 청도(靑島)로 피신하였는데, 일경은 한국독립당 집행위원인 그를 관련자로 지목하고 수배하기도 하였다.

백기준의 대종교 교력과 관련된 교단 내의 기록은 해방 이후의 것만 남아있다. 1946년 4월 20일(음력) 경의원(經議院) 참의(參議)로 임명된 것이 그것이다. 당시 경의원 원장은 이시영(李始榮)이 맡고 있었으며 백기준의 교질(教秩)은 참교(參敎)였다. 그러나 백기준은 1926년 이전에 이미 대종교 수광시교당(綏光施教堂)의 찬무(贊務, 부책임자)를 지낸 기록이 전한다. 1926년 대종교단에서 작성한 문서에 실려 있다. 이 문서는 만주 대종교포교금지령 이후 압수된 문건[현재 화룡현역사당안관(和龙县历史档案馆)에 소장되어 있음] 중에 하나다.

1920년 청산리독립전쟁 이후 일제의 경신만행(庚申蠻行)에 의해 많은 대종교계 항일투사들이 오지(奧地)로 은둔했다. 그 한 부류가 내몽고 수원성(綏遠城) 포두진(包頭鎭)으로의 이동이다. 1920년 11월 백순(白純)을 비롯한 조병준·신우현(申禹鉉)·공진원(公震遠)·최준(崔濬) 등이 내몽고 수원성 포두진으로 옮겨가 새로운 근거를 잡았다. 특히 조병준은 100여 세대를 이끌고 이곳 황무지 개간에 적극 앞장섰다. 이들은 이곳에 대종교 수광시교당을 설립하고 제단(祭壇)을 설치하여 정신적 일체감을 도모하고자 했다. 또한 그 유지책으로 배달농장(倍達農場)을 개척하는가 하면, 배달학교(倍達學校)를 개설하여 후학 양성에도 게을리하지 않았다.

포두진에 설치된 수광시교당은 그곳 청산의원(青山醫院)을 거점으로 수많은 대종교항일투사들의 거점이 되었다. 또한 시교당의 전무(典務, 책임자)는 조병준이 맡았고, 그의 제자인 백기준과 최준이 부책임자인 찬무를 맡아 관리하였다. 백기준의 대종교 입교 시기 역시 그 이전으로 올라감을 알 수 있다. 아마도 같은 조병준의 문하생으로 백기준의 절친한 동지였던 김승학 등이 1922년 음력 9월에 영계(靈戒)와 함께 참교의 교질을 받은 것으로 보면, 백기준의 대종교 교력 역시 김승학 등과 동일할 것으로 추정된다.

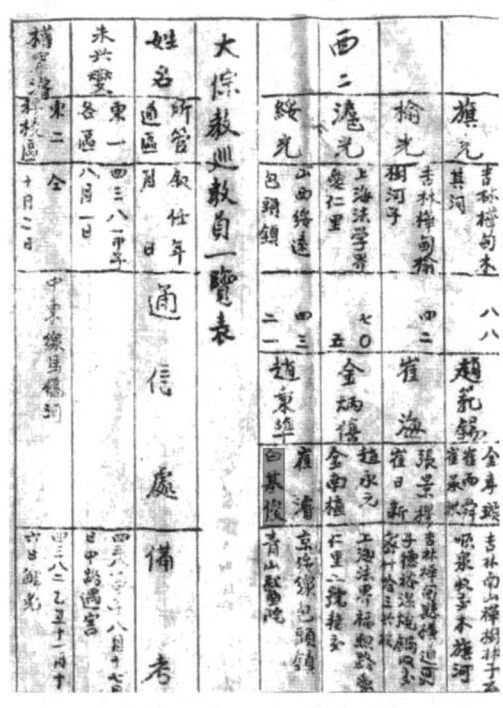

1926년 작성된 대종교의 문서 속에 기록된 대종교 西二道本司 관할 綏光施教堂(중앙부분)의 현황. 책임자 趙秉準 아래 부책임자로 白基俊(네모 안)과 崔濬이 적혀 있다.

[참고문헌]

『대종교보』제150호(1946년), 『대종교독립운동사』(박영진, 필사본, 1964), 『대종교중광육십년사』(대종교총본사, 1971), 『大倧敎施敎堂一覽表(1926年)』(延边朝鮮族自治州档案馆 全宗号42 目录号1 案卷号343, 和龙县历史档案 和龙县警察所, 令各区查禁韩人设立大倧教堂由, 民国十五年五月十二三), 『한국독립사』상·하권(김승학, 독립문화사, 1970), 『대한민국임시정부의정원문서』(국회도서관, 1974)

백남규(白南奎, 남, 1891-1956)

아호(별명) _ 문보(文甫), 일석(一石)
입교 시기 _ 1921년 이전 | 교질 _ 정교

백남규

전라북도 고창군(高敞郡) 흥덕면(興德面) 부덕리(富德里) 엄동(奄洞) 출신이다. 일찍이 고향에서 간재(艮齋) 전우(田愚)로부터 한학을 수학하고 서울로 올라와 중앙고보를 졸업하였다. 그는 1917년 남형우(南亨祐)·류근(柳瑾)·신석우(申錫雨)·안재홍(安在鴻) 등 대종교 동지들과 비밀결사 조선산직장려계(朝鮮産織獎勵稧)를 조직하여 활동하다가 보안법 위반으로 송치되기도 했다.

이후 백남규는 일본으로 유학을 떠나 동경수학전수학교에서 수학(數學)을 전공했다. 동경 유학시절인 1919년 2월 8일 동경유학생들의 독립선언 당시 재일 유학생회 총무 자격으로 독립선언식 개회를 선언한 인물이다. 백남규는 동경수학전수학교를 졸업하고 국내로 들어와 교단에 발을 디뎠다. 1919년 7월 중동중학교 교사를 시작으로 중앙·동광·휘문·동덕·정신학교 등에서 후학을 가르치는가 하면, 해방 이후에는 수도여자사범대 교수와 남성중고등학교 교장 등을 역임하면서 교육에 남다른 열정을 보였다. 특히 중앙고보 재직 당시인 1926년에는 6·10만세운동과 관련하여 학생들을 격려했다는 이유로 종로경찰서로 끌려가 취조를 당하기도 했다.

백남규는 문맹퇴치운동에도 많은 관심을 기울인 인물이다. 1920년 야학으로 한성강습소를 설립하고 직접 교사들을 초빙하여 가르쳤으며, 1930년 동아일보사가 주최한 문맹퇴치운동 당시 산수교재(算數敎材)를 저술하여 참여하기도 했다. 또한 1921년 계명구락부의 간사로 피선되어 7~8년간 활동하였다. 계명구락부는 1918년 조직된 단체로, 그 시기 교육계·언론계의 저명인사들이 참여하여 국민계몽을 목표로 신생활운동을 전개하였다.

그의 에스페란토(Esperanto) 보급 활동도 주목되는 부분이다. 에스페란토는 인위적으로 만든 국제어로, 1920년 김억(金億)에 의해 YMCA에서 공개강습회가 열리면서 우리나라에 소개되었다. 곧 이어 백남규는 김억·신봉조(辛奉祚)·홍명희(洪命熹) 등과 조선에스페란토협회를 창립하고 그 보급운동을 주도하였다. 그 보급의 일환으로 1931년에는 『동아일보』에 100회에 걸쳐 지상강좌를 연재하기도 했다.

[사상]

역설적이게도 대종교 인물들에 의해 한글사랑이 주도된 이면에, 세계언어운동의 일선에 대종교 인물이 앞장섰다는 점도 주목되는 부분이다. 에스페란토어 보급에 앞장섰던 백남규가 그 인물이다. 그는 주시경의 국어 사랑을 몸으로 실천하고 잘 계승하였으며, 나라를 잃은 지식인으로서의 서러움을 누구보다도 절실히 느낀 나머지, 안에서는 모국어를 사용하고 밖에서는 국제어 에스페란토를 적극 사용하자는 주장하기도 하였다.

백남규는 홍암 나철의 유언을 받들며 평생을 교육에 헌신한 인물로, 대종교의 교리에 나오는 "신도(神道)는 말씀 없이 말씀하시며, ……, 말씀하시매 힘입어 교화되지 않음이 없고, ……, 말씀하시어 교화의 기틀이 보이니 이를 힘입어 교화되는 것이다.(神道無言言……言而莫不資化……言之而教化之機見故資之而化)"라는 가르침을 토대로, "말하지 아니하고 화하게 만드는 것은 교육의 신(神)이다.(不言而化之教之神也)"라는 신조를 교육의 이념으로 삼았다. 백남규 역시 주시경으로부터 한글강습을 받은 한글애호가로, 우리의 말과 글에 대한 애착이 남달랐으며 그 보급에도 적극 앞장섰던 인물이다. 가람 이병기 등 대종교 동지들과 1921~1923년 동광학교(東光學校)나 전주의 호영강습원(湖英講習院) 등을 돌며 한글강좌에 앞장 선 것도 그러한 이유였다.

하지만 그는 안으로 사용하여야 할 언어인 국어만큼이나 밖에서, 즉 우리 한글을 사용하지 않는 이민족 간에 사용할 중립언어로 에스페란토를 사랑했다. 그리고 그는 에스페란토 보급운동에 기꺼이 앞장섰다. 많은 강습회를 개최하여 에스페란티스토 양성에 힘썼고 동아일보에 100회에 걸친 지상강좌를 연재했으며, 한국에스페란토 학회장을 역임하기도 했다. 백남규의 이러한 언어 행적도 대종교의 교의(教義)인 홍익인간에 나타나는 호생적(互生的) 가치를 언어관으로 승화시킨 것으로 이해할 수 있을 듯하다.

특히 백남규가 해방 직후인 1947년에 쓴 「대도중광(大道重光)」이란 글은, 짧지마는 그의 대종교 교리와 교사에 대한 이해가 범상치 않음을 보여주는 내용들을 담고 있다. 대종교의 기원과 대종의 의미, 그 연면한 전개와 교단의 시련, 중광과 순명조천의 교훈, 그리고 임오교변(壬午教變, 1942년 대종교지도자가 일제히 구속되는 사건)의 만행 등을 알 수 있는 글이다. 여기 그 전문을 소개해 본다.

"삼가 돌이켜보건대 아득한 5천 년 전 옛날에 거룩하옵신 우리 한배검께옵서 천산(天山, 백두산-인용자 주)에 나리시니, 천(天)에 신(神)이었고, 인(人)에 종(倧)이시며, 만화(萬化)의 종(宗)이시다.

오호라! 환풍단우(桓風檀雨) 아득한 속에서 오족(五族)은 진진(振振)하였고, 구종(九種)은 신신(甡甡)하였다. 오훈(五訓)의 말씀 드리우시며, 오주(五主)의 일 이루시었으니, 이에 비로소 대종(大倧)의 도(道)가 온누리에 빛났도다. 그 뒤 몇 천 년 내려오면서 서토(西土, 중국-인용자 주)의 사람들은 다투어 이 땅에 오고자 하였으며, 동영(東瀛, 일본-인용자 주)의 무리들은 늘 머리를 숙이었다.

이 대도(大道)의 교명(教名)은 대(代)를 갈라 달랐을지라도 진종(眞倧)의 교화(教化)만은 끊임이 없었던 것이다. 또한 교문(教門)을 달리 한 자 있었으나 대종의 교화만은 조금도 변함없이 한결 같이 만덕(萬德)으로 문(門)을 삼고 만선(萬善)으로 섬돌을 지었었다. 혹은 자비(慈悲)

라 하며, 인애(仁愛)라 하였으나, 이들은 모두 우리 한배님의 대도에 올라 나중에 성통공완(性通功完)된 분들이다. 과연 신조(神祖)의 상(像)을 집집마다 받들어 왔으며 신조의 얼은 사람마다 탔었도다. 상(上)으로 군주(君主)나 하(下)로 서민에게까지 정성을 다한 자는 반드시 권우(眷祐)와 묵계(黙契)를 내리시었다.

슬프다! 종문의 겁운(劫運)이라 함보다 인생의 죄얼(罪孽)이라 할지로다. 어찌하여 신사(神史)는 유실되고 경전(經典)은 분탕(焚蕩)이 되어졌으며, 부질없이 유한[劉漢, 한무제 유철(劉徹)-인용자 주]은 사군(四郡)을 세우고 이당[李唐, 당고종 이치(李治)-인용자 주]은 독부(督府)를 두었던가! 뒤 이어 북에서 강한(强悍)한 떼들, 동에서 교활한 무리들이 함부로 몰려와서 죄지은 자 많았으며, 안에서는 미혹(迷惑)에 끌리어 가달길에 임주(任走, 함부로 내달린다는 뜻-인용자 주)하는 자가 많았었도다. 거의 망본배원(忘本背源)이 극도에 이르게 되었다.

헤아려 보건대, 이래(邇來) 7백 년 동안 대동(大東)의 천지는 부단(不斷)한 암운(暗雲)과 요분(妖氛)이 가리게 되어, 저 숭엄(崇嚴)한 사우(祠宇)에는 향연(香煙)이 끊어지고 그 찬란한 역사는 다만 잔편(殘編)과 전설(傳說)에 담아 있을 뿐이다. 실로 우리는 죄구자책(罪懼自責)함을 금하기 어렵도다.

천도(天道) 어찌 무심하랴! 한배검 내리신 뒤 4366년(서력기원 1909년-인용자 주)인 기유(己酉, 1909년-인용자 주) 정월 15일, 백악산(白岳山, 북악산-인용자 주) 아래 취운정(翠雲亭)에 비로소 신가(神歌) 소리 울려나며 중생의 활문(活門)이 열리었도다. 이는 곧 한배님께옵서 보내주신 철인(哲人) 홍암대종사(弘巖大宗師, 홍암 나철-인용자 주)가 오시게 되었다. 과연 우리 대종의 도(道)가 이 세상에 거듭 빛나게 되었으니, 곧 대도(大道)의 중광(重光)이다.

그 후 대종사께서 조천(朝天)하실 때 유증(遺贈)하신 글 중 "사생(死生)은 구각(軀殼)에 있지 아니하고 신의(信義)는 오직 신명(神明)이 증(證)할 뿐이다"라는 말씀을 우리는 잘 기억하고 있다. 그 뒤 무원(茂園, 김교헌-인용자 주), 백포(白圃, 서일-인용자 주) 양 종사(宗師)께서는 이 말씀을 실천하시었다.

과거 5년 전 임오(壬午, 1942년-인용자 주) 11월 19일(양력 12월 26일) 대교(大教, 대종교-인용자 주)를 근절시키려는 악독한 왜정(倭政)은 도사교(都司教, 대종교 교주-인용자 주) 단애도형(檀崖道兄, 단애 윤세복-인용자 주) 이하 중요 간부 21인을 검거하여 국체변혁(國體變革)을 시도한다는 이유로 '치안유지법 1·2조 위반'이라는 죄명으로써, 도형(道兄, 윤세복-인용자 주)에게 무기(無期), 그 밖에 유기(有期) 등 최고의 혹형(酷刑)을 가하였다. 그 중 10인의 교형제(教兄弟)는 그만 옥중에서 이 세상을 떠나고 말았다. 이는 순교(殉教)인 동시에 순국(殉國)의 최후를 마쳤다. 우리는 이를 임오교변(壬午教變)이라 한다.

오늘 해방 후 1년 만에 순교십현(殉教十賢)에 대한 추도기념제(追悼記念祭)를 거행하는 동시에 제현(諸賢)의 실록(實錄)을 편수(編修)함에 당하여 간단하나마 「대도중광(大道重光)」의 일편을 적는 바이다."

[교력]

백남규는 정인보·이세정(李世楨)·맹주천(孟柱天) 등과 홍암 나철의 유훈(遺訓)을 받들던 귀일당(歸一黨)의 비밀요원(秘密要員)으로, 평생을 교육과 언어운동, 그리고 대종교 사업에 헌신했던 불굴의 투사였다.

백남규의 대종교 교력을 살피면 1915년 1월 17일(음력, 이하 음력)에 참교(參敎)의 교질(敎秩)을 받은 기록이 있다. 그 이전에 입교한 것이 확인된다. 아마도 중앙학교시절로 추정되는 부분이다. 그리고 1921년 9월 1일 지교(知敎)의 교질로 승질(陞秩)하였다. 1922년 1월 16일에는 대종교 남도본사 소속 시교령(施敎令)에 임명되었고 2개월 뒤인 3월 18일에는 대종교 남도본사의 학리감정(學理監正)으로도 선임되었다. 또한 같은 해 양력 6월 4일, 대종교간부불신임 당시 황훈(黃勳)·박일병(朴一秉)·권동규(權東奎)·주익(朱翼)·박종식(朴琮植)·김진(金眞)·김상찬(金相纘) 등과 집행위원으로 선출되어 임시 종무(宗務)를 담당하기도 했다.

흥미로운 것은 대종교를 중광한 나철이 단군어진(檀君御眞)을 영몽(靈夢)으로 받아 봉안하게 된 배경을 증언해 준 인물도 백남규다. 대종교를 중광한 그 다음 해 1910년 3월 15일 어천절에 한 노인이 나철에게 찾아왔다 한다. 그의 이름은 고상식[高上植, 또는 공공진인(空空眞人)]이고 강원도 명주군(溟州郡) 석병산(石屛山)에서 왔다고 전했다. 『한국중흥종교교조론(韓國重興宗敎敎祖論)』에 실린 백남규의 증언을 여기 기록해 본다.

"공공진인은 황금빛 비단에 싼 아주 오래된 초상화 한 폭을 전하면서 '내 집에서 대대로 모셔온 천진(天眞)이요. 이 초상화는 신라의 명공 솔거가 그려서 지금까지 전해온 유일본이니 잘 모시도록 하시오.'하고는 일어선다. 대종사는 '이 밤중에 어디를 가시려고 일어섭니까?' 붙들며 만류하였으나, 가야 한다고 기어이 나가더라는 것이다. 그러나 대종사께서는 그 진상 여부를 몰라 모시지 않고 있었다. 그런데 제3대 통감(統監)으로 사내정의(寺內正毅)가 부임해 올 무렵 대종사의 꿈에 공공진인이 전한 그 초상화대로 풀옷을 등에 걸치신 단군대황조께서 오시어 신단(神壇)에 앉으시기에 보니 몸에서 눈부신 광채를 발하시고 그윽한 향기가 자욱하다. 이윽고 단군한배님께서는 미소 지으시면서 '무엇을 머뭇거리느냐, 나를 모시어라. 그러면 마음마다 평화요, 집집마다 경사요, 나라마다 영광이 오리라'하시는 것이 아닌가! 대종사는 이 영몽(靈夢)을 얻고 즉시 지백련[池白蓮, 백련(白蓮) 지운영(池運永)-인용자 주] 화백에게 부탁하여 다시 그대로 그려서 모사(模寫)케 하여 경술년 8월 21일에 단군진진을 봉안(奉安)하였다."

백남규가 나철로부터 직접 들은 것인지는 확인되지 않으나, 이 천진은 호석(湖石) 강우(姜虞)가 봉안하여 오다가 후일 충남 부여군 장암면(場岩面) 장하리(長蝦里) 단군전에서 봉안되었다. 그리고 대종교 항일투사들은 이 천진 사본을 가슴에 품고 다니며 대종교 포교와 함께 조국광복을 위하여 신명을 바쳐왔다.

대종교에서는 백남규에 이러한 노력을 기려 국내로 환국한 직후인 1946년 2월 23일 총본사의 특별 추천으로 상교(尙敎)의 교질을 수여함과 더불어 총본사 찬강(贊講)으로

임명하였다. 또한 같은 해 6월 8일에는 이극로(李克魯)·이시열(李時說)·신백우(申伯雨)·박노철(朴魯澈)·정열모(鄭烈模)·안호상(安浩相) 등의 대종교 학자들과 종리연구실(倧理硏究室)의 찬수(贊修, 부책임자)를 맡아 전수(典修, 책임자)를 맡은 조완구(趙琬九)를 도와 대종교의 이론 확립에 기여하였다. 종리연구실은 대종교의 교리를 연구하는 기관으로 총전교(總典敎, 교주)에 직속한 기관이었다. 구체적 업무는 교리 연구, 종경(倧經) 번역, 교정(敎政) 검토, 의례 심정(審定) 등으로, 후일 삼일원(三一園)으로 개편될 때까지 존속하였다.

또한 1946년 7월 23부터 10일간 대종교총본사 천궁(天宮)에서 개최된 국학하기강좌에 강사로도 참여하였다. 그 강좌의 목적은 대종교 정체성의 한 축이 되는 국어·국사에 대한 지식보급과 시사(時事) 및 민족의식에 관한 계몽을 위하여 개최된 것이다. 당시 남녀교우 2백여 명이 수강하였고 과목을 담당한 강사들은 다음과 같았다.

국어(國語)	이극로, 이병기
국사(國史)	이선근(李瑄根), 박노철
과외(科外)	조성환(曹成煥), 조완구, 조소앙(趙素昻), 정인보, 백남규, 안재홍, 신익희, 안호상, 이범석(李範奭), 정열모

백남규는 1946년 개천절(10월 3일) 경하식(慶賀式)의 신고봉독(神誥奉讀)을 맡는가 하면, 그 날 마니산 제천단에 민족성화를 전수할 당시, 성화봉송단의 후행(後行)으로도 동행했다. 동행하며 백남규가 읊은 다음의 시조를 보면 대종교에 대한 그의 애착이 그대로 드러난다.

성화(聖火)를 모시고 뒤를 따라 옛 강도(江都)에 다달으니 / 칠백년 지나온 일 한 마당에 꿈이로세 / 반갑다 십만 동포의 만세소리 울리네

시월은 상달이라 예로부터 일렀건만 / 떡 한 시루 한둥 만둥 철모르고 지내왔네 / 인제는 초사흘 이날이 개천경절이로다

마리산 기여올라 제천단에 절 드리니 / 저의 도리 차리는 양 뉘우치며 기쁠세라 / 저절로 우리 한배검 어아어아

이어 1946년 11월 19일 총본사 전강(典講) 대판(代辦. 代理)으로 임명되었고 12월 1일에는 대종교총본사가 조직한 기한동포구제회(飢寒同胞救濟會)의 총무부 책임자로도 활동하였다. 이듬해 1월 20일 정식으로 총본사 전강에 선임되었으며 4월 21일에는 경의원 참의에도 임명되었다. 1950년 1월 17일 대종교중흥회가 출법할 때는 제2차 집행위원과 함께 참여(參與, 자문역할)로 뽑혀 활발히 움직였으나 한국전쟁으로 유야무야되었다. 한국 전쟁 이후인 1950년 11월 23일에는 피난 지역인 경상도 관할 남사도본사(南四道本司) 순교원(巡敎員) 및 그곳을 관할하는 선무반원(宣撫班員)으로 임명되기도 했다.

1955년 3월 9일에는 전라북도 이리(裡里)에 근거를 둔 대종교 남삼도본사(南三道本司)의 전무(典務, 책임자)로 임명되었고, 같은 달 25일에는 신백우와 함께 마침내 정교(正敎)의 교질에 오르고 대형(大兄)의 교호(敎號)를 받았다.

[참고문헌]
『대종교보』,환국기념호(1946년)·제150호(1946년)·제151호(1946년)·제152호(1946년)·제153호(1947년)·제154호(1947년)·제161호(1949년)·제165호(1950년)·제168호(1950년)·제47권 제3.4호(1955년),『종문영질』(프린트본, 1922), 『대종교인과 독립운동연립』(이현익, 프린트본, 1963),『대종교독립운동사』(박명진, 필사본, 1964),『대종교중광육십년사』(대종교총본사, 1971),『임오십현순교실록』(대종교총본사, 1971),『매일신보』1922.6.6.,「성화를 모시고」(백남규,『한글』98권, 한글학회, 1946),『(일제침략하)한국36년사』3(국사편찬위원회, 1968),『가람일기』Ⅰ (이병기, 신구문화사, 1976),『한국중흥종교교조론』(신철호, 대종교총본사, 1978),『일석 백남규 선생』(최은숙, 한국에스페란토협회, 2006)

백봉신사(白峯神師, 남, 생몰 미상)

아호(별명) _ 백봉도사(白峯道士), 백봉대종사(白峯大宗師), 백봉신형(白峯神兄)

입교 시기 _ 19세기 말

출신지역과 생몰연대를 알 수 없는 인물로 그의 본명 역시 확인이 안 된다. 일각에서는 백봉신사라는 인물이 대종교단의 종교적 권위를 높이기 위한 가공의 인물이라는 설도 있다. 그러나 대종교단에 전하는 백봉에 대한 기록의 구체성이나, 근대 단군신앙의 부활 당시의 조직적이고 체계적인 교리 및 교단 구성을 볼 때, 백봉이라는 인물의 허구설은 설득력을 얻지 못하고 있다.

그의 종교적 위치는 대종교 중광(重光)의 계기를 마련해 준 선지자(先知者)로, 근대 단군신앙의 효시적 인물로 추앙된다. 선지자란 신 혹은 절대자의 말씀을 맡아서 미리 전하는 자라는 의미로 해석할 수 있다. 가령, 불교 창시자인 고타마 싯달타가 룸비니에서 출생 당시, 그가 인류 역사상 가장 위대한 지도자가 될 것이라고 말한 예언자의 역할이 그렇다. 또한 구약성서에 나오는 야훼의 말씀을 전달하는 예언자들이나, 알라의 예언자로 등장하는 이슬람의 무하마드 등과 같은 역할이 그 부류라 할 수 있다. 『단군교포명서(檀君敎佈明書)』에 등장하는 백봉신사를 비롯한 33인의 역할 역시, 우리 전래 신교(神敎)의 선지자 혹은 선지자집단이라 규정할 수 있을 것이다. 백봉집단에 의해 단군신앙이 재수습 되어, 후일 단군교 중광(重光: 부활)의 고리를 만들어주었기 때문이다.

또한 백봉신사를 근대 단군신앙의 중흥조(重興祖)로 보아야 한다는 주장도 있을 듯하다. 이러한 근거로는 『단군교포명서』에서 백봉신사를 대종사(大宗師)로 직접 표현했다는 이유를 들 수 있다. 또한 후일 단군신앙을 중광한 나철의 죽음을 추모하면서, 나철을 대종교 제2대 대종사로 지칭한 대종교의 내부 기록이 있기 때문이다. 그러나 당시 벌어졌던 일련의 과정을 살펴보면, 백봉집단이 스스로 나철 등에게 도맥을 전수하여 단군신앙의 근대적 통과의례

를 시도했음을 보면, 그들 스스로 선지자집단으로 역할을 자임하였다.

백봉신사는 백두산에서 10년간의 원도 끝에 백두산 석함(石函)에 비장(秘藏)되어 오던 단군신앙 관련 경전과 사서들을 얻었다. 백봉신사는 33명으로 구성된 수련집단을 이끌던 1904년 음력 10월 3일에 백두산 대숭전(大崇殿) 고경각(古經閣)에서 그 중 13명이 참여하여 『단군교포명서』를 반포하고 다른 20인은 만주·몽고·일본 등지에의 포교를 담당하였다.

그들의 포교 지역은 백두산을 중심으로, 중국의 동북3성(봉천성·길림성·흑룡강성) 지역과 일본, 그리고 당시의 조선 관내 13도를 망라했다. 주목되는 것은 그들의 집중 포교 지역이 한반도(조선 관내)였다는 점이다. 당시 면적이 넓은 청나라나 몽고 지역보다도, 면적이 좁은 한반도 지역에 더 많은 인원이 투입되었기 때문이다. 이것은 단군신앙의 적통(嫡統)이 바로 한민족이라는 점도 있었겠지만, 단군신앙의 종주국가인 조선의 기울어짐을 이 정신으로 지탱해 보겠다는 의미로도 이해할 수 있을 듯하다. 후일 대종교를 중광한 나철이 단군신앙 부활의 명분으로 내세운 것이 국망도존(國亡道存: 나라는 망했어도 정신은 있다)임을 보아도 확인된다.

중요한 것은 백봉신사와 그 수련집단이 왜 스스로 단군신앙의 시대적 통과의례[重光宣言]를 행하지 않고 제3의 인물(홍암 나철)을 선택했느냐는 점이다. 백봉집단은 1904년 단군교포명 이후 2년 가까이 인물을 물색하다가 나철을 택한 것으로 나타나고 있다. 나철이 1905년 백봉신사의 제자 두암(頭巖) 백전(伯佺)을 만나 단군교에 입교하고 『삼일신고(三一神誥)』와 『신사기(神事記)』를 전해 받았다. 이것이 나철과 백봉집단의 첫 번째 만남이다. 그러나 당시 나철은 목전에 닥친 구국의 일념에만 몰두한 나머지, 이 만남에 큰 의미를 두지 않았다.

나철이 백봉집단과 다시 상면케 된 것은 3년이 지난 1908년, 그가 구국운동의 일환으로 네 번째 일본을 방문했을 때다. 일본 동경(東京)에 있는 청광관(淸光館)에 머물 당시, 백봉신사의 제자 미도(彌島) 두일백(杜一白)이라는 인물이 또 찾아왔다. 두일백은 나철 일행에게 『단군교포명서』와 『고본신가집(古本神歌集)』·『입교의절(入敎儀節)』, 그리고 『봉교절차(奉敎節次)』·『봉교과규(奉敎課規)』 등의 단군신앙 서책을 전하면서,

"나의 성명은 두일백이요 호는 미도(彌島)라 하는데 나이는 69세요. 지난 을사년(1905년-인용자주) 겨울에 서대문역 근처에서 백전도사(伯佺道士)를 만나 신서(神書) 두 권을 받은 일이 있을 것이오. 그 백전도사는 나에게 도형(道兄)이 되는 이로서, 백전도형과 함께 32인이 백봉신사에게 사사(師事)하고 갑진년(1904년-인용자주) 10월 초 3일에 백두산에서 회합하여 일심계(一心戒)를 받고 이 포명서를 발행한 것이니, 귀 나공(羅公)은 금후의 사명이 단군교포명서에 관한 일이라는 것을 명심하시오."

라는 말을 부탁하면서 나가 버렸다. 더욱이 며칠 후에는

나철 일행이 옮긴 숙소인 개평관(蓋平館)으로 다시 찾아와 "국운(國運)은 이미 다하였는데, 어찌 이 바쁜 시기에 쓸데없는 일로 다니시오. 곧 귀국하여 단군대황조의 교화(敎化)를 펴시오. 이 한마디가 마지막 부탁이니 빨리 떠나시오."라는 꾸짖음을 남기고 사라졌다.

나철은 바로 귀국 길에 올랐다. 그리고 마음에 새긴 것이 국망도존(國亡道存)이다. 그러므로 나철은 국망(國亡, 일제의 강점)이라는 절망감 속에서 도존(道存, 단군사상)으로써 미래의 희망을 찾고, 그 구체적 방법으로 단군신앙의 중광(重光, 다시 일으킴)을 모색하게 된다. 마침내 나철은 1909년 1월 15일, 오기호·최전·유근·정훈모·이기·김인식·김윤식 등, 뜻을 함께 하는 동지들과 더불어『단군교포명서』를 선포하고 단군신앙 부활에 대한 근대적 통과의례를 거행했다. 그리고 나철을 비롯한 그 중심인물들은 과거의 몰민족적 자아를 탈각하는 종교적 통과의례의 하나로, 과거의 이름을 외자로 모두 개명했다.

이 과정을 정리해 보면,『단군교포명서』가 간행된 것은 1904년이요, 그 주관 집단은 백봉신사와 33인이며, 그 중심인물은 백봉신사다. 그럼에도 백봉신사는 스스로 단군교단의 이름을 걸고 포교에 전념하지 않았다. 오히려 5년을 기다리며 나철을 내세워 1909년 음력 1월 15일『단군교포명서』를 우리 민족사회에 천명케 했다. 이것은 백봉신사와 그 수련집단이 단군신앙의 근대적 부활을 위하여 경전의 수습과 체제의 준비 그리고 포명의 틀을 마련한 종교결사로서, 근대 단군신앙의 선지자 혹은 선지자집단으로 해석될 수 있음을 보여주는 것이다. 나철이 백봉신사의 제자 두일백에게서 들은 다음의 대화가 이것을 분명하게 해주고 있다.

"두옹(두일백을 말함-인용자주)이 말하길, 백전씨(伯佺氏)는 33인의 최장형(最長兄)이니 본시 백두산 사람이라. 도덕·신명이 백봉도사의 차석이므로 대종사(백봉신사를 말함-인용자주)께서 백전으로 호명하시니, 지자(知者)는 백진인(伯眞人)이라 한다. 나이는 지금 90이오 호는 두암(頭岩)이니 하루 500리를 가되 그 행적을 본 사람이 없고, 지금 만주 등지에 거주한다. 또 말하길, 백진인의 봉교와 수도는 약관 때부터인데, 그 연원이 실로 백봉도사의 전통이 되지만 백형은 고사불수하고 늘 말씀하시길 '오도(吾道)의 전통은 필유기인(必有其人)'이라 한다."

이것은「두형면담(杜兄面談)」이라는 제목으로 기록되어 있는 내용이다. 두일백이 나철에게 말한 내용을 보면, 백봉신사의 33인의 제자 중 백전이라는 인물이 수제자임을 알 수 있다. 백전은 백두산 사람으로 만주에서 거주하는데, 도덕과 신명이 높고 하루 5백리를 가며 행적 또한 쉽게 찾아볼 수 없는 인물이라 했다. 또한 여기서는 백봉집단에서 백전이라는 인물에게 단군신앙의 중흥에 대한 중책을 맡기려 하지만 백전 스스로 고사했음을 알 수 있다. 더욱이 그 백전이 지목한 인물이 나철임이 암시되고 있다. 즉 백전이 늘 "吾道의 傳統은 必有其人"이라고 말한 부분이 그것이다. 다시 말하면 "우리 단군신앙의 전통은 반드시 그 사람에 있다"라는 말인데, 여기서 '그 사람(其人)'이 바로 나철을 말하고 있기 때문이다.

백봉신사의 선택을 받은 나철이 창교(創敎)가 아닌 중광(重光, 단군신앙의 부활)을 선택한 것도 이러한 배경을 알면 이해가 간다. 백봉집단의 단군교에 입교한 일개 교인으로써 단군신앙의 연결자로 스스로를 낮추었던 것이다. 그러므로 나철은 백봉신사에 대한 연민도 남달랐다. 그가 남긴 다음의 시에서도 백봉신사에 대한 그리움이 그대로 나타난다.

"신해추(辛亥秋) 소소단장(蕭蕭檀丈) 고적영적(古蹟靈蹟) 찾는다/참성숭령(塹城崇靈) 봉심 후 두만강 물 건너니/구슬바람 조산(祖山) 길 신형님(백봉신사를 말함: 인용자 주) 어디 계심/오호라 기유 가을 세외(世外)에 난가번번(鸞駕翻翻)"

나철이 1911년(신해년) 가을에 단군신앙의 고적과 영적을 찾아 봉심(奉審) 길을 떠났을 당시, 백두산[祖山]을 오르면서 백봉신사를 그리워하는 내용이다. 그리고 그는 백봉신사가 속세를 벗어나 '난새를 타고 훨훨 날아다닐 것임[鸞駕翻翻]'을 상상하고 있다.

후일 나철이 백두산을 중심으로 단군신앙 포교의 틀을 재편성한 것도 백봉신사와 무관치 않다. 나철이 1911년 5월 13일(음력) 대종교의 교구(敎區)를 확정할 당시, 백두산 북쪽 기슭(만주 화룡현 청파호)에 총본사를 설치하고, 백두산을 중심으로 동도교구(東道敎區, 동만주 일대와 노령·연해주 지방 관할)·서도교구(西道敎區, 남만주로부터 중국 산해관까지 관할)·남도교구(南道敎區, 한반도 전체 관할)·북도교구(北道敎區, 북만주 일대 관할)·외도교구(外道敎區, 중국과 일본 및 유럽 미주 지역 관할)로 나눈 것이다.

백봉신사가 10년간 백두산에서 기도하였다. 그리고 단군대황조의 묵계를 이곳에서 받았다. 또한 그 묵계를 통하여 단군신앙의 경전과 역사서를 얻은 곳도 백두산이다. 그러므로 백봉신사의 종교적 적통인 나철에 있어 백두산은 단군신앙의 성지인 동시에 단군신앙 선지자(백봉신사)의 고향이라 할 수 있다.

[사상]
백봉신사의 사상은 전래 단군신앙의 교리(敎理)·교사(敎史)·체계(體系)와 밀접하다. 그가 남겨준 문적을 통해서 확인할 수 있다. 그와 관련된 문적을 열거해 보면,『삼일신고』·『신사기』를 비롯하여『단군교포명서』와『단군교오대종지서(檀君敎五大宗旨書)』·『고본신가집』·『입교의절』그리고『봉교절차』·『봉교과규』등을 꼽을 수 있다.

『삼일신고』와『신사기』는 전래되어 온 것으로, 백봉신사가 10년의 수도 끝에 백두산 석함에서 얻었다는 경전 중의 일부로 볼 수 있다. 특히 대종교에 전하는『삼일신고』에는, 삼일신고 본문만이 아니라「삼일신고독법(三一神誥讀法)」·「삼일신고예찬(三一神誥禮讚)」·「삼일신고해설(三一神誥解說)」·「삼일신고봉장기(三一神誥奉藏記)」도 함께 전한다.「삼일신고독법」은 고구려 극재사(克再思)의 저술이며「삼일신고예찬」은 발해 고왕 대조영이 지은 것이다. 또한 「삼일신고해설」은 발해 국상(國相)이었던 임아상(任雅相)의 기록이며 「삼일신고봉장기(三一神誥奉藏記)」는 발해 문왕 대흠무(大欽茂)가 남겼다.

백봉신사와 그 제자들이 반포한 「단군교포명서」(1904)의 표지(왼쪽)와 백봉신사가 親閱하여 대종교에 전해준 「단군교오대종지서」(1909)의 표지

특히 대종교단에서 등인(謄印)하여 출간한 「삼일신고」에는 여타 판본에는 없는 「삼일신고부현세(三一神誥復現世)」라는 백봉신사의 글이 말미에 짧게 실려 있다. 이 프린트본의 출간 시기는 불분명하나 현존 「삼일신고」 판본으로는 가장 오래된 것이다. '세상에 다시 드러낸 삼일신고'라는 의미인 이 「삼일신고부현세」의 전문은 다음과 같다.

"우리 대종교의 경전과 고적이 기악온(奇渥溫, 원나라 태조 테무진의 성씨-인용자 주)씨의 화를 당해 묻혀버렸으니, 이 어찌 한탄할 일이 아니겠는가. 불초 백봉은 올봄 3월에 하느님의 감응을 받아 태백산(太白山, 백두산-인용자 주) 옛 제천단에서 문왕(文王, 발해의 3대 임금 대흠무-인용자 주) 3년 석함 속에 보관해 묻혔던 삼일신고를 발굴하였다. 아! 우리 신교(神敎)가 비록 중간에 쇠락하여 떨쳐 일어나지 못하였으나, 금일 옛 경전에 다시 세상에 출현하니 눈물이 나는도다. 하느님의 뜻은 우리 대종교의 중흥이요 발전이니, 그 또한 어찌 애석히 여겨 뉘우치지 아니하겠는가. 이에 몸을 정결히 하고서 남북의 교우 형제자매들에게 널리 펴노라. 신조강세(神祖降世) 73주(周) 갑진(1904년-인용자 주) 상달에 백봉 고함"

또한 「단군교포명서」와 「단군교오대종지서(檀君敎五大宗旨書)」・「고본신가집」 그리고 「입교의절」・「봉교절차」・「봉교과규」 등은 백봉신사와 그 제자들이 정리하여 세상에 내놓은 문류(文類)들이다.

「단군교포명서」는 우리 정신사에 획기적인 분수령을 긋는 선언으로, 단군신앙의 가치를 종교・사상・문화적 측면에서 잘 드러내주는 문건이다. 이 포명서는 단군신앙의 부활을 넘어서, 민족의 생일인 개천절의 명분을 제공했을 뿐만이 아니라, 민족의식을 토대로 한 정신사관 확립에 중요한 계기가 됨은 물론, 사대모화의 정신적 폐해를 공박함으로써 민족문화에 대한 자긍심을 일깨웠다는데 의미가 크다.

「단군교오대종지서」는 백봉신사가 친열(親閱)한 것으로, 대종교인들이 따라야 할 5개조의 지취(旨趣)를 담은 글이다. 이 문적은 나철이 오대종지를 정식으로 발포한 시기보다 2개월 앞선 것으로, 오대종지 성립의 역사적 배경과 의미 그리고 변화에 대해서 자세히 밝히고 있다. 여기에 기록된 오대종지의 시대적 변화를 살펴보면, 단군시대에는 염조신(念祖神)・연명성(演明性)・합동류(合同類)・수단부(守團部)・근의식(勤衣食)으로 나타나고, 고구려 때에는 경천조(敬天祖)・감영성(感靈性)・애족우(愛族友)・완기토(完基土)・흥산업(興産業)으로 적혀 있으며, 대종교 중광 당시에는 경봉천신(敬奉祖神)・감통영성(感通靈性)・애합족우(愛合族友)・안고기토(安固基土)・근무산업(勤務産業)으로 이어져 온 것으로 기록하고 있다. 특히 「단군교오대종지서」에는 대종교의 전신인 신교의 7차례 역사적 비운(悲運, 아래 도표로 정리함)을 기록하고 있다는 점에서 흥미를 끈다.

순서	시기	왕조	주요사태
제1차	B.C.1209년	서울검신(徐鬱儉神)	서울(평양) 천도의 문제로 교문(敎門)과 단부(團部)들 간에 극한 분열과 대립이 나타나, 삼천 단부의 일체감이 급속히 약화된 사태
제2차	B.C.1104년	나세다검신(奈世多儉神)	기자의 팔조교(八條敎) 허용 이후, 여러 종교가 들어와 분열이 심해져, 단부의 우두머리 들 중 내조(來朝)하는 자가 전무(全無)해진 사태
제3차	B.C.232년	기씨왕조 종순왕(宗純王)	서북(西北)의 단부가 점점 궤멸하여 동남(東南)의 단부들과 언어・풍속이 점차 달라져 버린 사태
제4차	B.C.108년	위만조(衛滿朝)	한(漢)나라 유철(劉徹)이 침범해 와서, 단군조의 거점을 유린하고 한사군(漢四郡)을 설치한 사태
제5차	A.D.668년	고구려조 보장왕(寶藏王)	영류왕 이후 불교가 퍼지고 보장왕 때에는 당나라 이적(李勣)이 항거하던 신교(神敎) 세력 만 여 명을 중국각지로 뿔뿔이 이주시키고 이산(離散)시킨 사태
제6차		고려조 말기	고구려의 국통을 계승한 고려조에서 몽고의 침입 이후, 신교의 제례를 소홀시 하고 그 명칭마저도 폐절시킨 사태
제7차		조선조 말기	신교의 교문(敎門)이나 사전(祀典)은 단절된 채, 신교라는 이름만이 만주의 외로운 산중에 황량한 폐허의 터로만 남게 된 사태

또한 「고본신가집」은 단군조 때부터 전해지는 노래인 「신가(神歌, 얼노래・어아가)」를 담은 것으로, 원본신가(原本神歌)와 해명신가(解明神歌)를 아래와 같이 적고 있다.

(원본신가)
어아어아(發聲辭)
나리한배금가미고이(我等大祖神大恩德)

배달나라나리다모(倍達國我等皆)
골잘너나도가오소(百百千千年勿忘)
어아어아 차마무가한라다시(善心大弓成)
거마무니셜데다라라(惡心矢的成)
나리골잘다모한라두리온차마무
(我等百百千千人皆大弓弦同善心)
구셜하니마무온다(直矢一心同)
어아어아 나리골잘다모한라하니(我等百百千千人皆大弓
一)
무리셜데마부리야(衆多矢的貫破)
다미온마차마무나(沸湯同善心中)
하니유모거마무다(一塊雪惡心)
어아어아 나리골잘다모한라고비온마무
(我等百百千千人皆大弓堅勁同心)
배달나라달이하소(倍達國光榮)
골잘너나가미고이(百百千千年大恩德)
나리한배금나리한배금(我等大祖神我等大祖神)

(해명신가)
어아어아
우리 대황죠(大皇祖) 높흔 은덕(恩德)
배달국(倍達國)의 우리들이
백천만년(百千萬年) 잇지 마셰
어아어아 선심(善心)은 활이 되고
악심(惡心)은 관혁이라
우리 백천만인(百千萬人) 활갓치 바른 선심(善心)
곳은 살갓치 일심(一心)이예
어아어아 우리 백천만인(百千萬人) 한활쟝에
무수관혁(無數貫) 천파(穿破)하니
열탕(熱湯) 갓흔 선심 중(善心中)에
일점설(一點雪)이 악심(惡心)이라
어아어아 우리 백천만인(百千萬人) 활갓치 굿센 마암
배달국(倍達國)의 광채(光彩)로다
백천만년(百千万年) 높흔 은덕(恩德)
우리 대황죠(大皇祖) 우리 대황죠(大皇祖)

이 노래의 말미에 "이 신가는 어느 시대부터 비롯된 것인지는 알 수 없으나, 고사기(古事記)에 '동명성왕 시절 제천 때가 아니더라도 항상 이 노래를 불렀으며, 광개토대왕 시절 전쟁에 임할 때에 군사들에게 반드시 이 노래를 부르게 하여 사기를 북돋웠다'고 한다"는 기록이 붙어 있다. 이 노래가 제천의식 때 부르던 종교악(宗敎樂)인 동시에 군사의 사기를 북돋웠던 군가(軍歌)이기도 했음을 보여주는 기록이다. 이것은 대종교 중광 이후 대종교 항일단체인 대한군정서(북로군정서)가 종교와 군대를 결합한 군교일치(軍敎一致)를 지향한 역사적 근거이기도 하다.
한편 『단군교포명서』의 「부백(附白)」에는 적당한 시기를 보아 세상에 내놓겠다는 몇몇 서책들의 제목이 등장한다. 전래 신교의 경전을 비롯하여 『선악영험편(善惡靈驗篇)』·『인신론(人神論)』·『본교제철신심록(本敎諸哲信心錄)』·『단군조실사(檀君朝實史)』·『본교역대고사기(本敎歷代古事記)』·『백봉신형현세기(白峯神兄現世記)』 등이 그것이다. 『천부경』·『단군교팔리(檀君敎八理)』 등의 경전이나 『규원사화(揆園史

話)』·『단군교오대종지서』 등의 신교 관련 사서들이 언급한 어느 서책에 포함된 것일 가능성이 크나, 확인되지는 않는다.
아무튼 백봉신사와 관련하여 언급한 문적들이 모두 대종교의 전신인 신교(단군교)의 교리·교사·체계·조직과 연결된 것들이다. 또한 이것들이 후일 대종교 중광과 함께 전개되는 대종교단의 모든 질서의 토대가 되었다. 그러므로 백봉신사의 사상은 전래 신교(단군교, 대종교) 그 자체이며, 그 사상이 대종교 중광의 밑거름이 되었다.

[교력]
백봉신사의 대종교(단군교) 교력은 전래 단군신앙에 대한 근대적 각성의 시기와 등치된다고 할 수 있다. 우리 민족의 단군신앙은 시간적으로는 고조선의 성립으로부터 현재까지 미치고 있으며, 공간적으로는 중국 동북 지방에서 시작하여 한반도에 와서 민족 신앙으로 성립되었다. 물론 이러한 민간신앙으로서의 단군 숭배는, 시대가 내려오면서 도교·불교·유교 사상 등이 가미되면서 다채롭게 전개되어 왔다는 점도 간과할 수 없다. 또한 기록으로 전하는 단군사화의 신앙 구조를 보더라도 한국종교사 속에서 단군의 의미를 확인할 수 있는 부분이다.
수구적 봉건체제라 할 수 있는 조선조 말기의 상황은, 사상적인 면에서도 긴박한 변화 양상을 드러냈다. 눈앞의 현세 이익을 바라는 민중은 물론, 소외당한 지식층들은 전래되어 오는 세상을 새롭게 바꾸고자 하는 사상에 눈을 돌리게 된 것이다. 특히 몰락한 양반 계층들은 서학(西學)에 대한 반발의식과 함께, 주자학 이념에 대해서도 타협하지 않으면서, 진보적이고 혁신적인 사회변화사상을 도모하였다. 전래되어 오는 신교사상(神敎思想, 단군신앙)의 바탕 위에 참위설이나 예언사상 등을 수렴하면서 후천개벽사상으로 등장하게 된다.
1850년 최제우(1824-1864)에 의해 창도된 동학은, 후천개벽사상과 삼교합일을 강조하며 등장한 민족자생종교였다. 최제우는 몰락한 양반의 서출로서, 당대 사회의 구조적 모순과 서양문물에 대한 경계심 그리고 흉흉한 민심의 배경 위에 그의 시천주사상(侍天主思想)을 잉태시켰다. 또한 김항(金恒, 1826-1898)은 1885년 정역(正易)을 완성하면서, 당대 민중들의 시대적 요청과 부합하여 나타난 것이 후천개벽사상이다. 우리 민족 전래의 삼교융합적인 성격과 예언사상 그리고 미륵사상 등이 혼합된 정역사상은, 후일 동학의 교리체계와 증산교의 성립에도 지대한 영향을 끼치게 된다. 김항과 최제우의 영향 속에 나타나는 증산교의 강일순(1871-1909)도 1902년, 삼교합일의 표방과 민간 전래의 진인사상(眞人思想)을 끌어안으며, 스스로 미륵불을 자처하고 나선다. 그는 후천개벽사상을 더욱 발전시켜 천지공사(天地公事)와 신인합덕(神人合德)을 주장하는데, 그 스스로에 대한 초월성을 강조한 점이 특색이라 할 수 있다. 후일 일원상법신불(一圓相法身佛)을 우주의 궁극적 진리로 들고 나온 박중빈(1891-1943)의 원불교 역시, 토착불교의 당래불사상(當來佛思想)과 연관된 것으로, 최수운이나 강증산이 내세운 후천개벽사상과 흡사한 것이다.

위와 같은 민족종교의 자생적 출현은 한국인 정신적 사유의 근간이 되는 신앙심을 근대적으로 발현시켰다는데 의미가 크다. 그러나 그러한 민족자생종교들의 배경에는 불교나 유교의 사상적 영향이 깊게 자리 잡고 있었다. 이것은 단군 이래 연면히 흘러온 우리 고유의 단군신앙을 줄기로 하는 고신교(古神敎)의 근대적 계승과는 다소의 차이가 있음을 말하는 것이다.

근대에 들어 한국 고신교의 맥인 단군신앙이 처음으로 나타난 것은 김염백(金廉白, 1827-1896)이라는 인물의 신교(神敎)라 할 수 있다. 김염백은 묘향산에 들어가 수도를 통해 종교적인 경험을 얻은 인물로, 단군천조를 모시고 제례를 올림으로써, 단군신앙의 선각으로 등장한다.

김염백은 본관이 김해로 본명은 상겸(尙謙), 자는 국보(國甫)이며, 염백은 그의 호다. 그는 어린 시절부터 총명함이 뛰어나, 소년시절에 이미 유교경전 뿐만이 아니라 제자백가·육도삼략과 같은 병서에 능통했다 한다. 그의 나이 26세 되던 1852년(철종3) 김염백은 권력을 통한 명리추구를 포기하고 백성의 복리와 재액구제를 위해 묘향산 수도를 떠났다. 단군이 수도하던 중천굴(中天屈, 단군굴·필자 주)에서 삼 년 간의 지성 기도 끝에 득도하게 된다. 그 후 각지의 순회를 통한 설교와 단군제사법(檀君祭祀法)의 전파를 통해 서북지방을 중심으로 수천 명의 교인을 확보하며 교세를 확장해 갔다. 그러던 1894년 동학농민운동의 발발과 함께, 김염백은 승려들의 간계(奸計)로 동학당의 우두머리로 오인 받아 총살되고 만다.

김염백의 사후 그의 제자들에 의해 교단체재가 유지되어 갔으나, 교세가 서서히 쇠퇴하면서 활동마저 미진해졌다. 그 과정에서 김염백의 제자들이 당시 경성의 단군교를 알게 되면서 입교하게 된다. 그리고 평양부 경상리(慶上里)에 단군교지부가 설립되고 그 일단 모두는 그 지부로 편입되었다. 그리고 김염백은 정훈모의 단군교단으로부터 단군교의 선각자로 인정받았다. 또한 단군교단에서는 그의 신위를 봉안하고 김염백의 업적을 기리기 위해 단군성전 왼쪽에 집 한 칸을 마련하여 봄·가을로 제례를 봉헌했다.

그러나 김염백의 신교는 외면적으로 근대 단군신앙을 표방했지만, 유교적 음양론과 오행사상을 바탕으로 한 선악론(善惡論)에 토대를 둠으로써, 단군신앙 즉 신교의 본질인 체계적 삼일철학(三一哲學)으로는 접근하지 못했다. 김염백의 꿈에 공자가 나타나 삼강오륜을 떠받들고 무너진 제례를 가르쳐 우매한 사람들에게 풍속을 개량케 하라는 명을 받는 내용 등을 보더라도, 그의 신교에 반영된 유교적 영향을 확인할 수 있다. 더욱이 김염백이 불교의 삼십삼천 극락세계를 주관한다는 일광보살(日光菩薩)을 만나, 유교는 움직임을 내세워 양계(陽界)를 맡아 양교(陽敎)이며 불교는 고요함을 내세워 음계(陰界)를 맡아 음교(陰敎)가 되므로, 지금은 음기가 왕성한 까닭에 불교가 왕성할 것임을 암시하는 내용들에서는 유교만이 아닌 불교적 사상소의 영향도 발견케 된다.

그러므로 근대 단군신앙의 진정한 효시로 다시 백봉신사를 주목하게 된다. 그는 유교와 불교, 중국 도교와는 완전

히 다른 우리 고유의 정체성을 내세웠다. 신교문화의 중심이라 할 수 있는 개천절의 유래를 『단군교포명서』로 드러냈음은 물론, 신교수행(神敎修行)의 핵을 이루는 삼법수행(三法修行)을 『삼일신고』의 전수를 통해 깨우쳐 주었다는 것이다. 더욱이 『단군교포명서』에 나타나는 단군문화의 유래에 대한 구체적 언급은 민족문화의 정체성을 확인하는데 중요한 계기가 되었다. 동정(東旌)이나 검줄(금줄), 댕기(檀祈·檀戒), 그리고 성조신·선령당·고시례 등과 같은 전래 신교 유습에 대한 유래와 의미를 체계적으로 복원·정리함으로써, 우리 생활 속에 살아 있는 신교문화의 자취를 일깨워 준 것이 그것이다. 이것은 그 동안의 불교와 유교 혹은 도교문화에 억눌려 짓밟힌 신교문화 복원의 단초를 제공한 것이다. 더불어 우리 신교문화의 생활적 보편화도 가능할 수 있음을 암시하는 것이기도 했다.

그러므로 백봉신사의 대종교 교력은 그 전신인 단군교(檀君敎, 전래 神敎)의 교인으로 시작되었다고 할 수 있으나, 그 입교 시기나 동기에 대해서는 구체적인 것이 없다. 다만 그가 10년의 기도를 통해 전래 단군신앙[神敎]의 경전과 사서를 얻었음을 본다면, 그 깨달음의 시기를 단군교(대종교)의 입문기로 간주함이 어떨까 한다.

[참고문헌]
『단군교포명서』(1904년), 『三一神誥復現世』(대종교, 『삼일신고』, 프린트본), 『檀君敎五大宗旨書』(백봉신사 親閱, 필사본, 1909). 『종포』제1호(1909년). 『대종교중광육십년사』(대종교총본사, 1971). 『金夫生廉白記』(정진홍, 단군교지부, 1924). 『朝鮮の類似宗敎』(村山智順, 朝鮮總督府, 1935). 『한국중흥종교교조론』(신철호, 대종교총본사, 1979). 『한국근대민중종교사상』(황선명, 학민사, 1983). 『단군·단군신화·단군신앙』(김정신 외, 한국정신문화연구원, 1992). 『백봉신사의 도통전수에 관한 연구』(조준희, 『선도문화』제1집, 국학연구원, 2006). 『단군교포명서의 단군신앙 체계』(김동환, 『국학연구』제13집, 국학연구소, 2009)

백순(白純, 남, 1864-1937)

아호(별명) _ 은계(隱溪), 경중(敬中), 백준(白俊), 백낙현(白樂賢), 백낙현(白洛鉉)
입교 시기 _ 1909년 | 교질 _ 사교 | 서훈 _ 애국장(2009)

충청남도 논산군(論山郡) 강경면(江景面) 서정리(西町里) 출신으로, 본명은 백낙현(白樂賢)이다. 16세에 소산림(蘇山林) 문하에서 수학하며 군계일학의 자질을 보임으로, 소선생(蘇先生)이 "이 아이는 후일 비상한 인물이 될 것이다"라고 칭찬했다 한다. 후일 보재(溥齋) 이상설(李相卨)이 죽음에 임하여 주위에 말하기를 "내가 죽은 뒤에 나를 계승할 사람은 백순(白純)일 것이다"라고 유언할 정도로 재주와 능력이 뛰어 났다.

백순은 일찍이 동학농민전쟁을 경험하면서 시대의 대세를 읽고 일본유신사(日本維新史)·지리학·정치학·경제학·서양사 관련 서책 등, 다양한 지식서들을 구입하여 섭렵하였다. 1895년부터는 실업계와 교육계에 헌신하여 공주읍에 농공은행 및 보명학교(普明學校), 강경읍에는 농공은행 지점과 보화학교(普化學校) 등을 설립하는 등 많은 학교

와 회사경영에 참여하였다. 호서지역 유수의 학교 및 회사가 백순의 노력을 거치지 않은 것이 없었다고 한다.

1908년에는 공업(실업)전습소 설립을 대종교 중광 동지인 호석(湖石) 강우(姜虞)와 함께 주도하였으며, 1909년 대종교에 입교한 이후 만주로 건너가 평생을 대종교 포교를 통한 항일투쟁에 헌신했다. 그는 서일(徐一)·현천묵(玄天默)·박찬익(朴贊翊)·계화(桂和)·김병덕(金秉德)·채오(蔡五)·양현(梁玄)·서상용(徐相庸) 등과 대종교 항일단체인 중광단(重光團)을 조직하여, 대종교가 지향하던 군교일치(軍教一致)의 실천을 구체화 하였다. 중광단은 1911년 3월 북간도 왕청현(汪清縣)에서 만들어진 단체로, 만주 무장투쟁의 효시로 꼽히는 항일단체였다. 중광단의 명칭 역시 우리 고유의 정체성에 대한 부활을 의미하는 대종교의 중광에서 따온 명칭이다. 중광단이 독립운동단체 이전에 우리의 정체성으로 뭉쳐진 종교적 결사임을 알려주는 부분이다. 후일 대한정의단(大韓正義團)이나 대한군정서(大韓軍政署, 일명 북로군정서) 그리고 신민부(新民府)로 이어 가면서도 그 정신은 그대로 계승되었다.

중광단의 거점이었던 왕청현은 1910년 국내 대종교에서 시교사(施教師) 박찬익(朴贊翊)을 파견하여 포교의 거점을 잡은 곳이다. 이 시기에 이미 만주로 이주해 살던 한인(韓人)들의 수가 20만 명이 넘었고, 이 중 많은 인구가 이미 대종교를 직·간접적으로 신봉하고 있었다. 박찬익은 대중국(對中國) 외교활동을 통한 우리 독립군의 위상 확보는 항일전선에 중요한 역할을 하였다. 박찬익은 1910년 경술국치를 당하자 공업전습소의 동지 박승익(朴勝益) 등 10여 명과 함께 저항운동을 전개하였다. 이어 대종교에 입교하고, 그 해 겨울 대종교시교사의 자격으로 만주 용정(龍井)으로 망명하여 본격적인 대종교 항일투쟁에 앞장섰다. 주목되는 것은 박찬익 등이 항일투쟁을 계획하고 실행함에 대종교 선배인 백순·이상설 등이 버티고 있었다는 점이다. 백순의 이러한 역할은 중광단부터 신민부까지 지속적으로 이어졌다.

백순은 연해주를 넘나들며 이범윤과 연계하여 대종교를 통한 항일투쟁을 적극 도모했으며, 1913년 북만주 밀산현(密山縣) 있던 한흥동(韓興洞) 재건의 중심에 서기도 했다. 한흥동은 국외독립운동기지로 착수된 사업의 일환으로 북만주 밀산현 봉밀산(蜂密山) 일대를 거점으로 진행된 사업이었다. 일찍이 블라디보스토크로 망명한 이상설·김학만(金學萬)·정순만(鄭淳萬)·이승희(李承熙) 등에 의해 추진된 것으로, 개척을 시작하는 일은 이승희가 앞장섰다. 이승희는 봉밀산 밑에 45방(方)의 토지를 사들이고, 100여 호를 이주시키면서 그곳의 이름을 한흥동(韓興洞)으로 명명하였다. 말 그대로 한국을 부흥시키는 마을이란 뜻이다. 또한 한민학교(韓民學校)를 세워 교육에 힘쓰면서 4년 동안 민족 부흥을 위한 노력을 쏟아 부었다. 그러나 여러 상황 변화로 어려움을 겪게 된다. 이 때 한흥동 사업의 출자 문제를 제시하며 재건의 의지를 다진 인물이 대종교인 백순과 김현(金玄)이다. 이승희는 보재 이상설과의 숙의 끝에 백순과 김현에게 경영권을 넘겨주고 봉천성 안동현(安東縣)으로 이주하였다. 대종교가 밀산에 본격적인 거점

을 마련한 것도 이 시기였다.

백순은 간민회(墾民會) 활동에도 적극 앞장섰다. 간민회는 1913년 4월 연길현(延吉縣) 국자가(局子街)에서 성립된 북간도지역 최초의 한인 자치기구였다. 이 시기 북간도 한인사회의 지도자였던 이동춘(李同春)·김약연(金躍淵)·김립(金立) 등에 의해 설립된 간민회는 본부가 있는 국자가 이외에 연길·화룡(和龍)·왕청현(汪清縣) 등에 분회를 설치하고 이주 한인사회를 관할하며 한인들의 삶을 이끌었다. 간민회는 학교를 세워 한인 자제들을 대상으로 민족교육을 실시했으며, 대부분 농업에 종사하는 한인들의 경제부흥을 위해 노력하였다. 백순은 이 같은 간민회의 총무회장으로 1910년대 초반 북간도 한인사회의 안정적 발전을 위해 활동하였다.

1914년 초반 일제의 문서에 기록된 간민회 임원의 명단. 총무회장 白純의 이름이 맨 앞에 있다.

백순은 1915년 10월 길림성 중동선(中東線) 해림참(海林站)에 있는 해동여관(海東旅館)을 거점으로 종횡무진으로 움직이며 대종교 포교와 항일운동 지도에 힘썼다. 또한 1917년 4월 연해주 대종교지도자였던 보재 이상설이 죽자 그의 유언에 따라 화장한 후, 그 유골을 가루로 만들어 우수리스크 수이푼강(綏芬河, 率賓江, 라즈돌나야Раздольн ая)에 흘려 보낸 인물도 백순이다. 당시 백순과 함께 이상설의 임종을 지킨 인물들 역시 대종교의 절친한 동지였던 이동녕(李東寧)·조완구(趙琬九)·이민복(李敏馥) 등이었다. 특히 이상설이 마지막 유언처럼 남긴 백순이란 인물의 평가에서도, 그의 역량이 가늠되고 있다.

1918년 경에도 북만주의 밀산(密山)·목릉현(穆陵縣) 등을 무대로 대종교를 포교하며 한인들의 애국사상을 고취시켰다. 1919년에는 파리강화회의에 노령 대표 이동휘(李東輝)와 함께 재동청철도(在東清鐵道) 연선지방(沿線地方) 대

표로 참가코자 하였다. 그러나 러시아의 제지로 성공하지 못하고 이동휘는 혼춘(琿春)에서 그리고 백순은 이자구(梨子溝)에서 발길을 돌렸다. 1920년 2월 무렵 대종교 항일단체인 대한군정서(북로군정서)가 무장할 당시에도 백순은 대종교의 동지인 진학신(秦學新)·김백(金白) 등과 러시아로부터 무기를 구입하여 공급하기도 했다.

청산리독립전쟁 이후인 1921년, 백순은 막후 조율을 통해 북만주에 집결된 독립군들의 대한독립군단(大韓獨立軍團) 결성에도 결정적 역할을 한다. 당시 독립군 부대들은 청산리독립전쟁 이후 동포들의 희생을 최소화시킨다는 계획 하에 북만주 밀산(密山)으로 이동하였다. 이곳에서 대한군정서(북로군정서)를 중심으로 10여개의 단체를 통합하여 대한독립군단을 결성하고 대종교지도자 백포(白圃) 서일(徐一)을 총재로 추대하였으며, 백순 역시 이 군단의 고문으로 추대되었다. 당시 대한독립군단의 수뇌부를 살펴보면 다음과 같다.

총재	서일(徐一)
부총재	홍범도(洪範圖)
고문	백순(白純)·김호익(金虎翼)
외교부장	최진동(崔振東)
참모부장	김좌진(金佐鎭)
참모	이장녕(李章寧)·나중소(羅仲昭)
군사고문	지청천(池靑天, 이청천)
제1여단장	김규식(金奎植)
참모	박영희(朴寧熙)
제2여단장	안무(安武)
참모	이단승(李檀承)
제2단기병대장	강필립
중대장	김창환(金昌煥)·조동식(趙東植)·오광선(吳光鮮)

백순과 우당(友堂) 이회영(李會榮)과의 관계도 눈길을 끈다. 백순은 이회영과 만주와 북경 지역의 독립운동 상황정보를 긴밀히 주고받으며 사태에 대처하기도 했다. 다음 기억에서도 확인된다.

"은계 백순이란 분이 북경과 만주로 왕래하시어 재만하는 우리 조직체인 통의부를 비롯하여 김좌진 장군, 홍범도 장군, 신팔균 장군 등 우리 독립군의 장군과 은계 백순 선생이 황망히 연결을 취하여 전투 준비를 빈틈없이 진행하고 있었다."(이규창, 『運命의 餘燼』, 2004)

또한 백순은 이회영에게 청산리와 봉오동전투의 대승리 소식을 전해주었으며, 이회영·김창숙과 더불어 중국 장가구(張家口) 포두진(包頭鎭)이란 곳에 이상의 공간을 함께 구상하기도 했다. 미개간지 수만 정보를 개간하여 만주에다 군관학교를 건립한 것과 같은 계획으로, 백순이 그곳에서 거주하며 장래의 대계획을 진행하려 한 것이다. 그러나 당시 호의적으로 도와주었던 중국의 군벌 풍옥상(馮玉祥) 독판이 장작림(張作霖)파에 의해 패배하자 무위로 돌아가고 말았다.

이후 이러한 대규모의 농민 이주 계획은 백순의 끈질긴 노력에 의해 실현되었다. 그는 당시 대종교의 동지였던 국동(菊東) 조병준(趙秉準)과 함께, 중국 국민당 정부의 주선으로 포두에 농지 3백여 향(60여만 평)을 15년 기한으로 임차하고, 이를 개간하여 '배달농장'이라 이름 지었다. '배달'이란 용어 역시 우리 민족의 고유한 정체성을 드러내는 대종교적 용어다. 백순 등은 이곳에 배달농장 외에도 배달학교와 대종교 수광시교당(綏光施敎堂)을 설립하였다. 특히 수광시교당의 책임을 맡은 조병준은 이 '배달농장'에 삼위(三位, 단군황조·고구려주몽·임경업장군)의 제단을 건축하고 봄가을로 회집하여 제례도 올렸다. 당시 백순과 조병준이 이끌던 대종교 수광시교당의 연락거점은 포두진(包頭鎭) 지역의 청산의원(靑山醫院)으로 백순은 이곳에 거점을 잡고 활동하였다.

백순은 대한통의부(大韓統義府) 결성 당시 단장의 역할을 하는가 하면, 1925년 3월에 조직된 신민부의 성립에도 깊숙이 관여했다. 신민부 역시 대종교계 독립운동단체로, 백순은 이 단체의 원로로서 항일활동을 지도하였다. 대한독립군단·대한군정서(大韓軍政署) 등 독립군단과 북만주 각지 이주한인 대표들이 참가해 성립시킨 신민부는 1920년대 후반 정의부(正義府) 및 참의부(參議府)와 함께 재만독립군의 조국 독립운동을 주도한 단체다. 신민부는 대한군정서(북로군정서)를 계승한 단체로서, 그 주요 구성원의 대부분이 대종교인이었다. 따라서 이들이 신봉하였던 대종교 이념이 자연스레 신민부의 주요한 이념으로 자리 잡았다. 아나키스트로 신민부 요원이기도 했던 이강훈의 다음의 회고가 이를 방증한다.

"신민부의 기본철학은 대종교의 홍익인간과 중광정신이었다. 그렇다고 해서 결코 봉건적이었다거나 파쇼적인 것은 아니었다."

또한 신민부가 추구한 정치형태는 배달국 공화주의를 추구하였다. 이것은 '대동단결선언'(1917년)부터 이어져온 대종교 계열의 전통이기도 했다. 더욱이 많은 아나키스트들도 신민부에 동참하였다. 김종진을 위시한 이을규·김야운·이준근·엄순봉·이붕해·이달 등이 그들이다. 중요한 것은 그들의 정신적 지도를 맡았던 인물도 백순이라는 점이다. 백순은 대종교 동지인 백서(白棲) 강인수(姜寅秀)와 함께 이들을 정신적으로 이끌었다. 강인수는 대종교 동이도제일지사(東二道第一支司)에 속한 장일시교당(帳一施敎堂, 寧安縣海林市)을 이끌었던 인물로서, 대종교의 중진인 현천묵·지장회(池章會)·손일민(孫一民)·나중소(羅仲昭) 등의 일물들과 신민부의 검사원에 소속된 인물이었다.

그러나 1930년 7월, 백순은 홀연 두만강을 건너 금강산 용계로 들어온다. 그 이유는 분명치 않다. 백순은 그곳에서 김만수(金萬守) 등과 금강산인삼재배조합을 만들어 인삼재배에 종사하는가 하면서 은둔하듯 7년간 거주하다가 숨을 거두었다. 안타까운 것은 백순의 사상을 살필 수 있는 문건이 한 점도 전하지 않는다는 것이다. 그는 일제의 문서에도 늘 대종교 수령 혹은 대종교 유력자로 나올 정도로, 누구보다도 대종교를 앞세워 활동한 인물이다. 그와 친형제처럼 지내던 강우가 수많은 대종교사상서를 남긴 것과 같이, 그 역시 많은 글을 남겼을 것으로 추정되지만 전하는 것이 없다. 대종교 원로들도 그가 많은 글을 남겼다고 증언하였으나, 그들도 이미 작고하고 없다.

[교력]
백순은 대종교가 중광한 다음 해인 1910년에 입교한 인물이다. 전언에 의하면 호석 강우의 영향이 컸다고 한다. 그리고 1911년 중광절(음력 1월 15일)에 참교(參敎)의 교질(敎秩)을 받고 만주로 넘어갔다. 또한 이 시기 대종교 청파호시교당(靑波湖施敎堂)의 시교사(施敎師)의 자격으로 만주 포교의 중심에서 활동했다.

종교적 공간으로서의 청파호는 대종교에 있어 가장 중요한 성지라 할 수 있다. 어떤 종교집단이 특정 장소를 차지함으로써 발생할 수 있는 장소의 효과, 그리고 그것으로 기대되는 과정 전체를 종교적 의미에서의 '장소권력'이라고 정의해 볼 때, '장소효과'로서의 청파호라는 공간은 단순히 정치적 이해(일제강점기 독립운동)를 넘어 기적의 공간이요 치유의 공간이며 예언의 공간이기도 했던 곳이 청파호다.

따라서 대종교에 있어 청파호는 백두산과 만주의 대유적(代喩的) 가치로 존재한다. 전래 신교의 시간과 공간이 블랙홀처럼 결정화(結晶化)된 곳이 청파호다. 백두산과 만주의 종교적 상징성이 옹글게 농축된 것도 그곳이며, 대종교도들이 그렇게 꿈꾸던 배달국이상향의 중심축 역시 그곳이 된다. 그러나 그러한 동경이, 일제강점기의 시대적 질곡에서 벗어나고자 했던 대종교도들의 감상적 낭만주의의 침전물만은 아니었다. 대종교의 기록에도 "청호(靑湖)는 청파호라고도 하며 만주 간도 화룡현 삼도구에 있고, 대종사(홍암 나철-인용자 주)께서 4년간 수도하던 곳이요, 총본사 및 고경각(古經閣)이 있고 또 대종교에서 세운 청일학교(靑一學校)가 있으며, 대교(大敎, 대종교-인용자 주) 이상향으로 뒷날 삼종사의 유해를 모두 이곳에 모셨다."는 장소적 의미를 부여하고 있다. 그러므로 대종교 선열들의 가슴 속에는 늘 이상향으로 그려지는 곳이 바로 청파호다.

또한 대종교단의 기록에, "(홍암 나철이) 지상천국의 낙원건설도 이곳을 중심으로 생각했으며, 또 교계의 사도교구 설정도 이곳을 지표로 했던 것이다. 또한 중광 직후인 1911년에 고적·영적을 봉심하기 위하여, 강화 평양을 거쳐 두만강을 건너 백두산 북록 청호(청파호)까지의 서북 순례를 마치고, 백두영봉에 망배(望拜)한 다음, 그곳에 총본사와 고경각을 권설(權設, 1914년 5월 13일)하고 제천보본의 의(儀)를 봉행함도 이러한 이념에서였다."라고 적었듯이, 대종교에 있어 청파호는 세속을 씻고자 하는 치열한 수행 공간인 동시에, 종교적 완성을 이루고자 했던 현실적 이상향과 맞닿은 곳이었다. 나철은 그의 유서 중 하나인 「중광가」50장에서도 "조산동(祖山東) 단성부(檀城府)에 박달뫼 우뚝우뚝 / 수도(修道) 포도(佈道) 네 해에 큰 도(道) 빛 점점 보편 / 총사(總司)는 영궁(靈宮) 옛터 사도(四道)로 육주(六洲)까지 / 고령사(古靈祠) 향화(香火) 빛은 열렬(烈烈)한

모든 성철(聖哲)"이라고 노래했다. 청파호의 총본사가 단군의 영궁터임을 분명히 적시하고 있다. 또한 대종교 포교의 온세상[四道六州]으로의 지향이 그곳을 중심으로 나타나 있음을 알게 된다.

백순에 있어서도 청파호라는 공간은 의미 있는 곳이었다. 그는 1910년대 청파호시교당의 시교사로서 그 시교당의 중심적 인물이었으며, 그의 모든 활동 역시 그곳을 중심으로 전개되었다. 그 시절 백순은 청파호시교당의 경배(敬拜, 대종교의 정기적 종교집회) 때에도 강도(講道)를 주관하며 종교적 열정을 누구보다도 불태웠다. 더욱이 1912년 하반기에는 당시 대종교의 거물들과 함께 대종교 발전의 전반적인 의논을 펼친 인물도 백순이다.

가령 1912년 8월 12일(음력, 이하 음력) 우리 현대사에 흔치 않은 회합이 있었다. 백순이 상해의 예관(睨觀) 신규식(申圭植), 블라디보스토크의 보재 이상설 그리고 백초(白樵) 류완무(柳完茂) 등과 대종교 청파호시교당에서 만난 것이다. 그들은 각처의 편지를 가지고 대종교를 확장하는 일로 모였다. 당시 백순은 류완무와 함께 함께 교육과 종교 두 건의 사안에 대하여 의견을 개진했다. 우리가 급히 일해야 할 때를 만나서 자제 교육은 청년 중에서 뜻이 있는 사람이 담당하고, 연로한 사람들이 담당할 것은 종교 숭배라는 뜻으로 사람마다 집집마다 설명해야 한다는 주장을 폈다. 이 시기 청파호시교당에는 교주인 나철이 거처하고 있었고 현천묵·박찬익·김영학·서일·안태진 등등의 중심인물들이 기거 혹은 드나들었다. 그 시기 북간도를 찾은 지산(芝山) 정원택(鄭元澤)에게 이상설과 신규식을 연결하는 소개 편지를 써준 인물도 백순이다.

이상설과 신규식은 후일 각각 대종교 북도본사와 서도본사의 책임을 맡는다. 또한 류완무는 연해주와 북간도 지역 대종교의 장로(長老)로서 대종교 정착에 적지 않은 역할을 한 인물이다. 백순이 이들 대종교지도자들과 어깨를 나란히 하여 대종교 중대사를 논했다는 것은, 당시 대종교단 내에서 그의 위치를 그대로 확인시켜주는 부분이다. 백순은 1913년 화룡현에 거주하는 대종교인 김현(金玄)을 대동하고 밀산현 한흥동의 한계 이승희를 찾아가 한흥동 사업의 재건 문제를 의논했다. 또한 그 지역 대종교의 거점 확보에 총력을 기울이며 대종교의 기반을 구축하는데 결정적으로 기여하였다. 이러한 노력으로 백순은 같은 해 4월 6일 지교(知敎)의 교질(敎秩)에 오른다. 또한 8월에는 친형제와 같았던 대종교 교주 나철, 그리고 호석 강우 등과 함께 청파호시교당의 뒷산인 단산(檀山)에도 올랐다. 일행은 대종교의 현안과 시국에 관한 이야기를 주고받으며 백두산을 바라보며 그 감개무량함을 한시로 읊기도 했다. 1917년에는 대종교 항일투사인 고평(高平)을 이끌고 블라디보스톡 포교 활동 전개하는가 하면, 1918년 초에는 대종교지도자 백하(白下) 김영학(金永學)과 함께 간도로 나아가 대종교포교에 적극 앞장섰다.

1918년 8월 5일 상교(尙敎)의 교질에 오른 백순은, 1923년 1월 1일 당시 대종교 교주 무원(茂園) 김교헌(金敎獻)의 특별 추천으로 정교(正敎)의 교질을 받고 대형(大兄)의 교호(敎號)를 함께 얻음으로써 명실상부한 대종교 원로의 반열

에 올랐다. 그리고 그 다음날인 1월 2일 총본사 전리로 임명되면서 대종교 교무의 중심자리에 앉았다. 그 해 말에는 내몽고 포두진의 대종교수광시교당 활동을 통해 포교와 함께 경제적 자립을 위한 투자 유지 활동에도 적극 앞장섰다. 마침내 대종교에서는 1926년 1월 16일, 교주(教主)를 제외한 최고의 단계인 사교(司教)의 교질을 백순에게 수여하였다. 그리고 같은 해 1월 18일 '대종교홍범(大倧教弘範) 및 규제수정기초위원(規制修正起草委員)'으로 임명되어 교단의 질서와 조직을 새롭게 꾸미는데 앞장서기도 했다. 당시 백순과 함께 임명된 '대종교홍범 및 규제수정기초위원'의 명단을 보면 아래와 같다.

성 명	별호	서임연월일	당시연락처	비 고
白 純	隱溪	1926.1.18. (음)	京綏線 包頭鎭 靑山醫院	
趙琬九	藕泉	〃	上海 法界 福照路 愛仁里 20호	
金枓奉	白淵	〃	上海 法界 望志路 永吉里 212호	金 圭
金 誠	菜園	〃	조선 京城 南門外 中林洞 246	金教準
申明均	珠山	〃	조선 京城 嘉會洞 23 新少年社	
沈 槿	心巖	〃	和龍縣 三道溝 忠信坊 富春藥房	
蔡奎伍	雲圃	〃	琿春縣 東門內 協成商會	
金演元	仁齋	〃	寧安	
鄭 潤	一雨	〃	寧安	鄭 信

1926년 압수당한 대종교의 문서 중에 실려 있는 '大倧教弘範及規制修正起草委員一覽表'. 맨 앞에 白純이라는 이름이 보인다.

한편 백순은 이 시기에도 포두진의 청산의원을 왕복하면서 대종교의 후배이자 동지인 성재(省齋) 이시영(李始榮)과 연락하며 대종교 발전을 위해 도모하기도 했다. 또한 백순은 1927년 1월 20일에는 대종교 교주였던 단애(檀崖) 윤세복(尹世復)의 권한을 위임 받아 행사하기도 했으며, 1928년 1월 16일에는 다시 대종교총본사의 전리(典理)로 임명되어 교무를 총괄하였다. 당시 대종교는 같은 날 영안현 해림참(海林站)에서 소집된 제6회 교의회(教議會)의 결의로 1925년 만주 당국에 의해 내려진 대종교포교금지령 해제 시까지 총본사를 밀산현 당벽진(當壁鎭)으로 이전하기로 하였다. 이에 교주 윤세복은 총본사 전리인 백순에게 영안현 해림에 머물면서 각 지방과의 연락 사무를 담당케 하고, 총본사를 밀산으로 옮긴 것이다.

해방 이후인 1950년 5월 5일 대종교에서는, 일제강점기 백순의 행적을 기리기 위하여 일제강점기 이미 사교의 교질을 받은 동산(東山) 최전(崔顓), 호석 강우, 단운(檀雲) 엄호(嚴浩), 죽포(竹圃) 오근태(吳根泰) 등과 더불어 도형(道兄)의 교호를 추승(追陞)하였다.

[참고문헌]

『倧令』제3호(1911년), 『대종교교보』제57호(1923년)·제113호(1937년)·제166호(1950년), 『종문영질』(프린트본, 1922), 『대종교인과 독립운동연원』(이현익, 프린트본, 1963), 『대종교독립운동사』(박명진, 필사본, 1964), 『대종교중광육십년사』(대종교총본사, 1971), 『大倧教施教堂一覽表(1926年)』(延边朝鲜族自治州档案馆 全宗号42 目录号1 案卷号343, 和龙县历史档案 和龙县警察所, 令各区查禁韩人设立大倧教堂由, 民国十五年五月十二日), 『聖民會 總會 開催에 관한 件』(不逞團關係雜件-朝鮮人의 部-在滿洲의 部3, 朝憲機 제121호, 한국사DB, 국사편찬위원회), 『在露 不逞鮮人의 現況에 관한 보고의 件』(別紙 : 在露 不逞鮮人의 現況)』(不逞團關係雜件-朝鮮人의 部-在西比利亞7, 機密 제46호, 한국사DB, 국사편찬위원회), 『內蒙古 包頭鎭 地方의 狀況에 關한 件』(不逞團關係雜件-朝鮮人의 部-在滿洲의 部37, 機密 第570號, 한국사DB, 국사편찬위원회), 『매일신보』 1935.9.2., 『무장독립운동비사』(채근식, 대한민국공보처, 1949), 『조선독립운동』Ⅱ(金正明, 原書房, 1967), 『한계유고』Ⅱ(국사편찬위원회, 1982), 『백농실기』(영인본), 『조창용, 독립기념관, 1993), 『호석선생문집』(독립운동사편찬위원회, 『독립운동사자료집(문화투쟁사자료집)』12, 1977), 『독립운동사』3(독립운동사편찬위원회, 1972), 『독립운동사자료집』3(독립운동사편찬위원회, 1973), 『소앙선생문집』(삼균학회, 횃불사, 1979), 『현대사자료』26(姜德相編, みすず書房, 1982), 『지산외유일지』(정원택, 탐구당, 1983), 『우당 이회영 略傳』(이정규, 을유문화사, 1985), 『민족해방운동과 나』(이강훈, 제삼기획, 1994), 『위암장지연서간집』2(위암장지연선생기념사업회, 2004), 『運命의 餘燼』(이규창, 2004), 『한국독립운동사자료』39·40·41·42(국사편찬위원회, 2003·2004·2005·2006), 『대한민국임시정부자료집』45(국사편찬위원회, 2011), 『대종교 성지 청파호 연구—종교지리학적 관점을 중심으로—』(김동환, 『국학연구』제17집, 국학연구소, 2013), 『夢乎略記』(황학수, 『국학연구』제21집(자료), 국학연구소, 2017.]

백전(伯佺, 남, 1816-?)

아호(별명)_두암(頭岩), 백진인(伯眞人)
입교 시기_1830년대(중광 이전) | 교질_미상

백두산 인근 출신으로 알려져 있으나 구체적 지역에 대한 기록이 없다. 그 생몰연대도 불분명하지만, 1905년 그의 나이가 90이었다는 대종교의 기록을 보면 1816년생임을 짐작할 수 있다. 또한 백전(伯佺)이라는 이름만 전할 뿐 그 성씨(姓氏) 역시 확인되지 않는다. 백전은 백봉신사(白峯神師)의 제자 33인 가운데 가장 나이가 많았으며 도덕신명이 백봉신사의 차석(次席)이므로 백봉신사가 백전(伯佺)으로 호명하였다. '백전'이란 '신선처럼 수행하는 무리 중 맏이'

라는 의미다. 백전은 하루 오백 리를 오갔다 하며 그 행적을 본 사람은 없고, 당시 만주 등지에 주거하는 것으로만 알려져 있다.

백전은 홍암(弘巖) 나철(羅喆)을 단군교에 입교(入敎)시킨 장본인으로, 대종교 중광(重光)의 첫 계기를 만들어준 인물이다. 나철이 동양평화론을 내세우며 일본으로 건너가 민간외교 활동에 분주할 무렵, 국내의 을사늑약이 체결될 것이란 소식을 전해 들었다. 이에 나철은 황급히 동경(東京)을 출발하여 1905년 12월 30일(음력) 밤늦게 새문밖[新門外] 서대문역에 도착하였다. 그리고 지금의 세종로 방향으로 걸음을 옮기다 한 노인을 만났다. 그 노인은 먼저 나인영(羅寅永, 1909년 개명 이전 나철의 이름)임을 확인하였다. 이어 자신의 본명은 백전(伯佺)이고 호는 두암(頭岩)이며 나이는 90이라고 밝힌 뒤, 백두산에 있는 백봉신형(白峯神兄)의 명을 받고 무엇을 전하려 왔다고 했다. 그리고 나철을 그 자리에서 단군교(檀君敎)에 입교시킨 뒤 흰 종이에 싼 것을 주고 서대문 쪽으로 사라졌다. 귀가하여 종이로 싼 물건을 살펴보니 『삼일신고(三一神誥)』와 『신사기(神事記)』였다. 대종교의 『종보(倧報)』제1호(1909년 봄호)에 실린 「중광원유(重光源由)」에는 당시의 정황을 다음과 같이 적고 있다.

"을사 12월 30일(대한 광무 10년 1월 24일) 상오 9시에 나인영이 일본으로부터 부산에 상륙하여 기차를 탑승하고 당일 하오 11시에 경성 서대문역에 내려 한 노인에게 대종교를 신봉하고 교적(敎籍) 2책(곧 삼일신고와 신사기)을 비수(秘受)하니 노인은 자칭하되 명(名)은 백전(伯佺)이오 호(號)가 두암(頭岩)이오 년(年)이 90이라 하며 성(姓)은 불언(不言)함."

백전과의 이러한 만남이 당시 나철에게는 큰 관심을 끌지 못했다. 국망으로 치달아가는 나라 걱정이 앞섰기 때문이다. 그러나 이 역사적 사건은 "그러나 어찌 뜻하리오! 알 수 없는 것은 세상일이라. 이 바람같이 지나간 일이 후일 대종사(大宗師, 홍암 나철-인용자 주)의 노상봉교(路上奉敎)가 되고 마침내 700년 닫혔던 대교의 교문을 다시 열고, 천신대도(天神大道)를 밝히신 중광(重光)의 동기가 될 줄이야!"라는 대종교단의 기록과 같이, 대종교 중광의 동기가 되었다.

한편 백전의 단군교(대종교의 전신) 입교 시기는 1830년대로 추정된다. 그가 약관의 나이에 이미 단군교에 봉교(奉敎)하고 백봉신사의 제자가 되어 수행했다는 기록에서 추정이 가능하다. 그리고 사제(師弟)들로부터 백봉신사의 전통을 이어 앞장서 줄 것을 부탁 받지만 끝까지 사양한 인물이 백전이고, 그리고 "(백전이) 늘 말하기를 '우리 단군교(대종교)의 전통은 반드시 그 인물이 있다'(常曰 吾道傳統 必有其人)"라는 기약을 남겼다 한다. 그리고 택한 인물이 홍암 나철이다. 백전이 말한 "반드시 그 인물이 있다(必有其人)"의 주인공이 나철임을 알게 한다. 그러므로 나철은 스스로 남긴 「주필기사(走筆記事)」 6연에서 백전과의 만남이 근대 대종교 중광의 결정적 동인이 됨을 다음과 같이 읊

었다.

頭叟淸儀不染塵	백전 노인 맑은 자태 세속을 떠난 모습
童顔鶴髮似天人	백발에 어린 얼굴 신선과 다름없구나
乙年二冊警昏夢	을사년에 받은 두 책 몽매함을 깨웠으니
吾道淵源此夜眞	대종교의 연원은 이 밤에 비롯하도다

[참고문헌]
『종보』제1호(1909년), 『대종교중광육십년사』(대종교총본사, 1971)

변성식(邊成植, 남, 생몰 미상)
입교 시기 _ 1939년 이전 | 교질 _ 지교

출신지역과 생몰연대를 알 수 없는 인물로, 일제의 문서에도 발견되지 않는다. 다만 1938년 7월 1일 동아일보 동경성분국(東京城分局) 기자로 임명된 것으로 보아, 이 지역을 거점으로 활동한 인물임을 확인할 수 있다.

변성식은 1939년 3월(음력, 이하 음력) 동경성 소재 대종교총본사가 부설한 대종학원(大倧學園)의 학감을 맡아 후진 양성에 노력한 기록이 있다. 그 시기 대종학원의 원장은 백산(白山) 안희제(安熙濟)가 맡고 있었다. 또한 8월 27일에는 안희제·이현익(李顯翼)·최관(崔寬)·서윤제(徐允濟)·안도윤(安道允)·김영숙(金永肅)·장도순(張道淳) 등과 아래와 같은 취지로 대종교서적간행회(大倧敎書籍刊行會)를 발기하여 교화와 포교의 일선에 섰다.

"교화를 보급케 함에는 반드시 문자의 힘을 시뢰(特賴)할 것이다. 이제 대교(大敎, 대종교-인용자 주) 부흥기에 당하야 만구동성으로 종경(倧經) 요구가 날로 높은 터이다. 이 요구를 수용함은 무엇보다도 대교 발전상 최대 급무일 것이다. 이것을 공감하는 우리는 미성박력(微誠薄力)을 불고하고 교적간행회를 발기한다. 또 본회 사업의 확충됨을 꾀하여 먼저 아래 조관(條款)으로써 약속한다. 따라서 한배검의 특별하신 사랑 가운데서 본무(本務)를 다하고자 하는 형제자매들의 많은 동정을 빌고 바라는 바이다."

또한 변성식은 서적간행의 자금 확보를 위해 안희제·이현익·최관·서윤제·안도윤·김영숙·장도순·장호문(張浩文)·강철구(姜鐵求) 등과 전체 165주(株, 1주는 10원) 중 가장 많은 10주씩의 출자금을 투자해 솔선수범을 보였다. 당시 간행된 교적 현황은 아래와 같다.

서적제목	발행부수	소요비용
홍범규제(弘範規制)	500권	5원
삼일신고(三一神誥)	2,000권	180원
신단실기(神檀實記)	1,000권	205원

서적제목	발행부수	소요비용
종례초략(倧禮抄畧)	2,000권	600원
종지강연(宗旨講演)	3,000권	204원
종문지남(倧門指南)	2,000권	200원
계	10,500권	1,502원

변성식의 대종교 입교시기와 영계사항과 관련된 기록은 전하지 않는다. 다만 1939년 12월 7일 대종교총본사의 특별추천으로 지교(知敎)의 교질(敎秩)을 받은 것으로 보아, 그보다 훨씬 이전에 입교한 것으로 추정된다. 그리고 같은 날 경의원(經議院) 참의(參議)에 선임되었고 해방 이후인 1946년 4월 1일에도 경의원 참의를 맡은 기록이 있다.

[참고문헌]
『대종교보』, 제124호(1939년)·제150호(1946년), 『대종교중광육십년사』(대종교총본사, 1971), 『동아일보』1938.7.24.

변영극(邊榮極, 남, 생몰 미상)
입교 시기 _ 1926년 이전 | 교질_ 미상

출신지역과 생몰연대를 알 수 없는 인물로, 대종교단 내에 전하는 문건이나 일제의 문서에서는 찾을 수 없다. 오직 대종교만주포교지령 당시 만주 당국에 압수된 문서 중 「대종교시교당일람표(大倧敎施敎堂一覽表)」라는 데에서만 등장하고 있다. 그 문서에는 변영극이 1926년 대종교 진일시교당(眞一施敎堂)의 찬무(贊務, 부책임자)를 맡아 활동한 기록이 보인다. 진일시교당은 대종교 동일도본사(東一道本司) 관할로 왕청현(汪淸縣) 춘명사(春明社) 대감자(大坎子) 지역에 소재했으며, 이 지역은 대종교 항일단체인 대한군정서(북로군정서)가 근거하던 곳이다. 당시 이 시교당의 전무(典務, 책임자)는 김홍린(金泓璘)이 맡았으며 박일혁(朴日赫)이 찬무로 임명되어 시무하였다. 이들은 왕청현 춘명사 대감자 공립제7소학교(公立第七小學校)를 연락 거점으로 70여명의 교우들을 거느리고 포교활동을 전개했다. 특히 박일혁이란 인물은 대종교지도자이자 대한군정서의 총재였던 백포(白圃) 서일(徐一)의 최측근으로, 서일의 저술인 『회삼경(會三經)』을 후대에 전한 인물이다.

[참고문헌]
「大倧敎施敎堂一覽表(1926年)」(延边朝鮮族自治州档案館 全宗号42 目录号1 案卷号343, 和龙县历史档案 和龙县警察所, 令各区查禁韩人设立大倧敎堂由, 民国十五年五月十二日)

변정상(卞鼎相, 남, 1861-1935)
아호(별명) _ 이정(彛庭)
입교 시기_ 미상 | 교질_ 미상

경기도 부평도호부(富平都護府) 하오정면(下梧亭面) 고리동(古里洞) 출신으로, '한국의 삼소(三蘇)' 혹은 '변씨삼절(卞氏三絶)' 등으로 불린 변영만(卞榮晚)·변영태(卞榮泰)·변영로(卞榮魯) 형제의 부친이다.
변정상은 일찍이 한문사숙(漢文私塾)에 입학하여 학문을 도야하고 1889년(고종26)에 문과에 급제해 외부주사(外部主事)·흥양군수(興陽郡守)·강령군수(康翎郡守)·경흥감리 겸 부윤(慶興監理兼府尹)·삼화감리(三和監理)·삼화부윤·삼화항재판소판사·중추원부찬의(中樞院副贊議) 등을 두루 역임한 인물이다.
변정상의 대종교 입교나 영계사항과 대종교 교력은 전하는 것이 없다. 그러나 1916년 홍암 나철의 순교(殉敎) 당시 추도만장(追悼輓章)을 지어 추모할 정도로 대종교와의 인연이 깊었다. 비슷한 시기 벼슬길에 나아간 두 사람의 인연이 남다를 듯하나 전하는 기록이 없다. 또한 변정상의 장자와 차자인 변영만과 변영태도 상해 시절 대종교지도자 예관(睨觀) 신규식(申圭植)의 총애를 받았고, 대종교 중심이었던 박찬익(朴贊翼)·신채호(申采浩)·이광(李光)·엄주천(嚴柱天)·정원택(鄭元澤) 등과 깊은 인연을 지어 활동한 인물들이다. 나철의 순교 당시 변정상이 남긴 아래의 추도만장을 소개해 본다.

皇皇檀祖有賢孫	거룩한 단조에게 어진 자손이 있어
世路多歧獨溯源	영달의 길 많았지만 홀로이 근원을 찾았네
一片丹衷知者少	한오리 굳은 마음 알아주는 이 적으나
擬將炳燭破衢昏	제 한 몸 태워 어둔 세상 밝혔도다
九月山高三聖祠	구월산 높은 곳에 삼성사가 있어
英靈陟降迄無時	영령의 오르내림이 마침내 끊어진 때에
一朝奪我良師去	하루아침에 좋은 스승을 빼앗아 갔으니
或者天心未可知	혹자는 천심을 모르겠다 하도다
殉節殉名各不同	지조와 명예 위해 죽는 것 다르지만
何曾殉道有如公	도를 위해 목숨 바침은 그대 같은 이 있을까
區區偸活還無恥	구차하게 사는 것 오히려 수치스러워
想見千秋凜冽風	오랜 시간 헤아려 매서운 바람을 맞았도다
世道茫茫槩溺津	세상이 아득하여 은둔하는 것이나
梢公一去竟誰因	그대 한 번 가면 누구에게 하소연 하리
遊魂不與身俱滅	이승에 떠돌지 말고 부디 영멸하시어
眷戀東方啓後塵	이 나라 사랑하며 뒤탈을 계도하소서

[참고문헌]
『홍암신형조천기』(김교헌 엮음, 대종교총본사, 1954), 『고종시대사』5집(1902년 3

월 14일, 1902년 9월 24일)·제6집(1906년 7월 12일, 1906년 10월 1일), 『대한제국 관원이력서』(국사편찬위원회, 1972), 『韓國魂』(예관선생기념회, 1955), 『지산외 유일지』(정원택, 탐구당, 1983)

보로야(甫老也, 남, 생몰 미상)
입교 시기 _ 1923년 이전

출신지역과 생몰연대를 알 수 없는 인물로, 중국인(만주족) 이다. 1923년 중국 길림성 영안현에 거주하던 인물로, 가족 전체가 대종교에 봉교한 집안임이 국내 신문에 화제가 되기도 했다. 보로야는, 만주족은 본디 단군의 자손이므로 대종교를 믿어야 한다며 봉교의 배경을 밝히고, 자기 집안 전가족에게 조선말과 조선글도 가르쳤다.

이러한 현상은 대종교의 역사인식과도 무관치 않다. 대종교는 백두산 남북마루를 종교적 발상지로 인식하고, 족통개념(族統槪念)을 통한 남북조사관(南北朝史觀)을 주장한 집단이다. 남북조사관이란 단군조(檀君朝) 배달민족의 후예인 북조(北朝)의 부여와 남조(南朝)의 기씨(箕氏) 이래, 근세의 조선(남조)과 청나라(북조)로 이어지기까지 존재했던 남북강역의 세력과 집단을 단군 후예들의 역사 활동으로 간주하는 역사관이다. 그러므로 한국사의 일부로 취급되는 국가뿐만 아니라, 한국인의 활동 영역을 한반도를 넘어 만주 또는 발해만 부근과 산동 반도를 비롯한 중국 본토의 동쪽 해안까지 그 역사관을 확대했다. 이것은 대종교의 강역의식과도 그대로 맞물리는 관점이었다.

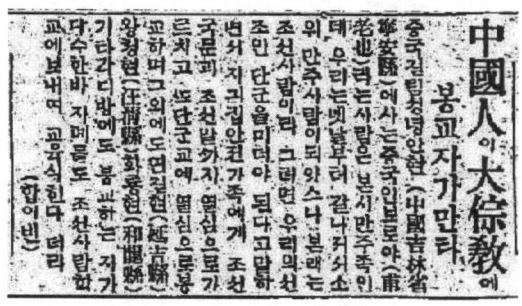

「중국인이 대종교 봉교자 많다」라는 제목으로 『동아일보』(1923년 3월 37 일자)에 실린 중국인 甫老也에 관한 기사.

이러한 역사인식을 정리한 인물은 대종교 2대 교주였던 무원(茂園) 김교헌(金敎獻)이었다. 그는 발해(북국)·신라(남국)로 한정되는 남북국이 아니라 열국시대·삼국시대 이후의 모든 역사질서를 남북조로 바라보았다. 이러한 배경에 작용한 것이 대종교의 족통개념과 강역의식이다. 김교헌이 중심이 되어 1911년 대종교에서 발간한 『단조사고(檀祖事攷)』가 그 대표적 증적이다. 『단조사고』 앞 분문에 실린 「배달족원류도(단군혈통)」와 「삼천단부도(단군강역)」의 도표 2장에서 확인할 수 있다. 「배달족원류도」는 배달 민족이 여섯 지파로 나뉘어 남방족(조선)과 북방족(후금)으

로 모아지는 계통도이며, 「삼천단부도」는 만주와 연해주를 망라하는 배달민족의 강역형세도라 할 수 있다. 「배달 족원류도」에서는 '배달(단군)족'이 여섯 지파로 나뉜 후 최종적으로 조선족(남방)과 만주족(북방-후금)으로 귀착된다고 이해했다. 또한 기자를 반배달족(半倍達族)으로 간주하고 우리 민족의 지파로 편입시켰다는 것이 주목된다. 특히 조선족(南朝)과 만주족(北朝)을 같은 단군의 혈통으로 엮었다는 것은, 대종교적 남북조사관과 대륙사관의 중요한 근거가 되었다 할 수 있다. 김교헌의 『신단실기(神檀實記)』「단군세기」 부분에 기록된 남북강역의 단군족 국가들의 혈통관계를 부여로부터 금나라까지 정리하면 아래와 같다.

국가명	계통
부여	단군이 기자를 여지(餘地)에 봉하여 부여가 되었는데, 뒤에 북으로 옮겨 북부여가 되고, 해모수의 아들 부루가 가섭원으로 이도하여 동부여가 되었다. 동부여는 부루·금와·대소·갈사로 왕위가 이어지고, 갈사왕의 종제가 고구려에 투항하여 연나부에 소속되었다. 뒤에 부여는 위구태·부태·간위거·마여·의려·의라·잔왕 등으로 왕위가 이어지다가 고구려에 병합되었다.
고구려	시조 주몽의 성은 선씨(鮮氏)로, 북부여의 왕 해모수가 하백의 딸 유화를 아내로 맞아 낳은 아들이다. 후일 극재사·중실무골·소실묵거 등을 거느리고 고구려(졸본부여)를 세우고 성을 고씨라 하였다.
백제	시조 온조는 성이 본디 해씨(解氏)로, 우태와 소서노의 둘째 아들이다. 후일 오간·마려 등 10여명과 함께 남쪽으로 내려가 위례성에 나라를 세우고 백제라 칭했으며 성을 부여씨라 하였다.
신라	시조 혁거세의 성은 박씨로, 부여 제실(帝室)의 딸 동신성모의 아들이다. 후일 고조선의 유민들로 이루어진 진한(辰韓) 육부 사람들에게 추대되어 임금이 되었다. 지배자의 처음 이름을 거서간이 하고, 나라 이름을 사로라 하다가 후일 신라로 고쳤다.
발해	시조 고왕의 성은 대씨이며 이름은 조영이다. 그의 조상은 고구려의 속말말갈 사람이며, 그의 아버지는 걸걸중상이다. 후일 나라를 세우고 국호를 처음 진(震)이라 칭했으며 연호를 천통(天統)이라 했다. 이어 5천리 땅을 개척하고 나라 이름을 발해로 고쳤다.
예맥	조상은 단군의 자손으로 부여에서 나와, 동쪽은 예가 되고 서쪽은 맥이 되었다. 예는 혹 창해(滄海)라고도 했으며, 진나라 시기 예에 창해군이란 사람이 있었다. 한나라 시기 예의 남려(南閭)가 요동에 나아가 항복하니, 한무제가 그곳에 군현(郡縣)을 설치하면서 망했다.
동옥저	역시 단군의 자손으로 북은 읍루와 부여, 남은 예맥과 접해 있었다. 고구려의 왕 궁(宮)이 침략하여 오자 항복했다.
비류	역시 단군의 자손이다. 비류수에 나라를 세우고 졸본·읍루·부여와 접해 있었다. 송양왕 때 이르러 주몽이 졸본을 점령하자 이후 고구려에 항복했다.
숙신	상고 동방구이(東方九夷) 가운데 가장 강성한 나라로, 식신(息愼)·직신(稷愼)이라고도 하며 불함산의 북쪽 홍동강의 동쪽에 접해 있었다. 대궁(大弓)인 단궁(檀弓)이 유명했으며 이(夷)라는 명칭 역시 숙신 대궁에서 유래한 것이다. 읍루·물길·말갈로 이어져 발해로 연결되며 후일 여진으로 연결된다.
삼한	조선의 남쪽에 크고 작은 78개의 나라로 자리 잡은 집단으로, 단군과 기자를 지나 수천 년이 되도록 끊이지 않았다. 제나라와 노나라는 바다를 격해서 바라보았으며, 북은 대수(帶水)를 지나고 동으로는 예맥과 접했고 남쪽은 바다에 닿았다.
정안	마한의 종족으로 거란의 침략을 받자, 그 우두머리가 무리를 모아 서쪽 변방에 자리잡고 국호를 정안이라 하고 연호를 정했다. 정안국의 왕 열만화는 송나라에 사신도 보냈다.

국가명	계통
요	단군의 자손으로, 그 조상은 고구려에서 기인한다. 요태조는 영주 목엽산에 사당을 세우고 매년 10월에 예화악(禮和樂)으로 제사를 지냈다.
금	그 조상은 고구려의 사람으로, 평주 금준(今俊)의 아들 극수(克守)가 여진으로 들어가 여진 여자와 결혼하여 후손을 뻗쳤다. 그의 후손 중 아골타가 나라를 세우고, 고려를 부모의 나라로 섬겼다.

이러한 역사인식과 맞물려 대종교가 만주로 진출한 1910년대 초반부터 연길현(延吉縣)·왕청현(汪淸縣)·화룡현(和龍縣) 등지에서 대종교에 봉교하는 중국인(만주족)이 많았다. 더욱이 그들 자녀들의 교육 역시 한인학교(韓人學校)에 보내 학습하는 경우가 있었다. 1910년대 중반 백두산 내두산(奶頭山, 內都山)의 부호였던 중국인 대영규(戴永奎)의 대종교 입교에서도 찾을 수 있다. 그는 그 지역 만석군(萬石君)으로 대종교지도자 호석(皓石) 강우(姜虞)에게 감복되어 홍호자(紅鬍子, 마적) 수천 명을 대종교에 봉교시켰다 한다. 또한 산동성(山東省) 등주부(登州府) 출신의 중국인 류경관(劉景寬)은 대종교에 봉교하여 항일투쟁을 벌인 대표적 인물이다. 그는 장백현(長白縣)으로 이주하여 대종교에 입교하고 한국 농작인(農作人) 10여 호를 거느리며 다락(多樂)한 생활(生活)을 하던 소지주(小地主)였다. 국내에서 3·1독립만세운동이 발발하자, 그 지역 항일단체인 광정단(光正團)에 가담하여 본인의 자산을 전부 출연하여 무기구입에 충당했다. 또한 우리 독립군들과 무송(撫松)에 이주하여 대종교항일투사 이현익(李顯翼) 등과 4~5년의 풍상(風霜)을 함께 겪기도 했다. 이후에도 그는 광정단 동지들과 돈화(敦化)에서 길돈사변(吉敦事變)·만보산사건·만주사변 등을 당하면서도 변함없는 의리를 보여주었다.

한편 대종교의 이러한 역사인식과 관련하여 만주군벌(滿洲軍閥)의 곱지 않은 시선도 없지 않았다. 이러한 갈등 표출이 대종교의 만주 진출 초기인 1913년에 이미 나타나고 있음이 주목된다. 대종교시교사였던 박찬익과 만주군벌 장작상(張作相, 張作霖의 부하)과의 논쟁이 그것이다. 당시 길림성 일대의 대종교 탄압이 본격화되고 있다는 백포(白圃) 서일(徐一)의 전갈을 받고, 박찬익은 그 해결을 위해 장작상을 만났다. 당시 장작상은

"너희는 지금 독립운동을 한답시고 우리 만주를 넘보고 있다. 그리고 대종교라는 것이, 나는 너희 나라 국조를 섬기는 교인 줄 알았더니, 백두산을 너희는 대종교들의 천산이라 부르며, 백두산 일대의 땅은 모두 너희들 땅이라고 생각한다면서! 그래 어느 땅이 감히 너희들 땅이냐!"

라는 격앙된 인식을 보였다. 이에 대해 박찬익은, 만주를 비롯한 백두산이 당연히 예로부터 조선의 땅임은 삼척동자도 아는 것이 아니냐며 단호히 반문하였다. 그러나 대종교가 그 옛 땅을 찾고자 하는 것이 결코 아니며, 일제에 강점당한 조국을 찾겠다는 일념밖에는 아무런 욕심이 없다는 것을 분명히 하면서, 이 모든 것이 일제의 이간질임을 밝혔다. 이에 장작상은 박찬익의 말에 공감하면서, 오

히려 1만원짜리 어음을 선물로 주었다. 그리고 이 돈은 북로군정서의 뿌리가 된 중광단의 무기 구입에 사용되었다. 보로야와 관련된 대종교단 내의 기록은 전하지 않는다. 그의 교질(教秩) 관계 역시 알 수가 없다. 그러나 1923년 3월 27일자 『동아일보』에 그의 가족 전체가 이미 대종교인으로 소개됨을 볼 때, 그의 대종교 입교 시기는 그 시기보다 이전으로 소급됨이 확인된다.

[참고문헌]

『檀祖事攷』(대종교교단조사고편찬위원회, 프린트본, 1911), 『神檀實記』(김교헌, 대종교총본사, 1914), 『神檀民史』(김교헌, 대종교서이도본사, 1923), 『대종교인과 독립운동연원』(이현익, 프린트본, 1963), 『동아일보』1923.3.27., 『백농실기』(조창용, 독립기념관, 1993), 『호선선생문집』(독립운동사편찬위원회, 『독립운동사자료집』(문화투쟁사자료집)』12, 1977), 『남파 박찬익 전기』(남파박찬익전기간행위원회편, 을유문화사, 1989)

서강준(徐康駿, 남, 생몰 미상)
입교 시기_ 1918년 | 교질_ 미상

출신지역과 생몰연대를 알 수 없는 인물로, 1922년 3월 연길현 용정촌(龍井村)에 있는 대종교당(大倧教堂, 정확한 명칭은 불분명함)의 책임을 맡은 기록이 있다. 일제의 문서에는 이 교당의 설립일자가 1909년 6월로 적혀 있음을 볼 때, 상당히 이른 시기에 설립된 것임을 알 수 있다. 서강준이 이끌 당시 이 교당은 남자 신도 31명과 여자 신도 20명이었으며 현금 1천원과 3백평의 재산을 갖고 있었다.

서강준은 1922년 5월 22일(음력, 이하 음력)에는 대종교 동일도본사 제2지사의 찬사(贊事)로 임명되기도 한다. 찬사란 대종교 각 지사(支司)에 교무(教務)를 수행하기 위해 둔 종사(宗事)·계사(計事)·규사(規事)를 돕는 직책이었다. 주목되는 것은 서강준이 찬사로 참여할 당시, 그 제2지사에 함께 참여한 대부분의 인물들이 대종교 대한군정서 계열의 독립군들이었다는 점이다. 총책임자였던 주견룡(朱見龍, 동일도본사 典事代辦)을 비롯하여 이두석(李斗錫, 計事監正)·이형섭(李泂燮, 規事監正)·박순(朴純, 贊事)·강훈(姜勳, 規事監贊) 등등이 모두 대한군정서의 독립군들이었다. 이것은 청산리독립전쟁 이후 대종교의 거점이 곧 흩어진 대한군정서 독립군들의 또 다른 거점이었음을 확인시키는 것으로, 서강준 역시 대한군정서의 구성원이었을 가능성을

높게 해 주는 부분이다.

이후 서강준은 1926년 2월 12일 박순·김백련(金百鍊)·윤우현(尹瑀鉉)·이수(李秀)·윤각(尹覺) 등 항일투사 21명과 함께, 대종교 포교의 일선책임자인 시교원(施教員)으로 임명되어 포교와 항일투쟁을 이어 갔다. 서강준은 해림참(海林站)에 있는 해동반점(海東飯店)을 거점으로 영안(寧安) 지역을 관할하였다. 또한 같은 해 12월 5일에는 해림 지역을 관할하는 '대종교총본사기본 및 경상금 동독위원(大倧教總本司基本及經常金董督委員)'(아래표 참조)에도 임명되어, 대종교 재정운영의 중심에 서기도 했다.

대종교총본사 기본 및 경상금 동독위원 일람표(1926년)

성명	관할구역	서임일자	통신처	비고
최창화(崔昌華)	화룡 二道溝	1924.3.25.(음)	이도구 孤山市 崔範若	東一道本司 관할
원석주(元錫周)	화룡 三道溝	〃	삼도구 忠信坊 富春藥房	〃
이균섭(李均燮)	연길 細麟河	〃	頭道溝 下坊市 鄭允甫	〃
이상호(李相鎬)	두만강 연안	〃	육도구 용정촌 全盛旅館	〃
심근(沈槿)	두만강 연안	〃	삼도구 忠信坊 富春藥房	〃
엄호(嚴浩)	왕청 지역	〃	春明社 大肚川 德源里	〃
소진극(蘇眞極)	왕청 지역	〃	春明社 大坎子 공립제7소학교	〃
채규오(蔡奎伍)	혼춘 지역	〃	東門內 協成商會	〃
김주학(金柱鶴)	中東線 지역	〃	五站 西毛屯 麗興學校	東二道本司 관할
이남철(李南哲)	동녕 지역	〃	동녕현	〃
최익항(崔益恒)	동녕 지역	〃	동녕현 舊街	〃
한기중(韓基中)	밀산 지역	〃	南站 聚興和	〃
홍범장(洪範章)	무송 지역	〃	東門內 高京鎬	西一道本司 관할
정윤(鄭潤)	상해 지역	〃	寧安	西二道本司 관할
신명균(申明均)	경성 지역	〃	嘉會洞 23번지	南一道本司 관할
서강준(徐康駿)	해림 지역	1923.12.5.(음)	海林站 海東旅館	東二道本司 관할

서강준의 대종교 교력을 살피면 1918년 7월 29일 참교(參教)의 교질(敎秩)을 받은 기록이 남아있다. 그의 입교 시기가 그보다 훨씬 이전임을 확인시켜준다. 그 이후 그의 대종교 직책과 활동으로 보아, 서강준의 교질 역시 상당히 올랐을 것으로 추정되나 연관된 기록은 전하지 않는다.

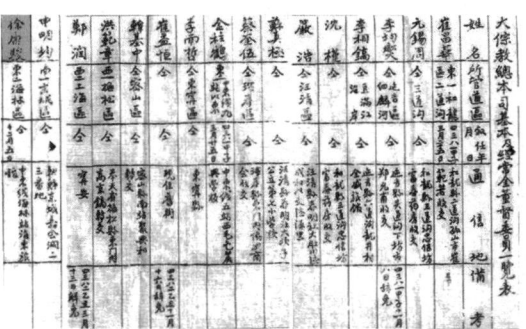

1926년 대종교에서 작성된 '大倧教總本司基本及經常金董督委員一覽表'. 왼쪽 맨 끝 상단에 徐康駿이라는 이름이 보인다.

[참고문헌]
『대종교보』제54호(1922년), 『종문영질』(프린트본, 1922), 『대종교중광육십년사』(대종교총본사, 1971), 「大倧教施教堂一覽表(1926年)」(延邊朝鮮族自治州档案館 全宗号42 目录号1 案卷号343, 和龙县历史档案 和龙县警察所, 令各区查禁韓人設立大倧教堂由, 民国十五年五月十二日), 「한국독립운동사자료(종교운동편)」38(한국사DB, 국사편찬위원회)

서광수(徐洸洙, 남, 생몰 미상)
입교 시기_ 1926년 이전 | 교질_ 미상

출신지역과 생몰연대를 알 수 없는 인물로, 대종교만주포교금지령 당시 압수당한 대종교 문건에서만 등장하고 있다.

1925년 조선총독부 경무국장 미쓰야 미야마쓰(三矢宮松)와 중국 동삼성(東三省) 지배자 장작림(張作霖)은 일명 미쓰야협약(三矢協約)을 체결하였다. 이 협약은 만주 독립군들을 발본색원하기 위해 일제의 사주에 의해 맺어진 것이다. 그 협약의 주요 내용에는 장작림이 만주에서 한국인 독립운동자를 체포하면 이를 반드시 일본영사관에 넘긴다는 것과 일본은 독립운동자를 인계받는 동시에 그 대가로 상금(賞金)을 지불한다는 것, 그리고 장작림은 상금 중의 일부를 반드시 체포한 관리에게 주도록 한다는 규정이 있었다. 특히 대종교를 독립운동단체로 규정한 그 부대조항을 근거로, 1926년 대종교만주포교금지령이 내려졌다. 이후 대종교는 만주 지역에서도 철저한 탄압이 가해졌다.

당시 대종교의 주요 문건들 역시 상당량이 만주 당국에 압수당했다. 서광수의 기록이 들어있는 문건도 그 시기 압수당한 문서 중 하나다. 그 기록을 보면 서광수가 대종교 장일시교당(帳一施教堂)의 찬무(贊務, 부책임자)를 맡아 시무한 내용이 있다. 장일시교당은 영안현(寧安縣) 해림참(海林站)에 소재했던 대종교시교당이다. 이석우(李錫雨)가 전무(典務, 책임자)를 맡아 시교당을 이끌었으며 홍승달(洪承達)이 찬무로 임명되어 서광수와 함께 이석우를 도왔다. 책임자였던 이석우는 1924년 1월 당시 권목(權穆)·김영선(金榮璿)·원후상(元厚常)·김흥원(金興元) 등과 해림 지역을 거점으로 대종교 포교를 통한 항일활동을 전개한 인물이다. 한편 서광수 등은 해림참의 중동의원(中東醫院)과 해동 여관(海東旅館)을 연락 거점으로, 80여명의 교도들을 거느리고 대종교 활동을 전개하였다.

[참고문헌]
「大倧敎敎堂一覽表(1926年)」(延边朝鮮族自治州档案馆 全宗号42 目录号1 案卷号343, 和龙县历史档案 和龙县警察所, 令各区查禁韩人设立大倧敎敎堂由, 民国十五年五月十二日)

서광숙(徐光肅, 남, 1855-?)

아호(별명) _ 양백(陽伯), 서병숙(徐丙肅), 서병염(徐丙炎)
입교 시기 _ 1909년 | 교질 _ 지교

한성부(漢城府) 북서(北署) 안동방(安國坊) 대안동(大安洞) 출신으로, 1884년에 서병숙(徐丙肅)으로 이름을 고쳤다. 또한 1884년 8월 우정국사사(郵征局司事)로 관직을 시작한 후, 1885년 식년감시(式年監試) 당시 초시에 합격하고 다시 서병염(徐丙炎)으로 개명하였다.
이후 전우총국주사(電郵總局主事)를 거쳐 1894년 7월에는 정6품에 올라 10월 궁내부 혜릉참봉(惠陵參奉)에 선임되었다. 1895년에는 양지현감(陽智縣監), 1896년에는 종묘서령(宗廟署令) 그리고 연일군수(延日郡守)로 임명되어 재직했으며, 1899년 2월 18일 중추원(中樞院) 의관(議官)으로 임명된 후 사직서(社稷署) 참봉으로도 봉직했다. 1900년 12월 20일에는 정5품 농상공부(農商工部) 참서관(參書官)이 되었으며, 1901년 1월 21일 시종원(侍從院)의 분시종(分侍從)으로 임명되어 겸임하기도 했다.
1901년 5월 9일에는 정3품으로 승급하여 북릉(北陵) 수개(修改) 당시 임시감독으로 임명되었고, 1902년 7월 27일에는 궁내부 소속으로 토지개간·관개시설 설치 등의 일을 수행하는 수륜원(水輪院) 과장(課長)으로도 임명되어 겸임하기도 했다. 또한 1905년 이후에는 농광국장(農礦局長), 농무국장(農務局長, 1906년), 원예모범장장(園藝模範場長, 1906년) 등과 함께 1906년 9월 24일에는 농림학교장(農林學校長)으로도 임명되었다. 서광숙은 1906년 10월에는 농림시찰을 위해 일본을 다녀오기도 했으며, 1907년 2월 26일에는 중추원의 부찬의(副贊議)로 서임되었고, 그 해 7월 10일에는 수원군수(水原郡守)로 발령을 받았다.
한편 서광숙은 양잠(養蠶)에도 관심이 깊었다. 1900년 3월 대한제국인공양잠합자회사(大韓帝國人工養蠶合資會社) 설립에 참여한 것이 그 실례다. 김가진(金嘉鎭)이 사장을 맡고 평의장(評議長)은 박기양(朴箕陽)이 맡았다. 그리고 서광숙은 서상면(徐相勉)과 함께 간사를 맡아 부지(敷地)와 묘목 구입을 위한 자금 모집에 앞장섰다. 서광숙이 1907년 경기도 양주군 천장리(川場里)에 양잠소를 설립하여 운영한 것도 이러한 관심의 연장이었다.
서광숙은 구한말 국채보상운동에도 앞장선 인물이다. 1907년 1월 대구를 시발점으로 일어난 이 운동은, 일제가 조선의 경제를 파탄으로 몰고 가 예속시키기 위한 음모에

대한 저항이었다. 같은 해 3월 서광숙은 서울의 북촌에 사는 윤흥섭(尹興燮) 등 59인과 전국 2천만 동포가 각각 의무금을 내어 1천 3백만환의 국채를 보상하자는 목적으로 서울에 국채보상중앙의무사(國債報償中央義務社)를 조직하였다. 그리고 전국 동포에 호소하여 능력에 따라 의연금을 출연하여 수금소인 황성신문사로 보내줄 것을 호소하였다. 또한 출연한 사람의 이름과 금액을 신문에 게재하기로 하며, 수합금(收合金)은 매월 말에 합계하여 신문에 포고하고 의연금 저금소는 신용이 있는 은행으로 정하겠다고 공지까지 했다.
1909년 12월에는 대한상무조합(大韓商務組合)의 공사원(公事員)으로 있으면서, 동 조합의 부장인 이학재(李學宰)가 일진회(一進會)의 친일 성명에 동조하는 듯한 광고문을 각 신문에 게재를 부탁함으로써 이에 반발하는 행동을 취했다. 당시 서광숙은 조합의 부사무(副事務) 박희영(朴喜英), 공사원 나규영(羅奎榮)·김창원(金昌源)·임창수(林昌洙)·최창환(崔昌煥)·이원하(李瑗夏)·김학언(金學顔) 등과 한성부민회장(漢城府民會長) 유길준(兪吉濬) 및 국민대연설회원(國民大演說會員) 등의 권유에 따라 동 조합에서 탈회하는 하는데 적극 앞장선 인물이다.
서광숙의 대종교 교력을 보면, 1910년 6월 23일(음력, 이하 음력) 찬교(贊敎)의 교질(敎秩)을 받은 기록이 있다. 찬교란 1909년 12월 11일, 당시 대종교 교주인 나철이 교명(敎命)으로 발표한 사교(司敎)·참교(參敎)·찬교의 3단계의 교질안(敎秩案) 중 가장 낮은 단계로, 입교한 지 일정 기간이 지나야 얻을 수 있는 교질이었다. 서광숙의 대종교 입교가 대종교가 중광한 해인 1909년일 것으로 추정되는 부분이다. 그리고 그는 1910년 10월 21일 대종교 시교사(施敎師)에 임명되어 포교의 일선에 섰다. 또한 1911년 중광절(重光節, 음력 1월 15일)에는 개편된 5단계 교질(司敎·正敎·尙敎·知敎·參敎) 중 두 번째 단계인 지교(知敎)로 승질(陞秩)하였다. 그리고 최전(崔顓)·강우(姜虞)·오혁(吳赫) 등과 대종교총본사의 협리(協理)와 함께 강실시교사(講室施敎師)로도 임명되었다.

[참고문헌]
『종보』제6호·제8호(1910년), 『倧令』제3호(1911년), 『종문영질』(프린트본, 1922), 『대종교중광육십년사』(대종교총본사, 1971), 『승정원일기』1884년 8월 21일·23일, 11월 12일, 1885년 2월 22일, 『황성신문』1907.3.2., 『매일신보』1910.10.6.·8., 『조선총독부관보』제0347호(1913년), 『대한제국관원이력서』(국사편찬위원회, 1971), 『우체국의 지난날 이야기-우정90년의 회고』(강직순, 한국우취출판사, 1979)

서광전(徐光前, 남, 생몰 미상)

아호(별명) _ 여여거사(如如居士), 정관(正觀), 정관재(正觀齋)
입교 시기 _ 일제강점기 | 교질 _ 지교

출신지역과 생몰연대가 불분명하다. 1909년 일본에서 귀국하여 충청남도 직산군(稷山郡)의 경위학교(經緯學校)에서 교사 생활을 했다는 기록을 볼 때, 일본 유학이나 시찰한

서광전

인물임을 알 수 있다.

서광전은 1914년 대동사(大東社)라는 출판사를 만들어 『조선명승실기(朝鮮名勝實記)』를 펴냈다. 이 책은 서울과 평양·금강산 등 조선 각지의 명승지와 유적을 사진과 함께 소개하였다. 1920년 11월 12일에는 윤덕상(允德常)·성욱환(成郁煥)·임영재(任英宰) 등 1백여 명과 함께 단군교청년회(檀君教青年會) 창립총회를 개최하고 부회장에 선임되었다. 당시 회장은 서상호(徐相浩)가 맡았으며 임영재가 총무로 임명되어 활동했다.

1921년 5월에는 박영효(朴泳孝)·이규환(李圭桓)·지석영(池錫永)·김교성(金教聲) 등과 주택주제회를 만들어 간편주택 보급을 통한 서민들의 주택난을 해결에 많은 관심을 보였다. 그리고 주택구제회가 1923년 재단법인 보린회(保隣會)로 자리 잡을 때도 이사로 참여하여 '가난을 구제하고 예방하는 사회사업'에 적극 앞장섰다. 또한 1922년 8월 14일에는 전일(全一)·장춘재(張春梓) 등 10여 명과 경성에서 정론회(正論會)를 발기하기도 했다. 정론회는 사회의 사론(邪論)을 광정(匡正)하고자 함을 목적으로 한 단체로, 공정한 의미가 담긴 여론기관의 중심이 되고자 하였다. 1929년에는 자신의 선조(先祖)인 조선조 서거정(徐居正)의 시집 사가집(四佳集)을 엮어 을 펴냈고, 1940년에는 신라 의상대사가 창건한 것으로 알려진 도봉산 만월암(滿月庵)을 중건하기도 했다.

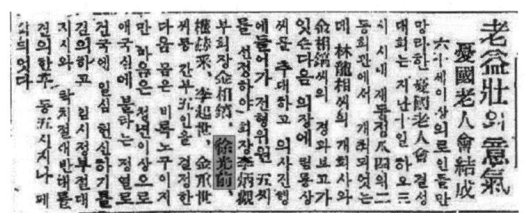

해방 직후 徐光前(네모 안)이 우국노인회 결성 당시 부회장으로 추대되었다는 신문기사 내용.(『자유신문』 1946년 1월 12일)

해방 이후인 1946년 1월에 60세 이상 노인들의 발기로 우국노인회(憂國老人會)가 결성되자, 서광전은 김상호(金相鎬)·권혁채(權赫采)·김중세(金重世)·이석구(李錫九) 등과 부회장으로 추대되었다. 그리고 1947년 1월 16일에 개최된 우익진영의 반탁운동에 관한 협의회에 김교흥(金教興)과 더불어 우국노인회를 대표하여 참여하기도 한다. 특히 서광전의 보인계(輔仁契) 계원으로의 참여가 주목된다. 1947년 7월 임시정부 인물들을 중심으로 결성한 보인계(輔仁契)에 서광전의 이름이 올라있다는 것이다. 더욱이 함께 한 인물들이 김구(金九)·이시영(李始榮)·조성환(曺成煥) 등 대종교인 혹은 친대종교 인물들이란 점에서 흥미를 더한

다. 보인계는 인덕을 쌓는[輔仁] 것을 주(主)로 삼고 경제 산업에 치중하자는 취지를 내세웠다. 총 26명이 1948년 3월 1일부터 1949년 3월 15일까지 출자하였다. 그 출자금을 장부에 기록한 것이 『보인계기본출자부(輔仁契基本出資簿)』으로, 여기에는 금액과 이름, 인장과 일자를 각기 적어 놓았다.

서광전의 일제강점기 대종교 교력은 전하는 것이 없다. 그러나 그가 일제강점기에 이미 대종교와 인연이 깊었다는 것이 대종교 원로들의 일관된 증언이다. 다만 서광전이 1920년 정훈모(鄭薰謨)의 단군교청년회를 주도했던 인물이라는 점이 거리를 둔 원인이었을 듯하다. 그러므로 대종교는 만주에서 환국한 직후인 1946년 4월 10일(음력, 이하 음력) 서광전에게 영계(靈戒) 수여와 함께 경의원(經議院) 참의(參議)로 임명하는 파격을 보였다. 그리고 다음 날 참교(參教)의 교질(教秩)를 내렸으며, 1개월도 지나지 않은 5월 1일 지교(知教)의 교질로 올렸다.

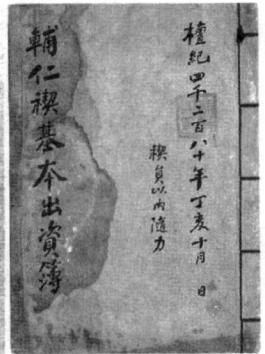

1914년 서광전이 펴낸 朝鮮名勝實記(왼쪽)와 해방 이후 서광전 등 보인계 계원들의 출자금이 기록된 輔仁契基本出資簿(오른쪽)의 표지.

[참고문헌]

『대종교보』제150호(1946년), 『대종교중광육십년사』(대종교총본사, 1971), 『기호흥학회월보』제10호(1909년), 『매일신보』1921.5.5., 1923.2.5., 『개벽』제27호(1922년 9월 1일), 『자유신문』1946.1.12., 『동아일보』1947.1.18., 『한국독립운동사자료』38(한국사DB, 국사편찬위원회), 『한국사찰전서』(권상로 편, 동국대학교출판부, 1979)

서기문(徐基文, 남, 생몰 미상)
입교 시기_1922 | 교질_참교

출신지역과 생몰연대가 불분명하다. 다만 그가 해방 이후에 충남 대전에 소재한 대종교 대선시교당(大善施敎堂)의 찬무(贊務, 부책임자)를 맡은 것으로 보아 이 지역 출신이 아닐까 추정해 본다. 대종교 각 지방 시교당의 책임자는 전통적으로 그 지역 출신들이 맡았던 것이 그 이유다.

서기문은 일찍이 하와이 유학을 떠난 인물로, 국내를 오가며 활동하다가 해방 이후 귀국하였다. 그는 20년대 초

국내로 들어와 1921년 7월 임시 조선인산업대회(朝鮮人産業大會)의 발기인으로 참여하였다. 이 대회는 조선인 자산가 및 기타 유지들이 조선 총독부에 조선 경제 정책 전반에 대한 의견을 개진하기 위해 개최한 대회였다. 또한 1923년 7월에는 종로 도렴동에 소재한 종교교회에서 양주삼(梁柱三) 목사와 함께 강연회를 열기도 했다. 이후 하와이로 건너가 1936년 12월 21일 간행된 『태평양주보(太平洋週報)』 제223호에 '간디 사업은 좌절될 것인가'라는 글을 발표하기도 했다. 『태평양주보』는 미국 하와이에서 교민단체인 동지회의 기관지로 1913년에 창간한 교민신문이다.

서기문의 대종교 교력을 보면, 1922년 윤5월 11일(음력, 이하 음력) 국내 남도본사의 추천으로 영계(靈戒)를 받은 기록이 있다. 그가 하와이에서 국내로 들어와 활동한 흔적을 보인 1921~23년 사이임을 알 수 있다. 그리고 하와이로 건너간 이후 그의 종교적 행적은 확인되지 않는다. 해방 후 국내로 돌아온 서기문은 다시 영계를 받았다. 대종교가 환국한 직후인 1946년 4월 6일에 이루어졌다. 일제강점기 대종교에 입교한 많은 인물들의 기록이 없어져, 해방 이후 다시 영계를 받는 일이 허다했다. 서기문 역시 그러한 경우다. 대종교에서는 서기문의 이러한 이력을 고려해 같은 날 참교(參敎)의 교질(敎秩)을 수여하고 동시에 경의원(經議院) 참의(參議)로 선임함으로써, 원로로서의 대접을 극진히 했다.

[참고문헌]
『대종교보』 제54호(1922년)·제150호(1946년)·제155호(1947년), 『대종교중광육십년사』(대종교총본사, 1971), 『동아일보』 1921.7.13., 1923.7.8., 「在布哇 不逞團體의 不穩出版物 等 郵送越에 관한 건(思想에 關한 情報綴3, 京西高秘 제1581호, 한국사DB, 국사편찬위원회)

서병룡(徐丙龍, 남, 1885~?)
아호(별명)_ 남강(南岡)
입교 시기_ 1910년 | 교질_ 참교

경상북도 달성군(達城郡) 수성면(壽城面) 대명동(大明洞) 출신이다. 20세까지 사숙(私塾)에서 한문을 익히고, 그 후 달성 학교에 2년간 수학하였다. 이후 대구농공은행(大邱農工銀行)에 입사하여 근무하던 서병룡은, 1908년 8월 경상농공은행의 서기를 맡았다. 경상농공은행은 농공은행의 합병 정책에 따라 대구농공은행과 진주농공은행이 합병한 은행이었다. 서병룡은 1918년 7월 대구은행으로 들어가 지배인 대리를 맡았으며, 1919년 4월부터는 대구은행 부지배인으로 선임되어 근무하였다. 또한 1930년대에는 식산은행 대구지점과 개성지점장의 대리로도 활동하면서 금융 계통의 전문가로 활동했다. 그리고 1939년에는 대종교 동지인 서상일(徐相日) 등과 경북상공주식회사(慶北商工株式會社)의 이사지배인(理事支配人)을 맡기도 했다.

한편 서병룡과 관련하여 특기되는 부분은 항일비밀결사 활동이다. 그는 1908년부터 대구의 항일비밀결사인 달성

친목회(達城親睦會)의 회원으로 참여하였다. 또한 이 친목회가 일제의 압박으로 인해 침체되자 이를 재건한 강유원(講遊園)을 결성하였다. 강유원은 1913년 2년 3월 15일 서병룡의 발기로 대구에서 조직된 비밀결사였다. 표면상으로는 조선인 청년들의 체육·오락을 표방하였으나 내면으로는 달성친목회와 마찬가지로 배일사상(排日思想)을 고취하는 경향이 농후했다. 그러나 강유원 역시 1919년 4월 대구경찰서로부터 해산 명령을 받았다.

서병룡의 조선국권회복단(朝鮮國權恢復團) 활동도 빼놓을 수 없다. 조선국권회복단은 대종교계 항일비밀결사로 서병룡·서상일(徐相日)·윤상태(尹相泰) 등, 대구지역 청년들의 정치적 비밀모임인 달성친목회의 회원을 구축으로 결성한 비밀결사로서, 단군대황조에 봉사(奉祀)했던 대종교적 민족주의 성향을 그대로 드러낸 집단이었다. 그 배경을 보면, 1913년 초 달성친목회원으로 평소 국권회복에 대한 의지를 품고 있던 서상일·이시영(李始榮)·박영모(朴永模)·홍주일(洪宙一) 등은, 윤창기(尹昌基)가 대구 근교 안일암(安逸庵)에서 약을 먹기 위해 체재중인 점을 빌미로 모임을 갖기로 하고, 1913년 1월 15일(음력) 대종교의 중광절(重光節, 대종교가 다시 부활한 날)을 기하여 달성군 도성면 대명동에 위치한 안일암에서 시회(詩會)를 가장해 모였다. 당시 서병룡을 비롯하여 윤상태·서상일·이시영·정운일·홍주일·박영모·윤창기 등은 국권회복에 대한 방안을 협의하고 조선국권회복단중앙총부(朝鮮國權恢復團中央總部)라는 항일비밀결사를 조직한 후 다음과 같은 임원도 선출하였다.

직책	성명	직책	성명
統領	윤상태(尹相泰)	勸諭部長	김규(金圭)
外交部長	서상일(徐相日)	遊設部長	정순영(鄭舜永)
交通部長	이시영(李始榮)·박영모(朴永模)	決死隊長	황병기(黃炳基)
機密部長	홍주일(洪宙一)	馬山支部長	안확(安廓)
文書部長	서병룡(徐丙龍)·이영국(李永局)		

이들이 내세운 기치는 "수천년 역사를 가진 우리 조선이 일한병합으로 망했으니 우리 시조 단군대황조(檀君大皇祖)에 미안한 일이니 어떻게 해서든 독립국으로 만들어야 한다"는 주창이었다. 그리고 이들은 이를 실천키 위해 우선 형제의 결의를 맺고 일치된 행동을 펴야 할 것을 다짐하면서, 독립운동을 추진해 갈 비밀결사인 조선국권회복단의 결성을 결의한 것이다. 주목되는 것은 이들의 맹세가 마치 대종교 중광의 명분이었던 '국망도존(國亡道存: 나라는 망했으나 정신은 있다)'을 그대로 옮겨 놓은 듯한 의지를 보여준다는 점이다. 이들은 각기 서약서를 작성하고 연서한 후 '단군대황조영위(檀君大皇祖靈位)'란 위패를 세워 그 앞에서 기원을 올리며 자신들의 목적이 관철되도록 가호를 빌고 각자 변심치 말고 끝까지 독립투쟁에 진력할 것을 굳게 맹세하였다. 이 역시 나철이 1909년 음력 1월 15일,

동지들과 더불어 북벽에 '단군대황조신위'를 걸고 대종교를 다시 일으킨 의례와 동일한 것인데, 다음의 그 내용을 보면 이들의 서약이 종교적 맹세와 흡사함을 볼 수 있다.

　一. 한국의 국권을 회복할 것.
　一. 매년 정월 15일 단군의 위패 앞에 목적수행을 기도할 것.
　一. 단원은 마음대로 탈퇴하지 않을 것.
　一. 비밀을 누설치 말 것.
　一. 만약 이를 위반할 경우는 신명(神明)의 주벌(誅罰)을 받을 것.
　一. 결사대로 하여금 살육케 할 것.

첫째 항에 내세운 조국광복이 조선국권회복단의 목적을 말한 것이라면, 둘째 항의 중광절 단군위패 앞에서의 기도는 이 집단의 정신적 구심점, 즉 종교적 신념이 무엇인가를 알려주는 것이다. 또한 셋째와 넷째 항이 행위지침이라면, 다섯째와 여섯째 항은 일벌백계의 응징을 나타낸다 할 수 있다. 이들은 매년 대종교 중광절(음력 1월 15일)을 기하여 같은 기도를 하자는 약속을 지키기 위해, 그 다음 해인 1915년 중광절에도 다시 안일암에서, 그 다음 해인 1916년 중광절에는 서병룡의 집에서 모여 비밀회합을 가졌다.

이 단원들은 3·1독립만세운동이 일어나자 이에 적극 참여하여 각지의 3·1운동을 주도하였다. 4월 3일 창녕 지역에서 1천여 명의 군중을 동원하여 만세운동을 주도하면서 일본헌병과 대항하였다. 또한 중국 상해에 대한민국림시정부가 수립되자 독립군양성을 위한 군자금을 모금하는가 하면, 프랑스 파리에서 개최된 강화회의에 제출할 한국독립청원서를 작성케 하는 등, 다양한 방면에서 항일투쟁을 전개하였다. 그러나 일경의 끈질긴 추적에 발각되어 서병룡을 비롯한 서상일·리영국·홍주일·윤상태 등 36명이 체포되어 독립운동에 대한 조사를 받고 재판에 회부되었다.

대구사건(조선국권회복단사건)에 연관된 徐丙龍 등 20명의 인물들이 免訴되어 풀려났다는 신문기사.(『매일신보』 1920년 3월 24일)

서병룡과 관련된 대종교단 내의 기록을 보면, 1911년 1월 21일(음력, 이하 음력)에 참교(參敎)의 교질(敎秩)을 받은 기록이 전한다. 입교(入敎)와 영계(靈戒)를 거쳐 참교를 얻는 것임을 보면, 그의 대종교 입교 시기가 1910년으로 대구의 비밀결사인 달성친목회 시절임을 알 수 있다. 또한 같은 날 서병룡은 대종교 대구시교당(大邱施敎堂) 전무(典務, 책임자)로도 임명되었다. 당시 대구시교당의 찬무(贊務, 부책임자)로 임명되어 서병룡을 도운 인물은 대구에서 언론활동을 하던 김상익(金相益)이었다.

[참고문헌]
『倧令』제3호(1911년), 『종문영질』(프린트본, 1922), 『鮮南要覽』(大邱新聞社, 1911), 「獨立運動ニ關スル件」(不逞團關係雜件 朝鮮人ノ部 在内地 七, 顯密第4452號/秘受7561號, 한국사DB, 국사편찬위원회), 『매일신보』1920.3.24, 『高等警察要史』(慶北警察部, 1934), 『朝鮮銀行會社組合要錄』(東亞經濟時報社, 1939), 『한민족독립운동사자료집』7(국사편찬위원회, 1988), 『일제침략하 한국36년사』3권(국사편찬위원회, 1972)

서병우(徐丙祐, 남, 1890-?)

아호(별명)_ 소산(小山)
입교 시기_ 1910년대 | 교질_ 미상

경상북도 성주군(星州郡) 남산면(南山面) 각산동(角山洞) 출신이다. 1924년 3월 당시 성주청년회장의 자격으로 성주유도진흥회분회(星州儒道振興會分會)에서 주최한 강연회에 '오인(吾人)의 활로'라는 주제로 강연을 한 기록이 전한다. 또한 1925년 10월 25일에는 경상북도 전역을 망라한 대구청년연맹이 결성될 당시, 그 발기준비회에 성주청년회를 대표하여 준비위원으로 참여한 인물이다.

서병우는 1930년 1월 성주야경회(星州夜警會)가 조직될 당시도 이사의 직책을 맡아 지역의 도난 방지와 풍기 확립에 노력하였다. 1935년 3월 성주에 곡물검사소(穀物檢査所) 설치를 위한 기성회(期成會)를 조직할 당시도 5인의 위원 중의 1인으로 선출되어 역할을 하였다. 한편 1923년부터 1939년까지 성주면 경산동(京山洞)에 소재한 성주검축상회주식회사(星州儉蓄商會株式會社)의 임원으로 참여했는데, 서병우와 함께 한 임원들을 보면 그 지역 유지이자 대종교 동지였던 배준기(裵準琪)·도문환(都文煥)·배상준(裵相準) 등이었다.

서병우의 대종교 교력과 관련된 교단 내의 기록을 보면, 1922년 12월 23일(음력) 대종교 산선시교당(山善施敎堂)의 찬무(贊務, 부책임자)를 맡은 기록이 있다. 산선시교당은 경북 성주군 성주면 경산동(慶山洞)에 소재했던 시교당으로, 『본사행일기(本司行日記)』를 남긴 성세영(成世英)이 전무(典務, 책임자)를 맡았고 배준기(찬무)와 성봉식(成鳳植, 시교원)·도문환(시교원) 등이 함께 했던 시교당이다. 찬무를 맡을 당시의 서병우의 종교적 위치는 '형제'였다. '형제'란 남자 교인이 입교하여 영계를 받은 후 정식 교질(敎秩)를 받기 이전의 단계를 말한다. 찬무를 맡기 이전에 입교하여 영계를 받았음을 알 수 있다. 다만 성세영의 『본사행일기』에 보면 서병우가 1910년대 대종교 경북지역 교인으로 기록되어 있다. 그의 대종교 입교가 1910년대에 이루어졌음이 확인된다.

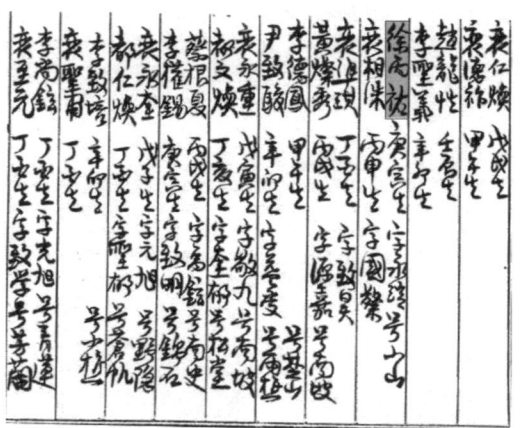

성세영의 『본사행일기』(1922년)에 기록된 1910년대 경북 지역 대종교 교인 명단의 일부. 오른 편 위쪽에 徐丙祐(네모 안)의 이름이 보인다.

[참고문헌]
『본사행일기』(성세영, 필사본, 1922), 『대종교중광육십년사』(대종교총본사, 1971), 『매일신보』1924.3.28., 『시대일보』1925.10.27., 『중외일보』1930.1.10., 『조선중앙일보』1935.3.23., 『朝鮮銀行會社組合要錄』(東亞經濟時報社, 1927년·1937년·1941년판)

서병조(徐丙祚, 남, 1900-?)
입교 시기 _ 1910년대 | 교질 _ 미상

경상북도 성주군(星州郡) 남산면(南山面) 각산동(角山洞) 출신이다. 1910년대 후반에 대종교에 입교하여 지역에서 활동하였다. 1937년 성주군 성주면 경산동(慶山洞)에 소재한 성주미곡합자회사(星州米穀合資會社)에 주주로 참여하여 지역 경제활동에 일조하였다. 이 회사는 곡물 무역 및 정미·비료·식염·새끼·가마니·농구 등의 도소매 및 이와 관련된 사업을 하였다. 주목되는 것은 당시 사장이었던 서병우(徐丙祐)를 비롯하여 지배인을 맡은 배준기(裵準琪)와 주주로 참여한 도문환(都文煥)·배상준(裵相準) 등도 모두 대종교 동지였다는 점이다. 서병조 역시 1천주(千株)의 유한책임을 가진 주주로 참여하여 대종교 경제공동체와도 같았다.

서병조에 대한 대종교 교력은 교단 내에는 전하지 않는다. 다만 성세영(成世英)의 일기인 『본사행일기(本司行日記)』에 보면, 1910년대 경상북도 지역 대종교 교인으로 서병조를 적고 있다. 그의 대종교 입교 시기가 1910년대임은 알 수 있으나 교질(敎秩) 관계는 알 수가 없다.

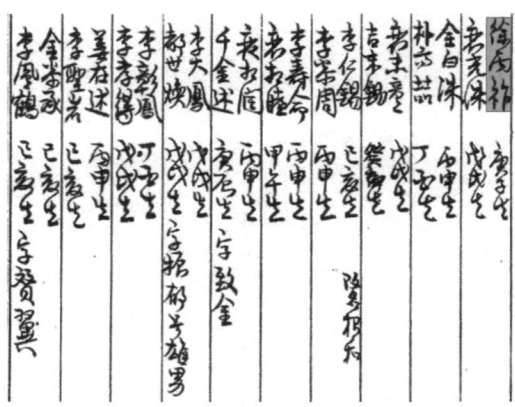

성세영의 『본사행일기』(1922년)에 기록된 1910년대 경북 지역 대종교 교인 명단의 일부. 맨 오른쪽 위에 徐丙祚(네모 안)라는 이름이 적혀있다.

[참고문헌]
『본사행일기』(성세영, 필사본, 1922), 『朝鮮銀行會社組合要錄』(東亞經濟時報社, 1937년판)

서병태(徐丙台, 남, 1871-?)
입교 시기 _ 1914년 이전 | 교질 _ 참교

충청남도 홍주군(洪州郡) 출신이다. 1898년 6월 대한제국 무관학교에 입학하여 1900년 1월 졸업한 인물이다. 1900년 1월 육군참위(陸軍參尉)로 임관된 이후 친위제1연대(親衛第一聯隊)를 거쳐, 혼성여단(混成旅團) 보병(步兵) 제2연대 제1대대를 맡았다. 이후에도 육군헌병참위(陸軍憲兵參尉)와 부위(陸軍憲兵副尉)를 역임하는가 하면, 1908년에는 정3품의 품계까지 올랐다.

서병태는 1908년 홍주군 향교직원(鄕校直員)에 임명되어 봉직하는 한편, 1908년 1월 기호흥학회(畿湖興學會) 홍주군 지회가 조직될 당시 그 회장을 맡아 활동하기도 하였다. 당시 기호흥학회 지회 중 충남지회는 교육운동에 힘을 쏟았으며, 그 중에도 서병태가 회장을 맡은 홍주지회가 가장 활발한 활동을 전개하였다.

서병태의 대종교 입교 시기와 영계(靈戒) 사항에 대한 기록은 전하지 않는다. 그러나 1914년 5월 13일(음력) 지석영(池錫永)·박은식(朴殷植)·윤세용(尹世茸)·최붕남(崔鵬南)·류영오(柳泳旿) 등의 거물들과 참교(參敎)의 교질(敎秩)을 받은 기록이 남아있다. 그의 대종교 입교가 그보다 훨씬 전으로 올라감을 알 수 있으나, 이후의 행적은 확인이 안 된다.

[참고문헌]
『종문영질』(프린트본, 1922), 『승정원일기』1908년 3월 7일, 1909년 1월 20일, 『기호흥학회월보』제7호(1909년), 『대한제국관원이력서』(국사편찬위원회, 1971)

서병홍(徐丙弘, 남, 생몰 미상)

입교 시기 _ 1922년 | 교질 _ 참교

출신지역과 생몰연대가 불확실한 인물로, 일찍이 만주로 건너가 대종교 항일투쟁에 몸을 담았다. 서병홍이 만주로 건너간 시기는 불명확하나 1912년에 이미 연길현 두도구를 거점으로 활동한 것으로 보아 비교적 이른 시기 만주로 건너간 것이 확인된다.

한편 경상북도 영양 출신인 조창용(趙昌容)이 만주 대종교 시교당에서 활동하던 시절, 포교를 위한 출장을 떠나면 늘 서병홍의 집에서 잠을 청할 정도로 가까웠다. 또한 서병홍이 두도구(頭道溝)에 거주할 당시, 국내 위암(韋菴) 장지연(張志淵, 경북 상주 출신)이 발행하는 경남일보를 대종교 청파호시교당(靑波湖施教堂)으로 전달하는 역할도 서병홍의 몫이었다. 그가 경상남도 어느 지역 출신의 인물일 가능성을 점칠 수 있는 부분이다.

서병홍의 대종교 교력을 보면 1922년 3월 21일(음력) 대종교 중일시교당(中一施教堂)의 찬무(贊務, 부책임자)을 맡았다. 중일시교당은 연길현 육도구(六道溝) 용정촌(龍井村)에 소재한 시교당으로 대종교 동일도본사(東一道本司) 관할이었다. 당시 전무(典務, 책임자)를 맡은 인물은 김명기(金明琪)로 대종교 항일단체인 대한군정서(북로군정서)의 경신과장(警信課長)을 지낸 인물이며, 서병홍과 더불어 찬무를 맡은 강근하(姜根夏) 역시 항일단체 의민단(義民團)의 서무부 서기(書記)로 활동하였다. 서병홍이 항일투쟁에 몸담은 인물임을 시사해 주는 부분이다. 그리고 서병홍은 1922년 5월 22일(음력) 참교(參教)의 교질(教秩)을 받았으나, 그 이후의 기록은 알 수가 없다.

[참고문헌]

『대종교보』,제54호(1922년), 『종문영질』(프린트본, 1922), 『대종교중광육십년사』(대종교총본사, 1971), 『백농실기』(조창용, 독립기념관, 1993), 『위암장지연서간집』,제3권(위암장지연선생기념사업회, 2004)

서상용(徐相庸, 남, 1873-1961)

아호(별명) _ 서윤준(徐允俊)
입교 시기 _ 미상 | 교질 _ 미상 | 서훈 _ 독립장(1977)

함경북도 길주군(吉州郡) 동해면(東海面) 사계동(斜溪洞) 출신이다. 일찍이 한학(漢文)을 수학하고 연해주 노령에서 한인정치학교(韓人政治學校)를 수료한 것으로 알려져 있다. 서상용이 만주로 건너간 시기는 불확실하지만 일제의 문서에는 1902년에 넘어간 것으로 기록되어 있다. 1910년 8월 마진(馬晉)과 함께 간도지방 화룡현 학무위원, 8월 25일에는 화룡현 창동학교(彰東學校)에서 개최된 지역협의회를 통해 교육연구회거 설립되자 간사 겸 재무과장 피선되었다.

서상용은 1911년 대종교지도자 서일(徐一)을 비롯한 대종

서상용

교 항일단체 중광단(重光團)을 조직에 앞장섰다. 만주 왕청현에서 조직된 중광단은 비밀결사 형식으로 출범하여, 대한정의단(大韓正義團)으로 북로군정서(대한군정서)로 변화하였다. 중광단의 중심을 이룬 인물들은 단장인 서일을 비롯하여 서상용·현천묵(玄天默)·백순(白純)·박찬익(朴贊翊)·계화(桂和)·김병덕(金秉德)·채오(蔡伍)·양현(梁玄) 등이다. 모두 대종교의 신자이며 함경도 출신으로 근대적인 교육을 받은 인물들이었다. 그러므로 중광단은 일차적으로 대종교 포교를 통하여 재만동포들에 대한 민족의식의 함양에 노력을 경주하고자 하였다. 각지에 시교당(施教堂)을 설치하여 수천 명의 신도를 확보하는가 하면, 재만농민의 자제들에게 민족교육을 실시하고자 연길현·왕청현·화룡현 등 북간도 각 지역에 교육기관을 설치하였다. 그 대표적 학교들이 동일학교(東一學校)·청일학교(靑一學校, 화룡현)·명동학교(明東學校, 왕청현)·용지학교(湧智學校, 연길현)·동일학교(東一學校, 연길현)·학성소학교(鶴城小學校, 화룡현)·양성학교(養成學校, 화룡현)·동화의숙(東華義塾, 화룡현)·동신학교(東新學校)·학성학교(學成學校) 등이었다.

서상용은 1912년부터 1914년까지 화룡현 향정관(鄕正官)과 덕신사(德新社)의 책임자인 사장(社長) 및 1915년 광동학교(光東學校) 교장으로 있으면서 독립사상고취에 진력하였다. 또한 그 해 5월에는 대한군정사(大韓軍政司) 군사부위원(軍事部委員)으로 무력항쟁에 나서기도 하였으며 11월 이후 대한국민회의 부회장·군기구매국장 등을 거치면서 독립군을 무장시키는 데 공헌하였다.

1918년 4월에는 동성한족생계회(東省韓族生計會)의 부회장으로 선출되어 수전개발(水田開發) 및 자치적 삶의 확장을 위해 노력하였다. 당시 정안립이 연설을 통해 밝혔듯이 동성한족생계회는 국권회복(國權恢復)을 위해 조직된 항일단체로, 노령에 있던 이범윤(李範允)·이동휘(李東輝) 등과도 긴밀히 연계하며 활동하였다. 이 동성한족생계회 역시 1917년 대종교지도자 정안립(鄭安立)과 여준(呂準) 등이 주도하여 설립한 항일투쟁을 위한 자치조직이었다.

청산리독립전쟁 당시는 홍범도 등과 연계하며 참전하였으며, 그 이후 1922년 노령 화부성(花埠城) 한인조직부장으로 활동했다. 1923년에는 러시아 알렉세예프스크(자유시)로 옮겨 거주하면서 고려공산당의 간부로도 활동하였다. 또한 1925년 한국독립의용군의 군사위원과 서무부장, 노령 가린스크 지역 의회장(議會長), 하바로프스크 현(縣)의 수농조합(水農組合) 지도관(指導官) 등으로 활동했으나, 1929년 러시아 노령공산당 제3차 검열(檢閱) 당시 민족주의자라는 혐의로 출당되었다. 그 뒤에도 서상용은 각지에서 독립사상을 앙양하는 등 구국투쟁을 꾸준히 전개하였다.

서상용은 해방 이후에도 국내로 들어와 들어와서는 함북

도민회장을 시작으로 1947년 이후 대한독립촉성국민회 중앙부위원장 및 함경북도민회 회장과 이북인대회대표단(以北人大會代表團)의 부단장을 맡는가 하면, 조선민주당(朝鮮民主黨) 감찰위원장과 서북협회(西北協會)의 부위원장 등을 역임하였으며, 초대 함경북도 도지사(道知事)를 지내기도 했다.

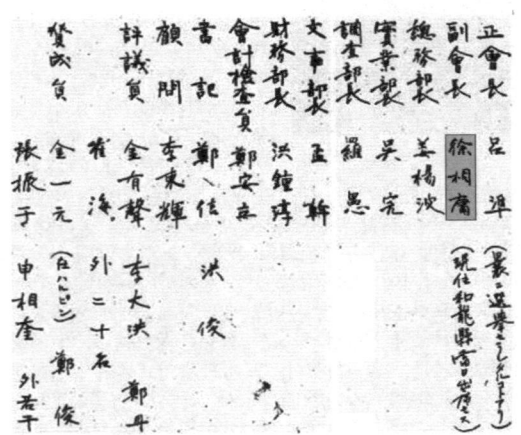

徐相庸(네모 안)이 1918년 4월 대종교인 鄭安立·呂準·鄭信·洪鍾淳(김좌진의 가명) 등과 동성한족계회의 부회장으로 참여했음을 보여주는 일제의 문서.

[교력]
서상용의 대종교 교력과 관련된 교단 내의 기록은 전하지 않는다. 아마도 그의 노령 시절 공산당 활동과 무관치 않을 듯하다. 해방 이후 대종교단에서 정리된 『대종교중광육십년사』(1971년)에는 사회주의(공산주의) 계열 인물들이 모두 빠져 있다. 이것은 대종교의 사회주의에 대한 경계와 연관된다. 일제강점기인 1922년 음력 2월 14일에 발포된 다음의 「계명(誡命)」 5조항에서 이미 드러나고 있다.

一. 종교와 정치는 구분이 현수(懸殊)하니, 대교(大教)를 신봉하는 인(人)은 정계상(政界上) 경동(輕動)이나 망담(妄談)함이 불가함
一. 사회주의와 과격한 언동은 대종문(大倧門)의 주창·선전할 바가 아닌 즉 절물침량(切勿浸梁)하고, 오교(吾教) 규례는 보통집회와 형이(逈異)하니 오해 망동함을 부득함
一. 타교문(他教門)을 훼방함은 도의상 불가할 뿐 아니라 선종사(先宗師) 유계(遺誡)가 자재하니 상수(常隨) 주의하되, 물론 하교문(何教門)하고 선철(先哲)에게 언사간(言辭間) 실경(失敬)함을 부득함
一. 천서(天序) 각수(恪守)는 오교(吾教) 규칙인 즉, 이소능장(以少凌長)하며 이노경유(以老輕幼)하여 손실체면(損失體面)함을 부득함
一. 전(前) 사항을 위배하는 자는 즉 아(我) 교규(教規)를 무시함이니, 경즉정교(輕則停教)하고 중즉출교(重則黜教)함

제2항에 나오는 '사회주의와 과격한 언동은 대종교 교문에서 주창·선전할 바가 아닌 즉 절대로 물들지 말고, 우리 대종교의 규례는 보통집회와 확실히 다르니 오해 망동함을 없이 할 것'이라는 내용에서 사회주의에 대한 경계를 단호히 하고 있다. 더욱이 제5항에서 전 4항을 어길 경우 중하면 출교(黜教)까지 시킨다는 것을 보더라도, 그 강도가 녹녹치 않았음을 알게 해 준다.
그럼에도 대종교 항일투사인 박명진(朴明鎭)의 『대종교독립운동사』(필사본, 1964)에는, 서상용을 북만주 지역 대종교 교인으로 적고 있음이 주목된다. 서상용이 백포 서일이 이끄는 대종교 동일도본사(東一道本司)의 주요 교인으로 올라 있는 것이다. 서상용과 대종교 동일도본사의 주요 교인으로 언급된 인물들 중 서일과 여준·박성태(朴性泰)·박찬익(朴贊翊)·정신(鄭信)·손일민(孫一民)·나우(羅愚)·김좌진·최해·계화·양현·조성환·백순·현천묵·이홍래(李鴻來)·정원택(鄭元澤) 등은 중광단 또는 동성한족계회의 주축이었다.

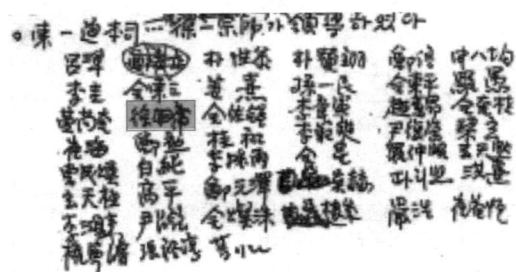

1910년대 후반 대종교 東一道本司 소속 주요 교인의 명단에 올라 있는 徐相庸(네모 안)의 이름.

특히 서상용이 중광단의 중심인물이었다는 점은 특기할 만한 부분이다. 대종교에서는 대종교의 중광을 전래 신교(神教)의 재천명으로 규정하고 있다. 신교란 '신으로서 교를 베풀었다'는 이신설교(以神設教)의 준말이다. 대종교(단군신앙)와 이음동의어라 해도 무방한 가치다. 또한 대종교에서는 몽고의 고려 침략으로 이러한 신교의 교문(教門)이 닫혔으며, 20세기 초 대종교의 등장으로 신교의 부활이 완성되었다는 이해. 몽고의 침략으로 인한 신교의 단절이란 고려 팔관(八關)의 폐쇄와도 동일한 의미다. 고려 정체성의 상징이라 할 팔관회의 위상이 몽고의 적극적 간섭에 의해 추락해 갔음을 말하는 것이다. 대종교에서 몽고 침입에 의한 팔관 행사의 단절을 교맥(敎脈)의 단절로 이해하고 있음도 이와 무관치 않다. 대종교 중광의 주역인 홍암(弘巖) 나철(羅喆)이 중광의 명분으로 주창한 '국망도존(國亡道存, 나라는 망했으나 정신은 있다)'의 가치와도 직결되는 의미였다. 일제하 독립운동의 정신적 동력이 되었던 이 외침은, 정신의 망각으로 망한 나라를 정신의 지킴으로 되찾자는 구호였다. 그 정신이 바로 단군신앙(신교, 팔관)이요, 그 정신의 근대적 부활이 곧 대종교였으며, 그 대종교가 바로 독립운동의 선봉에 나선 것으로, 단군구국론의 재확인이었던 것이다. 그러므로 대종교에 있어 중광

단은 남다른 의미를 갖는 항일단체다. 중광단은 대종교와 표리관계로, 대종교의 시교당(施敎堂)이 곧 학교요 독립운동의 현장이라는 삼위일체적 가치 확립도 중광단으로부터 비롯하였다.

한편 중광단원들은 후일 「대한독립선언(일명 무오독립선언)」의 중심이 된다. 이 선언을 「중광단선언」이라고도 하는 이유도 여기에 있다. 「기미독립선언」이 국내 천도교의 천도구국단(天道救國團)이 동인(動因)이었다면, 「대한독립선언」은 국외 대종교의 중광단이 주동이었다. 당시 중광단은 조국독립을 대종교의 정신적 기반 위에 쟁취하자는 외침과 함께, 궁극적으로 한교의 결합과 민족정신을 배양하여 일제의 제국통치권을 벗어나 독립형태인 이상국가인 배달국을 지상에 재건하는 것을 목적으로 삼았다.

일각에서 서상용이 재외독립운동자 대표 39인의 명의로 1918년에 발표된 「대한독립선언서」에 서명한 듯이 언급되는 것도 그의 중광단과의 깊은 인연 때문일 듯하다. 중광단의 중심인물들 가운데 서상용만이 아니라 서일·현천묵·백순·정신·계화 등도 「대한독립선언서」에 모두 빠져 있다. 중광단선언에 중광단의 주축들이 모두 몸을 숨긴 형국이다. 아마도 서일·서상용 등을 중심으로 대종교 무장투쟁을 준비하는 과정에서 노출을 최소화하려는 의도로 풀이된다.

그러므로 서상용의 대종교 입교 시기는 중광단 참여시기로 소급시켜도 무리가 없을 듯하다. 또한 그와 함께 활동한 인물들의 대종교단에서의 비중을 고려해 볼 때, 서상용의 대종교 교질(敎秩) 역시 낮지 않았을 것으로 추정된다.

[참고문헌]
『대종교독립운동사』(박명진, 필사본, 1964), 『東省韓族生計會 組織에 관한 건 續報(不逞團關係雜件-朝鮮人의 部-在滿洲의 部7, 朝憲機 제330호, 한국사DB, 국사편찬위원회), 『한국독립운동사』(문일민, 애국동지원호회, 1956), 『자유신문』 1949.2.8., 『동아일보』1961.11.27., 『韓國近代史資料集成』10권(국사편찬위원회, 2004), 『朝鮮側 警察이 朝鮮人 金順 등을 拘引시킨 것에 관한 건(不逞團關係雜件-朝鮮人의 部-在滿洲의 部28, 受20669호-公제259호, 한국사DB, 국사편찬위원회), 『용의조선인명부』(조선총독부, 1934), 『기유중광의 민족사적 의의』(김동환, 『국학연구』제1집, 국학연구소, 1988), 『만주한인민족운동사연구』(박환, 일조각, 1991)

서상일(徐相日, 남, 1886-1962)

아호(별명) _ 동암(東菴)
입교 시기 _ 1910년대 | 교질 _ 상교 | 서훈 _ 애족장(1990)

경상북도 대구부(大邱府) 서상면(西上面) 남일동(南一洞) 출신이다. 일찍이 보성전문학교를 졸업하고 탁지부기수(度支部技手)와 임시재원조사국기수(臨時財源調査局技手)·임시재산정리국기수(臨時財産整理局技手) 등을 역임했으며 부산 범어사(梵魚寺) 명정학교(明正學校)의 교사를 지내기도 했다

서상일은 1909년 후일 대종교의 핵심을 이루는 윤세복·안희제·남형우·김동삼 등과 비밀결사 대동청년단(大東靑

서상일

年團)에 참여하여 그 주축이 된 인물이다. 이 대동청년단은 지금까지도 정확한 내막이 밝혀지지 않을 정도로 치밀한 비밀결사로, 17세부터 30세 미만의 청소년 80여명이 남형우의 집에서 조직한 단체였다. 아직까지도 그 조직원 80여명의 실체가 완전히 밝혀진 것은 아니지만, 당시 단원이었던 윤병호(尹炳浩)의 메모에는 53명의 단원 이름이 등장하고 있다. 출범 당시 단장은 남형우(南亨祐)가 맡고 부단장을 안희제(安熙濟)가 맡았다. 그리고 참여한 인물들 중, 서상일과 함께 대종교 3세 교주를 지낸 윤세복(尹世復)을 비롯하여 안희제·이원식(李元植)·남형우·윤병호·이경희(李慶熙)·차병철(車秉轍)·이극로(李克魯)·김갑(金甲)·김사용(金思容)·신백우(申伯雨)·신성모(申性模)·신팔균(申八均)·박광(朴洸)·김동삼(金東三)·신채호(申采浩)·이시열(李時說)·고순흠(高順欽)·이우식(李祐植)·민강(閔橿) 등, 30명에 가까운 인물들이 후일 대종교의 중심을 이룬다. 또한 아래의 단규(團規)에도 나타나듯이 대동청년단은 비밀 활동을 철칙으로 하였다.

一. 단원은 반드시 피로 맹세할 것.
一. 새 단원의 가입은 단원 2명 이상의 추천을 받을 것.
一. 단명(團名)이나 단(團)에 관한 사항은 문자로 표시하지 말 것.
一. 경찰 기타 기관에 체포될 경우 그 사건은 본인에만 한하고 다른 단원에게 연루(連累)시키지 말 것.

서상일은 1910년 8월 경술국치를 당하자 '9인결사대'를 조직하여 각국 공사에 선언문을 돌린 후 자결할 계획을 세우기도 했다. 또한 1913년에 대구에서 박상진(朴尙鎭) 등 동지들과 함께 광복단(光復團)을 조직하여 군자금 모집의 일을 했으며, 1915년에는 조선국권회복단(朝鮮國權恢復團) 중앙총부에서 활동하였다. 조선국권회복단 역시 1913년 초 달성친목회원으로 평소 국권회복에 대한 의지를 품고 있던 서상일·이시영(李始榮)·박영모·홍주일 등이 조직한 대종교계 비밀결사다. 이들은 윤창기가 대구 근교 안일암(安逸庵)에서 약을 먹기 위해 체재중인 점을 빌미로 모임을 갖기로 하였다. 그리고 1913년 1월 15일(음력) 대종교의 중광절(重光節: 대종교가 다시 일어난 날)을 기하여 달성군 도성면 대명동에 위치한 안일암에서 시회(詩會)를 가장해 서상일을 비롯하여 윤상태·이시영·정운일·홍주일·박영모·서병룡·윤창기 등이 모여 국권회복에 대한 방안을 협의하여 단체를 결성하였다. 당시 이들이 내세운 기치는 "수천년 역사를 가진 우리 조선이 일한병합으로 망했으니 우리 시조 단군대황조(檀君大皇祖)에 미안한 일이니 어떻게 해서든 독립국으로 만들어야 한다"는 주창이었다. 그리고 이들은 이를 실천키 위해 우선 형제의 결의를 맺고

일치된 행동을 펴야 할 것을 다짐하면서, 독립운동을 추진해 갈 비밀결사인 조선국권회복단의 결성을 결의한 것이다.

이들의 '중광절 맹세'는 마치 대종교 중광의 명분이었던 '국망도존(國亡道存: 나라는 망했으나 정신은 있다)'을 그대로 옮겨 놓은 듯한 의지를 보여준다는 점에서 주목된다. 또한 이들은 각기 서약서를 작성하고 연서한 후 '단군대황조영위(檀君大皇祖靈位)'란 위패를 세워 그 앞에서 기원을 올리며 자신들의 목적이 관철되도록 가호를 빌고 각자 변심치 말고 끝까지 독립투쟁에 진력할 것을 굳게 맹세하였다. 이 역시 나철이 1909년 음력 1월 15일(중광절), 동지들과 더불어 북벽에 '단군대황조신위'를 걸고 대종교를 다시 일으킨 의례와 동일한 것이다. 다음의 그 내용을 보면 이들의 서약이 종교적 맹세와 흡사함을 볼 수 있다.

一. 한국의 국권을 회복할 것.
一. 매년 정월 15일 단군의 위패 앞에 목적수행을 기도할 것.
一. 단원은 마음대로 탈퇴하지 않을 것.
一. 비밀을 누설치 말 것.
一. 만약 이를 위반할 경우는 신명(神明)의 주벌(誅罰)을 받을 것.
一. 결사대로 하여금 살육케 할 것.

첫째 항에 내세운 조국광복이 조선국권회복단의 목적을 말한 것이라면, 둘째 항의 중광절 단군위패 앞에서의 기도는 이 집단의 정신적 구심점, 즉 종교적 신념이 무엇인가를 알려주는 것이다. 또한 셋째와 넷째 항이 행위지침이라면, 다섯째와 여섯째 항은 일벌백계의 응징을 나타낸다 할 수 있다.

한편 서상일은 자신이 경영하던 대구의 태궁상회(太弓商會)를 조선국권회복단의 연락 거점으로 사용하면서, 비밀결사적 효율성을 극대화시켰다. 태궁상회는 부산 거점 연락소인 안희제의 백산상회(白山商會), 미곡상을 경영하던 이수영(李遂榮)의 서울 사무소, 그리고 남만주 봉천에서 해천상회(海天商會)를 경영하던 이해천(李海天)의 봉천 연락사무소 등과 연계하며 항일투쟁 관련 정보와 자금을 전달하는 역할을 수행하였다. 대한광복회를 이끌던 박상진의 대구 상덕태상회(尚德泰商會) 역시 각처에 미곡상을 설치하여 연락 거점으로 삼았다.

서상일은 1919년 3·1독립만세운동이 일어나자 이에 참가한 후, 4월 14일에는 상해임시정부의 선전포고문과 강령 등의 인쇄물 10매를 만주 안동으로부터 휴대하고 온 문상직(文相直)으로부터 받아 퍼뜨리려 하였다. 그러던 1920년 3월 만주로부터 무기를 반입하여 일제기관을 습격할 계획을 도모한다는 혐의로 한때 일제 관헌에게 체포되었다. 또한 1921년 8월 미국에서 열린 태평양회의(太平洋會議)에 독립청원서를 보내고 그 서명대표로 활약하는가 하면, 1924년에는 『농림(農林)』과 『민중운동(民衆運動)』이라는 잡지를 발행하여 무정부주의 흑우회(黑友會) 계통의 독립운동을 지원하였다. 그리고 1924년 1월 중순에는 김성수(金

性洙)·송진우(宋鎮禹)·최원순(崔元淳)·최린(崔麟)·이종린(李鍾麟)·신석우(申錫雨)·안재홍(安在鴻)·이승훈(李昇薰)·박승빈(朴勝彬)·조만식(曺晚植) 등과 연정회(研政會)라는 결사체 조직을 협의하기도 했으나 무산되었다. 이 연정회는 일제강점기 사이토(齋藤實) 총독의 정치참모였던 아베 미쓰이에(阿部充家)의 음모와 맞닿은 자치운동단체로, 독립의 전 단계로써 자치권을 획득하자는 조직이었다. 그러나 이 연정회는 일제가 독립운동의 분열을 위해 이를 선동한 것으로, 상해『독립신문』은 독립운동의 탈선일 뿐 결코 독립운동이 아니라고 비난하였다.

서상일은 항일투쟁을 위해서라면 이념의 벽도 아랑곳하지 않았다. 흑우회라는 무정부주의 단체를 지원한 것이 그렇고, 사회주의(공산주의) 항일투사들과도 기꺼이 연계하였다. 그 대표적인 예가 1925년 5월 공산주의 항일투사 정운해(鄭雲海)와의 연합이다. 그는 정운해와 대구에서 『농림(農林)』이란 잡지도 발행하여 지역 노동운동에도 관여하였다. 정운해 역시 대종교계 항일단체인 길림군정사(吉林軍政司) 조직에 참여하여 선전 겸 연락 책임자로 활동한 인물이다. 이후 국내로 들어와 대구와 경북 일대에서 노동운동 확산에 힘을 기울였다.

해방 이후 서상일은 주로 정치 분야에서 활동하였다. 8·15광복 직후에는 송진우·장덕수(張德秀) 등과 함께 한국민주당(韓國民主黨)을 창립하여 총무로 선임되었다. 또한 1948년에는 제헌국회의원에 당선되어 헌법기초위원으로 활약하는가 하면, 제헌국회 말기에는 내각책임제 개헌안을 발기하여 최초의 개헌안을 제기하기도 했다. 1950년대에는 사회민주주의 정당 활동에도 발을 담근다. 1956년 진보당(進步黨) 창당에 참가하여 간부가 되었으며, 1960년에는 사회대중당(社會大衆黨)을 창당한 것이 그것이다. 이후에도 제5대 민의원으로 당선되어 정치 활동을 꾸준히 지속하였다.

[교력]

서상일의 대종교 입교(入敎)는 1910년대에 이루어졌다. 그러나 대종교단 내에는 그 기록이 전하지 않는다. 다만 일제강점기 경북 성주(星州)를 중심으로 대종교 활동을 펼친 나옹(裸翁) 성세영(成世英)의 『본사행일기(本司行日記)』라는 글 속에 그의 이름이 등장하고 있다. 이 일기에 실린 교인 명단은, 성세영이 1922년 후반 경성의 대종교 남도본사를 방문했을 당시 그곳에 비치된 경애록(敬愛錄, 대종교인 명부)에서 경상북도 교인들 부분을 필사한 것이다.

그 일기에는 서상일의 대종교 입교 시기가 1910년대 홍암(弘巖) 나철(羅喆, 당시 대종교 교주)의 시절로 기록되어 있다. 나철의 시대는 그가 대종교를 중광한 1909년 음력 1월부터 구월산 삼성사에서 순교(殉敎)한 1916년 8월(음력, 이하 음력) 사이가 된다. 서상일의 대종교 입교가 그의 대동청년단 활동기로 볼 수 있는 이유라 할 수 있다. 대동청년단부터 의형제를 맺고 대종교의 평생 동지로 살아온 윤세복과 안희제를 보아도 짐작할 수 있다. 윤세복은 1910년 12월 29일(음력) 대종교에 입교하였다. 또한 안희제가 대종교에 입교한 것은 1911년 개천절(음력 10월 3일)이다. 서상일의 대종교 입교 시기 역시 이 무렵으로 추정된다. 대종교 항일투사 박명진(朴明鎭)의『대종교독립운동사』(필사본, 1964)에도, 서상일이 정인보·명제세·백남규 등과 1910년대 국내 대종교의 주요 교인으로 적혀 있음도 이를 뒷받침한다.

그러므로 대종교에서는 해방을 맞아 만주로부터 환국한 직후인 1946년 3월 14일, 총본사의 특별추천으로 서상일에게 지교(知敎)의 교질(敎秩)을 수여하였다. 그리고 같은 날 경의원(經議院) 참의(參議)로 선임하고 4월 27일에는 경의원 상무참의(常務參議)로 임명하여 교단 중진으로서의 대접을 극진히 하였다. 1949년 2월 20일에는 서상일이 '예로부터 내려오는 대종교 신앙을 의지하여 새로이 법을 지키고 보호하였다(好古信倞知新護法)'라는 종교적 공적을 들어 상교(尙敎)의 교질을 수여하였다.

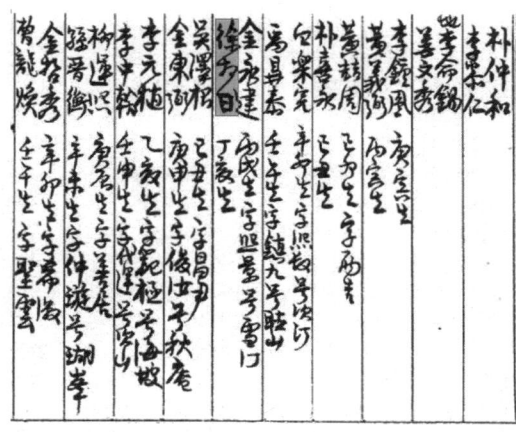

成世英의『本司行日記』속에 적혀 있는 1910년대 경상북도 대종교 교인 명단의 일부. 중앙 부분에 徐相日(네모 안)이라는 이름이 보인다.

한편 서상일은 1949년에 출범한 대종교중흥회(大倧敎重興會)에도 참여하였다. 대종교중흥회는 1949년 1월 5일에 있은 제1회 갑종교리강수회(甲種敎理講修會) 수료식 석상에서 강수회 임원 및 수강생 전원의 공동발의로 조직한 것으로, 그 배경은 다음의 취지문 일부에 나타나 있다.

"도사교(都司敎, 교주를 칭함-인용자 주) 이하 제위 원로의 진성갈력(盡誠竭力)으로서 총본사 직원 40여인이 대종교리강수회를 조직하여 1개월간 강수한 결과 우수한 성적으로 발표되었는 바, 이것이 한갓 교세확장으로만 목적한 것이 아니요 대교(大敎, 대종교-인용자 주)의 근본리념인 홍제인세(弘濟人世)를 주관(主觀)으로 하여야 할 것이다. 그렇다면 우리 강수회원의 책임은 중대하다. 신흥(新興) 국민의 기분을 가져야할 금일, 오제(吾儕)의 처세와 환경이 너무나 곤란하다. 남북통일을 고조하면서 자상잔해(自相殘害)의 내란이 목전에 전개되고 외병철퇴(外兵撤退)를 절규하는데 국제 간섭은 여전히 진척되며, 민생은 극도로 피폐하고 경제는 전부가 파멸되었거늘 아직 자급갱생할 방안을 수립하지 못하였도다. 이것을 광구

(匡救)함에는 반드시 우리 민족의 전통적 정신을 환기하여 자력갱생의 도를 확립하여야 할 것이다. 그러면 우리는 대종교리(大倧敎理)를 선전하는 동시에 민족정기를 부식(扶植)하지 않으면 아니 될 것이다. 이것이 곧 대종교중흥회를 발기하는 취지이오니, 여기에 찬동하시는 만천하 형제자매시어! 심물양면을 불구하시고 궐기 내회(來會)하실 줄 믿고 바래나이다."

서상일은 대종교중흥회의 자문 역할인 참여(參與)를 맡으면서 중앙집행위원으로도 활동하였다. 당시 중앙집행위원은 서상일 외에 항일투사 이세정(李世楨)·정열모(鄭烈模)·김두종(金斗鐘)·신건식(申健植)·백남규(白南奎)·이용태(李容兌)·김승학(金承學) 등 91명이 맡았으며, 대종교중흥회의 고문으로는 이시영(李始榮)·정인보(鄭寅普)·이범석(李範奭)·신성모(申性模)·안호상(安浩相)·명제세(明濟世)·안재홍(安在鴻)·장유순(張裕淳)·김준(金準)·정관(鄭寬) 등이 맡았다. 그러나 대종교중흥의 열기가 채 가시기도 전에 6·25전쟁이 발발하여 그 중차대한 계획은 중단되고 말았다.

서상일의 대종교에 대한 의기는 1960년 1월 17일 단애 윤세복의 조천(朝天, 대종교에서 교주의 사망을 일컫는 말) 당시도 그대로 드러난다. 그의 의형(義兄)이자 대종교 교주인 윤세복이 서거하자 그 장례위원을 맡았다. 특히 재경대동청년대표(在京大東靑年代表)로 읊은 다음의 조사(弔辭)에서 대종교 정신을 이어가겠다는 의기를 되새기고 있다.

"…(전략)…우리들은 단애의형(檀崖義兄)과 일찍이 고관시대(苦冠時代)로부터 조국 독립과 민족 해방을 위하여 비밀결사 대동청년단을 조직하고 만주 벌판과 시베리아 눈바람 속에서 풍찬노숙을 같이 하면서 눈부신 활동을 하여 왔던 과거도 상기하여 보고, 그 후 의형은 동경성에서 대종교 3세교주로서 왜적의 강압을 완강히 거부하여 왔고, 해방 후 귀국하여서는 공석(孔席)이 난난(不暖)할 정도로 동분서주에 가진 고난을 겪어 오면서, 이 나라 이 겨레에게 끼친 바 커다란 업적은 또한 청사(靑史)에 길이 빛날 것입니다.
오호라! 의형은 가시다. 우리도 장차 뒤를 따라 갈 것입니다. 그러나 우리는 남아 있는 동안이라도 의형의 민족해방을 위한 불굴의 투지와 광제창생할 숭고한 대종교 정신을 받들어서 유지(遺志)의 만일(萬一)에 도움이 되기를 자기(自期)하고 의형의 명복을 빌어 마지않습니다. 단기 4293년 2월 17일 재경 대동청년 동지일동 대표 서상일"

[참고문헌]
『대종교보』환국기념호(1946년)·제150호(1946년)·제161호(1949년)·제165호(1950년), 『본사행일기』(성세영, 필사본, 1922), 『대종교독립운동사』(박명진, 필사본, 1964), 『대종교중광육십년사』(대종교총본사, 1971), 『승정원일기』1906년 10월 4일·1907년 11월 28일·1909년 9월29일, 『조선공산당간부 검거에 관한 건』(思想問題에 關한 調査書類2, 京鍾警高秘 제6346호의 1, 한국사DB, 국사편찬위원회), 『고등경찰요사』(경상북도경찰부, 1934), 『한국독립운동사』(문일민, 애국동지원호회, 1956), 『독립운동사자료집』9(독립운동사편찬위원회, 1974), 『발해 농장 시절의 백산』(안상두, 『나라사랑』제19호, 외솔회, 1975), 『부산일보』1981.10.22., 『일제하의 사상탄압』(임종국, 평화출판사, 1985), 『한국공산주

의운동사』2·3(김준엽·김창순, 청계연구소, 1986), 『한민족독립운동사자료집』7·8·9(국사편찬위원회, 1988·1989), 「대종교와 안희제」(김동환, 『국학연구』제5집, 국학연구소, 2000)

서상협(徐相俠, 남, 생몰 미상)
입교 시기 _ 1911년 이전 | 교질_ 미상

출신지역과 생몰연대를 알 수 없는 인물로, 대종교단 내에도 그에 관한 기록이 전하지 않는다. 다만 일제의 문서를 보면, 서상협이 1911년경 북만주 화룡현 걸만동(傑滿洞) 인근의 신의동(新義洞)을 거점으로 대종교 활동을 전개하려 한다는 기록이 있다. 당시 국내 경성으로 들어가 1년여를 거주하던 김창국(金昌國)이란 인물이 있었다. 이후 김창국은 서상협과 김병찬(金秉粲)을 대동하고 다시 화룡현으로 넘어와 대종교 활동을 도모한 것이다. 일제의 문서에는 서상협 일행이 화룡현으로 들어와 당장에 어떠한 움직임을 보이지 않고 있으나, 조만간에 대종교와 관련된 모종의 움직임을 보일 것이라는 정보를 적었다. 서상협의 대종교 교력 역시 교단 내에는 전하는 것이 없다. 그러나 일제의 기록으로 보아 1911년 이전에 이미 대종교에 입교한 것으로 추정된다.

[참고 문헌]
「間島 및 琿春地方 一般狀況에 관한 건」(不逞團關係雜件-朝鮮人의 部-在滿洲의 部1, 朝憲機 제1674호, 한국사DB, 국사편찬위원회), 『한국독립운동사자료』39(국사편찬위원회, 2003)

서순의(徐舜義, 남, 생몰 미상)
입교 시기 _ 1923년 | 교질_ 미상

출신지역과 생몰연대를 알 수 없는 인물로, 일제의 문서에서도 확인되지 않는다. 1923년 5월 30일(음력) 대종교 영일시교당(永一施教堂)의 전무(典務, 책임자)를 맡은 기록이 있다. 영일시교당은 대종교 동1도본사 제1지사 관할로 연길현(延吉縣) 수신사(守信鄕) 세린하(細鱗河) 지역에 있었다. 당시 서순의의 대종교적 위치는 입교(入敎)하여 영계(靈戒)를 받았지만 정식 교질(敎秩)이 수여되기 이전인 '형제(兄弟)'의 위치에 있었다. 또한 방동훈(方東勳)과 서행도(徐行道)가 영일시교당의 찬무(贊務, 부책임자)를 맡아 서순의를 도왔다.

[참고문헌]
『대종교보』제58호(1923년), 『대종교중광육십년사』(대종교총본사, 1971)

서우석(徐禹錫, 남, 1889-?)
아호(별명) _ 서전(徐典)
입교 시기 _ 1910년 | 교질_ 참교

전라남도 광주부(光州府) 광주면(光州面) 출신으로, 대종교 입교(入敎) 이후 개명한 외자 이름은 서전(徐典)이다. 일찍이 서울로 올라와 제동소학교와 교동고등소학교를 다녔으며, 경성공업전습소 응용화학과로 진학하였으나 중퇴하고 일본으로 건너가 중앙대학(中央大學) 전문부 법학과를 졸업하였다. 이후 만주로 건너가 진인국(陳仁國)·지성구(池成九) 등과 무덕사(茂德社) 학성촌(鶴城村)에 설립된 대종교 학교인 동흥학교(東興學校)를 운영하면서, 국어·한문·수신(修身)·산술(算術)·체조(體操)·창가(唱歌) 등의 교육을 통해 민족의식 고양에 앞장섰다.
귀국 후에는 출신 지역인 전남구락부의 일원으로 활동했으며, 조선민립대학기성회 광주지방부를 조직하기 위한 창립총회에서 집행위원을 맡기도 했다. 또한 1927년 12월에는 신간회 광주지회 회원으로 중국의 재만조선인 탄압에 항의하는 '재만동포옹호동맹' 준비위원으로 활동했으며, 호남은행 본점 촉탁, 해남흥산(海南興産) 주식회사의 지배인으로도 재직했다.
해방을 맞아 정치활동에 뛰어 들어 건국준비위원회 광주부 위원, 한국민주당 광주지부 총무, 대한독립촉성국민회 광주지부 부위원장을 맡았다. 1947년 남조선과도입법의원 의원을 역임했으며, 4월 입법의원 본회의에서 민족반역자 등에 관한 특별조례안의 원안을 수정하자는 안을 제안하기도 했다. 1948년 5월 실시한 제헌국회의원 선거에서 전라남도 곡성군 한국민주당 후보로 당선되어, 국회 여순사건 조사를 위한 반란수습대책위원과 반민족행위처벌법 개정안 발의 등, 법제사법위원회에 소속되어 다양한 활동을 펼쳤다. 또한 1950년에는 내각책임제 개헌에 동의하는가 하면, 탄핵재판소 정재판관으로도 선출되었다. 퇴임 후에도 인촌(仁村) 김성수(金性洙) 국민장위원회 위원, 민주당 창당 준비위원회 위원, 민주당 전남도당 고문, 민주당 감찰위원, 민주당 고문 등을 역임하며 왕성한 정치활동을 이어갔다.
서우석의 대종교 교력을 보면 1910년 2월 25일(음력) 순교원(巡敎員)으로 임명된 기록이 있다. 그 이전에 이미 대종교에 입교한 것이 확인된다. 이 시기 박찬익(朴贊翊)·박승익(朴勝益) 등 많은 경성공업전습소 학생들이 대종교에 참여한 것을 보면, 서우석 역시 그러한 배경과 무관치 않을 듯하다. 서우석은 1911년 중광절(重光節, 음력 1월 15일)에 참교(參敎)의 교질(敎秩)을 받았다.

[참고문헌]
『종보』제5호(1910년), 『倧令』제3호(1911년), 『종문영질』(프린트본, 1922), 『조선은행회사조합록』(조선은행회사조합요록)(동아경제시보사, 1935~1942), 『한민족독립운동사』4(국사편찬위원회, 1988), 『대한민국의정총감』(국회의원총감발간위원회, 1994), 「반민족행위특별조사위원회의 조직과 구성」(이강수, 『국사관논총』84, 국사편찬위원회, 1999), 『韓國近代史資料集成』9(국사편찬위원회, 2009)

서윤문(徐允文, 남, 생몰 미상)
입교 시기 _ 1926년 이전 | 교질 _ 미상

출신지역과 생몰연대를 알 수 없는 인물로, 대종교단 내에 전하는 문건이나 일제의 문서에서는 찾을 수 없다. 서윤문의 이름은 1926년 만주 당국에 압수된 대종교의 문서 중에 실려 있는 「대종교시교당일람표(大倧敎施敎堂一覽表)」라는 데에서만 등장하고 있다.

그 문서에 보면, 서윤문이 1926년 당시 대종교 귀일시교당(歸一施敎堂)의 찬무(贊務, 부책임자)를 맡은 기록이 보인다. 그의 대종교 입교가 그 이전에 이루어졌음을 알 수 있다. 귀일시교당은 혼춘현(琿春縣) 귀화사(歸化社) 대하전촌(大荷甸村)에 소재했던 시교당으로, 최원경(崔源慶)이 전무(典務, 책임자)를 맡아 시무했으며 김창락(金昌洛)이 찬무로 임명되어 서윤문과 함께 최원경을 도왔다. 당시 서윤문 등은 혼춘현 동문(東門) 안 협성상회(協成商會)의 이군빈(李君濱)을 연락 거점으로 삼고 40여명의 교인을 거느리고 활동하였다.

한편 서윤문과 찬무로 활동한 김창락이란 인물은 1919년 2월 밀산 지역 한흥동(韓興洞)에 거주하며 이춘화(李春和)·김병길(金丙吉)·김병순(金炳淳)·김순삼(金淳三)·홍용화(洪龍和)·최승화(崔承和)·주내문(朱乃文)·한몽필(韓夢弼) 등과 한국의 독립을 다지는 맹세 결의를 이끈 인물이다. 이후에도 동녕(東寗)과 혼춘(琿春) 지역으로 옮겨와 대종교 활동을 통한 항일투쟁을 꾸준히 전개하였다.

[참고문헌]

「大倧敎施敎堂一覽表(1926年)」(延边朝鲜族自治州档案馆 全宗号42 目录号1 案卷号343, 和龙县历史档案 和龙县警察所, 令各区查禁韓人设立大倧敎堂由, 民国十五年五月十二日)

서윤제(徐允濟, 남, 1908-1969)
입교 시기 _ 1909년 | 교질 _ 참교 | 서훈 _ 건국포장(1993)

서윤제

함경북도 경원군(慶源郡) 안농면(安農面) 금희동(金熙洞) 출신으로, 대종교의 종사(宗師)이자 대한군정서(북로군정서) 총재였던 백포(白圃) 서일(徐一)의 아들이다. 4살 때 부친을 따라 북간도 왕청현(汪淸縣) 덕원리(德源里)로 이주하여 평생을 대종교 항일투쟁에 헌신하였다.

물론 서윤제의 대종교 입교는 부친인 서일의 뜻에 의해 이루어졌을 듯하다. 그러나 대종교단 내에 그의 입교 시기의 기록은 전하지 않는다. 그의 활동 사항 역시 극히 소략하다. 서윤제가 대종교 임오교변(壬午敎變, 1942년에 일어난 대종교지도자 일제 구속 사건)으로 체포될 당시 그의 집에 있던 서적과 함께 사진, 그리고 종이란 종이도 모두 압수해 갔다. 서윤제의 후손들조차도 그의 사진 한 장 갖지 못한 배경이다.

서윤제는 부친 서일이 1921년 순교(殉敎)하자 잠시 덕원리를 떠났다가 다시 왕청현으로 돌아왔다. 그러나 1930년 연변 지역을 휩쓴 '간도5.30폭동'과 '8.1길돈폭동'과 같은 공산주의 반일투쟁 당시 왕청현에서도 지주와 소작료 인하를 요구하는 대규모 시위운동이 벌어졌다. 서윤제는 누나인 서죽청(徐竹青)과 매형(妹兄)인 최관(崔寬)과 같이 이 행렬에 동참했다. 그러자 동북군벌이 시위참가자들에 대한 적극적 진압에 나섰다. 서일의 부친이자 서윤제의 조부(祖父) 서재운(徐在云)이 군벌의 총을 맞고 사망한 것도 이 때다.

이후 서윤제는 1933년 영안현 동경성으로 넘어와 대종교 활동에 전념했다. 그리고 1937년 7월 16일(음력, 이하 음력) 대종교 경일시교당(京一施敎堂)의 찬무(贊務, 부책임자)를 맡았다. 당시 그의 교질(敎秩)은 참교(參敎)였다. 그보다 훨씬 이전에 입교한 것이 확인된다. 경일시교당은 영안현(寧安縣) 동경성(東京城)에 소재한 시교당으로 전무(典務, 책임자)는 김진호(金鎭浩)였으며 김용주(金龍珠)와 김시구(金時求)가 서윤제와 함께 찬무를 맡아 활동하였다. 이 경일시교당은 서윤제가 동경성으로 넘어간 직후인 1934년 3월 9일에 설립된 교당으로, 당시는 서윤제의 매형이자 서일의 사위인 최관이 이끌었다.

서윤제는 1939년 8월 27일 발기된 대종교서적간행회(大倧敎書籍刊行會)에도 발기인으로 참여하였다. 이 서적간행회의 취지는 다음과 같았다.

> "교화를 보급케 함에는 반드시 문자의 힘을 시뢰(恃賴)할 것이다. 이제 대교(大敎) 부흥기에 당하여 만구동성(萬口同聲)으로 종경(倧經) 요구가 날로 높은 터이다. 이 요구를 수용함은 무엇보다도 대교 발전상 최대 급무일 것이다. 이것을 공감하는 우리는 미성박력(微誠薄力)을 불고하고 교적간행회(敎籍刊行會)를 발기한다."

이 간행회의 발기인으로 참여한 인물들은 서윤제를 비롯하여 매형인 최관, 그리고 안희제(安熙濟)·이현익(李顯翼)·안도윤(安道允)·김영숙(金永肅)·변성식(邊成植)·장도순(張道淳) 등으로 항일투쟁의 거물들이자 대종교의 중심인물들이었다. 당시 서적간행회의 '약관' 제2조에는 "본회 자금은 매주(每株) 10원씩인 주금(株金)을 모집하되 발기인만은 10주 이상으로 출자할 것"이라는 규정이 있었다. 서윤제는 가세의 어려움에도 불구하고 10주를 기꺼이 출자하였다.

한편 대종교는 1925년 만주포교금지령 이후 밀산현으로 은거한 지 6년 침묵을 털고 합법적 절차를 거쳐 포교선도 사업을 새롭게 모색했다. 1933년 교주 윤세복은 절친한 동지 안희제 등의 도움으로 발해 고도의 수도였던 동경성으로 대종교총본사를 옮겨 북만에서의 마지막 싸움을 준비하였다. 또한 하얼빈시 도외구도가(道外九道街)에 대종교선도회(大倧教宣道會)를 설치하고, 한글을 포함한 다양한 지식 강좌를 '만주지식강좌'란 제목으로 개최하는가 하면, 개천절 행사를 개최하는 등, 적극적인 활동을 전개했다. 이어 안희제와 서윤제·강철구의 노력으로 대종교 교적 간행 사업도 구체화 되었다.

그러나 대종교포교를 합법화시켜 새로운 도약의 길을 터준 일제의 복심은 따로 있었다. 밀정을 대종교단 내에 침투시켜 조직과 인맥의 전반적인 사항을 파악코자 한 것이다. 이러한 사전 작업을 마친 일제는 마침내 1942년 11월 19일(음력)에 치안유지법 위반으로는 죄목으로 대종교지도자 25명을 일제히 검거하는 '임오교변'을 자행했다. 교주 윤세복을 비롯한 대종교 중심인물 25명이 붙잡혔는데, 서윤제 역시 동경성 신안진(新安鎭) 자택에서 체포되었다. 이들 중 성하식(成廈植)과 김진호(金眞浩, 金鎭浩와는 다른 인물)·안용수(安龍洙)·이종주(李鍾洲)는 혐의 사실이 없다 하여 즉시 석방 되었으며, 권영준(權寧濬)은 혹독한 취조를 받던 중 72세의 고령이라는 이유로 면소(免訴)되었다. 한편 서윤제는 대종교 교무(敎務)에 직접적인 책임이 없다 하여, 김진호(金鎭浩)·김두천(金斗千)·이성빈(李成斌) 등과 1944년 1월 2일 출옥하였다.

서윤제는 목단강(牧丹江) 액하감옥(掖河監獄)에서 출옥한 뒤에도 대종교포교를 쉬지 않았다. 또한 임오교변으로 고통받던 대종교지도자들이 해방과 함께 풀려나자, 동경성 대종교총본사를 중심으로 재건 활동에 앞장섰다. 그러나 서윤제는 1946년 1월 윤세복 교주를 비롯한 대종교의 국내 환국 당시 동행하지 않고 그곳에 남아 활동하던 중, 1969년 사망한다. 대한민국정부는 2007년 11월 서윤제의 유해를 국내로 봉환하여 국립현충원 충혼당에 안치하였다.

1942년 대종교 壬午教變 당시 서윤제를 비롯한 대종교지도자들이 투옥되었던 掖河監獄(일명 鐵嶺河監獄)의 근래 사진. (黑龙江省 牡丹江市 阳明区 铁岭河 护路街 所在)

[참고문헌]
『대종교보』제124호(1939년). 『대종교중광육십년사』(대종교총본사, 1971). 『임오십현순교실록』(대종교총본사, 1971). 『한국독립운동사』(문일민, 애국동지원호회, 1956). 『연합뉴스』 2007.11.5.. 『죽은 자의 숨결 산 자의 발길』(강용권, 장산, 1996)

서윤중(徐允仲, 남, 1891-?)
입교 시기_ 1914년 | 교질_ 참교

함경북도 경원군(慶源郡) 의동면(儀洞面, 1914년 安農面으로 바뀜) 금희동(金熙洞) 출신이다. 대종교의 중광단(重光團)을 만든 백포(白圃) 서일(徐一)과 출신 지역이 같다. 또한 서일의 아들인 서윤제(徐允濟)와 항렬자가 같은 것으로 보아, 아주 가까운 집안 조카가 아닐까 추정해 본다.

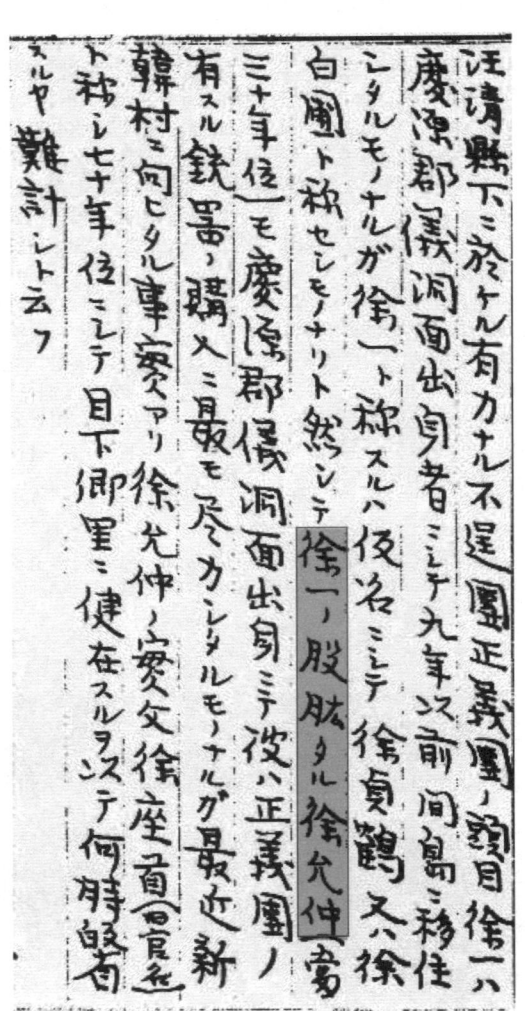
1920년 3월에 작성된 일제의 문서에는 '徐一의 최측근 심복[股肱]으로서의 徐允仲'(네모 안)이 적혀 있다.

서윤중이 일제의 문서에 서일의 고굉(股肱)으로 기록될 만큼 서일의 최측근이었음을 보면, 그가 왕청현으로 이주한 것 역시 서일과 함께 했을 가능성이 크다. 일제의 기록에는 1920년 당시까지도 그의 부친이 70세의 나이로 경원군의 고향에 거주하고 있음이 확인된다. 이것은 서윤중의 식솔 모두가 만주로 넘어간 것이 아님을 시사해 주고 있다. 서윤중은 1920년 3월, 중광단의 후신인 대한정의단(大韓正義團)에 가담하여 연해주의 신한촌(新韓村)을 넘나들며 무기구입에 진력하면서 서일의 군사적 입지를 도왔다.

서윤중의 대종교 교력을 보면 1914년 3월 2일(음력) 참교(參敎)의 교질(敎秩)을 받은 기록이 있다. 그 이전에 이미 입교한 것이 확인된다. 더욱이 그와 같은 날 참교의 교질을 받은 인물들이 후일 대한군정서(북로군정서)의 주축으로 활약하는 김정호(金鼎鎬, 대한군정서 軍醫), 김여환(金礪煥, 대한군정서 경신국 제1분국 제1과장), 채오(蔡五, 대한군정서 사무원), 김준섭(金俊燮, 대한군정서 경찰과장) 등이고 보면, 그의 대종교 항일투쟁에서의 위치 역시 가볍지 않음을 알 수 있다.

[참고문헌]
『종문영질』(프린트본, 1922), 「不逞鮮人 등의 최근 動靜報告의 件」(『不逞關係雜件-朝鮮人의 部-在滿洲의 部16, 機密公信 제45호, 한국사DB, 국사편찬위원회), 『한국독립운동사자료』42(국사편찬위원회, 2006)

출신지역과 생몰연대를 알 수 없는 인물로, 일제의 문서에서는 그 이름이 발견되지 않는다. 서윤혁은 1922년 개천절(開天節, 음력 10월 3일)에 대종교 장일시교당(長一施教堂)의 찬무(贊務, 부책임자)를 맡은 기록이 있다. 그 이전에 이미 대종교에 입교한 것이 확인된다. 장일시교당은 혼춘현(琿春縣) 순의사(純義社) 장성촌(長城村)에 소재한 시교당으로, 혼춘현 동문내(東門內)에 있는 협성상회(協成商會)의 이군빈(李君濱)이 그 주요 연락을 담당하였다.

당시 이 시교당의 전무(典務, 책임자)는 김종혁(金鍾爀)이었다. 또한 서윤찬과 함께 찬무를 맡은 인물이 채민언(蔡珉彦)이었고 백인순(白仁淳)·허명기(許明璣)가 시교원(施教員)으로 임명되어 활동하였다. 대종교가 1925년 만주포교금지령 이후 만주군벌정권에 압수당한 문서를 보면, 1926년까지도 서윤찬은 장일시교당의 찬무를 맡아 김종혁(당시도 전무)·채민언(당시도 찬무)과 시무(視務)하였다.

[참고문헌]
『대종교보』, 제56호(1922년), 『대종교중광육십년사』(대종교총본사, 1971), 「大倧教施教堂一覽表(1926年)」(延边朝鲜族自治州档案馆 全宗号42 目录号1 案卷号343, 和龙县历史档案 和龙县警察所, 令各区查禁韩人设立大倧教堂由, 民国十五年五月十二日)

서윤혁(徐允爀, 남, 생몰 미상)

입교 시기_ 1922년 | 교질_ 미상

만주군벌에 의해 압수된 대종교의 문서(1926년 작성, 현재 和龍檔案館에 소장되어 있음)에 長一施教堂의 부책임자로 徐允爀(네모 안)이라는 이름이 적혀 있다.

서일(徐一, 남, 1881-1921)

아호(별명)_ 백포(白圃), 삼혜당(三兮堂), 서기학(徐夔學), 서정학(徐貞鶴)

입교 시기_ 1912년 | 교질_ 사교 | 서훈_ 독립장(1962)

서일

함경북도 경원군(慶源郡) 안농면(安農面) 금희동(金熙洞) 출신이다. 본래 이름은 기학(夔學)이나 대종교에 입교하면서 외자 일(一)로 개명하고 호는 백포(白圃), 당호(堂號)는 삼혜당(三兮堂)이라 하였다. 또한 일제의 문서에는 서일이 서정학(徐貞鶴)이라는 가명을 쓴 것으로도 기록되어 있다.

서일은 일찍이 김노규(金魯奎)의 문하에서 수학하여 한학(漢學)과 주역(周易)을 능통하였다. 김노규는 북쪽 강역을 역사적으로 고찰한 『북여요선(北輿要選)』과 우리의 토속사상들을 담은 『학음유고(鶴陰遺稿)』 등을 남긴 인물로 민족의식이 누구보다도 강했던 인물이다. 서일이 한학을 통하여 수리학적(數理學的) 기본을 철저히 다진 것이나, 해박한 유교적 지식을 통한 학문적 소양 구축도, 그의 어린 시절 스승이었던 김노규의 영향이 중요한 토대로 작용했을 것으로 추측된다.

서일은 함경남도 경성군(鏡城郡)에 있던 유지의숙(有志義塾)의 전신인 사숙(私塾)에 들어갔다. 그리고 필업한 후 십년간 소학교의 교편을 잡으면서 고향의 아동교육에 온 힘을 쏟았다. 유지의숙은 함일학교의 전신으로 1900년 이운협(李雲協)이 세운 사숙을 계승한 교육기관이었다. 1907년 유지의숙으로의 인가 이전에는 사숙(私塾) 형태로 운영되었으며, 정식 함일학교의 출범은 1907년 2월 2일이었다. 유지의숙(함일학교 전신)을 세운 이운협은 파인(巴人) 김동환(金東煥)의 매형으로, 함일학교에 그의 재산을 거의 바친 인물이었다. 또한 이운협의 장인이자 김동환의 아버지인 김석구(金錫龜)도 함일학교의 발기인으로 학교 발전을 위해 남달리 기여했는데, 이운협의 집안과 김동환의 집안은 함북 경성군 오촌면의 같은 마을이었다. 이운협은 당시 실력 있는 교사를 초빙하기 위하여 경성으로 올라와 동분서주할 정도로 학교 발전을 위해 헌신키도 했다. 그러나 이운협은 안타깝게도 1910년에 죽는다.

서일이 본격적으로 다양한 학문에 접하게 된 시기는 경성에서의 사숙 재학시절과 사숙을 졸업하고 10년간 지역사회에서 계몽운동과 교육사업에 헌신하던 때로 추측된다. 그가 어떤 분야를 어떻게 공부했는지에 대한 기록은 없다. 그러나 후일 그가 남긴 저술에 언급되는 유(儒)·불(佛)·선(仙)에 대한 달견(達見)과 서양종교 그리고 서양철학에 대한 심오한 비교 언급을 볼 때, 이 시기에 동·서양 학문에 대한 체계적인 경험을 한 것이 아닌가 추정된다.

또한 서일의 주변에서 늘 함께 했던 대종교의 동지 현천묵(玄天默)과 김영학(金永學) 역시, 경성 지역에서 교육에 힘썼던 인물들이다. 현천묵은 1862년생으로 서일보다 19살이나 연장이다. 한학을 수학하고 일본계 학교에서 학감을 역임했으며, 1908년 대한협회 경성지회 회장을 지내기도 했다. 1909년에는 경성군 향교(鄕校)의 책임을 맡았는가 하면, 1910년 경성의 보성학교 교장으로도 활동했다. 현천묵은 일찍이 1911년 중광절(음 1월 15일)에 대종교 참교를 받았다. 그리고 그 정신 위에서 북로군정서 부총재를 맡았으며, 후일 서일의 사망 후에는 총책임자로 진영을 추슬러 재기를 노리기도 했다. 김영학 역시 1913년 이전에 이미 대종교에 입교한 인물로, 북로군정서 외교부장으로 서일과 함께 했다. 그는 함일학교 발기인으로 1906년에 유지의숙 학감으로 활동했다. 1907년에는 교감을 맡았으며 1909년 교장으로 지역 교육에 헌신했다. 특히 1923년에는 간도교육연구회를 창립하여 그 회장을 맡아 활동한 인물이다. 서일과 경성 지역 주요 인물들의 긴밀한 관계는, 향후 서일 연구의 또 다른 과제로 남는다.

서일이 본격적인 항일투쟁에 나선 것은 1911년 이후라 할 수 있다. 그는 만주로 건너온 대종교인들을 중심으로 1911년 본격적인 항일단체인 중광단(重光團)을 조직하여 31세의 나이로 단장에 추대된다. 중광단이 출발한 지역은 당시 대종교의 주요 거점이었던 왕청현(汪淸縣)으로, 대종교에서는 1910년 시교사(施敎師) 박창익(朴昌益, 박찬익의 異名)을 파견하여 포교의 거점을 잡은 곳이다. 이 시기에 이미 만주로 이주해 살던 한인(韓人)들의 수가 20만 명이 넘었고 이 중 많은 인구가 이미 대종교를 직·간접적으로 신봉하게 된다. 대종교 중광의 주역인 홍암(弘巖) 나철(羅喆)이 1911년부터 직접 만주포교에 나서 1915년 경성(京

城)으로 돌아오기까지 근 6년간을 포교에 노력한 것도 대종교 신앙을 통한 독립의식의 고취를 위한 것이었다. 아무튼 당시 중광단에 가담한 인물들은 대부분 대종교도들로서, 특히 서일을 비롯한 백순(白純)·현천묵·박찬익·계화(桂和)·채오(蔡五) 등 중광단의 지도층은 대종교의 중심을 이루던 인물들이다. 이 중광단이라는 명칭 또한 과거 우리 고유의 단군신앙에 대한 부활을 의미하는 대종교의 '중광(重光; 교문이 다시 열림)'에서 따온 명칭이다. 이렇게 볼 때 중광단이라는 단체는 독립운동단체 이전에 신앙으로 무장된 철저한 정신집단으로서, 후일 대한정의단(大韓正義團)이나 대한군정서(大韓軍政署, 일명 북로군정서)로 발전해 가면서도 그 정신은 그대로 계승되었다.

중광단과 관련하여 주목을 끄는 것은 동원당(東圓黨)이라는 비밀단체이다. 그동안 대종교의 비밀결사인 귀일당(歸一黨)에 대해서는 알려진 바 있으나, 동원당에 대해서는 대종교의 중심인물로서 대한정의단과 북로군정서의 핵심이었던 「이홍래(李鴻來)의 가출옥문서」와 1925년 4월 6일 「청진지방법원 판결서」에서 그 실체가 파악되었다. 동원당은 서일을 중심으로 수명의 동지가 협의하여 1912년 음력 8월 연길현 삼도구 청파호에서 조직한 것으로, 독립운동을 완수하기 위한 구체적인 방략을 결정하고 이를 지도하기 위한 비밀단체였다. 그러나 동원당의 존속기간과 귀일당과 동체이명(同體異名) 여부도 아직 확인되지 않고 있다. 동원당도 서일이 수전병행의 효율적 수행을 위해 조직한 비밀결사로 생각된다. 서일이 1919년 연길현 국자가에서 대종교도를 중심으로 자유공단(自由公團)이라는 비밀결사단체를 조직하였는데 단원이 15,000여명이었다는 사실로도 짐작할 수 있다.

서일의 교육정신 역시 대종교와 무관치 않다. 그가 직접 설립한 왕청현 덕원리의 명동학교(明東學校)를 위시하여 중광단에서 설립한 교육기관도 동일학교(東一學校)·청일학교(靑一學校)·학성학교(學成學校)·선구학교(船口學校) 등 10여 개교를 헤아린다. 서일은 대종교와 독립운동, 그리고 민족교육이라는 세 요소를 일치시키면서 군교일치(軍敎一致)와 교학일여(敎學一如)의 가치를 극대화시켜 나갔다.

한편 대종교는 1916년 나철의 순교 이후 김교헌(金敎獻)이 교주를 맡았다. 서일은 교주 김교헌과 교감하면서 제1차 세계대전의 발발과 종전에 따른 국제질서의 변화에 대응책으로써 중광단·정의단 등을 이끌고 항일투쟁을 위한 새로운 변화를 도모해 갔다. 김교헌은 1917년 3월 화룡현 삼도구로 총본사를 이전한 후 9월 화룡현 삼도구 총본사에서 제1회 교의회를 열어 홍범규제를 개정하였다. 그리고 동일도본사(책임자 서일), 동이도본사(책임자 서일), 서일도본사(책임자 윤세복), 서이도본사(책임자 신규식), 북일도본사(책임자 한기욱), 남일도본사(책임자 강우)의 교구를 재점검하였다. 특히 서일이 영도하는 동이도본사에서는 블라디보스토크 지역을 고평(高平)이, 니콜리스크 지역을 이민복(李敏馥)이, 밀산부 지역을 백순(白純)이, 소수분(小綏芬) 지역을 진단산(秦檀山, 秦學新)이 맡아 운영하며 포교와 독립투쟁을 이끌었다. 이동휘·문창범·김학만·이범진 등, 후일 「대한독립선언」에 참여하는 연해주의 (친)대종교 세력들은, 언급한 이들 대종교인들과 긴밀한 관계 아래 동참하게 되는 것이다. 서일이 1918년 김교헌에게 "군사운동을 일으킬 것을 서약하고 대종교인이 광복운동에 노골적으로 진출하다."라고 맹세했다는 대종교 측의 사료에서 보듯이, 김교헌 역시 무장투쟁에 적극적이었다. 이러한 김교헌의 선택은 대종교가 정교분리 정책에서 벗어나 본격적으로 무장투쟁으로 나가 청산리전쟁을 승리로 이끌 수 없었던 배경이 되었다. 또한 대종교네트워크를 통한 「대한독립선언서」(일명 무오독립선언서)의 결실 역시 김교헌의 노력을 떠나 생각할 수 없는 부분이다.

「대한독립선언서」는 우리 무장항일투쟁사에 일획을 긋는 사건으로, 서일의 중광단이 주축이 된 대종교선언이라고 해도 과언이 아니다. 「대한독립선언서」를 「무오독립선언서」로도 부르게 된 배경에는, 국내 천도교의 장효근(張孝根)이나 이종일(李鍾一)의 일기에 언급되듯이 그 준비 과정과 완성이 무오년 이른 시기에 이미 이루어진 것으로 이해할 수 있을 듯하다. 그 선언의 중심에 있었던 대종교단의 기록에도, 북로군정서의 전신인 중광단이 군단조직 후 무기의 불비(不備)로 군사 활동을 본격적으로 하지 못하고 청년동지에 대한 정신교육과 계몽운동에 주로 힘쓰고 있다가 3·1독립선언의 전주곡으로 39인의 동서(同署)하여 독립선언을 발포하였다고 적고 있다. 국내 「기미독립선언」이 천도교의 천도구국단(天道救國團)이 동인(動因)이었다면, 「대한독립선언」은 국외 대종교의 중광단이 주동이었다. 중광단의 '중광'은 1909년 대종교의 '중광(단군신앙의 부활)'에서 온 명칭이다. 그 구성원도 역시 대종교도들이 주축이 되었으며, 조국독립을 대종교의 정신적 기반 위에 쟁취하자는 외침과 함께, 궁극적으로 한교의 결합과 민족정신을 배양하여 일제의 제국통치권을 벗어나 독립형태인 이상국가인 배달국을 지상에 재건하는 것을 목적으로 삼았다.

「대한독립선언서」의 서명자 대부분이 대종교의 중심인물들이거나 친대종교적 인물들이었다. 또한 그들은 해외독립운동의 지도급 인물이란 점에서 대종교의 독립선언이라 해도 무리가 없을 듯하다. 전체 서명 39인 가운데 대종교단내의 기록에 적혀 있는 대종교 인물은 25명이다.[아래 표 참조] 대종교의 기록이 거의 사라진 가운데 확인된 결과라는 점에서 의미가 남다르다.

종교	서명자
대종교	김교헌, 김동삼, 조용은, 신규식, 여준, 이범윤, 박은식, 박찬익, 이시영, 이상룡, 윤세복, 이동녕, 신채호, 허혁, 이세영, 이광, 김좌진, 김학만, 손일민, 김규식, 조욱, 한흥, 이탁, 황상규, 박성태
기독교	정재관, 이대위, 이승만, 김약연, 이동휘, 이봉우, 안창호
미확인	문창범, 유동열, 안정근, 최병학, 박용만, 임방, 이종탁

* 위의 분류는 『倧門榮秩』(프린트본, 1922), 『大倧敎報』, 『大倧敎重光六十年史』(대종교총본사, 1971), 『大倧敎人과 獨立運動淵源』(이현익, 프린트본, 1963), 『大倧敎獨立運動史』(박명진, 필사본, 1964)를 토대로 작성한 것임.

그러므로 「대한독립선언서」에 담긴 사상소(思想素) 역시 대종교와 무관치 않다. 그 선언에 사용된 언어는 단순한 문자의 병렬이 아니라 함축적 언어 구조로, 그 구조의 틀을 벗어나 사유할 수가 없다. 선언서에 실린 사상소와 함께 선언의 주체와 참여자들의 성향을 외면할 수 없는 이유다. 「대한독립선언서」 대종교의 중광단의 그 주동이다. 또한 참여자들의 대다수가 대종교인이거나 친대종교인들이다. 「대한독립선언서」가 「동경유학생독립선언서」나 「기미독립선언서」보다 종교적·철학적 성격이 두드러진다는 의견도 이와 무관치 않다. 「대한독립선언서」에 담긴 단군대황조(檀君大皇祖)·황천(皇天)·황황일신(皇皇一神) 등의 많은 용어들이 단순히 보편적 형식을 통한 보편적 내용 전달로 사용된 말들이 아니라, 대종교만의 정체성을 드러내는 특수한 용어라는 점을 간과해서는 안 된다. 그리고 선언서에 나타난 단락 구성의 형식에서도, 종교적 존엄성·신성성을 나타내는 대종교의 서법이 강하게 드러나고 있음을 확인할 수 있다.

「대한독립선언서」는 정확히 대한독립의군부 명의로 발표된 선언문이다. 대한독립의군부는 「대한독립선언서」 선포를 위한 임의단체로, 중광단 인물들이 중심이 되었다. 이 선언을 중광단 선언이라는 별칭으로 부르는 이유이기도 하다. 중광단은 1911년 3월 조직되었고 서일은 31세의 나이로 단장에 추대되었다. 그럼에도 서일이 「대한독립선언서」 서명자 명단에 빠져있다는 것이 가장 큰 의문이다. 서일뿐만 아니라 현천묵·백순·계화·정신(鄭信)·고평(高平)·진학신(秦學新) 등 중광단과 그 시기 대종교에서 동도본사의 주축들이 모두 빠져있다. 주목되는 것은 대종교단 내의 다음 기록을 보면, 서명에는 빠져 있는 서일·정신 등이 서명자로 언급되고 있다는 점이다.

"무오(서기 1918) 봄에 기미독립선언의 전주곡으로 서일·김동삼·김좌진·유동열·여준·정신 등 39인의 동서(同署)로 독립선언을 발포하였으며 삼일운동 후에는 군사적 적극 행동을 취하기 위하여 동북만에 산재하여 있는 대종교도를 중심으로 정의단을 조직하고 강령발포와 단원모집 및 신문발간 등 독립사상 고취에 심혈을 경주(傾注)하여 활발한 운동을 전개하였다."

이 당시 대종교 교주는 김교헌이었다. 김교헌은 「대한독립선언서」를 주도하고 맨 앞에 이름을 올린 인물이다. 서일은 김교헌이 1917년 9월 화룡현 청파호에서 제1회 교의회를 개최한 이후 왕청현 덕원리(德源里)에 있는 대종교동도본사로 거처를 옮기게 주선한 인물이기도 하다. 또한 서일은 자신의 거처로 김교헌을 영접하고 2년간이나 대종교 교무의 중심이 되도록 노력하였다. 대종교의 총회 모임도 동도본사(북로군정서의 총재부와 병설)가 있는 덕원리 시교당에서 개최하였으며, 대종교의 재도약을 위해 동분서주한 중심지도 그곳이었다. 교주 김교헌은 서일과 대종교 항일투쟁 방략 논의는 물론 교주의 자리까지 양여하려 하였다. 물론 서일은 항일투쟁에 집중할 때이므로 5년을 유예해 달라는 간청과 함께 정중히 사양하였다. 「대한독립선언서」의 모든 과정 역시 김교헌과 깊이 의논되었을 듯하다. 서일을 비롯하여 앞에 열거한 인물들의 대종교적 위상을 감안해 보면 당연히 서명자로 이름을 올려야 한다. 그러나 그들 모두 서명에서 빠져 있다. 아마도 대종교인들이 중심이 되어 조직한 중광단 단장으로, 항일무장투쟁의 효율적 수행을 위한 전술전략의 하나였다. 빠진 것이 아니라 교주 김교헌과의 숙의 끝에 전략적 은둔을 택한 것이다.

아무튼 서일의 중광단은 1919년 5월 일부 공교도(孔敎徒)들과 연합하여 대한정의단(大韓正義團)을 조직하고 변화를 통한 발전을 시도한다. 그러나 정체(政體)의 이견으로 공교도의 대표적 인물인 김성극(金星極)이 축출되면서 순수 대종교도를 중심으로 정비되었다. 즉 당시 공교도들은 보황주의(保皇主義)를 내세웠고 대종교인들은 대종교의 교의(敎義)인 홍익인간 속에 배태되어 있는 인본주의적 가치로서의 공화주의(共和主義)를 주장하였다. 서일은 대한정의단 단장에 취임하였다. 당시 대한정의단이 내세운 4대 강령과 7대 규약, 3대 부신(符信)은 다음과 같다.

4대 강령
一. 정대한 의리의 찬양
一. 정당한 의무의 이행
一. 정직한 의무의 장려
一. 정순한 의리의 찬동

7대 규약
一. 서약을 반드시 실천함
一. 명령을 반드시 집행함
一. 양민을 침범하지 말 것
一. 다른 단(團)을 간섭 말 것
一. 규율을 반드시 준수할 것
一. 역무를 반드시 부담할 것
一. 망언을 하지 말 것

3대 부신(符信)
一. 단장의 인증 또는 증권의 호수가 있지 않은 경우에는 복종하지 않을 것.
一. 단장의 수집명령에 의하여 굴기(屈期) 집합할 것.
一. 서약서와 동호의 증권이 있지 않으면 단원이라고 인정하지 않을 것. 단 증권을 분실했을 때는 보증연서로서 청원함. 또한 본 증권의 호수를 비밀로 할 것.

서일은 이를 위해 독립군 편성을 위한 준비로 각지에서 결사대원 또는 단지결사대원을 모집하여 총 1,037명의 결사대원을 확보하였다. 또한 대한정의단에 대한 정비와 더불어 왕청현을 중심으로, 대종교 정신을 통한 민중적 기반을 확고하게 다져가는 한편, 산하단체로 대한군정회를 조직하여 항일무장투쟁을 위한 본격적인 활동을 시작하였다.

1919년 7월에는 대종교 동도본사의 중심인물인 계화·김붕(金鵬)·김일봉(金一鋒)·정신·김암 등과 함께 일본 내각 총리대신 하라 다카시(原敬)에게 서신을 보내기도 했다. 이 서신에 주목할 필요가 있다. 이 서신은 서일이 본격적인 항일무장투쟁을 위한 준비를 마치고 일제에게 보낸 일종의 통첩과도 같은 서한이었다. 세계 열강들은 대개가 백인들로서 그들의 세력 확장을 위해 남의 나라 영토를 침략하고 지배하여 왔다는 것이다. 그리고 아시아에서는 현재 일본이 그들과 같이 침략행위를 행하고 있다는 질책을 빼지 않았다. 이 선언의 요지는 한국을 합병한 일이 일본에게 불리한 점을 7가지로 구체적으로 지적하고 한국과는 오랜 관계를 지속해 왔던 나라에 행할 행위가 아니므로 일본은 침략행위를 중단하고 세계평화를 위해 힘써 달라는 내용이다. 특히 내용 가운데 일본에 대한 질책의 전제가 되는 아래(밑줄 친 부분-필자가 그은 것임)의 구절이 눈길을 끈다.

"지금은 바로 민족평등의 시대이며, 특별히 지난날 한 사람이 횡행하던 시대가 아닙니다. 그러한 즉 소위 침략주의자(侵略主義者)는 이미 호로(葫蘆)가 되었을 뿐입니다. 다만 조선 한 가지 일로 논한다면 합병하는 것이 일본에 유리한 것은 하나도 없으며, 그것이 불리를 야기하는 것은 거의 굽힐 수 없으니 무엇 때문입니까? 조선은 오래된 나라입니다. 그 역사가 독립되었고 그 종교가 독립되었으며 언어 문자 윤리 습속에 이르기까지 한 가지라도 독립하지 않음이 없으니 진실로 대만(臺灣)이나 유구(琉球)에 비할 바가 아닙니다. …(중략)…조선은 강한 민족입니다. 임진무퇴(臨陣無退) 배물견적(背勿見敵)의 유훈(遺訓)과 여습(餘習)이 오래도록 사람 마음속에 젖어왔습니다. 그러므로 조춘(早春)에 독립(獨立)을 선언한 이래로 적수단심(赤手丹心) 갑부을기(甲仆乙起)로 사상(死傷)과 형옥(刑獄)의 참상(慘狀)을 당하였으나 분발하여 스스로를 돌보지 아니하고 광복한 후에야 그만두기를 기약하니 까마귀도 궁하면 오히려 쪼는데, 하물며 온 나라 사람이 일심(一心) 동성(同聲)함이 아니겠습니까?"(밑줄은 인용자가 그은 것임)

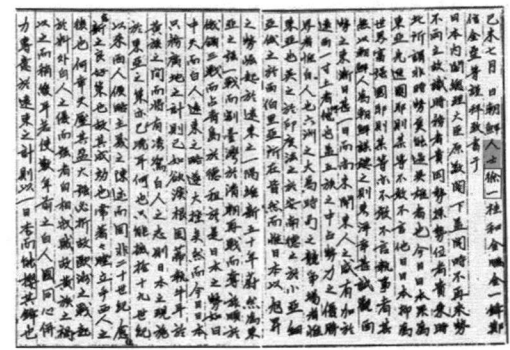

1919년 7월 대종교동도본사의 책임자인 徐一(네모 안) 등이 일본 내각총리대신 하라 다카시(原敬)에게 보낸 서신의 앞부분.

여기서 종교의 독립이란 대종교의 전신(前身)인 신교(神敎)의 유구함을 말하는 것이다. 또한 뒷부분에 나오는 '전쟁에 임하여는 물러섬이 없다[臨陣無退]'는 구절이나 '적을 맞아서는 등을 돌리지 않는다[背勿見敵]'는 내용은 대종교의 상무적 기상과 그대로 통하는 내용이다. 대종교의 노래 가운데 가장 오래되고 중요한 신가(神歌, 얼노래)가 있다. 그 전래 내력에 대해 고사기(古事記)를 인용하여 말하기를 "고구려의 제사 때에 이 노래를 늘 부르고 또 전쟁에 임할 때에는 군사들이 노래하게 하여 군기(軍紀)를 북돋웠다."라는 기록이 나타난다. 그 '얼노래' 가사의 중심 내용은 대황조(大皇祖, 한배검)의 업적을 잊지 말고 참마음의 화살로 악한 마음의 과녁을 맞춰 버리듯 광명정대하게 살고자 함을 대황조(한배검)에게 맹세하는 것이다. 또한 '얼노래'는 종교적 의식의 노래로 쓰임과 동시에 군인(軍人)들에게는 사기를 북돋는 노래로 사용되었음을 볼 때, 대종교 군교일치(軍教一致)의 전형을 그대로 확인할 수 있다. 그러므로 민세(民世) 안재홍(安在鴻)은 임전무퇴(臨戰無退)가 실린 화랑오계(花郎五戒)의 정신을 군인정신(軍人精神)의 지보(至寶)요 국민정신의 정화(精華)로 단정하고

"대종교는 단군고교(檀君古教)이니 사천 수백 년 옛적에 …(중략)… 태백민족이 단군을 받들어 제왕으로 삼고, 이신설교(以神設教)하는 홍익인간의 대도(大道)를 세워 정치 그대로 교화(教化)인 소박한 문화사회를 건설한 사상의 근원을 이루었던 것이다. 이것이 부여민족의 제천의식이나 마한의 천군경배(天君敬拜) 등 국민적 의식과 민속적 신앙을 통하여 역사상에 잘 나타난 바이며, 부여국은 혹 태평국으로도 한토(漢土) 문헌에 나타나서 '太平之人仁'하는 인의(仁義)의 덕이 멀리 해외에까지 광파(光被)되었던 점에서도 그 본질을 알 수 있다. 고구려·백제·신라 등 삼국 병립하던 시대에도 이 도(道) 자못 홍통(弘通)되어 고구려의 '선비', 신라의 '화랑'은 모두 이 교화의 체현자(體現者)로 단단히 국운을 담당하였던 것이니, 이는 한민족 몇 천 년 반항투쟁 독립자존의 역사와 함께 숭려(崇麗)한 도의이념의 주축을 이룬 것이다."

는 주장을 펴며, 대종교 정신이야말로 역사를 건너 뛴 반항투쟁·독립자존의 숭고한 이념이었음을 밝히고 있다. 또한 대한정의단에서는 『일민보(一民報)』와 『신국보(新國報)』라는 한글신문을 발행하여 재만동포들에게 독립의식을 고취시켰다. 여기서도 주목되는 것은 순수한글 사용의 정신적 배경이 대종교 정신에 기반을 두었다는 점이다. 이것은 한글이라는 명칭을 처음으로 사용한 주시경이나 지석영·김두봉 등 한글개척의 선각자들이 모두 대종교도로서, 대종교의 정신에 의해 한글사랑을 실천했다는 것과 연결된다. 우리말의 탁월한 구사는 많은 대종교지도자들의 상식적 능력이기도 했다. 서일의 한글 구사 능력도 예사롭지 않았다. 그의 스승 나철이 1916년 순교하며 『순명삼조(殉命三條)』라는 유언을 남겼다. '대종교를 위하여, 천하를 위하여, 민족을 위하여 죽는다'는 것이 유언의 골자다. 서일은 그 삼조의 유언을 새기며 스승의 주검 앞에 「가경가(嘉慶歌)」라는 추모가사를 아래와 같이 바쳤다.

한검교 참이치 밝히려고 목숨을 다하신 한스승이여
가냘프고 약한 어린 우리 가셔도 못잊음 아옵나니
아사달메에 두르던 그 노을빛 그 환으로

더러운 티끌을 녹이시며 늘 도우소서 늘 도우소서

한배검 큰 도를 넓히려고 목숨을 마치신 한스승이여
옳으신 그 뜻을 아오나 저희는 두려울 뿐이오니
저만치 밀지 마옵시고 늘 때때로 일깨우소서
저 환하고 거룩한 그 빛깔에 늘 쪼이소서 늘 쪼이소서

우리의 허물을 걷어지고 목숨을 바치신 한스승이여
저희는 귀먹고 눈 어두워 즐거움과 새로움도 모르오니
아사달메에 하늘집에 둥근 송이 큰 얼굴로
피었던 고운 꽃 그 빛으로 늘 씻으소서 늘 씻으소서

무장투쟁의 대명사로만 인식되는 서일의 우리말 구사 능력이 범상치 않음을 알게 해 주는 가사다. 이 추도가사는 후일(1942년) 고루 이극로(李克魯)가 개사(改詞)·정리하여 대종교 노래 '가경가'로 정식 편입되었다.
서일의 대한정의단은 항일무장투쟁의 효율적 실행을 위해 길림군정사(吉林軍政司)와의 연합도 추진하였다. 길림군정사는 김좌진·조성환 등 군사전문가들이 항일무장투쟁을 위해 1919년 3월 중순 조직한 독립군단체이다. 두 단체의 연결고리는 대종교였다. 1919년 가을 대한정의단 총재 서일의 연합제의를 받아들여 길림군정사와 연합하여 군정부(軍政府)로 개편하고, 이후 대한민국임시정부의 명령에 따라 대한군정서(大韓軍政署, 북로군정서)로 명칭을 변경하면서 본격적인 항일무장투쟁을 전개하였다.
대한군정서의 총재는 서일, 부총재는 현천묵, 총사령관은 김좌진이었다. 또한 대한군정서는 중앙조직 체계를 총재부와 사령부로 나누었다. 총재부는 주로 대한정의단의 중심인물들로 군정서의 대외업무와 행정업무를 담당하였고, 사령부는 주로 신흥무관학교 출신들로 군사부분을 담당하였다. 물론 그 연결의 끈 역시 대종교였다. 정신의 상징인 총재부와 행동의 상징인 사령부의 체제는 서일이 지향하던 군교일치(軍教一致)·수전병행의 효율적 수행(遂行)을 위한 조직체계였다.

1920년 9월 9일, 대한군정서 총재 徐一 이하 군정서 관계자 및 졸업생들이 함께 촬영한 연성소졸업기념사진(왼쪽)과 당시 연성소장 金佐鎭의 명의로 수여한 畢業證(卒業狀).

서일의 대한군정서는 독립군 양성을 위해 1920년 2월초 왕청현 서대파 십리평에 사관연성소(士官練成所)도 설치하였다. 서일은 사관연성소 소장으로 김좌진을 임명하고 신흥무관학교의 도움으로 교과과 각종 교재를 지원받는다. 또한 교관으로는 이범석·김규식(金奎植) 등이 훈련을 담당하였고, 사관연성소의 제1회 졸업식은 1920년 9월 9일 군

정서 본영(本營)에서 성대하게 거행되었다. 총재 서일을 비롯하여 직원과 내빈이 운집했으며, 기쁨에 넘친 졸업생들은 경례를 올리고 애국가를 제창하였다. 소장 김좌진의 개식례사(開式禮辭)와 총재 서일과 부총재 현천묵(玄天黙)의 훈시도 뒤를 이었다. 그리고 조성환(曺成煥)·김혁(金赫) 등의 축사와 함께 최우등 졸업생 김왕현(金王鉉)의 답사가 있은 뒤 소장 김좌진의 졸업장 수여 후 모두 만세를 부르는 속에서 폐식하였다. 졸업식 후 오후 7시에는 「독립혼(獨立魂)」이라는 제목으로 연극을 상연하여 대성황을 이루었다.

이 시기 대한군정서는 입영(入營)한 구한국군장교(舊韓國軍將校)들을 포용하여 1920년 9월 12일 보병(步兵) 1개 대대를 추가 편성하였다. 대대장 김사직(金思稷), 중대장 김규식(金圭植, 구 한국군 副尉)·홍충희(洪忠熹, 구한국군 副尉)·김찬수(金燦洙, 구한국군 參尉)·오상세(吳祥世) 등이 임명되었고, 소대장은 이교성(李教性)과 허활(許活) 외에 10명을 갓 졸업한 사관연성소 졸업생에서 발탁하여 임명하였다. 그리고 1920년 9월 12일, 근거지 이동을 위해 교성대[教成隊, 연성대(研成隊)·여행대(旅行隊)]를 조직하게 된다. 당시 교성대는 군정서의 사관연성소 졸업생 280명을 주축으로 조직하였다. 그 최초의 간부를 보면 아래와 같다.

교성대장	나중소(羅仲昭)
부 관	최준형(崔峻衡)
중 대 장	이범석(李範奭)
소 대 장	이민화(李敏華)·김훈(金勳)·이탁(李鐸)·남익(南益)

이 교성대는 대원들 모두 소위(小尉) 자격을 가진 장교들과 같았다. 현대적 전술·전략과 군사학을 교육받은 정예들이었다. 혹독한 군사훈련과 함께 투철한 정신무장을 한 막강한 정예부대였다. 이 교성대가 이후 청산리전쟁을 승리로 이끈 주력부대가 된 이유다.

한편 대한군정서 관할 구역에 있는 대다수의 사람들이 대종교 신자들이었던 까닭에 모연대(募捐隊)를 통한 군자금의 징수와 모금이 훨씬 수월했다. 일제강점기 대종교의 교당은 곧 학교이자 독립운동의 전초기지였다. 그러므로 그들이 내는 종교적 성금은 곧 후학을 기르는 학자금인 동시에 항일투쟁을 위한 군자금이었다. 군교일치의 실천을 그대로 확인시키는 부분이다. 대한군정서의 경신국(警信局) 조직을 보면 이러한 군교일치의 지향이 더욱 확연해진다. 대한군정서는 지방(地方)의 경사(警査)와 통신(通信)을 담당하는 일종의 초소(哨所)와 연락기관(聯絡機關)같은 조직으로서, 「대한군정서장정(大韓軍政署章程)」 제24조에 의하여 다음과 같은 〈경신분국규제(警信分局規制)〉를 제정해서 경신분국(警信分局)을 설치하였다.

제1조 경신분국은 대한군정서장정 제24조에 의하여 설치한다.
제2조 경신분국은 경신국의 분기관(分機關)으로서 지방(地方)에 관한 경사(警査) 또는 통신상(通信上)의 사무를 분장(分掌)한다.

제3조 경신분국은 그 설치한 순서에 의하여 경신제일분국(警信第一分局), 제이분국(第二分局)의 명칭을 세운다.
제4조 경신분국의 직권(職權)은 다음과 같다.
　一. 통신상의 직권
　　가. 신보(新報) 전파(傳播)에 관한 건
　　나. 보도(報導) 또는 통신(通信) 전달(傳達)에 관한 건
　　다. 서령(署令) 또는 선유문(宣諭文) 광포(廣布)에 관한 건
　　라. 하물운수(荷物運輸)에 관한 건
　二. 경사상 직권
　　가. 민정시찰(民情視察)에 관한 건
　　나. 각 단체행동(團體行動)에 관한 건
　　다. 적정(敵情) 정찰(偵察)에 관한 건
　　라. 군사상(軍事上) 비밀(秘密) 경사(警査)에 관한 건
　　마. 오기중(吾其中) 불호한(不好漢) 출몰에 관한 건
　　바. 임원신분(任員身分)에 관한 건
　　사. 군인신분(軍人身分)에 관한 건
제5조 경신분국은 해지방(該地方) 또는 인사상(人事上) 편의에 따라 약간의 과(課)를 둔다.
제6조 경신분국의 임원은 국장 1인, 국원(局員) 약간인, 서기 1인으로 한다.
제7조 경신분국의 임원의 직무는 다음과 같다.
　一. 분국장은 국내사무(局內事務)를 장할(掌轄)하고 소속 국원 및 과장(課長)을 감독한다.
　一. 국장은 분국장의 지휘를 받아 국무(局務)에 종사한다.
제8조 경신분과는 역시 그 설립 순서와 같이 경신분국 제일분과(第一分課), 제이분과(第二分課)라 명칭한다.
제9조 경신분과의 임원은 과장 1인, 통신원(通信員) 5인, 경사원(警査員) 3인, 서기 1인으로 한다.
제10조 경신분과 임원의 직무는 다음과 같다.
　一. 과장(課長)은 과무(課務)를 관리(管理)하고 소속원(所屬員) 및 통수(統首)를 감독한다.
　一. 통신원(通信員)은 과장(課長)의 지휘를 받아서 일반(一般) 교통(交通)에 종사한다.
　一. 경사원(警査員)은 과장의 지휘를 받아서 일체(一切) 경사(警査)에 종사한다.
　一. 서기(書記)는 해과(該課) 문부(文簿)를 정리한다.
제11조 경신분국(警信分局)은 각 과내(課內)를 분구(分區)하여 약간의 통(統)을 만든다. 통(統)은 10호(戶)로 편성하고 통수(統首)를 둔다.[단 10호 미만 5호 이상은 인락격원(隣落隔遠)의 때는 이에 인접하는 통(統) 안에 합하여 조합(組合)할 수 있다.]
제12조 경신분과(警信分課)는 보달(報達) 또는 청원(請願) 등의 서류가 해관내분국(該管內分局)을 경유하고 분국(分局)은 직접 경신본국(警信本局)에 전달한다.
제13조 경신분과는 해구내(該區內)에 경사(警査) 등의 서류를 밀점(密粘) 봉합(封緘)하여 경사원(警査員) 또는 과장 1명의 도장(圖章)을 지면에 날인한 후 직접 경신본국(警信本局)에 전달한다.
제14조 본 규칙은 반포일로부터 시행한다.

위와 같이 경신국은 경사(警査)와 통신(通信)을 담당하는 기관이었다. 경사 업무는 민정시찰, 각 단체의 행동과 적정(賊情) 정찰, 군사기밀조사, 내부 불순분자 색출, 임원 경호 등이었다. 또한 통신 업무는 신보(新報) 전파, 보도 및 통신 전달, 서령(署令) 및 선유문(宣諭文) 배포, 하물(荷物) 운반 등을 관할하였다.

대한군정서에서의 경신조직은 군정서의 첩보기관을 넘어 군정(軍政) 시행의 기초 조직의 역할을 하였다. 실제로 대한군정서는 이 경신조직에 의거하여 그 세력권 내에서 한국인 동포에 대한 자치(自治)를 실시하고 군정부(軍政府)로서의 기능을 수행한 것이다. 경신조직의 통신원과 경사원에 대해서 군정서 독립군의 군인신분(軍人身分)과 동격의 것으로 간주했으며 그들에게 군율(軍律)을 적용한 사실에서도 확인할 수 있다. 또한 경신조직을 통한 한국인 주민(住民)에 대한 보호 활동도 중요한 임무였다. 경신제 33분국 관내에서 중국 마적(馬賊) 25명이 침입하여 한국인 2명과 중국인 1명을 납치해 간 사건이 발생했을 당시, 대한군정서는 사령관 김좌진이 직접 마적단에게 편지를 써서 경신제 33분국 제2과장 최국정(崔國正)을 임시교섭원(臨時交涉員)으로 파견해서 석방교섭을 시켰으며, 결국 한국인 동포 2명을 석방시키는데 성공한 것이 그 사례다.

대한군정서의 간부가 지방 출장을 가는 경우에도 경신분국이 이를 경호했으며, 경신분국의 간부들 집에서 유숙(留宿)을 하여 안전을 보장하였다. 또한 의무금(義務金)과 군수품(軍需品)의 조달 공급에 앞장섰을 뿐만 아니라, 군정서 구성원들의 사기진작을 위해 갹출한 성금으로 선물이나 호궤용(犒饋用) 가축을 사 보내어 군정서 독립군과 한국인 주민과의 연대감을 강화하는 노력도 하였다. 무기 운반대(武器運搬隊)를 긴밀히 조직할 필요가 있을 때에는 분국별로 운반대가 조직 동원되기도 하고, 분국장을 운반대 중대장으로 임명하기도 하였다. 일제가 대한군정서 경신조직을 비밀조직으로 간주하고, 다수의 경사원(警査員)과 통신원(通信員)을 색출·체포한 이유이기도 하다.

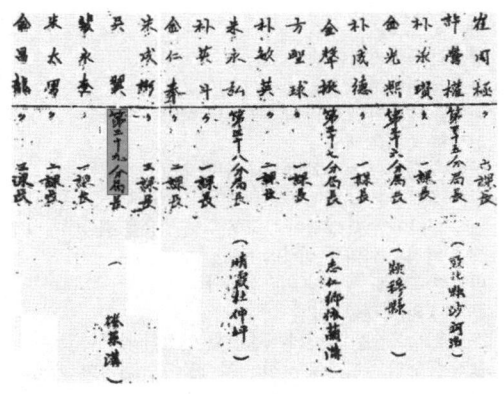

대한군정서의 경신분국이 제39분국(네모 안)까지 조직되었음을 보여주는 일제의 문서.

대한군정서의 경신국 조직이 대종교 조직과 표리 관계였

다는 점도 주목된다. 경신국 조직은 39분국까지 펼쳐졌다. 각 분국을 보면, 소분국은 1과에서 대분국은 20과까지를 두어 총 218과를 운영하고 있었다. 각 과는 대종교의 기본조직을 이용했으며 그 분국장이나 과장들 모두 대종교인들이었다. 대한군정서 경신국 조직이 대종교의 시교당·포교소 조직과 동일체라는 것이 드러나는 것이다. 당시 관할 지역 교포의 7할 이상이 대종교도였으며, 대종교의 확장이 곧 독립운동의 확장이었다는 주장과도 합치되는 근거다. 또한 독립군들 대부분이 대종교의 신앙에 뭉쳐서 파벌이나 사리잡념이 없었고 광명정대했다는 증언과도 어긋나지 않는다. 그러므로 그들은 10월 상달이 되면 돌로 제단을 쌓아, 어려운 재정에도 불구하고 돼지와 소를 잡아 제천보본하고 우리나라의 독립과 민족의 영원한 번영을 빌었다고도 한다. 이 역시 대종교 군사제천(軍事祭天)의 전통과 그대로 부합하는 주장이다. 대종교단에 전해 내려오는 아래의 신가(神歌, 어아가·얼노래) 내력을 알면 이해할 수 있을 듯하다.

"이 신가(얼노래)는 어느 시대부터 비롯된 것인지는 알 수 없으나, 고사기(古事記)에 '동명성왕 시절 제천 때가 아니더라도 항상 이 노래를 불렀으며, 광개토대왕 시절 전쟁에 임할 때에 군사들에게 반드시 이 노래를 부르게 하여 사기를 북돋웠다'고 한다"

청산리독립전쟁 당시 대한군정서의 연성대장으로 참전한 이범석은, 청산리전쟁의 승리 또한 대종교라는 신앙의 힘과 민족정신에 불타는 신념의 결과라고 말하고 있다. 서일의 군교일치·수전병행의 행동가치가 승리의 원인임을 알게 해 준다. 서일 총재를 비롯한 말단사병, 심지어는 경신조직에 참여한 민간인들까지도 대종교 정신으로 무장된 이념집단이었기에 가능했던 것이다. 그러므로 청산리전투에서 대패한 일제는, 그들이 당한 수모를 대종교도들에 대한 무차별 학살로 앙갚음했다. 당시 희생당한 대종교도들만도 수만 명이 넘었다는 것이 대종교 내부의 증언이다.

서일은 청산리독립전쟁 이후 동포들의 희생을 최소화시킨다는 계획 하에 북만주 밀산(密山)으로 이동하였다. 그때가 1920년 12월 말 경이다. 서일은 이곳에서 대한군정서를 중심으로 10여개의 단체를 통합하여 대한독립군단을 결성하고 총재로 추대되었다. 군단 휘하에 상급부대로 여단을 두고 그 아래 3개 대대 9개 중대 27개 소대를 편성하였으며 총병력은 3,500여명에 달하였다. 당시 대한독립군단의 수뇌부를 살펴보면 다음과 같다.

총재	서일(徐一)
부총재	홍범도(洪範圖)
고 문	백순(白純)·김호익(金虎翼)
외교부장	최진동(崔振東)
참모부장	김좌진(金佐鎭)
참 모	이장녕(李章寧)·나중소(羅仲昭)
군사고문	지청천(池靑天, 이청천)

제1여단장	김규식(金奎植)
참 모	박영희(朴寧熙)
제2여단장	안무(安武)
참 모	이단승(李檀承)
제2여단기병대장	강필립
중대장	김창환(金昌煥) · 조동식(趙東植) · 오광선(吳光鮮)

만주 항일운동지도자들이 총집합하였다. 그러나 대한독립군단은 재정의 궁핍과 군세(軍勢)의 분산이라는 현실적 문제로 완전한 정착을 이루지 못하였다. 더욱이 서일의 반대에도 홍범도 · 이청천 · 오광선 · 안무 부대 등이 자유시로 넘어갔다. 이후 러시아군에 의해 무장해제를 당하는 과정에서 수많은 독립군들이 살상되는 자유시 참변을 겪게 된다.

일제의 문서에 실린 대한독립군단 임원의 명단

서일은 밀산에서 둔전(屯田)을 통한 재기를 도모했다. 이 시기 이홍래를 대동하고 수행과 연구에도 열정을 쏟았다. 그러나 1921년 음력 8월 26일, 수백 명의 토비들이 야습하여 살인 · 방화 그리고 약탈을 자행했다. 함께 둔전(屯田)하며 훈련하던 전사들이 이들을 대적하다 장렬하게 산화했다.

청산리 치욕을 씻기 위한 일제의 광란, 독립군의 전선(戰線)을 무너뜨린 자유시 참변, 그를 따르고 의지했던 최후의 전사들, 역사의 무게가 한 순간에 그를 덮쳤다. 그들의 대부분이 대종교도이자 독립군이었다. 종단(宗團)의 최고 간부로, 독립군을 지휘하는 총수로, 자진순명(自盡殉命)의 비장한 각오를 새기게 된다. 서일의 마지막 상황을 『독립신문』(1921년 12월 6일)은 이렇게 적었다.

"씨(氏, 서일-인용자 주)는 무장군인 십이 명을 거느리고 앞서 말한 한 촌가에 머무르면서 군무(軍務)에 관한 서류를 정리하고 있던 바, 돌연히 같은 해 구월 이십 팔일에 토비 한 무리가 이 촌락을 포위하고 공격하여 마을 사람들을 학살하며 재물을 약탈을 행하므로, 그의 부하 열두 의사(義士)가 그들을 대항하여 분전하다가 중과부적이 되어 마침내 몰사한지라. 산상(山上)에서 이 비참한 광경을 바라보던 씨는 어찌할 줄을 모르고 호천호지(呼天號

地)하다가, 이 슬픔을 견디지 못해 자상(自戕)하야 비상한 최후를 마쳤는데, 그가 통제하던 군서(軍署)에서 이 놀라운 소식을 접하고 달려와 그의 유체를 수장한 후에, 곧 총재 대리를 보선하야 군무를 진행 중이다."

1921년 음력 8월 27일 서일은 살신성인의 길을 택한다. 그의 나이 41세였다. 자신의 죽음으로 대종교의 재도약과 흩어진 독립진영의 재기를 다지고자했다. 그는 죽음의 목전에서도 스승인 나철의 가르침을 되뇌었다. 나철 유서 중의 다음 한 구절을 읊조리면서 생을 마감했다.

"귀신이 휘파람을 불고 도깨비 뛰노니 하늘 · 땅의 정기 빛이 어두우며, 뱀이 먹고 돼지가 뛰어 가니 사람 · 겨레의 피고기가 번지르하도다. 날이 저물고 길이 궁한데 인간이 어디메오."

때로는 죽음의 힘이 삶의 의미를 앞설 때가 있다. 물론 생사의 경계를 스스로 결정할 능력이 담보되어야 한다.

"마땅히 살아야 하지 않을 때 오래 살면 이것은 도리어 욕됨이다.(不當壽而壽 斯反辱矣)"

독립군 총재 서일의 저술 속에 담긴 구절이다. 그는 황천(黃泉)에 늘 발을 걸치고 살았다. 그에게 죽음이란 한걸음 내딛는 것 외에 아무것도 아니었다. 한마디로 죽을 때와 죽음의 의미를 진정으로 알았던 인물이 서일이다. 그러므로 그에게 죽음은 죽음이 아니었다. 그의 철학적 투쟁의 본질과도 맞닿는다.

서일의 당시 죽음은 살아있는 자들에게는 슬픔이었다. 종교와 이념을 넘어선 아픔이었다. 나라를 걱정하는 모든 이들이 통곡했다. 기독교 목사로서 『독립혈사(獨立血史)』의 저자인 일재(一齋) 김병조(金秉祚)도 울었다. 『독립신문』에 실린 김병조의 「고(故) 서일 선생을 조(弔)함」이라는 추모 글을 소개해 본다.

아, 슬프도다.
선생의 돌아가심이여!
누구를 위하여 오늘의 소동이 일어났으며
누구를 위하여 오늘의 죽음을 맞이하였는가.
선생의 죽음은 과연
이천만 동포의 자유와 존영을 위한 것이며
선생의 죽음은 또한
십삼 의사와 수백 양민이 무고히 피해 입음을 위함이시니
생을 마침도 나라를 위하심이요
비장한 죽음도 동포를 위하심이라.
곧 선생의 고결한 의기는
스스로 목숨을 자신의 목숨으로 인정치 아니하고
오직 동포의 생명으로 자신의 목숨을 삼으심이며
동포의 생사도 자신의 생사와 같이함이시니
그의 삶도 동포와 더불어 사셨고
그의 죽음도 또한 동포를 위하여 돌아가셨도다.
선생이시여!

선생이 만일 나라를 되찾고 나라를 살피는 자리에 계셨
더라면
나라의 희로애락를 같이하는 충성스런 신하의 자격이
선생이시며
필부의 얻지 못함으로 세상을 채찍질함과 같이
천하를 떠맡은 어진 선비 또한 선생이실지라.
만리초보(萬里初步)의 군국대사(軍國大事)를 바로 눈앞에
두시고
죽음으로써 살신성인하시며 의를 취하심은
비록 선생의 양심에 부끄럼 없고
천손만대에 아름다운 이름을 남기실지나
아직도 살아있어 거적에 누워 창을 베고
백전고투 중에 있는 우리들에게는
만리장성이 무너짐이며 큰 집의 대들보가 부러짐과 같
도다.
하물며 청산리 전역에 승리의 노래를 부르시던 소리
우리의 귀에 잊혀질 수 없는 경종(警鐘)이 되지질 않았던가.
밀산(密山)의 송백(松柏)이 만고에 푸르름은
우리 선생의 절의(節義)를 딛고 선 것이요
파저강수(婆猪江水)가 천추(千秋)에 오열함은
우리 선생의 풀지 못한 한을
울음으로 안고 흐르는 것이니
아! 송백(松柏)아 끝없이 푸르고
아! 강수(江水)야 한없이 울어라!
감지 못할 선생의 두 눈이
해와 달이 되어 보시느니라. (『독립신문』 1921년 12월 6일)

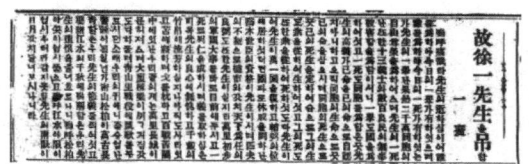

『독립신문』 1면 맨 앞에 실린 일재 김병조의 서일 선생 추모 글

서일의 유해는 밀산현 대흥동에 안장되었다. 이후 1924년
3월 16일(음력) 대종교 제3세 교주 윤세복은 서일에게 종
사(宗師)의 교종(敎宗)을 올리고 철형(喆兄)의 교호(敎號)를
추정(追呈)하였다. 또한 1927년 봄에는 서일의 유해를 밀
산현 당벽진에서 화장하고 화룡현 청파호로 이장하게 된
다. 이로써 홍암 나철, 무원 김교헌, 백포 서일 대종교 3
종사묘역이 조성되었다.

[사상과 저술]
철학이란 인간의 삶에 대한 근본 원리와 그 본질에 대해
연구하는 학문이다. 따라서 한국철학은 한국인의 세계관
에 대한 삶의 원리를 궁구하는 학문으로 정리할 수 있다.
우리는 철학하면 불교와 유교 그리고 도교 등을 떠올리는
종적인 사고에 익숙하다. 또한 근대 이후에는 서양철학만
을 논리적 학문인 양 치부하는 횡적 사고도 적지 않다.
그 이유는 세 가지다. 첫째, 우리 역사의 오랜 기간을 중
국적 사유(思惟) 속에 허우적거리며 살아왔다는 것, 둘째,

근대 학문적 방법론이 도입·정착한 시기가 식민지시기
일본 학자들에 의해 이루어졌다는 점, 끝으로 해방 후 노
도처럼 밀려드는 서구 사조를 여과하며 받아들일 장치가
무너졌던 탓 등을 꼽을 수 있다. 그 어느 경우든 우리의
정체성과는 거리가 멀다. 우리의 사유를 토대로 우리의
삶에 대한 가치를 바라보고 평가하는 기회가 원천봉쇄 된
요인들이다. 그 동안 사유의 종속이 정상적인 지적 생활
로 받아들여진 배경이기도 하다.
그러나 우리의 철학을 이들에 기대어만 바라보기는 무언
가 개운치 않다. 가령 인도철학인 불교와 중국철학인 유
교를 우리 삶의 현상을 만들어온 한국사상으로는 인정한
다 하더라도, 우리 삶의 본질을 관통하는 한국철학이라
하기는 왠지 주저가 된다. 더욱이 근대 이후 우리의 삶을
재단한 서양철학으로 우리의 살아온 과정마저 싸안으려
는 것은 시간적 모순이 이만저만이 아니다.
착각에 의해 모방이 주체로 자리 잡는 경우가 있다. 이것
은 모방적 주체가 무의식적으로 그림자를 형성하고, 그
러한 지배가 오래 지속되어 주체적 자아를 대체하게 되는
현상이다. 정체성에 대한 자각이 이루어지지 않은 채 이
런 상황이 지속되면, 어느덧 모방적 주체라는 그림자가
자아를 동화시켜 자아의 참모습인 듯 착각하게 된다. 우
리의 철학 현실이 그 대표적 경우다. '나는 누구인가'에 대
한 물음으로 귀착되는 이유다. 그러나 많은 이들이 '과연
우리에게도 철학이 있었는가'라는 의문을 던진다. 더욱이
그 부류들이 우리의 지식층들이라는 점이 의아스럽다. 그
중에서도 철학을 전공하고 철학을 가르치는 학자들의 입
에서도 적지 않게 나온다는 것은 충격이 아닐 수 없다. 이
와 관련하여 박종홍(朴鍾鴻)의 넋두리를 들어보자.

　"혹자는 한국사상이란 게 뭐가 도대체 있었느냐고 할는
　지 모른다. 그러나 한 가지만 그 분들에게 나는 묻고 싶
　다. 외국 것을 알기위하여 허비한 시간과 노력의 얼마
　를 우리 것을 찾기 위해 바쳐 본 일이 있느냐고. 알아본
　일도, 아니 관심조차도 가져본 일이 없으면서 단안부터
　내리는 용기와 의아심은, 자기의 일을 남의 일같이 대
　하는 너무나 딱한 태도가 아닐 수 없다."

다시 '나를 바라보는 용기'가 요구된다. 그러나 문제가 있
다. 오랜 시간 정체성의 와해로 인한 자신감의 상실이다.
아(我)와 비아(非我)를 구별할 기준점마저 문드러졌다. 역
사적 수난으로 인한 자료적 한계 역시 걸림돌이다. 한국
철학의 근간을 이루는 관련 문헌들은 대부분 은닉·유실
되었다. 남아있는 자료 역시 신빙성을 문제 삼아 홀대받
기 일쑤다.
다시 백포 서일을 주목하는 이유다. 그는 무장항일투쟁
을 이끈 독립운동지도자이기 이전에 철학가였다. 특히 한
국적 사유의 경험을 통해 이룩한 그의 철학적 위상은 우
리 민족사에 결코 간과할 수 없는 의미를 던졌다. 정체성
이 상실된 우리 근현대사에서 삼일철학이라는 보편적 가
치를 체계화했기 때문이다. 삼일철학이란 인간 사고의 인
식체계를 일(一)과 삼(三)의 원리에 의하여 파악코자 한 우

리 고유의 수리적 사유방식을 말한다. 서일의 스승인 홍암 나철은 최치원이 언급한 현묘지도(玄妙之道)의 근원이 삼일이라 단정했다. 접화군생(接化群生)의 가치가 삼일철학이라는 인식이다. 그러므로 삼일철학의 핵심은 조화(調和)와 상생(相生)으로 수렴된다.

삼일철학의 원리는 대종교의 경전인 『천부경(天符經)』을 토대로 『삼일신고(三一神誥)』로 운용된다. 대종교의 전래 문적을 보면, 이 『삼일신고』의 흐름이 '단군조선→기자조선→부여→고구려→발해'로 흘러오고 있다. 그리고 20세기 초 백두산 수련집단의 수장(首長)인 백봉신사(白峯神師)의 도맥에 의해 나철에게 전해졌다.

그러므로 서일은 이 삼일의 원리야말로 백봉신사께서 나철 스승에게 전하여준 것으로 밝히고, 자신과 같이 갖추지 못한 사람이 다행히도 나철 스승으로부터 친자(親炙)의 가르침을 받았음에 감격했다. 그리고 서일은 그 깨달음의 희열을 다음의 도각시(道覺詩)로 표현하였다.

來賓有事主人知	세사로 찾아가니 그대 마음 안다 하네
道室從容日影遲	고요한 수도실엔 햇빛도 넘흘러라
我本不迷惟一意	나는 본시 미혹함 없어 한 뜻을 품었다 하며
爾初無間莫三思	자네 비로소 거리 허물고 세 뜻을 정했다 짚으니
理無後覺先天息	철리(哲理)의 깨달음을 타고난 듯 밝은 사람
名不虛存實地宜	명성도 헛됨 없이 소문과 하나 같다
錯綜平生疑信半	평생을 헷갈리며 반신반의했건만
孜孜說道夕陽時	힘써 깨달으니 날은 이미 어스름

나철을 찾아가 온종일 많은 대화 끝에 삼일철학의 이치를 깨달았다는 내용이다. 이 시는 서일의 저술인 『삼문일답(三問一答)』이라는 글 속에 실려 있다. 『삼문일답』은 대종교의 삼일철학의 이치를 일의자(一意子)와 삼사생(三思生)의 대화를 통해 깨우쳐 가는 글이다. 안타깝게도 이 저술은 머리말과 한시(漢詩) 20여수만 남아 있고 본문은 없어졌다.

여기서 '일의(자)'는 스승 나철이며 '삼사(생)'은 서일 자신이다. 무지한 자신(삼사생)이 스승 나철(일의자)의 훈수로 깨달아간다는 내용이 숨어있다. 스승 나철의 당호(堂號)는 일지당(一之堂)이다. 깨달음 이후 서일은 자신의 당호를 삼혜당(三兮堂)으로 명명했다. 그가 삼혜당으로 들어가 좌정한 이유가 분명해진다. 삼일철학의 뜻을 잇고 완성하겠다는 의지다.

어찌 보면 일지당과 삼혜당은 한국인 사유의 처음이자 끝이다. 누구나 돌아가야 할 우리 정체성의 집일 수 있다. 우리 민족의 삶은 삼(三)으로 시작하여 삼으로 돌아간다. 어머니의 뱃속에서부터 돌아감의 섭리까지 삼으로 일관한다. 하느님의 쓰임[用]인 삼신(三神)의 점지로 삼가르고 태어나, 삼신줄(검줄·금줄)의 보호로 삼칠일을 넘기고, 삼(삶)을 삼(살)다가 다시 하느님께 돌아가는(돼지는·죽는) 것이 그것이다.

또한 삼일철학은 직관에 의한 총체적 진리 파악과 상대적

입장에서의 해명이라는 묘한 논리를 담고 있다. 그래서 절대적 통찰이라는 일(一)과는 거리가 있다. 대립적 인식이라는 이(二)와도 차이가 난다. 그 둘을 질서 있게 끌어안으며 창조(一)와 확산(三), 조화(三)와 통섭(一)으로 무한 반복하는 것이 삼일철학이다. 『삼일신고』 「진리훈(眞理訓)」에 나오는, '하느님[三神]→삼진[三眞, 성(性)·명(命)·정(精)]→삼망[三妄, 심(心)·기(氣)·신(身)]→삼법[三法, 지감(止感)·조식(調息)·금촉(禁觸)]→하느님[三神]'의 이치와도 부합하고 있다. 나철이 지은 『신리대전(神理大全)』 역시 신(神)의 이치를 삼일철학적 질서 속에 부연한 것이다.

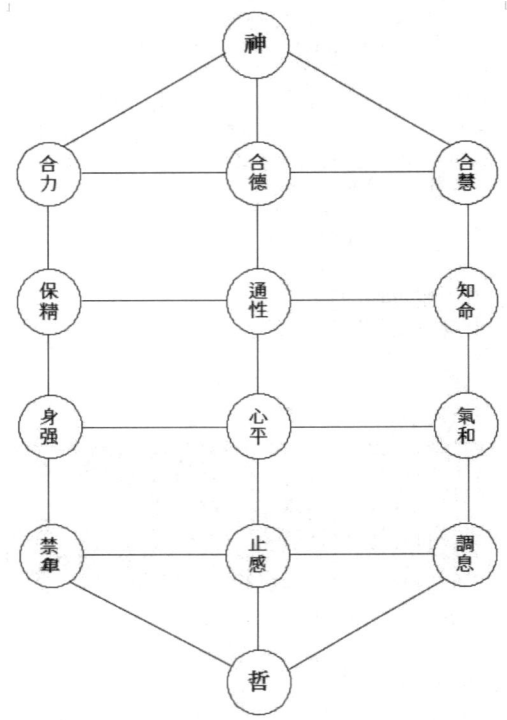

서일의 會三之一圖

이러한 삼일철학을 독보적으로 체계화시킨 인물이 서일이다. 그는 '하나를 잡아 셋을 포함하고 셋을 모아 하나로 돌아간다'(執一含三 會三歸一)는 것과, '셋에서 하나로 돌아감을 몸으로 삼고 하나에서 셋으로 나뉘어짐을 쓰임으로 삼는다'(三一其體 一三其用)는 철학적 질서를 완성했다.

서일은 삼일철학을 정리함에, 전래 경전인 『삼일신고』를 주경(主經)으로 삼았다. 그리고 스승 나철의 『신리대전』을 모전(母典)으로 받들며 그의 철학적 질서를 정리해갔다. 『삼일신고도해강의(三一神誥圖解講義)』·『구변도설(九變圖說)』·『진리도설(眞理圖說)』·『오대종지강연(五大宗旨講演)』·『삼문일답』 그리고 『회삼경(會三經)』 등이 그가 남긴 대표적 저술들이다.

『구변도설』은 대종교의 상징인 원(圓)·방(方)·각(角)의 삼묘(三妙)를 정리한 글이다. 그것을 대종교 교리의 삼덕(三德)으로 통하는 성(性)·명(命)·정(精)의 이치와 연관시켜 그림을 통해 해설하였다. 또한 『진리도설』은 천·지·인 삼극(三極)의 원리와 관련된다. 생(生)·화(化)·성(成)의 변칙에 의하여 가달[妄]을 돌이켜 참[眞]으로 돌아가 성통공완(性通功完, 깨달음의 완성 경지)에 이르는 삼일(三一)의 이치를 밝힌 글이다. 『오대종지강연』은 전래되어 오는 대종교의 오대종지(五大宗旨)를 풀이한 글이다. 공경으로 하느님을 받들 것(敬奉天神), 정성으로 성품을 닦을 것(誠修靈性), 사랑으로 인류를 합할 것(愛合種族), 고요함으로 행복을 구할 것(靜求利福), 부지런함으로 살림에 힘쓸 것(勤務産業) 등의 다섯 계율을 종교철학적 측면에서 강해하였다. 또한 『삼문일답』은 언급한 바와 같이 삼사생(三思生-서일 자신)과 일의자(一意子-스승인 나철)의 문답형식으로 이루어졌다. 이 글은 상·하권으로 나뉜다. 상권에서는 머리말과 함께 대종교의 삼일철학을 토대로 '하늘에 대한 헤아림[天論]', '하느님에 대한 헤아림[神論]', '하늘집에 대한 헤아림[天宮論]', '누리에 대한 헤아림[世界論]'에 대해 구명하고, 하권에서는 '참이치에 대한 헤아림[眞理論]'에 대한 네 편의 이치 설명과 더불어 맺음말을 담고 있다. 특히 『삼문일답』은 다른 종교의 교리와 대종교의 삼일철학을 비교강론한 것으로 알려져 있으나, 안타깝게도 머리말만 남고 대종교의 임오교변(壬午敎變, 1942년 대종교지도자 일제 구속사건)당시 모두 분실하였다.

무엇보다 주목되는 것은 『회삼경』으로, 서일 삼일철학의 백미다. 전래하는 대종교의 『삼일신고』를 삼일원리에 맞춰 과학적으로 증명한 글이다. 『회삼경』이라는 책이름 역시 발해 고왕(高王) 대조영(大祚榮)이 지은 『삼일신고예찬』에서 따왔다. 그 예찬(禮讚) 속에 나오는 "하나로부터 셋이 됨이여, 참과 가달이 나누이도다. 셋이 모여 하나가 되니[會三之一] 헤맴과 깨침의 길이 갈리네."라는 구절이 그것이다.
『회삼경』 내용의 핵심은 '돌아감의 미학'이다. 본자리[一神, 하느님]의 분신으로 태어나 올바른 수행과 정행(正行)을 통해 다시 본자리로 돌아가는 길을 제시하였다. 서일이 『회삼경』에서 유·불·선 삼교의 원리인 불교의 묘법(妙法), 유교의 역학(易學), 그리고 도교의 현리(玄理)를 종합하고 있다는 점도 흥미를 끈다. 최치원이 언급한 우리의 현묘지도가 삼교를 포함하고 있다는 이치를 논리적으로 증명해 보인 것이다.
『회삼경』의 질서 역시 삼일의 원리를 충실하게 따랐다. 전체를 삼신(三神)·삼철(三哲)·삼망(三妄)·삼도(三途)·삼아(三我)·삼륜(三倫)·삼계(三界)·삼회(三會)·귀일(歸一)의 9장으로 나누어, 하느님으로부터 나와 다시 하느님으로 돌아가는 논리를 '3·3'의 체계로 펼치고 있다. 그리고 '참함으로 돌이켜 하느님이 된다[返眞一神]'고 하는 삼진귀일(三眞歸一) 과정을, 각 편마다 도해(圖解)를 통해 정리함으로써 이해를 편하게 하였다.

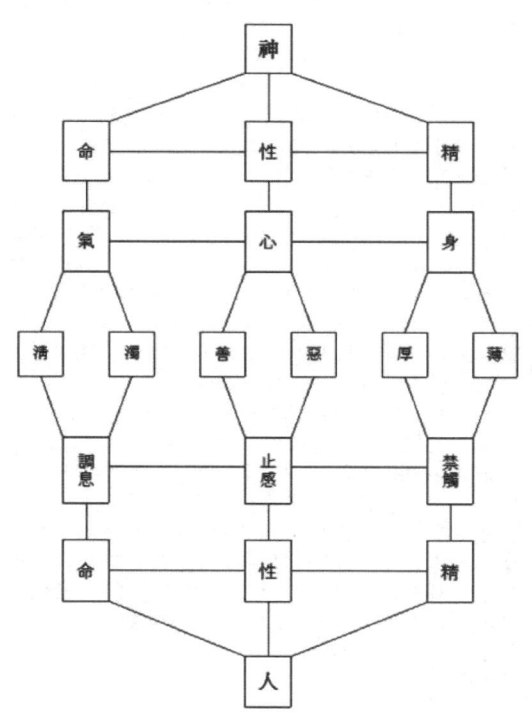

서일의 神人合一圖

1918년 1월 블라디보스토크에서 대종교동도본사 명의로 발간된 『四冊合附』의 표지(왼쪽)와 판권

서일은 연구뿐만이 아니라 그 연구의 정리와 보급에도 관심이 컸다. 그가 대종교동도본사(大倧敎東道本司)를 이끌던 시절인 1918년 1월, 러시아 블라디보스토크에서 『사책합부(四冊合附)』를 발간했다. 말 그대로 『신사기(神事記)』·『신리대전』·『도해삼일신고강의』·『회삼경』 4종을 합친 책이다. 『신사기』는 전래되어 오는 문적이며 『신리대전』은 스승 나철의 저술이다. 그리고 『도해삼일신고강의』와 『회삼경』 서일 스스로의 연구물이다. 특히 이 책의 출간에는 서일뿐만이 아니라, 당시 대종교동도본사의 주요 인물들이

며 후일 대한군정서(북로군정서)의 핵심이 되는 계화(桂和)·정삼(鄭森)·고평(高平) 등의 인물들도 모두 참여했다. 계화는 『신사기』의 주해(註解)를, 정삼은 『회삼경』의 발문(跋文)을 썼으며, 고평은 『사책합부』의 편수(編修)를 담당하였다. 대종교 항일투사들이 단순한 행동가만이 아님을 시사하는 부분이다.

서일은 진중(陣中)이나 전장(戰場)에서도 헝겊보따리를 메고 다녔다. 삼일철학에 대한 연구보따리다. 그는 죽음의 직전까지도 그 보따리를 놓지 않았다. 한힌샘 주시경(周時經)이 떠오르는 부분이다. 주시경은 늘 서책들을 보자기에 싸들고 다녔던 인물이다. 그래서 붙여진 별명이 '주보따리'다. 주시경과 서일은 두 가지 공통점이 있다. 대종교정신에 투철한 인물들이라는 점과 항상 보따리를 갖고 다녔다는 것이 그것이다. 다만 '주보따리'는 그것을 들고 다니며 한글을 갈고 닦았고, '서보따리' 서일은 그것을 메고 다니며 철학을 일궜다는 차이가 있다.

[교력]
서일의 대종교 입교(入敎)는 그가 중광단을 이끌던 시절에 이루어졌다. 중광단은 대종교의 정신으로 세워진 항일단체다. 중광단이란 명칭은 1911년 3월에 조직되어 1919년 3월 정의단으로 개칭되기 이전까지 만 8년간 유지된 명칭이다. 중광단의 창설자라 할 현천묵과 백순은 1911년 중광절(음력 1월 15일)에 이미 참교(參敎)의 교질(敎秩)을 받은 인물들이다. 그들의 대종교 입교가 1910년에 이루어졌음을 알게 해 준다. 더욱이 박찬익은 1910년 이전에 대종교에 입교하여 북간도 대종교 포교의 거점을 확보한 인물로, 1911년 중광절에 이미 지교(知敎)까지 올랐다. 서일의 대종교 입교가 이들의 영향과 밀접한 관계가 있었음을 직감케 해 주는 부분이다.

그러나 서일의 대종교 입교는 1912년 10월(음력, 이하 음력)에야 이루어졌다. 중광단 활동을 하면서도 1년이 넘도록 입교를 보류했음을 알 수 있다. 이러한 배경에는 매사에 깊이 생각하여 행동에 옮기는 그의 신중한 성격이 우선 작용했을 것이다. 또한 동서양의 이치를 이미 섭렵한 그로써는 생소한 대종교 철학을 받아들이는데 많은 시간이 소요되었을 듯하다.

흔히 도맥(道脈)을 잇는 방법으로 스승이 제자를 찾는 경우가 많다고들 한다. 스승이 도맥을 이을 제자를 선택하는 것은 도통전수의 순리로 이해되고 있다. 또한 그 도맥을 잇게 하는 방법으로는 진언(眞言)을 내리거나 책이나 문서를 전달하는 경우가 많다. 대종교 중광의 계기를 마련해 준 백봉신사(白峰神師)가 홍암 나철에게 도맥을 잇도록 한 것도 그 사례의 하나다. 백봉신사는 나철을 도맥 전수의 제자로 선택하여 대종교 중광의 계기가 되는 『삼일신고』와 『신사기』 그리고 『단군교포명서』 등을 전해 주었다. 반면 서일은 스스로 나철을 찾아 스승으로 삼은 경우다. 서일은 중광단의 많은 주축 인물들이 대종교를 권유함에도 쉽게 호응하지 않았다. 이러한 망설임을 결정적으로 정리해 준 인물이 나철이다. 서일이 나철을 만난 때가 언제였는지는 정확하지 않다. 다만 나철이 화룡현 청파호

에 도착한 때는, 그가 강화도 마리산(摩利山)과 평양 숭령전 등의 단군성적봉심(檀君聖蹟奉審)을 거쳐 1911년 7월 21일(음력, 이하 음력)이었다. 한편 서일이 대종교에 입교한 때가 1912년 10월 이고 보면, 그 사이임을 알게 해 준다. 서일은 그 시기 청파호 대종교 교당에 거주하는 나철을 찾아가 긴 도담(道談) 끝에 비로소 대종교를 받아들였다. 앞서 소개한 그의 도각시가 이를 증명하는 시다. 또한 서일은 이 삼일의 원리야말로 백봉신사께서 나철 스승에게 전하여준 것으로 밝히고, 자신과 같이 갖추지 못한 사람이 다행히도 나철 스승으로부터 친자(親炙)의 가르침을 받았음에 감격하기도 했다. 서일의 저술인 『구변도설』 앞부분에 밝힌 다음의 글에서 확인된다.

"발해(渤海)의 선철(先哲, 발해 국상 임아상을 말함-인용자 주)이 ○(원), □(방), △(각)으로 삼일(三一)의 진리를 해석하니 그것을 몸으로 삼아 혹은 6이 되고 4가 되고 3이 되며, 크고 작음의 분별이 있어 그 쓰임이 되니 혹은 6과 7, 8과 9, 9와 10으로 그 비[虛]고 참[實]의 형세를 갖추게 되니, 얽히고 설키고 합하고 변하여 하나로부터 일어나 우주만유를 싸안는 묘한 것이다. 백봉신사가 이것을 홍암신형(弘巖神兄, 나철을 말함-인용자 주)에게 전하시고 신형(神兄)이 이것을 무원도형(茂園道兄, 김교헌을 말함-인용자 주)에게 전하시어 그 이치가 다시 세상에 드러났다. 나처럼 갖추지 못한 사람으로서도 다행히 홍암 스승에게 친자(親炙)를 받음과 함께 들음이 있었다."

서일은 1913년 10월 6일 영계(靈戒)와 함께 참교의 교질을 받고 시교사(施敎師)로 임명되었다. 이후 포교를 통해 수만 명의 교우를 획득하는 능력을 보여 1914년 1월 30일 지교(知敎)에 오르고 1916년 4월 1일에는 상교(尙敎)로 승질(陞秩)하였다. 또한 대종교 동일도본사(東一道本司)의 전리(典理, 책임자)와 대종교총본사의 전강(典講)으로도 임명되어 포교의 책임과 더불어 많은 교리서(敎理書)를 저술하였다. 이러한 탁월한 능력을 평가한 나철은 1916년 4월 13일, 자신의 자리를 잇는 도통전수(道統傳授)를 위해, 서일을 사교(司敎)로 초승(超陞)하여 김교헌(金敎獻), 최전(崔顚)과 함께 영선식(靈選式)에 참여시켰다. 영선식이란 간절한 원도(願禱)를 통해 얻는 신계(神啓)에 의하여 대종교 교주(敎主)를 선임하는 의식이다. 당시 나철을 잇는 대종교 2대 교주에는 김교헌이 영선(靈選)되었다.

서일은 대종교에 입교한지 5년 만에 대종교단에서는 최고 교질인 사교까지 올랐음을 알 수 있다. 특히 "교리(敎理)를 천명(闡明)하며 교명(敎命)을 독수(篤守)하여 특수한 자격이 있는 사람을 뽑아 수여"하는 특선에 의해 사교로 초승된 것이다. 초승이란 말 그대로 단계를 뛰어넘는 승질을 말한다. 서일의 초인적인 종교 능력을 확인시켜 주는 부분이다. 대종교 3세 교주였던 단애(檀崖) 윤세복(尹世復)이 해방 이후 간행한 『역해종경사부합편(譯解倧經四部合編)』에 실린 「회삼경」의 〈머리말〉에서 회고한 서일에 대한 다음 기억이 이를 뒷받침한다.

"나는 다행하게도 우리 세 종사(宗師, 나철·김교헌·서일을 말함-인용자 주)와 더불어 한 세상에 태어났다. 그러나 오랫동안 친히 받들지 못한 것이 평생에 큰 유감이었다. …(중략)…백포종사(白圃宗師, 서일을 말함-인용자 주)는 나와 동갑인데, 입교(入敎)한 교적부(敎籍簿)에 의하면 나의 후진이면서 또한 먼저 깨달은 이가 되시었다. 백포종사의 출생지는 함경북도 경원(慶源)이요, 나는 경상남도 밀양(密陽)이며, 또 옮겨 와 살던 곳이 백포종사는 동만주 왕청(汪淸)이요, 나는 남만주 환인(桓仁)이라, 남북이 서로 멀어 사귈 인연을 얻지 못했었다. 삼일운동 당시(1919년)에는 천산(天山) 뒷기슭 한 가닥 산마루를 서로 격하여 백포종사는 화룡현(化龍縣) 군사를 훈련하고, 나는 무송현(撫松縣)에서 터전을 지킨 지 1년 남아에 오가는 사람 편에 소식은 서로 통했으나 끝내 한 번도 만나보지 못한 채, 청산리 싸움에서 일본군을 무찌른 것과 당벽진(當壁鎭, 밀산에 있는 지명-인용자 주)에서 조천(朝天)하신 소식을 교보(敎報)로써 알고 북망(北望) 통곡할 뿐이었다."

1919년 당시 대종교 교주 김교헌이 서일에게 교통(敎統, 교주의 자리)을 양여(讓與)하고자 한 것도 서일의 종교적 능력을 평가한 것이다. 그러나 서일은 조국광복사업을 위한 군사거의(軍事擧義)를 준비 중이라는 이유로 5년간 보류해 줄 것을 정중히 요청했다.

서일이 이끌던 대한군정서가 총재부부터 경신국 조직까지 일사불란하게 움직일 수 있었던 배경에도 그의 대종교적 일체감 추구가 큰 역할을 했다. 그는 대한군정서 군영 내에 대종교동도본사를 병설하고 군교일치와 수전병행(修戰竝行)을 지향했다. '대종교교당=학교=독립운동기지'라는 등식을 전형적으로 보여주는 부분이다. 특히 대한군정서의 경신조직(警信組織)은 대한군정서 관할 구역을 대종교네트워크에 의해 움직인 대표적 사례가 된다. 후일 윤세복이 서일의 약력(略歷)을 소개하며 언급한 다음의 기억에서도 확인할 수 있다.

"재(在) 상해 대한민국임시정부와 연계 하에 북로군정서를 설립하고, 철형(哲兄, 서일을 말함-인용자 주)이 총재가 되어 화룡현 경(境) 밀림지대에서 양사연병(養士練兵)하는데, 간부와 장교는 물론이요 사졸·군속까지 대종교우로써 조직되었고 군비량향(軍備糧餉)을 일반교우가 부담하였다."

대종교에서는 서일이 서거한 지 18개월 후인 1924년 3월, 그의 종교적 기여를 추앙하여 종사(宗師)의 헌정(獻呈)과 더불어 철형(哲兄)으로 추승(追陞)하였다. 종사는 '깨달음을 마치고 이치를 밝힌[成道闡理]' 인물에게 올리는 대종교의 교종(敎宗)이며, 철형이란 종사에게 붙이는 미호(微號)다.

[참고문헌]
『종문영질』(프린트본, 1922), 『四冊合附』(高平 엮음, 대종교동도본사, 1918), 『譯解倧經四部合編』(정열모 편, 대종교총본사, 1949), 『홍암신형조천기』(김교헌 엮음, 대종교총본사, 1954), 『대종교인과 독립운동연원』(이현익, 프린트본, 1963),

『대종교독립운동사』(박명진, 필사본, 1964), 『대종교중광육십년사』(대종교총본사, 1971), 『私立實業學校設置關係書類』(朝鮮總督府學務局學務課, 1910), 『황성신문』1907.2.22., 3.12., 『朝鮮側 警察이 朝鮮人 金順 등을 拘引시킨 것에 관한 건』(不逞團關係雜件-朝鮮人의 部-在滿洲의 部28, 受20669호-公제259호, 한국사DB, 국사편찬위원회), 『排日鮮人 等의 行動急報의 건』(不逞團關係雜件-朝鮮人의 部-在滿洲의 部12, 機密 제53호, 한국사DB, 국사편찬위원회), 『독립신문』1921.12.6., 『현대사자료』 26·27(강덕상 편저, みすず書房, 1967), 『한국독립운동사』3(국사편찬위원회, 1968), 『陣中日誌』(독립운동사편찬위원회, 『독립운동사자료집』 10, 1976), 『한국사상사』(박종홍, 서문당, 1972), 「대종교 중광의 의의」(안재홍, 『민세안재홍선집』4, 지식산업사, 1992), 「만주 한인의 3·1운동」(오세창, 『수촌박영석교수화갑기념한민족독립운동사논총』, 탐구당, 1992), 「서일종사와 그의 후예들」(강용권, 『올소리』 6, 국학연구소, 2008), 「백포 서일의 삶과 사상」(김동환, 『올소리』 6, 국학연구소, 2008), 『항일무장투쟁의 별, 대한군정서 총재 서일』(정길영, 경인문화사, 2019)

서재운(徐在云, 남, ?-1933)
입교 시기 _ 1914년 | 교질 _ 지교

함경북도 경원군(慶源郡) 안농면(安農面) 금희동(金熙洞) 출신으로, 대종교 종사(宗師)이자 대한군정서(북로군정서)의 총재였던 서일(徐一)의 부친이다. 경술국치를 당하자 외아들인 서일을 비롯한 식솔을 이끌고 두만강을 건너 북간도 왕청현 덕원리로 이주하였다. 서일이 중광단을 시작으로 대한군정서를 이끌며 본격적인 항일투쟁에 나설 당시 암리에 아들을 도와 항일투쟁에 나섰으며, 대종교 포교에도 많은 기여를 하였다. 1921년 8월 27일(음력, 이하 음력) 서일이 서거(逝去)했을 때도, 아들의 주검을 최종 확인한 인물이 서재운이다.

서재운의 대종교 교력을 보면 1914년 윤5월 27일(음력), 당시 왕청현 지역을 거점으로 활동하던 한승묵(韓承默)·임도준(任度準)·이민혁(李敏爀) 등의 항일투사들과 참교(參敎)의 교질(敎秩)을 받은 기록이 있다. 그리고 1917년 3월 16일(음력)에는 지교(知敎)의 교질까지 올랐다.

[참고문헌]
『종문영질』(프린트본, 1922), 「元 大韓軍政署 總裁 徐一의 死亡에 관한 건」(不逞團關係雜件-朝鮮人의 部-在滿洲의 部30, 秘受13990호-機密제497호, 한국사DB, 국사편찬위원회)

서재익(徐在益, 남, 생몰 미상)
입교 시기 _ 1922년 | 교질 _ 미상

출신지역과 생몰연대를 알 수 없는 인물이다. 1930년대 국내의 조선청년총동맹 활동으로 애족장(2005년)을 서훈받은 전라남도 광주 출신 서재익(徐在益)과는 동명이인이다. 일제의 기록에도 북간도에서 활동한 서재익의 이름은 발견되지 않으며, 다만 1922년 대종교의 기록에 이름이 남아 있을 뿐이다.

서재익(徐在益)의 대종교 교력을 보면 1922년 9월 18일(음력, 이하 음력) 대종교 원일시교당(圓一施敎堂)의 시교원(施敎員)으로 임면된 기록이 있다. 원일시교당은 혼춘현(琿春縣) 숭례사(崇禮社) 원풍동(圓豊洞)에 위치한 시교당으로 대종교 동도본사 관할이었다. 당시 전무(典務)를 맡은 책임자는 김창한(金彰漢)이었고 찬무(贊務, 부책임자)로는 최상규(崔祥奎)가 시무(視務)하였다. 또한 서재익과 함께 박종현(朴宗賢)·채창묵(蔡昌默)·최하규(崔河奎)·서헌(徐憲)·채선묵(蔡宣黙)·최병일(崔秉一)·서병호(徐丙浩) 등 항일투사들이 시교원을 맡아 대종교 포교를 통한 항일투쟁의 일선에 섰다. 참고로 이들의 활동 거점이었던 혼춘현 숭례사 지역은 대종교 항일단체인 대한군정서(북로군정서) 시절 경신국(警信局) 제10분국과 제16분국 관할 구역이었다. 서재익을 포함한 이들이 그 경신조직의 일부였을 가능성을 보여주는 부분이다. 서재익은 1922년 개천절(開天節, 음력 10월 3일)에 영계(靈戒)를 받았으나 그 이후의 기록은 남아 있지 않다.

[참고문헌]
『대종교보』제56호(1922년), 『대종교중광육십년사』(대종교총본사, 1971), 「朝鮮側 警察이 朝鮮人 金順 등을 拘引시킨 것에 관한 건」(不逞團關係雜件-朝鮮人의 部-在滿洲의 部28, 受20669호-公제259호, 한국사DB, 국사편찬위원회)

서정록(徐廷祿, 남, 1902-?)
입교 시기 _ 1922년 | 교질 _ 미상

서정록

전라남도 순천군(順天郡) 순천면(順天面) 장천리(長泉里) 출신이다. 일찍이 상경하여 중앙고등보통학교를 다녔으며, 일본으로 건너가 명치대(明治大) 법학과를 졸업하였다. 1925년 사회주의청년단체인 서울청년회의 한신교(韓愼敎)·임봉순(任鳳淳)와 교감하며 활동 자금을 제공한 혐의로 일제에 조사를 받기도 했다.

이후 조선일보에 입사하여 기자로 활동하며, 1932년 신조선사(新朝鮮社)가 발행하는 『신조선』에 「라틴아메리카의 근정(近情)과 지리혁명(智利革命)의 진상」, 「국제정보(國際情報)」 등의 글을 써서 주목을 받았다. 특히 1932년 9월에는 이원용(李源容)과 함께 월간지 『스포츠조선』 창간을 주도하여 우리나라 스포츠미디어의 선구적 역할을 담당하기도 했다.

낙향한 서정록은 1935년부터 해방 전까지 부친인 서병규(徐丙奎)가 경영하던 순천산업(順天産業) 주식회사와 일선산업(日鮮産業) 주식회사의 지배인을 맡아 지역 경제발전에 헌신하였으며, 전라남도 도의회 의원을 역임하면서 정치적 행보도 병행하였다. 이 시기 주목되는 것은 병자구

락부(丙子俱樂部) 조직이다. 서정록은 1936년 3월 고향인 순천에 병자구락부라는 민족주의 단체를 조직하기 위해 대종교와 조선일보의 선배이며 중앙고등보통학교의 스승인 안재홍(安在鴻)에게 취지서 작성 의뢰와 함께 병자구락부규칙(丙子俱樂部規則) 교열을 부탁하기도 했다. 순천 지역을 중심으로 자력갱생과 사상선도(思想先導)를 내세운 이 구락부는 일제의 감시 대상이 되었으며, 안재홍 역시 이 단체의 민족주의운동을 선동한다는 의심을 받고 취조를 당하기도 했다.

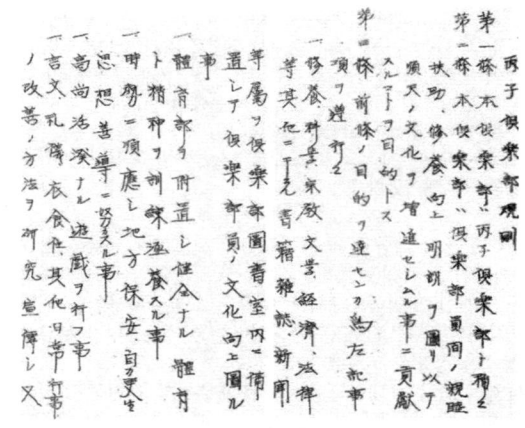
일제의 기록에 남아있는 丙子俱樂部規則의 앞부분

서정록의 대종교 교력을 보면 1922년 7월 19일(음력) 당시 국내 대종교를 관할하던 남일도본사의 추천으로 영계(靈戒)를 받은 기록이 있으나, 그 외의 사항은 전하지 않는다.

[참고문헌]
『대종교보』제55호(1922년), 「주의자의 자금융통계획에 관한 건」(檢察事務에 關한 記錄1, 京鍾警高秘 제14229호의 1, 한국사DB, 국사편찬위원회), 「中國 杭州 航空學校에 入學하려 한 不逞鮮人 檢擧의 件」(警察情報綴(昭和 11年), 京鍾警高秘 제10975호, 한국사DB, 국사편찬위원회), 『朝鮮銀行會社組合要錄』(東亞經濟時報社, 1935·1939·1941·1942년판), 『매일신보』1939.2.23., 『한민족독립운동사자료집』45(국사편찬위원회, 2001)

서종영(徐鐘永, 남, 1866-?)
입교 시기 _ 1922년 | 교질 _ 미상

함경북도 경원군(慶源郡) 성천면(城川面) 하면동(下面洞) 출신이다. 1913년 식솔을 이끌고 두만강을 건너 혼춘(琿春)으로 이주하여 대종교 포교를 통한 항일투쟁에 몸을 담았다. 서종영은 1923년 1월 23일 대종교 동일도본사 관할 농일시교당(農一施敎堂)의 전무(典務, 책임자)을 맡았다. 그의 대종교 입교(入敎)가 그 이전에 이루어졌음을 알게 해 준다. 농일시교당은 혼춘현 순양사(純養社) 농막동(農慕洞)에

소재한 시교당으로 강주형(姜周衡)과 김기서(金箕瑞)가 찬무(贊務)를 맡아 서종영을 도왔다.

서종영의 농일시교당 전무로서의 시무(視務)는 1926년까지도 계속되었다. 그 시기 서종영을 도와 이 시교당의 찬무를 맡은 인물들은 이관빈(李觀彬)과 류행준(柳幸俊)이었다. 그러나 1926년 7월에 내려진 대종교 해산명령으로 중대한 위기를 맞았다. 일제는 1925년 6월 조선총독부 경무국장 미쓰야 미야마쓰(三矢宮松)와 중국 봉천성 경무국장 우진(于珍) 사이에 삼시협정(三矢協定)을 체결하였다. 이것은 만주에서의 한인독립운동을 막을 목적으로 일제의 교활한 계략에 의해 맺어진 조약으로, 대종교의 만주활동에 중대한 걸림돌이 되었다. 특히 병탄 직후부터 대종교를 독립운동단체로 규정한 일제는, 대종교 관련자들을 잠행징치반도법(暫行懲治叛徒法)과 치안유지법(治安維持法)으로 옥죄었다.

마침내 1926년 7월 중국 길림성 영안현(寧安縣) 영고탑(寧古塔)에 본부를 두고 북만주 각지에 지부를 둔 대종교에 대하여, 길림성장(吉林省長)의 훈령(訓令)을 받은 영안현 지사(知事)와 혼춘현 지사가 대종교해산을 명령을 내렸다. 만일 해산치 않을 때에는 교당(教堂)과 재산들을 모두 압수하겠다고 명하였다. 이 해산명령으로 혼춘 지역만 하더라도 서종영의 농일시교당 뿐만 아니라 산일(山一)·의일(義一)·도일(道一)·장일(長一)·성일(城一)·원일(圓一)·예일(禮一)·보일(保一)·귀일(歸一)·치일(治一) 시교당 등 11곳이 심각한 타격을 받았다.

서종영의 대종교 입교 시기는 농일시교당의 전무를 맡기 훨씬 이전으로 추정되지만, 그 기록이 없다. 또한 그의 교질(教秩) 역시 전하는 것이 없으나, 그의 시교당 전무로서의 대종교 활동 시간이 꽤 오래되었음을 본다면 낮지 않았을 듯하다.

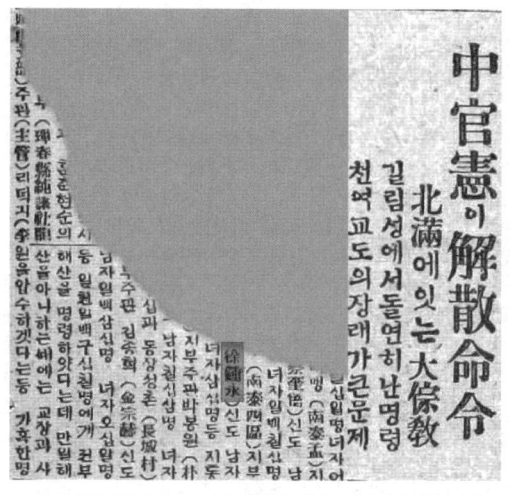

三矢協定의 후속 조치로 1926년 7월 중국 당국이 내린 대종교해산령에 대한 『매일신보』 신문기사. 신문기사의 본문 내용이 많이 훼손된 가운데 徐鍾永(네모 안)의 이름이 보인다.

[참고문헌]
『대종교보』제57호(1923년), 『대종교중광육십년사』(대종교총본사, 1971), 『大倧教施教堂一覽表(1926年)』(延边朝鲜族自治州档案馆 全宗号42 目录号1 案卷号343, 和龙县历史档案 和龙县警察所, 令各区查禁韩人设立大倧教堂由, 民国十五年五月十二日), 『동아일보』1926.7.14, 『매일신보』1926.7.14, 『間瑋萬姓大同譜』(姜運球·梁承武 編著, 『北京圖書館藏家谱丛刊·民族卷』第100册, 北京圖書館出版社, 1929), 『朝鮮總督府施政三〇年史』(조선총독부, 1940)

서죽청(徐竹靑, 여, 1905-?)
입교 시기 _ 1922년 | 교질 _ 미상

서죽청

함경북도 경원군(慶源郡) 안농면(安農面) 금희동(金熙洞) 출신이다. 대종교의 종사(宗師)이며 대한군정서(북로군정서)의 총재였던 백포(白圃) 서일(徐一)의 차녀이자, 대종교 항일투사 최관(崔寬)의 부인이다. 6세 때인 1911년 가족들을 따라 두만강을 건너 왕청현(汪淸縣) 덕원리(德源里)로 이주하였다.

결혼 전에는 부친의 대종교 포교와 교육을 통한 항일투쟁사업을 조력했으며, 1923년 최관과 결혼 후에는 남편과 함께 대종교 포교를 통한 항일투쟁에 적극 앞장섰다. 특히 1930년 10월 왕청에서 일어난 소작농 시위에 참여하여 일제의 앞잡이들을 처단하고 친일단체인 민회(民會)를 불사르는가 하면, 이들의 양곡을 몰수하여 소작인들에게 나누어 주기도 했다. 아 거사는 왕청 주변의 많은 농민들이 참가한 시위로, 덕원리의 대부분 군중들도 적극 호응하였다. 서죽청 부부만이 아니라 오빠인 서윤제(徐允濟)와 그의 부인 권씨 등도 예외 없이 동참했다. 이 시기 대종교는 1926년 7월 만주군벌(중국동북군)에 의해 취해진 대종교포교금지령으로 인해 침체와 은둔의 시간을 보낼 때였다.

그러나 동북군의 무자비한 진압과 함께 서죽청과 그 주변 가족들은 위기를 맞았다. 동북군은 거사에 가담한 인물들을 일일이 색출하는가 하면, 마을의 청장년들은 모조리 잡아가 고문을 가했다. 당시 서죽청의 조부(祖父)이자 서일의 부친인 서재운(徐在云)도 이러한 탄압에 저항하다가 복부에 총을 맞고 숨졌다. 서죽청 역시 그들에게 끌려가는 와중에 돌도 되지 않은 딸(최금순)이 일행의 발에 차여 큰 타박상을 입게 되는 아픔을 겪었다. 최금순은 그 후유증으로 정신착란을 앓았으며, 성장하지 못한 채 4살 되던 해 끝내 요절하고 만다.

서죽청을 대종교 교력을 보면, 1922년 6월 4일(음력) 모친(母親)인 채정훈(蔡貞勳, 서일의 부인)과 함께 영계(靈戒)를 받은 기록이 있다. 그 이후의 교력 관계는 전하는 것이 없으나, 해방 직후 영안현(寧安縣) 동경성(東京城)에서 남편 최

ㄱ
ㄴ
ㄷ
ㄹ
ㅁ
ㅂ
ㅅ
ㅇ
ㅈ
ㅊ
ㅎ

관과 함께 대종교총본사 국내 이전(移轉) 경비 성연(誠捐)에 동참한 기록이 전한다.

[참고문헌]
『대종교보』제54호(1922년), 『대종교중광육십년사』(대종교총본사, 1971), 『죽은 자의 숨결 산 자의 발길』(강용권, 장산, 1996), 『서일 종사와 그 후예들』(강용권, 『올소리』6, 국학연구소, 2008)

서철수(徐哲秀, 남, 1899-?)
아호(별명) _ 천민(天民)
입교 시기 _ 1924년 이전 | **교질** _ 미상

함경북도 경원군(慶源郡) 출신으로 경원공립보통학교를 졸업한 인물이다. 이후 북간도로 넘어와 대종교 항일단체인 대한군정서(북로군정서)의 사관연성소를 제3회 졸업하면서 항일투쟁의 일선에 섰다. 또한 대한독립군단의 참모로도 활동하며 일제의 감시를 받았으며, 일제의 문서에는 한문만이 아니라 일본어와 지도(地圖)에 능숙한 인물로 날카로운 눈빛 미려한 용모의 소유자로 기록되어 있다.

서철수의 대종교 관련 교력은 대종교단 내에는 전하지 않는다. 그러나 일제가 1924년 4월에 작성한 문서에는 서철수의 여러 신상과 함께 대종교인으로 조사되어 있다. 적어도 그 이전에 입교한 것이 확인된다. 아마도 대한군정서에 관여하면서 입교한 것으로 추정되나 구체적인 입교 시기나 교질(敎秩) 사항은 알 수가 없다.

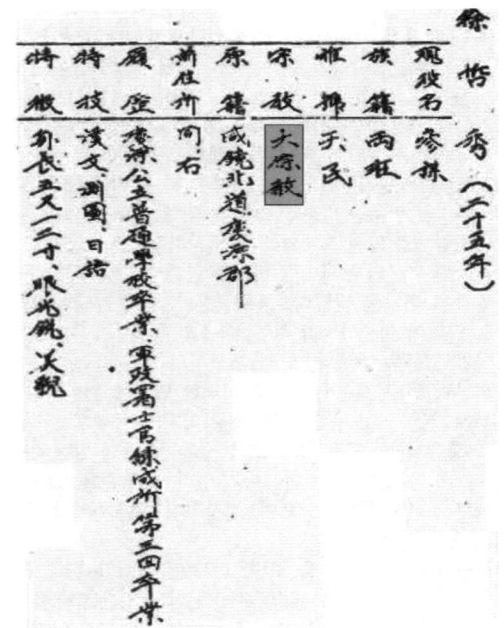

1924년 4월에 작성된 일제의 문서. 徐哲秀에 대한 구체적 신상 조사의 내용 속에 大倧敎(네모 안)가 적혀 있다.

[참고문헌]
「大韓獨立軍團 參謀 李楨이 陳述한 金佐鎭의 行動 및 一派 不逞鮮人團의 情況 等에 관한 件」(不逞團關係雜件-朝鮮人의 部-在滿洲의 部38, 機密 제99호-機密受 제107호, 한국사DB, 국사편찬위원회)

서청(徐靑, 남, 1887-?)
입교 시기 _ 1914년 | **교질** _ 지교

함경북도 경원군(慶源郡) 경원면(慶源面) 회동(檜洞) 출신으로, 북간도로 넘어가 대종교 항일투쟁에 헌신한 인물이다. 서청은 1920년 3월경 대한군정부(大韓軍政府)의 재무국 차장을 지냈다. 대한군정부는 대종교 항일단체인 대한군정서(북로군정서)와 동일한 단체다. 일찍이 북간도에서 대종교지도자 서일(徐一) 등이 대종교인들 중심으로 중광단(重光團)을 만들고 이후 정의단(正義團)으로 확대·개편되면서 무장독립운동을 수행하기 위해 대한군정회(大韓軍政會)로 개칭하였다. 그리고 대한군정부(大韓軍政府)로 확대 개편하였으며 임시정부로부터 대한군정서로 인준을 받게 된다.

서청은 대한군정서(북로군정서) 시절에는 기계국(器械局) 보관과장(保管課長)을 맡으면서 화기(火器) 및 군수(軍需) 관리에 만전을 기하였다. 그의 이러한 역할은 후일 청산리독립전쟁 승리의 주요한 밑거름이 되었다. 청산리전쟁 이후인 1921년 6월 말에는 밀산현(密山縣)으로 옮겨간 서일과 김좌진(金佐鎭)의 명령을 수행하기도 했다. 대한군정서 시절 왕청현(汪淸縣) 대감자(大坎子) 지역에 은닉해 놓은 총기와 탄약 반출 기도와 함께 그 지역을 중심으로 사관학교 생도를 모으는 과업이 그것이었다.

또한 서청은 1922년 3월에는 과거 대한군정서 동지들의 규합을 통한 대종교 포교 활동에도 뛰어 든다. 당시 산재해 있던 대한군정서 요원들은, 일제의 간도출병(間島出兵) 이후 사방으로 흩어진 동지들을 규합하여 대종교 확산을 도모하고자 했다. 영안현(寧安縣)에는 본부(本部)를 두고 밀산현·액목현(額穆縣)·돈화현(敦化縣) 등 서북간도 각지에 지부(支部)를 만든 후, 각기 학교를 부설하고 상호 연락망을 공고히 하고자 했다. 그 시기 영안현에 있던 서청은 대한군정서의 경찰과장(警察課長)을 맡았던 채신석(蔡信錫) 등과 그 해 3월 16일 왕청현 유수하(柳樹河)로 들어와 포교에 분주하였다. 이에 다수의 찬동자를 모아 그곳에 대종교 동일도제일지사(東一道第一支司)를 설립하고 이민혁(李敏赫)·한승묵(韓承默)·조백(趙白)·황문길(黃文吉) 등과 포교의 거점을 잡았다. 또한 돈화현에서는 이경렬(李京烈)·이춘남(李春南)·함희(咸熙) 등이 대종교포교소를 설치하고 대종교 활동에 몰입하는 등, 대한군정서의 재건을 통한 대종교 확장에 열을 올렸다.

한편 서청은 1924년 1월 돈화현 황토요자(黃土要子)를 근거로 군정서동로선전기관(軍政署東路宣傳機關) 및 동로중앙집행부(東路中央執行部)가 구성될 당시, 서무부장(庶務部長)을 맡아 대종교 정신을 통한 대한군정서의 의지를 계승

하고자 했다. 군정서동로선전기관의 중심인물들 역시 서청을 비롯하여 나중소(羅仲昭)·김규식(金圭植)·이홍래(李鴻來)·김영숙(金永肅) 등 대종교의 중진들이 주축이었다.

서청의 대종교 교력을 살피면, 1914년 3월 2일(음력) 채오(蔡五)·황문길·채신석(蔡信錫)·김이준(金利俊) 등의 항일투사들과 함께 참교(參敎)의 교질을 받은 기록이 있다. 그의 대종교 입교가 1913년경으로 거슬러 올라감을 알 수 있다. 그리고 1917년 11월 24일(음력)에는 황문길과 함께 지교(知敎)로 승질(陞秩)되었으나, 그 이후의 교력이나 활동 사항은 전하지 않는다.

1924년 1월 돈화현 黃土要子를 근거로 설립된 軍政署東路宣傳機關의 조직과 인물들을 조사해 놓은 일제의 문서. 庶務部長 徐靑(네모 안)이라는 이름이 적혀 있다.

[참고 문헌]
『종문영질』(프린트본, 1922), 「間島地方不逞鮮人의 現況에 관한 건」(不逞團關係雜件-朝鮮人의 部-在滿洲의 部28, 秘受8503호-機密제285호, 한국사DB, 국사편찬위원회), 「大正十年七月中에 있어서 間島地方 情況에 관한 건」(不逞團關係雜件-朝鮮人의 部-在滿洲의 部29, 秘受9760호-機密제336호, 한국사DB, 국사편찬위원회), 「吉林 附近 鮮人情報(臨時報 제38호)」(不逞團關係雜件-朝鮮人의 部-在滿洲의 部38, 關機高秘收 제1508호-機密受 제89호, 한국사DB, 국사편찬위원회), 『한국독립운동사자료』38·42(국사편찬위원회, 2002·2006)

서춘보(徐春甫, 남, 생몰 미상)
입교 시기_ 1924년 이전 | 교질_미상

출신지역과 생몰연대를 알 수 없는 인물이다. 1920년 5월 관전현(寬甸縣)에서 대한독립단 총장 양기하(梁基河)로부터 황해도에서 군자금을 모집하고 이 운동을 방해하는 자는 사살하라는 명령을 받은 주의환(朱義煥) 등과 평안도와 황해도 등지에서 군자금 모집과 친일파 숙청, 그리고 일경 사살에 앞장선 기록이 있다.

서춘보에 대한 대종교 교력은 대종교단 내에는 전하는 기록이 없지만 일제의 문서에 실려 있다. 1924년 4월 23일부

터 26일까지 영고탑 대종교총본사에서 개최된 대종교교우회(大倧敎敎友會)에 심근(沈權, 용정촌)·현극(玄極, 삼도구)·채신석(蔡信石, 왕청현)·한승묵(韓承黙, 왕청현) 등과 북간도 대종교대표(왕청현)로 참석한 기록이 전한다. 그 이전에 이미 대종교에 입교한 것이 확인되고 있다. 당시 열린 대종교교우회 주요안건은 아래와 같았다.

1. 전 교주(敎主)인 김교헌(金敎獻)과 동도본사 전리(典理)로서 대한군정서 총재였던 서일(徐一)의 경칭(敬稱)에 관한 건
2. 홍범(弘範, 規則) 개정에 관한 건
3. 총본사의 간도 용정촌으로의 이전에 관한 건
4. 교주 선임에 관한 건
5. 기타사항 및 비밀에 속한 결의사항 다수

서춘보가 이와 같은 대종교의 중대사를 결정하는 교우회에 참석했다는 것은 그의 교단 내의 비중이 상당했음을 알려주는 부분이다. 안타까운 것은 그의 정확한 입교 시기나 교질(敎秩) 관계에 대한 기록은 일체 전하지 않는다는 점이다.

1924년 4월에 개최된 대종교교우회에 참석한 각 지방 대표자들의 명단을 적은 일제의 문서. 間島大倧敎委員으로 참석한 徐春甫(네모 안)의 이름이 보인다.

[참고문헌]
「不逞鮮人ノ檢擧二關スル件」(不逞團關係雜件 朝鮮人ノ部 在内地 十一, 高警第31046號;秘受12935號, 한국사DB, 국사편찬위원회), 「寧古塔에서 大倧敎 敎友會 開催 狀況에 관한 건」(不逞團關係雜件-朝鮮人의 部-在滿洲의 部39, 機密受 제144호-機密제136호, 한국사DB, 국사편찬위원회)

서헌(徐憲, 남, 생몰 미상)
입교 시기_ 1922년 | 교질_ 미상

출신지역과 생몰연대를 알 수가 없다. 서헌은 대한의군부 산포대(大韓義軍府山砲隊)의 지부장을 맡아 최우익(崔于翼)·

홍림(洪林)·김해룡(金海龍)·이진철(李振哲)·조상갑(趙尙甲)·박만홍(朴萬弘)·강창대(康昌大)·이원학(李源學)·김가회(金嘉會) 등과 항일투쟁을 벌인 인물이다. 이 산포대는 1920년대 만주에서 조직되었던 독립운동단체로 의군산포대(義軍山砲隊)라고도 칭했다. 만주 왕청현(汪淸縣) 춘양사(春陽社) 북삼분구(北三岔溝)를 근거로 활동했으며, 청산리전투 특히 어랑촌전투(漁郞村戰鬪)에서 큰 전과를 올린 단체다.

서헌의 대종교 교력을 살피면 1922년 9월 18일(음력) 대종교 원일시교당(圓一施敎堂) 소속 시교원(施敎員)으로 임명된 기록이 전한다. 당시의 자격이 '형제(兄弟), 여자교인은 자매라 칭함'였다. 대종교에서의 '형제'란 남자 교인이 입교하여 정식 교질(敎秩)을 받기 이전의 종교적 자격이다. 서헌이 그 시기 이전 대종교에 입교한 것을 알 수 있다. 원일시교당은 혼춘현(琿春縣) 숭례사(崇禮社) 원풍동(圓豊洞)에 소재한 것으로 대종교 동일도본사 관할이었다. 그리고 같은 해 개천절(음력 10월 3일)에 이덕기(李德基)·최순범(崔舜範)·김창한(金彰漢)·김천길(金千吉)·채창묵(蔡昌黙)·서병호(徐丙浩) 등 북간도 항일투사들과 영계(靈戒)를 받았다.

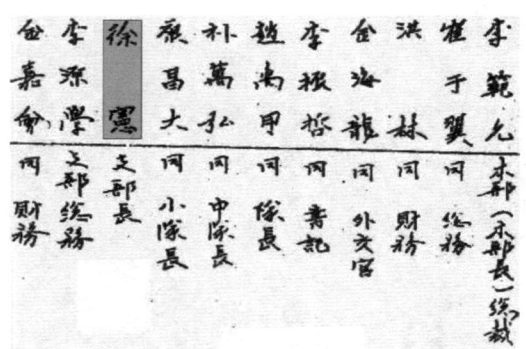

1921년 6월에 작성된 일제의 문서 일부. 당시 大韓義軍府 山砲隊 지부장을 맡고 있던 徐憲(네모 안)의 이름이 보인다.

[참고문헌]
『대종교보』제56호(1922년), 『대종교중광육십년사』(대종교총본사, 1971), 「朝鮮側 警察이 朝鮮人 金順 등을 拘引시킨 것에 관한 건」(不逞團關係雜件-朝鮮人의 部-在滿洲의 部28, 受20669호-公제259호, 한국사DB, 국사편찬위원회)

성남수(成南洙, 남, 생몰 미상)
아호(별명)_ 성남수(成南修)
입교 시기_ 1937년 이전 | 교질_ 참교

출신지역과 생몰연대를 알 수 없는 인물이다. 1904년 10월 31일 마종한(馬宗翰)이란 인물과 함께 대한제국 내장원(內藏院)의 봉세관(捧稅官)으로 임명된 기록이 있다. 내장원이란 1895년에 세워진 관청으로, 왕실의 보물·세전(世傳)·장원(莊園) 등의 재산을 관리하던 곳이다. 성남수가 맡았던 봉세관은 전국 각지에서 내장원과 관련한 세금을 거

뒤들이는 관리였다.

성남수의 대종교 입교 및 영계(靈戒)와 관련된 기록은 전하는 것이 없다. 그가 만주로 넘어간 시기 역시 알 수가 없다. 다만 그가 1937년 5월 7일 대종교 하얼빈선도회(哈爾濱宣道會)의 장재사원(掌財司員)으로 임명된 기록이 전한다. 당시 그의 교질(敎秩)이 참교(參敎)였다. 그 이전에 입교한 인물임이 확인된다.

당시 하얼빈선도회는 총무원장(總務院長)에 박우진(朴宇鎭)을 비롯하여 총무원원(總務院員)에는 김서종(金書鍾)·김영숙(金永肅)·박성태(朴性泰)·홍철우(洪轍佑) 등이 있었으며, 교화사원(敎化司員)으로는 이수(李秀)·권영수(權寧洙)·강관오(康官伍) 등이 함께 했다. 또한 박명진(朴明鎭)이 성남수와 함께 장재사원을 맡았고, 고평(高平)이 전의사원(典儀司員)을 그리고 김서종·김영헌(金榮軒)이 수호사원(修好社員)으로 활동하였다. 주목되는 것은, 성남수와 함께 한 이들 대부분이 항일투쟁의 중진들이었다는 점이다. 성남수 역시 항일투쟁과 뗄 수 없는 인물임을 알게 해 준다.

[참고문헌]
『대종교보』제114호(1937년), 『대종교중광육십년사』(대종교총본사, 1971), 『승정원일기』1904년 9월 20일(음), 『조선·대한제국관보』제2971호(1904년), 『대한매일신보』1904.11.2.

성봉식(成鳳植, 남, 생몰 미상)
입교 시기_ 1922년 | 교질_ 미상

출신지역과 생몰연대가 불분명하다. 다만 경상북도 성주군(星州郡) 성주면(星州面)을 거점으로 대종교 활동을 전개한 것으로 보아 이 지역 출신일 가능성이 높다.

성봉식의 대종교 입교 시기는 분명하지 않으나, 그가 1922년 12월 23일(음력) 대종교 남일도본사의 추천으로 영계(靈戒)를 받은 것으로 보아 그 이전에 입교하였음이 확인된다. 성봉식은 영계를 받은 날 경북 성주군 성주면 경산동(慶山洞)에 소재한 대종교 산선시교당(山善施敎堂)의 시교원(施敎員)으로도 임명되었다. 당시 산선시교당의 전무(典務, 책임자)는 『본사행일기(本司行日記)』를 쓴 성세영(成世英)이었다. 또한 서병호(徐丙祜)·배준기(裵準琪)가 찬무(贊務, 부책임자)를 맡고 도문환(都文煥)·배상준(裵相準)·배상영(裵相榮)·송해근(宋海根)·송상익(宋象翼) 등이 성봉식과 함께 시교원을 맡아, 관할 지역의 포교와 세력 확산에 앞장섰다.

성봉식의 교질(敎秩)이 어느 단계까지 올랐을지는 관련 기록이 없다. 또한 항일투쟁과 연관된 기록도 전하지 않는다. 그러나 그와 함께 한 도문환 등이 대종교비밀결사인 조선국권회복단 등과 연계하여 항일투쟁을 벌인 점으로 보아, 성봉식 역시 이와 무관치 않았을 듯하다.

[참고문헌]
『대종교보』제56호(1922년), 『대종교중광육십년사』(대종교총본사, 1971)

성선경(姜承慶, 남, 생몰 미상)

입교 시기_ 1910년 | 교질_참교

출신지역과 생몰연대가 불분명한 인물이다. 일찍이 대한 협회 회원으로 활동하면서 장지연(張志淵)·류근(柳瑾)·김홍조(金弘祚)·김영진(金榮鎭) 등과 교류한 흔적이 있다. 또한 1910년 6월 12일부터 류근에 이어 2개월 동안 『황성신문(皇城新聞)』의 편집 겸 발행인을 맡기도 했으며, 1924년 12월에는 당대 무너진 인륜(人倫)의 법도를 바로잡자는 취지로, 지석영(池錫永)·윤효정(尹孝定) 등 20명과 명륜협회(明倫協會)를 발기하여 사회계도에 앞장섰다.

성선경의 대종교 교력을 살펴면, 1910년 10월 23일(음력) 대종교총본사의 특별 추천에 의해 찬교(贊敎)의 교질(敎秩)을 받은 기록이 있다. 그 이전에 대종교에 깊이 관여한 것이 확인된다. 또한 1911년 중광절(重光節, 음력 1월 15일)에는 백순(白純)·윤주찬(尹柱瓚)·류근·박승익(朴勝益)·황병욱(黃炳郁)·조완구(趙琬九) 등, 대종교 핵심인물들과 참교(參敎)의 교질에 이름을 올리고, 최전(崔顓)·황병욱·강우(姜虞)·이채우(李埰雨)·오혁(吳赫)·최강(崔岡) 등과 대종교 사무의 부책임자인 협리(協理)를 맡아 참여하였다.

[참고문헌]
『종보』제8호(1910년), 『倧秘』제3호(1911년), 『종문영질』(프린트본, 1922), 『대한협회회보』제9호(1908년), 『시대일보』1924.12.9., 『韋庵文稿』(국사편찬위원회, 1956), 『續陰晴史』下(국사편찬위원회, 1960), 『〈황성신문〉 연구』(이광린, 『개화파와 개화사상 연구』, 일조각, 1989)

성세영(成世英, 남, 1885-1955)

아호(별명) _ 성익(成羽), 춘경(春卿), 나옹(裸翁)
입교 시기_ 1910년 | 교질_정교

경상북도 성주군(星州郡) 초전면(草田面) 명곡리(椧谷里) 대마동(大馬洞) 출신이다. 일찍이 파리장서운동(巴里長書運動)에 참여한 재종숙(再從叔) 성대운(成大湜)으로부터 배움의 눈을 떴다. 약관에 들어서는 제서(濟西) 이정기(李貞基)에게 학문을 익히며 개혁유교적 성향의 길을 걸었던 인물이다. 1905년 을사늑약(乙巳勒約)이 체결되자 성세영은 서울로 올라갔다. 그리고 홍암(弘巖) 나철(羅喆) 등이 주도한 자신회(自新會)에 참여하여 오적주살(五賊誅殺) 계획에 가담하면서 사상적 전환의 계기를 맞는다. 자신회는 오적주살을 위해 나철·오기호(吳基鎬)·김동필(金東弼)·박대하(朴大夏)·이홍래(李鴻來)·이기(李沂)·윤주찬(尹柱瓚)·김인식(金寅植)·김영채(金永采)·이광수(李光秀)·이용태(李容泰) 등이 앞장서 조직한 모임이다. 성세영 역시 자신회에 가담하여 권중현(權重顯)을 저격하는 거사에 참여하였으나 미수에 그쳤다. 그는 이 사건으로 일본군에 잡혀서 큰 곤욕을 치렀다.

후일 자신회의 구성원들이 모두 대종교 중광(重光, 다시 부활함)에 참여하는 것과 같이 성세영 역시 자신회 참여를

계기로 대종교 입문의 인연을 만들었다. 또한 성세영은 이 사건을 변곡점으로 유교적 삶으로부터 벗어나 민족정체성에 눈을 뜬다. 성리학적 사유에 함몰되었던 여타 유학자들과 마찬가지로 대종교적 역사인식은 성세영에게는 신선한 충격이었다. 우리 민족문화의 핵심이 되는 종교는 유교나 불교가 아니라 단군 이래로 내려오던 신교(神敎)라는 것이다. 그리고 그 신교의 근대적 부활이 대종교로 동이족(東夷族) 전체가 공유한 배달족 고유의 민족종교라는 인식이었다. 특히 나철이 대종교 중광의 명분으로 내세운 '국망도존(國亡道存, 나라는 망했어도 정신은 있다)'이라는 가치는, 성세영을 비롯한 수많은 당대 지식인들에게 반향을 얻은 구호였다.

나철은 국망(國亡, 일제의 강점)이라는 절망감 속에서 도존(道存, 단군사상)으로써 미래의 희망을 찾고, 그 구체적 방법으로 단군신앙의 중광을 모색한 것이다. 이것은 나철 개인으로 본다면 과거의 족쇄였던 유교적 자아의 껍질을 벗고 민족적 자아로 변모하는 것이며, 민족적인 면에서는 단절되었던 민족정체성의 거대한 줄기를 재건하는 역사(役事)이기도 했다. 또한 대종교의 중광은 절망적 현실 속에서 민족적 자긍심을 북돋워 준 사건으로, 우리 민족사의 전반에 커다란 변화를 몰고 왔다. 역사 속에 침잠되어 오던 단군신앙의 부활을 통해, 당시 주권을 잃어버린 암울한 민족사회 전반에 희망의 메시지를 전달했다. 또한 민족정체성의 와해 속에서 방황하던 수많은 우국지사들과 동포들에게 정신적 안식처를 제공하게 된다. 특히 국망(國亡)이라는 수모를 당하게 된 역사적 원인에 대한 냉철한 반성과 함께 도존(道存)이라는 정신적 일체감을 통한 치유방안을 동시에 제시함으로써, 정체성 재건의 당위적 방향을 제공했다는 점에서도 의미가 크다.

성세영은 1910년 2월 안중근 의사의 순국 소식을 듣고 시를 지어 곡을 하는가 하면, 1911년 에는 상경하여 서간도로 망명하기 직전의 박은식과 만나기도 했다. 특히 이 시기 박은식과의 교류는 성세영의 역사인식 형성에도 중대한 영향을 끼쳤을 듯하다. 박은식의 '전통유교기→개혁유교기→대종교영향기'로 옮겨가는 사상적 천이(遷移)는, 성세영을 포함한 당대 탈유교적 대종교지식인들의 전형적 변화양상이기 때문이다. 망명을 결심한 박은식의 시대적 명제는 다음의 각오로 모아진다.

> "일언일자(一言一字)의 자유가 없으니, 오로지 해외에 나가서 사천년 문헌을 모아 편찬하는 것이 오족(吾族)의 국혼(國魂)을 유지하는 유일한 방법이다."

물론 여기서 마음에 새기는 사천 년 역사란 대종교사관을 토대로 한 민족주의역사학이다. 또한 국혼이라는 것도 단군으로부터 연면히 이어온 신교(神敎, 대종교)의 정신을 말하는 것이다.

유교적 지식인으로서의 박은식은 대종교를 경험하면서 탈중화적 민족주의 역사학자로 변모되었다. 박은식에 있어 대종교는 고루한 유학자로부터 탈출케 하는 돌파구였던 동시에, 애국계몽적 지식인을 넘어 행동하는 독립운동

가로서 변신케 했음은 물론, 그의 사학적 완성의 근간이 대종교를 토대로 이루어졌기 때문이다. 유교를 국시(國是)로 한 조선조의 흐름 속에서, 박은식 역시 전통 유교를 고수하며 젊은 시절을 허비했다. 이 시기에 나타나는 박은식의 정신적 가치는 유교적 정서에 젖은 유학적 지식인의 모습을 벗어나지 못했다.

또한 박은식은 유교적 한계를 극복하고 새로운 시대에 맞는 유교상을 정립하기 위해 개혁유교적 자세를 드러냈지만, 역시 유교적 한계를 넘어서지 못하였다. 이 시기 그는 유교를 국가적 가치로까지 끌어올리기 위한 구체적 움직임을 도모하는데, 유교구신운동(儒教救新運動)이나 양명학 운동, 그리고 대동교(大同教)의 창건 등이 그것이다. 그러므로 이 시기에 나타난 박은식의 역사인식 또한, 민족주의와 연관된 사론(史論)이 아닌 유교적 애국사상에 바탕을 둔 역사인물에 관한 논설 다수가 전부다.

박은식이 유교로부터 벗어나는 계기는 대종교의 경험이 절대적이었다. 이후 박은식이 그의 생애에 있어 가장 강조한 것이 정신으로써, 그 정신이 바로 대종교와 직결된다. 조국 광복도 그 정신 속에서 가능하다고 믿었고 박은식 역사학의 토대 역시 그 정신 위에서 완성되었다. 대종교를 접하고 난 다음 박은식의 유교에 대한 인식도 확연히 달라진다. 공자(孔子)의 도가 아니면 세상을 바로 세울 수 없다고 외쳤던 그가, 공자를 화인(華人)으로 단정하고 공자의 가르침에 앞서는 것이 나라를 세우는 의리라고 돌변하는 것이다. 박은식은 과거 중화주의에 함몰되었던 자신의 삶을 속죄하고 유교의 잘못된 면을 통렬하게 공박하면서 당대의 유생(儒生)들을 실제의 삶과는 동떨어진 자들이요 세상을 속이는 도둑들이라고까지 낙인찍었다.

한마디로 박은식은, 유교적 가치에 대한 환멸을 넘어, 유교야말로 자존과 독립을 위해서는 반드시 청산해야 할 가치로 규정했는데, 이것은 박은식 스스로 보면 인생 후반에 깨달은 중화적 가치에 대한 단절의 외침이었던 동시에, 민족으로서는 오랜 세월 흘러온 중국 노예로서의 역사에 대한 회개의 통곡이기도 했다.

성세영의 탈유교적 여정 역시 박은식과 크게 다르지 않았을 것이다. 그가 대종교에 입문한 이후 평생을 대종교 연구와 포교에 헌신한 이유이기도 하다. 또한 성세영은 1921년 상해에 있던 박은식으로부터 중국으로 건너와 항일투쟁을 함께 하자는 편지도 받았다. 당시 대종교의 국내 상황은 녹록치 않았다. 일제의 대종교 탄압이 너무 심했기 때문이다. 대종교는 1909년 중광 직후부터 일제통감부 경시청의 감시를 시작으로 해서, 1942년 임오교변(壬午教變, 대종교지도자 일제구속 사건)으로 인해 교세가 무너지기까지, 혹독한 탄압의 역사라 해도 과언이 아니다. 1910년 병탄 직후 대종교를 해산시키려 했던 일제의 음모를 고발한 박은식의 기록처럼, 일제는 처음부터 대종교를 말살하려 하였다. 그럼에도 대종교의 교세가 날로 확산하자, 1915년에는 대종교의 국내 포교를 금지시켰다. 일제가 1915년 10월 1일 조선총독부령 제83호로 발표한 '포교규칙'에 의하여 대종교는 신교(神教)가 아니라는 이유로, 사실상 종교 활동을 금지시킨 것이다. 신도(神道)를 국교로

했던 일제로서는, 신도의 뿌리라 할 수 있는 조선의 신교(대종교)를 용납한다는 것이 성립되지 않았다. 이로 인해 대종교는 포교뿐만이 아니라, 사사로운 집회나 강연 따위도 일절 금지되었다. 1920년대의 국내 대종교 활동은 더욱 참혹했다. 비밀리에 집회활동을 하기 위해 절을 빌려 모이는가 하면, 중심부와 떨어진 변두리로 수시로 옮기며 집회를 갖기 일쑤였다. 대종교를 믿고자 해도 일제의 끔찍하고 피가 튀며 이가 갈리는 핍박으로 모두 피해야 했다.

성세영 역시 새로운 모색을 위해 상해 행을 결심했다. 그러나 남만주 안동현(安東縣)에 이르러서 일본군에게 체포되어 재판도 받지 않은 채 수개월 동안 영어(囹圄)의 몸이 되기도 했다. 다시 국내로 들어온 성세영은 마음을 추스르지 못하고 서울과 수원을 왕복해 가며 생활하였다. 그가 금강산과 백두산 기행을 기획하여 실행해 옮긴 것도 이 무렵이다.

이후 성세영은 낙향하여 은둔하듯 생활했다. 그러면서도 이봉창 의사의 순국 소식에 제문을 짓고 곡을 하는 등, 우국적 행보를 그치지 않았다. 특히 고향 성주를 중심으로 대종교의 거점 확보에 진력하는가 하면, 1930년에는 지역 유지들과 함께 성주군 초전면의 사숙(私塾)인 동창학원(東昌學院)의 위기를 극복하기 위해 직접 교사로 참여하여 강봉수(姜鳳秀)·이병학(李柄學)·김종찬(金鍾鑽) 등과 지역 후학들의 교육에도 앞장섰다. 동창학원은 1922년에 설립된 학교로 초전면 유일의 교육기관이었다. 또한 그 명칭이 대종교지도자인 윤세복(尹世復)이 남만주 환인현(桓仁縣)에 세웠던 동창학교(東昌學校)와 동일하다는 점도 흥미를 끈다. 그러나 동창학원은 1935년경 일제에 의해 폐쇄되었다.

해방 이후 성세영은 대종교 포교 활동에 전념하며 시교당(施教堂) 설립에 전념하였다. 그러나 6·25전쟁으로 모든 것이 멈추어 버린다. 그에 좌절하지 않고 전쟁 이후 쇠약해진 건강에도 포교의 노력을 기울여 수많은 시교당을 설립하는 열정을 보이다가 1955년 71세의 나이로 귀천(歸天)하였다.

[주요저술과 사상]

성세영의 대표적 저술을 든다면 『배달황조(倍達皇祖)』(연대미상), 『천조단군(天祖檀君)』(연대미상), 『본사행일기(本司行日記)』(1922년), 『유백두산기행록(遊白頭山紀行錄)』(1922년)을 꼽을 수 있다. 앞의 세 책은 필사본으로 전해지며 마지막 기행록은 『나옹문집(裸翁文集)』(1979년)에 석판본(石版本)으로 실려 전한다.

『배달황조』는 대종교와 관련한 주요 개념(概念)·성적(聖蹟)·사건(事件) 명에 대한 의미를 구명·정리한 것이다. 즉 배달황조·개천(開天)·신교(神教)·삼일신고(三一神誥)·배달(倍達)·삼선사령(三仙四靈)·비서갑신후(匪西岬神后)·조선(朝鮮)·당장경(唐藏京)·도산회의(塗山會議)·삼황자(三皇子)·어천(御天)·단사전묘(壇祠殿廟)·중광(重光) 등, 대종교 관련 주요 용어들의 의미를 상세히 설명하고 있다. 성세영은 이를 위해 대종교의 교리(教理)·교사(教史) 관련 서적만이 아니라 『동사강목』·『동사류고(東事類考)』·『와유록(臥遊錄)』·『여지승람(輿地勝覽)』 등 수많은 사서를 동원하고 있다.

『천조단군』 역시 『배달황조』와 거의 유사한 저술이다. 그 인용한 서책 역시 『배달황조』와 크게 다르지 않다. 개천에서 중광까지 연대기적으로 서술한 『천조단군』의 주요 내용을 간추리면 아래와 같다.

개천 원년(기원전 2457년) 10월 3일에 천조(天祖)가 신(神)으로서 사람으로 화(化)하여 아시아주 동부 천산(天山)에 내려오시다.

대덕(大德)으로 화육인물(化育人物)하시니 백성이 감화를 입어 귀의한 자가 저자(市)를 이루며 천조를 부르기를 '한임'이라 하다.

삼천단부(三千團部)를 두고 대교(大敎)를 강설하며 신고(神誥)를 강연하여 뭇에게 큰 가르침을 베푸시다. 이때에 팽우(彭虞)가 삼천단부를 이끌고 머리를 조아리고 신고를 받고 고시(高矢)는 바닷가에서 청석(靑石)을 줍고 신지(神誌)는 그 돌에 신고를 새기다. 백성이 신고에 감격하여 천조에게 호를 하나 더 지으니 '한웅'이라 하다.

125년 10월 3일에 백성이 천조를 추대하여 '한검'이라 하고 천산에 도읍을 정하다.

삼선사령에게 명하여 백성 일을 다스리므로, 이때에 이르러 부자(父子)·사제(師弟)·관민(官民)의 제도가 정해지다.

147년에 천산으로부터 평야로 천도하시고 국호를 열어 조선이라 하다.

179년에 홍수가 범람하여 평야가 물에 잠기니 도읍을 당장경 고지로 옮기시고 홍수를 다스리니, 그 다스림의 판도가 북쪽 흑수(黑水)로부터 남쪽 영해(瀛海)에 이르고 동서로는 큰 바다에 닿아서 백성이 편하게 거주하다.

191년에 부루를 도산에 파견하여 나라의 경계를 정하다. 부수·부우·부위에게 명하여 혈구(강화도)에 성을 쌓고 제천단을 세우시다.

193년에 군국(郞國, 제후국)을 나누어 정하여 이름 지어 주고 백성의 산업을 제정하고 자치하게 하시다.

217년 3월 보름에 천조가 아사달 산에 들어가 신으로 화하여 어천하시다. 백성이 천조를 애모하여 천단을 세우고 제사지내다.

4266(서기 1909)년 정월 보름에 대교(大敎, 대종교)가 중광하여 세상에 빛나다.

『본사행일기』는 말 그대로 일기체의 기록이다. 성세영이 1922년 10월 10일(음력) 경북 성주를 출발하여 경성(서울) 대종교남도본사를 방문하고 10월 27일(음력) 성주로 다시 돌아가기까지의 과정을 적은 기록물이다. 책의 주요내용을 보면, 당시 대종교남도본사에서 행하여지는 의식과 활동, 그리고 성세영이 접촉한 인물들, 그리고 자신이 활동하던 성주의 성일시교당에 없거나 다른 내용을 가진 책들에 대한 기록이 거의 빠짐없이 적혀 있다.

또한 정운일(鄭雲馹)·서상일(徐相日) 등이 포함된 1910년대 경북지역 대종교인 234의 명단과, 1922년 당시 권오설(權五卨)·류인식(柳寅植) 등이 들어있는 경상도지역 대종교인 214명의 명단, 그리고 우리나라 최초의 비행사 안창남 역시 대종교도였다는 기록 등을 포함하여, 총 592명의 명단이 기록되어 있어, 대종교 인물연구에 있어 획기적 자료로 평가되는 책이다. 더욱이 성세영이 이 책에 직접 필사한 『신리대전(神理大全)』·『신사기(神事記)』·『도해삼일신고강의(圖解三一神誥講義)』·『회삼경(會三經)』 등과 같은 대종교의 교리서(敎理書)와 여러 편의 한얼노래 가사(歌詞)들은, 그(1922년) 전후의 변화 과정을 살필 수 있는 중요한 자료라 할 수 있다.

『유백두산기행록』은 성세영의 대종교적 정서가 잘 드러나는 기행문이다. 대종교에 있어 백두산은 그 역사적 인식을 넘어서 종교적 상징성이 다양하게 중첩된 공간이다. 대종교의 전신이라 할 신교의 발상지이면서 역사적 활동무대인 동시에, 대종교 중광의 계기를 만든 성지이다. 또한 중광의 헌장이라 할 「단군교포명서」는 물론, 포교의 근본이 되는 경전(經典) 역시 이곳을 근거로 유포되었다. 더욱이 대종교 성역의식(聖域意識)의 근간도 이곳을 벗어나서 생각할 수 없고, 중광 이후 수많은 선열들이 항일전선에서 유명을 달리한 것 역시 이곳이다. 그러므로 대종교에서의 백두산의 의미는 역사지리적 의미로만 끝나지 않는다. 지리적·역사적·철학적·종교적 의미가 중첩되는 곳이 백두산이다.

또한 대종교의 전래 경전인 『신사기』를 보면, 인류가 백두산 남북마루에서 시작되고 있다. 즉 인류의 기원인 나반(那般)과 아만(阿曼)의 후예가 오색 종족이 되고, 그 중에서도 황인종이 아홉 겨레로 퍼져 그곳에 거점을 잡았으며, 그 아홉 겨레가 삼천단부의 기틀이며 삼한관경(三韓管境)의 심지가 된다는 이야기다. 이러한 판국은 대종교의 『단군교오대종지서(檀君敎五大宗旨書)』에 실린 「배달신국삼천단부도(倍達神國三千團部圖)」에 잘 나타나 있다. 또한 김교헌이 중심이 되어 편찬한 『단조사고(檀祖事攷)』(1911년)의 첫 부분에 실린 「삼천단부단군강역(三千團部檀君疆域)」에도 그대로 드러난다.

한편 대종교에서는 백두산의 한울못[天池]과 더불어 송화강을 한울가람[天河]이라 우러르고 있다. 하늘과 땅, 잉태와 창조, 만남과 생성의 종교적 상징성을 그대로 드러내기 때문이다. 대종교에서의 한울가람인 '송아물[송화강]'은, 모든 생명의 근원인 동시에 '하늘백성[天民]'과 '검나라[神國]'의 상징과도 연결된다. 대종교의 『한울노래[天樂]』 가운데 「세마루[三宗歌]」의 다음 한 구절이 이것을 뒷받침한다.

"저 깊은 송아물이여/골잘 물 마룰세/한배웅 이에 나리사/검나라 우릴세 검나라 우릴세/한배웅 이에 나리사/검나라 우릴세"

이 가사는 순수한 우리말로 씌어져 있어 오히려 이해하기 힘들다. 이해하기 쉽게 옮겨 보면, "(백두산 천지에 근원을 둔) 저 깊은 송화강이여, 온갖 물의 으뜸이로세, (교화주인) 한배웅께서 (이곳에) 내려오시사, 우리가 바로 신국(神國)일세, 우리가 바로 신국일세, 한배웅께서 내려오시사, 우리가 바로 신국일세."라는 의미를 담고 있다. 그 뿐이 아니다. 대종교에 있어 성산(聖山) 백두산의 천지물은, "산마루에 한울못물은/바다같이 크고 깊도다/저와 같이 우리 마음도/너그럽게 가져 봅시다/송화강과 두만 압록강/이 못물에 근원 두어서/끊임없이 흘러 나가니/우리 믿음 끝이 없도다"는 찬양과 같이, '큰 너그러움[大德]'과 함께 영원한 믿음의 징표이기도 하다. 이렇듯 대종교에 있어 백두산은 '성스러움의 그 자체'다. 종교적 시원이 이루어진 곳이요, 돌아가야 할 정신적 공간 역시 그곳이다. 신시 삼천단부의 교화 공간이 그곳이며 다물(多勿)의 의지를 담은 이상향도 그곳에 있다. 발해 국상(國相) 임아상(任雅相)이 『삼일신고해설』에서 백두산을 '땅위의 하늘집[地天宮]'으로 바라본 다음의 인식에서 그 종교적인 무게를 찾을 수 있다.

> "하늘집이 반드시 하늘에만 있는 것이 아니라 땅 위에도 있으니, 한밝뫼(백두산)의 남북 마루가 곧 하느님의 나라요, 거기에서도 사람의 몸으로 화하여 내려오신 곳이 곳 하늘집이다.(天宮 非獨在於天上 地亦有之 太白山南北宗爲神國 山上神降處爲天宮)"

이러한 정서는 대종교 선열들 모두의 마음속에 담겨진 정서이기도 했다. 그들에게 백두산은 '지상천궁'이었다. 가령, 성재(省齋) 이시영(李始榮)의 역사인식에서 그려지고 있고, 백암 박은식이 「몽배금태조」에서 엮은 꿈에서도 드러난다. 또한 수당(水堂) 맹주천(孟柱天)의 마음속만이 아니라, 희산(希山) 김승학(金承學)이 품었던 배달국이상향의 꿈에서도, 그리고 한글학자 이호(李澔, 이윤재)에게도 동일하게 나타난다.

성세영에 있어 백두산 역시 다를 바가 아니었다. 그 역시 백두산을 단군이 개국한 신성한 곳이자 우리 민족의 발상지로 인식하면서, 대종교 제1의 성지로 숭앙한 인물이다. 그의 『유백두산기행록』의 여정에서 드러나는 백두산의 성스러운 풍광과 사적에 대한 감탄과 애정을 살피면, 대종교적 역사관·문화관·종교관이 그대로 반영된 한 서술임을 직감하게 된다.

『유백두산기행록』의 백두산 여정은 '경성(서울, 1922년 6월 20일)→혜산진(6월 24일)→백두산→혜산진(7월 3일)'이다. 실질적 백두산 기행은 6월 24일 혜산진부터 출발하여 7월 3일 혜산진으로 돌아오기까지 총 10일간의 여정으로 볼 수 있다.

그의 정서가 반영된 대표적 여정들을 더듬어 보자. 먼저 곤장덕(棍杖德)에서의 감회다. 그는 곤장덕의 얽힌 조선과 청과의 국경문제를 회억하면서, 간도는 원래 조선의 영토였다는 인식을 역사적 고찰을 통해 피력하였다. 그는 조선과 청국간의 국경문제는 동양 외교상 중대한 논쟁 문제

지만, 조선 측 대표들의 무능과 무지로 인해 간도가 상실되었다는 비판을 가하고 있다. 성세영의 이러한 영토의식의 배경에는 대종교인으로서 백두산과 단군을 중시하는 대종교적 역사인식의 영향이 크게 작용하였다. 특히 첫날 숙박 장소인 포태리(胞胎里)의 거주민인 삼암(三巖) 김유성(金裕性)과 만남에서 대종교적 영토의식을 그대로 공유하고 있다. 김유성이란 인물은 백두성산이 천조(天祖)의 영원(靈源)이며 동방의 신성한 근거지(聖根)로 인식했다. 그러므로 성스러운 산 속에 살면서 마땅히 단(壇)을 설치하고 제사를 지내는 것을 마을의 전범(典範)으로 삼음은 당연하다는 이해였다. 성세영과 김유성의 대종교적 영토인식이 그대로 공유되는 부분이다.

6월 26일 숙소로 정한 허항령(虛項嶺) 중턱의 천왕사(天王祠)에서의 감회 역시 주목되는 부분이다. 성세영은 우리 민족의 시조 단군이 곧 천왕이라 이해하면서 조선인문의 출발점이고 결정체이자 표상자(表象者)라고 강조하였다. 그는 대종교 항일투사 정윤(鄭潤)의 『사지통속고(史誌通俗考)』를 인용하여 환검(桓儉)·왕검(王儉)·가한(可汗)·단군(檀君)·거서간(居西干)·마립간(麻立干)·이사금(尼斯今) 등이 모두 천왕과 같은 의미라고의 해석했다. 또한 우리 천조단군이 바로 천왕천제(天王天帝)라는 이해에서도 그의 대종교적 역사인식이 그대로 드러나고 있다. 이러한 정서는 6월 27일 천평(天坪)을 걸으면서도 그대로 이어진다. 천평이 바로 조선의 최초 요람지이며 천조단군의 발상지라는 인식이 그것이다.

6월 29일 마침내 백두산 정상에 올라 천지(天池)를 조망한 성세영의 감회는 남달랐다. 그 감동을 읊은 아래의 시를 보자.

> 岩嶢太白勢雄豪 높고 높은 백두산의 호방함은
> 衛我東方韓族豪 동방을 호위하는 한민족의 기상이라
> 莫使島夷留轍跡 왜적들의 자취가 머물지 못하니
> 神檀靈胄是天豪 배달의 영험한 기개 하늘을 찌른다

백두산을 한민족의 기상과 신령함의 상징으로 예찬하고 있다. 백두산에 대한 이러한 대종교적 정서는 전래되어 오는 발해 고왕 대조영의 『삼일신고예찬』으로 거슬러 오른다. 그 번역된 앞부분을 소개하면 다음과 같다.

> 높고 높다 저 한밝뫼여
> 하늘 복판에 우뚝 솟았네
> 안개구름 자욱함이여
> 일만 산악의 조종이로다
> 한배검 하늘에서 내려오시니
> 거룩할 사 배달의 대궐이시여
> 나라를 세우고 교화를 펴사
> 온누리를 싸고 덮었네

한밝뫼는 백두산의 우리말이다. 대조영에게는 그것이 하늘의 상징이요 세계의 중심이었다. 또한 조국(肇國)의 발상지이며 교화의 터전이었다. 지상천궁으로서의 이미지를 한껏 예찬한 것이다. 1940년대 고루 이극로(李克魯)가

지은 「성지태백산(聖地太白山)」이란 다음 글에서도 그대로 연결된다.

상원 갑자 상달 초사흘 태백산에 서기(瑞氣) 둘리니
한검님이 인간 위하여 이 세상에 태어 나셨다
산마루는 눈이 쌓이어 어느 때나 깨끗하도다
저와 같이 우리 마음도 순결하게 가져 봅시다

산마루에 한울못물은 바다 같이 크고 깊도다
저와 같이 우리 마음도 너그럽게 가져 봅시다.
송화강과 두만 압록강 이 못물에 근원 두어서
끊임없이 흘러 나가니 우리 믿음 끝이 없도다

성세영의 『유백두산기행록』에 흐르는 백두산 정서 역시 이와 같은 맥락에서 벗어나지 않는다. 백두산이 우리 민족의 성지라는 인식 속에서 영험한 천지의 모습을 묘사한 것이나, 그 정서적 공감을 표현하며 단군시대 '구변진단도(九變震檀圖)' 등을 언급한 것도 이를 뒷받침하는 부분이다.

[교력]
성세영의 대종교 교력을 살피면 비교적 이른 시기에 입교(入教)한 것이 확인된다. 물론 그의 입교와 관련된 문서는 전하지 않으나, 성세영 스스로 적은 행장(行狀)에는 1910년에 입교한 것으로 되어 있다. 나철 등과 을사오적 주살 사건부터의 인연이 작용했을 것이다. 해방 이후 성세영의 교력을 정리한 단애 윤세복의 다음 기록에서도 엿볼 수 있다.

"삼가 대형(大兄, 성세영을 말함-인용자 주)을 생각하면, 천성이 단정하고 공검(恭儉)하여 매사 남과 교제함에 정성으로 하였다. 30세가 되기 전에 청년 서생(書生)으로 망국의 통한을 품은 채 홍암대종사(弘巖大宗師, 나철-인용자 주)를 배방(拜訪)하여 그 친자(親炙)와 신임을 받았다."

성세영의 대종교 입교가 경술국치(1910년 8월 29일) 직후임을 알 수 있다. 또한 당시 나철로부터 친히 가르침을 받은 인물임이 확인된다. 이후 그는 십 수 년 동안 태백산 남북을 오가며 교세확장을 위해 고군분투하였다. 그가 휴대한 것은 대종교경전과 우애록(友愛錄, 대종교 교인 명단) 1책이었다 한다. 안타깝게도 이 시기 그의 교력과 관련한 문서는 일체 전하지 않는다. 성세영이 다시 등장하는 것은 1922년 윤5월 9일(음력, 이하 음력) 성일시교당(星一施教堂)의 찬무(贊務, 부책임자)로 임명된 기록에서다. 경북 성주(星州)에 소재했던 성일시교당은 백당(白堂) 신태윤(申泰允)이 전무(典務)를 맡아 이끌고 있었다. 그리고 1922년 10월 21일, 성세영은 영계(靈戒)와 함께 참교(參教)의 교질(教秩)을 받았다. 입교한 지 10년이 지난 후였다. 또한 같은 날 대종교 남일도본사 소속의 시교원(施教員)으로도 임명되어 지역 포교의 일선에 섰다. 그 노력으로 그 해 12월 23일 산선시교당(山善施教堂)과 월선시교당(月善施教堂)을 개척하여 그 책임을 겸하여 맡았다.
일제강점기인 1922년 1월 25일부터 1923년 6월 26일까지

설치된 당시 대종교의 교세현황을 보면 지사(支司)와 시교당 수가 48곳에 이른다. 그러나 국내의 시교당 수는 다음과 같이 겨우 6곳에 불과하였다.

교당명칭	소재지	설치시기	대표자	소속
여일시교당 (礪一施教堂)	전북 익산군 여산면 호산리	1922. 4.25	박택규 (朴宅圭)	남일도본사
성일시교당 (星一施教堂)	경북 성주군 초전면 월곡리	1922. 5. 9	신태윤 (申泰允)	남일도본사
경일시교당 (景一施教堂)	충남 논산군 강경읍	1922. 7.23	김재형 (金載炯)	남일도 제이 지사
일선시교당 (一善施教堂)	전남 순천군 서면 판교리	1922. 9.14	김백 (金白)	남일도 제이 지사
월선시교당 (月善施教堂)	경북 성주군 초전면 월전리	1922.12.23	성세영 (成世英)	남일도 제삼 지사
산선시교당 (山善施教堂)	경북 성주군 성주면 경산동	1922.12.23	성세영 (겸임)	남일도 제삼 지사

대종교의 시교당이 국외에 비해 국내에 8분의 1밖에 설치되지 못한 것이다. 이것은 대종교의 국내활동이 얼마나 어려웠던가를 보여주는 단적인 사례다. 더욱이 국내 6곳의 시교당 가운데 3곳이 성주 지역에 있었으며 그 중 3곳을 성세영이 책임지고 있었다는 것도 주목할 부분이다.
해방이 되자 성세영은 1945년 만주로부터 환국한 총본사(總本司)와 연락하여 또 다시 고향인 성주군 초전면(草田面)에 고선시교당(高善施教堂)을 위시하여 13개 교당을 세워 포교에 힘썼다. 이에 대종교에서는 성세영을 1946년 5월 11일 지교(知教)의 교질과 더불어 경의원(經議院) 참의(參議)로 임명하였으며, 1947년 2월 20일에는 상교(尙教)의 교질로 승질(陞秩)시켰다. 그러나 6·25전쟁을 맞아 모든 활동이 휴지기로 접어든다. 전쟁이 끝나자 성주의 지역적 중요성 인식한 대종교에서는 교단 차원에서 재건을 위한 노력을 기울였다. 당시 교주였던 윤세복은 만취(晩翠) 성하식(成夏植) 등을 대동하고 이 지역 성세영을 찾았다. 성세영은 아픈 몸에도 불구하고 일어나 윤세복과 함께 시교당 복원에 나섰다. 그러한 노력으로 1954년 12월 10일 성주지사(星州支司)를 세워 성세영을 책임자(典務)로 선임하고, 고선(高善)·자선(紫善)·산선(山善)·문선(文善) 등 여러 시교당을 부활시켰다. 대종교에서는 성세영의 이러한 공로를 인정하여 정교(正教) 교질과 동시에 대형(大兄)의 교호(教號)를 수여하였다.
성세영은 노구를 이끌고 포교의 일선에서 노력하다가 1955년 윤3월 8일 노환으로 숨을 거두었다. 이에 대종교 교주 윤세복은 1955년 5월 13일 성세영의 추도식을 대구에서 개최하고 직접 고결문(告訣文)을 만들어 성세영의 약력을 기리기도 했다.

[참고문헌]
『대종교보』제54호·제56호(1922년)·제150호(1946년)·제153호(1947년), 『본사행일기』(성세영, 필사본, 1922), 『天祖檀君』(성세영, 필사본, 연대미상), 『倍達皇祖』(성세영, 필사본, 연대미상), 『한얼노래(神歌)』(이극로 엮음, 대종교총본사, 1942), 『대종교경전(한글판)』(대종교종경사편수위원회, 대종교총본사, 1969), 『대종교중광육십년사』(대종교총본사, 1971), 『황성신문』1909.7.25., 『중외일보』1930.1.23., 「나의 불교 믿게 된 경로」(해경거사, 『불교』, 불교사, 1930), 『譯解倧

經四部合編』(정열모 편, 대종교총본사, 1949), 『裸翁文集』(성세영, 石版本, 1979), 『한국민족주의역사학』(한영우, 일조각, 1994), 『백암박은식전집』제2권·제6권(동방미디어, 2002), 「백암 박은식과 대종교」(김동환, 『백암학보』제1집, 백암학회, 2006), 「성세영 『본사행일기』와 관련한 1920년대 대종교의 국내활동」(김동환, 『국학연구』제12집, 국학연구소, 2008), 「성세영 『본사행일기』의 '삼일신고도해'와 '천조단군'」(최윤수, 『국학연구』제12집, 국학연구소, 2008), 「성세영(成世英)의 『본사행일기』에 나타나는 인물 분석」(황영례, 『국학연구』제12집, 국학연구소, 2008), 「일제강점기 대종교인 成世英의 백두산 여행과 영토의식」(정욱재, 『역사와 담론』제64집, 호서사학회, 2012), 「대종교 성지 청파호 연구—종교지리학적 관점을 중심으로—」(김동환, 『국학연구』제17집, 국학연구소, 2013)

성하식(成夏植, 남, 1881-1958)

아호(별명) _ 만취(晚翠), 성세영(成世英)
입교 시기 _ 1921년 | 교질 _ 정교 | 서훈 _ 애족장(1990)

성하식

충청북도 영동군(永同郡) 매곡면(梅谷面) 유전리(楡田里) 출신으로 초명은 성세영(成世榮)이다. 그러나 경상북도 상주군(尙州郡) 모동면(牟東面) 정양리(正陽里)로 출계(出系)하여 그곳이 본적으로 되어 있다. 일찍이 본적지의 한문사숙에서 5년간을 수학하고 김천군(金泉郡) 계산측량학교(稽山測量學校)에 입학하여 1908년 졸업하였다. 그 후 측량업에 잠시 종사하다가 1911년 영동군에 있는 사립광신학숙(私立廣新學塾)의 교원으로 임명되어 2년간 재직하였다.

1913년 만주 길림성(吉林省)으로 몽강현(濛江縣)으로 이주하여 그곳에 신창소학교(新昌小學校)를 설립하고 2년간 후학을 양성하는가 하면, 1916년에는 화전현(樺甸縣)으로 넘어가 길창소학교(吉昌小學校)를 세우고 3년간을 시무한다. 또한 성하식은 이곳에서 후학을 양성하는 한편, 대종교지도자인 박우진(朴宇鎭) 등과 1918년 4월에 발기된 동성한족생계회(東省韓族生計會)에 화전현을 대표하여 발기인으로 참여하였다.

1919년에는 무송현(撫松縣)에서 조직된 대종교항일단체 흥업단(興業團)에 가담한다. 흥업단은 대종교의 핵심이었던 윤세복(尹世復)·김혁(金赫)·김호익(金虎翼) 등이 주도한 것으로, 표면상으로는 산업을 진흥시키며 한국동포 간의 순수한 친목을 도모한다고 표방하였지만 실제로는 항일투쟁단체였다. 성하식은 이 단체의 재무부장(財務部長)을 맡아 3년을 종사했다. 1926년에는 하얼빈 동쪽의 빈현(賓縣)으로 옮겨가 그곳에 신흥소학교(新興小學校)를 설립하고 3년간을 종사하였다. 성하식이 대종교 항일단체인 신민부(新民府)의 고문을 맡은 것도 이 시기로, 백순(白純)·강인수(姜寅秀)·이옥규(李沃圭)·이재유(李在阳)·오근태(吳根泰)·이현익(李顯翼)·류우식(柳佑植)·우덕순(禹德淳)·이성우(李成宇)·지장회(池章會)·현천극(玄天極)·윤세영(尹世榮)·이정(李楨)·나정련(羅正練)·김영숙(金永肅)·박찬익(朴贊翊) 등, 대종교 동지들이 함께 하였다. 신민부 역시 대종교 계열의 독립운동 단체로 대종교의 이상이었던 배달국 공화주의 정치형태를 추구한 조직이었다.

성하식은 1929년경에 하얼빈 남쪽의 유수현(楡樹縣)으로 이동하였다. 그곳에서 대종교 유성시교당(裕成施教堂)을 세워 포교에 나서는가 하면, 그 부속소학교(附屬小學校)를 병설하여 2년 간 활동하였다. 성하식이 유수현 한국독립당을 조직하여 활동한 것도 이 무렵이다. 1930년 11월 대종교 동지인 공심연(公心淵)·이규채(李圭彩) 등과 한국독립당 유수현 동구지부(東溝支部)를 조직한 것이다. 유성시교당 부속소학교에서 만들어진 이 동구지부는, 당시 공심연(공창준과 동일 인물)이 지부장을 맡았고 성하식이 정치부장을 담당하였다. 또한 김벽파(金碧波, 선전부·조직부 겸임)와 김동파(金東坡, 경제부) 등 21명의 당원이 활동하였다.

성하식의 대종교 교력을 살피면, 1921년 개천절(開天節, 음력 10월 3일)에 입교하여 그 다음 해에 길림성 부여현(扶餘縣)에서 삼성시교당(三成施教堂)을 개척하였다. 그의 입교 시기가 대종교 항일단체인 흥업단에서 활동하던 시기임을 알 수 있다. 그리고 1924년에 영계(靈戒)와 함께 참교(參教)의 교질(教秩)을 받았으며, 그 해 8월 1일(음력, 이하 음력)에는 북일도본사 소속으로 빈현을 관할하는 순교원(巡教員)에 임명되었다. (아래 표 참조)

성명	관할도구	관할구역	서임연월일	통신처
김영선(金榮璿)	북일도본사(北一道本司)	아성구(阿城區)	1924년 음8월 1일	아성현 취원창가(阿城縣 聚源昶街)
이헌(李憲)	동일	부여구(扶餘區)	동일	합장선 도뢰소 삼흥학교(哈長線 陶賴昭 三興學校)
공창준(公昌準)	동일	유수구(楡樹區)	동일	유수현 동아의원(楡樹縣 東亞醫院)
성하식(成夏植)	동일	빈현구(賓縣區)	동일	빈현 신전가 덕흥합(賓縣 新甸街 德興合)

1929년에는 유수현에 대종교 유성시교당을 설립하여 포교에 앞장섰으며, 이러한 공로로 1931년 지교(知教)의 교질에 오르면서 대종교총본사의 전범(典範)으로도 임명되었다.

한편 대종교는 이미 1926년 만주 당국이 내린 포교금지령으로 인해 표면적 활동이 거의 불가능한 상태였다. 더욱이 만주사변(滿洲事變) 발발하자 윤세복 교주를 비롯한 성하식 등 대종교 간부들은 밀산현(密山縣)으로 들어가 와신상담하였다. 그러나 은둔으로 들어간 대종교 교주 윤세복은 1933년 어천절(御天節, 음력 3월 15일)을 기해 시국의 정면 돌파를 선언했다. 윤세복은 밀산현 당벽진(當壁鎭) 소재 대일시교당(大一施教堂)에서 어천절 경하식(慶賀式)을 거행한 후 다음의 의지를 밝혔다.

"우리 대교(大教, 대종교-인용자 주)가 중광한 지 25년 동안 피일본의 무리한 박해를 늘 받아왔으나 지금 시국의 정세는 더욱 변천되고 갈 데 올 데가 없는 오늘날 나는 한배검의 묵시를 받고 자신 순교의 길을 떠나는데, 만일 피당국의 양해를 얻으면 '국수망이나 도가존(國雖亡이나 道可存)'이라 하신 신형(神兄, 홍암 나철-인용자 주)의 유지를 봉승할 것이요, 또 불여의하면 나의 일신을 희생하여 선종사(先宗師, 무원 김교헌-인용자 주)의 부탁하신 대은(大恩)을 갚겠노라"

자신의 희생을 토대로 대종교 재건을 이루겠다는 의지였다. 윤세복은 대종교총본사를 당벽진에서 임시로 밀산현 평양진(平壤鎭) 신안촌(新安村)으로 이전하고 대종교 재건의 길을 떠났다. 그리고 대종교총본사의 사무를 성하식에게 위임하고 영안현(寧安縣)으로 이동하였다. 성하식은 심계(心溪) 최익항(崔益恒)과 총본사의 업무를 갈무리하면서, 1934년에는 대종교 북일도본사 유수구를 관할하는 순교원으로도 임명되어 동분서주하였다.

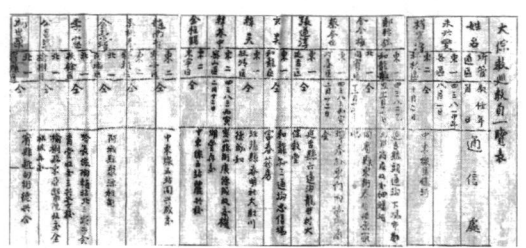

1926년 대종교만주포교금지령 이후 만주 당국에 압수된 대종교단 내 문서 중의 일부. '대종교순교원일람표'의 맨 마지막 윗부분에 成世榮(성하식)이란 이름(네모 안)이 보인다.

이후 성하식은 영안현 동경성(東京城)에 자리 잡은 대종교총본사를 중심으로 시무하였다. 1937년 1월 15일에는 총본사 전강(典講)으로 임명되어 대종교의 교육·출판 활동의 총책임을 맡는가 하면, 같은 날 대종교총본사에 병설된 대종학원의 원장도 겸임하게 된다. 또한 다음 해인 1938년에는 대종교의 원로원 격인 경의원(經議院)의 참의(參議)로도 피선되면서 대종교 핵심으로 자리 잡았다.
그러나 성하식은 만주에서의 오랜 세월 격무(激務)로 인해 몸이 쇠약해지고, 집안의 일이 있어 정양(靜養) 차 국내로 들어왔다. 경북 김천읍 당곡동(堂谷洞)에 자리 잡고 몸을 추스리던 중, 1942년 대종교지도자 일제 구속 사건인 임오교변(壬午敎變)이 발발했다. 임오교변은 일제가 식민지 지배를 영구히 하고자 하는 목적으로 일제에 총체적으로 항거하는 대종교를 없애기 위한 정책적인 조치로서, 일제 강점기 희대의 종교적 탄압 사건이었다. 이것은 대종교라는 종교단체가 바로 항일독립운동의 본거지로서, 대종교의 포교와 교육 활동 그리고 한글과 우리 역사에 대한 연구 작업 모두가 조국광복을 위한 노력으로 귀착되었다는 점과 연관된 것이다.
이 사건으로 대종교 교주 윤세복을 비롯한 대종교지도자 25명이 국내외에서 동시에 체포되었다. 성하식 역시 1942년 11월 19일 경북 김천읍 당곡동에서 기습적으로 검거된다. 그러나 성하식은 김진호(金鎭皓)·안용수(安龍洙)·이종

주(李鍾洲) 등의 대종교 동지들과 직접적 혐의사실이 없다는 이유로 즉시 석방되었다.
해방이 되자 대종교총본사도 국내로 환국하였다. 성세영은 대종교 환국 직후인 1946년 3월 24일 경의원 참의로 선임되었다. 그리고 한 달 후인 4월 20일에는 남도순교원(南道巡敎員)을 겸임하면서 대종교 재건의 중추를 담당하였다. 이러한 노고로 1947년 6월 10일, 성하식은 마침내 정교(政敎)의 교질로 승질(陞秩)됨과 함께 대형(大兄) 교호(敎號)을 받게 된다. 당시 대종교에서 내린 성하식의 정교 승질 덕담(德談)은 '연령과 덕행이 높으며 종교적 노고를 흠앙함(齒德幷高 欽仰賢勞)'이었다.
성하식은 1948년 12월 2일부터 1개월 간 개최된 갑종강습회(甲種講習會)에서도 학무(學務) 책임을 맡아 강습회의 성공적 진행을 이끌었다. 이 강습회는 대종교총본사 직원 및 중견 교우 50여명을 대상으로 진행된 것으로, 정관(鄭寬)이 회장을 맡았고 김승학(金承學)이 총무를, 그리고 엄주천(嚴柱天)이 재무(財務)를 담당하며 이끌었다. 또한 강사로는 교주 윤세복을 비롯하여 조완구(趙琬九)·정열모(鄭烈模)·김영숙(金永肅) 등이 수고하였다. 이후 1949년 2월 16일에는 총본사 전범(典範)으로 임명되는가 하면, 1950년 5월 7일 제7회 교의회 개정에 의해 만들어진 원로원의 참의로 선임되었다. 또한 1953년에는 원로원의 부원장으로까지 올랐으며, 1957년 11월 18에는 여든을 바라보는 나이에도 대종교상주지사(大倧敎尙州支司)의 전무(典務, 책임자)를 맡아 노익장을 과시했다. 대종교의 지사란 도본사(道本司)가 설치되지 않은 곳에 둔 기관으로, 총본사에서 직할하였던 기구였다. 당시 전국에 5곳의 지사가 설치되었는데, 성하식의 상주지사 외에 강진구(姜鎭求)의 부여지사, 성세영(成世英)의 성주지사, 김승학(金承學)의 부산지사, 신태윤(申泰允)의 광주지사 등이 있었다.
그러나 성하식은 상주지사의 책임을 맡은 지 6개월 후인 1958년 6월 29일 노환으로 별세했다. 홍업단으로부터 해방 이후까지 성하식의 종교적 도반(道伴)이자 항일투쟁의 동지였던 윤세복이 기록한 성하식의 덕행에 대한 추모를 여기 적어 본다.

"(성하식은) 위엄이 있으나 따뜻하고 행함의 뜻이 분명한 선비였다. 악을 척결함에 원수와 같이 하고 스스로를 버리고 어짊을 좇아 처신하며 일을 대함에 공경으로 하고 재산을 관리함에 청렴으로 하였다. 몸은 비록 약했으나 기운이 굳건했으며 학문이 순수하여 이치에 밝았고 어머니를 지극한 효도로 섬겼으며 가르쳐 깨우치는 데 많은 힘을 쏟았다. 향속을 감회시키매 후배들 역시 우러러 흠모하였으며 뜻이 정성되고 말이 간명하였다. 늘 대종교를 걱정하는 마음을 품고 시대를 한탄하는 마음을 그치지 않았다."

[참고문헌]
『대종교보』 제113호(1937년)·환국기념호(1946년)·제150호(1946년)·제154호(1947년)·제161호(1949년)·제166호(1950년), 『대종교인과 독립운동연원』(이현익, 프린트본, 1963), 『대종교독립운동사』(박영진, 필사본, 1964), 『대종교중광육십년사』(대종교총본사, 1971), 『大倧敎施敎堂一覽表(1926年)』(延边朝鲜族自治州档案馆 全宗号42 目录号1 案卷号343, 和龙县历史档案 和龙县警察所, 令各区

查禁韓人设立大倧教堂由, 民国十五年五月十二日), 「排日鮮人의 動靜에 관한 건」(不逞團關係雜件-朝鮮人의 部-在滿洲의 部6, 政機密 제14호, 한국사DB, 국사편찬위원회) 『한민족독립운동사자료집』 43(국사편찬위원회, 2000)

성호(成虎, 남, 생몰 미상)

아호(별명) _ 묵제(黙齊)
입교 시기_ 1913년 | 교질 _ 지교

출신지역과 생몰연대를 확인할 수 없는 인물이다. 일제의 기록에서도 성호(成虎)라는 이름은 등장하지 않는다. 그의 이름이 가명일 가능성도 배제할 수 없는 부분이다. 그는 1910년대 초반 서간도 무송현(撫松縣) 중심으로 활동하면서 대종교 항일투쟁을 전개하던 중, 일제의 사주를 받은 만주 당국에 의해 윤세복(尹世復)·김동평(金東平)·윤필한(尹弼漢)·이재유(李在囿)·박상호(朴尙鎬)·김남호(金南浩) 등 30여명의 대종교 동지들과 투옥되었다.
대종교단에서 무송옥사(撫松獄事)로 명명되는 이 사건은, 신규식(申圭植)·조성환(曺成煥) 등 대종교지도자들과 무송현의 중국인 유승당(由升堂)의 노력으로 3년 감옥 생활만에 풀려났다. 무송옥사는 독립운동사에서 보면 해외 집단투옥의 효시로, 교우(敎友, 성명 미상) 1명이 순국하는 안타까운 사건이었다. 성호 역시 3년의 옥고를 치르고 풀려났으나 이후 행방불명이다.
성호의 대종교 교력을 살피면 1913년 어천절(御天節, 음력 3월 15일)에 참교(參敎)의 교질(敎秩)을 받은 기록이 있다. 그의 대종교 입교가 그 이전에 이루어졌음을 알게 해 준다. 또한 같은 날 함께 참교를 받은 인물들이 백철(白哲, 대종교지도자 백순의 장남)·김경오(金京五)·남형우(南亨祐)·현호(玄昊)·장수(張修)·김현(金玄)·안태진安泰鎮, 안중근의 백부)·현갑(玄甲, 현천묵의 장남) 등, 대종교의 핵심인물들이었다. 더욱이 1914년 음력 1월 30일에는 서일(徐一)·윤세복·윤정(尹錠) 등과 지교(知教)의 교질을 받은 것으로 보아, 그의 대종교단 내에서의 위치 역시 상당했을 것으로 추정된다.

[참고문헌]
『종문영질』(프린트본, 1922), 『대종교인과 독립운동연원』(이현익, 프린트본, 1963)

성홍석(成洪錫, 남, 생몰 미상)

입교 시기_ 1911년 이전 | 교질 _ 참교

출신지역과 생몰연대가 불분명한 인물로, 관립공업전습소 금속공학과 2회 졸업생이다. 공업전습소 재학 중인 1908년 9월, 동기이자 후일 대종교의 절친한 동지인 박찬익(朴贊翊)의 주도로 발족한 공업연구회에 참여하여 평의원과 부회장으로 활동했다.

공업연구회는 공업전습소 학생 전원이 회원으로 참여한 모임으로, 사회의 지도층 인사들이 찬성원(贊成員)이 되어 이 연구회의 활동을 적극 지원했다. 또한 임원(박찬익이 회장으로 활동함)과 편집부 임원들은 공업연구회의 운영 계획과 월보(月報)인 『공업계(工業界)』를 창간 발행하면서 찬성원의 지도와 후원을 받았다. 박찬익이 발행인이었던 『공업계』 간행에도 성홍석은 편집원으로 참여하였다. 당시 편집부의 주요 임원을 보면 아래와 같다.

편집부장　　　신규식
검 정 원　안형중(安衡中), 황형수(黃瑩秀), 최익진(崔翼進), 김연필(金演弼), 이종승(李種升), 장익현(張翼鉉), 이범규(李範圭), 김원식(金遠植), 이필하(李弼夏), 이용훈(李容薰), 최천필(崔天弼), 남증희(南曾熙)
편 집 원　성홍석, 선영익(宣永益), 박승익(朴勝益), 홍상의(洪相義)

공업전습소를 졸업한 성홍석은 1910년부터 20년대 중반까지 공업전습소 기수(技手), 경성공업전문학교 조교수, 경성공업학교 교유(敎諭) 등을 지내면서 공업교육에 몸을 담았다. 또한 이 시기 사회운동에도 눈을 돌려 노동자들의 권익 신장에도 앞장섰다. 1921년 3월 13일 조선노동공제회 예비 총회에서는 대종교의 중심인물들인 고순흠(高順欽)·김교준(金敎準)·김명식(金明植)·이경희(李慶熙)·신백우(申伯雨) 등과 4월 3일 개최된 본회 대표로 선출되는가 하면, 같은 해 7월 15일 경성 관수동 70번지에서 결성된 조선노동공제회 소비조합에 이사로 선출되기도 했다. 1922년 10월 15일에는 조선노동공제회가 해체되고 새롭게 조선노동연맹회가 결성되었다. 이에 참여한 노동단체는 인쇄직공친목회·노우회(勞友會)·이발조합(理髮組合)·전차종업원회(電車從業員會)·양복직공조합·조선노동공제회·진주노동공제회·대구노동공제회·안동노동공제회·감포노동공제회·반도고무직공조합 등 10여개 단체였으며, 『노동(勞動)』이라는 월간잡지도 발간키로 하였다. 성홍석은 강달영(姜達永)·이기완(李基完)·김복성(金福成) 등과 이 연맹회의 상무위원(常務委員)으로도 선출되어 노동운동을 이어갔다.
한편 성홍석은 1924년 8월 3일 창립된 조선발명학회(朝鮮發明學會) 초대이사장으로도 추대되었다. 이 단체는 발명가의 필요성을 역설하며 설립한 단체로, 공업전습소와 경성공전 출신의 과학기술자들이 주축이 되었다. 그 목적은 '회원을 대상으로 공업 지식을 보급하고 발명적 정신을 향상' 하는 것으로, 구체적으로는 발명 특허 수속에 필요한 상담, 발명품의 설계, 원료의 감정 등의 일을 하고자 하였다. 이는 당시 진행 중이던 물산장려운동에 발맞추어 조선인이 소유한 중소기업의 제품 개발과 경영에 도움을 주고자 하는 취지에서 비롯된 것이었다.
성홍석의 대종교 교력을 살피면, 박승익(朴勝益)·김원식(金遠植) 등 공업전습소의 동기들과 1911년 중광절(重光節, 음력 1월 15일)에 참교(參敎)의 교질(敎秩)을 받은 기록이 있다. 그의 입교 시기가 공업전습소 재학 중에 이루어졌음을 알게 해 준다.

공업전습소 동기로서 대종교 동지였던 박찬익과 박승익이 북간도로 넘어가 대종교 항일투쟁의 기지 건설에 앞장섰다면, 성홍석은 국내 포교 거점 확보에 남다른 노력을 기울였다. 그 대표적인 노력이 충남 공주 지역에 포교 및 시교당 설립 활동이다. 성홍석은 1911년 1월 17일 공업전습소 출신의 손형순(孫亨淳)과 함께 공주로 내려가 임헌일(林憲一, 당시 공주보통학교 학무위원)과 김재면(金在勉, 당시 명화학교 학감) 등과 명화학교(사립), 공주보통학교(공립), 공주농림학교(도립)를 대상으로 대종교 포교를 전개하였다. 임헌일과 김재면 역시 성홍석과 공업전습소 동기로서 1911년 중광절에 참교의 교질을 함께 받았다. 특히 이 두 사람은 각기 1911년 1월 15일(음력)과 2월 27일(음력)에 시교사(施敎師)로도 임명된 인물들이다. 성홍석 등은 『단군교포명서』와 『단군교오대종지서(檀君敎五大宗旨書)』를 배포하며 포교 활동을 전개하여 명화학교 교감 김석희(金碩熙)를 입교시키고, 그의 자택에다 대종교 공주시교당(公州施敎堂)까지 개설하였다.

[참고문헌]
『倧令』 제3호(1911년), 『종문영질』(프린트본, 1922), 『공업계』 제1호~제4호(공업월보사, 1909), 『社寺宗敎』(조선총독부내무부지방국지방과, 1911), 『조선총독부및소속관서직원록』(조선총독부, 1910~25년도판), 『동아일보』 1922.10.18, 20, 1923.3.5, 『독립운동사자료집(대종투쟁사자료집)』 14(독립운동사편찬위원회, 1978), 『한국잡지백년』 1(최덕교, 현암사, 2004)

소진극(蘇眞極, 남, 생몰 미상)
입교 시기_ 1914년 이전 | 교질_ 지교

출신지역과 생몰연대를 알 수 없는 인물로, 일제의 문서에서도 찾을 수가 없다. 그러나 1910년대 초반에 대종교에 입교하여 대종교계 항일투쟁의 거물들과 어깨를 나란히 한 것으로 보아, 상당한 비중을 가진 인물일 듯하다. 소진극은 1914년 1월 13일(음력, 이하 음력) 엄호(嚴浩)·채규오(蔡奎伍)·김백(金白) 등의 항일투사들과 참교(參敎)의 교질(敎秩)을 받았다. 그리고 1917년 11월 20일 지교(知敎)의 교질로 올랐다. 당시 함께 지교를 받은 인물들로도 임도준(任度準)·양현(梁玄)·한승묵(韓承默)·김혁(金赫) 등 항일투쟁의 중진들이었다. 1922년 3월 14일에는 대종교 동일도본사(東一道本司) 제일지사(第一支司)의 규사감정(規事監正)을 맡아 한승묵·엄호·김려환(金勵煥)·이민혁(李敏赫) 등과 제일지사를 이끌었다. 흥미로운 것은 이들 모두가 대한군정서(북로군정서)의 주요 구성원이었다는 점이다. 또한 당시 동일도 제1지사는 대한군정서의 총재부가 있던 왕청현 덕원리에 그 근거를 두고 왕청과 혼춘의 교구를 관할하였다. 소진극과 함께 제일지사의 구성원들이 대한군정서가 흩어진 후에도 대종교 네트워크를 통해서 계속 활동하고 계속 활동하고 있었음을 보여주는 부분이다.

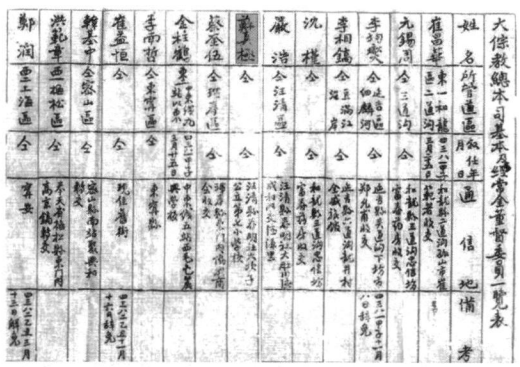
1926년 만주대종교포교금지령으로 인해 압수된 대종교 문건에 실려 있는 '大倧敎總本司基本及經常金董督委員一覽表'. 가운데 맨 위에 蘇眞極(네모 안)이라는 이름이 보인다.

소진극은 1924년 3월 25일에는 '대종교총본사 기본 및 경상금 동독위원(大倧敎總本司基本及經常金董督委員)'으로 임명되면서, 대종교의 경제를 관리·감독하는 중심에 섰다. 더욱이 소진극과 함께 한 위원들이 이상호(李相鎬)·심근(沈權)·엄호·채규오·최익항(崔益恒)·정윤(鄭潤)·한기중(韓基中) 등과 같이 대종교의 중진이자 항일투쟁의 거물들이고 보면, 소진극의 대종교 항일투쟁에서의 비중 역시 쉽게 유추가 된다. 당시 소진극은 엄호와 더불어 왕청 지역을 관할하는 위원이었다. 또한 그의 연락처가 왕청현 춘명사(春明社) 대감자(大坎子)의 공립제7소학교(公立第七小學校)이고 보면, 그가 그 학교의 교직원으로 근무했을 가능성을 높게 해 준다.

[참고문헌]
『종문영질』(프린트본, 1922), 『대종교중광육십년사』(대종교총본사, 1971), 『大倧敎施敎堂一覽表(1926年)』(延边朝鲜族自治州档案馆 全宗号42 目录号1 案卷号343, 和龙县历史档案 和龙县警察所, 令各区查禁韩人设立大倧敎堂由, 民国十五年五月十二日)

손경수(孫景壽, 남, 1902-1942)
입교 시기_ 1922년 이전 | 교질_ 미상

경상북도 경주군 경주읍 노동리(路東里) 출신으로, 고향에서 경주공립보통학교를 졸업한 인물이다. 대구에서 3.1독립만세운동에 가담하였다가 보안법 위반으로 검거되었으나 불기소 처분으로 풀려났다. 1920년 경성전수학교에 입학하여 1923년 졸업한 이후 한성상업학교(漢城商業學校, 현 한성고등학교의 전신)에 적을 두고 후학 양성에 전념하였다. 손경수가 1942년 2월 4일 사망하자 한성상업학교에서는 학교장으로 그의 장례를 치를 정도로 인연이 깊었다.

손경수는 조선음성학회(朝鮮音聲學會)에도 참여하여 우리말연구에 노력하였다. 조선음성학회는 1935년 4월 언어연구를 위하여 조직된 학술단체로, 손경수를 비롯하여 김상용(金尚鎔)·김선기(金善琪)·김성수(金性洙)·김억(金億)·김윤경(金允經)·박승원(朴勝源)·방종현(方鍾鉉)·서항석(徐恒錫)·양주동(梁柱東)·이극로(李克魯)·이숭녕(李崇寧)·이하윤(李河潤)·이헌구(李軒求)·이희승(李熙昇)·정인섭(鄭寅燮)·조용만(趙容萬)·최현배(崔鉉培)·함대훈(咸大勳)·홍기문(洪起文) 등 20여명의 발기로 창립된 학회다. 사무소는 조선어학회(朝鮮語學會) 내에 두었고, 창립 이후 수시로 연구회나 강연회를 개최하여 자체의 교양에 힘썼다. 손경수 역시 '희랍어음(希臘語音)에 대하여'라는 제목으로 강연도 하였다.

손경수의 대종교 영계(靈戒) 사항이나 교질(敎秩)과 관련된 교단 내의 기록은 전하지 않는다. 다만 1922년 음력 10월에 작성된 『본사행일기(本司行日記)』에는, 그 작성 시기 이전의 경상도 지역 주요 교인으로 손경수가 올라 있다. 그의 대종교 입교 시기가, 3.1독립만세운동 무렵으로부터 경성전수학교 입학 시절일 것으로 추정할 수 있는 부분이다.

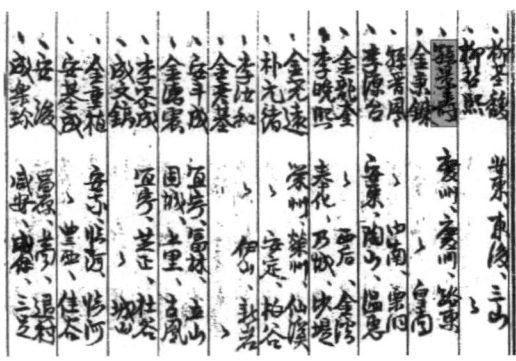

성세영의 『本司行日記』(1922년)에 적혀 있는 1922년 이전 경상도 지역 대종교인 명단의 일부. 오른 쪽 상단에 慶州 路東의 孫景壽(네모 안)라는 이름이 보인다.

[참고문헌]
『본사행일기』(성세영, 필사본, 1922), 『조선총독부관보』제2360호(1920년)·제3191호(1923년), 「孫景壽判決文」(대구지검, 1919.3.29.), 『조선일보』1935.4.26., 『동아일보』1935.4.26., 1935.9.28., 『매일신보』1940.2.13., 1942.2.6, 『국어음성학연구』(정인섭, 휘문출판사, 1973)

손공모(孫公模, 남, 생몰 미상)
입교 시기_미상 | 교질_미상

출신지역과 생몰연대가 불분명한 인물이다. 1924년 1월 길림 지역을 거점으로 의성단(義誠團) 외교부원으로 참여한 기록이 있다. 당시 편강열(片康烈)·임무(林武)·이동녕(李東寧)·이범윤(李範允)·김혁(金爀)·이장녕(李章寧)·김좌진(金佐鎭)·양기탁(梁起鐸)·최계화(崔桂和)·박관해(朴觀海) 등 대종교계 항일투사들과 남만주 철도 파괴, 관동군사령관 국내 관공서 파괴, 조선총독 암살, 평안북도 경찰부장 암살, 국내 전지역에서의 자금모집 등을 추진하였다.

1925년 1월에는 길림성 잡륜참(卡倫站)에 거주하면서 상해에 있는 의열단(義烈團)과도 긴밀히 연계하며 투쟁한 기록도 있다. 의열단에서 군자금 모집을 위해 북간도로 파견된 김현인(金鉉仁)과 태일한(太日韓)이 길장선(吉長線) 잡륜참에 있는 손공모의 방에 머물면서 그들의 임무를 수행하였다.

1926년 만주 당국에 압수된 대종교 문서 중의 일부. '大倧敎總本司基本及經常金收金委員一覽表' 명단 세 번째에 孫公模(네모 안)의 이름이 보인다.

손공모의 대종교 교력은 남아있는 것이 없다. 그러나 1926년 대종교만주포교금지령 당시, 만주 당국에 압수당한 대종교문서에는 손공모의 이름이 등장한다. 1924년 3월 25일(음력) '대종교총본사 기본 및 경상금 수금위원(大倧敎總本司基本及經常金收金委員)'으로 임명된 기록이 그것이다. 이경렬(李京烈)·김락(金洛)·윤각(尹覺)·조범석(趙範錫)·조수원(趙洙元)·이동희(李東熙)·안봉욱(安鳳郁) 등과 함께 이름을 올린 손공모는 길장선 잡륜참 북장가(北張家)에 거주하면서 윤각(윤복영)과 함께 길림성 잡륜구(卡倫區)를 관할하였다. 이들 모두가 항일투쟁의 중심에 있던 인물이면서 대종교의 중진들이었다. 손공모의 대종교에서의 위치가 상당했을 것으로 추정되지만, 그의 영계(靈戒) 사항이나 교질(敎秩)의 단계는 알 길이 없다.

[참고문헌]
「大倧敎施敎堂一覽表(1926年)」(延边朝鲜族自治州档案馆 全宗号42 目录号1 案卷号343, 和龙县历史档案 和龙县警察所, 令各区查禁韩人设立大倧教堂由, 民国十五年五月十二日), 「不逞鮮人의 行動에 관한 件」(不逞關係雜件-朝鮮人의 部-在滿洲의 部38, 公信 제29호-普通受 제42호, 한국사DB, 국사편찬위원회), 「義烈團 /策動」(不逞團關係雜件朝鮮人ノ部-別冊 義烈團行動 附 金元鳳, 關機高收第2171號ノ1/機密受第130號, 한국사DB, 국사편찬위원회)

손기린(孫基麟, 남, 1870-?)

입교 시기_ 1910년 | 교질_ 참교

경상북도 대구부 해서부면(解西部面) 상향리(上香里) 출신이다. 대한제국 국립병원인 광제원(廣濟院)의 임시위원(臨時委員)을 지낸 기록으로 보아 의료부문에 관여한 인물로 추정된다.

손기린은 1910년 10월 23일(음력) 대종교 순교원(巡教員)으로 임명되었다. 그의 대종교 입교가 그 이전에 이루어졌음을 알 수 있다. 그 해 10월 시교사(施教師)를 받은 인물로는 김서규(金瑞奎)·조완구(趙琬九)·김교준(金教準)·서광숙(徐光肅)·류정구(柳貞姤, 여)·김익한(金益漢)·김재면(金在勉)·임헌일(林憲一) 등이다. 또한 박승익(朴勝益)·이덕용(李德用)·류영락(柳榮樂)·이섬호(李暹鎬)·유문종(劉汶鐘)·차경휘(車庚暉)·맹정순(孟鼎淳)·김규식(金奎植) 등이 손기린과 같은 시교원으로 임명되었다. 모두 당대 비중 있는 인물들임을 알 수 있다.

손기린 역시 대종교 초창기에 상당한 역할을 했을 것으로 추정되나, 1911년 중광절(重光節, 음력 1월 15일)에 참교(參教)의 교질(教秩)을 받은 기록 이후의 사항은 전하는 것이 없다.

[참고문헌]
『종보』제8호(1910년), 『倧令』제3호(1911년), 『종문영질』(프린트본, 1922), 『대종교중광육십년사』(대종교총본사, 1971), 『승정원일기』1902년 9월 3일.

손동일(孫東一, 남, 1892-1928)

아호(별명)_ 손동일(孫東日)
입교 시기_ 1910년대 | 교질_ 미상 | 서훈_ 대통령표창(2013)

경상북도 의성군 비안면(比安面) 창하동(倉下洞, 東部里) 출신으로, 본명은 손동일(孫東日)이다. 지역에서 명태상(明太商)을 하던 그는, 3.1독립만세운동이 발발하자 이에 호응하여 시위운동을 전개했다.

손동일은 1919년 3월 16일 경북 의성군 비안면 서부동 시장에서 김석근(金石根)·임재호(林在虎)·박후도(朴後度)·박홍섭(朴洪燮) 등과 함께 시위를 주도했다. 손동일은 약 30여명의 군중에게 태극기를 나누어 주고 주민들과 함께 독립만세운동에 참여하여 태극기를 흔들고 독립만세를 고창하며 활동하다가 보안법 위반으로 체포되어 징역 6월을 선고 받았다.

손동일의 대종교 교력은 대종교단 내에는 남아있는 것이 없다. 그러나 성세영(成世英)의 『본사행일기(本司行日記)』(필사본, 1922)라는 글 속에는 손동일이 대종교 1대 교주 홍암(弘巖) 나철(羅喆) 시대의 경상북도 지역 교인으로 적혀 있다. 나철이 순국한 때가 1916년 8월 15일(음력)이고 보면, 손동인이 대종교에 입교한 시기가 적어도 그 이전으로 올

라감 알 수 있다.

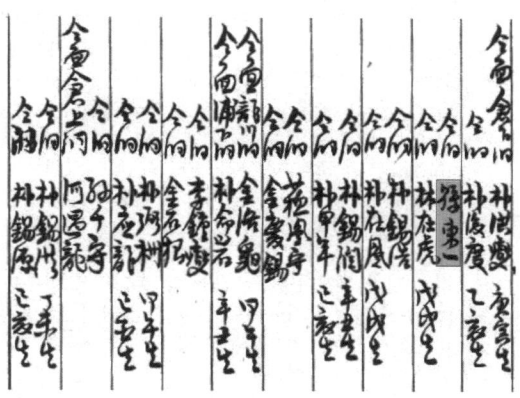

성세영의 『본사행일기』 속에 적혀 있는 1916년 이전 경북 지역 대종교 교인 명단의 일부. 오른 쪽에 孫東一(네모 안)이라는 이름이 보인다.

[참고문헌]
『본사행일기』(성세영, 필사본, 1922), 『孫東一判決文』(대구지방법원, 1919.4.7.), 『독립운동사』3(독립운동사편찬위원회, 1970)

손일민(孫一民, 남, 1884-1940)

아호(별명)_ 회당(晦堂), 손일민(孫逸民)
입교 시기_ 1910년대 | 교질_ 미상 | 서훈_ 애국장(1990)

경상남도 밀양군(密陽郡) 산외면(山外面) 다죽리(茶竹理) 출신으로, 본명은 손일민(孫逸民)이다. 경술국치 이후인 1912년 서간도로 망명하여 회인현(懷仁縣, 후일 桓仁縣)의 동창학교(東昌學校) 설립에 참여하였다.

1915년 12월(음력)에는 만주 길림(吉林)에서 우이견(禹利見)·주진수(朱鎭洙) 등과 협의하여 국권회복과 조선독립이 목적인 광복회(光復會)를 조직하고 국내에서의 독립단 형성을 목적으로 군자금 모집을 계획하였다. 국내로 들어온 손일민은 1917년 8월(음력) 서울 인사동의 어재하(魚在河)와 경북 풍기의 채기중(蔡基中) 집에서 광복회 명의의 포고문을 작성하여 경북과 충남의 자산가에게 우편으로 발송하는 등 군자금 모집 활동을 전개하였다.

1918년 길림(吉林)에서 3.1독립선언의 전주곡으로 발표된 「대한독립선언서(무오독립선언서)」에도 서명하였다. 이 선언서는 무오년 초부터 대종교의 인적 조직을 통하여 비밀리에 진행된 거사로, 대종교 교주였던 김교헌(金教獻)을 중심으로 여준(呂準)·정안립(鄭安立)·박찬익(朴贊翊)·정신(鄭信)·신팔균(申八均)·조소앙(趙素昻)·김좌진(金佐鎭)·이승만(李承晩)·안창호(安昌浩)·김약연(金躍淵) 등, 국외 항일운동 지도자 39이 서명하였다. 특히 그 서명자 39인 가운데 기독교인 7명과 종교 미확인 인물이 7명을 제외한 25명이 대종교인이다. 이 선언을 대종교선언으로 일컫는 이유다.

특히 이 선언에 담긴 혈전주의는 후일 만주무장항일투쟁의 정신적 지침이 되었다. 한편 이 시기 손일민은 대한독립단(大韓獨立團) 단장 조맹선(趙孟善)과 협력하여 항일투쟁을 펼치는가 하면, 1920년 1월에는 길림의 대한군정사(大韓軍政司)에 가담하여 여준·박찬익 등과 함께 무기운반에 관한 비밀회의를 열어 무장독립투쟁을 적극 지원하였다. 1925년 봄에는 만주 영안현(寧安縣)에서 대종교 항일단체인 신민부(新民府)를 조직하는 데도 가담하였다. 신민부의 이념 역시 대한군정서와 마찬가지로 대종교적 민족주의였다. 그것은 조선인의 민족정신, 즉 단군을 중심으로 한 민족정신을 배양하여 이상적인 국가인 '배달국'을 지상에 재건하려는 것이 목적이었다. 그러므로 손일민을 비롯하여 당시 주축이 되었던 대한독립군단계의 김좌진(金佐鎭)·남성극(南星極)·최호(崔灝)·유현(劉賢)·박두희(朴斗熙)나, 대한독립군정서계의 김혁(金爀)·조성환(曺成煥)·정신(鄭信) 등, 모두 대종교의 중심 인물들이었다. 손일민은 신민부의 검사원(檢査院)의 위원으로 추천되어 독립운동의 조직화와 그 체계화에 전심전력하였다. 당시 손일민과 더불어 검사원(檢査員)에 선임된 인물들을 보면, 현천묵(玄天默)·노호산(盧湖山)·김기남(金基南)·지장회(池章會)·양윤삼(楊允三)·강규상(姜奎尙)·황국민(黃國敏)·강인수(姜寅秀)·나중소(羅仲昭)·강명원(姜明鏡) 등 모두 대종교의 핵심들이었다. 1926년에는 대종교의 대선배인 윤복영(尹復榮) 등과 "길림현에 있는 각 하천 구역의 땅을 택하여 벼농사[水稻]를 통한 국리민복(國利民福)을 증진하여 전성(全省)의 모범이 되게 함"을 목적으로, 주식회사 길풍수전고분유한공사(吉豊水田股分有限公司)를 설립하였다. 이 역시 지역 한인들의 생활 향상과 독립운동의 안정적 자금확보를 위해 시도된 것이었다. 그러나 일제의 추적이 심해지자 1927년 하얼빈을 거쳐 북경으로 넘어가며 항일투쟁을 이어갔다. 1934년에는 한국독립당 북경지부에서 조성환의 지시 아래 활동하다가 이듬해 여름에는 남경으로 옮겨가 민족혁명당 결성에 참여하였다.
1937년에는 대한민국임시정부 임시의정원의 상임위원으로 선출되어 중국정부와의 유기적인 연락 관계를 맡아 임시정부의 안정에 지대한 기여를 하였다. 이 시기 임시정부는 계속 옮겨 다니는 형편이었기에, 손일민의 대중국(對中國) 역할은 임시정부 지도체제 안정에 상당한 도움이 되었다. 이후에도 한국국민당 이사로 추대되는가 하면, 의정원 의원으로도 선임되어 활동하였다.
손일민의 대종교 입교는 서간도로 망명한 1910년대 초반에 이루어졌다고 하나, 그 관련 기록은 남아있는 것이 없다. 그러나 대종교 항일투사 박명진(朴明鎭)이 기록한『대종교독립운동사』에 보면, 1910년대 후반 대종교 동일도본사(東一道本司)의 주요 교인으로 손일민의 이름이 올라 있다. 그가 1910년대 초반에 대종교에 입교했다는 것을 뒷받침해 주는 부분이다.
그 시기 동일도본사는 동만주로부터 국내 함경도 지역을 관할하던 대종교 교구였다. 손일민이 길림군정사 활동 및 「대한독립선언서」에 참여하던 시기와 맞물린다. 한편 동일도본사를 이끈 인물은 대종교지도자로, 중광단(重光團)

부터 대한정의단(大韓正義團), 대한군정서를 영도해 온 백포(白圃) 서일(徐一)이었다. 또한 손일민과 함께 동일도본사의 주요 교인으로 이름을 올린 인물들을 보면, 현천묵·여준·박찬익·정신·김동삼·김좌진·조성환·계화(桂和)·김규식(金奎植)·이홍래(李鴻來)·백순(白純) 등 수십 인을 헤아린다. 모두 항일투쟁의 거물들이란 점이 주목된다.

[참고문헌]
『대종교독립운동사』(박명진, 필사본, 1964),「支那 歸化鮮人 等의 吉豊水田股分有限公司 創立에 관한 건」(諺文新聞譯, 朝保秘 제1531호, 한국사DB, 국사편찬위원회),『무장독립운동비사』(채근식, 대한민국공보처, 1949),『한국독립사』하(김승학, 독립문화사, 1965),『朝鮮獨立運動』II (金正明, 原書房, 1967),『임시정부의정원문서』(국회도서관, 1974),『독립운동』3·4·5·6(독립운동사편찬위원회, 1972~1974),『민족해방운동과 나』(이강훈, 제삼기획, 1994)

손진욱(孫晋旭, 남, 생몰 미상)
입교 시기 _ 1926년 이전 | 교질 _ 미상

출신지역과 생몰연대를 알 수 없는 인물로, 일제의 문서에는 서진욱(徐晋旭)으로 오기(誤記)되어 있다. 1926년 길림성장이 대종교는 치안을 방해하는 단체로 규정하자, 5월 11일 용정상부국(龍井商埠局)에 의해 그 지역 모든 대종교에 대한 해산명령이 내려졌다. 당시 손진욱은 연길현 육도구 용정촌에 있는 대종교 중일시교당(中一施教堂)의 찬무(贊務, 부책임자)를 맡고 있었다.

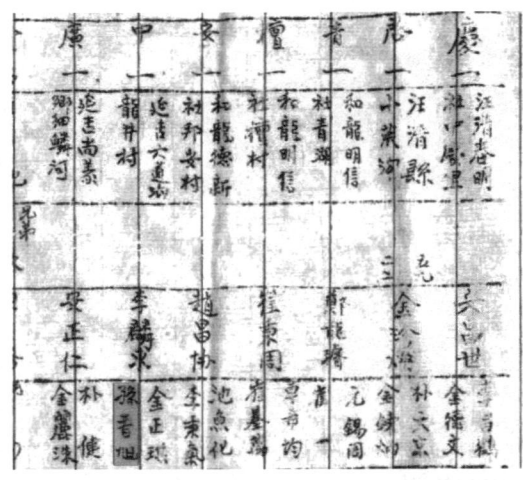

1926년 대종교 해산명령 당시 만주당국에 압수된 대종교문서(1926년 작성).
中一施教堂의 부책임자로 金正琪와 함께 孫晋旭(네모 안)이 적혀 있다.

중일시교당의 전무(典務, 책임자)는 이인구(李麟求)로 경성 화요회와 북풍회를 중심로 활동했으며 동만청년총동맹 간부를 지낸 인물이다. 또한 대종교 2대 교주 무원(茂園) 김교헌(金敎獻)의 아들인 김정기(金正琪)가 찬무를 맡아 손진욱과 시무하였다. 김정기 역시 만주 사회주의(공산주의)의 요람이었던 동양학원(東洋學院)의 교장을 지낸 인물로 사회주의의 거물이었다. 손진욱 역시 사회주의(공산주의) 관련 항일투쟁을 벌인 인물로 추정되는 이유다.

손진욱의 대종교 관련 교력은 전하지 않는다. 아마도 사회주의 관련 인물들의 기록을 회피하던 대종교단 내의 분위기와 무관치 않을 듯하다. 다만 1926년 만주당국에 압수당한 대종교문서에 손진욱이 중일시교당 찬무를 맡은 기록이 남아있다. 그의 대종교 입교 시기가 그 이전임을 알 수 있으나, 교질(敎秩) 관련 사항은 확인되지 않고 있다.

[참고문헌]
「大倧敎施敎堂一覽表(1926年)」(延边朝鲜族自治州档案馆 全宗号42 目录号1 案卷号343, 和龙县历史档案 和龙县警察所, 令各区查禁韩人设立大倧敎堂由, 民國十五年五月十二日),「大正十五年 五月中 間島(琿春縣을 包含) 및 接壤地方治安情況」(不逞團關係雜件-朝鮮人의 部-在滿洲의 部43, 外務省文書課受 第***號, 한국사DB, 국사편찬위원회)

송관섭(宋瓘燮, 남, 1883-1930)
아호(별명) _ 송권섭(宋權燮)
입교 시기 _ 1914년 | 교질 _ 참교 | 서훈 _ 애국장(1990)

함경북도 경성군(鏡城郡) 오촌면(梧村面) 승암동(勝岩洞) 출신이다. 함일학교(咸一學敎)의 전신인 유지의숙(有志義塾)에 입학하여 공부하였다. 함일학교로 개칭한 후에도 함일학교에 입학하여 측량과를 졸업한 인물이다. 1907년 김영학(金永學) 등과 대한자강회의 본회원으로 참여했으며, 1908년에는 현천묵(玄天默) 등과 대한협회 경성지회(鏡城支會)의 회원으로 활동하였다. 1909년 1

송관섭

월부터 모교인 함일학교의 교사로도 근무하였다.

1919년 3·1독립만세운동이 일어나자 지역 주민 200여 명과 함께 독립만세 시위에 참가와 함께, 1919년 7월경에는 상해 대한민국 임시정부와 연계된 국내 연통제(聯通制) 조직에도 관여하였다. 송관섭은 이상호(李相鎬) 등 8명과 자신의 집에서 비밀리에 회합하고 임시정부가 추진하고 있는 국내 연통제 조직에 적극 호응, 가담하였다.

송관섭은 연통제 경성군(鏡城郡) 지부 조직을 완료한 뒤, 우선 군자금 모집에 적극 가담하여 군내(郡內) 유지 부호로부터 독립 성금(誠金)을 수백 원을 거출하여 임시정부 조직을 통하여 송달한 바 있었다. 송관섭은 동지들의 권유로 경성군 사감부(司監部)의 재무(財務)를 담당했으며, 총감독(總監督)은 홍재웅(洪在雄)이 맡았고, 서기(書記)에는 홍종일(洪鍾壹), 고문(顧問)에는 노춘섭(盧春燮)과 장창일(張

昌逸) 등이 담당하였다. 이들은 운동을 더욱 대규모적으로 확산 보급시키기 위하여 서울에 올라가 윤태선(尹台善)·전재일(全在一) 등과 함께 13도 통감부를 조직하기 위한 계획을 수립하기로 하였다. 그러나 1920년 3월초 경성군 자택에서 미행하던 일경(日警)에 체포되어 1920년 8월 10일 함흥지방법원 청진지청(淸津支廳)에서 이상호·전재일·김동식(金東湜)·이규철(李揆哲) 등과 징역 4년형을 받고 옥고를 치렀다.

1927년 2월에는 서울에서 신간회(新幹會)가 조직되어 일제 강점기 유일당(唯一黨) 운동이 전국적으로 확산되자 중앙본부와의 연락을 통해 함경북도의 함북지부(咸北支部)를 조직하였다. 송관섭은 함북지부의 회장에 취임하여 좌우 합작의 민족운동을 전개하였다고 하나, 그 구체적인 기록은 전하지 않는다.

송관섭의 대종교 교력을 살피면, 비교적 이른 시기인 1914년 5월 17일(음력) 참교(參敎)의 교질(敎秩)을 받은 기록이 있다. 당시 간도간민회(間島墾民會)의 주요 구성원으로 활동했던 최영봉(崔英鳳), 의군단(義軍團) 소대장으로 있던 이종흡(李鍾翕) 등과 같은 날 참교를 받았다. 그 전에 이미 대종교에 입교한 것이 확인된다. 그의 출신지인 함경북도 경성은 백포(白圃) 서일(徐一)을 비롯한 수많은 대종교인들의 출신지이다. 또한 송관섭과 대한자강회와 대한협회에서 각기 활동했던 김영학과 현천묵은 후일 대종교의 핵심 중의 핵심이 되는 인물들이다. 송관섭의 대종교 입교에 지역적 연고와 함께 인적 네트워크가 크게 작용했을 것으로 추정되나, 그 연관된 기록에 대해서는 남아 있는 것이 없다.

함흥지방법원 청진지청에서, 宋瓘燮(네모 안)을 비롯한 함경북도의 지식인들이 연관된 연통제 사건 판결 내용이 담긴 『매일신보』(1920년 12월 3일자)의 기사.

[참고문헌]
『종문영질』(프린트본, 1922), 「私立咸一實業學校設置關係書類」(조선총독부학무국, 1910, 국가기록원소장), 「聯通制組織ノ獨立機關檢擧ノ件」(不逞團關係雜件 朝鮮人ノ部 在內地九, 高警第348號;秘受549號, 한국사DB, 국사편찬위원회), 『동아일보』1920.8.22·23·27〜31., 『일제침략하한국36년사』5(국사편찬위원회, 1970), 『독립운동사자료집』14(국가보훈처, 1978), 『日本外交年表竝主要文書(上)』明治百年史叢書1(外務省 編, 原書房, 1980)

송규선(宋圭善, 남, 1880-1948)
아호(별명) _ 자광(自光)
입교 시기 _ 1922년 | 교질 _ 상교 | 서훈 _ 애족장(1990)

송규선

경상북도 성주군(星州郡) 초전면(草田面) 고산리(高山里) 출신이다. 1919년 프랑스 파리에서 제1차세계대전 이후의 세계평화문제를 논의하기 위하여 강화회의가 개최되자 곽종석(郭鍾錫)·김창숙(金昌淑)·김복한(金福漢) 등 유림계 지도자 137명이 독립청원서를 작성, 강화회의에 제출하였는데 이에 송준필(宋俊弼)·이병철(李炳喆)·이덕후(李德厚)·성대식(成大湜)·이정기(李定基) 등과 초전면을 대표하여 서명하였다.

송규선은 3월 1일 독립만세운동의 기폭제로 전국 각지에서 독립만세운동이 전개되고 있음을 알고 1919년 4월 2일에는 성주읍 장날을 이용하여 이정기 등과 독립만세운동을 주동하였다. 그는 성주군내의 유력인사들인 성대식(成大湜)·송수근(宋壽根)·송우근(宋祐根)·장석영(張錫英)·송훈익(宋勳翼)·김희규(金熙奎)·송준필(宋浚弼)·이봉희(李鳳熙)·송회근(宋晦根)·송문근(宋文根)·송인집(宋寅輯)·송천흠(宋千欽) 등과 성주 장날인 4월 2일을 이용하여 독립만세운동을 전개하기로 결의하였다. 마침내 4월 2일 성주시장을 중심으로 60여명의 유림들과 함께 3천여명의 시위군중의 선두에 서서 독립만세시위를 전개하였다. 이 사건으로 일제에 체포된 송규선은, 이해 8월 21일 대구복심법원에서 이른바 보안법 위반 혐의로 징역 10월형을 받고 대구형무소에서 옥고를 치렀다.

감옥에서 출옥한 송규선은 고향에서 대종교 동지인 성세영(成世英) 등과 사립 동창학원(東昌學院)을 설립하여 육영사업을 앞장서면서, 농촌개량을 목적으로 한 진흥회도 설립하여 부락 개선에 노력하는 한편, 진흥회 내에 저축부(貯蓄部)를 두어 주민들의 저축 장려를 적극 독려하였다. 또한 농사의 부업으로 양잠사업(養蠶事業)이 가장 유리하다는 판단 하에 지역에 양잠업 보급에 노력을 기울이는가 하면, 자작장려회(自作獎勵會)를 조직 자신이 회장을 맡아 소작인들의 독립에 적극 힘을 쓰기도 했다. 한편 1935년 5월부터 7월 사이에는 초전공립보통학교의 학년연장기성회진정단(學年延長期成會陳情團)을 조직하였다. 그리고 이병학(李炳學)·권중선(權中善) 등과 대표가 되어, 지역 당국과 도 관계자들을 부지런히 접촉하면서 지역 교육기반의 향상에도 남다른 열정을 쏟기도 했다.

송규선의 대종교 교력을 살피면 대종교 남일도본사(南一道本司)의 추천으로 1922년 10월 21일(음력, 이하 음력) 영계(靈戒)와 함께 참교(參敎)의 교질(敎秩)을 받았다. 또한 같은 날 경북 성주군 초전면 월곡동에 있는 성일시교당(星一施教堂)의 찬무(贊務, 부책임자)를 맡아 그 지역 포교를 담당하게 된다. 당시 성일시교당의 전무(典務, 책임자)를 맡은 인물은 대종교지도자 신태윤(申泰允)이었다.

1946년 5월 11일에는 지교(知敎)의 교질로 올라감과 더불어, 성주군 초전면 고산동(高山洞)에 설치된 대종교 고선시교당(高善施教堂)의 전무(책임자)를 맡아 대종교 포교에 더욱 앞장섰다. 이러한 노력에 부응하여 대종교에서는 1947년 2월 20일, 성주 지역 대종교 중심인물이 성세영과 함께 송규선에게 상교(尙敎)의 교질을 수여하였다.

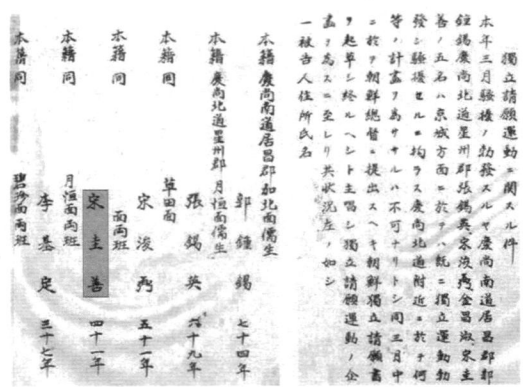
1919년 독립청원서 사건으로 체포된 인물들에 대한 신상을 기록한 일제의 문서. 왼쪽에 宋圭善(네모 안)이란 이름이 보인다.

[참고문헌]
『대종교보』 제56호(1922년)·제150호·(1946년)·제153호(1947년), 『대종교중광육십년사』(대종교총본사, 1971), 「獨立請願運動二關スル件」(不逞團關係雜件 朝鮮人ノ部 在內地 七, 騷密第4453號·秘受7564號, 한국사DB, 국사편찬위원회), 「宋圭善判決文」(대구복심법원, 1919.8.21), 『매일신보』1928.8.21., 『동아일보』1930.12.14., 『高等警察要史』(慶尙北道警察部, 1934), 『독립운동사』3(독립운동사편찬위원회, 1971)

송범도(宋範度, 남, 생몰 미상)
입교 시기 _ 1922년 이전 | 교질 _ 미상

출신지역과 생몰연대를 알 수 없는 인물이다. 1922년 대종교남도본사에서 개최된 개천절(음력 10월 3일) 행사에서 수백 명의 교우들에게 '한배의 진리와 그 교리'라는 제목으로 강도(講道)를 한 기록이 있다. 또한 그 시기 박승익(朴勝益)·이간재(李侃宰)·이종원(李鍾遠) 등과 대종교 남도본사를 이끌면서 일반 경일경배(敬日敬拜)에서도 강도를 맡아 하기도 했다. 당시 송범도의 대종교에서의 위치가 낮지 않았을 것으로 추정되는 근거다. 그러나 그에 관한 입교기록이나 영계(靈戒) 사항 그리고 교질(敎秩) 관계에 대해서는 남아있는 것이 없다.

[참고문헌]
『본사행일기』(성세영, 필사본, 1922), 『동아일보』1922.11.22.

1922년 개천절 행사에서 송범도(네모 안)의 講道 내용을 실은 『동아일보』 기사.

송사현(宋仕賢, 남, 생몰 미상)

입교 시기 _ 1922년 | 교질 _ 미상

출신지역과 생몰연대를 알 수 없는 인물로, 일제의 문서에서도 그의 행적이 드러나지 않는다. 대종교단 내의 기록을 보면, 1922년 2월 12일(음력, 이하 음력) 대종교 동일도본사(東一道本司) 관할 화일시교당(華一施教堂)의 찬무(贊務, 부책임자)를 맡은 기록이 있다. 당시 화일시교당은 왕청현(汪淸縣) 춘명사(春明社) 용북촌(龍北村)에 소재한 시교당으로, 박승명(朴承明)이 전무(典務, 책임자)를 맡았다. 박승명은 대종교계 항일단체인 대한군정서(북로군정서)에 종사한 인물이다. 박승명은 용북촌에 거주하면서 대한군정서 경신국(警信局) 제4분국 제1과장을 맡아, 그 지역의 경사(警査)와 통신(通信)을 담당하였다. 송사현 역시 대한군정서의 경신조직의 일원이었음을 암시해 주는 부분이다.

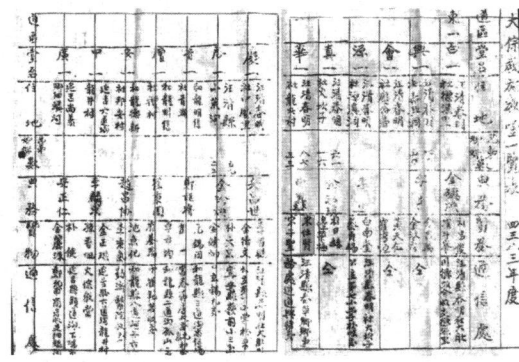

1926년 작성된 대종교 문서 중에 있는 '大倧敎施教堂一覽表'. 중간에 華一시교당의 아래쪽에 宋仕賢(네모 안)이란 이름이 적혀 있다.

송사현은 같은 해 11월 11일 대종교 동일도본사 추천으로

영계(靈戒)를 받았으며, 일주일 후인 17일에는 참교(參敎)의 교질(敎秩)을 획득하였다. 또한 송사현은 1926년까지도 용북촌 화일시교당의 찬무를 맡았다. 그가 이 지역을 거점으로 대종교 항일투쟁을 꾸준히 전한 듯하나, 그 이후의 기록은 찾을 수가 없다.

[참고문헌]
『대종교보』제56호(1922년), 『대종교중광육십년사』(대종교총본사, 1971), 「大倧敎施敎堂一覽表(1926年)」(延邊朝鮮族自治州档案館 全宗号42 目录号1 案卷号343, 和龙县历史档案 和龙县警察所, 令各区查禁韩人设立大倧教堂由, 民国十五年五月十二日)

송상익(宋象翼, 남, 생몰 미상)

입교 시기 _ 1922년 | 교질 _ 미상

경상북도 성주군(星州郡) 출신으로, 1916년 고향의 선학(先學)인 한계(韓溪) 이승희(李承熙)가 사망할 당시 다음의 만시(輓詩)를 올린 기록이 있다.

巨陸入長夜　조국이 긴 암흑에 들 때
東方有可人　동방에 걸출한 인물이 있어
危途行素履　위험한 세상에도 본분을 행하니
孤憤薄蒼旻　고고한 분노가 하늘에 닿도다
孔璧全書載　공자의 가르침을 모두 깨우쳐
袁門大義伸　원안(袁安)의 대의를 펼쳤는데
晚生來執紼　늘그막에 상여끈 잡으러 오니
問業恨無因　배움을 물을 때 없어 슬프구나

송상익은 1922년 12월 23일(음력) 대종교의 영계(靈戒)를 받은 인물로, 같은 날 대종교 남일도본사(南一道本司)가 관할하는 산선시교당(山善施敎堂)의 시교원(施敎員)으로 임명되었다. 그의 대종교 입교가 그 이전에 이루어졌음을 알 수 있다. 산선시교당은 경북 성주군 성주면 경산동(慶山洞)에 소재했던 시교당으로, 당시 산선시교당의 전무(典務, 책임자)는 『본사행일기(本司行日記)』를 쓴 성세영(成世英)이었다. 또한 서병우(徐丙祐)·배준기(裵準琪)가 찬무(贊務, 부책임자)를 맡았으며, 도문환(都文煥)·성봉식(成鳳植)·배상준(裵相準)·배상영(裵相榮)·송해근(宋海根) 등이 송상익과 함께 시교원으로 임명되어 관할 지역의 포교와 세력 확산에 앞장섰다.

특히 도문환 등은 일찍부터 대종교비밀결사인 조선국권회복단과 연결되어 활동한 인물로, 1928년 11년 무렵에는 국내 대종교의 중심인물들인 안희제·황상규·이경희(李慶熙) 등이 주축이 된 『중외일보』 중흥을 위한 주주로 참여하여 민족언론 창도에 일조한 기록이 있다. 송상익 역시 성주지역을 거점으로 대종교 항일투쟁에 관여했을 듯하나, 이후의 기록은 전하지 않는다.

[참고문헌]
『대종교보』제56호(1922년), 『대종교중광육십년사』(대종교총본사, 1971), 『韓溪遺稿』8(국사편찬위원회, 1981)

송수근(宋壽根, 남, 1896-1969)

아호(별호) _ 송이출(宋利出)
입교 시기 _ 1922년 | 교질 _ 상교 | 서훈 _ 애족장(1990)

송수근

경상북도 성주군(星州郡) 초전면(草田面) 고산리(高山里) 출신으로 향산(響山) 이만도(李晩燾)로부터 수학하였다. 1916년 고향의 선학(先學) 한계(韓溪) 이승희(李承熙)가 만주 봉천(奉天)에서 세상을 뜨자, 아래의 만시(輓詩)를 지으며 우국의 행보를 다짐한 인물이다.

先生浮海義　선생이 조국을 떠난 의취는
高潔日爭輝　고결함이 햇빛과 같았다
忠信行蠻國　충성과 신의를 오랑캐 나라에서 행하니
文章動帝畿　문장이 중국 본토를 울리는도다
井井經綸志　정연한 경륜의 뜻을 품으니
悠悠道學心　유유한 도학의 마음이라
忽焉封馬鬣　홀연히 봉분에 묻히니
悽悵一何深　구슬픔이 왜 이리도 깊은 것인지

1919년 3·1독립만세운동이 일어난 직후인 1919년 4월 2일에는 성주읍 장날을 이용하여 이정기(李定基) 등과 독립만세운동을 주동하였다. 송수근은 성주군내의 유력인사들인 성대식(成大湜)·송규선(宋圭善)·송우근(宋祐根)·장석영(張錫英)·송훈익(宋勳翼)·김희규(金熙奎)·송준필(宋浚弼)·이봉희(李鳳熙)·송회근(宋晦根)·송문근(宋文根)·송인집(宋寅輯)·송천흠(宋千欽) 등과 성주 장날인 4월 2일을 이용하여 독립만세운동을 전개하기로 결의하였다. 그리고 4월 2일 성주시장을 중심으로 60여명의 유림들과 함께 3천여명의 시위군중의 선두에 서서 독립만세시위를 전개하였다. 이 사건으로 일제에 체포된 송수근은, 이해 8월 21일 대구복심법원에서 이른 바 보안법 위반 혐의로 징역 10월형을 받고 대구형무소에서 옥고를 치렀다. 출옥 후 송수근은 대종교에 몸을 담고 포교를 통한 항일투쟁의 끈을 놓지 않았다. 1927년에는 신간회(新幹會) 성주지회(星州支會)를 조직하고 독립사상을 고취하였으며 군자금 모금에 앞장서는 등 꾸준한 활동을 전개하였다.
송수근의 대종교 교력을 보면, 1922년 윤5월 9일(음력, 이하 음력) 대종교 남일도본사(南一道本司) 소속 성일시교당(星一施教堂)의 찬무(贊務, 부책임자)를 맡은 기록이 있다. 그 이전에 입교한 것이 확인된다. 성일시교당은 성주군 초전면 월곡동(月谷洞)에 소재했던 시교당으로, 대종교지도자 신태윤(申泰允)이 전무(典務, 책임자)를 맡았고 성세영(成世英)과 송규선이 송수근과 함께 찬무를 맡아 시무했다. 그리고 그 해 12월 23일 영계(靈戒)를 받았으나, 그 이후 일제

강점기 송수근에 대한 기록은 모두 없어졌다.
대종교에서는 송수근에 대한 위와 같은 상황을 감안하여, 해방 직후인 1946년 3월 24일 총본사의 특별추천으로 영계(靈戒)와 참교(參教)의 교질(教秩)을 동시에 수여하고 경의원(經議院) 참의(參議)로 선임하였다. 또한 그 해 5월 11일에는 경북 김천시 평화동에 위치한 대종교 천선시교당(泉善施教堂)의 시교원(施教員)으로도 임명되어 활동하였다. 그리고 1946년 10월 14일에는 지교(知教)의 교질에 올랐으며, 1954년 12월 6일에 상교(尙教)의 교질로 승질(陞秩)함과 아울러 천선시교당의 전무(典務, 책임자)로까지 오르게 된다.

[참고문헌]
『대종교보』제54호(1922년)·제56호(1922년)·환국기념호(1946년)·제150호(1946년)·제152호(1946년), 『대종교중광육십년사』(대종교총본사, 1971), 『判決文』(1919.5.2., 대구지방법원), 『韓溪遺稿』8(국사편찬위원회, 1981), 『한국독립사』하권(김승학, 독립문화사, 1970)

송수암(宋壽岩, 남, 생몰 미상)

입교 시기 _ 1935년 이전 | 교질 _ 참교

출신지역과 생몰연대를 알 수 없는 인물이다. 그의 수암(壽岩)이라는 이름 역시 호(號)일 가능성이 크나, 이 역시 확인이 안 된다. 송수암은 1935년 10월 4일(음력) 대종교 하일시교당(河一施教堂)의 찬무(贊務, 부책임자)를 맡은 기록이 있다. 하일시교당은 밀산현(密山縣) 북하촌(北河村)에 소재했던 시교당으로 대종교 동이도본사(東二道本司) 관할이었으며 정현오(鄭鉉五)가 전무(典務, 책임자)를 맡아 시무하고 있었다.
한편 하일시교당의 찬무를 맡았을 당시 송수암은 참교(參教)의 교질(教秩)를 갖고 있었다. 대종교 입교(入教)를 거쳐 영계(靈戒)를 받고, 그 다음 단계로 얻어지는 것이 참교의 교질임을 헤아린다면, 그의 대종교 입교가 1920년대까지 올라갈 수 있음을 암시하는 내용이다. 이후 송수암은 1937년 8월 24일(음력) 발포된 대종교재만교구경상금수납위원(大倧敎在滿敎區經常金收納委員)으로 임명되어 정현오와 함께 밀산현 북하촌을 담당하였다. 그 시기 대종교 재만교구 가운데 밀산현의 조직이 가장 왕성하여 경상금 수납 거점 역시 아래와 같이 광범위하였다.

해당현	구역	담당자
밀산현 (密山縣)	당벽진(當壁鎭)	권상익(權相益), 허익(許益), 이두철(李斗哲)
	이인반(二人班)	이용필(李容弼), 여응문(呂應文)
	향양촌(向陽村)	김정현(金鼎鉉), 홍재경(洪在京)
	하량자(下亮子)	박세훈(朴世勳), 이대범(李大範), 이관영(李寬永)
	기성촌(箕城村)	허태원(許泰元), 류진묵(柳鎭默), 박세환(朴世桓)

해당현	구역	담당자
밀산현 (密山縣)	선구촌(船口村)	김상산(金尙山), 이종전(李鐘鈿)
	북하촌(北河村)	정현오(鄭鉉五), 송수암(宋壽岩)
	복전촌(福田村)	조병원(曹秉元), 김용운(金龍雲)
	영안촌(永安村)	박봉래(朴奉來), 박화섭(朴和燮)
	삼성촌(三成村)	엄준섭(嚴俊燮), 최병규(崔秉奎)

위의 도표에 언급된 인물들 대부분이 대종교 항일투쟁에 몸담은 인물들임을 고려해 볼 때, 송수암 역시 그와 무관치 않을 듯하다. 그러나 일제의 문서에서는 찾을 수가 없고 그 이후 대종교의 기록에도 발견되지 않고 있다.

[참고문헌]
『대종교보』제115호(1937년), 『대종교중광육십년사』(대종교총본사, 1971)

송수영(宋壽永, 남, 생몰 미상)
입교 시기_ 1935년 이전 | 교질_ 참교

경상남도 합천군 대병면(大幷面) 류전리(柳田里) 출신으로, 일찍이 지역의 교육과 청년활동에 많은 관심을 기울인 인물이다. 1924년 4월 19일 지역 청년들의 건강한 운동 장려를 위해 지역의 사립학교인 삼일의숙(三一義塾)에서 갑자단(甲子團)이라는 모임을 창립하여 단장을 맡았다.
특히 송수영은 합천 출신 의열단원(義烈團員)인 강홍렬(姜弘烈)이 의열단 사건으로 서대문형무소에 수감되자 그 가족을 돕는데도 적극 앞장선 인물이다. 강홍렬은 1919년 3·1독립운동 당시 독립선언문을 가지고 고향인 합천(陜川)으로 돌아와 비밀리에 합천의 전군(全郡)에 전달 배포하는 등 3·1독립운동의 조직적 확대를 위해 노력하였다. 이후 중국 상해(上海)로 건너가 1923년 5월 상해에서 개최된 국민대표대회(國民代表大會)에 참가하였으며 그 후 의열단장(義烈團長) 김원봉(金元鳳)의 권유로 의열단에 입단하여 보다 조직적이고 투쟁적인 항일독립운동에 가담하게 되었다. 1924년 2월 상해에서 동지들과 함께 독립군의 군자금 조달에 관한 협의를 한 후 국내에 잠입하여 조선총독부(朝鮮總督府)·동양척식회사(東洋拓殖會社)·경찰관서 등 일제의 주요 관서 폭파 및 고관 암살 등을 기도하던 중 일경에 의해 붙잡혔다. 2월 28일 경성지방법원에서 소위 제령(制令) 7호 위반죄가 적용되어 징역 2년형을 선고받고 옥고를 치르고 있다.
또한 송수영은 1924년 12월 28일 삼일의숙에 모여 대병면 청년들의 단합을 위한 대병청년회를 발족시키는데 솔선하여 앞장섰으며, 직접 사회부장을 맡아 대병면 청년들의 의식 각성에 심혈을 기울였다. 1931년에는 대병면을 대표하는 학교평의회원(學校評議會員)으로 당선되어 대병면의 교육 행정에도 관여하는가 하면, 1935년부터는 직접 대병

면장(大幷面長)으로 취임하여 지역 주민의 화합과 발전에 커다란 공헌을 했다.
송수영의 대종교 관련 교력은 교단 내에는 전하지 않는다. 1911년부터 1921년까지의 『대종교보(大倧敎報)』가 모두 없어졌기 때문이다. 다만 성세영(成世英)이 쓴 『본사행일기(本司行日記)』에 보면, 송수영이 1917~1922년 사이 경상도 지역 대종교 주요 교인으로 올라 있다. 그의 대종교 입교 시기 역시 그 시기로 올라간다.

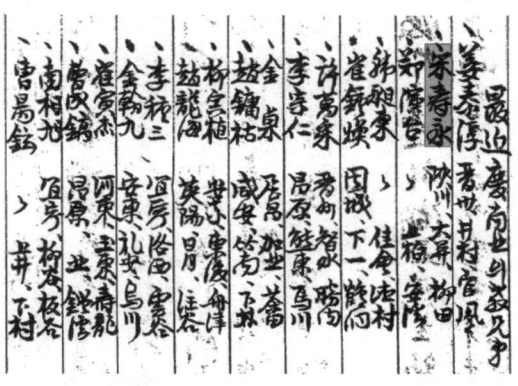

경북 토써 출신인 성세영의 『본사행일기』 속에 적혀 있는 경상도 지역 대종교인 명단의 일부. 오른쪽 위에 宋壽永(네모 안)이라는 이름이 보인다.

[참고문헌]
『본사행일기』(성세영, 필사본, 1922), 『매일신보』1924.4.24·25., 1931.7.6., 『조선총독부및소속관서직원록』(1933~1940년)

송염조(宋念祖, 남, 1890-?)
아호(별명)_ 극암(極庵), 송욱(宋旭)
입교 시기_ 1910년 | 교질_ 미상

출신지역이 불분명한 인물로, 대종교의 이름은 송욱(宋旭)이다. 일제의 문서에는 그의 출신이 경성(京城)으로 되어 있으나, 1909년 서북학회 가입 당시의 기록에 평안남도 용강군(龍岡郡)으로 적혀있음으로 보아 이 지역 출신일 가능성이 크다.
일찍이 만주 관전현(寬甸縣) 향로구(香爐溝)로 건너가 대한독립청년단연합회(大韓獨立靑年團聯合會)를 근거로 항일투쟁을 전개한 인물로, 서화계(書畵界)의 태두(泰斗)로 불릴 정도로 글씨에도 명성이 높았다. 송염조는 1920년 6월 채규연(蔡奎淵) 등과 대한청년단연합회 함경도의용대(咸鏡道義勇隊) 조직에 깊이 관여하였다. 송염조는 직접 작성한 "아 우리 동포는 각성하라. 저 적은 횡포하여 인도를 무시하고 평화를 파괴하고 약조를 배반하고 출병한다"는 내용의 통고문을 작성하여 격문배포와 군자금 모집, 단원모집 등을 전개했다. 당시 이 사건에는 송염조를 비롯하여 박경구(朴徑九)·채규연·김조규(金助圭)·김윤문(金潤文)·김승

복(金昇福)·이진희(李震熙)·이학준(李鶴俊)·나영기(羅永驥)·이승관(李炳觀)·박용대(朴容大)·박영봉(朴永鳳)·유창운(劉昌運)·엄창덕(嚴昌德)·엄승기(嚴升基)·김문선(金文善)·김오익(金五益) 등, 수십 인이 연관되어 옥고를 치렀다.

송염조의 대종교 교력을 살피면 1910년 4월 16일(음력) 고인석(高仁鉐)과 함께 순교원(巡敎員) 임명된 기록이 있다. 그의 대종교 입교가 그 이전에 이루어졌음을 알 수 있다. 그리고 1911년 중광절(음력 1월 15일)에는 이원식(李元植)·윤세복(尹世復)·김교영(金敎榮) 등과 참교(參敎)의 교질(敎秩)을 받았고, 같은 해 2월 20일(음력) 시교사(施敎師)로 선임된 기록이 있으나, 그 이후의 교력은 전하지 않는다.

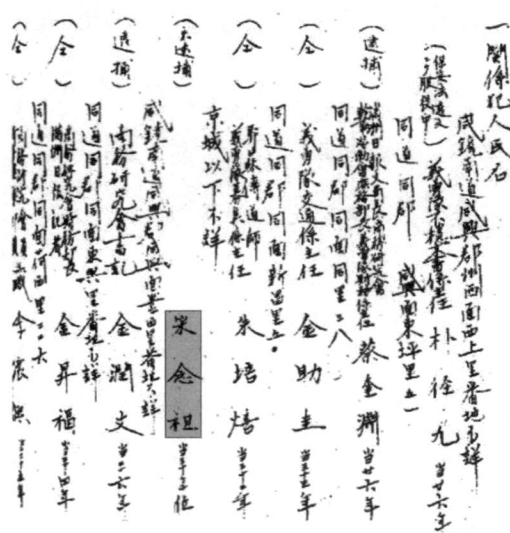

대한청년단연합회 함경도의용대 조직 관련 인물들을 조사해 놓은 일제의 문서. 宋念祖(네모 안)라는 이름이 보인다.

[참고문헌]
『종보』제6호(1910년), 『倧令』 제3호(1911년), 『서북학회월보』 제10호(1909년), 『咸鏡道義勇隊 檢擧』『朝鮮騷擾事件關係書類(3), 1921.3.2.』, 『매일신보』 1920.2.18., 1921.4.10., 『朝鮮獨立運動』分冊(金正明, 原書房, 1967), 『일제침략하한국36년사』 6(국사편찬위원회, 1971)

송자성(宋子聖, 남, 생몰 미상)
입교 시기 _ 1922년 | 교질 _ 미상

출신지역과 생몰연대를 알 수 없는 인물이다. 일제의 문서에서도 그의 행적이 드러나지 않는다. 대종교교단 내의 기록을 보면, 1922년 11월 11일(음력) 대종교 동일도본사 추천으로 영계(靈戒)를 받은 기록이 있다. 또한 1926년에는 송사현(宋仕賢)과 함께 대종교 화일시교당(華一施敎堂)의 찬무(贊務, 부책임자)를 맡은 기록도 전한다. 화일시교당은

대종교 동일도본사(東一道本司) 관할로 왕청현(汪淸縣) 춘명사(春明社) 용북촌(龍北村)에 소재했던 교당이다. 이 지역은 대종교 항일단체인 대한군정서(북로군정서)의 근거였던 곳으로, 당시 이 조직의 근간이 경신조직(警信組織)이었고 그 토대가 대종교 조직이었다. 더욱이 대한군정서가 흩어진 이후의 대종교 항일투사들은 삼삼오오 대종교 시교당을 거점으로 꾸준히 활동을 이어갔다. 송자성 역시 대한군정서의 경신조직과 연관된 인물일 듯하나, 더 이상의 교력이나 연관 기록은 전하지 않는다.

[참고문헌]
『대종교보』제56호(1922년), 「大倧敎施敎堂一覽表(1926年)」(延边朝鲜族自治州档案馆 全宗号42 目录号1 案卷号343, 和龙县历史档案 和龙县警察所, 令各区査禁韩人设立大倧敎堂由, 民国十五年五月十二日)

송전도(宋銓度, 남, 1891-1978)
아호(별명) _ 척파(尺波)
입교 시기 _ 1910년대 추정 | 교질 _ 지교 | 서훈 _ 애족장(1990)

동래부(東萊府) 읍내면(邑內面) 옥미정동(玉未井洞, 지금의 부산 동래구 복천동) 출신이다. 1904년 동래 개양학교(開揚學校)에 입학하여 1907년 제1회로 졸업하였다. 졸업 후 재무조사국(財務調査局) 기수(技手)로 근무하다가 일본으로 유학을 떠나 동경물리학교에서 수학하였으나 경술국치를 당하자 학업을 접었다.

국내로 돌아온 송전도는 대종교계 비밀결사인 대동청년단(대동청년단)에 가입하여 항일투쟁에 발을 디뎠다. 그 후 만주 서간도를 거쳐 북경으로 옮겨가 윤현진(尹顯振)의 도움으로 통주(通州)의 협화대학(協和大學)에 입학하였다. 이 시기 변영태(卞榮泰) 등과 교우하면서 상해로 넘어와 동제사(同濟社)에 가담하게 된다. 그리고 대종교 동지인 한흥(韓興)·조소앙(趙素昻)·김정기(金正琪)·정원택(鄭元澤) 등과 긴밀히 교유하면서, 상해·북경·봉천(奉天) 등지를 오가며 각종 비밀 서류를 전달하는 연락 임무를 수행하였다.

1920년대 후반부터는 북간도 지역과 함경도를 오가며 활동을 이어갔다. 송전도가 함경도 지역의 신간회(新幹會)와 『동아일보』 지국에도 몸을 담았던 배경이다. 송전도는 1929년 신간회 나남지회에서 집행위원장을 지내는가 하면, 1930년 2월 『동아일보』 함경북도 경성지국장을 맡아 경영하였으며 나남지국장도 맡고 있다가 1932년 1월에 그만두었다. 한편 북간도에서는 한인학교 설립에 참여하여 우리말과 우리 역사의 보급에 많은 노력을 기울였다.

해방 이후에는 한국민주당 창당위원으로 노동부장의 직책과 함께 경남·경북의 지부 결성과 지부장을 맡았다. 또한 반민족특별조사위원회의 경상북도 지역 사무분국장을 맡는가 하면 방한상(方漢相)·권계환(權啓煥) 등과 조사원으로도 활동하며 친일분자 색출에도 앞장섰다.

송전도의 대종교 입교는 그가 대동청년단에 가입하여 활동하던 1910년대 초반으로 전언되어 오지만, 관련 기록은

남아있지 않다. 이 대동청년단은 지금까지도 정확한 내막이 밝혀지지 않을 정도로 치밀한 비밀결사로, 17세부터 30세 미만의 청소년 80여명이 남형우(南亨祐)의 집에서 조직한 단체였다. 그 조직원의 실체가 완전히 밝혀진 것은 아니지만, 당시 단원이었던 윤병호(尹炳浩)의 메모에서 53명의 단원 이름만이 확인되고 있다.

출범 당시 단장은 남형우가 맡고 부단장을 안희제(安熙濟)가 맡았다. 그리고 참여한 인물들 중, 송전도를 비롯하여 윤세복(尹世復)·서상일(徐相日)·안희제·이원식(李元植)·남형우·윤병호(尹炳浩)·이경희(李慶熙)·차병철(車秉轍)·이극로(李克魯)·김갑(金甲)·김사용(金思容)·신백우(申伯雨)·신성모(申性模)·신팔균(申八均)·박광(朴洸)·김동삼(金東三)·신채호(申采浩)·이시열(李時說)·고순흠(高順欽)·이우식(李祐植)·민강(閔橿) 등, 대부분의 인물들이 당대 대종교의 핵심을 이루는 인물들이다. 송전도의 대종교 입교 역시 대동청년단 시기에 이루어졌음을 시사해 준다.

이러한 배경에서, 대종교는 국내로 환국한 직후인 1946년 4월 1일(음력) 송전도에게 지교(知教)의 교질(教秩)을 곧바로 수여하였다. 대종교에서 지교의 단계는 '입교→영계(靈戒)→참교(參教)'의 단계를 거쳐서 오를 수 있는 지위다. 또한 송전도는 같은 날, 대종교 경의원(經議院)의 참의(參議)로도 선임되어 원로로서의 대우를 극진히 받았다. 그의 대종교 입교가 대동청년단 시절로 거슬러 올라감을 다시금 확인시켜 주는 방증이다. 더욱이 당시 대종교 교주는 송전도와 대동청년단의 절친한 동지였던 윤세복이었음도 주목된다.

[참고문헌]

『대종교교보』제150호(1946년). 『대종교중광육십년사』(대종교총본사, 1971). 『승정원일기』1907년 11월 28일(음). 『동아일보』1929.9.22., 1930.2.4., 1932.1.4.. 『독립운동사』8(독립운동사편찬위원회, 1976). 『부산일보』1981.10.22.. 『지산외유일지』(정원택, 탐구당, 1983). 『동래구지』(동래구지편찬위원회, 1995). 『동래고등학교100년사』(동래고등학교동창회, 2002)

송창수(宋昌秀, 남, 생몰 미상)
입교 시기_ 1923년 | 교질_ 미상

출신지역과 생몰연대를 알 수 없는 인물이다. 일제의 문서에서는 발견되지 않고 대종교의 기록에만 등장하고 있다. 송창수는 1923년 2월 28일(음력) 대종교 동도본사 제1지사에 속한 치일시교당(治一施教堂)의 찬무(贊務, 부책임자)를 맡았다. 당시 치일시교당은 혼춘현(琿春縣) 치안사(治安社) 일하태(逸下坮) 지역에 있었으며, 그 책임자[전무(典務)]는 김병길(金秉吉)이었다. 또한 최병옥(崔秉玉)이 찬무를 맡아 송창수와 함께 하였으며, 강준(姜俊)·채기업(蔡基業)·채천석(蔡天錫)이 시교원(施教員)으로 임명되어 시무하였다.

그 시기 대종교시교당은 학교이자 독립운동의 기지였다. 전무나 찬무, 시교원이나 시교사(施教師)는 시교당을 거점으로 종교적 포교와 함께 학교 교육을 담당하는 선생이기

도 했다. 특히 경신대토벌 이후로는 독립운동의 기지가 대부분 초토화되어 각 대종교시교당이 포교와 교육, 그리고 항일투쟁의 전초기지 역할을 하였다.

송창수는 1926년까지도 최병옥과 더불어 치일시교당의 찬무를 맡아 활동하였다. 당시 전무 역시 김병길이었으며, 혼춘현 동문(東門) 안에 있는 협성상회(協成商會)가 그 연락의 거점이었다. 다만 송창수의 입교 기록이나 교질 사항에 대해 별도로 전하는 기록이 없다는 점이 안타까울 뿐이다.

대종교만주포교금지령 당시 압수당한 대종교의 문서(1926년 작성됨). 治一施教堂 아래 宋昌秀(네모 안)의 이름이 적혀있다.

[참고문헌]

『대종교교보』제57호(1923년). 『대종교중광육십년사』(대종교총본사, 11971). 「大倧教施教堂一覧表(1926年)」(延边朝鲜族自治州档案馆 全宗号42 目录号1 案卷号343, 和龙县历史档案 和龙警察所, 令各区查禁韩人设立大倧教堂由, 民国十五年五月十二日)

송해근(宋海根, 남, 생몰 미상)
입교 시기_ 1922년 | 교질_ 상교

경상북도 성주군(星州郡) 출신으로, 1916년 고향의 선배인 한계(韓溪) 이승희(李承熙)가 남만주 봉천(奉天)에서 사망하자 유교적 애틋한 정서로 만시(輓詩)를 읊은 기록이 있다. 이후 대종교에 입문하면서 향리를 중심으로 대종교 포교 활동에 진력하였다.

송해근은 1922년 12월 23일(음력, 이하 음력) 영계(靈戒)의 수여와 함께 대종교 남일도본사(南一道本司) 관할 산선시교당(山善施敎堂)의 시교원(施敎員)으로 임명되었다. 그의 대종교 입교가 그 이전에 이루어졌음을 알 수 있다. 산선시교당은 경북 성주군 성주면 경산동(慶山洞)에 소재했던 시교당이다. 당시 산선시교당의 전무(典務, 책임자)는 『본사행일기(本司行日記)』를 쓴 성세영(成世英)이었다. 또한 서병우(徐丙祐)·배준기(裵準琪)가 찬무(贊務, 부책임자)를 맡았으며, 도문환(都文煥)·성봉식(成鳳植)·배상준(裵相準)·배상영(裵相榮)·송상익(宋象翼) 등이 송해근과 함께 시교원으로 임명되어 관할 지역의 포교와 세력 확산에 앞장섰다.

송해근은 해방 이후인 1946년 5월 11일 지교(知敎)의 교질(敎秩)을 받았다. 기록은 사라졌지만 일제강점기에 이미 참교(參敎)의 교질을 받았음을 말해 준다. 또한 같은 날 성주군 초전면(草田面) 고산동(高山洞)에 설립된 고선시교당(高善施敎堂)의 찬무로도 임명되어, 전무를 맡은 송규선(宋圭善)과 지역 포교의 중심에 섰다. 이러한 노력으로 송해근은 1954년 12월 10일 상교(尙敎)의 교질로 승질(陞秩)하였으며, 같은 날 설립된 대종교 성주지사(星州支司)의 찬무로도 임명되었다.

[참고문헌]
『대종교보』 제56호(1922년)·제150호(1946년), 『대종교중광육십년사』(대종교총본사, 1971), 『韓溪遺稿』 8(국사편찬위원회, 1981)

송호성(宋虎聲, 남, 1889-1959)

아호(별명) _ 송호(宋虎)
입교 시기 _ 미상 | 교질 _ 미상

송호성

함경남도 함주군(咸州郡) 출신으로 함흥에서 성장했으며, 대종교에서는 송호(宋虎)라는 이름으로 통했던 인물이다. 1910년 만주로 건너간 그는 이후 삼립전문학교(三立專門學校), 신흥무관학교, 보정군관학교(保定軍官學校)를 졸업하고 부민단(扶民團)·한족회(韓族會) 등과 연계하며 항일투쟁을 전개했다.

특히 송호성은 1919년 신흥무관학교 출신들이 중심이 된 의열단(義烈團) 조직에도 참여하여 실천적 항일투쟁에 나서기도 했다. 그러나 그는 1922년 의열단 내의 서왈보(徐日甫) 등 함경도 인물들을 중심으로 신의단(信義團)을 조직하고 의열단으로부터 독립하면서 김원봉과 대립각을 세운 인물이다.

송호성의 중국군 경력도 주목해 볼 부분이다. 그는 보정군관학교를 졸업한 후 중국혁명군 상위참모(上尉參謀)를

시작으로 제2사단 5여단 소교련장(小校連長), 제3사단 9여단 18단의 소교영장(小校營長), 중앙군교 주예군관교육단 중교부관(中央軍校駐豫軍官校育團中校副官), 하남보정제오단 상교단장(河南保定第五團上敎團長) 등을 두루 거쳐 중국기병군단(中國騎兵軍團) 부사단장(副師團長)까지 올랐다. 그의 군사적 능력과 경륜을 살필 수 있는 부분이다.

의열단원이었던 宋虎(宋虎聲, 네모 안)가 서왈보 등과 信義團을 조직하여 활동한 내용을 적어 놓은 일제의 문서.

송호성은 광복군에도 참여하였다. 1940년 10월 대한민국임시정부는 광복군의 실질적 활동을 수행하기 위하여 광복군총사령부조직조례(光復軍總司令部組織條例)와 대한민국임시통수부관제(大韓民國臨時統帥府官制)를 제정하여 총사령부 기구를 확정하였다. 이러한 직제 개편에 따라 임명된 광복군 간부들은 아래와 같았다.

```
총 사 령    이청천(李靑天)
참 모 장    이범석(李範奭)
총무처장    최용덕(崔用德)
참모처장    채형세(蔡衡世, 蔡元凱)
부관처장    황학수(黃學秀)
경리처장    조경한(趙擎韓)
정훈처장    조경한(趙擎韓)
편련처장    송호성(宋虎聲, 宋虎)
군의처장    유진동(劉振東)
```

송호성이 맡은 편련처장(編練處長)이란 훈련처장과 같은 의미로, 그가 광복군 훈련을 총괄했음을 의미하는 것이다. 당시 그는 제5지대장을 겸직했으며, 1944년 4월 이후에는 임시정부 군무부장으로 옮겨간 김원봉의 후임으로 광복군 제1지대장을 맡기도 했다.

해방을 맞아 1946년 5월 귀국한 송호성은, 그 해 12월 대한민국 육군의 전신인 조선경비대 초대 총사령관으로 임명되었다. 그리고 남한 단독 정부 수립 후에는 육군총사령관으로 취임하면서 대한민국 육군 창군의 주역으로 나선다. 그러나 김구의 측근이었던 그는, 김구의 암살과 함께 권력에서 밀려나며 1950년 5월 12일 대한민국 육군 준장으로 강제 예편되었다.

더욱이 한국전쟁이 발발하자 한강 인도교 폭파로 인해 남

하하지 못하고 납북되는 비운을 맞는다. 자의반타의반으로 1953년 인민군 해방전사 여단장을 맡는가 하면, 1956년 재북평화통일촉진협의회 상무위원을 지내기도 했다. 그러나 1954년 반혁명분자로 낙인찍혀 1958년 평남 양덕으로 유배된 후 1959년 뇌출혈로 사망한다. 한편 송호성이 김일성의 대우를 받았다는 주장도 있다. 송호성이 죽은 후 그의 장례를 사회장으로 치르도록 김일성이 조치하였고, 해방 45주년이 되는 해는 조국통일상을 수여하기도 했다 하나 확인이 더 필요한 부분이다

송호성의 영계(靈戒) 사항이나 교질(敎秩)과 관련된 대종교 기록은 교단 내에는 전하지 않는다. 그가 한국전쟁 당시 납북과 함께 북한에서 활동한 경험이 작용했을 듯하다. 그러나 송호성과 같은 신흥무관학교 출신인 박명진(朴明鎭)의 기록에는 일제강점기 대종교 주요인물로 송호성을 언급하고 있다. 대종교 서이도교구(西二道敎區, 상해와 중국 본토 관할)의 주요 교인으로 대한민국임시정부에 참여한 인물로 송호성을 적시한 것이다. 참고로 박명진이 대종교 서이도교구의 주요 교인으로 임시정부에 참여한 인물로 언급한 명단은 다음과 같다.

이동녕(李東寧)·신규식(申圭植)·이시영(李始榮)·황학수(黃學秀)·조성환(曹成煥)·조완구(趙琬九)·박찬익(朴贊翊)·김갑(金甲)·조소앙(趙素昂)·차리석(車利錫)·김규식(金奎植, 尤史가 아닌 蘆隱-인용자 주)·신익희(申翼熙)·김철(金徹)·정신(鄭信)·김구(金九)·최창식(崔昌植)·남형우(南亨佑)·김승학(金承學)·류림(柳林)·문창범(文昌範)·윤현진(尹顯振)·이광(李光)·송호성(宋虎聲)·신채호(申采浩)·남동우(南東佑)·홍진(洪震)·신석우(申錫雨)·신철(申澈)·김동삼(金東三)·이회영(李會榮)·최재형(崔在亨)·박은식(朴殷植) 등.

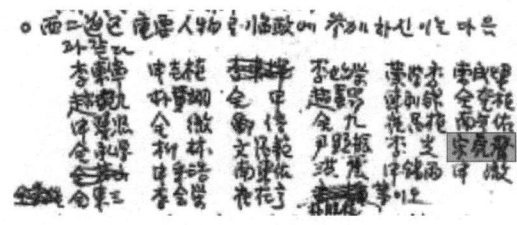

대종교 서이도본사의 주요 인물들로 대한민국임시정부에 참여한 인물들을 언급한 박명진의 기록.

[참고문헌]
『대종교독립운동사』(박명진, 필사본, 1964), 「北京在住 朝鮮人의 最近 狀況 報告의 件」(朝鮮人에 대한 施政關係雜件 一般의 部2, 公 제92호, 한국사DB, 국사편찬위원회), 『조선연감』(조선통신사, 1948), 『한국독립운동사』(애국동지원호회, 1956), 『한국전쟁사』제1권(국방부, 1967), 「대만 공작원이 된 장군의 아들-애끓는 사부곡(思父曲)」(이정훈, 『주간동아』제503호, 2005년 9월), 『한민족독립운동사』7(국사편찬위원회, 1990), 『통일신보』2018.3.13.

승영제(承永濟, 남, 1896-1928)
아호(별명)_ 승제현(承濟鉉), 영제(英濟)
입교 시기_ 미상 | 교질_ 미상 | 서훈_ 애국장(1990)

평안북도 정주군(定州郡) 출신으로 고향의 오산중학교(五山中學校)에 재학 중 만주 집안현(輯安縣)으로 망명한 인물이다.

1919년 오광선(吳光鮮) 등과 신흥무관학교(新興武官學校)를 졸업하고 대한독립단 조맹선(趙孟善)의 부관으로 활약하는가 하면, 통화현(通化縣) 반랍배(半拉背)에 있는 학교에서 청년교육에 정진하였다. 그러나 일제의 헌병과 보민회(保民會)의 주구(走狗)들이 이 지역 학교의 교직원들을 학살하고 학교의 기구들을 모조리 훼손하였다. 이에 1920년 12월 승영제는 친일단체인 보민회의 주구배를 숙청하고 일본영사관을 습격하는 등 응징을 가했다. 1921년에는 대한독립단 단장인 조맹선의 부관으로 활동하면서 중대장과 외무감(外務監)을 역임하였다. 이후 지청천(池靑天)을 따라 노령(露領)으로 건너갔다가 흑하사변(黑河事變) 때 구사일생으로 유하현(柳河縣) 삼원포(三源浦)로 귀환하였다.

1924년에는 대종교 선배이자 항일투쟁의 거두인 조병준(趙秉準)·신우현(申禹鉉) 등을 따라 수원성(綏遠省) 포두현(包頭縣)으로 이주하였다. 그곳에 대종교 수광시교당(綏光施敎堂)을 설립하고 의민부(義民府)를 조직하는 한편, 배달농장과 배달학교도 세워 동포들의 정착과 실력양성에 노력하였다. 당시 승영제는 의민부의 섭외부장으로 활동하면서 대종교 포교와 함께 항일투쟁의 길을 이어갔다. 1927년 독립단체통합운동에 호응하여 유하현으로 돌아온 그는, 독립군양성기관인 동명학교(東明學校)의 교관으로 활동하였다. 그리고 1928년 동지 김정산(金正山)과 공모하여 산성자(山城子) 일본영사관 습격 준비 중, 친일단체인 보민회 주구의 밀고로 일본헌병대에 붙잡혀 고문으로 옥사하였다.

승영제의 대종교 교력은 남아 있는 것이 없다. 그의 영계(靈戒) 사항이나 교질(敎秩) 관계도 확인되지 않는다. 그러나 신흥무관학교 동지였던 박명진(朴明鎭)의 『대종교독립운동사』에, 그가 조맹선·박장호(朴長浩)·신우현 등 수십 인의 항일투쟁지도자들과 함께 대종교 서일도본사(西一道本司)의 주요 교인으로 적혀있다. 그의 대종교 입교시기를 만주로 망명할 즈음으로 점쳐볼 수 있는 이유다.

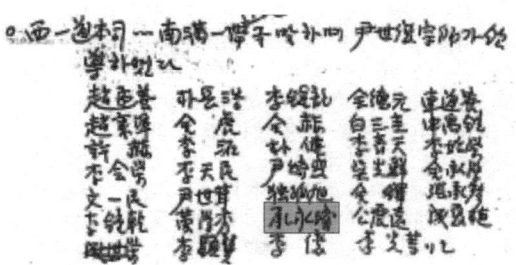

대종교 서일도본사의 주요 교인의 명단을 적어 놓은 박명진의 기록.
하단에 承永濟(네모 안)의 이름이 보인다.

[참고문헌]
『대종교독립운동사』(박영진, 필사본, 1964), 『독립신문』1920. 12. 18., 1921.
1. 21., 『한국독립사』하(김승학, 독립문화사, 1970), 『한민족독립운동사』2(국
사편찬위원회, 1987), 『대한민국독립유공인물록』(국가보훈처, 1997)

승진(承震, 남, 1890-1931)

아호(별명) _ 승회균(承晦均), 춘악(春岳)
입교 시기 _ 1913년 | 교질 _ 참교 | 서훈 _ 애국장(1990)

평안북도 정주군(定州郡) 안흥면(安興面) 출신이다. 본명은
승회균(承晦均)이나 대종교 입문 이후 승진(承震)으로 개명
하여 활동했다.
1910년 남만주 회인현(懷仁縣, 이후 桓仁縣으로 바뀜)으로 이
주하여, 1913년 김진호(金鎭浩)·김규환(金奎煥)·이시열(李
時說) 등, 대종교 동지들이 활동하던 대동청년단(大東靑年
團)을 가담하여 항일무력투쟁을 전개하였다. 대동청년단
은 대종교계 비밀결사로, 1909년 윤세복(尹世復)·안희제
(安熙濟)·김동삼(金東三)·이원식(李元植)·김사용(金思容)·윤
병호(尹炳浩)·서상일(徐相日)·김규환(金圭煥)·신백우(申伯
雨)·신팔균(申八均)·고순흠(高順欽) 등이 주축이 되어 만든
단체였다.
1917년에는 봉천성 통화현(通化縣) 반랍배(半拉背)에 배달
학교를 설립하여 교감(校監)을 맡아 청소년들에게 민족교
육을 통한 독립사상을 고취시켰다. 당시 배달학교의 교장
(校長)은 조용석(趙庸錫)이 맡았으며, 1917년 개천절(음력 10
월 3일)에는 학교에서 성대한 축제를 펼치기도 했다. 또한
1918년에는 대종교지도자 정안립(鄭安立)이 주도한 동성한
족생계회(東省韓族生計會)의 발기인으로 참여하여, 그 지역
동포들의 생존권 향상에도 앞장섰다.
승진은 1920년 10월 편강렬(片康烈)·양기탁(梁起鐸) 등과
함께 봉천성 회덕현(懷德縣) 오가자(五家子)에서 의성단(義
成團)을 조직하고 부단장이 되어 길림(吉林), 장춘(長春), 이
통(伊通) 등지를 근거로 남만주 일대의 일제기관을 파괴하
였고 친일파를 응징하였다. 그 해 11월에는 모스크바에서
개최된 세계혁명대표자회의에 재만독립군 대표로도 참
석하였으며, 1922년 일제의 밀정 김성곤(金成坤)의 밀고로
의성단 단장 편강렬이 하얼빈에서 일본경찰에 체포되자,
그 후임으로 의성단 단장을 맡았다. 그리고 같은 해 4월
경 각 곳에 산재해 있는 독립군 단체들이 영안현(寧安縣)
과 액목현(額穆縣)을 중심으로 통일군단(統一軍團)을 조직
하기 위한 모임에 교통부장으로도 참여하였다.
승진은 1924년 2월 양기탁·손정도(孫貞道)·왕삼덕(王三
德)·백남준(白南俊)·고할신(高轄信)·오동진(吳東振)·현정경
(玄正卿)·김이대(金履大)·윤덕보(尹德甫)·박기백(朴起白)·최
훈영(崔薰榮) 등, 길림성 내에 거주하는 평안도 출신의 인
물들과 동우회(同友會)를 조직하고 『야고(野鼓)』(이후 『동우
(同友)』로 개칭함)라는 잡지도 기관지도 발간하였다. 동우
회는 "고구려 유족(遺族)의 생활향상을 기하기 위해 고구
려 정신에 철저한 남녀를 결합하고 그 기초를 견고히 함

으로써, 산업을 진흥과 교육 장려, 저축을 힘써 행함"을
목적으로 한 단체였다.
한편 승진은 1924년 의성단 대표로 전만통일의회주비회
(全滿統一議會籌備會)에 참가하여 정의부(正義府)를 조직하
는데도 동참한다. 그 배경을 보면, 의성단의 동지인 양기
탁과 편강렬 등이 각지 단체로 유세하는 한편, 길림 지방
의 유력자인 이장녕(李章寧)·박관해(朴觀海)·이청천 등을
설득하여 찬동을 구하고 길림에 전만통일회의주비희(全滿
統一會議籌備會)를 설치, 이장녕을 주비회장에 추대하여 준
비를 진행하였다. 그 결과 1924년 7월 12일, 길림에서 주
비발기회를 개최하였다. 당일의 참가단체 및 대표는 다음
과 같다.

참가단체	대표자
군정서(軍政署)	이진산(李震山), 이광민(李光民)
길림주민회(吉林住民會)	이욱(李旭)
대한광정단(大韓光正團)	김호(金虎), 윤덕보(尹德甫)
대한독립군(大韓獨立軍)	이장녕(李章寧)
대한독립군단(大韓獨立軍團)	윤각(尹覺), 박성준(朴性儁)
대한통의부(大韓統義府)	김기전(金基甸·金東三), 이종건(李鍾乾)
노동친목회(勞動親睦會)	최명수(崔明洙), 장상우(張相友)
의성단(義成團)	승진(承震)

승진은 그 주비회에서 김호(金虎)·윤덕보(尹德甫)와 같이
재무위원에 선임되었다. 그리고 정의부로 정식 출범한 후
에는 생계부(生計部) 산업과(産業課) 주임위원(主任委員)을
맡아 정의부 살림의 중심인물이 되어 활동하였으나, 1931
년 길림성 강남공원에서 친일로 변절한 권수정(權守楨, 본
명 李鍾榮) 일당에게 피살되었다.
승진의 대종교 교력을 살피면 1914년 윤5월 3일(음력), 남
만주에서 함께 활동하던 김진호(金鎭浩) 등과 함께 참교
의 교질을 받은 기록이 있다. 그가 그 이전에 대종교 입교
(入敎)와 영계(靈戒)를 받았음이 확인된다. 그가 만주 회인
현(환인현)으로 넘어간 1910년대 초반의 그곳 환경은 대종
교와 뗄 수 없는 분위기였다. 경학사(耕學社), 부민단(扶民
團), 동창학교(東昌學校) 등 모두 대종교 혹은 친대종교적
인 단체들이 자리 잡고 있었고, 승진이 가입하여 활동한
대동청년단 역시 대종교와는 불가분의 연결 관계에 있는
단체였다. 그의 대종교 입교가 만주로 넘어간 직후일 것
으로 추정되는 이유다.

[참고문헌]
『종문영질』(프린트본, 1922), 「不逞鮮人의 統一軍團組織에 관한 건」(不逞團關
係雜件-朝鮮人의 部-在滿洲의 部32, 機密受제166호-機密제149호, 한국사DB, 국사
편찬위원회), 「全滿統一 發起文 入手에 관한 건」(不逞團關係雜件-朝鮮人의 部
-在滿洲의 部39, 機密受제78호-機密제71호, 한국사DB, 국사편찬위원회), 『한국독
립운동사』(애국동지원호회, 1956), 『한국독립운동사』4(국사편찬위원회, 1968),
『독립운동사』5(독립운동사편찬위원회, 1973), 『대한민국독립유공인물록』(국가
보훈처, 1997), 『한국독립운동사자료』37(국사편찬위원회, 2001)

신가균(申可均, 남, 1884-?)

입교 시기 _ 일제강점기 | 교질 _ 참교

한성부(漢城府) 서부(西部) 황화방(皇華坊) 소정동계(小貞洞契, 지금의현 서울 중구 정동) 출신이다. 대종교 항일투사인 신팔균(申八均)의 동생이자 충정공 민영환(閔泳煥)의 부관(副官)을 지낸 인물로, 대한제국 육군부위(陸軍副尉)를 역임하고 정6품의 벼슬까지 올랐다.

형인 신팔균이 부친의 고향인 충북 진천군(鎭川郡) 이곡면(梨谷面) 노곡리(老谷里, 현 이월면 노원리) 강당고개에 보명학교(普明學校)를 설립하여 후진을 양성할 당시, 형을 도와 지역 교육 활동에 힘썼다. 또한 경술국치 이후 신팔균이 만주로 망명하자, 신가균은 동생 신필균(申弼均)과 함께 학교 운영을 이어갔다. 1920년대에는 국내로 들어온 신팔균과 함께 대동단(大同團)에도 가담하여, 대종교 동지인 최익환(崔益煥)의 출판 활동 등을 암암리에 지원하였다.

해방 이후인 1945년 10월 18일에는 조선독립운동사편찬발기인회의 위원으로 선임되어 조선독립운동사 편찬사업에도 적극 동참하였으며, 1949년 2월에 결성된 민주국민당에서는 감찰위원회 부위원장으로 선임되어 정치 활동을 펴기도 하였다.

신가균의 대종교 입교는 일제강점기에 이루어졌다고 하나, 그와 관련된 기록은 남아있지 않다. 대종교에서는 그의 이러한 종교적 경험을 존중하여 환국 직후인 1946년 5월 25일(음력) 영계(靈戒)와 함께 참교(參敎)의 교질(敎秩)을 수여하였다. 또한 같은 날 경의원(經議院) 참의(參議)로도 선임하여 원로로서의 대우를 극진히 하였다.

[참고문헌]
『대종교보』제150호(1946년). 『대종교중광육십년사』(대종교총본사, 1971). 『조선·대한제국관보』제2249호(1902년). 『매일신보』1945.10.19.. 『조선일보』1949.2.15.. 『동아일보』1958.11.30.. 『한민족독립운동사자료집』5(국사편찬위회, 1988)

신강묵(申剛默, 남, 생몰 미상)

입교 시기 _ 1924년 이전 | 교질 _ 미상

출신지역과 생몰연대를 알 수 없는 인물이다. 대종교단 내의 기록에는 남아있는 것이 없으며, 오직 1920년대 일제의 기밀문서에서만 확인되고 있다.

신강묵은 1924년 4월 23일부터 26일까지 만주 영안현(寧安縣) 대종교총본사에서 열린 대종교교우회(大倧敎敎友會)에 부여현(扶餘縣)을 대표하여 참석한 기록이 있다. 당시 열린 교우회는 대종교 제2세 교주인 무원(茂園) 김교헌(金敎獻)이 서거하고 제3세 교주 단애(檀崖) 윤세복(尹世復)이 취임한 이후 열린 중차대한 회의였다. 윤세복의 주재로 개최된 이 회의에 참석한 인물들을 보면 국내 대종교위

원 3명[신명균(申明均)·김의환(金義煥)·남홍팔(南弘八)], 간도 대종교위원 5명[심근(沈槿)·현천극(玄天極)·채신석(蔡信石)·서춘보(徐春甫)·한승묵(韓承黙)], 서간도 대종교위원 1명[오근태(吳根泰)], 동지연선(東支沿線) 지방 대종교위원 5명[신우범(申禹範)·김근우(金根禹)·이규(李奎)·남봉성(南鋒星)·신강묵(申剛默)] 등 14명과 영고탑(寧古塔) 총본사 및 부근 지역 참석자 13명을 합하여 27명이 참석하였다. 당시 주요 의제는 다음과 같았다.

1. 전(前) 대종교 교주 김교헌(金敎獻, 1923년 사망)과 고(故) 대종교 동도본사 전리(典理) 서일(徐一, 1921년 사망)에 대한 경칭(敬稱) 문제
2. 홍범규제(弘範規制) 개정에 관한 문제
3. 총본사를 용정촌(龍井村)으로 이전하는 문제
4. 교주(敎主) 선임에 관한 문제
5. 전항에 속하지 않은 비밀스런 결의 사항이 다수

언급된 사안들을 보면 종사(宗師) 호칭 부여, 대종교 헌법(홍범) 개정, 대종교 중심 거점(총본사)의 이전, 교주의 선출 방식 등, 대종교의 핵심적 사항들과 연결된 문제들이다. 이러한 중대사를 결정하는 회의에 신강묵이 14인의 대표 중 1인으로 천거되었다는 것은, 당시 대종교에서의 그의 비중을 다시금 확인시키는 근거라 할 수 있다.

신강묵의 대종교 교력과 관련된 교단 내의 기록은 전무하다. 당연히 그의 입교 시기나 영계(靈戒) 사항, 그리고 교질(敎秩) 관계도 확인이 안 된다. 이것은 그 시기 대종교의 1차 자료라 할 수 있는 『대종교보(大倧敎報)』가 모두 사라진 것과 무관치 않다. 그럼에도 신강묵이 1924년 당시 대종교의 중심부에서 활동했음을 보여주는 위의 기록은, 그의 대종교단에서의 위상이나 교질이 상당했음을 알게 해준다.

[참고문헌]
「寧古塔에서 大倧敎 敎友會 開催 狀況에 관한 건(不逞團關係雜件-朝鮮人의 部-在滿洲의 部39, 機密受제144호-機密제136호, 한국사DB, 국사편찬위원회)

신건식(申健植, 남, 1889-1955)

아호(별명) _ 신두흥(申斗興), 공칠(公七), 신환(申桓)
입교 시기 _ 1922년 이전 | 교질 _ 상교 | 서훈 _ 독립장(1977)

충청북도 청원군(淸原郡) 가덕면(加德面) 인차리(仁次里) 출신으로, 대종교명은 신환(申桓)이다. 대종교 항일투사인 예관(睨觀) 신규식(申圭植)의 친동생이자 남파(南破) 박찬익(朴贊翊)과는 사돈지간이다. 일찍이 형(신규식)이 세운 고향의 덕남사숙(德南私塾)에서 수학하고, 이후 상경하여 무관학교 유년반과 관립한성외국어학교 영문학과를 졸업하였다.

1911년 신규식을 따라 상해로 망명한 신건식은 항주(杭州)에 있는 절강성(浙江省) 성립의약전문학교(省立醫藥專門學校)에 들어가 의학을 공부하였다. 필업(畢業) 후 상해로 돌아

신건식

온 그는 1912년 신규식이 주동이 되어 조직한 동제사(同濟社)에 참여하였다. 동제사는 '동주공제(同舟共濟)' 즉, 한마음으로 같은 배를 타고 피안(彼岸)에 도달하자는 뜻으로, 표면적으로는 우리 동포들의 상부상조를 위한 조직이라고 하였지만, 실제로는 국권회복이 그 진정한 목표였다.

동제사는 신규식과 신건식을 비롯하여 박은식(朴殷植)·박찬익·조성환(曺成煥)·신채호(申采浩)·김갑(金甲)·민필호(閔弼鎬)·이광(李光)·홍명희(洪命憙)·정인보(鄭寅普) 등의 구성원들에서 보듯, 대종교와 연관된 인물들이 대다수였다. 그 이념적 바탕 역시 대종교였으며, 그 중심에는 신규식이 있었다. 신규식은 1911년 대종교시교사(大倧敎施敎師)의 자격으로 상해로 넘어온 인물이다. 그는 박은식·신채호 등과 함께 상하이에서 대종교 행사를 주관하면서, 매주 일요일에 모여 경배식(敬拜式)을 가졌다. 또한 대종교의 주요 경절인 개천절(음력 10월 3일)과 어천절(御天節, 음력 3월 15일)3월 15일에는 상해 거주 한인들과 더불어 경하식(慶賀式)을 거행하였다. 대한민국임시정부 출범 이후는 임시정부 차원에서 경절행사를 거행했다. 8월 29일 국치일(國恥日) 기념식 또한 동제사의 주요 행사였다. 신규식이 『한국혼(韓國魂)』에서 '부끄러움을 잊어 나라가 망했다'는 절규와도 무관치 않다. 그 날이 되면 동제사원 모두 모여 나라 잃은 슬픔을 함께 하고 조국 독립의 결의를 다졌다.

동제사는 대한민국임시정부 수립을 위한 교두보 역할을 톡톡히 했다. 뿐만이 아니라 효율적인 독립운동 추진을 위해 청년들의 교육과 유학 주선에도 많은 역할을 하였다. 1913년 프랑스조계인 명덕리에 설치된 대종교계 박달학원 운영이 그것이다. 박달학원은 독립운동의 기반확대와 조직력 강화를 위해 설립되었다. 유럽이나 미주로 유학을 떠나고자 하는 한국 학생들과 국권회복을 위해 상하이로 온 청년들을 모아 우선 중국어와 영어 등 외국어를 가르치고 민족교육과 나아가서 군사교련을 시킬 목적이었다. 박달학원은 명칭에 나타나듯이 대종교계 교육기관으로, 그 교수진도 신규식을 비롯하여 박은식·신채호·조소앙·홍명희·조성환 등, 대종교 인물들이 주축이 되었다. 또한 동제사 지도부는 박달학원을 거점으로 많은 청년들의 중국 학교 입학을 주선하였다. 김세무(金世武)·김용호(金龍虎)를 상해 복단공학(復旦公學)에, 정원택(鄭元澤)을 무상중학(武商中學)에 각각 입학하도록 했다. 신건식(申健植)이 김용준(金用俊)과 함께 상해 광학교(鑛學校)에 입학한 것도 그러한 경우의 하나다.

이렇듯 신규식은 상해에 대종교의 거점을 잡고 동제사와 더불어 교민들의 둥지를 만든 인물이다. 더욱이 국내에 있던 대종교총본사가 만주 화룡현으로 이전한 후에는, 상해에 대종교 서이도본사(西二道本司) 설치를 주도하기도

했다. 또한 동제사로부터 신한청년당까지 그 중심에는 늘 신규식이 있었다. 신규식은 동제사→신한혁명당→신한청년당으로 이어지는 정신적 흐름을 지속시킨 인물이다. 일찍이 신한혁명당을 주축으로 「대동단결선언(大同團結宣言)」(1917년)을 이끌어 낸 그는, 국내와 일본 등에 젊은 동지들을 밀파해 「2·8독립선언」에 불씨를 지폈다. 그리고 국내와의 긴밀한 연락 속에서 「3·1독립선언」의 도화선을 당긴 인물도 신규식이다.

형(신규식)의 곁에서 이러한 사안 추진 과정에서 보조를 맞춘 인물이 신건식이다. 신건식이 생전에 동제사 직인을 소장하고 있었다는 신순호(申順浩)의 증언을 보더라도 직감할 수 있다. 신순호는 신건식의 딸로, 신건식이 형을 도와 동제사를 비롯한 여러 활동의 실무에 깊이 관여했음을 뒷받침해 주는 부분이다.

신건식은 대한민국임시정부가 수립되자 신규식과 함께 적극 참여하였다. 1921년 7월 태평양회의를 즈음하여 독립운동의 거점을 만들기 위해 국내로 몰래 잠입하였다. 일각에서는 그의 국내 입국 시기가 1920년 2월로도 보고 있다. 대종교의 동지이자 신규식의 측근이었던 정원택의 『지산외유일지(志山外遊日誌)』가 그 근거다. 그 기록에는 정원택이, 1920년 2월 23일 상해로부터 입국하여 서울 모처에 있다는 신건식의 소식을 듣고 찾아가 자신의 상해 망명과 관련한 대화를 나눈 기록이 있다. 또한 그 기록을 보면 신건식이 1913년에도 국내에 들어왔던 것이 확인된다. 『지산외유일지』에는 신건식이 1913년 2월 22일 김덕진(金德鎭) 등 4인과 더불어 국내로부터 남경으로 돌아와서 신규식과 동지들에게 본국의 현황에 대해 말했다는 기록이 그것이다. 신건식이 1911년 망명한 이후 여러 차례 국내를 왕래하였음을 암시해 주는 부분이다.

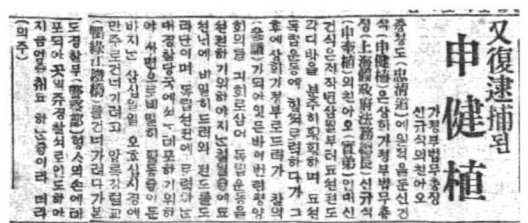

신건식이 신규식의 아우로서, 독립운동에 분주하다가 체포되었다는 내용을 실은 『매일신보』의 관련 기사.

아무튼 신건식이 국내 잠입을 시도한 것은 국내정세 조사와 군자금 모금에 대한 형(신규식)의 명령을 수행하기 위한 것이었다. 당시 신규식과 임시정부의 관계를 고려한다면, 신건식이 국내 활동을 위해 밀파된 것으로 추정할 수 있다.

그러나 국내 활동을 마치고 압록강철교를 넘어가던 중 일경에 체포되었다. 이 사건으로 『독립신문』은 1921년 12월 26일자 기사에는 신건식이 암살되었다는 오보(誤報)도 나왔다. 즉, 신건식이 국내에 밀파되어 임무를 수행하고 상해로 되돌아오기 위해 압록강 철교를 건너다 신의주에서 일경에 붙잡혀 모진 고문을 당하였다는 것과 검사국으로

이송 도중 암살되었다고 보도한 것이다. 그만큼 신건식의 행보에 국내외적 관심이 컸다는 방증이다. 그가 일제가 주목하고 있는 대한민국임시정부 요인 신규식의 동생이고 여행권 없이 비밀리에 압록강을 건너려 했기 때문이었다. 그는 신의주경찰서에서 혹독한 고문으로 움직이기 어려울 정도가 되자, 보석을 신청하여 풀려나 청주의 집으로 와 망명의 기회를 엿보고 있었다. 그러나 또다시 청주경찰서에 연행되어 취조를 받고 감옥에 미결수로 갇혀 있다가 풀려났다. 1922년 그는 재차 상해 망명에 성공하여 신규식과 임시정부 요인들에게 국내 활동의 경과를 보고하였다.

이 시기 그가 의지하고 따랐던 형(신규식)이 1922년 5월 임시정부를 걱정하며 몸져누웠고, 끝내 회복하지 못한 채 9월 25일 서거하였다. 그에게 신규식은 단순히 혈육만의 존재는 아니었다. 정치적 동반자이자 항일투쟁의 동지였으며, 대종교의 사상적 선배이기도 했다. 그러므로 그에게 형의 죽음은 천붕지통(天崩之痛)에 버금가는 슬픔이었다.

신건식은 그 아픔을 딛고 항일투쟁의 끈을 놓지 않았다. 그는 1925년 절강성(浙江省) 육군형무소 군의관으로 임명되어 중국군 생활을 시작하였다. 그가 절강성 성립의약전문학교에 들어가 의학을 공부한 것이 그 연결 고리였다. 그 형무소는 중국 군벌의 대립과 투쟁과정에서 발생한 정치범과 군사범을 수용하는 곳이었다. 그는 군의관으로서 정성을 다해 의무 활동을 하였고, 중국인들로부터 찬사를 받았다. 이듬해에는 의무 순회 반장이 되어 강소성(江蘇省) 영파(寧波) 등지를 순회하며 의료시설의 개선과 진료활동을 벌였다. 1928년에는 중국 정규군 장교인 중교(中校, 중령에 해당)에 임명되어 중국중앙육군군관학교(후일 황포군관학교로 개칭) 외과주임까지 이르렀다. 당시 그는 남경에 거주하던 독립운동가와 청년 학생 등 한인 동포들의 숙식 경비를 지원하였다. 중국군 장교로서 비교적 넉넉한 급료를 받아 우리 독립운동을 후원한 것이었다. 그러나 1933년 과로와 교통사고 등으로 심신이 고단해지자 중국군 계급과 직책을 사임하고 입원 치료를 받게 된다.

한편 신건식은 1921년 신문기사에서 임시정부 참의(參議)로 관여한 기사가 있다. 임시정부 출범 직후부터 관여한 증좌가 된다. 그리고 대한민국임시정부에 대한 그의 본격적으로 참여는 1937년경부터다. 그는 남경시 교외에 있는 남기가(藍旗街) 1호에서 조소앙·지청천·홍진·이광 등, 대종교 동지들과 함께 생활하며 독립운동을 모색하였다. 또한 엄항섭도 광복진선 선전부에 소속되어 선전활동에 주력하였다. 그러던 중 남경이 일제에 함락당할 위기에 처하자, 11월 다른 임시정부 요인들과 함께 가족을 데리고 남경을 탈출하여 장사(長沙)로 이동하였다.

신건식은 1939년 10월 개원한 제31회 의정원 회의에서 충청도의원으로 당선되며 보다 깊숙이 임시정부에 참여하게 된다. 그해 12월 4일에는 양우조(楊宇朝)·손일민(孫逸民)과 상임위원에 당선되었으며, 이듬해 3월 13일 이동녕의 국장 복상위원회가 서무·의식·공사의 3개조로 편성되었을 때 최동오(崔東旿) 등과 서무조 위원으로 선임되었다. 그는 1941년과 1942년 10월 개최된 33회, 34회 의정원

회의에도 충청도의원으로 참석하였다. 이후에도 재무부 차장과 재무부 이재과장을 겸임하는가 하면, 임시의정원 의원으로서 정부의 각료로도 선임되었다. 또한 분과위원 당선과 함께 임시의정원과 임시정부에서 예산과 재정분야의 전문가로 활동하였다.

신건식은 17건의 발의가 보여주듯, 왕성한 임시정부 의정원 활동을 전개하였다. 그 가운데 주목되는 것이 '한국광복군행동9개준승(韓國光復軍行動九個準繩)'의 폐지를 요구한 제안이다. 1941년 11월 15일 중국군사위원회는 한국광복군을 통할 지휘한다는 것을 골자로 하는 9개 준승을 요구하였다. 이는 광복군의 위상과 진로에 결정적 영향을 미친 것으로서, 매우 굴욕적인 것이었다. 이 준승은 임시정부의 통수권을 완전히 박탈함은 물론, 광복군이 한국 영토 안으로 진입한 이후에도 중국군사위원회의 군령을 받아야 한다는 내용이다. 중국군사위원회의 준승이 통보되자, 임시정부는 수용 여부를 둘러싸고 격론을 벌였다. 결국, 1942년 11월 19일 개최된 제18차 국무회의에서 중국 측의 제의를 수락하기로 결정하였다. 중국의 승인과 협조 없이 광복군의 조직과 운영이 불가능했기 때문에 어찌할 도리가 없었다. '인통접수(忍痛接受, 아픔을 참으면서 접수한다)'라는 표현에서 알 수 있듯이, 당시 임시정부의 9개 준승 수용은 '불가불가(不可不可)'의 심경이었다.

重慶에서 찍은 대한민국임시정부의 駐華代表團 기념사진(1946년 4월).
1열 왼쪽에서 2번째 인물이 신건식이다.

그러나 신건식은 동참하는 동료들과 9개 준승에 대한 끈질긴 취소 요구하였다. 마침내 임시의정원의 후원을 받은

임시정부도 9개 준승의 취소를 위한 교섭에 나섰다. 여러 차례의 교섭 끝에 1944년 8월 10일, 중국은 김구 주석에게 공함을 보내 9개 준승을 취소하고 한국광복군을 임시정부에 직속케 한다고 통보해 왔다. 그로부터 8개월 후인 1945년 5월 1일 새로운 군사협정인 '원조한국광복군판법(援助韓國光復軍辦法)'이 성립되었다. 신건식을 비롯한 동료들의 끈질긴 취소 요구가 마침내 임시정부와 한국광복군의 자주성을 회복시킨 것이다.

신건식은 한국독립당의 중심인물로 1944년 3월에는 감찰위원을 맡기도 했으며, 해방 직전까지도 임시정부의 재정 확충을 위해 부단한 노력을 기울였다. 그리고 해방 직후까지도 주중대표(駐中代表)를 맡아 한인 동포의 귀국 문제를 중국과 협의하다가 1948년 4월에 귀국했다.

[교력]
신건식 주변의 친인척들은 모두가 항일투사였다. 부인 오건해(吳健海)로부터 딸 신순호(申順浩), 사위 박영준(朴英俊), 형 신규식과 조카 신형호(申衡浩, 큰형의 아들) 등이 모두 독립운동에 앞장섰다. 또한 사돈 박찬익, 형(신건식)의 사위인 민필호(閔弼鎬), 민필호의 사위인 김준엽(金俊燁) 뿐만 아니라, 민필호의 형인 민제호(閔濟鎬) 등이 항일전선에서 분투한 인물들이다. 또 하나 공통되는 점은 이들 모두가 대종교라는 정신공동체에 기대고 있었다는 점이다.(아래표 참조) 그 중심에는 신규식과 박찬익이 있었다. 친형제와도 같았던 둘은 대종교가 중광한 직후에 입교하여 신규식은 상해로 박찬익은 북간도로 향하였다. 둘 다 대종교시교사(大倧敎施敎師)라는 중임을 띠고 대종교 포교와 함께 항일투쟁의 거점 확보를 위해 망명한 인물들이다.

이 름	신건식과의 관계	서 훈	비 고
오건해(吳健海)	부인	애족장(2017)	미 상
신순호(申順浩)	딸	애국장(1990)	대종교
박영준(朴英俊)	사위	독립장(1977)	대종교
신규식(申圭植)	형	대통령장(1962)	대종교
신형호(申衡浩)	조카(큰형 申政植의 아들)	애족장(2011)	대종교
박찬익(朴贊翊)	사돈(박영준의 부친)	독립장(1963)	대종교
민필호(閔弼鎬)	조카사위(형 신규식의 사위)	독립장(1963)	대종교
민제호(閔濟鎬)	사돈(민필호의 형)	애국장(1990)	대종교
김준엽(金俊燁)	사돈(민필호의 사위)	애국장(1990)	미 상

신건식 역시 신규식과 상해로 넘어갈 시기에 대종교에 입교한 듯하나, 그 관련 기록은 현재 전하는 것이 없다. 1910년대 『대종교보』와 같은 1차 기록이 모두 없어졌기 때문이다. 대종교에 남아 있는 기록으로 신건식이 처음 등장하는 것은 1922년이다. 그 해 9월 6일(음력, 이하 음력) 대종교 서이도본사(西二道本司) 관할 호광시교당(滬光施敎堂)의 찬무(贊務, 부책임자)를 맡은 기록이 보인다. 당시 서이

도본사의 책임자는 박은식(朴殷植)이었으며 조완구(趙琬九)와 김두봉(金枓奉)이 박은식을 도왔다. 또한 호광시교당은 상해 복주로(福煦路) 애인리(愛仁里)에 소재한 시교당으로, 당시 전무(典務, 책임자)는 소운(少雲) 민제호였고 신건식의 절친한 동지인 동성(東醒) 김덕진이 찬무를 맡아 신건식과 함께 했다. 그러므로 대종교계 항일투사 박명진(朴明鎭)은 그의 『대종교독립운동사』(필사본, 1964)에서 신건식을 박은식·이동녕·민필호·민제호·신익희·신석우(申錫雨)·이탁(李鐸)·김갑(金甲) 등과 함께 대종교 서이도본사의 핵심 교인으로 꼽고 있다.

그 이후부터 해방되기 전까지 신건식의 대종교 관련 기록도 현재 전하지 않는다. 이러한 상황을 고려하여 대종교에서는 신건식이 주화대표단 임무를 마치고 환국한 직후인 1949년 1월 3일 곧 바로 지교(知敎)의 교질(敎秩)을 수여하였다. 지교 수여의 이유로 당시의 대종교에서 내린 것은 '대종교에 대한 믿음이 더욱 독실하여 교질을 올린다(信倧益篤合選陞秩)'는 덕담이었다. 그리고 얼마 후인 2월 21일 경의원(經議院) 참의(參議)로 선임되면서, 경의원 원장(院長)을 맡은 성재(省齋) 이시영(李始榮)의 비서를 겸했다.

신건식·오해건 부부와 딸 신순호(가운데)가 함께 찍은 사진

신건식은 지교를 받은 지 3개월 후인 4월 2일, '슬기롭게 경의원을 화합시키고 어질게 힘썼다(協讃經院旣賢且勞)'라는 덕담과 함께 교질이 상교(尙敎)로 오르게 된다. 또한 1950년 1월 17일에는 대종교중흥회(大倧敎重興會)의 자문위원인 참여(參與)로 선임되고, 제2차 집행위원으로도 뽑히면서 대종교 재건을 위한 선봉에 섰다. 그러나 한국전쟁이 발발하면서 모든 것이 정지되었다.

[참고문헌]
『대종교보』제55호(1922년)·제161호(1949년)·제162호(1949년)·제163호(1949년)·제165호(1950년), 『대종교인과 독립운동연원』(이현익, 프린트본, 1963), 『대종교독립운동사』(박명진, 필사본, 1964), 『대종교중광육십년사』(대종교총본사, 1971), 『매일신보』1921.11.6., 『독립신문』1921.12.26., 『국외용의조선인명부』(총독부경무국, 1934), 『한국독립사』하(김승학, 독립문화사, 1970), 『대한민국임시정부의정원문서』(국회도서관, 1974), 『思想情勢視察報告集』(社會問題資料研究會 編, 1976), 『일제침략하 한국36년사』13(국사편찬위원회, 1978), 『지산외유일지』(정원택, 탐구당, 1983), 『독립운동사』4·6·8(독립운동사편찬위원회, 1983)

신구영(申龜永, 남, 생몰 미상)

입교 시기_1911년 | 교질_지교

출신지역과 생몰연대가 불분명한 인물이다. 1905년 평양 감리서(平壤監理署) 주사(主事)를 지낸 인물로 1906년 이후 상해로 건너갔다. 1907년 11월, 서상윤(徐相潤)과 함께 대동보국회(大同保國會)에서 설립한 대동보국학교의 관리를 맡았다.

대동보국회는 1905년에 캘리포니아주 파사디나(Pasadena)에서 조직된 대동교육회의 후신으로, 주로 교육진흥에만 목적을 둔 단체였다. 그러나 1907년 3월, 일제의 국권침탈이 강화되고 있던 시대적 상황에 부응해 정치적 운동을 지향하면서 대동보국회로 확대·개편된 것이다. 신구영이 활동하던 시기 상해 거류 한국인은 약 40명이었다. 그 중 20여 명은 학생들이고 그 밖에는 소위 망명자라는 인물들이었다. 신구영은 상해로 건너온 사람들에게 반드시 대동보국학교 입학을 권유하여 참여시켰다. 그리고 학교의 학비로는 3원을 징수하였다.

다시 국내로 들어온 신구영은 대종교와 고전소설 활동에 전념하였다. 그가 상해로부터 들어온 시기는 정확하지 않다. 다만 상해 일본총영사가 일본국 외무대신에게 보낸 보고에 따르면, 신구영이 1908년 10월경에 그 지역에서 자취를 감추었다고 적혀 있다. 그 무렵 국내로 들어왔음을 짐작하게 해준다. 그는 『옥단춘전(玉丹春傳)』(박문서관, 1916)·『쟝풍운전(張豊雲傳)』(한성서관/유일서관, 1916)·『삼선긔(三仙記)』(이문당, 1918) 등의 우리말 출판 작업을 통해, 문화계 활동에도 앞장섰다.

신구영의 대종교 교력을 살피면, 1911년 7월 19일(음력, 이하 음력)에 참교(參敎)의 교질(敎秩)을 받은 기록이 있다. 그가 상해로부터 국내로 들어온 직후 대종교에 입교했음을 점칠 수 있는 부분이다. 그리고 1922년 윤5월 11일 대종교 남일도본사(南一道本司, 경성·경기·황해·평안남북도 관할) 규리감정(規理監正) 대판(代辦, 대행)으로 임명되었다. 규리감정이란 관할 구역에서 대종교의 홍범(弘範) 및 각종 규칙(規則) 등을 수호·집행·감독하는 자리다. 이러한 노력으로 그 해 7월 20일 지교(知敎)로 승질(陞秩)하였다. 이 시기 그는 대종교지도자인 예관(睨觀) 신규식(申圭植)의 추도식을 이끌기도 했다. 1922년 양력 10월 1일, 경성 소재 대종교 남도본사에서 열린 추도식을 강철구(姜鐵求)·조승호(趙承鎬)·김순규(金順圭)·박승익(朴勝益)·이종원(李鍾遠) 등, 당시 대종교 국내 중심인물들과 치른 것이다.

신구영은 해방 후 대종교총본사가 국내로 환국한 뒤인 1946년 6월 22일 경의원(經議院)의 참의(參議)로 선임되었다. 의아한 것은 그 해 8월 27일, 그가 다시 지교의 교질을 받은 기록이 있다는 점이다. 이러한 교력의 중복 현상은 당시 많은 대종교 인물들에게 나타나는 경우였다. 그 이유는 크게 두 가지다. 우선 일제강점기 대종교총본사와 각 도본사 간의 소통, 심지어는 인물들 간의 연결 고리도 일제의 감시에 의해 철저히 단절되었다는 점이다. 또한

대종교단 내의 1차 기록이 압수나 방화, 여러 차례의 이동에 의해 거의 사라졌다는 점이 그것이다. 그러므로 해방 후 신구영이 받은 지교의 교질은 상교(尙敎)나 정교(政敎)의 교질에 해당하는 무게를 가진 것이었다.

[참고문헌]
『대종교보』제54호(1922년)·제55호(1922년)·제150호(1946년)·제151호(1946년), 『종문영질』(프린트본, 1922), 『대종교중광육십년사』(대종교총본사, 1971), 『승정원일기』1905년 3월 23일, 『개벽』제29호(1922년 10월 1일), 『統監府文書』4(국사편찬위원회, 1999), 『韓國近代史資料集成』3(국사편찬위원회, 2002)

신규식(申圭植, 남, 1880-1922)

아호(별명)_공집(公執), 예관(睨觀), 신정(申檉), 여서(餘胥), 일민(一民), 청구한인(靑丘恨人), 보중재(脣中齋), 아목루실(兒目淚室)

입교 시기_1909년 | 교질_사교 | 서훈_대통령장(1962)

신규식

충청북도 문의군(文義郡) 동면(東面) 계산리(桂山里) 출신으로, 대종교명은 신정(申檉)이다. 1905년 을사늑약이 체결됨에 비분강개하여 의병을 일으키려 도모하였으나 실패하자 음독자살을 꾀하였다. 당시 그를 구해준 인물이 후일 대종교를 일으킨 홍암(弘巖) 나철(羅喆)이다. 생명은 구하였지만 시신경을 다쳐 오른쪽 시선이 바르지 않아 흘겨보게 되자 호를 예관(睨觀)이라고 자칭하였다.

신규식은 출생일이 음력 1월 13일로, 청나라의 마지막 황제인 부의(溥儀)와 공교롭게도 같았다. 후일(1917년) 스스로 읊은 「정사년자수시(丁巳年自壽詩)」에서, 당시 11세밖에 안 되는 부의의 처지를 동병상련하는 감회로 다음과 같이 드러내기도 했다.

今日乾淸殿 오늘 건청전에 머무는
孤兒正可憐 외로운 아이 참으로 가련쿠나
同情無限淚 동정의 눈물 참을 수 없어
不覺下漣漣 하염없이 흘러내리기만

신규식은 3살 때 글자를 깨우칠 정도로 어려서부터 영특하고 총명했다. 경제적으로도 넉넉한 편이어서 가숙(家塾)에 들어가 한문을 학습하여 사서오경을 독파하고 시문을 지어 그 빼어남을 발휘하였다. 또한 그는 필력의 힘이 넘쳤으며, 예서·해서·행서·초서에도 모두 능통했다. 그러므로 온 동리에 신동(神童)이라고 소문이 났으며, 단재(丹齋) 신채호(申采浩)·경부(畊夫) 신백우(申伯雨)와 더불어 산동삼재(山東三才)라 칭해져 서울에까지 알려질 정도였다.

1895년 을미사변 이후 정치가 문란해지고 사회의 풍기가 부패한 것을 우려하여 왜구를 배척하고 사악을 배격하는 글을 써서 사람들을 고무 격려하였다. 또한 같은 가숙의 학우들과 소년대를 조직하여 조련하면서 무덕(武德)을 제창하였다.

1896년 경성으로 올라와 관립한어학교(官立漢語學校)에 입학하여 3년간 중국어·한국사·지리 등을 배운 후, 1900년 꿈꾸던 육군무관학교에 입학하게 된다. 당시의 육군무관학교는 대한제국이 자력으로 신식군대를 지휘하고 교육시킬 수 있는 유능한 초급장교를 양성할 목적으로 세운 학교로, 까다로운 입학선발 규정과 입학시험을 거쳐야 했다. 신규식은 군사학 이외에도 외국어를 비롯한 신학문도 배워 견문을 넓히면서 엄격한 군사교육을 통해 무관의 규율과 강의(剛毅)한 기(氣)를 겸비하게 되었다.

신규식은 육군무관학교에 재학 당시 모든 학과에서 우수성을 발휘하였지만 학교 당국의 부패와 불합리한 처사를 들어 끊임없이 공격하고 부패한 군부의 개혁을 꾀해 동기생인 조성환(曺成煥) 등과 동맹휴학을 도모하였다. 그러나 사전에 계획이 발각되어 주모자격인 조성환만 사형선고를 받고 수감되었다가 특사로 석방되었다. 이때 신규식은 신병치료를 위해 향리에 돌아가 있어서 체포를 면할 수 있었다. 이 시기 고향인 인차리(仁次里)에 설립된 문동학원(文東學院)에 관여하였다. 문동학원은 산동삼재였던 신백우와 신채호가 그 설립에 관여하고 강사가 되었으며, 신규식 역시 이에 적극 협조했다.

1902년 신규식은 보병 참위(參尉)로 임관되어 부위(副尉)까지 진급했다. 1903년 3월에는 진위대(鎭衛隊) 제4연대 2대대에서의 견습을 거친 뒤, 그해 7월 3일 마침내 졸업증서를 받았다. 그리고 고향으로 내려와 설립한 교육기관이 덕남사숙(德南私塾)이다. 이 사숙에서는 산술·측량 등 10여 과목을 가르쳤으며 유능한 교사를 청주에서 초빙하는 등, 근대식 학교의 면모를 갖추었다고 한다.

1904년 신규식은 진위대와 무관학교의 견습을 마치고 1905년 6품으로 오른 뒤 시위대(侍衛隊)로 옮겼다. 이후 을사늑약이 체결되자 지방 진위대(鎭衛隊)와 연결하여 의병을 일으키려 했으나, 성공하지 못했다. 1906년 4월에 시위대 3대대에 배속되었다. 그러나 1907년 8월 군대해산령에 의해 군대해산식에 참가한 시위대 군인들은 제1대대장 박성환의 자살을 계기로 시위대 제1연대 1대대를 필두로 기병(起兵)하였다. 당시 부위였던 신규식은 이에 적극 호응하여 병사를 이끌고 대한문까지 진출하여 목숨을 끊고 순국하려 하였으나, 동지들의 만류로 뜻을 이루지 못한 채 군대는 해산당하고 자신도 군복을 벗게 되었다. 윤치소(尹致昭)·신창휴(申昌休) 등과 함께 광업회사를 발기한 시기가 이 때였다. 그리고 1908년 대한협회에 가입하여 7월에 정식회원이 되었다. 그 해 9월에는 실업부의 부원(部員)으로 선출되어 실업부의 업무를 분담케 되었고, 남궁억 등과 더불어 평의원으로 피선되어 활동하였다.

신규식이 서울에서 영천학계(靈川學契) 설립에 참여한 시기도 그 무렵이다. 이 계는 다음의 「영천학계 설립취지문」에 나타나는 바와 같이 산동신씨 문중의 자제들은 물론 이웃 청소년들에게 신교육을 실시하고자 1908년 5월 조직된 교육계(教育契)다.

"대저 교육은 특별한 일이 아닙니다. 지식을 개발하고 도덕을 닦아서 하늘이 부여한 우리들의 권리와 의무를 알아서 여러 방면에 활용하는 유일무이한 업무입니다. 이 때가 어느 때며 이 세상이 어느 세상입니까? 해상에 문호가 한 번 열림에 풍파와 조수가 들끓습니다. 만국이 별처럼 벌려 있고 바둑알처럼 나열됨에 수레와 문자가 서로 교통되고 육대주가 호시탐탐하고 있어 고래가 약한 물고기를 삼키듯 하며 기계는 날로 새로워져서 문명한 인종은 잘 보존하고 몽매하고 미개한 민족은 멸망하는 세계입니다."

당시 다양한 사회활동을 하면서 신교육의 중요성을 절실히 체감하던 신규식은, 영천학계를 설립하고 관리하는데 실무적 중심책인 총무를 담당하게 된다. 또한 부친인 신용우(申龍雨)는 계의 부책임자인 부계장(副契長)을, 큰형 신정식(申廷植)은 부장을 맡아 영천학계의 취지에 동참하였다.

1909년 음력 1월, 신규식은 홍암 나철이 전래의 단군신앙인 대종교를 일으키자 가장 먼저 입교했다. 또한 한말의 실업계를 계몽키 위한 일환으로 『공업계(工業界)』란 월간잡지를 창간한 것도 이 무렵이었으며, 같은 해 3월에는 중동야학교(中東夜學校)의 제3대 교장으로도 취임하였다. 중동학교는 당시 애국계몽단체나 민간인들이 근대적 제도교육의 필요성을 각성하여 설립한 많은 사립학교들 중 하나로 1906년 한어야학(漢語夜學)에서 출발한 학교였다. 그러나 신규식은 1910년 일제가 한국을 병탄했다는 소식을 접하고 새로운 각오로 구국운동에 투신하고자 고향인 인차리로 내려갔다. 그리고 신백우와 독립운동 방략을 상의한 후 중국으로 망명할 것을 결심하였다.

대한제국육군무관학교 장교 시절의 신규식(왼쪽 사진 맨 오른편)과 상해 박달학원 시절 신성모(왼쪽), 신건식(오른쪽)과 함께 찍은 사진.

1911년 신규식은 나철의 밀명을 받고 중국 상해로 망명하면서 대종교 이름인 정(檉)으로 개명했다. 그의 망명 경로를 그의 시집 『아목루(兒目淚)』의 내용을 통해 추적해 보면, 압록강을 건너 안동현(安東縣)을 지나 사하진(沙河鎭),

요양(遼陽, 고려문), 성경(盛京, 심양), 산해관(山海關)을 거쳐 연경(燕京, 북경)에 도착하였다. 이후 북경에서 무관학교 동기인 조성환을 만나 중국의 현황에 대한 말을 듣고 그 실상을 파악한 뒤, 천진(天津)과 산동성(山東省)의 청도(靑島)·교주(膠州)를 지나 상해에 도착하게 된다.

상해에 정착한 신규식은 가장 먼저 손문(孫文)이 이끄는 중국동맹회(中國同盟會)에 가맹하고, 1911년 10월 무창의 거(武昌義擧, 신해혁명)에 참가했다. 중국혁명의 성공이 한국의 해방을 가져오리라는 믿음 때문이었다. 그 과정을 보면, 신규식은 먼저 『민립보(民立報)』를 주관하던 서혈아(徐血兒, 徐天復)와 친교를 맺고, 그를 통해 중국혁명의 지도적인 인물들과 용이하게 유대관계를 맺을 수 있었다. 또한 송교인(宋敎仁)과도 우의를 다지면서 그를 통해 진기미(陳其美)를 비롯한 중국혁명동지들과 직접 접촉하게 되어 중국동맹회의 창립동지들과도 차례로 친교를 맺게 되었다. 그리고 신규식은 신정(申檉)이란 이름으로 중국동맹회에 가입한 후 진기미를 따라 1911년 10월 무창의거에 참가하게 된 것이다. 한국 지사로 중국 신해혁명에 투신한 최초의 인물로 평가된다.

무창혁명의 성공으로 신규식은 조국 독립에의 희망과 확신을 갖게 되었고, 이에 자극받은 한국의 독립운동가들도 상해로 모여들게 되었다. 그리고 상해에 도착한 중국혁명의 지도자인 손문과도 친분관계를 맺을 수 있었다. 당시 손문이 주도한 중국혁명은 민족(民族)·민권(民權)·민생주의(民生主義)를 표방한 민족복권운동이었던 동시에 약소민족의 독립·해방쟁취를 지지·격려하는 입장을 취하였다. 중국혁명이 신속히 진전되었던 까닭으로, 손문과 중국혁명에 대한 신규식의 기대 역시 남달랐던 것이다.

신규식은 상해 교민이 늘어가자 독립운동과 교민들의 상부상조를 위한 비밀결사의 필요성을 실감하게 되었다. 1912년 5월 동제사(同濟社)를 출범시킨 배경이다. 동제사에는 박은식(朴殷植)·박찬익(朴贊翊)·김규식(金奎植)·홍명희(洪命憙)·신채호·조소앙(趙素昻)·문일평(文一平)·여운형(呂運亨)·장건상(張建相) 등이 참여했는데, 이 조직은 한때 회원이 300여 명에 이르렀고 상하이 본부 이외에도 북경·천진·만주 등과 노령·구미·일본 각지에도 지사를 설치했다. 신규식이 본부의 이사장직을 맡고 총재는 박은식이 담당하여 운영의 중추역이 되었다. 당시 동제사 회원 중 파악된 그 밖의 인물들을 보면, 조성환·신건식(申健植)·농죽(農竹, 중국인)·김용호(金容鎬)·신철(申澈)·민제호(閔濟鎬)·김갑(金甲)·정환범(鄭桓範)·김용준(金容俊)·민충식(閔忠植)·이찬영(李贊永)·김영무(金永武)·이광(李光)·신석우(申錫雨)·한진산(韓震山)·김승(金昇)·김덕(金德)·변영만(卞榮晚)·윤보선(尹潽善)·민병호(閔丙鎬)·정원택(鄭元澤) 등이 있다.

동제사는 신규식을 위시한 그 핵심인물인 박은식·신채호·조소앙·조성환·박찬익 등이, 국혼(國魂)을 중시하는 민족주의적 역사관과 대종교의 국교적(國敎的) 신앙을 공통으로 가졌다. 그들에 의해 경영되는 동제사의 기본 이념과 독립운동 방략도 이와 크게 다르지 않았다. 아울러 중국국민당 인사들과 함께 동제사의 협력 단체인 신아동제사(新亞同濟社)를 발기하였다. 당시 진기미·송교인·여

천민(呂天民)·요중개(廖仲愷)·대계도(戴季陶)·호한민(胡漢民)·추로(鄒魯)·백문울(柏文蔚) 등의 중국인사들이 참여하였는데, 이들은 중국혁명동맹회 회원으로 신해혁명에 적극 가담한 인물들이었다. 신아동제사의 취지는 전적으로 한국독립을 위한다는 기본 목적 하에서 한국과 중국의 혁명운동가를 연결하고 양국민간의 우의를 증진시켜 상호 협조 속에서 혁명운동을 전개하자는 데 있었다.

또한 이해에 손문이 중화민국 초대 임시대총통이 되자 이를 축하하며 공화정의 출범을 기려 「축손총통중산(祝孫總統中山)」이란 제목의 시를 아래와 같이 지었으며, 조성환과 함께 남경으로 가서 손문을 직접 만나 한국의 멸망을 호소한 뒤 독립운동의 원조를 요청했다.

共和新日月 공화의 나라 새롭게 밝히고
重闢舊乾坤 낡은 세상에 새 빛을 열도다
四海羣生樂 천하의 백성들 즐거워하니
中山萬歲尊 중산의 위엄 만세에 드높다

한편 신규식은 유학을 원하여 상해 등지에 모인 학생들의 수가 많아지게 되자, 보다 조직적이며 체계적인 교육활동을 위해 동지들과 상의하여, 1912년 12월 17일 상해 프랑스 조계(租界) 내 명덕리(明德里)에 박달학원을 개설하여 청년들을 수용하고 훈련과 교육을 실시하였다. 이 학원은 중국·구미유학을 위한 입학예비교육을 주요 목적으로 하며, 영어·중국어·지리·역사·수학을 교육과목으로 정하고 수학기간은 1년 반이었다. 박달학원의 선생은 중국어 교사인 조성환을 비롯, 박은식·신채호·홍명희·문일평·조소앙 이외에 중국인으로 혁명운동가인 농죽과 미국의 화교인 모대위(毛大衛) 등이 있었다. 박달학원에서는 군사교육을 위해서 약 10년간 100여 명의 학생들을 보정군관학교(保定軍官學校)·남경해군학교(南京海軍學校)·천진군수학교(天津軍需學校)·호북강무당(湖北講武堂)·운남군수학교(雲南軍需學校)·오송상선학교(吳淞商船學校)·광동강무당(廣東講武堂) 등에 입학시켰다.

한편 1913년 원세개(袁世凱)가 자신의 세력 강화를 위해 차관을 도입하고 중국혁명파의 힘을 약화시키는 음모를 꾀하므로, 그 해 7월부터 도원운동(倒袁運動, 원세개의 권력을 타도하려는 운동)인 2차 혁명이 각처에서 일어났다. 신규식은 2차 혁명 발발 이전 조성환 등과 진기미를 방문하였다가 다시 무기를 들어야 한다는 말을 듣고 그를 도와 상해 일대의 2차 혁명에도 참가하였다. 그러나 2차 혁명이 실패하자 진기미 등은 일본으로 망명하게 되고 신규식도 북경정부의 감시대상이 되어 외출도 자유롭지 못한 입장에 처하게 되었다.

1914년 외국인으로서는 유일하게 남사(南社)에 가입하여, 문학을 통해 중국 혁명지사 및 문인들과 폭넓게 교류할 수 있게 되었다. 남사는 1909년 11월 13일 발기된 문학단체로서 문자혁명을 표방했으나 실제로는 만청정부(滿淸政府)를 반대하면서 혁명운동을 도와 혁명사상을 고취시키고자 한 혁명적 성격을 띤 단체였다. 1914년 8월 신규식이 처음으로 남사의 회합인 아집(雅集)에 참석했을 때, "이름

은 정(楨), 자는 산로(汕盧), 요녕인(遼寧人)으로 원적은 조선이며, 삼한(三韓)이 망국하게 된 비참을 통분하여 집을 떠나 서쪽으로 와 독립운동에 전력을 다 하였다."고 소개되었으며, 그의 독립운동을 높이 평가하였다고 한다. 이 시기 신규식은 학생들의 유학알선, 직업지도 및 교육적 기능을 업무로 한 환구중국학생회(寰球中國學生會)에도 가입하여 이등휘(李登輝)·당문치(唐文治)·왕배손(王培蓀)·여일기(余日奇)·주가화(朱家驊) 등과 접촉하면서, 중국 혁명지사 및 지식인들과 교류할 수 있는 길을 넓혀나갔다.

1915년 신규식은 북경으로부터 온 성낙형(成樂馨)·유동열(柳東說), 대종교의 핵심인물들이었던 이상설·박은식 등과 함께 당시의 국제정세를 관망하면서 운동방략을 협의하였다. 그리고 그 해 3월 신규식을 비롯하여 박은식·이상설·성낙형·유동열·이춘일(李春日)·유홍렬(劉鴻烈) 등이 모여 제1차 세계대전의 추이를 보고 이를 독립운동의 호기로 판단하여 적절히 활용키 위한 조직으로 신한혁명단(당)을 조직하였다. 문제는 독일·중국과 긴밀한 연락을 위해서는 독일·중국이 제정체제(帝政體制)이므로 공화정치를 표방해서는 목적을 달성하기 어려울 것이라고 보았기에, 우선 제정체제를 표방하고 고종을 내세울 필요가 있다는 데 의견을 모은 것이다. 당연히 공화주의를 추구하던 신규식의 열정은 미온적으로 흘러갔다. 이 해에 신규식은 대종교 핵심인 이상설(李相卨)·박은식과 함께 대동보국단(大同輔國團)을 조직하게 된다. 이 조직의 본부는 프랑스 조계 명덕리(明德里)에 소재했으며, 후일 「대동단결선언(大同團結宣言)」의 주축이 되었다.

「대동단결선언」은 1917년 7월 상해에서 신규식을 비롯한 14인의 명의로 발표된 최초의 독립선언이다. 그 선언에 참여한 14인의 명단은 신규식·조용은(조소앙)·신백우(申錫雨)·홍명희(洪命熹)·박용만(朴容萬)·김규식(金奎植, 蘆隱이 아닌 尤史)·한흥(韓興)·신채호·박은식·조성환·윤세복·박찬익·이용혁(李龍爀)·신대모(申大模) 등으로, 이들 대다수가 대종교인이었다. 「대동단결선언」을 후일 「대한독립선언(무오독립선언)」과 함께 대종교선언이라고 하는 이유다.

1917년 「대동단결선언」에 참여한 14인의 기본 신상

순서	「대동단결선언」에 서명한 이름	호	당시 나이	「震壇」 잡지에서 신규식이 밝힌 이름	종교
1	신 정(申 楨)	예관(睨觀)	37세	신규식(申圭植)	대종교
2	조용은(趙鏞殷)	소앙(素昂)	30세	조용은(趙鏞殷)	대종교
3	신헌민(申獻民)	우창(于蒼)	23세	신석우(申錫雨)	대종교
4	박용만(朴容萬)	우성(又醒)	36세	박용만(朴容萬)	미 상
5	한 진(韓 震)	일선(日仙)	32세	한 흥(韓 興)	대종교
6	홍 위(洪 煒)	벽초(碧初)	29세	홍명희(洪命憙)	대종교
7	박은식(朴殷植)	백암(白巖)	58세	박은식(朴殷植)	대종교
8	신채호(申采浩)	단재(丹齋)	37세	신채호(申采浩)	대종교
9	윤세복(尹世復)	단애(檀崖)	36세	윤세복(尹世復)	대종교
10	조 욱(曹 煜)	청사(晴蓑)	42세	조성환(曹成煥)	대종교
11	박기준(朴基駿)	남파(南坡)	33세	박찬익(朴贊翊)	대종교
12	신 빈(申 斌)	미 상	미상	신대모(申大模)	미 상
13	김 성(金 成)	우사(尤史)	37세	김규식(金奎植)	미 상
14	이 일(李 逸)	미 상	31세	이용혁(李龍爀)	미 상

「대동단결선언」은 전문 12면으로, 대동단결의 필요성, 국내동포의 참상폭로, 해외동포의 역할, 당시의 국제환경, 대동단결의 호소, 끝으로 제의(提議)의 강령(綱領)으로 구성되어 있으며, 주권재민론과 대동사상에 기초한 선구적인 독립선언이었다. 주목되는 부분은 민족사적 전통에 근거한 주권불멸론(主權不滅論)을 이론화하여 1910년 융희황제(隆熙皇帝, 순종)의 주권 포기를 국민에 대한 주권 양여로 이해하였다. 선언 참여자들은 국민주권설을 정립한 연후에 일본이 국토를 강점하고 있음을 강조하고, 해외에 거주하는 동포가 주권을 행사할 수밖에 없다는 주장을 폈다. 그러므로 해외동포가 민족대회의를 개최하여 임시정부를 수립하자는 것이다. 이 선언이 대한민국임시정부의 단초가 되는 선언임을 확인시키고 있다.

「2·8독립선언」과 「3·1독립선언」을 말함에도 신규식의 이름을 빼놓을 수 없다. 「2·8독립선언」의 배후에는 상해의 신한청년당(1918년)이 있었다. 신한청년당은 동제사(1912년)와 신한혁명당(1915년)의 정신을 이어받은 청년집단이었다. 다만 동제사와 신한혁명당이 대종교 인물들이 중심이었다면 신한청년당은 기독교 인물들이 주축을 이룬다. 그 정신적 연결고리는 단군이었다. 다음 신한청년당 취지문의 서두에서도 확인된다.

"청년아! 단군의 혈손인 청년아! 과거의 치욕은 잠깐 잊을지어다. 선조시절의 영광을 회복할지어다. 인류의 앞날의 역사를 빛낼 새로운 대 영광을 창조할지어다.…(중략)…우리는 정신적으로 민족을 개조하는 동시에 학술과 산업으로 우리 민족의 실력을 충실케 해야 하나니라. 이로써 우리 민족 자체의 자유와 문화와 행복을 득하려니와 이것으로 만족치 못할 것이니 마침내 단군의 혈에서 출한 신문화가 전 인류에게 위대한 행복을 부여하기에 이르기를 기할지니라.…(후략)…"(밑줄은 인용자가 그은 것임)

미국대통령 윌슨이 민족자결주의를 발표하자, 여운형 등은 신한청년당을 주축으로 미국대통령 특사였던 크레인의 협조를 얻어 한국민족대표를 평화회의에 파견할 것을 결의하였다. 신규식은 이 결정에 전폭적인 지지를 표하고 자신의 이름으로 한국독립에 대한 원조를 요구하는 전문을 발송하면서, 천진에 있던 김규식을 대표로 파견하는 데에도 적극 협력하였다.

이렇듯 동제사로부터 신한청년당까지 그 중심 역할을 한 인물이 신규식으로, 동제사→신한혁명당→신한청년당으로 이어지는 정신적 흐름을 지속시켰다. 일찍이 신한혁명당을 주축으로 「대동단결선언」을 이끌어 낸 그는, 국내와

일본 등에 젊은 동지들을 밀파해 「2·8독립선언」에 불씨를 지피고 국내와의 긴밀한 연락 속에서 「3·1독립선언」의 도화선을 당긴 것이다.

한편 앞의 두 선언의 기폭제 역할을 한 「대한독립선언(일명 무오독립선언)」도 주목된다. 신규식이 「길림선언(吉林宣言)」이라고 칭한 이 선언은 항일무장투쟁의 본거지인 만주에서 이루어졌다. 흔히 일제강점기 항일무장투쟁의 흐름을 의병에서 독립군 그리고 광복군으로 계승된 것으로 이해하고 있다. 그러나 항일무장투쟁의 에너지원은 「대한독립선언」에 응축되어 만주무장투쟁의 중요한 기폭제로 작용한 것이다.

「대한독립선언」은 국외 대종교지도자들이 중심이 되어 39인의 명의로 1919년 2월 발표된 선언이다. 그 준비 과정이 1918년(무오년) 초부터 진행되었으므로 일명 「무오독립선언」으로도 알려졌다. 옥파(沃坡, 默巖) 이종일(李鍾一)의 일기인 「옥파비망록(沃坡備忘錄)」 1918년 11월 20일 기록을 보면, 국내 독립선언이 늦어지는 것에 대해 초조해하면서 간도에서는 중광단원(重光團員)들을 중심으로 39인이 무오독립선언을 이미 진행하고 있음을 밝히고 있다. 즉 「옥파비망록」에는 「대한독립선언」의 발표시기와 참여 인원수, 그리고 중광단원들을 중심으로 무오년 11월 20일 이전에 이미 이루어지고 있음을 명확히 하고 있는 것이다. 「대한독립선언」을 「무오독립선언」 혹은 「중광단선언」이라고 하는 이유도 분명해진다.

또한 이 선언은 일제강점기 대일선언문으로는 가장 강렬한 투쟁 문구를 담고 있다. 다음의 외침을 보자.

"4천년 조상의 빛나는 영광을 세상에 높이 드날릴 것이며, 이로써 이천만 백성들의 운명을 개척할 것이니, 일어나라 독립군아! 모여라 독립군아! 세상에 태어나서 누구나 한 번은 죽는 것이니, 누가 개돼지와 같이 구차한 일생을 살려고 하겠는가?…(중략)…하느님[皇天]의 밝으신 명령을 받들어 일체의 사악한 그물에서 벗어나는 건국임을 확신하여 목숨을 건 싸움에 온몸을 던져 독립을 완성해야 할 것이다."

「대한독립선언」의 말미에 나오는 내용이다. 물론 이러한 강경 투쟁 선언이 일제의 직접 통제 밖에 있는 만주라는 공간이기에 가능했다는 견해가 많다. 그러나 이 선언을 기폭제로 만주무장항일투쟁이 본격화되어 봉오동·청산리독립전쟁의 승전보가 가능했다는 것은 부인하기 힘들다. 또한 이 선언의 준비 과정에서 치밀하게 연결된 인적 조직의 작동 속에서, 동경유학생들을 중심으로 한 「2·8독립선언」과 국내 종교인들이 중심이 된 「3·1독립선언」가 엮어졌다는 것도 대부분 공감하는 바다.

「대한독립선언」의 배후에도 신규식의 역할이 지대했다. 당시 상해와 만주 그리고 미주(美洲) 등을 연결하는 대종교 네트워크 중심에 신규식이 있었기 때문이다. 대종교인들만이 아니라 이승만·안창호·이동휘·김약연 등 기독교지도자들의 동참 역시, 대종교에 대한 공감과 함께 신규식의 노력이 덧대어진 결과였다. 신규식은 이러한 분위기

와 병행하여, 파리강화회의에 한국대표를 파견하는 한편 국내유지와 미국 동지에게 연락해 독립운동을 적극 추진하였다. 또한 1919년 1월 하순 봉천(奉天)에 머물던 대종교 후배 정원택에게 서신을 보내 서북간도에 이러한 상황을 알려주고 사태변화에 준비를 할 것을 전달하라고 지시하였다. 「2·8독립선언」과 「3·1독립선언」은 신규식의 이러한 일련의 연계 작업으로 엮어진 드라마였다. 위창(葦滄) 오세창(吳世昌)이 "3.1운동은 예관에 의해 점화되었다"고 일깨운 것도 그러한 이유다.

신규식은 1919년 4월 여운형·선우혁(鮮于爀) 등과 함께 임시정부의 수립에 참여하였다. 그리고 제4회 임시의정원회의에서는 부의장으로도 선출되었으나, 임시정부 내부에서 주도권을 놓고 암투가 벌어지자 의원직마저 사퇴했다. 그리고 그 해 9월 각지에서 만들어진 정부를 통합한 대한민국임시정부가 수립되자 법무총장으로 임명되었다.

신규식의 『진단주보(震壇週報)』 발행도 주목해 볼 부분이다. 신규식은 임시정부에서 주요 역할을 수행하는 동안 주간지(週刊誌)인 『진단주보』를 발행하여 언론을 통해 독립정신과 항일투혼 그리고 내외정세를 분석하였다. 당장 무기를 들고 일제와 싸울 수 없는 상황에서 언론투쟁을 통한 항일의식 고무가 그 목적이었다. 『진단주보』 역시 신규식의 대종교정신 속에 잉태된 항일잡지였다. 신규식이 『진단주보』 창간에 즈음하여 동지들을 생각하며 읊은 다음의 축시에서 찾을 수 있다.

九變新承運 삼일의 진리로 천명을 받으니
三神肇錫名 비로소 삼신께서 하사하신 이름
靈光復盆照 영험한 광채 다시 비추니
肅令環球警 지엄함에 온누리 놀라는도다
大震今來復 배달의 영광 다시 오라고
東壇舊有盟 천단에서 지극히 한 맹세
情同懷赤子 한뜻으로 동지들을 품으니
恍若見明星 밝은 별 보듯이 황홀하기만

위의 시에 나오는 '구변(九變)'이란 대종교 삼일철학(三一哲學)과 이음동의어다. 삼신(三神) 역시 대종교의 '삼신일체(三神一體) 하느님'을 칭하는 종교적 용어다. 또한 '진단(震壇)'은 위의 시에서 보듯 '대진동단(大震東壇)'의 준말로, 대진(大震)이란 발해의 첫 국명을 넘어서 배달민족의 영광을 대유(代喩)하는 말이다. 동단(東壇) 역시 기우제를 지냈던 동방토룡단(東方土龍壇)이 아닌 하느님께 제를 올리는 천단(天壇)을 의미한다. 1920년 10월 10일 창간호를 발간한 『진단주보』는 1921년 6월 3일 제23호로 폐간될 때까지 신규식이 거의 단독으로 발행했으나 자금난으로 결국 발간을 멈췄다.

1921년 3월, 신규식은 이시영과 협성회(協誠會, 協議會)를 조직하고 임시정부의 절대지지와 옹호를 호소하는 선언서를 발표하여 임시정부의 분열을 저지하고자 노력하였다. 그리고 그 해 5월 16일 국무총리대리를 맡게 되었고 이어 26일에는 외무총장직도 겸임케 된다. 또한 신규식은 이시영·이동녕 등과 워싱턴에서 개최된 태평양회의를 절

호의 기회로 판단하고, 임시정부를 중심으로 그 대책을 협의한 후, 한국대표단을 파견하여 대한민국의 「요구서」를 제출하는 등 적극적인 외교정책을 폈다. 임시정부는 태평양회의 후원회와 협의해 각 방면의 외교활동을 분담하여, 신규식은 신익희와 함께 중국남방에 대한 책임자가 되기도 했다.

동년 10월 국무회의의 결정에 따라 대한민국임시정부의 친선전권대사가 된 신규식은, 임시정부의 정식승인 문제와 광복운동지원 문제를 교섭키 위해 박찬익을 대동하고 손문(孫文)의 광동정부(廣東政府)를 찾았다. 신규식은 11월 3일 총통인 손문을 접견하고 5개조의 외교문서를 전달하였다. 이때 손문을 만나 국서를 봉정한 뒤 ① 대한민국임시정부는 호법정부(護法政府)를 중국 정통정부로 승인하며 아울러 그 원수와 국권을 존중함, ② 대중화민국 호법정부는 대한민국 임시정부를 승인할 것, ③ 한국 학생을 중화민국 군관학교에 수용할 것, ④ 500만 원을 차관할 것, ⑤ 조차지대를 허락하여 한국독립군을 양성하게 할 것 등의 5개 항을 요청했다.

마침내 호법정부의 임시정부 승인과 함께, 중국의 각급 군사학교에 한인청년 수용 지시와 북벌 완성 후 한국독립운동 원조 약속을 받아냈다. 그리고 1921년 11월 18일 열린 호법정부의 북벌서사(北伐誓師) 기념식 때, 신규식은 임시정부대표로 참석하여 정식 외교절차에 따라 손문을 접견함으로 임시정부와 호법정부와의 공식적 외교관계를 수립하였다. 나아가 1922년 2월 임시정부는 외무부 외사국장 박찬익을 광동주재 임시정부대표로 파견하여 외교업무를 관장토록 하였다.

그러나 1922년 2월 태평양회의가 기대와 달리 성과 없이 끝나고 국민대표회운동이 다시 전개되자 임시정부는 안팎으로 큰 시련에 부딪치게 되었다. 그해 3월 신규식 내각은 외교적 실패 등을 이유로 노백린(盧伯麟) 군무총장을 제외하고 총사퇴하였다. 이어 임시의정원회의에서 국민대표회의 찬성 안이 통과되었고 대통령 이승만 불신임이 결의됨으로써, 그 해 4월부터 임시정부는 무정부 상태에 빠지게 되었다.

신규식은 이러한 임시정부의 분열상태를 비관하여 1922년 5월 이후 심장병과 신경쇠약으로 병석에 눕고 말았다. 병석에 누워서도 국내외에서 독립운동을 전개하는 한인들이 단합되지 않는 것을 통탄했다. 신규식은 25일 동안 불식(不食)·불어(不語)·불약(不藥)을 고집하다가 마침내 1922년 9월 25일(음력 8월 5일) 순국하여 상해 홍교로(虹橋路) 만국공묘(萬國公墓)에 대종교 장례의식으로 안장되었다. 그의 마지막 유언이 "정부! 정부!"라는 외침이었음을 보더라도 그의 임시정부에 대한 애정이 지극했음을 알 수 있을 듯하다. 1993년 8월 10일, 박은식(임시정부 2대 대통령)·김인전(金仁全, 임시정부의정원 위원장)·안태국(安泰國)·노백린 등과 함께 조국 대한민국의 국립묘지로 옮겨져 안장되었다.

[저술과 사상]

신규식은 1905년 12월 「민충정공을 통곡함[痛哭閔忠正

公]」이란 한시를 시작으로 적지 않은 글을 남겼다. 그의 글들은 『황성신문』·『대한매일신보』·『대한협회보』·『공업계』·『자유월보』·『독립신문』·『진단주보』·『향강잡지(香江雜誌)』 등에 운문 혹은 산문 형식으로 발견된다.

신규식의 대표적 저술로는 『가정양계신편(家庭養鷄新編)』(탑인사, 1908)과 『한국혼(韓國魂)』, 『아목루(兒目淚)』를 꼽을 수 있다. 먼저 『가정양계신편』은 가정에서의 양계에 관하여 저술한 지침서다. 가정에서의 양계의 필요성, 계사(鷄舍)의 구조, 닭의 종류와 선택법, 사료, 관리, 짝짓기, 번식법, 병아리 키우는 법, 닭의 병과 치료방법, 양계 연중행사 등의 내용을 담은 실용적 내용을 담고 있다.

『한국혼』과 『아목루』는 신규식 생전에 엮어진 저술이 아니다. 그의 사후인 1939년 3.1독립만세운동 20주년에 맞춰 발간한 『한국혼기아목루(韓國魂曁兒目淚)』라는 책으로 처음 출간되었다. 이 책은 신규식의 사위인 석린 민필호가 중경(重慶)에서 편저한 것이나, 거의 없어져 현전하는 것이 없다. 현재 통용되는 것은 앞의 판본을 토대로 민필호가 1955년 출판한 책이 통용되고 있다. 다만 이 판본에는 『한국혼』과 『아목루』만이 아니라, 민필호의 글인 「예관 신규식 선생 전기」와 「중국 호법정부 방문기」가 함께 엮어져 있다.

1955년판 『한국혼』(왼쪽)과 그 책의 편저자인 민필호(신규식의 사위)의 모습.

신규식의 대표적 산문인 『한국혼』은, 1912년 동제사 창립 때 강연한 내용을 중심으로 저술한 것으로 1914년 11월 18일의 이충무공 순국일에 맞추어 완성된 글이다. 이후 신규식은 이것을 '통언(痛言)'이란 부제목을 달아 『진단주보』 창간호로부터 22호까지 4호만을 제외하고 21번에 걸쳐 연재하였다. 『한국혼』이 망국인의 원통한 이야기임을 알 수 있는 대목이다.

『아목루』란 신규식의 한시(漢詩) 170여 수를 모아놓은 운문집으로, 1909년부터 1922년까지 10여년 사이에 창작한 율시(律詩)와 산문시가 수록되어 있다. 특히 '아목(兒目)'이란 신규식 호(號)의 첫 글자인 '예(睨)'를 파자(破字)한 것이다. 이 시집이 신규식 자신의 눈물겨운 이야기임을 암시 받을 수 있다. 또한 『아목루』에 실린 글 속에는 나철·조성환·조완구·박은식·신채호·조소앙·안창호·신백우·홍명희·노백린 등 많은 대종교계 항일투사들과 더불어 손문·황극강(黃克強)·송교인·맹석(孟碩) 등의 중국혁명가들과 연관된 시가 수록되어 있다. 이 시집이 한국독립운동사 연구에도 귀중한 자료임을 보여주는 부분이다.

신규식의 사상은 『한국혼』과 『아목루』에 잘 드러나 있다. 물론 그 저변에 흐르는 사상적 줄기는 대종교다. 신규식은 목숨의 은인인 나철과 인연이 되어 대종교 중광과 함께 가장 먼저 입교하여 죽을 때까지 대종교를 독신했던 인물이다. 그리고 1911년 스스로 대종교의 해외 시교(施敎)를 자임하여 상해로 떠났다. 망국의 한을 품고 망명한 그는 『한국혼』에서 나라가 망한 원인을 다음과 같이 지적했다.

> "오호! 우리나라가 망하게 된 쌓이고 쌓인 원인은 법치의 어지러움과 원기(元氣)가 쇠약해짐과 지식이 열리지 못함과 남에게 아첨하며 게으름과 쓸데없는 자존심이며 지나친 자기열등감과 당파를 꾸미어 사욕을 채우는 것 등 이런 여러 가지가 망하지 않을 수가 없게 된 것이었다. 그렇지만 나는 생각하기를 이런 여러 가지의 나쁜 원인이 생기게 된 것은 양심을 잃어버린데 지나지 않는 것이며, 양심을 잃게 된 것은 일종의 흐리멍텅한 건망증을 낳게 된 것이니, 첫째는 선조들의 교화와 종법을 잊어버렸고, 둘째는 선민들의 공렬과 그 이기를 잊어버렸고, 셋째는 제나라의 국사를 잊어버렸고, 넷째는 나라의 치욕을 잊어버리게 되었으니 이처럼 잊어버리길 잘하고 보면 그 나라는 망하게 마련인 것이다."

단군 종교와 민족사를 망각한데 대한 신규식의 탄식이다. 그리고 노예로 전락한 현실 속에서도 자주성을 잃어버린 채, 우리의 모습을 올바로 보지 못하는 지식인들을 다음의 비아냥으로 비판하고 있다.

> "오호! 제군은 생각해 볼지어다. 아아, 단군의 문명은 이미 노장들의 머리속에 관념조차 남아있지 않고 신무(神武)와 명치(明治)만이 우리 어린 자제들의 두뇌 속을 차지하고 있다. 분명히 우리 조상, 우리 역사, 우리 말, 우리 글이며 분명히 우리들의 머리에 박혀있고 우리들의 입에서 나온 것이지만 감히 국조·국사·국문·국어라고 하지 못하고 겨우 선사(鮮史)·선문(鮮文)·선어(鮮語)라고만 부르도록 허용하게 됐으니, 이로부터 선인(鮮人)이란 명사도 또한 절멸되고야 말 것이다."

우리의 것이 모두 무너져 가는 것에 대해 안타까움의 토로다. 그리고 신규식은 이러한 질곡의 상황을 벗어날 수 있는 길로 단연 대종교 부흥을 내 세우고 있다. 그러므로 신규식은 상해로 건너온 후 대종교 포교에 적극적으로 나서면서 매주 교우(敎友)들과 경배(敬拜)를 올렸다. 당시 활동했던 대종교 중심인물들로는 조완구·김두봉·백순(白純)·박찬익·정신 등의 많은 사람들이 활동했다. 그리고 매년 어천절과 개천절, 그리고 국치기념일에는 반드시 상해에 있는 교포들을 모두 모아 성대한 기념식을 거행하였다.

사실 신규식이 개인적 영달과 영예를 뒤로 접은 채, 오로지 우국일념의 정치·외교적 저항의 길을 걸을 수 있었던 것도 바로 위와 같은 대종교라는 정신적 힘이 절대적이었던 것이다. 민필호(閔弼鎬)의 다음과 같은 증언이 이를 대변해 준다.

> "매일 아무리 바쁘셔도 새벽과 밤에는 반드시 우리나라 개국의 국조 단군의 신상(神像)을 향해 향을 피우시고 배례를 두 차례 하시고 아울러 묵도로써 하루바삐 혁명을 일으켜 산하를 광복하고 깊은 물과 불같은 고생 속에 묻힌 삼천만 겨레를 구해낼 것을 비셨다."

『아목루』는 인물과 연관된 시들이 많다. 신규식의 집안 인물들의 신변사와 함께 항일투쟁과 연결된 한·중인물들과 관계 등이 주요 소재다. 또한 사상을 드러내는 시들은 대부분 대종교와 관련된 것들이다. 대표적으로 「배퇴천궁(拜退天宮)」, 「유성경봉천유감제기홍암(留盛京奉天有感題寄弘巖)」, 「증홍암선생(贈弘岩先生)」, 「기남경동지(寄南京同志)」, 「종문제감(倧門題感)」, 「진단출세억동지대축(震壇出世憶同志大祝)」, 「여중즉경(廬中卽景)」, 「개천기원절추모(開天紀元節追慕)」, 「봉도나공홍암신형오장(奉悼羅公弘巖神兄五章)」, 「홍암선생추도문(弘巖先生追悼文)」 등등을 꼽을 수 있다.

특히 위의 시에서 언급된 개천(開天)·천궁(天宮)·신화(神化)·영단(靈檀)·백산(白山)·천신(天神)·대도(大道)·지성감통(至誠感通)·대종(大倧)·삼신(三神)·인체(仁悌)·배달(倍達)·신인(神人)·상제(上帝)·인종(人倧)·삼진귀일(三眞帰一)·황조(皇祖)·신형(神兄)·금화옥전(金花玉殿)·종문(倧門)·구변(九變)·대진(大震)·전진(天眞)·신시(神市)·삼환(三桓)·백두산(白頭山)·아사산(阿斯山)·태백(太白)·신조(神祖)·천부(天符)·천덕(天德)·삼성사(三聖祠)·대교(大教) 등등의 용어는, 대종교의 교리사상을 모르고서는 이해할 수 없는 사상소(思想素)들이다. 신규식의 대종교에 대한 깊은 이해를 암시해 주고 있다.

그 중 신규식이 상해로 떠나기 전에 읊은 다음의 「천궁에 배례하고 물러나며[拜退天宮]」란 다음 시를 보자.

開天慶日拜天宮　개천절 경축일에 천궁에 배례하고
一炷心香告血衷　정성스런 마음으로 향불을 올립니다
此去如非神化力　이번 길에 하느님의 힘 아니면
頑冥何以奏微功　어리석은 내 능력으로 어이 아뢰리까

모든 앞길을 대종교의 신화력(神化力)에 의지하고자 하는 그의 심경이 볼 수 있다. 그의 대종교에 대한 신앙심이 단적으로 드러나는 시다. 또한 「대종교문에 대한 소감[倧門題感]」이란 시에서는, 대종교의 역사와 중광(重光), 삼신의 위상과 신인(神人)의 강림, 대종교의 오대종지(五大宗旨)와 개천절의 시원, 상제와 인종(人倧)의 관계 등을 형상화하고 있다. 뿐만 아니라 대종교 삼일철학(三一哲學)의 근본인 삼진귀일(三眞歸一)의 논리도 등장시키는가 하면, 홍암 나철의 대종교 중광의 필연성을 언급하기도 한다.

특히 1917년 어천절(御天節, 음력 3월 15일)에 지은 「홍암 선생 추도문」도 주목된다. 이 글은 상해의 동제사와 대종교, 그리고 유학생 단체들이 연합하여 행한 홍암 나철 추도식에서 올린 추도사다. 이 시는 앞의 배경 설명을 빼면 64행으로 이루어진 4언시다. 대종교의 시원으로부터 교화의 판도, 역사적 전개와 증적, 그리고 나철의 순명(殉命) 등이 다양하게 나타나 있다. 신규식의 대종교 교리(教理)·교사(教史)의 해박한 이해를 단적으로 볼 수 있는 글이다.

엄격히 말하면 신규식은 혁명가이자 종교가였다. 조국을 광복하는 일 역시 하나의 공작이나 포부로만 생각지 않고 일종의 종교요 신앙으로 보았다. 까닭에 그는 한민족이 부흥하려면 반드시 대종교가 발전해야 한다고 확신했으며, 대종교가 존재한다는 것은 한국민의 민족정신이 그만큼 존재하는 것이라고 믿었던 인물이다. 그의 『한국혼』이나 『아목루』에 흐르는 사상적 맥이 그것을 드러내고 있다.

[교력]
신규식의 대종교가 중광한 1909년 1월 15일(음력, 이하 음력) 직후 봉교(奉教)하여 평생을 독신한 인물이다. 대종교의 기관지인 『종보(倧報)』제3호(1909년)에 실린 다음의 기록에서도 확인할 수 있다.

"1909년 7월 21일 봉교인(奉教人) 신규식이 신등(新燈)을 만들어 신위전(神位前)에 바쳤다"

봉교인이란 입교인(入教人)과 동일한 대종교의 용어다. 신규식이 1909년 7월 21일 이전에 입교한 인물임을 알 수 있으며, 등(燈)을 마련하여 신전에 올렸음도 확인된다. 그리고 1910년 1월 4일 참교(參教)의 교질(教秩)을 받고, 그 해 12월 6일에는 김교헌(金教獻)·류근(柳瑾)·조완구(趙琬九)와 함께 대종교규제기초위원(大倧教規制起草委員)으로 임명되어, 대종교 초기의 규칙이나 교령을 제정하는데도 큰 역할을 하였다.

이러한 노력으로 1911년 1월 15일 중광절(重光節)에 지교(知教)로 승질(陞秩)하면서 경리부장(經理部長)에 서임된다. 당시 신규식과 함께 대종교의 주요 직책을 맡은 인물들은 아래표에서 보듯 당대의 인물들이었다.

이름	직책	교질	서임년월일
류 근 (柳 瑾)	전 무 (典 務)	참교 (參教)	1911년 1월 15일 (음력)
김교헌 (金教獻)	부전무 (副典務)	지교 (知教)	〃
이 건 (李 鍵)	종리부장 (宗理部長)	〃	〃
조완구 (趙琬九)	서리부장 (庶理部長)	참교 (參教)	〃
이 억 (李 億)	규리부장 (規理部長)	지교 (知教)	〃
신규식 (申圭植)	경리부장 (經理部長)	〃	〃

같은 해 3월 15일 어천절(御天節)에는 경하식(慶賀式) 개식원도예원(開式願禱禮員)으로 선정되어 어천절 경하식을 이끌었고, 며칠 후인 3월 26일에는 종리부장으로 직책을 옮겼다. 그리고 그 해 겨울 홍암 나철의 밀명을 받고 대종교 거점 확보를 위해 중국 상해로 넘어갔다.

신규식은 1912년 8월 12일, 만주 화룡현 청파호(青波湖) 대종교시교당을 방문하여 역사적인 회합을 갖는다. 연해주에서 넘어 온 보재(溥齋) 이상설(李相卨)과 만나 대종교의 전체적인 발전을 의논하였다. 당시 그 회합은 백초(白樵) 류완무(柳完茂)와 은계(隱溪) 백순(白純)도 함께 한 4인회합이었다. 회합의 주된 목적은 대종교를 확장하는 문제였다. 이 청호회합(青湖會合)에서는 교육과 종교의 중요성이 강조되었고, 대종교 자제에 대한 교육은 청년 중에서 뜻이 있는 사람이 담당해야 한다는데 의견을 모았다. 또한 연로한 사람들이 담당할 것은, 사람마다 집집마다 종교적 믿음의 의미로 접근해야 한다는데 모두 공감하였다.

한편 이 시기 대종교는 당시 교주였던 나철이 대종교의 성지 순례를 마치고 청파호에 도착하여, 그곳을 중심으로 새로운 구상을 하던 때였다. 나철은 그곳 청파호에 교주의 권한으로 대종교총본사(大倧教總本司)를 권설(權設)하고 대종교의 본거로 삼았다. 그리고 청파호를 중심으로 각 도본사(道本司)의 조직 강화와 포교운동에 전력을 기울였다. 신규식은 석오(石吾) 이동녕(李東寧)과 함께 서도본사의 책임을 맡았다. 1914년 5월(음력) 당시 나철이 대종교총본사를 중심으로 마련한 4도본사와 그 책임자 및 소재지는 아래표와 같다.

조직	책임자	호	소재지	관할지역
총 본사	나 철 (羅 喆)	홍암 (弘巖)	화룡현 청파호	4도교구 전체 통솔
동도본사	서 일 (徐 一)	백포 (白圃)	왕청현 독립군 기지 내	동만주, 노령, 연해주
서도본사	신규식 (申圭植) 이동녕 (李東寧)	예관 (睨觀) 석오 (石吾)	중국 본토 상해	남만주부터 산해관
북도본사	이상설 (李相卨)	보재 (溥齋)	노령 소학령	북만주 일대
남도본사	강 우 (姜 虞)	호석 (湖石)	국내 경성	한반도 전역

1913년 봄, 신규식은 대종교 북간도지사에 대한 현지 경찰의 무리한 박해로 인해 문제가 발생하자 이를 중재하여 원만히 해결하는데 앞장섰다. 또한 1914년 5월에는 대종교 상교(尙教)의 교질로 승급함과 아울러 시교사(施教師)로 임명되어 대종교 중국 포교활동의 일선에 서게 된다. 또한 1916년 8월 대종교 교주 나철이 순교(殉教)하자 애틋한 추도사와 추도만장(追悼輓章)으로 지극한 추모를 올렸다. 신규식에 있어 나철이란 인물은 생명의 은인이자 종교적 스승으로, 항일투쟁의 정신적 지표이기도 했다. 당시 신규식이 올린 추도만장은 다음과 같다.

前朝五百年間無雙國士 조선조 오백 년 간 둘도 없는 선비요
大教四千年載第一宗師 사천 년 대종교 역사에 제일의 종사다

1918년 8월에는 직제개정(職制改正)에 의해 신설된 대종교 시교령(施教令)의 직을 맡아 대종교 서이도본사(西二道本司,

상해 지역)의 교세 확장에 전념하였다. 시교령이란, 말 그대로 관할 도본사 시교의 총책임자를 말하는 것으로, 당시 신규식은 수백 명의 교인을 대종교로 이끌었다.

신규식은 25일간 음식과 약을 끊고 묵언으로 침묵하다가 서거하였다. 그 때가 1922년 8월 5일 이다. 대종교에서는 신규식의 서거를 애통해 하면 정교(政敎)로 추승(追陞)하는 한편 대형(大兄)의 교호(敎號)를 올렸다. 당시 신규식에게 내린 덕담(德談)은 따로 전하지는 않는다. 그러나 그 해 8월 27일 대종교총본사에서 올린「치례예관대형문(致禮睨觀大兄文)」의 마지막 부분에 "교질을 올리고 교호를 내린 것은 하늘이 내린 벼슬(陞秩加號 乃是天爵)"이라고 칭송하였다. 신규식의 타고난 덕행과 함께 생전 존경을 받았던 그의 인품을 기린 것임은 물론, 돈독한 대종교신앙에 대한 예우임을 알게 해 준다. 덧붙여 대종교의 후배인 회봉(晦峰) 이정(李楨)이 신규식의 유지(遺志)를 잇겠다며 올린 칠언절구의 조사(弔詞)를 아래 소개해 본다. 이정은 대종교 임오교변(壬午敎變, 1942년 대종교지도자 일제 구속된 사건) 당시 순교(殉敎)한 임오십현(壬午十賢) 중의 1인이다.

異域風霜十二年　이역풍상 십이 년 세월에
幾番血淚灑東天　조국을 보며 흘린 피눈물 몇 번이던가
英靈亦不于休事　넋이 되어서도 쉬지 않으리니
應爲遺民訴帝前　남은 이들 응하기를 하느님전에 호소
　　　　　　　　하리다

대종교에서는 해방 이후인 1950년 2월 1일, 신규식의 종교적 공적을 기려 조성환·박찬익과 함께 3인의 유상(遺像, 半身畵本)을 총전교(總典敎, 대종교 교주)의 집무실인 경각(經閣)에 봉안(奉安)하였다. 그리고 같은 해 5월 8일 위의 3인을 사교(司敎)의 교질(敎秩)로 추승(追陞)하면서 도형(道兄)의 교호를 드렸다. 또한 단애(檀厓) 윤세복(尹世復, 당시 대종교 교주)은 육필(肉筆)로『우리 스승님들 모습』(1950년 12월 정리)을 정리하면서, 10명의 대종교 스승들의 삶을 소략하였다. 윤세복은 아래표와 같이 3종사(三宗師), 3도형(三道兄), 4선생(四先生)을 정리했는데, 신규식을 3도형의 반열에 올려 대종교의 스승임을 공표하였다.

구 분	이 름	호	비고
3종사 (三宗師)	나 철(羅 喆)	홍암(弘巖)	대종사(大宗師)
	김교헌(金敎獻)	무원(茂園)	종사(宗師)
	서 일(徐 一)	백포(白圃)	종사(宗師)
3도형 (三道兄)	신규식(申圭植)	예관(睨觀)	
	조성환(曹成煥)	청사(晴簑)	
	박찬익(朴贊翊)	남파(南坡)	
4선생 (四先生)	이동녕(李東寧)	석오(石吾)	
	신채호(申采浩)	단재(丹齋)	
	김동삼(金東三)	일송(一松)	
	안희제(安熙濟)	백산(白山)	

또한 윤세복은 신규식 약사(略史)의 끝에 박영랑(朴永朗)이

쓴「신규식 선생 유방을 추모하여」(박영랑, 『독립혈사』Ⅱ, 문화정보사, 1950)라는 다음의 헌사를 그대로 옮겨 적었다.

이조(李朝) 문화에 찬란하던 명유(名儒)의 한 분
신숙주(申叔舟)의 혈통을 이은 17대의 후예로
청주 고향 한 가문에 태어난 단재 신채호와 금옥을 다투던 영재

기울어진 국운을 간성(干城)되어 구하려고
육군 장교의 젊은 피를 태웠으나.
아- 국군이 해산으로 욕보는 날에
서소문군영(西小門軍營) 허물어지는 총소리 듣고
대한문 앞에 엎드려 만세 부르고
스스로 찌르려던 군도(軍刀)의 비분(悲憤)이여

청년의 미래를 위해서 잡던 교편(敎鞭)도
암석을 뚫고 지하자원을 파던 희망도
고려자기를 부활 꿈꾸던 공업문화도
이 땅에서 끝끝내 싸우는 고충(苦衷)이언만
그 군색한 합법운동도 마침내 단념하고
중국에 망명한 10년 성상(星霜) 싸움이여

손일선(孫逸仙) 진기미(陳其美)와 동문(同文)의 손을 잡고
동제사의 깃발을 새로 날리며
약소민족 해방의 공동전선을 맺고
상해임시정부에 이바지한 뚜렷한 공적이여
민족 고유의 신교(神敎)를 새 시대에 빛내고저
진단지(震檀誌)를 발행하여 단군 받들어
인류정신의 거울을 밝혀 가면서
독립 전취(戰取)의 쇠북을 높이 울리다
상해 객사(客舍)에서 원(願) 못 풀고 가신 유지(遺志)여

그 열혈(熱血)의 명저(名著)『한국혼』에
어떤 나부(儒夫)가 있어 칼을 들지 않았으리요
그 눈물의 시집(詩集)『아목루』에
어떤 목석(木石)이 있어 감격의 눈물을 아꼈으리요

서울 국립현충원 임정묘역에 안장된 신규식의 묘소

신규식의 유해는 1993년 8월 박은식·노백린(盧伯麟)·안태국(安泰國)의 유해와 함께 고국으로 봉환된다. 그리고 국

립묘지에 묻힐 당시 박은식의 유해와 대종교봉장례로 안장되었다.

[참고문헌]

『종보』제3호(1909년)·제8호(1910년), 『倧令』제3호(1911년), 『대종교보』제55호(1922년)·제165호(1950년)·제166호(1950년), 『종문영질』(프린트본, 1922), 『우리 스승님들 모습』(윤세복, 필사본, 1950), 『홍암신형조천기』(김교헌 편, 대종교총본사, 1954), 『대종교인과 독립운동연원』(이현익, 프린트본, 1963), 『대종교독립운동사』(박명진, 필사본, 1964), 『대종교중광육십년사』(대종교총본사, 1971), 『황성신문』1905.12.5., 『조선민족운동연감』(재상해일본총영사관, 1932), 『기려수필』(송상도, 국사편찬위원회, 1955), 『韓國魂暨兒目淚』(閔弼鎬 編, 三省印刷廠·臺灣, 1955), 『조선독립운동』제1권 分册ⅠⅢ(金正明, 原書房, 1967), 『대한제국관원이력서』(국사편찬위원회, 1972), 『독립운동사』2·3·4·5(독립운동사편찬위원회, 1971~1973), 『대한민국임시정부의정원문서』(국회도서관, 1974), 『독립운동사자료집』7·8·9·12(독립운동사편찬위원회, 1974·1975·1976·1977), 『한국민족운동사자료(중국편)』(일본정부외무성, 국회도서관, 1976), 『독립운동사자료집』별집2(독립운동사편찬위원회, 1976), 『지산외유일지』(정원택, 탐구당, 1983), 「예관 신규식과 中國革命黨人과의 관련」(신승하, 『김준엽교수화갑기념중국학논총』, 중국학논총간행위원회, 1983), 『沃坡備忘錄』(이종일, 『옥파이종일선생논설집』3, 옥파기념사업회, 1984), 「동제사의 결성과 활동」(김희곤, 『한국사연구』48, 한국사연구회, 1985), 『백농실기』(조장용, 독립기념관, 1993), 제29호(1922년 10월 1일), 『統監府文書』4(국사편찬위원회, 1999), 『韓國近代史資料集成』3(국사편찬위원회, 2002), 『신규식과 한중관계』(석원화·김준엽 편, 나남출판, 2004), 「예관 신규식의 종교사상과 민족독립운동—디아스포라 공간에서 종교성의 표출—」(佐佐充昭, 『국학연구』제10집, 국학연구소, 2005), 「중국조선민족문화사대계—문학사」2(북경대학조선문학연구소, 민족출판사, 2006), 『한국혼』(김동황 편, 범우사, 2009), 『시대를 앞서간 민족운동의 선각자 신규식』(강영심, 역사공간, 2010), 『예관신규식선생전집』1·2(예관신규식전집편찬위원회, 2019), 「독립지사 신규식 한시집 『兒目淚』연구(1)—작품 繫年과 解說을 중심으로—」(진옥경, 『중국문학』제108집, 한국중국어문학회, 2021)

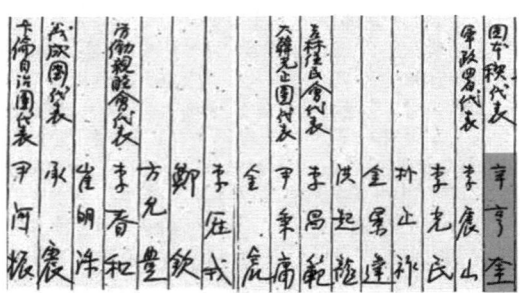

정의부선언문 말미에 참여한 단체 대표들의 이름이 적혀 있는 일제의 문서. 신대식은 辛亨奎라는 이름으로 固本契代表의 자격으로 맨 앞에 이름을 올렸다.

신대식(辛大植, 남, 1890-?)

아호(별명) _ 의산(義山), 신형규(辛亨奎)
입교 시기 _ 1920년 | 교질 _ 사교 | 서훈 _ 대통령표창(2016)

평안남도 안주군(安州郡) 안주면(安州面) 출신으로 본명은 신형규(辛亨奎)다. 일찍이 향리에서 10년간 학문을 수학하고, 1911년 중국으로 망명하여 신흥무관학교를 졸업하였다. 이후 유하현(柳河縣) 삼원포(三源浦) 지역에서 조맹선(趙孟善)이 주도하는 대한독립단(大韓獨立團)에 참여하여 항일투쟁의 길을 걷는다.

1920년대 들어 길림성(吉林省) 부여현(扶餘縣)으로 옮겨간 신대식은 그곳을 중심으로 고본계(固本禊)를 조직하고 그 계장(禊長)을 맡아 활동했다. 본디 고본계는 그 지역 조선인 농민의 자위(自衛)를 목적으로 조직된 단체다. 부계장(副禊長)을 맡은 안정식(安定植)과 총무 김인해(金仁海)가 신대식을 도왔으며 40명의 계원이 있었다. 그러나 후일 정의부(正義府)와 병합하면서 그 명칭을 버렸다.

신대식은 1924년 7월 설립된 전만통일의회주비회(全滿統一議會籌備會)에 고본계 대표로 참석해 독립운동단체 통합에 적극 앞장섰다. 또한 그 해 11월 24일 길림성 유하현(柳河縣)에서 열렸던 통합회의를 통해 정의부가 조직될 때에도 공동선언문을 발표하는 등 적극적으로 가담하였다.

공동선언문은 "우리는 민족의 사명을 받고 시대의 요구에 응하며 통일된 정신아래 정의부를 조직하여 아래의 공약에 공감하고 광복대업을 완성하기 위한 노력을 할 것을 이에 선언한다"는 내용이었다.

신대식의 대종교 교력을 보면 1920년 입교한 기록이 있다. 그의 입교시기가 유하현에서 부여현으로 넘어갈 즈음으로 추정되는 부분이다. 또한 대종교에 입교하며 신대식(申大植)이라는 이름으로 개명하였다.

그는 1922년 7월 24일(음력, 이하 음력) 대종교 삼성시교당(三成施教堂)의 시교원(施教員)을 맡는다. 삼성시교당은 부여현 도뢰소참(陶賴昭站) 삼가자진(三家子鎭)에 소재했던 시교당이다. 당시 이시행(李時行)이 전무(典務, 책임자)를 맡았으며 김노흠(金魯欽)이 찬무(贊務, 부책임자)를 맡아 신형규와 함께 했다. 그리고 입교한 지 3년만인 1923년 3월 28일 영계(靈戒)와 더불어 참교(參敎)의 교질(敎秩)을 받았다. 이어 1924년에는 부여현 변두리에 삼흥학교(三興學校)를 설립하고 운영하면서 교육을 통한 대종교 포교에 앞장섰다. 또한 1926년 2월 12일에는 대종교 북일도본사(北一道本司)의 부여구(扶餘區)를 관할하는 시교원(施教員)으로도 임명되었다. 당시 신대식은 합장선(哈長線) 도뢰소(陶賴昭) 북삼가자(北三家子) 회육당(會育堂)에 거점을 두고 대종교 포교에 열정을 쏟았으나, 그 후의 기록은 남아있는 것이 없다. 해방을 맞아 귀국한 신대식은 1949년 2월 29일 지교(知敎)로 승질(陞秩)하고, 대종교총본사의 찬리(贊理)로 선임되었다. 또한 같은 해 5월 3일에는 대종교의 경상남북도를 관할하는 남사도본사(南四道本司)의 책임자인 선리(宣理)로 전임(轉任)하고, 얼마 후인 6월 9일에 상교(尚敎)로 교질이 올랐고, 1950년 5월 22일에는 남사도본사의 책임자인 전무가 되었다. 그 해 6월 25일 한국전쟁이 발발하자 이북의 평안도와 황해도를 관할하는 대종교 서일도구(西一道區) 순교원(巡敎員) 및 선무반장(宣撫班長)으로 임명되어 평양구역을 책임졌다. 이후 1955년과 1957년, 그리고 1960년 총본사의 전무를 수차 역임하면서, 3임(三任)이라는 드문 교력도 남긴 인물이다.

한편 1958년 4월 18일 대종교유지재단(大倧敎維持財團)이 창립될 당시는 그 이사(理事)를 맡아 재단행정의 기초를 다지는데 공헌하였다. 그리고 1966년 4월 6일 지산(芝山) 정원택(鄭元澤)이 대종교 총전교(總典敎, 교주)로 추대될 당시는 부전교(副典敎)로 천거되어 대종교의 제2인자가 되었다. 마침내 대종교에서는 1968년 4월 7일 대종교 발전에 이바지한 공로를 인정하여 신대식에게 사교(司敎)의 교질과 함께 도형(道兄)의 교호를 내렸다.

[참고문헌]
『대종교보』제57호(1923년)·제161호(1949년)·제162호(1949년)·제165호(1950년)·제166호(1950년)·제168호(1950년), 『대종교인과 독립운동연원』(이현익, 프린트본, 1963), 『대종교중광육십년사』(대종교총본사, 1971), 「大倧敎施敎堂一覽表(1926年)」(延边朝鲜族自治州档案馆 全宗号42 目录号1 案卷号343, 和龙县历史档案 和龙县警察所, 令各区查禁韩人设立大倧敎堂的事, 民国十五年五月十二日), 「在滿 不逞鮮人 正義府宣言書 및 宣言文의 譯文 進達의 件」(不逞團關係雜件·朝鮮人의 部·在滿洲의 部40, 機密 第2號, 한국사DB, 국사편찬위원회), 「南北滿洲에있어서 不逞鮮人 團體 調査의 件」(不逞團關係雜件·朝鮮人의 部·在滿洲의 部41, 機密 第768號, 한국사DB, 국사편찬위원회), 「고등경찰요사」(경상북도 경찰부, 1934), 『한국독립운동사』4(국사편찬위원회, 1983)

신덕(申德, 남, 생몰 미상)
아호(별명) _ 혜원(惠圓), 혜인원(惠仁圓)
입교 시기 _ 1914년 이전 | 교질 _ 미상

출신지역과 생몰연대가 불확실한 인물이다. 다만 예관(睨觀) 신규식(申圭植)이 신덕 부친의 환갑을 축하하는 시를 읊은 것과, 미주(美洲)로 떠나는 신덕을 아우로 대하며 전송하는 시를 지은 것을 보면, 신규식과 같은 집안 사람으로 충청북도 청원 출신일 가능성이 높다.
신덕은 일찍이 상해로 건너가 신규식의 측근으로 있으면서, 1913년 4월 유럽을 거쳐 미국 시카고를 경유하여 네브래스카(Nebraska)에 정착하여 활동하였다. 그는 그곳 한인소년병학교 개학식에 참석하여 '대장부의 사업'이라는 제목의 연설도 한 기록이 있다. 소년병학교는 1909년에 네브래스카 헤이스팅스(Hasting) 대학에 유학 중이던 박용만(朴容萬)과 정한경(鄭翰景) 등이 협력하여 독립군양성을 목적으로 설립한 학교였다. 그들은 독립군 간부를 양성하여 만주·연해주지방에 파견하여 무장항일운동을 지원하고자 했다.
한편 신덕은 소년병학교의 학도대에서 행한 사격연습에서 1등을 차지할 정도로 사격에도 능숙한 인물이었다. 또한 1916년 6월 당시 헤이스팅스 대학의 특별생으로 재학 중이었으나, 1917년 3월 신병 치료차 귀국하였다. 그리고 1920년 5월에는 경북 안동 지역 예안청년회(禮安靑年會)의 강연회에 참석하여 '세계일주담(世界一周談)'이라는 제목의 강연도 하였으나, 그 이후의 기록은 알 수가 없다.
신덕의 대종교 교력을 보면, 1914년 3월 24일(음력) 김렬(金烈)·김갑(金甲)·신형호(申衡浩) 등과 참교(參敎)의 교질(敎秩)을 받은 기록이 있다. 이들 모두 신규식의 측근들로, 1910년대 초반 상해를 중심으로 활동한 인물들이다. 신덕의 대종교 입교가 상해 시절에 이미 이루어졌음을 짐작케

하는 부분이다.

신덕(네모 안)이 네브래스카의 소년병학교의 개식식에서 '대장부의 사업'이라는 환영사를 했다는 내용을 실은 당시의 신문기사.

[참고문헌]
『종문영질』(프린트본, 1922), 『신한민보』1913.8.22., 1914.7.16·23., 1916.6.22., 1917.3.15., 『동아일보』1920.8.15., 『예관신규식전집』제1집(예관신규식전집편찬위원회, 2019)

신덕영(申德永, 남, 1890-1968)
아호(별명) _ 신헌(申憲), 백헌(白獻), 하관(何觀), 백한(伯漢), 이평(李平)
입교 시기 _ 1918년 이전 | 교질 _ 지교 | 서훈 _ 독립장(1963)

신덕영

서울 종로구 화동(花洞) 출신으로 대종교명은 신헌(申憲)이다. 1910년 보성전문학교 법과를 졸업하고 1914년에 만주로 건너갔다. 그곳 통화현(通化縣)의 신흥무관학교(新興武官學校)에 입학하여 1915년 졸업하였다.
1916년에는 간도의 교포학교 교사로 재직하면서 후진 양성에 힘썼다. 1917년 북만주 동녕현(東寧縣) 소수분(小綏芬) 토성촌(土城村)에 있는 호분학교(虎賁學校)의 학감으로 재직하며 군사교육을 전담하기도 했다. 호분학교는 1913년 8월 대종교의 핵심이었던 진학신(陳學新) 등이 한인무관(韓人武官) 양성을 목적으로 설립한 학교였다. 그러므로 설립 당시부터 독일어·영어 등 외국어와 함께 병학(兵學)을 통한 군사교육을 중요시하였다.
한편 신덕영은 1920년 대종교 선배인 이동녕(李東寧)·박은식(朴殷植)으로부터 군자금 모금의 사명을 받고 귀국하여 대동단(大同團)에 조선지부(朝鮮支部)를 설립하였다. 대동단 역시 대종교와 밀접한 비밀결사였다. 신덕영은 군자금 모금을 위한 위장 회사인 만주농림주식회사(滿洲農林株式會社)를 설립하고, 그 회사의 주식모집원으로 가장하여 모금을 전개하였다. 또한 독립자금을 모금하여 상해 대한민국임시정부로 보내기 위해 부한청년단(扶韓靑年團)도 조직하였다. 그러나 임시정부의 특파원 한준호(韓俊鎬)·박

문용(朴文容)·정용택(鄭容澤) 등과 연락을 취하면서 군자금 모금에 진력하던 중, 1920년 11월 담양경찰서원에게 체포되었다. 1921년 5월 광주법원에서 징역 8년을 언도받고 복역 중 1923년 5월 신병으로 가출옥하여 세브란스 병원에 입원, 치료를 받다가 탈출하여 다시 중국으로 망명하였다.

1927년 대종교 동지인 이용화(李容華)·안창남(安昌南)을 비롯한 김정련(金正連)·최양옥(崔養玉)·이영(李英) 등과 공명단(共鳴團)을 설립하고 북만주에 독립군 비행사를 양성하기 위해 비행학교 설립을 계획하였다. 공명단은 산서성(山西省) 태원부(太原府)에 조직된 단체로, 단장과 부단장 외에 재정부·정치부·군사부를 두었고 단장은 안혁명(安革命, 안창남으로 추정), 부단장은 신덕영이 맡았다. 공명단은 무관학교를 세우고 독립군을 양성하는 것과 비행사를 양성하는 등 군사적 독립운동론을 내세웠다. 또한 부원 중에는 안창남의 항공학교 한국인 제자들과 함께 태원 지역에 사는 교포들과 더불어 상해와 북경 지역의 독립운동가들이 찾아와 활동하기도 하였다. 그러나 공명단의 계획은 국내로 잠입하여 설립기금을 모금하려던 최양옥·김정련 등이 체포되면서 성공하지 못했다. 이후 신덕영은 하얼빈으로 옮겨가 항일투쟁을 지속하다가 1932년 6월 일본 경찰에 붙잡혀 대전형무소에서 형기를 마치고 1934년 10월 출옥하였다.

해방 이후에는 재외이재동포원호회(在外罹災同胞援護會)를 설립하고 구호동맹(救護同盟)·조선사회사업협회(朝鮮社會事業協會)·건준후생부(建準厚生部) 등 10여개 단체와 연합하여 독립투사들의 원호사업과 전재동포(戰災同胞)에 대한 체계적 구제운동에 앞장섰다. 또한 항일동지인 최양옥 등과 한국민주당 발기인으로 참여하여 활동하기도 했으며, 광복단(光復團)을 부활시켜 광복단중앙총본부 단장, 대한독립운동자동맹의 대표로서 건국사업에 노력하였다.

신덕영의 대종교 교력을 살피면 1918년 1월 13일(음력, 이하 음력), 석오(石吾) 이동녕 등과 참교(參敎)의 교질(敎秩)을 받은 기록이 전한다. 그 이전에 이미 대종교에 입교한 것이 확인된다. 그러나 일제강점기 그가 활동하던 시절의 대종교 1차 기록이 모두 사라져 그의 구체적 교력은 알 수가 없다.

해방 이후인 1947년 1월 22일, 대종교에서는 신덕영을 경의원(經議院) 참의(參議)로 선임하여 원로로 우대하였다. 그리고 1개월 후인 2월 26일에는 상무참의(常務參議)의 중책을 맡겼으며, 4월 22일에는 지교(知敎)의 교질을 수여하였다. 한편 신덕영은 한국전쟁이 발발하자 대종교 내에 조직된 대종교선무대(大倧敎宣撫隊)에도 참여하여 전쟁 시기 사상적 안정을 위한 활동에도 앞장섰다. 그는 서울 지역을 관할하는 대종교선무반(大倧敎宣撫班)에 소속되어 사상 계도를 위해 노력하였다. 당시 서울 지역 소속으로는 김영숙(金永肅)·백남규(白南奎)·정원택(鄭元澤)·박성태(朴性泰) 등 대종교인 항일투쟁지도자들이 함께 했다.

[참고문헌]
『대종교보』제153호(1947년)·제154호(1947년), 『종문영질』(프린트본, 1922), 『대종교중광육십년사』(대종교총본사, 1971), 「當 館管內 朝鮮人의 動靜에 관한 報告」(『不逞團關係雜件-朝鮮人의 部-在滿洲의 部4, 機密 제40호, 한국사DB, 국사편찬위원회), 「在外朝鮮人 經營學校書堂一覽表 送付에 관한 건」(『不逞團關係雜件-朝鮮人의 部-在滿洲의 部6, 朝憲機 제582호, 한국사DB, 국사편찬위원회), 『매일신보』1920.12.21., 『동아일보』1921.2.28., 6.4., 1934.10.18., 『독립신문』1921.3.12., 「판결문」(대구복심법원, 1921. 12. 13), 「布哇滯在中의 朴容萬에 관한 건」(『不逞團關係雜件-朝鮮人의 部-在歐米 部8, 高警 제198호, 한국사DB, 국사편찬위원회), 『한국독립사』(김승학, 독립문화사, 1965), 『독립운동사자료집』6(독립운동사편찬위원회, 1975), 『독립운동사』3·7(독립운동사편찬위원회, 1971·1976), 『독립유공자공훈록』4(국가보훈처, 1987), 『한민족독립운동사자료집』41(국사편찬위원회, 2000)

신두식(申斗湜, 남, 1896-1921)

아호(별명) _ 철아(鐵兒), 신무(申武), 신동산(申東山), 신두창(申斗昌), 황학명(黃鶴明)
입교 시기 _ 1910년대 | 교질 _ 미상 | 서훈 _ 애족장(1990)

평양부(平壤府) 숙천군(肅川郡) 우상방(右上坊) 통덕리(通德里, 지금의 평안남도 숙천군 용리리) 출신이다. 대종교지도자 예관(睨觀) 신규식(申圭植)과 교유하며 대종교에 귀의한 인물로, 대종교의 외자 이름은 무(武)다.

신두식은 일찍이 상해로 건너가 1912년 조직된 동제사(同濟社)에 가입하여 대종교 항일투쟁을 전개하였다. 동제사의 '동제(同濟)'란 한마음으로 같은 배를 타고 피안(彼岸)에 도달하자는 '동주공제(同舟共濟)'의 뜻으로, 동포들의 상부상조를 표방한 국권회복이 진정한 목표였다. 동제사는 신규식이나 신두식을 비롯하여 박은식(朴殷植)·박찬익(朴贊翊)·조성환(曺成煥)·신채호(申采浩)·김갑(金甲)·민필호(閔弼鎬)·이광(李光)·홍명희(洪命憙)·정인보(鄭寅普) 등의 구성원들에서 보듯, 대종교와 연관된 인물들이 대다수였다. 그 이념적 바탕 역시 대종교였으며 그 중심에는 신규식이 있었다.

신두식은 1919년 대한민국임시정부 출범 이후 연락책으로도 활동하였다. 그는 국내를 연결하는 연락기관을 봉천성 심양현(瀋陽縣)의 십간방물산도매상(十間房物産都賣商)으로 위장 설치해 놓고 연락 업무를 수행하였다. 또한 같은 해 9월에는 서로군정서 의용대장 이석(李錫)과 동지 전일(田一, 田誠忍)과 함께 봉천에서 모조 폭탄 수백 개를 만들어 국내로 반입하였다. 그리고 일본인 관리 및 일제 관청을 습격하는 등의 의열투쟁을 도모하였다. 그러나 1919년 9월 15일 심양현 옛 성경성(盛京城) 소남문(小南門) 안에 있는 천성여관(天成旅館)에 숨겨 두었던 폭탄 1개가 땅에 떨어져 불이 타올라 전일이 그 자리에서 즉사하면서, 모든 계획은 실패로 끝났다.

상해로 옮겨온 신두식은 1919년 12월에 상해 대한적십자회에서 적십자병원의 설치 등을 위해서 4대(隊)의 행동대를 설치하게 되자 그는 3·1대(三一隊)에 속하여 모금 활동을 펼쳤다. 또한 1920년 3월 대한민국임시정부 내무부 지방국장을 거쳐 내무부 비서국장에 취임하였으나, 그 해 5월 30일 요양을 위해 직에서 물러났다.

신두식의 대종교 입교는 대종교계 결사체인 동제사 시절에 이루어졌으나 관련 기록은 남아있지 않다. 신두식은 신무(申武)라는 대종교 이름으로 동제사에 참여하였다. 그의 대종교 입교가 1910년대 초반에 이루어졌음을 시사해준다. 또한 그와 의형제로 지낸 신규식이 읊은「의형제 철아(鐵兒)의 죽음을 애도하며(輓鐵兒盟弟)」(1921년)라는 만사(輓詞)에도 '사귄 지 이미 십 년이 지났다(交已歷十年)'는 내용이 등장한다. 신두식이 신규식을 만나 대종교에 입교하고 동제사에도 참여했음을 알 수 있다.

[참고문헌]
「奉天에서의 爆彈搾裂事件」(不逞團關係雜件-朝鮮人의 部-在滿洲의 部12, 高警 第27512號」, 秘受 11519號, 한국사DB, 국사편찬위원회),「普通報 第7號」(不逞團關係雜件-朝鮮人의 部-在滿洲의 部13, 關參諜 第591號, 秘受 12708號, 한국사DB, 국사편찬위원회),「독립신문」1919.11.27.,「高等警察要史」(경상북도경찰부, 1934).「한국독립사」하(김승학, 독립문화사, 1965),「朝鮮獨立運動」(分冊)·Ⅱ(金正明, 原書房, 1967).「일제침략하한국36년사」5(국사편찬위원회, 1970),「兒目淚」(예관신규식전집편찬위원회,「예관신규식선생전집」1, 2019)

신명균(申明均, 남, 1889-1940)

아호(별명) _ 주산(珠汕)
입교 시기 _ 1915년 | 교질 _ 지교 | 서훈 _ 애국장(2017)

신명균

경기도 양주목(楊州牧) 고양주면(古楊州面) 살곶이벌(현 서울 성동구 성수동) 출신이다. 대종교신앙과 한글연구를 삶의 지향으로 삼고 평생을 일관한 인물이다.
일찍이 관립한성사범학교를 졸업한 뒤 1911년 대종교인 주시경의 제자가 되어 조선어강습원에 들어갔다. 조선어강습원은 중등과와 고등과가 있었다. 후일 대종교의 중심이 되는 김두봉(金枓奉)·권덕규(權悳奎)·이병기(李秉岐)·최현배(崔鉉培) 등이 그의 고등과 동기들이다. 신명균은 고등과를 마친 뒤 1914년부터 1922년까지 독도(뚝섬)공립보통학교 교사를 맡아 학생들에게 조선어를 가르쳤다. 또한 1927년에는 보성전문학교 교사로 부임했으며, 1930년 동덕여자고등보통학교 교사로 자리 잡고 1934까지 여학생들에게 조선어를 통한 후학 양성에 힘을 쏟았다. 또한 동덕여고보 교원시절에는 사회주의 독립운동가인 이관술(李觀述)과 함께 학생들의 동맹휴학투쟁을 적극 지원해주었다.
한편 신명균은 우리말 연구를 위한 학회의 조직과 활동에도 적극 앞장섰다. 1921년 12월 3일 휘문의숙(徽文義塾)에서 발족한 조선어연구회(朝鮮語研究會) 조직이 그 대표적 사례다. 신명균은 권덕규(權悳奎)·이병기(李秉岐)·김윤경(金允經)·임경재(任璟宰)·장지영(張志暎)·이규방(李奎昉) 등

과 창립을 주도하고 1926년에는 간사로도 활동하였다. 또한 1927년 기관지로 창간된「한글」잡지의 편집과 발행인을 담당했는데, 이 잡지는 신소년사(新少年社)를 통해 간행한 전문학술지로서 민족사상 고취의 상징이 되었다.
1929년에는 조선총독부가 개최한 언문철자법회의에 참여하여 우리의 철자법을 주도적으로 관철시키고자 노력하였다. 당시 조선어학회가 추진한 한글맞춤법 통일안 제정위원으로서 참여한 신명균은, 조선어학회의 철자법 통일안이 조선총독부측의 언문철자법보다 과학적이고 실용적이며 완벽하다는 논리를 폈다. 그리고 그 맞춤법 통일안의 정리와 홍보를 위해「조선어문법」(1933년)과「조선어철자법」(1934년)을 간행하기도 했다. 또한 그는 조선어학회가 추진하던 우리말의 표준어 제정 작업에도 참여하였으며, 표준어 사정위원으로서 표준어의 제정에 도움을 주는가 하면, 한글철자법 강연회와 한글강습회를 개최하여 한글 보급에 적극 앞장섰다. 또한 1934년 6월에는 대종교 동지인 이극로(李克魯)와 함께 순 한글 주간신문(週刊新聞)인「서울시보」를 발간하기도 했다.
한편 신명균은 1931년 조선어연구회를 조선어학회를 바꾸는 데 주도적으로 역할을 하였다. 1932년에는 간사장을 맡고 1933년에는 회계감사를 역임하기도 한다. 이 시기 1928년 10월에 휴간했던 동인지「한글」을 복간했다. 1932년 5월 1일자로 복간된「한글」은 조선어학회 기관지인 학술잡지로, 신명균이 주선하여 대종교 동지이자 중앙인서관(中央印書館) 주인이었던 백헌(白軒) 이중건(李重建)의 힘으로 되살아났다.「한글」은 1942년 5월 1일 통권 93호를 내고, 그해 10월 1일 많은 회원이 검거된 '조선어학회사건'으로 말미암아 중단되었다.
신명균은 중앙인서관을 개별적인 출판사가 아니라, 당시 식민지 조선의 출판문화를 구성하는 중요한 공간의 하나로 만들고자 하였다. 다른 출판사들과 일종의 협동 체제를 구축하려 한 노력이 그 대표적 사례다. 또한 청소년 교양잡지인「신소년」을 간행하면서, 민족주의만이 아니라 사회주의 계열까지도 수렴하고자 했다. 자신을 비롯한 정열모(鄭烈模)·맹주천(孟柱天)·권덕규·이병기 등 대종교 동지이자 조선어연구회 회원만이 아니라 권경완(權景完)·이주홍(李周洪) 등 사회주의 계열까지 필자로 참여시켰다. 신면균이 전시파쇼체제기인 1940년에 사회주의자인 박헌영(朴憲永)·김태준(金台俊)과도 만나 반제투쟁을 논의한 배경도 이러한 정신과 무관치 않았다.
신명균은「조선역사」(1931)라는 우리나라 역사책을 직접 저술하여 민족의식을 고취하는가 하면, 당시 대종교 교주였던 무원(茂園) 김교헌(金敎獻)의「신단실기(神檀實記)」나 권덕규의「조선유기(朝鮮留記)」를 간행하였다. 또한 사회주의 서적인「사회주의개론」과「노동독본」을 함께 출판하여 사상적 균형을 취하고자 하였다. 특히 김태준과는 1930년대 중반 이후「조선문학전집」을 간행하면서 밀접해졌다.「가사집」(1936)·「소설집」(1936)·「소설집」2(1937)를 신명균이 편(編)하고 김태준이 교열을 맡았다. 이것은 한글 고전의 간행을 통해 민족정신을 고취하고자 한 의도 뿐만 아니라, 민족의 문화를 간추리고 보전함에 있어 이념이나 진

영의 경계가 없음을 확인시켜 준 것이다.

신명균이 저술한『朝鮮歷史』(오른쪽)와『朝鮮語綴字法』

일제는 중일전쟁 이후 전시총동원체제를 확립하고 창씨 개명(創氏改名) 등 본격적인 민족말살정책을 강화해갔다. 신명균이 이사·상무이사로 17년간 활동한 조선교육협회 도 1938년 4월 2일 강제로 해산 당하게 된다. 조선교육협 회는 고학생에게 기숙을 무료로 제공하여 주었고, 전국을 순회하며 교육 강연도 개최하였다. 또한 노동자와 농민에 대한 교육에 치중하여 전조선 문맹의 퇴치를 목적으로 하 고 이미 설치된 노동야학이나 농민학원 등에 교과서를 편 찬하여 준 사회단체였다. 또한 조선어학회가 해산을 피하 기 위해 1939년 2월 6일 임시총회를 열어 국민정신총동원 연맹에 들어가기로 하였다. 그리고 조선어학회의 간판도 '국민총력조선어학회연맹'으로 바꾸었다. 더욱이 1940년 에 접어들자 일제는 창씨개명까지 강요하였다. 민족과 그 구성원으로서의 정체성이 모조리 박탈당하는 상황이 신 명균에게는 더없는 치욕이었다.

대종교 진정한 선비였던 신명균에게 있어 이러한 치욕은 죽음보다 참을 수 없는 고통이었다. 1940년 11월 20일, 마 침내 신명균은 자결 순국을 택한다. 그의 죽음은 좌우를 넘어 모두 슬퍼하였다. 소설가 한설야(韓雪野)가『두견』이 란 소설을 통하여 신명균의 죽음을 애도했다. 한설야는 손에 책을 놓지 않는 금세의 군자, 백이숙제 같은 양반, 청빈한 지조를 지닌 선비, 조선어학회의 중진, 한글과 사 학(史學)에 조예 깊은 인물, 서울 교육계의 의표(儀表)로 신 명균을 형상화하며 당대의 귀감이었음을 회고하였다. 또 한 동덕여고보에서 함께 교편을 잡았던 이관술은, 양심적 민족주의자, 철저한 반일적 민족주의자로 신명균을 추억 하고 있다. 또한 동덕여고보 동맹휴학투쟁 당시 유일하게 지지해주던 반일투쟁의 지도자로 존경을 표했다. 카프 작가인 홍구(洪九) 역시 "선생의 결백과 질소(質素)함 과 강한 의지에 우리는 배움도 많았다"고 회억하면서, 젊 은 세대를 사랑할 줄 알고, 옳고 그름을 판단하실 줄도 아 는 우리의 사부(師父)이자 동무와 같은 인물이 신명균이라 는 평가다. 조선어학회와 대종교의 막역한 동지인 이극로

역시, 조선어학회의 중진으로 한글의 정리와 보급을 위 해 몸을 바친 인물로 신명균을 꼽았다. 또한 그가 성품이 강직하고 굳센 인물이기에 무슨 일이나 뜻한 일을 끝까지 이루는 실행가였다는 평가다.

[교력]
신명균에 있어 대종교는 산소(酸素)와도 같았다. 그의 교 육사업과 한글연구 등 모든 삶에 늘 대종교라는 정신 이 기둥이 되었기 때문이다. 그의 대종교 교력을 살피면 1915년 11월 13일(음력) 이세정(李世禎)·정열모·이중건 등 한글연구의 동지들과 참교(參敎)의 교질(敎秩)을 받은 기록 이 있다. 그 이전에 이미 입교한 것이 확인된다. 아마도 김두봉·권덕규·이병기·최현배 등과 조선어강습원 고등 과에서 주시경으로부터 한글을 배우던 시절로 추정해 볼 수 있는 부분이다.

이어 5개월 후인 1916년 4월 1일(음력), 신명균은 절친한 동지인 이중건 등과 지교(知敎)의 교질로 승급하였다. 그 리고 대종교 교주 홍암 나철이 1916년 8월 순교(殉敎)하자, 그 유지(遺志)를 받드는 비밀사원(秘密社員)으로 활동하게 된다. 당시 신명균은 이세정·맹주천·엄주천(嚴柱天)·정인 보(鄭寅普) 등 30여명의 비밀사원들과 일제의 감시로 어려 워진 국내 대종교 포교 활동에 일익을 담당하였다. 또한 대종교 항일단체인 대한군정서(북로군정서)의 귀일당원(歸 一黨員)으로도 활동하면서 국내와의 연락책으로도 움직였 다.

1924년 3월 25일(음력)에는 엄호(嚴浩)·정신(鄭信)·최익항(崔 益恒) 등 15명과 '대종교총본사기본 및 경상금동독위원(大 倧敎總本司基本及經常金董督委員)'으로 임명되어 대종교 전 체의 예산운용을 감독하였다.

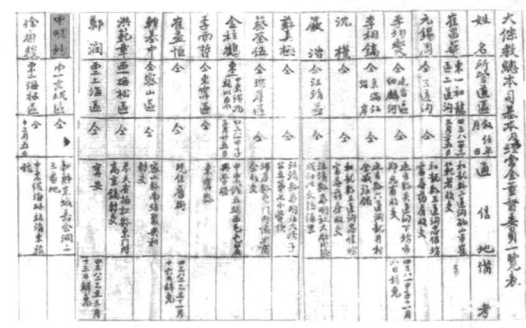

1926년 압수당한 대종교의 문서 중에 실려 있는 '大倧敎總本司基本及經常 金董督委員一覽表'. 왼편 위에 申明均(네모 안)이라는 이름이 적혀 있다.

또한 신명균은 1924년 4월 23일부터 26일까지 영고탑 대 종교총본사에서 각 지역 대표를 소집하여 개최한 대종교 교우회에도 참여하였다. 당시 신명균은 김준환(金俊煥)· 남홍팔(南弘八)과 함께 국내를 대표하는 대종교 위원으로 참석하여 대종교 당면 과제를 논의하게 된다. (아래표 참조)

<大倧教教友會 각 지역대표 명단>

자 격	지 역	인원	대표이름
국내 대종교위원	경성(京城)	3명	신명균(申明均)
			김준환(金俊煥)
			남홍팔(南弘八)
간도 대종교위원	용정촌(龍井村)	1명	심 근(沈 槿)
	삼도구(三道溝)	1명	현천극(玄天極)
	왕청현(汪淸縣)	3명	채신석(蔡信石)
			서춘보(徐春甫)
			한승묵(韓承黙)
서간도 대종교위원	화전현(樺甸縣)	1명	오근태(吳根泰)
동지연선지방 대종교위원	동녕현(東寧縣)	1명	신우범(申禹範)
	목단강(牧丹江)	1명	김근우(金根禹)
	해림(海林)	1명	이 규(李 奎)
동지연선지방 대종교위원	동빈현(同賓縣)	1명	남봉성(南鋒星)
	부여현(扶餘縣)	1명	신강묵(申剛黙)
	영고탑 총본사 및 부근 지역 참석자	13명	
도 합		27명	

당시 주요의제는 다음과 같았다.

一. 전(前) 대종교 교주 김교헌(1923년 사망)과 고(故) 대종교 동도본사 전리(典理) 서일(徐一)에 대한 경칭(敬稱) 문제
一. 홍범규제(弘範規制) 개정에 관한 문제
一. 총본사를 용청촌으로 이전하는 문제
一. 교주 선임에 관한 문제

1924년 5월, 만주 寧安縣 소재 대종교총본사에서 개최된 大倧教教友會의 참석 명단을 기록해 놓은 일제의 문서. 맨 오른쪽에 朝鮮京城大倧教委員으로 申明均이 보인다.

신명균이 영고탑(寧古塔)에서 열린 대종교교우회에 참석하고 돌아와 발표한 기행문 「우리의 옛 땅을 밟고 와서」라는 글도 예사롭지 않다. 그의 대종교사관(大倧教史觀)의 일면을 볼 수 있기 때문이다. 그 일부를 보자.

"우리들의 선조는 남들이 부러워할 만한 문명도 해보셨고 남들이 설설길 만한 위엄도 부려보셨습니다. 이처럼 온갖 자랑과 호령을 부리시던 땅은 이 반도보다도 저 넓고 넓은 남북만주와 시베리아 등이었습니다. 5천년동안이나 되는 오랫동안에 자자손손이 살던 곳이니 끼쳐 놓으신 자취들 얼마나 많았겠으며 살아진 자취들 또 얼마나 많겠습니까? 그 중에 혹은 단군 때의 무엇이니 부여의 무엇이니 발해의 무엇이니 고려의 무엇이니 하여 말로만 남아 있는 것도 잊고 혹은 자취만 겨우 붙어 있는 것도 있습니다. 우리 선조들이 단잠을 못 주무셔 가며 애를 쓰시고 고생하시던 일이며 의리 있고 용맹 있고 맘씨가 훌륭하시던 것은 백년 천년에 눈비를 무릅써 가며 변함없이 우뚝 서 있는 저 백두산이 낱낱이 알 것이요, 밤낮 쉬지 않고 철철 흘러가는 저 송화강, 흑룡강이 역역히 보았으련마는 답답한 저 산과 강이 말을 못하니 이를 누구더러 물어 볼까요? 그래도 얼마 되지는 않으나마 더러 있지만 있는 옛 자취를 잘 보관하는 것이 우리 선조들의 끼치신 뜻의 만일이라도 엿볼 수 있을 것이요 또 우리 자손된 사람의 도리도 되겠지요."

백두산 남북마루를 아우르는 영토관, 5천년의 역사, 그리고 단군-부여-고구려-발해로 이어지는 역사관, 대종교사관의 전형을 드러내는 인식이다. 그는 이 기행문에서 만주가 단군 이래 우리 땅이고 그것을 지키지 못한 자손의 잘못을 인정하고 그들의 자취를 보관할 것을 주장했다. 특히 영고탑 주위의 발해의 동경성을 답사하고, '조선 사람이 조선 옛터에 다시 들어와 살면 이 만주가 다시 조선의 땅이 된다는 전설'까지도 언급하면서, 만주에 대한 연민을 놓지 않았다.

한편 신명균은 1926년 1월 18일(음력) '대종교홍범 및 규제수정기초위원(大倧教弘範及規制修正起草委員)'으로도 임명되어 그 역할을 하였다. 함께 임명된 인물들을 보면 백순·조완구·김두봉·김교준(金教準)·채규오(蔡奎伍)·김연원(金演元)·정신(鄭信, 鄭潤) 등과 같이 대종교의 핵심들이었다. 대종교에 있어 홍범(弘範)과 규제(規制)는 교헌(教憲)과 교법(教法)과 같은 것으로, 대종교를 지탱하고 운용해 가는 기본적 질서와도 같은 규율이었다. 또한 그 임명된 인물들의 거주지가 국내와 북만주 그리고 내몽고와 상해까지 두루 퍼져 있었음이 흥미롭다. 이것은 그 시기 대종교의 인적 네트워크가 활발하게 작동하고 있었음을 방증하는 것이기도 하다. 신명균이 여기에 참여했다는 것은 당시 대종교의 중심부에 있었음을 알게 해 준다.

<대종교홍범 및 규제수정기초위원 일람표>

성명	별호	서임 연월일	당시 거주지 및 연락처	비고
백 순 (白 純)	은계 (隱溪)	1926년 음 1월 18일	경수선(京綏線) 포두진(包頭鎭) 청산의원(靑山醫院)	

성 명	별호	서임 연월일	당시 거주지 및 연락처	비고
조 량 (趙 亮)	우천 (藕泉)	〃	상해 법계(法界) 복후로(福煦路) 애인리(愛仁里) 20호	조완구 (趙琬九)
김두봉 (金枓奉)	백연 (白淵)	〃	상해 법계 망지로(望志路) 영길리(永吉里) 212호	
김 성 (金 誠)	내원 (萊園)	〃	경성 남문외(南門外) 중림동 246	김교준 (金教準)
신명균 (申明均)	주산 (珠山)	〃	경성 가회동 23 신소년사	
심 근 (沈 槿)	심암 (心巖)	〃	화룡현 삼도구(三道溝) 충신방(忠信坊)	
채규오 (蔡奎伍)	운포 (雲圃)	〃	훈춘현 동문내(東門內) 협성상회(協成商會)	
김연원 (金演元)	인재 (仁齋)	〃	영안현	
정 윤 (鄭 潤)	일우 (一雨)	〃	영안현	정 신 (鄭 信)

1926년 4월에는 이병기·권덕규·맹주천·이중건 등 대종교 동지들과 종로구 가회동에 소재한 대종교 회선시교당(會善施教堂)에서 회합하며 대종교 발전 및 한글연구에 대해 의논하였다. 그 시기 회선시교당의 전무(典務, 책임자)는 김연필(金演弼)이었으며, 김천경(金天經)과 나정문(羅正紋)이 찬무(贊務, 부책임자)를 맡았다. 주목되는 것은 당시 이 시교당의 연락 거점이 수표동(水標洞)에 있던 조선교육회 신명균의 집이었다는 점이다. 이후에도 이병기·최현배·권덕규·정열모 등 대종교의 동지들과 함께 한글 홍보 및 문화투쟁의 고삐를 놓지 않았다.

1940년 11월 21일 신명균은 스승인 홍암 나철의 사진을 가슴에 품고 스스로 절명(絶命)하였다. 죽음에서도 대종교적 삶의 일단을 보여준 것이다. 신명균이 음독자살했다는 소식이 전해지자 이병기 등 대종교 동지들이 대학병원 영안실에서 자정까지 지키는가 하면, 다음날 홍제원 화장장에서 오후 1시 영결식 거행될 때도 그 마지막을 지켰다. 『대종교보』(128호)에 신명균의 죽음을 추모하는 사언시(四言詩)를 소개해 본다.

倧門信士 대종교의 신실한 선비요
語會學者 조선어학회의 학자로다
誌著數編 여러 편의 저술로
多獻吾社 많은 것을 우리 교문에 바치도다
遽爾是日 오늘 돌연
自淨歸我 목숨을 끊어 한배님 곁으로 가다
胸包師影 스승 나철의 사진을 가슴에 품으니
感淚潛然 마음 깊이 흐르는 눈물 하염없구나

[참고문헌]
『대종교보』 제128호(1940년), 『종문영질』(프린트본, 1922), 『대종교인과 독립운동연원』(이현익, 프린트본, 1963), 「大倧教施教堂一覽表(1926年)」(延边朝鮮族自治州档案馆 全宗号42 目录号1 案卷号343, 和龙县历史档案 和龙县警察所, 令各区查禁韓人設立大倧教堂由, 民国十五年五月十二日), 「寧古塔에서 大倧教 教友會 開催 狀況에 관한 건」(不逞團關係雜件-朝鮮人의 部-在滿洲의 部39, 機密受제144호-機密제136호, 한국사DB, 국사편찬위원회), 「우리의 옛 땅을 밟고 와서」(신명균, 『신소년』, 1924년 7월), 『朝鮮歷史』 청년상식총서1-역사편(신명균, 1931), 『朝鮮文字及語學史』(金允經, 朝鮮紀念圖書出版館, 1938), 「두견」(한설

야, 『인문평론』, 1941년 4월호, 인문사), 「珠汕先生」(홍구, 『신건설』, 1945, 12.), 「반제투쟁의 회상」上(이관술, 『현대일보』1946. 4. 17.), 「이미 세상을 떠난 조선어학자들」(이극로, 『경향신문』1946.10.9.), 「고대신문」1955. 10. 31., 「가람일기」ⅠⅡ(이병기, 신구문화사, 1976), 『독립운동사자료집』14(독립운동사편찬위원회, 1978), 「일제시대 한글운동에서의 신명균의 위상」(박용규, 『민족문학사연구』 38, 민족문학사학회, 2008)

신백우(申伯雨, 남, 1889-1962)
아호(별명) _ 윤장(闓長), 경부(耕夫)
입교 시기 _ 1910년대 | 교질 _ 정교 | 서훈 _ 애족장(1990)

신백우

충청북도 청원군 낭성면(琅城面) 관정리(官井里) 출신으로, 일찍이 향리에서 신채호(申采浩)와 함께 한학을 수학하였다. 이후 상경하여 광성측량학교·한성외국어학교와 보성전문학교 법학과를 수료하였으며, 청주 탑동측량학교와 서울 태극학교에서 교편을 잡기도 했다.

1907년 4월 국권회복을 위한 비밀결사로서 신민회(新民會)가 창립되자 신채호의 권유로 참여하여 서울과 충청북도를 거점으로 활동하였다. 신민회는 안창호의 발기로 이동녕을 비롯한 이동휘·양기탁·전덕기·이갑·유동열 등 7인이 창건위원이 되어 결성되니 단체다. 자신(自新)을 강조하며 '신교육'·'신제창'·'신배양'·'신윤리'·'신학술'·'신모범'·'신개혁'의 시급성을 강조하였다. 그 실천 방향으로 잡은 것이 교육구국, 계몽강연·학회, 잡지·서적 출판, 민족산업진흥, 청년운동과 함께 무관학교 설립과 독립군기지 창건운동 등이었다.

1909년 8월에는 윤치호(尹致昊)·최남선(崔南善)·차리석(車利錫)·이승훈(李昇薰) 등 신민회 간부 12명의 발의로 신민회의 외곽단체로서 청년학우회(靑年學友會)가 설립되자, 이에 가입하여 한성연회(漢城聯會)의 의사원(議事員) 및 서기(書記)로서 활동하였다. 당시 한성연회를 중심으로 활동하던 최남선·이동녕(李東寧)·박찬익(朴贊翊)·옥관빈(玉觀彬)·장도순(張道淳)·이회영(李會榮) 등이 후일 대종교에 적극 가담하는 인물들이다.

신민회는 종교적으로 전래 선교(仙教, 민족신앙)와 기독교의 영향을 받은 사람들이 많았다. 또한 역사인식에 있어서도 신민회는 만주를 무대로 전개되었던 단군조선-부여-고구려-발해를 중시하는 경향이 많았던 까닭에, 당시 신민회는 항일투쟁에 있어서만 적극적인 투쟁 방법으로 애국계몽단체와 방법을 달리한 것이 아니라, 문화인식·역사인식에서도 상당한 차이를 나타냈다. 그들은 민족주의사관을 바탕으로 새로운 역사인식체계를 세우려 노력하였다. 그 대표적 인물들이 김교헌·신채호·박은

식·이상룡 등이다. 이러한 신민회 인사들의 새로운 역사 인식을 종교적 차원으로 극단화시킨 것이 대종교 중광의 일부를 구성하게 된다. 그러므로 대종교의 핵심 멤버 가운데 신백우를 비롯해 신민회 출신 회원이 많았고 대종교의 독립운동 기지가 만주로 선정되었다는 점과, 뒤에 신민회가 해산하자 회원의 상당수가 대종교로 흡수되었으며, 대종교의 교리가 전래 고유신앙을 바탕으로 하고 있다는 점에서 대종교와 신민회의 깊은 관계가 인지된다.

신백우의 대동청년단(大東靑年團) 활동도 주목해 볼 부분이다. 이 단체는 1909년 서울에서 조직되었던 국권회복단체로 아래의 단규(團規)에서 보듯 철저한 비밀결사적 성격의 집단이었다.

- 一. 단원은 반드시 피로 맹세할 것.
- 一. 새 단원의 가입은 단원 2명 이상의 추천을 받을 것.
- 一. 단명(團名)이나 단(團)에 관한 사항은 문자로 표시하지 말 것.
- 一. 경찰 기타 기관에 체포될 경우 그 사건은 본인에만 한하고 다른 단원에게 연루(連累)시키지 말 것.

신백우 역시 1909년 후일 대종교의 핵심을 이루는 윤세복(尹世復)·안희제(安熙濟)·남형우(南亨祐)·김동삼(金東三)·신채호·서상일(徐相日) 등과 이 단체에 참여하여 그 주축이 된 인물이다. 이 대동청년단은 지금까지도 정확한 내막이 밝혀지지 않을 정도로 치밀한 비밀결사로, 17세부터 30세 미만의 청소년 80~120여명이 남형우의 집에서 조직한 단체였다. 아직까지도 그 조직원 실체가 완전히 밝혀진 것은 아니지만, 당시 단원이었던 윤병호(尹炳浩)의 메모에는 53명의 단원 이름이 등장하고 있다. 출범 당시 단장은 남형우가 맡고 부단장을 안희제가 맡았다. 그리고 참여한 인물들 중, 신백우를 비롯하여 대종교 3세 교주를 지낸 윤세복과 안희제·이원식(李元植)·남형우·윤병호·이경희(李慶熙)·차병철(車秉轍)·이극로(李克魯)·김갑(金甲)·김사용(金思容)·신성모(申性模)·신팔균(申八均)·박광(朴洸)·김동삼·신채호·이시열(李時說)·고순흠(高順欽)·이우식(李祐植)·민강(閔橿)·서상일 등, 40명에 가까운 인물들이 후일 대종교의 중심을 이룬다.

1911년 만주로 망명하여 이동녕·이광(李光)·서세충(徐世忠)·맹보순(孟輔淳) 등과 봉천성(奉天省) 일대를 거점으로 독립운동기지를 건설하는데 노력하였다. 또한 이 시기 안동현(安東縣)에 서세충과 함께 항일투쟁의 연락기관으로서 성덕태상점(誠德泰商店)을 개설하여 활동하는가 하면, 대동청년단의 재건에도 심혈을 기울였다. 이것은 서상일이 대구에서 경영하던 태궁상회(太弓商會), 안희제가 부산에서 운영하던 백산상회(白山商會), 남만주 봉천에 거점을 둔 이해천(李海天) 해천상회(海天商會), 그리고 박상진의 대구 상덕태상회(尙德泰商會)와 같이 항일투쟁의 연락소 역할과 함께 독립운동자금 확보의 비밀기지 역할과 연결된 것이 아닐까 추정된다.

국내로 귀국한 신백우는 1919년 3·1독립만세운동 이후 한성임시정부 설립에 참여하고 다시 상해로 건너가 대한 민국임시정부 수립에도 동참하였다. 그러나 신채호·한위건(韓偉健) 등과 함께 『신대한』이라는 신문을 발간을 통해 이승만 노선에 반대하며 거리를 두었다. 그 뒤 서간도로 넘어가 서로군정서의 참모주임과 광한단(光韓團)에서 활약하다가 1920년 귀국하였다.

이후 신백우는 1920년 4월 조선노동공제회(朝鮮勞動共濟會)에 참여하면서 본격적인 사회주의 운동에 들어서게 된다. 그는 공제회의 중앙집행위원과 기관지 『공제(共濟)』의 편집주간을 맡으면서 사회주의 이론을 통한 농민·노동자 단체와 사상단체의 계도에 적극 앞장섰다. 특히 『공제』를 통해 사회주의 현실운동론에 대한 글이나 맑스주의와 크로포트킨의 학설 등 '신사상'을 선전하는데 주력하였다. 『공제』에 실린 그의 대표적 사회주의 논고를 보면 「소작인조합론(小作人組合論)」(『공제』 2, 1920.10.), 「유물사관개요(唯物史觀槪要)」(『공제』 7, 1921.4.), 「봉(蜂)과 봉(蜂)의 상호부조(相互扶助)」(『공제』 7, 1921.4.), 「계급사회의 사적고찰(史的考察)」(『공제』 8, 1921.6.) 등이 있다.

이어 1922년 1월 19일 윤덕병(尹德炳)·원우관(元友觀)·이수영(李遂榮)·박일병(朴一秉)·이영(李英)·김사국(金思國)·이준태(李準泰)·이혁로(李赫魯)·백광흠(白光欽)·진병기(陳秉基)·김달현(金達鉉)·김봉환(金奉煥) 등과 함께 최초의 사회주의 사상단체로 불리우는 무산자동지회(無産者同志會)를 조직하였다. 19인의 젊은 사상가들의 발기로 조직된 무산자동지회는 노동자의 단결, 상호부조, 잡지와 서적간행, 강연·강습·연극, 조사연구 등을 사업목표로 내세웠던 국내 초유의 사회주의 사상단체였다. 또한 같은 해 3월 15일 창간된 『신생활(新生活)』에 「사회운동의 선구자의 출래(出來)를 촉(促)함」이라는 글을 썼으나, 발행 당일로 총독부 당국의 기휘(忌諱)에 저촉되어 발매금지 되었다.

한편 신백우는 1922년 10월 조선노동연맹회를 조직하고 기관지 『노동』의 편집책임을 맡았다. 이 단체는 그가 활동하던 조선노동공제회가 너무 노사 협조적 또는 개량주의적이라는 비판과 함께 지식인에 의한 계몽주의적 단체의 성격을 띠었다는 비판이 있자, 윤덕병 등 사회주의자들과 사회혁명주의를 표방하면서 결성한 단체였다. 또한 신백우는 1923년 7월 7일에는 대종교 동지인 홍명희·박일병(朴一秉) 등과 신사상연구회를 조직하였다. 밀려드는 신사상의 체계적 연구를 통해 사회의 나아갈 방향을 잡아보자는 목적으로 결성된 이 단체는, 1년 후인 1924년 11월 19일 화요회(火曜會)로 개칭되면서 행동단체로 전환된다.

1924년 4월에는 윤덕병·차금봉 등과 조선노농총동맹(朝鮮勞農總同盟)을 조직하고 중앙집행위원이 되었으나, 결성 당시부터 일체의 집회가 금지되었기에 공개적인 합법 운동을 할 수 없었다. 그럼에도 노동자·농민들의 자발적 운동이 곳곳에서 일어나 소작·노동쟁의는 격증하였다. 또한 이 시기 신백우는 족친(族親)인 신석우(申錫雨)가 경영하던 조선일보의 고문 겸 논설위원으로 활동하였다. 그러나 1924년 10월 원우관·이봉수(李鳳洙) 등과 코민테른에의 대표 파견 사건으로 체포되어 검사국으로 송치되어 근 1년 가까이 영어(囹圄) 생활을 하였다.

1925년 출옥한 뒤에는 낙향하여 농촌운동과 고령신씨 문중 사업에 열중하였다. 1935년 2월 여순감옥에서 옥사한 신채호의 유해가 고향으로 돌아왔으나 국내의 호적이 없어 매장할 수가 없자 몰래 암장에 앞장 선 인물이 신백우다. 그리고 1941년 한용운(韓龍雲)·오세창(吳世昌)과 함께 일제의 방해를 넘어 묘소를 만들고 묘비를 세웠다.

해방을 맞은 신백우는, 1945년 10월 28일에 조직된 순국의열사봉건회(殉國義烈祠奉建會)에 우선하여 참여하였다. 그리고 이 단체에 혁명역사와 선열전기를 편찬할 편찬위원회가 구성되자, 대종교 동지인 홍명희·정인보·조소앙·조완구·양세환(梁世煥)·안재홍·이극로·장도빈·박노철(朴魯撤) 등 수십 인과 편찬위원으로 이름을 올렸다. 또한 신탁통치반대국민총동원중앙위원회 조직부장을 비롯해 대한독립촉성회 등을 통한 정치 활동에도 관여하였다. 그러나 1946년 중반 이후부터는 대종교사업(大倧敎事業)과 함께 대종교 선배인 희산(希山) 김승학(金承學)과 독립동사 편찬을 위한 자료 수집에 전념하였다.

[교력]
신백우의 대종교 교력과 연관된 일제강점기의 기록은 남아있는 것이 없다. 그러나 그가 신민회와 대동청년단 시절부터 후일 대종교의 중심이 되는 인물들과 밀접했음을 보면, 그의 대종교 입교 시기가 1910년대로 추정된다.
대종교의 원로이자 항일투사인 이현익(李顯翼)이 기록한 『대종교인과 독립운동연원』(프린트본, 1963)을 보면 일제강점기 당시 대종교를 대표하는 독립운동가 126명 속에 신백우의 이름을 기록하고 있다. 또한 신흥무관학교 출신으로 대종교 항일투쟁에 헌신했던 박명진(朴明鎭)의 『대종교독립운동사』(필사본, 1964)에도 신백우란 이름을 올려놓았다. 박명진은 일제강점기 호석(湖石) 강우(姜虞)가 이끄는 국내 대종교 남일도본사(南一道本司)의 주요 교인으로 민형식(閔衡植)·지석영(池錫永)·주시경(周時經)·김윤식(金允植)·기산도(奇山道)·홍명희·안재홍·정열모(鄭烈模)·백남규(白南圭)·류근(柳槿)·이용태(李容兌)·정인보(鄭寅普)·명제세(明濟世)·서상일·장도빈(張道斌)·이규채(李奎彩)·정관(鄭寬)·김교준(金教準) 등 20여명과 함께 신백우를 적시한 것이다. 일제강점기 신백우의 대종교단 내에서의 비중을 알게 해 준다.

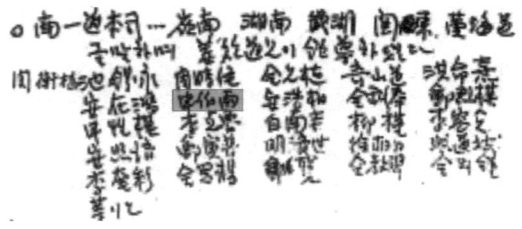

박명진의 『대종교독립운동사』(1964)에 1910~1920년대 국내 주요교인의 명단에 申伯雨(네모 안)의 이름이 올라가 있다.

그러므로 해방을 맞아 대종교총본사가 만주에서 환국한 직후인 1946년 2월 23일(음력, 이하 음력), 대종교단에서는 남도본사의 특별추천으로 영계(靈戒)와 함께 참교(參敎)의

교질(敎秩)을 수여하였다. 그리고 열흘 후인 3월 6일 경의원(經議院) 참의(參議)로 선임하여 대종교 원로로서의 대우를 극진히 했다. 이틀 후인 3월 8일에는 이극로·박노철·이시열(李時說)·안호상(安浩相)과 함께 대종교연구를 위한 종학연구회(倧學研究會) 회원으로도 임명된다.
신백우는 이러한 노력으로 참교를 받은 지 1개월 후인 3월 24일 지교(知敎)의 교질로 올랐다. 이어 4월 6일에는 삼일원(三一圜)의 전신인 종리연구실(倧理研究室)의 찬수(贊修)로 임명되면서 대종교 연구의 한 축을 맡았다. 당시 종리연구실의 구성원과 관련사항을 보면 아래표와 같다.

이 름	교질	직 책	임명일자(음력)
조완구(趙琓九)	사교(司敎)	전수(典修, 책임자)	1946년 4월 8일
이극로(李克魯)	상교(尙敎)	찬수(贊修, 부책임자)	〃
이시열(李時悅)	지교(知敎)	〃	〃
신백우(申伯雨)	〃	〃	〃
박노철(朴魯撤)		〃	〃
정열모(鄭烈模)	상교(尙敎)	〃	〃
백남규(白南奎)	〃	〃	〃

또한 신백우는 같은 해 4월 27일 경의원 상무참의(常務參議)로 발탁되면서, 대종교의 중심에 더 깊이 들어오게 된다. 그리고 1947년 4월 21일 상교(尙敎)로 승질(陞秩)하는 동시에 대종교총본사의 전강(典講)으로도 임명되었다. 전강이란 대종교의 교질(敎秩) 시선(試選)과 교리연구, 교육과 교적편찬(敎籍編纂)을 책임지는 중요한 자리였다. 또한 1949년 2월 15일 충청북도 청주시에 설치된 대종교 남이도본사(南二道本司)의 전리(典理, 책임자)로 임명되어 이용태(李容兌)·이재관(李在寬)·정규택(鄭圭澤) 등과 관할 지역 대종교 포교에 앞장섰다.
한편 신백우는 1949년 6월에 간행된 『역해종경사부합편(譯解倧經四部合編)』 편찬에도 참여하였다. 당시 총본사 전강이던 정열모가 주관하여 펴낸 이 책은, 대종교 전래 경전인 『삼일신고(三一神誥)』와 『신사기(神事記)』, 그리고 홍암 나철의 저술인 『신리대전(神理大全)』과 백포 서일의 저술인 『회삼경(會三經)』 4책을 합처 번역·해설한 책이다. 신백우는 이 책의 음(音)을 번역하는데 참여하였고 한글학자이자 대종교 중진이었던 김영숙(金永肅)이 뜻을 번역하였으며, 다시 전체를 권덕규(權悳奎)가 정리·번역하였다.
마침내 대종교에서는 신백우의 이러한 교단 발전에 대한 노력을 기려, 1955년 3월 25일 교주 윤세복의 특별추천에 의해 백남규와 함께 정교(政敎)의 교질과 대형(大兄)의 교호(敎號)를 내렸다. 그리고 한 달 후인 4월 20일 성세영(成世英)·백남규와 함께 다시 원로원의 참의로 추대 받게 된다.

[참고문헌]
『대종교보』한국기념호(1946년)·제150호(1946년)·제154호(1947년)·제161호(1949년), 『譯解倧經四部合編』(정열모 편, 대종교총본사, 1949), 『대종교인과

독립운동연원』(이현익, 프린트본, 1963), 『대종교독립운동사』(박명진, 필사본, 1964), 『대종교중광육십년사』(대종교총본사, 1971), 『조선치안상황』(조선총독부 경무국, 1922), 『倭政時代人物史料』三(국회도서관소장), 『매일신보』1945.10.28., 『한국공산주의운동사』2·3(김준엽·김창순, 고려대학교아세아문제연구소, 1969), 『한국독립사』하(김승학, 독립문화사, 1970), 『경부신백우』(신백우선생기념사업회, 1973), 『독립운동사』10(독립운동사편찬위원회, 1978), 『독립운동사자료집』14(독립운동사편찬위원회, 1978), 『1920년대초 공산주의 그룹의 맑스주의 수용과 '유물사관요령기'』(박종린, 『역사와 현실』67, 한국역사연구회, 2008)

신석우(申錫雨, 남, 1894-1953)

아호(별명)_ 우창(于蒼)
입교 시기_ 미상 | 교질_ 미상 | 서훈_ 독립장(1995)

신석우

서울 중구 수표동(水標洞) 출신으로, 구한말(舊韓末)에 경무사(警務使) 신태휴(申泰休)의 아들이다. 1915년 조선산직장려계(朝鮮産織奬勵)의 계원으로 가입하여 민족자본의 육성을 위한 주식 모집 활동을 전개하다가 일경에 발각되어 1917년 3월 소위 보안법 위반으로 송치되었다. 조선산직장려계는 관립경성고등교원양성소 학생들이 재학시절 일본 수학여행의 경험을 이후 답사기로 펴낸 『동유지(東遊誌)』가 그 촉발제가 되었다. 김광배(金光培) 등은 1914년 10월에 졸업여행으로 일본을 시찰하고 돌아와 『동유지』90부를 비밀히 만들어 민족적 토론의 광장을 마련하였다. 『동유지』 편찬에 참여한 인물들을 보면, 서문을 쓴 최진규(崔鎭圭)를 비롯하여 김하종(金河鍾)·정광호(鄭光好)·이광익(李光翼)·최원순(崔元淳)·독고순(獨孤淳)·이응영(李應泳) 등이었다. 이 『동유지』를 계기로 일선교육을 통하여 경제자립운동을 전개하자는 움직임도 나타났다. 휘문의숙의 교사 남형우(南亨祐)와 사회저명인이었던 최남선(崔南善)의 동조를 얻어, 전국의 교원과 신교육을 받은 인사들이 참여하는 조선산직장려계 결성으로 이어진 것이다. 흥미로운 것은 남형우와 최남선만이 아니라 『동유지』 편찬을 주도한 김광배·독고순 등이 모두 대종교인이었거나 후일 대종교에 가입한 인물들이었다는 점이다.

이후 일본으로 유학을 떠나 일본 와세다대학(早稻田大學) 전문부를 졸업한 신석우는 상해로 건너갔다. 그곳에서 여운형(呂運亨)과 함께 고려교민친목회(高麗僑民親睦會)를 조직하고 『아등(我等)의 소식』이란 신문(油印新聞)을 발간하는 한편, 대한민국임시정부 수립에도 적극 참여하였다. 신석우는 1919년 4월 상해에서 개최된 임시의정원 제1차 회의에 참석하여 임시정부 교통총장(交通總長)으로 선임되었고 국호(國號)를 대한민국으로 제정하는데 결정적 역할을 수행하였다. 또한 입법기관의 이름을 대한민국 임시의정

원(臨時議政院)으로 결정하는 등 국무원(國務院) 구성과 임시헌장을 제정하여 임시정부 기본법의 기초를 세웠으며, 같은 달 개최된 임시의정원 3차 회의에서는 경기도 의원, 의원자격심사위원(議員資格審査委員) 등으로 선임되어 민족운동을 위해 진력하였다.

1924년 귀국한 신석우는 부친을 설득하여 경영난을 겪고 있던 『조선일보』를 인수하고 사장에는 이상재(李商在)를 추대하였다. 그리고 자신은 부사장을 맡아 종사하다가 1927년 이상재가 세상을 뜨자 사장에 취임하였다. 이후 1931년까지 사장에 재직하는 동안 서울 견지동에 새 사옥을 세우는가 하면, 1929년부터 시작한 귀향남녀학생문자보급운동 등을 통해 언론의 민중운동에도 이바지하였다. 한편 신간회가 창립될 때에 그 간부직을 맡아 일조하였고, 해방 이후인 1949년부터는 주중국대사를 역임하기도 했다.

상해 망명 시절의 신석우(가운데)가 대종교의 핵심이었던 신규식(오른쪽), 신채호(왼쪽)와 함께 찍은 사진

신석우의 대종교 교력에 대한 교단 내의 기록은 전하지 않는다. 다만 대종교항일투사 박명진(朴明鎭)이 기록한 『대종교독립운동사』(필사본, 1964)에 신석우를 박은식(朴殷植)·민제호(閔濟鎬)·민필호(閔弼鎬)·신건식(申健植)·신익희(申翼熙)·이동녕(李東寧)·이탁(李鐸)·김갑 등과, 신규식이 이끄는 대종교 서이도본사의 주요 교인으로 기록하고 있다. 그의 대종교 입교가 상해 시절로 추정되는 부분이다.

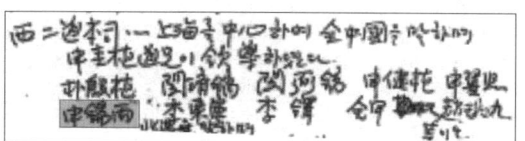

상해를 거점으로 신규식이 이끈 대종교 西二道本司의 주요 교인의 명단. 맨 아래 줄에 申錫雨(네모 안)란 이름이 적혀 있다.

[참고문헌]
『종문영질』(프린트본, 1922), 『대종교독립운동사』(박명진, 필사본, 1964), 『한국독립운동사자료』2·4(국사편찬위원회, 1971·1974), 『조선일보육십년사』(조선일보사, 1986), 『한민족독립운동사자료집』13(국사편찬위원회, 1990), 『인물한국언론사』(정진석, 나남출판, 1995)

신성모(申性模, 남, 1891-1960)

아호(별명) _ 소창(少滄), 신철(申澈), 신달모(申達模)
입교 시기 _ 1912년 이전 | 교질_ 상교 | 서훈 _ 애족장(1990)

신성모

경상남도 의령군(宜寧郡) 가례면(嘉禮面) 출신으로 대종교명은 신철(申澈)이다. 상경하여 보성전문학교를 다니면서, 안희제(安熙濟) 등이 조직한 비밀결사 대동청년단에도 가입해 활동하였다. 보성법률전문학교 졸업 후 1910년 8월 블라디보스토크로 망명하여 신채호와 고향 선배인 안희제의 지도 아래 본격적인 항일독립운동에 뛰어들었다.

이후 상해로 건너가 대종교인 중심의 재상해한인공제회(在上海韓人共濟會)인 동제사(同濟社)에 가입하고, 동제사에서 신규식 등이 개설한 박달학원에 다니며 수학하였다. 1913년 오송상선학교(吳淞商船學校) 항해과에 입학하여 1년간 배운 뒤 학교장의 추천으로 남경해군사관학교에 편입학하였다. 남경해군사관학교를 수료한 뒤에는 중국군 해군 소위에 임명되어 중국 해군본부에서 해군원수 살진빙(薩鎭氷) 사령관의 전속부관장교로도 근무하였다.

대한민국 임시정부가 수립된 후에는 군사위원회에서 일하였다. 또한 1921년 4월에 박용만(朴容萬) 등이 주도해 북경에서 열린 '군사통일회의'에 통일당의 일원으로 참여해 서무를 맡았다. 당시 미국에 있던 이승만이 미국 대통령 윌슨에게 조선에 대한 미국의 위임통치 청원을 서면 제출한 데 크게 분개했다. 이에 박용만(朴容萬)·신숙(申肅)과 함께 이승만에 대한 성토문을 발송하는가 하면, 신채호 등과 함께 임시정부 대통령 이승만을 탄핵하는 운동에도 가담하였다. 그러나 1923년 대한민국 임시정부의 비밀 연락처이던 백산상회에의 독립 자금 전달 사건으로 일본 경찰에 붙잡혀 본국으로 압송되어 고초를 치른 후, 그 해 가을 동지들이 모아 준 여비를 토대로 영국으로 향했다.

영국으로 건너가 런던 킹에드워드7세 항해대학(King Edward Ⅶ Nautical College)에서 수학하며 1등 항해사자격을 획득한다. 이 학교는 외국인을 절대 받지 않는 규정을 깨고 신성모를 입학시켰다. 더욱이 입학 당시 수험생 백수십 명 중 4명을 선발하는데 신성모가 뽑힌 것이다. 그의 재능이 범상치 않았음을 확인시키는 부분이다. 이후

신성모는 영국 런던과 인도를 왕래하는 정기여객선의 선장 생활을 하던 중, 1940년 9월 한국광복군이 설치되자 대한민국 임시정부에서는 그에게 임정 군사위원직을 특별 임명하였다. 제2차 대전 이후에도 귀국을 포기하고 한 인도 상선 회사의 고문으로 취임하여 봄베이에서 체류하였다. 해방 이후 그의 생존 소식이 영국영사관에 의해 확인되면서 1948년 11월 귀국하였다.

귀국 이후에는 교통자문위원회 위원을 시작으로 대한청년단 초대 단장, 2대 내무부장관, 2대 국방부장관을 거쳐 국무총리서리도 겸직했다. 그러나 1951년 초에 발생한 거창양민학살사건과 국민방위군사건의 책임문제로 경질되어 주일대표로 정치적 도피를 하게 된다. 다시 1952년 8월에 귀국한 후 해사위원회 위원장과 대한조선공사 사장, 그리고 한국해양대학 학장으로 활동했으나, 1960년 4·19 혁명 이후 거창양민학살사건이 다시 문제화되면서 모든 일선에서 물러났다.

좌측 사진은 상해 박달학원 시절 신규식(가운데), 신건식(오른쪽)과 함께 찍은 사진이고, 우측 사진은 1927년 이극로(가운데)의 베를린대학 철학부 졸업식 때 안호상(오른쪽)과 찍은 기념사진이다. 6인 모두의 공통점은 대종교인이었다는 것이고, 우측 사진의 3인은 경남 의령을 고향으로 하는 선후배들이었다.

[교력]

일제강점기 신성모의 대종교 교력과 관련된 교단 내의 기록은 남아 있는 것이 없다. 그러나 그가 관계했던 대동청년단이나 동제사 등이 대종교와 뗄 수 없는 단체들이고, 또한 그와 함께 했던 안희제·신규식·윤세복·안희제·신채호·이극로 등의 인물들이 모두 대종교의 중심이었다는 점이 주목된다.

먼저 대동청년단은 1909년 서울에서 조직된 국권회복단체로 단규(團規)에 나타나듯 철저한 비밀결사체였다. 이 대동청년단은 해방 까지도 정확한 내막이 밝혀지지 않을 정도로 치밀한 비밀조직으로, 17세부터 30세 미만의 청소년 80~120여명이 남형우(南亨祐)의 집에서 조직한 단체다. 아직까지도 그 조직원 실체가 완전히 밝혀진 것은 아니지만, 당시 단원이었던 윤병호(尹炳浩)의 메모에는 53명의 단원 이름이 등장하고 있다. 출범 당시 단장은 남형우가 맡고 부단장을 안희제(安熙濟)가 맡았다. 그리고 참여

한 인물들 중, 신백우를 비롯하여 대종교 3세 교주를 지낸 윤세복(尹世復)과 안희제·이원식(李元植)·남형우·윤병호·이경희(李慶熙)·차병철(車秉轍)·이극로(李克魯)·김갑(金甲)·김사용(金思容)·신성모(申性模)·신팔균(申八均)·박광(朴洸)·김동삼·신채호·이시열(李時說)·고순흠(高順欽)·이우식(李祐植)·민강(閔橿)·서상일 등, 40명에 가까운 인물들이 후일 대종교의 핵심이 되는 인물들이다.

동제사 역시 대종교와 밀접한 조직이었다. 그 주창자인 신규식을 위시하여 그 핵심인물인 박은식·신채호·조소앙·조성환·박찬익 등이, 국혼(國魂)을 중시하는 민족주의적 역사관과 대종교의 국교적(國敎的) 신앙을 공통으로 가졌던 점으로 보아, 그들에 의해 경영되는 동제사의 기본이념과 독립운동 방략도 대종교와 크게 다르지 않은 집단이었다. 당시 동제사 회원 중 파악된 그 밖의 인물들을 보면, 신성모[대종교명 신철(申澈)로 가입]를 비롯하여 조성환·신건식(申健植)농죽(農竹, 중국인)·김용호(金容鎬)·민제호(閔濟鎬)·김갑(金甲)·정환범(鄭桓範)·김용준(金容俊)·민충식(閔忠植)·이찬영(李贊永)·김영무(金永武)·이광(李光)·신석우(申錫雨)·한진산(韓震山)·김승(金昇)·김덕(金德)·변영만(卞榮晚)·윤보선(尹潽善)·민병호(閔丙鎬)·정원택(鄭元澤) 등이 있다. 이들 대다수의 인물들이 대종교의 중심이었다.

또한 신성모는 연해주에서 1912년 7월 17일 김현택(金鉉澤)과 함께 화룡현 청파호(靑波湖)에 있는 대종교총본사를 경유하여, 백두산 기슭 무송현(撫松縣)으로 넘어와 체류하며 대종교 학교인 백산학교(白山學校)에서 활동한 적도 있다. 그는 이극로·윤필한(尹弼漢)·이순필(李淳弼) 등 대종교 동지들과 반은 선생으로 반은 학생으로 생활하며, 여름철에는 백두산 봉심(奉審)과 더불어 밀림지대(密林地帶)에서 사격연습(射擊練習)도 체험한 인물이다.

신성모는 상해 시절 신규식의 최측근으로 활동하면서 대종교에 입교한 인물이다. 그리고 이름도 대종교식 외자 이름인 신철로 개명도 했다. 이러한 정신은 이후 그의 삶에 중요한 지침이 된다. 그가 오랜 세월 선장생활을 하면서도 그의 함장실에 늘 단군영정(檀君影幀)을 봉안해 놓고 조석(朝夕)으로 참배하며 독립(獨立)을 빌었던 것에서도 알 수 있다. 신규식이 그의 거실에 단군어진(檀君御眞)을 걸어놓고 조석으로 참배하며 조국광복을 소망했던 것과 동일한 모습이다.

신성모가 그의 선실에 늘 단군초상을 걸어놓았다는 내용을 적은 『자유신문』(1948년 10월 24일자) 기사 중의 일부.

박명진이 일제강점기 대종교 남도본사의 주요 교인으로 민형식(閔衡植)·지석영·주시경·김윤식(金允植)·홍명희·안재홍·신백우·안호상·이극로 등의 인물들과 함께 신성모를 올려놓은 것도 이러한 배경에서 이해할 수 있을 것이다.

한편 신성모가 1948년 11월에 귀국하자, 대종교에서는 1949년 1월 3일(음력, 이하 음력) 영계의식(靈戒儀式)과 참교(參敎)의 교질(敎秩) 단계를 건너뛰어, 지교(知敎)의 교질을 바로 수여하였다. '대종교를 믿음이 이미 오래 되었고 나라에 대한 보답이 깊고 간절하다(信倧旣久報國深切)'는 것이 그 이유였다. 여기서도 신성모의 대종교 입교가 이미 오래 전에 있었음이 확인된다.

그리고 1949년 2월 21일 경의원(經議院) 참의(參議)로 선임하여 원로로서의 대우를 하는가 하면, 그 해 4월 2일에는 바로 상교(尙敎)의 교질로 승질(陞秩)시켰다. 당시의 상교 승질의 덕담 역시 '극히 어려운 때임에도 대종교의 희망을 더욱 밝게 했다(慮時克艱保光益明)'는 이유였다. 이어 1950년 1월 17일 제2차 대종교중흥회의 조직 때에는 신성모는 이시영(李始榮)·정인보(鄭寅普)·이범석·안호상·명제세(明濟世)·안재홍·장유순(張裕淳)·김준(金準) 등의 대종교 원로들과 함께 고문(顧問)으로 추대되었다.

[참고문헌]
『대종교보』제161호(1949년)·제162호(1949년)·제165호(1949년), 『대종교인과 독립운동연원』(이현익, 프린트본, 1963). 『대종교독립운동사』(박영진, 필사본, 1964), 『대종교중광육십년사』(대종교총본사, 1971), 『경향신문』1947.4.3., 『자유신문』1948.10.13., 『동아일보』1948.11.5., 1960.5.30., 『백농실기』(조창용, 독립기념관, 1993), 『한국독립사』(하)(김승학, 독립문화사, 1971), 『조선일보』2009.3.5., 「소창 신성모의 영국생활」(조준희, 『해바라기』542, 2012.3), 『백농실기』(조창용, 독립기념관, 1993)

신세영(申世永, 남, 생몰 미상)

입교 시기 _ 1922년 | 교질 _ 미상

충청남도 홍성군(洪城郡) 광천면(廣川面) 출신이다. 일찍이 서북학회에서 운영하는 측량학교(測量學校)와 기호흥학회에서 설립한 기호학교(畿湖學校)에서 수학하였다.

1909년 2월에는 전풍진(全豊鎭)·김성한(金成漢) 등과 대동학우공제회(大東學友共濟會)를 조직하고 한성부 북부(北部) 안동(安洞)에 있는 이도재(李道宰)를 임시회장으로 추대하였다. 이 모임은 학술 연구, 지식 교환, 애경상문(哀慶相問), 환난상구(患難相救), 공제친목(共濟親睦) 등을 취지로 결성된 것이다. 이후 낙향하여 1917년 7월 충청남도 홍성군 광천면에 광천금융조합(廣川金融組合)을 설립 그 대표를 맡아 1930년대까지 이끌었다. 또한 1921년에는 홍성군 읍내에 있는 홍양청년회(洪陽靑年會)에 활동하는가 하면, 1921년부터 광천면 면장을 맡아 지역 발전과 면민들의 생활 향상에 남다른 노력을 기울였다.

신세영의 대종교 교력을 살피면, 1922년 7월 19일(음력) 국내 대종교 남일도본사의 추천으로 최양희(崔養羲)·김선진(金善鎭)·이순용(李淳鎔)·이문재(李文載) 등과 영계(靈戒)를 받은 기록이 있다. 이들 모두가 국내의 항일투쟁을 이끌던 인물들임에 주목한다면, 그 역시 비밀리에 전개된 대종교 항일투쟁과 무관치 않음을 시사해 준다. 그러나 그의 대종교 교질 사항을 포함한 이외의 것은 남아있는 것이 없다.

[참고문헌]
『대종교보』제55호(1922년), 『서북학회월보』제9호(1909년), 『기호흥학회월보』제9호(1909년), 「全豊鎭·金成漢·申世永 大東學友共濟會 組織 件」(統監府文書 10卷, 한국사DB, 국사편찬위원회), 『조선총독부 및 소속관서직원록』(조선총독부, 1921년판), 『개벽』제11호(1921년), 『조선은행회사조합요록』(동아경제시보사, 1929년판)

신순호(申順浩, 여, 1922-2009)
입교 시기 _ 일제강점기 | 교질 _ 정교 | 서훈 _ 애국장(1990)

신순호

충청북도 청원군(淸原郡) 가덕면(加德面) 인차리(仁次里) 출신이다. 대한민국임시정부 요인이었던 신건식(申健植)의 딸이자, 광복군 출신의 대종교 항일투사 박영준(朴英俊)의 부인이다. 4살 때인 1926년 어머니와 함께 고향을 떠나 부친이 있는 중국 상해로 건너갔다.
이후 신순호의 여정은 대한민국임시정부의 이동과 궤적을 같이하였다. 임시정부는 일제의 상해 침공으로 항주(杭州)로 남경(南京)으로 장사(長沙)로 옮겨가고, 이후 광주(廣州), 유주(柳州) 등으로 그 본거지를 이동하였다. 신순호의 학교생활 역시 임시정부의 동선(動線)과 그 경험을 함께하였다. 여러 학교를 다니게 된 배경이 된다.
신순호의 항일활동은 1938년 창설된 한국광복진선청년공작대에 입대하며 시작된다. 신순호만이 아니라 당시 대부분의 청년공작대 대원들은 독립운동가 집안 출신이었다. 청년공작대는 중국인을 상대로 선전물 배포, 횃불 시위, 가두 행진, 연극 공연 등 다양한 항일 선전 활동을 펼쳤다. 이러한 활동을 통해 청년공작대는 한국과 중국 국민 사이에 우의를 다지며 일제에 맞선 공동 투쟁을 제의하기 위함이었다. 또한 우리의 항일투쟁을 널리 홍보하며 이에 대한 중국인의 지지와 협력을 끌어내려 하였다. 특히 류주(柳州)에서 3·1운동 제20주년 기념하는 공연을 벌이기도 하였다. 그리고 그 지역 군병원을 찾아 봉사활동을 진행하는가 하면, 모금 공연을 통한 수익금을 부상병들에게 직접 전달하기도 하였다. 이와 같은 청년공작대의 활동이

중국 신문에 대대적으로 보도되면서, 청년공작대는 중국의 항전을 돕는 국제 지원 단체의 지위와 위상을 가질 수 있었다.
신순호는 1940년 9월 17일 한국광복군이 창립되자 오광심(吳光心)·김정숙(金貞淑)·지복영(池復榮)·조순옥(趙順玉)·민영주(閔泳珠) 등과 함께 여군으로 입대하여 광복군총사령부에서 복무하였다. 또 1942년 9월에는 대한민국임시정부 생계위원회 회계부에 파견되어 근무하게 된다. 1943년 12월 12일에는 광복군 동지인 박영준과 혼례도 올렸다. 박영준은 대종교지도자이자 항일투쟁의 거물인 박찬익(朴贊翊)의 아들이다. 박찬익은 신순호의 중부(仲父)인 신규식(申圭植), 그리고 부친인 신건식과는 친형제처럼 지낸 인물이기도 하였다. 당시 신순호의 결혼식은 대한민국임시정부 청사 대례당에서 치러졌다. 독립운동가의 자녀이자 같은 광복군 동지 사이에 이루어진 결혼이었다는 점에서 남다른 주목을 받았다.

신순호와 박영준의 결혼식 사진(국가보훈부)

신순호는 방송을 통한 대일 선전 활동도 펼쳤다. 대한민국임시정부는 1944년 2월부터 중국 국민당 선전부 대적선전위원회(對敵宣傳委員會)와 합작하여 한국어 방송을 실시하였다. 그 연장에서 1945년 초에는 광복군총사령부에 심리작전연구실을 설치하고 대일 선전 활동을 전개한 것이다. 신순호는 김정숙·민영주·지복영 등과 함께 선전 방송 활동을 하였다. 또한 같은 해 8월에는 임시정부 외무부 정보과에 파견되어 근무하던 중 광복을 맞았다.
신순호는 광복 이후에도 바로 귀국하지 못했다. 주화대표단(駐華代表團) 활동 때문이었다. 대한민국임시정부는 귀국하면서 중국에 남은 한인 동포들의 처우와 귀국을 처리하기 위해 주화대표단을 설치하였다. 공교롭게도 신순호의 시아버지 박찬익이 주화대표단의 단장을 맡았으며, 아버지 신건식과 남편 박영준도 그 일원으로 활동하게 되었다. 그리고 1948년 4월에야 귀국길에 올랐다.

[교력]
신순호는 일제강점기에 대종교에 입교하였다 하나 그 관련 기록은 전하지 않는다. 그러나 신순호의 친가(親家)나 시가(媤家), 그리고 주변의 사돈들 모두가 대종교계 항일투사들이었다. 부친인 신건식과 남편인 박영준을 비롯하

여, 신규식·박찬익·신형호(申衡浩)·민필호(閔弼鎬)·민제호(閔濟鎬)·김준엽(金俊燁) 등이 모두 독립운동에 앞장섰다.(아래표 참조)

이름	신순호와의 관계	서훈	비고
신건식(申健植)	부친	독립장(1977)	대종교
오건해(吳健海)	모친	애족장(2017)	미 상
박영준(朴英俊)	남편	독립장(1977)	대종교
박찬익(朴贊翊)	시부(媤父)	독립장(1963)	대종교
신규식(申圭植)	중부(仲父)	대통령장(1962)	대종교
신형호(申衡浩)	사촌오빠(伯父 申政植의 아들)	애족장(2011)	대종교
민필호(閔弼鎬)	사돈(중부 신규식의 사위)	독립장(1963)	대종교
민제호(閔濟鎬)	사돈(민필호의 형)	애국장(1990)	대종교
김준엽(金俊燁)	사돈(민필호의 사위)	애국장(1990)	미 상
민영주(閔泳珠)	친구·사돈(민필호의 딸, 김준엽의 부인)	애국장(1990)	미 상

이들 모두가 대종교라는 정신적 기반을 토대로 항일전선에서 분투한 인물들이다. 특히 그 중심에는 신순호의 백부인 신규식과 시부인 박찬익이 있었다. 친형제와도 같았던 둘은 대종교가 중광한 직후에 입교하여 신규식은 상해로 박찬익은 북간도로 향하였다. 둘 다 대종교시교사(大倧教施教師)라는 중임을 띠고 대종교 포교와 함께 상해와 만주에서 항일투쟁의 거점 확보에 지대한 역할을 하였다.

시아버지 박찬익 때부터 신순호 집안에 소장해 오던 단군대황조어진(檀君大皇祖御眞). 1917년 개천절에 제작된 것으로 경기박물관에 소장 되어 있다.

그러므로 1948년 국내로 들어온 이후의 신순호의 삶 역시 대종교와 뗄 수 없었다. 남편인 박영준에 대한 내조는 물론이고 대종교에 대한 남다른 관심과 열성을 보였다. 해방 직후 참교(參教)의 교질(教秩)를 받은 신순호가, 1964년 어천절(御天節, 음력 3월 15일)에 지교(知教)를 받고 초승(超陞)을 거듭하며 여자로서는 드물게 정교(正教)의 교질(教秩)과 대형(大兄)의 교호(教號)를 받은 이유다. 나아가 신순호는 대종교 최고 기구로, 총전교(總典教, 교주)로 호선(互選)될 수 있는 자리인 전교(典教)의 지위까지 오르게 된다.

[참고문헌]
『대종교중광육십년사』(대종교총본사, 1971), 『柳州日報』1939. 3. 4.·8., 『대한민국임시정부의정원문서』(국회도서관, 1974), 『독립운동사』6(독립운동사편찬위원회, 1976), 『남파박찬익전기』(남파박찬익전기 행위원회, 을유문화사, 1989), 『한강물 다시 흐르고』(박영준, 한국독립유공자협회, 2005),『민들레의 비상: 여성 한국광복군 지복영 회고록』(지복영, 민족문제연구소, 2015),「한국광복진선청년공작대 활동 신순호」(국립서울현충원, https://blog.naver.com/snmblove/223164642524)

신우범(申禹範, 남, 생몰 미상)
입교 시기_ 1924년 이전 | 교질_ 미상

출신지역과 생몰연대를 확인할 수 없는 인물이다. 일제강점기 대종교 내부 기록에서도 나타나지 않는다. 그 시기 대종교의 1차 자료라 할 수 있는 『대종교보』가 하나도 전하지 않고 있는 것과 무관치 않을 듯하다.
신우범은 1924년 4월 23일에서 26일까지 만주 영안현 대종교총본사에서 열린 대종교교우회(大倧教教友會)에 동녕현(東寧縣)을 대표하여 참석한 인물이다. 이 회의는 당시 국내 대표 3인, 북간도 대표 6인, 서간도 대표 1인, 동지연선지방(東支沿線地方) 대표 5인, 영고탑 대종교총본사 인근 대표 13인 등 도합 27인의 대종교 대표들이 모여 제2대 교주 무원(茂園) 김교헌(金教獻) 서거(逝去) 이후 대종교 중대사를 논하는 자리였다.
대종교교우회의 주요 의제를 보면 다음과 같았다.

1. 전(前) 대종교 교주 김교헌(金教獻)과 고(故) 대종교 동도본사 전리(典理) 서일(徐一)에 대한 경칭(敬稱) 문제
2. 홍범규제(弘範規制) 개정에 관한 문제
3. 총본사를 용청촌으로 이전하는 문제
4. 교주(教主) 선임에 관한 문제
5. 전항에 속하지 않은 비밀스런 결의 사항 등 다수

위에 열거된 회의 사항들은 대종교의 교종(教宗) 부여에 속하는 종사(宗師) 호칭 문제, 대종교 헌법(홍범) 개정, 대종교 중심거점(총본사)의 이전, 교주의 선출 방식 등, 대종교의 핵심적 사항들과 연결될 문제들이다. 이러한 중대사를 결정하는 회의에 신우범이 천거되었다는 것은, 대종교단 내에서의 그의 비중을 다시금 확인시키는 근거라 할

수 있다

신우범의 대종교 입교 시기나 교질 사항은 현재 확인하기 힘들다. 그러나 1924년 당시 대종교의 중심부에 활동한 인물이고 보면, 그의 교질 또한 상당했을 것으로 추정된다.

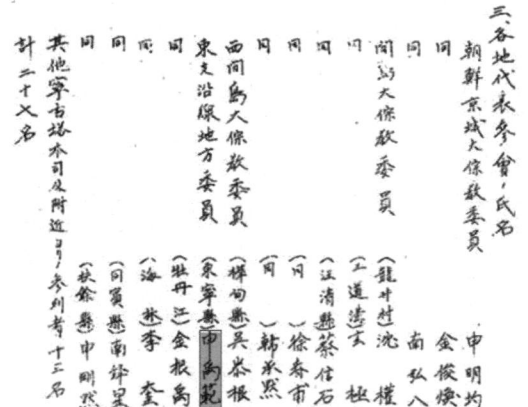

1924년 4월, 영안현 대종교총본사에서 열린 대종교교우회 당시 각 지역 대표자의 명단이 적힌 일제의 문서. 중간 부분에 申禹範(네모 안)이란 이름이 보인다.

[참고문헌]
「寧古塔에서 大倧敎 敎友會 開催 狀況에 관한 건」(不逞團關係雜件-朝鮮人의 部-在滿洲의 部39, 機密受제144호-機密제136호, 한국사DB, 국사편찬위원회)

신우현(申禹鉉, 남, 1865-1835)

아호(별명) _ 자운(紫雲)
입교 시기 _ 1922년 이전 | 교질 _ 미상 | 서훈 _ 독립장(1963)

평안북도 의주 출신이다. 일찍이 지역 유림 조병준(趙秉準) 등과 더불어 국문(國文) 교육의 필요성을 절감하고 국문회사(國文會社)를 결성하여 문화계몽과 진흥에 앞장 선 인물이다. 을사늑약이 체결되자 조병준·장원섭(張元燮) 등과 함께 창성(昌城)에서 의병을 일으켰고, 1909년 재거병하여 창성헌병대를 습격한 뒤 만주로 망명해 후진 양성에 힘을 기울였다.

1919년 4월에는 유하현(柳河縣)에서 조직된 대한독립단에 가입하여 김승학(金承學)·변창근 등과 함께 민국독립단을 옹호하며 활동했다. 당시 연호문제로, 대한독립단은 단군 기원 또는 융희를 주장하는 노년층과 대한민국 연호사용을 주장하는 청년층으로 갈라졌다. 전자가 기원독립단으로 후자가 민국독립단으로 나뉘어 대립했으나, 항일투쟁 측면에서는 서로 협력하는 입장이었다.

이후 1920년 남·북 만주 일대에 걸친 독립운동 통일전선이 요구됨에 따라 대한민국임시정부는 내무부 직속으로 광복군참리부(光復軍參理部)를 구성하였다. 신우현은 참리부의 내무사장(內務司長)에 임명되어 항일투쟁을 이어갔다. 당시 신우현과 함께 참리부를 이끈 인물들은 조병준(차밀부장)·김승만(金承滿, 협찬)·김두만(金斗滿, 외무사장)·백기준(白基俊, 재무사장)·신연갑(申彦甲, 법무사장)·백의범(白義範, 교통사장)·윤창수(尹昌壽, 경무사장) 등이었다.

한편 1920년 초부터 상해의『독립신문』이 재정난에 빠지자 동지 김승학 등과 협의하여 자금 확보에 노력하였다. 본인이 손수 600원을 동원하였으며, 김승학이 1,000원, 안창호(安昌浩)가 680원, 이영렬(李英烈)이 500원, 장기초(張基礎) 220원 등의 자금을 동원함으로써,『독립신문』이 계속 발행될 수 있었다.

1921년에는 은계(隱溪) 백순(白純) 등과 긴밀히 협의하여, 조병준·황학수(黃學秀)·김승학·백기준(白基俊)·승영준(承永俊) 등 대종교 동지들과 일부 가족들을 대동하고 수원성(綏遠省) 포두진(包頭鎭) 중탄(中灘)으로 이주하였다. 신우현은 그곳에 배달농장과 배달학교, 그리고 의민부(義民府)를 결성하여 부총재로 활동했다.

신우현의 대종교 교력과 관련한 교단 내의 기록은 전하지 않는다. 그러나 대종교 항일투사 박명진(朴明鎭)이 기록한『대종교독립운동사』에는 다음과 같이 기록하였다.

"왜정(倭政)의 대학살로 일부 인사는 몽고로 후퇴하여 의민부를 조직하는 동시 대종교수광시교당(大倧敎漫光施敎堂)을 설립하고 그 유지책으로 배달농장과 배달학교를 창설하였고, 그 중심인물은 조병준·신우현·김승학·황학수·공진원(公震遠) 등이다."

청산리독립전쟁 이후 일제의 경신만행(庚申蠻行)에 의해 많은 대종교계 항일투사들이 오지(奧地)로 은둔했다. 신우현 등 그 한 부류가 내몽고 수원성 포두진으로 옮겨가 새로운 근거를 잡은 것이다. 이들은 이곳에 대종교수광시교당을 설립하고 제단(祭壇)을 설치하여 정신적 일체감을 도모하고자 했다. 또한 그 유지책으로 배달농장을 개척하는가 하면, 배달학교를 개설하여 후학 양성에도 게을리하지 않은 것이다. 그 중심에 수광시교당이 있었다.

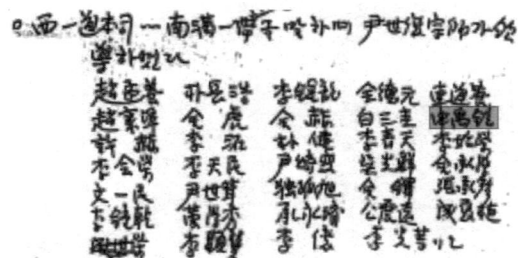

박명진의『대종교독립운동사』에 기록된 1920년대 전후 대종교 서일도본사의 주요 교인 명단. 申禹鉉(네모 안)이란 이름이 보인다.

포두진에 설치된 수광시교당은 그곳 청산의원(靑山醫院)을 거점으로 수많은 대종교항일투사들의 거점이 되었다. 또한 시교당의 전무(典務, 책임자)는 조병준이 맡았고, 그의 제자인 백기준과 최준이 부책임자인 찬무를 맡아 관리하였다. 신우현의 대종교 입교 시기 역시 그 이전으로 올라갈 것으로 추정된다. 아마도 김승학 등이 1922년 음력 9월에 영계(靈戒)와 함께 참교의 교질을 받은 것으로 보면, 신우현의 대종교 교력 역시 김승학 등과 동일할 것으로 추정된다. 1920년 초 서간도 시기에 이미 입교했을 가능성이 크다.

박명진이 신우현을 조병준·김승학·조맹선·박장호 등의 인물들과, 그 시기 대종교 서일도본사의 주요 교인으로 기록한 것도 그것을 뒷받침한다.

[참고문헌]
『대종교독립운동사』(박명진, 필사본, 1964), 「大倧教施教堂一覽表(1926年)」(延边朝鲜族自治州档案馆 全宗号42 目录号1 案卷号343, 和龙县历史档案 和龙县警察所, 令各区查禁韓人设立大倧教堂由, 民国十五年五月十二日), 『황성신문』1907.2.8., 「内蒙古 包頭鎮 地方의 狀況에 關한 件」(不逞團關係雜件-朝鮮人의 部37, 機密 第570號, 한국사DB, 국사편찬위원회), 『한국독립사』(김승학, 독립문화사, 1965), 『독립운동사』4·5·7(독립운동사편찬위원회, 1972·1973·1976)

신의수(申義秀, 남, 생몰 미상)
입교 시기_ 1912년 이전 | 교질_ 미상

출신지역과 생몰연대가 불확실한 인물이다. 다만 일제의 기록에 유인석(柳麟錫)과 동향인(同鄉人)으로 기록된 것으로 보아, 신의수가 강원도 춘천 지역 출신일 가능성을 추정케 해 준다. 신의수는 1910년대 초반 서간도의 수의계[守義契, 취의계(聚義契)라고도 칭함] 조직을 주도한 인물로 알려져 있다.

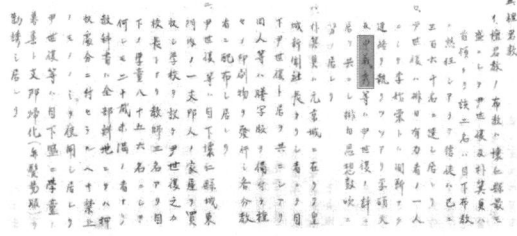

1912년 당시 申義秀(네모 안)가 서간도 회인현 지역 단군교(대종교)의 주요 교인으로 활동하고 있음을 기록한 일제의 기밀문서.

신의수와 관련된 대종교 입교 시기나 영계(靈戒) 사항에 대한 기록은 대종교단 내에는 전하지 않는다. 그러나 일제의 기밀문서에 보면, 신의수가 1912년 당시 회인현(懷仁縣, 후일 桓仁縣으로 바뀜)의 주요 대종교 교인으로 활동하고 있음을 적시하고 있다. 신의수의 대종교 입교가 그 이전에 이루어졌음을 알게 해 준다. 그 시기 대종교지도자 윤세복(尹世復)과 박은식(朴殷植)은 그곳 동창학교(東昌學校)를 거점으로 대종교 포교에 매진하고 있었다. 신의수는 이진룡(李鎭龍, 李碩大)과 윤세복의 측근으로 활동하며 함께 항

일투쟁을 전개하였다.

[참고문헌]
「鴨綠江 對岸 狀況」(不逞團關係雜件-朝鮮人의 部-在滿洲의 部2, 朝憲機 第186號;秘受 949號, 한국사DB, 국사편찬위원회), 「鴨綠江方面 中國領 情況彙報」(不逞團關係雜件-朝鮮人의 部-在滿洲의 部6, 朝憲機 第254號; 秘受 8854號, 한국사DB, 국사편찬위원회), 『한국독립운동사자료』39·40(국사편찬위원회, 2003·2004)

신익선(辛益善, 남, 생몰 미상)
입교 시기_ 1937년 이전 | 교질_ 미상

출신지역과 생몰연대를 알 수 없는 인물이다. 일제의 문서에서는 등장하지 않으며, 1930년대 대종교의 문건에서만 발견된다. 신익선은 1937년 8월 24일(음력), 길림성 쌍성현(雙城縣) 부근 지역을 책임지는 대종교 재만교구경상금수납위원(在滿敎區經常金收納委員)으로 임명된 기록이 있다. 재만교구경상금수납위란 말 그대로 대종교 만주교구의 경제적 토대을 다지는 자리였다. 그의 대종교 입교(入敎)가 그 이전에 이루어졌음을 확인시킬 뿐 아니라, 당시 그 지역 대종교의 중심인물이었다는 점도 알게 해 준다.

당시 신익선은 박재락(朴在洛)과 함께 쌍성현의 교외 지역을 담당하였으며, 쌍성현의 중심부는 이헌(李憲)이 관할하였다. 이헌은 대종교지도자 정안립(鄭安立) 등이 주도한 동성한족생계회(東省韓族生計會)의 발기인으로 참여한 인물로, 대종교 항일단체인 흥업단(興業團)에 가담하여 비서(秘書)로도 활동한 경력의 소유자다.

[참고문헌]
『대종교보』제115호(1937년)

신익희(申翼熙, 남, 1894-1856)
아호(별명)_ 해공(海公), 왕해공(王海公), 왕방오(王邦午)
입교 시기_ 1910년대 후반 | 교질_ 미상 | 서훈_ 대한민국장(1962)

경기도 광주군(廣州郡) 초월면(草月面) 서하리(西霞里) 출신이다. 일찍이 맏형 신규희(申揆熙)로부터 한학을 수학했다. 이후 상경하여 관립 한성외국어학교 영어과에 입학하였고, 졸업 후 일본으로 건너가 와세다(早稻田)대학 정치경제학부에 들어가면서 유학생 결속에 앞장섰다. 당시 재일유학생들은 대한흥학회(大韓興學會)가 해산된 후 지리멸렬한 상태에 있었다.

신익희는 유학생의 통일조직인 학우회(學友會)를 조직하여 이끌면서, 기관지로 발행된 『학지광(學之光)』의 주필과 총무 등을 맡아 유학생들은 물론 국내 청년학생들의 민족정신과 독립사상을 고취하였다. 졸업 후 귀국하여 중동학교에서 잠시 교편을 잡았다가 보성법률상업학교로 옮겨 비

신익희

교헌법과 국제공법과 재정학 등을 강의하였다.

한편 1918년 6월 미대통령 월슨의 '민족자결주의 선언'에 고무된 신익희는 그 해 말부터 최린(崔麟)·송진우(宋鎭禹)·나경석(羅景錫) 등과 독립운동의 방향을 논의하면서, 3·1독립만세운동을 위한 해외와의 연락 임무를 맡게 된다. 동년 11월 상해로 넘어간 신익희는 (申圭植)·이시영(李始榮)·이동녕(李東寧) 등 대종교의 중심인물들과 뜻을 같이 하였다. 또한 이 시기 군사적 행동의 모색을 위해 만주에서 김좌진(金佐鎭) 등과 만나 독립 투쟁을 논의하였으나, 큰 성과를 올리지 못하고 귀국하였다.

1919년 3·1독립만세운동 직후 다시 상해로 옮겨가 그로부터 26년간의 망명생활을 시작하였다. 일본유학생친목단체인 유일학회친목회(留日學會親睦會)를 조직하는가 하면, 대한민국임시정부 수립 후에는 모든 열정을 임시정부에 쏟았다. 제1회 의정원 회의에서 의원에 피선되었으며, 이시영·조소앙 등과 더불어 대한민국 임시헌장 기초위원으로 활동하였다. 또한 임시정부 내무차장·외무차장·국무원비서장·법무총장·외무총장·문교부장 등을 두루 역임하면서, 내무부장 재임 중 광복을 맞아 귀국하였다.

신익희의 대종교 교력과 관련된 교단 내의 기록은 남아있는 것이 없다. 1910년대 후반부터 1930년대까지의 대종교 1차 기록인 『대종교보(大倧敎報)』가 모두 전하지 않기 때문이다. 그러나 항일투사 박명진(朴明鎭)이 기록한 『대종교독립운동사(大倧敎獨立運動史)』를 보면, 신규식이 이끄는 대종교 서이도본사(西二道本司)의 주요 교인으로 신익희가 등장한다. 서이도본사는 상해와 중국 본토를 관할하는 대종교 교구로 당시 주요 교인으로는 신규식·신익희를 비롯하여 박은식(朴殷植)·이동녕·조완구(趙琓九)·민제호(閔濟鎬)·민필호(閔弼鎬)·신건식(申健植)·신석우(申錫雨)·이탁(李鐸)·김갑(金甲) 등이 있었다.

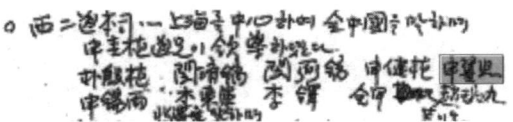
신규식이 이끄는 대종교 서이도본사의 주요 교인으로 申翼熙(네모 안)를 언급한 박명진의 기록.

신익희의 대종교 입교가, 그가 처음 상해를 찾은 시절 신규식·이시영·이동녕 등 대종교의 핵심 세력과의 만났을 시기로 추정되는 이유다. 특히 이 때 형성된 대종교인들과의 인적 네트워크는 그의 민족독립투쟁 과정에서 결정적인 역할을 하였다는데서 대단히 주목된다. 임시정부만 보더라도 초기 의정원의원 29명 중 대종교 인물이 21명이

었고 이동녕이 의장을 맡았다. 또한 그 시기 임시정부 조직원 13명 중 11명이 대종교의 중심인물이었다는 점도 주목해 볼 부분이다.

그러므로 신익희는 '조국의 국시인 민족주의'·'민족의 지상'·'민족주의에 터전한 조국의 통일독립'·'우리 민족 중심'·'한 조상의 피를 받은 단일민족'·'민족 자주'라는 표현을 자주 사용하였다. 대종교적 민족주의자들의 전형적 수사(修辭)가 그에도 변함없이 나타나는 것이다. 더욱이 해방 이후 개천절이 제정되면서 국회에서 열린 개천절 행사에 그가 행한 다음의 기념사를 보면, 대종교적 인식을 통한 홍익인간 구현의 질서가 잘 드러나고 있다.

"오늘은 우리 전민족이 함께 지키는 개천절입니다. 오늘은 대한민국이 주권을 찾은 후 국회에서 국민의 총의(總意)로 이날을 국경일로 정한 후 첫 번 째 되는 개천절이요 더욱 이 의의 깊은 개천절을 우리 국조단군께서 본의 뜻으로 제천단을 쌓고 외적을 막기 위해 삼랑성을 쌓든 이 강화 마니산에 와서 기념하게 된 것은 일층 감격이 깊습니다.

아득한 예날 사천 삼백 년 전에 우리의 국조단군께서는 그 아버님이신 환웅천왕의 홍익인간의 위대한 이상을 본받아 우리나라 국기(國基)를 전정(奠定)한 것입니다. 우리는 이 홍익인간이라는 대의에서 우리 조상의 건국이념이 널리 인류를 위한다는 것을 알게 되고 그 말 속에는 조그만큼이라도 살벌(殺伐)과 침략의 뜻이 없이 평화스럽게 공존동생(共存同生)하여 천지우주의 화육(化育)을 협찬하는 뜻이 있습니다.

앞으로 농정(農政)과 의료(醫療)와 친안(治安)과 교화(敎化) 등 360여의 분업적 직임을 두고 밖으로 태자 부루(夫婁)를 중국에서 열리었던 도산회의(塗山會議)에 보냈다는 사화는 우리의 조상이 얼마나 내치와 외교에 자유롭게 천재(天才)를 발휘하였다는 것을 엿볼 수 있습니다. 다음으로 우리가 고찰할 것은 우리의 조상은 하늘에서 내려왔다는 천왕으로서 신시(神市)의 이상을 파지(把持)하면서도 비교적 미개하였던 곰을 감화·개발시키어 혼인까지 하였다는 것입니다. 조그만치라도 고유한 우월감이 없이 또는 특권의 행사가 없이 만민은 평등히 인류진운(人類進運)에 함께 걸어 나갈 것을 시사하는 것입니다.

우리는 오랫동안 외국숭배의 그릇된 길을 걸어 왔습니다. 우리는 이 개천절에 우리 조상의 위대한 건국이상을 본받아 더욱 우리의 자주정신을 양양시키며 홍익인간의 대의를 파지하여 안으로는 동포를 건지고 밖으로는 인류사에 공헌하는 위대한 국민이 되어야 할 것입니다.

금후 무궁한 세월과 함께 우리 민족은 이날을 영원히 기념할 것이요, 우리의 대의와 이상은 전세계에 퍼질 것을 믿고 또한 바라는 바입니다."

신익희의 대종교에서의 무게를 보여주는 또 하나의 사례가 1946년 7월 23부터 10일간 대종교총본사 천궁(天宮)에서 개최된 국학하기강좌에 강사로 참여한 일이다. 이 강좌의 목적은 대종교 정체성의 한 축이 되는 국어·국사에 대한 지식보급과 시사(時事)및 민족의식에 관한 계몽을 위

하여 개최된 것이다. 당시 남녀교우 2백여 명이 수강하였고 신익희는 조성환(曺成煥)·조완구·조소앙(趙素昂)·정인보(鄭寅普)·백남규(白南奎)·안재홍(安在鴻)·안호상(安浩相)·이범석(李範奭)·정열모(鄭烈模) 등, 대종교 원로들과 함께 강사로 초빙되어 과외(科外) 강의를 하였다. 그가 여타 대종교의 중심인물들과 함께 대종교의 중진으로 대접받았음을 알게 해 준다.

또한 1949년 6월 23일, 대종교총본사의 전강(典講)으로 있던 정열모가 주도하여 『역해종경사부합편(譯解倧經四部合編)』을 출간했을 당시도 원로들에게 배부된 명단에 이시영·안재홍·황학수(황학수·정원택 등과 함께 신익희가 들어있다. 『역해종경사부합편』은 『삼일신고(三一神誥)』·『신리대전(神理大全)』·『신사기(神事記)』·『회삼경(會三經)』 등의 4편을 엮은 대종교 교리(教理)·교사(教史)의 기본이 되는 경전이다. 그 책 배부를 위한 원로 명단에 신익희가 포함되어 있음은 대종교에서의 신익희의 무게감을 재확인시키는 근거라 할 수 있다.

[참고문헌]
『대종교보』한국기념호(1946년)·제151호(1946년)·제162호(1949년), 『대종교독립운동사』(박영진, 필사본, 1964), 『대종교중광육십년사』(대종교총본사, 1971), 『申翼熙先生演說集(增補版)』(신창현, 국민대학동창회, 1961), 『해공 신익희 일대기』(유치송, 해공신익희선생기념사업회, 1984), 「해공 신익희의 임시정부 활동」(조동걸, 『한국근현대사의 이해와 논리』, 지식산업사, 1998), 「해공 신익희와 대한민국 임시정부」(한시준, 『한국근현대사연구』41, 한국근현대사학회, 2007),「신익희 사상의 형성과 전개ㅣ―국권회복(1945년) 이전 단군민주주의를 중심으로―」(신운용, 『숭실사학』제41집, 숭실사학회, 2018)

신재영(辛在英, 남, 생몰 미상)

아호(별명) _ 신영빈(辛英斌), 신재영(申在英)
입교 시기 _ 1922년 이전 ㅣ 교질 _ 참교

출신지역과 생몰연대를 알 수 없는 인물로 대종교명은 신영빈(辛英斌)이다. 의민단(義民團)의 경호부장을 맡아 방우룡(方雨龍)·박정규(朴定奎)·김연군(金演君)·석해일(石海一)·윤광해(尹光海)·현주일(玄周一) 등과 활동한 기록이 전한다. 의민단은 1919년 만주 왕청현(王淸縣) 춘화향(春華鄉)에서 천주교인들을 중심으로 조직된 단체로, 단장 방우룡과 부단장 김연군 등이 주축이었다.

신재영은 1925년 8월 대진청년회(大震靑年會)의 임원개선 당시에는 집행위원으로 선출되어, 체육부를 맡아 주동진(朱東振서무부)·김동식(金東軾, 지육부)·지희겸(池喜謙, 재무부)·홍원석(洪圓石, 소년부) 등과 단체를 이끌었다. 대진청년회는 1925년 초 조선공산당북만주총국(朝鮮共産黨北滿洲總局)의 지도하에 영안현(寧安縣) 일대에 설립된 사회주의 계열의 단체였다. 영고탑간민소학교에서 30여명이 모여 발기한 것으로, 출범 당시에는 이심산(李心山, 서무부)·김동식(지육부)·최정호(崔正浩, 소년부)·지희겸(池喜兼, 체육부)·유응진(劉應鎭, 선전부) 등이 집행부를 맡았다. 또한 홍완극(洪完極)을 발행인으로 하여 『대진(大震)』이라는 잡지도 발

행하며 세력 확산에 노력했다.

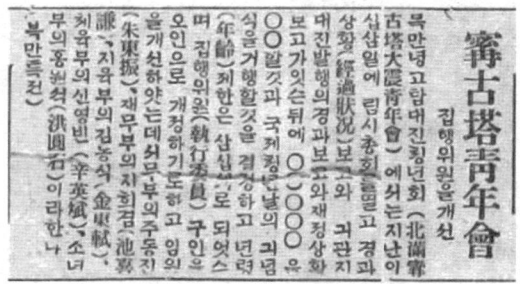

辛英斌(辛在英)이 대진청년회의 임원개선 당시 체육부를 담당하는 집행위원으로 선출된 내용을 실은 『시대일보』(1925년 8월 31일자)의 기사.

신재영의 대종교 관련 교력은 전하는 것이 없다. 다만 그가 1922년 12월 18일(음력) 본명 신재영(辛英斌)을 신영빈(辛英斌)으로 개명한 기록이 『대종교보』(제56호, 1922년)에 실려 있다. 개명 당시 신재영의 교질(教秩)이 이미 참교(參教)였음을 보면, 그가 그 이전에 대종교에 입교한 것이 확인된다. 영안현으로 넘어오기 이전인 왕청현 시절에 이미 입교했을 듯하다. 또한 대진청년회의 기관지인 『대진』의 기자로 활동한 인물이 대종교의 주축이었던 정신(鄭信)·허백도(許白島)·최창익(崔昌益, 최정호와 같은 인물) 등이었다. 동시에 이들은 대종교계 항일단체인 신민부(新民府)의 기관지 『신민보(新民報)』를 이끌던 인물들이다. 신민부(민족주의)와 대진청년회(사회주의)가 이념을 넘어 대종교적 접합점이 있었음을 짐작할 수 있다.

[참고문헌]
『대종교보』 제56호(1922년), 「朝鮮側 警察이 朝鮮人 金順 등을 拘引시킨 것에 관한 건」(不逞團關係雜件-朝鮮人의 部-在滿洲의 部28, 受20669호-公제259호, 한국사DB, 국사편찬위원회), 「신민부 간부 崔昌益 취체 상황에 관한 건」(檢察事務에 關한 記錄1, 京鍾警高秘 제12739호의 1, 한국사DB, 국사편찬위원회), 『시대일보』 1925.8.31., 『朝鮮獨立運動』Ⅲ (김정명, 原書房, 1967), 『무장독립운동비사』(채근식, 대한민국공보처, 1949)

신채호(申采浩, 남, 1880-1936)

아호(별명) _ 일편단생(一片丹生), 단생(丹生), 단재(丹齋), 금협산인(錦頰山人), 무애생(無涯生), 열혈생(熱血生), 한놈, 검심(劍心), 적심(赤心), 연시몽인(燕市夢人), 유맹원(劉孟源), 대궁(大弓), 신지(神志), 완생(浣生)
입교 시기 _ 1913년 이전 ㅣ 교질 _ 참교 ㅣ 서훈 _ 대통령장(1962)

충청남도 대덕군(大德郡) 산내면(山內面) 어남리(於南里) 도림촌(桃林村) 출신으로, 충청북도 청원에서 성장하였다. 일찍이 조부(祖父) 신성우(申星雨)로부터 한학을 익히면서 10여 세에 이미 『통감(通鑑)』과 사서삼경을 읽고 시문에 뛰어난 재주를 보였다.

1898년 성균관에 입학하여 수학하였다. 이 시기 독립협회

신채호

에 가입하는가 하면, 만민공동회 활동에도 참여하여 우국운동에도 앞장섰다. 1901년에는 성균관에서 한문무용론(漢文無用論) 주장하는 등, 급진적인 민족적 자아의식을 드러내었다. 이러한 주장은, 그가 강사로 참여한 문동학원(文東學院)의 폐교로까지 이어지기도 했다. 문동학원은 신규식(申圭植) 등이 지역의 교육계몽운동을 위해 1901년 청주 인차리(仁次里)에 세운 학교로, 신채호의 '한문무용론' 주장으로 신씨 문중 어른들의 반발에 의해 폐교되었다. 그럼에도 신채호는 신규식·신백우(申伯雨) 등과 지역의 한글보급운동을 그치지 않았으며, 1904년 성균관에서 조소앙 등과 함께 항일성토문(抗日聲討文)을 작성하기도 했다.

1905년에는 26세의 나이로 성균관 박사가 되었으나 관직에 나가지 않고 위암(韋菴) 장지연(張志淵)의 초빙으로『황성신문(皇城新聞)』에 들어가 논설을 쓰며 크게 활약하였다. 또한 신규식·신백우 등과 함께 향리 부근에 산동학원(山東學院)을 설립하고 신교육운동을 지속적으로 전개하기도 했다. 1905년 11월『황성신문』이 무기 정간되자, 이듬해 양기탁(梁起鐸)의 천거로『대한매일신보(大韓每日申報)』주필로 옮겨가 당당한 시론(時論)을 써서 민중을 계몽하고 정부를 편달하며 항일언론운동을 전개하였다. 또한 우리나라 역사관계 사론(史論)을 써서 민족의식을 고취하였다.

1907년에는 항일비밀결사인 신민회(新民會) 조직에도 참여하여 애국계몽운동에 노력하는 한편, 국채보상운동(國債報償運動)에도 참여하여 논설을 통해 적극 지원하기도 하였다. 또한 1909년에는 윤치호(尹致昊)·안창호·최광옥(崔光玉)·최남선·박중화(朴重華)·장응진(張膺震) 등과 신민회의 방계조직인 청년학우회(靑年學友會)를 발기하고 취지서를 집필하였다. 청년학우회는 신민회의 합법적 외곽단체로 창립되었으나 표면적으로는 비정치적 수양단체임을 내세우며 개인의 인격수양론과 선실력양성론(先實力養成論)을 제시하였다. 그리고 일본 제국주의의 팽창성과 침략성을 규탄하는 한편 열강의 야욕을 경계할 것을 주장하면서, 독립의 역량을 키우기 위해 일단 '실선실력양성 후 독립'의 입장을 내세웠다.

1910년 봄 압록강을 건너 안동현(安東縣)을 경유하여 청도(靑島)로 넘어간 신채호는 그곳에서 신민회 동지들과 청도회의에 참석하였다. 다시 연해주의 블라디보스토크로 가서 대종교와 대동청년단의 절친한 동지인 윤세복(尹世復) 등과 광복회(光復會)를 조직하여 부회장을 맡아 윤세복(회장)을 도와 활동하였다. 이 시기『대동공보(大東共報)』에도 관여하는가 하면, 그 해 12월에 창설된 권업회(勸業會)에서 창간한『권업신문(勸業新聞)』의 주필도로 활약하였다.

1913년 북만주 밀산(密山)을 거쳐 상해(上海)로 넘어온 신채호는 동제사(同濟社)에 참여하였다. 동제사 역사 대종교계 결사로서 1912년 5월 조직된 것이다. 동제사는 신규식을 위시한 그 핵심인물인 박은식·신채호·조소앙·조성환·박찬익 등이, 국혼(國魂)을 중시하는 민족주의적 역사관과 대종교의 국교적(國敎的) 신앙을 공통으로 가졌던 점으로 보아, 그들에 의해 경영되는 동제사의 기본 이념과 독립운동 방략도 이와 크게 다르지 않았다.

또한 대종교 동지인 박은식(朴殷植)·홍명희(洪命熹)·정인보(鄭寅普)·문일평(文一平)·조소앙(趙素昂) 등과 박달학원(博達學院)의 교사로 참여하여 교육에도 힘썼다. 박달학원 역시 신규식이 주동이 되어 1912년 12월 17일 상해 프랑스 조계(租界) 내 명덕리(明德里)에 개설된 것으로, 국내로부터 건너온 한인청년들을 수용하고 훈련과 교육을 실시하였다. 이 학원은 중국·구미유학을 위한 입학예비교육을 주요 목적으로 하였으며, 영어·중국어·지리·역사·수학을 교육과목으로 정하고 수학기간은 1년 반이었다. 박달학원의 교사로는 언급한 인물들 외에도 중국어 교사인 조성환(曺成煥)과 중국인으로 혁명운동가인 농죽(農竹), 그리고 미국의 화교인 모대위(毛大衛) 등이 있었다. 박달학원에서는 군사교육을 위해서 약 10년간 100여 명의 학생들을 보정군관학교(保定軍官學校)·남경해군학교(南京海軍學校)·천진군수학교(天津軍需學校)·호북강무당(湖北講武堂)·운남군수학교(雲南軍需學校)·오송상선학교(吳淞商船學校)·광동강무당(廣東講武堂) 등에 입학시켰다.

신채호는 1914년 윤세복의 초청을 받아 만주 봉천성(奉天省) 회인현(懷仁縣, 桓仁縣)으로 옮겨갔다. 당시 윤세복은 1911년 스승인 홍암(弘巖) 나철(羅喆)의 밀명을 받고 대종교시교사(大倧敎施敎師)의 자격으로 서간도 포교의 목적으로 이곳에 이미 자리잡은 상태였다. 그는 대종교시교당을 설치하고 그 부설로 동창학교(東昌學校)를 설립하여 민족의식을 가진 후학양성에 매진하고 있었다.

동창학교의 '동창'이라는 명칭도 우리나라의 무궁한 발전과 국권회복을 기약한다는 취지에서 정해진 명칭이었다. 동창학교 재학생들은 망명 지사의 자제들로 구성되었다. 연령은 6세 이상 15세 이하로 제한되고, 3개 반으로 운영되었으며, 검은색 제복에 교모를 착용했고, 학교에서 학생들의 기숙사비와 피복비, 가족생계비를 보조하면서까지 교육을 장려했다. 동창학교의 운영은 윤세복이 자신의 전 재산을 희사한 것으로 꾸려졌다.

1911년 시절 동창학교 직원 구성을 보면, 경영진에 윤세용과 이진룡(李鎭龍), 감독직에 윤세복, 교장에 이동하(李東廈), 그리고 교사에는 박은식·이원식(李元植) 등이 참여하였다. 이후 참여한 인물로는 신채호를 비롯하여 이극로(李克魯)·김영숙(金永肅)·김규환(金奎煥)·이시열(李時說)·김진호(金鎭浩)·김동평(金東平) 등을 꼽을 수 있다. 모두 대종교인들이란 점이 주목된다. 또한 동창학교 및 대종교시교당에 참여한 인물 중에 신채호를 비롯한 윤세복·이극로·이시열·김규환 등이 대동청년단원이었다는 점도 주목된다. 대동청년단이 대종교계 비밀결사였다는 점을 시사해 주는 부분이다.

한편 동창학교의 취지는 "한민족의 선조는 백두산록에서 나와 중화민족과 대화민족(大和民族)은 그 가지에 불과하는 까닭에, 우리들은 노력하여 국권을 회복하여 부여민족과 부여국의 독립발전을 도모"하는데 두었다. 특히 윤세복은 동창학교 생도와 인근 한인들에게 대종교의 교리와 배일사상을 고취시켰다. 그러므로 동창학교의 교과는 '단군'을 민족사의 정통으로 삼는 것을 원칙으로, 역사·국어·한문·지리 등을 가르쳤다. 또한 체조가 강조되었는데, 이는 민족의식 고취와 더불어 대일군사훈련을 준비하기 위함이었다.

신채호는 동창학교 교사로 재직하면서『조선사』도 집필하였다. 그리고 백두산 등산, 광개토대왕릉 답사 등 고구려와 발해의 고적지를 돌아보며 부여·고구려·발해 중심의 한국고대사를 체계화하는 데 중요한 토대를 마련하였다. 신채호가 우리 고대사를 서술함에 있어 고고학적·역사지리학적인 경험을 깊게 인식한 때도 이 시기였다.

이후 다시 북경으로 넘어간 신채호는 한국사의 새로운 체계화를 구상하는가 하면, 중편소설『꿈하늘[夢天]』을 집필하였다. 이 글은 몽자류소설(夢字類小說)로 우리 고유의 사상적 각성을 통한 애국적 항일의식을 형상화한 것이다. 1918년경부터 북경의 보타암(普陀庵)에 우거하면서 국사연구를 계속하는 한편,『북경일보(北京日報)』등에 논설을 기고하기도 하였다. 또한 이 시기 북경에서 대한독립청년단을 조직하여 단장을 맡았다.

신채호는 1919년 4월 상해 대한민국임시정부 수립에 참여하여 임시의정원 의원이 되었다. 또한 한성정부(漢城政府)에서는 평정관(評定官)으로 선임되기도 하였다. 그 해 7월에는 상해임시정부 전원위원회(全院委員會) 위원장 겸 의정원 의원에 선출되었으나, 이승만(李承晩)의 노선에 반대하며 자리에서 물러났다. 그리고 임시정부 기관지인『독립신문』에 맞서『신대한(新大韓)』을 창간하고 그 주필이 되어 적극적인 독립노선을 지향하였다.

1922년 의열단장(義烈團長) 김원봉(金元鳳)의 초청을 받아 상해로 넘어간 신채호는, 이듬해 초에 조선혁명선언(朝鮮革命宣言)으로 불리는 의열단선언을 집필, 발표하여 폭력에 의한 민중 직접 혁명을 주장하였다. 이 선언은 일제의 침략과 압제를 경험하면서 성장한 민중세력을 일제의 이족통치(異族統治)로부터 뿐만 아니라, 당시 세계를 지배하고 있는 약탈적·불평등적인 제국주의 체제를 타파하는 주인공으로 부각시켰다는 데서 그 의미가 크다.

신채호는 1922년 1월 초 상해에서 개최된 국민대표회의에서 창조파(創造派)의 맹장으로 활약하였다. 그러나 개조파(改造派)와의 대립으로 5월 회의가 결렬되자, 북경으로 돌아와 석등암(石燈庵)에 우거하면서 한국고대사연구에 더욱 전념하였다. 신채호가 북경대학 도서관에 출입하면서 중국인 이석증(李石曾)·이대교(李大釗)·오치휘(吳稚暉) 등과 교유하며 사상적 지평을 넓혀 간 때도 이 무렵이었다.

1928년 4월에는 중국 천진(天津)에서 이필현(李弼鉉, 일명 李志永), 대만인 임병문(林炳文)등과 협력하여 동방무정부주의자연맹(東方無政府主義聯盟)을 조직하게 된다. 그리고 선전기관지를 발행하기로 하고 필요한 자금은 국제위체(國際爲替)를 위조하기로 하였다. 그러나 실행 과정에서 이필현·임병문 그리고 중국인 양길경(楊吉慶) 등과 일본 경찰

에 체포되었다. 대련(大連)으로 이송된 신채호는, 1930년 5월 대련지방법원에서 10년형을 선고받고 여순감옥(旅順監獄)으로 이감, 복역하던 중 뇌일혈로 순국하였다.

[주요저술 및 사상]

신채호는 경술국치 이전까지『대한매일신보』와『대한협회월보(大韓協會月報)』와『대한협회회보』를 중심으로 애국계몽, 사회개혁, 국권회복과 관련된 수많은 논설을 발표하였다. 또한「수군 제일 위인 이순신전」·「동국거걸최도통전(東國巨傑崔都統傳)」등의 연재물,『을지문덕전』등의 저술을 통해 민족의식 고양에 앞장섰다. 특히「독사신론(讀史新論)」이나「동국고대선교고(東國古代仙敎考)」등의 역사 관련 논문을 통해 새로운 역사인식의 장을 개척하였다.

1910년 국외로 망명한 신채호는 국사연구에 보다 집중하게 된다. 1920년대에 이르러『조선상고사(朝鮮上古史)』·『조선상고문화사(朝鮮上古文化史)』·『조선사연구초(朝鮮史研究草)』등의 집필이 그 결실이다. 신채호는 이러한 연구 결실을 1930년대『동아일보』나『조선일보』에 연재하며 우리 사학사의 새로운 지평을 열었다. 우선 근대 역사학적 방법론을 통한 근대사학으로의 변모가 그것이다. 또한 우리 전통시대의 역사인식을 장악했던 성리학적 중화사관에 대한 한판 뒤집기를 시도했다는 점이다. 그리고 일제 관학자(官學者)들의 침략 논리로 덧씌워진 식민주의역사학에 대한 민족주주역사학의 위상 정립이라 할 수 있다.

역사는 나(우리)를 위한 변명에서 출발한다. 당연히 나의 안목이 소중하다. 신채호는 역사가의 안목을 무엇보다 중요시한 인물이다. 신채호는 "아국(我國)을 망하는 자는 정론(政論)도 아니며, 학제(學制)도 아니오, 몇백 년 래 망필(妄筆)을 휘두른 노사가(奴史家)가 시(是)라."라고 한탄하였다. 나를 망각한 노예적 안목의 학자들이 나라를 망쳤음을 일깨운 것이다. 역사가들이 나(우리)의 중심을 잃어버리면 남과의 구별도 할 수가 없다. 역사가와 함께 사관의 중요성이 새삼 와 닿는 이유다. 그러나 그렇게 엮어진 역사가 과거의 우리 역사였다. 신채호가 우리의 얼굴과 혹도 구별못하는 역사가들을 비판한 아래의 질타도 같은 맥락이다.

"조선사를 지은 기왕의 조선의 사가(史家)들은 매양 조선의 '혹'을 베고 조선사를 지으려 하였다. 그러나 그네들이 쓴 안경이 너무 철면(凸面)인 고로, 조선의 눈이나 귀나 코나 머리 같은 것을 '혹'이라 하여 베어 버리고, 어디서 무수한 '혹'을 가져다가 붙이었다. '혹' 붙인 조선사도 기왕에는 읽는 이가 너무 없다가, 세계가 대통하면서 외국인들이 왕왕 조선인을 만나 조선사를 물으면, 어떤 이는 조선인보다 조선사를 더 많이 아는 고로, 참괴(慚愧)한 끝에 돌아와 조선사를 읽는 이도 있다. 그러나 조선인이 읽는 조선사나 외국인이 아는 조선사는 모두 '혹' 붙인 조선사요 올바른 조선사가 아니었다."

역사는 그 집단의 가치관과 비례하는 분야다. 비굴한 역사에서 정당한 집단가치가 형성될 수 없고 떳떳한 역사에서는 비정상적 가치가 기생하기 힘들다. 그러므로 신채호

는 국사를 국민성(國民性)을 드러내는 대표적 기재(器材)로 파악하였다. 그가 아래와 같이 국사를 '국민의 거울'이라고 비유한 이유다.

"국사는 국민의 명경(明鏡)이라. 이 명경이 없으면 국민이 무엇을 좇아 선조의 참모습을 우러러보며, 이 명경이 없으면 국민이 무엇으로 말미암아 자가(自家)의 연추(姸醜)를 상(賞)하며, 이 명경이 없으면 국민이 무엇으로써 국수(國粹)를 보전하여 자존(自尊)할 줄을 알며, 이 명경이 없으면 국민이 무엇으로써 타인과 비교할 줄을 알겠는가. 폐일언하고 국사가 있어야 국민이 애조심(愛祖心)도 유할지며, 애국심도 유할지며, 독립심도 유할지며, 진취심도 유할지라."

국사가 없으면 우리의 과거도 반추할 수 없고, 나를 진단할 수도 없으며, 나를 찾지도 못한다는 것이 신채호의 진단이다. 국사가 없음은 노예와 다름없음을 드러내준 말이다. 내가 무너지고 나라가 망하면 역사를 다룰 기회조차도 사라진다. 신채호는 그러한 경험을 과거(중화질서)에 이미 경험했고 당시(일제강점기)에도 목도하고 있었다. 그가 아래와 같이 역사의 본질을 '아(我)'와 '비아(非我)'의 투쟁으로 바라본 이유이기도 하다.

"역사란 무엇인가? 인류 사회의 아(我)와 비아(非我)의 투쟁이 시간으로 발전하고 공간으로 확대되는 심적(心的) 활동 상태의 기록이니, 세계사라 하면 인류가 그렇게 되어온 과정이요, 조선사라 하면 조선 민족이 이렇게 되어온 상태의 기록이다. 무엇을 아라 하며 무엇을 비아라 하는가? 깊이 팔 것 없이 얕게 말하면, 무릇 주관적 위치에 서 있는 자를 아라 하고, 그 밖의 것은 비아라 한다. 이를테면 조선인은 조선을 아라 하고 영·미·법(法)·로(露) 등을 비아라고 하지만 영·미·법·로 등을 저마다 제나라를 아라 하고 조선을 비아라고 하며, 무산계급은 무산계급을 아라 하며 지주나 자본가를 비아라고 하지마는, 지주나 자본가는 저마다 제 붙이를 아라 하고 무산계급을 비아라 한다. 이뿐 아니라 학문에나 기술에나 직업에나 의견에나 그밖에 무엇이든지 반드시 본위인 아가 있으면 따라서 아와 대치되는 비아가 있고, 아 가운데 아와 비아가 있으면 비아 가운데도 아와 비아가 있다. 그리하여 아에 대한 비아의 접촉이 잦을수록 비아에 대한 아의 분투가 더욱 맹렬하여 인류사회의 활동이 쉴 사이가 없으며, 역사의 전도가 완결될 날이 없다. 그러므로 역사는 아와 비아의 투쟁의 기록이다."

그렇다고 신채호가 실증(實證)을 외면한 것은 아니다. 근대사학 방법론을 통한 사료의 취사와 선택을 누구보다 충실히 하고자 한 인물이 신채호였다. 『조선상고사』 '총론'에 담긴 그의 논리와 다짐에서도 확인할 수 있다. 단적인 사례로 『조선사연구초(전후삼한고)』에 실린 아래의 내용을 보자.

"최근 어윤적(魚允迪)이 지은 『동사년표(東史年表)』에 '鷄林類事曰 檀倍達 國那羅 君王儉'이라 하여 단군을 '배달

나라왕검(倍達那羅王儉)이라 해(解)하였으나, 그러나 『계림유사』는 이미 망실하고 오직 도종의(陶宗儀)의 『설부(說郛)』에 게재한 고려의 말 몇 마디 뿐이 남아 있는데, 거기에 그런 말이 없으니 그 저자가 어디서 이를 인용하였는지 거연(遽然)히 이를 취신(取信)하기 어렵다."

'배달(倍達)'이라는 대종교의 사상소(思想素)를 이해하는 과정에서도 철저한 검증의 자세가 드러남을 보여 준다. 안타까운 것은 고구려 이문진(李文眞)의 『신집(新集)』과 백제 고흥(高興)의 『서기(書記)』 그리고 신라 거칠부(居柒夫)의 『국사(國史)』와 같은 책들이 전하지 않음이 아쉬울 뿐이다. 신채호는 이러한 고대사 관련 사료의 멸실에 대해 "역사의 영(靈)이 있다면 처참한 눈물을 뿌릴 일이다"라고 한탄한 바 있다.

신채호 역사연구의 특징 중의 하나는 고대사 연구에 집중되었다는 점이다. 이유는 시간적 제한과 역사 왜곡의 원인에 의한 우선적 선택의 결과라 할 수 있을 듯하다. 신채호는 우리 역사 왜곡의 주요 관점으로 기자(箕子)를 적통으로 하는 역사관, 대륙을 외면한 한반도 중심의 역사관, 중국에 부용(附庸)된 역사관 등을 주시하였다. 이러한 역사인식은 삼한(마한)정통론, 한반도 중심의 역사, 소중화주의 등으로 우리 고대사의 왜곡과 불가분적 관계를 이루는 요소들이다. 신채호의 역사관이 단군을 정점으로 하는 부여정통론, 대륙 중심의 역사인식, 민족정체성을 중시하는 시각으로 드러나는 배경이 되기도 한다.

공교롭게도 신채호의 이와 같은 역사인식이 대종교를 경험하면서 체계화 되었다는 점이다. 신채호 사관 형성의 배경에도 대종교의 정신적 요소가 크게 작용하고 있다. 당시 여타의 학자들처럼 신채호 역시 유학에 충실히 학습된 인물이었다. 그러므로 대종교를 경험하기 이전에는 그의 가치는 성리학적 바탕을 채 벗어나지 못했다. 그러므로 그는 대종교와 같은 맥락인 한국 고대선교(古代仙敎)에 대해서, 불로장수를 추구하는 중국종교의 아류(亞流)로 공박했던 인물이다.

신채호가 1908년에 쓴 『독사신론』에서만 하더라도 단군신앙(선교)에 대한 언급이 없었다. 이때는 아직 대종교가 성립되기 이전이므로, 선교에 대한 이해를 갖지 못했던 것으로 추리된다. 그러나 대종교 중광(重光) 이후 대종교를 경험하면서부터는 환골탈태한다. 중국도교와는 전혀 성격이 다른 우리 민족 고유의 선교(仙敎)가 이미 도교 수입 이전부터 형성되어 우리 민족신앙의 중요한 줄기가 되었다고 인식함으로써, 의식의 중대한 변화를 몰고 온다. 신채호는 단군의 선교를 중국의 선교가 아니라고 밝히면서, 단군선교에 대한 무지(無知)와 그 종교의 침체를, '국수(國粹)의 무너짐'이라고 한탄하였다. 신채호의 국수 혹은 국학이 단군신앙(근대 대종교)에 연결되는 것임이 확인된다. 단군과 고대사를 중심으로 하는 그의 역사인식의 정신소(精神素)가 확립된 배경이다.

이러한 변화를 단적으로 보여주는 신채호의 논문이 1910년 3월에 발표된 「동국고대선교고」다. 이 글에서 과거의 유교정신의 잔재를 청산하고 우리 고유의 사상을 바탕으

로 한 역사의식의 변화를 극명하게 드러내고 있다. 그러므로 1910년대 이후의 그의 역사연구는 거의 대부분을 단군신앙의 실체를 연구하는 데 두었다고 해도 과언이 아니며, 이러한 사상적 바탕 위에서 대륙적 인식 및 문화사의 지평을 넓혀 갔다.

그러므로 신채호 역사정신의 맥으로 이해되는 '낭가사상(郎家思想)' 역시 단군에서 그 맹아를 찾고 있음이 주목된다. 그는 신라의 화랑이 단군에서 출발하여 고구려를 거쳐 신라의 정신으로 연결된 것임을 다음과 같이 주장했다.

> "화랑의 별명은 국선(國仙)이라 하며 선랑(仙郎)이라 하고, 고구려 조의(皂衣)의 별명은 선인(仙人)이라 하여, 『삼국유사』의 화랑을 '神仙之事'라 하였은 즉, 신라의 화랑은 곧 고구려의 조의에서 나온 자요, 고구려의 '平壤者 仙人王儉之宅'은 곧 선사(仙史)의 본문이니 단군이 곧 선인의 시조라, 선인은 곧 우리의 국교(國敎)이며 우리의 무사도이며 우리 민족의 넋이며 우리 국사의 꽃이거늘…."

그는 단군시대의 선인을 국교(國敎)이며 민족사의 정화로 보고, 이것을 계승한 화랑을 종교의 혼이요 국수의 중심이라고 강조했다. 까닭에 그는 중국문화가 발호하여 우리의 모든 것을 중국화하려던 시기에도 조선을 조선답게 지켜온 것이 화랑이라고 극찬하기도 했다. 한편 신채호가 단군시대의 이러한 정신을 나라학문[國學]으로도 인식하고 있다. 아래의 주장이 그것이다.

> "부여·마한 등 십여국의 이름을, 그 연혁을 찾으면 다 단군 때부터 있던 칭호라. 후세에 국학(國學)이 끊어져 그 근원을 찾지 않고 다만 그 자취를 따라 이 이름은 이 때에 나고, 저 이름은 저 때에 났다고 해 왔다."

이러한 인식은 그의 사담체(史談體) 소설인 『꿈하늘』에서도 그대로 나타난다. 단군시대로부터 흘러오는 신교적(神敎的) 인물들을 열거함에 있어, 군은 신앙을 보여 준 동명성제·명림답부, 밝은 치제(治制)를 행한 초고대왕(백제)·선왕(발해), 높은 이상을 펼친 진흥대왕·설원랑, 역사에 밝았던 신지선인·이문진·고흥·정지상, 국문에 힘을 쏟았던 세종대왕·설총·주시경, 육군(陸軍)에 능했던 태조(발해)·연개소문·을지문덕 등을 열거하면서,

> "국학에는 비록 도움이 없지만 일방의 교문에 통달하여 조선의 빛을 보탠 불학(佛學)의 원효·의상, 유학(儒學)의 회재(晦齋)·퇴계(退溪)…."

라고 서술함을 볼 때, 불학이나 유학과는 다른 우리 교유의 국학을 단군정신에서 찾고 있음을 확인할 수 있다. 또한 신채호는 국수(國粹)라는 의미를 국학과 동일하게 보고, 그 나라에 역사적으로 전래하는 풍습·관습·법률·제도 등의 정신을 국수로 이해했으며, 그 국수정신의 출발 역시 단군에 접맥시켰다.

한마디로 신채호는 단군(대종교)과 인연을 맺으며 그의 역

사정신을 잉태시키고 키워갔다. 대종교를 외면한 신채호의 사관을 말할 수 없는 이유다. 이러한 역사의식을 문학적으로 형상화한 글이 『꿈하늘』이다. 이 글은 1916년 3월, 대종교도와 깊은 유대를 맺으면서 독립운동을 전개하던 시절에 쓴 사담체(史談體)의 자전적 소설이다. 민족의 생존이 의문시되는 위태로운 상황에서 꿈이라는 매개를 통해 어떻게 국권을 회복하여 민족국가라는 이상을 실현할 수 있는가에 대한 간절한 소망을 담고 있다. 『꿈하늘』의 앞부분에 실린 아래의 시를 보자.

> 이 꽃이 무슨 꽃이냐.
> 희어스름한 백두산의 얼이요
> 불그스름한 고운 조선의 빛이로다.
> 이 꽃을 북돋우려면
> 비도 맞고 바람도 맞고 핏물만 뿌려 주면
> 그 꽃이 잘 자라리.
> 옛날 우리 전성한 때에
> 이 꽃을 구경하니 꽃송이 크기도 하더라.
> 한 잎은 황해 발해를 건너 대륙을 덮고
> 또 한 잎은 만주를 지나 우수리에 늘어졌더니
> 어이해 오늘날은
> 이 꽃이 이다지 야위었느냐.
> 이 몸도 일찍 당시의 살수 평양 모든 싸움에
> 팔뚝으로 빗장삼고 가슴이 방패 되어
> 꽃밭에 울타리 노릇 해
> 서방의 더러운 물이
> 조선의 봄빛에 물들지 못하도록
> 젖 먹은 힘까지 들였도다.
> 이 꽃이 어이해
> 오늘은 이 꼴이 되었느냐.

무궁화 꽃송이(조국의 역사를 비유)에 앉아있던 한놈(식민지 백성으로서의 신채호 자신)을 일깨우는 을지문덕의 넋두리다. 을지문덕을 화자로 내세워, 한놈이 앉아있는 무궁화의 영광과 통한의 의미를 깨워주고 있다. 민족의 정신(백두산의 얼)이자 조국의 영광(조선의 빛)인 무궁화가, 그 전성기에는 서쪽으로는 황해·발해를 건너 대륙을 덮었고, 북으로는 만주를 넘어 우수리까지 뻗었다는 것이다. 이 역시 대종교의 역사인식과 옹글게 맞물린다.

[교력]
신채호의 대종교에 대한 경험은 만주 망명 이전으로 올라간다. 1909년 대종교계 비밀결사인 대동청년단의 활동을 시작으로, 1910년 3월에 쓴 「동국고대선교고」가 그것이다. 이미 단군신앙(선교)를 우리나라 고유종교로 인정하고, 그 연구의 필요성을 주장하고 있는 데서 그러한 짐작이 가능하다. 신채호가 대종교와 보다 깊은 인연을 맺은 것은 1911년에 블라디보스토크(海參威)에서 광복회의 부회장을 맡으면서다. 당시 무장투쟁을 목표로 하던 광복회의 회장은 대종교의 핵심 멤버였던 윤세복(1924년에 대종교 제3세 교주가 됨)이 맡았다. 그리고 이동녕·이갑 등 강경파 인사들이 주축을 형성해, 간도·회인현(환인현)·안동·봉천 등지를

중심으로 독립운동을 전개하였다. 물론 윤세복과 신채호의 관계 역시 대동청년단 시절에서부터 이미 시작되었다. 또한 신채호는 1911년, 대종교 핵심인물인 보재 이상설(1914년에는 대종교 북도본사의 책임을 맡음)이 조직한 권업회의 기관인『권업신문』의 주필을 맡는다. 그리고 1914년 폐간될 때까지 참여하였다. 이후 1913년에는 대종교의 중국 상해 책임자였던 신규식의 초대를 받아 상해로 건너가 망명지사들과 교류하였다. 그리고 대종교의 윤세용·윤세복 형제의 초청으로 봉천성 회인현(懷仁縣, 桓仁縣)에 가 그들이 경영하는 동창학교에 참여하고 교재로서『조선사』도 집필했다. 남북만주 일대의 고적을 답사하고 광개토왕릉을 처음으로 조사한 때도 이 시기였다. 당시 대종교단은 1914년에 총본사를 서울에서 만주 화룡현(和龍縣) 청파호(青坡湖)로 옮기고, 북간도의 왕청현(汪淸縣)에 동도본사(책임자 서일)를, 상해에 서도본사(책임자 신규식)를, 노령 소학령에 북도본사(책임자 이상설)를, 그리고 서울에 남도본사(책임자 강우)를 두어 만주, 중국 본토, 그리고 한반도에 걸쳐 포교활동을 전개하고 있었다.

신채호를 환인현으로 초청하여 지원한 윤세복(尹世復)은 1910년에 대종교에 입교한 인물이다. 1911년 대종교시교사(大倧敎施敎師)의 자격으로 중국 환인현으로 건너가 대종교시교당(大倧敎施敎堂)을 세우고 사재(私財)로써 동창학교를 경영하였다. 윤세복은 박은식(朴殷植) 역시 그곳에 기거케 하며 그의 역사연구를 후원하기도 하였다. 1911년에 이미 대종교단의 장로(長老)로 대접받던 박은식은 그곳에 기거하면서 수많은 사론(史論)들을 집필한다. 이러한 저술들은 동창학교의 교재로도 이용되었다.

한편 이 시기 대종교 핵심간부의 하나인 김교헌(金敎獻), 후일 대종교의 2세 교주)은『단조사고(檀祖事攷)』(1911)·『신단실기(神檀實記)』(1914)·『신단민사(神檀民史)』(1914) 등의 사서를 저술하여 재만교민의 국사교재로도 널리 이용되었다. 신채호가 환인에서 고구려 유적을 답사하면서 고대사 연구의 웅지를 가다듬고 있던 시기와 맞물린다. 이 무렵 신채호가 대종교의 경전은 물론 박은식이나 김교헌의 저술도 접하였음을 알 수 있고, 그로 인한 자극과 영향이 컸을 것으로 짐작되는 부분이다.

1913년 상해 시절에도, 신채호는 박은식·문일평 등과 더불어 박달학원을 세워 청년교육에 종사했다. 그리고 신규식 등이 조직한 동제사(東濟社)에도 참여한다. 박달학원이라는 명칭 역시 대종교에서 주장하는 배달(倍達. 박달)민족에서 유래한 것이다. 당시 신규식은 이동녕과 더불어 대종교단의 서도본사(상해)의 책임자이기도 하였다. 이어 1915년에는 신규식·이상설·박은식·조성환 등 대종교 중진들이 중심이 되어 조직한 신한혁명단에도 참여하여 1차대전을 계기로 한중항일공동전선을 모색했다. 신채호가 자전적 사담체소설인『꿈하늘』을 집필한 시기(1916년 3월)도 이 무렵이다.

신채호가 나철의 서거를 애도한 글도 관심을 끈다. 1916년 8월, 대종교 1세 교주인 나철이 일본 정부에 보내는 장서(長書)를 남기고 황해도 구월산 삼성사에서 자진순명(自盡殉命)하였다. 신채호는 나철의 죽음을 추모하는「도제사

언문(悼祭四言文)」을 지었다. 그러나 그 원문은 현재 북한에 남아 있어 그 구체적인 내용은 확인이 안 된다. 다만 정인보가 그「도제사언문」의 한 편을 잃은 감회가 아래와 같이 남아 있다.

    "…상해서 고(故) 나철 선생을 도제(悼祭)한 사언문일편(四言文一篇)을 보니까, 그야말로 웅기(雄奇)·아연(淵雅)의 치(致)를 다하여 우리네의 조예(造詣)로는 도저히 그 온오(蘊奧)를 엿보기 어려울 만한 대가임을 놀랐다."

「도제사언문」의 글의 깊이와 무게가 상당했음을 짐작케 해 준다. 여기에서도 신채호의 대종교에 대한 깊은 관심의 일면이 엿볼 수 있을 듯하다.

신채호는 1917년 상해에서 대종교의 동지들과 함께「대동단결선언(大同團結宣言)」도 발표한다. 독립운동의 활로와 이론의 정립을 모색하기 위해 임시정부의 수립에 관한 민족대회의의 소집을 제의·제창한 선언이었다. 나아가 대종교단 차원에서 1918년 봄부터 준비하여 발표한「대한독립선언서(일명 무오독립선언)」에도 참여하였다. 이 선언은 육탄혈전의 무력항쟁을 표방하고 있다는 점에서 기미년의 평화주의적 독립선언서와는 성격을 달리하고 있다. 언행일치를 소중히 한 신채호의 현실 인식과도 부합하는 내용이다.

신채호의 대종교 경험은 그의 역사인식에도 획기적 변화를 가져온다. 특히 대종교 역사관의 핵심이 되는 '삼신설(三神說)'에 대한「동국고대선교고」에서의 언급이 흥미롭다.

    "환인·환웅은 실재의 인(人)이 아니오, 즉 추상의 신(神)이니 기(其) 의(義)가 대략 야소의 삼위일체와 불교의 삼불여래와 여(如)한 자이어늘, 후세 편사자(編史者)가 왕왕 단군의 조(祖)가 환인이오 부(父)가 환웅이라 하니, 어찌 가소(可笑)치 않느뇨."

신채호의 삼신설이 대종교의 영향임을 확인할 수 있는 부분이다. 이후로도 신채호는 이와 같은 삼신설을, 그의 상고사 전개에 중요한 가치로 견지하고 있다. 가령 그의 최후의 저술이라 할『조선상고사』(1931) '제2편 수두시대'와 '제3편 삼조선 분립시대'에서는 삼신설의 의미와 역할이 잘 드러나 있다. 삼조선(三朝鮮)의 삼한관경제(三韓管境制)을 유지했던 사상적 배경이 삼신설이라는 것이다. 상고의 삼한이 삼신설(三神說)에 의해 만들어졌으나, 삼신설에 대한 믿음이 파탄나면서 붕괴일로로 치닫게 되었음을 말한다. 또한 삼신설이 단순한 믿음으로 끝난 것이 아니라 외국의 침략자들을 전율케 만드는 준엄한 정신이었다고 주장하면서, 삼신설과 국토수호의 상관성을 설명하기도 했다.

특히 '제3편 제5장 삼조선의 붕괴의 그 원인과 결과' 부분에서는, 삼한이 흔들리게 된 근본적 원인을 '삼신설에 대한 회의(懷疑)'에서 찾았다. 그리고 삼한의 붕괴 역시 삼신설의 무너짐과 직결된다는 것이 신채호의 주장이다. 신채호에 있어 삼신설이, 단순한 역사소를 넘어서 종교소로서도 인식되었음이 확인된다. 또한 이 글에는, 아기 생산 때 삼신께 비는 것, 신라의 오계(五戒), 묘향산 단군굴, 동명

왕의 기린굴, 석다산의 을지문덕 굴, 중악산의 김유신 굴 등과 같이, 단군신앙과 관련된 유습이나 수행처(窟) 등을 언급하기도 했다.

신채호의 대종교 입교는 대동청년단 활동 시기로 알려져 있으나, 그의 입교 기록이나 영계(靈戒) 사항은 남아 있는 것이 없다. 그러나 1913년 4월 20일(음력) 박은식·김영학(金永學)·한흥(韓興) 등과 함께 참교(參教)의 교질(教秩)을 받은 기록이 전한다. 그의 대종교 입교가 1910년대 초반임을 시사해주는 자료다. 그러므로 대종교항일투사 박명진(朴明鎭)은 자신의 『대종교독립운동사』라는 기록에서, 1910년 후반 대종교 동이도본사의 주요 교인으로 신채호를 올리고 있다. 신채호가 1910년대에 이미 대종교에 깊숙이 들어와 있음을 확인시켜준다.

대종교와 신채호의 관계를 가장 잘 알려주는 인물이 윤세복이다. 윤세복(1881년생)과 신채호(1880년생)는 1살 터울로 막역지우이자 평생동지였다. '대동청년단→연해주광복회→동창학교→대동단결선언→대한독립선언(무오독립선언)'까지 이심전심으로 의기투합한 사이였다.

1946년 대종교가 만주에서 환국한 기념으로 발간한 『教報』. 윤세복은 신채호의 『조선사연구초』의 일부를 이곳에 실어 신채호를 기렸다.

해방을 맞아 국내로 들어온 윤세복은 신채호에 대한 기억을 잊지 않았다. 당시 대종교 총전교(總典教, 교주)였던 윤세복이 대종교의 환국과 더불어 도모한 작업 중의 하나가 『교보(教報)』 '환국기념호'의 제작이었다. 당시 편집 겸 발행은 남도본사의 책임자였던 김교준(金敎準)이 맡았다. 주목되는 것은 『교보』 '환국기념호'에 신채호의 유고를 실었다는 점이다. 『조선사연구초』의 맨 앞부분인 「사(史)의 정의(定義)와 조선사의 범위(範圍)」가 그것이다. 신채호는 윤세복이 이끌었던 동창학교 교사 시절, 학생들을 가르치면서 『조선사』를 집필하였다. 당시 집필한 집필한 『조선사』가 『조선사연구초』의 모본이라는 것이 대종교의 입장이다. 그러므로 윤세복에게도 그 유고는 남다를 수밖에 없었다. 또 하나 윤세복의 육필(肉筆) 기록도 언급하지 않을 수 없다. 그는 육필로 『우리 스승님들 모습』(1950년 12월 정리)이

란 글을 정리하면서, 돌아가신 10명의 대종교 스승들의 삶을 소략하였다. 그 글 속에는 3종사(三宗師), 3도형(三道兄), 4선생(四先生)에 대해 정리되어 있다. 「삼종사약사(三宗師略史)」에는 홍암 나철과 무원(茂園) 김교헌(金敎獻) 그리고 백포(白圃) 서일(徐一) 등 3인을 집어넣었다. 또한 「삼도형약사(三道兄略史)」에서는 예관(睨觀) 신규식(申圭植), 청사(晴簑) 조성환(曹成煥), 남파(南坡) 박찬익(朴贊翊) 등 3인을 기술했으며, 「4선생약전(四先生略傳)」에서는 단재 신채호와 함께 석오(石吾) 이동녕(李東寧), 일송(一松) 김동삼(金東三), 백산(白山) 안희제(安熙濟)를 나란히 올려놓았다.

대종교 교주인 윤세복이 대종교의 4선생 중의 하나로 신채호를 꼽았다는 것은, 신채호의 대종교에서의 위상을 보여주는 단적인 근거다. 특히 그 4선생에 올라 있는 인물 중, 이동녕을 제외한 신채호·이동녕·안희제가 윤세복과 함께 대동청년단 시절부터 철친한 동지였다는 점도 예사롭지 않다.

[참고문헌]

『대종교보』,한국기념호(1946년), 『종문영질』(프린트본, 1922), 『우리 스승님들 모습』(윤세복, 필사본, 1950), 『대종교독립운동사』(박명진, 필사본, 1964), 『고투사십년』(이극로, 을유문화사, 1947), 『한국독립사』하(김승학, 독립문화사, 1965), 『朝鮮獨立運動』Ⅰ·Ⅱ(金正明, 原書房, 1967), 『國境地方視察復命書』(자료, 『백산학보』제8호, 백산학회, 1970), 『대한민국임시정부의정원문서』(국회도서관, 1974), 『독립운동사자료집』11·별집2(독립운동사편찬위원회, 1976), 『독립운동사』(문화투쟁사)8(독립운동사편찬위원회, 1976), 『단재신채호선생탄신100주년기념논집』(단재신채호선생기념사업회편, 1980), 『단재신채호전집(개정판)』상·하·별집(단재신채호선생기념사업회, 형설출판사, 1982), 『지산외유일지』(정원택, 탐구당, 1983), 『신채호의 사회사상연구』(신용하, 한길사, 1984), 『신채호문학유고선집』(김병민 편, 延邊大學出版社, 1994), 『대종교 항일운동의 정신적 배경』(김동환, 『국학연구』제6집, 국학연구소, 2001), 『대동제국사서언』(신채호, 『단재신채호전집』제3권(역사), 한국독립사연구소, 2007), 『예관신규식전집』제1권(예관신규식전집편찬위원회, 2019)

신최수(申最秀, 남, 1875-?)
입교 시기_1921년 이전 | 교질_지교

출신지역과 생몰연대가 정확치 않은 인물이다. 다만 서북학회의 측량과를 마친 것으로 보아 이북(평안도·함경도·황해도) 출신일 가능성이 크다. 신최수는 1904년 서울에서 인천, 서울에서 부산 간의 철도 사무를 맡아보던 관청인 철도원(鐵道院) 주사(主事)로 근무한 바 있다.

이후 북간도로 망명하여 국자가(局子街) 소영자(小營子)에 있는 광성학교(光成學校) 교사로 복무하였다. 광성학교는 1912년 이동휘(李東輝)·김하석(金河錫)·김립(金立)·윤해(尹海) 등이 설립한 중학교로 항일의식이 남달랐던 학교였다. 신최수는 이 학교 학생들의 시청각 교육을 위하여 1914년 광성학교 동료 교사였던 장기영(張基永)과 함께 블라디보스토크로 넘어가 활동사진기 구입을 도모했던 인물이기도 하다. 물론 단군·기자·왕건 등과 역대 충신들의 애국사상을 시청각 교육을 통해 고양하려 한 것이었

다. 특히 안중근이 이토 히로부미를 저격하는 장면을 활동사진으로 보여줌으로써, 항일의식 고양을 극대화시키려 한 인물이 신최수였다. 또한 그는 교실 벽에 아래의 한시 두 수를 써 붙이고 교육에 임했다 한다.

功蓋三韓名萬國　공적은 삼한을 덮고 이름은 만국에 떨치니
生無百歲死千秋　살아선 백 년을 못 채워도 죽어선 천년을 살리라
弱國罪人强國相　약한 나라 죄인이요 강한 나라 재상이나
縱然易地亦藤候　처지를 바꾸어 보면 이토 히로부미 역시 죄인이리라

吾儕本非失國兒　우리는 본디 나라 잃은 어린 애가 아니나
失之無泣漫爲兒　생각 없이 잃어버리니 철부지 어린 애가 되다
若將吾儕如歸視　만약 우리들 다시 보게 된다면
吾儕孰非有國兒　우리 누구인들 나라 잃은 어린 애 있겠는가

전자는 '조안중근(弔安重根)'이란 시고 후자는 '삼아탄(三兒嘆)'이란 제목의 시다. 특히 '조안중근'은 중국의 손문(孫文)이 안중근의 죽음을 애도하여 지은 만사(輓詞)다. 신최수의 항일의지와 함께 조국광복에 대한 그의 각오를 깊이 느끼게 된다.

신최수의 대종교 입교 시기나 영계(靈戒) 사항을 살필 수 있는 교단 내의 기록은 전하지 않는다. 그러나 그가 1921년 12월 1일(음력, 이하 음력) 참교(參敎)의 교질(敎秩)을 받은 것으로 보아 그보다 훨씬 이전에 입교한 것을 알 수 있다. 신최수는 대종교 2대 교주였던 김교헌의 측근이었다. 김교헌이 국내에서 만주 화룡현 청파호(靑坡湖)로 망명한 시기는 1917년 봄이다. 그리고 김교헌은 일제의 압박을 피하기 위해 대종교총본사를 청파호에서 왕청(汪淸)으로, 그리고 밀산(密山)으로 다시 영안(寧安)으로 옮겨가며 활동했다. 그러므로 신최수의 대종교 입교 시기는 김교헌이 청파호와 왕청에 머물던 시기인 1917년 봄부터 1919년 말까지로 추정해 볼 수 있다. 항일투사 박명진(朴明鎭)이 기록한 『대종교독립운동사』에, 1917년 무렵 백포(白圃) 서일(徐一)이 이끄는 대종교 동이도본사(東二道本司)의 동북만주 주요 교인으로 신최수를 기록한 것도 그러한 이유다. 그 시기 동북만주 주요 교인으로는 한기욱(韓基昱)·신채호(申采浩)·이섭(李燮)·이종수(李鍾秀)·최호(崔灝)·이건(李健)·이창언(李昌彦)·김백(金白)·이기(李起)·이민혁(李敏赫) 등이 있었다.

청산리독립전쟁 이후 김교헌은 밀산에서 다시 영안으로 대종교총본사를 옮긴 뒤 대한군정서 간부들과 긴밀히 연락하며 재기를 도모했다. 그 중심적 역할을 한 인물도 신최수다. 김교헌은 1922년 7월 13일 국내 분위기 파악과 자금조달을 위해 신최수를 파견하는가 하면, 블라디보스토크로부터 무기와 탄약까지 구입 역할까지 신최수가 맡았다. 특히 신최수는 1922년 윤5월 8일 김영숙(金永肅)·계화

(桂和)·채오(蔡伍)·유정근(兪政根) 등 대종교의 중진이자 항일투쟁 지도자들과 함께 대종교 교적역본기초위원(敎籍譯本起草委員)으로도 임명된 인물이다. 교적역본기초위원이란 1923년 중광절(1월 15일)에 상해 삼일인서관(三一印書館)에서 희산(希山) 김승학(金承學)이 발간한 『종경(倧經)』의 번역을 담당한 직책이었다. 당시 『종경』에는 대종교 교리·교사의 근본 축이 되는 『삼일신고(三一神誥)』·『신리대전(神理大全)』·『신사기(神事記)』·『회삼경(會三經)』이 담겨 있다. 신최수의 대종교단에서의 비중과 더불어 그의 종교학적 소양도 보통이 넘었음을 알려주는 사례다.

이에 신최수는 1922년 9월 1일 지교(知敎)의 교질로 승질(陞秩)하였다. 그리고 해방 이후인 1946년 4월 1일 경의원(經議院) 참의(參議)로도 선임되지만 이후의 행적은 오리무중이다.

박명진이 기록한 1917년 무렵 대종교 동이도본사의 주요 교인 명단. 申最秀(네모 안)라는 이름이 보인다.

[참고문헌]
『대종교보』제54호(1922년)·제55호(1922년)·제150호(1946년), 『종문영질』(프린트본, 1922), 『대종교독립운동사』(박명진, 필사본, 1964), 『대종교중광육십년사』(대종교총본사, 1971), 『승정원일기』1904년 5월 7일, 『서북학회월보』제9호(1909.2.1.), 「排日 鮮人의 行動에 관한 件』(不逞團關係雜件-朝鮮人의 部-在滿洲의 部3, 朝憲 제42호, 한국사DB, 국사편찬위원회), 「大倧教 陰謀計劃에 관한 건』(不逞團關係雜件-朝鮮人의 部-在滿洲의 部33, 機密受제186호-機密제184호, 한국사DB, 국사편찬위원회), 『한국독립운동사 자료』39(국사편찬위원회, 2003)

신태악(申泰岳, 남, 1848-?)

아호(별명) _ 강우(降又)
입교 시기 _ 1911년 이전 | 교질 _ 참교

함경북도 길주군 출신이다. 일찍이 광제원임시위원(廣濟院臨時委員)과 부주사(府主事) 등을 역임하였으며, 서북학회에 참여하여 성진부지회장(城津府支會長)으로 활동한 인물이다. 1921년 9월에는, 일본의 한반도 강점을 규탄하고 우리 국민의 독립 열망을 호소한 청원서인 「한국인민치태평양회의서(韓國人民致太平洋會議書)」에, 길주군의 대표로 서명도 하였다.

신태악의 대종교 교력을 살피면 1911년 1월 15일(음력) 참교(參敎)의 교질(敎秩)을 받은 기록이 있다. 당시 김사홍(金

思洪)·김도익(金道益)·백순(白純)·황훈(黃勳)·홍순칠(洪淳七) 등, 당대의 저명인사들과 함께 받았으나, 이후의 교력은 전하지 않는다.

[참고문헌]
『倧令』 제3호(1911년), 『종문영질』(프린트본, 1922), 『조선·대한제국관보』 제2318호(1902년)·제4271호(1909년), 『서북학회월보』 제11호(1909년), 『대한민국임시정부자료집』 18(국사편찬위원회, 2007)

신태윤(申泰允, 남, 1881-1961)
아호(별명)_ 단원(檀園), 백당(白堂)
입교 시기_ 1921년 | 교질_ 정교 | 서훈_ 애국장(1977)

신태윤

전라남도 담양군(潭陽郡) 고서면(古西面) 주산리(舟山里) 출신으로, 광주농업학교와 한성사범학교를 졸업하였다. 이후 곡성보통학교에서 교편을 잡으면서 민족운동의 산실로서 지역 단군전(檀君殿) 건립을 계획했다. 그리고 1914년 학교 인근인 학정리(鶴亭里) 삼인동(三仁洞)에 초가로 단군전을 건립하고, 단조홍성제(檀祖弘聖帝)라는 위패를 모셨다. 신태윤은 1919년까지 곡성공립보통학교 교사 재직하면서, 이 단군전을 중심으로 지역 동지들을 결집하여 민족의식과 독립정신을 고양하였다. 신태윤이 곡성장날인 1919년 3월 24일 만세운동을 주도한 것도 이러한 배경이 뒷받침된 것이다. 이 사건으로 체포된 신태윤은 광주지방법원에서 징역 2년을 선고받았다. 이어 경성고등법원에서 형이 확정되자 대구형무소에 이감되어 2년을 선고받았고 수감했다. 또한 그의 저술인 『신단오천년정사(神檀五千年正史)』도 영어(囹圄)의 몸으로 구상한 것이다. 출옥한 이후에는 경북 성주군(星州郡) 초전면(草田面) 고산동(高山洞)과 전남 장성군(長城郡) 북이면(北二面)에 학교를 설립하여 교육사업을 통한 후진을 양성에 진력하였다. 이후 1925년 10월 동아일보 순창지국(淳昌支局)이 설치되자 총무 겸 기자로 활동했으며, 1932년 8월 21일에는 동아일보 곡성지국의 지국장을 맡아 지역의 언론 활성화에 적극 앞장섰다.
신태윤은 광복 후에도 단군 선양과 대종교 활동에 적지 않은 공헌을 했다. 곡성군 건국준비위원장으로 추대되면서 국조단군곡성숭모회(國祖檀君谷城崇慕會)의 전신인 단군전보본계(檀君殿報本契)를 조직하여 개천절과 어천절에 전 군민이 참여하도록 했다. 그리고 각 시도를 순회하며 우리의 올바른 국사를 알리는 데도 열성을 보였다.
그의 대표적 저술로는 『신단오천년정사』(1935년)와 『도해삼일신고강의(圖解三一神誥講義)』(1938년) 등이 있다. 『신단

오천년정사』는 대종교 2대 교주를 지낸 무원(茂園) 김교헌(金敎獻)의 『신단민사(神檀民史)』의 영향을 받은 저술로, 신교사관(神敎史觀, 대종교사관)과 남북조사관(南北朝史觀)의 시각을 잘 드러내는 역사서다. 또한 『도해삼일신고강의』 역시 대종교 종사(宗師)로 추숭되는 백포(白圃) 서일(徐一)의 『도해삼일신고강의』와 『회삼경(會三經)』을 엮은 것으로, 『천부경(天符經)』을 부록으로 보태고 있다. 이 책은 대종교 삼일철학(三一哲學)의 정수를 보여주는 편역서로 평가 받는다.

신태윤이 저술한 『圖解三一神誥講義』(1938년, 왼쪽)와 『神檀五千年正史』(1945년, 오른쪽)

신태윤의 대종교 교력을 살피면, 1921년 9월 1일(음력, 이하 음력)에 참교(參敎)의 교질(敎秩)을 받은 기록이 있다. 그보다 훨씬 이전에 대종교에 입교한 것이 확인된다. 대종교 항일투사인 이현익(李顯翼)의 저술 『대종교인과 독립운동연원』에, 신태윤이 홍암(弘巖) 나철(羅喆)의 유훈을 받고 국내 비밀결사원으로 활동한 인물임을 밝힌 것도 그 이유다. 당시 대종교 국내 비밀결사원은 신태윤 외에 정인보(鄭寅普)·신명균(申明均)·맹주천(孟柱天)·이세정(李世楨) 등 30여 명이 항일투쟁을 위해 암약했다.
이어 신태윤은 1922년 윤5월 9일 대종교 남일도본사(南一道本司) 관할 성일시교당(星一施敎堂)의 전무(典務, 책임자)로 임명되었다. 이 시교당은 경북 성주군 초전면 월곡리(月谷里)에 위치했던 시교당으로, 성세영(成世英)과 송수근(宋壽根)이 찬무(贊務, 부책임자)를 맡아 신태윤을 도왔다. 당시 경북 지역 대종교의 중심지 역할을 했던 성주군에 대종교의 뿌리를 내린 인물이 신태윤임을 확인할 수 있고, 그 지역 핵심 인물이었던 성세영과 깊이 교감한 인물도 신태윤임을 알 수 있는 부분이다.
한편 해방 이후인 1955년 3월 21일, 신태윤이 상교(尙敎)의 교질로 광주지사(光州支司)의 전무를 맡은 기록도 있다. 이것은 그가 그 이전에 이미 지교(知敎)와 상교의 교질을 받았음을 알게 해 주는 부분이다. 또한 신태윤이 광주지사의 책임을 맡을 당시 그를 도운 인물 중에는 안신(安姡, 홍암 나철의 사위)과 나정수(羅正綏, 홍암 나철의 조카) 등이 있어 주목을 끈다. 이어 1958년 3월 9일에는 대종교의 교사(敎

史)를 정리하기 위해 구성된 종사편집부(倧史編輯部)의 주간(主幹)으로도 임명되었다. 그 시기 신태윤과 함께 종사편집부의 주간으로 활동한 인물들은 장도빈(張道斌)·이시열(李時說, 李學洌)·이용태(李容兌)·박창화(朴昌和)·정필선(鄭弼善)·이원(李源台)·류일우(柳一佑)·권중석(權重錫)·김정상(金正祥)·정원택(鄭元澤) 등이었다.

대종교에서는 신태윤의 이러한 공로를 기려 1958년 10월 13일 정교(正敎)의 교질과 함께 대형(大兄)의 교호(敎號)를 내렸다. 그리고 그 다음 날, 김두종(金斗鍾)·신백우(申伯雨)·신성모(申性模)·김승학(金承學)·서상일(徐相日)·민필호(閔弼鎬) 등 수십 인과 대종교 최고자문기관인 원로원의 참의(參議)로 선임되었다.

[참고문헌]
『대종교보』 제54호(1922년), 『종문영질』(프린트본, 1922), 『대종교인과 독립운동연원』(이현익, 프린트본, 1963), 『대종교중광육십년사』(대종교총본사, 1971), 『조선총독부및소속관서직원록』(조선총독부, 1914~1919), 『동아일보』 1925.10.28., 1932.8.21., 『神檀五千年正史』(신태윤 편, 1935), 『圖解三一神誥講義』(신태윤 編修, 三仁洞精舍, 1938), 『독립운동사』3(독립운동사편찬위원회, 1971), 『한국신흥종교총람』(이강오, 대흥기획, 1992), 『곡성중앙초등학교백년사』(곡성중앙초등학교총동창회, 곡성하늘광고기획, 2011)

신태익(申泰翼, 남, ?-1924)
입교 시기_1923년 | 교질_미상 | 서훈_애국장(2012)

평안북도 영변군(寧邊郡) 출신이다. 1919년 4월 박장호·조맹선 등이 중심이 되어 대한독립단(大韓獨立團)을 결성하고 국내에 지단(支團)을 설치할 때, 평북 영변지단 단장으로 임명되어 군자금 모집 활동을 수행했다. 이후 서간도로 넘어가 본격적인 항일투쟁에 뛰어들었다. 1922년 8월 23일 환인현(桓仁縣) 남구(南區) 마권자(馬圈子)에서 남만주 항일단체 대표 71명이 모여 대한통의부(大韓統義府)를 결성할 당시, 신태익은 오동진(吳東振, 교통부장)과 함께 교통부 부감(部監)으로도 선임되었다.

1923년 8월 대한통의부가 간부들 사이의 이념 분쟁과 권력 분배로 인해 분열되면서, 임시정부 직속 대한민국임시정부육군주만참의부가 출범하였다. 통의부와 참의부 간의 갈등이 고조되자, 통의부는 편강렬(片康烈) 등이 조직한 의성단(義誠團)과 연합하기 위해 1924년경 신태익을 의성단에 파견했다. 그러나 의성단을 방문하여 군인 7명과 무기 10정을 지원받고 돌아오던 중 중국인 병사들의 공격을 받아 피살되었다.

신태익의 대종교 교력을 보면, 1923년 4월 5일(음력) 대종교 서일도본사(西一道本司)의 특별 추천으로 영계(靈戒)를 받은 기록이 전한다. 당시 광정단(光正團)의 박원천(朴元千) 등과 함께 영계를 받았으나, 교질(敎秩) 관계는 확인되지 않는다.

[참고문헌]
『대종교보』 제58호(1923년), 「南滿韓族統一會 決議事項 및 職員布告文 入

手에 관한 건」(不逞團關係雜件-朝鮮人의 部-在滿洲의 部34, 機密受제71호-機密제67호, 한국사DB, 국사편찬위원회), 「南滿統義府聲討文에 關한 件」(不逞團關係雜件-朝鮮人의 部-在滿洲의 部40, 機密 第905號, 한국사DB, 국사편찬위원회), 『한국독립운동사』(문일민, 애국동지원호회, 1956), 『독립운동사』5(독립운동사편찬위원회, 1973)

신팔균(申八均, 남, 1882-1924)
아호(별명)_동천(東川)
입교 시기_1910년대 추정 | 교질_미상 | 서훈_독립장(1963)

신팔균

충청북도 진천군(鎭川郡) 이월면(梨月面) 노원리(老院里) 출신이다. 대대로 내려온 무관 집안의 기풍을 이어, 대한제국 육군무관학교에 입학하였다. 1903년 졸업한 뒤에는 육군 참위로 임관했으며, 1904년 부위, 1907년에 정위로 진급, 강계진위대(江界鎭衛隊)에 근무하였다.

그러나 1907년 8월 일제에 의해 대한제국 군대가 강제로 해산 당하자 군 복무를 그만 두고 낙향하여 이월청년학교(梨月靑年學校)를 설립하여 후학 양성에 힘을 기울였다. 그리고 1909년 안희제(安熙濟)·윤세복(尹世復)·신채호(申采浩)·서상일(徐相日) 등이 조직한 비밀 결사 대동청년당(大東靑年黨)에 가담하면서 본격적인 항일투쟁에 뛰어들게 된다. 대동청년단은 해방 후 오랜 시기까지도 정확한 내막이 밝혀지지 않을 정도로 치밀한 비밀조직이다. 당시 단원이었던 윤병호(尹炳浩)의 메모에 기록되어 있는 50여명의 명단에서 신팔균을 비롯한 윤세복·김동삼(金東三)·남형우·안희제·신채호·서상일·윤병호(尹炳浩)·이경희(李慶熙)·차병철(車秉轍)·이극로(李克魯)·김갑(金甲)·신백우(申伯雨)·박중화(朴重華)·신성모(申性模)·민강(閔橿)·이시열(李時悅)·고순흠(高順欽)·이우식(李祐植) 등, 이 단의 대다수가 대종교의 중심인물이었다. 이 대동청년단의 활동은 대종교와 연계하며 암암리에 1930년대까지도 이어졌다. 안희제가 1930년대 북간도 밀산 방면에 은거하며 대종교 활동을 하고 있을 때, 대종교총본사를 동경성으로 옮기게 하는 한편, 목단강·영안·동경성·해림 및 간도 각지를 순방하며 종래의 대동청년단을 강화시키기 위해 대종교의 간부·농민, 그리고 간도성내의 한인학교(韓人學校) 교사들을 가입시키는 공작을 지속한 것이다. 신팔균의 대종교 경험 역시 이 시기에 이루어졌을 가능성이 높다.

신팔균은 1910년 경술국치를 당하자 만주로 망명하여 연해주 등 여러 곳을 주유하였다. 그리고 서간도에 자리를 잡고 서로군정서와 신흥무관학교 등 서간도의 핵심 독립운동 기지에 참여하게 된다. 특히 대한제국 장교 출신의 경험을 살려 신흥무관학교 교관으로 근무하면서 많은 독립 운동가들을 양성했다. 신팔균이 이청천(李青天, 池青天)과 김경천(金擎天)을 만난 것도 이 무렵이다. 이들은 의기 투합하여 '하늘 천(天)'자를 넣어 새 이름을 지어 가졌다고 한다. 신팔균이 '동천(東川)'이라는 별명을 갖게 된 계기가 되었으며, 세 사람을 묶어 '남만삼천(南滿三天)'이라고도 불렀다.

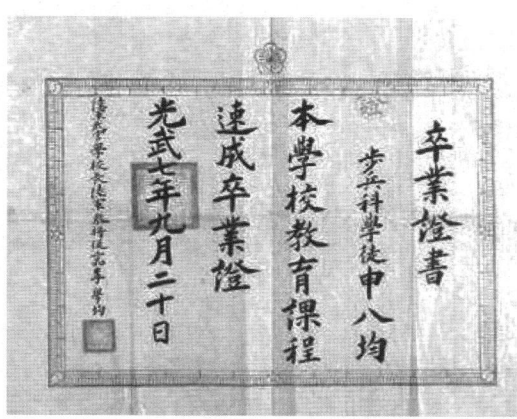

신팔균의 육군무관학교 보병과 졸업증서

경신참변 이후인 1922년 8월, 남만주 환인현(桓仁縣) 마권자(馬圈子)에서 대한통의부(大韓統義府)가 출범하자 그 의용군의 사령장(司令長)과 군사부 위원장을 맡았다. 신팔균의 대한통의부 의용군은 국내로 진공하여 평안북도 등에서 일본 경찰과 전투를 벌이는 등의 전적을 쌓았다. 또한 통의부 내부의 이념적 갈등으로 일부가 참의부(參義府)를 조직하여 세력이 약해지자, 현익철(玄益哲)·김창환(金昌煥) 등과 힘을 모아 통의부의 재건과 강화에 노력을 기울였다.

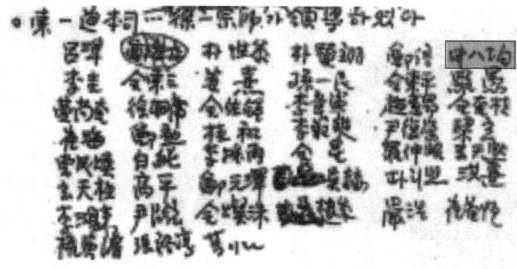

박명진의 『대종교독립운동사』에 기록된 1910년대 후반 대종교 동일도본사 주요 교인의 명단. 오른쪽 상단에 申八均(네모 안)의 이름이 보인다.

그러나 1924년 7월 흥경현(興京縣) 왕청문(旺淸門) 이도구(二道溝) 밀림 속에서 무관학교 생도들과 독립군의 합동훈련을 실시하던 중, 일본군에 매수된 장작림(張作霖) 군대의 기습 공격을 받고 교전 중 실탄이 다하여 전사하였다. 신팔균의 대종교 교력에 대한 기록은, 대종교단 내에 남아 있는 것이 없다. 그의 교질(教秩) 관계 역시 확인 안 된

다. 다만 대종교 항일투사 박명진(朴明鎭)이 기록한 『대종교독립운동사(大倧敎獨立運動史)』(필사본, 1964)에는 1910년대 대종교 동일도본사(東一道本司) 소속의 주요 교인으로 신팔균을 적고 있다. 당시 동일도본사는 동만주로부터 함경도를 관할하는 대종교 교구로, 당시 백포(白圃) 서일(徐一)이 책임을 맡은 구역이다. 신팔균은 여준(呂準)·박성태(朴性泰)·박찬익(朴贊翊)·현천묵(玄天黙)·김좌진(金佐鎭)·이장녕(李章寧)·계화(桂和) 등 수십 명의 독립운동지도자들과 함께 동일도본사의 주요 교인으로 이름을 올렸다.

[참고문헌]
『대종교독립운동사』(박명진, 필사본, 1964), 『대종교중광육십년사』(대종교총본사, 1971), 『동아일보』 1924.8.10., 『무장독립운동비사』(채근식, 대한민국공보처, 1949), 『한국독립사』(김승학, 독립문화사, 1965), 『독립운동사』 5·6·10(독립운동사편찬위원회, 1973~1978), 『국역고등경찰요사』(안동독립기념관, 2010), 『발해농장 시절의 백산』(안상만, 『나라사랑』 제19집, 외솔회, 1975)

신현창(申鉉彰, 남, 1892-1951)
입교 시기 _ 일제강점기 | 교질 _ 참고 | 서훈 _ 애국장(1990)

충청남도 논산군(論山郡) 부적면(夫赤面) 안천리(顏川里) 출신이다. 1918년 세브란스 의전(醫專)을 졸업하고, 그 해 5월 의사면허 시험에 합격하였다. 3·1독립만세운동이 일어나자 대한독립애국단에 가입하여 독립운동에 투신하고 단장인 신현구(申鉉九, 신현창의 형)의 밀명을 받아 군자금을 지참하고 상해 임시정부에 건너가 전달하는가 하면, 그곳에서 병원을 개업하여 수익금을 독립운동 자금으로 제공하기도 하였다.

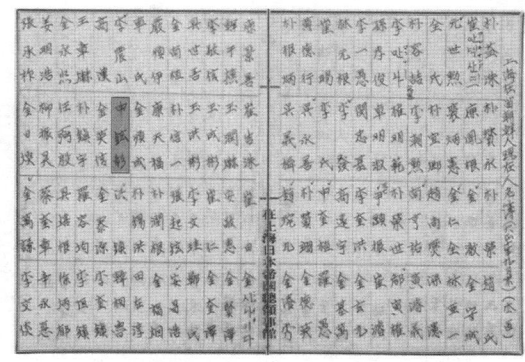

在上海日本領事館에서 작성한 1921년 9월말 현재 상해에 거류 조선인 명부 중의 일부. 왼쪽 중간에 申鉉彰(네모 안)의 이름이 보인다.

또한 대한독립애국단의 상해 연락책을 맡는 한편, 직접 임시정부에 참여하여 대한민국임시의정원의 충청남도 대의원으로 선출되어 활동하였다. 이후 외교후원회의 간사로 임명되어 '태평양회의 선언서'를 발표하는 일에 참여하였고 대한적십자회 상임위원으로도 피선되었다. 신현창

은 1922년 10월 28일에 결성된 한국노병회(韓國勞兵會)에 가입하여 이사를 역임하면서, 추위와 식량난에 처한 만주 독립군들에게 급원금(急援金) 50원을 송금하기도 했다.

신현창은 1929년 국내로 들어와 군자금 모집을 계획하였으나 큰 성과를 얻지 못했다. 그리고 신간회(新幹會)에 가입하여 그 해 7월 21일 신간회 서울지회 집행위원에 선임되어 활동하였다. 당시 서울지회 조직부장은 대종교 국내 핵심이었던 민중식(閔中植)이었다. 이후 신현창은 1928년부터 전주에 자리를 잡고 전주의원(全州醫院)을 개원하여 인술을 베푸는가 하면, 지역의 여러 활동에도 동참하며 지역 화합과 발전에 힘을 쏟았다.

해방 이후에는 한민당에 잠시 몸을 담은 적이 있고 조선조 이래 민간에 널리 유포되어온 예언서인 『정감록(鄭鑑錄)』을 해설한 책을 내기도 했다. 전래 참서(讖書)의 하나인 『정감록』은 여러 비기(祕記)를 모은 것으로, 참위설(讖緯說)·풍수지리설·도교(道教) 사상 등이 혼합되어 이루어졌다. 신현창의 민간신앙에 대한 관심이 지대했음을 알게 해 주는 부분이다.

1946년 6월 신현창이 해설하여 펴낸 鄭鑑錄

신현창의 대종교 교력과 관련한 일제강점기의 기록은 전하지 않는다. 교단 내에서는 상해 시절 이미 입교한 것으로 알려져 있으나, 그 영계(靈戒) 사항이나 교질(教秩) 관계는 남아있는 것이 없다. 그러나 대종교가 만주로부터 환국한 직후인 1946년 3월 14일(음력), 대종교총본사에서는 특별 추천에 의해 영계(靈戒)와 함께 참교(參教)의 교질(教秩)을 동시에 수여하였다. 더욱이 같은 날 대종교 최고자문기관인 경의원(經議院)의 참의(參議)로도 임명되었음을 보면, 대종교단 내에서 그의 교력이 짧지 않았음을 시사해 준다.

[참고문헌]
『대종교보』,환국기념호(1946년), 『대종교중광육십년사』(대종교총본사, 1971), 『조선총독부관보』,제1741호(1918년), 「不逞鮮人 行動報告の件」(不逞團關係雜件-朝鮮人の部-在滿洲の部41, 機密 第74號, 한국사DB, 국사편찬위원회), 『조선일보』,1929.7.23., 『중외일보』,1928.7.20., 1930.8.5., 『매일신보』,1933.5.18., 『정감록해설』(신현창, 신세계사, 1946), 『朝鮮民族運動年鑑』(上海日本領事館, 東文社書店, 1946), 『독립운동사』,4(독립운동사편찬위원회,1972), 『독립운동사자료집』4·7·9·14(독립운동사편찬위원회,1973·1980), 『대한민국임시정부의정원문서』(국회도서관, 1974)

신형근(辛亨根, 남, 생몰 미상)
입교 시기_1922년 | 교질_미상

출신지역과 생몰연대를 확인할 수 없는 인물이다. 1925년 운남(雲南)에 근거를 둔 항일단체 대한청년독립단(大韓靑年獨立團)의 단장을 맡았다. 당시 신형근은 부하 김하순(金河純)과 함께 남북만주의 독립단체와 연락을 취할 목적으로 정의부에 의탁하고, 동념 8월 15일 양기탁(梁起鐸) 등과 논의하여 부여현(扶餘縣) 방면으로 향하려 한다는 기록이 전한다.

신형근의 대종교 교력을 살피면, 1922년 7월 24일(음력) 대종교 북일도본사(北一道本司) 관할삼성시교당(三成施教堂)의 시교원(施教員)을 맡은 기록이 있다. 그 이전에 대종교에 입교한 것을 확인할 수 있다. 당시 삼성시교당은 부여현 도뢰소참(陶賴昭站) 북쪽 삼가자진(北三家子鎭)에 소재했던 시교당으로 이시행(李時行)이 전무(典務, 책임자)를 맡아 이끌었다. 또한 신형근은 같은 해 12월 23일(음력) 대종교 북일도본사의 추천으로 이시행·류원우(柳遠佑)·김노흠(金魯欽) 등과 영계를 받았지만, 그 외의 교질 사항은 확인이 안 된다.

[참고문헌]
『대종교보』,제56호(1922년), 『대종교중광육십년사』(대종교총본사, 1971), 「不逞鮮人 行動報告の件」(不逞團關係雜件-朝鮮人の部-在滿洲の部41, 機密 第74號, 한국사DB, 국사편찬위원회)

신형호(申衡浩, 남, 1891-1963)
아호(별명)_천아(天阿), 신창한(申昌漢), 신백원(申伯元), 신천아(申天兒), 신형호(申亨浩)
입교 시기_1914년 이전 | 교질_정교 | 서훈_애족장(2011)

신형호

충청북도 청주군 가덕면(加德面) 인차리(仁次里) 출신이다. 대종교지도자로 상해임시정부의 수립의 산파 역할을 한 예관(睨觀) 신규식(申圭植)의 조카다. 일찍이 한성한어학교(漢城漢語學校)를 마치고 1907년 3월 국채보상운동에 참가하였다. 또한 황성기독교청년회의 학관에서 영어를 배운 후 숙부인 신규식을 따라 중국으로 망명하였다.

상해 도착 직후에는 중국 혁명을 지원하기 위하여 중화학생군단(中華學生軍團)에 자원 입단하는가 하면, 혁명군의 군비확충을 목표로 한 기부금 모금 및 의료구호 활동 등에 동참하는 등의 방법으로 중국혁명세력에 대한 지지와 성원을 표시하였다. 당시 신규식은 조카 신형호를 자신과 같은 군인으로 성장하기를 기대했다. 신형호를 학생군단에 입대시키며 읊은 신규식의 「송가질부학생군단(送家侄赴學生軍團, 학생군단에 입대하는 조카를 전송하며)」이란 아래의 글에서도 확인된다.

如何吾叔侄 나와 우리 조카 어떠했던가
俱願在軍中 모두 군인 되길 원하였네
是愛新民血 이것은 백성을 사랑하는 피일 것이니
共和扶大東 우리 공화국을 세우려 함이라

신형호는 1912년 6월 대종교 동지인 김렬(金烈)과 미국으로 건너가 헤이스팅스중학교에 입학해 공부하면서 헤이스팅스의 한인소년병학교(The Young Korean Military School)에 들어가 군사 훈련을 받았다. 이 한인소년병학교는 1910년대 미주 한인사회에 군인양성운동의 기폭제 역할을 하는 계기를 마련하였다. 신형호를 비롯하여, 이 학교 출신 정한경(鄭翰景)·유일한(柳一韓)·한시호(韓始浩)·홍승국(洪承國)·김용성(金容成)·김현구(金鉉九)·백일규(白一圭) 등이 이후 재미한인사회의 실질적인 중견 지도자로 활동하며 국권회복운동을 전개하는 것에서도 확인된다. 신형호 등은 1914년 2월 헤이스팅스에서 한인소년병학교 유지단을 조직한 후, 「소년병학교 유지단 취지서」를 다음과 같이 시작하면서 단군의 동일한 핏줄임을 강조하였다.

"우리의 항상 숭배하고 우리의 항상 사랑하는 동지와 형제여. 우리가 단군조의 동일한 자손이 아니며 반도국의 동일한 민족이 아닌가. 한 번 부모국을 버리고 만리 해외에 표박함으로부터 어느 산, 어느 물에 가련한 신세를 탄식하며 몇 해 며칠이나 망극한 눈물을 금치 못하였는가. 많이 여러분의 총명재질로 창자에 끓는 피가 식지 아니하며 머리에 가득한 생각이 마르지 아니하고 일하면 여러분은 오직 미국에 워싱턴 그랜트, 덕국(독일) 비스마르크, 이태리(이탈리아)에 가리발디가 아니면 여러분은 이 글을 볼 때에 큰 강 같이 쉬지 아니하는 마음과 새벽별 같이 청명한 눈으로 깊이 생각하면 반갑게 깨닫기를 축수하노라."

또한 「소년병학교 유지단 규칙」을 발표하고 『국민보』에 「소년병학교」라는 장문의 글을 게재하며 소년병학교 후원을 호소하였다. 이어 신형호는 1915년 1월 1일 소년병학교 후원자와 졸업생들과 콜로라도주 웰도카운티 갈레턴에 한인농업회사를 설립하는가 하면, 1919년에는 대한인국민회 시카고지방회 서기로 선출되어 독립 의연금 모금 운동에도 앞장섰다. 1919년 4월 15일에는 시카고지방회 회장으로서 '대한공화국 신정부 조직' 경축식을 거행하였고, 같은 달 25일 디트로이트지방회 설립을 의결한 후 5월 2일 북미지방총회 인준을 받았다. 1922년 1월 15일에는 이승만(李承晩) 등 7인과 함께 비밀결사 대광(大光)을 조직하였는데, 1926년 6월 대한인동지회 뉴욕지부로 개편되었다. 1922년 1월 잡지 『만세보』 주필로 활동하며 1925년까지 구미위원부에서 대내외 연락과 재정 및 통신문 발행 업무를 담당하고, 미국 각지를 순방하며 이승만의 외교

활동 후원 모금 운동을 전개하는데 앞장섰다.

신형호(네모 안)가 대한인국민회 시사위원으로 선임된 선임장의 내용을 실은 미주 『신한민보』(1938년 11월 17일자)의 기사 내용.

신형호는 1927년 5월 로스앤젤레스에서 개최한 북미유학생 서부대회에서 강사로 활동하였고 1930년 3월 로스앤젤레스 한인들이 광주 학생 운동을 후원하기 위해 공동회 결성에도 동참하였다. 1936년 7월 대한인국민회총회 특별대의원회에 참석하여 임원 제도를 위원제로 수정하고, 임시 정부 후과 대한인국민회 총회관의 로스앤젤레스 이전 등을 결의하는 데 기여하였다. 1938년 11월 대한인국민회 중앙상무위원회에서는 박재형과 함께 시사위원으로 선정되어 중일 전쟁의 정세와 비상시 재미 한인의 행동 및 대외 선전 방침을 연구하였다. 그리고 1944년 6월과 8월에 동지회 북미총회에 독립금을, 1945년 6월 미국 캘리포니아주 한인양로원을 위한 특연금, 1945년 9월 임시 정부 후원금을 기부하였다.

신형호의 대종교 교력을 살피면, 1914년 3월 24일(음력, 이하 음력) 김렬(金烈)·김갑(金甲)·신덕(申德) 등 신규식의 측근들과 함께 참교(參敎)의 교질(敎秩)을 받은 기록이 있다. 이 중 김렬과 신덕은 신형호와 함께 미국으로 건너간 인물들로, 이들이 참교의 교질을 받은 시기는 미국에 머무를 당시였다. 참교의 교질이 입교(入敎)를 거쳐 일정 기간 후에 영계(靈戒)를 받고 다시 상당한 시간을 경과한 후에 얻어지는 대종교적 절차임을 감안한다면, 이들의 대종교 입교가 상해시기에 이루어졌음을 알 수 있다.

신형호가 대종교와 다시 만난 시기는 1962년 4월이다. 해방 이후 고국을 찾은 신형호는 우선하여 대종교총본사를 찾았다. 그는 대종교 교세(敎勢)의 초라함과 재단(財團)의 영세함을 개탄하며 대종교의 새로운 진흥책으로 종단기금(宗團基金)의 확보 방안을 제시했다. 그리고 대종교지도자들과 수차례의 상의를 거쳐

　一. 총본사가 중심이 되어 국내 교우들의 성연금을 모아 액면의 다과를 막론하고 기금을 적립할 것
　一. 국내에서의 기금 조성 장황을 보아 천아(天阿, 신형호의 대종교 아호·인용자 주) 대형(大兄)이 미국으로 돌아가 재미교포의 특연금을 모집할 것
　一. 이와 같이 국내외에서 성연된 금액이 목표액에 달

하면 응분의 사업을 추진하고 그 잉여금으로 선도 사업비(宣道事業費)에 충당할 것

등을 결정하고 이의 집행기관으로 대종교진흥추진회(大倧敎振興推進會)를 조직하여 아래의 조직까지도 갖추었다.

고　　문　신형호(申衡浩)
이　사　장　김두종(金斗鍾)
부이사장　맹주천(孟柱天)
상무이사　엄주천(嚴柱天), 김일수(金一洙)
이　　사　정관(鄭寬), 이용태(李容兌), 이현익(李顯翼), 이흥수(李興秀), 장형(張炯), 김익전(金益銓), 강천봉(姜天奉)
감　　사　이세정(李世楨)

그러나 1963년 8월 신형호가 미국으로 돌아간 직후 사망하면서, 그가 구상한 대종교발전책 역시 성과를 거두지 못했다. 대종교에서는 그가 국내로 들어왔을 당시인 1962년 9월 25일, 지교(知敎)를 넘어 상교(尙敎)로 초승(超陞)시키고, 1963년 6월 3일에는 정교(正敎)의 교질과 함께 대형(大兄)의 교호(敎號)를 수여하였다.

[참고문헌]
『대종교보』제210호(1962년)·제211호(1963년), 『종문영질』(프린트본, 1922), 『대종교중광육십년사』(대종교총본사, 1971), 『신한민보』1912.6.17., 1913.10.31., 1914.4.16., 1919.4.15., 5.6., 8.19., 1920.5.11., 1938.11.17., 『국민보』1914.2.21., 7.15., 「通報 朝鮮人 排日運動 企劃 狀況에 관한 件(不逞團關係雜件·鮮人의 部·在上海地方1, 官秘 제218호, 한국사DB, 국사편찬위원회), 『李承晚 東文 書翰集』(유영익 외, 연세대학교출판부, 2009), 『박용만의 소년병학교』(안형주, 『한국민족학연구』4, 단국대학교 한국민족학연구소, 1999)

신희경(申熙慶, 남, 1890-1928)

아호(별명) _ 청농(靑農)
입교 시기 _ 1925년 이전 | 교질 _ 미상

함경남도 북청군(北靑郡) 출신으로, 대종교계 항일단체인 대한군정서(북로군정서)와 그 계열에 몸을 담고 항일투쟁을 벌인 인물이다. 1920년 청산리독립전쟁 당시는 강승경(姜承慶)·채춘(蔡春)·김명하(金明河)·이후구(李翊求)·정면수(鄭冕洙)·김동섭(金東燮) 등과 대한군정서의 소대장으로 참전하였다.
이후 1924년 김규식(金奎植)이 이끄는 대한독립군단 제2연대 제2대대장을 지내면서, 조성환(曺成煥)·최익항(崔益恒)·김규식 등, 대종교 항일투사들이 중심이 된 동빈현입적간민권업회(同濱縣入籍墾民勸業會)의 경호부장(警護部長)으로도 활동하였다. 1925년 1월에는 대한독립군의 모연대장(募捐隊長)으로 이름을 올린 기록도 전한다. 당시 대한독립군 총재 현천묵의 명의로 발행된 문서를 지참한 신희경은, 김하운(金河雲)·김석환(金錫煥)·이승하(李承夏) 등의 부

하들을 이끌고 연길현(延吉縣) 지인향(志仁鄕)으로 잠입하여 모연활동을 벌이다 일경과 전투를 벌이기도 했다.

『독립신문』(1921년 2월 25일자)에 실린, 청산리대첩 당시 대한군정서 주요 군간부들의 명단. 가운데 부분에 申熙慶(네모 안)이란 이름이 보인다.

1926년 12월에는 혁신단(革新團) 재무위원으로 있으면서 군자금 확보를 위해 동분서주하는가 하면, 고려혁명군(高麗革命軍)에서도 활동하였다. 고려혁명군은 청산리독립전쟁 이후 밀산(密山)으로 이동해 조직한 대한독립군단의 일부 단원들이 만주로 복귀하면서 조직한 단체였다. 그 중심인물들 역시 김규식·고평(高平)·이범석(李範奭)과 같은 대종교 인물들이었으며, 국민개병제의 민병제 실시와 한인교포의 교육계몽에 주력하며 군인의 자치를 도모한 단체였다.
그러나 고려혁명군의 간부로 활동하던 신희경은 1928년 9월 29일 의문의 사살을 당한다. 신희경이 일본영사관과 비밀리에 내통하여 밀정 노릇을 했다는 이유였다. 더욱이 그를 사살한 인물들은 그 대원들이었다. 아직도 그 내막은 분명하게 밝혀지지 않았다.

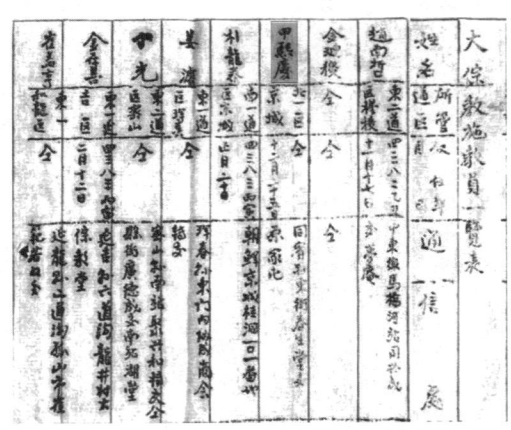

1926년 대종교교단에서 작성된 문서 중에 들어있는 '大倧敎施敎員一覽表. 가운데 申熙慶(네모 안)이란 이름이 보인다.

신희경의 대종교 교력과 관련한 교단 내의 기록은 전하는

것이 없다. 다만 1926년 대종교에서 작성한 문서를 보면, 그가 1925년 12월 25일(음력) 대종교 북일도본사(北一道本司) 소속의 시교원(施敎員)으로 임명된 기록이 있다. 이 시기는 신희경이 동빈현입적간민권업회를 중심으로 활동하던 시기와 일치한다. 또한 이 기록은 그의 대종교 입교가 그보다 훨씬 이전에 이루어진 것을 말해 주는 것으로, 아마도 대한군정서에 가담했던 시기가 아닐까 추정해 본다.

[참고문헌]
「大倧敎施敎堂一覽表(1926年)」(延边朝鲜族自治州档案馆 全宗号42 目录号1 案卷号343, 和龙县历史档案 和龙县警察所, 令各区查禁韩人设立大倧教堂由, 民国十五年五月十二日). 『독립신문』1921.2.25., 「在外 要注意 鮮人 別名 變名 雅號 調査에 관한 건」(不逞團關係雜件-朝鮮人의 部-在滿洲의 部39, 機密受제169호-機密제161호, 한국사DB, 국사편찬위원회). 「大韓獨立軍團의 現狀에 關한 件」(不逞團關係雜件-朝鮮人의 部-在滿洲의 部40, 機密 第1號, 한국사DB, 국사편찬위원회). 『동아일보』1928.10.25.

심근(沈槿, 남, 1887-1938)

아호(별명) _ 심암(心巖), 심일표(沈一杓), 심동화(沈東華)
입교 시기 _ 1911년 | 교질 _ 상교

평안남도 용강군(龍岡郡) 용월면(龍月面) 대영리(大永里) 출신이다. 1909년 봄 경성공업전습소를 졸업한 이후 평생을 대종교 포교를 통한 항일투쟁에 헌신한 인물이다. 그의 초명은 심동화(沈東華)이며 공업전습소 시절에는 심일표(沈一杓)로 생활하였고 대종교 입교 이후 심근(沈槿)이란 외자 이름으로 개명하였다.

심근은 같은 공업전습소 출신이자 대종교 동지들인 박찬익(朴贊翊)·박승익(朴勝益)·김원식(金遠植)·조열(趙烈) 등과 방직공장 설립을 도모했으나 일제의 탄압으로 무산되었다. 박찬익·박승익 등이 일제의 탄압을 피해 1910년 12월 만주 용정(龍井)으로 넘어가자, 심근 역시 상업을 목적으로 일제의 눈을 피해 간도(間島)로 건너갔다.

1913년 4월 대종교 동지인 이동춘(李同春)·조열·김영학(金永學) 등과 간민회(墾民會) 설립에 참여하여 의사원(議事員)으로 활동하였다. 간민회는 한인자치를 통한 독립운동단체로, 교민에 관한 모든 사항들을 자치적으로 해결하고자 함은 물론, 교민에게 애국심을 고취하여 독립운동의 기반 조성에 크게 기여하였다. 또한 심근은 대종교 항일단체인 대한군정서(북로군정서)의 창립요원(創立要員)으로 북간도 항일투쟁의 선봉에 섰으며, 후일 신민부(新民府)의 요원(要員)으로 가담하여 만주와 연해주 등지에서 활약하였다.

한편 1924년 2월에는 용정(龍井) 지역 동아일보 지국의 기자로도 활동하였으며, 1925년 3월 에는 동일학교(東一學校) 교사로 근무하였다. 이후 1927년 봄부터 연길현(延吉縣) 동불사(銅佛寺)에서 대종교 계열의 천영학교(天英學校)와 신흥학교(新興學校)의 교장을 맡아 10여 년 간 시무하였다.

심근의 대종교 교력을 살피면 1911년 3월 1일(음력, 이하 음력) 봉교(奉敎, 입교)한 기록이 있다. 그리고 만주 화룡현 삼도구 청파호(青波湖)에 있는 대종교시교당의 찬무(贊務)를 맡아 교무를 보면서, 그 해 11월 4일 참교(參敎)의 교질(敎秩)을 받는다.

또한 1912년부터는 박승익·조열 등과 청파호 시교당의 경배(敬拜)를 이끌면서 강도(講道)를 하는 등 대종교 포교에 적극 앞장섰다. 이러한 노고로 1913년 4월 6일에는 지교(知敎)의 교질로 승급하였다. 1914년 6월 9일에는 방성룡(方成龍)·최백은(崔白隱)·김도은(金島隱)과 함께, 당시 대종교지도자였던 호석(湖石) 강우(姜虞)를 시봉(侍奉)하여 백두산 봉심(奉審)과 더불어 제천(祭天)의 길에 오르기도 했다. 그리고 1916년 4월 1일 상교(尙敎)의 교질에 올랐다.

한편 1916년 8월 15일 대종교 교주 홍암(弘巖) 나철(羅喆)이 구월산 삼성사에서 자진순교(自盡殉敎)하였다. 심근은 그 해 11월 20일 대종교총본사가 있는 만주 화룡현 청파호에서 거행된 봉장례식(奉藏禮式)에 참여하여 강우·조완구(趙琬九)·현천묵(玄天默)·남규일(南圭一)·김백(金白)·나정경(羅正經)·김서종(金書鍾)·계화(桂和) 등과 나철의 신해(神骸)를 예상전(禮床前)에 모셨다. 또한 그 봉장례에 천다제문(天茶祭文)을 올려 스승 나철의 업적을 기리기도 했다. 더욱이 나철이 순교한 이후, 삼성사를 찾아 그 북벽에 모셔져 있던 삼신위판(三神位版)을 대종교 동도본사(東道本司)로 옮겨간 인물도 심근이다. 이 삼신위판은 나철이 순교하기 7일 전인 1916년 8월 8일에 직접 쓴 것으로, 중앙에 '한임천제(桓因天帝)', 왼편에 '한웅청왕(桓雄天王)', 오른편에 '한검인종(桓儉人宗)'을 써서 삼신일체의 의미를 드러낸 것이다.

심근은 1922년 2월에는 대종교의 교리(敎理)를 풀은 『오대종지강연(五大宗旨講演)』(백포 서일 저술)과 『종리문답(倧理問答)』(호석 강우 저술), 그리고 의례(儀禮)를 모아 기록한 『종례초략(倧禮抄略)』 각 5백부를 직접 성연(誠捐)하여 간행하였으며, 한 달 뒤인 3월에는 순교령(巡敎令)에도 임명되었다. 또한 1923년 4월 23일 동일도본사 선리부령(宣理部令)으로 선임되어 관할 구역 종무행정의 책임자가 되었으며, 1924년 3월 25일(음력)에는 당시 화룡현 삼도구(三道溝)에 거주하면서 그 지역의 이상호(李相鎬)와 함께 두만강 연안을 관할하는 대종교총본사 기본(基本) 및 경상금(經常金) 동독위원(董督委員)으로 임명되기도 했다.

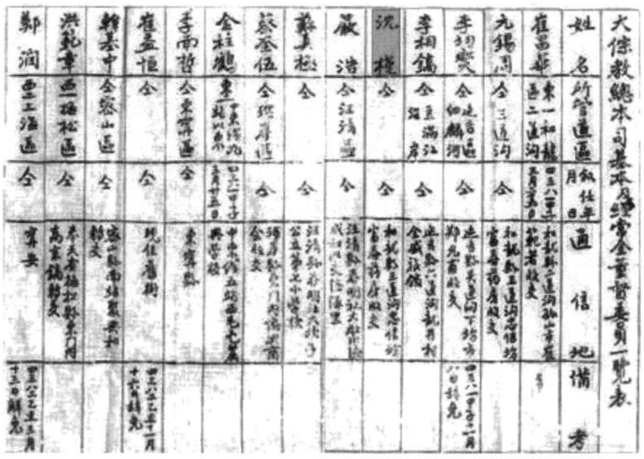

1926년 만주대종교포교금지령으로 인해 압수된 대종교 문건에 실려 있는 '大倧教總本司基本及經常金董督委員一覽表'. 중간부분 상단에 沈槿(네모 안)이라는 이름이 적혀있다.

1924년 5월(양력)에는 영안현(寧安縣) 영고탑(寧古塔)에 소재한 대종교총본사에서 열린 대종교교우회에 간도대표 참석하여 다음의 주요 안건들을 심의·의결하였다.

一. 전(前) 대종교 교주 김교헌(1923년 사망)과 고(故) 대종교 동도본사 전리(典理) 서일(徐一)에 대한 경칭(敬稱) 문제
一. 홍범규제(弘範規制) 개정에 관한 문제
一. 총본사를 용청촌으로 이전하는 문제
一. 교주 선임에 관한 문제

또한 1926년 1월 18일에는 백순(白純)·조완구(趙琬九)·김두봉(金枓奉)·김교준(金敎準)·채규오(蔡奎伍)·김연원(金演元)·신명균(申明均)·정신(鄭信, 鄭潤) 등과 대종교홍범(大倧敎弘範) 및 규제수정기초위원(規制修正起草委員)으로 임명되어 대종교규범을 제도화하는데 공헌하였다. 대종교에 있어 홍범(弘範)과 규제(規制)는 교헌(敎憲)과 교법(敎法)과 같은 것으로, 대종교를 지탱하고 운용해 가는 기본적 질서와도 같은 규율이었다. 또한 그 임명된 인물들의 거주지가 국내와 북만주 그리고 내몽고와 상해까지 두루 퍼져 있었음이 흥미롭다. 이것은 그 시기 대종교의 인적 네트워크가 활발하게 작동하고 있었음을 알게 해 주는 동시에, 심근이 여기에 참여했다는 것은 그가 대종교의 중심부에 있었음을 증명해 준다.

심근은 1935년 1월에도 대종교 동일도본사의 시교원(施敎員)으로 선임되는가 하면, 같은 해 10월에는 다시 대종교 홍범규제수정위원(弘範規制修整委員)을 임명되어 교규 수정에 일조하였다. 이어 1936년 6월에는 대종교의 원로원 격인 경의원(經議院) 참의(參議)로 피임되어 활동하던 중, 원인 모를 병으로 신음하다가 1938년 9월 동불사 자택에서 사망한다. 대종교에서는 교우회장(敎友會葬)으로 화장식을 거행한 후, 그의 유언에 따라 화룡현 삼도구에 청파호 지역에 안장하였다.

[참고문헌]
『대종교보』제58호(1923년), 『종문영질』(프린트본, 1922), 『홍암신형조천기』(김교헌 편, 대종교총본사, 1954), 『대종교인과 독립운동연원』(이현익, 프린트본, 1963), 『대종교독립운동사』(박명진, 필사본, 1964), 『대종교중광육십년사』(대종교총본사, 1971), 『朝鮮人墾民會에 관한 건 報告』(不逞團關係雜件-朝鮮人의 部-在滿洲의 部2, 公信 제2호, 한국사DB, 국사편찬위원회), 『大倧敎施敎堂 一覽表(1926년)』(延邊朝鮮族自治州档案館 全宗号42 目录号1 案卷号343, 和龙县历史档案 和龙县警察所, 令各区査禁韓人設立大倧敎堂由, 民國十五年五月十二日), 『寧古塔에서 大倧敎 敎友會 開催 狀況에 관한 건』(不逞團關係雜件-朝鮮人의 部-在滿洲의 部39, 機密受제144호-機密제136호, 한국사DB, 국사편찬위원회), 『단군성적순례』(현진건, 예문관, 1948), 『호석선생문집』(독립운동사편찬위원회, 『독립운동사자료집』(문화투쟁사자료집), 12, 1977), 『지산외유일지』(정원택, 탐구당, 1983), 『위암장지연서간집』(위암장지연선생기념사업회, 2004)

심동식(沈東植, 남, 생몰 미상)
입교 시기_ 1935년 이전 | 교질_ 참교

출신지역과 생몰연대를 알 수 없는 인물이다. 일제의 문서에서도 일체 발견되지 않는다. 심동식은 1935년 4월 8일(음력) 대종교 백일시교당(白一施敎堂)의 찬무(贊務, 부책임자)를 맡은 기록이 있다. 당시의 교질(敎秩)이 참교(參敎)였다. 백일시교당은 왕청현(汪淸縣) 백초구(百草溝)에 소재한 시교당으로 대종교 무장투쟁의 근거지였던 대종교 동일도본사 관할이었다. 그 책임자도 대한군정서(북로군정서) 모연대(募捐隊) 제3부장을 지낸 한상우(韓相愚)가 전무(典務, 책임자)를 맡았으며, 항일투사 최원일(崔元一) 등이 찬무를 맡아 심동식과 함께 했다. 그 시기 이들 모두의 교질이 참교였다. 이로 보아 심동식의 대종교 입교가 대종교 항일단체인 대한군정서로 올라갈 가능성이 점쳐진다.

또한 심동식은 1937년 8월 24일(음력) 발포된 대종교 재만교구경상금수납위원(在滿敎區經常金收納委員)으로 임명되어 왕청현 부근을 책임졌다. 당시 왕청현 부근의 책임자로 함께 임명된 인물들이 현천극(玄天極)과 최원일이었음도 주목된다. 현천극은 만주 항일투쟁의 거물이었고 최원일 역시 대한국민회의 통신부 부부장과 고려공산당총회 서무부장을 지낸 인물이었다. 심동식 역시 대종교 항일투쟁의 일선에 있었던 인물일 듯하나, 그 외의 기록은 전하지 않는다.

[참고문헌]
『대종교보』제115호(1937년), 『대종교중광육십년사』(대종교총본사, 1971), 『間島 不逞鮮人 團體와 그 動靜에 관한 調査書의 件』(不逞團關係雜件-朝鮮人의 部-在滿洲의 部16, 機密 제14호, 한국사DB, 국사편찬위원회)

심상목(沈相穆, 남, 생몰 미상)
입교 시기_ 1937년 이전 | 교질_ 참교

출신지역과 생몰연대가 확인되지 않는다. 일제의 기록에도 일체 드러나지 않는 인물이다. 1937년 2월 28일(음력, 이하 음력) 대종교총본사의 특별추천에 의해 영계(靈戒)를 받았다. 또한 같은 해 3월 14일, 윤충한(尹忠漢)·권중락(權重洛)·김세익(金世翼) 등과 대종교 북일도구(北一道區) 관할 시교원(施敎員)으로도 임명되었다. 당시 북일도구는 만주의 길림성(吉林省)과 송강성(松江省, 후일 흑룡강성의 일보가 됨)을 관할하던 대종교 교구였다. 이로 보아 심상목이 대종교를 접한 시기가 상당히 오래 되었음을 짐작된다. 또한 열흘이 지난 3월 24일 총본사의 특별추천으로 참교(參敎)의 교질(敎秩)을 받은 기록이 있으나, 그 이후의 활동 사항은 전하는 것이 없다.

[참고문헌]
『대종교보』제113호(1937년), 『대종교중광육십년사』(대종교총본사, 1971)

심상완(沈相完, 남, 1899-?)
입교 시기_ 1922년 이전 | 교질_ 미상

경상북도 청송군(靑松郡) 파천면(巴川面) 덕촌동(德川洞) 출신이다. 일찍이 청송공립보통학교를 마치고 상경하여 중동학교(中東學校) 및 중앙학교(中央學校) 졸업하고 일본 유학길에 올라 1921년 6월 동경정칙영어학교(東京正則英語學校)에 입학하였다. 그러나 그 해 9월 동경물리학교(東京物理學校)로 옮겼으나 11월 퇴학당한 것으로 알려졌다.

국내로 귀국한 심상완은 1922년 2월 사회주의 운동단체인 신인동맹회(新人同盟會) 조직에 참여하였다. 신인동맹회는 심상완과 장병천(張炳天)·이영(李英)·신일용(辛日鎔) 등이 주축이 된 단체로, 레닌의 러시아 혁명을 동경하는 공산주의적 노선을 추구하였다. 그러나 얼마 되지 않아 무산자동지회와 합세하여 무산자동맹회로 바뀌면서, 심상완은 1922년 4월 상해(上海)로 건너갔다.

1922년 7월에는 안창호의 와 가까이 지내면서 임시정부 활동은 물론, 한중호조사(韓中互助社, 혹은 중한호조사) 총사(總社) 사원(社員)으로 가담하여 활동하는가 하면, 국민대표회의 소집 문제를 포함한 몇 가지 현안 문제를 해결하기 위해 조직된 시사책진회(時事策進會)에도 가입하여 활동하였다.

1923년 3월 다시 국내로 들어온 심상완은 같은 달 24일 개최될 전선청년당대회(全鮮靑年黨大會)의 참여를 고무하는 후원회(後援會)에 동참하기도 했다. 전선청년당대회는 서울청년회의 좌경파 김한(金翰)·김사국(金思國) 등이 조선청년회연합회(朝鮮靑年會聯合會)를 타도할 목적으로 개최된 단체로, 현재의 사회제도를 혁신하기 위해 공산주의를 고취할 것을 결의하자 일제에 의해 집회 해산 명령이 내려졌다.

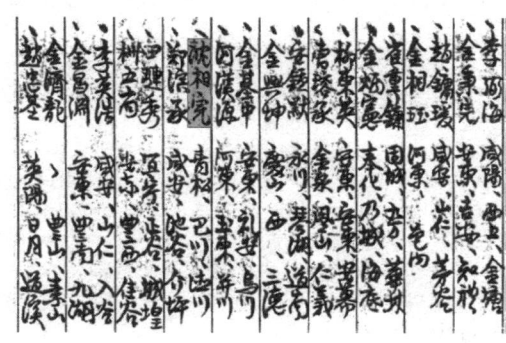

『本司行日記』(필사본, 1922)에 1922년 이전 경북 지역 대종교 주요 교인 명단으로 이름이 올라 있는 沈相完(네모 안).

이후 심상완은 낙향하여 1926년 5월 경북 청송군 청송면에 주식회사 청송흥업사(靑松興業社)를 설립하여 대표이사 직을 맡았다. 이 회사는 농촌산업자금의 대부(貸付)와 육해물산(陸海産物)의 무역 및 농촌의 일용잡화(日用雜貨)를 판매할 목적으로 만들어진 회사였다. 또한 1926년 10월에는 동아일보 청송지국의 고문으로 추대되어 활동하면서 지역의 경제와 언론 발전에 이바지하기도 했다.

심상완과 관련된 대종교 교력은 대종교단 내에는 전하는 것이 없다. 그의 영계(靈戒) 사항이나 교질(敎秩) 관계 역시 확인하기 힘들다. 그러나 성세영(成世英)이 기록한 『본사행일기(本司行日記)』(필사본, 1922년)에는, 심상완이 1922년 이전 경북 지역 대종교 주요 교인으로 기록되어 있다. 본사행 일기가 1922년 음력 10월의 기록이고 보면, 심상완이 상해로 건너가 국내로 들어오기 이전의 기록이다. 그러므로 심상완의 대종교 입교 시기는 상해로 건너가기 이전이나 상해 시대에 이루어진 것으로 볼 수 있다.

[참고문헌]
『본사행일기』(성세영, 필사본, 1922), 「中韓國民互助社 總社 規則에 관한 件」(不逞團關係雑件-鮮人의 部-在上海地方5, 高秘 제24699호, 한국사DB, 국사편찬위원회), 「全鮮靑年黨大會開催ニ關スル件」(不逞團關係雑件 朝鮮人ノ部 在内地 十三, 高警第798號機密 受第139號, 한국사DB, 국사편찬위원회), 『동아일보』1926.10.14., 『왜정인물』1(한국사DB, 국사편찬위원회), 『일제침략하한국36년사』8(국사편찬위원회, 1973), 『한민족독립운동사』8(국사편찬위원회, 1990)

심택(沈澤, 남, 생몰 미상)
입교 시기_ 1925년 이전 | 교질_ 미상

출신지역과 생몰연대를 알 수 없는 인물로, 대종교단 내의 기록도 전무하다. 그러나 심택이 김사국(金思國)·이용범(李龍範) 등 사회주의 계열 인물들과 1925년 10월 무렵 영고탑 지역에 대종교당(大倧敎堂)을 설립하려 했다는 기록이 있다. 심택이 대종교인이었음을 알 수 있다. 그의 심택이란 이름 역시 대종교 입교 이후 외자로 개명한 이름으로 추정되지만 확인되지 않는다. 그의 대종교 입교 시기나 교질(敎秩) 사항 역시 전하는 거싱 없다.

심택과 함께 대종교당 설립을 계획한 김사국은 대종교 2대 교주였던 무원(茂園) 김교헌(金敎獻)의 아들인 김정기(金正琪)와 절친한 사상적 동지였다. 김정기는 만주 사회주의 요람으로 불린 동양학원(東洋學院)의 설립자로, 원장 겸 교사로 활동한 인물이다. 당시 대종교의 핵심이었던 김정기와 김사국의 연관성을 보면, 심택의 대종교 관련성도 쉽게 휴추할 수 있게 된다.

[참고문헌]
「在露都 本邦主義者의 狀況 其他에 관한 件」(不逞團關係雑件-朝鮮人의 部-鮮人과 過激派6, 亞二機密 제35호, 한국사DB, 국사편찬위원회), 『동아일보』1925.10.20.

심택연(沈澤淵, 남, 생몰 미상)
입교 시기_ 1937년 이전 | 교질_ 참교

출신지역과 생몰연대를 알 수 없는 인물로, 일제의 문서에서도 확인되지 않는다. 1930년대 후반 만주 대종교총본사를 중심으로 대종교 항일투쟁에 앞장섰다. 1939년 10월 25일(음력, 이하 음력) 안희제(安熙濟)를 중심으로 조직된 대종교서적간행회(大倧敎書籍刊行會)에 참여하였다. 이 서적간행회는 "교화를 보급케 함에는 반드시 문자의 힘을 시뢰(恃賴)할 것이다. 이제 대교(大敎, 대종교-인용자 주) 부흥기에 당하야 만구동성으로 종경(倧經) 요구가 날로 높은 터이다. 이 요구를 수응함은 무엇보다도 대교 발전상 최대 급무일 것이다. 이것을 공감하는 우리는 미성박력(微誠薄力)을 불고하고 교적간행회를 발기한다."는 취지로 출범한 모임이다.
심연택은 안희제·강철구(姜鐵求) 등을 도와 1941년에 『홍범규제(弘範規制)』 5백부, 『삼일신고(三一神誥)』 2천부, 『신단실기(神檀實記)』 1천부, 『종례초략(倧禮抄畧)』 2천부, 『오대종지강연(五大宗旨講演)』 3천부, 『종문지남(倧門指南)』 2천부 등, 6종 1만 5백부를 연길에서 출판하였고, 1942년에는 이극로(李克魯)에 의해 『한얼노래』 4천부가 경성(京城)에서 출판되었으나, 같은 해 12월에 발생한 임오교변(壬午敎變, 대종교지도자들이 일제히 구속되는 사건)에 의해 대부분의 책들이 압수되었다.
심택연의 대종교 교력을 살피면, 1940년 12월 3일 총본사의 특별 추천으로 영계(靈戒)와 함께 참교(參敎)의 교질(敎秩)을 받은 기록이 있다. 그가 그 이전에 이미 대종교 활동에 깊이 관여했음을 시사해 준다. 또한 같은 날 영계와 참교를 함께 받은 인물이 대한의군부(大韓義軍府)에서 활동한 최윤(崔允)이다. 심택연 역시 항일투쟁과 무관치 않은 인물을 알 수 있다.

[참고문헌]
『대종교보』 제128호(1940년), 『대종교중광육십년사』(대종교총본사, 1971), 「大韓義軍府의 行動에 관한 건」(不逞團關係雜件-朝鮮人의 部-在滿洲의 部25, 秘受 1287호-機密제32호, 한국사DB, 국사편찬위원회)

심헌섭(沈憲燮, 남, 1887-?)
입교 시기_ 1910년 | 교질_ 참교

경기도 진위군(振威郡) 오성면(梧城面) 양교리(梁橋里) 출신이다. 심헌섭은 1919년 3·1독립만세운동이 일어나자, 3월 11일 이도상(李道相)·한준상(睦俊相)·한영수(韓泳洙) 등과 평택역 앞에서 독립만세운동을 주도한 인물이다. 이 혐의로 체포되어, 동월 20일 경성지방법원 검사국으로 송치되어 취조를 받고 최종적으로 그 해 5월 5일 징역 8월의 형을 받았다.

심헌섭의 대종교 교력을 보면 1910년 5월 30일(음력) 총본사 특별 추천에 의해 이상흥(李商興)과 함께 찬교(贊敎)의 교질(敎秩)을 받았다. 찬교란 사교(司敎)·정교(正敎)·상교(尙敎)·지교(知敎)·참교(參敎)의 5단계 교질이 공포되기 이전인, 1909년 12월 11일(음력)에 교명(敎命)으로 시행되었던 3단계 교질(사교·참교·찬교) 중의 하나이다. 또한 당시 함께 찬교를 받은 이상흥은 구한말 정3품 첨지중추부사(僉知中樞府事)를 지낸 인물이었다.

[참고문헌]
『종보』 제6호(1910년), 『승정원일기』 1889년 3월 24일, 『매일신보』 1919.3.25., 4.18., 「판결문」(경성복심법원, 1919.5.5.)

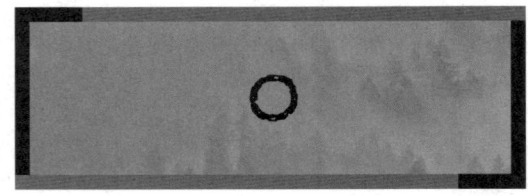

안국제(安國濟, 남, 1890-1960)
입교 시기_ 1910년대 초반 추정 | 교질_ 참교

경상남도 의령군(宜寧郡) 부림면(富林面) 입산동(立山洞) 출신이다. 대종교지도자이자 항일투쟁의 거물인 백산(白山) 안희제(安熙濟)의 친동생으로, 해방 이후 안희제의 해적이[略歷]인 『백산공가장급유사약록(白山公家狀及遺事略錄)』을 정리한 인물이다.
1912년부터 북간도 화룡현(和龍縣) 청파호(靑坡湖)에 있는 대종교총본사를 방문하는 등, 안희제의 연락 역할을 하며 대종교 항일투쟁을 암암리에 도왔다. 안희제가 1942년 조선어학회사건의 소식을 듣고 만주를 드나들며 기록해 놓은 『만몽일기(滿蒙日記)』와 함께 그 동안에 주고받았던 여러 가지 왕복서류(往復書類)들을 모두 소각해 버렸다는 사실 역시 안국제의 증언에서 나온 것이다. 한편 1930년대에는 동생 안동제(安東濟)와 의령군 의령면 서동(西洞)에서 소재한 합명회사(合名會社) 의령국자제조(宜寧麴子製造)에 참여하기도 하였다.
안국제의 대종교 입교는 북간도 방문 시절인 1910년대 초반에 이루어졌다고 하나 관련 기록은 전하지 않는다. 대종교에서는 안국제의 이러한 종교적 경험을 존중하여, 1947년 1월 22일(음력) 교유(敎諭) 제109호로 영계(靈戒)와 참교(參敎)의 교질(敎秩)을 동시에 수여하고 경의원(經議院)의 참의(參議)로도 선임하여 원로로서의 대우를 극진히 하였다.

[참고문헌]
『대종교보』제153호(1947년),『대종교중광육십년사』(대종교총본사, 1971),『朝鮮銀行會社組合要錄』(東亞經濟時報社, 1935년판),「白山公家狀及遺事略錄」(안국제,『나라사랑』제19집, 외솔회, 1975),『백농실기』(조장용, 독립기념관독립운동사연구소, 1993)

안기성(安基成, 남, 1898-?)

야호(별명) _ 정재윤(鄭在閏), 정재윤(鄭在允)
입교 시기 _ 1922년 이전 | 교질 _ 미상

안기성

경상북도 안동군(安東郡) 풍서면(豊西面) 가곡리(佳谷里) 출신이다. 해방 이후 남노당 중앙위원과 6.25 당시 서울시 임시인민위원장, 그리고 북한에서 최고인민회의대의원, 인민검열위원장 등을 역임한 이승엽(李承燁)의 장인이다.

3·1독립만세운동 참여를 계기로 본격적인 사회주의운동에 뛰어든 인물이다. 1923년 봄에는 코르뷰로 국내부에서 활동하며 이승엽과 함께 인천 야체이카 책임자로 활동하였다. 또한 1924년 사회주의 사상단체인 화요회에 가입하여 사회주의 사상을 전개하였다. 1925년 2월에는 화요회가 전조선운동의 조직적 통일과 근본 방침을 토의하기 위하여 주도한 전조선민중운동자대회 준비위원이 되었으며, 같은 해 9월에는 조선노농총동맹 중앙집행위원으로 선출되었다. 그 해 김하구(金河球)의 권유로 조선공산당에 입당하기도 했으나, 1926년 제2차 조선공산당 검거사건 때 소련으로 피신하였다. 그러나 곧 북간도 넘어와 연길현(延吉縣) 용지향(勇智鄕)을 거점을 잡고, 1927년 3월경 길림성(吉林省) 영안현(寧安縣)에서 결성된 조선공산당 만주총국 동만구역국(東滿區域局)의 책임비서가 되었다. 그 해 10월 제1차 간도공산당검거사건으로 일본 경찰에 체포되어, 1928년 12월 경성지법에서 징역 5년을 선고받았다. 수감중 옥중만세사건을 주도하여 보안법 위반으로 징역 6월이 추가되어 복역하고, 1935년 만기 출옥했다.

1945년 8월 15일, 일제의 항복과 더불어 대종교 동지인 최익한(崔益翰)을 비롯하여 이영(李英)·정백(鄭栢) 등과 장안파(長安派) 공산당 재건운동에 참여하였다. 또한 그 해 9월 조선공산당 열성자대회에 참석하는가 하면, 조선인민공화국 중앙인민위원회 후보위원으로도 추대되었다. 이어 12월에는 조선독립동맹 환영준비위원회 총무부원으로 선임되었고, 1946년 2월 민주주의 민족전선 결성에 참여하여 상임위원 및 사무국 재정부장이 되었다. 1947년 3월 포고령 위반혐의를 받아 미군정 재판에 회부되어 곤욕을 겪기도 했다.

이후 월북하여 1948년 8월 해주에서 열린 남조선인민대표자대회에서 제1기 최고인민회의 대의원으로 선출되었고, 혁명가유가족후원회 부위원장도 지냈다. 1950년 6월 유격대 제7군 남도부부대(南道富部隊) 정치위원이 되고, 7월 조선인민군 점령하에서 경기도인민위원회 부위원장을 지내기도 하였다. 1953년 8월 박헌영(朴憲永)의 남조선노동당 종파사건에 연루되어 숙청되었다.

안기성의 대종교 교력과 관련하여 대종교단 내에 전하는 기록은 없다. 대부분의 1차 자료들이 없어진 것이 그 원인이기도 하지만, 사회주의 인물들에 대한 대종교단 내의 피기(避記) 현상도 작용했을 듯하다. 그러나 1922년에 경북 성주(星州) 사람인 성세영(成世英)이 기록한『본사행일기(本司行日記)』를 보면, 안기성이 1922년 이전 경북 지역 대종교 주요 교인으로 올라 있다. 3·1독립만세운동을 전후하여 대종교에 입교한 것으로 추정된다. 그가 홍명희(洪命憙)·박일병(朴一秉)·권오설(權五卨)·이석(李奭)·최익한 등, 많은 대종교 인물들과 대종교 사회주의운동에 앞장섰던 이유도 여기에 있다.

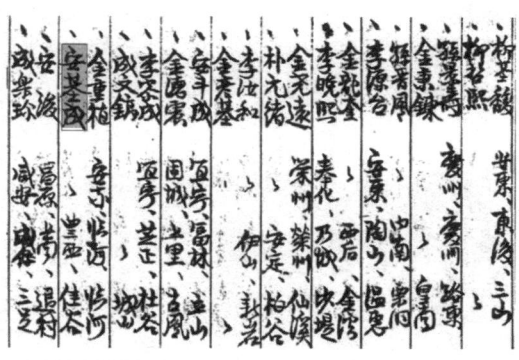

성세영의『본사행일기』에 1922년 이전 경북 지역 주요 대종교인 명단에 安東 豊西 佳谷 출신의 安基成(네모 안)의 이름이 보인다.

[참고문헌]
『본사행일기』(프린트본, 1922),「화요회 집행위원회의 건」(檢察事務에 關한 記錄2, 京鍾警高秘 제6943호의 1한국사DB, 국사편찬위원회),『일제감시대상인물카드』(한국사DB, 국사편찬위원회),『한국공산주의운동사』2·3(김준엽·김창순, 아세아문제연구소, 1973)

안두성(安斗成, 남, 생몰 미상)

입교 시기 _ 1922년 이전 | 교질 _ 상교

경상남도 의령군(宜寧郡) 부림면(富林面) 입산리(立山里) 출신이다. 일찍이 지역의 유지로서, 어려운 소작인들을 위해 의령군 지주회(地主會)를 주도하여 소작인들의 지세(地稅) 및 제반 공과금(公課金)을 스스로 부담하였다. 또한 안두성은 추수 시기 관평(觀評, 벼의 작황을 살핌)을 자신이 직접 실시하여 소작인들의 입장에서 모든 것을 해결하려 한

인물이다.

안두성과 관련한 일제강점기의 대종교단 내의 기록은 전하는 것이 없다. 다만 성세영(成世英)의 『본사행일기(本司行日記)』에 보면, 1922년 경상도 지역 대종교 주요 교인으로 안두성이 올라있다. 그 이전에 대종교에 입교한 것이 확인된다. 이러한 이유로 대종교에서는 환국 직후인 1946년 3월 24일(음력, 이하 음력) 바로 지교(知敎)의 교질(敎秩)을 수여하는가 하면, 경의원(經議院) 참의(參議)로도 선임하였다. 1949년 1월 5일에는 대종교중흥회(大倧敎重興會) 제1회 중앙집행위원으로 임명되었으며, 그 해 10월 23일에는 "대종교를 위하여 정성을 다한 뜻이 가상하다(爲敎輸誠乃志嘉尙)"라는 덕담과 함께 상교(尙敎)의 교질(敎秩)로 올랐다.

한편 1950년 1월 4일에는 대종교 남일도본사(南一道本司)의 선범(宣範)으로 임명되었고, 열흘 후인 17일에는 대종교중흥회 제2차 중앙감찰위원과 함께 집행위원으로도 선임되어, 대종교 발전을 위한 중심에 섰다. 그리고 그 해 5월 14일 남일도본사의 전무(典務)로 임명되면서 관할 종무행정의 책임자가 되었다.

[참고문헌]
『대종교보』환국기념호(1946년)·제161호(1949년)·제164호(1949년)·제165호(1950년)·제166호(1950년), 『본사행일기』(성세영, 필사본, 1922), 『대종교중광육십년사』(대종교총본사, 1971), 『매일신보』1922.12.20.

안박(安鑌, 남, 1864-1939)
아호(별명)_ 안도윤(安道允)
입교 시기_ 1930년대 | 교질_ 참교

경상남도 함양군(咸陽郡) 출신으로 대종교명은 안도윤(安道允)이다. 1939년에 조직된 대종교서적간행회(大倧敎書籍刊行會)에 발기인으로 참여하여 대종교 포교의 수단을 확보하는데 앞장섰다. 당시 대종교서적간행회의 약관은 다음과 같았다.

제1조 대종교 서적간행회는 자립적 식본(殖本)주의로써 본회 목적을 수행할 것
제2조 본회 자금은 매주(每株) 10원씩인 주금(株金)을 모집하되 발기인만은 10주 이상으로 출자할 것
제3조 주금 모집기는 조직일로부터 1개년으로 사업진행기는 5개년으로 정할 것
제4조 응모 주금은 1개월 내에 1회 불입할 것
제5조 현금으로 1백주 이상 모집될 시는 교적간행에 착수할 것
제6조 출판허가와 판매방법은 총본사 지도 하에서 협의 진행할 것
제7조 본회의 규칙제정 혹 수정과 간부선거는 조직회 또는 총회에서 행할 것
제8조 본회 조직일은 차차 개천절 10월 3일로 정할 것

안박은 함께 발기한 안희제(安熙濟)·이현익(李顯翼)·최관(崔寬)·서윤제(徐允濟)·변성식(邊成植)·김영숙(金永肅)·장도순(張道淳)·장호문(張浩文)·강철구(姜鐵求) 등과 각각 10주씩을 투자하고 약 2만부에 가까운 대종교 서적을 출간하였으나, 임오교변(壬午敎變, 1942년 일제에 의해 자행된 대종교 지도자 일제 구속사건) 대부분 압수되어 현재까지 전하지 않는다.

안박의 대종교 입교 시기나 영계(靈戒) 사항을 알 수 있는 기록은 전하지 않는다. 다만 안박이 1939년 9월 22일(음력) 함양군 자택에서 귀천(歸天, 사망)할 당시, 그의 교질(敎秩)이 참교(參敎)의 단계에 있었다. 그의 대종교 입교가 그 이전에 이루어졌음을 확인할 수 있다.

[참고문헌]
『대종교보』제124호(1939년), 『대종교중광육십년사』(대종교총본사, 1971)

안병규(安炳奎, 남, 생몰 미상)
입교 시기_ 1910년 | 교질_ 참교

대한제국 전수(典守)와 차비(差備) 직을 지낸 인물로 운양(雲養) 김윤식(金允植)의 측근이었다. 1908년 7월 박몽일(朴夢日)·이도상(李道相)·이유필(李裕弼)·민병두(閔丙斗) 등과 법학강습소(法學講習所)를 졸업하였다. 법학강습소는 1906년 국민교육회관을 빌려 야간에 강좌를 개설한 사립교육기관으로, 교육 기간은 1년이었으며 수강 과목은 법학과 미술, 그리고 일문번역(日文飜譯)이었다. 또한 안병규는 대한자강회 발기인으로 참여하는가 하면, 대한협회에 가담하여 대종교 동지인 신규식(申圭植)·조완구(趙琬九) 등과 평의원으로 선출되어 활동하기도 하였다.

안병규의 대종교 교력을 살피면, 1911년 중광절(重光節, 음력 1월 15일)에 백순(白純)·윤주찬(尹柱瓚)·박승익(朴勝益)·황병욱(黃炳郁)·김인식(金寅植)·조완구(趙琬九)·류근(柳瑾)·이광수(李光秀)·장지연(張志淵)·현천묵(玄天默) 등 수십 인과 참교(參敎)의 교질(敎秩)을 받은 기록이 있다. 그의 대종교 입교 시기가 중광(重光) 당시나 1910년으로 올라감이 확인된다. 또한 같은 날 안병규는 최전(崔顓)·황병욱(黃炳郁)·강우(姜虞)·이채우(李埰雨)·오혁(吳赫) 등의 인물들과 협리(協理, 종무의 부책임자)로도 임명된 기록이 있으나, 이후의 행적은 전하지 않는다.

[참고문헌]
『倧令』제3호(1911년), 『종문영질』(프린트본, 1922), 『승정원일기』1890년 3월 12일. 1903년 3월 6일, 『法學講習所』(光武 十年 五月 日), 『대한자강회월보』제9호(1907년), 『大韓協會 總會 開催 件』(統監府文書 8권, 한국사DB, 국사편찬위원회), 『續陰晴史』下(김윤식, 국사편찬위원회, 1961)

안봉욱(安鳳郁, 남, 생몰 미상)
입교 시기 _1924년 이전 | 교질 _미상

함경북도 경성군(鏡城郡) 경성면(鏡城面) 승암동(勝岩洞) 출신이다. 1939년 『경성지(鏡城誌)』의 발행자이면서 그 발문(跋文)을 쓴 인물이다. 일제의 문서에서는 찾을 수 없으며, 1926년 대종교만주포교금지령 당시 만주 당국에 압수당한 대종교문서에 유일하게 등장하고 있다.

안봉욱은 1925년 12월 15일(음력) '대종교총본사 기본 및 경상금 수금위원(大倧敎總本司基本及經常金收金委員)'으로 임명된 인물이다. 당시 그가 관할한 구역은 대종교 동일도본사(東一道本司) 관할 화룡구(和龍區) 지역으로, 화룡현 이도구(二道溝) 고산시(孤山市) 최범약(崔範若)의 집을 연락 거점으로 활동하였다. 더욱이 안봉욱과 더불어 수금위원을 맡은 인물들이 이경렬(李京烈)·김락(金洛)·윤복영(尹復榮)·조범석(趙範錫)·조수원(趙洙元)·이동희(李東熙)·손공모(孫公模) 등, 만주 대종교 항일투쟁의 중심에 있던 인물들이었다. 안봉욱의 대종교에서의 위치 역시 상당했을 것으로 추정되지만, 그의 영계(靈戒) 사항이나 교질(敎秩)의 단계는 전해지지 않는다.

[참고문헌]
「大倧敎施敎堂一覽表(1926年)」(延边朝鲜族自治州档案馆 全宗号42 目录号1 案卷号343, 和龙县历史档案 和龙县警察所, 令各区查禁韩人设立大倧敎堂由, 民国十五年五月十二日)『鏡城誌』上·下(安鳳郁 編, 鏡城文廟, 1939)

안상희(安尙熙, 남, 생몰 미상)
아호(별명) _ 안희(安熙)
입교 시기 _1922년 | 교질 _참교

출신지역과 생몰연대를 확인할 수 없는 인물로, 대종교명은 안희(安熙)다. 대종교 입교 이후 외자 이름인 안희(安熙)로 개명한 듯하다. 대종교 항일단체인 대한군정서(북로군정서)의 징모과장(徵募課長)을 지냈으며, 군정서 총재인 서일(徐一)이 노령으로부터 무기를 구입해 올 당시에는 무기운반대 제2소대장을 맡아 무사히 본영까지 옮겨왔다.

일제의 문서에 李時權과 함께 대한군정서의 徵募課長으로 기록되어 있는 安熙(오른쪽에서 네 번째)의 이름.

안상희의 대종교 입교 기록은 전하지 않는다. 그러나 1922년 12월 18일(음력) 영계(靈戒)와 더불어 참교(參敎)의 교질(敎秩)을 동시에 받은 것으로 보아, 대한군정서 시절 입교한 것으로 추정된다. 그러나 그 이후의 기록은 전하는 것이 없다.

[참고문헌]
『대종교보』제56호(1922년), 「朝鮮側 警察이 朝鮮人 金順 等을 拘引시킨 것에 관한 건」(不逞團關係雜件-朝鮮人의 部-在滿洲의 部28, 公 第259號; 受 20669號, 한국사DB, 국사편찬위원회), 「在外 要注意 鮮人 別名 變名 雅號 調査에 관한 건」(不逞團關係雜件-朝鮮人의 部-在滿洲의 部39, 機密 第161號; 機密受第169號, 한국사DB, 국사편찬위원회), 「國外情報-大韓軍政署의 日誌에 관한 건」(不逞團關係雜件-朝鮮人의 部-在滿洲의 部26, 高警 第1007號; 秘受 1502號, 한국사DB, 국사편찬위원회)

안석(安湜, 남, 1879-?)
아호(별명) _ 안흥(安興)
입교 시기 _ 1910년 | 교질 _ 참교

평안남도 안주군(安州郡) 대이면(大尼面) 남계리(南溪里) 출신으로, 일찍이 서북학회 회원으로 활동한 인물이다. 일제가 105인 사건으로 조작한 이완용(李完用) 암살 사건 계획 당시, 안석은 안주 지역의 책임자로 행동대원 3명을 선발하여 평양으로 보내기도 했다.

1919년 6월에는 평안남도 참사(參事)로 있으면서, 대한민국임시정부의 재무총장을 맡았던 최재형(崔在亨)으로부터 '애국금수합위원(愛國金收合委員)'으로 위촉받고 자금 확보에 적극 나서기도 했다. 1920년 봄에는 장덕(張悳)·박제봉(朴濟鳳)·박도현(朴道鉉)·백계홍(白啓洪)·김창하(金昌夏)·최상홍(崔尙弘) 등과 평양부(平壤府) 후관리(舘後里)에 산업조합을 조직하여 조합장으로 추대되었다. 안석 등은 비밀결사 공성단(共成團)과 연결하여, 군자금 모집과 독립사상 고취를 목적으로 항일투쟁을 전개하였다. 이후 안석은 조선물산장려회(朝鮮物産獎勵會)에 참여하여, 1925년 10월 3일 개최된 제3회 총회에서는 김광준(金匡濬)·선우전(鮮于全)·김종협(金鍾協)·소철수(蘇哲洙)·명제세(明濟世) 등과 이사로 선임되어 활동하기도 했다.

안석의 대종교 교력을 보면, 1910년 6월 25일(음력) 시교사(施敎師) 임명된 기록이 있다. 그 이전에 대종교에 입교한 것이 확인된다. 그리고 1911년 1월 21일(음력)에는 참교(參敎)의 교질과 더불어 정식 시교사로 선임되었다. 당시 함께 시교사를 받은 인물들을 보면 이민걸(李敏杰)·박성회(朴聖會)·박찬익(朴贊翊)·이동춘(李同春)·김교준(金敎準)·김두봉(金枓奉)·김원식(金遠植)·임헌일(林憲一) 등으로, 당대의 지식인이자 사회적 입지가 상당했던 인물들이다.

[참고문헌]
『종보』제6호(1910년), 『倧令』제3호(1911년), 『종문영질』(프린트본, 1922), 『대종교중광육십년사』(대종교총본사, 1971), 『서우』제16호(1908년), 「假政府 資金調達 其他에 관한 犯罪檢擧의 건」(不逞團關係雜件-朝鮮人의 部-上海假政府1, 題

ㅇ • 571

蜜 제6136호, 한국사DB, 국사편찬위원회),「秘密結社共成團員檢擧ノ件(平安南道知事報告)」(不逞團關係雜件 朝鮮人ノ部 在内地 十, 高警第14452號, 한국사DB, 국사편찬위원회),「朝鮮物産獎勵會報」제1권 3호(1930년),『한민족독립운동사자료집』4(국사편찬위원회, 1987)

안석진(安錫鎭, 남, 생몰 미상)
입교 시기_1918년 이전 | 교질_참교

출신지역과 생몰연대를 알 수 없는 인물이다. 1919년 7월경 길림성(吉林省) 안도현(安圖縣) 소소하(小少河) 지역에 소학교 부설(附設)로 자리 잡은 농민학교(小學校農民學校)의 교사로 활동한 기록이 있다. 당시 나성신(那聖臣)이란 인물이 교장을 맡았고 이구룡(李具龍)이 학감(學監)을 맡았다. 이 학교는 겉으로 한문·지리·역사·산술 등을 가르쳤으나 실제로는 거의 대부분을 교련(教鍊)을 실시하였다. 이들은 나무를 깎아 만든 목총을 사용하여 훈련을 받았는데, 안석진은 정의단원(正義團員) 50여명을 거느리고 교관의 역할을 총괄하였다.
한편 이 시기 안석진은 정의단과도 긴밀히 연락하면서 대종교지도자인 김정일(金廷一) 등이 주도한 단지결사대(斷指決死隊)에도 참여하였다. 단지결사대는 조국의 독립을 위하여 강력한 무장투쟁을 방략으로 삼고, 군자금 모집 및 군량미 확보를 통해 항일무장투쟁을 준비하였다. 이 단지결사대는 총무를 맡은 황용기(黃龍起)가 실질적으로 주도하였으며, 이후 50명에 가까운 동지들이 이 결사대를 참여하였다. 1919년 9월 29일까지 알려진 단지동맹자는 안석진을 비롯하여 김정일·황용기·김명여(金明汝)·송종락(宋宗洛)·김창수(金昌洙)·김원서(金遠瑞)·이리술(李鯉述)·남응락(南應洛)·김인술(金仁述)·김광옥(金光玉)·이시우(李時雨)·박재하(朴載夏)·이용하(李龍河)·이태극(李台極)·김우종(金禹鍾)·허량권(許亮權)·최황(崔晃)·강칠성(姜七星)·이규철(李揆哲) 등 20명이었다.
안석진은 김정일 등과 안도현 시내에 거처를 정하고 단지결사대와 관련된 연락 및 중요사안을 도모하였다. 1919년 9월 김정일·이태극··김우종·허량권·최황 등과 군자금 5천여 원을 마련하는 등 분주하게 움직였다. 또한 소소하 농민학교에서의 훈련 비용 역시 김정일 등이 모금한 돈으로 충당하였는데, 그 모금한 액수가 1만 5천원에 달했다 한다.
안석진의 대종교 교력을 살피면 1918년 2월 28일(음력), 만주 항일투사인 이균섭(李均燮)·김태우(金泰禹)·김운송(金雲松)·이영섭(李英燮) 등과 참교(參教)의 교질(教秩)을 받은 기록이 있다. 그의 대종교 입교시기가 그보다 훨씬 이전에 이루어졌음을 알 수 있으나, 이후의 활동 기록은 교단 내에 전하는 것이 없다.

[참고문헌]
『종문영질』(프린트본, 1922),「朝鮮獨立斷指決死隊의 行動」(不逞團關係雜件-朝鮮人의 部-在滿洲의 部12, 高警 第27645號; 秘受 11627號, 한국사DB, 국사편찬위원회),『한국독립운동사자료』41(국사편찬위원회, 2005),『한국독립운동사자료』43(국사편찬위원회, 2007)

안석철(安錫鐵, 남, 1891-?)
입교 시기_1922년 이전 | 교질_미상

강원도 통천(通川) 출신으로 생몰연대는 불확실하다. 1920년대 초반 간도 용정(龍井) 지역을 중심으로 항일투쟁을 전개한 인물이다. 1920년 6월 대한통군부(大韓統軍部)의 군수물자 확보에 협조하는가 하면, 1922년 2월에는 용정 지역 항일청년조직인 명성청년회(明成靑年會)에 가담하여 서기(書記)로 활동하였다.
안석철의 대종교 영계(靈戒) 사항이나 교질(教秩) 관계는 남아있는 것이 없다. 그러나 그가 1922년 5월 22일(음력) 대종교 동일도본사 제이지사의 규사감찬(規事監贊)으로 임명된 기록이 있다. 당시 그의 대종교적 지위가 '봉계형제(奉戒兄弟)'라는 점이 주목된다. '봉계형제'란 대종교에 입교(入教)하여 영계를 받고 참교(參教)의 교질을 받기 이전 단계 남자 교인을 칭하는 용어이다. 그의 대종교 입교가 규사감찬으로 임명되기 훨씬 전임을 알 수 있다. 규사감찬이란 규사감정(規事監正)을 도와 관할 도본사의 규범·규율을 책임지는 자리를 말한다. 당시 규사감정은 이형섭(李泂燮)이었다.
한편 동일도 제이지사는 그 지사의 근거를 연길현 용정촌에 두고 연길과 화룡(和龍)의 교구(教區)를 관할하였다. 이 지역은 그 시기 안석철의 활동 지역인 동시에, 1910년대부터 대종교의 주요 거점이면서 항일투쟁의 일선이기도 했다. 또한 안석철이 규사감찬에 임명될 당시 제이지사에 함께 참여한 인물 대부분이 대한군정서의 독립군들이었다. 제이지사의 총책임자였던 주견룡(朱見龍, 典事代辦)을 비롯하여 이두석(李斗錫, 計事監正)·서강준(徐康駿, 贊事)·강훈(姜勳, 規事監贊)·박순(朴淳, 贊事) 등이 그들이다. 동일도제이지사가 청산리독립전쟁 이후 주요 거점 잡아 흩어졌던 대한군정서 독립군들의 은둔처 중 하나임을 암시해준다. 안석철 역시 대한군정서 시절의 주요 구성원으로, 그의 대종교 입교 역시 군정서 시절일 가능성을 높게 해준다.

[참고문헌]
『대종교보』제54호(1922년),『대종교중광육십년사』(대종교총본사, 1971),「大韓義軍府의 行動에 관한 건」(不逞團關係雜件-朝鮮人의 部-在滿洲의 部25, 機密第32號; 秘受 1237號, 한국사DB, 국사편찬위원회),「間島 및 同 接壤地方에 있어서 排日團體 및 親日團體 調査의 건」(不逞團關係雜件-朝鮮人의 部-在滿洲의 部32, 機密 第93號; 機密受第110號, 한국사DB, 국사편찬위원회)

안신(安莘, 남, 생몰 미상)
입교 시기 _ 일제강점기 | 교질 _ 상교

출신지역과 생몰연대가 불분명한 인물이다. 대종교단 내에는 전남 보성군(寶城郡) 벌교읍(筏橋邑) 출신으로 전해져 오지만 확실한 기록이 전하지 않는다. 안신은 대종교를 중광(重光)한 홍암(弘巖) 나철(羅喆)의 사위로서, 신(莘)이란 그의 이름 또한 대종교의 외자이름인 듯하나 그 역시 불분명하다. 대종교 일각에서는 안신이 1916년 4월 16일(음력) 참교(參敎)의 교질(敎秩)을 받은 안종익(安鍾益)과 동일인이라고 하나, 이 역시 확인이 안 된다.

안신이란 이름이 기억되는 이유는, 해방 이후 장인(丈人)이자 대종교를 일으킨 나철의 출생과 관련된 태몽(胎夢)을 세상에 유일하게 전한 인물이기 때문이다. 안신의 전언에 의하면 나철의 태몽은 특이하게도 나철의 부친인 나용집(羅龍集)이 꾸었다 한다. 그 꿈의 대강은 이렇다. 마을 앞 제석산(帝釋山)으로부터 나용집의 집으로 영롱한 무지개가 연결되면서 눈부신 햇빛이 비추었다. 그 햇빛 사이로 신모(神母)가 금관(金冠)에 옥대(玉帶)를 두른 천동(天童)을 안고 내려와 나용집의 집을 향하여 오는 것을 보고 놀라 깼다는 내용이다. 교주의 탄생과 관련된 태몽이라는 점에서 종교사적 의미가 남다르다.

안신이 대종교에 입교한 시기는 일제강점기다. 그러나 그와 관련된 기록은 대종교단 내에 현전하지 않는다. 다만 언급한 바와 같이 안신이 1916년 4월 16일(음력)에 참교의 교질을 받은 안종익과 동일인이라면, 그의 대종교 입교가 이전으로 올라감을 추정할 수 있다. 그러므로 대종교에서는 해방 이후인 1946년 8월 27일(음력, 이하 음력) 지교(知敎)의 교질(敎秩)을 수여함과 동시에, 안재홍(安在鴻)·명제세(明濟世)·양세환(梁世煥)·권중락(權重洛) 등 대종교 항일 원로들과 함께 경의원(經議院) 참의(參議)로 선임하여 원로로서의 대우를 극진히 했다. 또한 안신은 1948년 4월 15일 상교(尙敎)로 승질(陞秩)하는가 하면, 1955년 3월 21일에는 대종교 광주지사(光州支司)의 시교원(施敎員)으로 선임되어 호남 지역 대종교 포교의 중심에 서게 된다. 당시 광주지사의 책임자는 대종교 원로인 신태윤(申泰允)이 맡았으며, 나철의 조카로 나철의 구월산 순교(殉敎) 당시 동행했던 나정수(羅正綏)가 시교원을 맡아 안신과 함께 했다.

안신이 지은 「주본가(主本歌)」라는 글을 아래에 소개 본다. 「주본가」란 '보본가(報本歌)'와 같은 뜻으로 '근본을 갚는 노래'라는 의미일 듯하다. 그의 소박하고 평이한 표현 속에서 대종교에 대한 믿음의 일단을 살필 수 있다.

어아어아 나의 근본 생각하니
부모님의 덕 크시도다
부모님의 근본 생각하니
조부(祖父)님의 덕 크시도다
이렇듯 시조(始祖)님에 다다르니
상달 상날 백두산에 이신화강(以神化降)하신
삼종인(三宗因)의 근본 더 크시도다

무수한 파류(派流)이지만
혈통이신 형제자매시여
우리의 근본은
인간에는 삼종인
한울에는 삼신인(三神因)이로세
갚아 보세 갚아 보세
우리 근본 잊지 말고 갚아 보세
이 근본 갚으려면
대종교 중광하신 홍암 신사(神師)의 오대종지(五大宗旨)
빠짐없이 행하여
천궁훈(天宮訓) 주(註) 삼백육십육 착한 행실과
삼백육십육 어진 덕과
삼백육십육 좋은 일을 마치어
한얼님께 조회(朝會)갈 일이로세

[참고문헌]
『종문영질』(프린트본, 1922), 『대종교보』제151호(1946년)·제158호(1948년)·제182호(1954년). 『대종교중광육십년사』(대종교총본사, 1971). 『韓國重興宗敎敎祖論』(신철호, 대종교총본사, 1979)

안영(安英, 남, 생몰 미상)
입교 시기 _ 1923년 | 교질 _ 미상

출신지역과 생몰연대를 확인할 수 없는 인물로, 일제의 문서에서도 찾을 수가 없다. 그 이름 역시 대종교에 입교하며 개명한 외자이름으로 추정되지만 그 또한 확인이 안 된다. 안영의 대종교 교력을 보면, 1923년 4월 1일(음력) 대종교 동일도본사(東一道本司)의 특별추천으로 영계(靈戒)를 받은 기록이 전한다. 그 이전에 대종교에 입교한 것을 알 수 있다. 또한 당시 함께 영계를 받은 인물들은 김찬(金燦)·박건(朴健)·김혁(金赫)·박진(朴震)·김철(金哲)·김련(金鍊)·김포(金圃)·김관(金寬)·김원(金園)·김광(金光)·박걸(朴杰) 등, 대다수가 외자이름으로 만주 항일투쟁의 중심 인물들이었다. 안영 또한 대종교 항일투쟁에 깊이 관여했던 인물로 추정되는 이유다.

[참고문헌]
『대종교보』제58호(1923년)

안영중(安英中, 남, 1895-1925)
아호(별명) _ 해산(海山)
입교 시기 _ 1916년 | 교질 _ 지교

경상남도 함안군(咸安郡) 출신으로, 중앙학교를 졸업하고 짧은 생을 대종교 항일투쟁에 헌신한 인물이다. 경술국치 이후 고향인 함안에 설립된 동명학교(東明學校)의 교사로 근무하며 후학양성에 남다른 열정을 기울였다. 동명학교는 1913년 대종교인 오봉(吾峯) 이연건(李鍊乾)과 백헌(白軒) 이중건(李重乾)이 함안군 여항면 외암리 두곡리(杜谷里)에 설립한 학교로, 처음엔 주간으로 수업하였으나 일제탄압에 야학으로 교육하였다.

당시 교사진으로는 안영중 외에 이희석(李熹錫)·안기호(安驥鎬)·여해(呂海)·이영재(李榮宰)·이필수(李弼洙)·박건영(朴鍵灵)·강기수(姜琪秀)·이은상(李殷相) 등 민족의식이 투철한 인물들로, 대다수가 대종교인이었다는 점도 주목된다. 동명학교에서는 단군의 영정을 모시고 참배하면서 민족의식을 북돋웠다. 후일 이 터를 '단군 한배 터'라 하는 이유다.

1913년 후반 상해로 건너간 안영중은 대종교계 학교인 박달학원(博達學院)에서 대종교지도자 예관(睨觀) 신규식(申圭植)과 침식을 함께 하며 그의 지도를 친히 받았다. 박달학원은 1913년 상해 프랑스 조계 안에 설립되었던 교육기관으로, 대종교지도자 신규식이 독립운동 방략의 하나인 준비론의 입장에서, 장차 독립운동을 담당할 청년들을 중국 및 구미 각급 학교에 유학시키기로 하고 유학예비교육을 위하여 프랑스 조계 안에 설립한 것이다. 강사 역시 특강을 맡은 신규식을 비롯하여, 박은식(朴殷植)·신채호(申采浩)·홍명희(洪命熹)·문일평(文一平)·조소앙(趙素昻) 등과 중국혁명가 농죽(農竹), 그리고 미국 화교(華僑)인 모대위(毛大衛) 등이 담당하였다.

안영중은 이후 국내로 들어와 과거 동명학교 교사들이 주도한 함안 지역 3·1독립만세운동에 관여하며 항일투쟁을 이어갔다. 동명학교는 함안 항일운동의 산실로써, 1919년 3월 19일 경남 함안군 함안읍 의거의 거점이 되어 의거에 사용된 독립선언서와 태극기는 동명학교 교사와 학생들이 손수 만들어 사용하였다. 대종교를 신봉하는 동명학교 교사들은 삼신일체(三神一體)의 하느님[天神]에게 조국 독립을 기원하는 고천제(告天祭)를 지내고, 대한독립의 정당성을 확고하게 주장하였다. 그리고 일본인 경찰관에게 독립선언 만세운동의 사실증명서를 받아 만국 평화회의에 제출하여 독립을 청원하는 한편, 친일세력을 대표하는 민인호(閔鄰鎬) 함안군수를 규탄하여 친일주구세력에게 경종을 울렸다. 나아가 침략의 하수기관을 철저히 파괴하여 그 기능을 마비시키자는 계획을 세우고 실천하는 데 성공하였다.

安英中氏長逝

안영중이 나라를 위해 고군분투하다가 숨을 거두었다는 소식을 실은 『동아일보』(1925.4.29.) 기사.

이후 안영중은 일제의 추적과 압박이 심해지자 서울을 거쳐 대종교 항일투쟁의 주요 근거였던 북간도로 넘어 갔다. 그러나 그곳 북간도와 연해주를 넘나들며 고군분투하던 그는, 무리한 활동과 굶주림으로 병을 얻어 다시 국내로 들어왔다. 그리고 경남 마산으로 내려가 요양하던 안영중은 끝내 그 병고를 이기지 못하고 1925년 4월 23일 숨을 거두었다.

안영중의 대종교 교력을 살피면 1916년 4월 19일(음력, 이하 음력) 참교(參敎)의 교질(敎秩)을 받은 기록이 있다. 그의 대종교 입교가 그보다 훨씬 전에 이루어졌음을 알게 해 준다. 아마도 상해로 건너가기 전후가 아닐까 추정해 본다.

특히 1916년 8월 15일, 대종교를 일으킨 홍암 나철의 구월산 순교(殉敎)를 시봉(侍奉)한 인물 중의 1인이 안영중이다. 당시 안영중과 더불어 시봉한 인물들을 보면 수석시자(首席侍者)였던 김두봉(金枓奉)을 비롯하여 엄주천(嚴柱天)·김서종(金書鍾)·나주영(羅宙永)·나정수(羅正綬) 등 모두 6명이다. 공교롭게도 나철이 순교하던 날 안영중은 엄주천과 함께 나철의 수도실을 시봉하는 당직이었다. 『홍암신형조천기(弘巖神兄朝天記)』에는 당시의 정황을 아래와 같이 기록하고 있다.

"8월 15일 시자들은 전에도 절식수도(絶食修道)하신 일이 자주 있었으므로 전례로 알고 모두 숲 사이로 또는 개울가로 산책하다가 날이 저물어서 돌아왔다. 이날 당직이 엄주천, 안영중 두 사람인데 저녁 10시경에 수도실에 나아가니 그때까지 종이 펴는 소리와 먹 가는 소리가 들렸다. 두 사람(엄주천·안영중)이 너무나 곤하게 자다가 이튿날 아침 5시에야 일어나서 선생님의 세수하심을 염려하려고 창밖에 가서 살피니 고요하며 아무 소리가 없거늘, 의심이 나서 선생님을 네 차례나 불렀으며 또한 응답이 없는지라 인(因)해 창을 밀고 들어가니 선생님이 이불, 요에 바로 누워서 엄연하시게 옛날 같고 책상 우에 봉한 편지 세 낱을 벌려 놓았을 따름이라"

또한 안영중은 나철이 조천(朝天)한 삼성사(三聖祠)로부터 오혁(吳赫)이 조사한 조사보고서(調査報告書)와 나철의 유서(遺書)·인장(印章)을 경성 대종교남도본사로 직접 가져와 전하였다. 대종교에서는 이러한 안영중의 노고와 정성에 응하여 1916년 9월 15일 지교(知敎)의 교질을 수여하였다.

[참고문헌]
『종문문질』(프린트본, 1922), 『홍암신형조천기』(김교헌 엮음, 대종교총본사, 1954), 『대종교중광육십년사』(대종교총본사, 1971), 『동아일보』1925.4.29., 『증보함안항일독립운동사』(이규석, 함안문화원, 2011)

안용수(安龍洙, 남, 생몰 미상)
입교 시기_ 1914년 | 교질_ 참교

출신지역과 생몰연대가 불분명한 인물이다. 일찍이 간도와 연해주를 중심으로 항일투쟁을 전개한 지도적 위치에 있었다. 1922년 12월경에는 러시아 적군파가 득세하여 연해주로 들어와 무장해제를 강요하자, 파르티쟌스크(얀치카, 水靑)에서 50여명의 부하를 거느리고 우스리스크 방면으로 은둔했다는 일제의 기록이 있다.

이후 대종교 본거지인 영안현(寧安縣)으로 옮겨가 대종교를 토대로 새로운 활동을 전개했다. 그 대표적인 활동이 1925년 3월에 조직된 대종교계 항일단체인 신민부에 참여한 것이다. 당시 안용수는 이범윤(李範允)·황공삼(黃公三)·이장녕(李章寧) 등 대종교의 중진 10여명과 함께 참의원(參議院)에 소속되어 활동하였다.

안용수의 대종교 교력을 살피면, 비교적 이른 시기인 1914년 윤5월 27일(음력, 이하 음력) 참교(參敎)의 교질(敎秩)을 받은 기록이 전한다. 그 이전에 이미 대종교에 입교한 것을 확인 할 수 있다. 또한 1939년에 조직된 대종교서적간행회(大倧敎書籍刊行會)의 주주로 참여하여 대종교 포교의 수단을 확보하는데 앞장섰다. 백산(白山) 안희제(安熙濟) 등이 주도한 대종교서적간행회의 주주로 참여했다는 것은, 당시 안용수의 대종교단에서의 비중을 가늠할 수 있는 중요한 준거가 될 수 있다. 이것은 대종교계 항일단체로 1925년에 조직된 신민부에서의 참의원 참여와도 일맥하는 부분이다.

더욱이 안용수는 일제가 1942년 11월, 대종교지도자들을 일제히 구속한 사건인 임오교변(壬午敎變) 당시에도 체포된 인물이다. 그는 11월 19일 영안현 신안진(新安鎭) 자택에서 치안유지법 위반으로 체포되었다. 그러나 수많은 취조와 심문을 받고 혐의사실이 없다는 이유로 1년 가까이 지난 1943년 10월 1일 석방되었다. 이 역시도 신용수가 그 시기 대종교지도자로 활동했음을 보여주는 증거가 된다.

[참고문헌]
『종문영질』(프린트본, 1922), 『대종교중광육십년사』(대종교총본사, 1971), 『독립신문』1925.5.5., 「不逞鮮人의 武裝解除後 赤軍 占領地의 施設 및 民情에 관한 件」(不逞團關係雜件-朝鮮人의 部-鮮人과 過激派3, 機密 제19호, 한국사DB, 국사편찬위원회), 『한국독립운동사』4(국사편찬위원회, 1968)

출신지역과 생몰연대가 불분명한 인물이다. 1923년 4월 1일(음력, 이하 음력) 대종교 동일도본사(東一道本司)의 특별추천으로 영계(靈戒)를 받았다. 당시 함께 영계를 받은 인물들이 김찬(金燦)·박건(朴健)·김혁(金赫)·박진(朴震)·김철(金哲)·김포(金圃)·김원(金園)·김련(金鍊)·김관(金寬)·안영(安英)·김광(金光)·박걸(朴杰) 등과 같이 모두 외자로 개명한 대종교식 이름들이다. 안웅 역시 대종교 이름으로 본명은 따로 있을 듯하나 확인되지 않는다. 또한 이 중 김찬[윤덕걸(尹德杰)]·박건[박우진(朴宇鎭)]·김혁[김학소(金學韶)] 등 많은 인물들이 항일투쟁의 지도자급 인물이고 보면, 안웅도 항일투쟁에 깊이 관여했던 인물로 추정된다. 안웅은

1923년 6월 20일 김찬·박진·김관·안영·김광·박걸 등과 동일도본사의 특별추천으로 참교(參敎)의 교질(敎秩)을 받았으나, 그 이후의 기록은 남은 것이 없다.

[참고문헌]
『대종교보』제58호(1923년)

출신지역과 생몰연대를 확인할 수 없는 인물이다. 1939년 12월 7일(음력, 이하 음력) 만주 영안현(靈安縣) 동경성(東京城)에 있던 대종교총본사의 특별 추천으로 참교(參敎)의 교질을 받은 기록이 있다. 그의 대종교 입교(入敎)와 영계(靈戒)가 그 이전에 이루어졌음을 알게 해 준다.

또한 일제가 항복한 직후인 1945년 8월 18일에는 찬선(贊宣)에 임명되어 대종교 총전교(總典敎, 대종교에서 교주를 칭하는 명칭)를 보좌하였다. 찬선이란 총전교의 비서실장격인 봉선(奉宣)을 돕는 직위로, 당시 봉선은 백포(白圃) 서일(徐一)의 사위인 최관(崔寬)이 맡고 있었다. 그리고 같은 해 10월 1일에는 총본사의 특별추천으로 지교(知敎)의 교질을 받았으나, 1946년 2월 대종교총본사가 국내 환국 당시 만주에 머무르며 환국하지 않았다.

[참고문헌]
『대종교보』제124호(1939년)·제148호(1945년), 『대종교중광육십년사』(대종교총본사, 1971)

안재홍

경기도 진위군(振威郡, 현 평택시) 고덕면(古德面) 두릉리(杜陵里) 출신으로, 대종교(大倧敎) 관련 기고에서는 주로 응암(應庵)이라는 필명을 사용하였다. 어린 시절부터 가숙(家塾)에서 한문을 수학하고 평택의 진흥의숙(振興義塾)에서 신학문을 시작하였다. 이 시기 사마천(司馬遷)의 『사기(史記)』를 읽으며 역사가의 꿈을 키웠다 한다.

이후 상경하여 황성기독교청

년회(皇城基督敎靑年會) 중학부에 들어가면서, 이상재(李商在)·남궁억(南宮檍)·윤치호(尹致昊) 등과 교분을 가지게 된다. 경술국치 직후 이상재의 권유로 일본 유학에 오른 안재홍은, 청산학원(靑山學院)을 거쳐 1911년 9월 와세다대학 정경학부에 입학하였다. 재학 중이던 1913년에는 상해로 밀행하여 동제사(同濟社)에 가담하기도 하였다. 동제사는 1912년 5월 대종교지도자 신규식(申圭植)이 주동이 되어 상해 교민들의 독립운동과 상부상조를 위해 만들어진 비밀결사였다. 동제사는 신규식를 비롯하여 그 핵심 인물인 박은식·신채호·조소앙·조성환·박찬익 등이 민족주의적 역사관과 대종교의 국교적(國敎的) 신앙을 공통으로 가졌던 인물들이 주축이었다. 그들에 의해 경영되는 동제사의 기본 이념과 독립운동 방략 역시 대종교의 정신이 강하게 투영되었다. 안재홍이 대종교에 입교한 때도 동제사 가담 시기로 전해진다.

1914년 와세다대학을 졸업한 안재홍은 귀국하여 1915년부터 1917년까지 중앙고등보통학교 교감직을 역임하였다. 조선 중앙기독교청년회 교육부 간사로 활동하던 때도 그 시기다. 1919년 3·1독립만세운동 직후인 5월 비밀결사인 대한민국청년외교단에 가담하여 총무로 활동하였다. 이 청년외교단은 상해의 대한민국임시정부를 지원하기 위해 국내에서 만들어진 조직으로, 임시정부의 연통부(聯統府) 역할을 수행하다가 일본 경찰에 붙잡혀 3년간 옥고를 치렀다. 출옥 후에는 고문 후유증으로 요양하며 생활하였다.

안재홍은 1924년 3월 『시대일보』 창간에 참여하여 이사와 논설위원을 지냈으나, 그 해 7월 보천교(普天敎)의 신문 경영 개입으로 인한 분규로 퇴사하였다. 1924년 9월에는 『조선일보』 주필 겸 이사로 입사하여, 이후 부사장과 사장을 역임하며 10년 동안 종사하였다. 이 기간 동안에도 조선기자대회 부의장(1925년 4월)으로 활동하는가 하면, 같은 해 조선사정연구회(朝鮮事情硏究會)와 평양문제연구회 등에도 참여하다. 1927년에는 신간회 발족에 동참하여 총무간사로 활약하다가 체포되어 8개월 동안 투옥되었다. 그리고 같은 해 재만주동포옹호동맹(在滿洲同胞擁護同盟) 위원장으로 피선되었고, 1929년에는 『조선일보』을 통한 생활개선운동을 주도하는가 하면, 귀향남녀학생문자보급운동(歸鄕男女學生文字普及運動)을 벌이면서 광주학생사건 진상보고를 위한 민중대회도 주관하였다.

1931년 6월 안재홍은 여순감옥(旅順監獄)에 복역 중인 신채호의 한국사 관련 글들을 『조선일보』에 「조선사」라는 제목으로 연재하도록 하였다. 이 글이 해방 후인 1948년 『조선상고사』로 출간되는 초고가 된다. 또한 1932년에 만주동포조난문제협의회의 조사·선전부 책임을 맡기도 하였다. 그러나 만주동포구호의연금을 유용했다는 이유로 또 다시 구속되면서 사장직에서 물러났다. 1934년 6월에는, 단군 유적이자 대종교를 중광(重光)한 나철(羅喆)의 순명(殉命) 장소인 구월산과 관련한 「구월산등람지(九月山登覽誌)」를 『동아일보』에 연재하였다. 또한 이 시기부터 『여유당전서(與猶堂全書)』의 간행 등 조선 실학(實學) 연구에도 몰두하였다. 1936년 6월에는 남경(南京)의 중앙군관학교학생사

건(中央軍官學校學生事件)으로 지명수배를 받고 있던 정세호(鄭世鎬)·김재형(金在瀅)에게 국내정세에 대한 동향과 운동자금·운동방침을 요구받은 사실로 검거되어, 1년여에 걸친 예심 끝에 1937년 10월 징역 2년을 받았다.

안재홍은 출옥 후 평택군 향리의 도룡산방(桃陵山房)에서 은둔하듯 생활하며 우리의 상고사와 조선철학 연구에 정진하였다. 이는 일본학자들의 식민사관을 극복하기 위한 연구였으며, 대종교적 사유를 통해 우리 고유의 철학연구를 체계화하고자 한 시도였다. 그러나 1942년 일어난 조선어학회사건으로 다시 2년 동안의 고초를 겪게 된다. 당시 조선어학회는 대종교 정신을 바탕으로 언어민족주의를 몸소 실천했던 주시경의 제자들이 중심이 되어 만든 단체로서, 안재홍뿐만이 아니라 김두봉·이극로(李克魯)·최현배(崔鉉培)·이윤재(李允宰)·권덕규(權悳奎)·신명균(申明均)·이병기(李秉岐)·정인보(鄭寅普)·안호상(安浩相) 등 대종교인들이 많았다. 그러므로 조선어학회는 국내 대종교비밀결사와도 같았다.

조선어학회사건 역시 만주 영안현(寧安縣) 동경성(東京城)에 있던 대종교 교주 윤세복(尹世復)이 국내 조선어학회를 이끌던 이극로(李克魯)에게 보낸 글이 결정적 빌미가 되어 벌어진 사건이다. 윤세복은 「단군성가(檀君聖歌)」라는 가사를 국내 경성에 있는 이극로에게 보내 작곡을 의뢰했다. 이 가사가 조선어학회 이극로의 책상 위에서 일제에 의해 발각됨으로써 조선어학회사건의 결정적인 빌미가 되는 것이다. 안재홍은 조선학회사건으로 함흥(咸興) 홍원(洪原)으로 끌려가 숱한 고생을 하였다. 한겨울 추운 감방생활로 인해 위장(胃腸)에 냉상(冷傷)을 입어 속병이 생겼고, 얼굴에도 동상을 입어 코까지도 빨갛게 되었다.

1944년 12월 시국수습 문제로 집요하게 접근해 오는 일제에 대하여, 여운형(呂運亨)과 함께 '민족자주(民族自主)'·'호양협력(互讓協力)'·'마찰방지(摩擦防止)'라는 3원칙을 제시하고 언론과 행동의 자유를 허용해줄 것을 요구하였다. 여운형이 1945년 4월 일본의 패망을 눈앞에 두고 일본과 조국의 치안권 인수 문제에 관한 접촉을 시도할 당시도, 안재홍은 그 대안으로 민족대회의 결의를 받자는 주장을 폈다. 그리고 광복과 더불어 조직된 조선건국준비위원에서는 부위원장을 맡아 활동하였다.

그러나 이 위원회가 공산주의자인 박헌영파의 영향력으로 기울게 되자, 안재홍은 1945년 9월초 '임시정부 절대 지지'를 표명한 뒤 조선건국준비위원와 결별하였다. 그리고 군소 정당과 통합하여 국민당을 창당하였으나, 1946년 4월 18일 한국독립당에 흡수되어 한독당에 입당하였다. 그 뒤 한독당의 중앙위원·신탁통치반대 국민총동원위원회 부위원장으로 활동하였고, 1945년 10월 23일에 열린 독립촉성중앙협의회 결성대회에 참석하여, 이승만을 회장으로 추대하였다.

1946년 한성일보사(漢城日報社)를 창립하여 사장으로 취임하는가 하면, 비상국민회의의원·민주의원의원·좌우합작위원회의원으로 활약하였다. 1947년에는 과도입법의원의 의원이 되고, 미군정청 민정장관(民政長官)이 되어 한인체계에 의한 행정기반을 굳히는데 노력하였다. 정부수립 후에는

평택군에서 무소속으로 제2대 국회의원에 당선되었으나, 1950년 9월 21일 납북되어 1965년 3월 1일 서거하였다.

[주요 저술 및 사상]

안재홍의 대표적 저술로는 『백두산등척기(白頭山登陟記)』(1931), 『중국의 금일(今日)과 극동의 장래』(1935), 『신민족주의와 신민주주의』(1945), 『조선상고사감(朝鮮上古史鑑)』(1947), 『한민족의 기본진로』(1949) 등을 꼽을 수 있다. 또한 그가 남긴 논문과 논설 및 사설, 그리고 수필·기행문 등은 헤아릴 수 없이 많다. 『민세안재홍선집』1~8(지식산업사, 1981~20004)에 모두 실려 전한다.

그의 역사인식을 살필 수 있는 글은 『조선상고사감』과 『조선통사(朝鮮通史)』(1941)가 대표적이다. 그가 필생의 역작으로 남기려 했던 『조선통사』는 아쉽게도 미완성으로 끝난 글이다. '제1편 상고사'와 '제2편 후상고사', '제3편 중고사(中古史)'의 앞부분까지 서술되어 있다. 상고사에서는 아사달사회(神市時代), 단군조선, 상고문화개관을 다루었다. 후상고사에서는 부여시대, 부여시대의 분열, 부여시대의 대외관계, 삼한국(三韓國) 등을 서술하였다. 그리고 중고사에서는 총설을 시작으로 삼국의 개창(開創), 위만조선과 한사군에 대한 서술을 마지막으로 중단되어 있다.

『조선상고사감』은 안재홍이 신민족주의적 안목으로 집필한 고대사 관련 논문들을 해방 직후 편집하여 상·하 2권으로 간행한 역사서다. 그는 1936년 일제에 의해 투옥되어 다음 해 출옥한 후, 우리의 역사인식을 통한 항일투쟁의 길을 추구하려는 목적으로 8·15해방 때까지 한국고대사연구에 몰두하였다. 『조선상고사감』에 실린 글들은 대다수가 이 시기에 집필되었다.

그 상권[기자조선고(箕子朝鮮考), 아사달(阿斯達)과 백악(白岳)·평양·부여변(夫餘辨), 고구려건국사정고(高句麗建國事情考), 고구려직관고(高句麗職官考), 신라건국사정고, 신라직관고략, 삼한국과 그 법속고(法俗考), 육가라국소고(六伽羅國小考)]과 하권[부여조선고, 붉·볼·비 원칙과 그의 순환공식, 고구려와 평양별고, 백제사총고, 조선상대지리문화고(朝鮮上代地理文化考)]의 구성 내용 보면, 단군조선부터 삼국시대까지의 선택된 주제들이다.

특히 안재홍은 『조선상고사감』에서 우리 역사의 대계(大系)를 고조선사회의 발전과정이라는 논리로 설명하면서, 언어학적 방법론에 입각한 사회발전단계설을 고대사 연구에 적용하고 있다. 그는 우리 상고사가 여계사회(女系社會)인 아사달사회에서 출발하여 남계중심(男系中心)의 부족사회─부족연합국가(단군조선·부여조선)─봉건귀족사회(삼국시대)로 발전하면서 씨족공동체의 수장(首長)·대인(大人)을 가리키는 '기·지·치' 계급이 '족장─지방제후─공경'으로 변화한다고 파악하였다. 그리고 비교언어학을 통해 우리 상고사에 나타나는 지명·국명·직명(職名) 이름을 고찰하고, '한'은 진(辰)과도 뜻이 통하여 삼한은 곧 진국이 되고 그 맹주는 마한(馬韓)이며, 변한(弁韓)·진한(辰韓)은 마한을 보좌하는 신왕적 존재로 이해했다.

『조선상고사감』에 나타나는 부여에 대한 시각도 주목된다. 안재홍은 고구려·백제·신라가 모두 부여족의 후예로

이해하였다. 이른바 대종교사관의 중요한 한 축이 되는 부여정통론적 관점이다. 전통시대 성리학적 역사인식 속에서의 단군은 형식적·혈연적 시조로 치부되었다. 기자야말로 주무왕(周武王)의 봉(封)함을 받았기에 조선의 진정한 정통으로 자리 잡았다. 그 기자왕조를 무너뜨린 위만은 당연히 찬탈자이자 이단아가 된다. 그러므로 기씨조선의 마지막 기준왕(箕準王)이 쫓겨 삼한으로 내려가 마한의 왕이 되었기에 마한정통론이 정당하다는 것이다. 이러한 인식은 우리의 역사 범위를 한반도(韓半島) 안으로 몰아넣는 일제의 반도사관의 빌미가 되었다. 안재홍은 흔히들 말하는 단군·기자 2천 년간의 역사가 기실 부여조선사와 불가분의 관계임을 밝히면서, 우리 상고사가 부여를 빼놓고는 말할 수 없음을 강조하였다. 또한 언어학적 접근을 통해 예맥(濊貊)이나 숙신(肅愼)이 곧 부여라는 주장도 전개했다.

또한 안재홍은 삼국이 근세의 봉건국가로써, 모두 부족(부여족)의 후예로 '붉신도'의 종교를 가진 귀족민주제(貴族民主制) 국가라고 보았다. 이러한 연장에서 삼국시대가 고조선과 부여의 홍익인간의 건국이념을 계승한 우리 민족 고유의 '다사리' 사상의 출발점이라는 것이 안재홍이 주장이다. 고구려는 단군의 혈통을 그대로 계승한 최선진국으로 시조 '새붉한[東明王]' 이래 5부족 연합의 통합국가를 형성했다고 파악했다. 신라는 '붉의뉘[赫居世]'라는 여계(女系) 중심의 신정시대를 열었다가 불[梁]부 출신의 '볼치[海尺]'이 비로소 국가를 세워 시조 해척거서간(굿한)이 되었고, 뒤를 이어 나기왕[南海王]·누리닛검[弩禮尼師今]이 등장한 것으로 보았다. 백제는 '비치[夫餘公]'에서 유래한 부여국이며, 첫 시조는 비류(沸流)인데 온조(溫祚)가 '우라[慰禮, 江城]'에 천도하면서 시조로 추존된 것이라 했다. 가야에 대해서는 '가람[江]가라'에서 유래한 것이며 변한의 이칭이며 종주는 '큰지국[金官國]'이라 하고, '아라가라'는 '임나[任那]가라' 즉 '임내[宗主]가라'로서 이들은 일본에 이주하여 많은 사적을 남겼다고 보아, 일제의 식민주의역사학에서 주장하는 '임나일본부설'을 정면으로 부정하고 있다.

아무튼 안재홍은 『조선상고사감』을 통해 식민사학을 극복하려는 문화적 저항뿐만 아니라, 신민족주의가 한민족 고유의 이념에 근거하여 당시의 극좌·극우 이념보다 우월한 보편적 가치임을 증명하려 하였다. 물론 안재홍의 고대사 연구는 신채호나 정인보의 연구 영역과 발상에서 출발해 그것을 한층 심화시킨 것으로 평가된다. 그럼에도 그가 활동하던 시대에 민족주의사학이 사회경제사학으로부터 많은 비판을 받고 있었던 상황을 감안한다면, 후기의 민족주의 사회학자로서의 그의 연구 방법은 신채호 등 전기 민족주의사학의 한계를 넘어서려는 노력이었다고 할 수 있다.

한편 안재홍의 역사연구나 국학연구에서 대종교의 영향을 뺄 수 없다. 신채호 사학의 계승자라고까지 불리는 안재홍의 고대사연구에서 대종교적 역사인식의 흔적을 찾는 것은 어렵지 않다. 언급했듯이 그가 제기한 부루신도(붉신도)론이나 불함문화론은 대종교의 고유문화론을 부연한 것이라는 의미가 있다. 또한 '비─씨─몬'의 원리나 '붉─볼─비' 원칙 같은 삼분법적 고유철학론에서도 대종

교의 삼일철학적 사유방식과 무관하지 않다.

특히 청년시절 대종교인이 된 안재홍은, 이후 대종교의 영향 아래 민족사와 고유철학에 대한 연구를 심화시켰고, 특유의 민족주의사상을 정립하였다. 안재홍의 정치사상이 가지는 가장 중요한 특징은 자신이 찾아낸 한민족의 고유철학으로부터 '신민족주의'라는 통일지향 정치이념을 도출해내고 있다는 점이다. 이 신민족주의론은 '다사리이념'을 비롯한 우리의 고유사상에서 추출된 조선 독자의 이념임을 표방하는 점에서 또 하나의 중요한 특징을 가진다. 안재홍의 고유철학관이 그의 신민족주의 정치이론의 기반이 되고 있다는 것이다. 그의 신민족주의에서 특히 중시하는 것은 '다사리'이념과 '개합변통·종합회통'의 사상이라 할 수 있을 듯하다. 이는 당시 극좌·극우파의 계급주의 입장과 공식주의 노선을 비판하는 것이며, 그 대안으로의 균등통합원리에 해당하기 때문이다.

안재홍은 고유 수사(數詞)인 '다섯[五]'을 해석하면서, 다사리 이념을 추출하고 있다. 그는 이 '다섯'이 '다사리'라는 조선 상대(上代)의 만민총언(萬民總言)·대중공생(大衆共生)하는 민주주의 정치원리를 의미한다는 것이다. 그는 우리 고사나 단군의 건국설화에 보이는 홍익인간이나 재세이화·접화군생의 대도(大道) 등이, 다사리주의의 근본이념이 태고에서 이미 비롯된 것임을 증명해주고 있다는 입장이다.

그러므로 안재홍은 정치 역시 '다사리'여야 한다는 주장이다. 그는, '다사리'를 모두 다 말하게 한다는 의미의 '다 사리운다' 혹은 '다 사리어'에서 유래하는 말로써, 만민총언·만민공화(萬民共和)의 자유 또는 국민주권원리와 만민공생·대중공영의 평등·복지 관념을 함께 포함하는 말로 이해한 것이다. 이것은 민주정치의 기본원리를 함축한 말이라 할 수 있으며, 정치(政治)를 의미하는 '다스린다'는 말 역시 여기서 유래한다는 것이 안재홍의 주장이다.

또한 안재홍의 '다사리' 이념은 국민주권의 민주정치와 함께, 특정계급이나 개인의 독재나 독점을 거부하고 구성원 모두가 평등하게 자유와 복지를 누리는 사회상을 지향하고 있다. 그는 조선 고유의 민주주의 이념이 자본주의나 공산주의에서의 계급독재적 민주주의와는 근본적으로 다르다고도 말한다. 그러나 우리에겐 이토록 훌륭한 고유의 정치철학이 있었음에도 밖으로부터 들어온 그릇된 여러 사상에 의해 오랫동안 엄폐되어 있었다고 개탄하였다.

안재홍의 대종교에 대한 이해 역시 상당하다. 안재홍은 대종교를 단군고교(檀君古敎)로 전제하고, 4천 수백 년 전부터 한민족의 조상이 된 태백민족이 단군을 받들어 제왕으로 삼고, 이신설교(以神設敎)하는 홍익인간의 대도를 세워 정치가 그대로 교화(敎化)인 소박한 문화사회를 건설한 사상이 그 근원임을 강조하였다. 또한 이러한 종교적 가치가 번영, 쇠퇴, 침잠되면서도 역사 속에 연면히 이어져 왔음을 밝히고 있다. 그리고 대한제국 말기에 이르러 조국에 대한 회고(回顧)와 민족정신에 대한 반성이 요구되는 시기에 이르러, 다시 중광(重光, 다시 부활됨) 된 것이 대종교라는 이해다.

이러한 연장에서 그는 대종교를 우리 역사인식의 근간인 동시에 우리 고유문화와 사상의 근원으로 인식하였다. 그가 남긴 「단군과 조선사적(朝鮮史的) 가치−개천절에 임한 일논점(一論點)」, 「단군사와 민족적 견지(見地)−개천절의 일감상」, 「단군과 개천절−홍익인간의 신고조(新高調)」, 「부루신도(夫婁神道)와 불함문화론」, 「삼일신고주(三一神誥註)」, 「대종교의 기본사상」, 「우리 국민생활에 나타난 대종교의 교훈」, 「대종교 중광(重光)의 의의」 등의 글에서 확인되는 부분이다.

안재홍의 개천절이나 한글날에 대한 이해도 남다르다. 그는 개천절이 신사적(神事的)·종교적 의미가 깊은 날로 새기면서, 배천적(拜天的)·조상숭배적 내용을 뚜렷하게 품고 있음을 강조하였다. 또한 태조단군(太祖檀君)의 맨 처음 기원절이 개천절의 연원이 되며, 부여·예·맥의 제천이나 고구려의 동맹, 그리고 고려의 팔관회 등으로 연결되어왔다고 이해하였다. 또한 개천절에 대한 현재적 의미를 아래와 같이 연결시키고 있다.

"조국의 자유와 민족의 독립자주하는 정신이란 별것이 아니고 우리 국조 단군 적부터 스스로의 민족, 스스로의 나라, 스스로의 문화의 기업(基業)을 세워주고 열어주고 또 길러 주신 그 연원, 그 전통, 그 그늘에 말미암은 것입니다. 그렇기 때문에 해마다 이 개천절을 국경일로 기념하게 된 것이고, 동시에 국조이신 단군의 성적을 옹호하고 유지하는 사업은 문득 민족정기를 똑바로 세워 독립과 자유와 통일 단합을 재촉하는 기본조건의 하나로 되는 것입니다."

안재홍은 한글날과 관련한 국어운동에 있어서도 실용적 측면을 넘어 민족의식의 고양으로 귀착되어야 함을 다음과 같이 강조하고 있다.

"방금 인류는 보편화의 도정(道程)에 있고 만국은 세계화의 경향이 신속하다. 민족과 국가의 계선(界線)은 고집함을 요치 않는다. 인류애에 부질없는 장벽은 타파함을 요한다. 그러나 조선 땅에서 조선 마음의 결정인 조선말의 생명을 담은, 세계의 모든 문자에 관절(冠絶)한 조선글을 예찬하고 옹호하고 진중(鎭重)하고 고조(高調)하지 않을 수 없다."

그리고 안재홍은 이와 같은 의식 고취를 위한 방안으로 아래의 4가지를 제시하였다.

一. 조선말을 옹호 또 예찬하거라.
一. 조선글을 옹호 또 보급하거라.
一. 간이(簡易)하고 선미(善美)한 조선글의 보급에 의하여, 조선 사람의 문맹 타파의 운동을 대대적으로 하거라.
一. 그리하여 조선 마음의 배양 및 옹호에 노력하거라.

이러한 안재홍의 대종교적 언어민족주의 시각은 후일 '한글날'을 '개천절'과 더불어 중시함에 있어, 그 의미 부여를 "국가적 의미에서 개천절이요 민족문화적 의미에서 '한글

날'이니, 한글날은 국경절 아닌 국경절이다"라고 중시하였다.

안재홍이 일제강점기 대종교의 무장항일투쟁의 근원을 대종교적 유속(遺俗)에서 찾음도 눈길을 끈다. 물론 이러한 지침은 대종교를 중광한 나철의 유언(遺言)에서 이미 언급되는 가치다. 나철의 유언을 보면, 전래되는 신교(神敎, 대종교)의 계율인 구서(九誓, 아홉맹세)와 오계(五戒, 다섯계율)를 충실히 지킬 것을 언급하고 있다. 구서에 나오는 '충성하지 않는 이는 내치라'는 항목과 '환란을 구원하라'는 맹세, 그리고 오계에 등장하는 사군이충(事君以忠)과 임전무퇴(臨戰無退)의 정신은 조국의 위기에 임해야 할 국가구성원 개개인의 자세를 경계하는 것이다. 그러므로 안재홍은 이러한 오계의 정신을 군인정신(軍人精神)의 지보(至寶)요 국민정신의 정화(精華)라고 다음과 같이 단정하고 있다.

> "임금께 충(忠)함은 나라에 충함이요, 어버이께 효(孝)함은 가정에 진책(盡責)함이다. 이 몇 마디의 말이 신라에 국한됨이 아니요, 전진방(全震方)의 인민정신이요 국민정신이요 또 군인정신으로 되어 있던 것이다.…(중략)… '싸움에 임하여 물러감이 없다'는 것은 그 전투혼·불패혼·승리혼이 얼마나 그 가을 기운으로 빛깔을 시새우던가를 잘 알 수 있다.…(중략)…'살생함에 가림이 있으라'는 것은…(중략)…싸울 때 싸우고 화(和)할 때 화하여, 비전투원(非戰鬪員)에게나 비적성(非敵性)의 인민에게 한갓 살육살벌(殺戮殺伐)을 일삼는 것이 아닌 것을 규정한 것으로 볼 바이니, 이는 군인정신의 지보인 것이요 국민정신의 정화인 것이다."

안재홍은 이러한 정신이 비단 신라에만 한정되는 것이 아니라 고구려·백제의 상무정신(尙武精神)과도 연결됨을 밝히고 싸움에서의 용기만을 앞세움이 아닌 정의롭고 도덕적인 군인정신을 일깨우는 것이라 할 수 있다. 즉 철학을 가진 싸움을 말한다는 점에 주목된다. 또한 안재홍은 이 정신이 대종교 정신과 연관됨을 다음과 같이 분명하게 단정하는데, 대종교 정신이야말로 역사를 건너뛴 반항투쟁 독립자존의 숭고한 이념이었음을 밝히고 있다.

> "대종교는 단군고교(檀君古敎)이니…(중략)…부여국은 혹 태평국(太平國)으로도 한토문헌(漢土文獻)에 나타나서 '태평지인인(太平之人仁)'하는 인의(仁義)의 덕이 멀리 해외에까지 광피(光被)되었던 점에서도 그 본질을 알 수 있다. 고구려·백제·신라 등 삼국 병립하던 시대에도 이 도(道) 자못 홍통(弘通)되어 고구려의 '선비', 신라의 '화랑'은 모두 이 교화의 체현자(體現者)로 단단히 국운(國運)을 담당하였던 것이니, 이는 한민족 몇 천년 반항투쟁(反抗鬪爭) 독립자존(獨立自存)의 역사와 함께 숭려한 도의이념(道義理念)의 주축을 이룬 것이다."

안재홍의 미발표 「삼일신고주」도 예사롭지 않다. 그의 학문적 사유의 단초를 볼 수 있기 때문이다. 「삼일신고주」는 안재홍이 대종교의 전래 경전인 『삼일신고』에 대한 의견을 주(註)로 달은 글이다. 『삼일신고』는 단군신앙을 다시

일으킨 나철이 대종교를 중광하기 이전인 1905년 11월 30일(음력), 우연히 두암(頭岩) 백전(伯佺)이라는 노인을 만나 단군교(檀君敎)에 입교하고 받은 비전(秘典)으로써, 후일 대종교의 주경전이 되는 책이다. 거기에는 『삼일신고』 '본문'만이 아니라 발해국 고왕(高王)의 '어제삼일신고찬문(御製三一神誥贊文)'과 고왕의 동생인 대야발(大野勃)의 '삼일신고서(三一神誥序)'가 있고, 본문의 각 장 뒤에는 발해 국상(國相) 임아상의 '삼일신고주해(三一神誥注解)'가 달려 있다. 그리고 본문 뒷부분에 고구려 개국공신인 마의극재사(麻衣克再思)의 '삼일신고독법(三一神誥讀法)'과 발해국 문왕(文王)의 '삼일신고봉장기(三一神誥奉藏記)'가 붙어 있다.

『삼일신고』는 삼일이치(三一理致)를 통하여 인간을 깨우치는 경전이다. 삼일은 셋이 하나가 됨을 의미하는 것으로 삼진귀일(三眞歸一)과 동일한 의미다. 또한 신고(神誥)란 신으로서 인간을 깨우쳐주는 의미를 담고 있다. 그 원문은 5장으로 나뉜다. '하늘에 대한 가르침[天訓]'과 '누리에 대한 가르침[世界訓]'을 통해 우주의 본체와 그 질서를 알려주고, '하느님에 대한 가르침[神訓]'과 '하늘집에 대한 가르침[天宮訓]'을 통해서는 신의 존재와 의미, 그리고 인간과의 관계를 일깨워준다. 그리고 '진리에 대한 가르침[眞理訓]'에서는, 현상적 인간이 본질적 질서를 올바로 잡아가는 가르침을 통해, 인간완성의 길을 제시하고 신인합일로 돌아가는 이치를 제시하고 있다.

안재홍은 「삼일신고주」 앞부분에 '삼일신고서'와 '어제삼일신고찬문'·'삼일신고주해'를, 그리고 본문 뒤에 '삼일신고독법'과 '삼일신고봉장기'를 제목만 소개하듯 언급하였다. 그 본문은 5장으로 나누어 원문을 모두 싣고 각 장의 주 역시 소략하게 다루었다. 이 글이 미완성 초고임을 암시해 준다.

그는 '삼한'의 근원을 삼일(三一)로부터 찾았다. 또한 단제(檀帝)가 바로 '붉한'이며 팽우(彭虞)가 '부루'의 이형(異型)이라고도 언급했다. 그리고 「삼일신고」 '진리훈'과 '예찬'에 나오는 신기(神機)라는 사상소를 원(圓)·진(眞)·미(美)·선(善)의 4대신기로 풀었으며, 우리 고유의 말인 '온'·'즈믄(참)'·'긇'·'잘'로 옮겼다. 특히 이를 토대로, 안재홍은 그의 역사인식이나 사상적 이해의 주요 기재인 '한·둘·셋·넷·다섯·여섯·일곱·여덟·아홉·열'을 해석하고 있다. 이밖에도 한·붉·불·비 등을 비롯하여 '커부르한(커발한)'이라는 우리말의 사상적 배경까지 언급하고 있다. 대종교의 경전인 『삼일신고』가 안재홍 학문의 출발점임을 확인시켜 준다. 향후 본격적인 분석·연구가 요구되는 이유다.

[교력]

민세 안재홍 역시 대종교의 정신 위에서 나라사랑의 길을 걸어간 인물이다. 안재홍의 대종교 입교는 1917년 이전으로 전해지나 관련 기록은 전하지 않는다. 그의 미망인(未亡人) 김부례(金富禮) 여사(女史)의 생전 회고에 의하면, 남편은 대종교를 믿는데 매일 아침 기도를 하며 통일에 대해 염원을 하고, 그 날 하루 동안 내 마음 변하지 않게 기원했다고 한다.

안재홍이 대종교 신자가 된 데에는 1913년 상해로 밀항해

신규식이 만든 동제사(同濟社)에 참여한 것이 계기가 됐다. 동제사는 상해를 중심으로 활동하던 대종교 신자들이 만든 독립운동 단체였다. 동제사에 참여하며 대종교인들에 크게 감화를 받은 안재홍에게 대종교는 일평생을 일관되게 지켜온 민족의식의 본산이었다. 그러므로 대종교 항일투사 박명진(朴明鎭)이 기록한 『대종교독립운동사』(필사본, 1964)에는 홍명희·정인보·신백우(申伯雨)·정열모(鄭烈模)·백남규(白南圭)·류근(柳槿)·명제세(明濟世)·서상일(徐相日) 등과 1910년대 후반 대종교 남도본사(南道本司)의 주요 교인으로 언급되고 있다.

해방 이후 안재홍의 대종교 활동도 주목된다. 안재홍은 대종교가 만주로부터 환국한 직후인 1946년 7월 23일(음력, 이하 음력)부터 10일간 대종교총본사 천궁(天宮)에서 개최된 국학하기강좌(國學夏期講座)에 과외(科外) 과목 강사로 참여하였다. 이 강좌의 목적은 대종교 정체성의 한 축이되는 국어·국사에 대한 지식보급과 시사(時事) 및 민족의식에 관한 계몽을 통해 대종교의 외연 확산을 도모하고자 함이었다. 당시 대종교 남녀교우 2백여 명이 수강하였고 이극로(李克魯)와 이병기(李秉岐)가 국어를, 이선근(李瑄根)과 박노철(朴魯徹)이 국사를 담당하였다. 그리고 안재홍은 조성환·조소앙·조완구·백남규·정인보·신익희·안호상·이범석(李範奭)·정열모 등, 대종교지도자들과 더불어 과외를 담당하였다.

대종교에서는 만주 동경성에서 국내로 환국한 직후인 1946년 8월 26일, 일제강점기 안재홍의 종교적 경험을 존중하여 영계(靈戒)를 수여하고 다음 날인 8월 27일 정인보·명재세와 함께 참교(參敎)의 교질(敎秩)을 내렸다. 그리고 같은 날 경의원(經議院) 참의(參議)로도 선임하여 원로로서의 대우를 극진히 하였다. 또한 같은 해 11월 29일에는 지교(知敎)를 내렸으며, 1948년 4월 15일에는 상교(尙敎)으 교질로 승질(陞秩)시켰다.

안재홍은 1949년 7월 13일 조완구·정관·명제세·정인보·이세정·맹주천 등과 대종교 제복제기제정위원(祭服祭器制定委員)으로 임명되었다. 이것은 대종교 의례 확립과 직결된 것으로, 대종교의 4대경절인 개천절·어천절(御天節)·중광절(重光節)·가경절(嘉慶節)에 행해지는 선의식(禪儀式)과 경하식(慶賀式)의 제복과 제기를 마련하는 위치였다. 또한 그 해 9월 19일에는 종리연구실(倧理研究室) 찬수(贊修, 부책임자)로도 임명되어 해방 이후 대종교 교리·교사의 연구와 정착에 많은 기여를 하였다. 당시 종리연구실의 전수(典修, 책임자)는 조완구가 맡았으며, 정열모·정인보·안호상(安浩相)·이시열(李時說) 등의 석학들이 안재홍과 함께 찬수로 활동하였다. 이 종리연구실은 해방 후 대종교 이론 확립의 산실 역할을 하며, 후일 삼일원(三一園)으로 개편될 때까지 존속하였다.

안재홍은 1950년 1월 15일 오전 7시에 대종교총본사 천궁에서 거행된 중광절(重光節) 선의식에서 도식(導式)을 맡았다. 도식이란 선의식을 이끌어가는 사회자로, 홀기(笏記)를 읽어가며 예원(禮員)과 참사하는 사람을 인도하는 위치다. 당시 주사(主祀)는 장유순(張裕淳), 전의(典儀)는 명재세, 주유(奏由)는 강용구(姜鎔求), 원도(願禱)는 김영숙(金永

肅), 봉향(奉香)은 김사학(金思鶴), 봉지(奉贄)는 김두종(金斗鍾) 등 항일투사들이 맡았다. 그리고 이틀 후인 1월 17일에는 이시영(李始榮)·이범석·신성모(申性模)·안호상·명제세·정인보·장유순·김준(金準)·정관(鄭寬) 등과 함께 제2차 대종교중흥회(大倧敎重興會)의 고문으로도 추대되었다. 이 대종교중흥회는 1949년 1월 5일 출범한 조직으로, "홍익인세(弘濟人世)의 이념하에 대종교의 발전을 도모하고, 민족정기를 확립하며 고유문화를 향상하여 인류평화를 기함"을 목적으로 한 조직이다. 또한 1950년 5월 7일에 개최된 제7회 교의회(敎議會)에서, 기존 경의원이 원로원(元老院)으로 개칭될 당시도 참의(參議)로 선임되는 등, 변화를 모색하였으나 한국전쟁의 발발로 인해 모든 것이 좌절되었다.

이렇듯 해방 이후 안재홍은 대종교의 안정과 발전을 위해 남다른 노력을 기울였다. 이러한 노력에 대한 보답으로, 대종교에서는 안재홍에게 1950년 2월 7일 명제세와 함께 정교(正敎)의 교질과 대형(大兄)의 교호(敎號)를 수여하였다. 당시 대종교에서 안재홍에게 내린 덕담은 '대종교의 교리를 열심히 연구하고 훌륭한 덕을 함께 이루었다(功究倧理誠德俱至)'는 예찬이었다.

[참고문헌]

『대종교보』제151호(1946년)·제152호(1946년)·제158호(1948년)·제161호(1946년)·제163호(1949년)·제165호(1950년)·제166호(1950년), 『대종교인과 독립운동연원』(이현익, 프린트본, 1962), 『대종교독립운동사』(박명진, 필사본, 1964), 『대종교중광육십년사』(대종교총본사, 1971), 『한국유이민사상』(현규환, 어문각, 1967), 『반세기의 증언』(이인, 명지대학교출판부, 1974), 『민세안재홍선집』1~4(안재홍선집간행위원회, 지식산업사, 1981), 「안재홍의 신민족주의와 史學」(한영우, 『한국독립운동사연구』1, 독립기념관한국독립운동사연구소, 1987), 「안재홍의 신민족주의론」(정영훈, 『정신문화연구』제48호, 한국정신문화연구원, 1992), 「대종교 항일운동의 정신적 배경」(김동환, 『국학연구』제6집, 국학연구소, 2001), 『다사리공동체를 향하여-민세 안재홍 평전』(정윤재, 한울, 2002), 『안재홍의 신국가건설운동(1944~1948)』(김인식, 선인, 2005), 「안재홍의 신민족주의와 '홍익민족주의'」(소대봉, 『유라시아문화』4, 유라시아문화학회, 2021), 『김교헌의 생애와 역사인식』(김동환, 선인, 2023)

안정인(安正仁, 남, 생몰 미상)
입교 시기_ 1923년 이전 | 교질_ 참교

출신지역과 생몰연대를 알 수 없는 인물이다. 대종교 항일단체인 대한군정서(북로군정서)를 중심으로 항일투쟁을 전개한 인물로 추정되지만, 그 역시 기록이 없다. 다만 1927년 5월, 밀산(密山)에 안장되었던 백포(白圃) 서일(徐一)의 유해를 화룡현(和龍縣) 청파호(靑坡湖)로 이장할 때 여러 독립군지도자들과 추도회를 이끈 것으로 보아 그의 무게가 보통이 아니었음을 엿볼 수 있다. 당시 안정인은 5월 9일 동불사(銅佛寺)에 소재한 대종교 천영학교(天英學校)에서 10여개의 항일단체에 의해 행해진 추도식에서 강철구(姜鐵求)·강희원(姜希元)·전성호(全盛鎬)·맹진(孟震) 등, 대종교 항일투쟁의 지도자들과 서일에 대한 역사고술(歷史告述)과 함께 추도사 등을 이끈 인물이다.

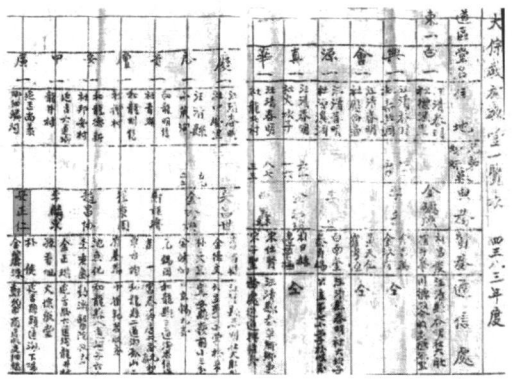

1927년 5월 대종교지도자이자 대한군정서 총재였던 백포 서일의 유해를 밀산현에서 화룡현으로 이장할 당시, 추도회를 이끌던 安正仁(네모 안)에 대한 기사를 실은 『중외일보』

안정인의 대종교 교력을 살피면 1923년 4월 1일(음력) 대종교 동일도본사의 특별추천으로 영계(靈戒)를 받은 기록이 전한다. 그의 대종교 입교가 대한군정서 시절로 올라감을 암시해 주는 부분이다. 그리고 같은 해 6월 20일(음력)에는 역시 동일도본사의 특별추천으로 참교(參敎)의 교질(敎秩)을 받았다.

1926년 5월 대종교해산령 당시 압수당한 대종교 문건의 일부인 『大倧敎施敎堂一覽表』. 왼쪽 맨 끝에 廣一施敎堂의 安正仁(네모 안)이란 이름이 보인다. (和龙县档案馆 所藏)

한편 안정인은 1926년 연길현 상의향(尙義鄕) 세린하(細鱗河) 이화동(梨花洞)에 소재한 대종교 광일시교당(廣一施敎堂)의 전무(典務, 책임자)를 맡았다. 그리고 항일투사 박건(朴健, 朴宇鎭)과 김려수(金麗洙)가 찬무(贊務, 부책임자)를 맡아 안정인을 도왔다. 그러나 그 해 4월 29일 치안방해라는 구실로 연길현 경찰소장 훈령에 의해 같은 해 5월 5일 대종교해산명령이 내려졌다. 이로 인해 대종교 만주포교가 금지되고 각종 서류와 서책들이 압수당했다. 이후 안정인에 대한 활동 기록은 전하지 않는다.

[참고문헌]
『대종교보』제58호(1923년), 「大倧敎施敎堂一覽表(1926年)」(延边朝鲜族自治州档案馆 全宗号42 目录号1 案卷号343, 和龙县历史档案 和龙县警察所, 令各区査禁韓人設立大倧敎堂由, 民国十五年五月十二日), 「大正十五年 五月中 間島(琿春縣을 包含) 및 接壤地方 治安情況」(不逞團關係雜件-朝鮮人の 部-在滿洲の 部43, 機密 第568號; 外務省文書課受 第604號, 한국사DB, 국사편찬위원회), 『중외일보』1927.5.21.

안종묵(남, 安鍾默, 1887-?)
입교 시기_1922년 이전 | 교질_미상

경상북도 영천군(永川郡) 금호면(琴湖面) 도남동(道南洞) 출신이다. 1921년 1월 대한민국임시정부 특별모금원사건과 연관되어 체포되었으나 증거불충분으로 불기소 처분을 받은 인물이다. 당시 안종묵은 경성 필운동(弼雲洞)에 거주하면서, 대한민국임시정부에서 특파된 모금원(募金員) 엄준(嚴俊)을 중심으로 유득신(劉得信)·김택룡(金澤龍) 등과 군자금 모금에 관여한 혐의로 체포되었다.

안종묵의 교력(敎歷)과 관련한 대종교단 내의 기록은 남아 있는 것이 없다. 다만 경북 성주(星州)를 중심으로 대종교 포교를 펼치던 성세영(成世英)의 『본사행일기(本司行日記)』란 기록을 보면, 안종묵이 1922년 이전 경상도 지역 대종교 주요 교인으로 올라 있다. 그의 대종교 입교가 그 이전으로 확인되나, 그의 영계(靈戒) 사항이나 교질(敎秩) 단계에 대해서는 전하지 않는다.

성세영의 『본사행일기』에 기록된 1922년 이전 경상도 지역 대종교 주요 교인 명단의 일부. 중간 부분에 安鍾默(네모 안)이 적혀 있다.

[참고문헌]
『본사행일기』(성세영, 필사본, 1922), 「軍資金募集者檢擧續報」(不逞團關係雜件朝鮮人ノ部 在内地 十二, 高警第2686號;秘受1820號, 한국사DB, 국사편찬위원회), 『朝鮮獨立運動』第1巻 分册(金正明, 原書房, 1967), 『한민족독립운동사자료집』36(국사편찬위원회, 1988)

안종익(安鍾益, 남, 생몰 미상)
입교 시기_1916년 이전 | 교질_참교

한성부 서서(西署) 적선방(積善坊) 사온동(司醞洞) 출신으로 대한제국의 무관을 지낸 인물이다. 1884년 5월 25일(음력), 관학유생(館學儒生) 들을 대상으로 '유성성재(惟聖性裁)'라는 부(賦)의 제목을 걸고 행해진 응제친림시(應製親臨試)에서 차차하(次次下)에 올라 감시초시(監試初試)의 방목에 이름을 올렸다.

1894년 선포된 육군장관직제(陸軍將官職制)에 따라, 1895년 5월 26일 부위(副尉)에 임용되어 보군부군무국과원(補軍部軍務局課員)이 된 이후, 1897년 정위(正尉)로 진급되었다. 또한 1903년 10월에는 6품(六品)에 오르고 1908년에는 육군삼등사계(陸軍三等司計)까지 역임했다.

안종익의 대종교 교력을 살피면 1916년 4월 16일(음력)에 참교(參敎)의 교질(敎秩)을 받은 것으로 나타난다. 그보다 훨씬 이전에 대종교에 입교한 것을 확인할 수 있으나, 그 밖의 행적은 확인할 수가 없다.

[참고문헌]
『본사행일기』(성세영, 필사본, 1922), 『승정원일기』1884년 5월 25일·1908년 5월 18일, 『대한제국관원이력서』(국사편찬위원회, 탐구당, 1971)

안준상(安駿相, 남, 1898-1994)
아호(별명) _ 민흥(民興)
입교 시기 _ 일제강점기 | 교질 _ 미상

경상남도 의령군 부산면 입산리 출신으로, 대종교지도자 백산(白山) 안희제(安熙濟)의 족질(族姪)이자 해방 이후 대종교총전교를 지낸 한뫼 안호상(安浩相)의 4촌형이다. 동래고등보통학교와 일본 동경정칙영어학교(東京正則英語學校)를 졸업하고 일본 와세다대학 경제학과에 입학하였으나 재학 중 중퇴하였다. 이후 국내로 돌아와 족숙 안희제의 독립운동을 보좌하였다. 특히 3·1독립만세운동이 발발하자, 안희제의 명을 받고 경남 각지에 독립선언문을 배포와 함께 의령지역 만세운동을 이끌기도 했다.

8.15 광복 후에는 대한독립촉성국민회 부산지부 부회장, 조선민족청년단 경상남도단 이사 등을 지냈다. 1948년 제헌 국회의원 선거에서 조선민족청년단 후보로 경상남도 의령군 선거구에 출마하여 당선되었다. 또한 1955년 자유당 상임위원을 지내는 등, 주로 우익진영에서 정치 활동을 전개했다.

안준상의 대종교 관련 교력은 일체 전하는 것이 없다. 대종교단 내에서는 그의 대종교 입교 시기가 일제강점기 안희제의 항일투쟁을 돕던 시절이라고 회자(膾炙)되나, 그의 영계(靈戒) 사항이나 교질(敎秩) 관계와 관련하여 남아있는 기록이 전무하다. 다만 1960년 2월 13일(음력) 대종교 교주인 단애(檀崖) 윤세복(尹世復)이 조천(朝天)하자, 안준상의 다음의 만시(輓詩)가 전할 뿐이다.

百代檀疆大老亡　유구한 배달나라에 큰 어른 쓰러지니
三千萬族泣凄凉　삼천만 동포 처량히 눈물집니다
何時統一吾南北　어느 때 우리 남북이 하나가 되어
快慰先生假帝鄕　즐거이 선생께서 하느님고을에 이르리까

[참고문헌]
『대종교중광육십년사』(대종교총본사, 1971), 『조선일보』1948.5.13., 『나라사랑–백산안희제선생특집호』제19집(외솔회, 1975), 『대한민국의정총람』(국회의원총람발간위원회, 1994)

안창남(安昌男, 남, 1901-1930)
아호(별명) _ 안호(安虎)
입교 시기 _ 1922년 이전 | 교질 _ 미상

안창남

서울 종로구(鐘路區) 평동(平洞) 출신으로, 우리나라 최초로 비행한 인물로 유명하다. 휘문고등보통학교를 중퇴하고 1919년 일본으로 건너가 자동차 운전기술을 배웠다. 이어 동경 소율비행학교(小栗飛行學校)에 입학하여 3개월 만에 3등비행사의 면허를 얻으면서 비행사가 되었다.

1921년 6월에는 일본에서 열린 민간항공대회에서 2등으로 입상하여 무시험으로 1등 비행사 면허를 획득하고, 일본의 동경(東京)과 대판(大阪) 사이의 우편비행에 성공하여 단기간에 비행사로서 명성을 얻었다.

1922년 12월 10일 동아일보사 초청 안창남의 '고국방문대비행'이 열렸다. 서울 여의도에 전국에서 모여든 5만여명의 대관중이 지켜보는 가운데 비행기 금강호(金剛號)를 타고 서울 장안을 일순하는 등, 여의도 상공에서 고등비행의 묘기를 선사하였다.

금강호는 단발쌍엽(單發雙葉)의 1인승으로 일본 소율비행학교 소속의 영국제 비행기였다. 고국에서는 안창남에게 전용기를 마련해주고자 박영효(朴泳孝)·권동진(權東鎭) 등 47명의 유지들이 후원회를 조직하고 모금운동을 벌였으나 실패하였다.

고국방문비행을 마치고 일본으로 돌아간 뒤 1923년 9월의 관동대지진(關東大地震) 이후 중국으로 건너갔다. 1927년 대종교 동지인 신덕영(申德永)·이용화(李容華)를 비롯한 김정련(金正連)·최양옥(崔養玉)·이영(李英) 등과 공명단(共鳴團)을 설립하고 북만주에 독립군 비행사를 양성하기 위해 비행학교 설립을 계획하였다. 공명단은 산서성(山西省) 태원부(太原府)에 조직된 단체로, 단장과 부단장 외에 재정부·정치부·군사부를 두었고 단장은 안혁명(安革命, 안창남으로 추정), 부단장은 신덕영이 맡았다. 공명단은 무관학교를 세우고 독립군을 양성하는 것과 비행사를 양성하는 등 군사적인 독립운동론을 내세웠다. 또한 부원 중에는 안창남의 항공학교 한국인 제자들과 함께 태원 지역에 사는 교포들과 더불어 상해와 북경 지역의 독립운동가들이 찾아와 활동하기도 하였다. 그러나 공명단의 계획은 국내로 잠입하여 설립기금을 모금하려던 최양옥·김정련 등이 체포되면서 성공하지 못했다.

안창남은 산서성(山西省) 군벌(軍閥)의 수장인 염석산(閻錫山)의 막하에서 비행학교 교관으로 활동하였다. 염석산은 1911년 신해혁명 후 산서성의 도독(都督)이 된 인물로, 북양정부(北洋政府) 시기에는 산서성장을 지냈고, 1927년에는 국민혁명군 북방총사령관직을 맡았다. 그러나 안창남은 1930년 4월 2일 염석산 군대의 항공학교 교관으로 중국인 학생을 가르치다 비행 중에 사망하였다.

안창남과 관련한 대종교 교력은 남아 있는 것이 없다. 다만 『동아일보』(1922년 12월 5일자)에 대종교인들이 같은 대종교도인 안창남을 환영하기 위해 대표환영단을 수원(水原)까지 보낸 기사가 나온다. 또한 성세영(成世英)의 『본사행일기(本司行日記)』에도 대종교남도본사(당시 경성 가회동 소재)에 머물 당시 "그는 우리 대종교인 고로 본사 여러 형제와 같이 오후 7시 남대문역에 나가 환영한 후 다시 본사로 귀환하였습니다"라는 내용이 실려 있다. 안창남의 대종교 입교가 그 이전에 이루어졌음을 알려준다.

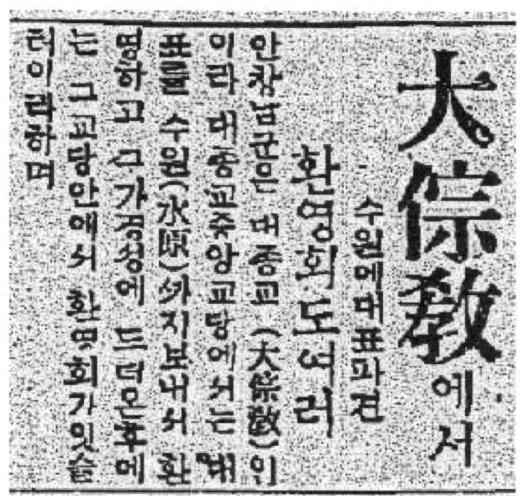

주목되는 것은 대종교 동지이자 안창남의 후견인 역할을 한 신덕영이라는 인물이다. 신덕영은 1918년 1월 13일(음력) 참교(參敎)의 교질(敎秩)을 받은 인물이다. 또한 그는 대종교에 입교하면서 신헌(申憲)이라는 외자 이름으로 개명하였다. 안창남 역시 이 시기에 입교했을 가능성이 크며, 그의 안호(安虎)라는 이명(異名)도 대종교에 입교하며 개명한 외자 이름인 듯하나 이 역시 확인이 안 된다.

[참고문헌]
『본사행일기』(성세영, 필사본, 1922), 『동아일보』1922.12.5., 『독립운동사』7(독립운동사편찬위원회,1976), 『독립운동사자료집』(독립운동사편찬위원회,1978)

안창세(安昌世, 남, 생몰 미상)
입교 시기_ 1926년 이전 | 교질_ 미상

출신지역과 생몰연대를 알 수 없는 인물이다. 일제의 기밀문서나 대종교단 내의 남아있는 기록에서도 찾을 수가 없다. 다만 1926년 대종교만주포교금지령 이후 압수당한 대종교문서(1926년에 작성)에 그의 이름이 전한다. 당시 안창세는 대종교의 동일도본사(東一道本司) 관할인 경일시교당(慶一施敎堂)의 전무(典務, 책임자)를 맡고 있었다. 경일시교당은 대종교 항일단체 대한군정서의 근거였던 왕청현(汪淸縣) 춘명사(春明社) 중경리(中慶里)에 소재한 시교당으로, 항일투사 이창학(李昌鶴)과 김덕문(金德文)이 찬무(贊務, 부책임자)를 맡아 안창세를 도왔다. 또한 그 연락의 주요 거점이 왕청현 춘명사 대두천(大肚川)에 있던 공립제1중학교이고 보면, 안창세가 이 학교에 근무하며 대종교 항일투쟁을 펼친 인물로 추정된다.

[참고문헌]
「大倧敎施敎堂一覽表(1926年)」(延边朝鲜族自治州档案馆 全宗号42 目录号1 案卷号343, 和龙县历史档案 和龙县警察所, 令各区查禁韩人设立大倧敎堂由, 民国十五年五月十二日)

안충국(安忠國, 남, 1871-1939)
아호(별명)_ 단임(檀岩), 안기중(安沂中)
입교 시기_ 1939년 이전 | 교질_ 참교

출신지역과 생몰연대를 알 수 없는 인물이다. 1897년 9월 김기영(金基榮)과 일본으로 건너가 일본 교토 상경구(上京區)에 거주하는 동생 안영중(安泳中)을 찾아 모종의 일을 도모했다는 기록이 전한다. 당시 일제는 안충국을 요시찰 인물로 지목하여 일거수일투족을 주시했다.

이후 안충국 관련 기록은 남아있는 것이 없어 그가 만주로 건너간 시기와 대종교에 입교한 때도 알 수가 없다. 다만 그가 1939년 68세의 나이로 사망할 당시 영안현(寧安縣) 구가(舊街)에 거주한 것으로 보아 대종교의 측근에 있었음을 확인할 수 있다. 그 시기 영안현 동경성(東京城)은 대종교총본사가 위치했던 곳으로, 교주 윤세복(尹世復)을 중심으로 새로운 도약을 모색하던 공간이었다. 또한 안충국이 사망할 당시의 교질(敎秩)은 참교(參敎)로, 그 이전에 이미 입교한 것이 확인된다.

[참고문헌]
『대종교보』제124호(1939), 『韓國近代史資料集成』(국사편찬위원회, 2001)

안태산(安泰山, 남, 생몰 미상)
입교 시기_1939년 이전 | 교질_참교

출신지역과 생몰연대를 알 수 없는 인물로, 1920년대 초 구춘선(具春先)이 이끄는 대한국민회 소속으로 항일투쟁을 펼친 기록이 전한다. 당시 안충국은 왕청현(汪淸縣) 춘화향(春華鄕) 석현(石峴)에 소재한 대한국민회 제1북방지회총회 제8지회에 소속되어 있었다. 제8지회는 춘화향 덕원리(德源里)에 거점을 두고 최홍팔(崔弘八)을 지회장으로 참사(參事)를 맡은 안태산과 채기보(蔡基輔)·김태환(金泰煥)·김희묵(金熙默)·김병묵(金秉默)·강풍만(姜豊滿)·김중삼(金仲三)·채성천(蔡成天) 등이 주요 보직을 맡아 활동하였다.

안태산의 대종교 교력을 살피면 1939년 9월 3일(음력) 대종교총본사의 특별추천에 의해 참교(參敎)의 교질(敎秩)을 받은 기록이 있다. 그의 대종교 입교가 그보다 훨씬 이전에 이루어졌음을 확인시켜 준다.

1921년에 작성된 일제의 문서에 대한국민회 제1북방지회총회 제8지회 소속으로 安泰山(중간 부분)이 올라 있다.

[참고문헌]
『대종교보』제123호(1939), 「朝鮮側 警察이 朝鮮人 金順 等을 拘引시킨 것에 관한 건」(不逞團關係雜件-朝鮮人의 部-在滿洲의 部28, 公 第259號; 受 20669號, 한국사DB, 국사편찬위원회)

안태진(安泰鎭, 남, 1853-1919)
입교 시기_1911년 이전 | 교질_미상

황해도 해주목(海州牧) 영동방(瀛東坊) 청풍리(淸風里) 출신으로, 이토 히로부미를 저격한 안중근(安重根)의 백부(伯父)다. 해주지방의 기마(騎馬) 일을 맡아보던 무반직(武班職)인 군사마(軍司馬)를 지냈으며, 집안에서 조상의 제사를 모셔야 한다는 책임감으로 가톨릭 신자가 되기를 거부한 인물이다.

그가 만주로 넘어간 시기는 분명치 않으나, 1909년 11월 이후부터 1910년 11월사이로 추정할 수 있다. 그가 1909

년 11월까지 고향인 해주에 머물고 있었고 1910년 11월 만주에서 활동한 흔적이 드러나기 때문이다. 안태진은 1910년 11월 대종교시교사(大倧敎施敎師)의 자격으로 만주에 건너온 박창익(朴昌益, 朴贊翊의 동일인물)에게 대종교 포교의 거점을 제공하였다. 당시 안태진은 평강상리사(平崗上里社) 청산리(靑山里) 청호마을에 있는 자신의 가옥을 기부하여 대종교시교당으로 삼게 한 것이다. 또한 그 부속기관으로 학교를 설립하고 초등과[산술·습자(習字)·작문·조선국문·수신(修身)·체조]와 고등과[한문·작문·역사·지리·이과(理科)·국문·산술·습자·수신·교련(敎鍊)]를 개설하여 학생들을 가르쳤다.

1911년 대종교의 교주인 홍암(弘巖) 나철(羅喆)이 국내로부터 넘어와 이곳에 대종교총본사를 권설(權設)하면서 대종교 활동 중심이 되었다. 이후 안태진을 비롯한 연해주의 이상설(李相卨)과 상해의 신규식(申圭植) 그리고 현천묵(玄天默)·박찬익·김영학(金永學)·서일(徐一)·백순(白純)·류완무(柳完武)·박상환(朴祥煥)·박승익(朴勝益) 등이 드나들며 대종교 발전을 위하여 도모한 곳이기도 하다.

안태진의 대종교 입교 기록은 남아있는 것이 없다. 그의 영계(靈戒) 사항이나 교질(敎秩)의 단계도 확인이 안 된다. 다만 1911년 10월 청파호시교당의 전무(典務, 책임자)를 맡고 있던 윤묵(尹默)이 국내 경남일보 사장인 위암(韋菴) 장지연(張志淵)에게 보낸 편지에 그 지역 주요 교인으로 안태진을 소개하고 있다. 안태진의 대종교 입교가 1910년 11월 박찬익을 만나 대종교시교당을 만들어준 시기임을 짐작케 해 준다.

[참고문헌]
『백농실기(영인본)』(조창용, 독립기념관, 1993), 『위암장지연서간집』2(위암장지연선생기념사업회, 2004), 『韓國近代史資料集成』9(국사편찬위원회, 2004), 『안중근-한국 독립과 동양평화의 사도』(오영섭, 역사공간, 2020)

안호상(安浩相, 남, 1902-1999)
아호(별명)_맹연(孟然), 만우(萬愚), 한뫼
입교 시기_1920년 이전 | 교질_도형

안호상

경상남도 의령군(宜寧郡) 부림면(富林面) 입산동(立山洞) 출신이다. 일찍이 향리에서 사립 창명학교(刱明學校)에 입학하여 3년간 수학하고, 족숙(族叔)인 안희제(安熙濟)의 영향으로 신학문의 길로 본격 접어들었다. 1919년 부산에 있는 백산상회(白山商會)의 안희제를 직접 찾아가 진로를 상담한 후 상경하여 중동학교에 들어가 중학 과정을 마친 후, 일본의 정칙영어학교(正則英

語學校)로 유학하였다.

1921년 학업을 마치고 국내로 돌아온 안호상은 서울로 올라와 다시 중국으로의 유학을 계획하였다. 전진한(錢鎭漢)과 조우(遭遇)한 것도 이 시기이다. 안호상은 안희제의 주선과 대종교의 루트를 통해 다시 중국의 안동(安東)과 북경(北京)을 거쳐 상해로 건너갔다. 이 과정에서 대종교 인물인 박광(朴洸)과 신채호(申采浩)·신성모(申性模)의 도움을 받았다.

상해에서 안호상을 맞이한 인물은 남형우(南亨祐)였다. 대종교에서는 남경우(南京祐)로 활동한 남형우는 안희제의 절친이자 대동청년단(大東青年團)의 핵심멤버 중의 한 사람이다. 대동청년단은 남형우를 비롯하여 후일 대종교의 중추가 되는 인물들인 윤세복·안희제·서상일·김동삼 등이 1909년에 조직한 비밀결사였다. 남형우의 대종교 입교는 윤세복·안희제처럼 1910년대 초반에 이루어졌으며 상해로 건너가 대한민국임시정부에서는 법무차장을 지냈다.

프랑스조계 보창로(寶昌路)에 있는 남형우의 집으로 안내되어 여장을 푼 안호상은 상해 초창기 생활을 우선 그곳에서 시작하였다. 그리고 중덕동제의공대학(中德同濟醫工大學) 예과에 입학하여 학업도 이어갔다. 안호상이 한힌샘 주시경(周時經)의 제자로 한글 연구의 대가인 백연(白淵) 김두봉(金枓奉)을 만난 것도 이 시기 상해에서였다. 김두봉은 대종교를 일으킨 홍암(弘巖) 나철(羅喆)의 제자로서, 당시 상해 지역 대종교지도자의 한사람이었다. 당시 안호상이 독일유학을 통해 철학을 공부하고 싶다는 준비한다는 말에, 김두봉은 우리 한글 연구의 중요성을 강조하며 언어학 공부를 강권했다고 한다. 후일 안호상에게 한글에 대해 깊은 관심을 갖도록 동기를 부여한 인물이 바로 김두봉이었다.

안호상은 상해 지역 인물들과의 교류하면서 상해한인유학생회의 부회장을 맡아 이끌기도 하였다. 그리고 차분한 준비 끝에 독일 유학의 기회를 갖게 된다. 일설에는 안호상을 비롯한 이극로(李克魯)·신성모의 독일 유학에 기미육영회(己未育英會)의 후원이 컸다고도 하나, 그 기록은 전하지 않는다. 아마도 대종교의 비밀스런 연계 활동이 원인일 듯하나, 향후 좀더 추적해 볼 문제이다. 기미육영회는 안희제 등 대종교계 인물들이, 장차 독립운동에 필요한 인재 양성과 민중 계몽이 급선무임을 인식하고 우수한 청년을 선발하여 국내 및 국외에 유학시킬 목적으로, 1919년 3·1운동 이후 부산에 설립한 조직이다. 그 장학생으로는 김정설(金鼎卨)·이병호(李炳虎)·이제만(李濟晩)·전진한(錢鎭漢)·문시환(文時煥) 등 일본 유학파들을 꼽을 수 있다.

독일로 유학을 떠난 안호상 1925년 5월부터 독일의 국립 예나(Jena) 대학교에서 입학하여 철학과 법학을 공부하였다. 그리고 1929년 그곳에서 철학박사 학위를 받는다. 이어 영국 옥스퍼드대학과 독일 국립 훔볼트학술재단의 연구과정을 거쳐 국내로 들어왔다. 그러나 국내의 상황이 여의치 않자 1931년 일본으로 건너가 경도제국대학에서 연구를 한 후, 다시 국내로 들어와 1933년 경성제국대학 대학원을 졸업하였다.

이후 보성전문학교 교수로 부임하였으나, 조선어학회사

건과 녹지연맹사건 등에 연루되는 등, 연속되는 반일행위로 인해 관헌의 일급 수배자로 지목되었다. 특히 조선어학회사건 당시는 지병으로 인한 입원치료를 구실로 구속을 피하기도 하였다. 당시 조선어학회는 대종교의 국내 비밀결사와도 같은 곳으로, 안호상을 비롯한 이극로·이윤재(李允宰)·신명균(申明均)·최현배(崔鉉培)·안재홍(安在鴻)·이병기(李秉岐)·권덕규(權悳奎) 등 대부분의 구성원들이 대종교도들이었다.

해방 이후 서울대학교·혜화전문학교(현 동국대학교)·성균관대학교·국립경찰전문학교 등의 교수 생활과 더불어 조선철학연구회장·조선교육연구회장 등을 지냈다. 또한 초대 문교부장관, 조선민족청년단 부단장, 대한청년단 총본부 단장, 한독협회 초대 회장, 동아대학교 대학원장, 초대 국회 참의원 의원, 재건국민운동 중앙회장, 한성대학교 재단이사장 등을 두루 역임하고 학술원 회원으로 추대되었다.

[사상]

안호상은 독일유학파 답게, 『철학강론』(1942) 등을 통해 서양철학(특히 헤겔 철학)의 한국적 사색에 많은 노력을 기울인 인물이다. 그러나 그가 독일에서 유학을 한 경험으로 인해 나치 독일에 대해 호의적이었다는 부정적 평가가 지배적이다. 또한 그러한 사상에 대해서도 거의 무비판적으로 받아들였다는 비판도 많다. 나아가 1949년 이승만의 구호 수준의 일민주의(一民主義)의 이론적 틀을 제시하였다는 부분도 많은 공박을 받고 있다.

안호상이 문교부 장관시절이던 1949년 창설한 학도호국단에 대해서도 비판 일변도다. 학도호국단의 이론적 근거가 일민주의였다는 이유가 컸다. 안호상은 "하나의 민족에는 하나의 사상만이 존재한다"라는 주장과 함께, 자본주의와 공산주의는 우리 민족의 지도원리가 되기에는 천박하다는 논리를 폈다. 이러한 토대 위에 진일보한 이론이 그의 '한백성주의'다. 이 사상은 모든 차별의 철폐를 주장하고 하나로 일체화된 단일민족의 통일사회상을 지향하는 논리다. 문제는 이러한 논리가 이승만 독재에 사상적 도구로 이용되었다는 점이다. 안호상에 대해 애국적인 민족주의자라는 긍정적인 평가와 파시스트라는 부정적인 평가가 엇갈리는 이유가 된다. 이 문제에 대한 평가 역시 또 다른 과제라 할 수 있다.

안호상의 사상을 논함에 있어 특히 주목되는 부분은 그의 한국적 사유라 할 수 있다. 서양철학을 전공한 그가 우리의 역사와 철학에 남다른 열정을 기울인 배경에는 대종교의 영향이 지대했다. 일찍이 대종교에 입교한 그는 대종교적 문·사·철(文史哲)에 남다른 조예를 갖고 있었다. 일제강점기 조선어학회 활동부터 한글에 대한 애정이 지극했던 그였다. 또한 1964년 배달문화연구원장을 맡아 민족사상 연구에 힘썼으며, 1974년 국사찾기협회 회장에 취임하여 우리의 국사 재건에도 적극 앞장선 인물이다. 특히 단기연호의 보편화 작업에 누구보다도 앞장섰으며, 해방 이후 개천절의 국경일 제정과 홍익인간 교육 이념의 정착에 상당한 기여를 하였다.

그의 대표적 저술인『한백성주의의 본바탕』(1950),『민주적 민족론』(1961),『배달의 종교와 역사와 철학』(1964),『민족의 주체성과 화랑의 얼』(1967),『단군과 화랑의 역사와 철학』(1979),『민족정론』(1983),『한웅과 단군과 화랑』(1985),『겨레역사6천년』(1992) 등, 그 제목만 보더라도 우리의 정체성과 무관치 않음을 알 수 있다. 특히 각 저술에 나타나는 해박한 우리말 사용의 능력에는 많은 이들이 혀를 내두른다. 대종교지도자들의 우리말 애착에 대한 단면을 안호상에게도 볼 수 있다. 또한 그의 저술에 나타나는 철학적 기재(器材)들이 대종교의 교리(教理, 三神一體─一神三哲學 등)와 연관된 사유들이며, 그 역사인식 또한 대종교의 역사관과 대동소이하다는 점이다. 그의 연구가 대종교의 교리·교사 연구의 외연 확산에 상당한 기여를 하였음을 확인시키고 있다.

일각에서는 그의 연구를 전체주의·국가주의·파시즘·유사역사학이라고 매도하며 폄훼하기도 한다. 그러나 안호상의 학문적 사유는 개인자유주의를 넘어서 공동체적 통합과 행복으로 나아가는 사상적 대안으로서 나름의 의미를 갖는다고 보았다. 그의 우리 고유성에 대한 사유들 역시 우리의 학술연구 자세에 대해 반성하게 하고 역사와 문화에 대한 상상력을 보강해주기에 충분하다.

[교력]
안호상의 대종교 입교는 1920년 이전에 이루어졌으나 관련 기록은 남아있지 않다. 그 시기 대종교의 1차 자료라 할 수 있는『대종교보(大倧敎報)』가 모두 전하지 않기 때문이다. 다만 대종교 항일투사 이현익(李顯翼)의『대종교인과 독립운동연원』에는 "안희제 선생과 동심협력(同心協力)한 국내 비밀연락원(秘密連絡員)으로 기미운동시에는 상해에서 북만귀일당원(北滿歸一黨員)으로 활동(活動)했다."라는 기록이 있다. 또한 항일투사 출신의 대종교지도자 박명진(朴明鎭)의『대종교독립운동사』에도 1910년대 후반 대종교 남일도본사(南一道本司)의 주요 교인으로 안호상을 올리고 있다. 안호상의 대종교 입교가 1920년 이전임을 확인시켜 준다.

그러므로 대종교에서는 만주에서 환국한 직후인 1946년 3월 8일(음력(이하 음력) 종학연구회(倧學硏究會) 회원으로 안호상의 이름을 올렸다. 종학연구회는 해방 이후 대종교의 이론적 토대를 다지기 위해 만든 기구로, 항일투사 이극로·신백우(申伯雨)·이시열(李時說)·박노철(朴魯澈) 등이 안호상과 함께 참여한 기구다. 또한 1주일 후인 3월 14일에는 대종교총본사의 특별추천으로 영계(靈戒)와 참교(參敎)의 단계를 건너뛰어 안호상에게 곧바로 지교(知敎) 교질(敎秩)을 수여하였다. 일제강점기 입교하여 비밀결사원으로 활동한 안호상의 대종교 교력을 존중한 것이다.

그리고 1947년 7월 11일 상교(尙敎)의 교질에 오른 안호상은 2주 후인 7월 23일에 개최된 대종교 국학하기강좌에는 과외(科外) 과목 강좌를 맡아 일조하였다. 이 강좌는 대종교의 정신을 토대로 국어와 국사에 대한 지식 보급과 함께, 시사 및 민족의식에 관한 계몽을 목적으로 개설된 것이다. 당시 안호상과 더불어 과외 강좌를 담당한 인물들은 조성환(曺成煥)·조완구·조소앙(趙琬九)·정인보·백남규(白南奎)·안재홍(安在鴻)·신익희(申翼熙)·이범석(李範奭)·정열모(鄭烈模) 등, 대종교항일투쟁의 거물들이었다.

안호상 1949년 2월 21일에는 대종교 경의원(經議院)의 참의(參議)로도 선임되었다. 그리고 7개월 후인 9월 19일에는 조완구·정인보·정열모·안재홍·이시열·이원태(李源台)와 더불어 종리연구실(倧理硏究室)의 찬수(贊修)로 참여하게 된다. 이 종리연구실은 대종교 삼일원(三一園)의 전신으로 대종교 연구와 선도(宣道)·수도(修道)의 중심기구 역할을 하였다.

또한 1950년 1월 17일 제2차 대종교중흥회(大倧敎重興會) 고문으로도 참여하였다. 이 모임은 "홍익인세(弘濟人世)의 이념하에 대종교 발전을 도모하고, 민족정기를 확립하며 고유문화를 향상을 통한 인류평화에 기여함"을 목적으로 조직된 것이다. 당시 안호상과 함께 이시영(李始榮)·정인보·이범석·신성모·명제세(明濟世)·안재홍·장유순(張裕淳)·김준(金準)·정관(鄭寬) 등이 고문으로 참여하여 대종교의 재건을 도모하였으나, 6·25전쟁의 발발로 유야무야되었다.

이후에도 대종교 발전을 위해 다양한 활동을 전개한 안호상은 1960년 2월 29일 정교(正敎)의 교질과 더불어 대형(大兄)의 교호(敎號)를 받게 된다. 그리고 삼일원의 선도원장(宣道院長), 삼일원주(三一園主) 등을 역임하며 대종교의 교리·교사 확립에 지대한 역할을 담당하였다. 특히 1968년 6월 20일 구성된 종경종사편수위원회(倧經倧史編修委員會)에서는 박영준(朴英俊, 위원장)·이은상·김용국(金龍國·이선근(李瑄根)·백광하(白光河)·이원선(李源善)·손보기(孫寶基)·김상기(金庠基)·강천봉(姜天峰)과 더불어 위원으로 참여하였다. 이 종경종사편수위원회는 대종교의 교리와 교사 정리에 지대한 업적을 남기게 된다. 대표적으로 대종교 경전의 한글 번역 작업을 통한『대종교한글경전』(1970년)의 발간과 중광(重光) 이후의 교사를 정리한『대종교중광육십년사(大倧敎重光六十年史)』의 출간을 들 수 있다.

이 밖에도 안호상은 대종교 원로원(元老院, 經議院의 후신)의 선임되어 참의로 활동하는가 하면, 대종교유지재단(大倧敎維持財團)의 이사장(理事長)으로 추대되어 대종교 경제적 안정에도 상당한 공헌을 하게 된다. 이러한 공로로 1968년 7월 7일 개최된 대종교 교의회(敎議會)에서는 안호상에게 대종교 최고의 교질인 사교(司敎)를 수여하고 도형(道兄)의 교호를 올렸다. 그리고 1992년에는 대종교 교주(敎主)의 자리인 총전교(總典敎)까지 올라 5년간을 재임하였다.

그 시기 그는 남북통일의 초석을 위한 남북 대종교의 교류 활성화에 남다른 노력을 기울였다. 1994년 들어 북측과의 본격적인 교류를 시도하게 된다. 당시 북측과의 만남을 주선하는데 적극 앞장선 인물은 한준광(韓俊光)이었다. 한준광은 조선족으로 당시 중국조선민족사학회(中國朝鮮民族史學會)의 이사장을 맡고 있었다. 한준광은 북측과 남측의 연결고리 역할을 하며 국내 대종교와의 여러 차례의 팩스 왕복을 통해 그 일정을 조율하였다. 당시 남측 대종교의 실무책임은 김선적(金善積) 종무원장(宗務院長)이 맡았다.

마침내 1994년 3월 중국 북경에서 역사적인 남북의 만남을 갖게 된다. 통일원의 접촉 승인을 받아 이루어진 이 교류는, 북측의 제의에 따라 10일부터 14일까지 북경에서 개최되었다. 남측의 대종교총전교 안호상과 북측의 조선천도교중앙지도위원회위원장 류미영의 회담이 그것이다. 당시 둘 사이에 맺어진 공동합의문은 아래와 같다.

대종교 안호상 총전교와 조선천도교중앙지도위원회 류미영 위원장 사이의 접촉이 1994년 3월 12일과 14일 중국 북경에서 진행되었다. 쌍방은 접촉에서 전민족의 대단결과 조국통일을 이룩하는데서 대종교인들과 천도교인들 앞에 나서는 공동의 과제들과 단군릉이 발굴된 것을 비롯한 상호 관심사로 되는 문제들을 허심탄회하게 논의하고 다음과 같이 합의하였다.

1. 남과 북의 대종교인들과 천도교인들은 전민족의 대단결을 도모하기 위해 적극 노력한다. 남북 대종교인들과 천도교인들은 전민족의 대단결이 홍익인간 정신과 천도교의 화합 정신에 전적으로 합치된다고 인정하면서 사상과 제도의 차이를 초월하여 같은 배달민족으로써 모든 것을 민족 공동의 숙원인 조국의 통일에 복종시키는 원칙에서 민족대단결을 이룩하기 위해 함께 노력한다.

2. 남과 북의 대종교인들과 천도교인들은 민족 최대의 숙원이며 지상의 과제인 조국의 통일을 자주, 평화통일, 민족대단결의 3대원칙에 따라 실현하기 위해 공동으로 노력한다.

3. 남과 북의 대종교인들과 천도교인들은 서로 접촉하고 대화하면서 1990년대에 기어이 조국통일 위업을 실현하기 위해 함께 노력한다.

4. 남과 북의 대종교인들과 천도교인들은 최근에 단군릉이 발굴되고 과학적으로 고증된 것은 우리 민족의 실재한 단군이었던 단군을 원시조로 하여 반만년의 유구한 역사와 찬란한 문화를 꽃피워 온 단일민족임을 확인한 역사적 사변이라고 인정한다.

5. 대종교 총전교는 북반부의 천도교인들이 서울을 방문하도록 초청하였으며 조선천도교회 중앙지도위원회 위원장은 단군릉이 완공되는데 따라 남조선의 대종교 대표들이 평양을 방문하여 단군릉 준공행사에 참여하도록 초청하였다. 쌍방은 편리한 시기에 서로 대표들을 서울과 평양에 파견할 용의가 있음을 확인하였다.

6. 류미영 위원장은 안호상 총전교가 제의한 개천절을 비롯한 전례행사를 남과 북이 공동으로 진행하며 남과 북에 있는 단군 성지들을 지정하고 복구하며 적절한 시기에 남과 북, 해외동포 학자들의 단군 관계 학술토론회를 개최하며 북반부에 대종교의 북도본사를 설치하는데 대한 문제를 신중히 연구하고 해당 부문

에 통보한다.

7. 쌍방은 공동합의한 사항을 자기 교단지도자들과 관계 부문에 정확히 통보하며 합의된 내용과 실현을 위하여 적극 노력한다.

1994년 3월 14일

대종교   조선천도교중앙지도위원회
총전교 안 호 상   위원장 류 미 영

공동합의문 마지막 부분에 적힌 안호상과 류미영의 친필 서명

한편 1995년 4월 14일은 대종교의 큰 경축일인 어천절(御天節, 음력 3월 15일)이었다. 안호상은 앞서 이룩한 공동합의문의 정신을 이어가기 위해 어천절을 기하여 북측 단군릉에서 개최하는 어천절 행사에 참석하고자 하였다. 당연히 우리 측 통일부의 허가가 있어야 했으나 좌절되었다. 이에 밀입북을 결심한 안호상은 대종교 종무원장인 김선적을 대동하고 4월 10일 북경으로 들어갔다. 당시 주중대사는 황병태(黃秉泰)였다. 황병태는 국내의 나웅배(羅雄培) 통일원부총리 등과 연락하며 안호상의 북행을 적극 만류하였다.

그럼에도 안호상은 4월 11일 북측 고려항공을 이용해 북한으로 들어가 14일 어천절 행사에 참석하고 단군릉와 만경대, 문화궁, 동명왕릉, 서해갑문 등을 방문하고 애국열사릉도 참배하였다. 또한 15일에는 평양 만수대의사당에서 북한 박성철 부주석 등을 만나, 통일을 위해 대종교와 단군이 중요하다는 것을 재삼 강조하였다.

안호상은 4월 16일 판문점을 통해 귀환한 직후 김선적과 함께 남북교류협력에 관한 법률 위반 혐의로 체포되었다. 그러나 고령(당시 93세)이라는 나이로 불구속 입건되고, 김선적만이 구속 수감되었다. 당시 서울지검 공안2부(정진규 부장검사)는 17일 "정부의 허가 없이 북한에 들어간 안씨의 행위는 구속 사안에 해당되나, 고령으로 수감생활을 견디기 어려운데다 초대 문교부장관을 지낸 공헌과 밀입북 사실을 뉘우치고 있는 점을 감안, 불구속했다"고 밝혔다.

안희제

터 한학을 수학하고, 사립 흥화학교(興化學校)에서 신학문을 접했다. 이후 상경하여 보성전문학교 경제과에 입학했으나 교주(校主) 배척운동에 연루되어 중퇴하고 양정의숙으로 옮겨 졸업하였다.

1907년 민중 계몽과 애국사상 고취를 위해 지방순회강연을 했으며, 지방 유지들과 함께 동래부(東萊府) 계서면(溪西面) 구포리(龜浦里)에 구명학교(龜明學校)를 설립에 참여하였다. 또한 의령군 풍덕면(豊德面) 상동(上洞, 현 중동리)에 의신학교(宜新學校)를 세웠으며, 1908년에는 고향 입산(설뫼)에 창남학교(刱南學校)를 설립하여 교육구국에 앞장섰다. 1909년에는 항일 비밀결사인 신민회(新民會)에 참여하는 한편, 윤세복(尹世復)·김동삼(金東三)·신백우(申伯雨)·고순흠(高順欽)·이원식(李元植)·서상일(徐相日) 등 120여 명을 규합, 대종교계 비밀결사인 대동청단(大東靑年團)을 조직해 국권회복운동을 펼쳤다.

안희제는 국권이 병탄 당한 직후인 1911년 북간도를 거쳐 블라디보스토크로 건너가 모스크바·만주 등지를 돌면서 독립운동가들과 구국방책을 숙의하였다. 또한 동향 출신으로 블라디보스토크에 자리 잡은 최병찬(崔秉瓚)과 함께 『독립순보(獨立旬報)』를 간행했다 하나, 현재 전하지 않는다. 최병찬 역시 대동청년단 동지로서, 블라디보스토크를 중심으로 안창호(安昌浩)·이강(李剛)·서초(徐超)·이갑(李甲)·김동삼(金東三)·백원보(白元普) 등과 교류하며 항일투쟁의 근거 마련에 동분서주했던 인물이다.

안희제는 국내에서의 운동자금 조달과 연락을 위해 귀국하여 1913년 11월 독립운동 자금의 안정적 조달과 일제의 경제침략에 맞서기 위한 민족기업 설립을 추진하였다. 그리고 동지인 이유석(李有石)·추한석(秋翰奭) 등과 더불어 경상남도 부산부 본정 3정목(현 부산광역시 중구 동광동 3가) 1번지에 백산상회(白山商會)를 출범시켰다. 소규모 개인상회로 출발한 백산상회는 1919년 5월 주주 182명이 참여하는 백산무역주식회사로 확대 개편되었고, 대구·경성부·원산부·중국 심양현(瀋陽縣) 등지에 지점과 연락사무소를 설치하는 등 대규모 회사로 성장하였다. 또한 백산상회를 통해 당시 직원이던 경상남도 양산(梁山) 출신의 윤현진(尹顯振, 임시정부 초대 재정차장)을 상해로 보내, 임시정부의 자금 조달에 기여하기도 하였다.

1919년 3·1 운동을 전후하여 대종교 동지인 남형우(南亨祐) 등과 국내외 연락을 담당했으며, 의령군에서 기미독립선언서 수만 장을 제작하여 영남 각지에 배포하고 의령군 지방의 독립운동을 선도하였다. 이해 11월에는 기미육영회(己未育英會)도 조직하여 김정설(金鼎卨)·이병호(李炳虎)·이제만(李濟晩)·전진한(錢鎭漢)·문시환(文時煥) 등을 일본으로 유학시켰다. 다만 의령 출신 이극로(李克魯)를 비롯한 안호상(安浩相)·신성모(申性模)의 유럽 유학에도 기미

안호상과 김선적이 밀입북한 사실을 실은 『동아일보』(1995년 4월 12일자) 기사

[참고문헌]
『대종교보』,환국기념호(1946년)·제150호(1946년)·제151호(1946년)·제155호(1947년)·제161호(1949년)·제163호(1949년)·제165호(1950년), 『대종교인과 독립운동연원』(이현익, 프린트본, 1962), 『대종교독립운동사』(박명진, 필사본, 1964), 『대종교중광육십년사』(대종교총본사, 1971), 『동아일보』1995.4.12., 『서울신문』1995.4.18., 『안호상회고록』(안호상, 민족문화출판사, 1996), 『中東百年史(同門史)』(중동백년사편찬위원회, 2007), 「안호상과 일민주의의 단군민족주의」(정영훈, 『고조선단군학』,39, 고조선단군학회, 2018)

안희제(安熙濟, 남, 1885-1943)

아호(별명) _ 태약(泰若), 백산(白山)
입교 시기 _ 1911년 이전 | 교질 _ 정교 | 서훈 _ 독립장(1962)

경상남도 의령군(宜寧郡) 부림면(富林面) 입산동(立山洞) 출신이다. 일찍이 향리에서 족형(族兄)인 안익제(安益濟)로부

육영회의 후원이 있었다고도 하나, 그 연관 기록은 전하지 않는다. 아마도 이들 모두가 대종교의 중심인물들이었고 보면, 비밀스런 연계 활동과 무관치 않을 듯하다. 한편 기미육영회는 안희제 등 대종교계 인물들이 장차 독립운동에 필요한 인재 양성과 민중 계몽이 급선무임을 인식하고 우수한 청년을 선발하여 국내 및 국외에 유학시킬 목적으로, 1919년 3·1운동 이후 부산에 설립한 조직이었다. 안희제는 블라디보스토크 시절 『독립순보』 발간에서 보듯, 일찍이 언론 활동에도 많은 관심을 기울인 인물이다. 1920년 동아일보사 창립에 가담한 것도 이러한 관심의 연장이었다. 당시 최준(崔浚)·허걸(許傑)·이종화(李鍾和)·윤현태(尹顯泰) 등 백산회사 관계자들과 함께 발기인으로 참여했으며, 그해 4월부터 1921년 5월까지 동아일보사 부산지국장을 맡기도 했다. 1921년에는 친일파의 거두인 박춘금(朴春琴)의 도항증명서(渡航證明書) 강매 기도에 맞서 부산에서 '박춘금 성토대회'를 열고 항의와 진정 투쟁을 벌여 도항증명제를 폐지를 이끌어냈다. 또한 임시정부가 연통제(聯通制)를 계획하고 구성할 때는 그 과정부터 관여하면서, 만주의 이륭양행(怡隆洋行)과 함께 국내의 백산무역주식회사가 그 교통사무국 역할을 하였다. 그러나 계속된 독립운동자금 공급과 부채, 일제의 감시와 압박, 장부 검열 및 회사 간부에 대한 감금·고문 등의 탄압을 견디지 못하고 1927년 백산무역주식회사는 해산된다.

한편 기미육영회의 장학생으로 일본 유학을 다녀온 전진한 등과 더불어 협동조합운동을 전개하는가 하면, 1927년에는 이시목(李時穆) 등과 함께 자력사(自力社)를 설립하여 『자력(自力)』이라는 기관지를 발간하기도 했다. 또한 언론 활동에 대한 관심 역시 꾸준히 이어져 1929년에는 이우식(李祐植) 등과 재정난에 빠진 『시대일보(時代日報)』를 인수하고 『중외일보(中外日報)』로 이름을 바꾸면서 주식회사로 전환하였다. 『중외일보』 사장에 취임한 안희제는 최초의 8면 발행과 더불어 언론을 통한 항일투쟁에 적극적으로 나섰으나, 수차례의 발행정지 및 휴간을 당하면서 마침내 1930년 10월 자진 휴간하였다.

이후 만주로 넘어간 안희제는 영안현(寧安縣) 동경성(東京城)에 자리 잡았다. 영안현은 화룡(和龍), 왕청(汪淸), 밀산(密山)과 더불어 대종교의 주요 거점 중이 하나로, 대종교 2세 교주인 김교헌(金敎獻) 때부터는 대종교의 중심이자 대종교 항일투쟁의 주요 역할을 한 공간이다. 안희제는 이곳에 항일투쟁의 근거지 마련과 만주 조선인 소작농들의 자력갱생을 위해 발해농장(渤海農場)을 설립하고 조선 농민 3백 호를 유치와 더불어 농장 내에 발해학교를 설립하여 민족교육 실시도 병행하였다.

1934년 대종교총본사를 밀산으로부터 동경성으로 이전시킨 인물도 안희제다. 대종교는 1926년 내려진 대종교만주포교금지령으로 인해 밀산으로 은둔해 있었다. 당시 대종교의 3대 교주를 맡아 교단을 이끈 인물은 대동청년단 때부터 막역지우였던 윤세복이었다. 대종교가 영안현 동경성에 옮겨와 정착하자, 안희제는 윤세복과 더불어 교학일여(敎學一如)의 정신으로 대종교의 교육·출판 활동에 매진하였다.

그러나 호사다마라 할까. 과중한 교무(敎務)로 인해 몸이 쇠약해진 안희제는 1942년 4월 국내로 귀향하여 요양 치료를 하게 된다. 그때 대종교를 독립운동단체로 간주한 일제는 같은 해 11월 조선어학회 사건과 동시에 대종교 간부 25명을 체포하는 임오교변(壬午敎變, 대종교지도자 동시 검거 사건)을 일으켰다. 안희제 역시 국내에서 체포되어 만주로 옮겨가 혹독한 고문을 당하다가 1943년 병보석으로 출감하였으나, 그 후유증으로 인해 59세의 나이로 순국하였다.

[교력]

안희제의 대종교 교력을 살피면 비교적 이른 시기에 대종교에 입문한다. 경술국치를 당하던 다음 해인 1911년 개천절(음력 10월 3일)에 만주 화룡현 청파호(靑坡湖)를 찾아 대종교 교주인 홍암(弘巖) 나철(羅喆)에게 서약하고 입교한 인물이다. 그리고 1914년 어천절(御天節, 음력 3월 15일)에 영계(靈戒)를 받았다. 그의 입교가 대동청년단 활동 시기로, 북간도를 거쳐 블라디보스토크로 넘어간 시기와 맞물린다. 그의 절친한 동료인 윤세복도 『우리 스승님들 모습』이라는 친필 유고(遺稿)에서, 안희제의 대종교 입교 시기를 일찍이 북간도로 넘어간 시기로 확인해 주고 있다. 대동청년단은 일제강점기를 거쳐 해방 후 오랜 시기까지도 정확한 내막이 밝혀지지 않을 정도로 비밀스런 집단으로, 17세부터 30세 미만의 청년 80여명으로 조직된 단체였다. 지금까지 조직원 80여명의 이름이 완전히 밝혀진 것은 아니지만, 당시 단원이었던 윤병호(尹炳浩)의 메모에 기록되어 있는 53명의 명단을 보면 아래와 같다.

안희제·이원식(李元植)·남형우(南亨祐)·윤세복·서상일·윤현진·이호연(李浩然)·장건상(張建相)·윤병호·이수영(李遂榮)·이경희(李慶熙)·최병찬·윤경방(尹環滂)·차병철(車秉轍)·백광흠(白光欽)·이극로·김갑·박영모(朴永模)·윤쌍태(尹相泰)·오상근(吳尙根)·김사용(金思容)·서세충(徐世忠)·신백우·박중화(朴重華)·신성모·신팔균(申八均)·민강(閔橿)·최윤동(崔胤東)·송전도(宋銓度)·김관제(金觀濟)·최완(崔浣)·배천택(裵天澤)·신상태(申相泰)·곽재기(郭在驥)·김홍권(金弘權)·이범영(李範英)·이병립(李炳立)·박광(朴洸)·서초(徐超)·김홍량(金鴻亮)·최인환(崔仁煥)·김동삼(金東三)·김삼(金三)·고병남(高柄南)·김규환(金奎煥)·김태희(金泰熙)·임현(林玄)·남백우(南百祐)·김기수(金箕壽)·신채호·이시열(李時說)·고순흠·이우식(李祐植)

주목되는 것은 이들 대부분이 후일 대종교의 중심인물로 활약한다는 점이다. 그러므로 대동청년단은 대종교와 비밀리에 연결되면서 1930년대까지도 유지되었다. 이러한 판단은 안희제가 1930년대 밀산 방면에서 종교인으로 가장(假裝)하고 있을 때, 대종교총본사를 동경성으로 옮기게 하는 한편, 동만주의 목단강·영안·동경성·해림(海林) 및 간도 각지를 순방하며 종래의 대동청년단을 강화시키기 위해 대종교의 간부와 농민, 간도성 내의 한인학교(韓人學校) 교사들을 가입시키는 공작을 진행했었다는 증언을 보더라도 가능하다. 대동청년단이 곧 대종교의 비밀결사였다는 것을 재삼 확인해 주고 있다.

대동청년단원들 중 대종교의 입교 시기가 가장 빠른 인물은 윤세복이다. 윤세복은 후일 대종교 3세 교주가 되는 인물이다. 그의 나이 30세 때인 1910년 12월 음력 25일·27일·29일 3간 경성 간동(諫洞)으로 대종교를 일으킨 나철을 방문한 후, '국망도존(國亡道存, 나라는 망했으나 정신은 남아있다)'이라는 외침에 감명을 받고 음력 29일 대종교에 입교하였다. 그는 대구에서 대동청년단 활동을 하다가 정치의 중심지인 서울로 올라와, 보다 적극적인 항일활동을 계획하였으나 1910년 일제에 의해 조국이 강점당하자, 이에 굽히지 않고 강력한 항일민족독립운동단체를 모색하던 중, 종교적인 단체의 성격을 띠면서 우리 고유의 민족종교로 무장한 대종교에 입교하는 것만이 가장 효과적인 항일투쟁의 방법이라 확신하고 대종교에 입교한 것이다. 후일 안희제를 비롯한 대동청년단원과 대종교의 관계에서 윤세복의 역할이 지대했음을 시사해주는 부분이다.

1933년 발해농장의 설립 역시 안희제의 야심찬 사업이었다. 발해농장 설립을 계획하게 된 주요 목적은 일제하 만주로 건너가는 실향민의 정착활동과 소작권 확보에 일조하고 발해농장을 거점으로 대종교 항일투쟁의 근거를 보다 굳건하게 만들어보자는 것이었다. 또한 그 설립 배경에는 안희제의 이상주의적 성향이 크게 작용한 듯하다. 그의 셋째 아들의 다음과 같은 회고에서도 이러한 분위기를 확인할 수 있다.

"안희제는 이상주의적 성격을 다분히 갖고 있는 지사였다. 그가 독립운동의 직접적인 목적으로 삼고 백산무역주식회사를 설립한 것도 그러했고, 발해농장의 계획도 그의 이상주의의 발로였다고 할 수 있다. 그가 농장의 자리를 발해의 고도인 동경성으로 정한 것도 결코 우연이 아니다."

이것은 나아가서 발해농장의 위치를 동경성으로 잡은 까닭 또한 그의 이상적 성향과 연결됨을 암시하는 것이다. 그런데 안희제의 이러한 이상적 가치가 공교롭게도 대종교의 종교적 목적과 흡사하다는 점이 주목된다. 대종가 단군신앙을 통하여 조선민족의 결합을 도모하고 조선독립의식을 앙양하며, 조선독립의 소지를 만들어 궁극에는 독립을 실현하고 나아가서는 이상국가인 배달국의 지상재건을 목적으로 했다는 점이다. 안희제의 이상적 가치 성향은 바로 이러한 대종교의 종교적 목표와 연결되었던 것이다.

특히 만주라는 곳은 대종교에 있어서는 남다른 공간이었다. 일찍이 『황성신문(皇城新聞)』 사장을 역임하고 대종교 남도본사의 중심인물이었던 류근(柳瑾)에 대한 회고에서도 그것이 나타난다. 류근의 만주에 대한 평소의 인식을 드러내는 권덕규(權悳奎)의 아랫글을 보면, 만주가 단순한 도피처가 아니라 대종교의 정신적 근거로 여겼음을 알 수 있다.

"선생(유근)은 가끔 만주를 이야기하였다. 그 속에 무슨 뜻이 있었는지는 모르되 그의 말씀은 이러하였다. 사람이 널리 놀아야 뜻이 갑갑지 아니하며 사람이 커지는 것이다. 공부도 그러하고 일도 그러하다. 더욱이 만주는 우리 조상이 뒤굴근 데로, 우리 대종(大倧)이 베푸신 데라. 이것을 모르는 세상의 어린이들은 이곳을 생각에 걸지도 아니하지마는, 소위 문자하는 뜻있는 사람으로 저 컴컴한 구덩이를 그냥 버려둘 수가 있나 하였으니, 곰곰이 말을 캐어 본다면 그 뜻의 범연치 아니함을 여러 방면으로 짐작할 것이다."

이것은 대종교도들이 만주를 이상향으로 생각하는 종교적 이유를 단적으로 드러내는 표현으로, 그 땅이 대종(大倧)이 베푸신 곳이기에 이상향이 됨을 알려준다. 1928년 대종교남도본사에서 발행한 『한빛[大光]』 2호에서도 이러한 배달국이상향의 꿈이 언급되지만 일제의 검열에 의해 삭제되었다. 그 내용을 보면, 만주는 조물주가 창세 당시 이미 우리 민족에게 허락한 땅으로서, 우리가 그것을 자각하여 이곳에 일대이상향(一大理想鄉)을 실현시켜야 함을 강조하고 있다.

또한 발해농장이라는 명칭과 그 위치를 발해의 고도인 동경성에 마련했다는 점도 고구려·발해 정통을 내세우는 대종교의 교리사적(教理史的) 배경과 공교롭게 일치한다. 대종교의 중광 이후 지금까지, 대종교 교리의 핵심을 이루는 『삼일신고(三一神誥)』를 살피더라도 알 수 있다. 먼저 『삼일신고봉장기(三一神誥奉藏記:삼일신고 간직해 온 내력)』의 내용을 보면

"삼일신고가 본디 돌과 나무[檀]의 두 책[二本]이 있는데, 세상에 전하되 돌책[石本]은 부여나라 고집[庫]에 감추고 나무책[檀本]은 위씨(衛氏)의 둠이 되었다가, 아울러 병화에 잃었다 하며. 이 책은 곧 고구려의 번역한 바이오, 우리 할아버지(高考, 발해 고왕을 지칭함-인용자주)의 읽으시고 기리신 것이니라. 소자(小子, 발해문왕 대흠무를 지칭함-인용자주)가 삼일신고를 받아옴으로 부터 항상 잃거나 떨어질까 두려우며, 또 돌 나무[石檀] 두 책의 세상풍파가 울린 바 됨을 느끼고 이에 영보각(靈寶閣, 발해시대의 책을 저장하는 집 이름-인용자주)에 두었던 임금기림[御贊] 보배책[珍本]을 받들어 태백산(백두산을 지칭함-인용자 주) 보본단(報本壇) 돌집 속에 옮아 감추어서 썩지 않을 바탕[資]이 되게 하리라 한다."

라는 내용이 실려있다. 대종교의 주요 경전인 『삼일신고』가 고구려에서 번역한 것을 발해가 계승한 임을 강조하는 것이다. 또한 발해 고왕 대조영이 직접 『삼일신고』를 예찬(禮讚)했으며, 『삼일신고봉장기』도 발해 문왕 대흠무(大欽茂)가 기록한 책이라는 점, 『삼일신고서문』 역시 대조영의 친동생인 반안군왕(盤安郡王) 대야발(大野勃)의 글이라는 것이 주목된다.

이와 같은 대종교의 고구려·발해 정통에 대한 인식은 대륙중심의 민족주의사학 형성에 바탕이 되었을 뿐만 아니라, 대종교의 중심인물들의 정서에도 많은 영향을 준 것

으로 볼 수 있다. 안희제의 만주에 대한 이상향적 가치도 바로 대종교적 이상과도 무관치 않은 것이다. 그가 보여준 발해농장설립의 꿈은 고구려·발해에 대한 역사적 동경인 동시에, 그 꿈은 바로 대종교의 이상과 일치되는 것이기도 하다. 안희제가 당시 대종교 교주였던 윤세복과 의논하여, 대종교총본사까지도 발해의 고도인 동경성으로 옮긴 것 또한 이러한 이상 실현을 위한 노력의 하나일 듯하다.

이후 안희제는 대종교에 입교한 지 25년 만인 1935년 1월 15일(음력, 이하 음력)에, 뒤늦게 참교(參教)의 교질(教秩)을 받는다. 대동청년단이나 조선국권회복단, 그리고 백산상회 등의 활동들이 모두 비밀스럽게 진행되었다는 점과 대종교의 국내 조직 역시 비밀결사적 성격으로 움직인 것과 무관치 않을 듯하다. 안희제 스스로가 모든 활동을 측근마저도 감지할 수 없을 정도로 극비리에 진행시켰고, 만주를 드나들며 기록해 놓은 『만몽일기(滿蒙日記)』와 함께 그 동안에 주고받았던 여러 가지 왕복서류(往復書類)들을 모두 소각해 버린 경험을 보더라도 짐작할 수 있다.

1936년 6월 23일 지교(知教)로 승질(陞秩)된 안희제는 경의원(經議院) 부원장으로도 피임되어 대종교의 중심부로 더욱 깊이 들어간다. 특히 교육적 열정이 남달랐던 그는 이곳에서도 예외는 아니었다. 안희제가 1933년 만주로 건너가 가장 먼저 대종교 중흥 활동과 더불어 교육사업에 노력한 이유이기도 하다. 안희제는 발해농장의 거점을 동경성에 잡고 대종교의 교주이자 동지였던 윤세복과 의논하여 교세 확장을 도모했는데, 당시 총본사의 운영비뿐만 아니라 대종교의 모든 경비를 거의 안희제가 부담하였다. 또한 동경성 지역 한인 이주농민들의 2세 교육을 위하여 발해보통학교도 설립하였다.

안희제가 보다 직접적으로 대종교 교육활동에 관여하게 되는 것은 1936년 대종교총본사에서 직접 설립한 대종학원 운영에 참여하면서부터다. 안희제는 1937년 4월 5일부터 1940년 3월 30일까지 만 3년간 대종학원 원장이라는 총책임을 맡았다. 안희제의 대종학원 운영은 그의 교육인생의 마지막 열정이었다는 점에서도 의미가 있다. 당시 대종학원의 원장을 역임한 인물로는 안희제 외에 여러 명이 있었다. 그러나 안희제를 제외한 나머지 인물들의 임기가 약 1년 가량으로 기록되어 있음을 볼 때, 만 3년이라는 안희제의 임기는 시사하는 바가 크다. 안희제의 교학 일여의 열정이 대종학원의 운영에 그대로 연결되고 있음을 암시하는 것이다.

당시 대종학원은 초등부와 중등부, 그리고 여자야간부까지 설치하였다. 그 교과 내용은 정규 학교 과정 이외에 특별히 한국사와 대종교의 경전(經典) 과목이 중시되었다는 점이 특이하다. 그러나 이 일제의 탄압을 견디지 못하고 초등부는 1941년 봄에, 중등부와 여자야간부는 1942년 봄에 문을 닫았다. 광복 직후 다시 복원되어 만주의 동포교육에 진력하기도 했으나 환국하며 그 막을 내린다.

이 시기 안희제의 대종교 활동에서 빼놓을 수 없는 것이 교적간행(教籍刊行) 사업이다. 모든 종교 활동에서 교적간행은 그 어떠한 활동보다도 우선시 된다. 교적이야말로

교리·교사를 표면화시키는 일차적 방법이요, 교육과 포교의 최우선의 수단이 되기 때문이다. 대종교에서는 중광 이후 여러 번의 교적간행이 있었다. 그 중에서도 많은 양의 교적을 조직적으로 간행한 것은 1939년 안희제가 주동이 되어 조직된 대종교서적간행회에서의 교적출판이다.

안희제는 해산(海山) 강철구(姜鐵求)와 더불어 1939년 10월 대종교서적간행회를 조직하고 그 회장을 맡았다. 그리고 대종교 교우들의 성연금을 모아, 2년 후인 1941년 대대적인 교적간행을 주관한다. 당시에 출판된 서적 종류와 부수를 본다면 『홍범규제(弘範規制)』 5백부, 『삼일신고』 2천부, 『신단실기(神檀實記)』 1천부, 『종례초략(倧禮抄畧)』 2천부, 『오대종지강연(五大宗旨講演)』 3천부, 『종문지남(倧門指南)』 2천부 등, 6종류의 서적 1만 5백부를 간행하였다. 또한 다음 해인 1942년에는 『한얼노래』 4천부를 경성에서 출판하였다.

『홍범규제』는 대종교의 종교규범으로서, 대종교의 교헌(教憲)과 여러 규제를 정리해 놓은 책이다. 즉 대종교의 헌법과 법률 규정집이라 할 수 있는데, 1950년 총전교제(神權共和制)로 바뀌기 전까지는 도통전수제(教主制)의 골격을 갖추고 있었다. 또한 『삼일신고』는 대종교의 기본경전 중의 하나로 대종교 중광 교조인 홍암 나철이 1906년 두암옹(頭岩翁)이라는 인물로부터 받은 것이다. 그 구성으로 볼 때 삼일신고는 천훈(天訓·한울에 대한 말씀), 신훈(神訓·한얼님에 대한 말씀), 천궁훈(天宮訓·한울집에 대한 말씀), 세계훈(世界訓·누리에 대한 말씀), 진리훈(眞理訓·진리에 대한 말씀)의 다섯 가르침으로 이루어진 경전으로, 이 속에는 대종교의 창세관을 비롯하여 신관·내세·진리관 등이 총 망라되어 있다. 대종교에서는 삼일신고를 교화의 경전으로 삼고 조화의 경전인 『천부경(天符經)』, 치화의 경전인 『참전계경(叅佺戒經)』과 함께 삼대경전으로 중시하고 있다.

그리고 『신단실기』는 1914년에 대종교 2세 교주인 김교헌이 지은 신단민족(神檀民族)의 고대사다. 특히 단군에 관한 사적과 신교사상의 자취를 내외문헌의 여러 사료에서 뽑아 놓은 자료집의 성격을 갖는다. 이 책의 주요 내용을 보면 민족의 역사적 계보, 신신의 교화, 신교사상(神敎思想)의 자취, 고대강역의 모습, 고대의 귀중사료가 망실(亡失)된 연유 등 다섯 가지로 구분된다. 특히 우리 민족의 명칭을 신단이라고 명명한 것은 우리가 삼신일체인 하늘의 교화와 치화를 받은 천민이요 천손이라는 의미를 부각시키려는 의도로 이해되고 있다.

한편 『종례초략』은 대종교의 종교적 예절에 관해 집대성해 놓은 책으로, 대종교 경배의식을 비롯한 종교의식을 비롯하여 대종교인의 관혼상제에 대한 종교적 예절을 규정해 놓은 책이다. 또한 『오대종지강연』은 전래해 온 대종교의 오대종지를 종교철학적 측면에서 강해한 글로, 대한군정서(북로군정서)의 총재였던 백포(白圃) 서일(徐一)이 저술하였다. 본디 오대종지는 백봉교단으로부터 전해져오는 『단군교오대종지서(檀君教五大宗旨書)』에 실려있는 것이다. 이것을 나철이 대종교인의 심리결속과 천국실현화(天國實現化)에 이바지하려는 목적으로, 대종교 중광 직후 거듭 제시하였다. 그 오대종지란 경봉천신(敬奉天神·공경으로

한얼을 받들 것), 성수영성(誠修靈性·정성으로 성품을 닦을 것), 애합종족(愛合種族·사랑으로 거레를 합할 것), 정구이복(靜求利福·고요함으로 행복을 구할 것), 근무산업(勤務産業·부지런함으로 살림에 힘쓸 것)으로 나뉜다.

끝으로 『종문지남』은 대종교 3세 교주인 윤세복이 정리한 것으로, 대종교의 교리·교사·조직에 관한 것을 36개 항목으로 나누어 해설해 놓은 대종교 안내서이다. 그 주요 내용은 대종교의 교명(教名)·교원(教源)·교리(教理)를 시작으로 구서(九誓)·오계(五戒)·팔관(八關)에 대한 해설과 함께, 의식(儀式)·홍범(弘範)·삼법수행(三法修行) 등에 대한 설명을 담고 있다.

이렇듯 안희제가 주도하여 출판한 대종교 서적은 그 분량에서뿐만 아니라, 그 내용적 측면에서도 대종교의 종교활동에 있어 중요한 것들이다. 더불어 안희제의 대종교 교적출판 활동의 배경에는 위에서 언급한 바와 같이 대종교 교적간행회 회장으로서의 직무수행이라는 것이 크게 작용하였다. 그러나 더 근본적으로는, 안희제가 1941년 1월 15일(중광절)에 상교(尙教)로 승질(昇秩)하면서 맡게 된 대종교총본사 전강(典講)이라는 중임(重任) 수행의 종교적 사명감이 크게 작용한 듯하다. 전강이라는 직책은 전리(典理)·전범(典範)과 함께 대종교 종무(宗務)의 삼대 중추로서 교육·출판을 통한 시교 활동의 총책임자라는 점이 이를 뒷받침한다.

한편 대종교를 항일단체로 규정한 일제는 대종교의 교세가 갈수록 확산되자 일제는 대종교에 대한 본격적인 해체작업을 위한 치밀한 계획과 행동에 들어갔다. 1925년 아래와 같은 미쓰야협정(三矢協定)을 근거로, 1926년 양력 12월 길림성 독군(督軍) 겸 성장(省長)인 장작상(張作相)에 의해 대종교에 대한 포교금지령이 내려진다.

1. 한국인의 무기 휴대와 한국 내 침입을 엄금하며, 위반자는 검거하여 일본 경찰에 인도한다.
2. 재만한인단체를 해산시키고 무장을 해제하며 무기와 탄약을 몰수한다.
3. 일제가 지명하는 독립운동 지도자를 체포하여 일본 경찰에 인도한다.
4. 한국인 취체의 실황을 상호 통보한다.

이에 따라 대종교의 공식적인 모든 활동이 금지되어 사실상 만주사변이 벌어지는 1930년대 초반까지 계속되었다. 교주 윤세복은 이러한 침체를 타파하기 위해 1934년 1월 대종교 재만주 시교권 인허신청을 만주에 주재한 일제의 전위기관인 관동군특무기관·하얼빈총영사·조선총독부 특파원에게 교섭하여 대종교 포교를 양해 받게 된다. 마침내 대종교선도회가 하얼빈시에 조직되어 활동을 재개하고 안희제에 의해 영안현 동경성에 대종교총본사 간판을 달게 된 것이다. 그러나 일제의 대종교 포교허가는, 그것을 계기로 대종교의 중심인물들을 표면으로 드러나게 함으로써, 대종교를 근본적으로 폐쇄시키고자 하는 회유책이었다. 일제는 대종교에 대한 내사와 감시를 더욱 엄밀히 할 뿐만 아니라, 심지어는 대종교총본사 내에 교인

(教人)을 가장한 밀정까지 잠입시켜 대종교의 동향과 간부들의 언행마저도 일일이 정탐하였다.

이러한 분위기 속에서 1942년 여름, 윤세복 교주가 당시 국내에 있던 조선어학회 이극로에게 편지를 보낸 일이 빌미가 되어 일이 터진다. 그 편지 속에 「널리펴는 말」이라는 원고가 동봉되었다. 일제는 그 편지의 검열 과정에서 이 글의 끝에 나오는 "일어나라, 움직이라!"라는 구절을 "봉기하자, 폭동하자!"로 날조하고 이것을 『조선독립선언서』라 하여 대종교를 압박하기 시작했다. 이 조작사건이 바로 임오교변의 도화선이 되는 것이다. 마침내 일제는

"대종교는 조선 고유의 신도중심(神道中心)으로 단군문화를 다시 발전하는 표방 하에서 조선민중에게 조선정신을 배양하고 민족자결의 의식을 선전하는 교화단체이니 만큼, 조선독립이 그 최후 목적이라."

는 반국가단체의 죄목을 만들어, 1942년 11월 19일 국내에서는 조선어학회사건과 때를 같이 하여 만주와 국내 각처에서 안희제를 비롯한 교주 윤세복 등 대종교지도자 20여명을 동시에 체포하였다. 이것이 한국종교사에 전무후무한 대종교의 임오교변이다. 이들에 대한 구속이 한 날 동시에 이루어졌다는 것만 살피더라도, 일제가 대종교의 말살을 위하여 얼마나 치밀한 사전계획을 세웠는가를 알 수 있다.

임오교변은 일제가 식민지 지배를 영구히 하고자 하는 목적으로 일제에 항거하는 항일단체나 독립운동자를 일제히 검거한 정책적인 조치로서, 일제하 희대의 종교적 탄압 사건이었다. 이것은 대종교라는 종교단체가 바로 항일독립투쟁의 본거지로서, 대종교의 포교와 교육활동 그리고 한글과 우리 역사에 대한 연구작업 모두가 조국광복을 위한 노력으로 귀착되었다는 점과 연관된다.

또한 이러한 배면에는 항상 백산 안희제가 있었으므로, 그는 일제의 요시찰 대상으로 꼽혀 왔다. 그러나 안희제의 활동은 쉽게 일제에 노출되지 않았다. 그것은 안희제가 모든 활동에 있어 철저히 보안을 기했기 때문이다. 그는, 교묘한 변장은 물론, 필요에 따라서는 일제에 대한 형식적 유대관계를 통한 위장책도 썼다. 그의 넷째 아들의 다음과 같은 발해농장시절의 회고를 보더라도 안희제의 철저한 보안 행동을 짐작할 수 있다.

"극비리의 군자금 밀송이나 국내 연락 혹은 다급한 동지와의 약속으로 선친이 발해농장을 비게 될 때, 선친은 최관(崔冠, 백포 서일의 사위이자 발해농장지배인으로 임오교변당시 체포됨-인용자주)이나 나를 시켜 일당국(日當局)의 한인 주요 집회에 참석토록 하였던 것이다. 또한 독립군이나 비밀결사조직과의 연락 관계로 선친 대신 최관이나 내가 직접 그 연락 임무를 수행하게 될 경우에는, 자연스럽게 농장의 운영자금 조달차 여행하는 양 가장하고 발해농장을 떠났다. 이곳을 떠날 때 심지어 대종교나 혹은 농장에까지 여행목적과 행방을 일절 알리지 않고 3,4일 혹은 3,4주간씩 급한 여행을 함으로써

어느 누구도 깨닫지 못하도록 하였다. 선친의 농장경영은 독립운동을 위한 위장으로써 선친의 독립을 위한 무장봉기 계획은 차근차근히 진행되어 갔다. 선친이 일당 국과의 밀접한 관계로써 그들의 신뢰를 받게 되자 선친은 이를 최대한으로 이용하였는데, 자신의 비밀 독립활동의 은폐는 물론 장춘(長春) 일본대사관 한인 담당 윤모(尹某)로 하여금 동경성에 있는 대종교가 합법단체임을 인식케 하였고 발해보통학교도 건립시키는 등, 한인 일본관리를 움직여 용이하게 이들을 이용하게 되었다."

안희제를 비롯한 대종교지도자 20여명은 치안유지법 위반이라는 죄목으로 목단강 경무처와 액하감옥(掖河監獄)에 분산 구금되어 혹독한 취조를 받았다. 안희제 또한 9개월 동안 감방살이를 하면서 70여회의 형언할 수 없는 고문취조를 당하였다. 견디기 힘든 고문으로 인해 목단강 영제의원(永濟醫院)으로 보석된 안희제는, 그토록 열망하던 조국광복을 보지 못한 채 1943년 8월 3일 향년 59세의 나이로 순교하였다.

대종교에서는 해방 후인 1946년 양력 8월 15일 조국광복 1주년를 맞아 대종교총본사에서 임오교변순교십현 상호식(上號式)을 거행하였다. 그리고 안희제에게 '하느님을 공경하고 겨레를 사랑하므로 대종교를 지키고 어짊을 이루었다(敬神愛族 衛道成仁)'는 덕담과 함께 정교(正敎)의 교질을 추승(追陞)하였다. 당시 대종교에서 안희제에게 올린 상호문(上號文)은 아래와 같다.

"어천대(御天臺)의 그 달빛은! 병진야(丙辰夜)의 가경(嘉景)이 영목(盈目)하고, 액하옥(掖河獄)의 눈바람은 임오동(壬午冬)의 고충(苦衷)이 단장(斷腸)이라. 전철후현(前哲後賢)이 조예(造詣)의 심천(深淺)은 비록 다르나, 조천순교(朝天殉敎)와 지성(至誠)의 존양(尊壤)은 마침 같도다. 8.15 화풍중(和風中)에 상(傷)해 오던 곡식이 소생등풍(甦生登豊)하고, 삼천만 해방 후에 죽어 가던 겨레가 보명환국(保命還國)하니 이것이 한얼의 도(道)라, 한얼의 도를 중광(重光)한 자가 누구이뇨! 이것이 한울의 명(命)이라, 한울의 명을 진명(盡命)한 자가 누구이뇨? 가시고 따르신 방향이 이미 동일하시니, 경하(慶賀)와 숭질(崇秩)의 예식을 감히 병거(竝擧)합니다. 인정소동(人情所同)이오 신리윤법(神理倫法)이라, 이제 고(故) 상교(尙敎) 안희제는 경신애족(敬神愛族)하여 위도성인(衛道成仁)이라 정교(正敎)로 추승(追陞)하옵니다."

마침내 안희제는 종교인으로, 교육자로, 언론인으로, 사업가로 평생 분주하게 생을 살다가 의령의 혼으로 외롭게 누웠다. 그러나 그러한 모든 열정은 단 하나 조국광복이라는 신념으로 응집되었으며, 그 바탕에는 흔들리지 않는 대종교의 신앙이 지탱하고 있었다. 민족의 성지요 대종교 신앙의 발원지로써, 일제강점기 항일투사들의 정신적 고향이었던 백산(白山, 白頭山·한밝뫼)이라는 그의 호가 이를 대변해 준다. 또한 대종교의 가장 큰 경축일이요, 우리 민족의 명절인 개천절을 기해 대종교에 입교하여 평생을 순교자처럼 살아가는 것도 그렇다. 그의 가장 절친한 동반

자였던 윤세복이 안희제를 추모하면서 인용한 박영랑(朴永朗)의 아래 헌사(獻詞)가 이 모든 것을 담고 있다.

나라와 함께 희망 잃은 겨레여
현실에 헤매는 미로(迷路)를 버리고
단군님의 문을 두드리고 믿으라
거룩한 개천절에 계시를 받고
법열(法悅)을 참지 못해 부르짖은 순정(純情)과
그 길로 대종교에 바친 빛나는 공헌이여
그 반만년의 피로 이은 최고의 신앙
배달정신의 원천을 새롭게 길러서
항일광복의 비원(悲願)을 무장한 투쟁이여

[참고문헌]
『대종교보』제114호(1937년)·제123호(1939년)·제124호(1939년)·제128호(1940년)·제151호(1946년), 『譯解倧經四部合編』(정열모 편, 대종교총본사, 1949), 『우리 스승님들 모습』(윤세복, 필사본, 1950), 『대종교인과 독립운동연원』(이현익, 프린트본, 1962), 『대종교독립운동사』(박영진, 필사본, 1964), 『대종교중광육십년사』(대종교총본사, 1971), 『임오십현순교실록』(종경종사편수회, 1971), 『題號-한빛(大光)』第二號』(國史編纂委員會國內外抗日文書, 『不許可出版物竝削除記事槪要譯文』), 『高等警察史』(경상북도경찰부, 1937), 『(수필집)을지문덕』(권덕규, 정음사, 1946), 『독립혈사』(박영랑, 대한문화정판사, 1956), 『한국독립사』하(김승학, 독립문화사, 1965), 『朝鮮獨立運動』I(金正明, 原書房, 1967), 『한국유이민사』(현규환, 어문각, 1967), 『독립운동사』3·4·8·10(독립운동사편찬위원회, 1970·1972·1977·1978), 『대한민국독립운동공훈사』(김후경·신재홍, 한국민족운동연구소, 1971), 『半世紀의 證言』(이인, 명지대학출판사, 1974), 『나라사랑·백산안희제 선생 특집호』제19집(외솔회, 1975), 『독립운동사자료집』13(독립운동사편찬위원회, 1977), 『부산일보』1982.10.22., 1996.2.9., 『한민족독립운동사연구』(박영석, 일조각, 1982), 『백산 안희제의 事跡年譜』(김준헌, 『민족문화논총』제5집, 영남대민족문화연구소, 1984), 『백산 안희제와 대종교』(김동환, 『국학연구』제5집, 국학연구소, 2000), 『백산 안희제의 생애와 민족운동』(백산안희제선생순국70주년추모위원회, 선인, 2013), 『임오교변』(김동환 외, 선인, 2022)

양규열(梁圭烈, 남, 1877-?)

아호(별명) _ 백당(白堂), 양재훈(梁在薰)
입교 시기 _ 1922년 이전 / 교질 _ 미상

경기도 양평군(楊平郡) 용문면(龍門面) 출신으로, 구한말 참장(參將)을 지낸 양성환(梁成煥)의 아들이다. 한국무관학교 졸업하고 육군참령을 거쳐 대구진위대장(大邱鎭衛隊長)을 지낸 인물로 군대 통솔 능력이 탁월하였다.

일찍이 서간도로 진출하여 경학사(耕學社)의 이념을 계승하여 조직된 부민단(扶民團)이 부민회(扶民會)로 확대 개편될 당시, 학무부장(學務部長)을 맡아 활동하였다. 부민회는 그 목적 중 "군사간부 양성기구인 신흥학교(新興學校)의 경비는 일체 본기관에서 책임질 것"이라고 밝힌 바와 같이 독립군 양성을 위한 조직적 후원에 역점을 둔 단체였다. 당시 회장에 이상룡(李相龍), 부회장에 이탁(李沰), 의사부장(議事部長)에 김동삼(金東三), 재무부장에 안동식(安東植) 등이 선임되어 양규열과 함께 했다.

한편 1919년 4월 대한민국임시정부의 요청으로 서로군정서(西路軍政署)로 출범할 당시 군정청장(軍政廳長)을 맡아

독판(督辦) 이상룡(李相龍), 부독판(副督辦) 여준(呂準), 정무청장(政務廳長) 이탁(李鐸), 참모장(參謀長) 김동삼(金東三), 사령관(司令官) 지청천(池靑天), 교관(敎官) 신팔균(申八均)·김경천(金擎天) 등과 서로군정서를 이끌었다. 또한 1919년 5월 신흥강습소(신흥중학교)의 후신인 신흥무관학교가 출범하자 부교장을 맡아 그의 군사적 능력을 발휘했다. 신흥무관학교로 출범할 당시 교장은 이세영(李世永), 학감은 윤기섭(尹琦燮), 훈련감은 이장녕이었으며, 교관은 본교 졸업생인 박두희(朴斗熙)·성준용(成俊用)·백종렬(白鍾烈)·오상세(吳祥世)·원병상(元秉常) 등이 맡았다.

양규열은 1922년 8월 30일 환인현(桓仁縣) 남구(南區) 마권자(馬圈子)에서 서로군정서, 대한독립단, 한교회(韓僑會), 대한광복단군영, 대한정의군영, 대한광복군총영, 평북독판부대표 및 통군부 대표 등 8개 단체 대표 71명이 참석하여 조직된 통의부(統義府)에서도 군사부장으로 선임되어 사령장 김창환(金昌煥), 군사부감 김혁(金赫) 등과 군사업무를 이어갔다.

이후 1923년 노령 이만(Iman, 달네레첸스크)으로 옮겨간 양규열은 김경천(金擎天)과 함께 독립단을 조직하여 이만 제1연대장을 맡기도 했다. 또한 그 해 4월에는 양해우(梁海友)·김동환(金東煥)·백몽량(白夢良)·박일량(朴日亮)·김규식(金奎植) 등, 무단파 독립지도자들의 협의하여 노령에 군사관계자들만으로 구성된 임시정부지부를 설립하려는 계획을 시도하기도 했다.

양규열은 1926년 5월 참의부(參議府)가 군민(軍民) 총회에서 중앙 조직을 개편하고 중앙 의회와 더불어 군사위원회와 행정위원회를 설치할 당시, 군사위원장을 맡아 행정위원장인 조인환(趙仁煥)과 참의부를 이끌었다. 또한 그 해 8월경에는 환인현 북전자(北甸子)와 강전자(江甸子) 부근에 진을 치고, 그 지역의 친일조직인 상조계(相助契)에 대응하며 군자금 모집에 집중하기도 했다.

양규열의 대종교 관련 교력은 대종교단에 남아있는 것이 없다. 그러나 그가 서간도 부민회와 신흥무관학교를 경험할 당시부터 함께 한 대부분의 인물들이 대종교의 중진들이었음이 주목된다. 특히 1922년 9월, 영안현(寧安縣) 영고탑(寧古塔)에 소재한 대종교총본사를 중심으로 대종교 항일단체인 군정서를 부활시키려 할 때 비밀리에 참여한 인물이 양규열이다.

당시 대종교 교주였던 무원(茂園) 김교헌(金敎獻)은 대종교 차원에서 군정서 부활할 목적으로 영고탑 대종교총본사에 회의를 소집하였다. 양규열은 이장녕(李章寧)·조백(趙白) 등 대종교 항일투사들과 이 집회에 참여하였다. 그 시기 양규열이 대종교단 내에서 상당히 비중을 가진 인물이었음을 암시해주는 부분이다. 대종교 원로들의 전언과 같이, 그의 대종교 입교가 그보다 훨씬 이전인 부민단 시절이었을 것으로 추정하는 이유다.

[참고문헌]
『대종교중광육십년사』(대종교총본사, 1971), 「大倧敎 陰謀計劃에 관한 건」(不逞團關係雜件-朝鮮人의 部-在滿洲의 部33, 機密 第184號; 機密受第186號, 한국사DB, 국사편찬위원회), 『동아일보』1923.1.18., 1923.4.13., 「大韓獨立軍團 參謀 李楨이 陳述한 金佐鎭의 行動 및 一派 不逞鮮人團의 情況 等에 관한 件」

(不逞團關係雜件-朝鮮人의 部-在滿洲의 部38, 機密 第99號; 機密受 第107號,「管內不逞團 行動 및 相助契의 狀況에 關한 件」(不逞團關係雜件-朝鮮人의 部-在滿洲의 部43, 機密公 第174號; 外務省文書課受 第181號, 한국사DB, 국사편찬위원회), 『白雲文化』제15호(양평문화원, 1998), 『신흥무관학교와 망명자들』(서중석, 역사비평사, 2001), 『한국독립운동사자료』42(국사편찬위원회, 2006), 『대한민국임시정부자료집』(국사편찬위원회, 2009)

양기경(楊机烱, 남, 생몰 미상)
입교 시기_ 1926년 이전 | 교질_ 미상

출신지역과 생몰연대를 확인할 수 없는 인물이다. 대종교단 내의 남아 있는 기록이나 일제의 기록에서도 일체 드러나지 않는다. 다만 대종교만주포교금지령으로 인해 1926년 만주 당국에 압수당한 대종교문서에, 양기경이 대종교 동이도본사(東二道本司) 관할 목일시교당(穆一施敎堂)의 찬무(贊務, 부책임자)로 나타나 있다. 그 이전에 대종교에 입교한 것을 알 수 있으나, 교질(敎秩)에 관한 기록은 찾을 수가 없다. 당시 목일시교당은 목릉현(穆稜縣) 마교하(馬橋河)에 소재했던 시교당으로 101명의 교인이 있었다. 김연목(金璉穆)이 전무(典務, 책임자)로 있었으며 조남철(趙南哲)이 양기경과 함께 찬무로 임명되어 시무하였다.

1926년 작성된 대종교의 문서에 기록된 대종교 동이도본사 관할 시교당 일람표 가운데 일부. 왼쪽 穆一施敎堂 아래 楊机烱(네모 안)의 이름이 보인다.

[참고문헌]
「大倧敎施敎堂一覽表(1926年)」(延边朝鲜族自治州档案馆 全宗号42 目录号1 案卷号343, 和龙县历史档案 和龙县警察所, 令各区查禁韩人设立大倧教堂由, 民国十五年五月十二日)

양세환(梁世煥, 남, 생몰 미상)
아호(별명) _ 단산(丹山)
입교 시기 _ 1922년 이전 | 교질 _ 상교

양세환

출신지역과 생몰연대가 불분명한 인물이다. 다만 해방 이후 이동하(李東廈·안동 출신), 이경희(李慶熙·달성 출신), 이원태(李源台·안동 출신) 등과 더불어 경상남북도 지역을 관할하는 대종교 남사도본사(南四道本司)를 맡은 것으로 보아, 경상도 출신임을 헤아릴 수 있다. 또한 평안남도 출신으로 대한독립단 강서지단 총무감으로 활약한 양세환(梁世煥)이나, 연통제 당시 함경남도 총감부 덕원군 군감 강기찬(康基燦)과 함께 활동한 양세환과는 동명이인이다.

양세환은 1920년 3월 경성문흥사(京城文興社)가 주최한 학술강연회에서 '전쟁(戰爭)의 가부(可否)'라는 제목으로 강연을 하였다. 당시 양세환이 보성전문학교 졸업생으로 소개된 것으로 보아 그가 보성전문학교 출신임도 확인된다. 한편 1929년에는, 신생사(新生社)가 발간하는 『신생(新生)』이라는 잡지의 조선역사강좌(朝鮮歷史講座) 란에 「신시시대(神市時代)에서 고조선까지」, 「부여시대(상)」, 「부여시대(하)」 등, 우리의 역사 관련 논문을 여러 편 발표하였다. 주목되는 것은 그의 역사인식이다. 신시시대(배달시대), 부여정통론을 소중히 하는 대종교의 역사관과 동일함을 알 수 있다. 그가 대종교의 국학강좌(國學講座)에서도 국사를 담당한 이유이기도 하다.

해방 직후인 1945년 10월에는 대종교 동지인 홍명희(洪命熹)·정인보(鄭寅普)·조소앙(趙素昂)·조완구(趙琬九)·서세충(徐世忠)·안재홍(安在鴻)·이극로(李克魯)·장도빈(張道斌)·신백우(申伯雨)·박노철(朴魯撤) 등이 참여한 순국의열사봉건회(殉國義烈祠奉建會)를 조직하였다. 이 단체는 일제를 몰아내기 위해 목숨을 걸고 싸우다 순국한 의열영령(義烈英靈)을 추모하고 그 정신을 기려 새 역사 건설에 이바지한다는 목적으로 결성된 것이다. 당시 양세환은 편집부의 책임을 맡아 활동하였다.

양세환의 대종교 교력을 살피면 1922년 윤5월 11일(음력, 이하 음력) 국내 경성의 남일도본사(南一道本司)의 추천으로 김종한(金宗漢)·유맹(劉猛)·정택조(鄭宅朝)·이간재(李侃宰)·서기문(徐基文) 등과 영계(靈戒)를 받은 기록이 있다. 그의 대종교 입교가 그 이전으로 올라감이 확인된다. 이 시기 국내 대종교의 암흑기와도 같아, 일제의 철저한 통제로 제대로 된 집회조차도 쉽지 않았으며 대종교에 입교하는 것도 비밀리에 이루어지던 시기였다.

이후 양세환은 대종교 계선시교당(桂善施教堂)의 전무(典務, 책임자)를 맡아 1926년까지 시무(時務)하였다. 계선시교당은 경성부 계동(桂洞) 101번지에 소재했던 시교당으로 대종교 남일도본사 관할로, 당시 국내 대종교의 비밀스런 활동 공간이었다. 경원하(景元河)와 이광출(李廣出)이 찬무(贊務, 부책임자)로 임명되어 양세환을 도왔는데, 이광출은 1920년대 국내 서울을 중심으로 대종교 활동을 펼친 여성 활동가였다. 그녀는 1922년 12월 23일 김순원(金順媛)·이화경(李華卿)·이성래(李姓來)·이정원(李貞媛)·한진원(韓眞媛)·권병원(權丙媛)·황문종(黃文鍾)·조문창(趙文昌) 등의 여성들과 영계(靈戒)를 받은 인물이다.

양세환은 일제의 항복으로 해방을 맞은 1945년 11월, 대종교의 국내 재건을 위해 우선적으로 노력하였다. 그는 대종교 항일투사 김동욱(金東旭)·이규채(李圭彩)·김종만(金鍾萬)·고평(高平) 등과 서울 중학정(中學町)에 있는 대종교당(大倧教堂)을 중심으로 임시기구를 조직하였다. 대종교당을 새롭게 만들어 민족정신을 앙양(昂揚)하고 그 근원을 북돋워 국민정신을 고무시키기 위한 목적이었다. 양세환은 이규채와 더불어 찬사(贊事)를 맡아 그 작업의 일선에서 활동하였다.

대종교는 1946년 초 환국한 이후, 이러한 노력을 기울인 양세환에게 참교(參教))의 교질(教秩)을 수여하였다. 또한 양세환은 같은 해 7월 23일부터 개최된 대종교 하기국학강좌에서 정인보·안재홍·이근근(李瑾根)과 함께 국사 과목을 담당하였다. 이 강좌는 대종교 정신을 토대로 국어와 국사에 대한 지식 보급과 함께 시사 및 민족의식에 관한 계몽을 목적으로 마련된 것이다. 그리고 그 해 8월 27일에는 대종교 경의원(經議院) 참의(參議)로 선임되어 원로의 반열에 오르게 된다. 또한 1946년 11월 29일에는 정인보·안재홍·명재세 등과 지교(知教)의 교질로 올랐으며 1947년 6월 25일에는 대종교 총전교(總典教, 교주와 같음)의 비서 격인 봉선(奉宣)으로 임명되었다. 그리고 1948년 4월 15일에는 상교(尙教)의 교질로 승질(陞秩) 된다.

1949년 1월 5일에는 대종교중흥회 제1회 중앙상무위원회에서 대종교 항일투사 이현익(李顯翼)과 함께 위원회 경리부원(經理部員)을 맡기도 하였다. 또한 그 해 2월 9일에는 교령(教令) 제10호로에 의해 설치된 대종교 남사도본사(南四道本司, 경상남북도 관할) 선리(宣理, 부책임자)를 맡아 경상도 지역 대종교 재건에 힘을 쏟았다. 당시 이동하가 전리(典理, 책임자)를 맡아 남사도본사를 이끌었으며, 이경희와 이원태가 선리로 임명되어 양세환과 함께 하였다. 양세환은 그 해 6월 13일부터 1개월간 개최된 대종교 하기국학대강좌에서도 정인보·안재홍·이병기(李秉岐)·이선근·정인승(鄭寅承)·정열모(鄭烈模) 등과 강사로 활동하며, 대종교 민족의식 고양에 적극 앞장섰다. 또한 같은 해 10월 2일 개천절을 기해서는 '개천절과 대종교'라는 글을 『자유신문』에 발표하여, 개천절이 단순한 10월 상달의 민속명절이 아닌 오천년을 일관해 온 우리민족의 대경절임을 강조하였다.

한편 대종교에서는 1950년 벽두부터 제7회 교의회를 소집하여 대종교의 규범을 개정하기로 결정하였다. 그리고 그 해 3월 19일 규범개정을 위한 기초위원(起草委員)을 선출하였는데, 양세환도 정관(鄭寬)·장유순(張裕淳)·김영숙(金

永肅·정원택(鄭元澤)과 함께 기초위원에 이름을 올렸다. 특히 그 교의회 소집문을 윤세복(尹世復) 교주의 명을 받아 양세환이 직접 제술(製述)하였고, 4월 30일에 소집된 교의회에서 총본사의 전무(典務)로 선출되어 종무행정의 중심에 섰다. 양세환이 제술한 교의회 소집문은 아래와 같다.

동왕춘회(冬往春回)는 천도(天道)가 불변이요 고진감래는 인정(人情)의 소감(所感)이다. 슬프다! 우리 대교(大敎)가 고려 원종때부터 7백 년간은 이미 폐쇄운(閉塞運)을 만났었고 기유(己酉) 중광(重光)한 지 4십 년 동안은 또한 수난기를 지내었다.
우리 홍암신형(弘巖神兄, 나철을 말함-인용자 주)께서 처음 홍범(弘範) 23항으로서 관교(管敎) 8년에 일제 폭정을 통한하시와 순교조천(殉敎朝天)하셨고, 무원종사(茂園宗師, 김교헌을 말함-인용자 주)는 정사추(丁巳秋) 화룡현(和龍縣)에서 제1회 교의회를 소집하여 규제(規制) 114조를 발포하시고 관교 7년 동안 왜적학염(倭敵虐焰)에 노췌(勞瘁)하시와 인환조천(因患朝天)하셨으며, 불녕(不佞)이 갑자춘(甲子春) 영안현(寧安縣)에서 제2회 교의회를 부르고 규제 136조로 개정한 후에, 무진춘(戊辰春) 해림참(海林站)에서 제6회까지 계속 소집하였다. 불행하게도 병인동(丙寅冬)에 길림(吉林) 장정권(張政權)의 포교금지령(佈敎禁止令)을 당하야 북만(北滿) 황야에서 7년동안 방황하다가 갑신하(甲戌夏)에 총본사 간판을 동경성(東京城)에 부쳤으나 세파(世波)는 진탕(震盪)하고 인심(人心)이 미부(未附)하므로 9년 동안을 첩설(捷屑)하게 지나는데, 게다가 왜로(倭虜)의 간책(奸策)으로 임오교변(壬午敎變)이 발생되어 3년 동안 옥고(獄苦)로서 동지 10인은 함원귀천(含寃歸天)하였고 기유추(乙酉秋) 액하옥문(掖河獄門)이 열리자 쇠년병구(衰年病軀)가 포연탄우중(砲煙彈雨中)에서 포복피난(匍匐避難)하여 동경성에 총본사 간판을 다시 부쳤다가, 익년(翌年) 무진춘(丙戌春)에 환국하니 곧 도만(渡滿)한지 36년만이었다.
그런데 우리 광복 사업은 미묘한 국제정세로 말미암아 아직 완수치 못한 까닭에 국민사상은 또한 분기(分岐)되고 사회경제는 더욱 피폐하였다.
이때를 당한 우리 대교의 공체실력(公体實力)이 본래 탕잔무여(蕩殘無餘)하던 터이라, 총본사가 환국한 지 4년 동안은 오직 침정(沈靜)한 함양기(涵養期)이었고, 이제 첨모중성(僉謨衆誠)으로 중흥회(重興會)를 신발족(新發足)함은 곧 오도(吾道)가 재천(再闡)하고 기민(期民)이 갱생(更生)하는 조짐이요, 또 단조(檀祖) 건국하신 지 23년 경인(庚寅)에 평양으로 이도(移都)하사 국호를 조선이라 하였는데, 대교 중광한 지 42년 경인에 교의회를 소집하여 만년기반(萬年基盤)을 확정코저 제7회 회기(會期)를 어천절(御天節) 음 3월 15일 곧 양 5월 1일로 발포하노니 형제 자매들이여! 궐기하라! 분성(奮誠)하라!! 무궁화 동산에 봄은 돌아왔고 박달비가 때 맞추어 나릴 것이다.

양세환은 1951년 3월 28일에도 대종교규범개정위원으로 재차 선임되었다. 그리고 해방 이후 대종교의 임오교변(壬午敎變, 임오년인 1942년 대종교지도자 동시 구속 사건)에 대한

내막을 교단 차원에서 정리할 때도, 「임오교변」의 전체 개황에 대해 정리하기도 하였다.

[참고문헌]
『대종교보』제54호(1922년)·제152호(1946년)·제154호(1947년)·제158호(1948년)·제159호(1948년)·제161호(1949년)·제163호(1949년)·제165호(1950년)·제166호(1950년)·제175호(1951년), 『본사행일기』(성세영, 필사본, 1922), 『대종교중광육십년사』(대종교총본사, 1971), 『임오십현순교실록』(대종교총본사, 1971), 『大倧敎施敎堂一覽表(1926年)』(延邊朝鮮族自治州档案館 全宗号42 目录号1 案卷号343, 和龙县历史档案 和龙县警察所, 令各区查禁韓人設立大倧敎堂由, 民国十五年五月十二日), 『매일신보』1920.3.20., 1945.10.28., 『중앙신문』1945.11.12., 『자유신문』1949.10.3.

양승복(梁承福, 남, 1895-?)
입교 시기 _ 1939년 이전 | 교질 _ 참교

평안남도 개천군(价川郡) 외동면(外東面) 봉하리(鳳下里) 출신이다. 1919년 상해로 건너가 대한민국임시정부의 요인이 된 인물이다. 이후 국내 독립운동을 선전하기 위하여 다시 평안남도로 들어와 그 해 음력 12월 그 지역을 중심으로 독립청년단을 조직하였다. 이어 순천(順川)·성천(成川)·강동(江東) 각지를 순회하며 군자금을 모아 임시정부로 보내는 도중에 발각되어 동지 18명과 함께 체포되었다. 양승복은 체포 당시 권총 1자루와 실탄 수십 발, 그리고 중요 서류를 압수당했다.
양승복의 대종교 관련 교력을 살피면, 1939년 12월 7일(음력) 대종교총본사의 특별추천으로 참교(參敎)의 교질(敎秩)을 받은 기록이 전한다. 그 이전에 이미 대종교에 깊이 관여했음을 알려주는 내용으로, 그의 입교가 상해의 임시정부 시절이 아닐까 추정해 본다.

[참고문헌]
『대종교보』제124호(1939년), 『조선일보』1921.5.16., 『조선독립운동』Ⅰ(金正明, 原書房, 1967)

양인환(梁寅煥, 남, 생몰 미상)
입교 시기 _ 1926년 이전 | 교질 _ 미상

출신지역과 생몰연대가 불분명한 인물이다. 대종교단이나 일제의 기록에서도 일체 찾을 수가 없다. 다만 1926년 4월 대종교진흥회(大倧敎振興會)의 선전부가 조직될 당시, 박용태(朴龍泰)·이원식(李元植)·유정근(兪政根)·김진우(金振宇)·조철호(趙喆鎬)·경원하(景元河) 등, 국내 대종교 중심인물들과 그 주축을 이룬 인물이다. 양인환이 그 이전에 대종교에 깊이 관여한 것이 확인된다.
대종교진흥회는 1924년 11월 24일(음력) 경성 대종교남도본사 발기한 모임으로, 박용태가 회장을 맡고 김진우(金振

宇, 부회장)·이홍도(李弘道, 총무)·이승천(李承天, 서무)·김종진(金鍾震, 전례)·조철호(趙喆鎬, 교섭) 등이 중책을 맡아 활동하였다. 이 모임의 목적은 대종교를 우리 민족의 역사적 종교로 규정하고, 시대에 따른 그 명칭의 변화에 대한 설명과 함께 홍암 나철 순교(殉敎)의 숭고한 가치를 새기면서, 대종교진흥의 시대적 사명을 각성시키는 것이었다. 양인환은 대종교진흥회 선전부에 참여하면서, 단조묘궁 건축과 숭령전 수보(修補), 제천단 수축과 단조사적(檀祖事籍) 간행 등의 다양한 대종교진흥책을 준비·시행하는데 적극 앞장섰다. 그러나 그의 영계(靈戒) 사항이나 교질(敎秩) 관계는 전하지 않는다.

[참고문헌]
『동아일보』 1924.11.26., 1926.4.22.

양전묵(梁瑑黙, 남, 생몰 미상)
입교 시기 _ 1911년 이전 | 교질 _ 참교

전라남도 해남군(海南郡) 출신으로 호남학회 회원이다. 호남학회는 1907년 7월 이기(李沂)·김경중(金璟中)·박영철(朴榮喆)·이시우(李時雨) 등이 중심이 되어 서울 대동문우회관에서 창립한 모임으로, 20세 이상의 전라도 출신이 회원으로 참여하였다. 그 주된 활동 목표는 전라도 지역에 사립학교 설립과 더불어 계몽강연회 개최 및 유학생 재정 후원 등을 지향한 단체였다. 양전묵은 이 모임에 나인영(羅寅永, 대종교를 중광한 이후 羅喆로 개명함), 이건(李健)과 함께 낙안(樂安)을 대표하는 회원으로 참여하였다.
양전묵의 대종교 교력을 살피면 1911년 중광절(重光節, 음력 1월 15일)에 이미 참교(參敎)의 교질(敎秩)을 받은 기록이 있다. 그의 대종교 입교가 대종교가 중광할 당시(1909년 음력 1월 15일)였음을 알게 해 준다.

[참고문헌]
『종문영질』(프린트본, 1922), 『호남학보』 제6호(1908년), 「호남학회에 대하여」(이현종, 『진단학보』 33, 1972)

양현(梁玄, 남, 생몰 미상)
아호(별명) _ 원포(元圃), 양만복(梁萬福)
입교 시기 _ 1914년 이전 | 교질 _ 지교

출신지역과 생몰연대를 알 수 없는 인물이다. 초명은 양만복(梁萬福)으로 대종교 입교하면서 외자이름인 현(玄)로 개명하였다. 일찍이 대종교도들로 조직된 중광단(重光團)에 가담하여 대종교 항일투쟁에 앞장섰다. 중광단은 대종교의 중광(重光)에서 그 명칭을 가져온 것에서 알 수 있듯이, 1911년 3월 북간도 국자가(局子街)에서 대종교인들에

의해 조직된 무장단체였다. 초기에는 대종교계 학교를 설립해 인재 양성에 힘썼으며, 1917년부터 본격적으로 무장투쟁을 준비하였다. 이후 북간도의 3·1운동을 주도하는가 하면, 대한정의단(大韓正義團)을 거쳐 대한군정서(大韓軍政署, 北路軍政署)로 발전적 해체를 하였다.
이 중광단의 중심인물로는 양현을 비롯하여, 단장으로 추대된 서일(徐一)과 현천묵(玄天黙)·백순(白純)·박찬익(朴贊翊)·계화(桂和)·김병덕(金秉德)·채오(蔡五)·서상용(徐相庸) 등, 모두 대종교도들이었다. 또한 대부분의 구성원이 함경북도 출신의 근대적인 교육을 받은 인물들이란 점에서, 양현 역시 함경북도 출신일 가능성이 짙게 해준다.
양현은 중광단으로부터 대한정의단 그리고 대한군정서로 변화되는 과정에서 주요 요직을 맡아 항일투쟁을 수행하였다. 특히 대한군정서에서는 기계국장직을 수행하면서 군정서의 무기관리에 남다른 열정을 기울였다. 러시아로부터 무기를 구입할 당시는 현갑(玄甲)과 함께 서일(대한군정서 총재)과 조성환(曺成煥, 대한군정서 고문)을 보좌하여 무기운반에 혁혁한 공을 세우기도 하였다.
청산리독립전쟁 이후 밀산(密山)에서 확대 재편된 대한독립군정서에서는 재무부장을 맡아 기여했으며, 대한군정서를 재건해야 한다는 일념으로 동분서주하기도 하였다. 1922년 4월경에는 대한군정서 군수과장(軍需課長)을 지낸 채오(蔡五)와 영안현(寧安縣) 황기둔(黃旗屯) 지역에서 초목이 우거지는 여름을 틈타 군자금 모금과 일본 관헌 그리고 친일파 조선인들을 처단하려는 계획을 세우기도 하였다. 당시 이 모의에는 국민회 출신의 박극(朴極)·김기창(金基昌)·최규(崔圭) 등도 동참하였다.
1925년 초에는 대종교의 거점이던 영안현 동경성에 거주하며, 대종교 동지들인 윤세복(尹世復)·김좌진(金佐鎭)·유현(劉賢)·김인호(金演浩)·허백도(許白島)·이근화(李槿華)·김백(金白)·박건(朴健)·정신(鄭信)·현천묵·현천극(玄天極) 등과 극동청년공산당(極東靑年共産黨)에도 이름을 올리기도 하였다. 또한 대종교 항일단체인 신민부(新民府)가 조직되자, 그 지방부원으로 활동하면서 대종교 항일투쟁의 끈을 놓지 않았다. 그러나 해방 이후 국내로 들어오지 않고 만주에 그대로 머물렀으며, 이후의 행적은 파악되지 않는다.
양현의 대종교 입교와 영계(靈戒) 사항에 대해서는 남아있는 기록이 없다. 그러나 1914년 윤5월 27일(음력, 이하 음력) 참교(參敎)의 교질(敎秩)을 받은 것으로 보아, 그 이전에 대종교에 입교한 것이 확인된다. 그의 대종교 입교가 1911년 중광단에서 활동하던 시절임을 시사해주는 부분이다. 그리고 중광단에서 대한정의단으로 재편되기 전인 1917년 11월 20일 지교(知敎)의 교질로 올랐다. 그러나 그 이후의 행적에 대해서는 남아있는 기록이 없다. 그 시기 대종교의 1차 자료인 『대종교보(大倧敎報)』가 모두 전하지 않는 것과 무관치 않다.
대종교 활동과 연관하여 그의 이름이 다시 등장하는 시기는 1937년이다. 양현은 그 해 8월 24일 대종교재만교구경상금수납위원(大倧敎在滿敎區經常金收納委員)에 임명된다. 양현은 김선(金宣)·윤준선(尹俊善)과 함께 영안현 신안진(新安鎭) 지역을 관할하였는데, 윤준선은 15만원 탈취거

사를 이끈 윤준희(尹俊熙)와 형제가 되는 인물이다. 윤준희는 1920년 대한군정서에 입단해 특파대장으로, 동지 몇 명과 15만원 지폐탈취 사건을 성사시켰다. 경상급수납위원은 영안현·아성현·하얼빈시·오상현·쌍성현·유수현·신경(新京)특별시·화전현·돈화현·왕청현·화룡현·도문시(圖門市)·연길현·동빈현·동흥현·파언현(巴彦縣)·밀산현·봉천성시간방(奉天省十間方) 등, 만주 전 지역에 임명되었다. 참고로 양현 등이 영안현 신안진을 관할할 당시, 영안현 각 지역의 담당자들을 보면 동경성(東京城, 이현익·이창수), 목단강시(牧丹江市, 김근산·최학수), 사란진(沙蘭鎭, 이경렬·이경진), 와룡둔(臥龍屯, 전태익), 대목단(大牡丹, 김희영), 해림참(海林站, 김영헌), 영안현시내(채오) 등으로, 모두 항일투쟁에 몸담은 인물들이었다.

양현은 1939년 10월에 조직된 대종교서적간행회(大倧敎書籍刊行會)에도 참여하였다. 이 간행회는 백산(白山) 안희제(安熙濟)가 중심이 되어 만들어진 것으로, 아래의 취지를 담고 있었다.

> "교화를 보급케 함에는 반드시 문자의 힘을 시뢰(恃賴)할 것이다. 이제 대교(大敎, 대종교를 말함-인용자 주) 부흥기에 당하야 만구동성으로 종경(倧經) 요구가 날로 높은 터이다. 이 요구를 수응함은 무엇보다도 대교 발전상 최대 급무일 것이다. 이것을 공감하는 우리는 미성박력(微誠薄力)을 불고하고 교적간행회를 발기한다."

당시 양현은 어려운 형편에도 불구하고 이용태(李容兌)·고재봉(高在鳳)·이동호(李東浩)와 함께 2주를 출자하여 대종교 포교의 발판 마련에 지극한 정성을 보였다. 그 결과 『홍범규제(弘範規制)』 5백부, 『삼일신고(三一神誥)』 2천부, 『신단실기(神檀實)記』 1천부, 『종례초략(倧禮抄略)』 2천부, 『오대종지강연(五大宗旨講演)』 3천부, 『종문지남(倧門指南)』 2천부 등 총 6종 1만 5백부를 연길현에서 출판하였고, 『한얼노래[神歌]』 4천부는 경성(京城)에서 출판하는 결실을 맺었다.

[참고문헌]
『대종교보』제115호(1937년), 『종문영질』(프린트본, 1922), 『대종교인과 독립운동연원』(이현익, 프린트본, 1963), 『대종교독립운동사』(박영진, 필사본, 1964), 『대종교중광육십년사』(대종교총본사, 1971), 『國外情報-大韓軍政署의 日誌에 관한 건』(不逞團關係雜件-朝鮮人의 部-在滿洲의 部26, 高警 第1007號, 秘受1502號, 한국사DB, 국사편찬위원회), 『大正十一年 四月中 間島地方 治安情況에 관한 건』(不逞團關係雜件-朝鮮人의 部-在滿洲의 部32, 機密 第187號, 機密受第205號, 한국사DB, 국사편찬위원회), 『極東 靑年共産黨 名簿 入手의 件』(不逞團關係雜件-朝鮮人의 部-鮮人과 過激派, 秘關機高收 제11173호의 1, 한국사DB, 국사편찬위원회), 『正義團과 北路軍政署』(崔衡宇, 『海外朝鮮革命運動小史』, 東方文化社, 1945), 『무장독립운동비사』(채근식, 문화공보처, 1947), 『北路軍政署의 成立과 活動』(박환, 『國史館論叢』11, 국사편찬위원회, 1990)

엄명숙(嚴明淑, 여, 생몰 미상)
입교 시기_ 1939년 이전 | 교질_ 참교

출신지역을 알 수 없는 인물로, 대종교 중진이자 항일투쟁 지도자 안용수(安龍洙)의 모친이다. 노령의 나이에도 불구하고 안용수와 안용하(安龍河) 형제 독립투사를 뒷바라지했던 여걸이다. 특히 큰아들 안용수는 북만주와 연해주를 누비며 무장항일투쟁을 전개한 인물로 대종교 항일단체인 신민부(新民府) 참의원(參議員)을 지냈으며, 대종교 참의원(參議院)의 참의(參議)를 맡기도 했다.

엄명숙의 대종교 교력을 보면 1939년 2월 20일(음력) 영안현(靈安縣) 신안진(新安鎭) 자택에서 사망할 당시 참교(參敎)의 교질(敎秩)을 갖고 있었다. 그 이전에 대종교에 입교한 것을 알 수 있으나, 정확한 입교 기록이나 영계(靈戒) 사항은 전하지 않는다.

[참고문헌]
『대종교보』제121호(1939년)

엄용규(嚴用奎, 남, 생몰 미상)
입교 시기_ 1916년 이전

출신지역과 생몰연대를 알 수 없는 인물이다. 그의 대종교 교력과 관련된 교단 내의 기록 역시 전하는 것이 없다. 가장 큰 이유는, 그 시기 대종교 1차 자료인 1910년대 『대종교보(大倧敎報)』가 모두 현전하지 않기 때문이다.

다만 운양(雲養) 김윤식(金允植)의 일기인 『속음청사(續陰晴史)』(1916년 음력 4월 3일자)에, 대종교인 엄용규가 북간도로 떠나기 전 그를 방문한 기록을 적어 놓았다. 엄용규가 그 이전에 대종교에 입교한 인물임을 확인시킴과 동시에 김윤식과 잘 아는 지인이었음을 알려 주는 내용이다. 엄용규 역시 대종교에 입교하면서 외자로 개명했을 가능성이 크다. 공교롭게도 엄정(嚴貞)이라는 인물이 1914년 3월 2일 참교(參敎)의 교질(敎秩)을 받은 기록과 엄숭(嚴崇)이라는 이름으로 1915년 10월 27일 참교를 받은 인물이 있으나, 동일인 관계 역시 알 수가 없다.

[참고문헌]
『續陰晴史』(김윤식, 국사편찬위원회, 1960)

엄익래(嚴益來, 남, 생몰 미상)
입교 시기_ 1916년 이전 | 교질_ 참교

출신지역과 생몰연대를 알 수 없는 인물이다. 그가 1930

년대 충청북도 공립보통학교의 교장을 지낸 것으로 보아 주로 국내에서 교육 활동에 종사한 인물임을 알 수 있다. 엄익래의 대종교 교력을 보면, 김광배(金光培)·탁동조(卓同朝)·최진규(崔鎭圭)·독고순(獨孤淳)·김철현(金澈鉉) 등, 당시 관립경성고등학교교원양성소 출신들과 1916년 2월 18일(음력) 참교(參敎)의 교질(敎秩)을 받은 기록이 있다. 엄익래 역시 교원양성소 출신으로, 그 이전에 입교한 것을 알 수 있다. 당시 관립경성고등교원양성소 학생들의 종교적 성향은 대체로 대종교와 기독교로 나누어져 있었다. 대종교 생도들은 조선의 시조인 단군을 존경하는 것은 곧 조선의 국수를 보존하고 조선의 민족적 정신을 발양하며 국민의 신앙을 통일하는 것이므로 외래종교 신앙에 대한 필요성이 없다는 견해였다. 반면 기독교 생도들은 단군을 존숭하는 점에서는 대종교와 다를 바 없으나, 그 종교적 가치가 기독교에 미치지 못한다는 주장이었다. 기독교에 의해 서양의 문명을 받아들이는 것이 조선민족의 발전을 도모할 좋은 방법이라는 입장이었다. 엄익래의 대종교 입교는 이러한 경험과 무관치 않았다.

[참고문헌]
『종문영질』(프린트본, 1922), 『동아일보』1934.7.1., 「朝鮮人槪況 第二 壹部 參考 送付」(不逞團關係雜件-朝鮮人의 部-在歐米 7雜, 한국사DB, 국사편찬위원회)

엄주천(嚴柱天, 남, 1897-1974)

아호(별명) _ 보현(晉本), 엄주동(嚴柱東)
입교 시기 _ 1916년 이전 | 교질 _ 정교 | 서훈 _ 애국장(1990)

엄주천

경상북도 영일군(迎日郡) 장기면(長鬐面) 임중리(林中里) 출신이다. 본명은 주동(柱東)이나 대종교에 입교하며 주천(柱天)으로 개명하였다.
일찍이 보성중학교를 거쳐 관립경성고등교원양성소를 다니며 비밀결사 활동을 전개한 인물이다. 당시 대종교 동지인 김광배(金光培)를 비롯한 교원양성소 재학생들이 일본 수학여행의 경험을 이후 답사기로 펴냈다. 『동유지(東遊誌)』가 그것이다. 이들은 1914년 10월에 졸업여행으로 일본을 시찰하고 돌아와 『동유지』 90부를 비밀히 만들어 민족적 토론의 광장을 마련하였다. 『동유지』 편찬에 함께 참여한 인물들을 보면, 김광배를 비롯하여 최진규(崔鎭圭)·김하종(金河鍾)·정광호(鄭光好)·이광익(李光翼)·최원순(崔元淳)·독고순(獨孤淳)·이응영(李應泳) 등이었다. 모두 대종교에 입교한 인물들임이 주목된다.
한편 그 시기 교원양성소 학생들의 종교적 성향은 대체로 대종교와 기독교로 나누어져 있었다. 이들 간에는 확연한

색채의 구별은 없었으나 단군 문제에 대해 이견이 있었다. 대종교 생도들은 조선의 시조인 단군을 존경하는 것은 곧 조선의 국수를 보존하고 조선의 민족적 정신을 발양하며 국민의 신앙을 통일하는 것이므로 외래종교 신앙에 대한 필요성이 없다는 견해였다. 한편 기독교 생도들은 단군을 존숭하는 점에서는 대종교와 다를 바 없으나, 그 종교적 가치가 기독교에 미치지 못한다는 주장이었다. 기독교에 의해 서양의 문명을 받아들이는 것이 조선민족의 발전을 도모할 좋은 방법이라는 입장이었다. 이러한 경험 속에서 엄주천을 비롯한 이들의 선택은 대종교로 기운 듯하다.
이 『동유지』 출판을 계기로 일선교육을 통하여 경제자립운동을 전개하자는 움직임도 나타났다. 대종교 중심인물이었던 남형우(南亨祐)와 최남선(崔南善)의 동조를 얻어, 전국의 교원과 신교육을 받은 인사들이 참여하는 조선산직장려계(朝鮮産織獎勵契) 결성이 그것이다. 일본인들에게 피탈당하고 있는 각종 산업을 한국인 자신이 부흥시켜 나갈 수 있는 기회를 마련하고자 만들어진 이 조직에서 엄주천은, 같은 보성중학교 출신인 이진석(李鎭石)과 함께 서기로 피선되어 활동하였다.
엄주천 등은 학생들에게 민족의식 고양을 위한 정신적 교육으로 국권회복을 기약하고, 일제의 경제적인 침탈에서 벗어나기 위한 각종 사업을 도모하였다. 그러나 1917년 3월 5일, 엄주천을 비롯한 조선식산장려계 임원과 계원들이 보안법 위반으로 사법조치를 당하자 그는 중국 상해로 망명의 길에 올랐다. 당시 상해에는 대종교지도자 신규식을 중심으로 많은 동지들이 활동하고 있었다. 엄주천은 신규식의 측근으로 활동하면서 북간도와 국내를 오가며 대종교 항일투쟁의 중요한 고리 역할을 담당하였다. 특히 중광단(重光團)을 이끌던 대종교지도자 서일(徐一)과의 교감에 깊이 관여하였다. 또한 후일 대한군정서(북로군정서)로 재정비되는 과정에서는 신규식과 서일의 긴밀한 연결 역할을 한 인물이 엄주천이며, 청산리전쟁에서도 상당한 기여를 한 것으로 전해진다.
이 시기 엄주천의 사회주의 활동도 주목된다. 1920년 가을 경성 최린(崔麟)의 집에서 비밀리에 결성된 사회혁명당 참여가 대표적이다. 이 조직은 3·1운동 이후 국내에서 최초로 조직된 사회주의 비밀결사로, 엄주천을 비롯하여 홍도(洪濤)·김철수(金錣洙)·최팔용(崔八鏞)·이봉수(李鳳洙)·이종건(朱鍾健) 등이 참여하였다. 또한 1921년 5월 이동휘가 주도한 상해고려공산당중앙총감부 조직 당시도 김철수·김철(金哲)·주철수(朱喆守)·이봉수·홍도 등과 국내 대표로 참석하여, 국내 강원도와 경상도 일을 담당하였다. 1922년에는 간도 용정(龍井)에 거점을 잡고 군자금 조달을 위한 미곡상을 경영하면서, 국내를 드나들며 대종교 항일투쟁에 전념하였다.
해방을 맞아 환국한 엄주천은, 한국민주당과 대한민국임시정부 외에 정권을 참칭하는 단체 및 행동을 배격한다는 결의를 다지며, 한국민주당 발기인으로 참여한다. 또한 대종교 활동을 통한 민족정기 앙양과 국가재건 활동에 남다른 열정을 쏟다가 1974년 타계했다.

[교력]

엄주천의 대종교 입교 기록이나 영계(靈戒)사항에 대한 자료는 전하지 않는다. 그러나 그가 대종교를 일으킨 홍암(弘巖) 나철(羅喆)에게 감명을 받아 입교한 인물이고 보면, 엄주천의 대종교 입교는 1911년 가을 직전이거나 1915년 겨울 직후로 추정할 수 있다. 양 기간 사이에는 나철이 북간도에 있었기 때문이다.

특히 엄주천이 입교할 당시, 나철은 친히 대종교를 받들어 항일구국의 길을 걸으라는 깊은 뜻이 담긴 '주천(柱天)'이라는 교명과 '보본(普本)'이라는 호를 그에게 내렸다. 즉 '나라의 기둥[柱東]'을 넘어 '천신교(대종교)의 기둥[柱天]'이 되라는 의미와 더불어, 일본을 극복하여 병합하라는 극일의 메시지를 전한 것이다. '보본(普本)'에서 '보(普)'라는 글자를 파자(破字)하면 '병일본(並日本)'이라는 뜻으로 해석된다.

구월산 봉심 당시 대종교 교주 나철을 수행한 시자(侍者) 6명. 앞줄 왼쪽의 첫 번째 인물이 김두봉이고 두 번째 인물이 나철이며 그 세 번째 인물이 엄주천이다.

이후부터 엄주천은 그 이름과 호를 생의 좌우명으로 안고 살아갔다. 나철 역시 그를 자신의 복심으로 여기긴 마찬가지였다. 엄주천은 1916년 3월 13일(음력, 이하 음력) 참교(參敎)의 교질(敎秩)을 받는다. 그리고 그 해 8월 4일에는 지교(知敎)의 교질로 오르며, 나철의 마지막 순명(殉命)의 길인 구월산(九月山) 봉심(奉審)에 시자(侍者)로 동행하였다. 당시 나철을 시봉(侍奉)한 인물들은 모두 6명이었다. 엄주

천을 비롯하여 김두봉(金枓奉)·나주영(羅宙永)·안영중(安英中)·김서종(金書鍾)·나정수(羅正綬) 등이 그들이다. 그 중 나이가 가장 어린 인물이 엄주천이었다. 그에 대한 나철의 신임에 두터웠음을 시사해준다. 또한 8월 15일, 나철이 순명조천(殉命朝天)하며 남긴 유언에 따라 유서의 일부를 신규식에게 전한 인물도 엄주천이다. 그 전한 유서들은 「순명삼조(殉命三條)」, 「전수도통문(傳修道統文)」, 「밀유(密諭)」, 「공고교도문(恭告敎徒文)」, 「유계장사칠조(遺誡葬事七條)」 등으로, 나철이 남긴 유서들 중 가장 중요한 것들임을 알 수 있다. 나철이 엄주천에 대한 신뢰가 어떠했는가를 다시금 확인시키는 부분이다.

더욱 주목되는 것은 나철이 평소 자신의 수행과 깨달음의 상징으로 지니고 있던 단주(檀珠)와 단표(檀瓢, 박달나무물통)를 엄주천에게 물려주었다는 것이다. 이것은 도통전수(道統傳授)를 소중히 했던 대종교의 전통으로 보면, 상당한 종교적 의미를 내포하고 있음을 시사해준다. 나아가 나철이 엄주천에게 남긴 친필 유서 맨 마지막에서는 '보본(엄주천)에게 도를 전한다'는 말을 직접 적시하기도 했다. 나철과 엄주천의 종교적 교감이 상상 이상임을 알 수 있다. 엄주천이 받은 유서 내용은 최치원(崔致遠)의 「난랑비서(鸞郎碑序)」에 전해오는 것으로 아래와 같다.

"최고운의 난랑비서에 이르기를, '우리나라에 현묘한 도가 있었으니 신교(神敎, 풍류)라 이른다. 실로 삼교(三敎, 유교·불교·도교)를 다 포함하여 이로써 뭇 중생들을 교화하였으니, 집으로 들어와서는 부모에게 효도하고 밖으로 나아가서는 나라에 충성해야 한다는 것은 노나라 공자의 가르침과 같은 것이요, 매사에 무위(無爲)로 대하고 말 없는 가르침을 행해야 한다는 것은 주나라 노자의 종지(宗旨)요, 모든 악한 일을 짓지 말고 오로지 착한 일을 받들어 실행함은 인도의 석가모니의 교화와 같은 것이니라.

개천4373년 병진 중추절 홍암 나철   보본 아우에게 도를 전함'"

엄주천은 나철의 유서를 품고 상해의 신규식을 찾았다. 그 시기는 정확치 않으나 1917년 1월 13일(양력) 이전이었다. 그 날 엄주천이 상해 지역 대종교 동지들인 박찬익(朴贊翊)·변영만(卞榮晩)·신채호·이광(李光)·정준(鄭俊)·우상순(禹相淳) 등과 신규식의 38주 생일을 축하연을 베풀고 축하주(불로주)를 증정한 기록이 있기 때문이다. 당시 우상순은 동지들 앞에서 애국가를 비장하게 불러 주위를 숙연케 했다 한다.

그 해 후반 엄주천은 신규식을 도와 무송옥사(撫松獄事)로 고통을 받던 대종교지도자 13명을 만18개월의 옥고 끝에 석방시켰다. 이 사건은 1916년 1월, 만주 무송현(撫松縣)에서 대종교 종립학교인 백산학교(白山學校) 교장을 비롯해 윤세복(尹世復)·윤필한(尹弼漢)·이재유(李在圍)·성호(成浩) 등이 서대령 지역 밀정 여러 명을 1915년 3월과 9월 두 차례에 걸쳐 살해한 혐의로 붙잡혀 투옥과 심문을 당하는 일이 발생했다. 이것이 대종교의 무송옥사다. 일제는 이

사건을 빌미로 1916년 봄 윤세복을 비롯한 24명의 대종교 동지들을 살인혐의를 덮어 씌워 구속 수감하였다. 이 중 2명은 감옥에서 옥사하고 산포대(山砲隊)의 8명은 국내 함흥으로 옮겨져 수감되었다.

신규식은 이 사건을 해결하기 위해 엄주천을 수행하고 직접 만주로 건너갔다. 그리고 그곳의 실세인 장작림(張作霖)을 만나 지역 교포 700명의 탄원이 담긴 연서를 전달하면서, 끈질긴 회담을 통한 집요한 설득을 펼쳤다. 그 결과 18개월간 구금돼 있던 윤세복을 비롯한 13명의 대종교 항일투사들이 석방된 것이다. 이 사건의 해결에도 엄주천의 공이 작지 않았음을 확인시켜 준다. 엄주천이 신규식의 측근으로 만주 지역 대종교 항일단체의 발전적 구축에 역할한 것도 이 시기였다. 대종교 항일단체인 중광단이 대한정의단을 거쳐 대한군정서로 확대·개편되는 과정에 깊이 관여한 것이다. 대종교 항일투사 이현익(李顯翼)이 그를 대한군정서의 창설요원으로 밝힌 것이나, 청산리전쟁에도 참여하였다고 기록한 것도 이러한 배경과 맞물린다. 이후부터 엄주천은 비밀리에 국내와 만주를 넘나들며 대종교 항일투쟁에 더욱 깊이 관여하였다. 1920년 3월 15일에는 종로구 가회동(嘉會洞) 대종교 남도본사(南道本司)에 머물면서 강우(姜虞)·김교준(金敎準)·류근(柳瑾)·권덕규(權悳奎) 등과 어천절(御天節) 행사를 주도하였다. 대종교 동도본사(東道本司)를 이끌며 대한군정서의 총재를 지냈던 서일(徐一)이 1921년 밀산 당벽진(當壁鎭)에서 자진순교(自盡殉教)할 당시, 그 유지(遺志)를 영안현 대종교총본사의 김교헌에게 전달한 인물도 엄주천이었다.

한편 그 시기 국내 대종교의 상황은 신구교인(新舊教人)들의 갈등이 첨예하게 대립되던 시기였다. 엄주천은 이러한 문제를 해결하기 위해, 1921년 10월과 11월 강우·김교준(金敎準)·나정문(羅正文)·나기학(羅紀學) 등과, 대종교 원로였던 운양(雲養) 김윤식(金允植)을 두 차례나 방문하여 그 해결책을 도모하기도 하였다.

엄주천은 1922년 3월 황병욱(黃炳郁)·이철(李喆) 등과 더불어 만주 용정촌(龍井村)에 대종교시교당(大倧教施教堂)을 설치하였다. 당시 용정촌의 시교당 설치는 대종교단 차원에서 도모된 것으로, 대종교 항일단체였던 대한군정서(북로군정서)의 재건과 무관치 않았다. 대한군정서의 핵심간부였던 김규식(金奎植)은, 당시 대종교총본사가 있던 영안현(寧安縣)에 근거를 틀고 주요 거점에 시교당을 설치하고자 하였다. 대종교에 있어 시교당은 곧 학교인 동시에 항일투쟁의 주요 근거지였음을 감안한다면, 김규식이 도모하고자 했던 각 지역의 시교당 설치는 곧 독립운동기지 건설과 일맥하는 행보였다. 엄주천 등은 용정 지역 2백여 명의 교인들과 그 외곽에 산재해 있던 교인들의 물심양면의 후원으로 시교당을 설치하였다. 또 그 시교당을 근거로 각 주요지점에 시교당과 부속학교를 설치하기 위하여 엄주천은 삼도구(三道溝), 이철은 왕청현(汪淸縣) 방면을 개척해 나갔다. 그리고 대종교에서는 용정의 시교당을 그 지역의 대종교 포교의 중심이 되는 동도본사 역할도 부여하여, 그 선리부령(宣理部令)에 엄주천을 임명하였다.

또한 엄주천은 그 시기 국내 서울의 명동(明洞, 당시는 明治町)에 미우구락부(米友倶樂部)라는 미곡상을 차려 놓고 국내 항일투쟁의 거점으로도 활용하였다. 그 대표적 사례가 1922년 강철구(姜鐵求)와의 교감 속에 이루어진 독립공채사건(獨立公債事件) 사건과의 연루다. 강철구는 엄주천과 절친했던 인물로 대종교지도자 강우의 차남이다. 대종교 항일단체인 대한군정서의 총재 비서를 지낸 그는, 1922년 6월 부친의 회갑연 참석을 위해 귀국하였다. 당시 강철구는 대한군정서 사관연성소 주임을 역임한 전승호(全勝鎬)로부터 사관연성소 재건을 위해 독립공채권을 교부받았다. 공채금 모금은 부여군을 중심으로 한 국내 대종교인들과 강씨 일가친척들과 연계하여 전개되었다. 엄주천은 서울을 중심으로 한 그 연결 고리의 역할과 함께 강철구가 간도로 돌아갈 여비를 마련해주기도 하였다. 그러나 1926년 11월에는 독립군 연락 거점에 대한 밀고로 일제에 체포되어 혹독한 옥고를 치르기도 했다.

엄주천은 해방 이후인 1946년 2월 대종교의 국내 환국과 함께 귀국하였다. 그리고 같은 달 23일 총본사의 특별추천으로 이시영(李始榮)·백남규(白南奎) 등과 상교(尙教)의 교질로 승질(陞秩)하였으며, 28일에는 남도본사의 전리(典理)로도 임명되었다. 얼마 후인 7월에는 대종교총본사의 전범(典範)으로 임명되었고, 7월 17일 거행된 대종교총본사독립원도식에서는 사회를 맡아 의식을 이끌기도 하였다. 또한 8월 19일 대종교총본사의 종무(宗務)를 이끄는 전리로 발탁되었으며, 1947년 1월 22일에는 경의원(經議院) 참의(參議)로 선임되어 원로의 반열에 오르게 된다.

엄주천은 1949년 1월 2일 대종교총본사의 추천으로 마침내 정교(正教)의 교질로 승질하면서 대형(大兄)의 교호(教號)를 받게 되었다. 대종교에서 엄주천에게 정교의 교질을 내리며 기린 가치는 '홍암 나철 스승의 가르침을 마음에 새기고 대종교의 모든 질서를 굳게 지켜왔다(心銘師訓 力守倧規)'는 덕담이었다. 3일 후인 1월 5일 대종교중흥회(大倧教重興會)의 발기에도 참여하여 제1차 중앙집행위원 및 중앙상무위원회경리부장으로 선출되었다. 그리고 1950년 1월 17일에 조직된 제2차 대종교중흥회에도 참여(參與, 자문)로 천거되었고, 그 해 5월 7일에는 경의원의 개편기구인 원로원 참의로 재차 선임되어 대종교 재건에 앞장섰으나 한국전쟁의 발발로 유야무야되었다.

[참고문헌]
『대종교보』제58호(1923년)·환국기념호(1946년)·제150호(1946년)·제151호(1946년)·제152호(1946년)·제153호(1947년)·제161호(1949년)·제165호(1950년)·제166호(1950년), 『종문영질』(프린트본, 1922), 『홍암신형조천기』(김교헌 편, 대종교총본사, 1954), 『대종교인과 독립운동연원』(이현익, 프린트본, 1962), 『대종교중광육십년사』(대종교총본사, 1971), 『한국종흥종교교조론』(신철호, 대종교총본사, 1979), 「朝鮮人槪況 第二 壹部 參考 送付」(不逞團關係雜件-朝鮮人의 部-在歐米 7輯, 한국사DB, 국사편찬위원회), 『매일신보』1920.5.5., 「上海에서의 赤化鮮人 趙應順 및 桂俊昊의 陳述 槪要」(不逞團關係雜件-朝鮮人의 部-鮮人과 過激派2, 高警 제436호, 한국사DB, 국사편찬위원회), 『高等警察史』(경상북도경찰부, 1937), 『續陰晴史』下(김윤식, 국사편찬위원회, 1960), 『韓民族獨立運動史資料集』38(국사편찬위원회, 1996), 『한국독립운동사자료』38(국사편찬위원회, 2002), 「서울청년회의 초기조직과 활동(1920~1922)」(이현주, 국사관논총제70집, 국사편찬위원회, 1996), 『예관신규식전집』제1권(예관신규식전집편집위원회, 2019)

함경남도 장진군(長津郡) 신남면(新南面) 신하리(新下里) 출신이다. 3.1운동 당시 신남면(新南面) 고토리(古土里)에서 독립만세운동을 주도하였다. 엄준섭은 주민 200여명과 함께 오후 4시에 고토리에 모여 만세를 부르며 시가행진을 이끌고 헌병주재소 앞에 이르러 더욱 소리를 높여 만세를 불렀다. 시위대와 헌병들 사이에 큰 충돌이 벌어지자 헌병들은 시위 군중들에게 무차별 사격을 가하였다. 또한 이러한 연락을 받은 하통리(下通里)와 하갈리(下碣里)의 헌병대들이 함께 몰려와 시위 군중을 짓밟고 해산시켰다. 이 사건으로 엄준섭은 1919년 7월 1일 함흥지방법원에서 소위 보안법 위반으로 징역 6월을 받고 상고했으나, 경성복심법원과 고등법원에서 각각 기각되었다.

만주로 넘어간 엄준섭은 대한군정서 계열의 항일투사로 활동하였고, 이후 길림성 동녕현에 근거를 둔 대한독립군의 서무부장도 지냈다. 특히 1924년 11월에는 관전현(寬甸縣)의 서로군정서로 넘어가 아래와 같은 활동을 펼치기도 하였다.

1. 남만연선(南滿沿線)의 일본수비군경 배치 상황
2. 남만 각지에 있는 조선인 사립중학교의 연락기관 작업
3. 전만통일회의의 내용 조사
4. 각 현(縣)이나 부락에 연락기관 설치
5. 봉직전쟁(奉直戰爭) 이후의 중국 관헌들이 움직임 파악
6. 기타 상황 조사

엄준섭과 관련된 대종교 입교 시기나 영계(靈戒) 사항에 대한 기록은 남아있는 것이 없다. 다만 1932년 6월 6일(음력) 대종교 동이도본사 관할 통일시교당(通一施教堂)의 전무(典務, 책임자)를 맡은 기록이 전한다. 통일시교당은 그 시기 대종교의 근거지였던 밀산현(密山縣) 삼성촌(三成村)에 소재한 시교당이다. 또한 통일시교당의 책임을 맡을 당시 엄준섭의 교질(敎秩)은 이미 지교(知敎)의 단계에 있었다. 지교란 '입교→영계→참교(參敎)'의 세 단계를 거쳐야 오를 수 있는 위치다. 엄준섭의 대종교 입교가 그보다 훨씬 전에 이루어졌음을 알 수 있다. 아마도 대한군정서 시절이 아닐까 추정해 본다.

엄준섭은 1937년 8월 24일(음력) 최병규(崔秉奎)와 함께 밀산현 삼성촌을 관할하는 대종교재만교구경상금수납위원(大倧教在滿教區經常金收納委員)으로도 임명되었다. 그 시기 밀산현은 대종교 재만교구 가운데 조직이 가장 왕성했던 곳으로, 경상금 수납을 위한 거점 역시 가장 광범위하였다. 삼성촌을 비롯하여 당벽진(當壁鎭)·이인반(二人班)·향양촌(向陽村)·하량자(下亮子)·기성촌(箕城村)·선구촌(船口村)·북하촌(北河村)·복전촌(福田村)·영안촌(永安村)·삼성촌(三成村) 등 10곳의 구역이나 되었음이 이를 방증한다.

또한 엄준섭과 함께 밀산현 삼성촌을 관할한 당시 최병규라는 인물도 주목된다. 그는 1922년 10월 흑룡강성(黑龍江

省) 동녕현(東寧縣) 육참(六站) 석교촌(石橋村)에 근거를 둔 대한독립군(大韓獨立軍)의 총단장을 맡았던 인물이다. 이후 노령(露領) 추풍(秋豊)으로 넘어가 대종교지도자이자 고려혁명군(高麗革命軍) 총사령관인 김규식(金奎植)으로부터 장총 400정과 다량의 탄환을 수령하여 무장항일투쟁을 전개했다. 1924년 봉천성 신빈현(新賓縣) 사전자(砂甸子)에서 정의부(正義府) 제2소대장으로 군자금 모집에 힘썼으며, 1925년에는 정의부 제6부(第六部) 대표로 선임되어 활동하였다.

[참고문헌]
『대종교보』제115호(1937년), 『대종교중광육십년사』(대종교총본사, 1971), 『매일신보』1919.8.23., 『판결문』(高等法院, 1919.10.25.), 「不逞鮮人 行動 其他에 關한 件」(不逞團關係雜件-朝鮮人의 部-在滿洲의 部40, 公 第250號; 普通受第265號, 한국사DB, 국사편찬위원회)

출신 지역과 생몰 연대를 알 수 없으며, 북간도로 넘어간 시기 역시 확인이 안 된다. 다만 엄한묵이 1910년대초 대종교 북간도 포교의 거점을 제공한 인물이고 보면, 그의 북간도 이주가 비교적 이른 시기에 이루어졌음을 알 수 있다. 또한 엄한묵이란 이름은 대종교단 내의 기록에서는 찾을 수 없으며, 오직 일제의 기록에서만 발견된다.

엄한묵은 1913년 10월 당시, 왕청현(汪淸縣) 춘명향(春明鄕) 류수구(柳樹溝) 덕원리(德源里)에 거주하며 자신의 집을 대종교시교당(大倧教施敎堂)으로 제공하였다. 또한 자신이 직접 전리대리(典理代理, 임시책임자)를 맡아 국내로부터 시교사(施敎師)로 파견된 심근(沈槿)·박찬익(朴贊翊) 등의 항일투사들과 교당(敎堂) 신설과 포교 활동을 전개하는 한편, 교육사업도 게을리하지 않아 2천명 가까이 되는 남녀교인을 확보하였다. 이것은 엄한묵의 대종교 입교 시기가 그보다 훨씬 이전으로 올라감을 확인시켜 준다.

한편 엄한묵은 인근 부락을 넘어 연변 각지 그리고 연해주 지역까지 뻗칠 정도로 왕성한 대종교 활동을 전개하였으나, 그 이후의 행적은 알 수가 없다.

[참고문헌]
『吉林朝鮮族』(朝鮮族自治州政协文史资料委员会编. 吉林人民出版社, 1993), 『한국독립운동사자료』38(국사편찬위원회, 2002)

함경북도 경원군(慶源郡) 출신으로 생몰연대는 불분명하

다. 엄호라는 이름이 대종교 입교 후 개명한 외자 이름일 듯하나 그 본명 역시 확인이 안 된다. 해방 이후 단애(檀崖) 윤세복(尹世復)이 엄호의 약력을 기록하면서 "수난(受難) 수십 년에 공부(公簿)와 기록의 산실(散失)로 말미암아 교력(敎歷) 이외의 일체 역사를 가고(可考)할 수 없다"고 한탄한 것처럼, 엄호의 활동 내역은 거의 전하는 것이 없다. 일제의 기록에서도 마찬가지다. 그의 본명으로 언급되었을 가능성이 짙으나, 그 관련성을 확인할 수 없어 안타까울 뿐이다.

엄호가 만주로 넘어간 시기도 알 수가 없다. 다만 그가 대한군정서(불로군정서)를 이끈 대종교지도자 백포(白圃) 서일(徐一)과 같은 고향이라는 점과, 대한군정서(북로군정서)의 주요 요원으로 그 공로가 지대했다는 대종교 항일투사 이현익(李顯翼)의 기록으로 보아 1910년대 초반이 아닐까 추정해 본다. 그의 사망 시기 역시 분명하게 확인이 안 된다. 그가 마지막으로 등장하는 대종교단 내의 기록을 보면, 1925년 1월 16일(음력, 이하 음력) 대종교 제3차 교의회(敎議會)의 공선(公選)에 의해 정교(正敎)의 교질(敎秩)과 함께 대형(大兄)의 교호(敎號)를 받은 것이 마지막이다. 이현익은 만주 항일투쟁의 역정 속에 병을 얻어 숨졌다고만 전하고 있다.

엄호의 대종교 입교와 영계(靈戒)와 관련된 기록은 현재 전하지 않는다. 다만 1914년 1월 13일 참교(參敎)의 교질을 받은 기록이 전한다. 그의 대종교 입교가 그 이전에 이루어졌음을 알 수 있다. 아마도 많은 대종교 항일투사들의 경우처럼, 엄호 역시 1911년에 출범한 대종교 항일단체인 중광단(重光團) 시절에 입교한 것이 아닌가 추정된다. 또한 같은 날 함께 참교를 수여한 인물들이 소진극(蘇眞極)·채규오(蔡奎伍)·정삼(鄭三) 등, 북만주 대종교 항일투쟁의 거물들이었다.

특히 정삼은 대종교 항일단체 대한군정서(북로군정서)의 맹장 정훈(鄭勳)과 동일인으로, 대종교 교리(敎理)에도 조예가 깊었던 인물이다. 당시 서일이 주도하던 대종교 동도본사(東道本司)에서는 1918년 1월 러시아 블라디보스토크에서 『사책합부(四冊合附)』를 발간하였다. 이 책은 말 그대로 대종교의 주요 경전인 『신사기(神事記)』·『신리대전(神理大全)』·『도해삼일신고강의(圖解三一神誥講義)』·『회삼경(會三經)』 4종을 합친 책이다. 이 책의 출간에는 서일뿐만이 아니라, 당시 대종교 동도본사의 주요 인물들이며 후일 대한군정서(북로군정서)의 핵심이 되는 정삼을 비롯하여 계화(桂和)·고평(高平) 등의 인물들도 모두 참여하였다. 계화는 『신사기』의 주해(註解)를, 고평은 『사책합부』의 편수(編修)를 담당하였으며, 정삼은 『도해삼일신고강의』의 발문(跋文)을 썼다.

엄호는 1916년 4월 1일 북만주 대종교의 중심인물들인 장수(張修)·현호(玄昊)·김손(金巽)·김백(金白)·남규일(南圭一)·이종흡(李鍾翕) 등의 항일투사들과 지교(知敎)의 교질에 오르고, 1918년 8월 5일에는 백순(白純)·계화(桂和)과 함께 상교(尙敎)로 승질(陞秩)하였다. 대종교 항일투사 박명진(朴明鎭)이 그의 『대종교독립운동사』(1962년, 필사본)에서, 여준(呂準)·박성태(朴性泰)·정신(鄭信)·신팔균(申八均)

등 40여명과 함께 1910년대 후반 대종교 동일도본사(東一道本司)의 주요 교인으로 엄호를 꼽은 이유다.

엄호는 1922년 3월 14일 연길현(延吉縣) 화룡현(六道溝) 육도구(龍井村)에 있는 대종교 동이도본사 제일지사(第一支司)의 전사(典事, 책임자)로 임명되었으나, 그 다음날인 3월 15일 동이도본사의 선범부령(宣範部令)으로 자리를 옮겼다. 이 시기 동이도본사를 함께 이끈 인물들은 엄호와 대한군정서 시절 함께 투쟁했던 이종수(李鍾秀)·김영숙(金永肅)·이정(李楨) 등이었다. 또한 엄호는 1924년 3월 25일 '대종교총본사 기본 및 경상금 동독위원(大倧敎總本司基本及經常金董督委員)'으로 임명되면서, 대종교의 경제를 관리·감독하는 중심에 섰다. 엄호의 관할 구역은 왕청현(汪淸縣) 지역으로, 대한군정서의 근거였던 왕청현 춘명사(春明社) 대감천(大肚川) 덕원리(德源里)에 근거를 두고 활동하였다. 또한 엄호와 함께 한 동독위원들을 보면 이상호(李相鎬)·심근(沈槿)·소진극·채규오·최익항(崔益恒)·정신·한기중(韓基中) 등, 대종교의 중진이자 항일투쟁의 거물들이었다는 점도 주목된다.

대종교에서는 엄호의 이러한 공로를 기려, 1925년 1월 16일 제3회 교의회(敎議會)의 공선(公選)으로 정교의 교질과 더불어 대형의 교호를 내렸다. 이 시기 엄호가 이미 대종교단 내에서 최고 반열에 올랐음을 말해주는 부분이다. 또한 해방 이후인 1950년 5월 5일에는 엄호에게 사교의 교질를 추승(追陞)하고, 이미 사교를 받은 고(故) 최전(崔顚)·강우(姜虞)·백순·오근태(吳根泰) 등과 도형의 교호를 추존(追尊)하였다.

1926년 대종교만주포교금지령 당시 압수당한 대종교의 문서 중에 실려 있는 '大倧敎總本司基本及經常金董督委員' 명단. 중간 부분 상단에 嚴浩의 이름이 보인다.

[참고문헌]

『대종교보』제166호(1950년), 『四冊合附』(대종교동도본사, 1918), 『종문영질』(프린트본, 1922), 『대종교인과 독립운동연원』(이현익, 프린트본, 1963), 『대종교독립운동사』(박명진, 필사본, 1964), 『대종교중광육십년사』(대종교총본사, 1971), 『大倧敎施敎堂一覽表(1926年)』(延边朝鮮族自治州档案馆 全宗号42 目录号1 案卷号343, 和龙县历史档案 和龙县警察所, 令各区查禁韩人设立大倧敎堂由, 民国十五年五月十二日)

여삼(呂三, 남, 생몰 미상)

아호(별명) _ 여치삼(呂致三)
입교 시기 _ 1922년 | **교질** _ 참교

출신지역과 생몰연대를 알 수 없는 인물이다. 본명은 여치삼(呂致三)이나, 대종교에 입교하면서 여삼이라는 외자 이름으로 개명하였다고 전해진다. 1925년 5월 당시 북경 동호북(同湖北) 제2구 3동에 자리 잡은 대종교교당(大倧敎敎堂)에서 활동하며 국내 학생운동과 연락한 흔적이 그 증거라 할 수 있다.

여삼의 대종교 교력을 보면, 1922년 12월 5일(음력) 대종교 동이도본사(東二道本司)의 추천으로 영계(靈戒)를 받은 기록이 있다. 그 이전에 입교한 것이 확인된다. 또한 다음 날인 12월 6일(음력)에는 간도창의소(間島彰義所) 활동 등, 만주 항일투쟁에 깊이 관여했던 홍덕준(洪德俊)과 함께 참교(參敎)의 교질(敎秩)을 받았다. 여기서도 여삼이 항일투쟁과 밀접한 인물임을 보여준다.

[참고문헌]
『대종교보』제56호(1922년). 「容疑학생의 행동에 관한 건」(檢察事務에 關한 記錄2, 京鍾警高秘 제5907호의 2, 한국사DB, 국사편찬위원회)

여응문(呂應文, 남, 생몰 미상)

입교 시기 _ 1937년 이전 | **교질** _ 참교

출신지역과 생몰연대를 확인할 수 없는 인물이다. 1937년 8월 24일(음력) 발포된 대종교재만교구경상금수납위원(大倧敎在滿敎區經常金收納委員)에 임명된 인물이다. 여응문이 그 이전에 대종교에 입교한 것이 확인된다. 경상금수납위원이란 관할 지역 대종교 재정(財政) 기초를 관리·책임지는 역할이다. 당시 여응문은 이용필(李容弼)과 함께 밀산현(密山鉉) 이인반(二人班) 지역의 책임자로 활동하였다.

그 시기 밀산현은 영안현(寧安縣)과 더불어 대종교의 주요 거점으로, 대종교 교주 단애(檀崖) 윤세복(尹世復)이 만주 대종교포교금지령이 내려진 1926년부터 8년간을 와신상담하던 지역이었다. 그러므로 당시 대종교총본사가 있던 영안현(9곳)보다 2곳이 많은 11곳의 경상금수납 교구가 만들어졌다. 대종교의 포교와 항일투쟁의 경제적 기반이 많은 부분 밀산현에서 생성되었음을 보여주는 증거다.

그 11곳을 살피면, 여응문과 이용필이 책임졌던 이인반 지역을 비롯하여 권상익(權相益)·허익(許益)·이두철(李斗哲)이 당벽진(當壁鎭), 김정현(金鼎鉉)·홍재경(洪在京)이 향양촌(向陽村), 박세훈(朴世勳)·이대범(李大範)·이관영(李寬永)이 하량자(下亮子), 허태원(許泰元)·류진묵(柳鎭默)·박세환(朴世桓)이 기성촌(箕城村), 김상산(金尙山)·이종전(李鍾鈿)이 선구촌(船口村), 정현오(鄭鉉五)·송수암(宋壽岩)이 북하촌(北河村), 조병원(曹秉元)·김용운(金龍雲)이 복전촌(福

田村), 박봉래(朴奉來)·박화섭(朴和燮)이 영안촌(永安村), 엄준섭(嚴俊燮)·최병규(崔秉奎)가 삼성촌(三成村)을 각각 맡아 활동하였다. 특히 이들 모두가 만주 지역 항일투쟁에 앞장섰던 인물로 대종교의 거점이 곳 항일투쟁의 근거였음을 다시금 확인시키고 있다.

여응문은 1939년 9월 3일(음력) 대종교총본사의 특별추천으로 참교(參敎)의 교질(敎秩)을 받았으나, 그 이후의 행적은 알 수가 없다.

[참고문헌]
『대종교보』제115호(1937년)·제123호(1939년)

여종률(呂宗律, 남, 생몰 미상)

입교 시기 _ 1920년대 이전 | **교질** _ 지교

출신지역과 생몰연대를 알 수 없는 인물이다. 1927년 여름, 간도 동흥학교(東興學校)를 중국공립학교로 전환하려는 움직임에 맞서 지역 사회 유지들과 1백여 단체가 모여 결성한 동흥학교매장책강구회(東興學校埋葬策講究會) 조직 당시 시민 측 대표로 참여한 인물이다.

당시 동흥학교 교원과 일부 학생, 그리고 교우회 회원들이 중국공립학교로의 전환을 주장하며 중외일보(中外日報) 간도지국장이자 대종교지도자인 전성호(全盛鎬)를 곤봉과 목침 등으로 무수히 난타하는 사건이 벌어졌다. 동흥학교 매장책강구회는 이 사건에 대응하기 위하여 조직된 전간도적(全間島的) 모임이었다.

여종률의 대종교 입교 및 영계(靈戒) 사항과 관련된 기록은 전하지 않는다. 그러나 그가 1934년 10월 13일(음력) 대종교 중일시교당(中一施敎堂)의 찬무(贊務, 부책임자)를 맡은 기록이 있다. 당시의 교질(敎秩)이 이미 참교(參敎)를 넘어 지교(知敎)였음을 보면, 그의 대종교 입교 시기가 1910년대까지 소급할 수 있음을 보여주는 부분이다. 더욱이 중일시교당의 전무(典務, 책임자)를 맡은 인물이 구한말 무관학교 출신인 장도순(張道淳)이었다는 점도 주목된다. 장도순은 일찍이 형제들과 함께 서간도로 망명하여 경학사(耕學社) 운영으로부터 신흥무관학교 교사, 대한군정서(북로군정서) 등 대종교 항일투쟁에 큰 족적을 남긴 인물이다. 장도순 역시 중일시교당의 책임을 맡을 당시의 교질이 지교의 위치에 있었다. 이것은 여종률이 대종교단 내에서의 무게감이 가볍지 않았음을 말해주는 동시에, 항일투쟁에서의 비중 역시 상당했음을 암시해 주는 내용이다.

여종률은 1939년 음력 8월에 조직된 대종교서적간행회(大倧敎書籍刊行會)에도 깊이 관여하였다. 대종교 발전을 위한 최대 급무로 경전(經典)의 필요성을 역설하며 출범한 이 모임은 안희제(安熙濟)·강철구(姜鐵求)·장도순 등이 주동하여 조직한 것이다. 당시 여종률은 5주(株)의 자금을 직접 제공하며 열성을 보였다. 이후 여종률의 행적은 확인이 안 되며, 해방 이후 만주에 정착한 것으로 전해진다.

[참고문헌]
『대종교중광육십년사』(대종교총본사, 1971), 『중외일보』1927.8.7.

여준(呂準, 남, 1862-1932)
아호(별명) _ 성무(聖武), 시당(時堂), 여조현(呂祖鉉), 여조현(呂租鉉), 여조현(呂肇鉉)
입교 시기 _ 1910년대 추정 | 교질 _ 미상 | 서훈 _ 독립장(1968)

여준

경기도 죽산군(竹山郡) 원삼면 (遠三面) 죽릉리(竹陵里) 출신으로 여운형(呂運亨)의 당숙 (堂叔)이다. 본명은 조현(祖鉉)으로 대종교 참여 이후에는, 주로 준(準)이라는 외자 이름으로 활동했다 한다.

일찍이 향리에서 한학을 수학하고 상경한 후, 1885년 신흥사에서 이상설(李相卨)·이회영(李會榮)·이시영(李始榮) 등과 교류하며 친분과 함께 신학문에도 접했다. 오산학교(五山學校)에서 교편을 잡는 등 교육운동에 노력했으나, 1895년 명성황후시해사건 이후 일제의 침략이 가속화되면서 국권이 불안해지자 북간도로 망명했다. 1906년 10월 북간도 연길현(延吉縣) 용정촌(龍井村)에 이상설·이동녕(李東寧) 등과 서전서숙(瑞甸書塾)을 세우고 재만 한인 자녀들의 항일민족교육에 힘썼다.

1907년 4월 만국평화회의에 참가하는 특사 이준(李儁)을 안내해 이상설과 만나게 한 인물도 여준이다. 1912년 가을 통화현(通化縣) 합니하(哈泥河)에서 대종교 동지인 허혁(許赫)과 부민단(扶民團)을 조직해 이주동포의 생활향상에 노력하는 한편, 1913년에는 신흥학교(新興學校)의 교장을 맡아 항일투사 양성에 발전에 진력하였다.

1918년 5에는 대종교지도자 정안립(鄭安立) 등이 주도하여 만든 동성한족생계회(東省韓族生計會)에 참여하여 그 회장을 맡았다. 이 한족생계회는 한인 이주자들의 생계를 돕기 위하여 조직된 것으로, 당시 부회장은 서상용(徐相庸), 회계부장은 김좌진(金佐鎭, 일제의 기록에는 洪鍾淳이라는 가명으로 등장함) 등, 대종교 인물들이 주축이 되었다.

한편 여준은 1918년(무오년) 대종교 교주 김교헌(金敎獻)이 주동이 되어 발표한 「대한독립선언서(일명 무오독립선언서)」에도 서명하였다. 이 선언서는 무오년 초부터 대종교의 인적 네트워크를 통하여 비밀리에 진행된 거사로, 여준과 김교헌을 비롯한 정안립·박찬익(朴贊翊)·정신(鄭信)·신팔균(申八均)·김좌진(金佐鎭)·이승만(李承晚)·안창호(安昌浩)·김약연(金躍淵) 등, 국외 항일운동지도자 39이 서명하였다. 특히 그 서명자 39인 가운데 기독교인 7명과 종교 미확인 인물이 7명을 제외한 25명이 대종교인으로, 이 선언을 대종교선언으로 일컫는 이유다.

여준은 「대한독립선언서」에 담긴 정신을 무장항일 투쟁으로 연결시키기 위한 노력을 기울인다. 여준은 1919년 1월 길림(吉林) 북문 밖에 있는 자신의 집으로, 김좌진을 비롯한 항일투사들을 모이도록 하여 항일투쟁 추진방법 토의하였다. 그 결과 결성된 것이 길림독립의군부(吉林獨立義軍府 혹은 吉林軍事督辦府)로, 당시 여준은 총재로 추대되었다. 또한 이 조직은 얼마 지나지 않아 대종교계 대한군정서(북로군정서)와 서로군정서로 흡수된다.

여준은 1919년 5월 대한민국임시정부 관할하의 서간도 군사기관인 서로군정서가 출범하자 대종교 선배인 이상룡(李相龍, 총재)과 함께 부총재로 참여하였다. 또한 1920년 12월 임시정부에 의해 간서총판부(間西總辦府)가 설치되자 그 총판에 선임되어 활동하였다. 1921년 5월에는 이탁(李鐸)·김동삼(金東三)·곽문(郭文)·이진산(李震山) 등과 임시정부의 개조에 대한 토의를 하고 연서로 결의서를 작성해 상해임시정부 군무차장 윤기섭(尹琦燮)에게 보내기도 하였다.

한편 여준은 1922년 액목현(額穆縣)에 검성학장(儉成學場, 이후 儉成中學으로 바뀜)을 설립해 교장으로 인재 양성에 진력했다. 이것은 여준이 경험했던 서전서숙과 신흥무관학교의 교육적 지취(旨趣)를 잇고자 한 것이었다. 검성중학은 신흥무관학교 교관이었던 오광선(吳光鮮)이 체육교사를 담당했던 학교로, 한 때 학생 수가 100여명에 이르기도 하였다. 교과목으로는 한국어·영어·수학·동국지리·대동역사 등이 있었고, 군사훈련과 반일사상교육을 통한 항일투사 양성에 큰 기여를 하였다.

1930년 1월에 상해로 건너간 여준은, 김구(金九)·이동녕(李東寧)·안창호(安昌浩)·지청천(池靑天) 등과 함께 한국독립당을 재결성해 삼균주의(三均主義)를 표방하는 항일투쟁을 지속해 갔다. 그러나 1931년 만주사변이 발발했을 당시, 후퇴하는 중국군과의 마찰로 인한 구타로 오상현(五常縣)에 은거하여 요양하던 중 사망한다.

여준의 대종교 입교는 1910년대 초반으로 전해져 오지만, 관련된 기록은 남아있는 것이 없다. 당시의 1차 자료인 『대종교보(大倧敎報)』가 모두 없어진 것이 가장 큰 이유라 할 수 있을 것이다. 그러나 대종교 항일투사 이현익(李顯翼)은 그의 『대종교인과 독립운동연원』(프린트본, 1962)에서 100여명의 대종교 항일투사 속에 여준을 집어넣고, 아래와 같이 적고 있다.

"여시당(呂時堂, 본명 準) 선생은 남북만주(南北滿洲) 각지에서 풍우(風雨) 수십 년 간 악의악식(惡衣惡食)으로 활약한 독립운동 거두(巨頭)로, 오상현(五常縣)에서 병사(病死). (여운형의 당숙)"

여준이 대종교의 원로로 항일투쟁의 거물임을 확인시켜준다. 그러므로 또 다른 대종교 항일투사인 박명진(朴明鎭) 역시 『대종교독립운동사』(필사본, 1964)라는 글 속에서 여준을 등장시키고 있다. 1910년대 후반 백포(白圃) 서일(徐一)이 이끄는 대종교 동일도본사(東一道本司) 소속의 항일투사로 여준을 가장 먼저 등장시키고 있다는 점이다.

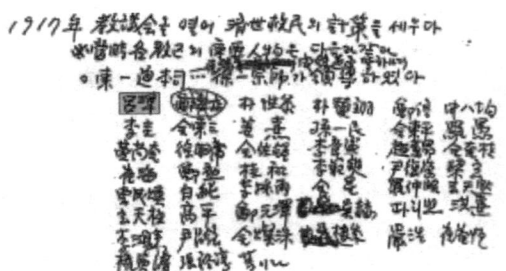

박명진의 「대종교독립운동사」에 적힌 1917년 당시 대종교 동일도본사 소속의 주요 항일투사들의 명단. 모퓸(네모 안)이라는 이름이 맨 앞에 적혀 있다.

당시 동일도본사 소속의 주요 교인들을 보면, 여준을 비롯하여 박성태(朴性泰)·박찬익(朴贊翊)·정신(鄭信)·신팔균(申八均)·김동삼(金東三)·서상용·김좌진·이장녕(李章寧)·김규식(金奎植)·나중소(羅仲昭)·현천묵(玄天黙) 등 40여명이 등장하고 있다. 이들 모두가 북간도 항일투쟁의 지도자급에 속한 인물들임이 특기된다.

박명진의 대한독립선언(무오독립선언)이 발표된 시기 주장 역시 흥미롭다. 그는 여준 등이 서명한 대한독립선언이 1918년 음력 1월에 기미독립선언의 전주곡으로 이루어졌음을 밝히고 있기 때문이다. 그리고 박명진은 서로군정서 역시 1919년 4월 대종교 서일도본사(西一道本司) 소관으로 조직되었으며, 그 주축도 여준을 비롯한 대종교의 중심인물들인 이상룡·이청천(지청천)을 언급하고 있다.

언급했듯이 여준과 관련된 대종교의 입교 시기, 영계(靈戒) 사항, 교질(敎秩) 관계에 대해서는 남아있는 것이 전무하다. 그러나 대종교단 내의 전언(傳言)이나 이현익과 박명진의 기록을 종합해 보면, 그의 대종교단 내에서의 위치가 상당했음을 확인하게 된다.

[참고문헌]
『대종교인과 독립운동연원』(이현익, 프린트본, 1963), 『대종교독립운동사』(박명진, 필사본, 1964), 「東省韓族生計會에 관한 건(不逞團關係雜件-朝鮮人의 部-在滿洲의 部6, 機密公 第22號」 秘受 8879號, 한국사DB, 국사편찬위원회), 『高等警察要史』(경상북도경찰부, 1937), 『朝鮮民族運動年鑑』(東文社書店 編, 1946), 『무장독립운동비사』(채근식, 대한민국공보처, 1949), 『朝鮮獨立運動』II (金正明 編, 原書房, 1967), 『독립운동』4·5·8(독립운동사편찬위원회, 1972·1973·1976), 『백강회고록』(조경한, 한국종교협의회, 1979), 『대한민국독립운동공훈사』(김후경, 광복출판사, 1983), 『지산외유일지』(정원택, 탐구당, 1983), 『沃坡備忘錄』(이종일, 「옥파이종일선생논설집」권3, 옥파기념사업회, 1984), 『중국조선족학교지』(동북조선민족교육출판사, 1998)

연병환(延秉煥, 남, 1878-1926)

아호(별명)_ 석촌(石村)
입교 시기_ 1910년대 추정 | 교질_ 미상 | 서훈_ 대통령표창(2008)

충청북도 괴산군(槐山郡) 도안면(道安面) 석곡리(石谷里) 출신이다. 항일투사 엄항섭(嚴恒燮)의 부인으로 여성항일운동의

대표적 인물인 연미당(延薇堂)의 부친이자, 대한민국청년외교단·대한민국임시정부에서 활동하고 해방 이후에는 1·2대 국회의원을 역임했던 연병호(延秉昊)의 친형이다.

연병환은 1897년을 전후하여 관립외국어학교를 다닌 것으로 회자되며, 궁내부주사를 거쳐 인천과 부산 등 주요 해관에서 방판으로 근무하였다. 또한 1901년 양지아문(量地衙門)의 양무위원(量務委員)으로도 근무한 기록이 있으나, 충청북도 청안군(淸安郡) 출신의 연병환(延秉煥, 1969년생)일 가능성도 배제할 수 없는 상황이다.

연병환은 1907년 중국으로 이주하여 안동(安東)과 용정(龍井) 세관에 근무하며 한인사회의 주도적 인물로 자리잡았다. 특히 뛰어난 어학 실력으로 대외 교역 업무 능력이 탁월해 다른 사람들보다 훨씬 많은 월급을 받았다 한다. 그러나 1919년 간도(間島) 용정에서 일어난 3·13 만세시위운동에서 독립운동가들을 후원하다가 일제 간도총영사관(間島總領事館) 경찰에 체포(逮捕)되어 2개월의 처벌을 받았다. 이후 상해(上海)로 이동하여 1920년 대한인거류민단(大韓人居留民團)의 단원으로 활동하였으나, 일제의 지속적인 추적에 밀려 복주(福州) 삼도오(三都澳)까지 밀려갔다.

연병환과 연관된 대종교 교력은 일체 전하는 것이 없다. 1910년대 『대종교보(大倧敎報)』가 모두 전하지 않는 것이 가장 큰 이유일 듯하다. 그러나 대종교 만주 진출 초창기에 박찬익(朴贊翊)·박승익(朴勝益)의 포교 활동에 많은 도움을 준 인물이 연병환이다. 대종교단에서는 그의 대종교 입교가 1910년대 초반으로 전해지는 이유다. 연병환은 용정에 거주하면서 대종교 교주인 나철(羅喆)이 집무하던 화룡현(和龍縣) 청파호시교당(靑坡湖施敎堂)과 국내의 『경남일보』 및 서신을 연결시키는 근거지 역할도 하였다. 해방 이후 대종교 총전교(總典敎, 敎主)를 지낸 지산(志山) 정원택(鄭元澤)이 그 지역 도착과 함께 박찬익으로부터 가장 먼저 소개 받은 인물도 연병환이다.

[참고문헌]
『승정원일기』1901년 12월 2일, 『間島事情』(東洋拓植會社, 大日本印刷株式會社, 1918), 『現代史資料』26·27(姜德相, みすず書房, 1970), 『지산외유일지』(정원택, 탐구당, 1983), 『한국독립운동사자료』40(국사편찬위원회, 1973), 『백농실기』(조창용, 독립기념관, 1993), 『延秉煥의 생애와 민족운동』(박걸순, 「역사와 담론」73, 호서사학회, 2015)

염기운(廉基雲, 남, 생몰 미상)

입교 시기_ 1926년 이전 | 교질_ 미상

출신 지역과 생몰 연대를 알 수 없는 인물로, 대종교만주포교금지령으로 인해 1926년 만주당국에 압수당한 대종교의 문건에서만 등장하고 있다.

그 문건 가운데 실려있는 「대종교시교당일람표(大倧敎施敎堂一覽表)」에 보면, 당시 염기운이 대종교 산일시교당(山一施敎堂)의 찬무(贊務, 부책임자)를 맡은 기록이 전한다. 그가 그 이전에 대종교에 입교한 인물임을 알 수 있다. 산일

시교당은 혼춘현(琿春縣) 순의사(純義社) 용두산(龍頭山)에 소재한 시교당으로 1922년 8월 16일(음력)에 설치되었다. 1926년 당시에는 이덕기(李德基)가 전무(典務, 책임자)로 있었으며, 박춘길(朴春吉)이 찬무를 맡아 염기운과 함께 이덕기를 도왔다. 책임자로 있던 이덕기는 1890년대 초반에 이미 블라디보스토크로 망명하여 잡화상을 경영한 인물이다. 특히 그는 대종교 항일투사인 우덕순(禹德淳)의 고모부로, 우덕순의 블라디보스토크 망명을 주선하고 암암리에 후원한 장본인이다. 염기운과 찬무를 맡았던 박춘길 역시 한족노동당(韓族勞働黨)에서 참여하여 항일활동을 펼쳤던 인물임이 주목된다.

당시 염기운은 혼춘현의 동문(東門) 안에 있는 협성상회(協成商會) 이군빈(李君濱)이란 인물을 연락 거점으로 이용하였다. 그리고 140명의 교인을 이끌고 대종교 포교를 통한 항일활동을 전개하였으나, 그의 교질(敎秩) 관계를 포함한 이외의 행적은 확인이 안 된다.

[참고문헌]
「大倧敎施敎堂一覽表(1926년)」(延邊朝鮮族自治州档案馆 全宗号42 目录号1 案卷号343, 和龙县历史档案 和龙县警察所, 令各区查禁韩人设立大倧敎堂由, 民国十五年五月十二日)

염덕준(廉德俊, 남, 1886-?)
입교 시기 _ 1918년 | 교질 _ 참교

출신지역을 알 수 없는 인물이다. 1907년 군대해산을 두 달 앞둔 6월에 진위보병(鎭衛步兵) 제8대 육군보병(陸軍步兵) 부위(副尉)로 임명된 것으로 보아, 대한제국무관학교 출신일 가능성이 높다. 이후 만주로 넘어가 대종교 항일단체인 대한군정서(북로군정서)에 가담하여 통신원(通信員) 활동을 전개한 기록이 있다. 그가 대한군정서의 대종교 조직망인 경신조직(警信組織)의 주요 구성원이었음을 보여 주는 내용이다. 염덕준이 1918년 2월 28일(음력) 대한군정서의 구성원이었던 김명기(金明琪)·김응률(金應律)·김태우(金泰禹) 등과 같은 날 참교(參敎)의 교질(敎秩)을 받은 것도 이를 뒷받침한다. 또한 그의 대종교 입교 시기가 대한군정서의 전신인 중광단(重光團) 시절로 올라감을 암시해 주고 있다.

[참고문헌]
『종문영질』(프린트본, 1922), 『조선·대한제국관보』제3809호(1907년), 「政治犯自首申告者에 관한 件」(不逞團關係雜件-朝鮮人의 部-在滿洲의 部26, 機密公信7號; 秘受 1847號, 한국사DB, 국사편찬위원회)

오광선(吳光鮮, 남, 1896-1967)
아호(별명) _ 취송(翠松), 오성묵(吳性黙), 오광선(吳光先)
입교 시기 _ 1910년대 | 교질 _ 정교 | 서훈 _ 독립장(1962)

오광선

경기도 용인군(龍仁郡) 원삼면(遠三面) 죽릉리(竹陵里) 출신이다. 본명은 오성묵(吳性黙)으로 애족장을 받은 부인 정현숙(鄭賢淑, 본명 鄭正山)과 함께 부부 항일투사로 활동하였다. 일찍이 고향 선배인 여준(呂準)이 죽릉리에 세운 삼악학교(三岳學校)에서 수학하고, 상경하여 상동청년학원(尙洞靑年學院)에 입학하여 공부하였다.

1915년 중국으로 망명한 후에는 대종교지도자 신규식(申圭植)의 도움을 받아 하북성에 소재한 보정군관학교(保定軍官學校)에 입학하여 체계적인 군사교육을 습득하였다. 오광선이 자신의 이름을 '조선의 광복을 되찾겠다'는 의미의 광선(光鮮)으로 개명한 것도 이 시기다. 이후 신흥무관학교에 입학하여 학업과 훈련을 심화시킨 그는, 특히 문필이 탁월했던 인물로 정평이 자자했다. 신흥무관학교를 졸업한 오광선은 서로군정서(西路軍政署) 제1대대 중대장을 비롯하여 1920년 신흥무관학교 교관으로도 활약하였다.

오광선은 1920년 청산리전투에도 참전하여 혁혁한 공을 세웠다. 또한 봉오동·청산리전투에서 대승한 항일단체들이 밀산(密山) 지역에 모여 대한독립군단(大韓獨立軍團)을 조직할 당시도 오광선은 중대장에 임명되어 활동하였다. 그리고 대한독립군단이 노령 자유시(自由市, 스보보드니)로 이전하여 새로운 모색을 도모하였으나, 그 해 겨울에 벌어진 흑하사변(黑河事變)으로 인해 적군(赤軍)에 붙잡혀 6개월간 복역하던 중 탈출하였다. 1930년에는 한족회와 생육사(生育社)를 모체로 결성된 한국독립당(韓國獨立黨)에 가담하여 의용군 중대장으로 항일투쟁을 이어갔다. 특히 1933년 7월 초에는 이청천(李靑天)과 함께 수분하(綏芬河) 대전자(大甸子)에서 일본군을 대파하였으나, 직후 한·중 연합군의 내분으로 인해 흩어지고 말았다.

1934년 김구(金九)가 중국군 측과 교섭하여 낙양군관학교(洛陽軍官學校)에 한국인훈련생 특별반이 설치되자 교관으로 참여하였다. 당시 총책임자 이청천이었으며 교성대장(敎成隊長)으로는 이범석(李範錫)이 임명되었다. 그리고 교관으로는 그와 조경한(趙擎韓)·윤경천(尹敬天) 등이 초청되어 광복군 양성에 진력하였다. 1936년 북경에 파견되어 비밀공작대를 조직하고 일본 관동군 참모장이었던 도이하라 겐지(土肥原賢二) 암살을 도모하기도 하였으나 성공하지 못했다. 1937년 1월 북경에서 일제의 추적 끝에 체포되어 신의주형무소에서 옥고를 치르고 1940년 11월 출옥하였다. 오광선은 출옥 후에 다시 중국으로 건너가 무장항일투쟁을 전개하다가, 광복을 맞아 귀국하였다.

광복 직후 국내에는 국가재건을 견인한다는 취지 아래 수많은 정당(政黨)들이 난립하였다. 그러나 오광선은 대종교 동지인 김승학(金承學)·전성호(全盛鎬) 등과 정당이 아닌 군사단체를 조직하자는데 의견을 모으고, 한국혁명군(韓國革命軍)을 출범시켰다. 그리고 중국 상해에 머물러 있던 광복군총사령관 지청천의 지시로 광복군 국내지대(國內支隊)로 개칭하고 지대장을 맡아 활동하였다. 이후 정규 국군이 창설되자 육군 대령으로 임관되어 준장으로 예편하였다.

오광선은 1910년대 초반 대종교에 입교한 인물이다. 그러나 그 기록이나 영계(靈戒) 사항은 남아있는 것이 없다. 다만 1950년 10월 17일(음력), 오광선이 대종교 항일투사 박성태(朴性泰)·김사학(金思鶴)·이범석·박노철(朴魯哲) 등과 원로원(元老院)의 참의(參議)로 선임된 기록이 전한다. 당시 오광선을 비롯한 그들 모두의 교질(敎秩)이 정교(正敎)의 단계에 있었다. 정교란 '입교→영계→참교(參敎)→지교(知敎)→상교(尙敎)'의 단계를 거쳐 얻게 되는 어려운 위치다. 그의 대종교 입교가 1910년대 초반에 이루어졌다는 전언을 뒷받침하는 증거가 된다. 아마도 그가 입교한 때가 중국으로 건너가 신규식을 만나던 전후 시기임을 알 수 있다.

그러므로 대종교 항일투사 이현익(李顯翼)이 기록한 『대종교인과 독립운동연원』(1962, 프린트본)에는, 대종교 항일투사 1백여 명의 명단에 오광선을 올렸다.

또한 대종교 항일투사인 박명진(朴明鎭)은 그의 『대종교독립운동사』(1964, 필사본)라는 기록에서 1910년대 후반 대종교 서일도본사(西一道本司)에 속한 대종교 항일투사들의 명단에 오광선을 적고 있다. 당시 서일도본사는 남만주 일대와 국내 평안도를 관할했던 대종교 교구로 단애(檀崖) 윤세복(尹世復)이 이끌고 있었다. 오광선과 함께 올라 있는 인물들을 보면 조맹선(趙孟善)·박장호(朴長浩)·조병준(趙秉準)·김호(金虎)·백삼규(白三圭)·이청천·이시영(李始榮)·김승학·윤세용(尹世茸)·황학수(黃學秀)·이광(李光) 등 30여명으로, 모두 항일투쟁의 거물들임이 주목된다.

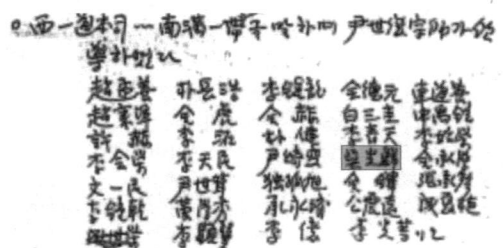

박명진의 『대종교독립운동사』에 실린 1910년대 후반대종교 서일도본사에 속한 주요 항일투사들의 명단. 오른쪽 중간에 吳光鮮(네모 안)이라는 이름이 보인다.

[참고문헌]
『대종교인과 독립운동연원』(이현익, 프린트본 1963), 『대종교독립운동사』(박명진, 필사본, 1964), 『대종교중광육십년사』(대종교총본사, 1971), 1907년, 『무

장독립운동비사』(채근식, 대한민국공보처, 1949), 『한국독립사』(김승학, 독립문화사, 1965), 『대한민국독립유공인물록』(국가보훈처, 1997), 『독립운동사』4·5·6·7(독립운동사편찬위원회, 1972 1975).

오군약(吳君若, 남, 1896-1967)

아호(별명) _ 취송(翠松)
입교 시기 _ 1910년대 | 교질 _ 정교 | 서훈 _ 독립장(1962)

출신지역과 생몰연대를 알 수 있는 기록이 전하지 않는다. 1935년 4월 7일(음력) 대종교 청산시교당(靑山施敎堂)의 찬무(贊務, 부책임자)로 임명된 기록이 있다. 당시 그는 참교(參敎)의 교질(敎秩)을 갖고 있었다. 그의 대종교 입교가 그 이전에 이루어졌음을 알게 해 준다. 당시 청산시교당은 대종교 삼종사(三宗師, 홍암 나철·무원 김교헌·백포 서일) 묘역이 있는 화룡현(和龍縣) 청파호(靑坡湖)에 소재하였으며, 이만수(李萬秀)가 전무(典務, 책임자)를 맡아 오군약과 함께 했다. 오군약은 1937년 8월 24일(음력), 농무계(農務契) 활동을 펼친 원석주(元錫周)와 화룡현 청파호를 관할하는 대종교재만교구경상금수납위원(大倧敎在滿敎區經常金收納委員)으로 임명되어, 대종교의 경제적 기초를 확립하는데 일조하였다.

[참고문헌]
『대종교보』제115호(1937년), 『대종교중광육십년사』(대종교총본사, 1971)

오근태(吳根泰, 남, 1882-1944)

아호(별명) _ 성범(聖範), 죽포(竹圃), 오제동(吳濟東), 오태근(吳泰根)
입교 시기 _ 1914년 | 교질 _ 사교 | 서훈 _ 애국장(1995)

강원도 화천군(華川郡) 화천면(華川面) 풍산리(豊山里) 출신으로 본명은 오제동(吳濟東)이다. 10세에 향리의 한문사숙(漢文私塾)에 입학하여 10년간 수업하였고, 21세부터는 15년간 그곳 사숙 교원으로 후학을 가르쳤다.

오근태는 1917년 늦가을 만주 봉천성(奉天省) 장백현(長白縣)으로 이주하였다. 그리고 1918년 그곳 현립제이정몽학교(縣立第二正蒙學校)에서 교편을 잡으며 본격적인 항일투쟁에도 뛰어들었다. 1919년 초에는 장백현 내시궁(內矢弓)에 거주하며 이용태(李龍泰)·김석주(金錫冑)·최정모(崔正模)·정손기(鄭孫起) 등과 조직적인 항일투쟁을 도모한 기록도 있다.

이후 봉천성(奉天省) 무송현(撫松縣)으로 옮겨가 1919년 7월에 조직된 대종교계 항일단체 흥업단(興業團)에도 가담하였다. 흥업단은 윤세복(尹世復)을 비롯한 대종교인들이 무송현에서 조직한 항일단체로, 이 지역 이주 한인(韓人)의 권익을 옹호하고 청년들에게 군사훈련을 시키면서 독립군 기지 역할을 담당한 조직이었다. 특히 항일투쟁에 필요한 청년 양성을 위하여 체계적 군사훈련을 실시하는

한편, 대종교 항일단체인 대한군정서(북로군정서)와 협력하며 효율적 항일투쟁을 전개하였다. 나아가 흥업단은 중국 관헌들과 중국인에게도 한중 연합으로 일제에 항전할 것을 요구하는가 하면, 그 지역에 송림병원(松林病院)을 개원하여 의료 활동도 전개하였다. 오근태 역시 흥업단이 대한군정서와 연계하여 무기구입 활동을 전개할 당시 지대한 활약을 전개하였다. 무기 운반 도중 적의 총탄 여러 발이 관통했음에도 기적적으로 생환한 인물이 오근태다.

오근태는 1924년 대종교 교주인 단애(檀崖) 윤세복(尹世復)과 함께 영안현(寧安縣)으로 거처를 옮겼다. 그리고 그곳을 중심으로 대종교 조직 정비와 포교 활동을 통한 항일투쟁을 지속하였다. 또한 1925년 대종교 항일투사들을 중심으로 조직된 신민부(新民府)가 출범하자 조직위원(組織委員)으로 위촉되어 활동하였다. 그러나 대종교의 조직 확산을 통한 항일투쟁을 지속하던 1942년, 일제의 치안유지법 위반 혐의로 체포되어 긴 시간 취조 과정에서의 고문으로 탈진하자, 감옥에서 보석(保釋)된 직후 순국하였다.

[교력]
오근태는 국내에서 사숙 교원을 하던 1914년 개천절(開天節, 음력 10월 3일, 이하 음력)에 대종교에 입교하여, 시교원(施教員)으로 임명된 인물이다. 그리고 무송현 시절인 1918년 11월 1일(음력, 이하 음력) 영계(靈戒)와 함께 참교(參教)의 교질(教秩)을 받았다. 또한 1924년 양력 4월 23일부터 26일까지 영고탑(寧古塔) 대종교총본사에서 각 지역 대표를 소집하여 개최한 대종교교우회(大倧教教友會)에도 참석한 인물이다. 소집된 교우회의 주요의제는 다음과 같았다.

- 一. 전(前) 대종교 교주 김교헌(1923년 사망)과 고(故) 대종교 동도본사 전리(典理) 서일(徐一)에 대한 경칭(敬稱) 문제
- 一. 홍범규제(弘範規制) 개정에 관한 문제
- 一. 총본사를 용청촌으로 이전하는 문제
- 一. 교주 선임에 관한 문제

당시 오근태는 오태근(吳泰根)이라는 이름으로 서간도 화전현 지방 대표로 참석하여 대종교 당면 과제를 논의하였다. 그 교우회에는 각 지역 대종교교우를 대표하는 27명이 참석하였다. 국내 대종교위원 3명[신명균(申明均)·김준환(金俊煥)·남홍팔(南弘八)], 간도 대종교위원 5명[심근(沈權)·현천극(玄天極)·채신석(蔡信石)·서춘보(徐春甫)·한승묵(韓承黙)], 서간도 대종교위원 1명[오근태(吳根泰)], 동지연선지방(東支沿線地方) 대종교위원 5명[신우범(申禹範)·김근우(金根禹)·이규(李奎)·남봉성(南鋒星)·신강묵(申剛黙)], 그리고 영고탑 총본사 및 부근 지역 참석자 13명 등이 그들이다.

한편 오근태는 1924년 영안현으로 옮겨간 직후 지교(知教)로 승질(陞秩)되면서 봉선(奉宣, 대종교 교주의 비서)에도 임명되어 2년간 시무하였다. 그리고 1926년 2월 12일 대종교 총본사의 전범(典範)으로 피임됨과 동시에, 대종교 동이도본사(東二道本司) 목릉구(穆陵區)를 관할하는 순교원(巡教員)

으로도 임명되었다. 함께 대종교 순교원에 임명된 인물들을 보면, 공창준(公昌準)·김규식(金奎植)·장도순(張道淳) 등, 항일투쟁의 거물들이었다.

1926년 만주대종교포교금지령이 내려질 당시 압수당한 대종교문건 중에 실려있는 「大倧教巡教員一覽表」. 왼편 상단에 吳根泰(네모 안)라는 이름이 보인다.

이 시기 오근태는 밀산(密山)에 안장되어 있던 백포(白圃) 서일(徐一)의 유해를 화룡현(和龍縣) 청파호(靑破湖)로 이장할 당시 그 봉장예원으로도 파견되었다. 그리고 그 지역 교구 관리를 시작으로, 왕청현(汪淸縣)·혼춘현(琿春縣) 지역을 10년 가까이 관리하였다. 특히 1935년 왕청현 대감자(大坎子)에 소재한 원일시교당(圓一施教堂)을 순교할 때는, 후일 대종교의 교리의 주요 토대가 되는 『진리도설(眞理圖說)』을 발굴하기도 하였다. 『진리도설』은 백포 서일의 유저(遺著)로 저작 연대는 미상이다. 원일시교당의 전무(典務, 책임자)를 맡고 있던 박일혁(朴日赫)이, 서일 순국 이후 몰래 소장하고 있던 수고본(手稿本)을 오근태가 방문할 당시 건네준 것이다.

오근태는 1935년 봄에 영안현 동경성(東京城)의 대종교총본사로 돌아와 곧 상교(尙敎)로 교질에 올랐다. 그리고 총본사의 전범과 전강(典講)을 거쳐 1937년 1월 15일(重光節)에는 전리(典理, 종무책임자) 올라 시무하였다. 또한 대종교 홍범규제수정위원(弘範規制修正委員)과 경의원(經議院)의 조직위원(組織委員)의 직무를 맡았으며, 1939년 대종교 서적간행위원회(書籍刊行委員會) 출범 때도 주금(株金) 모집에 참여하여 많은 기여를 하였다. 이에 대종교에서는 1942년 1월 16일, 오근태에게 정교(正教)의 교질과 함께 대형(大兄)의 교호(教號)를 내렸다. 그리고 같은 10월에는 아래와 같은 이극로(李克魯)의 「널리펴는 말」을 취지로 하여 결성된 천전건축주비회(天殿建築籌備會)에 참여하여 총무위원이 되었다.

천운은 빙빙 돌아가는 것이라. 한 번 가고 다시 아니 오는 법이 없다. 날마다 낮이 가고 밤이 오고 밤이 가면 낮이 오며 또 춘하추동 사철은 해마다 돌아온다. 이와 같이 영원토록 돌아가고 돌아오는 법이 곧 한얼님의 떳떳한 이치다. 이런 순환하는 천리에서 인간사회의 변천도 끊임없이 생긴다. 부자가 가난하여지고 가난한 사람이 부자가 되며 귀한 사람이 천하여지고 천한 사람이 귀하여진다.

동방에는 밝은 빛이 비치었다. 이는 곧 대종교가 다시

밝아진 것이다. 한동안 밤이 되어지나던 대종교가 먼동이 튼 지도 30여 년이 되었다. 아침 햇빛이 땅위를 비치어 어둠을 물리치는 것과 같이 대중의 큰 빛이 캄캄한 우리의 앞길을 비치어준다. 어리석은 뭇사람은 제가 행하고도 모르며 또 모르고도 행한다. 직접으로는 만주 대륙과 조선 반도를 중심하여 여러 천만 사람이 대종교의 신앙을 저도 모르는 가운데 아니 믿는 사람이 없고 간접으로는 이웃 겨레들도 이 종교의 덕화를 받지 아니한 이가 없다.

삼신이 점지하시므로 아이가 나며 삼신이 도우시므로 아이가 자란다고 믿고 비는 일이 조선의 풍속으로 어디나 같다. 이 삼신은 곧 한임, 한웅, 한검이시다. 황해도 구월산에는 삼성사가 있고 평양에는 숭령전이 있고 강화도 마니산에는 제천단이 있다. 발해시대에는 태백산에 보본단을 쌓고 해마다 제사를 지내었다.

이와 같이 삼신을 믿고 받들어 섬기는 마음은 여러 천년 동안에 깊이 굳어왔다. 시대와 곳을 따라 종교의 이름은 바뀌었으나 한얼님을 섬기고 근본을 갚아 사람의 도리를 지키는 교리만은 다름이 없고 변함이 없다. 종교는 믿는 마음으로만 되는 것이 아니다. 일정한 형식을 갖추어야 되며 또 형식은 존엄을 보전할 만한 체면을 잃지 아니하여야 된다. 사람의 이상은 소극적으로 지키는 데 있는 것이 아니라 적극적으로 나아가는 데 있다.

그런데 이제 우리는 체면을 유지할 만한 천전(天殿)과 교당(教堂)도 가지지 못하였으며 또는 교회의 일군을 길러낼 만한 교육기관도 없다. 이는 우리에게 그만한 힘이 없는 것도 아니요 성력(誠力)이 아주 부족한 것도 아니다. 그동안에 모든 사정이 우리의 정성과 힘을 다 발휘할 기회를 얻지 못하였던 까닭이다. 그런데 이제는 때가 왔다. 우리는 모든 힘을 발휘하여 대교(大教, 대종교-인용자 주)의 만년대계를 세우고 나아가야 된다. 이 어찌 우연이랴. 오는 복을 받아들이지 아니하는 것도 큰 죄가 되는 것을 깊이 깨달아야 된다.

만나기 어려운 광명의 세계는 왔다. 반석 위에 천전과 교당을 짓자! 기름진 만주벌판 대종학원을 세워서 억센 일군을 길러내자! 우리에게는 오직 희망과 광명이 있을 뿐이다. 일어나라 움직이라! 한배검이 도우신다.

개천4399년 9월 5일

오근태는 대종교의 새로운 도약의 터전을 마련하기 위한 위의 사업에 적극적으로 앞장섰다. 그러나 이 과정에서 대종교의 교세 확장을 오래전부터 주시하던 일제는 1942년(임오년) 11월 대종교 교주 윤세복을 비롯한 20여명의 대종교지도자들을 만주와 국내에서 동시에 구속하는 사건을 자행했다. 이른 바 임오교변(壬午教變, 임오년 대종교지도자 동시 구속 사건)이 그것이다. 당시 일제는 국내 경성에 있는 이극로가 동경성의 대종교 교주 윤세복에게 보낸 서신 가운데, 앞서 언급한 「넓리펴는 말」을 빌미로 삼았다. 그 서신 말미에 적힌 '일어나라 움직이라'는 구호를 '봉기하자 폭동하자'로 날조한 것이다. 그리고 제2의 독립선언문이라고 압박해오며 대종교지도자들을 잡아들였다.

오근태 역시 영안현 와룡둔(臥龍屯) 자택에서 검속된 후 영안현 경무과에 구금되었다. 이후 그곳에서 4개월 간 취

조를 받고 목단강(牧丹江) 경무처로 이감되어 9개월 동안 또 고초를 겪었다. 체포 당시 61세의 나이에도 건강했던 오근태는 13개월 간의 고문(拷問)과 기한(饑寒)으로 인해 탈진과 병마에 시달렸다. 오근태가 폐식절음(廢食絶飮) 상태에 이르자 일제는 부득이 보석을 허가하였으나, 자택으로 호송 도중 1944년 1월 5일 도가선 시하역에서 숨을 거둔다. 당시 수감 중이던 대종교 교주 윤세복은 오근태의 사망 소식을 접하고 아래의 만시(輓詩)로 애도하였다.

風風雨雨六三春	모진 풍파 우여곡절 63년을
一意化行前後事	오로지 한 뜻으로 화하여 가니
多恨多情多鬪人	한 많고 정도 많은 의지의 인간
衆泡歸水卽其眞	모든 노력 맺어지니 그것이 곧 참[眞]이로다.

한편 대종교가 국내로 환국한 해인 1946년 8월 15일, 오근태의 종교적 덕을 '잘못을 바로 잡아 세상을 구하고 대종교를 지켜 어짊을 이루었다(化魔救世 衛道成仁)'고 기리면서, 그에게 사교(司教)의 교질을 추승(追陞)하였다. 그리고 1950년 5월 5일에는 도형(道兄)의 교호도 추존(追尊)하여 대종교 최고의 지도자임을 확인시켰다.

[참고문헌]

『대종교보』제56호(1922년)·제113호(1937년)·제151호(1946년)·제166호(1950년). 『대종교인과 독립운동연원』(이현익, 프린트본, 1963). 『대종교독립운동사』(박영진, 필사본, 1964). 『대종교중광육십년사』(대종교총본사, 1971). 『임오십현순교실록』(대종교총본사, 1971). 「大倧教施教堂一覽表(1926年)」(延辺朝鮮族自治州档案馆 全宗号42 目录号1 案卷号343, 和龙县历史档案 和龙县警察所, 令各区查禁韓人设立大倧教堂由, 民国十五年五月十二日). 「獨立運動에 관한 건(國外第34報)」(不逞團關係雑件-朝鮮人의 部-在滿洲의 部9, 騷密 第301號; 秘受 4622號, 한국사DB, 국사편찬위원회). 「寧古塔에서 大倧教 教友會 開催 狀況에 관한 건」(不逞團關係雑件-朝鮮人의 部-在滿洲의 部39, 機密 第136號; 機密受第144號, 한국사DB, 국사편찬위원회). 『한국유이민사』상(현규환, 어문각, 1967). 『독립운동사』8(독립운동사편찬위원회, 1983)

오문성 (吳文聖, 남, 생몰 미상)

입교 시기 _ 1913년 이전 | 교질 _ 참교

출신지역과 생몰연대를 확인할 수 없는 인물이다. 일제의 기록에도 찾을 수가 없다. 1913년 12월 5일(음력) 참교(參教)의 교질(教秩)을 받은 기록으로 보아, 상당히 이른 시기에 대종교에 입교한 것으로 추정된다. 1922년 음력 3월에는 대종교 동이도본사(東二道本司) 제3지사 찬사(贊事, 부책임자)를 맡아 전사(典事, 책임자)인 한기욱(韓基旭)을 도와 관할 구역을 이끌었다. 당시 대종교에서는 동이도본사 제3지사를 밀산현(密山縣) 동촌(東村)에 위치시키고, 흑룡강성 의란현(依蘭縣) 전체와 그에 붙어있는 연해주지대의 교구를 관리케 하였다. 지사의 전사란 지사의 직무를 관장하고 소관 구내 각시교당 전무(典務)를 지휘하는 위치이며, 찬사는 전사의 감독 하에서 실무에 종사하는 자리였다. 더욱이 제3지사를 이끈 한기욱·한기중(韓基仲)·김백련(金

百錬) 등의 인물들이 대종교 항일투쟁의 거물들이었음을 보면, 오문성 역시 대종교 항일투쟁과 밀접한 인물이었을 듯하다.

[참고문헌]
『종문영질』(프린트본, 1922), 『대종교중광육십년사』(대종교총본사, 1971).

오상세(吳祥世, 남, ?-1937)
아호(별명) _ 청호(淸湖), 오상서(吳祥瑞)
입교 시기 _ 1922년 이전 | 교질 _ 미상 | 서훈 _ 독립장(1963)

출신지역을 알 수 없는 인물로 신흥무관학교 출신이다. 졸업한 후인 1919년 박두희(朴斗熙)·강화린(姜化麟) 등과 함께 대종교 항일단체인 대한군정서(북로군정서)에 참여하여 제2학도대장 및 사관양성소의 교관으로 활약하였다. 1920년 9월 9일에 편성된 보병 1개 대대에서는 김사직(金思稷) 대장 지휘아래 김규식(金奎植)·홍충희(洪忠熹) 등과 같이 중대장에 중대장으로 임명되었고, 1920년 10월 벌어진 청산리 전투에서는 제4중대장으로 참전하여 큰 전과를 올렸다.
오상세는 일제의 경신년대토벌이 자행되자 밀산(密山) 지역으로 이동하였다. 그리고 그곳에 집결한 항일단체들이 대한독립군단(大韓獨立軍團)을 조직할 때도 간부로 참여하여 부대를 따라 노령으로 갔으나, 자유시 참변을 겪고 다시 만주로 돌아왔다. 1923년 9월경에는 동녕현(東寧縣) 소수분(小綏芬) 지역에서 박두희(朴斗熙)·송호(宋虎)·박무건(朴武建)·태종열(太鍾烈)·백상규(白相奎)·김정의(金正義)·배영선(裴永善) 등과 사관양성(士官養成)을 위한 학과강습소(學科講習所)를 계획·추진하였다. 당시 대종교 동지인 박두희가 소장을 맡았고 오상세는 교육부장을 담당하였다. 1925년 3월에는 대종교계 항일단체인 신민부(新民府)가 결성되자 오상세는 제2대대장으로 임명되었다. 신민부는 북만주지역에서 활동하던 대한독립군단 등 독립운동단체들이 1925년 1월 목릉현(穆陵縣)에 모여 부여족통일회의(扶餘族統一會議)를 개최하고, 그 해 3월 10일에 대종교총본사가 있던 영안현(寧安縣) 영안성(寧安城) 내에서 조직한 단체다. 이 회의에는 대한독립군단과 대한독립군정서 및 16개 지역의 민선대표(民選代表), 그리고 10개의 국내 단체 대표 등이 참가한 가운데 개최되었다. 신민부 결성 당시 구성원을 보면 김좌진(金佐鎭)을 비롯한 최호(崔灝)·박두희·김혁(金爀)·유현(劉現)·정신(鄭信)·김규식(金奎植) 등, 그 대부분이 대종교인들이었다.
오상세는 신민부에서 목릉현 소추풍(小秋風) 지역에 성동사관학교(城東士官學校)를 설립하자 교관으로 부임하여 독립군 인재 양성에 힘썼다. 당시 교장은 김혁, 부교장은 김좌진이었으며, 이범윤(李範允)과 조성환(曹成煥)이 고문으로 추대되었고, 박두희·백종열(白宗悅) 등이 오상세와 함께 교관으로 있었다. 주목되는 것은 이들 모두 역시 대종교의 핵심이었다는 점이 특기된다. 1926년경에는 대한독

립군단 위원 및 신민부 경호대장으로 활약하기도 하였다. 오상세는 1932년에 길림성자위군대대장(吉林省自衛軍隊隊長) 및 반만항일군(反滿抗日軍) 군정위원 등으로 항일투쟁을 지속 전개해 갔다. 그리고 대한구국의용대(大韓救國義勇隊)라는 조직도 만들어 항일투쟁을 이어가던 1937년, 산현(山縣) 지방에서 과로로 인해 병을 얻어 사망하였다.
오상세의 대종교 입교나 영계(靈戒) 사항에 대한 기록은 일체 전하지 않는다. 그러나 1922년 3월 27일(음력, 이하 음력) 대종교 동이도본사(東二道本司) 제3지사(第三支司)의 규사감찬(規事監贊)으로 임명된 인물이다. 그의 대종교 입교가 그 이전으로 올라감이 확인된다. 그의 입교가 대한군정서 시절로 추정되는 이유라 할 수 있다. 규사감찬이란 해당 지사(支司)의 전사실(典事室)에 속한 규사감정(規事監正)을 돕는 직책으로, 규사감정은 관할 교구 시교당(施教堂) 및 교인들의 의식(儀式)과 예의(禮儀), 쟁변(爭辯)과 상벌(賞罰)에 관한 업무를 담당·처리하는 자리였다.
한편 동이도본사 제3지사는 1922년 3월 5일자 종령(宗令)으로 발포된 교구분리조례(教區分離條例)에 따라 설치된 것으로, 그 지역의 증가하는 교인들과 시교당의 통솔을 용이하게 하기 위하여 만들어진 것이다. 제3지사는 밀산현의 동촌(東村)에 근거를 두고 의란현(依蘭縣) 전지역과 그와 맞붙은 연해주지대의 교구를 관리하였으며, 한일시교당(韓一施教堂)과 대일시교당(大一施教堂)이 소속되어 있었다. 오상세가 제3지사의 규사감찬으로 시무할 무렵, 그와 함께 한 인물들을 보면 한기욱(韓基旭)·한기중(韓基仲)·김백련(金百錬)·권영수(權英秀) 등 대종교 항일투쟁의 거물들이었다. 특히 한기욱은 이상설(李相卨)이 세운 간도 용정촌(龍井村)의 서전의숙(瑞甸義塾)에서 숙감(塾監)으로 시무하기도 한 인물이며, 권영수 역시 1937년 3월 7일 대종교 항일결사인 하얼빈선도회(哈爾賓宣道會)의 교화사원(教化社員)으로 활동한 인물이다.

[참고문헌]
『대종교중광육십년사』(대종교총본사, 1971), 「間島 및 接壤地 地方에 있어서 不逞鮮人의 行動에 관한 건」(不逞團關係雜件-朝鮮人의 部-在滿洲의 部36, 機密第288號, 機密受第298號, 한국사DB, 국사편찬위원회), 『무장독립운동비사』(채근식, 대한민국공보처, 1949), 『한국독립사』하(김승학, 독립문화사, 1965), 『한국독립운동사』4(국사편찬위원회, 1968), 『일제침략하한국36년사』6(국사편찬위원회, 1971), 『한민족독립운동사』4(국사편찬위원회, 1988)

오연두(吳淵斗, 남, 생몰 미상)
입교 시기 _ 1914년 이전 | 교질 _ 미상

충청남도(忠淸南道) 대덕군(大德郡) 진잠면(鎭岑面) 송정리(松亭里) 출신으로, 일제의 기록에는 언급이 없다. 그의 대종교 관련 기록은 1914년 초 조창용(趙昌容)이 기록한 「호남호서유람록(湖南湖西遊覽錄)」에 실려 전한다.
오연두는 당시 계룡산 신도안에 대종교 교당(教堂)을 건설하여 지역의 대종교인들의 집회를 이끌던 인물이다. 이

교당은 대종교인 이봉춘(李逢春)이 전담하여 세운 교당으로, 이봉춘은 1931년 단군신전봉찬회(檀君神殿奉贊會)에도 관여하였다. 오연두는 이곳에 삼신당(三神堂)도 세우고 인류의 시조, 인민의 군왕, 교화의 주인으로 한 몸에 세 가지를 합친 삼신의 의미를 새겼다 한다.

오연두의 교력과 관련된 대종교단 내의 기록은 전하는 것이 없다. 1910년대의 『대종교보(大倧敎報)』 및 관련서류가 모두 전하지 않는 것이 그 1차적 원인이라 할 수 있다. 다만 그가 1914년 초 대종교당을 이끈 것으로 보아, 그 이전에 입교한 것이 확인된다.

[참고문헌]
『백농실기』(조창용, 독립기념관, 1993)

오영호(吳英浩, 남, 생몰 미상)
입교 시기_ 1923년 | 교질_ 미상

출신지역과 생몰연대를 확인할 수 없는 인물이다. 1923년 4월 26일(음력) 대종교 연일시교당(淵一施敎堂)의 찬무(贊務, 부책임자)를 맡은 기록만이 전한다. 당시 오영호의 종교적 위치는 '형제(兄弟)'였다. 대종교에서의 '형제'란 대종교에 입교하여 아직 영계(靈戒)를 받지 않은 남자(여자는 '자매')의 종교적 위치를 칭한다. 오영호가 입교한 지 얼마 지나지 않아 연일시교당의 찬무를 맡은 것을 알 수 있다. 한편 연일시교당은 연길현(延吉縣) 연집촌(煙集村) 용연동(龍淵洞)에 위치한 시교당으로, 최준삼(崔峻三)이 전무(典務, 책임자)를 맡아 이끌었으며 황창준(黃昌俊)·최병률(崔秉律)이 찬무의 직책으로써 오영호와 함께 했다.

[참고문헌]
『대종교보』제58호(1923년), 『대종교중광육십년사』(대종교총본사, 1971)

오정숙(吳貞淑, 여, 1876-1922)
아호(별명) _ 혜당(惠堂), 학선(學善)
입교 시기_ 1916년 | 교질_ 참교

평안북도 선천군(宣川郡) 출신이다. 그녀의 학선(學善)이라는 자와 혜당(惠堂)이라는 호처럼, 일찍부터 한문에 눈을 뜬 여장부로 전해진다. 1916년 봄에 대종교에 입교하여 그 해 여름 영계(靈戒)를 받았으며, 같은 해 음력 7월 13일 마침내 참교(參敎)의 교질(敎秩)을 얻었다. 그녀는 가난한 삶 속에서도 신행(信行)이 남달랐다. 특히 여성으로서는 드물게 대종교 교리의 기본인 『삼일신고(三一神誥)』에 능통한 인물이었다. 그러나 남편과 자식의 난치병을 얻어 그들을 지극정성으로 간호하다가 병을 얻어 영안현(寧安縣) 자택에서 46세의 나이로 숨을 거두었다.

[참고문헌]
『대종교보』제54호(1922년), 『종문영질』(프린트본, 1922)

오춘택(吳春澤, 남, 생몰 미상)
입교 시기_ 1922년 이전 | 교질_ 미상

경상남도 영양군(英陽郡) 영양면(英陽面) 감천리(甘川里) 출신으로 생몰연대는 불분명하다. 일제강점기 영양 지역을 중심으로 언론과 교육 활동에 종사한 인물이다. 1932년과 1933년에는 동아일보 영양지국(英陽支局) 총무와 지국장을 맡아 활동했으며, 1934년 8월에도 조선중앙일보 영양지국장을 맡아 지역의 언론 창달에 기여하였다. 또한 1934년 10월 영양공립보통학교 장학회가 만들어질 당시 평의원(平議員)을 맡아 교육 발전에도 일조한 인물이다.

오춘택과 관련한 대종교단 내의 기록은 전하는 것이 없다. 다만 1922년 음력 10월에 기록된 성세영(成世英)의 『본사행일기(本司行日記)』에 1922년 이전 경상도지역 주요 교인으로 오춘택을 올려놓았다. 오춘택의 대종교 입교가 그 이전에 이미 이루어졌음을 알 수 있으나 교질(敎秩) 관계는 확인이 안 된다.

[참고문헌]
『본사행일기』(성세영, 필사본, 1922), 『동아일보』1932.8.16., 1933.2.14., 『朝鮮中央日報』1934.8.21., 10.22.

오충묵(吳忠黙, 여, 생몰 미상)
입교 시기_ 1922년 이전 | 교질_ 참교

출신지역과 생몰연대를 알 수 없는 인물이다. 1922년 어천절(御天節, 음력 3월 15일)에 참교(參敎)의 교질(敎秩)을 받은 기록이 있다. 또한 10여일 뒤인 3월 27일(음력) 대종교 탑일시교당(塔一施敎堂)의 시교원(施敎員)으로 임명되어 포교의 일선에 선 인물이다. 그녀의 대종교 입교 시기가 1910년대에 이루어졌을 가능성을 보여주는 부분이다.

탑일시교당은 대종교 동이도본사 제1지사 소속의 시교당으로 만주 영안현가(寧安縣街) 남관(南關)에 위치해 있었다. 그 시기 영안현은 항일투쟁의 주요 거점 중의 한 곳이었다. 참의부(參議府) 교통위원과 제4중대장을 지낸 최천주(崔天柱), 대한국민회 서부지방회 16지회 비서(秘書)였던 이화(李華) 등이 오충묵과 함께 탑일시교당을 이끈 주역이었다. 오충묵 역시 여성의 몸으로 대종교 항일투쟁의 일선에 선 인물이었음이 확인된다.

[참고문헌]
『종문영질』(프린트본, 1922), 『대종교중광육십년사』(대종교총본사, 1971)

오혁

오 혁(吳赫, 남, 1865-1916)

아호(별명) _ 손암(巽庵), 오기호(吳基鎬)
입교 시기 _ 1909년 | 교질 _ 정교 | 서훈 _ 독립장(1962)

전라남도 강진군(康津郡) 대곡면(大谷面) 덕천리(德川里) 출신으로, 대종교 중광(重光) 이후인 1910년 1월 대종교 외자 명인 혁(赫)으로 개명하였다. 7세 때 향리의 서당에 들어가 10년간 한학을 수학하고, 25세인 1889년부터 5년 동안 지역 발전 사업에 종사함에 지역민들의 칭송이 자자하였다. 오혁은 30세 되던 1894년에 상경하여 주사(主事)직으로 종사하는 한편, 시대를 고민하는 지사들과도 가까이 사귀었다. 그러나 국운이 점점 쇠퇴해가자 주사직을 버리고 본격적인 우국의 행보를 내디뎠다. 나인영(羅寅永, 대종교 중광 이후 羅喆로 개명함-이하 나철로 칭함)과 이기(李沂) 등의 우국지사들과 친교를 공고히 하는가 하면, 1904년 호남 인물들을 중심으로 만들어진 비밀결사 유신회(維新會)에도 참여하여 구국제세(救國濟世)의 길을 본격화하였다. 시국의 흐름을 살피기 위해 중국 상해(上海)를 다녀온 것도 이 시기였다.

1905년 6월 渡日 당시 찍은 사진(왼쪽부터 이기, 나철, 홍필주, 오기호)

오혁은 1905년 러·일전쟁 이후, 나철 등과 함께 러·일 강화 회담이 열리는 미국에 가서 조선의 독립자주권을 보장하도록 노력할 것을 기도하였으나 일본공사 하야시 곤스케(林權助)의 방해로 이루지 못하였다. 그리고 도모한 것이 일본 동경행이다. 오혁은 나철·이기·홍필주(洪弼周) 등과 의논하고 일본으로 건너갔다. 일행은 일본 정계 요로에 글을 보내 조선독립을 보장한다는 당초의 약속을 지켜줄 것을 강력히 요구하였다. 또한 수 차례에 걸쳐 그곳 조야(朝野)의 정객들과도 만나 동양평화·한국독립 보장을 위한 일들을 논의하였다. 또한 나철·이기·김인식(金寅植) 등과 연서하여 아래와 같은 「일황에게 올린 글(上日皇疏)」로 힐소(詰疏)하였다.

"삼가 생각하건대, 교전국과의 강화조약도 이미 체결(러시아)되었고 승전국의 의식 또한 거행되어 멀리 있는 타국의 국민들도 모두 칭송하고 있으니, 하물며 가까운 이웃에서 친하게 살고 어려우면 서로 돕는 한국으로서야 더 할 나위 있겠습니까. 이에 기쁜 나머지 한 말씀드리고자 하오니 폐하께서 들어주시기 바랍니다.
우리 한국과 일본은 더불어 동양에 자리하고 있고 거처하기를 이웃마을처럼 같이 하여 백성들은 서로 형제와 같습니다. 근래 백인들이 동양에 쳐들어와 그 세력을 막기 어려웠으나, 약소국인 우리가 그들을 두려워하지 않은 것은 오로지 귀국이 있었기 때문입니다. 갑오(1894)년에 우리나라의 독립을 외쳐준 것도 귀국이요 갑진(1904년) 우리나라의 독립을 인증한 것도 귀국이 아니었습니까.
만주 벌판에서 청(淸)과의 전쟁이 일어나던 때도 모두가 의로운 싸움이라고 칭찬하였습니다. 여순(旅順)에서 이기고 다시 봉천(奉天)에서 승리한 뒤, 깃발이 나부끼고 북소리가 울리는 곳에 군사들의 용기가 백 배로 왕성하였으니, 이것이 승전의 근원이 아니겠습니까.
금년(1905) 8월 (러·일)강화조약을 체결할 때, 우리는 걱정하기를 싸움에 이기면 태만하기 쉽고 공을 세우고 나면 교만하기 쉽기에, 만일 (일본이) 그렇게 된다면 '우리 한국에 미치는 영향이 클 것이다. 그러므로 이것을 앉아서 보고만 있을 수 없다' 생각하고 바다를 건너 일본으로 건너가 일부 정계의 요로에 글을 올리고 소식을 기다렸습니다.
그러나 귀국이 발표한 약속을 보면 (한국이 일본의) 정치 경제 군사상 탁월한 이익이 된다느니 하는 말이 보이니, 이런 말들은 한국을 독립시키겠다는 약속과 많이 어긋나는 것입니다. 만일 이 말이 러시아의 의욕을 끊으려고 한 계략이라면 이해가 되는 말입니다. 그러나 요사이 신문에 난 것을 보니, 우리나라를 귀국의 보호국으로 만든다는 설이 보도되어 우리 한국인의 분노를 자아내고 있습니다. 만일 이렇게 된다면 덕(德)이 원망으로 바뀌고 은혜가 원수가 되니 이것이 폐하의 뜻이 절대 아니라고 믿습니다. 어떻습니까, 생각하건대 지난 갑오(1894)년 8월 1일 칙서에서 '조선은 본래 우리(일본)가 계유(啓誘)하여 구아(歐亞) 영국과 함께 자주국이라 밝혔습니다. 그러나 청국은 (한국을) 속방(屬邦)으로 여기고 음으로 권유하고 양으로 위협하여 (한국의) 내정에 간섭함으로, 짐은 명치 15년(1882) 조약에 의거하여 군대를 파견하고 사변에 대비하였으며, 다시 조선으로 하여금 영원히 환란을 면하게 하고 장래의 치안을 보존케 하고 동양 전체의 평화를 유지하려 한다.'고 하였습니다.

다시 갑진(1904)년 칙서에서는 '일본제국이 한국에 있어서 그 위치를 중히 여기는 것은 어제 오늘의 연고가 아니요, 한국의 존망은 실로 제국의 안위와 관련되는 것이므로, 러시아가 맹약에 구애받지 않고 만주를 점거하고 병탄하여 만주가 러시아에 귀속될 것 같으면, 한국의 보전도 지탱할 수 없으며 극동의 평화 또한 가히 희망할 수 없다. 그러므로 짐은 이 기회를 헤아려 시국을 타협한다.'고 하였습니다. 대개 이 두 칙서는 모두 한 가지 뜻으로 귀일하고 있고, 밝기가 일월 같으며 믿음이 금석과 같다고 하여, 이미 세상 사람들에게 전포(傳布)하였습니다. 옛사람 말에 '필부라도 거짓말을 하지 않는다'고 하였는데, 하물며 일국의 황제가 아니겠습니까.

그러므로 저희가 생각하기를 근일의 일이 폐하의 뜻이 아니라고 확신합니다. 고사(古史)를 살펴보면 덕과 힘은 서로 번갈아 소장(消長)한다고 하는데, 덕이 힘을 이기면 다스려지고 힘이 덕을 이기면 어려워지는 것이니, 이것이 세상의 떳떳한 이치입니다.

폐하의 신성한 문무의 덕으로 인하여 등극하신 지 38년 만에 나라를 부강하게 하시어 울연히 동양의 패주(覇主)가 되신 것은, 어찌 다른 술책이 있어 그러했겠습니까. 바로 세상에 믿음을 잃지 않았기 때문입니다.

삼가 바라건대, 폐하께서는 반드시 싸움에 이기시고 공덕을 성취하신 것을 교훈으로 삼으시고, 또한 동양의 황인종이란 사실을 유념하시어 우리 한국이 독립할 수 있도록 해 주시고, 함께 의지하여 살 수 있도록 하신다면 우리 한국만의 행복이 아니요 더불어 귀국의 행복이며 세상 모두의 다행이라 하겠습니다. 신들은 간곡한 마음으로 삼가 죽음을 무릅쓰고 알려 드립니다.”

그러나 일제는 1905년 11월 을사늑약을 강행하고 통감부(統監府)를 설치하는 침략적 행위를 표면화하였다. 일본에서 이 소식을 접한 오혁 일행은 격분하며, 그들이 진행하던 비폭력·평화적 독립운동의 모색을 단념하고 급거 귀국하였다. 을사늑약 당일 회의는 참정대신 한규설(韓圭卨), 탁지부대신 민영기(閔泳綺) 등의 적극 반대로 상당한 난관에 봉착하였다. 그러자 이 회의를 처음부터 기획하고 이끌었던 이토오 히로부미(伊藤博文)는, 이날 밤 늑약 체결에 찬성하는 대신들과 다시 회의를 열고, 고종의 자필로 약간의 수정을 가한 뒤 위협적인 분위기 속에서 조약을 승인받았다. 여기에 찬성한 인물들이 이른바 을사오적(乙巳五賊)으로 낙인된 박제순(朴齊純)·이지용(李址鎔)·이근택(李根澤)·이완용(李完用)·권중현(權重顯) 등 5명이다.

오혁 등은 우선적으로 나라를 팔아먹는 을사오적 대신들에 대한 처단을 계획하였다. 이것은 흐트러진 나라의 기강을 바로잡고 기울어가는 국권을 되세우고자 한 결단이었다. 마침내 1907년 2월 나철·이기 등과 200명을 모집하여 을사오적을 암살할 목적으로 자신회(自新會)를 결성하였다. 자신회는 단체 결성의 목적을 알리는 취지서(趣旨書)와 을사오적 암살을 알리는 포고문(布告文), 애국가(愛國歌), 동맹서(同盟書), 참간장(斬奸狀), 자현장(自現狀) 등을 작성하여 매국노 처단의 정당성을 주장했다. 당시 이기가 작성한 자신회의 취지서 전문(全文)은 아래와 같다.

“천지의 이치는 옛것이 다하면 새것으로 통하니, 해와 달이 번갈아 비추고 추움과 더움이 교행하는 것도 모두 이로 말미암음이다. 그러므로 나라도 새로워지지 않으면 반드시 멸망하고 사람도 새로워지지 않으면 반드시 죽으니, 아아! 오늘날 우리나라의 형세는 과연 어떠한가? 오백 년 정치는 모두 썩어 문드러졌을 뿐이요, 삼천리 강토는 모두 묵어 거칠어졌을 뿐이며, 이천만 백성은 모두 노예일 따름이로다. 이러함에도 모든 것을 고쳐 혁신하자는 생각은 없고, 세상에 얽매인 그릇된 선비들이 매번 '수구(守舊)' 두 자를 구실 삼아 세상을 속이므로, 봄이 와도 생기가 없다 하고 해가 떠도 어둠이라 하는 까닭에, 부패를 씻어낼 수 없으며 묵은 밭을 다시 일굴 수 없으며 노예를 면할 수 없을 따름이니, 이것이 우리가 탄식 통곡하며 부득이 자신회를 설립하는 이유다. 그러나 자신(自新)이란 것이 남이 새로워지길 기다리는 것이 아니요 내 스스로가 새로워지는 것이니, 새로움[新]이란 어떠한 것인가? 정신을 깨끗이 씻어내고 새로운 사상을 일으켜 온 힘을 다하여 새로운 사업을 이뤄내고 인권을 되찾아 새로운 세상을 세우는 것, 이것이 우리 자신회가 앞으로 소망하는 바이니, 뜻을 함께 하는 여러 군자들이여, 바라노니 제각기 힘쓸지어다.”

오혁 일행은 이듬해 3월 25일 나철 등 지사들과 함께 여러 곳에서 일제히 거사하여 오적을 동시에 처단하기로 하였으나 장사 이홍래(李鴻來)·강원상(康元相) 등이 사동(寺洞)에서 군부대신 권중현을 습격하는데 그치고, 많은 동지들이 체포되어 곤욕을 치르게 되었다. 이에 오혁은 나철·김인식(金寅植) 등과 자현장을 지참하고 평리원(平理院)에 나가 자수하여 모든 일은 자신들의 책임이요 다른 사람들은 죄가 없다고 주장하였다.

이 을사오적 암살 미수사건으로, 오혁 등은 그해 7월에 열린 재판에서 중형을 선고받았다. 나철은 유형 10년, 오혁 5년, 이용태(李容泰)와 민형식(閔衡植)은 교수형이었다. 그 후 민형식 외 1명은 황해도 철도(鐵島)로, 오기호·나철 외 10명은 지도(智島)로, 이승대(李承大) 외 12명은 진도(珍島)로 각각 유배되었다. 그러나 오기호는 나철과 함께 1907년 12월 7일에 고종황제의 특사로 석방되었다.

유배에서 풀려난 오혁은 이미 기울어진 국운을 한탄하며 새로운 정신 활동을 도모하게 된다. 정신을 바로 세워 나라를 되찾자는 의도였다. 그 행동의 결실이 1909년에 이루어진 대종교(大倧敎) 중광에 참여하는 것이었다. 그러나 그는 나철을 비롯한 대종교의 중광 동지들과 대종교 포교를 통한 종교보국운동에 진력하다가, 1916년 12월 24일 서울 권농동(勸農洞) 우거(寓居)에서 숨을 거두었다.

[교력]
오혁의 대종교 교력을 살피면, 대종교의 중광을 함께 도모한 중광 교인 중의 한 명이다. 1899년 나철과 처음으로 마음을 통한 후, 모든 일을 서로 의탁하며 상의했던 인물

이 오혁이다. 그는 나철이 강우(姜虞)·최전(崔顓)·류근(柳瑾)·정훈모(鄭薰模)·이기(李沂)·김인식·김춘식(金春植)·김윤식(金允植) 등, 수십 인과 함께 대종교를 중광할 당시도 가장 가까운 곳에서 큰 힘을 보탰다.

마침내 오혁을 비롯한 나철 등은 1909년 1월 15일(음력, 이하 음력) 자시(子時)를 기하여 대종교 중광의 의식을 거행하였다. 서울 북부(北部) 제동(齋洞) 취운정(翠雲亭) 아래 육간초옥 북벽(北壁)에 단군대황조신위(檀君大皇祖神位)를 모시고 제천(祭天)의 대례(大禮)를 행하고 「단군교포명서(檀君教佈明書)」를 공포한 것이다. 이것은 고려 원종(元宗) 때 몽고의 침입으로부터 7백 년간 폐색(閉塞)되었던 신교(神教, 단군신앙)의 부활과도 부합하는 의미였다.

오혁은 1909년 12월 11일 참교(參教)의 교질(教秩)을 처음 받고, 다음 해 8월 15일 대종교 남부지사(南部支司)의 사교(司教)로도 임명되었다. 여기서의 사교란 지사(支司)의 책임자를 말하는 것으로, 대종교에서는 동년 8월 5일 서울의 교구를 남부지사와 북부지사로 나누었다. 그리고 동월 15일 남부지사의 책임자로 오혁을 북부지사의 사교(책임자)로는 정훈모를 임명한 것이다.

오혁은 대종교의 포교에 진력한 공을 인정받아 1911년 1월 15일 지교(知教)의 교질로 승질(陞秩)하게 된다. 또한 대종교의 종무(宗務)를 뒷받침하는 협리(協理)로 선임되는가 하면, 류근·이건(李鍵)과 강실강사(講室講師)로 임명되었다. 이어 동년 3월 26일에는 무원(茂園) 김교헌(金敎獻)의 뒤를 이어 대종교의 부전리(副典理, 부책임자)를 맡아, 전리(典理, 책임자)로 있던 류근과 함께 국내 대종교의 종무를 이끌었다. 나아가 오혁은 국내에 산재한 각 시교당(施教堂)을 시찰하면서, 종무에 대한 지도와 감독을 통해 대종교의 교세 안정과 더불어 국내 포교에 더더욱 노력하였다.

1912년 9월에는 직접 「대종교시교문(大倧敎施敎文)」을 인쇄하여 대종교의 교리(教理)와 교사(教史), 중광의 배경, 오대종지(五大宗旨) 등을 간략 소개하며, 보다 적극적인 대종교 활동을 전개하였다. 당시 오혁이 인쇄하여 배포한 「대종교시교문」(1912년 9월)의 한주국종체(漢主國從體)의 원문을 참고로 아래에 싣는다.

大倧教는 三神(第一神 桓因, 第二神 桓雄, 第三神 桓儉)一體上帝신 한배검(大祖神)게셔 開天化人ㅎ사 甲子 十月 初三日(距今 四千三百六十九年)에 天符三印을 握ㅎ시고 太白山 檀木下에 降臨ㅎ사 神道로 設教ㅎ시니 曰 大倧(大는 한이니 天을 謂함이오, 倧은 神人)이라 斯教로 斯民을 化ㅎ사 五事(穀, 命, 病, 刑, 善惡)를 主ㅎ사 彝倫을 教ㅎ시고 人間事(男女, 君臣, 父子의 別, 衣服, 飲食, 居處의 節, 其他 三百六十六事)를 主治ㅎ시니 人類가 大化ㅎ야 戊辰 十月初三日(距今 四千二百四十五年, 降世後 一百二十五年)에 君道로 御極(人民感化神教推尊爲君長)ㅎ시니 曰檀君이시오 稱倍達那羅(檀은 降臨ㅎ신 處에 靈木의 義를 取홈이오 君은 壬儉의 義니, 主長之稱이오 倍達은 檀木의 本名이오 那羅는 國字의 義)라 人界를 統治ㅎ사 神化(使 風伯雨師雲師 共宣神化)를 佈ㅎ시며 山川(命彭吳治洪水定高山大川)을 奠ㅎ사 民居를 安케 ㅎ시며 稼穡(命高矢教稼穡)을 教ㅎ사 民食을 裕케 ㅎ시며 書契(命神誌掌書契)를 造ㅎ

사 人文을 開케ㅎ야 世界의 秩序가 大定홀지라.

庚子 三月十五日(距今四千一百五十一年 降世後 二百十七年)에 阿斯達山에셔 化神御天ㅎ사 返元ㅎ시니 卽 上帝시라. 民族이 神教를 一體崇奉篤信ㅎ야 千有餘年에 人族이 蕃昌ㅎ며 治化가 熙穰ㅎ고 伊後 本 教統이 扶餘의 代天教와 新羅의 崇天教와 高句麗의 敬天教와 高麗의 王儉教오 滿洲의 主神教가 相傳ㅎ니 歷代 世界의 盛衰가 神教消長에 亶在ㅎ엿스며 降 自幾百年以來로 時世가 澆漓ㅎ고 人心이 迷愚홈으로 忘本背源ㅎ야 神人의 道와 大倧의 理가 從以廢塞홀 境에 至ㅎ엿고 다만 三神이니 成造神이니 夫妻神이니 高矢氏(네)니 仙王堂이니 稱ㅎ는 名詞와 俗習이 僅在홈이 婦女巫覡의 風에 落ㅎ야 三神, 成造神은 我한배의 神化를 永慕崇奉ㅎ던 本源과 夫妻神은 我한배의 太子 夫妻가 人民에게 生産을 普及케 ㅎ신 恩澤을 報復ㅎ던 本源과 高矢氏, 仙王堂은 我한배의 治化를 奉宣ㅎ던 彭吳, 高矢의 功德을 紀念不忘ㅎ던 本源을 不知ㅎ야 褻慢誣妄이 無所不至ㅎ야 한배게 自遠ㅎ엿스나 한배게셔는 悔改ㅎ기를 爲ㅎ여 干戈疾病凶荒夭折水火로 示警ㅎ사대 我民族일 一向冥頑ㅎ매 我한배는 天下人類를 同仁一視ㅎ시는 上帝시오 倍達民族을 直接生育ㅎ신 始祖시라.

我의 人類와 我의 子孫을 一時誅殄을 不忍ㅎ샤 白峰神兄에게 諄々然命之ㅎ샤 倍達民族을 求하고 天下人類를 拯하라. 爾의 一人誠力(白峰神兄十年禱天)으로 世界의 萬有生靈에게 福利를 均賜키 難ㅎ니 大倧의 神教를 佈ㅎ되 倍達로 始로ㅎ야 天下에 及ㅎ야 均히 天福을 享케 하라. 神兄이 黙契를 受ㅎ사 大倧教를 闡明ㅎ야 天宮을 大闢ㅎ고 한배의 心을 體ㅎ며 先哲의 志를 繼ㅎ야 本教의 五宗旨를 宣布ㅎ니 曰敬奉天神, 誠修靈性, 愛合宗族, 靜求利福, 勤務産業이라. 五宗旨를 信奉實行홈이 小誠大誠에 在ㅎ고 小誠大誠에 小果大果가 生ㅎ기 小果는 獲利福(能壽福事功剛毅多子孫康寧)이오 大果는 通靈性(與神合一有無限權能無窮造化不可形議)이니라.

惟我 한배檀君은 上帝시오 始祖시라. 人이 天을 逆ㅎ며 孫이 祖를 背ㅎ고 福利와 靈能을 希望홀가. 昭昭在上ㅎ사 大恩威를 施ㅎ시느니 惟我 한배의 子孫된 兄弟姉妹여 速히 한배 陟降ㅎ신 天宮에 一體로 携手同歸ㅎ야 安心立命ㅎ고 天下宗族을 引導ㅎ야 天福과 神愛를 共享홀지어다.

檀君降世 四千三百六十九年 壬子 九月 日

茫々흔 이世間에가는 길이그어듸뇨어셔々々 大倧教로 來ㅎ시오
한아버지 품속에셔 이 몸을 덥게ㅎ세
한아버지 깃부시면 나의 복록 무궁이고
한아버지 셩내시면 나의 재화 뉘막을고
어셔어셔 大倧教로 빨리 와서 한아버지 섬겨보세

大正元年 十一月 六日 印刷
仝 仝 七日 發行

著作兼發行者 京城 北部 齋洞 廿九統四戶　　吳 赫
印刷者　　　京城 南部 上犁洞 三十二統四戶　崔誠愚

印刷所	소		新文舘
發行所	京城 北部 齋洞 卄九統四戶		大倧敎本司

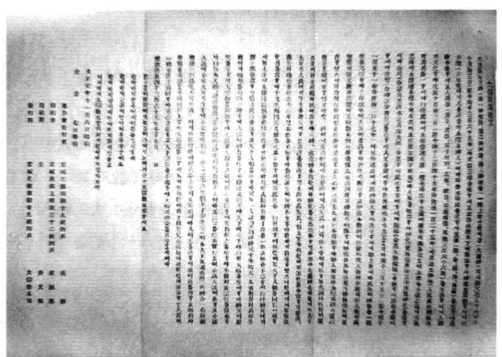

1912년 9월, 오혁이 新文舘에 의뢰하여 인쇄한 「大倧敎施敎文」(한주국종체) 원문.

이렇듯 오혁은 국내 대종교의 안정과 확산에 기여한 공로로 1914년 5월 13일 상교(尙敎)의 교로 오른다. 그리고 대종교 발전에 가일층 노력하던 중 뜻밖의 비보를 접하였다. 1916년 18월 15일, 막역지우이자 대종교를 중광한 교주 나철의 순명(殉命) 소식을 접한 것이다. 동월 16일, 오혁은 만사를 제쳐놓고 나철의 조천(朝天, 대종교에서 교주의 죽음을 일컫는 용어) 상황 조사를 위하여 대종교 국내 남도본사를 대표하여 구월산 삼성사로 달려갔다. 그리고 동월 18일 아래와 같은 「조사보고서」를 작성하여 남도본사로 올렸다.

본원(本員, 오혁 자신을 말함-인용자 주)이 이달 16일 오후 10시 20분에 선생님(나철을 말함-인용자 주) 유족 세 사람을 모시고 기차에 올라서, 17일 아침 4시경 사리원역에 내렸고 날이 밝을 때 떠나서 오후 4시쯤 당지에 이르러서 곧 선생님 유체(遺體)를 절하여 살피고, 또 조천(朝天)하신 사실을 그때 모시고 있던 다섯 사람에게 자세히 물은 즉 그네의 대답에

"선생님이 이달 보름날 새로 1시에 제천의(祭天儀)를 행하시어 2시쯤 식을 마치고 시자들과 함께 사당뜰에 거닐면서 삼성사의 내력을 말씀하시다가, 거의 한 시간 뒤에 수도실로 들어가시어 종이 한 폭에 '자금일상오삼일위시삼일간절식수도 절물개차문(自今日上午三時爲始三日間絶食修道 切勿開此門)'이라 써서 문중방에 붙이게 하시다.
이로부터 다섯 사람들이 혹 산(山) 등에서 산보도 하였고 혹 곁방에서 책을 보았으며, 저녁밥 뒤에는 다섯 사람이 모두 곁방에 모여서 오랫동안 이야기를 하다가 세 사람이 수복방(守僕房)으로 자러 갈 새, 거의 10시쯤 되었고 수도실에는 아직 먹 가는 소리가 들렸다.
두 사람(엄주천·안영중)이 너무나 곤하게 자다가 이

튿날 아침 5시에야 일어나서 선생님의 세수하심을 염려하고 창밖에 가서 살피니, 고요하며 아무 소리가 없거늘 의심이 나서 선생님을 네 차례나 불렀으며 또한 응답이 없는지라 인(因)해 창을 밀고 들어가니, 선생님이 이불·요에 바로 누워서 엄연하시게 옛날 같고 책상 우에 봉한 편지 세 낱을 벌려 놓았을 따름이라"

한다. 이 말대로 미루어 생각하고 또 유서의 날짜를 살펴보면 모두 팔월 십오일 혹은 가배절로 적혔으니, 그 조천하신 때는 15일 하오 11시가 의심이 없고 또한 순명하신 자취를 살피면, 곧바로 누워서 두 손을 드리웠으니 시체를 거두지 아니하였으되 머리로부터 발까지 곧기가 먹줄을 놓은 것 같은지라, 어리석은 생각으로 말하면 한얼이 되시지 않고는 이렇게 될 수가 없을 것이니, 그러므로 일본헌병대 의사가 와서 살피고 저희끼리 말하기를 "그 목숨 끊음을 연구하건대 아무런 물건도 쓰지 않음을 증변(證辨)할 수가 있으니 참으로 선생님, 참으로 선생님이시다"라고 공경하며 탄식하더라 합니다. 이에 유서와 인장을 가지고 가오니 잘 거두심을 바랍니다.

단제강세 사삼칠삼년 병진 팔월 십팔일
특파원 상교 오 혁

대종교 교주 나철의 순명조천은 오혁에게는 하늘이 무너지는 아픔과 같았다. 오혁은 그로 인해 몸져 눕게 된다. 교주 나철의 모든 장례 절차를 마무리한 대종교에서는 1916년 12월 23일, 오혁에게 정교(正敎)의 교질과 함께 대형(大兄)의 교호(敎號)를 올렸다. 당시 오혁이 받은 정교의 자리는 대종교 교주로서의 나철과 김교헌, 그리고 초승(超陞)으로 사교(司敎)에 오른 서일(徐一)을 제외하면, 강우·류근·최전과 더불어 최고의 교질이었다.
그러나 오혁은 정교의 교질을 받은 그 다음날인 12월 24일 서울 권농동 거처에서 심상함을 도리키지 못하고 귀천(歸天)하였다. 당시 대종교에서는 교주 나철과 관교팔년(管敎八年)을 함께 한 그가, 한울길 역시 더불어 오르기 위해 뒤따랐다는 말이 떠돌았다고 한다.

[참고문헌]
『종보』제4호(1909년)·제7호(1910년), 『倧令』제3호·제4호(1911년), 『종문영질』(프린트본, 1922), 『홍암신형조천기』(김교헌 편, 대종교총본사, 1953), 『대종교인과 독립운동연원』(이현익, 프린트본, 1962), 『대종교독립운동사』(박명진, 필사본, 1964), 『대종교중광육십년사』(대종교총본사, 1971), 『한국중흥종교교조론』(신철호, 대종교총본사, 1979), 『海鶴遺書』(李沂, 국사편찬위원회, 1955), 『梅泉野錄』(黃玹, 국사편찬위원회, 1955), 『한국독립사』하(김승학, 독립문화사, 1965), 『대한민국독립운동공훈사』(김후경·신재홍, 한국민족운동연구소출판부, 1971), 『독립운동사』1·7·8(독립운동사편찬위원회, 1970-1975·1976), 『독립운동사자료집』11(독립운동사편찬위원회, 1976), 『한국통사』(백암박은식선생전집편찬위원회, 『백암박은식전집』I , 동방미디어, 2002), 『알소리』3(국학연구소 편, 한뿌리, 2006)

오형묵(吳亨默, 남, 1903-?)

입교 시기 _ 1935년 이전 | 교질 _ 참교

출신지역과 생몰연대를 알 수 없는 인물이다. 대종교 항일단체인 대한군정서(북로군정서)의 통신원을 지낸 것으로 보아, 대종교와 대한군정서를 연결하는 경신조직(警信組織)의 일원이었음이 확인된다.

오형묵의 대종교 교력을 보면, 1935년 4월 8일(음력) 대종교 백일시교당(百一施教堂)의 시교원(施教員)으로 임명된 기록이 전한다. 당시 그의 교질(教秩)은 참교(參教)였다. 그의 대종교 입교 시기가 그보다 훨씬 이전임을 알 수 있다. 백일시교당은 대한군정서의 근거였던 왕청현(汪淸縣) 백초구(百草溝)에 소재했던 시교당으로, 항일투사 한상우(韓相愚)가 전무(典務, 책임자)를 맡았으며 찬무(贊務, 부책임자)에는 현천극(玄天極)·최원일(崔元一)·심동식(沈東植) 등 항일투사들이 임명되어, 오형묵과 더불어 대종교 포교를 통한 항일투쟁의 선봉에 섰다.

[참고문헌]
『대종교중광육십년사』(대종교총본사, 1971), 「政治犯 自首申告者에 관한 건」(不逞團關係雜件-朝鮮人의 部-在滿洲의 部26, 機密 第36號; 秘受 1441號, 한국사DB, 국사편찬위원회)

오호준(吳昊俊, 남, 생몰 미상)

입교 시기 _ 1921년 이전 | 교질 _ 참교

출신지역과 생몰연대를 알 수 없는 인물이다. 일제의 문서에서도 찾을 수가 없다. 오호준은 1921년 12월 1일(음력, 이하 음력) 참교(參教)의 교질(教秩)을 받았다. 그리고 1922년 3월에는 대종교 동이도본사(東二道本司) 제3지사 종사감정(宗事監正)을 맡아 전사(典事, 지사의 총책임자)인 한기욱(韓基旭)을 도와 관할 구역을 이끌었다.

동이도본사 제3지사는 밀산현(密山縣) 동촌(東村)에 그 근거를 두고, 흑룡강성 의란현(依蘭縣) 전체와 그에 붙어있는 연해주지대의 교구를 관할한 조직이었다. 또한 오호준이 맡은 종사감정이란 관할 교구의 시교당(施教堂) 설당(設堂) 문제와 사회사업에 관한 업무를 담당하는 자리였다. 한편 제3지사를 이끈 한기욱과 계사감정(計事監正)을 맡은 한기중(韓基仲) 그리고 종사감찬(宗事監贊)으로 활동한 김백련(金百鍊) 등이 대종교 항일투쟁의 거물들이었음을 볼 때, 오호준 역시 대종교 항일투쟁에 깊이 관여한 인물임을 짐작할 수 있다.

오호준은 1925년 11월 17일에도 동이도본사 밀산현구(密山縣) 구역을 관할하는 대종교시교원으로 임명되었다. 오호준이 만주 독립운동의 주요 근거지였던 밀산현을 근거로 대종교 포교를 통한 항일투쟁을 전개한 인물임을 확인시켜 준다.

[참고문헌]
『종문영질』(프린트본, 1922), 『대종교중광육십년사』(대종교총본사, 1971), 「大倧教施教堂一覽表(1926年)」(延边朝鲜族自治州档案馆 全宗号42 目录号1 案卷号343, 和龙县历史档案 和龙县警察所, 令各区查禁韩人设立大倧教堂由, 民国十五年五月十二日)

옥기조(玉基祚, 남, 생몰 미상)

입교 시기 _ 1926년 이전 | 교질 _ 미상

출신지역과 생몰연대를 알 수 없는 인물이다. 대종교의 입교 시기과 영계(靈戒) 사항에 대한 기록도 전하지 않는다. 그러나 대종교만주포교금지령이 내려진 직후인 1926년 만주 당국에 의해 압수된 대종교의 문건에 옥기조가 등장하고 있다. 대종교만주포교금지령은 1926년 일본의 압력을 받은 만주 길림성장(吉林省長) 장작상(張作相)에 의하여 취해진 조치로, 이로 인해 동·서·북 3개의 대종교도본사가 해체되었고, 국내 서울에 잔존하던 남도본사마저 폐쇄된 사건이다.

압수된 문서 중에 실려 있는 「대종교시교당일람표(大倧教施教堂一覽表)」에는, 옥기조가 대종교 삼성시교당(三成施教堂)의 찬무(贊務, 부책임자)를 맡은 기록이 있다. 그의 대종교 입교가 그 이전으로 올라감을 알 수 있다. 삼성시교당은 길림성(吉林省) 부여현(扶餘縣) 삼가자(三家子)에 소재했던 시교당으로, 처음 설치된 때는 1922년 7월 24일(음력)이다. 설립 당시 전무(典務, 책임자)는 이시행(李時行)이었으며 항일투사 신형규(辛亨奎)가 시교원(施教員)을 맡아 활동하였고, 성하식(成夏植)이 삼성시교당에 삼흥학교(三興學校)를 병설하여 교육활동에 매달렸다.

1926년 옥기조가 찬무를 맡았을 때는 강두환(姜斗桓)이 전무를 맡아 이끌었으며 강응도(姜應道)가 옥기조와 더불어 찬무를 맡아 강두환을 도왔다. 옥기조 등은 부여현 도뢰소참(陶賴昭站) 북삼가자회육당(北三家子會育堂)에 연락 거점을 두고 114명의 교인을 이끌며 활동하였으나, 그의 이후 행적은 전하지 않는다.

[참고문헌]
『대종교중광육십년사』(대종교총본사, 1971), 「大倧教施教堂一覽表(1926年)」(延边朝鲜族自治州档案馆 全宗号42 目录号1 案卷号343, 和龙县历史档案 和龙县警察所, 令各区查禁韩人设立大倧教堂由, 民国十五年五月十二日)

우덕순(禹德淳, 남, 1880-1950)

아호(별명) _ 일선(日善), 단운(檀雲), 우홍(禹鴻), 우연준(禹連俊)
입교 시기 _ 1921년 이전 | 교질 _ 지교 | 서훈 _ 독립장(1962)

충청북도 제천시 청풍면(淸風面) 황석리(黃石里) 출신이다. 어려서 상경하여 한성부(漢城府)의 서부(西部) 여경방(餘慶坊, 현 서울특별시 종로구 신문로)에 본적을 두어, 서울 출신으로도 언급되고 있다.

우덕순

우덕순은 서울 동대문 부근에서 잡화상을 운영하다가 을사늑약(乙巳勒約) 이후인 1906년 초에 러시아 연해주 지방의 블라디보스토크로 넘어갔다. 그곳에서 동지들의 지원을 받아 학교를 세워 청년 교육에 힘쓰는 한편, 1907년에는 안중근(安重根)·이범윤(李範允) 등과 더불어 의병 양성에도 노력하였다.

1908년 안중근이 이끄는 300명의 의병과 함께 국내 함경북도 경흥군(慶興郡) 홍의동(洪儀洞)의 일본군과 회령(會寧)의 일본 군영 공격에 참여하였다. 그러나 회령전투에서 포로가 되어 징역 7년형을 선고받고 복역 도중 탈출하여 다시 블라디보스토크로 돌아갔다. 1909년 10월 블라디보스토크에서 다시 안중근을 만나 국권 피탈의 원흉인 이토 히로부미를 처단하는 거사에 동참하였다.

1909년 10월 26일 만주 지역을 순방하는 이토 히로부미를 처단하기 위하여 우덕순은 길림성 서북로도(西北路道) 신성부(新城府) 채가구역(蔡家溝驛)에서 대기하고, 안중근은 하얼빈역에서 대기하였는데, 이토 히로부미가 탄 기차는 채가구역에 정차했으나, 일제가 채가구역을 패쇄해 감금되어 거사를 실행하지 못하고, 열차는 그대로 하얼빈역에서 정차하였다. 이에 안중근이 이토 히로부미를 처단하는 데 성공한 뒤 공범자로 체포되어 여순(旅順)에서 함께 재판을 받았다.

안중근 의사가 이토 히로부미를 사살하기 3일 전인 1909년 10월 23일 오전, 이발소에서 머리를 깎고 동지들과 함께 찍은 사진.(왼쪽부터 안중근, 우덕순, 유동하)

당시 안중근은 현장에서 체포되어 사형당했으며, 우덕순은 징역 3년형을 언도받았다. 그러나 경성감옥에서 수감 중이던 1908년의 함흥감옥 탈옥사건이 드러나 형이 추가되어 7년간의 옥고를 치르고 1915년 2월 출옥하게 된다. 출옥 후에는 만주로 망명하여 그곳에서 교육 및 대종교 활동에 종사하며 독립운동에 힘썼고, 1923년 11월부터는 흑룡강성 빈강현(濱江縣) 하얼빈 도리지구(道裡地區) 조선일보 분국에 거점을 두고 활동하였다.

해방을 맞아서도 흑룡강성의 한인민단(韓人民團) 위원장의 자격으로 아들과 함께 동포들의 본국 수송에 열정을 기울

였다. 그리고 귀국한 뒤인 1948년에는 대한국민당(大韓國民黨)의 최고위원으로 추대되었으며, 대종교에도 참여하여 활동하다가 1950년 한국전쟁이 발발한 직후 사망하였다.

우덕순의 사망 경위에 대해서는 엇갈린다. 한국전쟁이 발발한 뒤, 미처 피난하지 못하고 서울에 남아 있다가, 그해 9월 26일에 북한군에 의해 처형되었다는 설이 있다. 또한 전쟁 당시 북한군에 의해 납북되어 그 해 9월 평양형무소에서 학살되었다고도 한다. 한편 대종교 항일투사 이현익(李顯翼)의 기록에는 한국전쟁 당시 서울에서 병사(病死)한 것으로 적고 있다. 좀더 추적해 보아야 할 부분이다.

[교력]

우덕순과 관련된 대종교의 입교 기록이나 영계(靈戒) 사항에 대해서는 남아 있는 것이 없다. 그러나 우덕순이 1923년 3월 5일(음력, 이하 음력) 대종교 합성시교당(哈成施敎堂)의 전무(典務, 책임자)를 맡아 시무한 기록이 전한다. 그 당시 우덕순의 대종교에서의 위치는 '형제(여자는 자매)'의 지위였다. 형제란 입교하여 영계를 받기 이전의 단계를 일컫는 것이다. 그의 대종교 입교가 그 이전에 이루어졌음을 확인시키고 있다.

그러므로 생존 항일투사로 우덕순과도 함께 활동했던 박명진(朴明鎭)은, 그의 『대종교독립운동사』(필사본, 1964)라는 기록에서 1910년대 후반 한기욱(韓基昱)이 이끌던 대종교 북일도본사(北一道本司)의 주요 교인으로 우덕순을 꼽고 있다. 당시 북일도본사에 속한 주요 교인들의 명단을 보면, 우덕순과 박명진 외에도 윤복영(尹復榮)·김서종(金書鍾)·김백원(金百源)·심근(沈權)·김백(金白)·김정일(金廷一)·남진호(南鎭浩)·윤정(尹鋌) 등, 항일투쟁의 거물들이 속해 있었다. 대종교 항일투사 이현익 역시 『대종교인과 독립운동연원』이라는 글 속에서 우덕순을 1백여명의 대종교 항일투사들의 명단 속에 넣고 있다. 그리고 우덕순이 대종교 항일단체인 대한군정서(북로군정서) 및 신민부(新民府)의 요원으로 활약했음을 증언하고 있다. 우덕순의 대종교 입교가 대한군정서 시절일 가능성을 시사해주는 부분이다. 우덕순이 전무를 맡았던 합성시교당은 빈강현 하얼빈 시내에 소재했던 시교당으로 북일도본사 제1지사(第一支司)에 속한 시교당이었다. 강윤선(姜允善)과 최종성(崔鍾聲)이 찬무(贊務, 부책임자)를 맡아 우덕순을 도왔다. 한편 북일도본사는 1922년 2월 11일에 길림성 백두산의 북쪽에 그 거점을 잡고 세워진 도본사로, 항일투쟁의 거물이자 대종교 지도자였던 정신(鄭信, 鄭潤)이 총책임을 맡고 있었다.

우덕순은 그 해 4월 대종교 비밀조직에도 참여하였다. 만몽산업회(滿蒙産業會)가 그것이다. 만몽산업회는 당시 대종교 교주였던 김교헌(金敎獻)이 직접 앞장서 주도한 것으로, 청산리독립전쟁 이후 각 곳으로 흩어진 대종교 세력의 재건을 위해 도모한 비밀조직이었다. 그 조직에 참여한 주요 인물들을 보면 김교헌(당시 대종교 교주)과 우덕순을 비롯하여 김원식(金遠植)·김규식(金奎植)·최계화(崔桂華)·유정근(兪政根)·김좌진(金佐鎭)·조성환(曺成煥)·현천묵(玄天默)·원풍(元豊) 등 모두 대종교의 핵심들이었다. 우덕순이 대종교 재건을 위해 대종교지도자들을 중심으로 조

직된 비밀단체 만몽산업회에 가담했다는 것은, 그 이전에 이미 대종교에 깊이 관여했다는 것을 말해 준다. 또한 그의 대종교적 위치 역시 상당했을 것으로 말해 주고 있다. 다만 이 시기 우덕순의 친일 밀정(密偵) 문제가 걸림돌이다. 우덕순이 1920~30년대 하얼빈과 치치하얼 등 만주 지역에서 친일단체인 조선인민회(朝鮮人民會)의 간부로 활동했다는 전력이 그 근거가 되었다. 조선인민회는 일제가 조선인들을 통제하기 위해 만든 친일단체였다. 일각에서는 우덕순이 그곳에 몸을 담고 일본의 정보기관인 특무기관과 밀접한 관계였으며, 조선인과 독립운동가를 감시하고 활동 정보를 수집하여 넘겼다고 비판한다.

그러나 해방 이후 대종교 내부에서의 우덕순에 대한 평가는 이와는 다르다. 그의 조선인민회의 참여가 오히려 대종교 비밀결사 활동을 위한 수단이라는 의견이 그것이다. 해방 이후 친일 문제를 어떠한 단체보다도 엄격히 문제 삼았던 대종교이고 보면, 그러한 평가가 형식적 결론이 아님을 시사해준다. 특히 그와 하얼빈 지역에서 항일투쟁 활동했던 박명진은, 그를 그 시기 북일도본사의 핵심교인으로 꼽고 있음이 주목된다. 이현익 역시 일제강점기 1백여 명의 대종교 항일투사를 언급함에 우덕순을 빼놓지 않음도 이러한 이유였다.

대종교에서는 환국 직후인 1946년 3월 24일, 우덕순에게 대종교총본사의 특별 추천으로 지교(知敎)의 교질(敎秩)을 수여함과 동시에 경의원(經議院)의 참의(參議)로도 선임하였다. 당시 경의원 원장은 이시영(李始榮)이 추대되었으며, 이동하(李東廈)가 부원장을 맡았다. 그리고 비서로 지명된 고평(高平)을 비롯하여 윤복영·김승학(金承學)·황학수(黃學秀)·신백우(申伯雨) 등 수십 명으로 모두 항일투쟁의 지도급 인물들이었다. 우덕순은 같은 해 4월 27일 상무참의(常務參議)로도 천거되어 명실공히 대종교 원로의 반열에 올라섰다.

[참고문헌]
『대종교보』제57호(1923년)·환국기념호(1946년)·제150호(1946년), 『대종교인과 독립운동연원』(이현익, 프린트본, 1962), 『대종교독립운동사』(박명진, 필사본, 19640), 『대종교중광육십년사』(대종교총본사, 1971), 『臨時報 第172號(大倧敎 設立計劃)』(不逞團關係雜件-朝鮮人の部在滿洲の部36, 關機高收 第5452號-1; 機密受第262號, 한국사DB, 국사편찬위원회), 『고등경찰요사』(경상북도경찰부, 1937), 『무장독립운동비사』(채근식, 대한민국공보처, 1949), 『梅泉野錄』(황현, 국사편찬위원회, 1955), 『한국독립사』하(김승학, 독립문화사, 1965), 『독립운동사』1·7(독립운동사편찬위원회, 1970-1976), 『독립운동사자료집』11(독립운동사편찬위원회, 1976), 「우덕순의 민족운동과 해방공간 활동」(신운용, 『한국민족운동사연구』81, 한국민족운동사학회, 2014)

원무의(元武儀, 남, 생몰 미상)
입교 시기_ 1922년 | 교질_ 미상

츨신지역과 생몰연대를 알 수 없는 인물이다. 일제의 기록에서도 찾을 수가 없다. 1922년 10월 13일(음력, 이하 음력) 대종교 장일시교당(帳一施敎堂)의 찬무(贊務, 부책임자)를 맡은 기록이 있다. 장일시교당은 대종교 동일도본사 제1지사에 속한 시교당으로 영안현(寧安縣) 해림시(海林市)에 위치해 있었다. 당시 책임자는 항일투쟁의 거두 강인수(姜寅秀)로 대한군정서(북로군정서)와 북만경학연구회(北滿耕學研究會), 신민부(新民府)와 한족연합회(韓族聯合會) 등, 대종교 항일단체에 몸을 담고 활동한 인물이었다. 원무의 역시 항일투쟁과 무관치 않았음을 직감케 한다.

원무의는 1923년 1월 2일 대종교총본사에서 발기한 소부계(蘇扶契)에도 발기인으로 참여하였다. 소부(蘇扶)란 부여(扶餘)와 같은 이름으로 부여민족의 중흥을 내세웠던 대종교의 정신을 그대로 담은 명칭이었다. 소부계의 주요 목적은, 대종교 교우 간에 친목을 도모하고, 교인 경조사의 상부상조와 대종교 발전에 협찬하는 것이었다. 또한 각시교당에 조직케 하고 회의는 매년 어천절(음력 3월 15일)과 개천절(음력 10월 3일)에 개최하도록 하였다. 소부계의 발기인을 보면 원무의를 비롯하여 나병수(羅秉洙)·허류·현천극(玄天極)·김근우(金瑾禹)·이종수(李鍾琇)·김연원(金演元)·최충호(崔忠浩)·김영선(金榮璿)·민윤식(閔胤植)·권목(權穆)·이곤(李坤)·원무의(元武儀)·김백(金白) 등 13인으로, 대부분 항일투쟁의 일선에 섰던 인물들임이 주목된다.

원무의의 대종교 교력을 살피면, 장일시교당의 찬무를 맡을 당시 '형제(兄弟)'의 위치에 있었다. 대종교에서의 '형제'란 남자 교인으로 입교는 하였으나 영계(靈戒)를 받기 이전의 단계를 칭하는 것이다. 원무의가 장일시교당의 찬무를 맡을 당시 영계와 교질(敎秩)은 받지 못했음을 말해준다. 소부계 참여 당시의 교질에 대해서는 따로 기록된 것이 없다.

[참고문헌]
『대종교보』제57호(1923년), 『대종교중광육십년사』(대종교총본사, 1971)

원봉천(元奉天, 남, 1891-?)
입교 시기_ 1922년 | 교질_ 미상

강원도 원주군 출신으로, 일찍이 향리를 떠나 함경북도 회령에서 농사와 함께 한문을 익힌 인물이다. 이후 북간도 국자가(局子街)를 거쳐 삼도구(三道溝)로 옮겨가 서당에서 교사 생활을 하였다. 1920년 4월에는 연해주 신한촌(新韓村)으로 넘어가 약방에 취직하여 운신하다가, 1921년 1월에 개교한 그곳 동흥학교(東興學校)의 교사로 들어가 항일의식을 담은 교육을 실시하였다. 이 학교는 대종교 계열의 학교로, 연초회사에서 사용하던 것을 임대한 것이다. 교과 과정으로는 산술·역사·지리·작문·창가·한문·체조·국어(조선어)·도화(圖畵)·이과(理科)·박물(博物)·수신(修身) 등을 교수하였다.

원봉천의 대종교 교력을 살피면 1922년 어천절(御天節, 음력 3월 15일)에 대종교 동이도본사 제2지사의 계사감찬(計事監贊)에 임명된 기록이 있다. 계사감찬이란 지사의 계사감정(計事監正)을 도와 수지계산(收支計算)과 물품보관의 종무를 집행하는 자리였다. 당시 원봉천은 대종교에 입교하여 영계(靈戒)를 받기 전 단계인 '형제'의 위치에 있었다. 그의 대종교 입교가 그 이전에 이루어졌음을 알려준다. 주목되는 것은 제2지사의 책임자가 블라디보스톡과 동북만주 독립운동의 거두 이기(李起)라는 인물이 맡고 있었다. 또한 종사감정(宗司監正)을 맡은 인물 역시 연해주 항일투쟁의 거두 김익형(金翼衡)이었다. 원봉천이 대종교 항일투쟁과 연관될 수밖에 없는 정황이 그대로 나타난다.

[참고문헌]
『대종교중광육십년사』(대종교총본사, 1971), 「鮮人의 행동에 관한 건(崔鳳鎭 來浦에 관한 건 외 3건)」(不逞團關係雜件-朝鮮人의 部-在西比利亞11, 機密 제27호, 한국사DB, 국사편찬위원회)

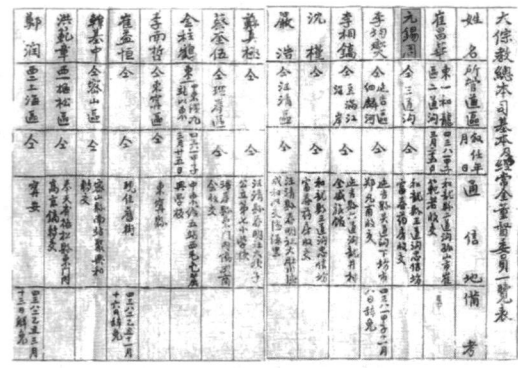

만주 지역 대종교포교금지령 이후, 만주 당국에 의해 압수된 대종교 문서 중의 일부.(大倧敎總本司基本及經常金董督委員一覽表) 오른쪽 상단에 元錫周(네모 안)라는 이름이 적혀 있다.

원석주(元錫周, 남, 1891-?)
입교 시기_ 1918년 이전 | 교질_ 지교

출신지역과 생몰연대를 알 수 없는 인물로, 연길현 국자가(局子街) 잡거지(雜居地)에 거주하며 농무계(農務契) 활동을 전개했다. 당시 만주 지역으로 이주한 한인들 가운데 일부는 적극적인 무장 항일 투쟁을 전개하는가 하면, 많은 이주민들이 중국 관청과 관리의 착취와 억압에 반대하는 농민투쟁을 전개하기도 했다. 특히 1909년 '국적조례(國籍條例)'가 제정되고, 1912년 '국적법'이 반포되면서 한인 이주민들에게는 입적(入籍)이 강요되었다. 이에 지방 관리들은 입적비를 강요하며 많은 사익을 추구하고 있었다. 이러한 지방 관청의 착취와 억압에 반대하기 위하여 만주에서 한인 이주민들의 반대 투쟁도 만만치 않았다.
그 중 규모가 제일 큰 것이 국자가 서쪽에 위치한 상발원(祥發源) 지역 농민들의 투쟁이었다. 상발원은 농무계 조직의 활동이 활발한 곳이었다. 그런데 중국 순경을 대동한 일부 관리가 상발원에 와서 집집마다 30전의 간민회 회비를 강요하였다. 이에 격분한 농민들이 이들이 위법 행위를 고발하는 투쟁을 전개하였다. 상발원의 농민들은 1914년 1월 7일 입적비 비리를 저지른 자의 징계를 요구하며, '거민등장(擧民登狀, 온 농민이 일어나다)'이라는 깃발을 내세우고 투쟁을 전개하였다.
이 투쟁에는 연길현·화룡현·왕청현 이주민 마을의 농민들도 참여하면서, 대표 수백명이 파견되었다. 이들은 연변의 최고 정치 기구인 동남로관찰서에 가서 탐관오리의 죄목을 열거하고, 입적비와 간민회 회비 강요 행위를 비판하며 반대하였다. 이에 맞서 당국은 무장한 지방 주둔군 100여 명을 동원하여 300여 명의 시위 군중을 체포·감금하였다. 분노한 시위 군중들은 체포된 사람들의 즉각 석방을 요구하며 6~7일간 관청을 포위하였다. 시위대는 탐관오리의 처벌과 체포된 사람들의 석방을 강력하게 요구하였다. 당시 원석주는 국자가 상부지(商埠地)에 거주하던 원용환(元容瑍)과 이 사건의 해결을 위하여 감금된 농민들을 위한 적극적인 활동을 전개하였다.

원석주는 1918년 1월 13일(음력, 이하 음력) 대종교 참교(參敎)의 교질(敎秩)을 받은 인물이다. 그보다 훨씬 이전에 대종교에 입교한 것이 확인된다. 또한 1922년 3월 1일에는 지교(知敎)의 교질로 승질(陞秩)했다. 그리고 1924년 3월 25일 화룡현 삼도구(三道溝)를 관할하는 '대종교총본사 기본 및 경상금 동독위원(大倧敎總本司基本及經常金董督委員)'으로도 임명되어 대종교 자금 확보의 중심인물로 자리 잡았다. 더불어 그 시기 항일투사 최일(崔一)과 함께 대종교 청일시교당(靑一施敎堂)의 찬무(贊務, 부책임자)를 맡아 시무했다. 청일시교당은 1910년대초 대종교의 거점이었던 화룡현 명신사(明新社) 청파호(靑坡湖)에 소재한 시교당으로, 원석주는 삼도구 충신장(忠信場) 부춘약방(富春藥房)에 거점을 두고 활동하였다.
원석주는 1937년 8월 24일에도 화룡현 청파호를 관할하는 대종교 재만교구경상금수납위원(在滿敎區經常金收納委員)으로 임명되어 대종교 재정의 중심인물임을 다시금 확인시켰으나, 그 이후의 교력은 전하지 않는다.

[참고문헌]
『대종교교보』제115호(1937년), 『종문영질』(프린트본, 1922), 「大倧敎施敎堂一覽表(1926年)」(延边朝鲜族自治州档案馆 全宗号42 目录号1 案卷号343, 和龙县历史档案 和龙县警察所, 令各区查禁韩人设立大倧敎堂由, 民国十五年五月十二日), 「農務契員 等 暴動時 關知事의 措置에 관한 건」(不逞團關係雜件-朝鮮人의 部-在滿洲의 部3, 朝憲機 第49號;秘受 898號, 한국사DB, 국사편찬위원회), 『중국 조선민족 발자취 총서-불씨』2(중국조선민족발자취편집위원회, 민족출판사, 1999)

원풍(元豐, 남, 1867-?)
입교 시기_ 1923년 이전 | 교질_ 미상

평안남도 용천군(龍川郡) 출신으로 만주 해림(海林) 지역을 거점으로 활동한 인물이다. 1920년 9월에 설립된 해림조선인민회 총무를 맡아 그 지역 수전개발(水田開發)에도 적극 앞장섰다.

원풍은 1922년 6월 25일(음력)에는 해림 지역 인물들이 중심이 된 북만경학연구회(北滿耕學研究會) 조직에 발기인으로 참여하여 감찰원으로 선임되었다. 이 회의 표면적 목적은 그 지역 조선인의 지식계발과 산업·교육·경제를 진흥시키는 방법 모색하자는 것이었으나, 그 이면은 대종교의 외곽조직과 같은 것이었다. 회장 김영선(金榮璿) 부회장 강인수(姜寅秀), 교육부장 김흥원(金興元), 경제부장 이재근(李在根) 등이 모두 그 지역 대종교의 핵심임을 보더라도 알 수 있다.

원풍의 대종교 관련 교력은 교단 내에는 전하는 것이 없다. 그러나 1923년 4월경에 조직된 만몽산업회(滿蒙産業會)에 가담한 기록이 주목된다. 만몽산업회는 당시 대종교 교주였던 김교헌(金敎獻)이 직접 앞장서 주도한 것으로, 청산리독립전쟁 이후 각 곳으로 흩어진 대종교 세력의 재건을 위해 도모된 비밀조직이었다.

만몽산업회에 참여한 주요 인물들을 보면 김교헌(당시 대종교 교주)과 원풍을 비롯하여 우덕순(禹德淳)·김원식(金遠植)·김규식(金奎植)·최계화(崔桂華)·유정근(兪政根)·김좌진(金佐鎭)·조성환(曺成煥)·현천묵(玄天默) 등 모두 대종교의 핵심들이었다. 원풍이 대종교 재건을 위해 대종교지도자들을 중심으로 조직된 비밀단체 만몽산업회에 가담했다는 것은, 그 이전에 이미 대종교에 깊이 관여했다는 것을 말해 준다. 또한 그의 대종교적 위치 역시 상당했을 것으로 추정되는 이유다.

[참고문헌]
「臨時報 第119號(東支線 鮮人狀況)」(不逞團關係雜件─朝鮮人의 部─在滿洲의 部32, 關機高收 第2585號-1; 機密受第140號, 한국사DB, 국사편찬위원회). 「北滿耕學研究會 設立의 건」(不逞團關係雜件─朝鮮人의 部─在滿洲의 部33, 機密 第177號; 機密受第179號, 한국사DB, 국사편찬위원회). 「臨時報 第172號(大倧敎 設立計劃)」(不逞團關係雜件─朝鮮人의 部─在滿洲의 部36, 關機高收 第5452號-1; 機密受第262號, 한국사DB, 국사편찬위원회)

원후상(元厚常, 남, 1889-?)
입교 시기 _ 1923년 이전 | 교질 _ 미상

함경남도 원산부(元山府) 출신으로 1920년대 만주 해림(海林) 지역에서 활동한 인물이다. 원후상은 1920년대 초반 일제의 어용기관인 해림 지역 조선인민회(朝鮮人民會)의 총무를 맡은 기록이 있다. 또한 1924년에는 영고탑(寧古塔) 지역 발해청년회(渤海靑年會)의 회장을 맡아 지역 청년들의 지·덕·체육의 함양에 앞장섰다. 이 청년회는 1922년 7월에 대종교인 최계화(崔桂華)를 중심으로 조직된 단체로, 당시 원후상은 평북 선천(宣川) 출신의 강해원(姜海源, 부회장)과 20여명의 회원을 중심으로 움직였다.

원후상과 관련한 대종교단 내의 기록은 전무하다. 다만 1923년 4월, 하얼빈을 거점으로 만몽산업회(滿蒙産業會)라는 이름을 내걸고 대종교 재건을 모색하려는 움직임에 가담한 기록이 있다. 원후상은 최계화·김백(金白)·조문백(趙文伯)과 해림 지역을 대표하여 참여했는데, 당시 원후상의 신상이 해림 지역 대종교 교인으로 기록되어 있다. 그 이전에 이미 대종교에 입교한 것을 알 수 있다. 한편 또 다른 일제의 기록에는 원후상이 52명의 신도들을 이끌고 해림 지역의 감리교 교회를 선도한 것으로도 나타난다.

만몽산업회의 명단. 중간 부분에 元厚常(네모 안)과 大倧敎信徒라는 기록이 보인다.

[참고문헌]
「臨時報 第172號(大倧敎 設立計劃)」(不逞團關係雜件─朝鮮人의 部─在滿洲의 部36, 關機高收 第5452號-1; 機密受第262號, 한국사DB, 국사편찬위원회). 「哈爾賓以東 鐵道沿線 在住鮮人 情況에 관한 件」(朝鮮人에 대한 施政關係雜件 一般의 部3, 機密 제7호, 한국사DB, 국사편찬위원회). 「哈爾賓日日新聞(大正13年5月7日). 『만주지역 한인의 민족운동사』(신주백, 아세아문화사, 1999)

유경관(劉景寬, 남, 생몰 미상)
입교 시기 _ 1922년 이전 | 교질 _ 미상

중국 산동성(山東省) 등주부(登州府) 출신의 중국인으로, 장백현(長白縣)으로 이주(移住)한 인물이다. 그는 그곳에서 소지주(小地主)의 지위로 한국 소작인 10여호를 거느리고 편안한 생활을 누렸다 한다. 국내 3·1독립만세운동이 일어나자, 그가 살던 지역에 한국인 항일단체인 광정단(光正團)이 조직되었다. 광정단에서 무기운반대(武器運搬隊)를 조직하여 노령(露領)으로 출동할 당시 유경관은 자신의 모든 재산을 헌납하였다.

이후 독립군과 동진동퇴(同進同退)하며 무송(撫松)으로 이주하였다. 이곳에서 대종교 항일투사 이현익(李顯翼) 등을 만나 수년 간 동고동락을 하였다. 또한 광정단원들과 길돈(吉敦事變), 만보산사건(萬寶山사건), 만주사변(滿洲事變) 등을 당하면서도 중국인으로서 항일투쟁의 의지를 꺾지 않았던 인물이다. 그는 연로(年老)한 몸으로도 우리 독립군들과 똑같이 열악한 의식주를 감당하였고, 중국인 친구들이 소외시켜도 괘념치 않았다 한다. 더욱이 국내에서 입만(入滿)한 우리 동포들 중에서도 물색없이 '되놈'이라 박대하여도 서투른 한국어를 구사하며 기꺼이 넘겼던 인물이었다.

유경관의 대종교 교력은 교단 내에 따로 전하는 것이 없다. 다만 그와 무송현에서 동고동락한 대종교 항일투사 이현익의 기록에 등장할 뿐이다. 이현익은 유경관이 대종교에 입교한 이후 후회나 불만의 기색 한 번 없이 지극한 신앙심을 보였다고 회고하였다. 아마도 광정단 시절 입교한 것으로 추정되나 확실치 않다. 특히 유경관은 대종교 항일투사인 단애(檀崖) 윤세복(尹世復)과 소림(嘯林) 김호(金虎)를 존경했다 한다.

[참고문헌]
『대종교인과 독립운동연원』(이현익, 프린트본, 1963)

유백(兪栢, 남, 생몰 미상)
아호(별명) _ 유백(兪柏)
입교 시기 _ 1922년 | 교질 _ 미상

출신지역과 생몰연대를 알 수 없는 인물이다. 1922년 5월 당시 김하평(金河平)·김봉순(金鳳淳)·이도원(李道源)·남규강(南奎綱)·김계준(金桂俊)과 더불어 돈화현(敦化縣) 대교하(大橋河) 지역을 대표하는 한족공산당 간부를 맡아 활동한 기록이 전한다.

유백의 대종교 교력을 살피면 1922년 2월 13일(음력) 대종교 돈성시교당(敦成施敎堂)의 찬무(贊務, 부책임자)를 맡은 기록이 있다. 돈성시교당은 돈화현 이도량자(二道梁子)에 소재한 시교당으로 항일투사 김정일(金廷一)이 전무(典務, 책임자)를 맡아 시무한 곳이다. 또한 유백과 같이 찬무를 맡은 남진호(南鎭浩) 역시 대한군정서(북로군정서)의 군법국(軍法局) 이사(理事)를 지낸 인물로, 모두 북간도 항일투쟁의 중심인물이었다. 그러므로 대종교인으로 항일투쟁에 앞장섰던 박명진(朴明鎭)의 기록에도, 한기욱(韓基昱)이 이끄는 대종교 북일도본사(北一道本司)의 주요 교인으로 유백을 올리고 있다.

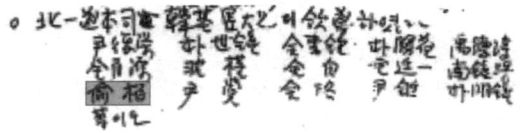

대종교 항일투사 朴明鎭의 기록에, 대종교 北一道本司의 주요 교인으로 兪栢(네모 안)이 올라 있다.

유백의 대종교 입교시기는 분명치 않으나, 1922년 6월 4일(음력) 영계(靈戒)를 받았다. 그가 돈성시교당의 찬무로 임명될 당시의 종교적 위치가 '형제'였음을 보면, 1922년 2월 13일(음력) 이전에 이루어졌다는 것만 확인된다. 대종교에서의 '형제'란 입교하여 영계(靈戒)를 받기 이전의 단계를 말하는 것이다.

[참고문헌]
『대종교보』제54호(1922년), 『대종교중광육십년사』(대종교총본사, 1971), 『대종교독립운동사』(박명진, 필사본, 1963), 『寧安, 額穆 및 敦化縣 地方 韓族共産黨의 機關에 관한 件』(不逞團關係雜件-朝鮮人의 部-鮮人과 過激派3, 機密 제221호, 한국사DB, 국사편찬위원회)

유병열(兪炳烈, 남, 생몰 미상)
입교 시기 _ 1923년 | 교질 _ 미상

출신지역과 생몰연대를 알 수 없는 인물로 일제의 문서에서도 찾을 수가 없다. 1923년 6월 15일(음력) '형제'의 자격으로 대종교 동이도본사(東二道本司) 관할 화일시교당(化一施敎堂)의 찬무(贊務, 부책임자)를 맡은 기록이 있다. 그의 대종교 입교가 그 직전에 이루어졌음을 알 수 있다.

화일시교당은 동녕현(東寧縣) 소수분(小綏芬) 한총하(寒蔥河)에 위치한 시교당으로 유승권(兪承權)이 전무(典務, 책임자)를 맡아 시무하였으며, 김창락(金昌洛)이 찬무로 임명되어 활동하였다. 특히 유병렬과 함께 찬무를 맡았던 김창락은 국내 3·1독립만세운동이 일어날 당시 북만주 밀산부(密山府) 한흥동(韓興洞)에 거주하며, 연해주의 엄인섭(嚴仁燮)과의 교감을 통해 지역 인물들과 항일투쟁을 위해 맹약했던 인물이다.

이후 유병렬은 1926년까지도 화일시교당애 몸을 담고 활동하였다. 다만 차이가 있다면 그가 전무(책임자)의 위치가 되어 시무했다는 것이다. 김창락은 당시에도 찬무를 맡아 유병렬을 도왔으며, 유한준(兪漢濬)이 찬무로 참여하여 화일시교당을 이끌었다.

[참고문헌]
『대종교보』제58호(1923년), 『대종교중광육십년사』(대종교총본사, 1971), 「大倧敎施敎堂一覽表(1926年)」(延边朝鲜族自治州档案馆 全宗号42 目录号1 案卷号343, 和龙县历史档案 和龙县警察所, 令各区查禁韩人设立大倧敎堂由, 民国十五年五月十二日), 「鮮人의 盟約에 관한 건」(不逞團關係雜件-朝鮮人의 部-在西比利亞7, 機密 제35호, 한국사DB, 국사편찬위원회)

유성일(兪成一, 남, 생몰 미상)
입교 시기 _ 1922년 | 교질 _ 미상

출신지역과 생몰연대를 알 수 없는 인물이다. 일제의 기록에서는 찾을 수 없으며, 1920년대 대종교의 문건에서만 발견되고 있다.

유성일의 대종교 교력을 보면 1922년 11월 11일(음력, 이하 음력) 대종교 동일도본사(東一道本司)의 추천으로 영계(靈戒)를 받은 기록이 전한다. 그의 대종교 입교가 그 이전으로 올라감을 알 수 있다. 화일시교당은 1922년 2월 1일에 설치된 시교당으로, 대종교계 대한군정서(북로군정서)의 근거였던 왕청현(汪淸縣) 춘화향(春華鄕) 용북동(龍北洞)에 소재하였다. 당시 박승명(朴承明)이 전무(典務, 책임자)를 맡고 있었음도 주목된다. 박승명은 대한군정서에 참여하여 경신활동(警信活動)을 전개했던 인물이다. 그는 용북동에 거주하면서 대한군정서 경신국(警信局) 제4분국 제1과장을 맡아, 그 지역의 경사(警査)와 통신(通信)을 담당하였다.
한편 대한군정서 조직의 근간이 경신조직(警信組織)이었고 그 토대가 대종교 조직이었다 점도 간과할 수 없는 부분이다. 그 경신조직의 각 지역 거점이 대종교시교당이었다. 그러므로 대한군정서가 흩어진 이후에도 대종교 항일투사들은 삼삼오오 대종교 교당을 거점으로 꾸준히 활동을 이어갔다. 유성일 역시 대한군정서 경신요원으로 활동했을 가능성을 높게 해 주는 부분이다. 유성일이 1922년 11월 18일, 박승명의 뒤를 이어 화일시교당의 전무로 임명된 것도 이러한 추정을 뒷받침해 주고 있다.
이후에도 화일시교당은 유성일의 뒤를 이어 조동섭(曹東變)이 전무를 맡아 꾸준히 이어갔다. 그 시기에는 송사현(宋仕賢)과 송자성(宋子聖)이 찬무(贊務, 부책임자)로 임명되어 120명의 교인과 함께 활동하였다. 그러나 1926년 일제의 간계에 호응한 만주 당국에 의해 대종교만주포교금지령이 내려지면서 폐쇄되었다.

[참고문헌]
『대종교보』제56호(1922년), 「大倧教施教堂一覽表(1926年)」(延边朝鮮族自治州档案館 全宗号42 目录号1 案卷号343, 和龙县历史档案 和龙县警察所, 令各区查禁韓人設立大倧教堂由, 民国十五年五月十二日), 『대종교중광육십년사』(대종교총본사, 1971)

유승권(兪承權, 남, 생몰 미상)

입교 시기 _ 1923년 이전 | 교질 _ 미상

출신지역과 생몰연대를 알 수 없는 인물이다. 1920년대 초반 대종교의 기록에서만 확인되고 있다. 유승권은 1923년 6월 15일(음력) 대종교 동이도본사(東二道本司) 소속 화일시교당(化一施教堂)의 전무(典務, 책임자)로 임명된 기록이 전한다. 그의 대종교 입교가 그 이전에 이루어졌음을 알 수 있는 자료다. 화일시교당은 동녕현(東寧縣) 소수분하(小綏芬河)의 지류인 한총하(寒葱河)에 소재한 시교당으로, 김창락(金昌洛)과 유병렬(兪炳烈)이 찬무(贊務, 부책임자)를 맡아 유승권을 도왔다.
한편 찬무로 임명되어 유승권을 도운 김창락의 행적이 주목된다. 그는 1919년 2월 밀산 지역 한흥동(韓興洞)에 거주하는 이춘화(李春和)·김병길(金丙吉)·김병순(金炳淳)·김순삼(金淳三)·홍용화(洪龍和)·최승화(崔承和)·주내문(朱乃文)·한몽필(韓夢弼) 등과 한국의 독립을 다지는 맹세 결의를 한 인물이다. 또한 이후 동녕(東寗)과 혼춘(琿春) 지역으로 옮겨가 대종교 활동을 통한 항일투쟁을 지속해갔다. 대종교시교당을 맡았던 인물들이 모두 그렇듯이, 유승권 역시 항일투쟁과 무관치 않음을 시사해주고 있다.

[참고문헌]
『대종교보』제58호(1923년), 『대종교중광육십년사』(대종교총본사, 1971)

유정근(兪政根, 남, 1888-1942)

아호(별명) _ 만송(晚松), 후단(后檀), 유민식(兪民植), 유정진(兪政振), 유필준(柳畢春), 유정근(劉正根)
입교 시기 _ 1922년 | 교질 _ 참교 | 서훈 _ 독립장(1977)

유정근

충청남도 천원군(天原郡) 병천면(竝川面) 봉항리(鳳項里) 출신이다. 6세 때인 1894년 한학에 발을 디뎌 15세에 사서삼경을 습득하였다. 이후에도 칠서(七書)와 제자백가를 가까이하며 한학에 남다른 조예를 보였다. 1906년 중앙학교의 전신인 기호학교(畿湖學校) 입학하여 신학문을 익혔으며, 이 시기 해외 망명길에서 귀국한 집안 어른 유길준(兪吉濬)을 자주 방문하여 국내외 정세에 대한 견문을 습득하였다.
기호학교 졸업한 후인 1909년, 유정근은 대동전문학교(大東專門學校)에 입학하여 법률을 전공하게 된다. 대동전문학교는 1908년 2월 대동학회(大東學會, 후에 孔子教로 개칭)가 설립한 학교로, 법률과 정치학을 전문적으로 교수한 교육기관이다. 그 학년별 학과목을 보면 1학년 법학통론·민법총론·물권법채권법·상법총론·형법총론·경제학·내외국역사·한문·산술·외국어학 등, 2학년 국가학·채권법·회사법·상행위법·형법각론·민사소송법·형사소송법·행정학·정치원론·재정학·부기학·한문·외국어학 등, 3학년 헌법·해상법·민사소송법·국제공법·국제사법·명률(明律)·통계학·조세론·한문·외국어학·실지연습 등이었다. 유정근의 대동전문학교에서의 수학(修學)은 후일 대한민국임시정부와 대종교의 토대 마련에 중요한 경험이 되었다.
유정근은 대동전문학교 재학중이던 1910년 경술국치를 목도하고 망명의 길을 떠났다. 이후 만주와 블라디보스토크 등지를 주유하며 김좌진(金佐鎭)·신채호(申采浩)·홍진(洪震)·김용진(金容鎭)·신현대(申鉉大) 등과 교류하면서 항일운동을 전개하다가, 1918년 10월 상해로 넘어가 불조계(佛租界) 어양리(漁陽里)에 자리 잡은 유정근은 이광수(李光洙)·유봉영(劉鳳榮) 등을 자신의 집에 머물게 하며 그 지역 항일투쟁을 도모해 갔다. 당시 어양리는 상해 지역 항일투사들의 근거지이기도 하였다. 일찍이 대종교지도자 예관(睨觀) 신규식(申圭植)이 어양리 5호에 근거를 틀고 중국혁명지사들과 함께 활동한 이후, 많은 항일투사들이 이곳을 거점으로 움직였다. 만주 지역 대종교 핵심 인물이었던 연병호(延秉昊)가 여식인 연미당(延薇堂, 후일 엄항섭과 결혼) 등, 가족을 이끌고 자리 잡은 곳도 어양리 2호였다.
유정근은 3·1독립만세운동 이후에는 상해 지역으로 모여든 지사들과 더불어 삼삼오오 연결하며 보다 조직적인 기구 완성을 위해 노력하였다. 대한민국임시정부의 출범이 그것이다. 1919년 4월 대한민국임시정부 수립에 참여하여 신규식(申圭植)·홍진(洪震)·이명교(李命教) 등과 함께 임정 의정원 충청도 대표로 선임되었으며, 조완구(趙琬九)·조소앙(趙素昻)·여운형(呂運亨) 등과 임시정부 임시헌법의 초안을 마련하는데 큰 역할을 하였다. 또한 조성환(曺成煥)·김보연(金甫淵) 등과 재정심사위원회의 위원으로 선임되어, 이광수·신석우(申錫雨) 등과 의원자격 심사위원회 위원으로 활동하는가 하면, 오의선(吳儀善)·백남규(白南奎) 등과는 예결위원회 위원으로 활약하였다.

1919년 9월 23일 열린 대한인민단(大韓人民團) 총회에서는 부단장으로 선출되어 임시정부의 비선조직으로서의 역할에도 남다른 열정을 쏟았다. 대한인민단은 1919년 3월 16일 교민친목회라는 명칭으로 출범한 조직이다. 상해에 거류하는 대한민국 임시정부의 요인과 그 가족·친지는 물론, 국내로부터 망명해 온 동포들로 구성되어, 동포간의 친목과 단결을 공고히 하기 위해 조직되었다. 이후 대한인민단을 거쳐 1920년 1월 9일 총회에서 상해대한인거류민단이라 개칭한 뒤, 1920년 3월 16일 거류민단제가 공포, 4월 20일부터 효력이 발생되면서 임시정부 내무부의 지휘, 감독을 받게 된 조직이다.

유정근이 大韓人民團의 부단장으로 선임되었다는 기사를 실은 『독립신문』(1919.2.27.)

유정근이 부단장을 맡을 당시 단장은 여운형이었다. 그리고 옥성빈(玉成彬)이 총무를 맡았으며, 김백련(金百鍊)·진희창(秦熙昌)·현석진(玄錫鎭)·신한균(申漢均)·민병덕(閔丙德)·하상린(河相麟)·한백원(韓百源)·선우훈(鮮于薰)이 평의원으로 선임되어 활동하였다.

유정근은 1920년 1월 다시 만주로 옮겨갔다. 본디 행동주의적 인물이었던 그는 막역지우 동갑내기인 김좌진(金佐鎭)의 연락을 받고 대한군정서(북로군정서)에 합류하기 위함이었다. 대한군정서는 1919년 12월에 조직된 대종교계 항일단체로, 대종교의 중광단(重光團)을 모체로 하여 설립되었다. 중광단은 만주에서 결성된 최초의 대종교계 항일운동단체로, 후일 무장항일운동단체 발족의 중요한 토대가 된 집단이다.

대종교는 1910년 11월 경, 시교사(施教師) 박찬익(朴贊翊)을 왕청현 청산리에 파견하여 시교소를 설치하고 포교를 시작하게 된다. 그 결과 이 지역으로 망명한 많은 독립운동가들이 대종교를 믿게 되었다. 이에 대종교인 독립운동가들을 중심으로, 효율적 독립운동의 필요성에 의해 결성된 단체가 중광단이다. 1911년 3월에 출범한 중광단은 전래 단군 신앙의 부활을 의미하는 '중광(重光, 거듭 일어남)'에서 찾을 수 있듯이, 철저한 대종교 신앙에 기반을 둔 단체였다. 단장인 서일(徐一)을 비롯하여 현천묵(玄天默)·백순(白純)·박찬익·계화(桂和)·김병덕(金秉德)·채오(蔡五)·양현(梁玄)·서상용(徐相庸) 등이 그 중심을 이루었다. 이들 중 상당수가 근대적인 교육을 받은 인물들로, 의병과 무관학교 출신의 유능한 군사간부를 규합하여 그 세를 결집했다.

중광단이 출범할 당시는 무장의 미비로 직접적 군사행동을 취하지는 못하고, 청년들에 대한 정신교육과 계몽사업에 집중했다. 이 일환으로 중광단에서는 재만농민의 자제들에게 민족교육을 실시하고자 연길현·왕청현·화룡현 등 북간도 각 지역에 교육기관을 설치하였다. 특히 1918년 중광단원을 중심으로 발표한 「대한독립선언(일명 무오독립선언)」은 만주 무장항일투쟁의 정신적 지침이 되었으며, 국내 「기미독립선언」의 도화선이 되었다. 중광단은 1919년 5월 대한정의단으로 개편되었고, 이해 10월 길림군정사(吉林軍政司) 등과 통합 대한군정부(大韓軍政府)를 성립시켰으며, 임시정부와의 교감을 통해 대한군정서로 계승·발전하였다.

만주로 건너간 유정근은 대한군정서의 총사령관을 맡은 김좌진을 도와 군정(軍政) 양면에서 큰 역할을 하였다. 특히 군정서의 병참(兵站)을 전담하면서 원활한 물류의 흐름을 정비하였다. 병참이란 부대 작전 시에 전투력을 유지하기 위한 보급, 정비, 교통, 위생 따위의 기능을 통합 관리하는 요직이다. 안타까운 것은 유정근 청산리전투 당시도 중요한 역할을 하였다 하나, 그 기록이 드러나지 않는다. 다만 아래의 진중시(陣中詩) 한 수가 전할 뿐이다. 시의 계절적 배경이 낙엽이 져버린 가을이라는 점과 공간적 배경은 포화가 덮인 전쟁터다. 1920년 10월 하순에 전개된 청산리전투 때와 일치하고 있다.

簫簫落葉晚山秋　쓸쓸히 낙엽지는 가을산은 저무는데
動地轉震炮火流　쏟아지는 포화가 지축을 뒤흔든다
雄心呑盡三孤島　웅혼한 기상은 왜놈들을 집어삼킬 듯
豪氣溢橫六大洲　호탕한 기개가 온 세상을 덮는구나

유정근은 1921년 1월 다시 상해로 넘어왔다. 당시 만주무장투쟁 진영에서는 상해의 임시정부에 대한 반대 세력도 적지 않았다. 그러나 만주항일투쟁을 주도하였던 대종교는 임시정부 출범 직후부터 줄곧 긴밀한 교감을 유지하여 갔다. 대한군정서(북로군정서)가 본디 대한군정부(大韓軍政府)로 출범하였으나 임시정부와의 숙의 끝에 대한군정서로 바꾼 것이 그 한 예다. 두 개의 정부가 있을 수 없다는 이유에서였다. 그 연결 고리 역할을 한 인물들이 신규식·이시영(李始榮)·이동녕(李東寧)·조성환·박찬익·정신(鄭信) 등, 대종교지도자들이었다. 그 중 한 사람이 유정근이다. 그가 상해로 다시 넘어온 것도 이러한 인맥의 교감 속에 이루어진 것이다.

상해로 넘어와 임시정부의 선전부(宣傳部)를 맡고 있던 유정근은, 1922년 3월 재차 만주 영안현(寧安縣) 영고탑(寧古塔)으로 특파되어 본격적인 선전 활동을 전개하였다. 그 시기 영안현은 대종교의 주요 거점으로서, 교주 김교헌(金敎獻)을 비롯한 많은 인물들이 운집해 있었다. 유정근은 각 지역 마을에 연락원을 배치하고 그들을 통하여 임시정부가 발행하는 『독립신문』을 비롯한 기타 격문(檄文) 등을 배포하며 체계적인 선전 활동을 통해 상당한 효과를 거두었다.

특히 유정근은 그 해 10월 대한군정서 계열의 항일투사들이 영안현 대종교교당(大倧教教堂)에 모여 대한군정서 재건을 위한 새로운 활동 계획을 도모할 때도 적극 가담하였다. 이 모임은 대종교단 차원에서 이루어진 것으로, 당시 참여한 중심인물들을 보면 유정근을 비롯하여 현천묵(玄天默)·정신·이홍래(李鴻來)·현준(玄濬)·김혁(金赫)·김좌진·이중실(李仲實)·현갑(玄甲)·민해양(閔海陽)·이단(李檀)·허규(許奎)·최완 등 대종교지도급에 있는 항일투사들이 모두 동참하였다. 이것은 과거 대한군정서의 재건을 위한 대종교 차원에서의 노력이었다는 점에서 의미가 크다. 주목되는 것은 이 시기 대종교 교주였던 김교헌이 직접 집회의 고문으로 맡았으며 역사서 편찬도 준비하고 있었다. 이 역사서가 후일 상해 삼일인서관(三一印書館)에서 김승학(金承學)에 의해 출간되는 『신단민사(神檀民史)』다. 이 책은 노령과 만주, 그리고 국내에 있는 항일 청년들의 교과서로 사용하기 위함이었다. 이 책은 민족의식 양양과 독립의식 고취에 크게 기여하였다.

유정근은 1923년 6월 하얼빈 지역에서 대종교 동지인 김영선(金永璿)과 함께 군자금 모집을 펼친 이후, 독립군의 군비강화를 위하여 다시 국내에 특파되었다. 당시 그는 '대한독립군총사령부파견 군자금 모집책' 또는 '김좌진의 밀사'로 칭해졌다. 국내의 교세와 자금력이 상당했던 보천교주(普天教主) 차경석(車京錫)을 만주로 데려갈 계획을 세운 것도 이 때였다. 한편으로 그는 김좌진의 동생인 김동진(金東鎭)을 비롯하여 33인의 한 사람인 김완규(金完圭) 등을 접촉하며 군자금 모집에 노력하였다. 특히 대종교 동지인 강용구(姜鎔求)의 소개로 김항규(金恒圭)와 연결되어 김병희(金炳僖)·김봉훈(金鳳壎) 등 대종교의 국내 조직과 접촉해 가면서 군자금을 모집에 노력하였다.

주목되는 부분은 유정근이 국내 군자금 모집에 있어 주로 활용한 루트가 대종교 네트워크였다는 것이다. 강용구·

김항규·김병희 등이 당시 국내 대종교 비밀 활동의 핵심 인물들이란 점이 그것을 방증한다. 강용구는 충남 부여 출신으로 호석(湖石) 강우(姜虞)의 3남이다. 1922년 9월 둘째 형 강철구(姜鐵求)가 대한군정서 사관양성소 재건 및 군자금 모금을 위해 국내로 잠입했을 때, 서울 가회동(嘉會洞)에 있는 자신의 집을 거점으로 제공하는가 하면 강철구의 연락책으로 활동했다.

김항규는 유정근과 같은 대동전문학교 출신으로, 신간회 경성지회가 설립될 당시 조직부 총간사로 참여한 인물이다. 1922년 12월 13일(음력) 대종교 남일도본사의 선리부령(宣理府令) 대리에 임명되었고, 같은 해 7월 23일(음력)에 이미 지교(知教)를 받았을 정도로 그 시기 대종교 국내 남도본사의 중심인물로 활동하였다. 1923년 1월 2일(음력) 대종교남일도본사 제3지사의 총책임자[典司]로도 임명되었음을 보더라도 확인된다.

김병희는 충남 대전 출신이다. 일찍이 블라디보스토크에서 박용만(朴容萬)을 비롯하여 대종교 동지인 박상환(朴尙煥)·이민복(李敏馥)·조성환·백순 등과 항일단체인 대한국민군을 조직에 참여했던 인물이다. 1922년에는 국내에서 이상재(李商在)·현상윤(玄相允) 등과 함께 민립대학기성준비회 위원으로 참여하는가 하면, 조선일보 기자로도 활동하였다. 1923년 들어서는 임시정부의 재정적 지원에 많은 기여를 하였으며, 임시정부 충청도 의원에 선출되어 활동하였다.

유정근이 영안현에서 김좌진과 협의하여 국내로 파견된 것이나, 국내의 대종교 핵심 인물들과의 접촉 등을 고려할 때, 유정근의 국내 군자금 활동에도 대종교의 조직이 적극 활용되었음을 확인시켜 준다. 그러나 유정근은 그 과정에서 체포되어 1923년 8월 27일 징역 3년형을 선고받고 복역하던 중, 1924년 여름 가출옥하였다.

출소한 후 유정근은 "썩은 만주밤(滿洲栗)을 7일이나 먹고 단식동맹운동을 벌였다"고 처참했던 옥중투쟁의 일화를 말하기도 하였다. 그리고 출옥 직후부터 자행된 일경의 끈질긴 감시를 따돌리며 김좌진의 모친과 함께 다시 만주로 탈출하였다. 영안현으로 넘어간 유정근은 다시 대종교 항일단체인 신민부(新民府) 활동에 뛰어 들었다. 신민부는 북로군정서를 계승한 단체로서, 그 주요 구성원의 대부분이 대종교인이었다. 따라서 이들이 신봉하였던 대종교 이념이 자연스레 신민부의 주요한 이념으로 자리 잡았다. 아나키스트로 신민부 요원이기도 했던 이강훈(李康勳)이 "신민부의 기본철학은 대종교의 홍익인간과 중광정신이었다. 그렇다고 해서 결코 봉건적이었다거나 파쇼적인 것은 아니었다."고 회고한 데서도 알 수 있다.

그러므로 신민부가 추구한 정치형태 역시 대종교적 배달국 공화주의를 추구하였다. 이것은 「대동단결선언(大同團結宣言)」(1917년)부터 이어져 온 대종교 계열의 전통이기도 했다. 이러한 이상 추구는 당시 신민부에 참여한 김종진(金宗鎭)을 비롯한 이을규(李乙奎)·김야운(金野雲)·이준근(李俊根)·엄순봉(嚴舜奉)·이붕해(李鵬海)·이달(李達) 등, 아나키스트들도 끌어안는 이념이었다. 그들의 정신적 지도를 대종교지도자였던 백서(白棲) 강인수(姜寅秀)와 은계(隱

溪) 백순이 앞장섰음을 보더라도 알 수 있다. 강인수는 대종교 동이도제일지사(東二道第一支司)에 속한 장일시교당(帳一施教堂, 寧安縣海林市)을 이끌었던 인물로서, 대종교의 중진인 현천묵·지장회(池章會)·손일민(孫一民)·나중소(羅仲昭) 등의 인물들과 신민부의 검사원에 소속된 인물이었다. 백순 역시 북만주와 연해주 항일투쟁의 거물로서 대종교 중심부에 있었던 인물이다.

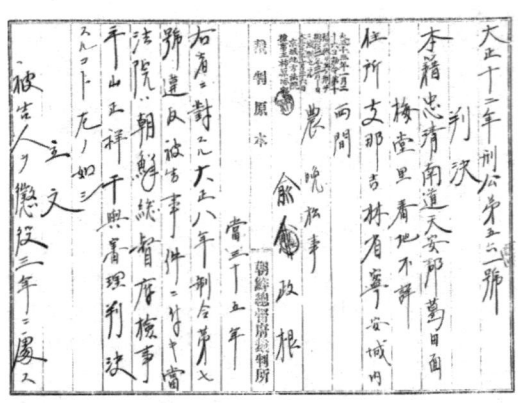

유정근이 군자금 모집으로 일제에 체포된 후 징역 3년을 선고한 경성지방법원 「판결문」(1923.8.27.)의 앞부분.

이러한 신민부에 참여한 유정근은 중앙집행위원회의 경리부위원장에 선임되어 무력항일 투쟁을 계속하였다. 당시 신민부의 조직은 3권분립제도를 취하여 행정기관(중앙집행위원회), 사법기관(검사원), 입법기관(참의원) 등으로 이루어져 있었다. 그러나 검사원은 유명무실했으며 참의원 역시 항일투쟁노선에서는 이렇다 할 존재감을 드러낼 수 없었다. 따라서 신민부는 중앙집행위원회를 중심으로 움직여졌다.

유정근이 경리부위원장을 맡을 당시 중앙집행위원회의 위원장은 김혁(金爀)이었다. 그리고 민사부위원장 최호(崔灝), 군사부위원장 김좌진, 참모부위원장 나중소(羅仲昭), 외교부위원장 조성환, 법무부위원장 박성태(朴性泰), 교육부위원장 허빈(許斌), 선전부위원장 허성묵(許腥黙) 연락부위원장 정신, 실업부위원장 이일세(李一世), 심판원장 김돈(金敦)이 임명되었으며, 총사령관은 김좌진이 겸임하였다. 또한 목릉현(穆稜縣) 소수분(小綏芬)에 성동사관학교를 설립하고 교장 김혁, 부교장 김좌진, 교관에 박두희(朴斗熙)·오상세(吳祥世)·백종열(白鍾烈) 등이 선임되어 항일투쟁을 위한 간부 양성에 힘을 쏟았다. 이들 모두가 대종교의 중심인물들이었다는 점도 특기된다.

한편 신민부는 1928년 1월 25일 위하현(葦河縣) 중동선(中東線) 석두하자(石頭河子) 역 고려촌에서 총회를 열었다. 그러나 일제의 정탐에 의해 총회 일정이 탐지되어 일본총영사관의 순사부장과 순사 10명, 중국 순경 32명의 협조를 얻어 총회가 열리는 조선인 촌락을 급습하고 포위 수색하여 신민부 주요 간부 10명을 검거하고 무기와 서류 일체를 압수하였다. 때마침 마을로 순행을 나갔던 김좌진만은

화를 면했다. 체포된 인물들은 유정근을 비롯하여 김혁·황처준(黃處俊)·이춘섭(李春燮)·이원학(李元學)·윤영순(尹永順)·김봉훈(金鳳壎)·박동춘(朴東春)·박춘재(朴春載)·김윤희(金允熙) 등이었다.

하얼빈에서 신의주경찰서로 이송된 유정근은, 1929년 6월 신의주지방법원에서 제령 제7호 치안유지법 위반으로 징역 15년을 선고받았다. 15년형은 당시 구속된 동지들 중에서도 가장 무거운 형이었다. 그 구체적 혐의는 1926년 8월 11일 열린 군사위원회에서 중동선 해림(海林)에 있는 일제의 밀정(密偵) 배두산(裵斗山)과 이우실(李又實)을 죽이기로 의결하고 배두산을 살해한 혐의였다.

유정근은 평양감옥에 수감된 후 다시 서울마포감옥으로 이감되었다. 마포감옥에 복역 중이던 1934년에는 옥중에서 독립만세운동을 주도하였다가 형언할 수 없는 폭행과 고문을 당하기도 하였다고 한다. 이 사건으로 그의 건강이 급속히 악화됨은 물론, 상당 기간 면회도 금지되었다. 그리고 출옥 1년을 앞둔 1941년 1월 빈사상태로 병보석 출옥된 지 한 달 만에 숨을 거두었다.

[교력]
유정근의 대종교 입교는 1910년대 상해 시절 혹은 대한군정서 합류 시기로 이야기되고 있으나, 그 관련 기록은 전하지 않는다. 다만 1922년 5월 29일(음력, 이하 음력) 대종교 동이도본사(東二道本司)의 추천으로 영계(靈戒)를 받은 기록이 전한다. 그의 대종교 입교가 대한군정서 시기 이전으로 올라감을 확인할 수 있다.

당시 동이도본사는 1922년 3월 5일자 종령(倧令)으로 발포된 교구분리조례(敎區分離條例)에 의해 정해진 것으로, 증가하는 교인들과 시교당(施敎堂)의 통솔을 용이하게 하기 위함이었다. 특히 동이도본사의 제1지사(第一支司)가 위치한 곳이 영안현가(寧安縣街)로, 영안과 목릉과 동녕(東寧) 지역의 교구를 관할하였다. 유정근이 상해로부터 임시정부의 선전부(宣傳部) 역할의 밀명을 띠고 1922년 봄 재차 만주 영안현 영고탑으로 특파되어 본격적인 선전 활동을 전개한 시기와 맞물린다.

유정근은 영계를 받은 지 열흘만인 1922년 윤5월 8일 대종교총본사의 특별추천에 의해 한호(韓昊)와 더불어 참교(參敎)의 교질(敎秩)을 수여 받았다. 유정근과 함께 참교를 받은 한호는 그 본명이 확인되지 않는 인물이다. 그러나 한호가 1926년 2월 12일 대종교 항일지도자 채규오(蔡奎五)·장도순(張道淳)·현호(玄昊) 등과 더불어 대종교 동일도본사(東一道本司) 소속 순교원(巡敎員)으로 임명된 것으로 보아, 대종교단 내에서의 위치가 상당했을 것으로 추정되는 인물이다. 당시 순교원이란 관할 지역 대종교 포교의 우두머리로, 시교원(施敎員)을 거느리고 그 지역 포교를 총괄하는 직책이었기 때문이다.

한편 유정근이 대종교총본사의 특별추천에 의해 참교를 받았다는 것은, 이미 그 시기에 대종교의 중심부에 깊이 들어갔음을 의미하는 것이다. 그가 참교를 받은 같은 날 교적역본기초위원(敎籍譯本起草委員)으로 임명된 것을 보아도 알 수 있다. 교적역본기초위원이란 대종교의 교리

(教理)·교사(教史)와 관련된 원본을 번역하는 직책을 의미한다. 이것은 한문에 능통해야 함을 전제로, 대종교의 교리와 교사에 대한 지식과 더불어 논리적 문장력이 동시에 요구되는 자리였다. 당시 유정근과 함께 위원으로 임명된 아래 인물들의 면면을 보더라도 알 수 있다.

직명	이름	당시교질	임명일자(음)	주요행적
교적역본기초위원	김영숙(金永肅)	상교(尙敎)	1922년 윤5월 8일	주시경의 제자, 윤세복과 망명하여 동창학교 교사, 대한군정서 모연대장, 영고탑 대한독립군단 가담, 임오교변으로 체포..
	계화(桂和)	상교(尙敎)	同	중광단 창설 요인, 대한군정서 명동학교 교사, 神事記 註解, 대한군정서 재무부장, 대한군정서 재건 참여, 부여족통일회의 발기인.
교적역본기초위원	채오(蔡五)	지교(知敎)	同	중광단 참여, 대한군정서 軍需課長, 대한독립군단 제2지단 외무역원, 대한군정서 재건 활동, 신민부 핵심요원, 대종교재 만교구경상금수납위원.
	신최수(申最秀)	참교(參敎)	同	연길 광성학교 교사, 대종교 교주 김교헌의 최측근, 김교헌의 밀명으로 자금 모금 및 국내와의 연락, 블라디보스토크로부터 무기와 탄약 구입 활동.
	유정근(兪政根)	참교(參敎)	同	생략

그 시기 교적역본기초위원의 주된 임무는 1923년 중광절(重光節, 1월 15일)을 기해 상해 삼일인서관(三一印書館)에서 희산(希山) 김승학(金承學)이 발간하는 『종경(倧經)』과 『신단민사(神檀民史)』를 번역·교열하는 작업이었다. 당시 『종경』에는 대종교 교리·교사의 근본 축이 되는 『삼일신고(三一神誥)』·『신리대전(神理大全)』·『신사기(神事記)』·『회삼경(會三經)』이 담겨 있었다. 유정근의 대종교단에서의 비중과 더불어 그의 대종교적 지식이 보통이 넘었음을 알려주는 사례다.

일제가 대종교 설립계획으로 간주한 滿蒙産業會의 명단을 기록한 문서 중의 일부. 원편에 兪政根(네모 안)이란 이름이 적혀 있다.

유정근은 1923년 초에도 대종교 비밀조직인 만몽산업회 (滿蒙産業會)에 가담하였다. 군자금 모금 문제로 쫓겨 다니던 시기임에도 대종교 재건 작업에 참여한 것이다. 만몽산업회는 하얼빈을 거점으로 당시 대종교 교주였던 김교헌(金敎獻)이 직접 앞장서서 주도한 것으로, 청산리독립전쟁 이후 각 곳으로 흩어진 대종교 세력의 재건을 위해 도모된 조직이었다. 당시 대종교도들은 하얼빈을 제2의 상해로 여기고, 상해임시정부를 하얼빈으로 옮겨오려는 복안까지도 갖고 있었다.

만몽산업회에 참여한 주요 인물들을 보면 고문(顧問)으로 이름을 올린 김교헌(당시 대종교 교주) 및 김좌진·조성환·현천묵을 위시하여, 유정근·최계화(崔桂華)·김영선·김원식(金元植)·우덕순(禹德淳)·원풍(元豊)·김규식(金奎植)·강윤선(姜允善)·김백(金白)·이재근(李在根)·이종수(李鍾秀) 등, 대종교의 지도급 인사들이 대거 참여하였다. 당시 유정근의 대종교에서의 위상을 재삼 확인할 수 있는 부분이다.

유정근은 1926년 4월 대종교진흥회(大倧敎振興會)의 선전부(宣傳部)를 조직할 때도 그 구성원으로 참여하였다. 대종교진흥회는 1924년 11월 24일(음력) 경성 대종교 남도본사에서 발기한 모임으로 박용태(朴龍泰·회장), 김진우(金振宇·부회장), 이홍도(李弘道·총무), 이승천(李承天·서무), 김종진(金鍾震·전례), 조철호(趙喆鎬·교섭) 등이 중책을 맡아 활동하였다. 대종교 신도들의 종교에 대한 신념 고취, 신구(新舊) 양파의 화합을 위해 노력하고자 했다. 또한 그 취지서를 보면, 대종교를 우리 민족의 역사적 종교로 규정하고, 시대에 따른 그 명칭의 변화에 대한 설명과 함께 홍암 나철 순교(殉敎)의 숭고한 가치를 새기면서, 대종교진흥의 시대적 사명을 각성시키고 그 동참을 호소하는 내용을 담고 있다.

대종교진흥회가 선전부를 조직하여 새로운 계획을 세우고 있다는 내용을 실은 『동아일보』(1926.4.22.) 기사. 兪政根(네모 안)의 이름이 보인다.

유정근이 참여할 당시 대종교진흥회는 시내 계동(桂洞) 대종교 교당에 사무실을 두고 활동하였다. 유정근과 선전부 구성원으로 참여한 인물들을 보면 박용태(朴龍泰)·조철호(趙喆鎬)·양인환(梁寅煥)·경원하(景元河)·이원식(李元植)·이후관(李侯觀)·김봉훈·이명하(李明夏)·채성식(蔡成植) 등이었다. 유정근이 1923년 국내로 들어와 군자금 모집을 펼칠 때, 김병희와 더불어 그 주요 역할을 했던 김봉훈도 눈에 띈다. 또한 고문으로 참여한 인물들은 강세형(姜世馨)·김성수(金性洙)·장도빈(張道斌)·정인보(鄭寅普)·이범승(李範昇)·이범세(李範世)·민형식(閔衡植)백인기(白寅基)·유진태

(俞鎭泰)·최규동(崔奎東)·현공렴(玄公廉)·민강(閔橿) 등이었
다. 이들 역시 대종교진흥회가 추진하는 단조묘궁건축(檀
祖廟宮建築), 숭령전수보(崇靈殿修補), 제천단수축(祭天壇修
築), 단조사적간행(檀祖史籍刊行) 등을 적극 지지하며 후원
하였으나, 일제의 탄압으로 진전을 보지 못하였다.
이렇듯 유정근은 대종교와 뗄 수 없는 삶을 걸어온 인물
이다. '단군(檀君)의 후예(后裔)'를 자처하며 새긴 후단(后檀)
이라는 그의 아호(雅號)에서도 알 수 있을 듯하다. 그에 있
어서도 대종교 활동은 곧 항일투쟁이었다. 대종교 입교를
독립운동으로 바라본 일제의 시각과 그대로 맞물린다. 다
만 그의 대종교단에서의 교질(敎秩) 역시 상당한 위치까지
도달했을 듯하나, 전하는 기록이 없다는 것이 안타까울
뿐이다.

[참고문헌]
『대종교보』제54호(1922년), 『대종교중광육십년사』(대종교총본사, 1971), 『독립
신문』1919.9.9., 27., 「重要한 排日派 鮮人의 略歷 送附의 件」(不逞團關係雜件
-鮮人의 部-在上海地方2, 機密 제42호, 한국사DB, 국사편찬위원회), 「不逞鮮人 玄
天黙을 중심으로 한 會合의 건」(不逞團關係雜件-朝鮮人의 部-在滿洲의 部34,
機密 第247號; 機密受第250號, 한국사DB, 국사편찬위원회), 「普天敎眞正院 불온
문서 사건에 관한 건」(檢察行政事務에 關한 記録1, 京東警高秘 第3545호, 한국
사DB, 국사편찬위원회), 「臨時報 第172號(大倧教 設立計劃)」(不逞團關係雜件-
朝鮮人의 部-在滿洲의 部36, 關機高収 第5452號-1; 機密受第262號, 한국사DB, 국
사편찬위원회), 「新民府의 近況에 關한 件」(不逞團關係雜件-朝鮮人의 部-在滿
洲의 部43, 機密 第444號; 外務省文書課受 第470號, 한국사DB, 국사편찬위원회),
『조선일보』1923.6.13., 1925.11.28., 1928.1.28., 1929.7.27., 1958.3.2., 『동아일보』
1923.8.25., 1926.4.22., 1928.10.30. 「판결문」(경성지방법원, 1923. 8. 27), 『朝鮮獨
立運動』I (金正明, 原書房, 1967), 『독립운동사』5(독립운동사편찬위원회, 1973),
『대한민국임시정부의정원문서』(국회도서관, 1974), 『殉國志士晩松俞政根先
生年譜』(俞東濬, 1982), 『晩松俞政根公墓碑文』(俞炳德, 1982), 「한말의 사립학
교에 관한 연구」II(김영우, 『교육연구』3, 공주사범대학교육연구소, 1986), 『민족
해방운동과 나』(이강훈, 제삼기획, 1994), 『한국 개화기의 교육』(김영우, 교육과
학사, 1997), 『대한민국임시정부자료집』2(국사편찬위원회, 2005)

유진태(俞鎭泰, 남, 1872-1942)
아호(별명) _ 공인(公仁), 백은(白隠)
입교 시기 _ 1910년대 초 | 교질_ 참교 | 서훈 _ 애국장(1993)

유진태

충청북도 괴산군(槐山郡) 청안
면(淸安面) 출신으로, 황촌(荒
村)의 초가에 살며 밥짓는 연
기가 거의 없을 정도로 궁핍
한 어린 시절을 보낸 인물이
다. 10세에 이미 양친을 모두
잃고 12세에 고향을 떠나 개
나리봇짐에 짚신을 신고 상경
한 이후, 부단한 노력을 통해
한규설(韓圭卨)·유길준(俞吉
濬)·김연국(金演局)·한상룡(韓
相龍) 등과 친밀히 교유하며
사회적 입지를 다져 나갔다.
기호학회(幾湖學會) 출범 당시 발기인이 되어달라는 제안

을 단호히 거절한 일화로도 유명하다. 유진태 자신이 충
청도 출신임에도 거절한 대표적인 구실은 간단했다. '각
지방 중심의 조직은 민족정신 통일에 방해된다'는 이유였
다. 그만큼 지방색에 대한 부정적 인식과 더불어 민족적
하나됨을 소중히 했던 유진태. 그가 일찍이 대종교에
입교하여 민족의 정신적 통일을 도모하고자 한 배경도 된
다.
유진태는 1897년경 대한제국(大韓帝國) 무관학교(武官學校)
에서 수학하였다 하나, 여타 지식인들처럼 배움의 행적이
두드러지진 않았다. 일찍이 류광열(柳光烈)이

> "세상에는 돈으로 일하는 사람이 있고 주먹으로 일하는 사람
> 이 있으니 씨(氏, 유진태를 말함-인용자 주)는 후자일 것이다."

라고 평했듯이 지식이나 재물보다는 행동으로 세상을 대
한 인물이 유진태다. 그는 이상재(李商在)·이승만(李承晩)
등과 함께 독립협회(獨立協會)의 자주 민권 자강운동에 참
여하는가 하면, 전덕기(全德基)와 더불어 상동청년학원(尙
洞靑年學院)을 운영하기도 하였다. 또한 기호학교(幾湖學校)
와 중앙학교(中央學校) 등의 교육사업에 남다른 열정을 보
이는 한편, 종로구 사동(寺洞)에서 광한서림(廣韓書林)을 운
영하기도 하였다.
1921년 6월에는 조선교육회(朝鮮敎育會)에 참여하여 순회
강사와 순회문고 운영 등의 방법에 의한 청소년 계몽을
계획하였고, 동년 12월에 미국의 워싱턴에서 개최될 예정
인 태평양회의(太平洋會議)에 제출하고자 이승만 등이 주
도하여 동년 9월에 작성된 「한국인민치태평양회의서(韓國
人民致太平洋會議書)」라는 진정서를 조선교육회 대표로 서
명하였다.
1922년 5월 9일에는 조선교육협회(朝鮮敎育協會, 조선교육회)
의 중흥을 위한 총회를 주도하고 새로운 도약을 도모하게
된다. 더욱이 그 시기 조선교육협회는 국내 대종교의 주
요 거점 역할도 하였다. 유진태는 이연건(李鍊乾)·이중건
(李重乾)·박일병(朴一秉)·신명균(申明均)·주익(朱翼) 등, 국
내 대종교의 핵심들과 조선교육협회의 이사로 참여하여
전국 각지를 순회하며 교육선전의 대강연을 시행하기도
하였다. 또한 한글강습회 개최 등을 통한 청년계몽과 인
재양성 등 장학 활동에 남다른 노력을 기울였다.

조선교육협회 총회 소식이 실린 『동아일보』(1922년 5월 11일자) 기사. 왼
쪽 理事 명단 앞에 俞鎭泰(네모 안)의 이름이 보인다.

당시 호사가들이 조선교육협회의 하는 일이 무엇이 있냐
고 대수롭지 않은 듯 말하면, 유진태는 태연히 받아들이
며 아래와 같은 사소한 애로부터 말하곤 하였다.

"남들은 교육협회에서 하는 일이 적음을 책(責)하는 사람이 있으나, 그 속에는 말 못할 고심(苦心)이 있지요. 일시(一時)는 40명 학생에게 밥을 하여 먹여본 적도 있소. 해 먹이려서 해먹이나요. 학생들이 운동에 관계하여 감옥에 들어갔다가 출옥(出獄)하면 그들의 집이 함경도, 평안도, 경상도의 먼 지방이니 만큼 갈 데가 없어서 오는구려. 그러니 그런 불시(不時)의 일을 위하여 무슨 경비(經費)가 있는 것도 아니고 순전히 내가 동냥하여다가 먹였지요. 말이 40명이지 40명 식구 밥 해먹이기가 여간 어렵지 않습니다."

실상 조선교육협회는 시민강좌의 개설, 계몽서적의 출판, 외국어 강습, 부속병원의 위탁, 조선어사전의 편찬, 고학생(苦學生)의 기숙(寄宿) 등은 물론이고, 민간의 대소집회 역시 모두 떠안아 감당하였다. 유진태는 1930년대에는 이 사장에도 선임되어 1938년 4월 2일 일제의 신교육령(新教育令)에 의해 해산될 때까지 조선교육협회 활동을 쉬지 않았다.

또한 이 토대 위에서 발아된 것이 조선민립대학기성회(朝鮮民立大學期成會)다. 민족교육의 실현 욕구를 표면화·구체화하기 위하여 조직된 이 기성회는, 1923년 3월 30일 서울에서 발기총회를 갖고 출범하였다. 출범 당시 유진태는 중앙집행위원과 상무위원으로 선임되어 민립대학 설립을 위하여 노력하였다.

유진태는 1923년 조선물산장려회(朝鮮物産獎勵會)에도 관여한다. 그 설립 준비를 위한 10인의 준비위원 중의 1인으로 선임되어 발기준비회 구성을 위해 힘쓴 것이다. 1923년 1월 20일 서울 낙원동 협성학교에서 조선물산장려회 발기총회를 개최할 수 있었던 것도, 이러한 노력의 결실이었다.

1927년 2월 민족협동전선체로서 신간회(新幹會)가 창립될 때에는 그 운영기금으로 1만 원을 희사했다고도 한다. 그리고 동년 12월 10일 신간회 경성지회 제2회 정기대회 석상에서 경성지회장에 선임되었으나, 같은 해 12월 13일 신간회 중앙본부가 서울에서 광주학생운동의 진상을 보고하고 대대적인 항일시위를 촉발하기 위해 개최코자 한 민중대회(民衆大會) 활동과 관련해서 일경에 체포되어 취조를 당하였다. 1930년 11월 9일 개최된 신간회 중앙집행위원회는 양봉근(楊奉根)·현동완(玄東完)·노백용(盧百容)·박의양(朴儀陽) 등과 중앙검사위원으로도 선출되었다. 한편 유진태는 이 시기부터 1930년대 후반까지 대종교 동지이자 조선교육협회의 주요 인물이었던 이중건 등과 강원도 홍천군(洪川郡) 내촌면(乃村面)에 금은광개발 사업에도 참여하여 자금 확보를 위한 노력도 병행하는가 하면, 1932년 4월 22일에는 '돈 없는 사람'으로서 조선일보 제7대 사장에 취임하여 주위를 놀라게 하기도 했다.

이렇듯 유진태는 애국계몽, 민족교육, 물산장려, 사상개조, 언론창달 등 다양한 방면에서 활동한 펼쳤다. 분명한 것은 그러한 일련의 행동들이 모두 조국독립과 연결되었다는 점이다. 유진태가 세상을 떠난 이후 대종교 동지인 정인보(鄭寅普)가 그를 추모하며 읊은 시조[십이애(十二哀)5-故 白隱 俞鎭泰 先生을 생각하고] 한 수가, 그의 역

경적 삶에 대한 짤막한 회억일 듯하다.

풍상(風霜)을 맛이라고 날 모르고 이 땅 이네
설명킨 학이러니 성이 나면 범이러니
이 소식 님 못 드리고 어이 살가 합내다.

유진태의 대종교 입교는 1910년대 초반으로 알려있으나, 그와 관련된 기록은 일체 전하지 않는다. 그 시기 국내 대종교와 연관된 모든 자료들이 없어졌기 때문이다. 다만 그가 1916년 12월 27일(음력) 우당(遇堂) 유창환(俞昌煥)과 함께 참교(參教)의 교질(教秩)을 받은 기록이 유일하게 남아있다. 그의 대종교 입교가 그보다 훨씬 전으로 올라감을 확인시키는 자료다.

그러므로 유진태가 상경한 이후, 그의 주변에는 늘 대종교 동지들이 함께 있었다. 이병기(李秉岐)·이중건·이연건·박일병·신명균·주익·정인보·권덕규(權悳奎) 등등의 인물들이 그들이다. 모두 국내 대종교의 핵심들이었다는 점이 주목된다. 조선교육협회가 국내 대종교 활동의 주요 아지트로 활용된 것도 이러한 배경과 무관치 않다. 유진태가 1931년 11월 15일 단군신전봉찬회(檀君神殿奉贊會) 창립총회에도 참여하여 이사로서 선출되어 활동한 것도 이러한 정서의 연장이었다.

1936년 『삼천리』라는 잡지에 기고한 「감격(感激)으로 듯는 깁분 소식(消息)」이라는 유진태의 글 속에도 대종교에 대한 그의 희열이 아래와 같이 실려있다.

왕왕시(往往時)에는 대종교가 성(盛)하여 누구든지 대종교를 모르는 사람이 없었습니다. 오랫동안 세상에 이것이 중절(中絶)되어 퍽이나 유감(遺憾)으로 생각하던 바이온대, 요즘 세상에서 다시 대종교를 일으켜야 한다는 것은 매우 기쁜 일이올시다.
우리의 모든 정교(政教)는 단군이 비로소 열었사오니, 우리 선민(先民)에게 끼친 모든 흔영(痕影)은 단군이 수출(首出)하심에 유인(由因)한 것이올시다. 그러하오니 우리는 누구를 물론하고 이를 향모(響慕)하고 추구하여야 되겠다고 봅니다.
우리는 예의(禮儀)를 차리는 민족이라고 하나, 진실한 의미에 있어서는 조상을 모르는 것이올시다. 유교, 불교가 성할 때는 학자들이 지나(支那) 내지 인도(印度)의 그것에만 도취하고 근세에는 또 다른 구미사상(歐米思想)에만 침잠(沈潛)해서 자기의 조상을 천대(賤待)하고 있는 것이올시다.
그런데 근년에 와서 단군묘(檀君墓) 개축(改築)을, 그리고 요즘 다시 대종교를 일으킨다는 것은 단군의 후예로서는 당연한 일이나 성사(盛事)라 않을 수 없고 반가운 일이올시다. (현대어법에 맞게 고침-인용자 주)

[참고문헌]
『종문영질』(프린트본, 1922), 「北滿에 朝鮮農民開拓社 設立 計劃에 관한 件 1」(滿蒙 各地에서의 鮮人의 農業關係 雜件1, 朝保秘 제274호, 한국사DB, 국사편찬위원회), 『동아일보』1922. 3.23., 1929.2.5., 1930.11.11., 『조선일보』1929.12.14., 1932.1.3., 4.22., 『동광』제34호(1932년), 『삼천리』제8권 제4호(1936년), 『又觀文存』(이정규, 삼화출판사, 1974), 『서간도시종기-가슴에 품은 뜻 하늘에 사무

처」(이은숙, 인물연구소, 1981). 「중앙일보」1983.3.28. 「舊園鄭寅普全集」1(정인보, 연세대출판부, 1983)

유창환(兪昌煥, 남, 1870-1935)

아호(별명)_ 유명환(兪明煥), 주백(周伯), 준백(準伯), 우당(愚堂), 육일거사(六一居士), 홍엽산방주인(紅葉山房主人), 성동초자(城東樵者)

입교 시기_ 1916년 | 교질_ 참교

유창환

충청남도 부여군(扶餘郡) 은산면(恩山面) 가곡리(佳谷里) 출신으로 초명은 명환(明煥)이다. 약관(弱冠)에 경사(經史)와 백가(百家)를 이미 깊이 숙지하였으며, 금석(金石)에도 남다른 조예를 익혔다. 1902년 인천감리서(仁川監理署) 주사(主事)에 임명되는 한편, 6품 승훈랑(承訓郎)으로도 진급하여 관직에 발을 디뎠다.

1904년 러·일전쟁이 발발하자 허위(許蔿)와 함께 의병을 도모하였으나 실패하고 1905년 고향 부여로 돌아왔다. 1907년 고향에 부흥학교(扶興學校)를 설립하여 향리의 육영 사업에 전념하였고 1912년에 다시 상경하였다. 이후 청양(靑陽) 출신의 이세영(李世永) 등과 장차 해외에서 광복 활동을 할 계획을 논의하였는데, 도중에 일이 탄로 나서 옥에 갇혔다가 집행유예로 풀려났다. 3·1운동 직전에는 이회영(李會榮)·김진호(金鎭浩)·유진태(兪鎭泰)·안확(安廓)·오세창(吳世昌)·이승훈(李昇薰)·한용운(韓龍雲) 등과 고종(高宗)의 중국 망명을 도모하였으나 성공하지 못하였다.

草聖으로 불린 우당 유창환의 초서 '撫松軒'(국립현대미술관 소장)

조선교육협회(朝鮮敎育協會)에도 적극 가담한 유창환은, 1923년 3월 30일 서울 조선교육협회에서 열린 조선민립대학기성회(朝鮮民立大學期成會) 발기에도 적극 동참하여 집행위원으로 선출되었다. 또한 1928년 6월 18일 열린 조선교육협회의 정기총회에서는 부회장으로 선출되어 노동독본(勞動讀本) 등 야학교재(夜學敎材)의 편찬간행과 정기강연회 실시 등의 주요 사업을 이끌기도 하였다. 당시 이사로 선임된 유진태·홍명희(洪命熹)·이중건(李重乾)·최현배(崔

鉉培)·신명균(申明均)·정열모(鄭烈模)·이석(李奭) 등이 모두 국내 대종교의 핵심이었다는 점도 주목된다. 그 시기 조선교육협회가 국내 대종교의 주요 은거지였음을 확인시키는 근거라고도 할 수 있다.

유창환은 서예에서도 일가견한 인물이다. 청나라 시기의 전서(篆書)와 예서(隷書) 서풍에 영향받았음에도 독자적인 서예 세계를 개척하였다. 특히 초성(草聖)으로 불릴 정도로 초서(草書)에 있어 달관의 경지를 보여주었다. 1925년부터 조선미술전람회(朝鮮美術展覽會)에 3년간 초서(草書) 작품을 출품하여 4·5·6회에 연달아 입선한 것을 보더라도 알 수 있을 듯하다. 그러므로 유창환의 초서 필적에 대해 예술원 회장을 지낸 월탄(月灘) 박종화(朴鍾和)는 "우당(愚堂)은 울창하고 굳세게 뻗은 고송일지(孤松一枝)의 필력과 호탕한 장강만리(長江萬里)의 필세가 완당(阮堂) 이후에 일인이라 해도 지나침이 없다"라고 평하였고, 대종교 동지로서 문인 서화가였던 지운영(池雲英)은 "당세의 초성(草聖)으로, 장욱(張旭)이 신명을 전하고 회소(懷素)가 성품을 이룬 격"이라고 극찬하였다.

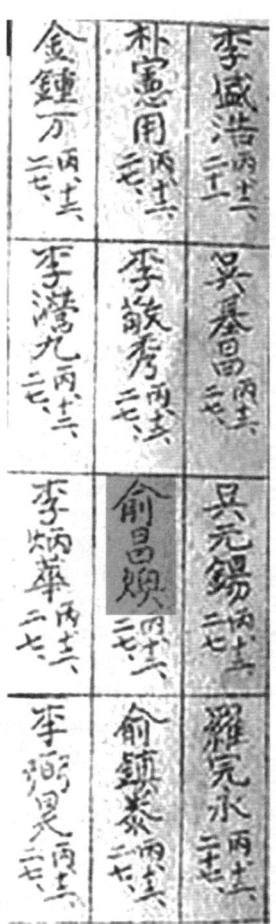

대종교의 「倧門榮秩」에 실려 있는 兪昌煥(가운데 하단)의 입교 기록

유창환과 관련된 대종교의 입교 기록이나 영계(靈戒) 사항은 남이 있는 것이 없다. 그러나 1916년 12월 27일(음력) 백은(白隱) 유진태(俞鎭泰)와 더불어 참교(參敎)의 교질(敎秩)을 받은 기록이 전한다. 그의 대종교 입교가 그 이전으로 올라감을 확인할 수 있다. 대종교에 있어 참교란 입교와 영계(靈戒)의 단계를 거쳐 얻는 교질이다. 그 기간이 일정하지는 않지만 짧게는 수개월에서 길게는 수년이 걸리는 것이 상례다.

한편 일제강점기 국내 대종교는 병탄 직후부터 질곡(桎梏) 그 자체였다. 특히 1915년 조선총독부의 종교통제안(宗敎統制案)에 의한 대종교불법화는 국내 대종교의 활동을 암흑시대로 몰고 갔다. 일정한 교당을 정하여 모이는 것은 물론 모든 기록마저도 간직하기 힘든 상황이었다. 당시 대종교의 1차 자료들이 전하지 않게 된 근본적인 이유다. 1920년대 대종교의 탄압을 보여주는 아래의 기록이 그것을 방증한다.

"더구나 이 민족적 색채를 가진 대종교에 대한 감시야 실로 끔찍하였지요! 빈궁한 살림살이에 고정한 회당조차 없이 이 집 저 집으로 돌아다니는 곤경에다가, 설상가상으로 그들의 핍박이 날이 갈수록 더욱 심하여, 심지어 교사(敎史) 원고까지 빼앗기는 등, 실로 피가 뛰고 이가 갈리는 비분의 경우도 많이 당하였습니다."

유창환의 대종교 활동에 대한 기록 역시 일체 전하는 것이 없다. 그 시기 국내 대종교를 견인했던 유진태·홍명희·이중건·최현배·신명균·정열모·이석 등과 조선교육협회 등을 중심으로 비밀결사처럼 움직인 것도 이러한 시대 상황과 맞닿아 있는 것이다. 유창환이 1931년 11월 15일 단군신전봉찬회(檀君神殿奉贊會) 창립총회에도 적극 참여하여 이사로서 선출되어 활동한 것도 같은 맥락이라 할 수 있다.

[참고문헌]
『종문영질』(프린트본, 1922), 『각사등록─근대편』(한국사DB, 국사편찬위원회), 『조선일보』1923.3.13., 5.19., 1931.9.4., 『동아일보』1928.6.18., 「檀君神殿奉贊會創立總會」 集會取締 狀況報告(通報)」(『思想に關す 情報』1, 京鍾警高秘 제14018호, 한국사DB, 국사편찬위원회), 「나의 불교 믿게 된 경로」(해경거사, 『불교』제77호, 불교사, 1930), 『又觀文存』(이정규, 삼화인쇄소, 1974), 『서간도시종가─가슴에 품은 뜻 하늘에 사무쳐』(이은숙, 인물연구소, 1981), 『중앙일보』1983.3.28., 『한국 역대 서화가 사전』(상)(국립문화재연구소 편, 2011), 『한국서예사』(한국서예학회편, 미진사, 2017)

유현(劉賢, 남, 생몰 미상)
입교 시기_ 일제강점기 | 교질_ 지교

출신지역과 생몰연대를 알 수 없는 인물이다. 1920년대 대종교의 거점이었던 영안현(寧安縣) 동경성(東京城)을 중심으로, 신민부(新民府)·영안현입적간민호회(寧安縣入籍墾民戶會)·극동청년공산당(極東靑年共産黨) 등에 관여하면서 대종교 항일투쟁을 전개하였다.

유현은 1925년 3월 10일 영안현 동경성 내에서 만들어진 신민부를 조직에 가담한 인물이다. 신민부는 북만 지역 독립운동단체들의 통합을 위해 1925년 1월 목릉현(穆陵縣)에 모여 부여족통일회의(扶餘族統一會議)를 통해 구성된 것이다. 신민부는 대종교 항일단체인 대한군정서(북로군정서)를 계승한 단체로서, 그 주요 구성원의 대부분이 대종교인이었다. 따라서 이들의 이념 역시 대종교의 홍익인간과 중광정신이었으며, 신민부가 추구한 정치형태도 대종교의 이상인 배달국 공화주의를 추구한 조직이었다.

유현은 신민부에 가담할 당시 김좌진(金佐鎭)·남성극(南星極)·최호(崔灝)·박두희(朴斗熙) 등과 대한독립군단 계열로 참여하였다. 또한 대한독립군정서 계열로는 김혁(金赫)·조성환(曹成煥)·정신(鄭信) 등이 함께 하였다. 공통된 것은 이들 모두 대종교의 중심인물들이었다는 점이다. 신민부가 대한군정서를 계승한 대종교 항일단체임을 그대로 보여준다. 또한 유현은 1925년 4월에는 영안현 동경성에서 활동하며 극동청년공산당의 일원으로도 활동하였다.

일제강점기 유현과 관련된 대종교의 교력은 전하지 않는다. 그러나 해방 이후인 1947년 윤2월 25일(음력), 유현이 이창환(李昌煥)·안국제(安國濟)·장도순(張道淳)·정인보(鄭寅普)·엄주천(嚴柱天) 등, 항일투쟁의 인물들과 대종교 경의원(經議院) 참의(參議)로 선임된 기록이 있다. 당시 그의 교질(敎秩)은 이미 지교(知敎)였다. 그의 대종교 입교 시기가 일제강점기인 영안현 동경성 시절에 이루어졌음을 알게 해 준다.

[참고문헌]
『대종교보』제153호(1947년), 「獨立不逞鮮人團體 新民府의 創立 및 組織에 關한 件」(不逞團關係雑件─朝鮮人의 部─在滿洲의 部41, 機密公 第24號; 機密受第27號, 한국사DB, 국사편찬위원회), 「極東 靑年共産黨 名簿 入手의 件」(不逞團關係雑件─朝鮮人의 部─鮮人과 過激派5, 秘關機高收 제11173호의 1, 한국사DB, 국사편찬위원회), 『독립신문』1925.5.5., 『민족해방운동과 나』(이강훈, 제삼기획, 1994)

육병세(陸炳世, 남, 생몰 미상)
입교 시기_ 1914년 이전 | 교질_ 참교

출신지역과 생몰연대가 불분명한 인물이다. 그러나 일제의 문서에 1919년 당시 육병세의 거주지가 충청북도 영동군(永同郡) 신선면(信川面) 신천리(信川里)로 기록되어 있음을 보면, 이 지역 출신일 가능성이 높다. 이러한 추정을 뒷받침하는 또 하나의 근거는 육병세가 1920년대부터 1930년대까지 영동 지역을 중심으로 꾸준히 활동한 인물이라는 점이다.

육병세는 1921년 12월 인척(姻戚)인 노성춘(盧性春)이란 인물이 상해임시정부의 독립자금을 모금하는 과정에서 보증인(保證人)으로 역할을 한 인물이다. 충청북도 보은군(報恩郡) 마로면(馬老面) 송현리(松峴里) 출신인 노성춘은 영동군 영동면에 거주하는 김희수(金希洙)로부터 곡물상을 열려고 한다는 명분으로 돈을 빌렸다. 그 과정에서 보증인으로 내세운 인물이 육병세였다. 이후 영동군 심천면(深川面) 면장과 함께 심천공립보통학교 후원회 회장, 그리고 지역 청년회 활동 및 영동미곡통제조합(永同米穀統制組合) 총대(總代) 등을 역임하면서 지역민의 권익 옹호와 생활 향상에 노력한 인물이다.

육병세의 대종교 교력을 살피면 1914년 1월 30일(음력)에 김백(金白)·김정식(金政植)과 함께 참교(參敎)의 교질(敎秩)을 받은 기록이 있다. 그의 대종교 입교가 훨씬 이전에 이루어졌음을 알 수 있다. 그러나 1910년대와 20년대의 1차 자료인『대종교보(大倧敎報)』가 모두 전하지 않아, 이후의 교력은 추적하기가 힘들다.

[참고문헌]
『종문영질』(프린트본, 1922), 「獨立運動資金携帶者取押ニ關スル件(平安北道知事報告要旨)」(不逞團關係雜件 朝鮮人ノ部 在內地 九, 高警第35694號;秘受14508號, 한국사DB, 국사편찬위원회), 『동아일보』1923.3.14., 『朝鮮新聞』1930.5.28., 『매일신보』1936.10.29.

육종윤(陸鍾允, 남, 1863-1936)

아호(별명) _ 옥전(玉田), 성대(聖臺), 육용점(陸用漸), 옥전산인(玉田山人), 산외산인(山外山人), 취작대주인(翠雀臺主人)

입교 시기 _ 1922년 | 교질 _ 참교

충청북도 옥천군(沃川郡) 청성면(靑城面) 능월리(陵月里) 출신으로 초명은 육용점(陸用漸)이다. 기독교청년회(YMCA) 활동과 리얼리티 신소설로 평가 되는『송뢰금(松籟琴)』의 작가인 육정수(陸定洙)의 부친이자, 박정희 대통령의 부인인 육영수(陸英修)의 백부(伯父)다.

1891년(고종 28) 증광시(增廣試)에 급제하여 진사(進士)가 되었다. 이후 제중원주사(濟衆院主事)를 시작으로 참의교섭통상사무(叅議交涉通商事務)와 외부참서관(外部叅書官), 그리고 외부비서관(外部秘書官)과 외부교섭국장(外部交涉局長)을 역임하였다. 육종윤은 운양(雲養) 김윤식(金允植)의 최측근이었다. 주변의 시샘을 받을 정도로 김윤식과 밀착해 있던 인물이었다. 그러나 1896년 2월 아관파천(俄館播遷)으로 친미·친러파가 득세하자, 당시 내부대신(內部大臣)이었던 유길준(兪吉濬) 등과 함께 일본으로 망명하였다.

육종윤의 글씨 '修德招福(덕을 닦아 복을 부르다)'

일제의 병탄 후인 1928년에는 조선총독부 조선사편수회

(朝鮮史編修會)에서 촉탁(囑託)으로 이름을 올려 비난을 받았다. 육종윤은 조선사 편찬의 제6편인 조선후기(영조~갑오개혁) 부분을 담당하는 부서의 조사부 촉탁을 맡았다. 당시 그 부서의 수사관(修史官)은 홍희(洪憙)였으며 박용구(朴容九)와 조중관(趙重觀)이 육종윤과 함께 촉탁으로 있었다. 육종윤의 대종교 교력은 보면 1922년 9월 1일(음력) 영계(靈戒)와 함께 참교(參敎)의 교질(敎秩)을 받았다. 그의 대종교 입교가 그 이전에 이루어졌음을 확인할 수 있다. 본디 육종윤은 대종교를 일으킨 홍암(弘巖) 나철(羅喆)과 더불어 김윤식의 정치적 제자였다. 1908년 말, 나철이 네 번째로 일본을 방문했을 당시도 여러 번 만나 조언과 함께 의견을 건넨 인물도 육종윤이다. 김윤식은 나철을 통해 육종윤에게 서신을 전달하여 나철과 오기호(吳基鎬) 등에게 경제적 배려를 부탁하기도 했다.

육종윤은 1916년 정치적 동지이자 종교적 스승인 나철이 자진순교(自盡殉敎)하자, 아래와 같이 그를 정중히 추도하였다. 그는 추도문을 통하여 나철과의 동문(同門) 의식과 중광(重光)의 의미를 새겼다. 또한 순교(殉敎)의 가치를 정성스레 새김과 동시에 대종교의 무궁한 번영을 염원하기도 했다.

…(전략)…
오여사지(吾與師知) 내가 스승을 안 지가
삽재유강(卅載有強) 30년이 넘은지라
운옹지문(雲翁之門) 운양대감의 문하에서
동탁연상(同卓聯床) 함께 공부했어라
…(중략)…
사홀유오(師忽有悟) 스승이 홀연히 깨달아
일변지도(一変至道) 한 번에 도에 이르니
국조유교(國祖遺敎) 국조께서 남긴 도가
지대지묘(至大至妙) 지극히 오묘하도다
…(중략)…
남천신기(藍天神旗) 푸른 바탕의 천신기(天神旗)를
독수한북(獨竪漢北) 한양 북촌에 홀로 세우니
고도중환(古道重煥) 고도(古道)가 거듭 빛나
부유감읍(婦孺感泣) 아낙네 아이들까지 감읍하도다
…(중략)…
충신시간(忠臣屍諫) 충신은 죽음으로써 간언하고
열사사의(烈士死義) 열사는 의로써 죽는 것이니
이신순교(以身殉敎) 몸을 던져 순교하여
성중경세(醒衆警世) 온누리를 깨우치도다
…(중략)…
백산가랑(白山可浪) 백두산을 흔들어댄 들
사도불퇴(斯道不隤) 이 도(道)를 무너뜨릴 수 없고
패수가진(浿水可塵) 패수가 오염된다 해도
아교영재(我敎永在) 우리 교(敎)는 영원하리라
…(후략)…

[참고문헌]
『대종교보』제55호(1922년), 『홍암신형조천기』(김교헌 편, 대종교총본사, 1953), 『대종교중광육십년사』(대종교총본사, 1971), 『上之卽祚二十九年辛卯慶科增廣司馬榜目』, 『승정원일기』1894년 6월 25일(음)·1894년 4월 1일(음)·11월 12일(음), 『朝鮮史編修會事業槪要』(조선총독부조선사편수회, 1938), 『要視察

外國人擧動關係雜纂—韓國人 ノ部—』(국사편찬위원회, 『한국근대사자료집성』3, 2002). 『국역 윤치호 영문 일기』3(박정신·이민원 역, 국사편찬위원회, 2015)

윤광원(尹光源, 남, 생몰 미상)

입교 시기 _ 1922년 | 교질 _ 참교

출신지역과 생몰연대를 알 수 없는 인물이다. 일제의 문서에서도 드러나지 않는다. 1922년 6월 8일(음력, 이하 음력) 대종교 서일도본사(西一道本司)의 추천으로 영계(靈戒)와 함께 참교(參敎)의 교질(敎秩)을 받은 기록이 있다.

윤광원은 같은 날인 6월 8일 대종교 서일도본사가 관할하는 송광시교당(松光施敎堂)의 찬무(贊務, 부책임자)로도 임명되었다. 당시 송광시교당은 무송현(撫松縣) 동문내(東門內) 포도전(布道甸)에 있었으며, 전무(典務, 책임자)는 김종순(金鍾舜)이 맡았고 후일 신민부(新民府) 요원으로 활동한 이옥규(李沃珪)가 찬무를 맡아 윤광원과 함께 했다.

한편 윤광원은 1922년 12월 6일 서일도본사 제일지사(第一支司) 찬사대판(贊事代辦)을 맡아 활동하기도 했다. 찬사대판이란 지사의 책임자인 전사(典事)를 돕는 찬사의 대리(代理)로서, 당시 항일투사 최남표(崔南表)가 전사대판(典事代辦)으로 있었다. 최남표 역시 서간도 항일투쟁의 거물로 동성한족생계회(東省韓族生計會) 활동과 함께 대한독립단 총지단장(大韓獨立團總支團長)을 지낸 인물이다. 이로 보아 윤광원이란 인물 역시 1920년대 이 지역을 중심으로 대종교 항일투쟁을 펼친 인물로 추정되지만, 그 이후의 행적은 확인이 안 된다.

[참고문헌]

『대종교보』제54호(1922년)·제56호(1922년). 『대종교중광육십년사』(대종교총본사, 1971)

윤기섭(尹琦燮, 남, 1887-1959)

아호(별명) _ 규운(㐾雲), 중규(仲珪)
입교 시기 _ 1910년대 | 교질 _ 미상 | 서훈 _ 대통령장(1989)

경기도 파주군(坡州郡) 주내면(州內面) 파주리(坡州里) 마산동(馬山洞) 출신이다. 1906년 보성전문학교에 입학 1909년 4월 졸업하였다. 그 해 5월 평북 정주 오산학교 교사로 재직하면서 후일 대종교의 동지가 되는 여준(呂準)의 영향을 크게 받았다. 또한 신민회(新民會)에도 가입하여 안창호(安昌浩)·이동휘(李東輝)·전덕기(全德基)·이상재(李商在) 등과 학회활동 및 계몽강연에 힘을 쏟았으며, 신민회 산하의 청년학우회(靑年學友會) 한성연회에서도 의사원으로 선출되어 활동하였다.

이후 윤기섭은 일제에 의한 '안악사건'으로 오산학교의 운영이 어려워지자 1911년 8월 압록강을 삼원보(三源浦)로

윤기섭

향했다. 윤기섭은 교민자치기관 경학사(耕學社)의 후신으로 조직된 부민단(扶民團) 활동을 시작으로, 1919년 초 만주 서간도의 한족회 조직에도 참여, 학무부장이 되었다. 한편 신흥무관학교의 전신인 신흥강습소의 학감도 맡아 이동녕(李東寧·교장), 김달(金達·교감), 김창환(金昌煥·교사), 이장녕(李章寧·교사) 등과 함께 독립군 양성에 앞장섰다. 후일 이들 모두가 대종교의 중심인물이 된다는 점이 특기된다.

1919년 4월 상해 임시정부의 요청에 의해 부민단의 대표로 상해로 건너가 1920년 대한민국 임시정부 산하 육군무관학교 교관에 선임되었다. 1920년 6월부터 임시의정원 의원, 임시정부 국무원 군무차장, 임시의정원 의장, 임시정부 국무위원 군무부장을 두루 지내고 1927년 3월에는 한국국민당에 가담하기도 했다. 또한 1921년 5월 중한국민호조사(中韓國民互助社) 결성에 참여했으며, 1922년에는 대종교 동지 김두봉(金枓奉)과 인성학교(仁成學校)의 학감으로 초빙되어 한국사와 국어를 가르쳤다. 그의 국어에 대한 조예가 상당했음을 시사해 주는 부분이다.

1924년에는 신흥강습소의 학감 경험을 살려 군사교육서인 『보병조전(步兵操典)』을 저술하였으며, 1932년 4월에는 대일전선통일동맹에 참여하였고 1935년에는 민족혁명당을 조직하여 민족유일당 운동 전개에 앞장섰다. 그리고 1940년 다시 임시정부의 국무위원으로 선임되었고, 1943년 3월에는 임시정부 군무부 차장이 되었다.

해방을 맞아 귀국하여서는 민족혁명당 중앙집행위원으로 당기관지인 『앞길』의 사장이 되었고, 같은 달 좌익세력의 연합체인 민주주의민족전선(민전) 부의장 및 상임위원을 지냈다. 이어 1946년 10월 과도입법의원에 출마하여 당선되어 과도입법의원 부의장이 되었다. 1950년 5월 제2대 국회의원 총선거에서 당선되어 의정활동을 전개하던 중 한국전쟁이 발발하자 납북되었다.

윤기섭의 대종교 입교는 그가 서간도로 넘어간 1910년대 초반에 이루어진 것으로 전언되어 오나, 관련 기록은 남아있지 않다. 그의 교질(敎秩) 역시 확인이 안 된다. 다만 신흥무관학교 출신의 대종교 항일투사 박명진(朴明鎭)은, 그의 『대종교독립운동사』라는 기록에서 1910년대 대종교 서일도본사(西一道本司)의 주요 교인으로 윤기섭의 이름을 올리고 있다. 윤기섭의 대종교 입교가 서간도 활동 시절에 이루어졌음을 시사해 준다. 당시 서일도본사는 대종교 지도자 단애(檀崖) 윤세복(尹世復)이 영도하였으며, 그 관할 지역은 남만주 일대로부터 국내 평안도 지역이었다. 또한 서일도본사의 주요 교인으로는 윤기섭을 비롯하여 이시영(李始榮)·조맹선(趙孟善)·박장호(朴長浩)·이진룡(李鎭龍)·전덕원(全德元)·차도선(車道善)·조병준(趙秉準)·박우진(朴宇鎭)·윤세용(尹世茸)·김승학(金承學)·오광선(吳光鮮)·이

회영(李會榮)·황학수(黃學秀)·이광(李光) 등 수십 인이 올라 있다. 그 지역 항일투쟁의 맹장들이란 점에서 주목된다. 그러므로 윤기섭은 상해로 넘어간 후에도 그 지역 대종교의 주요 인물인 김두봉·이극로(李克魯) 등과 가까이하며, 대종교적 언어민족주의를 공유하였다. 일례로 상해 시절 이극로의 회고를 떠올릴 수 있다. 윤기섭이 김두봉·이극로와 더불어 '기착(氣着)'이라는 군대 구령을 '차려!'라는 순우리말 구호로 바꿨다는 것이다. 윤기섭의 우리말에 대한 애착을 살필 수 있는 부분이다. 또한 광복의 의지를 담은 윤기섭의 순한글 유묵에서도, 그의 우리말 사용의 능력이 상당함을 알 수 있다. 그 내용을 적어 보면 아래와 같다.

"낡은 집 무너지매 새집 징으려고 온갖 셈 닿이어 놓고 옛터 두루 살피어 보니 터는 좋다마는 가시덩굴 적지 않소라. 날랜 연장 잡았으니 그 무엇 걱정하랴. 윤기섭"

광복의 의지를 담은 윤기섭의 한글글씨 유묵(독립기념관 소장)

순우리말로 적은 짧은 글임에도 내포된 의미가 범상치 않다. 그 숨겨진 뜻을 살려 대략을 더듬으면 이럴 것이다. '낡은 집이 무너진다'는 것은 정체성을 망각하여 식민지로 전락한 조국의 현실로 새길 수 있다. 당연히 '새집을 짓는다'는 의미는 조국 광복으로 연결된다. 조국 광복을 위해 '모든 방략을 동원(온갖 셈 닿이다)'하여 '옛터(만주땅)'로 옮겨

왔으나 자리는 좋은 데 망국민으로의 삶이 쉽지 않았음도 고백하고 있다. 그러나 마지막 부분에서 '대한민국임시정부(날랜 연장)'를 수립하였으니 그 무엇을 두려워하겠느냐는 포부로 연결시켰다. 만주를 우리의 옛터로 인식하고 있음도 대종교적 역사인식과 그대로 맞물리는 부분이다.

윤기섭이 해방 이후인 1948년 8월 국학대학(國學大學) 제3대 교장으로 취임한 것도 이러한 대종교적 정서와 무관치 않았다. 국학대학은 대종교계 학교로 초대 교장은 정열모(鄭烈模)였다. 정열모는 1910년대 초반 대종교에 입교한 인물로, 해방 이후 대종교의 전강(典講)과 전리(典理)를 두루 역임하며 대종교의 교리(敎理) 완성과 종무행정(宗務行政)의 정착에 남다른 역할을 하였다. 국학대학의 제2대 교장을 맡은 정인보(鄭寅普) 역시, 일제강점기 대종교의 비밀결사인 귀일당(歸一黨) 활동을 전개한 인물로 대종교와는 뗄 수 없는 여정을 걸어왔다. 그 정서의 연장선상에 윤기섭이 있는 것이다.

[참고문헌]
『대종교독립운동사』(박명진, 필사본, 1964), 『대종교중광육십년사』(대종교총본사, 1971), 『조광』제12권 제1호(조광사, 1946), 『朝鮮年鑑』(朝鮮通信社, 1948), 『朝鮮獨立運動』II (金正明 編, 原書房, 1967), 『독립운동사』4(독립운동사편찬위원회, 1972), 『白凡逸志』(김구/도진순 주해, 돌베개, 1997), 『대한민국임시정부자료집』1~21(국사편찬위원회, 2005 2007), 『윤기섭:대한민국임시정부의 민족혁명가』(김광재, 독립기념관, 2009), 『윤기섭의 대한민국임시의정원 참여와 활동』(이재호, 『한국독립운동사연구』39, 한국독립운동사연구소, 2011)

윤난악(尹蘭岳, 여, 1899-1955)
입교 시기_ 1910년대 추정 | 교질_ 미상

경상남도 밀양군(密陽郡) 부북면(府北面) 무연리(舞鳶里) 출신이다. 대종교 3세 교주를 지낸 단애(檀崖) 윤세복(尹世復)의 외동딸로, 7세 때 사고로 인해 13세부터는 곱사등이가 되어 평생을 독신으로 대종교를 신앙하며 살아갔다.

1910년대 중반, 오빠 윤필한(尹弼漢, 尹弘善)과 부친 윤세복이 머무는 만주 무송현(撫松縣)으로 넘어간 이후, 대종교에 귀의하여 지극 정성으로 부친을 보필했다. 윤세복이 영안(寧安)으로 해림(海林)으로 신안진(新安鎭)으로 밀산(密山) 당벽진(當壁鎭)으로, 그리고 다시 영안현 동경성(東京城)으로 옮겨 다니는 항일투쟁의 여정에서도, 그녀의 지극 정성은 변하지 않았다.

1942년 11월(음력), 일제는 대종교의 지도자들을 일시에 검거하는 임오교변(壬午敎變)을 자행했다. 대종교의 서적과 문서류 등을 모조리 압수하는 등, 대종교총본사와 지도자들의 자택 수사를 통해 교단 전체를 뒤집어 놓았다. 당시 대종교에 모시던 단군영정(檀君影幀)이 떨어져 짓밟히자 곱사등이 몸으로 엎드려 그것을 막았던 인물이 윤난악이다. 임오교변으로 부친 윤세복이 액하감옥(掖河監獄)에 갇히게 되자, 보행이 쉽지 않아 네 발로 기다시피 하면서 감옥을 찾아갔다. 더욱이 그 주변에서 걸식·동냥을 하

면서도, 감옥에 갇힌 부친의 사식을 넣어주는 것을 거르지 않았다 한다.

윤낙악은 천성이 온후하고 총명했다 한다. 또한 개인적 효(孝)를 넘어 대종교에 대한 믿음 또한 지극하였다. 윤세복과 함께 임오교변으로 감옥 생활을 한 대종교지도자 이용태(李容兌)가 남긴 「윤난악여사출천대효록(尹蘭岳女史出天大孝錄)」의 일부를 보더라도 알 수 있다.

> "윤여사(윤난악을 말함-인용자 주)가 품속에서 원본 소형(小型)의 천진(天眞, 단군영정-인용자 주) 한 장과 부친(윤세복을 말함-인용자 주)의 사진 한 장을 내어 부친에게 드리고 하는 말이 '어느 곳에서 죽을는지는 모르나 천진과 아버님 사진만이라도 후세에 전하고 죽으면 여한이 없겠다고 생각하였더니, 한배검의 다함없는 사랑으로 아버님을 다시 뵙게 되었다'고 하므로, 단애종사(檀崖宗師, 윤세복을 말함-인용자 주)께서도 절로 감격의 눈물이 솟음을 누르지 못하였다는 말씀을, 뒷날 종사로부터 직접 듣고서야 사람의 신앙의 두터운 정성이 능히 하늘을 감동케 함을 깨달았었다."

그녀는 한학에도 남다른 조예가 있어 경사(經史)에 능통했다. 그러므로 대종교의 종경(倧經)에도 달통하여 사부종경(四部倧經)을 암송하기까지 했던 인물이다. 사부종경이란 대종교 교리의 근간을 이루는 삼일신고(三一神誥)·신리대전(神理大全)·신사기(神事記)·회삼경(會三經)을 말한다. 그러므로 그녀는 종리연구(倧理硏究)에 있어서는 해박함과 아울러 분명하고 투철한 자기 견해를 견지했다. 특히 대종교 인간완성의 지침인 삼법수행(三法修行)의 고행을 30년 동안 거르지 않고 실천했던 인물이다.

윤난악은 불구의 몸이었기에 해방 맞아서도 바로 귀국하지 못하였다. 그곳에 머물며 문전걸식하듯 생활하던 그녀는, 1946년 가을 무렵 영안현 동경성으로부터 천신만고 끝에 귀국하여 대종교총본사에 수도하듯 생활하였다. 그리고 1955년 1월 30일(음력) 향년 57세의 나이로 귀천(歸天)하였다.

그녀의 죽음에 슬퍼하지 않는 이가 없었다. 당시 부산 지역 교단 상황을 순시(巡視) 중이던 윤세복도 이 소식을 접하였다. 평소 윤세복은 그녀를 딸이었다고 특대(特待)하지 않았고 불구였다고 연민하지 않았다. 그러나 막상 그녀의 부고를 접하고 마침내 오열했다 한다. 대종교 교주로서가 아닌 딸을 여읜 아버지로서의 아픔이었다. 윤세복이 외동딸 윤난악의 죽음을 슬퍼한 아래의 만시(輓詩)에서 그 애틋함이 드러나 있다.

> 난악이도 갈 날 있네 참소식이 헛말 같다
> 열세 살에 병든 몸이 마흔 네 해 앓았구나
> 한뉘로 불구자 되어 온갖 설움 겪었으랴
>
> 내 아버지 내 오빠가 무슨 죄를 지었던고
> 이 악독한 도적놈아 내 몸 대신 죽어다오
> 그 울음 감격한 이들 효녀의매 불렀지요

> 자학청란 인연 없고 묘방비술 허사로세
> 부장윤정 성그다고 울지마라 잠들 때에
> 행여나 천고유한이 풀어질 줄 뉘 알겠네

[참고문헌]
『대종교중광육십년사』(대종교총본사, 1971), 「윤난악여사출천대효록(尹蘭岳女史出天大孝錄)」(이용태, 『애국지사 단암 이용태선생 문집』, 박달재수련원, 1997). 『죽은 자의 숨결, 산 자의 발길』(강용권, 집산, 1996)

윤덕보(尹德甫, 남, 1881-?)

아호(별명)_ 윤병용(尹秉用), 윤병용(尹秉庸)
입교 시기_ 1920년대 초반 추정 | 교질_ 미상 | 서훈_ 애국장(2009)

함경남도 홍원군(洪原郡) 경포면(景浦面) 좌상리(左上里) 출신이다. 3·1독립만세운동 당시 고향에서 독립만세시위운동에 참여한 후 만주로 망명하여 대한독립군비단(大韓獨立軍備團)에 가입하여 활동하였다. 1920년 2월, 대한독립군비단이 개편되면서 윤덕보는 재무부장으로 선임되어 보다 깊숙이 관여하게 된다.

이어 1921년 6월에는 장백현에 위치한 대한독립군비단 본부총단 산하의 통신사무국에서 국장 대리를 맡았다. 그리고 같은 해 11월에는 총무장으로 추대되는가 하면, 1921년 10월 흥업단(興業團) 등 주변 독립운동단체들과 연합하여 대한국민단(大韓國民團)이 조직될 당시, 대한독립군비단의 일원으로 참여하였다. 대한국민단은 서간도 대종교의 핵심이었던 김호(金虎·회장), 윤세복(尹世復·의사부장) 등이 중심이 된 단체로, 윤덕보는 총무를 맡아 활동하였다. 1922년 8월경 장백현에서 군비단·흥업단(興業團)·태극단(太極團) 등이 김호를 단장으로 하는 대한광정단(大韓匡正團)으로 합쳐질 때 다시 총무장으로 선임되었다. 특히 윤덕보는 1922년 말, 강승경(姜承京) 등 30여명으로 하여금 함경북도로 들어가 군자금 모금과 함께 삼수서(三水署) 영성주재소(嶺城駐在所)를 습격케 하였다. 이 습격으로 마쓰이 다카시(松井孝) 순사가 사살되고 호리우치 소우자(堀內宗三) 순사 등에게 중상을 입히는 등, 일제에 위협적인 타격을 입혔다. 1923년 1월에도 석기만(石基滿) 등 광정단의 간부 10여명과 일본관헌 및 친일파 암살을 모의하는가 하면, 그 해 6월에는 군사 관계 외에도 문화·산업 방면에도 유의하여 개편된 체재에서 단장으로 추대되었다.

윤덕보는 대한민국임시정부에 대한 변화의 외침에도 동참하였다. 1923년 국민대표회의 개최 당시, 러시아 공산당을 모델로 하여 위원제 중심의 중앙기관을 설치하고자 창조파(創造派)에 가담하여 활동한 것이 그것이다. 이에 같은 해 6월에 한국국민위원회(韓國國民委員會)를 조직하는 데 찬성하고 국무위원을 선출하는 데 참여하기도 한다. 윤덕보는 1924년 7월, 길림에서 개최된 전만통일주비발기회(全滿統一籌備發起會)에 대종교의 절친한 동지인 김호와 함께 광정단 대표로 참여하여 정의부(正義府) 성립에 중심적인 역할을 하게 된다. 같은 해 11월 25일 대한통의부(大

韓統義府)·서로군정서(西路軍政署)·광정단 등 8개 단체 대표들이 모여 정의부로 정식 출범하자, 윤덕보는 재정위원과 행정위원으로 선임되었다. 이후에도 중앙행정위원장·외교위원장 등으로 활동하였으며, 1927년 8월에는 정의부 특별위원으로 길림성(吉林省) 성(城) 부근에서 활동하였다. 그 후 윤덕보의 활동 내역은 확실하지 않다. 다만 윤덕보가 한창걸(韓昌傑)·이중집(李仲執)·이인섭(李仁燮)·홍범도(洪範圖)·박일리야 등, 사회주의 항일투쟁을 전개한 인물들과 함께 소련 중앙국가고문서보관소(中央國家古文書保管所, 遠東) '조선인 빠르찌산' 부대장들의 간부문건(幹部文件)이 보관되어 있다는 것을 보면, 사회주의 항일투쟁에 깊이 관여했을 것으로 추정된다.

윤덕보의 대종교 관련 기록은 교단 내에는 전하는 것이 없다. 당시의 1차 자료가 되는 『대종교보(大倧敎報)』 등, 대종교의 문건이 모두 없어졌기 때문이다. 다만 대종교 항일투쟁을 전개했던 박명진(朴明鎭)이 기록한 『대종교독립운동사』에는, 윤덕보가 광정단에 참여할 때 이미 대종교 서일도본사(西一道本司, 서간도 지역 관할)의 주요 교인으로 올라 있다는 점이다. 윤덕보는 당시 서일도본사를 이끈 윤세복(尹世復)을 비롯한 김호·김혁(金赫)·강진건(姜鎭乾)·장승언(張承彦)·이현익(李顯翼) 등의 대종교 중심인물들과 함께 하였다. 윤덕보의 대종교 입교가 광정단이 만들어진 1922년 4월 이전이었음을 헤아릴 수 있다.

박명진의 『대종교독립운동사』에 올라 있는 尹德甫(네모 안)이 이름. 광정단 소속으로 대종교 서일도구의 주요 교인으로 기록되어 있다.

[참고문헌]

『대종교독립운동사』(박명진, 필사본, 1964), 『동아일보』1923.1.10., 『매일신보』1921.11.15., 1926.11.12., 『國外容疑朝鮮人名簿』(조선총독부경무국, 1934), 『고등경찰요사』(경상북도경찰부, 1934), 『朝鮮民族運動年鑑』(상해일본총영사관, 동문사, 1946), 『한국독립운동사』4(국사편찬위원회, 1968), 『레닌기치』1990년 1월 5일자.

윤두식(尹斗植, 남, 생몰 미상)
입교 시기_ 1920년대 초반 추정 | 교질_ 미상

출신지역과 생몰연대를 알 수 없는 인물로, 대종교 항일단체인 대한군정서(북로군정서) 중심으로 활동한 인물이다. 특히 대한군정서(북로군정서) 해산 이후 남은 무기를 은닉·관리하는 중요 임무를 수행한 인물이 윤두식이다. 청산리 독립전쟁 이후 대한군정서가 흩어지자, 대종교는 1922년

9월 당시 교주인 김교헌(金敎獻)을 중심으로 교단 차원에서 그 재건을 모색하였다. 그 재건의 주요 과제가 무기 확보였다. 윤두식은 대종교의 운둔지였던 밀산현(密山縣)에 거주하며 보병총 7백정, 탄환 5만발, 폭탄 50개, 권총 1백정 및 총탄 2천발을 은닉·관리하였다.

이후 윤두식은 고려공산당에도 몸을 담은 기록이 있다. 1923년 1월 연해주 이르쿠츠크에 근거를 둔 고려공산당에 가담하여 허영규(許英圭) 등과 장춘(長春)·봉천(奉天)·안동(安東) 지역의 선전원(宣傳員)으로도 활동한 것이 그것이다. 윤두식과 관련한 대종교 입교 기록 등은 남아있는 것이 없다. 다만 윤두식이 대종교 항일단체인 대한군정서 해체 이후 무기를 숨기고 관리하는 중요 업무를 맡았음을 보면, 그 당시 대종교의 핵심 그룹에 있었음을 알 수 있다. 이러한 정황에서 윤두식의 대종교 입교 역시 대한군정서 시절이 아니었을까 추정해 본다.

[참고문헌]

「大倧敎 陰謀計劃에 관한 건」(不逞團關係雜件-朝鮮人의 部-在滿洲의 部33, 機密 第184號; 機密受第186號, 한국사DB, 국사편찬위원회), 「高麗共産黨의 宣傳에 관한 件」(不逞團關係雜件-朝鮮人의 部-鮮人과 過激派3, 機密 제48호, 한국사DB, 국사편찬위원회)

윤묵(尹默, 남, 생몰 미상)
입교 시기_ 1911년 | 교질_ 참교

함경북도 경성(鏡城) 출신으로 생몰연대는 확인이 안 된다. 윤묵(尹默)이라는 이름 역시 대종교에 입교하며 개명한 외자이름인 듯하나 그 역시 알 수가 없다. 윤묵은 1910년대 초 대종교가 만주 포교의 거점을 잡는데 중요한 역할을 한 인물이다.

1911년 10월(음력) 만주 화룡현(和龍縣)에 소재한 대종교 청파호시교당(靑坡湖施敎堂)에서 국내 경남일보(慶南日報) 사장이자 대종교 동지인 장지연(張志淵)에게 서한(공문)을 보낼 당시, 그 서한의 대표가 윤묵이었다. 윤묵은 전무대판(典務代辦)의 자격으로 시교당의 책임자(전무)의 대리(代理)를 행사하고 있었다. 그를 도와 찬무(贊務, 부책임자)를 맡은 인물이 조열(趙烈)과 심근(沈槿)이었으며, 백순(白純)·박찬익(朴贊翊)·김원식(金遠植)은 시교사(施敎師)를 맡아 포교의 일선에 섰다. 이들이 모두 당대 대종교의 핵심이자 항일투쟁의 거물이었던 것을 고려하면, 윤묵 역시 대종교단 내에서 상당한 비중을 가졌던 인물임을 헤아릴 수 있다. 당시 윤묵이 장지연에게 보낸 서한(공문)의 내용은 다음과 같다.

통지서 제1호

敬啓者 今八月三十日에 三道溝 靑湖敎人 安泰鎭家에 施敎堂을 剙設ᄒ는 바 都司敎經台겨오서 來臨ᄒ시와 一時寓接ᄒ시옵기 玆에 通知ᄒ오니 愛諒ᄒ심을 恭要

함.[공경히 드리오니, 8월 30일에 삼도구 청호의 교인인 안태진의 집에 시교당을 처음 세우는 바, 도사교님(당시 대종교 교주였던 나철을 말함-인용자 주)께서 오시어 잠깐 머무시옵기 이에 통지하오니, 사랑으로 살피시기를 삼가 바랍니다.]

단군강세 4368(1911)년 신해 10월 16일

북간도 삼도구(三道溝) 청호(靑湖) 대종교시교당(大倧敎施敎堂)
전무대판　　윤묵
찬무　　　　조열, 심근
시교사　　　백순, 박찬익, 김원식

장지연(張志淵) 인체(仁棣)

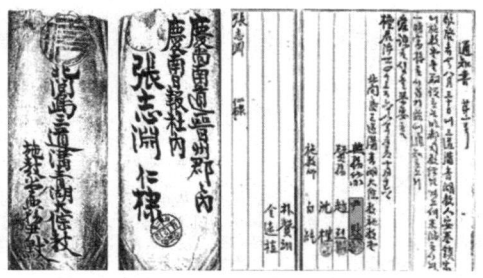

1911년 음력 10월 만주 소재 대종교 靑坡湖施敎堂의 尹默이 국내 張志淵에게 보낸 서간(공문) 겉면(발신자, 수신자)과 그 내용.

윤묵은 1912년까지도 박승익(朴勝益)·심근과 더불어 청파호시교당을 중심으로 교무를 담당한 것으로 나타나나 그 이후의 행적은 확인이 안 된다. 또한 1911년 11월 4일(음력) 심근(沈槿)과 함께 대종교 참교(參敎)의 교질(敎秩)을 받은 기록으로 보아 그 이전에 입교한 것을 확인할 수 있으나, 그 밖의 교력(敎歷)은 전하지 않는다.

[참고문헌]
『종문영질』(프린트본, 1922), 『지산외유일지』(정원택, 탐구당, 1983), 「나철–장지연 서신 자료」『국학연구』제8집, 국학연구소, 2003), 『위암장지연서간집』(위암장지영선생기념사업회, 2004).

윤병호(尹炳浩, 남, 1889-1974)
아호(별명)_창남(滄南)
입교 시기_1911년 | 교질_지교 | 서훈_애족장(1990)

경상남도 남해군(南海郡) 설천면(雪川面) 문의리(文義里) 출신이다. 1908년 보성전문학교에 입학하여 재학 중인 1909년 항일구국비밀결사 대동청년단(大同青年團)에 가입하였다. 대동청년단은 지금까지도 정확한 내막이 밝혀지지 않을 정도로 치밀한 비밀결사로, 17세부터 30세 미만의 청

윤병호

소년 80여명이 남형우의 집에서 조직한 단체였다. 아직까지도 그 조직원 80여명의 실체가 완전히 밝혀진 것은 아니지만, 당시 53명의 단원 이름을 밝힌 인물이 윤병호다. 대동청년단은 출범 당시 단장은 남형우(南亨祐)가 맡고 부단장을 안희제(安熙濟)가 맡았다. 주목되는 것은 윤병호와 함께 대종교 3세 교주를 지낸 윤세복(尹世復)을 비롯하여 안희제(安熙濟)·이원식(李元植)·남형우(南亨祐)·서상일(徐相日)·이경희(李慶熙)·차병철(車秉轍)·이극로(李克魯)·김갑(金甲)·김사용(金思容)·신백우(申伯雨)·신성모(申性模)·신팔균(申八均)·박광(朴洸)·김동삼(金東三)·신채호(申采浩)·이시열(李時說)·고순흠(高順欽)·이우식(李祐植)·민강(閔橿) 등, 30명에 가까운 인물들이 후일 대종교의 중심을 이룬다.

윤병호는 1911년 보성전문학교를 졸업하고 일본 와세다 대학으로 유학을 떠나, 1915년 졸업과 함께 상해를 거쳐 귀국하였다. 귀국 후에는 대종교의 절친한 동지인 안희제가 설립한 백산상회(白山商會)의 지배인 겸 이사(理事)로 참여하였다. 당시 백산상회는 단순한 무역회사가 아니라 상해임시정부에 독립운동 자금을 조달처였을 뿐 아니라 국내와의 연락을 담당하는 비밀기관이었다. 또한 1919년 11월 안희제와 함께 조직한 기미육영회(己未育英會)를 통해 여러 명의 애국청년들을 인재로 양성하고 외국유학까지 시키었다. 이극로(李克魯)·안호상(安浩相)·신성모(申性模)·김정설(金鼎卨)·이병호(李炳虎)·이제만(李濟晚)·전진한(錢鎭漢)·문시환(文時煥) 등이 그들이다.

1929년 10월에는 조선어연구회가 조직한 조선어사전편찬회(朝鮮語辭典編纂會)에 가입하여 한글사전 편찬사업에 참가했다. 조선어연구회는 조선어학회의 전신으로 국내 대종교의 중심인물이었던 이극로 등이 주도한 단체였다. 그러나 윤병호는 1942년 말, 일제가 대종교의 임오교변(壬午敎變)과 때를 같이 하여 획책한 조선어학회사건으로 구속되어 혹독한 고초를 겪었다. 당시 조선어학회는 대종교의 국내 비밀기관 역할을 하고 있었다. 임오교변이란 임오년인 1942년 말, 국내에서는 조선어학회사건과 때를 같이 하여 만주와 국내 각처에서 교주 윤세복을 비롯한 대종교지도자 21명을 동시에 체포한 사건을 말한다. 일제는 우리 정체성의 근간인 '얼(대종교)'과 '언어(조선어학회)'를 동시에 말살하려 한 것이다. 윤병호는 1943년 9월 18일 기소유예로 석방되었으나 실질적으로 2년의 옥고를 겪은 후였다.

윤병호는 해방 이후에도 경상남도 농상부장(農商部長)으로 도정(道政)에 참여하는가 하면, 제3대 국회 때에는 고향인 남해에서 무소속으로 출마하여 당선되기도 했다. 특히 3선 개헌 반대세력을 규합한 호헌동지회(護憲同志會)에도 참여하여 정치민주화의 선봉에 서기도 했다. 호헌동지회란 1954년 11월 29일, 대통령의 중임 제한 규정 폐지 등을

골자로 한 제2차 개헌안이 통과되자, 대여(對與) 투쟁을 펴기 위해 제1야당인 민주국민당과 무소속동지회 및 순무소속 의원 등 60여 명이 구성한 야당계 단일 원내 교섭단체로, 윤병호는 그 회의 대표간사로서 활약하였다.

윤병호의 대종교 교력을 살피면, 1911년 2월 19일(음력, 이하 음력) 참교(參敎)의 교질(敎秩) 수여와 더불어 시교사(施敎師)로 임명된 기록이 전한다. 그의 대종교 입교가 보성전문학교 재학 중에 대동청년단에 가입하여 활동하던 시기임을 알 수 있다. 이에 대종교에서는 국내로 환국한 직후인 1946년 4월 1일, 윤병호에게 지교(知敎)의 교질을 수여함과 동시에 경의원(經議院) 참의(參議)로 선임하여 원로로서의 대우를 극진히 했다.

또한 윤병호는 1950년 1월 17일에 개시된 대종교중흥회(大倧敎重興會) 제2차 집행위원으로도 뽑혀 대종교 발전의 중심에 서기도 했다. 대종교중흥회는 "홍익인간의 이념 하에 대종교 발전을 도모하고 민족정기를 확립하며 고유문화를 향상하여 인류평화를 기함"을 목적으로 조직된 것으로, 당시 엄주천(嚴柱天)·이세정(李世楨)·정열모(鄭烈模)·김두종(金斗鐘)·서상일(徐相日)·김승학(金承學)·신건식(申健植)·맹주천(孟柱天)·백남규(白南奎)·이용태(李容兌) 등 수십 인이 윤병호와 함께 집행위원으로 참여하였다. 그러나 그 뜻을 채 펴보기도 전에 6·25한국전쟁 발발로 유야무야 되었다.

[참고문헌]
『倧令』제3호(1911년), 『대종교보』제150호(1946년)·제165호(1950년), 『종문영질』(프린트본, 1922), 『대종교중광육십년사』(대종교총본사, 1971), 『한국독립사』(김승학, 독립문화사, 1965), 『한국독립운동사』5(국사편찬위원회, 1965), 『한글학회 50년사』(한글학회, 1971), 『부산일보』1981.10.22., 『한민족독립운동사자료집』8(국사편찬위원회, 1988), 「대종교와 안희제」(김동환, 『국학연구』제5집, 국학연구소, 2000)

윤복영(尹復榮, 남, 1868-1969)
아호(별명) _ 윤각(尹覺), 화전(華田·樺田), 목산(牧山), 윤주영(尹冑榮), 윤조영(尹晁榮), 윤당(尹堂)
입교 시기 _ 1922년 | 교질 _ 정교 | 서훈 _ 애국장(1990)

경기도 장단군(長湍郡) 출신으로 대종교 이름은 윤각(尹覺)이다. 일찍이 대종교 항일단체인 대한군정서(북로군정서)와 신민부(新民府)를 중심으로 활동한 인물이다.

1922년 5월에 결성된 상해임시정부 계열의 길림교통부(吉林交通部)에 참여하여 활동하는가 하면, 1923년 1월에는 봉천에서 자치주비회(自治籌備會)가 설치되자, 상해를 대표하는 백순(白純), 연길지방을 대표하는 김정일(金廷一) 등 대종교인물들과 흑룡강성 대표로 참석하였다. 또한 그해 7월에는 동삼성청년단(東三省靑年團)에 참여하여 부단장을 맡았고 대한적십자사 길림지부장으로 선임되어 활동하였다.

1924년 3월에는 전만통일기관(全滿統一機關) 설치를 위해 선전원으로 활동하는 한편, 같은 해 7월 길림에서 전만통일의회주비회(全滿統一議會籌備會)가 설치되고 주비발기회(籌備發起會)가 개최 되자, 대종교 동지인 이장녕(李章寧)과 대한독립단(大韓獨立團) 대표로 참석하였다. 이어 1925년 3월 신민부(新民府)가 창립되자, 신민부 참의원을 비롯하여 길림지회 회장, 지방부 길성구(吉城區) 의회장으로 활동하였다. 윤복영은 대종교 동지인 김좌진·이장녕·박두희 등과 함께 북로군정서를 설립한 창립 멤버로, 군정서 길림분서(吉林分署)의 고문을 지낸 인물이었다.

신민부 설립 당시의 조직과 구성원

기구 및 직책		구성원
중앙 (中央)	중앙집행 위원장 (中央執行 委員長)	김혁(金爀)
	집행위원 (執行委員)	조성환(曹成煥), 김좌진(金佐鎭), 박성준(朴性儁), 최호(崔灝), 정신(鄭信), 이영백(李英伯), 최정호(崔正浩), 허빈(許斌), 유현(劉賢)
	보안 총지휘 (保安 總指揮)	박두희(朴斗熙)
참의원 (參議院)	참의원장 (參議院長)	이범윤(李範允)
	참의원인 (參議員人)	김진연(金震淵), 김규현(金奎鉉), 차동산(車東山), 송상현(宋象鉉), 최문일(崔文一), 홍종림(洪鍾林), 윤각(尹覺·윤복영), 김송곡(金松谷), 안호연(安浩然), 양재헌(梁在憲), 허류, 황공삼(黃公三), 남극(南極), 이장녕(李章寧), 이백향(李白香), 안용수(安龍洙)
검사원 (檢査院)	검사원장 (檢査院長)	현천묵(玄天默)
	검사원 (檢査員)	노호산(盧湖山), 황국민(黃國敏), 나중소(羅仲昭), 강인수(姜寅秀), 지장회(池章會), 김기남(金基南), 강명현(姜明鉉), 강규상(姜奎尙), 양윤삼(楊允三), 손일민(孫一民)

윤복영의 대종교 동지인 손일민 등과 1926년에는 "길림현에 있는 각 하천 구역의 땅을 택하여 벼농사[水稻]를 통한 국리민복(國利民福)을 증진하여 전성(全省)의 모범이 되게 함"을 목적으로, 주식회사 길풍수전고분유한공사(吉豊水田股分有限公司)를 설립하였다. 또한 1927년 11월 길림에서 손정도(孫貞道) 등과 한교구축문제대책강구회(韓僑驅逐問題對策講究會)를 조직하고 간사장으로 활동하면서, 재만한인구축령(在滿韓人驅逐令)을 완화시키는데 앞장섰다.

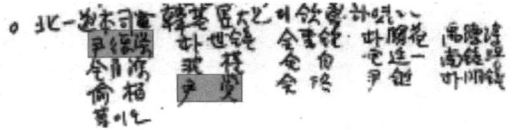

박명진의 『대종교독립운동사』에 韓基昱이 이끄는 대종교 북일도본사의 주요 교인으로 尹復榮과 尹覺을 다른 인물인 듯 착각하고 중복하여 기재하고 있다.

한편 1928년에는 3월에는 길림성 동포들의 권익 보호를 위해 중국귀화 문제에도 깊숙이 관여하였고, 해방 이후인

1946년 1월에는 60세 이상의 노인들이 주동한 우국노인회 결성에도 참여하여 신탁통치반대에 적극 앞장서며 80세의 노익장을 과시하기도 했다.

윤복영의 대종교 교력을 살피면 1922년 12월 5일(음력, 이하 음력) 영계(靈戒)를 받고 다음 날인 6일에 참교(參敎)의 교질(敎秩)을 받았다. 그의 대종교 입교가 대한군정서 시절로 올라감을 암시하는 부분이다. 대종교 항일투사 박명진(朴明鎭)이 1910년대에서 1920년대 초 대종교 북일도본사의 주요 교인으로 윤복영(윤각)을 꼽는 것도 그러한 배경과 맞물린다.

윤복영은 1924년 3월 25일 손공모(孫公模)와 함께 길림성 잡륜구(卡倫區) 지역을 관할하는 대종교총본사기본 및 경상금 수금위원(大倧敎總本司基本及經常金 收金委員)으로 임명되어 대종교 재정 확보의 한 축을 담당하였다. 또한 신민부 최고고문 겸 길림성 외교위원으로 있을 때 미쓰야협정(三矢協定)에 의한 대종교 위기 상황 해결에도 적극 앞장선 인물이다. 미쓰야협정이란 1925년 6월 일본이 독립군의 탄압을 위하여 당시 만주의 군벌 장작림(張作霖)과 총독부의 경무국장 미쓰야(三矢) 사이에 협정을 맺고 중·일 공동작전으로 독립군에게 타격을 입힌 협정이었다. 특히 대종교를 항일투쟁단체로 규정한 일제는 삼시협정의 부대조항(附帶條項) 중

> "대종교 중요 간부인 서일(徐一)이 대한독립운동의 수령으로 그 교도를 이끌고 일본에 항전하였으니, 대종교는 곧 반동군단(反動軍團)의 모체로서 종교를 가장한 항일단체인 즉, 중국에서 영토 책임상 이를 해산시켜야 한다."

는 내용을 집어넣었다. 이에 따라 길림독군 겸 성장(吉林督軍兼省長)인 장작상(張作相)은 1926년 12월에 대종교포교금지령(大倧敎布敎禁止令)을 발포하였다. 이로 인하여 대종교는 일체의 활동이 금지되면서 모든 기능이 마비되는 타격을 입게 되었다. 당시 이러한 절박한 상황을 맞자 윤복영은 박찬익(朴贊翊)·조성환(曺成煥) 등과 협의하여 대종교 포교금지령에 대한 해금청원서를 동북정권당국에 제출하여 항의 교섭하였다. 그러나 뜻을 이루지 못하고 재차 중앙정부인 남경정부와의 꾸준한 교섭 결과 1929년에 중앙정부로부터 해금령(解禁令)이 내려졌으나, 1931년 9월 18일 일제의 만주침략으로 물거품이 되었다.

한편 윤복영은 1926년 2월 12일 대종교 북일도본사 길림구를 관할하는 시교원(施敎員)으로도 임명되었다. 당시 윤복영은 길림성 우마항(牛馬行) 괴승점(魁升店)에 근거를 두고 대종교 포교를 통한 항일투쟁에 앞장섰다. 또한 1928년 8월에는 정의부(正義府)와 협상을 마치고 중동선(中東線) 본거지로 귀환하려던 김좌진을 위기에서 구한 인물도 윤복영이다. 당시 서간도 좌익 청년들이 김좌진의 귀환 첩보를 입수한 뒤, 김좌진의 귀로(歸路)에 매복하여 암살하려 한다는 첩보를 탐지한 것이다. 윤복영은 급하게 김좌진의 귀환길을 변경시켜 돈화현(敦化縣)의 대종교 항일투사인 이현익(李顯翼) 집으로 피신시켜 위기를 넘겼다.

해방 이후 대종교총본사가 만주로부터 환국한 직후인 1946년 3월 6일, 대종교에서는 윤복영을 경의원(經議院) 참의(參議)로 바로 선임하여 원로서의 대우를 극진히 했다. 그리고 2주 후인 3월 24일 총본사 특별추천으로 교질을 상교(尙敎)로 올렸으며, 1947년 6월 10일 정교(正敎)의 교질과 함께 대형(大兄)의 교호(敎號)를 수여하였다. 당시 정교 승질(陞秩)의 이유는 '높은 덕망과 지긋한 연세로 특별히 수고함을 거슬러 우러르다(德邵年隆 仰溯賢勞)'라는 덕담이었다. 이후 참의원이 원로원으로 개편된 후에도 윤복영은 꾸준히 원로원의 참의로 참여하면서 존경을 받았다.

[참고문헌]
『대종교보』제56호(1922년)·환국기념호(1946년)·제154호(1947년)·제161호(1949년)·제166호(1950년), 『대종교인과 독립운동연원』(이현익, 프린트본, 1963), 『대종교독립운동사』(박명진, 필사본, 1964), 『대종교중광육십년사』(대종교총본사, 1971), 「大倧敎施敎堂一覽表(1926年)」(延边朝鲜族自治州档案馆 全宗号42 案卷号1 目录号343, 和龙县历史档案 和龙县警察所, 令各区查禁韓人设立大倧敎堂由, 民国十五年五月十二日), 「在支鮮人의 自治團體組織 運動에 관한 건(不逞團關係雜件-朝鮮人의 部-在滿洲의 部35, 機密 第6號; 機密受第16號, 한국사DB, 국사편찬위원회), 「不逞鮮人團의 全滿統一 運動에 관한 건(不逞團關係雜件-朝鮮人의 部-在滿洲의 部39, 機密 第206號; 機密受第214號, 한국사DB, 국사편찬위원회), 「支那 歸化鮮人 等의 吉豊水田股分有限公司 創立에 관한 건(諺文新聞譯, 朝保秘 제1531호, 한국사DB, 국사편찬위원회), 『동아일보』1927.12.25., 『중외일보』1928.3.31., 「高等警察要史」(경상북도경찰부, 1934), 『雙方商定取締鮮人辨法綱要:取締鮮人辨法施行細則』(顧維鈞, 『中國現代史料叢書』제2집, 文星書店·台北, 1962), 『한국독립사』(김승학, 독립문화사, 1965), 『독립운동사』8(독립운동사편찬위원회, 1976)

윤봉훈(尹鳳壎, 남, 생몰 미상)
입교 시기 _ 1939년 | 교질 _ 미상

출신지역과 생몰연대를 확인할 수 없다. 1930년대 영안현(寧安縣)을 중심으로 대종교 항일투쟁에 이름을 올린 인물이다. 1939년 8월 27일(음력, 이하 음력) 발기한 대종교서적간행회(大倧敎書籍刊行會)에 동참한 기록이 있다. 대종교서적간행회는 항일투쟁의 거물인 안희제(安熙濟)와 강철구(姜鐵求) 등이 "대종교의 부흥기를 맞아 대종교 경전(經典)에 대한 요구가 날로 높은 터이다. 이 요구를 수용함은 무엇보다도 대종교 발전상 최대 급무일 것이다. 이것을 공감하는 우리는 미성박력(微誠薄力)을 불고하고 교적간행회를 발기한다."는 취지로 출범한 조직이다. 당시 윤봉훈은 이 간행회에 찬동하며 찬성금을 희사하였다.

윤봉훈의 대종교 교력을 살피면, 1939년 12월 9일 만주 영안현 동경성(東京城)에 소재한 대종교 대목단분교당(大牧丹分敎堂)의 추천으로 영계(靈戒)를 받은 기록이 있다. 그 이전에 입교(入敎)한 것이 확인된다. 당시 함께 영계를 받은 인물들은 박관섭(朴寬燮)을 비롯한 김창수(金昌洙)·이명학(李明學) 등 항일투사들이었다. 특히 박관섭은 조선무정단(朝鮮武政團)이란 조직을 만들어 활동한 인물로, 무정단은 조선 독립이 군사적 실력과 정치적 실력을 동시에 갖추어야만 달성할 수 있다는 취지 아래 결성된 단체였다. 또한 윤봉훈은 같은 날 대종교 경일시교당(京一施敎堂) 대목

단분교당의 찬무(贊務) 대리(代理)를 맡아, 교무행정에도 깊이 관여하였다. 그러나 이 후의 행적은 전하지 않는다.

[참고문헌]
『대종교보』제124호(1939년), 『대종교중광육십년사』(대종교총본사, 1971)

윤상집(尹相執, 남, 생몰 미상)
입교 시기 _ 1910년 | 교질_ 미상

출신지역과 생몰연대를 알 수 없는 인물이다. 다만 그가 1893년 12월 충청남도 논산군(論山郡) 노성면(魯城面)에서 발생한 노성농민봉기(魯城農民蜂起)를 주도한 것으로 보아, 그 지역 출신일 가능성이 높다.

당시 윤상집은 유치복(兪致福)·윤상건(尹相健)·박관화(朴寬和)·이성오(李成五)·윤성칠(尹成七)·윤자형(尹滋馨) 등과 함께 노성현감의 탐학 행위에 반발하여 논산 지역 농민들이 일으킨 봉기를 일으켰다. 이 봉기는 전운소(轉運所)에서 운송하다 남은 미곡 400석 중 200석을 전임 노성현감이 착복한 것이 발단이 되었다. 즉 1893년에 새로 부임한 현감 황후연(黃厚淵)이 농민들에게 이 그 착복 분 200석을 대신 물게 하자, 이에 반발하여 일어난 봉기이다.

윤상집의 대종교 교력을 보면, 1910년 5월 29일(음력) 대종교 순교원(巡敎員)으로 임명된 기록이 있다. 윤상집의 대종교 입교가 대종교 중광 직후에 이루어졌음을 직감케 해준다. 순교원이란 대종교를 일으킨 홍암(弘巖) 나철(羅喆)이 1909년 12월 11일(음력)에 공포한 교직(敎職)의 하나로, 그 직제(職制)는 아래와 같았다.

제1조 교계(敎界) 규찰(糾察)을 위하야 총본사 및 도본사, 각 지사에 순교원을 치(置)함
제2조 순교원의 직무는 아래와 같음
　一. 교황흥체(敎況興替)에 관한 사
　一. 직원 장부(臧否)에 관한 사
　一. 고물영적(古物靈蹟)에 관한 사
　一. 교우특행에 관한 사
　一. 사회정세에 관한 사
제3조 순교원은 각해(各該) 본사 전리(典理)와 각해 지사(支司) 전사(典事)의 지휘를 승하여 소관 교계를 순시(巡視) 보달(報達)함
제4조 순교원은 수의(隨宜) 선임하되 정수(定數)가 무(無)함

당시 윤상집은 서병호(徐丙浩)·이행재(李行宰)·임헌조(林憲祖)·김도익(金道益)·이춘배(李春培)·최하영(崔夏永)·최학현(崔鶴鉉) 등과 순교원에 임명되어 대종교 포교의 일선에 섰으나, 그 이후의 행적은 전하지 않는다.

[참고문헌]
『종보』제6호(1910년), 『대종교중광육십년사』(대종교총본사, 1971), 『고종실록』 1894년 9월 2일자, 『東學亂記錄』下(국사편찬위원회, 1959), 『새로 쓰는 동학기행』1(채길순, 모시는사람들, 2012)

윤세복(尹世復, 남, 1881-1960)
아호(별명) _ 윤세린(尹世麟), 단애(檀崖), 상원(庠元), 허당(虛堂), 환복(桓復), 윤서복(尹瑞福), 단애종사(檀崖宗師), 한다물
입교 시기 _ 1910년 | 교질_ 도사교 | 서훈 _ 독립장(1962)

윤세복

경상남도 밀양군(密陽郡) 부북면(府北面) 무연리(舞鳶里) 내일동(內一洞) 출신이다. 본명은 윤세린(尹世麟)이나 대종교에 입교하면서 윤세복(尹世復)으로 개명하였다. 6세 때인 1886년 고향에 있는 응천재(凝川齋)에 들어가 한학을 수학하였다. 23세 되던 해인 년부터 6년 동안 고향인 밀양읍에 있는 신창소학교와 대구에 있는 협성중학교에서 교사로 재직하면서 교육활동에 종사하였다.

윤세복은 1908년 9월에 결성한 달성친목회의 하부조직인 대구의 청년체육구락부(靑年體育俱樂部) 발기인으로 참여하였고, 1909년에는 비밀단체인 대동청년단(大東靑年團)에도 가입하였다. 대동청년단은 다음의 단규(團規)에도 나타나듯이 철저한 비밀조직이었다.

1. 단원은 반드시 피로 맹세할 것.
2. 새 단원의 가입은 단원 2명 이상의 추천을 받을 것.
3. 단명(團名)이나 단(團)에 관한 사항은 문자로 표시하지 말 것.
4. 경찰 기타 기관에 체포될 경우 그 사건은 본인에만 한하고 다른 단원에게 연루(連累)시키지 말 것.

이 조직에 참여 인물들 중, 윤세복을 비롯하여 남형우(南亨祐)·안희제(安熙濟)·이원식(李元植)·이경희(李慶熙)·차병철(車秉轍)·이극로(李克魯)·김갑(金甲)·김사용(金思容)·신백우(申伯雨)·신성모(申性模)·신팔균(申八均)·박광(朴洸)·김동삼(金東三)·신채호(申采浩)·이시열(李時說)·고순흠(高順欽)·이우식(李祐植)·민강(閔橿)·윤병호(尹炳浩)·서상일(徐相日) 등, 30명에 가까운 인물들이 후일 대종교의 중심을 이룬다.

윤세복은 1911년, 형 윤세용(尹世茸)과 국내의 재산을 정리하여 만주 회인현(懷仁縣, 1914년부터 桓仁縣으로 바뀜)으로 건너갔다. 그리고 대종교 포교의 거점 확보와 함께 학교 설립을 추진하였다. 동창학교(東昌學校)의 출범은 그 일환의 하나다. 우리나라의 무궁한 발전과 국권회복을 기약한다는 취지에서 교명을 '동창(東昌)'이라 정하였으며, 동창소학교(東昌小學校), 동창강습소(東昌講習所)로도 불렸다. 또한 동창학교의 취지는, 대종교의 역사인식을 통한 목표지향과 일치하는 것으로, "한민족의 선조는 백두산록(白頭山麓)에서 나와 중화민족(中華民族)과 대화민족(大和民族)은 그 가지에 불과한 까닭에 우리들은 노력하여 국권을

회복하여 부여민족과 부여국의 독립발전을 도모" 하는데 두었다.

당시 동창학교는 서간도 대종교 포교의 거점이기도 했다. 윤세복은 윤서복(尹瑞福)이란 가명을 사용하며, 학교교과서는 국내에서 금지 혹은 압수 처분된 것들을 사용하는가 하면, 김영숙(金永肅)·신채호(申采浩)·박은식(朴殷植) 등이 직접 국어와 국사 교재를 자성하여 가르치기도 했다. 그러므로 교장을 맡은 이원식(李元植, 대종교에서는 李東廈라고도 함)을 비롯하여 교사로 활동한 김영숙·이극로(李克魯)·신채호·박은식·김규환(金奎煥)·이시열(李時說) 등, 모두가 대종교의 중심인물들로 구성되었다. 또한 동창학교의 강의실은 대종교의 교당을 적극 활용되었다. 대종교의 전교건학(傳敎建學), 즉 교육을 통한 대종교의 포교가 곧 민족의식의 고양과 연결되고 나아가 독립사상고취를 통한 항일투쟁과 직결되는 것이었기 때문이다. 그러므로 대종교의 교당이 곧 학교인 동시에 독립운동기지로써, 이러한 삼위일체적인 정신적 배경이 항일투쟁의 발판이 되었고 나아가 군교일치(軍敎一致)로 무장된 투철한 정신집단을 만들 수 있었다. 그러므로 환인 지역에서 윤세복의 신망은 대단했다. 당시 윤세복은 이석대(李奭大)와 더불어 이 지역 조선인들의 수장임을 알 수 있으며, 회인현을 거점으로 항일투쟁의 조직적 결집을 주도하였다.

한편 동창학교가 항일민족독립정신의 바탕 위에 단군을 모시는 민족종교인 대종교의 종립학교로서 날로 발전해 가자, 일제는 중국 관헌에 외교적으로 항의하여 동창학교의 폐교를 시도했다. 마침내 중국동북 군벌정권은 1914년에 동창학교에 대하여 폐지령을 내렸고, 아울러 윤세복·윤세용 형제와 학교 교사들의 축출령까지 내려졌다. 윤세복이 무송현(撫松縣)으로 이동하게 된 지접적인 이유였다. 무송현으로 이동한 윤세복은 다시 대종교 동지인 전성규(全星奎)와 백산학교(白山學校)를 설립하여 민족교육의 고삐를 놓지 않았다. 아울러 그는 공심연(公心淵) 등, 대종교인들을 중심으로 흥업단(興業團)이란 무장독립운동단체를 조직하여 항일운동을 전개한다. 특히 백산학교에는 대종교 청년들인 이극로·윤필한(尹弼漢, 윤세복의 큰아들)·신성모(申性模) 등이 반사반도(半師半徒)의 겸역(兼役)으로 활동하였으며, 하절기에는 백두산 봉심과 밀림지대 사격연습도 하였다. 교육내용 역시 국어·국사 교육은 물론 대종교에 관한 교육을 실시함으로써 민족의식을 고취하였다.

그러나 1915년 봄 일제의 사주를 받은 중국 관헌들에 의해 윤세복과 윤필한, 그리고 전성규을 비롯한 30여 명의 대종교 항일투사들이 일본인 살인 혐의로 체포된 것이다. 대종교단 내에서는 무송옥사(撫松獄事)로 칭해지는 이 사건은 무송현 뿐만 아니라 만주지역에서 활동하던 독립운동가들에게 큰 충격을 주었다. 이에 대종교 중진인 조성환(曹成煥)·신규식(申圭植) 등 북경과 상해 등지에서 활동하던 대종교의 동지들이 윤세복 일행의 석방을 위해 백방으로 노력하였고, 그 결과 18개월 간의 옥고를 치른 끝에 출옥할 수 있었다.

1919년 3월 무송현에서 조직된 흥업단(興業團) 역시 윤세복의 인식을 구체적으로 실현한 독립군 단체였다. 재만 동포들의 경제력을 향상시키고 독립운동 자금을 마련하기 위하여 산업 진흥에 노력하는 한편, 항일 무장투쟁을 전개하고자 조직한 것이었다. 각 현(縣)에 지단을 설치하고 도만(渡滿)하는 청년들을 모집하여, 당시 단장 김호(金虎)가 경영하는 백산학교(白山學校)에 보내는 한편, 국내에서 군자금을 모집하는 등의 항일독립운동을 전개하였다. 윤세복이 총무를 맡았던 흥업단은 병농겸행(兵農兼行)의 시책으로 각처에 지단과 지부를 설치하였는데, 단원은 약 200명 정도였다. 흥업단의 주요 인물들도 대부분 대종교 교도들로, 그 해 12월 서일(徐一)을 총재로, 김좌진(金佐鎭)을 사령관으로 하여 결성된 북간도 제일의 독립군 조직인 북로군정서와 유기적인 관계를 갖고 있었다. 그것은 두 단체 모두 대종교 교도들이 중심을 이루고 있었기 때문이었다. 이후에도 윤세복은 무송현·몽강현(濛江縣)·안도현(安圖縣) 등지에서 초등학교 20여 개소를 설립하여 민족교육을 실시와 함께 대종교 포교에 심혈을 기울였으며 중국인들과 친선 도모에도 힘을 썼다.

이 시기 윤세복의 활동으로 「대동단결선언(大同團結宣言)」과 「대한독립선언(大韓獨立宣言, 일명 무오독립선언)」 참여도 주목된다. 이 두 선언은 대종교인들이 주도한 것으로, 상해와 만주 독립운동의 의기를 다지는데 중요한 외침이 되었다. 1917년 7월 윤세복은 대종교의 핵심인물인 신규식·박은식·신채호·조성환·홍명희(洪命憙)·조소앙(趙素昻) 등과 참여하여 14명의 명의로 「대동단결선언」을 발표한다. 또한 1918년(무오년) 11월(음력) 만주 길림에서 발표된 「대한독립선언서」에도 참여하면서, 대종교 이념을 토대로 한 독립운동의 역량의 결집을 위하여 노력하였다. 특히 만주 무장항일운동의 중요한 지침으로 작용한 「대한독립선언」는 대종교적 정서를 반영한 무장혈전주의를 그대로 드러냈다. 그러므로 이 선언서에 담긴 항일독립운동의 방략은 완전한 자주독립과 항일무장독립전선에 있으며 이후 재만 한인독립운동의 행동지침을 제시한 헌장이 됨은 물론, 재만 항일독립운동 단체인 중광단(重光團)과 정의단의 군정부(軍政府)·대한군정서(북로군정서)·신민부(新民府) 등으로 맥락을 이어가는 행동지침을 제시한 이념과 사상이 되었다고 할 수 있다. 이것은 대종교 항일운동의 중요한 정신으로써, 윤세복 삶의 지향과도 그대로 일맥하는 것이었다.

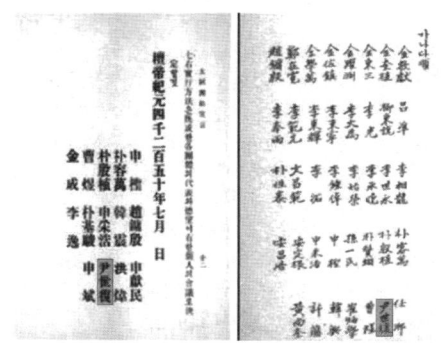

「대동단결선언서」(왼쪽)과 「대한독립선언서」(오른쪽)의 말미에 실린 서명자의 명단에 尹世復(네모 안)의 이름이 적혀 있다.

한편 홍업단은 인근 지역의 대한독립군비단(大韓獨立軍備團)·광복단(光復團)·태극단(太極團)·대진단(大震團) 등 독립군 단체들과도 서로 협력하며 항일 무장투쟁을 수행하였다. 1921년 10월 5개 독립군 단체가 연합하여 결성한 대한국민단의 탄생은 그러한 노력의 성과물이었다. 윤세복은 이러한 대한국민단을 결성하는데 적극적인 역할을 하였고, 직접 의사부장(議事部長)으로 활약하기도 하였다. 그리고 그 산하에는 송림병원(松林病院)이라는 병원도 있었다. 여기에는 윤세복의 아들인 윤필한이 의사로 근무하면서 한·중 양 민족에 대한 의료사업뿐만 아니라 독립군 단체들 간의 연락 역할도 수행하였다.

항일투쟁의 와중에서도 윤세복은 대종교 포교 확산에 남다른 열정을 보였다. 무송현·안도현·화전현(樺甸縣)·반석현(磐石縣) 등지에 대종교 교당이 설치되고, 7천여 명의 교우를 새로 확보하기도 했다. 이러한 노력으로 1922년 6월 대종교 서일도본사(西一道本司)의 전리(典理, 책임자)로 임명되었다. 이어 1923년 말에는 대종교 2대 교주(敎主)인 김교헌(金敎獻)의 뒤를 이어 대종교 교주로 추대되면서 해방 이후까지 종교적 열정을 쉬지 않았다.

[주요저술]

윤세복은 교육이나 연구, 저술 부분에서 후원하고 조정하는 역할을 주로 해 왔다. 가령 동창학교의 설립자이면서도 교장을 이원식에게 맡긴 것이나, 박은식과 신채호 등을 초빙하여 그들의 연구를 도운 점을 들 수 있다. 홍업단을 조직 할 때도 단장이 아닌 총무를 맡아 모든 사무를 총괄 관리하는가 하면, 연합 독립운동단체인 대한국민단을 결성 시에도 단장을 맡지 않고 의사부장을 맡아 활동하였다.

저술의 측면에서도 윤세복은 직접적 저술이 아닌 후원과 격려에 중점을 둔 기술이 많았다. 박은식의 『대동고대사론(大東古代史論)』의 교열(校閱)이나 『몽배금태조(夢拜金太祖)』의 서문을 쓴 것과 같이, 환인현 당시 신채호와 박은식의 저서 그리고 동창학교 교사진의 교육 자료를 대부분 교열했음이 그 대표적 사례다.

한편 윤세복은 『수진삼법회통(修眞三法會通)』이나 『단군고(檀君考)』와 같은 직접 저술한 글도 남겼다. 특히 그가 중심이 되어 정리한 『종사취재고(倧史取材考)』는, 일제강점기 속에 대부분의 자료를 잃어버린 대종교단 내에 중요한 자료집으로 기록되는 역작이다.

『수진삼법회통』은 흔히 『삼법회통』으로 많이 회자되는 글로, 윤세복은 '세법모두틈'이라는 순우리말 제목을 붙이기도 했다. 이 저술은 대종교 교리에 따른 간결하고도 긴요한 수행 지침서로, 대종교의 경전인 『삼일신고(三一神誥)』『진리훈(眞理訓)』을 모본으로 하고, 백포(白圃) 서일(徐一)의 저술인 『회삼경(會三經)』을 길잡이로 완성된 글이다. 그 요체는, 인간이 육신의 탈을 쓰고 나타난 마음[心]·기운[氣]·몸[身]의 망령된 가치를 하느님이 부여한 본래 가치인 성품[性]·목숨[命]·정기[精]로 환원시키는 방법으로 삼법[지감(止感)·조식(調息)·금촉(禁觸)] 수행이 그 지름길이란 것이다.

특히 이 『수진삼법회통』 1942년 일제(日帝)가 대종교지도자들을 일제히 구속한 사건인 임오교변(壬午敎變) 당시, 윤세복이 감옥에 투옥되어 고문을 받으면서 기초(起草)한 것으로 의미가 크다. 이 초고는 윤세복이 환국하여 1952년에 탈고하였다. 『수진삼법회통』의 구성은 삼법명(三法銘)과 삼법약설(三法略說), 그리고 삼법회통(三法會通)의 3장으로 이루어져 있다. 또한 삼법회통은 다시 원리론(原理論)·방법론(方法論)·공효론(功效論)의 3부분으로 엮어졌다.

『단군고』는 대종교 2세 교주였던 무원(茂園) 김교헌(金敎獻)이 지은 『신단실기(神檀實記)』를 토대로 정리한 글로, 일종의 자료집 형식을 취한 글이다. 그 전체 구성은 일신(一神)·삼신(三神)·신국(神國)·신인(神人)·신도(神道)·신교(神敎)……조선구강(朝鮮舊疆)·단군향수(檀君享壽)·경자어천(庚子御天)·부루계위(扶婁繼位)·숭령전(崇靈殿)·삼성사(三聖祠) 등 40항목의 정리를 통하여 단군역사와 단군종교, 그리고 단군문화에 대해 이야기 하고 있다. 이 『단군고』는 윤세복이 주도한 『종사취재고』의 제1편에 실린 「고전고안(古典考案)」을 간추려, 건국대학교 부설 건국학원에서 발행한 『학술지』 제1집에 윤세복의 명의로 발표되었다.

『종사취재고』는 윤세복이 직접 종사편집부(倧史編輯部)를 구성하여 만든 자료집이다. 일제강점기 대종교의 국내 자료는 1920년대 들어 이미 사라졌다. 또한 만주에서의 활동 자료 역시 토비(土匪)들의 습격과 일제와 협잡한 만주정권의 대종교포교금지령 등으로 대부분이 방화·약탈·압수를 당했다. 특히 1942년 일제에 의해 자행된 대종교의 임오교변으로 나머지 모든 서책과 문서들마저 빼앗겼다.

해방 이후 빈 손으로 귀국한 윤세복은 개인소장이나 여항에 떠도는 대종교 관련 자료를 모으기 시작했다. 이를 통해 완성한 것이 『종사취재고』다. 윤세복은 만주 목단강 액하감옥(掖河監獄) 투옥 때 얻은 병이 악화되어 거동조차 불편하였다. 그럼에도 1957년 충남 논산군(論山郡) 두마면(豆磨面) 백암동(白岩洞)에 종사편집부(倧史編輯部) 임시사무소를 설치하고 직접 편집 주간을 맡았다. 그리고 장도빈(張道斌)·이시열(李時說)·박창화(朴昌和)·정필선(鄭弼善)·이원태(李源台)·류일우(柳一佑)·권중석(權重錫)·신태윤(申泰允)·김정상(金正祥)·이용태(李容兌)·정원택(鄭元澤) 등, 연인원 수십 명의 인물들과 함께 수집된 자료를 정리하기 시작하여 3년간의 작업 끝에 찬술한 것이 『종사취재고』 15편이다. 그 15편의 주요 목차는 아래와 같다.

편수	목 차	편수	목 차
제1편	고전고안(古典考案)	제9편	종보휘집(倧報彙輯)
제2편	전통정신(傳統精神)	제10편	종보휘집(倧報彙輯)
제3편	중광조천(重光朝天)	제11편	종보휘집(倧報彙輯)
제4편	개천국경(開天國慶)	제12편	종보휘집(倧報彙輯)
제5편	의전규범(儀典規範)	제13편	직원임면(職員任免)
제6편	신비파집(神秘派集)	제14편	선현약력(先賢略歷)
제7편	종횡세론(縱橫世論)	제15편	한말문선(韓末文選)
제8편	종보휘집(倧報彙輯)		

이 『종사취재고』는 그 자체가 비록 대종교의 교사(教史)가 아니더라도 대종교의 교원(教源)과 교의(教義), 교리(教理)와 교사(教史)에 관한 자료가 수록되고 있어, 후일 『대종교중광육십년사(大倧教重光六十年史)』(1971년) 편찬에 중요한 자료가 되었다.

[주요사상]
윤세복의 사상은 한마디로 대종교 포교를 통한 홍익인세(弘益人世)의 구현으로 집약된다. 이것은 홍암(弘巖) 나철(羅喆)로부터 이어온 대종교의 교의(教義)이기도 했다. 그 사상적 안착의 계기는 1910년 음력 12월 말 대종교를 중광한 나철과 만남이었다. 당시 윤세복의 마음을 흔든 것은 나철의 '국수망이도가존(國雖亡而道可存, 나라는 비록 망했으나 정신은 가히 존재한다)'이라는 구호였다. 1925년 만주정권에 의해 내려진 대종교포교금지령으로 밀산(密山)으로 은둔했던 윤세복이 1933년 칩거를 청산하며 외친 다음의 다짐에서도 확인되는 부분이다.

"우리 대종교가 중광한 지 25년 동안 저 일본의 무리한 박해를 늘 받아왔으나, 지금 시국의 정세는 더욱 변천되고 갈 데 올 데가 없는 오늘날 나는 한배검의 묵시를 받고 스스로 순교의 길을 떠나는데, 만일 저 당국의 양해를 얻으면 '나라는 비록 망했으나 정신은 가히 존재한다(國雖亡而道可存)' 하신 신형(神兄, 홍암 나철-인용자 주)의 유지(遺志)를 봉승(奉承)할 것이오. 또 불여의하면 나의 일신을 희생하여 선종사(先宗師, 무원 김교헌-인용자 주)의 부탁하신 대은(大恩)을 갚겠노라."

이처럼 윤세복에 있어 '국수망이도가존'이라는 구호는 스승인 나철의 유지이기도 했다. 더욱이 그 구호에 실린 '정신[道]'이라는 가치는 문화투쟁으로부터 무력투쟁까지, 대종교 항일투쟁의 근본이 되었다.
윤세복의 사상적 백미는 대종교의 '천기(天旗)' 제정이다. 그 천기 속에 대종교 사상이 옹글게 농축되어 있기 때문이다. 본디 대종교는 중광 당시 나철이 제정한 푸른 바탕에 신(神) 자를 형상화한 '신기(神旗)'를 사용하였다. 이것은 대종교가 전래 신교(神教)를 계승한 종교임을 형상화한 것이다. 윤세복은 1926년 음력 1월 16일 영안(寧安)에서 소집된 제4차 교의회에서 대종교의 종교철학적 상징을 드러낼 수 있는 이 '신기'를 '천기'로 개정하였다. 이것은 설명적 '신기'에서 상징적 '천기'로의 변화를 말하는 것으로, 신교의 가치를 천기로 상징화하여 발전시킨 것이라 할 수 있다. 당시 천기는 대종교의 홍범(弘範)에 실린 "천기는 본교의 표장이니 백질구형(白質矩形)의 중앙에 외원색청(外圓色靑)하고 내방색황(內方色黃)하며 중심적각(中心赤角)인 삼극장(三極章)을 화(畵)하니라."와 같이 아래 그림과 같았다. 대종교 천기에 나타나는 圓(○)·方(□)·角(△)은, 그 기원은 분명하지 않으나 지상에 홍익인간을 구현할 수 있는 천권(天權)의 상징이요, 인치(人治)의 천부(天符)라는 의미를 가진 천부삼인(天符三印)으로도 새겨진다. 즉 한 옛날 우리 한민족이 가진 고유한 세 가지의 특징 요소로, 불교

에서의 인계(印契)나 도교에서의 부적(符籍)과 같이 신앙과 연결된 주물(呪物) 내지는 주부(呪符)의 기원에 해당하는 상징이다. 나아가 원·방·각은 철학적으로 천·지·인과 대응하는 가치이며, 종교적으로 신과 물과질 인간을 상징하고, 모든 도형과 수리(數理)의 근본이며 기준이 된다.

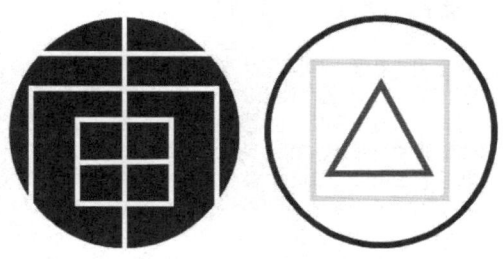

대종교 중광 당시 홍암 나철이 제정한 神旗(왼쪽)와 1926년 윤세복이 개정한 天旗(오른쪽)의 표장.

전래하는 원·방·각에 대한 기록은 이미 발해시대부터 찾을 수 있다. 대종교의 경전인 『삼일신고』 해설을 보면, 원·방·각의 철학적 의미를 처음으로 연결시킨 인물이 발해 국상(國相) 임아상(任雅相)으로 기록되어 있다. 임아상은 원·방·각을 『삼일신고』 「진리훈」에 나오는 삼진(三眞, 성·명·정)과 연결하여 해석한 인물이다. 임아상은 참[眞]이란 유일무이한 것으로, 성은 원(○)이요 명은 방(□)이요 정은 각(△)이라고 정의했다. 나아가 임아상은 원·방·각의 이치는 너무 기묘하여 억지로 풀이하고 이해할 수 없음도 덧붙이고 있다.
백포 서일 역시 『구변도설(九變圖說)』을 통해, 이 원·방·각 삼묘(三妙)를 성·명·정의 이치와 연관시켜 그림을 통해 해설했다. 즉 원·방·각은 하느님으로부터 받은 삼진(성·명·정)과 조응하기에, 성품[性]은 영각(靈覺)의 이치를 완전히 구비하여 원만자재(圓滿自在)한 천체(天體) '○' 곧 원묘(圓妙)로 나타나고, 목숨[命]이라고 하는 것은 생존의 이치를 완전히 구비하고 만물에 영양을 공급하여 방정직대(方正直大)한 지평(地平)의 '□' 곧 방묘(方妙)로 나타나며, 정기[精]라고 하는 것은 운동의 이치를 완전히 구비하여 천차만별(千差萬別)의 각도(角度)인 물형(物形)의 '△' 곧 각묘(角妙)로 나타나는데, 이를 삼묘진리라 일컫는다는 것이다.
더불어 서일은 원(○)·방(□)·각(△)을 만상의 근원으로 인식하고 모든 수가 여기서 기인한다고도 하였다. 즉 체수(體數)로서 원·방·각이 각각 6·4·3이요, 용수(用數)로서 원·방·각이 각각 6·8·9로 사용되며, 약수(約數)로서 원·방·각이 1·2·3이므로, 이 수리의 묘합(妙合)에 의해 태원수(太元數)인 36이 나타남을 밝히고 있다. 또한 서일은 선천수(先天數)와 후천수(後天數)의 묘리(妙理)도 이것에 의해 나타남을 밝히면서, 이를 토대로 소회수(小會數)인 72가 만들어지고 중회수(中會數)인 216이 엮어지며 대회수(大會數)인 360이 이루어진다는 것이다. 그리고 신강(神降, 하느님 내리심)은 대회에 부합되며, 반어(返御, 하느님 오르심)는 중회와 만나고, 중광(重光, 하느님신앙이 다시 빛남)은 소회(小

會)와 조응한다고 했다.

이렇듯 천기는 대종교에서 천신교기(天神敎旗), 삼극장(三極章)으로도 불리는 것으로, 천·지·인(天·地·人) 삼재(三才)와 원·방·각(圓方角) 삼묘(三妙)와 성·명·정(性·命·精) 삼진(三眞)과 인·지·용(仁·智·勇) 삼달(三達)의 표상이다. 윤세복 역시「천기설(天旗說)」이라는 글을 통해 천기의 역사적 기원과 종교철학적 배경을 다음과 같이 상세하고 있다.

"삼가 살피건대, 구변도설(九變圖說)에 말하길 '발해의 선철(先哲, 임아상을 말함-인용자 주)이 원(○)·방(□)·각(△)으로 삼진(三眞)의 이치를 해석하였다' 하고, 진리훈(眞理訓) 주석에서는 '성(性)은 ○이요 명(命)은 □이요 정(精)은 △이니 오묘하여 억지로 풀이할 수 없다' 하였다. 회삼경(會三經)에 이르길, '성은 ○을 본뜨고 명은 □을 본뜨고 정은 △을 본뜨니, 이것을 세묘함[三妙]이라 하였다. 또 말하길 '삼극(三極)의 모양에 응하니 밖이 둥글고 속이 빔은 하늘의 둥굶을 형상함이요, 면이 바르고 곧은 것은 땅의 평평함을 형상함이요, 위가 하나고 아래가 둘임은 사람의 모습을 형상함이라' 하고, 또 말하길 '이에 세큼(三大)의 도리에 맞추니 구심(求心)을 찾아 가운데로 당기므로 덕(德)의 베풂이 넓고 세로[豎]로 다하고 가로[橫]로 다하므로 슬기의 베풂이 넓고 던져 맞추고 돌아와 맞추니 힘의 베풂이 고루다' 하고, 또 '어진[仁] 자는 반드시 지혜가 있고 지혜로운 자는 반드시 용기가 있으므로 지혜가 어진 것은 동그라미 안에 네모와 같고 용기가 지혜로운 것은 네모 안에 세뿔과 같아 하나는 크고 하나는 작음이 스스로 같지 않음이 있다' 하였다. 그러므로 세묘함의 이름이 있고 세참함[三眞]의 모양을 만들며 삼극의 형상에 응하고 세큼의 도리에 맞추며 반드시 삼달(三達)의 뜻을 취하니, 그 지취는 오묘하고 크도다. 다만 경계선에서는 식별하기 어려움이 있으므로 하늘은 파랗게 땅을 노랗게 사람의 심열(心熱)은 빨갛게 색을 취하여 표장을 만드니 그 형상은 선미(善美)를 다함이다. 그 뜻을 살피면 가히 세묘함과 같고 그 형상을 취하면 역시 삼극이라 칭할 수 있으니, 종문지남(倧門指南)에 대종(大倧)이 곧 천신(天神)이라는 것과 어찌 다르리오. 본교(本敎)의 표장(標章)은 마땅히 대종교기(大倧敎旗)라 칭할 것이요 또 천신교기(天神敎旗)라고도 하니, 약칭하여 천기(天旗)하고 교장(敎章)으로 명명함이 어찌 가하다 안 할 것인가.

개천 4392년 음10월 15일 허당(虛堂, 윤세복의 당호-인용자 주) 근식(謹識)"

윤세복의 모든 삶의 여정은 이와 같은 대종교적 가치를 계승하고 궁구하며 실천하는데 있었다. 그는 대종교의 삼신일체(三神一體) 신관(神觀)으로부터 삼교합일(三敎合一)로서의 대종교적 속성, 그리고 천신교로부터 대천교(代天敎, 부여) 숭천교(崇天敎, 신라) 경천교(敬天敎, 고구려) 진종교(眞倧敎, 발해) 왕검교(王儉敎, 고려)를 거쳐 중광(重光, 1909년)까지 이어오는 대종교의 연면함을 강조했다. 또한 신교(神敎, 대종교)는 신도(神道)로서 인간을 감화하는 종교로서 인간 생활의 원리나 준칙이 되어야 함은 물론, 민속적으로

전래되는 민속제전과 풍속을 잘 따르고 구서(九誓)·오계(五戒)·팔관(八關) 등의 대종교 유속을 준수함을 강조했다. 물론 윤세복의 이러한 종교관은 1세 교주 나철과 2세 교주 김교헌의 가치와 그대로 부합하는 것이기도 하다.

그의 역사인식 역시 대종교적 역사관과 그대로 일맥하고 있다. 대종교사관의 특징인 신교사관(神敎史觀)과 남북조사관(南北朝史觀)의 전형이 그의 역사인식에도 반영되었기 때문이다. 신교사관이란 우리 고유의 정체성을 토대로 유교적 중화사관(中華史觀)에 대한 극복과 직결되는 사관이다. 또한 남북조사관은 '단군→부여→고구려→발해·신라→고려·요·금→조선·청'으로 연결되는 대륙사관과 동일한 것으로 우리의 역사강역과 불가분의 관계를 갖는다. 이러한 윤세복의 역사인식은 그가 정리한『단군고』에 이미 잘 드러나 있다.

이러한 가치는 윤세복의 교육철학에도 변함 없이 나타난다. 윤세복은 대종교적 인간상을 토대로 민족정신에 투철한 인재를 양성하는데 심혈을 기울였다. 그러므로 윤세복은 대종교시교사 자격으로 대종교 포교를 위해 서간도로 망명한 이후, 동창학교와 백산학교의 운영을 비롯하여 무송현 지역에 소학교를 20여개를 설립하여 교육을 쉬지 않았다. 또한 밀산현 당벽진으로 총본사를 이전한 후에도 대흥학교를 설치하는가 하면, 영안현 동경성으로 옮겨와 곧바로 대종학원을 개설하여 교육의 열정을 이어갔다. 윤세복이 1946년 초 환국한 직후 바로 교리강습소를 설치하여 교우들에게 교리를 가르친 것이나, 홍익대학교를 설립하여 민족 교육의 요람을 만들고자 노력 역시 이러한 철학의 실천이었다.

윤세복 사상 가운데 주목되는 하나는 그의 수행론이다. 그가『삼법회통』이란 저술을 남긴 것에서도 알 수 있다. 삼법이란 '느낌을 그치고[止感]', '숨을 고루며[調息]', '부딪힘을 금[禁觸]'하는 세 가지 법을 말한다. 윤세복의『삼법회통』역시 이러한 방법을 체험을 통해 서술한 글로, 대종교의 경전과 스승 나철의 영향이 절대적이었다.

윤세복의 스승 나철은 수행을 무엇보다 소중히 한 인물이다. 나철이 남긴 유서 중에 나오는 다음의 내용을 보아도 짐작할 수 있다.

"소운 형장께 삼가 도감을 드립니다. 신훈에서 말한 '자성구자강재이뇌(自性求子降在爾腦)'는 믿음의 근본이며, 진리훈에서 말한 '지감조식금촉(止感調息禁觸)'은 정성의 근원이니, 이 말을 소중히 받들어 수행하십시오. 단제 강세 4373년 병진 가경절에 홍암 나철.(謹贈 小雲兄丈 道鑒 神訓曰 自性求子降在爾腦 信之本也 眞理訓曰 止感調息禁觸 誠之原也 昻哉 專修. 檀帝降世四千三百七十三年丙辰之嘉慶節弘巖羅喆)"

나철이 남긴 유서 가운데, '도감(道鑑)'이란 이름으로 기록된 유서로는 이것이 유일한 것이다. '도감'이란 문자 그대로 '수행하는데 거울[鑑]'을 삼으라는 뜻으로, '수행의 핵심을 깨우쳐 주는 것'이라고 할 수 있다. 이 '도감'은 두 가지 부분으로 구성되어 있다. 첫째 부분은『삼일신고』신

훈(神訓)」에 있는 '자성구자강재이뇌'라는 말이다. 둘째 부분은 지감·조식·금촉으로 수행하라고 되어 있는데 이것은 『삼일신고』「진리훈」에 언급되어 있다. 이 두 부분은 믿음과 수행의 모든 것을 함축하는 처음이자 끝이다. '자성구자'란 '자기의 본성'에서 하늘 또는 한얼의 '씨앗[子]'을 찾으라'는 뜻이고, '강재이뇌'란 그렇게 찾으면 '너희 머리 속'에 '내려와 있다'라는 뜻이다. 여기서 자성 즉 자기의 본성이란 자기의 진성(眞性)을 말하는 것이며, 뇌(腦)란 머리골 즉 신부(神府)를 말하는 것이다. 이것은 대종교의 근본을 말해주는 것이기도 하다. 따라서 삼법수행은 '자성구자강재이뇌'를 붙잡고, 정성의 근원인 지감·조식·금촉을 부단히 행하는 것이라 할 수 있다. 윤세복의 『삼법회통』은 이러한 삼법수행의 방법론과 효과를 체계적으로 정리한 글이라는데 의미가 크다. 더욱이 스스로의 수행 속에 엮어진 결과물이란 점에서 그 가치를 더한다.

윤세복의 언어관 역시 대종교의 한글사랑과 그대로 맞물린다. '한글'이라는 명칭도 주시경(周時經)으로부터 기인한다. 주시경은 외국종교를 정신적 사대(事大)로 인식하고 대종교로 개종한 인물이다. 대종교의 어문민족주의적 결과물이 '한글' 탄생의 배경임을 알 수 있다. 김두봉(金枓奉)·이극로(李克魯)·신명균(申明均)·최현배(崔鉉培)·이윤재(李允宰)·이병기(李秉岐) 등, 수많은 한글학자들이 대종교적 가치 속에서 한글을 갈고 닦았음이 그 증거가 된다.

윤세복의 한글에 대한 애착은 남달랐다. 임오교변으로 인한 감옥생활에서도 『삼일신고』를 한글로 번역했다. 일제가 항복한 직후 가장 먼저 시도한 것도 만주 동경성 대종학원에서 개최한 한글강습회다. 당시 청소년 100여명을 교육시켜 한글을 통한 민족의식을 고취시켰다. 또한 환국 이후에는 대종교총본사에 교리강습회를 열고 『삼일신고』·『신리대전(神理大全)』·『신사기(神事記)』·『회삼경(會三經)』 등 대종교의 주요경전들의 한글 번역에 앞장서는가 하면, 국학강좌 개최를 통해 한글에 대한 교육과 보급을 주도하였다. 윤세복의 우리말 조탁(彫琢)은 그의 아호(雅號) 가운데 하나인 '한다물'을 보더라도 알 수 있다. 한자어 '환복(桓復)'을 우리말로 바꾼 것으로, 그가 임오교변 당시 감옥에서 감상을 적은 「복당서정(福堂抒情)」에서 사용한 아호다.

1949년 『대종정도(大倧正道)』를 『한검바른길』로 이름 붙인 것이나, 1954년 『단조사고(檀祖事攷)』를 『한배일살핌』으로 명명한 것에서도 그의 우리말 구사 능력의 탁월함을 볼 수 있다. 뿐만 아니라 해방 이후 신문이나 잡지에 실린 대종교 관련 기사들을 모아 정리해 논 '스크랩북'을 순우리말 '오려부치'·'도려부치'로 이름한 것을 보면, 그의 우리말 조탁 능력이 보통이 아니었음을 보여준다. '오려 부치고', '도려 부쳤다'는 의미다. 윤세복이 『삼일신고』의 각훈(各訓)을 시조 형식으로 예찬한 다음의 '기림글'에서는 그의 우리말 구사를 통한 문학적 능력의 절정을 확인할 수 있다.

높은 자리 큰 고이와 밝은 슬기 센 힘 두사
또록또록 환하고나 온누리의 님이시라

머릿골 비춰주신다 정신 차려 뫼시자[신훈(神訓) 기림]

아침해와 봄바람이 구슬비에 가득차니
착한 이는 올라가지 고이래야 들어가리
앞동산 무궁화 떨기 추겨주는 배달비[천궁훈(天宮訓) 기림]

질그릇과 같이 굴러 즘쪽 버린 별이 나서
해누리에 일온 붙어 빛을 받고 김이 쌓여
다섯 몬 자꾸 부르며 물과 불이 늘 싸워[세계훈(世界訓) 기림]

하나부터 셋 되는데 참과 가달 그림 따네
셋을 모아 한에 갈 제 깸과 아득 길 다를 새
되든지 못되든지에 좋고 궂음 제에게[진리훈(진리훈) 기림]

[교력]
일제강점기 대종교를 이끈 3명의 교주(教主)가 있었다. 홍암 나철과 무원 김교헌 그리고 단애 윤세복이 그들이다. 나철은 대종교를 중광하여 만 8년(1909년~1916년)을 지도했다. 뒤이어 무원 김교헌이 만 7년(1917년~1923년)을 이끌게 된다. 이후의 시대가 윤세복의 시대다. 해방 이후의 교주 역임 기간을 빼고라도 윤세복은 만 23년간(1924년~1945년) 대종교의 수장을 맡았다. 그의 삶이 곧 대종교의 시간임을 알게 해 준다.

윤세복의 대종교 입교는 대동청년단 시절 이루어졌다. 대동청년단원들 중에서 대종교의 입교시기가 가장 빠른 인물은 윤세복이다. 그의 나이 30세 때인 1910년 12월 23일·25일·27일(음력, 이하 음력) 3일간 서울 간동(諫洞)으로 대종교를 중광한 홍암 나철을 방문한다. 그리고 나철의 국수망이도가존(國雖亡而道可存, 나라는 비록 망했으나 정신은 가히 존재한다)이라는 말에 감명을 받고 29일 대종교에 입교한 인물이다.

윤세복이 대종교의 신앙을 갖게 된 것은 국조인 단군을 모신 민족고유의 종교라는 점에도 있었지만 무엇보다도 일제의 침략으로부터 국권을 회복하고 근대적인 민족자주 독립국가를 건설하는 데는 대종교보다 더 나은 가치가 없다고 판단한 것이 그의 믿음이었다. 윤세복의 대종교 입교는 대동청년단이 발족된 지 1년여만의 일로써, 후일 안희제를 비롯한 대동청년단원과 대종교의 관계에서 윤세복의 역할이 지대했음을 시사하는 것이기도 하다.

윤세복은 자주적 성향이 강한 정신적 소유자였다. 그러므로 외래에서 전래된 기존의 종교에 대해서는 부정적인 견해가 강했다. 윤세복에게 한민족 단군신앙을 부활시킨 대종교가 일제강점기라는 시대적 배경과 부합되어 상당한 매력으로 다가온 이유다. 윤세복이 나철을 방문하여 대종교의 취지와 목적, 시국에 대하여 진지한 대화를 나누던 장면을 윤세복은 다음과 같이 회고했다.

"홍암대종사는 내가 경술년 마지막 무렵 간동에서 처음 뵈었다. 12월 23·25·27일 사흘 밤을 홀로 모시고 역사와 대종교와 시국에 대한 교훈을 감격하게 들은 뒤에 '단애(檀崖) 윤세복(尹世復)'의 새호와 이름을 받고 대종교를 신봉하게 되었다."

이렇듯 윤세복은 나철로부터 깊은 감명을 받고 본명 세린(世麟)을 버리고 나철로부터 받은 단애(檀崖)라는 호와 세복(世復)이라는 이름을 받고 대종교의 길을 걷게 된다. 후일 윤세복은 "조선사회 부패한데 미천가의 생장으로/부득의한 무식청년 망국한을 품었으니/대종사 못 만났더면 후반생은 실진자(失眞者)"라고 그 당시의 감격을 토로했다. 그리고 다음 해인 1911년 1월 29일(음력, 이하 음력)에는 참교(參敎)의 교질을 받고 시교사(施敎師)로 임명되어 서간도 지역의 포교를 담당하게 되었다. 회인현(후일 환인현으로 개칭)으로 망명한 윤세복은 1911년 개천절(10월 3일) 그곳에 대종교시교당을 설치하고 대종교 포교 거점 확보와 함께 본격적인 항일투쟁의 길로 나섰다.

1913년 4월 6일 지교(知敎)의 교질에 오른 윤세복은 무송현을 거점으로 교육과 포교를 통한 독립군에 양성에 매진하였다. 한편 이러한 윤세복의 세력 확장에 일제가 제동을 건 사건이 대종교의 무송옥사(撫松獄事)다. 일제는 서간도를 중심으로 대종교가 급속히 확산하자 1915년 봄 윤세복을 비롯한 24명의 대종교 동지들을 살인혐의를 덮어 씌워 구속했다. 이 중 2명은 감옥에서 옥사하고 산포대(山砲隊)의 8명은 국내 함흥으로 옮겨져 수감되었으며, 대종교 지도자들의 꾸준한 외교활동과 남만주 교포 7백여 명의 정성어린 진정으로 윤세복을 포함한 13명은 만18개월의 옥고 끝에 석방되었다.

윤세복은 석방 이후인 1916년 4월 1일에는 상교(尙敎)의 교질로 승질(陞秩)하였다. 그리고 무송현·안도현·화전현·반석현 등에 대종교 교당들을 설치하고 7천여 명의 교인을 확보하며 항일의 기반을 굳건히 다져갔다. 그러한 공로로 1922년 6월 5일에는 대종교 서일도본사(西一道本司)를 주관하는 전리(典理, 책임자)로 임명되었다. 그리고 대종교 시교 활동과 독립운동을 전개하고 있던 중, 1923년 화전현에서 '상교 윤세복을 사교로 초승하고 경각의 인장을 맡긴다(尙敎 尹世復 超昇 司敎 委任 經閣 符印)'란 대종교 제2세 교주인 무원 김교헌의 유명(遺命)을 받아 제3세 도사교(都司敎, 교주)에 취임하게 된다. 초승이란 교질을 한 단계씩 오르지 않고 2단계 이상을 뛰어 오르는 것을 말하고, 경각이란 대종교의 최고 책임자인 교주(도사교)가 집무하는 곳이다.

대종교의 책임을 맡은 윤세복은 1924년 3월 16일에 영안현 남관(南關)에서 의회를 소집하고 교정 쇄신에 의한 대종교 홍범규제(弘範規制)를 개정(改正)했다. 당시 개정의 중요한 내용은, 종전 시의(時宜)에 부적합한 점을 중심으로 최고의결기관인 교의회의 규제화를 비롯하여, 경각의 자문기관인 경의원(經議院) 제도를 신설했다. 또한 지방의회인 도의회, 당의회의 신규제와 사내(司內) 교무의결기관인 직원회의 새로운 규제를 마련하여, 대종교의 의정을 쇄신하고 연구기관인 종리연구실을 신설하는 동시에 순교원 및 시교원의 직제를 별정하여 포교선도에 원활을 기하였다. 그리고 총본사의 삼전실(三典室, 전리실·전강실·전범실) 및 도본사의 삼선제[三宣制, 선리(宣理)·선강(宣講)·선범(宣範)]를 새로 만들어 삼무(三務) 분립의 교정(敎政)을 확립하였다. 당시 홍범규제의 개정과 더불어 이 회의에 부쳐진

주요사안은,

1. 전 도사교였던 고(故) 김교헌과 전리(典理)를 맡았던 고 서일에 대한 경칭(敬稱) 문제
2. 홍범규제의 개정에 관한 문제
3. 총본사를 간도 용정촌으로 이전하는 문제
4. 교주 선임에 관한 문제
5. 기타 비밀에 속하는 문제 등이었다.

(1)항에 대해서는 두 사람 모두에게 교종(敎宗)의 경칭을 부여하기로 의결하고, (3)항에 대한 결정을 유보하였다. 영안이 교통이나 기타 관계 상 불편하다는 이유로 제기된 안건이었지만, 당시 윤세복이 압록강 지역에서 독립운동 관계로 주목되고 있다는 이유로 내린 결정이었으며, (4)항과 관련된 결정은, 앞으로의 교주 선출은 교우회(敎友會, 교의회)에서 공선하기로 하였다.

영안은 북만 일대 한인사회의 중심지로 역사적으로는 영고탑이라 불렸다. 북만 지역 민족·사회 양운동의 책원지이며 중심지로, 1920년 9월 대종교의 제2대 교주였던 김교헌이 자리잡은 곳이며, 대종교의 중진이었던 김좌진의 신민부(新民府)의 활동지역이기도 했다. 당시 김교헌은 1923년 11월 영안에서 죽기 전까지 영안 주위 한인촌을 상대로 열심히 포교하여 5처에 시교당을 설립하였다. 그리고 1922년 4월 김교헌은 대종교의 총본사를 북간도 청파호로부터 영안 남관으로 옮겼다.

이 시기 대한군정서를 이끌던 조성환·현천묵·김규식 등이 영안에 이주하여 영고탑 대종교 교당에 자리 잡았다. 또한 김좌진도 독립군단내에 옛날 군정부(軍政府) 출신이며 대종교도였던 박두희·이장녕·윤복영·남성극 등을 이끌고 동녕 지역에서 영안으로 근거지를 옮겼다. 김좌진은 역시 영안의 대종교 밀강시교당의 전무(典務)인 최호(崔灝)와 대종교 중진 유현(兪賢)의 도움을 받아 영안에 입성하였다. 그리고 신민부는 1925년 3월 창립된 이후 1926년 9월 영안에서 신안진으로 그 본부를 옮기고, 영안 시내에는 대종교 총본사가 위치한 남관에 연락처만 두었다. 또한 1925년 5월 조선 공산당 만주 총국이 영안에 설치되자 이에 대한 대응으로 신민부는 9월에 한국귀일당(韓國歸一黨)을 만들어 영고탑에 그 본부를 두었다. 신민부도 정당을 통한 운영을 시작한 것이다. 독립운동 전선에서 좌우 합작이 시도되고 신간회 운동이 태동되었던 분위기와 일치한다. 한국귀일당은 그 본부를 영안 영고탑에 두었고, 당원은 1천여 명에 달하였다. 북만 대종교인들이 그 구성의 핵심이었다. 김좌진·정신·유현·신영빈·장준걸·조관 등이며, 귀일(歸一)의 의미는 한민족 모두가 정파를 떠나 한배검(한배, 檀帝) 단군을 모시는 일민(一民)으로 돌아간다는 의미로, 모두가 단군정신으로 돌아간다는 의미였다. 당시 한국귀일당(韓國歸一黨)은 대종교주 윤세복을 정점으로 김좌진·정신·유현 등이 주도하였으며, 우리는 모두 일민족(一民族)으로서, 단군을 모신다는 대종교적 민족주의를 뚜렷이 했다.

이렇듯 윤세복을 중심으로 대종교의 교세가 확장되는 가

운데, 주변 상황 역시 더욱 녹녹치 않게 변해갔다. 이 시기 신민부와 대종교의 제일 중요한 거점인 영안에 1926년 5월 조선공산당 만주총국이 설치된 것이다. 윤세복은 사면초가였다. 종단 내부의 불안감은 물론, 분파주의자, 일본영사관, 친일파, 중국관헌, 나아가 조선공산당 만주총국세력과 싸우지 않으면 안 되었기 때문이다. 그럼에도 윤세복은, 북만에 거주하는 40만 이주 한인들의 머리 속에 독립사상의 고취와 대종교적 민족사상을 견실하게 주입시키는 일을 늦추지 않았다. 그는 각 처 시교당을 순회하면서 수시로 순회강연을 실시하였고, 신민부에서 순간(旬間)으로 발행하는 『신민보(新民報)』에도 기고하였다. 『신민보(新民報)』의 보급과 대종교시교당의 민족사상 강연회는 북만 각처 이주 한인들에게 민족사상과 무장 투쟁 노선의 이념 전파에 중요한 역향을 하였다.

한편 일제는 1925년 중국과 미쓰야협정(三矢協定)을 체결하였다. 이를 계기로 중국당국은 대종교를 불법단체로 규정하고 1926년 포교금지령(布敎禁止令)을 내렸다. 대종교지도자인 백포 서일이 일제에 항전했다는 것이 주요 이유였다. 대종교가 총본사를 북만 영안으로 옮긴 후 맞이하는 제일 큰 위기였다. 윤세복은 1927년 교의회를 소집하여 당분간 총본사를 밀산 당벽진으로 이동하기로 결정한다. 윤세복은 당시 총본사 전리(典理)인 은계(隱溪) 백순(白純)에게 영안현 해림에 머물러 있으며 각 지방과의 연락 사무를 담당케 하고 밀산으로 총본사를 옮기었다. 밀산으로 이전한 후 대일시교당에 임시 총본사를 정하고 대종교 재기를 위한 다각적인 노력을 기울이게 된다.

윤세복이 대종교 세력을 이끌고 옮겨간 밀산 역시 독립운동의 성지였다. 1910년 이상설(李相卨)과 이승희(李承熙)의 한흥동을 개척을 시작으로, 청산리대첩 이후 북정(北征)에 참여한 독립군은 1921년 1월 항일 무장단체들의 통합을 이룩한 곳이기도 하다. 대종교의 거점을 밀산 당벽진으로 옮겨온 윤세복은 이곳에서 대종교의 재기를 준비하였다. 당시 당벽진은 중·러 국경의 변경 마을로 교통이 불편하고 거리가 요원했지만 대종교로서는 의미 깊은 곳이었다. 백포 서일이 순국한 곳이며, 독립군이 잠시 거주하던 곳이라 수십 년 간 대종교를 신봉하던 교우들이 다수 거주하고 있었으므로, 윤세복의 은거생활에 많은 도움과 위안이 되었다. 또한 현천묵은 대종교도들을 중심으로 밀산 백포자에서 대한군정서를 재정비하였고, 대한군정서는 신민부 창출에 중요한 역할을 하였다. 신민부는 창립 이후 밀산에 둔전제(屯田制)를 실시하여 훈련을 받으며 농사도 함께 하려는 계획을 세웠다. 김좌진 역시 밀산을 근거지로 신민부의 실력을 양성하고자 하였다. 윤세복은 이곳 당벽진에 거점을 잡은 즉시 대흥학교(大興學校)를 설립하고 대종교 정신을 통한 항일투사 양성을 멈추지 않았다. 특히 윤세복은 이 학교의 운영 경비 마련 위해 양봉(養蜂)과 과수재배(果樹栽培)도 솔선수범하여 시행했다.

이후 1931년 박찬익·조성환·이시영·이동녕 등 대종교지도자들의 노력으로 대종교포교금지령은 풀렸다. 그러나 1931년 9월 18일 일제의 만주침략에 의해 1932년 위만주국(僞滿洲國)이 세워지자, 대종교 포교금지 해금령은 그 실

효를 보지 못하게 되었다. 이때 윤세복은, 대종교가 비밀조직으로 갈 것인가 아니면 정식 포교령을 얻어 활동할 것이냐의 기로에 서 있었다. 만일 피한다면 이제는 밀산이 아니라 멀리 몽고로 가야만 했다. 여기서 윤세복은 정면 돌파를 선택했다. 그리고 1933년 하얼빈에 나가 대종교선도회 설립에 착수한다. 1933년 밀산 대일시교당에서 어천절 경하식을 거행한 윤세복이, 그 자리에서 밝힌 다음과 같은 각오를 보면 직감할 수 있다.

> "우리 대교가 중광한 지 25년 동안 너희 일본의 무리한 박해를 늘 받아왔으나, 지금 시국의 정세는 더욱 변천되고 갈 데 올 데가 없는 오늘날, 나는 한배검의 묵시를 받고 스스로 순교의 길을 떠나는데, 만일 너희 당국의 양해를 얻으면 '국수망이도가존(國雖亡而道可存)'이라 하신 신형(神兄, 홍암 나철을 가리킴-필자 주)의 유지를 봉승할 것이오. 또 여의치 아니하면 나의 일신을 희생하여 선종사(先宗師)의 부탁하신 대은(大恩)을 갚겠노라"

대종교를 일으킨 나철의 유지를 잇지 못하면 차라리 죽겠다는 말이다. 실로 죽음을 건 선택의 갈등을 엿볼 수 있다. 또한 윤세복의 삶의 정신적 지표가 무엇인가도 분명해 진다. 나철이 내세운 "나라는 비록 망했으나 정신은 가히 존재한다[國雖亡而道可存]"라는 대종교 중광의 명분을 다시금 새기고 있는 것이다.

마침내 윤세복은 밀산에서의 6년 침묵을 털고 합법적 절차를 거쳐 포교선도사업을 새롭게 시작한다. 1933년 윤세복은 신일(信一), 영일(永一), 선일(善一), 신일(新一), 양일(亮一) 등 5개의 시교당을 설립했다. 그리고 무엇보다도 절친한 동지 안희제가 북만으로 망명해 온다는 소식이 전해졌다. 단애 윤세복은 다시 힘을 얻고 발해 고도의 수도였던 동경성으로 총본부를 옮겨 북만에서의 마지막 싸움을 준비하였다. 마침내 하얼빈시 도외구도가(道外九道街)에 대종교선도회(大倧敎宣道會)를 설치하고, 총본사를 동경성으로 이전하였다. 대종교선도회는 하얼빈에서, 한글을 포함한 다양한 지식 강좌를 '만주지식강좌'란 제목으로 개최하는가 하면, 개천절 행사를 개최하는 등, 적극적인 활동을 전개했다. 이어 안희제와 강철구의 노력으로 대종교 교적 간행 사업도 구체화 되었다. "교화를 보급케 함에는 반드시 문자의 힘을 시뢰(恃賴)할 것이다. 이제 대교(大敎) 부흥에 당하야 만구동성으로 종경(倧經) 요구가 날로 높은 터이다." 라는 취지를 내세워 활발한 교적간행사업(敎籍刊行事業)을 진행했다. 또한 윤세복은 대종학원 설립을 통한 교육사업에도 다시 심혈을 기울였다.

그러나 일제의 대종교 포교 허가의 배면에는, 그것을 계기로 대종교의 비밀조직을 드러나게 하려는 음모가 숨어 있었다. 일제는 대종교에 대한 내사와 감시를 더욱 엄밀히 할 뿐만 아니라 심지어는 대종교총본사 내에 교인을 가장한 밀정까지 잠입시켜 대종교의 동향과 간부들의 언행마저도 일일이 정탐하였다.

1942년 여름, 마침내 국내에서 조선어학회를 이끌던 이극로가 만주 동경성의 윤세복 교주에게 편지를 보낸 일이

빌미가 되어 일이 터진다. 그 편지 속에 「널리펴는 말」이라는 원고가 동봉되었다. 이극로의 「널리펴는 말」은 아래의 내용과 같이 대종교 교당 설립과 대종학원 설립 취지문과 같은 것이었다.

"천운은 빙빙 돌아가는 것이라. 한번 가고 다시 아니 오는 법이 없다. 날마다 낮이 가면 밤이 오고 밤이 가면 낮이 오며, 또 춘하추동 사철은 해마다 돌아온다. 이와 같이 영원토록 돌아가고 돌아오는 법이 곧 한얼님의 떳떳한 이치다. 이런 순환하는 천리에서 인간사회의 변천도 끊임없이 생긴다. 부자가 가난하여지고 가난한 사람이 부자가 되며 귀한 사람이 천하여지고 천한 사람이 귀하여진다. 동방에는 밝은 빛이 비치었다. 이는 곧 대종교가 다시 밝아진 것이다. 한동안 밤이 되어 지나던 대종교가 먼동이 튼 지도 30여년이 되었다. 아침 햇빛이 땅 위를 비치어 어둠을 물리치는 것과 같이 대종의 큰 빛이 캄캄한 우리의 앞길을 비치어 준다. 어리석은 뭇 사람은 제가 행하고도 모르며 또 모르고도 행한다. 직접으로는 만주대륙과 조선반도를 중심하여 여러 천만 사람이 대종교의 신앙을 저도 모르는 가운데 아니 믿는 사람이 없고, 간접으로는 이웃 겨레들도 이 종교의 덕화를 받지 아니한 이가 없다. 삼신(三神)이 점지하시므로 아이가 나며 삼신이 도우시므로 아이가 자란다고 믿고 비는 일이 조선의 풍속으로 어디나 같다. 이 삼신은 곧 한임 한웅 한검이시다. 황해도 구월산에는 삼성사가 있고, 평양에는 숭령전이 있고, 강화도 마니산에는 제천단이 있다. 발해시대에는 태백산에 보본단을 쌓고 해마다 제사를 지내었다. 이와 같이 삼신을 믿고 받들어 섬기는 마음은 여러 천년 동안에 깊이 굳어졌다. 시대와 곳을 따라 종교의 이름은 바뀌었으나 한얼님을 섬기고 근본을 갚아 사람의 도리를 지키는 교리만은 다름이 없고 변함이 없다. 종교는 믿는 마음으로만 되는 것이 아니다. 일정한 형식을 갖추어야 되며 또 형식은 존엄을 보전할 만한 체면을 잃지 아니하여야 된다. 사람의 이상은 소극적으로 지키는 데 있는 것이 아니라, 적극적으로 나아가는 데 있다. 그런데 이제 우리는 체면을 유지할 만한 천전과 교당도 가지지 못하였으며 또는 교회의 일꾼을 길러낼 만한 교육기관도 없다. 이는 우리에게 그만한 힘이 없는 것도 아니오 성력이 아주 부족한 것도 아니다. 그동안에 모든 사정이 우리의 정성과 힘을 다 발휘할 기회를 열지 못하였던 까닭이다. 그런데 이제는 때가 왔다. 우리는 모든 힘을 발휘하여 대교의 만년대계를 세우고 나아가야 된다. 이 어찌 우연이랴. 오는 복을 받아들이지 아니하는 것도 큰 죄가 되는 것을 깊이 깨달아야 된다. 만나기 어려운 광명의 세계는 왔다. 반석 위에 천전과 교당을 짓자! 기름진 만주 벌판에 대종학원을 세워서 억센 일꾼을 길러내자! 우리에게는 오직 희망과 광명이 있을 뿐이다. 일어나라 움직이라! 한배검이 도우신다.   개천 4399년 9월 5일"

일제는 검열 과정에서 이 글의 끝에 나오는 "일어나라, 움직이라!"라는 구절을 "봉기하자, 폭동하자!"로 날조하고 이것을 『조선독립선언서』라 하여 대종교를 압박하기 시작한다. 이 필화사건이 바로 임오교변(壬午敎變, 임오년 대종교 지도자 일제 구속 사건)의 도화선이 되는 것이다. 마침내 일제는

"대종교는 조선 고유의 신도(神道) 중심으로 단군문화를 다시 발전하는 표방 하에서 조선민중에게 조선정신을 배양하고 민족자결의 의식을 선전하는 교화 단체이니만큼 조선독립이 그 최후 목적이라."

는 반국가단체의 죄목을 씌어, 1942년 11월 19일 국내에서는 조선어학회사건과 때를 같이 하여 만주와 국내 각처에서 교주 윤세복을 비롯한 대종교지도자 21명을 동시에 체포했다. 이것이 한국종교사에도 잘 드러나지 않은 대종교의 임오교변이다. 당시 피검 상황을 볼 때, 이들에 대한 구속이 한 날 동시에 이루어 졌다는 것만 살피더라도, 일제가 대종교의 말살을 위하여 얼마나 치밀한 사전계획을 세웠는가를 알 수 있다.

한편 대종교의 임오교변과 조선어학회사건이 공교롭게도 안희제의 고향 후배이며 대종교의 중심인물이었던 이극로와 모두 연관되어 있다는 점이 흥미롭다. 조선어학회는 대종교 정신을 바탕으로 언어민족주의를 몸소 실천했던 주시경의 제자들이 중심이 되어 만든 단체였다. 김두봉·이극로·최현배·정인보·권덕규·안호상 등등이 그들인데, 당시 조선어학회는 대종교의 비밀스런 업무를 수행하고 주고받는 연락장소로, 사실상 대종교의 국내 지하조직의 역할을 담당한 곳이 조선어학회였다. 그러므로 임오교변과 조선어학회사건은 대종교사건이라는 동일성을 갖는 것으로, 양대사건(兩大事件)의 배경에 윤세복과 이극로가 주고받은 서신(書信)이 있었음 주목할 일이다.

임오교변이 이극로의 「널리펴는 말」에서 발단이 된 것과 같이, 조선어학회사건 또한 윤세복이 이극로에게 보낸 「단군성가(檀君聖歌)」라는 글과 연관된다. 윤세복은, 이극로가 후일 그의 회고에서도 밝혔듯이, 이극로의 삶에 있어 가장 존경하는 인물 중의 한 사람이었다. 이극로가 우리의 말과 글에 눈을 뜨게 된 것도 역시 윤세복의 공이 크다. 1912년 이극로가 처음 만주 회인현(환인현)을 찾아 윤세복과 박은식 등을 만날 당시, 대종교 계통의 학교인 동창학교의 교원이면서 대종교 활동을 하고 있던 백주(白舟) 김영숙을 만난 것이 그 인연이 된다. 김영숙은 다름 아닌 주시경의 제자로서 한글연구와 관련된 많은 참고서를 가지고 있었으므로, 이극로가 한글을 연구하는 결정적 계기를 마련해 준 인물이었다.

그러한 윤세복이 당시 만주에서 대종교 노래 가사를 모아 놓은 「단군성가」를 국내에 있던 이극로에게 보내어 작곡을 의뢰하였다. 이 글이 조선어학회 이극로의 책상 위에서 발견됨으로써 조선어학회사건의 결정적 빌미가 되는 것이다. 대종교 항일투사 이현익(李顯翼)이 "1942년 11월 19일, 국내에서는 조선어학회사건과 때를 같이 하여 선만각처(鮮滿各處)에서 교주 단애종사(윤세복-인용자 주) 이하 21명을 동시검색(同時檢索)하였으니 이것이 교사상(敎史上) 영원히 잊지 못할 임오교변이다."라고 기록한 것도 이

러한 배경과 연관된다.

임오교변은 일제가 식민지 지배를 영구히 하고자 하는 목적으로 일제에 항거하는 항일단체나 독립운동자를 일제히 검거한 정책적인 조치로서, 일제하 희대의 종교적 탄압 사건이었다. 이것은 대종교라는 종교단체가 바로 항일독립운동의 본거지로서, 대종교의 포교와 교육활동 그리고 한글과 우리 역사에 대한 연구작업 모두가 조국광복을 위한 노력으로 귀착되었다는 점과 연관된다.

당시 대종교 교주 윤세복을 비롯한 20여명의 대종교 지도자들은 이른 바 치안유지법위반이라는 죄목으로 목단강 경무처와 액하감옥에 분산 구금되어 혹독한 취조를 받았다. 가령 백산 안희제는 9개월 동안 감방살이를 하면서 70여 회의 말로 형언할 수 없는 고문취조를 당했다. 당시의 가혹한 감방규칙을 보자. 항상 벙어리가 되어 말이 없어야 하며 서로 돌아 앉아 얼굴을 못 대하고 누울 때는 얼기설기 머리와 발을 맞추어야 한다. 또한 추워도 이불을 목에 두르거나 요로 무릎을 덮지 못하며 하루 두 끼 먹는 조밥은 돌이 많고 그도 없을 때에는 숭늉 한 공기로 끼니를 때웠다. 또한 체조할 때 동작 맞추는 문제, 잠잘 때 코를 골고 뒤척거리는 문제, 배탈 설사로 인한 옷을 더럽히는 문제 등, 실로 말로 다 표현할 수 없는 간섭과 협박으로 고통의 나날을 보내야 했다. 윤세복은 수감 중에 쓴 감중자술(坎中自述) 4장에서

한 사람의 죄악으로 연루자가 스물인데
아홉 사람 병에 죽고 다섯 사람 놓아 갔다
지금껏 일년 삼개월 법원기소 못 정해

라는 회한을 읊기도 했다. 임오교변에 연루되어 투옥된 동지들이, 윤세복 자신의 죄악으로 인해 고통받는 것이라고 괴로워한 부분이다. 그럼에도 대종교를 떠받드는 정성으로 어떠한 고형(拷刑)이 있어도 서로 원망하지 말자는 심회를 다음과 같이 당부도 했다.

넷째로 연루동지 고심 열성 감사할 것
교정(敎政) 교의(敎義) 다 몰라도 단군 신도(神道) 숭봉할 뿐
아무런 고형(拷刑) 있어도 서로 원성 않기로

더욱이 윤세복은 옥중생활 속의 온갖 고문 속에서도 오히려 대종교의 『삼일신고』, 『진리훈』에 나오는 반망즉진(返妄卽眞: 인간완성의 길)의 방법을 체계화하여 전술한 『삼법회통』이라는 수행서를 완성하는 종교적 열정을 쉬지 않았다. 일제의 고문 또한 악랄했다. 배탈로 인해 참지 못하고 설사를 한 사람을 기진력진하도록 무수히 난타하고는 2~3일 씩 밥을 굶기는 것은 예사였다. 또한 날마다 2~3인 혹은 3~4인 씩을 뽑아 개별로 취조할 때의 각양 각종의 고문은 말로 다 형언할 수가 없었다. 그들은 나이의 고하를 가리지 않고 고문을 행했다. 대종교의 임오십현이란 바로 임오교변 당시 일제의 고문으로 인해 죽어 간 열 명의 순교자를 일컫는 것이다. 안희제 역시 70여 회의 혹독한 고문으로 인해 목단강 영제의원으로 보석되어, 그토록 열망

하던 조국광복을 보지 못한 채, 1943년 8월 3일 향년 59세로 순교했다. 순교한 10인 모두가 이렇게 죽어간 것이다. 당시 임오교변으로 순교한 대종교 10명의 선열은 아래표와 같다.

성명	별호	향수	사망일자(음)	피검지	사망지	장지
권상익(權相益)	성재(省齋)	44	1943.5.5.	밀산현 삼사통	목단강시 적십자병원	三棱通 仲坪麓
이정(李楨)	회봉(晦峰)	49	1943.7.30.	영안현 신안촌	액하감옥	新安村 寧家屯
안희제(安熙濟)	백산(白山)	59	1943.8.3.	(국내) 의령군 입산리	목단강시 영제의원	의령군 立山麓
나정련(羅正練)	염재(念齋)	62	1943.8.18.	영안현 동경성	액하감옥	東京城 東門밖
김서종(金書鐘)	설도(雪島)	51	1943.8.27.	하얼빈	액하감옥	함안군 漆原麓
강철구(姜鐵求)	해산(海山)	53	1943.9.23.	연길현 동불사	연길현 동불사	銅佛寺麓
오근태(吳根泰)	죽포(竹圃)	63	1944.1.5.	영안현 와룡둔	도가선 시하역	柴河驛麓
나정문(羅正紋)	일도(一島)	54	1944.1.7.	영안현 동경성	영안현 동경성	목단강 상류
이창언(李昌彦)	백향(白香)	68	1944.1.9.	영안현 구가촌	목단강 경무처	舊街村 卜家屯
이재유(李在囿)	백람(白嵐)	68	1945.2.?.	길림성 돈화현	길림감옥	함흥군 先塋下

한편 나머지 간부들은 교주인 윤세복(치안유지법 제1조 위반)의 무기형을 비롯하여 다른 인물들(치안유지법 제2조 위반)도 15년에서 7년까지의 형을 선고받고 복역하다가, 8·15광복을 며칠 앞두고 출옥하였다.

임오교변 당시 실형선고를 받은 7명의 受刑表(1944년 5월 7일 판결 언도 기준)

성명	별호	나이	피검일자	피검지	구수지	죄명	형기	출옥(양력)
윤세복(尹世復)	단애(檀崖)	64	1942.11.19.	(중국) 신안진 기차	액하감옥	치안유지법 제1조	무기	1945년 8월 12일 출옥
김영숙(金永肅)	백주(白舟)	59	〃	(중국) 하얼빈 마가구	〃	치안유지법 제2조	15년	〃
윤정현(尹珽鉉)	일야(一野)	57	〃	(중국) 목릉현 홍원촌	〃	〃	8년	〃
이용태(李容兌)	단암(檀庵)	55	〃	(국내) 제천군 백운면	〃	〃	〃	〃
최관(崔冠)	정주(正宙)	42	〃	(중국) 영안현 동경성	〃	〃	〃	〃
이현익(李顯翼)	근재(權齋)	49	1943.4.3.	(중국) 영안현 동경성	〃	〃	7년	〃
이재유(李在囿)	백람(白嵐)	67	1942.11.19.	(중국) 길림성 돈화현	길림감옥	〃	5년	1945년 3월 수감 중 사망

무기수로 복역 중 일제의 패망으로 옥문을 나선 윤세복이, 가장 먼저 시도한 것이 대종교 재기를 위한 걸음이었다. 우선 영안현 해남촌(海南村) 최창진(崔昌鎭)의 집에서 여러 교우들과 몽방식(蒙放式, 형이나 감옥 따위에서 풀려난 것을 알리는 의식)을 행하고 총본사를 부활시켰다. 이어 감옥 생활의 피로에도 불구하고 1945년 8월 8월 25일 영안현 신안촌(新安村)의 교우 양현체(梁玄棣)를 심방하고, 그곳 교우회의 결의로 신일(信一)시교당을 부활시켰다. 또한 9월 17일에는 총본사를 옮긴 지 4년 만에 동경성으로 돌아와 동경성가 동구(東區) 제 15패(牌) 33호에 대종교총본사 간판을 다시 부치고 본격적인 교무를 재개하였다. 당시에 펼친 주요 사업은 윤세복이 손수 앞장 선 한글강수회 개최와 개천절 행사의 거행, 그리고 대종학원의 개강이었다. 당시 한글강수회와 대종학원의 임직원은 다음과 같았다.

(한글강습회)
회　장　김광진(金光律)
부회장　김용주(金龍珠)·김승호(金昇灝)
서　무　이원갑(李元甲)·김명길(金明吉)
재　무　최동길(崔東吉)·안일범(安一範)
강　사　윤세복, 태흥선(太興先), 이영재(李榮載), 남영덕(南永德)

(대종학원)
원　장　강천봉(姜天奉)
학　감　태흥선
서　계　이원갑
강　사　윤세복, 강천봉 태흥선, 이원갑, 남영덕, 박희정(朴熙政), 김고분(金古粉), 박월선(朴月仙), 조병애(趙炳愛)

환국 후 서울 영락정 2정목 대종교총본사 앞에서 찍은 사진. 왼쪽부터 윤일병, 조완구, 윤세복 김승학이다.

이밖에도 직원의 선임, 교질(敎秩) 수여, 시교활동, 교구(敎區) 내 교당정비, 교우 간의 연락과 방문, 조배식(早拜式)과 주야경배예식(晝夜敬拜禮式)의 봉행, 교보(敎報) 간행 등, 교정(敎政) 전반에 걸쳐 괄목할 정도의 새로운 면모를 갖추었다.

해방을 맞은 윤세복은 1946년 2월 그리던 고국 땅을 밟는다. 개인으로서는 고국을 떠나 회인(桓仁) 땅을 밟은 지 36년 만의 환국이었다. 또한 대종교총본사로서는, 홍암 나철이 1914년 화룡현 청파호로 총본사를 옮기고, 화룡→영안→밀산→동경성 등지로 전전하면서 온갖 풍상을 겪다가 33년 만에 돌아온 것이다. 당시 강천봉·이원갑·태흥선·나종순(羅鍾淳)·한순범(韓舜範) 등 5인이 교주 윤세복을 수행하고 환국했으며, 그에 따른 경비는 동경성 및 하얼빈 등지에 거주하는 대종교 신도들의 성연금으로 충당되었다.

대종교총본사 환국기념사진(1946년 6월 10일). 앞줄 가운데가 윤세복이다.

윤세복은 서울 영락정(永樂町) 2정목 7번지(현 중구 저동 2가 7번지)의 구(舊) 천대사(千代寺, 敵産寺刹) 건물을 총본사 사옥으로 삼고, 제7회 총본사 확대 직원회의에서 총본사 및 남도본사 직원을 개편하고 예산을 편성하며, 제8회 총본사 직원회의에서는 경의원(經議院) 직원을 공선했다. 또한 제10회 총본사 직원회의에서는 종경(倧經) 번역기관으로 종학연구회(倧學研究會)의 설치를 결의하는 등, 새로운 포교 사업의 큰 발을 내디뎠다. 또한 조국 광복에 대한 감사의 의례도 빼놓지 않았다. 당시 천우신조로 일제의 질곡에서 해방된 조국이, 잃었던 얼을 되찾기도 전에 외래 풍조에 휩쓸려 사상은 분열되었다. 더욱이 국토의 분단으로 말미암아 민족의 자주성과 조국의 완전독립은 국제적 조약으로 요원한 상태에 빠지고 말았다. 이에 윤세복이 이끄는 대종교는 민족의 정신통일과 조국의 자주독립을 위하여 광복한 날 이틀 전인 1946년 8월 13일 오전 6시를 기해, 총본사 천궁(天宮)에서 진정한 독립원도식을 다음과 같이 거행하였다

一. 개회식(普本 嚴柱天)
一. 천전참배(天殿參拜)

一. 국기배례
一. 애국가 봉창
一. 개회사[청사(晴養) 조성환]
一. 원도[願禱, 우천(藕泉) 조완구]
一. 한울노래[天樂]
一. 폐회사[백수(白水) 정열모]
一. 만세삼창
一. 폐회식

또한 광복 1주년 하루 전인 8월 14일에는 해방 1주년 기념 축하를 위하여 애국단체연합회가 주관하고 각계의 협동으로 다채로운 기념행사가 거행되었다. 그 축하 행사의 일환으로 남산, 북악 및 안현(鞍峴)에서 3일간 봉화 제전을 거행하기로 했다. 이에 사용할 불씨를, 조국을 지켜낸 대종교의 천진전(天眞殿)에서 받기로 하였다. 이에 따라 8월 14일 오후 6시에 대종교총본사 천진전에서 성화전수식을 거행하였다. 윤세복이 직접 원도(願禱)를 올리고, 성화전송단 대표 손기정(孫基禎)에 의하여 전송되었다. 그리고 임시정부 주석 김구에 전하여 남산 꼭대기에 마련된 봉화대에 점화되었다. 당시 윤세복이 올린 원도문은 아래와 같았다.

"저희들은 지난 허물 뉘우치고 오는 사랑 비옵니다. 오늘은 저희들이 새로운 정신으로 해방의 첫날을 맞이하매 특별히 성화를 받들어 세 밤 동안 조선으로부터 우주를 밝히고저 원하옵나이다. 한님이시여! 이 성화로써 먼저 삼천만 대중의 마음을 밝히시고 또 많은 열을 받게 하시와, 이미 열어주신 한길로 나아가서 저의들이 바라는 바 자주독립국가를 완성하도록 점지하여 주시옵소서!"

또한 같은 해 개천절에는 전국 각지에서 거족적인 경축행사를 거행하였다. 개천절 날 오전 6시에 대종교총본사에서 성화전수식으로 거행된 이 행사는, 전국민의 축전으로 당일 정오에 강화 마니산 참성단에서 성화제를 봉행했다. 마라톤 선수 함기용(咸基鎔)에 의해 점화되고 제천의(祭天儀)도 봉행하였다. 윤세복은 이 때 개철절에 즈음한 성화 의식의 감격을 다음과 같은 「성화찬(聖火贊)」으로 표현했다.

太元甲子上月上日	으뜸 갑자 상달 상날에
神人檀君開天開極	신인 단군께서 개천 개극하시니
三千團東夷族	삼천 무리 동이족이요
半萬年朝鮮國	반만년 조선국이라
頭嶽塹星祭天報本	참성단 정상에서 제천보본하니
水中高山好陰貴陽	물 가운데 솟은 산, 음양이 어울리도다
大運回神人協	대운이 돌아와 신인이 화합하고
聖火明宇宙光	성화를 밝히니 온 세상이 환해지도다.

윤세복은 국학의 보급과 대종교 교리 연찬에도 정성을 기울였다. 국학강좌와 교리강수회(教理講修會) 등이 그것이다. 국학은 대종교와 표리 관계를 이룬다. 근대 국학이 곧 대종교요 대종교가 곧 국학이라 해도 과언이 아니다. 대종교를 일으킨 나철의 대종교 사상 속에는 국학적 요소인 국어·국사·국교·철학·민속·수행 등이 두루 나타난다. 나철의 사상은 사상적 정체성과 시간적 연속성, 그리고 공간적 차별성과 보편적 개방성의 속성을 두루 갖춘 국학으로, 문·사·철이 회통되어 나타나는 국학이라는 점에서 순수 국학의 특징을 가장 잘 드러내 준다고 할 수 있다. 20세기 대종교인들에 의해 우리의 언어와 역사 그리고 철학이 개척되고 정리됨만 보아도 헤아릴 수 있을 듯하다.

윤세복은 이극로·이병기·조소앙·안재홍·신익희·조완구·정인보·정열모·백남규 등 당대의 대표적 대종교 학자들을 중심으로 3차례에 걸친 국학강좌를 개최했다. 그리고 교리강수를 위해 스스로의 노고도 아끼지 않았다. 1946년 8월 24일부터 2개월 간, 서울 광희동 이원태(李源台)의 집에서 정양하면서 교리강수를 한 것이다. 교단 내의 중견 청년들을 중심으로 종학원(倧學院)을 조직하여 매일 밤 직접 강의를 했다. 또한 1948년 12월 2일부터 1개월 간 총본사 직원 및 중견 교우 50여명을 대상으로 갑종강습회(甲種講習會)를 개최하였는데, 윤세복은 강사로 직접 참여하여 분위기를 북돋웠다. 특히 1956년 11월에는 제2회 교리강습회를 개최하고 강의를 전담하였다. 강의 내용은 대종교의 주요 경전인 『삼일신고』, 『신리대전(神理大全)』, 『신사기(神事記)』, 『회삼경』, 『삼법회통』 등, 종리(倧理)와 종사(倧史)에 관한 내용들이었다. 주목되는 것은 윤세복이 강습회 회장 겸 전담강사를 맡았다는 점이다. 이것은 강의 내용이 대종교의 핵심 교리와 연관된 것들임을 볼 때, 논리의 통일성을 기하기 위한 선택으로 해석할 수 있을 듯하다.

윤세복의 대종교중흥회 조직 또한 주목되는 부분이다. 교리강수회 수료생들을 중심으로, '대종교 발전을 위한 새로운 방안을 모색'한다는 기치 아래 출범시켰다. 그리고 수년 간 교리강수 때에 채택한 종경교안(倧經敎案)을 수집·정리하는 한편, 정양(靜養) 중에도 불철주야하고 대종교 경전 번역에 전력을 기울였다. 마침내 1948년 봄, 『삼일신고』, 『신리대전』, 『신사기』, 『회삼경』 네 가지 경전의 번역을 마쳤다. 윤세복은 손수 번역한 경전들에 고증에 고증을 가했다. 또한 대종교 원로인 권덕규의 『삼일신고역본(三一神誥譯本)』과 대조한 후, 이를 『역해종경사부합편(譯解倧經四部合編)』이라 명명하고 출판을 기다렸다. 그리고 대종교중흥회의 제1차 사업으로 대종교 교적 출판에 착수하여, 『한검바른길(첫걸음)』 5천 부, 『한검바른길(복참판)』 3천 7백 부, 『역해종경사부합편』 3천 부를 간행하였다. 당시 출판 비용은 남파 박찬익의 헌성으로 이루어졌다. 박찬익은 만주 시절 대교포교금지령 해제 교섭에 진력한 경험과 더불어, 중국 체류 40년 평생을 조국 광복과 대종교 발전에 헌신한 인물이다. 박찬익이 환국하여 대종교 경전 출판비로 2백만 원의 거액을 기꺼이 성연한 것이다. 한편 1946년 12월에는 송암(松岩) 이흥수(李興秀)의 헌성으로 『검결풀이』 1천 부가 인쇄되었고, 1954년 4월에는 대종교원로이며 의열단에서 활동한 남정(南汀) 박광(朴洸)이 5만원을 쾌척하여 『홍암신형조천기(弘巖神兄朝天記)』와 『한배일살핌[檀祖事攷]』 각 3백 부를 등인본(謄印本)으로 발간했다. 박광은 윤세복·안희제 등과 대동청년단 시절부터 활동하며 대종교와 깊은 인연을 가진 인물이다. 특히 박광은 만해 한용운과도 동고동락했던 숨은 지사였다. 후일『만해한용운전집』편찬 작업 당시도, 한용운의 자료를 많이 갖고 있던 최범술(해인사 주지 역임)을 편찬 관련 인물들에게 소개한 인물도 박광이었다. 한용운이 1935년에, 대종교 교주 나철의 유고집을 발간하려했던 배경도, 이러한 인물 연관성에서 파악해 볼 수 있다.

윤세복은 1950년 4월 29일 소집된 제7회 교의회를 통해 중요한 결단을 내렸다. 대종교의 홍범(弘範) 조항을 개정함으로써 사실상의 개헌을 단행한 것이다. 그 중 가장 중요한 것은, 도통전수제(道統傳授制)로써 도사교(都司教, 대종교교주)를 뽑던 것을 행정수반으로서의 총전교(總典教)를 선출하는 신권공화제(神權共和制)로 바꾼 일이다. 또 하나는 과거 도사교의 교정(教政) 전반에 걸친 절대권을, 행정[大一閣], 의회[元老院], 도원(道園, 三一園)으로 삼권(三權)을 분립한 것을 꼽을 수 있다. 윤세복은 이 개혁을 주도하고, 육당 최남선으로 하여금「규범발포문(規範發佈文)」을 만들게 하였다.

한편 윤세복은 대종교의 종교적 발전을 위한 변화에 심혈을 기울였다. 그 하나가 삼일원(三一園)을 본격화시키는 것이요, 또 하나는 종사편집부(倧史編輯部)의 설치였다. 삼일원은 대종교의 도원(道院)으로, 1950년 설치되었으나 6·25의 발발로 역할하지 못했다. 1954년 5월 제2차 전교회의(典教會議)를 소집하여 삼일원 조직을 실행하고, 총본사 교무회의가 추천한 대덕(大德) 31인을 검정하여 서임하였다. 종사편집부는 1954년 7월에 교무회의의 결의를 거쳐 대일각(대종교 교주를 상징하는 기관-필자 주) 직속기관으로 설치하였다. 그리고 제1차로 주간(主幹)에 장도빈·이시열·박창화 3인을 임명하고 편집 업무를 시작했다. 특히 1957년 6월에는 스스로 종사편집부의 주간을 맡아, 대종교 교사(教史)의 자료편이라 할 수 있는『종사취재고(倧史取材稿)』15편 5십여 만 자의 작업을 완성하였다.

윤세복은 적극적 정치 활동과는 일정한 거리를 두었다. 스승인 나철의 '나쁜 생각으로 정치에 덤비지 말라'는 유언과도 관련이 있을 듯하다. 그럼에도 민족단결이나 민족문화 창달과 관련하여서는 몸을 숨기지 않았다. 특히 제자와도 같은 이극로의 활동에는 기꺼이 힘을 실어 주었다. '조선건민회(朝鮮健民會)'에 고문으로 참여한 것이 그 예다. 조선건민회는 이극로의 주도로, 민족의식을 앙양하여 완전자주독립국가 건설을 기하며 민족문화의 향상을 도모하여 세계문화 진전에 공헌한다는 목적에서 탄생한 것이다. 윤세복은 총선거를 대비한 민족대표 33명으로도 참여했다. 1948년 3월 5일 개최된 각정당사회단체대표자대회에서, UN조선위원회와의 협의대상이 되며, 아울러 총선거실시에 관한 제반문제를 처결할 민족대표단의 한 명으로 선출된 것이다. 아마도 여기에 가입한 것 역시, 민족대표 33명의 일원이었던 이시영·명제세·이청천·이범석 등, 대종교 중진들의 적극적 권유가 역할한 것이라 생각된다.

윤세복과 관련하여 홍익대학교 설립을 빼 놓을 수 없다. 1947년 5월 대종교 원로들의 결의에 따라, 대종교총본사에 재단법인 홍익학원 및 홍익대학 설립 준비위원회가 발족되었다. 그 배경을 살피면, 1946년 4월 양대연이 홍문관대학을 미인가 상태로 운영하다가 다음 해 5월에 이르러, 정규대학이 아닌 것이 밝혀지자 폐관된 사건이 있었다. 이로 인해 홍문관대학의 최광언 교수 등이 대종교총본사로 정열모를 찾아왔다. 윤세복은 정열모로부터 난감해 하는 홍문관대학 학생들의 사연을 듣고, 어려움에 처한 학생들을 팽개쳐둔다는 것은 홍익인간을 교지로하는 대종교인으로서는 안 될 말이니 반드시 이들을 구하라는 분부를 내렸다 한다.

홍익대학의 설립 작업은 이흥수와 대종교재단이 중심에 서 있었지만 대종교인 외에도 김구와 박열(朴烈) 같은 독립운동 세력이 깊이 관여하며 지원하고 있었다. 특히 홍익대가 김구와 밀접한 관련을 맺고 있었다는 것은 김구가 암살되어 국장을 지낼 때 상여를 멘 주체가 홍익대 학생들이었고, 김구가 주관하던 건국실천양성소가 김구의 사후 홍익대학과 합병되었다는 것 등을 통하여 충분히 짐작할 수 있다. 이 같은 대목은 홍익대가 민족주의세력과 깊이 연결되어 있었음을 잘 드러내주는 대목이다. 대종교 간부였던 국학자인 정인보와 이극로·안재홍·정열모·안호상 등은 강의에도 참여한 것으로 알려지며, 특히 정열모는 초대 학장으로 활약했었다.

이렇듯 윤세복의 삶은 대종교 그 자체요, 그것을 숙명처럼 끌어안은 고독과 방황의 노정이었다. 해방 후「회삼경 머리말」을 통해 윤세복이 직접 술회한 다음의 넋두리를 보자.

"나는 다행하게도 우리 세 종사(홍암대종사, 무원종사, 백포종사를 말함-인용자 주)와 더불어 한 세상에 태어났다. 그러나 오랜 동안 친히 받들지 못한 것이 평생에 큰 유감이었다. 그러다 내가 선종사 문하에서 배운 사정은 아래와 같다. 홍암대종사(홍암 나철-인용자 주)는 내가 경술년(庚戌1910년) 마지막 무렵 간동에서 처음 뵈었다. 12월 23일·25일·27일 사흘 밤을 홀로 모시고, 역사와 대종교와 시국에 대한 교훈을 감격하며 들은 뒤에, '단애 윤세복(檀崖 尹世復)'의 새 호와 이름을 받고 대종교를 신봉하게 되었다.

이듬해 신해년(辛亥1911년)봄에 시교의 책임을 지고 남만주로 떠나간 뒤로는 동서에 서로 떨어져 소식조차 오래 막혔다가, 병진년(丙辰1916년)가을에 무송(撫松) 감옥에서 '죽고 삶이 몸뚱이 껍데기에 있지 않고, 믿음과 의리는 오직 신명으로써 증거 되느니라.(死生不在軀殼 信義惟證神明)'이라는 유서를 울며 받들었다.

무원종사는 내가 대종사를 뵈옵던 둘째 날 밤, 곧 경술년(庚戌 1910년) 12월 25일 밤에 대종사의 소개로 잠깐 얼굴을 뵈었으나, 말씀 들을 겨를은 없었다. 그 뒤 총본사는 북만주 밀산(密山)으로부터 영안현(寧安縣) 남관(南關)으로 옮겼고, 나는 남만주 환인(桓仁)으로부터 무송현 지방에서 시교도 하고 교당도 마련하기 10여 년인 신유년(辛酉1921년) 가을에서 서일도본사(西一道本司)의 전리(典理)로 임명 받던 전후 몇 차례 왕복이 있었을 뿐이다.

그러다 두 해 뒤 계해년(癸亥1923년) 겨울 내가 화전현(樺甸縣)에서 낙상하여 치료하던 중 천만 꿈 밖에도 '상교 윤세복을 사교로 뛰어 올리고 경각의 인장을 맡긴다.(尙敎 尹世復 超昇司敎 委任經閣 符印)'란 종사의 유명이 계셨다는 전보와 글월을 받잡고, 허둥지둥 망곡식을 거행하였다.

백포종사는 나와 동갑인데, 입교한 교적부에 의하면, 나의 후진이면서 또한 먼저 깨달은 이가 되시었다. 백포종사의 출생지는 함경북도 경원(慶源)이요, 나는 경상남도 밀양(密陽)이며, 또 옮겨와 살던 곳이 백포종사는 동만주 왕청(汪淸)이요, 나는 남만주 환인(桓仁)이라. 남북이 서로 멀어 사귈 인연을 얻지 못하였다. 3·1운동 당시에는 천산(天山) 뒷 기슭 한 가닥 산마루를 서로 격하여 백포종사는 화룡현(和龍縣)에서 군사를 훈련하고 나는 무송현에서 터전을 지킨 지 1년 남아에 오가는 사람 편에 소식은 서로 통했으나, 끝내 한 번도 만나 보지 못한 채 청산리(靑山里) 싸움에서 일본군을 무찌른 것과 당벽진(當壁鎭)에서 조천하신 소식을 교보로써 알고 통곡할 뿐이었다.

내가 무원종사의 유명을 이어 갑자년 봄 영안현(寧安縣)에서 직위에 욕되이 오른 뒤에야 상해(上海)에서 출판한 종경(신고강의·신리대전·신사기·회삼경)을 처음 받들어 읽고 백포종사의 공덕을 감탄하여 마지못했으며, 세 분 종사께서 이미 다 조천하신지라 경전의 뜻에 풀기 어려운 데가 있어도 물어 볼 곳이 없음을 스스로 슬피 여기고 한탄했었다. 따라서 나의 앞길은 오직 거친 광야를 헤매는 외롭고 적막한 생애이었다.

내가 험악한 풍조에 밀려서 흥개호(興凱湖) 가에서 숨을 돌리고 경박호(鏡泊湖) 언덕에서 다리를 쉬면서, 20여 년 보따리 장사를 하였다. 그러다 임오년 교변을 만나 봇짐은 왜적에게 다 빼앗기고 동지 열사람이 희생되었으며, 3년 동안 옥에서 고생하다가, 드디어 해방의 종소리가 들리자 빈 몸으로 옥문을 나서니 어허! 손에 태극기를 들고 입으로 만세를 부르는 우리 동포가 떼를 지어 행진하는 것이야말로 정말 꿈 같은 경지가 아니고 무엇이랴!

내가 만주로 건너간 지 36년 되는 병술년(丙戌1946년) 봄에 압록강을 도로 건너 서울에 도착하니, 봄 추위는 아직도 혹독하여 눈에 뵈는 것이 처참하나 다만 태극기가 하늘에 날리고 만세 소리가 드문드문 귓전을 울리는 것이 새 봄의 기상이었다.

그러나 묵은 한과 새 근심을 이기지 못하는 내 몸은 차츰 병마로 더불어 벗하게 되었다. 이 해(1946년) 가을에 경각 사무는 동지에게 위임하고 한때 휴양하던 중, 수십 명 청년들의 요청으로 몇 주일 동안 회삼경을 강의했으나, 그마저 사정으로 다 마치지 못했었다.

나의 어지러운 생애는 1년을 지나고 올해 봄부터 공무 틈틈이 않는 사이사이 회삼경의 번역을 대강 탈고했으나, 주석과 해설이 밝고 자상하지 못한 곳이 많을 것이다. 나의 학식이 모자라는 탓이니 뒤에 오는 동호자가 바로 잡아 주기를 바라는 바이다. 또 이것은 나의 40년 동안 대종교 생활의 참담한 역경을 대강 서술한 것이어니와, 어질지 못한 나를 동정해 주던 뜻을 같이한 벗이

이제 몇이나 남았는고."

대종교인으로서의 40년 윤세복의 삶이 '슬피 여기고 한탄'·'외롭고 적막한 생애'·'참담한 역경'과 연관됨을 알게 된다. 시대의 질곡에 맞서서 피하고 숨고 투쟁하며 살아온 대종교지도자로서의 필연적 회한일 듯하다. 그러면서도 윤세복은 '죽고 삶이 몸뚱이 껍데기에 있지 않고, 믿음과 의리는 오직 신명으로써 증거 되느니라'라는 나철의 유언을 마음 속에 지우지 않았음을 본다. 즉 대의명분으로 모든 것을 극복하고 삭혀버린 것이다.

1960년 2월 13일 오후 2시 30분 마침내 우리 현대사의 거목 윤세복이 쓰러졌다. 향년 80이었다. 애초 윤세복의 장례는 그의 유언에 따라 간소하게 화장하여 처리하려 하였으나, 사회 여론에 의해 사회장(종교회장)으로 할 것을 결정하였다. 그러나 총본사에서는 다시 스승인 나철의 검소한 장례 전례(前例)와 윤세복 스스로의 유명(遺命)을 받들어, 같은 날 오후 5시에 총본사 회의실에서 장례의례를 협의하고 최종 대종교회장으로 결정한 후 장례위원을 선임했다. 그리고 2월 17일 오전 10시에 대종교총본사 앞뜰에서 장례위원을 비롯하여 각 종단 및 사회단체대표와 재경(在京) 교우(敎友) 등, 2백여 명이 참례한 가운데 영결식을 거행하고 화장(火葬)하여 유회(遺灰)를 한강에 뿌렸다. 당시 교우(敎友) 대표로는 한뫼 안호상이 애도사를 낭독했으며, 서상일은 재경(在京) 대동청년단 대표로, 이인(李仁)은 영남친목회 대표로 각기 애도사를 읊었고, 신숙(申肅) 역시 애도사로 윤세복의 죽음을 슬퍼했다. 또한 산운 장도빈, 심산 김창숙, 백강 조경한 등, 많은 사람들이 만사(輓詞)를 올렸다.

[참고문헌]
『대종교보』제54호(1922년)·제165호(1950년)·제166호(1950년), 『종문영질』(프린트본, 1922), 『대종교인과 독립운동연원』(이현익, 프린트본, 1963), 『대종교독립운동사』(박영진, 필사본, 1964), 『대종교경전(한글판)』(대종교총본사, 1969), 『대종교중광육십년사』(대종교총본사, 1971), 「國權恢復ヲ標榜セル不穩團體員發見處分ノ件續報」(不逞團關係雜件 朝鮮人ノ部 在內地 二, 高第4018號; 秘受4546號, 한국사DB, 국사편찬위원회), 『국외용의조선인명부』(조선총독부 경무국, 1934), 『조선민족운동년감』(상해일본총영사관, 동방사, 1946), 『동아일보』1946.6.16., 『자유신문』1946.8.9.·10.23., 『고투사십년』(이극로, 을유문화사, 1947), 『조선일보』1948.3.6., 『무장독립운동비사』(채근식, 대한민국공보처, 1949), 『흥익 회고』(정일, 弘益제2회 졸업기념, 홍익대학도서국단문화부, 1952), 『國境地方視察復命書』(朝鮮總督府, 『백산학보』9, 백산학회, 1970), 『단군고(檀君考)』(윤세복, 『학술지』2, 건국대학교, 1959), 『한국독립사』(김승학, 독립문화사, 1965), 『朝鮮獨立運動』Ⅰ(分冊)·Ⅱ·Ⅲ(金正明, 原書房, 1967), 『한용운 연보』(崔凡述, 『한용운전집』6, 신구문화사, 1973), 『반세기의 증언』(이인, 명지대학출판부, 1974), 『桓仁縣朝鮮族志』(金紳 外, 桓仁縣朝鮮族志編纂小組, 1988), 「朝鮮軍參謀部發 朝特報에 관한 綴(2)─海林附近의 情況」(일본외무성 편, 『일본의 한국침략사료총서』, 한국출판문화원, 1988), 「『民族弘大 바로 세우기』 운동을 보면서」(정영훈, 『대종교보』통권제289호, 대종교총본사, 2000), 「국학이란 무엇인가」(김동환, 흔뿌리, 2011), 「일제하 항일운동 배경으로서의 단군의 위상」(김동환, 『선도문화』, 국학연구원, 2011), 「단애 윤세복에 대한 연구─대종교 참여 이후의 활동을 중심으로─」(김종성, 『국학연구』제18집, 국학연구소, 2014)

윤세용(尹世茸, 남, 1868-1941)
아호(별명) _ 백암(白菴), 윤성좌(尹聖佐), 윤용좌(尹溶佐), 윤서두(尹瑞斗), 윤세두(尹世斗), 윤소룡(尹小龍)
입교 시기_ 1914년 | 교질_ 참교 | 서훈_ 독립장(1962)

경상남도 밀양군 밀양읍 내이리(內二里) 출신이다. 대종교 제3세 교주를 지낸 윤세복(尹世復)의 형이자 대종교 항일 투사 윤창선(尹昌善)의 부친으로, 전재산을 항일투쟁에 바친 인물이다. 1910년 일제가 한국을 강점하자 동생 윤세복, 동지 이원식(李元植) 등과 함께 조국광복에 헌신할 것을 결의하고, 1911년 5월에 만주 봉천성(奉天省) 회인현[懷仁縣, 이후 환인현(桓仁縣)으로 바뀜]으로 이주하였다.

윤세용은 윤세복과 이곳에 대종교시교당(大倧敎施敎堂)을 세우고 대종교 포교와 함께 항일투쟁의 거점 확보하는가 하면, 애국사상을 가진 항일투사 양성을 위하여 시교당 내에 동창학교(東昌學校)를 병설하였다. 동창학교는 서간도 애국청년 양성의 요람이 된 교육기관으로, 설립 당시 6세부터 15세 사이의 생도 27명을 교육하였다. 또한 이들의 생활이 대부분 곤란하였으므로 학교에서 기숙비와 피복비를 공급하고 심지어 그들의 가정생활비까지 보조하면서 교육을 장려하였다.

윤세용이 동생 윤세복과 더불어 백암(白巖) 박은식(朴殷植)과 단재(丹齋) 신채호(申采浩)를 이곳으로 초청하여 교육과 연구에 몰두하도록 한 것도 이 시기다. 박은식은 대종교 시교당과 동창학교(東昌學校) 교사로 재직하면서 『몽배금태조(夢拜金太祖)』를 비롯한 여러 편의 민족주의적 사론을 저술하였다. 신채호 역시 교육을 담당하면서 『조선사(朝鮮史)』를 집필하는가 하면, 백두산 등정과 광개토대왕릉 답사 등, 고구려와 발해의 고적지를 돌아보며 부여·고구려·발해 중심의 한국고대사를 체계화하는 데 많은 도움을 받기도 하였다.

윤세용은 1919년 3·1독립만세운동이 일어나자 대종교 항일투사들인 박장호(朴長浩)·조맹선(趙孟善)·백삼규(白三圭)·조병준(趙秉準)·전덕원(全德元) 등이 조직한 대한독립단에 가입하였으며, 7월에는 동지들과 협의하여 한교공회(韓僑公會)를 조직하여 항일독립운동에 매진하였다. 한교공회는 독고욱(獨孤旭)·이세영(李世永) 등 대종교 인물들이 주축이 되어 조직한 단체로, 본부를 환인현(桓仁縣) 마권자(馬圈子)에 두고 각처에 지부를 두었다. 간부로는 특무부장 이세영, 서무부장 손병헌(孫炳憲), 검무부장 독고욱, 청년부장 사병희(史秉熙), 외무위원 김창천(金蒼天) 등이 맡았으며, 윤세용은 재무부장을 맡아 재정 운용을 담당하였다. 한편 같은 해 10월에는 안동현에 거주하며 항일투쟁을 전개하다가 아들 윤보선(尹偩善)과 체포되어 취조를 당하기도 했다.

이어 윤세용은 1920년 6월 지희종(池熙鍾)이 제공하는 자금을 주선하여 홍주(洪疇)로 하여금 봉천성에서 많은 무기를 구입하여 무장군을 재편성케 하였다. 당시 윤세용은 홍주와 함께 총탄 운반 작업을 직접 주도하기도 했는데, 이러한 노력은 대한독립단 전체에 큰 활기와 도움을 주었다.

1922년에는 대한통의부(大韓統義府)에도 가담하여 손병헌·이장녕(李章寧)·오석영(吳錫永)·독고 욱 등과 참모로 활약하였고, 1924년 만주의 한국독립군 통합기관으로 대한민국임시정부에서 육군주만참의부(陸軍駐滿參議府)를 결성하자 이에 적극 참여하여 활동하였다. 그러나 1925년 간부들이 고마령(古馬嶺)에서 군사회의 도중 일본군의 습격을 받아 29명이 전사하는 대참사가 발생하자, 주만참의부의 참의장(參議長)으로 추대되어 금남(琴南)·이관진(李觀鎭)·이춘(李春)·김우일(金又一)·송남형(宋南亨)·김백헌(金伯憲) 등과 사태를 수습하는 동시에 부대를 재편성하여 계속 항일전투를 수행하도록 하였다.

한편 1925년에는 현천묵(玄天默)·조성환(曺成煥) 등과 함께 대한민국 임시정부의 국무원으로 임명되었으나 주변이 여의치 않아 부임하지 않았다. 또한 1926년 10월 10일에 다시 임명되는 등, 만주 전역에서 일관된 항일투쟁을 펼치다 노환(老患)으로 사망하였다.

윤세용의 대종교 교력을 살피면 1914년 5월 13일 참교(參敎)의 교질(敎秩)을 받은 기록이 전한다. 그 이전에 대종교에 입교한 것이 확인되고 있다. 이 시기는 동생인 윤세복과 환인현으로 넘어가 대종교시교당을 개척하고 동창학교를 운영하던 시절과 일치한다. 대종교 항일투사 박명진(朴明鎭)이, 조맹선·전덕원·조병준·백삼규(白三圭)·독고 욱 등 수십 인과 함께 1910년대 후반 대종교 서이도본사(西二道本司)의 주요 교인으로 윤세용을 꼽는 이유도 여기에 있다. 그러나 윤세용과 관련된 그 이후의 대종교 교력은 모두 전하지 않는다. 그 시기의 『대종교보』가 모두 전하지 않는 것과 무관치 않다.

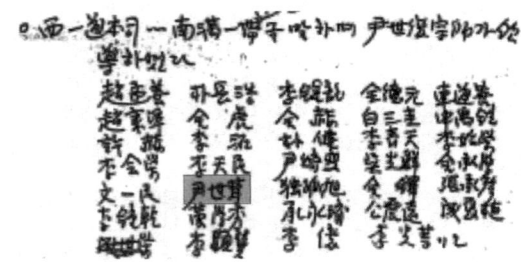

1910년대 후반 윤세복이 이끄는 대종교 서이도본사의 주요 교인 명단.
네모 안에 尹世茸이라는 이름이 보인다.

[참고문헌]

『종문영질』(프린트본, 1922), 『대종교인과 독립운동연원』(이현익, 프린트본, 1963), 『대종교독립운동사』(박영진, 필사본, 1964), 『대종교중광육십년사』(대종교총본사, 1971), 『普通報 第9號』(不逞團關係雜件-朝鮮人の 部-在滿洲の 部13, 關參謀 第596號, 秘受 12875號, 한국사DB, 국사편찬위원회), 『독립신문』1925.10.21., 『한국독립운동사』3(국사편찬위원회, 1967), 『國境地方視察復命書, 其三』(朝鮮總督府, 『白山學報(資料)』, 백산학회, 1971), 『독립운동사』5(독립운동사편찬위원회, 1973), 『독립운동사자료집』10(독립운동사편찬위원회, 1978), 『지산외유일지』(정원택, 탐구당, 1983), 『대한민국임시정부자료집』1(국사편찬위원회, 2005)

윤송당(尹松堂, 여, 생몰 미상)
입교 시기_ 1911년 | 교질_ 참교

출신지역과 생몰연대를 알 수 없는 인물이다. 1914년 4월 경성여자고등보통학교 졸업하고 1917년 1월 보통학교 교사로 정식 임명을 받은 기록이 있다. 이후 10여 년간 경상남도의 울산공립보통학교와 충청남도의 광천공립보통학교·예산공립보통학교에서 교사생활을 하였다.

윤송당은 1927년 2월 1일, 예산공립보통학교의 교직을 던져버리고 그곳에 여성직업소(女性職業所)를 설립하는가 하면 예산 역전에서 여성직공 40명을 모집 기계사업을 시작하였다. 또한 1927년 4월 29일에는 여자흥업사(女子興業社)를 발기하여 여성의 경제적 이익 도모에 앞장섰다. 이 조직은 예산에서 여성교육운동에 노력하던 윤송당이 14인의 유지를 모아 서울 명월관에서 출범한 단체로, "조선여자는 경제적 해방을 받지 않으면 안 되겠다"는 기치 하에, 여성 자활 방침의 하나로 방적·기예 등 여자에게 적당한 공업기관을 설치하자는 취지에서 시작된 조직이다.

윤송당이 여성직업장 안에 하기강습회를 개최하여 교육을 실시한다는 내용을 실은 당시의 신문기사.(『동아일보』 1927년 7월 17일자)

당시 발기인은 윤송당을 비롯하여 강신경(姜信淑)·김숙경(金淑卿) 외 12인과 남자 7인을 합하여 22인이었다. 공장은 윤송당이 예산에 설립·운영하였던 여성기업장을 그대로 계승하였고, 경성에는 판매점을 설치하였다. 또한 여성직업장 안에 강습소를 설치하고 작업시간 외로 반드시 2시간씩 보통학과·자녀교육·가정경제·요리법·사회상식을 교수하여 일과 배움을 함께 하였다. 1927년 7월 25일에는 하기강습회를 개최하여 수신(修身)·조선어·산술(算術)·일본어 강의를 실시하기도 했다.

윤송당의 대종교 교력을 살피면 1911년 7월 19일 참교(參敎)의 교질(敎秩)을 받은 기록이 있다. 그 이전에 입교한 것이 확인된다. 경성여자고등보통학교는 1908년 4월 1일 관립 한성고등여학교로 설립되었다. 그 교육 과정을 보면 2년제 예과와 3년제 본과를 합하여 5년이다. 윤송당이 1914년 4월에 졸업한 것을 감안한다면, 학교 입학 전후하여 대종교에 입교한 것으로 추정된다.

[참고문헌]
『종문영질』(프린트본, 1922), 『조선총독부관보』제512호(1914년), 『조선총독부직원록』(조선총독부, 1918년·1921년·1923년), 『동아일보』1927.2.13., 7.17., 10.8., 『조선일보』1927.5.31., 6.4., 6.9., 『경기여고100년사』(경기여자고등학교동창회, 2009)

윤영한(尹英漢, 생몰 미상)
입교 시기_ 1910년 초반 | 교질_ 미상

경상남도 밀양 출신으로 생몰연대는 알 수가 없으며, 대종교 3세 교주를 지낸 단애(檀崖) 윤세복(尹世復) 조카다. 일찍이 서간도로 망명하여 대종교 항일투쟁에 앞장선 인물이다. 윤영한이 1913년 남경(南京)에서 대종교지도자 박은식(朴殷植)의 측근으로 활동한 것으로 보아, 박은식이 서간도 회인현(懷仁縣, 후일 桓仁縣으로 개칭)의 대종교시교당에서 상해로 넘어갈 당시 함께 넘어간 것으로 추정된다. 그곳에서도 김삼(金三)·이극로(李克魯)·정원택(鄭元澤) 등, 대종교계 비밀결사인 동제사(同濟社)의 구성원들과 긴밀히 교류하며 항일투쟁을 전개했다.

1918년 3월경에는 광복회(光復會) 안동현지회(安東縣支會)의 지회장을 맡아 비밀리에 항일투쟁을 이어갔다. 광복회는 1912년 윤세복·신채호(申采浩)·이동휘(李東輝)·이갑(李甲) 등이 국권회복을 목적으로 노령 블라디보스토크에서 조직한 비밀결사였다. 당시 회장은 윤세복이 맡았고 부회장은 신채호였다. 윤영한이 안동지회장을 있을 당시 서간도 지역 광복회 회원이 2만명을 헤아렸다 한다. 또한 그 시기 안동지역 주요 회원들을 보면 손일민(孫一民)·김택준(金宅俊)·박광(朴洸)·이준선(李俊善)·김창(金昶)·이두영(李斗永)·이혁호(李爀鎬)·최준성(崔俊晟)·이봉신(李奉信)·장이준(張利俊)·백세빈(白世彬)·윤철중(尹喆重)·장국선(張國善)·김사익(金思益)·신창희(申昌熙) 등을 꼽을 수 있다.

윤영한의 대종교 입교는 윤세복·윤세용(尹世茸) 등과 서간도 회인현으로 넘어간 1911년경에 이루어졌으나, 관련 기록은 남아있지 않다. 그러나 후일 대종교 3세 교주가 되는 윤세복의 조카라는 점과 환인현 대종교시교당 시절부터 상해, 남경, 북경, 안동 지역에 이르기까지 줄곧 대종교의 인맥과 연결 속에서 생활한 인물이 윤영한이다. 또한 박은식의 측근으로 활동했던 남경 시절의 자유당 본부 역시, 그곳에서 대종교 경배의식(敬拜儀式)을 거행하는 등 대종교의 교당 역할도 병행하였음이 주목된다. 윤영한의 삶 자체가 대종교와 떨어질 수 없었음을 방증해준다.

[참고문헌]
『國權恢復ヲ標榜セル不穩團體員發見處分ノ件續報 不逞團關係雜件 朝鮮人ノ部 在内地 二, 高第4018號秘受4546號』, 한국사DB, 국사편찬위원회), 『지산외유일지』(정원택, 탐구당, 1983)

윤우현(尹瑀鉉, 남, 1990-1939)

아호(별명) _ 우송(友松)
입교 시기 _ 1914년 이전 | 교질 _ 지교

함경북도 경성(鏡城) 출신으로 대종교 항일투사 윤정현(尹珽鉉)의 동생이다. 1910년대 초에 북간도로 넘어가 간민회(墾民會)가 국자가(局子街)에 설립한 간민모범학당(墾民模範學堂)에서 수학한 후, 대종교 항일투쟁에 몸을 담으며 대한군정서(북로군정서) 등에서 불굴의 전사로 활동하였다.

윤우현은 1925년 3월 10일 대종교계 항일단체인 신민부(新民府) 조직에도 참여하였다. 신민부는 북만지역의 독립운동단체들이 서로의 통합을 위하여 1925년 1월 목릉현(穆陵縣)에 모여 부여족통일회의(扶餘族統一會議) 개최를 통해 탄생한 단체다. 그 회의의 결의를 토대로 같은 해 3월 10일에 대종교의 중심이었던 영안현(寧安縣) 영안성 내에서 조직되었다. 신민부에는 대한독립군단(大韓獨立軍團)과 대한독립군정서(大韓獨立軍政署), 그리고 북만지역의 민선대표(民選代表) 및 국내 단체의 대표들이 참여하였으며, 윤우현은 창립총회 당시 중동선교육회장(中東線敎育會長)의 민선대표 자격으로 이름을 올렸다.

1928년 5월에는 동삼성한족문제연합강구회(東三省韓族問題聯合講究會) 조직에도 깊이 관여하였다. 이 강구회는 중국 동삼성의 동포 구축문제(驅逐問題)를 협의하기 위하여 각 단체 연합으로 열린 길림한족문제연구회(吉林韓族問題研究會)에서 만들어진 조직으로, 다음의 사항들을 결의하였다.

一. 구축 문제에 관한 건
一. 입적(入籍) 문제에 관한 건
一. 공민권(公民權) 문제에 관한 건
一. 교육 문제에 관한 건
一. 합법 운동기관 조직 문제에 관한 건
一. 본회의 존립 문제에 관한 건
一. 기근구제(饑饉救濟) 문제에 관한 건
一. 시급(時急) 문제에 관한 건
一. 간부조직에 관한 건
一. 간사(幹事) 선임에 관한 건

등이었다. 윤우현은 대종교지도자 박우진(朴宇鎭) 등 12명과 함께 간사로 선임되어 활동하는 등, 대종교 항일투쟁으로 일관하였다.

윤우현의 대종교 교력을 보면 1914년 2월 28일(음력, 이하 음력) 참교(參敎)의 교질(敎秩)을 받은 기록이 전한다. 그의 대종교 입교가 만주로 넘어간 직후에 이루어진 것으로 추정되는 부분이다. 또한 1926년 2월 12일에는 대종교 시교원(施敎員)으로 임명된 기록도 있다. 당시 윤우현은 대종교 동이도본사(東二道本司) 관할 목릉구(穆陵區)의 대종교 시교를 책임지고 있었다.

이후 윤우현의 대종교 관련은 교력은 남아 있는 것이 없다. 다만 1939년 양력 4월 5일 목릉현 흥원진(興源鎭) 자택에서 49세의 나이로 병사(病死)할 당시, 그의 교질이 지교(知敎)의 단계였다. 그 이전에 지교를 받았음이 확인된다.

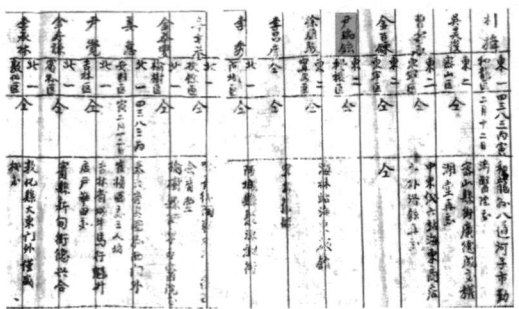

대종교의 문서(1926년 작성, 현재 중국 화룡당안관 소장) 속에 실려 있는 大倧敎施敎員一覽表 중의 일부. 위의 오른쪽으로부터 다섯 번째에 尹瑀鉉(네모 안)의 이름이 보인다.

[참고문헌]

『대종교보』 제121호(1939년), 『종문영질』(프린트본, 1922), 『대종교인과 독립운동연원』(이현익, 프린트본, 1963), 『大倧敎施敎堂一覽表(1926年)』(延边朝鲜族自治州档案馆 全宗号42 目录号1 案卷号343, 和龙县历史档案 和龙县警察所, 令各区查禁鲜人设立大倧敎堂由, 民国十五年五月十二日), 『不逞鮮人行動に關する件』(不逞團關係雜件-朝鮮人の 部-在滿洲の 部41, 機密公 第32號, 機密受第99號, 한국사DB, 국사편찬위원회), 『독립신문』1925.5.5., 『동아일보』1928.5.19., 『한국독립운동사』4(국사편찬위원회, 1968), 『지산외유일지』(정원택, 탐구당, 1983)

윤응두(尹應斗, 남, 생몰 미상)

입교 시기 _ 1910년 | 교질 _ 참교

출신지역과 생몰연대를 확인할 수 없다. 다만 그가 서우학회(후일 서북학회)를 중심으로 활동한 것이나, 개성을 중심으로 교육 활동을 전개한 것으로 보아 그 지역 출신일 가능성이 높다. 윤응두는 1901년 시종원(侍從院)의 의장과 호위를 맡은 분시어(分侍御)를 지낸 인물로, 1906년 6월에는 개성지역의 사립학교 활성화를 위해 개성교육총회(開城敎育摠會) 발기에 적극 앞장섰다.

개성교육총회는 개성지역 사립학교 설립운동을 주도하는 중심단체로 자리 잡고, 여러 회원들이 강연회를 개최하는가 하면, 교육 중요성을 적극 알리고 관내 사립학교의 재정적 지원도 도모하였다. 윤응두는 박대양(朴戴陽)·강조원(姜助遠) 등과 국민이 되어 국민의 의무를 알지 못하는 현실을 개탄하면서, '개성교육총회취지서(開城敎育摠會趣旨書)'의 발기인으로 참여하여 "오늘날 최대 급무자가 반드시 먼저 학교를 세우고 교육을 보급하는데" 있음을 역설하였다. 이후 개성 지역에 많은 학교가 설립된 배경에는 이 '개성교육총회'의 영향이 크게 작용하였다. 윤응두 역시 1909년 공립개성보통학교(公立開城普通學校)의 촉탁을 지내는 등, 지역 교육 발전에 꾸준히 기여하였다.

윤응두의 대종교 교력을 살피면, 이른 시기인 1910년 8월

19일(음력) 대종교 시교사(施敎師)로 임명된 기록이 전한다. 그의 대종교 입교가 그 이전에 이루어졌음을 확인할 수 있다. 그리고 1911년 중광절(重光節, 음력 1월 15일)에 참교(參敎)의 교질(敎秩)을 받았으며, 같은 날 박성회(朴聖會)·박찬익(朴贊翊)·이동춘(李同春)·김교준(金敎準)·김두봉(金枓奉) 등 대종교 중심인물들과 정식으로 시교사에 임명되었다. 당시 사회적으로나 종교적으로 그의 비중이 작지 않았음을 암시해 주지만, 이후 윤응두와 관련된 기록은 전하지 않는다.

尹應斗(네모 안)가 앞장서 발기한 '개성교육총회취지서'(『대한매일신보』 1906년 6월 28일자)

[참고문헌]
『종보』제7호(1910년), 『倧令』제3호(1911년), 『종문영질』(프린트본, 1922), 『대종교중광육십년사』(대종교총본사, 1971), 『조선·대한제국관보』제1802호·제4310호(1901·1909년), 『대한매일신보(국한문)』1906.6.28., 『서우』제9호(1907년), 『서북학회월보』제1호(1908년)

윤일병(尹逸炳, 남, 1881-1948)
아호(별명)_ 청은(淸隱)
입교 시기_ 1914년(추정) | 교질_ 상교

충청북도 충주 출신으로 일찍이 향리에서 한문을 수학했다. 1902년 국운이 기울어감을 한탄하며 동지 안기선(安基善)·구덕성(具德成)·태인선(太仁善) 등 9인과 함께 러시아로 관비유학을 떠났으며, 1904년 러일전쟁 당시에는 러시아군에 종군하며 러시아 참모부 통역관으로 종사하였다. 이후 국내로 넘어와 청진·원산 등지에 머무르며 동포들의 편의를 적극 주선하기도 했으며, 러일전쟁 후 다시 러시아로 넘어가 하바로프스크와 블라디보스토크 등지를 내왕하며 대종교지도자 이상설 등과 항일투쟁에 나섰다. 당시 윤일병은 이상설의 주선으로 하바로프스크 총독 소재지 군대의 통역관으로 활동하였다.
윤일병은 1907년 5월 21일 이상설(李相卨)이 블라디보스토크 역을 출발하여 헤이그밀사로 떠날 당시, 이동녕(李東寧)·김현토(金顯土)·정순만(鄭淳萬) 등과 함께 전송한 인물이기도 하다. 그만큼 이상설과는 가까웠다. 1913년에는 하바로프스크에 흑약국(黑龍局)이라는 약국을 경영하기도 해며, 이 무렵 황두진(黃斗珍)·김현토·안기선·이종익(李鍾翼)·정연택(鄭連澤)·민충식(閔忠植) 등의 동지와의 교감하면서 비밀결사 활동을 전개하였다. 비밀결사활동은 대종교 항일투쟁의 특징 중의 하나로, 연해주 지역의 중심에는 대종교지도자인 이상설·백순·이민복 등이 그 중

심에 있었다. 특히 이민복은 자신의 집을 이들 만남의 장소로 제공하면서 서로를 단결시켰으며, 이들은 대종교 거물이었던 백순(白純) 앞에서 선서(宣誓)의 예(禮)를 거행함으로써 비밀단원이 되었다.
1917년 블라디보스토크 조선정(朝鮮町)에서 상업에 종사하며 러시아혁명 때는 볼셰비키(赤軍)를 따르기도 했다. 이후 1922년 국내 경성으로 돌아와 러시아인과 남대문시장에서 무역에 종사하는 동시에, 고양군(高陽郡) 숭인면(崇仁面) 신설리(新設里)에서 사촌동생 윤이병(尹離炳)이 경영하는 반도목장(半島牧場)에서 착유(搾乳)하는 일을 하기도 했다. 1926년 8월에는 그의 능숙한 러시아어 능력과 배경지식을 토대로 러시아영사관 통역으로 일하는가 하면, 이 시기 지극히 어려운 상황에서도 동지들을 규합하여 비밀활동을 전개했다. 특히 1927년 3월에는 어려운 고학생들을 위해 대종교 동지인 명제세(明濟世) 등과 고학당유지회(苦學堂維持會)를 발기하여 이사를 맡아 활약했으며, 1936년에는 삼복(三福)이라는 합명회사(合名會社)를 운영한 흔적도 보인다.
윤이병은 비교적 이른 시기 대종교에 입교한 것으로 전언되지만, 일제강점기 그의 대종교 교력은 전하지 않는다. 아마도 윤일병의 대종교 입교 시기는, 1910년대 초반 연해주 시절 민충식 등과 대종교지도자 백순 앞에서 맹세하고 비밀활동을 전개한 시기로 추정된다.
이러한 이유로 대종교에서는 총본사가 만주에서 국내로 환국한 직후인 1946년 2월 23일(음력, 이하 음력) 대종교 남도본사(南道本司)의 특별 추천으로 영계(靈誡)와 함께 참교(參敎)의 교질(敎秩)을 바로 수여하였다. 또한 2주 후인 3월 6일 경의원(經議院) 참의(參議) 선임하여 원로서의 대접을 하는가 하면, 얼마 지나지 않은 같은 달 24일 대종교총본사의 특별추천으로 지교(知敎)로 승급시켰다.
이후 윤일병은 1946년 4월 27일 경의원의 상무참의(常務參議)로 선임되고, 같은 해 11월 24일에는 경의원 부원장(副院長)으로 선출되어 대종교의 중심에 섰다. 뿐만 아니라 1946년 11월 29일에는 상교(尙敎)의 교질로 승급하였다. '입교→영계→참교→지교→상교'의 종교적 단계를 불과 9개월 만에 경험한 것이다. 윤일병이 1910년대 초반 대종교에 입교한 경험을 존중한 대우였다.
윤일병은 1946년 12월 1일 대종교총본사가 직원회의를 통해 만주·중국·일본 등지와 특히 북한에서 남하한 재민(災民)을 돕기 위하여 조직한 기한동포구제회(飢寒同胞救濟會)에서도 책임을 맡아 백남규(白南奎)·이용태(李容兌)·정일(鄭一)·이방익(李邦翼) 등과 활동하였다. 그리고 1947년 5월 10일에는 대종교총본사의 종무(宗務) 책임자인 전리(典理)로 임명되었다.

[참고문헌]
『대종교보』환국기념호(1946년)·제150호(1946년)·제152호(1946년)·제154호(1947년)·제160호(1948년), 『대종교중광육십년사』(대종교총본사, 1971), 『대동공보』1909.5.5., 『권업신문』1913.3.30., 『每日申報』1927.3.15., 『매일신보』1945.9.12., 「연해주 시절의 이상설 선생」(민충식, 『나라사랑』제20집, 외솔회, 1975), 『왜정시대인물사료』3(국회도서관, 복사본, 1983)

출신지역과 생몰연대를 확인할 수 없다. 다만 윤재학이라는 인물이 1920~30년대 평안남도 강동군(江東郡) 강동면(江東面) 하리(下里)에 거점을 두고 활동한 것으로 보아, 이 지역 출신일 가능성이 높다. 그는 연초업과 더불어, 1933년에는 백창업(白昌業) · 최정도(崔貞鍍)와 『중앙일보』 평안남도 안주지국(安州支局) 기자를 지내기도 했다.

윤재학의 대종교 관련 교력을 살피면, 1912년 10월 10일(음력) 대한의민단(大韓義民團)에서 활약한 항일투사 김병원(金秉源) 등과 참교(參敎)의 교질(敎秩)을 받은 기록이 있으나, 이후의 행적은 확인되지 않는다.

[참고문헌]
『종문영질』(프린트본, 1922), 『조선총독부관보』 제3495호(1924년) · 제1116호(1030년), 『中央日報』 1933.2.13.

경기도 파주군(坡州郡) 주내면(州內面)의 가난한 농가 출신으로, 대종교 항일투사 윤우현(尹瑀鉉)의 형이다. 21세 때인 1908년 부친과 함께 북간도의 화룡현(和龍縣) 대납자(大拉子)의 달라현(達羅峴)으로 이주한 이후, 1910년부터 4년간 그곳에 있는 동신소학교(東新小學校)의 교원으로 재직하였다.

윤정현은 일찍이 대종교에 귀의하여 이름을 윤정(尹鋌)으로 개명하고 항일투쟁에 몸을 담았다. 특히 대종교 항일단체인 대한군정서(북로군정서)의 탁지국장(度支局長)을 맡아 모든 살림을 책임진 인물이다. 1920년 4월에는 대한군정서의 비밀요원이었던 강철구(姜鐵求) 등에게 독립군자금 모집의 목적으로 선포문 및 군자금 수령 용지의 교부하여 국내로 밀파시키기도 했다. 또한 청산리독립전쟁 이후에도 흩어진 독립군들의 재정비를 통해 구성된 대한독립군단의 재무부장을 맡아 늘 재정운용의 중심에 섰다.

윤정현은 1922년 4월 상해임시정부에서 열린 국민대표회의에도 북간도의 대한독립군 대표로 참석하였다. 특히 『독립신문』의 「대표 제씨(諸氏)의 담(談)」이라는 기사에 실린 윤정현의 아래 이야기가 눈에 들어온다. 당시 청산리 전역 이후의 독립군들의 비참한 노정을 소개하여 많은 이들의 탄식을 자아내기도 했다.

우리가 금일에 재(在)하여 각 단체가 너무 많음을 도리어 결함으로 생각하지마는 당초 각 단체가 각각 분립케 된 것도 사세(事勢)가 자연 그렇지 않을 수 없었습니다.

그는 비밀리에 또는 졸연간 단체를 조직하려니까 자연 친분이 있고 지기(志氣)가 같은 사람끼리 모이게 되므로 단체가 자연 많아졌을 일이오. 또 국사(國事)를 위하여 모인 단체인 고로 각각 자기네의 사업을 잘되게 하려니까, 자연 사업의 경쟁이 생겼습니다. 각 단체가 각각 자기의 몸이나 집을 위함이 아니오나 조국을 광부하려는 다 동일한 목적을 가진 이상에 서로 포용하고 서로 원조하였으면 좋았으련만, 사실은 그렇지 못하고 도리어 반목하게 된 것이 큰 유감이외다. 뿐만 아니라 각 단체가 형식만 있고 내용의 실력이 충실치 못한 것도 사실인데 이제는 다 한데 모여들어 우리의 실력을 충실히 할 방침을 공동적으로 세워 나아가야 되겠습니다. 그런고로 이번 모이는 국민대표회에서는 다 하나이 되어 같은 보조(步調)로 나가게 되기를 바랍니다.

그리고 그는 연전(年前) 북간도사변이 있은 후 군대를 령솔하고 아령(俄領)으로 갈 적에 당한 형언할 수 없이 참담한 여러 가지의 정형(情形)을 말하여 왈(日)

우리 군대가 적으로 더불어 싸운 일은 그 시(時)의 보도(報道)에 의하여 다 아실 터인 고로 다시 말하지 않거니와 북간도에서 사방에 헤어졌던 군인을 모일(某日) 모지(某地)로 모이라고 하여가지고 불득이 아령으로 갈 때에 사변이 불의(不意)에서 출(出)한 고로, 아무 식량을 준비한 것 없이 떠났습니다. 주복야행(晝伏夜行)하기를 칠, 팔일을 하는데 아무 먹을 것이 없었습니다. 평시에는 동지이니 동기(同氣)이니 하여 살이라도 베어 먹일 듯이 사귀었으나, 정말 죽게 되니까 저부터 먼저 죽지 않을 생각으로 남을 돌아볼 여의(餘意)가 없었습니다. 그러나 살겠다는 욕심으로 쓰러져가는 몸을 강인(强忍)하여 가다가 계견(鷄犬)의 소리가 들릴 때에 이제는 살았나보다 싶은 반가운 마음은 있으나, 그때는 도리어 움직일 기운이 없어진데다 당초 아령을 향하고 가기를 거기 가면 옷도 주고 밥도 무기도 준다 하는 고로, 그것을 얻으면 춥지도 굶지도 않고 그 무기를 가지고 적을 토멸하리라는 소망을 가지고 갔습니다. 마침 이만(伊蔓)이란 곳에 가서는 도리어 가졌던 무장도 해제하라고 하는 고로 그 생명같이 여기는 무장을 해제하기보다는 차라리 그들로 더불어 한번 싸우려는 생각이 있었으나 우리의 행동으로 말미암아 그 땅에 있는 우리 동포가 애매히 배척을 당하여 참혹한 경우에 빠지리라는 생각으로 그만 참고 무장을 해제하였습니다.

윤정현은 국민대표회의 당시 왕삼덕(王三德) · 이탁(李鐸) · 손정도(孫貞道) · 강구우(姜九禹) · 이상호(李相浩)와 함께 재정분과위원(財政分科委員)으로 선출되어 그 위상을 알렸다. 또한 국민대표회 주최로 열린 순국제현추도회(殉國諸賢追悼會)에서는 대종교 정신을 담은 다음과 같은 순국제현추도사(殉國諸賢追悼詞)를 올리기도 했다.

痛國殤而圖重光　　망국의 애통함에 대종교를 일으켜
抛頭腦於犧牲　　　모든 것을 던져 희생하니
前烈後烈　　　　　선열과 따르는 이들
灑幾多碧血　　　　청사에 흘린 피 얼마이던가
恨民恥而殉正義　　민치(民恥)의 한을 품고 정의롭게 신화하여

積氣魄於宇宙　불굴의 기상이 온 세상에 가득하니
有名無名　　　아는 이 모르는 이
盡一片丹心　　우국충정 다함이라

이후 윤정현은 만몽신당(滿蒙新黨) 조직에도 참여하였다. 만몽신당의 출범은 1923년 8월 15일부터 11월 3일까지 화전현(樺甸縣)에서 개최된 남북만주 한인독립군 통일대회가 기원이 된다. 이 대회는 대종교 항일투사 이장녕(李章寧)을 의장으로 남북만주 각단대표 선정, 교육과 경제문제, 민족과 노동에 관한 문제, 각지 청년단의 발전책, 군사외교 문제의 현황, 신독립당 조직, 남북만주 각단체와 군사기관의 통일 등 의제에 관하여 토론하고, 그 결과로 조직된 것이 만몽신당이다. 당시 윤정현은 채상덕(蔡相德)과 함께 비서의 중책을 맡았으며, 그 이후에도 대종교 항일단체인 대한군정서의 재건과 계승 활동을 꾸준히 전개했다.

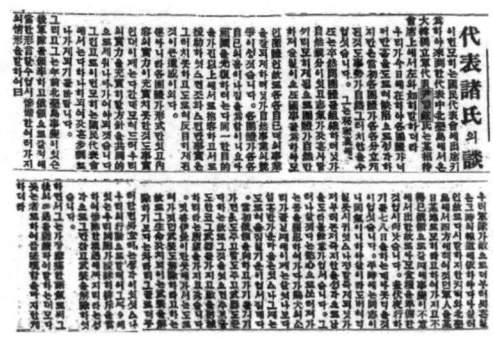

윤정현(네모 안)이 국민대표회의에 참가할 당시, 회의에서 발표한 그의 회고담이 상해 『독립신문』에 「代表諸氏의 談」이란 제목으로 소개되고 있다.

[교력]
윤정현은 1910년 음 5월경에 대종교에 입교하였다. 그가 함경북도 경흥군(慶興郡) 웅기읍(雄基邑) 관곡동(寬谷洞)에 찾아왔을 때, 대종교도인 박찬송(朴燦松)이라는 인물에게 감화를 받은 것이 계기가 되었다. 그리고 입교와 동시에 대종교명인 윤정(尹鋌)으로 개명하고 1911년 4월 1일(음력, 이하 음력) 참교(參敎)의 교질(敎秩)을 받았다. 또한 그 해 7월경, 국내로부터 화룡현 삼도구(三道溝) 청파호(靑坡湖)로 넘어온 나철(羅喆, 당시 대종교 교주)를 방문하여 친자를 받은 후, 본격적인 대종교 포교와 항일투쟁에 참여하게 된다. 윤정현은 1913년 4월 6일에는 지교(知敎)로의 승질(陞秩)과 함께 시교사(施敎師)로도 임명되었다. 그리고 본격적인 포교 활동을 통한 대종교 확산에 수많은 기여를 하게 된다. 이에 대종교에서는 1917년 5월 27일 윤정현의 교질을 상교(尙敎)로 올렸다. 또한 대종교 항일단체인 중광단(重光團)의 후신인 대한군정서가 정식으로 결성되자 출납과 재무의 중심인 탁지국장에 임명되어 군정서 살림의 중심에 섰다.
윤정현은 1922년 1월, 이섭(李燮)·정윤(鄭潤)·김영숙(金永肅)·이일(李╨) 등과 함께 「대종교포교회발회취지서(大倧敎布敎會發會趣旨書)」를 발표하고 대종교 재건을 도모하기도

했다. 청산리전역 이후 영안현·액목현·돈화현 지방으로 흩어져있던 대한군정서의 인물들을 결집, 대종교포교소와 학교 등을 설립하여 대종교 확산과 항일투쟁의 거점을 확보함이 그 목적이었다. 이 포교회는 채신석(蔡信錫, 전 군정서경찰과장), 서청(徐淸, 전 군정서 보관과장) 등이 왕청현(汪淸縣) 유수하(柳樹河)에 설립한 대종교동일도제일지사(大倧敎東一道第一支司)를 거점으로 움직였다. 또한 대종교 항일투사 이민혁(李敏赫)·한승묵(韓承默)·조백(趙白)·황문길(黃文吉) 등이 이곳에 동참하여 포교의 일선에 섰고, 돈화현에 있던 이경렬(李京烈)·이춘남(李春南)·함희(咸熙) 등도 포교회의 확산을 위해 밀산현으로 향했다. 윤정현은 전술한 이섭 등의 동지들과 1922년 중광절(重光節, 음력 1월 15일 대종교가 다시 교문을 연 날)을 기해 각지 동지들에 포교회창기문을 배포한 것이다.
윤정현은 1924년 1월 22일, 영안현 대종교총본사에서 열린 윤세복(尹世復)의 대종교 제3세 교주로 취임식에 직접 참석하였다. 그리고 그 이후부터는 보다 깊숙이 대종교 활동에 열중하게 된다. 특히 1926년 만주 지역 대종교포교금지령으로 대종교총본사가 밀산현으로 은둔한 후에도 윤정현은 호림현(虎林縣)과 목릉현 등지를 옮겨 다니며 농업과 세탁업(洗濯業), 대서업(代書業) 등으로 호구하면서 대종교 포교와 항일활동을 꾸준히 전개했다.
1930년대 들어 대종교총본사가 밀산현에서 영안현 동경성(東京城)으로 옮겨와 재도약을 도모하자 윤정현 역시 분주하게 움직였다. 그 대표적인 것이 대종교서적간행회(大倧敎書籍刊行會)의 참여다. 1939년 8월 27일 발기된 이 간행회는 "교화를 보급케 함에는 반드시 문자의 힘을 시뢰(恃賴)할 것이다. 이제 대교(大敎, 대종교-인용자 주) 부흥기에 당하여 만구동성(萬口同聲)으로 종경(倧經) 요구가 날로 높은 터이다. 이 요구를 수용함은 무엇보다도 대교 발전상 최대 급무일 것이다. 이것을 공감하는 우리는 미성박력(微誠薄力)을 불고하고 교적간행회(敎籍刊行會)를 발기한다."는 취지로 출범하였다.
윤정현은 서적간행을 위한 물질적 헌성과 함께 그 출판의 중심적 역할을 담당하였다. 1940년 2월 대종교총본사의 전강(典講)에 임명되면서 그 역할을 떠맡은 것이다. 전강이란 대종교 교질시선(敎秩試選)과 교적출판(敎籍出版), 그리고 교리연구(敎理研究) 등을 담당하는 핵심요직이었다. 대종교서적간행회의 실질적 출판이 그의 손을 거쳐 이루어졌음을 알게 해 준다. 또한 1941년 9월에는 대종교 교주의 자문기관인 대종교 경의원(經議院)의 원장으로 취임하여 최고원로로의 반열에 올랐으며, 1942년 6월에는 정교(正敎)의 교질로 승질(陞秩)되었다.
그러나 윤정현이 대종교에 깊숙이 관여하던 1942년 11월, 희대의 종교 말살 사건이 벌어졌다. 대종교의 임오교변(壬午敎變)이 그것이다. 1942년(임오년) 11월 19일 일제는 국내에의 대종교비밀조직인 조선어학회 간부 검거 사건과 때를 같이하여 소위 치안유지법 위반이라는 죄목으로 대종교의 교주 윤세복 이하 간부 20여 명을 일제히 검거했다. 이를 대종교에서는 임오교변이라고 한다. 그 배경을 보면, 당시 국내 조선어학회의 이극로(李克魯)가 천진전(天

眞殿) 건립 관계로 윤세복에게 보낸 편지 속에 「널리 펴는 말」이라는 원고가 있었다. 일제는 이를 압수하여 제목을 '조선독립선언서'라고 바꾸고, 그 내용의 말미에 "일어나라, 움직이라"는 표현을 "봉기하자, 폭동하자"로 조작하였다. 그리고 대종교의 궁극적 목적을 아래와 같이 조선의 독립이라고 규정하고 대종교지도자들을 일제히 체포하였다.

"대종교는 조선 고유의 신도(神道)를 중심으로 단군문화를 다시 발전시킨다는 기치 아래, 조선민중에게 조선정신을 배양하고 민족자결의식을 선전하는 교화단체이니만큼 조선독립이 그 최후목적이다."

윤정현 역시 1942년 11월 19일 목능현 홍원촌에서 체포된다. 그리고 치안유지법 제2조 위반이라는 죄목으로 징역 8년을 언도 받고 복역하던 중 일제의 패망과 더불어 출옥하였으나, 해방 이후 만주에 머물며 환국하지 않았다.

[참고문헌]
『종문영질』(프린트본, 1922), 『대종교인과 독립운동연원』(이현익, 프린트본, 1963), 『대종교독립운동사』(박명진, 필사본, 1964), 『대종교중광육십년사』(대종교총본사, 1971), 『임오십현순교실록』(대종교총본사, 1971), 「독립신문」 1922.11.30., 12.13., 1923.1.31., 3.1., 「大正十一年 四月中 間島地方 治安情況에 관한 건」不逞團關係雜件─朝鮮人의 部─在滿洲의 部32, 機密 第187號 機密受第205號, 한국사DB, 국사편찬위원회), 「樺甸縣에 있어서 南北滿洲 不逞鮮人團 統一大會 經過報告의 件」不逞團關係雜件─朝鮮人의 部─在滿洲의 部37, 公 第185號, 機密受第11號, 한국사DB, 국사편찬위원회), 『한국독립운동사자료』2·38(국사편찬위원회, 1971·2002), 『지산외유일지』(정원택, 탐구당, 1983)

윤정호(尹廷鎬, 남, 생몰 미상)
아호(별명)_ 해송(海淞), 윤상호(尹尙鎬)
입교 시기_ 1910년대(추정) | 교질_ 미상

출신지역과 생몰연대를 알 수 없는 인물로 본명은 윤상호(尹尙鎬)다. 일찍이 신흥학교를 졸업하고 대종교 항일투쟁에 뛰어들었다. 1918년 초 대종교지도자 정안립(鄭安立) 등이 주축이 되어 조직한 동성한족생계회(東三韓族生計會)의 발기인으로 참여한 기록이 전한다.
이 생계회는 동삼성 지역의 교민들의 안정을 도모하여 독립운동의 기반을 조성한다는 목적으로 조직된 항일독립운동 자치조직이다. 그 구체적 사업으로는 농업·상업·공업·광업·임업 등의 확장과 함께 수전(水田)을 개척하고 은행 설립을 통한 저축 활동을 장려하고자 하였다. 또한 교민들의 억울함을 풀어주고 어려움에 처한 그들의 삶을 구휼하며 교육 진흥 사업을 펼쳤다. 한편 윤정호는 대종교계 항일단체인 흥업단(興業團)과 광정단(光正團) 창립 요원(創立要員)으로도 활동하다가 일제에 체포되어 고문을 받은 후유증으로 불구의 몸이 되었다. 그리고 해방 직후 환국하지 못한 채 무송현(撫松縣)에서 순국(殉國)한 것으로

전한다.
윤상호와 관련된 대종교 관련 교력은 남아있는 것이 없다. 다만 그와 흥업단에서 함께 활동했던 이현익(李顯翼)은 윤상호를 일제강점기 대종교 항일투사 120여명의 명단에 올렸다. 그의 대종교 입교가 1910년대임을 짐작케 해준다.

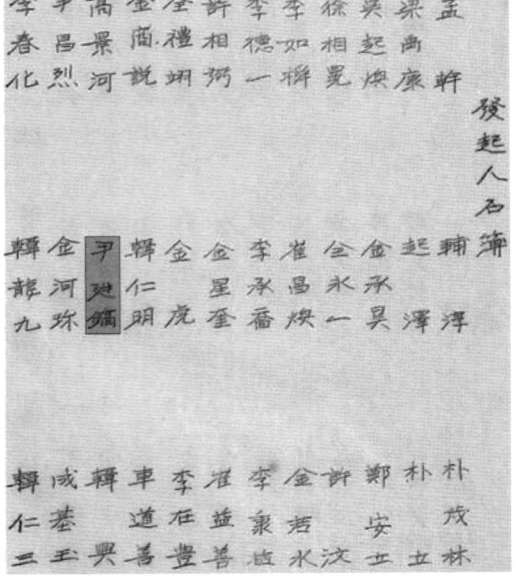

1918년에 조직된 東省韓族生計會 발기인 명단의 앞부분에 尹廷鎬(네모 안)라는 이름이 보인다.

[참고문헌]
『대종교인과 독립운동연원』(이현익, 프린트본, 1963), 「排日鮮人의 動靜에 관한 건」(不逞團關係雜件─朝鮮人의 部─在滿洲의 部6, 政機密 第14號; 秘受 7369號, 한국사DB, 국사편찬위원회), 『한국독립운동사자료』40(국사편찬위원회, 2004)

윤주찬(尹柱瓚, 1858-1917)
아호(별명)_ 사규(士圭), 일사(一史, 一簑)
입교 시기_ 1909년 | 교질_ 상교

전라남도 강진 출신으로, 그곳에 있는 다산초당(茶山草堂)의 원주인이었던 윤단(尹博, 1744-1821)의 고손(高孫)이자, 손암(巽庵) 정약전(丁若銓)의 『자산어보(玆山魚譜)』를 소장했던 인물이다. 1895년 세무주사(稅務主事)를 시작으로 정3품 통정대부까지 오른 경험이 있다.
대한자강회와 대한협회의 회원으로 활동했으며, 1907년 7월 서울에서 조직된 호남학회의 총무를 역임했다. 을사늑약의 체결에 반대하여 1907년 후일 대종교 중광(重光)의 주축이 되는 나인영(羅寅永) 및 오기호(吳基鎬)·이기(李沂)·홍필주(洪弼周) 등과 손잡고 자신회(自新會)를 조직하여 항

일투쟁을 펼쳤다. 당시 이광수(李光秀)와 함께 정부와 일본통감부·군사령부 및 각국 공사관에 보내는 공함과 내외국민에게 포고하는 글을 짓는 역할을 맡았다.

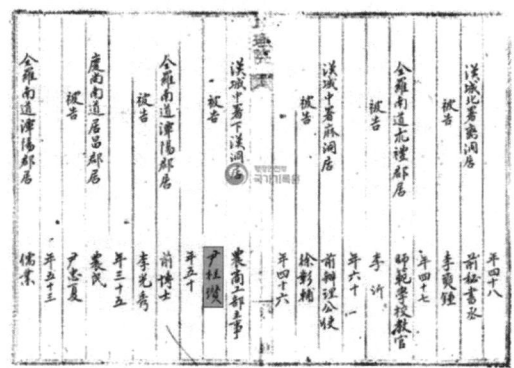

을사오적 주살 사건으로 체포된 인물들의 평리원 판결문 중 일부. 가운데 尹桂瓚(네모 안)이란 이름이 보인다. (국가기록원 소장)

1907년 3월, 을사오적을 암살하기 위하여 결사대를 편성하고 황태자의 생일을 축하하기 위하여 백관이 모이는 기회를 이용, 저격하려는 계획에 동참하였다. 당시 윤주찬은 2천 냥의 금전도 거사자금으로 내놓았는데, 전 대신 이용태(李容泰), 학부협판 민형식(閔衡植), 궁중호위국회계과장 최익진(崔翼軫), 전 관리공사 서창보(徐彰輔), 전 군수 정인국(鄭寅國) 등도 가담하여 자금을 내었다.
같은 해 3월 25일 동지들과 함께 거사에 나섰으나 군부대신 권중현(權重顯)에 부상을 입힌 것 이외에는 모두 실패하였다. 거사에 참여하였던 동지들과 함께 붙잡혀 평리원(平理院)에서 5년의 유배형을 선고받고 진도에서 귀양살이를 하였다.
윤주찬의 대종교 교력은 대종교의 중광과 그 시작이 동일하다. 윤주찬은 나철·이기·이광수·오기호 등과 호남학회와 자신회, 을사오적 주살 사건, 그리고 대종교 중광까지 오롯이 함께 하였다. 그는 1911년 중광절(重光節, 음력 1월 15일, 이하 음력)에 참교(參敎)의 교질(敎秩)을 받고 1916년 3월 13일에는 지교(知敎)의 교질에 올랐다. 또한 같은 해 8월 4일 상교(尙敎)의 교질까지 올랐으나, 1917년 안타깝게도 귀천(歸天)하였다.
특히 1916년 8월 25일, 윤주찬이 대종교의 교주이자 30년 지기였던 나철의 영결식전에 올린 다음의 「역사고술(歷史告述)」은 그의 대종교적 가치의 일단을 잘 보여주는 명문이라 할 수 있다.

"윤주찬이 선생(나철을 말함-인용자 주)보다 다섯 살이 더하고 30여년을 좇아 놀아서 사귐이 관중(管仲)·포숙(鮑叔)과 같으니 선생의 지난 일을 아는 이가 찬(瓚)만한 이도 없을 것이다. 호남(湖南) 시골에서 나고 자란 이력이라든지 등과(登科) 후에 벼슬로 다니던 시기의 기록은 선생의 30여년 전의 일이라 그것은 잠시 생략하리로다. 대개 따습기 흰옥 같고 화하기 봄바람 같음이 선생

의 외모요, 글을 지음이 구슬을 엮음과 같고 붓을 휘두름이 바람을 모음과 같음이 선생의 문장이요, 착함을 보면 반드시 좇고 악함을 보면 능히 용서함은 선생의 큰 도량이요, 금을 보기 흙같이 하고 마음을 가지기 물같이 함은 선생의 맑은 지조로다. 급기야 을사년 일본과 러시아가 강화하던 때 의기에 북받쳐 투서를 올린 일이 있고, 정미년 한일조약하던 때에 격렬히 칼을 품던 일이 있어서 다섯 달 옥에 갇힘과 10년 귀양살이는 선생이 국민의 의무를 다함이요. 세상의 변하므로 일과 마음이 달라지자 드디어 국가 관념을 버리고 이에 세계주의를 세워서 몸을 대종교문에 바치도다. 여덟 해 동안 남북에 분주하야 풍상을 무릅쓰고 4천여 년의 도통을 밝히며, 30여만의 신도(信徒)를 얻음은 선생의 인류를 구제하고자 하는 괴로운 마음이요. 고기를 끊고 냄새를 물리치며 엷은 옷에 추위를 견딤은 선생의 검소한 덕이요, 병을 빌면 병이 낫고 비를 빌면 비가 내림은 선생의 한얼을 느끼게 함이로다. 삼성(三聖)의 끼친 터에 올라가서 밝은 달을 안고 조천(朝天)에 듦은 선생의 깨끗한 지경이요, 조촐히 장사를 치르라 하신 일곱 가지는 선생의 그 몸을 아끼지 않음이요. 순명삼조(殉命三條)는 선생의 널리 천하를 구하려 하심이라. 참으로 전만고(前萬古) 후만고(後萬古)에 큰 성인이요, 큰 신인(神人)이라 이를지로다."

[참고문헌]
『倧令』제3호(1910년), 『종문영질』(프린트본, 1922), 『홍암신형조천기』(김교헌 편, 대종교총본사, 1954), 『梅泉野錄』全(黃玹, 국사편찬위원회, 1955), 『大韓季年史』下(鄭喬, 국사편찬위원회, 1957), 『續陰晴史』(金允植, 국사편찬위원회, 1960), 『독립운동사』1·7·8(독립운동사편찬위원회, 1970·1976), 『독립운동사자료집』11·별집3(독립운동사편찬위원회, 1976·1978)

윤준선(尹俊善, 남, 생몰 미상)
입교 시기 _ 1937년 이전 | 교질 _ 미상

함경북도 회령군(會寧郡) 보을면(甫乙面) 남산동(南山洞) 출신으로 생몰연대는 확인되지 않는다. 15만원 탈취거사를 이끈 윤준희(尹俊熙)의 형으로, 동생 윤준희는 1920년 대한군정서에 입단해 특파대장으로 활동하며 동지 몇 명과 15만원 지폐탈취 사건을 성사시킨 인물이다. 이 돈이 블라디보스토크 신한촌으로 들어가 체코슬로바키아제 무기구입에 요긴하게 쓰이면서, 대종교 항일단체 대한군정서의 청산리독립전쟁 승리에 지대한 역할을 한 것이다.
윤준선의 대종교 입교와 관련된 교력은 전하는 것이 없다. 다만 1937년 8월 24일(음력) 대종교재만교구경상금수납위원(大倧敎在滿敎區經常金受納委員)으로 임명된 기록이 남아 있다. 당시 경상급수납위원은 영안현·아성현·하얼빈시·오상현·쌍성현·유수현·신경(新京)특별시·화전현·돈화현·왕청현·화룡현·도문시(圖們市)·연길현·동빈현·동흥현·파언현(巴彦縣)·밀산현·봉천성시간방(奉天省十間方) 등, 만주 전 지역에 임명되었다.

윤준선이 관할한 구역은 영안현 신안진(新安鎮) 지역이다. 이 구역은 대종교총본사가 있던 영안현에 속한 곳으로 항일투사 양현(梁玄)이 윤준선과 함께 관할하였다. 양현은 대종교 항일단체인 대한군정서(북로군정서)의 군기감독(軍機監督)·기계국장(器械局長)을 맡았던 인물로 대종교와 항일전선의 거물이었다. 윤준선 역시 대종교나 항일투쟁 진영에 그 비중이 작지 않았을 것으로 추정되는 부분이다. 그러나 그 구체적 증적은 현재 발견되지 않는다.

[참고문헌]
『대종교보』제115호(1937년), 「朝鮮銀行 紙幣 掠奪犯人 家族에 대한 大韓國民會의 慰問金 지출에 관한 건」(不逞團關係雜件-朝鮮人의 部-在滿洲의 部25, 機密제61호, 한국사DB, 국사편찬위원회)

윤창기 (尹昌基, 남, 1888-1927)
입교 시기 _ 1910년대 | 교질_ 미상 | 서훈 _ 애족장(1990)

경상북도 대구부(大邱府) 서상면(西上面) 남산동(南山洞) 출신으로, 대한흥학회 회원으로 활동한 인물이다. 대종교계 비밀결사인 조선국권회복단(朝鮮國權恢復團)에 참여하면서 항일투쟁의 길을 걸었다. 조선국권회복단은 달성친목회원으로 평소 국권회복에 대한 의지를 품고 조직한 대종교계 비밀결사다.

윤창기는 조선국권회복단 결성의 계기를 만들어준 인물이다. 당시 서상일(徐相日)·이시영(李始榮)·박영모(朴永模)·홍주일(洪宙一) 등은 윤창기가 대구 근교 안일암(安逸庵)에서 약을 먹기 위해 체재중인 점을 빌미로 모임을 갖기로 하였다. 그리고 1913년 1월 15일(음력) 대종교의 중광절(重光節, 대종교가 다시 부활한 날)을 기하여 달성군 도성면 대명동에 위치한 안일암에서 시회(詩會)를 가장해 서상일을 비롯하여 윤창기를 비롯한 윤상태(尹相泰)·이시영·정운일(鄭雲馹)·홍주일·박영모·서병룡(徐丙龍) 등이 모여 국권회복에 대한 방안을 협의하여 단체를 결성하였다. 그 단체가 조선국권회복단이다.

주목되는 것은 이들이 내세운 기치다. 당시 이들은 "수천년 역사를 가진 우리 조선이 일한병합으로 망했으니 우리 시조 단군대황조(檀君大皇祖)에 미안한 일이니 어떻게 해서든 독립국으로 만들어야 한다"는 대종교 중광(重光)의 기치를 내세웠다. 그리고 이들은 이를 실천키 위해 우선 형제의 결의를 맺고 일치된 행동을 펴야 할 것을 다짐하면서, 독립운동을 추진해 갈 비밀결사인 조선국권회복단의 결성하였다.

특히 이들의 '중광절 맹세'는 마치 대종교 중광의 명분이었던 '국망도존(國亡道存: 나라는 망했으나 정신은 있다)'을 그대로 옮겨 놓고 있다. 또한 이들은 각기 서약서를 작성하고 연서한 후 '단군대황조영위(檀君大皇祖靈位)'란 위패를 세워 그 앞에서 기원을 올리며 자신들의 목적이 관철되도록 가호를 빌고 각자 변심치 말고 끝까지 독립투쟁에 진력할 것을 굳게 맹세하였다. 이 역시 대종교를 일으킨 나철(羅

喆)이 1909년 음력 1월 15일(중광절), 동지들과 더불어 북벽에 '단군대황조신위'를 걸고 중광을 행한 의례와 동일한 것이다.

윤창기는 1915년 1월 경북 달성(達城)에서 이루어진 조선국권회복단(朝鮮國權恢復團) 중앙총부 (中央總部)를 결성하는데도 참여하였다. 그리고 1918년 대한광복회(大韓光復會) 회장 박상진(朴尙鎭)에게 권총 10자루의 구입자금 및 여비를 지원하였다. 또한 1919년 초에는 조선국권회복단 중앙총부에서 이시영·박영모·서상일을 노령(露領) 지역 독립운동자와의 연락을 위해 파견할 계획을 세우는가 하면, 3·1독립만세운동이 발발하자 창원(昌原)에서 만세시위를 주도하기도 했다.

한편 1919년 3월 김창숙(金昌淑)이 파리강화회의(巴里講和會議)에 제출할 청원서를 소지하고 중국 상해로 넘어갈 당시는, 여비를 지원하고 일경에 붙잡혀 1919년 9월 29일 고등법원에 이송되어 고초를 겪었다. 또한 1922년 6월 출옥 후 함경남도 홍원(洪原)에서 덕흥상회(德興商會)를 경영하면서 임시정부에 군자금을 제공하는 등 암약을 하다가, 1927년 9월 일제함흥경찰서에 붙잡혀 검사국에서 고문을 받아 병보석으로 풀려났으나 1927년 10월 17일 사망하였다.

윤창기의 대종교 입교 및 교질(教秩)과 관련한 기록은 전하는 것이 없다. 그의 대종교 입교가 조선국권회복단 결성 전후로 추정되나, 그 시기『대종교보』를 비롯한 대종교의 모든 기록이 사라졌기 때문이다. 다만 일제강점기 경북 성주(星州)를 중심으로 대종교 활동을 펼친 나옹(裸翁) 성세영(成世英)의『본사행일기(本司行日記)』라는 글 속에 1910년대 경상북도의 주요 교인으로 윤창기의 이름이 등장하고 있다. 이 일기에 실린 교인 명단은, 성세영이 1922년 후반 경성의 대종교 남도본사를 방문했을 당시 그곳에 비치된 경애록(敬愛錄, 대종교인 명부)에서 경상북도 교인들 부분을 필사한 것이다.

성세영의『本司行日記』(1922)에 기록된 1910년대 경북 지역 대종교 주요 교인 명단의 일부. 맨 왼쪽에 大邱 西上面 南山洞 尹昌基라는 기록이 보인다.

[참고문헌]
『본사행일기』(성세영, 필사본, 1922), 『高等警察要史』(慶北警察部, 1934), 『독립운동사』3(독립운동사편찬위원회, 1983), 『한민족독립운동사자료집』7(국사편찬위원회, 1988)

윤창렬(尹昌烈, 남, 생몰 미상)

입교 시기 _ 일제강점기 | 교질 _ 미상

출신지역과 생몰연대가 불분명한 인물이다. 다만 윤창렬이 1908년 당시 대한협회 황해도 곡산지회(谷山支會) 회원으로 활동한 것을 보아 이 지역 출신일 가능성이 높다. 또한 배재학당 출신으로 『협성회회보』(1898년 창간) 발간에 참여한 윤창렬(尹昌烈)과는 동명이인이다.

윤창렬은 일찍이 광제원(廣濟院)의 사무위원(事務委員)과 경무청(警務廳) 주사(主事)를 지낸 인물로, 만주로 넘어가 항일투쟁을 전개하였다. 윤창렬은 1915년 봄, 일제의 사주를 받은 중국 관헌들에 의해 윤세복(尹世復)·전성규(全聖奎)을 비롯한 30여 명의 대종교 항일투사들과 일본인 살인 혐의로 체포되었다. 대종교단 내에서 말하는 무송옥사(撫松獄事)다. 이 사건으로 윤창렬은 여러 대종교 동지들과 3년의 옥고를 치르고 출옥하였다. 당시 대종교 중진인 조성환(曺成煥)·신규식(申圭植) 등 북경과 상해 등지에서 활동하던 대종교의 동지들이 백방으로 노력한 결과였다.

윤창렬은 1918년 초, 대종교지도자 정안립(鄭安立) 등이 주축이 되어 조직한 동성한족생계회(東三韓族生計會)의 발기인으로 참여하였다. 동삼성 지역의 교민들의 안정을 도모하여 독립운동의 기반을 조성한다는 목적으로 조직된 이 생계회는, 만주 교민들의 농업·상업·공업·광업·임업 등의 확장과 함께 수전(水田)을 개척하고 은행 설립을 통한 저축 활동을 장려하고자 함은 물론, 교민들의 억울함을 풀어주고 어려움에 처한 그들의 삶을 구휼하며 교육진흥 사업을 펼쳤다.

또한 윤창렬은 홍범도(洪範圖) 부대에서 의병소대장(義兵小隊長) 역임하는 가면, 흥업단원(興業團員)으로 혜산진(惠山鎭)의 후창헌병대(厚昌憲兵隊)를 야습(夜襲)하기도 했다. 이후에도 광정단(光正團), 정의단(正義團), 신민부원(新民府員)으로 활약(活躍)하며 항일투쟁을 그치지 않았다. 해방 당시 귀국하지 않고 87세의 고령으로 돈화현에 거주하였다 한다.

윤창렬의 대종교 입교 및 교질(敎秩)과 연관된 기록은 남아있는 것이 없다. 그러나 대종교 항일투사 이현익(李顯翼)은, 그의 기록 『대종교인과 독립운동연원』에서 대종교 항일투사 120여명의 명단에 윤창렬의 이름을 올렸다. 이현익이 윤창렬과 흥업단부터 신민부까지 함께 활동한 인물이라는 점에서 그 의미를 더한다. 아마도 윤창렬이 대종교사건의 하나인 무송옥사 당시 옥고를 치른 것을 보면, 1915년 이전에 이미 대종교에 깊숙이 관여한 듯하다.

[참고문헌]

『대종교인과 독립운동연원』(이현익, 프린트본, 1963), 『승정원일기』1902년 9월 23일자(음)·1905년 8월 10일자(음), 『대한협회회보』제2호(1908년), 「排日鮮人의 動靜에 관한 건」(不逞關係雜件-朝鮮人의 部-在滿洲의 部6, 政機密 第14號; 秘受 7369號, 한국사DB, 국사편찬위원회)

윤창선(尹昌善, 남, 1901-1972)

아호(별명) _ 윤재선(尹在善), 김광로(金光魯)
입교 시기 _ 일제강점기 | 교질 _ 상교 | 서훈 _ 애국장(2010)

윤창선

경상남도 밀양군(密陽郡) 부북면(府北面) 무연리(舞鳶里) 출신으로 대종교 항일투사 윤세용(尹世茸)의 아들이다. 대종교 3세 교주를 지낸 단애(檀崖) 윤세복(尹世復)이 그의 숙부이며, 윤세복의 아들로 대종교 비밀결사 활동을 전개했던 윤홍선(尹弘善, 尹弼漢)이 그의 사촌형이다.

윤창선은 1911년 부친과 숙부가 국내의 재산을 정리하여 만주 회인현(懷仁縣, 1914년부터 桓仁縣으로 바뀜)으로 이주할 당시, 그들을 따라 만주로 건너갔다. 그리고 그곳 대종교시교당 내에 설립된 동창학교(東昌學校)에서 수학하고 1913년 졸업하였다. 1914년 1월경에는, 그곳에 거주하며 구내로 들어와 독립운동자금을 조달하기 위해 국내로 들어온 의심을 받고 일제로부터 요주의 인물로 감시를 받기도 했다. 특히 윤창선은 사촌형 윤홍선과 함께, 1927년 음력 9월 대종교의 국내 비밀활동을 위한 위장조직인 해원도(解怨道) 활동을 통해 독립운동자금 모금에도 성심을 쏟은 인물이다.

대종교는 1909년 교단 성립 직후부터 일제통감부 경시청의 감시를 시작으로 해서, 1942년 임오교변(壬午敎變: 대종교지도자 일제구속 사건)으로 인해 교세가 무너지기까지, 혹독한 탄압의 역사라 해도 과언이 아니다. 더욱이 1915년 국내에서의 대종교포교금지령이 내려진 이후의 대종교 국내 활동은 거의 불가능한 상황이었다. 즉 일제가 1915년 10월 1일 조선총독부령 제83호로 발포한 '포교규칙'에 의하여 대종교는 신교(神敎)가 아니라는 이유로, 사실상 종교 활동의 중단 상태로 빠져든 것이다. 아무튼 이로 인해 대종교는 포교뿐만이 아니라, 사사로운 집회나 강연 따위도 일절 금지되었다. 1920년대의 국내 신교 활동은 더욱 참혹했다. 비밀리에 집회활동을 하기 위해 각황사라는 절을 빌려 모이는가 하면, 중심부와 떨어진 변두리로 수시로 옮기며 집회를 갖기 일쑤였다. 당시 대종교의 이러한 국내 탄압상을 알려주는 다음의 기록이 이를 증거해 준다.

"나는 옮기어 배움을 경성○○학교에 수학하게 되자, 동무들의 권유로 대종교에 다니게 되었습니다. 내가 여기에 든 것은 나의 주제넘은 생각에는 민족적 색채를 가진 이 교(敎)에서, 자가(自家)의 보물을 좀 찾아볼 도리가 행여 있을까 함이었습니다. 그러나 때는 마침 무단통치시대인지라, 언론집회는 물론 대금물이어니와, 더구나 이 민족적 색채를 가진 대종교에 대한 감시야 실로 끔직하였지요! 빈궁한 살림살이에 고정한 회당조차 없

이 이 집 저 집으로 돌아다니는 곤경에다가, 설상가상
으로 그들의 핍박이 날이 갈수록 더욱 심하여, 심지어
교사(教史) 원고까지 빼앗기는 등, 실로 피가 뛰고 이가
갈리는 비분한 경우도 많이 당하였습니다. 나는 이 교
의 교리를 연구하여 보는 한편에, 그 교사 즉 조선사를
배우는 것이 또한 큰 목적이었던 것이나, 주위의 사정
이 그러하고 보니, 나는 그만 떡심이 풀리고 점점 회당
에 다니기가 싫어졌습니다."

대종교를 믿고자 해도 끔찍하고 피가 뛰며 이가 갈리는
핍박으로 인해 돌아설 수밖에 없었음을 전해주고 있다.
일제강점기 국내의 대종교가 유일하게 만주 망명을 단행
한 이유다. 또한 대종교가 대동청년단·조선국권회복단·
귀일당(歸一黨)·동원당(東園黨)·자유공단(自由公團)·조선어
학회 등과 같이 철저하게 비밀결사로 많이 움직이게 된
것도 이러한 배경과 연관된다. 해원도 역시 그러한 맥락
에서 바라볼 필요가 있다.
윤창선은 윤홍선·손호(孫澔)·손봉현(孫鳳鉉)·손량윤(孫亮
尹)·신현규(申鉉圭) 등의 동지들과 함께 해원도 활동을 통
해 자금을 모았다. 그 자금은 만주의 대종교계 항일단체
인 신민부(新民府)의 군자금 마련을 위한 모금이었다. 그러
나 그것이 발각되면서 1928년 7월 30일 일본 경찰에 체포
된다. 그리고 같은 해 8월 15일 대구지방법원에서 이른 바
강도, 강도상인 등의 혐의로 징역 5년형을 선고받고 서대
문형무소에서 옥고를 치렀다.
윤창선의 대종교 입교시기는 환인현 동창학교 시대로 전
해지나 그와 관련된 대종교단 내의 기록은 모두 전하지
않는다. 해방 이후 대종교가 만주로부터 환국한 직후인
1946년 3월 14일(음력, 이하 음력) 총본사의 특별추천에 의
해 영계(靈誡)와 함께 참교(參敎)의 교질(敎秩)을 동시에 수
여한 이유라 할 수 있다. 또한 그 해 4월 6일에는 대종교
경의원(經議院) 참의(參議)로도 선임되어 원로의 반열에 섰
다. 그리고 1955년 1월 3일 상교(尙敎)의 교질을 받은 것으
로 보아, 그 이전에 지교(知敎)의 교질을 받은 것을 알 수
있으나 그 기록 역시 확인이 안 된다.
또한 윤창선은 1955년 1월 27일 대종교 부산지사(釜山支司
)의 시교원(施敎員)으로 임명되어 책임자인 희산(希山) 김승
학(金承學)과 함께 부산지사를 이끌었다. 그리고 하루 뒤
인 28일에는 부산시 서구 대신동에 소재한 대종교 내선시
교당(萊善施敎堂)의 전무(典務, 책임자)로도 임명되면서 부산
지역 대종교 포교의 전면에 섰다.

[참고문헌]
『대종교보』 환국기념호(1946년) · 150호(1946년) · 제47권3 · 4호(1955년), 『대
종교중광육십년사』(대종교총본사, 1971), 『승정원일기』 1902년 9월 23일자
(음) · 1905년 8월 10일자(음), 『대한협회회보』 제2호(1908년), 「不逞者의 處分」
(不逞團關係雜件-朝鮮人의 部-在滿洲의 部4, 警高機發 第3049號; 秘受 136號, 한
국사DB, 국사편찬위원회), 「排日鮮人의 動靜에 관한 건」(不逞團關係雜件-朝鮮
人의 部-在滿洲의 部6, 政機密 第14號; 秘受 7369號, 한국사DB, 국사편찬위원회),
『동아일보』 1929.6.26., 7.15., 1928.8.15., 1929.3.5., · 9.26., 『중외일보』 1928.8.15.,
1929.5.21., · 9. 18 · 26., 「나의 불교 믿게 된 경로」(해경거사, 『불교』, 불교사,
1930), 『한민족독립운동사자료집』40(국사편찬위원회, 1999)

윤창현(尹昌鉉, 남, 생몰 미상)
입교 시기 _ 1910년대(추정) | 교질 _ 미상

충청남도 예산군(禮山郡) 오가면(吾可面) 원천리(元泉里) 출신
으로 생몰연대는 확인되지 않는다. 일찍이 부친인 오정(梧
亭) 윤자형(尹滋亨)과 함께 만주로 망명하여 북간도를 중심
으로 활동하였다.
윤창현은 1916년 2월 간도 화룡현(和龍縣) 대랍자(太拉子)에
서 개최된 교원강습회(敎員講習會)를 마치고, 한형국(韓亨
國)·박삼걸(朴三傑)과 더불어 간도 상천평(上泉坪) 제2고등소
학교의 교사로 임용된 기록이 있다.
또한 윤창현은 대종교 항일단체인 대한군정서(북로군정서)
가 성립되자 총재부 비서로 있으면서, 그 사관연성소의
교관으로도 활동하였다. 더욱이 대한군정서의 일원으로
연길도윤공서(延吉道尹公署)와의 통역도 담당한 것으로 보
아, 그의 중국어 실력도 상당했음을 알 수 있다. 그가 일
찍이 간도로 넘어간 인물임을 직감케 해 준다.

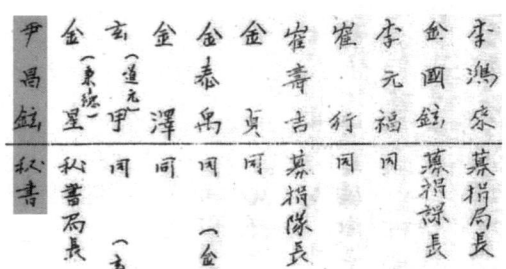

일제의 문서에 적힌 대한군정서 간부 명단의 일부. 왼쪽 끝에 尹昌鉉이
란 이름과 더불어 秘書라는 직책이 적혀 있다.

이후 1923년 1월에는 길림성(吉林省) 목릉현(穆陵縣)으로 넘
어가 이 지역한인들로 조직된 교육회(敎育會)에 관여하면
서 민족교육에 앞장섰다. 그 시기 이 교육회가 거느린 교
육기관은 중학교 1개소와 소학교 6개소였다. 중학교의 교
장은 황공삼(黃公三)이 맡았으며, 윤창현도 교육부장으로
취임하여 교육방법의 쇄신과 민족정체성을 심어주는데
노력하였다. 그 대표적 도구가 『신단민사(神檀民史)』다. 그
들이 역사교과서로 채택한 『신단민사』는 대종교 제2세
교주 김교헌(金敎獻)이 저술한 것으로, 전통시대의 중화사
관 극복과 더불어 일제의 식민주의사관에 대항한 민족주
의역사관의 전형이었다.
1924년 1월경에는 돈화현(敦化縣) 황토요자(黃土要子)에 근
거를 둔 군정서동로선전기관(軍政署東路宣傳機關) 및 동로
중앙집행부(東路中央執行部)에도 깊숙이 관여하였다. 이 조
직은 대한군정서의 재건을 목적으로 구성된 것으로, 위원
장을 맡은 나중소(羅仲昭)를 비롯하여 비서장(秘書長)을 맡
은 윤창현, 김희락(金凞樂, 군사고문), 이장녕(李章寧, 군무부
장), 김규식(金圭植, 군무참모), 김하석(金河錫, 선전부장), 성의
준(成儀俊, 선전부장), 이춘남(李春南, 보병모집원총무), 이병구

(李炳求, 행정집행위원장), 최준형(崔俊衡, 헌병대장 겸 보병대장), 하중권(許仲權, 교섭부장), 김신익(金信益, 군수부장), 심창형(沈昌亨, 징모부장), 서청(徐靑, 서무부장), 김정일(金精一, 경리부장), 김준석(金俊奭, 경위부장), 이홍래(李鴻來, 모연부장), 김진(金眞, 모연대장) 등이 그 중심이 되었다. 이 조직의 특징은 그 대부분의 인물들이 대한군정서 출신이면서 대종교인이었다는 점이다.

또한 윤창현은 같은 해 11월 한족노동당(韓族勞動黨)의 발기인으로도 참여하였다. 한족노동당은 노동자와 소작농민들의 일치단결과 의식의 함양을 꾀하고 세계의 대세에 순응하며 광복 사업에 한 사람이라도 더 참여시키기 위한 취지로 출범한 단체였다. 본디 계급적 성향을 내세우며 출범했지만 의식 개혁과 교육 그리고 근검·절약을 강조하는 등, 문화·계몽적 의식 양성에 치중하는 민족주의 운동 단체로 활동하였다.

윤창현의 대종교 입교 시기나 교질(敎秩) 관계에 대해서는 남아있는 자료가 없다. 그러나 대종교 항일투사 박명진(朴明鎭)의 기록에는, 1910년대 후반 대종교 동일도본사(東一道本司) 소속의 항일투사로 윤창현을 꼽고 있다. 당시 동도본사는 백포(白圃) 서일(徐一)이 이끌던 대종교 교구로, 서일은 대한군정서 군영 속에 동도본사를 병설하고 군교일치(軍敎一致)를 지향했던 인물이다. 윤창현의 대종교 입교 역시 이 시기에 이루어졌을 것으로 추정되는 이유다.

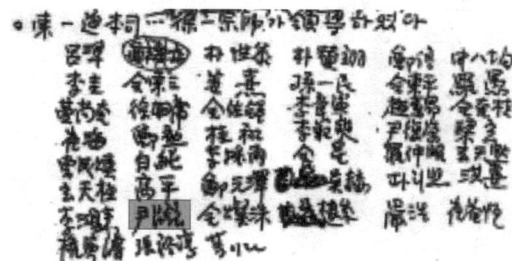

박명진은 그의 『대종교독립운동사』에서 1910년대 후반 대종교 동도본사에 소속된 항일투쟁지도자들과 나란히 하여 尹昌縣(네모 안)을 적어 놓았다.

[참고문헌]
『대종교독립운동사』(박명진, 필사본, 1964), 『동아일보』1923.1.2., 「間島에 있어서 中國官公署에 就職한 鮮人名簿 送付의 件(不逞團關係雜件-朝鮮人의 部-在滿洲의 部5, 機密 第64號; 秘 12795號, 한국사DB, 국사편찬위원회), 「朝鮮側警察이 朝鮮人 金順 等을 拘引시킨 것에 관한 件(不逞團關係雜件-朝鮮人의 部-在滿洲의 部28, 公 第259號; 受 20669號, 한국사DB, 국사편찬위원회), 「臨時報 第38號(吉林 附近 鮮人情報)(不逞團關係雜件-朝鮮人의 部-在滿洲의 部38, 關機高秘收 第1508號-1; 機密受 第83號, 한국사DB, 국사편찬위원회), 「韓族勞動黨의 組織에 關한 件(不逞團關係雜件-朝鮮人의 部-在滿洲의 部40, 機密 第36號; 機密受第47號, 한국사DB, 국사편찬위원회), 『朝鮮獨立運動』Ⅲ(金正明, 原書房, 1967), 『韓國近代史資料集成』10(국사편찬위원회, 2004)

윤충한(尹忠漢, 남, 생몰 미상)
입교 시기 _ 1937년 이전 | 교질 _ 참교

출신지역과 생몰연대를 알 수 없는 인물이다. 일제의 문서에서는 일체 발견이 안 되며 1937년도 대종교의 일부 기록에 등장하고 있다. 윤충한은 1937년 3월 28일(음력, 이하 음력) 대종교총본사의 특선(特選, 특별추천)으로 영계(靈戒)와 함께 참교(參敎)의 교질을 동시에 받았다. 대종교에서의 특선이란, 이미 교리(敎理)를 천명(闡明)하여 교명(敎命)을 독수(篤守)한 인물에게 주는 교직(敎職)이나 임직(任職)을 말한다. 윤충한이 그 이전에 대종교에 대한 이해 혹은 관계가 깊었음을 알 수 있다.

윤충한은 같은 해 3월 14일에는 대종교 북일도구(北一道區) 소속 시교원(施敎員)으로 임명되었다. 같은 날 시교원으로 임명된 권중락(權重洛)·심상직(沈相稷)·김세익(金世翼)과 함께, 선범부령(宣範部令)을 맡은 윤정현(尹珽鉉)을 도와 북일도구의 포교에 앞장섰다. 주목되는 것은 윤충한과 함께 한 인물들 모두가 항일투쟁의 주요 인물들이었다는 점이다. 윤충한 역시 대종교 항일투쟁과 무관치 않은 인물임을 알려 준다. 또한 그 해 8월 24일에는 대종교 재만교구경상금수납위원(在滿敎區經常金受納委員)으로 임명되어 대종교 재정 확보의 중요한 역할을 담당하였다. 당시 윤충한은 김세익과 더불어 동흥현(東興縣) 부근을 관할하는 책임을 맡았다.

[참고문헌]
『대종교보』제113호(1937년)·제115호(1937년), 『대종교중광육십년사』(대종교총본사, 1971)

윤필한(尹弼漢, 남, 1896-1962)
아호(별명) _ 일우(一優), 윤홍선(尹弘善), 윤필한(尹必漢)
입교 시기 _ 1910년대 초반 | 교질 _ 미상

윤필한

경상남도 밀양군(密陽郡) 부내면(府內面) 출신이다. 본명은 윤홍선(尹弘善)으로 대종교 3세 교주였던 단애(檀崖) 윤세복(尹世復)의 아들로 더 알려져 있다. 일찍이 부친을 따라 만주로 건너가 신흥무관학교에서 수학했다는 이야기도 있지만 확인이 안 된다.

윤필한은 1914년 일제의 사주를 받은 중국 관헌들에 의해 부친인 윤세복을 비롯한 전성규(全聖奎) 등 대종교 항일투사 30여 명과 일본인 살인 혐의로 체포되었다. 대종교단에서 일명 무송옥사(撫松獄事)로 부르는 이 사건은, 무송현 뿐만 아니라 만주지역 독립운동가들에게 큰 충격을 준 사건이었다. 당시 대종교지도자 조성환(曺成煥)·신규식(申圭植) 등이 투옥된 일행들의 석방을 위해 백방으로 노력한 결과, 운필한 역시 3년 만에 출옥하였다.

윤홍선(윤필한)이 상해임시정부 독립자금 모집과 관련하여 체포되어 공판을 앞두고 있다는 내용을 실은 동아일보(1921년 8월 31일자) 기사.

윤홍선은 3·1독립만세운동 이후 국내로 들어와 임시정부 군자금 모집과 관련하여 체포되어 9년형을 선고받고 복역하다가 1927년 출옥하여 다시 만주로 넘어갔다. 이후 1927년 음력 9월에는 사촌동생 윤창선(尹昌善) 등과 해원도(解怨道, 解怨敎) 활동을 통한 신민부(新民府) 군자금 모집에 앞장섰다. 해원도란 일제의 탄압으로 정상적인 활동을 못하던 대종교의 위장 명칭 중의 하나였다. 대종교는 1909년 성립 직후부터 일제의 교묘한 탄압에 시달려, 종교에서는 유일하게 만주로의 망명까지 단행하였다. 대종교가 해원도 뿐만 아니라, 귀일당·(歸一黨)·동원당(東園黨)·자유공단(自由公團)처럼 철저하게 비밀결사로 움직인 이유가 된다.

한편 윤필한은 대종교계열 항일단체인 흥업단(興業團) 산하 송림병원에서 의사로도 근무하였다. 더불어 그곳을 거점으로 한·중 양민족에 대한 의료사업 뿐만 아니라 독립군 단체들 간의 연락책으로도 활동하게 된다. 또한 백산(白山) 안희제(安熙濟)가 설립한 발해농장과 동경성 보통학교에서 일을 보면서, 항일의 길을 벗어나지 않았다.

그러나 윤필한은 해방을 맞아 자의반타의반으로 환국하지 않았다. 그는 오랜 감옥 생활로 정신이 피폐해져 말년에 마약으로 일생을 보냈다고 한다. 그런 이유로 해방 후 환국 대열에서 부친 윤세복이 동경성에 있는 대종교를 맡기며 환국 대열에서 제외시켰다 한다. 윤필한 역시 대종교총본사가 국내 환국을 준비할 당시, 여비를 헌성하는 기록을 마지막으로 행적이 없다. 그리고 해방 후 북한에서 대종교 간부 모시기 일환으로 만주에 있는 윤필한을 모시려 했으나 이를 거부했다고도 한다. 윤세복의 친형 윤세용의 손자이자 윤필한의 조카인 윤태수(2016년 당시 하얼빈 거주)의 아래 증언이 이를 말해 주고 있다.

"윤세복은, 무송병원 의사였고 독립운동으로 고초를 겪은 아들 윤필한이 마약을 끊지 못하자 사실상 버린 자식 취급을 해 국내로 불러들이지 않았고, 북한 정부에서는 윤필한을 모시러 왔지만 윤필한이 응하지 않았다."

윤필한의 대종교 관련 교력은 일체 전하는 것이 없다. 그의 대종교 입교가 1910년대 서간도 시절로 추정되고 있으나, 해방 이후 대종교단 내에서는 그에 관한 기록이 금기시 되었다. 아마도 당시 교주였던 윤세복의 침묵과도 무관치 않았을 듯하다. 대종교 원로들 중에는 윤필한이 마약 문제와 더불어 공산주의적 행적도 보였다 한다. 해방 이후 공산주의 인물들에 대한 대종교의 피기(避記) 현상과도 맞닿는 부분이다.

[참고문헌]

『대종교인과 독립운동연원』(이현익, 프린트본, 1963). 『대종교중광육십년사』(대종교총본사, 1971). 『동아일보』1921.8.31.. 『죽은 자의 숨결, 산 자의 발길』(강용권, 장산, 1996). 「이수원 일가와 독립운동」(이인희, 『올소리』 2, 국학연구소, 2006). 「홍암의 후예들. 청산리서 승전고 울리다–당벽진과 액하감옥의 비극」(김치관, 인터넷『통일뉴스』, www.tongilnews.com/news/quickViewArticleView.html?idxno=117975)

윤현진(尹顯振, 남, 1892-1921)

아호(별명) _ 의백(義伯), 명구(明九), 우산(右山)
입교 시기 _ 1910년대 추정 | 교질_ 미상 | 서훈 _ 독립장(1962)

윤현진

경상남도 양산군(梁山郡) 상북면(上北面) 소토리(所土里) 출신이다. 일찍이 동경으로 건너가 명치대학(明治大學)에서 법률을 공부하였다. 그 시기 조선유학생학우회(朝鮮留學生學友會)를 조직하고 총무로 선임되어 항일투쟁에 발을 내딛게 된다.

1909년 귀국과 동시에 윤세복(尹世復)·안희제(安熙濟) 등이 주도하는 대종교계 비밀결사 대동청년당(大東靑年黨)에 가담하는가 하면, 고향에 의춘학원(宜春學院)을 설립하여 후진을 양성하였다. 3·1독립만세운동 때는 고향에서 만세 시위에 적극 가담 활동하고, 이후 압록강을 건너 단신 상해로 망명하였다. 대한민국 임시정부 조직에 참여하면서 임시의정원 의원에 선출되고, 초대 재무차장에 선임되어 임정의 재정문제를 해결하는 데 최대의 노력을 경주하였다. 특히 대종교 동지인 안희제의 백산상회(白山商會) 자금 30만원을 임시정부 군자금으로 헌납함으로써 재정압박을 완화시키는데 큰 기여를 하였다.

이후에도 임시정부 상임위원회의 재무위원장, 내무위원, 구급의연금모집위원이 되어 어려운 임시정부의 재정문제를 해결하는 데 주력하였다. 또한 1920년에는 독립신문사를 주식회사로 확장하고 안창호와 같이 주금(株金)모집의 발기인이 되어 홍보활동도 소홀히 하지 않았다. 그 외에도 국민대표회의기성회(國民代表會議期成會) 활동과 중한국민호조사(中韓國民互助社) 참여 등, 일신을 돌보지 않고 분주히 활동하던 중, 과로로 인하여 만 29세의 나이로 요절하였다.

1919년 10월 11일에 촬영한 임시정부 국무원 기념사진. 앞줄 왼쪽부터 신익희·안창호·현순, 뒷줄 왼쪽부터 김철·윤현진·최창식·이춘숙이다.

윤현진의 교력과 관련한 대종교단 내의 기록은 전하는 것이 없다. 다만 항일투사 박명진(朴明鎭)이 기록한 『대종교독립운동사』(필사본, 1964)에 보면, 대종교 서이도본사(西二道本司) 소속으로 대한민국임시정부에 참여한 인물로 윤현진을 적고 있다. 그의 대종교 입교시기가 대동청년단 활동에서 상해로 건너갈 무렵으로 추정되는 부분이다. 당시 대종교 서이도본사는 상해와 중국 본토를 관할하던 교구로, 박은식(朴殷植)·신규식·이동녕(李東寧) 등이 중심이 되어 이끌었다.

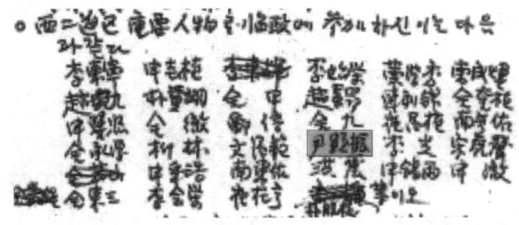
박명진이 『대종교독립운동사』에 기록한 대종교 서이도본사 소속으로 임시정부에 참여한 인물들의 명단. 尹顯振(네모 안)이란 이름이 보인다.

[참고문헌]
『대종교독립운동사』(박명진, 필사본, 1964), 『高等警察要史』(경상북도경찰부, 1934), 『朝鮮民族運動年鑑』(在上海日本總領事館警察部第二課編, 東文社書店, 1946), 『무장독립운동비사』(채근식, 대한민국공보처, 1949), 『대한민국임시정부사』(이현희, 집문당, 1982), 『한국독립사』(김승학, 독립문화사, 1970), 『독립운동사』4(독립운동사편찬위원회, 1972), 『독립운동사자료집』(국가보훈처, 1976·1977)

이간재(李侃宰, 남, 1886-?)

아호(별명) _ 지운(芝雲)
입교 시기 _ 1922년 | 교질 _ 참교

출신지역이 불분명한 인물로, 대한제국의 탁지부(度支部) 세무주사(稅務主事)를 지냈다. 1907년에는 태극학회의 기관지인 태극학보 발간을 위한 의연금(義捐金)을 희사하기도 하였다.
이간재의 대종교 교력은 1922년 4월 15일(음력, 이하 음력) 대종교 남도본사의 선리부찬(宣理部贊)을 맡으면서 인연을 맺는다. 선리부는 해당 도본사의 전리실(典理室)에 속한 기구의 하나로 종리(宗理)에 관한 업무와 계리(計理)에 관한 일을 담당하는 기구였다. 또한 부령(部令) 1인과 약간 명의 부찬(部贊)을 두었다. 이간재는 같은 해 윤5월 5일 종리감(宗理監)을 돕는 종리감찬(宗理監贊)으로 임명되었으며, 며칠 뒤인 11일에는 영계(靈戒)를 수여 받았다. 또한 그 해 7월 20일에는 허철(許澈)·한상희(韓相羲)·정기욱(鄭沂昱)·유병옥(劉秉玉)·황종규(黃宗奎) 등과 참교(參敎)의 교질(敎秩)을 받은 기록이 전하나, 그 이후의 행적은 알 수가 없다.

[참고문헌]
『대종교보』제54호(1922년)·제55호(1922년), 『본사행일기』(성세영, 필사본, 1922), 『대종교중광육십년사』(대종교총본사, 1971), 『승정원일기』1906년 9월 10일, 『태극학보』제7호(1907년 2월)

이건(李鍵, 남, 생몰 미상)

아호(별명) _ 이건(李健)
입교 시기 _ 1909년 | 교질 _ 상교

전라남도 순천부(順天府) 낙안면(樂安面) 출신으로 생몰연대는 불분명하다. 호남학회 회원으로 참여하여 평의원으로 활동하였다. 당시 이건은 학회 내에 측량학교(測量學校) 설립을 주창하여 해학(海鶴) 이기(李沂)의 재청을 얻어 관철시키고 강엽(姜曄)·오기호(吳基鎬)·윤주찬(尹柱瓚)·이봉(李俸) 등과 설립준비위원으로 임명되기도 했다.

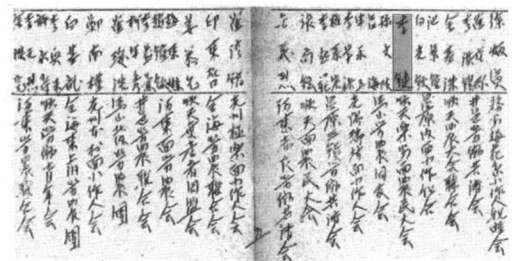
1924년 4월 조선노농총동맹발기회 당시 남선노농동맹 소속 순천낙안면 농민대회 대표로 참석한 李鍵(네모 안)의 기록.

1924년 4월 17일에는 조선노농총동맹발기회(朝鮮勞農總同盟發起會)에, 남선노농동맹(南鮮勞農同盟) 소속 순천낙안면 농민대회 대표로 참석하기도 했다. 사회주의 조직인 조선노농총동맹발기는 중앙의 조선노동공제회와 조선노동대회 두 계열 인사들의 통합 논의에 의해 이루어진 것이다. 그 결과 조선노동연맹회·조선노농대회준비회·남선노농동맹의 대표 200명이 모여 조선노농총동맹 발기회를 가지게 되고, 1924년 4월 18일 마침내 167개 단체 204명의 대표가 모여 창립총회를 개최해 이 단체를 결성하였다.

이건의 대종교 교력을 살피면, 1909년 12월 11일(음력, 이하 음력) 정훈모(鄭薰謨)·오기호(吳基鎬)·최동식(崔東植)·강우(姜虞)·진학순(秦學純) 등과 참교(參敎)의 교질(敎秩)을 받은 기록이 있다. 이들이 모두 대종교를 중광(重光, 1909년 1월 15일)할 당시부터 참여한 인물들임을 볼 때, 이건 역시 대종교 중광부터 참여한 것이 확인된다. 대종교를 중광한 나철(羅喆)을 비롯하여 오기호·이기·최동식 등이 모두 호남학회의 중심인물이었음도 주목되는 부분이다.

이어 1910년 10월 25일에는 대종교 북간도지사(北間島支司)를 총책임지는 사교(司敎) 겸 순교원(巡敎員)으로 임명되었다. 그리고 1911년 중광절(1월 15일)에는 지교(知敎)로의 승질(陞秩)과 함께 종리부장(宗理部長)으로도 임명된다. 당시 이건과 더불어 대종교의 주요 보직에 임명된 인물들을 보면, 류근[柳瑾, 전무(典務)], 김교헌[金敎獻, 부전무(副典務)], 조완구[趙琬九, 서리부장(庶理部長)], 이억[李億, 규리부장(規理部長)], 신규식[申圭植, 경리부장(經理部長)] 등이었다. 더욱이 이건은 류근·오혁(吳赫, 오기호)과 강실강사(講室講師)로도 임명되어 대종교 포교의 막중한 임무를 동시에 떠맡았다. 이러한 공로로 이건은 1914년 5월 14일 상교(尙敎)의 교질에 올랐다.

대종교 항일투사 박명진(朴明鎭)의 기록에, 이건을 1910년대 후반 대종교 동이도본사(東二道本司)의 주요 교인으로 기록한 것도 이 같은 이유에서다. 당시 동이도본사는 동북만주 지역을 관할하던 대종교의 교구로서 백포(白圃) 서일(徐一)이 이끌고 있었다. 또한 이건을 비롯한 한기욱(韓基昱)·이섭(李燮)·신최수(申最秀)·최호(崔灝)·이창언(李昌彦)·이민혁(李敏赫)·신채호(申采浩) 등이 그 주요 구성원으로 대종교 항일투쟁의 일선에 섰다.

그러나 이건은 1925년 10월 16일 일원도(一元道) 사건에 연루되어 대종교에서 출교(黜敎)를 당했다. 일원도란 국내 대종교의 혼란을 틈타 벌어진 종단 설립 사건을 말하는 것으로, 김용기(金容起)·이인상(李寅相)·김상익(金相益) 등이 중심이 된 신흥종교였다. 일원도는 환인·환웅·환검의 삼성을 신앙하는 종교로 대종교의 아류 신앙이었다. 태일진경(太一眞經)·태일경(太一經)이란 경전을 들고 나왔으나 얼마 못가 흐지부지 되고 말았다. 일원도 사건으로 출교를 당한 이건은 1946년 2월 23일 대종교의 국내 환국과 함께 김용기·김상찬(金相燦) 등과 해금(解禁) 되어 복교(復敎)하였으나, 이후의 행적은 알 수가 없다.

[참고문헌]
『종보』제4호(1909년)·제8호(1910년), 『倧令』제3호(1911년), 『대종교보』한국기념호(1946년), 『종문영질』(프린트본, 1922), 『대종교중광육십년사』(대종교총본사, 1971), 『호남학보』제5호(1908년), 「조선노농총동맹발기회의 건(檢察行政事務에 關한 記錄」, 京鍾警高秘 제4409호의 2, 한국사DB, 국사편찬위원회), 『시대일보』1925.10.21., 『매일신보』1925.10.27., 『한국공산주의운동사』2·3(김준엽·김창순, 고려대학교아세아문제연구소, 1969·1973)

이건수(李健受, 남, 1896-?)
입교 시기_ 1910년대 | 교질_ 미상

경상북도 성주군(星州郡) 성주면(星州面) 용산리(龍山里) 약부동(若夫洞) 출신이다. 1936년 6월 성주에 설립된 성주미곡(星州米穀) 합자회사의 주주로 참여하여 지역 농경제 활성화에 일익을 담당한 인물이다.

성주미곡은 곡물 무역 및 정미, 비료·식염·새끼·가마니·농구 등의 도소매를 주로 하였으며, 사실상 그 지역의 대종교 거점이기도 했다. 이 회사의 대표를 맡았던 서병우(徐丙祐)와 지배인으로 활동한 배준기(裵準琪) 역시 대종교인이었으며, 대주주로 이름을 올린 도문환(都文煥)·배상준(裵相準) 등도 모두 대종교 동지들이었다. 더욱이 도문환과 배상준은 그 지역 대종교 산선시교당(山善施敎堂)의 시교원(施敎員)으로 시무한 인물들이다. 또한 도문환 등은 대종교비밀결사인 조선국권회복단 등과 연계하여 항일투쟁을 벌인 점으로 보아, 이건수 역시 이와 무관치 않을 듯하다.

이건수와 관련한 대종교단 내부의 기록은 전하는 것이 없다. 그의 영계(靈戒) 사항이나 교질(敎秩) 관계 역시 확인이 안 된다. 다만 1922년, 성주 사람인 성세영(成世英)이 기록한 『본사행일기(本司行日記)』라는 기록 속에 이건수가 1910년대 대종교 경북 지역 교인으로 올라 있다. 그의 입교시기가 1910년대였음을 확인시켜준다.

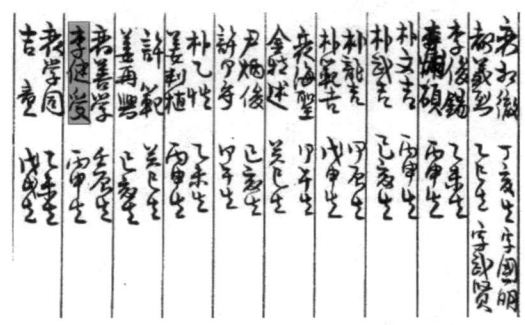

성세영의 일기 속에 들어 있는 1910년대 경북 지역 대종교 교인 명단 중의 일부. 왼쪽에 李健受(네모 안)라는 이름이 적혀 있다.

[참고문헌]
『본사행일기』(성세영, 필사본, 1922), 『朝鮮銀行會社組合要錄』(東亞經濟時報社, 1937년판)

이경렬(李京烈, 남, 1883-?)
입교 시기 _ 1923년 이전 | 교질 _ 미상

함경북도 온성군(穩城郡) 출신으로, 대종교지도자이자 항일투쟁의 거물이었던 이홍래(李鴻來)와 동고동락한 인물이다. 청산리독립전쟁 이후인 1921년 9월 6일 대종교 항일단체인 대한군정서(북로군정서) 계열의 이홍래·이춘보(李春甫)와 돈화현(敦化縣)으로부터 연길현 천보산(天寶山) 서구(西溝) 방면으로 옮겨와 군자금 모금 및 태평양회의의 기회를 이용하여 시위운동을 일으키려는 여론 환기 작업을 이끌었다.

1922년 1월에는 대한군정서계의 이홍래 등 20명과 군자금 모금과 통신연락기관의 설치 및 동지규합을 위해 연길현 묘구(廟溝) 구세촌(救世村)에서 들어와 대한군정서청년모험대(大韓軍政署青年冒險隊)라는 조직을 만들어 제3분대장을 맡아 군자금 모금과 항일단체 재건을 위해 동분서주했다. 또한 그 해 3월에는 영안현(寧安縣)·액목현(額穆縣)·돈화현(敦化縣) 지방에 흩어져 있던 대한군정서 소속의 대종교 항일투사들의 결속에도 앞장섰다. 이를 통해 대종교 교세의 확장을 도모하고 항일투쟁의 근거를 확고히 하고자 하는 목적이었다. 당시 돈화현에 거주하던 이경렬은 이춘보(李春甫)·함희(咸熙) 등과 대종교의 교당 설치와 포교를 위하여 같은 달 25일 밀산으로 향하였다.

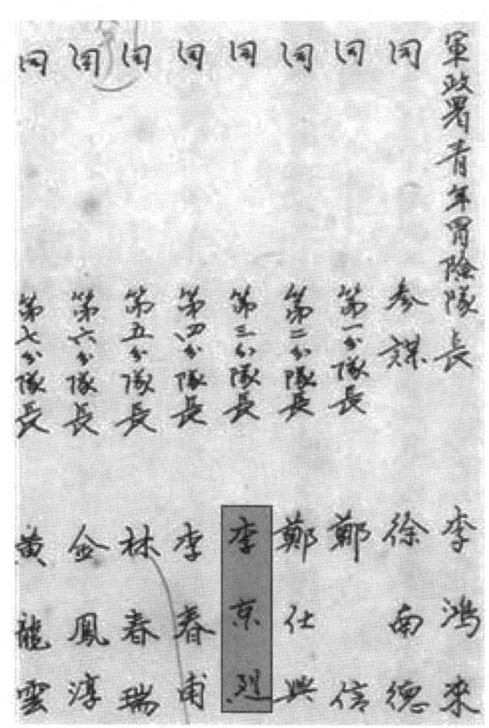

1922년초 일제의 문서에 기록된 대한군정서청년모험대 임원 명단. 가운데 제3분대장 李京烈(네모 안)이란 이름이 보인다.

1923년 3월 1일에는 영안현·액목현(額穆縣)·돈화현 등지에 산재해 있는 대한군정서·대한국민회(大韓國民會)·광복단(光復團)·의군단(義軍團)의 지도자들과 새로운 도약을 모색하기도 했다. 이경렬은 대한군정서 일부 세력과 국민회가 근거하던 돈화현 대교하(大橋河)에 모여 단체연합에 관한 문제와 수전사업경영을 통한 단원들의 생활 안정에 대한 회의를 개최 결의사항을 이끌어 낼 당시, 나중소(羅仲昭)·허영근(許永根)·이승래(李承來)·김연숙(金淵淑) 등과 대한군정서 대표로 참여하였다. 국민회의 대표로는 구춘선(具春先)·강백규(姜伯奎)·염태익(廉泰益)·박천영(朴天英)·최환규(崔煥奎)·황칠성(黃七星)이, 광복단 대표로는 김성극(金星極)·허경준(許京俊)이, 그리고 의군단 대표로는 지우강(池雨降)·장석태(張碩泰) 등이 동참하였다.

한편 이경렬은 1923년 7월 이설(李卨)·김성(金聲) 등과 용정촌 동양학원의 방한민(方漢旻)과 연락하며 파괴와 암살 등을 계획하기도 하는가 하면, 7월에는 박만호(朴萬浩) 등 80여명과 안도현의 고동하(古洞河) 지역으로 이동하여 동일한 다갈색(茶褐色) 군복을 입고 체계적인 훈련을 실시하기도 했다. 1924년 1월 들어서는 모연대(募捐隊)를 만들어 그 대장을 맡아 황용운(黃龍雲)·전상봉(全相鳳)·이승래·김홍섭(金洪涉) 등과 함경북도 화령군 운두면(雲頭面) 북성동(城北洞)에 잠입하여 군자금을 모으기도 했다. 또한 3월 하순에는 돈화현 황토요자(黃土凹子)에 근거를 두고 이홍래·강승경(姜承卿)·황룡운·이춘보·이승래·이찬(李傑) 등 대한군정서 계열의 동지들과 대한독립단모연대를 결성하였다. 이 모연대는 대장 이홍래를 비롯하여 30여명을 3대로 나누어 국내의 무산(茂山)·회령(會寧)·종성(鍾城)·온성(穩城) 방면으로 모연활동을 전개하였다. 당시 이경렬은 이춘보를 이끌고 제2대장을 맡아 활약하였다.

1924년 4월 6일에는 대종교의 평생동지인 이홍래가 강승경과 함께 일제에 의해 체포되자, 이에 대한 보복으로 황용운·이승래와 협의하여 보복과 응징을 기도하기도 했다. 그 방법으로, 합이파령(哈爾巴嶺) 이북으로 움직이는 친일파 인물들을 혹형에 처하기로 하는가 하면, 모험대를 조직하여 간도 및 국내로 침입하여 일제의 관공서 파괴와 주요 관리들을 암살하기로 계획을 세웠다.

이경렬의 대종교 교력을 보면, 1923년 4월 23일(음력, 이하 음력) 이동희(李東熙)·황창극(黃昌極)·송삼(宋三)·이홍기(李弘基) 등과 대종교총본사의 특별추천으로 영계(靈戒)를 받은 기록이 있다. 그의 대한군정서 시절의 경험으로부터 보면 비교적 늦게 받은 것이다. 그러나 총본사의 특별추천이라는 경우에서 보듯, 그의 대종교 연관성이 그 이전부터 깊었음을 알 수 있다.

이경렬은 그가 돈화구 이도량자(二道梁子)를 거점으로 항일투쟁을 벌이던 시절인 1924년 3월 25일, 대종교총본사 기본 및 경상금 수금위원(大倧教總本司基本及經常金收金委員)으로도 임명되었다. 그 지역 대종교 경제활동의 중심적 역할을 담당한 것이다. 이후 이경렬은 대종교의 본거지인 영안현으로 거점을 옮겼다. 그리고 1937년 8월 24일에는 이경문(李敬文)과 함께 영안현 사란진(沙蘭鎭) 구역을 관할하는 대종교 재만교구경상금수납위원(在滿教區經常金

收納委員)으로 임명되었다. 그가 1920년대 중반부터 1930년대 후반까지 꾸준히 대종교의 경제적 중심부에 있었음을 말해 준다.

1926년 대종교에서 작성한 문서 속에 실려 있는 大倧敎總本司基本及經常金收金委員 명단. 맨 오른쪽 위에 李京烈이라는 이름이 보인다.

이러한 점을 살피면 그의 대종교 교질(敎秩) 역시 상당했을 것으로 추정되나, 그것과 연관된 기록은 하나도 남아 있지 않다. 또한 이후 그의 행적 역시 알 길이 없다.

[참고문헌]
『대종교보』 제58호(1923년)·제115호(1937년), 「大倧敎施敎堂一覽表(1926年)」(延边朝鲜族自治州档案馆 全宗号42 目录号1 案卷号343, 和龙县历史档案 和龙县警察所, 令各区查禁韩人设立大倧敎堂由, 民国十五年五月十二日)、「間島地方 不逞鮮人의 狀況에 관한 건」(不逞團關係雜件-朝鮮人의 部-在滿洲의 部29, 機密 第393號; 秘受 11090號, 한국사DB, 국사편찬위원회), 「大韓軍政署 殘黨으로 組織된 靑年冒險隊에 관한 건」(不逞團關係雜件-朝鮮人의 部-在滿洲의 部31, 機密 第67號; 機密受第84號, 한국사DB, 국사편찬위원회), 「不逞團의 聯合會議 開催와 水田事業에 관한 건」(不逞團關係雜件-朝鮮人의 部-在滿洲의 部35, 機密 第104號; 機密受第114號, 한국사DB, 국사편찬위원회), 「間島 接壤地 地方 不逞鮮人의 行動에 관한 건」(不逞團關係雜件-朝鮮人의 部-在滿洲의 部36, 機密 第279號; 機密受第289號, 한국사DB, 국사편찬위원회), 「鮮地 侵入 不逞鮮人의 行動에 關한 件」(不逞團關係雜件-朝鮮人의 部-在滿洲의 部37, 機密 第17號; 機密受第25號, 한국사DB, 국사편찬위원회), 「最近 間島 및 接壤地方 不逞鮮人의 行動에 관한 件」(不逞團關係雜件-朝鮮人의 部-在滿洲의 部38, 機密 第90號; 機密受 第98號, 한국사DB, 국사편찬위원회), 「獨立軍團員 李鴻來 等 逮捕에 관한 件」(不逞團關係雜件-朝鮮人의 部-在滿洲의 部38, 公 第195號; 普通受 第211號, 한국사DB, 국사편찬위원회), 「李鴻來 一派 檢擧에 대한 密告鮮人 暗殺計劃에 관한 건」(不逞團關係雜件-朝鮮人의 部-在滿洲의 部39, 機密 第200號; 機密受第208號, 한국사DB, 국사편찬위원회), 『한국독립운동사자료』38(국사편찬위원회, 2002)

이경문(李敬文, 남, 생몰 미상)
입교 시기_ 1937년 이전 | 교질_ 미상

출신지역이나 생몰연대를 알 수 없는 인물로 일제의 기록에도 드러나지 않는다. 1937년 국내에서 발생한 꼼그룹

사건과 연관된 창화공업친목회(昌和工業親睦會)의 이경문(李敬文)과는 동명이인이다.

이경문의 행적이 드러나는 곳은 1937년에 발간된 『대종교보(大倧敎報)』(제115호)가 유일하다. 여기에는 이경문이 1937년 8월 24일 대종교 재만교구경상금수납위원(在滿敎區經常金收納委員)으로 임명된 기록이 있다. 그 이전에 대종교에 입교한 인물임을 알 수 있다. 당시 이경문은 영안현(寧安縣) 지역을 관할하는 수납위원으로, 그 시기 영안현은 대종교의 중심지였다. 이경문과 함께 영안현을 관할한 수납위원들을 보면 이경렬(李京烈)·전태익(全泰益)·이희영(李禧榮)·김선(金宣)·양현(梁玄)·윤태선(尹泰善)·김영헌(金榮軒)·채오(蔡五)·김근산(金權山)·최학수(崔學秀) 등으로, 대부분이 항일투쟁의 중심인물들이었다.

이경문과 함께 영안현 사란진(沙蘭鎭) 구역을 관할한 이경렬만 보더라도 대한군정서(북로군정서)로부터 신민부까지 대종교 항일투쟁의 거물급이었다. 이경문이 이들과 대종교 만주교구의 경제적 기반의 중심에 있었다는 것은, 대종교나 항일투쟁에서 그의 위치가 상당했다는 것을 말해 준다.

[참고문헌]
『대종교보』 제115호(1937년)

이경상(李景相, 남, 1891-?)
아호(별명)_ 이경상(李京相)
입교 시기_ 1922년 | 교질_ 미상 | 서훈_ 애족장(2013)

함경북도 온성군(穩城郡) 남산면(南山面) 출신으로, 대종교 항일단체인 대한군정서(북로군정서)에서는 이경상(李京相)이라는 이름으로 활동했다. 1919년 3월경 중국 간도로 건너가 독립운동을 전개할 목적으로 동지를 규합하던 중, 길림성(吉林省) 왕청현(汪淸縣) 소재 대한군정서(북로군정서) 훈육부장(訓育部長)이었던 박영희(朴永熙, 朴斗熙)의 권유로 대한군정서에 가입하였다.

이경상은 1920년 왕청현(汪淸縣) 춘명향(春明鄕)에 거주하며, 그 지역 중경리(中慶里)를 관할하는 대한군정서 경신국(警信局) 제1분국의 제8과장을 지냈으며, 이후 서대파(西大坡) 이도(二島) 지역을 관할하는 경신국 제33분국 제3과장을 역임하면서 사관학교에 지급하는 피복·식료품·무기 등을 수송하였다. 당시 분국장은 이근식(李根植)이었으며, 안준(安俊)이 제1과장을, 최국정(崔國政)이 제2과장을 맡았다.

대한군정서의 경신국은 단순한 연락망을 넘어, 경사(警査)와 통신(通信)을 담당하는 기관이었다. 경사 업무는 민정 시찰, 각 단체의 행동과 적정(賊情) 정찰, 군사기밀조사, 내부 불순분자 색출, 임원 경호 등이었다. 또한 통신 업무는 신보(新報) 전파, 보도 및 통신 전달, 서령(署令) 및 선유문(宣諭文) 배포, 하물(荷物) 운반 등을 관할하였다. 또한 대한군정서 관할 구역에 있는 대다수의 사람들이 대종교

신자들이었던 까닭에 모연대(募捐隊)를 통한 군자금의 징수와 모금 및 신속한 연락이 훨씬 수월했다. 일제강점기 대종교의 교당은 곧 학교이자 독립운동의 전초기지 역할을 하였다. 그러므로 그들이 내는 종교적 성금은 곧 후학을 기르는 학자금인 동시에 항일투쟁을 위한 군자금이었다. 대종교의 군교일치(軍敎一致)의 실천을 그대로 확인시키는 부분이다.

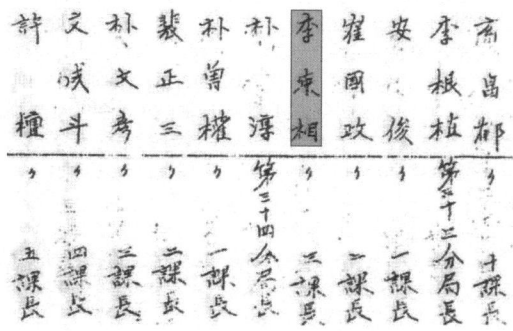

일제의 문서에 실려 있는 대한군정서 경신국 제33분국 제3과장 시절의 李京相(네모 안)에 대한 기록.

대한군정서의 경신국 조직이 39분국까지 펼쳐진 것도 주목되는 부분이다. 나아가 각 분국을 보면, 소분국은 1과에서 대분국은 20과까지를 두어 총 218과를 운영하고 있었다. 더욱이 그 분국장이나 과장들이 대다수가 대종교인들이었다. 대한군정서 경신국 조직이 대종교의 시교당·포교소 조직과 동일체라는 것이 드러나고 있다.

이경상은 1924년 음력 9월 동지인 김추곡(金秋谷)·박승빈(朴承斌)·방자천(方子天) 등과 협의하여 독립운동 자금 모집을 결의한 뒤, 연길현 지인향(志仁鄕)에서 군자금을 모집하였다. 그리고 1925년에도 연길현에서 군자금 모집활동을 전개하다가 간도일본총영사관 경무서(警務署)에 의해 체포되어 8월 국내 회령경찰서로 인계되었다. 1925년 9월 1일 청진지방법원 회령지청에서 징역 5년을 받고 서대문형무소에서 복역 후 1929년 3월 13일 출옥하였으나, 이후의 행적은 알려지지 않는다.

이경상의 대종교 교력을 보면 1922년 12월 5일(음력) 대종교 동이도본사의 추천으로 영계(靈戒)를 받은 기록이 있다. 그 이전에 대종교에 입교한 것을 알 수 있다. 당시 함께 영계를 받은 인물들 역시 송응수(宋應洙)·김창순(金昌淳) 등과 같은 항일투사들이었다. 한편 이경상의 입교가 대한군정서 가입 시기와 맞물릴 것으로 추정되나, 입교 행적이나 영계를 받은 후의 기록 역시 모두 전하지 않는다.

[참고문헌]
『대종교보』제115호(1937년), 「國外情報 – 大韓軍政署의 日誌에 관한 건」(不逞團關係雜件-朝鮮人의 部-在滿洲의 部26, 高警 第1007號; 秘受 1502號, 한국사DB, 국사편찬위원회), 「朝鮮側 警察이 朝鮮人 金順 等을 拘引시킨 것에 관한 건」(不逞團關係雜件-朝鮮人의 部-在滿洲의 部28, 公 第259號; 受 20669號, 한국사DB, 국사편찬위원회), 『매일신보』1925.9.16., 『신한민보』1925.10.15., 『독립운동사자료집』10(독립운동사편찬위원회, 1976)

이경희(李慶熙, 남, 1880-1949)
아호(별명)_ 지오(池吾), 군선(君善)
입교 시기_ 1916년 | 교질_ 상교 | 서훈_ 애국장(1990)

이경희

경상북도 달성군(達城郡) 공산면(公山面) 무태동(無怠洞) 출신으로, 지금의 대구광역시 북구 서변동(西邊洞) 지역이다. 일찍이 상경하여 1905년 한성 기호중학교(畿湖中學校)를 졸업하고 대구 협성학교(協成學校)와 안동 협동학교(協同學校)에서 교편을 잡았다.

또한 이 시기 대동청년단(大東靑年團)에 가입하여 국권회복운동에 깊숙이 들어갔다. 대동청년단은 신민회(新民會)의 정신을 이어받은 대종교계 비밀결사로, 일제강점기와 해방 후 오랜 시기까지도 정확한 내막이 밝혀지지 않을 정도로 비밀을 유지한 조직이다.

　一. 단원은 반드시 피로 맹세할 것.
　一. 새 단원의 가입은 단원 2면 이상의 추천을 받을 것.
　一. 團名이나 團에 관한 사항은 文字로 표시하지 말 것.
　一. 경찰 기타 기관에 체포될 경우 그 사건은 본인에만 한하고 다른 단원에게 連累시키지 말 것.

위의 단규(團規)에도 나타나듯이 철저한 비밀 활동을 원칙으로 하여 이들의 활동사항이 체계적으로 기록된 곳은 극히 드물다. 대동청년단은 17세부터 30세 미만의 청소년 80여명으로 조직된 단체로, 그 모든 구성원의 명단은 지금도 알려지지 않았다. 다만 조직원 80여명이 완전히 밝혀진 것은 아니지만, 당시 단원이자 대종교 항일투사인 윤병호(尹炳浩)의 메모에 의해 53명의 명단이 전할 뿐이다. 그 명단 중에는 이경희를 비롯하여 윤세복(尹世復)·안희제(安熙濟)·이원식(李元植)·남형우(南亨祐)·서상일(徐相日)·차병철(車乘轍)·신백우(申伯雨)·신성모(申性模)·신팔균(申八均)·민강(閔橿)·박광(朴洸)·김동삼(金東三)·신채호(申采浩)·이시열(李時說) 등, 대부분이 후일 대종교의 지도급 인물들로 활동하는 것도 특기되는 부분이다.

또 한편으로 이경희는 신민회 청년학우회 한성지회의 일원으로도 활동하였다. 그리고 이동영(李東寧)·이회영(李會榮)·윤기섭(尹琦燮)·김좌진(金佐鎭) 등과 독립군기지 창건을 위해 서간도로의 망명을 택한다. 이후 신흥무관학교 설립의 주최 세력이 되는가 하면, 심양(瀋陽)에서 달신학교(達新學校) 및 중국어학교를 설립하였다. 무송현(撫松縣)으로 넘어가서는 둔전을 조차하여 군자금을 확보 노력과 더불어 청장년을 훈련에도 힘을 쏟았다.

1919년 길림성(吉林省)에서 조직된 의열단에 참가하여, 김원봉(金元鳳)을 정점으로 김시현(金時顯)·김지섭(金祉燮)·

류시태(柳時泰)·홍종우(洪鍾佑)·황옥(黃鈺) 등과 5월 의거를 계획했다. 그들은 중국으로부터 폭탄 36개, 권총 13정, 폭탄장치용 시계 6개, 조선혁명선언서 및 조선총독부 관공리에 대한 투항권고문 2,000매 등을 국내에 반입시키는 데 성공하였다. 그러나 총독부 폭파 일보 직전에 동지 12명과 일본경찰에 체포되어 서대문형무소에서 2년 이상의 옥고를 치렀다. 출옥 후에도 쉬지 않고 1927년 2월 신간회 발족에도 참여하여 경성 중앙본부 총무와 경북 대구지회장을 겸임했다. 당시 30여 세포와 만 여명의 회원을 포섭하는 등, 발군의 활약하다가 밀양에서 다시 체포되어 곤욕을 치렀다. 식민지배의 말기로 치닫자 일제의 한민족말살을 위한 핍박도 극심해졌다. 그럼에도 이경희는 향리에 은둔하며 창씨개명을 끝내 거부했다.

광복을 맞아서는 과도정부 경상북도부지사와 대구부 초대 부윤(府尹, 市長)에 취임하였으나 미군정에 대한 실망을 안고 공직에서 물러났다. 이후에도 대한독립촉성국민회 경상북도위원장과 남선경제일보(南鮮經濟日報, 현 매일신문)의 사장을 역임하는 등, 해방 후 사회건설에 크게 이바지하였다.

이경희의 대종교에 입교는 1910년대로 전언되어 오지만, 일제강점기 대종교 교력과 관련된 그의 기록은 모두 없어져 전하지 않는다. 이에 대종교에서는 1946년 2월 23일(음력, 이하 음력) 만주로부터 환국하자마자 대종교남도본사의 특별추천으로 입교와 영계(靈戒), 그리고 참교(參敎)의 교질(敎秩) 단계를 건너뛰고 곧 바로 지교(知敎)의 교질을 수여하였다. 또한 며칠 후인 3월 6일에는 경의원(經議院) 상무참의(常務參議)로 선임하여 원로의 반열에 이름을 올린다.

그 해 11월 29일 이경희는 상교(尙敎)의 교질로 오르면서, 해방 후 대종교의 정착과 확산에 많은 기여를 하였다. 그리고 1949년 2월 9일에는 경상남북도를 관할하는 대종교 남사도본사(南四道本司)의 선범(宣範)을 맡아 마지막 열정을 쏟았다. 당시 이경희와 함께 남사도본사를 이끌던 인물들은 다음과 같다. 모두 일제강점기 항일의 전선에 몸을 던졌던 인물들이란 점이 주목된다.

성명	교질	직책	서임년월일(음)	직무
이동하(李東廈)	상교	전리(典理)	1949년 2월 9일	남사도본사의 宗務를 총괄
양세환(梁世煥)	상교	선리(宣理)	〃	倧理와 計理에 관한 宗務
이경희(李慶熙)	상교	선범(宣範)	〃	規理에 관한 宗務
이원태(李源台)	상교	선강(宣講)	〃	學理에 관한 宗務

[참고문헌]
『대종교보』한국기념호(1946년)·제152호(1946년)·제161호(1949년), 『대종교중광육십년사』(대종교총본사, 1971), 「義烈團ノ近情ニ關スル件」(不逞團關係雜件朝鮮人ノ部·別冊 義烈團行動 附 金元鳳, 高警第2905號 / 機密受第411號, 한국사DB, 국사편찬위원회), 『고등경찰요사』(경상북도경찰부, 1934), 『무장독립운동비사』(채근식, 대한민국공보처, 1949), 『한국독립사』하(김승학, 독립문화사, 1965), 『독립운동사자료집』11·14(독립운동사편찬위원회, 1976·1978), 『부산일보』1981.10.22

이계용(李啓溶, 남, 생몰 미상)
입교 시기_ 1937년 이전 | 교질_ 참교

출신지역과 생몰연대를 알 수 없는 인물이다. 일제의 문서에서도 확인이 되지 않으며, 1937년 대종교의 기록에만 등장하고 있다. 이계용은 1937년 1월 27일(음력) 대종교 기일시교당(起一施敎堂)의 찬무(贊務, 부책임자)로 임명된 기록이 전한다. 기일시교당은 밀산현(密山縣) 기성촌(箕城村)에 소재했던 시교당이다.

그 시기 밀산 지역은 영안현(寧安縣)과 함께 대종교의 주요 근거지였다. 청산리독립전쟁 이후 대종교 항일단체인 대한군정서(북로군정서)의 주력부대가 흘러들어간 곳이 밀산현이다. 또한 대한군정서를 이끌던 대종교지도자 백포(白圃) 서일(徐一)이 마지막 생을 마친 곳도 이곳이다. 더욱이 1925년 만주 당국의 대종교포교금지령이 내려지자, 교주였던 윤세복(尹世復)이 대종교를 이끌고 8년 동안 와신상담했던 공간이 밀산현이다. 그러므로 1937까지도 밀산현에는 대종교 교당과 학교가 많이 존치해 있었다.

한편 이계용이 찬무를 맡을 당시의 교질(敎秩)은 참교(參敎)였다. 그 이전에 대종교에 입교한 것이 확인된다. 또한 지교(知敎)의 교질에 있었던 허태원(許泰元)이 전무(典務, 책임자)를 맡았으며, 참교였던 류진묵(柳鎭默)이 이계용과 같은 찬무로서 기일시교당을 이끌었다.

[참고문헌]
『대종교보』제113호(1937년), 『대종교중광육십년사』(대종교총본사, 1971)

이곤(李坤, 남, 생몰 미상)
입교 시기_ 1922년 이전 | 교질_ 참교

출신지역과 생몰연대를 알 수 없는 인물이다. 이곤이란 이름은 일제의 문서에서는 일체 언급된 곳이 없다. 그 이름 역시 대종교 입교와 더불어 개명한 외자 이름일 듯하나, 그 또한 확인이 안 된다.

이곤의 대종교 교력을 보면, 1922년 3월 16일(음력) 참교(參敎)의 교질(敎秩)을 받은 기록이 있다. 그 이전에 대종교에 입교한 것이 확인된다. 그리고 그 다음 날인 3월 17일 대종교 동이도본사(東二道本司)의 계리감정(計理監正)으로 임명되어 동이도본사의 경리와 회계를 관할하였다. 당시 이곤과 같은 시기에 대종교 동이도본사의 주요 직책을 맡은 인물들을 보면 아래와 같다. 모두 그 시기 항일투쟁의 중심인물들이다. 이곤 역시 항일투쟁과 불가분의 관계에 있었던 인물임을 알 수 있다.

이름	당시교질	직책	서임년월일(음)	관여항일단체
이종수(李鍾琇)	지교(知敎)	선리부령(宣理部令)	1922년 3월 15일	고려공산당, 만몽산업회, 대한혁명단 등

이름	당시교질	직책	서임년월일(음)	관여항일단체
엄호 (嚴浩)	상교 (尙教)	선범부령 (宣範部令)	〃	대한군정서 등
김영숙 (金永肅)	〃	선강부령 (宣講部令)	〃	대한군정서 등
이정 (李楨)	참교 (參教)	종리감정 (倧理監正)	1922년 3월 17일	대한군정서 등
이곤 (李坤)	〃	계리감정 (計理監正)	〃	미상
류광민 (柳光民)	지교 (知教)	규리감정 (規理監正)	〃	영고탑재류선인회(寧 古塔在留鮮人會) 등
최충호 (崔忠浩)	〃	학리감정 (學理監正)	〃	대한독립군정서(大韓 獨立軍政署) 등

박명진의 『대종교독립운동사』에 적힌 대종교 동이도본사의 주요 교인
명단. 李坤(네모 안)이라는 이름이 보인다.

그러므로 대종교 항일투사 박명진(朴明鎭)은 그의 『대종교
독립운동사』에서, 한기욱(韓基昱)·신최수(申最秀)·최호(崔
灝)·김영숙·이민혁(李敏赫) 등의 인물들과 대종교 동이도
본사의 핵심 교인으로 이곤을 꼽았다.

[참고문헌]
『대종교보』제56호(1922년), 『종문영질』(프린트본, 1922), 『대종교독립운동사』
(박명진, 필사본, 1964), 『대종교중광육십년사』(대종교총본사, 1971)

이공래(李公來, 남, 생몰 미상)
아호(별명) _ 학평(鶴坪)
입교 시기 _ 1922년 이전 | 교질 _ 미상

출신지역과 생몰연대가 불분명한 인물로, 한계(韓溪) 이승
희(李承熙)의 문하생으로 알려져 있다. 1922년 9월 24일(음
력) 대종교 동이도본사(東二道本司) 추천으로 영계(靈戒)를
받은 것으로 보아, 대종교의 입교가 그 이전에 이루어졌
음이 확인된다. 당시 함께 영계를 받은 인물들은 김영선
(金榮璿)·권목(權穆) 등으로, 영안현(寧安縣) 해림시(海林市)
를 중심으로 활동한 항일투쟁의 중심인물들이다.
이공래는 같은 해 10월 13일(음력) 대종교 장일시교당(帳一
施教堂)의 찬무(贊務, 부책임자)로도 임명된다. 찬무란 시교
당의 전무(典務, 책임자)를 도와 시무하는 자리였다. 장일시
교당은 대종교 동일도제일지사에 속한 영안현(寧安縣) 해
림시(海林市)에 위치했으며, 당시 강인수(姜寅秀)가 전무를
맡고 원무의(元武儀)가 이공래와 같이 찬무를 맡았다.
전무였던 강인수는 1920년 대종교 항일단체인 대한군정서
(북로군정서)에 가담하여 청산리 전투에 참가했으며, 1922

년에는 북만주 해림에서 조선인의 지식개발과 산업교육·
경제진전(經濟進展)의 방법 연구를 목적으로 하는 북만경
학연구회(北滿耕學研究會)를 설립하여 부회장을 맡기도 했
다. 특히 1925년 4월 만주 영안현(寧安縣)에서 대종교 항일
단체인 신민부(新民府)를 조직하는데 깊이 가담하여 은계
(隱溪) 백순(白純)과 함께 신민부원들의 정신적 계도에 앞장
섰다. 원무의 역시 1923년 1월 2일(음력) 대종교총본사에서
발기한 소부계(蘇扶契)의 발기인으로 참여한 인물로, 소부
(蘇扶)란 부여(扶餘)와 같은 이름으로 부여민족의 중흥을 내
세웠던 대종교의 정신을 그대로 담은 명칭이었다.
이러한 정황에서 이공래 역시 대종교 포교 활동을 통한
항일투쟁과 뗄 수 없는 인물임을 알 수 있으나, 이후 그와
관련된 대종교의 교력이나 항일투쟁의 행적은 남아 있는
것이 없다.

[참고문헌]
『대종교보』제55호(1922년), 『대종교중광육십년사』(대종교총본사, 1971), 『韓溪
遺稿』7(국사편찬위원회, 1981)

이관빈(李觀彬, 남, 1896-?)
입교 시기 _ 1926년 이전 | 교질 _ 미상

출신지역과 생몰연대를 알 수 없는 인물이다. 일제의 기
록에서도 확인이 안 된다. 1926년 당시 대종교의 주요 거
점 중의 한 곳인 북간도의 혼춘현(琿春縣)에 거점을 잡고
대종교 항일투쟁을 펼쳤다. 이곳은 청산리독립전쟁 이후
자행된 경신참변을 아픔을 혹독히 겪은 지역으로, 많은
대종교 인물들이 은둔하며 암약하던 곳이기도 하다.
1926년 당시 혼춘현에만 11곳의 대종교시교당이 존재했
다. 이관빈은 혼춘현 순양사(純養社) 농막동(農慕洞)에 위치
한 대종교 농일시교당(農一施教堂)의 찬무(贊務, 부책임자)를
맡았다. 그 이전에 대종교에 입교한 것을 알 수 있다. 농
일시교당이 있었던 순양사 지역에만 아래와 같이 5곳의
시교당이 있었다. 그곳이 대종교의 거점 지역이었음을 다
시금 말해 준다.

명칭	소재지	교인수	전무(典務)	찬무(贊務)
산일시교당 (山一施教堂)	혼춘현 순양사 용두산(龍頭山)	140명	이덕기 (李德基)	염기운(廉基雲) 박춘길(朴春吉)
양일시교당 (養一施教堂)	〃 남태맹(南泰孟)	429명	채규화 (蔡奎化)	최기억(崔基億) 남균기(南鈞基)
농일시교당 (農一施教堂)	〃 농막동(農慕洞)	32명	서종영 (徐鐘永)	이관빈(李觀彬) 류행준(柳幸俊)
도일시교당 (道一施教堂)	〃 노두구(老頭溝)	122명	박봉주 (朴鳳周)	문창환(文昌煥) 박천주(朴天周)
장일시교당 (長一施教堂)	〃 장성촌(長城村)	228명	김종혁 (金宗爀)	채민언(蔡珉彦) 서윤매(徐允煤)

농일시교당의 책임자는 항일투사 서종영(徐鐘永)이었으

며, 류행준(柳幸俊)이 찬무(贊務, 부책임자)를 맡아 이관빈과 더불어 시무하였다. 아쉽게도 이관빈의 이후 행적은 전하는 것이 없다.

[참고문헌]
「大倧敎施敎堂一覽表(1926年)」(延邊朝鮮族自治州檔案館 全宗号42 目录号1 案卷号343, 和龙县历史档案 和龙县警察所, 令各区查禁韓人设立大倧敎堂由, 民国十五年五月十二日)

이관섭(李寬燮, 남, 생몰 미상)
입교 시기 _ 1923년 | 교질 _ 미상

출신지역과 생몰연대를 확인할 수 없는 인물이다. 일제의 기록에서도 발견되지 않으며, 오직 1923년 대종교의 기록에서만 등장하고 있다. 이관섭은 1923년 4월 1일(음력) 대종교 동일도본사(東一道本司)의 특별추천으로 영계(靈戒)를 받았다. 당시 함께 영계를 받은 인물들을 보면, 김찬(金燦)·박건(朴健)·김혁(金赫)·박진(朴震)·김철(金哲)·김포(金圃)·김원(金園)·김련(金鍊)·김관(金寬)·안영(安英)·김광(金光)·박걸(朴杰) 등과 같이 대부분의 인물들이 대종교식 외자로 개명한 이름들이다. 또 그 대다수가 만주 항일투쟁의 중심인물들이었다는 점에서, 이관섭 역시 대종교 항일투쟁에 깊이 관여했던 인물로 추정된다. 그러나 그 이후의 기록은 전하는 것이 없다.

[참고문헌]
『대종교보』제58호(1923년)

이관영(李寬永, 남, 생몰 미상)
입교 시기 _ 1937년 이전 | 교질 _ 미상

출신지역과 생몰연대를 알 수가 없다. 일제의 여타 문서에서도 드러나지 않는 인물이다. 대부분의 기록이 없어진 대종교단 내에 유일하게 이름이 등장할 뿐이다. 이관영은 1937년 8월 24일(음력) 이대범(李大範)·박세훈(朴世勳)과 함께 밀산현(密山縣) 하량자(下亮子) 지역을 관장하는 대종교 재만교구경상금수납위원(在滿敎區經常金收納委員)으로 임명된 기록이 있다. 그의 대종교 입교가 그 이전에 이루어졌음을 알려준다.

당시 대종교 재만교구경상금수납은 영안현(寧安縣) 8곳, 아성현(阿城縣) 1곳, 하얼빈시가 1곳, 오상현(五常縣) 1곳, 쌍성현(雙城縣) 2곳, 유수현(楡樹縣) 1곳, 신경시(新京市) 1곳, 화전현(樺甸縣) 1곳, 돈화현(敦化縣) 2곳, 왕청현(汪淸縣) 4곳, 화룡현(和龍縣) 1곳, 도문시(圖們市) 1곳, 연길현(延吉縣) 2곳, 동녕현(東寧縣) 1곳, 동흥현(東興縣) 1곳, 파언현(巴彦縣) 2곳, 밀산현 10곳, 봉천성십간방(奉天省十間房) 1곳

등, 총 41곳의 지역으로 나누어 시행되었다. 그 중에서도 대종교의 주요 거점이었던 영안현(8곳)과 밀산현(10곳)이 그 중심을 이루었음을 보여준다.

한편 이관영과 함께 재만교구경상금수납위원으로 활동한 인물들이 채오(蔡五)·양현(梁玄)·이경렬(李京烈)·김서종(金書鍾)·김영숙(金永肅)·현천극(玄天極)·강철구(姜鐵求)·권상익(權相益)·나경석(羅京錫)·이현익(李顯翼) 등, 모두 대종교의 중진이면서 만주항일투쟁의 거물들이었다는 점이다. 이관영의 대종교단 내에서의 무게와 더불어 항일투쟁에서도 상당한 역할을 했을 것으로 추정되는 부분이다.

『대종교보』제115호(1937년)에 실린 대종교 在滿敎區經常金收納委員 명단의 일부. 가운데 아래에 李寬永(네모 안)의 이름이 보인다.

[참고문헌]
『대종교보』제115호(1937년)

이광(李光, 남, 1879-1966)
아호(별명) _ 성암(醒庵)
입교 시기 _ 1912년대 | 교질 _ 정교 | 서훈 _ 독립장(1963)

충청북도 청주 출신의 대종교 항일투사다. 두 아들 이윤장(李允章)·이윤철(李允哲) 역시 항일운동에 헌신한 애국지사다. 이광은 1907년 신민회(新民會)에 가입하여 만주 지역에 독립운동 기지 확보를 통한 민주정부와 군관학교를 설립 계획에 참여하였다.

이광은 이 계획의 실천을 위하여 1911년 초 이상룡(李相龍)·이철영(李哲榮)·이시영(李始榮)·이회영(李會榮)·이동녕(李東寧)·김형식(金衡植)·황만영(黃萬英)·이명세(李明世) 등

이광

과 함께 서간도로 떠났다. 그리고 그곳에 경학사(耕學社)를 조직하고 신흥강습소를 설치하여, 독립운동의 터전과 청년 군관의 양성을 도모하였다. 이 시기 이광은 신흥학교의 교장을 잠시 지내기도 하였다.

1912년에는 북경(北京)으로 넘어가 고향 친우이자 대종교 시교사(大倧教施教師)였던 신규식(申圭植)이 이끄는 동제사(同濟社)에 가입한다. 동제사는 대종교계 항일단체로 재상해한인공제회(在上海韓人共濟會)라는 별칭이 말해 주듯 표면적으로는 상해 거류 한인의 상조기관처럼 활동했으나 실제 목적은 독립운동이었다. 이사장은 신규식, 총재는 박은식(朴殷植)이 맡았으며, 그 밖의 중견 간부는 이광을 비롯하여 신채호(申采浩)·홍명희(洪命熹)·조소앙(趙素昻)·박찬익(朴贊翊)·조성환(曹成煥)·신건식(申健植)·신철(申澈)·민제호(閔濟鎬)·김갑(金甲)·신석우(申錫雨)·김덕(金德) 등이었다. 이들의 공통점이라면 대종교인들로 충북 출신이 많았다는 점이다.

이광은 대종교지도자인 박은식·신규식 등과 함께 자유당과 동제사 활동에 깊이 관여하면서 남경민국대학(南京民國大學)에 재학하며 학업을 이어갔다. 또한 1919년 2월 길림에서 발표된 「대한독립선언서(일명 무오독립선언서)」에도 39명 대표 중 1인으로 서명하였다. 「대한독립선언」은 「중광단선언(重光團宣言)」으로도 명명되는 바와 같이, 대종교 선언이라 해도 과언이 아니다. 「대한독립선언」은 대종교의 중광단(重光團)을 중심으로 무오년(1918년) 초부터 준비되어 1919년 2월 (또는 1918년 11월), 만주 길림에서 만주와 연해주 및 중국, 미국 등 해외에서 활동 중인 독립운동가 39명의 명의로 발표된 독립선언서다. 이 선언을 「중광단선언」이라고도 하는 이유다.

그 주축이 된 중광단은 1911년 대종교도인 서일(徐一)·현천묵(玄天默)·박찬익 등이 중심이 되어 조직한 독립운동단체로, 1909년 대종교의 중광(重光, 우리 고유의 단군신앙이 다시 부활했다는 의미)에서 그 명칭을 가져왔다. 중광단은 1911년 왕청현에 본부를 두고 단장으로 서일을 선출하고, 3·1운동 직후 1919년 4월 대한정의단으로, 그 해 10월에는 대한군정부로 개편하였다. 대한군정부는 같은 해 12월 상해 임시정부의 승인을 받아 대한군정서(북로군정서)가 되었다. 이 단체는 만주에서 결성된 대표적 항일운동단체로, 대종교의 정신을 토대로 적극적인 무장항일운동을 전개했다. '대한독립선언'은 그 작성과 서명이 사전에 이루어졌음을 고려하여, 별칭으로 「무오독립선언」 또는 「길림선언」으로 불리기도 한다. 일제강점기 우리 민족이 최초로 선포한 독립선언서로 2·8 독립선언과 3·1운동의 선구적 역할을 했다고 평가를 받는다.

이광은 1919년 3·1독립만세운동이 일어나자 상해로 거점을 옮겼다. 당시 많은 애국지사들이 상해로 집결하여 임

시정부를 수립하고 임시의정원을 설립하게 되었는데, 이때 그는 임시의정원 의원으로 피선되어 임시정부의 설립에 많은 역할을 담당하였다. 또한 1921년 12월에는 임시정부 외무부 외교위원으로 조성환·한세량(韓世良)과 함께 북경주재(北京駐在) 특파원의 임무를 맡아 교민들의 거주권 확보와 생활안정 등, 교민의 생계를 보호하였다. 1930년에는 북경에서 대종교 중심 인물인 박용태(朴龍泰) 등과 대한독립당주비회(大韓獨立黨籌備會)를 결성하고 기관지 『조선지혈(朝鮮之血)』을 순간(旬刊)으로 발행하였는데, 그는 기자로 활동하였다.

1932년 9월 이광은 남경에 집결한 항일투사들과 한국광복진선(韓國光復陣線)을 조직하고 그 간부가 되어 홍진(洪震)·조완구·조소앙·현익철(玄益哲)·조경한(趙擎韓)·엄항섭(嚴恒燮) 등과 함께 선전활동에 전념하였다. 1938년에는 장사(長沙)에서 임시정부 호남성(湖南省) 외교원으로 활약하였으며, 1944년 3월에는 한국독립당(韓國獨立黨) 당원으로서 임시정부를 적극 지원하였다.

이광이 기자로 활동하던 『조선지혈』 창간호.

이광은 광복을 맞아서도 곧바로 귀국하지 못했다. 1945년 10월 15일 임시정부 환국에 앞서 교포 보호를 위해 한교선무단(韓僑宣撫團)을 조직하여 임시정부가 환국한 뒤의 중국정부와의 연락업무 및 교포 송환문제와 기타 처리할 일을 맡았기 때문이다. 이에 따라 이광은 화북(華北) 지역 한교선무단 단장으로 임명되어 중국 동북 일대에서 팔

로군(八路軍)에 의해 포위 당하고 있는 교포들을 중국정부 및 미군과 교섭하여 구출해 내었다. 그리고 1948년에야 비로소 고국 땅을 밟게 된 이광은, 1949년 충청북도지사직을 시작으로 감찰위원장, 체신부장관 등을 역임하면서 해방 조국의 발전에도 많은 힘을 기울였다.

이광의 대종교 교력을 보면 1922년 9월 19일(음력, 이하 음력) 영계(靈戒)를 받은 기록이 있다. 그 이전에 입교한 것이 확인된다. 대종교단 내에서는 그의 대종교 입교가 동제사 활동 전후로 전언되어 오나 정확한 기록은 없다. 대종교 항일투사 이현익(李顯翼)이 기록한『대종교인과 독립운동연원』에는 예관(睨觀) 신규식과 동고(同苦)한 임시정부의 원로요 망명투사(亡命鬪士)로 이광을 기록하면서, 일제강점기 120여명의 대종교항일투사의 반열에 올려놓고 있다. 또한 대종교 항일투사 박명진 역시 1910년대 후반 대종교 서일도본사(西一道本司)의 주요 교인으로 이광을 꼽고 있다.

그러므로 대종교에서는 이광이 환국한 직후인 1949년 3월 10일, 참교(參敎)의 교질(敎秩) 단계를 건너 뛰어 지교(知敎)의 교질을 곧바로 수여하였다. 이것은 파격적 대우로, 상해 시절에 이미 대종교 입교한 이광의 전력을 존중한 것이다. 당시 이광에게 내린 지교 수여의 덕담은 '대종교에 대한 믿음이 더욱 돈독하여 교질을 올린다[信悰益篤合選陞秩]'는 것이었다. 그리고 1954년 5월 2일 이광은 전교회의(典敎會議)의 결의에 의해 이흥수(李興秀)·정원택(鄭元澤)·신대식(申大植)·박창화(朴昌和)와 함께 정교(正敎)에 올랐으며, 1954년 5월 3일에는 원로원(元老院) 참의(參議)로 피선되었고, 그 해 7월 20일에는 마침내 원로원 원장(院長)으로 추대되어 최고 원로로 대접을 받았다.

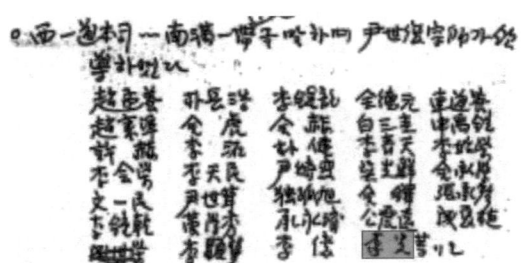

박명진의『대종교독립운동사』에 기록된 서일도본사의 주요 교인 명단. 맨 아래에 李光(네모 안)이라는 이름이 적혀 있다.

[참고문헌]
『대종교보』제55호(1922년)·제161호(1949년)·제180호(1953년)·제181호(1954년),『대종교인과 독립운동연원』(이현익, 프린트본, 1963),『대종교독립운동사』(박명진, 필사본, 1964),『대종교중광육십년사』(대종교총본사, 1971),『고등경찰요사』(경상북도경찰부, 1934),『조선민족운동연감』(재상해일본총영사관, 동문사, 1946),『무장독립운동비사』(채근식, 대한민국공보처, 1949),『조선독립운동』Ⅱ·Ⅲ(김정명, 原書房, 1967),『한국독립사』(김승학, 독립문화사, 1970),『독립운동사』3·5·6·8·9(독립운동사편찬위원회, 1971~1978),『대한민국임시정부의정원문서』(국회도서관, 1974),『독립운동사자료집』9(독립운동사편찬위원회, 1975),『지산외유일지』(정원택, 탐구당, 1983)

이광수(李光秀, 남, 1873-1965)
아호(별명) _ 미중(美中), 옥산(玉山)
입교 시기 _ 1909년 | 교질 _ 지교 | 서훈 _ 애족장(1990)

이광수

전라남도 담양군(潭陽郡) 창평면(昌平面) 장화리(長華里) 출신이다. 조선 왕족 양녕대군의 17대손으로, 일제강점기 동아일보 기자로 활동한 이혁(李烿)의 부친이기도 하다.

일찍이 노사(蘆沙) 기정진(奇正鎭)의 학문을 잇는 노사학파(蘆沙學派)에 속하면서, 기정진의 손자인 송사(松沙) 기우만(奇宇萬)으로부터 아낌없는 찬사를 받았던 인물이다. 그러나 1900년 서울로 올라가 성균관박사로 활동하면서 시대의 변화와 신학문을 접하게 된다. 이 시기 신채호(申采浩)와 양한묵(梁漢黙) 등의 학자들과 교류하며 그가 학습한 성리학에 대한 회의가 더욱 깊어졌다. 이광수는 상투를 자르고 개화와 변화에 앞장섰다가, 스승인 기우만으로부터 파문(破門)이라는 학문적 사형까지도 당했다.

이후 이광수는 을사늑약이 체결되자 이에 반대하며 통감부에 항의문을 제출하는가 하면, 1907년 3월에는 자신회(自新會)라는 비밀결사를 조직하여 후일 대종교의 동지가 되는 나인영(羅寅永, 羅喆)·오기호(吳基鎬)·김동필(金東弼)·박대하(朴大夏)·이홍래(李鴻來)·정인국(鄭寅國)·김영채(金永采)·이용태(李容泰) 등과 함께 을사늑약 체결에 협조했던 박제순(朴齊純)·이지용(李址鎔)·이근택(李根澤)·이완용(李完用)·권중현(權重顯) 등 오적주살(五賊誅殺)을 시도하기도 했다.

이 거사를 시행하기 위해서는 치밀한 계획과 조직 그리고 거사에 필요한 자금 등이 요구되었다. 이광수 등은 우선 무기 구입과 행동에 필요한 거사 자금을 구하고자 모금을 하였다. 이광수는 솔선하여 2만냥이라는 거금을 내놓았으며, 나철과 오기호 등도 자기 부인의 비녀 등을 팔아 헌납하였다. 또한 이용태(李容兌)·정인국(鄭寅國)·윤주찬(尹柱瓚) 등도 기꺼이 거사자금을 희사하였다. 그러나 을사5적의 주살 시도는 실패로 돌아갔다. 그리고 지도부와 행동대가 대부분 평리원(平理院)에 체포되어 내란죄로 처벌받는다. 이광수는 나인영 등과 함께 10년 유배형을 받아 진도에 정배(定配)되었다가 1907년 12월에 순종의 특사(特赦)로 풀려났다.

석방 후 이광수는 호남학회에 가담하여 활동하면서 자신회의 동지들과 꾸준히 교감하였다. 이 두 집단의 인물들은 호남출신들이라는 공통점이 있었다. 이광수는 호남학회 구성원이었던 나인영·오기호·윤주찬(대한협회 회원)·이기(李沂)·최동식(崔東植)·김영채(金永采)·김인식(金寅植) 등과 함께 교육구국운동에 열중하였다. 이들은 국어·국사의 연구 및 민족교육에 전력을 기울였는데, 국사교육 특히 개국시조 단군을 구심점으로 하는 민족정신교육에 힘썼다. 후일 대종교 중광(重光) 정신의 중요한 토대가 된다. 또한 이광수는 천도교의 양한묵 등과 밀모하여 3·1독립만세운동의 확산에도 많은 기여를 했다고 하나, 그 결정적 자료는 전하는 것이 없다. 이후 은둔하듯 고향에서 학문수양에 정진하는가 하면, 회갑(回甲)이 되는 1933년에는 홀로 금강산 유람에 나서며 식민지의 울분을 글로 남기기도 했다.

이광수의 대종교 교력은 1909년 1월 15일(음력, 이하 음력) 중광 당시부터 시작된다. 을사오적 주살 사건으로부터 연결되는 자신회와 호남학회의 동지들과 대종교 중광에 동참한 것이 그 시발이다. 이광수는 「대종교포고문(大倧教布告文)」을 찬술할 정도로 대종교 교라(教理)에도 관심이 많았다. 그는 단군의 위상을 '이치의 주재자(理一主宰)'로 인식하는가 하면, '동방 이학의 으뜸(東方理學之祖)'으로까지 추앙하였다. 성리학적 지식인으로서는 사유할 수 없는 단군에 대한 인식이었다. 그가 부친인 청고(青皐) 이승학(李承鶴)과 사상적 반목을 하게 된 주요 이유가 된다. 더욱이 이광수의 조부는 기정진의 제자 석전(石田) 이최선(李最善)이었고, 부친인 이승학은 기우만과 함께 척사의병을 일으킨 인물이었다.

이광수는 1911년 1월 15일, 호남학회의 동지이자 홍암(弘巖) 나철의 절친이었던 윤주찬·김인식·황병욱(黃炳郁) 등과 참교(參教)의 교질(教秩)을 받았다. 그리고 1916년 12월 27일에는 나주영(羅宙永)·나정수(羅正綬)·김교영(金教榮)·민중식(閔仲植)·정택기(鄭宅基)과 지교(知教)의 교질에 올랐으나, 이후의 대종교 행적은 남아있지 않다. 아마도 1916년 8월 16일, 그의 평생동지이자 대종교 교주였던 나철의 순교가 소극적으로 돌아서게 된 계기가 된 듯하다.

[참고문헌]
『倧令』제3호(1911년), 『종문영질』(프린트본, 1922), 『대종교중광육십년사』(대종교총본사, 1971), 『승정원일기』1901년 3월 12일(음)·1915년 5월 25일(음), 『梅泉野錄』(황현, 국사편찬위원회, 1955), 『大韓季年史』下(정교, 국사편찬위원회, 1957), 『독립운동사』8(독립운동사편찬위원회, 1969), 『迎瑞堂記』(李漢基, 박영사, 1986), 『옥산선생문집』(이광수, 경인문화사, 1997)

이광출(李廣出, 여, 생몰 미상)
입교 시기 _ 1922년 | 교질 _ 미상

출신지역과 생몰연대를 확인할 수 없는 인물로, 1920년대 국내 서울을 중심으로 대종교 활동을 펼친 여성활동가다. 이광출은 1922년 12월 23일 김순원(金順媛)·이화경(李華卿)·이성래(李姓來)·이정원(李貞媛)·한진원(韓眞媛)·권병원(權丙媛)·황문종(黃文鍾)·조문창(趙文昌) 등의 여성들과 영계(靈戒)를 받은 기록이 있다. 그 이전에 대종교에 입교한 것이 확인된다. 대종교단에서는 이들이 당시 대종교 주요 인물들의 부인(夫人)으로 전언되어 오지만, 그 구체적 내용은 알 길이 없다.

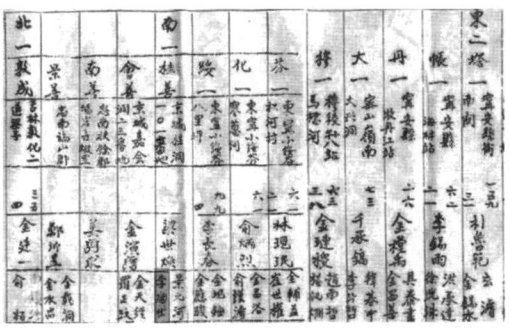

1926년 당시 大倧敎施敎堂一覽表 기록의 일부. 왼쪽 아래에 李廣出(네모 안)의 이름이 보인다.

1926년에 작성된 대종교의 문건에도, 대종교 계선시교당(桂善施教堂)의 찬무(贊務, 부책임자)를 맡은 인물로 이광출이 등장한다. 계선시교당은 국내 경성부(京城府) 계동(桂洞) 110번지에 소재한 시교당으로 대종교 남일도본사(南一道本司) 관할이었다. 당시 계선시교당의 책임자는 항일투사 양세환(梁世煥)이었으며 경원하(景元河)가 이광출과 함께 찬무를 맡아 시무했다. 이 시기 이광출의 활동과 역할로 보아 대종교 교질(教秩) 또한 일정 단계에 이르렀을 것으로 추정되지만, 이 역시 남아있는 것이 없다.

[참고문헌]
『대종교보』제56호(1922년), 「大倧敎施敎堂一覽表(1926年)」(延边朝鲜族自治州档案馆 全宗号42 目录号1 案卷号343, 和龙县历史档案, 和龙县警察所, 令各区查禁韩人设立大倧教堂由, 民国十五年五月十二日)

이광희(李光熙, 남, 1907-?)
입교 시기 _ 1945년 이전 | 교질 _ 참교

출신지역과 생몰연대를 알 수 없는 인물로, 대통령표창(1995)을 받은 충남 연기군(燕岐郡) 출신의 이광희(李光熙, 1895-1943)와는 동명이인이다. 1923년 초 고려공산당 활동에 가담한 바 있으며, 1925년 대종교 항일단체인 신민부(新民府)가 만들어지자 이에 동참하여 적극 항일투쟁을 전개하였다.

신민부는 대종교의 대한군정서(북로군정서)를 계승한 단체로, 그 주요 구성원의 대부분이 대종교인이었다. 따라서 이들이 신봉하였던 대종교 이념이 자연스레 신민부의 주요한 이념으로 자리 잡았다. 신민부 요원이었던 이강훈(李康勳)이 "신민부의 기본철학은 대종교의 홍익인간과 중광정신이었다. 그렇다고 해서 결코 봉건적이었다거나 파쇼적인 것은 아니었다"는 회고가 이를 방증한다. 이광희는 1926년 봄 혼춘(琿春) 지역에서, 모연대장(募捐隊

長)인 최호(崔浩)와 모연대원인 김복수(金福壽)·이경무(李京武)와 함께 모연활동을 전개한 기록이 있다. 그러나 이 과정에서 일제에 체포되어 그 해 7월 2년형을 언도 받고 국자가 감옥(局子街監獄)에서 수형 생활을 하였다. 출옥 후에는 대종교의 거점인 영안현(寧安縣)에 거점을 잡고 중국공산당 만주성위원회(滿洲省委員會) 산하 영안현 남구위원회(南區委員會) 회원으로도 활동하였다.

이광희와 관련된 대종교의 입교 기록이나 영계(靈戒) 사항은 남아있는 것이 없다. 다만 1945년 10월 1일(음력) 영안현 동경성(東京城)에 소재한 대종교총본사의 특별추천으로 참교(參敎)의 교질(敎秩)을 받은 기록이 있다. 당시 교주인 윤세복(尹世復)이, 1942년 대종교지도자 일제구속사건(一齊拘束事件)인 임오교변(壬午敎變)으로 투옥되었다가 풀려난 직후에 이루어진 일이다. 이광희의 대종교 입교가 신민부 시절이나 그 이전으로 소급됨을 암시해 준다. 이후 이광희의 행적 역시 알 길이 없다.

[참고문헌]
『대종교보』제148호(1945년). 「高麗共産黨 代表會의 內幕 및 國際共産黨 鮮人部 經過 狀況에 관한 譯文 送付의 件」(不逞團關係雜件-朝鮮人의 部-鮮人의 過激派4, 機密 제186호, 한국사DB, 국사편찬위원회). 「大正十五年 八月中 間島(琿春縣을 包含) 및 接壤地方 治安情况」(不逞團關係雜件-朝鮮人의 部-在滿洲의 部43, 機密 第845號; 外務省文書課受 第881號, 한국사DB, 국사편찬위원회). 『용의조선인명부』(조선총독부경무국, 1934). 『민족해방운동과 나』(이강훈, 제삼기획, 1994)

이군화(李君化, 여, 생몰 미상)
입교 시기 _ 1937년 이전 | 교질 _ 참교

여성으로서 대종교 포교에 앞장 선 인물이나, 출신지역과 생몰연대는 알 수가 없다. 1937년 5월 28일(음력) 대종교총본사의 특별추천에 의해, 하달해(河達海)라는 여성과 함께 영계(靈戒)와 참교(參敎)의 교질(敎秩)을 동시에 받았다. 이러한 사례는 흔치 않은 경우로, 특히 여성으로서는 더더욱 드문 일이다. 이군화가 그 이전에 대종교에 깊이 관여한 인물임을 말해주는 부분이다.

또한 이군화는 같은 날 하달해와 함께 대종교 남일도본사(南一道本司) 소속의 시교원(施敎員)으로도 임명되었다. 당시 대종교총본사는 만주 영안현(寧安縣) 동경성(東京城)에 있었고 남일도본사(南一道本司)는 국내 경성에 소재하고 있었다. 이군화가 영안현 동경성에서 교질을 서임(敍任)받고 국내 남도본사를 거점으로 포교에 앞장섰음을 말해 준다. 또한 국내의 남일도본사와 만주 영안현의 대종교총본사를 오가며 활동한 인물임을 알 수 있다.

[참고문헌]
『대종교보』제114호(1937년). 『대종교중광육십년사』(대종교총본사, 1971)

이규(李圭, 남, 생몰 미상)
아호(별명) _ 이규(李奎)
입교 시기 _ 1922년 | 교질 _ 참교

출신지역과 생몰연대를 알 수 없는 인물이다. 1919년 10월 안도현(安圖縣)에서 조직된 대한정의군정사(大韓正義軍政司)의 총재를 맡은 기록이 남아 있다.

대한정의군정사는 3·1독립만세운동 전 국내에서 항전을 한 구한국 군인과 의병들이 두만강·압록강을 건너가 그 곳에서 포수생활을 하면서 항일을 목적으로 조직한 단체다. 3·1독립만세운동 이후 대한정의단 임시군정부라 칭하다가 1919년 10월 상해 임시정부의 권고로 조직을 개편하여 대한정의군정사라 칭하게 되었다. 그 병력은 본영인 내도(內道) 지역에 둔 100여 명 이외에도 소사동(小沙洞)에 240명과 화전현(樺甸縣) 고동동(古桐洞)에도 100명이 있었다. 총재를 맡은 이규는 대종교 동지인 강희(姜曦)를 부총재로 삼고, 홍정찬(洪禎贊)·장남섭(張南燮)·이동주(李東柱)·조동식(趙東植)·오일(吳一) 등과 항일투쟁을 펼쳤다.

이규의 대종교 교력을 보면, 1922년 12월 18일(음력) 대종교 동이도본사(東二道本司)의 추천으로 참교(參敎)의 교질(敎秩)을 받은 기록이 전한다. 그의 대종교 입교가 그 이전에 이루어졌음을 알 수 있다. 대종교 항일투사 박명진(朴明鎭)의 기록에, 이규가 1910년대 후반 대종교 동일도본사의 주요교인으로 등장하는 것도 이것을 뒷받침한다. 당시 대종교 동일도본사는 대종교지도자 백포(白圃) 서일(徐一)이 이끌었으며, 주요교인으로는 현천묵(玄天默)·강희·여준(呂準)·정안립(鄭安立)·박성태(朴成泰)·김동삼(金東三) 등 수십 인이 이규와 함께 올라 있다.

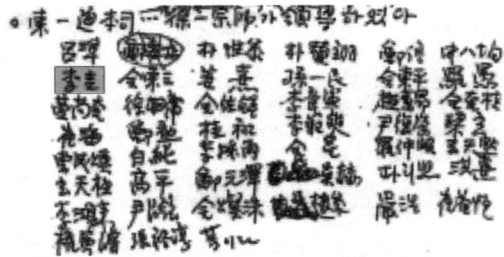
박명진의 『대종교독립운동사』에 기록된 1910년대 후반 대종교 동일도본사의 주요교인 명단. 좌측 상단에 李圭(네모 안)의 이름이 보인다.

또한 이규는 1924년 4월 23일부터 26일까지 영안현(寧安縣) 영고탑(寧古塔)에 소재한 대종교총본사에서 개최된 대종교교우회(大倧敎敎友會)에도 대표(代表)로 참석하였다.

이 회의에서는 전(前) 대종교 교주 김교헌(1923년 사망)과 고(故) 대종교 동도본사 전리(典理)였던 서일에 대한 경칭(敬稱) 문제, 홍범규제(弘範規制) 개정에 관한 문제, 총본사를 용청촌으로 이전하는 문제, 교주 선임에 관한 문제 등, 대종교의 중요한 현안들이 의제로 다루어졌다. 당시 이규는 해림(海林) 지역을 대표하는 동지연선지방위원(東支沿線地方委員)으로 참석하였으나, 그 이후의 기록은 전하는 것이 없다.

일제의 문서에 실린 대종교교우회 참석자 명단. 왼쪽 하단에 李奎(네모 안)의 이름이 적혀 있다.

[참고문헌]
『대종교보』제56호(1922년), 『대종교독립운동사』(박영진, 필사본, 1964), 「寧古塔에서 大倧敎 敎友會 開催 狀況에 관한 건」不逞團關係雜件-朝鮮人의 部-在滿洲의 部39, 機密 第136號 機密受第144號, 한국사DB, 국사편찬위원회), 『한민족독립운동사』4(국사편찬위원회, 1988)

이규영(李圭暎, 남, 생몰 미상)
입교 시기_ 1939년 이전 | 교질_참교

출신지역과 생몰연대를 알 수 없는 인물이다. 일제의 문서에서도 드러나지 않고, 1939년 3월 4일(음력, 이하 음력) 대종교총본사의 특별추천으로 영계(靈戒)를 받은 기록이 있다. 추천의 이유는 대종교의 조배식(朝拜式)과 경배식(敬拜式)에 '성실하고 부지런하게 참례한다(誠勤來參)'는 것이었다. 이규영은 이러한 종교적 열정으로 1939년 3월 4일, 9월 1일, 11월 28일 1등 시상을 받기도 했다.

당시 대종교는 풍전등화의 형국으로 치닫던 시기다. 일제는 민족말살정책의 마지막 완성 단계로 국내의 조선어학회와 함께 국외의 대종교를 제거하기 위해 혈안이 되었다. 대종교 인물들에 대한 치밀한 조사와 더불어 대종교총본사에 밀정까지 잠입시켜 모든 정보를 수집하였다. 일제강점기 최대 종교적 박해 사건인 임오교변(壬午敎變, 1942년 대종교 지도자 일제 구속 사건)을 목전에 두고 있었다. 이러한 감시와 위기의 시대에, 이규영은 영안현(靈安縣) 동경성(東京城)에 거점을 둔 대종교의 주축이 되었던 인물이다. 이규영이 임오교변 당시 어떠한 고초를 겪었는지는 기록이 없다. 다만 교주(敎主) 윤세복(尹世復)이 임오교변

으로 투옥되어 일제의 패망과 함께 풀려난 직후인 1945년 10월 1일, 총본사의 특별추천으로 참교(參敎)의 교질(敎秩)을 받은 기록이 전할 뿐이다. 이후의 행적 역시 전하지 않는다.

[참고문헌]
『대종교보』제121호(1939년)·제123호(1939년)·제124호(1939년)·제148호(1945년)

이규용(李圭容, 남, 생몰 미상)
입교 시기_ 일제강점기 | 교질_참교

경상남도 곤양군(昆陽郡) 곤명면(昆明面) 금성동(金城洞) 출신이다. 생몰연대는 확인이 안 되며, 1930년대 충북지역 사회주의 운동을 펼쳤던 이규용(李圭容)과는 동명이인이다. 일찍이 대종교 국내 비밀조직으로, 1919년 백산(白山) 안희제(安熙濟)가 설립한 부산 백산무역주식회사(백산상회)에서 7년간 몸담았다.

이규용의 대종교 교력을 보면, 백산상회 시절 대종교에 입교한 것으로 전언되나 그 구체적 자료는 남은 것이 없다. 이에 대종교에서는 환국 직후인 1946년 3월 24일(음력) 총본사의 특별추천으로 영계(靈戒)와 함께 참교(參敎)의 교질(敎秩)을 동시에 수여하였다. 당시 그와 함께 영계와 참교를 동시에 받은 인물들을 보면 김학조(金學祖)·류충우(柳忠祐)·류시영(柳時泳)·이병홍(李炳洪)·이지구(李志九)·이진환(李震桓)·고덕환(高德煥)·송수근(宋壽根)·이한기(李漢騏)·이흥수(李興秀), 그리고 우천(藕泉) 조완구(趙琬九)의 딸인 조규은(趙圭恩), 고루 이극로(李克魯)의 부인인 김공순(金恭淳) 등이었다. 모두 일제강점기부터 대종교를 신봉한 중심인물들이다.

더욱이 이규용은, 영계와 참교를 함께 받은 위의 열거한 인물들(조규은·김공순은 제외)과 같은 날 대종교 경의원(經議院)의 참의(參議)로도 선임되었다. 당시 고평(高平)·성하식(成夏植)·우덕순(禹德淳)·김진호(金鎭浩) 등의 항일투쟁의 거물들도 참의로 임명된 것을 보아, 그의 대종교단에서의 무게감이 가볍지 않았음을 헤아릴 수 있게 한다.

[참고문헌]
『대종교보』한국기념호(1946년), 『대종교중광육십년사』(대종교총본사, 1971), 『황성신문』1907.7.6., 『매일신보』1925.11.14., 『동아일보』1935.4.19.

이규채(李奎彩, 남, 1890-1947)

아호(別名) _ 이규보(李圭輔), 공삼(公三), 경산(庚山), 동아(東啞), 우정(宇精)

입교 시기_ 일제강점기 | 교질_ 지교 | 서훈 _ 독립장(1963)

이규채

경기도 포천군(抱川郡) 가산면(加山面) 방축리(坊築里) 출신이다. 일찍이 가숙(家塾)에 입학하여 25세까지 한문을 배웠다. 1917년에는 청성학교(靑城學校)에서 교편을 잡아 후학양성에도 관심을 기울였다. 1919년 3·1독립만세운동이 일어난 뒤 창신서화연구회(創新書畵硏究會)를 창설해 회장에 취임하고 학생에게 항일의식을 고취하다가 일본경찰에 발각되자 1921년 10월 중국 상해로 망명했다.

1924년 귀국한 이규채는 과거의 일로 인해 관할 포천경찰서의 삼엄한 감시에 의해 국내에서의 생활 자체가 힘들어졌다. 다시 상해로 건너가 대한민국임시정부의 의정원 의원으로 참여하면서 본격적인 항일투쟁에 나서게 된다. 이후 의정원 의원직을 사임하고 1930년 7월 한국독립당 창당에 참여하여 선전위원(宣傳委員)을 시작으로, 정치부 부위원 겸 군사부 참모장, 총무위원장 등으로 활동하였다. 또한 1931년 11월에는 한국독립당에서 조직한 한국독립군에 참여하여 암살대 대장을 맡는가 하면, 중국 길림 육군 제3군 소교참모(小校參謀), 중교참모(中校參謀) 등을 맡았다. 또한 1932년 9월에 벌어진 제1차 쌍성보(雙城堡) 전투에도 참전하였다.

1933년에는 대종교 동지인 박찬익(朴贊翊) 등과 남경(南京)에서 군관학교 설립을 도모하는 한편, 중국 길림(吉林) 육군 제3군 상교참모(上校參謀)가 되어 활약하였기도 했다. 1934년 남경에 본부를 두고 있던 한국혁명당(韓國革命黨)과 한국독립당이 제휴하여 신한독립당(新韓獨立黨)을 조직하게 되자 그는 감찰위원장(監察委員長)으로 피선되기도 했으나 취임하지 않았다. 이후 미국으로 건너가 재정과 인력을 취합하고 이청천(李靑天)에게 자금을 전달하기 위해 이동 중이던 1934년 11월 2일 상해의 경여당(慶餘堂) 한약방에서 일제에 체포되었다. 국내로 압송된 이규채는 10년형을 언도받고 수감되어 1940년 10월 감형으로 출소하였다. 출옥 이후 옥고로 인해 쇠약해진 몸을 이끌고도 2년간의 모친 시묘살이를 하는가 하면, 후학들을 양성하는 일에도 심혈을 기울였다.

해방 이후에도 단군전봉건회(檀君殿奉建會), 신탁통치반대국민총동원위원회 상무위원, 미소공동회의 대책 국민연맹 대표위원, 대한독립촉성국민대회장, 비상국민회의 국방위원 등의 활발한 활동을 전개하였다.

이규채의 대종교 입교는 상해로 건너가기 이전에 이루어

진 것으로 전해지나, 그 시기 기록을 담은 『대종교보(大倧敎報)』는 현전하지 않는다. 다만 대종교 항일투사인 박명진(朴明鎭)의 기록에 1910년대 후반 대종교 남일도본사(南一道本司, 국내 관할)의 주요 교인으로 이규채를 적고 있다. 이에 대종교에서는 총본사가 국내로 환국한 직후인 1946년 2월 23일(음력, 이하 음력), 남도본사의 특별추천으로 지교(知敎)를 곧바로 수여하였다. 지교를 얻기까지의 과정인 '봉교(奉敎, 입교)→영계(靈戒)→참교(參敎)'의 단계를 모두 건너 뛴 것이다. 일제강점기 이규채의 대종교 경험을 인정한 조치였다.

그리고 5일 후인 2월 28일에는 대종교 남도본사의 선범(宣範)으로 임명되어 엄주천(嚴柱天)·정관(鄭寬)·백남규(白南奎) 등 항일투쟁의 동지들과 남도본사를 이끌었다. 당시 남도본사의 조직과 인물들의 역할을 보면 아래 표와 같다.

부서	장(長)	책임자	임명일자(음)	담당업무
전리실(典理室)	전리	엄주천(嚴柱天)	1946년 2월 28일	해당 도본사의 직무를 총괄하고 소속 직원을 감독하여 도본사에 속한 각 지사(支司)의 전사(典事) 및 시교당의 전무(典務)를 지휘함
선리부(宣理部)	선리	정관(鄭寬)	〃	시교설당, 직원임면, 사보(司報)간행, 사회사업, 교제교섭, 경비수지, 예산결산, 물품보관, 건축수리, 타각부에 속하지 않은 일
선범부(宣範部)	선범	이규채(李奎彩)	〃	의식예의, 회계검사, 교인쟁변, 포상징벌
선강부(宣講部)	선강	백남규(白南奎)	〃	교질시선(敎秩試選), 교적간행, 교리강수(講修), 교육시전(施展)

대종교총본사가 환국한 직후인 1946년 2월 13일(음), 을지로 입구에 있던 雅敍園 정문 앞에서 촬영한 대종교의 倧門諸兄孫聖誕紀念 사진에 실린 이규채의 모습. 앞줄 왼쪽부터 金相鎭·金敎準·尹世復·李始榮·曺成煥·趙琬九·李圭彩·金承學 등, 항일투쟁의 거물들이 앉아 있다.

한편 이 시기 이규채는 대종교 한선시교당(漢善施敎堂)의 전무(典務, 책임자)도 맡아 포교의 일선에 서기도 했다. 한선시교당은 서울 사직동(社稷洞) 사직공원 내에 있었던 시교당으로, 대종교총본사가 환국하여 처음 설치를 인준한 시교당이었다. 이어 같은 해 5월 11일에는 정관(鄭寬)·이용태(李容兌)·김영선(金榮璿)·성세영(成世英) 등의 항일투사들과 경의원(經議院) 참의(參議)로도 임명되어 원로의 반열에 올랐다.

[참고문헌]
『대종교보』한국기념호(1946년)·제150호(1946년)·제153호(1947년), 『대종교독립운동사』(박영진, 필사본, 1964), 『대종교중광육십년사』(대종교총본사, 1971), 『국외용의조선인명부』(조선총독부경무국, 1934), 『무장독립운동비사』(채근식, 대한민국공보처, 1949), 『한국독립사』하(김승학, 독립문화사, 1965), 『독립운동사』4·5(독립운동사편찬위원회, 1971), 『임시정부의정원문서』(국회도서관, 1974), 『이규채기억록』(이규채/박경목 엮음, 일빛, 2019)

이규호(李奎鎬, 남, 1893-1969)
아호(별명) _ 우송(友松)
입교 시기 _ 1922년 이전 | 교질 _ 미상

경상북도 안동군(安東郡) 도산면(陶山面) 원촌동(遠村洞) 출신이다. 1920년 예안청년회에 참여하여 활동한 기록이 있으며, 1920년 9월 23일 조선노동공제회 안동지회(安東支會)가 창립되자 동참하였으며, 1921년 7월에는 간사로도 선출되었다.
1925년 5월 9일 예안청년회의 집행위원장으로 선출되는가 하면, 그 해 10월 경에는 오성무(吳成武)·김영진(金榮鎭)·김광문(金光文) 등과 동아일보 안동지국 기자로도 활동하였다. 1930년 9월 신간회(新幹會) 전국대표대회 개최될 당시에는 이세영(李世寧)·김중학(金中學)·권정삼(權正三)·김진국(金鎭國)·류정건(柳淵健) 등과 안동지역 대표 회원으로 뽑히기도 했다.

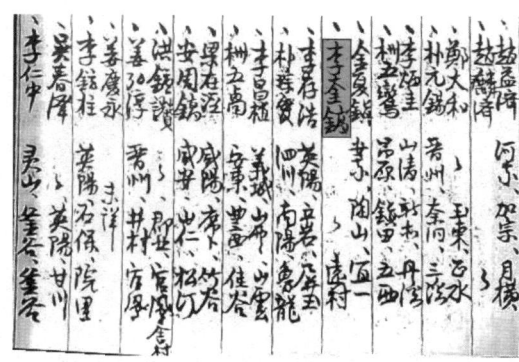

성세영의 『본사행일』(필사본, 1922)에 기록된 1922년 이전 경상도 지역 대종교 주요교인 명단의 일부. 중간 부분에 安東 陶山 遠村 지역의 李奎鎬(네모 안)라는 이름이 적혀 있다.

이규호의 대종교 교력과 관련된 대종교단 내의 기록은 전하지 않는다. 다만 1922년 경북 성주(星州) 지역 인물인 성세영(成世英)이 기록한 『본사행일기(本司行日記)』에, 1922년 이전 경상도 지역 주요 교인의 명단에 이규호의 이름이 올라 있다. 그러나 그의 영계(靈戒) 사항이나 교질(敎秩) 관계에 대해서는 확인이 안 된다.

[참고문헌]
『본사행일기』(성세영, 필사본, 1922), 『동아일보』1921.7.22., 1925.5.20., 10.28., 「新幹會代表會員 選擧狀況에 관한 건」(思想에 關한 情報綴 第10冊, 京鍾警高秘 제-14794호, 한국사DB,국사편찬위원회), 『안동독립운동인물사전』(김희곤, 선인, 2011)

이규환(李奎煥, 남, 생몰 미상)
입교 시기 _ 1913년 | 교질 _ 참교

출신지역과 생몰연대가 불분명한 인물이다. 다만 일제의 문서에는 평안남도 평양부 출신으로 적혀 있으며, 1924년 경 중국의 북경과 천진 지역을 오가며 활동한 흔적도 발견된다. 이규환의 대종교 교력을 살피면 1913년 8월 1일(음력) 참교(參敎)의 교질(敎秩)을 받은 기록이 전한다. 그의 대종교 입교가 비교적 이른 시기에 이루어졌음을 알 수 있다. 또한 당시 최익항(崔益恒)·김용(金溶) 등이 이규환과 참교의 교질을 함께 받았다. 이들은 후일 대종교 항일단체인 대한군정서(북로군정서)의 주축이 된 인물들이다. 이규환 역시 그 행적과 무관치 않을 듯하나, 그 흔적이 전하지 않는다.

[참고문헌]
『종문영질』(프린트본, 1922), 「北京地方 在住鮮人 一般狀況」(不逞團關係雜件-朝鮮人의 部-在支那各地3, 北情 제97호, 한국사DB, 국사편찬위원회)

이균섭(李均燮, 남, 1887-?)
아호(별명) _ 사극(士極), 일소(一沼)
입교 시기 _ 1918년 | 교질 _ 지교

함경북도 명천군(明川郡) 서면(西面) 지경동(地境洞) 출신이다. 1918년 10월 1일 만주 연길현(延吉縣) 수신향(守信鄕) 구호동(九戶洞)에 정승국(鄭承國)·채일선(蔡逸宣) 등과 신흥학교(新興學校)를 설립하여 학감 및 교장을 지냈다. 또한 연길현 세린하(細潾河) 이화동(梨花洞)에 소재한 광진학교(廣進學校)의 교장 및 교원을 역임함과 아울러, 수신향 지역의 권학원(勸學員) 및 종두위원(種痘委員)으로도 활동하였다.
1919년 4월 10일에는 연길현 동불사(銅佛寺) 상의사(尙義社)의 향정(鄕正)이자 대종교지도인인 김정일(金正一)의 집에서, 대종교 동지 10여명과 회합하여 항일투쟁의 방략을 모색하기도 했으며, 대종교 항일단체인 대한군정서(북로군정서)에 몸을 담고 대종교 포교와 항일투쟁을 병행하였다. 이균섭의 대종교 교력을 보면, 1918년 2월 28일(음력, 이하 음력) 참교(參敎)의 교질(敎秩)을 받은 기록이 있다. 그의 대종교 입교가 그 이전에 이루어졌음이 확인된다. 특히 이균섭은 연길현 수신향을 근거로 대한군정서의 경신활동(警信活動)에 많은 기여를 하면서, 1923년 4월 23일 대종교총본사의 특별추천에 의해 지교(知敎)로 승질(陞秩)되었다. 더욱이 이 시기 대종교시교회(大倧敎施敎會)의 강의부장(講義部長)도 맡아 교인들의 교화와 자질향상에 많은 기여를 하였다.

한편 이균섭은 1924년 3월 25일, 대종교 동일도본사 지역의 연길구 세린하를 관할하는 '대종교총본사 기본 및 경상금 동독위원(大倧敎總本司基本及經常金董督委員)'으로도 임명되었다. 동독위원이란 그 관할 구역의 해당 업무를 감독하는 인물을 말하는 것이다. 더불어 이균섭은 세린하에 소재한 대종교 광일시교당(廣一施敎堂)의 전무(典務, 책임자)도 맡아 시무하였다. 당시 이균섭이 대종교의 중심부에 있었음을 다시 확인시키는 부분이다.

[참고문헌]
『대종교보』 제58호(1923년), 『종문영질』(프린트본, 1922), 「大倧敎施敎堂一覽表(1926년)」(延边朝鲜族自治州档案馆 全宗号42 目录号1 案卷号343, 和龙县历史档案 和龙县警察所, 令各区査禁韓人設立大倧敎堂由, 民国十五年五月十二日), 『일제침략하한국사36년사』4(국사편찬위원회, 1969), 「间珲万姓大同谱』(间珲万姓大同谱, 復印本, 2000), 『한국독립운동사자료』41(국사편찬위원회, 2005)

이극로(李克魯, 남, 1893-1978)

아호(별명) _ 고루, 물불
입교 시기 _ 1910년대 초반 | 교질 _ 상교

이극로

경상남도 의령군 지정면 두곡리 출신이다. 대종교시교사(大倧敎施敎師)였던 부인 김공순(金恭淳), 아들 이억세와 함께 대표적인 대종교 가족을 이룬 인물이다. 일찍이 향리 서당에서 공부한 뒤 1910년 마산 창신학교에 입학하면서 항일의식에 눈을 떴다.

이극로는 1912년 본격적인 항일투쟁의 뜻을 세우고 서간도 회인현(懷仁縣, 후일 桓仁縣으로 바뀜)으로 망명하였다. 이곳 동창학교(東昌學校)에서 후일 대종교의 제3세 교주가 된 윤세복(尹世復)을 만나면서 인생의 대전환을 맞았다. 동창학교는 1911년 윤세복과 그의 형 윤세용(尹世茸)이 국내의 가산을 정리하여 세운 대종교 학교다. 윤세복은 대종교시교당과 동창학교를 병설하고 한인 자제들을 대상으로 민족교육을 실시하였다. 가난한 집 자제들에게는 무료로 교육을 제공하였다. 이극로가 대종교에 귀의한 시기도 이 무렵이다. 이극로는 박은식(朴殷植)·김영숙(金永肅)·신채호(申采浩) 등 저명한 대종교계 학자들과도 교유하면서 동창학교의 교사로도 활동하였다. 이후 무송현(撫松縣)으로 옮겨가 백산학교(白山學校) 등에서도 학생들을 가르치는가 하면, 틈틈이 사격 훈련도 하는 등, 반도반사(半徒半師)의

삶을 이어갔다.

중국 상해로 건너간 이극로는 1916년 독일인이 운영하는 동제대학(東濟大學)에 입학하여 1920년 동제대학 예과를 졸업하였다. 이극로에 있어 동제대학의 경험은 독일어뿐만이 아니라, 서구 학문을 체계적으로 접할 수 있는 중요한 시간이었다. 1921년 6월 이극로는 신채호의 추천으로 국제공산당(코민테른) 3차 대회에 참석하기 위해 모스크바에 가는 이동휘의 통역과 경호원으로 동행했다. 이극로는 독일어와 중국어를 거의 완벽하게 구사했고, 영어와 일본어에도 상당한 조예가 있었기에 가능한 일이었다.

한편 이극로는 모스크바 체류 중 만난 독일공산당 당수 빌헬름 피크(Wilhelm Pik)의 주선으로 독일 유학이라는 새로운 기회를 얻게 되었다. 1922년 4월 베를린대학에 입학하여 정치경제학을 전공하면서 철학·인류학·언어학 등을 부전공으로 공부하였다. 이후 5년간의 고학(苦學) 끝에 경제학 박사학위를 받았다. 학위 논문은 중국의 생사공업(生絲工業)과 관련된 것이었다. 이 시기 베를린대학에 조선어과를 창설하고 강의한 경험 역시 이극로에 있어 중요한 시간이었다. 이극로는 1923년 10월부터 베를린대학에 조선어과를 창설하고 조선어강사로 3년간 활동하며 한글을 서양인 학생들에게 소개하였다. 무보수로 진행된 이 강의는 1923년 겨울학기부터 1926년 여름학기까지 17명이 수강했다.

이극로는 독일 유학 중에도 민족운동에 소홀히 하지 않았다. 그의 한글 강의 자체가 민족운동 확산의 중요한 시도였다. 또한 한국인 유학생 단체인 '유덕고려학우회'(留德高麗學友會)에 참여해 활동했으며, 재독한인대회에 일제를 규탄하는 영문과 독문 선전문을 작성해 배포했다. 이의경(李儀景, 이미륵)·김법린(金法麟)·황우일(黃祐日)·허헌(許憲) 등과 함께 1927년 2월 벨기에 브뤼셀에서 열린 '세계 피압박민족대회'에 조선대표단장으로 참가한 것도 이러한 의식운동의 연장이었다.

1920년대 상해과 고려공산당 주요 인물들의 사진. 앞줄 왼쪽부터 이극로·이동휘·박진만·김립이 앉아 있고 뒷줄 왼쪽부터 김철수·계봉우·확인미상의 인물들이 서있다.(독립기념관 소장)

1929년 1월 귀국한 이극로는 한글연구와 우리말사전 편찬을 위한 새로운 모색을 꾀한다. 조선어학회의 활성화가 그 첫 번째 시도였다. 그는 1929년 조선어사전 편찬 작업

을 주도하고, 1930년에는 한글 맞춤법 제정위원과 1935년 조선어 표준어 사정위원을 맡았으며, 1936년 조선어사전 편찬 전임위원 및 조선어학회 간사장 등을 두루 거쳤다. 또 한 편에서는 신간회(新幹會) 활동을 통한 민족단결에도 앞장섰다. 1930년 신간회 대표로 동포구제의 목적을 띠고 만주지방을 돌아본 것도 이러한 노력의 일환이었다.

그러나 이극로는 1942년 7월 일제의 조선어말살정책으로 자행된 조선어학회사건으로 최현배·이윤재 등 대종교 동지들과 핵심 인물로 지목되어 체포되었다. 그는 징역 6년 형을 선고받고 함흥형무소에 복역하면서 온갖 고문을 당했다. 그것은 1945년 광복을 맞아 풀려날 당시 들것에 실려 나올 정도로 가혹한 경험이었다. 이후에도 건민회(建民會) 위원장을 지내는 등, 남북단독정부수립을 위해 각고의 노력을 기울였다.

1948년 9월 조선민주주의인민공화국 초대 내각의 사진. 당시 무임소상을 맡은 이극로(맨 뒷줄 오른쪽에서 두 번째 화살표한 인물)의 모습이 보인다.

1948년 4월 '남북 제정당·사회단체 연석회의' 참석을 위해 평양을 방문한 이극로는 그곳에 잔류하여 북한정부에 참여하였다. 1948년 9월 북한 제1차내각의 무임소상을 시작으로, 1949년 조국통일민주주의전선(조국전선) 중앙위원회 의장 및 과학원 후보원사, 1953년 최고인민회의 상임위원회 부위원장, 1962년 과학원 조선어 및 조선문학 연구소장, 1966년 조국전선 중앙위 의장, 1970년 조국평화통일위원회 위원장 및 박사, 그리고 1972년 양강도 인민위원회 부위원장 등을 두루 역임하였다.

[주요 저술]
이극로가 우리의 말과 글에 눈을 뜨게 된 배경에도 대종교라는 공동체의 역할이 지대했다. 1912년 만주 회인현을 찾아 윤세복과 박은식 등을 만날 당시, 대종교 계통의 학교인 동창학교의 교원이면서 대종교 활동을 하고 있던 백주(白舟) 김영숙을 만난 것이 그 결정적 인연이 된다. 김영숙은 다름 아닌 주시경의 제자로서 한글연구와 관련된 많은 참고서를 가지고 있었으므로, 이극로가 한글을 연구하는 결정적 계기를 마련해 준 인물이었다. 이극로가 그의 『고투사십년(苦鬪四十年)』에서 밝힌 다음의 회고가 그 증거가 된다.

"이 때에 처음으로 나는 한문학 조선역사가로 이름 높은 박은식 선생과 대종교시교사요(이제는 대종교 제3세 도사교) 동창학교 교주인 윤세복 선생을 알게 되었다. 나는 이 날부터 여기에서 한어(漢語)를 공부하며 교편을 들며 등사 일을 하게 되었다. 또 여기(회인현 동창학교-인용자 주) 일을 잊지 못할 것은 내가 한글연구의 기회를 얻은 것이다. 함께 일 보던 교원 중에는 백주 김진(金振, 金永肅-인용자 주)씨라는 분이 있었는데, 이는 주시경 선생 밑에서 한글을 공부하고 조선어 연구의 좋은 참고서를 많이 가지고 오신 분이다."

이극로의 주요 논저로는 「조선어 임자씨의 토」(1935)·「조선어 단어성립의 분계선」(1936)·「짓말에 대하여」(1937) 등의 논문이 있다. 또한 『실험도해 조선어음성학』(1947)이라는 저술과 더불어 일제강점기 자신의 삶의 여정이 담긴 『고투40년』(1947)이라는 회고록을 남겼다. 북한 정착 후에는 북한의 우리말 확립에도 많은 기여를 하였다. 특히 1966년 이후 본격화한 북한의 언어규범화운동인 '문화어 운동사업'을 주관하기도 했다. 주요 논문으로 「조선어조연구」 등도 남겼다.

평양의 형제산 구역 신미동의 애국열사릉에 있는 이극로의 묘지

『실험도해 조선어음성학』은 국어음성학연구서로, 국어 음성의 과학적 근거를 세우기 위해 인조구개(人造口蓋)와 카이모그래프(寫音機)에 의한 실험을 토대로 국어음성학을 전반적으로 기술한 연구서다. 이 저술은 이극로의 독일 유학 경험이 소중한 바탕이 되었다. 베를린·파리·런던에서 여러 음성학자들과 더불어 국어의 음성에 관해 논의하고, 특히 파리대학의 음성학 실험에서 1928년에 국어의 음성을 실험한 자료를 바탕으로 해서 엮은 책이다.

특히 대종교와 관련해 주목되는 것은 『곡조한얼노래』라는 책이다. 이 책은 1940년 국내 조선어학회를 거점으로 이극로가 엮은 것으로, 대종교가 중광(重光)한 이후 악보(樂譜)와 함께 엮은 최초의 대종교노래집이라는데 의의가 있다. 당시 이극로는 국내(경성) 조선어학회를 거점으로 만주 동경성(東京城)에 소재한 대종교총본사와 긴밀히 교감하고 있었다. 이극로는 1940년 대종교총본사가 『대종교보(大倧敎報)』를 복간하는 작업에도 큰 역할을 한다. 이러한 정황은 이극로가 『대종교보』에 축사와 더불어 대종교 「한얼노래」 가사 8편을 싣고 있음을 보아도 헤아릴 수 있다. 그 8편의 가사는 아래에 소개하는 「성지태백산(聖地太白山)」을 비롯하여, 「삼신의 거룩함」·「한얼님의 도움」·「한길이 열림」·「아침 노래」·「저녁 노래」·「끼니 때 노래」·「삼신만 믿음」이란 가사였다.

상원갑자 상달 초사흘 태백산에 서기 둘리니
한검님이 인간 위하여 이 세상에 태어나셨다
산마루는 눈이 쌓이어 어느 때나 깨끗하도다
저와 같이 우리 마음도 순결하게 가져봅시다.

산마루에 한울 못물은 바다같이 크고 깊도다
저와 같이 우리 마음도 너그럽게 가져봅시다
송화강과 두만 압록강 이 못물에 근원 두어서
끊임없이 흘러나가니 우리 믿음 끝이 없도다.

후일 윤세복은 국내 조선어학회의 이극로에게 『대종교보』에 실린 이극로의 가사들이 포함된 대종교의 한얼노래 가사들을 보내 작곡을 의뢰하였다. 그 결과 만들어 진 것이 『곡조한얼노래』집이다. 이 책의 서지사항을 좀 더 살피면, 편집인은 이극로, 발행인은 안희제로 나온다. 또한 발행소는 만주국 목단강성 영안현 동경성 가동구(街東區)이며, 인쇄소는 조선 경성부 효제정(孝悌町) 130번지였다. 당시 대종교서적간행위원회 회장을 맡고 있던 안희제를 발행인으로 하고, 경성에서 비밀리에 작곡의 의뢰를 받은 이극로가 편집하여 인쇄를 주도했음을 알 수 있다. 이극로가 『곡조한얼노래』 맨 앞에 직접 쓴 아래의 「머리말」도 주목된다.

"한얼 노래는 대종교의 정신을 나타내어, 믿는 마음을 굳게 하며 사는 기운을 펴게 하는 거룩하고 아름다운 노래다. 이 노래는 원도와 함께 믿는 이에게 큰 힘과 기쁨을 주는 것이다. 한얼 노래는 돌아가신 스승님들이 지으신 것을 본을 받아, 새로 스물 일곱 장을 더 지어 보태어, 번호를 매지 아니한 얼노래 한 장을 빼고, 모두 설흔 여섯 장으로 되었다. 이것으로도 신앙과 수양과 예식에 관한 여러 가지 노래가 다 갖추어 있다. 노래 곡조는 우리나라의 작곡가로 이름이 높은 여덟 분의 노력으로써 이루어진 것이다. 진실로 그 예술의 값은 부르는 이나 듣는 이의 마음의 거문고를 울리어, 기쁘고 엄숙하고 원대한 느낌을 준다. 1942년 3월 3일 이극로"

『곡조한얼노래』에 실린 36곡의 노래 가운데, 대종교 중광

이전부터 전해 오는 노래는 「얼노래[神歌, 어아가]」 1곡이다. 이 노래는 고구려에서 제사 때나 군가로도 쓰이던 「고신가(古神歌)」를, 대종교 중광 이후 백포(白圃) 서일(徐一)이 새롭게 번역한 것이다. 또한 「한풍류[天樂]」·「세얼[三神歌]」·「세마루[三宗歌]」·「어천가(御天歌)」·「중광가(重光歌)」는 홍암 나철이 작사하였으며, 「가경가(嘉慶歌)」는 백포 서일이, 「개천가(開天歌)」는 육당 최남선이 작사하였다. 이외의 『곡조한얼노래』에 실린 나머지 노래의 작사를 이극로가 담당한 것이다. 그리고 작곡가 채동선(蔡東鮮)이 중심이 된 8인의 국내 저명한 작곡가에게 위촉하여 작곡이 이루어졌다.

이극로의 저술인 『실험도해 조선어음성학』(1947년, 왼쪽)과 이극로가 엮은 『곡조한얼노래』(1940년)

[교력]
이극로의 대종교 입교 시기는 1912년으로 알려져 있다. 이 시기는 이극로가 만주 회인현으로 건너가 윤세복·윤세용·박은식·김영숙·신채호 등 대종교 중심인물들과 만나 대종교 항일투쟁에 눈을 뜨던 시기다. 이들과의 만남들은 이극로의 인생에 중요한 변화를 몰고 온다. 그 중에서도 윤세복은 대종교의 절친한 동지인 백산 안희제와 함께, 이극로뿐만이 아니라 신성모·안호상 등을 중국 상해로 보내 구라파 유학을 주선한 인물이다. 특히 이극로로 하여금 베를린대학에 조선어과(朝鮮語科)를 설치해 전세계에 우리 국어·국문 그리고 우리 문화를 최초로 선전하는 계기를 만들어 주었고 대종교정신을 통한 국어사랑에 초지일관할 수 있는 의지를 심어주었다는 점에서 윤세복의 영향은 지대했다 할 수 있다.
그러므로 1936년 국내에서 조선어학회를 이끌던 이극로는, 그의 생에 있어 가장 많은 영향을 받은 인물로 윤세복을 꼽으면서 다음과 같이 술회했다.

"나는 선생을 잘 안다. 나에게 가장 많은 감화를 주신 어른은 단애 윤세복 선생이다. 참 숭배할 인격자다. 첫째로 철석같이 굳은 의지를 가진 어른이다. 한 번 작정하신 일이면 시종여일(始終如一)하게 하여 가신다. 둘째로 보름달과 같이 환하고 둥근 성격을 가지신 어른이라 어디에나 한 쪽으로 치우치지 아니하시고 또 컴컴한 행동이 없다. 셋째로 담대(膽大)한 어른이다. 천병만마(千兵萬馬)가 덮치어도 눈도 하나 깜짝 아니하신다. 넷째로

희생적인 정신이 많은 어른이다. 억만금의 사재(私財)도 공(公)을 위하여 희생하고 폐의파립(敝衣破笠)으로 방랑생활하실 때에 삼순구식(三旬九食)을 하시어도 조금도 불편과 불만과 불안을 느끼지 아니하신다.

그러므로 이극로는 해방 후에도, 당시 대종교의 교주를 맡고 있던 윤세복을 도와, 전강(典講)이라는 중책 맡아 대종교의 연구·교육 활동에 중심이 되었으며 종학연구회(倧學研究會)회원으로서 활동하기도 했다.

또한 공교롭게도 대종교의 임오교변(壬午敎變, 1942년 대종교지도자 일제 구속 사건)과 조선어학회사건이 모두 이극로와 연관이 된다는 점도 흥미롭다. 임오교변은 이극로가 윤세복에게 보낸「널리펴는 말」이라는 글이 단서가 되어 촉발된 사건이다. 국내 경성에서 조선어학회를 이끌고 있던 이극로가 윤세복에게 보낸 서찰 중에「널리펴는 말」이라는 원고가 동봉되었는데, 일제는 이를 먼저 검열하고 그 내용을 일문(日文)으로 번역함에 있어 그 제목을「조선독립선언서(朝鮮獨立宣言書)」라고 바꾸어 붙였다. 그리고 그 내용의 마지막 부분에 나오는 "일어나라 움직이라! 한배검이 도우신다."라는 내용을 "봉기하자 폭동하자! 한배검이 도우신다"로 날조하였다. 바로 이 내용이 임오교변 발생의 직접적인 단서가 되었던 것이다.

조선어학회사건 역시 만주에서 윤세복이 이극로에게 보낸 글이 구실이 된 사건이다. 윤세복은「단군성가(檀君聖歌)」라는 가사를 국내 경성에 있는 이극로에게 보내 작곡을 의뢰했다. 이 가사가 조선어학회 이극로의 책상 위에서 일제)에 의해 발각됨으로써 조선어학회사건의 결정적인 빌미가 되는 것이다. 당시 조선어학회는 대종교 정신을 바탕으로 언어민족주의를 몸소 실천했던 주시경의 제자들인 중심이 되어 만든 단체로서, 김두봉·이극로·최현배·이윤재·권덕규·신명균·이병기·정인보·안호상 등 대종교인들이 많았다. 사실상 대종교의 국내 비밀조직의 역할을 담당했다고 한다. 즉 대종교와 조선어학회의 정신적 일체성을 보여주는 이현익(李顯翼)의 다음기록을 보면 더욱 분명해진다.

"…(이극로가) 귀국하여 전국 명사를 망라하여 어학회를 조직하고 한글 큰사전 편찬, 10여년 간 갖은 형극의 길을 걸어오다가 임오교변 2개월 전인 10월 경에 국내에서 한글어학회(조선어학회를 말함-인용자 주)가 선두로 전원이 검거되어 함남 홍원감옥에서 수감 4년만에 해방되었고, 대종교는 당년(1942년-인용자주) 12월에 간부 전원이 검거되어 만주 목단강 감옥에서 순국 십현(十賢) 외 무기형을 받고 역시 4년 만에 해방되니, 한글어학회사건이 곧 대교(大敎, 대종교-인용자 주)의 교변이요, 대교 임오교변이 곧 독립운동실기가 되는 것이다. 그 당시 어학회는 국어 통일로 사상 통일을 시켜 민족단결을 기한 것이고 대종교는 국가 민족의 전통을 계승하여 민족혼을 새로이 하는 강력한 힘을 가졌던 것이다. 그리하여 전국 지사는 대종교에 귀의한 것이며 진정한 독립운동자는 무조건 대종교를 신봉하였다. 그러므로 어학회도 대교 비밀간행물(秘密刊行物)을 종종 간행하였고 모

험은성(冒險殷盛)을 다 바쳐 왔던 것과 은밀한 연락이 내왕한 것도 그야말로 대교의 비사(秘史)가 된다."

이 기록을 남긴 이현익은 만주 대종교 항일운동의 일선에서 활동했던 인물이다. 흥업단에서의 활동과 함께 광정단에서는 북부외교장(北部外交長)으로도 활약했다. 또한 신민부에서는 이승림(李承林)이라는 이름으로 활동했을 뿐만 아니라, 대종교의 비밀조직인 귀일당(歸一黨)에서는 이일림(李一林)이라는 가명으로 항일운동을 한 인물로서, 당대의 정황을 누구보다도 잘 아는 인물이었다.

이현익의 위의 기록에서 특히 주목을 끄는 것은 대종교의 임오교변과 조선어학회사건을 같은 대종교사건으로 기록하면서 조선어학회가 대종교의 비밀스런 업무를 수행하고 주고받는 연락장소로 사용되었음을 밝히고 있다는 점이다. 이것은 조선어학회가 당시 대종교의 국내비밀결사의 역할을 했다는 것을 뒷받침하는 것으로 매우 중요한 의미를 갖는다. 위에서 살핀 바와 같이 이극로와 윤세복이 주고받은 서신으로 인한 양대사건(兩大事件)만 음미하더라도 유추할 수 있는 것으로, 대종교의 기록에도 "1942년 11월 19일(음력-인용자 주), 국내에서는 조선어학회사건과 때를 같이 하여 선만각처(鮮滿各處)에서 교주 단애종사 이하 21명을 동시검색(同時檢索)하였으니, 이것이 교사상(敎史上) 영원히 잊지 못할 임오교변이다."라는 기록으로 분명히 나타난다.

안타깝게도 1912년 당시 이극로의 대종교 관련 교력은 전하는 것이 없다. 그러나 1939년 12월 16일(음력, 이하 음력) 총본사의 추천으로 상교(尙敎)의 교질(敎秩)을 받은 기록이 남아 있다. 상교의 교질은 '봉교(奉敎)→영계(靈戒)→참교(參敎)→지교(知敎)'의 단계를 거쳐야 오를 수 있는 상당히 높은 단계다. 그의 대종교 입교 시기가 1912년이라는 사실을 증명해 주는 자료다.

이극로는 대종교총본사가 만주로부터 환국한 직후인 1946년 2월 28일 총본사 전강(典講)으로 임명되었다. 전강이란 대종교의 전리(銓理)와 학리(學理)에 관한 일을 총괄하는 자리로, 교질시선(敎秩試選)과 교리연구(敎理研究), 교육시설과 교적편찬(敎籍編纂)의 주관하는 중요한 자리였다. 또한 같은 해 3월 8일에는 박노철(朴魯澈)·신백우(申伯雨)·이시열(李時說)·안호상(安浩相) 등과, 해방 이후 대종교 교리(敎理)·교사(敎史) 연구의 초석을 다지기 위해 조직된 종학연구회(倧學研究會)의 회원으로 임명되었다. 그리고 4월 6일에는 조완구(趙琬九)를 책임자(專修)로 하는 종리연구실(倧理研究室)의 찬수(贊修)도 맡아 이시열·신백우·정열모(鄭烈模)·백남규(白南奎)·안호상·박노철 등과 대종교 연구의 중심을 이루었다. 종리연구실은 대종교의 도원(道院)으로 후일 삼일원(三一園)으로 개칭된 기관이다.

한편 이극로는 1946년 4월 27일 대종교 경의원(經議院)의 상무참의(常務參議)로 임명되어 원로의 반열에 오르는가 하면, 그 해 7월 23일 대종교총본사에서 개최된 국학하기강좌에 가람 이병기(李秉岐)와 함께 국어를 담당하기도 했다. 그리고 1947년 대종교 재단에서 인수한 홍익대학교를 일으키기 위해 정열모와 함께 부단한 노력을 기울이기도

했다.

1946년 대종교총본사가 만주로부터 환국한 기념으로 찍은 사진. 1열 왼쪽부터 황학수·조성환·이시영·윤세복·조완구·김교준·김영숙(이극로의 한글 스승)과 함께 2열에 이극로(원 안)의 모습이 보인다.

[참고문헌]
『대종교보』, 제124호(1939년)·제127호·128호합본(1940년)·환국기념호(1946년)·제150호(1946년)·제151호(1946년), 『한얼노래(神歌)』(안희제/이극로 엮음, 대종교총본사, 1942), 『대종교인과 독립운동연원』(이현익, 프린트본, 1963), 『대종교독립운동사』(박영진, 필사본, 1964), 『대종교중광육십년사』(대종교총본사, 1971), 『조광』제2권 1호(1936년), 『고투사십년』(이극로, 을유문화사, 1947), 『한글학회50년사』(한글학회, 1971), 『반세기의 증언』(이인, 명지대학출판부, 1974), 『가람일기』하(이병기, 신구문화사, 1976), 『北韓人名辭典』(중앙일보사부설 동서문제연구소 편, 1981), 『지산외유일지』(정원택, 탐구당, 1983), 『북으로 간 한글운동가 이극로 평전』(박용규, 차송, 2005), 『이극로전집(유럽편)』Ⅰ(조준희, 소명출판, 2019)

이근(李槿, 남, 1889~?)
입교 시기 _ 1923년 이전 | 교질 _ 참교

출신지역과 생몰연대가 불분명한 인물이다. 1924년 4월 목단강(牧丹江)에 소재한 대종교의 동명학교(東明學校)를 주관하며, 당시 교장을 맡은 대종교 항일투사 나병수(羅炳洙)와 더불어 포교와 항일투사 양성에 앞장섰다.
한편 1927년 여름에는, 간도 대종교계 동흥학교(東興學校)를 중국공립학교로 전환하려는 움직임에 강력히 대응하는데 앞장서기도 했다. 지역 사회 유지 및 1백여 단체가 모여 결성한 동흥학교매장책강구회(東興學校埋葬策講究會)가 조직될 당시, 대종교 동지인 강근하(姜根夏)·여종률(呂宗律) 등과 시민 측 대표로 참여한 것이다. 그 배경을 보면, 동흥학교 교원과 일부 학생, 그리고 교우회 회원들이 중국공립학교로의 전환을 주장하며 중외일보(中外日報) 간도지국장이자 대종교지도자인 전성호(全盛鎬)를 곤봉과 목침 등으로 무수히 난타하는 사건이 벌어졌다. 동흥학교매장책강구회는 이 사건에 대응하기 위하여 조직된 전간도적(全間島的) 모임이었다.

동흥학교매장책강구회 조직 당시 市民團 대표로 참여한 李槿의 이름이 아랫단 왼쪽 끝부분에 보인다.

이근의 대종교 교력을 살피면, 1922년 3월 17일(음력, 이하 음력) 대종교 동이도제일지사(東二道第一支司)의 종사감찬(宗事監贊)을 맡은 기록이 전한다. 그 이전에 대종교에 입교한 것이 확인되고 있다. 당시 동이도제일지사는 영안현가(寧安縣街)에 그 근거를 두고 영안현과 목릉현(穆凌縣)과 동녕현(東寧縣)의 교구를 관리하였다. 또한 종사감찬이란 해당 지사의 종사행정의 업무를 책임지는 종사감정(宗事監正)을 돕는 자리로, 당시 종사감정은 항일투사 김창로(金昌魯)가 맡았다. 김창로는 안동의 거유(巨儒) 백하(白河) 김대락(金大洛)의 손자이자 대종교인인 김형식(金衡植)의 조카다. 경술국치 이후 신민회의 해외 독립군 기지건설 계획에 따라 조부 김대락과 숙부 김형식을 따라 서간도로 망명한 인물이다.
이근은 1923년 6월 20일 대종교 동일도본사의 특별추천으로, 차병헌(車炳憲)·최응규(崔應奎)·최기훈(崔基薰)·최승붕(崔承鵬)·강난주(姜蘭周)·안정인(安正仁)·김종삼(金宗三) 등의 항일투사들과 참교(參敎)의 교질(敎秩)을 받았다. 그러나 그 이후의 기록은 확인되지 않는다.

[참고문헌]
『대종교보』제58호(1923년)·181호(1954년), 『대종교중광육십년사』(대종교총본사, 1971), 「間島 및 接壤地方에 있어서 不逞鮮人의 行動에 관한 건」(不逞團關係雜件-朝鮮人의 部-在滿洲의 部36, 機密 第257號; 機密受第268, 한국사DB, 국사편찬위원회), 「不逞鮮人行動에 關한 件」(不逞團關係雜件-朝鮮人의 部-在滿洲의 部41, 機密公 第32號; 機密受第99號, 한국사DB, 국사편찬위원회), 「鮮內侵入鮮人匪賊逮捕를 위해 朝鮮側隊 越境에 關한 件」(不逞團關係雜件-朝鮮人의 部-在滿洲의 部41, 機密公信 第27號; 機密受第31號, 한국사DB, 국사편찬위원회), 『중외일보』, 1927.8.7., 『동아일보』, 1938.6.24..

이근(李根, 남, 생몰 미상)

입교 시기_ 1922년 이전 | 교질_ 참교

출신지역과 생몰연대를 알 수 없는 인물로, 그 외자 이름 역시 개명한 대종교명으로 추정되나 이 역시 기록이 없다.

일찍이 대한의군부(大韓義軍府) 소속 대한의군산포대(大韓義軍山砲隊)에 참여하여 중부(中部, 參理部)의 경리국(經理局) 사세감(司稅監)을 맡은 기록이 있다. 당시 경리국장은 안태진(安泰鎭)이었으며 경상감(經常監)에는 이인화(李仁化), 운량감(運糧監)에는 이춘구(李春求), 경리국서기(經理局書記)에는 조정태(趙正泰)·차홍기(車弘琦)·석병익(石秉翼) 등이 참여하였다. 이 산포대는 무장항일투쟁의 선봉에 선 부대로, 청산리독립전쟁의 어랑촌전투(漁郎村戰鬪)에서 큰 전과를 올렸다.

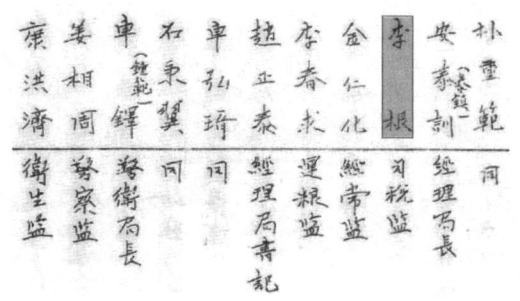

李根(네모 안)이 大韓義軍山砲隊의 經理局 司稅監을 맡은 기록이 담긴 일제의 문서.

이근은 1921년 3월 길림 지역에 거주하며 항일투쟁을 모색하는가 하면, 1923년 8월 경에는 돈화현(敦化縣) 동화자구(東華子溝)에 근거를 두고 모험토일대(冒險討日隊)를 조직하여 대종교 동지인 이성호(李成浩)·현갑(玄甲) 등과 선전(宣傳)·모연(募捐)·암살(暗殺) 활동을 전개하기도 했다. 또한 1925년 4월 조직된 대종교 항일단체인 신민부(新民府)의 창립에도 목단강(牧丹江) 지역 대표하는 민선대표로 참여하여 대종교 항일투쟁의 길을 멈추지 않았다.

이근의 대종교 교력을 보면 1922년 12월 18일(음력) 이원태(李原台)·김간(金侃)·나병수(羅秉洙) 등의 항일투사들과 대종교 동이도본사(東二道本司)의 추천으로 참교(參敎)의 교질(敎秩)을 받은 기록이 있다. 그 이전에 대종교에 입교한 것이 확인된다. 대종교 항일투사 박명진(朴明鎭)의 기록에 1910년대 후반 대종교 동일도본사의 주요 교인으로 이근을 언급한 것도 이것을 뒷받침한다. 1924년 1월에 조사된 일제의 문서에도, 이근은 82명의 교인을 거느리고 목단강 지역을 관할하는 대종교 중심인물로 나타나 있다.

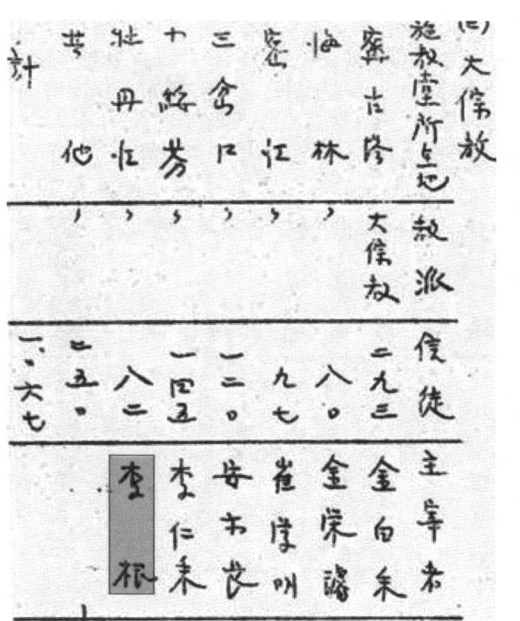

1924년 1월 일제에 의해 조사된 하얼빈 동쪽 鐵道沿線 지역의 대종교 상황 조사표. 목단강 지역의 李根(네모 안)이 82명 교인을 거느리고 있음을 알 수 있다.

[참고문헌]
『대종교보』제56호(1922년), 『대종교독립운동사』(박명진, 필사본, 1964), 「不逞鮮人團의 活動에 관한 건」(不逞團關係雜件-朝鮮人의 部-在滿洲의 部27, 4560(暗); 第51號, 한국사DB, 국사편찬위원회), 「朝鮮側 警察이 朝鮮人 金順等을 拘引시킨 것에 관한 건」(不逞團關係雜件-朝鮮人의 部-在滿洲의 部28, 公第259號; 受 20669號, 한국사DB, 국사편찬위원회), 「間島 및 接壤地方에 있어서 不逞鮮人의 行動에 관한 건」(不逞團關係雜件-朝鮮人의 部-在滿洲의 部36, 機密 第257號; 機密受第268, 한국사DB, 국사편찬위원회), 「不逞鮮人行動에 關한 件」(不逞團關係雜件-朝鮮人의 部-在滿洲의 部41, 機密公 第32號; 機密受第99號, 한국사DB, 국사편찬위원회), 「哈爾賓以東 鐵道沿線 在住鮮人 情況에 관한 件」(朝鮮人에 대한 施政關係雜件 一般의 部3, 機密 제7호, 한국사DB, 국사편찬위원회)

이근식(李根植, 남, 1898-?)

입교 시기_ 1920년 전후 | 교질_ 미상

출신지역과 생몰연대를 알 수 없는 인물이다. 대종교 항일단체인 대한군정서(북로군정서)의 사관연성소 출신으로 대한군정서 경신국(警信局) 제33분국장을 지낸 기록이 있다. 33분국의 관할은 왕청현(汪淸縣) 서대파(西大坡) 이도(二島) 지역이었으며, 안준(安俊, 1과장)·최국정(崔國政, 2과장)·이경상(李京相, 3과장)이 각 과를 맡아 이근식을 도왔다.

대한군정서의 경신국은 대종교의 군교일치(軍敎一致)의 지향과 밀접한 조직으로, 당시 대한군정서 관할 구역에는 대종교 신자들이었다. 그러므로 모연대(募捐隊)를 통한 군자금의 징수와 모금이 훨씬 수월했다. 그 시기 대종교의 교당은 곧 학교이자 곧 독립운동의 전초기지였다. 그러므로 그들이 내는 종교적 성금은 곧 후학을 기르는 학자금인 동시에 항일투쟁을 위한 군자금이었다. 경신국은 이러한 대종교 항일투쟁 조직의 세포와도 같은 조직으로, 군교일치의 실천을 그대로 확인시키는 부분이다.

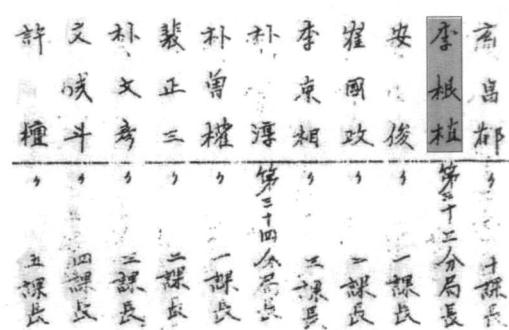

일제의 문서에 기록된 대한군정서 경신국 조직책임자의 일부. 제33분국장 李根植(네모 안)의 이름이 보인다.

경신국에서는 경사(警査)와 통신(通信)을 담당하였다. 경사 업무는 민정시찰, 각 단체의 행동과 적정(賊情) 정찰, 군사 기밀조사, 내부 불순분자 색출, 임원 경호 등이었다. 또한 통신 업무는 신보(新報) 전파, 보도 및 통신 전달, 서령(署令) 및 선유문(宣諭文) 배포, 하물(荷物) 운반 등을 관할하였다. 경신국은 39분국 총 218과를 운영하고 있었다. 더욱이 그 분국장이나 과장들이 모두 대종교인들이었다. 대한군정서 경신국 조직이 대종교의 시교당·포교소 조직과 동일체라는 것이 드러나고 있다.

한편 이근식은 대한군정서의 무기운반대 중대장을 맡기도 했다. 당시 대한군정서는 이교성(李敎性)을 무기운반대 대장으로 하고 이근식과 이인백(李麟伯)·이호룡(李昊龍)·김정(金鼎) 등을 중대장으로 하여 러시아로부터 무기운반을 진행하였다. 또한 모연대(募捐隊)의 책임자인 최수길(崔壽吉) 등 40여명의 대한군정서원들과 서대파 십리평(十里坪) 삼림에 은거하면서 군자금을 모집, 일본군과 일본경찰의 배치 상황 등을 파악하는 정탐 활동도 전개하였다.

이근식의 대종교 입교는 대한군정서 시절로 전언되나, 관련된 교력은 남아있는 것이 없다. 그 시기 『대종교보(大倧敎報)』를 비롯한 대종교 내부의 문서가 모두 없어졌기 때문이다. 그러나 대한군정서 경신국의 분국장들이 대부분 대종교의 핵심이고 보면, 그의 대종교 입교 시기 역시 대한군정서 때에 이루어진 것으로 추정된다.

[참고문헌]
「國外情報-大韓軍政署의 日誌에 관한 건」(不逞團關係雜件-朝鮮人의 部-在滿洲의 部26, 高警 第1007號; 秘受 1502號, 한국사DB, 국사편찬위원회), 「政治犯 申告者 連名簿 送付의 건」(不逞團關係雜件-朝鮮人의 部-在滿洲의 部27, 機密 第24號; 秘受 4249號, 한국사DB, 국사편찬위원회), 「朝鮮側 警察이 朝鮮人 金順等을 拘引시킨 것에 관한 건」(不逞團關係雜件-朝鮮人의 部-在滿洲의 部28, 公第259號; 受 20669號, 한국사DB, 국사편찬위원회)

이근춘(李根春, 남, 1890-?)
입교 시기_ 1922년 | 교질_ 미상

경기도 개풍군(開豊郡) 광덕면(光德面) 황강리(黃江里) 출신이다. 국내 인천(仁川)에서 미곡상을 경영하던 1910년, 홀연 러시아 연해주로 건너간 인물이다. 1921년 6월경 러시아 연해주 스찬(水淸) 지역에 소재한 신동학교(新東學校)에서 교사로 재직하며 동료 교사인 차동운(車東雲)·김문신(金文臣) 등과 인근 항일투사들과 연계하여 항일의 길을 걸었다. 특히 이근춘은 학생들에게 배일사상을 고취하는 교육을 통해 국권회복을 북돋는데도 적극 앞장섰다.

이근춘의 대종교 교력을 보면, 1922년 3월 27일(음력) 대종교 동이도제이지사(東二道第二支司)의 종사감찬(宗事監贊)에 임명된 기록이 있다. 그의 대종교 입교가 그 이전에 이루어졌음을 알려준다. 동이도제이지사는 블라디보스토크에 그 근거를 두고 연해주 일대의 대종교 교구를 관리하던 지사였다. 또한 종사감찬이란 종사감정(宗事監正)을 도와 관할 지사의 시교설당(施敎設堂)과 사회사업을 관장하는 직책이다. 더욱이 이 시기 동이도제이지사의 직책을 맡은 인물들이 이기(李起)·김익형(金翼衡) 등과 같이 연해주 항일투쟁의 중심인물들이었다는 점에서 주목된다.

[참고문헌]
『대종교중광육십년사』(대종교총본사, 1971), 「선인의 행동에 관한 건」(不逞團關係雜件-朝鮮人의 部-在西比利亞12, 機密 제44호, 한국사DB, 국사편찬위원회), 『국외용의조선인명부』(조선총독부경무국, 1934)

이기(李沂, 남, 1948-1909)
아호(별명)_ 해학(海鶴), 백증(伯曾), 질재(質齋), 재곡(梓谷), 이기(李綺), 효산자(曉山子), 남악거사(南嶽居士)
입교 시기_ 1909년 | 교질_ 미상 | 서훈_ 독립장(1968)

이기

전라북도 김제군(金堤郡) 성덕면(聖德面) 대석리(大石里) 출신이다. 일찍이 한학을 수학하여 학문의 조예가 깊었고 실학(實學) 연구에도 남다른 열정을 보인 인물이다. 1894년 동학농민혁명(東學農民革命) 당시 전봉준(全琫準)을 방문하여 혁명군을 이끌고 서울로 진격해 민씨정권을 전복하고 새로운 국헌(國憲)을 제정하여 나라를 구할 것을 제의하기도 하였다.

러·일전쟁 이후 후일 대종교 동지가 되는 나인영(羅寅永, 대종교명 羅喆)·오기호(吳基鎬) 등과 미국으로 건너가 조선의 입장을 호소하려 하였으나, 일본공사 하야시 곤스케

(林權助)의 방해로 좌절되고 말았다. 이에 그는 1905년 6월 나철·오기호·홍필주(洪弼周)와 함께 일본 동경으로 건너가 일본 정계의 요인들을 방문하였다. 그리고 일본은 조선에 대하여 선린의 우호로써 독립을 보장할 것을 요구하는 한편, 일왕(日王)과 이토오 히로부미(伊藤博文)에게는 서면으로 조선에 대한 침략정책을 통렬히 규탄하고 귀국하였다.

1905년 6월 渡日 당시 찍은 사진(왼쪽부터 이기, 나철, 홍필주, 오기호)

1905년 을사늑약이 체결되자 비분강개한 그는, 구국의 인재들을 양성해야 한다는 사명감에 한성사범학교(漢城師範學校)의 교관(教官)이 되어 후진을 양성의 길을 걸었다. 이어 1906년에는 장지연(張志淵)·박은식(朴殷植) 등과 함께 애국계몽단체(愛國啓蒙團體)인 대한자강회(大韓自強會)를 조직하여 사회계몽운동도 전개하였다.

또한 1907년 2월에는 나인영(나철)·오기호 등과 더불어 을사오적(乙巳五賊)을 처단하기로 하였다. 이들은 선물상자로 위장한 폭발장치를 박제순(朴齊純)과 이지용(李址鎔)에게 우송하였으나 뜻을 이루지 못하였다. 이에 을사오적 모두를 한꺼번에 처단하기로 하고 나인영·오기호 등과 자신회(自新會)를 조직하고 그 취지문을 직접 작성하였다. 당시 이기가 직접 작성한 자신회의 취지서 전문(全文, 인용자 번역)은 아래와 같다.

"천지의 이치는 옛것이 다하면 새것으로 통하니, 해와 달이 번갈아 비추고 추움과 더움이 교행하는 것도 모두 이로 말미암음이다. 그러므로 나라도 새로워지지 않으면 반드시 멸망하고 사람도 새로워지지 않으면 반드시 죽으니, 아아! 오늘날 우리나라의 형세는 과연 어떠한가? 오백 년 정치는 모두 썩어 문드러졌을 뿐이요, 삼천리 강토는 모두 묵어 거칠어졌을 뿐이며, 이천만 백성

은 모두 노예일 따름이로다. 이러함에도 모든 것을 고쳐 혁신하자는 생각은 없고, 세상에 얽매인 그릇된 선비들이 매번 '수구(守舊)' 두 자를 구실 삼아 세상을 속이므로, 봄이 와도 생기가 없다 하고 해가 떠도 어둠이라 하는 까닭에, 부패를 씻어낼 수 없으며 묵은 밭을 다시 일굴 수 없으며 노예를 면할 수 없을 따름이니, 이것이 우리가 탄식 통곡하며 부득이 자신회를 설립하는 이유다. 그러나 자신(自新)이란 것이 남이 새로워지길 기다리는 것이 아니요 내 스스로가 새로워지는 것이니, 새로움[新]이란 어떠한 것인가? 정신을 깨끗이 씻어내고 새로운 사상을 일으켜 온 힘을 다하여 새로운 사업을 이뤄내고 인권을 되찾아 새로운 세상을 세우는 것, 이것이 우리 자신회가 앞으로 소망하는 바이니, 뜻을 함께 하는 여러 군자들이여, 바라노니 제각기 힘쓸지어다."[「自新會趣旨書」(奎章閣 所藏)]

자신회의 취지가 신사상을 수용하여 스스로 새로워지자는 것에 있음을 알 수 있다. 결국 이기 등은 다각적인 민간외교의 노력에도 불구하고 1905년 을사늑약이 체결되자 그러한 방식이 의미가 없음을 자각하게 된다. 그리고 자신들이 먼저 새로워져야 한다는 각성을 통해 변화의 노력을 꾀하는 한편, 나라를 팔아먹은 을사오적에 대한 응징으로 '보호조약'의 무효화를 도모하고자 한 것이다.

이 자신회는 김동필(金東弼)·박대하(朴大夏)·이홍래(李鴻來) 등 40여명의 청년들이 가입하였고, 당시 많은 애국지사들이 협조하였다. 이기는 거사일을 맞아 동지들과 각기 지정한 장소에서 박제순·권중현 등을 처단하기 위해 대기하였으나 상호 연락미비와 계획차질로 단지 권중현에게만 가벼운 총상을 입혔을 뿐이었다. 이기는 이것을 만회하기 위해 동지들과 재차 거사를 시도하였지만 일부 동지들과 함께 체포되었다. 그리고 1907년 당시 재판소인 평리원(平理院)의 판결에서 7년 유배형(流配刑)에 처해져 전라도 진도(珍島)로 귀양을 갔으나 얼마 후 풀려났다. 이후에도 서울에서 여러 호남 출신의 인물들과 호남학회(湖南學會)를 세워 애국계몽운동을 활발히 전개하던 중 1909년 여름 세상을 떴다.

이기의 대종교 교력을 살피면, 1909년 1월 15일(음력) 대종교 중광(重光)과 그 교력을 같이 하는 인물이다. 대종교단 내의 아래 기록이 그것을 말해 준다.

"이에 대종사(大宗師, 나철을 말함-인용자 주)는 신교(神敎)의 중광과 종도(倧道)의 재천(再闡)으로써 민족의 앞날을 바로잡고 병탄 당하려던 조국의 쇠운을 회복시킴과 아울러 동양평화와 인류의 자유행복을 증진시키려는 대이념 하에, 한배검의 영계를 받들어 4366년 기유(1909) 음 정월 15일 자시(子時)를 기하여 동지 오기호(吳基鎬)·강우(姜虞)·최전(崔顓)·류근(柳瑾)·정훈모(鄭薰模)·이기(李沂)·김인식(金寅植)·김춘식(金春植)·김윤식(金允植) 등, 수십 인과 함께 한성 북부 재동(齋洞) 취운정(翠雲亭) 아래 8통 10호 육간 초옥 북벽(北壁)에 단군대황조신위를 모시고 제천(祭天)의 대례(大禮)를 행하시며 단군교포명서를 공포하시니, 고려 원종때 몽고의 침입으로부터 700

년간 폐색되었던 신교의 교문이 다시 열리어 한말의 암흑풍속 속에도 일맥의 서광이 민족의 앞날을 밝게 비치었으니, 이날이 곧 우리 겨레의 새 역사를 창조한 거룩한 날이요 우리 대교(大敎, 대종교-인용자 주)의 중광절(重光節)인 것이다."

이기는 대종교를 중광한 나철·오기호 등과 민간 외교 활동을 통한 구국운동부터, 을사오적 주살 시도, 그리고 호남학회 활동 등을 두루 함께한 평생 동지였다. 특히 나철과는 친형제와 같은 막역한 관계였으나, 대종교가 중광한 지 몇 개월 후 세상을 떠남으로써 그 뜻을 펴지 못했다.

한편 이기는 전래 단군신앙과 뗄 수 없는 인물이다. 그의 가문에 전승되어 오던 신교사서(神敎史書)와 불가분의 관계를 갖는다. 이기는 가문에 소장되어온 신교서적을 토대로 『태백경(太白經)』을 편찬하기도 했다. 『태백경』의 직접적 모태가 된 『태백진훈(太白眞訓)』은 이기의 선조인 고려 말 행촌 이암(李嵒, 1297-1364)의 저작으로 전해지며, 『태백일사(太白逸史)』라는 신교사서도 그의 선조인 조선조 이맥(李陌, 1455-1528)이 편찬한 것이라 한다. 모두 단군신앙의 역사와 사상을 기록한 서책들이다.

이기는 동학혁명 당시나 대한자강회, 그리고 호남학회 등의 활동에서 강력한 행동주의를 드러내면서도, 한편으로는 단군신앙 이론에도 해박했다. 그가 남긴 『태백속경(太白續經)』이라는 글을 보아도 알 수 있다. 이기는 단군이라는 존재를 민족의 정신적 구심점으로 확보하고 진교(眞敎)라는 종교적 교리로써 강조하기도 했다. 그리고 단군 후손이라는 동류의식의 강조, 단군 존재와 그 권능의 절대화, 진교도통(眞敎道統)의 정통인식, 동양의 제사상을 극복한 우월성과 포용력을 특히 강조했다.

또한 『천부경』을 단군교당에 전하고 『한단고기』를 펴낸 것으로 알려진 운초(雲樵) 계연수(桂延壽)가 이기의 제자라는 점도 흥미로운 부분이다. 다만 이기도 가고 없고 계연수 역시 행적이 오리무중이다. 세월 지나도 그 아쉬움이 더욱 크게 남는다.

[참고문헌]
『대종교중광육십년사』(대종교총본사, 1971), 『梅泉野錄』(黃玹, 국사편찬위원회, 1955), 『大韓季年史』下(鄭喬, 국사편찬위원회, 1971), 『續陰晴史』上·下(金允植, 국사편찬위원회, 1971), 『독립운동사』1·7·8·10(독립운동사편찬위원회, 1971~1978), 『독립운동사자료집』11(독립운동사편찬위원회, 1978), 『해학 이기의 사상과 문학』(박종혁, 아세아문화사, 1995), 「그래도 새벽은 오더라」(김동환, 『을소리』8, 국학연구소, 2009)

이기(李起, 남, 생몰 미상)
아호(별명)_ 이기(李基)
입교 시기_ 1913년 | 교질_ 상교

출신지역과 생몰연대를 알 수 없는 인물이다. 1910년 10월에 이미 대종교지도자인 이상설(李相卨)·이민복(李敏馥) 등과 블라디보스토크 지역을 중심으로 활동한 것을 보아,

일찍이 그 지역으로 망명한 인물일 듯하다.
1918부터 1920년대에도 대종교의 이민복 등과 함께 무기 구입 활동 등을 전개하는 등, 양기탁(梁起鐸)·이동휘(李東輝) 등 많은 인물들과 연계하며 항일투쟁을 전개했다. 특히 1920년 5월 18에는 대종교지도자 진학신(秦學新)을 비롯한 이규풍(李圭豊)·장발(張發)·김영준(金永濬) 등과 회집하여 항일투쟁의 길을 의논하기도 했다. 또한 1921년 12월에는 블라디보스토크에서 '시베리아조선인교육연구회' 설립 발기인으로 참여하여 시베리아 한인 교육의 통일, 보통학교 증설, 고등보통학교 신설 및 그 내용의 충실 등에 진력하였다. 이에 1922년 1월 '시베리아한인교육회'를 정식 창립하면서, 의무교육의 실시, 학제(學制)의 통일, 교과용도서의 편집, 교원의 양성, 사회교육의 진작 등 지역 교육사업에서 두드러진 활동을 이룩하였다.

이기의 대종교 교력을 보면 1913년 5월 14일(음력, 이하 음력) 연해주 시절 동지였던 김원(金元)과 함께 참교(參敎)의 교질(敎秩)을 받은 기록이 전한다. 그의 대종교 입교 시기가 이보다 훨씬 이전임을 알 수 있다. 그리고 1917년 11월 20일에는 지교(知敎)의 교질로 올랐다. 대종교 항일투사 박명진(朴明鎭)도, 이 시기 동북만주의 대종교 주요 인물로 한기욱(韓基昱)·신최수(申最秀)·최호(崔瀰)·이창언(李昌彦)·김영숙(金永肅)·이민혁(李敏赫) 등의 인물들과 이기를 언급하고 있다.

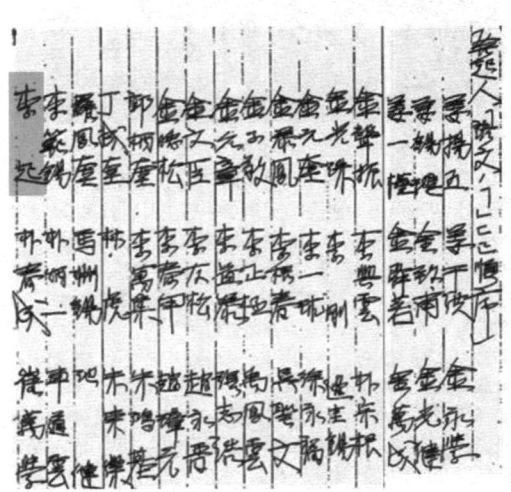

일제의 문서에 나와 있는 '시베리아조선인교육연구회'의 발미에 적힌 발기인 명단. 상단 맨 왼쪽에 李起라는 이름이 적혀 있다.

이기는 1922년 3월 1일 상교(尙敎)의 교질로 승질(陞秩)하였다. 또한 2주 후인 15일에는 대종교 동일도제이지사(東一道第二支司)의 전사(典事)로도 임명되었다. 전사란 관할 지사를 총책임지는 직책을 말한다. 당시 동일도제이지사는 연길현(延吉縣) 용정촌(龍井村)에 근거를 두고 연길현과 화룡현(和龍縣)의 교구를 관할하였다. 또한 김익형(金翼衡)이 종사감정(宗事監正)을, 이정희(李廷熙)가 계사감정(計事

監正)을, 김운송(金雲松)이 규사감정(規事監正)을 맡아 이기를 도왔다. 이후 이기는 1924년 8월 2일 대종교 정일시교당(井一施教堂)의 전무(典務, 책임자)를 맡아 연길현 용정촌의 포교도 책임을 졌다.

[참고문헌]
『종문영질』(프린트본, 1922), 『대종교중광육십년사』(대종교총본사, 1971), 『대종교독립운동사사』(박영진, 필사본, 1964), 「排日 朝鮮人 名簿 進達의 건(첨부)」(不逞團關係雜件-朝鮮人의 部-在西比利亞51, 機密韓 제62號, 한국사DB, 국사편찬위원회), 「鮮人의 행동에 관한 건」(不逞團關係雜件-朝鮮人의 部-在西比利亞9, 機密 제30호, 한국사DB, 국사편찬위원회), 「浦潮 재주 선인 민심에 관한 건」(不逞團關係雜件-朝鮮人의 部-在西比利亞13, 浦潮 제351호, 한국사DB, 국사편찬위원회).

이기석(李基碩, 남, 1900-?)
아호(별명) _ 이걸소(李傑笑), 이기석(李基錫)
입교 시기 _ 1915년 이전 | 교질 _ 참교

이기석

경상북도 영덕군(盈德郡) 남정면(南亭面) 양성리(洋城里) 출신으로, 일찍이 대종교에 입교하여 사회주의운동을 전개하였다.
1925년 5월 북풍회계열의 조선사회단체중앙협의회에 영덕청년연맹의 일원으로 참가한 인물이다. 1926년 6월 대종교 동지인 권오설(權五卨)의 구속으로 사회주의운동이 위기에 처하자, 수배자로 도피해 다니면서도 고려공산청년회 집행부 등을 재건했다. 1930년 10월에 개최된 신간회(新幹會) 전국대표대회에서도 영덕을 대표하는 대표회원후보로 선정되었다.
1944년 8월 10일 결성된 조선건국동맹에서는 후방 교란과 자주적인 독립쟁취를 위해 조동호(趙東祜)·이석구(李錫玖)와 함께 군사위원회를 맡았다. 또한 그 해 10월에 결성된 조선건국동맹 중앙 부서 조직 당시는 이석구와 함께 외무부를 맡게 되었다.
그러나 1945년 7월 24일 일어난 경성부 부민관(府民館) 폭탄 투척 사건으로 건국동맹의 실체가 드러나면서 이석구·조동호와 검거되었다. 이기석은 해방 직후인 1945년 8월 17일에 건국준비위원회가 출범할 당시도, 이만규(李萬珪)·이상백(李相佰)·현우현(玄又玄)·이석구 등과 건국동맹에 남아 건국동맹의 조직 확대에 주력하였다. 그리고 그 해 9월 조선민주주의인민공화국 출범과 함께 전국인민위원회가 결성되자 중앙인민위원회 인민위원과 보안부에서 활동하였다. 이후 조선인민당 중앙정치위원, 민주주의민족전선 중앙위원, 사무국 재정부 차장, 재정부장 등을 역임하였다.

1946년 8월에는 조선공산당·조선인민당·남조선신민당 3당 합당 과정에 참여하여 박헌영과 함께 부위원장에 선임되는가 하면, 1948년 8월 해주에서 열린 제1기 최고인민회의에서 대의원(남조선 대표)으로 선출되면서 북한 정치계에 본격적으로 발을 디뎠다. 그리고 조국통일민주주의전선 중앙위원, 인민검열위원회 위원장, 조선노동당 당칙수정위원, 도시경영상, 조국통일민주주의전선 중앙위원 등을 두루 역임하였다.
이기석의 대종교 입교나 영계(靈戒) 사항과 관련된 기록은 전하지 않는다. 해방 이후에도 대종교단의 사회주의(공산주의) 인물들에 대한 피기(避記) 현상으로, 그에 대한 교단 내의 기록 역시 전무하다. 그러나 이기석은 1915년 1월 1일(음력), 드물게도 16세의 나이로 참교(參敎)의 교질(敎秩)을 받은 기록이 있다. 그의 대종교 입교가 그 이전에 이루어졌음을 알 수 있으나, 이후의 대종교 행적은 남아있지 않다.

[참고문헌]
『종문영질』(프린트본, 1922), 『판결문』(대구지검안동지청, 1921.8.29.), 「북풍회계 잔당의 동정에 관한 건」(思想問題에 關한 調査書類2, 京鍾警高秘 제5603호, 한국사DB, 국사편찬위원회), 「新幹會代表會員 選擧狀況에 관한 건」(思想에 關한 情報綴 第10冊, 京鍾警高秘 제14794호, 한국사DB, 국사편찬위원회), 『신천지』2권 7호(1947년), 『조선일보』1947.10.14., 『조선공산당문건자료집(1945~1946)』(한림대학교아시아문화연구소, 1993), 『朝鮮의 治安狀況(昭和12年版)』(朝鮮總督府警務局, 不二出版(復刻版), 1984년)

이기순(李起淳, 남, 1889-?)
입교 시기 _ 1918년 | 교질 _ 참교

전라남도 장성군(長城郡) 삼계면(森溪面) 상죽리(上竹里) 출신으로, 1919년 5월 상해 대한민국임시정부와의 연계 속에서 조직된 대한독립애국단에 가담하여 군자금 모집에 앞장섰던 인물이다. 그러나 1920년 1월 애국단 활동을 진행하는 중에 일본 경찰에 포착되어 검거되면서, 그 해 12월 8개월의 형을 구형받았다.

애국단 사건으로 8개월의 형을 구형받은 李起淳(네모 안)의 신문기사 내용.

이후 이기순은 1931년 11월 단군신전봉찬회(檀君神殿奉贊會)에 참여하여 단군 선양 활동에도 적극 앞장섰다. 이 모임은 대종교의 중진이었던 지석영(池錫永)·유진태(俞鎭泰) 등이 주도한 모임으로 단군신전을 세우기 위해 조직된 모임이었다.

이기순의 대종교 입교나 영계(靈戒) 사항은 전하는 것이 없다. 다만 1922년 이전 대종교인들의 명단을 적어놓은 『종문영질(倧門榮秩)』(프린트본)에 1918년 10월 11일(음력) 참교(參敎)의 교질(敎秩)을 받은 기록이 남아있다. 그의 대종교 입교가 그보다 훨씬 이전에 이루어졌음이 확인된다. 한편 대한제국 부위(副尉) 출신인 한준명(韓俊明)을 비롯하여 정창원(鄭彰源)·한진석(韓珍錫)·이형우(李炯宇)·안봉강(安鳳岡) 등도 이기순과 같은 날 참교의 교질을 받았다.

[참고문헌]
『종문영질』(프린트본, 1922), 『매일신보』1919.11.5., 1920.12.14., 「檀君神殿奉贊會」集會取締 狀況報告(通報)『思想에 關한 情報』1, 京鍾警高秘 제14334호, 한국사DB, 국사편찬위원회), 『한국독립운동사』3(국사편찬위원회, 1968)

이기연(李基淵, 남, 생몰 미상)
입교 시기_ 1922년 | 교질_ 미상

경상북도 순흥군(順興郡) 단산면(丹山面) 삼거리(三巨里) 출신으로, 신간회 개성지회(開城支會) 간사로 활동한 이기연(李基淵)과는 동명이인이다. 박문술(朴文術)·권태정(權泰鼎) 등과 주로 강원도 지방을 중심으로 의병 활동을 펼쳤으며, 1910년경부터 10여명의 부하를 거느리고 영월(寧越) 등지에서 활약하다 피체된 기록이 있다.

이기연의 대종교 관련 교력을 살피면 1922년 12월 5일(음력) 대종교 서일도본사(西一道本司)의 추천으로 영계(靈戒)를 받았다. 대종교 서일도본사가 서간도 지역을 주로 관할하는 교구임을 볼 때, 국내 의병 활동 이후 서간도로 넘어가 항일투쟁을 전개한 것으로 추정된다. 이기연과 같은 날 서일도본사의 추천으로 영계를 받은 인물들이 김하일(金河一)·오근태(吳根泰)·홍범장(洪範章)·이현익(李顯翼)·고재봉(高在鳳) 등 수십 인의 항일투사들이었음이 이를 뒷받침한다.

[참고문헌]
『대종교보』제56호(1922년), 『매일신보』1913.8.9., 『江原道狀況梗槪』(춘천헌병대, 1913), 『동아일보』1927.8.11., 『한국사』21(국사편찬위원회, 1976)

이기종(李麒鍾, 남, 생몰 미상)
입교 시기_ 1922년 이전 | 교질_ 참교

출신지역과 생몰연대를 알 수 없는 인물이다. 다만 신간회(新幹會) 경성지회(京城支會)를 중심으로 활동한 것으로 보아 이 지역 출신이 아닐까 추정해 본다.

이기종은 신간회가 회장제를 집행위원장제로 바꾸고 복대표제를 채택하던 1929년 7월 23일, 대종교 동지인 민중식(閔中植) 등과 신임 상무집행위원으로 선임되었다. 또한 1930년 경성지회 제4차년도 제2회 상무집행위원회에서는 정희걸(鄭喜傑)·한봉석(韓鳳錫)·김상진(金商震)·박완(朴浣)·김사목(金思牧)·김응집(金應集)·이관구(李寬求) 등과 경성지회 연보편집위원(年譜編輯委員)으로 선정되기도 했다.

이기종의 대종교 교력을 보면 1922년 1월 16일(음력) 참교(參敎)의 교질(敎秩)을 받은 기록이 있다. 그의 대종교 입교가 그 이전임이 확인되나 더 이상의 추적은 쉽지 않다. 1922년 이후의 대부분의 대종교 기록이 없어졌기 때문이다.

[참고문헌]
『종문영질』(프린트본, 1922), 『조선일보』1929.7.26., 『중외일보』1930.7.30.

이기준(李基俊, 남, 1887-?)
입교 시기_ 1937년 이전 | 교질_ 미상

출신지역과 생몰연대가 불분명하다. 1910년 연해주 지역에서 소학교(小學校) 설립을 위해 노력한 것으로 보아, 비교적 이른 시기에 이곳으로 망명한 인물임을 알 수 있다. 이기준은 간도의 명동학교(明東學校) 직원으로 근무한 경험이 있으며, 1921년에는 상해임시정부 군자금을 모집한 혐의로 1년형의 구형을 받기도 했다. 1924년 3월에는 동생 이영준(李永俊)과 석곡자(石橋子)에서 일경과의 대치 중 체포된 기록도 전한다. 이후에도 참의부(參議府)에 몸을 담고 꾸준히 항일투쟁을 전개했다.

이기준의 대종교 입교(入敎)와 영계(靈戒) 관련 사항은 전하는 것이 없다. 그의 교질(敎秩) 관계 역시 확인이 안 된다. 그러나 1939년 개천절에 조직된 대종교서적간행회(大倧敎書籍刊行會)에 깊이 관여한 것으로 보아 그 이전에 대종교에 입교한 것을 알 수 있다. 대종교서적간행회는 1939년 7월(음력)에 강철구(姜鐵求)가 만주의 신경정부(新京政府)에 교섭하여 교적간행의 승인을 얻은 것에서 시발 되었다. 이후 서적간행회를 조직하고 백산(白山) 안희제(安熙濟)와 강철구의 노력으로 대종교 교인들의 성의금을 모았다. 이것을 기반으로 1941년 6종류 1만 5백부를 만주 연길현(延吉縣)에서 출판하고 1942년에 『한얼노래』 4천부를 국내 경성(京城)에서 출판하였다.

이기준 역시 1주(株)의 금전적 참여를 통해 대종교 재건을 위해 앞장섰다. 당시 이기준과 함께 1주로 동참한 인물들을 보면, 오근태(吳根泰)·이대성(李大成)·윤정현(尹挺鉉)·이창언(李昌彦)·최익항(崔益恒)·김상호(金相鎬) 등 30여명으로, 모두 대종교항일투쟁의 거물들이었다. 이기준이란 인물이 대종교단이나 독립운동계에서 적지 않은 비중을 차지했을 것으로 추정되는 이유다.

[참고문헌]
『대종교중광육십년사』(대종교총본사, 1971), 『동아일보』1921.5.1., 「독립운동에 관한 건」(不逞團關係雜件-朝鮮人의 部-在西比利亞8, 騷密 제5559호, 한국사DB, 국사편찬위원회), 「不逞鮮人 逮捕의 件」(不逞團關係雜件-朝鮮人의 部-在滿洲의 部38, 機密 第65號; 機密受 第70號, 한국사DB, 국사편찬위원회), 「南滿統義府聲討文에 關한 件」(不逞團關係雜件-朝鮮人의 部-在滿洲의 部40, 機密 第298號; 機密受第905號, 한국사DB, 국사편찬위원회), 『한국독립운동사자료』37(국사편찬위원회, 2001)

이기진(李杞珍, 남, 생몰 미상)
입교 시기_ 1910년 | 교질_ 미상

출신지역과 생몰연대를 알 수 없는 인물이다. 대종교의 초창기 기록에만 잠깐 언급되어 있다. 이기진의 대종교 교력을 보면, 1910년 8월 19일(음력) 순교원(巡敎員)으로 임명된 기록이 전한다. 그의 대종교 입교가 중광(重光, 1909년 음력 1월 15일)한 지 얼마 되지 않아 이루어졌음을 알게 해 준다. 고종 때 정5품 지평(持平)을 역임한 윤응두(尹應斗)가 같은 날 시교사(施敎師)로 임명되었으며, 서북학회 회원이었던 김병도(金炳濤)가 이기진과 함께 순교원으로 임명되어 활동했으나, 이후 이기진에 관한 기록은 일체 전하지 않는다.

[참고문헌]
『종보』제7호(1910년), 『대종교중광육십년사』(대종교총본사, 1971) 『승정원일기』1892년 12월 14일(음), 『서우』제9호(1907년), 『서북학회월보』제1호(1908년)

이기호(李祁鎬, 남, 1888-?)
입교 시기_ 1925년 이전 | 교질_ 미상

경상북도 안동군(安東郡) 도산면(陶山面) 선촌리(宜村里) 출신이다. 1916년 10월 신설된 매일신보(每日申報)의 안동·예천(醴泉)·봉화(奉化)·영양(英陽)을 관할하는 안동분국의 책임을 맡아 지역 언론 활동에 앞장섰다.

3·1독립만세운동 이후 상해에서 대한민국임시정부가 조직되자 본격적인 항일투쟁을 위해 북경(北京)으로 건너갔다. 이기호는 대한민국임시정부와의 연결을 취하면서 북경에서 조직된 조선독립청년단에 참여하였다. 1919年 7월경에는 김사익(金思益)·임기반(林基盤) 등과 경북 안동 지역을 거점으로 독립운동자금 4만 6천원을 모집하여 이를 수령하려던 계획이 발각되어 체포되기도 했다. 또한 1920년 2월에는 신흥무관학교 졸업생 모임인 신흥학우단의 문상직(文相直) 등이 국내 일본관공서와 한국인 관리들을 폭탄으로 습격하려던 사건과도 연결되어 곤혹을 치렀다. 이기호와 관련된 대종교 관련 교력은 교단 내에는 전하는 것이 없다. 다만 1925년 5월, 일제의 하얼빈영사관에서 작성된 문서에 이기호가 영안현(靈安縣) 영고탑(寧古塔)

을 중심으로 한 대종교 동이도구(東二道區)의 주요 간부로 조사되어 있다는 점이다. 특히 함께 언급된 인물들이 당시 대종교교주였던 윤세복(尹世復)을 비롯하여 최충호(崔忠浩)·최계화(崔桂華) 등, 항일투쟁의 거물들이었다. 이기호가 대종교항일투쟁의 비중 있는 인물임을 알 수 있으나, 그의 교질(敎秩) 관계 등은 확인되지 않는다.

1925년 5월 「南北滿洲에 있어서 不逞鮮人 團體 調査의 件」이라는 제목으로 만들어진 일제의 문서. 오른쪽에 대종교 東二道區의 주요 간부로 올라 있는 李祁鎬(네모 안)의 이름이 보인다.

[참고문헌]
『每日申報』1916.10.3., 「獨立運動에 관한 건」(國外日報 第112號)」(不逞團關係雜件-朝鮮人의 部-在滿洲의 部11, 騷蜜 第6020號; 秘受 9447號, 한국사DB, 국사편찬위원회), 「南北滿洲에 있어서 不逞鮮人 團體 調査의 件」(不逞團關係雜件-朝鮮人의 部-在滿洲의 部41, 公 第251號; 機密受第760號, 한국사DB, 국사편찬위원회), 『高等警察要史』(경상북도경찰부, 1934), 『국외용의조선인명부』(조선총독부 경무국, 1934)

이남수(李南洙, 남, 생몰 미상)
입교 시기_ 1918년 이전 | 교질_ 참교

출신지역과 생몰연대를 알 수 없는 인물이다. 1920년 12월 당시 연길현(延吉縣) 지인향(志仁鄕) 서구(西溝)에 있는 대한국민회(大韓國民會) 광제촌지회(廣濟村支會)의 서기(書記)를 맡은 기록이 있다. 이후 1935년 5월경에는 길림성 영길현(永吉縣) 제육구(第六區) 삼갑(三甲) 평부자등롱하자둔(平埠子燈籠河子屯) 지역에서 이종락(李鐘洛)·김재길(金在吉) 등과 대규모의 수전사업을 펼치기도 했다.
이남수의 대종교 교력을 살피면 1918년 2월 28일(음력) 참교(參敎)의 교질(敎秩)을 받은 기록이 전한다. 그 이전에 대종교에 입교한 것이 확인된다. 더욱이 같은 날 함께 참교를 받은 인물들 중에는 김명기(金明琪)·김응률(金應律)·염덕준(廉德俊)·김태우(金泰禹) 등, 대종교항일단체인 대한군정서(북로군정서)에서 활동한 인물들이 많았다. 이남수 역시 이러한 인물들과의 연계 속에서 대종교항일투쟁과 연결된 듯하나, 그 외의 기록은 남아있지 않다.

[참고문헌]
『종문영질』(프린트본, 1922), 「朝鮮側 警察이 朝鮮人 金順 等을 拘引시킨 것에 관한 건」(不逞團關係雜件-朝鮮人의 部-在滿洲의 部28, 公 第259號; 受 20669號, 한국사DB, 국사편찬위원회), 「水利紛爭 解決 斡旋方 依賴의 件」(滿蒙 各地에서의 鮮人의 農業關係 雜件6, 公機密 제128호, 한국사DB, 국사편찬위원회)

이남철(李南哲, 남, 생몰 미상)
입교 시기 _ 1918년 이전 | 교질 _ 참교

출신지역과 생몰연대를 알 수 없는 인물이다. 대종교단 내의 기록이나 일제의 문서에서도 일체 드러나지 않는다. 다만 대종교만주포교금지령(1925년)으로 인해 만주 당국에 압수당한 대종교의 문건에 이남철이 등장하고 있다. 이남철은 1924년 3월 25일(음력) '대종교총본사기본 및 경상금동독위원(大倧敎總本司基本及經常金董督委員)'에 임명된 기록이 전한다. 동독위원이란 감독위원을 말하는 것으로 이남철이 만주 대종교 경제활동의 중심부에 있었음을 알게 해 준다. 당시 소관도구(所管道區)와 책임자들을 보면 아래표와 같다.

소관도구	관할지역	책임자	서임일자(음력)
동이도구 (東二道區)	和龍區 二道溝	최창화(崔昌華)	1924년 3월 25일
	和龍區 三道溝	원석주(元錫周)	
동이도구 (東二道區)	延吉區 細麟河	이균섭(李均燮)	1924년 3월 25일
	豆滿江 沿岸	이상호(李相鎬)	
	豆滿江 沿岸	심근(沈槿)	
	汪淸區	엄호(嚴浩)	
	汪淸區	소진극(蘇眞極)	
	琿春區	채규오(蔡圭伍)	
	中央線九站以東	김주학(金柱鶴)	
	東甯區	이남철(李南哲)	1924년 3월 25일
	東甯區	최익항(崔益恒)	
	密山區	한기중(韓基中)	
	海林區	서강준(徐康駿)	1924년 12월 5일
서일도구 (西一道區)	撫松區	홍범장(洪範章)	1924년 3월 25일
서이도구 (西二道區)	上海區	정윤(鄭潤)	
남일도구 (南一道區)	京城區	신명균(申明均)	

이남철의 대종교 영계(靈戒) 사항이나 교질(敎秩) 관계를 알 수 있는 기록은 발견되지 않는다. 그러나 위의 표 '대

종교총본사기본 및 경상금 동독위원일람표'에서 알 수 있듯이 대부분의 인물들이 대종교항일투쟁의 거물들이었다. 이남철 역시 대종교단 내에서 상당한 위치에 있었을 것으로 추정되는 이유다.

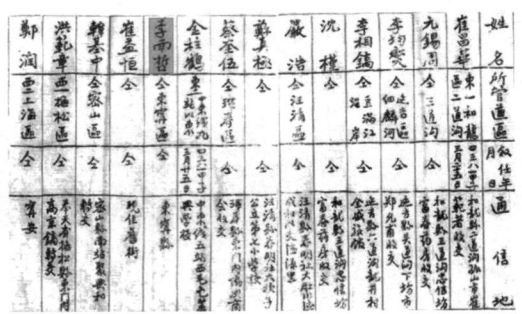

1926년에 작성된 대종교단의 문건에 적혀있는 「大倧敎總本司基本及經常金董督委員一覽表」의 원본. 원편 상단에 李南哲(네모 안)이라는 이름이 보인다.

[참고문헌]
「大倧敎施敎堂一覽表(1926年)」(延边朝鲜族自治州档案馆 全宗号42 目录号1 案卷号343, 和龙县历史档案 和龙县警察所, 令各区查禁韩人设立大倧教堂由, 民国十五年五月十二日)

이능규(李菱圭, 남, 생몰 미상)
입교 시기 _ 1914년 | 교질 _ 참교

함경북도 경성(鏡城) 출신으로 조선조 숙릉(淑陵)의 참봉(參奉)을 지낸 인물이다. 숙릉은 함경남도 문천군(文川郡) 초한면(草閑面) 능전리(陵前里)에 있는 조선 태조의 증조모인 정숙왕후(貞淑王后) 최씨(崔氏)의 능이다. 또한 1908년 말에는 현천묵(玄天默)·김석구(金錫龜)과 함께 대한협회 경성지부 회원으로도 활동하였다.

특히 이능규는 함북 경성의 명문인 함일학교(咸一學校) 육성에도 남다른 열정을 보였다. 함일학교는 이운협(李雲協)이 창설한 교육터로, 북관(北關) 일대의 문명을 나은 모태(胎母)로 칭송받는 학교다. 당시 이능규는 조교원(趙敎員)·김영학(金永學)·김석구·김동하(金東廈)·김창제(金昶濟)·김서규(金瑞圭) 등의 동지들과 이운협을 도와 학교 발전에 이바지하였다.

이능규의 대종교 교력을 보면 1914년 5월 13일 참교(參敎)의 교질(敎秩)을 받은 기록이 유일하다. 향우(鄕友)이자 대종교 중진이었던 현천묵과 김영학·김서규의 영향이 컸을 듯하나, 관련 기록은 일체 전하지 않는다.

[참고문헌]
『종문영질』(프린트본, 1922), 『승정원일기』1908년 4월 9일, 『대한협회회보』제8호(1908년 11월), 『삼천리』제6권제5호(1934년 5월)

이단(李檀, 남, 1888-?)
입교 시기_ 1912년 | 교질_ 참교

출신지역과 생몰연대가 불분명한 인물이다. 그의 이름 또한 대종교의 외자이름인 듯하나, 본명 역시 확실하지 않다. 대종교단의 일각에서는 대한정의단에서 활동한 이단승(李檀承)이라는 항일투사와 동일한 인물로 간주하지만, 그 기록 역시 확인이 안된다.

이단은 대종교의 대한정의단(大韓正義團) 시절인 1919년 10월 왕청현(汪淸縣) 대감자(大坎子) 어구촌(於口村) 지역에서 부하들을 이끌고 군자금 징수 활동을 펼쳤다. 대한정의단은 대종교지도자 서일(徐一) 등이 만든 중광단(重光團)의 후신으로 이후 대한군정부(大韓軍政府, 약칭 군정부)로 확대 개편하였으며 대한민국임시정부로부터 대한군정서(북로군정서)로 인준 받은 항일단체였다.

이단은 대한군정서로 개칭된 후인 1920년 3월에도 왕청현 태평구(太平溝) 지역을 중심으로 군자금 모금 활동에 열성을 보이는 한편, 왕청현 북쪽 삼차구(三岔口) 지역에서 수백 명의 독립군들을 훈련시키기도 했다. 1922년 9월경에는 대종교의 거점인 영안현(寧安縣)을 거점으로 대종교 교주 김교헌(金教獻)를 비롯한 김규식(金奎植) 등과 함께 해당 지역 18세 이상 45세 이하의 인물들로 모연대를 조직하여 군자금 모집에 힘쓰는가 하면, 항일투쟁의 거점을 영안현 동경성(東京城)으로 옮겨올 계획을 추진하기도 했다.

1922년 9월 일제의 문서에 기록된 영안현 지역 대종교계 주요 항일투사들의 명단. 가운데 대한군정서계의 李檀(네모 안)이라는 이름이 보인다.

이후 이단은 1924년 4월 동아민족합단연구회(東亞民族合團研究會)에도 가담하여 미국의 항일이민법(抗日移民法) 통과를 촉구하는가 하면, 또한 대종교 항일단체인 신민부(新民府)에 깊이 관여하여 항일투쟁을 이어갔다. 그러나 1926년 3월, 신민부 요인이었던 김성(金星)·김준(金俊) 등과 신민부의 군자금 확보에 노력하면서, 1920년 대한군정서 시절 산중에 묻어두었던 장총 20정과 탄환 2,000발을 발굴하여 운반하려다가 중국관헌 보위단(保衛團)에 체포되었다.

이단은 비교적 이른 시기에 대종교에 입교한 인물이다. 그가 1912년 4월 3일(음력) 참교(參敎)의 교질(敎秩)을 받은 기록은, 그의 대종교 입교가 그 시기보다 훨씬 전에 이루어졌음을 뒷받침한다. 당시 이단은 이형국(李衡國)·김의근(金義根)·김용수(金鎔洙) 등, 만주지역 대종교항일투쟁의 중심인물들과 함께 참교의 교질을 받았다. 이단이 이른 시기 대종교항일투쟁에 헌신했음을 알 수 있으나, 안타깝게도 1926년 이후 그의 기록은 전하는 것이 없다.

1926년 3월, 신민부 요원 李檀(네모 안) 등이 모연활동과 무기 확보를 위해 노력하다가 체포된 내용을 실은 『매일신보』의 기사.

[참고문헌]
『종문영질』(프린트본, 1922), 「琿春方面에 있어서 不逞鮮人의 行動에 대해서(2월 중순~3월 초순)」(大正8年乃至同10年 朝鮮騷擾事件關係書類 共7冊 其5, 密 第102號 其770/朝特報 第16號, 한국사DB, 국사편찬위원회), 「在外鮮人의 東亞民族合團提唱에 관한 건」(不逞關係雜件-朝鮮人의 部-在滿洲의 部39, 機密 第138號; 機密受第146號, 한국사DB, 국사편찬위원회), 『조선일보』1926.3.30., 『매일신보』1926.3.30., 『한국독립운동사자료』41·42(국사편찬위원회, 2005·2006)

이대범(李大範, 남, 생몰 미상)
입교 시기_ 1932년 이전 | 교질_ 참교

출신지역과 생몰연대를 알 수 없는 인물이다. 일제의 기록에서도 일체 발견되지 않는다. 이대범에 대한 기록은 1932년 『대종교보(大倧教報)』에 실려 있다. 그 해 3월 3일(음력) 북만주 밀산현(密山縣) 하량자(下亮子)에 소재한 대종교 양일시교당(亮一施敎堂)의 찬무(贊務, 부책임자)를 맡았다.

당시 밀산현은 대종교 포교의 주요 거점이었다. 일제의 압력에 굴복한 만주당국이 1925년 대종교포교금지령을 발포한 이후 은거하기 위해 거점을 옮긴 곳이 밀산현이다. 대종교는 교주 윤세복(尹世復)을 중심으로 그곳에서 근 8년간을 은거하며 와신상담했다. 1930년대 밀산현에 10개의 대종교시교당이 설치된 것도 이러한 배경과 맞물린다.

양일시교당 역시 그 중 하나로, 찬무를 맡았던 이대범의

ㄱ
ㄴ
ㄷ
ㄹ
ㅁ
ㅂ
ㅅ
ㅇ
ㅈ
ㅊ
ㅎ

당시 교질(敎秩)은 참교(參敎)였다. 그의 입교 시기가 그 이전으로 거스름을 확인시켜준다. 양일시교당은 대종교 동이도본사(東二道本司) 관할로, 당시 지교(知敎)의 교질로 만주 항일투쟁의 거물이었던 박세훈(朴世勳)이 전무(典務, 책임자)를 맡았던 곳이다. 이대범이 대종교항일투쟁과 무관치 않았음을 알 수 있다. 한편 이대범은 1937년 8월 24일(음력)에도 박세훈·이관영(李寬永)과 함께 밀산현 하량자 지역을 관장하는 대종교 재만교구경상금수납위원(在滿敎區經常金收納委員)으로 임명되었다. 이대범이 밀산현 하량자 지역을 거점으로 오랜 시간 활동했음이 확인된다.

필사본으로 전하는 『대종교교보』제115호(1937년)에 밀산현을 관할하는 대종교재만교구경상금수납위원으로 李大範(네모 안)이 올라 있다.

[참고문헌]
『대종교교보』제115호(1937년). 『대종교중광육십년사』(대종교총본사, 1971)

이대성(李大成, 남, 1899-1945)

아호(별명) _ 장일(章一), 이운성(李雲城)
입교 시기 _ 1924년 | 교질 _ 미상

경상북도 예천군(醴泉郡) 용궁면(龍宮面) 무이리(武夷里) 출신으로 본명은 이운성(李雲城)이다. 대종교의 원로로서 단애(檀崖) 윤세복(尹世復)의 막역지우였던 이수원(李守元)의 차자(次子)로, 1913년 10월에 부친인 이수원과 서간도 유하현(柳河縣)으로 망명하면서 항일투쟁의 길에 들어섰다. 이후 이대성은 부친인 이수원이 삼원보(三源堡)의 서쪽 30리 밖 샘물동에 학교를 세우고 너른 밭을 일구자, 그 농사를 주관하게 된다. 이 농사는 삼원보로 나드는 서로군정서 항일투사들의 무료 식사 제공을 위한 중요한 수단이

이대성

되었다. 1921년 부친 이수원과 전 동네 40여호를 거느리고 영안현 밀강(密江)이란 곳으로 옮겨 자리 잡고, 농사에 전념한 결과 3년 연속 풍년을 맞이하였다. 그리고 1923년 발해의 옛고도인 동경성(東京城)으로 이사하였다
1923년 11월 당시에는 일제의 문서에서도 드러나듯이, 이대성은 영안현 영고탑(寧古塔) 지역 입적간민호회(入籍墾民戶會) 소속으로 분류되어 일제의 감시대상에 올랐다. 또한 대종교 교주 윤세복을 중심으로 한 이 지역 농업 확충에도 부단한 노력을 기울였다. 이 시기 이대성은 중국동삼성(中國東三省) 십군군장(十軍軍長)인 곽송령(郭松齡)과 토비 출신으로 민국지방군(民國地方軍) 기병중대장이 된 마해산(馬海山)과 친하게 지내면서 동경성 지역 수전개발을 통해 많은 경제적 부를 모을 수 있었다.
1925년 4월 대종교 항일단체인 신민부(新民府)가 조직될 당시는 동경성 대표로 참석하여 그 회의 장소와 식사를 책임지고 부담한 인물이 이대성이다. 또한 이대성은 신민부 기관지 발간을 제의하며 동경성에서 북으로 약 30여리 되는 동경성 흥륭점(興隆店)에 그 발행소를 두고 그 경비 역시 부담하였다. 이후 신민부가 군정파와 민정파로 갈라지고 민정파가 영안현 석암(石岩)에 자리 잡았을 때도 이대성은 일부의 경비를 부담하였다.

일제의 문서에 영안현 密江 지역 주요 감시인물로 올라 있는 李大成(네모 안)의 이름.

한편 그 시기 김좌진(金佐鎭)이 삼부(三府)를 통합을 위해 길림으로 간다는 소문이 퍼지자 영안지역의 적색 청년들이 길마다 비밀히 매복하고 기다렸다. 이에 김좌진은 큰길을 피하여 소로(小路)를 이용하여 동경성의 이대성을 찾았다. 이대성은 김좌진을 동로오(董老五)라는 인물의 집으로 인도하여 식사를 대접하고 변복을 시켜 돈화(敦化)까지 무사히 도착하도록 도왔다.
1932년 초 구국군(救國軍)을 이끌던 왕덕림(王德林)이 왕청현(汪淸縣)을 거쳐 남호두(南湖頭)로 이동하여 방신구(房身溝)에다 연합군사령부를 설치했다. 이대성은 이 연합부대

에 참여하였다. 그때 돈화에서 영안으로 가려던 아마노부대(天野部隊)가 지나간다는 정보를 접하고 이대성은 이연록(李延祿)과 함께 그 길목에 매복하였다가 기습공격으로 승전을 거두었다. 이연록은 이 승리로 인하여 항일연군사군(抗日聯軍四軍)의 군장이 되고 다시 흑룡강 성장까지 되었다. 이어 이대성은 동경성전투, 사도하자(四道河子) 전투에서도 큰 승전보를 울렸다.

이대성은 1932년 12월 항일지투쟁의 거물인 차도선(車道善)의 부대를 돕기도 했다. 이대성은 차도선 부대가 일제의 기병(騎兵)에게 밀려 경박호 동안(東岸)으로 온다는 정보를 입수하고, 미리 그 지역에 저격수 20여명을 배치하여 일군(日軍)이 쉽게 동안(東岸)에 접근하지 못하도록 하였다. 일군이 다시 경박호 남단을 돌아오려 하자 역시 매복을 통해 일군을 패퇴시켰다. 이것이 소위 경박호 호반(湖畔)의 전투다. 한편 이대성이 대종교 교주 윤세복의 주선으로, 백산(白山) 안희제(安熙濟)가 주도한 발해농장 설립에 관여한 때도 이 시기였다.

이대성의 이러한 활동은 일제의 눈에는 가시와도 같았다. 마침내 1933년 10월 영안에서 체포되어 하얼빈관동군 사령부에서 7개월이나 감금된다. 그러나 이대성이 민법재판을 고집한 결과 국내 신의주형무소로 이감되었다. 이곳에서 수개월 수감·취조 도중 탈장이 되고 발목이 비틀려 관절염이 생기면서 지방형(地方刑) 3년이란 재판을 받고 고향으로 돌아가 형기(刑期)를 받게 되었다. 이후 이대성은 고향인 용궁면 우체국에 근무하다가, 다시 만주로 밀입국하였다. 밀입국하여 많은 토지를 조선인의 소유로 하니 금강(金剛)농장, 동만(東滿)농장, 발해농장이 서며 또 많은 땀이 조선인에게 들어왔다. 허나 만척회사(滿拓會社)에서 자기들의 소득이 없으니 헌병대에 알려 급기야 대성에게는 다시 지방형(地方刑)이 내렸다. 또 고향에서 6개월이란 형기(刑期)도 합하여 집행되었다.

발해의 옛 수도인 동경성에 만든 수문 입수 기념을 위해 1936년 6월 5일에 찍은 사진. 앞에 앉은 인물이 왼쪽부터 안희제, 이대성(권총을 든 인물), 崔寬(서일의 사위, 농장지배인)이며, 뒤에 서있는 사람이 안희제의 4남인 安相斗다.

[교력]

이대성의 대종교 입교는 1924년에 이루어졌다. 그러나 안

타깝게도 그의 영계(靈戒) 사항이나 교질(敎秩) 관계는 남아 있는 것이 없다. 대종교에 입교할 무렵 이대성은 사업관계로 자주 영안을 왕래하였다 한다. 그때마다 대종교총본사에 찾아 경비를 제공하는가 하면 부친의 막역지우인 윤세복의 생활에도 많은 관심을 보였다. 1935년경 대종교총본사가 동경성으로 옮길 때에도, 김모(金某)의 집을 세를 얻어 간판을 걸게 한 인물이 이대성이다.

몇 년이 지난 후 이대성은 집주인 김씨가 대종교총본사의 집세를 독촉한다는 사실을 알게 되었다. 이대성은 김씨에게 대종교총본사가 세를 든 집을 흥정하여 350원(元)을 내고 완전히 사들였다. 그리고 그 문서를 부친인 이수원을 거쳐 교주 윤세복에게 전하였다. 그 때가 백산 안희제 등이 중심이 되어 대종교 교적간행(敎籍刊行)을 위해 간행비를 모을 무렵이었다. 이대성은 안희제에게 만약 내가 대종교 교적간행비용을 내가 낸 것처럼 비치면 일본 관헌들의 주목 받을 것이 분명하다고 밝혔다. 그리고 대종교총본사를 구입한 350원을 교적간행비로 대신 계산한 셈 치자고 하였다.

1942년 대종교지도자 일제 구속 사건인 임오교변(壬午敎變) 당시, 이대성의 숨겨진 일화도 극적이다. 임오교변으로 형을 받고 수감 중이던 윤세복을 비롯한 대종교지도자들은, 감옥에 감금된 정치범(政治犯)들은 모두 사형시키라는 일제의 지령이 내려져 절체절명의 위기에 처해 있었다. 이 때가 1945년 8월 13일이다. 14일 밤에 목단강(牧丹江) 액하감옥(掖河監獄)은 이를 집행하느라 아수라장이 되었다. 그러나 평소 윤세복의 인품을 존경하던 김교도원(金敎導員)의 피 끓는 애국심으로 대종교지도자들 모두 뒷문으로 빠져나왔다. 윤세복을 비롯하여 몰래 출옥한 이들도 무슨 영문인지 아무도 몰랐다. 그 일의 전후를 공작한 인물도 바로 이대성이었다.

[참고문헌]

『대종교중광육십년사』(대종교총본사, 1971), 「不逞鮮人 暗號 및 容疑人 名簿의 件」(不逞團關係雜件-朝鮮人의 部-在滿洲의 部37, 高警 第3662號, 機密受第576號, 한국사DB,국사편찬위원회), 「哈爾賓以東 鐵道沿線 在住鮮人 情況에 관한 件」(朝鮮人에 대한 施政關係雜件 一般의 部3, 機密 제7호, 한국사DB,국사편찬위원회), 「이수원 일가와 독립운동」(이인희, 『을소리』2(독립운동편), 국학연구소, 2006)

이덕규(남, 생몰 미상)

입교 시기 _ 1922년 이전 | 교질 _ 참교

출신지역과 생몰연대를 알 수 없는 인물로, 그 한자이름 역시 분명하지 않다. 이덕규는 1922년 3월 17일(음력, 이하 음력) 대종교 동이도제삼지사(東二道第三支司)의 종사감찬(宗事監贊)을 맡은 기록이 전한다. 그리고 열흘 후인 동월 27일에는 밀산현(密山縣) 당벽진(當壁鎭) 소재 대일시교당(大一施敎堂)의 찬무(贊務)로도 임명되었다. 당시 이덕규의 교질(敎秩)은 참교(參敎)였다. 그 이전에 대종교에 입교한

것이 확인된다. 종사감찰이란 해당 지사(支司)의 전사실(典事室)에 속한 종사감정(宗事監正)을 돕는 직책으로, 종사감정은 관할 교구의 시교당(施教堂) 설당(設堂) 문제와 사회사업에 관한 업무를 담당하는 자리였다.

한편 제3지사를 이끈 한기욱(韓基旭)과 계사감정(計事監正)을 맡은 한기중(韓基仲) 그리고 함께 종사감찰으로 활동한 김백련(金百鍊) 등은 대종교 항일투쟁의 거물들이었다. 특히 한기욱은 이상설(李相卨)이 세운 간도 용정촌(龍井村)의 서전의숙(瑞甸義塾)에서 숙감(塾監)으로 시무하기도 한 인물이었다. 또한 이덕규와 더불어 대일시교당의 찬무를 맡았던 권영수(權英秀) 역시 1937년 3월 7일 대종교 항일결사인 하얼빈선도회(哈爾賓宣道會)의 교화사원(教化社員)으로 활동하였다. 이덕규가 대종교항일투쟁과 깊이 연관된 인물임을 알게 해 준다.

[참고문헌]
『대종교중광육십년사』(대종교총본사, 1971)

이덕기(李德基, 남, 생몰 미상)
입교 시기 _ 1922년 이전 | 교질 _ 참교

출신지역과 생몰연대를 확인할 수 없는 인물이다. 1890년 대 초반에 블라디보스토크로 망명하여 잡화상을 경영하였다. 대종교 항일투사인 우덕순(禹德淳)의 고모부로, 우덕순의 블라디보스토크 망명을 주선하고 암암리에 후원한 인물도 이덕기다.

이덕기는 1922년 8월 16일(음력, 이하 음력) 대종교 산일시교당(山一施教堂)의 전무(典務, 책임자)로 임명된 인물이다. 그의 대종교 입교가 적어도 그 이전에 이루어졌음을 알 수 있다. 산일시교당은 혼춘현(琿春縣) 순의사(純義社) 용두산(龍頭山)에 소재한 시교당으로 대종교 동일도본사 제1지사가 관할하였으며, 김천길(金千吉)·장시찬(張時讚)이 찬무(贊務, 부책임자)를 맡아 이덕기를 도왔다. 그리고 이덕기는 그 해 개천절(음력 10월 3일)에 대종교 동일도본사(東一道本司)의 추천으로 영계(靈戒)를 받는다. 김천길·장시찬·최순범(崔舜範) 등도 이덕기와 함께 영계를 받았다. 이 중 김천길은 1920년 6월 임병극(林秉極) 등과 혁명군의 구성원에 속해 연길현·왕청현·혼춘현 지방에서 무기운반을 맡아 활동하는가 하면, 일제의 경신대토벌이 벌어지자 노령으로 넘어가 오하묵(吳夏默)의 부대에서 항일투쟁을 이어간 인물이다. 이덕기 역시 대종교 항일투쟁과 밀접했음을 암시하는 부분이다.

이덕기의 산일시교당 전무로서의 시무(時務)는 1926년까지도 지속되었다. 당시 산일시교당은 혼춘현 동문(東門) 안에 있는 협성상회(協成商會)를 연락 거점으로 이용하였다. 이덕기는 한족노동당(韓族勞働黨)에서 활동하는 박춘길(朴春吉)을 찬무로 거느리고 140명의 교인을 이끌었으나, 그의 교질(教秩) 단계나 이후의 기록은 전하는 것이 없다.

[참고문헌]
『대종교보』제56호(1922년), 『대종교중광십년사』(대종교총본사, 1971), 「大倧敎施敎堂一覽表(1926年)」(延边朝鲜族自治州档案馆 全宗号42 目录号1 案卷号343, 和龙县历史档案 和龙县警察所, 令各区查禁韩人设立大倧敎堂由, 民国十五年五月十二日), 『한국독립운동사자료』7(국사편찬위원회, 1978), 『統監府文書』7(국사편찬위원회, 1999)

이동녕(李東寧, 남, 1869-1940)
아호(별명) _ 봉소(鳳所), 석오(石吾), 암산(巖山)
입교 시기 _ 1910년대 초반 | 교질 _ 지교 | 서훈 _ 대통령장(1962)

이동녕

충청남도 천안군(天安郡) 목천면(木川面) 동리(東里) 출신이다. 고향 서당에서 유교적 전통 교육을 받고 10세 때 충청북도 청원군 문의면 후곡리의 조부인 이석구(李錫九)의 집으로 옮겨 소년시절을 보내면서 조부로부터 학문을 사사받았다.

이동녕은 조부와 부친의 학문적 영향 속에 1891년 소과(小科, 生員進士試·監試·司馬試) 진사시에 응시하여 합격하였다. 그러나 이동녕 입신의 꿈은 사회의 변혁과 함께 묻혀 버릴 수밖에 없었다. 1984년 제1차 갑오개혁 당시 과거제도의 폐지 성균관을 근대식 교육기관으로 개편하며 과거제를 폐지하고, 근대적인 관리등용법을 제정했다.

이동녕에 있어 갑오개혁은 전통과 변혁의 변곡점이기도 했다. 특히 1894년 동학농민전쟁과 청일전쟁을 경험하면서 근대적 민족의식을 새롭게 체득하게 된다. 전통적 보수파로서의 면모를 벗고 동도서기적인 개화파로 변모되는 양상도 그 무렵이라 할 수 있다. 부친을 도와 원산에서 광성학교를 세워 신교육을 통한 계몽운동을 펼친 것이 바로 그러한 일면이다. 또한 1896년 7월 독립협회에 가담하여 근대민권운동과 국권수호운동을 전개한 것도 이러한 변화의 흐름과 맞닿는다. 당시 이동녕은 독립협회 동지들과 함께 봉건정부의 실정을 규탄 성토하고, 외국으로 넘어가는 각종 이권의 양여를 반대하였다.

이동녕은 이러한 시대적 상황을 맞아 민중들과 함께 1898년 만민공동회운동에 참여하여 개화·개혁운동을 전개했다. 공교로운 것은 이동녕 뿐만 아니라 만민공동회에 간부로 참여한 상당수의 인물들이 후일 대종교로 흡수된다는 점이다. 김교헌·류근(부회장 또는 회장대리급), 나철(도총무장·총무장·부총무급), 장지연(편집부장급), 신규식(재무부과장 및 부장급), 최동식·오기호·김인식(선전부과장 및 부장급), 지석영(서무부과장 및 부장급), 신채호(내무부·문서부서기장 및 과장·부장급), 김윤식·박은식(문교부과장 및 부장급) 등등이 그들이었다. 이동녕 역시 간사부 과장 및 부장급으로 활동하다 옥고까지 치렀다. 출옥 후 이동녕은『제국신문』의 논설위원이 되어 여러 편의 논설을 통해 자신이 구상한 근대화론과 함께 개화자강론을 본격적으로 전개하였다.

1900년대에 들어 접한 YMCA운동 역시 이동녕의 사상 변혁에 상당한 영향을 주었다. 이 시기 이동녕은 상동교회의 전덕기 목사의 인도로 기독교 감리교 신자가 되었다. 그리고 상동교회에 청년학원을 설립하여 근대식 민족교육을 실시하는가 하면, 1904년 상동청년회에 가입하여 청년운동을 본격적으로 전개했다. 상동청년회의 모체인 상동교회는 감리교 의료 선교사인 스크랜턴(William B. Scranton, 施蘭敦)에 의해 1889년 가을 서울 남대문 근처에 세워졌다. 그 처음 이름은 달성(達城)교회였으며, 1900년 7월 지금의 서울 중구 남창동으로 이전하였다. 상동청년회는 1897년 9월 5일 상동교회(구 달성교회) 안에 설립된 엡웟청년회로서 시작되었다. 엡웟을 붙인 이유는, 감리교 창설자인 존 웨슬리(John Wesley)의 출신지가 링컨에서 북서쪽으로 37킬로미터 정도 떨어진 엡웟(Epworth)이었기 때문이다.

1904년 당시 이동녕은 조성환·이승만·정순만·박용만 등과 함께 상동청년회원으로 활동했으며, 민영환·이시영·이상설 등 관리들의 후원도 있었다. 또한 이동녕과 함께 상동교회를 다녔던 이회영·이관직(李觀稙) 등도 청년회원으로 활동한 듯하고, 구연영(具然英)·김진호(金鎭浩)·우덕순·이필주(李弼柱)·최모성(崔模聖)·정재면 등도 정식회원이었을 것으로 추측된다. 주시경은 특이하게도 정동교회 교인이면서 상동교회 엡웟청년회 임원이기도 했다. 더욱이 상동청년학원에서는 주시경과 함께 최남선·신채호·장도빈·조성환 등이 후학들을 가르쳤음을 보면, 이들 모두 상동청년회와 깊은 연관을 가졌음을 알 수 있다.

주목되는 것은 상동청년회에 관여한 인물(회원 또는 후원자) 24인의 해산(탈퇴) 이후 활동 양상이다. 이동녕을 비롯한 김창환·우덕순·윤태훈(尹泰勳)·이관직·이시영·이회영·조성환 등이 대종교 활동으로 넘어갔다. 더욱이 이상설과 주시경·여준까지 집어넣는다면 전체 관여 인물의 절반 가까이가 대종교에 참여하는 것이다.

한편 1905년 을사늑약은 이동녕의 만주 망명을 재촉하는 계기가 되었다. 이동녕은 늑약이 체결되자 대한문 앞에서 연좌농성을 벌이며 일제의 침략행위를 규탄하였다. 또한 결사대를 조직하여 매국노에 대한 응징을 계획하다가 2개월의 옥고를 치르는 등 고초도 겪었다. 이후 북간도 용정으로 망명한 이동녕은 이상설과 함께 서전서숙(瑞甸書塾)을 설립하여 근대적 민족교육을 통한 국권회복운동의 기치를 올렸다. 그러나 1907년 이상설이 헤이그 만국평화회의에 특사로 파견되어 가자 이동녕 역시 귀국하였다.

1907년 일제가 신문지법·보안법을 제정하여 국권회복운동을 탄압하자 계몽운동은 비밀결사로 돌아서게 된다. 그 결과로 조직된 대표적 단체가 신민회(新民會)였다. 신민회는 안창호의 발기로 이동녕을 비롯한 이동휘·양기탁·전덕기·이갑·유동열 등 7인이 창건위원이 되어 결성되었다. 신민회는 자신(自新)을 강조하며 '신교육'·'신제창'·'신배양'·'신윤리'·'신학술'·'신모범'·'신개혁'의 시급성을 강조하였다. 그 실천 방향으로 잡은 것이 교육구국, 계몽강

연·학회, 잡지·서적 출판, 민족산업진흥, 청년운동과 함께 무관학교 설립과 독립군기지 창건운동 등이었다. 이동녕은 신민회의 총서기로 선임되어 실질적인 운영을 맡았고, 새로운 변혁의 주역이 되었다.

이상설과 함께 설립한 서전서숙의 모습(독립기념관 소장)

특히 이동녕의 무관학교 설립과 독립군기지 창건 주장은 경술국치 직후 실제로 실행되었다. 이동녕과 이회영 일가 등 신민회 동지들은 1910년 11월 서간도 유하현 삼원포로 망명하여 경학사와 신흥강습소를 세워 독립군 기지를 개척하였다. 이들은 황무지를 피와 땀으로 개척하는 한편 독립군 양성에 힘을 쏟으며 앞으로 다가올 항일투쟁을 준비해 갔다. 이동녕이 초대 소장을 맡았던 신흥강습소는 바로 신흥무관학교의 모체로 이곳에서 배출된 독립군들이 후일 청산리대첩 등 항일무장투쟁의 주역이 된다.

이동녕은 1913년 노령 블라디보스토크로 넘어가 이상설·최재형(崔才亨)·이종호(李鍾浩) 등이 조직한 권업회(勸業會)에 참여하는가 하면, 1914년에는 이상설·이동휘(李東輝) 등과 대한광복군정부(大韓光復軍政府)를 세우기도 한다. 이어 무오년(戊午年, 1918년) 봄부터 준비·진행된 대한독립선언서(大韓獨立宣言書, 일명 무오독립선언서)에도 서명하였다. 이 선언서는 대종교 교주 김교헌(金敎獻)을 위시하여 대종교지도자들이 주도한 선언으로 만주 길림(吉林)에서 반포되었다. 이 선언은 후일 만주 무장항일운동의 지침이 되었으며, 동경 2·8독립선언과 국내 3·1독립선언의 기폭제가 되었다.

이동녕은 1919년 3·1독립선언 이후 대종교 동지인 조완구(趙琬九)·조성환(曹成煥)과 함께 중국 상해로 이동하였다. 그리고 독립운동의 최고기관 수립을 준비하기 위해 설치된 독립임시사무소(獨立臨時事務所)에 참여한 후, 독립운동을 이끌어 갈 최고 지도기관으로 임시정부 수립을 주장하고 관철시켰다. 4월 10일 국내외에서 도착한 29명의 대표들이 상해에 모여 임시정부 수립을 위한 회의를 열었다. 이 회의에서 임시정부 수립을 위한 절차로 대의기관(代議機關)인 임시의정원을 구성하고 이를 근거로 '정부'를 조직하기로 결정하였다. 임시의정원은 한국 최초로 결성된 의회이자 대한민국 국회의 기원이다. 이동녕은 대한민국 임시의정원 초대 의장에 선출되어 4월 10일과 11일 개

최된 임시의정원 첫 회의를 주재하게 된다. 이 회의에서는 국호(國號)를 '대한민국'으로 결정하고, 4월 11일 임시의정원 의장으로 대한민국임시정부 수립을 내외에 선포함으로써 한국 역사상 최초의 민주공화제 정부 수립을 주도하였다.

이후 각 지역에서 설립된 임시정부의 통합을 이끄는가 하면, 새롭게 개편된 내각에서 내무총장으로 취임하였다. 그러나 독립운동의 방략과 이념 차이로 문제가 생기자 1921년 국무총리 대리로 임명되어 임시정부를 지키기 위한 다각도의 노력을 기울였다. 1923년 개최된 국민대표회의(國民代表會議)가 실패했을 당시도 임시정부의 자체 개편을 적극 추진하여 국무총리에 취임 후 임시정부의 쇄신을 주도해 나갔다. 그럼에도 많은 혼란이 지속되자 1926년 11월 24일 임시의정원 의장으로 취임하여 국무령에 선출된 김구와 함께 내각을 구성하고 임시정부를 유지시켜 나갔다.

한편 1930년 임시정부를 중심으로 활동하였던 김구·조완구(趙琬九)·이시영(李始榮)·조소앙(趙素昂) 등과 함께 한국독립당(韓國獨立黨)을 창당하였다. 한국독립당은 임시정부를 지탱하는 기초세력으로 이당치국(以黨治國)의 기치로 임시정부를 이끌어 나갔다. 그러나 이봉창과 윤봉길 의거 이후 일제의 압박이 좁혀오자 1932년 5월 임시정부 요인들과 함께 가흥(嘉興)으로 피신하였다. 그리고 1935년 7월에는 민족유일당운동의 일환으로 많은 임시정부 요인들과 한국독립당 및 조선혁명당(朝鮮革命黨)·의열단(義烈團) 등이 통합하여 민족혁명당(民族革命黨)을 조직하자, 임시정부는 다시 무정부 상태에 빠지게 되었다. 이에 이동녕은 1935년 10월 임시의정원 회의를 통해 김구와 함께 새로운 내각을 구성하고 임시정부 사태를 수습해 나갔다. 더불어 11월 항저우에서 김구 등과 함께 임시정부를 옹호할 수 있는 지지 정당으로 한국국민당(韓國國民黨)을 창당하였으며, 1935년 11월부터 임시정부 주석을 맡아 이동해 다니던 임시정부의 제반사항을 해결하였다.

1937년 중일전쟁(中日戰爭) 발발 이후에는 한국국민당을 중심으로 민족주의 독립운동 정당 및 단체의 통합을 추진한 결과 1937년 8월 6개 단체와 연합하여 한국광복운동단체연합회(韓國光復運動團體聯合會)를 결성도 이끌어 냈다. 또한 1939년 5월 기강(綦江)에 도착한 이후에는 국무위원회 주석으로서 임시정부의 조직과 체제를 정비하고 세력 기반을 확대하였다. 당시 정부 조직의 확대 작업은 한국광복운동단체연합회 결성에 참여하였던 재건 한국독립당과 조선혁명당 인사들을 임시정부로 참여시키는 방향으로 추진되었다.

마침내 1939년 8월 17일 한국광복운동단체연합회의 한국국민당·재건한국독립당·조선혁명당·조선민족전선연맹(朝鮮民族戰線聯盟)의 조선민족혁명당·조선민족해방동맹(朝鮮民族解放同盟)·조선청년전위동맹(朝鮮靑年前衛同盟)·조선혁명자연맹(朝鮮革命者聯盟) 등 총 7개 정당 및 단체의 대표가 기강에서 7당통일회의를 개최하였다. 그러나 조직론 등 통합의 방식에 따른 의견 차이로 결렬되었고 5개 정당과 단체들만이 참여하여 결성한 5당통일회의 즉 전

국연합진선협회(全國聯合陳線協會) 역시 조선민족혁명당이 내부의 노선 문제로 탈퇴하여 통합에 다다르지 못하였다. 이후에도 이동녕은 다시 주석을 맡아 임시정부와 임시의정원의 체제를 확대·강화하는 한편, 한국광복군 창설을 추진하다가 1940년 3월 13일 기강에서 72세의 고령으로 타계하였다.

1935년 11월 7일, 중국 綦江에서 찍은 임시정부 국무위원들의 기념사진. 앞줄 정중앙에 서있는 인물이 이동녕이다.(독립기념관 소장)

[교력]
이동녕과 대종교의 관계를 말함에 가장 먼저 신민회를 주목해 본다. 신민회와 대종교의 연관성을 말함에 신민회의 인맥구조 역시 간과할 수 없다. 공교롭게도 이동녕을 비롯한 상동청년회과 관련된 인물들 대부분(김진호·김창환·여준·윤태훈·이관직·이동휘·이상설·이승만·이시영·이준·이필주·이회영·이희간·전덕기·정순만·정재면·조성환·신채호·장도빈 등)이 그대로 신민회로 연결되었다. 또한 후일 대종교의 중추를 이루는 김교헌·류근·박은식·박찬익·김좌진 등등도 비밀리에 신민회 활동을 전개했던 인물들이다.

신민회는 종교적으로도 전래 선교(仙敎, 민족신앙)와 기독교의 영향을 받은 사람들이 많았다. 또한 역사인식에 있어서도 신민회는 만주를 무대로 전개되었던 단군조선-부여-고구려-발해를 중시하는 경향이 많았던 까닭에, 당시 신민회는 항일투쟁에 있어서만 적극적인 투쟁 방법으로 애국계몽단체와 방법을 달리한 것이 아니라, 문화인식·역사인식에서도 상당한 차이를 나타냈다. 그들은 민족주의사관을 바탕으로 새로운 역사인식체계를 세우려 노력했는데, 그 대표적 인물들이 김교헌·신채호·박은식·이상룡 등이다. 이러한 신민회 인사들의 새로운 역사인식을 종교적 차원으로 극단화시킨 것이 대종교 중광의

일부를 구성하게 된다.

그러므로 대종교의 핵심 멤버 가운데 신민회 출신 회원이 많았고 대종교의 독립운동 기지가 만주로 선정되었다는 점과, 뒤에 신민회가 해산하자 회원의 상당수가 대종교로 흡수되었으며, 대종교의 교리가 전래 고유신앙을 바탕으로 하고 있다는 점에서 대종교와 신민회의 깊은 관계가 인지된다.

이동녕을 비롯한 상동청년회와 신민회의 많은 구성들이 대종교로 넘어온 배경 역시 대종교의 이러한 성격과 무관치 않다. 설사 대종교에 직접 입교하지는 않았더라도, 일제강점기 많은 지도층 인사들이 대종교를 국교로 받아들이려는 정서가 팽배해 있었다. 대종교가 우리의 정체성 그 자체였기 때문이다. 그러므로 일제하 만주지역을 보더라도, 대종교는 종교적 성격보다 이주 한인사회를 상징하는 사회운동단체와 같아서 다른 종교인들과도 쉽게 교류하게 되었다. 천도교·기독교인이라 하여도 대종교에 대해서는 거부감을 보이지 않았으며, 모두 백두산 아래 모인 배달일일 뿐이었다. 또한 대종교에 입교하여 대종교인으로서 활동하지 않았다 하더라도, 국교적 대종교관을 가진 인물들도 적지 않았다. 백범 김구는 카톨릭 배태교인(胚胎敎人)이면서도 대종교를 방문할 때마다 천진전(天眞殿)에 참배(參拜)드리고 윤세복을 배견(拜見)한 후 나도 대종교인이라는 것을 자처하면서, 우리가 한배검 자손인 이상 모두 그 가르침 속에 살아 왔음을 고백하곤 했다. 김구가 『백범일지』「나의 소원」부분에서 우리나라가 세계에 우뚝 서는 나라가 되기를 간절하게 소망하는데, 무력(武力)이나 경제력(經濟力)이 아닌 '아름다운 문화'로써 우뚝 서기를 갈망한다. 그리고 그 힘의 원천이 우리 국조 단군의 홍익인간 이념이 그것임을 밝힌 것도 이러한 정서와 무관치 않다.

이승만 또한 일찍부터 서구적 분위기에서 기독교적 정서에 친숙한 인물이지만 상해 임시정부 대통령 당시 어천절기념식 석상에서 행한 찬송사(讚頌詞)를 통해 단군황조의 뜻을 계승하고 펴겠다는 간곡한 다짐이 주목되는데, 1921년 초 상해 신원(申園)공원에서 이승만은 대종교의 핵심 인물이었던 신규식·박찬익과 의형제를 맺었다는 기록이나, 대종교 국내 총책임자였던 강우(姜虞)가 무오년인 1918년에 이미 이승만을 고유(告由)로써 대종교에 입교시킨 기록이 있음을 볼 때, 당시 대종교에 대한 그의 정서를 엿볼 수 있다. 그리고 안창호와 이동휘도 개천절송축사와 개천절축사를 통하여 단군설교(檀君設敎)의 민족적 의미를 예찬했는데, 당시의 단군이나 대종교는 종교나 이념을 초월한 민족단합의 상징이었음이 확인된다.

이동녕의 대종교 입교 기록은 현재 전하지 않는다. 1911년부터 해방 이전까지의 대종교 1차 기록이 대부분 없어졌기 때문이다. 일부의 기록에는 이동녕이 1918년 1월 13일(음력) 참교(參敎)의 교질(敎秩)을 받은 것으로 기록되어 있다. 그러나 그의 대종교 입교는 그보다 훨씬 이전에 이루어졌다. 1914년 5월 13일(음력), 대종교가 백두산을 중심으로 교구설정(敎區設定)을 단행할 당시, 이동녕이 신규식과 함께 대종교 서도교구의 책임을 맡은 기록이 이를 뒷

받침한다. 당시 교구와 그 책임자를 보면, 동도교구(동만주 일대와 노령·연해주 지방 관할), 서도교구(남만주로부터 중국 산해관까지 관할), 남도교구(한반도 전체 관할), 북도교구(북만주 일대 관할), 외도교구(外道敎區: 중국·일본 및 歐美 지방 관할)로 나누었다. 아울러 각 교구의 책임자에, 서일(徐一, 동도본사), 신규식·이동녕(서도본사), 이상설(북도본사), 강우(姜虞, 남도본사) 등이 임명되었다.

이동녕은 병탄 직후 남작(男爵)의 작위를 거부하고 간도로 옮겨간 인물이다. 1910년 10월 이시영 집안과 남만주 유하현(柳河縣)으로 옮겨가 기독교공리회(基督敎共理會)를 조직하고 그 회장을 맡았다. 이후 1911년 9월 25일 블라디보스토크로 이전한 후 이상설의 측근으로 활동하면서 1914년 9월 25일에는 권업회(勸業會)의 의사원(議事員)으로도 복무하였다. 그의 대종교 입교가 이 시기 그 주변 인물들의 영향이었을 것으로 추정되는 배경이다.

당시 이동녕의 멘토였던 이상설의 대종교 입교 기록 역시 남아있는 것이 없다. 그러나 이상설이 1912년 8월 12일(음력) 이전에 이미 대종교의 중심부에서 활약했다는 것을 알려주는 기록이 전한다. 백농(白農) 조창용(趙昌容)의 일기가 그것이다. 그의 일기에 나오는 다음의 기록을 보자.

"(음) 8월 12일…(중략)…상해민립보(上海民立報) 주필 예관(睨觀) 신규식(申圭植)과 해항신(海港申, 권업신문을 말하는 것임-인용자 주)의 주필 이보재(李普齋, 보재 이상설을 말함-인용자 주)가 각처의 편지를 가지고 우리 대종교를 확장하는 일로 왔다. 은계(隱溪, 白純을 말함-인용자 주)와 백초(白樵, 柳完茂를 말함-인용자 주) 두 형이 나와 함께 교육과 종교 두 건의 일에 대하여 말하였다. 이때에 우리 동방이 급히 일해야 할 때를 만나서 자제 교육은 청년 중에서 뜻이 있는 사람이 담당하고, 연로한 사람들이 담당할 것은 종교 숭배라는 뜻으로 사람마다 집집마다 설명해야 한다고 하였다."

즉 1912년 8월 12일(음력) 연해주에 있던 이상설이 상해의 신규식과 화룡현 청파호(靑波湖) 대종교시교당을 찾아와 대종교의 교세 확장을 의논할 정도로 깊이 관여한 것이다. 함께 의논한 인물들도 북간도와 연해주의 거물인 은계 백순과 백초 류완무다. 이 시기 청파호 총본사에는 교주인 나철을 비롯하여 현천묵·박찬익·김영학·서일·안태진 등등의 중심인물들이 기거 혹은 드나들었다. 1914년 이상설이 대종교 복도본사의 책임을 맡고 이동녕이 신규식과 대종교 서도본사의 책임을 맡은 이유가 분명해진다. 이상설은 1912년 8월(음력) 이전에, 이동녕은 1914년 5월(음력) 이전에 이미 대종교에 깊이 들어와 있음이 확인되기 때문이다.

그러므로 1917년 4월 1일 이상설의 임종을 지켜보고, 그 마지막 정리해 준 인물들도 이동녕을 비롯한 백순·이회영 등 대종교 동지들이었다. 그 시기 이동녕이 이미 대종교의 지교(知敎)에 올랐다는 다음의 기록도 주목해 볼 부분이다.

"이후 6년간 선생은 연해주에 머물며 이상설 선생 등과 함께 분투하였다. 거기서 이상설씨와 같이 6년 동안 글자 그대로 주야분투(晝夜奮鬪)하였고 또 이상설·이동휘씨들과 권업회(勸業會)를 새로 만드시어 우리 독립운동의 사업기관으로 하셨다. 그리고 대종교에 들어가시어 지교(知敎)로 오르시고 조국의 본정신을 믿으시며 청년의 지도와 동지들의 수련(修練)함에 힘쓰셨다."

한편 이동녕은 1914년 권업회(勸業會)이상설 등과 함께 노령 블라디보스토크에서 대한광복군정부를 조직하는데도 참여하였다. 이는 만주·노령지역 독립운동 단체의 역량을 결집하여 일제와 일대 결전을 염두에 두고 만든 것이었다. 이상설과 이동휘를 대한광복군정부의 정·부통령으로 선출하고 독립전쟁을 일으켜 독립을 쟁취할 수 있는 호기로 기대하였다. 그러나 1914년 7월 제1차 세계대전이 유럽에서 발발하자 러시아는 전시정책을 채택하고 일제와 더불어 대독일 동맹국이 되어 일체의 정치·사회활동을 금지함과 동시에 민족운동가들을 체포·탄압하였다. 권업회도 해산명령이 내려 해산되었으며, 기관지인 『권업신문(勸業新聞)』도 강제로 폐간되었다.

또 하나 주목되는 것은 이동녕이 참여한 「대한독립선언」이다. 「길림선언」 혹은 「무오독립선언」·「중광단선언」으로도 알려져 있는 이 선언은 항일무장투쟁의 본거지인 만주에서 이루어졌다. 그리고 「2·8독립선언」과 「3·1독립선언」의 기폭제 역할을 담당한다. 흔히 일제강점기 항일무장투쟁의 흐름을 의병에서 독립군 그리고 광복군으로 계승된 것으로 이해하고 있다. 그러나 항일무장투쟁의 에너지원은 「무오독립선언」에 응축되어 만주무장투쟁의 중요한 기폭제로 작용한 것이다.

일각에서는 결코 「무오독립선언서」로 부를 수 없다는 의견도 있다. 그러나 장효근(張孝根)은 그의 일기 1918년 11월 13일 기록에 여준·김규식 등 39인이 만주에서 무오독립선언을 하려 한다는 내용을 적고 있다. 또한 「기미독립선언」을 기획했던 이종일(李鍾一)의 일기 내용이 흥미를 끈다. 1918년 11월 20일자에, 이미 만주에서 「무오독립선언」이 실행되고 있음을 다음과 같이 적고 있다.

"(1918년 11월) 20일. 중광단원(重光團員) 39명이 오히려 우리보다 앞서서 「무오대한독립선언서」를 발표하겠다고 하니 우린 무얼 했느냐. 망설임으로 이같이 낭패 지경이 된 것이다."

1918년 「무오독립시위운동」을 실행치 못한 것에 대한 아쉬움의 토로다. 주목되는 것은 이종일이 「대한독립선언서」의 발표시기와 참여 인원수, 그리고 중광단원들이 선언의 주체가 되어 무오년에 이루어졌음을 명확히 밝히고 있다는 점이다. 「대한독립선언」을 「무오독립선언」 혹은 「중광단선언」이라고 하는 이유도 분명해진다. 더불어 확인된 기록으로 보면 「무오독립선언」을 처음 언급한 인물이 1918년 11월 장효근과 이종일이었음도 확인할 수 있다. 그러므로 그 준비 과정과 완성이 1918년(무오년) 이른 시기에 이미 진행되고 이루어진 것으로 이해할 수 있을

듯하다.

또한 이 선언에서 외쳐진 다음의 내용을 주목해 보자.

"4천년 조상의 빛나는 영광을 세상에 높이 드날릴 것이며, 이로써 이천만 백성들의 운명을 개척할 것이니, 일어나라 독립군아! 모여라 독립군아! 세상에 태어나서 누구나 한 번은 죽는 것이니, 누가 개돼지와 같이 구차한 일생을 살려고 하겠는가?…(중략)…하느님[皇天]의 밝으신 명령을 받들어 일체의 사악한 그물에서 벗어나는 건국임을 확신하여 목숨을 건 싸움에 온몸을 던져 독립을 완성해야 할 것이다."

「대한독립선언서」의 말미에 나오는 외침이다. 대종교의 투쟁 방략과 일치하는 내용으로, 일제강점기 대일선언문으로는 가장 강렬한 투쟁 문구를 담고 있다. 이 선언을 기폭제로 만주무장항일투쟁이 본격화되었고 봉오동·청산리독립전쟁의 승전으로 연결되었다는 주장도 무리가 아님을 알 수 있다. 이동녕 역시 적극적 항일투쟁의 중심에 서게 된 것이다.

대한민국임시정부의 출범 역시 이동녕을 비롯한 신규식·박은식·이시영·조완구 등 대종교 중심 세력의 역할이 너무도 컸다. 또한 임시정부 창설기로부터 1945년 8월 제15차 조각(組閣)까지, 임시정부에 입각(入閣)한 대종교인 수가 무려 37인이나 된다. 이동녕 또한 이러한 대종교 동지들과 더불어 임시의정원의 초대 의장을 맡아 임시정부 수립의 산파역을 수행하였다. 그리고 통합 임시정부의 내무총장에 이어 국무총리와 대통령 대리·국무령·주석 등을 역임하면서 20여 년 동안 임시정부를 이끌게 되었다.

대종교 항일투사인 이현익(李顯翼)이 일제강점기 당시 대종교를 대표하는 독립운동가 126명 속에 이동녕의 이름을 올린 것도 이러한 이유다. 또한 신흥무관학교 출신으로 대종교 항일투쟁에 헌신했던 박명진(朴明鎭)의 기록도 주목된다. 그는 신규식·박은식·민제호(閔濟鎬)·민필호(閔弼鎬)·신건식(申健植)·신익희(申翼熙)·신석우(申錫雨)·이탁(李鐸)·김갑(金甲)·조완구(趙琬九) 등과 함께 1910년대 후반 상해 지역 대종교 서이도본사의 주요 교인으로 이동녕을 올렸다.

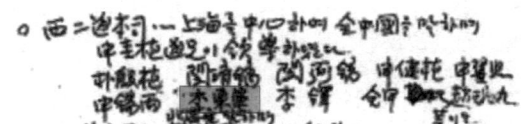

박명진이 기록한 『대종교독립운동사』에 실린 이동녕 관련 부분. 西二道本司의 주요 교인으로 李東寧(네모 안)이 적혀 있다.

더욱 주목되는 것은 해방 후 윤세복의 기록이다. 윤세복은 1923년부터 해방 이후까지, 나철(1대 교주)과 김교헌(2대 교주)에 이어 대종교의 3대 교주를 역임한 인물이다. 그는 육필(肉筆)로 『우리 스승님들 모습』(1950년 12월 정리)이란 글을 정리하면서, 돌아가신 10명의 대종교 스승들의 삶을 소략하였다. 윤세복은 아래표와 같이 3종사(三宗師), 3도

형(三道兄), 4선생(四先生)을 정리했는데, 이동녕을 4선생의 서두에 올려 대종교의 스승임을 공표하였다.

구분	이름	호	교질(敎秩)	교호(敎號)	교종(敎宗)
3종사 (三宗師)	나철 (羅喆)	홍암 (弘巖)	도사교 (都司敎)	신형 (神兄)	대종사 (大宗師)
	김교헌 (金敎獻)	무원 (茂園)	"	철형 (哲兄)	종사 (宗師)
	서일 (徐一)	백포 (白圃)	사교 (司敎)	"	종사 (宗師)
3도형 (三道兄)	신규식 (申圭植)	예관 (睨觀)	"	도형 (道兄)	
	조성환 (曹成煥)	청사 (晴簑)	"	"	
	박찬익 (朴贊翊)	남파 (南坡)	"	"	
4선생 (四先生)	이동녕 (李東寧)	석오 (石吾)	지교 (知敎)		
	신채호 (申采浩)	단재 (丹齋)	참교 (參敎)		
4선생 (四先生)	김동삼 (金東三)	일송 (一松)	미상 (未詳)		
	안희제 (安熙濟)	백산 (白山)	정교 (正敎)		대형 (大兄)

[참고문헌]
『종문영질』(프린트본, 1922), 『우리 스승님들 모습』(윤세복, 필사본, 1950), 『대종교인과 독립운동연원』(이현익, 프린트본, 1963), 『대종교독립운동사』(박영진, 필사본, 1964), 『대종교중광육십년사』(대종교총본사, 1971), 『獨立血史』(朴永朗·金舜根·金斗範 共編, 대한문화정보사, 1956), 『나라사랑』20(외솔회, 1975), 『독립협회와 만민공동회』(신용하, 한국일보사, 1975), 『張孝根日記(1918年 11月 13日)』(성신여대국사교육과, 『한국사논총』제1집, 1976), 『독립운동사(문화투쟁사)』제8권(독립운동사편찬위원회, 1976), 「沃坡備忘錄」(李鍾一, 『沃坡李鍾一先生論說集』권3, 옥파기념사업회, 1984), 『白農實記』(조장용, 한국독립운동사자료총서 제7집, 한국독립운동사연구소, 1993), 「석오 이동녕의 사상적 遷移에 대한 연구」(김동환, 『국학연구』25, 국학연구소, 2021)

이동석(李東錫, 남, 생몰 미상)
입교 시기_일제강점기 | 교질_정교

출신지역과 생몰연대를 알 수 없는 인물이다. 다만 해방 이후 충청남도 대전(大田)을 중심으로 대종교 활동을 펼친 것으로 보아, 이 지역 출신일 가능성이 높다. 또한 경상북도 안동 출신의 대종교인 이동석(李東錫)과는 동명이인이다.
이동석은 1925년 9월 당시, 김소하(金小河)·김용택(金龍澤) 등과 대한민국임시정부 주만육군참의부(駐滿陸軍參議府)의 군수위원(軍需委員)을 지낸 기록이 있다. 주만육군참의부는 1924년 만주 집안현(集安縣)에서 조직된 대한민국임시정부 직할의 독립군단체로, 집안(集安)·무송(撫松)·장백(長白)·안도(安圖)·통화(通化)·유화현(柳化縣) 지역에 거주하는 동포 사회를 관할하며 항일투쟁을 전개한 단체다.
이동석의 대종교 교력을 살피면 1945년 10월(음력, 이하 음력) 이전, 영안현(寧安縣) 동경성(東京城) 소재 대종교총본

사의 찬리(贊理)를 지낸 기록이 있다. 그의 대종교 입교가 그 이전으로 올라감이 확인된다. 더욱이 동년 11월 19일 총본사의 특별추천으로 지교(知敎)의 교질을 받았다. 그리고 12월 16일에는 대종교 경일시교당(京一施敎堂)의 전무(典務, 책임자)로도 임명되었다. '입교→영계(靈戒)→참교(參敎)'의 단계를 거쳐 오르는 교질이 지교의 위치이고 보면, 그의 대종교 참여가 상당히 오래되었음을 짐작케 한다. 그의 대종교 입교가 참의부에서 활동할 시기로 추정되는 이유다.
한편 경일시교당은 대종교총본사의 직할시교당으로 대종교총본사와 함께 있었던 시교당이다. 이동석이 그 시교당의 책임을 맡았다는 것은, 그 무렵 이동석의 대종교에서의 위상이 상당했음을 시사해준다. 또한 김정완(金正完)과 최한덕이 찬무(贊務, 부책임자)로 임명되어 이동석을 도왔다.
해방 이후 국내로 돌아온 이동석은 1949년 1월 5일 대종교중흥회(大倧敎重興會) 제1회 중앙집행위원으로 선임되는가 하면, 같은 해 5월 3일에는 대종교총본사의 찬범(贊範)으로도 임명되었다. 그리고 1950년 1월 17일에는 대종교중흥회 제2차 집행위원으로 재차 선임되어 대종교 재건을 위한 남다른 열정을 보였다. 이동석은 이러한 노력으로 1950년 3월 27일 상교(尙敎)로 승질(陞秩)되는가 하면, 그 해 4월 17일에는 충청도 지역을 관할하는 대종교 남이도본사(南二道本司)의 전무(책임자)로 임명되었다. 이동석은 남이도본사의 근거를 충남 대전시 대흥동(大興洞)에 두고 지역의 대종교 포교를 위한 열정을 보였으나, 한국전쟁의 발발로 휴지기로 접어들었다.
이동석은 전쟁 이후인 1954년 12월 1일 재차 남이도본사의 중책을 맡아, 지역의 대종교 재건에 열정을 쏟았다. 대종교에서는 이러한 노고에 응답으로 이동석에게 정교(正敎)의 교질과 더불어 대형(大兄)의 교호(敎號)를 수여하고, 1961년 원로원(元老院)의 참의(參議)로도 선임하였다.

[참고문헌]
『대종교보』제148호(1945년)·제161호(1949년)·제162호(1949년)·제165호(1950년), 『대종교중광십년사』(대종교총본사, 1971), 「奉天鮮人情報에 關한 件」(不逞團關係雜件-朝鮮人의 部-在滿洲의 部43, 機密公 第352號; 機密受第364號, 한국사DB, 국사편찬위원회)

이동석(李東錫, 남, 생몰 미상)
아호(별명)_춘헌(春軒)
입교 시기_1922년 이전 | 교질_미상

경상북도 안동군(安東郡) 부내면(府內面) 신세동(新世洞) 출신이다. 대전 지역 출신으로 참의부(參議府)에 몸담았던 대종교인 이동석(李東錫)과는 동명이인이다. 1936년 2월 안동읍의례준칙실행위원회(安東邑儀禮準則實行委員會)에 참여하는 등, 출신 지역을 중심으로 꾸준히 활동한 인물이다. 당시 이동석은 다른 2명과 더불어 신세동을 대표하는 역원으로 이름을 올렸다.

성세영의 『本司行日記』에 기록된 1922년 이전 경북지역 대종교 교인의 명단 중의 일부. 맨 왼쪽에 李東錫이라는 이름이 보인다.

이동석의 대종교 입교 시기나 영계(靈戒) 사항에 대한 기록은 남아 있는 것이 없다. 그러나 1922년 경북 성주(星州) 출신의 대종교인인 성세영(成世英)의 『본사행일기(本司行日記)』에는 1922년 이전 경북지역 대종교 교인의 명단에 이동석이 올리고 있다. 그의 대종교 입교가 적어도 그 이전에 이루어진 것이 확인되지만, 이후의 교력에 대해서는 알 수가 없다.

[참고문헌]
『본사행일기』(성세영, 필사본, 1922), 『매일신보』1936.2.21., 『한국신흥종교총감』(이강오, 한국신흥종교연구소, 1992)

이동섭(李東燮, 남, 생몰 미상)
입교 시기 _ 1911년 이전 | 교질_ 참교

함경북도 길주군(吉州郡) 길성면(吉城面) 고남동(古南洞) 출신으로 생몰연대는 알 수가 없다. 일찍이 대한협회 길주 지역 회원으로 활동하였으며 이후 북간도로 넘어가 대종교 항일투쟁에 몸을 담은 인물이다. 이동섭은 대종교 항일단체인 대한군정서(북로군정서) 통신원으로 활동하였으며, 청산리독립전쟁 이후 노령으로 넘어가 항일투쟁을 이어갔다. 1923년 8월경 노령 니콜리스크에서 대한독립군단 강국모(姜國模)의 휘하에서 활동하다가 일제에 검거되었다.
이동섭의 대종교 교력을 살피면 1911년 중광절(重光節, 음력 1월 15일)에 참교(參敎)의 교질을 받은 기록이 전한다. 그가 대종교 중광 직후에 입교한 것을 알 수 있다. 또한 당시 참교의 교질을 받은 인물들 중에 함북 지역의 거물인 현천묵(玄天默)·나형권(羅亨權, 춘사 나운규의 부친) 등이 속해 있음을 보면, 이동섭의 사회적 비중 역시 상당했을 것으로 추정된다.

[참고문헌]
『종문영질』(프린트본, 1922), 『대한협회보』제12호(1909년), 「間島 및 接壤地方에 있어서 不逞鮮人의 行動에 관한 건」(不逞團關係雜件-朝鮮人의 部-在滿洲의 部36, 機密 第269號; 機密受第285號, 한국사DB, 국사편찬위원회), 「大正十二年

八月中 間島 및 接壤地 地方 治安狀況에 관한 건」(不逞團關係雜件-朝鮮人의 部-在滿洲의 部36, 機密 第277號; 機密受第287號, 한국사DB, 국사편찬위원회)

이동수(李東洙, 남, 1882-?)
입교 시기 _ 1923년 | 교질 _ 미상

출신지역을 알 수 없으며 포수로 활동한 인물이다. 대종교의 기록이나 일제의 문서를 보면, 1916년 봄에 발생한 대종교 무송옥사(撫松獄事)와 깊이 관련된 것으로 추정된다. 무송옥사란 서간도의 대종교지도자 단애(檀崖) 윤세복(尹世復)을 비롯한 무송 지역 대종교인 23명이 일제의 모략에 의해 살인혐의로 체포된 사건이다. 당시 그 과정에서 2명이 옥사(獄死)하고 포수 8명은 국내 함흥으로 옮겨져 수감되었다. 또한 남만주의 교포 7백여 명의 연서(聯署)를 통한 진정서 제출과 상해·북경·봉천 등의 관계부서와 다각도교섭 끝에 나머지 13명은 무송현경찰서에 피검된 지 18개월만에 석방되었다.
이후 이동수는 1920년 11월경 광복단(光復團) 군무국장(軍務局長)으로 있으면서 5백여 명의 부대원을 이끌고 국내 갑산(甲山)·혜산진(惠山鎭)·보천보(普天堡) 등을 습격하기도 했다. 또한 1921년 11월에는 안도현(安圖縣) 흥도자(興道子)에 근거를 둔 대한독립단의 이사부장(理事副長)을 맡아 김병천(金丙三, 재무부장)·태창락(太昌洛, 경호부장)·김병순(金丙淳, 지단장) 등과 함께 모연총부(募捐總部)를 설치하였다. 그리고 국내 함경남도(삼수·갑산·북청군)와 평안북도 지방을 중심으로 모연활동을 꾸준히 전개했다.
이동수의 대종교 교력을 살피면 1923년 6월 9일(음력) 대종교 동일도본사(東一道本司)의 특별추천으로 영계(靈戒)를 받은 기록이 있다. 그가 안도현을 중심으로 활동하던 시기로, 그 이전에 대종교에 입교한 것을 알 수 있다. 또한 당시 박리범(朴利範)도 이동수 함께 영계를 받았다. 박리범은 이동수와 같이 포수로 활동한 인물로, 1920년 대종교계 인물인 홍범도(洪範圖)·지장회(池章會)·허은(許垠) 등이 조직한 의군단(義軍團) 산포대(山砲隊)의 핵심요원이었다.

[참고문헌]
『대종교보』제58호(1923년), 『대종교인과 독립운동연원』(이현익, 프린트본, 1963), 「間情 第59號 送付」(不逞團關係雜件-朝鮮人의 部-在滿洲의 部24, 機密 第321號; 秘受 15774號, 한국사DB, 국사편찬위원회), 「大正 10년 11월 중 間島地方 治安情況에 관한 건」(不逞團關係雜件-朝鮮人의 部-在滿洲의 部30, 機密 第524號; 秘受 14445號, 한국사DB, 국사편찬위원회), 『한국독립운동사자료』40·43(국사편찬위원회, 2004-2007)

이동제(李東濟, 남, 1895-?)
입교 시기_1916년 | 교질_참교

함경남도 함흥군(咸興郡) 함흥면(咸興面) 중하리(中荷里) 출신이다. 일찍이 함흥 지역을 대표하는 촉망받던 인재였으나, 항일투쟁의 길을 걷다 친일의 나락으로 떨어지는 아쉬움을 남겼다.

이동제

이동제는 1920년 도일하여 일본 와세다대학(早稻田大學) 정경과(政經科)에 입학한 후, 일본유학생학우회에 가담하여 활동하였다. 그 해 6월 하기 방학 때는 학우회의 일원으로 귀국하여 주요 도시 순회강연대회의 강사로 참여하였다. 동아일보 후원으로 이루어진 이 강연회에서 이동제는 많은 도시를 돌며 다양한 주제로 강연을 하여 호응을 얻었다.

1921년 11월 미국 워싱턴에서 군비축소·중국문제·태평양문제에 관한 국제회의가 개최되자, 이동제는 그 기회를 적극 활용하고자 움직였다. 그는 11월 5일을 기해 일본유학생학우회 임시총회를 가장하여, 조선청년독립단의 대표로 방원성(方遠成)·김송은(金松殷)·이흥삼(李興三)·전민철(全敏轍) 등과 모여 다음과 같은 선언서와 결의문을 발표하였다.

「선언서」

평화를 애(愛)하고 행복을 망(望)함은 인류의 천분(天分)이오 충정(衷情)이라. 구미대전(歐洲大戰) 이후로 국제적 사회적 민족적 각종 운동이 인도정의(人道正義)를 위하야 발연흥기(勃然興起)함이 온당(穩當)치 못할 실증이며 진일보하야 구체적으로 형성하야서 인류자연적 행복을 도모하려 함이 즉 금회(今回)에 개최되난 화부(華府, 워싱톤-인용자 주)의 회라. 고로 오단(吾團)은 정의인도의 수준선상(水準線上)에 입(立)하야 세계평화가 한국문제에 관계되난 진의를 체○(體○)하야 해회의(該會議)가 십분 완전히 성취되기를 축○(祝○)하노니, 세계평화난 극동문제해결함에 재하고 극동평화난 한국독립문제를 완전히 해결함에 재하나니, 해회의의 중심문제가 극동 급(及) 태평양연안에 재함이 진실로 사고(斯故)가 유(有)함이라. 오단은 절대로 기(其) 본지(本旨) 달(達)하기를 희망하며 기대하야 자(玆)에 좌(左) 결의를 구(具)하야 워싱턴회의와 열국정부(列國政府)와 급(及) 열국인민에게 선언하노라.

1. 한국독립은 확실히 극동평화를 유지하며 인(因)하야 세계평화의 일대 원인(原因)이 됨으로 인(認)하며

2. 한국 현재 정세난 확(確)히 일본의 소위 한일합병의 이유가 1개 사위(詐僞)에 불과하는 실증이 되며

3. 한국민족은 일본 지배하에서 발달함은 도저(到底) 불가능임을 확인하며

4. 만일 일본이 기(其) 현행정책을 계속하면 세계평화의 보장을 향(享)치 못함을 확인하며

5. 워싱턴회의가 한국문제에 대하야 토론 해결함이 정당한 줄로 확인하며

6. 열국정부와 인민은 당연히 먼저 한국독립을 원조함이 정당한 줄로 확인하며

7. 본단은 절대로 대한민국림시정부 대표가 워싱턴회의에 대하야 요구하난 제안건(諸案件)을 찬동하노라.

대한민국 3년 11월 5일 조선청년독립단 대표 방원성
이동제 이흥삼 김송은 전민철

이 선언서에서는 워싱톤회의의 중심문제가 극동 및 태평양 문제로서 조선독립 문제의 해결 없이 극동의 평화는 불가능하다고 말하고, 결의문에서는 대한민국 임시정부대표가 제기하는 모든 안건을 토의·해결할 것을 요구하고 있다. 일문과 영문으로 된 선언서와 결의문은 11월 5일에 조선총독을 비롯하여 조선 내의 각신문사, 일본국회 양원(귀족원과 중의원)의장, 동경 내 각 신문 및 잡지사, 각 대학, 일본내각총리대신, 각국 대사 및 공사, 동경에 있는 사회주의자 및 좌익단체에 발송되었다. 이와 같은 유학생들의 의거는 1919년 2·8독립선언의 재판의 성격을 갖는 것으로 당시 많은 반향을 일으켰다. 이동제는 이 사건으로 다른 4명과 함께 출판법위반으로 검거되었다. 이들은 1922년 1월 26일 동경지방재판소에서 각기 9개월의 금고형을 선고받았다.

이동제(리동제, 오른쪽 네모 안) 등 4명에 대한 선언서 사건의 공판 내용을 실은 당시의 신문기사.

이동제는 1925년 봄, 뒤늦게 와세다대학을 졸업하고 그 해 말 미국 유학의 길에 올랐다. 뉴욕의 콜럼비아대학 정치학부(政治學部)에 입학한 그는 그곳에서도 항일투쟁의 끈을 놓지 않았다. 1928년 2월 뉴욕에서 발간된 『삼일신보(三一申報)』 발기인으로 참여한 것이 그 대표적 사례다. 제호 그대로 3·1독립만세운동의 정신을 아래, 언론을 무기로 하여 광복의 대업을 이루고자하는 목적으로 창간된 주간 동포신문이었다. 그러나 1930년 6월 폐간된다.

학업을 마친 이동제는 1930년 12월 17일 국내로 들어온다. 그리고 2년간 전문학교 강사로 재직하였다. 이후 만주로 건너가 신경중앙은행(新京中央銀行)에서 9년간 근무하였다. 시중회(時中會) 회원으로 활동하며 친일적 성향을 드러낸 시기가 이 때부터였다. 시중회는 1934년 11월에 친일조선인과 일본인이 조선총독부의 지원을 받아 조직한 친일 단체로, 일선융합(日鮮融合)과 일본 통치 아래에서 자치를 주장하였다. 1938년에 국민정신총동원 조선연맹이 조직된 이후 해산된 단체다. 한편 이동제는 1936년 12월, 만주 친일조직인 조선인민회(朝鮮人民會) 신경 지역 부회장으로도 선출되었다. 당시 회장을 맡은 인물은 무정부주의 동방연맹에서 활동하던 이종원(李鍾元)이었다. 후일 이동제가 중국 관내 친일인명사전에 오른 배경이 된다.

이동재는 해방 이후에도 그의 금융적 경험과 기업가적 능력을 발휘하며 목재업(木材業)과 도기업(陶器業) 등에도 직접 운영하였다. 또한 조선생활품영단(朝鮮生活品營團)의 이사장(理事長)과 조선생활품관리원(朝鮮生品管理院) 원장(院長) 등 요직을 거치기도 했다.

이동제의 대종교 교력을 살피면 1916년 9월 15일(음력) 참교(參教)의 교질(教秩)을 받은 것으로 나타난다. 그의 대종교 입교가 그보다 훨씬 전에 이루어졌음을 알 수 있다. 아마도 경성 유학 시절로 추정되지만, 그 연관된 자료는 발견되지 않는다. 또한 해방 이후의 대종교 활동 기록에서도 그의 흔적은 없다. 만주 시절 그의 친일행적이 그 원인일 듯하다.

[참고문헌]
『종문영질』(프린트본, 1922), 『동아일보』1920.6.26., 1922.1.18., 1930.12.19., 『三一申報』創刊 趣旨書(移入輸入 不穩刊行物 槪況, 한국사DB, 국사편찬위원회), 「鮮人ノ出版法違反被告事件控訴ノ件」(不逞團關係雜件 朝鮮人ノ部 在内地 十三, 鮮高秘乙第47號;機密受第242號, 한국사DB, 국사편찬위원회), 「在京 朝鮮人 狀況」(朝鮮人에 대한 施政關係雜件 一般의 部2, 한국사DB, 국사편찬위원회), 「要視察朝鮮人ニ關スル件」(不逞團關係雜件 朝鮮人ノ部 在内地 十三, 鮮高秘乙第60號;機密受第309號, 한국사DB, 국사편찬위원회), 『조선일보』1936.12.4., 『대한민국인사록』(내외홍보사, 1949), 『일제침략하한국36년사』6(국사편찬위원회, 1971)

이동춘(李同春, 남, 1872-1940)
아호(별명)_ 우화(雨華)
입교 시기_ 1910년 | 교질_ 지교 | 서훈_ 애국장(1990)

함경북도 회령군(會寧郡) 회령면(會寧面) 오산리(鰲山里) 출신으로 어려서부터 한학을 익힌 인물이다. 일찍이 중국(淸)으로 귀화입적한 후에는 중국경찰학당을 졸업한 까닭에 중국어에도 정통하였다.

이동춘의 중국으로의 귀화입적 시기는 적어도 1901년 이전으로 추정된다. 1901년 청나라의 허대신(許台身) 및 부량필(傅良弼)·오기조(吳其藻)·이동춘 등이 알현하러 온다는 궁내부의 기록이 보이고, 청나라 출사대신(出使大臣)인 허태신(許台身)이 1902년 조선의 외부(外部)에 청서각원(淸

署各員)의 명단을 송부해온 문서에, 이동춘이 적충서(翟忠瑞)와 더불어 이미 무차관(武差官)으로 적혀있기 때문이다. 일제의 기록에도 이동춘의 집안이 1890년도 초반에 이미 만주로 망명한 것으로 파악하고 있다. 이동춘의 부친 역시 망명한 곳에 조선인학교를 설립하여 교육에 힘썼으며, 일본 육군사관학교 출신으로 연길변무방판(吉林邊務幇辦)을 지낸 오록정(吳祿貞)의 통역을 맡을 정도로 자리를 잡았던 인물이었다.

이동춘은 1894년 청나라 사신 원세개(袁世凱)가 왔을 때 통역관으로 활동하는가 하면, 서울에 파견되어 조선 주재 청국공사인 허대신(許臺身)의 통역을 담당하다가 러일전쟁 이후 연변 광제욕(光霽峪, 현 용정시 光開鄕 光昭村)으로 돌아왔다. 이후 일제가 조선을 강점하자 청나라에 거주하는 조선족들은 일제의 통치기반에서 벗어나 청나라의 관할 하에서 반일민족운동을 전개해야 한다고 주장하였다. 그는 청나라 말기 지방정부가 가장 먼저 관여하여 관리한 양정학당(養正學堂)을 세운 장본인이었다. 이 학교는 1906년 3월에 화룡현에 설립한 조선족 사립공학(私立公學)으로써, 1908년에 이르러 관립으로 소속이 바뀌었다. 이동춘은 이 학교를 거점으로 조선족 청년들에게 반일친중국의 교육방침을 관철하면서 일제통감부 파출소를 반대하여 싸웠다. 당시 연길변무공서 독판인 오록정은 이동춘의 처사를 칭찬하고 그를 연길변무공서 외교과의 직원으로 초빙하였을 뿐만 아니라, 양정학당의 졸업생을 위주로 한 20여명의 귀화입적한 조선청년들을 경찰학당에 받아들여 양성한 후, 연변 각 지역의 파판소(派辦所)에 배치하여 조선족을 단결해서 일제의 침략을 반대하게 하였다.

한편 이동춘은 적지 않은 부동산을 소유한 부호였으며, 연길 지역에서의 공적(公的)·사회적인 지위 역시 보통을 넘었다. 그러한 배경으로 만주로 건너오는 조선인들의 정착을 위해 솔선수범한 인물이다. 조선총독부에서도 만주지방 조선인의 수령이라 지목할 정도로 그의 위상은 컸다. 1910년 일제강점기를 전후로 망명해온 안창호(安昌浩)·이동휘(李東輝)·이갑(李甲) 등 수백 명의 독립지사들에게 숙소를 제공한 인물도 이동춘이다

1910년 3월, 간민교육회(懇民教育會)가 길림동남로병비도관찰사서(吉林東南路兵備道觀察使署)의 공식 인가를 받을 당시도, 연길도윤공서(延吉道尹公署)의 외교부 관리였던 이동춘의 역할이 지대했다. 대종교인 이동춘이 회장으로 출범한 간민교육회는 회원의 다수가 간도지방 각 학교의 교원들로 구성되었다. 주요 인물들은 대종교와 기독교의 인물들인 박무림(朴茂林)·구춘선(具春先)·김약연(金躍淵)·정재면(鄭載冕)·정안립(鄭安立)·계봉우(桂奉瑀)·김립(金立)·윤해(尹海)·박상환(朴祥煥)·장석함(張錫咸)·강봉우(姜鳳羽)·윤명희(尹命熙)·김영학(金永學)·강백규(姜佰奎)·문치정(文治政)·김정규(金定圭)·김하교(金河圭)·마진(馬晉) 등과 같은 인물들이었다.

이동춘이 앞장 선 간민교육회는 그 본부를 국자가에 두고 간민모범학당(懇民模範學堂)을 직접 설립하여 운영하는가 하면, 한인마을에 학교를 설립하도록 장려하고 기관지로 『교육보(教育報)』를 간행하여 상호이익을 도모하였다.

또한 시베리아의 『권업신문(勸業新聞)』과 미주의 『신한민보(新韓民報)』까지 주문하여 한인사회에 보급시켰다. 그리고 민족주의 교육기관을 각지에 설립 운영하였는데, 그 대표적인 학교로는 명동학교를 비롯하여 정동·은진·명신·광성·창동·북일학교 등이 그것이다. 특히 광성학교의 계봉우, 명동학교의 정재면, 창동학교의 남공선등 3인을 교과서 편찬위원으로 삼아 초등·중등 교과서도 편찬하였다. 간민교육회가 민족교육을 위해 보급한 『대한역사』·『유년필독』·『대동역사략』·『월남망국사』·『오수불망(吾讐不忘)』 등 역사교과서는 국내에서는 이미 사용 금지된 것들이었다. 당시 간민교육회의 역사교육은 단순한 '역사지식의 교육'이 아니고 민족의식과 반일사상을 고취하려는 '역사의식의 교육'이었다.

이동춘의 간민교육회는 1911년 중국의 신해혁명으로 전환점을 맞이한다. 신해혁명이 한인의 조국독립운동에 유리한 노선으로 추진된 것이다. 간민교육회는 이동춘과 이동휘(李東輝)·정재면·박찬익(朴贊翊) 등 4명의 대표를 북경 여원홍(黎元洪) 대총통에게 보내 혁명의 성공을 경축하고, 북간도 한인사회의 실상을 알려 중국 혁명정부의 지지와 원조를 청하면서 '간민자치회'를 조직하여 한중친선과 발전을 도모하겠다고 제의하였다. 여원홍 대총통도 이러한 제의에 찬성하였으나 '자치'라는 말은 삭제해 줄 것을 요청하여 '간민회(墾民會)'로 출범하게 되었다.

1913년 4월, 마침내 북간도의 한인들은 간민교육회 이래 중요인물로 부상한 이동춘을 필두로 김약연·김립·박찬익·도성(都成)·장기영(張基永)·백옥보(白玉甫) 등이 앞장서는 가운데, 한인의 자치와 독립운동을 보다 활발하게 추진할 간민회를 출범시켰다. 간민회를 주도한 인물들 역시 이동춘을 비롯한 정안립·김영학 등의 대종교인과 정재면·구춘선 등과 같은 기독교 인물들이었다. 이들은 "각 도문강북에 주거하는 우리 민족으로 하여금, 민국 법률에 저촉치 아니하는 범위 내에서 무슨 일을 하든지, 우리의 복리 증진을 모도하며 민국정부의 일부 기관이 되어서, 우리 형제의 생명과 재산에 대하여 정부가 보호 청구권을 주는 것이다."라는 주장을 목적으로 아래와 같은 「간민회조직총회소집통지서(墾民會組織總會召集通知書)」를 발송하고, 종교의 경계를 넘어선 참여와 협조를 구하였다. 이러한 인맥과 취지를 토대로 1913년 1월 북간도지역의 한인자치와 민족운동을 도모하기 위한 결사인 간민회의 결성을 보게 되었다.

墾民會組織總會召集通知書
嗟乎아 圖們江北에 居住ᄒ시는 우리 兄弟시여, 우리가 中國領域內에 奠接ᄒ야 食毛茹土ᄒ지 四十餘年 동안에 中國法律의 保護와 一視同仁의 恩澤에 沐浴ᄒ야 圖們江北이 果然 우리의 第二康衢된 지 오랫도다. 그러면 우리 兄弟는 民國에 對ᄒ 誠愛가 간절치 아니치 못ᄒ겟거든 況乎 民國共和 成立 以來로 우리 墾民도 並히 共和幸福을 亨有ᄒ기 爲ᄒ야 入籍의 便宜를 주시며 土地에 對ᄒ 旣得權까지 保護하신다 聲言ᄒ섯스니 民國에 對한 우리의 觀念은 다만 感服할 것 뿐인되 오히려 이도 不滿足다

ᄒ야 民國二年一月十三日에 吉林東南路觀察使 陶彬 閣下께옵셔 우리의게 墾民會의 設立을 認許ᄒ셧도다. 當會의 目的은 圖們江北에 居住ᄒ는 우리 民族으로 ᄒ여금 民國法律에 抵觸치 아니ᄒ는 範圍內에서 무슴 事爲던지 우리의 福利增進을 圖ᄒ며 民國政府의 一部機關이 되야 우리 兄弟의 生命財産으로 政府에 對ᄒ야 保護請求權을 與함이라. 슯으다 觀察使 陶彬 閣下의 誠實ᄒ신 스랑은 舞ᄒ고 歌하야 찬송ᄒ리로다. 이에 陶彬 閣下의 命令을 奉ᄒ야 組織總會를 來二十六日(陰十二月二十日) 上午十時에 延吉府 局子街 墾民模範學堂內에 開ᄒ겟스오니 延·和·琿·汪 各地方 百戶長되시는 이와 有志ᄒ신 僉兄弟는 一齊히 屆期에 光臨ᄒ심을 盼望ᄒ느이다.

中國民國二年一月十三日

發起人
李同春 鄭安立 金玄 鄭載冕 文勁 朴東轅 都成 白玉甫 趙永夏 李鏞 趙克 張基泳 鄭昌斌 具春先 柳基淵 金錫永 申鉉均 李中執 金秉洽 金永學 金仕範 金載範 王金鵬 朴正來 朴世豪

1913년 1월 당시 프린트본으로 제작되어 발송된 墾民會組織總會召集通知書. 발기인 맨 앞에 李同春(네모 안)이라는 이름이 보인다.

간민회는 명동학교 설립자인 김약연을 회장에 추대하고, 부회장에는 김영학, 총무에는 정재면을 각각 선임하였다. 또한 집행부에는 법률·교육·교섭 등 12부를, 그리고 각 부에는 책임간사도 두었으며, 지방조직으로서는 한인이 많이 거주하는 곳에 지방총회를 두고 그 밑의 지회를 설치하였다. 간민회는 제1차 세계대전의 발발과 중·일간의 만몽조약(滿蒙條約)체결로 인하여 중국정부의 탄압을 받을 때까지, 2년 동안 북간도 한인에게 조국정신을 고취하여 사상 변천의 일대 기원이 되었다. 그러므로 중국 관헌들도 북간도 한인에 대한 행정을 집행할 때, 간민회에 협력을 구할 정도로 영향력을 행사했다. 그러나 간민회는 한인사회의 '자치'에 대해 극도로 민감한 반응을 보이고 있던 중국정부에 의해 1914년 3월 경 해산명령으로 문을 닫았다.

이동춘은 간민회의 실질적인 경제진흥 부서인 식산흥업

과장(殖産興業課長)을 맡아 교포들의 복지증진에 힘썼다. 자신의 집을 간민회관으로 기증하는가 하면, 간도 전역에 소학교·중학교 70여 개를 설립하여 김약연·조희림(曺喜林) 등과 함께 교포자제의 교육과 독립군 양성에 노력했다. 한편 이동춘은 이 시기 간도 나자구(羅子溝)에서 조직된 나자구농상회(羅子溝農商會)에도 참여하여 부회장을 맡았다. 김천보(金天寶)가 회장을 맡은 이 조직 역시 겉으로는 지역의 농상업의 발전을 표방하면서도 이면으로는 배일흥한(排日興韓)을 외친 항일단체였다.

이동춘의 신한혁명당(新韓革命黨) 참여도 주목된다. 신한혁명당은 대종교 인물들이 중심에 서서 설립한 항일단체로 동제사(同濟社)의 정신을 계승한 집단이다. 이 신한혁명당을 불씨로 후일 「대동단결선언(大同團結宣言)」(1917년)이 이루어졌다. 이동춘은 1915년 상해에서 대종교지도자 이상설(李相卨)을 본부장으로 하는 신한혁명당이 조직되자 연길지부장이 되었다.

신한혁명당은 본부를 북경에 두고 이상설을 본부장에 선임했다. 각 지부로 만주에는 봉천·장춘·안동·연길, 중국 본토에는 상해·한구(漢口), 국내는 서울·원산·평양·회령·나남 등에 두었으며 지부장들도 선임했다. 외교부장에는 성낙형, 교통부장에는 유동열, 재무부장에는 이춘일, 감독에는 박은식, 상해지부장에는 신규식, 장춘지부장에는 이동휘, 연길지부장에는 이동춘, 회령지부장에는 박정래, 나남지부장에는 강재후가 각각 선임되었다. 대종교지도자 박은식이 취지서와 규칙 등을 작성했고, 군자금 모금의 방법은 중국혁명당의 방법을 따라 국내외에서 모든 방법들을 동원하기로 했다.

이동춘은 1919년 국내진공작전 수행을 목적으로 만들어진 군무도독부(軍務督軍府)에도 가담했다. 군무도독부는 최진동(崔振東)이 중심이 되어 만주 왕청현(汪淸縣) 봉의동(鳳義洞)에서 조직된 부대였다. 편성 당시의 병력은 6백여 명으로, 참모장에 박영(朴英), 대대장에 이춘승(李春承), 소대장에 최문인(崔文仁) 등이 관여하였으며, 이동춘은 중대장으로 참여하였다.

[교력]

일각에서는 이동춘이 김약연·구춘선·이동휘 등과 가까웠던 까닭에 기독교인으로 간주되는 경향이 있다. 그러나 이동춘은 대종교 성립(1909) 직후부터 깊숙이 관여한 인물이다. 이동춘의 대종교 교력을 살피면, 1910년 2월 23일(음력, 이하 음력)에 참교(參敎)의 교질(敎秩)을 받았다. 또한 같은 날 그의 절친한 동지인 박찬익과 함께 시교사(施敎師)로 임명된 기록도 있다.

설립 초기 성직자 제도가 없었던 대종교는, 나철이 1909년 12월 11일에 교명(敎命)으로 시교사·순교원(巡敎員)의 교임(敎任)을 설정·공포함으로써, 비로소 성직자 제도가 도입되었다. 더욱이 이동춘이 시교사로 임명될 당시 선임(選任)된 시교사를 보면 박창동(朴暢東)·송병구(宋炳九)·김연호(金然灝)·이승우(李昇愚)·유방환(兪邦煥) 등 5명에 불과했다. 대종교 초창기 이동춘의 대종교단 내의 무게를 직감하게 해 준다. 또한 이동춘은 1911년 중광절(1월 15일)에

김교헌(金敎獻)·김두봉(金枓奉)·박찬익 등과 함께 지교(知敎)의 교질을 받는다.

교질이란 대종교에서 교인들에게 주는 믿음의 품계를 나타내는 말이다. 당시 대종교단에서는 이 때 처음으로 지교의 교질을 수여했다. 이동춘은 강우(姜虞)·김교헌·김두봉·신규식·박찬익·나기학(羅紀學)·최강(崔岡)·서광숙(徐光肅) 등 24인 함께 교질을 받았다. 열거한 인물들은 당시 혹은 후일 대종교의 핵심부에서 활동한 인사들이다. 이들과 같은 날 같은 품계를 받았다는 것은, 이동춘이 1910년대 대종교에서 어떤 위치에 있었는지를 확실하게 시사해 주는 부분이다.

이동춘이 어떠한 경로로 대종교의 시교사와 참교·지교의 교질을 받았는지에 대해서는 기록이 없다. 이동춘은 시간상으로 대종교가 중광한 해(1909) 이전에 이미 만주를 거점으로 활동하고 있었다. 그가 중국으로 귀화입적한 후 청국공사인 원세개과 허대신의 통역을 담당하다 러일전쟁 이후 간도로 넘어갔기 때문이다. 다만 국내에 머무를 당시부터 박찬익 등과의 교류 속에서 얻어진 정서적 교감을 바탕으로, 대종교 중광 이후에도 이러한 인적 교류의 토대 위에서 연계가 끊이지 않았던 듯하다. 또 다른 분석·연구가 필요한 부분이다.

이동춘은 당시 중국 국적을 가진 인물로는 최초로 대종교에 입교한 인물이었다. 그는 대종교의 핵심부에 있으면서도 드러내지 않고 북간도 저항운동의 중심에서 활약했다. 특히 박찬익·김영학 등 대종교의 핵심인물들과 더불어 만주에서의 대종교의 거점 확보에 남다른 노력을 기울였다. 또한 1912년 지산(芝山) 정원택(鄭元澤, 해방 이후 대종교 교주 역임-필자 주)이 만주를 찾았을 당시 유학을 위한 편의를 제공한 사례와 같이, 만주 지역 대종교인들의 활동에 남다른 저변을 만들어준 인물이다.

이동춘은 간민교육회와 간민회의 중추를 담당하면서, 자신의 집을 간민회관으로 기증하고 간도 전역에 많은 소학교·중학교를 설립하여 교포자제의 교육과 독립군 양성에 노력했다. 또한 제1회 대한국민회 총회를 개최하여 교포들의 생계를 논했으며, 연길도윤공서 외교부의 통역관으로 근무하면서 중국 관리들과 교민들 간에 생기는 문제 해결을 위해 적극 노력하기도 했다. 나아가 대종교인들이 중심이 된 신한청년당의 연길지부장을 맡아 상해와 연해주를 연결하는 가교 역할을 담당했다. 그러면서도 대종교의 중심인물이라는 점을 철저하게 감췄다. 조선인이었으나 귀화입적한 중국인이었기 때문이다. 후일 대종교가 주도하고 절친한 동지였던 김약연·이동휘·황상규·박찬익 등이 모두 참여한 「대한독립선언서(일명 무오독립선언서)」에 서명하지 않은 것도 이러한 이유와 무관치 않을 듯하다.

한편 이동춘이 대종교와의 관계를 철저하게 숨긴 배경에는, 중국 당국이 1910년에 이미 북간도의 대종교를 해산시키려 한 시도에서도 암시받을 수 있다. 1910년 8월, 당시 길림성 연길도윤(延吉道尹)이었던 도빈(陶彬)은 관하 각도(各道)에 이주해 있는 조선인 교육을 중국의 학제 맞게 통일시키려는 계획을 도모했다. 그러한 시도의 일환으로 당시 화룡현(和龍縣) 교육과장은 1910년 8월 6일 각 지역 조선인학

교 선생들을 불러 다음 4개항의 요지를 설명하였다.

1. 교과서는 추가로 편찬 중인 것을 배포할 것
2. 3·4학년은 중국 지리·역사·수신(修身)·이과(理科) 과목을 중국어로 가르칠 것
3. 단군교(대종교-인용자 주)는 모두 해산할 것
4. 기독교 성경은 수업 전에 보도록 할 것

여기서 주목되는 것은 3항이다. 대종교는 교육(기관)은 고사하고 그 자체를 모두 해산시키라는 지시다. 후일 많은 대종교계열의 학교들이 통계에 잡히지 않거나 관련 인물들이 드러나지 않는 이유라 할 수 있다. 이것은 대부분의 대종교 활동이 비밀(결사) 조직으로 움직이게 된 배경이기도 하다. 더욱이 이동춘은 귀화중국인으로 연길공서 관료였다는 점에서 남다른 주의가 필요했을 것이다.

[참고문헌]
『종보』제5호(1910년), 『倧令』제3호(1911년), 『종문영질』(프린트본, 1922), 『대종교중광육십년사』(대종교총본사, 1971), 『宮内府案』제8책(宮内府編, 1901년 6월 24일), 『고종시대사』5집(光武 6年 9月 13일), 『鮮人集會에 관한 報告의 건』(不逞團關係雜件-朝鮮人의 部-在滿洲의 部2, 公信 第40號;受 3193號, 한국사DB, 국사편찬위원회), 『大正 元年 11月 調 在外 朝鮮人 結社團體動狀況』(不逞團關係雜件-朝鮮人의 部-在西比利亞4, 한국사DB, 국사편찬위원회), 『鮮人暗殺黨 및 鮮民取扱方法에 관한 건』(不逞團關係雜件-朝鮮人의 部-在滿洲의 部2, 機密 第9號;秘受 1986號, 한국사DB, 국사편찬위원회), 『간도소사』(류광열, 태화서관, 1938), 『항일순국의열사전』(오재식, 행정신문사, 1958), 『지산외유일지』(정원택, 탐구당, 1983), 『간민교육회와 간민회』(전신자, 『개척』중국조선민족발자취총서1, 민족출판사, 1999), 『중국조선민족교육사료집』1(중국조선민족교육사료집사료편찬위원회편, 연변교육출판사, 2000), 『한국독립운동사자료』39(국사편찬위원회, 2003), 『韓國近代史資料集成』10(국사편찬위원회, 2004)

이동하(李東廈, 남, 1875-1959)

아호(별명) _ 백농(白儂·伯農), 범극(範極), 해파(海坡), 이원식(李元植), 이동후(李東厚), 이철(李轍)
입교 시기 _ 1910년대 | 교질 _ 정교 | 서훈 _ 애족장(1990)

이동하

경상북도 안동군(安東郡) 예안면(禮安面) 부포동(浮浦洞) 출신으로, 본명은 이원식(李元植)이다. 1895년 가족을 따라 상경하여 보광사범학교(普光師範學校)에 입학하여 1907년 졸업하였다. 그 후 1년간 서울 계산학교(桂山學校) 교원을 역임하면서, 1908년 3월 15일에는 재경 영남인사들이 창립한 교남교육회에 참여하여 교육구국운동을 전개하였다. 이후 대구로 내려가 협성학교(協成學校) 교감 등을 지냈으며, 고향에서 보문의숙(寶文義塾)을 창립하여 수백 명의 청년들에게 애국심을 고취시켰다.

1910년 경술국치를 당하자 비밀결사단체인 대동청년단(大同靑年團)에 가입하여 활동하였다. 대동청년단은 신민회(新民會)의 정신을 이어받은 대종교계 비밀결사로, 일제 강점기와 해방 후 오랜 시기까지도 정확한 내막이 밝혀지지 않을 정도로 비밀을 유지한 조직이다. 그 단규(團規)에도 나타나듯이 철저한 비밀 활동을 원칙으로 하는 이들의 활동사항이 체계적으로 기록된 곳은 극히 드물다. 대동청년단은 17세부터 30세 미만의 청소년 80여명으로 조직된 단체로, 그 모든 구성원의 명단은 지금도 알려지지 않았다. 다만 조직원 80여명이 완전히 밝혀진 것은 아니지만, 당시 단원이자 대종교 항일투사인 윤병호(尹炳浩)의 메모에 의해 53명의 명단이 전할 뿐이다. 그 명단 중에는 이동하(이원식)를 비롯하여 윤세복(尹世復)·안희제(安熙濟)·이경희(李慶熙)·남형우(南亨祐)·서상일(徐相日)·차병철(車秉轍)·신백우(申伯雨)·신성모(申性模)·신팔균(申八均)·민강(閔橿)·박광(朴洸)·김동삼(金東三)·신채호(申采浩)·이시열(李時說) 등, 대부분이 후일 대종교의 지도급 인물들로 활동하는 것도 특기되는 부분이다. 이동하의 대종교 입교 시기도 이 때였다.

1911년 봄에는 윤세복·박은식(朴殷植)·윤세용(尹世茸)·이동녕(李東寧)·이시영(李始榮)·김동삼외 40명과 함께 만주로 망명하였다. 망명 후 윤세복과 함께 환인현(桓仁縣)에 대종교시교당(大倧敎施敎堂)을 설립하고 동창학교(東昌學校)도 병설하게 된다. 이동하는 교장에 취임하여 청소년들에게 민족의식을 고취시키면서 대종교 포교에도 앞장섰다.

당시 그 지역 우리 교포의 생활이 너무도 곤궁하여 자식들을 교육시킬 경제적 여유와 정신적 용기가 없었다. 이에 대종교 동창학교에서는 학생들의 기숙비와 피복비를 공급하는가 하면, 심지어 그 가족의 생계비까지 보조해 주어가면서 교육을 장려했다. 이러한 민족의식 고양을 위한 동창학교의 적극적 교육 자세를 위태롭게 생각한 일제는 감시와 회유 혹은 위협 등 온갖 술책을 동원했다. 마침내 중국 관헌과 교섭하여 동창학교의 폐교령과 아울러 주요 인물들에 대한 축출령이 내려졌다

대종교시교당의 폐쇄와 동창학교의 폐교로 인해 이동하를 비롯한 윤세복·윤세용·김영숙(金永肅)·이시열(李時說) 등 대종교의 핵심인물들이 각기 활동무대를 찾아서 옮겨 갔다. 윤세복은 무송현(撫松縣) 등지로 옮겨가 흥업단(興業團)·광정단(匡正團) 등을 조직하고 대종교 항일투쟁을 지속해 갔다. 또한 윤세용은 육군주만참의부(陸軍駐滿參議府)의 참의장으로 전직하는 등, 일대 변화를 맞았다.

이동하 역시 흥경현(興京縣)으로 옮겨 흥경학교를 설립하는 한편, 그곳 동포들을 위한 자치기구를 조직하여 회장으로 활동하면서 민족의식 전파 작업을 쉬지 않았다. 1919년 이러한 이동하의 행동을 주목하던 일본인 보안대의 습격에 의해 부득이 봉천(奉天)으로 피신하였다. 그러나 일제의 끈질긴 추적 끝에 봉천에서 체포되어 국내로 압송된 이동하는 수개월의 투옥생활을 감내해야 했다.

이동하는 출옥 후 국내 대종교 활동에 전념하였다. 그리고 광복을 맞아서도 대종교 국내 정착을 위해 노력하던

중, 투옥생활 후유증으로 얻은 각기병(脚氣病)과 척추신경마비 등으로 긴 병고에 시달리다가 1959년 3월 귀천(歸天)하였다. '국민에게 고한다'는 유서를 남기고 세상을 뜬 이동하의 장례는 대구 지역 최초로 사회장으로 거행되었으며, 김창숙이 장례위원장을 맡았다. 당시 이동하가 남긴 유서의 내용(현대어법에 맞게 윤문함)은 다음과 같다.

遺書

애국 동포 형제자매에게 고함

지나간 장구한 80년간 우리 국가에 다변다난(多變多難)한 경우를 겪어오면서도 구국제민(救國濟民)의 책(責)을 하나도 실천치 못하고 천천잔명(喘喘殘命)이 오늘날까지 생존함은 여러분에 대하여 죄스럽고 부끄러운 바입니다. 해방의 날이 오자 조국강토를 재건하고 우리나라 우리겨레끼리 자유롭게 살아보자는 희망은 수포로 돌아가고 말았다. 남북통일은 언제나 언제나 소위 위정자(爲政者)의 정치는 날로 날로 부패해 가고 인류의 도의와 윤리는 여지없이 몰락되고 말았다. 권위를 가진 자 외에 일반 민중은 구학(邱壑)에 쓰러지지 않으면 강도화 되는 현상이다. 왜정(倭政)의 기반(羈絆)을 벗어난 오늘날, 내 나라 내 겨레 내 집 내 몸이 다시 비경(悲境)에서 방황할 줄 누가 알았을까. 이제 늙은 몸이 더 살아야 어국어가(於國於家)에 조금도 도움이 없을 줄 자각하고 결연히 한 죽음으로 국민앞에 사죄하노라.

최후 일언(一言)으로 국민 여러분 앞에 고할 바는 우리 배달민족의 피를 이은 우리 국민은 절대로 사대주의의 근성을 버리고 미국이니 소련이니 다 의뢰하지 말고 자본주의니 공산주의니 다 버리고 삼일정신(三一精神)으로 움직이던 유일무이한 우리 민족주의를 고수하고, 우리 민족 간에는 다시 혈쟁(血爭)이 없이 평화대상(平和坮上)에 조국을 수립하고 세계열강으로 더불어 공존공영함을 바라고 비나이다. 난 바랍니다.

白農 李東廈

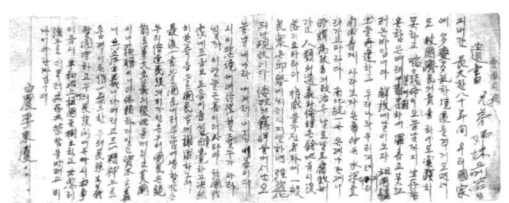

백농 이동하가 남긴 自筆遺書 전문

[교력]

이동하의 대종교 교력을 살피면 1911년 1월 29일(음력, 이하 음력) 참교(參敎)의 교질(敎秩)을 받은 기록이 있다. 그 이전에 이미 대종교에 입교한 것이 확인된다. 더욱이 이동하는 대동청년단 동지이자 후일 대종교 3세 교주를 지낸 윤세복과 함께 참교를 받았다. 그의 대종교 입교가 윤세복과 함께 이루어졌을 가능성이 크다. 윤세복이 대종교에 입교한 시기는 1910년 12월 말이다.

이동하는 1911년 봄에 윤세복 등과 서간도로 건너간 이후

대종교 항일투쟁을 본격적으로 펼쳤다. 그가 만주로 건너간 시기도 참교의 교질을 받은 직후임을 알 수 있다. 또한 일제에 체포되어 국내로 압송된 이후에도 대종교 활동을 이어갔다. 그 대표적 자취가 대종교진흥회(大倧敎振興會)에서의 활동이다. 대종교진흥회는 1924년 11월 24일(음력) 경성 대종교남도본사에서 발기한 모임이다. 그 취지문을 보면, 대종교를 우리 민족의 역사적 종교로 규정하고, 시대에 따른 그 명칭의 변화에 대한 설명과 함께 대종교를 중광한 홍암 나철 순교(殉敎)의 숭고한 가치를 새기면서, 대종교진흥의 시대적 사명을 각성시키고 그 동참을 호소하는 내용을 담고 있다. 이동하는 대종교진흥회 선전부가 조직될 당시 박용태(朴龍泰)·유정근(兪政根) 등과 참여하였다. 그 주요사업 목표는 경성에 단조묘궁(檀祖廟宮) 건축과 구월산에 삼성사(三聖祠)를 중건(重建)하며 평양의 숭령전(崇靈殿) 수보(修補)와 강화의 제천단(祭天壇) 수축(修築), 그리고 단조사적(檀祖史績) 등을 간행하는 일이었다.

대종교에서는 만주에서 환국한 직후인 1946년 2월 23일, 총본사의 특별추천으로 이동하에게 상교(尙敎)의 교질을 수여하였다. 이동하가 국내로 들어온 이후, 대종교에 대한 공로를 존중한 처사였다. 다만 이동하가 지교(知敎)의 교질을 받은 기록은 전하지 않는다. 지교는 참교와 상교의 중간 단계의 대종교 교질이다. 참교를 받고 만주로 건너간 이동하가 국내로 압송되기 이전에 지교를 받았음을 헤아릴 수 있다.

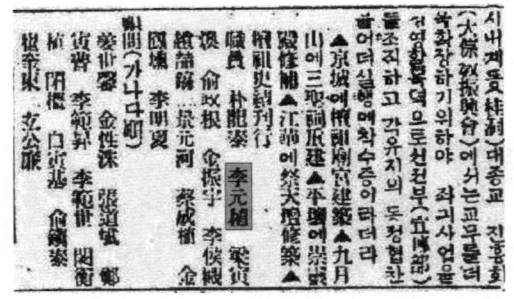

1926년 4월 22일자 『동아일보』에 '大倧敎의 新計劃'이란 제목으로 실린 기사내용. 대종교진흥회 직원으로 李東廈의 본명인 李元植(네모 안)의 이름이 올라 있다.

또한 이동하는 1946년 3월 5일 대종교 경의원(經議院) 부원장으로도 추대되었다. 당시 경의원의 원장은 임시정부의 거두였던 이시영(李始榮)이 맡았다. 경의원이란 대종교 교주의 자문기관으로 후일 원로원을 개칭된 기구다. 이동하가 대종교 최고의 원로로 대접 받았음을 알게 해 준다. 1949년 2월 9일에는 대종교 남사도본사(南四道本司)의 전리(典理, 책임자)로 임명되었다. 남사도본사는 경상남북도를 관할하는 대종교 교구로, 대구시에 그 근거를 두고 36곳의 시교당을 거느리고 있었다. 또한 양세환(梁世煥)·이경희(李慶熙)·이원태(李源台)가 남사도본사의 부책임자를 맡아 이동하를 도왔다.

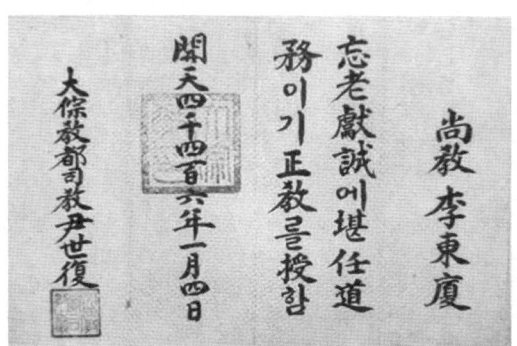

1950년 1월 4일, 이동하가 받은 대종교 正教 敎秩 증서

이러한 노력으로 이동하는 1950년 1월 4일 '힘듦을 무릅쓰고 정성을 다하며 종교적 임무를 능히 감당하다(忘勞獻誠 堪任道務)'라는 덕담과 함께 정교(正教)의 교질을 받았다. 그리고 같은 해 5월 7일에는 제7회 교의회(教議會) 개정에 의해 출범한 원로원의 참의로도 선임되었다. 또한 5월 14일에는 다시 남사도본사 전무를 맡아 시무하는가 하면 대종교중흥회(大倧教重興會)에도 참여하여 활동하던 중, 고문 후유증으로 오래 시달리다 1959년 3월 18일 향년 85세의 나이로 귀천하였다. 대종교총본사에서는 대한군정서(북로군정서)에서 활동했던 강용구(姜容求)를 대표로 보내 조문하고, 아래와 같은 만련(輓聯)을 올렸다.

追弘師拜天宮 홍암대종사를 따라 한울집에 배알하옵고
爲衆生訴人世 중생을 위하여 이 세상을 고하여 주소서

[참고문헌]
『대종교보』,환국기념호(1946년)·제161호(1949년)·제165호(1950년)·제166호(1950년)·제201호(1959년),『종문영질』(프린트본, 1922),『본사행일기』(성세영, 필사본, 1922),『대종교인과 독립운동연원』(이현익, 프린트본, 1963),『대종교중광육십년사』(대종교총본사, 1971),[北支地方に於ける要視察(容疑者を含む)朝鮮人の槪況(昭和14年6月末現在)]『소화사상통제사자료』24권, 한국사DB, 국사편찬위원회),『동아일보』1926.4.22.·1958.4.12.·1959.3.19·28.,『고등경찰요사』(경상북도경찰부, 1934),『한국독립사』하(김승학, 독립문화사, 1966),『독립운동사』5·8·10(독립운동사편찬위원회, 1973·1976·1978),『국역백하일기』(안동독립운동기념관, 경인문화사, 2011),『안동독립운동인물사전』(김희곤, 선인, 2011),『백농이동하』(경상북도독립운동기념관, 2015)

이동호(李東浩, 남, 1893-?)
아호(별명) _ 이목(李睦), 이목사(李穆事), 이동호(李東虎)
입교 시기 _ 1923년 | 교질 _ 지교

함경북도 회령군(會寧郡) 화풍면(花豊面) 사을동(沙乙洞) 출신이다. 1922년 2월, 장백현(長白縣) 팔도구(八道溝)에서 최칠성(崔七星)이 단장으로 있는 독립단에 몸을 담고 항일투쟁을 펼친 기록이 있다.
1923년 11월경에는 적기단(赤旗團)에 몸을 담고 모연(募捐)

활동을 펼치는가 하면, 1924년 2월에는 이청천(李靑天)·안무(安武) 등이 이끄는 무정단(武政團)에 적을 두고 최경환(崔慶煥)·김병철(金秉喆) 등과 군자금 모금과 더불어 무기 구입에도 앞장섰다. 한편 북경에 근거를 둔 대한국민위원회(大韓國民委員會, 건설파에 속함) 4군구사령관(四軍區司令官)을 맡은 안무의 휘하에서 재무위원장을 맡아 도문강(圖門江) 국경지방에서 작전을 펼치다가 1924년 9월 6일 체포되어 회령경찰서로 인계되었다. 이동호는 풀려난 이후 다시 만주로 건너가 대종교 항일투쟁에 전념하였다.
이동호의 대종교 교력을 살피면 1923년 4월 5일(음력, 이하 음력) 대종교 서일도본사의 특별추천으로 영계(靈戒)를 받은 기록이 있다. 그의 대종교 입교가 그 이전임이 확인된다. 또한 같은 날 함께 영계를 받은 인물이 광정단(匡正團)에서 활동한 박원원(朴元千)과 의성단(義成團) 활동 중 피살당한 신태익(申泰翊)이고 보면, 이동호가 대종교 항일투쟁의 일선에서 활동한 인물임을 확인시키고 있다.
1936년 10월 27일에는 대종교 동일시교당(東一施教堂)의 찬무(贊務, 부책임자)로도 임명되었다. 동일시교당은 연길현(延吉縣) 동불사(銅佛寺) 지역에 소재한 시교당으로 대종교 동일도본사 관할이었다. 또한 이동호는 당시 참교(參教)의 교질(教秩) 단계에 있었다. 한편 동일시교당의 전무(典務, 책임자)를 맡았던 인물은 지교(知教)의 교질을 갖고 있던 김익형(金翼衡)으로 박은식(朴殷植)과 함께 노인동맹단의 중심인물이었고, 이동호와 더불어 찬무를 맡았던 박순(朴淳)은 대종교 항일단체인 대한군정서(북로군정서)의 경신국(警信局) 과장을 맡았던 인물이었다. 대종교 항일투쟁과 뗄 수 없었던 이동호의 삶을 다시금 말해 준다.
이동호는 1940년 개천절(10월 3일)에는 대종교서적간행회(大倧教書籍刊行會)의 간사를 맡기도 했다. 당시 백산(白山) 안희제(安熙濟)가 회장의 자리에 있었으며 총무는 대한군정서의 총재비서를 지낸 강철구(姜鐵求)가 맡았다. 또한 대종교지도자 이용태(李容兌)가 이동호와 함께 간사를 맡아 시무했으며, 이용태·양현(梁玄)·고재봉(高在鳳) 등 항일투사들과 각각 2주(株)의 자금을 투자하기도 했다. 대종교에서는 이동호의 이러한 노고를 기려 1940년 12월 3일 대종교총본사의 특별추천으로 지교의 교질을 수여하였으나, 이후의 기록에 대해서는 전하는 것이 없다.

[참고문헌]
『대종교보』,제58호(1922년)·제115호(1937년)·제128호(1940년),『대종교중광육십년사』(대종교총본사, 1971),「大正 10년 중에 있어서 管內 不逞鮮人의 狀況」(不逞團關係雜件-朝鮮人의 部-在滿洲의 部32, 機密 第8號; 機密受第9號, 한국사DB, 국사편찬위원회),「安武一派 檢擧에 關한 件」(不逞團關係雜件-朝鮮人의 部-在滿洲의 部40, 機密 第239號; 機密受第246號, 한국사DB, 국사편찬위원회),「間島 및 接壤地方 不逞鮮人의 行動에 관한 件」(不逞團關係雜件-朝鮮人의 部-鮮人과 過激派5, 機密 제44호, 한국사DB, 국사편찬위원회)

이동희(李東熙, 남, 생몰 미상)
입교 시기_ 1923년 이전 | 교질_ 참교

출신지역과 생몰연대를 알 수 없는 인물로, 주로 화전현(樺甸縣) 지역을 중심으로 대종교 항일투쟁을 전개하였다. 1914년 유하현(柳河縣) 대사탄(大沙灘) 지역에서 이탁(李鐸)과 더불어 학교를 운영한 기록이 있음을 보아, 비교적 이른 시기에 서간도로 넘어간 듯하다.

이동희는 한족회(韓族會) 화전현지방회(樺甸縣地方會) 검독(檢督)으로 있던 1920년 8월에는 일제에 의해 검거되어 길림경찰청에 구금되기도 했다. 1921년 10월에는 김인찬(金仁燦)·박성만(朴成萬) 등 화전현 지역 항일투사들과 화전현 지역 중국관헌들이 연계하여 농무회(農務會)를 비밀리에 결성하는데도 참여하였다. 중국관헌 측에서는 이 단체를 이용하여 친일조선인들을 찾아내 국경 밖으로 몰아내는 이득을 챙겼고 항일투사들은 중국관헌의 비호 아래 교묘히 일제의 감시망을 피해 다닐 수 있었다.

한편 1922년 1월경에는 일제의 경신대토벌을 피해 밀산현(密山縣)으로 은거하여 항일투쟁을 도모했다. 그리고 1923년 초 다시 화전현 지역으로 옮겨와 박근식(朴根植)·이승운(李承云)·이기선(李基善)·김인찬(金仁贊)·박승호(朴承浩)·류기남(柳基南)·이영관(李英琯) 등의 동지들과 그 지역을 중심으로 군자금 확보에 많은 노력을 기울였으며, 1923년 9월 대한통의부 출범 후에는 중대장을 맡아 항일투쟁 지속해 갔다.

이동희와 대종교의 연관성을 살피면, 1923년 3월 15일(음력, 이하 음력) 길림성 화전현(樺甸縣)에서 단조기념회(檀祖紀念會)를 발기하는데 앞장선 기록이 있다. 대종교에 있어 3월 15일은 어천절(御天節)이다. 단군대황조가 다시 하늘로 오른 날을 기념하는 뜻 깊은 날로, 개천절 다음으로 꼽히는 대종교의 경절이다. 이러한 의미를 안고 출범한 단조기념회의 목적은 국내외에 산재해 있는 단조전(檀祖殿)을 한 마음으로 숭배하고, 단조의 옛 도읍에 기념비를 세우며, 사적(事跡)을 등기(謄記)하여 동족 간의 친목을 더욱 돈독히 하는 데 있었다. 특히 이동희 뿐만 아니라 발기인으로 참여한 공창준(公昌準)·지장회(池章會)·김봉림(金鳳林) 등, 대다수의 인물들이 대종교의 중진인 동시에 항일투쟁의 거물들이었다. 단조기념회의 발기 요지에 관한 규칙 9개를 보면 아래와 같다.

— 본회는 국내외를 물론하고 대황조(大皇祖)님을 일심 숭배하며 유도(遺都)에 기념비를 건(建)하야 사적(事蹟)을 등재(謄載)하며 동족의 친목을 증독(增篤)함
— 본회 회원은 조선민족 남녀 17세 이상 자로 인정함
— 중앙 위치는 백두산 신시(神市)로 정함
— 중앙총회장은 국내외 분지회(分支會) 확장한 후에 선정키로 함
— 각지 분지회 성립한 후에 발기처로 통지하야 호상 연락케 함
— 회금(會金)은 매명하(每名下)에 소은(小銀) 이각(貳角)으로 정함
— 본회 회원이 성미(誠米)를 저축(儲畜)하기로 함
— 회원이 본회의 목적을 위하야 특연(特捐)이나 열심으로 각지에 선전하심을 망(望)함
— 본회 규칙은 분지회 성립통지서를 접수한 후에 송교(送交)하기로 함

이동희의 대종교 입교 역시 단조기념회 발기인 참여 그 이전에 이루어졌을 것으로 추정된다. 그가 1923년 4월 23일 대종교총본사의 특별추천으로 영계(靈戒)와 함께 참교(參教)의 교질(教秩)을 동시에 받은 것만 보아도 헤아릴 수 있다.

당시 이동희는 이경렬(李京烈)과 함께 영계를 받았다. 이경렬은 대종교 항일단체인 대한군정서(북로군정서)의 요원이었다. 또한 청신리독립정쟁 이후에는 대종교지도자 이홍래(李鴻來) 등과 대한군정서청년모험대(大韓軍政署靑年冒險隊)라는 조직을 만들기도 했다. 이 모험대는 대한군정서의 재건을 도모하던 단체로, 이동희는 제3분대장을 맡아 군자금 모금과 군정서 재건을 위해 동부서주했다. 이동희와 같은 날 참교를 받은 김재선(金在善)과 이용선(李鏞先)도 주목된다. 김재선은 1919년 11월 만주에서 조직된 의열단의 김원봉을 적극 후원한 인물이며, 이용선 역시 대한군정서와 대한독립군단에서 군의(軍醫)를 지낸 인물이었다.

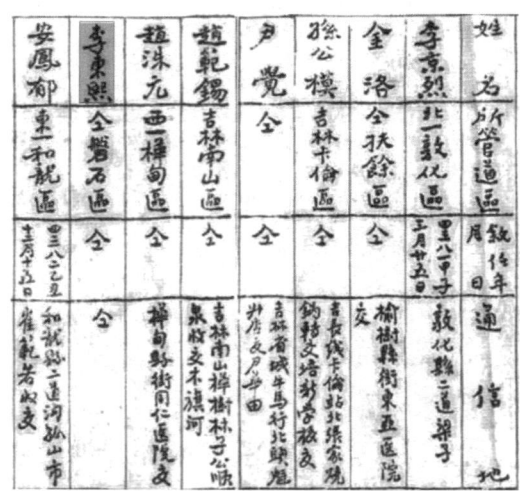

李東熙(네모 안)의 이름이 올라있는 '大倧敎總本司基本及經常金收金委員一覽表'(1926년에 작성됨)

이후 이동희는 대종교 활동의 중심부로 더욱 깊이 들어갔다. 1924년 3월 25일 '대종교총본사기본 및 경상금 수금위원(大倧敎總本司基本及經常金收金委員)'으로 임명된 것이 그 방증이다. 이동희는 서일도본사에 속하는 반석현(磐石縣) 지역을 관할하면서 화전현을 관할했던 조수원(趙洙元)과 함께 화전현가의 동인의원(同仁醫院)을 거점으로 활동하였다. 당시 임명된 수금위원들을 보면, 이동희를 비롯하여 이경렬(李京烈)·손공모(孫公模)·김락(金洛)·윤각(尹覺)·조

범석(趙範錫)·조수원·안봉욱(安鳳郁) 등이었다. 이들 모두가 대종교의 중심이자 항일투쟁의 일선에 섰던 인물들이었다. 당시 이동희의 대종교에서의 위치가 상당했음을 말해 준다.

[참고문헌]
『대종교보』제58호(1923년), 「大倧敎施敎堂一覽表(1926年)」(延边朝鲜族自治州档案馆 全宗号42 目录号1 案卷号343, 和龙县历史档案 和龙县警察所, 令各区查禁韓人設立大倧敎堂由, 民国十五年五月十二日), 「鴨綠江 方面 中國領 移住 朝鮮人 間에 있어서 耶蘇敎의 勢力 및 布敎의 槪況」(不逞團關係雜件-朝鮮人의 部-在滿洲의 部3, 朝鮮機 第407號;秘受 4833號, 한국사DB, 국사편찬위원회), 「선인 행동에 관한 건」(不逞團關係雜件-朝鮮人의 部-在西比亞13, 機密 11호, 한국사DB, 국사편찬위원회), 「國外情報-樺甸縣 內 中國官憲과 排日鮮人의 連絡」(不逞團關係雜件-朝鮮人의 部-在滿洲의 部30, 高警 第28793號; 秘受 13066號, 한국사DB, 국사편찬위원회), 「間島 및 接壤 露支領에 있어서 不逞鮮人團의 近況에 관한 件」(不逞團關係雜件-朝鮮人의 部-在滿洲의 部38, 機密 第28號; 機密受 第36號, 한국사DB, 국사편찬위원회), 『한국독립운동사자료』37·43(국사편찬위원회, 2001·2007)

이두석(李斗錫, 남, 1893-?)
입교 시기 _ 1922년 | 교질 _ 참교

함경북도 경성군(鏡城郡) 출신으로 대한군정서(북로군정서)에 가담하여 활동했던 인물이다. 이후 1922년 2월에는 간도 용정촌(龍井村)에 근거를 둔 친일조직 상무회(商務會)의 재무담당으로 몸을 숨기고 같은 고장 출신인 김경수(金暻洙)·이인구(李麟求) 등과 활동하기도 했다.

이두석의 대종교 교력을 살피면 1922년 5월 21일 영계(靈戒)를 받은 기록이 있다. 그 이전에 대종교에 입교한 것이 확인된다. 더욱이 이두석과 함께 영계를 받은 인물들이 주견룡(朱見龍)·강근하(姜根夏)·이형섭(李泂燮)·강훈(姜勳)·이헌(李憲) 등, 모두 대한군정서의 요원들이었다. 이두석이 대종교 항일단체인 대한군정서 인물들과 늘 함께 했음을 보여준다.

또한 그 다음날인 5월 22일에는 주견룡·강근하·이형섭·이헌 등과 참교(參敎)의 교질(敎秩)를 수여받았으며, 같은 날 대종교 동일도본사(東一道本司) 제2지사의 계사감정(計事監正)으로도 임명되었다. 당시 제2지사를 이끈 인물들을 역시 대한군정서의 인물들이었다. 책임자의 대리인 전사대판(典事代辦)은 주견룡이 맡았으며, 장수(張修)가 종사감정(宗事監正), 이형섭이 규사감정(規事監正)으로 임명되어 시무했다.

[참고문헌]
『대종교보』제54호(1922년), 『종문영질』(프린트본, 1922), 『대종교중광육십년사』(대종교총본사, 1971), 「間島 및 同 接壤地方에 있어서 排日團體 및 親日團體 調査의 건」(不逞團關係雜件-朝鮮人의 部-在滿洲의 部32, 機密 第93號; 機密受第110號, 한국사DB, 국사편찬위원회)

이두철(李斗哲, 남, 생몰 미상)
입교 시기 _ 1926년 이전 | 교질 _ 미상

출신지역과 생몰연대를 알 수 없는 인물로, 일제의 기록에서도 찾을 수가 없다. 이두철은 1926년 당시, 대종교 대일시교당(大一施敎堂)의 찬무(贊務, 부책임자)를 맡은 기록이 있다. 이두철의 대종교 입교가 그 이전에 이루어졌음을 알 수 있다. 대일시교당은 대종교 동이도본사(東二道本司)에 속한 시교당으로 밀산령(密山嶺) 남쪽에 위치한 대흥동(大興洞)에 자리 잡은 시교당이었다.

밀산은 대종교 항일투쟁에 있어서는 그 의미가 남다른 곳이다. 1세 교주인 홍암(弘巖) 나철(羅喆)이 수행의 길로 찾았던 곳이 밀산이다. 또한 밀산은 2세 교주인 무원(茂園) 김교헌(金敎獻)이 경신대토벌을 피해 은신했던 곳이며, 백포(白圃) 서일(徐一) 종사(宗師)가 마지막 자결의 길을 택한 곳도 이곳 당벽진(當壁鎭)이다. 그리고 3세 교주 단애(檀崖) 윤세복(尹世復)이 만주 지역 대종교포교금지령을 피해 은둔했던 곳도 밀산현 대흥동이다. 이두철이 시무한 대일시교당은 바로 그 대흥동에 위치해 있었다. 당시 전무(典務)는 천승호(千承鎬)였으며 한치중(韓治中)이 찬무를 맡아 이두철과 함께 했으며, 밀산현가(密山縣街) 광덕성(廣德成)에 연락의 거점을 두고 73명의 교인을 이끌며 포교와 항일투쟁을 도모했다.

이두철은 이후에도 밀산현을 거점으로 꾸준히 대종교 활동을 이어갔다. 1937년 8월 24일(음력) 권상익(權相益)·허익(許益)과 함께 밀산현 당벽진 대종교재만교구경상금수납위원(大倧敎在滿敎區經常金收納委員)으로 임명된 기록이 이를 뒷받침한다. 그 시기 밀산현은 대종교 재만교구 가운데 조직이 가장 왕성했던 곳으로, 경상금 수납을 위한 거점 역시 가장 광범위하였다. 당벽진을 비롯하여 이인반(二人班)·향양촌(向陽村)·하량자(下亮子)·기성촌(箕城村)·선구촌(船口村)·북하촌(北河村)·복전촌(福田村)·영안촌(永安村)·삼성촌(三成村) 등 10곳의 구역이나 되었다.

특히 이두철과 더불어 밀산현 당벽진 지역의 경상금 수납을 책임졌던 권상익이란 인물이 주목된다. 그는 후일 1942년 대종교지도자 일제 구속 사건인 임오교변(壬午敎變) 당시, 일제의 고문으로 목숨을 잃을 정도로 대종교 핵심 중의 핵심이었다. 신민부 요원으로도 활동했던 권상익은, 1943년 3월 목단강(牧丹江) 경무처와 액하감옥(掖河監獄)으로 이감된 후 3개월 동안 목단강성(牧丹江省) 경무청 특무과에서 혹독한 취조를 당하였다. 그 후 목단강 고등검찰청을 비롯한 여러 곳에서 무수한 고문을 받고 병보석으로 출옥하였으나, 1943년 5월 5일 목단강시(牧丹江市) 적십자병원에서 그 후유증으로 순국하였다. 뿐만 아니라 밀산현 경상금 수납위원으로 언급된 인물들 대부분이 대종교 항일투쟁에 몸담은 인물들이고 보면, 이두철 역시 그와 무관치 않을 듯하나, 연관된 기록은 남아있지 않다.

[참고문헌]
『대종교보』제115호(1937년), 「大倧敎施敎堂一覽表(1926年)」(延边朝鲜族自治

州档案馆 全宗号42 目录号1 案卷号343, 和龙县历史档案 和龙县警察所, 令各区查禁韩人设立大倧教堂由, 民国十五年五月十二日)

이린(李麟, 남, 생몰 미상)
입교 시기_ 1939년 이전 | 교질_미상

출신지역과 생몰연대를 알 수 없는 인물이다. 그의 이름 역시 본명이 아닐 것으로 추정되지만, 이 역시 확인이 안 된다.

이린의 이름이 등장하는 곳은 만몽신당(滿蒙新黨)이란 조직이다. 이 조직은 1923년 8월 15일부터 11월 3일까지 화전현(樺甸縣)에서 남북만주 한인독립군 통일대회 개최를 통해 만들어진 단체다. 대종교지도자 이장녕(李章寧)을 의장으로 남북만주 각단대표 선정, 교육과 경제문제, 민족과 노동에 관한 문제, 각지 청년단의 발전책, 군사외교문제의 현황, 신독립당 조직, 남북만주 각 단체와 군사기관의 통일 등 의제에 관하여 토론을 거친 후 구성되었다. 당시 이린은 대종교지도자 김혁(金爀)·현천묵(玄天黙)·이동녕(李東寧) 등을 포함한 14인과 함께 만몽신당의 고문을 맡았다. 그의 항일투쟁에서의 무게가 가볍지 않은 인물임을 직감케 한다. 1924년 7월에는 연해주 니콜리스크에 거주하며 문창범(文昌範)·이훈(李勳)·박은택(朴銀澤)·윤막심(尹莫深) 등과 러시아공산당에 입당한 기록도 있으나 구체적 행적은 알려지지 않았다.

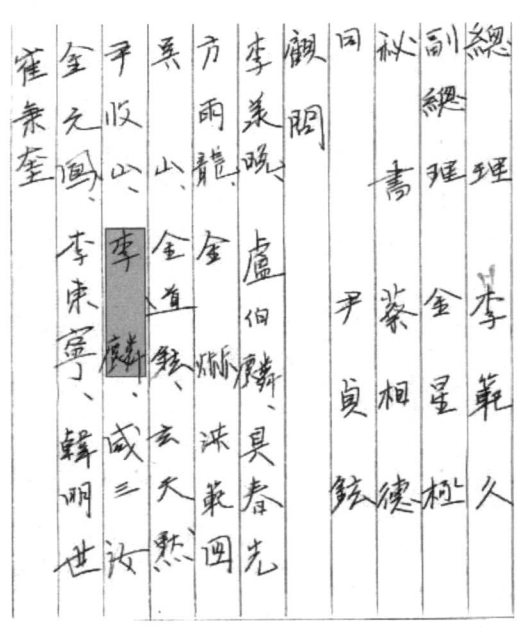

일제의 문서에, 만몽신당 조직 당시 顧問으로 올라 있는 李麟(네모 안)의 이름.

이린의 대종교 교력을 살피면, 1939년 12월 7일(음력) 대종교총본사의 특별추천으로 이주성(李周星)·안일범(安一範)·김두천(金斗千) 등의 동지들과 영계(靈戒)와 참교(參敎)를 동시에 받은 기록이 있다. 그의 대종교 입교가 그보다 오래 전이었음을 확인시키는 부분이다. 특히 특별추천이란 특선(特選)이라 말하는 것으로, 예사(禮謝)·예금(禮金)·포장(褒章)과 함께 대종교 상례(賞例)의 하나다. 즉 교리(教理)를 천명(闡明)하고 교명(教命)을 독수(篤守)한 인물에게 교직(教職) 및 임직(任職)을 내리는 것이 특선이다. 영계와 참교를 받기 이전에 이미 이린의 대종교에 대한 공적이 남달랐음을 알게 해 준다.

[참고문헌]
『대종교보』제124호(1939년). 『대종교중광육십년사』(대종교총본사, 1971). 「樺甸縣에 있어서 南北滿洲不逞鮮人團 統一大會 經過報告의 件」(不逞團關係雜件-朝鮮人의 部-在滿洲의 部37, 公 第185號, 機密受第11號, 한국사DB, 국사편찬위원회). 「연해현지방 공산당 및 고려부의 개황에 관한 건」(不逞團關係雜件-朝鮮人의 部-在西比利亞15, 黑警機密 제32호, 한국사DB, 국사편찬위원회)

이만수(李萬秀, 남, 생몰 미상)
입교 시기_ 1923년 | 교질_ 참교

출신지역과 생몰연대를 알 수 없는 인물이다. 일제의 기록에서도 언급이 없다. 다만 1920~30년대 대종교를 중심으로 활동한 기록이 전한다. 이만수는 1923년 6월 20일(음력) 대종교 동이도본사(東二道本司) 관할 수일시교당(綏一施教堂)의 찬무(贊務, 부책임자)를 맡았다. 적어도 그 이전에 대종교에 입교한 것이 확인된다.

당시 수일시교당은 동녕현(東寧縣) 중동선(中東線) 소수분(小綏芬) 지역 팔리평(八裡坪)에 소재했으며, 그 지역 해동상점(海東商店)을 연락 거점으로 삼았다. 당시 중동선은 항일투사들의 주요 활동 루트였다. 한편 수일시교당의 전무(典務, 책임자)는 혼춘현(琿春縣) 용지향(勇智鄉) 보정사(保定社)에 소재한 용일시교당(勇一施教堂) 책임을 겸임했던 이병운(李炳云)이며, 혈성단(血誠團)을 중심으로 항일투쟁을 전개한 김두권(金斗權)이 이만수와 같이 찬무로 시무하였다.

이만수는 1935년 4월 7일(음력) 대종교 청산시교당(青山施教堂)의 책임자(전무)로 임명되었다. 청산시교당은 동일도본사 관할로 화룡현(和龍縣) 청파호(青坡湖)에 소재하였다. 청파호는 1911년 홍암(弘巖) 나철(羅喆)이 거점을 잡은 이후, 대종교의 성지와도 같은 곳이었다. 청산시교당 전무로 임명될 당시 이만수의 교질(教秩)은 참교(參敎)였으며, 같은 참교의 교질을 가진 오군약(吳君若)·허만진을 찬무(贊務, 부책임자)로 거느리고 시교당을 이끌었다.

[참고문헌]
『대종교보』제58호(1923년). 『대종교중광십년사』(대종교총본사, 1971)

이만주(李滿周, 남, 생몰 미상)
입교 시기_ 1935년 이전 | 교질_ 참교

출신지역과 생몰연대를 알 수 없는 인물이다. 일각에서는 이만주(李滿周)라는 이름이 가명이라는 설도 있으나, 이 역시 확인할 길이 없다. 일제의 기록을 보면, 1925년 4월 대한통의부(大韓統義府) 재무부(財務部)의 과원(課員)으로 이만주의 이름이 올라 있다. 당시 재무위원장은 대종교지도자 김창환(金昌煥)이 이끌었으며, 이동준(李東俊, 재무부 비서과 주임위원), 김동현(金東縣, 재무부 회계과 주임위원), 박석준(朴錫俊, 재무부 과원), 허창준(許昌俊, 재무부 모연과 주임위원), 이종근(李種根, 재무부 회계검리청위원) 등이 이만주와 함께 했다. 이만주의 대종교 교력을 살피면, 1935년 4월 7일(음력) 대종교 청일시교당(靑一施敎堂)의 전무(典務)를 맡은 기록이 있다. 이 시교당은 화룡현(和龍縣) 명신사(明新社) 청파호(靑坡湖)에 소재한 것으로, 1920년대부터 화룡현 삼도구(三道溝) 충신장(忠信場) 부춘의방(富春醫房)을 연락 거점으로 움직인 곳이다. 한편 이 시교당의 책임자로 임명될 당시 이만주의 대종교 교질(敎秩)은 참교(參敎)였다. 그의 대종교 입교 시기가 1920년대일 것으로 추정되는 이유다.

1925년 4월경, 대한통의부 재무부의 과원으로 李滿周(네모 안)의 이름을 기록한 일제의 문서.

[참고문헌]
『대종교중광육십년사』(대종교총본사, 1971), 「南北滿洲一帶에 있어서 不逞鮮人團 調査의 件」(不逞團關係雜件-朝鮮人의 部-在滿洲의 部41, 機密 第63號; 機密受第69號, 한국사DB, 국사편찬위원회)

이면휴(李冕休, 남, 생몰 미상)
입교 시기_ 1910년 | 교질_ 찬교

출신지역과 생몰연대가 불분명하다. 일찍이 압록강 접경 지역 팔도강(八道江)에 거주할 당시, 의병 활동을 전개하던 신익수(申益洙)를 도왔던 인물이다. 1897년 1월 호좌의 병진(湖左義兵陣)의 신익수는 권소모(權召募)와 함께 강북(江北)의 최문환(崔文煥)·이치영(李致永)·이일령(李一令)·손

익권(孫益權) 등과 회합하여 국모(國母)의 시해(弑害)의 원수를 갚고 도탄에 빠진 백성들을 구하자고 약속하였다. 그러나 거사에 실패하고 이치영은 피살되었다. 신익수가 이끌던 30여명의 군사들도 각구(各溝)로 흩어져 각자도생하게 되었고, 당시 신익수가 은거하던 곳이 바로 이면휴의 집이었다.

이면휴의 대종교 교력은 비교적 이른 시기로부터 시작된다. 1910년 11월 3일(음력, 이하 음력) 찬교(贊敎)의 교질(敎秩)을 받은 기록에서 알 수 있다. 그 이전에 이미 대종교에 입교한 것이 확인된다. 참고로 찬교란 1909년 12월 11일, 대종교를 중광한 홍암(弘巖) 나철(羅喆)이 교명(敎命)으로 발포(發布)한 '사교(司敎)-참교(參敎)-찬교'의 3단계 교질 중의 첫 단계. 1911년 1월 15일 홍범(弘範)과 규제(規制)를 개정(改正)하면서, 교질의 위계를 '사교-정교(正敎)-상교(尙敎)-지교(知敎)-참교(參敎)'의 5단계로 고치면서 없어졌다.

[참고문헌]
『倧報』제8호(1910년), 『대종교중광육십년사』(대종교총본사, 1971), 『平安南北道來去案』(서울대 규장각소장, 청구기호-奎 17988), 『한민족독립운동사자료집』 3(국사편찬위원회, 1987)

이명세(李明世, 남, 생몰 미상)
입교 시기_ 1937년 | 교질_ 미상

출신지역과 생몰연대가 확인되지 않는다. 1919년 9월 하순, 유하현(柳河縣) 삼원포(三源浦) 지역 독립단(獨立團) 소집원(召集員)으로 활동하면서, 김재흡(金在洽) 등 10여명과 집안현(輯安縣) 외분구(外岔溝)로 들어가 의연금 모금에 앞장선 인물이다. 같은 해 12월에는 독립단 중앙총부의 황병문(黃炳文)·김재흡·윤상철(尹相哲) 등과 집안현 초자구(礎子溝)에서 개최된 독립단 지단장 회의에 참석하기도 했다. 또한 1931년에는 두도구(頭道溝) 지역에 거주하며 간도 지방 중국공산청년회 및 금품 강탈 사건으로 기소된 최병오(崔秉五) 외 11명에 대한 소송에 연관되기도 했다.

이명세의 대종교 교력을 보면 비교적 늦은 시기에 입교한 인물이다. 1937년 6월 21일(음력) 대종교 태일시교당(泰一施敎堂)의 추천으로 이승덕(李承德)·한조성(韓朝性)·김기수(金期洙) 등과 영계(靈戒)를 받은 기록이 그것을 말해 준다. 태일시교당은 밀산현(密山縣) 향양촌(向陽村)에 소재한 시교당으로, 이명세가 집안현과 화룡현(和龍縣, 두도구)을 거쳐 밀산현으로 옮겨와 활동했음을 알 수 있으나, 이후의 행적은 전하는 것이 없다.

[참고문헌]
『대종교교보』제114호(1937년), 「地方民情彙報」(不逞團關係雜件-朝鮮人의 部-上海假政府1, 高警 제31409호, 한국사DB, 국사편찬위원회), 「國外情報」(不逞團關係雜件 朝鮮人ノ部 在內地 九, 高警第36770號;秘受39號, 한국사DB, 국사편찬위원회), 『(일제강점기)사회·사상운동자료해제』I (국사편찬위원회, 2007)

이명하(李明夏, 남, 1887-?)
입교 시기_ 1926년 이전 | 교질_ 미상

경기도 안성군(安城郡) 양성면(陽城面) 명목리(名木里) 출신이다. 국내 3·1독립만세운동으로 서훈(대통령표창)을 받은 충남 청양 출신의 이명하(李明夏)와는 동명이인이다.

이명하는 서간도로 넘어가 서로군정서(西路軍政署)의 참모부(參謀部) 소위(少尉)를 지낸 인물이다. 봉천(奉天) 서탑대가(西塔大街)에 근거를 두고 활동하던 1921년 2월, 이명하는 동지 이학원(李學元)과 평안남도 대동군(大同郡)으로 진입하여 군자금을 모금하는가 하면, 일제의 관공서를 파괴하기 위해 원료를 밀수입하여 폭탄 2개를 제조하였다가 발각되어 대동경찰서에 검거되었다.

이명하와 관련된 대종교의 입교 기록이나 영계(靈戒) 사항, 그리고 교질(敎秩) 관계는 남아있는 것이 없다. 다만 1926년 4월 대종교진흥회(大倧敎振興會)에 깊이 관여한 기록이 전한다. 그의 대종교 입교 시기가 그 이전임을 알 수 있다. 대종교진흥회는 1924년 11월에 발기된 조직으로, 사무실을 낙원동 84번지에 두고 대종교 경전과 교리에 관한 서적 발간, 일반 신도들의 종교에 대한 신념 고취, 신구(新舊) 양파의 화합을 위해 노력하고자 했다. 또한 단조묘궁건축과 숭령전수보, 제천단수축과 단조사적간행 등의 다양한 대종교진흥책을 준비·시행하였다.

출범 당시 진흥회 회장은 박용태(朴龍泰)가 맡았으며, 김진우(金振宇, 부회장)·이홍도(李弘道, 총무)·이승천(李承天, 서무)·김종진(金鍾震, 전례)·조철호(趙喆鎬, 교섭) 등이 중심이 되었다. 이명하가 참여할 당시 대종교진흥회의 주요인물들은 박용태·조철호·양인환(梁寅煥)·유정근(兪政根)·이원식(李元植)·이후관(李侯觀)·경원하(景元河)·채성식(蔡成植) 등이었으나, 이후 이명하에 대한 기록은 전하지 않는다.

[참고문헌]
「爆彈携帶犯人逮捕ノ件」(不逞團關係雜件 朝鮮人ノ部 在內地 十二, 高警第5397號;秘受2552號, 한국사DB,국사편찬위원회), 「大倧敎振興會 趣旨書 譯文 進達의 件」(不逞團關係雜件-朝鮮人の部-在滿洲の部40, 機密 第1號, 한국사DB, 국사편찬위원회), 「동아일보」1926.4.22., 「朝鮮高等警察關係年表」(조선총독부경무국, 1930)

이명학(李明學, 남, 1905-?)
입교 시기_ 1939년 | 교질_ 미상

함경남도 북청군(北靑郡) 출신으로, 1923년 8월 당시 만주 용정(龍井)의 동양학원(東洋學院) 1학년 을조(乙組)에 속한 학생이었다.

동양학원은 1923년 3월에 용정에 설립된 학교로, 사회주의 최초의 교육기관으로 평가 받는다. 이 학교의 설립자는 대종교 2세 교주였던 무원(茂園) 김교헌(金敎獻)의 장남인 김정기(金正琪)였다. 김정기는 대종교 정신을 통한 사

회주의투쟁에 앞장선 인물로, 당시 원장 겸 교사로 활동하였다. 특히 동양학원은 대종교 항일투사인 김사국(金思國)을 고리로 하는 서울파 공산그룹과 밀접하게 연관된 교육기관으로 급진적 학생운동을 일으키는 진원지 역할을 한 곳이다.

이명학의 대종교 교력을 보면 1939년 12월 9일(음력) 대종교 대목단분교당(大牧丹分敎堂)의 추천으로 영계(靈戒)를 받은 기록이 전한다. 당시 조선무정단(朝鮮武政團)이란 조직을 만들어 활동한 박관섭(朴寬燮)을 비롯하여, 항일투사 김창수(金昌洙) 등 10여인의 동지들이 이명학과 함께 영계를 받았다. 이명학 역시 대종교 항일투쟁과 불가분의 관계를 가졌을 것으로 추정되지만, 연관 기록이 발견되지 않는다.

元石	李明學	令漢南	李鍾祿	李中華	李五吉	李永吉	李鳥松	李英浩	李敎洽	李勝龍
年齡	十九年	十九年	十九年	十六年	十九年	十八年	十二年	五年	五年	志年
本籍	咸鏡北道鏡城郡	咸鏡南道鏡城郡	慶尙北道	慶尙郡	咸鏡郡	明川郡	城津郡	城津郡	吉州郡	鏡城郡
現住所	龍井村	龍井村	咸鏡北道鏡城郡	咸鏡北道鏡城郡	내川郡	明川郡	鏡城郡	鏡城郡	龍井村	鏡城郡

1923년 8월 일제의 문서에 기록된 동양학원 1학년 乙組班 학생들의 명단 중 일부. 당시 19세인 李明學(네모 안)의 이름이 적혀있다.

[참고문헌]
『대종교보』제124호(1939년), 「東洋學院生 調査에 관한 건」(不逞團關係雜件-朝鮮人의 部-在滿洲의 部36, 機密 第271號; 機密受第279號, 한국사DB, 국사편찬위원회)

이민걸(李敏杰, 남, 생몰 미상)
입교 시기_ 1910년 | 교질_ 지교

충청남도 예산군(禮山郡) 봉산면(鳳山面) 금치리(金峙里) 출신으로 생몰연대는 알 수가 없다. 대한제국 판임관(判任官)인 장례원(掌禮院) 전사보(典祀補)를 역임하였으며, 모촌단군전(茅村檀君殿)을 설립한 인물이다. 모촌단군전은 충남 서산시(瑞山市) 운산면(雲山面) 와우리(臥牛里) 모촌에 소재한 것으로 대종교 최초의 단군사묘(檀君祠廟)다.

서산 와우리 단군전에 모셔진 단군영정. 1913년 석판으로 인쇄된 것으로, 맨 위에 檀君天神이란 제명이 적혀 있다.

이민걸은 대종교 중광(重光)과 함께 입교한 후, 고향으로 내려와 대종교 포교의 거점을 마련하였다. 그는 자택에 단군영정(檀君影幀)을 봉안(奉安)하고 시교당(施敎堂)의 역할을 하며 여러 명의 교인을 얻었다. 그러나 단군은 한민족 정체성의 상징으로, 일제에 대한 총체적 저항의 동력이기도 했다. 그러므로 단군을 내세우는 대종교는 1909년 교단 성립 직후부터 일제통감부 경시청의 감시를 시작으로 해서, 혹독한 탄압의 역사를 견뎌야만 했다. 1910년 병탄 직후 대종교를 해산시키려 했던 일제의 음모를 고발한 백암(白巖) 박은식(朴殷植)의 아래 증언처럼, 일제는 대종교 활동을 철저하게 억눌렀다.

"그(대종교) 신도는 그 민족성과 국혼을 보전해 지키는 것이다. 그러므로 저들(일제)은 병합하던 날에 의논하여 이를 해산시키려 하였다. 그러나 때마침 일본인이 간행하는 잡지 『태양(太陽)』에서 대종교 처치 방법을 논하기를, '그 교(敎)는 자기 나라의 고교(古敎)로서 그 믿는 무리가 비록 많기는 하나, 모두 손에는 촌철(寸鐵)도 없다. 설혹 탈선하는 행동이 있을지라도 먼저 종교를 간섭한다는 원망과 비방을 불러일으킬 필요가 있는가' 하였으므로, 그 논의가 드디어 중지되었다. 그러나 경찰과 탐정하는 졸개들이 교직자(敎職者)의 미행을 잠시나마 그치지 않으며 또 까닭 없이 체포하는 경우가 많았다. 포교의 자유와 교당의 건설을 허가하지 않으며…(중략)…

교도들에 대한 주목은 날마다 심하여 갔다."

이민걸 역시 일제의 탄압이 좁혀오자 자기 집에 모셨던 단군영정을 봉산면 금치(金峙)에 사는 친척이자 대종교인인 이민갑(李敏甲)의 집으로 옮겼다. 그러나 감시가 더욱 심해지자 1913년 보다 인적이 드문 깊은 산골인 모촌(와우리)에 허름한 주택을 짓고 입주하여 밖으로는 민가로 가장하고 비밀히 벽장 속에 단군영정을 봉안한 인물이다.

이민걸의 대종교 교력을 살피면 1910년 1월 4일(음력, 이하 음력) 참교(參敎)의 교질(敎秩)을 수여받았다. 함께 참교를 받은 인물들이 신규식(申圭植)·황형수(黃瑩秀)·나병원(羅炳元)·최강(崔岡)·박상환(朴祥煥)·이채우(李採雨)·박성회(朴聖會)·이용규(李用珪) 등, 당대의 명망가들이다. 또한 1911년 1월 15일에는 대종교 중광(重光)의 중심인물들인 오혁(吳赫)·최전(崔顓)·강우(姜虞)·신규식·박상환·김교헌(金敎獻)·김두봉(金枓奉)·박찬익(朴贊翊)·이동춘(李同春) 등과 지교(知敎)로 승질(陞秩)한 것을 보아, 이민걸이 대종교 중광(1909년 1월 15일) 당시부터 참여했을 가능성이 높다.

한편 이민걸은 지교를 받던 당일 시교사(施敎師)의 교직(敎職, 성직자와 같은 직분임)을 동시에 받았다. 그가 시교사의 자격으로 고향으로 내려가 대종교 포교에 앞장섰음을 알게 해 준다.

[참고문헌]
『종보』제5호(1910년), 『倧彙』제3호(1911년), 『종문영질』(프린트본, 1922), 『황성신문』1909.7.25., 『승정원일기』1910년 7월 23일자, 『한국신흥종교총람』(이강오, 한국신흥종교연구소, 1992), 『백암박은식전집』(백암박은식선생전집편찬위원회, 동방미디어, 2002), 『단군사묘·유적·유물 집성』(한국민족종교협의회, 2017)

이민복(李敏馥, 남, 1884-?)

아호(별명) _ 눌재(訥齋), 이민복(李民福)
입교 시기 _ 1910년대 | 교질 _ 미상

서울 서대문구 충정로 출신으로 경성노어학교(京城露語學校)를 다녔다. 경술국치를 당하자 동생 이승복(李昇馥)과 연해주로 망명하여, 러시아 하바로프스크 아무르 총독부의 통역을 담당하기도 했다. 또한 1910년 북간도 화룡현으로 넘어간 대종교 동지 박상환(朴祥煥)과 연계하여 잡화상을 경영하면서 항일투쟁을 도모한 인물이다.

이후 니콜리스크에서 대종교 동지인 조성환(曺成煥)·백순(白純)·박상환과 함께 기호파 인물들을 중심으로 한 대한국민군을 조직하고 총사령부를 블라디보스토크에 두는 한편, 조성환을 총사령관에, 박용만을 총참모에 임명하기로 약속하고 군자금을 모으는데 애썼다.

1911년 2월 일찍이 블라디보스토크 개척리(開拓里)에 자리잡고 이상설(李相卨)·김학만(金學萬)·조창호(趙昌鎬) 등과 블라디보스토크의 서울파(경성파)에 속하여 연계하며 활동을 펴는가 하면, 같은 해 5월 20일 발족한 권업회에 참여하였다. 권업회는 한인 자치단체로서 러시아 당국의 공식 승인을 얻고 그 해 12월 17일에는 다시 총회를 개최하여 회칙을 정비하고 그에 따른 임원을 선출하여 본격적인 활동에 나섰다. 당시 총재부의 의사부(議事部)를 구성한 임원을 보면, 의장인 이상설을 비롯하여 이종호(李鍾浩, 부의장)·한형권(韓亨權, 총무)·김익용(金翼鎔, 총무)·김니콜라이(회계)·이바노비치(회계)·김중화(金仲化, 의원)·이범석(李範錫, 의원)·홍병훈(洪丙勳, 의원) 등이었으며, 이민복 역시 서기(書記)를 맡아 권업회의 중심에서 활동했다.

1917년 2월 보재 이상설이 니콜리스크에서 사망했을 당시도 그 장례의 중심에 있었던 인물이 이민복이다. 이민복은 이상설의 측근으로서, 대종교의 동지인 조완구(趙琬九)·이동녕(李東寧)·백순 등과 이상설의 마지막 임종을 지키고 그 유해를 화장하여 아무르 강가에 뿌려준 인물이다. 이민복은 1918년 7월 21일, 이강(李剛)·임보혁(林保赫)·정익수(丁益秀)·정재관(鄭在寬) 등 39인과 니콜리스크에 모여 일본의 시베리아 출병을 저지하자는 데 의견을 모으고 행동에 옮겼다. 또한 1919년 3월에는 안도현(安圖縣) 사방정자(四方頂子) 사립(私立) 제일초등학교 교장인 이규철(李揆哲)을 고무하여 조선독립단지결사대(朝鮮獨立斷指決死隊)의 조직에도 깊이 관여하였다.

이민복의 대종교 교력과 관련한 기록은 남아 있는 것이 없다. 다만 대종교단 내에서는 그의 입교가 1910년대 초반으로 추정하고 있다. 먼저 그의 멘토였던 이상설과 대종교의 관계를 주목하게 된다. 이상설은 대종교의 핵심으로 중광 직후부터 깊숙이 관여한 인물이다. 일례로 대종교 항일단체인 중광단(重光團)의 단장을 맡고 있던 서일(徐一)이 이상설의 친필 서한을 지니고 화룡현에 있던 박찬익을 방문한 일이 있다. 서일과 이상설의 관계가 보통이 아님을 보여주는 부분이다. 서일이 중광단의 무기교섭을 부탁하자, 박찬익이 장작상(張作相)을 만나 중광단 무기 확보의 중요한 역할을 했다. 그리고 중광단의 무기 교섭 후, 나철(羅喆)과 이상설이 박찬익을 놓아주지 않고 박찬익에게 대종교에 보다 힘을 쏟을 것을 간곡하게 요청하였다는 내용도 전한다. 1912년 음력 8월에도, 이상설은 상해로부터 넘어온 신규식과 화룡현(和龍縣) 청파호(靑坡湖) 대종교 교당에서 만나, 백순·류완무(柳完茂)와 더불어 대종교의 교세 확장을 의논할 정도로 대종교의 핵심부에 있었다. 이 시기 청파호 대종교 교당은 대종교 항일투사들의 집합소로, 교주인 나철을 비롯하여 현천묵(玄天默)·박찬익·김영학(金永學)·서일(徐一)·안태진(安泰鎭) 등등의 수많은 거물들이 기거 혹은 드나들었다.

1914년 음 5월 13일, 대종교가 백두산을 중심으로 교구설정(敎區設定)을 단행할 때에 이상설이 연해주 지역인 북도교구의 총책임을 맡은 것은 이상설과 대종교의 깊은 관계를 보여주는 결정적 근거라 할 수 있다. 당시 교구와 그 책임자를 보면, 동도교구(동만주 일대와 노령·연해주 지방 관할), 서도교구(남만주로부터 중국 산해관까지 관할), 남도교구(한반도 전체 관할), 북도교구(북만주 일대 관할), 외도교구(外道敎區, 중국·일본 및 歐美 지방 관할)로 나누었다. 아울러 각 교구에, 서일(徐一, 동도본사), 신규식·이동녕(서도본사), 이상

설(북도본사), 강우(姜虞, 남도본사) 등을 임명하였다. 당시 이상설이 대종교의 최상부에 위치한 인물임을 다시금 확인시켜준다.

이민복 역시 이상설을 멘토로 하여 1910년대 초반부터 연해주 지역에서 활동한 인물이다. 당시 이상설만이 아니라 그와 함께 한 조완구·이동녕·백순·고평(高平)·진학신(秦學新) 등이 모두 대종교의 핵심이었다. 이 시기 이민복의 대종교 입교설을 뒷받침하는 근거가 된다. 더욱이 1918년 10월에 작성된 일제의 문서에 보면, 니콜리스크 지역을 책임지는 대종교주무자(大倧敎主務者)로 이민복을 적고 있다. 그 문서에는, 대종교가 겉으로는 종교단체로 위장하고 있으나 속으로는 순연한 배일단체(排日團體)라로 규정하고, 신도(信徒)들 대부분이 배일사상을 지니고 있는 자들이라 못 박고 있다. 또한 러시아령 블라디보스토크·니콜리스크 및 중국령의 간도·밀산부(密山府)·소수분(小綏芬, 小秋豊) 지방에서 그 교세가 상당하여, 각 지방에 관리자를 배치하였다 한다. 그 책임자를 보면 블라디보스토크에 고평, 니콜리스크에 이민복, 밀산부에 백순, 소수분에 진학신 등이며 모두 거물급의 불령선인(不逞鮮人, 항일투사)로 적고 있다.

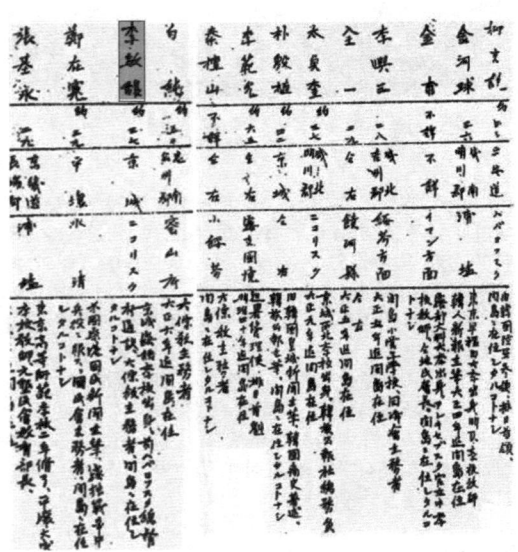

1918년 10월에 작성된 일제의 문서에 등장하는 李敏馥(네모 안)의 身上. 니콜리스크에 거주하는 大倧敎主務者로 적혀 있다.

주목되는 것은 고평·백순·진학신 등이, 이상설과 마찬가지로 1910년대 초반에 이미 대종교에 참여한 인물들이라는 점이다. 그들은 대종교의 지도급 인물들이자 항일투쟁 지도자들이었다. 이민복 역시 대종교에서의 위치나 교질(敎秩)의 단계가 상당했음을 시사해 주지만, 그의 대종교 관련 기록은 일체 전하지 않는다.

[참고문헌]
『대종교중광육십년사』(대종교총본사, 1971), 「開拓里에서 조선인의 제2회 演

藝會에 관한 건」(不逞團關係雜件-朝鮮人의 部-在西比利亞2, 機密鮮 제6호, 한국사DB, 국사편찬위원회), 「獨立運動資金 募集者 檢擧의 件」(大正8年乃至同10年 朝鮮騷擾事件關係書類 共7冊 其5, 密 第102號 其637/高警 第35081號, 한국사DB, 국사편찬위원회), 「時局에 관한 不逞鮮人의 행동에 관한 건」(不逞團關係雜件-朝鮮人의 部-在西比利亞6, 朝憲機 제499호, 한국사DB, 국사편찬위원회), 「在露 不逞鮮人의 現況에 관한 보고의 건(別紙:在露 不逞鮮人의 現況)」(不逞團關係雜件-朝鮮人의 部-在西比利亞7, 機密 제46호, 한국사DB, 국사편찬위원회), 『지산외유일지』(정원택, 탐구당, 1983), 『남파박찬익전기』(남파박찬익전기간행위원회편, 을유문화사, 1989), 『北民島視察記(大倧教施教堂日記)』(조창용, 『白農實記』 한국독립운동사자료총서 제7집, 한국독립운동사연구소, 1993), 『한국독립운동사 자료』41(국사편찬위원회, 2005), 「일제강점기 대종교와 기독교의 연계 활동에 대한 담론—1910년대 북간도에서의 활동을 중심으로—」(김동환, 『국학연구』제21집, 국학연구소, 2017)

이민부(李民溥, 남, 1856-?)
입교 시기_ 1910년 | 교질_ 찬교

출신지역이 불분명하다. 1882년 정시무과(庭試武科)에 오르고 1885년에는 중시(重試)에 급제하였다. 이후 상원군수(祥原郡守), 내금장(內禁將), 외부참서관(外部參書官), 경흥감리(慶興監理), 경흥재판소판사(慶興裁判所判事), 의주감리(義州監理), 의주시재판소판사(義州市裁判所判事) 등을 두루 지냈다. 이어 1906년에는 의주부윤(義州府尹)을 거쳐 1907년 중추원부찬의(中樞院副贊議)로 임명되면서, 정3품까지 오른 인물이다.

관직을 물러난 1908년에는 대한협회 본회 회원으로 활동하였고 1910년 10월에는 관진방회(觀進坊會)의 회장으로 피선되기도 했다. 관진방회는 1908년경 지역의 교육진흥과 위생의 개선을 목적으로 조직된 단체였다. 이민부가 가까이 교유한 인물로는 운양(雲養) 김윤식(金允植)을 꼽을 수 있다. 김윤식은 대종교를 중광(重光)한 홍암(弘巖) 나철(羅喆)의 정치적 스승으로, 대종교 중광에도 참여하였다.

이민부의 대종교 교력을 보면, 1910년 10월 24일(음력, 이하 음력) 김용학(金容學)과 함께 찬교(贊教)의 교질(教秩)을 받은 기록이 전한다. 그의 대종교 입교가 대종교가 중광한 직후로 추정되는 이유다. 찬교란 1909년 12월 11일, 대종교를 중광한 나철이 교명(教命)으로 발포(發布)한 '사교(司教)-참교(參教)-찬교'의 3단계 교질 중의 첫 단계다. 그러나 1911년 1월 15일 홍범(弘範)과 규제(規制)를 개정(改正)하면서, 교질의 위계를 '사교-정교(正教)-상교(尙教)-지교(知教)-참교(參教)'의 5단계로 바뀌면서 없어졌다. 한편 이민부와 같은 날 찬교를 받은 김용학은 기호학회와 대동학회에서 활동한 인물로, 법부(法部)의 사리국장(司理局長) 등을 역임하였다.

[참고 문헌]
『종보』제8호(1910년), 『대한협회회보』제2호(1908년), 『매일신보』1910.10.11., 『續陰晴史』下(김윤식, 국사편찬위원회, 1960), 『대한제국관원이력서』(국사편찬위원회, 탐구당, 1971)

이민주(李敏柱, 남, 생몰 미상)
입교 시기_ 1913년 이전 | 교질_ 참고

함경북도 중성군(鏡城郡) 출신으로 생몰연대는 알 수가 없다. 그가 간도로 넘어간 시기 역시 불명확하다. 그러나 1915년 9월 왕청현(汪淸縣) 춘명사(春明社)의 간민사무소(墾民事務所)의 서기(書記)를 맡았던 것으로 보아, 그 이전에 건너간 것이 확인된다.

이후 이민주는 1919년 조직된 대종교 항일단체 대한군정서(북로군정서)의 경신국(警信局) 요원으로 활동했다. 대한군정서에서 경신국이란 경사(警査)와 통신(通信)을 담당하는 기관이었다. 경사 업무는 민정시찰, 각 단체의 행동과 적정(賊情) 정찰, 군사기밀조사, 내부 불순분자 색출, 임원 경호 등이었다. 또한 통신 업무는 신보(新報) 전파, 보도 및 통신 전달, 서령(署令) 및 선유문(宣諭文) 배포, 하물(荷物) 운반 등을 관할하였다. 대한군정서의 경신국 조직이 39분국까지 펼쳐졌다. 나아가 각 분국을 보면, 소분국은 1과에서 대분국은 20과까지를 두어 총 218과를 운영하고 있었다. 더욱이 그 분국장이나 과장들 대부분이 대종교인들이었다. 대한군정서 경신국 조직이 대종교의 시교당·포교소 조직과 동일체라는 것이 드러나는 부분이다.

이민주 역시 왕청현 춘명향 중경리(中慶里)를 관할하는 경신국 제1분국장을 맡았다. 제1분국은 대한군정서의 핵심 관할 지역으로 7개과가 있었다. 각 과장은 김려환(金礪煥)·이인백(李仁伯)·이창구(李昌九)·이상태(李尙泰)·김병덕(金秉德)·이덕춘(李德春)·장남익(張南益)이 담당하였다.

1921년 일제의 문서에 기록된 대한군정서 경신국 조직 명단의 일부. 오른쪽에 제1분국장 李敏柱(네모 안)라는 이름이 보인다.

대한군정서는 대종교 중광(重光) 정신으로 조직된 중광단(重光團)의 후신으로, 그 관할 구역에 있는 대다수의 사람들이 대종교 신자들이었다. 까닭에 모연대(募捐隊)를 통한 군자금의 징수와 모금이 훨씬 수월했다. 일제강점기 대종교의 교당은 곧 학교이자 독립운동의 전초기지라는 삼위일체가 가능했던 이유다. 그들이 내는 종교적 성금은 곧 후학을 기르는 학자금인 동시에 항일투쟁을 위한 군자금이었다. 그 근간이 경신국(警信局) 조직으로, 대종교가 지향하던 군교일치(軍敎一致)의 효율적 수행(遂行)을 위한 세포와도 같았다.

이민주의 대종교 교력을 보면 1914년 3월 2일 참교(參敎)의 교질(敎秩)을 받은 기록이 있다. 입교와 영계(靈戒)를 거쳐 얻어지는 단계가 참교의 교질이고 보면, 그의 대종교 입교가 훨씬 이전에 이루어졌음을 알 수 있다. 아마도 1911년에 조직된 중광단 시절로 추정된다. 이민주와 함께 참교를 받은 인물들 역시 김관섭(金官燮)·채오(蔡五)·김이준(金利俊)·황문길(黃文吉)·서청(徐青) 등 후일 대한군정서의 핵심을 이루는 요원들로, 중광단원으로부터 출발한 인물들임을 직감할 수 있다.

[참고문헌]
『종문영질』(프린트본, 1922), 『國外情報:大韓軍政署의 日誌에 관한 件』(大正8年乃至同10年 朝鮮騷擾事件關係書類 共7冊 其3, 密 第33號 其33/高警 第1007號, 한국사DB, 국사편찬위원회), 『朝鮮側 警察이 朝鮮人 金順 等을 拘引시킨 것에 관한 건』(不逞團關係雜件-朝鮮人의 部-在滿洲의 部28, 公 第259號; 受 20669號, 한국사DB, 국사편찬위원회), 『한국독립운동사자료』40(국사편찬위원회, 2004)

이민혁(李敏赫, 남, 1863-?)

입교 시기 _ 1917년 | 교질 _ 지교

출신지역을 알 수 없으며, 고령의 나이에도 대종교 포교를 통한 항일투쟁에 헌신한 인물이다. 1922년 3월, 대한군정서(북로군정서) 간부를 지낸 서청(徐青)과 채신석(蔡信錫) 등이 왕청현(汪清縣) 유수하(柳樹河)로 들어와 과거 대한군정서 동지들의 규합을 통한 대종교 항일투쟁에 앞장설 당시 적극 참여하였다.

그 시기 각 곳에 산재해 있던 대한군정서 요원들은, 일제의 간도출병(間島出兵) 이후 사방으로 흩어진 동지들을 규합하여 대종교 확산을 도모하고자 했다. 대종교총본사가 있던 영안현(寧安縣)에 그 본부를 두고 밀산현(密山縣)·액목현(額穆縣)·돈화현(敦化縣) 등 서북간도 각지에 지부(支部)를 만든 후, 각기 학교를 부설하고 상호 연락망을 공고히 하고자 했다. 당시 영안현에 있던 서청은 대한군정서의 경찰과장을 맡았던 채신석 등과 그 해 3월 16일 왕청현 유수하로 들어와 대종교 조직에 분주하였다. 이에 다수의 찬동자를 모아 그곳에 대종교 동일도제일지사(東一道第一支司)를 설립하였다. 그 제일지사의 전사(典司, 책임자)를 맡았던 인물이 이민혁으로 당시 그의 나이 60세였다. 대종교 항일투사 박명진(朴明鎭)이 이민혁을 1910년대 후반 북만주 지역의 대표적 대종교 항일투사로 꼽은 이유라 할 수 있다. 박명진은 『대종교독립운동사』라는 글에서 한기욱(韓基昱)·신최수(申最秀)·최호(崔灝) 등등의 인물들과 대종교의 주요 항일투사로 이민혁을 꼽았다.

이민혁의 대종교 교력을 살피면 1917년 6월 10일(음력, 이하 음력) 참교(參敎)의 교질(敎秩)을 받은 기록이 있다. 그 이전 대종교에 입교한 것을 알 수 있다. 그리고 1922년 2월

1일에는 왕청현 덕원리(德源里)에 소재한 대종교 덕일시교당(德一施敎堂)의 전무(典務, 책임자)를 맡았다. 덕원리는 대종교 항일단체인 대한군정서의 총재부가 소재했던 곳이기도 하다. 이어 3월 1일에는 원석주(元錫周)·한기중(韓基中) 등과 지교(知敎)의 교질로 올랐으며, 2주 후인 14일에는 언급했듯이 대종교 동일도제일지사의 전사도 맡아 시무하였다. 당시 제일지사 전사인 이민혁을 도운 인물들은 한승묵(韓承默)·소진극(蘇鎭極)·김려환(金勵煥) 등으로, 대한군정서와 연관된 인물들이라는 점에서 주목을 끈다.

박명진은 『대종교독립운동사』에서 1910년대 후반 동북만주의 대표적 대종교 항일투사로 李敏赫(네모 안)을 포함시키고 있다.

[참고문헌]
『종문영질』(프린트본, 1922), 『대종교독립운동사』(박명진, 필사본, 1964), 『대종교중광육십년사』(대종교총본사, 1971), 『大正十年七月中에 있어서 間島地方情況에 관한 건』(不逞團關係雜件-朝鮮人의 部-在滿洲의 部29, 秘受9760호-機密第336호, 한국사DB, 국사편찬위원회), 『한국독립운동사자료』38(국사편찬위원회, 2004)

이범석(李範奭, 남, 1900-1972)

아호(별명) _ 철기(鐵驥), 철기(哲琦), 인남(麟男), 이국근(李國根), 윤형권(尹衡權), 김광두(金光斗), 왕운산(王雲山), 왕모백(王慕白)

입교 시기 _ 일제강점기 | 교질 _ 사교 | 서훈 _ 대통령장(1963)

서울 용동(龍洞, 지금의 명동)출신으로, 일찍이 한성외국어학교 출신인 외삼촌 이태승(李兌承)부터 교육을 받았다. 1910년 사립 장훈학교에 입학하였다가 1911년 부친이 강원 이천(伊川)군수로 부임하게 되자 이천에서 보통학교를 다녔다. 1913년 서울로 올라와 경성고등보통학교에 입학하였다.

경성고등보통학교에 재학 중이던 1915년 11월 중국 상해

이범석

로 망명하여 매형인 신석우(申錫雨)를 만났다. 특히 이범석은 대종교지도자 신규식(申圭植)을 만나면서 인생의 큰 전

환점을 맞게 된다. 신규식은 군인이 되라며 운남강무학교 (雲南講武學校) 입학을 주선해주었다. 길림성(吉林省) 왕청현 (汪淸縣) 출신의 이국근(李國根)으로 바꾼 것도 이 때였다. 그 학교 입학을 위해서는 중국인으로 위장을 해야 했기 때 문이다.

이범석은 1919년 3월 기병과를 수석으로 졸업하였다. 학 교 기병과의 교관이었던 서가기(徐家驥)가 그의 이름인 기 (驥) 자 앞에 철(鐵) 자를 붙여 철기(鐵驥)라는 호를 지어 주 었다. 이범석의 수석졸업을 기념한 서가기의 성의였다.

이범석은 졸업 후 건해자(乾海子)에 있는 중국군 기병부대 에 배속되어 견습사관으로 복무하던 중, 대한민국임시정 부(임시정부)가 수립되었다는 소식을 듣고 1919년 7월 상해 로 돌아왔다.

대종교지도자 이동녕(李東寧) · 조완구(趙琬九) · 이시영(李始 榮) 등 임시정부 요인들이 독립군으로 활동하기를 원하면 서, 서간도의 신흥무관학교(新興武官學校)의 추천장을 써 주었다. 1919년 10월 신흥무관학교에 도착한 이범석은, 지청천(池靑天) · 김광서(金光瑞) 등과 함께 교관으로 활동하 면서 서로군정서(西路軍政署) 교성대(敎成隊) 대장도 맡았 다. 교성대는 신흥무관학교 졸업생과 흥업단(興業團)에서 훈련을 받은 청년들로 구성된 일종의 별동대였다.

그러던 1920년 4월 대종교 항일단체인 대한군정서(북로군 정서) 총사령관 김좌진(金佐鎭)으로부터 대한군정서로 오 라는 요청을 받는다. 대한군정서는 대종교의 중광단(重光 團)을 계승한 항일단체로 그 구성원 대부분이 대종교 교도 였다. 당시 대한군정서는 왕청현 서대파(西大坡) 십리평(十 里坪)에 사관연성소(士官練成所)를 설립하여 독립군을 양성 하는 사업을 추진하고 있었다. 사관연성소 교수부장에 임 명된 이범석은 대종교 동지인 이장녕(李章寧) · 박영희(朴寧 熙) · 강화린(姜華麟) 등 교관들과 함께 군사훈련을 실시하고 1920년 9월 310여명을 졸업시켰다.

1920년 10월 21일부터 26일 사이 청산리(靑山里) 일대에서 전개된 청산리독립전쟁에서도 커다란 역할을 하였다. 당 시 이범석은 김좌진 총사령관과 함께 대한군정서 부대를 이끌고 백두산으로 이동하던 중, 청산리 백운평(白雲坪)에 서 일본군 동지대(東支隊)의 야마다(山田)연대와 만나 매복 전을 전개하여 일본군을 크게 무찔렀다. 또한 천수평(泉水 坪)에서 일본군 기병대를 기습 공격을 감행하는가 하면, 어랑촌(漁郞村) 전투에서는 홍범도(洪範圖) 부대의 도움을 받아 일본군을 크게 무찔렀다.

이범석은 청산리독립전쟁 이후 밀산(密山)에서 여러 독립 군 부대들이 연합하여 대한독립군단을 결성할 때에도 학 도대 대장을 맡았다. 그리고 중국 국경을 넘어 러시아의 이만에 도착하였으나, 불안한 정황을 감지하고 김좌진 · 김 규식(金圭植) 등 대종교지도자와 함께 다시 북만주로 돌아 왔다. 자유시참변(自由市慘變)을 모면할 수 있었던 이유다. 이후 연해주(沿海州)에서 결성된 한족공산당(韓族共産黨, 이 후 고려혁명군으로 개편됨)에도 참여하여 기병대장으로 활동 하면서 러시아의 백군 및 일본군과 전투를 벌이기도 하였 다. 또한 고려혁명군이 중국군 장종창(張宗昌)부대에 무장 해제를 당하자 부득이 장종창 부대에서 활동하였다. 윤형

권(尹衡權)이란 이름은 이 당시 사용한 별명이었다.

1925년 7월, 이범석은 김좌진의 전보를 받고 영고탑(寧古 塔)으로 옮겨갔다. 영고탑은 1922년 음력 4월, 대종교 제2 대 교주 김교헌(金敎獻)이 대종교총본사의 거점을 잡은 이 후 대종교 항일투쟁의 본거지가 된 곳이다. 신민부(新民 府)의 성립도 대종교 정신과 무관치 않은 것으로, 그 인물 들 역시 대부분이 대종교의 핵심들이었다. 당시 김좌진은 신민부의 군사위원장 겸 총사령관으로 활동하면서 이범 석과 함께 성동사관학교 설립을 추진하였다. 그러나 장종 창 부대 시절 장학량(張學良)의 군대를 전멸시킨 것이 드 러나면서, 김광두(金光斗)라는 이름을 쓰며 대흥안령(大興 安嶺) 부근으로 은거하게 된다.

일제의 만주 침략 이후에는 중국의 소병문(蘇炳文) · 마점산 (馬占山) 부대에서 활동하였다. 그러나 마점산 부대가 일 제에 패하자 함께 러시아 톰스크(Tomsk)로 이동하여 그곳 피난민 수용소에서 지냈다. 1933년 4월 중국 국민당 정부 가 소련 측과 교섭하여 마점산 부대를 귀국시키고 마점산 을 구라파군사사절단 단장으로 파견될 때에 단원의 일원 으로 유럽을 둘러보고 다시 상해로 돌아왔다.

1934년 2월 낙양군관학교(洛陽軍官學校)에 한인특별반이 설립될 당시는 학생대장에 임명되어 한인청년들을 대상 으로 군사교육과 훈련을 담당하기도 했다. 이후에도 중국 군 여러 부대에 복무하면서, 중일전쟁의 전투에 참전하였 다. 1939년 6월 중국 국민당 정부의 최고간부 훈련기관인 중앙훈련단의 당정훈련반(黨政訓練班) 제3기로 입교하여 졸업 후에는 중앙훈련단의 영예대대 중대장과 교관으로 활동하였다.

이범석은 1940년 6월 대한민국임시정부가 한국광복군 창 설을 추진하자, 중앙훈련단 중대장을 사임하고 임시정부 로 돌아왔다. 그리고 한국광복군창설위원회를 조직되자 그 위원으로 임명되어 광복군 창설의 실무를 담당하였다. 우여곡절 끝에 1940년 9월 17일 중경(重慶)의 가릉빈관(嘉 陵賓館)에서 한국광복군총사령부성립전례식(韓國光復軍總 司令部成立典禮式)과 함께 광복군이 창설되었고, 이범석은 참모장으로 임명되었다. 그리고 1942년 5월 조선의용대의 광복군 편입을 계기로, 한국광복군 제2지대장을 맡게 되 면서, 미국군과 합동작전을 기획하고 참가하기도 했다.

이범석은 해방 이후인 1945년 8월 18일 광복군 정진대(挺 進隊)의 일원으로 장준하(張俊河) · 노능서(魯能瑞) 등을 이끌 고 서울 여의도 비행장에 도착했으나 일본군의 입국 거부 로 다음날 중국으로 다시 돌아간 일도 있었다. 1946년 6월 정식으로 환국한 이범석은, 그 해 10월 조선민족청년단 을 결성, 비정치 · 비군사를 내걸고 국가지상(國家至上) · 민 족지상(民族至上)의 청년운동을 전개하였으나 주위로부터 국수주의적(國粹主義的) 극우단체라는 비난을 받아 대한청 년단으로 통합되었다. 한편 조선민족청년단의 이러한 이 념은 이후 1공화국 이승만 정부가 내세운 일민주의(一民主 義)에 직접적인 영향을 미쳤다.

1948년 정부수립과 더불어 초대 국무총리와 국방부장관 을 겸임하였고, 1950년에는 주중국대사, 같은 해에 내무 부장관을 역임하였다. 1951년 12월에는 이기붕(李起鵬) 등

과 자유당을 창당했으며, 1952년에는 원외 자유당 부당수로 부통령에 입후보하였으나 낙선하였다. 1953년에는 이승만의 민족청년단 계열의 숙청 작업에 갈등을 보이자 자유당에서 제명당했다. 1956년에는 무소속으로 다시 부통령에 입후보하였으나 낙선하였고, 1960년 자유연맹을 바탕으로 참의원 의원으로 당선되었다. 이후에도 '국민의당' 결성에 참여하여 최고 의원이 되었고, 1967년 1월에는 윤보선·유진오·박낙준과 함께 4자회담을 성사시켜 통합 야당 신민당 출범의 초석이 되었다. 이범석의 주요 저술로는 회고록인 『한국의 분노:청산리 혈전 실기』와 『방랑의 정열』이 있으며 그 외에 『톰스크의 하늘 아래서』·『민족과 청년』·『우둥불』 등이 있다.

[교력]
이범석의 대종교 교력과 관련된 일제강점기의 기록은 남아 있는 것이 없다. 다만 해방 이후 대종교단 내의 기록을 보면, 1920년 영계(靈戒)와 함께 참교(參敎)의 교질(敎秩)을 받은 것으로 나타난다. 그의 대종교 입교가 그 이전에 이루어졌음을 알 수 있다. 대종교에서는 이범석의 입교가 1915년 상해의 신규식과의 만남 당시에 이루어진 것으로 회자되지만 기록은 전하지 않는다.
분명한 것은 이범석이 1920년 4월 대종교 항일단체인 대한군정서로 합류하기 이전에 이미 대종교에 입교했다는 사실이다. 이범석이 대종교의 가치를 정신적으로 체득한 시기 역시 이 시기였다. 대종교 항일투사 박명진(朴明鎭)이 그의 『대종교독립운동사』라는 기록에서, 이범석을 1910년대 후반 동일도본사(東一道本司) 소속의 주요 교인으로 언급한 것도 그 이유일 듯하다.
이범석이 몸담은 대한군정서의 정신적 불씨는 1911년에 성립된 중광단(重光團)에 그 기원을 둔다. '중광(重光)'이라는 명칭은 1909년 대종교의 '중광(다시 일으킴, 부활)'에서 가져온 것이다. 나철이 대종교 중광의 명분으로 내세운 '나라는 망했어도 정신은 있다[國亡道存]'는 구호와 연결되는 가치였다. 주목되는 것은 중광단 명칭의 종교적 배경뿐만이 아니다. 그 지도층을 위시한 구성원 대부분이 대종교인이었다는 점이다. 이를 계승한 대한군정서의 주요 인물들 역시 모두 대종교인들이다. 당시 대한군정서는 중앙조직 체계를 총재부와 사령부로 나누었다. 총재부는 주로 대한정의단의 중심인물들이었으며 사령부는 주로 신흥무관학교 출신들이었다. 물론 그 연결의 끈은 대종교였다. 정신의 상징인 총재부와 행동의 상징인 사령부의 체제는 대한군정서 총재였던 서일(徐一)이 지향하던 군교일치(軍敎一致)·수전병행(修戰並行)의 효율적 지향을 위한 조직체계였다. 총재부는 서일·현천묵·김규식·윤창현·윤정현 등이 주축을 이루었고, 사령부는 김좌진·조성환·양현·박영희·서청·이장녕·채규오·나중소·임도준·강훈·계화·정신·채신석·최익항·김훈·남진호·주건룡 등이 핵심을 이루었다. 이범석 역시 사령부의 중추를 담당하며 항일투쟁을 견인하였다.
청산리독립전쟁 역시 이러한 일체감의 결실이었다. 1920년 10월 21일 오전 9시, 청산리 백운평 계곡에서 마침내

총탄이 빗발쳤다. 피로서 피를 청산하자는 의지를 다지며 대한군정서(북로군정서) 교성대(敎成隊)의 분노가 쏟아진 것이다. 이것이 청산리독립전쟁의 서막이다. 이 전투에서 독립군은 일본군 200여 명을 살상하였다. 반면 독립군은 1명의 사상자가 전부였다. 이후 26일 새벽까지 청산리 삼도구(三道溝)와 이도구(二道溝)에서 연속된 10여 차례의 전투가 계속되었다. 이것을 통틀어 청산리독립전쟁이라 칭한다. 이 중 '백운평전투'·'천수평전투'·'맹개골전투'·'만기구전투'·'쉬구전투' 등은 대한군정서 독립군이 단독으로 수행한 전투다. 또한 '어랑촌전투'·'천보산전투' 등은 대한군정서 독립군과 홍범도연합부대가 공동으로 수행한 전투였으며, '완루구전투'와 '고동하곡전투'는 홍범도연합부대가 단독으로 수행한 전투였다.

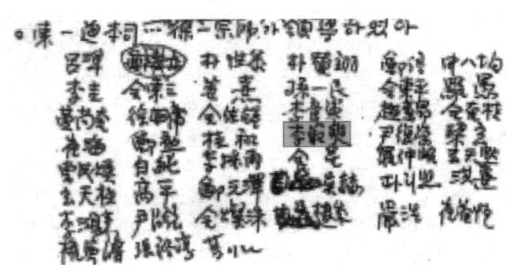

박명진의 『대종교독립운동사』에 1910년대 후반 대종교 동일도본사 소속의 주요 교인으로 올라 있는 李範奭(네모 안)의 이름

독립군의 승전 이유로는, 잘 훈련된 전투력이 우선 꼽힌다. 특히 대한군정서의 교성대는 사관연성소 제1기 졸업생들로 이루어진 정예독립군이었다. 또 하나는 무기(武器)의 구비다. 당시 대한군정서는 독립군부대들 중에서 무장(武裝)이 가장 잘 갖추어진 부대였다. 더불어 대한군정서의 치밀한 경신조직(警信組織)도 빼놓을 수 없다. 대종교 네트워크를 통한 통신과 경사(警査)의 원활한 실행이 그것이다.
그러나 무엇보다 앞서는 것이 있다면 군교일치(軍敎一致)를 지향했던 대한군정서의 정신적 일체감이라 할 수 있다. 대한군정서 총재 서일은 대한군정서의 군영(軍營) 안에 대종교 동도본사(東道本司)를 병설했다. 독립군의 의기와 대종교의 상무정신을 하나로 엮은 군교일치의 실천이었다. 서일이 청산리독립전쟁 직후 임시정부에 보고한 승전의 이유 첫 항목에, '독립에 대한 군인정신(軍人精神)'을 꼽았던 것도 그 이유다.
당시 연성대장을 맡았던 이범석은 이렇게 고백했다. 그 시기 만주 교포의 많은 수가 대종교도였고 대종교의 확장은 곧 독립운동의 확산으로 이어졌다는 것이다. 청산리독립전쟁의 승리 또한 대종교라는 신앙의 힘과 민족정신에 불타는 신념의 결과라는 증언과 함께, 독립군들이 대종교의 신앙에 뭉쳐서 파벌이나 사리잡념이 없이 광명정대했다고 밝히기도 했다. 특히 10월 상달이 되면 돌로 제단을 만들어 어려운 재정에도 불구하고 돼지와 소를 잡아 제천보본하고 우리나라의 독립과 민족의 영원한 번영을 빌었

다는 말도 한다. 전래 신교(神敎, 대종교)의 전통인 군사제천(軍事祭天)의 실행이 확인되는 부분이다. 이범석이 청산리독립전쟁을 앞두고 읊었다는 아래의 「기전사가(祈戰死歌)」가 이를 증명한다.

하늘은 미워한다 배달민족의/자유를 억탈하는 왜적 놈들을/삼천리강산에 열혈히 끓어/분연히 일어나는 우리 독립군

백두산 찬바람은 불어 거칠고/압록강 얼음 위에 은월이 밝아/고국에서 전해오는 피비린 냄새/분하고 원통하다 우리 동족들

물어보자 동포들아 내 죄뿐이냐/네 죄도 있으려니 같이 나가자/정의의 손과 칼을 손에다 들고/동족을 구하려면 목숨 바쳐라

겁많고 창자 썩은 어리석은 놈/자유를 찾겠다는 표적만으로/죽기는 싫어해도 행복만 위해/우리가 죽거든 뒤나 이어라

한배님 저희들은 이후에라도/천 만대 자손들의 행복을 위해/맹세코 이 한 목숨 바치겠으니/성결한 전사를 하게 하소서

청산리전쟁을 앞두고 성스럽게 전사(戰死)하게 해 달라는 마지막 구절은 숙연함을 넘어 비장감을 엿볼 수 있다. 대종교적 맹세를 통한 군교일치(軍敎一致)의 전형을 보여주는 대표적 사례다. 백운평전투가 시작되기 직전, 이범석이 교성대원들에게 피맺힌 목소리로 내뱉은 다음의 일성 역시 이러한 정서의 연장이었다.

"청산리 산맥은 장백산의 주맥이요 우리 조상의 발상지이다. 지금 이 순간 수 천 수 만의 눈동자가 우리를 주시할 것이요, 무수한 자손의 눈동자도 또한 우리를 바라보고 있을 것이다. 만약 우리의 혈관 속에 아직도 단군의 피가 말라붙지 않았다면, 우리는 마땅히 한 몸을 희생의 제단에 올려놓고 3천만 동포의 원한을 풀어야 할 것이다.…(중략)…우리가 용감히 싸울 때 하늘에 계신 천백세 조상의 영은 반드시 우리를 보우할 것이다."

대종교에서는 이와 같은 이범석의 종교적 공로를 인정하여 환국한 직후인 1946년 5월 25일(음력, 이하 음력) 지교(知敎)의 교질을 수여하고 동시에 경의원(經議院) 참의(參議)에 선임하면서 원로로서의 대접을 극진히 하였다.
한편 이범석은 1946년 7월 23일 개최된 대종교 국학하기 강좌에서 과외(科外)를 담당하여 강의를 맡기도 했다. 서울 중구 저동(苧洞)의 대종교총본사에서 10일 간 개최된 이 강좌는 대종교 정신을 통한 국어·국사에 대한 지식 보급과 시사(時事)및 민족의식에 관한 계몽강좌의 성격이었다. 당시 과외 부문을 맡아 강의한 인물들은 이범석을 비롯하여 조성환(曺成煥)·조완구(趙琬九)·조소앙(趙素昻)·정

인보(鄭寅普)·백남규(白南奎)·안재홍(安在鴻)·신익희(申翼熙)·안호상(安浩相)·정열모(鄭烈模) 등으로, 모두 당대 최고의 지식인이자 대종교의 중추들이었다.
1949년 1월 3일, 이범석은 '어려운 시기를 극복하고 대종교를 빛냈다(克復時艱倧道有光)'라는 덕담과 함께 상교(尙敎)의 교질에 올랐다. 또한 1950년 1월 17일에 개최된 제2차 대종교중흥회(大倧敎重興會)에서는 이시영(李始榮)·정인보·신성모(申性模)·안호상·명제세(明濟世)·안재홍·장유순(張裕淳)·김준(金準)·정관(鄭寬) 등과 고문으로 추대되었다. 이 중흥회는 "본회는 홍제인세(弘益人世)의 이념 하에 대종교 발전을 도모하고 민족정기를 확립하며 고유문화를 향상하며 인류평화를 기함"을 목적으로 출범한 조직으로 다양한 활동을 계획하였으나, 한국전쟁의 발발로 유야무야 되었다.
1960년 10월 17일 이범석은 정교(正敎)의 교질과 함께 대형(大兄)의 교호를 받았다. 그리고 같은 날 대종교원로원의 참의로 추대됨으로써 명실공히 대종교 원로 반열에 올랐다. 그리고 1968년 6월 7일에는 마침내 사교(司敎)까지 오르며 도형(道兄)의 교호를 얻게 된다. 사교란 대종교의 최고 교질로, 대종교 최고회의인 교의회에서 공선(公選)하는 명예로운 자리다. 당시 대종교의 총전교(總典敎, 교주를 칭함)를 사교회의(司敎會議)에서 호선(互選)했던 것을 보면, 사교란 대종교 교주로 선출될 수 있는 덕망 있는 자리였다.
이범석은 1971년 9월 10일 대종교총본사에서 간행한 『임오십현순교실록(壬午十賢殉敎實錄)』의 앞 부분에 친필로 '경신중의 정신장재(敬神重義 精神長在)'라는 휘호를 써서 실었다. 임오십현을 추모하는 만사(輓詞)로 '하느님을 공경하고 의를 중히 여기니 그 정신 기리 머무르라'는 의미다. 1942년 임오년에 자행된 대종교지도자 일제(一齊) 구속 당시, 일제는 혹독한 고문과 악형으로 대종교지도자들을 심문하였다. 이들 중 이 고형으로 인해 1943년 5월부터 1944년 1월 사이에 백산(白山) 안희제(安熙濟)를 비롯한 10명이 옥사(獄死) 혹은 병보석(病保釋)으로 풀려나 죽었다. 대종교에서는 이들을 임오십현이라 일컫는다.

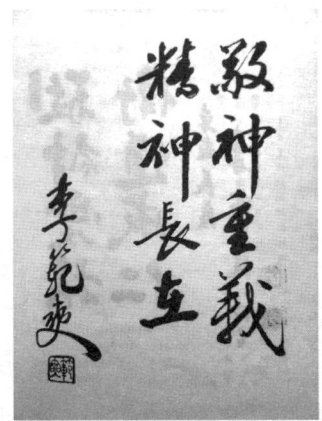

1971년 대종교총본사에서 간행한 『임오십현순교실록』에 실린 이범석의 친필 휘호

그리고 1971년 9월 10일(양력) 이범석은 대종교와 관련된 마지막 인터뷰를 했다. 그가 귀천(歸天)하기 꼭 8개월 전이다. 당시 『한얼』이라는 잡지에 실린 「철기 이범석 장군과의 대담」이 그것이다. 『한얼』잡지는 한얼청년회가 발행한 잡지로, 한얼청년회는 일제강점기 대종교하얼빈선도회(大倧敎哈爾賓道會)를 계승한 단체로, 당시 대종교청년회의 성격을 가진 단체였다. 이 대담 기사는 이범석의 대종교 항일투쟁 가치를 이해하는데 희귀한 자료이기에, 그 전문을 아래에 게재한다.

때: 1971년 9월 10일
곳: 이범석 장군 자택
기록: 양대석 기자

(양기자) 금년 개천절을 맞는 장군님의 소감은?
(장군) 개천절은 우리 배달민족의 국조이신 단군 한배검께서 백두산을 중심으로 한반도와 만주를 포함한 이 땅에 국토로 지정하시어, 이름을 조선이라 하여 건국한 날입니다. 그러므로 우리의 제일 먼저 할아버지이시고 우리를 통치하고 조화적 교화적 치화적으로 삼위일체의 우리의 조상이며 임금이며 스승이란 것을 우리 전부가 명심하고 이 날을 뜻 깊게 맞이해야 합니다. 내 개인적으로도 단군을 받드는 대종교인이므로 더욱 의의가 깊으며 금년의 개천절은 퍽 고무적이며 희망적으로 맞이하고 싶습니다.
(양기자) 개천절을 맞으면서 국민에게 하고 싶으신 말씀은?
(장군) 선진 각국의 오늘날 자유와 부를 누리는 것은 그 나라가 역사적으로 수난기를 겪음으로써 비로소 그 기반이 형성되고 번창하고 활동하는 시대를 맞게 되는데 우리나라는 아직 수난 과정에 있는 모양입니다. 역사적 종교적으로 말한다 해도 엊그제만 해도 불구대천의 원수라고 했던 일본의 창가학회 같은 유사종교가 들어오고 그것도 역사를 배경으로 한 종교도 아닌데 그러한 종교들이 국민들에게 파고들고 또 다투어 수입하려 하고 우리의 고유한 신앙이며 우리 민족의 국조를 받드는 대종교가 침체일로에 있다는 것은 마음 아픈 일예요. 우리가 독립한 후 민족의 각성이 있고 민족의 양지(良知)와 양식(良識)이 움직였다면 이 현상은 아니었을 거예요. 자기의 조국보다는 남의 조국을 더 받들고 나의 것보다는 남의 것을 더 높이 보는 것은 한 마디로 말해서 주체의식이 결여되어 있다고 하겠어요. 정치도 그렇고 외교도 문화도 국민들이 주체의식을 갖지 못한다면 커다란 민족적 시련에 부닥칠 것입니다. 우리가 독립운동을 하면서 제일 먼저 깨달은 것은 민족얼을 찾아야 한다는 것이었어요. 그러기에 독립운동과 함께 중점을 두었어요. 일군(日軍)과 싸울 때도 단군 할아버지의 영정을 모시고 한쪽에 이충무공의 사진을 걸어 놓고 있었어요.
(양기자) 과거 독립운동하실 때의 독립군의 민족정신은 어떠하였는지 또한 활동상황은 어떠하였는지요?
(장군) 내가 15살의 어린 나이였지만 강한 민족의식과 정열에 불탔고 우리나라도 독립해야겠다는 자극에 그냥 고국을 떠나 상해까지 가서 사관학교 1년 동안 있을 때 예관 신규식 선생의 지도를 받게 됐어요. 그 어른과

조성환 선생, 남파 박찬익 선생 등이 민족의 해방을 위한 지도적 역할을 하였으며 그 분들이 다 독립운동을 하면서 제일 먼저 깨달은 것이 민족얼을 되찾아야만 하고 민족정신인 단군사상을 이어 받고 배달민족의 시조 단군 한배검을 신봉하는 대종교만이 조국을 잃고 탄압에 울분을 품고 멀리 이역으로 망명온 동포들에게 따뜻한 고향이 되었지요. 그래서 독립군은 물론 간도의 백여만 교포의 7할 이상이 대종교우였고 애국적인 종교, 대종교의 확장은 독립운동의 확장이었기에 청산리 전투의 승리도 한배검의 힘과 민족정신에 불타는 신념이 있었기 때문이라고 생각해요. 우리에게는 파벌이 없었고 사리잡념이 없었고 지리적으로 우리의 역사 전설이 있는 백두산을 늘 바라보고 있었고 나철 선생이 단군을 받들어 단군사상을 이어 받은 조국애를 역설하며 대종교를 포교함에 우리 독립군은 정신적 감화와 조국애에 불타 있었기에 조상의 영혼을 바라보며 부끄럽지 않은 자손이 되겠다는 순수한 마음과 신념이 승리로 이끌었다고 생각해요. 이것이 바로 독립군의 정신이었습니다.
(양기자) 그러면 독립운동을 하시면서 개천절이 되면 어떠한 형식을 갖춰 천제를 지내셨는지요?
(장군) 비록 이역만리에 떨어져 있어서도 10월 상달이 되면 돌로 재단을 쌓아 재정의 빈곤도 무릅쓰고 돼지 소를 잡아 단군 조상에게 감사함의 제사를 드리며 우리의 독립과 민족의 영원한 번영을 빌었어요.
(양기자) 개천절은 종교인뿐만 아니라 모든 국민이 경축해야 할 일이 아니겠습니까? 그런데 근년에 와서 정부나 국민이 개천절을 맞이하는 자세가 너무나 미온적이며 또 등한시하는 경향이 있어 노는 날 정도라고 생각하는데 어떻게 보시는지요?
(장군) 전체적으로 말해서 어디서 그런 반영이 일어나냐 하면 정신보다도 물질 방면에 치중해서 사는 시대가 되어 버린감이 있어요. 본래 물질보다는 정신이 더욱 중요하다고 생각하는데 지금 이 시대 양상이 뒤바뀌어 정신이 집중된 생활하는 자는 밥을 굶고 가난하게 살고 물질에 중점을 둔자는 권력을 가지고 돈을 벌게 되어요. 그냥 현실에 도취하면 노예가 되기 쉬운 법예요. 자기 민족을 모르고 자기 조상을 모르고 민족얼을 망각하면 타국의 노예가 되기 쉬운 법입니다. 우리가 북괴의 김일성이와 대결하고 있는 이 때에 정신자세가 무엇보다도 중요해요. 정부당국은 거국적인 총단결과 국민총화를 이루는 가운데 비로소 국난을 타개할 수 있고 국민들은 정신적 지주를 확립하여 민족얼을 되찾아 의지와 신념으로 역사적 시련을 극복해야 합니다.
(양기자) 내외적으로 격동기에 대한 한국은 요사이 급변하는 국제 정세와 판문점회담에 신경을 쏟고 있는데 장군님의 고견(高見)은?
(장군) 우리 선조 동지들이 오늘날까지 얼마나 많은 피를 흘렸으며 어떻게 악전고투하여 광복운동을 했으며 또 고심참담하게 광복했는지를 정부나 국민은 알아야 합니다. 강대국의 비위를 맞추어 우리의 국시도 버리고 문호를 개방한다고 해서 김일성이가 무력을 포기한다고 보장할 수는 없는 것입니다. 여야를 막론하고 정치하는 사람은 이 땅에 살면서 이 나라가 어느 나라인지 이 나라가 어떻게 되는지 똑똑히 알아야 합니다. 자기 집이

크고 먹고 사는 것이 충족한 것만 생각하면 안 되는 법 예요. 부정부패는 정신의 해이에서 오는 것이고 우리가 노력을 안 해도 잘살게 되는 것은 아니에요. 정치 잘하는 것도 중요하지만 정신이 똑바로 서야합니다. 북쪽에는 김일성이 혼자 독립투쟁해 일군을 무찌르고 해방한 것처럼 자기만이 지도자인양 조작하여 김일성이를 영웅화시켜 북한 동포들을 강제로 추종시켜 놓았는데 우리가 분산되어 있고 정신자세가 되어 있지 않으면 이산가족 찾기 운동도 좋지만 통일에 대비한 정신 사상에 어떤 중심이 서야하는 것입니다.

(양기자) 마지막으로 장군님의 생활신조와 우리 젊은이에게 당부하고 싶은 말씀은?

(장군) 나라를 사랑하고 민족을 사랑하는 것이 내 생활신조입니다. 민족의 최고윤리가 자기나라를 사랑한다는 것이 아니겠어요. 나는 독립운동 때도 정의 필승의 신념에 만주광야에서 일본군과 결전했고 지금도 애국애족의 단합을 유산으로 후손에 남겨야 한다는 것이 내 신조의 전부입니다. 또한 여러분에게 부탁하고 싶은 것은 우리 국민이 해방이 되어 제 조국을 찾음으로써 우리 조국을 더욱 사랑하고 애국에 힘써야 할 터인데 어쩐지 정신이 해이돼됐는지 지금은 자기의 조상과 얼을 잊어버린 것 같아요. 명민하고 영특한 사람이란 자기를 알고 또 남을 알아 자기와 남의 명확한 위치를 식별하여 어김없이 이에 대처하는 사람인 것입니다. 그러므로 민족의 주체의식이 생활에서 나타나야 합니다. 그런데 여러분들이 단군사상과 한얼사상으로 격동하는 국제정세와 어지러운 국내 정세에 새 힘을 불어넣는 것을 보고 마음 든든히 생각하는 바입니다. 여러분의 노력과 성과가 꼭 있을 것이라고 믿어마지 않는 바입니다.

(양기자) 감사합니다.

[참고문헌]

『대종교보』제150호(1946년)·제151호(1946년)·제161호(1949년)·제165호(1950년)·제288호(2000년), 『대종교인과 독립운동연원』(이현익, 프린트본, 1963), 『대종교독립운동사』(박명진, 필사본, 1964), 『대종교중광육십년사』(대종교총본사, 1971), 『임오십현순교실록』(대종교총본사, 1971), 『한국의 분노:청산리혈전실기』(이범석, 광복출판사, 1941), 『무장독립운동비사』(채근식, 대한민국공보처, 1949), 『한국독립사』하(김승학, 독립문화사, 1965), 『광복군』(이범석, 「신동아」 1969년 4월호), 『우둥불』(이범석, 사상사, 1971), 「鐵驥 李範奭 장군과의 대담」(양대석, 「한얼」10월호, 한얼청년회, 1971), 『톰스크의 하늘 아래서』(이범석, 신현실사, 1972), 『독립운동사』4·6(독립운동사편찬위원회, 1972·1975), 『독립군가곡집』(광복의 메아리)(독립군가보존회편, 교학사, 1982), 『한국독립운동사』5(국사편찬위원회, 1983), 『철기이범석자전』(철기이범석기념사업회, 외길사, 1991), 『철기이범석 평전』(철기이범석기념사업회, 삼육출판사, 1992)

이범영(李範英, 남, 1890-1955)

아호(별명)_ 동석(東石)
입교 시기_ 일제강점기 | 교질_ 상교 | 서훈_ 애족장(1990)

경기도 포천군(抱川郡) 가산면(加山面) 방축리(防築里) 출신이다. 1908년 서울 보광학교(普光學校)를 졸업하고 공주군 주사에 임명되었으나, 경술국치를 당하자 관직을 그만두고

이범영

보성전문학교 법학과에 입학하였다. 재학 중에 보성전문학교 남형우(南亨祐) 교수의 권유로 같은 학교에 다니던 윤병호(尹炳浩) 등과 대동청년단(大東青年團)에 가입하였다.

대동청년단은 지금까지도 정확한 내막이 밝혀지지 않을 정도로 치밀한 비밀결사로, 17세부터 30세 미만의 청소년 80여명이 남형우(南亨祐)의 집에서 조직한 단체였다. 대동청년단은 출범 당시 단장은 남형우가 맡고 부단장을 안희제(安熙濟)가 맡았다. 주목되는 것은 이범영과 함께 대종교 3세 교주를 지낸 윤세복(尹世復)을 비롯하여 안희제(安熙濟)·이원식(李元植)·남형우(南亨祐)·서상일(徐相日)·이경희(李慶熙)·차병철(車秉轍)·이극로(李克魯)·김갑(金甲)·김사용(金思容)·신백우(申伯雨)·신성모(申性模)·신팔균(申八均)·박광(朴洸)·김동삼(金東三)·신채호(申采浩)·이시열(李時說)·고순흠(高順欽)·이우식(李祐植)·민강(閔橿)·윤병호 등, 30명에 가까운 인물들이 후일 대종교의 중심을 이룬다. 사실상의 대종교의 비밀결사와 같은 역할을 한 곳이 대동청년단이었다.

보성전문학교를 졸업한 이범영은 포천 송우리(松隅里)에 청성학교(靑城學校)를 설립하여 학생들을 가르쳤다. 3·1독립만세운동 이후에는 중국으로 잠시 망명하였다가 1920년 귀국 후 민족 교육을 발전에 적극 앞장섰다. 강화학원(江華學院)과 김천시의 광명학교(光明學校), 밀양시의 정진학교(正眞學校)와 서울의 영창학교(永昶學校)에서의 노력이 그 대펴적 사례이다. 더불어 1928년에 민족 자본 형성의 일환으로 농민을 위한 소비조합을 창립하였으나 2년 만에 일제에 의해 해체되었다.

해방 후에는 한국독립당(韓國獨立黨)의 창당발기인으로 참여하였고, 영양군수, 병산중학교장 등을 역임하는가 하면, 경기도 포천에 경북중학교의 전신인 화산고등학교를 설립하였다. 또한 김창숙(金昌淑) 등과 이승만의 악정(惡政)을 규탄하는데 동참하면서 한때 옥고를 치르기도 하였다.

이범영의 대종교 입교는 일제강점기에 이루어졌으나, 그 기록은 전하지 않는다. 이러한 이력을 감안하여 대종교에서는 만주에서 환국한 직후인 1946년 4월 20일(음력, 이하 음력) 영계(靈戒)와 함께 참교(參教)의 교질(教秩)를 수여하고, 동시에 경의원(經議院)의 참의(參議)로 선임하여 그 예우를 극진히 하였다.

또한 얼마 지나지 않은 8월 27일에는 지교(知教)로 승질(陞秩) 하였으며, 1949년 4월 2일에는 '대종교 걱정에 정성을 다하며 수고로움을 잊고 백성들을 계도하다(憂道輸誠啓民忘勞)'라는 덕담과 더불어 상교(尙教)의 교질을 받았다. 1950년 10월 5일 대종교총본사의 전무(典務, 책임자)로 선임되었고, 그 해 11월 14일에는 대종교 남일도구(南一道區) 순교원(巡教員)으로 임명되어 대종교 포교와 전쟁 중 선무활동(宣撫活動)의 중심에 서는가 하면, 1955년에는 삼일원(三一園) 원주

(園主)를 맡아 귀천(歸天) 직전까지 시무하였다.

[참고문헌]
『대종교보』,제150호(1946년)·제151호(1946년)·제162호(1949년)·제168호(1950년), 『대종교중광육십년사』(대종교본사, 1971), 『한국독립사』하(김승학, 독립문화사, 1965), 『부산일보』1981.10.22., 『한민족독립운동사자료집』8(국사편찬위원회, 1988), 「대종교와 안희제」(김동환, 『국학연구』,제5집, 국학연구소, 2000)

이범윤(李範允, 남, 1856-1940)

아호(별명) _ 여옥(汝玉), 국보(國甫), 이범륜(李範倫)
입교 시기 _ 1910년 이전 | 교질 _ 미상 | 서훈 _ 대통령장(1962)

경기도 고양군(高陽郡) 숭인면(崇仁面, 지금의 동대문구 신설동) 출신이다. 1902년 함북간도시찰사(咸北間島視察使)와 1903년 북변간도관리사(北邊間島管理使)로 임명되면서 간도 지역 조선인의 행정 업무를 수행하였다. 당시 지역 포수들로 구성된 사포대(私砲隊)를 조직하여 한인 보호를 위한 자위(自衛) 활동도 전개하였다.

1904년 러·일 전쟁이 발발하자 자신의 사포대를 중심으로 러시아군과 연합해 함북 지역에서 일본군과 교전하지만, 일본이 승리하자 러시아로 망명하였다. 이후 노령 지역 최고 영수이며 자산가인 최재형(崔才亨, 일명 在亨)과 결의형제하고 의병부대를 편성하게 된다. 러시아와 청국을 통한 일본의 끈질긴 간섭에도 불구하고 대규모의 부대원을 이끌고 국내진공작전을 전개하여 많은 성과를 얻었으나 일본군의 총반격으로 큰 희생을 치르기도 하였다. 또한 이상설(李相卨)·홍범도(洪範圖) 등과 함께 의병5군단(義兵五軍團)을 조직하는 등 활발한 활동을 폈으나, 러시아 당국에 체포되어 옥살이도 하였다

1910년 8월에는 이상설(李相卨)·유인석(柳麟錫)·김학만(金學萬)·차석보(車錫甫)·김좌두(金左斗)·김치보(金致寶) 등과 성명회(聲鳴會)를 결성하였다. "대한의 국민 된 사람은 대한의 광복을 죽기로 맹세하고 성취한다"는 목적으로 출범한 이 단체는, 취지서를 통해 일제의 부당성을 각국 정부에 호소하고자 하였다. 성명회는 1911년 5월, 노령 최대 최고의 한인기관인 권업회(勸業會)로 발전하여 더욱 체계적이고 조직적인 활동을 펼쳤다.

3·1독립만세운동이 발발하자 대종교 동지인 김영학(金永學)을 비롯한 최재형·이동휘(李東輝)·김약연(金躍淵)·황병길(黃丙吉) 등과 완전독립 쟁취를 위한 논의를 하였다. 이범윤은 1919년 4월 의병부대가 독립군으로 개편될 당시, 연길현(延吉縣)에서 대종교의 진학신(秦學新)·최우익(崔友翼) 등과 의군부(義軍府)를 조직하고 총재가 되었다. 의군부는 그 뒤 대종교지도자 서일(徐一)의 대한군정서(북로군정서)와 합동으로 청산리독립전쟁에도 참여하는 등, 무장투쟁을 본격화하였다. 의군부는 청산리독립전쟁 이후 결성된 대한독립군단에도 동참했다. 이 부대는 대종교 인물들인 서일·홍범도 등 각 군단 수령들이 전만군사통일체(全滿軍事統一體)를 조직하기로 하고 만든 것이다. 당시 이

범윤은 서일의 뒤를 이어 총재로 추대되었다.

1925년 3월 10일에는 길림성 목릉현(穆稜縣)에서 부여족통일회의(扶餘族統一會議)가 개최되었다. 대한독립군단이 중심이 되어 북간도 지역 독립군단들을 통합하기 위해 열린 부여족통일회의는 대종교사관(大倧敎史觀)과 연결된 명명이다. 배달겨레의 주류가 부여족이라는 인식으로, 우리 민족이 단군에서 부여로 계승되고 고구려, 발해, 여진으로 이어져 왔다는 것이다. 이 정신으로 만들어진 항일단체가 신민부(新民府)였다.

신민부는 대한독립군단과 북간도에서 재정비한 대한군정서 계열 등 각 단체가 통합하여 만들어진 단체였다. 이범윤은 당시도 혁명 원로로서 신민부의 자문기구로 설치된 참의원의 원장으로 추대되었다. 또한 신민부가 무관 양성을 위해 목릉현 소추풍(小秋風)에 설립한 성동사관학교(城東士官學校)의 고문을 맡아 활동하기도 하였다.

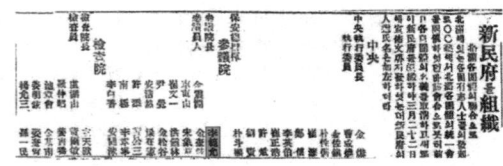

『독립신문』(1925년 5월 5일자)에 실린 신민부 조직 당시의 주요 인물에 관한 기사. 參議院長 李範允(네모 안)이란 이름이 보인다.

[교력]

이범윤의 대종교 교력을 살피면 1910년 무렵 대종교에 입교한 것으로 전언되고 있으나, 그와 관련된 대종교단 내의 기록은 남아있지 않다. 일찍이 대종교 항일투사 박명진(朴明鎭)이, 1910년대 후반 노령 지역 주요 교인으로 이화(李華)·정광(丁光)·김익형(金翼衡)·박서연(朴瑞連)·홍범도·김백련(金百練)·최우익·최재형·황강(黃剛)·허철(許澈) 등과 함께 이범윤을 꼽고 있는 이유다.

박명진의 『대종교독립운동사』(필사본, 1964)에 기록된 1910년대 후반 대종교 東二道本司의 주요 교인 명단. 연해주와 해삼위 지역 주요 교인으로 李範允(네모 안)이 올라 있다.

일찍이 이범윤이 대종교지도자 이상설·서일·백순(白純)·이민복(李敏馥)·진학신·김학만(金學萬)·김영학(金永學) 등등의 인물들과 긴밀히 연계하며 항일투쟁을 펼친 배경도 대종교라는 공통분모가 작용한 것이다. 1910년대 후반 연

해주 지역의 대종교 활동을 보면, 블라디보스토크 지역을 고평(高平)이 맡고, 니콜리스크 지역은 이민복, 밀산부는 백순, 소수분(小綏芬) 지역은 진학신이 각각 담당하여 활동하고 있었다. 이범윤 역시 이러한 네트워크와 연결하면서 연해주의 대종교 포교와 항일투쟁을 활발히 전개했다. 대일투쟁이 본격화된 1919년 이전 이범윤이 대종교의 핵심인 백순(白純)과 연합하여 독립투쟁을 전개하였다는 일제의 기록에서도 그런 추정이 가능해 진다.

이범윤이 1919년 의군부 총재가 된 이후 청산리독립전쟁 연합작전에 대종교인들과 함께 참가한 것이나, 문창범(文昌範, 대한총군부 사령관)과 더불어 대종교지도자 서일이 이끌던 대한총군부의 총장을 지낸 것도 이상한 일이 아니었다. 특히 이범윤은 1920년 5월 신민단(新民團)·군정서·군무도독부(軍務都督府)·광복단·의군단(義軍團)·국민회 등 9개 단체의 대표단과 회를 열고 대한군정서를 중심으로 대한독립군단을 조직하는 일정한 역할을 하였고, 그 임시단장을 맡기도 했다. 이는 대종교라는 공통의 기반 위에서 항일투쟁의 당면과제를 해결하기 위한 조치로 이해된다.

한편 이범윤이 참의원 원장으로 참여한 신민부 역시 대종교 항일단체인 대한군정서를 계승한 단체로서, 그 주요 구성원의 대부분이 대종교인이었다. 따라서 이들이 신봉하였던 대종교 이념이 자연스레 신민부의 주요한 이념으로 자리 잡았다. "신민부의 기본철학은 대종교의 홍익인간과 중광정신이었다. 그렇다고 해서 결코 봉건적이었거나 파쇼적인 것은 아니었다."는 이강훈(李康勳)의 회고가 이를 방증한다.

그러므로 신민부가 추구한 정치형태 역시 배달국 공화주의였다. 이것은 「대동단결선언(大同團結宣言)」(1917)부터 이어져온 대종교 계열의 전통이기도 했다. 심지어 신민부에 참여한 아나키스트들의 정신적 지도 역시 대종교의 중심이었던 백서(白棲) 강인수(姜寅秀)와 은계(隱溪) 백순이 역할을 맡았다. 대종교의 어른이자 신민부 장로(長老)로서, 이범윤의 신민부에서의 위치나 역할 역시 짐작이 간다.

해방 이후 대종교단 내에서는 이범윤에 대한 자료 수집과 더불어 그 재평가를 통한 교질 추승(追陞, 돌아가신 분에게 교질을 높이는 것) 문제가 오갔다 한다. 그러나 한국전쟁 발발로 유야무야되면서 지금까지 묻혀 지고 있다.

[참고문헌]

『대종교독립운동사』(박명진, 필사본, 1964), 『在外排日鮮人有力者名簿』(筆寫本, 하와이대도서관 소장, 1919), 『獨立不逞鮮人團體 新民府의 創立 및 組織에 關한 件』(不逞團關係雜件-朝鮮人의 部-在滿洲의 部41, 機密公 第24號, 機密受第27號, 한국사DB, 국사편찬위원회), 『독립신문』,1925.5.5., 『무장독립운동비사』(채근식, 대한민국공보처, 1949), 『조선독립운동』III (金正明, 原書房, 1967), 『한국독립운동사』(국사편찬위원회, 정음문화사, 1968), 『한민족독립운동사연구』(박영석, 일조각, 1982), 『신민부』(박환, 『한민족독립운동사』4, 국사편찬위원회, 1988), 『한국민족문화대백과사전』17(한국정신문화연구원, 1991), 『민족해방운동과 나』(이강훈, 제삼기획, 1994), 『한국독립운동사자료』42·43(국사편찬위원회, 2006·2007)

이범준(李範俊, 남, 생몰 미상)
입교 시기 _ 1922년 이전 | 교질 _ 참교

출신지역과 생몰연대가 불분명한 인물이다. 일제의 문서에는 경성 출신으로 적혀있으나 그 역시 확실치 않다. 이범준이 이범윤(李範允) 친척이고 보면, 그의 출생지가 경기도 고양군(高陽郡)일 가능성도 배제할 수 없기 때문이다.

이범준은 1910년대 초반 백두산 지역에 있는 이범윤을 방문한 기록이 있다. 그리고 돌아와 서울에 있는 재산을 전부 매각하여, 숙부(叔父)의 만류에도 불구하고 다시 백두산 지역으로 넘어갔다. 1922년 1월에는 홍범도(洪範圖)의 휘하에 있으면서 다른 7명과 함께 화전현(樺甸縣)과 액목현(額穆縣) 등지에서 군자금 모금 활동을 펼치기도 했다.

이범준은 일제강점기에 대종교에 입교하였으나 그 기록은 전하지 않는다. 이에 대종교단에서는 환국 직후인 1946년 4월 6일(음력) 영계(靈戒)와 함께 참교(參敎)의 교질을 수여하고, 동시에 경의원(經議院) 참의(參議)로도 선임하였다. 당시 원장(院長)인 이시영(李始榮)을 비롯하여 선임된 참의 모두가 항일투쟁을 전개한 인물들이고 보면, 항일투사 이범준에 대한 대종교의 예우임이 확인된다.

[참고문헌]

『대종교보』제150호(1946년), 『대종교중광육십년사』(대종교총본사, 1971), 「排日 鮮人의 狀況에 관한 건」(不逞團關係雜件-朝鮮人의 部-在滿洲의 部3, 民高警秘收 第4842號;秘受 5688號, 한국사DB, 국사편찬위원회), 「不逞鮮人의 行動에 관한 건」不逞團關係雜件-朝鮮人의 部-在滿洲의 部31, 機密公 第9號 機密受第19號, 한국사DB, 국사편찬위원회), 『한국독립운동사자료』39(국사편찬위원회, 2003)

이병기(李秉岐, 남, 1891-1968)
아호(별명) _ 가람(嘉藍)
입교 시기 _ 1920년 | 교질 _ 상교 | 서훈 _ 애국장(1990)

이병기

전라북도 익산군(益山郡) 여산면(礪山面) 원수리(源水里) 출신이다. 일찍이 한학을 익히고 전주공립보통학교를 거쳐, 1913년 관립한성사범학교를 졸업하였다. 재학 중인 1912년 조선어강습원에서 처음으로 한힌샘 주시경(周時經)을 만나 조선어문법을 배웠다. 1921년 권덕규(權悳奎)·임경재(任暻宰) 등과 함께 조선어문연구회를 만들어 간사를 맡는가 하면, 1927년 2월에는 대종교 동지인 권덕규(權悳奎)·최현배(崔鉉培)·정열모(鄭烈模)·신명균(申明均) 등과 '한글사(社)'를 조직하여 월간 잡지 『한글』을 발간 등을 통해 민족의식 고취에 앞장섰다. 또한 1929년에는 조선어연구회가 조직한 조선어사전편찬회(朝鮮語辭典編纂會)의 발기인이 되어 사전편찬의 일을 추진하였으며, 1930년에는 조선어연구회의 '한글맞춤법통일안'의 제정위원으로 선출되어 활동하였다. 한편 이 시기부터 보성·연희전문학교의 강사를 겸하면서 조선문학 강의를 통한 민족문학 전파에 전념하기도 했다.

1931년 동아일보사의 지원으로 조선어학회의 전국 순회 조선어강습회에 강사로 참가하면서, 1천 6백명의 지도층 청년들에게 한글 강습과 민족의식 고양을 위한 강의에 앞장섰다. 1934년 5월에는 민족문화와 국사·국어국문 등 국학연구단체로서 진단학회(震檀學會) 창립의 발기인이 되어 국학운동에 적극적인 모습을 보였으며, 1936년 1월에는 조선어학회가 조직한 조선어 표준어사정위원회(朝鮮語標準査定委員會)의 위원으로 선출되어 활약하였다.

그러나 이병기는 일제가 1942년 10월 자행한 조선어학회사건(朝鮮語學會事件)으로 구속되어 혹독한 고초를 겪었다. 조선어학회사건은 일제가 우리 정체성의 뿌리인 말·글·얼을 없애기 위해, 대종교의 임오교변(壬午敎變, 임오년 대종교지도자 일제 구속 사건)과 때를 같이 하여 일으킨 일대 만행이었다. 임오교변은 임오년인 1942년 여름, 당시 국내에 있던 조선어학회 이극로가 윤세복 교주에 게 편지를 보낸 일이 빌미가 되어 일이 터진 사건이다. 그 편지 속에 「널리펴는 말」이라는 원고가 동봉되었다. 이극로의 「널리펴는 말」은 그 내용을 살피면 대종교 교당(敎堂) 설립과 대종학원(大倧學園) 설립 취지문과 같은 것이었다. 그 말미에 나오는 "이제 우리는 체면을 유지할 만한 천전과 교당도 가지지 못하였으며 또는 교회의 일꾼을 길러낼 만한 교육기관도 없다. …(중략)… 반석 위에 천전(天殿)과 교당을 짓자! 기름진 만주 벌판에 대종학원을 세워서 억센 일꾼을 길러내자! 우리에게는 오직 희망과 광명이 있을 뿐이다. 일어나라 움직이라! 한배검이 도우신다."라는 구절이 이를 뒷받침한다. 일제는 검열 과정에서 이 글의 끝에 나오는 "일어나라, 움직이라!"라는 구절을 "봉기하자, 폭동하자!"로 날조하고 이것을 『조선독립선언서』라 하여 대종교를 압박하기 시작한다. 이 필화사건이 바로 임오교변(壬午敎變, 임오년 대종교지도자 일제 구속 사건)의 도화선이 되었다. 한편 조선어학회는 대종교 정신을 바탕으로 언어민족주의를 몸소 실천했던 주시경의 제자들이 중심이 되어 만든 단체로서, 이병기를 비롯하여 이극로(李克魯)·최현배·정인보(鄭寅普)·안호상(安浩相) 등 대종교인들이 많았는데, 사실상 대종교의 국내 지하조직의 역할을 담당하였다. 다음의 기록을 보자.

"…(이극로가) 귀국하여 전국 명사를 망라하여 어학회를 조직하고 한글큰사전 편찬, 10여년 간 갖은 형극의 길을 걸어오다가 임오교변 2개월 전인 10월 경에 국내에서 한글어학회(조선어학회를 말함, 인용자 주)가 선두로 전원이 검거되어 함남 홍원감옥에서 수감 4년 만에 해방되었고, 대종교는 당년(1942년, 인용자 주) 12월에 간부 전원이 검거되어 만주 목단강 감옥에서 순국 십현(十賢) 외 무기형을 받고 역시 4년 만에 해방되니, 한글어학회

사건이 곧 대교(大敎, 대종교-인용자 주)교변이요, 대교 임오교변이 곧 독립운동실기가 되는 것이다. 그 당시 어학회는 국어 통일로 사상 통일을 시켜 민족단결을 기한 것이고, 대종교는 국가 민족의 전통을 계승하여 민족혼을 새로이 하는 강력한 힘을 가졌던 것이다. 그리하여 전국 지사는 대종교에 귀의한 것이며 진정한 독립운동자는 무조건 대종교를 신봉하였다. 그러므로 어학회도 대교 비밀간행물(秘密刊行物)을 종종 간행하였고 모험은 성(冒險殷盛)을 다 바쳐 왔던 것과 은밀한 연락이 내왕한 것도 그야말로 대교의 비사(秘史)가 된다."

이 기록은 항일투사 이현익(李顯翼)이 남긴 『대종교인과 독립운동연원』이라는 글속에 담겨 있는 내용이다. 이현익은 만주 대종교 항일운동의 일선에서 활동했다. 홍업단에서의 활동과 함께 광정단에서는 북부외교장(北部外交長)으로도 활약했다. 또한 신민부에서는 이승림(李承林)이라는 이름으로 활동했을 뿐만 아니라, 대종교의 비밀조직인 귀일당(歸一黨)에서는 이일림(李一林)이라는 가명으로 항일운동을 한 인물로서, 당대의 정황을 누구보다도 잘 아는 인물이다.

위의 기록에서 특히 주목을 끄는 것은 대종교의 임오교변과 조선어학회사건을 같은 대종교사건으로 기록하고 있다는 점이다. 또한 조선어학회가 대종교의 비밀스런 업무를 수행하고 주고받는 연락장소로 사용되었음을 밝히고 있다는 것이다. 이것은 조선어학회가 당시 대종교의 국내 비밀결사의 역할을 했다는 것을 뒷받침하는 것으로 매우 중요한 의미를 갖는다.

공교롭게도 임오교변이 이극로의 「널리펴는 말」에서 발단이 된 것과 같이, 조선어학회사건 또한 윤세복이 이극로에게 보낸 「단군성가(檀君聖歌)」라는 글과 연관된다. 윤세복은, 이극로가 후일 그의 회고에서도 밝혔듯이, 이극로의 삶에 있어 가장 존경하는 인물 중의 한 사람이었다. 그러한 윤세복이 당시 만주에서 「단군성가」를 작사하여 국내에 있던 이극로에게 보내어 작곡을 의뢰하는데, 이 글이 조선어학회 이극로의 책상 위에서 발견됨으로써 조선어학회사건이 결정적 단서가 되었다. 대종교의 기록에도 "1942년 11월 19일(음력, 인용자 주), 국내에서는 조선어학회사건과 때를 같이 하여 선만각처(鮮滿各處)에서 교주 단애 종사 이하 21명을 동시검색(同時檢索)하였으니, 이것이 교사상(敎史上) 영원히 잊지 못할 임오교변이다."라는 기록으로 분명히 나타난다.

조선어학회사건으로 구속된 이병기는 함경남도 홍원경찰서와 함흥경찰서에서 잔혹한 고문과 악형을 받았다. 1943년 9월 18일 함흥지방법원에서 기소유예로 석방되었으나, 실질적으로 1년간의 옥고를 겪은 후였다.

이병기는 해방 후에도 미군정청 편수관을 잠시 지내는가 하면, 1946년부터 서울대학교의 교수로 재직하면서 국문학 연구에 큰 업적을 남겼다. 한국전쟁 중에도 전라북도 전시연합대학(戰時聯合大學)의 교수를 지냈으며, 이후 전북대학교 문리대학장을 역임했다. 1956년 정년퇴임 후에는 1957년 학술원 추천회원을 거쳐 1960년 학술원 임명회원이 되었다.

한편 이병기는 창씨개명의 거부와 일체의 친일적 내용이 담긴 글을 한 줄도 쓰지 않은 대쪽 같은 애국자라는 점에서 특기된다. 또한 국문학·국어학·역사학·서지학·교육학 분야 등의 방대한 학술적 업적을 남긴 인물이다. 특히 우리나라 현대시조의 개척자 혹은 아버지라고 평가받을 정도로 시조 중흥을 통하여 우리의 국문학을 살찌우게 하였다. 그의 문학적 행보는 1920년 9월 『공제(共濟)』 1호에 발표한 「수레 뒤에서」라는 산문시였다. 그러나 그의 문학적 열정은 한국 시조의 현대화로 모아져 간다. 그의 시조에 대한 관심은 시조부흥론이 일기 시작한 1924년 무렵부터다. 이후 「시조란 무엇인가」(동아일보, 1926.11.24. 12.13.)·「율격(律格)과 시조」(동아일보, 1928.11.28. 12.1.)·「시조원류론(時調源流論)」(新生, 1929.1. 5.)·「시조는 창(唱)이냐 작(作)이냐」(新民, 1930.1.)·「시조는 혁신하자」(동아일보, 1932.1.23. 2.4.)·「시조의 발생과 가곡과의 구분」(진단학보, 1934.11.) 등 20여 편의 시조론을 발표하였다. 그 중에서도 「시조는 혁신하자」는 논문은 현대시조의 갈 방향을 체계적으로 제시한 백미로 평가된다. 그 밖에도 평생 동안 정리해 놓은 일기와 더불어, 많은 수필을 남겼다. 주요 저서로는 『가람시조집』을 비롯하여 『국문학개론』·『국문학전사』·『가람문선』 등이 꼽힌다.

[교력]
일제강점기 이병기의 대종교 관련 교력은 대종교단 내에는 남아있는 것이 없다. 그의 대종교 입교 사항을 본인의 일기 속에 적혀 있다. 그가 대종교에 정식으로 입교한 것은 1920년 11월 21일이다. 사회주의 항일투사인 창해(滄海) 최익한(崔益翰, 해방 이후 북한에서 최고인민회의 대의원을 역임함)의 인도로 대종교에 입교했다.
그러나 이병기는 대종교에 정식으로 입교하기 이전에 이미 대종교적 정서를 깊게 공유한 인물이었다. 최익한만이 아니라 최현배·권덕규·신명균·정열모·이규영(李奎榮)·이윤재(李允宰)·최익채(崔益采) 등, 그 시기 그 주변에 어울리던 대부분의 인물들이 국내 대종교의 핵심들이었다.
그러므로 이병기는 대종교 신앙이야말로 오랜 세월 전부터 우리 민족의 생활 속에 흘러왔음을 밝히고 후손들의 믿음 속에서도 사라지지 않을 것임을 확신했다. 해방 직후 그의 후손들이 집안에서 부처(佛)에게 기도한다 하여 역정을 낸 이유도 이러한 정서와 맞물린다. 그는 우리 고유의 삼신(三神)의 의미가 바로 순 우리말인 '한배님'임을 밝히고 우리 민족 구성원이면 누구에게나 이미 녹아있는 종교적 성정(性情)임을 피력하기도 했다. 그러므로 새삼스레 대종교에 입교하여 믿는다는 것이 형식적 번거로움임을 토로한다. 배달민족이면 누구나 예로부터 대종교적 정서로 살아왔다는 것이다. 이병기는 대종교를 국교의 가치로 인식하고 있는 것이다.
당시 이병기는 여러 종교가치의 난립 속에서 대종교의 정신이 흔들림을 심각하게 걱정하기도 했다. 그리고 정신적 각성을 통하여 한배님의 믿음을 올바로 세워 문명의 나라로 우뚝 서기를 소망하였다. 종교적 기원문을 보는 듯한 그의 일기 내용을 여기에 적어 본다.

"나는 한배님 가르치심을 믿음은 진실로 오랜 것으로 생각한다. 한배님께서는 우리의 등걸에 가장 비롯하고 거룩하시고 높으시고 크시어 다시 우러르고 끝없고 가없는 등걸이다. 고로잘해 먼저부터 우리 등걸들께서 한배님을 가장 높이시고 사랑하시고 믿어오며 우리로부터 고로잘해 그지없는 뒤에도 우리 자손들이 한배님을 가장 높이고 사랑하고 믿을지니라. 이를테면 우리 등걸이든지 우리든지 이승에 생겨나올 적에 반드시 삼신께서 만들어 낳으셨다 하니 삼신이 곧 한배님이시라.
한배님께서 하늘에 계실 적에는 환인(桓仁)이시었고, 하늘과 땅 사이에 계실 적에는 환웅(桓雄)이시었고, 이승에 내리었을 적에는 단군(檀君)이시었다. 이러하므로 삼신이라 이름이다. 이렇듯 우리는 사람마다 집마다 한배님을 높이고 믿었다. 실상 이제 새삼스럽게 한배님의 가르침을 믿는다니 하잘 것 없다. 이미 삼천 년 긴 동안이나 높이시고 믿으면서 왔다. 그러나 이 때는 다른 때와 달라 온갖 다른 교(敎)란 것이 들어와 한배님의 가르치심을 어지럽게 하므로 다른 때보다 더욱 얼을 차리고 힘을 다해 한배님의 가르치심을 널리 펴 널리 알아, 위로는 우리 등걸의 큰 뜻을 받아 이고 아래로는 우리 자손에게 이 뜻을 전하여 우리는 우리대로 문명을 짓고 문명을 자랑하며 살아야 함이다.
제 어버이를 공경하지 아니하고 다른 어버이를 공경하며, 또 저의 아들을 사랑하지 아니하고 다른 아들을 사랑한다 함은 합리한 일이 아니다. 진실로 우리가 한배님을 버리고 누구를 높이며 믿으랴. 한껏 한배님의 가르치심이 이 누리로 가득하여 나아가기를 빌고 또 비노라."(*'고로잘해'는 '억만년(億萬年)'의 순우리말로 '골잘해'로도 쓴다.—인용자 주)

이러한 정서 속에서, 이병기는 1921년 11월 7일 대종교남도본사의 위촉으로 『신단실기(神檀實記)』 교열 작업을 맡았다. 『신단실기』는 대종교 2세 교주인 무원(茂園) 김교헌(金敎獻)이 1914년에 저술한 것으로 대종교의 교리(敎理)와 밀접한 연관을 갖는 내용이다. 이 책은 처음 대종교의 교명이 단군교인 것처럼, 단군을 종조로 내세워 민족종교의 교리와 단군역사를 체계화시킨 것이다. 따라서 『신단실기』는 일제에 의해 나라는 강탈당했으나, 우리에게는 유구한 민족의 시조가 있고 민족사가 있으며 민족의 고유한 종교가 있다는 것을 밝히고자 한 종교서인 동시에 민족혼을 일깨우는 단군역사서라 이해할 수 있다.
이 책의 내용 구성을 보면, 단군시대의 역사, 대종교(檀君神敎)의 기본적 신관(神觀), 대종교의 발전 과정, 역대 제천행사, 단군 관련의 민간신앙, 단군 관련 역사 유적, 백두산에 관한 논고, 단군고조선에 대한 영토문제, 상실된 태고의 단군고사 등, 총 19개 항목[단군세기(檀君世紀)·삼신상제(三神上帝)·교화원류(敎化源流)·신이징험(神異徵驗)·단사전묘(壇祠殿墓)·역대제천(歷代祭天)·족통원류(族統源流)·시사악장(詩詞樂章)·고속습유(古俗拾遺)·단군향수변(檀君享壽辨)·단군변(檀君辨)·강동릉변(江東陵辨)·부루변(夫婁辨)·태백산변(太白山辨)·평양급패수변(平壤及浿水辨)·단군강역고(檀君疆域考)·백두산고(白頭山考)·백악고(白岳考)·경사재액(經史災厄)]

에 이르는 단군 관련 역사 기록을 정리한 것이다.

이병기가 이러한 내용이 실린 『신단실기』의 교열을 맡았다는 것은 결코 우연이 아니었다. 그의 대종교적 역사인식과 정서가 상당했음을 말해 주는 부분이다. 이병기가 해방 이후 고향에서 '과거의 우리 민족혼'이란 주제로 단군역사를 강의한 것이나, 1945년 개천절을 맞아 「백두산가」를 지은 것도 이러한 정서의 연장이었다.

이병기는 1946년 7월 23일 대종교에서 개최한 국학하기강좌 이극로(李克魯)·정열모와 함께 국어를 담당하였다. 대종교총본사 천궁(天宮)에서 개최된 이 강좌는, 대종교 정신을 바탕으로 한 국어·국사에 대한 지식보급과 더불어 시사 및 민족의식에 관한 계몽을 목적으로 하였다. 그 해 10월에 개최된 야간국학강좌에서 정열모와 함께 국문학을 맡아 강의하는가 하면, 1949년 7월 25일 개최된 하기국학대강좌도 고전문학과 국문학개설 등을 맡아 강의하였다. 또한 해방 직후, 임오교변으로 순교한 10명을 기리기 위해 도모한 『임오십현순교실록(壬午十賢殉教實錄)』 발간 계획 당시, 이극로와 함께 추모시가(追慕詩歌) 부분을 맡았으나 미완성을 끝났다. 아마도 이극로의 월북으로 이루어지지 못한 듯하다.

대종교 발전을 위한 이병기의 이와 같은 기여를 평가하여, 대종교에서는 한국전쟁이 끝난 이후인 1955년 3월 21일 상교(尙敎)의 교질(敎秩)을 수여하였다. 이병기는 당시 대종교의 중진이면서도 평가 받지 못한 신태윤(申泰允)·나정수(羅正綬)·임재갑(任在甲) 등과 함께 참교(參敎)의 단계에서 지교(知敎)의 교질을 건너뛰고 곧장 상교로 초승(超陞)하였다. 초승이란 특별한 공로나 업적이 현저할 때 단계를 건너 뛰어 교질을 올리는 것을 말한다.

[참고문헌]
『대종교보』제151호(1946년)·제47권3.4호(1955년), 『대종교인과 독립운동연원』(이현익, 프린트본, 1963), 『대종교중광육십년사』(대종교총본사, 1971), 『동아일보』1927.2.21., 『일제침략하한국36년사』8(국사편찬위원회, 1973), 『반세기의 증언』(이인, 명지대학출판부, 1974), 『가람일기』 I·II(이병기, 신구문화사, 1976), 『독립운동사(문화투쟁사)』8(독립운동사편찬위원회, 1973), 『독립운동사(대중투쟁사)』10(독립운동사편찬위원회, 1978), 『국학이란 무엇인가』(김동환, 흔뿌리, 2011)

이병기(李秉氣, 남, 생몰 미상)

입교 시기 _ 1926년 이전 | 교질 _ 미상

출신지역과 생몰연대를 알 수 없는 인물이다. 일제의 기록이나 대종교단 내에서도 이병기와 관련된 흔적은 없다. 다만 만주대종교포교금지령(滿洲大倧敎布敎禁止令) 당시, 만주 당국에 압수당한 문건에 그의 이름이 올라 있다.

일제는 만주 지역 대종교 자체가 항일투쟁의 본거임을 인식하고 중국의 동북군벌정권과 결탁하여 대종교의 탄압을 모색했다. 마침내 1925년 만주 지역의 항일독립운동을 차단하기 위해 맺어진 마쓰야협정(三矢協定)에 의하여 길림성장(吉林省長) 겸 독군(督軍)이었던 장작상(張作相)은 만주 지역 대종교포교금지령(1926년)을 내렸다. 1929년 이

금지령이 해제될 때까지 대종교총본사는 만주의 각지를 전전하면서 철저히 은둔해야만 했다. 이것은 단순히 교세의 위축을 넘어서, 교단의 체제와 연락망 그리고 기록의 분실 등과도 연결된 것으로 대종교에 심각한 타격을 안겨준 시간이었다.

1926년 당시 이병기는 대종교 안일시교당(安一施敎堂)의 찬무(贊務, 부책임자)를 맡아 대종교 포교와 함께 항일투쟁의 길을 걸었던 인물이다. 그 이전에 대종교에 입교한 것이 확인되지만 그의 교질(敎秩) 관계 역시 전하는 것이 없다. 안일시교당은 항일투쟁의 주요 근거였던 화룡현(和龍縣) 팔도하자(八道河子) 덕신사(德新社) 방안촌(邦安村)에 소재했던 시교당이다. 조창협(趙昌協)이 전무(典務, 책임자)로 있었으며 지어화(池魚化)가 이병기와 함께 찬무로 임명되어 활동하면서, 그들은 그 지역 근제의원(勤濟醫院)을 연락 거점으로 사용하였다.

[참고문헌]
『대종교중광육십년사』(대종교총본사, 1971), 「大倧敎施敎堂一覽表(1926年)」(延边朝鲜族自治州档案馆 全宗号42 目录号1 案卷号343, 和龙县历史档案 和龙县警察所, 令各区查禁韩人设立大倧教堂由, 民国十五年五月十二日)

이병운(李炳云, 남, 생몰 미상)

입교 시기 _ 1923년 | 교질 _ 미상

출신지역과 생몰연대를 알 수 없는 인물이다. 일제의 기록에서도 찾을 수가 없다. 오직 대종교단 내의 기록에만 일부 전할 뿐이다. 이병운은 1923년 6월 20일(음력) 대종교 동이도본사(東二道本司) 관할 수일시교당(綏一施敎堂)의 전무(典務, 책임자)를 맡은 기록이 있다. 그 이전에 대종교에 입교한 것을 알 수 있다. 수일시교당은 동녕현(東寧縣) 중동선(中東線) 소수분(小綏芬) 지역 팔리평(八裡坪)에 소재했으며, 그 지역의 해동상점(海東商店)을 연락 거점으로 삼고 있었다. 당시 중동선은 항일투사들의 주요 활동 루트로써, 혈성단(血誠團)을 중심으로 항일투쟁을 전개한 김두권(金斗權)과 항일투사 이만수(李萬秀)가 찬무(贊務, 부책임자)를 맡아 이병운을 도왔다.

[참고문헌]
『대종교보』제58호(1923년), 『대종교중광육십년사』(대종교총본사, 1971)

이병홍(李炳洪, 남, 1891-1955)

아호(별명) _ 현모(玄圃)
입교 시기 _ 일제강점기 | 교질 _ 지교

경상남도 산청군(山淸郡) 단성면(丹城面) 배양리(培養里) 출신이다. 일찍부터 한학을 수학하고 상경하여 오성학교(五星學校)를 졸업하였다.

서울에서 3·1독립만세운동이 일자 독립선언식과 만세시위에 동참하였다. 이후 독립선언서를 휴대하고 귀향한 이병홍은 강재순(姜在淳)을 만나 독립선언서를 보여주며 서울의 정황을 전하면서 지역의 시위를 고무한 인물이다. 일제의 감시가 심해지자 중국 상해로 망명한 이병홍은, 대한민국임시정부의 요인으로 활동하면서 산청군의 조사원 및 자금조달 역의 밀명을 안고 귀국하였다. 그리고 1928년 11월 23일에는 대종교지도자 백산(白山) 안희제(安熙濟)가 주도하여 개최한 중외일보사 창립총회에 참여하면서, 민족 언론 창달에도 관여하게 된다.

해방 이후에는 무소속으로 경남 산청 지역 민의원(民議院)으로 당선되어 정치적 행보를 걸었고, 1948년 10월 22일에 설치된 반민특위(반민족행위특별조사위원회)에 참여하여 제1조사부장을 역임하였다. 그는 반민특위 조사 과정에서 반민족적 삶에 대해 회개는커녕 긍지와 변명, 그리고 다시 그 세상이 올 것으로 확신하는 친일파 군상을 보며 한탄하기도 했다. 이병홍이 『신천지』 잡지에 기고한 「반민자의 심정」이란 아래 글이 그것을 말해 준다.

"친일 거두의 집에서 흔히 일본 황제의 사진이 벽상에 조심스럽게 걸려 있는 것이 발견되었다. 그리고 소위 교육칙어란 것을 가보처럼 모시어둔 것이 발견되었다. 이것은 우리들을 적지 않게 놀라게 하였다. …(중략)… 친일 거두는 결코 천치(天痴)가 아니다. 그들처럼 보신술에 능란하고 그들처럼 세간을 주의하는 자가 적을 것이다. 그럼에도 불구하고 이러한 무명한 작희(作戱)를 감행하는 것은 첫째, 그들은 대한민국에 대하여 친일파에 대한 관대를 기대하였거나 무위(無爲)를 예단한 것일 것이다. 둘째, 그들은 불원간 일본이 반드시 이 땅에 재강림한다는 것을 마치 그리스도의 재강림을 믿는 기독교인과 같이 확신하고 있는 것이다. …(중략)… 그리고 어떠한 자는 태연하게 우리들 앞에서 이완용의 위대한 민족애를 강조하고 동상건립의 필요를 역설까지 하였다. 어떤 자는 장차 우리들이 저들 앞에 심판받을 날이 불원할 것을 오연(傲然)히 말했다. …(중략)… 동족을 초개(草芥)와 같이 생각하고 인간을 금수와 같이 아는 사상과 허언(虛言), 아부, 회뢰(賄賂), 고문, 폭행, 테러 등 모든 악덕과 '기술'을 회(賄)하고 있는 것이 이 사람들이다. …(중략)… 이리하여 그들은 그들의 조국 일본이 다시 동양의 헌병으로서 대륙에 건너오는 날을 손꼽아 기다리고 있는 것이다."

한편 이승만은 1949년 2월 15일 "이 법을 정할 적에 국회에서나 대통령이 조사위원들에게 권리를 맡겨서 행정부 사법부의 일까지 맡아 가지고 2, 3인이 마음대로 사람을 잡아다가 난타 고문하라는 문구나 의도는 없는 것이니 즉시 개정하는 것이 옳을 것이다."라는 의견과 함께 반민족행위처벌법(反民族行爲處罰法) 개정의 필요성이 담긴 대통령 담화를 발표한다. 이에 이병홍은 이틀 후인 2월 17일자 『연합신문』에 「대통령 담화는 경악할만한 거라는」 아래 글을 통해 이승만의 담화를 정면 반박하였다.

"15일부 대통령담화는 그 내용이 너무도 우리들의 상식과 상치되므로 다시금 그 담화 내용을 확인하기 전에는 사실 대통령이 그런 담화를 발표하였다고 믿고 싶지 않다. 적어도 일국의 원수로서 국회에서 결정되고 대통령 자신이 서명 공포한 법을 그 법이 아직 때도 되기 전에 조변석개한다면 그 나라의 장래가 어떻게 될 것인가? 생각만하여도 대단히 불쾌한 일이다. 더욱 반민법은 민족의 대의(大義)를 세계와 후세 자손에게 밝히는 것이므로 말이 법률이지 우리들은 그 법률을 일종의 민족적 성전(聖典)으로 생각하고 이 법을 말할 때에는 언제나 옷깃을 바르게 하며 경건하고 엄숙한 태도로 대하는 것이다. 이 감정은 전 민족이 동일하게 가지리라고 믿는다. 그런 법률을 대통령이 만약 개정을 요청하였다면 우리는 참으로 경악을 금할 수 없는 바이다. 흔히 와전이 많은 세상이므로 동 발표가 진상이 아니기를 빈다. 더구나 고문 운운은 전혀 사실 무근이며 일국의 원수로서 반민자들의 허위적 낭설을 믿고 부화뇌동한다는 것을 우리는 믿을 수 없다."

이병홍은 청렴강직하고 실천력이 강한 인물로, 일의 정사(正邪)가 구별되면 눈치 보지 않고 돌진했던 성격의 소유자였다. 여기서도 반민법의 본래 취지를 퇴색시키려는 이승만 정권의 반민법 개정 시도를 정면 공박하고 있음이 그대로 드러난다.

이병홍의 대종교 입교는 일제강점기에 이루어졌으나 그 기록은 남아있지 않다. 이에 대종교는 환국 직후인 1946년 3월 24일(음력), 대종교총본사의 특별추천에 의해 영계(靈戒)와 함께 참교(參敎)의 교질(敎秩)을 수여하고, 동시에 경의원(經議院) 참의(參議)로 선임하는 파격적인 대우를 하였다. 당시 참의 선임된 인물들을 보면 반민특위 재판관으로 임명된 고평(高平)을 비롯하여 김승학(金承學)·황학수(黃學秀)·박명진(朴明鎭)·신백우(申伯雨)·김두종(金斗鐘)·이용태(李容兌)·이세정(李世楨)·정운일(鄭雲馹) 등 대종교 중진이자 항일투사들이었다. 또한 얼마 지나지 않은 같은 해 5월 1일에는 지교(知敎)의 교질로 승질(陞秩)하였다. 당시 이병홍의 대종교단 내에서의 비중을 살필 수 있는 부분이다.

[참고문헌]
『대종교보』한국기념호(1946년)·제150호(1946년), 『대종교중광육십년사』(대종교총본사, 1971), 「주식회사 중외일보사 창립총회의 건(思想問題에 關한 調査書類5, 京鍾警高秘 제15854호, 한국사DB, 국사편찬위원회), 「연합신문」1949.2.17., 「반민자의 심정」(이병홍, 『신천지』4권4호, 서울신문사, 1949), 『대한민국건국십년지』(대한민국건국십년지간행회, 1956), 『독립운동사』3(독립운동사편찬위원회, 1972), 『그와 나 사이를 걷다』(김영식, 호메로스, 2015)

이복(李福, 남, 생몰 미상)

입교 시기_미상 | 교질_미상

출신지역과 생몰연대를 알 수 없는 인물이다. 그 외자이름 또한 대종교 입교와 함께 개명한 이름인 듯하나 확인이 안 된다. 이복은 대종교 항일단체인 대한군정서(북로군정서)의 헌병대 소대장을 지낸 인물이다. 대한군정서는 항일단체인 중광단(重光團)의 정신을 계승한 조직으로, 대종교의 중광에서 그 정신적 의미를 담아 왔다. 그러므로 구성원의 대다수가 대종교도였다.

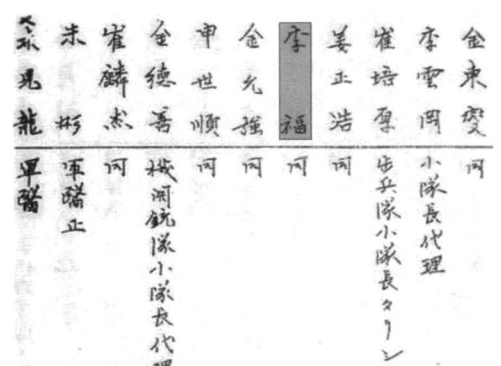

1921년 6월에 작성 일제의 문서에 대한군정서 헌병대소대장으로 李福(네모 안)의 이름이 올라 있다.

이복은 1924년 1월에도 대종교학교인 대둔학교(大屯學校)의 교장을 맡기도 했다. 이 학교는 밀강(密江)에 소재했으며 최학명(崔學明)이 주관한 학교로, 당시 27명의 학생을 지도하고 있었다.

이복의 대종교 관련 교력은 현재 전하는 것이 없다. 다만 이복이 최배원(崔培原)·강정호(姜正浩)·김윤강(金允强)·신세순(申世順) 등과 대한군정서의 헌병대 소대장이라는 중간간부를 맡은 것으로 보아 이 시기에 이미 대종교에 깊이 관여한 듯하다.

[참고문헌]
「朝鮮側 警察이 朝鮮人 金順 等을 拘引시킨 것에 관한 건」(不逞團關係雜件-朝鮮人의 部-在滿洲의 部28, 公 第259號; 受 20669號, 한국사DB, 국사편찬위원회), 「朝鮮軍參謀部發 朝特報에 관한 綴(2)」(공훈전자사료관, 한국역사종보통합시스템)

이봉춘(李逢春, 남, 생물 미상)
입교 시기 _ 1935년 이전 | 교질 _ 참교

출신지역과 생몰연대를 알 수 없는 인물로, 1926년 4월 1일 조직된 동일소년회(東一少年會)의 음악부장을 맡았다. 동일소년회는 공산주의 계열의 단체로 연길현 상의향(尚義鄉) 노두구(老頭溝)에 위치해 있었다.

이 소년회는 그 지역 사립학교 학생들을 회원으로 모아 매월 3~4회 야간집회를 통해 토론과 연설 등을 행하는가 하면, 용정의 동만청년총연맹과 밀접한 연관을 가졌다. 이봉춘이 음악부장을 맡았던 당시 회장은 이인수(李仁秀) 부회장은 최순택(崔順澤)이었다. 또한 재무부장은 김용춘

(金龍春), 지육부장(智育部長)은 김일성(金日星), 교풍부장(矯風部長)은 김동섭(金銅燮), 윙려부장(慰悅部長)은 정인화(鄭仁華)가 각각 맡았다.

이봉춘과 관련된 대종교 입교 기록이나 영계(靈戒) 사항은 남아있는 것이 없다. 다만 1935년 3월 20일(음력) 대종교 성일시교당의 찬무(贊務, 부책임자)로 임명된 기록이 전한다. 성일시교당은 대종교의 은거지(隱居地)였던 밀산현(密山縣)에 소재한 시교당으로, 대종교 동이도본사(東二道本司) 관할이었다. 당시 항일투사 조병원(曹秉元)이 지교(知敎)의 교질(教秩)로 성일시교당의 전무(典務, 책임자)를 맡았으며, 이봉춘의 교질도 참교(參敎)의 단계에 있었음을 보면 그의 대종교 입교가 훨씬 이전에 이루어졌음을 알 수 있다.

[참고문헌]
『대종교중광육십년사』(대종교총본사, 1971), 「間島 및 琿春地方 朝鮮人의 結社團體 調査報告에 關한 件」(不逞團關係雜件-朝鮮人의 部-在滿洲의 部43, 機密 第591號; 外務省文書課受 第627號, 한국사DB, 국사편찬위원회).

이봉춘(李逢春, 남, 생물 미상)
입교 시기 _ 1914년 이전 | 교질 _ 미상

출신지역과 생몰연대가 불분명한 인물이다. 1910년대 중반, 대종교가 중광(重光)터인 종로구 가회동(嘉會洞) 14번지(현 안국선원 자리)에 거주한 것을 보아 대종교와의 인연이 비교적 이른 시기에 이루어졌음을 알게 해 준다. 이봉춘은 1931년 11월에 출범한 단군신전봉찬회(檀君神殿奉贊會)의 창립총회에서도 고문을 맡은 기록도 있다.

이봉춘의 대종교 관련 교력은 교단 내에는 전하는 것이 없다. 다만 대종교 항일투사인 조창용(趙昌容)의 기록에 보면, 이봉춘이 1914년 2월(음력) 이전에 이미 대종교인임을 적고 있다. 또한 당시 계룡산 신도안(新都安)에 있던 대종교 교당(教堂)이 이봉춘의 희사로 봉축되었음도 밝히고 있다. 다음의 기록이 그것이다.

"다음날 출발하여 공주에 도착하여 당족(堂族)이 새로 사는 곳을 방문하여 기쁘게 서로 대화를 나누었다. 다음날 계룡산 신도안에 들어가서 대종교 당내(堂內)의 교형(教兄) 오연두(吳淵斗) 씨를 방문하였는데, 진잠(鎭岑) 서면(西面) 송정리(松亭里) 사람이다. 잠시 대화를 나누면서 동정을 표하였다. 내가 한 번 북쪽에서 온 이후로 아직도 그리워하던 중이라 진실로 기뻤다. 오후에 여러 대종교 형제들이 축하하러 왔는데, 교당(教堂)은 대종교 동생 이봉춘(李逢春)이 전담하여 건설하였다고 한다. 한 대종교 동생과 함께 삼신당(三神堂)에 가서 참배하였는데, 삼신당은 단군(檀君)을 숭봉하는 곳이다. 삼신(三神)의 뜻은 곧 인류의 시조, 인민의 군왕, 교화의 주인으로 한 몸에 세 가지를 합쳤기 때문에 삼신이라 한다."

나철(羅喆)이 대종교를 중광한 가회동의 공간을 확보하고 있던 것이나, 신도안의 교당을 앞장서 건설한 것, 그리고 1914년 이전에 대종교인임을 보면 이봉춘의 대종교단 내에서의 입지 역시 상당했을 것으로 추정되나, 관련된 기록이 모두 전하지 않는다.

[참고문헌]
『檀君神殿奉贊會創立總會』 集會取締 狀況報告(通報)」(『思想에 關한 情報1, 京鍾警高秘 제14018호, 한국사DB, 국사편찬위원회), 『백농실기』(조창용, 한국독립운동사연구소, 1993)

이봉화(李逢華, 남, 생몰 미상)
입교 시기_ 1914년 이전 | 교질_ 미상

출신지역과 생몰연대를 알 수 없다. 일제의 여러 기록에서도 찾을 수 없으며 오직 대종교단 내의 기록에만 등장하는 인물이다. 이봉화의 대종교 교력을 살피면, 1923년 4월 26일(음력) 대종교 동일도본사가 관할하는 명일시교당(明一施敎堂)의 찬무(贊務)를 맡은 기록이 있다. 그의 대종교 입교가 그 이전에 이루어졌음을 알 수 있다. 당시 명일시교당은 연길현 두도구(頭道溝) 명수동(明水洞)에 소재했던 시교당으로, 청산리독립전쟁 이후 대종교에 대한 탄압이 극심했던 지역이다. 명일시교당은 한경수(韓景洙)가 전무(典務, 책임자)를 맡았고 김종호(金鍾浩)와 같이 찬무를 맡아 이봉화와 함께 했다.

[참고문헌]
『대종교보』제58호(1923년), 『대종교중광육십년사』(대종교총본사, 1971)

이상규(李相珪, 남, 1857-?)
아호(별명)_ 진약(鎭若), 대야(大冶), 만오(晩悟)
입교 시기_ 1911년 이전 | 교질_ 지교

경상북도 상주군(尙州郡) 모서면(牟西面) 장효리(長孝里) 출신이다. 일찍이 대종교의 인맥으로 만주로 건너가, 1918년 4월 대종교지도자 정안립(鄭安立) 등이 주도한 동성한족생계회(東省韓族生計會)에 참여하여 김동삼과 함께 조사부장을 맡았다. 이 생계회는 만주지방 동포들의 생계를 증진하고 안정을 꾀해 독립운동의 기반을 조성한다는 목적으로 조직된 단체였다.
이후 이상규는 국내로 들어와 조선고사연구회(朝鮮古史研究會)를 이끌기도 했다. 이 연구회는 1920년 1월 18일, 정안립과 일본인 쓰에나가 쎄쓰(末永節) 등이 중심이 되어 창립한 모임으로 '신고구려 건설'의 기치를 내걸고 고조선사(古朝鮮史) 연구를 목적으로 하였다. 당시 회장은 이상규가 맡았으며 권도상(權道相, 부회장)과 김병수(金秉洙, 총무), 김흥곤(金興坤)·권락종(權洛鍾)·송주헌(宋柱憲) 등 여러 명

이 발기인으로 동참하였다. 특히 정안립은 발기 당시 아래와 같은 취지를 설명하면서 고대사 연구의 필요성을 강조하였다.

"조선고사연구회라는 것은 결단코 정치적 회합은 아니올시다. 오직 학문적 집합이오니 곧 조선 고대 역사를 연구하자는 목적이올시다. 우리는 사천년의 장구한 역사를 가진 민족이올시다. 하거늘 이 장구하고 광영 있는 역사를 세계적으로 소개하기는 고사하고 우리 민족간에도 보급치 못하였읍니다. 오히려 아주 우리 민족은 우리의 역사를 모른다 하여도 과한 말이 아니올시다. 그런 고로 우리는 우리의 역사 더욱이 고대사를 연구치 아니치 못할 것이올시다."

이상규의 대종교 교력을 살피면 1911년 중광절(重光節, 음력 1월 15일)에 참교(參敎)의 교질(敎秩)을 받은 기록이 있다. 중광절이란 1909년 1월 15일(음력), 홍암(弘巖) 나철(羅喆)을 중심으로 한 수십 명이 전래해 온 단군신앙을 다시 일으킨 날을 기념하는 경절이다. 이상규의 대종교 입교가 중광한 지 얼마 되지 않아 이루어졌음이 확인된다. 또한 1913년 4월 6일(음력) 지교(知敎)의 교질로 오른 기록이 있으나, 그 이후의 교력은 전하지 않는다.

[참고문헌]
『종문영질』(프린트본, 1922), 『본사행일기』(성세영, 필사본, 1922), 「排日鮮人의 動靜에 관한 건」(不逞團關係雜件-朝鮮人의 部-在滿洲의 部6, 政機密 제14號; 秘受 7369號, 한국사DB, 국사편찬위원회), 「朝鮮古史研究會 解散에 關한 件」(不逞團關係雜件-朝鮮人의 部-在滿洲의 部16, 高警 第9818號; 秘受 4347號, 한국사DB, 국사편찬위원회), 『매일신보』1920.1.20., 『동아일보』1920.4.10., 『高等警察用語辭典:部外秘』(朝鮮總督府警務局, 1935) 『일제침략하한국36년사』5(국사편찬위원회, 1970), 『한국독립운동사자료』42(국사편찬위원회, 2006)

이상룡(李相龍, 남, 1958-1932)
아호(별명)_ 만초(萬初), 석주(石洲), 이계원(李啓元), 이상희(李相羲)
입교 시기_ 1910년대 | 교질_ 미상 | 서훈_ 독립장(1962)

이상룡

경상북도 안동부(安東府) 동부(東部) 법흥동(法興洞) 출신으로, 초명은 이상희(李象羲)다. 1896년 박경종(朴慶鍾)과 함께 가야산에 군사 진지를 구축하고 의병 항전을 시도하는가 하면, 안동의 의병장 권세연(權世淵)을 지원하기도 했다. 1907년에는 유인식(柳寅植)·김동삼(金東三) 등과 안동에 협동학교(協東學校)를 설립하고 애국계몽운동에 앞장섰다.
경술국치 이후인 1911년 2월 서간도 회인현(懷仁縣, 후일 桓仁縣으로 개칭) 항도천(恒道川)

으로 이주하여 김대락(金大洛) 등과 한만관계사를 연구·집필하였다. 그 해 4월 봉천성(奉天省) 유하현(柳河縣)으로 이동하여 이동녕(李東寧)·이시영(李始榮)·이회영(李會榮)·김대락 등과 경학사(耕學社)를 조직하고 경학사장에 추대되었다. 1913년에는 유하현 지사를 상대로 교섭을 벌이고 중화민국 국회에 건의서를 보내, 재만한인이 당면하고 있는 처지를 밝혀 귀화권의 승인을 요청하였다. 또한 재만한인에게 호소하는 「경고남만주교거동포(警告南滿洲僑居同胞)」도 발표하는가 하면, 1917년에는 길림(吉林)의 총독과 재만한인의 권익 확보를 위한 교섭을 벌이기도 했다.

3·1운동 직후인 1919년 5월 서간도 지역에서 군정부 발족하자 총재로 추대되었다. 이 군정부는 독립군의 양성을 지원하기 위해 한족회(韓族會) 산하에 구성된 것이다. 그러나 해외독립운동 선상에서 한 나라에는 하나의 정부만이 있어야 한다는 이상룡의 주장에 따라, 그 해 11월 군정부를 서로군정서(西路軍政署)로 개칭하고 대한민국임시정부를 지지하였다. 이상룡은 서로군정서 독판(督辦)으로 선임되었다.

1924년 11월 24일에는 정의부(正義府)에 참여하여 간부로 활약하는가 하면, 1925년 9월에는 대한민국임시정부 국무령(國務領)으로 취임하였다. 그러나 임시정부 내의 사상적 대립과 파쟁으로 정치적 경륜을 발휘할 수 없게 되자 국무령을 사임하고, 서간도 반석현(磐石縣) 호란하(呼蘭河)로 돌아왔다. 그리고 전민족유일당 결성을 위해 정의부·참의부·신민부의 3부통합운동을 지도하였으며, 1932년 5월 "외세 때문에 주저하지 말고 더욱 힘써 목적을 관철하라"는 유언을 남기고 길림성 서란현(舒蘭縣) 소성자(小城子)에서 서거하였다.

[주요 저술과 역사인식]

이상룡이 남긴 글들의 대부분은 그의 시문집인 『석주유고(石洲遺稿)』에 실려 전한다. 이 책은 이상룡의 아들인 이준형(李濬衡)이 1932년 문집 형태로 모은 수필본이다. 해방 이후인 1973년 고려대학교출판부에서 영인본으로 간행되었으며, 2008년에는 안동독립운동기념관에서 상·하 2권 번역본으로 출간하였다.

『석주유고』에 담긴 사상을 보면 유교적 가치와 개화사상, 그리고 대종교적 역사인식이 층을 이루듯 드러나 있다. 특히 「서사록(西徙錄)」(1911), 「봉기자우조선(封箕子于朝鮮)」(1913), 「요동평양(遼東平壤)」(1915), 「조선평양확유기자묘우유정전(朝鮮平壤確有箕子墓又有井田)」(1915), 「존화양이변(尊華攘夷辨)」(1915)을 비롯한 여러 시문 등에는 그의 민족주의적 역사인식이 잘 표출되어 나타난다.

이상룡은 경술국치 직후 선재(先齋)에 은거하며 만주 지도를 펴놓고 고심하였다 한다. 또한 망명 직전인 1910년 겨울 『국사(國史)』를 초(抄)하였다고도 하나 전하지 않는다. 이 시기 이미 만주를 중심으로 한 역사인식에 대해 많은 고민이 있었음을 엿볼 수 있다. 사실 이상룡이 만주로 망명하기로 결심한 것 역시, 만주가 단군성인의 구강(舊疆)이고 그곳 사람들이 동족이라고 인식하였기 때문이었다. 1913년에는 『대동역사(大東歷史)』를 저술하였다 하나 이 역

시 남아있지 않다. 이 책이 1923년경에 신흥무관학교의 교재로 사용되었다는 점도 주목해 볼 일이다. 더불어 언급한 『국사』나 『대동역사』의 역사인식 또한 크게 다르지 않을 듯하다.

한편 그러한 역사인식의 대강은 그의 「행장(行狀)」이나 「서사록」 등에서도 살필 수 있다. 「행장」에 간추려 놓은 아래의 내용 보자.

"계축년(1913년-인용자 주)에 『대동역사』를 초록하였다. 예전의 동사(東史)들은 나라의 경계는 압록강 이동과 두만강 이남을 사군(四郡)으로 삼았고 국통(國統)은 기씨(箕氏)로서 단군을 잇고, 기자조선이 망하자 고구려·백제·신라가 병립하였으며, 고구려와 백제가 망함에 미쳐서는 신라로 정통을 귀속시키고 발해에 대해서는 아무런 언급이 없었다. 공(公, 이상룡을 말함-인용자 주)은 처음으로 중국 동쪽 여러 나라의 지지(地誌)와 역사를 널리 고찰하여 바로 잡아서 만주가 조선의 뿌리가 되는 땅임을 밝혔고, 고구려와 발해를 민족의 정통으로 삼았는데, 이는 모두 다 국통을 높이고 국민정신을 고양하고자 함이다."

전하지 않는 『대동역사』에 실린 우리 고대사에 대한 역사인식이 요약되어 있다. 인용문에서 말하는 '예전의 동사'란 유교적 역사서를 말하는 것이다. 그러한 사서에는 우리 역사의 활동무대가 반도 내로 축소되어 있고, 한사군 역시 반도 내에 존재했음을 밝히고 있다. 또한 기자를 정통으로 하는 신라정통론(삼한정통론)이 득세했다는 것이 이상룡의 인식이다. 그러나 『대동역사』에서는 그러한 인식을 정면으로 부정한다. 우리의 활동 무대가 압록강과 두만강을 넘어 만주라는 것과 한사군 역시 그곳에 있었다는 인식이다. 또한 기자 중심이 아닌 단군을 정통으로 하는 고구려·발해가 중요시됨도 확인된다.

이상룡이 성리학에 기반을 둔 유학자들이 신주처럼 떠받들던 기자동래설에 대해 질타한 내용도 주목된다. 그는 「서사록」에서 기자동래설이 노예근성과 노예사관에서 비롯된 근거 없는 황당무계한 허구라고 아래와 같이 질타하였다.

"대개 단군의 혈통은 북부여·동부여·졸본부여로부터 면면히 이어져 3천년 동안 끊어지지 않았다. 한 침상 위에 어디에 기씨(箕氏)가 코를 골며 잠잘 곳이 있겠는가? 우리나라 사람들은 당초 사가의 견식이 없어 망령되이 노예의 근성으로 꾸며 찬술하는 솜씨를 남용하여 국가의 체통이 손상될 것을 생각지 않고 오직 타인을 숭배하는 데만 힘썼다. 드디어 은나라의 망명 신하로 하여금, 우리 동방의 창업 시조가 되도록 꾸며 사당을 세우고 분묘(墳墓)를 만들어 놓았다. 그것을 법 삼아 지켜온 세월이 오래되자 국민의 이목이 모두 바뀌고 지명과 면모의 변화한 자취가 의거할 곳을 잃어버렸다. 비록 총명박아(聰明博雅)한 학자라 하더라도 어찌 그 진위(眞僞)를 가릴 수 있겠는가?"

이러한 노예근성에 대한 공박은 김교헌(金敎獻)·박은식(朴殷植)·신채호(申采浩) 등, 대종교 역사학자들의 공통된 인식이었다.

한편 이상룡의 이러한 역사인식이 대종교의 남북조사관(南北朝史觀)이나 부여정통론(扶餘正統論)과 일맥하고 있다는 점도 흥미롭다. 남북조사관이란 족통개념(族統槪念)을 통한 대종교의 역사인식이다. 단군조(檀君朝) 배달민족의 후예인 북조(北朝)의 부여와 남조(南朝)의 기씨(箕氏) 이래, 근세의 조선(남조)과 청나라(북조)로 이어지기까지 존재했던 남북강역의 세력과 집단을 단군 후예들의 역사 활동으로 간주하는 역사관이다. 이것은 일제식민지주의사관의 한 줄기인 반도사관의 대항 논리라 할 수 있는 대륙사관(大陸史觀)과도 흡사한 것이다. 즉 한국사의 일부로 취급되는 국가와 한국인의 활동 영역을 한반도뿐만 아니라 만주 또는 발해만 부근과 산동 반도를 비롯한 중국 본토의 동쪽 해안까지 확장하는 역사관이 대륙사관으로, 이 역시 대종교의 강역의식과도 그대로 맞물린다.

부여정통론이란 우리 고대사의 흐름이 단군조선에서 '부여→고구려'로 이어지는 계통론이라 할 수 있다. 중국의 성리학적 질서에서 보면 주무왕의 봉함을 받은 기자가 중심이나, 우리의 입장에서 보면 우리의 시조 단군이 주인공이 된다. 또한 삼한정통론은 중화사관의 얼개와 뗄 수 없는 구조를 안고 있다. 반면 부여정통론은 일제강점기 민족주의역사학 형성에 많은 자양분을 제공하였다. 특히 항일투쟁의 중요한 동력으로도 부여정통론이 작용하고 있음을 간과해선 안 된다.

이상룡은 「경학사취지서(耕學社趣旨書)」에서도, 만주는 부여의 옛 지역이기 때문에 이역이 아니며, 고구려의 유족이 발해로 모인 것이기에 당시의 만주인은 동포라고 주장하였다. 즉, 만주는 과거는 물론 현재도 우리 민족사와 계속성과 동질성을 지니는 곳이란 점을 강조한 것이었다. 남북조사관이나 부여정통론이 그대로 함축된 부분이다. 이러한 인식은 그의 「서사록」에서도 아래와 같이 드러나 있다.

"예로부터 뜻을 지닌 사람이 뜻을 이루지 못하면 온 가족이 은둔하는 것이 또한 하나의 길이다. 하물며 만주는 우리 단성(檀聖)의 구강(舊疆)이며 항도천(恒道川)은 고구려의 국내성이며, 근지(近地)인 요동(遼東)은 또 기씨(箕氏)의 봉지(封地)로서 사군이부(四郡二府)의 역사가 있다. 그곳에 사는 사람들은 비록 옷차림이 같지 않고 언어가 서로 다르지만 그 선조는 같은 종족이다. 강 하나를 사이에 두고 서로 왕래하고 거리낌이 없었으니 어찌 남의 땅으로 보는 것이 옳겠는가. 이에 이곳으로 옮기기로 결의한 것이다."

이상룡이 그의 시문 곳곳에서 단군국조론(檀君國祖論)을 앞세워 단군이나 백두산을 예찬한 것이나, 그 유적들과 문화유습의 소중함을 일깨운 것도 이러한 역사인식과 무관치 않다.

이상룡의 대종교 입교는 만주로 건너간 직후에 이루어졌다고 하나, 그 기록은 전하는 것이 없다. 그러나 대종교 항일투사인 박명진(朴明鎭)은 그가 기록한 『대종교독립운동사』에서, 1910년대 초반 대종교의 주요 교인으로 이상룡을 올리고 있다. 1912년 경학사의 후신인 부민단(扶民團)을 조직할 당시, 당시 대종교의 중심인물인 이상룡을 비롯한 허혁(許赫)·이탁(李沰)·김동삼(金東三)·이동녕(李東寧)·박우진(朴宇鎭, 朴健) 등을 언급한 것이다. 이상룡이 만주로 건너간 직후에 대종교에 입교하였음을 시사해주는 부분이다.

또한 박명진은 1919년 4월 한족회(韓族會)의 출범에도 대종교 서일도본사 소속으로 이상룡이 참여하고 있음을 아래와 같이 적고 있다.

"3·1독립운동이 국내에서 일어나자 국내 교도(敎徒)는 전원이 참가하였고 만주에 있는 대종교는 이에 호응하여 무력투쟁으로 전개됨에 따라 종교운동은 실제에 있어서 군사운동으로 변하고 말았다. 동년(1919-인용자 주) 4월 서일도구(西一道區) 부민단을 해체하고 남만통합기구로 한족회를 조직하니, 그 중요 인물은 이상룡·이탁·김동삼·박건(朴健, 朴宇鎭-인용자 주)·윤기섭(尹綺燮) 등이오, 그 목적은 한교(韓僑) 치안유지와 계몽사업과 광복운동이며 지방에 총관(總管)을 두다."

한족회는 본격적인 군사운동의 일환으로 군정부(軍政府)도 설치했는데, 이것이 후일 서로군정서로 발전하는 것이다. 특히 박명진의 형인 박우진(박건)이란 인물은 부민단부터 한족회, 서로군정서까지 이상룡과 동고동락을 함께 한 인물로 대종교의 핵심이었다.

1919년 4월 韓族會를 설립할 당시, 대종교 西一道區 소속의 주요 교인으로 참여한 李相龍(네모 안)에 대한 기록을 적은 박명진의 『대종교독립운동사』

서로군정서는 북간도의 대한군정서(북로군정서)와 함께 모두 단군정신으로 무장된 집단이었다. 서로군정서가 대종교 정신을 토대로 한 부민단이 토대를 이룬다면, 대한군정서는 대종교도 중심으로 이루어진 중광단(重光團)이 그 바탕이 되었다. 그러므로 두 군정서의 간부진은 대부분 단군성조를 받들고 단군성조의 신우(神佑)를 믿으며 임전태세를 갖추었다. 서로군정서 독판이었던 이상룡이, 군사요원 이범석(李範奭)·성준용(成駿用)·강남호(姜南鎬)를 백두산하의 안도현 내도산(內都山)으로 파견하면서 지어준 다음의 시에서도 단군정신으로 무장한 그들의 정신이 그대로 배어있다.

妙年腰笛氣如虹	젊은 나이의 군복 차림 그 기운 무지 개 뻗친 듯
蘿月松風入望中	나월송풍 사잇길이 저 앞에 보이누나
此行必獲神明助	이번에 가는 길은 하느님의 도움 받으리니
檀帝於昭眷大東	단제님 높은 곳에서 우리나라 보살핀다네

이상룡이 「대한독립선언서(무오독립선언서)」에 참여하여 서명한 것도 이러한 정서의 연장이었다. 「대한독립선언서」는 1918년(무오년) 봄부터 대종교 교주인 김교헌(金敎獻)이 중심이 되어 대종교단 차원에서 준비·진행된 것이다. 이 선언은 대종교의 인적 네트워크를 통하여 비밀리에 진행된 거사로, 이상룡을 비롯하여 김교헌·여준(呂準)·정안립(鄭安立)·박찬익(朴贊翊)·정신(鄭信)·신팔균(申八均)·김좌진(金佐鎭)·이승만(李承晚)·안창호(安昌浩)·김약연(金躍淵) 등, 국외 항일운동지도자 39이 서명하였다. 특히 그 서명자 39인 가운데 기독교인 7명과 종교 미확인 인물이 7명을 제외한 25명이 대종교인으로, 이 선언을 대종교선언으로 일컫는 이유다.

이 선언서는 대종교 중광의 헌장인 「단군교포명서」에서 연유된 단군대황조(檀君大皇祖)에 원(願)하고 맹세가 중심 정서다. 그 내용 역시 대종교적 정서를 반영한 무장혈전주의가 그대로 드러나 있다. 또한 자주독립쟁취의 방법으로써 평화적 협상이나 외교적 노력이 아닌, 우리 독립군의 힘과 피로써 빼앗긴 조국을 되찾아야 함을 다음과 같이 천명하고 있다. 그러므로 이 선언서에 담긴 항일민족독립운동의 방략은 완전자주독립과 항일무장독립전에 있으며, 이후 재만한인독립운동의 행동지침을 제시한 헌장이 됨은 물론, 대종교 항일단체인 중광단·정의단·북로군정서·신민부 등으로 맥락을 이어가는 행동지침을 제시한 이념과 사상이 되었다고 할 수 있다.

한편 이상룡이 같은 단군계열인 단학회(檀學會)의 중심 멤버들과 『단학회보(檀學會報)』라는 잡지도 발간했다는 주장도 흥미를 끈다. 이 잡지 발간의 목적 역시, 단군정신을 통해 잘못된 역사관을 바로 세움과 함께 민족의 올바른 전통과 신념을 세워 국가의 주권을 회복하는데 있었다. 다음의 발간사에서 그 정신을 확인할 수 있다.

"유구한 신시개천(神市開天)의 홍익인간주의 사상과 운동은 육천년이래의 역사적 사회생활의 근본원리와 전통교육을 확립하고, 삼천만민족은 항상 이 숭고한 환국(桓國)의 오훈(五訓)·부여의 구서(九誓)를 그 하늘의 부인(符印)으로 하는, 대원일(大圓一)의 원리원칙에 입각하여 삼만리 신시강토(神市疆土)를 수호하면서, 인격적으로 세계인류와의 공존생활을 추구하고 역사적으로 인류문화와의 화조운동(和調運動)을 힘쓰고 있는 것이다.

우리는 여기에서 '조국의 상징'을 찾아 새로운 이념체계와 올바른 사상방법을 세우고 힘있는 의식화의 조직과 자유로운 사회화의 훈련을 펴면서, 개벽탕평 실사구시(開闢蕩平 實事求是)의 새 기풍을 진작하고 홍익인간 농촌계발(農村啓發)을 그 핵심으로 한, 지생쌍수 생활종교(智生雙修 生活宗敎)의 육성과 함께 사회문화 복리시설의 향상에 대한 최진(最眞)·최선(最善)·최미(最美)의 노력을 다하여, 세계인류의 구제와 봉사로써 미개발지역의 이용확대계획을 실시하며, 세계최신문화와의 대합경쟁(對合競爭)에서 우리의 입장을 천명하여 진정한 민족문화의 건설을 제창하며, 전쟁폐지 인류애(人類愛) 보급을 근본정신으로 세계연합 인류동화주의의 홍익인간시대에 알맞은 경제·지식·도덕의 체제를 수립하는데까지 노력하는 것이다.

이제부터 우리 단학회는 우리의 건전한 주체의식과 민족의 전통 및 그 번영을 선행조건으로 한 민주주의에 포착(抱着)하여 실용적인 격치과학(格致科學)과 주의적(主義的)인 실천윤리를 완전일치로 하는, 그 환국(桓國)의 '홍익인간 탐구인세(弘益人間 貪求人世)' 정신을 사회적으로 인격화하며, 책화보국 진제애민(責禍報國 賑濟愛民)의 일시동락(一施同樂) 관념을 복리적으로 확대발전시키어, 우리의 국토, 우리의 역사, 우리의 문화사상에 대한 위학방법(爲學方法)으로 다시금 되살리어, 현실을 통한 민족의 자주독립 성업(聖業)을 성취하는데 일조가 될 뿐이다.

이제부터 단학회는 재래(在來)의 그릇된 역사관을 바루며 민족의 올바른 전통과 신념을 파지(把持)하여 국가의 주권을 회복(恢復)하므로써, 우리 자손만대의 복지안전과 세계공동의 자유행복의 길을 터줄 것을 다짐하고 우리는 단학회보를 세상에 전포하는 것이다."

그러나 이 『단학회보』는 1919년 3월 16일 창간호가 간행되어 제8호에서 그쳤다 한다. 당시 어려운 상황에서도, 회보 발간의 비용을 이상룡이 보조했다는 것도 주목을 끄는 부분이다.

이렇듯 만주로 망명한 이후 이상룡의 삶은 대종교적 가치와 늘 붙어 다녔다. 대종교 항일투사인 이현익(李縣翼)이 그의 『대종교인과 독립운동연원』이란 글에서, 일제강점기 기억해야 하는 대종교 항일투사 1백여 명의 명단에 이상룡을 올린 이유라 할 수 있다.

[참고문헌]
『대종교인과 독립운동연원』(이현익, 프린트본, 1962), 『대종교독립운동사』(박영진, 필사본, 1964), 『대종교중광육십년사』(대종교총본사, 1971), 『高等警察要史』(경상북도경찰부, 1934), 『무장독립운동비사』(채근식, 대한민국공보처, 1949), 『한국독립사』하(김승학, 독립문화사, 1965), 『朝鮮獨立運動』II(金正明, 原書房, 1967), 『독립운동사』2·3·4·5·7·10(독립운동사편찬위원회, 1971·1972·1973·1975·1978), 『石洲遺稿(高麗大學校出版部, 1973), 『석주이상룡연구』(최덕수, 『사총』19, 고려사학회, 1975), 『독립운동사자료집』14(독립운동사편찬위원회, 1978), 『석주이상룡연구:임정 국무령 선임 배경을 중심으로』(박영석, 『역사학보』89, 역사학회, 1981), 『아직 표상 없는 雲樵 桂延壽―홍범도·이상룡·오동진과 祭天血盟 활동』(이유립, 『大倍達民族史』(五), 高麗家, 1987), 『1910년대 이상룡·김교헌의 민족주의 역사서술』(한영우, 『한국민족주의역사학』, 일조각, 1994), 『(국역)石洲遺稿』(李相龍, 안동독립운동기념관, 2008), 『일제강점기 안동인의 역사저술과 역사인식』(박걸순, 『국학연구』20, 한국국학진흥원, 2012)

이상설(李相卨, 남, 1870-1917)

아호(별명) _ 순오(舜五), 보재(溥齋)
입교 시기 _ 1909년도 | 교질 _ 미상 | 서훈 _ 대통령장(1962)

충청북도 진천군(鎭川郡) 덕산면(德山面) 산척리(山尺里) 출신이다. 일찍이 신학문을 공부하고 헐버트(Hulbert,H.B.)와도 친교를 맺어 영어·프랑스어 등을 익혔으며, 특히 수학·물리·화학·경제학·국제법 등에도 조예가 깊었다.
1894년 문과에 급제하여 비서감비서랑(祕書監祕書郎)을 시작으로 성균관교수 겸 관장, 한성사범학교 교관, 탁지부재무관 등을 역임하고 궁내부특진관으로 승진한 인물이다. 1904년 6월에는 일본인의 전국 황무지개척권 요구의 침략성과 부당성을 폭로하는 「일인요구전국황무지개척권불가소(日人要求全國荒蕪地開拓權不可疏)」라는 상소를 올려 고종의 마음을 움직였으며, 그 해 8월 보안회의 후신인 대한협동회(大韓協同會)의 회장으로도 선출되었다.
을사늑약 당시 의정부 참찬(參贊)으로 있던 그는, 황제 고종에게 종사에 죽을 결심으로 을사오적을 처단하고 을사늑약을 파기할 것을 주장하는 상소를 올렸다. 또한 1905년 11월 말 민영환의 자결 소식을 듣고 종로에 운집한 시민에게 항쟁을 촉구하는 연설을 한 뒤 자결을 시도했으나 실패한 후, 1906년 봄 이동녕(李東寧)·정순만(鄭淳萬) 등과 상해와 블라디보스토크를 거쳐 북간도 용정(龍井)으로 망명하였다. 그리고 같은 해 8월경 그곳에 항일민족교육의 요람인 서전서숙(瑞甸書塾)을 건립하고 숙장(塾長)이 맡았다.
1907년 네덜란드 헤이그에서 개최된 제2회 만국평화회의에 이준(李儁)·이위종(李瑋鍾)과 고종의 특사로 참석하여 대한제국의 실정과 국권회복 문제를 제기하고자 노력하였으나 일본대표와 영국대표의 방해로 성과를 거두지 못하였다. 이에 그 해 6월 대한제국의 주장을 밝힌 「공고사(控告詞)」를 평화회의와 각국 위원에게 보내고, 영국·프랑스·독일·미국·러시아 등지를 순방하며 일제의 침략상을 폭로하는가 하면, 한국의 독립이 동양 평화의 관건임을 주장하며 한국의 영세 중립을 역설하였다. 이로 놀란 일제는 그 해 8월, 정사(正使)인 이상설에게 궐석재판을 통해 사형을 선고하였다
이상설은 1908년 미국 샌프란시스코와 덴버, 콜로라도 주에서 개최된 애국동지대표회에 연해주 한인대표로 참석하며 한인 교포 결속에 큰 역할을 하고, 1909년 정재관(鄭在寬)과 함께 블라디보스토크로 돌아왔다. 그곳에서 이승희(李承熙)·김학만(金學萬)·정순만(鄭淳萬) 등과 흥개호(興凱湖) 밀산(密山) 지역 봉밀산(蜂密山) 부근에 최초의 독립운동기지라 할 수 있는 한흥동(韓興洞)을 건설하였고,

1910년 6월에는 유인석(柳麟錫)·이범윤(李範允)·이남기(李南基) 등과 연해주 방면에 모인 의병을 규합해 13도의군(十三道義軍)을 편성하여 국권회복을 도모하였다. 1910년 경술국치를 당하자 성명회(聲明會)를 조직하여 미국·러시아·중국 등 열강에게 일제의 침략을 규탄하는 한편, 한국 민족의 독립결의를 밝히는 선언서를 보내기도 하였다. 이에 일제는 러시아를 움직여 그 해 이상설을 연해주 니콜리스크(雙城子)로 추방하였으나 오래지 않아 블라디보스토크로 왔다.
1911년에는 권업회(勸業會)를 조직하여 회장으로 추대되었으며, 1912년 민족의식 고취와 교민의 권익향상을 위해 창간된 『권업신문(勸業新聞)』의 주간을 맡기도 하였다. 또한 1913년에는 이동휘(李東輝)·김립(金立)·이종호(李鍾浩)·장기영(張基永) 등과 나자구(羅子溝)에 사관학교를 세워 독립군 간부를 양성하였고, 1914년에는 이동휘·이동녕(李東寧)·정재관(鄭在寬) 등과 중국과 러시아령 안에서 동지들을 규합해 대한광복군정부를 세워 정통령(正統領)에 선임되었다.
1915년 들어 이상설은 대종교의 핵심인물들이었던 신규식(申圭植)·박은식(朴殷植) 등과 더불어 당시의 국제정세를 관망하면서 운동방략을 협의하였다. 그리고 그 해 3월 박은식·신규식·성낙형(成樂馨)·유동열(柳東說)·이춘일(李春日)·유홍렬(劉鴻烈) 등과 제1차 세계대전의 추이를 살피고, 이러한 분위기를 독립운동으로 연결시키기 위한 신한혁명단을 조직하고 이사장으로 추대되었다.
또한 대종교 핵심인 신규식·박은식과 함께 대동보국단(大同輔國團)도 조직하였다. 이 조직은 그 본부를 프랑스 조계 명덕리(明德里)에 두고, 1917년 7월에는 신규식을 비롯한 대종교인 14인의 명의로 우리나라 최초의 독립선언인 「대동단결선언(大同團結宣言)」을 발표하였다. 그러나 이상설은 1916년 병석에 누워 「대동단결선언」에 참여하지 못한 채, 1917년 3월 니콜리스크에서 서거하였다.

[교력]
이상설은 대종교 참여는 중광(重光)과 더불어 이루어진 것으로 알려져 있으나, 교단 내에 남아 있는 기록은 전무하다. 그러나 이상설이 이회영(李會榮)에게 을사늑약의 조짐을 알려주고 고종으로 하여금 조약의 거부를 상주케 한 것이나, 이상설이 나인영(羅寅永, 대종교 중광 이후 羅喆로 개명)·이회영·이상재(李商在)·김진호(金鎭浩) 등과 최후의 대비책을 도모하였다는 기록으로 보아, 나철과는 1909년 대종교 중광 이전부터 긴밀했음을 알 수 있다.
특히 주목되는 것은 1922년 『대종교보(大倧教報)』에 실린 아래의 내용이다.

> "당시(대종교 중광 직후-인용자 주) 교내(教內)의 뜻에 의해 바야흐로 북만주에 포교를 펼치고 밀산(密山)으로 그 중심지를 삼으니, 보재(溥齋, 이상설의 호-인용자 주)가 그 처음이다."

이것은 북간도 대종교 개척의 선구자가 이상설임을 말해주는 것으로, 이상설이 밀산 지역에 한흥동을 개척할 당

시 이미 대종교의 중심부에 있었음을 알게 해 주는 기록이다.

이를 뒷받침하는 자료가 또 있다. 이상설이 남파(南坡) 박찬익(朴贊翊)에게 대종교 활동에 보다 적극적으로 참여할 것을 종용한 내용이 그것이다. 박찬익은 북간도 항일투쟁과 대종교 포교의 절친한 동지였던 우화(雨華) 이동춘(李同春)과 함께 1910년 2월 30일(음력, 이하 음력) 참교(參敎)의 교질(敎秩)를 받고 시교사(施敎師)로 임명된 인물이다. 그리고 그는 1910년 말 대종교 거점 확보를 위해 북간도로 넘어가 평강(平崗) 상리사(上里社) 청산리(靑山里) 청호(靑湖) 북로(北路)에 파견되었다. 박찬익은 그곳에 안중근(安重根)의 백부(伯父)인 안태진(安泰鎭)이 기부한 가옥에 대종교 시교당(施敎堂)을 개설하고 포교에 뛰어들었다.

당시 박찬익은 대종교계 항일단체인 중광단의 단장을 맡고 있던 백포(白圃) 서일(徐一)이, 이상설의 친필 서한을 지니고 화룡현에 있던 자신을 방문하여 중광단의 무기교섭을 부탁하였다 한다. 이에 박찬익은 장작상(張作相)을 만나 중광단 무기 확보의 역할을 하였다. 그리고 중광단의 무기 교섭 후, 나철과 이상설이 자신을 놓아주지 않고 대종교에 보다 힘을 쏟을 것을 간곡하게 요청하였다 한다. 북간도 대종교 포교를 개척한 인물로 알려진 박찬익을 격려·고무한 인물이 이상설이고 보면, 이상설의 대종교 입교가 중광과 더불어 이루어졌다는 대종교단 내의 전언이 다시금 확인되는 부분이다.

이상설의 대종교 관여 사실이 보다 확실하게 드러나는 또 하나의 기록을 보자.

"(음) 8월 12일…(중략)…상해민립보(上海民立報) 주필 예관(睨觀) 신규식(申圭植)과 해항신(海港申, 『권업신문』을 말하는 것 같음-인용자 주)의 주필 이보재(李普齋, 보재 이상설을 말함-필자 주)가 각처의 편지를 가지고 우리 대종교를 확장하는 일로 왔다. 은계(隱溪, 白純을 말함-인용자 주)와 백초(白樵, 柳完茂를 말함-인용자 주) 두 형이 나와 함께 교육과 종교 두 건의 일에 대하여 말하였다. 이때에 우리 동방이 급히 일해야 할 때를 만나서 자제 교육은 청년 중에서 뜻이 있는 사람이 담당하고, 연로한 사람들이 담당할 것은 종교 숭배라는 뜻으로 사람마다 집집마다 설명해야 한다고 하였다."

이 기록은 백농(白農) 조창용(趙昌容)의 일기에 나오는 내용이다. 이 부분은 1912년 8월 12일 일기로, 연해주에 있던 이상설이 상해의 신규식과 화룡 청파호 대종교시교당을 찾아와 대종교의 교세 확장을 의논하고 있다. 백초 류완무와 은계 백순도 함께 한 회합임을 알 수 있다. 회합의 주된 목적이 대종교를 확장하는 문제임을 보여준다. 교육과 종교의 중요성이 강조되었고, 대종교 자제에 대한 교육은 청년 중에서 뜻이 있는 사람이 담당해야 한다는데 의견을 모았다. 또한 연로한 사람들이 담당할 것은, 사람마다 집집마다 종교적 믿음의 의미로 접근해야 한다는데 모두 공감하였다. 그 시기 이상설이 신규식 등과 대종교의 전반적인 문제를 의논할 정도로 대종교 최상층부에 있었음을 확인시킨다. 호석 강우가 1914년에, 제천제와도

같은 고유(告由)를 통해 이상설을 새삼 봉교(奉敎)시킨 것도 이러한 무게감을 더해 준다.

한편 이 시기는 당시 대종교 교주였던 나철이 대종교의 성지 순례를 마치고 청파호에 도착하여 그곳을 중심으로 새로운 구상을 하던 때와 맞물린다. 나철은 그곳 청파호에 교주의 권한으로 대종교총본사(大倧敎總本司)를 권설(權設)하고 대종교의 본거지이자 항일투쟁의 중심 축으로 삼고자 하였다. 일제의 기록에도 나타나듯 대종교의 본거지는 곧 항일투쟁의 중심 거점이기도 했다.

이를 위해 나철은 1914년 5월 13일(음력), 백두산을 중심으로 대종교의 교구설정(敎區設定)을 단행하였다. 당시 교구와 그 책임자를 보면, 동도교구(동만주 일대와 노령·연해주 지방 관할), 서도교구(남만주로부터 중국 산해관까지 관할), 남도교구(한반도 전체 관할), 북도교구(북만주 일대 관할), 외도교구(外道敎區, 중국·일본 및 歐美 지방 관할)로 나누었다. 아울러 각 교구에, 서일(徐一, 동도본사), 신규식·이동녕(서도본사), 이상설(북도본사), 강우(姜虞, 남도본사) 등을 임명하였다. (아래 표 참조)

조직	책임자	호	소재지	관할지역
총본사	나철(羅喆)	홍암(弘巖)	화룡현 청파호	4도교구 전체 통솔
동도본사	서일(徐一)	백포(白圃)	왕청현 독립군 기지 내	동만주, 노령, 연해주
서도본사	신규식(申圭植) 이동녕(李東寧)	예관(睨觀) 석오(石吾)	중국 본토 상해	남만주부터 산해관
북도본사	이상설(李相卨)	보재(溥齋)	노령 소학령	북만주 일대
남도본사	강우(姜虞)	호석(湖石)	국내 경성	한반도 전역

이상설이 노령 소학령(巢鶴嶺)에 근거를 두고 대종교 포교를 통한 항일투쟁을 전개할 당시, 백순·조완구(趙琬九)·이동녕·고평(高平)·진학신(秦學新)·이민복(李敏馥) 등등이 그와 더불어 활동하였다. 모두 대종교의 핵심인물들이었다는 점이 주목된다. 이상설이 사망한 이후인 1918년에 작성된 일제의 문서에 대종교가 러시아령 블라디보스토크·니콜리스크 및 중국령의 간도·밀산부(密山府)·소수분(小綏芬, 小秋豊) 지방에서 그 교세가 상당하여, 각 지방에 관리자를 배치하였다고 적고 있다. 또한 그 책임자로는 블라디보스토크에 고평, 니콜리스크에 이민복, 밀산부에 백순, 소수분에 진학신 등이며 모두 거물급의 불령선인(不逞鮮人, 항일투사)로 적고 있다. 그 네트워크를 만들고 그 중심에 섰던 인물이 이상설이었다.

1914년대 대종교의 각도본사를 맡았던 핵심인물들. 왼쪽부터 서일(동도본사), 신규식·이동녕(서도본사), 이상설(북도본사), 강우(남도본사)

그러므로 이상설은 백순·이동녕 등과 하바로프스키에 거주할 때, 이곳을 찾은 한인 청년들을 중심으로 대종교적 비밀결사를 조직하기도 하였다. 당시 이상설은 자신보다 6살 위인 백순을 내세워 청년들에게 모종의 종교적 선서를 행하게 하여 비밀결사대원을 만들었다. 이상설이 비밀스런 대종교 활동을 통해 항일투쟁을 전개한 것을 알 수 있다.

특히 이상설은 대종교의 핵심이었던 백순에 대한 신뢰가 절대적이었다고 한다. 백순은 충청도 공주 출신으로, 강우와 함께 1908년 공업(실업)전습소 설립을 주도하였으며 대종교의 중광 직후 참여하여 1925년에 이미 최고의 교질(教秩)인 사교(司教)에 오른 인물이다. 그는 대종교와 항일투쟁의 중심인 북간도와 연해주를 중심으로 활동하던 이상설을 비롯한 강우·여준·현천묵 등은 물론이고, 상해와 중국 지역의 이승만(李承晩)·안창호(安昌浩)·신규식·조성환(曹成煥)·이동녕·이회영(李會榮) 등과도 긴밀히 연계하며 신출귀몰하듯 독립운동을 조율했다. 이상설은 임종 당시 남긴 마지막 유언으로 자신을 이를 인물로 백순을 지목했다 한다.

이상설의 임종을 지켰던 인물들도 대종교의 핵심인 백순·이동녕·조완구·이민복 등이었다. 이들은 이상설의 유언대로 아무르 강가에 장작을 쌓아놓고 그의 주검을 화장했다. 또한 그의 문고와 유품 역시 함께 거두어 태워버렸다. 이 역시 그의 유언에 따른 것이었다. 망국민으로서의 모든 흔적을 지우고자 했던 이상설의 의지였을 듯하다. 그의 귀천(歸天)을 애도한 대종교지도자 강우의 만시(輓詩)를 아래 적어 본다.

厥初天品出凡塵	하늘이 주신 성품 세인(世人)과는 다른 것이
獨立乾坤此一身	독립 천지 이 세상에 그대 말고 누가 있나
乙冬丁夏心何壯	늘약 반대 밀사(密使) 행보 그 얼마나 장하신가
歐雨亞風志益新	구아(歐亞)에 던진 충격 갈수록 새롭구나
故國慇懃如有國	조국은 쓰러져도 그 기운 남았는데
吾人寂寞更無人	우리들 외롭게도 그대 다시 못 보는가
日落砂寒巢鶴夕	날 저물어 모래 차니 학이 둥지 찾는 저녁
古歌聲斷化爲神	가달 세상 인연 끊고 한배님 곁 머무시게

[참고문헌]
『종보』제5호(1910년). 『대종교보』제56호(1922년), 「在露 不逞鮮人의 現況에 관한 보고의 건(別紙:在露不逞鮮人의 現況)」(不逞團關係雜件-朝鮮人의 部-在西比利亞7, 機密 제46호, 한국사DB, 국사편찬위원회), 『騎驢隨筆』(宋相燾, 국사편찬위원회, 1955), 「연해주 시절의 이상설 선생」(민충식, 『나라사랑』제20집, 외솔회, 1975), 『호석선생문집』(독립운동사편찬위원회, 『독립운동사자료집:문화투쟁사자료집』12, 1978), 『韓溪遺稿』(李承熙, 국사편찬위원회, 1979), 『지산외유일지』(정원택, 탐구당, 1983), 『이상설전』(윤병석, 일조각, 1984), 『우당 이회영 약전』(이정규, 을유문고, 1985), 『남파 박찬익 전기』(남파박찬익전기간행위원회편, 을유문화사, 1989), 『遺芳集』(趙素昂, 亞細亞文化社, 1992), 『運命의 餘燼』(이규창, 寶蓮閣, 1992), 『백농실기』(조창용, 독립기념관, 1993), 『보재 이상설의 사상』(이재권, 『청풍명월의 역사와 인물-경운 신철수 선생 서거 10주기 추모 논총』, 황금알, 2013)

이상조(李相祚, 남, 1904-?)
아호(별명) _ 이인철(李仁喆)
입교 시기 _ 1922년 이전 | 교질 _ 미상

경상남도 창원(昌原) 태생으로 알려져 있으나, 대종교의 기록에는 거창군(居昌郡) 위천면(渭川面) 출신으로 기록되어 있다. 1921년 휘문고보에 입학하여 1924년 중퇴했다. 이후 일본 유학길에 오른 이상조는 1924년 9월 동경(東京)의 일본대학(日本大學) 문예과에 진학했다.

1927년 신간회 동경지회가 조직될 당시는 조중곤(趙重滾)·유영복(劉永福)과 선전부를 맡았으며, 동경에서 조직된 조선청년동맹에도 가입했다. 이상조는 1928년 3월 귀국하였지만, 동년 10월 폭력행위 등 처벌에 관한 법률 위반으로 대구복심법원에서 징역 10월을 선고받았다. 이후 1929년 8월 마산노동연맹이 집행위원회를 통해 예산편성위원을 뽑을 당시 박성화(朴性和)와 함께 위원으로 선정되었으며, 1931년 7월 대구에서 열린 조선공산주의자협의회 전국대회에서도 경북 대표로 참석하였다. 또한 그 해 11월 대구에서 사회과학연구회도 결성했으나, 회원 간의 불화로 잠시 해산했다가 1932년 1월 다시 조직하게 된다. 그러나 조선공산당재건협의회 사건으로 체포된 이상조는, 1933년 4월 20일 대구지법에서 징역 4년을 선고받았다.

이상조와 관련된 대종교 교력은 교단 내에는 전하지 않는다. 다만 성주(星州) 사람 성세영(成世英)이 기록한 『본사행일기(本司行日記)』를 보면, 이상조가 1922년 당시 대종교 경상도 지역 주요 교인으로 기록되어 있다.

이 일기는 성세영이 1922년 10월 10일(음력) 경북 성주를 출발하여 경성(서울) 대종교남도본사를 방문하고 10월 27일(음력) 성주로 다시 돌아가기까지의 과정을 적은 기록물이다. 이상조의 입교가 그 이전에 이루어졌음을 알 수 있다. 아마도 휘문고보 재학 중에 입교한 듯하다.

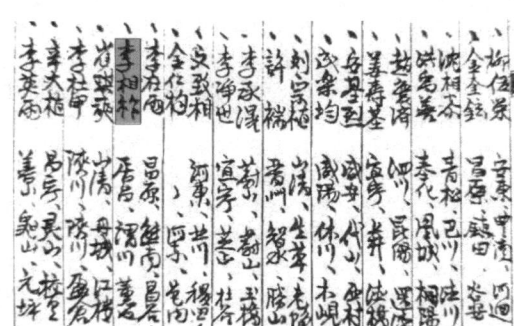

1922년 당시 대종교 경상도 지역 교인 명부를 적어 놓은 성세영의 『본사행일기』. 왼쪽 상단에 李相祚(네모 안)의 이름이 보인다.

[참고문헌]
『본사행일기』(성세영, 필사본, 1922), 『동아일보』1927.12.30., 1928.7.3., 1929.8.15., 1933.4.21, 「노동자의 책」www.laborsbook.org/

이상학(李相學, 남, 1901-?)
입교 시기 _ 1939년 이전 | 교질 _ 미상

강원도 춘천군(春川郡) 신북면(新北面) 천원리(泉田里) 출신으로, 사회주의와 대종교를 통해 항일투쟁을 전개한 인물이다. 일찍이 고향에서 한학을 수학하고 1912년 상경하여 휘문의숙(徽文義塾)을 다녔다. 1920년 일본 유학길에 올라 동경(東京)의 정칙영어학교(正則英語學校)와 동양대학(東洋大學), 와세다대학(早稻田大學) 등에서 공부하였다.

1923년 9월 일본 관동(關東) 지방의 대지진으로 민심이 흉흉해 지자 국내로 돌아와 본격적인 사회주의운동에 뛰어든다. 1925년 5월에 개최된 조선사회운동자동맹 발기준비위원회에 춘천을 대표하는 발기준비위원으로 참여하는가 하면, 전진회(前進會)에 가담하여 상무위원으로 활동하였다. 전진회는 1925년 10월 서울에서 조직되었던 좌익 운동 단체로, 서울청년회 계열의 서울파 가운데 구파(舊派) 인물들이 중심이 되어 만들어진 조직이었다.

1926년 2월에는 고향인 춘천에서 춘천청년회가 개최한 남녀강연(男女講演)에서 '무산청년운동(無産靑年運動)에 대하여'라는 주제로 강연을 하였으며, 그 해 11월에는 월간 잡지『조선농민』에 청년들이 농한기(農閑期)를 이용해 투쟁력을 강화를 위한 학습을 해야 한다는 글을 발표하기도 했다. 이후 1927년 5월 개최된 조선사회단체중앙협의회 창립대회에 경성청년회 멤버로 참석하였고, 그 시기 개최된 서울청년회 제7회 정기대회에서는 도정호(都正浩)·조기승(趙紀勝)과 감사위원으로도 선임되었다.

이상학은 1927년 12월 말 만주로 건너갔다. 그리고 하얼빈 지역에 거주하며 대종교 항일단체인 신민부(新民府)에 가담하여 본격적인 항일투쟁을 전개했다. 그가 몸담은 신민부의 이념은 대종교적 민족주의였다. 그것은 단군을 중심으로 한 민족정신을 배양하여 이상적인 국가인 배달국(倍達國)을 지상에 재건하려는 지향이었다. 그러므로 당시 신민부 구성원은 중심인물들은 거의가 대종교도로, 정치 형태 역시 공화주의를 추구하였다.

해방을 맞아 국내로 들어온 이상학은 1946년 6월에 결성된 조선건민회(朝鮮健民會)에 참여하였다. 또한 그 해 9월에 결성된 한국민주당 발기인으로도 이름을 올렸다. 특히 건민회는 1946년 6월, 대종교의 국내 핵심이었던 이극로 등 중도파 세력이 완전한 자주독립 국가 건설을 위해 결성한 정치 단체였다. 이 조선건민회에는 정치 관여를 꺼려했던 단애(檀崖) 윤세복(尹世復)고 고문으로 이름을 올렸다. 당시 이극로는 중간세력들을 결집하여, "우리의 고뇌와 협력은 오직 조국독립의 일점에만 경주하여야 할 것임에도 불구하고, 금일의 국내의 모든 현실은 오히려 독립의 장해와 파괴적 행동만 유발하고 있으니, 좌우분열은 또 다시 우리 조국의 운명을 절망의 나락으로 밀고 들어가고 있다.…(중략)…조선민족이 나아갈 노선은 독단과 오해와 상쟁을 버리고 남북·좌우의 민족이 단합하여 우리의 역사성과 민족성을 찾아서 편견과 고집 없는 대아량으로 민족자결의 독

보주의(獨步主義), 영원한 평화와 독립혼을 구가하자!"고 주창하였다. 좌·우를 넘어선 중도적 노선으로, 대종교적 정치 지향임을 알 수 있다. 그러나 이상학은 1950년 5월, 중간정당(조선건민회)에 침투한 남조선노동당 특수부 조직 사건과 관련되어 검거되었으며, 그 이후의 행적을 알 수가 없다.

이상학의 대종교 교력을 살피면, 1939년 1월 5일(음력) 사회주의 항일투쟁을 펼친 조필형(趙弼衡)·김태경(金泰經) 등과 대종교총본사의 특선(特選, 특별추천)으로 영계(靈戒)를 받은 기록이 있다. 그의 대종교 입교가 그 이전에 이루어졌음이 확인된다. 특선이란 대종교에 남다른 정성과 기여를 한 인물들에게 주어지는 기회다. 이상학의 대종교 관여가, 그가 만주로 건너가 대종교 항일단체인 신민부에 가담한 시기로 추정되는 이유다.

[참고문헌]
『대종교보』제121호(1939년), 「조선사회운동자동맹 발기 준비위원회의 동정에 관한 건」檢察事務에 關한 記錄2, 京鍾警高秘 제4625호, 한국사DB, 국사편찬위원회), 「조선사회단체중앙협의회 창립대회에 관한 건」(思想問題에 關한 調査書類2, 京鍾警高秘 제5504호, 한국사DB, 국사편찬위원회), 「서울청년회 제칠회 정기대회 개최의 건」(思想問題에 關한 調査書類2, 京鍾警高秘 제5383호, 한국사DB, 국사편찬위원회), 『동아일보』1926.2.28., 1946.6.16., 「朝鮮靑年은 農閑期를 如何히 利用할가」戰略講究 鬪爭力 培養」(李相學, 『조선농민』제2권 제11호, 조선농민사, 1926), 『사상월보』제2권 제8호(조선총독부고등법원검사국, 1932), 『용의조선인명부』(조선총독부경무국, 1934), 『서울신문』1950.5.27., 『왜정시대인물사료』(국회도서관, 1983)

이상호(李相鎬, 남, 1871-1930)
입교 시기 _ 1914년 | 교질 _ 지교 | 서훈 _ 애국장(1990)

이상호

함경북도 경성군(鏡城郡) 오촌면(梧村面) 승암동(勝岩洞) 출신이다. 경술국치를 당하자 와신상담 끝에 간도 용정촌(龍井村)으로 넘어갔다. 1917년 9월 용정촌 조선인거류민회발회식(朝鮮人居留民會發會式)에 상무회(商務會) 소속으로 참여하여 의원(議員)으로 당선되어 활동하였다.

1919년 3·1독립만세운동 때는 용정촌을 중심으로 독립만세 시위운동에 가담하였으나, 1919년 6월 일경으로부터 중국 재류(在留) 금지를 당하여, 대종교지도자 강우(姜虞)와 함께 국내로 돌아왔다. 1919년 7월에는 상해 대한민국임시정부와 연계된 국내 연통제(聯通制) 조직에도 관여하였다. 그 해 8월 초순 대종교 동지 송관섭(宋璀燮) 등 8명과 송관섭의 집에서 비밀리에 회합하고 임시정부가 추진하고 있는 국내 연통제 조직에 적극 호응하여 경성총감(鏡城總監) 직을 맡았다. 그러나

1919년 12월, 이른 바 나남사건(羅南事件)이라 불리는 연통제 관련 함북 지역 감독부원(監督府員)들 체포 당시, 이상호도 체포되어 4년의 징역형을 선고 받고 서대문감옥에서 옥고를 치렀다.

![함경북도 연통제 관련 사건으로 검거된 李相鎬가 함흥지방법원 청진지청에서 열린 審理에 답하는 내용을 담은 『동아일보』 기사]

함경북도 연통제 관련 사건으로 검거된 李相鎬가 함흥지방법원 청진지청에서 열린 審理에 답하는 내용을 담은 『동아일보』 기사.

출옥 후에는 다시 간도로 건너간 이상호는, 용정촌에 거주하며 대종교 포교를 통한 항일투쟁에 매진하다가 1930년 귀천(歸天)하였다.
이상호는 1914년 8월 21일(음력, 이하 음력) 참교(參敎)의 교질(敎秩)을 받았다. 그 이전에 입교 의식과 영계(靈戒) 의식을 치렀음이 확인된다. 그리고 1917년 3월 16일 지교(知敎)의 교질로 올랐다. 그의 교질 수여가 모두 만주 시절 이루어졌음도 알 수 있다. 국내에서 옥고를 치른 후 다시 만주로 건너간 이상호는, 보다 중요한 대종교의 직책을 맡는다. 1924년 3월 25일 '대종교총본사기본 및 경상금동독위원(大倧敎總本司基本及經常金董督委員)'으로 임명된 것이 그것이다. 이 직책을 맡았다는 의미는, 당시 이상호가 대종교의 경제를 관리·감독하는 중심에 섰음을 의미하는 것이었다. 더욱이 이상호와 함께 한 위원들이 심근(沈槿)·엄호(嚴浩)·채규오(蔡奎伍)·최익항(崔益恒)·정윤(鄭潤)·한기중(韓基中) 등과 같이 대종교의 중진이자 항일투쟁의 거물들이고 보면, 이상호의 대종교 항일투쟁에서의 무게감 역시 짐작되는 바다.

[참고문헌]
『종문영질』(프린트본, 1922), 「大倧敎施敎堂一覽表(1926年)」(延边朝鲜族自治州档案馆 全宗号42 目录号1 案卷号343, 和龙县历史档案 和龙县警察所, 令各区查禁韩人设立大倧敎堂由, 民国十五年五月十二日), 『조선총독부관보』 제2063호(1919년), 「圖們江對岸中國狀態情況彙報(不逞團關係雜件-朝鮮人ノ部-在滿州ノ部6, 朝憲機 第281號; 秘 10098號, 한국사DB, 국사편찬위원회), 「聯通制組織 / 獨立機關檢擧 / 件(不逞團關係雜件 朝鮮人ノ部 在内地 九, 高警第348號;秘受549號, 한국사DB, 국사편찬위원회), 『동아일보』1920.8.22.~31., 『한국독립사』하(김승학, 독립문화사, 1965), 『독립운동사자료집』14(독립운동사편찬위원회, 1978)

이석(李奭, 남, 1899-1969)
아호(별명)_ 이봉수(李鳳洙), 이혁(李赫)
입교 시기_ 1922년 이전 | 교질_ 참교

강원도 춘천군(春川郡) 신북면(新北面) 신동리(新洞里) 출신이다. 본명은 이봉수(李鳳洙)로 대종교에 입교한 이후인 1920년대 초반부터 이석(李奭)이란 이름으로 많이 활동했다. 또한 함경남도 홍원(洪原) 출신으로 동아일보 경제부

이석

장과 조선공산당 중앙집행위원회 위원을 지낸 이봉수(李鳳洙)와는 동명이인이다.
이석은 고향인 춘천에서 공립보통학교와 공립실업학교를 졸업하였다. 1915년 4월부터 1916년 11월까지 춘천군 기수(技手)로 근무하였으며, 1916년 12월부터 1918년 9월까지 주식회사 나카무라구미(中村組) 사무원으로 생활하였다. 이후 1919년 2월까지 강원도 금융조합 사무원으로, 그리고 현기봉(玄基奉)이 창립한 해동물산주식회사(海東物産株式會社)에서 1919년 3월부터 1920년 9월까지 근무하기도 했다. 1922년 1월 조선일보에 입사하면서 항일언론투쟁과 사회주의 사상투쟁을 본격적으로 전개하였다. 일제가 우리 언론에 대한 탄압이 노골화 되자, 1924년 7월 20일 언론집회압박탄핵회(言論集會壓迫彈劾會)가 개최되었다. 이석은 대종교의 절친한 동지인 신명균(申明均)·국기열(鞠基烈) 등과 실행위원으로 선출되어 아래와 같은 탄핵방법(彈劾方法)의 구체적 결의문과 실행사항을 행동화 했다.

결의문(決議文)
언론은 생존의 표현이요 집회는 그 충동이다. 우리의 생명이 여기에 있고 우리의 향상(向上)이 여기에 있다. 만일 우리의 언론과 집회를 압박하는 자가 있다 하면, 그것은 곧 우리의 생존박해(生存迫害)하는 자이다. 현하(現下)의 조선총독부 당국은 직접으로 우리의 언론을 압박하며 집회를 앙제(仰制)한다. 그러므로 우리 민중은 우리의 생존을 위하여 당국의 이러한 횡포를 탄핵(彈劾)한다.

실행사항(實行事項)
一. 조선 내 각지(各地)와 해외 필요지(必要地)에서 칠월이십일을 기하여 일제히 탄핵 연설회 및 시위운동을 행함
一. 언론집회 압박에 대한 사실을 거(擧)하여 세계적으로 선희(宣希)할 사(事)
一. 우리는 언론집회의 자유를 위하여 공고(鞏固)한 결속(結束)으로 최선의 노력할 사(事)

1924년 8월에는 공동취재단의 대표로 뽑혀 '풀'기자의 역할을 하기도 했다. '풀'기자란 기자단을 대표하여 공식 취재한 내용을 취재 후 기자단에게 공유하는 기자를 말한다. 당시 국경지역인 평안북도 위원(渭原)에서 일본경찰의 만행으로 주민 28명이 학살당한 사건이 일어났다. 언론단체인 무명회(無名會)에서는 각 신문의 공동취재 대표로 『조선일보』의 이석을 현지에 파견하여 상세한 진상을 조사하게 하는 등, 그 취재활동을 펼치게 하였다. 무명회란 1921년 11월, 문화보급의 촉진과 언론자유의 신장, 여론의 선도와 회원의 명예와 권리의 옹호 및 회원상호간의 친목도모 등을 목적으로 창립된 언론단체였다. 무명회에

서는 그 활동의 하나로, 취재의 편의를 위한 공동 활동을 벌이기도 하였다. 그 대표적 사례가 위원 사건이었다. 무명회가 조선일보의 이석을 공동취재 대표로 특파하여 상세한 진상을 취재케 한 것이다. 그러나 이석이 취재한 기사는 이 해 9월 27일자 『동아일보』와 『조선일보』가 다 같이 보도하였으나 검열당국에 걸려 압수당하였다.

1926년 3월 29일자 『조선일보』에 실린 朴烈 부부(왼쪽 사진)에 대한 사형 언도 기사 내용. 이 내용 역시 이석의 취재로 실린 기사다.

1925년 일본 동경으로 유학을 떠난 후에는 조선공산당 일본연락부를 맡아 활동하기도 했다. 그 시기 이석은 일본의 사회주의자들과 교류하는 한편, 와세대대학 교수로 사회주의사상의 권위자였던 오야마 이쿠오(大山郁夫)의 영향을 많이 받았다. 한편 1926년 3월 박열(朴烈)과 일본인 아내 가네코 후미코(金子文子) 부부의 재판 당시 조선인 기자로는 유일하게 방청하며 사실적이고 객관적인 기사를 쓴 인물이 이석이다. 박열 부부는 관동대지진 당시 일왕을 암살하려 했다는 혐의로 체포되어 사형 선고를 받았다. 이석은 조선일보 특파원의 자격으로 특별방청권 하나를 얻어 참관하였다. 그 법정에는 우리 동포라고는 이석 하나 뿐이었다.

당시 재판정에서 꺾이지 않는 의기를 보였던 박열의 행동은, 이석의 다음 기사에서도 살필 수 있다.

"박열은 불이 일어날 듯이 눈을 부릅뜨고 쇠와 돌같이 굳은 주먹으로 자기 앞에 놓여 있던 탁자를 치며 노기가 만만한 얼굴로 재판장을 노려보며 '너희는 방청을 공개하라'고 사자후(獅子吼) 같은 말로 항의를 한 후, 다쓰지(布施) 변호사가 뒤를 이어 '방청을 금지함은 너무 무리하다'고 이의를 신립(申立)하야 일시 장내는 소연하였으나, 재판장은 이를 각하하매 박열은 두 번 말하지 아니하고 다시금 장내를 한 번 돌아보니 특별방청석에 한하여 약 일백 오십 명의 전부가 일본인이요 조선인이라고는 나(특파원, 이석 자신-인용자 주) 한 사람 뿐인지라, 나에게 향하야 묵례(默禮)로 인사를 하는 고로 나도 역시 답례를 하매 그는 저윽이 안심한 듯이 착석을 하게 되었다."

국내로 들어 온 이석은 1927년 3월 30일 조선공산당 고려공산청년회(高麗共産靑年會) 사건에 관계되어 경성지방법원에서 공판에 회부되기도 했다. 그리고 1928년 6월 조선교육협회의 정기총회 때는 국내 대종교의 핵심인물들인 유진태(兪鎭泰)·홍명희(洪命喜)·이중건(李重乾)·최현배(崔鉉培)·신명균·정열모(鄭烈模) 등과 이사로 선임되어 활동하였다. 이후 다시 일본으로 건너가 활동하면서 1930년 5월에는 신간회(新幹會) 동경지회(東京支會)는 집행위원장을 맡기도 했다.

이석의 대종교 교력을 살피면 1922년 어천절(御天節, 음력 3월 15일)에 참교(參敎)의 교질(敎秩)을 받은 기록이 있다. 그의 대종교 입교가 그 이전에 이루어졌음이 확인된다. 또한 당시 이석과 더불어 참교를 받은 인물들이 사회주의 동지였던 서울청년회의 이화(李華)와 의열단원인 한봉근(韓鳳根) 등이었다. 그러나 이후 이석과 관련한 대종교단 내의 기록은 전하지 않는다. 또한 해방 이후의 대종교와의 관계 역시 언급된 것이 없다. 교단 내의 사회주의(공산주의) 관련 인물들에 대한 피기(避記) 현상과 무관치 않을 듯하다.

[참고문헌]

『종문영질』(프린트본, 1922), 「조선일보기자 이석(李奭)의 언동 건(檢察行政事務に關する 記錄2, 京鍾警高秘 제11986호의 2, 한국사DB, 국사편찬위원회), 「言論集會壓迫彈劾會ニ關スル件」(不逞團關係雜件 朝鮮人ノ部 在內地 十四, 高警第2362號;機密受第170號, 한국사DB, 국사편찬위원회), 『조선일보』1924.6.30·1926.3.4·29·1930.5.13., 『동아일보』1928.2.1·14·6.18, 『삼천리』제6호(삼천리사, 1930), 『일제하한국언론투쟁사』(정진석,정음사,1975), 『왜정시대인물사료』(국회도서관, 1983)

이석우(李錫雨, 남, 1879-?)
입교 시기 _ 1924년 이전 | 교질 _ 미상

경상북도 대구 출신으로 만주로 넘어간 시기는 알 수가 없다. 1924년 1월 당시 권목(權穆)·김영선(金榮璿)·원후상(元厚常)·김흥원(金興元) 등과 해림 지역을 거점으로 대종교 활동을 전개한 인물이다. 당시 대종교는 포크라니치나야, 팔도하자(八道河子), 삼차구(三岔口), 소수분(小綏芬), 석교촌(石橋村), 팔리평(八里坪), 목릉(穆稜), 석문자(石門子), 해림(海林), 영고탑(寧古塔), 황기둔(黃旗屯), 동경성(東京城), 밀강(密江), 하얼빈(哈爾賓), 취원창(聚源昶) 등 곳곳에 대종교의 거점을 마련하고 항일투쟁의 근거 및 민족교육의 중요한 공간으로 활용하였다.

이석우의 대종교 관련 교력은 교단 내에는 전하는 것이 없다. 다만 1926년 만주군벌에 압수당한 대종교 문서에 그의 행적이 나타난다. 일제의 사주에 의해 1925년 대종교만주포교령이 내려진 이후, 대종교는 만주 지역에서도 철저히 탄압을 당했다. 대종교의 주요 문건들 역시 이 시기에 상당량이 압수당했다. 이석우 관련 문건은 그 시기 압수당한 문서 중 하나다. 그 기록에는 1926년 당시 이석우가 대종교 장일시교당(帳一施敎堂)의 전무(典務, 책임자)를 맡은 기록이 있다. 장일시교당은 영안현(寧安縣) 해림참(海林站)에 소재했으며 홍승달(洪承達)과 서광수(徐洸洙)가 찬무(贊務, 부책임자)를 맡아 이석우를 도왔다. 또한 장일시교당은 해림참의 중동의원(中東醫院)과 해동여관(海東旅館)을 연락 거점으로 삼았으며, 80여명의 교도들이 활동하고 있었다.

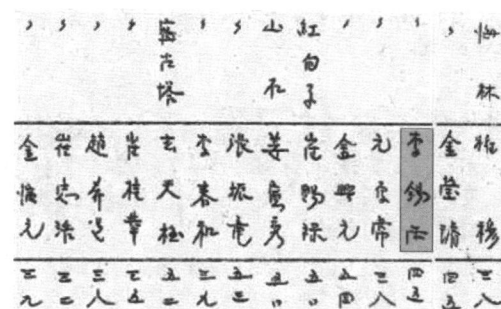

1924년 1월 무렵 일제의 문서에 기록된 북만주 각 지역 주요 대종교지도자 명단 중의 일부. 海林 지역 李錫雨(네모 안)가 보인다.

[참고문헌]

「大倧敎施敎堂一覽表(1926年)」(延边朝鲜族自治州档案馆 全宗号42 目录号1 案卷号343, 和龙县历史档案 和龙县警察所, 令各区查禁韩人设立大倧敎堂由, 民国十五年五月十二日)「哈爾賓以東 鐵道沿線 在住鮮人 情況에 관한 件」(朝鮮人에 대한 施政關係雜件 一般의 部3, 機密 제7호, 한국사DB, 국사편찬위원회)

이석태(李錫泰, 남, 생몰 미상)
입교 시기 _ 1935년 이전 | 교질 _ 참교

평안북도 초산군(楚山郡) 출신으로 생몰연대는 확인이 안 되는 인물이다. 1919년 3월 김인수(金仁洙) 등 수십 인을 이끌고 항일단체를 만들어 군자금 모집과 암살대 활동을 전개한 기록이 있다.
이석태의 대종교 교력을 보면 1935년 11월 20일(음력) 대종교 아성시교당(阿城施敎堂)의 시교원(施敎員)으로 임명된 기록이 전한다. 그의 대종교 입교가 훨씬 전에 이루어졌음을 알게 해 준다. 아성시교당은 아성현 동문리(東門里)에 소재한 시교당으로 대종교 북일도본사(北一道本司) 관할이었다. 당시 아성은 하얼빈과 연결되는 중동선(中東線) 라인으로, 취원창(聚源昶)·오상(五常)·서란(舒蘭)·주하(珠河)와 연결되며 대종교 항일투쟁의 주요 거점이었다.
또한 이석태는 1937년 8월 24일(음력)에는 대종교재만교구 경상금수납위원(大倧敎在滿敎區經常金收納委員)으로도 임명되었다. 당시 이석태는 김병세(金秉世)·지원식(池源植)과 아성현 부근을 관할하는 경상금수납위원으로 그 지역의 대종교 재정확보의 중심적 역할을 하였으나, 그 이후의 행적은 알 수가 없다.

[참고문헌]

「대종교보」제115호(1937년), 「대종교중광육십년사」(대종교총본사, 1971), 「不逞鮮人 名簿 送付의 건」(不逞團關係雜件-朝鮮人의 部-在滿洲의 部28, 機密公第27號; 秘受 8077號, 한국사DB, 국사편찬위원회)

이선구(李善九, 남, 1903-?)
아호(별명) _ 이명근(李明根)
입교 시기 _ 1920년대 | 교질 _ 미상 | 서훈 _ 애국장(1991)

이선구

평안북도 선천군(宣川郡) 선천면(宣川面) 천북동(川北洞) 출신으로, 배재고보 2학년을 수료한 인물이다. 1920년 7월 자동차 운전사 시험에 합격한 이후 평안북도 희천(熙川)과 강원도 철원, 그리고 상경하여 수표동(水摽洞) 소재 송전(松田)자동차부에 고용되어 종사하다가 평안남도 중화(中和)에서 자동차영업을 독립하여 개업하였다.
이선구는 1927년 대종교 동지인 신덕영(申德永)·안창남(安昌南)을 비롯한 김정련(金正連)·최양옥(崔養玉)·이영(李英) 등이 설립한 공명단(共鳴團)에 가입하여 한만국경(韓滿國境)을 통해 망명하는 우국지사들을 안내하는 임무를 수행하였다. 이후 공명단이 독립군 비행사를 양성할 목적으로 북만주에 비행학교를 설립할 계획을 세우고 이에 필요한 기금모집과 연락을 위해 공명단 지부를 조직하기로 하자, 이선구는 1929년 4월 최양옥·김정연 등과 함께 국내로 잠입하여 같은 해 4월 4일 평북 용천군에 거주하는 김인옥(金仁玉)으로부터 군자금 160원을 모금하였다. 또한 4월 20일 서울 교외 망우리(忘憂里)에서 우편물 수송차를 기습하여 군자금을 탈취하고 동포들의 우편물을 제외한 일본인 우편물을 소각하였다. 이 사건으로 인하여 일제의 끈질긴 추적을 받던 그는 교전 끝에 체포되었다. 재판에 회부되어 5년의 징역형을 선고 받고 서대문형무소에서 옥고를 치르던 중 고문의 후유증으로 옥중 순국하였다고 전한다.
이선구와 관련된 대종교 교력은 교단 내에는 전하는 것이 없다. 국내의 자료들이 모두 없어진 것이 그 이유다. 다만 함께 활동한 신덕영(1918년 이전에 입교)과 안창남(1922년 이전 입교)의 예를 보더라도, 1920년대 초반에 입교한 것으로 교단 내에는 전언되어 온다. 그러한 근거의 하나로, 그가 공명단 군자금 모금 당시 대종교 남도본사(南道本司)를 거점으로 움직인 것에서도 확인할 수 있다. 이선구가 검거될 당시 대종교 남도본사는 경성부 내간동(內諫洞) 88번지에 있었다. 그곳에서 이선구가 변장 당시 입었던 회색 신사복 1벌과 강탈한 금박시계 1개가 발견된 것이 빌미의 하나로 작용한다.

[참고문헌]

「일제감시대상인물카드」(조선총독부경기도경찰부, 한국사DB, 국사편찬위원회), 「한국독립사」하(김승학, 독립문화사, 1965), 「독립운동사」7(국가보훈처, 1974), 「독립운동사자료집」11(독립운동사편찬위원회, 1978), 「한민족독립운동사자료집」1(국사편찬위원회, 2000)

이섭호(李燮鎬, 남, 생몰 미상)
입교 시기 _ 1910년 | 교질 _ 참교

출신지역과 생몰연대를 알 수 없는 인물이다. 구한말 문헌이나 일제의 기록에도 드러나지 않는다. 다만 1910년 11월 10일(음력) 류영락(柳榮樂)·유문종(劉汶鍾)과 함께 대종교의 순교원(巡教員)으로 임명된 기록이 있다. 그리고 이듬해인 1911년 중광절(重光節, 음력 1월 15일)에 윤주찬(尹柱瓚)·박승익(朴勝益)·황병욱(黃炳郁)·맹정순(孟鼎淳)·조완구(趙琬九)·현천묵(玄天默)·장지연(張志淵) 등등의 인물들과 참교(參教)의 교질(教秩)을 받았다. 열거한 인물들의 종교적·사회적 무게가 가볍지 않았음을 살핀다면, 이섭호의 당대 인물 비중 역시 상당했을 것으로 추정된다. 그러나 이후의 기록은 일체 전하는 것이 없다.

[참고문헌]
『倧報』제8호(1910년), 『倧令』제3호(1911년), 『종문영질』(프린트본, 1922), 『대종교중광육십년사』(대종교총본사, 1971)

이섭(李燮, 남, 1874-1922)
아호(별명) _ 명화(明和)
입교 시기 _ 1913년 | 교질 _ 참교

함경북도 길주군(吉州郡) 출신이다. 어려서부터 한학을 습득하고 성장하여 의업(醫業)에 종사한 인물로 의학에 정통했다 한다.
이섭은 1922년 중광절(重光節, 음력 1월 15일)을 기해 윤정현(尹珽鉉)·정윤(鄭潤)·김진(金眞) 등 대종교지도자들과 '대종교시교회창기문(大倧教施教會刱起文)'을 만들어 각지의 동지들에게 배포하면서 대종교 포교를 통한 항일투쟁의 정신을 고무한 인물이다. 이에 1922년 3월에는 과거 대한군정서(북로군정서) 동지들이 서로의 규합을 통한 대종교 포교 활동에도 뛰어 들었다. 대한군정서는 대종교 항일단체인 중광단(重光團)의 기치를 계승한 단체로, 중광단은 대종교의 중광에서 그 정신적 의미를 품고 출범한 항일조직이었다. 그러므로 당시 산재해 있던 대한군정서 요원들은, 일제의 간도출병(間島出兵) 이후 사방으로 흩어진 동지들을 규합하여 대종교 확산을 도모하고자 했다. 영안현(寧安縣)에는 본부(本部)를 두고 밀산현(密山縣)·액목현(額穆縣)·돈화현(敦化縣) 등 서북간도 각지에 지부(支部)를 만든 후, 각기 학교를 부설하고 상호 연락망을 공고히 하고자 하였다.
이섭의 대종교 관련 교력을 보면, 1913년 봄에 입교하여 그 해 8월 6일(음력) 영계(靈戒)와 함께 참교(參教)의 교질(教秩)을 동시에 받았다. 대종교 항일투사 박명진(朴明鎭)이 한기욱(韓基昱)·신최수(申最秀)·최호(崔灝)·김백(金白)·이민혁(李敏赫)·신채호(申采浩) 등의 인물들과 함께, 이섭을

1910년대 후반 동북만주 대종교 항일투쟁의 주요인물로 꼽는 이유다.

박명진의『대종교독립운동사』에 기록된 1910년대 후반 동북만주 지역 주요 교인의 명단. 李燮(네모 안)이라는 이름이 보인다.

이섭은 동북만주 대종교 포교 활동에 뛰어 들어 밀산(密山)과 요하(饒河) 사이를 왕래하면서 대종교 포교와 항일투쟁의 거점 확보에 동분서주했다. 그러나 위에 언급한 '대종교시교회창립문'을 각 동지들에게 배포하고 밀산현의 대종교 동이도본사(東二道本司) 제3지사에 머물면서 시무하던 중, 1922년 9월 7일(음력) 호비(鬍匪)들의 습격에 의해 제3지사의 전사(典事, 책임자) 한기욱과 함께 피살되었다.

[참고문헌]
『대종교보』재55호(1922년), 『종문영질』(프린트본, 1922), 『대종교독립운동사』(박명진, 필사본, 1964), 『한국독립운동사자료』38(국사편찬위원회, 2002)

이성근(李成根, 남, 1997-?)
입교 시기 _ 1920년대 추정 | 교질 _ 지교

평안북도 의주(義州) 출신으로 만주로 건너간 시기는 확실치 않다. 1920년 음력 7월 무렵 광복단원으로 활동하면서, 평안남도 지역 대한일신청년회(大韓日新靑年會) 회원인 최담(崔淡)·서성도(徐聖燾)·김예진(金禮鎭) 등과 군자금 모금 활동을 전개한 기록이 있다.
이후 1925년 5월에는 대한통의부(大韓統義府) 제7중대 3소대장, 그 해 7월에는 정의부(正義府) 군사위원회의 경리(經理)로도 활약하였다. 이후 이성근이 국민부(國民府)에 가담하여 활동하던 1930년 8월, 변화를 위한 조선혁명당(朝鮮革命黨) 대표회의가 개최되었다. 당시 현익철(玄益哲)·고이허(高而虛) 등은 국민부를 적극 지지한 반면, 이성근을 비롯한 고할신(高豁信)·김석하(金錫夏)·현정경(玄正卿) 등은 이에 반대하고 "국민부 및 조선혁명당은 이미 민중을 이탈한 반동기관(反動機關)인 바, 단연 이를 해체하고 무산계급을 대표하는 계급혁명의 전위(前衛)임과 동시에 재만(在滿) 200만의 조선농민을 계급적으로 영도하기 위하여 만주에 있는 운동은 중국공산당에 가입하고 군대는 적위군(赤衛軍)으로 편성하며 농민은 농민협회(農民協會) 조직하여 강력한 투쟁을 전개하지 않으면 안된다"고 주장에 앞장서기도 했다.
이성근의 대종교 입교 기록이나 영계(靈戒) 관련 사항은 남아 있는 것이 없다. 다만 1939년 12월 7일(음력) 대종교 총본사의 특별추천으로 지교(知教)의 교질(教秩)을 받은 기

록이 전한다. 입교와 영계, 그리고 참교(參敎)의 단계를 거쳐 얻는 교질이 지교이고 보면, 그의 대종교 입교 시기가 1920년대로 올라감을 알 수 있다.

[참고문헌]
『대종교보』제124호(1939년), 「秘密結社大韓獨立日新青年團檢舉ノ件」(不逞團關係雜件 朝鮮人ノ部 在內地 十二, 高警第15055號;秘受5837號, 한국사DB, 국사편찬위원회), 「不逞鮮人團體調查ノ件」(不逞團關係雜件-朝鮮人ノ部-在滿洲의 部41, 機密公 第185號; 機密受第207號, 한국사DB, 국사편찬위원회), 「不逞鮮人團體 正義府의 現勢에 關한 件」(不逞團關係雜件-朝鮮人ノ部-在滿洲의 部41, 機密公 第36號; 機密受第40號, 한국사DB, 국사편찬위원회), 『무장독립운동비사』(채근식, 대한민국공보처, 1949), 『독립운동사자료집』10(독립운동사편찬위원회, 1976)

이성빈(李成斌, 남, 생몰 미상)
입교 시기_ 1937년 | 교질_ 미상

출신지역과 생몰연대를 알 수 없는 인물이다. 일제의 문서에서도 일체 드러나지 않는다. 이성빈은 비교적 늦은 시기인 1937년 1월 27일(음력) 대종교 선일시교당(善一施敎堂)의 추천으로 영계(靈戒)를 받았다. 당시 선일시교당은 대종교 동일도본사(東一道本司) 관할로 밀산현(密山縣) 선구촌(船口村)에 소재한 시교당이다.

특히 선구촌은 대종교지도자 백포(白圃) 서일(徐一)의 자취가 깃든 곳으로 대종교 항일투쟁의 남다른 기억이 남아 있는 장소다. 서일이 청산리독립전쟁 이후 밀산현에 은거할 당시 지은 것으로 전해지는 다음의 응원가에서도 파악할 수 있다.

> 백두산 높은 봉은 우리 넋이요
> 천지수는 대양으로 흘러가도다
> 영원무궁 일월성신 나아갈 때에
> 활발하게 나아가니 엄숙하도다
>
> 너희들의 팔다리로 창검을 삼아
> 좌충우돌 적진을 격퇴하고서
> 아름다운 우승기를 쟁취하도록
> 용감하게 분투하라 우리 선수여

이 응원가는 대종교 항일투쟁의 지향인 군교일치(軍敎一致) 정신을 그대로 드러내는 가사다. 대종교에서는 1928년 이곳 선구촌에 선구학교를 세우고 대종교를 중광한 나철(羅喆)의 장남인 나정련(羅正練)이 교장을 맡았다. 그리고 이 가사에 곡을 붙여 선구학교의 운동회응원가로 사용하였다.

이성빈이 영계를 받던 당시까지도 선구촌은 대종교 포교를 통한 항일 활동의 주요 거점이었다. 또한 이성빈은 몇 년 지나지 않아 이미 그 지역 대종교 활동의 중심인물로 부각되어 있었다. 일제가 1942년 음력 11월에 자행한 임오교변(壬午敎變, 임오년 대종교지도자 일제 구속사건)에서도 확인되는 부분이다.

임오교변은 일제가 밀정까지 잠입시키는 등, 수 년 간에 걸쳐 대종교를 정탐하고 저지를 일제강점기 최대 종교박해 사건이었다. 그들은 1942년 11월 19일(음력), 치안유지법 위반을 내세워 대종교지도자 20여명을 국내외에서 동시에 체포하였다. 당시 일제는 대종교를 "대종교는 조선 고유의 신도(神道) 중심으로 단군문화를 다시 발전하는 표방 하에서 조선민중에게 조선정신을 배양하고 민족자결의 의식을 선전하는 교화 단체이니 만큼 조선독립이 그 최후 목적이다"라는 항일단체로 규정하고, 대종교지도자들을 일시에 체포한 것이다.

이성빈 역시 1차 체포된 25명의 명단에 들어가 밀산현 영길현(永吉縣)에서 체포되었다. 그러나 일제는 이성빈이 대종교 운영에 대한 직접적인 관여가 미흡하다 하여 석방하였다. 비록 풀려나기는 하였으나, 이성빈이 일제에 의해 대종교의 핵심 인물로 지목될 정도로 비중이 있었음이 확인된다. 그러나 이성빈의 교질(敎秩)과 관련한 기록은 남아있는 것이 없다.

[참고문헌]
『대종교보』제113호(1937년), 『대종교중광육십년사』(대종교총본사, 1971), 『임오십현순교실록』(대종교총본사, 1971), 「운동회운동가」(독립군시가집편찬위원회 편, 『배달의 맥박(독립군시가집)』, 송산출판사, 1986)

이성우(李成宇, 남, 1899-1929)
아호(별명)_ 백초(白初), 이동소(李同昭), 이성우(李誠宇)
입교 시기_ 1920년대 | 교질_ 미상 | 서훈_ 독립장(1968)

이성우

함경북도 경원군(慶源郡)이 본적이나 러시아 동부(東部) 시베리아의 우스문에서 출생했다. 일찍이 신흥학교(新興學校)를 졸업한 후, 1919년 11월 김원봉(金元鳳)·한봉근(韓鳳根)·윤치형(尹致衡)·황상규(黃尙奎) 등 13명과 의열단(義烈團)을 조직하고 아래의 '공약10조'를 마음에 새긴 인물이다.

一. 천하의 정의의 사(事)를 맹렬히 실행하기로 함
一. 조선의 독립과 세계의 평등을 위하여 신명(身命)을 희생하기로 함
一. 충의의 기백과 희생의 정신이 확고한 자라야 단원이 됨
一. 단의(團義)에 선(先)히 하고, 단원의 의(義)에 급히 함
一. 의백(義伯) 일인을 선출하여 단체를 대표함
一. 하시하지(何時何地)에서나 매월 일차 씩 사정을 보고함
一. 하시하지에서나 초회(招會)에 필응(必應) 함
一. 피사(被死)치 아니하여 단의에 진(盡)함

一. 일(一)이 구(九)를 위하여, 구가 일을 위하여 헌신함
一. 단의에 반배(返背)한 자를 처살(處殺)함

당시 의열단에서는 '7가살(七可殺, 죽어야 할 일곱 대상)'과 '5파괴(五破壞, 부숴버릴 다섯 대상)'를 명시적으로 규정하였다. '7가살'은 조선총독 이하 고관, 군부 수뇌, 대만 총독, 매국적, 친일파 거두, 적의 밀정, 반민족적 토호열신(土豪劣紳)이었고, '5파괴'는 조선총독부, 동양척식회사, 매일신보사, 각 경찰서, 기타 외적 중요기관 등이었다.

그러나 의열단의 행동을 위해 무엇보다 필요한 것이 무기 확보였다. 이성우는 이 문제 해결을 위해 1920년 4월 김원봉 등과 함께 중국 상해로 건너갔다. 폭탄과 기타 무기를 구입한 일행은 중국인으로 변장하고 중국궤짝에 넣어 만주 안동현(安東縣)으로 옮기는데 성공했다. 이어 안동 원보상회(元寶商會) 주인인 이병철(李炳喆)의 노력에 의해 앞서 부산(釜山)에 내려가 잠입하여 있던 배중세(裵重世)에게 기차편으로 우송토록 하였다.

길림(吉林)으로 넘어온 이성우는 동지 곽재기(郭在驥)에게 그 동안의 과정을 알리고 그와 함께 중국 안동현으로 넘어왔다. 그리고 윤치형에게 여비를 받아 1920년 5월 13일 황상규·곽재기 등과 함께 서울로 잠입하였다. 5월 19일 그는 미리 서울에 도착한 여러 동지들과 만나 거사방법을 논의하고, 부산 등지에 보내두었던 폭탄을 갖고 오게 하고 동지들과 거사대상의 상황을 면밀히 조사하였다.

그러나 거사계획이 거의 마무리되어 갈 무렵 일제의 경기도 경찰부에 행동이 탐지되어 결국 일제 조선인 형사 김태석(金泰錫)에 의해 1920년 6월 붙잡히고 말았다. 그 뒤 1921년 3월 3일 예심(豫審)이 종결되었고 그는 징역 8년형을 선고받아 청진형무소(淸津刑務所)에서 옥고를 치르던 중 파옥, 도주를 도모하였다. 그러나 이 역시 발각되어 2년형이 보태어져 다시 경성형무소(京城刑務所)에서 옥고를 치르고 1928년 3월에 출감하였다. 이후 대종교의 거점인 북만주로 넘어가 항일투쟁을 전개하던 중, 만주사변 당시 밀산현(密山縣) 평양진(平陽鎭)에서 일제에 의해 피살되었다.

이성우의 대종교 관련 교력은 남아 있는 것이 없다. 그러나 대종교 항일투사 이현익(李顯翼)은 그의 『대종교인과 독립운동연원』이라는 글에, 대종교를 대표하는 126명의 독립운동가 명단에 이성우를 올리고 있다. 이현익은 흥업단(興業團)과 대한군정서(북로군정서), 그리고 신민부(新民府)에서 활동한 항일투쟁의 맹장이다. 그는 이성우가, 의열단만이 아니라 대종교 항일단체인 대한군정서와 신민부에도 깊이 관여한 인물임을 밝히고 있다. 또한 백초(白初)라는 이성우의 아호를 적시한 인물도 이현익이다. 이현익은 이성우의 기억을 "북로군정서 및 신민부의 혁혁한 투사로서, 밀산 평양진에서 만주사변시 일적(日敵)에게 피살(被殺)"된 인물임을 생생한 기억처럼 적고 있다.

이것은 이성우의 대종교 입교가 1920년 전후에 이루어졌음을 암시해 주는 기억들이다. 아마도 대한군정서에 관여하던 시절이 아닐까 추정해 본다. 해방 이후 나온 다음의 기록에서도 이성우와 대종교의 깊은 관계를 엿볼 수 있다.

"의열단의 맹장 고(故) 이성우씨는 10년간 영어(圇圄) 생활 후에 호석(湖石) 선생을 배알하고 사제지의(師弟之義)를 맺은 후에 호석 선생에 대하여, '안연이 공자를 대하던 마음으로 선생님께 대하나이다' 하였다."

위에 언급된 '호석 선생'은 이성우가 출옥할 당시 국내 대종교의 최고지도자로 있던 호석 강우(姜虞)를 말하는 것이다. 이성우는 출옥하여 가장 먼저 대종교의 강우를 찾았고, 깊은 숙의 끝에 다시 북만주로 넘어간 것임을 알 수 있다. 이러한 정황에서 보면 이성우가 대종교단에서의 차지하는 비중 역시 상당했을 것으로 추정되지만, 안타깝게도 기록이 없다.

[참고문헌]

『대종교인과 독립운동연원』(이현익, 프린트본, 1963), 『天國魂』(晶明, 海印島彌勒山正心道總本山, 1947), 『독립신문』1920.12.5., 『고등경찰요사』(경상북도경찰부, 1934), 『약산과 의열단』(박태원, 백양당, 1947), 『무장독립운동비사』(채근식, 대한민국공보처, 1949), 『騎驢隨筆』(국사편찬위원회편, 1955), 『한국독립사』하(김승학, 독립문화사, 1965), 『한국독립운동사』4(국사편찬위원회, 1968), 『독립운동사자료집』11(독립운동사편찬위원회, 1978)

이성호(李盛浩, 남, 1891-1923)

아호(별명) _ 춘성(春惺)
입교 시기_ 1916년 | 교질 _ 지교

충청북도 괴산군(槐山郡) 출신으로 일찍이 일본으로 건너가 학문을 익힌 인물이다. 1916년 두만강을 건너 연길현(延吉縣)과 왕청현(汪淸縣) 등지에서 식산사업(殖産事業)을 전개하며 거점을 잡았다.

1919년 2월 말 강화회의에 즈음한 한족독립선언을 고창하기 위한 모임에 적극 동참하였다. 당시 연길도윤공서(延吉道尹公署)의 외교과원(外交課員)이던 박동원(朴東轅)의 집에서 이성호를 비롯한 이홍준(李弘俊)·이성근(李聖根)·박동원(朴東轅)·박경철(朴敬喆)·김영학(金永學)·김순문(金舜文)·강룡헌(姜龍憲)·구춘선(具春先)··고평(高平)·백유정(白瑜晶)·최봉열(崔鳳烈)·박정훈(朴貞勳)·이동식(李東植)·고동환(高東煥) 등 33명이 비밀집회를 열고 다음과 같은 사항을 결의하였다.

一. 간도 내 각 교회 및 단체는 서로 단결하고 협력 일치하여 한족독립운동에 힘을 바칠 것
一. 머지않아 재령(在露) 한민족이 반포할 한족독립선언서 공표와 동시에 재간도(在間島) 각 단체는 일제히 시위운동을 개시할 것
一. 한족독립선언서가 발표되면 재간도 각 단체의 유력자는 간도 용정촌에 집합하여 독립선언을 하여 기세를 올릴 것

그리고 1항의 각 단체 연합 방법은 개신교·천주교·대종

교·공자교(孔子教)의 각 유력자의 연락을 밀접히 하고, 동교도 및 지기를 권유하기로 하였다. 또한 2항의 시위운동은 각 단체 수 백 명이 집합해 독립을 선언하고 세계 대세의 추이, 미국 대통령 윌슨의 숭고한 행동의 찬미와 함께 데모크라시를 고창하고 일제히 한족독립만세를 절규하기로 했다. 그리고 3항의 집합지를 용정촌에 정한 것은, 용정촌이 간도의 중심지이자 일제의의 관심지역이므로 한족의 독립을 선언하기에는 가장 좋은 곳이라고 밝혔다. 이성호는 이러한 역할과 더불어 1919년 말에도 그 지역 항일투쟁과 연관하여 많은 역할과 기여를 하였다.

1920년 영안현(寧安縣)으로 거처를 옮겨간 이성호는, 중동선(中東線) 부근에 농장과 상점, 그리고 여관을 경영하면서 대종교 포교를 통한 항일투쟁의 거점 역할을 하는가 하면, 빈궁에 허덕이는 동포들의 삶을 보살폈다. 그러나 이윤을 생각지 않은 이러한 사업경영과 세태의 압박으로, 이성호는 큰 손실이 입었다. 게다가 흑룡강 연안의 토지까지 개간하여 위험을 무릅쓰고 왕복 경영하다가 병을 얻어 1923년 귀천(歸天)하였다.

이성호의 대종교 교력을 보면 1916년 음력 9월에 입교하여 그 해 12월 21일(음력, 이하 음력) 영계(靈戒)와 함께 참교(參敎)의 교질을 받았다. 그가 국내에서 두만강을 건너간 직후 대종교에 입교한 것을 알 수 있다. 이성호는 사망하기 직전까지도 대종교에 대한 애특함을 표했다 한다. 이에 대종교에서는 그가 귀천하기 하루 전인 1923년 5월 11일 총본사의 특별추천으로 지교(知敎)를 수여하였다. 그리고 다음날 5월 12일 이성호가 영고탑가(寧古塔街)에서 귀천하자 그 영결식과 치제식(致祭式)을 총본사 차원에서 거행하였다. 다음은 당시 대종교총본사에서 올린 고(故) 이성호에 대한 치제문이다.

嗚呼春惺 三紀芳齡	아아 그대는 30대 한창 나이니
璿源閥閱 槐安家庭	왕가의 후손이요 괴산의 명문 가라
吾敎表率 斯世典型	대종교의 귀감이요 이 세상의 모범이라
大志救族 至誠感靈	큰 뜻으로 겨레를 구하고 지성으로 하늘과 통하도다
萬里朔漠 十年伶仃	아득한 북녘 벌에 10년을 떠돌았으니
古塔殘月 丹江落星	영고탑의 잔월이요 목단강의 지는 별이라
王孫不歸 春草猶靑	왕손은 가고 오지 않고 봄풀만 푸르러라
謹以天水天果 庶幾尚饗	삼가 하늘물 하늘과일로 부디 흠향하소서

[참고문헌]
『대종교보』제58호(1923년), 『종문영질』(프린트본, 1922), 「講和會議에 즈음한 朝鮮人의 盲動에 관한 건」(不逞團關係雜件-朝鮮人의 部-在滿洲의 部8, 機密 第13號, 政機密合送 第108號; 秘受 2799호, 한국사DB, 국사편찬위원회), 『한국독립운동사자료』40(국사편찬위원회, 2004)

이성화(李成華, 남, 생몰 미상)
입교 시기_1926년 이전 | 교질_미상

출신지역과 생몰연대를 알 수 없는 인물로, 일제의 문서에서도 확인이 안 된다. 이성화 대한 기록은 1926년 만주군벌에 압수당한 대종교의 문서에 언급되고 있다. 그 문서에는 이성화가 1926년 당시 대종교 송광시교당(松光施敎堂)의 찬무(贊務, 부책임자)로 등장한다.

송광시교당은 대종교 서일도본사(西一道本司) 관할로 봉천성(奉天省) 무송현(撫松縣) 포도전(佈道甸)에 소재했던 시교당이다. 특히 무송 지역은 천연 밀림지역으로 1910년대 후반부터 대종교의 주요 거점이었다. 후일 대종교 3세 교주를 지낸 윤세복(尹世復)을 비롯하여 이석대(李錫大)·조맹선(趙盟善)·김동삼(金東三)·이장녕(李章寧)·김동평(金東平)·성호(成虎)·이탁(李倬)·김성규(金星奎) 등 수백 명의 대종교 항일투사들이 집결하여 각종(各種) 결사(結社) 활동을 전개한 곳이다. 대종교도들이 중심이 된 흥업단(興業團)과 광정단(光正團)의 거점이기도 했다.

이성화가 찬무로 시무할 당시 송광시교당의 전무(典務, 책임자)는 김수만(金水萬)이었으며 허세붕(許世鵬)이 찬무를 맡아 이성화와 함께 했다. 이들은 무송현의 동문(東門) 안에 있는 고경호(高京浩)를 연락책으로 하여, 211명의 교우를 이끌고 포교를 통한 항일투쟁을 전개했다. 그러나 이성화의 대종교 교질(敎秩) 관계 역시 확인이 안 된다.

1926년 만주군벌에 압수당한 대종교의 문서 가운데 실린 시교당 명부 중 일부. 松光施敎堂 아래 李成華(네모 안)라는 이름이 보인다.

[참고문헌]
『대종교인과 독립운동연원』(이현익, 프린트본, 1963), 「大倧敎施敎堂一覽表(1926年)」(延边朝鲜族自治州档案馆 全宗号42 目录号1 案卷号343, 和龙县历史档案 和龙县警察所, 令各区查禁韩人设立大倧敎堂由, 民国十五年五月十二日)

이세영(李世永, 남, 1869-1938)

아호(별명)_ 좌헌(佐顯), 고광(古狂), 고광자(古狂子), 이원(李元), 이세영(李世榮), 이천민(李天民), 이유흠(李維欽)
입교 시기_ 1910년대 후반 | 교질_ 참교 | 서훈_ 독립장(1963)

이세영

충청남도 청양군(靑陽郡) 적곡면(赤谷面) 관현리(冠峴里) 출신으로, 대종교 외자이름은 원(元)이다. 일찍이 근대식 교육기관인 육영공원(育英公院)에 입학하여 신학문을 익혔으며, 동학혁명과 을미사변을 계기로 의병 활동을 도모하였으나 성공하지 못하였다.

이세영은 1897년 대한제국군의 육군 참위(參尉)를 시작으로, 부위(副尉), 정위(正尉) 그리고 헌병대장서리를 지냈다. 그러나 을사늑약에 분기하여 전덕원(全德元)·민종식(閔宗植)·채광묵(蔡光默) 등과 함께 의병봉기를 일으켰으나, 홍주성에서 패하며 붙잡혀 황주로 종신 유배되었다. 유배에서 풀려난 1907년, 독립의군부 충청·전라·경상도 등 3도의 사령관으로도 활동하였다.

1913년 5월에 일제의 감시망을 피해 만주 통화현(通化縣) 합니하(哈泥河)로 망명하였다. 이후 독립군 양성과 후진교육을 위해 설립된 신흥강습소(新興講習所)의 소장(所長) 서리에 취임하였으며, 신흥중학교로 바뀐 뒤에는 교장이 되었다. 1918년 만주무장투쟁의 기폭제를 만드는 「대한독립선언서(무오독립선언서)」에 대표자 39인의 1인으로 서명을 하였다.

1919년 4월 23일 서울에서 한성임시정부가 만들어지자 참모차장에 선임되었으며, 그 해 7월에는 대종교 동지인 윤세용(尹世茸)·독고욱(獨孤旭) 등과 서간도 환인현(桓仁縣)에서 한교공회(韓僑公會)를 조직하였다. 한교공회가 특무부로 개칭된 후에는 특무부장이 되어 일제의 침략기관을 습격하는 한편, 일제 앞잡이들을 처단하는데 앞방섰다. 이후 8월에는 상해 대한민국임시정부의 노동부 차장에도 임명되었다.

1922년 8월 대한통의부(大韓統義府)가 결성되자 참모부장·군사부장을 지내면서 만주의 일제기관 파괴와 앞잡이 숙청에 주력하는 동시에 군내진공작전도 펼쳤다. 1930년 2월 북경에서 대종교 동지인 조성환(曺成煥)·손일민(孫逸民) 등과 함께 한족동맹회를 결성했으며, 그해 7월 강구우(姜九禹) 등과 조선혁명당 제1지부를 조직했다. 1932년 6월 조성환·김원봉(金元鳳)·김규식(金奎植) 등과 같이 중국 국민당 정부의 후원을 얻어 중한항일의용군을 조직하여 간부훈련 및 일본군에 대한 정보를 수집했다. 1933년 중경(重慶)으로 옮겨가 신사회(新社會)를 조직하여 부위원장 등으로 항일투쟁을 하다가, 1938년 2월 사천성(四川省) 성도(成都)에서 서거하였다.

이세영의 대종교 입교나 영계(靈戒) 사항과 관련된 기록은 남아있는 것이 없다. 그러나 대종교 항일투사 박명진(朴明鎭)의 『대종교독립운동사』라는 기록에는, 1910년 후반 대종교 서일도본사의 주요 교인의 1인으로 이천민(李天民, 이세영)을 올리고 있다. 당시 서일도본사의 주요 교인 중에는 이세영과 생사고락을 함께 했던 전덕원·윤세용을 비롯하여 조맹선(趙孟善)·박장호(朴長浩)·이진룡(李鎭龍)·차도선(車道善)·조병준(趙秉準) 등의 의병장 출신은 물론, 수십 인의 이름이 등장한다. 또한 『대종교독립운동사』를 기록한 박명진은 신흥무관학교 출신으로 이세영에 대해 누구보다도 잘 알던 인물이었다. 이세영의 대종교 입교가 1910년대 중·후반에 이루어졌음을 확인시키고 있다.

당시 일제의 문서에도 이세영이 '종래 환인현에 거주하다가 1917년 11월 통화현 두도구(頭道溝)로 이주하여 이원(李元)으로 개명하였다'고 적고 있다. 그 시기 대종교에 입교하여 대종교 외자명인 원(元)으로 개명한 것이다. 또한 박명진이 기록한 이천민이란 이름 역시 대종교의 천민사상(天民思想)과 무관치 않은 것으로, '하늘백성'으로서의 자긍심을 드러낸 이명이었다. 대한통의부의 군사부장 시절 이천민이라는 이름으로 포고문을 발표한 것도, 대종교 입교 이후의 활동임이 주목된다.

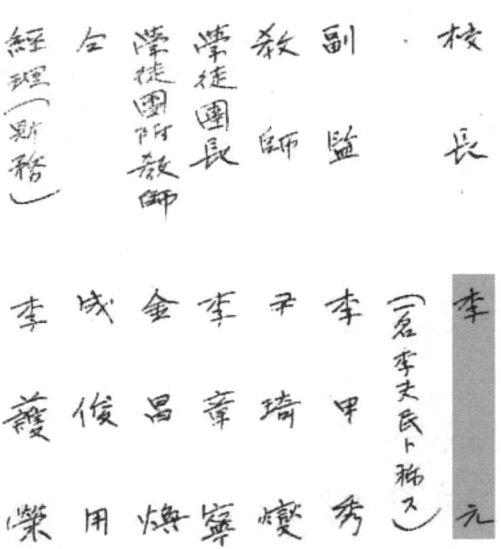

일제의 문서에 적힌 신흥무관학교의 주요 보직을 맡은 인물들의 명단. 맨 오른쪽에 校長을 맡은 李天民의 이름이 李元이라는 대종교명으로 적혀 있다.

이세영은 대한통의부에 몸담고 있을 때인 1922년 9월 1일(음력) 육종윤(陸鍾允)·권덕규(權悳奎)와 영계(靈戒)를 받았다. 또한 같은 날 대종교에서는 총본사의 특별 추천으로 이세영에게 지운영(池雲英)·육종윤·권덕규 등의 주요 인물들과 참교(參敎)의 교질(敎秩)을 동시에 수여하였다. 서간도에 있던 이세영이 북쪽 영안에 소재한 대종교총본사의 특별 추천을 받았다는 것은, 이세영의 대종교단 내에서의 위상이 가볍지 않았음을 시사해주는 부분이다. 이후에도 대종교에서의 이세영의 역할이나 위치가 상당했을 것으로 추정되나, 안타깝게도 그 외의 행적은 전하지 않는다.

[참고문헌]
『대종교보』제55호(1922년), 『대종교독립운동사』(박영진, 필사본, 1964), 『대종교중광육십년사』(대종교총본사, 1971), 「三源浦 合泥河地方의 狀況에 관한 건」(不逞關係雜件-朝鮮人의 部-在滿洲의 部6, 朝憲機 第259號; 秘受 9001號, 한국사DB, 국사편찬위원회), 『독립신문』1922. 9. 30., 『高等警察要史』(慶尙北道警察部, 1937), 『朝鮮民族運動年鑑』(上海日本總領事館警務部, 1946), 『무장독립운동비사』(채근식, 대한민국공보처, 1949), 『한국독립사』하(김승학, 독립문화사, 1965), 『한국독립운동사자료』37·40(국사편찬위원회, 2001·2004)

이세영(李世寧, 남, 1889-?)

아호(별명)_ 치교(致喬), 영운(瀗雲)
입교 시기_ 1910년대 | 교질_ 미상

경상북도 예천군(醴泉郡) 호명면(虎鳴面) 송고동(松皐洞) 출신이다. 일찍부터 안동을 중심으로 지역사회의 계몽활동을 전개하면서 신간회(新幹會) 운동에도 참여한 인물이다. 1929년 6월 28일 서울 종로중앙기독교청년회관에서 신간회대표위원회가 개최될 당시, 안동구(安東區)를 대표하여 신간회대표위원회에 참석한 기록이 있다. 당시 전국 5백명의 대표회원 가운데 신간회본부 총무간사회의의 자격 심사를 통해 34명의 대표위원을 선발하여 회의를 개최하였으며, 최종 참석인원은 이세영을 포함하여 27명이었다. 또한 이틀 후인 6월 30일 명월관(明月館)에서 열린 신간회 신구간부(新舊幹部) 및 대표위원 48명이 모인 간담회에도 참석하여 의견을 개진하였다.

이세영의 대종교 교력과 관련된 교단 내의 기록은 전하는 것이 없다. 다만 1922년 음역 10월에 기록한 성세영(成世英)의 『본사행일기(本司行日記)』에 1910년대 경상도 지역 대종교 주요교인으로 이세영이 적혀 있다. 그의 대종교 입교가 그 시기로 확인되나, 영계(靈戒) 사항이나 교질(敎秩) 관계는 확인되지 않는다.

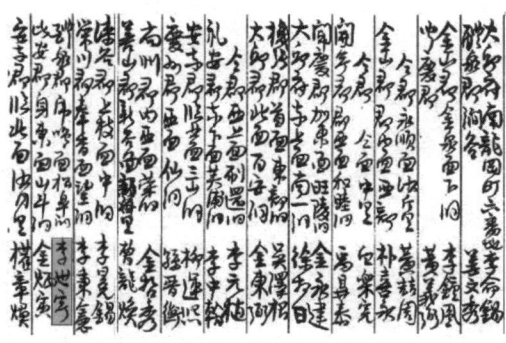

성세영의 일기에 적힌 1910년대 경상도 지역 대종교 교인 명단의 일부. 왼쪽 하단에 李世寧(네모 안)의 이름이 보인다.

[참고문헌]
『본사행일기』(성세영, 필사본, 1922), 「신간회대표위원회에 관한 건」(思想問題에 關한 調査書類7, 京鍾警高秘 第8559호의 1, 한국사DB, 국사편찬위원회), 「신간회 신구간부 및 대표위원 간담회에 관한 건」(思想問題에 關한 調査書類7, 京鍾警高秘 第8559호의 5, 한국사DB, 국사편찬위원회)

이세정(李世楨, 남, 1895-1972)

아호(별명)_ 일해(一海)
입교 시기_ 1915년 | 교질_ 정교

이세정

서울 종로구 평창동 출신이다. 1911년에 매동고등보통학교(梅洞高等普通學校)를 졸업하고 1914년에 경성고등보통학교 부설 교원양성소를 마친 후, 일본으로 유학하여 1917년에 일본 와세다대학(早稲田大學) 문학부를 졸업하였다. 이후 매동고등보통학교 교사로 출발하여 경기상고 등 거쳐 진명여고에서만 30여년을 교직에 헌신한 인물이다. 진명여고 교장 때는 학생들에게 '좁쌀영감님' 소리를 들을 정도로 매사에 세세하고 자상한 교육자였다.

특히 조선어강습원에 들어가, 대종교의 선배이자 한글운동의 선각이었던 주시경(周時經)과의 만남은 한글과 대종교를 통한 문화투쟁의 큰 계기가 되었다. 그는 주시경의 강의를 듣고 1913년 3월 정열모(鄭烈模) 등과 졸업하였다. 후일 이러한 인연으로 1921년 12월에 주시경의 제자들이 중심이 되어 조직한 조선어연구회(후일의 조선어학회)에 가담하여 한글을 체계화시키는 작업에 일익을 담당하였다. 이세정 등이 새로운 맞춤법의 이론을 세우고 그것을 실천하는 운동을 전개하자, 조선총독부 학무국도 그것을 받아들여 1928년 9월초부터 29년 1월까지 이세정을 비롯한 심의린(沈宜麟)·박영빈(朴永斌)·박승두(朴勝斗) 등 4명의 조사위원에게 원안(原案)을 작성하게 하였다. 또한 이를 토대로 1929년 5월부터 7월까지 이세정과 대종교의 절친한 동지인 권덕규(權悳奎)·신명균(申明均)·정열모·최현배(崔鉉培) 등 14명의 심의위원이 모인 조사회에서 그 원안을 심의하여 확정하였다. 또한 1929년 10월 조선어사전편찬회의 발기총회 당시 발기인으로도 이름을 올렸다.

1932년 12월 한글철자법 통일안을 마련하기 위해 구성된 조선어철자위원회(朝鮮語綴字委員會)에도 대종교 동지인 이윤재(李允宰)·신명균·최현배·이극로(李克魯)·정열모·권덕규·이병기(李秉岐) 등과 18인 위원회를 구성하여 노력하였다. 1933년 10월, 조선어학회의 임시총회에서 한글맞춤법통일안이 심의·통과될 당시도, 작성위원(作成委員)으로 뽑혀 수고를 하였다. 1934년 12월 조선어학회에서 표준어

사정위원회(標準語査定委員會)를 구성할 당시도 위원으로 선임되었다. 이 위원회에서는 조선표준어를 제정하기 위한 자료수집과 방언조사(方言調査)를 완료되자 이를 심의하는 한편, 사전편찬 작업에 착수하기로 결정하였다.

한편 이세정은 체육 발전에도 남다른 족적을 남겼다. 1929년 7월 조선정구협회(朝鮮庭球協會)는 임시총회 당시 평의원으로 뽑혀 활동한 이후, 1945년에는 조선체육동지회를 구성하여 조선체육회(지금의 대한체육회)를 재건하는 데 큰 공헌하였다.

[교력]

이세정의 대종교 교력을 살피면 1915년 11월 13일(음력, 이하 음력) 참교(參敎)의 교질(敎秩)을 받은 기록이 있다. 이세정은 신명균·정열모·이중건(李重乾)·국기열(鞠錡烈)·이인구(李麟求) 등의 절친한 한글동지들과 함께 참교를 받았다. 참고로 입교와 영계(靈戒)의 단계를 지나 얻어지는 교질이 참교다. 이세정의 대종교 입교가 조선어강습원과 교원양성소를 다닐 시기로 추정케 해 주는 근거가 된다. 주시경의 영향을 받아 대종교에 입교한 김두봉·최현배 등과 같이, 그 역시 주시경의 영향으로 입교했을 가능성이 크다. 더욱이 주시경이 사망한 때가 1914년 7월이고 보면, 그 이전에 입교가 이루어졌을 듯하다.

1922년 음력 6월 이전 대종교인들의 교질 사항을 적어 놓은 『倧門榮秩』 중, 參敎를 받은 인물들의 명단 일부. 가운데 李世禎(네모 안)의 이름이 보인다.

또한 그 다니던 교원양성소의 분위기도 간과할 수 없다. 이세정이 재학했을 당시 학생들의 종교적 성향은 대체로 대종교와 기독교로 나누어져 있었다. 이들 간에는 확연한 색채의 구별은 없었으나 단군 문제에 대해 이견이 있었다. 대종교를 지지하는 생도들은 조선의 시조인 단군을 존경하는 것은 곧 조선의 국수를 보존하고 조선의 민족적 정신을 발양하며 국민의 신앙을 통일하는 것이므로 외래종교 신앙에 대한 필요성이 없다는 견해였다. 한편 기독교 생도들은 단군을 존숭하는 점에서는 대종교와 다를 바 없으나, 그 종교적 가치가 기독교에 미치지 못한다는 주장이었다. 기독교에 의해 서양의 문명을 받아들이는 것이 조선민족의 발전을 도모할 좋은 방법이라는 입장이었다. 이세정 역시 이러한 경험 속에서 대종교를 경험했을 것이다.

주목되는 것은 대종교 항일투사 이현익(李顯翼)의 기록이다. 그의 기록에는 이세정이 홍암(弘巖) 나철(羅喆) 유훈(遺訓)을 받은 국내 비밀사원(秘密社員) 30여 명 중의 한 사람으로 적고 있다. 또한 자신과 마찬가지로 이세정 역시 대종교 항일단체인 대한군정서(북로군정서)의 귀일당원(歸一黨員)으로, 국내 교육계의 정신지도와 국외 비밀연락원으로 활약했음을 밝히고 있다. 이현익은 이세정보다 1살 아래로 해방 이후에도 친형제처럼 지낸 인물이다.

대종교는 이세정의 이러한 노고를 감안하여 환국 직후인 1946년 3월 14일 총본사의 특별추천에 의해 지교(知敎)의 교질을 수여하는 동시에, 경의원(經議院) 참의(參議)로 선임하여 종단의 중진으로 대우하였다. 이세정 역시 이에 부응하듯 총본사의 찬강(贊講)과 찬범(贊範) 등의 자리를 거치면서 종무행정에 많은 이바지를 하였다. 대종교에서는 1947년 7월 11일 이세정의 교질을 상교(尙敎)로 올렸다. 한편 이세정은 1949년 1월 5일, 대종교중흥회(大倧敎重興會) 제1회 중앙집행위원으로 뽑혀 대종교 중흥을 통한 대종교 발전에도 앞장섰다. 당시 대종교중흥회는 홍익인세(弘濟人世)의 이념 하에 대종교의 발전을 도모하고, 민족정기를 확립과 고유문화의 향상을 통해 인류평화에 기여함을 목적으로 한 조직이었다. 또한 그 해 7월 13일에는 정관(鄭寬)·명제세(明濟世)·조완구(趙琬九)·정인보(鄭寅普)·안재홍(安在鴻)·맹주천(孟柱天) 등, 대종교의 석학들과 함께 대종교 제복제기제정위원(祭服祭器制定委員)으로 임명되어 대종교문화를 확립하는데도 적지 않은 기여를 하였다.

1960년 2월 29일, 이세정은 이원태(李源台)·김정후(金正珝)·안호상(安浩相) 등과 더불어 정교(正敎)의 교질에 오르고 대형(大兄)의 교호(敎號)를 받음으로써, 명실공히 원로의 반열에 올랐다.

[참고문헌]

『대종교보』,한국기념호(1946년)·제150호(1946년)·제152호(1946년)·제155호(1947년)·제161호(1949년)·제163호(1949년)·제165호(1950년)·제205호(1960년). 『종문영질』(프린트본, 1922). 『대종교인과 독립운동연원』(이현익, 프린트본, 1963). 『대종교중광육십년사』(대종교총본사, 1971). 『朝鮮人槪況 第二 壹部 參考 送付』(不逞團關係雜件-朝鮮人의 部-在歐米 7輯, 한국사DB, 국사편찬위원회). 『동아일보』1929.7.3., 11.2, 1932.12.24., 1933.10.21., 1934.12.30. 『朝鮮文字와 語學史』(金允經, 朝鮮紀念圖書出版社, 1938). 『한글 맞춤법 통일안-조선어철자법 통일안/한글문화보급회 수장본』(조선어학회, 1945). 『私學의 등불: 一海 李世禎 先生』(박용경, 『계간사학』통권6호, 대한사립중고등학교장회, 1978)

이수(李秀, 남, 생몰 미상)
입교 시기_ 1926년 이전 | 교질_ 지교

충청남도 부여군 출신으로 생몰연대는 불분명한 인물이다. 1914년 9월 당시 중국 안동현(安東縣)에 거주하면서 군자금 마련을 위한 중국화폐 위조 사건에 연루된 것으로 보아, 그 이전에 이미 만주로 건너간 것이 확인된다. 이수라는 이름 역시 대종교로 입교하며 개명한 외자 이름인듯 하나 이 역시 기록이 없다.

이수는 1926년 2월 12일(음력, 이하 음력) 대종교시교원(大倧敎施敎員)으로 임명된 기록으로 보아, 그 이전에 대종교에 입교한 것을 알 수 있다. 당시 그는 대종교 북일도본사(北一道本司)에 속하는 아성구(阿城區)를 관할했으며, 취원창(聚源昶)에 근거를 두고 활동하였다. 또한 이 시기 아성현 취원창에 근거를 둔 대종교 원성시교당(源成施敎堂)의 찬무(贊務, 부책임자)도 맡아 포교와 항일투쟁을 병행하였다. 이 시기 취원창은 대종교 항일투쟁의 주요 근거로, 만주 항일투쟁의 거물 박우진(朴宇鎭)이 원성시교당의 전무(典務, 책임자)를 맡았고 박중화(朴中和)가 찬무를 맡아 이수와 함께 했다.

이수의 대종교 입교와 영계(靈戒) 사항에 대한 기록은 남아 있는 것이 없다. 다만 1937년 5월 7일 대종교 하얼빈선도회(哈爾濱宣道會)의 교화사원(敎化司員)으로 임명될 당시 이수의 교질(敎秩)이 이미 지교(知敎)였다. 이 선도회는 1934년 3월에 대종교 교주인 단애(檀崖) 윤세복(尹世復)이 백산(白山) 안희제(安熙濟) 등과 하얼빈에 설립한 대종교의 포교 기구의 하나였다. 대종교가 동북 만주 지방에서 독립운동의 구심점 역할을 하자, 일제와 만주 당국은 1925년부터 대종교를 철저히 봉쇄하였다. 1933년에 윤세복은 포교 사업의 재개를 선언하고 일본 정부와 교섭하여, 1934년에 이 기구를 설립하였다.

이수가 지교의 입장에서 하얼빈선도회에 참여했다는 것은, 그의 대종교 입교가 1926년 2월 대종교시교원으로 임명되기 이전임을 알려준다. 하얼빈선도회는 하얼빈시 안평가(安平街)에 위치했으며, 그 중요성을 감안하여 대종교 총본사에서 직접 관할하였다. 이수가 참여할 당시 하얼빈선도회를 이끈 주요 구성원의 상황은 아래표와 같았다. 대부분이 항일투쟁전선의 중진들이었음을 볼 때, 이 방면에 있어 이수의 비중 역시 작지 않았을 것으로 추정된다.

이름	당시교질	직책	서임연월일(음)
박우진(朴宇鎭)	지교(知敎)	총무원장(總務院長)	1937년 5월 7일
김서종(金書鍾)	상교(尙敎)	총무원원(總務院員)	
김영숙(金永肅)	"		
박성태(朴性泰)	지교		
홍철우(洪喆雨)	"		
홍철우(洪喆雨)	"	서무사원(庶務司員)	
정주해(鄭周海)	참교(參敎)		

이름	당시교질	직책	서임연월일(음)
성남수(成南洙)	"	장재사원(掌財司員)	1937년 5월 7일
박명진(朴明鎭)	"		
이 수(李 秀)	지교		
권영수(權寧洙)	참교	교화사원(敎化司員)	
강관오(康官伍)	"		
고 평(高 平)	상교	전의사원(典儀司員)	
김서종(金書鍾)	"	수호사원(修好司員)	
김영헌(金榮軒)	지교		

이수는 같은 해 8월 24일에는 대종교재만교구경상금수납위원(大倧敎在滿敎區經常金收納委員)으로도 임명되었다. 그는 김서종·정주해와 함께 하얼빈시가지를 관할하였다.

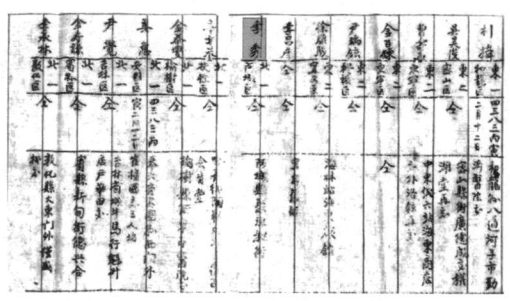

대종교 만주포교금지령으로, 1926년 만주정권에 압수당한 대종교 문서 '大倧敎施敎員一覽表'의 일부. 중간 부분에 北一 阿城區 李秀(네모 안)라는 이름이 보인다.

[참고문헌]
『대종교보』제114호(1937년)·115호(1937년), 『대종교중광육십년사』(대종교총본사, 1971), 「不良鮮人의 中國貨幣 僞造에 관한 건」(不逞團關係雜件-朝鮮人의 部-在滿洲의 部4, 朝憲機 第616號, 秘受 7823號, 한국사DB, 국사편찬위원회), 「大倧敎施敎堂一覽表(1926年)」(延边朝鲜族自治州档案馆 全宗号42 目录号1 案卷号343, 和龙县历史档案 和龙县警察所, 令各区查禁韩人设立大倧敎堂由, 民国十五年五月十二日).

이수원(李守元, 남, 1874-1959)
아호(별명)_ 춘여(春汝), 매경(梅耕)
입교 시기_ 1914년 | 교질_ 상교

경상북도 예천군(醴泉郡) 용궁면(龍宮面) 무이리(武夷里) 출신이다. 대종교 3세 교주를 지낸 단애(檀崖) 윤세복(尹世復)과는 친형제처럼 지낸 인물로, 대종교 항일투사인 이대성(李大成)의 부친이다.

일찍이 한학을 익힌 그는 무이서당(武夷書堂)에서 훈장으로 있었다. 그러나 1913년에 동리에서 열린 시회(詩會)에서 반일시(反日詩) 한 수를 지은 것이 문제가 되어 일제에 의해 체포령이 내려졌다. 이에 이수원은 급하게 가솔들을 이끌고 1913년 10월 의주(義州)를 통해 밤배로 망명하여

이수원

만주 서간도 유하현(柳河縣)에 정착하였다.

이후 삼원보(三源堡)의 서쪽 30리 밖 샘물동에 학교를 세우는 한편, 너른 밭을 일구어 농사를 시작했다. 특히 이 농사는 삼원보로 나드는 서로군정서 항일투사들의 무료 식사 제공을 위한 중요한 수단이 되었다. 이수원은 1921년 전 동네 40여호를 거느리고 영안현 밀강(密江)이란 곳으로 옮겨갔다. 그곳에서도 농사에 전념한 결과 3년 연속 풍년을 맞았으나 도비(土匪)들과의 충돌이 잦았다. 심지어 토비들이 그곳 한인들에게 국가세(國家稅)의 17배가 되는 보호세를 강요하자, 1923년 그의 마지막 정착지이자 발해의 옛고도인 동경성(東京城)으로 이사하였다

1924년 이수원은 그곳에서 처음으로 대종교 3세 교주 윤세복을 만났다. 이수원은 윤세복보다 8년 연상으로 이후 친형제처럼 지냈다 한다. 특히 둘은 역사인식이 서로 잘 통하여 더욱 친밀해졌다. 이수원은 시간만 나면 영안(寧安)의 대종교총본사를 방문하였고, 윤세복 역시 겨를이 생기면 동경성 협창학교(協昌學校)에 와서 서로의 회포를 털어놓고 이야기하였다. 윤세복이 대종교의 임오교변(壬午敎變, 1942년 대종교지도자 일제 구속 사건)을 맞아 감옥에 수감된 후, 절체절명의 위기에서 구해준 것도 이수원·이대성 부자(父子)였다.

이수원의 대종교 입교와 관련된 기록은 전하는 것이 없다. 그러나 이수원은 서간도로 넘어간 직후인 1914년, 윤세복의 형인 윤세용(尹世茸)씨의 천거로 아들 이대성과 함께 대종교에 입교한 인물이다. 이후의 대종교 행적은 1937년 중광절(重光節, 음력 1월 15일)에 대종교총본사의 전범(典範)으로 임명된 기록이 전한다. 전범이란 대종교의 의리(儀理)와 규리(規理)에 관한 일을 처리하는 직책으로, 의식예제(儀式禮制)·회계검사(會計檢查)·교인쟁변(敎人爭辯)·포상징죄(褒賞懲罪) 등의 사안을 관장하였다. 이수원이 전범을 맡을 당시 총본사의 전리(典理, 종무총괄)는 오근태(吳根泰)였으며, 성하식(成夏植)이 전강(典講, 교육·출판·시교 담당)을 맡아 시무하였다.

주목되는 것은 전범으로 임명될 때의 이수원의 교질(敎秩) 단계다. 그 시기 이수원은 오근태·성하식과 함께 상교(尙敎)의 위치에 있었다. '입교(入敎)→영계(靈戒)→참교(參敎)→지교(知敎)'의 단계를 거쳐 오르는 교질이 상교이다. 비록 입교 기록은 없으나, 이수원이 1914년 대종교에 입교했다는 말이 사실임을 뒷받침하는 근거다

1939년 '대종교서적간행회'가 출범할 당시 1주(株)의 투자로 형편을 보탰다. 이 서적간행회는 "교화를 보급케 함에는 반드시 문자의 힘을 시뢰(恃賴)할 것이다. 이제 대교 부흥기에 당하야 만주동성으로 종경(倧經) 요구가 날로 높은 터이다. 이 요구를 수응함은 무엇보다도 대교 발전상 최대

급무일 것이다. 이것을 공감하는 우리는 미성박력(微誠薄力)을 불고하고 교적간행회를 발기한다."는 취지로 출발한 조직으로, 안희제(安熙濟)·김영숙(金永肅)·장도순(張道淳) 등이 발기였다. 당시 이수원은 대종교 항일투사 오근태·최익항(崔益恒)·이정(李錠)·권중락(權重洛)·김상호(金相鎬)·윤정현(尹挺鉉)·안용수(安龍洙) 등과 기꺼이 동참하였다.

또한 임오교변으로 투옥되었던 윤세복 등이 출옥한 직후, 동경성 지역 대종교 재건을 위해 노력할 때도 남다른 뒷받침을 한 인물이 이수원이다. 그리고 대종교총본사가 국내로 이전하기 위해 성연금(誠捐金)을 모을 당시도 적극 협조하였다.

만주 영안현 동경성에 소재한 대종교총본사 및 京一施敎堂(1934년 음력 3월 9일 개설) 앞에서의 기념촬영 사진. 앞줄 왼쪽부터 나정련, 윤세복, 최관(?), 이수원, 이현익이 앉아 있으며, 뒷줄 왼쪽부터 나정문, 김진호가 서 있다.

[참고문헌]
『대종교보』 제113호(1937년). 『대종교중광육십년사』(대종교총본사, 1971). 「이수원 일가와 독립운동」(이인희, 『올소리』2(독립운동편), 국학연구소, 2006)

이숙자(李淑子, 여, 생몰 미상)

입교 시기 _ 1922년 | 교질 _ 미상

출신지역과 생몰연대가 불분명한 인물이다. 1923년 2월 5일 서대문 민우회관에서 창립한 토산애용부인회(土産愛用婦人會)에서 간사(幹事)로 이름이 올라 있다. 이 회는 조선 부녀들의 조선물산장려운동의 일환으로 서울의 중류 이상의 가정부인 50여 명이 모여 만든 단체다. 또한 1930년 4월 『동아일보』에 「아버지를 위하야」라는 서양동화를 6회 연재한 것을 보아, 당대의 지식여성임을 추정할 수 있다.

이숙자의 대종교 입교 기록이나 영계(靈戒) 사항 역시 전하는 것이 없다. 다만 『대종교중광육십년사(大倧敎重光六十年史)』에는, 1922년 당시 자매(姉妹) 시교령(施敎令)으로 이

숙자의 이름이 올라 있다. 시교령이란 말 그대로 시교활동의 으뜸 책임자를 말한다. 더욱이 이숙자와 더불어 시교령으로 이름을 올린 인물들이 당대의 지식인이었던 황훈(黃勳)과 조승호(趙承鎬) 등이었다. 이숙자라는 인물이 당대 사회나 대종교단에서의 비중이 상당했을 것으로 추정되는 이유다. 그러나 그녀의 교질(教秩) 등의 구체적 행적은 전하지 않는다.

[참고문헌]
『대종교중광육십년사』(대종교총본사, 1971). 『동아일보』1923.2.7., 1930.4.3·4·6·7·8·10

이순근(李舜根, 남, 1900-?)
아호(별명) _ 이응윤(李應允)
입교 시기 _ 1922년 이전 | 교질 _ 미상

이순근

경상남도 함안군(咸安郡) 군북면(君北面) 명관리(明館里) 출신이다. 일찍이 한학을 익히고 늦은 나이로 상경하여 중동학교를 졸업하였다. 이후 일본으로 유학을 떠나 와세다대학(早稻田大學) 부속 제일고등학원을 거쳐 1932년 3월 와세다대학 정치경제과를 졸업하였다. 공교롭게도 늦은 나이에 중동학교를 나와 일본 유학의 길을 걸은 노정은 사회주의 동지인 이관술(李觀述)과 동일하였다.

이순근은 일본 유학 시절 신흥과학연구회, 신간회 동경지회 등에 관계했으며, 귀국하여 인쇄소를 경영하였다. 1932년 10월 반제(反帝)와 적색노동조합 두 부문의 연락협의기관으로 그룹을 결성하고 반제부를 담당한다. 또한 12월 조선반제동맹(朝鮮反帝同盟) 경성지방준비위원회(京城地方組織準備委員會) 결성에 참여하여 책임자가 되었다.

그러나 1933년 1월 조선반제동맹 경성지방조직준비위원회 사건으로 검거되어 1934년 12월 경성지법에서 징역 4년을 선고받았다. 1938년 1월 대전형무소에서 만기출옥하였으나, 1940년 경성콤그룹 검거사건에 연루되어 다시 검거되었다.

해방 이후인 1945년 9월에는 박문규(朴文圭)와 건국준비위원회 기획부원을 맡았으며, 조선인민공화국 교통부장 대리로도 선정되었다. 이순근은 1946년 2월 북조선임시인민위원회 구성과 함께 농림국장으로 선임되는가 하면, 1947년 2월 정식으로 북조선인민위원회가 출범하자 농민국장으로 정임(正任)되었다. 그러나 1948년 3월 북조선노동당 제2차 대회에서 김일성(金日成)으로부터 종파주의자로 낙인되었다 한다.

대종교와 관련된 이순근의 입교 기록이나 영계(靈戒) 사항은 남아 있는 것이 없다. 특히 해방 이후 북한에서 활동한 그의 이력 등으로, 대종교단 내에서도 그의 기록은 전무한 상태다. 다만 경북 성주(星州) 사람인 성세영(成世英)의 일기에, 1916년부터 1922년 사이 경북 지역 대종교 교인명단에 이순근의 이름이 올라 있다. 성세영의 일기는 1922년 음력 10월 10일 성주를 출발하여 27일 성주로 돌아가기까지의 여정을 일기로 기록한 것이다. 그러나 이순근의 교질(教秩) 관계 등은 알 수가 없다.

1922년 성세영의 『본사행밀기』 속에 기록된 1922년 당시 경북 지역 대종교 교인 명단 중의 일부. 왼쪽 상단에 李舜根(네모 안)이란 이름이 보인다.

[참고문헌]
『본사행밀기』(성세영, 프린트본, 1922), 「各種運動情況, 昭和 7年 下半期後의 重要事件 檢擧, 朝鮮反帝同盟京城地方組織準備委員會 其他 檢擧」(경성지방법원 검사국 문서, 昭和 9年 3月 治安情況, 한국사DB, 국사편찬위원회), 『동아일보』1933.3.12·23., 1934.12.11·21., 『正路』1945.11.25., 『자유신문』1946.2.20., 『로동신문』1947.2.23., 『노동자의 책』www.laborsbook.org/

이승래(李承來, 남, 1886-?)
아호(별명) _ 일상(一常), 이승래(李昇來), 이군백(李君白)
입교 시기 _ 1910년대 후반 추정 | 교질 _ 미상 | 서훈 _ 애족장(2021)

함경북도 회령군(會寧郡) 회령면(會寧面) 출신으로, 대종교 항일투사인 이홍래(李鴻來)의 친형이다. 1913년 간도로 넘어가 대종교계 항일투쟁에 본격적인 발을 디뎠다.

이승래는 1919년 4월 10일 연길현(延吉縣) 동불사(銅佛寺) 상의사(尚義社)의 향정(鄕正)이자 대종교지도자인 김정일(金正一) 등 10여명과 회합하여 항일투쟁의 방략을 모색했다. 이후 돈화현(敦化縣)으로 옮겨온 이승래는 1922년 5월경 돈화현회 간사로 활동하는가 하면, 1923년 3월 1일에는 영안현(寧安縣)·액목현(額穆縣)·돈화현 등지에 산재해 있는 대한군정서·대한국민회(大韓國民會)·광복단(光復團)·의군단(義軍團)의 지도자들과 새로운 도약을 모색하기도 했다. 이승래는 대한군정서 일부 세력과 국민회가 근거하던 돈화현 대교하(大橋河)에 모여 단체연합에 관한 문제와 수전사업경영을 통한 단원들의 생활 안정에 대한 회의를 개최 결의사항을 이끌어 낼 당시, 나중소(羅仲昭)·허영근(許永根)·이경렬(李京烈)·김연숙(金淵淑) 등과 대한군정서 대표로 참여하였다. 이 때 국민회의 대표로는 구춘선(具春先)·강백규(姜伯奎)·염태익(廉泰益)·박천영(朴天英)최환규(崔煥奎)황칠성(黃七星)이, 광복단 대표로는 김성극(金星極)·허경준(許京俊)이, 그리고 의군단 대표로는 지우강(池雨降)·장석태(張碩泰) 등이 동참하였다.

이 시기 이승래는 돈화현·연길현·왕청현(汪淸縣) 및 함북 회령 등지에서 대한군정서(북로군정서) 계열의 모연활동(募捐活動)도 꾸준히 전개하는 한편, 1924년 3월 하순에는 돈화현 황토요자(黃土要子)에 근거를 두고 이홍래·강승경(姜承卿)·황룡운(黃龍雲)·이춘보(이춘보(李春甫)·이경렬·이찬(李傑) 등 대종교 대한군정서 계열의 동지들과 대한독립단 모연대를 결성하였다. 이 모연대는 동생인 이홍래가 대장을 맡았고, 30여명을 3대로 나누어 국내의 무산(茂山)·회령(會寧)·종성(鍾城)·온성(穩城) 방면으로 모연활동을 전개하였다. 당시 이승래는 이찬을 이끌고 제3대장을 맡아 활약하였다. 또한 1924년 4월에는 황용운과 함계 의열단 활동에도 도움을 주었다. 의열단원 나학초(羅學礎) 등 6명이 폭탄을 휴대하고 천진(天津)과 하얼빈 그리고 해림(海林)을 경유하여 국내로 잠입을 시도할 당시, 액목현 흑석둔(黑石屯)에서 이들과 잠입에 대하여 도모하였다.

대종교 대한군정서 계열의 동지들이 조직한 대한독립단모연대 임원 명단. 왼쪽 아래에 李承來라는 이름이 있다.

한편 이승래는 1925년 초에 출범한 신민부(新民府)에도 적극 참여하여 활동하였다. 신민부는 그 구성원의 대부분이 대종교 신자로 대종교적 민족주의와 대종교적 공화주의를 표방한 단체였다. 이승래는 그 해 4월 1일 신민부의 지부 및 연락부 설치를 준비할 당시, 현천묵(玄天黙)·이범윤(李範允)·조성환(曺成煥)·김혁(金爀)·김규식(金奎植)·나중소(羅仲昭)·정신(鄭信) 등의 대종교 거물들과 설치위원으로 선임되었다. 또한 1926년 1월 이후 신민부 돈화지방총관부 경찰부장 등으로 활동하는가 하면, 3월에는 나중소·이현익(李顯翼)·이백남(李白男)·마진(馬晉)·김계산(金桂山) 등과 신민부 돈화변사부(敦化辨事部)의 최고간부로도 활동하였다.

이승래는 1927년 1월과 이듬해 1월 중국 관헌에 각각 체포되어 곤혹을 치렀다. 그럼에도 1931년 9월 이후에는 대종교의 본거지인 영안현을 중심으로 한족연합회 간부로 군자금을 모집하는 등, 대종교 항일투쟁을 쉬지 않았다.

이승래와 관련된 대종교단 내의 기록은 전무하다. 그의 영계(靈戒) 사항이나 교질(教秩) 단계 역시 확인이 안 된다. 그러나 그는, 동생인 이홍래와 더불어 대한군정서로부터 신민부까지 대종교 항일투쟁에 일관했던 인물이다. 그의 대종교 입교 시기가 1910년대일 가능성을 점치게 해 준다. 더욱이 신민부의 설립 초기, 지부 및 연락부 설치 당시 현천묵·이범윤·조성환·김혁·김규식·나중소·정신 등 대종교 최고지도자들과 어깨를 나란히 했다는 것은, 그의 대종교에서의 위치를 짐작케 해 주는 부분이다.

[참고문헌]
「不逞鮮人의 行動 其他에 關한 件」(不逞團關係雜件-朝鮮人의 部-在滿洲의 部40, 公 第241號; 普通受第256號, 한국사DB, 국사편찬위원회), 「不逞團의 聯合會議 開催와 水田事業에 관한 건」(不逞團關係雜件-朝鮮人의 部-在滿洲의 部35, 機密 第104號; 機密受第114號, 한국사DB, 국사편찬위원회), 「間島 接壤地 地方 不逞鮮人의 行動에 관한 건」(不逞團關係雜件-朝鮮人의 部-在滿洲의 部36, 機密 第279號; 機密受第289號, 한국사DB, 국사편찬위원회), 「義烈團機密部員ノ行動二關スル件」(不逞團關係雜件朝鮮人ノ部-別冊 義烈團行動 附 金元鳳 亞三機密第144號, 한국사DB, 국사편찬위원회), 「在外 要注意 鮮人 別名 變名 雅號 調査에 관한 건」(不逞團關係雜件-朝鮮人의 部-在滿洲의 部39, 機密 第161號; 機密受第169號, 한국사DB, 국사편찬위원회), 「新民府 組織에 關한 件」(不逞團關係雜件-朝鮮人의 部-在滿洲의 部41, 機密 第109號; 機密受第179號, 한국사DB, 국사편찬위원회), 「용의조선인명부」(조선총독부경무국, 1934), 「한국독립운동사자료」 41(국사편찬위원회, 2005)

이승석(李承錫, 남, 생몰 미상)
입교 시기_ 1911년 이전 | 교질_ 지교

출신지역과 생몰연대를 알 수가 없다. 대한제국 9품에서 6품 벼슬까지 지낸 인물로, 내부 주사와 연안남대지축경파원(延安南大池築坰派員)을 지냈으며, 전화과(電話課) 주사를 거쳐 6품의 지위로 배천군(白川郡) 주사를 역임하였다. 벼슬에서 물러난 후인 1908년에는 대한자강회 회원으로 활동한 기록도 있다.

이승석의 대종교 교력을 살피면 1911년 중광절(重光節, 음력 1월 15일)에 참교(參敎)의 교질(敎秩)을 받은 기록이 전한다. 당시 윤주찬(尹柱瓚)·박승익(朴勝益)·황병욱(黃炳郁)·김인식(金寅植)·조완구(趙琬九)·류근(柳瑾)·이광수(李光秀)·장지연(張志淵)·현천묵(玄天默) 등, 대종교 중광 당시 혹은 중광 직후에 참여한 인물들과 함께 참교를 받았다. 이승석의 대종교 입교가 중광 직후에 이루어졌을 가능성이 높은 이유다. 더욱이 이승석은 6일 후인 1월 21일(음력) 지교(知敎)의 교질로 승질(陞秩)하였다. 사례를 찾기 힘든 경우다. 이승석이 대종교의 중광 동지이거나 대종교에 대한 기여가 남달랐음을 보여주는 부분이다. 그러나 그 이후의 행적은 알려지지 않았다.

[참고문헌]
『倧令』제3호(1911년), 『대종교중광육십년사』(대종교총본사, 1971), 『승정원일기』1901년 8월 5일(음)·16일(음), 1903년 3월 2일(음), 1906년 10월 1일(음). 『대한자강회월보』제3호(1906년)

이승우(李昇愚, 남, 생몰 미상)
입교 시기_1910년 이전 | 교질_참교

출신지역과 생몰연대를 알 수 없는 인물이다. 국내나 일제의 기록에서도 일체 발견이 안 되며 대종교의 초창기 기록에만 등장하고 있다. 이승석은 1910년 1월 24일(음력) 유방환(兪邦煥)과 더불어 대종교 시교사(施敎師)에 임명된 기록이 남아 있다. 그의 대종교 입교가 중광 직후에 이루어졌음을 알게 해 준다. 그리고 1911년 중광절(重光節, 음력 1월 15일)에는 박승익(朴勝益)·황병욱(黃炳郁)·김인식(金寅植)·조완구(趙琬九)·류근(柳瑾)·이광수(李光秀)·장지연(張志淵)·현천묵(玄天默) 등 대종교의 중광 당시 혹은 직후 참여한 인물들과 참교(參敎)의 교질(敎秩)을 받은 기록이 있으나, 그 이후의 흔적은 찾을 수가 없다.

[참고문헌]
『종보』제5호(1910년), 『倧令』제3호(1911년), 『대종교중광육십년사』(대종교총본사, 1971)

이승천(李承天, 남, 생몰 미상)
입교 시기_1924년 이전 | 교질_미상

출신지역과 생몰연대를 알 수 없는 인물이다. 1922년 삼당칭호문(三黨稱號文), 사생붕우간칭호문(師生朋友間稱號文), 서취문절서왕복문(婿娶門節序往復文), 경하문(慶賀文) 등의 당대 생활예절을 담은 『간례정집(簡醴精集)』(京城普覺書林, 1922)의 저자다.
이승천과 관련된 대종교 영계 사항이나 교질 관계는 전하는 것이 없다. 다만 1924년 11월에 발기된 대종교진흥회

(大倧敎振興會)의 중심인물로 참여한 기록이 전한다. 대종교진흥회는 일제의 탄압에 의해 위축되어 있는 대종교를 조직적으로 진흥시키고자 한 취지에서 출범한 것이다. 그 사무실을 낙원동 84번지에 두고 대종교 경전 및 교리에 관한 서적 발간과 일반 신도들의 종교에 대한 신념 고취, 그리고 1922년 이후 서로 대립했던 신구(新舊) 양파의 화합을 위해 노력하고자 했다. 그리고 단조묘궁(檀祖廟宮) 건축과 숭령전 수보(修補), 제천단 수축과 단조사적(檀祖史籍) 간행 등의 다양한 대종교진흥책을 도모하고자 한 조직이었다.
당시 진흥회 회장 박용태(朴龍泰)를 비롯하여 김진우(金振宇, 부회장), 이홍도(李弘道, 총무)김종진(金鍾震, 전례), 조철호(趙喆鎬, 교섭) 등이 중심이 되었으며, 이승천 역시 서무를 맡아 대종교 진흥에 앞장섰다. 그의 대종교 입교가 그보다 훨씬 전에 이루어진 것을 알 수 있으나, 더 이상의 흔적은 찾을 수가 없다.

[참고문헌]
「大倧敎振興會 趣旨書 譯文 進達의 件」(不逞團關係雜件-朝鮮人의 部-在滿洲의 部40, 機密 第1號, 한국사DB, 국사편찬위원회), 『동아일보』1922.10.15., 『간례정집(簡醴精集)』(李承天, 京城普覺書林, 1922)

이시열(李時說, 남, 1892-1980)
아호(별명)_단총(檀叢), 이학수(李學洙), 운허(耘虛), 불천(佛泉), 박용하(朴龍夏)
입교 시기_1912년 | 교질_상교 | 서훈_애국장(1963)

이시열

평안북도 정주군(定州郡) 고현면(高峴面) 어호동(漁湖洞) 출신이다. 본명은 이학수였으나 대종교에 입교하며 단총(檀叢, 叢은 叢의 俗字)이라는 호와 이시열(李時說)이라는 이름으로 개명하였다. 후일 불교에 귀의하면서는 용하(龍夏)라는 법명과 더불어 운허(耘虛)라는 법호를 사용하였다.
1910년 대성학교에 입학하여 신학문을 경험하고, 이 시기 신민회(新民會) 활동과도 연결되어 본격적인 항일운동에 접어들었다. 1912년 만주로 망명하여 봉천성(奉天省) 회인현(懷仁縣, 후일 桓仁縣으로 바뀜)에 대종교계 동창학교(東昌學校)에 참여하여 교사가 되어, 동포들에게 독립사상을 고취하고 교육구국운동에 헌신하였다.
1913년 여름 항일비밀결사인 대동청년단(大東靑年團)에 입단하여 호를 단총으로 본격 사용하였다. 대동청년단은 1909년에 결성된 단체로, 다음의 단규(團規)에도 나타나듯이 철저한 비밀조직이었다.

1. 단원은 반드시 피로 맹세할 것.
2. 새 단원의 가입은 단원 2명 이상의 추천을 받을 것.
3. 단명(團名)이나 단(團)에 관한 사항은 문자로 표시하지 말 것.
4. 경찰 기타 기관에 체포될 경우 그 사건은 본인에만 한하고 다른 단원에게 연루(連累)시키지 말 것.

주목되는 것은 이 조직에 참여 인물들 중, 이시열을 비롯하여 윤세복(尹世復)·남형우(南亨祐)·안희제(安熙濟)·이원식(李元植)·이경희(李慶熙)·차병철(車秉轍)·이극로(李克魯)·김갑(金甲)·김사용(金思容)·신백우(申伯雨)·신성모(申性模)·신팔균(申八均)·박광(朴洸)·김동삼(金東三)·신채호(申采浩)·고순흠(高順欽)·이우식(李祐植)·민강(閔彊)·윤병호(尹炳浩)·서상일(徐相日) 등, 30명에 가까운 인물들이 후일 대종교의 중심을 이룬다. 이 조직은 일제강점기 내내 국내외에서 비밀리에 활동하였다. 이시열이, 해방 이후인 1952년 대종교 동지인 신백우와 상의하여 대동청년단을 해산하였다는 기록에서도 확인된다.
이시열은 1915년 6월 흥경현(興京縣) 홍묘자(紅廟子)에 일신학교(日新學校, 1916년 興東學校로 개명)를 설립하여 교육구국활동을 전개하는가 하면, 1918년 봄에는 통화현(通化縣) 반납배(半拉背)에서 대종교 동지인 승진(承震)·김진호(金鎭浩) 등과 배달학교(培達學校)를 설립하여 활동하였다. 특히 이 시절, 이시열 등은 대종교 경절인 개천절(開天節)이면 경하식(慶賀式)을 포함한 행사와 더불어 푸짐한 음식으로 자축함은 물론, 밤에는 연극을 준비하여 성황리에 공연하기도 하였다. 3·1운동 직후에는 흥경현(興京縣) 왕청문(旺淸門) 지역의 동지들을 규합하여 항일투쟁에 나서는가 하면, 『경종(警鐘)』이라는 잡지도 등사본(謄寫本)으로 발간하여 항일의식 고무에도 앞장섰다.
1919년 부민단(扶民團)이 확대·개편된 한족회(韓族會) 창립에도 남다른 기여를 하였으며, 기관지인 『한족신보(韓族新報)』의 주필로 활동하였다. 그리고 서로군정서(西路軍政署) 창설에 참여하여 무장항일투쟁에 뛰어든 것도 이 해였으며, 1920년에는 광한단(光韓團)을 조직하여 단장에 선임되었다. 광한단은 그 취지서에서 보이듯, 단군 후예, 고구려 유족, 발해 유민 등의 대종교적 역사인식을 드러내는 한편, 을지문덕·천개소문·안중근 등의 민족의 영웅들의 의취를 강조했던 단체였다.
이시열은 1921년 2월 국내의 단체들과 접촉을 위하여 잠입하였으나 일제에 의해 탐지되었다. 일제에 본격적인 추적이 펼쳐지자, 그는 강원도 회양군(淮陽郡) 난곡면(蘭谷面) 소재 봉일사(鳳逸寺)로 몸을 숨긴다. 공교롭게도 이것이 그가 불교에 귀의하게 된 계기가 되었다. 다시 만주로 옮겨온 이시열은 1929년 만주의 3부통합(三府統合)을 통해 출범한 국민부(國民府) 조직에 참여하여 간부로 활동하였고, 1931년 조선혁명당이 조직되자 그 중앙집행위원 겸 교육부장에 선임되었다.
그리고 일제의 만주 침략 후인 1932년 조선혁명군이 만주인 의용군과 합작하여 한중연합군을 편성하고 치러진 신빈전투(新賓戰鬪)와 1933년의 흥경성전투(興京城戰鬪)에서 일본군을 대파하는 데 공을 세웠다. 또한 같은 해 8월에

는 일본군의 대부대와 조우(遭遇)하여 펼쳐진 동창대전투(東昌臺戰鬪)에서도 큰 역할을 하였다.

[교력]
이시열의 대종교 입교는 만주로 건너간 1910년대 초반으로 알려져 있으나, 그 관련 자료는 남아있지 않다. 그러나 그가 1914년 5월 13일(음력, 이하 음력) 동창학교를 개척하고 이끈 윤세복(尹世茸)·박은식(朴殷植) 등과 참교(參敎)의 교질(敎秩)을 받은 기록이 전한다. 그의 대종교 입교가 그보다 훨씬 전인, 1911년 회인현의 동창학교 참여 시절로 추정되는 이유다.
동창학교의 '동창'이라는 명칭도는 서간도에 처음 설치한 대종교시교당 겸 학교의 이름이다. 우리나라의 무궁한 발전과 국권회복을 기약한다는 취지에서 정해진 명칭이었다. 동창학교 재학생들은 망명 지사의 자제들로 구성되었다. 연령은 6세 이상 15세 이하로 제한되고, 3개 반으로 운영되었으며, 검은색 제복에 교모를 착용했고, 학교에서 학생들의 기숙사비와 피복비, 가족생 계비를 보조하면서까지 교육을 장려했다. 동창학교의 운영은 대종교 시교사(施敎師)로 파견된 윤세복이 자신의 전 재산을 희사한 것으로 꾸려졌다.
1911년 시절 동창학교 직원 구성을 보면, 경영진에 윤세용과 이진용(李鎭龍), 감독직에 윤세복, 교장에 이동하(李東廈), 그리고 교사에는 박은식·이원식(李元植) 등이 참여하였다. 이후 참여한 인물로는 이시열을 비롯하여 이극로(李克魯)·김영숙(金永肅)·김규환(金奎煥)·신채호(申采浩)·김진호(金鎭浩)·김동평(金東平) 등을 꼽을 수 있다. 모두 대종교인들이란 점이 주목된다. 당시 이시열은 그의 본명인 이학수(李學洙)라는 이름으로 동창학교의 교가(校歌)를 작사하기도 하였다.
동창학교의 취지는 "한민족의 선조는 백두산록에서 나와 중화민족과 대화민족은 그 가지에 불과하는 까닭에 우리들은 노력하여 국권을 회복하여 부여민족과 부여국의 독립발전을 도모"하는데 두었다. 특히 윤세복은 동창학교 생도와 인근 한인들에게 대종교의 교리와 배일사상을 고취시켰다. 그러므로 동창학교의 교과는 '단군'을 민족사의 정통으로 삼는 것을 원칙으로, 역사·국어·한문·지리 등을 가르쳤다. 또한 체조가 강조되었는데, 이는 민족의식 고취와 더불어 대일군사훈련을 준비하기 위함이었다.
대종교는 환국 직후 1946년 2월 23일, 남도본사(南道本司)의 특별 추천으로 이시열에게 지교(知敎)의 교질을 수여하였다. 또한 2주 후인 3월 6일에는 경의원(經議院) 참의(參議)로도 선임하여 원로로서의 대접을 극진히 하였다. 그가 1921년 불교에 입문한 후에도 종불융회(倧佛融會)·반종반불(半倧半佛)적인 삶을 살며, 국내 대종교 존립에 남다른 힘을 보탰기 때문이다. 해방 이후 대종교의 기록에 그가 단총(檀叢, 단군에 귀의함)과 불천(佛泉, 불심이 솟아남)이라는 호를 함께 사용한 것을 보더라도 짐작되는 부분이다.
이시열은 같은 해 3월 8일에는 이극로·박노철(朴魯澈)·신백우(申伯雨)·안호상(安浩相) 등과 종학연구회(倧學硏究會) 회원으로 임명되었다. 이 조직은 해방 이후 대종교 교리

(教理)·교사(教史) 연구의 초석을 다지기 위해 조직된 것으로 대종교 이론 확립의 초석이 되는 기구였다. 그리고 4월 6일에는 조완구(趙琬九)를 책임자(專修)로 하는 종리연구실(倧理研究室)의 찬수(贊修)도 맡아 이극로·신백우·정인보(鄭寅普)·안재홍(安在鴻)·정열모(鄭烈模)·백남규(白南奎)·안호상·박노철 등과 참여하였다. 종리연구실은 일제 강점기인 1924년 3월 6일 갑자개규(甲子改規)에 의해 신설된 기관으로, 대종교의 교리·교사를 연구와 도원(道院)의 역할을 하는 기관으로 출범하였으나 항일투쟁의 와중에 그 기능을 수행하지 못하였다. 이 종리연구실이 후일 삼일원(三一圜)으로 개칭된다.

이시열은 1946년 4월 24일 상교(尙教)의 교질로 오르며 대종교 활동을 이어갔다. 또한 한국전쟁 이후인 1954년 7월 3일에는 장도빈(張道斌)·박창화(朴昌和)와 함께 종사편집부(倧史編輯部)의 주간(主幹)으로도 임명되었다. 이 기구는 대종교 교무회의(教務會議)의 결의를 거쳐 대일각(大一閣, 대종교총전교를 상징하는 기구)의 직속기관으로 설치된 것이다. 종사편집부는 후일 50여 만자로 엮어진 『종사취재고(倧史取材稿)』 찬술의 바탕을 마련했다는 점에서 의미가 크다.

이시열이 1970년 봉선사(奉先寺)의 대웅전(大雄殿)을 중건할 당시 대웅전 대신 '큰법당'이라는 한글 편액을 붙인 이유도 예사롭지 않다. 그 큰법당 의 기둥에 써붙인 주련(柱聯)도 '온 누리 티끌 세어서 알고', '큰 바다물을 모두 마시고', '허공을 재고 바람 얽어도', '부처님 공덕 다 말 못하고' 등과 같이 한자가 아니라 모두 한글이다. 한국불교사에서 보면 미증유의 파격이었다. 이 역시 대종교의 '한글 사랑의 정신'을 불교에 접맥시킨 대표적 사례가 된다.

[참고문헌]
『대종교보』환국기념호(1946년)·제150호(1946년)·제163호(1949년), 『종문영질』(프린트본, 1922), 『令諭人名簿』(大倧教, 서지사항 미상), 『대종교중광육십년사』(대종교총본사, 1971), 『大倧教振興會 趣旨書 達의 件』(不逞團關係雜件-朝鮮人의 部-在滿洲의 部40, 機密 第1號, 한국사DB, 국사편찬위원회), 『동아일보』1922.10.15., 『簡醴精集』(李承天, 京城普覺書林, 1922), 『고투사십년』(이극로, 을유문화사, 1947), 『國境地方視察復命書』(자료, 『백산학보』제8호, 백산학회, 1970), 『現代史資料』27(姜德相 編, みすず書房, 1970), 「발해 농장 시절의 백산」(안상두, 『나라사랑』제19집, 외솔회, 1975), 『배달의 맥박:독립군시가집』(한철수, 독립군시가집편찬위원회, 1986), 『耘虛禪師語文集』(月耘 編. 東國譯經院, 1989), 『대동청년단 연구』(권대웅, 『한민족독립운동사논총』 수촌 박영석교수화갑기념논총간행위원회 편, 탐구당, 1992), 『운허스님의 크신 발자취』(신용철 편저, 동국역경원, 2002), 「이시열의 민족운동과 대종교」(조준희, 『숭실사학』28, 숭실사학회, 2012)

이시영(李始榮, 남, 1868-1953)
아호(별명) _ 성흡(城翕聖翕), 성옹(聖翁), 성재(省齋), 시림산인(始林山人)
입교 시기 _ 1918년 · **교질** _ 사교 · **서훈** _ 대한민국장(1949)

한성부 명례방(明禮坊, 지금의 中區) 저동(苧洞) 출신이다. 일찍이 한학에 정통하고 17세 때인 1886년에 식년감시(式年監試)를 통해 관계에 발을 들였다. 1909년까지 형조좌랑(刑曹佐郎), 홍문관(弘文館) 교리(校理)와 수찬(修撰), 승정원

이시영

(承政院) 부승지(副承旨), 외부(外部) 교섭국장(交涉局長), 평남관찰사(平南觀察使), 중추원(中樞院) 칙임의관(勅任議官), 한성재판소장(漢城裁判所長), 고등법원 판사 등의 관직을 역임하였다.

을사늑약 이후, 관직에 있음에도 비밀리에 신민회(新民會)를 조직에 참여하여 구국운동에 앞장섰다. 1908년 5월에는 대한학회의 발기인으로 참여하였고, 기호흥학회(畿湖興學會)의 찬무원(贊務員)으로 활동하며 애국계몽운동에도 일조하였다.

그러나 경술국치를 당하자, 치밀한 계획과 진행을 통해 형제를 비롯한 가족 50여 명과 남만주 유하현(柳河縣) 추가보(鄒家堡)로 망명하였다. 이곳에서 독립운동의 기지를 건설하고 독립군을 양성하기 위한 준비에 착수하는가 하면, 신흥강습소도 설치하였다. 1911년 4월에는 유하현 삼원보(三源浦) 대고산(大孤山) 지역에서 노천군중대회(露天群衆大會)를 통한 경학사(耕學社)를 출범시키고 석주(石洲) 이상룡(李相龍)을 사장에 추대하였다. 경학사는 사람의 생명을 지키고 민지(民智)를 개발하며 체육과 덕육을 겸비한 사람을 키우는 한편, 공업과 상업을 발전시키고자 만들어진 조직이었다. 또한 이를 통해 이주 동포들의 정착과 농업생산을 지도하는 등 최초의 항일 구국의 자치단체로서의 역할도 담당하였다.

1912년 들어 통화현(通化縣) 합니하(哈泥河)에 교사(校舍)를 신축하고 신흥강습소를 신흥무관학교로 바꾸고 본격적인 독립군 간부 양성에 힘을 쏟았다. 일제의 주목이 심해지며 신변의 위협마저 느끼게 되자, 이시영은 봉천(奉天)을 경유하여 북경으로 옮겨갔다. 그곳에서 중국의 원세개(元世凱)을 통하여 동삼성(東三省)의 한교(韓僑) 문제를 지원받는데 기여하는 한편, 이동녕(李東寧)·조성환(曹成煥)·조완구(趙琬九) 등 대종교 동지들과 국내 3·1독립운동에 호응하는 집회를 적극 개최하였다.

이후 상해로 넘어가 대한민국임시정부 수립에 참여한 이시영은 법무총장과 재무총장을 역임하면서 임시정부의 제도적 정착과 더불어 1926년까지 임시정부 자금 조달에 남다른 기여를 하였다. 1929년 한국독립당의 감찰위원장에 피선되었으며, 1933년에는 개조된 임시정부의 국무위원 겸 법무위원에 임명되어 임시정부를 이끌었다. 이시영은 임시정부가 가흥(嘉興), 항주(抗州), 중경(重慶)으로 이전하는 어려운 역정 속에서도 임시정부를 지켰으며, 특히 1942년에는 재차 임시정부의 재무부장으로 임명되어 어려운 임시정부의 살림을 꾸려갔다.

해방 이후인 1945년 11월 23일, 이시영은 임시정부 요인인 김구(金九)·김규식(金奎植)·김상덕(金尙德)·유동열(柳東說)·엄항섭(嚴恒變) 등과 제1진으로 귀국하였다. 귀국 후 반탁활동에 앞장서는가 하면, 대종교 중흥을 위한 혼신의

노력을 기울였다. 1949년 5월, 2년제 신흥초급대학으로 결과를 본 신흥무관학교의 재건 노력 역시 그러한 방편의 일환이었다.

한편 이시영은 1948년 7월 20일 제헌국회에서 부통령에 당선되어 주로 감찰 업무에 주력하였다. 또한 대통령(이승만)으로 하여금 임시정부 인사 중용(重用)과 대종교 발전책을 강하게 요구하였으나, 갈등만 깊어지며 소외되기까지에 이른다. 더욱이 한국전쟁 중 발생한 국군의 거창양민학살사건 대처에 대한 실망을 안고 1951년 5월 9일 부통령직에서 사퇴하였다.

[주요저술과 역사인식]

이시영의 대표적 저술로는 1934년에 쓴 『감시만어(感時漫語)』가 있다. 말 그대로 '시대를 개탄하는 역사에세이'다. 이시영은 상해 임시정부가 항주(抗州)를 거쳐 절강성(浙江省) 가흥(嘉興)까지 피난했을 때 우연히 『조선(朝鮮)』이란 책을 얻어 보게 되었다. 이 책은 중국인 황염배(黃炎培, 1878~1965)가 1929년 중국 상해에서 출간한 책이다. 문제는 그 내용이 일제의 식민주의역사인식을 충실히 옮겨 놓은 듯한 저술이란 점에서 이시영은 충격을 받았다. 『감시만어』 출간의 직접적 동기다. 『감시만어』 앞부분에서 밝힌 아래의 내용에서 알 수 있다.

"계유년(1933) 여름 우연히 중국 사람 황염배(黃炎培)가 쓴 조선(朝鮮)이란 책을 읽은 일이 있다. 그런데 그 문체의 거친 말투나 허황된 표현이 우리로 하여금 취사선택(取捨選擇)하게 할 것이 너무나 많다.…(중략)…그 중에서도 황씨의 글은 꽤 정력을 기울인 것 같으나 역시 어긋나고 그릇된 점이 아주 많았다. 그래서 한국인이 볼 때에 어느 편(編)을 보더라도 황씨가 일본인을 대신하여 일본을 선양한 듯한 느낌이 들어 메스껍기 이를 데 없다. 따라서 이제 군자의 의리로서 그의 실책을 간략하게 힐책하고 나서 나의 관견(管見)을 덧붙일까 한다."

『조선』의 저자인 황염배는 중국 근현대 시기 애국주의자이자 민주주의 교육가로 평가되는 대표적 인물이다. 당시 중국사회에서도 상당한 명망을 얻었고 그의 영향력도 무시할 수 없었다. 또한 근대중국인 가운데 한국에 대해 누구보다도 잘 아는 인물 중의 하나가 황염배였다. 그가 일제강점기인 1918년, 1927년, 1931년 식민지시기 우리나라를 3차례나 방문한 것을 보아도 짐작이 간다. 『조선』은 두 번째 방문 이후인 1929년 간행한 저술이다. 당시 중국이 제2의 조선으로 전락될 지 모른다는 위기감에 대한 경종과 중국인들에게 절박한 현실인식을 심어 주기 위해 집필한 것이다.

『조선』은 크게 5장으로 구성되어 있다. 제1장은 서언(序言)이다. 황염배의 사회관과 역사관을 토대로, 책을 쓰게 된 동기와 당시 조선을 바라보는 일본 통치의 관점 등을 적고 있다. 제2장은 조선의 지리 및 자연환경을 다루고 제3에서는 조선의 역사를 서술하고 있다. 제4장과 5장에서는 '현재의 조선인'이란 소제목을 붙여 조선의 전반적 상황과 조선인을 다루고 있다. 그리고 끝에는 부장(附章)을 붙여

당시 조선의 화교(華僑)에 대해 서술하였다.

문제는 그의 역사인식에 있었다. 황염배는 『조선』을 집필하는데 총 130종을 참고하였다. 중국자료 31종, 일본자료 85종이다. 그럼에도 조선전적은 14종에 불과하였다. 일본자료가 65%를 차지한다. 더욱이 한국 자료와 중국 자료는 개설적으로 언급한 반면, 일본 자료는 1904년에서 1927년 사이 출간된 일본인의 연구물과 조선총독부에서 간행한 『조선고적조사보고(朝鮮古蹟調査報告)』 등을 충실히 반영하였다. 이들 모두가 식민지 완성을 목표로 하는 우리 역사의 왜곡물임을 주목해 본다면, 당연히 황염배는 일본에 의해 왜곡된 역사인식을 그의 『조선』 집필에 그대로 옮겨 올 수밖에 없었다.

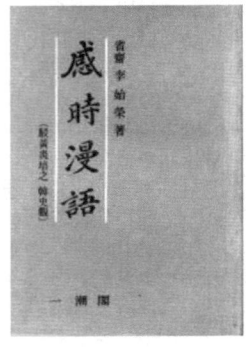

해방 이후인 1983년 일조각에서 번역 출판된 이시영의 『感時漫語』 초판본

황염배의 잘못된 역사인식이 잘 드러나는 부분은 주로 『조선』의 3장과 4장이다. 황염배는 단군사화가 담긴 『삼국유사(三國遺事)』를 황당무계하다고 몰아세운 뒤, 우리 역사의 시작을 한족개화시대(漢族開化時代)로부터 찾고 있다. 특히 「조선국호계통도(朝鮮國號系統圖)」에서는 고구려·백제·신라를 모두 일본에 속한 것으로 기술하고 있다. 일제가 조작한 임나일본부설(任那日本府說)을 그대로 긍정하면서 당 시대의 조선총독부와 같은 성격으로 이해하였다. 그 외에도 우리와 관련된 역사인식은 대부분이 일제의 부용논리를 그대로 답습하였다. 심지어는 한인(韓人)들의 독립운동마저 폄훼하면서 일제의 통치 능력을 추켜세웠다.

이시영이 『감시만어』의 부제목을 '황염배의 한국사관을 논박함(駁黃炎培之韓史觀)'으로 붙인 이유도 분명해진다. 조선총독부와 일본인의 연구 자료에 근거하여 엮어진 『조선』의 역사인식을 비판함이 주된 목적이었다.

이시영의 『감시만어』는 총 23장으로 구성되어 있다. 그러나 내용적으로 나눈다면 크게 두 영역으로 구분된다. 하나는 황염배가 왜곡 기술한 역사인식을 반박하고 한국사의 독자성과 주체성을 강조하는 한편, 중국인이 가지고 있는 한국과 한국인의 부정적인 이미지를 해소하는 것이다. 다른 하나는 한국과 중국이 연합하여 일제에 공동 항전하자는 내용이다. 특히 후자의 내용이 감시만어의 약 절반 정도의 분량이고 보면, 노골화되는 일본의 중국침략에 대한 경각심을 주고자 함도 빼놓을 수 없다. 이러한 각성을 통

해 독립운동을 효과적으로 실현하기 위해서 중국과의 합작을 모색하려는 의도였을 듯하다.

이시영은『감시만어』를 통하여 황염배가 잘못 인식하고 기술한 조선의 역사를 여러 측면에서 반박하고 변정(辨正)하였다. 그 중에서도『감시만어』의 7장 '무사변정(誣史辨正)1'과 8장 '무사변정2'는 대부분 황염배의 조선에 대한 비판이다. 7장의 기자지봉국(箕子之封國)', '한족문화지유(韓族文化之由)', '일본신공후일단(日本神功后一段)' 등은 황염배의『조선』에 실린 제3장 제3절 '한족개화시대'와 제4절 '삼국시대'에서 왜곡 기술한 한국고대사에 대해 반박한 내용이다

가령 황염배는 기자의 봉국을 가급적 역사적 사실로 보는 데에 비해, 이시영은 기자가 주무왕(周武王)의 신하를 되는 것을 피하기 위해 동방에 왔다고 이해했다. 또한 단군조선의 부여왕(扶餘王)이 넓은 땅을 기자에게 할애하여 기자가 거기에 도읍을 건설하고 국가를 열었으며 국호를 똑같이 조선이라 하였다고 설명한다. 그러므로 기자는 무왕이 봉하는 것을 수락하지 않았을 것이며, 무왕이 자신의 관할밖에 있는 땅에 사람을 봉할 수 없다는 것은 안목을 가진 사람이면 모두 알 수 있는 당연한 이치라고 서술하였다.

또한 황염배가 주장한 한족(漢族) 문화의 중국 원류 논리에 대해서도 적극적인 반론을 펼쳤다. 이시영은 우리 고유의 문화적 원류로 단군(檀君)의 신성한 교화를 들면서 이를 적극 반박했다. 또한 이시영은 우리의 삼국시대에 일본이 한반도의 남부지역을 지배하였다고 논한 황염배의 주장에 대해서도 근거 없는 주장이라고 일축하는 한편, 일본 신공황후의 신라 정벌 기사 역시 허황된 것으로 단언하였다. 나아가 7장의 '한인지덕(韓人智德), 한인창조력(韓人創造力), 관어한국화폐지관(關於韓國貨幣之觀), 배화참안(排華慘案), 관어집단(關於集團) 등의 절에서는, 황염배의『조선』제4장과 제5장에 실린 주장들을 조목조목 비판하였다.

주목되는 점은 황염배의 주장을 비판하는 이시영의 논리가 대종교의 역사인식과 대동소이하다는 것이다. 특히 한국고대사에 관한 내용은 거의 무원(茂園) 김교헌(金敎獻)의 저술에 의탁하고 있다. 김교헌은 대종교 2대 교주를 지낸 인물이다. 김두봉(金枓奉)이나 백순(白純), 그리고 안재홍(安在鴻) 등이 '사마천을 능가하는 역사가', '대한민국 역사학의 종장(宗匠)', '일본의 대학자도 견줄 수 없는 학자'라고 존경하던 당대의 역사가였다. 특히 그의 역사서술은 독립운동 현장에서 정신적 교본으로써의 역할도 담당하였다. 그의 저술은 독립군들 사이에 국사교과서로서 널리 읽혔고, 신흥무관학교 등 간도의 민족학교에서 교재로 쓰이기도 했으며, 대한민국임시정부의 교과서로 사용되면서 역사인식 고양에 중요한 지침이 되었다. 나아가 그의 역사인식은 개인적 관심을 넘어 민족주의 역사학 성립에도 중요한 토대로 작용했다.

이시영 역시『감시만어』에서 김교헌의 역사적 무게를 "널리 고대(古代)의 명가(名家)를 찾아 일생의 정력을 모두 다한 분으로, 잿더미 속(四庫藏史·內苑秘本·古碑古傳)에서 희본(秘本)을 찾아 처음으로 단군종도(檀君倧道)를 일으킨 분"으로 평가하였다. 더불어 김교헌의 저술도 세상의 보물 같은 희본(稀本)이 되었다고 안타까워하였다.

이시영이『감시만어』에서 많이 언급하고 있는『신단사(神檀史)』와『신단기(神檀記)』는 김교헌의 저술인『신단민사(神檀民史)』와『신단실기(神檀實記)』를 말하는 것이다. 두 책 모두 1914년에 등사본(謄寫本)과 석판본(石版本)으로 처음 출간되었다. 이 중『신단민사』는 독립신문 사장이며 그 지역 대종교의 핵심이었던 희산(希山) 김승학(金承學)에 의해, 1923년 상해 삼일인서관에서 인쇄본으로 재출간되었다. 당시 대종교 상해 지역 책임자가 박은식이었음도 주목된다. 새롭게 출간된『신단민사』는 중국 각지의 민족학교에 배포되면서, 한국인 자제들을 위한 역사교과서로 널리 보급되었다. 또한 배달민족이라는 민족관념을 바탕으로, 한반도뿐만 아니라 중국 전역을 포함한 대조선주의사관을 제시하면서, 한국인 망명운동가들의 처지를 합리화해 주는 역사서로 급속히 퍼져 나갔다. 상해 대종교의 핵심이었던 이시영 역시『신단민사』의 영향이 지대했을 것으로 추정되는 이유다.

『신단민사』는 우리의 역사를 고대에서 근대까지 통사체계로 서술한 서책이다. 역사적 강역인식에서 대륙을 주요 활동무대로 설정하여 고조선부터 조선조까지 철저하게 대륙적 인식을 토대로 전개하고 있다. 까닭에 고려와 조선시대도 여요시대(麗遼時代)·여금시대(麗金時代)·조청시대(朝淸時代)라는 남북조사관으로 서술했다. 그리고 전래 신교문화에 대해 단군의 오훈(五訓)을 시작으로 역대국가들의 제천행사를 밝힘과 함께 구서(九誓)·오계(五戒)·팔관(八關)의 의미를 구명한 것은 물론, 대종교의 역대 교명(敎名)을 설명함으로써 민족문화의 고유성과 공유성(公有性)·전통성·자주성을 강조하고 있다.『신단실기』는 단군에 대한 사적(事蹟)과 전래 신교사상(神敎思想)에 대한 자취를 모아 자료집의 성격으로 정리해 놓은 저서다.

한마디로 이시영은 대종교의 역사인식을 기본으로 하여 황염배의 역사인식을 공박한 것이다. 이것은 민족주의 역사인식을 토대로 일제식민주의역사학의 부용논리를 반박한 것과 동일한 의미라 할 수 있다. 또한『감시만어』는 이시영 한 개인의 역사의식을 파악하는데 중요한 자료일 뿐만 아니라 사학사의 관점에서도 볼 때도 상당한 의미가 있다. 중국에서 출간된 대종교적 역사인식에 기반을 둔 역사평론서라는 점과 항일투쟁에 앞장선 임시정부 요인의 저술이라는 점이 그것이다.

[교력]

이시영과 대종교의 관계는 1910년대 초반 서간도 시절로 올라가지만, 그와 관련된 기록은 전하지 않는다. 다만 대종교 항일투사 박명진(朴明鎭)은 그의『대종교독립운동사』에서, 이시영이 이동녕·윤기섭(尹綺燮) 등 대종교 동지들과 경학사를 조직하고 학술과 산업을 장려하며 광복운동을 펼쳤음을 언급하고 있다. 또한 1917년 당시, 이탁(李沰)·박우진(朴宇鎭)·이회영(李會榮)·윤기섭·김승학·이광(李光)·이세영(李世永) 등 30여 명과 대종교 서일도본사(西

一道本司)의 주요 교인으로 이시영을 올리고 있다. 그 시기 서일도본사는 남만주일대로부터 국내 평안도를 관할한 대종교의 교구로 단애(檀崖) 윤세복(尹世復)이 이끌고 있었다. 이시영이 1910년대 초·중반에 이미 대종교에 깊이 관여하고 있음을 시사해 준다.

이시영이 대종교에 입교한 공식 기록은 1918년 어천절(御天節, 음력 3월 15일, 이하 음력)에 입교한 것으로 나타나 있다. 그리고 같은 해 10월 6일 영계(靈戒)와 함께 참교(參敎)의 교질을 를 동시에 받았다. 이후 상해대한민국임시정부 재무총장을 맡고 있던 1924년 1월 18일 지교(知敎)로 승질(陞秩)하였다. 1926년 대종교만주포교금지령으로 만주에서의 대종교 활동이 전면 금지되자, 중국 본토에서의 활동 역시 원활치 못했다. 이 시기 이시영은 임시정부의 중경(重慶) 시기까지 대종교 동지들과 암암리에 밀회하면서 종교적 회합(개천절이나 어천절)을 끊지 않았다.

해방 이후 환국한 대종교에서는, 이시영의 이러한 노력에 대한 보답으로 1946년 2월 23일 대종교총본사의 특별 추천으로 상교(尙敎)의 교질을 수여하였다. 그리고 2주 후인 3월 5일에는 경의원(經議院)의 원장으로 추대되어 최고 원로로서의 대접을 받았다.

당시 부원장은 이동하(李東廈)가 맡았으며 고평(高平)이 비서 그리고 윤복영(尹復榮)·김승학·김상호(金相鎬)·이경희(李慶熙)·황학수(黃學秀)·이용태(李容兌)·이시열(李時說)·정열모(鄭烈模)·전성호(全盛鎬)·신백우(申伯雨)·박명진 등, 항일투쟁의 거물들이 참의로 선임되었다. 또한 그 해 8월 19일에는 정교(正敎)의 교질로 승질함과 더불어 대형(大兄)의 교호(敎號)를 받았다. 당시 대종교에서 내린 덕담은 '덕이 높고 신망이 두터워 교인들 모두 최고 원로로 의지한다(德邵望重 倚如泰斗)'라는 찬사였다.

그리고 1948년 9월에는, 임오교변(壬午敎變)으로 순교한 10명에 대한 추모의 글도 바쳤다. 임오교변이란 1942(임오년)년 음력 11월, 만주 영안현 동경성에서 자행된 희대의 종교 탄압 사건이다. 일제가 우리 말·글·얼의 중심이었던 대종교를 말살하기 위하여, 교주 윤세복을 비롯한 대종교 핵심 간부 20여 명을 국내외에서 동시에 검거하여 박해를 가한 사건을 일컫는다. 그 사건으로 10명의 대종교지도자들이 순교하였다. 대종교에서는 해방 직후부터 순교한 인물들에 대한 추모를 기리기 위해 임오십현순교실록(壬午十賢殉敎實錄)을 준비해 왔다. 이시영은 그 원고가 마무리될 당시, 그 십현들의 순교 의의를 기리는 짧은 서문을 아래와 같이 썼다. 이 글은 대종교단 내에 이시영이 남긴 마지막 글이라는 점에서도 의미가 크다.

「임오십현순교실록서(壬午十賢殉敎實錄序)」

우리 국교(國敎)를 다시 세우려 하던 그 때, 기운 나라는 벌써 걷잡을 수 없었다. 지성(至誠)을 품고 지한(至恨)을 안아 마침내 일사(一死)로써 교(敎)의 종풍(宗風)을 보이신 '한스승(홍암대종사 나철을 말함-인용자 주)'의 뒤를 이어, 내외에 홍포(弘布)됨이 자못 컸으나 그럴수록 적의 박해가 더욱 심하더니, 저즘께 북만에서는 무리에도 무리를 더하여 옥중(獄中)에서 신고(身故)하신 이만 열분이라,

이 열 분으로 말하면 다 종문(倧門)의 신사(信士)로써 이역 풍상을 갖추 겪고 '한 곬'만을 향하여 나아가다가 교를 붙들고 몸을 바쳤으니, 오늘날 그들의 의로운 자취를 기록하여 전함은 한갓 서자(逝者)를 위하여 말할 수 없는 일일 뿐이 아니다.

인물을 아낌은 고금이 없으나, 오늘에 있어서는 참으로 묘연(渺然)함을 탄식하지 아니할 수 없다. 이 열 분이 그 조난(遭難)이 아니었던들 우리의 일에 얼마나 큰 도움이 되었을 것인가. 그러나 사람의 정신이란 죽어 없어지는 것이 아니다. 열 분의 변하지 아니하고 굴하지 않는 그 '매움[烈]'의 끼쳐 줌이 결코 적은 것이 아니다. 뒤에 남아 있는 우리는 그 끼침으로 하여금 아무쪼록 더 빛나게, 더 장엄하게 할 책임이 있다.

또 생각하면 산 사람은 누구며, 죽은 사람은 누구냐. 뜻이 살아야 산 것이니, 몸의 존부(存否)는 오히려 제2에 속하는 바다. 이 열 분은 살았다. 누구든지 이 열 분의 눈에 산 사람 아닌 것같이 보이지 말라.

1948년 9월 15일 성재 이 시 영

이시영 1950년 1월 17일 제2차 대종교중흥회(大倧敎重興會)의 고문으로도 추대되었다. 이 모임은 '대종교 발전을 위한 새로운 방안을 모색'한다는 기치 아래 출범한 조직으로, 정인보(鄭寅普)·이범석(李範奭)·신성모(申性模)·안호상(安浩相)·명제세(明濟世)·안재홍(安在鴻)·장유순(張裕淳)·김준(金準)·정관(鄭寬) 등이 이시영과 함께 고문으로 참여하였다.

대종교가 만주 동경성으로부터 환국한 이후 촬영한 대종교지도자들의 환국기념사진. (1946년 6월 16일) 맨 앞줄 왼쪽부터 黃學秀, 曺成煥, 이시영, 윤세복, 조완구, 金敎準(金準)·金永肅이 앉아있다.

한편 1950년 5월 7일 개최된 제7회 대종교교의회에서는 대종교 최고자문기관인 경의원을 원로원(元老院)으로 개칭하였다. 이시영은 그 원로원의 초대원장으로도 추대되었다. 그리고 부원장을 맡은 장유순·김두종(金斗鍾)과 참의로 선임된 윤복영·김승학·정열모·안재홍·정인보·명제세·황학수 등 10여명과 대종교 최고자문기관으로서의 역할을 이끌었다. 더불어 원로원 원장으로 추대된 그 다음

날인 5월 8일, 대종교에서는 이시영의 업적에 대한 보답으로 사교(司教)의 교질과 함께 도형의 교호를 올렸다. 당시 대종교에서 기린 찬(讚)은 "도형(道兄, 이시영을 칭함-인용자 주)은 배달족의 고유신교(固有神教)를 신앙하여 전통적 정신을 부식(扶植)코자 노력하고, 우리 교중(教衆)을 진성계도(盡誠啓導)하였다"는 찬사였다.

[참고문헌]
『대종교보』,환국기념호(1946년)·제151호(1949년)·제161호(1949년)·제165호(1950년)·제166호(1950년), 『대종교인과 독립운동연원』(이현익, 프린트본, 1962), 『대종교독립운동사』(박영진, 필사본, 1964), 『대종교중광육십년사』(대종교총본사, 1971), 『임오십현순교실록』(대종교총본사, 1970), 『朝鮮』(黃炎培, 上海商務印書館, 1929), 『國外容疑朝鮮人名簿』(조선총독부경무국, 1934), 『高等警察要史』(경상북도경찰부, 1934), 『무장독립운동비사』(채근식, 대한민국공보처, 1949), 『省齋小傳』(박창화, 태양인쇄사, 1951), 『한국독립사』상·하(김승학, 독립문화사, 1967), 『朝鮮獨立運動』I (分冊)·Ⅱ·Ⅲ(金正明, 原書房, 1967), 『독립운동사』2·3·4·5·6·8·10(독립운동사편찬위원회, 1970~1978), 『대한민국임시정부의정원문서』(국회도서관, 1974), 『독립운동사자료집』9·11·14·별집2·별집3(독립운동사편찬위원회, 1975~1978), 『感時漫語』(이시영, 일조각, 1983), 『運命의 餘盡』(이규창, 보련각, 1992), 『임시정부와 이시영』(이은우, 범우사, 1997), 「이시영의 『感時漫語』 연구」(정욱재, 『한국사학사학보』4, 한국사학사학회, 2001), 「근대 중국 지식인의 對韓國觀 : 黃炎培의 『朝鮮』을 중심으로」(이찬원, 『중국근현대사연구』24, 중국근현대사연구회, 2004), 「근대 이래 중한양국의 상호인식:黃炎培의 『朝鮮』과 이시영의 『感時漫語』를 중심으로」(權赫秀, 『사회과학논집』, 연세대사회과학연구소, 2007), 「이시영, 대한민국 초대 부통령」(이태진, 『한국사시민강좌』43, 일조각, 2008), 「20세기 중국의 한국사 서술과 일본의 식민사관」(김정현, 『중국학보』61, 한국중국학회, 2010), 『대한민국 임시정부의 곳간지기 이시영』(신주백, 역사공간, 2014)

이시행(李時行, 남, 생몰 미상)
입교 시기_1922년 | 교질_미상

출신지역과 생몰연대를 알 수 없는 인물로, 1920년대 대종교단 내의 기록에 유일하게 등장하고 있다. 이시행은 1922년 7월 24일(음력) 대종교 삼성시교당(三成施教堂)의 전무(典務, 책임자)를 맡은 기록이 전한다. 당시 이시행의 대종교단에서의 지위는 '형제'의 위치에 있었다. 대종교에서의 '형제'란 입교하여 영계(靈戒)를 받기 이전 단계를 말한다. 이시행의 대종교 입교가 1922년 초반으로 올라감을 알 수 있다.
삼성시교당은 대종교 북일도본사(北一道本司) 관할로 길림성 부여현(扶餘縣) 삼가자진(三家子鎭)에 위치한 시교당이다. 당시 찬무(贊務, 부책임자)를 맡아 이시행을 도운 인물은 류원우(柳遠佑)·김노흠(金魯欽)이었으며, 대한청년독립단 단장을 맡았던 신형규(辛亨奎)가 시교원(施教員)을 맡아 시무하였다. 또한 이들은 부여현 도뢰소참(陶賴昭站) 북쪽 삼가자회육당(三家子會育堂)을 연락거점으로 삼아 대종교 포교를 통한 항일투쟁을 전개하였다.

[참고문헌]
『대종교보』,제56호(1922년), 『대종교중광육십년사』(대종교총본사, 1971)

이식(李植, 남, 1883-?)
입교 시기_1920년 이전 | 교질_미상

함경북도 종성군(鐘城郡) 출신이다. 이식(李植)이란 외자 이름은 대종교 입교와 함께 개명한 이름으로 추정되지만 확인이 안 된다.
이식이란 이름은 대종교단 내의 기록에서는 남아 있는 자료가 전무하다. 그의 대종교 영계(靈戒) 사항이나 교질(教秩) 관계 역시 알 수가 없다. 다만 일제의 조선총독부 경무국(警務局)에서 조사된 문서에 이식이 대종교인으로 등장하고 있다. 이식은 1920년 3월 당시, 왕청현(汪淸縣) 춘명사(春明社) 북쪽 삼차구(三岔口)에 거주하면서, 서일(徐一)·김광국(金光國)·이재수(李在秀)·정신(鄭信)·박대우(朴大祐)·정도기(鄭道基) 등의 대종교도들과 대한군정서(북로군정서, 일제의 문서에서는 軍政司軍務署로 나옴)의 주요 구성원으로 기록되어 있다. 이식의 대종교 입교가 그 이전에 이루어졌음을 알게 해 준다. 특히 이식은 군정서의 종군기자(從軍記者)라는 특이한 직책으로 등장하는데, 그 외의 행적은 추적이 안 된다.

[참고문헌]
『國外情報』(間島派遣員報告要旨)』(不逞團關係雜件 朝鮮人ノ部 在内地 十, 高警第7594號;秘受03507號, 한국사DB,국사편찬위원회)

이신(李信, 남, 생몰 미상)
입교 시기_1912년 이전 | 교질_참교

출신지역과 생몰연대를 알 수 없는 인물로, 1922년 2월 대한의군단(大韓義軍團)의 참모장을 지낸 이력이 있다. 당시 대한의군단은 대종교지도자 이범윤(李範允)이 단장을 맡아 이끈 단체로, 이일(李一, 사령관), 최경일(崔京一, 재무부장), 나훈(羅勳, 외교부장), 지준(池峻, 모연대장), 장국필(張國弼, 대대장) 등이 주요 직임을 담당하였다. 또한 1923년에는 북만주에서 조직된 항일비밀결사 적기단(赤旗團)에도 관여한 기록이 전한다. 이 적기단은 비타협적 민족주의를 지향한 집단으로, 일본 관공서를 습격하여 파괴하고 관리들을 처단하는 것 등을 목적으로 삼은 조직이었다.
이신의 대종교 교력을 살피면 1912년 4월 3일(음력) 참교(參教)의 교질(教秩)을 받은 기록이 있다. 이신의 대종교 입교가 그 이전에 이루어졌음이 확인된다. 또한 그의 외자 이름도 대종교 입교와 함께 얻은 이름일 듯하나, 그 본명도 알 수가 없다. 이신은 당시 화룡현(和龍縣) 청파호(靑坡湖)에 소재한 대종교시교당을 중심으로 항일투쟁을 전개한 김철호(金哲浩) 등과 함께 받았다. 그 시기 이신 역시 청파호의 대종교당의 건축을 위해 중국 순경청(巡警廳)을 드나드는 등, 대종교 확산에 많은 노력을 기울인 흔적이 보인다. 그러나 그 이후의 대종교 관련 교력은 남아 있는 것이 없다.

[참고문헌]
『종문영질』(프린트본, 1922). 「間島 및 同 接壤地方에 있어서 排日團體 및 親日團體 調査의 건」(不逞團關係雜件-朝鮮人의 部-在滿洲의 部32, 機密 第93號; 機密受第110號, 한국사DB,국사편찬위원회). 「管內에 있어서 不逞鮮人의 會議에 관한 건 情報」(不逞團關係雜件-朝鮮人의 部-在滿洲의 部39, 機密 第60號; 機密受第65號, 한국사DB,국사편찬위원회). 『백농실기』(조장용, 독립기념관, 1993)

이억(李億, 남, 1863-1936)
아호(별명) _ 소완(筱浣), 이탁(李倬)
입교 시기 _ 1909년 | **교질** _ 정교

서울 출생으로 초명은 이탁(李倬)이다. 18세에 음사(蔭仕)로 출육(出六)하여 한성부참서관(漢城府參書官), 정3품경효전작헌례시승례관(正三品景孝殿酌獻禮時承禮官), 여주군수(驪州郡守)를 거쳐 종2품 규장각직각(奎章閣直閣)과 국문연구소위원 등을 역임한 인물이다.

대한협회 회원과 기호학회 찬무원(贊務員)으로도 참여하였고, 1913년에 조직된 흥사단 경성지역의 책임을 맡기도 했다. 이후 중국으로 건너가 1914년 10월경 북경에 거주하며 원세개(袁世凱)와의 친분을 토대로 일제의 눈을 피해 도주하는 학생들의 편의를 도모하였다. 또한 대종교 항일단체인 흥업단(興業團)에서 활동하며 서로군정서(西路軍政署)의 별동대를 이끌기도 했다. 영안현(寧安縣) 동경성(東京城)으로 거점을 옮긴 후에는, 1925년 만들어진 대종교계 항일단체인 신민부(新民府)와 연결하며 항일투쟁을 이어갔다.

이억의 대종교 교력을 살피면, 1909년 1월 15일(음력, 이하 음력) 대종교 중광(重光) 당시부터 참여한 인물이다. 그리고 1911년 1월 15일 지교(知敎)로 승질(陞秩)하면서 규리부장(規理部長)으로도 임명되었다. 1916년 4월 1일에는 교질(敎秩)이 상교(尚敎)로 오르고 대종교 서일도본사(西一道本司)의 중심인물로 서게 된다. 이 시기 서이도본사는 단애(檀崖) 윤세복(尹世復)이 이끌었으며, 이억은 조맹선(趙孟善)·박장호(朴長浩)·백삼규(白三圭)·김승학(金承學)·윤세용(尹世茸)·황학수(黃學秀) 등 수십 인의 항일투사들과 그 중추를 이루었다.

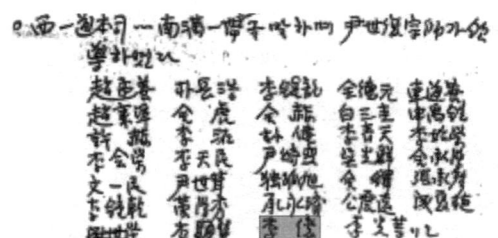

박명진의 『대종교독립운동사』에 기록된 1910년대 후반 대종교 서일도본사의 주요 교인 명단. 맨 아래에 李億(네모 안)이라는 이름이 보인다.

한편 1922년 8월 17일에는 윤세복의 뒤를 이어 대종교 서일도본사의 전리(典理, 책임자)까지 맡아 서간도 대종교포교와 항일투쟁의 선두에 섰다. 이억의 이러한 공로로, 대종교에서는 1926년 그의 교질을 정교(正敎)로 높이고 대형(大兄)의 교호(敎號)를 수여하였다. 이후 영안현 동경성의 대종교총본사를 중심으로 노구를 아끼지 않고 포교와 항일투쟁의 열정을 멈추지 않았으나, 1936년 노환으로 귀천(歸天)하였다. 이억의 유해는 그의 유언에 따라 화장하여 목단강에 뿌려졌다.

[참고문헌]
『倧令』제3호(1911년). 『대종교보』제55호(1922년). 『종문영질』(프린트본, 1922). 『대종교인과 독립운동연원』(이현익, 프린트본, 1963). 『대종교독립운동사』(박명진, 필사본, 1964). 『대종교중광육십년사』(대종교총본사, 1971). 『승정원일기』 1905년 12월 12일, 1907년 8월 16일·23일, 9월 2일, 10월 26일, 1908년 7월 17일. 『황성신문』1907.9.21.. 『대한협회회보』제4호(1908년). 『기호흥학회월보』제1호(1908년). 「不平鮮人의 行動 等에 관한 건」(不逞團關係雜件-朝鮮人의 部-在滿洲의 部4, 朝憲機 第689號; 秘受 9861號, 한국사DB, 국사편찬위원회). 「不逞鮮人의 行動 其他에 關한 件」(不逞團關係雜件-朝鮮人의 部-在滿洲의 部40, 公第241號; 普通受第256號, 한국사DB, 국사편찬위원회)

이여삼(李汝三, 남, 생몰 미상)
입교 시기 _ 1937년 | **교질** _ 미상

출신지역과 생몰연대를 알 수 없는 인물로, 1919년 당시 국민회(國民會)에 관여한 기록이 전한다. 이후 상해(上海)에서 고려공산당(高麗共産黨)의 일원으로도 활동하기도 했으며, 1921년 음력 8월경에는 독립운동을 방해하는 부류들을 제거하기 위한 목적으로 조직된 결사대에서 활약하기도 했다. 당시 조응순(趙應順)이 주도한 이 조직은 이여삼을 비롯하여 김명준(金明俊)·김영준(金永峻)·김창하(金昌夏)·최동규(崔東圭)·최창호(崔昌鎬)·장일(張一)·이동비(李東飛)·이용호(李永鎬)·박창익(朴昌益)·박창하(朴昌河)·계영화(桂永化) 등이 동참하였다.

이여삼의 대종교 교력을 살피면, 비교적 늦은 시기인 1937년 1월 27일(음력) 대종교 양일시교당(亮一施敎堂)의 추천으로 영계(靈戒)를 받은 인물이다. 양일시교당은 대종교 동이도본사(東二道本司) 소속으로 밀산현(密山縣) 하량자(下亮子)에 소재한 시교당이다. 이여삼이 그 무렵 밀산현까지 흘러들어와 대종교 항일투쟁의 길을 택한 듯하나, 이후의 여타 행적은 알 수가 없다.

[참고문헌]
『대종교보』제113호(1937년). 「鮮人의 행동에 관한 건」(不逞團關係雜件-朝鮮人의 部-在西比利亞8, 機密 제88호, 한국사DB, 국사편찬위원회). 「赤化不逞鮮人 趙應順 및 桂埈昊 處罰에 관한 件」(不逞團關係雜件-朝鮮人의 部-鮮人과 過激派2, 高警 제1140호, 한국사DB, 국사편찬위원회)

이연건(李鍊乾, 남, 1881-1945)
아호(별명) _ 오봉(吾峯)
입교 시기 _ 1915년 | 교질 _ 지교

경상남도 함안군(咸安郡) 여항면(艅航面) 외암리(外岩里) 출신으로, 일찍이 대한협회 본회 회원으로 활동하면서 일본의 와세다(早稻田) 대학에 유학한 인물이다. 1910년, 후일 대종교 동지인 백헌(白軒) 이중건(李重乾)과 함께 고향에 동명학교(東明學校)를 설립하여 민족혼 교육과 항일투사 양성에 심혈을 기울였다.

동명학교의 교사진은 이연건 외에도 이중건·안영중(安英中)·이희석(李喜錫)·박종식(朴綜植)·박건병(朴鍵秉)·안재형(安在瑩) 등, 모두 대종교를 신봉하는 항일투사들이었다. 그러므로 동명학교는 대종교의 교리에 따라 단군의 홍익인간(弘益人間) 이념과 민족의 우수성과 정통성을 널리 계도하는데 모범이 되었다. 특히 학교에 단군의 영정(影幀)을 모시고 참배하면서 민족혼을 일깨우기도 했다. 후일 이 터를 '단군 한배 터'라 부르는 이유이기도 하다.

이연건을 비롯한 동명학교 교사들은 3·1독립만세운동이 일어나자 무저항·비폭력·평화적 시위를 넘어 보다 적극적인 항일의 방법을 모색하였다. 그들은 삼신일체(三神一體)의 천신(天神)께 조국독립을 기원하는 고천제(告天祭)를 올리고 조국독립을 맹세한 후 대한독립의 정당성을 확고하게 주장하는 한편, 일본인 경찰관에게 독립선언 만세운동의 사실증명서를 받아 만국 평화회의에 제출하여 독립을 청원하기도 했다. 나아가 친일세력을 대표하는 민인호(閔璘鎬) 함안군수를 앞장 세워 만세를 부르게 하여 친일주구세력에게 경종을 울렸다. 또한 일본인 경찰서장과 순사부장을 협박하여 독립운동의 사실증명을 강요하는가 하면, 침략의 하수기관을 철저히 응징하여 그 기능을 마비시키자는 계획을 세우고 실천하는데 성공하였다. 그러나 이 사건으로 일제의 본격적인 검거 작업이 시작되자, 이연건을 비롯한 이중건 등은 서울로 피신하고 일부는 강원도 등으로 옮겨갔다.

1922년 5월 9일 열린 조선교육협회 총회의 내용을 실은 『동아일보』 기사. 왼쪽에 이사로 선출된 李鍊乾(네모 안)의 이름이 보인다.

서울로 올라온 이연건은 강원도 등지로도 은신해 가면서 몸을 숨겼다. 그리고 이중건과 함께 대종교의 국내 주요 거점이었던 조선교육협회에 가담하여 활동하게 된다. 조선교육협회는 1920년 6월 26일에 교육기관의 확충 및 교육사상의 보급을 목적으로 창립된 단체였다. 이연건은 1922년 5월 9일 열린 제2회 정기총회에서 대종교 동지인 유인태(兪鎭泰)·박일병(朴一秉)·신명균(申明均)·주익(朱翼)

등과 이사로 피선되어 민족교육 선양의 일선에 섰다. 그해 6월 5일부터는 유진태·박일병·주익 등, 국내 대종교의 핵심들과 전국 각지를 순회하며 교육선전의 대강연을 시행하기도 했다. 이후 만주 영안현(寧安縣) 동경성(東京城)으로 옮겨간 이연건은 대종교총본사를 거점으로 대종교 항일 활동에 전념하다가, 해방을 얼마 남기지 않고 사망하였다.

이연건의 대종교 교력을 보면 1915년 12월 12일(음력) 참교(參敎)의 교질(敎秩)을 받은 기록이 있다. 그 이전에 대종교에 입교한 것이 확인된다. 더욱이 같은 향리에서 활동하던 이필수(李弼洙)·이희석(李喜錫)·정기헌(鄭基憲) 등이 함께 참교를 받은 것으로 보아, 이들의 대종교와의 연관이 동명학교를 거점으로 활동하던 시절임을 알 수 있다. 또한 이연건은 1916년 9월 15일(음력) 함안의 항일투사 안영중(安英中)·김서종(金書鍾)과 더불어 지교(知敎)의 교질로 올랐다. 그리고 본격적인 국내 비밀결사 활동에 들어간다. 신명균 등이 중심이 되어 움직이던 조선교육협회 활동이 그 대표적 실례다.

이연건은 만주 동경성으로 넘어간 이후에는 대종교 활동에 전념했다. 특히 대종교 교주였던 윤세복(尹世復)을 도우며 그 중심부에서 움직였다. 대종교의 임오교변(壬午敎變, 1942년 대종교지도자 일제 구속 사건) 당시, 대종교의 화를 예견한 윤세복이 중요문서들을 이연건에게 맡긴 것만 보아도 알 듯하다. 이연건은 다행스럽게 임오교변 당시 대종교의 중심부에 있으면서도 화를 피해 간 인물이다. 그것은 일제의 밀정으로 대종교에 잠입한 조병현(일명 조만준)의 교활한 잔꾀와 무관치 않았다. 조병현은 이연건을 구속하지 않고 이용하려 했던 것이다. 그러나 이연건은 넘어가지 않았다. 오히려 '이 늙은이를 죽이든지 동지들과 함께 감옥에 있게 해 달라'고 요구했다. 오히려 조병현에게 감옥에 있는 교주 윤세복에게 편지를 전해 달라고 하는 떳떳함을 보였다. 안타까운 것은 윤세복의 부탁으로 간직하던 문서들을, 이연건의 아들이 땅속 깊이 파묻어 보관하였으나 1943년에 있었던 홍수로 모두 유실되었다 한다.

[참고문헌]
『종문영질』(프린트본, 1922), 『대종교인과 독립운동연원』(이현익, 프린트본, 1962), 『대한협회회보』제11호(1909년), 『동아일보』1922.5.11·18., 6.1., 『죽은 자의 숨결, 산 자의 발길』(강용권, 장산, 1996), 『아라의 얼과 향기(인물편), e-book』(함안군청홈페이지), 『함안항일독립운동사』(이규석, 함안문화원, 1998)

이열(李烈, 남, 1895-?)
입교 시기 _ 1915년 이전 | 교질 _ 미상

출신지역과 생몰연대가 불분명한 인물로, 1919년 4월 남만주 지역에서 결성된 한인자치기관이자 항일조직인 한족회(韓族會) 신문의 주필을 지냈다. 1920년 3월경에는 의군단(義軍團) 통신원으로 활동하였으며, 일제의 경신대토벌을 피해 노령으로 옮겨가 최명록 부대에서도 잠시 몸을 담았다. 이후 이열은 대종교의 거점이었던 영안현(寧安縣) 영고탑(寧古塔)으로 옮겨갔다. 그리고 1923년 2월 최응열(崔雄烈)·권상오(韓尙五)·오성윤(吳成崙)·김강(金剛) 등과 대종교지도자 김규식(金奎植) 부대에 합류하여 적기단(赤旗團) 활동을 전개하였다.

이열의 대종교 입교 시기나 영계(靈戒) 사항에 대한 기록은 전하지 않는다. 열(烈)이라는 이름자도 대종교의 외자 이름일 듯하나, 그 본명 역시 알 수가 없다. 그러나 1915년 10월 4일(음력) 이열은 이인백(李仁伯)·최율(崔律)·채충석(蔡忠錫)·최기중(崔基重)·허련(許璉)·최창섭(崔昌涉) 등의 항일투사들과 참교(參敎)의 교질을 받은 기록이 있다. 그의 대종교 입교가 그보다 훨씬 전으로 올라감이 확인된다. 이인백은 대종교 항일단체인 대한군정서(북로군정서) 경신분국(警信局) 제1분국 제2과장을 지낸 인물이다. 또한 채충석은 왕청현(汪淸縣) 대감자(大坎子) 신흥동(新興洞)과 원계동(元溪洞)에 은닉된 무기를 관리했던 기록이 있다. 이곳은 대종교 항일단체인 대한군정서의 근거지였던 곳으로, 청산리·봉오동 전역(戰役) 이후 무기를 숨겨놓고 퇴각하였다. 이후 채충석은 채홍경(蔡洪京)·김창병(金昌炳)·최상흠(崔尙欽) 등의 동지들과 이 숨겨놓은 무기들을 지켜온 것이다.

[참고문헌]
『종문영질』(프린트본, 1922), 「寧古塔에서 組織된 赤旗團에 관한 건」(不逞團關係雜件-朝鮮人의 部-在滿洲의 部35, 機密 第73號; 機密受第81號, 한국사DB, 국사편찬위원회), 「政治犯 申告者 連名簿 送付의 건」(不逞團關係雜件-朝鮮人의 部-在滿洲의 部36, 機密 第12號; 機密受第12號, 한국사DB, 국사편찬위원회), 『한국독립운동사자료』43(국사편찬위원회, 2007).

이영선(李英善, 남, 1889-1955)

아호(별명)_ 백농(百濃), 농우(農牛), 이춘기(李春基)
입교 시기_ 일제강점기 | **교질_** 상교 | **서훈_** 애국장(1990)

경기도 용인군(龍仁郡) 기흥면(器興面) 영덕리(靈德里) 덕곡(德谷) 출신이다. 일찍이 가난으로 배움의 기회를 얻지 못하다가, 맹보순(孟輔淳)이 용인 향교(鄕校)에 설립한 명륜학교(明倫學校)에 들어가 한학을 수학하였다.

그러나 1908년 제정·발포된 사립학교령에 의해 교육적 규제가 심해지자 서간도로 망명하여 환인현(桓仁縣)에 자리 잡았다. 그리고 안동현(安東縣)의 성신태(誠信泰) 상회에서 설치한 환인현 지점을 운영하면서 독립운동세력의 연락기관 역할을 하였다. 1919년 3월에는 대종교 항일투사 박장호(朴長浩)·조맹선(趙孟善)·전덕원(全德元) 등이 중심이 되어 조직한 대한독립단에 가입, 남만지단장(南滿支團長)으로 활약하는가 하면, 보부상 행색으로 변장하고 압록강 일대를 왕래하면서 지방정찰과 더불어 연락 사무를 맡기도 했다.

이영선은 1919년 후반, 대한독립단의 고문 안병찬(安秉瓚)

의 권유로 신흥무관학교에 입학하였다. 이곳에서 체계적인 군사교육을 받은 이영선은 졸업 후 봉천(奉天)으로 옮겨가 항일투쟁을 전개했다. 이후 상해로 건너가 임시정부의 재무부에서 이시영(李始榮) 휘하에서 근무하면서, 1921년 임시정부의 밀명을 받고 독립공채를 판매하기 위하여 국내로 잠입하였다. 그러나 군자금 모금 과정에서 일제에 체포되어 4년이 넘는 옥고를 치르고 1925년 7월 출옥하였다.

1921년 독립공채사건으로 체포된 이영선에 대한 『동아일보』 기사

출옥 후 다시 만주로 건너간 이영선은, 이규동(李圭東) 등과 장춘(長春)과 하얼빈 등지에서 농장을 경영하며 이주한 인들에 대한 생계 지원에 솔선하였다. 특히 1927년 7월 장춘에서 조직된 만주이주조선농민보호연구회(滿洲移住朝鮮農民保護研究會)에 고문으로 참여하여 만주에 거주하는 한인농민의 생활상태를 조사하고 대책을 강구하는 모임에도 일조하였다. 또한 1930년 2월에는 생육사(生育社)의 하얼빈 분사(分社)의 대표로도 활동하였다. 생육사는 1929년 봄, 홍진(洪震)·이청천(李靑天)·황학수(黃學秀)·김좌진(金佐鎭) 등, 대종교의 중심인물들이 농장을 경영하면서 한인들의 삶의 기반을 닦아 독립군을 양성코자 설립한 조직이었다.

일제의 만주 침략 이후인 1933년 3월 1일을 기해 남자현(南慈賢)·문익빈(文益彬)과 함께 만주국 건국기념일 기념식에 참석한 만주국 일본인 전권대사 무토 노부요시(武藤信義)를 폭탄투하로 살해코자 계획하였으나, 계획이 노출되어 그 해 2월 28일 남강서(南崗署)에 다시 체포되어 갖은 악형을 받았다. 이를 보다 못한 남자현이 자신이 단독 주모자라는 것을 강력 주장하면서, 이영선은 5개월만에 문익빈과 함께 석방되었다.

이영선은 해방 이후 바로 귀국하지 않고, 임시정부와 긴밀한 연락을 취하며 하얼빈 지역 동포들의 생계 안정과 안전한 귀국을 위해 노력하였다. 그리고 1946년 4월 21일 귀국한다. 귀국 후에도 만주전재동포상호회(滿洲戰災同胞相互會)를 구성하여 중국 동북지역 이재민 구호활동에 앞장서는가 하면, 전재동포원호회(戰災同胞援護會)협·귀환동포협회(歸還同胞協會)협·생산업주식회사(協生産業株式會社) 등 다양한 구호사업에 참여하였다.

더불어 이영선의 해방 이후 활동 중, 신흥무관학교 재건 움직임도 주목되는 하나다. 신흥무관학교 출신인 이영선은 졸업생들로 구성된 신흥학우단(新興學友團)의 사무실을 대종교 내선시교당(來善施敎堂) 내에 차려놓고 본인이 직접 단장을 맡았다. 그리고 대종교 동지인 박명진(朴明鎭, 부단장)과 신대식(申大植, 총무부장) 등, 신흥무관학교 출신들과 신흥학교(후일 경희대학교)의 재건을 위하여 노력하였다. 특히 신흥학우단 총회를 주로 대종교총본사에서 개최한 것도 특기된다. 신흥무관학교의 재건이 대종교단 차원에서 진행되었음을 암시하는 부분이다.

[교력]
이영선의 대종교 입교는 일제강점기인 서간도 시절로 전언되고 있으나, 그 자료는 모두 전하지 않는다. 대종교에서는 그 경험을 존중하여, 그가 환국한 직후인 1946년 4월 20일(음력, 이하 음력) 곧바로 참교(參敎)의 교질(敎秩)과 함께 경의원(經議院) 참의(參議)로 선임하였다. 그리고 그 해 11월 24일에는 경의원 비서(秘書)로도 임명하여 대종교의 중심인물임을 확인시켰다.
1946년 11월 29일 지교(知敎)의 교질을 받은 이영선은, 1949년 4월 2일에는 '경의원의 협력을 도모하고 덕이 어질며 근면하다(協謨經院 旣賢且勞)'는 찬(讚)과 함께 상교(尙敎)의 교질로 승질(陞秩)하였다. 또한 1950년 1월 1일 대종교 총본사에서 집전(執典)된 신년경배식(新年敬拜式)에서는 천지참알례(天眞參謁禮)를 행한 후 직접 원도(願禱)를 올리기도 하였다. 이영선의 일기(日記)에 기록된 당시 원도문(願禱文)은 아래와 같다.

"한배검 뜻으로 우방 각국과 전세계 인류가 동일한 보조를 취하기 위하여, 4천여 년 지켜 오던 새해 첫날[歲首]을 이 날에 개천 4407년 1월 1일로 고쳐 정하고, 대종교 남녀교도가 경배를 보고 원도를 하옵니다.
한배검, 한배검, 이 몸이 죽고 죽어 백골 다 흙이 될지라도 조국을 위하여 대교(大敎, 대종교를 말함-인용자 주)를 널리 펴는 정성과, 동포를 사랑하여 민생문제를 원만히 해결하도록 변함없이 하기로 맹세하오니 해와 달이 증명케 하시고,
땅께 맹세하오니 사람과 귀신이 감동케 하시며, 저희에게 큰 덕과 큰 힘과 큰 슬기를 주시와 저희의 성력으로 대종교인 전체가 행복하고 영광스러운 생활을 하며, 대교인 성력으로 대한사람 전체를 지도 향상시켜서 다 같이 행복하고 영광스러운 생활을 하게 하시고, 대한사람의 성력으로 전세계 인류 중에 고통받는 사람은 구해내서 다 같이 행복하고 영광스러운 생활을 하게 하여 주시옵소서. 거룩하신 한배검, 웅검하신 한배검."

같은 해 1월 17일에 개최된 대종교중흥회(大倧敎重興會) 제2차 회의에서는 집행위원 및 참여(參與, 자문역할)로 선임되어 대종교 중흥을 위한 야심 찬 계획에도 동참하였다. 그러나 한국전쟁의 발발로 유야무야 되었다. 이영선은 한국전쟁의 와중에도 부국농민단(富國農民團)을 조직하여 경제보국 활동을 그치지 않았다. 부국농민단은 1951년 4월에 '국내 유휴지를 개발하여 농림업 등에 축산을 겸한 농장을 창설하여 생산보국으로 공헌' 한다는 취지로 출범한 조직이다. 그 정신 역시 대종교적 가치와 무관치 않음이 주목된다. 「부국농민단농부가」라는 노래의 1절(전체 13절로 구성) 가사를 보면 알 수 있을 듯하다.

한울님 주신 우리나라 편편옥토(片片沃土) 이 아닌가
높은 데 갈면 밭이 되고 낮은 데 갈면 논이 되니
세계에 유명한 농산국이라.

이영선은 전쟁 이후인 1954년 4월 4일 대일각원(大一閣員)으로 보임되어 대종교단의 최고의사결정기구에 소속되는가 하면, 그 해 5월 3일에는 삼일원(三一園) 대덕(大德)으로도 뽑혀, 대종교 선도(宣道)와 연구(研究)의 핵심 역할을 담당하기도 한다.
또한 1955년 10월 1일 개막한 산업박람회에 맞춰 국산장려회를 조직하고 그 대표도 맡았다. 국산장려회는 앞서 언급한 부국농민단을 토대로 조직된 것이다. 이영선은 1955년 10월 26일에는 국산장려회의 간부들을 모아놓고 결의형제도 하였다. 그 결의 내용 가운데 대종교적 맹세와도 흡사한 아래의 두 조항이 주목된다.

一. 박람회 사업이 끝난 뒤에 곧 천조단군전을 봉건하고 도·군·면에 이상적 모범농촌을 건설하자.
一. 이상을 궁행실천하되 남의 원조와 덕을 바라지 말고 천조단군의 혈손인 우리 국민의 정신과 힘으로 하자.

이처럼 해방 이후 드러난 이영선의 삶은 대종교와 떨어지지 않았다. 이영선이 신흥대학 재건 문제부터 부국농민단, 국산장려회 등의 진행 과정을 당시 대종교총전교인 정관(鄭寬)에게 보고하고 의논하였다는 점에서도 확인된다. 이영선이 숨을 거두기 일주일 전인 1955년 10월 28일과 29일에는 부인 조병혜와 차남 이중훈에게 대종교 신앙을 부탁한다는 유언처럼 남기고 서거한 부분에서도 알 수 있다.

[참고문헌]
『대종교보』제150호(1946년)·제152호(1946년)·제161호(1949년)·제162호(1949년)·제165호(1950년), 『대종교중광육십년사』(대종교총본사, 1971), 『동아일보』1921.8.4., 30., 1927.7.17., 『한국독립사』하(김승학, 독립문화사, 1965), 『朝鮮獨立運動』II (金正明, 原書房, 1967), 『한 독립운동가의 귀환일기:백농일기』(이영선 저/김태근 정리, 노스보스, 2020), 『신흥무관학교와 용인 사람들』(김태근, 북스토리, 1921)

이영식(李英植, 남, 생몰 미상)
입교 시기_1922년 | 교질_미상

황해도 출신으로만 알려져 있고 생몰연대는 확인이 안 된다. 서간도 지역을 중심으로 한 대한청년단연합회(大韓靑年團聯合會)의 발기인으로 참여하는가 하면, 흥업단(興業

團)에 들어가 항일투쟁을 펼친 인물이다.

1919년 9월 각지의 임시정부가 통합되어 단일정부가 수립된 것을 계기로 청년단들도 통합을 위한 움직임을 본격화했다. 그 결과 1919년 11월 이영식을 비롯한 김시점(金時漸)·김승만(金承萬)·오능조(吳能祚)·오학수(吳學洙)·박춘근(朴春根)·송연주(宋連周)·장재순(張載舜)·곽상하(郭尙夏)·함석은(咸錫殷)·장자일(張子一)·차경신(車敬信)·오동진(吳東振)·지중진(池仲振)·백일진(白日鎭)·이애시(李愛施)·김창수(金昌洙) 등 17명은 각지의 청년단을 대표해서 통일조직을 만들 것을 결의하고 설립취지서를 만들어 각 단체들에 보냈다. 그리고 1919년 12월 관전현(寬甸縣)에서 총회를 열어 결성된 것이 대한청년단연합회다.

이후 이영식은 흥업단(興業團)에도 가담하여 항일투쟁을 이어갔다. 흥업단은 1919년 7월 무송현(撫松縣)에서 대종교지도자 윤세복(尹世復)·김호(金虎)·김혁(金赫) 등이 오제동(吳濟東)·이원일(李源一)·이현익(李顯翼) 등 대종교 중견 간부들을 중심으로 만든 항일 비밀결사였다. 이영식은 1921년 9월 흥업단 소대장으로써 부하 80여명을 거느리고 함경도 나난보(羅暖堡) 신방자(新房子), 양성무구동(陽城無口洞), 요방자(腰房子) 지역을 중심으로 군자금 모집 활동을 전개하였다.

이영식의 대종교 교력을 보면 1922년 12월 5일(음력) 영계(靈戒)를 받은 기록이 있다. 그의 대종교 입교가 흥업단 시절에 이루어졌음을 시사해준다. 당시 이영식은 방윤풍(方允豐)·김하일(金河一)·박장빈(朴章彬)·이현익(李顯翼)·고재봉(高在鳳)·홍범장(洪範章) 등 서간도 항일투사 36인과 같은 날 함께 영계를 받았다. 박장빈은 정의부(正義府) 안도 총관부의 조직부장을 지냈으며, 고재봉 역시 대한독립군비단(大韓獨立軍備團) 제2구지단 지부(支部)의 서기(書記)를 맡아 장백현을 중심으로 활동한 인물이다. 특히 이현익은 이영식과 함께 흥업단에서 활동한 인물로, 대한군정서(북로군정서) 서간도 지역의 외교업무를 담당했던 인물임이 주목된다.

[참고문헌]
『대종교보』 제56호(1921년), 『독립신문』 1920.1.13., 「最近間島 및 長白地方 不逞鮮人 情勢」(不逞團關係雜件-朝鮮人의 部-在滿洲의 部30, 한국사DB, 국사편찬위원회)

이영재(李榮載, 남, 1923-2010)

아호(별명) _ 단촌(檀村)
입교 시기 _ 1942년 | 교질 _ 사교

충청북도 제천군(提川郡) 봉양면(鳳陽面) 원박리(院朴里) 출신이다. 대종교 항일투사인 단암(檀菴) 이용태(李容兌)의 차자(次子)이자 대종교 원로인 단곡(檀谷) 이항재(李恒載)의 친동생이다. 일찍이 부친으로부터 한학(漢學)을 배워 구학문에 눈을 떴으며, 신학문에 대한 노력도 게을리 하지 않았다.

이후 청주제일중학교를 졸업하고 고향 학교에서 학생들

이영재

을 가르치며 상급학교 진학을 위한 준비에 몰두했으나, 부친이 대종교 임오교변(壬午教變)으로 투옥되자 만주로 건너갔다. 임오교변이란 일제가 한민족의 정체성을 자처하며 항일투쟁의 총본산 역할을 하던 대종교를 말살하려한 사건이다. 일제는 1930년대 중반부터 대종교단 내에 밀정을 투입하고 1942년(임오년) 국내의 조선어학회사건과 때를 같이하여 대종교지도자 20여명을 동시에 잡아들였다.

이영재는 부친이 임오교변으로 체포되어 만주 감옥에 투옥되자 부득이 학업의 꿈을 접고, 1944년 부친의 옥바라지를 위하여 만주 목단강으로 향했다. 이 시기 이영재는 일제의 악랄한 고문을 직접 목도(目睹)하고 대종교지도자들의 대쪽 같은 애국심을 더불어 경험하면서, 나라사랑의 진정한 길이 어떤 것이며 망국민의 뼈아픈 슬픔이 무엇인가를 새삼 깨닫게 된다. 그가 대종교에 입교하게 된 결정적 계기였다.

1945년 해방을 맞아 미루어 두었던 배움의 뜻을 펴기 위하여 각고의 노력을 기울여 1946년 마침내 서울대학교 법과대학에 입학하였다. 그러나 6.25전쟁으로 인한 골육상잔의 소용돌이 속에서 부득이 판관(判官)의 꿈을 접고, 1954년 졸업과 더불어 공직(公職)에 투신하면서 전후 폐허의 조국을 재건하는데 10년 가까이 혼신을 기울였다. 그리고 1972년 한국전선공업협동조합 전무이사로 취임한 후에는, 조국근대화의 중요한 시기에 산업의 토대라 할 수 있는 사회기간산업 발전에 중요한 역할을 수행했다.

한편 이영재는 1987년 출범한 국학연구소(國學研究所) 창립을 선도하여 한국 국학중흥의 선봉에 섰다. 평소 '국학(國學)이 곧 국시(國是)'라 외쳤던 그의 철학을 실천한 것이다. 또한 평소 사회교육사업에 남다른 뜻을 품고 있었던 그는, 모든 공·사적인 직장생활을 정리하고 고향인 충청도 박달재로 내려왔다. 그리고 1992년 그곳에 박달재수련원을 설립함으로써 마침내 귀거래사(歸去來辭)를 실현하게 된다.

2003년 3월, 국학연구소가 사단법인으로 확대 개편된 후에는 초대 이사장직을 맡아 동분서주했다. 젊은 학자들과 관련 자료가 있는 곳이면 국내·일본·중국 어디든 마지않고 달려간 인물이 이영재다. 국학연구소에 마련된 귀중한 자료들의 많은 것들이 그의 물심양면의 노력으로 이루어진 결과였다.

[사상]

이영재의 사상은 물론 대종교와 직결된다. 특히 그는 대종교 삼법수행(三法修行)의 지침서라 할 수 있는 『삼법회통(三法會通)』을 완성하는데 중요한 역할을 하였다. 삼법수행이란 대종교의 경전인 『삼일신고(三一神誥)』「진리훈(眞理訓)」에 나오는 지감(止感)·조식(調息)·금촉(禁觸)의 수행법으로, 대종교에 연면히 전승되어 흘러오는 성통공완(性通功完)과 홍익인간의 지침이다.

또한 『삼법회통』이란 삼법수행의 내용을 원리론(原理論)·방법론(方法論)·공효론(功效論)으로 나누어 정리한 단애(檀崖) 윤세복(尹世復)의 저술이다. 대종교 3세 교주였던 윤세복은 임오교변 당시 무기징역의 형을 받고 액하감옥에 영어(囹圄)되어 있었다. 일제의 온갖 고문과 굶주림 속에서도 체계적인 삼법수행을 통해 마음[心]과 숨[氣]과 몸[身]을 다스려 감옥 간수(看守)들을 놀라게 했다. 그리고 자신의 수행 경험을 한 장 한 장 글로 남겨 감옥 밖으로 비밀리에 내보냈다.

그 역할을 한 인물이 이영재다. 이영재는 감옥에 사식(私食)을 넣을 때마다, 윤세복의 수행에 관한 글을 도시락 밑에 숨겨 밖으로 가져왔다. 그 자체가 항일투쟁이었다. 해방 이후 이 글들을 모아 정리한 것이 『삼법회통』이다. 더욱이 그의 부친인 이용태 역시 『수진비록(修眞秘錄)』이란 저술을 통해 삼법수행의 소중함을 일깨웠다. 이러한 경험에서인지 몰라도 이영재는 그의 삶에서도 수행의 실천을 무엇보다 중시했다.

또 하나 주목되는 것이 그가 남긴 「종문성적봉심기(倧門聖蹟奉審記)」라는 글이다. 이 글은 이영재가 제15대 대종교 총전교(總典敎, 대종교에서 교주를 칭하는 단어)로 대종교를 이끌던 시기에 이루어진 것으로, 그의 대종교에 대한 이해의 폭을 잘 보여준다.

이영재는 2000년 6월 29부터 7월 6일까지 만주지역 대종교 유적을 공식 순례했다. 해방 후 처음으로 이루어진 성적봉심(聖蹟奉審)이었다. 먼저 선종사(先宗師)들의 애환이 서린 목단강 지역의 경박호(鏡泊湖)와 임오교변의 참상이 남아있는 액하감옥을 찾았다. 그리고 화룡현(和龍縣) 청파호(靑坡湖)에 있는 홍암(弘巖) 나철(羅喆)의 고경각(古經閣) 구지(舊址)와 삼종사(三宗師) 묘역 참배, 대종교 청년들의 고혼이 서린 청산리전적지를 찾아 제례를 올리고 백두산 정산에 올라 선의식(대종교에서 하늘에 올리는 천제)을 봉행하였다. 이영재가 「종문성적봉심기」의 모두(冒頭)에 적은 다음의 고백에서 성적봉심의 심적 배경을 엿볼 수 있다.

"나는 배운 것이 짧고 수행 또한 부족한 자다. 뜻밖에 대종교 총전교라는 중책을 맡으면서 제일 먼저 머리에 떠올린 것이 대종교의 성지이자 민족의 영산인 백두산을 찾아 경배를 올려 한배님의 홍은(弘恩)을 받아야겠다는 생각이었다. 또한 백두산은 대종교의 최고 성지로 지상천궁(地上天宮)으로 숭앙되는 곳이다. 고경각(古經閣)·보본단(報本壇)·천평(天坪) 등 대종교의 유적이 무수히 널려 있다. 그러나 총전교로 취임한지 몇 년이 흐르도록 그 바람을 행동으로 옮기지 못하고 차일피일 미루던 차에, 이번에 여러 교우님들의 동참 속에 백두산뿐만이 아니라 몇몇 대종교의 성지순례(聖地巡禮)를 실행해 옮기게 되었다."

이 글은 비록 기행문 성격이나, 이영재는 중요한 곳을 찾을 때마다 칠언절구의 한시(漢詩)를 통해 자신의 감회를 드러냈다. 특히 그 7수의 한시는 이 글의 백미를 이룬다.

그것은 단순히 문학적 감상이 아니라 대종교적 사상소가 여기 저기 묻어난다는 데 의미가 크기 때문이다. 그 7수에 대한 간략 소개와 한시 원문을 아래 적어본다.

차례	주제	내용
제1수	액하감옥 (掖河監獄)	총본사터와 대종교지도자들이 갇혔던 액하감옥을 찾아 상전벽해, 격세지감의 심경을 드러냄
제2수	이신대명 (以身代命)	'자신의 목숨으로 병자의 몸을 대신'한다는 나철의 치병(治病) 기적을 우러러 회고함
제3수	삼종사묘 (三宗師墓)	나철, 김교헌, 서일이 묻힌 삼종사묘역을 찾아 그 유지(遺志)를 망각하고 사는 우리의 삶을 한탄함
제4수	청산파일 (靑山破日)	청산리 전역을 찾아 백포 서일과 백야 김좌진, 그리고 대종교 항일투사들의 승전(勝戰)을 기림
제5수	백두천산 (白頭天山)	대종교의 지상천궁인 백두천산에 올라 한울집을 동경하고 흠모함
제6수	집안감회 (集安感懷)	고구려의 고도인 집안을 찾아 신교(神敎, 대종교)의 계승자인 동명성왕을 기림
제7수	신형비결 (神兄秘訣)	홍암 나철이 남긴 비결시를 떠올리며 대종교의 흥성을 통한 통일 화합의 시대를 갈구함

(제1수)
往年多事潛回顧 지난 세월 수많은 일 지긋이 돌아보니
憶悲思歡如蕭颯 슬픈 마음 기쁜 생각 쓸쓸한 바람과 같다
總司掖獄杳欲見 총본사 액하감옥 보고자 해도 묘연하니
遠客着足只泣淚 멀리서 온 나그네 발 못 뜨고 울기만 하네

(제2수)
以身代命祈於天 내 몸으로써 병자의 목숨을 대신해 달라고 하늘에 기도하신 대종사님
治病異蹟于檀村 그 간절함으로 단촌에서 치병 이적을 이루셨으니
吾體雖老漸衰朽 이 몸 비록 늙어 힘없다 해도
想願快癒又神前 최씨 부인 쾌유를 또 다시 한배님 전에 원도드리네

(제3수)
三宗師墓誠祭禮 삼종사묘전에 정성껏 제례 올리니
天神感化又新哉 한배님 감화가 또 다시 새롭구나
後孫忘本慢奉偤 후손들 근본을 잊어 한배 봉양 게으르니
檀族棟樑埋凡材 민족의 스승님들 범인(凡人)으로 묻혀 가네

(제4수)
圃師一念修三眞 백포종사 한 마음으로 삼일진리를 닦으시고
白冶承志把銃劍 백야장군 그 뜻을 이어 총칼을 굳게 잡았네
無怖儻徒叫獨立 두려움 없는 대종교의 젊은이들 조국 독립 부르짖으니
靑山破日助天神 일제를 물리친 청산리의 승리는 한배님의 도움일세

(제5수)
白頭靈谷萬善階 백두산 영험스런 계곡은 만선계요

天山瑞雲萬德門　한밝뫼 상서로운 구름은 만덕문이니
靈府喆鄕何處也　신령 마을 밝은 이 고을 어디메 있소
見呼此所天宮歟　보게나, 이 곳이 바로 한울집이로세

(제6수)
天子自稱朱蒙帝　한배 자손 자칭한 동명성왕은
東盟祭天報本哉　한배님께 맹세하는 제천으로 근본에
　　　　　　　　보답했네
美俗毌忘繼千秋　아름다운 풍속 잊지 말고 오래 이어
又今叩頭仰天帝　오늘 다시 머리 조아려 한배님 우러르세

(제7수)
赤靑焚蕩混濁世　이념대립으로 세상 어지럽다는 것
神兄神機旣豫言　홍암 신형의 신통력으로 예언된 것이라
骨殘反和何日也　골육상잔 돌이켜 화목해 질 날 어느 날인고
倧門重興是其日　대종교문 다시 흥하는 이 날이 바로 그
　　　　　　　　날이리

[교력]
이영재의 대종교 교력을 살피면 1943년 만주로 건너간 직후 입교하였다. 그러나 그 기록은 남아 있지 않다. 다만 대종교가 환국하기 직전인 1945년 10월 1일(음력, 이하 음력) 만주 동경성(東京城) 대종교총본사의 추천으로 참교(參敎)의 교질(敎秩)을 받은 기록이 전한다. 또한 같은 날 총본사의 찬강(贊講)으로도 임명되어 대종교의 시교활동과 교당설립, 교질 관계와 교육·출판에 관한 종무(宗務)에 참여하였다. 또한 1945년 10월 5일에는 대종학원 내에 설치된 한글강수회에 참여하여 교주인 윤세복(尹世復)을 비롯한 태흥선(太興先)·남영덕(南永德)과 함께 강사로 활동하기도 했다.
대종교가 환국한 이후인 1947년 7월 11일, 이영재는 지교(知敎)로 교질이 승질(陞秩)되었다. 또한 1949년 1월 5일에는 대종교중흥회 제1회 중앙집행위원으로 선임되는가 하면, 1950년 1월 17일 대종교중흥회 제2차 집행위원으로 뽑혀 대종교 중흥에 앞장섰으나, 6·25한국전쟁으로 뜻을 펴지 못했다. 1963년 6월 3일 상교(尙敎)로 승질된 이영재는 대종교총본사의 전강(典講)과 대종교유지재단(大倧敎維持財團)의 감사(監事) 등, 주요직책을 두루 역임하면서 대종교의 발전에 남다른 관심을 기울여 마침내 정교(正敎)의 교질과 함께 대형(大兄)의 교호(敎號)를 얻었다.
1998년에는 대종교의 총책임자인 제15대 대종교총전교로 취임하면서, 교질 역시 사교(司敎)로 올랐으며 도형(道兄)의 교호를 얻게 되었다. 2000년 6월에는 대종교총전교의 자격으로, 만주지역 대종교 유적을 공식 순례하니, 해방 후 처음으로 이루어진 성적봉심(聖蹟奉審)이었다. 2003년에는 대종교를 중광(重光)한 홍암 나철이 묶였던 일본의 청광관(淸光館)을 찾아 제례를 올린 후, 대종교 중광 이전의 자취가 서린 일본 내 나철의 자취를 일일이 찾아 봉심하기도 했다.
이영재는 2008년 들어서도 제17대 대종교총전교의 중책을 다시 맡아 대종교 중흥을 위한 방법을 모색하던 중, 2010년 1월 17일 조천(朝天)하였다.

[참고문헌]
『대종교보』 제148호(1945년)·제155호(1947년)·제161호(1949년)·제165호(1950년)·제211호(1963년)·제288호(2000년), 『대종교중광육십년사』(대종교총본사, 1971), 『愛國志士檀菴李容兌先生文稿』(박달재수련원, 1997), 『檀村李榮載先生追慕碑文』(김동환, 2010), 「국학연구소 30년의 자취—우리 정체성의 길—」(김동환, 사단법인국학연구소 창립30주년기념 연찬회자료집, 2018)

이영찬(李英璨, 남, 생몰 미상)
입교 시기_ 1916년 이전 | 교질_ 참교

출신지역과 생몰연대를 알 수 없는 인물이다. 1917년 경기도 양주공립보통학교를 시작으로 1931년 함경남도 풍산군(豐山郡)의 천남보통학교 교장 서리(署理)를 맡기까지, 20년 가까이를 교직에 몸담았다. 특히 교사 초임 시절 우리 한글의 철자법에 대해 학생들에게 새로운 교수(敎授)를 시험한 것으로 보아, 당시 국어(조선어)를 강의하며 한글연구에도 많은 관심을 가졌던 인물일 것으로 추정된다.
한편 이영찬이 1916년 2월 18일(음력) 김광배(金光培)·최진규(崔鎭圭)·김철현(金澈炫)·독고순(獨孤淳) 등과 참교(參敎)의 교질(敎秩)을 받은 기록이 있다. 그의 대종교 입교가 그 이전에 이루어졌음이 확인된다. 또한 열거한 인물들이 모두 관립경성고등교원양성소 출신이라는 점도 주목된다. 이들 모두 교원양성소 시절, 조선의 시조인 단군을 존경하는 것은 곧 조선의 국수(國粹)를 보존하고 조선의 민족적 정신을 발양하며 국민의 신앙을 통일하는 것으로 이해한 인물들이다. 이영찬 역시 관립경성고등교원양성소 출신일 듯하나 좀더 추적이 필요한 부분이다.

[참고문헌]
『종문영질』(프린트본, 1922), 『조선총독부및소속관서직원록』(조선총독부, 1917-1933), 『朝鮮人槪況 第二 壹部 參考 送付』(不逞團關係雜件-朝鮮人의 部-在歐米 7雜, 한국사DB, 국사편찬위원회), 『매일신보』1921.4.22.

이옥규(李沃珪, 남, 생몰 미상)
아호(별명)_ 원해(圓海)
입교 시기_ 1922년 | 교질_ 상교

출신지역과 생몰연대를 알 수 없는 인물로, 사상의학(四象醫學)의 비조로 알려진 이제마(李濟馬)의 친조카다. 다만 이제마의 출신지가 함경남도 함흥군이고 보면, 이옥규의 출신지 역시 이곳이 아닐까 추정해 본다.
이옥규는 대종교 항일단체인 흥업단(興業團)을 중심으로 항일투쟁을 전개한 인물이다. 그는 흥업단 및 광정단(光正團)의 비서(秘書)로 활동했으며, 김혁(金赫)·박장빈(朴章彬)·최시언(崔時彦)·한승제(韓承濟) 등 흥업단의 대종교 동지들과 대한군정서(북로군정서)에 파견되어 참모 역할을 수행하였다. 또한 대종교 계열 신민부(新民府)의 지방연락원

으로 암암리에 활동하면서 대종교를 통한 항일투쟁을 꾸준히 전개하였다.

이옥규의 대종교 교력을 보면 1922년 6월 8일(음력, 이하 음력) 영계(靈戒)를 받음과 동시에 송광시교당(松光施教堂)의 찬무(贊務, 부책임자)로 임명된 기록이 있다. 그의 대종교 입교가 그 이전에 이루어졌음을 알려준다. 송광시교당은 대종교 서일도본사(西一道本司) 관할로 흥업단의 중심지인 무송현(撫松縣) 동가(東街)에 소재했으며, 당시 김종순(金鍾舜)이 전무(典務, 책임자)를 맡았고 신민부 요원으로 활약한 윤광원(尹光源)이 찬무를 맡아 이옥규와 함께 했다.

그리고 그 해 12월 5일 참교(參敎)의 교질(敎秩)을 받았으나, 지교(知敎)로 승질(陞秩)된 기록은 전하지 않는다. 그러나 이옥규가 1926년 대종교 하광시교당(河光施敎堂)의 전무로 임명된 것으로 보아, 그 사이에 지교(知敎)로 승질되었을 가능성이 크다. 하광시교당 역시 서일도본사 관할로 무송현 만리하(萬里河) 부근에 소재해 있었으며, 무송현 남문(南門) 안의 천성서국(天成書局)을 연락처로 움직였다. 당시 하광시교당의 찬무를 맡아 이옥규를 도운 인물들은, 대한독립군비단(大韓獨立軍備團)에서 활약한 고재봉(高在鳳)과 대한독립국무회(大韓獨立國務會) 및 조선공산당만주총국에서 활동한 김하일(金河一) 등 항일투사들이었다. 이옥규는 이들과 72명의 교도들을 거느리고 대종교 포교를 통한 항일투쟁을 전개했다.

이후 이옥규는 1937년 1월 16일 상교(尙敎)의 교질로 오르고 대종교 경의원(經議院)의 참의(參議)로 선임되어, 대종교단의 원로 반열에 올랐다. 또한 그 해 8월 24일에는 돈화현(敦化縣)의 두도량(頭道梁) 지역을 관할하는 대종교 재만교구경상금수납위원(在滿敎區經常金收納委員)으로 임명되어 최윤호(崔膺昊)·김희수(金希洙)와 함께 대종교 경제적 기반의 중추 역할을 하였다.

[참고문헌]
『대종교보』제54호(1922년)·제56호(1922년)·제113호(1937년)·제115호(1937년),「大倧敎施敎堂一覽表(1926年)」(延边朝鲜族自治州档案馆 全宗号42 目录号1 案卷号343, 和龙县历史档案 和龙县警察, 令各区直禁韩人设立大倧敎堂由, 民國十五年五月十二日),『대종교인과 독립운동연원』(이현익, 프린트본, 1963),『대종교중광육십년사』(대종교총본사, 1971)

출신지역과 생몰연대가 불분명한 인물이다. 다만 그가 기호흥학회의 공주지회(公州支會) 회원으로 활동한 것을 보아, 이 지역 출신이 아닐까 추정해 본다. 이용규는 대한제국 시절 성진감리서주사(城津監理署主事)를 비롯하여 임천군수(林川郡守) 등을 역임했다.

이용규의 대종교 교력을 보면 대종교가 중광(重光) 당시 입교하였다. 그리고 1909년 8월 4일(음력, 이하 음력)에는 대종교의 상징을 나타내는 '대교표(大敎表)'와 대종교를 기리

는 노래인 '대교가(大敎歌)'를 만들어 바쳤으나 전해지지 않는다. 이어 1910년 1월 4일 대종교총본사의 특별추천으로 신규식(申圭植)·이민걸(李敏杰)·최강(崔岡)·박상환(朴祥煥) 등과 참교(參敎)의 교질(敎秩)을 수여받았으며, 1911년 중광절(重光節, 1월 15일)에는 김교헌(金敎獻)·이동춘(李同春)·오혁(吳赫)·강우(姜虞)·신규식·박찬익(朴贊翊)·김두봉(金枓奉) 등 20여명과 지교(知敎)의 교질로 올랐다. 더욱이 같은 날 박찬익·이동춘·박상환·김두봉 등 여러 명과 시교사(施敎師)로 임명된 것으로 보아, 당시 대종교단 내에서의 이용규의 무게가 상당했을 것으로 짐작되지만 이후의 기록은 전하지 않는다.

[참고문헌]
『종보』제3호(1909년)·제5호(1910년),『倧令』제3호(1911년),『종문영질』(프린트본, 1922),『승정원일기』1903년 6월 18일자·1906년 5월 28일자,『기호흥학회월보』제3호(1908년)

출신지역과 생몰연대를 알 수 없으며 1920년대 만주 사회주의운동에 앞장선 인물이다. 이용범은 1920년 1월 4일, 간도 명동촌 입구에서 있었던 군자금 15만원을 탈취사건에 관여하였다. 15만원 탈취사건이란 철혈광복단원 임국정(林國禎)·윤준희(尹駿熙)·한상호(韓相鎬) 등이 조선은행 회령지점에서 간도의 용정출장소(龍井出張所)로 운송중인 일제의 현금수송마차를 습격하여 군자금 15만원을 확보한 사건을 말한다. 이용범은 당시 간도에 거주하면서 최봉설(崔鳳雪)·김강(金剛)·김하석(金夏錫) 등과 함께 앞에서 언급한 임국정·윤준희·한상호 등과 긴밀히 연락하여 거사를 완성시켰다.

또한 1925년 하순에는 마천안(馬天安)·심택(沈澤)·김사국(金思國) 등과 북방방면에서 공산주의 선전에 앞장섰다. 마천안은 본명이 마준(馬駿)으로 천안(天安)은 그의 호다. 길림성 영안현(寧安縣) 출신으로 천진(天津) 남개대학(南開大學)을 졸업한 공산주의자로 길림의 육문중학교(毓文中學校) 교무주임을 지냈으며, 중국 군벌 풍옥상(馮玉祥)의 지원을 받았던 인물이다.

이용범과 관련된 대종교 교력에 대해서는 현전하는 것이 없다. 당시의『대종교보(大倧敎報)』를 비롯한 교단 내의 연관 자료들이 모두 없어졌기 때문이다. 그러나 이용범이 김사국·심택 등과 1925년 10월 무렵 영고탑 지역에 대종교당(大倧敎堂)을 설립하려 했다는 기록이 남아있다. 그의 대종교 입교가 그 전에 이루어졌음이 확인된다. 당시 영안은 대종교총본사가 있었던 곳으로 대종교지도자들의 중심 거점이자 사회주의(공산주의) 활동이 극성을 부리던 곳이다. 특히 김사국은 대종교 2대 교주였던 김교헌(金敎獻)의 장남인 김정기(金正琪)와 막역지우였다. 김정기는 대종교의 핵심으로 만주 사회주의 교육의 요람이었던 동양

학원(東洋學院)을 이끌던 인물이다. 김정기와 김사국 그리고 이용범의 대종교 연관성이 자연스레 드러난다.

[참고문헌]
『동아일보』1925.10.20., 「鮮銀被害事件 犯人 逮捕에 關한 件」(大正8年乃至同10年 朝鮮騷擾事件關係書類 共7冊 其5, 密 第102號/高警 第2832號, 한국사DB, 국사편찬위원회), 「在露都 本邦主義者의 狀況 其他에 관한 件」(不逞團關係雜件-朝鮮人의 部-鮮人과 過激派6, 亞二機密 제35호, 한국사DB, 국사편찬위원회)

이용선(李鏞先, 남, 생몰 미상)
아호(별명) _ 용주(蓉舟)
입교 시기 _ 1922년 이전 | 교질 _ 참교

출신지역과 생몰연대를 알 수 없는 인물이다. 1920년 8월 왕청현(汪淸縣) 대감자(大坎子) 지역에 거주하며 대한군정서(북로군정서)의 군의관(軍醫官)을 지냈다. 대한군정서는 대종교의 중광단(重光團)을 계승한 단체로, 무장항일투쟁의 노선을 견지한 대종교 항일단체다.
이용선의 대종교 교력을 살피면 1922년 12월 18일(음력) 나병수(羅秉洙) 등과 영계(靈戒)를 박은 기록이 있다. 나병수 역시 대한군정서에 몸담았던 인물로 대한군정서 경신제9분국(警信第九分局) 제20분과장을 지낸 인물이다. 이용선의 대종교 입교가 대한군정서 시절에 이루어졌음을 시사해 주고 있다. 이용선은 1923년 4월 23일(음력) 대종교총본사의 특별 추천에 의해 김재선(金在善)·이동희(李東熙)와 함께 참교(參敎)의 교질(敎秩)도 받았다. 김재선은 1919년 11월 만주에서 조직된 의열단의 김원봉을 적극 후원한 이력의 소유자이며, 이동희 역시 국민회(國民會)의 핵심 간부로 대한독립군단에도 합류한 인물이다.

[참고문헌]
『대종교보』제56호(1922년)·제58호(1923년), 「國外情報-大韓軍政署의 日誌에 관한 건」(不逞團關係雜件-朝鮮人의 部-在滿洲의 部26, 高警 第1007號; 秘受1502號, 한국사DB, 한국사편찬위원회), 「在外 要注意 鮮人 別名 變名 雅號 調査에 관한 건」(不逞團關係雜件-朝鮮人의 部-在滿洲의 部39, 機密 第161號機密受第169號, 한국사DB, 국사편찬위원회)

이용선(李龍善, 남, 생몰 미상)
입교 시기 _ 1937년 | 교질 _ 미상

출신지역과 생몰연대를 알 수 없는 인물로, 중국 상해의 무열단(武烈團)에서 활동한 기록이 있다. 무열단은 1924년경 상해임시정부의 재무를 총괄하던 이시영(李始榮)이 조직한 비밀단체였다. 이 조직은 임시정부의 재정 확보를 위한 일종의 모연대(募捐隊)의 성격이었으며, 당시 남북만주와 국내로 파견할 25명을 모집하였다. 이용선은 이 중 14명을 이끌고 공채증권(公債證券)과 포고문(布告文) 등을

휴대한 채, 국내로 잠입하여 활동하였다.
이용선의 대종교 교력을 보면 1937년 1월 27일(음력) 대종교 동도본사 관할인 기일시교당(起一施敎堂)의 추천으로 영계(靈戒)를 받은 기록이 전한다. 기일시교당은 당시 대종교의 주요 은둔지였던 북만주 밀산현(密山縣) 기성촌(箕城村)에 소재했던 시교당이다. 또한 중국공산당 만주성위원회(滿洲省委員會) 동만특위(東滿特委)에서 활동한 박병준(朴秉俊)과 남만독판부원(南滿督辦府員)으로 활약했던 김상운(金相雲)이 같은 날 함께 영계를 받았다. 이용선의 대종교 입교가 그 이전에 이루어졌음을 알 수 있으나, 그 이후의 기록은 전하지 않는다.

[참고문헌]
『대종교보』제113호(1937년), 「間島 및 接壤地方 不逞鮮人團의 行動에 關한 件」(不逞團關係雜件-朝鮮人의 部-在滿洲의 部40, 機密 第218號; 機密受第226號, 한국사DB, 국사편찬위원회)

이용숙(李容肅, 남, 생몰 미상)
입교 시기 _ 1910년 추정 | 교질 _ 상교

출신지역과 생몰연대를 알 수 없는 인물로, 1910년대 대종교의 주요 거점인 연길현(延吉縣) 동불사(銅佛寺) 지역에 거주하며 대종교 항일투쟁에 앞장섰다. 1919년 4월경 대종교지도자 조완구(趙琬九)가 중심이 되어, 왕청현(汪淸縣) 지역을 거점으로 펼친 신문발간 사업에 적극 협력한 기록이 있다. 이 신문발간 사업은 비용은, 명동학교(明東學校)에서 그 학교의 교장 김약연(金躍淵)의 활동을 위해 모금한 돈 가운데 3백원을 끌어와 충당하였다. 당시 이용숙은 이승익(李承翼)·구민회(具敏會)와 더불어 동불사 지역을 중심으로 신문발행 사업에 적극 협조하였다.
이용숙의 대종교 입교는 그가 북간도에서 활동하던 1910년대로 전해오나 남아있는 기록이 없다. 그러나 1939년 12월 7일(음력, 이하 음력) 대종교총본사의 특별추천에 의해 영계(靈戒)와 참교(參敎)의 단계를 건너뛰고 곧바로 지교(知敎)의 교질(敎秩)을 받았다. 더욱이 같은 날 경의원(經議院)의 참의(參議)로도 임명되었다. 경의원은 대종교 교주의 자문기관으로 일종의 원로원의 역할을 한 기관이다. 이용숙의 대종교 입교가 그 이전으로 상당히 올라감을 알게 해 준다.

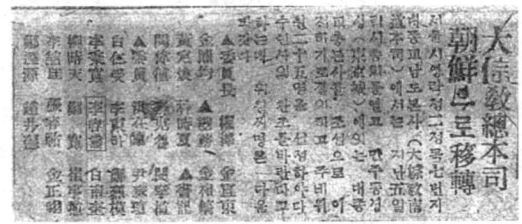

해방 이후 국내 『중앙신문』(1946.2.8.)에 실린 대종교총본사 환국주비위원에 대한 기사. 위원 중에 李容肅(네모 안)의 이름이 보인다.

또한 1946년 2월 대종교가 만주 동경성으로부터 국내로 환국할 당시, 국내에서 조직된 대종교총본사환국주비위원 25명 중 1인으로 참여하여, 대종교의 국내 환국의 기반을 조성하기도 했다. 이에 대종교는 환국 직후인 1946년 2월 23일, 이용숙에게 대종교총본사의 특별추천으로 상교(尙敎)의 교질로 수여하였다. 또한 2주 후인 3월 6일, 이용숙을 경의원 참의로도 선임하여 대종교 항일원로서의 대우를 극진히 하였다. 이어 이용숙은 1955년 1월 3일 박성태(朴性泰)·강용구(姜容求)·강진구(姜鎭求)·이필수(李弼洙) 등 대종교의 항일원로들과 남이도본사(南二道本司)의 순교원(巡敎員)으로 임명되어 활동을 이어갔다.

[참고문헌]
『대종교보』제124호(1937년)·환국기념호(1946년), 『대종교중광육십년사』(대종교총본사, 1971), 『朝鮮獨立運動에 관한 情報_不逞團關係雜件─朝鮮人의 部─在滿洲의 部9, 機密公信 第11號, 秘受 4740號, 한국사DB, 국사편찬위원회), 『중앙신문』, 1946.2.8.

이용태(李容兌, 남, 1890-1964)
아호(별명) _ 단암(檀菴), 이불(李由)
입교 시기 _ 1928년 | 교질 _ 사교 | 서훈 _ 애국장(1990)

이용태

충청북도 충주군 산척면(山尺面) 광동리(廣洞里) 출신으로, 대종교명은 이불(李由)이다. 해방 이후 대종교의 핵심으로 활동한 단곡(檀谷) 이항재(李恒載)와 단촌(檀村) 이영재(李榮載)의 부친이기도 하다. 5세에 연당(蓮堂) 이선춘(李善春) 문하에서 한학을 익혔으며, 19세에 습재(習齋) 이직신(李直愼)으로부터 학문적 소양을 닦았다. 이직신은 화서(華西) 이항로(李恒老)의 제자인 성재(省齋) 유중교(柳重敎)의 문인이었다.

이용태는 일찍이 서울로 상경하여 양약을 구입하여 돌아와 집에다 양약국을 차리고 지역 의료 활동에 종사하였다. 그러나 이 해 경술국치를 당하자 그의 충격과 비통함은 이를 데가 없었다. 이용태의 다음의 통분이 이를 말해준다.

"시국의 변천이 날로 심하고 나랏일은 점점 위태로워지니 사람마다 통분하지 않은 이 없고 뜻있는 사람 치고 분하고 의기심에 한탄하지 않는 이 없으나, 나라의 운수가 장차 쇠하니 인도에 바름이 없어지고 밖에는 침략해 오는 적이 있고, 안에는 나라를 파는 도둑이 있으니 어찌 오래 갈 수 있으랴. 슬프다! 7월 25일(음력-인용자 주)에 이르러 한일합병의 유고(諭告)가 선포되니 온 나라

안은 피눈물이 더하여짐을 깨닫지 못하겠고 정성스러운 마음에 통분을 아로새김을 누르기 어렵도다.

슬프고 원통하다! 어찌하여 하늘은 이 백성을 근심하여 건지지 아니하고 장차 나라의 운명을 오랑캐의 손에 떨어뜨리려 하는고? 이천만 백성이 통곡하는 소리는 중천에 사무치는데 삼천리의 넓은 국토는 문득 임자를 잃었도다. 이 날을 당하여 우리 조선민족이 된 사람이라면 그 누가 불공대천의 원수임을 가슴 깊이 새겨 두지 아니하랴."

이후 이용태는 삶은 국제정세의 적극적인 인식을 통한 서양의 근대적인 학문과 기술을 긍정하는 눈으로 바뀌게 된다. 또한 정치혁신과 교육의 중요성을 강조하며 계몽운동에 본격적으로 뛰어들었다. 이용태의 아래 글은 보면, 시대적 충격으로 인한 그의 변화된 시대인식과 사상전환을 잘 살필 수 있다.

"가만히 세계의 대세를 미루어 생각하고 돌이켜 우리나라의 운명을 생각할 때, 내가 고집을 가짐은 옳지 아니한 바가 있으니 무엇인가 하면 시간에는 예와 지금의 차이가 있고, 학문에는 새 것과 낡은 것 곧 신구의 분별이 있으며, 하늘에는 봄과 가을의 변천이 있고, 해에는 낮과 밤의 나뉨이 있어 사람이 이 가운데 났으니, 임기응변은 이치에 당연한 바라. 가을을 맞아 곡식을 거두어 들이지 아니하고 씨뿌리는 봄철의 일을 하고자 한다면 그 일이 과연 될 것인가. 여름날에 시원한 삼베옷을 입지 아니하고 솜옷의 겨울옷을 입고자 한다면 적합하다고 할 것인가?

애달프다. 우리 반도국가의 쇠망함은 정치를 혁신하지 아니함에 있고, 민족이 고통을 당하고 압박을 받는 것은 교육을 받지 못한데 있다. 이제 국권의 회복을 바라고 시급히 민족의 자유를 구할진대, 무릇 우리 이천만 동포가 반드시 분발하여 용감한 마음을 떨쳐 일으키고 교육과 실업 등을 먼저 급속히 개혁함으로써 열혈과 적성을 마음속에 쌓아 두고 몸을 복수하기 위한 적과의 싸움터에 희생물로 바치며 세계의 앞선 문화를 수입하여야 한다.

장래에 나라를 위하고 집안을 위한 정치를 행한다면 가히 망국의 치욕을 씻을 것이요, 가히 불공대천의 원수를 갚을 것이요, 가히 생활의 행복을 얻을 수 있을 것이니 어찌 시급한 일이 아니며 어찌각성하지 아니하랴. 비록 이 세상에 빌붙어 사는 하나의 식충으로서의 생각으로도 이에 이르러서는 정신이 크게 변하여 다리를 속세의 풍조에 물드는 마당에서 빼고, 몸을 혁신하는 곳에 내던질 것이다.

그러나 진실로 옛날을 그르다고 하는 마음이 아니어서 그러함인가, 또는 오랑캐로 화하는 마음이 아니어서 그러함인가 애달프다. 하루아침에 오래 사귄 친구들의 자취가 끊기고 중화를 높이던 의리가 이 몸에서 사라져 가고, 중화와 오랑캐와 사람과 짐승을 판단하는데 만약에 혹시 그 옳고 그름을 알지 못했다면 반드시 부끄러워 할 것이 아니요, 이미 그름을 알고 행하였다면 마음에 스스로 부끄러움이 이루 말할 수 없을 것이며 사우(師友)

의 죄는 남이 먼저 비루며 죄인은 먼저 역사를 기록하는 붓끝으로 그 죄를 성토하여 굴복하여야할 것이나 사는 것이 불의인지 죽은 것이 의인지 모르겠고, 한 때에 권세를 부린 것이 4천년의 나라 원수로 갚아진 것인지도 모르겠도다. 내 몸이 죽어 간 뒤에 사우들의 죄를 논한다고 하면 그 때는 어떻게 할 것인가."

1913년 제천군 봉양면의 면서기로 임명되어 근무한 것이 그 변화를 위한 첫걸음이었다. 비록 식민지백성으로서 식민지 말단기관의 하급직원으로 시작한 일이지만, 그가 지역민 삶의 고초를 제도적으로 경험한 시작이었기 때문이다. 또한 면서기로 근무하던 1919년 4월 17일 충청북도 제천에서 일어난 대규모의 3·1독립만세운동 시위는 그의 삶에 중요한 변화를 가져온 사건이었다. 특히 이용태는, 동생 이용준(李容俊, 1990년 애국장)이 독립만세운동 시위를 전개하다가 일경에 체포되는 현장을 목격하고 항일의 의미를 보다 깊이 새기게 되었다.

그리고 면서기의 자리에서 물러나 본격적인 지역민의 변화를 위한 계몽사업에 앞장선다. 1920년 봉양면청년회장에 선출되어 활동한 것을 시작으로, 봉양모범서당을 설립하여 교육에도 전념하였다. 또한 1922년 1월 1일 농민들을 위해 '봉양면소작인회'를 발기하여 소작인들의 권익보호를 위해 앞장섰다. 이 소작인회는 더불어 사는 삶의 틀을 마련하여 식민지백성의 가난한 삶으로부터 벗어나자는 취지였다. 이용태가 작성한 다음의 발기취지서가 그에 대한 답이다.

시절은 봄과 가을의 다름이 있으나 그 성취하는 공업은 한 가지요, 사람은 가난하고 부자됨이 다르나 살아가는 형세는 마찬가지다. 하늘이 공정하여 삶을 좋아하는 덕이 없다면 만물을 길러내지 못할 것이요, 사람이 서로 사랑하고 불쌍히 여기고 가엾이 여기는 마음이 없다면 능히 사람의 도리를 다할 수 없을 것이다.

그러므로 십팔 세기 이전에는 부자는 가난한 사람을 구휼하고 가난하면 부자에게 붙어서 서로 즐거워하고 서로 사랑하되 서로가 조금도 사이가 벌어지지 아니하고 각각 생활을 유지하였는데 근래에 와서 풍속이 무너지고 인심이 각박하여져서, 형이 잘 살고 아우가 가난하여도 못사는 것을 좋아하되 애호하거나 위급함을 구하지 아니하고, 아우가 강하고 형은 약하더라도 한갓 억센 팔힘을 준 것만을 한탄하되 사람의 도리로써 정의를 생각하지 아니하니, 진실로 떳떳한 사람의 도리를 가진 사람이라면 누가 이를 분개하지 아니할 것인가.

슬프다! 말과 생각이 이에 미침에 모골이 송연하고 온 몸이 아프도다. 역사가 있는 민족이요, 성인 기자의 뒤를 이은 백성으로서 어찌하여 이 지경에 이르렀는가? 애닯다! 밤낮으로 부지런히 고생하여 일년동안 힘써 농사지은 것을 모두 도조로 바치고 남는 것이 없으니 풍년에도 마침내 몸만 고생하고 흉년에는 굶어 죽음을 면하지 못함이 오늘날 세상의 소작인들의 처참한 정상이다. 그러하니 우리들이 살아남아 있을 날이 어찌 오랠 것인가? 지난 대정 6년(1917년 정사) 이후로부터 토지에 부과하는 공과금이 해마다 높게 오르고 늘어감은 피하

지 못할 시국 형세라 다만 백성들이 마땅히 바쳐야할 것이다. 그 공과금을 부담할 의무는 국가법률에 소유자로 지정되어 있으나 제천고을에 이르러서는 몇 사람의 자선가를 제하고는 법령의 어떠함에 구애됨이 없이 다만 옛날의 습관에 의지하여 거의 모든 것을 소작인에게 부담하게 하니 이것이 어찌 소작인을 애호한다는 본뜻일까 보냐. 해마다 이와 같이 과거처럼 되풀이 한다면 구렁창과 언덕으로 굴러 떨어짐이 십 중에 팔구나 되리니 어찌 한심치 아니한가.

본 회의 취지는 한갓 제 몸만을 위한 계책이 아니요, 실로 우리나라의 전체 국민을 위함이다. 그러므로 이에 감히 발기하노니 뜻있는 여러분께서는 모름지기 서로 돕고 서로 붙들어 동포들의 생활을 온전하게 한다면 천만다행한 일이 되오리다.

이것은 일제의 잔혹한 수탈로 인한 당시의 각박한 사회상과 무관치 않은 한탄이다. 그중에서도 소작인들의 처참한 생활상을 언급하고 있다. 아울러 이를 극복하기 위해 전국민을 위해 동소작인회를 발기하고 우리 동포들이 서로 도와 어려움을 극복하자고 호소하고 있다. 이용태는 일제의 잔혹한 수탈상을 지적하고, 소작인들의 권익보호 뿐만 아니라 전국민을 위해 상부상조하는 동포애를 호소하기 위해 봉양면소작인회를 발기하였음을 취지서에서 밝힌 것이다. 더욱이 이용태가 소작인이 아닌 지주의 지위에 있었다는 점에서 더 큰 의미를 던진다.

이용태는 1922년 8월 봉양농민조합을 조직하여 농민들의 권익을 위해 보다 적극적으로 활동하였다. 그리고 1924년 1월 9일에는 면민들의 적극적 지지 속에 봉양면장에 임명되었다. 그러나 이용태는 관직에 있으면서도 관료로서의 행태보다는 농민들의 편에 서서 행동했다. 농민들의 어려움을 덜어 주기위해 소작인회를 결성하여 수탈당하는 소작인들의 권익을 보호하는데 앞장선 것이나, 지역민들의 계몽을 위해 학교를 설립하여 교육에 전념한 것이 그 대표적 사례다. 1926년 10월, 이용태가 상부의 간섭에 의해 봉양면장직의 사직을 강요당할 당시도 수많은 면민들이 유임운동을 전개하며 반대한 이유이기도 하다.

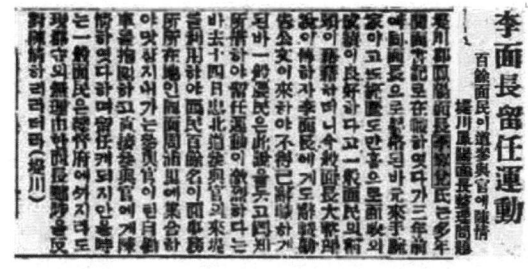

이용태(네모 안)가 봉양면장직의 사임을 강요받던 시기, 그를 지키려 면민들이 나섰다는 「동아일보」의 기사 내용

이용태는 1924년 6월 3일에는 산업조합설립하여 산업조합장에 선출되는가 하면, 1928년 3월 3일에는 대동회(大同

會)를 발기하였다. 이어 1929년 12월에는 대동흥업사를 발기하여 산업진흥·풍속개량·문화향상을 꾀하여 농민들의 삶의 향상을 통해 일제식민통치하에서의 민족적 위기를 극복하고자 노력하였다. 또한 1931년 광산업에도 착수하며 산업방면에도 관심을 보였으며, 1932년에는 농산물품평회장에 선출되었다. 1933년에는 제천군의 위촉으로 유림순회강연(儒林巡廻講演)을 맡아 지역민의 계몽에도 적극 앞장섰다. 그리고 1934년 1월 30일 백운면장에 임명되는가 하면, 덕동간이학교(德洞簡易學{校)도 설립하여 지역민의 문맹퇴치에도 큰 기여를 하였다.

한편 1930년 동생 이용준이 남만주로 넘어가 항일투쟁을 전개하는 과정에서 다시 일제에 체포되는 사건이 벌어졌다. 이용태는 1939년 4월 서대문형무소에서 이용준을 면회하고 곧바로 중국행을 감행한다. 그리고 북만주의 동경성(東京城)에 소재한 대종교총본사를 찾았다. 이용태가 계몽적 투쟁에서 적극적 대종교 항일투쟁으로 변화되는 순간이었다.

[주요저술 및 사상]
이용태는 세간에 알려지지 않은 종교사상가다. 그것은 그의 성장과 활동이 당대의 중심부가 아닌 충북 제천과 만주지역으로 국한된 점과 비밀결사적 성향이 강한 대종교 활동과 밀접하게 연관되기 때문이 아닐까 한다. 또한 그의 사상적 요체를 담고 있는 수많은 글들이 1990년대에 들어 유고(遺稿)로 출판되어 알려지게 되었다는 점도 이유가 있을 것이다.

이용태의 사상은 여타 대종교의 지도자들과 마찬가지로 유교적 경험 속에 삶을 영위하다가 대종교로 개종하면서 자신의 철학적 외연을 변화·확대해간 인물이다. 다만 이용태는 비교적 늦은 시기인 1920년대 후반에 이러한 양상을 드러낸다는 점에 차이가 있을 뿐이다. 이용태는 나이 20세 되는 1909년 「화양동유람일기(華陽洞遊覽日記)」를 지었다. 이 글은 앞부분에 그의 스승이었던 습재 이직신이 지은 한시를 인용·예찬하며 시작하고 있다. 물론 이직신의 한시 내용은 명나라를 흠모하는 것으로 중화적 사대주의가 잘 드러나 있는 작품이다. 1909년이 대종교가 중광한 해임을 볼 때, 이 시기 이용태의 삶을 지배한 가치가 무엇인가를 잘 보여준다.

위와 같은 이용태의 유교적 삶의 가치는 그의 나이 설흔이 넘어서도 지속이 된다. 즉 그가 1922년(당시 33세) 7월에 쓴 「애아불구(哀我不具)하야 경고아불구동포(警告我不具同胞)」라는 글을 보면, 우리 민족이 정신병에 걸린 불구자임을 한탄하는 대사회적 경고 내용이 등장한다. 그리고 그 문제에 대한 해결책 역시 유교에서 찾고 있음을 확인할 수 있다. 또한 같은 해 같은 달에 쓰여진 「조선(朝鮮)의 흥망(興亡)은 유림(儒林)에 있다」라는 논설에서도 이러한 삶의 경험을 잘 드러내고 있다. 이 글에서 그는, 유교야말로 천리(天理)의 올바른 길이요 유림(儒林) 또한 국가의 원기(元氣)라고 단정했다. 그리고 우리 민족이 유사 이래로 도덕·학문·예의 그리고 문장·시사(詩詞)·서화(書畵) 등의 모든 문물을 중국으로부터 수입하여 지켜왔다고 주장하고

있다. 나아가 조선 문명의 모든 공적이 유교에 있음을 다음과 같이 찬양한 인물이다

> 조선(朝鮮)은 문명(文明)한 조선(朝鮮)이요 흥왕(興旺)한 조선(朝鮮)이었으니, 그것이 누구의 힘인가? 곧 사림(士林)의 공(功)이요 유교(儒敎)의 덕택(德澤)이라.

이것은 당시 이용태의 가치가 유교적 사상에 얼마만큼 함몰되어 있었는가를 단적으로 보여주는 예다. 그리고 그는 정신적 질곡으로부터의 돌파구 역시 유교에서 다시 찾았다. 즉 유교의 재건을 통하여 민족적 윤리의 재천명을 주장했으며, 심지어 그는 유교를 우리 고유의 정신문화로 인식했다. 이렇듯 30대 초·중반까지 이용태의 정신을 철저하게 지배하고 있던 것이 유교였다. 그러므로 역사인식 방면에서도, 단군의 의미를 깨닫지 못하고 우리 민족을 기자의 후손으로 파악한 중화사관의 입장에서 헤어나지 못했다.

그러나 1928년 들어 이용태의 역사인식은 확연히 달라진다. 특히 기자중심의 역사관을 단군으로 완전히 바꾸었다. 이용태가 1928년 1월에 쓴 다음과 기록에서 찾을 수 있다.

> 우리 단군께서는 지금으로부터 4385년 전에 하늘에서 나리신 신성한 황조이시다. 무릇 우리 이천만 동포형제자매가 황조의 후손으로서, 신족(神族)이 아니며 예의와 문화가 날로 쓰이는 온갖 제도에 어느 것인들 황조의 신성한 교화가 아니리요. …(중략)… 은나라의 기자는 교화를 사모하여 이 나라에 찾아와서 대대로 정성을 쌓고 독실하게 받든 덕택으로 41대를 누릴 왕업의 터전을 열었고…(후략)….

6년 사이에 기자를 축으로 하는 역사관이 단군중심의 역사인식으로 전도된 것이다. 물론 이용태의 바뀐 역사인식의 바탕에는 대종교적 경험이 근본적으로 작용했다. 그는 종교적 방면에서도 유교에서 대종교로 변화되는 모습을 확연히 드러냈다. 1928년 초에 쓰여진 「신년사」 마지막 부분에서 종교적 신념의 변화를 다음과 같이 분명히 하고 있다.

> 종교를 새롭게 하여야 합니다. 우리는 우리의 시조인 삼신상제(三神上帝) 단군 한배를 숭봉하여서 수천년 배본(背本)한 죄악을 벗고 새로운 광명의 복록(福祿)을 받는 동시에 기타 제황미신(濟荒迷信)은 일체 타파합시다.

한편 이용태가 대종교로 개종한 이유는 우선 조선정신을 회복하고자 함에 있음을 내세웠다. 그는 조선정신이 상실된 원인을, 과거에는 유교로 인해, 금일에는 직간접적인 서구문명 때문이라고 진단했다. 그는 지난날 우리의 정신문화를 지배한 유교로 인해 조선혼이 말살되었고 금일의 서구문명이 조선정신을 좀먹고 있다고 본 것이다. 한마디로 반만년 민족사의 부활을 통해 민족문화를 계승·전수하는 것과 민족 내일의 생존을 기약함에, 대종교 정신이

아니면 안 된다고 생각했던 것이다. 이용태가 대종교로 개종할 당시의 갈등 또한 흥미를 끈다. 그의「행년략기(行年略記, 1928년)」에 나오는 다음의 심회에서 살필 수 있다.

> 세월이 바뀌면 인심도 변천될 것이다. 그러나 내가 종교에 들어간 것이 이 무슨 망령된 행동인가. 진실로 그 그릇됨을 알지 못함이 아니로되, 만약 혹시 홀로 그 몸만을 닦는다고 하면 죽고 나면 그만이니 유도(儒道)가 그렇다. …(중략)… 대종교에 이르러서는 우리나라의 백성들을 처음 나오신 시조를 숭봉함이라. 그 교화로 말하면 사천년 동안 내려온 고유의 문화다. 유교로서 비길 때 얼마간의 모순도 있으나 오늘날의 사세가 유교로써 국혼을 진흥하기 어려운 까닭에 비록 유가에 이끌림이 있다고 하나, 그 교의 종지는 인륜도덕에 벗어남이 없고 불교나 서양의 기독교와는 스스로 다른 한계가 있고 유교와는 조금도 다른 점이 없으니, 이와 같이 급한 일을 함에 비록 나를 그르다고 나를 죄주려는 사람이 있다면 시국형세가 어떻게 돌아감을 잘 살피어 꾸짖든가 칭송하든가 함이 옳을 것이다.

이용태의 종교사상이 본격적으로 체계화되는 시기도 그가 대종교로 개종하면서 나타난다. 그가 스스로 찾아가 봉교한 대종교는 그의 인생 후반기의 전부라 해도 과언이 아니며 그가 남긴 종교사상적 연구의 글 또한 대종교의 실체를 구명하려는 내용들로 일관된다. 이것은 그의 종교사상이 곧 대종교사상임을 대변해 주는 것으로, 대종교사상이야말로 이용태 삶의 중심이었음을 의미하는 것이기도 하다.

한편 대종교를 중광(重光)한 홍암(弘巖) 나철(羅喆)을 비롯하여 무원(茂園) 김교헌(金敎獻)·백포(白圃) 서일(徐一)·단애(檀崖) 윤세복(尹世復) 등 종사(宗師)로 추승(追昇)된 인물들과 대종교의 큰 지도자였던 호석(湖石) 강우(姜虞) 외에 이렇다 할 연구저술이 드문 대종교단으로서는 이용태의 대종교에 대한 연구업적은 발군의 성과를 보여주고 있다. 특히 교리와 수행적 측면에서의 성과는, 향후 대종교를 접근·연구하려는 많은 식자 및 학자들에게도 중요한 지침론이 될 수 있다는 점에서 높이 평가된다. 또한 그가 남긴 기록은 질과 양으로서 뿐만 아니라 분석의 깊이 측면에서도 심오함을 담고 있다는 것도 주목할 만하다. 그가 남긴 대표적인 글들을 시대별로 나누어 보면 아래의 도표와 같다.

시기	주요발표문(그림 포함)
1920년대	「답강호석우서(答姜湖石虞書)」,「조선민족의 신앙심 통일을 기하자」,「신년사(新年辭)」,「건축삼신전발기문(建築三神殿發起文)」
1930년대	「천부경도석주해(天符經圖析註解)」,「천부경도석여의(天符經圖析餘意)」,「종교설(宗敎說)」,「환·불 본의(本義)를 동포에게 소(訴)함」,「제호석강선생문(祭湖石姜先生文)」
1940년대	「삼종사묘소봉심기(三宗師墓所奉審奉記)」,「옥중잡가(獄中雜歌)」,「대종교청년회발기취지서(大倧敎靑年會發起趣旨書)」,「근축(謹祝) 대종교보 속간(續刊)」,「구금고황(拘禁苦況)」,「미오판도(迷悟判途)」,「개과천선(改過遷善)」,「대종교란 어떠한 종교인가」,「대종교는 조선고유의 종교다」,「선복악화(善福惡禍)」,「환난상구(患難相求)」,「국교후원회발기취지서(國敎後援會發起趣旨書)」,「대종교에 대하여」,「수상록(隨感錄)」상·하,「개천절경축소감(開天節慶祝所感)」,「대종교에서 본 진리」,「수양도설(修養圖說)」,「정치력과 감화력」,「경천애인(敬天愛人)」,「정교략설(政敎略說)」,「홍익인간의 정신으로 삼천만이 통일하자!」,「수양도설(修養圖說)」,「한배검이시여 밝게 살피소서」,「기사시정(記事是正)을 요구하는 공개성토문」,「선후천도설(先後天圖說)」,「복연삼지삼원도(復衍三之三原圖)」,「성수정양설(誠修正養說)」,「종도체계도(倧道體系圖)」,「동증마업도(同證魔業圖)」,「천신도(天神圖)」,「신앙동이도(信仰異同圖)」,「인신동락도(人神同樂圖)」,「중인타고도(衆人墮苦圖)」,「대종교소원론(大倧敎溯源論)」,「잠언십이편(箴言十二篇)」
1950년대	「종관종의신안도설(倧冠倧衣新案圖說)」,「신문화는 동방에서 싹튼다」,「성지 마니산의 사적 고찰」,「大倧敎에서 본 윤리의 개념」,「천부경도석주해서(天符經圖析註解序)」,「종교인은 정사(正邪)를 선택하자」,「일민계몽사업(一民啓蒙事業)에 협찬하자」
1960년대	「중광절경하식원도(重光節慶賀式願禱)」,「선종사(先宗師)의 이념을 재인식하자」,「이념준수가(理念遵守歌)」,「단군문화와 진리문답」,「수진비록(修眞秘錄·三說一錄)」,「복과진결(福果眞訣)」,「백운도인비결서(白雲道人秘訣序)」,「유심기법여정법윤초발(唯心奇法與正法輪抄跋)」,「단기연호폐지에 대한 진정서」1,「단기연호 폐지에 대한 진정서」2,「국조숭봉에 관한 건의서」,「단애종사재주기추도사(檀崖宗師再週忌追悼辭)」,「윤난악여사(尹蘭岳女史)의 천출대효록(出天大孝錄)」

그러므로 이용태의 사상 역시 대종교사상이라 해도 과언이 아니다. 젊은 시절 유교적 정서 속에서 생활한 적이 있지마는 유교사상에 대해 본격적인 연구 및 집필을 한 것은 아니었다. 그가 종교사상에 대해 적극적인 관심을 갖게 된 것은 대종교를 접한 후이며, 특히 50세 이후 만주 동경성 대종교총본사에서 생활하면서 본격화된다. 종교에 관한 그의 수많은 글이 1930년대 이후, 특히 1940년대를 넘어서 집중되고 있음이 이를 반증하는 것이다. 여기서는 대종교 속에서 성숙된 이용태의 사상관을 통해 종교의 일반적 관점을 살펴보고, 나아가 신관(神觀)과 진리관(眞理觀) 그리고 수행관(修行觀)에 대해 간략해 본다.

① 종교관

이용태는 종교를 인류 역사와 기원을 같이한 것으로 파악하고, 인생을 주장하여 가르치는 교화라고 정의하고 있다. 먼저 그는 인간의 삶이 종교와 불가분의 관계를 갖고 있음을 말하면서, 인간을 종교적 인간(Homo Religiosus)에 가깝게 접근시키고 있다. 까닭에 인류세계에 종교가 없으면 인간은 동물과 다름이 없고, 인류의 최고 가치는 종교적 교화로써 인격을 완성해 가는데 있다는 것이 이용태의 종교에 대한 이해다. 또한 인간 이외의 동물은 선천적으로 지혜가 부족하여 어떠한 교육도 없다는 것이다. 그러나 인간은 윤리·정치·경제 및 모든 문화가 이러한 교화로 인하여 생활을 경영하고 질서를 유지한다고 말하면서, 만일 인간에게 인간다운 교화가 없으면 인간이라는 가치를 표현할 방법이 없다고 단언하고 있다. 물론 이용태의 이러한 주장은 대종교의 교리에 근거를 둔 것이다. 대종교경전「삼일신고(三一神誥)」「진리훈(眞理訓)」의 서두에 나오는 "사람과 만물이 한 가지로 세 참함을 받나니, 가로되 성품과 목숨과 정기라. 사람은 온전[全]하고 만물은 치우치[偏]니라.(人物同受三眞 日性命精 人全之 物偏之)"라는 내용과 밀접하다 할 것이다. 즉, 인간은 하늘의 권능을 온전히 받았지마는 여타 만물은 그것은 치우치게 받았다는 말이다. 이것은 종교현상이 인간에게만 있을 수 있다는 근거와 함께, 이용태의 위의 주장을 뒷받침하는 교리적 근거가 된다고도 할 수 있다.

이용태는 만교일본적(萬敎一本的)인 종교관도 주장했다. 그 스스로 대종교의 목적이 홍익인간이라고 밝힌 바와 같이, 대종교의 교의(敎義, 홍익인간)와 부합하는 주장이다. 그리고 대종교의 교리가 민족적이고 폐쇄적인 가르침이 아닌 인류적이고 개방적 가치라는 점과도 일맥한다. 종교적 신앙에 있어도 정신(正信, 올바른 믿음)을 철저하게 내세운 인물이 이용태다. 그는 모르고 믿는 것을 맹신(盲信)이라 하고 바르지 못한 믿음을 미신(迷信)이라고 규정했다. 까닭에 그는 신앙의 자유 또한 정당한 믿음을 전제로 허용되어야 한다는 입장에 섰다. 이러한 주장은 변태적 신앙에 강요당하거나, 혹세무민으로 믿음을 왜곡시키는 현금 일부의 신앙행태에도 시사하는 바 크다. 이용태는 그 정신(正信)의 첨경으로, 성신감응(誠信感應)을 전제로 한 네 가지의 다음 요건을 내세운다. 먼저 심신안정(心身安靜)으로 괴로움을 벗어야 한다는 것이고, 다음으로 근로(勤勞)의 소신을 통해 육체를 함양해야 함을 강조하는 것이다. 그리고 선복악화(善福惡禍)에 따른 후대의 인과응보를 경계하고, 끝으로는 진리자각(眞理自覺)을 통해 인간 계몽에 힘써야 한다고 권하고 있다.

종교와 더불어 정치의 중요성을 강조한 점도 특기되는 부분이다. 이용태는 정치가 인민을 지도하는 것이라면 종교는 감화를 통하여 교화하는 것이라고 말한다. 그리고 정치의 후원 없이는 종교가 발전하기 어렵고 종교의 감화력이 아니면 완전한 정법(政法)의 시행과 민중의 평화를 기하기 어렵다고 밝혔다. 특히 그는 종교적 감화력이야말로 인류 평화의 기초이며 인격완성에 미치는 신앙의 힘은 절대적이라고까지 주장했다.

나아가 이용태는 대종교를 종교 가운데 종교라고 주장하면서, 대종교의 가르침이 천지자연의 바른 진리로서 만고에 바뀔 수 없는 대도(大道)이며, 인물이 본시부터 받은 바른 길에 대한 가르침이 대종교이고, 그것은 동서양을 통해 처음 열린 교화로서 유일무이한 대법(大法)이라고 생각했다. 물론 대종교적 사고다. 그의 이러한 인식은 이신설교(以神設敎)의 주체가 단군이고, 삼신일체의 신도(神道)가 종교의 기원이며 교화의 기본이라는 논리에 근거를 두고 있다. 더불어 종교적 교화의 이념을 그는 홍익인간의 이념을 펴는 것과 동일하게 이해했다. 즉 홍익인간이란 단군강세의 이념으로써 천하를 이치로 다스리는 의미라고 말하는 것이다. 또한 이러한 감화에 귀화하는 무리가 저자거리의 장꾼과 같아 신시(神市)라 일컫게 되었다고 설명하기도 한다.

② 신관

이용태의 신관념(神觀念)은 대종교의 교리에서 도출된 논

리다. 그는 신을 대자연의 주재자로 보고 덕(德)·혜(慧)·력(力)을 신의 권능으로 파악했다. 신의 무한한 인자(仁慈)의 덕에 의해 만물이 생성되었으며, 무량한 광명의 지혜를 품수하여 만물의 지각운동이 이루어졌고, 하염없는 힘의 지배에 의하여 만물의 생존변환이 나타난다는 이해다. 그리고 없음에서 있음이 나타나고 있음이 다시 없음으로 환언함은 인간과 만물이며, 그러한 유무생환을 주재하는 전능자를 신으로 바라보았다. 이 역시 대종교경전『삼일신고』「신훈(神訓)」에서 가르치는 신관념에 철저하게 기초한 이해다.

또한 이용태는 신이 만물을 만드는[生] 이치를 다음의 논리로 제시하고 있다. 신은 신령함[靈]이요 신령함은 빈 것[虛]이라 했다. 그리고 빈 것은 곧 하늘이요 하늘은 곧 이치[理]라고 말한다. 나아가 이치는 아득함[玄]이요 아득함은 곧 오묘함[妙]이며, 그 오묘함이 바로 낳음[生]이라는 것이다. 그리고 하늘을 허공체(虛空體)로 보고, "무언무위(無言無爲)이나 진재진용(盡在盡容)이며, 신도 무형무질(無形無質)한 조영체(照靈體)로 무언무위이나 주재만유(主宰萬有)하여 창조·활동·통치의 실적이 현저하다. 유물론자들은 대자연으로 명칭하고 신을 부인하나, 대자연을 자연케 함이 누구이며 무엇이냐?"라고 밝힘으로써, 천리(天理)와 신리(神理)를 동일 개념으로 파악하고 있다. 이러한 인식은 "천도(天道)와 천리(天理)는 모두 신도(神道)와 신리(神理)를 가리킴이다."라는 그의 주장에서도 확인된다.

범재신론(汎在神論 Panenthiesm)과 흡사한 이용태의 신관 역시 눈길을 끈다. 범재신론이란 '이중적 초월의 원리'를 제시한 신관으로, 외재적 절대자와 내재적 절대자의 하나됨을 추구해가는 신관이다. 이러한 신관에서의 신은 초월적이면서 내재적인 성격을 지닌다. 즉 하느님이라는 존재는 절대와 상대, 유한과 무한, 시간과 영원, 우연과 필연, 육신과 영혼 등의 양극적 성격을 지닌다는 관점에서 성립되는 논리다. 이용태 역시 인간의 정신이 우주를 주재하는 하느님의 일분자(一分子)라고 내세우면서, 인간이 하늘 혹은 신의 능력을 부릴 수 있다는 주장을 폈다. 초월과 내재가 조응되는『삼일신고』「신훈」에 나오는 다음 기록과도 일치하고 있다.

하느님은 그 위에 더 없는 으뜸 자리에 계시사,…(중략)…원해도 친히 나타내 보이지 않으시지만 스스로의 본성에서 하느님의 씨알을 찾아보라 너의 머릿속에 내려와 계시느니라.(神在無上一位…(中略)…絕親見 自性求 子 降在爾腦)

그러므로 이용태는 인류의 기원을 말함에 있어서도 창조론이나 진화론이 아닌 독특한 신화론(神化論)을 주장하였다. 그의 신화론은 조물(창조)과 피조물(피창조)로 철저하게 단절된 창조론의 독단이 아니었다. 또한 인간과 자연의 계급론을 전제로 우열관계·지배관계로 나타나는 진화론을 넘어설 수 있는 가능성이기도 하다.

③ 진리관

이용태의 진리관은 대종교의 삼일철학(三一哲學)에서 응용

된 가치다. 대종교의 교리체계는 일(一)·삼(三)·삼(三)·일(一)의 원리, 즉 일이분삼(一而分三)·회삼귀일(會三歸一 혹은 執三合一)의 이치로 엮어져 있다. 이것은 대종교의 주요경전인 『천부경』이 '一始無始一 析三極…(중략)…人中天地一 一終無終一'로 쓰여진 바와 같이 삼일철학의 원리로 짜여져 있을 뿐만 아니라, 『삼일신고』를 비롯한 여타 경전들이 모두 일·삼·삼·일의 원리에 의해 운용되고 있음이 이를 뒷받침한다. 이용태 역시 대종교의 진리를 다음과 같이 삼일(三一)로 규정하고 있다.

> 대종교의 진리는 삼일이다. 곧 일생삼(一生三)하고 귀삼일(歸三一)함으로 일신(一神)께서 조화(造化)로써 천(天)·지(地)·인(人)을 낳으심에, 천·지·인의 최후에 다시 신(神)의 자리로 돌아간다는 말이다.

이용태의 위와 같은 단정의 배경에는 대종교를 중광한 홍암 나철이 대종교의 근원이 삼일(三一)임을 밝힌 것과 "대종의 이치는 삼일일 뿐이다.(大倧之理 三一而已)"라고 천명한 것과 직결되는 이해다. 그러므로 삼일신사상(三一神思想)이야말로 대종교사상의 핵심이라는 일각의 주장도 이러한 이치에서 성립되다 할 수 있다. 나아가 이용태는 대종교의 진리가 삼일이라는 이치를 다음과 같이 다각적으로 연역하였다.

> 무형(無形)한 자리에서 유형(有形)한 삼극(三極)이 되고 도로 무형한 근본으로 돌아감이 삼극일본(三極一本)이요, 일신(一神)께서 교화로써 성(性)·명(命)·정(精)을 부여하심에 인물은 다시 심(心)·기(氣)·신(身)으로 변천하였다가 다시 성·명·정을 모아 일신께 돌아감이 삼진귀일(三眞歸一)이요, 일신께서 치화로써 만물에게 능력과 권기(權技)를 주어 상살상해(相殺相害)의 폐(弊)가 없이 고루 살게 하신 바, 만물은 신생(神生)·체생(體生)·균생(均生)의 삼생일치(三生一致)로 보본(報本)의 길을 다함이니, 신의 체(體)는 일(一)이나 용(用)은 조화·교화·치화의 삼(三)이니, 이것을 분삼합일(分三合一) 즉 삼신일체(三神一體)라고 신의 자리를 말하고 인간적으로는 군(君)도 되고 사(師)도 되고 부(父)도 되시니, 삼종일통(三宗一統)이라고 신인(神人)의 대본(大本)을 말하고, 교법(敎法)으로는 유가(儒家)의 솔성(率性)과 선가(仙家)의 연성(鍊性)과 불가(佛家)의 견성(見性)을 병행하니 삼교포일(三敎包一)이라 하고, 교법은 일로써 삼을 기(起)하여 만(萬)으로 변하고 만으로 화(化)하되 마침내는 일에 귀(歸)하니, 쌓여서 무한한 것이 일이요 나누어서 무진(無盡)한 것이 삼이라, 일이 삼이 되고 삼이 구(九)가 되고 구가 마지막 얻은 수가 팔십일인 고로 삼용일체(三用一體)가 우주만유의 진리가 되느니라.

더욱이 이용태는 『천부경』을 설명함에 있어서도 『삼일신고』와 연결시켜, 체용(體用)의 관계로 이해하려 했다. 이러한 이해는 기존의 여타 학자들에게서는 찾을 수 없는 독특한 접근으로, 그의 '대종교의 진리는 삼일이다'라는 사유를 더욱 확실하게 보여주는 부분이다.

④ 수행관

수행은 이용태 종교사상의 본질이라 해도 과언이 아니다. 그가 "수양이 없는 종교는 종교로서의 가치가 없고, 가치가 없는 종교는 신앙해서는 안되므로, 수양은 진리를 발현하는데 있어 귀중한 관건이 되는 것입니다."라는 주장한 것에서도 살필 수 있다. 즉 수양이야말로 종교와 진리의 전부라는 것이다. 이것은 대종교를 이으킨 홍암 나철이 대종교 신앙의 처음과 끝이 수행에 있음을 강조한 것과 일맥한다.

그러나 개인적 수련을 위주로 하는 중국 전진교계(全眞敎系)의 단학(丹學)이 한국 선맥(仙脈)의 주류를 형성하면서부터, 우리 신교(神敎)의 집단적이고 제의적인 성격이 도태되어 갔다. 이로 인해 단학적 수행은 자연히 종교집단적 성향에서 일탈하여 개인적이고 신비적인 경향으로 흘렀고 우리 신교(神敎)의 집단제의적(集團祭儀的) 요소들은 저급한 무격신앙이나 미신적 요소로 전락했던 것이다. 따라서 대종교의 중광이 갖는 종교적 의미 가운데 빼놓을 수 없는 것 중의 하나로, 잃어버렸던 우리 신교(神敎)의 종교적·제의적·집단적인 성격을 되살린 점을 꼽는 것도 이러한 이유에서 이해할 수 있다.

먼저 이용태는 대종교의 진리수양을 자각(自覺)에 위임할 것과 대중적인 감화로는 대종교의 종교적 실천강령인 오대종지(五大宗旨)를 내세운 인물이다. 그가 내세우는 대종교 진리수양의 핵은 『삼일신고』 「진리훈」에 나오는 삼법수행(三法修行)을 통한 반망즉진(返妄卽眞)을 말하는 것이다. 또한 오대종지를 통한 대중적 감화는 경봉천신(敬奉天神)과 사회적 선봉행(善奉行)의 실천과 깊은 연관이 있다. 이것은 전래의 수련에서도 도덕적 선의 실현과 종교적 의식을 더불어 병행했다는 주장과도 상통하는 것이다. 일찍이 대종교 학자였던 안재홍(安在鴻)이 수행과 선봉행을 통한 완성된 인간상을 홍익인간인(弘益人間人)으로 본 것과도 통하는 이치다.

이용태는 오대종지의 경봉천신(敬奉天神)이 인물의 본원인 하느님에 대한 보본의 첩경으로 꼽았으며, 성수영성(誠修靈性)은 정성스레 성품을 닦아 하느님과 하나되는 방법으로 이해했다. 또한 모든 인류가 동근동족(同根同族)이라는 대종교의 교리를 토대로, 대동평화의 천국을 실현하는 수단이 애합종족(愛合種族)이라 했다. 그리고 정구이복(靜求利福)은 영성의 지혜를 밝혀 인간의 문명과 사회의 발전을 도모하는 요체로 분석했고, 근무산업(勤務産業)은 의·식·주를 통해 인간의 생명을 유지해 주는 기본으로 파악한 것이다.

그리고 그 수행의 요체룰 제시한 것이 삼법수행이다. 이용태는 삼법수행이야말로 화중성철(化衆成哲)을 통해 성통공완(性通功完)할 수 있는 지름길이라고 생각했기 때문이다. 삼법이란 지감(止感)·조식(調息)·금촉(禁觸)의 수행법을 말한다. 느낌 지경을 그치[止感]고, 숨쉼 지경을 조절[調息]하며, 부딪힘 지경을 막음[禁觸]으로써, 마침내 성품을 트고 공적을 이루는[性通功完] 방법이다.

이용태의 수행관을 체계적으로 볼 수 있는 기록이 그가 남긴 『수진비록(修眞秘錄)』이다. 일명 『삼설일록(三說一錄)』

이라고 명명한 것을 보더라도 알 수 있듯이, 이 또한 대종교의 삼일철학의 연장선상 위에 있음이 확인된다. 이 『수진비록(修眞秘錄)』 역시 크게 지감설(止感說)·조식설(調息說)·금촉설(禁觸說)로 나누어 설명하고 있다.

[교력]
이용태의 대종교 교력을 보면 비교적 늦은 시기에 대종교에 입교하여 최고의 반열에 오른 인물이다. 그는 1928년 3월 20일(음력) 입교하여 같은 해 9월 3일 영계(靈戒)와 함께 참교(參敎)의 교질(敎秩)을 받았다.

이용태가 유교에서 대종교로 옮겨간 데에는 충주(忠州) 출신의 대종교도 박승익(朴勝益)의 종교적 감화가 큰 영향을 미쳤을 것으로 추정된다. 이용태보다 세 살 많은 박승익은 투철한 대종교 항일투사로, 서울의 관립공업전습소(官立工業傳習所) 출신이다. 그는 공업전습소 학생들이 조직한 공업연구회의 평의원과 공업연구회의 기관지인 『공업계(工業界)』의 편집부원을 지냈다. 당시 그와 가장 친하게 지낸 박찬익(朴贊翊)이 공업연구회 회장을, 그리고 박찬익의 정신적 대부이자 대종교 핵심이었던 신규식(申圭植)이 『공업계(工業界)』의 사장 겸 편집인을 맡았다. 신규식과의 이러한 인연으로 박승익은 박찬익과 함께 1910년 대종교에 입교하였다.

1910년 만주로 건너간 박승익은 북간도 지역 대종교 포교에 혁혁한 업적을 이루었으나, 1910년대 중반 부친의 간절한 부름으로 귀국하였다. 1922년 고향에 정착한 박승익은 제천의 봉양모범서당이 봉양보통학교로 승격되는 1923년 4월을 전후한 시기에 봉양보통학교의 교장이 되었다. 이용태와 박승익의 귀중한 만남도 이때 이루어진 것이다. 이용태는 1923년 11월에 봉양면내의 유지들과 봉양보통학교 후원회를 조직하고 후원회 집행위원장 자격으로 면내의 각 호에 후원금을 분배하였다. 그리고 이용태는 교장 박승익, 유지 조명구(趙命龜), 구장 원세천(元世千)과 더불어 각 리를 순회하며 후원회. 조직과 취지를 순회 설명하기도 했다.

이용태가 박승익으로부터 대종교를 본격적으로 접했던 시기도 이 무렵으로 추정된다. 1924년 12월(음력) 박승익이 38세의 나이로 세상을 뜨자, 이용태는 모든 것이 무너지는 아픔을 드러냈다. "하늘의 원통함과 사회의 실망함이 비할 데가 없을 것이다"는 극진한 애도가 그것이다. 아울러 그는 "10년 동안 서울에서 세상이 바뀌는 풍파를 겪으면서도 분통함을 참고 원한을 가슴 깊이 새겨 백 번 굽혀도 꺾어지지 않았고 천 번 흔들려도 움직이지 않았다"고 박승익의 항일의지를 칭송한 다음, "나와 같이 무뢰한 사람이 그대의 정신을 탄복하여 배웠으니 눈물이 절로 흐른다"며 그 자신이 박승익에게 많은 감화를 받았음을 토로하였다. 이때 이용태가 박승익에게 탄복하며 배운 정신이란 것은 강렬한 애국정신, 특히 대종교를 토대로 한 항일의식이었음은 쉽게 추리할 수 있는 부분이다.

이후 이용태는 보다 적극적으로 대종교에 접근하려는 시도를 보인다. 그 매개로 등장하는 것이 최남선(崔南善)의 글이다. 공교롭게도 최남선이 단군과 관련된 글을 집중적

으로 발표하는 시기가 1925년에서 1928년 사이라는 점이다. 그는 1925년 11월 16일 『동아일보』에 「개천절」이라는 사설을 시작으로 해서, 1928년 11월 5일 『신생(新生)』에 「개천절」이라는 글을 발표하기까지 수많은 단군 관련의 글을 내놓는다. 아마도 이용태는 비록 문화의 중심부에서 생활한 것은 아니지만, 이러한 최남선의 글을 접하면서 더욱 대종교에 접근해 갔음을 짐작케 해 준다. 이용태가 1927년에 쓴 「상육당최남선씨서(上六堂崔南善氏書)」의 다음 내용에서도 확인할 수 있다.

작야(昨夜)에 소설(小說)을 좀 보옵다가 등하(燈下)에 성침(成寢)하온 바, 홀연히 일노인(一老人)이 몽중(夢中)에 말씀하시기를, 너의 네 몸 생긴 본원(本源)을 알려거든 경성에 최선생이 계시니 지성으로 기도하라고 분부하시기로, 감사의 의의를 표하옵고 몽각(夢覺)한 금일(今日)에 염치를 불고하고 수어(數語)로 교훈을 앙수(仰受)코자 하오니, 자작(自作)한 농맹(聾盲)의 죄(罪)를 관서(寬恕)하시고 상세히 하교(下敎)하옵시면 냉각된 흉중의 혈점(血點)이 갱(更)히 열도(熱度)로 향하게 되는지도 모르옵고, 이천만의 일인이나마도 자아의 역경(歷經)한 본원을 강구(講究)하여 불망본(不忘本)의 대아(大我)를 부(扶)하야 내두자손(來頭子孫)의 진로를 개척하게 하여주소서.

최남선이 이용태의 서한을 받고 어떠한 경로로 대종교를 소개했는지는 분명하지 않다. 다만 1927년 12월(음력, 이하 음력)에 이용태가 당시 대종교 남도본사의 중심인물이었던 호석 강우에게 보낸 다음의 편지 내용을 통해 유추해 볼 수 있다.

다행하옵게도 우편을 통하여 존함을 받자와 읽고 난초 향기가 가득 차고 황홀한 기운이 몸을 감싸는 듯하옵고 간절하고 두터우신 가르치심은 한 자리에 뫼시고 가르치심을 들음과 다름이 없사옵고 선생님께옵서 다다르심과 같아 기쁜 마음을 이길 길이 없사온데, 다시 엎드려 살피옵건대 섣달의 추위가 매우 심하오니 도체후 만강하옵시고 교당의 여러 형제님들도 모두들 평안하시온지 구구하온 마음을 걷잡기 어려워 오직 빌 따름이 옵니다.

물론 강우가 이용태에게 보낸 편지가 남아 있다면 당시의 상황을 쉽게 판단할 수 있겠지마는 관련 기록들이 전하지 않는다. 까닭에 위의 내용으로만 추측하건대, 이용태의 서한을 최남선이 받고 최남선은 이용태에게 당시 경성의 대종교 남도본사의 중심인물이었던 강우를 소개했을 가능성이 크다.

한편 이용태가 그 당시 대종교에 입교하면서부터 적극성(교단참여 및 연구)을 나타낸 것은 아니었다. 앞에서도 암시된 바와 같이, 그는 대종교와 유교적 가치가 혼재된 반유반종적(半儒半倧的)인 삶으로 상당 기간을 보낸 듯하다. 이러한 판단은 그가 50세가 되는 1939년 9월 3일일에 경성의 경학원(經學院) 주최로 열린 전조선유도대회(全朝鮮儒道大會)에 군대표(郡代表)로 천거되어 참석하는 것을 보더라도 알 수 있다. 이용태는 이 행사에 참가했다가 유교에 더

욱 실망하여 본격적으로 대종교 활동에 뛰어 들게 된다. 즉 반유반종의 삶에서 탈유매종(脫儒邁倧)의 삶으로 탈바꿈하는 것이다. 다음의 기록이 이를 확인해 준다.

10월 15일(음력 9월 3일)에 경학원 주최로 전조선유도대회를 개최함에, 군(郡)으로부터 대표로 천거되어 상경하여 참석하였는데, 모든 논의가 대부분 순서와 질서가 없고 소위 유림(儒林)의 낡아빠진 모습을 형언하기 어렵더라. 그 길로 북만주행 길에 올라 동경성에 도착하여 대종교총본사에 들어가 외람되게도 단애도형(당시의 교주 윤세복, 인용자 주)의 애호하심을 받고 경각(經閣)에 머물러 고락을 같이 겪으면서 천신대도(天神大道, 대종교-인용자 주)에 몸을 받친 것이 이 때로부터 시작되었다.

그러므로 이용태가 대종교의 교리연구를 본격화한 것도 그의 나이 50세 이후에 이루어졌다. 그가 남긴 수십 편의 대종교 교리연구의 글 중, 「천부경도석주해」와 「천부경도석여의」 등을 제외한 모든 글들이 50세 이후에 만들어진 것을 보더라도 알 수 있다.
이렇듯 이용태는 그의 청년기인 1920년대의 초·중반까지 유교적 정서를 벗어나지 못한 평범한 향사(鄕士)였다. 그러던 그가 1920년대 후반에 들어 사회적 모순에 고민하다가 육당 최남선의 글을 접하고 스스로 대종교를 찾는 것이다. 그러나 상당 기간 유교적 가치를 완전히 떨치지 못하고 유교와 대종교의 가치가 혼재된 삶을 산다. 그리고 1939년 이후 대종교적 신념을 확고하게 보여주면서, 적극적인 교단참여와 교리연구에 헌신하게 된다. 특히 1939년 3월 11일 대종교총본사가 소재한 만주 동경성을 방문한 사건은, 이후 모든 것을 대종교적 삶으로 바꾼 결정적 계기가 되었다. 국내로 귀국한 이용태는 신변의 모든 것을 정리하고 장자인 이항재(李恒載)에 집안살을 위임했다. 그리고 상경하여 전조선유도대회를 기점으로 유교와 작별하고 곧바로 동경성 대종교총본사로 건너갔다.
이용태는 1939년 9월 3일, 대종교총본사의 특별추천으로 10년 전에 받았던 영계와 함께 참교의 교질을 다시 받았다. 당시 수많은 대종교 인물들과 마찬가지로 국내의 모든 기록이 사라졌기 때문이다. 그리고 같은 해 9월 15일 대종교총본사의 찬범(贊範)으로 임명되었다. 찬범이란 전범(典範)을 도와 의식과 상벌을 관할하던 직책이다. 또한 1939년 10월 25일 조직된 대종교서적간행회의 총무를 맡아 2주(株)의 출연도 하였다. 이 회는 "교화를 보급케 함에는 반드시 문자의 힘을 시뢰(特賴)할 것이다. 이제 대종교 부흥기에 당하야 만주동성으로 종경(倧經) 요구가 날로 높은 터이다. 이 요구를 수용함은 무엇보다도 대교 발전상 최대 급무일 것이다. 이것을 공감하는 우리는 미성박력(微誠薄力)을 불고하고 교적간행회를 발기한다."는 취지로 출범한 것이다. 당시 회장은 백산(白山) 안희제(安熙濟)였으며 이현익(李顯翼)과 최관(崔寬)이 간사를 맡아 함께 활동하였다.
이용태는 1940년 7월 다시 국내로 들어 온다. 일본공사 암살계획 혐의로 북경(北京)에서 체포되어 경성지방법원에

서 진행된 동생 이용준 재판의 증인으로 소환 받았기 때문이다. 이용태의 걱정에도 불구하고 이용준은 그 해 11월 20일 5년형을 언도받고 수감되었다. 이듬해 1월 16일 지교(知敎)로 승질(陞秩)한 이용태는, 그 해 3월 23일 다시 동경성 대종교총본사로 넘어가 종무에 매진하였다. 그러나 예기치 않은 안질(眼疾)로 인하여 다시 국내로 들어와 세브란스병원에서 3개월간 입원하게 된다.
한편 대종교를 조선의 정체성으로 인식한 일제는, 1930년대 후반부터 대종교단 내에 밀정까지 잠입시켜 일망타진의 기회를 노리고 있었다. 그리고 1942년 11월 국내의 조선어학회사건과 때를 같이 하여 국내외 대종교지도자 20여명을 동시에 체포하였다. 이른바 일제강점기 최대종교박해사건인 임오교변(壬午敎變)이다. 이용태 역시 당시 대종교의 핵심으로서, 1942년 11월 19일 제천군 봉양면 자택에서 정양(靜養)하던 중 체포되었다. 체포 당시 단군영정(檀君影幀)과 관련 서적 등도 모두 압수당했다. 이용태는 체포당하던 순간에도 일본의 순사들 앞에서 단군영정에 사배(四拜)를 올리고 잡혀갔다 한다. 이용태는 일제에 검거되던 그 날 자신의 마음을 스스로 다잡는 다음의 「자서(自誓)」를 읊었다.

人之生死自有正命	사람의 살고 죽음에는 스스로 바른 천명이 있나니
不憂其生而生	사는 것을 근심하지 아니하고 살면서
何憂其死而死	어찌 죽는 것을 걱정하며 죽으랴
死生唯義所在而已	죽고 사는 것은 오직 의리에 있을 뿐이로다

곧바로 만주 영안현 특무고감방(特務股監房)으로 옮겨진 이용태는 1943년 5월 목단강(牧丹江) 액하감옥(掖河監獄)으로 이감되었다. 그리고 1944년 6월에 진행된 언도공판에서 치안유지법 위반으로 8년형을 선고 받았다. 그러나 패망이 짙어진 감옥에 갇힌 정치사상범들을 모두 없애려 하였으나, 이용태는 여타 대종교지도자들과 함께 변고를 당하기 전에 도망치듯 탈출하였다.
이후 이용태는 교주 윤세복 등과 함께 영안현 해남촌(海南村)에 도착하여 며칠을 보낸 뒤, 그곳에 대종교총본사를 부활하였다. 그 날은 일제가 항복하기 하루 전인 1945년 7월 7일(양력 8월 14일)이었다. 이용태는 같은 날 상교(尙敎)로 승질함과 더불어 경의원장(經議院長)으로도 피임되었다. 1946년 환국한 후에는 경의원 참의(參議)와 총본사 전임시교원(專任施敎員), 남도본사 선리(宣理), 총본사 찬리(贊理), 남이도본사 선리(宣理), 총본사 기한동포구제회(飢寒同胞救濟會)의 경리부주간 등을 두루 역임했다.
이용태는 1949년 1월 5일 대종교중흥회 제1차 중앙집행위원으로 선출되었고, 1950년 1월 17일 제2차 대종교중흥회에서도 참여(參與, 자문역할)로 선임되어 대종교중흥을 위해 노력하였으나 6·25한국전쟁으로 실현되지 못했다. 이 시기 이용태는 대종교 성직자의 의관(衣冠)에 대해 논의한 「종관종의신안도설(倧冠倧衣新案圖說)」를 비롯하여 「신문화는 동방에서 싹튼다」, 「성지 마니산의 사적 고찰」, 「대종교

에서 본 윤리의 개념」,「천부경도석주해서(天符經圖析註解序)」등 많은 연구물도 생산했다. 이러한 노력 끝에 1956년 10월 8일 마침내 '대종교를 지키기 위해 온 힘을 쏟고 총본사의 업무에 큰 힘을 보탰다(衛道多勞 協贊司務)'는 덕담과 함께 정교(正教)의 교질과 더불어 대형(大兄)의 교호(教號)를 받았다.

또한 1957년 7월 6일에는 원로원(元老院)의 참의로 피임(被任)되는가 하면, 1958년 6월 23일에는 종사편집부(倧史編輯部)의 주간(主幹)을 맡아 대부분의 자료가 유실된 대종교사(大倧教史)를 재구(再構)하는데도 큰 기여를 하였다. 나아가 1961년 11월 17일에는 대종교연구의 중심인 삼일원주(三一園主)가 되었고, 1962년 4월 8일에는 대종교유지재단(大倧教維持財團)의 이사장을 맡기도 했다. 그리고 1963년 5월 27일에는 이용태 생전의 마지막 임직인 대종교총본사 교무부장전리(教務部長典理)로 시무했다. 대종교에서는 그의 이와 같은 종교적 경험을 받들어, 이용태 귀천(歸天) 이후인 1964년 9월 27일 치제식(致祭式)을 올리면서 사교(司教)의 교질과 함께 도형(道兄)의 교호를 추승(追陞)하였다. 당시 사교란 교질은 대종교 교주를 제외한 인물들에게 수여하는 최고의 교질이었다. 이용태에게 사교를 내릴 당시의 덕담은 '수행에 온 정성을 다하고 대종교 믿음으로 일관했다(盡誠修法 一貫倧道)'는 구절이었다.

[참고문헌]
『대종교교보』제121호(1939년)·제123호(1939년)·제124호(1939년)·제128호(1940년)·제148호(1945년)·환국기념호(1946년)·제150호(1946년)·제152호(1946년)·제153호(1947년)·제159호(1948년)·제161호(1949년)·제165호(1950년)·제48권추보록(1957년)·제213호(1964년),『譯解倧經四部合編(全)』(정열모 편, 대종교총본사, 1949),『대종교인과 독립운동연원』(이현익, 프린트본, 1922),『대종교독립운동사』(박명진, 필사본, 1964),『대종교중광육십년사』(대종교총본사, 1971),『임오십현순교실록』(대종교총본사, 1971),『동아일보』1926.10.28.,『愛國志士檀菴李容兌先生文稿』(박달재수련원, 1997),『제천 애국지사 이용태의 삶과 사상』(세명대학교지역문화연구소, 역락, 2005)

이용필(李容弼, 남, 생몰 미상)
입교 시기 _ 1937년 | 교질 _ 참교

출신지역과 생몰연대를 알 수 없는 인물로, 일제의 문서에서도 일체 발견이 안 된다. 전해 오는 『대종교교보(大倧教報)』를 살피면, 대종교 항일투쟁의 주요 거점이었던 밀산현(密山縣)을 중심으로 1930년대 후반에 활동한 기록이 있다.

이용필은 1937년 2월 2일(음력, 이하 음력) 대종교총본사의 특별추천으로 영계(靈戒)와 함께 참교(參教)의 교질(教秩)을 받았다. 더욱이 같은 날 대종교지도자였던 권상익(權相益)과 동이도본사(東二道本司) 밀산구를 관할하는 순교원(巡教員)으로도 임명되었다. 권상익은 후일 대종교의 임오교변(壬午教變, 1942년 일제에 의해 자행된 대종교지도자들의 구속사건)으로 순국한 인물이다. 이용필이 밀산현 지역 대종교의 핵심으로, 그의 대종교 입교 역시 그 시기보다 훨씬 이전에 이루어졌음을 확인시키고 있다.

더욱이 1937년 8월 24일(음력) 발포된 대종교재만교구경상금수납위원(大倧教在滿區經常金收納委員)에서는, 이용필이 밀산현 이인반(二人班) 지역을 관할하는 위원으로 임명된 기록도 있다. 경상금수납위원이란 관할 지역 대종교 재정(財政) 기초를 관리·책임지는 역할이다. 그 시기 밀산현은 영안현(寧安縣)과 더불어 대종교의 주요 거점으로, 대종교 교주 단애(檀崖) 윤세복(尹世復)이 만주대종교포교금지령이 내려진 1926년부터 8년간을 와신상담하던 지역이었다. 그러므로 당시 대종교총본사가 있던 영안현(9곳)보다 2곳이 많은 11곳의 경상금수납 교구가 만들어졌다. 대종교의 포교와 항일투쟁의 경제적 기반이 많은 부분 밀산현에서 생성되었음을 보여주는 증거다.

이용필이 책임졌던 이인반 지역을 비롯하여 밀산현 지역 11곳을 살피면, 권상익·허익(許益)·이두철(李斗哲)이 당벽진(當壁鎭), 김정현(金鼎鉉)·홍재경(洪在京)이 향양촌(向陽村), 박세훈(朴世勳)·이대범(李大範)·이관영(李寬永)이 하량자(下亮子), 허태원(許泰元)·류진묵(柳鎭默)·박세환(朴世桓)이 기성촌(箕城村), 김상산(金尙山)·이종전(李鍾鈿)이 선구촌(船口村), 정현오(鄭鉉五)·송수암(宋壽岩)이 북하촌(北河村), 조병원(曺秉元)·김용운(金龍雲)이 복전촌(福田村), 박봉래(朴奉來)·박화섭(朴和燮)이 영안촌(永安村), 엄준섭(嚴俊燮)·최병규(崔秉奎)가 삼성촌(三成村)을 각각 맡아 활동하였다. 특히 이들 모두가 만주 지역 항일투쟁에 앞장섰던 인물로 대종교의 거점이 곧 항일투쟁의 근거였음을 다시금 확인시켜 준다.

[참고문헌]
『대종교교보』제113호(1937년)·제115호(1937년),『대종교중광육십년사』(대종교총본사, 1971)

이용화(李容華, 남, 1890-?)
아호(별명) _ 백원(白元), 이중실(李仲實)
입교 시기 _ 1922년 이전 | 교질 _ 미상 | 서훈 _ 애국장(1990)

평안북도 선천군(宣川郡) 출신이다. 우성(宇醒) 박용만(朴容萬)의 사위로, 대종교에서는 이중실(李仲實)로 알려진 인물이다. 1910년 해삼위(海蔘威)로 망명하여 그곳에서 미국에서 발간하는 『국민보』·『신한민보』·『신한국보』 등의 총지국을 경영하면서 각처 독립운동자들간의 연락사무를 담당하였다. 또한 박은식(朴殷植)·이갑(李甲) 등과 함께 권업회(勸業會)에 참여하여 활동하였다.

1919년에는 길림(吉林)의 군정사 총재 여준(呂準)과 더불어 연해주에서 군자금 모집활동을 전개하였으며, 1920년에는 대종교 항일단체인 대한군정서(북로군정서)의 위촉으로 체코군으로부터 다수의 무기를 구입하여 총재 백포(白圃) 서일(徐一)에게 전달하기도 하였다. 일제의 문서를 보면 대종교지도자 서일의 친척으로 알려져 있으며, 백야(白冶) 김좌진(金佐鎭)의 통신원으로도 활동하였다.

1922년 12월 말 대종교지도자 정안립(鄭安立)·김규식(金奎

植·김정일(金廷一) 등이 중심이 되어 상해의 중한호조사(中韓互助社)와의 교감 속에서 진행된 동삼성선인자치회(東三省鮮人自治會) 준비 활동에 깊이 관여하였다. 당시 이용화는 김연원(金演源)과 영안현(寧安縣)을 대표하는 인물로 참여하였다. 또한 연길현(延吉縣)은 전풍(田豊)과 왕수련(王秀連), 돈화현(敦化縣)은 허영진(許泳振)과 이군일(李君日), 액목현(掖穆縣)은 공원준(孔元俊)과 마진(馬晋)이 대표자가 되었다. 이중화 역시 조선인들의 자치를 위한 동삼성지방자치간민가입주비회라는 기구에 동참하여 장작림(張作霖)에게 청원을 하는 등, 자치권 확보를 위한 노력에 앞장섰다.

이용화는 1925년 3월경에는 북경을 중심으로 박용만을 비롯한 신헌(申憲) 등과 연계하여 움직인 기록도 있다. 또한 그 시기 박진양(朴震陽)·이종달(李種達)·이인찬(李麟燦)·이명호(李明鎬)·신헌·정윤섭(鄭允燮)·신기풍(申起風)·김의신(金義信)·김원준(金元濬)·김종순(金宗順)·박후삼(朴厚三)·전의창(田義昌)·장대창(張大蒼) 등의 인물들과 북경 북쪽에 있는 국민군제이군학생제일대(國民軍第二軍學生第一隊)에 가담하여 활동하기도 했다.

1922년 10월 무렵, 영안현 대종교 교당에서 매일 회합에 참여했던 인물들의 명단을 기록한 일제의 문서. 李仲實(네모 안)의 이름이 보인다.

또한 1927년에는 산서성(山西省) 태원(太原)에서 대종교 동지인 안창남(安昌男)과 함께 비행학교를 설립할 목적으로 흑룡강성(黑龍江省)에서 토지 수백여 만평을 구입하였다. 한편으로는 군자금을 모집하기 위하여 최양옥(崔養玉)·김정연(金正連)·정동식(鄭東植) 등과 함께 활동하기도 하였다.

이용화의 대종교 관련 교력은 남아있는 것이 없다. 그러나 1922년 10월경, 현천묵(玄天黙)·현갑(玄甲)·김오석(金吾

石)·류정근(柳正根)·이홍래(李鴻來)·정신(鄭信)·이단(李壇) 등과 대종교총본사가 소재한 만주 영안현의 대종교 교당(教堂)에 매일 모여 회합한 기록이 전한다. 이들 모두가 대종교지도자들로 항일투쟁의 거물들이었다. 이중실의 대종교 입교 역시 그 이전에 이루어졌음을 알 수 있다.

당시 이 회합은 청산리독립전쟁 이후 흩어진 각 지역의 동지들과 연락하여 대종교 활동 및 만주에서의 항일투쟁 방향을 모색하기 위한 모임이었다. 또한 대종교 교주(教主)였던 김교헌(金教獻)이 국내와 만주, 연해주의 청년들을 위해 역사교육교과서를 마무리하던 때도 이 무렵이었다. 그 책은 항일사상 고취와 독립의식 고양을 위해 집필한 것이다. 비록 이중실의 영계(靈戒) 사항이나 교질(教秩) 관계는 모두 없어졌으나, 위와 같은 정황으로 보면 그의 대종교에서의 비중이 가볍지 않았음을 가늠케 해 준다.

[참고문헌]
「不逞鮮人 玄天黙을 중심으로 한 會合의 건」(不逞團關係雜件-朝鮮人의 部-在滿洲의 部34, 機密 第247號; 機密受第250號, 한국사DB, 국사편찬위원회), 「在滿鮮人의 自治團體組織 運動에 관한 건」(不逞團關係雜件-朝鮮人의 部-在滿洲의 部35, 機密 第4號; 機密受第14號, 한국사DB, 국사편찬위원회), 「大正十二年 一月中間島地方 治安情況에 관한 건」(不逞團關係雜件-朝鮮人의 部-在滿洲의 部35, 機密 第38號; 機密受第48號, 한국사DB, 국사편찬위원회), 「布哇滯在中의 朴容萬에 관한 건」(不逞團關係雜件-朝鮮人의 部-在歐米8, 高警 제198호, 한국사DB, 국사편찬위원회), 『한국독립사』하(김승학, 독립문화사, 1965)

이우(李宇, 남, 1899-?)

아호(별명) _ 이우(李于), 이우정(李于庭)
입교 시기 _ 1926년 이전 | 교질 _ 미상

함경남도 갑산군(甲山郡) 장평면(長平面) 지경리(地境里) 출신이다. 이우(李宇)라는 이름 역시 대종교 입교와 더불어 개명한 외자이름으로 추정되지만 그 기록도 없다. 다만 대종교 항일단체인 대한군정서(북로군정서)에서는 이우(李于)라는 이름으로 등장한다. 또한 같은 대종교 항일단체 신민부(新民府)에서는 이우정(李于庭)는 이름으로 활동하였다.

이우는 1920년 3월경 대종교 항일단체인 대한군정서(大韓軍政司, 대한군정서) 군무서(軍務署) 소속으로 모연대(募捐隊) 제7대장을 맡아 활동한 인물이다. 당시 이우는 왕청현(汪淸縣) 춘명향(春明鄕) 대감자(大坎子) 학교촌(學校村)에 거점을 두고 그 임무를 수행하였다. 이후 1928년에는 신민부 군정부원(軍政部員)으로 소속되어 중동선(中東線)을 중심으로 군자금 모금을 하던 중, 그 해 5월 2일 길림에서 체포된 기록도 전한다.

이우의 대종교 교력을 보면, 대종교단 내에는 남아있는 기록이 없다. 그의 영계(靈戒) 사항이나 교질(教秩) 관계도 확인이 안 된다. 다만 만주에서 대종교포교금지령이 내려진 이후인 1926년 압수당한 대종교 문건에 보면, 당시 이우가 왕청현 지역의 원일시교당(源一施教堂)과 흥일시교당(興一施教堂)의 전무(典務, 책임자)를 동시에 맡아 활동한 기록이 있다. 그의 대종교 입교가 그 이전에 이루어졌음을 확인시키고 있다. 아마도 대종교 항일집단인 대한군정사 시절이 아닐까 추정해 본다.

원일시교당은 왕청현 춘명향 원계동(源溪洞)에 소재한 시교당으로 백남규(白南奎)와 채정석(蔡貞錫)이 찬무(贊務, 부책임자)를 맡아 이우를 도왔다. 특히 이우가 시교당의 연락거점으로 사용한 곳이, 그가 대한군정사 시절 모연대 활동을 펼친 곳과 동일한 왕청현 춘명향 대감자 공립제7소학교(公立第七小學校)라는 점도 주목할 부분이다. 그가 1920년대 초반부터 중반까지 이곳을 거점으로 활동했음을 알 수 있다. 또한 흥일시교당 역시 왕청현 춘명향 신흥동(新興洞)에 소재한 시교당으로 김창만(金昌萬)·김문언(金汶彦)이 찬무를 맡았으며 130명의 교도가 활동하고 있었다.

[참고문헌]
「大倧敎施敎堂一覽表(1926年)」(延边朝鲜族自治州档案馆 全宗号42 目录号1 案卷号343, 和龙县历史档案 和龙县警察所, 令各区査禁韓人设立大倧教堂由, 民国十五年五月十二日),「間島 不逞鮮人 團體spland 그 動靜에 관한 調査書의 件」(不逞團關係雜件─朝鮮人의 部─在滿洲의 部16, 機密 第14號; 秘受 4059號, 한국사DB, 국사편찬위원회),「國外情報」(不逞團關係雜件 朝鮮人ノ部 在内地 九, 高警第3729號;秘受1903號, 한국사DB, 국사편찬위원회),「동아일보」1928.5.6.

이운찬(李雲燦, 남, 생몰 미상)
입교 시기_ 1922년 | 교질_ 미상

출신지역과 생몰연대를 알 수 없으며, 일제의 기록에서도 찾을 수가 없다. 오직 대종교의 내부 기록에만 등장하는 인물이다. 이운찬은 1922년 5월 21일(음력, 이하 음력) 영계(靈戒)를 받은 기록이 전한다. 주목되는 것은 같은 날 주견룡(朱見龍)·이두석(李斗錫)·강근하(姜根夏)·강훈(姜勳) 등, 대종교 항일단체인 대한군정서(북로군정서)의 항일투사들과 함께 영계를 받았다는 점이다. 이운찬 역시 대한군정서의 구성원이었을 가능성을 짙게 해 준다.

그 다음날 이운찬은 대종교 동일도제이지사(東一道第二司)의 계사감찬(計事監贊)으로 임명되었다. 당시 동일도제이지사는 연길현(延吉縣) 용정촌(龍井村)에 그 근거를 두고 연길과 화룡(和龍) 지역의 교구를 관할한 지사였다. 이곳은 왕청현(汪淸縣)과 더불어 대한군정서의 주요 활동지였던 곳이다. 또한 이운찬이 맡았던 찬사란 대종교 각 지사(支司)에 둔 종사(宗事)·계사(計事)·규사(規事)를 돕는 직책이었다.

한편 여기서도 제이지사에 참여한 인물들이 관심을 끈다. 그 대부분의 인물들이 대종교 대한군정서 계열의 독립군들이었다는 점이다. 청산리독립전쟁 이후 대한군정서 구성원들이 삼삼오오 각 지역으로 흩어질 당시, 대종교의 거점이 곧 그들의 또 다른 거점이었음을 확인시키고 있다. 동일도제이지사의 총책임자였던 주견룡을 비롯하여 이두석·이형섭(李洞燮)·서강준(徐康駿)·강훈 등이 모두 대한군정서의 독립군들이었다. 대종교 동일도본사가 소규모의 대한군정서였음을 시사해 준다. 더불어 이운찬 역시

대종교 항일투쟁의 주요 구성원이었을 듯하나, 그와 관련된 기록은 전하지 않는다.

[참고문헌]
「대종교보」제54호(1922년),「대종교중광육십년사」(대종교총본사, 1971)

이원박(李源博, 남, 1898-?)
입교 시기_ 1922년 이전 | 교질_ 미상

경상북도 안동군(安東郡) 도산면(陶山面) 온혜동(溫惠洞) 출신이다. 일찍이 상경하여 중동학교에서 수학하였으나 어떠한 사유인지 퇴학당했다. 3·1독립만세운동 당시 강경영(姜慶永)·김진호(金進浩)·김규현(金奎鉉)·이교재(李敎載)·유동진(劉東震)·오창주(吳昌周)·임영택(林榮澤)·오세윤(吳世倫)·김태원(金兌源)·전문택(全文澤) 등과 '만세운동'을 도모한 것이 이유일 듯하다.

이원박은 1920년 5월 동아일보 안동지국 영주분국장(榮州分局長)으로 임명되면서 지역의 언론창달과 계몽운동에 적극 나섰다. 그 대표적 사례의 하나가 영주청년회의 결성이다. 영주청년회는 1920년 6월 19일 영주공립보통학교에서 창립총회를 통해 결성된 단체이다. 창립총회 당시 참가자가 수백 명에 이르렀고, 2천여 원의 모금액이 걷히는 등 큰 반향을 일으켰다. 임원으로는 회장에 김보영(金普榮), 부회장에 장두규(張斗奎) 등이 선출되었으며, 이원박도 총무로 당선되어 그 중심부에 섰다. 영주청년회는 덕성함양·학문증진·체육발전·풍속교정에 목적을 두고, 창립 이후 강연회와 토론회를 개최 및 강습회를 열어 야학운동을 펼쳤다. 특히 단주동맹(斷酒同盟)을 조직하고 그 취지서를 인쇄·배포하는 등의 활동을 펼쳤다. 1921년 8월에는 전국학생대회순회강단(전국學生大會巡回講團)에 참여하여 영주는 물론 예안(禮安)·경주(慶州)·영천(永川)·영덕(盈德) 지역 순회강연에 연사로 나서기도 했다.

이후 만주로 넘어가 1924년 1월 남만주 개원현(開源縣)에 있는 상비지청당(上肥地青堂)의 교사로 근무하였다. 1926년 3월 상비지청당 교사를 사직하고 항일단체인 정의부(正義府)에 투신하여 정의부 관할 조선인학교에 교편을 잡았다. 또한 철령부(鐵嶺附)에 속한 북5조통(北五條通)에 거주하면서 1928년 1월 8일 개최된 재만조선인대회(在滿朝鮮人大會)에 철령지방 대표로도 참석하였다.

이원박과 관련된 대종교단 내의 기록은 전하는 것이 없다. 그의 영계(靈戒) 사항이나 교질(敎秩) 관계 역시 알 길이 없다. 다만 1922년 성주(星州) 사람 성세영(成世英)이 기록한 「본사행일기(本司行日記)」에 보면, 이원박이 1922년 당시 경상도 지역의 교인으로 올라 있음이 확인된다. 이 교인명부가 1916년 8월15일(음력) 홍암(弘巖) 나철(羅喆)의 서거 이후부터 1922년 음력 10월 이전에 입교한 인물들을 기록한 것이고 보면, 이원박의 대종교 입교시기 역시 그 사이에 이루어졌음을 알 수 있다.

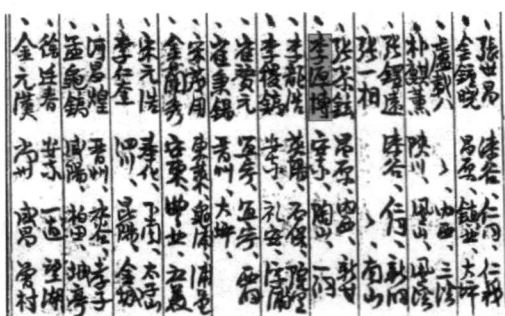

성세영의 『본사행일기』에 적힌 1922년도 경상도 지역 주요 교인 명단의
일부. 安東 陶山 지역의 李源博(네모 안)의 이름이 보인다.

[참고문헌]
『본사행일기』(성세영, 1922), 『동아일보』1920.5.7., 7.3·9., 1921.8.2·5·6·17.,
1928.1.14., 『중외일보』1928.1.16., 『용의조선인명부』(조선총독부경무국, 1934),
『한민족독립운동사자료집』55권(국사편찬위원회, 2003)

이원태(李源台, 남, 1899-1964)

아호(별명) _ 두약(斗若), 원대(圓臺·員坮)
입교 시기 _ 1922년 이전 | 교질 _ 미상

경상북도 안동군(安東郡) 도산면(陶山面) 토계리(土溪里) 출
신이다. 퇴계 이황의 14대손으로 일찍이 향리에서 한학을
익혔다. 집안 어른들 모르게 상경하여 서점을 경영하는가
하면, 중앙학교에 입학하여 신학문도 경험했다. 이 시절
그가 단발한 것에 격분한 문중(門中)에서 사람을 보내 압
송하듯 귀향시켰다.
이후 이원태는 고향에 은둔하듯 지내다가, 17세 되던
1916년 만주로 건너갔다. 당시 그가 무슨 이유로, 어떠한
경로로 넘어갔는지는 확인되지 않는다. 다만 그의 도만
(渡滿)이 안동 유림의 척족관계와 연결된 것으로 보이며,
특히 김동삼(金東三)과 사전 연락이 있었던 것으로 추정하
고 있다. 만주로 건너간 이원태는 김동삼과 밀접하게 왕
래하는가 하면, 1917년 망명한 대종교 2대 교주 무원(茂
園) 김교헌(金敎獻)과도 사제지간처럼 지냈다. 이원태가 대
종교에 깊이 천착한 시기도 이 때였으며, 짧은 시간이나
마 김교헌의 대종교적 역사인식에 큰 감화를 받았다. 당
시 그가 신흥무관학교의 교재편수위원을 맡아 『배달족강
역형세도(倍達族疆域形勢圖)』를 편찬한 것도 김교헌의 영향
과 무관치 않았다.
이후 영안현(寧安縣) 대종교총본사를 중심으로 활동하던
이원태는 쇠약해진 몸을 추스르기 위해, 1922년 음력 12
월 이후 국내로 돌아왔다. 그는 고향에 소재한 한서암(寒
栖庵)에 머물며 정양(靜養)하는 한편, 독서를 통한 학문연
구도 게을리 하지 않았다. 또한 대종교 교주 김교헌에 서
거(逝去)한 1923년 12월 직전까지도 연락을 끊지 않고 교
감했다 한다. 그가 역사지리학적 관점을 통한 민족사의
연구를 심화·완성시켜 나간 시기도 이때였을 듯하다.

해방 이후에는 대종교 활동에 진력하는 한편, 고향에 소
재한 도산서원 내에 도산대학(陶山大學) 설립을 추진하기
도 하였으나, 유림 내부의 반발과 예산 확보 문제로 성공
하지 못하였다. 또한 도산면 신탁통치반대위원회의 부회
장을 맡는 등, 고향을 중심으로 반탁운동에도 앞장선 기
록이 있다.

[주요저술]
이원태의 주요저술로는 『배달족강역형세도(倍達族疆域形勢
圖)』와 『채색강역형세도(彩色疆域形勢圖)』가 대표적이다. 그
리고 「대종교이상(大倧敎理想)」·「대종교구경설(大倧敎究竟
說)」·「자생동설(自生桐說)」·「구극편究極篇」 및 (詩)·서(書)·
부(賦)·발(跋)·명(銘)·사(辭) 등이 『원대유고(圓臺遺稿)』에 실
려 전한다.
이원태의 대표적 저술로 알려진 『배달족강역형세도』는 대
종교의 남북조사관(南北朝史觀)을 44편의 강역도로 나타낸
것이다. 한국사학사에서 보더라도, 우리의 강역 변화를
가장 많은 지도를 통해 드러낸 책이라 할 수 있다.

이원태가 펴낸 『배달족강역형세도』의 표지. 'ㅇ坮作 茂園藏'으로 적혀 있다.

특히 남북조사관이란 족통개념(族統槪念)을 통한 대종교의
대표적 역사인식이 두드러지다. 단군조(檀君朝) 배달민족
의 후예인 북조(北朝)의 부여와 남조(南朝)의 기씨(箕氏) 이
래, 근세의 조선(남조)과 청나라(북조)로 이어지기까지 존
재했던 남북강역의 세력과 집단을 단군 후예들의 역사 활
동으로 간주하는 역사관이다. 이것은 일제식민지주의사
관의 한 줄기인 반도사관의 대항 논리라 할 수 있는 대륙
사관(大陸史觀)과도 흡사하다 할 수 있다. 즉 한국사의 일
부로 취급되는 국가와 한국인의 활동 영역을 한반도뿐만
아니라 만주 또는 발해만 부근과 산동 반도를 비롯한 중
국 본토의 동쪽 해안까지 확장하는 역사관이 대륙사관으
로, 이 역시 대종교의 강역의식과도 그대로 맞물린다.
주목되는 것은 『배달족강역형세도』가 김교헌이 1914년 저
술한 『신단민사(神檀民史)』의 강역인식과 정확히 일치하
고 있다는 점이다. 『배달족강역형세도』를 『신단민사』의 지
리부도집(地理附圖集)으로 이해하는 것도 이러한 이유다.
1921년 12월, 백순(白純)이 이승만(李承晚)에게 보낸 아래의

편지 내용을 보자.

"김교헌씨는 아국(我國) 역사가의 종장(宗匠)이라. 고등교과로 만한통일(滿韓統一)하야 역사(『倍達史』), 지지(『倍達地誌』)가 탈고되얏고 『단조사고(檀祖事攷)』를 완전이 교정되야 차 3종을 계속 인쇄하기로 결정하얏난 듸…"

1921년 12월 당시 이미 김교헌이 『배달지지(倍達地誌)』란 제목의 역사지지(歷史地誌)를 탈고 하였음을 밝히고 있다. 또한 1934년 호산생(湖山生)이란 인물의 기록에 보면, 김교헌의 저술 중 『배달족강역형세도비고(倍達族彊域形勢圖備考)』라는 책이 있음을 아래와 같이 적고 있다.

"단(檀)은 '붉돌'의 훈(訓)으로 '비돌'의 한자의(漢子義)니 무원(茂園, 김교헌의 號-인용자 주) 저(著) 『배달족강역형세도비고』에서 일으대 방언(方言)에 단(檀)을 일커러 '비돌'(倍達)이라 하였고 계림유사(鷄林類事)에도 단을 일커러 배달이라 하였다 이른다."

즉 김교헌이 『배달족강역형세도비고』라는 서책을 통해서, 배달의 의미 규정을 『계림유사』를 인용하여 언급했음을 적고 있다. 정황으로 보면 『배달족강역형세도비고』가 백순이 언급한 『배달지지』와 같은 책으로 추찰된다. 안타깝게도 『배달족강역형세도비고』(혹은 『배달지지』)는 현재 전하지 않는다. 또한 필사본이지 인쇄본인지도 알 수가 없다. 그러나 이 서책이 1921년에도 등장하고 1934년에도 인용된 사례를 보면, 그 당시까지도 전해졌음이 확인된다. 이원태의 『배달족강역형세도』의 모본이 바로 『배달족강역형세도비고』였음을 확인시키고 있다. 이원태 자신도 『배달족강역형세도』의 표지에서 '원대작 무원장(○怡作 茂園藏)'으로 적고 있다. 아마도 '김교헌이 소장한 것으로 이원태가 엮었다'는 의미일 듯하다. 대종교단 내의 아래 기록을 보더라도, 『배달족강역형세도』가 김교헌의 노고에 의해 이원태가 정리한 것임을 아래와 같이 적고 있다.

"형세도는 민족의 강역판도의 변천을 44도의 강역도를 통해 밝히고, 그를 뒷받침하는 국내외의 사서고증을 비고(備考)한 것이다. 이 책은 470여종의 역사서적을 조사·고증하여 무원종사(茂園宗師, 김교헌을 말함-인용자 주)의 감수를 받아 저작하였고 또 만난(萬難)을 배제(排除)하고 주옥같은 자구(字句)와 실형(實形)같은 도면으로 손수 등사하여 신단민사와 같이 당시 사관학도들의 역사교재로 사용하였다. 물론 무원종사의 도력도 다대하였으려니와 대교(大敎, 대종교-인용자 주)와 또 국가민족을 위한 원대도형(圓臺道兄, 이원태-인용자 주)의 일편단성은 실로 감탄하지 않을 수 없다."

참고로 『배달족강역형세도』44도의 각도명(各圖名)을 적어 보면 다음과 같다.

圖番	形勢圖名	圖番	形勢圖名
1圖	동이구종분구도 (東夷九種分區圖)	23圖	졸본고구려판도 (卒本高句麗版圖)
2圖	배달조선통치도 (倍達朝鮮統治圖)	24圖	백제남부여판도 (百濟南扶餘版圖)
3圖	배달부여통치도 (倍達扶餘統治圖)	25圖	가락가야강역도 (駕洛伽倻彊域圖)
4圖	서예외지척식도 (徐濊外地拓殖圖)	26圖	북부여분계지도 (北扶餘分界地圖)
5圖	북예한예지계도 (北濊寒濊地界圖)	27圖	선비강토대척도 (鮮卑疆土大拓圖)
6圖	동예불내국읍도 (東濊不耐國邑圖)	28圖	신라척경정계도 (新羅拓境定界圖)
7圖	북맥호맥이구도 (北貊胡貊異區圖)	29圖	물길칠부분계도 (勿吉七部分界圖)
8圖	옥저군국구역도 (沃沮郡國區域圖)	30圖	고구려전성지도 (高句麗全盛地圖)
9圖	숙신군국구역도 (肅愼郡國區域圖)	31圖	말갈부락분치도 (靺鞨部落分治圖)
10圖	한사군국구역도 (漢四郡國區域圖)	32圖	신라통일남강도 (新羅統一南疆圖)
11圖	부여읍락사지도 (扶餘邑落四至圖)	33圖	거란팔부연방도 (契丹八部聯邦圖)
12圖	기씨조선전성도 (箕氏朝鮮全盛圖)	34圖	발해전성강역도 (渤海全盛疆域圖)
13圖	위씨조선전성도 (衛氏朝鮮全盛圖)	35圖	태봉강역신척도 (泰封疆域新拓圖)
14圖	삼한정립잡거도 (三韓鼎立雜居圖)	36圖	후백제할거지도 (後百濟割據地圖)
15圖	선비부락별립도 (鮮卑部落別立圖)	37圖	요대강역사지도 (遼代彊域四至圖)
16圖	사군이부분합도 (四郡二府分合圖)	38圖	생숙여진분계도 (生熟女眞分界圖)
17圖	맥종사부동도도 (貊種四部東徒圖)	39圖	고려강역사지도 (高麗彊域四至圖)
18圖	동맥우수건국도 (東貊牛首建國圖)	40圖	금대강역사지도 (金代彊域四至圖)
19圖	읍루국읍이설도 (挹婁國邑移設圖)	41圖	서요강역신척도 (西遼彊域新拓圖)
20圖	동북옥저분계도 (東北沃沮分界圖)	42圖	조선강역사지도 (朝鮮疆域四至圖)
21圖	동부여분계지도 (東扶餘分界地圖)	43圖	만주사국분역도 (滿洲四國分域圖)
22圖	서원계림국읍도 (徐苑鷄林國邑圖)	44圖	청대강역사지도 (淸代彊域四至圖)

한편 『채색강역형세도』는 『배달족강역형세도』에 나오는 44도를, 구이민족거주지, 단군조선시, 기자조선시, 위만조선시, 사군시대, 열국시대(제일), 열국시대(제이), 남북조시대, 여요시대, 여금시대, 명시조만강역도(明時朝滿疆域圖) 등 시대별 11도로 간략하여 채색한 것이다.

[교력]
이원태의 대종교 입교 시기나 영계(靈戒) 사항을 알 수 있는 기록은 전하지 않는다. 다만 그가 국내로 들어오기 전인 1922년 11월 6일(음력, 이하 음력) 대종교 동이도본사(東二道本司) 소속 탑일시교당(塔一施教堂)의 찬무(贊務, 부책임자)를 맡은 기록이 있다. 그의 대종교 입교가 그 이전에 이루어졌음이 확인된다. 탑일시교당은 영안현(寧安縣) 남관(南

闕)에 소재한 시교당으로, 당시 남관은 대종교의 중심지이면서 항일운동의 본거지이기도 했다. 탑일시교당은 남관 대종교총본사에 임시사무소를 두고 1926년 대종교만주포교금지령이 내려지기까지 그 지역 대종교 항일투쟁의 주요 거점 역할을 담당하였다.

한편 이원태가 탑일시교당의 찬무를 맡았을 당시 전무(典務, 책임자)는 민윤식(閔胤植)이었다. 그 시기 민윤식은 동이도본사 제일지사의 계리감정(計理監正)도 맡아 지사의 회계 사항을 관할하였다. 민윤식과 함께 제일지사를 이끈 인물들이 현천극(玄天極)·이종수(李鍾琇)·권상익(權相翊) 등과 같은 항일투쟁의 거물들이었음도 주목된다.

이원태는 그 해 12월 18일, 동이도본사의 특별 추천에 의해 참교(參敎)의 교질(敎秩)도 수여받았다. 당시 함께 참교를 받은 인물들 역시 김간(金侃)·나병수(羅秉洙)·이근(李根) 등, 대종교 항일투쟁의 주요 인물이었다. 만주 시절 이원태의 대종교 활동이 항일투쟁과 직결되었음을 다시금 확인시키고 있다. 이후 국내로 들어온 이원태는 향리에서 은거하듯 생활하며 역사지리 연구에 몰두하였다.

대종교에서는 이원태의 이러한 경험을 존중하여 1946년 2월 23일 남도본사의 특별 추천으로 지교(知敎)의 교질을 수여하였다. 또한 5일 후인 28일에는 대종교 총전교(總典敎, 교주)의 비서(祕書)인 경각봉선(經閣奉宣)으로도 임명되었다. 이어 그 해 4월 24일에는 교질이 상교(尙敎)로 올랐으며, 총본사 찬강(贊講), 남사도구(南四道區, 영남 지역 관할) 순교원(巡敎員)으로 임명되어 활동하였다.

이어 이원태는 1949년 1월 5일에 열린 대종교중흥회(大倧敎重興會) 제1차 회의에서 중앙집행위원으로 선임되었고, 2월 9일에는 남사도본사 선강(宣講)으로도 임명되었다. 그 해 1949년 9월 19일에는 조완구(趙琬九)·정인보(鄭寅普)·정열모(鄭烈模)·안재홍(安在鴻)·안호상(安浩相)·이시열(李時說) 등의 석학들과 종리연구실(倧理硏究室) 찬수(贊修)로 뽑혀, 해방 이후 대종교 교리·교사의 연구와 정착에 많은 기여를 하였다. 또한 1950년 1월 4일에는 대종교총본사의 전강(典講)으로 임명되어 대종교의 연구활동과 교적편찬을 주도하였으며, 같은 해 1월 17일 열린 대종교중흥회 제2차 회의에서도 집행위원 및 참여(參與, 자문역할)로 선임되어 활동하였다. 그리고 그 해 5월 5일에는 대일각원(大一閣員)으로도 선임되어 대종교 최고의사결정기구에 동참하게 된다.

이후 이원태는 1957년 6월 20일 대종교 종사편집부(倧史編輯部)의 주간(主幹)으로 임명되었다. 이 종사편집부는 교주 윤세복(尹世復)이 직접 주관한 기관으로, 이원태를 비롯한 장도빈(張道斌)·이시열·이용태(李容兌)·신태윤(申泰允)·류일우(柳一佑)·권중석(權重錫)·이학수(李學洙) 등의 협찬 속에서 후일 『종사취재고(倧史取材稿)』 50여만 자를 찬술(纂述)하였다. 대종교에서는 이원태의 이러한 노고를 기려, 1960년 2월 29일 정교(正敎)의 교질과 더불어 대형(大兄)의 교호(敎號)를 수여하였다.

그가 몸져 누워있던 1963년 여름에 읊은 「문단천환갑제천참성단(閩檀泉還甲祭天壔星壇)」이란 칠언율시가 그의 마지막 글도 눈에 띈다. 이 글은 대종교의 동지로 대종교 전남 광

주 지역을 이끌던 단천(檀泉) 김정후(金正珝)의 부탁으로 지은 글이다. 김정후가 자신의 환갑을 맞아 마리산제천단을 찾아 제를 올린 감회를 말하며, 종문 선배인 이원태에게 시 한 수를 부탁한 것에 감격하며 써준 시로 아래와 같다.

人間甲子盡經來(인간갑자진경래)
返妄歸眞意思開(반망귀진의사개)
頭岳塹星承古蹟(두악참성승고적)
心香天水奠神盃(심향천수전신배)
猶存一理途誠懿(유존일리수성의)
不有群魔作障哀(불유군마작장애)
千里送傳消息好(천리송전소식호)
病吾欣似上春臺(병오흔사상춘대)

더욱이 이원태의 축하 한시를 받은 김정후는, 그 고마움의 뜻을 감추지 못하고 남도사투리를 섞어 아래와 같은 2수의 연시조로 번역하였다.

육십을 산다거나 '참'으로 돌아간 이 많당게요
마리산 오천년 얼 님 자옥 서린 참성단
천수에 마음향불이 '한빛'을 점쳔 심진가뵈

한오리 남은 정성이 이 땅의 새론 평화로고
머언 천리길 찾은 기쁜 소식은
아픈 나 슬몃 일으켜 봄정자 오른 것 같애

[참고문헌]
『대종교보』제56호(1922년)·환국기념호(1946년)·제150호(1946년)·제151호(1946년)·제161호(1949년)·제163호(1949년)·제165호(1950년)·제166호(1950년)·제205호(1960년)·제211호(1963년), 『대종교중광육십년사』(대종교총본사, 1971), 『본사행일기』(성세영, 1922), 『동아일보』1920.5.7.·7.3·9.·1921.8.2·5·6·17., 1928.1.14., 『중외일보』1928.1.16., 『檀考』(湖山生, 『개벽』신간 제2호, 개벽사, 1934), 『용의조선인명부』(조선총독부경무국, 1934), 『한민족독립운동사자료집』55권(국사편찬위원회, 2003), 『圓壔遺稿』(송암미술관 所藏), 『배달족강역형세도』(이원태, 서울대학교출판부, 1972), 「이원태의 생애와 역사인식」(박걸순, 『한국근현대사연구』26, 한국근현대사학회, 2003), 「白純이 李承晚에게 보낸 서한(1921년 12월 29일)」(대한민국임시정부자료집편찬위원회편, 『서한집』 I, 『대한민국임시정부자료집』42, 2011)

이윤(李潤, 남, 1891-?)
아호(별명) _ 이윤(李崙)
입교 시기 _ 1922년 | 교질 _ 미상

출신지역과 생몰연대가 불분명하다. 또한 대한협회 회원으로 경상북도 성주군(星州郡)에 거주하면서, 1908년 내각대신에게 정미7조약(丁未七條約) 반대 글을 보냈던 이윤(李潤)과의 동인인 여부도 확인되지 않는다.

이윤에 대한 행적은 1917년 연해주에서 찾을 수 있다. 그 해 개천절(음력 10월 3일)을 맞아 블라디보스토크 신한촌(新韓村)에서 단군대조탄강기념회 발기회가 개최될 당시, 이윤은 김치보(金致寶)·김하구(金河球)·김진(金震)·김병권(金

秉權·김항복(金恒福)·남공선(南公先) 등과 주동이 되어 발기회 취지서를 배포하는가 하면 기부금을 모으는데도 앞장섰다. 그리고 신한촌 한민학교(韓民學校) 강당에서는 정면에 단군화상(檀君畵像)을 걸고 300여명이 모여 '오늘 단군대황조께서 탄강하신 4250년 정사 10월 초 3일을 맞아, 연해주에 거주하는 모든 자손들이 삼가 고합니다(維降生四千二百五十歲次丁巳十月初三日俄領寅居諸子孫敢昭告于)'의 축문을 시작으로 시작하는 기념회도 거행되었다. 당시 축문은 최병숙(崔秉淑)이 쓰고 김하구(金河球)가 낭독하였으며, 이윤 역시 김항복과 함께 기념사를 하였다.

이윤은 1921년 연해주 수청(水淸) 지역에 거점을 두고 동맹포수대(同盟砲手隊)의 암살단원(暗殺團員)으로 활동하면서, 그 해 5월 16일 김관택(金寬澤)·이기동(李基東)·김순서(金順瑞)·류원삼(柳元三) 등과 일본군 통역인 문교언(文校彦) 등을 암살하기도 했다.

이윤의 대종교 교력을 보면 1922년 5월 22일(음력, 이하 음력) 대종교 동일도본사 제2지사의 찬사(贊事)로 임명된 기록이 있다. 당시 이윤의 봉계인(奉戒人)의 위치였다. 봉계인이란 대종교에서 입교(入敎)를 하여 영계(靈戒)를 받은 후 참교(參敎)의 교질(敎秩)를 받기 이전의 단계였다. 그 이전에 입교한 것이 확인된다. 또한 찬사란 대종교 각 지사(支司)에 교무(敎務)를 수행하기 위해 둔 종사(宗事)·계사(計事)·규사(規事)를 돕는 직책이었다.

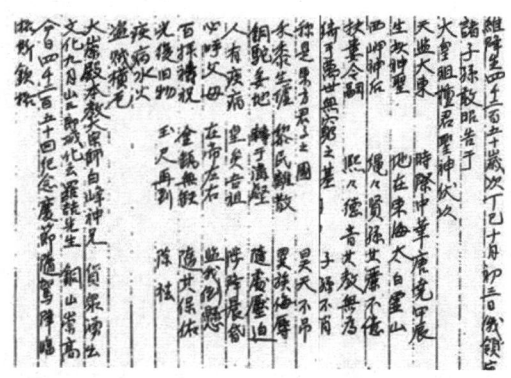
1917년 개천절에 연해주 신한촌에서 열린 단군대조탄강기념회 때 올린 축문 내용

주목되는 것은 이윤이 찬사로 참여할 당시, 그 제2지사에 함께 참여한 대부분의 인물들이 대종교 대한군정서 계열의 독립군들이었다는 점이다. 총책임자였던 주견룡(朱見龍, 동일도본사 典事代辦)을 비롯하여 이두석(李斗錫, 計事監正)·이형섭(李泂燮, 規事監正)·박순(朴純, 贊事)·강훈(姜勳, 規事監贊) 등등이 모두 대한군정서의 독립군들이었다. 이것은 청산리독립전쟁 이후 대종교의 거점이 곧 흩어진 대한군정서 독립군들의 또 다른 거점이었음을 확인시키는 것으로, 이윤 역시 대한군정서의 구성원이었을 가능성을 높게 해 준다.

[참고문헌]
『대종교보』제54호(1922년), 『대종교중광육십년사』(대종교총본사, 1971), 「檀君降誕紀念會에 관한 건」(不逞團關係雜件-朝鮮人의 部-在西比利亞6, 機密 제78호, 한국사DB, 국사편찬위원회), 「선인의 행동에 관한 건」(不逞團關係雜件-朝鮮人의 部-在西比利亞12, 機密 제43호, 한국사DB, 국사편찬위원회)

이윤재(李允宰, 남, 1888-1942)
아호(별명) _ 환산(桓山), 한메, 한뫼, 한산, 이호(李灝)
입교 시기 _ 일제강점기 | 교질 _ 미상 | 서훈 _ 독립장(1962)

이윤재

경상남도 김해부(金海府) 우부면(右部面) 답곡리(畓谷里) 출신으로, 대종교명은 이호(李灝)다. 일찍이 한학을 수학하고 늦은 나이인 20살에 김해 공립 보통학교를 졸업하였다. 김해 합성학교(合成學校)에서 교편을 잡았고, 국권 회복을 달성하기 위하여 교육계몽 운동에 동참하였다. 대구에 있는 계성학교(啓聖學校) 고등과에서 공부를 하였다. 이 시기 이윤재는 후일 조선어학회 동지가 되는 김윤경(金允經) 등에게 국어문법에 대해 사숙을 받으며 한글연구에 뛰어들었다.

이윤재는 1913년 마산 창신학교(昌信學校) 교사로 재직하였다. 창신학교는 의열단 단장으로 명성을 날린 김원봉(金元鳳)의 고모부인 황상규(黃尙奎)가 1908년 민족교육을 위해 설립한 사립학교였다. 특히 황상규는 후일 만주 대종교의 핵심인물로 활동하면서 대종교의 항일선언인 「대한독립선언서(무오독립선언서)」에 서명한 인물이다. 이후 이윤재는 1917년 마산 의신여학교(義信女學校)의 교사로도 근무하였다. 평안북도 영변의 숭덕학교(崇德學校) 숭덕학교 재직 중이던 1919년 3·1운동이 일어나자 영변 지방의 만세 운동을 주도하였다. 이 사건으로 일제에 검거되어 징역 1년 6월을 선고받고 평양감옥에서 옥고를 치렀다.

출옥 후 중국 북경으로 망명한 이윤재는, 1921년부터 1924년 3월까지 중국 북경대학 사학과(史學科)에서 수학하였다. 이 시기 대종교 동지이자 역사가인 신채호(申采浩) 등과 교류하면서, 민족주의적 시각을 통한 역사학에 보다 관심을 갖게 되는가 하면, 대중투쟁적인 적극적 행동주의도 공감하게 된다. 한편 이윤재는 북경대학 재학 중에도 국내 최남선이 발행하는 『동명』에 「중국의 새 문자」 등을 비롯하여 중국현대사와 민중운동에 관한 여러 편의 글을 발표하였다.

귀국 후인 1924년 9월에는 정주 오산학교(五山學校)에서 근무하면서 수양동우회에도 가입하여 활동하였다. 이 밖에도 협성학교, 배재학교, 동덕학교(同德學校), 중앙학교 등에서 교편을 잡았고, 수양동우회에도 참여하여 활동하였다. 1928년에는 대종교 남도본사(南道本司)의 기관지인 『한빛』을 창간하여 편집 겸 발행인을 맡았다. 이 잡지는 대종교 정신을 토대로 한 국학 전문 잡지로, '조선 얼굴의 거울, 조선 마음의 거름'이라는 민족사의 자각 위에서 역사, 사회, 전기, 한글 연구논문과 기행문, 수필문 등을 수록하여 민족문화 보급을 통한 독립사상을 고취하였다.

1929년 10월 31일에는 조선어사전편찬회(朝鮮語辭典編纂會)의 조직에도 참여하였다. 한글 기념식을 거행하게 되는 날을 택하여 조직된 조선어사전편찬회는, 조선교육협회 간에 모인 각계 유지 108인의 발기로 결성된 것이다. 이윤재는 국어사전 편찬을 위한 편찬위원회 집행위원의 실무를 담당하였다. 1930년에는 혼란에 빠진 국문법의 확립과 맞춤법의 통일을 위해 대종교 동지인 권덕규(權悳奎)·최현배(崔鉉培) 등과 함께 한글맞춤법 통일안 작성위원으로 선임되었다. 1931년 1월 전래의 조선어연구회가 확대 개편된 조선어학회에서 상임감사로 선출되는가 하면, 정인승(鄭寅承)·이중화(李重華)·한징(韓澄) 등과 사전편찬 전임위원으로 선임되어 사전편찬 사업을 이어갔다. 한편 이윤재가 사전편찬의 일로 중국 상해에 망명 중인 대종교 선배 김두봉(金枓奉)을 만나기 위해 다녀온 것도 이 때였다.

이후 4년간 조선어학회가 주최하는 하기한글강습회에 강사로 참여하여 전국 순회강연을 했다. 또한 1932년 1월 조선어학회의 기관지로 복간된 『한글』의 편집 겸 발행 책임자로 활동하고, 1933년 10월에 완성 발표된 '한글 맞춤법 통일안'의 보급운동에도 노력하였다. 1934년에는 진단학회(震檀學會)를 창립에 이름을 얹었고, 그 기관지 『진단학보(震檀學報)』를 발간하는 일에도 동참하였다. 1935년 1월에는 조선어표준어사정위원회(朝鮮語標準語査定委員會)의 책임자로 활동했으며, 1936년에는 조선어학회 전담으로 사전편찬 신규사업이 시작되자 상임편찬위원으로 선출되었다.

이윤재는 1937년 6월 수양동우회사건으로 일제에 붙잡혀 고초를 겪었으나, 1941년 11월 17일 상고(上告) 끝에 고등법원에서 무죄 방면되었다. 그러나 그것도 잠시, 일제의 민족말살정책에 의해 자행된 조선어학회사건으로 인해, 1942년 10월 1일 이극로·최현배·김윤경 등 동지들과 함께 다시 일제에 치안유지법 위반으로 체포되어 함경남도 홍원경찰서에 수감되었다. 그곳에서 일제의 잔혹한 고문과 악형을 견디다가, 1943년 12월 8일 그 후유증으로 감옥에서 순국하였다.

[주요저술과 사상]

이윤재는 북경 유학 시절, 국내 『동명(東明)』 잡지에 「중국의 새 문자」, 「몽고 민족의 독립운동」, 「중화민국 의회 소사」, 「북경 대학을 중심으로 한 학계와 정계와의 충돌」, 「경한철(京漢鐵) 종업원 총동맹 파공(罷工)의 전말」, 「호적(胡適) 씨의 건설적 문학 혁명론」, 「민중 혁명화하는 중국의 학생 운동」 등, 주로 중국현대사와 민중운동에 관한 글을 발표하였다.

귀국 이후 그의 대표적 저술로는 『성웅이순신(聖雄李舜臣)』(1931), 『문예독본(文芸讀本)』(1931·1932), 『표준한글사전』

(1947, 유고) 등을 꼽을 수 있다. 또한 번역서로는 『도강록(渡江錄)』(1940)이 있다. 이 『도강록』은 연암(燕巖) 박지원(朴趾源)의 저서 『열하일기(熱河日記)』의 첫 부분에 나오는 기행문(紀行文)을 초역(抄譯)한 것이다. 모두 우리의 국학적 범주에 속하는 것들이다.

이윤재는 '조선 사람으로는 언제든지 우리의 조선임을 표할 것'이라는 가치를 소중히 하였다. 특히 언어와 역사민족주의적 삶을 누구보다 솔선수범한 인물이다. 이러한 인식은 일제강점기 대종교지식인들의 공통된 모습이기도 했다. 그의 조선어사전편찬위원회 참여를 통한 한글투쟁은 언어민족주의 실현을 위한 본격적인 움직임이었다. 우리말과 글의 정리와 통일이 단순한 어문의 통일만이 아니라 장래 민족의 독립을 기약하는 일이라는 인식 때문이었다. 1927년 10월 3회에 걸쳐 『동아일보』에 연재한 「세종과 훈민정음」이나 1928년 5월 『별건곤』에 발표한 「세종성대(世宗聖代)의 문화」 등은 그러한 분위기 조성을 위한 노력이었다. 1928년 『한빛』을 주관하며 보여준 한글문화의 정신적 고양 역시 이와 무관치 않았다. 후일 조선어학회를 중심으로 한 교육과 강연, 연구와 사전편찬 작업들도 이러한 가치실현의 연장이었으며, 『한글』 잡지를 통한 언어민족주의 고취 또한 다를 바 아니었다.

북경대 사학과에서 근대역사학을 공부한 이윤재는 역사가 집단의 정체성과 불가분의 관계임을 누구보다도 자각한 인물이었다. 특히 유학 시절 신채호와 교유하며 체득한 민족주의적 역사인식은 대종교역사관과 많은 부분 겹치고 있다. 그의 역사관을 살필 수 있는 대표적 글들이 「조선역사개설」(1929), 「역사상으로 본 평양」(1933), 「문답조선역사」(1934), 「백두산사화」(1934) 등이다. 그는 「조선역사개설」의 맨 앞에 실린 아래의 글을 보자.

> "백두산을 중심으로 하여 남으로 발해까지의 반도와 흑수(黑水)까지의 대륙을 가론 진(震)이라 하여, 오천 년 전부터 여러 족속(族屬)이 이 진 땅의 여러 끝에 흩어지어 있어 각기 그 군취(群聚)한 형편을 따라 부족(部族)이 형성되고 뒤에 나라란 것이 생기게 되었다."

시간적으로는 오천 년 전으로 거스르고 공간적으로는 백두산을 중심으로 한 대륙적 역사인식으로 시작하고 있다. 그가 「백두산사화」에서 백두산이 단군, 부여국, 고구려국, 발해국뿐만 아니라 우리 겨레의 지파인 금·청의 왕조도 발상지라고 강조한 것도 같은 맥락의 이해다. 대종교의 역사인식의 중요한 골격인 단군정통론(부여정통론)이나 남북조사관(南北朝史觀)에 어긋남이 없다. 또한 강역인식에서도 북으로 흑수(흑룡강)까지 미쳤다는 주장은, 그의 또 다른 글인 「문답조선역사」에서도 강조되는 부분이다. 즉 단군의 강역이 북으로는 흑룡강, 서로는 요하까지 미쳤다고 한 것과 동일하다.

특히 『한빛』 창간호에 실은 「한배의 옛터—무진년을 맞는 한 느낌」라는 사론(史論)은 대종교의 역사관과 동일한 이윤재의 시각을 그대로 보여주고 있다. 이 글은 일제의 사전 검열에 의해 3군데나 삭제될 정도로 일제가 예민하게 주목한 사론이다. 앞부분은 단군의 이신화인(以神化人)에 의한 삼선사령(三仙四靈)의 정치 질서와 백두산을 중심으로 한 구이(九夷)의 교화에 대한 설명으로 시작하고 있다. 또한 우리의 문명질서가 중국과 동일하게 출발한다는 자부심을 빼놓지 않았다.

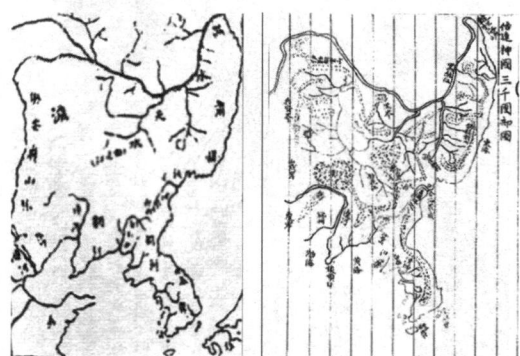

대종교의 전래문적인 『檀君敎五大宗旨書』의 앞에 실린 「倍達神國三千團部圖」(오른쪽)와 이윤재가 「한배의 옛터」에서 그린 「古朝鮮疆域圖」(왼쪽). 확장된 요서지방만 제외하고는 그 강역이 정확히 일치하고 있다.

주목되는 것은 우리가 역사를 몰랐고, 나라의 경계도 몰랐을 뿐만 아니라, 우리의 역사조차 망각했다고까지 극언하고 있는 이윤재의 인식이다. 이 역시 김교헌(金敎獻)·신채호·박은식 등의 대종교 역사학자들이 언급한 '천년 노예의 역사'라는 인식과 다르지 않음을 보여준다. 그만큼 우리의 고대사가 뒤틀려 있음을 한탄했다.

이윤재는 이 글에서도 우리의 고대 강역이 동으로는 창해(滄海), 서로는 흥안령, 남으로는 영해(瀛海), 북으로는 흑룡강을 거쳐 호해(小海)에 이르는 만여 리의 강역이라는 인식을 보여 준다. 더욱이 우리 고대사의 주요 쟁점인 '평양과 패수(浿水)가 정해진 뒤에야 우리의 강역이 판명될 것'이라는 화두를 던졌다. 나아가 평양과 패수의 비정이 우리 고대사 해석에 중요한 관건임을 상기시키며, 평양과 패수를 압록강 등으로 가둬 놓은 김부식(金富軾) 등에서 나타나는 사대주의 역사관을 비판하였다. 이윤재는 우리 역사에서의 평양은 3곳이 있는데 광녕(廣寧)과 요양(遼陽) 그리고 국내 평안도의 평양이 그것이라는 인식이다. 그리고 고대의 평양이나 패수가 당연히 요서(遼西) 지역에 존재했음을 강조하는 동시에, 한사군(漢四郡) 위치 역시 반도가 아닌 그 지역에 있었음을 상기시키고 있다. 이 역시 대종교의 역사관(특히 김교헌의 역사관)과 거의 일치하는 부분이다.

당시 일각에서는 이윤재가 단군(조선)에 대해 너무 강조한다 하여 국수주의자로 비아냥하는 사람도 있었다. 그러나 이윤재는 아래와 같이 타이르듯 반론을 하였다.

"조선을 알려면 반드시 밑뿌리 역사의 주인인 단군으로부터 들추어 가야 가지와 잎이 드러날 때가 있을 것이며, 내 것부터 뚜렷이 알고 남의 것을 알라는 것이니, 국수주의가 아니다."

이윤재는 단군이 우리 가치의 출발점임을 밝히고 원심적 사고를 위한 구심적 가치라는 점도 일깨우고 있다. 또한 다른 글에서는 우리 민족이 문명국가를 이루게 된 데는 선조, 특히 단군의 노력 때문임을 강조하고, 오히려 단군의 정신을 자손들이 이어받지 못하는 것을 반성해야 한다고 훈계하였다. 나아가 그의 「대종교와 조선인」이라는 아랫글에서는 단군이 신앙의 의미로까지 자리잡고 있음이 확인된다.

"그(대종교-인용자 주) 본원으로 말하면, 남에게서와 같이 자연물 숭배의 그것도 아니요 추상적의 신을 숭앙하는 그것도 아니니, 과연 대존재요 대실상이며 또 남의 것 아니요 내 것인 것입니다. 태초 홍몽의 세에 단군왕검께서 인간을 홍익하시려고 태백산 영장에 나리사, 나라를 세우고 도를 베풀으시(建邦設道)고 신교를 베풀어 만물을 이화하셨으니, 이 곧 천지의 대주재시오, 국가의 건조자시며 일제 생명의 원천이요, 모든 문화의 출발입니다. 전 인류적 전 세계적으로 반드시 이를 추구하여 향모하여야 할 이어든, 그의 직손이요 적파인 조선이로서야 이에 귀의하여 귀성함이 더욱 당연하지 아니하리까. 이는 결코 국수적 정치적 어떤 의미에서 말하는 것이 아니라 이론상으로는 사람치고 반듯이 없지 못할 조선을 봉사하는 보본의 성이 있어야 할 것임과 역사상으로는 진작부터 근저가 깊이 박힌 국민제천회가 흘러온 실재 사실임에야 어찌하겠습니까"

한편 이윤재는 역사적 인물들을 통한 민족의식 고취에도 노력을 아끼지 않았다. 이 역시 박은식이나 신채호 등, 대종교 학자들이 보여준 의식 고양 방법과 일치한다. 박은식은 동명성왕·명림답부·천개소문·발해태조·금태조(金太祖)·안중근 등에 관한 글을 남겼고, 신채호 역시 을지문덕·최영·이순신과 같은 민족영웅들에 대한 역사담을 기록하였다. 이윤재가 1930년 3월부터 9월까지 『동아일보』에 28회에 걸쳐 연재한 「대성인 세종대왕」, 1930년 10월부터 11월까지는 25회에 걸쳐 선보인 「성웅이순신」, 1931년 2월에 『신생』에 발표한 「동방의 위인 이이 소전」, 1931년 11월 『신동아』에 실은 「충의의 인 민충정공」과 「강감찬의 귀주대첩과 권율의 행주대첩」 등도 그러한 인식의 연장이었다. 학회의 성격 문제에 대해 왈가왈부는 있지만, 이윤재가 1934년 7월 『진단학회(震檀學會)』 창립에도 참여한 것 역시 이러한 정신 구현의 방편이었을 듯하다.

[교력]

이윤재의 대종교 참여는 1927년 『한빛』 창간 이전으로 올라간다고 하나, 그의 입교 시기나 영계 사항에 대한 기록은 모두 전하지 않는다. 그의 교질(敎秩) 관계 역시 남아있는 것이 없다. 당시 『대종교보』를 비롯한 대종교의 1차 기록물들이 모두 사라진 것이 그 이유다. 1920년대 후반의 대종교 상황은 일제의 탄압에 의해 교문 폐쇄 직전까지 몰려있었다. 그 무렵 대종교의 상황을 기록한 아래의 글을 보자.

"때는 마침 무단통치시대인지라, 언론집회는 물론 절대적으로 금했거니와, 더구나 이 민족적 색채를 가진 대종교에 대한 감시야말로 실로 끔직했지요! 빈궁한 살림살이에 정해진 모임 장소조차 없이 이 집 저 집으로 돌아다니는 곤경에다가, 설상가상으로 그들의 핍박이 갈수록 심하여져서, 심지어 교사(敎史) 원고까지 빼앗기는 등, 실로 피가 뛰고 이가 갈리는 비분한 경우도 많이 당하였습니다."

당연히 당시 국내의 대종교 관련 모든 기록이 없어진 배경이 된다. 그러나 그 시기 이윤재를 지켜본 일석(一石) 이희승(李熙昇)은 그가 각성하고 있었던 가장 중요한 요소가 정체성임을 다음과 같이 회고하였다.

"환산(桓山, 이윤재의 호-인용자 주)은 자아를 잘 알고 있었다. 즉 자기가 한족(韓族)으로 태어났다는 것을 가장 철저히 인식하고 있었다. 호를 환산이라고 하여 환인·환웅의 후예라는 것을 골수에 새겨 넣었고, 단군이 마련한 강산에서 살다가 그 산천의 흙보탬이 되겠다는 것을 가장 힘있게 인식하고 맹세한 것이 그 호의 유래가 아닌가 한다."

여기서 환산의 환(桓)은 환웅·환검에서 온 것으로 백두산, 큰 산, 밝은 산을 뜻한다. 모두 대종교와 연결된 가치다. 이윤재의 단군(대종교)에 대한 애정을 살필 수 있는 부분이다. 그러므로 해방 이후 대종교 내부에서는 일제강점기 그의 행적 자체가 대종교적 삶과 직결된다고 이야기하는 사람도 있다.

이윤재가 주간(主幹)을 맡은 『한빛』도 1928년 대종교남도본사의 호석(湖石) 강우(姜虞)가 주도하여 발간한 잡지로, 사실상 대종교 남도본사의 기관지 역할을 담당하였다. 1927년 대종교의 국내 책임을 맡고 있던 강우는 쓰러져가는 국내 대종교의 도약을 위해 마지막 노력을 기울인다. 『한빛』은 그 끝자락에 있던 국내 대종교의 문화적 몸부림이었다. 1927년 중광절(重光節, 음력 1월 15일)을 기해 창간하려 했으나 일제에 의해 원고가 압수되어 발행하지 못했다. 이 아픔을 딛고 1928년 중광절에 창간하였지만, 일제의 검열과 압박에 의해 1928년 8월 통권 6호로 폐간되었다.

당시 『한빛』의 편집 겸 발행을 맡은 인물이 이호(李灝)다. 이호는 이윤재의 대종교명으로, 국내 대종교 남도본사의 중심인물 중 하나였다. 강우는 『한빛』의 창간사를 대신한 「상고의 신인화강(神人化降)과 한빛의 의의」에서 한빛이 대종교신앙의 근원인 '천일(天日)의 광명'을 뜻하는 것임을 밝혔다. 『한빛』의 기치(旗幟)인 '조선 역사의 거울, 조선 마음의 거울'이라는 구호와도 일맥하는 것이었다.
『한빛』의 대종교적 이상은 그 표지그림에 잘 나타나 있다. 우리 상고 신앙의 표상인 태양신의 모습과 동이인(東夷人)의 상징인 대궁(大弓), 그리고 여러 동물들을 통한 단군의 교화를 상징화하였다. 특히 세 개의 선을 그은 것은 대종교의 교리를 형상화한 것이다. 즉 대종교의 주경전(主經典)인 『삼일신고(三一神誥)』가 드러내는 삼진귀일(三眞歸一)의 상징이다.

『한빛』 창간호의 표지 그림

더불어 『한빛』은 한국 문화 전반을 민중들에게 계몽하려는 국학계몽잡지의 성향을 보여주었다. 그러므로 그 내용 구성에서도 대종교 관련 기사뿐만이 아니라, 한국의 역사·지리·어학 등 국학 전반에 관한 글들을 폭넓게 실었다. 그 필진 역시 김교헌(遺稿를 게재함)를 비롯하여 강우·이윤재·양방환(梁昉煥)·문일평(文一平)·김윤경·이능화(李能和)·이중화·이병도(李丙燾)·최남선(崔南善)·안확(安廓) 등, 당대 대종교와 국학의 중심인물들이 대거 참여하였다.
한편 『한빛』 제2호에 실린 '중광절(重光節)'이란 시도 눈에 들어온다. 이 시는 필자가 없는 「홍암대종사의 약력」이라는 글 말미에 붙은 시로, 이윤재의 작품으로 추정되는 글이다. 잡지의 특성상 필자가 없는 삽입 글들은 대개 편집자의 몫이다. 당시 이윤재가 『한빛』의 편집자 및 발행자였다는 점이 주목된다. 또한 대종교적 사상 가치를 순우리말로 녹이는 능력이 탁월하다는 것도 이윤재를 떠올리는 이유다. 그 시는 아래와 같다.

목숨의 샘 솟음은 한결 같도다
오직 알로 마시고 배부르나니
알 앞에 조금이나 막힘 있을까
이로써 기르오리 늘 기르오리
이로써 기르오리 늘 기르오리

사랑의 빛 비침은 고침 없도다

오직 알로 마시고 미역 감나니
알 앞에 조금이나 끊임 있을까
이로써 받으오리 늘 받으오리
이로써 받으오리 늘 받으오리

우리 알을 쌓음이 더 많을 때에
이 샘 이 빛 가지록 넉넉하리니
한배 품에 돌아와 안긴 이 날로
새 알을 들이오리 늘 들이오리
새 알을 들이오리 늘 들이오리

이 시는 전체 3연으로 엮어져 있다. 또한 그 중심 정서는 '올(알)'이라는 말로 모아진다. '올(알)'은 얼[神]이요 올[正]이며, 알[一·卵·根本]이면서 울[無限空間]이다. 1연은 '한결같은 목숨의 샘'을 올바로 마시며, 늘 받들어 기리자(기르다)는 의미를 담고 있다. 2연은 '변함(고침)없는 사랑의 빛'을 올바로 쪼이어, 늘 감사함으로 받겠다는 뜻이 숨어 있다. 3연에서는 이 뜻(알)을 정성껏 모시면 한배님(하느님)의 은덕 더더욱(가지록) 풍성해진다 했다. 그리고 중광절(한배 품에 돌아와 안긴 이 날)의 의미를 올곧게 새기어, 새 정신(새 알)의 기운을 늘 받아들이자 한다.
'목숨의 샘'과 '사랑의 빛'의 근원은 바로 한배님(하느님)의 본질이다. 최남선이 「개천가」의 후렴에서 "한배 한배 한배 우리 한배시니/빛과 목숨의 임이시로다"라는 노래로 찬양한 것도, 이러한 정서와 상응한다. 그러므로 이 시에 드러나는 '목숨의 샘'을 마시고 '사랑의 빛'의 빛을 쪼인다는 의미는 한배님의 권능을 일체화시키는 것이다. 이윤재가 「불망기본(不忘其本)-개천절을 당하여」라는 글에서는 한배의 의미를 잊어서는 안 됨을 다음과 같이 일깨우고 있다.

"…(전략)…한 한배의 혈계로 일윤 백자천손이 이같이 번영하다 하여 어찌 그 한배를 잊을 수 잇을 것이냐. 하등 동물 검수같은 것은 제 아비가 누군지를 모른다. 심지어 그 잊어버리고 만다.…(중략)…또 우리는 이렇게 높은 도덕이 있어 인종으로 우등지위에 이르렀음도 다 우리 선철의 고심정력으로 교화를 베풀으심이 아니가. 또 현금 사회에 갖갖이로 있는 모든 문화의 시설이란 것도 다 나의 전대의 유풍여속을 받음이 얼마나 많은고? 우리는 문명한 민족이라 결코 여전의 문명을 돌아보지 아니할 수 없을 것이다. 동시에 우리 겨레의 근본체인 우리 한배를 길이 생각하지 아니할 수 없을 것이다."

이윤재의 개천절에 대한 이해도 남다르다. 그는 개천절의 의의가 10월 상달에 조선 민족의 공동화합을 도모하는 자리로 이해했다. 또한 고려 이전에는 전 국민이 함께하는 자리였지만, 그 이후에는 무속신앙으로 전락하게 되었다고 한탄한다. 그는 개천절을 새로운 삶을 얻는 의미로도 해석하고, 우리 민족의 대명절이자 이상(理想)일뿐만 아니라 전세계적으로 추모가 되어야 축일임을 강조했다.
단군의 홍익인간·재세이화의 정신에 대해서도, 우리가 6대문명국가의 하나가 된 근본 가치라고 단정하고 아래와 같이 예찬하였다.

"이 산하(山河)를 정하심이여 나라의 터전을 굳게 세우심이로다. 이 인민을 택하심이여 겨레의 덩이를 크게 일우어심이로다. 아아! 그이의 경륜이 얼마나 크심인가. 문화론 우리가 세계 육대문명개창자의 하나다. 무강론은 훌륭하게도 궁대인(弓大人)의 이름을 가지었다. 대인(大人) 선인(仙人) 군자(君子) 불사(不死)란 것도 오직 우리에게만 있게 됨을 자랑한다. 이 어찌 그이의 홍익인간의 원도(願禱) 하심에서 된 것이 아닌가. 정교의 거룩함이며 예의의 밝음이며 문물의 빛남이며 제도의 갖춤이며 산업의 열림이며 학술의 나아감이며 무릇 인간 천백가지의 어느 것 하나라도 다 그이의 재세리화하신 크신 힘을 입지 아니함이 없었음이다. 그 은혜 깊도다. 우리는 위하여 노래하자. 그 덕택이 크도다. 우리는 위하여 춤추자"

한마디로 이윤재는 언어·역사·철학·문화 등의 다양한 방면에서 대종교를 이해하고자 했다. 일제강점기의 지식인 가운데, 대종교를 이윤재만큼 내재화시킨 인물도 드물 듯하다. 그러면서도 그는 대종교에만 치우치지 않았다. 기독교와 마르크시즘까지도 포용하는 개방적 민족주의, 다문화적 세계관을 일찍부터 보여준 인물이다.

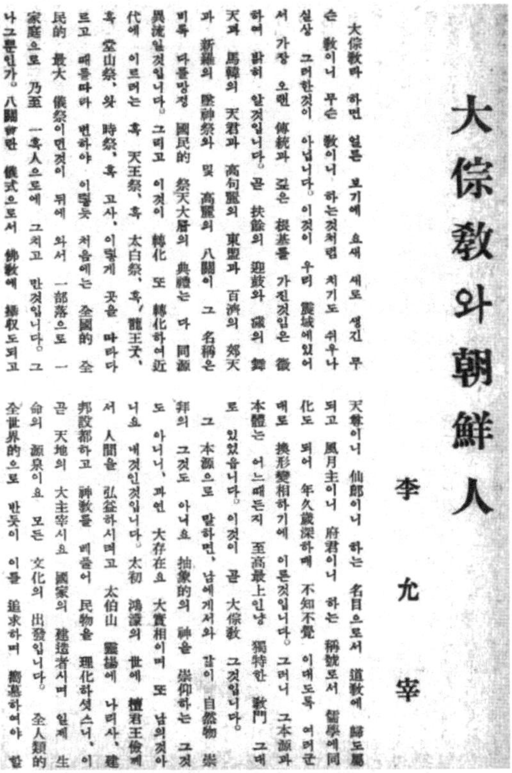

이윤재가 1936년 『삼천리』에 발표한 「大倧敎와 朝鮮人」이라는 글의 앞부분.

참고로 이윤재의 대종교에 대한 이해를 단적으로 알 수

있는 글을 아래에 적어 본다. 이윤재가 1936년 『삼천리』에 게재한 「대종교와 조선인」이란 짧은 글이다. 대종교의 유래와 전승, 침체와 단절, 그리고 중광과 홍범(弘範) 등을 개략하고 있어 주목된다.

"대종교라 하면 얼른 보기에 요새 새로 생긴 무슨 교(敎)이니 무슨 교이니 하는 것처럼 치기도 쉬우나 실상 그러한 것이 아닙니다. 이것이 우리 진역(震域)에 있어서 가장 오랜 전통과 깊은 근기(根基)를 가진 것임은 징(徵)하여 밝히 알 것입니다. 곧 부여의 영고와 예의 무천과 마한의 천군과 고구려의 동맹과 백제의 교천(郊天)과 신라(新羅)의 수신제(墜神祭)와 및 고려의 팔관이 그 명칭은 비록 다를망정 국민적 제천대회의 전례(典禮)는 다 동원이류(同源異流)일 것입니다. 그리고 이것이 전화(轉化) 또 전화하여 근대에 이르러는 혹 천왕제, 혹 태백제, 혹 용왕굿, 혹 당산제, 혹 시제(時祭), 혹 고사, 이렇게 곳을 따라 다르고 때를 따라 변하야 이렇듯 처음에는 전국적 전민적(全民的) 최대 의제(儀祭)이던 것이 뒤에 와서 일 부락(一部落)으로 일가정(一家庭)으로 내지 일인(一人)으로 그치고 만 것입니다. 그나 그 뿐인가. 팔관회(八關會)란 의식으로서 불교에 섭수(攝收)도 되고 천존(天尊)이니 선랑(仙郎)이니 하는 명목으로 도교(道敎)에 귀(歸)도 속(屬)되고, 풍월주(風月主)이니 부군(府君)이니 하는 칭호로서 유학에 동화도 되어 연구세심(年久歲深)하매 부지불각(不知不覺)이 되도록 여러 군데로 환형변상(換形變相)하기에 이른 것입니다. 그러니 그 본원과 본체는 어느 때든지 지고최상(至高最上)인냥 독특한 교문(敎門) 그대로 있었습니다. 이것이 곧 대종교 그것입니다.

그 본원으로 말하면, 남에게서와 같이 자연물 숭배의 그것도 아니요, 추상적의 신(神)을 숭앙하는 그것도 아니니, 과연 대존재요 대실상(大實相)이며, 또 남의 것 아니요 내 것인 것입니다. 태초 홍몽(鴻濛)의 세(世)에 단군왕검께서 인간을 홍익하시려고 태백산 영장(靈場)에 나리사, 건방설도(建邦設都)하고 신교(神敎)를 베풀어 민물(民物)을 이화(理化)하셨으니, 이 곧 천지의 대주재(大主宰)시요 국가의 건조자시며 일제 생명의 원천이요 모든 문화의 출발입니다. 전인류적 전세계적으로 반듯이 이를 추구하며 향모(嚮慕)하여야 할 일이어든 그의 직손(直孫)이요 적손(嫡派)인 조선인으로서야 이에 귀의(歸依)하며 귀성(歸誠)함이 더욱 당연하지 아니하리까. 이는 결코 국수적(國粹的) 정치적 어떠한 의미에서 말하는 것이 아니라, 이론상으로는 사람치고 반듯이 없지 못할 조선(祖先)을 봉사(奉事)하는 보본(報本)의 성(誠)이 있어야 할 것임과, 역사상으로는 진작부터 근저(根底)가 깊이 박힌 국민제천회(國民祭天會)가 흘러온 실재 사실임에야 어찌하겠습니까.

그런데 상고에 있어서는 이 종도(倧道)로써 국체(國體)가 정하고 민풍(民風)이 일어, 진실로 조선아(朝鮮我)의 훌륭한 사상 기조가 확립하여, 문명의 꽃이 찬란하였습니다. 그러더니, 중세에 이르러 턱없이 외래문화에 침윤(浸潤)하여 자기몰각(自己沒覺)의 사상을 순치(馴致)하게 되었습니다. 이로 하여 종문(倧門)이 닫기어 조신(祖神)의 제사가 끊이었으며, 경적(經籍)이 재액(災厄)을 당하여 성조(聖祖)의 유적(遺蹟)이 인멸(湮滅)되었습니다. 이러구러 우리 겨레는 그 갸륵한 본성을 상실하고 노예성(奴隸性)만 유치(誘致)되어, 결국 배외사상(排外思想)으로 사대주의(事大主義)에 이르고 지리멸렬로 골육상잔에 이르러 그 참독(慘毒)한 정상을 어찌 필설로 다 하오리까.

황조(皇祖) 재천(在天)의 영(靈)이 묵우(黙佑)하심인지, 이제로부터 28년 전 기유(己酉, 開天4366년) 정월 15일(음력)에 한성 일우(一隅) 취운정하(翠雲亭下) 모옥(茅屋)에서 종문을 재개(再開)하니 지금까지에 회명(晦冥)하였던 종(倧)의 빛이 비로소 중광(重光)을 얻었습니다. 그러나 우리 겨레는 일향 집미(執迷)에 조금도 회오(悔悟)와 반성이 없고 망본배원(忘本背源)하여 미로(迷路)에 방황하고 있지 아니합니까. 그러므로 종문은 의연히 위미부진(萎靡不振)하며 조신(祖神)의 의탁할 때가 없고, 민생의 귀의할 바가 없게 되었으니, 어찌 개탄을 금하리오. 끝으로 나홍암(羅弘巖, 나철-인용자 주) 이하 김무원(金茂園, 김교헌-인용자 주) 강호석(姜湖石, 강우-인용자 주) 여러 어른의 순교(殉敎)한 지극한 정성을 그리어 말지 아니 합니다."

대종교홍범(大倧敎弘範)

1왈(曰) 교명(敎名). 교명은 대종(大倧)이니 한배 단제(檀帝)의 설(設)하신 교(敎)이니라.

2왈 교사(敎司). 교사는 총본사, 도본사, 지사(支司), 시교당(施敎堂)으로 칭하니라.

3왈 천궁(天宮). 천궁은 한배께서 척강(陟降)하시는 처(處)이니 교인(敎人)은 궁내(宮內)에 입(入)하거든 필히 위의(威儀)를 근신(謹愼)할지니라.

4왈 천전(天殿). 천전은 천진(天眞)을 봉안(奉安)한 처이니 교인은 전내(殿內)에 입하야 경숙(敬肅)하게 참알(參謁)할지니라.

5왈 천기(天旗). 천기는 본교의 표장이니 색청체원(色靑體圓)하고 중심에 신자(神字)를 백서(白書)하니라.

6왈 각사(覺辭). 각사는 한배께 묵도하는 보명(寶銘)이니 교인은 상시(常時) 염송 할 것이니라.(神靈在上 天視天聽 生我活我 萬萬世降衷)

7왈 종지(宗旨). 종지는 본교의 망령이니 교인의 일심복응(一心服膺)할 자이니라. 一. 경봉천신(敬奉天神) 一. 성수영성(誠修靈性) 一. 애합종족(愛合種族) 一. 정구이복(靜求利福) 一. 근무산업(勤務産業)

8왈 경일(敬日). 경일은 한배께 경배하는 일(日)이니 일성기(一星期)에 일일(一日)씩 행하나니라.

9왈 경절(慶節). 경절은 종문(倧門)의 대기념으로 경(慶)하는 일(日)이니라. 一. 개천절(開天節) 一. 어천절(御天節) 一. 중광절(重光節) 一. 가경절(嘉慶節)

10왈 영계(靈戒). 영계는 교인의 자격을 작성하는 예식이니 교리(敎理)를 독신하며 교인의 의무를 각수(恪守)한 인(人)에게 수여(授與)하는 자이니라.

11일 천록(天籙). 천록은 신부(神府)에 입적(入籍)하는 영업(靈業)이니 영계를 수(受)한 인(人)을 등재(登載)하는 자이니라.

12왈 교주(教主). 교주는 도사교(都司教)라 칭하나니 전교(全教)를 관리하며 교무(教務)를 총재(總裁)하나니라.

13왈 경각(經閣). 경각은 도사교의 수도청사(修道聽事)하는 소(所)이니라.

14왈 교질(教秩). 교질은 교인의 영질(榮秩)이니 명칭은 질제(秩制)로 정하나라.

15왈 임직(任職). 임직은 교무를 관리(辨理)하는 직임(職任)이니 명칭은 직제로 정하나니라.

16왈 영유(令諭). 영유는 교령(教令)과 교유(教諭)니 영은 종령(倧令)이라 하고 유는 종유(倧諭)라 하나니라.

17왈 교권(教權). 교권은 도사교의 친제(親裁)에 속하나니라. 一. 영유발포(令諭發佈) 一. 규제인시(規制認施) 一. 교직선승(教職選陞) 一. 직원임명(職員任命) 一. 교적검정(教籍檢定) 一. 출복처분(黜復處分) 一. 교통전수(教統傳授)

18왈 권리(權利). 권리는 교인된 자격으로 향유하는 자이니라. 一. 교직당선(教職當選), 一. 임직피선(任職被選), 一. 상장향수(賞狀享受), 一. 의견건의(意見建議)

19왈 의무(義務). 의무는 교인의 신행(信行)하는 사(事)를 위함이니 교인은 당연히 준행(遵行)할 자이니라. 一. 교명준봉(教命遵奉), 一. 경일각수(敬日恪守), 一. 교인광천(教人廣薦), 一. 천곡헌성(天穀獻誠)

20왈 천서(天序). 천서는 형제자매의 연령 고하(高下)로 기서(其序)를 확수(確守)하는 자이니라.

21왈 경애록(敬愛錄). 경애록은 교인의 명부이니 형제자매를 분록(分錄)한 자이니라.

22왈 예의(禮儀). 예의는 길흉상문(吉凶相問)을 위함이니 경(慶)을 하(賀)하며 애(哀)를 위(慰)하는 자이니라.

23왈 규례(規例). 규례는 교규(教規)와 교례(教例)니 종령(倧令)으로 반행(頒行)하나니라.

[참고문헌]
『대종교보』제291호(2013년), 『檀君敎五大宗旨書』(白峯神師親閱, 1910), 『한빛』 창간호~6호(한빛사, 1928), 『開天日의 追感』(이윤재, 『동광』제7호, 1926년 11월), 『조선역사개설』(이윤재, 『儆新』창간호, 경신학교, 1929), 『동아일보』1920.11.13., 「나의 불교 믿게 된 경로」(해경거사, 『불교』(1930. 11), 불교사), 「역사상으로 본 평양」(이윤재, 『신가정』1·3, 신동아사, 1933), 「문답조선역사」(이윤재, 『신가정』2·5, 신동아사, 1934), 『高等警察要史』(경상북도경찰부, 1934), 「백두산사화」(이윤재, 『신동아』7, 신동아사, 1934), 「大倧敎와 朝鮮人」(이윤재, 『삼천리』제8권 제4호, 삼천리사, 1936), 「한뫼 선생」(김윤경, 신천지, 1954), 『聖經의 標準版과 한뫼 李允宰」(김윤경, 『신천지』제9권 제6호, 서울신문사, 1954), 『한국독립사』하(김승학, 독립문화사, 1965), 『독립운동사자료집』5·12(독립운동사편찬위원회, 1972·1977), 『일제침략하한국36년사』8·13(국사편찬위원회, 1973·1978), 『독립운동사』8·10(독립운동사편찬위원회, 1976·1977), 『가람일기』1 (이병기, 신구문화사, 1976), 「인간 이윤재」(이희승, 『기러기』제146권, 흥사단, 1977), 「환산 이윤재 선생의 생애와 그의 업적」(김덕규, 『金海文化』통권 제21호, 김해문화원, 2003), 『우리말 우리역사 보급의 거목─이윤재』(박용규, 역사공간, 2013)

이은상(李殷相, 남, 1903-1982)

아호(별명) _ 노산(鷺山), 강상유인(江上遊人), 노산학인(鷺山學人), 남천(南川), 두우성(斗牛星)
입교 시기 _ 일제강점기 | 교질 _지교 | 서훈 _ 애국장(1990)

이은상

경상남도 마산부(馬山府) 외서면(外西面) 상남리(上南里) 출신이다. 1918년 마산 창신학교(昌信學校) 고등과를 졸업하였다. 상경하여 연희전문학교 문과에 입학하였으나 중퇴한 후 일본으로 건너가 와세다대학 사학부(史學部)에서 청강하였다.

1924년 『조선문단』이 창간되자 이 잡지에 시와 평문을 잇달아 발표하면서 문필활동을 시작했으며, 최남선이 주도한 시조부흥운동에 가담하면서 시조 창작과 국학연구에 많은 관심을 기울였다. 1928년 계명구락부(啓明俱樂部)에서 조선어사전편찬위원으로 활동하는가 하면, 1929년에는 월간잡지 『신생(新生)』의 편집장으로도 활동하였다.

1931년 이화여자전문학교 교수를 지냈고 동아일보사 기자, 『신가정(新家庭)』 편집인, 조선일보사 출판국 주간 등을 역임하였다. 또한 1931년 6월부터 동아일보에 35회에 걸쳐 「향산유기(香山遊記)」를 연재하고, 1932년에는 고향에 대한 그리움, 자연 예찬 등을 주제로 한 첫 시조집 『노산시조집(鷺山時調集)』을 발간하였다. 1934년 진단학회(震檀學會) 창립의 발기인으로 참가하는가 하면, 그 해 겨울에는 대종교 동지인 이극노(李克魯)·안호상(安浩相)·이윤재(李允宰) 등과 양사원(養士院) 설치를 도모하기도 했다. 양사원은 민족독립사업에 유용한 국가적 인재를 양성할 목적으로 추진된 교육기관이었다. 이후 1937년과 1938년에는 『조선일보』에 「한라산등반기(漢拏山登攀記)」, 「지리산탐험기(智異山探險記)」를 발표하며 민족의식 고취에 앞장섰다. 특히 『조선일보』의 주간으로 있던 1938년에는 일본군의 명칭을 '아군(我軍)'·'황군(皇軍)'으로 표기하는 것을 반대하며 사직하였다.

한편 일제는 1940년대 들어 우리 민족의 말·글·얼을 없애기 위한 민족말살정책을 획책하게 된다. 그 주요 표적이 만주의 대종교와 국내 조선어학회였다. 만주 영안현(寧安縣) 동경성(東京城)에 본부를 둔 대종교는 당시 한민족 정체성의 중심 역할을 하였으며, 이극로를 중심으로 하는 조선어학회 역시 대종교 국내비밀기관의 성격을 갖고 있었다. 마침내 대종교지도자들을 일제히 구속하기 1개월 전인 1942년 10월, 일제는 조선어학회 회원들을 먼저 구속하였다. 이은상 역시 구속되어 함경남도 홍원경찰서와 함흥경찰서에서 일제의 잔혹한 고문과 악형을 받았다. 그러나 1943년 9월 18일 함흥지방법원에서 기소유예로 석방되었으나, 이미 1년간의 옥고를 치른 후였다.

해방 이후에도 사상범 예비검속으로 광양경찰서에 유치되기도 하였으며, 호남신문사 사장, 청구대학(靑丘大學) 교수로 재직하면서 여러 대학에서 강의했다. 사학가이자 수필가이기도 한 그는 해박한 역사적 지식과 유려한 문장으로 국토순례기행문과 선열의 전기를 많이 써서 애국사상을 고취하는 데 힘썼다. 1954년 예술원 회원에 선임되었고 1959년 충무공 이순신 장군 기념사업회장에 취임하였으며, 1965년 안중근 의사 숭모회장 등을 맡아 다년간 민족적 위인에 대한 현창사업을 전개하였다. 1969년 한국산악회장, 독립운동사편찬위원장에 취임하고 1972년에는 숙명여자대학교 재단이사장에 추대되었다. 1982년 9월 18일 세상을 떠났다.

[주요 저술 및 사상]
이은상은 시·시조·시가(詩歌)·평론·수필 등 다양한 방면의 글을 남긴 인물이다. 그의 주요 저술로는 『노산시조집』(1932)을 시작으로 『노산시조선집』(1958), 『푸른 하늘의 뜻은』(1970), 『기원(祈願)』(1982) 등의 시조집이 있다. 또한 『노산문선(鷺山文選)』(1954), 『노산시문선』(1960) 등의 시문집을 남겼으며, 『무상(無常)』(1962)이라는 수필집도 전한다. 이외에도 『조선사화집(朝鮮史話集)』(1936), 『탐라기행한라산(耽羅紀行漢拏山)』(1937), 『피어린육백리』(1962), 『이충무공일대기(李忠武公一代記)』(1946) 등, 100여 권의 저서를 남겼다.
한편 이은상은 시조의 부흥을 위하여 남다른 노력을 기울인 인물이다. 그는 서술적이면서도 평이한 언어와 율조의 시조를 추구하는가 하면, 한때는 양장시조(兩章時調)를 통해 시조의 단형화를 시도한 적도 있었다. 특히 이은상의 문학세계를 조국애·민족애로 많이 평가하고 있다. 그가 일제강점기인 1920년대 후반 카프문학에 대항에 국민문학을 주창하고 나선 것이나, 그의 작품 속에는 많이 녹아 있는 나라사랑의 사상소가 그 이유일 것이다. 그가 식민지시대와 분단시대라는 역사의 질곡 속에서도, 고전의 현대적 형상화를 통하여 나라사랑과 겨레사랑의 외연을 발산시킨 것도 그 배경이 된다.

[교력]
이은상의 대종교 입교 시기나 영계(靈戒) 사항에 대한 기록은 남아 있는 것이 없다. 그러나 해방 이후 대종교를 찾을 때마다 자신의 대종교 입교가 일제강점기에 이루어졌다고 밝힌 인물이 이은상이다. 마산 창신학교 교사를 역임한 안확(安廓)이나 이윤재(李允宰)의 영향도 무시할 수 없을 듯하다. 두 사람은 일제강점기 국내 대종교의 중심 역할을 한 인물이었다. 일제강점기 한글 연구나 시조 활동을 중심으로 접한 인물들도 대부분 국내 대종교의 중심인물들이었다. 이극노·안호상·이윤재·이병기(李秉岐) 특히 이병기는 이은상이 첫 시조집 『노산시조집』을 출간할 당시, 그 찬사(讚辭)와 헌성을 아끼지 않았던 인물이다.
이러한 배경으로 이은상은 1960년대 이후 대종교 활동에 전념하였다. 당시 그의 교질(敎秩)이 지교(知敎)의 단계로, 그 이전에 '입교→영계→참교(參敎)'의 과정을 모두 거쳤음이 확인된다. 이은상은 1968년 9월 16일(음력, 이하 음력) 대

종교종경종사편수위원회(大倧敎倧經倧史編修委員會)의 위원으로 선임되었다. 이 위원회는 구성원을 보면 박영준(朴英俊, 위원장)·안호상·김용국(金龍國)·이선근(李瑄根)·백광하(白光河)·이원선(李源善)·손보기(孫寶基)·김상기(金庠基)·강천봉(姜天峰) 등이었다. 이 위원회는 대종교의 교리와 교사 정리에 지대한 업적을 남기게 된다. 대표적으로 대종교 경전의 한글 번역 작업을 통한 『대종교한글경전』(1970년)의 발간과 중광(重光) 이후의 교사를 정리한 『대종교중광육십년사(大倧敎重光六十年史)』의 출간을 들 수 있다.
당시 이은상은 종경종사편수위원회의 종경분과위원장으로 뽑혀 대종교의 주경전(主鏡典)인 『삼일신고(三一神誥)』·『신리대전(神理大全)』·『신사기(神事記)』·『회삼경(會三經)』 등의 순우리말 번역을 거의 도맡아 진행하였다. 이 작업은 철학성과 문학성이 동시에 요구되는 작업으로 대종교의 교리적 이해 없이는 불가능한 작업이었다. 이은상의 대종교에 대한 이해가 보통이 넘었음을 알 수 있는 부분이다. 그럼에도 번역 과정에서 조금이라도 막히고 의문이 드는 경우는 그 방면의 권위자들을 직접 만나 자문을 구했다. 당대 최고의 노학자(老學者)로서의 겸손이 드러남도 확인시켜 준다. 1970년 순수 우리말 사용을 통한 『대종교한글경전』의 발간은 이러한 노력의 결과물로, 대종교를 넘어 해방 이후 우리말 사용의 모범을 보여준 기념비적 업적이었다.
한편 이러한 배경에는 이은상의 소년 시절 경험도 무시할 수 없을 듯하다. 마산 창신학교 재학 당시 이은상의 은사가 안확이다. 이은상은 자신의 민족의식 형성에 늘 안확이 있었음을 말하곤 했다. 안확은 우리 민족의 정신적 근원을 대종교의 '종(倧)사상'에서 찾은 인물로, 종사상에서 우리 고유의 종교·철학·문학·음악 등이 연유되었음을 처음으로 외친 인물이다. 또한 이은상에게 이윤재의 영향 역시 빼놓을 수 없다. 이윤재 역시 창신학교와 『한빛』 시절, 이은상의 스승이자 선배였다.
이은상이 번역한 『대종교한글경전』은 그 자체가 민족문학이자 '우리말로 철학하기'의 모범적 사례였다. 그 가운데 이은상 풍(風)의 유려한 문학성이 물씬 묻어나는 번역물 한 부분을 보자. 이 글은 발해 고왕(高王, 대조영)이 쓴 것으로 전해져 오는 『삼일신고예찬(三一神誥禮讚)』의 앞부분이다.

巍彼長白	높고 높다 저 한밝뫼여
巖巖蒼穹	한울 복판에 우뚝 솟았네
霧 雨+翁 霞靄	안개 구름 자욱함이여
萬嶽祖宗	일만 산악의 조종이로다
維帝神降	한배검 한울에서 내려오시니
靈檀寶宮	거룩할사 배달의 대궐이시요
建極垂敎	나라를 세우고 교화를 펴사
覆幬寶中	온 누리를 싸고 덮었네.
帝演寶話	한배검 내리신 보배로운 말씀
籀篆瑞璘	자자이 줄줄이 눈부심이여.
大道眞倧	큰 길은 오직 한배검 길이니

邁化超神	우리도 화하여 오르리로다.
卽三卽一	삼일의 진리 닦아 나가면
返妄歸眞	가달을 돌이켜 참에 이르리
恒照恒樂	항상 밝고 항상 즐거워서
羣象同春	온갖 것 모두 다 봄빛이로다.

이은상은 1968년 10월 4일 대종교유지재단의 이사로도 참여하였다. 대종교유지재단은 대종교의 주요 사업인 시교(施教), 설당(設堂), 선도(宣道), 종교교육 등에 필요한 재산 제공 및 경비조달, 재산유지관리를 위하여 설치된 법인이다. 사실상의 대종교의 운영에 있어 가장 중심이 되는 기관이다. 당시 이은상은 대종교 항일투사 출신인 박영준(朴英俊)·최항묵(崔恒黙)·박명진(朴明鎭)·안호상 등의 인물들과 이사로 선임되어 대종교 운영의 중심에 섰다.··
특히 이은상이 1970년 재출범하는 '한얼청년회'의 이념적 설계자였다는 점도 주목된다. 한얼청년회는 일제강점기 만주에서 대종교 확산을 통한 민족의식 고취의 방편으로 조직된 '하얼빈선도회(대종교선도회)'에 그 뿌리를 두고 있다. 아래 한얼청년회 설립 연혁에서 그 정신을 찾을 수 있다.

"한얼청년회는 1934년 만주 하얼빈에서 민족의식의 고취를 목적하고 결성되었으나, 일제의 탄압으로 정체되었다. 1945년 역시 만주 동경성에서 재조직하여 한글강습을 열어 민족의식 앙양에 이바지하여 왔으나, 공산도당의 박해로 환국하여 1946년 서울 저동에서 광복군에 복무하던 청년들을 거의 망라하여 청년회 활동을 활발히 하다가, 6.25 동란으로 활동이 중지되었다. 1958년 당주동에서 또 다시 조직되었으나, 5.16 혁명 후 간부임원 및 회원들의 이동이 심하여 활동이 중지되고 1968년 서울 삼일빌딩 808호실에서 청년회재건준비위원 27명이 참석하여, 사업계획을 확정하고 각 대학교에 한얼연구회 등을 조직하였다.
1970년 5월 25일 한얼청년회 중흥을 위한 대폭적인 재정비로, 회칙 개정에 따른 기구 개편 및 임원을 개신(改新)하여 민족정신의 앙양과 조국중흥에 헌신할 강력한 청년조직체로써, 다시 출발하여 금일에 이른 것이다. 현재 중앙본부는 청년회원 300여명, 대학생회원 80여명이 매주 정기집회를 통해 한얼이념을 연구하고 있다. 지부는 충남 예산·대전, 충북 청주, 경남, 부산, 대구, 광주, 강원도의 강릉시 및 제주시에 각각 설치 또는 결성 준비를 진행시키고 있다."

한얼청년회가 하루아침에 탄생된 집단이 아님을 보여준다. 또한 대종교선도회의 계보를 계승하고 있음을 분명히 천명했다. 일제강점기 항일투쟁 고취를 위해 만들어져, 해방 후에는 광복군 출신 젊은이들이 주축이 되었음도 알 수 있다. 한얼청년회가 대종교 및 독립운동계열의 이념적 전통을 계승한 조직임이 다시금 확인되는 것이다.
특히 한얼청년회가 하얼빈선도회(일제강점기)와 대종교청년회(해방 이후)를 계승했다는 점은 눈여겨볼 일이다. 그 뿌리가 되는 대종교선도회(하얼빈선도회)는 1934년 3월 2일, 대종교 항일투사 김영숙(金永肅)·김응두(金應斗)·박관해(朴觀海)·김서종(金書鍾) 등이 대종교 교주 윤세복(尹世復)을 도와 하얼빈시 안평가(安平街)에 설립한 조직이다. 이 선도회는 만주의 대종교포교금지령(1925년) 이후 은거해 있던 대종교 재건을 위한 핵심단체로서, 대종교 청년운동의 시발이 된 조직이기도 했다. 당시 대종교총본사가 직접 관할했다는 점에서도 그 중요성을 알 수 있다.
아무튼 1970년 재출범하는 한얼청년회는, 해방 이후 단군정신을 토대로 민족운동의 방향을 제시한 최초의 단체라 해도 과언이 아니다. 그들의 목적은, 회헌(會憲) 제1장 총칙 제2조에 나타나는 바와 같이, '한배검의 홍익사상을 펴 밝히어, 잃어가는 배달의 얼을 되찾아 민족의 주체성을 확립함으로써, 민족중흥과 민족사회 발전에 기여함'을 그 목적으로 하기 때문이다. 또한 이를 분설(分說)하여 다음의 5대 목적으로 표시했다.

一. 한배검의 홍익사상을 펴 밝힌다
一. 배달의 얼을 되찾는다
一. 민족주체성을 확립한다
一. 민족중흥에 기여한다
一. 민족사회 발전에 기여한다

그리고 한배검의 홍익사상을 펴 밝힌다는 것은 민주주의의 구현, 인도주의의 실현, 경제복지주의의 현실전화(現實轉化) 및 국제평화주의를 이끌어 받드는 것이라 했다. 또한 배달의 얼을 되찾는다는 것은, 민족 고유의 영토적·군사적·종교적·문화적·역사적 전통을 계승·확립하여, 새로운 외국문물과의 창조적 교합을 통해 새로운 한국적 역사의 창조를 도모하려는 의미라는 것이다.
따라서 한얼청년회의 포괄적 단체지향은 민족을 토대로 한 인류 사회에 기여하는 것으로 규정된다. 아래 이은상이 만든 것으로 알려진 한얼청년회의 '100자 선서'를 보면 잘 드러나 있다.

"우리는 이 나라 조상이 밝고 의롭고 슬기론 전통을 이어받았다. 조국을 내 몸같이 사랑하고 언제나 어디서나 정의의 편에 선다. 자유와 평화의 사도임에 영광을 느끼며, 자립과 협동, 희생과 봉사의 정신으로, 겨레와 인류를 위해 새 역사 창조의 전위가 된다."

위에 나타나는 100자 선서의 핵심은 '전통계승→나라사랑·정의구현·자유평화·자립협동·희생봉사→새 역사 창조'라는 질서로 정리할 수 있다. 즉 전통의 정신을 토대로 새 역사를 창조하자는 것이다.
또한 그들은 '닫혀 있는 정신(민족)'이 아니라 '열려 있는 정신(인류)'을 추구하고 있다. 한얼청년회의 이러한 목적 추구에는 대종교를 중광한 홍암(弘巖) 나철(羅喆)의 정신과 직결된다. 한얼청년회의 기관지인 『한얼』 '창간호'에 '한얼이념을 중광하신 나철'이라는 제목으로 홍암 나철의 사진을 싣고 있다. 한얼이념이 곧 대종교라는 것이다. 『한얼』 '창간호'에 실린 「실기(實記), 나철대종사(羅喆大宗師)」라는 글에서는 한얼청년회가 추구하는 이념이 곧 대종교'라는 것을 아래와 같이 분명히 했다.

"여기 햇불을 높이 들어 위대한 민족사상인 대종교의 빛을 다시 밝히시고, 민족의 혼을 일깨우시던 선종사(先宗師) 나철 신형(神兄)의 끼치신 발자취를 더듬어, 한얼정신을 펴고 홍익인간의 이념을 실현하는 길잡이가 되자."

노산 이은상 역시 나철을 한얼이념의 선각자로 내세우면서 다음과 같이 말하고 있다.

"한얼이념은 선각자 나철 홍암대종사에 의해 중광된 지 60여 년간, 나라를 잃고 해외에서 망명했던 우리민족에게 정신적 안식처가 되었으며, 또는 민족얼을 되찾는 운동의 지침이 되었던 것은 주지하는 일입니다.…(중략)…우리는 배달민족의 아버지시요 스승이시요 또 임금이신 단군한배검의 거룩한 얼을 받들어, 어렵고 힘든 역경을 이겨왔고, 앞으로도 계속 세계와 인류에 기여하는 민족으로서, 영원한 세계역사의 등불로 위치해야 할 것입니다. 이 일을 앞장서서 자임해야 할 자가 한얼청년회요, 또 한얼지인 것입니다."

즉 한얼이념이 곧 단군정신이요 세계와 인류의 등불임을 확인한 것이다. 그러므로 한얼청년회의 회장을 맡은 박영준 역시 "우리 홍익사상의 한얼진리는 우주만상의 창조 이전에 있었고, 창조와 함께 있었고, 영원무궁토록 있는 것이다. 다만 이 진리가 무엇인가를 밝히신 이가 단군한배검이며, 이 진리 속에 자라온 민족이 배달겨레이다."라고 천명함으로써, 한얼이념이 곧 단군(대종교)정신임을 분명히 했다.

한얼청년회의 이념을 설계한 이은상은『한얼』'창간호' 축시를 통해『한밝뫼여』라는 제목으로 다음과 같이 예찬했다.

한밝뫼여
내 거룩한 님이여

내 입으로 부르는
모든 땅 이름 중에
가장 고귀한 님이여
나의 눈, 나의 귀
나의 심장, 나의 호흡
내 혈관을 도는
내 생명의 근원이여
님이 안계시면
내 눈귀는 멀고
내 심장은 멎고
내 호흡은 막히고
내 혈관의 피는 식으리니
영원히 나와 함께
같이 계십소서
내 가슴 속에 살아 계십소서

저 해달과 함께
나와 둘이 아닌
동반자가 되어 주소서.

이 역시 대종교의 성지인 백두산이 한얼이념의 살아있는 상징임을 말하는 것으로, 한얼청년회의 이념적 등식이 곧, '대종교=백두산=홍암나철=한얼이념'으로 나타남을 다시금 확인시키고 있다.

[참고문헌]
『대종교중광육십년사』(대종교총본사, 1971),『한얼』창간호·제11월호(한얼청년회, 1970),『高等警察要史』(경상북도경찰부, 1934),『노산문학연구』(노산문학연구회, 당현사, 1976),『독립운동사』3·8·9·10(독립운동사편위원회, 1972·1976·1977·1978),『독립운동사자료집』14(독립운동사편찬위원회, 1978),『근대시조집의 양상』(임선묵, 단국대학교출판부, 1983),『남파박찬익전기』(남파박찬익전기간행위원회편, 을유문화사, 1989)

이응태(李應台, 남, 1888-?)
아호(별명) _ 석계(石溪)
입교 시기 _ 1917년 | 교질 _ 참교

함경남도 영흥군 요덕면(耀德面) 북평리(北平里) 출신으로, 오직 대종교의 기록에만 언급되는 인물이다. 이응태의 대종교 교력을 보면 1917년 3월 16일(음력) 한명준(韓明俊)·이인표(李寅杓)·장두식(張斗植)·이형석(李澄錫) 등과 참교(參敎)의 교질(敎秩)을 받은 기록이 있다. 그의 대종교 입교가 그 이전에 이루어졌음을 확인해 준다.

또한 1922년 음력 10월경에는 고향 요덕면 북평리에 소재한 대종교 북선시교당(北善施敎堂) 소속으로 경성의 대종교 남도본사 드나들며 모종의 일을 도모하기도 했다. 당시 국내 대종교는 일제의 억압에 의해 거의 궤멸된 상태였다. 그는 남도본사의 전리(典理, 책임자)를 지낸 호은(湖隱) 이채우(李埰雨)를 비롯하여 전라남도 부안군(扶安郡)의 이현용(李鉉容), 전라남도 순천군(順天郡) 일선시교당(一善施敎堂)의 박원(朴元) 등의 숙의하면서, 암암리에 국내 대종교 활동에 앞장섰다.

[참고문헌]
『종문영질』(프린트본, 1922),『본사행일기』(성세영, 필사본, 1922)

이인구(李麟求, 남, 1891-?)
아호(별명) _ 신갑(辛甲)
입교 시기 _ 1915년 | 교질 _ 참교

함경북도 명천군(明川郡) 서면(西面) 명남동(明南洞) 출신으로 대종교 사회주의 항일투쟁에 앞장 선 인물이다. 국내에서 화요회(火曜會)와 북풍회(北風會)를 중심으로 활동했으며, 만주로 넘어가 보통학교 교사와 대종교 항일단체인 대한군정서(북로군정서) 인사국(人事局) 보임과장(補任課長)을 역임하였다.

청산리독립전쟁 이후인 1922년에는 교풍회(矯風會)라는 친선모임을 조직하여 일제의 눈을 교묘히 피해 갔으며, 1925년 12월 말에는 동만청년동맹회발기준비회(東滿靑年同盟發起準備會)를 통해 동만청년총연맹을 결성하는데 결정적 역할을 하였다. 이인구는 혼춘(琿春) 지방 일대를 중심으로, 동진청년회(東震靑年會)를 비롯한 15개 단체가 연합하여 1926년 1월 26일 동만청년총연맹을 결성하고 다음의 강령을 앞세웠다.

　一. 우리는 합리적 사회생활의 지적 교양과 실질적 훈련을 기함
　一. 우리는 상부상조의 정신으로 대동단결에 노력함
　一. 우리는 대중을 본위로 하여 신문화 향상에 노력함

당시 이인구는 동만청년총연맹의 회장으로 추대되었으며, 김봉익(金鳳翼)·이주화(李周和)·김순구(金順九)·여남수(呂南壽) 등이 주요 간부를 맡아 1천명에 가까운 회원을 거느리고 사회주의 투쟁에 앞장섰다. 또한 간도해우청년회(間島海友靑年會)가 주최하는 강연회에서 '노동문제에 대하여'를 강연하는가 하면, 연변강연회(延邊講演會)에서는 '세계적 경제공황과 대상(大象)'이라는 주제로 연설을 하기도 했다.

이인구의 대종교 교력을 살피면 1915년 11월 13일(음력, 이하 음력) 참교(參敎)의 교질(敎秩)을 받은 기록이 있다. 그의 대종교 입교가 훨씬 전에 이루어졌음을 확인시킨다. 1926년에는 연길현(延吉縣) 육도구(六道溝) 용정촌(龍井村)에 소재한 대종교 중일시교당(中一施敎堂)의 전무(典務, 책임자)를 맡아 찬무(贊務, 부책임자)를 맡은 김정기(金正琪)와 함께 요정 지역 대종교 항일투쟁의 거점 역할을 하였다. 김정기는 대종교 2대 교주 무원(茂園) 김교헌(金敎獻)의 아들로, 만주 사회주의(공산주의)의 요람이었던 동양학원(東洋學院)의 교장을 지낸 사회주의운동의 거물이었다.

한편 이인구 중일시교당의 책임을 맡고 있던 1926년, 길림성장(吉林省長)은 대종교가 치안방해가 된다는 이유로 영안현지사의 품청에 의해 대종교해산령을 내렸다. 이에 연길경찰소장이 1926년 4월 29일 대종교를 해산하라는 훈령을 내리자, 이인구의 중일시교당 역시 5월 11일에는 용정상부국(龍井商埠局)으로부터 해산명령을 받기도 했다.

[참고문헌]
『종문영질』(프린트본, 1922), 「大倧敎施敎堂一覽表(1926年)」(延边朝鲜族自治州档案馆 全宗号42 目录号1 案卷号343, 和龙县历史档案 和龙县警察所, 令各区查禁韓人设立大倧敎堂由, 民国十五年五月十二日), 「間島 및 同接壤地方에 있어서 排日團體 및 親日團體 調査의 件」(不逞團關係雜件-朝鮮人의 部-在滿洲의 部32, 機密 第93號; 機密受第110號, 한국사DB, 국사편찬위원회), 「大正十五年十二月中 間島(琿春縣을 包含) 및 接壤地方 治安狀況에 관한 報告」(不逞團關係雜件-朝鮮人의 部-在滿洲의 部42, 機密 第228號; 外務省文書課受 第261號, 한국사DB, 국사편찬위원회), 「間島 및 琿春地方 朝鮮人의 結社團體 調査報告에 關한 件」(不逞團關係雜件-朝鮮人의 部-在滿洲의 部43, 機密 第591號; 外務省文書課受 第627號, 한국사DB, 국사편찬위원회), 『동아일보』1926.9.19., 1931.1.9., 『일제침략하한국36년사』7(국사편찬위원회, 1972)

이인규(李仁奎, 남, 1903-?)
아호(별명) _ 우추(友秋), 이응규(李應奎)
입교 시기 _ 1922년 이전 | 교질 _ 미상

경상남도 사천군(泗川郡) 곤양면(昆陽面) 금성리(金城里) 출신으로, 만주 대한독립단(大韓獨立團) 검찰원(檢察員)으로 활동하던 이인규(李仁奎, 2010년 애국장)와는 동명이인이다. 일찍이 고향에서 7년간 한문을 배우고 17세에 상경하여 중동학교에 입학하여 잠시 수학하였다. 이후 귀향하여 진주(晉州)에 소재한 사립 양정학원(養精學院)을 1년간 다녔고, 21세인 1923년 일본으로 건너가 정칙영어학교(正則英語學校) 등에서 공부하였다.

이인규는 그 시기 『유물사관』, 『레닌의 제국주의론』, 『레닌의 유물변증법』 등의 책을 탐독했다 한다. 1927년 4월 와세다대학 전문부(專門部) 정경과(政經科)에 입학하여 공산주의에 공감하는 안광천(安光泉)·송언필(宋彦弼)·김정규(金正奎)·하필원(河弼源) 등과 교유하며 공산주의이론 공부에 보다 깊이 파고들었고 그 실천운동에 적극 나섰다. 이인규가 조선공산당원인 한림(韓林)의 권유로 조선공산당에 가맹한 것도 이 시기였다.

이인규는 귀국하여 조선공산당 재건운동에 암약하다가, 1931년 권태형(權泰衡)의 권유로 비밀결사인 조선공산주의자협의회에 가담하여 활동하였다. 그러나 1932년 7월 3일 경상북도경찰부에 검거되어 치안유지법 위반으로 징역 4년을 언도 받는다. 출옥 후 상경하여 1936년 4월 조선중앙일보사 학예부 기자로 근무하기도 했으며, 1937년 4월에는 비판사(批判社)라는 잡지사의 객원기자로 활동하였다.

비판사는 1931년 창간한 『비판』이란 잡지를 통해, 좌익적 입장에서의 사회 고발 기사를 주로 다뤘다. 편집인 겸 발행인은 송봉우(宋奉瑀)로, 좌익적 입장에서 지나칠 정도로 비판 중심의 잡지였다는 지적도 받는다. 그러나 문학 방면에도 관심이 많았고, 일제 말엽이었음에도 친일적인 색채를 드러내지 않았다는 점에서 의미를 갖는다.

이인규는 비판사의 객원기자로 근무할 시기 소련영사관을 드나들며 영사 이바노프와 친분을 쌓았다. 그 과정에서 여러 군사(軍事) 정보를 제공하는 등, 소련연방을 지지하는 잡지 성향을 보였다는 혐의로, 1938년 10월 28일 종로경찰서에 검거되기도 했다. 또한 평소 축구 발전에도 관심이 많았던 이인규는, 1938년 9월 여운형(呂運亨) 등과 조선축구협회 역원(役員)으로 참여하여 정문기(鄭文基)·현정주(玄正柱)·김규면(金圭冕) 등과 조선축구의 진흥에도 남다른 노력을 기울였다.

이인규의 교력과 관련된 대종교단 내의 기록은 전하지 않는다. 다만 1922년에 기록된 성세영(成世英)의 『본사행일기(本司行日記)』에 보면 1922년 시기 경상도 지역 대종교 주요교인으로 적혀 있다. 『본사행일기』는 경북 성주 사람인 성세영이, 1922년 10월 10일(음력) 경북 성주를 출발하여 경성(서울) 대종교남도본사를 방문하고 10월 27일(음력) 성주로 다시 돌아가기까지의 과정을 적은 기록물이다.

이 기록에는 1910년대 경북지역 대종교인 234의 명단과, 1922년 당시 경상도지역 대종교인 214명의 명단, 그리고 우리나라 최초의 비행사 안창남이 대종교도였다는 기록 등을 포함하여, 총 592명의 명단이 실려 있다. 1922년대 경상도 지역 대종교인 명단은 대종교를 중광(重光)한 홍암(弘巖) 나철(羅喆)이 서거한 1916년 음력 8월 15일 이후부터 1922년 음력 10월 이전의 명단을 적은 것이다. 이인규의 대종교 입교가 그 사이에 있음을 알 수 있다. 아마도 상경하여 중동학교를 다니던 1919년 무렵으로 추정된다.

성세영의 『본사행일기』에 적힌 1922년 당시 경상도 지역 대종교 주요교인 명단의 일부. 泗川 昆陽 金城 출신의 李仁奎(네모 안)의 이름이 보인다.

[참고문헌]
『본사행일기』(성세영, 필사본, 1922), 「軍事스파이 容疑者 檢擧에 관한 건」(思想에 關한 情報8, 京鍾警高秘 제13315호, 한국사DB, 국사편찬위원회), 『한국독립운동사자료』43(국사편찬위원회, 2007)

이인백(李仁白, 남, 생몰 미상)

아호(별명) _ 이인백(李仁伯), 이인백(李麟伯)
입교 시기 _ 1915년 | 교질 _ 참교

출신지역과 생몰연대를 알 수 없는 인물로, 국민회(國民會)에서 활동한 이인백(李仁伯)과는 다른 인물이다. 한편 일제의 경신대토벌 이후인 1922년 초, 국내로 잠입하여 군자금 모금에 힘쓰다 순국한 이인백(李仁伯, 1995년 애국장)과도 동일 여부가 확인이 안 된다.
이인백은 1919년 6월 무렵 화룡현(和龍縣)에 소재한 사립 영성학교(英成學校) 교사로 있으면서 동료교사 조권식(趙權植)과 독립운동에 쓰일 기부금을 모아 상해에 전달한 인물이다. 또한 이인백은 대종교 항일단체인 대한군정서(북로군정서) 경신분국(警信局) 제1분국 제2과장을 맡아 춘명향(春明鄕) 중경리(中慶里) 지역을 관할하였다. 1분국의 분국장은 이민주(李敏柱)였으며, 김려환(金礪煥, 제1과장)·이창구(李昌九, 제3과장)·이상태(李尙泰, 제4과장)·김병덕(金秉德, 제5과장)·이덕춘(李德春, 제6과장)·장남익(張南益, 제7과장) 등 대종교 동지들이 함께 하였다. 특히 1920년 7월 29일에는, 대한군정서가 러시아로부터 무기를 구입하여 운반하기 위한 무기운반대의 제1중대장을 맡아 공헌하였다. 당시 무기운반대에는 군정서의 정규군 외에도 경신국 소속의 각 분국 요원들이 대거 참여하였다.
이인백의 대종교 교력을 살피면 1915년 10월 4일 이미 참교(參敎)의 교질(敎秩)을 받은 기록이 있다. 그의 대종교 입교가 비교적 이른 시기에 이루어졌음을 시사해 준다. 또한 혼춘한민회(琿春韓民會)와 통의부(統義府) 의용군에서 활동한 김창훈(金昌勳)을 비롯하여, 최율(崔律)·채충석(蔡忠錫)·최기중(崔基重)·허련(許璉)·최창섭(崔昌涉) 등의 항일투사들이 이인백과 같은 날 함께 참교를 받았다. 이것은 이인백이 대종교 항일전선에서 활발히 움직인 것을 알려주고 있지마는, 이후의 기록은 전하는 것이 없다.

일제의 문서에 기록된 대한군정서 경신국 제1분국 소속 임원의 명단. 제2과장 李仁伯(네모 안)이 적혀 있다.

[참고문헌]
『종문영질』(프린트본, 1922), 「朝鮮側 警察이 朝鮮人 金順 等을 拘引시킨 것에 관한 건」(不逞團關係雜件·朝鮮人의 部·在滿洲의 部28, 公 第259號; 受 20669號, 한국사DB, 국사편찬위원회), 「國外情報·大韓軍政署의 日誌에 관한 件」(大正8年乃至同10年 朝鮮騷擾事件關係書類 共7冊 其3, 密 第33號 其33/高警 第1007號, 한국사DB, 국사편찬위원회), 「獨立運動에 관한 건(國外日報 제104호)」(不逞團關係雜件·朝鮮人의 部·在歐米4, 驅密 제5410호 秘受 8499호, 한국사DB, 국사편찬위원회), 「共産黨 韓族部 發行의 諺文新聞 「赤旗」 記事에 관한 報告의 件」(不逞團關係雜件·朝鮮人의 部·鮮人과 過激派1, 機密 제7호, 한국사DB, 국사편찬위원회)

이인봉(李仁鳳, 남, 생몰 미상)

입교 시기 _ 1919년 이전 | 교질 _ 참교

경기도 용인군(龍仁郡) 포곡면(蒲谷面) 금어리(金魚里) 출신으로, 김량장공립보통학교(金良場公立普通學校)에 재학 중에 3·1독립만세운동을 만났다. 이 학교는 1916년 개교한 학교로 1919년 3월 첫 졸업생을 배출하였다.
1919년 3월 28일 경기도 용인군 포곡면에서 일어난 만세시위는 모현(慕賢) 방면에서 용인 읍내 쪽으로 시위가 확대되었다. 태극기를 릴레이식으로 전달해가는 시위대가 삼계리(三溪里)를 거쳐 금어리에 도착하였다. 당시 이인봉은 홍종욱(洪鐘煜)·홍종엽(洪鐘燁) 형제와 함께 태극기를 받들어 들고 내사면(內四面) 대대리(大垈里)까지 시위행진을 전개하였다. 이인봉은 대대리에 도착하여 김치현(金致賢)의 집에서 시위에 쓸 태극기를 만들며 시위를 준비하던 중 일제에 체포되어 징역 6월에 집행유예 3년에 처해졌다.
이인봉의 대종교 교력을 보면 1919년 1월 17일 참교(參敎)의 교질(敎秩)을 받은 기록이 전한다. 그가 김량장공립보통학교에 재학 당시 대종교에 입교했을 가능성을 짙게 해 주는 부분이다. 당시 이인봉은 황군오(黃君伍)·최인척(崔仁陟)·조신순(趙信順) 등과 함께 참교를 받았으나, 이후의 기록은 전하는 것이 없다.

[참고문헌]
『종문영질』(성세영, 프린트본, 1922), 『판결문』(경성복심법원, 1919. 6. 28)

이인수(李仁洙, 남, 생몰 미상)
입교 시기_ 1924년 이전 | 교질_ 미상

출신지역과 생몰연대를 알 수 없는 인물이다. 대종교단 내의 기록에도 전하는 기록이 없다. 다만 1924년 4월 일제의 조선군참모부(朝鮮軍參謀部)에서 작성한 문서에 등장하는 인물이다. 당시 이인수는 중동선(中東線) 동녕현(東寧縣) 소수분(小綏芬) 지역에서 대종교와 기독교장로교가 연합한 학교인 원동학교(遠東學校)의 대종교 측 주관자로 근무하였다. 그 이전에 이미 대종교에 깊이 관여한 인물임을 확인시켜 준다. 이 학교의 교장은 이영백(李英伯)이란 인물이 맡았으며 장로교 측 주관자는 이춘성(李春成)이었다. 한편 중동선 소수분 지역은 당시 대종교 항일활동의 주요 거점으로, 145명의 신도들이 활동하고 있었다.

[참고문헌]
『朝鮮軍參謀部發 朝特報에 관한 綴2』(공훈전자사료관원문사료실, 한국역사정보통합시스템)

이인중(李仁中, 남, 생몰 미상)
입교 시기_ 1922년 이전 | 교질_ 미상

경상남도 영산군(靈山郡) 부곡면(釜谷面) 부곡리(釜谷里) 출신으로, 평생을 지역의 어려운 사람들을 위해 헌신했던 인물이다. 1928년 말, 창녕군의 소작관행(小作慣行)을 개선하기 위하여 서면계약(書面契約) 시행을 주도하여 소작인들의 권익을 증진시켰다. 1930년 5월에는, 1929년 극심한 가뭄으로 도탄에 빠진 영세 지역민들에게 대맥(大麥) 3두씩을 나누어 주어 지역의 구휼에 앞장섰으며, 1932년 부곡면장으로 근무하면서 부곡면 최남단에 흘러가는 낙동

강의 도선료(1년에 5백원 가량)를 자신의 돈으로 일체 부담하여 지역민들에게 안정된 배 운항을 누리게 하였다. 또한 1938년에는 지역 130여호의 어려운 이들에게 백미 1되씩을 시미(施米)함으로써 지역민들의 민심을 훈화하게 하는 한편, 이인중은 1933년 5월 조선중앙일보 밀양지국장을 맡아 지역민의 언론 소통에도 큰 기여를 하였다.
이인중의 대종교 교력과 관련한 대종교단 내의 기록은 전하지 않는다. 그러나 경북 성주 사람인 성세영(成世英)의 『본사행일기(本司行日記)』(1922년 기록)에 보면 1922년 시기 경상도 지역 대종교 주요교인으로 이인중을 적어 놓았다. 이인중의 대종교 입교가 그 이전에 이루어졌음을 알려 준다.

[참고문헌]
『본사행일기』(성세영, 필사본, 1922), 『朝鮮新聞』1928.12.4., 『중외일보』1930.5.17., 『조선총독부직원록』(조선총독부, 1932), 『동아일보』1932.9.29., 1938.1.11., 『조선중앙일보』1933.5.26.

이일세(李一世, 남, 생몰 미상)
입교 시기_ 일제강점기 | 교질_ 미상

경상북도 의성(義城) 출신으로만 알려진 인물이다. 1925년 대종교 항일단체인 신민부(新民府)가 만들어진 당시 실업부위원장 겸 경사국장(警査局長)을 맡았다. 신민부는 대한군정서를 계승한 단체로서, 그 주요 구성원의 대부분이 대종교인이었다. 따라서 이들이 신봉하였던 대종교 이념이 자연스레 신민부의 주요한 이념으로 자리 잡았다. 신민부가 추구한 정치형태는 배달국 공화주의 지향으로, '대동단결선언'(1917년)부터 이어져온 대종교 계열의 전통이기도 했다. "신민부의 기본철학은 대종교의 홍익인간과 중광정신이었다. 그렇다고 해서 결코 봉건적이었다거나 파쇼적인 것은 아니었다."는 증언이 이를 뒷받침한다.
이일세가 실업부위원장을 맡았을 당시 신민부의 조직을 보면, 김좌진(金佐鎭)이 중앙집행위원회의 군사부위원장 겸 총사령관의 직책을 맡았고, 김혁(金赫) 중앙집행위원장에 있었다. 그리고 민사부위원장에 최호(崔灝), 참모부위원장에 나중소(羅仲昭), 외교부위원장에 조성환(曺成煥), 심판원장에 김돈(金墩), 교육부위원장 겸 선전부위원장에 허성묵(許聖默) 등, 모두 그 시기 대종교의 북일도본사(北一道本司)에 속하는 중진들이었다는 점이 특기된다. 이일세가 이 시기 이미 대종교의 중진 그룹에 속했음을 암시하는 부분이다.
한편 정의부(正義府)를 중심으로 전개되었던 민족유일당(民族唯一黨) 결성 운동에도 이일세가 동참한 기록이 있다. 1927년 4월 15일, 길림현 신안둔(新安屯)에서 각 단체 대표자들 52명이 모여 제1회 대표회의를 개최할 당시, 이일세는 김동삼(金東三)·오동진(吳東振)·이광민(李光民)·김원식(金元植)·안창호(安昌浩) 등과 출석하였다. 또한 1929년 3월에 창립된 조선혁명당(朝鮮革命黨)에도 참여하여, 그 해 5월 28일 중앙집행위원회 군사령부의 조직에서 김진호(金

鎭浩)·심용준(沈龍俊)·이동림(李東林)·황기룡(黃起龍)·고할신(高龍信) 등과 중앙집행위원으로 피선되기도 했다.

이일세의 교력과 관련된 대종교단 내의 기록은 전하는 것이 없다. 다만 대종교 항일투사인 박명진(朴明鎭)은 그의 『대종교독립운동사』에서 1920년대 대종교 북일도구(北一道區)의 주요 교인으로 이일세를 적고 있다. 특히 대종교 항일단체인 대한군정서(북로군정서)의 정신을 계승한 신민부의에 참여한 대종교도로, 김혁·최호·김좌진·나중소·조성환·윤복영(尹復榮)·박성태(朴性泰)·유정근(兪政根)·허빈(許斌)·정신(鄭信)·허성묵(許聖黙)·박두희(朴斗熙)·황학수(黃學秀) 등과 함께 이일세를 올리고 있다. 그의 대종교에서의 위치 역시 상당했을 것으로 추정된다.

1920년대 대한군정서를 계승한 신민부가 조직될 당시, 대종교 北一道本司 소속으로 참여한 주요 인물들의 명단. 가운데 李一世(네모 안)라는 이름이 보인다.

[참고문헌]
『대종교독립운동사』(박명진, 필사본, 1964), 『高等警察要史』(慶尙北道警察部, 1934), 『朝鮮民族運動年鑑』(在上海日本總領事館警察部第二課編, 東文社書店, 1946), 『무장독립운동비사』(채근식, 대한민국공보처, 1949), 『한국독립운동사』4(국사편찬위원회, 1968), 『민족해방운동과 나』(이강훈, 제삼기획, 1994)

이장녕(李章寧, 남, 1881-1932)

아호(별명) _ 우송(友松), 백우(白于), 이장영(李長榮), 이장녕(李章榮)
입교 시기 _ 1910년대 | 교질 _ 미상 | 서훈 _ 독립장(1963)

이장녕

충청남도 천안군(天安郡) 목천면(木川面) 남화리(南化里) 출신이다. 한국무관학교(韓國武官學校) 3기생으로 대한제국의 육군 부위(副尉)로 복무하던 중, 군대가 해산되자 1908년 일가족을 거느리고 만주 봉천성(奉天省) 유하현(柳河縣) 삼원보(三源堡)로 망명하였다. 이후 이상룡(李相龍)·이동녕(李東寧)·이철영(李哲榮)·이회영(李會榮)·이시영(李始榮)·윤기섭(尹琦燮)·김동삼(金東三)·

김창환(金昌煥)·주진수(朱鎭洙)·이광(李光) 등과 독립운동 기지를 건설하기 위해 황무지를 개척하는 한편, 신흥학교(新興學校)가 설립되자 이세영(李世永)·양성환(梁聖煥) 등과 교관으로 취임하여 독립군의 기간요원을 양성하였다.

1919년에는 서일(徐一)·현천묵(玄天默)·박찬익(朴贊翊)·김좌진(金佐鎭)·계화(桂和)·조성환(曹成煥)·박성태(朴性泰) 등과 대종교 항일단체인 대한군정서(북로군정서)를 조직하고 참모장 및 참모관으로 활약하였다. 대한군정서는 대종교의 중광(重光) 정신에 기반을 둔 중관단(重光團)을 모체로 설립된 단체로, 중광단은 1918년 「대한독립선언서(무오독립선언서)」를 주도한 조직이다. 한편 북로군정서에서 세운 단기속성 사관학교의 교관으로 임명되어 이범석(李範奭)·김홍국(金洪國)·최상운(崔尙雲) 등과 함께 활동하기도 하였다.

1920년 말에는 청산리독립전쟁 이후 밀산(密山)에서 3,500여 명의 대병력을 거느린 대한독립군단(大韓獨立軍團)이 결성되자 참모장으로서 총재 서일, 부총재 홍범도(洪範圖), 조성환 등과 함께 항일투쟁을 이어갔다. 1922년 6월에는 대한통의부의 참모로 참여하여 대종교 동지인 윤세용(尹世茸)·독고욱(獨孤旭) 등과 함께 참모부장인 이세영을 도왔다. 1924년 3월에는 현천묵·나중소(羅仲昭)·김혁(金赫) 등이 대한독립군정서를 조직하자 조성환·김규식(金奎植)·김필(金弼) 등과 함께 참모로서 활약하였다. 이 군정서는 대종교 항일단체인 대한군정서의 재건을 목적으로 결성된 것으로 대다수의 인사들이 대종교인이었다.

1924년 7월 10일 길림(吉林)에서 전만통일의회주비회가 개최되었을 때에는 대종교지도자 윤세용과 함께 대한독립단 대표로 참가하여 신민부(新民府)의 발족에 기여하였다. 신민부 역시 대종교계 항일단체로 중광단과 대한군정서의 이념을 계승한 조직이었다. 이장녕은 신민부 조직과 함께 이범윤(李範允) 등과 참의원에 선임되어 활동하였다.

1930년 7월에는 홍진(洪震)·이청천(李靑天)·민무(閔武)·황학수(黃學秀)·신숙(申肅) 등과 함께 한족자치연합회(韓族自治聯合會)를 모체로 한 한국독립당을 조직하고 감찰위원장에 임명되었으며, 한·중 연합군(韓中聯合軍)을 조직하여 항일투쟁을 이어갔다. 그러나 1931년 일제의 만주침략으로 북경으로 옮기다가 1932년 일제의 사주를 받은 마적에 의해 오상현(五常縣)에서 피살되었다.

[교력]

이장녕의 대종교 입교 시기와 영계(靈戒) 사항에 대한 기록은 전하지 않는다. 그러나 대종교 항일투사 박명진(朴明鎭)의 기록에는 1910년대 후반 대종교 동일도본사(東一道本司)의 주요 교인으로 이장녕의 이름을 올리고 있다. 당시 동일도본사를 이끈 인물은 백포(白圃) 서일로, 그는 동일도본사를 대한군정서 군영 내에 설치하였다. 대한군정서가 곧 대종교의 근거였음을 확인시켜 준다. 당시 동일도본사의 주요 교인으로는 이장녕을 비롯하여 현천묵·여준(呂準)·정안립(鄭安立)·박성태·박찬익·정신(鄭信)·신팔균(申八均)·김동삼(金東三)·김좌진·조성환·박두희(朴斗熙) 등, 수십인의 이름이 올라 있다.

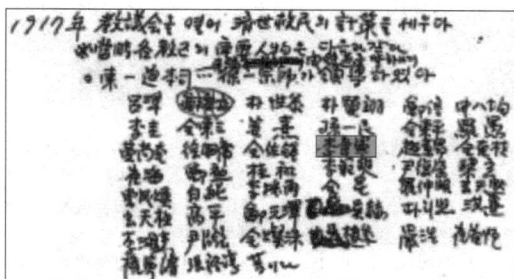
박명진의 『大倧敎獨立運動史』에 기록된 1917년 무렵 대종교 동일도본사의
주요 교인들의 명단. 가운데 부분에 李章寧(네모 안)이란 이름이 보인다.

또한 흥업단 및 신민부에서 대종교 항일투쟁을 전개한 이
현익(李顯翼)은 그의 『대종교인과 독립운동연원』이라는 글
에서, 이장녕을 일제강점기 100여명의 대종교 항일투사로
기록하고 있다. 이장녕의 대종교 입교가 대한군정서 참여
이전으로 올라감을 확인할 수 있다.
한편 1922년 9월, 대종교에서는 대한군정서의 부활을 위
하여 국내 대종교 남도본사와 긴밀히 의논하는 등, 조직
적인 재건 활동을 전개하였다. 당시 교주 김교헌(金敎獻)
이 주재하고 있던 영안현(寧安縣) 영고탑(寧古塔)의 대종교
총본사에는 해산된 군정서 간부들이 수시로 드나들면서
그 부활을 도모하였다. 이러한 김교헌의 조직적 무장항일
투쟁 독려는 만주무장투쟁의 실질적 영도자였던 서일이
죽은 후에도 계속되었다. 서일의 순국 이후 밀산에서 다
시 영안으로 대종교총본사를 옮긴 김교헌은, 각지로 흩어
진 북로군정서 간부들과 긴밀히 연락하며 재기를 도모하
였다. 또한 무기와 탄약까지 구입하여 조직적 무장투쟁의
준비를 도모한 것이다.
당시 비밀리에 대한군정서 부활을 위한 참여한 핵심 인물
이 이장녕이다. 이장녕은 양규열(梁圭烈)·조백(趙白) 등 대종
교 항일투사들과 이 집회에 참여하였다. 그 시기 이장녕이
대종교단 내에서 상당히 비중을 가진 인물이었음을 암시해
주는 부분이다.

[참고문헌]
『대종교인과 독립운동연원』(이현익, 프린트본, 1963), 『대종교독립운동사』(박
명진, 필사본, 1964), 『대종교중광육십년사』(대종교총본사, 1971), 「大倧敎 陰
謀計劃에 관한 건」(不逞團關係雜件-朝鮮人의 部-在滿洲의 部33, 機密 第184號;
機密受第186號, 한국사DB, 국사편찬위원회), 『高等警察要史』(경상북도경찰부,
1934), 『國外容疑者朝鮮人名簿』(조선총독부경무국, 1934), 『무장독립운동비사』
(채근식, 대한민국공보처, 1949), 『한국독립사』하(김승학, 독립문화사, 1965), 『한
국유이민사』상(현규환, 어문각, 1967), 『朝鮮獨立運動』II·III(金正明 編, 原書
房, 1967), 『독립운동사』5(독립운동사편찬위원회, 1973), 「이장녕의 생애와 독립
운동」(김주용, 『한국독립운동사연구』제48집, 한국독립운동사연구소, 2014)

이장춘(李長春, 남, 생몰 미상)
입교 시기_1926년 이전 | 교질_미상

출신지역과 생몰연대가 불분명한 인물이다. 1920년 12월
당시 지인향(志仁鄕) 의란구(依蘭溝)에 있는 대한국민회 남
양동지회(南陽洞支會)의 서기(書記)로 활동한 기록이 있다.
당시 지회장은 김호순(金浩順)이었으며, 부지회장 김호일
(金浩一), 재무 이기춘(李基春), 통신구장(通信區長) 주사범
(朱仕範), 경호부장(警護部長) 이준길(李俊吉) 등이 각각의
임무를 맡아 이장춘과 함께 했다. 또한 봉오동·청산리전
쟁 이후 밀산으로 이동하여 조직한 대한총군부(대한독립군
단)에서도 재무국장 계화(桂和)의 밑에서 모연과장(募捐課
長)을 맡아 일조하였다.
이장춘의 교력과 관련된 대종교단 내의 기록은 전하지 않
는다. 그러나 1926년 대종교 만주포교금지령 이후 만주
당국에 압수된 대종교의 문건에는, 이장춘이 수일시교당
(綏一施敎堂)의 전무(典務, 책임자)를 맡은 인물로 적혀 있다.
이장춘의 대종교 입교가 훨씬 이전에 이루어졌음을 알게
해 준다. 수일시교당은 동녕현(東寧縣) 소수분하(小綏芬河)
팔리평(八裡坪)에 소재했던 시교당으로, 김현종(金現鍾)과
김응준(金應駿)이 찬무(贊務)를 맡아 이장춘을 도왔다. 당
시 이장춘은 이들과 함께 소수분하역에 위치한 해동상점
(海東商店)을 연락 거점으로 하여 103명의 교인을 거느리
고 활동하였다.
이후 이장춘은 1937년 8월 24일(음력) 대종교에서 재만교
구경상금수납위원(在滿敎區經常金收納委員)을 발포(發布)할
때도, 동녕현의 수분하 지역의 책임자로 임명되어 그 지
역의 대종교 재정을 이끌었다. 이로 보아 그의 대종교 교
질(敎秩) 역시 낮지 않았을 것으로 추정되며, 교단 내에서
의 비중 역시 상당했을 듯하다.

[참고문헌]
『대종교보』제115호(1937년), 「大倧敎施敎堂一覽表(1926年)」(延边朝鮮族自治
州档案馆 全宗号42 目录号1 案卷号343, 和龙县历史档案 和龙县警察所, 令各区查
禁韓人设立大倧敎堂由, 民国十五年五月十二日), 「朝鮮側 警察이 朝鮮人 金順
等을 拘引시킨 것에 관한 건」(不逞團關係雜件-朝鮮人의 部-在滿洲의 部28, 公
第259號; 受 20669號, 한국사DB, 국사편찬위원회), 「在露領 不逞鮮人團의 統一
에 관한 件」(不逞團關係雜件-朝鮮人의 部-鮮人과 過激派1, 高警 제12589호, 한국
사DB, 국사편찬위원회)

이재근(李在根, 남, 생몰 미상)
입교 시기_1923년 이전 | 교질_미상

출신지역과 생몰연대를 알 수 없는 인물이다. 전라북도
옥구(沃溝) 출신으로 3·1독립만세운동에 관여한 이재근(李
在根, 2002년 대통령표창)과는 동명이인이다.
1922년 9월, 북만주 해림(海林)에서 조직된 북만경학연구
회(北滿耕學硏究會)의 경제부장으로 참여한 기록이 있다.

이 연구회는 조선인의 지식개발과 산업교육·경제진전(經濟進展)의 방법 연구를 목적으로 조직된 것이다. 당시 대종교의 핵심이었던 김영선(金榮璿)과 강인수(姜寅秀)가 회장과 부회장을 맡았고, 한병빈(韓炳斌, 충무)·정훈모(鄭勳摸, 재무부장)·김흥원(金興元, 교육부장)·한태권(韓泰權, 경제부장)·원풍(元豊, 감찰원) 등이 임원으로 참여하여 활동하였다. 특히 강인수는 대종교 항일단체인 대한군정서(북로군정서) 및 신민부(新民府)에서 정신적 지도 역할을 한 인물로 유명하다.

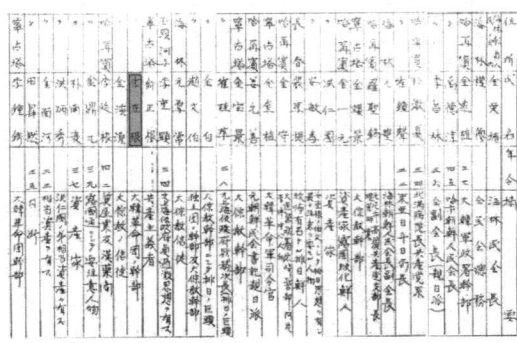

대종교 설립 계획과 관련하여 하얼빈에서 비밀리에 조직된 滿蒙産業會의 참여자 명단. 大韓革命團의 간부로 적혀 있는 李在根(네모 안)의 이름이 보인다.

한편 이재근은 1923년 4월 대종교 재건을 위해 비밀리에 결성된 만몽산업회(滿蒙産業會)에도 이름을 올렸다. 이 조직은 청산리독립전쟁 이후 각 곳으로 흩어진 대종교 세력의 재건을 위해 도모된 비밀조직이었다. 당시 이재근은 영안현 지역에 거주하며 대한혁명단(大韓革命團) 간부의 자격으로 이 조직에 참여하였다. 만몽산업회에 참여한 주요 인물들을 보면 고문(顧問)으로 참여한 김교헌(金教獻, 당시 대종교 교주)과 김좌진(金佐鎭)·조성환(曹成煥)·현천묵(玄天黙)을 위시하여 김영선·김원식(金遠植)·우덕순(禹德淳)·원풍·김규식(金奎植)·강윤선(姜允善)·최계화(崔桂華)·김백(金白)·유정근(兪正根)·이종수(李鍾秀) 등, 대종교의 지도급 인사들이 대거 참여하였다.

이재근의 교력과 간략한 대종교단 내의 기록은 전하지 않는다. 그의 입교와 영계, 그리고 교질 관계 역시 알 수가 없다. 그러나 그가 대종교 중진들이 함께한 북만경학연구회 참여나 대종교 재건을 위해 조직된 비밀단체 만몽산업회에 가담한 것을 보면, 그 이전에 이미 대종교에 깊이 관여했음을 알 수 있다. 또한 그의 대종교단 내에서의 비중 역시 상당했을 것으로 추정된다.

[참고문헌]
『北滿耕學研究會 設立의 件』(不逞團關係雜件-朝鮮人의 部-在滿洲의 部33, 한국사DB, 국사편찬위원회), 「臨時報 第172號(大倧教 設立計劃)」(不逞團關係雜件-朝鮮人의 部-在滿洲의 部36, 關機高收 第5452號-1; 機密受第262號, 한국사DB, 국사편찬위원회)

이재만(李在萬, 남, 생몰 미상)
입교 시기_ 1937년 | 교질_ 미상

출신지역과 생몰연대를 알 수 없는 인물이다. 1926년 6월 왕청현(汪淸縣) 백초구(百草溝) 상부지(商埠地)에 소재한 백초구청년회의 간부로 활동하였다. 이 청년회는 1923년 3월에 설립된 조직으로 회원 상호 간의 친목을 도모하고 지식능력의 증진 및 풍속개량을 목적으로 하였다. 이 조직 역시 동만청년연합회(東滿靑年聯合會)에 가입하여 매월 1회의 강연회와 2회의 토론회를 개최하여 사상연구에 힘썼다. 회장 김용한(金龍漢)을 비롯하여 김효민(金孝敏)·현병순(玄柄順)·박영춘(朴英春)·방호순(方鎬洵)·한원석(韓元錫)·김원응(金元應) 등이 임원을 맡아 이재만과 함께 했다. 이재만의 대종교 교력을 살피면, 비교적 늦은 시기인 1937년 1월 27일(음력) 대종교 양일시교당(亮一施教堂)의 추천으로 영계(靈戒)를 받았으나, 그 외의 기록은 전하지 않는다. 양일시교당은 밀산현(密山縣) 하량자(下亮子)에 소재한 시교당으로 그곳은 대종교 주요 거점의 하나였다.

[참고문헌]
『대종교보』제113호(1937년), 「間島 및 琿春地方 朝鮮人의 結社團體 調査報告에 關한 件」(不逞團關係雜件-朝鮮人의 部-在滿洲의 部43, 機密 第591號; 外務省文書課受 第627號, 한국사DB, 국사편찬위원회)

이재만(李載萬, 남, 1886-1943)
입교 시기_ 1917년 이전 | 교질_ 참교 | 서훈_ 애족장(1990)

충청남도 홍성군(洪城郡) 금마면(金馬面) 봉서리(鳳棲里) 출신으로, 1919년 3.1독립만세운동 직후 연극공연을 이용하여 만세운동을 주도한 인물이다. 이재만은 민영갑(閔泳甲)과 함께 독립만세시위 거사를 의논하고 금마면 가산리(佳山里)의 이원문(李元文)의 집에 설치된 가설극장을 이용하기로 하였다. 그는 민영갑·김재홍(金在洪)·최중삼(崔仲三)·조재학(趙載學) 등과 함께, 같은 해 4월 1일 이곳의 연극 공연 도중 대한독립만세를 선창하여 관람하던 수십 명의 관객 시위를 주도하였다. 이 사건으로 체포된 이재만은 같은 해 7월 3일 고등법원에서 징역 1년형이 확정되어 옥고를 치렀다.

이재만의 대종교 입교 시기나 영계(靈戒) 사항에 대한 기록은 전하지 않는다. 그러나 그가 1917년 5월 27일(음력) 황하운(黃河蓮)과 더불어 참교(參教)의 교질(教秩)을 받은 기록이 남아 있다. 그의 대종교 입교가 그보다 훨씬 전으로 올라감이 확인된다.

[참고문헌]
『종문영질』(프린트본, 1922), 「판결문」(고등법원, 1919.7.3.), 『독립운동사자료집』5(독립운동사편찬위원회, 1971), 『독립운동사』3(독립운동사편찬위원회, 1972)

함경남도 홍원군(洪原郡) 삼호면(三湖面) 풍상리(豊上里) 출신이다. 본명은 이재풍(李在豊)이지만, 대종교 입교 이후 이재유(李在圃)로 많이 활동하였다. 일찍이 향리에서 15년간 한학을 수학하고, 1901년부터 10년간을 사숙(私塾)의 교원으로도 근무하였다.

경술국치를 당한 해인 1910년 겨울에 봉천성(奉天省) 무송현(撫松縣) 서대령(西大嶺)으로 이주하여 농업에 전념하였다. 1918년 봄 무송현에 거주하면서, 대종교의 중진인 정안립(鄭安立)·박우진(朴宇鎭) 등이 한인 이주자들의 생계를 돕기 위하여 동성한족생계회(東省韓族生計會)를 발족할 당시 발기인으로 참여하였다. 그리고 1919년 6월(음력)에는 대종교 항일단체인 흥업단(興業團)에 가입하면서 본격적인 대종교항일투쟁의 길을 걷게 된다.

일제의 문서에 기록된 백산무사단 삼도구 지부의 주요 임원 명단. 맨 오른쪽 지부총단장을 맡은 李在豊(李在圃)의 이름(네모 안)이 보인다.

1922년 3월에는 장백현(長白縣) 삼도구(三道溝) 마이하(馬耳河) 지역을 거점으로, 백산무사단(白山武士團) 지부(支部)의 총단장 맡아 활동하였다. 백산무사단은 1921년 5월 만주 임강현(臨江縣) 모아산(帽兒山)를 근거로 조직된 항일단체로, 각 지방에 조직망을 만들어 6천여 명의 단원을 확보한 대규모의 항일투쟁 기관이었다. 당시 장백현 삼도구 지역 백산무사단 지부의 주요 역원(役員)들을 보면 아래 표와 같다.

소속	성명	직위	소속	성명	직위
총단	李在圃	총단장	제2부	金石春	외무원
	李益鉉	총무부장		南基洛	부장
	金寶煥	총무		金宗桂	이사원
	金成晋	서기	제3부	金熙三	군자금모집원
	金得鐘	통신원		朱明俊	군량모집원
제1부	金官雄	부장		朴大俊	청년모집원
	金時雨	재무원		金仁洙	통신원
	金永鎰	서기		李朝日	단원

소속	성명	직위	소속	성명	직위
제2부	任善必	부장	제3부	洪龍雲	단원
	崔貞	이사원		李亨植	단원
	金貞三	경호원		朴應贊	단원
	趙成祿	통신원		金泰順	단원
	金俊三	서기		金錫奧	단원

이재유는 1923년 2월 16일, 이곳 삼도구에서 부하들과 함께 독립운동 방침을 협의하고 아래와 같이 보다 적극적이고 구체적인 항일투쟁의 방략을 결정하였다.

1. 재외동포의 생명·재산을 보호할 일
2. 일본 관헌과 한국인 밀정(密偵)들은 총살하는 대신 생포할 일
3. 당분간 사무소를 산간(山間)에 둘 일
4. 심육도구(十六道溝)에 잠입하여 활동할 일

이후 이재유는 대종교 항일단체인 신민부(新民府)에도 소속되어 그 중추 역할을 하게 된다. 특히 1926년 5월 16일, 신민부의 마진(馬晉)·김계산(金桂山)·이승래(李承來) 등과 협의하며 돈화현(敦化縣) 지역에 신민부총관소(新民府總管所)를 설치하고 신민부 돈화현 총관소장을 맡았다. 박용호(朴龍鎬, 총관소 총무)와 김창호(金昌浩, 총관소 서기) 등이 이재유를 도와 함께 했으며, 마진·김계산·이승래도 돈화현 총관소 고문을 맡아 이승래의 활동을 지원하였다.

신민부는 대종교 항일단체인 대한군정서(북로군정서)를 계승한 조직으로 대종교의 이상이었던 배달국 공화주의의 정치형태를 추구한 집단이었다. 김혁(金爀, 신민부중앙집행위원장)·조성환(曹成煥, 신민부외교부위원)·김좌진(金佐鎭, 신민부군무부위원)·나중소(羅仲昭, 신민부중앙집행위원)·현천묵(玄天黙, 신민부중앙집행위원)·이범윤(李範允, 신민부중앙집행위원)·최우송(崔友松, 신민부내무부위원)·최강(崔岡, 신민부교통부위원)·이범석(李範奭, 신민부재무부위원)·정신(鄭信, 신민부교육부위원) 뿐만 아니라, 이재유를 비롯한 백순(白純)·강인수(姜寅秀)·김규식(金奎植)·이승래(李承來)·이옥규(李沃圭)·성하식(成夏植)·오근태(吳根泰)·이현익(李顯翼)·정순상(鄭舜相)·윤창열(尹昌烈)·류우식(柳佑植)·우덕순(禹德淳)·이성우(李成宇)·지장회(池章會)·현천극(玄天極)·심근(沈槿)·윤복영(尹復榮)·이정(李楨)·나정련(羅正練)·김영숙(金永肅)·박찬익(朴贊翼)·현갑(玄甲) 등, 대부분의 역원들이 모두 대종교의 핵심들이었다.

이재유의 대종교 교력을 보면, 1921년 11월 1일(음력, 이하 음력) 대종교에 입교한 인물이다. 그가 흥업단에서 활동하던 시기임을 알 수 있다. 그리고 1922년 8월 10일 영계(靈戒)와 함께 참교(參敎)의 교질(敎秩)을 함께 받고, 1934년 이후 지교(知敎)와 상교(尙敎)로 차례로 승질(陞秩)되었다. 이후 대종교 북일도본사(北一道本司) 소속 시교원(施敎員)과 대종교총본사 경의원(經議院) 참의(參議)를 역임하였다. 또한 1937년 천전건축주비회(天殿建築籌備會)의 발기와

1939년 대종교교적간행회(大倧教教籍刊行會)의 출범에도 깊이 관여하였다. 당시 교적간행회에는 자신의 어려운 형편에도 불구하고 최세남(崔世南)·김종수(金鍾秀)·최병욱(崔秉郁) 등과 3주(株)의 자금을 투자하기도 했다.

그러나 이재유가 천진건축주비회에 관여할 무렵부터, 일제는 대종교지도자들에 대한 감시를 더욱 강하게 옥죄어 왔다. 대종교는 1937년 4월 7일부터 매일 아침 조배식(朝拜式)을 거행하고 대종교발전을 위해 지성으로 염원하는 동시에 교무행정도 대폭 강화·쇄신하였다. 또한 고궁 유지(遺址)에 천진전(天眞殿)을 건축키로 목단강성(牧丹江省) 공서(公署)의 인허를 얻고 주비사무(籌備事務)를 진행하는 한편, 대종학원(大倧學園)도 신설하여 초·중등부를 운영함으로써 육영사업에도 진력하였다.

이처럼 대종교가 재도약의 길로 들어서자 일제는 당황하기 시작했다. 회유는 물론이고 대종교에 대한 내사(內査)와 감시를 더욱 강화해 갔다. 심지어는 대종교총본사 내에 교인을 가장한 밀정까지 잠입시켜 교계의 동향과 교내 간부들의 언행을 일일이 정탐하였다. 마침내 1942년 여름 천진전건축주비 문제와 관련하여 국내 조선어학회를 이끌던 고루 이극로(李克魯)가 만주 동경성의 대종교 교주인 단애(檀崖) 윤세복(尹世復)에게 보낸 편지가 빌미가 되었다. 편지 속에 동봉한 「널리 펴는 말」을 문제 삼았다. 그 글 마지막 부분에 나오는 다음 구절을 날조하여 구실을 삼은 것이다.

"…(전략)…만나기 어려운 광명의 세계는 왔다. 반석 우에 천전(天殿)과 교당(教堂)을 짓자! 기름진 만주벌판 대종학원을 세워서 억센 일군을 길러내자! 우리에게는 오직 희망과 광명이 있을 뿐이다. 일어나라 움직이라! 한배검이 도우신다."

일제는 이를 검열한 뒤 밑줄 그은 '일어나라 움직이라'는 표현을 '봉기하자 폭동하자'로 바꾸고 이 글을 「조선독립선언서(朝鮮獨立宣言書)」라 검박하였다. 그리고 "대종교는 조선 고유의 신도(神道) 중심으로 단군문화를 다시 발전하는 표방 하에서 조선민중에게 조선정신을 배양하고 민족자결의 의식을 선전하는 교화 단체이니 만큼 조선독립이 그 최후 목적이라."는 반국가단체의 죄목을 덮어 씌웠다. 그리고 1942년 11월 19일 국내에서는 조선어학회사건과 때를 같이 하여 만주와 국내 각처에서 교주 윤세복을 비롯한 대종교지도자 20여명을 동시에 체포하였다. 이것이 대종교의 임오교변(壬午教變)이다. 당시 피검 상황을 볼 때, 이들에 대한 구속이 한 날 동시에 이루어 졌다는 것만 살피더라도, 일제가 대종교의 말살을 위하여 얼마나 치밀한 사전계획을 세웠는가를 알 수 있다.

임오교변은 일제가 식민지 지배를 영구히 하고자 하는 목적으로 일제에 항거하는 항일단체나 독립운동자를 일제히 검거한 정책적인 조치로서, 일제하 희대의 종교적 탄압 사건이었다. 이것은 대종교라는 종교단체가 바로 항일독립운동의 본거지로서, 대종교의 포교와 교육활동 그리고 한글과 우리 역사에 대한 연구 작업 모두가 조국광복

을 위한 노력으로 귀착되었다는 점과 연관된다.

마침내 대종교 교주 윤세복을 비롯한 20여명의 대종교 지도자들은 이른 바 치안유지법위반이라는 죄목으로 목단강(牧丹江) 경무처(警務處)와 액하감옥(掖河監獄)에 분산 구금되어 혹독한 취조를 받았다. 당시의 가혹한 감방규칙을 보면, 항상 벙어리가 되어 말이 없어야 하며 서로 돌아 앉아 얼굴을 못 대하고 누울 때는 얼기설기 머리와 발을 맞추어야 했다. 또한 추워도 이불을 목에 두르거나 요로 무릎을 덮지 못하며 하루 두 끼 먹는 조밥은 돌이 많고 그도 없을 때에는 숭늉 한 공기로 끼니를 때웠다. 또한 체조할 때 동작 맞추는 문제, 잠잘 때 코를 골고 뒤척거리는 문제, 배탈 설사로 인한 옷을 더럽히는 문제 등, 실로 말로 다 표현할 수 없는 간섭과 협박으로 고통의 나날을 보내야 했다.

일제의 고문 또한 악랄했다. 배탈로 인해 참지 못하고 설사를 한 사람을 기진력진하도록 무수히 난타하고는 2~3일 씩 밥을 굶기는 것은 예사였다. 또한 날마다 2~3인 혹은 3~4인 씩을 뽑아 개별로 취조할 때의 각양 각종의 고문은 말로 다 형언할 수가 없었다. 그들은 나이의 고하를 가리지 않고 고문을 행했다. 이 고문 과정에서 이재유를 포함한 10명의 대종교지도자가 사망하였다. 대종교에서는 이들을 임오십현(壬午十賢)이라 추모한다. 당시 임오교변으로 사망한 대종교지도자 10명의 신상은 다음표와 같다.

성명	별호	향수	사망일자	피검지	사망지	장지
권상익 (權相益)	성재 (省齋)	44	1943. 5. 5.	밀산현 三棱通	목단강시 적십자병원	三棱通 仲坪麓
이정 (李 楨)	회봉 (晦峰)	49	1943.7.30.	영안현 新安村	액하감옥	新安村 寧家屯
안희제 (安熙濟)	백산 (白山)	59	1943.8. 3.	(국내)의령 군 立山里	목단강시 永濟의원	의령군 立山麓
나정련 (羅正練)	염재 (念齋)	62	1943.8.18.	영안현 東京城	액하감옥	東京城 東門밖
김서종 (金書鐘)	설도 (雪島)	51	1943.8.27.	하얼빈	액하감옥	함안군 漆原麓
강철구 (姜鐵求)	해산 (海山)	53	1943.9.23.	연길현 銅佛寺	연길현 銅佛寺	銅佛寺麓
오근태 (吳根泰)	죽포 (竹圃)	63	1944. 1. 5.	영안현 臥龍屯	圖佳線 柴河驛	柴河驛麓
나정문 (羅正紋)	일도 (一島)	54	1944. 1. 7.	영안현 東京城	영안현 東京城	목단강 상류
이창언 (李昌彦)	백향 (白香)	68	1944. 1. 9.	영안현 舊街村	목단강 警務處	舊街村 卜家屯
이재유 (李在囿)	백람 (白嵐)	68	1945.2. ?.	길림성 돈화현	길림감옥	함흥군 先塋下

이재유 역시 1942년 11월 19일 거주하고 있던 길림성 돈화현에서 불시에 체포되었다. 목단강 경무처로 압송된 그는 4개월 동안 무리한 고문을 당하고 액하감옥으로 옮겨간 후 15개월 동안에도 견디기 어려운 고역을 겪었다. 1944년 5월 7일, 5년형의 언도를 받았으나 병환으로 인해 보석되어 환가(還家) 요양하였다. 그러나 병세가 호전되기도 전에 길림감옥으로 전감(轉監)되어 복역하던 중 1945년

2월에 고문후유증으로 옥중 귀천(歸天)하였다.

대종교에서는 해방 다음해인 1946년 8월 15일, 이재유에게 '하느님을 공경히 받들고 겨레를 사랑하며 대종교를 지키기 위해 자신을 희생했다(敬神愛族 衛道成仁)'는 덕담과 함께 정교(正敎)의 교질을 추승(追陞)하고 대형(大兄)의 교호(敎號)를 추증(追贈)하였다.

[참고문헌]
『대종교보』제151호(1946년).『대종교인과 독립운동연원』(이현익, 프린트본, 1963).『대종교중광육십년사』(대종교총본사, 1971).『임오십현순교실록』(대종교총본사, 1971).「政機密 第14號, 秘受 7369號」(不逞團關係雜件-朝鮮人의 部-在滿洲의 部6, 排日鮮人의 動靜에 관한 건, 한국사DB, 국사편찬위원회).「大正 10년 중에 있어서 管內 不逞鮮人의 狀況」(不逞團關係雜件-朝鮮人의 部-在滿洲의 部32, 機密 第8號; 機密受第9號, 한국사DB, 국사편찬위원회).「大正十五年 六月中 間島(琿春縣을 包含) 및 接壤地方 治安情況」(不逞團關係雜件-朝鮮人의 部-在滿洲의 部43, 機密 第654號; 外務省文書課受 第692號, 한국사DB, 국사편찬위원회).『동아일보』1923.2.25..『한국독립사』하(김승학, 독립문화사, 1965)

이정

함경북도의 이정은 1918년에 참교(參敎)의 교질(敎秩)을 받고, 충청북도의 이정은 1922년에 참교의 교질을 받는다. 이정은 일찍이 고향에서 한학을 수학하고 북간도로 망명하였다. 이후 1914년 3월(음력, 이하 음력) 왕청현(汪淸縣) 덕원리(德源里)에 소재한 명동소학교를 졸업하였다. 이 명동소학교는 대종교지도자이자 중광단(重光團)의 단장이었던 백포(白圃) 서일(徐一)이 설립한 학교로, 졸업한 학생들 중에는 후일 대한군정서의 사관연성소로 진학하여 항일투사의 길을 걸은 인물들이 많았다. 이정 역시 같은 길을 걸었다.

이재준(李再俊, 남, 생몰 미상)
입교 시기_ 1922년 | 교질_ 미상

출신지역과 생몰연대를 알 수 없는 인물이다. 일제의 문서에는 드러나지 않으며 오직 대종교단 내의 기록에만 언급되고 있다. 이재준은 1922년 9월 30일(음력) 대종교 석일시교당(石一施敎堂)을 개척한 인물로 알려져 있다. 그의 대종교 입교가 그 이전에 이루어졌음을 알 수 있으나, 영계(靈戒) 사항이나 교질(敎秩) 관계는 파악되지 않는다. 당시 석일시교당은 대종교 항일투쟁의 주요 근거의 하나였던 러시아아령 연해주 석토하 지역에 소재했으며, 대종교 동이도본사(東二道本司) 제이지사(第二支司) 관할이었다. 또한 이재준은 같은 해 11월 18일(음력) 석일시교당의 전무(典務, 책임자)로 임명되었고, 동광열(董光烈)과 김승욱(金承郁)이 찬무(贊務, 부책임자)를 맡아 그를 도왔다.

[참고문헌]
『대종교보』제56호(1922년).『대종교중광육십년사』(대종교총본사, 1971)

이정(李楨, 남, 1895-1943)
아호(별호)_ 회봉(晦峰)
입교 시기_ 1922년 이전 | 교질_ 상교 | 서훈_ 독립장(1963)

함경북도 경원군(慶源郡) 안농면(安農面) 양동리(良洞里) 출신이다. 일제의 밀정으로 활동한 충청북도 음성 출신의 이정(李楨, 1883-1943)과는 동명이인이다. 공교롭게도 이 두 인물은 한자도 같고 대종교 항일단체인 대한군정서(북로군정서)의 활동도 겹친다. 또한 사망연도까지 동일한 관계로 많은 혼동을 주었다. 분명한 것은 확연히 다른 인물이다.

1922년 대종교에서 작성한 『倧門榮秩(교인들의 교질을 작성한 명부)을 보면, 왼쪽의 李楨(네모 안, 무오년 1918년 11월 26일 참교의 교질을 받음)과 오른쪽의 李楨(네모 안, 임술년 1922년 3월 16일 참교의 교질을 받음)이 있다. 서로 다른 인물임을 확인해 준다.

연길현(延吉縣)으로 넘어간 이정은 그곳에서 간민교육회(墾民敎育會)가 설립한 광성학교(光成學校) 사범반에 입학해 1917년 4월 졸업했다. 1920년 3월 다시 왕청현으로 돌아와 대한군정서 사관양성소 속성과를 수업하고, 대종교 항일단체인 대한군정서에 가담하여 총재의 막빈(幕賓, 비서)으로 활약하였으며, 그 해 10월에는 청산리독립전쟁에 참가하여 일본군을 격퇴하는데 일익을 담당하였다. 이후에도 대한군정서를 재건시키기 위해 대종교 항일투사들과 꾸준히 노력하면서, 1923년에는 만주지역의 독립운동단체들을 통합하기 위한 군사연합회의 준비회에 가담하여 회장인 이범윤(李範允)을 돕기도 했다. 또한 대종교 항일단체인 신민부(新民府)가 출범하자 모연대원(募捐隊員)으로 활동하는가 하면, 대종교비밀결사인 귀일당원(歸一黨員)으로 암약하기도 했다.

한편 1921년 7월 왕청현의 사립소학교 교사로 8년간을 재직했다. 또한 1930년 4월에는 왕청현 공립제10소학교 교장으로 취임해 6년, 1936년 5월부터 공무원으로서 영안현(寧安縣) 신안진(新安鎭) 농무계(農務契) 사무원으로 2년, 1938년 3월부터 수도계원으로 2년간을 복무하며, 교육과 지역 발전에 남다른 열정을 병행했다. 그러나 1942년 일제에 의해 구속되어 목단강(牧丹江) 감옥(監獄)에서 순국(殉國)하였다.

[교력]
이정은 1914년 7월 8일 대종교에 입교하였다. 왕청현 덕원리의 대종교 학교인 명동소학교를 졸업한 직후인 것을 알 수 있다. 그리고 1918년 11월 26일 영계(靈戒)와 함께 참교(參敎)의 교질(敎秩)를 동시에 수여받는다. 이 시기는 대종교의 중광단이 대한정의부로 개편되고 군정서로 옮겨가기 위해 준비하던 시기였다.
이후 이정은 대종교의 중심이었던 영안현(寧安縣) 신안진(新安鎭)에 거점을 잡고 대종교 포교를 통한 항일투쟁을 지속해 갔다. 더욱이 1942년 10월 1일 지교(知敎)로 승질하면서 대종교의 중심부에 더욱 다가섰다. 그러나 이 시기 들어 일제는 대종교에 대한 내사와 감시를 더욱 엄밀히 할 뿐만 아니라, 심지어는 대종교총본사 내에 교인을 가장한 밀정까지 잠입시켜 대종교의 동향과 간부들의 언행마저도 일일이 정탐하고 있었다.
이러한 분위기 속에서 1942년 여름, 윤세복 교주가 당시 국내에 있던 조선어학회 이극로로부터 받은 편지 내용이 빌미가 되어 일이 터졌다. 이극로의 편지 속에「널리펴는 말」이라는 원고가 동봉되었다. 이극로의「널리펴는 말」은 그 내용을 살피면 대종교 교당 설립과 대종학원 설립 취지문과 같은 것이었다. 그 말미에 나오는 "이제 우리는 체면을 유지할 만한 천전과 교당도 가지지 못하였으며 또는 교회의 일꾼을 길러낼 만한 교육기관도 없다. …(중략)…반석 위에 천전과 교당을 짓자! 기름진 만주 벌판에 대종학원을 세워서 억센 일꾼을 길러내자! 우리에게는 오직 희망과 광명이 있을 뿐이다. 일어나라 움직이라! 한배검이 도우신다."라는 구절이 이를 뒷받침한다. 일제는 검열 과정에서 이 글의 끝에 나오는 "일어나라, 움직이라!"라는 구절을 "봉기하자, 폭동하자!"로 날조하고 이것을『조선독립선언서』라 하여 대종교를 압박하기 시작한다. 이 필화 사건이 바로 임오교변(壬午敎變, 1942년 임오년 대종교지도자 일제 구속 사건)의 도화선이 되는 것이다. 마침내 일제는 대종교를 아래와 같이 반국가단체의 죄목을 덮어씌웠다.

　　"대종교는 조선 고유의 신도(神道) 중심으로 단군문화를
　　다시 발전하는 표방 하에서 조선민중에게 조선정신을
　　배양하고 민족자결의 의식을 선전하는 교화 단체이니
　　만큼 조선독립이 그 최후 목적이라."

그리고 1942년 11월 19일 국내에서는 조선어학회사건과 때를 같이 하여 만주와 국내 각처에서 교주 윤세복을 비롯한 대종교지도자 21명을 동시에 체포했다. 이것이 한국종교사에도 잘 드러나지 않은 대종교의 임오교변이다. 당시 피검

상황을 볼 때, 이들에 대한 구속이 한 날 동시에 이루어 졌다는 것만 살피더라도, 일제가 대종교의 말살을 위하여 얼마나 치밀한 사전계획을 세웠는가를 알 수 있다.
임오교변은 일제가 식민지 지배를 영구히 하고자 하는 목적으로 일제에 항거하는 항일단체나 독립운동자를 일제히 검거한 정책적인 조치로서, 일제하 희대의 종교적 탄압 사건이었다. 이것은 대종교라는 종교단체가 바로 항일독립운동의 본거지로서, 대종교의 포교와 교육활동 그리고 한글과 우리 역사에 대한 연구 작업 모두가 조국광복을 위한 노력으로 귀착되었다는 점과 연관된다.
교주 윤세복을 비롯한 20여명의 대종교지도자들은 이른바 치안유지법위반이라는 죄목으로 목단강 경무처와 액하감옥(液河監獄)에 분산 구금되어 혹독한 취조를 받는다. 가령 백산 안희제는 9개월 동안 감방살이를 하면서 70여회의 말로 형언할 수 없는 고문취조를 당했다. 구금된 대종교지도자들은 항상 벙어리가 되어 말이 없어야 하며 서로 돌아 앉아 얼굴을 못 대하고 누울 때는 얼기설기 머리와 발을 맞추어야 했다. 또한 추워도 이불을 목에 두르거나 요로 무릎을 덮지 못하며 하루 두 끼 먹는 조밥은 돌이 많고 그도 없을 때에는 숙능 한 공기로 끼니를 때웠다. 체조할 때 동작 맞추는 문제, 잠잘 때 코를 골고 뒤척거리는 문제, 배탈 설사로 인한 옷을 더럽히는 문제 등, 실로 말로 다 표현할 수 없는 간섭과 협박으로 고통의 나날을 보내야 했다.
이 때 투옥된 간부 중 이정을 포함한 권상익(權相益)·안희제(安熙濟)·나정련(羅正練)·김서종(金書鍾)·강철구(姜銕求)·오근태(吳根泰)·나정문(羅正紋)·이창언(李昌彦)·이재유(李在囿) 등 10명이 일제의 고문 후유증으로 순교하였다. 이 때 순교한 10명을 대종교단에서는 순교십현(殉敎十賢) 또는 임오십현(壬午十賢)이라고 한다. 이정 역시 체포된 후, 영안현서를 거쳐 액하감옥으로 옮겨져 구금된 지 8개월만인 1943년 7월 30일 감옥에서 귀천(歸天)하였다. 향년 49세로 그의 유해는 신안촌 영가둔(寧屯)에 장사를 치렀다.
당시 액하감옥에 갇혀 있던 교주 윤세복은 이정의 죽었다는 소식을 접하고 '이정을 곡함(哭 李禎 棟)'이란 아래의 만시를 남겼다.

　　福堂何日始聞名　어느 날 복당(감옥)에서 처음 이름을 듣고
　　脈脈相看不識情　데면데면 얼굴만 보고 마음을 몰랐구나.
　　一死報君有志　대종교를 위한 죽음의 뜻 그대는 가졌으니
　　愧吾無德又無誠　덕 없고 정성 없는 나, 너무 부끄럽구나.

그리고 해방 직후인 1945년 7월 28일, 영안현 신안촌에 있는 이정의 구가(舊家)에서 대종교총본사 주관으로 여러 교인이 모여 치제식(致祭式)을 거행하였다. 교주인 윤세복이 직접 참례하여 김영숙(金永肅)이 주제(主祭)와 원도(願禱)를 하고 윤정현(尹珽鉉)이 의식(儀式)과 제문(祭文)을 읊었으며 채오(蔡五)가 송도(頌禱)를 하였다. 당시 올린 제문은 아래와 같았다.

"이제 우리가 도형(道兄, 단애 윤세복을 말함-인용자 주)을 뫼시고 인체영우(仁棣靈右, 죽은 이정의 영전을 이름-인용자 주))에 눈물 섞인 이 제문을 드리게 되오니 느낌과 슬픔이 함께 서리나이다. 그때 무지한 저들에게 검거된 우리 일행 21인은 무사히 회가(回家)한 사람이 다섯이오, 그 고형(拷刑)을 못 이겨 한 많은 눈물을 머금고 귀천(歸天)하신 이가 인체(仁棣)까지 10인이오며, 그 나머지 우리 6인은 무기(無期)를 받고 오직 대덕(大德)을 베푸시는 천조(天祖)의 묵우(黙佑)에서 겨우 숨이 붙어 지내더니, 천신(天神)께서 불쌍히 보시와 다시 부리시랴는 뜻인지, 이달 초 5일에 아·일(俄日) 간 교전(交戰)의 총소리와 함께 액하감문(液河坎門)을 나왔나이다.

그러나 인체를 철창에서 여의고 나온 우리들의 슬픔은 언제나 목단강의 물소리가 처연하고 액하의 설풍(雪風)은 기억만 남아 새롭소이다. 산하는 의구한데 인체는 어디를 가셨는가! 인간의 사생(死生)이 구곡(軀殼)에 있지 않음을 일찍이 신형(神兄, 홍암 나철을 말함-인용자 주)께서 가르치신 바이지만, 우리는 아직 인간의 버릇을 떠나지 못한지라 천산(天山)에 돌아가는 구름은 무심도 하고 빗소리에 젖은 초목은 빛이 없도다.

아! 슬픈들 어이하며 울어 무엇하랴! 이번에 저들이 우리를 검거함은 오직 천신께서 우리를 시련(試練)하심이오, 인체의 순교(殉敎)는 대교(大敎, 대종교를 이름-인용자 주)의 새빛이라. 한울뫼는 외외(巍巍)하고 한가람은 양양(洋洋)하도다.

인체시어! 우리는 옥문(獄門)을 나서면부터 조국(祖國)의 독립만세(獨立萬歲)도 국제적 동정(國際的同情)과 인간적 정의(人間的正義)에서 불렀으며 대종교총본사의 문도 다시 열고 신일시교당(信一施敎堂) 문도 새로 열었나이다. 얼마나 반기십니까. 아마 인체의 성령(性靈)은 옥전(玉殿)의 찬란한 꽃밭에서 천신을 뫼시고 즐겨 춤추실 줄 아나이다. 이다지 반가운 일을 보오매 인체를 여읜 슬픔이 더욱 넘치옵기 이제 상기(祥期)를 제(際)하여 우리 일동이 영우(靈右)에 일곡(一哭)을 드리나이다."

그리고 이정은 대종교총본사가 국내로 환국한 후인 1946년 광복절을 맞아, '정성을 다해 대종교를 믿고, 그것을 지키려 모든 것을 바쳤다(信悰輪誠 衛道成仁)'라는 덕담과 함께 상교(尙敎)로 추승(追陞) 되었다.

[참고문헌]
『대종교보』제151호(1946년), 『종문영질』(프린트본, 1922), 『대종교중광육십년사』(대종교총본사, 1971), 『홍암신형조천기』(김교헌 편, 대종교총본사, 1954), 『임오십현순교실록』(대종교총본사, 1971), 「檀君降誕紀念會에 관한 건(不逞團關係雜件-朝鮮人의 部-在西比利亞6, 機密 제78호, 한국사DB, 국사편찬위원회), 「鮮人의 행동에 관한 건(不逞團關係雜件-朝鮮人의 部-在西比利亞12, 機密제43호, 한국사DB, 국사편찬위원회)

이정구(李鼎求, 남, 1888-?)

아호(별명)_ 백산(百山)
입교 시기_1922년 | 교질_ 미상

출신지역이 불분명하나 기호지방(畿湖地方, 한성부) 출신일 가능성이 높다. 이정구가 1909년 당시 기호학교의 재학생이었던 것과, 1922년 음력 10월 무렵 경성부 화동(花洞) 40번지에 살고 있던 것이 이를 뒷받침한다. 기호학교는 1908년 6월 20일 기호흥학회(畿湖興學會)에서 설립한 교육기관으로 현재 중앙중·고등학교의 모체가 되는 교육기관이다.

이정구는 국내 대종교의 암흑기인 1922년 당시, 경성부에 소재한 대종교 남도본사(南道本司) 제1지사를 중심으로 활동한 인물이다. 당시 대종교는 일제의 철저한 통제로 제대로 된 집회조차도 쉽지 않았으며 대종교에 입교하는 것도 비밀리에 이루어지던 시기였다. 이러한 때에 이정구는 1922년 윤5월 5일(음력) 남일도 제1지사의 선리부찬(宣理部贊)으로 임명되어 이간재(李侃宰)·박봉래(朴鳳來)·강기원(姜琪元)·박해양(朴海陽)·김준한(金畯漢)·최양희(崔養熹)·고준상(高俊相) 등과 제1지사의 일선업무에 종사했다. 그의 대종교 입교가 그 이전에 이루어졌음을 알려준다. 또한 같은 달 11일(음력) 김종한(金宗漢)·유맹(劉猛)·정택조(鄭宅朝)·이간재·양세환(梁世煥) 등과 영계(靈戒)를 받았으나, 그 이후의 기록은 전하지 않는다.

[참고문헌]
『대종교보』제54호(1922년), 『대종교중광육십년사』(대종교총본사, 1971), 『기호흥학회월보』제12호(1909년)

이정근(李廷根, 남, 1880-?)

입교 시기_ 1923년 이전 | 교질_ 미상

출신지역이 불분명한 인물로, 만주로 건너간 시기 역시 확인되지 않는다. 1923년 4월 하얼빈 지역을 중심으로 대종교 재건을 위해 비밀리에 결성된 만몽산업회(滿蒙産業會)에 이름을 올렸다. 만몽산업회는 청산리독립전쟁 이후 각 곳으로 흩어진 대종교 세력의 재건을 위해 도모된 비밀조직이었다. 당시 이정근은 하얼빈 지역에 거주하며 한약상(漢藥商) 및 전당포 사업을 하면서, 김원식(金遠植)·우덕순(禹德淳)·김정구(金鼎九)·박남섭(朴南燮)·홍병수(洪炳秀)·김면하(金面河)·전승묵(田昇黙) 등 하얼빈 지역 인물들과 만몽산업회에 참여하였다.

만몽산업회에 참여한 주요 인물들을 보면, 고문(顧問)으로 참여한 김교헌(金敎獻, 당시 대종교 교주)과 김좌진(金佐鎭)·조성환(曹成煥)·현천묵(玄天黙)을 위시하여 김영선(金榮璿)·김원식(金遠植)·우덕순(禹德淳)·원풍(元豊)·김규식(金奎植)·강윤선(姜允善)·최계화(崔桂華)·김백(金白)·유정근(兪正

根)·이종수(李鍾秀) 등, 대종교의 지도급 인사들이 대거 참여하였다. 이 조직이 대종교 재건을 위한 비밀결사였음을 재확인시킨다.

이정근의 교력과 관련된 대종교단 내의 기록은 전하는 것이 없다. 그의 영계(靈戒) 사항이나 교질(敎秩) 관계 역시 남아있지 않다. 다만 그가 1923년 4월 만몽산업회에 참여한 것으로 보아 그 이전에 입교한 것이 확인된다. 또한 그조직에 참여한 인물들이 대종교 중진들이었고 보면, 이정근 역시 대종교단 내에서의 종교적 비중 역시 상당했을 것으로 추정된다.

대종교 재건을 위한 비밀단체인 만몽산업회 명단이 적힌 일제의 문서.
하얼빈 지역 자산가인 홍인국과 함께 김일원의 이름이 보인다.

[참고문헌]
「大倧敎 設立計劃」(不逞團關係雜件-朝鮮人의 部-在滿洲의 部36, 機密受제262호-關機高收제5452호-1, 한국사DB, 국사편찬위원회)

이정숙(李貞淑, 여, 1858-1935)
입교 시기 _ 1917년 | 교질 _ 참교

경기도 양주 출신으로, 갑신정변 당시 피살당한 조영하(趙寧夏)의 부인이다. 1906년 6월 엄황귀비의 후원으로 세운 명신여학교(明信女學校, 지금의 숙명여자중고등학교)를 설립하고 초대교장으로 취임한 이후, 한국 여성교육의 초석을 다지는데 지대한 공헌을 남겼다. 우수한 학생들을 선발하여 일본에 유학시키는 등 평생을 인재양성에 힘을 기울였으며, 1935년 임종 직전에도 퇴직금

이정숙

전액을 학교법인 숙명학원(淑明學院)에 장학기금으로 희사하기도 했다.

이정숙의 대종교 교력을 살피면 1917년 3월 18일(음력) 참교(參敎)의 교질(敎秩)을 받은 기록이 있다. 그녀의 대종교 입교가 그 이전에 이루어졌음을 확인시킨다. 또한 그녀와 같은 날 참교를 함께 받은 여성들을 보면, 홍정식(洪政植, 조완구의 부인)의 여동생이자 홍명희(洪命憙)의 고모인 홍근식(洪勤植)을 비롯하여 김삼(金三)·전경순(全京順) 등이 있었다.

[참고문헌]
『종문영질』(프린트본, 1922), 『숙명칠십년사』(숙명여자고등학교, 1976), 『숙명 100년:1906~2006』(숙명여자대학교창학100주년사편찬위원회, 2008)

이정완(李貞完, 남, 생몰 미상)
아호(별명) _ 백양(白羊)
입교 시기 _ 1911년 이전 | 교질 _ 미상

출신지역과 생몰연대를 알 수 없는 인물이다. 일찍이 대종교에 입교하여 북간도 포교에 선구적 역할을 하였다.

본디 대종교 만주 포교는 1910년 11월경 시교사(施敎師) 박찬익(朴贊翊)이 평강(平岡) 상리사(上里社) 청산리(靑山里) 청호(靑湖, 和龍縣 靑坡湖)로 진출한 것이 그 효시가 된다. 당시 박찬익은 안중근(安重根)의 백부(伯父) 안태진(安泰鎭)이 기부한 집에 시교당(施敎堂)과 학당(學堂)을 병설하여 활동하였다.

이정완이 두만강과 접한 화룡현(和龍縣) 학성촌(鶴城村)으로 넘어가 포교를 시작한 시기는 1911년 6월이었다. 그는 그곳 미전동(米田洞)에 포교의 거점을 마련하고 학성학교(鶴城學校)를 병설하여 교육과 포교를 병행하였다. 일제의 문서에는 1913년까지도 대종교의 학성학교가 운영된 기록이 있고, 대종교지도자 호석(湖石) 강우(姜虞)가 1913년 미전동에서 이정완을 만난 것으로 보아 그 시기까지 활동하고 있었음이 확인된다.

이정완과 관련된 대종교 입교 시기나 영계(靈戒) 사항에 대한 기록은 모두 전하지 않는다. 그러나 일제의 기록에 1911년 6월 국내 경성(京城)의 대종교에서 넘어가 포교 활동을 전개했다는 기록이 있다. 또한 강우가 남긴 「두만강을 건너 미전동에 이르러 백양 이정완과 함께 읊다(渡豆滿江至米田洞與李貞完白洋共吟)」이란 칠언율시에서도 이정완을 국내 시절부터 잘 알고 있던 인물임이 드러난다. 이정완이 대종교 중광(重光) 직후에 입교했음을 뒷받침하는 정황이다. 참고로 1913년 강우가 미전동에서 이정완을 만나 함께 읊은 시는 아래와 같다.

江南塞北接人烟	두만강을 접한 미을에
一陣和風萬里邊	훈훈한 바람이 멀리 불도다
相逢異域心腸斷	이역에서 다시 만나 마음이 북받쳐옴은
只愛同胞血氣連	동포를 사랑하는 혈기가 이어짐이라
滔滔世情憐夏病	어지러운 세파에 지치기도 하련만
明明神化喚春眠	밝은 하느님의 조화는 봄날의 졸음을 불러오누나

宜兄宜弟米田屋　형이니 아우니 사이좋은 미전동에
湛樂津津別有天　화락이 넘쳐나니 여기가 별천지로세

[참고문헌]
「間島 不逞鮮人 團體와 그 動靜에 관한 調査書의 件」(不逞團關係雜件-朝鮮
人의 部-在滿洲의 部16, 機密 第14號; 秘受 4059號, 한국사DB, 국사편찬위원회),
『호석선생문집』(독립운동사편찬위원회, 『독립운동사자료집』12문화투쟁사자료집,
1977), 『한국독립운동사자료』42(국사편찬위원회, 2006)

이정희(李廷熙, 남, 생몰 미상)
입교 시기 _ 1921년 이전 | 교질 _ 참교

출신지역과 생몰연대를 알 수 없는 인물이다. 일제의 문서
에서도 찾을 수가 없으며, 오직 1920년대 대종교의 내부문
서에서만 확인되고 있다. 이정희는 1922년 어천절(御天節,
음력 3월 15일)에 대종교 동이도본사(東二道本司) 제2지사의
계사감정(計事監正)에 임명된 기록이 있다. 계사감정이란
지사(支司)의 회계업무를 관리하는 직책으로 수지결산과 물
품보관을 주업무로 하였다.
제2지사는 블라디보스토크에 위치하여 연해주 일대 지역
의 교구를 관리하였다. 당시 제2지사는 해일(海一)·철일(哲
一)·수일시교당(秀一施教堂)을 거느리고 이기(李起)가 전사
(典事, 총책임자)를 맡아 이끌었으며, 김익형(金翼衡)과 최운
송(崔雲松)이 종사감정(宗事監正)과 규사감정(規事監正)으로
임명되어 이정희와 함께 했다. 이들 모두 항일투쟁의 일
선에 선 인물들이란 점이 주목된다. 한편 그 시기 연해주
지역의 대종교 중심인물로는 이들 외에도 이화(李華)·정광
(丁光)·이범윤(李範允)·김백련(金百鍊)·허철(許徹) 등이 활동
하며 대종교 항일투쟁을 이끌고 있었다.
이정희의 대종교 교력을 살피면 1921년 12월 1일(음력) 참교
(參教)의 교질(教秩)을 받은 기록이 전한다. 그의 대종교 입
교가 그 이전에 이루어졌음을 확인시키고 있다. 또한 같은
날 권영원(權寧源)·오호준(吳昊俊)·김련(金鍊)·신최수(申最
秀)·이종수(李鍾琇)·한성오(韓星五)·최충호(崔忠浩) 등의 항
일투사들이 함께 참교를 받았다. 이정희 역시 대종교 항일
투쟁의 중요한 역할을 했던 인물임을 알게 해 준다.

[참고문헌]
『종문영질』(프린트본, 1922), 『대종교중광육십년사』(대종교총본사, 1971)

이종(李宗, 남, 생몰 미상)
입교 시기 _ 1916년 이전 | 교질 _ 지교

출신지역과 생몰연대를 알 수 없는 인물이다. 이종(李宗)이
란 이름도 대종교 입교 이후 개명한 이름인 듯하나, 그와
관련된 기록 역시 전하지 않는다. 대종교를 중광(重光) 홍

암(弘巖) 나철(羅喆)이 1916년 8월 15일(음력, 이하 음력) 서거
할 당시, 대종교 남도본사(南道本司)에서 파견한 찬례(贊禮)
를 맡았던 인물이다. 찬례란 전례(典禮)를 도와 장례의식의
모든 것을 주관하던 인물이다. 또한 당시 이종의 교질(教
秩)이 지교(知教)의 위치에 있었음을 보면, 그의 대종교에
서의 비중이 상당했음을 알 수 있다.
이종의 대종교 교력을 살피면 1916년 2월 18일 탁동조(卓
同朝)·최진규(崔鎭圭)·독고순(獨孤淳)·김광배(金光培) 등,
관립경성고등교원양성소 인물들과 참교(參教)의 교질을
받았다. 이종이 관립경성고등교원양성소와 연관된 인물
일 가능성을 시사해주는 부분이다. 또한 같은 해 8월 4일
에는 엄주천(嚴柱天)과 함께 지교로 승질(陞秩)로 승질하였
으나, 그 이후의 기록은 알려진 바가 없다.

[참고문헌]
『종문영질』(프린트본, 1922), 『홍암신형조천기』(김교헌 편, 대종교총본사, 1954)

이종수(李鍾琇, 남, 생몰 미상)
아호(별명) _ 이종수(李鍾秀), 이종수(李鍾銹)
입교 시기 _ 1921년 | 교질 _ 지교

출신지역과 생몰연대를 알 수 없는 인물로 대한국민회의
경호부장을 지냈다. 1922년 5월 영안(寧安)·액목(額穆)·돈
화(敦化) 지역 중심으로 조직된 한족공산당(韓族共産黨)에
참여하여 돈화교회 돈화현 대교하(大橋河) 지역의 간부로
활동하였다. 또한 같은 해 10월초에는 대종교 동지인 최
계화(崔桂華)·최충호(崔忠浩)·김준구(金俊九)·김백(金伯)·이
교성(李教成) 등과 영고탑(寧古塔) 지역을 중심으로 모연대
(募捐隊)를 조직하여 상해임시정부와 교감 하에 군자금 모
금과 더불어 배일선전에 앞장섰다.
이종수의 대종교 교력을 보면 1921년 12월 1일(음력, 이하 음
력) 참교(參教)의 교질(教秩)을 받은 기록이 있다. 그의 대종
교 입교가 그 이전에 이루어졌음을 알려준다. 아마도 대
한국민회에서 활동하던 시기로 추정된다. 이어 1922년 어
천절(御天節, 3월 15일)에 지교(知教)로 승질(陞秩)한 이종수
는, 같은 날 대종교 동이도본사(東二道本司)의 선리부령(宣
理部令)으로도 임명되었다. 선리부령이란 소관 도본사의
종리(宗理)와 계리(計理)에 관한 일을 관장하는 자리다. 당
시 항일투사 엄호(嚴浩)가 선범부령(宣範部令)을, 김영숙(金
永肅)이 선강부령(宣講部令)을 맡아 이종수와 시무하였다.
또한 그 해 9월 24일에는 동이도본사의 시교령(施教令)으로
임명되어 관할 지역 포교의 최고 자리에 올랐다.
1923년 1월 2일에는 허류·나병수(羅秉洙)·현천극(玄天極)·
김근우(金瑾禹)·김연원(金演元)·최충호(崔忠浩)·김영선(金
榮璿)·민윤식(閔胤植)·권목(權穆)·이곤(李坤)·원무의(元武
儀)·김백(金白) 등 12인과 소부계(蘇扶契)를 발기하였다. 소
부(蘇扶)란 부여(扶餘)와 같은 이름으로 부여민족의 중흥을
내세웠던 대종교의 정신을 그대로 담은 명칭이었다. 소부

계의 주요 목적은, 대종교 교우 간에 친목을 도모하고, 교인 경조사의 상부상조와 대종교 발전에 협찬하는 것이었다. 또한 각시교당에 조직케 하고 회의는 매년 어천절(음력 3월 15일)과 개천절(음력 10월 3일)에 개최하도록 하였다. 이종수는 그 해 4월 대종교 재건을 위해 비밀리에 결성된 만몽산업회(滿蒙産業會)에도 이름을 올렸다. 이 조직은 청산리독립전쟁 이후 각 곳으로 흩어진 대종교 세력의 재건을 위해 도모된 비밀조직으로, 당시 이종수는 영안현 지역에 거주하며 대한혁명단(大韓革命團) 간부의 자격으로 이 조직에 참여하였다. 만몽산업회에 참여한 주요 인물들을 보면 고문(顧問)으로 참여한 김교헌(金教獻, 당시 대종교 교주)과 김좌진(金佐鎭)·조성환(曹成煥)·현천묵(玄天黙)을 위시하여 김영선(金榮璿)·김원식(金遠植)·우덕순(禹德淳)·원풍·김규식(金奎植)·강윤선(姜允善)·최계화(崔桂華)·김백(金白)·유정근(兪正根)·이재근(李在根) 등, 대종교의 지도급 인사들이 대거 참여하였다.

[참고문헌]
『대종교보』제55호(1922년)·제57호(1923년), 『종문영질』(프린트본, 1922), 『대종교독립운동사』(박명진, 필사본, 1964), 『대종교중광육십년사』(대종교총본사, 1971), 「敦化安圖方面 軍政署共産 兩派 및 馬賊의 動靜에 관한 件」(不逞團關係雜件-朝鮮人의 部-在滿洲의 部32, 機密 第173號, 한국사DB, 국사편찬위원회), 「不逞鮮人의 行動에 관한 件」(不逞團關係雜件-朝鮮人의 部-在滿洲의 部34, 機密 第234號, 機密受第236號, 한국사DB, 국사편찬위원회), 「臨時報 第172號(大倧敎 設立計劃)」(不逞團關係雜件-朝鮮人의 部-在滿洲의 部36, 關機高收 第5452號-1, 機密受第262號, 한국사DB, 국사편찬위원회), 「寧安, 額穆 및 敦化縣 地方 韓族共産黨의 機關에 관한 件」(不逞團關係雜件-朝鮮人의 部-鮮人과 過激派3, 機密 제221호, 한국사DB, 국사편찬위원회)

출신지역과 생몰연대를 알 수 없는 인물로, 1930년대 밀산현(密山縣)을 중심으로 대종교 항일투쟁을 전개한 기록이 있다. 밀산은 1910년 홍암(弘巖) 나철(羅喆)로부터 무원(茂園) 김교헌(金教獻), 백포(白圃) 서일(徐一), 그리고 단애(檀崖) 윤세복(尹世復)에 이르기까지 주요 활동무대로 대종교의 성지이자 항일투쟁의 거점이었다.
이종전의 대종교 입교 시기나 영계(靈戒) 사항과 관련된 기록은 전하지 않는다. 다만 1937년 8월 24일(음력) 김상산(金尙山)과 함께 밀산현 선구촌(船口村)을 관할하는 대종교 재만교구경상금수납위원(在滿敎區經常金收納委員)으로 임명된 기록으로 보아, 그 이전 입교한 것을 확인할 수 있다. 경상금수납위원이란 관할 지역 대종교 재정(財政)을 관리·책임지는 역할이다. 당시 이종전을 비롯하여 밀산현을 관할하는 경상금수납위원은 총 23명이었다. 이것은 대종교총본사가 있던 영안현(寧安縣) 지역 13명 보다 10명이나 많은 것이다. 그 시기까지도 밀산현의 대종교 거점이 상당했음을 알게 해 준다.
또한 이종전은 1939년 3월 1일(음력) 밀산현 선구촌에 있

는 대종교 선일시교당(善一施敎堂)의 찬무(贊務, 부책임자)를 맡았다. 대종교 선일시교당은 북만주 대종교 포교와 항일투쟁의 주요 거점으로, 1922년 음력 5월 항일투사 김하익(金河益)과 김해룡(金海龍)이 터를 닦은 곳이다. 이종전은 전무(典務, 책임자)를 맡은 김상산을 도와 같은 찬무였던 김병희와 함께 시무하였다.

[참고문헌]
『대종교보』제115호(1937년), 『대종교중광육십년사』(대종교총본사, 1971)

출신지역과 생몰연대를 알 수 없는 인물이다. 1937년 4월 5일(음력, 이하 음력) 이철호(李轍鎬)와 함께 대종학원(大倧學園)의 교원으로 임명된 기록이 있다. 그 이전에 대종교에 입교한 인물임이 확인된다.
대종학원은 동경성(東京城) 대종교총본사 내에 부설한 학교로 1936년 3월 설립되었다. 초등부·중등부와 여자야간부가 설치되었으며, 교과내용은 정규학교 과정 이외에 종경(倧經)과 한국사 과목이 특히 강조되었다. 이종주가 교원으로 임명될 당시 대종학원의 교장은 백산(白山) 안희제(安熙濟)가 맡고 있었다. 당연히 일제의 집중적인 감시가 갈수록 심해졌다. 급기야 일제의 탄압에 의해 초등부는 1941년 봄에, 중등부와 여자야간부는 다음해 봄 폐지되고 말았다.
이종주의 대종교 교력을 살피면, 1937년 5월 28일 대종교총본사의 특선(特選)에 의해 이철호·이군화(李君化)·하달해(河達海)와 더불어 참교(參敎)의 교질(敎秩)을 받았다. 특선이란 대종교에 대한 기여가 남달랐음을 때 행해지는 특별추천으로, 이종주의 종교적 정성이 지극했음을 보여주는 것이다.
대종교의 중심부에서 움직였던 이종주 역시 일제 감시 대상에 우선적으로 올라있었다. 1942년 11월 19일 벌어진 임오교변(壬午敎變, 대종교지도자 일제 구속 사건)이 그 단적인 예다. 임오교변은 일제가 대종교를 말살하기 위해 긴 시간 치밀하게 계획한 만행이었다. 국내에서 벌어진 조선어학회사건과 때를 같이 하여, 만주와 국내 각처에서 교주 윤세복을 비롯한 대종교지도자 20여명을 한 날 한 시에 체포한 사건이다. 이종주 역시 신안진(新安鎭) 기차 안에서 기습적으로 연행되었다. 그러나 성세영(成世榮)·김진호(金鎭皓)·안용수(安龍洙)와 더불어 혐의 사실이 약하다 하여 석방되었으나, 이후의 행적은 확인되지 않는다.

[참고문헌]
『대종교보』제114호(1937년), 『대종교중광육십년사』(대종교총본사, 1971), 『임오십현순교실록』(대종교총본사, 1971)

이종흡(李鍾翕, 남, 생몰 미상)
입교 시기 _ 1914년 이전 | 교질 _ 지교 | 서훈 _ 애국장(1995)

함경북도 길주군(吉州郡) 출신이다. 1919년 5월 25일 연길현(延吉縣) 지인사(志仁社) 일양구(一兩溝) 의림평학교(依林坪學校)에서 그 지역 한인들이 만세 축하회를 개최할 당시, 이철(李喆)·이시권(李時權)·이태영(李太永) 등과 상의하여 5백여 명을 운집시키고 연설과 함께 만세를 주도하였다.

1920년 5월에는 이태영(李太永)과 함께 의군단(義軍團)에 가입하여 보다 적극적인 항일투쟁에 뛰어들었다. 의군단은 3·1독립만세운동 이후 북간도에서 조직된 독립운동단체로, 통칭 의군부(義軍府) 또는 의군산포대(義軍山砲隊)라고도 칭하였다. 또한 의군단은 대종교 항일단체인 대한군정서(북로군정서)와 자매기관과도 같은 단체였다. 그러므로 총재를 맡은 이범윤(李範允)으로부터 참모장 진학신(秦學新), 중부(中部) 참모장 고평(高平), 군의감독(軍醫監督) 강원빈(姜元斌, 姜文周) 등이 모두 대종교의 핵심들이었다.

1920년 10월, 이종흡은 일본군이 온다는 소식을 듣고 의군단 서무부장인 이을(李乙)의 명에 의해 부하 50명을 이끌고 명월구(明月溝)로 나아가 이태영·김진규(金鎭奎)·김치백(金致伯) 등과 작전을 전개하다, 10월 20일 일제에 의해 피살되어 순국하였다.

이종흡의 대종교 교력을 살피면 1914년 5월 17일(음력) 의군부(단)에서 함께 활동한 강원빈(강문주) 등과 참교(參敎)의 교질(敎秩)을 받은 기록이 있다. 그의 대종교 입교가 그 이전에 이루어졌음을 확인시킨다. 또한 1916년 4월 1일(음력)에는 항일투사 현호(玄昊)·김백(金白)·남규일(南圭一) 등과 지교(知敎)의 교질로 승질(陞秩)하였으나, 그 이후의 기록은 전하지 않는다.

[참고문헌]
『종문영질』(프린트본, 1922), 「我軍隊에게 銃殺된 不逞鮮人 經歷에 관한 건」(不逞團關係雜件-朝鮮人의 部-在滿洲의 部23, 機密 第37號; 秘受 14312號, 한국사DB, 국사편찬위원회), 한국『독립운동사자료』43(국사편찬위원회, 2007)

이중건(李重乾, 남, 1890-?)
아호(별명) _ 백헌(白軒)
입교 시기 _ 1915년 | 교질 _ 상교

경상남도 함안군(咸安郡) 여항면(艅航面) 외암리(外岩里) 출신으로, 서울의 중동학교와 일본 동경(東京)의 동양대학(東洋大學) 영문과를 졸업한 인물이다.

일찍이 서울을 중심으로 대종교 계열의 애국 동지들과 교류하면서 고향인 함안으로 내려가 대종교 포교를 통한 항일투쟁을 전개했다. 그는 대종교의 절친한 동지인 오봉(吾峯) 이연건(李鍊乾)과 더불어 함안 최초의 사학(私學)인 동명학교(東明學校)를 설립하였다. 동명학교의 교사진은 이중건·이연건 외에도 안영중(安英中)·이희석(李熙錫)·박종식(朴綜植)·박건병(朴健秉)·안재형(安在瑩) 등, 모두 대종교를 신봉하는 항일투사들이었다. 그러므로 동명학교는 대종교의 교리에 따라 단군의 홍익인간(弘益人間) 이념과 민족의 우수성과 정통성을 널리 계도하는데 모범이 되었다. 특히 학교에 단군의 영정(影幀)을 모시고 참배하면서 민족혼을 일깨우기도 했다. 후일 이 터를 '단군 한배 터'라 부르는 이유이기도 하다.

이중건을 비롯한 동명학교 교사들은 3·1독립만세운동이 일어나자 무저항·비폭력·평화적 시위를 넘어 보다 적극적인 항일의 방법을 모색하였다. 그들은 삼신일체(三神一體)의 천신(天神)께 조국독립을 기원하는 고천제(告天祭)를 올리고 조국독립을 맹세하며 대한독립의 정당성을 확고하게 주장하는 한편, 일본인 경찰관에게 독립선언 만세운동의 사실증명서를 받아 만국 평화회의에 제출하여 독립을 청원하기도 했다. 나아가 친일세력을 대표하는 민인호(閔麟鎬) 함안군수를 앞장 세워 만세를 부르게 하여 친일 주구세력에게 경종을 울렸다. 또한 일본인 경찰서장과 순사부장을 협박하여 독립운동의 사실증명을 강요하는가 하면, 침략의 하수기관을 철저히 응징하여 그 기능을 마비시키자는 계획을 세우고 실천하는데 성공하였다. 그러나 이 사건으로 일제의 본격적인 검거 작업이 시작되자, 이중건을 비롯한 이연건 등은 서울로 피신하고 일부는 강원도 등으로 옮겨갔다.

상경한 이중건은 언론과 출판, 그리고 교육 활동에 투신하며 항일의 끈을 놓지 않았다. 1923년 『신소년』을 발간하여 청소년들에게 애국의식을 고취시키는 한편, 『시대일보』의 운영에도 관여하며 언론 활동에도 발을 디뎠다. 1926년 6월에 개최된 조선교육협회 정기총회에서는 유진태(兪鎭泰)·홍명희(洪命熹)·이희석(李喜錫)·최현배(崔鉉培)·신명균(申明均)·정열모(鄭烈模) 등의 대종교 동지들과 이사로 피선 되어 노동독본(勞動讀本) 등 야학교재(夜學敎材)의 편찬 간행과 정기강연회 실시를 위한 사업 결의에도 참여하였다. 조선교육협회는 1920년 6월 26일에 교육기관의 확충 및 교육사상의 보급을 목적으로 창립된 단체로, 당시 일제에 의해 국내의 거점을 잃어버린 대종교계 인물들에게는 비밀회합체와도 같은 곳이었다. 또한 조선교육협회의 초대회장은 이상재(李商在)를 추대하였는데, 그 시기 영어에도 능통했던 이중건은 이상재의 통역을 돕기도 했다.

이중건은 1929년 10월 31일, 108명의 발기로 조선어사전편찬회(朝鮮語辭典編纂會)가 조직될 때도 그 발기인으로 이름을 올렸다. 당시 조선어학회가 주축이 된 이 조직은 권덕규(權悳奎) 외 32명의 사업추진준비위원과 이중건을 비롯한 신명균·이극로(李克魯)·최현배·정인보(鄭寅普)·이윤재(李允宰) 등의 부서원을 맡아 사업을 진행하였다. 이들 모두가 대종교의 핵심이었다는 점이 주목된다.

이어 이중건은 1931년 9월 3일, 민강(閔橿)·안재홍·유진태 등 대종교 동지들과 더불어 중국수재동정회(中國水災同情會)의 위원으로 참여하여 성명서를 발표하기도 했다. 또한 1933년에는 중앙인쇄관을 설립하고 『훈민정음』·『조선문학전집』을 비롯하여 애국지사들의 유고 발행에 힘썼으며 대종교 관련 책자를 찍어 국내는 물론 만주까지 배포하기도 했다. 한편 1930년대 후반까지 대종교 동지인 유진태 등과 강원도 홍천군(洪川郡) 내촌면(乃村面) 금은광개발 사업에도 참여한 기록이 있으나, 이후의 행적은 불분명하다.

이중건의 대종교 교력을 살피면 1915년 11월 13일(음력, 이하 음력) 참교(參敎)의 교질(敎秩)을 받은 기록이 있다. 그의 대종교 입교가 그 이전에 이루어졌음을 알려 준다. 더욱이 같은 날 함께 참교를 받은 인물들이 이세정(李世禎)·신명균·정열모·국기열(菊錡烈)·김창부(金昌孚)·김두종(金斗鍾) 등과 같은 국내 한글운동의 중심들이었다는 점도 특기된다. 그리고 1916년 4월 1일 신명균·김천경(金天經) 등과 지교(知敎)로 승질(陞秩) 되었다. 그리고 1922년 5월 12일에는 대종교총본사의 특별추천으로 상교(尙敎)의 교질까지 올랐다. 그 시기 대종교총본사가 만주 영안현(寧安縣)에 있었던 것을 감안한다면, 이중건이 만주를 왕래했거나 그의 활동 행적이 만주를 드나들던 신명균 등에 의해 전해졌음을 알게 해 준다.

이중건은 1926년 4월 25일(양력)에도 가람 이병기(李秉岐)·신명균·권덕규·맹주천(孟柱天) 등 대종교 동지들과 대종교 회선시교당(會善施敎堂)에서 회합한 기록도 있다. 회합의 목적은 대종교 관련사와 한글운동 문제를 논의하는 자리였다. 당시 회선시교당은 종로구 가회동(嘉會洞) 23번지에 소재했으며 시인(詩人) 이상(李箱)의 백부(伯父)인 김연필(金演弼)이 전무(典務, 책임자)를 맡았고 김천경(金天經)과 나정수(羅正綏)가 찬무(贊務, 부책임자)를 맡아 시무했다. 또한 그 주요 연락 거점은 중구 수표동(水標洞) 조선교육협회와 붙어있던 신명균의 집이었다.

[참고문헌]
『대종교보』제54호(1922년, 『종문영집』(프린트본, 1922). 「大倧敎施敎堂一覽表(1926年)」(延边朝鲜族自治州档案馆 全宗号42 目录号343, 和龙县历史档案 和龙县警察所, 令各区登禁韓人设立大倧敎堂由, 民国十五年五月十二日). 『조선총독부관보』제1943호(1933년)·제3371호(1938년). 『동아일보』1928.6.18., 1929.11.2., 1931.9.4.. 『일제침략하한국36년사』(국사편찬위원회, 1970). 『가람일기』 I (이병기, 신구문화사, 1976). 『아라의 얼과 향기(인물편), e-book』(함안군청 홈페이지). 『함안항일독립운동사』(이규석, 함안문화원, 1998)

이중렬(李仲烈, 남, 생몰 미상)
입교 시기_1937년 이전 | 교질_참교

출신지역과 생몰연대를 알 수 없는 인물이다. 대한민국임시정부 기록에 나타나는 이중열(李仲烈, 경상남도 하동 출신)과는 동일인인지는 확인이 안 된다. 일제의 문서에서도 등장하지 않으며 오직 1930년대 후반 대종교단 내의 기록에 등장하고 있다.

이중렬은 1937년 2월 2일(음력) 대종교총본사의 특별추천으로 영계(靈戒)와 함께 참교(參敎)의 교질(敎秩)을 동시에 받았다. 그의 대종교 입교가 그보다 훨씬 전에 이루어졌음을 가늠케 해 준다. 당시 항일투사 이용필(李容弼)·김종우(金鍾禹)·김성일(金成一) 등과 함께 영계와 참교를 받았다. 이중렬 역시 대종교 항일투쟁에 깊이 관여한 인물임을 알 수 있다. 이중렬은 같은 날 대종교 북일도본사(北一道本司) 소속으로 아성시교당(阿城施敎堂)을 관할하는 시교원(施敎員)으로도 임명되었다.

그 때 임명된 시교원들 가운데는 영계와 참교를 함께 받은 김성일과 김종우도 있었다. 이들과 이중렬의 관계가 뗄 수 없는 관계임을 시사해 준다. 특히 그들 가운데 김성일은 북간도 출신으로, 대종교 동지인 최익한(崔益翰)이 1919년 국내에서 임시정부의 군자금 모집을 펼칠 당시 상해와의 연결고리 역할을 한 인물로 알려져 있다. 그 시기 북일도본사의 책임자 역시 대종교 항일단체인 대한군정서(북로군정서)의 맹장 윤정현(尹珽鉉)이었다는 점도 주목해 볼 일이다.

[참고문헌]
『대종교보』제113호(1937년). 『대종교중광육십년사』(대종교총본사, 1971). 『대한민국임시정부자료집』별책2(국사편찬위원회, 2007)

이중현(李重顯, 남, 1890~?)
입교 시기_1923년 이전 | 교질_미상

출신지역과 생몰연대를 알 수 없으며, 상해 대한민국임시정부 요원으로 활동한 인물이다. 국내 3·1독립만세운동으로 대통령표창(2019년)을 받은 이중현(李仲顯)과는 동명이인이다.

1923년 4월 대종교 재건을 위해 비밀리에 결성된 만몽산업회(滿蒙産業會)에도 이름을 올린 기록이 있다. 이중현의 대종교 입교가 그 이전으로 거슬러 올라감을 알 수 있다. 만몽산업회는 청산리독립전쟁 이후 각 곳으로 흩어진 대종교 세력의 재건을 위해 도모된 비밀조직으로, 당시 이중현은 중동선(中東線) 석두하자(石頭河子)에 거주하며 참여하였다. 만몽산업회에 참여한 주요 인물들을 보면, 고문(顧問)으로 추대된 김교헌(金敎獻, 당시 대종교 교주)과 김좌진(金佐鎭)·조성환(曹成煥)·현천묵(玄天黙)을 비롯하여 김영선(金榮璿)·김원식(金遠植)·우덕순(禹德淳)·원풍·김규식(金奎植)·강윤선(姜允善)·최계화(崔桂華)·김백(金白)·유정근(俞正根)·이재근(李在根) 등, 대종교의 지도급 인사들이 대거 참여하였다. 이중현이 이들과 함께 했다는 것은, 그의 대종교단에서의 비중이 가볍지 않았음을 시사해 주지만 이후의 행적은 파악되지 않는다.

[참고문헌]
『臨時報 第172號(大倧敎 設立計劃)』(不逞團關係雜件-朝鮮人의 部-在滿洲의 部 36, 關機高收 第5452號-1; 機密受第262號, 한국사DB, 국사편찬위원회)

이진구(李鎭求, 남, 1887-1961)

아호(별명) _ 위당(韋堂)
입교 시기_ 1914년 | 교질_ 정교

충청남도 부여군(扶餘郡) 출신이다. 1908년 의병운동에 참가하여 항일투쟁 중 체포되었으나 탈옥하여 해외로 망명하였다. 이후 서간도 서로군정서(西路軍政署)의 요원으로 길림성(吉林省)을 중심으로 헌신적 활약을 펼쳤다. 해방 이후 귀국하여 신탁통치반대위원회의 한성지부 위원장으로 활동하기도 하였다.

이진구는 서간도 시절인 1914년 대종교에 입교하였으나, 그와 관련된 기록은 모두 전하지 않는다. 대종교에서는 이러한 경력을 존중하여 해방 이후인 1946년 9월 9일(음력, 이하 음력) 영계(靈戒)와 함께 참교(參敎)의 교질(敎秩)을 수여하였다. 또한 1947년 1월 22일 경의원(經議院) 참의(參議)로 보임(補任)되는가 하면, 같은 해 2월 26일에는 상무참의(常務參議)로 임명되어 원로의 반열에 오르고 종교연합회 부원로도 활동하였다.

1947년 4월 22일 지교(知敎)로 승질(陞秩)한 이진구는, 1949년 1월 5일 대종교중흥회 제1회 중앙상무위원회 감찰위원장 겸 중앙집행위원으로 임명되었고, 1950년 1월 17일 제2차 대종교중흥회에서도 중앙상무위원회 교화부장과 집행위원으로 발탁되었다. 또한 1950년 1월 20일 상교(尙敎)로 승질하는가 하면, 같은 해 5월 14일 대종교 남일도본사(南一道本司)의 전무(典務, 책임자)를 맡아 대종교 중흥의 최일선에 섰다. 그러나 6·25한국전쟁으로 인해 중흥회의 사업이 좌절되었고, 동년 11월 3일 서일도구(西一道區) 순교원(巡敎員)을 맡아 전쟁 극복을 위한 선무활동(宣撫活動)에 참여하게 된다.

전쟁 이후인 1953년에는 대종교총본사의 전무로 피임되어 종단 살림을 이끌었으며, 1954년에는 삼일원(三一園)의 대덕(大德)으로 추대되었고, 1956년 10월 마침내 정교(正敎)로 교질과 동시에 대형(大兄)의 교호(敎號)를 받았다. 다음해인 1957년 7월 원로원(元老院)의 참의(參議)에 피임되어 4년 동안 직책을 수행하며 대종교 발전에 이바지하였다.

[참고문헌]
『대종교보』제151호(1946년)·제153호(1947년)·제154호(1947년)·제161호(1949년)·제165호(1950년)·제166호(1950년)·제168호(1950년), 『대종교인과 독립운동연원』(이현익, 프린트본, 1963), 『대종교중광육십년사』(대종교총본사, 1971)

이진룡(李鎭龍, 남, 1879-1918)

아호(별명) _ 기천(己千), 이석대(李錫大)
입교 시기_ 1910년대 | 교질_ 미상 | 서훈_ 독립장(1962)

황해도 평산(平山) 출신이다. 1905년 을사늑약 이후 국권 회복의 대의를 품고 박정빈(朴正彬)·조맹선(趙孟善)·신준

빈(申俊彬)·신정희(申貞熙)·한정만(韓貞萬) 등과 함께 애국청년들을 규합하여 평산에서 거의하여 박기섭(朴箕燮)을 대장으로 추대하고 자신은 선봉장이 된 인물이다.

1908년 말에는 하상태(河相泰)·한정만과 함께 강화도에서 온 지홍기(池洪基)의 의진과 연합하여 황해도 일대에서 활약하였으며, 1909년 5월 연기우(延基羽)·김수민(金秀敏)·하상태(河相兌)·한정만·이인순(李仁淳)·정용대(鄭用大)와 더불어 동으로 철원·평강에서, 서쪽으로는 평산·백천 등 3도를 왕래하면서 활동하였다. 1910년에는 경의선의 계정과 잠성(岑城) 사이의 철로를 파괴하고, 평산에서 전투를 벌였으며, 1911년에는 황해도 해주·평산·곡산 일대에서 적 보병 제3여단장 나까무라(中村) 소장이 지휘하는 보병 16중대와 기병 2중대 및 헌병과 접전을 벌인 후 그 해 10월 조맹선과 함께 압록강을 건너 남만주로 망명의 길을 떠났다.

이후 윤세복(尹世復)·박장호(朴長浩)·조맹선·홍범도(洪範圖) 등과 같이 포수단(砲手團)을 조직하여 백두산 기슭인 장백현(長白縣)과 무송현(撫松縣) 등지에 근거를 두고 군사훈련에 힘을 기울였다. 또한 만주 각지에 산재한 한국 이주민들을 규합하여 항일사상을 고취하는 한편, 국내와의 긴밀한 연락을 통해 애국청년 소집과 군자금 모금운동에 주력하였다. 1918년 1월 충의사(忠義社)라는 비밀결사를 조직하여 만주에 분산하고 있던 독립운동 단체를 규합하고 대규모적인 기구를 구축하고자 하였다. 그러나 일제의 주구(走狗)인 임곡(林谷)의 밀고로 관전현(寬甸縣)에서 체포되어 갖은 악형을 당하고 여순(旅順)으로 압송된 후, 평양지방법원으로 옮겨와 사형선고를 받고 순국하였다.

이진룡은 1910년대 초반 대종교에 입교한 인물이다. 서간도로 넘어가 윤세복 등과 활동하던 시기로 볼 수 있다. 그러나 그 시기 『대종교보(大倧教報)』를 비롯한 그와 관련된 기록은 남아 있는 것이 없다. 그의 영계(靈戒) 사항이나 교질(敎秩) 관계 역시 확인이 안 된다. 다만 대종교 항일투사로 남만주일대를 거점으로 활동했던 박명진(朴明鎭)의 기록에 보면, 이진룡이 1910년대 대종교 서일도본사(西一道本司)의 주요 교인으로 명시되어 있다. 서일도본사는 남만주일대와 평안도 일대를 관할하는 대종교 교구로, 단애(檀崖) 윤세복이 이끌었다. 당시 주요 교인으로는 이진룡을 비롯하여 조맹선·박장호·전덕원(全德元)·차도선(車道善)·조병준(趙秉準)·김호(金虎) 등, 수십 인의 항일투사 이름이 올라 있다.

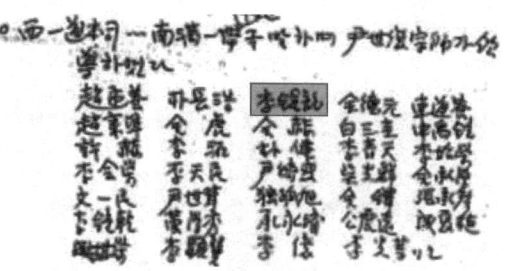

박명진의 『대종교독립운동사』에 기록된 1910년대 대종교 서일도본사 고나할 주요 교인 명단. 李鎭龍(네모 안)의 이름이 보인다.

[참고문헌]
『대종교독립운동사』(박명진, 필사본, 1964), 『한국독립사』하(김승학, 독립문화사, 1965), 『한국유이민사』상(현규환, 어문각, 1967), 『朝鮮獨立運動』Ⅰ(金正明 編, 原書房, 1967), 『독립운동사』1·5(독립운동사편찬위원회, 1970-1973)

이창근(李昌根, 남, 1899-?)
입교 시기 _ 1935년 이전 | 교질 _ 참교

함경남도 안변군(安邊郡) 출신으로, 1920년 5월 대한군정서(북로군정서) 경비대원으로 가입한 인물이다. 같은 해 7월 일제의 밀정인 김모(金某)를 잡아 군정서 본부 근처인 왕청현(汪淸縣) 춘명향(春明鄕) 서대파(西大坡) 산림 중에서 사살하였다. 이후 1926년 7월 왕청현 춘명향에서 일제의 추적에 의해 검거되어 곤욕을 치렀다.

이창근의 대종교 교력을 살피면 1935년 11월 20일(음력) 대종교 북일도본사 관할 아성시교당(阿城施敎堂)의 찬무(贊務, 부책임자)를 맡아 활동한 기록이 있다. 그 시기 이창근의 교질(敎秩)이 참교(參敎)에 있었음을 보면, 그의 대종교 입교가 훨씬 전에 이루어졌음을 알려준다. 아마도 대종교 항일단체인 대한군정서 시절이 아닐까 한다. 아성시교당은 아성현 동문리(東門里)에 소재한 시교당으로, 당시 지세훈(池世勳)이 전무(典務, 책임자)를 맡았으며, 김병세(金丙世)가 찬무를 맡아 이창근과 함께 했다. 또한 북간도의 항일투사 지원식(池源植)·이석태(李錫泰)·이중렬(李仲烈) 등도 당시 아성시교당의 시교원(施敎員)을 맡아 대종교 정신을 통한 항일투쟁에 앞장섰다.

[참고문헌]
『대종교중광육십년사』(대종교총본사, 1971), 「大正十五年 七月中 間島(琿春縣을 包含) 및 接壤地方 治安況況」(不逞團關係雜件-朝鮮人의 部-在滿洲의 部 43, 機密 第753號; 外務省文書課受 第791號, 한국사DB, 국사편찬위원회)

이창근(李昌根, 남, 생몰 미상)
입교 시기 _ 1910년대 | 교질 _ 미상

출신지역과 생몰연대를 알 수 없는 인물이다. 대종교단 내의 기록에서도 남아있지 않으며, 일제의 문서에서도 다양하게 언급되는 까닭에 동일인 확인이 쉽지 않은 인물이다. 이창근의 활동은 대종교 항일투사 이현익(李顯翼)의 『대종교인과 독립운동연원』에 간단하게 등장하고 있다. 이현익은 무송현을 중심으로 이창근과 흥업단(興業團) 활동을 함께 펼친 인물로, 이창근에 대해 너무도 잘 아는 인물이다. 이현익의 기록을 보면, 이창근은 흥업단·광정단(光正團)·정의부(正義府)에서 활동하였으며, 무송(撫松) 유격전(遊擊戰)에서 생사가 불명이라 적고 있다.

이창근의 대종교 영계(靈戒) 사항이나 교질(敎秩) 관계 역시 확인이 안 된다. 다만 이현익이 그의 『대종교인과 독립운동연원』에 실은 100여명의 대종교 항일투사로 이창근을 올린 것을 보면, 당시 이창근의 대종교단 내에서의 비중이 상당했을 것으로 추정할 뿐이다.

[참고문헌]
『대종교인과 독립운동연원』(이현익, 프린트본, 1963)

이창수(李昌秀, 남, 생몰 미상)
입교 시기 _ 1937년 이전 | 교질 _ 참교

출신지역과 생몰연대를 알 수 없으며, 대한통의부 군인으로 활동한 인물이다. 대한통의부는 1922년 6월 남만주 환인현(桓仁縣)에서 서로군정서(西路軍政署)·대한독립단(大韓獨立團)·벽창의용대(碧昌義勇隊)·광복군총영(光復軍總營)·보합단(普合團)·광한단(光韓團) 등, 독립군 부대 대표들이 모여 연합조직이다. 이후 서로군정서 간부들과 대한독립단의 이웅해(李雄海), 대한광복군의 오동진(吳東振)을 비롯해 한교회(韓僑會) 광복군총영 등 8개 단체 대표 71명이 참가한 가운데 남만한족통일회를 열어 대한통의부로 개편하였다.

이창수는 대한통의부 군인으로 활동하면서, 1922년 11월 자신의 집을 통의부 지방 총사무소로 제공하는가 하면, 문명화(文明化)·이치방(李致方)·조중렬(趙仲烈) 등의 동지들과 함께 장총을 소지하고 항일투쟁을 전개하였다.

이창수의 대종교 교력을 살피면, 1937년 8월 24일(음력) 이현익(李顯翼)과 함께 영안현(寧安縣) 동경성(東京城) 재만교구경상금수납위원(大倧敎在滿敎區經常金收納委員)에 임명되었다. 이 당시 이창수는 참교(參敎)의 교질(敎秩)을 갖고 있었다. 그의 대종교 입교가 그 이전으로 올라감을 확인할 수 있다. 또한 동경성은 대종교총본사가 있던 곳으로 대종교 항일투쟁의 거점이기도 했다. 이창수가 이현익과 함께 동경성을 관할할 당시, 영안현 각 지역의 담당자들을 보면 목단강시(牧丹江市, 김근산·최학수), 사란진(沙蘭鎭, 이경렬·이경진), 와룡둔(臥龍屯, 전태익), 대목단(大牡丹, 김희영), 신안진(新安鎭, 김선·양현·윤준선), 해림참(海林站, 김영헌), 영안현 시내(채오) 등으로, 모두 항일투쟁에 몸담은 인물들이었다.

[참고문헌]
『대종교보』제115호(1937년), 『대종교중광육십년사』(대종교총본사, 1971), 『한국독립운동사』4(국사편찬위원회, 1968), 『한민족독립운동사』4(국사편찬위원회, 1988)

이창언(李昌彦, 남, 1877-1944)

아호(별명) _ 백향(白香)
입교 시기 _ 1923년 | 교질 _ 정교 | 서훈 _ 애국장(1995)

함경북도 경성군(鏡城郡) 주북면(朱北面) 출신으로, 대종교의 임오교변(壬午敎變) 당시 순교한 10인 중의 한 사람이다. 9세부터 13년간 한학을 수학하고 29세인 1905년부터 11년간 계몽사업에 앞장섰다.

이후 북간도로 망명하여 연길현(延吉縣) 지인향(志仁鄕) 의란구(依蘭溝)에 자리잡고 국민회(國民會) 제2중부지방회(第二中部地方會) 경호부장(警護部長)을 지냈으며, 청산리독립전쟁 무렵에는 대한군정서(북로군정서)와 국민회의 무기운반대원으로 활약하기도 했다.

이창언의 대종교 교력을 보면 1921년 중광절(重光節, 음력 1월 15일, 이하 음력)에 입교하였다. 그리고 1923년 1월 4일 영계(靈戒)와 함께 참교(參敎)의 교질을 받았으나 지교(知敎)와 상교(尙敎)를 받은 정확한 날짜는 전하는 것이 없다. 나아가 1926년 2월 12일, 대종교 동이도본사(東二道本司) 영안구가(寧安舊街)를 관할하는 시교원(施敎員)으로 임명되어 근 20년간을 대종교 포교를 통해 수천 명의 교우를 확보하였다.

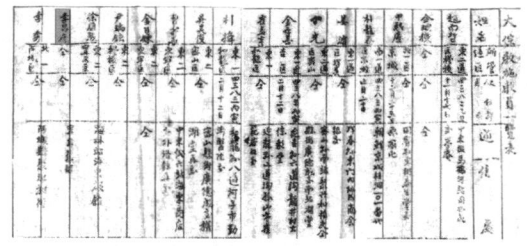

만주지역 대종교포교금지령으로 인해 1926년 만주당국에 압수당한 대종교의 문건 가운데 실려 있는 「大倧敎施敎員一覽表」에 실린 명단 중의 일부. 왼편 끝부분에 李昌彦(네모 안)의 이름이 적혀 있다.

또한 1939년 10월 25일 대종교의 재도약을 위해 조직된 대종교서적간행회(大倧敎書籍刊行會)에도 1주(株)의 출자를 하기도 했다. 이 간행회는 "교화를 보급케 함에는 반드시 문자의 힘을 시뢰(特賴)할 것이다. 이제 대종교 부흥기에 당하야 만구동성으로 종경(倧經) 요구가 날로 높은 터이다. 이 요구를 수용함은 무엇보다도 대교 발전상 최대 급무일 것이다. 이것을 공감하는 우리는 미성박력(微誠薄力)을 불고하고 교적간행회를 발기한다."는 취지로 출범한 것이다. 당시 회장은 백산(白山) 안희제(安熙濟)였다.

더불어 이창언은 북간도 시절 혼춘현(琿春縣) 숭례사(崇禮社) 소성자(小城子)에 있던 성일시교당(城一施敎堂)의 전무(典務, 책임자)로 시무했으며, 영안현으로 넘어온 이후로도 그곳 신안진촌(新安鎭村)에 소재한 신일시교당(新一施敎堂)의 전무를 맡아 활동하였다. 또한 그 시기 대종교 경의원(經議院)의 참의(參議)로도 선임되어 이미 원로로서의 반열

에 올랐다.

한편 대종교를 항일독립운동 집단으로 규정한 일제는, 1930년대 후반부터 대종교단 내에 밀정까지 잠입시켜 일망타진의 기회를 노리고 있었다. 그리고 1942년(임오년) 음력 11월 국내의 조선어학회사건과 때를 같이 하여 국내외 대종교지도자 20여명을 동시에 체포하였다. 이른바 일제강점기 최대 종교박해사건인 임오교변(壬午敎變)이 그것이다. 이창언 역시 그 시기 대종교의 중심부에 깊이 들어와 활동하던 인물로, 일제의 주요 표적이 되었다.

마침내 일제는 1942년 11월 19일을 기해 국내외 대종교지도자들을 일시에 검거했다. 체포된 대종교 교주 윤세복(尹世復)을 비롯한 대종교지도자들은 이른 바 치안유지법 위반이라는 죄목으로 목단강(牧丹江) 경무처(警務處)와 액하감옥(掖河監獄)에 분산 구금되어 혹독한 취조를 받았다. 이들에게 적용된 감방규칙 또한 가혹했다. 항상 벙어리가 되어 말이 없어야 하며 서로 돌아 앉아 얼굴을 못 대하고 누울 때는 얼기설기 머리와 발을 맞추어야 했다. 또한 추워도 이불을 목에 두르거나 요로 무릎을 덮지 못하며 하루 두 끼 먹는 조밥은 돌이 많고 그도 없을 때에는 숭늉한 공기로 끼니를 때워왔다. 또한 체조할 때 동작 맞추는 문제, 잠잘 때 코를 골고 뒤척거리는 문제, 배탈 설사로 인한 옷을 더럽히는 문제 등, 실로 말로 다 표현할 수 없는 간섭과 협박으로 고통의 나날을 보내야 했다.

일제의 고문 또한 정도를 넘어섰다. 배탈로 인해 참지 못하고 설사를 한 사람을 힘이 다하도록 무수히 난타하고는 2~3일 씩 밥을 굶기는 것은 예사였다. 또한 날마다 2~3인 혹은 3~4인 씩을 뽑아 개별로 취조할 때의 각양 각종의 고문은 말로 다 형언할 수가 없었다. 일제의 고문 행위는 나이의 고하를 가리지 않았다. 이 고문 과정에서 이창언을 포함한 10명의 대종교지도자가 사망하였다. 이창언을 포함하여 권상익(權相益)·이정(李楨)·안희제·나정련(羅正練)·김서종(金書鐘)·강철구(姜鐵求)·오근태(吳根泰)·나정문(羅正紋)·이재유(李在囿) 등이 그들이다. 대종교에서는 이들을 임오십현(壬午十賢)이라 추모한다. 이창언 역시 영안현 구가촌(舊街村)에서 체포되어 10개월의 고형(苦刑)을 견디지 못하고 1944년 1월 9일 목단강경무처(牧丹江警務處) 제1호 유치장에서 순교했다. 그의 유해는 영안현 구가촌 복가둔(卜家屯) 동산에 안장되었다.

해방을 맞아 환국한 대종교는 1946년 가경절(嘉慶節, 8월 15일)을 기해 아래와 같은 「고유문(告由文)」을 올리고 임오십현에 대한 교질(敎秩)을 추승(追陞)했다.

"세검 한 몸이신 한님이시여 굽어 살피시옵소서! 덕행을 따라서 교질(敎秩)을 높임은 종문(倧門)의 성전(盛典)이온 바, 고(故) 정교(正敎) 오근태, 상교(尙敎) 안희제, 상교 강철구, 상교 김서종, 상교 이창언, 상교 이재유, 상교 나정련, 상교 나정문, 지교 이정, 지교 권상익 등은, 일찍이 대교(大敎, 대종교를 높이는 용어-인용자 주)를 위하여 정성을 바치다가 할 수 없이 왜놈에게 사로잡힌 지 한 해 동안 그 악독한 형벌을 견디다 못하여 그 몸은 이미 세상을 떠났으나, 그 영(靈)은 반드시 한스승 홍암

대종사(弘巖大宗師)의 지시(指示)로서 천궁(天宮)에 조회(朝會)하였을 줄 믿습니다. 이 갖지 못한 무리들은 그 순교십현(殉敎十賢)에 대하여 도의적(道義的) 숭배심(崇拜心)과 인간적 통석정(痛惜情)을 이기지 못하면서, 이에 그 교질의 한 계제(階梯) 씩을 올리고 따라서 교호(敎號)를 더합니다."

이창언 역시 이와 같은 고유와 함께 정교로 추승 되어 대형(大兄)의 교호를 받았다. 정교로 추승 당시 이창언에게 올린 상호표(上號表)는 '하느님을 공경하고 겨레를 사랑하며 대종교를 지키기 위해 정성을 다했다.(敬神愛族 衛道成仁)'는 덕담이었다. 후일 『임오십현순교실록』의 출간에 부친 성재(省齋) 이시영(李始榮)의 아래 「서(序)」 역시 마음을 저민다.

"우리 국교(國敎)를 다시 세우려 하던 그 때, 기운 나라는 벌써 걷잡을 수 없었다. 지성(至誠)을 품고 지한(至恨)을 안아 마침내 일사(一死)로써 교(敎)의 종풍(宗風)을 보이신 '한스승(홍암대종사, 나철을 말함-필자 주)'의 뒤를 이어, 내외에 홍포(弘布)됨이 자못 컸으나 그럴수록 적의 박해가 더욱 심하더니, 저즘께 북만에서는 무리에도 무리를 더하여 옥중(獄中)에서 신고(身故)하신 이만 열 분이라, 이 열 분으로 말하면 다 종문(倧門)의 신사(信士)로써 이역 풍상을 갖추 겪고 '한 곧'만을 향하여 나아가다가 교를 붙들고 몸을 바쳤으니, 오늘날 그들의 의로운 자취를 기록하여 전함은 한갓 서자(逝者)를 위하여 말 수 없는 일일 뿐이 아니다.
인물을 아낌은 고금이 없으나, 오늘에 있어서는 참으로 묘연(渺然)함을 탄식하지 아니할 수 없다. 이 열 분이 그 조난(遭難)이 아니었던들 우리의 일에 얼마나 큰 도움이 되었을 것인가. 그러나 사람의 정신이란 죽어 없어지는 것이 아니다. 열 분의 변하지 아니하고 굴하지 않는 그 '매움[烈]'의 끼쳐 줌이 결코 적은 것이 아니다. 뒤에 남아 있는 우리는 그 끼침으로 하여금 아무쪼록 더 빛나게, 더 장엄하게 할 책임이 있다.
또 생각하면 산 사람은 누구며, 죽은 사람은 누구냐. 뜻이 살아야 산 것이니, 몸의 존부(存否)는 오히려 제2에 속하는 바다. 이 열 분은 살았다. 누구든지 이 열 분의 눈에 산 사람 아닌 것같이 보이지 말라."

[참고문헌]
『대종교보』제57호(1923년)·제151호(1946년), 「大倧敎施敎堂一覽表(1926年)」(延边朝鮮族自治州档案馆 全宗号42 目录号1 案卷号343, 和龙县历史档案 和龙县警察所, 岭区查禁韩人设立大倧教堂由, 民国十五年五月十二日), 『대종교인과 독립운동연원』(이현익, 프린트본, 1963), 『대종교독립운동사』(박영진, 필사본, 1964), 『대종교중광육십년사』(대종교총본사, 1971), 『임오십현순교실록』(대종교총본사, 1971), 「歸順者 名簿 送付の件」(不逞團關係雜件-朝鮮人의 部-在滿洲의 部26, 機密 第4號; 秘受 1848號, 한국사DB, 국사편찬위원회), 「朝鮮側 警察이 朝鮮人 金順 等을 拘引시킨 것에 관한 件」(不逞團關係雜件-朝鮮人의 部-在滿洲의 部28, 公 第259號; 受 20669號, 한국사DB, 국사편찬위원회)

이창욱(李昌旭, 남, 1890-1930)
아호(별명) _ 이덕상(李德尙)
입교 시기 _ 1922년 | 교질 _ 미상

출신지역과 생몰연대를 알 수 없으며, 1900년대 중반 중국으로 건너가 활동한 인물이다. 1927년 1월 30일 남만주 집안현(輯安縣)에 근거를 둔 대한통의부(大韓統義府) 제2중대의 부사(副士)로 활동하면서, 초산군 읍내면(邑內面) 사기덕동(沙器德洞)으로 잠입하였으나 일제의 초산경찰서(楚山警察署)에 체포된 기록이 있다. 그러나 참의부(參議府)의 보안대장 김병식(金炳植) 등을 밀고했다는 오해 속에서 1930년 김병식에게 사살되었다.

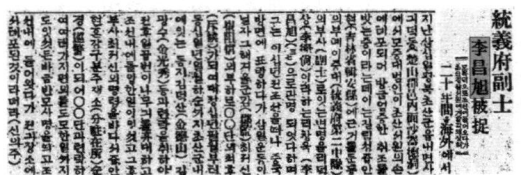

李昌旭(네모 안)이 통의부 副士로 활동하다 체포된 내용을 기록한 『동아일보』 1927년 2월의 기사

이창욱의 대종교 교력을 살피면, 1922년 10월 1일(음력) 대종교 의일시교당(義一施敎堂) 소속 시교원(施敎員)으로 임명된 기록이 전한다. 그의 대종교 입교가 그 이전에 이루어졌음을 알 수 있다. 의일시교당은 대종교 동일도본사(東一道本司) 관할로 혼춘현(琿春縣) 순의사(純義社) 남태맹(南泰孟)에 소재했다. 당시 채천묵(蔡天默)이 전무(典務, 책임자)를 맡았고, 정재호(鄭在鎬)·강리호(姜利鎬)가 찬무(贊務, 부책임자)로 있었으며, 김권협(金權協)과 홍명도(洪明道)가 시교원을 맡아 이창욱과 함께 시무하였다.

[참고문헌]
『대종교보』제56호(1922년), 『대종교중광육십년사』(대종교총본사, 1971), 『동아일보』1927.2.5., 『중외일보』1930.3.16.

이창학(李昌鶴, 남, 생몰 미상)
입교 시기 _ 1926년 이전 | 교질 _ 미상

출신지역과 생몰연대를 알 수 없는 인물로, 경남 함양 일대에서 의병 활동하다 순국한 이창학(李昌鶴, 2003년 애족장)과는 동명이인이다.
이창학은 중국 집안현(輯安縣)을 중심으로 항일투쟁을 전개하다가, 일경에 체포된 기록이 있다. 평안북도 자성경찰서(慈城警察署) 후지이(藤井) 경부보(警部補)를 비롯한 13명이 중국 관헌의 양해를 얻어 1920년 12월 14일 밤 집안현 태화보(泰和堡) 두도구(頭道溝)에 있는 우리 독립군 근거를 습격하였다. 교전을 벌어져 우리 독립군 1명이 부상을 당하고 이창학 등 6명이 체포되었다. 이창학 등이 소지하고 있던 화승총 6정과 항일문서 등도 노획 당했다.

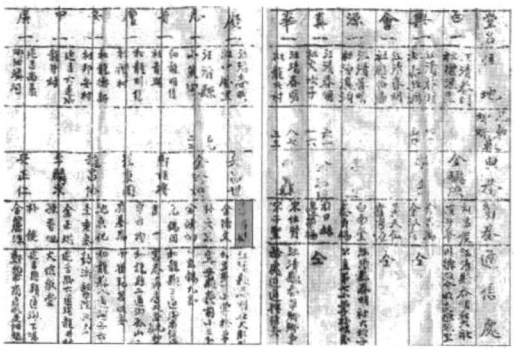

1926년 압수당한 문서에 실려 있는 大倧敎施敎堂一覽表의 일부. 당시 慶一施敎堂의 贊務로 활동하던 李昌鶴(네모 안)의 이름이 보인다.

이창학의 대종교 영계(靈戒) 사항이나 교질(敎秩) 관계는 남아있는 것이 없다. 다만 대종교 만주포교금지령 이후인 1926년 중국당국에 압수된 대종교 문서에 보면, 이창학이 대종교 경일시교당(慶一施敎堂)의 찬무(贊務, 부책임자)를 맡은 기록이 있다. 그의 대종교 입교가 그 이전에 이루어졌음을 확인된다. 경일시교당은 왕청현(汪淸縣) 춘명사(春明社) 중경리(中慶裡)에 소재한 시교당으로, 대종교 항일단체인 대한군정서(북로군정서)의 거점이었던 곳이다. 청산리독립전쟁 이후 군정서의 경신조직(警信組織)들이 대종교시교당으로 재편되었음을 본다면, 경일시교당 역시 그와 무관치 않을 듯하다.
한편 이창학이 시무(視務)한 경일시교당의 연락 거점은 그곳 대감천공립제10소학교(大肚川公立第十小學)였다. 당시 안창세(安昌世)가 전무(典務, 책임자)를 맡았고 김덕문(金德文)이 찬무로 임명되어 이창학과 함께 했다.

[참고문헌]
「大倧敎施敎堂一覽表(1926年)」(延边朝鲜族自治州档案馆 全宗号42 目录号1 案卷号343, 和龙县历史档案 和龙县警察所, 令各区査禁韓人設立大倧敎堂由, 民国十五年五月十二日), 「國外情報」(不逞團關係雜件 朝鮮人ノ部 在内地 十二, 高警第40274號;秘受0056號, 한국사DB, 국사편찬위원회)

이채우(李埰雨, 남, 1865-1936)
아호(별명)_ 호은(湖隱)
입교 시기_ 1909년 | 교질_정교 | 서훈_ 애족장(1990)

충청남도 보령군(保寧郡) 남포면(藍浦面) 월전리(月田里) 출신이다. 1908년 대한협회 본회 회원으로 활동하면서, 『세계식민사(世界植民史)』(山內正瞭 著), 『대구세기구주문명진화론(大九世紀歐洲文明進化論)』(陳國鏞 述), 그리고 프랑스 학자 에밀 라비스(Emile Lavisse)의 저술 『애국정신』 등을 번역·

출간한 인물이다.
만주로 넘어간 이채우는 1919년 7월, 「대한독립선언서(일명 무오독립선언서)」의 주축이었던 중국 길림성(吉林省) 소재 군정사(軍政司)와 연결하며 활동을 펼쳤다. 이채우는 군정사에서 파견한 김영순(金永淳)을 만나 군자금 모집을 목적으로 군정사 독판(督辦) 명의의 군령(軍令)을 작성, 약 30매를 인쇄하여 이시우(李時雨)·이증로(李曾魯)를 경상남도 방면으로 파견하기로 하고, 권총 2정도 이시우에게 교부하였다. 그러나 전남 장성군(長城郡) 황룡면(黃龍面)에서 이증로가 검거됨으로써 이채우 역시 서울에서 체포되었다.
이채우는 1921년 2월 15일, 경성지방법원에서 소위 사문서위조죄(私文書僞造罪) 및 정치범처벌령위반과 강도예비(強盜豫備) 등으로 징역 2년형을 선고받고 옥고를 치렀다. 출옥 이후 이채우는 대종교남도본사를 중심으로 잠시 활동하고 곧바로 북만주 대종교총본사로 넘어가 본격적 대종교 항일투쟁을 전개하다 병사(病死)하였다.
이채우는 1909년 대종교의 중광(重光)과 더불어 입교한 인물이다. 이후 1910년 1월 4일(음력, 이하 음력) 신규식(申圭植)·최강(崔岡)·박상환(朴祥煥) 등의 인물들과 참교(參敎)의 교질(敎秩)을 받았다. 이후 1911년 중광절(重光節, 1월 15일)에는 지교(知敎)로 승질(陞秩)되었고 총본사의 협리(協理) 겸 강실전임시교사(講室專任施敎師)로 임명됨과 동시에, 그해 어천절(御天節, 3월 15일)에는 접대의원(接待議員)이란 중책을 맡기도 했다. 이러한 노력으로 이채우는 1914년 5월 13일, 김교헌(金敎獻)·오혁(吳赫)·강우(姜虞)·최전(崔顓) 등 대종교 최고지도자들과 함께 상교(尙敎)에 올랐다. 당시 그가 대종교에서 차지하는 비중이 상당했다는 것을 방증해 준다.
이후 이채우는 만주로 건너가 대종교 조직과 연결하며 항일투쟁을 전개했다. 박명진이 그의 『대종교독립운동사(大倧敎獨立運動史)』라는 기록에서 이채우를 1910년대 후반 대종교 동일도본사(東一道本司)의 주요 교도로 꼽은 것도 이러한 이유다. 당시 동일도본사는 백포(白圃) 서일(徐一)이 이끌었으며 동만주 지역과 국내 함경도 지방을 관할하였다.
일제에 검거되어 국내에서 옥고를 치른 이채우는 출옥 이후 국내 대종교 남일도본사(南一道本司)를 중심으로 활동을 펼쳤다. 1922년 3월 18일 선범부령(宣範部領)을 시작으로 4월 4일에는 선리부령(宣理部領)으로 임명되었다. 그리고 ·4월 15일에는 남도본사의 전리(典理, 책임자)를 대리하는 전리대판(典理代辦)도 역임하였다. 1922년 말 북만주 명안현(寧安縣)의 대종교총본사로 넘어간 이채우는, 1923년 1월 1일 항일투쟁의 거물이자 대종교의 핵심지도자인 은계(隱溪) 백순(白純)과 함께 정교(正敎)의 교질에 오르고 대형(大兄)의 교호(敎號)를 받았다. 주목되는 것은 이채우의 정교 승질(陞秩)이 당시 대종교 교주였던 김교헌의 특별추천으로 이루어졌다는 점이다. 이어 김교헌은 이채우에게 대종교의 종무(宗務)를 사실상 이끄는 총본사 전리(典理)라는 중책도 맡겼다. 이채우에 대한 대한 대종교단 내에서의 무게가 재삼 확인되는 부분이다.

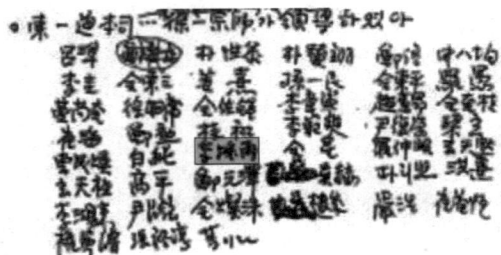

대종교 항일투사 박명진이 기록한 『대종교독립운동사』에 실린 1910년대 후반 대종교 동일도본사 소속 주요 교인들의 명단. 李淙雨(네모 안)의 이름이 보인다.

[참고문헌]
『종보』제5호(1910년), 『倧令』제3호(1911년), 『대종교교보』제57호(1923년), 『종문영질』(프린트본, 1922), 『본사행일기』(성세영, 필사본, 1922), 『대종교인과 독립운동연원』(이현익, 프린트본, 1963), 『대종교독립운동사』(박명진, 필사본, 1964), 『대종교중광육십년사』(대종교총본사, 1971), 『대한협회보』제3호(1908년), 『매일신보』1919.11.2·3., 『獨立運動資金募集者檢擧ノ件』(不逞團關係雜件 朝鮮人ノ部 在內地 八, 高警第28169號;秘受11816號, 한국사DB, 국사편찬위원회)

이철(李喆, 남, 1899-?)

입교 시기_ 1922년 | 교질_ 미상

출신지역과 생몰연대를 알 수 없는 인물이다. 1919년 5월 25일, 이시권(李時權)·이종흡(李鍾翕)·이태영(李太永) 등의 동지들과 연길현(延吉縣) 지인사(志仁社) 의란구(依蘭溝) 의림평학교(依林坪學校)에 5백여 명의 지역 한인들을 모아 독립운동을 선동하는 연설과 함께 만세 제창을 주도한 기록이 있다.

이후 1923년 3월 10일에 조직된 대한군사령성(大韓軍司令省)의 결성에도 그 중심이 되었다. 이 단체는 연해주 니콜리스크에서 40여 명이 모여 조국 광복을 공고히 하고자 비밀회의를 통해 조직된 단체이다. 당시 사령장은 이필오(李弼吾)가 맡았으며 박영식(朴永湜)이 군무부장, 정한(鄭漢)이 참모부장으로 임명되었고, 김영철(金英喆, 외교부장)·김바시리(재무부장)·나명순(羅明順, 통신부장)·박춘(朴春, 교육부)·박민석(朴敏錫, 집행부장)·김재호(金載浩, 출판부장) 등이 동참하였다. 이철 역시 행정의 중심인 서무부장을 맡아 대한군사령성을 이끌었다.

이철의 대종교 관련 교력을 보면, 1922년 5월 22일(음력) 대종교 동일도본사 소속의 제2지사 종사감찬(宗事監贊)을 맡은 기록이 있다. 당시 이철의 위치는 봉계인(奉戒人)이었다. 봉계인이란 대종교에서 입교(入敎)를 하여 영계(靈戒)를 받은 후 참교(參敎)의 교질(敎秩)을 받기 이전의 단계를 말한다. 이철의 대종교 입교가 그 이전에 이루어졌음을 확인할 수 있다. 또한 감찬이란 대종교총본사 전리실(典理室)에 속한 종리감(宗理監)을 돕는 직책이었다.

이철과 함께 한 동이도본사 제2지사의 인물들도 주목된다. 그 대부분이 대종교 대한군정서 계열의 독립군들이었

다는 점이다. 총책임을 맡았던 주견룡[朱見龍, 동일도본사 전사대판(典事代辦)]을 비롯하여 이두석[李斗錫, 계사감정(計事監正)]·이형섭[李泂燮, 규사감정(規事監正)]·박순[朴純, 찬사(贊事)]·강훈[姜勳, 규사감찬(規事監贊)] 등등이 모두 대한군정서의 독립군들이었다. 이것은 동일도본사 제2지사가 청산리독립전쟁 이후 흩어진 대한군정서 독립군들의 또 다른 거점이었음을 확인시키는 것으로, 이철 역시 대한군정서의 구성원이었을 가능성을 높게 해 준다.

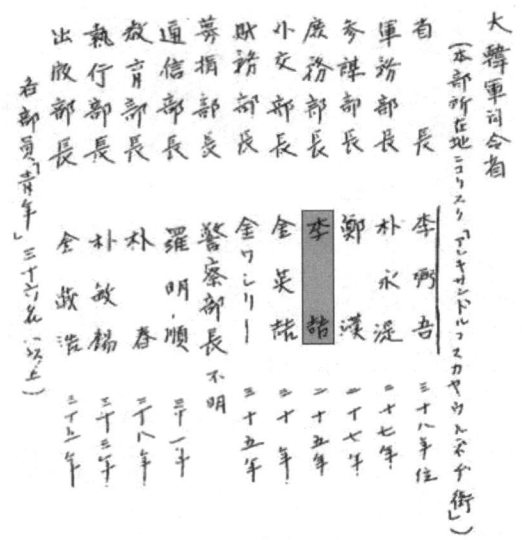

1923년 일제의 문서에 기록된 大韓軍司令省의 임원 명단. 서무부장 李喆(네모 안)의 이름이 보인다.

이철은 1922년 3월에도 용정촌(龍井村)을 거점으로 엄주동(嚴柱東)·엄주순(嚴柱馴) 등과 기부금 등을 모아 대종교시교당 건축을 위해 노력하였다. 또한 시교당에 부속된 학교 운영을 통해 교인들의 사상적 통일을 도모하려 하였다. 이철 등은 이를 실현하기 위해 그 해 4월 25일 왕청현(汪淸縣)과 삼도구(三道溝) 등을 방문하는 등, 용정촌의 대종교시교당을 지사(支司)로 승격시키기 위한 노력도 아끼지 않았으나 그 이후의 행적은 확인 안 된다.

[참고문헌]
『대종교교보』제54호(1922년)·제113호(1937년), 『대종교중광육십년사』(대종교총본사, 1971), 「대한군사령성 조직에 관한 건」(不逞團關係雜件-朝鮮人ノ部-在西比利亞14, 高警 제1373호, 한국사DB, 국사편찬위원회), 『한국독립운동사자료』38(국사편찬위원회, 2002)

이철(李哲, 남, 생몰 미상)

입교 시기 _ 1920년대 추정 | 교질 _ 지교

출신지역과 생몰연대를 알 수 없는 인물이다. 1918년 2월 대종교지도자인 정안립(鄭安立)의 주도한 동성한족생계회(東省韓族生計會)의 발기인으로 참여하는가 하면, 김성칠(金成七)·홍자문(洪子文) 등과는 화룡현(和龍縣)을 관할하는 동성한족생계회 회원 모집위원으로 활약하였다. 또한 이철은 대종교 항일단체인 대한군정서(북로군정서가 해체된 후인 1924년 1월경에는 대종교지도자 이홍래(李鴻來)와 연계하며 김정일(金正一)·이광택(李光澤)·심창순(沈昌淳) 등과 연길현(延吉縣) 동불사(銅佛寺)를 중심으로 재기를 도모하기도 했다.

1925년 4월 대종교계 항일단체인 신민부(新民府)가 성립되자 여기에도 적극 관여하였다. 또한 그 해 8월 15일 중동로(中東路) 쌍주지방(雙珠地方)에서 결성된 오인청년회(吾人青年會)에도 집행위원장으로 추대되어 장윤덕(張潤德, 서무부위원)·송덕윤(宋德允, 경리부위원)·장상우(張相友, 경리부위원)·장세훈(張世勳, 체육부위원)·최헌(崔憲, 체육부위원)·서정우(徐廷禹, 사우부위원)·장문학(張文學, 사우부위원)·양원춘(楊元春, 지육부위원)·박범석(朴範錫, 지육부위원)·장종진(張宗鎭, 少年部委員) 등과 활동하였다.

한편 1925년 10월 14일에 개최된 신민부 제1차 정기총회에서도 중심인물로 참석하여, 김좌진(金佐鎭)·김혁(金赫)·이원일(李元日)·조성환(曹成煥)·허일도(許日島)·박두희(朴斗熙)·한규범(韓奎範)·허준(許準)·김도원(金道元)·최호(崔顥)·이춘남(李春南)·김동식(金東植)·이동식(李東植)·허일창(許一昌)·유해강(劉海崗) 등 대종교 동지들과 총회를 주도하였다. 이후 1927년 5월에도 반석현(磐石縣)에 근거를 둔 한족노동당(韓族勞動黨)이 만주 한인들의 안전을 위한 보호회(保護會)를 조직하자 그 집행위원으로 선출되어 적극 기여한다.

이철과 관련한 대종교 교력을 살피면, 그의 초기 기록은 모두 전하지 않는다. 다만 그가 1937년 1월 16일(음력) 대종교총본사의 찬범(贊範)과 함께 경의원(經議院)의 참의(參議)로 임명된 기록이 있다. 당시 그의 교질(教秩)은 지교(知教)의 단계에 있었다. 입교와 영계(靈戒)를 거쳐 참교(參教)의 교질 단계를 이미 거쳤다는 의미다. 그의 대종교 입교 시기가 1920년대 초로 점쳐지는 이유다. 아마도 동성한족생계회의 많은 구성원들이 대종교의 중심인물들이었고 보면, 이 시기에 이미 입교한 것이 아닐까 한다. 또한 이철은 이 시기 설립된 대종학원(大倧學園)의 원장으로도 활동한 것을 보아, 그의 대종교에서의 위치가 상당했음을 알 수 있다.

[참고문헌]
『대종교보』제113호(1937년), 『대종교중광육십년사』(대종교총본사, 1971), 「東省韓族生計會 組織에 관한 건 續報」(不逞團關係雜件-朝鮮人의 部-在滿洲의 部6, 朝憲機 第118號; 秘受 5355號, 한국사DB, 국사편찬위원회), 「間島 및 接壤露支領에 있어서 不逞鮮人團의 近況에 관한 件」(不逞團關係雜件-朝鮮人의

部-在滿洲의 部38, 機密 第28號; 機密受 第36號, 한국사DB, 국사편찬위원회), 「報告書 提出의 件」(不逞團關係雜件-朝鮮人의 部-在滿洲의 部41, 公 第481號; 機密受第496號, 한국사DB, 국사편찬위원회), 『동아일보』1927.5.14.

이철원(李哲源, 남, 생몰 미상)

입교 시기 _ 일제강점기 | 교질 _ 참교

만주 출신의 인물로 대종교 임오교변(壬午敎變)으로 순교(殉教)한 이정(李楨)의 아들이다. 임오교변이란 일제가 한국의 민족정신을 완전히 끊어 버리고자 임오년(1942년) 국내 조선어학회사건과 동시에 대종교 핵심 간부 20여 명을 체포한 사건을 말한다. 당시 이정을 포함한 권상익(權相益)·안희제(安熙濟)·나정련(羅正練)·김서종(金書鍾)·강철구(姜銕求)·오근태(吳根泰)·나정문(羅正紋)·이창언(李昌彦)·이재유(李在囿) 등 10명이 일제의 고문 후유증으로 순교하였다. 이 때 순교한 10명을 대종교단에서는 순교십현(殉教十賢) 또는 임오십현(壬午十賢)이라고 한다.

이철원의 부친인 이정 역시 체포된 후, 영안현서를 거쳐 액하감옥으로 옮겨져 구금된 지 8개월만인 1943년 7월 30일 감옥에서 귀천(歸天)하였다. 향년 49세로 그의 유해는 신안촌 영가둔(寧家屯)에 장사를 치렀다. 그리고 해방 직후인 1945년 7월 28일, 영안현 신안촌에 있는 이정의 옛집에서 대종교총본사 주관으로 여러 교인이 모여 치제식(致祭式)을 거행하였다. 교주인 윤세복이 직접 참례하여 김영숙(金永肅)이 주제(主祭)와 원도(願禱)를 하고 윤정현(尹珽鉉)이 의식(儀式)과 제문(祭文)을 읊었으며 채오(蔡五)가 송도(頌禱)를 하였다. 당시 선친 치제식의 상주(喪主)가 이철원이었다.

한편 이철원과 관련된 대종교 입교 기록이나 영계(靈戒) 사항은 전하는 것이 없다. 다만 1946년 7월 18일(음력) 대종교 신일시교당(新一施教堂)의 찬무(贊務, 부책임자)를 맡은 기록이 있다. 당시 이철원의 교질(教秩)은 참교(參教)의 단계에 있었다. 그의 대종교 입교가 그보다 훨씬 전에 이루어졌음을 알게 해 준다. 또한 같은 날 신일시교당의 전무(典務, 책임자)로 임명된 인물이 항일투쟁의 거물 채오였다. 이러한 정황에서 보면, 이철원 역시 대종교 항일투쟁에 깊이 관여한 인물임을 시사해 준다.

[참고문헌]
『대종교중광육십년사』(대종교총본사, 1971), 『임오십현순교실록』(대종교총본사, 1971)

이철호(李轍鎬, 남, 생몰 미상)

입교 시기 _ 1937년 | 교질 _ 참교

출신지역과 생몰연대를 알 수 없는 인물이다. 일제가 대

종교 말살을 위해 옥죄어 오던 1930년대 후반 들어 대종학원(大倧學園) 교원으로 활동하며 민족의식 고취와 독립의식 고양에 앞장섰다.

대종교는 1920년대 중반 만주군벌(滿洲軍閥)에 의해 내려진 대종교만주포교금지령으로 인해 밀산현(密山縣)으로 옮겨갔다. 그리고 근 8년의 은둔시대를 벗어나 1934년 3월 대종교 하얼빈(哈爾濱宣道會)의 설치를 시작으로 발해의 고도(古都)인 영안현(寧安縣) 동경성(東京城)에 대종교총본사를 이전하게 된다. 당시 1936년 3월 총본사 안에 우선적으로 병설된 교육기관이 대종학원이다.

대종학원은 초등부·중등부와 여자야간부가 설치되었다. 교과내용은 정규학교과정 이외 종경(倧經)과 한국사 과목이 강조된 것이 특징이다. 그러나 또다시 일제의 탄압을 받아 초등부는 1941년 봄에, 중등부와 여자야간부는 다음 해 봄 폐지되고 말았다. 대종학원은 광복 직후 동경성에서 다시 복구되어 만주의 동포교육에 진력하였다.

한편 대종교는 거점을 잡은 곳이면 으레 학교를 병설하였다. 또한 대종교에서의 학교 설립은 독립군 등 인재양성과 뗄 수가 없었기 때문이다. '대종교시교당=학교=독립운동기지'라는 삼위일체적 인식이 성립되는 이유다. 이철호의 대종학원 교사로서의 활동 역시 대종교 항일투쟁과 무관치 않았다.

이철호의 대종교 교력을 살피면 1937년 4월 5일(음력, 이하 음력) 대종교총본사의 특별추천으로 영계(靈戒)를 받았다. 그리고 같은 날 대종학원의 교원으로도 임명된다. 이철호가 교원으로 임명되던 날 대종학원 원장으로 취임한 인물이 백산(白山) 안희제(安熙濟)다. 안희제는 일제가 오랜 세월 주시하며 추적했던 항일투쟁의 거물이자 대종교지도자였다. 대종학원의 성격을 드러내주는 부분으로, 대종학원이 일제의 폐교 대상이 된 이유 중의 하나다. 이철호는 같은 해 5월 28일 총본사의 특별추천으로 참교(參敎)의 교질(敎秩)에 올랐으나, 이후의 행적은 전하는 것이 없다.

[참고문헌]
『대종교보』제114호(1937년), 『대종교중광육십년사』(대종교총본사, 1971)

이춘교(李春敎, 남, 생몰 미상)

입교 시기 _ 1922년 이전 | 교질 _ 미상

경상남도 진주군(晉州郡) 도동면(道洞面) 상대동(上大洞) 출신으로 생몰연대는 확인이 안 된다. 만주로 넘어간 시기 역시 알 수 없으나, 1920년대 광정단(光正團)을 중심으로 활동한 기록이 있다. 광정단은 대종교 항일단체인 흥업단(興業團)을 필두로 장백현(長白縣) 일대에서 활동하던 군비단(軍備團)·대진단(大震團)·태극단(太極團) 그리고 광복단(光復團)의 일부가 통합한 조직이었다. 이춘교는 임강현(臨江縣) 팔도구(八道溝)를 거점으로 하는 광정단 서부(西部) 조직의 부부장(副部長)을 맡았으며, 당시 부장은 강형렴(姜

亨廉)이었다.

이춘교 관련 대종교 교력은 교단 내에는 전하는 것이 없다. 다만 성세영(成世英)이 1922년 말에 기록한 『본사행일기(本司行日記)』 속에, 경상도 지역 대종교 교인으로 이춘교의 이름이 올라 있다. 여기에 오른 교인 명단이 1916년 음력 9월에서 1922년 음력 9월 사이에 입교한 인물들을 기재한 것이고 보면, 이춘교의 대종교 입교도 이 기간에 이루어진 것임이 확인된다.

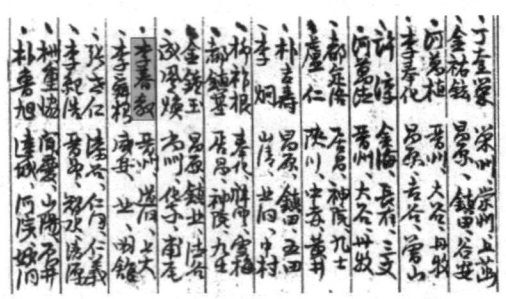

성세영의 『본사행일기』 속에 들어있는 1922년 음력 10월 당시 경상도 지역 대종교 교인들의 명단. 李春敎(네모 안)의 이름이 보인다.

[참고문헌]
『본사행일기』(성세영, 필사본, 1922), 『遼東新聞』1925.4.1., 「大韓統義府, 上海假政府, 高麗共産黨, 光正團, 赤旗團, 獨立軍團, 軍政府, 軍政署, 大韓判義團의 狀況에 대한 關係 文件」(不逞團關係雜件-朝鮮人의 部-在滿洲의 部 41, 한국사DB, 국사편찬위원회)

이춘배(李春培, 남, 1887-?)

입교 시기 _ 1910년 이전 | 교질 _ 참교

평안북도 용천군(龍川郡) 내하면(內下面) 대성리(大成里) 출신이다. 대종교 항일투사이자 해방 후 단국대학교를 설립한 장형(張炯, 張世淡)과 절친한 인물로, 일찍이 서북학회회원으로 활동한 기록이 있다.

이춘배는 경술국치 이후 남만주 봉천(奉天)을 오가며 항일투쟁을 전개하였다. 특히 장형이 1914년 10월, 김연우(金淵祐)·고정식(高正植)·윤봉천(尹鳳千)·이희봉(李喜峯)·이종건(李種建) 등과 서간도 안동현 대동운송(大同運送) 신덕준(申德俊)의 방에 모여 모종의 항일투쟁의 방략을 모색할 무렵, 이춘배는 장형·이흘(李仡) 등과 행동을 같이 하며 국내 청년들을 확보해 가며 연락기관 확보를 위해 노력하였다.

이춘배의 대종교 교력을 보면, 1910년 5월 29일(음력, 이하 음력) 서병호(徐丙浩)·이행재(李行宰)·임헌조(任憲祖)·윤상집(尹相執)·김도익(金道益)·최하영(崔夏永)·최학현(崔鶴鉉) 등과 순교원(巡敎員)으로 임명된 기록이 있다. 그의 대종교 입교가 1909년 1월 15일 대종교가 중광(重光) 직후임을 알 수 있다. 또한 1911년 중광절(重光節, 1월 15일)에는 대종교 중광 동지들인 윤주찬(尹柱瓚)·박승익(朴勝益)·황병욱(黃炳郁)·김인식(金寅植)·조완구(趙琬九)·류근(柳瑾)·이광수(李光秀)·장지연(張志淵)·현천묵(玄天默) 등과 참교(參敎)의 교질(敎秩)을 받은 기록도 전한다. 그 해 어천절(御天節, 3월 15일)에는 황주현(黃柱顯)·권영우(權寧愚)와 영접예원(迎接禮員)을 맡았으며, 4월 4일에는 나정련(羅正練)·김정기(金正琪)·김연필(金演弼)과 대종교총본사의 찬무(贊務, 부책임자)로 선임되기도 했다.

[참고문헌]
『倧報』제6호(1910년), 『倧令』제3호(1911년), 『종문영질』(프린트본, 1922), 『대종교중광육십년사』(대종교총본사, 1971), 『서북학회월보』제11호(1909년), 『不平鮮人의 行動 等에 관한 건』(不逞團關係雜件-朝鮮人의 部-在滿洲의 部4, 朝憲機第689號; 秘受 9861號, 한국사DB, 국사편찬위원회), 『한국독립운동사자료』39(국사편찬위원회, 2003)

이춘보(李春甫, 남, 생몰 미상)
입교 시기_ 1922년 이전 | 교질_미상

출신지역과 생몰연대를 알 수 없는 인물로, 1920년대 대종교 항일투쟁에 앞장선 기록이 있다. 1919년에 조직된 의군단(義軍團) 헌정원(憲正員)으로 활동하면서 대종교 항일단체인 대한군정서(북로군정서)에도 몸을 담았다.

청산리독립전쟁 이후인 1922년 1월에는 대한군정서계의 이홍래(李鴻來) 등 20명과 군자금 모금과 통신연락기관의 설치 및 동지규합을 위해 연길현 묘구(廟溝) 구세촌(救世村)에서 들어와 대한군정서청년모험대(大韓軍署靑年冒險隊)라는 조직을 만들어 제4분대장을 맡아 군자금 모금과 항일단체 재건을 위해 동분서주했다. 그 해 8월에는 대종교의 근거인 영고탑(寧古塔)에 본부를 둔 대한독립군(大韓獨立軍) 소속으로도 활동했다. 대종교지도자 김혁(金爀)이 총재를 맡은 이 조직은 영고탑을 근거로 군사교육을 계획했으나, 9월 중국당국으로부터 퇴거 명령을 받고 부득이 돈화현(敦化縣) 황토요자(黃土窐子) 부근에 사관학교 및 병영 건설 계획을 세웠다. 그리고 대한독립군에서는 간도 일원에 군사통신원(軍事通信員)과 보병모집원(步兵募集員)을 파견하였다. 당시 이춘보는 심창순(沈昌淳)과 함께 보병모집 총무로 임명되어 용정촌(龍井村)과 국자가(局子街) 및 두도구(頭道溝) 일대를 돌며 대한군정서 사관연성소 출신자들과 국민회 및 의군단원 중 항일의식이 투철한 인물들을 추적·발굴하였다.

이춘보는 1923년 8월경 대한군정서 출신인 박만인(朴萬仁)과 더불어 폭탄 12개를 소지하고 일본관공서를 파괴하려는 계획을 세우기도 했으며, 1924년 3월 하순에는 돈화현 황토요자에 근거를 두고 이홍래·강승경(姜承卿)·황룡운(黃龍雲)·이승래(李承來)·이찬(李傑) 등, 대한군정서 계열의 대종교 동지들과 대한독립단모연대(大韓獨立團募捐隊)를 결성하였다. 이 모연대는 대장 이홍래를 비롯하여 30여

명을 3대로 나누어 국내의 무산(茂山)·회령(會寧)·종성(鍾城)·온성(穩城) 방면으로 모연활동을 전개하였다. 당시 이춘보는 이경렬(李京烈, 제2대장)의 밑에서 제1분대장을 맡아 활약하였다.

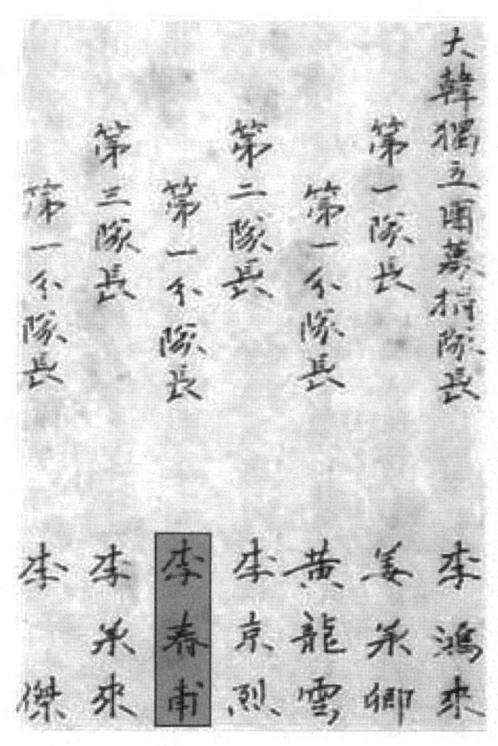

일제의 문서에 기록된 大韓軍政署靑年冒險隊의 役員 명단. 李春甫(네모 안)의 이름이 보인다.

이후 이춘보는 신민부(新民府)에도 가담하여 항일투쟁을 이어갔다. 신민부는 대종교 조직인 '중광단(重光團)→대한군정서→신민부'로 이어지는 조직으로, 그 주요 구성원의 대부분이 대종교인이었다. 따라서 이들이 신봉하였던 대종교 이념이 자연스레 신민부의 주요한 이념으로 자리 잡았는데, 그 기본철학은 대종교의 홍익인간과 중광정신에 있었다. 이춘보는 1925년 11월 당시 신민부 모아산(帽兒山) 지방의 총판(總辦)을 맡아 서기(書記)로 임명된 손천호(孫天虎)와 대종교 항일투쟁을 지속해 갔다.

이춘보와 관련된 대종교 영계(靈戒) 사항이나 교질(敎秩) 관계는 확인이 안 된다. 그 시기 『대종교보(大倧敎報)』를 비롯한 1차 자료들의 부전(不傳)하기 때문이다. 그러나 1923년 3월 25일, 대종교의 핵심이었던 이경렬 등과 함께 대종교의 교당(敎堂) 설치와 포교(布敎)를 위하여 밀산(密山)으로 향한 일제의 기록이 있다. 당시 그가 대종교에 깊이 가담해 있음을 암시하는 부분이다. 그의 대종교 입교가 대한군정서 활동 전후로 올라감을 알 수 있다.

[참고문헌]
「間島地方 不逞鮮人의 狀況에 관한 건」(不逞團關係雜件-朝鮮人의 部-在滿洲의 部29, 機密 第393號」秘受 11090號, 한국사DB, 국사편찬위원회), 「大韓軍政署殘黨으로 組織된 靑年冒險隊에 관한 건」(不逞團關係雜件-朝鮮人의 部-在滿洲의 部31, 機密 第67號; 機密受第84號, 한국사DB, 국사편찬위원회), 「大韓獨立軍의 壯丁募集 및 軍事通信員의 內間에 관한 건」(不逞團關係雜件-朝鮮人의 部-在滿洲의 部34, 機密 第381號; 機密受第400號, 한국사DB, 국사편찬위원회), 「間島接壤地 地方에 있어서 不逞鮮人의 行動에 관한 건」(不逞團關係雜件-朝鮮人의 部-在滿洲의 部36, 機密 第275號; 機密受第284號, 한국사DB, 국사편찬위원회), 「最近 間島 및 接壤地方 不逞鮮人의 行動에 관한 件」(不逞團關係雜件-朝鮮人의 部-在滿洲의 部38, 機密 第90號; 機密受 第98號, 한국사DB, 국사편찬위원회), 「報告書 提出의 件」(不逞團關係雜件-朝鮮人의 部-在滿洲의 部41, 公 第481號; 機密受第496號, 한국사DB, 국사편찬위원회), 『한국독립운동사자료』38·40(국사편찬위원회, 2002·2004)

이탁(李鐸, 남, 1898-1967)
아호(별명) _ 이씨종(李氏鍾), 명재(命齋), 월양(月洋)
입교 시기 _ 1920년대 | 교질 _ 미상 | 서훈 _ 애국장(1991)

이탁

경기도 양평군(楊平郡) 용문면(龍門面) 연수리(延壽里) 출신이다. 평안남도 출신으로 신흥강습소와 임시정부에 관여한 이탁(李鐸)과는 동명이인이다. 서울 경신학교(儆新學校) 재학 당시 장지영(張志暎)으로부터 조선어문법을 배우며 한글연구의 기초를 닦았다.
1919년 3·1독립만세운동이 일어나자 만주 집안현(集安縣)으로 건너가 조맹선(趙孟善) 등이 조직한 대한독립단에 가입하여 활동하였다. 같은 해 9월에는 왕청현(汪淸縣) 대감자(大坎子)에 거주하는 김승(金昇)과 협조하여 보황단(保皇團)을 조직에도 가담하였다. 1920년 대종교 항일단체인 대한군정서(북로군정서)에 가입하여 사관연성소 특무반장을 맡았다. 또한 1920년 9월 대한군정서의 교성대(敎成隊)가 편성될 당시, 이민화(李敏華)·김훈(金勳)·남익(南益) 등과 소대장으로 임명되어 청산리독립전쟁에 참전하여 혁혁한 전공을 세웠다.
1923년 8월 화전현(樺甸縣) 화림학교(樺林學校)에 부임하여 교편을 잡았다. 1924년 9월 『신단민사(神檀民史)』 보급 건으로 검거되어 청진지방법원에서 3년 징역을 선고받고 복역하던 중, 1926년 12월 가출옥하여 양평으로 귀향하였다. 이후에도 정주 오산학교(五山學校)에서 근무하는가 하면, 1932년 조선어학회 회원으로 가입하여 한글맞춤법통일안제정위원·표준말사정위원 및 이사를 역임하였다. 해방 직후인 1945년 9월 서울대학교 사범대학에 부임하여 1961년 9월 정년퇴직까지 국어학을 강의하였다.
이탁의 대종교 입교는 대한군정서 시절이라 전언되어 오지만, 그와 관련된 대종교단 내의 기록은 남아있는 것이 없다. 다만 그가 대한군정서의 핵심요원을 지낸 인물로, 『신단민사』 보급사건과 깊이 연결되어 있다는 점에서 대종교와의 연관성이 감지된다. 특히 『신단민사』는 대종교 2세 교주인 김교헌(金敎獻)의 저술로, 대종교의 교사(敎史)이자 배달민족의 역사서다. 이 책은 일제강점기 만주 독립운동가들의 항일의식 고취는 물론, 각 학교의 역사교과서로도 활용되어 민족의식 고양에 큰 기여를 하였다.
이탁이 1932년 조선어학회에 가담하여 이병기(李秉岐)·권덕규(權悳奎)·이극로(李克魯)·최현배(崔鉉培)·정열모(鄭烈模)·이세정(李世楨) 등, 대종교의 국내 핵심들과 깊이 교류하며 한글연구를 수행한 것도 주목된다. 당시 조선어학회는 대종교의 국내 비밀결사 역할을 한 곳으로, 대부분의 구성원들이 대종교 귀일당원(歸一黨員)으로 움직였다는 점이다.

[참고문헌]
「國外情報-大韓軍政署의 日誌에 관한 건」(不逞團關係雜件-朝鮮人의 部-在滿洲의 部26, 高警 第1007號; 秘受 1502號, 한국사DB, 국사편찬위원회), 『한국독립사』하(김승학, 독립문서사, 1965), 『가람일기』Ⅰ·Ⅱ(이병기, 신구문화사, 1977), 「잊을 수 없는 스승: 그 강의」(이응백, 『서울대학교동창회보』67, 1983), 「老國語學者 月洋李鐸先生의 걸으신 길을 더듬음」(이응백, 『국어교육』8, 1964)

이탁(李鐸, 남, 1889-1930)
아호(별명) _ 동우(東愚), 이제용(李濟鏞)
입교 시기 _ 1910년대 | 교질 _ 미상 | 서훈 _ 독립장(1963)

이탁

평안남도 평원군(平原郡) 출신으로 평양 대성학교에서 안창호의 영향을 크게 받은 인물이다. 대성학교 재학 중 신민회(新民會)에 가입하여 구국운동에 참가하였으며, 1909년에는 신민회의 특사로 남북만주 일대를 답사하여 독립운동 기지를 물색하기도 했다.
경술국치 이후 남만주로 망명한 이탁은 신흥강습소(新興講習所) 설립에 참가하였다. 1912년 신흥학교유지회(新興學校維持會)를 조직하고 각 지방으로부터 학교 유지를 위한 성금 모금에 적극 앞장섰으며, 1913년에는 유하현(柳河縣)의 일신학교(日新學校) 교장으로 있으면서 후진 양성에 주력하였다.
1917년 5월 관전현(寬甸縣)에서 항일투쟁을 펼치던 이진룡(李鎭龍)이 체포되자 그 부하들을 중심으로 부대를 재편하여 무장투쟁을 이어갔으며, 1919년에는 이완용(李完用) 등 매국칠적(賣國七賊) 주살(誅殺)을 위한 결사대를 조직하고 국내에 진입 활동을 전개하였다. 이후 관전현(寬甸縣)에서 대한청년단연합회에 가입하여 교육부장으로 활동하였고,

김승학(金承學)·안병찬(安秉瓚)과 대한민국임시정부에 파견되는가 하면, 광복군사령부 참모장에 임명되어 국내진입 계획을 지도하기도 했다.

이탁은 1920년 6월 임시정부 동삼성외교위원부(東三省外交委員部) 위원장으로도 임명되었다. 그리고 같은 해 7월에는 오동진(吳東振)과 협의하여 3개대의 결사대를 국내에 파견하여 무장항일투쟁을 벌였으며, 1921년에는 한중호조사(韓中互助社, 중한호조사라고도 함) 조직에 참여하여 문서과(文書課) 부주임에 선임되었다. 한중호조사는 한국과 중국 양국의 상부상조와 항일투쟁의 공동보조를 모색한 조직으로, 중국인에게 한국의 독립운동을 이해시킨다는 입장에서 외교적인 효과를 배가시키기 위해 만들어진 것이다.

이탁은 1921년 8월 태평양회의를 위한 지원에도 동참한다. 그 지원을 위해 조직된 외교후원회의 간사를 맡아 후원 활동을 전개하였다. 또한 1922년 5월 조직된 국민대표회 준비위원회에서 나용균(羅容均)·서병호(徐丙浩)와 함께 서기로 임명되어 회의 준비에 만전을 기하였으며, 평남 대표로 참석하여 재정위원에 선출되었다. 1926년 대한독립맹진결사대(大韓獨立猛進決死隊)를 조직하여 남북만주의 각 독립단 수뇌들과 삼부통일안(三府統一案)을 협의하고 무력항쟁을 계속할 계획에도 동참했으며, 1929년 12월에는 임시의정원 만주·간도지방 대표 의원으로 선출되었다.

이탁은 1910년대 대종교에 입교한 인물이나 그와 관련된 기록은 남아있지 않다. 그의 영계(靈戒) 사항이나 교질(教秩) 관계 역시 확인이 안 된다. 다만 신흥무관학교 출신으로 서간도 항일투쟁을 전개했던 박명진(朴明鎭)의 기록에 보면, 이탁이 1910년대 후반 박은식(朴殷植)·민제호(閔濟鎬)·민필호(閔弼鎬)·신건식(申健植)·신익희(申翼熙)·신석우(申錫雨)·이동녕(李東寧)·김갑(金甲)·조완구(趙琓九) 등과 대종교 서이도본사(西二道本司)의 주요 교인으로 올라 있다는 점이다. 당시 서이도본사는 상해를 중심으로 중국 본토 지역을 관할하던 대종교 교구로 예관(睨觀) 신규식(申圭植)이 이끌고 있었다. 그의 활동력이나 서이도본사에 소속된 인물들의 비중으로 보아, 이탁 역시 대종교단에서의 위치가 상당했을 것으로 추정할 뿐이다.

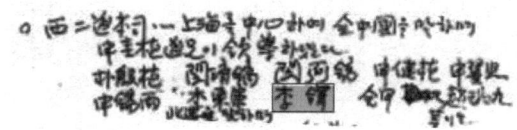

박명진의 『대종교독립운동사』에 기록된 1910년대 후반 대종교 서이도본사의 주요 교인 명단. 李鐸(네모 안)의 이름이 보인다.

[참고문헌]
『대종교독립운동사』(박명진, 필사본, 1964), 『高等警察要史』(경상북도경찰부, 1934), 『무장독립운동비사』(채근식, 대한민국공보처, 1949), 『한국독립사』하(김승학, 독립문화사, 1965), 『朝鮮獨立運動』(分冊)·Ⅱ·Ⅲ(金正明, 原書房, 1967), 『일제침략하한국36년사』8(국사편찬위원회, 1973), 『독립운동사』2·3(국가보훈처, 1972·1973), 『한국민족운동사료(중국편)』(국회도서관, 1976)

이필근(李弼根, 남, 생몰 미상)
입교 시기 _ 1921년 | 교질 _ 참교

경상남도 마산(馬山) 출신으로 생몰연대는 불분명하다. 1918년 5월에 경성의전(京城醫專)에 입학하여 1922년 3월에 졸업한 인물이다.

경성의전에 재학 중이던 1921년 4월 16일, 이필근은 조선학생대회 제2회 정기총회에서 부회장에 당선되면서 계몽운동에 적극 앞장섰다. 당시 전일(全一, 경성약전)이 회장으로 선출되었고 총무는 송봉우(宋奉瑀, 중앙학교)가 맡았다. 또한 이원식(李元植)·장석태(張錫泰)·김종문(金鍾文)·조봉원(趙鳳元)·이강(李彊)·염태진(廉台振)·김종사(金鍾射)·장세구(張世九)·이필백(李弼百) 등이 임원을 맡아 활동하였다. 조선학생대회는 우리 민족의 실력양성을 위해 경향을 막론하고 강연회를 자주 가졌다. 일제 경찰의 제지에도 불구하고 독립사상을 고취하는 노력에 초점이 모아졌으며, 더불어 토론회, 음악회, 체육대회도 자주 열었다. 이필근 역시 1921년 8월에만 산청·함양·곤양·고성·사천·진주 등의 경남 지역을 돌며 '생활'·'생명과 노력'·'교육과 권위'·'모순에서 합리'·'생(生)' 등의 주제로 강연을 하였다.

1922년 졸업과 함께 총독부의 공의(公醫)로 파견된 이필근은, 그 해 9월 동몽고(東蒙古) 통료현(通遼縣) 시내 백음태래(白音太來)에 통료의원(通遼議院)을 개원하고 10여 년간 활동하였다. 귀국 후인 1936년 6월에는 고향 마산에 대동병원(大同病院)을 개원하고 인술활동을 이어갔으며, 그 지역 유도회(儒道會) 활동에도 관여하였다.

이필근의 대종교 교력을 살피면, 1921년 9월 1일(음력) 참교(參敎)의 교질(敎秩)을 받은 기록이 전한다. 당시 경성의전 학생이었던 조용해(趙龍海)와 경성고보에 다니던 맹주천(孟柱天) 등과 함께 받았다. 그의 대종교 입교가 경성의전 재학 때임을 알 수 있다. 그 시기 이필근은 우리말 연구에도 남다른 관심이 있었다. 졸업을 앞 둔 1921년 12월, 경성의 대종교시교당(大倧敎施敎堂)을 드나들며 가람 이병기(李秉岐)로부터 우리말본에 대해 청강을 한 것이 그 한 예다.

그는 동몽고로 넘어가기 전인 1922년 6월 4일 대종교남도본사 신·구 교인이 대립하는 분란 때에도 변화와 개혁을 위한 적극적 주장을 폈다. 이로 인해 대종교교단으로부터 민중식(閔仲植)·신명균(申明均)과 더불어 반성하라는 권고를 받기도 했다. 이 역시 그의 대종교에 대한 열정을 보여주는 사례다. 그러므로 동몽고에 재류 중이던 1922년 2월, 경성 총독부에서 개최한 재만촉탁의회(在滿囑醫會)에 참석차 국내에 들어왔을 때도, 낙원동(樂園洞)에 있던 대종교시교당을 우선적으로 찾았던 인물이 이필근이다.

[참고문헌]
『종문영질』(프린트본, 1922), 『조선총독부관보』제1731호(1918년)·제2886호(1922년), 『동아일보』1921.4.18·19. 8.5·8·12·13·14., 「不逞鮮人 暗號 및 容疑人 名簿의 件」(不逞團關係雜件-朝鮮人의 部-在滿洲의 部37, 高警 第3662號; 機密受第576號, 한국사DB, 국사편찬위원회), 「管內 朝鮮人 狀況調査에 관

한 件』(朝鮮人에 대한 施政關係雜件 一般의 部3, 公 제102호, 한국사DB, 국사편찬위원회), 『매일신보』1922.6.6·24., 1936.6.11., 『가람일기』(이병기, 신구문화사, 1976)

이필수(李弼洙, 남, 생몰 미상)
입교 시기_ 1915년 | 교질_ 참교

출신지역과 생몰연대가 불분명한 인물이다. 『선문통해(鮮文通解)』(1922)와 『정음문전(正音文典)』(1923)를 지은 국어학자 이필수(李弼洙, 혹은 李弼秀)와 동일인인 듯하나, 결정적 연관 자료가 드러나지 않는다.

이필수는 대종교 동지인 이연건(李鍊乾)과 이중건(李重乾)이 경상남도 함안(咸安)에 설립한 동명학교(東明學校)의 교사로 활동하였다. 당시 동명학교의 교사진은 이필수·이중건·이연건 외에도 안영중(安英中)·이희석(李喜錫)·박종식(朴綜植)·박건병(朴健秉)·안재형(安在瑩)·정기헌(鄭基憲) 등, 모두 대종교를 신봉하는 항일투사들이었다. 그러므로 동명학교는 대종교의 교리에 따라 단군의 홍익인간(弘益人間) 이념과 민족의 우수성과 정통성을 널리 계도하는데 모범이 되었다. 특히 학교에 단군의 영정(影幀)을 모시고 참배하면서 민족혼을 일깨우기도 했다. 후일 이 터를 '단군 한배 터'라 부르는 이유이기도 하다.

이필수를 비롯한 동명학교 교사들은 3·1독립만세운동이 일어나자 무저항·비폭력·평화적 시위를 넘어, 함안 지역을 중심으로 보다 적극적인 항일의 방법을 모색하였다. 그들은 삼신일체(三神一體)의 천신(天神)께 조국독립을 기원하는 고천제(告天祭)를 올리고 조국독립을 맹세하며 대한독립의 정당성을 확고하게 주장하는 한편, 관할 일본인 경찰관에게 독립선언 만세운동의 사실증명서를 받아 만국 평화회의에 제출하여 독립을 청원하기도 했다.

이필수의 대종교 교력을 살피면 1915년 12월 12일 동명학교의 동지들인 이연건·이희석·정기헌 등과 참교(參敎)의 교질(敎秩)을 받은 기록이 있다. 그의 대종교 입교가 그 이전으로 올라감을 알 수 있다. 또한 그의 대종교와의 연관이 동명학교를 거점으로 활동하던 시절임을 확인할 수 있다.

[참고문헌]
『종문영질』(프린트본, 1922), 『鮮文通解』(이필수, 한성도서주식회사, 1922), 『동아일보』1928.6.18., 1929.11.2., 1931.9.4., 『일제침략하한국36년사』9(국사편찬위회, 1970), 『국어학연구사(國語學研究史)』(고영근, 학연사, 1985), 『아라의 얼과 향기(인물편), e-book』(함안군청홈페이지), 『함안항일독립운동사』(이규석, 함안문화원, 1998)

이필호(李弼昊, 남, 1898-1922)
입교 시기_ 1915년 | 교질_ 참교

경상남도 함안군(咸安郡) 출신으로 문질(文質)이 뛰어난 수재로 꼽힌 인물이다. 일본으로 유학을 떠나 동경에 있는 일본대학(日本大學)에서 공부하였다. 재학 중이던 1921년 동경에서 고학생형설회(苦學生螢雪會)라는 고학생단체를 조직하여 초대 회장을 맡았다. 고학생형설회는 한국인 고학생들의 상호친목을 목적으로 한 것으로, 창립 당시 임원진은 이필호 회장 외에 총무 정명원(鄭命源), 내무부장 이상봉(李相鳳), 외무부장 이상현(李祥鉉), 문화부장 유진걸, 재무부장 유연표(柳淵杓), 상사부장(商事部長) 이종모(李鍾模), 의사부장(議事部長) 최영복(崔永福) 등이 맡아 출범하였다.

이필호의 조선학생대회강단(朝鮮學生大會講團) 활동에도 참여하였다. 조선학생대회는 1920년 5월 조선학생의 친목과 단결의 도모, 조선물산의 장려 및 지방열타파 등의 목적으로 조직된 단체였다. 1921년 8월 하기휴학을 이용해 국내로 들어온 이필호는 조선학생대회강단에 합류하여 경상남도의 합천·의령·삼가(三嘉)을 돌며 우국계몽강연 활동에 적극 앞장섰다. 1922년 8월 하기휴학 때도 국내 경성으로 들어왔으나 의외의 병을 얻어 세브란스병원에서 치료 중 영면하였다. 이 소식이 일본 유학생들에게 알려지자. 1922년 10월 1일 동경 중앙대학(中央大學) 강의실에 5백여 명이 모여 '재(在) 동경조선고학생 형설회장 리필호군 추도회'를 거행하기도 했다.

일본 유학생 중심으로 치러진 이필호 추도식 소식을 담은 『매일신보』 (1922.10.7.) 기사

이필호의 대종교 교력을 살피면 1914년에 입교하여 1915년 12월(음력)에 영계(靈戒)를 받은 기록이 있다. 그리고 1916년 12월 27일(음력) 유창환(兪昌煥)·유진태(兪鎭泰)·이병화(李炳華)·안기호(安畿浩)·박세균(朴世均) 등의 국내 인재들과 함께 참교(參敎)의 교질(敎秩)을 받았다. 그가 일본 유학 이전에 대종교의 중심부로 들어와 있음이 확인된다.

대종교에서도 대종교의 미래를 이끌 준재(俊才)로서 주목한 인물이기에, 이필호의 요절에 대해 남다른 안타까움을 드러냈다. 경성의 대종교 남일도본사 주관으로 치러진 그의 추도회가 이를 말해준다.

[참고문헌]
『대종교보』제54호(1922년), 『종문영질』(프린트본, 1922), 『동아일보』 1921.8.9.·17., 1922.8.11.,10.8., 『매일신보』1922.10.7., 『항일 학생 민족운동사 연구』(정세현, 일지사, 1975), 『독립운동사자료집별집』 3(독립운동사편찬위원회,1978)

이한기(李漢驥, 남, 1894-1954)

아호(별명) _ 근당(槿堂)
입교 시기 _ 일제강점기 | 교질_상교

경상북도 김천군(金泉郡) 출신으로 향리를 거점으로 금융업과 사법서사에 종사하였다. 최송설당(崔松雪堂)이 1931년 5월 송설재단(松雪財團)을 설립할 당시 그 결정적인 작업을 진행한 인물이다.

김천에서 사법서사를 하고 있던 이한기는, 1929년 8월 본인의 전재산을 조사해 달라는 송설당의 부탁을 받고 그 조사한 바를 송설당에게 전했다. 당시 조사된 송설당의 재산은 현금10만원과 부동산을 합쳐 30만원이 넘었다. 송설당이 육영사업에 대한 결심을 굳힌 것도 이한기의 이 조사보고가 계기가 되었다. 그리고 이에 송설당은 김천고등보통학교설립의 뜻을 굳히고 아래와 같이 이한기와의 계약서를 작성하였다.

계 약 서

경성부 무교동94번지 　　　　계약인 갑 최송설당
김천군 김천면 대화정 29번지의1 　계약인 을 이한기

금반(今般) 갑이 금 삼십만원의 재산으로써 재단법인을 조직하야 김천중등학교를 경영할 목적으로 해법인(該法人) 조직 권한 및 사무집행방법을 을에게 전임하고 을은 우(右)를 수임하야 목적을 달성하도록 노도(勞圖)함은 물론이고 추후 좌기(左記) 조건을 이행하기로 자에 양방이 계약함.
　一. 재단법인 성립 후에 해법인의 경비로써 갑의 생활비를 연봉 이천사백원을 지급함. 단 사후 삼년상까지 한하고 갑의 소유인 부동산 가구(家具) 일체를 삼년 봉사인(奉祀人)에게 도급(渡給)할 사.
　二. 갑의 사후에는 정결재(貞傑齋) 서문외(西門外)에서 불식(佛式)으로 화장(火葬)하고 해잔골(骸殘骨)은 기히 설비한 석함(石函)에 정결히 안치하야 기설분묘(既設墳墓)에 안장할 사, 단 장례시(葬禮時)에 지(芝) 오천매(五千枚) 백회(白灰, 朝鮮土灰) 백석(百石)을 필히 사용할 사.
　三. 갑의 빈청(賓廳)은 정결재 동편방(東便房, 生前居

室)에 설치하야 삼년상을 안과(安過)하고 삼년 후 제사는 재단법인이 봉행할 사.
　四. 정결재 대청(大廳)에 불상(佛像)을 봉안하고 그 좌우에 이왕전하(李王殿下), 이왕비전하(李王妃殿下), 갑의 존위(尊位)를 봉안하고 최광익(崔光翼) 및 매씨형제분(妹氏兄弟分)과 이성자(李成子)의 위패도 안치할 사.
　五. 을은 갑으로부터 임치(任置)를 수(受)한 실인(實印)으로써 재단법인 허가원수속(許可願手續)에 사용함.
　六. 갑이 기증한 기본재산은 목적사업 외에는 사용치 못할 사.
　七. 재단법인은 송설교육재단(松設敎育財團)이라 칭할 사.
　八. 법인 창립 사무집행에 대한 경비 일체 및 산판가대(山板家垈)에 대한 제반비용도 법인으로부터 전부 담당할 사. 단 갑이 입체(立替)할 시는 법인이 추후 반상(返償)함.
　九. 재단법인이 성립 후에는 본 증서를 법인명으로 갱(更)히 서환(書換)할 사.

우(右) 확실(確實) 계약(契約)함.[2통(貳通)]

1930년 2월 23일

계약인(갑) 최송설당 (인)
동(을) 이 한 기 (인)

이 계약서에 이어 약정서(約定書)도 작성되었다. 약정서에는 총기부액 30만 2천 1백원(논·밭·대지·잡종지·임야·건물 그리고 현금을 합한 액수)의 명시와 재단법인에 필요한 이사 및 감사로 이한기를 비롯한 최석태(崔錫台)·최동열(崔東烈)·고덕환(高德煥) 등 7명을 지정한다는 내용이 담겼다. 이후 이한기는 송설재단 제2대 이사장을 맡아 학교의 건실한 발전에 많은 기여를 하게 된다.

김천고등보통학교 이사들과 매일신보를 방문했을 당시 찍은 사진. 앞 중앙에 조바위를 쓴 인물이 최송설당이다. 한편 함께 한 인물들 중 누가 이한기인지는 확인이 안 된다.(『매일신보』1931.2.13.)

이한기의 대종교 입교는 일제강점기에 이루어졌으나, 당시의 영계(靈戒) 사항과 교질(敎秩) 관계에 대한 기록은 남아있는 것이 없다. 그 시기 대종교 국내 활동 문서가 모두 없어졌기 때문이다. 대종교 일각에서는 그의 대종교 입교가 백수(白水) 정열모(鄭烈模)와 연관된다고도 하나 이 역시도 확인이 안 된다. 정열모는 1932년 1월 김천고보 제2대 교장을 지낸 인물로 국내 대종교의 주요 인물이었다. 일제 말기 김천고보가 강제 폐교되었던 것도 1942년 10월에 터진 조선어학회사건에 정열모가 연루되었다는 이유와 무관치 않다. 당시 조선어학회는 대종교 국내 비밀결사 역할을 담당한 곳이다.

대종교에서는 이한기의 이러한 이유로 만주에서 환국한 직후인 1946년 3월 24일(음력, 이하 음력) 대종교총본사의 특별추천으로 영계와 함께 참교(參敎)의 교질을 수여하였다. 또한 같은 날 경의원(經議院) 참의(參議)로도 선임하여, 그의 종교적 경험을 극진히 대우하였다. 당시 대종교 경의원은 항일투쟁 지도자들의 집합소였다. 원장을 맡은 이시영(李始榮)을 비롯하여, 부원장 이동하(李東廈), 비서(秘書) 고평(高平), 그리고 윤복영(尹復榮)·김승학(金承學)·황학수(黃學秀)·이용태(李容兌)·김진호(金鎭浩)·이시열(李時說)·정열모·신백우(申伯雨)·우덕순(禹德淳) 등 수십 인이 참의로 선임되었다. 이한기에게 대종교 인연을 만들어 준 것으로 전언되는 정열모도 이한기와 함께 참의로 활동했다는 점이 주목된다.

그리고 1946년 5월 11일에는 대종교 천선시교당(泉善施教堂)의 전무(典務, 책임자)로도 임명되어, 김천 지역 대종교 포교의 책임자가 되었다. 천선시교당은 김천군 김천읍 평화동(平和洞)에 소재한 시교당으로, 이곳은 일제강점기부터 이한기가 사법서사 사무실로 사용하던 곳이었다. 1947년 3월 28일에는 대종교를 대표하여 종교연합회 부원으로 선임되어 활동하였고 그 해 4월 22일에는 지교(知教)의 교질로 승질(陞秩)하였다. 1950년 1월 17일 대종교중흥회 제2차 중앙상무위원회 경리부장과 집행위원으로 임명되어 대종교 중흥을 위해 노력하였으며, 3일 뒤인 1월 20일에는 상교(尙教)의 교질로 승질하였다. 그리고 그 해 3월에는 정관(鄭寬)·이현익(李顯翼)·이원태(李源台)·김승학·김준(金準)·장유순(張裕淳)·황학수(黃學秀) 등 대종교원로 26명과 함께 홍범규제개정심의회(弘範規制改定審議會) 위원으로 발탁되어 대종교 변화의 제도적 기초를 마련하는데 일조하였다.

이한기가 귀천(歸天)한 뒤인 1954년 12월 6일, 당시 대종교 교주였던 단애(檀崖) 윤세복(尹世復)이 김천에 있는 이한기의 영전을 직접 찾아 치전식(致奠式)을 거행한 것도 그의 대종교적 삶에 대한 극진한 예우였다.

[참고문헌]
『대종교보』한국기념호(1946년)·150호(1946년)·제153호(1947년)·제154호(1947년)·제162호(1949년)·제165호(1950년), 『대종교중광육십년사』(대종교총본사, 1971), 『동아일보』1930.4.1., 3·24, 『조선일보』1930.6.5., 『조선신문』1930.6.18., 『매일신보』1931.2.13., 『松雪六十年史』(송설육십년사편찬위원회, 송설동창회·김천중고등학교, 1991), 「최송설당의 교육이념과 교육활동」(김호일, 『국학연구』11, 국학연구소, 2006)

이항재(李恒載, 남, 1914-1977)
아호(별명) _ 단곡(檀谷)
입교 시기 _ 일제강점기 | 교질 _ 정교

이항재

충청북도 제천군(提川郡) 봉양면(鳳陽面) 원박리(院朴里) 출신으로, 대종교 항일투사인 단암(檀菴) 이용태(李容兌)의 장자(長子)다. 또한 해방 이후 대종교총전교를 역임한 단촌(檀村) 이영재(李榮載)의 친형이자, 아나키스트 항일투쟁을 펼친 여산(如山) 이용준(李容俊)의 장조카(長姪)이기도 하다.

이항재는 1939년 10월 부친인 이용태가 만주 동경성(東京城)으로 넘어가 대종교 항일투쟁에 전념하게 되자, 집안의 모든 대소사를 모두 떠안게 되었다. 특히 가을걷이로 마련된 금전을 감추고 만주를 넘나들며 대종교의 항일자금을 건네곤 한 인물이다. 이러한 정황이 일제에 감지되자, 제천 지역 순사들에 의해 늘 감시와 미행을 당했다. 그에 대한 항거로 담당 순사의 집을 찾아 불을 질러 큰 곤욕을 치르기도 했다.

한편 1942년 음력 11월 대종교지도자 20여명이 동시에 체포된 사건인 임오교변(壬午教變)이 발발하였다. 임오교변이란 일제가 한민족의 정체성을 자처하며 항일투쟁의 총본산 역할을 하던 대종교를 말살하려던 사건이다. 일제는 1930년대 중반부터 대종교단 내에 밀정을 투입하고 1942년(임오년) 국내의 조선어학회사건과 때를 같이하여 대종교지도자 20여명을 동시에 잡아들인 것이다.

이항재의 부친인 이용태 역시 임오교변으로 체포되어 1944년 6월 26일(음력, 이하 음력) 언도공판에서 치안유지법 위반이라는 죄목으로 8년형을 선고 받고, 목단강 액하감옥(掖河監獄)에 투옥되었다. 곧바로 이항재는 모친(母親) 안월선(安月仙)과 함께 만주 액하감옥으로 넘어가 부친을 면회하였다. 그리고 귀국한 후에는 동생 이영재와 이숙재(李淑載, 여)를 목단강으로 보내 부친 및 수감된 대종교지도자들의 옥바라지를 돕도록 하였다.

이항재의 대종교 입교는 일제강점기에 이루어졌으나, 그 기록은 현전하지 않는다. 그 시기 국내 대종교 활동과 관련된 모든 문서들이 없어졌기 때문이다. 이항재는 해방 이후인 1948년 8월 26일 영계(靈戒)와 더불어 참교(參敎)의 교질(敎秩)을 다시 받았다. 또한 1966년 1월 3일 지교(知敎)로 승질(陞秩)하였고, 같은 해 4월 15일 상교(尙敎)로 오름과 동시에 대종교총본사 찬리(贊理)로도 임명되었다.

1967년 4월 30일에는 원로원 간사(幹事)를 맡아 실질적인 실무를 이끌었으며, 1968년 3월 19일 대종교유지재단(大倧敎維持財團)의 임시 이사를 맡았고, 그 해 10월 4일에는 이동준(李東俊)·박영준(朴英俊)·안호상(安浩相)·최항묵(崔恒黙)·박명진(朴明鎭)·이흥수(李興秀)·이은상(李殷相) 등과 제

4대 이사진에 참여하여 대종교의 유지·발전에 이바지 하였다. 또한 1968년 5월 1일에는 정관(鄭寬)·안호상·이현익(李顯翼)·박영준 등의 대종교 원로들과 대종교총본사의 운영위원으로 선임되어 활동하였다. 대종교에서는 이항재의 이러한 공로를 기려 마침내 정교(正敎)의 교질과 대형(大兄)의 교호(敎號)를 내렸다.

[참고문헌]
『대종교교보』제159호(1948년), 『대종교중광육십년사』(대종교총본사, 1971), 『愛國志士檀菴李容兌先生文稿』(박달재수련원, 1997), 「故 李恒載의 未亡人, 黃賢圭 女史와의 대담」(강남구 논현동 경복아파트 자택, 1988년 12월 8일, 김동환 정리), 「故 李恒載의 三子, 李鍾益과의 대담」(강원도 홍천군 서면 모곡리 별장, 2021년 8월 27일, 김동환 정리)

이헌(李憲, 남, 생몰 미상)

아호(별명) _ 일주(一洲)
입교 시기 _ 1922년 | 교질 _ 참교

출신지역과 생몰연대를 알 수 없는 인물이다. 1918년 4월, 대종교지도자 정안립(鄭安立) 등이 주도한 동성한족생계회(東省韓族生計會)의 발기인으로 참여하였으며, 대종교 항일단체인 흥업단(興業團)에 가담하여 비서(秘書)로 활동하였다.
흥업단은 1919년 만주 봉천성(奉天省) 무송현(撫松縣)에서, 대종교 항일투사 윤세복(尹世復)·김혁(金赫)·김호(金虎) 등이 중심이 되어 조직한 독립운동단체였다. 표면상의 목적은 산업을 진흥시키며 이 곳에 이주해 온 한국동포 간의 순수한 친목을 도모한다고 표방하였으나 실제로는 항일무장투쟁을 전개한 집단이었다. 흥업단에서 함께 활동했던 이현익(李顯翼)의 기록에는, 이헌이 항일투쟁 중 체포되어 국내 서대문형무소에서 복역 중 가출옥(假出獄)되었다한다. 그리고 다시 만주(滿洲)로 들어가 대종교 항일투쟁에 헌신하다가 사망한 것으로 적혀 있다.
이헌의 대종교 교력을 보면, 1922년 5월 21일(음력, 이하 음력) 영계(靈戒)를 받고 다음 날인 5월 22일 참교(參敎)의 교질(敎秩)을 받은 기록이 있다. 그 이전에 대종교에 입교한 것이 확인된다. 당시 이헌과 함께 영계와 참교를 받은 인물들을 보면 주견룡(朱見龍)·강근하(姜根夏)·이형섭(李洞燮)·이두석(李斗錫) 등, 모두 대한군정서(북로군정서)의 요원들이었다. 이헌 역시 대종교 항일단체인 대한군정서와 밀접하게 연관된 인물임을 암시한다.
이헌은 1926년 2월 12일, 대종교 북일도본사(北一道本司) 관할 부여현(扶餘縣) 구역을 담당하는 순교원(巡敎員)으로도 임명되었다. 북일도본사 관할에는 부여현 외에도 김영선(金榮璿)이 담당한 아성현(阿城縣)과 공창준(公昌準) 책임진 유수현(榆樹縣), 그리고 성세영(成世榮) 주도한 빈현(賓縣) 등이 있었다. 당시 이헌은 함장선(哈長線) 도뢰소(陶頼昭) 북삼가자(北三家子)에 위치한 삼흥학교(三興學校)를 연락 거점으로 활동하였다.
그리고 1937년 8월 24일, 이헌은 하얼빈 부근 쌍성현(雙城

縣)의 현가(縣街)를 책임지는 대종교 재만교구경상금수납위원(在滿敎區經常金收納委員)으로도 임명되었다. 당시 그의 대종교단 내에서의 비중이 상당했음을 방증해주는 내용이다.

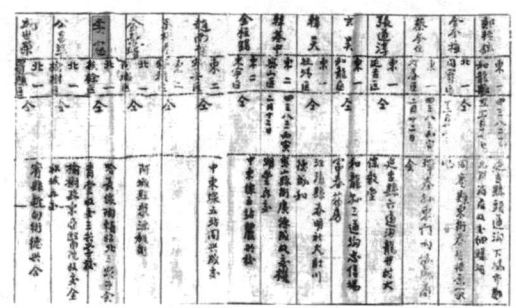

1926년 만주 당국에 압수된 대종교 문서 중에 있는 「大倧敎巡敎員一覧表」 중의 일부. 왼쪽에 李憲(네모 안)이란 이름이 적혀 있다.

[참고문헌]
『대종교교보』제54호(1922년)·제115호(1937년), 『종문영질』(프린트본, 1922), 『대종교인과 독립운동연원』(이현익, 프린트본, 1963), 「大倧敎施敎堂一覽表(1926年)」(延边朝鲜族自治州档案馆 全宗号42 目录号1 案卷号1 案卷号343, 和龙县历史档案 和龙县警察所, 令各区查禁韩人设立大倧敎堂由, 民国十五年五月十二日), 「排日鮮人의 動靜에 관한 건」(不逞團關係雜件-朝鮮人의 部-在滿洲의 部6, 政機密 第14號; 秘受 7369號, 한국사DB, 국사편찬위원회)

이현기(남李現基, , 생몰 미상)

입교 시기 _ 1922년 | 교질 _ 미상

출신지역과 생몰연대를 알 수 없는 인물이다. 일제의 문서에서도 발견이 안 되며 오직 대종교의 내부 기록에만 등장하고 있다. 이현기는 1922년 10월 15일(음력) 대종교 숙일시교당(肅一施敎堂)의 찬무(賛務, 부책임자)를 맡았다. 숙일시교당은 대종교 동이도본사(東二道本司) 관할로 영안현(寧安縣) 자신사(自新社) 밀강(密江)에 위치한 시교당이다. 당시 전무(典務, 책임자)는 대한독립군단에서 경신부장(警信部長)을 지내고 후일 신민부(新民府)의 중앙집행위원 등 핵심 간부를 맡았던 최호(崔灝)였다. 또한 흥경현 왕청문(旺淸門)의 조선인들을 규합하여 의용단(義勇團)을 조직하고 단장을 맡았던 김철배(金喆培)가 이현기와 더불어 찬무로 임명되었으며, 박창현(朴昌鉉)·홍승달(洪承達)이 시교원(施敎員)으로 시무하였다. 모두 항일투쟁에 앞장섰던 인물들이다.
한편 이현기가 숙일시교당의 찬무를 맡을 당시의 대종교에서의 위치는 '형제'였다. '형제(여자는 자매)'라는 위치는 대종교에 입교(入敎)하여 영계(靈戒)를 받기 이전의 교인에게 붙이는 칭호. 그러므로 이현기의 대종교 입교 시기는 1922년도 초·중반일 것으로 추정된다.

[참고문헌]
『대종교보』제56호(1922년), 『대종교중광육십년사』(대종교총본사, 1971)

이현용(李鉉容, 남, 1881-?)

아호(별명) _ 우당(愚堂)
입교 시기 _ 1922년 이전 | 교질 _ 미상

전라북도 부안군(扶安郡) 보안면(保安面) 상교리(上林里) 석교촌(石橋村) 출신이다. 일찍이 호남학회 부안지회(扶安支會) 회원으로 활동했으며, 일제의 대종교 탄압이 극심했던 1920년대에 서울을 오가며 대종교 활동을 전개한 인물이다.

이현용의 대종교 영계(靈戒) 사항이나 교질(教秩) 관계는 일체 전하지 않는다. 그의 입교 기록 역시 남아있는 것이 없다. 다만 1922년 말 성주(星州)에 거주하는 성세영(成世英)의 『본사행일기(本司行日記)』라는 기록에 그의 이름이 등장한다. 당시 이현용은 서울 종로구 계동(桂洞)에 101번지에 소재한 대종교남도본사에 머무르며 모종의 활동을 전개하고 있었다. 그의 대종교 참여가 그 이전으로 올라감을 알 수 있는 부분이다. 아마도 1909년 대종교를 중광(重光)한 홍암(弘巖) 나철(羅喆)을 비롯한 수많은 중광동지들이 호남학회 출신들이고 보면, 그의 대종교 입교 역시 중광 당시가 아닐까 추정해 본다.

[참고문헌]
『본사행일기』(성세영, 필사본, 1922), 『호남학보』제8호(1909년)

이현익(李顯翼, 남, 1896-1970)

아호(별명) _ 근재(槿齋), 이흥동(李興東), 이승림(李承林), 이일림(李一林)
입교 시기 _ 1922년 | 교질 _ 도형 | 서훈 _ 애국장(1990)

이현익

함경남도 단천군(端川郡) 남두일면(南斗日面) 이상리(梨上里) 출신이다. 대종교 항일투쟁에 뛰어든 이후, 흥업단(興業團)에서는 이흥동(李興東), 신민부(新民府)에서는 이승림(李承林), 그리고 대종교 비밀조직인 귀일당(歸一黨)에서는 이일림(李一林)이라는 이명으로 활동한 인물이다.

1914년 홍범도(洪範圖)를 따라 무송현(撫松縣)으로 건너간 후, 1916년 그곳에서 윤세복(尹世復) 등과 협동하여 백산학교(白山學校)와 흥동학교(興東學校)를 설립하였으며, 금난계(金蘭契)·친목회(親睦會) 등

의 비밀결사를 조직하여 활동하였다.

1920년 윤세복(尹世復)·김호(金虎)·김혁(金赫)·이원일(李源一)·오제동(吳濟東) 등 대종교 인물들과 함께 백두산 서남쪽 무송현에 흥업단(興業團)을 조직하고 교섭이라는 직책을 맡아 활동하였다. 1922년에는 광정단(匡正團)에 가입하여 북부외교장(北部外交長)을 맡아 안도독립군(安圖獨立軍) 후퇴 당시 중국군의 방해를 막아내는데 남다른 공헌을 하였다.

1924년 돈화현(敦化縣)으로 이주한 후, 1925년에는 북만 영안현(寧安縣)에서 조직된 대종교 항일단체인 신민부(新民府)에 가입하여 돈화현(敦化縣)을 중심으로 활동하였다. 특히 1926년 3월, 신민부의 중심인물인 나중소(羅仲召)·이승래(李承來) 등이 돈화현으로 들어와 신민부 지역으로 편입시켰다. 이어 이도량자(二道梁子)에 신민부돈화변사부(新民府敦化辨事部)를 설치할 당시, 이현익은 나중소·이승래·이백남(李白男)·마진(馬晉)·김계산(金桂山) 등과 신민부돈화변사부의 최고간부로 활동하였다. 또한 이 변사부를 중심으로 지역인들을 신민부원으로 가입시키는 한편, 의연금 등을 모금하는데도 적극 앞장섰다. 더욱이 돈화현변사부와 돈화현정부 측과 관련된 각종 교섭 사건은 이현익이 외교위원이 되어 전적으로 맡았다. 그러므로 이현익은 이미 그 해 1월부터 돈화현공서원(敦化縣公署員)과 현내(縣內) 각 지역을 순회하며 귀화를 권유하는 등, 돈화현정부의 환심을 사기 위한 노력을 전개하기도 했다. 또한 북만주 일대 및 길돈선(吉敦線)의 일제 침투를 저지하는 한편, 귀일당(歸一黨) 강화에 전력을 경주함과 동시에 국내 작전 전개와 부일도배근절(附日徒輩根絶)을 위해서도 힘을 쏟았다.

한편 이현익은 1929년에 있었던 길돈사건(吉敦事件)과 1930년에 벌어진 만보산사건(萬寶山事件)으로 벌어진 한·중(韓·中) 양민족의 원만한 관계 회복을 위하여도 남다른 노력을 경주하였다. 이후 1934년에는 북만주 동경성(東京城)으로 이주하여 당시 대종교 교주인 윤세복(尹世復)과 대종학원(大倧學園)을 설치하는 한편, 안희제(安熙濟)·오제동(吳濟東) 등 여러 동지와 함께 30여 곳에 대종교 시교당(施教堂)을 설치하는 등 동분서주하였고, 1938년 7월에는 『동아일보』 도문지국(圖們支局) 동경성분국장(東京城分局長)을 맡아 국내외의 정보 교류를 통한, 지역 언론 홍보에도 일조하였다.

그러나 대종교가 포교를 통한 항일투쟁의 전초기지를 확산시켜 나가자, 일제는 1942년 음력 11월 국내외 대종교 지도자 20여명을 동시에 체포하는 사건을 자행한다. 이른바 임오교변(壬午敎變, 임오년 대종교지도자 일제 구속 사건)이다. 이현익 역시 대종교의 중심부에 있으면서 포교에 앞장 선 혐의를 쓰고 영안현 동경성 자택에서 검거되었다. 목단강성(牧丹江省)에서 취조와 재판을 받고 소위 치안유지법(治安維持法) 위반이라는 죄목으로 징역 7년형을 선고받고 옥고를 치르던 중 해방과 함께 풀려났다.

환국 후에도 대종교 포교에 앞장서면서 광복동지회장(光復同志會長) 및 재건국민운동본부중앙위원(再建國民運動本部中央委員) 등을 역임하였다.

[주요저술]

이현익이 남긴 글로는 『대종교인과 독립운동연원』과 「순교수형(殉教受刑)」을 들 수 있다. 『대종교인과 독립운동연원』은 1962년 엮어진 프린본으로 이현익이 직접 경험하고 기억한 체험담적 성격의 글이다. 대부분의 기록이 인멸 또는 압수된 대종교의 입장에서는 금과옥조와 같은 기록이다. 또한 한국독립운동사의 측면에서도, 기존의 책자나 문서에는 기록되지 않은 귀중한 자취들이 발견됨을 볼 때, 매우 중요한 자료라 할 수 있다.

『대종교인과 독립운동연원』은 전체 3부분으로 구성된 것으로, '서언'·'대종교인과 독립운동 실기'·'대종교인의 독립운동 개요'로 엮어져 있다. 먼저 '서언'에서는 국가와 민족을 위하여 정신과 육체를 받친 대종교도들의 항일투쟁이 모두 대종교를 중광한 홍암(羅弘) 나철(羅喆)의 밀유(密諭)에 의한 힘으로 규정하고, 다음의 의미로 정리하였다.

　一. 독립운동의 중로양령거두(中露兩領巨頭)는 총망라하여 대종교를 신봉(信奉)하다.
　一. 국내에는 비밀결사를 조직하여 자주국민 교육자 양성을 주력하였다.
　一. 국내외 일련적(一聯的) 정신단결을 결성하였다.
　一. 종교, 역사, 교육, 경제, 국어 등 자주적 정신계통을 세웠다.

그리고 『대종교인과 독립운동연원』을 출간하고자 하는 목적이, 대종교지도자로서 끝까지 희생과 성력(誠力)을 바친 인물들과 비밀운동에 참가한 인물들에 대해, 이현익 자신이 경험하고 알고 있는 사실(事實)만 기록하여 대종교의 지나온 정신적 가치를 세상에 알리고 함임을 밝히고 있다.

또한 '대종교인과 독립운동 실기' 부분에서는 대종교 항일투쟁의 정신적 동력원을 홍암 나철로부터 찾고 있다. 나철의 대종교 중광을 계기로 노예적(奴隷的) 구사상(舊思想)·구세력(舊勢力)을 탈각(脫殼)하는 계기를 만들었으며, 전민족적(全民族的) 혁명에의 길로 전환되었다는 것이다. 이에 노예적 사편(史片)을 자주적 사면(史面)으로 바꾸고, 유·불(儒佛) 정신을 배달교(倍達敎) 정신으로, 한문어(漢文語)를 국문어(國文語)로 혁신하여 국어·국문·국사·국교(國敎)를 회복하였음을 강조하고 있다.

또한 수많은 동포들이 대종교에 귀의함은 물론, 중로양령(中露兩領)의 단군문화(檀君文化)가 독립운동의 봉화대(烽火台)가 되고 백두산은 독립운동의 사령탑(司令塔)이 되었으며, 나철이 그 민족운동의 총사령 역할을 하였다는 것이다. 마지막 '대종교인의 독립운동 개요'의 앞부분에서는, 대종교가 우주진리(宇宙眞理)와 홍익인간(弘益人間)의 이상(理想) 실현(實現)을 목적으로 종교로, 고토(故土) 삼만리(三萬里)에 배달국을 건설하여 세계를 지상천국으로 만들려는 고유 신교(神敎)임을 밝히고 있다.

그리고 대종교를 중광한 홍암 나철을 시작으로 내원(萊園) 김준(金準)에 이르기까지, 대종교 항일투쟁지도자 126명의 신상과 행적을 간략하고 있다. 즉 별호(別號)·별명(別名)·당호(堂號)·자(字)·본명 등과 경력 및 가입 단체만 명기(明記)하는 형식이다.

한편 「순교수형」이라는 기록은, 이현익이 귀천(歸天, 1970년)하기 얼마 전에 정리한 것으로, 1971년에 출간된 『임오십현순교실록(壬午十賢殉教實錄)』에 수록된 글이다. 제목 그대로 대종교의 임오교변으로 투옥된 간부 중, 일제의 고문으로 귀천한 권상익(權相益)·이정(李楨)·안희제(安熙濟)·나정련(羅正練)·김서종(金書鍾)·강철구(姜銕求)·오근태(吳根泰)·나정문(羅正紋)·이창언(李昌彦)·이재유(李在囿) 등 10명의 순교자의 순교행적을 기록한 것이다.

특히 이현익은, 자신 역시 임오교변으로 체포되어 감옥생활을 한 인물로 남다른 아픔을 추억하며 적고 있다. 이현익은 임오십현이 겪은 참혹한 고초는 인생철학자도 표현하기 힘들 만큼의 참상이었음을 밝히고 10명에 대한 행적을 차례로 기록하였다.

[교력]

이현익의 대종교 교력을 보면, 1922년 12월 5일(음력, 이하 음력) 대종교 서일도본사(西一道本司) 추천으로 영계(靈戒)와 함께 참교(參敎)의 교질을 받은 기록이 있다. 그 이전에 입교한 것이 확인된다. 아마도 그가 무송현을 중심으로 대종교 인물들과 대종교 항일단체인 흥업단 활동을 본격적으로 전개했던 1920년 무렵으로 추정된다. 또한 1926년 2월 12일에는 대종교 시교원(施敎員)으로 임명되어 돈화현 대동문(大東門) 밖 근성루(僅盛樓)를 거점으로 포교에 앞장섰다.

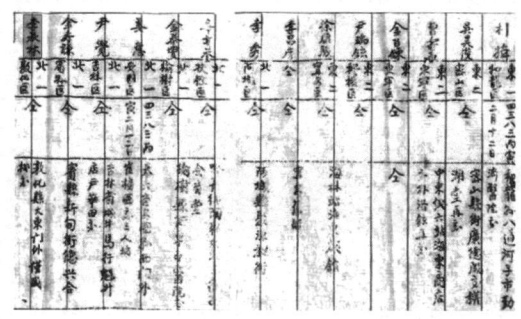

대종교만주포교금지령으로 인해 1926년 만주 당국에 압수된 대종교 문서 '大倧敎施敎員一覽表' 중의 일부. 맨 왼쪽에 李承林(李顯翼, 네모 안)의 이름이 보인다.

동경성 시절인 1937년 2월경에는 대종학원 학감(學監)을 역임하였으며, 그 해 8월 24일에는 대종교 재만교구경상금수납위원(在滿敎區經常金收納委員)에 임명되 영안현 동경성을 관할하는 책임을 맡았다. 또한 1939년 8월 27일에는 안희제·최관(崔寬)·서윤제(徐允濟)·안도윤·김영숙(金永肅)·변성식(邊成植)·장도순(張道淳) 등과 대종교서적간행회(大倧敎書籍刊行會)를 발기하여 간사(幹事)를 맡는가 하면, 해방 직후 만주 동경성에서 열린 개천절 행사에서는 그 의식을 주관하기도 했다.

환국 이후인 1946년 2월 대종교총본사 전리대판(典理代辦)과 전범(典範)으로 임명되었고, 그 해 4월 1일에는 경의원(經議院) 참의(參議)로도 선임되었다. 또한 같은 해 10월 5일에는 대종교 남사도구(南四道區)의 순교원(巡教員)을 겸임하는가 하면, 1949년 1월 5일 대종교중흥회 제1회 중앙상무위원회의 경리부원 및 중앙집행위원을, 제2차에도 중앙감찰위원장 및 집행위원을 맡았다. 이후에도 동일도구 순교원 등 다양한 자리를 맡아 대종교 포교에 헌신한 공로로 1950년 3월 27일 '여러 번의 전범직을 맡아 삼가고 조심하며 직분을 수행함(屢典儀範 慎勤守職)'이라는 덕담과 함께 정교(正敎)의 교질로 승질(陞秩)함과 아울러 대형(大兄)의 교호(敎號)를 받았다.

이현익은 이 외에도 원로원(元老院) 참의, 삼일원(三一園) 대덕(大德), 대종교유재재단(大倧敎維持財團) 이사 등을 역임하며 종단 발전에 꾸준히 기여한 공로로 귀천하기 얼마 전 대종교의 최고 교질인 사교(司敎)와 더불어 도형(道兄)의 교호를 받았다.

[참고문헌]
『대종교보』제56호(1922년)·제113호(1937년)·제115호(1937년)·제124호(1939년)·제148호(1945년)·환국기념호(1946년)·제150호(1946년)·제152호(1946년)·제159호(1948년)·제161호(1949년)·제162호(1949년)·제165호(1950년)·제166호(1950년)·제168호(1950년)·제172호(1951년). 『대종교인과 독립운동연원』(이현익, 프린트본, 1963). 『대종교독립운동사』(박명진, 필사본, 1964). 『대종교중광육십년사』(대종교총본사, 1971). 『임오교변순교실록』(대종교총본사, 1971). 『大倧敎施敎堂一覽表(1926年)』(延边朝鲜族自治州档案馆 全宗号42 目录号1 案卷号343, 和龙县历史档案 和龙县警察所, 令各区查禁韩人设立大倧教堂由, 民国十五年五月十二日). 『敦化縣地方在住 朝鮮人에 관한 件』(朝鮮人에 대한 施政關係雜件 一般의 部5, 機密 제572호, 한국사DB, 국사편찬위원회). 『동아일보』1938.7.24. 『한국독립사』하(김승학, 독립문화사, 1965). 『독립운동사』5·8(독립운동사편찬위원회, 1972·1975).

이형갑(李亨甲, 남, 생몰 미상)
입교 시기_ 일제강점기 | 교질 _ 지교

출신지역과 생몰연대를 알 수 없는 인물로, 1924년 11월 1일 조직된 봉군위문회(奉軍慰問會)에 현익철(玄益哲)·조지운(趙志雲)·오태국(吳泰國)·안광선(安光善)·오남송(吳南松)·김홍직(金弘稷)·백몽량(白夢良) 등과 동참한 기록이 있다. 봉군위문회는 봉직전쟁(奉直戰爭 혹은 直奉戰爭)에 참전하여 희생한 봉천군에 대한 위로를 목적으로 봉천성(奉天省)에 체류하는 한교(韓僑)를 중심으로 조직된 것이다.

이형갑의 대종교 교력을 살피면 1945년 10월 1일(음력, 이하 음력) 대종교총본사 특별추천에 의해 영계(靈戒)를 받은 기록이 있다. 그가 대종교총본사에 의해 특별추천 되었다는 것은 그의 대종교 관련성이 그 이전부터 깊었음을 의미한다. 또한 같은 날 만주 영안현(寧安縣) 동경성(東京城)에 소재한 경일시교당(京一施敎堂)의 찬무(贊務, 부책임자)로도 임명되었다. 같은 해 11월 19일, 다시 대종교총본사의 특별추천으로 참교(參敎)의 교질(敎秩)을 받았으며, 해방

이후인 1949년 9월 1일 지교(知敎)까지 올랐으나, 그 이후의 행적은 알 수가 없다.

[참고문헌]
『대종교보』제148호(1945년)·제163호(1949년). 『대종교중광육십년사』(대종교총본사, 1971). 『居留朝鮮人의 奉軍事卒 慰勞計劃에 關한 件』(不逞團關係雜件-朝鮮人의 部-在滿洲의 部40, 公 第480號; 普通受第491號, 한국사DB, 국사편찬위원회)

이형국(李衡國, 남, 1883-1931)
아호(별명) _ 시윤(時尹), 창해(滄海)
입교 시기_ 1912년 | 교질_ 참교 | 서훈 _ 애족장(1990)

이형국

경상북도 안동군(安東郡) 월곡면(月谷面) 도곡동(道谷洞) 출신으로, 석주(石洲) 이상룡(李相龍)의 조카다. 1911년 백부(伯父)인 이상룡을 따라 만주로 망명하여 신흥무관학교를 졸업하였다. 1913년 만주에 흉년이 들어 경학사(耕學社) 및 광업사(廣業社) 등이 어려움을 겪게 되자 신흥학교 운영자금을 조달하기 위하여 국내로 파견되었다. 경기·충청·경상도지방에서 군자금을 모집하고 신흥사(新興社)라는 비밀단체를 조직, 활동하다가 일제에 체포되어 1915년 9월 20일 경성지방법원에서 7개월형을 받고 옥고를 치렀다.

이형국은 출옥한 후 다시 만주로 건너갔다. 1916년 이상룡·김동삼(金東三)·허혁(許赫) 등의 대종교지도자들이 중심이 되어 조직한 부민단(扶民團)에 참여하고 1919년에는 이상룡·김동삼·김규식(金奎植) 등이 주동이 된 한족회(韓族會)에 가입하여 항일투쟁을 전개하였다. 김규식 역시 대종교의 핵심인물이었다. 이후 국내로 들어온 이형국은 신간회(新幹會) 안동지회(安東支會)에도 참여하여 총무간사 및 교육부장을 역임하였다.

이형국의 대종교 관련 교력을 보면, 1912년 4월 3일(음력) 김의근(金義根)·박기준(朴基俊)·김용수(金鏞洙) 등, 만주 항일투사들과 참교(參敎)의 교질(敎秩)을 받은 기록이 있다. 그가 서간도로 건너간 직후 대종교에 입교한 것이 확인된다.

[참고문헌]
『종문영질』(프린트본, 1922). 『不逞者의 處分』(不逞團關係雜件-朝鮮人의 部-在滿洲의 部4, 警高機發 第3049號; 秘受 136號, 한국사DB, 국사편찬위원회). 『판결문』(경성지방법원, 1915.9.20). 『국역백하일기』(안동독립운동기념관, 경인문화사, 2011). 『안동독립운동인물사전』(김희곤, 선인, 2011)

이형국(李亨國, 남, 생몰 미상)

아호(별명) _ 학문(學文), 이형국(李衡國)
입교 시기_ 1910년대 초반 추정 | 교질_ 미상

출신지역과 생몰연대를 알 수 없는 인물이다. 다만 그가 일찍이 대한협회 철산지회(鐵山支會) 회원으로 활동한 것으로 보아, 평안북도 철산 출신일 가능성을 높게 해 준다. 이형국은 1909년 7월에 이미 무신사(茂愼社) 미전동(米田洞)에서 교육활동을 펼쳤다. 그 이전에 간도(間島)로 넘어간 것이 확인된다. 그는 그곳에서 대종교 동지인 맹정순(孟貞淳)과 함께 대종교 학교인 동창학교(東昌學校)를 운영하였다. 동창학교는 국어·한문·수신(修身)·산술(算術)·체조(體操)·창가(唱歌) 등을 교육하였으며, 1913년 11월에는 병식훈련(兵式訓練)을 가르치다가 일제의 경고를 받기도 했다. 『비판(批判)』의 발행인이자 사회주의 투쟁을 펼친 송봉우(宋奉瑀)는 1931년 7월 이형국(李衡國)의 죽음을 추모하는 글을 썼다. 이형국이 그 이전에 사망한 인물임을 알 수 있다. 송봉우는 이형국이야말로 조선을 위하여 모든 것을 바친 인물임을 추모하고, 무산자에 대한 관심이 지대했던 민족주의적 사회주의자로 추앙했다. 이형국이 무산자들을 위한 사회주의적 삶을 걸어간 인물임을 암시해 준다. 이형국과 관련된 대종교 교력은 전하는 것이 없다. 다만 그와 함께 대종교 동창학교를 이끈 맹정순이, 1912년 4월 3일 참교(參敎)의 교질(敎秩)을 받은 기록이 전한다. 이형국의 대종교 입교시기가 그 시기를 전후하여 이루어졌을 것으로 추정하는 이유다.

[참고문헌]
『대한협회회보』제1호(1908년), 「不許可 差押 및 削除 出版物 記事要旨ー『批判』第三號」(朝鮮出版警察月報 第35號, 한국사DB, 국사편찬위원회), 『韓國近代史資料集成』0(국사편찬위원회, 2004)

이형섭(李洞燮, 남, 생몰 미상)

입교 시기_ 1922년 | 교질_ 참교

출신지역과 생몰연대를 알 수 없는 인물로, 일제의 문서에서도 찾을 수가 없다. 이형섭은 1922년 5월 21일(음력) 영계(靈戒)를 받았다. 그의 대종교 입교가 이전에 이루어졌음을 알 수 있다. 그리고 그 다음 날 참교(參敎)의 교질(敎秩)을 받고 대종교 동일도제이지사(東一道第二支司)의 규사감정(規事監正)으로 임명되었다. 규사감정이란 해당 지사의 책임자인 전사(典事)를 도와 의식예의(儀式禮義)와 쟁변상벌(爭辨賞罰), 학사(學事) 그리고 교질시선(敎秩試選)과 교육시전(敎育施展)을 담당하는 자리다.
주목되는 것은 당시 동일도제이지사의 구성원들 대부분이 대종교 항일단체인 대한군정서(북로군정서)와 밀접한 인물들이라는 점이다. 동일도제이지사는 그 지사의 근거를

연길현(延吉縣) 용정촌(龍井村)에 두고 연길과 화룡(和龍)의 교구(敎區)를 관할하였다. 이 지역은 1910년대부터 대종교의 주요 거점이면서 항일투쟁의 일선이기도 했다. 이형섭이 규사감정에 임명될 당시 제이지사에 함께 참여한 인물 대부분이 대한군정서의 독립군들이었다. 제이지사의 총책임자였던 주견룡(朱見龍, 典事代辦)을 비롯하여 이두석(李斗錫, 計事監正)·서강준(徐康駿, 贊事)·강훈(姜勳, 規事監贊)·박순(朴淳, 贊事) 등등이 그들이다. 동일도제이지사가 청산리독립전쟁 이후 주요 거점 잡아 흩어졌던 대한군정서 독립군들의 은둔처 중 하나임을 암시해 준다. 이형섭 역시 대한군정서 시절의 주요 구성원으로, 그의 대종교 입교 역시 군정서 시절로 추정되는 이유다.

[참고문헌]
『대종교보』제54호(1922년), 『종문영질』(프린트본, 1922), 『대종교중광육십년사』(대종교총본사, 1971)

이호연(李浩然, 남, 생몰 미상)

아호(별명) _ 해천(海天)
입교 시기_ 1937년 이전 | 교질_ 미상 | 서훈_ 애국장(2009)

출신지역과 생몰연대를 알 수 없는 인물이다. 일찍이 대종교 비밀결사인 대동청년단에 가담하여 항일투쟁을 전개하였다. 특히 만주 봉천(奉天, 지금의 심양)으로 건너가 항일투쟁의 비밀거점인 해천상회(海天商會, 海天洋行)를 설립하여 활동하였다.
이호연은 동지인 백산(白山) 안희제(安熙濟)가 주도한 백산상회(白山商會)와도 연결하며 봉천 지역의 거점 역할을 담당하기도 했다. 당시 백산상회는 1916년경부터 국내의 서울·대구·원산 지역과 만주의 봉천·안동(安東) 등지에 백산상회의 지점과 연락사무소를 설치하여 활동지역을 확대하였다. 대구사무소는 태궁상회(太弓商會)를 경영하는 서상일(徐相日), 서울사무소는 미곡상 이수영(李遂榮)이 담당하였다. 그리고 만주 안동사무소는 박광(朴洸)이 경영하던 신동상회(信東商會)에 두었으며 봉천사무소는 이호연의 해천상회가 그 역할을 하면서, 독립운동 관련 정보와 자금을 전달하는 임무를 수행하였다. 이호연의 해동상회는 3·1독립만세운동 이후 국내로부터 넘어오는 우국지사 및 애국청년들의 은거지가 되었으며, 임시정부로 건너가는 독립자금을 안전하게 세탁하는 금고 역할도 수행하였다.
한편 1919년 9월 15일 봉천성 내 소남문(小南門) 안에 있는 천성여관(天成旅舖)에서 구국모험단(救國冒險團) 소속으로 활동하던 이석리(李錫利)가 폭탄 제조 과정에서 폭사(爆死) 순국한 사건이 벌어졌다. 이석리가 순국하기 전 교감한 인물이 해천상회 고용원이었던 신동산(申東山, 申斗渥)이었다. 현지 경찰이 국내 조선총독부의 파견원과 함께 취조 과정 중에 이호연이 연루된 것이 드러나자 동월 30일 해천양행의 이호연 방을 수색하여 금괴(金塊)와 더불어 6매의 군자금모집전표(軍資金募集傳票)가 발각되면서 체포되

었다

이후 국내에 거주하며 1928년 11월에는 대종교의 동지이자 같은 대동청년단원인 안희제가 주도한 중외일보 창간에도 주주로 참여하는가 하면, 1931년 11월 15일에는 단군신전봉찬회(檀君神殿奉贊會)의 창립에도 참여하여 이사로 이름을 올리기도 했다. 그가 다시 북간도로 넘어간 시기는 분명치 않으나, 그곳 도문시(圖們市)를 중심으로 대종교 활동에 진력한 듯하다.

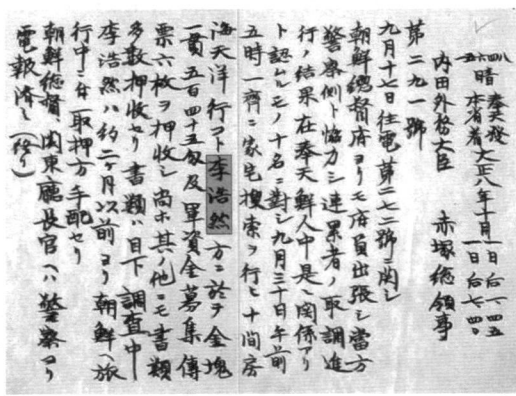

李錫利의 爆死 순국 사건 직후, 이 사건의 연루자 李浩然(네모 안)의 방에서 금괴와 군자금모집전표가 나왔다고 기록한 일제의 문서.

이호연의 대종교 입교 시기나 영계(靈戒) 사항은 남아 있는 것이 없다. 다만 그가 1937년 8월 24일(음력) 간도 도문시를 관할하는 재만교구경상금수납위원(在滿敎區經常金收納委員)으로 임명된 기록이 전한다. 이 직책은 말 그대로 만주 지역 대종교 재정의 토대를 만들어내는 자리다. 또한 대부분의 인물들이 항일투쟁에 앞장선 대종교의 중진들임을 볼 때, 이호연 위상 역시 상당했을 것으로 추정된다. 그의 대종교 입교가 오래전에 이루어졌음을 알게 해준다. 대종교 일각에서 그의 입교시기가 1910년대 초반 대동청년단 시절일 것으로도 추측하는 이유다.

도문시를 관할하는 대종교 재만교구경상금수납위원으로 임명된 李浩然(네모 안)의 이름을 기록한 1937년도 『대종교보』(제115호). 왼쪽 끝부분에는 1910년대 봉천에서 이호연과 함께 활동한 權重洛의 이름도 보인다.

[참고문헌]
『대종교보』제115호(1937년), 「在奉 鮮人의 動靜 等에 관한 건」(不逞團關係雜件-朝鮮人의 部-在滿洲의 部9, 公 제150號; 受 12150號, 한국사DB, 국사편찬위원회), 「爆彈製造 嫌疑 韓人 逮捕」(不逞團關係雜件-朝鮮人의 部-在滿洲의 部12, 15648(暗); 제291號, 한국사DB, 국사편찬위원회), 「奉天 爆彈事件에 대하여」(大正8年乃至同10年 朝鮮騷擾事件關係書類 共7冊 其4, 密 第102號 其471/朝特報 第54號, 한국사DB, 국사편찬위원회), 「주식회사 중외일보사 창립총회의 건」(思想問題에 關한 調査書類5, 京鍾警高秘 제15854호, 한국사DB, 국사편찬위원회), 「檀君神殿奉贊會創立總會」集會取締 狀況報告(通報)(思想에 關한 情報1, 京鍾警高秘 제14018호, 한국사DB, 국사편찬위원회), 『韓國企業家史研究』(조기준, 박영사, 1974), 『부산일보』1981.10.22.

이호철(李戶喆, 남, 1901-1971)
아호(별명) _ 원인(原人), 금강학인(錦江學人)
입교 시기 _ 일제강점기 | 교질 _ 상교 | 서훈 _ 애족장(1990)

이호철

충청남도 부여군(扶餘郡) 홍산면(鴻山面) 조현리(鳥峴里) 출신으로, 일찍이 상경하여 휘문고보(徽文高普)를 졸업한 인물이다. 1923년말 일본 동경으로 유학을 떠나 1928년 4월에는 일본대학 정치과 졸업하였다.

휘문고보 재학 중이던 1919년 3·1독립만세운동이 일어나자 독립만세운동에 참가하여 독립만세를 외치기도 했다. 또한 일본 유학 중에는 신화회(新和會)·조선공존회(朝鮮共存會) 간부를 지내면서, 재일동포를 규합하여 대한독립의 정당성을 인식시키고 민족정신의 앙양을 위하여 활동하였다. 귀국 후인 1929년 7월 25일에는, 원산(元山)에서 개최된 동경유학생강연에도 연사로 참여하였다. 당시 이창인(李昌仁)·김종화(金鏰化)·임천(林泉)·김영주(金榮柱) 등과 함께 한 이호철은 '중산계층(中産階級)의 사회적 지위'라는 주제로 강연을 하였다. 1931년 6월에는 고향인 부여군 홍산면을 중심으로 각지의 부락에 농민들을 위한 야학과 노동조합을 조직하여 사회주의 농민계몽에 주력하는가 하면, 1931년 12월 북간도로 넘어가 용정촌(龍井村) 대성중학(大成中學)에서 잠시 교편을 잡기도 했다.

다시 국내로 들어온 이호철은 고향을 중심으로 본격적인 공산주의 사상운동에 뛰어들었다. 1933년 1월 전영철(田泳哲)과 경성으로 올라와 안승락(安承樂)을 만나 교감하고, 그로부터 『마르크스주의시대론』이라는 책을 빌려와 부여군 홍산면 노동조합원들에게 회람하며 사상교육에 앞장섰다. 그러나 1933년 말 일명 충남공산주의협회(忠南共産主義協會)사건의 주범으로 지목되어 일제의 감시망에 오르게 된다. 그리고 부여(扶餘)·서천(舒川)·논산(論山) 등지에서 공산주의연구협의회(共産主義研究協議會)라는 비밀결사를 조직하여 활동한 혐의로 체포 되어, 1935년 11월 25일 공주지방법원에서 소위 치안유지법 위반으로 징역 1년 6월, 집행유예 5년형을 선고받았다.

이호철의 대종교 입교는 일제강점기에 이루어졌다고 하나 그 기록은 남아있지 않다. 또한 해방 직후에도 그의 공산주의운동 전력으로 대종교에 바로 접근하지 못했다 한다. 그러나 대종교총본사가 만주로부터 환국한 2개월 후인 1946년 5월 11일(음력, 이하 음력), 이호철은 영계(靈戒)와 더불어 참교(參敎)의 교질을 동시에 받았다. 또한 같은 날 부여군 규암면(窺岩面) 내리(內里)에 위치한 대종교 부선시교당(扶善施敎堂)의 시교원(施敎員)으로도 임명되었다. 일제강점기로부터 이어온 그의 대종교 교력을 존중한 것이다. 더욱이 고향 지우(知友)로서, 일제강점기 공산주의운동을 함께 펼친 전영철도 마찬가지였다.

이호철은 지교(知敎)의 교질을 거쳐 1954년 11월 27일 상교(尙敎)로까지 승질(陞秩)하였다. 그리고 대종교 부여제일지사(扶餘第一支司)의 찬무(贊務, 부책임자)로 임명된다. 당시 부여제일지사의 전무(典務, 책임자)는 대종교지도자 강우(姜虞)의 아들로서 항일투쟁을 펼쳤던 강진구(姜鎭求)가 맡았으며, 항일투사 문장섭(文章燮)이 찬무를 맡아 이호철과 함께 시무하였다. 이후 이호철은 1955년 4월 1일 대종교 남이도본사(南二道本司)의 찬무까지 오르게 된다.

[참고문헌]
『대종교보』 제150호(1946년), 『대종교중광육십년사』(대종교총본사, 1971), 「容疑鮮女의 行動에 관한 件」(思想에 關한 情報綴2, 京東警高秘 제1976호, 한국사DB, 국사편찬위원회), 『동아일보』1929.7.29., 『조선일보』 1933.12.22., 『國外容疑朝鮮人名簿』(조선총독부경무국, 1934), 「安의樂一派의 京城赤勞그룹事件 關係者 檢擧에 관한 件」(警察情報綴 拱(昭和 11年), 地檢秘 제375호, 국사편찬위원회)

이홍기(李弘基, 남, 1899-?)
입교 시기_1923년 | 교질_미상

출신지역과 생몰연대가 불명확한 인물로, 대종교 항일단체인 대한군정서(북로군정서)에 몸을 담고 항일투쟁을 전개하였다. 이홍기의 대종교 관련 교력을 살피면, 1923년 3월 23일(음력) 대종교총본사의 특별추천으로 영계(靈戒)를 받은 기록이 있다. 그의 대종교 입교가 그 이전에 이루어졌음을 알 수 있다.

당시 이홍기와 함께 영계를 받은 인물이 이경렬(李京烈)·이동희(李東熙) 등이다. 이들 모두 대한군정서 출신들로 대종교 항일투쟁의 중심인물들임이 주목된다. 이경렬은 1922년 1월에는 대한군정서계의 이홍래(李鴻來) 등과 대한군정서청년모험대(大韓軍政署靑年冒險隊)를 조직하여 그 제3분대장을 맡아 군자금 모금과 항일단체 재건을 위해 동분서주했다. 또한 그 해 3월에는 영안현(寧安縣)·액목현(額穆縣)·돈화현(敦化縣) 지방에 흩어져 있던 대한군정서 소속의 대종교 항일투사들의 결속에도 앞장선 인물이다.

이동희 역시 대한군정서의 요원으로, 청산리독립정쟁 이후 대한군정서청년모험대에 합류하였다. 또한 두 사람 모두가 1924년 3월 25일(음력) '대종교총본사기본 및 경상금 수금위원(大倧敎總本司基本及經常金收金委員)'으로 임명되어 활동하였다.

이홍기의 또한 이들과 함께 대종교의 중심부에서 포교와 항일투쟁을 전개하였을 것으로 추정되지만, 그와 관련된 기록은 남아있는 것이 없다.

[참고문헌]
『대종교보』 제54호(1922년), 「大正 12년 6월 중 間島 및 接壤地 地方 治安情況에 관한 건」(不逞團關係雜件-朝鮮人의 部-在滿洲의 部36, 機密 第208號; 機密受第220號, 한국사DB, 국사편찬위원회)

이홍도(李弘道, 남, 1901-?)
입교 시기_1924년 이전 | 교질_미상

평안북도 선천군(宣川郡) 선천면(宣川面) 천북동(川北洞) 출신으로, 일찍이 고향에서 한문을 사숙(私塾)하였다. 이후 신선학교(信宣學校)와 오산학교(五山學校) 및 경성의 기독청년회관영어과(基督靑年會館英語科), 중국 천진(天津)의 남개중학교예비과(南開中學校豫備科) 등지에서 수학한 것으로 전해진다.

이홍도의 대종교 영계(靈戒) 사항이나 교질(敎秩)과 관련된 기록은 남아있는 것이 없다. 그러나 경성 시절 박용태(朴龍泰)·김진우(金振宇)·이승대(李承大)·김종진(金鍾振) 등, 대종교 인물들과 교유하면서, 국내 대종교 포교활동에 앞장선 기록이 있다. 이홍도는 1924년 11월에 발기된 대종교진흥회(大倧敎振興會)의 중심인물로 참여하였다. 대종교진흥회는 사무실을 낙원동 84번지에 두고 대종교 경전과 교리에 관한 서적 발간, 일반 신도들의 종교에 대한 신념 고취, 신구(新舊) 양파의 화합을 위해 노력하고자 한 단체였다. 그리고 단조묘궁건축과 숭령전수보, 제천단수축과 단조사적(檀祖史籍) 간행 등의 다양한 대종교진흥책을 준비·시행하였다.

1925년 음력 1월 15일 개최된 대종교 重光節 행사에서, 이홍도(네모 안)가 대종교진흥회 회장 박용태와 함께 講道를 하였다는 신문기사 내용.

당시 진흥회는 이홍도가 총무를 맡아 살림을 이끌었으며, 항일투사 박용태(朴龍泰)가 회장을 맡았고 김진우(金振宇, 부회장)·이승대(李承大, 서무)·김종진(金鍾振, 전례)·조철호(趙喆鎬, 교섭) 등의 우국지사들이 참여하여 국내 대종교의 진흥을 모색하였다. 이홍도가 그 이전에 대종교에 입교한 인물임을 확인케 해 주는 동시에, 그가 국내 대종교의 주요 인물이었음을 알게 해 주지만 더 이상의 행적은 전하지 않는다.

[참고문헌]
「大倧敎振興會 趣旨書 譯文 進達의 件」(不逞團關係雜件-朝鮮人의 部-在滿洲의 部40, 機密 第1號, 한국사DB, 국사편찬위원회), 「上海ヨリ歸來鮮人ニ關スル件」(不逞團關係雜件 朝鮮人ノ部 在內地 十三, 高秘第24408號;機密受第5151號, 한국사DB, 국사편찬위원회) 『매일신보』1924.11.26·1925.2.7·20., 『왜정시대인물사료』(국회도서관 1983)

이홍래(李鴻來, 남, 1870-?)
아호(별명) _ 윤선(允善), 성재(省齋), 이일주(李一秋), 이재수(李在秀), 이홍래(李弘來), 김등(金藤)
입교 시기 _ 1913년 이전 | 교질 _ 미상 | 서훈 _ 독립장(1963)

서울 종로구(鐘路區) 견지동(堅志洞) 출신으로, 원적은 함경북도 회령군(會寧郡) 공일면(供一面) 일박리(一泊里)다. 육척거구의 무골기질을 가진 인물로 1894년 대한제국 말기에 민영환(閔泳煥) 밑에서 총순(總巡)으로 복무한 인물이다. 을사늑약(乙巳勒約)에 분개한 이홍래는 민영환이 자결하자 사직하고 의병운동에 투신하였다.
1907년 1월 나인영(羅寅永, 후일 羅喆로 개명)·오기호(吳基鎬, 후일 吳赫으로 개명) 등이 계획한 을사오적(乙巳五賊)의 암살 계획을 참여하여 강원상(康元相)과 함께 권중현(權重顯)을 사살하려 하였으나 호위하던 일본군의 반격으로 부상을 입히는 데 그쳤다.

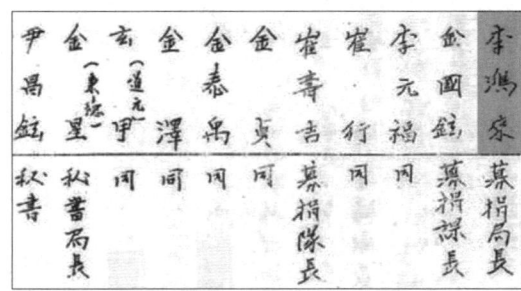

일제의 문서에 기록된 대한군정서 주요간부 명단 중의 일부. 맨 오른편에 募捐局長 李鴻來의 이름이 보인다.

이후 북간도 왕청현(汪淸縣) 동불사(銅佛寺) 북구(北溝)로 망명하여 대종교 항일투쟁에 뛰어 들었다. 그는 대종교 비밀결사에 참여하는 한편, 1918년에는 정신(鄭信) 외 1명을 파리평화회의에 파견하였다. 1919년 3·1운동 이후에는 대종교 중광단(重光團)의 후신인 정의단(正義團)에 몸담아 간도(間島) 각지에 지부를 설치하고, 기관지 『일민보(一民報)』를 발행하는 등 항일 민족의식 고취에 힘썼다.
같은 해 8월 서일(徐一)·현천묵(玄天黙) 등과 대종교 항일단체 대한군정서(북로군정서) 조직을 직접 주도하여, 대종교단에서는 대한군정서 오걸(五傑) 중 1인으로 추앙받는다. 이홍래는 대한군정서의 제4중대장 겸 모연대장(募捐隊長) 및 암살대장(暗殺大將)으로 활약하면서 군자금 모금과 일제의 기관 파괴 활동을 하였다. 한편 이 시기 김병덕(金秉德) 등과 국제연맹회의에 보낼 일제의 포악 행위를 수집하는 조사표를 만들어, 때와 장소 그리고 사람 이름의 정확한 기록을 전제로, 아래 항목으로 회람함으로써 일제를 압박하기도 했다.

　一. 심문을 받을 당시 악형의 여부
　一. 사립학교가 일본 관헌으로부터 받은 압박
　一. 인민들이 일본 헌병 및 경찰로부터 받은 학대(가령 청결검사 등)
　一. 회사·조합을 만들 때 받은 압박과 방해
　一. 동양척식주식회사의 폐해
　一. 일본 헌병대, 혹은 이동 중에 일본인 직원 및 승객으로부터 받은 불공평

청산리독립전쟁 이후인 1921년 8월경 이홍래는 일제의 토벌을 피해 안도현(安圖縣)으로 옮겨갔다. 그리고 안도현성 부근에 안도현 지방의 황무지를 많이 개간하고 항일투사들을 다수 배양하며 무관학교를 설립할 것을 목적으로 간민국(墾民局)이라는 조직을 만들었다. 간민국의 주요간부를 보면 국민회 향관(餉官)을 지낸 허동규(許東奎)와 함께 김정일(金廷一)·김태호(金泰湖)·허문진(許文振)·안태진(安泰鎭) 등, 모두가 대한군정서 출신의 대종교도였다.
이홍래는 1921년 9월 부하들을 간도 지역에 파견해 태평양회의에서 국제여론을 환기시키고, 이 해 말부터는 나중소(羅仲紹)·정신(鄭信) 등 대종교동지들과 임시정부의 노백린(盧伯麟)과의 교감 하에 돈화현(敦化縣) 사하소(沙河沼)에서 대규모의 농장을 경영하며 경신대토벌로 도탄에 빠진 한인들과 동지들의 재활을 위해 노력하였다. 1922년 1월에는 연길현(延吉縣) 명월구(明月溝) 구세촌(救世村)에서 대한군정서의 정신을 계승한 대한군정서청년모험대(大韓軍政署靑年冒險隊)를 결성하여 그 대장을 맡았다. 이 모험대는 서남덕(徐南德, 참모)·정신(제1분대장)·정사흥(鄭仕興, 제2분대장)·이경렬(李京烈, 제3분대장)·이춘보(李春甫, 제4분대장)·임춘서(林春瑞, 제5분대장)·김봉순(金鳳淳, 제6분대장)·황용운(黃龍雲, 제7분대장) 등이 주요 간부를 맡았다. 각 분대에는 5명씩 배속되어 각각 권총을 휴대하고 정해진 구역에서 군자금모금 및 통신연락과 동지규합 등을 도모하였다.
한편 대종교 대한군정서 계열의 항일투사들은 1922년 10월, 현천묵을 중심으로 영안현(寧安縣) 대종교 교당(敎堂)에 모여 대한군정서의 재건을 위한 새로운 활동계획을 모색하였다. 당시 참여한 중심인물들을 보면 이홍래를 비롯한 현천묵·현갑(玄甲)·김혁(金赫)·유정근(兪政根)·김좌진

(金佐鎭)·이중실(李仲實)·민해양(閔海陽)·정신·현준(玄俊)·이단(李檀)·허규(許奎)·최완(崔玩) 등 대종교지도급에 있는 항일투사들이었다. 한편 이 시기 대종교 교주였던 김교헌(金敎獻)은 이 집회의 고문으로 있으면서 역사서 편찬을 준비하고 있었다. 이 역사서가 후일 상해에서 출간되는 『신단민사(神檀民史)』로, 민족의식 앙양과 독립의식 고취를 위해 편찬된 것이다. 이 책은 노령과 만주, 그리고 국내에 있는 조선청년들의 교과서로 사용하기 위함이었다.

이홍래는 1923년 참의부(參議府)에 적을 두고 활동하였으며, 1924년 1월경에는 돈화현 황토요자(黃土要子)에 근거를 둔 '군정서동로선전기관(軍政署東路宣傳機關) 및 동로중앙집행부(東路中央執行部)'의 모연부장(募捐部長)으로 참여하였다. 이 조직 역시 대종교 항일단체인 대한군정서계 인물들로 구성된 모임으로 나중소(羅仲紹)를 위원장으로 김희락(金熙樂)·김규식(金圭植)·김하석(金河錫)·성의준(成儀俊)·이춘남(李春南)·이병구(李炳求)·최준형(崔俊衡)·허중권(許仲權)·김신익(金信益)·윤창현(尹昌鉉)·심창순(沈昌亨)·서청(徐青)·김정일(金精一)·김준석(金俊奭)·김영숙(金永肅) 등이 주요간부를 맡았다.

1924년 1월, '軍政署東路宣傳機關' 및 東路中央執行部와 관련하여 일제가 작성한 문서에 실린 그 주요간부의 명단. 募捐部長 李鴻來(네모 안)를 비롯하여 대부분의 인물들이 대종교의 핵심들이었다.

이후 이홍래는 1924년 4월 동료 강민선(姜民善, 姜基成)과 함께 하얼빈의 일본영사관 관원 및 일제 앞잡이 처단을 위해 잠입하였다. 그러나 그 지역 전가전(傳家甸)에 있는 중국여관 동발잔(東發棧)에서 일본 경찰에 체포되었다. 1925년 4월 청진지방법원에서 제령(制令) 및 폭발물 취체규칙 위반 혐의로 10년의 징역형을 선고받고 공소하였으나, 이후의 행적에 대해서는 알려진 것이 없다. 다만 대종교 항일투사 이현익(李顯翼)의 기록에는 복역 중 반신불수(半身不遂)로 가출옥(假出獄)하여 순국(殉國)한 것으로 기록되어 있을 뿐이다.

[교력]

이홍래의 대종교 교력을 살피면 1913년 6월 11일(음력) 이홍래(李弘來)라는 이름으로 참교(參敎)의 교질(敎秩)을 받은 기록이 전한다. 그 이전에 대종교에 입교한 것이 확인된다. 주목되는 것은 이홍래가 대종교 중광(重光, 1909년) 이전부터 나인영(나철)과 함께 을사오적 처단의거에 가담하였다는 사실이다. 이것은 그와 나철이 남다른 사상적 동지의식으로 엮여졌음을 암시하는 부분이다.

그러므로 그의 대종교 입교는 대종교 항일단체인 중광단 참여 직후 이루어진 듯하며, 그 이후 이홍래의 삶은 한마디로 대종교 항일투쟁으로 점철된다 해도 과언이 아니다. 대종교 항일투사 박명진(朴明鎭)이 그의 경험으로 기록한 『대종교독립운동사』(필사본, 1964)에서 이홍래를 1910년대 후반 대종교 동일도본사(東一道本司)의 핵심 인물로 꼽은 이유이기도 하다. 당시 동일도본사는 백포(白圃) 서일(徐一)이 이끌었다. 박명진의 기록에 의하면 강희(姜熹)·여준(呂準)·정안립(鄭安立)·박성태(朴成泰)·박찬익(朴贊翊)·정신·신팔균(申八均)·김동삼(金東三)·손일민(孫一民)·김동평(金東平)·황상규(黃尙奎)·서상용(徐相庸)·김좌진(金佐鎭)·이장녕(李章寧)·계화(桂和)·이범석(李範奭) 등, 수십 명의 항일지도자들이 주요 교인으로 올라 있다.

특히 서일은 대종교 동도본사를 대한군정서의 군영에 설치하고 철저히 군교일치(軍敎一致)의 가치를 추구한 인물이다. 이홍래 역시 서일과의 만남을 계기로 그의 사상 형성에도 중요한 전기를 마련하게 된다. 1911년 3월 중광단 참여를 시작으로 1912년 음력 8월 대종교 비밀결사인 동원당에도 참여하였다. 그리고 정의단과 대한군정서의 주요 보직을 거쳤으며, 1922년에는 대한군정서의 재건을 위한 청년모험대대장으로도 활동하였다. 대종교교단에서 대한군정서 오걸 가운데 하나로 이홍래를 꼽는 것도 이러한 배경과 맞물린다. 이홍래는 1923년 대종교비밀결사였던 귀일당(歸一黨) 대표로 임시정부 개조파 등의 활동을 이어갔다. '귀일'이란 대종교 교리의 핵심인 '삼진귀일(三眞歸一)'에서 갖고 온 것으로, 인간 본성을 찾아 하느님과 하나가 됨을 의미하는 것이다. 『대종교인과 독립운동연원』을 쓴 이현익 역시 귀일당원으로, 그는 귀일당이 대종교 항일단체인 대한군정서에 조직된 비밀결사로 적고 있다. 또한 그 당원은 만주뿐만 아니라 위당(爲堂) 정인보(鄭寅普)·일석(一石) 백남규(白南奎)·한뫼 안호상(安浩相)·일해(一海) 이세정(李世楨) 등, 수많은 국내 우국지사들도 귀일당원으로 활동했다 한다.

이홍래와 관련하여 특기되는 또 하나는, 그가 대종교의 교리에도 남다른 조예가 있었다는 것이다. 1924년 4월 6일 하얼빈에서 일제에 체포될 당시, 일제가 작성한 문서의 다음 내용이 주목된다.

"이 군대(대한독립군-인용자 주)는 흑룡주 흑하에서 군사위원회를 개최하여 만주시베리아의 독립단체의 통일을 꾀하고 대거 남하할 목적으로 이곳에 이주하였을 때 이홍래는 일시 밀산으로 물러나 이곳에 머물렀다. 그 후 이 독립군단은 시베리아 각 단체와 함께 김석하(金夏錫)·오하묵(吳河默) 등의 군정위원회와 충돌하여 자유시에서 전투를 벌인 결과 대타격을 입고 서일·조성환(曹成煥) 등은 밀산으로 돌아왔다. (이홍래)는 서일과 함께 대종교 경전의 교정에 진력하고 있다."

이홍래가 서일과 함께 대종교 경전 출판을 위해 전력을 기울였다는 내용이다. 서일은 스승인 나철 이래 자타가 공인하는 대종교 최고의 이론가였다. 그의 『회삼경(會三經)』은 근대 삼일철학(三一哲學)의 이정표를 만든 종교철학서다. 이홍래가 서일과 더불어 대종교경전의 교정에 진력했다는 것은 그의 대종교 교리에 대한 이해 역시 보통이 아니었음을 알게 해 준다. 그러나 그와 관련된 더 이상의 교력이나 행적을 알 수 없다.

[참고문헌]
『종문영질』(프린트본, 1922), 『대종교인과 독립운동연원』(이현익, 프린트본, 1963), 『대종교독립운동사』(박명진, 필사본, 1964), 『데종교중광육십년사』(대종교총본사, 1971), 『한국중흥교교조론』(신철호, 대종교총본사, 1979), 『공립신보』1907.5.31., 『國外情報：間島在住 不逞鮮人等의 秘密調査』(大正8年乃至同10年 朝鮮騷擾事件關係書類 共7冊 其5, 密 第102號 其620/高警 第33934號, 한국사DB, 국사편찬위원회), 「朝鮮側 警察이 朝鮮人 金順 等을 拘引시킨 것에 관한 건」(不逞團關係雜件-朝鮮人의 部-在滿洲의 部28, 公 第259號; 受 20669號, 한국사DB, 국사편찬위원회), 「軍政署 李鴻來一派의 農事經營에 관한 건」(不逞團關係雜件-朝鮮人의 部-在滿洲의 部31, 機密 第58號; 機密受 第75號, 한국사DB, 국사편찬위원회), 「大韓軍政署 殘黨으로 組織된 靑年冒險隊에 관한 건」(不逞團關係雜件-朝鮮人의 部-在滿洲의 部31, 機密 第67號; 機密受 第84號, 한국사DB, 국사편찬위원회), 「不逞鮮人 玄天黙을 중심으로 한 會合의 건」(不逞團關係雜件-朝鮮人의 部-在滿洲의 部34, 機密 第247號; 機密受 第250號, 한국사DB, 국사편찬위원회), 「臨時報 第38號(吉林 附近 鮮人情報」(不逞團關係雜件-朝鮮人의 部-在滿洲의 部38, 關機高秘收 第1508號-1; 機密受 第83號, 한국사DB, 국사편찬위원회), 「獨立軍團員 李鴻來 等 逮捕에 관한 件」(不逞團關係雜件-朝鮮人의 部-在滿洲의 部38, 公 第195號; 普通受 第211號, 한국사DB, 국사편찬위원회), 『高等警察要史』(경상북도경찰부, 1949), 『무장독립운동비사』(채근식, 대한민국공보처, 1949), 『한국독립사』상(김승학, 독립문화사, 1965), 『일제침략하한국36년사』6(국사편찬위원회, 1971), 『이홍래의사소전』(심현, 정림각, 1979)

이화(李華, 남, 생몰 미상)
입교 시기_1922년 이전 | 교질_참교

출신지역과 생몰연대를 알 수 없는 인물이다. 이화(李華)라는 이름도 대종교 입교 후 개명한 외자 이름일 듯하나, 그 본명 역시 확인되지 않는다. 그 시기 『대종교보』를 포함한 대종교의 1차 자료들이 모두 전하지 않기 때문이다. 이화의 행적이 드러나는 것은 대한국민회(大韓國民會)의 활동이다. 대한국민회는 본부인 총부를 하마탕(蛤蟆塘)에 설치하고, 그 밑에 민정기관으로 8개의 지방회와 지회 130여개를 이끌던 기관이다. 이화는 왕청현(汪淸縣) 춘향현(春華鄕) 봉의동(鳳儀洞)에 거주하며 대한국민회 동부지방(東部地方會) 제16지회 비서(秘書)로 활동하였다. 당시 전제형(全濟亨)이 지회장을 맡았고 신동국(申東旭, 부회장)·이승호(李昇浩, 재무)·김대홍(金大弘, 재무)·이중백(李重白, 통신구장)·이운포(李雲浦, 경호구장) 등이 함께 했다.
이화의 대종교 교력을 살피면 1922년 어천절(御天節, 음력 3

월 15일)에 참교(參敎)의 교질(敎秩)을 받은 기록이 있다. 그 이전에 대종교에 입교한 것이 확인된다. 대종교 항일투사 박명진(朴明鎭)의 기록에도 1910년대 후반 연해주 지역을 거점으로 하는 대종교 동이도본사의 주요 교인으로 이화를 언급하고 있다. 당시 이화는 백포(白圃) 서일(徐一)을 정점으로 이범윤(李範允)·홍범도(洪範圖)·최재형(崔在亨)·황강(黃剛)·허철(許澈)·정광(丁光)·김익형(金翼衡) 등과 그 중심을 이루었다.

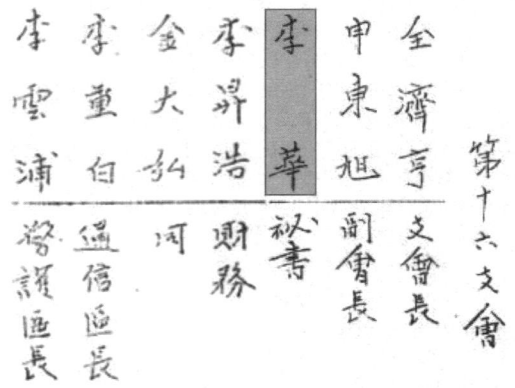

대한국민회 동부지방회 제16지회의 임원 명단을 기록한 일제의 문서. 가운데 李華(네모 안)의 이름이 보인다.

또한 이틀 후인 3월 17일(음력)에는 대종교 탑일시교당(塔一施敎堂)의 전무(典務, 책임자)를 맡기도 했다. 탑일시교당 역시 대종교 동이도본사 관할로 영안현가(寧安縣街) 남관(南關)에 있었다. 이 시기 탑일시교당을 함께 이끈 인물들은 시교원(施敎員)인 최천주(崔天柱)와 찬무(贊務, 부책임자)를 맡은 현준(玄濬) 등이었다.

박명진의 『대종교독립운동사』에 기록된 1910년대 후반 연해주 지역 대종교 주요 교인 명단. 가운데 李華(네모 안)라는 이름이 적혀 있다.

[참고문헌]
『대종교보』제56호(1922년), 『종문영질』(프린트본, 1922), 『대종교독립운동사』(박명진, 필사본, 1964), 『대종교중광화십년사』(대종교총본사, 1971), 「朝鮮側 警察이 朝鮮人 金順 等을 拘引시킨 것에 관한 건」(不逞團關係雜件-朝鮮人의 部-在滿洲의 部28, 公 第259號; 受 20669號, 한국사DB, 국사편찬위원회)

이화경(李華卿, 여, 생몰 미상)
입교 시기_1922년 | 교질_미상

경산남도 의령군(宜寧郡) 의령읍(宜寧邑) 출신으로 생몰연대는 확인되지 않는다. 3·1독립만세운동 직후, 당시 이종오빠인 구여순(具汝淳)과 동지들을 규합하여 3월 14일 의령군 의령읍의 장날을 이용하여 의거를 일으켰다. 구여순은 3월 3일 누이동생 구은득(具銀得)의 문병 차 상경하였다가 독립만세시위에 참가하고 귀향하여 이화경과 의거를 도모 것이다. 특히 이화경은 이원경(李源卿)·최숙자(崔淑子)·강순이(姜順伊) 등의 주동 하에 여성들을 참여시켜 궐기하는데 앞장섰다.

해방 직후 『중앙신문』(1945.11.26.)에 실린 朝鮮人民黨 중앙집행위원회 부서원 명단. 맨 왼쪽에 부녀부원 李華卿(네모 안)의 이름이 보인다.

이화경은 해방 직후 조선인민당에도 참여하였다. 1945년 11월 25일 개최된 조선인민당(朝鮮人民黨) 중앙집행위원회에서 김온(金溫)·이마리아(李瑪利亞)와 부녀부원으로 선임되었다. 당시 조선인민당의 위원장은 여운형(呂運亨)이었으며, 부녀부장은 신의경(辛義卿)이 맡고 있었다.
이화경의 대종교 교력을 살피면 1922년 12월 23일(음력) 영계(靈戒)를 받은 기록이 전한다. 그녀의 대종교 입교가 그이전에 이루어졌음을 확인할 수 있으나, 그 이후의 교력은 남은 것이 없다.

[참고문헌]
『대종교보』제56호(1922년), 『중앙신문』1945.11.26., 『3·1운동실록』(이용락, 사단법인3·1동지회, 1969), 『독립운동사』3(독립운동사편찬위원회, 1971)

이환(李寰, 남, 1910-?)
입교 시기_일제강점기 | 교질_미상

출신지역이 분명하지 않다. 다만 이환의 집안이 대대로 지금의 서울 종로구 원남동(苑南洞) 근방에서 가촌을 이룬 것을 보아, 이 지역 출신일 가능성이 높다. 원남동은 조선 초기에 한성부 동부 연화방(蓮化坊)에 속하던 지역으로, 1894년 갑오개혁 당시 승문동(承文洞), 신민동(新民洞), 감정동(甘井洞), 호동(壺洞), 상사동(相思洞), 순라동(巡邏洞), 마전정동(麻田井洞), 함춘동(含春洞), 연지동 등으로 나뉘어 있던 곳이다.

이환은 근대기 서화가인 관재(貫齋) 이도영(李道榮)의 아들로, 대대로 고위 관직을 지낸 명문가의 후손이다. 경성의 보성고등보통학교를 졸업하고 1933년 4월 보성전문학교 상과(商科)에 입학하였다. 그러나 어떠한 이유인지 중도에 퇴학을 당하고 은둔하듯 농업에 종사하며 일제강점기를 보냈다.
한편 이환은 대종교 2대 교주를 지낸 무원(茂園) 김교헌(金敎獻)의 사위다. 이환의 부인인 김엽동(金葉同)은 늘 감시와 추적이 일상이었다. 부친인 김교헌과 숙부(叔父)들의 대종교 활동으로 집안 자체가 늘 감시와 통제 속에 묶여 있었다. 특히 그녀가 8세 때인 1917년, 부친인 김교헌이 나철을 이어 대종교의 교주가 되어 만주로 넘어간 이후로는 더더욱 심해졌다. 결혼 후 그녀의 남편인 이환 역시 이러한 통제에서 자유롭지 않았다. 그가 보성전문학교를 퇴학당한 것도 이러한 배경과 맞물린 듯하다.
이환의 대종교 입교는 일제강점기에 이루어졌으나, 그와 관련된 일제강점기의 대종교 교력은 남아있는 것이 없다. 그의 부인인 김엽동에 대한 해방 이전 대종교 교력 역시 현전하는 것이 없다. 당시(특히 1920년대 이후) 국내 대종교의 기록은 모두 없어졌기 때문이다. 대종교에서는 해방 이후인 1946년 5월 25일(음력), 부인인 김엽동에게 영계(靈戒)와 함께 참교(參敎)의 교질(敎秩)을 수여하였다. 그리고 이환 역시 3개월 후인 8월 27일(음력) 영계와 함께 참교의 교질을 받았다.

[참고문헌]
『대종교보』제151호(1946년), 『중앙일보』1933.4.2., 『朝鮮人事興信錄』(조선인사흥신록편찬부, 1935)

이회영(李會榮, 남, 1867-1932)
아호(별명)_우당(友堂)
입교 시기_일제강점기 | 교질_미상 | 서훈_독립장(1962)

이회영

서울 중구 저동(苧洞) 출신이다. 이조판서를 지낸 이유승(李裕承)의 4남으로, 대종교 원로이자 초대 부통령을 역임한 이시영(李始榮)의 넷째 형이기도 하다.
1896년 항일의병 활동자금을 마련하기 위해 풍덕(豊德)에 인삼농장을 운영하였으나 일본인의 계획적 약탈로 실패하면서 본격적인 항일의 길을 걷게 된다. 을사늑약(乙巳勒約) 이후 나인영(羅寅永, 후일 羅喆로 개명)·이상설(李相卨)·이시영과 함께 을사오적(乙巳五賊) 암살을 모의하기도 하였으며, 북간도 용정촌(龍井村)의 서전서숙(瑞甸書塾) 설립에도 참여하였다. 서울 상동청년학원 학감으로 근무하면서 1907년 4월 비밀결사 독립운동 단체인 신민회(新民會) 발족에 앞장섰고, 1907년 6월 헤이그 특사 파견을 주도하기도 했다.

국내에서의 여러 시도가 여의치 않자 국외 독립기지마련을 위해 1910년 12월 6형제와 가족, 노비 등 40여명의 일가족 전체가 만주로 망명하였다. 1911년 4월 이주동포들의 정착과 농업지도를 위한 '경학사(經耕社)'를 조직하는 한편, 1911년 5월 광복군 양성을 위한 신흥강습소를 세우기도 했다.

말년의 이회영(앞줄 맨 오른쪽) 모습

이회영은 고종의 국외 망명을 암암리에 추진하였으나, 1919년 1월 고종의 급격한 서거(逝去)로 무산되었다. 이후 블라디보스토크를 거쳐 북경으로, 다시 상해로 전전하며 항일투쟁의 고삐를 놓지 않았다. 1919년 3.1독립만세운동 이후 전개된 상해임시정부 수립에 회의적 자세를 견지하고 오히려 독립운동본부를 조직해야 한다는 주장을 폈다. 1923년부터는 신채호(申采浩)·이을규(李乙奎)·이정규(李丁奎) 등과 아나키스트운동을 전개하며 일본의 제국주의 지배에 대항했다.

한편 1924년에는 항일운동 행동 조직 의열단을 후원하는가 하면, 비밀결사인 다물단(多勿團)의 조직에도 깊이 관여하며 지도하였다. 1929년 재만조선무정부주의자연맹을 결성하는 한편, 김좌진(金佐鎭)과 함께 대종교 계열의 재만한족연합회를 조직하여 새로운 독립운동기지를 마련하기 위해 협력하고자 하였으나, 김좌진의 피격 사망으로 뜻을 이루지 못했다. 1931년에는 남화한인청년연맹(南華韓人靑年聯盟)을 결성하고, 그것을 중심으로 중국인과 일본인 무정부주의자와 연대하여 항일구국연맹이라는 연합체를 결성하였다. 그리고 항일구국연맹의 비밀행동집단으로 흑색공포단(黑色恐怖團)도 조직하면서, 대일무장항쟁에 더욱 깊이 뛰어들었다.

그러던 1932년, 주변의 만류에도 불구하고 만주에 연락근거지 확보와 지하공작망 조직을 목적으로 상해에서 배를 타고 대련(大連)으로 떠났다. 그러나 이회영은 도중에 상해 밀정의 밀고로 일본경찰에 붙들려 대련경찰서에서 심한 고문 끝에 옥사하였다.

[교력]

이회영의 대종교 입교 시기는 1910년대로 전해오나 현전하는 기록은 전무하다. 그의 영계(靈戒) 사항 및 교질(教秩) 관계 역시 확인이 안 된다. 이 시기 대종교연구의 1차 자료라 할 수 있는 『대종교보(大倧教報)』 등이 모두 없어진 것이 가장 큰 이유일 것이다.

공교롭게도 이회영의 주변에는 대종교 관련 인물들이 많았다. 이러한 인연은 1909년 대종교가 중광되기 전부터, 대종교를 일으킨 나인영(대종교 중광 후 羅喆로 개명)과의 여러 차례 모사(謀事)가 그 시작일 듯하다. 또한 상동교회와 신민회의 자취 역시 주목되는 부분이다. 당시 상동교회에 참여했던 이회영을 비롯하여 이상설(李相卨)·주시경(周時經)·여준(呂準)·김창환(金昌煥)·우덕순(禹德淳)·윤태훈(尹泰勳)·이동녕(李東寧)·이시영·조성환(曺成煥) 등, 46%의 상동교회 전체 관여인물이 후일 대종교에 참여하였다.

이회영이 관여했던 신민회 역시 대종교와 끊을 수 없는 연관성을 갖는다. 신민회는 종교적으로도 전래 선교(仙教, 민족신앙)와 기독교의 영향을 받은 사람들이 많았다. 또한 역사인식에 있어서도 신민회는 만주를 무대로 전개되었던 단군조선−부여−고구려−발해를 중시하는 경향이 많았던 까닭에, 당시 신민회는 항일투쟁에 있어서만 적극적인 투쟁 방법으로 애국계몽단체와 방법을 달리한 것이 아니라, 문화인식·역사인식에서도 상당한 차이를 나타냈다. 그들은 민족주의사관을 바탕으로 새로운 역사인식체계를 세우려 노력했는데, 그 대표적 인물들이 김교헌(金教獻)·신채호(申采浩)·박은식(朴殷植)·이상룡(李相龍) 등이다. 이러한 신민회 인사들의 새로운 역사인식을 종교적 차원으로 극단화시킨 것이 대종교 중광의 일부를 구성하게 된다.

그러므로 대종교의 핵심 멤버 가운데 신민회 출신 회원이 많았고 대종교의 독립운동 기지가 만주로 선정되었다는 점과, 뒤에 신민회가 해산하자 회원의 상당수가 대종교로 흡수되었다. 또한 대종교의 교리가 전래 고유신앙을 바탕으로 하고 있다는 점에서 대종교와 신민회의 깊은 관계가 인지된다. 이회영의 대종교 입교 역시 이러한 정황과 맞물려 대종교에 입교했을 가능성이 짙다.

그 중에서도 이회영과 가장 깊은 인연을 맺었던 이상설을 주목해 보자. 이상설은 우당의 개혁적 노선과 근대 학문의 접근에 크게 기여해 준 인물이다. 그에게 이상설은 절친이자 스승이기도 했다. 이회영이 늘 '보재는 나의 참스승'이라고 말한 이유이기도 하다. 대종교의 핵심이었던 이동녕·백순(白純)과 함께 이상설의 임종을 지켜보고, 마지막 정리해 준 인물도 이회영이다. 이상설은 대종교의 중심인물로, 1912년에 이미 대종교에 깊이 관여하고 있었다. 연해주에 있던 이상설이 상해의 신규식(申圭植)과 화룡현 청파호(靑坡湖) 대종교교당에서 만나 대종교의 교세 확장을 의논할 정도로 핵심 역할을 했다. 이 시기 청파호 대종교교당에는 교주인 나철을 비롯하여 현천묵(玄天黙)·박찬익(朴贊翊)·김영학(金永學)·서일(徐一)·안태진(安泰鎭)·

류완무(柳完茂) 등등의 중심인물들이 기거 혹은 드나들었던 때다.

특히 1914년 5월 13일(음력), 대종교가 백두산을 중심으로 교구설정(教區設定)을 단행할 때에 이상설은 연해주 지역인 대종교 북도교구의 총책임을 맡았다. 당시 교구와 그 책임자를 보면, 동도교구(동만주 일대와 노령·연해주 지방 관할), 서도교구(남만주로부터 중국 산해관까지 관할), 남도교구(한반도 전체 관할), 북도교구(북만주 일대 관할), 외도교구(外道教區: 중국·일본 및 歐美 지방 관할)로 나누었다. 아울러 각 교구에, 서일(徐一, 동도본사), 신규식·이동녕(서도본사), 이상설(북도본사), 강우(姜虞, 남도본사) 등이 임명되었다.

이회영과 이상설의 임종을 함께 지켜 본 백순 역시 대종교의 중심에 있었던 인물이다. 백순은 충청도 공주 출신으로 1908년 공업(실업)전습소 설립을 강우와 함께 주도하였으며, 대종교의 중광 직후 참여하여 1925년에 이미 최고의 교질인 사교(司教)에 오른 인물이다. 백순은 대종교와 독립운동의 중심인 북간도와 연해주를 중심으로 활동하던 강우·여준·현천묵·이상설 등이나, 상해와 중국 지역의 이승만·안창호·신규식·조성환·이동녕 등과도 긴밀히 연계하며 독립운동을 조율했다. 특히 이회영은 백순과 만주와 북경 지역의 독립운동 상황 정보를 긴밀히 주고받으며 사태에 대처하기도 했다. 또한 이회영에게 청산리와 봉오동전투의 대승리 소식을 전한 인물이 백순이었으며, 이회영과 중국 장가구(張家口) 포두진(包頭鎮)이란 곳에 이상의 공간을 구상한 인물도 백순이다.

이회영의 중국 생활 속에서 또 한 명의 기억되는 대종교 인물이 이광(李光)이다. 당시 이광은 이회영·이시영 등과 더불어 대종교서일도본사(남만주로부터 평안도 지역을 관할)의 중심인물로서, 이회영에게는 은인과도 같은 인물이었다. 이회영이 어려웠던 시절 천진(天津)의 프랑스 조계 지역으로 거처를 옮기게 하고 삼순구식(三旬九食)의 형편에서 벗어날 수 있었던 것도 이광의 지원 때문이었다. 당시 이회영의 형편은 생활이 너무 어려워 식구들이 끼니를 못 끓이고 굶어 누워 있을 정도였다. 이회영을 중심으로 한 천진 시대의 아나키스트들이 결속한 배경에도 이러한 이광의 역할이 작지 않았다. 천진 시대 이전인 상해나 북경 시절에도, 이회영과 함께 했던 신채호·이시영·이동녕·조완구·박찬익 등이 모두 대종교의 중심인물들이었음도 주목되는 부분이다.

이회영에게 아나키즘과 공산주의를 형량(衡量)토록 해 준 인물도 신채호와 조소앙(趙素昻)이다. 이회영은 북경 시절 신채호와 거의 매일 만나다시피 하며 기존의 제도에 대한 회의(懷疑)와 함께 아나키즘에 대한 사상적 각성을 교감하였다. 또한 조소앙을 직접 찾아가 환담하면서 공산주의에 대한 한계를 확인하기도 했다. 신채호와 조소앙은 대종교의 역사의식과 사상관으로 그들의 가치를 체계화시켰던 인물들이다. 두 사람이 지향 가치가 이회영의 사상 형성과 무관치 않음을 암시해 주고 있다.

한편 김종진의 역할에 의해 신민부(新民府) 군정파(軍政派)를 중심으로 아나키스트들을 적극 참여시켜 한족총연합회(韓族總聯合會)를 조직한다. 본디 신민부는 대한군정서(북로군정서)를 계승한 단체로서, 그 주요 구성원의 대부분이 대종교인이었다. 따라서 이들이 신봉하였던 대종교 이념이 자연스레 신민부의 주요한 이념으로 자리 잡았다. 신민부의 기본철학은 대종교의 홍익인간과 중광정신이었으며, 추구한 정치형태는 배달국 공화주의를 추구하였다. 이것은 '대동단결선언'(1917년)부터 이어져온 대종교 계열의 전통이기도 했다. 당시 김좌진을 돕던 아나키스트들로는 김종진을 위시한 이을규·김야운(金野雲)·이준근(李俊根)·엄형순(嚴亨淳)·이붕해(李鵬海)·이달(李達) 등이 있었다. 그 정신적 지도에 있어서는 대종교의 중심이었던 백서(白棲) 강인수(姜寅秀)와 은계(隱溪) 백순이 역할을 하였다. 강인수는 대종교 동이도제일지사(東二道第一支司)에 속한 장일시교당(帳一施教堂, 寧安縣海林市)을 이끌었던 인물로서, 대종교의 중진인 현천묵·지장회(池章會)·손일민(孫一民)·나중소(羅仲昭) 등의 일물들과 신민부의 검사원에 소속된 인물이었다. 백순은 앞서 언급한 바와 같이 일찍부터 이회영과 깊은 연관을 맺었던 북간도 독립운동의 거물이었다.

김종진은 천진에서 들은 이회영의 아나키즘 이론과 함께 모두가 더불어 잘사는 공동체 구상을 김좌진에게 독립운동의 방략으로 설명하였다. 김좌진은 흔쾌히 이에 동조하면서 자신이 이끌고 있던 신민부의 개편을 승낙한 것이다. 마침내 아나키스트들을 적극 참여시켜 한족총연합회를 조직한다. 그리고 만주지역의 아나키스트들을 모아 재만무정부주의자연맹(在滿無政府主義者聯盟)을 결성하기도 했다. 이를 위해서는 이회영의 지도력이 요구되었다. 그러나 1930년 1월 김좌진이 암살당하고, 1931년 8월경에는 중동선(中東線) 해림(海林)역 부근에서 김종진마저 공산주의자의 총에 쓰러졌다. 대종교도들과 아나키스트들의 연합을 통한 만주의 이상향을 꿈꾸던 두 형제가 세상을 떠난 것이다. 그렇게 김종진이 사라지자 여러 아나키스트들도 다른 곳으로 흩어졌다.

이 시기 이회영이 남화한인청년연맹 활동과 더불어 비밀행동조직 흑색공포단을 조직에 앞장 선 것도 이 무렵이었다. 이용준(李容俊)·백정기(白貞基)·원심창(元心昌)·이강훈(李康勳)·유기문(柳基文) 등을 지도하고 있었다. 김종진의 사망 소식과 함께 일제의 만주침략전쟁이 발발하자 이회영의 고민은 더더욱 깊어졌다. 마침내 그는 새로운 결단을 하게 된다. 때마침 중국 국민당의 이석증(李石曾)·오치휘(吳稚暉) 등이 이회영의 만주 활동을 적극 지원하겠다고 나섰다. 더욱이 김종진을 비롯한 젊은 동지들에 대한 미안함이 항상 그의 마음을 억눌렀다. 우당은 "내 나이 이미 60이 넘어 70이 멀지 않았다. 그런데 이대로 앉아 죽기를 기다린다면 청년 동지들에게 공연한 부담을 주는 방해물이 될 뿐이니, 이것이 내가 가장 부끄러워하는 바요 동지들에게 면목이 없는 일이다."라는 소회를 내뱉었다. 이것이 이회영의 만주행을 결심토록 한 결정적인 이유다. 당시 그러나 일제의 검거망에 걸려들까 염려하며 수많은 젊은 동지들이 이회영의 만주행을 극구 만류했다. 그러나 우당은 "내 늙은 사람으로서 덥수룩한 궁색한 차림을 하고 가족을 찾아간다고 하면, 내게 무슨 의심이 있겠는가?…(중략)…내가 먼저 가서 준비 공작을 해 놓거든 제2진, 제3진이 뒤 따라 오도록 하자."라는 설득을 앞세워 죽음의 길을 떠났다.

이처럼 이회영의 활동은 초기부터 마지막까지 대종교의 인적 네트워크와 뗄 수 없는 관계에 있었다. 대종교 항일투사 박명진(朴明鎭)이, 그의 『대종교독립운동사(大倧敎獨立運動史)』(필사본, 1964)에서 이회영을 조맹선(趙孟善)·조병준(趙秉準)·박장호(朴長浩)·이진룡(李鎭龍)·전덕원(全德元)·이탁(李沰)·윤세용(尹世茸)·윤기섭(尹綺燮)·오광선(吳光鮮)·독고욱(獨孤旭)·이광(李光) 등 수십 명과 1910년대 대종교 서일도교구(西一道敎區, 남만주 일대로부터 평안도를 관할)의 주요 교인으로 기록한 이유가 된다.

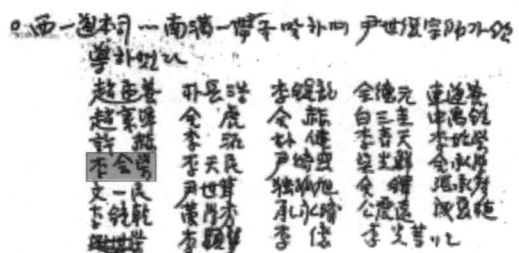

박명진의 『대종교독립운동사』에 실린 1910년대 후반 대종교 서일도본사의 주요 교인 명단. 중앙 부분에 李會榮(네모 안)의 이름이 보인다.

[참고문헌]
『대종교독립운동사』(박명진, 필사본, 1964). 『한국독립운동사』(애국동지원호회, 1956). 『한국유이민사』상(현규환, 어문각, 1967). 『독립운동사』3~5(독립운동사편찬위원회, 1971~1973). 『독립운동사자료집』11(독립운동사편찬위원회, 1976). 『又觀文存』(이정규, 삼화인쇄출판부, 1974). 『민족운동가 아내의 수기-西間島始終記』(이은숙, 정음사, 1978). 『우당 이회영 약전』(이정규, 을유문화사, 1985). 『우당 이회영 실기』(이관직, 을유문화사, 1985). 「우당 이회영과 대동사상」(김동환, 『국학연구』제22권, 국학연구소, 2018)

이후관(李侯觀, 남, 생물 미상)
입교 시기_ 1926년 이전 | 교질_ 미상

출신지역과 생물연대를 알 수 없는 인물로, 대종교단 내의 기록이나 일제의 문서에서도 발견되지 않는다. 이후관에 대한 기록은 1926년 4월 대종교진흥회(大倧敎振興會)의 중심인물로 참여했다는 『동아일보』 기사가 전부다.

대종교진흥회는 1924년 11월에 출범한 조직으로, 대종교 경전과 교리에 관한 서적 발간, 일반 신도들의 종교에 대한 신념 고취, 신구(新舊) 양파의 화합을 목적으로 출범하였다. 사무실을 낙원동 84번지에 두고 단조묘궁(檀祖廟宮) 건축과 숭령전 수보(修補), 제천단 수축과 단조사적(檀祖史籍) 간행 등의 다양한 대종교진흥책을 준비·시행하였다. 출범 당시 회장을 맡은 박용태(朴龍泰)를 비롯하여 부회장 김진우(金振宇), 그리고 이홍도(李弘道, 진흥회 총무)·이승천(李承天, 진흥회 서무)·김종진(金鍾震, 진흥회 전례)·조철호(趙喆鎬, 진흥회 교섭) 등이 주요 보직을 맡았다.

李侯觀(네모 안)이 대종교진흥회의 주요인물로 참여했다는 『동아일보』(1926.4.22.) 기사 내용.

이후관은 이 조직에 이원식(李元植)·유정근(兪政根)·박용태·김진우 등, 대종교 항일투사들과 중심인물로 참여하여 한 것이다. 그의 사회적 무게감이 가볍지 않은 인물임을 알게 해 준다. 또한 그의 대종교 입교가 그 이전에 이루어졌음을 시사해 주지만, 대종교 영계 사항이나 교질과 관련된 기록 역시 전하는 것이 없다.

[참고문헌]
「大倧敎振興會 趣旨書 譯文 進達의 件」(不逞團關係雜件-朝鮮人의 部-在滿洲의 部40, 機密送 第64號; 機密受第1號, 한국사DB, 국사편찬위원회). 『동아일보』 1924.11.26., 1926.4.22.

이흥수(李興秀, 남, 1896-1973)
아호(별명)_ 송암(松巖), 이존수(李存秀)
입교 시기_ 1920년대 | 교질_ 사교

이흥수

한성부 남부(지금의 서울 중구 지역) 주교동(舟橋洞) 출신으로, 일제의 기록에는 이존수(李存秀)로도 언급된 인물이다. 일찍이 한문을 수학하고 1905년 사립 홍성의숙을 졸업하였으며 1912년에는 기독교 청년학원을 수료하였다. 1914년 형 이필수(李必秀)를 따라 블라디보스토크로 망명하여, 그곳 동양학원(東洋學院, 현 러시아 국립극동대학) 어문학부에서 2년 간 수학하였다.

1919년 2월 문창범의 주도로 만들어진 대한국민의회에 가입하며 본격적 항일운동에 가담하게 된다. 또한 신민단(新民團)에도 가입하여 『신민보』의 주필로 활동하는가 하면, 블라디보스토크의 신민단 본부와 혼춘현(琿春縣)·왕청현(汪淸縣) 지구의 신민단 지단과 조직을 넘나들면서 항일투쟁에 앞장섰다. 1920년 5월 13일, 북간도의 대한군정서(북로군정서)·신민단·군무도독부(軍務都督府)·광복단(光復團)·의군단(義軍團)·국민회(國民會) 등 6개 단체가 협의회를 만들 당시는 김준근(金準根)과 함께 신민단의 대표로도 참여하였다. 이 협의회는 각 단체 간의 정신통일과 사업발전을 위해 도하기 위해 조직된 것이다.

이후 이홍수의 신민단은 홍범도 부대 등과 연합하여 봉오동전투에도 참전하였다. 1920년 6월, 의군단의 홍범도를 필두로 군무독군부의 최진동(崔振東)·안무(安武) 등 대한북로독군부 소속 한국 독립군 연합 부대가 중국 길림성 화룡현(和龍縣) 봉오동(鳳梧洞)에서 정규 일본군인 월강(越江) 추격대대와 교전한 사건이다. 또한 1921년에는 항일독립 기지인 노령 니콜리스크 지역에서 항일신문인 『원동신문(遠東新聞)』의 주필 및 경영을 맡아 항일투쟁을 이어갔다.

국내로 들어온 이홍수는 1929년 좌우합작 최대 항일단체 신간회(新幹會)의 집행위원을 역임하는가 하면, 몽양(夢陽) 여운형(呂運亨)이 경영하는 항일신문 『조선중앙일보(朝鮮中央日報)』의 군산총국장을 역임하기도 했다.

이홍수는 해방 이후에도 대한광업회 회장, 대한소년체육회 회장 등을 맡으면서 산업과 체육 발전에 적극 앞장섰다. 특히 주목되는 부분은 홍익대학을 설립·경영한 부분이다. 홍익대학은 1946년 봄 중국과 만주에서 광복운동에 분투하던 대종교가 환국하면서부터 시작되었다. 환국한 대종교는 원로회의의 결의로 민족지도자 양성을 위한 대학설립을 결의하고 그 교명을 홍익대학으로 정하였다. 그리고 대종교인이자 민족기업인으로 이름 높던 이홍수의 주도하에 홍익대학을 출범시켰다.

이홍수는 당시 대학설립의 기본자산을 위하여 자신의 전 재산 모두를 출연했다 하며, 현재의 홍익대 재산 중에도 그때 출연한 재산이 상당수 남아있는 것으로 알려져 있다. 이 홍익대학은, 대종교로서는 청일학교(화룡현)·한흥의숙(밀산현)·동창학교(환인현)·대흥학교(밀산현)·대종학원(영안현) 등으로 이어지는 교육구국이념을 계승한 것으로, 교명을 홍익으로 한 것 역시 고조선의 건국이념이며 대한민국의 교육이념이자 대종교의 이념인 홍익인간에서 취한 것이었다. 이홍수는 1948년 8월 재단법인 홍익학원(弘益學園)의 초대 재단이사장에 취임하여 홍익대학을 이끌었다.

[교력]
이홍수의 대종교 입교는 일제강점기에 이루어졌으나 그 기록은 현전하지 않는다. 그는 일제강점기 국내 귀일당(歸一黨) 요원으로 활동한 인물이다. 귀일당은 대종교 교주 홍암 나철이 1916년 8월 순교(殉敎)한 이후, 그 유지(遺志)를 받드는 인물들의 비밀결사였다. 당시 귀일당원으로 활동한 주요 인물들을 보면, 이홍수 외에도 신명균(申明均)·이세정(李世楨)·맹주천(孟柱天)·엄주천(嚴柱天)·정인보(鄭寅普) 등 30여명이었다.

대종교에서는 이홍수의 이러한 종교적 경험을 존중하여 대종교의 국내 환국 직후인 1946년 3월 24일(음력, 이하 음력) 총본사의 특별추천으로 영계(靈戒)와 함께 참교(參敎)의 교질(敎秩)을 동시에 수여하였다. 또한 같은 날 대종교 경

의원(經議院) 참의(參議)로도 선임함으로써, 대종교 중진으로서의 대접을 정중히 하였다.

1946년 4월 27일에는 경의원 상무참의로 임명되어 경의원 운영의 중심에 섰으며, 그 해 5월 1일에는 지교(知敎)의 교질로 승질(陞秩)하였다. 그리고 6월 8일 총본사의 찬리(贊理)로 임명되어 대종교총본사의 살림에도 참여하게 된다. 이러한 정성으로 8월 19일에는 상교(尙敎)의 교질까지 올랐으며, 그 해 10월 3일 거행된 개천절경하식의 원도(願禱)를 맡아 종교적 정성을 극진히 드러내기도 했다. 그가 1946년 한 해 동안 '영계→참교→지교→상교'의 단계를 모두 밟았다는 것은 그의 종교적 경험과 정성이 남달랐음을 보여주는 부분이다. 더욱이 1946년 12월 1일에는 대종교의 교리·교사를 쉽게 풀이한 『검결풀이』 1천부를 사비로 인쇄하여 대종교에 헌성하기도 했다.

1949년 2월 16일에는 대종교 남일도본사(南一道本司) 선리(宣理)를 맡아 시무하였다. 이러한 노력으로 한국전쟁 이후인 1954년 5월 3일 이광(李光)·정원택(鄭元澤)·신대식(辛大植)·박창화(朴昌和)와 함께 정교(正敎)의 교질로 승질됨과 동시에 대형(大兄)의 교호(敎號)를 수여받았다. 그 뒤 원로원참의, 삼일원(三一圜) 대덕(大德) 및 남이도본사(南二道本司) 전교(典敎) 등의 요직을 두루 거치고, 마침내 1964년 5월 제6대 총전교(總典敎, 교주)에 추대되었다. 동시에 최고 교질인 사교(司敎)로 승질되면서 도형(道兄)의 교호를 얻게 되었다. 당시 이홍수가 총전교로 취임하면서 대종교 교인들에게 전한 「취임사」 전문은 아래와 같다.

「취임사(인사말씀)」

금번 교의회에서 불초 이홍수가 외람히도 총전교에 피선된 것은 자신의 영광이 아니라 뜻 아닌 청천벽력이 내려진 것과 같은 생각이 듭니다. 위로는 천조(天祖) 한배님께 죄송스럽기 한이 없고 아래로는 교우(敎友) 형제자매께 부끄러움을 금치 못하나이다.

대종교는 근래에 일으킨 대종교가 아니라 반만년 전 천조한배님께서 이미 창설하신 대종교요, 삼천만 배달겨레뿐만 아니라 전세계 인류의 대종교입니다. 천신대도(天神大道)의 천부삼인(天符三印)은 우주관의 최고 이상이 되어 왔고 홍익인간은 세계관의 최대 목적이 되어온 것입니다. 가까이 대교(大敎) 중광(重光) 오십육년사를 회고하면 해내외에서 선종사(先宗師)를 비롯하여 수 만의 교우 형제가 이역풍토와 비풍한우(悲風恨雨) 속에서 우리민족을 구출하고 인류평화를 건설하기 위하여 흘리신 피는 민족의 앞날에 좋은 결실이 되리라고 믿습니다. 그러나 오늘 현실은 내외정세가 극도로 혼란하여 우리 천신대도가 운무와 파도를 헤치고 광명의 빛을 발휘하지 못하고 있어 대교의 현상이 위축되고 부진한 이때에 부재부덕(不在不德)한 홍수로서는 선현의 유지를 받들어 모든 국난을 수습하고 암흑을 돌파하고 정진할 역량이 부족함을 솔직히 고백합니다.

바라옵건대 교우형제자매께서는 명철하신 지도와 용단 있는 편달을 일층 더 하시와 광명대도의 진리를 사람 사람으로 깨닫게 하시와 신인일체(神人一體)로서 신과 사

람이 덕을 같이 하고 화합하여 우리 배달동포에게 복되게 하시고 세계인류에게 복되게 하심을 지원지도(至願至禱)하오며 교우형제자매 여러분의 건강과 만복을 기원하나이다.

개천4421(갑진) 5월 13일 총전교 이 홍 수

총전교 취임 후인 1964년 5월 31일에는 박명진(朴明鎭)·김용국(金龍國)·신철호(申哲鎬)·박천(朴天) 등과 교옥이전기성회(教屋移轉期成會)를 조직하여, 대종교의 교옥을 종로구 당주동(唐珠洞)으로부터 서대문구 홍제동(弘濟洞)으로 이전하는데 지대한 역할을 하였다. 특히 그 해 11월 29일, 이용태(李容兌)의 뒤를 이어 재단법인 대종교유지재단이사장으로 취임하여 대종교단의 재단관리에도 큰 공헌을 하였다.

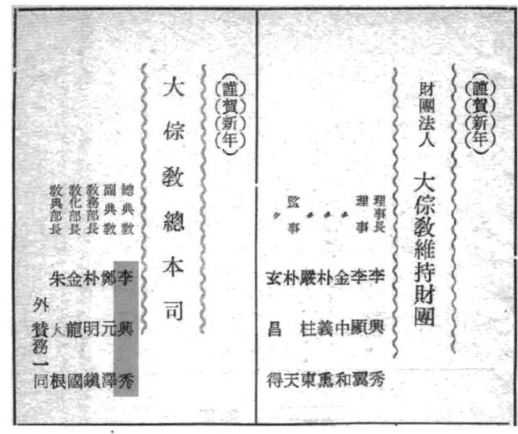

1965년 '謹賀新年'이 실린 『대종교보』제214호. 대종교 총전교와 대종교유지재단 이사장을 동시에 맡고 있는 李興秀의 이름을 볼 수 있다.

[참고문헌]
『대종교보』,한국기념호(1946년)·제150호(1946년)·제151호(1946년)·제152호(1946년)·제161호(1949년)·제181호(1954년)·제182호(1954년)·제212호(1964년)·제214호(1965년), 『대종교인과 독립운동연원』(이현익, 프린트본, 1963), 『대종교중광육십년사』(대종교총본사, 1971), 『現代史資料(朝鮮)』27(姜德相, みすず書房, 1968), 『韓國新興宗教總攬』(이강오, 대흥기획, 1992), 「'民族弘大 바로 세우기' 운동을 보면서」(정영훈, 『대종교보』제289호(2000년)], 『한국독립운동사자료』42(국사편찬위원회, 2006), 「反日義士 松岩 李興秀에 대한 연구」(박창욱, 『국학연구』제12집, 국학연구소, 2008)

이희석(李喜錫, 남, 1892-1950)

입교 시기 _ 1915년 | 교질 _ 참교 | 서훈 _ 애국장(1990)

경상남도 함안군(咸安郡) 가야면(伽倻面) 검암리(儉岩里) 출신이다. 1919년 3월 19일, 함안 장날을 이용하여 독립만세 시위에 앞장서다 체포되었다. 이 사건으로 징역 6년형을 받고 호송도중 탈출하여 강원도 철원 지역으로 피신하였

다.

1927년 3월에는 동아일보 함안지국장을 맡아 이주석(李主錫, 기자)·이화석(李華錫, 기자)과 지역 언론 창달을 통한 의식 고취에 기여하였다. 1927년 4월에 열린 월남(月南) 이상재(李商在)의 영결식에서는 장의준비위원(葬儀準備委員)으로 이름을 올렸고, 1928년 6월에 열린 조선교육협회 정기총회에서는 이사로 선임되어 활동하였다. 당시 조선교육협회는 국내 대종교 중심인물들의 주요거점이기도 했다. 주요 대종교인들을 보면, 유창환(兪昌煥, 부회장)을 비롯하여 유진태(兪鎭泰)·홍명희(洪命喜)·이중건(李重乾)·최현배(崔鉉培)·신명균(申明均)·정열모(鄭烈模)·이석(李奭) 등이 이사로 참여하였고, 허헌(許憲)·김항규(金恒圭) 등이 평의원으로 활동하였다. 이희석은 1930년 5월에 있었던 남강(南岡) 이승훈(李昇薰)의 영결식 장의준비위원으로 이름을 올렸고, 1937년 3월에는 『문학계(文學界)』라는 잡지의 발행인으로도 활동한 기록이 있다.

일제의 문서에 『문학계』 발행인으로 李喜錫(네모 안)이 올라 있다

이희석의 대종교 교력을 살피면, 1915년 12월 12일(음력) 당시 함안 지역의 대종교 동지인 이연건(李鍊乾)·이필수(李弼洙) 등과 함께 참교(參敎)의 교질(敎秩)을 받은 기록이 있다. 그의 대종교 입교가 그 이전에 이루어졌음을 알게 해 준다.

[참고문헌]
『종문영질』(프린트본, 1922), 『동아일보』1927.3.3., 1928.6.18., 『중외일보』1927.4.4., 1930.5.14., 「朝鮮人 發行 繼續出版物 許可調(3월분)」(朝鮮出版警察月報 第103號, 한국사DB, 국사편찬위원회)

이희영(李禧榮, 남, 생몰 미상)
입교 시기 _ 1922년 | 교질 _ 지교

출신지역과 생몰연대를 알 수 없는 인물이다. 1908년 2월 경상북도 성주(星州)에 사는 이희영(李禧榮)이 이윤(李潤)으로 개명한다고 신문에 고한 인물과 동일인인지도 확인할 수 없다. 일제의 문서에서도 발견이 안 되며 오직 대종교의 기록에 등장하는 인물이다.

이희영은 1922년 12월 5일(음력, 이하 음력), 대종교 서일도 본사(西一道本司)의 추천으로 영계(靈戒)를 받은 기록이 있다. 그 이전에 입교한 인물임을 알 수 있다. 당시 이희영은 김하준(金河俊)·한청모(韓淸模)·최남표(崔南表)·김성규(金成奎)·고재봉(高在鳳) 등 항일투사 30명과 함께 같은 날 영계를 받았다. 이들 대부분이 대종교 항일투사들이고 보면, 이 시기 이희영 역시 대종교 항일투쟁에 상당 부분 관여하고 있었음을 확인시켜 준다.

이후 1939년 3월 5일에는, 대종교의 근거였던 영안현(寧安縣) 동경성(東京城)에 소재한 경일시교당(京一施教堂)의 시교원(施教員)으로 임명되어 포교를 이끌었다. 당시 이희영의 교질(教秩)은 지교(知教)에 있었다. 그의 참교(參教)를 받은 시기가 1922년에서 1939년 사이임도 확인된다. 이희영은 찬무(贊務)를 맡은 홍봉철(洪奉喆)을 이끌고 경일시교당뿐만 아니라 그에 소속된 대목단분교당(大牡丹分教堂)까지 책임을 지면서 그 지역 대종교 활동의 중심에 섰다. 더욱이 1937년 8월 24일 발포된 대종교 재만교구경상금수납위원(在滿教區經常金收納委員)으로도 임명되어 영안현 대목단 지역의 성금 수납을 관할하였다.

이희영은 같은 해 8월 27일 발기된 대종교서적간행회(大倧教書籍刊行會)에도 참여하였다. "교화를 보급케 함에는 반드시 문자의 힘을 시뢰(特賴)할 것이다. 이제 대교(大教) 부흥기에 당하여 만구동성(萬口同聲)으로 종경(倧經) 요구가 날로 높은 터이다. 이 요구를 수응함은 무엇보다도 대교 발전상 최대 급무일 것이다. 이것을 공감하는 우리는 미성박력(微誠薄力)을 불고하고 교적간행회(教籍刊行會)를 발기한다."는 취지로 발기된 이 간행회에, 이희영은 찬성금을 통해 기여하게 된다.

[참고문헌]
『대종교교보』제56호(1922년)·제115호(1937년)·제121호(1939년), 『대종교중광육십년사』(대종교총본사, 1971), 『政治犯 自首申告者에 관한 건』(不逞團關係雜件·朝鮮人의 部·在滿洲의 部26, 機密公信7號; 秘受 1847號, 한국사DB, 국사편찬위원회).

이희찬(李熙燦, 남, 1909-?)
아호(별명) _ 이희수(李義壽)
입교 시기 _ 1939년 이전 | 교질 _ 참교

충청북도 영동군(永同郡) 심천면(深川面) 단전리(丹田里) 출

이희찬

신으로, 본명은 이희수(李義壽)다. 어려서 부모를 따라 만주 봉천성(奉天省)으로 이주하여, 정의부(正義府) 부설학교인 삼흥학교(三興學校)를 졸업하였다.

1930년 2월 고향인 영동으로 돌아와 영동청년동맹 집행위원으로 활동하였다. 또한 같은 해 10월에는 『동아일보』 영동지국장을 맡아 언론을 통한 지역 계도에 앞장서는가 하면, 1931년 4월에는 영동농민조합 집행위원으로도 당선되었다. 그 해 11월 조선공산주의자협의회의 조직원인 황순일(黃淳一)을 만나 영동지역의 사회운동 상황, 영동농민조합의 진로 등에 대해 논의하고, 협의회의 기관지 『코뮤니스트』·『봉화』를 넘겨받아 회람했다. 1932년 1월 영동농민조합 내에 청년위원회를 건립하고 위원장에 취임하였으나, 그 해 2월 검거되어 1934년 7월 경성복심법원에서 징역 3년을 선고받고 출옥 후 다시 만주로 건너갔다.

이희찬의 대종교 관련 교력을 살피면, 1939년 12월 7일(음력) 대종교총본사의 특별추천으로 참교(參教)의 교질(教秩)을 받은 기록이 전한다. 그 이전에 이미 대종교에 깊이 관여했음을 알려주는 내용이다. 당시 이희찬과 함께 참교의 교질을 받은 인물이 상해임시정부 등에서 활동한 항일투사 양승복(梁承福) 등임을 볼 때, 그 역시 대종교항일투쟁에 깊이 관여한 인물임을 알게 해 준다.

[참고문헌]
『대종교교보』제124호(1939년), 『동아일보』1930.10.19., 1931.01.27., 『일제감시대상인물카드』(한국사DB, 국사편찬위원회), 『노동자의 책』(www.laborsbook.org/)

이희춘(李喜春, 남, 생몰 미상)
입교 시기 _ 1934년 이전 | 교질 _ 지교

출신지역과 생몰연대를 알 수 없는 인물로, 충청남도 부여 출신의 이희춘(애족장, 1990)과는 동명이인이다. 일찍이 대한의군산포대(大韓義軍山砲隊)에 소속되어 서헌(徐憲)·이원학(李源學)·김가회(金嘉會)·김여수(金汝洙) 등과 항일투쟁을 전개하였다.

이희춘의 대종교 교력을 살피면 1934년 3월 9일(음력) 대종교 신일시교당(新一施教堂)의 찬무(贊務, 부책임자)를 맡은 기록이 있다. 당시 이희춘의 교질(教秩)이 참교(參教)의 단계에 있었음을 보면, 그의 대종교 입교 시기가 그 이전에 이루어졌음을 확인시켜 준다. 신일시교당은 당시 대종교의 거점이었던 영안현(寧安縣) 신안진촌(新安鎭村)에 소재한 시교당으로, 광한단(光韓團)에서 항일투쟁을 전개한 김

태호(金泰浩)가 전무(典務, 책임자)를 맡았다. 또한 항일투사 최태순(崔泰淳)이 시교원(施教員)으로 임명되어 이희춘과 더불어 시무하였다.

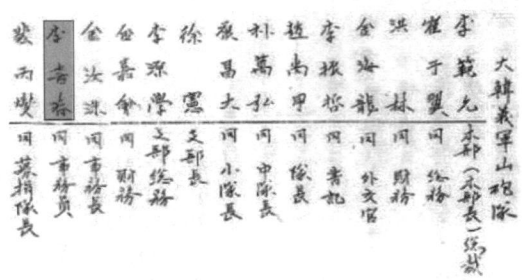

1920년대 의군산포대 소속으로 李喜春(네모 안)을 기록한 일제의 문서

이희춘은 1939년 안희제(安熙濟)·김영숙(金永肅)·장도순(張道淳) 등이 발기한 '대종교교적간행회(大倧教教籍刊行會)'에도 참여하였다. 이 교적간행회는 "교화를 보급케 함에는 반드시 문자의 힘을 시뢰(恃賴)할 것이다. 이제 대교 부흥기에 당하야 만구동성으로 종경(倧經) 요구가 날로 높은 터이다. 이 요구를 수응함은 무엇보다도 대교 발전상 최대 급무일 것이다. 이것을 공감하는 우리는 미성박력(微誠薄力)을 불고하고 교적간행회를 발기한다."는 취지로 출발한 조직이다. 이희춘은 어려운 형편에서도 항일투사 오근태(吳根泰)·최익항(崔益恒)·이정(李禎)·권중락(權重洛) 등과 1주(株)를 감당하는 주주로 동참하였다.

1945년 7월 18일(음력)까지도 영안현 신일시교당의 찬무(부책임자)를 맡아 활동한 기록이 있다. 당시 이희춘의 대종교 교질은 지교(知教)의 단계에 있었으나, 지교의 교질을 받은 시기는 확인되지 않는다. 당시 신일시교당의 책임자(典務)는 항일투쟁의 거두인 채오(蔡五)가 맡고 있었다. 채오는 대종교항일단체인 대한군정서(북로군정서) 군수과장(軍需課長) 등을 지낸 독립운동지도자로, 당시의 교질이 상교(尙教)로서 대종교의 중심에 있었던 인물이다.

[참고문헌]
『대종중광육십년사』(대종교총본사, 1971), 「朝鮮側 警察이 朝鮮人 金順 等을 拘引시킨 것에 관한 건」(不逞團關係雜件-朝鮮人의 部-在滿洲의 部28, 公 第259號; 受 20669號, 한국사DB, 국사편찬위원회)

임기호(林起虎, 남, 생몰 미상)
입교 시기_1918년 | 교질_참교

출신지역과 생몰연대가 확인되지 않는다. 1915년 12월 당시 중국 연길지역 길림순안사공서(吉林巡按使公署)의 순경 후보생으로 있었던 것으로 보아, 이른 시기 그곳에 정착한 것을 알 수 있다. 1920년 7월 11일 대종교 항일단체인 대한군정서(북로군정서)의 기계국(機械局) 수리과장(修理課

長)에 임명된 것으로 보아, 그 전신인 중광단(重光團) 시절부터 참여한 것으로 추정된다.

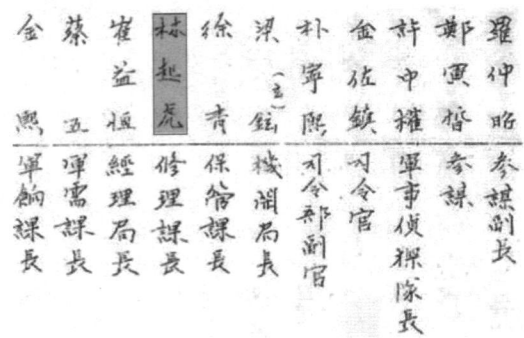

林起虎(네모 안)가 대종교계 대한군정서의 기계국 수리과장에 있었음을 기록한 일제의 문서.

임기호의 대종교 교력을 살피면 1918년 2월 28일(음력) 참교(參教)의 교질(教秩)을 받은 기록이 있다. 그의 대종교 입교가 그 이전으로 올라감을 알 수 있다. '입교(入教)→영계(靈戒)→참교'의 단계로 이어짐을 헤아린다면, 아마도 그의 대종교 입교가 중광단 시절에 이루어진 듯하다. 한편 임기호와 같은 날 참교의 교질을 받은 인물들 중에는, 대한군정서 모연대장(募捐隊長) 김태우(金泰禹)를 비롯하여 이균섭(李均燮)·김명기(金明琪)·김응률(金應律)·염덕준(廉德俊) 등, 모두 대한군정서의 항일투사라는 점도 주목을 끄는 부분이다.

[참고문헌]
『종문영질』(프린트본, 1922), 「國外情報-大韓軍政署의 日誌에 관한 건」(不逞團關係雜件-朝鮮人의 部-在滿洲의 部26, 高警 第1007號; 秘受 1502號, 한국사DB,국사편찬위원회), 「朝鮮側 警察이 朝鮮人 金順 等을 拘引시킨 것에 관한 건」(不逞團關係雜件-朝鮮人의 部-在滿洲의 部28, 公 第259號; 受 20669號, 한국사DB,국사편찬위원회), 『해외사료총서』19(국사편찬위원회, 2008)

임대현(任大鉉, 남, 1876-1928)
입교 시기_1915년 | 교질_참교

전라남도 보성군(寶城郡) 복내면(福內面) 출신이다. 동학농민혁명 당시인 장흥(長興), 강진(康津) 일대 전투에 참여했던 인물이다. 그러나 1894년 12월 장흥 석대들 전투에서 패한 후 피신하였다가 체포되었으나 구명되었다.

임대현의 대종교 교력을 보면 1915년 12년 12일(음력) 참교(參教)의 교질(教秩)을 받은 기록이 전한다. 그의 대종교 입교가 그 이전에 이루어졌음을 알 수 있다. 당시 임대현과 함께 참교의 교질을 받은 인물들이 항일투사 이연건(李鍊乾)·이필수(李弼洙)·안재성(安在成)·이희석(李喜錫)·정기헌(鄭基憲)·김성룡(金成龍) 등이고 보면, 임대현 역시 그와 깊은 연관이 있을 듯하나, 남은 기록이 없다.

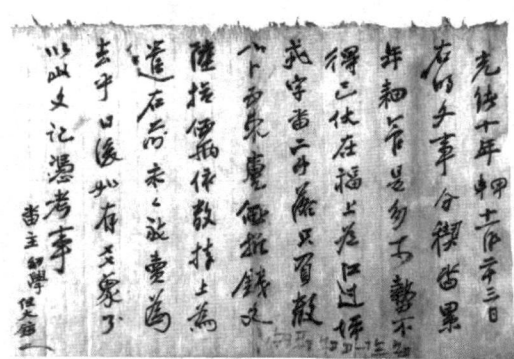

1884년 11월 23일(음력), 임대현이 전라도 보성군 복내면에 있는 논을 팔면서 작성한 토지매매문서(보성군 복내면 죽산안씨 죽곡정사 소장)

[참고문헌]

『종문영질』(프린트본, 1922), 「동학농민혁명 참여자」(동학농민혁명기념재단, www.1894.or.kr), 「1884年 任大鉉 放賣 土地賣買明文」(한국학자료센터 한국학자료포털, https://kostma.aks.ac.kr)

임도준(任度準, 남, 1879-?)
아호(별명)_ 백아(白我)
입교 시기_ 1914년 | 교질_ 지교 | 서훈_ 애족장(2011)

출신지역이 불분명한 인물이다. 대한제국기(大韓帝國期) 육군조장(陸軍曹長)으로 근무한 경력이 있고, 연해주로 넘어가 러시아 육군의 교육을 습득하기도 한 엘리트였다.
임도준은 1919년 3월 13일, 대종교 동지인 백하(白下) 김영학(金永學)과 간도 지역과 인접한 함경북도 온성(穩城)·경성(鏡城) 지역의 대종교도들을 암암리에 연계하여, 3·1독립만세운동의 분위기를 지속시키면서 또 다른 독립운동 계획을 모색하기도 했다.
1920년에는 대한군정서(북로군정서)에 참여하여 제3대대장과 서무부장(庶務部長) 등을 역임하였다. 대한군정서는 대종교의 항일단체인 중광단(重光團)을 계승한 조직으로 대종교지도자인 백포(白圃) 서일(徐一)이 이끌었으며, 현천묵(玄天黙)·김좌진(金佐鎭)·이장녕(李章寧)·김규식(金奎植)·나중소(羅仲昭) 등 대종교의 핵심들이 중책을 맡았다. 대한군정서는 1919년 10월 만주에서 편성된 독립군 단체로 1920년 2월 초에 북간도 왕청현(汪淸縣) 서대파(西大坡) 십리평(十里坪)에 병영을 짓고 연병장을 닦아 근거지를 설치하였다. 임도준이 제3대대장을 맡을 당시 대한군정서의 체제는 아래와 같이 4대대로 나뉘어 있었다.

구 분	대대장	주둔지
제1대대	이 량(李 良)	왕청현 춘명향(春明鄕) 서대파상촌(西大坡上村)
제2대대	양춘석(楊春錫)	왕청현 춘명향 유수촌(楡樹川)
제3대대	임도준(任度準)	왕청현 춘명향 대감자(大坎子)
제4대대	현 갑(玄 甲)	연길현(延吉縣) 수신향(守信鄕) 이도구(二道溝)

임도준은 청산리독립전쟁 이후인 1922년에도 대한혁명단(大韓革命團)에서 설립한 무관학교(武官學校)의 교장을 맡아 생도들을 교육하는가 하면, 고려공산당의 흑하(黑河) 지부장을 맡아 항일투쟁을 이어갔다.
임도준의 대종교 교력을 살피면 1914년 윤5월 27일(음력, 이하 음력) 참교(參敎)의 교질(敎秩)을 받은 기록이 전한다. 당시 백포 서일의 부친인 서재운(徐在云)을 비롯하여, 후일 대한군정서의 중심으로 활동한 한승묵(韓承黙)·이민혁(李敏赫)·양현(梁玄)·안용수(安龍洙) 등과 함께 받았다. 임도준의 대종교 입교가 그 이전에 이루어졌음을 알 수 있다. 대한군정서의 전신으로 1911년에 조직된 중광단 시절로 추정하는 이유다.
또한 1917년 11월 2일에는 한승묵·이민혁·양현 등과 지교(知敎)의 교질로 승급하였다. 임도준이 대한군정서에 참여하기 이전에 이미 대종교의 중진으로 활동했음을 확인시켜 준다. 그리고 1922년 9월 28일에는 대종교 영일시교당(嶺一施敎堂)의 전무(典務, 책임자)로도 임명되었다. 영일시교당은 대종교 동이도본사(東二道本司) 관할로 연해주(沿海州) 당화령(唐化嶺) 석토동(石土洞)에 소재해 있었다. 당시 임도준을 도운 인물로는 찬무(贊務, 부책임자)를 맡은 김병호(金秉昊)·박병권(朴丙權)이 있었으며, 김천오(金千伍)가 시교원(施敎員)으로 임도준과 함께 했다. 한편 그 시기 임도준이 대한혁명단에서 활동하는가 하면, 고려공산당의 흑하지부장을 맡고 있었다. 이것은 영일시교당이 청산리독립전쟁 이후 연해주 대종교의 또 다른 항일 거점이었음을 알게 해 주는 부분이다.

[참고문헌]

『대종교보』 제55호(1922년), 『종문영질』(프린트본, 1922), 『대종교중광육십년사』(대종교총본사, 1971), 「朝鮮獨立運動 情報 送付의 건」(不逞團關係雜件-朝鮮人의 部-在滿洲의 部9, 機密公信 第7號; 秘受 4243號, 한국사DB, 국사편찬위원회), 「不逞鮮人의 행동에 관한 건」(不逞團關係雜件-朝鮮人의 部-在西比利亞13, 機密 제169호, 한국사DB, 국사편찬위원회), 「朝鮮側 警察이 朝鮮人 金順 等을 拘引시킨 것에 관한 건」(不逞團關係雜件-朝鮮人의 部-在滿洲의 部28, 公 第259號; 受 20669號, 한국사DB, 국사편찬위원회), 「在外 要注意 鮮人 別名 變名 雅號 調査에 관한 건」(不逞團關係雜件-朝鮮人의 部-在滿洲의 部39, 機密 第161號; 機密受第169號, 한국사DB, 국사편찬위원회), 『한국독립운동사자료』43(국사편찬위원회, 2007)

임도천(林道天, 남, 생몰 미상)
입교 시기_ 1923년 | 교질_ 미상

출신지역과 생몰연대를 알 수 없는 인물로 일제의 문서에서도 찾을 수 없다. 1920년대 대종교단 내의 기록에 유일하게 등장하는 인물이다. 1923년 3월 9일(음력) 대종교 삼성시교당(三成施教堂)의 찬무(贊務, 부책임자)를 맡은 기록이 전한다. 당시 임도천의 대종교단에서의 지위는 '형제'의 위치에 있었다. '형제'란 입교하여 영계(靈戒)를 받기 이전 단계를 말한다. 임도천의 대종교 입교가 1923년 초반으로 올라감을 알 수 있다.

한편 삼성시교당은 대종교 북일도본사(北一道本司) 관할로 길림성 부여현(扶餘縣) 삼가자진(三家子鎭)에 위치한 시교당이다. 당시 전무(典務, 책임자)를 맡아 임도천과 함께 한 인물은 항일투사 김백원(金百源)이었다. 이 시교당은 항일투사 이시행(李時行)·신형규(辛亨奎)·류원우(柳遠佑)·김노흠(金魯欽) 등이 이끌던 시교당으로, 부여현 도뢰소참(陶賴昭站) 북쪽 삼가자회육당(三家子會育堂)을 연락거점으로 삼아 대종교 포교를 통한 항일투쟁을 전개한 곳이다.

[참고문헌]
『대종교보』제57호(1923년), 『대종중광육십년사』(대종교총본사, 1971)

교당명칭	소 재 지	대표자	소 속
성일시교당 (星一施教堂)	경북 성주군 초전면 월곡리	신태윤 (申泰允)	남일도본사
경일시교당 (景一施教堂)	충남 논산군 강경읍	김재형 (金載炯)	남일도 제이지사
일선시교당 (一善施教堂)	전남 순천군 서면 판 교리	김 백 (金 白)	남일도 제이지사
월선시교당 (月善施教堂)	경북 성주군 초전면 월전리	성세영 (成世英)	남일도 제삼지사
산선시교당 (山善施教堂)	경북 성주군 성주면 경산동	성세영 (成世英)	남일도 제삼지사

이것은 당시 국내 시교당 수가 국외의 시교당 수에 비해 8분의 1밖에 되지 않음을 보여주는 것으로, 대종교의 국내 활동이 얼마나 어려웠던가를 보여주는 단적인 사례라 할 수 있다.

[참고문헌]
『대종교보』 제56호(1922년), 『대종중광육십년사』(대종교총본사, 1971)

임복(任濮, 남, 생몰 미상)
입교 시기_ 1922년 | 교질_ 참교

출신지역과 생몰연대를 알 수 없는 인물로, 오직 1920년대 대종교의 기록에만 등장하고 있다. 그의 외자 이름 역시 대종교 입교와 함께 개명한 이름일 듯하나, 확인되지 않는다. 임복은 1922년 9월 14일 국내 대종교 남도본사의 추천으로 영계(靈戒)와 함께 참교(參敎)의 교질(敎秩)을 받았다. 그의 대종교 입교가 그 이전에 이루어졌음이 확인된다.

또한 같은 해 10월 9일에는 대종교 일선시교당(一善施教堂)의 찬무(贊務, 부책임자)를 맡기도 했다. 일선시교당은 전라남도 순천군(順天郡) 서면(西面) 판교리(板橋里)에 소재한 시교당으로, 임복의 출신 지역 역시 이곳일 가능성이 크다. 당시 일선시교당의 전무(典務, 책임자)는 김백(金白)이었으며, 박원(朴元)이 찬무를 맡아 임복과 함께 했다.

한편 그 시기 국내 대종교는 암흑기와도 같았다. 비밀리에 활동을 하기 위해 중심부와 떨어진 변두리로 수시로 옮기며 집회를 갖기 일쑤였다. 특히 1921년 만주지역 대종교도들이 중심이 되어 만들어 낸 청산리독립전쟁의 승리는, 일제의 대종교 국내 탄압을 더욱 심하게 만들었다. 그러므로 1922년 1월 25일부터 1923년 6월 26일까지 설치된 당시 대종교의 교세현황을 보더라도, 지사(支司)와 시교당(施教堂) 수가 48곳에 이르지마는, 국내의 시교당 수는 임복이 활동한 일선시교당을 포함하여 다음과 같이 겨우 6곳에 불과하였다.

교당명칭	소 재 지	대표자	소 속
여일시교당 (礪一施教堂)	전북 익산군 여산면 호산리	박택규 (朴宅圭)	남일도본사

임재갑(任在甲, 남, 1891-1960)
입교 시기_ 1913년 교질_ 상교 | 서훈_ 애족장(1990)

임재갑

전라남도 완도군(莞島郡) 신지면(薪智面) 신리(新里) 출신이다. 1911년 안창호(安昌浩)가 주도한 청년학우회(靑年學友會)와 구국청년계몽회(救國青年啓蒙會)에 가입하여 서울과 북간도를 왕래하며 연락요원으로 항일투쟁에 가담하였다. 1912년에서 1914년까지 완도군 신지면에서 명신서원(明信書院)을 설립하고 동지들을 규합하면서 농촌청년계몽운동을 하다가 일경에 붙잡혀 고문을 받기도 했다.

1914년부터는 완도군내 비밀결사인 수의위친계(守義爲親契)에 가담하여 활동하면서, 그 조직의 청소년 민활 집단인 배달청년회 임무도 병행하였다. 이 시기 완도 출신 송내호(宋乃浩)의 주선으로 간도 용정(龍井)으로 넘어가 그곳에 소재한 대성학원(大成學院) 교원으로 교민 2세 교육을 담당하고 군자금 모집차 수회에 걸쳐 국내를 왕래하였으며 김좌진(金佐鎭) 휘하에서 무장전투요원으로 활동하기도 했다.

1924년 8월에는 신지학술강습소(薪智學術講習所)를 개설하고 김정상(金正祥, 金在禧)·송기호(宋琪浩)·김창선(金昌鮮) 등 50여 명의 학생 및 유한단원(流汗團員) 6명과 함께 강연단(講演團)을 조직하였다. 임재갑은 이들과 함께 신상리(新上里)·월양리(月陽里)·동좌리(東左里) 등 면내 6개 부락을

순회하며 주민들에게 한민족의 우수성과 민족의식을 고취시키는가 하면, 혁명가라는 노래를 가르쳐 강연이 끝난 후 부르게 하였다. 이 노래는 자유를 무시한 폭정에 육대주의 피가 용솟음쳐 혁명당이 봉기하였으니 폭력은 폭력으로 응징키 위해 양손에 폭탄을 쥐고 일제히 변란소동을 일으켜 자유의 깃발과 용맹으로 전진하자는 내용이었다. 이러한 활동으로 일제에 의해 같은 해 12월 체포되어 1925년 3월 25일 광주지방법원 목포지청에서 소위 보안법 위반으로 유죄판결을 받고 항고하였다. 그러나 1925년 6월 27일 대구복심법원과 1925년 9월 14일 고등법원에서 징역 10월형을 선고받고 옥고를 치렀다. 출옥 후인 1927년 8월 28일 완도읍내 중학원(中學院)에서 신간회(新幹會) 중앙본회의 상무(常務)였던 송내호의 입회 하에 완도군 신간회지회(新幹支會)를 설립하고 지회장으로 선출되어 활동하였다. 또한 1936년 5월에는 고향인 완도에 완도고보(莞島高普)를 설립하기 위하여 기성회가 발기되자 8백원의 의연금을 희사하기도 하였으며, 1938년 9월에는 완도 경제활동의 주요 근간인 김(해태)산업의 조직적 활성화를 도모하기도 했다. 당시 임재갑은 완도의 김 생산자들을 망라하여 판매연구회(販賣研究會)를 조직하고 창립총회를 위한 발기위원으로도 참여하였다.

임재갑의 대종교 교력을 살피면 1913년 8월 1일(음력, 이하 음력) 참교(參敎)의 교질(敎秩)을 받은 기록이 있다. 그의 대종교 입교가 비교적 이른 시기에 이루어졌음을 알게 해 준다. 또한 같은 날 함께 참교의 교질을 받은 인물들이 최익항(崔益恒)·김용(金湧) 등, 만주 항일투쟁의 거물들이고 보면, 임재갑 역시 이른 시기 대종교 항일투쟁에 깊이 관여하여 움직였음이 확인된다.

또한 해방 이후인 1955년 3월 21일, 임재갑은 대종교 광주지사(光州支司)의 찬무(贊務, 부책임자)로도 임명되어 시무하였다. 당시 전무(典務, 책임자)는 항일투사 신태윤(申泰允)이었으며, 수의위친계 활동부터 절친한 동지였던 김정상이 찬무를 맡아 임재갑과 함께 했다.

[참고문헌]
『종문영질』(프린트본, 1922), 『대종중광육십년사』(대종교총본사, 1971), 『判決文』(1925년 10월 14일 高等法院), 『매일신보』1936.5.21., 1938.9.26., 『독립운동사자료집』12(독립운동사편찬위원회, 1970), 「해방의 땅. 所安島』(이균영, 『사회와 사상』1989년 9월호, 한길사), 「故鄭南局先生略傳」(임재갑, 『所安抗日運動史料集』, 所安抗日運動史料編纂委員會, 1990), 『抗日獨立運動의 先驅者 故 解濤 宋乃浩先生』(李月松, 『所安抗日運動史料集』, 所安抗日運動史料編纂委員會, 1990)

임재호

임재호(林在虎, 남, 1898-1961)
입교 시기_ 1916년 이전 | 교질_ 미상 | 서훈_ 애족장(1990)

경상북도 의성군(義城郡) 비안면(比安面) 창하동(倉下洞, 東部里) 출신이다. 1919년 3월 12일 같은 고장에 사는 대종교 동지인 김석근(金碩根)·박후도(朴後度)·박홍섭(朴洪燮)·손동일(孫東一) 등과 거사를 도모했다. 임재호 등은 김석

근의 집에 모여 전국 각지에서 일어나고 있는 독립만세운동에 발맞추어 이곳에서도 의거를 단행하여 나라의 독립을 쟁취할 것을 맹약하고 태극기를 제작하였다.

3월 13일과 16일 이들은 미리 준비한 태극기를 가지고 서부동 장터로 나아가 주민 수십 명을 규합하여 태극기를 나누어 준 후 독립만세를 고창하며 시위행진을 주도하다가 일경에 붙잡혔다. 그는 이해 4월 7일 대구지방법원에서 소위 보안법 위반으로 징역 10월형을 선고받았고 4월 30일 대구복심법원에서 10월형이 확정되어 옥고를 치렀다.

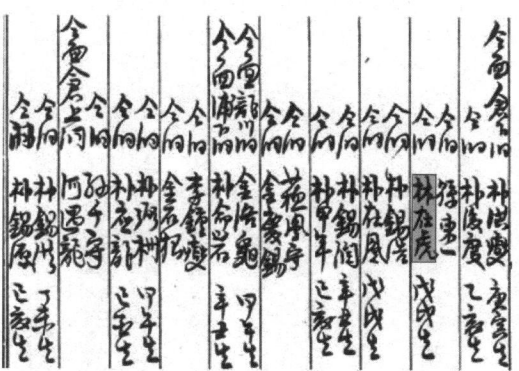
성세영의 『본사행일기』에 기록된 1910년대 경북 지역 대종교인 명단의 일부. 오른쪽부터 거사를 함께 한 朴洪燮·朴後度·孫東一과 함께 林在虎(네모 안)의 이름이 적혀 있다.

임재호의 대종교 관련 교력은 대종교단 내에는 남아있는 것이 없다. 그러나 경북 성주(星州)에 사는 성세영(成世英)의 『본사행일기(本司行日記)』(필사본, 1922)라는 글 속에는 임재호가 대종교 1대 교주 홍암(弘巖) 나철(羅喆) 시대의 경상북도 지역 주요 교인으로 적혀 있다. 나철이 순국한 때가 1916년 8월 15일(음력)이고 보면, 임재호가 대종교에 입교한 시기가 적어도 그 이전으로 올라감이 확인된다. 더욱이 만세운동의 거사를 함께 도모한 손동일·박후도·박홍섭 등도 모두 대종교인이었다는 점이 주목된다.

[참고문헌]
『본사행일기』(성세영, 필사본, 1922), 「판결문」(1919.4.7. 대구지방법원, 1919.4.30. 대구복심법원), 『독립운동사』3(독립운동사편찬위원회, 1970), 『독립운동사자료집』5(독립운동사편찬위원회, 1984)

출신지역과 생몰연대를 알 수가 없다. 대종교를 중광한 나철의 장자(長子)인 나정련(羅正練)의 부인으로, 나철에게 는 맏며느리가 되는 인물이다. 일찍이 남편인 나정련을 도와 국내만이 아니라 연길, 밀산, 영안 등지를 유리표박 하며 간난신고 속에서 대종교 활동에 헌신했다. 나철이 1916년 순교 당시, 맏며느리 나정원에게 남긴 다음의 친 필 유서 내용을 보아도 알 수 있다.

불쌍한 며느리 임정원(任正媛)에게 유서

저 불쌍한 며느리와 손자들을 서울, 시골로 유리(遊離) 케 하고 그 한이 극도에 이르도록 차마 볼 수 없구나. 모두 내 죄악이다마는 필경 천복 받을 날 있으니 부디 대종교 지경으로 독신하여 시아비의 끼친 뜻을 저버리 지 말고 자녀까지 잘 가르쳐 한배께 의지하게 하여라. 나는 한울길로 즐겁게 간다. 부디 통한(痛恨) 말라.
단제 강세 사천 삼백 칠십 삼년 병진 팔월 십오일 친필

나철이 순교 직전에 맏며느리 任正媛에게 남긴 친필 유서.

임정원의 대종교 교력을 살피면 1945년 10월 1일 총본사 특선으로 지교(知敎)를 받았고, 이후 상교(尙敎)까지 오른 기록이 있다. 남편인 나정련과 함께 일찍부터 대종교 활 동을 펼친 것이나, 시아버지인 나철이 1916년에 남긴 유

서 내용 등과 종합해 보면, 1910년대 초반에 대종교에 입 교한 듯하다.

[참고 문헌]
『대종교보』제148호(1945년)·제211호(1963년), 『홍암신형조천기』(대종교총본 사, 1954), 『대종교중광육십년사』(대종교총본사, 1971), 「羅喆親筆遺書」(불쌍한 며느리 나정원에게)」(보성군청소장)

출신지역과 생몰연대를 알 수 없는 인물로, 일제의 문서 에서도 찾을 수가 없다. 총(葱)이라는 외자이름 역시 대종 교로 입교하며 개명한 이름인 듯하나, 그에 관한 기록도 확인이 안 된다. 임총은 비교적 이른 시기인 1911년 4월 1 일(음력) 김정기(金正琪)·윤정(尹鋌)·최원규(崔元奎) 등, 대 종교 항일투사들과 참교의 교질을 받은 기록이 있다. 그 의 대종교 입교가 그 이전으로 올라감을 알 수 있다.
또한 임총이 1912년 간도의 미전동(米田洞)에 주거하며 활 동한 것으로 보아 일찍이 간도로 넘어간 인물로 짐작된 다. 그 시기 미전동이나 학성동(鶴城洞) 지역은 대종교도 들이 학교를 설립하여 암암리에 항일투쟁을 도모했던 곳 이다. 특히 대종교 교주 홍암 나철이 거점을 잡고 있던 화 룡현(和龍縣) 청파호(靑坡湖)의 대종교시교당과 연계하며 긴밀히 움직였던 지역이다.

[참고문헌]
『종문영질』(프린트본, 1922), 『백농실기』(조창용, 한국독립운동사연구소, 1993)

함경북도 온성군(穩城郡) 출신으로, 일제강점기 대종교 사 회주의 투쟁에 앞장 선 인물이다. 일본 와세다대학을 중 퇴한 뒤 만주로 건너가 용정(龍井)의 대성중학(大成中學)에 서 잠시 교사생활을 하다가 다시 일본으로 건너갔다.
1926년 5월, 전진한(錢鎭漢) 등과 동경 유학생들을 중심으 로 협동조합운동사(協同組合運動社)를 조직하고 '조선의 농 촌을 구할 자는 협동조합 밖에 없다'는 기치 아래 기관지 『조선경제』도 발행하였다. 또한 1927년 5월 7일에는 전진 한 등과 신간회(新幹會) 동경지회를 만들어 와세다대학 스 콧홀에서 창립대회를 개최하고 조헌영(趙憲泳)을 회장으 로 선출하였다. 당시 임태호도 선전부(宣傳部)를 맡게 된 다. 이들은 도항저지반대운동, 거주권 확립운동, 3총(노 동총동맹·청년동맹·농민총동맹) 해금운동, 언론·집회·결사·

출판의 자유 획득운동, 치안유지법 제7호 철폐운동, 이민 반대운동, 부당 금족·구인·검속·불법 감금 및 고문경찰 반대운동, 학교 내 사법경찰 반대운동, 내선융화 기반정책 반대운동, 해방운동희생자 구원운동, 정치적 자유 획득 및 노동동맹지지 운동 등을 표방하고 약 253명의 회원을 확보하는 등, 활발한 활동을 전개하였다.

임태호는 귀국 후 『조선일보』 경성지국의 기자로 일하면서 신간회 경성지회 집행위원으로도 참여하는가 하면, 이운혁(李雲赫)이 지도하던 조선공산당재조직준비위원회에도 가담하였다. 1930년 4월부터 신문사지국을 운영하는 한편, 조공재조직준비위 경성(鏡城)그룹의 책임자로서 당 조직의 확대를 위해 노력하였다. 이후 '조공 함북도부 조직사건'으로 체포되었으나 12월 청진지법에서 무죄를 선고받았다.

임태호의 대종교 교력을 살피면 1922년 1월 23일(음력) 참교(參敎)의 교질(敎秩)을 받은 기록이 있다. 그의 대종교 입교가 그 이전에 이루어졌음을 확인시켜 준다. 또한 같은 날 임태호와 함께 참교의 교질을 받은 인물들이 최익환(崔益煥)·차덕규(車德奎)·박낙종(朴洛鍾)·박순병(朴舜秉) 등 일제강점기 사회주의투쟁의 거물들이고 보면, 임태호 역시 대종교 사회주의투쟁의 인적 네트워크 속에서 움직였던 인물임을 알 수 있다.

[참고문헌]
『종문영질』(프린트본, 1922), 『동아일보』1927.5.15.. 「협동조합운동사 정기대회에 관한 건」(思想問題에 關한 調査書類7, 京鍾警高秘 제4827호, 한국사DB, 국사편찬위원회), 「朝鮮協同運動의 過去와 現在」(咸尙勳, 『동광』제23호, 동광사, 1931년 7월 5일), 『조선중앙일보』 1933.5.4.. 『일제침략하한국36년사』8(국사편찬위원회, 1973), 『노동자의 책』(http://www.laborsbook.org)

임헌일(林憲一, 남, 생몰 미상)
아호(별명) _ 임헌(林憲)
입교 시기 _ 1910년 | 교질 _ 참교

충청남도 공주군(公州郡) 출신으로 대종교명은 임헌(林憲)이다. 일찍이 기호흥학회 공주군 지회(支會) 회원으로 활동했으며, 1908년 11월부터는 대종교 동지인 김재면(金在勉) 등과 공립공주보통학교의 학무위원을 지냈다.

임헌일의 대종교 교력을 보면, 1910년 12월 17일(음력) 김재면과 더불어 시교사(施敎師)로 임명된 기록이 있다. 그의 대종교 입교가 그 이전에 이루어졌음을 확인시켜 준다. 또한 1911년 중광절(重光節, 음력 1월 15일)에는 김재면과 함께 참교(參敎)의 교질(敎秩)을 받았으며, 정식 시교사로도 임명되었다.

1911년 1월 17일에는 공업전습소 출신의 손형순(孫亨淳)과 함께 공주로 내려온 성홍석(成洪錫)과 지역의 대종교 포교에 적극 앞장섰다. 당시 임헌일은 공주보통학교 학무위원으로 있으면서 사립 명화학교 교감으로 있던 김재면·성홍석·손형순 등과 명화학교, 공주보통학교(공립), 공주농

립학교(도립)를 대상으로 대종교 포교를 전개하였다. 성홍석 역시 임헌일과 김재면과 공업전습소 동기로서 1911년 중광절에 참교의 교질을 함께 받았다. 임헌일 등은 『단군교포명서』와 『단군교오대종지서(檀君敎五大宗旨書)』를 배포하며 포교 활동을 전개하는 한편, 명화학교 교감 김석희(金錫熙)를 입교시키고, 그의 자택에다 대종교 공주시교당(公州施敎堂)까지 개설하였다.

[참고문헌]
『종보』제8호(1910년), 『종문영질』(프린트본, 1922), 『대종중광육십년사』(대종교총본사, 1971), 『기호흥학회월보』제3호(1908년), 『조선·대한제국관보』제4236호(1908년), 『社寺宗敎』(조선총독부내무부지방국지방과, 1911), 『조선총독부및소속관서직원록』(조선총독부, 1910~25년도판), 「대한제국기~일제 초 官立工業傳習所의 설립과 운영」(김근배, 『한국문화』18, 서울대학교한국문화연구소, 1996)

임현민(林現珉, 남, 생몰 미상)
입교 시기 _ 1926년 이전 | 교질 _ 미상

출신 지역과 생몰 연대를 알 수 없는 인물이다. 일제의 문서나 대종교단 내에도 그에 대한 기록이 전하지 않는다. 다만 만주에서 대종교포교금지령(1925년)이 내려진 이후, 중국 당국에 압수된 대종교 문건에 1926년 당시 대종교 분일시교당(芬一施敎堂)의 책임자[典務]로 임현민이 등장하고 있다.

당시 분일시교당은 대종교 동도본사의 관할로 항일투쟁의 주요 거점인 동녕현(東寧縣) 소수분(小綏芬) 지역의 송하촌(松河村)에 소재해 있었다. 이 시기 최세권(崔世權)과 김보익(金輔益)이 분일시교당의 찬무(贊務, 부책임자)를 맡아 임현민을 도와 시무하였으며, 이들의 주요 연락 거점은 소수분참(小綏芬站)의 해동상점(海東商店)이었다. 임현민이 시교당의 책임을 맡을 정도이고 보면 그의 대종교 입교 역시 1926년 훨씬 이전으로 올라감을 알 수 있으나, 그 구체적 교력은 기록의 부전(不傳)으로 확인하기 힘들다.

[참고문헌]
『大倧敎施敎堂一覽表(1926年)』(延边朝鲜族自治州档案馆 全宗号42 目录号1 案卷号343, 和龙县历史档案 和龙县警察所, 令各区查禁韩人设立大倧敎堂由, 民国十五年五月十二日)

ㅈ

속으로 길림성 화전현(樺甸縣) 유수림자(楡樹林子)에 소재했으며, 당시 서간도 항일투사 최해(崔海)가 전무(典務, 책임자)를 맡았고 최일신(崔日新)이 찬무로서 장경목과 함께 했다. 이들은 42명의 교우를 거느리고 화전현 횡도하자(橫道河子)에 있는 덕유심소과(德裕深燒鍋)를 연락거점으로 활동하였다.

[참고문헌]
「大倧敎施敎堂一覽表(1926年)」(延边朝鲜族自治州档案馆 全宗号42 目录号1 案卷号343, 和龙县历史档案 和龙县警察所, 令各区查禁韩人设立大倧教堂由, 民国十五年五月十二日), 「革新農友會 第二次 臨時大會 會錄入手의 件」(滿蒙 各地에서의 鮮人의 農業關係 雜件1, 한국사DB, 국사편찬위원회)

장경목(張景穆, 남, 생몰 미상)
입교 시기 _ 1926년 이전 | 교질 _ 미상

출신지역과 생몰연대를 알 수 없는 인물이다. 1929년 4월 5일 길림성 성내(城內)에서 개최된 혁신농우회(革新農友會)에서 황국찬(黃菊讚)·주정근(朱正根)과 함께 주석단(主席團)에 선임된 기록이 있다. 이 혁신농우회는 1927년 8월 대동농상계(大同農商契)로 출범하여, 1928년 3월 농우회로 개칭하고 길원정미소(吉源精米所)에서 제1회 대회를 개최하였다. 그리고 무정부주의자 주창희(朱昌熙), 책진회(策進會) 간사 이욱(李旭) 등과 교섭하여 사상적 무장의 필요성에 공감하고 1929년 4월 5일 혁신농우회라는 이름으로 길림성 성내에서 제2회 임시대회를 개최하게 된 것이다. 장경목이 이 대회에서 주석단의 일원으로 추대된 것을 보아 상당한 지역적 기반을 가졌던 인물임을 알 수 있다.

장도빈(張道斌, 남, 1888-1963)
아호(별명) _ 산운(汕耘)
입교 시기 _ 1910년대 추정 | 교질 _ 정교 | 서훈 _ 독립장(1990)

장도빈

평안남도 중화군(中和郡) 상원면(祥原面) 신읍리(新邑里) 출신이다. 1907년 한성사범학교 속성과를 졸업하고 상동청년학원에서 잠시 국사를 강의했다. 1908년 봄, 약관의 나이에 『황성신문(皇城新聞)』 주필 박은식의 소개로 『대한매일신보』에 들어갔다. 그해 대한매일신보 논설기자로 발탁되면서, 당시 와병중이던 신채호(申采浩) 주필을 대신해 논설을 집필하기도 했다.

1909년 친일내각과 친일단체인 일진회(一進會)와 맞서 투쟁하는가 하면, 이 시기 양기탁(梁起鐸)의 소개로 신민회 비밀회원으로 가담하여 국권회복운동의 선봉에 섰다. 장도빈은 대한매일신보사에 근무 시기 보성전문학교 법과를 수학하고 본격적인 국사 연구에 관심을 갖게 된다. 1910년 경술국치 이후 서울의 오성학교(五星學校) 학감으로 취임하여 국사를 가르쳤다.

1912년 1월 연해주 블라디보스토크로 망명길에서도, 간도 소영자(小營子)의 한인중학교에서 국사를 강의했다. 이후 블라디보스토크의 신한촌을 찾아 신채호와 재회하고, 이상설(李相卨)·백순(白純)·이회영(李會榮)·이동녕(李東寧)·이동춘(李同春)·홍범도(洪範圖) 등 대종교 인물들을 비롯하여 최재형(崔在亨)·이동휘(李東輝)·이종호(李鍾浩)·이갑(李甲) 등 항일투사들과 교류하였다. 한편 이 시기 『권업신문(勸業新聞)』에 논설을 기고하면서, 니콜리스크 지역을 답사하여 고구려의 책성유지와 발해의 동경성유지를 확인하였다. 또한 1914년 귀국길에 오르며 안동현의 장성덕(長成德)이라는 여관에 기거하면서, 여관 주인 박광(朴洸)으로부터 신병치료의 많은 도움을 얻는다.

1926년 만주당국에 압수당한 대종교 문건의 일부. 楡光施敎堂 아래 張景穆(네모 안)이란 이름이 보인다.

장경목의 대종교 입교나 영계(靈戒), 그리고 교질(敎秩)과 관련된 기록은 전하지 않는다. 다만 1926년 만주당국에 압수된 대종교의 문건에 보면, 그 당시 장경목이 대종교 유광시교당(楡光施敎堂)의 찬무(贊務, 부책임자)로 활동하고 있었다. 그의 대종교 입교가 그 이전에 이루어졌음이 확인된다. 유광시교당은 대종교 서일도본사(西一道本司) 소

귀국 이후 평안북도 영변(寧邊)의 서운사(棲雲寺)에서 요양한 뒤, 1916년 장도빈 최초의 역사저술인『국사』를 발간하였다. 이를 계기로 조만식(曺晩植) 교장의 초청으로 평안북도 정주의 오산학교(五山學校)에서 약 1년간 교사 생활을 하였다. 평양을 중심으로 한 고구려 유적을 답사를 구체적으로 실행한 것도 이 시기였다.

1918년 서울로 올라온 장도빈은 국사의 올바른 계몽을 통한 역사의식의 고양과 민족정기의 확립을 모색하면서, 그것을 위한 수단으로 언론·출판 활동 방안을 도모하게 된다. 그 첫걸음이 1919년『동아일보』발간을 위한 출원이었다. 그리고 신문 발간의 허가를 얻었으나 운영권을 양도하고 한성도서주식회사(漢城圖書株式會社)를 설립하였다. 이어 1926년까지 잡지『서울』(1919년 창간)을 비롯하여『학생계』(1920년 창간)·『조선지광』(1922년 창간) 등을 발간하였다.

한편 1920년 12월에는 박용준과 공동으로「조선고대지리고」(『서울』창간 1주년 기념 임시호)를 저술하는가 하면, 이 해 3월부터 1935년 6월까지 역사·청년·교육과 관련된 주제로 10여 차례의 대중강연을 행하였다. 또한 1924년에는 자영출판사(自營出版社)인 고려관(高麗館)을 설립하여『조선역사요령』(1924)을 시작으로『조선사상사』(1925)·『조선영웅전』(1925)·『조선위인전』(1925)등과 함께 숱한 인물전을 저술·편찬하면서 출판사업과 저술활동에 전념하였다. 1931년 11월 27일부터 이듬해 3월 28일까지는「조선문명사화」를『중앙일보』에 32회에 걸쳐 연재하면서 많은 반향을 일으켰다. 또한 1932년 9월 10일부터 백제·신라와 관련된 남쪽 지방(수원→공주→전주→광주→진주→한산도→마산→김해→범어사)을 직접 답사하였다. 이를 토대로 1933년 5월 3일부터『동아일보』에「고도사적탐사기(古都史蹟探査記)」를 연재한다. 장도빈은 부여(16회), 경주(17회), 평양(16회)의 순서로 게재하며 백제·신라·고구려의 유적을 섭렵하였다.

그러나 1930년대 중반 이후 일제의 민족말살정책이 구체화 되고, 조선총독부에서 중추원 참의를 제안하며 회유해 오자 장도빈은 단호히 거절하고 낙향한다. 그리고 처가가 있는 영변이나, 고향 혹은 어릴 적 공부하던 황해도 중화군 수안면 병운리로 옮겨가며 은둔하였다. 그가 한국사상사나 사상가와 관련한 위인전의 초고 작업을 체계적으로 진행한 것도 이 시기다.

장도빈은 해방을 맞아서도 쉬지 않았다. 1945년 9월 22일『민중일보』를 창간하고, 10월에는 조선신문주간회를 조직하여 대표를 맡았다. 같은 달 순국의열사봉건회에서 기획한 혁명열사·선열전기편찬위원으로 선임되었으며, 11월에는 한중협회의 발기인으로도 참여하였다. 또한 해방 조국에서 국학의 중흥을 도모하기 위해 11월에 조직된 '국학연구회'에 참여하여, 권덕규·이극로 등 대종교 동지들과 국사·국어·국문강습회를 여러 날 개최하기도 하였다. 이후에도 전조선문필가협회의 결성과 이준열사추념준비회의 발기인, 대한국민총회의 발기인, 애국금헌성회의 상무부원 등, 사회 각 분야에 헌신하였다.

1947년 3월에 개소한 건국실천원양성소에서 국사 강의를 맡았으며, 한국대학을 설립하여 야간대학을 운영하는가 하면, 그 해 11월 3일 정규대학인 단국대학 설립에 깊이

관여하면서 초대학장을 맡게 된다. 1949년 3월 한국사료연구회(韓國史料硏究會)가 결성될 당시도 대종교 동지인 정인보(鄭寅普)·명제세(明濟世)·신익희(申翼熙) 등 98명의 발기인으로 참여하였으며, 국방의 동량을 길러내는 육군사관학교의 국사 교수로도 초빙되었다. 1957년 고희(古稀)를 맞아 인물한국사의 토대를 마련함은 물론 한국사상의 연원을 밝혀낸『한국의 혼』을 발간하였다. 1959년에는 고등고시위원선정위원회(문교부장관, 법무부장관, 학술원장으로 구성)의 추천에 의하여 고등고시위원으로 위촉되었고, 1962년 10월에 건국공로 문화훈장을 수여받았다.

[주요저술 및 사상]

장도빈은 1908년 박은식의 소개로 대한매일신보사에 입사한 인물이다. 그리고『대한매일신보』를 통해「일인하지(日人何知)」,「금일 대한국민의 목적지」,「민족경쟁의 최후승리」등, 많은 논설을 남겼다. 이 글은 대부분이 사회적 목탁을 넘어 민족적 각성을 촉구하는 애국계몽운동적 성격이 강한 논설들이었다.

특히 1916년『국사』의 출간을 시작으로『동명왕실기』,『조선위인전』,『조선역사록』,『조선역사요령』,『조선사상사』,『조선역사대전』,『조선사』,『대한역사』,『이순신전』,『임오군란과 갑신정변』,『을지문덕전』,『한국의 혼』,『발해태조』,『대한문화고적도(大韓文化古蹟圖)』등 많은 저술을 남겼다. 그 저술의 대부분은 우리 역사와 사상에 관한 것으로, 단군(檀君)을 토대로 한 민족주의적 성향이 강하게 드러나는 글들이다.

① 역사관

장도빈의 역사 연구는 망국으로 인한 노예화의 충격이 계기가 되었다. 그의 국사연구가 독립운동과 떨어질 수 없는 이유다. 오천석(吳天錫)이 "선생은 일본의 한국병합이 거의 확실해지자 독립정신을 고취하는 데는 국사교육이 가장 중요하다고 생각하여, 국사연구에 힘써 임종 직전까지 국사의 연구와 저술에 심혈을 기울인 국사학계의 대선진(大先進)으로서, 많은 저서와 유고(遺稿)를 남겨 놓고 있다."는 해석이 이를 뒷받침한다.

장도빈의 역사인식 방향은 그 시기 민족주의적역사학자들과 큰 방향에서 맥을 같이 하지만, 그의 민중주의적 독특한 시각이 주목된다. 그는 한국사에 나타나는 위인들과 더불어 민중의식의 각성을 일찍부터 발견한 인물이다. 특히 그 정신의 출발을 단군에서부터 찾고 있다는 것도 흥미롭다. 그는 민중주의가 우리 민족의 소질(素質)에 매우 근접한 가치임을 전제로, 단군시대로부터 연면히 이어져 왔음을 강조했다. 해방 이후 창간한 그의『민중일보』의 제목이나 여러 사설에서도 이러한 민중의식이 잘 드러나고 있다.

장도빈은『국사』(1916)를 시작으로『대한역사』(1959)까지 총 10여 권의 통사를 저술하고 있으나, 그의 저서들은 대개 내용이 서로 중복되고 있으며 서술체제나 특징이 거의 비슷하게 맞물린다. 그 중『대한역사』는 장도빈 역사연구의 결정판으로 그의 사관이 잘 집약된 책이다. 중요한 관

심거리인 고대사를 중심으로 바라본다면, 몇 가지의 특징이 드러난다. 구태여 개념화시킨다면 '단군실재론(檀君實在論)', '열국남북국론(列國南北國論)', '대륙강역론(大陸疆域論)', '만맥이족론(滿貊異族論)' 등으로 규정지을 수 있을 것이다.

'단군실재론'이란 말 그대로 단군이 신화가 아닌 역사적 인물이라는 관점이다. 장도빈은 단군 역사의 실재와 단군이라는 인물의 역사성을 드러냈다. 그는 『제왕운기』나 『고려사』외에도, 『삼국유사』·『삼국사기』·『고구려본기』·『동천왕』·『동국사략』·『동국여지승람』·『조선태조실록』·『세종실록』·『문헌비고』·『조정수비명(趙廷壽碑銘)』·정지상의 『팔성제문(八聖祭文)』·『동사강목』·『해동역사』·『응제시주』등의 내용을 들어 단군과 단군역사의 실재를 주장했다. 장도빈은 일제관학자들의 한국사 왜곡을 통해 단군이 없다고 주장하지만, 그것은 정치적 감정에서 나타난 발상이라고 묵살시켰다.

해방 이후 장도빈이 이병도(李丙燾)의 역사인식을 공박한 것 중의 하나가 단군부정론과 관련한 것이다. 장도빈이 자기를 찾아온 박창암(朴蒼岩)에게 『조선사편수회사업개요(朝鮮史編修會事業概要)』와 자신의 저작인 『대한국사』를 건네주면서 이병도의 역사관을 신랄하게 비판 한 것이 그것이다. 장도빈은 이병도가, '단군은 가짜다', '한국은 독립한 사실이 없다', '한국은 민족이 아니고 자연 발생된 집단이다'라는 일본이 한국을 능멸하기 위해 조작한 역사인식를 그대로 받아들였다는 것을 비판했다.

다음으로 '열국남북국론' 역시 장도빈 역사인식의 특징 중 하나라 할 수 있다. '열국남북국론'이란 일제관학자들의 한국사 인식에서는 나타나지 않았던 개념, 즉 열국시대와 남북국시대를 시대구분으로 설정한 것을 의미한다. 우리 역사에 있어 열국시대란 지방분권적 다종족 연합국가인 고조선의 붕괴로 인해 나타나는 시기라 할 수 있으며, 남북국시대란 통일신라시대를 부정하고 남쪽의 통일신라와 북쪽의 발해가 병존하던 7세기 후반부터 10세기 전반을 말하는 것이다.

장도빈도 1916년에 저술한 『국사』에서 이미 열국시대를 설정하고 있다. 그는 「상고시대」를 〈단군조선시대와 열국시대〉로 구별하고, 열국시대의 출현 배경과 국가들을 열거하고 있다. 장도빈 사학에 있어 이러한 인식은 그의 사학을 집대성한 『대한역사』(1959)에 와서 더욱 구체화 되었다. 『대한역사』의 초두에 나타나는 「한국상고사」부분을 다시 〈상고조선사〉와 〈열국사〉로 나누고, 〈열국사〉부분에서 '부여사'·'조선사'·'마한사'·'진한사'·'변한사'·'예국사'·'옥저사' 등으로 열거하며 상세하게 서술한 것이다.

한편 장도빈은 『국사』를 통하여 한국사의 흐름에 있어, 신라와 발해를 남북국시대로 서술하고 통일신라시대를 부정하였다. 일제강점기 식민주의사관에서는, 발해사가 왜곡된 만선사관(滿鮮史觀)의 시각에서 취급되어 만주사의 일부로 간주되는가 하면, 고구려사도 만주사의 영역에서 다루어야 한다는 주장이 비등했다. 그러나 장도빈의 그의 『국사』에서, 「삼국시대와 남북국시대」를 중고시기로 설정하고 〈신라 신문대왕(神文大王), 발해 태조〉, 〈신라의 성덕대왕·

경덕대왕, 발해의 무왕·문왕〉, 〈발해 선왕의 중흥, 신라 문명의 고조〉, 〈신라의 말세, 발해의 성시(盛時)〉, 〈신라의 멸망, 발해의 멸망〉등의 장을 통하여, 발해와 신라의 흥망성쇠를 대등하게 기록하고 있다.

장도빈의 이러한 역사인식 역시 대종교사관과 밀접하다. 대종교의 2대 교주를 지낸 무원(茂園) 김교헌(金敎獻)의 『신단민사(神檀民史)』를 떠올리지 않을 수 없다. 『신단민사』는 민족주의사관 입장에서 1914년에 만들어진 최초의 통사(通史)였다. 장도빈의 『국사』보다 2년 앞서 나타난 이 책은, 후일 재만(在滿)중학생이나 사관학도들의 국사 교재로 활용되면서, 독립의 의지를 기르는 젊은이들의 역사인식 고양에도 도움이 된 역사서다. 김교헌은 『신단민사』에서 시대구분을 상고(上古)·중고(中古)·근고(近古)·근세(近世)로 나누고, 중고시대를 열국시대(列國時代)와 남북조시대로 구분함으로써, 장도빈의 역사인식과 도일하게 바라보고 있다. 발해사에 대한 인식을 적극적으로 주장한 신채호 역시, 발해사의 실체는 어디까지나 단군과 부여의 후예로 고구려 구강(舊疆)을 점유한 우리의 역사라고 단정하였다. 즉 신채호는 발해 대조영의 전래하던 혈통을 살펴보면 우리 단군의 자손이며, 거느린 백성들을 보더라고 우리 부여의 종족이고, 그 근거한 강토는 고구려의 옛 강역이라는 것이다. 그러므로 발해를 우리 역사에 기록치 않으면 어떤 사람들을 기록할 것이며, 어떤 나라를 기록할 수 있느냐고 반문하고 있다.

'대륙강역론' 역시 장도빈 역사학의 중요한 인식 중의 하나다. 물론 여기서 말하는 대륙강역론은 일제가 만들어 낸 만선사관(滿鮮史觀)과는 다른 것이다. 주로 일본의 동양사학자들에 의해 만들어진 만선사관은, 일견 대륙강역론과 흡사하게 보이지만 그 목적은 한국사를 대륙사에 부용시킴으로써 한국사의 주체적 발전을 부정하고 타율성을 강조하기 위한 것이었다. 즉 한국사의 역사·문화적 독립성을 인정하지 않고 만주와 한반도를 합쳐서 하나의 역사 단위, 문화 단위로 간주하는 사론이다. 이러한 사관의 의도는, 만주사를 중국사에서 분리해 중국이 만주에 대한 영토상의 주권을 행사하지 못하도록 역사적 논거를 제시함이 목적이었다.

장도빈의 '대륙강역론'은 대륙사관과 동일한 의미로, 우리 고대사의 활동무대가 반도를 넘어 중원 일부 및 만주 전역과 관련된다는 역사인식을 말한다. 그러므로 우리 역사의 흐름을 단군조선→부여→고구려→발해로 연결된다는 인식과 불가분성을 갖고 있다. 그는 『국사』를 통해 단군조선 때의 강역을, "국경은 동과 남은 해(海)이고, 서는 난하(灤河, 중국 灤州에 在함)에 지(至)하고, 북은 흑룡강에 지(至)한지라."고 인식함으로써, 단군시대의 활동 무대가 만주 전역과 하북성까지 미쳤음을 보여주고 있다. 이러한 대륙강역은 '열국시대'에도 단군시대의 강역과 크게 차이가 없이 부여·마한·변한·진한·예·옥저로 자리 잡으며 그대로 나타나고 있다. 장도빈은 고구려 극성기의 강역도, 서쪽으로는 요하를 건너서 5백리로 산해관 동쪽의 대부분을 차지했고, 북쪽으로는 흑룡강, 동쪽으로는 연해주 전부, 남쪽으로는 충청북도까지 차지했다는 것이다. 또 그 넓이가 동서 6천리와 남북 6천리에 달했음을 강조했다. 단군시대의 강역과 별반의 차이가 없음을 강조했다.

한편 장도빈 역사인식의 특이점 중 하나로 '만맥이족론'이 주목된다. '만맥이족론'이란 만주족(滿洲族)과 맥족(貊族)이 우리 민족의 계통과는 다르다는 인식이다. 만주족과 맥족이 우리 민족 다르다는 장도빈의 인식은, 당시 민족주의 사학자들의 일반적 시각과는 구별되는 장도빈만의 독특한 견해라 할 수 있다. 만주족이 우리 민족과는 다르다는 장도빈의 인식은 1916년에 이미 나타난다. 그의 저술 『국사』를 보면 우리 민족이 가장 문명하고 용감하여 여러 타민족을 이기고 만주와 한반도를 점유하게 되었다고 했다. 장도빈은 이러한 인식을 1930년대 들어 더욱 구체화시켰다. 1932년 『동아일보』에 연재한 『조선사』를 보면, 우리 조선 민족 만주족과 구별됨을 강하게 주장했다. "어떤 사람들은 조선인을 만주족과 혼동하는 수 있으나 그것은 아주 오산이다."라는 강조 어구에서는, 여타 대종교계 역사학자인 김교헌이나 신채호 혹은 박은식과 구별되는 장도빈의 독특한 역사 인식을 강조한 것이라 할 수 있다.

일찍이 신채호는 『독사신론(讀史新論)』에서, 우리 민족[東國民族]의 6대 종족의 하나로 토족(土族)의 개념을 설정하고 고대 남북한(南北韓) 지역에 거주했다고 주장했다. 그리고 삼한의 각종 부락이나 동쪽의 예맥 등이 여기에 속한다는 인식을 보였다. 또한 김교헌은 『단조사고(檀祖事攷)』에서 「배달족원류 단군혈통(倍達族源流 檀君血統)」이라는 도표를 통해 조선·예·맥·북부여·옥저·숙신 등이 모두 배달족으로 단군혈통임을 강조했다. 이러한 인식은 1914년에 출간한 『신단실기(神檀實記)』「족통원류(族統源流)」에서도 "단군의 자손을 배달종족이라 한다. 나뉘어 5파가 되었는데, 첫째는 조선족, 둘째는 북부여족, 셋째는 예맥족, 네째는 옥저족, 다섯째는 숙신족이다."라고 설명하고 있다. 그리고 예맥족을 부연해서는 "예맥족은 두 종족을 합쳐서 이르는 것이니, 곧 예와 맥이다. 이들은 모두 고구려족으로 들어갔다."라고 설명했다.

그러나 장도빈은 1916년부터 예는 열국시대에 포함시켜 단군혈통으로 보았으나 맥에 대해서는 언급하지 않았다. 그리고 1930년대 신문에 연재한 『조선사』에서는 예와 맥족을 구별하고 맥족이 결코 우리 민족이 아님을 다음과 같이 주장했다.

> "조선인은 맥족과도 아주 다른 민족이다. 맥족은 상고시대 내몽고의 동부지역에서부터 장춘·길림 부근까지 거주한 듯한데, 중국에서 말하는 맥이란 바로 이곳을 말하는 것이다. 맥족은 우리가 열국시대에 들어갔을 때 부여에게 서서히 격퇴되어 동남쪽으로 내려오다가, 한 무리는 양수(梁水) 부근(만주 환인현 부근)에 거주하여 양맥(梁貊)이 되었고, 한 무리는 더욱 동으로 내려와 춘천 지방 곧 당시 예의 영토 내에 거주하여 예맥(濊貊)이 되었으니, 그러므로 예와 예맥은 아주 별개의 나라다. 즉 예는 조선인의 나라요, 예맥은 맥족의 나라다."

즉 장도빈은 맥족에 의해 만들어진 양맥과 예맥은 모두 우리 민족과는 다른 종족의 나라요, 예만이 조선족의 나라임을 말하고 있다.

② 사상관

장도빈 사상관의 핵심은 종교관으로, 그 근저에는 단군(대종교)이 있었다. 그가 조선사상사의 흥망성쇠를 단군과 연결시켜 이해했기 때문이다. 즉 장도빈은 단군조선시대의 사상을 민족 집단생활과 제천(祭天)에서 찾았다. 그리고 그 집단생활의 중심에 단군이라는 존재가 있어 이러한 사상을 크게 이루고 지도한 존재로 보았으며, 만유를 주재하는 하느님이라는 존재를 이때에 이미 깨달은 집단이 우리 민족임을 강조했다.

그러나 단조(檀朝) 천여 년 이후 중국문화의 점입(漸入)으로 인해 풍기가 흐려지고, 특히 기자(箕子)의 귀화 이후 서쪽 지역이 더욱 흔들리면서 사상의 변동이 일어나기 시작했다고 파악했다. 흥미로운 것은 장도빈의 이러한 인식이, 20세기 초 단군신앙의 대표적 교단인 대종교의 인식과 일치한다는 점이다. 대종교의 전래 문적(文籍)에는 단군조의 종지가 기자가 귀화하며 들여온 팔조교(八條敎)에 의해 쇠퇴되었다는 것이다. 기자 귀화 후 그 지역부터 단군신앙이 흔들렸다는 장도빈의 인식과 일맥한다.

장도빈의 이러한 종교관이 보다 체계적으로 드러나는 글이 1957년에 내놓은 『단군성서록(檀君聖書錄)』이다. 『단군성서록』은 단군에 관한 사료와 사적을 추적하여 한국사상의 연원을 밝힌 역작으로 평가된다. 이 글은 1945년에 출간한 『조선사상사』에 피상적으로 언급한 단군사상을 종교적 관점에서 구체화한 것이다. 그는 단군이 환웅의 가르침, 곧 홍익인간의 대교(大敎)를 실행하여 조선 전역을 이화(理化)했다는 것이다. 또한 환인·환웅·단군 등이, 단군교화의 중심인 홍익인간을 실천했음을 강조하고 있다. 특히 단군이 홍익인간의 대교(大敎)를 세워 우리의 국가와 민족을 지도하였음을 주장하고 있는데, 이 '대교'라는 명칭이 대종교의 중심인물들이 자신들의 정체성을 강하게 표현할 때 사용하는 용어라는 점을 감안한다면, 이 대목에서도 장도빈의 종교관에 투영된 대종교의 영향 관계를 엿볼 수 있다.

이어 장도빈은 『삼국유사』를 지은 일연(一然)의 단군관이 고구려를 계승했음을 언급하고 있다. 이것은 고구려를 중요시하는 그의 역사관과도 무관치 않은 것으로, 단군→부여→고구려로 연결되는 대륙중심의 역사인식과 접맥된다는 것이다. 또한 『삼국사기』·『동국사략(東國史略)』·『고려사』·『동국여지승람』·『동국통감』·『세종실록』·『태조실록』·『문헌비고』·『조연수비명(趙廷壽碑銘)』, 정지상의 『팔성제문(八聖祭文)』, 『동사강목』·『해동역사』, 권근의 『응제시주』 등에 나타나는 단군성서를 통하여, 단군이 교화의 주체요 건국의 주체로서, 단군조 이후 역대 왕조가 그에 대한 보답으로 봉행의 대상으로 추앙받음을 연역했다.

홍익인간과 천부삼인(天符三印)을 이해함에 있어서도, 모든 사람들에게 이익을 골고루 나눠줄 수 있도록 널리 펴게 한 가르침이 홍익인간이며, 천부인 3개를 주었다는 의미는 하늘과 땅과 인간의 일을 모두 맡겼다는 의미로 받아들였다. 또한 환인·환웅·단군의 의미를 삼위일체의 가치로 보면서, "국조 단군은 위대한 성인으로서 민족을 지도하였기 때문에, 당시 우리 민족은 단군을 하느님의 자손이라고 믿음과 동시에 단군을 하느님이라고 생각했던 것이다. 그리하여 우리나라는 천자(天子)의 나라라고 생각하였고, 우리 민족은 하느님의 자손이라고 생각했던 것이다. 따라서 단군성서는 우리나라의 창조기(創造記)인 동시에 민족문화의 창조기라고 할 수 있다. 단군의 성도(聖道)는 홍익인간으로, 이는 모든 사람에게 이익을 골고루 나누어준다는 것으로, 이 위대한 이념과 교훈이 곧 우리 국가와 민족의 정신 근간인 동시에 기본 도덕인 것이다."라고 파악했다.

또한 여러 역사의 근거를 들어, 고대 우리 민족은 하느님이 우주의 대주재자임을 믿었고, 하느님은 광명정대한 인간의 힘을 갖고 있는 것으로 믿었으며, 우리 민족이 하느님의 자손이라고 믿는 동시에, 인간의 혼이 불멸불사(不死不滅)한다는 믿음 속에서, 하느님의 명령(곧 正義)을 좇아야만 행복할 수 있다고 믿었다는 것이다. 또한 "종교적으로는 세계 중에 일신교(一神敎)를 아등(我等)의 선조가 창립하였다."는 단정도, 장도빈의 이러한 인식을 뒷받침하고 있다. 특히 그는 단군사화에 기록되어 있는 오계(五戒, 五事·主穀·主命·主病·主刑·主善惡)가 오사(五事)와 관련된 것으로, 단군신앙 최초의 계명임을 주장하면서, "우리 민족의 생활이념 내지 건국이념으로서, 농업을 주관하고 생명을 보호하며, 건강에 힘쓰고 형벌로 죄인을 다스리며, 선을 가르치고 악을 방지한 그것이었다."는 논리를 펼쳤다. 나아가 이러한 오계가 2천여 년 전 열국시대까지 지켜져 오다가 삼국시대를 맞으며, 고구려 혜량(惠亮)의 팔관(八關)과 신라 원광(圓光)의 오계로 수정되었음을 주장했다.

흥미로운 것은 이러한 단군신앙에 대해 장도빈이 지칭한 명칭이다. 그는 당시에 보편화된 대종교나 단군교라는 명칭을 붙이지 않았다. 그는 단군과 관련한 우리 민족 고유의 종교를 신인교(神人敎)라 불렀다. 장도빈은 하늘을 숭배하는 종교가 바로 신인교라고 밝혔는데, 이 교의(敎義)에 수양된 우리 민족은 그 원시적 이념, 곧 독립정신·정의주의(情誼主義)·상무주의를 발휘할 수 있었으며, 이로 인해 우리 민족이 강성한 국가와 민족이 될 수 있었다고 주창했다. 우리 민족정신의 근원이 바로 신인교에서 출발한다는 것이다. 그리고 이러한 신인교의 정신은 삼국시대까지 이어져 "삼국시대에 이처럼 위대한 국력과 문화를 발전시켜 세계적인 대국가·대민족으로 활동할 수 있게 되었던 원인은, 곧 우리 전통의 원시적 종교 곧 신인교(神人敎)의 지도 이념에서 비롯된 것이다."라고 설명했다.

장도빈이 지칭한 신인교는 곧 신교(神敎)를 말하는 것으로, 대종교의 이음동의어다. 신교란 이신설교(以神設敎)의 준말로써, 신의 권능으로써 가르침을 베푼다는 의미다. 본디 '이신설교'란 『규원사화』「태시기(太始記)」와 「단군기(檀君記)」, 그리고 수산 이종휘의 『동사(東史)』에 나오는 말이다. 특히 대종교단의 『단군교오대종지서(檀君敎五大宗旨書)』에는 단군신앙의 종지를 드러내는 행위가 바로 신교라고 설명하고 있다. 또한 역사가들이 이러한 행위를 선교(仙敎)라는 이름으로 칭하기도 하지만, 그 연원은 오직 신

교라고 밝히기도 했다.

근대에 들어 이러한 신교에 대한 가치를 역사적으로 체계화시킨 인물 역시 김교헌이다. 그는 우리의 역사를 서술함에 각 시대에 종교편을 두어 신교의 역사적 흐름을 설명했다. 특히 상고 부분에서는 신교의 문호(門戶)·신교의 배천(拜天)·신교의 사사(祠祀)·신교의 구서(九誓)·신교의 오계(五戒)·신교의 팔관(八關)·신교의 별파(別派)로 나누어, 신교에 대한 의미를 자세히 기록하고 있다. 또한 김교헌은 신교의 연원을 단군으로부터 파악했고, 그 신교의 본질이 천제에 있음을 강조하고 있다. 장도빈이 신인교의 사상적 근간을 제천에서 찾은 것과 동일한 인식이다.

장도빈은 삼국시대까지도 이러한 신인교가 지속되었다고 말한다. 삼국말기에 이르러 위대한 국가와 민족을 성취할 수 있었던 원인 역시, 신인교의 이념 즉 독립정신·정의주의·상무주의를 실천한 결과로 보았던 것이다. 비록 삼국 중세 이래 유교와 불교를 수입한 결과 민족문화의 발달을 촉진시키기는 하였으나, 유교의 사대모화사상으로 우리의 국가와 민족이 쇠약하게 되었다는 것이 장도빈의 의견이다. 그는 불교나 유교가 들어오면, 조선의 불교·유교가 되지 못하고 불교와 유교의 조선이 되어버리는 현실을 신랄하게 비판했다. 그리고 이러한 아픈 경험을, 새로운 사상을 들여옴에 있어 타산지석으로 삼아야 한다는 주장도 서슴지 않았다.

장도빈은 고려시대 초기에도 단군의 신인교가 존재했음을 주장했다. 신인교의 이념인 독립정신·정의주의·상무주의가 고려 건국 시기에도 있었다는 것이다. 그러나 유교도들의 모화사상에 의해 신인교의 정신이 쇠퇴되었는데, 그 중심에 김부식이 있음을 언급하고 있다. 이 대목에서는 신채호의 논문 「조선역사상일천년래제일대사건(朝鮮歷史上一千年來第一大事件)」이 그대로 연상된다. 신채호는 이 글에서 우리 고유의 낭가사상(朗家思想)이 묘청(妙淸)의 서경천도운동의 좌절로 단절되었다고 진단했다. 장도빈의 신인교나 신채호의 낭가사상의 본질은 동일하다. 모두 단군사상에 뿌리를 두었기 때문이다. 따라서 장도빈이 유교의 극성에 의해 몰락했다고 보는 신인교 인식이나, 신채호가 유교와의 대립에서 패퇴했다는 낭가사상에 대한 인식 역시 동일한 가치판단이라 할 수 있다. 그 유교의 중심에 김부식이 있다는 공통점도 동일하다.

장도빈은 이와 같은 유교적 사대모화사상이 몽고의 압제와 병행하면서, 우리 민족의 신인교 정신인 독립주의·정의주의·상무주의 정신을 더욱 타락시켰다는 것이다. 이러한 판단 역시 대종교를 일으킨 나철이, 몽고의 침략으로 신교의 제전인 팔관(八關)이 폐지되었다고 한탄한 "몽고의 고려 침학(侵虐) 이후 이족(異族)의 혐의(嫌疑)로다/서적문기(書籍文記) 다 뺏고 교문제전(敎門祭典) 다 폐절(廢絶)"이라는 내용과 상통하는 인식이다.

나아가 장도빈은 조선조의 건국정신을 유교적 사대모화사상으로 매도했다. 그리고 이러한 정신을 건국이념으로 삼았으므로, 조선조는 독립국가이면서도 유교적 사대주의를 피할 수 없다 했다. 심지어 장도빈은 조선조 퇴계나 율곡 같은 학문의 거장들도 사대주의 모화사상을 촉진

시킨 인물들로 몰아세웠다. 그 사례로 퇴계문집이나 율곡의 『기자지(箕子誌)』 등을 근거로 들었다. 이렇듯 조선조의 모든 가치가 사대모화사상에 함몰되었기에, 우리 신인교의 고유 가치인 독립주의·정의주의·상무주의는 여지없이 파괴되었다는 것이 장도빈의 주장이다. 급기야 건국 사천년 만에 처음으로 국망(國亡)까지 다다른 원인 역시 여기에 있다고 개탄했다.

살핀 바와 같이 장도빈은 유·불 사상에 젖어 우리 민족의 정체성이 붕괴되고 대립과 갈등과 파멸을 맞게 되었다는 논리를 폈다. 특히 유교의 발달은 조국정신(祖國精神)의 파괴와 허문허례(虛文虛禮)·이기공론(理氣空論)을 중심으로 사화당쟁을 유발시켜 한민족 구성원 사이에 갈등을 조장함으로써, 국가를 망하게 한 원인이 되었다는 주장을 폈다. 한마디로 유교망국론으로 귀결된다. 그러므로 장도빈이 고민한 우리사상사의 줄기는 신인교(대종교)의 역사라 해도 과언이 아니다. 그 신인교의 역사가 장도빈 종교관의 전부였으며, 그 근저에는 단군이라는 존재가 있었다. 또한 그는 이러한 신인교의 흥망성쇠가 우리 민족변천사의 중요한 변수로 이해했다. 한마디로 신인교가 곧 우리의 정체성이며 종교관임을 확인해 준 것이다.

[교력]
장도빈은 일제강점기인 1910년대에 대종교에 입교한 인물이다. 그 역시 해방 이후 대종교단 사업에 관여하면서 늘 되뇌던 말이다. 그러나 그와 관련한 교단 내의 기록은 남아있는 것이 없다. 다만 대종교 항일투사 박명진(朴明鎭)은 그의 『대종교독립운동사』에서 장도빈을 1910년대 대종교 남도본사(南道本司) 소속의 주요 교인으로 적고 있다. 당시 남도본사는 영남과 호남, 기호와 관동, 그리고 황해도 지방으로 관할하던 도본사로 국내의 중남부 지역을 통할했으며 호석(湖石) 강우(姜虞)가 이끌고 있었다.

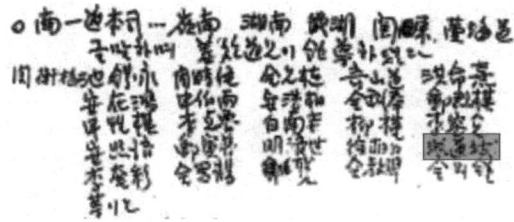
박명진의 『대종교독립운동사』에 기록된 1910년대 대종교 남도본사의 주요 교인 명단. 오른쪽 하단에 張道斌(네모 안)이란 이름이 보인다.

박명진이 적어놓은 1910년대 남도본사의 주요 교인을 보면, 장도빈을 비롯하여 지석영(池錫永)·주시경(周時經)·김윤식(金允植)·기산도(奇山道)·홍명희(洪命熹)·안재홍(安在鴻)·신백우(申伯雨)·안호상(安浩相)·정열모(鄭烈模)·백남규(白南圭)·류근(柳槿)·안희제(安熙濟)·정인보(鄭寅普)·명제세(明濟世)·서상일(徐相日)·이규채(李奎彩)·김사학(金思鶴)·정관(鄭寬·김교준(金敎埈)·민형식(閔衡植) 등이 있었다. 특히 해방 이후 박명진은 장도빈과 대종교 활동은 물론 사회·

정치적 영역에서도 많은 부분 함께 했던 인물이다.

장도빈이 1910년대에 교유한 박은식·신채호·이상설 등이 그 시기 대종교의 핵심인물들이었고 보면, 대종교에 대한 경험을 통한 역사인식과 철학사유의 공유는 당연한 것이었다. 장도빈이 1909년 대종교를 중광(重光)한 홍암 나철을 조선시대의 팔현(八賢)으로 꼽았던 것도 이러한 경험에서 체득된 것이다. 그는

"조선시대의 팔현이 누구인가 하면 곧 휴정(서산대사)·조헌·박지원·정약용·최제우·김정호·나철·주시경이다. …(중략)…나철은 일명 인영(寅永)이니, 고종 말년에 한일5조약으로 국가가 멸망에 임박하매 비분강개하여 칼을 빼여 오적대신을 죽이려 습격하고 도주하였다가 다른 피의자들이 잡혀 고생함으로 보고 자진(自進)하여 자기의 소위(所爲)인 것을 고백하여 감옥에 들어갔다. 마침내 출옥하여 단군교(대종교)를 주창하여 단군을 숭배하는 종교를 세우고 민족의 애국·독립을 주창하다가 마침내 구월산 삼성사(단군의 사당)에 가서 국조 단군께 국가민족의 자주독립을 기원하고 자살하였다. 이렇게 나철씨는 애국 순교의 조사(祖師)이다."

라는 기림을 통해, 단군신앙을 부활시킨 나철을 애국·순교의 으뜸스승[祖師]으로 추앙했다. 장도빈이 대종교를 우리 사상사의 정수로 세운 이유도 이해가 가는 부분이다.

해방 직후 장도빈은 입교(入敎)와 영계(靈戒)의 단계를 건너뛰고 대종교로부터 참교(參敎)의 교질(敎秩)을 받았다. 일제강점기의 대종교적 경험을 기린 것이다. 그리고 1954년 7월 6일(음력, 이하 음력) 지교(知敎)의 교질로 승질(陞秩)함과 아울러, 이시열(李時說)·박창화(朴昌和)와 함께 종사편집부(倧史編輯部)의 주간(主幹)으로 임명되었다.

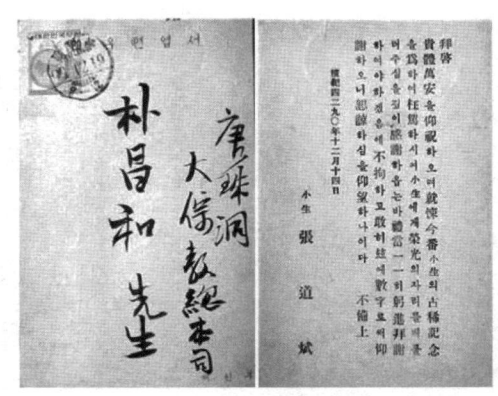
장도빈이 같은 대종교 종사편집부 주간이었던 박창화에 보낸 엽서

종사편집부는 대종교 교무회의(敎務會議)의 의결을 거쳐 대일각(大一閣, 대종교 교주인 총전교 집무실) 직속기관으로 교령(敎令) 제105호의 공포로 설치된 기관이다. 그 주된 목적은 대종교 중광 이전의 역사와 중광 이후의 역사 서술을 위한 자료의 수집·정리였다. 장도빈·이시열·박창화를 포

함하여 종사편집부 역대 주간들을 살펴보면, 정필선(鄭弼善)·이원태(李源台)·류일우(柳一佑)·권중석(權重錫)·신태윤(申泰允)·김정상(金正祥)·이용태(李容兌)·정원택(鄭元澤) 등을 꼽을 수 있다. 장도빈을 비롯한 이들의 노력에 의해 전체 15편 50여만자로 이루어진 『종사치재고(倧史取材稿)』가 완성되는 것이다. 그리고 그 해 9월 6일에는 상교(尙敎)의 교질로 오름과 동시에 삼일원주(三一園主)로 추대되었다. 1955년에는 대종교 정신으로 설립된 단국대학교 교가(校歌)의 필요성이 제기되면서, 장도빈은 작사(作詞) 의뢰를 받는다. 장도빈은 며칠을 고민하며 다음과 같은 가사를 완성했다.

[1절] 영기찬 백두산의 정기를 받고 / 한양성 배움터에 모여든 학도 / 젊은 피 끓는 가슴 부둥켜 안고 / 찬연한 앞을 향해 뛰어 나간다 (후렴) 받들자 혜당 여사 높은 그 뜻을 / 빛내자 단국대학 우리의 모교 / 받들자 범정 선생 굳센 그 뜻을 / 빛내자 단국대학 우리의 모교

[2절] 거룩한 단군성조 그 얼을 품고 / 배달 땅 이 강산에 태어난 학도 / 학구에 타는 횃불 드높이 들고 / 한 줄기 빛을 바라 뛰어 나간다 (후렴)

'백두산', '단군성조', '배달'과 같은 어휘에서 볼 수 있듯이, 단국대학교의 대종교적 건학이념이 그대로 배어 있는 가사다. 후렴에 나오는 혜당(惠堂)과 범정(梵亭)은, 각기 대학설립에 직접 참여한 조희재(趙喜在) 여사와 장형(張炯)의 호다. 단군의 정신을 토대로 설립한 건학자(建學者)들의 정신을 받들고 빛내자는 것이다. 장도빈이 단국대학교의 명칭을 애초에 '단군대학교'로 하고자 했다는 의지에서도 재차 확인된다.

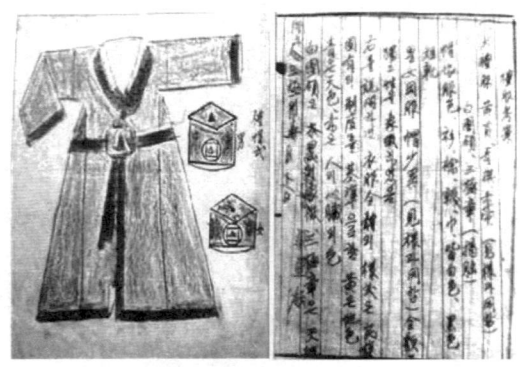

장도빈이 직접 도안한 대종교 예복 그림과 대종교 예복 研究案과 친필

1957년 9월에는 대종교 예복(사진 참조)에 관해서도 직접 연구·도안하기도 했다. 이것은 장도빈이 해방 이후 대종교의 교리·교사만이 아니라 문화연구에도 깊숙이 관여한 사례라 할 수 있다.
장도빈은 1960년 2월 13일에는 대종교 교주 단애 윤세복

이 서거하자 장의위원회(葬儀委員會) 위원으로 참여하였다. 그리고 평생을 만주벌에서 풍찬 노숙하던 종문선배(倧門先輩)를 보내며 아래와 같은 추도만장(追悼輓章)을 올렸다.

愛國憂民八十年 80년을 나라와 겨레 위해 살다
一朝仙馭去朝天 하루 아침에 한울집으로 가시니
惟着大敎垂光燄 오로지 대종교를 위하여 드리운 빛
千秋萬歲永綿綿 세월 지나도 길이 길이 이어지리라

대종교에서는 1963년 7월 26일 장도빈이 귀천(歸天)하자 그의 덕을 기리고, 그 해 10월 5일 대종교 교유(敎諭) 제314호로 정교(正敎)의 교질과 더불어 대형(大兄)의 교호(敎號)를 추승(追陞)하였다.

[참고문헌]
『대종교보』제211호(1963년), 『대종교독립운동사』(박명진, 필사본, 1964), 『대종교중광육십년사』(대종교총본사, 1971), 『독립운동사자료집』12·14(독립운동사편찬위원회, 1977), 『독립운동사』10(독립운동사편찬위원회, 1978), 『산운장도빈전집』Ⅰ·Ⅱ(산운기념사업회편, 1981), 『산운 장도빈』(김중희, 산운학술문화재단, 1985), 『산운 장도빈의 생애와 사상』(조좌호 외, 산운학술문화재단, 1988), 『산운 장도빈 연구』(김희태, 동국대학교박사학위논문, 2012), 『실천적인 민족주의 역사가, 장도빈』(김동환, 역사공간, 2013)

장도순(張道淳, 남, 생몰 미상)
아호(별명)_ 일태(一胎)
입교 시기_ 1910년대 초반 추정 | **교질_** 상교

경기도 개성부(開城府) 고려동(高麗洞) 출신으로 생몰연대는 확실하지 않다. 무관학교 출신으로 알려져 있으며, 1910년 8월 출범한 신민회(新民會)의 외곽단체로서 청년학우회 한성연회(漢城聯會)에 참여하여 의사원(議事員) 및 검찰원(檢察員)을 지냈다. 청년학우회는 겉으로 비정치적인 인격수양단체를 표방하였으나, 기실은 국권회복을 위한 구국청년단체였다.
이후 신민회의 목적사업 일환으로 전개된 서간도 개척에 참여하여 친형인 장유순(張裕淳)과 함께 서간도 삼원보 지역으로 넘어갔다. 이 사업은 1909년 봄 국내의 비밀 항일운동단체인 신민회 간부들이 서울 양기탁(梁起鐸)의 집에 모여, 국내에서의 항일운동의 한계성을 절실히 느끼고, 제2의 독립운동기지를 선정할 것과 독립군 양성기관으로 무관학교를 설립하자는 것이 골자였다.
장도순은 그곳에서 이시영(李始榮)의 다섯 형제, 그리고 이상룡(李相龍)·김창환(金昌煥)·이동녕(李東寧)·여준(呂準)·이탁(李沰)·장유순·이장녕(李章寧) 등과 경학사(耕學社)의 발기인으로 참여하였다. 경학사는 병농제(兵農制)를 채택하여 근로정신에 입각한 학술을 연마하고 구국 인재를 양성하여 무장항일투쟁을 전개하는 것이 그 목적이었다.
그 실천의 하나로 성립된 것이 신흥강습소(후일 신흥무관학교)다. 출범 당시 학제는 본과와 특별과가 있었다. 본과는

중학교육을 실시하고, 특별과는 속성과로서 사관양성을 목적으로 하였다. 장도순은 윤기섭(尹琦燮)·이규봉(李圭鳳)등과 본과 교사를 담당하였고, 한말 군장교 출신인 이관직(李觀稙)과 이장녕(李章寧)등이 특별과를 책임졌다. 또한 1911년과 1912년 양년에 걸친 흉작으로 경제적 어려움에 봉착하자, 장도순은 이관직과 함께 군자금 모금을 위해 국내로 파견되기도 했다. 국내로 들어 온 장유순은 이관직과 더불어 안확(安廓)의 집을 근거지로 군자금 모금을 전개했지만 여의치 않았다. 이에 장도순은 이관직만 국내에 머무르면서 자금 모금 활동을 전개하기로 하고 북만주로 건너가 대종교 항일투쟁에 본격적으로 뛰어들게 된다. 장도순의 대종교 교력을 살피면, 1918년 5월 10일(음력, 이하 음력) 같은 무관학교 출신인 조성환(趙成煥)을 비롯하여 김항규(金恒圭)·김명수(金明洙)·허은(許銀)·김하섭(金河燮)·박종문(朴鍾文)·김종락(金鍾洛) 등의 항일투사들과 참교(參敎)의 교질(敎秩)을 받은 기록이 있다. 그의 대종교 입교가 서간도 시절에 이미 이루어졌음을 암시해 주는 부분이다. 이후 대종교항일단체인 대한군정서(북로군정서) 귀일당(歸一黨)에 속해 비밀요원으로 움직였다.
1926년 2월 12일에는 대종교 동일도본사(東一道本司) 소속 순교원(巡敎員)에 임명되어 관할지역 연길구(延吉區) 포교의 주요 책임을 맡게 되었다. 당시 장도순은 연길현(延吉縣) 육도구(六道溝) 용정촌(龍井村)에 있는 대종교 중일시교당(中一施敎堂)에 거점을 두고 활동하였다. 이 중일시교당의 책임자는 대한군정서(북로군정서) 인사국(人事局) 보임과장(補任課長)을 역임 이인구(李麟求)였으며 김정기(金正琪)와 손진욱(孫晉旭)이 부책임자를 맡아 이끌고 있었다. 특히 김정기는 대종교 2세 교주인 무원(茂園) 김교헌(金敎獻)의 아들로 만주 사회주의(공산주의)의 요람이었던 동양학원(東洋學院)의 교장을 지낸 사회주의의 거물이었다.

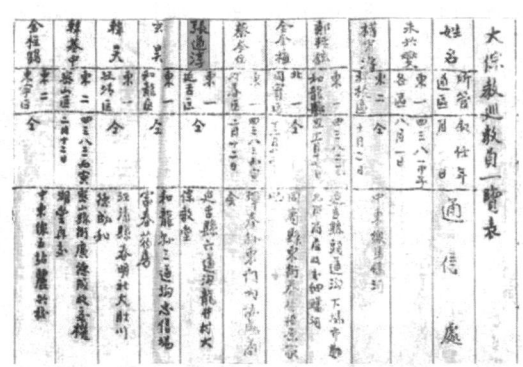

1926년 만주 당국에 압수된 대종교의 문서 속에 실려 있는 '大倧敎巡敎員一覽表' 중의 일부. 중간 부분 상단에 張道淳(네모 안)이란 이름이 보인다.

장도순은 근 10년 가까이 연길현 육도구 용정촌을 중심으로 대종교 포교를 통한 항일투쟁에 앞장섰다. 그리고 1934년 10월 13일에는 중일시교당의 전무(典務, 책임자)까지 맡았다. 이 시기 그의 교질 단계는 지교(知敎)로 기록되어 있

다. 그러나 그가 지교를 받은 정확한 날짜는 전하지 않는다. 그 시기 『대종교보(大倧敎報)』가 모두 없어졌기 때문이다. 다만 그가 지교를 받은 날짜는, 참교를 받은 1926년 5월 10일 이후부터 중일시교당 전무로 임명된 1934년 10월 13일 이전임을 알 수 있다.
이후 장도순은 대종교총본사가 있는 영안현(寧安縣) 동경성(東京城)으로 넘어갔다. 1939년 7월 12일 교주 윤세복(尹世復)으로부터 총본사의 찬강(贊講, 典講을 보조하는 직책)으로 임명됨과 동시에 대종교 동도본사와 북도본사의 순교원이라는 중책을 떠맡게 된다. 또한 같은 해 8월 27일 발기한 대종교서적간행회(大倧敎書籍刊行會)에서는 안희제(安熙濟)·김영숙(金永肅)·이현익(李顯翼) 등과 발기인으로도 참여하였다. 대종교서적간행회는 "교화를 보급케 함에는 반드시 문자의 힘을 시뢰(恃賴)할 것이다. 이제 대교 부흥기에 당하야 만구동성으로 종경(倧經) 요구가 날로 높은 터이다. 이 요구를 수응함은 무엇보다도 대교(大敎) 발전상 최대 급무일 것이다. 이것을 공감하는 우리는 미성박력(微誠薄力)을 불고하고 교적간행회를 발기한다."는 취지로 출발한 모임이다. 또한 이 간행회의 출자금을 모집할 당시도 여타 발기인들과 함께 가장 많은 10주를 출자하였다.
해방 이후 국내로 들어온 장도순은 1947년 1월 22일 경의원(經議院) 참의(參議)로 선임되면서 원로로서의 반열에 올랐다. 당시 그의 교질은 상교(尙敎)의 단계에 있었다. 그러나 상교를 받은 날짜는 전하지 않는다. 대종교 환국(1946년 초) 이후부터의 『대종교보』에는 그 기록이 없는 것으로 보아, 중일시교당 전무로 임명된 1934년 10월 13일 이후부터 국내 환국하기 이전에 받았음을 알 수 있다. 다만 장도순이 국내로 들어온 후 주로 38선 이북인 개성에 머물렀으며, 한국전쟁 이후에는 생사마저 알 수가 없다.

[참고문헌]
『대종교보』제123호(1939년)·제124호(1939년)·제153호(1947년). 『종문영질』(프린트본, 1922). 『大倧敎施敎堂一覽表(1926年)』(延边朝鲜族自治州档案馆 全宗号 42 目录号1 案卷号343, 和龙县历史档案 和龙县警察所, 令各区查禁韩人设立大倧敎堂由, 民国十五年五月十二日). 『대종교인과 독립운동연뢰』(이현익, 프린트본, 1963). 『대종교중광육십년사』(대종교총본사, 1971). 『不逞者의 處分』(不逞團關係雜件-朝鮮人의 部-在滿洲의 部4, 警高機發 第3049號; 秘受 136號, 한국사DB, 국사편찬위원회). 『少年』제2년 제8권(1909년 9월호). 『우당이회영약전』(이관직,을유문화사,1985). 『신흥무관학교와 망명자들』(서중석, 역사비평사, 2001). 『국역석주유고』(안동독립운동기념관, 경인문화사, 2008)

장병한(張秉漢, 남, 생몰 미상)
입교 시기_ 1922년 | 교질_ 참교

출신지역과 생몰연대를 알 수 없는 인물이다. 일제의 문서에서도 찾을 수가 없으며, 다만 대종교의 자료에만 등장하고 있다. 장병한은 1922년 6월 4일(음력) 대종교 동이도본사(東二道本司)의 추천에 의해 영계(靈戒)와 함께 참교(參敎)의 교질(敎秩)을 받은 기록이 전한다. 주목되는 것은 당시 함께 영계와 참교를 받은 인물들이 박두희(朴斗熙)·김학만(金

學萬)·김필(金弼)·차희균(車希均)이라는 점이다. 이들은 모두 만주와 노령 지역 항일투쟁의 거물들이다. 장병한 역시 이들과 더불어 항일투쟁에 깊이 관여한 인물임을 알 수 있으나 그 이상은 확인이 안 된다.

[참고문헌]
『대종교보』제54호(1922년)·제57호(1923년), 『종문영질』(프린트본, 1922)

장붕익(張鵬翼, 남, 1885-?)
입교 시기 _ 1922년 | 교질 _ 미상 | 서훈 _ 건국포장(2022)

출신지역이 불분명한 인물이다. 1920년 4월, 일제가 연해주에 거주하던 블라디보스토크 신한촌(新韓村)을 습격하여 가옥을 불태우고 수백 명의 한인을 무참하게 검거·학살한 연해주 참변 이후, 그곳을 중심으로 한인사회 지도자로 활동하였다. 또한 1922년 12월 중국 상해로 건너가 1923년 1월 국민대표회에 중동선 대표로 참석하여 원세훈(元世勳)·허동규(許東奎)·김철수(金鐵洙)·김우희(金宇希)·류선장(柳善長)·강수희(姜受禧) 등과 생계분과 위원에 뽑혔으며, 과거문제심사위원회에도 소속되어 박응칠(朴應七)·이상호(李相皓)·송병조(宋秉祚)·정광호(鄭光好)·강구우(姜九禹)·노무녕(盧武寧) 등과도 활동하였다.

장붕익의 대종교 교력을 살피면 1922년 1월 25일(음력) 대종교 해일시교당(海一施敎堂)의 찬무(贊務, 부책임자)로 임명된 기록이 있다. 당시 장붕익의 종교적 위치는 '형제'로서, 입교하여 영계(靈戒)를 받고 참교(參敎)의 교질(敎秩)를 받기 이전의 단계를 일컫는다. 그의 대종교 입교가 그 이전에 이루어졌음을 알 수 있다. 그리고 그 해 3월 27일(음력)에는 종사교찬(宗事敎贊)을 겸하여 시무하였다.

한편 해일시교당은 연해주 신한촌에 소재한 시교당으로 대종교 동이도본사(東二道本司) 관할이었다. 또한 그 시교당의 전무(典務, 책임자)는 그 지역 항일투쟁의 거물 김익형(金翼衡)으로 노인동맹단의 총무로 활동했던 인물이다. 노인동맹단은 1919년 3월 블라디보스토크 신한촌에서 46세 이상 70세까지의 남녀 노인들로 결성된 단체로, 동지 규합과 자금 모금이 그 목적이었다. 김익형은 1919년 7월 노인동맹단의 총무 자격으로 상해임시정부를 찾아, 5천명의 노인동맹단이 만세시위에 나서겠다는 것과 연해주의 모든 동포가 상해임시정부를 적극 지지한다는 뜻을 전하기도 한 인물이다. 이 역시 장붕익의 대종교 활동이 곧 항일투쟁이었음을 확인시키는 부분이다.

[참고문헌]
『대종교중광육십년사』(대종교총본사, 1971), 『독립신문』1923.3.1., 『대한민국임시정부자료집』 별책5(국사편찬위원회, 2011)

장수(張修, 남, 생몰 미상)
입교 시기 _ 1912년 | 교질 _ 지교

출신지역과 생몰연대를 알 수 없는 인물로 일제의 문서에서도 찾을 수가 없다. 이것은 많은 대종교인들이 입교 이후 본명이 아닌 개명한 외자 이름을 사용한 것과 무관치 않다. 장수(張修)의 외자 이름 역시 대종교 입교와 함께 개명한 이름인 듯하나 확인이 안 된다.

장수는 1912년에 대종교의 중심이었던 만주 화룡현(和龍縣) 청호시교당(青湖施敎堂)을 거점으로 원도(願禱) 및 강도(講道) 등의 종교적 의식에 참여한 인물이다. 그 시기에 이미 대종교에 깊숙이 들어와 있음을 알 수 있다. 당시 청호시교당은 대종교 교주 홍암(弘巖) 나철(羅喆)이 총본사(總本司)를 권설(權設)하고 시무하던 곳으로, 이상설(李相卨)·신규식(申圭植)·서일(徐一)·류완무(柳完茂)·현천묵(玄天黙)·백순(白純)·박찬익(朴贊翊) 등, 수많은 대종교 항일투사들이 드나들던 곳이었다. 장수가 그곳에 거점을 잡고 종교 활동을 펼쳤다는 것은, 그의 종교적 비중이 작지 않았음을 알게 해 준다.

장수의 대종교 교력을 살피면 1913년 어천절(御天節, 음력 3월 15일, 이하 음력)에 참교(參敎)의 교질(敎秩)을 받았다. 또한 1916년 4월 1일에는 지교(知敎)로 승질(陞秩)하였다. 그리고 1922년 5월 22일 대종교 동일도본사(東一道本司) 제2지사(第二支司)의 종사감정(宗事監正)으로도 임명된다. 종사감정이란 관할 지사의 종사(宗事)에 관한 일을 주관하던 자리로, 대종교의 시교활동과 시교당 설치 그리고 사회사업과 연관된 업무를 담당하는 자리였다. 더욱이 주목되는 것은 당시 제2지사의 책임자가 주견룡(朱見龍)이었다는 점이다. 주견룡은 대종교 항일조직인 대한군정서(북로군정서)의 요직을 지낸 인물이었다. 또한 계사감정(計事監正)을 맡았던 이두석(李斗錫)이나 규사감정(規事監正)으로 있었던 이형섭(李泂燮) 등도, 북간도 항일투쟁의 선봉에 섰던 인물들이다. 장수 역시 대종교 항일투쟁과 밀접한 인물이라는 점을 암시해 준다.

[참고문헌]
『대종교보』제54호(1922년), 『종문영질』(프린트본, 1922), 『대종교중광육십년사』(대종교총본사, 1971), 『백농실기』(조창용, 독립기념관, 1993)

장술룡(張述龍, 남, 생몰 미상)
입교 시기 _ 1937년 이전 | 교질 _ 참교

출신지역과 생몰연대를 알 수 없는 인물이다. 1937년 2월 3일(음력)까지 대종학원(大倧學園)의 주무교원(主務敎員)을 지낸 기록이 있다. 대종학원은 만주 영안현(寧安縣) 동경성(東京城) 대종교총본사에 병설된 학교로, 청일학교(青一學校, 화룡현)·동창학교(東昌學校, 환인현)·한흥의숙(韓興義塾,

밀산현)·백산학교(白山學校, 무송현)·대흥학교(大興學校, 밀산현) 등의 정신을 계승한 주요 교육기관이었다.

배움과 믿음과 항일투쟁을 삼위일체화 시킨 조직이 대종교였다. 그러므로 대종교에 있어 학교는 곧 교당(教堂)이면서 항일투쟁의 기지였다. 이러한 정신은 '중광단(重光團)→대한군정서(북로군정서)→신민부(新民府)'로 이어지는 군교일치(軍教一致)·교학일여(教學一如) 정신의 중요한 근간이 되었다.

한편 만주 독립운동의 거점구실을 하던 대종교 학교들이 1920년 이른바 일본군의 경신토벌과 그 뒤의 계속적인 탄압으로 침체로 빠져든다. 재기를 기다리던 대종교는 1934년 3월 하얼빈에 선도회(宣道會) 설치를 시작으로 총본사를 영안현 동경성으로 이전시킴과 동시에 1936년 3월 총본사 안에 병설한 것이 대종학원이었다. 대종학원은 초등부·중등부와 여자야간부가 설치하고 정규학교 과정 이외 종경(倧經)과 한국사 과목 등 정체성 교육이 강조되었다. 당연히 일제의 탄압을 피해갈 수 없었다. 초등부는 1941년 봄에, 중등부와 여자야간부는 다음해 봄 폐지되고 말았다.

장술용의 대종학원 임용 시기는 기록이 없다. 아마도 대종학원 출범 무렵으로 추정된다. 또한 장술룡이 교원을 그만 둘 당시의 교질(教秩)이 참교(參教)였음을 보면, 그의 대종교 입교 시기 역시 1937년 2월 3일(음력)보다 훨씬 이전으로 올라감을 알 수 있다. 더불어 대종교 항일투쟁의 주요 인물들이었던 이철(李哲)·성하식(成夏植)·이현익(李縣翼)·박세환(朴世桓) 등이, 그 시기 대종학원의 원장과 학감을 맡고 있었다. ·

[참고문헌]
『대종교교보』제113호(1937년), 『대종교중광육십년사』(대종교총본사, 1971)

장승언(張承彦, 남, 1896-?)
아호(별명) _ 문파(文波)
입교 시기 _ 1910년대 | 교질 _ 참교

평안북도 후창군(厚昌郡) 후창면(厚昌面) 내동(內洞) 출신으로, 일찍이 임시정부 비밀연락원으로 활동한 인물이다. 후창면장으로 재직 중이던 1920년 7월, 후창군의 악질 군수 계응규(桂膺奎)의 모살범(謀殺犯)으로 쫓겨 그 해 10월 압록강을 건너 서간도로 망명하였다.

1922년 2월 서간도 임강현(臨江縣)에서 김시욱(金時旭)·홍창화(洪昌化) 등과 흥복단(興復團)이라는 항일조직을 만들어 활동하였고, 광정단(光正團) 재무부장 및 정의부에 투신하여 항일투쟁을 지속했다. 1929년 4월에 출범한 국민부에 가담하여 경제위원장을 지냈는가 하면, 국민부의 무장조직인 조선혁명군 산하 조석혁명당에도 현익철(玄益哲)·현정경(玄正卿)·고이허(高而虛)·김보안(金輔安)·최동오(崔東昨)·유동열(柳東說)·고활신(高豁信)·이웅(李雄) 등과 참여하여 체육부를 맡기도 했다.

한편 일제가 만주를 병참기지로 만들고 식민지화하기 위한 목적으로 1931년 9월 18일, 관동군이 류조호(柳條湖) 사건을 조작하여 만주를 침략했다. 위기에 봉착한 조선혁명당은 이에 대응하기 위해 1931년 12월 만주 신빈현(新賓縣) 하북(河北)에서 긴급 중대 회의를 개최하고 간부를 개선하였다. 장승언은 당시도 중앙집행위원으로 피선되어 재무부장을 맡았다.

장승언의 대종교 입교는 서간도 망명의 전후시기로 알려져 있으나, 그 기록은 전하지 않는다. 다만 대종교 항일투사 박명진의 기록에 보면, 그 시기 장승언을 대종교 서일도본사(西一道本司) 소속의 주요 교인으로 올려놓았다.

당시 대종교 서일도본사는 남만주 일대로부터 국내 평안도를 관할 구역으로 하였으며 단애(檀崖) 윤세복(尹世復)이 책임을 맡았다. 소속된 주요 교인으로는 장승언 외에도 조맹선(趙孟善)·바장호(朴長浩)·이진룡(李鎮龍)·전덕원(全德元)·차도선(車道善)·조병준(趙秉準)·김호(金虎)·백삼규(白三圭)·신우현(申禹鉉)·허혁(許赫)·이탁(李沰) 등 수십 인으로, 모두 그 지역 항일투쟁의 거물들이었다. 흥업단(興業團)과 신민부(新民府)에서 활약한 이현익(李縣翼)이, 그가 기록한 『대종교인과 독립운동연원』(프린트본, 1963)에서 장승언을 대종교 항일투사 120여 명 중의 1인으로 이유이기도 하다.

해방 후 환국한 장승언은 1947년 7월 11일(음력) 뒤늦게 참교(參教)의 교질(教秩)을 받았다 그리고 1949년 5월 3일(음력)에는 대종교총본사의 찬리(贊理)를 맡아 교무행정에도 관여하였으나, 한국전쟁 당시 행방불명되었다.

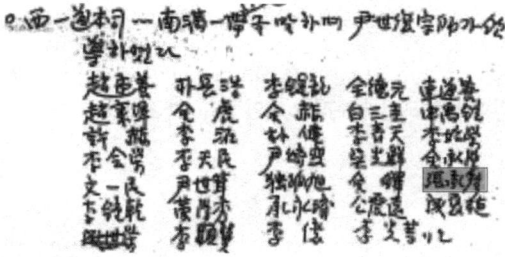

박명진의 『대종교독립운동사』(필사본, 1964)에 기록된 1920년 전후 대종교 서일도본사 소속 주요 교인의 명단. 오른 쪽 하단에 張承彦(네모 안)이라는 이름이 보인다.

[참고문헌]
『대종교교보』제113호(1937년), 『대종교인과 독립운동연원』(이현익, 프린트본, 1963), 『대종교독립운동사』(박명진, 필사본, 1964), 『대종교중광육십년사』(대종교총본사, 1971), 「大正 10년 중에 있어서 管內 不逞鮮人의 狀況」(不逞團關係雜件-朝鮮人의 部-在滿洲의 部32, 機密 第8號; 機密受第9號, 한국사DB, 국사편찬위원회), 『동아일보』1929.11.25., 『용의조선인명부』(조선총독부경무국, 1934), 『무장독립운동비사』(채근식, 대한민국공보처, 1949), 『한국독립운동사』(홍영도, 애국동지원호회, 1956), 『한국독립사』5(국사편찬위원회, 1969), 『일제침략하한국36년사』9(국사편찬위원회, 1974)

출신지역과 생몰연대를 알 수 없는 인물이다. 일제의 문서에서는 찾을 수가 없으며 1920년대 대종교의 기록에서만 등장하고 있다. 장시찬은 1922년 8월 16일(음력) 대종교 산일시교당(山一施敎堂)의 찬무(贊務, 책임자)를 맡은 기록이 전한다. 그의 대종교 입교가 적어도 그 이전에 이루어졌음을 알 수 있다.

산일시교당은 혼춘현(琿春縣) 순의사(純義社) 용두산(龍頭山)에 소재한 시교당으로 대종교 동일도본사 제1지사가 관할하였다. 당시 전무(典務, 책임자)를 맡은 인물은 이덕기(李德基)로, 1890년대 초반 블라디보스토크로 망명하여 잡화상을 경영하였다. 특히 그는 대종교 항일투사인 우덕순(禹德淳)의 고모부로, 우덕순의 블라디보스토크 망명을 주선하고 암암리에 후원하기도 했다. 또한 장시찬과 산일시교당의 찬무를 맡은 김천길(金千吉)은, 1920년 6월 임병극(林秉極) 등과 혁명군의 구성원에 속해 연길현(延吉縣)·왕청현(汪淸縣)·혼춘현(琿春縣) 지방에서 무기운반을 맡아 활동하는가 하면, 일제의 경신대토벌이 벌어지자 노령으로 넘어가 오하묵(吳夏默)의 부대에서 항일투쟁을 이어간 인물이다.

장시찬은 그 해 개천절(음력 10월 3일)에 대종교 동일도본사(東一道本司)의 추천으로 영계(靈戒)를 받는다. 이덕기·김천길·서헌(徐憲) 등도 함께 영계(靈戒)를 받았다. 서헌 역시 대한의군부산포대(大韓義軍府山砲隊)의 지부장을 맡아 최우익(崔于翼)·홍림(洪林)·김해룡(金海龍)·이진철(李振哲)·조상갑(趙尙甲)·박만홍(朴萬弘)·강창대(康昌大)·이원학(李源學)·김가회(金嘉會) 등과 항일투쟁을 벌인 인물이다. 장시찬이 대종교 항일투쟁과 떨어질 수 없음을 말해 주는 부분이다.

[참고문헌]

『대종교보』, 제56호(1922년), 『대종교중광육십년사』(대종교총본사, 1971), 「大倧敎施敎堂一覽表(1926年)」(延边朝鮮族自治州档案馆 全宗号42 目录号1 案卷号343, 和龙县历史档案 和龙县警察所, 令各区査禁韓人设立大倧敎堂由, 民国十五年五月十二日)

경기도 개성부(開城府) 고려동(高麗洞) 출신으로 대종교 항일투사 장도순(張道淳)의 형이다. 일찍이 한학을 수학하고 수리개발과 인감재배에 종사하였다. 1905년 상경하여 성재(省齋) 이시영(李始榮)·석오(石吾) 이동녕(李東寧) 등 여러 선배들과 교류하며, 비밀결사 신민회(新民會)에 가입하였다.

1909년 초 신민회는 비밀간부회의를 열고 애국문화계몽

운동이나 의병활동 등이 어떤 형태든지 국내에서는 불가능하다는 판단을 했다. 그리고 국권회복의 최후쟁취 수단인 독립전쟁의 준비를 위한 기지건설과 독립군양성을 위한 만주 이주계획을 수립하였다. 그 실천에 앞서 현지답사를 위하여 선발대를 파견하게 된다. 장유순은 그 해 7월 그 선발대에 끼어 이동녕·이회영(李會榮)·주진수(朱鎭洙)·이관식(李寬植) 등과 서간도 유하현(柳河縣) 삼원포(三源浦)를 답사하였다.

1911년 완전 망명한 장유순은 경학사(耕學社) 발기인으로 참여하여 농무부장으로 활동하였으며, 1911년 4월 출범한 신흥강습소의 설립에도 깊이 관여하였다. 그러나 1913년 국내 수원에 거주하던 맹보순(孟普淳)으로부터, 일제가 자신을 비롯한 이회영·이동녕·이시영·김형선(金炯善) 등을 암살하거나 체포하기 위해 형사대를 만주로 보냈다는 소식을 접하고 연해주로 넘어갔다. 이후 장유순은 10여 년간 블라디보스토크, 하바로프스크, 그리고 용정촌(龍井村) 등지로 옮겨가면서 상업을 통한 독립운동 자금 확보에 힘썼다. 대종교 항일단체인 대한군정서(북로군정서)에 관여한 때도 이 시기였다. 1926년부터는 도문시(圖們市)를 거점으로 20년을 활동을 하다 1945년 가을에 귀국하였다.

장유순은 1923년 7월 15일(음력, 이하 음력) 대종교에 입교한 인물이다. 그가 연해주로부터 용정촌으로 옮겨온 시기로 추정된다. 항일투사 박명진(朴明鎭)이 기록한 『대종교독립운동사』에, 그 시기의 장유순을 동일도본사(東一道本司) 소속의 교인으로 적고 있음도 그 근거라 할 수 있다. 당시 동일도본사는 동만주로부터 국내 함경도 지역을 관할하는 교구로, 동이도본사(연해주와 동북만주 일대를 관할)와는 구별되었다.

1924년 2월 3일 영계(靈戒)를 얻은 장유순은 1932년 8월 5일 참교(參敎)의 교질(敎秩)을 받고 1934년 4월 6일 지교(知敎)로 승질(陞秩)하였다. 해방 이후인 1948년 4월 15일에는 상교(尙敎)에 오르고 1949년 2월 21일에는 경의원(經議院) 참의(參議)로 선임되었다. 그리고 그 해 4월 23일, 마침내 정교(正敎)의 교질로 오름과 동시에 대형(大兄)의 교호(敎號)를 얻게 되었다. 당시 정교로 오르면서 얻은 종교적 덕담은 '연로함에도 정성을 다해 임무를 중시하니 공경을 표한다(身老盡誠任重致敬)'라는 찬사였다. 후일 대종교 교주 단애(檀崖) 윤세복(尹世復)이 장유순을 추모한 "오직 대형(大兄)의 일생에 지낸 일과 맨 끝으로 마친 것을 살펴보면, 한마디로 지상천선(地上天仙)이란 찬사(讚辭)를 드리고 싶다"는 기억과 합치되는 부분이다.

1949년 4월 26일에는 총본사의 전리(典理)를 맡아 대종교 종무행정의 중심에 섰으며, 1950년 1월 17일에는 이시영·정인보(鄭寅普)·이범석(李範奭)·신성모(申性模)·안호상(安浩相)·명제세(明濟世)·안재홍(安在鴻)·김준(金準)·정관(鄭寬)과 함께 제2차 대종교중흥회 고문으로 추대되어, 그 무게감을 보였다. 또한 1950년 3월 28일에는 김영숙(金永肅)·정관·정원택(鄭元澤)·양세환(梁世煥)과 더불어 대종교규범개정기초위원(大倧敎規範改正起草委員)으로 선임되어, 해방 이후의 대종교 새질서를 만드는데 앞장섰으며, 그 해 5월 7일 제7회교의회 개정에 의해 원로원 부원장으로 선임되

었고 7월 2일에는 조완구(趙琬九) 유고로 공석이 된 원로 원장 대행을 맡기도 했다.

박명진의 『대종교독립운동사』에 기록된 1920년대 전후 대종교 동일도본사 소속의의 주요 교인 명단. 맨 끝에 張裕淳(네모 안)의 이름이 적혀 있다.

[참고문헌]
『대종교보』, 제158호(1948년)·제161호(1949년)·제162호(1949년)·제165호(1950년)·제166호(1950)·제167호(1950년)·제175호(1951년)·제176호(1952년), 『대종교인과 독립운동연원』(이현익, 프린트본, 1963), 『대종교독립운동사』(박명진, 필사본, 1964), 『대종교중광육십년사』(대종교총본사, 1971), 『무장독립운동비사』(채근식, 대한민국공보처, 1948), 『秋汀李甲』(주요한, 대성문화사, 1964), 『우당이회영약전』(이정규, 『友堂李會榮略傳』, 을유문고, 1985), 『우당이회영실기』(이관직, 『友堂李會榮略傳』, 을유문고, 1985), 『신흥무관학교와 망명자들』(서중석, 역사비평사, 2001), 『한국독립운동사자료』, 39(국사편찬위원회, 2003), 『국역백하일기』(김대락, 안동독립운동기념관, 2011)

장준상(張準相, 남, ?-1926)
입교 시기 _ 1910년 | 교질 _ 참교

경기도 파주군(坡州郡) 아동면(衙同面) 맥령리(陌令里) 출신이다. 일찍이 대동학회 회원과 기호흥학회 교하군(交河郡) 지부 회원으로 참여한 바 있으며, 1914년부터 1926년 사망 전까지 인천부(仁川府) 영종면(永宗面) 후소리(后所里)에 의원을 개업하여 활동하였다.
장준상의 대종교 교력을 보면 1910년 6월 13일(음력) 시교사(施教師)로 임명된 기록이 있다. 그의 대종교 입교가 대종교 중광 직후에 이루어졌음을 짐작케 하는 부분이다. 같은 날 함께 시교사를 받은 인물이 학주(鶴舟) 정안립(鄭安立, 본명 鄭永澤)이다. 정안립은 장준상과 기호흥학회를 함께 한 인물로, 충북 진천(鎭川) 출신의 항일투쟁지도자였다.
1911년 중광절(重光節, 음력 1월 15일)에 참교(參教)의 교질(教秩)을 받은 장준상은, 같은 날 박성회(朴聖會)·박찬익(朴贊翊)·이동춘(李同春)·김교준(金敎準)·김두봉(金枓奉)·김원식(金遠植) 등과 정식 시교사로도 임명되었다. 이들 모두가 당대 국내외 항일투쟁의 거물로 활동한 것을 보아, 장준상 역시 그 방면에 상당한 기여를 했을 듯하나 그 기록은 전하지 않는다.

[참고문헌]
『종보』, 제6호(1910년), 『倧令』, 제3호(1911년), 『종문영질』(프린트본, 1922), 『대종

교중광육십년사』(대종교총본사, 1971), 『대동학회월보』, 제1호(1908년), 『기호흥회월보』, 제6호(1909년), 『조선총독부관보』, 제721호(1914년)

장지연(張志淵, 남, 1864-1921)
아호(별명) _ 화명(和明), 순소(舜韶), 위암(韋庵), 숭양산인(崇陽山人), 장지윤(張志尹)
입교 시기 _ 1910년 | 교질 _ 참교

장지연

경상북도 상주군(尙州郡) 내동면(奈洞面) 동곽리(東郭里) 출신이다. 1897년 사례소(史禮所) 직원으로 『대한예전(大韓禮典)』 편찬에 참여하였고, 같은 해 7월 독립협회에 가입해 활동하였다. 1898년 9월 『황성신문(皇城新聞)』이 창간되자 기자로 활동하는가 하면, 같은 해 11월에는 만민공동회(萬民共同會)의 총무위원으로 선임되기도 했다.
1899년 9월 『황성신문』 주필로 초빙되었으나 수개월 후 사임하였다. 1900년 광문사(廣文社)의 편집원으로 참여해 정약용(丁若鏞)의 『목민심서(牧民心書)』와 『흠흠신서(欽欽新書)』 등을 간행하였다. 1901년 『황성신문』 주필로 돌아 온 장지연은, 1902년 8월에는 사장으로 취임하였다. 1905년 11월 17일 을사늑약이 체결되자 『황성신문』 1905년 11월 20일자에 「시일야방성대곡(是日也放聲大哭)」을 게재해 전국에 배포하였다.
1907년 11월 대한협회 발기인으로 참여해 평의원에 선출되었고, 신민회(新民會)에도 가담하여 활동하였다. 1908년 2월 블라디보스토크의 『해조신문(海朝新聞)』 주필로 초빙되었으나, 신문이 폐간되자 그 해 9월 다시 귀국하게 된다. 1909년 10월 경상남도 진주에서 창간된 지방신문 『경남일보(慶南日報)』의 주필로 초빙되어 일제의 만행에 맞선 직필(直筆)을 휘두르며, 많은 필화를 겪었다. 1913년 신병을 이유로 『경남일보』 주필을 그만둔 이후, 불교와 유교 관련 글을 많이 발표하며 움직였으나, 조선총독부의 시정(施政)과 일제강점기 동북아시아 지역에서의 일본의 역할을 긍정적으로 서술하는 친일적 글들이 발표되면서 논란이 되기도 했다.
해방 이후인 1962년 「시일야방성대곡」 등에 실린 항일적 성향을 인정받아 대한민국 건국훈장 국민장이 추서되었다. 그러나 『매일신보』에 실린 그의 글들이 친일적 경향이 농후하다는 연구 결과에 의해 2011년 4월 5일 서훈이 취소된다. 다만 2012년 1월 20일 법원이 해당 서훈의 취소 결정을 다시 무효처리한 상태에 있다.
장지연의 주요 저술로는 『증보대한강역고(增補大韓疆域考)』·『유교연원(儒教淵源)』·『동국역사(東國歷史)』·『대한신지지(大韓新地誌)』를 비롯하여 많은 글들이 있으나, 민족주의

적인 역사인식과는 거리가 있다는 평가다.

[교력]
장지연의 대종교 교력을 살피면 1911년 중광절(重光節, 음력 1월 15일, 이하 음력)에 참교(參敎)의 교질(敎秩)을 받은 기록이 있다. 그의 대종교 입교가 대종교 중광 직후에 이루어졌음을 시사해 주는 부분이다. 같은 날 함께 받은 인물들이 백순(白純)·윤주찬(尹柱瓚)·박승익(朴勝益)·황병욱(黃炳郁)·맹정순(孟鼎淳)·김인식(金寅植)·조완구(趙琬九)·류근(柳瑾)·김원식(金遠植)·이광수(李光秀)·현천묵(玄天黙) 등, 대종교 중광의 핵심인물들이었음이 이를 뒷받침한다.
장지연은 대종교의 경전 발굴 작업에도 깊이 관여한 흔적이 있다. 장지연은 경남일보 사장이던 1911년 1월, 당시 대종교 전리(典理)로 종무행정의 책임을 맡고 있던 류근으로부터 편지를 받는다. 그 편지는 『단군교팔리(檀君敎八理)』를 구해 달라는 내용이었다. 『단군교팔리』는 후일 『팔리훈(八理訓)』·『성경팔리(聖經八理)』·『성경(聖經)』·『참전계경(叅佺戒經)』이라고도 부른 경전으로, 대종교 교리의 한 축을 이루는 경전이다. 편지의 내용을 대략 살피면, 류근은 대종교 선배인 장지연에게 지금 우리 대종교가 점차 번창하려는 조짐이 있어 우리 형제자매들에게 큰 행운이라고 운을 떼었다. 그리고 들려오는 소문에 경주(慶州)의 최처사(崔處士) 집안에 수십 대 이어져 내려오는 보배로운 경전이 있다는 것이다. 『단군교팔리』라고 하는 이 경전은 상하 2권 366사라고도 하는 것으로, 그것이 사실이라면 진실로 우리 대종교에 큰 행운이라고 적고 있다.

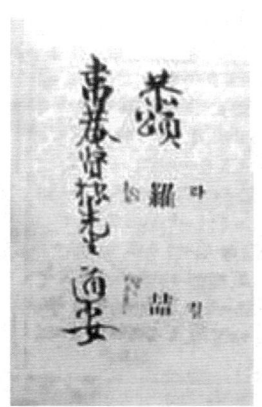
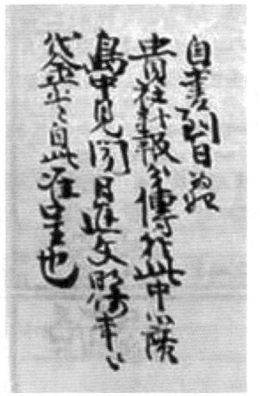

윤묵이 장지연에게 보낸 편지 속에 동봉된 나철의 명함. 앞면(왼쪽)에는 '위암 선생께 공경히 전합니다(恭頌 韋菴賢棣先生 道安)'라는 인사와 편지에 담긴 내용을 도착 즉시 신문에 실어 홍보해 달라는 부탁을 뒷면에 적고 있다.

또한 장지연은, 함께 참교를 받은 백순·박찬익·김원식 등이 활동하던 만주 화룡현(和龍縣) 삼도구(三道溝) 청파호(靑坡湖)로부터도 대종교 유적(遺蹟) 등을 선전해 달라는 부탁 편지도 받았다. 1911년 10월 청파호 대종교시교당의 책임자였던 윤묵(尹黙)을 발신인으로 하는 이 편지 속에는 대종교 교주 홍암(弘巖) 나철(羅喆)의 친필이 적힌 명함(名

衝)도 동봉되어 있었다.
그 서한은 공문 형식으로 작성된 것으로, 당시 윤묵은 전무대판(典務代辦)의 자격으로 시교당의 책임자(전무)의 대리(代理)를 행사하고 있었다. 그를 도와 찬무(贊務, 부책임자)를 맡은 인물이 조열(趙烈)과 심근(沈權)이었으며, 백순·박찬익·김원식은 시교사(施敎師)를 맡아 포교의 일선에 섰다. 당시 윤묵이 장지연에게 보낸 서한(공문)의 내용은 다음과 같다.

통지서 제1호

공경히 드리오니, 8월 30일에 삼도구 청호의 교인인 안태진의 집에 시교당을 처음 세우는 바, 도사교님(당시 대종교 교주였던 나철을 말함-인용자 주)께서 오시어 잠깐 머무시옵기 이에 통지하오니, 사랑으로 살피시기를 삼가 바랍니다.

단군강세 4368(1911)년 신해 10월 16일

북간도 삼도구(三道溝) 청호(靑湖) 대종교시교당(大倧敎施敎堂)
전무대판   윤묵
찬무   조열(趙烈), 심근(沈權)
시교사   백순, 박찬익, 김원식

장지연(張志淵) 인체(仁棣)

한편 이 서한에 동봉하여 홍보해 달라는 내용은, 나철이 만주 일대를 답사하여 확인 혹은 인지한 단군대황신 관련 고적 및 영적에 관한 것으로, 장지연은 1912년 양력 1월 6일자 『경남일보』에 소개하고 있다.

1912년 1월 6일자 『경남일보』에 실린 대종교의 '大皇神古蹟靈蹟'에 관한 기사 내용

또한 장지연은 1912년 3월, 제자이자 후학인 백농(白農) 조창용(趙昌容)을 시교사 자격으로 그곳 청파호 대종교시교당으로 보내 그 해 10월까지 포교와 시무를 하도록 주선한 인물이다.

[참고문헌]
『倧牒』제3호(1911년), 『종문영질』(프린트본, 1922), 『경남일보』1912.1.6., 『장지연전서』(단국대학교동양학연구소, 1981), 『나철-장지연 서신 자료』(『국학연구』제8집, 국학연구소, 2003), 『위암장지연서간집』(위암장지연선생기념사업회, 2004), 『친일인명사전』3(민족문제연구소, 2009)

장한성(張漢星, 남, 1894-?)

아호(별명)_ 장덕시(張德是), 장한은(張漢銀)
입교 시기_ 1920년대 | 교질_ 미상 | 서훈_ 애국장(2021)

평안북도 의주군(義州郡) 가산면(加山面) 추리(楸里) 출신이
다. 1919년 3월 유하현(柳河縣) 삼원보(三源堡)에서 박장호
(朴長浩)·조맹선(趙孟善)·김평식(金平植) 등이 결성한 대한
독립단에 가입해 만주 및 평북 용천(龍川)·철산(鐵山)·의
주(義州) 등지에서 군자금을 모집하고, 1923년부터 전덕원
(全德元)의 대한의군부에 가담하여 활동하였다.
1927년 11월 29일 연길현(延吉縣) 명월구(明月溝) 천보산(天
寶山)에서, 간도 일본총영사관 경찰서의 쯔보이(坪井) 형사
부장을 교전 끝에 사살하였다. 이 사건으로 장한성은 대
한의군부의 총수인 전덕원과 체포되어 7년형을 구형 받았
으나, 평양복심법원의 최종심에서 6년형을 선고 받았다.
그리고 길림감옥(吉林監獄)으로 이감되어 수감 중 순국(殉
國)하였다.

![장한성의 구형 기록을 실은 매일신보 기사]

장한성의 구형 기록을 실은 『매일신보』(1928년 2월 29일자) 기사. 맨 끝
에 7년의 구형을 받은 張漢星의 이름이 보인다.

장한성은 1920년대에 대종교에 입교한 인물로 전언되나,
대종교단 내에는 관련 기록이 남아있지 않다. 다만 그와
함께 활동하기도 했던 대종교 항일투사 이현익(李顯翼)은
『대종교인과 독립운동연원』이라는 기록에서, 120여 명의
대종교 항일투사 속에 장한성을 적고 있다. 당시 장한성이
대종교에서 상당한 비중을 지닌 인물이었음이 확인된다.

[참고문헌]
『대종교인과 독립운동연원』(이현익, 프린트본, 1963), 『매일신보』1928.2.29.,
『동아일보』1928.5.29·31., 1930.2.14·27.

장해일(張海日, 남, 1888-?)

입교 시기_ 1910년대 | 교질_ 미상

함경남도 함흥군(咸興郡) 주남면(州南面) 서상리(西上里) 출
신으로, 경술국치를 당하자 동지들과 맹서단지(盟誓斷指)
까지 한 열사였다. 1916년 1월(음력) 무송현(撫松縣) 서대령
(西大嶺)에서 마적의 밀정들을 죽였다는 혐의로 이병수(李
秉洙)·강정하(姜鼎夏)·장문환(張文煥)·박상호(朴尙浩)·장맹
산(張孟山)·김기준(金基俊) 등과 중국 관헌에 체포되기도

하였다.

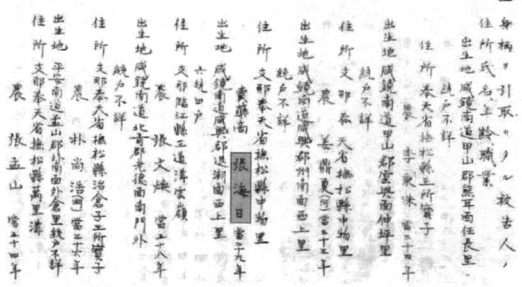

1916년 밀정 살인 사건으로 체포되었을 당시 일제의 문서에 기록된 張
海日(네모 안)의 신상.

이후 대종교 항일단체인 흥업단(興業團)에 참여하여 흥업
단연무소(興業團鍊武所) 주임(主任)으로 항일투쟁에 앞장섰
다. 그러나 임시정부의 내분(內紛)과 각 항일단체 간의 반
목이 심해지자 이에 상심하여 3년간을 벙어리로 지내다
가, 10일 간 단식(斷食) 후 순국(殉國)하였다.
장해일의 대종교 입교는 1910년대에 이루어졌다. 그러나
그의 영계(靈戒) 사항이나 교질(敎秩) 관계와 연관된 대종
교 교력은 남아있는 것이 없다. 다만 그의 절친한 지우이
자 흥업단 활동을 함께 한 대종교 항일투사 이현익(李顯
翼)은, 자신의 저술인 『대종교인과 독립운동연원』에서 120
여 명의 대종교 항일투사에 장해일의 이름을 올려놓고 있
다. 당시 장해일이 대종교에 깊숙이 관여하여 활동한 것
을 암시해 준다.

[참고문헌]
『대종교인과 독립운동연원』(이현익, 프린트본, 1963), 「撫松縣에 있어서 不逞
鮮人 行動에 관한 건」(不逞團關係雜件-朝鮮人의 部-在滿洲의 部5, 公信 第113
號; 受 19501號, 한국사DB, 국사편찬위원회), 「西大嶺地方에 있어서 不逞鮮人
身柄引取에 관한 건」(不逞團關係雜件-朝鮮人의 部-在滿洲의 部5, 朝憲機 第556
號; 秘 12789號, 한국사DB, 국사편찬위원회)

장형(張炯, 남, 1889-1964)

아호(별명)_ 범정(梵亭), 범은(梵隱), 장세담(張世淡)
입교 시기_ 1912년 | 교질_ 정교 | 서훈_ 독립장(1963)

평안북도 용천군(龍川郡) 북중면(北中面) 용정리(龍井里) 출
신이다. 본명은 장세담(張世淡)이나 대종교 참여 이후 장
형(張炯)으로 활동하였으며, 대종교의 원로인 산운(汕耘)
장도빈(張道斌)의 6촌 동생이다.
일찍이 국내 경성(京城)과 서간도의 안동(安東)·봉천(奉天)
등을 오가며 항일투쟁을 위한 동지규합에 앞장섰으며, 양
기탁(梁起鐸)·유동열(柳東說) 등에게 독립운동자금을 제공
하기도 하였다. 특히 1914년 10월 무렵 김연우(金淵祐)·고
정식(高正植)·윤봉천(尹鳳千)·이희봉(李喜峯)·이종건(李種

장형

建) 등과 서간도 안동현 대동운송(大同運送) 신덕준(申德俊)의 방에 모여 모종의 항일투쟁의 방략을 모색하기도 했다.

이후 1919년 3·1독립만세운동이 일어나자 이극(李極)·안창하(安昌夏)·이진산(李震山)·전덕명(全德明) 등에게도 군자금을 조달하였으며, 이극을 통하여 전덕원(全德元)·오동진(吳東振)·오광선(吳光鮮) 등에게도 군자금을 전달하려 하였다. 그러나 이 과정에서 발각되어 수차 투옥되는가 하면, 그 후에도 현금과 패물 등을 모집하여 임시정부의 이시영(李始榮)에게 전달하게 하였다고 한다.

1910년대 초반 서간도를 중심으로 항일투쟁을 전개한 張世淡(네모 안)의 행적을 기록한 일제의 문서

1921년 8월에는 간도고학생친목회(半島苦學生親睦會)라는 조직을 발족하여 총재를 맡기도 했다. 김시규(金始奎, 회장)·김제용(金濟容, 서무부장)·조기성(趙基誠, 경리부장)·한서순(韓序順, 조사부장)·정홍교(丁洪教) 등이 함께한 이 조직은, 고학생 단체를 표방하였으나 민족운동가들로 구성된 상공진흥회에서 특수한 목적을 위해서 별도로 조직한 임시 기구였다. 당시 상공진흥회의 본부회장 역시 장형이었다. 장형은 반도고학생친목회를 별도로 조직한 후 총재직을 겸직하였다.

반도고학생친목회는 임시정부에서 국내로 파견한 여운홍(呂運弘)과 함께 태평양회의에 대한 국내에서의 여론 환기와 소용 경비의 마련을 위해 함께 움직였다. 한편 임시정부가 한국독립 청원서인 「한국인민치태평양회의서(韓國人民致太平洋會議書)」를 만들어서 워싱턴에 있는 태평양회의 주최 측에 전달했을 때 반도고학생친목회 측에서도 총재 장형, 부회장 김시규, 고문 김준 등이 각각 이 문서에 서명 날인하였다.

장형은 해방 이후 대종교 활동과 더불어 교육사업에 적극 뛰어 들었다. 단국대학교(檀國大學校) 설립이 그 대표적 업적이다. 장형은 조희재(趙喜在) 여사로부터 기부를 받아 단국대학의 기틀을 마련한다. 조희재 여사는 장형이 독립운동 당시 친분이 깊었던 박기홍(朴基鴻)의 부인이었다. 장형

은 일제강점기 자신이 가담했던 대종교의 정신을 토대로, 조국 광복을 위해서는 무엇보다도 민족의 정통성을 지키는 것이 소중하다고 생각하였다. 그리고 그 정통성의 한가운데 단군의 홍익인간 정신이 자리하고 있었다. 단국대학이라는 교명 역시 '단군(檀君)과 애국(愛國)'에서 글자를 가져와 '단국(檀國)'으로 하고 단군의 '홍익인간' 정신을 바탕으로 하는 대학을 설립하게 된 것이다.

이러한 정신은 장형의 6촌 형인 장도빈이 작사한 단국대교가 2절에 잘 나타난다. "거룩한 단군성조 그 얼을 품고 / 배달 땅 이 강산에 태어난 학도"라는 부분이 그것이다. 단군과 뗄 수 없는 단국대학의 모습을 확인할 수 있다. 단국대학의 초대학장을 지낸 장도빈이 애초에는 '단국대학(檀國大學)'이 아닌 '단군대학(檀君大學)'으로 명명하려 했다는 점도 주목된다. 그러나 그 명칭이 너무 국수적인 느낌이 크다는 주변 인물들의 의견으로 포기했다는 증언이다. 또한 장도빈이나 장형은 당시 대종교의 교주였던 윤세복(1881~1960)이 방문해 오면 형님처럼 늘 따랐다 한다. 장형이나 장도빈에 있어 대종교는 곧 정신적 기둥이었다. 단군과 홍익인간을 떼어놓고 단국대학이라는 명명을 생각하기 힘든 배경이다.

[교력]

장형의 대종교 교력을 보면, 1912년 7월 20일(음력, 이하 음력) 임시정부에서 활동한 항일투사 김일구(金一球) 등과 장세담(張世淡)이란 이름으로 참교(參教)의 교질(教秩)을 받았다. 그의 대종교 입교가 그보다 훨씬 전에 이루어졌음을 살필 수 있다. 그 시기의 『대종교보(大倧教報)』가 전하지 않아 구체적 내용은 알 수 없으나, 대종교단 내에서는 그가 서간도 시절 입교한 것으로 전해진다.

위와 같은 장형의 교력을 인정하여, 대종교에서는 만주로부터 환국한 직후인 1946년 6월 22일 경의원(經議院) 참의(參議)로 선임하여 원로로서의 대우를 하였다. 당시 원로원의 원장은 성재(省齋) 이시영(李始榮)이 맡았고 부원장은 이동하(李東夏)였으며, 대종교의 홍익대학교(弘益大學校) 설립에 앞장선 이흥수(李興秀) 역시 참의로 있었다.

장형은 1949년 5월 25일 '정성스런 믿음이 돈독하면 교질(教秩)을 올려주는 법이 있음(誠信益篤陞秩有典)'을 덕담으로 지교(知教)로 승질(陞秩)하였다. 그리고 1950년 1월 17일에는 이세정(李世楨)·정열모(鄭烈模)·서상일(徐相日)·김승학(金承學)·신건식(申健植) 등 수십 인과 대종교중흥회(大倧教重興會) 제2차 집행위원으로 뽑혔으며, 동시에 집행위원회의 참여(參與)로도 선임되어 정열모·백남규(白南奎)·맹주천(孟柱天)·민필호(閔弼鎬) 등 20여 명과 자문 역할을 맡기도 했다.

대종교중흥회는 '홍익인세(弘濟人世)'의 이념 하에 대종교 발전을 도모하고 민족정기를 확립하며 고유문화를 향상하여 인류평화에 기여함'을 목적으로 한 조직이었다. 이 조직은 1949년 1월 5일에 있었던 제1회 갑종교리강수회(甲種教理講修會) 수료식 석상에서 강수회 임원 및 수강생 전원의 공동발의로 조직된 것으로, 그 취지는 다음의 취지서에 잘 나타나 있다.

"우리 배달민족은 오묘심원한 종리(倧理)가 있으며 전통적 정신인 고유신앙이 있어서 반만년의 찬란한 역사를 가지고 우리의 사상과 생활을 지도하여 왔으며, 그리하여 동서 제국(諸國)은 우리를 흠모하야 예의지방이라 군자지국이라 불렀으며, 또 고구려의 조의(皂依)와 신라의 화랑이 신교(神敎)의 연원을 이어서 도의를 강마(講磨)하고 충효를 장려하여 시폐(時弊)를 광구(匡救)하는 동시에 유·불·선 3교가 차제(次第)로 들어와서 우리의 도덕 문화를 찬조함이 많았다.

그러나 세원속해(世遠俗解)하여 종도(倧道)가 일쇠(日衰)러니, 마침내 고려 원종때로부터 내정(內政)은 효난(淆亂)하고 외교가 실패하여, 당시 위정자의 비열한 사대주의로 말미암아 우리의 고유 교화(敎化)는 폐색되고 전통적 정신을 잃게 된 배달족이 비참한 노예지옥에 떨어져서 거의 멸망하게 된 지가 이미 7백년을 지내었다.

아! 거룩할사! 우리 단군한배님의 묵계를 받으신 홍암대종사(弘巖大宗師) 나철(羅喆)께서 거금(距今) 41년 전 기유(己酉) 정월 15일에 대교(大敎), 대종교를 말함-인용자 주)를 중광(重光)케 하시니 우리의 족수(族粹)와 국혼이 이에서 부활하였다.

그러자 익년 경술년 7월에 소위 합병이 실행되고 잔폭무도한 왜로(倭虜)의 억압을 불감(不堪)하여 대종교총본사가 만주로 이전되었던 바, 기미운동 끝에 청산리전쟁을 차리고 임오교변(壬午敎變)을 겪다가 단애도형(檀崖道兄, 윤세복을 말함-인용자 주) 이하 중요 간부 6인이 목단강 감옥으로부터 해방을 당하여 환국한지도 또한 3년을 지내었다. 이제 도사교(都司敎, 대종교에서 교주를 일컫는 말-인용자 주) 이하 제위원로(諸位元老)의 진성갈력(盡誠竭力)으로 총본사 직원 40여 인이 대종교리강수회를 조직하여 1개월 간 강수한 결과, 우수한 성적으로 발포되었는 바, 이것이 한갖 교세확장으로만 목적한 것이 아니오, 대교의 근본이념인 홍제인세를 주관(主觀)으로 하여야 할 것이다.

그렇다면 우리 강수회원의 책임은 중대하다. 신흥국민의 기분을 가져야할 금일, 오제(吾儕)의 처세와 환경이 너무나 곤란하다. 남북통일을 고조(高調)하면서 자상잔해(自相殘害)의 내란이 목전에 전개되고, 외병철퇴를 절규하는데 국제간섭은 여전히 진척되며, 민생은 극도로 피폐하고 경제는 전부가 파멸되었거늘 아직 자급갱생할 방안을 수립하지 못하였도다. 이것을 광구(匡救)함에는 반드시 우리 민족의 전통적 정신을 환기하여 자력갱생의 도(道)를 확립하여야 할 것이다.

그러면 우리는 대종교리(大倧敎理)를 선전하는 동시에 민족정기를 부식(扶植)하지 않으면 아니될 것이다. 이것이 곧 대종교중흥회를 발기하는 취지이오니, 여기에 찬동하시는 만천하 형제자매시어! 심물양면을 불구하시고 궐기 내회(來會)하실 줄 믿고 바래나이다."

그러나 이 중흥회는 안타깝게도 6·25한국전쟁 발발로 유야무야 되어버렸다. 그럼에도 전쟁 이후 장형은 대종교 재건을 위해 부단한 노력을 기울인다. 이에 대종교에서는 장형의 교질을 상교(尙敎)로 올리고, 1954년 11월 1일 삼일원(三一圓)의 대덕(大德)으로도 추대하였다. 그리고 세상을 뜨

기 약 1년 전인 1963년 1월 21일, 장형은 정교(正敎)의 교질과 함께 대형(大兄)의 교호(敎號)를 받았으며 원로원(元老院)의 참의로도 선임되었다.

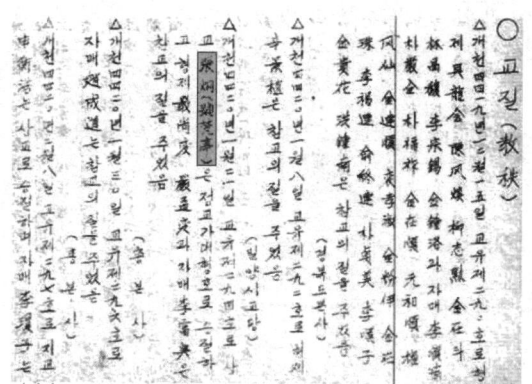

「대종교보」제211호(1963년)에 실린 張炯(네모 안)의 正敎의 승질 기록

[참고문헌]
「대종교보」제150호(1946년)·제162호(1949년)·제165호(1950년)·제211호(1963년), 「종문영질」(프린트본, 1922), 「대종교중광육십년사」(대종교총본사, 1971), 「不逞鮮人의 行動 等에 관한 건」(不逞團關係雜件-朝鮮人의 部-在滿洲의 部4, 朝惠機 第689號; 秘受 9861號, 한국사DB, 국사편찬위원회), 「매일신보」1921.8.19. 「독립신문」1921.11.19., 「동아일보」1921.12.22., 「한국독립사」하(김승학, 독립문화사, 1965), 「독립유공자공훈록」4(국가보훈처, 1987), 「대한민국임시정부자료집」18(국사편찬위원회, 2007), 「한국고등교육연구」(김기석, 교육과학사, 2008), 「단국대, 설립정신 재조명한다」(「대학저널」2012년 10월 31일자), 「실천적인 민족주의 역사가, 장호빈(김동환, 역사공간, 2013), 「단국대학교70년사」1(단국대학교70년사편찬위원회, 2017), 「독립운동가 梵亭 張炯의 단군민족주의와 건학이념」(박성순, 「동양학」68, 단국대동양학연구원, 2017)

장호문(張浩文, 남, 생몰 미상)
입교 시기 _ 1937년 이전 | 교질 _ 미상

경기도 개성 출신으로 생몰연대를 알 수 없는 인물이다. 한문에 조예가 깊었으며, 1919년 6월 당시 하얼빈과 북쪽 러시아 지역에 주거하며 매약업(賣藥業)에 종사했다. 그 당시 그의 온후한 인품으로 그 지역 거류한인들 사이에서 많은 존경을 받았다 한다.

이후 연길현(延吉縣) 용정촌(龍井村)으로 옮겨와 사업을 이어갔다. 1934년 8월 2일에는 용정촌 역전(驛前)에 주식회사 하주운수(荷主運輸)를 창업하여 대표이사를 맡았다. 하주운수는 운송 취급업, 창고업, 통관업, 대리업, 위탁 판매업, 노력 청부업, 운송에 관계있는 금융 보증 행위 등의 업무를 취급하는 회사로 연길 지역의 대표적 기업이었다. 장호문의 대종교 영계(靈戒) 사항이나 교질(敎秩) 관계에 대한 기록은 남아있는 것이 없다. 그러나 그가 1937년 8월 24일(음력, 이하 음력) 대종교 재만교구경상급수납위원(在滿敎區經常及收納委員)으로 임명된 기록이 있다. 그 시기 장

호문이 대종교의 중심부에 있었음을 말해 주는 부분으로, 그의 대종교 입교 역시 훨씬 이전에 이루어졌음을 알게 해 준다. 대종교의 자금확보는 곧 독립자금의 확보와 동일한 의미로, 당시 장호문이 관할한 지역은 그의 사업 장소인 연길현 용정시였다. 또한 그 지역을 함께 책임진 인물이 김백련(金百鍊)으로 상해대한인민단(上海大韓人民團) 총회의 평의원을 지낸 인물이었다.

장호문은 1937년 8월 27일 발기한 대종교서적간행회(大倧教書籍刊行會)에도 깊이 관여하였다. 대종교서적간행회는 "교화를 보급케 함에는 반드시 문자의 힘을 시뢰(恃賴)할 것이다. 이제 대교(大教) 부흥기에 당하야 만구동성으로 종경(倧經) 요구가 날로 높은 터이다. 이 요구를 수용함은 무엇보다도 대교(大教) 발전상 최대 급무일 것이다. 이것을 공감하는 우리는 미성박력(微誠薄力)을 불고하고 교적간행회를 발기한다."는 취지로 출발한 모임이다. 당시 장호문은 안희제(安熙濟)·이현익(李顯翼)·최관(崔寬)·서윤제(徐允濟)·안도윤(安道允)·김영숙(金永肅)·장도순(張道淳)·변성식(邊成植)·강철구(姜鐵求)와 함께 전체 165주(株, 1주는 10원) 중 가장 많은 10주씩의 출자금을 투자해 솔선수범을 보였다.

[참고문헌]
『대종교보』제115호(1937년), 『대종교중광육십년사』(대종교총본사, 1971), 「哈尔府附近在住 조선인의 상황에 관한 건」(不逞團關係雜件-朝鮮人의 部-在西比利亞8, 公 제109호, 한국사DB, 국사편찬위원회), 『朝鮮銀行會社組合要錄』(東亞經濟時報社, 1935년판)

장호섭(張昊燮, 남, 생몰 미상)
입교 시기_ 1922년 | 교질_ 참교

함경남도 함흥군(咸興郡) 주남면(州南面) 출신으로 생몰연대는 알 수가 없다. 1907년 정월(음력), 같은 향리의 야학교를 다니는 동지들끼리 국가를 위해 일하기로 약속을 하고 단지동맹(斷指同盟)을 맺었던 인물이다. 단지동맹에 참여한 인물로는 장호섭을 비롯하여 강봉익(姜鳳羽)·김병권(金秉權)·장석함(張錫咸)·오재규(吳任奎)·김창현(金昌鉉)·최구덕(崔九德)·한용복(韓用福)·백명락(白明洛)·강상황(姜尙璜)·주봉서(朱鳳瑞)·김동록(金同綠)·김재수(金在洙) 등이 알려져 있다.

이후 서간도로 넘어와 무송현(撫松縣)을 중심으로 활동하던 장호섭은, 1917년 3월 이병수(李秉洙) 등의 동지들과 밀정에 대한 살인 혐의로 중국 관헌에 체포되어 일제 측에 넘겨졌으나 증거불충분으로 풀려나기도 했다.

장호섭의 대종교 관련 교력을 보면, 1922년 6월 8일(음력, 이하 음력) 영계(靈戒)를 받은 인물이다. 그의 대종교 입교가 그 이전에 이루어졌음을 확인시킨다. 또한 같은 날 영계를 받은 인물 중에는 흥업단(興業團) 단장과 대한독립단 고문, 그리고 정의부(正義府) 재정분과위원으로 알려진 김호(金虎)가 있었다. 또한 신민부(新民府) 요원으로 활약한

이옥규(李沃珪)와 윤광원(尹光源)도 함께 영계를 받았다. 그리고 1922년 12월 5일에는 대종교 항일투사 오근태(吳根泰)·이현익(李縣翼)·박장빈(朴章彬)·이옥규 등과 참교(參教)의 교질(教秩)을 받았다. 그의 삶이 대종교 항일투쟁과 늘 붙어있었음을 알 수 있다.

[참고문헌]
『대종교보』제56호(1922년), 「撫松縣地方 不逞鮮人에 관한 건」(不逞團關係雜件-朝鮮人의 部-在滿洲의 部6, 官秘 第82號, 秘受 2606號, 한국사DB, 국사편찬위원회), 『續篇島山安昌浩』(도산기념사업회, 1954), 『한민족독립운동사자료집』3(국사편찬위원회, 1987), 『한국독립운동사자료』40(국사편찬위원회, 2004)

장홍국(張鴻國, 남, 1882-1938)
아호(별호)_ 장치준(張致俊)
입교 시기_ 1923년 이전 | 교질_ 미상 | 서훈_ 애족장(2009)

함경북도 청진부(清津府) 포항동(浦項洞) 출신으로, 1919년 11월 간도로 이주한 인물이다. 연길현(延吉縣) 용지향(勇智鄉) 흥신동(興信洞)에 거주하며 정신하(鄭信夏)라는 인물의 권유로 대종교 항일단체인 대한군정서(북로군정서)에 가입하였다. 장홍국은 최운학(崔雲鶴)의 후임으로 대한군정서 경신국(警信局) 제19분국장(分局長)으로 임명되어 용지향 흥신동을 관할하였다.

그러나 장홍국은 1920년 6월 30일 흥신동에서 동지 4명과 함께 체포되었다. 대한군정서에 몸을 담고 군자금 모집과 동지 규합 활동을 펼친 것이 혐의였으며, 일제는 장홍국 일행을 폭탄을 소지한 결사대로 간주하였다. 장홍국은 1921년 1월 경성복심법원(京城覆審法院)에서 소위 정치(政治)에 관한 범죄(犯罪)로 징역(懲役) 2년을 받고 옥고를 치렀다.

1921년 일제의 문서에 기록된 대한군정서 경신국 제19분국 간부들의 명단. 崔雲鶴의 후임으로 제19분국장을 맡은 張鴻國(네모 안)의 이름이 보인다.

출옥 이후에는 1925년 4월 함북청년대회(咸北青年大會) 집행위원이 되었으며, 같은 해 11월 이후 청부청년연맹(清富青年聯盟) 준비위원 및 검사위원으로도 활동하였다. 1927년 9월 조선노동총동맹(朝鮮勞農總同盟)이 노총(勞總)과 농총(農總)으로 분리될 때 이에 참여하여 중앙검사위원에 선출되었고, 1929년 신간회(新幹會) 청진지회(清津支會) 재정

부(財政部)를 맡아 활동하였다.

장흥국의 대종교 교력을 살피면 1923년 5월 21일(음력) 김희균(金熙均)·박두환(朴斗煥)·전창국(全昌國) 등과 함께 대종교 동일도본사(東一道本司)의 특별추천으로 영계(靈戒)를 받은 기록이 있다. 특별추천으로 받았다는 것은 그의 대종교와의 인연이 상당히 오래되었음을 시사한다. 아마도 그의 대종교 입교가 대한군정서 가입 시절이 아닐까 한다. 또한 김희균은 대한군정서 연락원 및 신간회 회령지회(會寧支會) 집행위원장을 지낸 인물이다. 박두환 역시 신간회 주을지회(朱乙支會) 집행위원장을 역임하였으며, 전창국은 신간회 회령지회장을 맡았던 인물이다. 그들의 대종교를 통한 인적 연결망이 다시금 확인된다.

[참고문헌]
『대종교보』제58호(1923년), 「朝鮮側 警察이 朝鮮人 金順 等을 拘引시킨 것에 관한 건」(不逞團關係雜件-朝鮮人의 部-在滿洲의 部28, 公 第259號; 受 20669號, 한국사DB, 국사편찬위원회), 『동아일보』1920.7.1., 1927.9.9., 『判決文』(京城覆審法院, 1921.1.20.), 『한국공산주의운동사』(김준엽·김창순, 청계연구소, 1990), 『신간회연구』(이균영, 역사비평사, 1993), 『한국독립운동사자료』42(국사편찬위원회, 2006)

전덕원(全德元, 남, 1877-1943)
아호(별명) _ 호은(湖隱), 정송(椪松), 소성(小醒)
입교 시기 _ 1910년대 | 교질 _ 미상 | 서훈 _ 독립장(1962)

평안북도 용천군(龍川郡) 북중면(北中面) 출신으로 의암(毅菴) 유인석(柳麟錫)의 문인이다. 1912년 만주로 망명한 이후 독립전쟁을 계속 추진하다가 1919년 국내에서 3·1독립만세운동이 일어난 것을 기회로 유하현(柳河縣) 삼원보(三源堡)에서 박장호(朴長浩)·조맹선(趙孟善)·김평식(金平植) 등, 대종교 동지들과 함께 대한독립단을 조직하여 군사부장으로 무장항일투쟁을 전개하였다.

1922년 2월에 조직된 대한통군부(大韓統軍府)에도 재무부장으로 참여하여 군자금을 조달하였다. 그러나 통군부가 통의부(統義府)로 개편되자 1923년 1월 환인현(桓仁縣) 대황구(大荒溝)에 모여 의군부(義軍府)를 조직하고 군무총감으로 총장인 채상덕(蔡相德)과 함께 항일투쟁을 이어갔다.

1923년 8월 8일에는 부하들로 하여금 국내 의주군(義州郡) 청성진(淸城津) 경찰주재소를 습격토록 하였으며, 1927년 2월에는 봉천성(奉天省) 장하현(莊河縣) 임가구(林家溝)에서 국내에 있는 일본관공서 및 고관 암살을 계획하던 중 안동현(安東縣) 일본영사관 경찰에 체포되어 1928년 4월 29일 평양복심법원에서 12년형이 확정되어 옥고를 치렀다. 출옥 이후에 이병기(李炳基)·박승연(朴勝衍)·홍주(洪疇) 등과 협력하여 독립사를 편찬하는 등 항일운동을 재개하려다 박상문(朴尙文)의 밀고로 다시 체포되어 수감 중 옥중에서 사망하였다.

전덕원의 대종교 입교는 1910년대 초반으로 전언되어 오지만, 관련 기록은 전하지 않는다. 다만 신흥무관학교 출신으로 대종교 항일투사인 박명진(朴明鎭)이 기록한 『대종교독립운동사』(필사본, 1964)에는, 그 시기 대종교 서일도본사(西一道本司)의 주요 교인으로 전덕원의 이름을 올리고 있다.

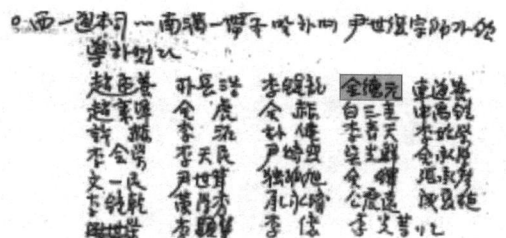

박명진의 『대종교독립운동사』에 서일도본사의 주요 교인으로 올라있는 全德元(네모안의 이름).

당시 서일도본사는 남만주 일대로부터 국내 평안도 지역을 관할하던 교구로, 그 교구를 이끈 인물은 단애(檀崖) 윤세복(尹世復)이었다. 또한 박장호·조맹선·김평식을 비롯하여 이진룡(李鎭龍)·차도선(車道善)·조병준(趙秉準)·백삼규(白三圭) 등, 의병출신의 맹장들이 모두 속해 있었다.

[참고문헌]
『대종교독립운동사』(박명진, 필사본, 1964), 『고등경찰요사』(경상북도경찰부, 1934), 『무장독립운동비사』(채근식, 대한민국공보처, 1949), 『한국독립운동사』(문일민, 애국동지원호회, 1956), 『한국독립사』하(김승학, 독립문화사, 1965), 『한국유이민사』상(현규환, 어문각, 1967), 『일제침략하한국36년사』8(국사편찬위원회, 1973)

전성호(全盛鎬, 남, 1896-1950)
아호(별명) _ 철주(鐵舟), 전성(全盛)
입교 시기 _ 일제강점기 | 교질 _ 지교 | 서훈 _ 애국장(1990)

전성호

함경북도 경성군(鏡城郡) 오촌면(梧村面) 용포동(龍浦洞) 출신으로, 대종교의 외자이름은 성(盛)이다. 대종교의 원로 항일투사인 경석(鏡石) 전재일(全在一)의 아들이자, 역사학자 전해종(全海宗)의 부친이다. 1916년 만주에서 조직된 철혈광복단(鐵血光復團)에 가입하고 1919년 3·1독립만세운동 당시에는 군자금 보충을 위하여 용정은행(龍井銀行)을 습격하기도 했다.

1919년 결성된 대종교 항일단체 대한군정서(북로군정서)에서 김좌진(金佐鎭)이 주도한 사관연성소를 졸업하였다. 또한 1920년 백두산 서남쪽 무송현(撫松縣)에서 대종교지도자인 김호(金虎)를 단장으로 하는 흥업단(興業團)이 조직되자, 대종교의 동지인 강승경(姜承卿)과 함께 북로군정서의 파견원으로 이곳 흥업단 연무소(鍊武所)에서 군사훈련 및 작전 등을 지도하였다. 이후 1925년 10월에는 김성한(金星漢)·김정희(金鼎熙)·전영국(全榮國) 등과 간도 지방의 공산주의 청년단체인 CK단(電拳團)사건에 연관되어 재판을 받기도 했다.

1927년 길림성(吉林省)에서 삼부통합(三府統合) 대표회의가 개최되자 김동진(金東鎭)과 함께 동만(東滿) 교민대표로 참석하였으며, 1928년에는 민족유일당 재만책진회(在滿策進會)가 조직되자 이청천(李靑天)·김좌진·황학수(黃學秀)·박창식(朴昌植) 등과 함께 군무위원으로서 항일투쟁을 이어갔다. 1930년 11월에는 연길현농회(延吉縣農會)에서 연길·혼춘(琿春)·화룡(和龍)·왕청(汪淸) 4현(四縣)의 한인(韓人) 지방대표가 모여 자치촉진회(自治促進會)를 만들 당시도 부회장으로 선임되어 지역 한인들의 자치권 향상에 많은 노력을 기울였다. 1935년에는 중국 의용군사령관 왕덕림(王德林)과 제휴하고, 이청천 부대와 연락하면서 대일항쟁을 전개하였다.

광복 이후 국내로 들어온 전성호는 대한국군준비위원회(大韓國軍準備委員會)에 참여한다. 조각산(趙覺山)과 함께 1945년 11월에 결성된 이 위원회의 부위원장으로 임명되어 위원장을 맡은 류동열(柳東悅)을 적극 도왔다. 이후 국방부가 군사경력자 9명을 고급장교로 기용할 당시 이준식(李俊植)·김석원(金錫源)·김정호(金正皓)·백홍석(白洪錫)·안춘생(安椿生)·유승렬(劉升烈)·오광선(吳光鮮) 등과 함께, 훈련과 자격심사를 영관급 중견간부에 임명되었다. 이어 국군에 입대하여 제1사단 12연대장을 지냈으며, 한국전쟁 당시인 1950년 9월 25일 포항작전에 참전 중 육군대령으로 전사하였다.

전성호의 대종교 입교는 대한군정서(북로군정서) 참여 이전으로 전해져 오지만, 그 관련 기록은 모두 없어져 전하지 않는다. 그는 김좌진(金佐鎭)·정신(鄭信) 등 대종교 선배들과 동고(同苦)했으며, 1928년 암살 위기에 있던 김좌진을 위험을 무릅쓰고 구출한 인물이기도 하다. 흥업단에서 함께 활약한 이현익(李顯翼)이 그의『대종교인과 독립운동연원』이라는 기록에서, 전성호를 120여 명의 대종교 항일투사에 이름을 올리고 있는 이유다.

그러므로 대종교에서는 전성호의 이러한 경험을 존중하여 환국 직후인 1946년 3월 6일(음력) 경의원(經議院) 참의(參議)로 선임하였다. 당시 경의원의 원장은 이시영(李始榮), 부원장은 이동하(李東廈), 비서는 고평(高平)이었다. 그리고 전성호와 더불어 참의로 선임된 인물들이 윤복영(尹復榮)·김승학(金承學)·김진호(金鎭晧)·황학수(黃學秀)·이용태(李容兌)·이시열(李時說)·박명진(朴明鎭)·신백우(申伯雨)·김원시(金源時) 등, 항일투쟁의 거물들이었다.

주목되는 것은 당시 전성호의 대종교 교질(敎秩)이 이미 지교(知敎)였다는 점이다. 지교의 교질은 '입교→영계(靈戒)→참교(參敎)'의 단계를 거쳐 얻어지는 종교적 지위다. 전성호의 대종교 입교가 대한군정서 참여 이전이었다는 것이 다시금 확인되고 있다.

[참고문헌]
『대종교보』한국기념호(1946년),『대종교인과 독립운동연원』(이현익, 프린트본, 1963),『대종교중광육십년사』(대종교총본사, 1971),『동아일보』1925.10.7., 1930.11.12.,『고등경찰요사』(경상북도경찰부, 1934),『국외용의조선인명부』(조선총독부경무국, 1934),『매일신보』1945.11.1.,『평화일보』1948.12.23.,『무장독립운동비사』(채근식, 대한민국공보처, 1949),『한국독립운동사』(문일민, 애국동지원호회, 1956),『한국독립사』하(김승학, 독립문화사, 1965),『한국유이민사』상(현규환, 어문각, 1967),『일제침략하한국36년사』8(국사편찬위원회, 1973),『한국독립운동사』5(국사편찬위원회, 1983)

전승묵(田昇黙, 남, 1889-?)

입교 시기 _ 1923년 이전 | 교질 _ 미상

함경북도 경원군(慶源郡) 경원면(慶源面) 출신이다. 1919년 11월 당시 경원군을 관할하는 대한민국임시정부 통신원으로 암약하였으며, 대종교 항일단체인 대한군정서(북로군정서)의 요원으로도 활동하였다. 1926년 이후에는 출신지인 경원면의 면장으로도 재직한 기록이 있다.

전승묵과 관련된 대종교 영계(靈戒) 사항이나 교질(敎秩) 관계는 남아 있는 것이 없다. 그러나 1923년 4월에 출범한 만몽산업회(滿蒙産業會)의 주요인물로 이름을 올린 기록이 전한다. 만몽산업회는 대종교 재건을 위해 설립된 위장단체로, 김교헌(金敎獻) 대종교 교주를 비롯하여 김규식(金奎植)·최계화(崔桂華)·류정근(柳政根)·김좌진(金佐鎭)·조성환(曹成煥)·현천묵(玄天黙) 등, 대종교의 주요지도자들이 이름을 올린 단체였다.

당시 교주 김교헌은 청산리 독립전쟁 이후 일제의 발악으로 인해 근거를 밀산(密山)으로 옮겨가 훗날의 기회를 보며 은인자중하고 있었다. 그 후 새로운 활동을 위해 영안현(寧安縣)으로 대종교총본사를 옮기고 재기를 도모하기 시작한다. 사방으로 흩어졌던 대한군정서의 간부들 역시 대종교 재건을 위한 구체적 행동을 시도했다. 다만 대종교를 표면적으로 내세우면 일제의 감시를 받을 수 있으므로 위장 명칭이 필요했다. 만몽산업회는 바로 그러한 배경에서 만들어진 것으로 대종교재건회와도 같은 조직이었다. 이 산업회의 구성원들 대부분은 대종교의 핵심이자 독립운동의 거물들로서, 그들은 상해의 임시정부를 하얼빈으로 옮겨 제2의 상해를 꿈꾸고자 하였다.

당시 전승묵은 하얼빈 지역에 거점을 잡고 활동하던 이정근(李廷根)·김정구(金鼎九)·박남섭(朴南燮)·홍병수(洪炳秀)·김면하(金面河) 등과 이러한 만몽산업회를 통한 대종교 재건 계획에 참여하였다. 이것은 전승묵이 그 이전부터 대종교와 깊이 연관되어 있음을 암시해 주지만, 그 관련 기록은 확인이 안 된다.

[참고문헌]
「大倧敎 設立計劃」(不逞團關係雜件-朝鮮人의 部-在滿洲의 部36, 機密受제262호-關機高收제5452호-1, 한국사DB, 국사편찬위원회),「獨立軍團員 李鴻來 等 逮捕에 관한 件」(不逞團關係雜件-朝鮮人의 部-在滿洲의 部38, 公第195號; 普通受 第211號, 한국사DB, 국사편찬위원회)

전재일(全在一, 남, 1875-1951)

아호(별명) _ 경석(鏡石)
입교 시기 _ 1923년 이전 | 교질 _ 지교 | 서훈 _ 애국장(1990)

함경북도 경성군(鏡城郡) 오촌면(梧村面) 용포동(龍浦洞) 출신으로, 대종교의 항일투사인 철주(鐵舟) 전성호(全盛鎬)의 부친이다. 1910년 경술국치를 당하자 전 가족을 이끌고 간도 용정(龍井)으로 망명하여 문화사업과 더불어 대종교 항일투쟁에 앞장섰다.

1919년 3·1독립만세운동 당시는 용정에서 시위운동에 참여하여 사상자가 많이 발생하자, 대종교지도자 호석(湖石) 강우(姜虞)·이상호(李相浩) 등과 주도하여 그 매장 및 부상자 위문 등의 활동을 펼쳤다. 그러나 1896년 제정된 청국(清國) 법률 제80호 '청국 및 조선국 재류제국신민취체법(在留帝國臣民取締法)' 제1조에 저촉된다 하여 3년간 중국 재류금지(在留禁止) 처분을 받고 고향으로 돌아왔다.

1919년 8월에는 대한민국임시정부의 비밀조직인 연통제(聯通制)와 연결하여 대종교 동지인 송윤섭(宋瓓燮)·이상호(李相鎬)·박두환(朴斗煥) 등과 함께 함북 연통제의 일원이 되어 활동하였다. 이 과정에 체포되어 1920년 8월, 징역 4년형을 받고 청진감옥에서 3년을 복역하고 출소하였다. 출옥 후에는 다시 용정에 돌아가 활동하다가 해방 후 환국하여 병사(病死)하였다.

연통제 사건으로 체포되었을 당시, 재판을 받던 全在一의 공판 문답 내용이 실린 『동아일보』(1920년 8월 23일자) 기사.

전재일은 일제강점기에 대종교에 입교했다 하나, 그 입교 시기나 영계(靈戒) 사항에 대해 남아 있는 기록이 없다. 다만 해방 이후인 1947년 1월 22일(음력) 대종교 경의원(經議院) 참의(參議)로 선임될 당시, 그의 교질이 이미 지교(知敎)의 단계에 있었다. 그가 일제강점기에 입교로부터 영계, 그리고 참교(參敎)와 지교의 과정을 거쳤음을 확인시켜 준다. 대종교단 내에 전언되어 오는 것처럼, 그의 대종교 입교가 대종교지도자 강우 등과 용정에서 활동하던 1910년대 중·후반임을 알 수 있다.

[참고문헌]
『대종교보』제153호(1947년), 『대종교인과 독립운동연원』(이현익, 프린트본, 1963), 『대종교중광육십년사』(대종교총본사, 1971), 『조선총독부관보』제2063호(1919년), 『동아일보』1920.8.22·23·27., 8.30·31., 『한국독립사』하(김승학, 독립문화사, 1965), 『일제침략하한국36년사』4·5(국사편찬위원회, 1969-1970)

전창국(全昌國, 남, 생몰 미상)

입교 시기 _ 1923년 | 교질 _ 미상

함경북도 회령군(會寧郡) 출신으로, 간도 두도구(頭道溝) 지역의 일본 순사(巡査)를 지내다 전향한 인물이다. 전창국은 명동학교 출신 항일투사인 충렬단원 남철웅(南哲雄)의 권유로 1919년 6월 두도구 지방 순사에서 물러나 항일의 길로 돌아섰다. 그리고 장진홍(張鎭鴻)을 비롯한 여러 명의 조선인 순사들을 직접 전향시켜 항일투쟁으로 끌어들이기도 했다.

전창국은 1919년 10월 정재면(鄭在冕)·이익찬(李翼燦)·윤준희(尹俊熙)·안인종(安仁鍾)·조기환(趙祺煥)·이호반(李豪班)·정기선(鄭基善) 등과 감사단(敢死團)이라는 결사단에 가담하여 연길현(延吉縣) 관민합동축하회 회당에 폭탄투척을 통한 소요(騷擾) 계획을 세우기도 했다. 이후 회령으로 넘어온 전창국은 1923년 동아일보 회령분국장을 맡아 지역 언론 창달과 지역 계몽 사업에 적극 앞장서는가 하면, 1927년 7월 23일 설립된 신간회(新幹會) 회령지회장을 맡아 그 활동을 지속해 갔다.

신간회 회령지회 설립대회의 내용을 담은 『중외일보』(1927년 7월 27일자) 기사. 그 지회장으로 당선된 全昌國(네모 안)의 이름이 보인다.

전창국의 대종교 교력을 살피면, 1923년 5월 21일(음력) 대종교 동일도본사(東一道本司)의 특별추천으로 영계(靈戒)를 받은 기록이 있다. 특별추천으로 영계를 받았다는 것은 그의 대종교와의 인연이 상당히 오래되었음을 시사한다. 또한 당시 함께 영계를 받은 인물들이 장홍국(張鴻國)·김희균(金熙均)·박두환(朴斗煥) 등이라는 점도 주목된다. 장홍국은 대종교 항일단체인 대한군정서(북로군정서) 경신국(警信局) 제19분국장(分局長) 출신으로 사회주의 항일투쟁 및 신간회 청진지부 재정을 담당했던 인물이다. 김희균 역시 대한군정서 연락원 및 신간회 회령지회(會寧支會) 집행위원장을 지냈으며, 박두환은 신간회 주을지회(朱乙支會) 집행위원장을 역임하였다. 이들이 모두 대종교를 통해 인적 연결이 되어 있음을 확인할 수 있다.

[참고문헌]
『대종교보』제58호(1923년), 『동아일보』1923.3.22., 1937.9.2., 『중외일보』 1927.7.27., 「재블라디보스토크 不逞鮮人의 활동상황 보고의 건」(不逞團關係雜件-朝鮮人의 部-在西比利亞8, 機密公信 제30호, 한국사DB, 국사편찬위원회), 「不逞鮮人 敢死團員으로 칭하는 자의 行動에 관한 건」(不逞團關係雜件-朝鮮人의 部-在滿洲의 部13, 機密 第69號; 秘受 13364號, 한국사DB, 국사편찬위원회)

출신지역과 생몰연대를 알 수 없는 인물로, 1920년대 북만주 밀산현(密山縣)을 거점으로 대종교 항일투쟁을 전개하였다. 광(光)이라는 외자이름 역시 대종교로 입교하며 개명한 이름인 듯 하나, 대종교단 내의 기록이나 일제의 문서에서도 드러나지 않는다.

정광의 대종교 교력을 살피면, 1922년 1월 24일(음력) 참교(參敎)의 교질(敎秩)을 받은 기록이 있다. 그의 대종교 입교가 훨씬 이전으로 올라감이 확인된다. 또한 같은 날 참교를 받은 인물중에는 연해주의 노인동맹단에 깊이 가담하여 활동한 김익형(金翼衡)도 있었다. 김익형은 1919년 7월 노인동맹단의 총무 자격으로 상해임시정부를 찾아갔던 인물이다. 대종교 항일투사 박명진(朴明鎭)이 정리한 『대종교독립운동사』(필사본, 1964)에도, 정광을 1910년대 후반 대종교 동이도본사의 주요 교인으로 기록하고 있다. 당시 동이도본사는 연해주 관할 구역이었고 그 중심에는 백포(白圃) 서일(徐一)이 있었다. 또한 정광을 비롯한 김익형·이화(李華)·이범윤(李範允)·홍범도(洪範圖)·김백련(金百鍊)·최우익(崔友翼)·황강(黃剛) 등이 등장한다. 정광 역시 이 지역의 항일투쟁과 밀접한 인물임이 추론되는 부분이다.

박명진의 『대종교독립운동사』에 기록된 1910년대 후반 대종교 동이도본사 연해주 지역 소속의 대종교 교인 명단. 丁光(네모 안)의 이름이 적혀 있다.

정광은 1926년 1월 20일(음력) 대종교 동이도본사 관할 밀산현(密山縣)을 책임지는 시교원(施敎員)으로도 임명되었다. 그러나 당시 그의 교질 단계는 확인이 안 된다. 그 시기 정광은 밀산현가의 광덕성(廣德成) 남참(南站) 호당(湖堂)에 연락 거점을 두고 활동하였으나, 그 이후의 기록은 없다.

[참고문헌]
『종문영질』(프린트본, 1922), 「大倧敎施敎堂一覽表(1926年)」(延边朝鲜族自治州档案馆 全宗号42 目录号1 案卷号343, 和龙县历史档案 和龙县警察所, 令各区查禁韩人设立大倧敎堂由, 民国十五年五月十二日), 『대종교독립운동사』(박명진, 필사본, 1964)

충청남도 논산군(論山郡) 강경면(江景面) 채산리(彩山里) 출신이다. 강경 지역 염정(鹽町) 지역에서 곡물상을 경영하고 있던 정기섭은, 3·1독립만세운동 직후인 1919년 3월 10일 엄창섭(嚴昌燮) 등의 권유로 독립 만세 시위에 참여하였다. 엄창섭은 충남 부여 출신으로, 당시 강경읍의 사립 창영학교(昌永學校) 교사로 재직 중이었다.

정기섭은 동지인 한규섭(韓圭燮) 등을 동참케 하여 1919년 3월 10일 오후 3시 강경장 근처의 옥녀봉에 올랐다. 그리고 500여 명의 군중과 함께 미리 제작된 태극기를 나누어 가진 후 독립 만세 시위를 전개했다. 이어 옥녀봉을 출발한 정기섭 등은 강경장 내 웃시장[上市場]에 이르러 그곳에서 군중과 합세하여 독립 만세를 외쳤다. 그러나 재향군인(在鄕軍人)과 소방조(消防組)에게 검거되어 1919년 4월 14일 공주지방법원에서 징역 1년형을 선고 받았으나, 항소하여 같은 해 6월 7일 경성복심법원에서 징역 8월을 선고 받고 옥고를 치렀다.

정기섭의 대종교 교력을 살피면 1923년 3월 1일(음력) 한규섭·김영창(金永昌) 등과 영계(靈戒)를 받은 기록이 있다. 한규섭·김영창은 모두 강경읍 출신으로 정기섭과는 절친한 항일동지였다. 또 하나 주목되는 것은 정기섭 등이 대종교총본사의 특별추천으로 영계를 받았다는 점이다. 그 시기 대종교총본사는 만주 영안현(靈安縣) 남관(南關)에 있었다. 정기섭 등이 총본사의 특별추천을 받았다는 것은, 당시 그가 만주의 영안현 총본사를 방문했거나 긴밀한 연결통로가 있었다는 말과 동일한 의미다. 그러나 그 행적은 물론, 그 이후의 대종교 관련 교력은 모두 전하지 않는다. 다만 그 시기 강경 지역 대종교를 이끌던 인물은 박상환(朴祥煥)과 정기욱(鄭沂昱)이 특기된다. 박상환은 1922년 윤5월 11일(음력) 대종교 남일도본사의 선리부령(宣理部令)을 맡았으며, 그 해 6월 4일 남일도본사를 총책임지는 전리(典理)의 자리에 오른 대종교지도자급의 인물이다. 또한 그 해 7월 13일 대종교 교적간행(敎籍刊行)의 중심이 되는 진단사(震檀社)를 발기하고 본격적인 간행작업을 준비하였으나, 동년 12월 25일 일신상의 이유로 사직서를 제출하고 낙향하여 강경 지역을 거점으로 대종교 포교에 진력하였다. 그리고 1923년 1월 2일에는 남일도본사 제2지사의 책임자인 전사(典事)로 임명되어 충북·충남·전북·전남에 있는 대종교시교당을 이끌고 있었다.

정기욱은 정기섭의 형으로, 박상환을 도와 강경 지역의 대종교를 이끈 인물로 1922년 7월 20일(음력)에 이미 참교(參敎)의 교질(敎秩)에 받았다. 그리고 1926년에는 강경에 있던 대종교 경선시교당(景善施敎堂)의 전무(典務, 책임자)까지 맡았음을 보면, 정기섭 등의 대종교 연결 고리가 자연스레 드러난다.

[참고문헌]
『대종교보』제57호(1923년), 『대종교중광육십년사』(대종교총본사, 1971), 「大

倧教施教堂一覽表(1926年)」(延边朝鲜族自治州档案馆 全宗号42 目录号1 案卷号343, 和龙县历史档案 和龙县警察所, 令各区查禁韩人设立大倧教堂由, 民国十五年五月十二日),「판결문」(공주지방법원, 1919.4.14.),「판결문」(경성복심법원, 1919.6.7.),「독립운동사」(독립운동사편찬위원회, 1971),「논산 지역의 독립운동사」(논산문화원, 1991)

정기욱(鄭沂昱, 남, 생몰 미상)
입교 시기 _ 1922년 이전 | 교질 _ 참교

충청남도 논산군(論山郡) 강경면(江景面) 채산리(彩山里) 출신으로, 대종교 항일투사 정기섭(鄭沂燮)의 형이다. 일찍이 일본 동경으로 유학을 한 인물로, 귀국 후 강경청년회(江景靑年會)을 거점으로 활동하며 지역 발전에 남다른 열정을 쏟았다.

1922년 6월 18일 지리멸렬하던 강경청년회가 개편될 때 총무로 선임되어 청년회의 살림을 맡았다. 당시 회장으로 추대된 인물은 그 지역에서 신망이 두터웠던 대종교지도자 박상환(朴祥煥)이었다. 또한 1925년 11월 21일 개최된 강경청년회 제2차 회원대회(會員大會)에서는 평의장(評議長)으로 당선되어 보다 적극적이고 포괄적인 지역 활동에 매진해 갔다.

정기욱의 대종교 교력을 살피면 1922년 7월 19일(음력, 이하 음력) 영계(靈戒)를 받은 기록이 있다. 그리고 그 다음날 바로 참교(參敎)의 교질(敎秩)을 받았다. 그의 대종교 입교가 그 이전으로 올라감을 알 수 있다. 한편 정기욱이 영계를 받은 날은 양력으로 1922년 9월 10일이다. 그 시기 정기욱은 총무의 직책으로 회장을 맡은 대종교지도자 박상환과 더불어 강경청년회를 이끌고 있었던 때다. 정기욱과 대종교의 연결 인물이 박상환임이 짐작되는 이유다.

참고로 박상환은 대종교 중광의 핵심이었던 호석(湖石) 강우(姜虞, 본명 姜錫箕), 그리고 같은 지역 출신인 은계(隱溪) 백순(白純)과 동향인이다. 1910년 1월 4일 이미 참교의 교질을 받았고 1910년 7월 8일 시교사(施敎師)에 임명되어 북간도로 넘어가 화룡현(和龍縣) 청파호(靑坡湖) 대종교시교당을 중심으로 활동하였다. 1917년 6월 13일 상교(尙敎)의 교질로 오른 후 국내로 들어와 군자금 모금 활동을 펼치다 체포되어 옥고를 치렀다. 1922년 윤5월 11일 대종교 남일도본사의 선리부령(宣理部令)을 맡고, 그 해 6월 4일에는 남일도본사를 총책임지는 전리(典理)의 자리에 올랐다. 이후 낙향하여 강경을 거점으로 대종교 포교에 진력한 결과, 1923년 1월 2일 남일도본사 제2지사의 책임자인 전사(典事)에 올라 충북·충남·전북·전남에 있는 대종교시교당을 이끌었던 인물이다.

한편 정기욱은 1926년에도 대종교 경선시교당(景善施敎堂)의 전무(典務, 책임자)를 맡아 찬무(贊務, 부책임자)로 임명된 김재동(金載洞)·김수창(金水昌)과 함께 시무하였다. 당시 정기욱은 자신의 자택인 논산군 강경면 염정 55번지에 경선시교당을 차리고 대종교 포교를 통한 국내 항일투쟁을 암암리에 지원했다. 그 시기 국내 대종교는 일제의 탄압에 의해 거의 궤멸된 상태로, 조선어학회나 귀일당(歸一黨)과 같은 비밀결사로 움직이던 시대였다. 그러므로 표면화된 시교당 역시 정기욱의 경선시교당 외에 서울 계동(桂洞)에 있던 계선시교당(桂善施敎堂, 책임자 양세환), 가회동(嘉會洞)에 있던 회선시교당(會善施敎堂, 책임자 김연필), 그리고 충남 부여에 있던 남선시교당(南善施敎堂, 책임자 강필구)이 전부였다.

[참고문헌]

「대종교보」제55호(1922년),「大倧教施教堂一覽表(1926年)」(延边朝鲜族自治州档案馆 全宗号42 目录号1 案卷号343, 和龙县历史档案 和龙县警察所, 令各区查禁韩人设立大倧教堂由, 民国十五年五月十二日),「學界報」제1호(1912년),「매일신보」1922.6.23., 1925.11.25.

정기헌(鄭基憲, 남, 1886-1956)
아호(별명) _ 백당(白堂)
입교 시기 _ 1915년 | 교질 _ 지교

경상남도 마산부(馬山府) 상남면(上南面) 봉림리(鳳林里) 출신으로 서예가로 명망 높은 인물이다. 일찍이 고향에서 한학을 수학하고, 상경하여 황성기독교청년회학관(皇城基督教靑年會學館)에서 신학문을 익혔다. 또한 한힌샘 주시경(周時經)으로부터 한글공부를 접했으며 교남학회(嶠南學會) 회원으로도 활동하였다.

이후 낙향하여 1916년부터 마산보성상회(馬山普成商會)라는 지물포를 운영하며 비밀리에 애국지사들의 거점으로 이용하였다. 상해임시정부가 출범한 후로는 임시정부의 핵심인사이자 대종교 동지였던 조완구(趙琓九)와 긴밀히 연락을 주고받았다. 또한 그 곳에서 밀파되어 오는 동지들의 뒷바라지를 하고 그들의 연락 업무도 담당하는가 하면, 때때로 항일투쟁을 위한 자금을 해외로 보내기도 하였다. 이로 인해 일제의 의심을 받아 가택수색을 받고 구인되어 고문을 당하는 곤욕을 치르기도 했다.

정기헌은 1921년 12월 미국 워싱턴에서 열리는 태평양회의에 제출하기 위해 작성한「한국인민치태평양회의서(韓國人民致太平洋會議書)」에도 경상남도 창원군 대표로 참여하여 서명하였다. 또한 1926년 10월에는 독립운동자금 마련을 위해 전라남도 광양군(光陽郡) 봉강면(鳳岡面) 일대에 지인 1명과 공동명의로 광업권을 설정 받아 현지인을 대리인으로 두고 금을 채굴하였으나, 일본인들의 탄압과 방해로 많은 어려움을 겪기도 했다.

정기헌은 비교적 이른 시기에 대종교에 입교한 인물이다. 그의 대종교 교력을 보면 1915년 12월 12일(음력, 이하 음력)에 참교(參敎)의 교질(敎秩)을 받은 기록이 전한다. 그의 대종교 입교가 그 이전에 이루어졌음을 알 수 있다. 또한 정기헌과 같은 날 참교를 받은 인물들이 이연건(李鍊乾)·이필수(李弼洙)·이희석(李喜錫) 등, 마산 지역과 인근한 함안군(咸安郡)의 동명학교(東明學校) 관련자들이라는 점이 주목된다. 동명학교는 대종교 계열의 학교로 함안군 3·1독립만세운동의 요람이기도 했다.

특히 이연건과 정기헌의 관계는 남다르다. 만주 영안현(寧安縣) 동경성(東京城)으로 넘어가 대종교 항일투쟁을 펼치던 이연건이, 1945년 국내로 오지 못하고 사망하자 그 기억의 흔적을 남긴 인물이 정기헌이다. 당시 국내에서 부친의 사망 소식을 접한 이연건의 아들 이병조(李炳祖)는 정기헌을 찾았다. 그리고 돌아가신 아버지의 애통함을 전하며, 아버지 생전 주유(周遊)하며 그리워하던 곳에 비석을 세우고자 글을 청하였다. 정기헌은 기꺼이 붓을 들었고 정성스레 글을 썼다. 함안군 여항면(艅航面)에 세워진 '지지원(遲遲園)'이란 비석이 그것이다.

그리고 정기헌은 1918년 7월 7일 진주를 중심으로 3·1독립만세운동을 이끈 김재화(金在華)와 더불어 지교(知教)의 교질로 승질(陞秩)하였다.

[참고문헌]
『종문영질』(프린트본, 1922), 『조선총독부관보』제4255호(1926년)·제2088호(1933년), 『창원군지』(김종하, 국제신보출판사, 1962), 『일제침략하한국36년사』(국사편찬위원회, 1973), 『창원시사』(창원시사편찬위원회, 1997), 『광양시지』2(광양시지편찬위원회, 2005), 『대한민국임시정부자료집』18(국사편찬위원회, 2007), 「遲遲園」(함안군청홈페이지, www.haman.go.kr)

정대식(鄭大植, 남, 1903-?)
입교 시기_ 1922년 | 교질_ 미상

경상북도 영양군(英陽郡) 일월면(日月面) 주곡동(注谷洞) 출신이다. 국내에서의 활동 사항이나 만주로 넘어간 시기는 분명하지 않다. 조선공산당 만주총국(滿洲總局)에 속해 활동하던 1931년, 영고탑(寧古塔) 반제동맹사건(反帝同盟事件)으로 영안현(寧安縣) 철령하(鐵嶺河)에서 장태근(張泰根)·안낙원(安樂源) 등과 체포되었다. 그 해 8월 징역 2년을 선고 받은 정대식은 신의주형무소에서 복역한 후 출소하였다.

정대식의 대종교 교력을 살피면 1922년 12월 11일(음력) 대종교 동이도본사(東二道本司) 소속 하일시교당(河一施教堂)의 찬무(贊務, 부책임자)로 임명된 기록이 있다. 당시 정대식의 종교적 지위는 '형제'였다. 형제(여자의 경우는 자매)란 입교하여 영계(靈戒)를 받기 이전의 단계를 말한다. 정대식이 그 이전에 대종교에 입교한 것을 알 수 있다. 그리고 일주일 후인 12월 18일(음력)에는 대한군정서(북로군정서)에서 활동한 나병수(羅秉洙)·이용선(李鏞先)과 고려혁명군에서 항일투쟁을 전개한 김운세(金雲世)와 더불어 영계를 받았다.

[참고문헌]
『대종교보』제56호(1922년), 『대종교중광육십년사』(대종교총본사, 1971), 「朝鮮共産黨員身元調」(『사상월보』제1권 제4호, 공훈전자사료관 원문자료실, 한국역사정보통합시스템), 『매일신보』1931.3.7., 『동아일보』1933.1.17.

정도기(丁道基, 남, 1880-?)
아호(별명)_ 정광(丁光), 정도기(丁道紀), 정태영(丁泰永)
입교 시기_ 1920년 이전 | 교질_ 미상 | 서훈_ 건국포장(2013)

함경북도 온성군(穩城郡) 온성면(穩城面) 서흥리(西興里) 출신으로, 대종교명은 정광(丁光)이다. 1920년 3월경 길림성 왕청현(汪淸縣) 춘명사(春明社) 소왕청(小汪淸)에 소재한 군정사군무서(軍政司軍務署) 서무과장으로 활동하였다. 군정사는 후일 대한군정서(북로군정서)로 개편되는 단체로 대부분의 구성원이 대종교도였다.

1920년 10월 조직된 북로사령부(北路司令部)에서는 참모로 선임되기도 했다. 당시 북로사령부의 참모장에는 조성환(曹成煥)이 선임되었고, 허동규(許東奎)·최우익(崔祐翼)·오주혁(吳周爀)·이장녕(李章寧)·나중소(羅中昭)·정기원(鄭棋源) 등이 정도기와 함께 참모로 선정되었으며, 허중권(許中權)·장지호(張志鎬)·최익룡(崔翊龍)이 서기로 임명되어 임시정부의 임명을 기다렸다.

정도기의 대종교 관련 영계(靈戒) 사항이나 교질(教秩) 관계는 전하는 것이 없다. 당시의 『대종교보(大倧教報)』를 비롯한 모든 자료들이 없어졌기 때문이다. 그러나 대종교 항일투사인 박명진(朴明鎭)은 그의 『대종교독립운동사』(필사본, 1964)에서, 1910년대 후반 대종교 동이도본사(東二道本司)의 주요 교인으로 정도기(대종교명 丁光)의 이름을 올리고 있다.

또한 1920년 3월에 작성된 일제의 문서에 보면, 정도기의 종교가 대종교로 적시되어 있다. 그의 대종교 입교가 적어도 그 이전으로 거슬러 올라감을 알 수 있는 자료다. 또한 정도기와 함께 군정사의 주요 간부를 맡았던 서일(徐一)·김광국(金光國)·이재수(李在秀)·정신(鄭信)·이식(李植)·박대우(朴大祐) 등이 모두 대종교도였다는 점도, 정도기의 대종교 참여를 확신케 하는 부분이다.

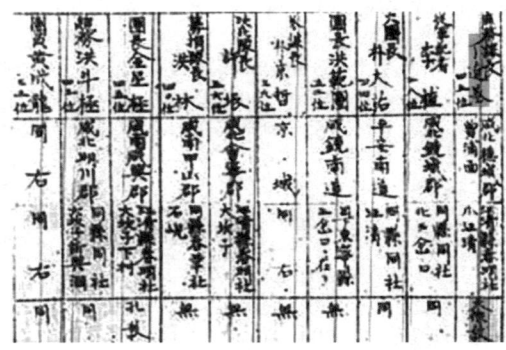

1920년 3월에 기록된 일제의 문서. 오른쪽 맨 위에 軍政司軍務署) 庶務課長 丁道基의 이름이 적혀 있고 그 하단에 大倧教로 분류되어 있다.

[참고문헌]
『대종교독립운동사』(박명진, 필사본, 1964), 「國外情報:間島地方 韓族獨立運動 機關의 所在 및 首腦者 名單」(大正8年乃至同10年 朝鮮騷擾事件關係書類 共7冊 其5, 密 第102號 其760/高警 第7594號, 한국사DB, 국사편찬위원회), 『조선

민족운동년감』(상해일본총영사관, 1932), 『독립운동사자료집』7(독립운동사편찬위원회, 1973), 『왜정시대인물사료』1(국회도서관, 1983), 『대한민국임시정부자료집』9(국사편찬위원회, 2006)

정두화(鄭斗和, 남, 1882-1939)
입교 시기_ 1911년 | 교질_ 참교

충청남도 예산군(禮山郡) 대술면(大述面) 시산리(詩山里) 출신이다. 구한말 참서관(參書官)을 지냈으며 기호흥학회 회원으로도 활동한 인물로, 여성 항일투사이자 김가진(金嘉鎭)의 며느리인 정정화(鄭靖和)의 큰오빠다. 김가진은 대한군정서(북로군정서)의 고문을 지낸 인물로서, 그의 아들인 김의한(金毅漢)이 정정화의 남편이다.

우선 정두화에게 큰 부담으로 다가오는 것이 작위(爵位) 세습의 문제다. 1910년 8월 29일 황실령 제14호로 조선귀족령이 공포되었다. 이에 따라 정두화의 조부 정낙용(鄭洛鎔)은 일본 정부로부터 남작 작위를 하사받고 1914년 2월 1일 사망하였다. 부친인 정주영(鄭周永)이 1914년 3월 19일 작위를 물려받아 1923년 3월 21일 사망할 때까지 유지하였다. 이후 정두화는 1923년 6월 30일 부친의 작위를 세습하며 친일의 낙인을 받았다.

정두화는 대동단(大同團)의 활동 자금과 연관이 깊은 인물이다. 조선민족대동단(朝鮮民族大同團)으로 불리는 대동단은 1919년 3월 말 전협(全協)과 최익환(崔益煥) 등이 주도하여 결성한 단체였다. 전민족의 대단결을 표방하며 출범한 이 조직은, 사회 각층의 인사들을 대상으로 한 범국민적 단체를 지향했다는 점에서 의미를 갖는다. 또한 정두화의 사돈인 김가진이 대동단의 총재를 맡고 처남인 김의한이 부친 김가진을 보좌하며 깊이 관여하였다.

대동단의 중추였던 전협이 대동단의 활동자금을 확보한 것도 정두화를 통해서였다. 당시 정두화는 충청도 호서은행(湖西銀行) 취체역(取締役, 이사)으로 있었다. 대동단원 김용환(金用煥) 역시 정두화로부터 대동단의 활동자금으로 제공받았다. 또한 상해 동제사(同濟社) 신규식(申圭植)의 밀명을 받고 국내로 잠입한 대종교 동지 박찬익(朴贊翊)이 독립자금을 모을 당시 그에 적극 협조한 인물도 정두화다. 비록 작위 세습은 받았으나, 그 이면에 숨은 항일의 의지를 살필 수 있는 부분이다. 이로 인해 정두화는 일제의 감시망에 올랐다. 정두화가 대동단사건으로 체포되어 취조 당할 당시, 일제의 신문조서(訊問調書)에 "성질이 완고하여 시세를 깨닫지 못하고 국권 회복을 꿈꾸다가 불량배의 꾐에 빠져 독립자금을 공급했다는 의문이 수차 일었다"는 기록에서도 암시받을 수 있다.

정두화의 대종교 교력을 살피면 1911년 7월 19일(음력) 참교(參敎)의 교질(敎秩)을 받은 기록이 있다. 그의 대종교 입교가 중광(重光)한 지 얼마 되지 않아 이루어졌음이 확인된다. 당시 상해에서 활동하다가 국내로 들어온 신구영(申龜永)과 함께 참교를 받았다. 또한 대동단의 중심에 있었던 최익환 등이 국내 대종교의 핵심이었으며, 처남인

김의한 역시 대종교 활동의 중심에 섰던 인물이다. 그의 사돈인 김가진이 대종교 항일단체인 대한군정서의 고문을 맡은 것 역시 이러한 배경과 무관치 않을 듯하다.

한편 1910년 음력 9월 10일(음력) 정훈모(鄭薰謨)가 단군교의 명칭 고수를 명분으로 내걸고 이유형(李裕馨)·유탁(兪鐸)·서창보(徐彰輔) 등과 더불어 나철(羅喆)의 대종교와 분립하였다. 정훈모는 자신의 안정적 활동을 보장받기 위한 일환으로, 당시 영향력이 컸던 박영효(朴泳孝)·민병한(閔丙漢) 등을 단군교에 입교시켰다. 일제강점기 조선총독부의 공인 하에 무난한 포교활동을 보장 받기 위함이었다. 정두화 역시 이들과 단군교에 가담하여 활동하기도 했으며, 1931년 11월 15일에는 단군신전봉찬회(檀君神殿奉讚會)의 창립총회에도 참여하여 이사로 선임되기도 했다.

[참고문헌]
『종문영질』(프린트본, 1922), 『조선·대한제국관보』호외1(1905년), 『기호흥학회월보』제1호(1908년), 『李埈公事件』(大正8年乃至同10年 朝鮮騷擾事件關係書類 共7冊 其5, 密 第102號 其604/高警 第33431號, 한국사DB, 국사편찬위원회), 『檀君神殿奉贊會創立總會』(集會取締 狀況報告(通報))(『思想에 關한 情報』1, 京鍾警高秘 제14018호, 한국사DB, 국사편찬위원회), 『매일신보』1914.6.26., 1920.6.29., 『동아일보』1920.6.29., 30., 7.12., 『지산외유일지』(정원택, 탐구당, 1983), 『한민족독립운동사자료집』5(국사편찬위원회, 1988), 『남파 박찬익 전기』(남파박찬익전기간행위원회, 을유문화사, 1989), 『조선민족대동연구』(장석흥, 『한국독립운동사연구』제3집, 독립운동사연구소, 1989), 『정두화』(친일반민족행위진상규명위원회, 『친일반민족행위진상규명보고서 IV-16』, 2009)

정병원(鄭秉源, 남, 생몰 미상)
입교 시기_ 1910년 | 교질_ 찬교

출신지역과 생몰연대를 알 수 없는 인물이다. 1905년 음력 2월, 일본에게 우리나라의 각 항구를 저당하고 많은 돈을 차관(借款)한 것에 대해 극구 반대했다. 당시 정병원은 국가재정이 비록 궁하다고 하지만 외국에서 차관을 내서는 안 된다고 주장하고, 중외(中外)에 통문(通文)을 돌려 민간에게 의연금(義捐金)을 내도록 간청하였다. 이로 인해 체포된 정병원은 10일 동안 취조를 받고 그 통문도 회수당했다.

정병원의 대종교 교력을 살피면 1910년 11월 29일(음력) 찬교(贊敎)의 교질(敎秩)을 받은 기록이 있다. 그의 대종교 입교가 비교적 이른 시기에 이루어졌음을 알 수 있으나, 그 이후의 기록은 전하지 않는다. 참고로 찬교란 1910년 후반 5단계의 교질[참교(參敎)-지교(知敎)-상교(尙敎)-정교(正敎)-사교(司敎)]이 확정되기 이전에 시행했던 3단계 교질(찬교-참교-사교) 단계 중, 가장 아래 단계를 말하는 것이다.

[참고문헌]
『종보』제8호(1910년), 『일본 헌병 사령부 게시를 위반한 일로 정병원을 체포한 것에 관한 조회』(警務廳来去文1, 照會 第七號, 한국사DB, 국사편찬위원회), 『매천야록』(국사편찬위원회, 1955), 『駐韓日本公使館記錄』24(국사편찬위원회, 1998)

정삼(鄭三, 남, 생몰 미상)
아호(별명) _ 일포(一圃), 정훈(鄭勳), 정구삼(鄭求參)
입교 시기 _ 1914년 | 교질 _ 지교

정세권(鄭世權, 남, 1888-1965)
아호(별명) _ 기농(基農)
입교 시기 _ 1913년 이전 | 교질 _ 미상 | 서훈 _ 애족장(1990)

출신지역과 생몰연대를 알 수 없는 인물이다. 본명은 정구삼(鄭求參)으로 대종교에 입교와 함께 정삼(鄭三)이라는 외자이름으로 개명했고, 대한군정서(북로군정서)에서는 정훈(鄭勳)으로도 활동했다.

정삼은 1919년 말에 조직된 대종교 항일단체 대한군정서에 참여하여 연대장을 맡았던 인물이다. 당시 대한군정서는 총재를 맡은 대종교지도자 서일(徐一)을 비롯하여, 부총재는 현천묵(玄天默), 총사령관 김좌진(金佐鎭), 참모장 이장녕(李章寧), 사단장 김규석(金奎植), 여단장 최해(崔海), 연성대장 이범석(李範奭), 경리 계화(桂和), 군무감독 양현(梁玄) 등이 각각 주요 보직에 취임하였으며, 모두 대종교도였다는 점이 특기된다.

정삼의 대종교 교력을 살피면 1914년 1월 13일(음력, 이하 음력) 참교(參敎)의 교질(敎秩)을 받은 기록이 있다. 그의 대종교 입교가 상당히 이른 시기에 이루어졌음이 확인된다. 또한 당시 함께 참교를 받은 인물들이 대한군정서의 동지들인 엄호(嚴浩)·소진극(蘇眞極)·채규오(蔡奎伍) 등이었다. 그리고 같은 해 11월 18일 지교(知敎)의 교질로 승질(陞秩)되었다. 정삼의 종교적 정성이 작지 않았음을 알 수 있다. 특히 주목되는 부분은 정삼이 대종교의 교리(敎理)에도 상당히 밝았던 인물이라는 점이다. 서일이 주도하던 대종교 동도본사(東道本司)에서는 1918년 1월 러시아 블라디보스토크에서 『사책합부(四冊合附)』를 발간하였다. 이 책은 말 그대로 대종교의 주요 경전인 『신사기(神事記)』·『신리대전(神理大全)』·『도해삼일신고강의(圖解三一神誥講義)』·『회삼경(會三經)』 4종을 합친 책이다. 『신사기』는 전래되어 오는 경전이며 『신리대전』은 대종교를 중광한 나철의 저술이다. 그리고 『도해삼일신고강의』와 『회삼경』은 대한군정서와 동도본사를 이끌던 서일의 저술이다.

이 책의 출간에는 서일뿐만이 아니라, 당시 대종교 동도본사의 주요 인물들이며 후일 대한군정서(북로군정서)의 핵심이 되는 정삼을 비롯하여 계화(桂和)·고평(高平) 등의 인물들도 모두 참여하였다. 계화는 『신사기』의 주해(註解)를, 고평은 『사책합부』의 편수(編修)를 담당하였으며, 정삼은 『도해삼일신고강의』의 발문(跋文)을 썼다. 정삼의 군교일치적(軍敎一致的) 삶의 가치를 확인할 수 있는 부분이다. 그러나 그 이후의 행적은 알 수가 없다.

[참고문헌]
『종문영질』(프린트본, 1922), 『四冊合附』(대종교동도본사, 1918), 『대종교독립운동사』(박영진, 필사본, 1964), 「在外 要注意 鮮人 別名 變名 雅號 調査에 관한 건」(不逞團關係雜件-朝鮮人의 部-在滿洲의 部39, 한국사DB, 국사편찬위원회), 『한민족독립운동사』4(국사편찬위원회, 1988)

경세권

경상남도 고성군(固城郡) 하이면(下二面) 덕명리(德明里) 출신이다. 일찍이 한학을 수학하고 진주(晉州)의 낙육고등학교(樂育高等學校)를 졸업하였다. 졸업 직후인 1905년에는 기자릉(箕子陵) 참봉(參奉)을 지내기도 했고, 1910년에는 하이면장이 되어 마을 사업에도 앞장섰다.

1919년 상경한 정세권은 건축사업에 손을 대기 시작했다. 건양사(建陽社)라는 개발회사를 설립하여 가회동(嘉會洞) 지역을 개발함으로써, 재력 확보와 함께 선구적 건축가로서도 우뚝 섰다. 당시로서는 획기적인 개발 방법으로 주목을 끌었다. 불편하고 좁은 재래 한옥을 개량하여 상하수도를 갖춘 도시형 한옥으로 리모델링한 것이다.

1935년 조선어학회 회원들이 아산 현충사를 찾았을 당시의 기념사진.
앞줄 맨 왼쪽 흰 두루마기를 입은 인물이 정세권이다.

정세권은 조선물산장려회(朝鮮物産獎勵會)에도 참여하였다. 조만식(曺晩植)·안재홍(安在鴻) 등이 중심이 되어, 1923년 1월에 발기한 조선물산장려회의 서울지회를 설립하였다. 이어 1930년 4월에는 서울지회의 경리부 상무이사로 선출되었고, 그 해 5월에는 중앙회의 경리부 상무이사로 선출되었다. 그리고 1934년 중앙회 이사로 선출되어 회관 건립·강연회 등 적극적인 활동을 전개했다. 신간회(新幹會) 활동도 눈에 띤다. 1927년 2월 좌우합작을 통한 독립운동를 추구를 위해 신간회가 창립되자 이에 적극 찬동하여 서울지회에서 활약했다. 1930년 11월에는 신간회 서울지회의 대회준비위원회에 김응집(金應集)·홍기문(洪起文)

등과 함께 재정부원으로도 활동했다.

조선어학회(朝鮮語學會) 활동에도 정세권의 도움이 지대했다. 조선어학회가 조선어사전 편찬사업을 하면서 독립된 사무실이 없어 고난에 처하자, 1935년에 서울 화동(花洞)에 있는 2층 건물과 부속 대지를 희사하여 조선어학회의 국어운동과 사전편찬사업을 적극 지원한 인물이 정세권이다. 당시 조선어학회가 수표정(水標町) 조선교육협회의 작은 방 한 칸에 열정을 사르던 모습을 직접 보았기 때문이다. 이로 인해 정세권은 1942년 11월에 터진 조선어학회사건으로 체포되어 혹독한 취조와 함께 옥고를 치렀다. 정세권의 대종교 교력과 관련된 기록은 교단 내에는 전하는 것이 없다. 다만 1913년에 간행된 『조선신사대동보(朝鮮紳士大同譜)』(1913년 12월 20일 발행)에 정세권의 종교가 대종교로 기록되어 있다는 점이다. 그 이전에 입교한 인물임이 확인된다. 한편 1909년부터 1910년까지의 대종교기관지인 『종보(倧報)』(1호~8호)에는 정세권의 기록이 발견되지 않는다. 또한 1911년 1월부터 4월 초까지의 기록인 『종령(倧令)』에도 정세권의 언급이 없다. 그 이후 1921년까지의 『대종교보(大倧教報)』는 모두 전하지 않는다. 정세권의 대종교 입교가 1911년 4월부터 1913년 12월 이전에 이루어졌음을 유추할 수 있다.

[참고문헌]
『朝鮮紳士大同譜』(大垣丈夫, 日韓印刷株式會社, 1913), 『조선일보』1935.7.13., 「큰사전 완성을 축하함」(정세권, 『한글』122, 한글학회, 1957), 『한국독립사』하(김승학, 독립문화사, 1965), 『일제침략하한국36년사』8(국사편찬위원회, 1973), 『독립운동사자료집』14(국가보훈처, 1978)

정순조(鄭舜朝, 남, 생몰 미상)
아호(별명)_ 남전(藍田), 정철흠(鄭哲欽)
입교 시기_ 1937년 이전 | 교질_미상

출신지역과 생몰연대를 알 수 없는 인물로 본명은 정철흠(鄭哲欽)이다. 일제의 기록에서는 찾을 수가 없으며, 오직 1930년대 대종교의 기록에서만 일부 언급되는 인물이다. 대종교 항일투사 이현익(李顯翼)의 기록을 보면, 정순조가 흥업단(興業團)·광정단(光正團)·정의부(正義府)·신민부(新民府)의 주요 간부를 지낸 인물로 적고 있다. 이현익 역시 대종교 항일단체인 흥업단과 신민부의 요원으로 활동한 인물이다. 이로 보아 정순조가 대종교 항일투쟁에 깊숙이 관여한 인물임을 알 수 있다.

정순조의 대종교 관련 교력은 모두 전하지 않는다. 그의 영계(靈戒) 사항이나 교질(教秩) 관계 역시 파악할 수 없다. 다만 정순조가 1937년 8월 24일(음력), 빈강성(濱江省) 파언현(巴彦縣) 서집창(西集廠) 지역을 책임지는 대종교 재만교구경상금수납위원(在滿教區經常金收納委員)으로 임명된 기록이 있다. 경상금수납위원이란, 말 그대로 관할 구역의 대종교 재정을 책임지는 위치다. 그의 대종교 입교가 그 이전으로 올라감을 알 수 있을 뿐만 아니라, 당시 정순조

의 대종교에서의 비중이 상당했음을 시사해 준다. 더불어 파언현 지역을 함께 책임진 인물이 항일투사 권중락(權重洛)이었다. 권중락은 파언현 와흥교(窪興橋) 지역을 관할 구역으로 하여 정순조와 함께 했다.

또한 정순조는 1939년 10월(음력)에 조직된 대종교서적간행회에도 참여하였다. 이 회는 대종교를 보급하는 데는 반드시 문자의 힘이 필요하다는 기치 아래 만들어진 조직이다. "이제 대교(大教) 부흥기에 당하여 만구동성(萬口同聲)으로 종경(倧經)의 요구가 날로 높은 터이다. 이 요구를 수응함은 무엇보다도 대교 발전상 최대 급무일 것이다. 이것을 공감하는 우리는 미성박력(微誠薄力)을 불고하고 교적간행회를 발기한다."는 취지로 안희제(安熙濟)와 강철구(姜鐵求) 등이 앞장섰다. 당시 정순조는 오근태(吳根泰)·윤정현(尹珽鉉)·권중락·최익항(崔益恒) 등의 대종교 항일투사들과 어려운 형편에도 1주(株)의 헌성으로 동참하였다.

[참고문헌]
『대종교교보』제115호(1937년), 『대종교인과 독립운동연원』(이현익, 프린트본, 1963), 『대종교중광육십년사』(대종교총본사, 1971)

정숭묵(鄭崇默, 남, 생몰 미상)
입교 시기_ 대종교 중광 이전 | 교질_미상

출신지역과 생몰연대를 알 수 없는 인물로, 백봉신사(白峯神師)와 일심계(一心戒)를 나눈 제자 13인 중의 1인이다.

백봉신사와 그 집단은 단군신앙의 근대적 부활을 위하여 경전(經典)의 수습과 체제의 준비 그리고 포명(佈明)의 틀을 마련한 종교결사로써, 근대 단군신앙의 선지자 혹은 선지자집단으로 이해된다. 백봉집단은 1904년 음력 10월 3일에 백두산 대숭전(大崇殿) 고경각(古經閣)에서 13인이 참여하여 『단군교포명서(檀君教佈明書)』를 반포하고, 이후 포명서 및 경전을 홍암(弘巖) 나철(羅喆)에게 전해 대종교 중광(重光)의 계기를 마련해 준 집단이다. 정숭묵이 대종교가 중광한 1909년 1월 15일(음력, 이하 음력) 이전에 이미 단군교(대종교 이전의 명칭)도였음을 알게 해준다.

특히 정숭묵은 백봉교단의 인물로서는 대종교와 마지막으로 연결된 인물이다. 정숭묵은 나철이 대종교를 중광한 이후인 1909년 8월 27일 대종교에 고서(告書)를 전달하였다. 백봉교단과 대종교의 연결은 이것이 마지막이었다. 당시 정숭묵이 고경각의 정참무(正參務)의 자격으로 전달한 고서의 주지(主旨)는 명년(明年) 1910년에 장차 백봉신사가 오대종지(五大宗旨)를 천하에 선포하여 혼미한 세상을 밝힐 것이니 경건히 마음의 준비를 하라는 내용이었다.

고서의 내용대로 1909년 10월 3일 백봉신사가 친히 교열(校閱)한 『단군교오대종지서(檀君教五大宗旨書)』가 대종교에 전해졌다. 그 전해진 시기는 정확하지 않으나, 나철이 1909년 12월에 오대종지를 발포한 것으로 보아 그 해 10월 3일부터 11월 사이로 추찰된다. 오대종지란 대종교인

들이 경건히 받들어야 할 5가지의 계율이다.

한편 백봉교단에서 먼저 전해 준 『단군교포명서』의 '부백(附白)' 부분을 보면, 적절한 시기를 보아 단군교(대종교)의 경전류(經典類)·선악영험편(善惡靈驗篇)·인신론(人神論)·제철신심록(諸哲信心錄)·단군조실사(檀君朝實史)·역대고사기(歷代古事記)·백봉신형현세기(白峰神形現世記) 및 각종 서적(書籍) 등을 공개하겠다는 내용이 실려 있다. 『단군교오대종지서』 역시 이 부류의 하나로 생각된다.

1909년 8월 27일(음력) 鄭崇默이 대종교에 전한 告書의 전문. 『倧報』제3호(1909년)에 실려 있다.

[참고문헌]
『종보』제3호(1909년), 『대종교중광육십년사』(대종교총본사, 1971), 『한국중흥종교교조론』(신철호, 대종교총본사, 1979), 『한국신종교총람』(이강오, 대흥기획, 1992), 「단군교포명서의 단군신앙체계」(김동환, 『국학연구』제13집, 국학연구소, 2009)

정승경(鄭承慶, 남, 생몰 미상)
입교 시기 _ 1937년 이전 | 교질 _ 미상

출신지역과 생몰연대를 알 수 없는 인물이다. 일제의 문서에서도 확인이 안 되며 1930년대 대종교의 기록에만 언급되고 있다.

정승경은 1937년 8월 24일(음력) 대종교 재만교구경상금수납위원(在滿敎區經常金收納委員)으로 임명된 기록이 전한다. 그 시기 이미 대종교의 핵심인물로 참여하고 있음을 확인시켜 준다. 재만교구경상금수납위원이란 대종교 만주교구의 재정을 조달하는 직책으로, 당시 정승경은 신경특별시(新京特別市, 지금의 장춘)를 관할하였다. 또한 함께 신경특별시를 책임진 인물이 김상호(金相鎬, 金相皓)였다. 김상호는 대한국민회와 연관되어 활동한 인물로, 용정촌에 있는 항일단체인 명성청년회(明成靑年會)의 재무(財務)를 맡기도 했으며, 조자중(趙子仲)·문석시(文錫視)와 함께

정의부(正義府) 무본지방(撫本地方)의 행정위원을 담당하기도 했다. 정승경 역시 대종교 항일투쟁에 깊이 관여된 인물로 추정되는 이유다.

[참고문헌]
『대종교보』제115호(1937년)

정승규(鄭承奎, 남, 생몰 미상)
입교 시기 _ 1918년 | 교질 _ 참교

출신지역과 생몰연대를 알 수 없는 인물이다. 1924년 6월 정승주(鄭承周)·한병률(韓秉律)·정기석(鄭基錫)·박기평(朴基坪) 등과 지역의 민족교육 부흥에 앞장선 기록이 있다. 정승규는 간도 두도구(頭道溝) 신흥동(新興洞)에 있던 신흥학교가 쇠퇴해 가자, 신흥동과 인근 두개동(頭介洞), 용남동(龍南洞), 중평동(仲坪洞), 용수동(龍水洞)의 5개 학교를 합하여 3백여 명을 수용하는 신흥학교로 새로이 출범시키는 데 큰 역할을 하였다.

정승규가 신흥학교(新興學校) 재건에 앞장섰다는 내용을 실은 『시대일보』(1924.6.7) 기사

정승규의 대종교 교력을 보면 1918년 2월 28일(음력) 참교(參敎)의 교질(敎秩)을 받은 기록이 있다. 그의 대종교 입교가 그 이전으로 올라감이 확인된다. 당시 함께 참교의 교질을 받은 인물들로는 정승주를 비롯하여 김응률(金應律)·이균섭(李均燮)·김명기(金明琪)·김태우(金泰禹) 등이 있다. 모두 대종교 항일단체인 대한군정서(북로군정서)의 구성원이었다. 특히 정승주는 대한군정서 경신국 제9분국 제13과장을 맡았던 인물로, 신흥학교의 재건에도 정승규와 함께 한 인물이다. 정승규 역시 대한군정서의 경신활동과 밀접할 것으로 추정된다. 또한 정승주와는 형제인 듯하나 그 역시 확인이 안 된다.

[참고문헌]
『종문영질』(프린트본, 1922), 『시대일보』1924.6.7.

정승주(鄭承周, 남, 생몰 미상)
입교 시기_ 1918년 | 교질_ 참교

출신지역과 생몰연대를 알 수 없는 인물이다. 대종교 항
일단체인 대한군정서(북로군정서)의 경신국(警信局) 제9분국
의 제13과장을 맡은 기록이 있다.

대한군정서는 대종교도들이 중심이 된 조직으로 군교일
치(軍敎一致)를 지향하였다. 그것의 중요한 장치 중의 하
나가 경신조직이다. 경신국 조직을 보면 이러한 군교일치
의 지향이 더욱 확연해진다. 경신국이란 경사(警査)와 통
신(通信)을 담당하는 기관이었다. 경사 업무는 민정시찰,
각 단체의 행동과 적정(賊情) 정찰, 군사기밀조사, 내부 불
순분자 색출, 임원 경호 등이었다. 또한 통신 업무는 신보
(新報) 전파, 보도 및 통신 전달, 서령(署令) 및 선유문(宣諭
文) 배포, 하물(荷物) 운반 등을 관할하였다

한편 대한군정서 관할 구역에 있는 대다수의 사람들이 대
종교 신자들이었다. 까닭에 경신활동이나 모연대(募捐隊)
를 통한 군자금의 징수와 모금이 훨씬 수월했다. 일제강
점기 대종교의 교당은 곧 학교이자 독립운동의 전초기지
였다. 그러므로 그들이 내는 종교적 성금은 곧 후학을 기
르는 학자금인 동시에 항일투쟁을 위한 군자금이었다. 군
교일치의 실천을 그대로 확인시키는 부분이다.

당시 대한군정서의 경신국 조직은 39분국까지 펼쳐져 있
었다. 나아가 각 분국을 보면, 소분국은 1과에서 대분국
은 20과까지를 두어 총 218과를 운영하고 있었다. 더욱이
그 분국장이나 과장들이 모두 대종교인들이었다. 대한군
정서 경신국 조직이 대종교의 시교당·포교소 조직과 동
일체라는 것이 드러나고 있다.

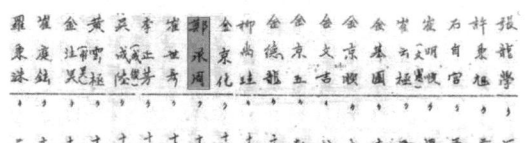

일제의 문서에 기록된 대한군정서 경신 제9국에 속한 제1과에서 20과까
지의 과장 명단. 제13과장을 맡은 鄭承周(네모 안)의 이름이 보인다.

정승주가 속한 제9분국은 연길현(延吉縣) 상의향(尙義鄉)
세린하(細鱗河)가 관할 구역으로 만명현(萬明鉉)이 분국장
을 맡고 있었다. 전체 20과까지 두었으며 정승주는 제13
과의 책임자였다.

정승주의 대종교 교력을 보면 1918년 2월 28일(음력) 참교
(參敎)의 교질을 받은 기록이 전한다. 그의 대종교 입교가
그 이전에 이루어졌음을 알 수 있다. 또한 당시 함께 참교
를 받은 인물들이 후일 대한군정서에서 항일투쟁을 펼친
김응률(金應律)·이균섭(李均燮)·김명기(金明琪)·김응률(金應
律)·김태우(金泰禹) 등이었다.

[참고문헌]
『종문영질』(프린트본, 1922),「朝鮮側 警察이 朝鮮人 金順 等을 拘引시킨 것
에 관한 건」(不逞團關係雜件-朝鮮人의 部-在滿洲의 部28, 公 第259號; 受 20669
號, 한국사DB, 국사편찬위원회)

정승철(鄭承喆, 남, 1882-?)
입교 시기_ 1914년 | 교질_ 참교

경상북도 안동 출신으로 1910년대 초반 만주 서간도로 건
너간 인물이다. 1914년 5월경 길림성 통화현(通化縣) 대항
도자(大恒道子)에서 교사 생활을 한 기록이 있다. 또한 그
시기 이상희(李象羲)·이봉희(李鳳羲)·권종철(權鍾喆)·김동
삼(金東三)·박경종(朴慶鍾) 등의 동지들과 회합하며 구국의
방안을 모색하기도 했다.

1918년 4월에는 대종교지도자 정안립이 주도한 동성한족
생계회(東省韓族生計會)에도 참여하였다. 당시 정승철은 신
석봉(申錫鳳)·이계원(李啓元)·박희우(朴凞佑)·김석환(金錫
環) 등과 무송현(撫松縣)을 대표하는 발기인으로 이름을 올
려 동삼성 한인들의 권익 확장에 적극 앞장섰다. 이후 연
해주로 거점을 옮긴 정승철은, 1921년 5월경 연해주 수청
(水淸)을 거점으로 활동하면서 김경천(金敬天)·조인삼(趙仁
三) 등과 학교설립에도 깊이 관여하였다.

정승철의 대종교 교력을 살피면 1914년 5월 13일(음력) 참
교(參敎)의 교질(敎秩)을 받은 기록이 있다. 그의 대종교 입
교가 그 이전으로 올라감이 확인된다. 또한 함께 참교를
받은 인물들이 박은식(朴殷植)·윤세용(尹世茸)·이시열(李時
說) 등, 대종교지도자 윤세복(尹世復)이 주도하던 환인현(桓
仁縣)의 동창학교(東昌學校)의 인물들이라는 점이다. 정승
철이 그 시기 그들과 깊이 연관되어 있음을 암시해준다.

[참고문헌]
『종문영질』(프린트본, 1922),「不逞者의 處分」(不逞團關係雜件-朝鮮人의 部-在
滿洲의 部4, 警高機發 第3049號; 秘受 136號, 한국사DB, 국사편찬위원회),「排日
鮮人의 動靜에 관한 건」(不逞團關係雜件-朝鮮人의 部-在滿洲의 部6, 政機密 第
14號; 秘受 7369號, 한국사DB, 국사편찬위원회),「鮮人의 행동에 관한 건(이만
방면 鮮人의 상황에 관한 건 외 2건)」(不逞團關係雜件-朝鮮人의 部-在西比利亞11,
機密 제35호, 한국사DB, 국사편찬위원회)

정신(鄭信, 남, 1898-1931)
아호(별명)_ 한비, 일우(一雨), 정윤(鄭潤)
입교 시기_ 1915년 이전 | 교질_ 지교 | 서훈_ 독립장(1963)

함경남도 홍원군(洪源郡) 출신으로 대종교명은 윤(潤)이다.
일찍이 대종교 항일단체인 중광단(重光團)에 가입하여 항
일투쟁의 길에 들어선 인물이다.

1919년 7월, 대종교지도자 서일을 중심으로 한 대종교 동
도본사(東道本司)의 계화(桂和)·김붕(金鵬)·김일봉(金一鋒)·

김성(金星, 金秉德) 등과 일본 내각총리대신 하라 다카시(原敬)에게 건백서(建白書)를 보냈다. 이 시기는 중광단에서 대한정의단(大韓正義團)으로 변모되어 대한군정서(북로군정서)로 우뚝 서기 이전의 단계였다.

건백서의 주된 요지는 세계열강들은 대개가 백인들로서 그들의 세력 확장을 위해 남의 나라 영토를 침략하고 지배하여 왔다는 전제로, 지금 아시아에서는 일본이 그들과 같이 침략행위를 행하고 있다고 지적했다. 특히 한국을 병탄한 일이 일본에게 불리한 점을 7가지로 구체적으로 지적함과 동시에, 한국과는 오랜 관계를 지속해 왔던 나라에 행할 행위가 아니므로 일본은 침략행위를 중단하고 세계평화를 위해 힘써 달라는 내용이다. 서신을 보낸 시점과 내용을 살펴보면 정신 등이 본격적인 항일무장투쟁을 위한 준비를 마치고 일제에게 보낸 일종의 통첩으로 이해할 수 있다.

정신은 1919년 12월 대한정의단이 대한군정서(북로군정서)로 확대된 뒤에는 인사국장과 군기국장(軍器局長)으로 활동했으며, 모연대감시(募捐隊監視)로도 역할하며 모연대를 맡아 이끌기도 했다. 또한 그 시기 군정서의 기계국(器械局) 보관과장(保管課長)인 서청(徐淸)을 동반하고 노령으로 넘어가 러시아식 5연발 군총 50정을 구입하여 몰래 반입하였으며, 1920년 4월에도 군정서원 20명을 거느리고 노령으로 건너가 군총 20정과 단총 10여정 및 폭탄을 구입하여 오기도 했다.

청산리전역 이후인 1921년 1월경에는 문창범(文昌範)·김규찬(金奎燦)·이철수(李鐵洙) 등과 긴밀히 협의하여 연길현(延吉縣) 숭례향(崇禮鄉) 도목구(倒木溝)에 통신부를 설치하였다. 그리고 통신부장을 맡아 각 방면에 통신원을 배치하여 무너진 연락망을 재구하는데 앞장섰다. 이어 왕청현(汪淸縣) 대감자(大坎子) 신흥촌(新興村)에 살던 가족들을 거느리고 대종교총본사가 있는 영고탑 방면으로 옮겨가, 그곳을 근거로 다양한 활동을 전개했다.

1922년 1월 연길현(延吉縣)으로 넘어와 그곳 명월구(明月溝) 구세촌(救世村)에서 대한군정서의 정신을 계승한 대한군정서청년모험대(大韓軍政署靑年冒險隊)를 결성하여 제1분대장을 맡았다. 당시 대종교 핵심이었던 이홍래(李鴻來)가 모험대의 대장이었고, 서남덕(徐南德, 참모)·정사흥(鄭仕興, 제2분대장)·이경렬(李京烈, 제3분대장)·이춘보(李春甫, 제4분대장)·임춘서(林春瑞, 제5분대장)·김봉순(金鳳淳, 제6분대장)·황용운(黃龍雲, 제7분대장) 등이 주요 간부를 맡았다. 각 분대에는 5명씩 배속되어 각각 권총을 휴대하고 정해진 구역에서 군자금모금 및 통신연락과 동지규합 등을 도모하였다. 특히 정신은 그 해 3월 돈화현(敦化縣) 사하장(沙河場)에서 청년모험대의 기관지라 할 수 있는 『일세보(一世報)』 1천 5백부를 발행하여 각 지역에 통신부를 설치하고 간도 일대에 배포하기도 했다.

한편 1922년 10월에는 정신을 비롯한 대한군정서 계열의 항일투사들은 현천묵을 중심으로 영안현(寧安縣) 대종교교당(大倧敎敎堂)에 모여 군정서 재건을 위한 새로운 활동계획을 모색하였다. 당시 참여한 중심인물들을 보면 정신 외에도 이홍래를 비롯한 현천묵·현갑(玄甲)·김혁(金赫)·

유정근(兪政根)·김좌진(金佐鎭)·이중실(李仲實)·민해양(閔海陽)·이홍래·현준(玄俊)·이단(李檀)·허규(許奎)·최완(崔玩) 등 대종교지도급에 있는 항일투사들이 모두 동참하였다. 이 모임은 대종교단 차원에서 이루어진 것으로, 이 시기 대종교 교주였던 김교헌(金敎獻)은 이 집회의 고문으로 있으면서 역사서 편찬을 준비하고 있었다. 이 역사서가 후일 상해에서 출간되는 『신단민사(神檀民史)』로, 민족의식 앙양과 독립의식 고취를 위해 편찬된 것이다. 이 책은 노령과 만주, 그리고 국내에 있는 조선청년들의 교과서로 사용하기 위함이었다.

1922년 10월에는 상해에서 개최된 국민대표회의(國民代表會議)에 북간도 대한독립군 대표로서 참가하였으며, 1923년 2월에는 이청천(李靑天)·배천택(裵天澤)·신일헌(申日憲)·김동삼(金東三)·최기현(崔基鉉)·김철(金澈) 등과 함께 대표회의 군사분과위원이 되어 활약하였다. 그리고 1924년에는 상해교민단 제110회 정기이사회에서 회계검사원으로 임명되었다. 같은 해 이동녕(李東寧)이 임시정부의 국무총리에 취임하여 대통령권한을 대행할 때에는 국무원 비서장에 임명되기도 하였다.

이후 북만주로 돌아온 정신은 1925년 영안현에서 김좌진·김혁(金赫)·나중소(羅仲昭) 등 대종교 동지들과 함께 신민부(新民府)를 조직하고 연락부 위원장으로 항일투쟁을 계속하였다. 1927년에 중앙집행위원장 김혁 등의 간부가 체포된 뒤에는 경리부 위원장을 맡기도 하였으며 군민의회(軍民議會)의 민사부위원(民事部委員)으로도 활약하였다.

1926년 10월에는 일제가 만주 군벌 장작림(張作霖) 정권과 결탁하여 영고탑에 영사관을 설치하려 하자, 대종교 교주 윤세복(尹世復)을 위시하여 현천묵(군정서 대표)·신숙(申肅, 창조파 대표)·윤해(尹海, 창조파 대표)·한석범(韓錫範, 신민부 대표)·한형권(韓馨權, 적기단 대표) 등과 영고탑에서 비밀리에 회합을 가졌다. 당시 이 회합에서는 항일투쟁의 근거를 밀산현으로 옮겨가는 문제와 한면왜심(韓面倭心)의 이중성을 드러낸 최계화(崔桂華)를 처단하는 문제, 그리고 한중 양국민이 힘을 합쳐 일제를 북만주로부터 몰아내는 문제 등을 의논하였다. 정신 역시 이 회합에 신민부 대표로 참가하여 의견을 개진하였다.

이후 1929년에는 신민부 군정파와 참의부(參議府)의 주류 그리고 정의부(正義府)의 이청천(李靑天)·김동삼 등과 3부를 통합하여 민족유일독립당재만책진회(策進會)를 조직하고 김좌진·황학수(黃學秀)·김시야(金時野) 등과 함께 신민부 군정파 대표로서 혁신의회(革新議會) 및 임시기관의 임무를 수행하였다. 또한 신민부 군정파였던 김좌진·민무(閔武) 등과 함께 예전의 신민부 자리였던 중동선(中東線) 일대에 근거지를 정하고 한족총연합회(韓族總聯合會)와 생육사(生育社)를 조직하였으며 이들 단체들은 후에 한국독립당의 모체가 되었다.

한편 정신의 신민부는 아나키스트들과의 적극적 연합 속에 만주 이상향 건설을 꿈꾸기도 했다. 김좌진의 족제(族弟)인 아나키스트 김종진(金宗鎭)이 민족주의·공산주의·아나키즘 계열과 긴밀히 접촉하면서 아나키스트들과 간담상조되어 실질적 운동의 본거지인 북만으로 총집결을 진행하고 있었다. 당시 북간도의 상황은 사회주의(공산주의)가 주체할 수 없을 정도로 만연해 있었다. 김종진은 함께 할 동지들을 규합코자 1926년 남경, 한구(漢口), 무창(武昌) 등지로 1년여의 고초를 겪다가 천진(天津)의 우당 이회영을 만나 의논하였다. 그리고 1927년 후반 북만 중동선의 신민부 지도자인 김좌진을 찾았다.

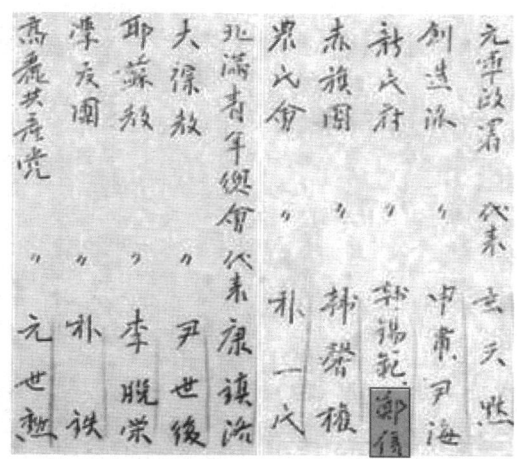

1926년 10월 영고탑 회합 당시 참석인물들을 기록한 일제의 문서. 신민부 대표로 참석한 鄭信(네모 안)의 이름이 보인다.

이 시기 북간도의 이념적 상황은 사회주의(공산주의)가 요동치고 있던 시기였다. "20년대 중반 북간도의 이념적 상황은 대개 사회주의자와 민족주의자들이 혼연일체가 되어 일제 무리와 싸워야 한다고 떠들면서도, 극소수의 촌노들이나 대종교신봉자 외에는 모두 사회주의에 물들어 있었다. 동경 등지에서 들어 온 엘리트층들이 중심이 되어 심오한 철학과 이론이 없이 단지 러시아 혁명풍조에 휩쓸려 감정적으로 사회주의를 동경하고 있는 꼴이었다. 그러다 보니 여기에는 속 다르고 겉 다른 기회주의자들도 만연하고 있었다."라는 경험담에서도 확인된다.
마침내 1929년 7월에는 중동선 일대에서 대종교 이념과 아나키즘의 결합이 성사되었다. 한족총연합회의 결성이 그것이다. 정신이 몸담은 신민부는 대한군정서를 계승한 단체로서, 그 주요 구성원의 대부분이 대종교인이었다. 그러므로 신민부의 기본철학은 대종교의 중광이념과 맞닿아 있었으며 홍익인간의 실현이 궁극적인 목적이었다. 김종진의 아나키즘 역시 이와 다르지 않았다. 그가 스승처럼 모신 이회영의 다음 의견에서도 확인된다.

"무정부주의는 궁극의 목적이 대동(大同)의 세계요, 세계가 한 집인 하나의 세계다. 이 하나의 세계라는 말은 전 세계가 하나의 생활권으로 변한다는 것이니, 곧 각 민족 및 공동생활 관계를 가진 지역으로 독립된 사회군(社會群)들이 지구상에 있는데, 이들의 이해관계 등의 공동관계를 계획하고 조정하는 세계적인 기구가 형성됨

으로써 이들 사회군들이 자유연합적인 세계 연합으로 일원화된다는 것이다. 이러한 세계연합이 이루어지면 각 민족적 단위의 독립된 사회나 지역적인 공동생활권의 독립된 단위 사회가 완전 독립된 주권을 지니면서, 자체 내부의 사건과 문제는 자주적으로 해결할 것이고, 다른 사회와의 관계나 또는 공통적인 관계는 개별적으로 또는 연합적인 세계 기구에서 토의 결정하여 처리하는 것이다."

당시 김종진을 위시한 이을규(李乙圭)·이준근(李俊根)·이강훈(李康勳)·이봉해(李鵬海)·이달(李達)·김야운(金野雲) 등, 아카키스트들의 정신지도도 대종교지도자들이 맡았다. 그 중심에 백서(白棲) 강인수(姜寅秀)와 은계(隱溪) 백순(白純)이 있었다. 강인수는 대종교 동이도제일지사(東二道第一支司)에 속한 장일시교당(帳一施敎堂, 寧安縣海林市)을 이끌었던 인물로서, 대종교의 중진인 현천묵(池章會)·손일민(孫一民)·나중소(羅仲昭) 등의 일물들과 신민부의 검사원에 소속된 인물이었다. 백순은 일찍이 이상설(李相卨) 등과 북만주와 연해주의 대종교 항일투쟁을 지도한 그 지역 독립운동의 거물이었다.
정신은 1930년 들어서도 이청천·홍진(洪震) 등과 함께 한국독립당을 결성하고 선전부장으로서 분주하게 움직였다. 그러나 김좌진이 공산당의 사주로 암살당하자 그가 실질적인 지휘자로 독립운동을 이끌게 된다. 그러던 중 정신 역시 1931년 길림성 카륜역(驛)에서 공산주의자에게 피살되었다. 또 얼마 지나지 않아 김종진도 동일한 길을 걷게 된다. 앞서 언급한 한족총연합회의 정신지향에 대해 반감을 품은 만주 공산주의자들이 벌인 참극이었다. 대종교단에서는 정신을 비롯한 김좌진·김종진의 피살을 친일좌익(親日左翼)의 소행이라는 평가다.
특히 정신은 김좌진의 유일한 동지라 할 정도로 유대 관계가 깊었다. 최측근이면서 그 유지(遺志)를 잇고자 하는 의지 역시 강했으나, 그 시기가 너무 짧았다. 정신이 죽자 그의 부인 이함(李涵)은 어린 아이를 데리고 광인(狂人)처럼 유랑하다가 행방불명이 되었다 한다.

[주요저술 및 사상]
정신이 상해로 넘어갈 무렵 그곳 대종교의 중심에는 백암(白巖) 박은식(朴殷植)이 있었다. 박은식은 임시정부 출범 때부터 예관(睨觀) 신규식(申圭植)과 함께 상해를 거점으로 대종교 활동에 앞장 선 인물로, 1922년 9월 3일(음력)에는 중국 상해 지역의 대종교 총책임자인 서이도본사(西二道本司) 전리(典理)에도 임명된다. 전리란 도본사 내의 직무를 관리하고, 소속 직원들을 감독하며, 해당 도본사에 속하는 각 지사(支司) 및 시교당(施敎堂)의 책임자를 지휘하는 직책이다. 또한 박은식이 대종교 서이도본사 전리를 맡을 당시, 우천(藕泉) 조완구(趙琬九)와 백연(白淵) 김두봉(金枓奉)이 박은식을 도와 대종교 간부로 종사했으며, 희산(希山) 김승학(金承學) 역시 『독립신문』과 삼일인서관(三一人書館)을 이끌었다.
한편 대한민국임시정부가 1922년 1월 15일 간행한 『배달

족역사(倍達族歷史)』라는 역사서가 주목된다. 이 책은 대종교 2세 교주 김교헌(金敎獻)의 저술 『신단민사(神檀民史)』를 요약한 것으로, 김교헌이 직접 교열하여 소학생용 교과서로 편찬한 것이다. 『배달족역사』의 간행 주체가 대한민국 임시정부라는 점도 흥미롭다. 당시 임시정부 안에 조직된 교과서편찬위원회가 자연히 연결되는 부분이다. 정신은 대한민국 임시정부 교과서편찬위원회의 위원으로 참여하였다. 당시 편찬위원에 들어간 인물들을 보면 정신 외에도 박은식·조완구·김두봉·김승학·백기준(白基俊) 등이 모두 대종교도였다. 이것은 대한민국임시정부의 역사인식의 일면을 볼 수 있을 뿐만 아니라, 그것을 주도한 세력이 대종교였음을 확인시켜 준다.

김승학이 사장으로 있던 삼일인서관(三一印書館 혹은 三一印刷所)도 언급하지 않을 수 없다. 이곳에서 출판된 서적들 때문이다. 1923년, 대종교의 경절 중의 하나인 중광절(重光節, 음력 1월 15일)을 기해 출판된 『종경(倧經)』을 시작으로, 같은 해 9월 20일(음력)에 출간된 『신단민사(神檀民史)』와 『사지통속고(史誌通俗攷)』를 들 수 있다. 『종경』은 대종교의 핵심 교리인 「삼일신고(三一神誥)」·「신리대전(神理大全)」·「신사기(神事記)」·「회삼경(會三經)」 등 4책을 합하여 엮은 것이며, 『신단민사』는 단군에서 갑오경장에 이르는 통사체계의 구성에 목적을 두고 교과용으로 편찬된 저술이다. 『사지통속고』는 정신이 저술한 것으로 대종교 이름인 정윤(鄭潤)으로 출간하였다. 『배달족역사』 역시 삼일인서관에서 출판된 것 같으나, 그 서지사항에는 출판사 이름이 없다. 그러나 당시 상해에서 출판·인쇄할 곳이 삼일인서관(三一印書館) 밖에 없었음을 보면, 이 역시 김승학의 삼일인서관에서 간행한 듯하다.

특기되는 것은 위에 언급된 서책 원고들을 영고탑의 대종교총본사로부터 상해로 전달한 인물이 정신이라는 점이다. 상해 시기 정신의 활동을 서술한 대종교 항일투사인 이현익(李顯翼)의 다음 평가가 이를 암시한다.

> "공금(公金)을 밀휴(密携), 상해로 입거(入去)하여 임정(臨政)을 돕고 『삼일신고』·『신단민사』·『신단실기(神壇實記)』·『사지통속고』 등을 출판하여 내외에 배부하였으며, 단군고전(檀君古典)·종경(倧經)을 인쇄하여 각 처에 보급하고 민족정신 앙양에 혁혁한 공로자이시다."

그러므로 정신의 가치관은 당연히 대종교의 역사인식과 크게 어긋나지 않았다. 그 배경에는 김교헌이나 박은식·신채호(申采浩) 같은 대종교 학자들이 있었고, 중광단부터 함께 했던 서일과 같은 대사상가의 영향이 절대적이었다. 가령 정신이 1924년 『배달공론(倍達公論)』 4호에 발표한 「대서국(大徐國)의 옛터」라는 다음 시를 보자.

산동(山東)부터 광동(廣東)까지
기름지고 넓은 들에
장강대하(長江大河) 면직(綿織)하고
광호심택(廣湖深澤) 수밀(繡密)한데
대서국(大徐國)의 건아(健兒)들이
밧을 감고 고기 잡다.

주목왕(周穆王)을 정벌하고
삼십육국 조공받아
우리 환족(桓族) 굳센 힘을
영예(榮譽)롭게 뽐내이던
그 터 밟는 내 마음이
그 얼마나 느낄소냐.(현대어 표준 표기로 옮김·인용자 주)

이 시는 '한비'라는 필명으로 실려 있다. '한비'는 일우(一雨)라는 한자어의 순우리말이다. 또한 일우는 정신의 아호다. 과거 산동지방에 자리 잡았던 '우리 민족[東夷]' 국가인 서국(徐國)의 영광을 회고한 시다. 신채호는 고대 중국의 양자강과 회하(淮河) 지역에 조선인이 많이 옮겨가 다양한 소왕국을 건설했다고 밝혔다. 특히 서국의 서언왕이 굴기(崛起)하여 인의(仁義)를 행했으며, 주변 36국이 조공한 시기를 조선의 전성시대로 보았다. "회하 부근에서 종교계의 위인(偉人)이라 하는지, 정치계의 위인이라 하는지 이름 짓기 어려운 한 위인이 나서, 당시 조선 사람의 대표가 되어 지나(支那) 천지를 한 번 들었다 놓았으니, 또한 암흑한 가운데의 빛이라, 독사자(讀史者)의 깊이 환영할 만한 사람이로다."라는 의견이 그것이다. 상해는 바로 그 지역이다. 정신은 과거 그 영광의 땅을 밟고 서있는 자신의 감회를 감격해 했다.

한편 정신은 『배달족역사강역도(倍達族歷史疆域圖)』라는 책도 남긴 듯하나 확인이 안 되고 있다. 당시 동아일보(1923년 9월 14일자)를 보면, 정신이 『배달족역사강역도』를 거의 완성하여 출판하려 한 기사가 실려 있다. 제목으로 보아 대종교에 전해오는 『배달족강역형세도(倍達族疆域形勢圖)』와 인식이 유사할 것으로 보이지만, 그 출판물이나 원고는 현전하지 않는다.

그러므로 남아있는 정신의 유일한 저술인 『사지통속고』가 새삼 주목된다. 『사지통속고』는 조완구의 교열(校閱)로 발간된 책이다. 당시 임시정부와 대종교 상해 지역의 중책을 맡고 있던 박은식 서문도 실렸으며, '나라일홈[國號]'에 관한 항목 21개와 '임검일홈과 사람일홈[王號와 人名]' 관련 16항목, '뫼물[山水]'와 관련된 항목 20개 등, 총 47항목에 관해 고석(考釋)한 책이다. 박은식은 이 책 서문의 말미에서,

> "정군(鄭君) 일우(一雨)가 이에 대하여 몹시 애쓰고 일가견 있는 연구로 사지통속고가 나와서, 종전 사가(史家)의 발휘치 못한 바를 발휘하였도다. 대개 언어와 풍속은 그 민족의 천연적 구조로 글자로 이루어 지지 않은 역사와 지지(地誌)가 된 것이라. 비록 과거와 현재 연혁의 다른 점이 있으나, 전조 후인(前造 後因)의 통서(統緒)가 서로 계승되어 금일의 어떤 말은 앞 시대의 어떤 말로 전한 것이요, 금일의 어떤 풍속은 앞 시대의 어떤 풍속에 연유한 것이니, 역사의 족계(族系)와 지지의 산수와 교화(敎化)의 원류를 모두 이에서 취하여 찾아 살필 수 있은 즉, 그 성능과 효력이 금석(金石)과 간책(簡冊)보다 더욱 진실하고 장구할지로다. 이로써 사가의 재료를 공급하고 우리 민족의 정신을 지켜나감이 어찌 적다 하리오."

라고 밝힌 것처럼, 『사지통속고』가 우리 고유어를 통한 전래의 국명(國名)·왕명(王名)·인명(人名)·산수(山水)를 연구하는데, 소중한 자료가 될 것임을 확신하였다.

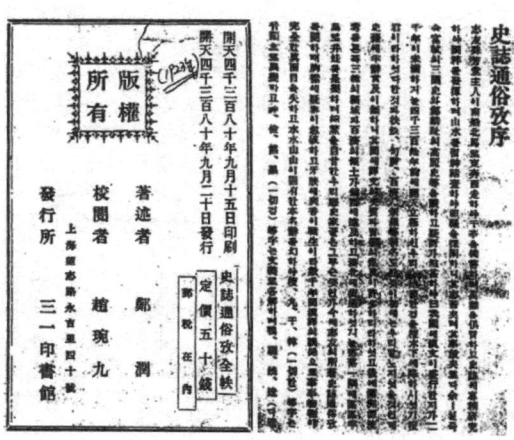

개천4380년(서기1923년)에 발간된 『사지통속고』의 서문(오른쪽)의 앞부분과 마지막 판권 부분. 저자 鄭洞(정신의 대종교교명)의 이름이 적혀 있다.

정신은 이를 위하여 우리 역사가 시작한 이래 씌어진 중국과 한국의 온갖 역사서들과 풍속, 문화, 지리서 등 총 66종의 전문서들을 동원하고 있다. 그것을 통하여 앞선 역사가들이 밝힌 바 없는 우리 민족의 나라 이름 33개, 임금 이름과 사람 이름 27개, 산 이름과 강 이름 26개의 어원(語源)과 역사, 문화, 풍속의 근거들을 처음으로 이 세상에 제시하였다.

또한 기존 역사서와 달리 저자는 고유한 우리말의 기원에 주목하여, 우리와 인종적 갈래가 동일한 몽골족과 만주족의 언어인 몽골어와 만주어, 옥저어(沃沮語), 고구려 방언, 및 한국어의 비교연구 또한 깊이 있게 진행하여 이들 여러 언어와의 역사·문화·지리적 공감 요소들을 많이 발견해 내는 성과를 거두었다. 이런 점들로 볼 때, 이 책은 우리 국학사에 길이 남을 불후(不朽)의 가치를 지닌다 할 것이다.

[교력]
정신의 대종교 교력을 보면 1915년 1월 12일(음력, 이하 음력) 참교(參敎)의 교질(敎秩)을 받은 기록이 전한다. 그의 대종교 입교가 중광단에서 활동한 시기임을 알 수 있다. 중광단은 1911년 대종교지도자 서일·현천묵(玄天默) 등이 중심이 되어 왕청현에서 조직한 대종교 항일단체다. 중광단의 '중광'이란 뜻도 끊어진 전래 신교(神敎, 팔관)의 도맥을 다시 부활시킨다는 의미다.

특히 대종교 중광 교조(敎祖)인 나철(羅喆)이 그 명분으로 내세운 것이 '국망도존(國亡道存, 나라는 망했어도 정신은 있다)'이었다. 일제하 대종교 항일투쟁의 정신적 동력이 되었던 이 외침은, 정신의 망각으로 망한 나라를 정신의 지킴으로 되찾자는 구호였다. 그 정신이 바로 대종교로, 대종교

가 단군구국론을 재확인시키며 독립운동의 선봉에 선 배경이 된다. 그러므로 중광단은 대종교와 표리관계를 이룬다. 대종교의 시교당이 곧 학교요 독립운동의 현장이라는 삼위일체적 가치 확립도 중광단으로부터 비롯했다.

이후 정신은 1918년 11월 30일 지교(知敎)의 교질로 승질(陞秩)하였다. 그리고 1922년 1월에는 윤정현(尹挺鉉)·이섭(李燮)·김영숙(金永肅) 등과 함께 영고탑 대종교총본사를 거점으로 「대종교포교회발회취지서(大倧敎布敎會發會趣旨書)」를 발표하고 대종교 재건을 도모하기도 했다. 이것은 청산리전역 이후 영안현·액목현·돈화현 지방으로 흩어져있던 대한군정서의 인물들을 결집, 대종교포교소와 학교 등을 설립하여 대종교 확산과 항일투쟁의 거점을 확보함이 그 목적이었다. 군교일치를 도모했던 이 포교회는 채신석(蔡信錫, 전 군정서경찰과장), 서청(徐淸, 전 군정서 보관과장) 등이 왕청현(汪淸縣) 유수하(柳樹河)에 설립한 대종교동일도제일지사(大倧敎東一道第一支司)를 거점으로 움직였다. 또한 대종교 항일투사 이민혁(李敏赫)·한승묵(韓承默)·조백(趙白)·황문길(黃文吉) 등이 이곳에 동참하여 포교의 일선에 섰고, 돈화현에 있던 이경렬(李京烈)·이춘남(李春南)·함희(咸熙) 등도 포교회의 확산을 위해 밀산현으로 향하였다. 1922년 2월 11일 정신 역시 대종교총본사가 직접 관할한 북일도본사(北一道本司)의 책임자로 임명되면서, 그의 임무가 더욱 막중해졌다.

1924년 3월 25일에는 '대종교총본사기본 및 경상금동독위원(大倧敎總本司基本及經常金董督委員)'에 임명되어 김주학(金柱鶴)·김간(金侃)·나병수(羅秉洙)·김철(金哲)·신명균(申明均)·엄호(嚴浩)·정신(鄭信)·최익항(崔益恒) 등과 각 지역 대종교의 예산운용을 감독하였다. 당시 정신은 상해에 거주하고 있었으므로 상해 지역을 관할하였다.

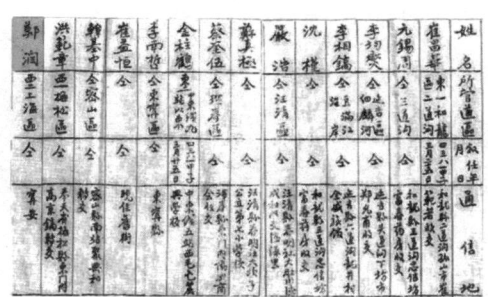

1926년 작성된 대종교의 문건에 실린 '大倧敎總本司基本及經常金董督委員' 명단. 맨 왼쪽에 鄭洞(네모 안)의 이름이 보인다.

또한 1926년 1월 18일에는 백순(白純)·조완구(趙琬九)·김두봉(金枓奉)·김교준(金敎準)·채규오(蔡奎伍)·김연원(金演元)·신명균(申明均)·심근(沈槿) 등, 대종교의 핵심인물들과 '대종교홍범(大倧敎弘範) 및 규제수정기초위원(規制修正起草委員)'으로 임명되어 대종교규범을 제도화하는데 공헌하였다. 대종교에 있어 홍범(弘範)과 규제(規制)는 교헌(敎憲)과 교법(敎法)과 같은 것으로, 대종교를 지탱하고 운용해 가는 기본적 질서와도 같은 규율이었다. 또한 그 임명된

인물들의 거주지가 국내와 북만주 그리고 내몽고와 상해까지 두루 퍼져 있었음이 흥미롭다. 이것은 그 시기 대종교의 인적 네트워크가 활발하게 작동하고 있었음을 알게 해 주는 동시에, 정신이 여기에 참여했다는 것은 그의 대종교에서의 위상 재차 확인시켜주는 부분이다.

[참고문헌]
『종문영질』(프린트본, 1922), 『史誌通俗攷』(鄭潤, 三一印書館, 1923), 「大倧敎施敎堂一覽表(1926年)」(延边朝鲜族自治州档案館 全宗号42 目录号1 案卷号343, 和龙县历史档案 和龙县警察所, 令各区查禁鲜人设立大倧敎堂由, 民国十五年五月十二日), 『대종교인과 독립운동연원』(이현익, 프린트본, 1962), 『대종교독립운동사』(박영진, 필사본, 1964), 『대종교중광육십년사』(대종교총본사, 1971), 『동아일보』1923.9.14., 『大徐國의 옛터』(한비, 『배달공론』제4호(삼일절기념호), 배달공론사, 1924), 「間島 正義團長 徐一의 建白書」(大正8年乃至同10年 朝鮮騷擾事件關係書類 共7冊 其4, 密 第102號 其541/朝特報 第64號, 한국사DB, 국사편찬위원회), 「國外情報 : 不逞鮮人等 間島에 通信部 設置에 관한 件」(大正8年乃至同10年 朝鮮騷擾事件關係書類 共7冊 其3, 密 第33號 其63/高警 第4462號, 한국사DB, 국사편찬위원회), 「國外情報 : 女學生의 獨立運動에 關한 件, 間島地方 國民會와 軍政司에 關한 件」(大正8年乃至同10年 朝鮮騷擾事件關係書類 共7冊 其5, 密 第102號 其725/高警 第3729號, 한국사DB, 국사편찬위원회), 「大韓軍政署 殘黨으로 組織된 青年冒險隊에 관한 건」(不逞團關係雜件-朝鮮人의 部-在滿洲의 部31, 機密 第67號; 機密受第84號, 한국사DB, 국사편찬위원회), 「不穩文書一報秋 配付에 관한 건」(不逞團關係雜件-朝鮮人의 部-在滿洲의 部, 機密第106號; 機密受第123號, 한국사DB, 국사편찬위원회), 「不逞鮮人 玄天黙을 중심으로 한 會合의 건」(不逞團關係雜件-朝鮮人의 部-在滿洲의 部34, 機密 第247號; 機密受第250號, 한국사DB, 국사편찬위원회), 「在寧安縣 不逞鮮人團 秘密會議 開催에 關한 件」(不逞團關係雜件-朝鮮人의 部-在滿洲의 部43, 機密 第262號; 外務省文書課受 第279號, 한국사DB, 국사편찬위원회), 『고등경찰요사』(경상북도경찰부, 1934), 『무장독립운동비사』(채근식, 대한민국공보처, 1949), 『한국독립사』하(김승학, 독립문화사, 1965), 『한국민족운동사료(중국편)』(국회도서관, 1972), 『昰也 金宗鎭 同志 碑銘』(이정규, 삼화인쇄주식회사, 1974), 『우당 이회영 약전』(이정규 외, 을유문화사, 1985), 『민족해방운동과 나』(이강훈, 제삼기획, 1994), 『한국독립운동사자료』2·3·38·40·42·43(국사편찬위원회, 1971·1973·2002·2004·2006·2007), 『사지통속고』(정윤/정재승 역, 우리역사연구재단, 2020)

정안립(鄭安立, 남, 1873-1948)

아호(별명) _ 학주(學輈), 성장(性長), 정영택(鄭永澤)
입교 시기 _ 1910년 이전 | 교질 _ 미상

충청북도 진천군(鎭川郡) 문백면(文白面) 태락리(台洛里) 출신이다. 1888년 16세의 나이로 사마시 생원과에 합격한 후 법관양성소(1895)와 한어학교(漢語學校, 1897)를 졸업하였다. 이후 1907년까지 혜민원 주사(主事)와 법관양성소 교관, 보성전문학교 교감과 교장을 역임하였고, 신민회(新民會) 회원으로도 활동하였다.

한편 이 시기 대한협회와 서북학회, 기호흥학회 등의 회원으로 활동하며 교육계몽운동에도 적극 앞장섰다. 「교육의 목적」·「교육의 의의」·「교육학」 등, 여러 편의 교육 관련 글을 『기호흥학회월보』를 통해 발표한 것에서도 확인된다. 1909년 5월에는 후일 대종교 2세 교주로 활동한 김교헌(金敎獻)과 한성부 북부(北部) 중학교(中學橋)에 사립관진학교(私立觀鎭學校)를 설립하는가 하면, 청주에 보성학교를 설립하여 구국계몽운동을 이어갔다.

1910년 양성군수(陽城郡守) 재직 시절 경술국치를 당하자 고향으로 돌아가 지역 동지들과 우국단(憂國團)을 조직하여 항일독립운동의 방략을 모색하였다. 그러나 현실이 녹녹치 않음을 확인하고 곧바로 만주 길림성으로 망명하여 항일투쟁을 도모하게 된다. 1918년 항일투쟁을 위해 조직한 동삼성한족생계회(東三省韓族生計會)가 그 대표적 행적이다. 이 한족생계회는 한인 이주자들의 생계를 돕기 위하여 조직된 것으로, 정안립은 그 조직의 회장으로 추대되었다. 주목되는 것은 회장인 정안립을 비롯하여 부회장을 맡은 서상용(徐相庸), 회계부장에 임명된 김좌진(金佐鎭, 일제의 기록에는 洪鍾淳이라는 가명으로 등장함), 여준(呂準)·이상규(李相珪)·박건(朴健, 朴宇鎭) 등, 대종교 인물들이 주축이 되었다는 점이다.

또한 정안립은 대종교 중광단원(重光團員)들을 중심으로 1918년 초부터 「대한독립선언서」 준비에도 관여하였다. 특히 대종교 교주 김교헌과 더불어 「대한독립선언서」의 성공을 위하여 남다른 역할을 하였다. 정안립이 당시 만주 지역 대종교지도자로서의 영향력이 상당했기 때문이다. 이러한 분위기는, 해방 이후 대종교 총전교(總典敎, 교주)를 역임한 지산(芝山) 정원택(鄭元澤)의 기록에서도 확인할 수 있다.

「중광단선언」이나 「길림선언」 혹은 「무오독립선언」으로도 칭해지는 이 선언은 항일무장투쟁의 본거지인 만주에서 이루어졌다는 점에서 그 의미가 남다르다. 그리고 동경의 「2·8독립선언」과 국내의 「3·1독립선언」의 기폭제 역할을 했다는 것도 빼놓을 수 없다. 흔히 일제강점기 항일무장투쟁의 흐름을 의병에서 독립군 그리고 광복군으로 계승된 것으로 이해하고 있으나, 항일무장투쟁의 에너지원은 「대한독립선언서」에 응축된 무장혈전주의가 만주무장투쟁의 중요한 기폭제로 작용한 것이다.

그러나 정안립은 「대한독립선언서」에 서명자로서는 참여하지 않았다. 아마도 그가 1917년부터 일제와 연결하며 구상한 '대고려국(大高麗國)' 건설 계획과 무관치 않을 듯하다. 이 구상은 대종교계 독립운동가들의 꿈인 만주를 중심으로 한 '배달국이상향건설'의 지향과도 맞물린다. 이 계획에 정안립을 위시하여 양기탁(梁起鐸)·신규식(申圭植)·이시영(李始榮)·이범윤(李範允)·홍범도(洪範圖)·조성환(曺成煥)·이동녕(李東寧)·신채호(申采浩) 등 많은 대종교인물들의 이름이 언급되는 것도 그 이유다.

정안립은 이 계획의 성사를 위하여 1918년 3월 7일 장우근(張宇根)과 일본으로 건너가 테라우치 마사다케(寺内正毅)와 도야마 미쓰루(頭山滿) 등, 정계의 거물들과도 만났다. 일본과의 마찰을 불러올 수 있는 「대한독립선언서」의 서명 불참여의 이유도 드러난다. 또한 1920년 1월 18일에는 조선고사연구회(朝鮮古史硏究會)라는 학술단체도 만들어 '대고려국' 건설의 이론적 작업도 구상하였다. 이 연구회 역시 창립 당시 일본인 스에나가 미사오(末永節)가 깊이 관여하였으며, 당시 회장은 대종교의 중심 인물이던 이상규(李相珪)가 맡았다. 그리고 권도상(權道相, 부회장)과 김병수(金秉洙, 총무), 김흥곤(金興坤)·권락종(權洛鍾)·송주헌(宋柱憲) 등 여러 명이 발기인으로 동참하였다. 이 연구회는 '신고구려 건설'의 기치를 내걸고 고조선사(古朝鮮史) 연구를 목적으로 하였다. 발기 당시 정안립이 밝힌 아래의 취지에 잘 드러나 있다.

"조선고사연구회라는 것은 결단코 정치적 회합은 아니올시다. 오직 학문적 집합이오니 곧 조선 고대 역사를 연구하자는 목적이올시다. 우리는 사천년의 장구한 역사를 가진 민족이올시다. 하거늘 이 장구하고 광영 있는 역사를 세계적으로 소개하기는 고사하고 우리 민족 간에도 보급치 못하였읍니다. 오히려 아주 우리 민족은 우리의 역사를 모른다 하여도 과한 말이 아니올시다. 그런 고로 우리는 우리의 역사 더욱이 고대사를 연구치 아니치 못할 것이올시다."

그러나 일제는 1920년 1월 18일을 기해 조선고사연구회에 대한 해산령을 내렸다. 고조선사를 연구할 목적이라는 표면적 기치와는 달리, '신고구려를 건설한다'는 등의 불순한 논조(論調)를 펼쳤다는 이유였다.

정안립의 '대고려국' 건설 계획과 진행 과정에서의 친일성도 시비해 볼 일이다. 이 구상의 명분은 고구려의 옛 땅을 수복하고 '대고려국'을 건설함으로써 대한제국 백성들의 자존심을 회복하고 식민통치에 대한 반발을 잠재우자는 지취였다. 그러나 일제는 대한제국을 식민지화한 이후로, 대륙진출의 교두보 마련을 위해 노심초사하고 있었다. 일제 역시 만주가 대대로 한민족과 만주족이 개척하여 문화를 발전시켜 오고 역사를 써 내려온 곳으로 이해했다. 따라서 만주에 대한 주권은 한족이 아닌 한민족과 만주족에게 있다는 논리를 펼쳤다. 그러므로 일제는 이 논리를 구실로 삼아, 만주에 괴뢰국가를 건국하고 대륙진출을 위한 거점으로 삼고자 하였다. 이른바 일가 내세운 만선사관(滿鮮史觀)과 동일한 의도였다.

정안립을 적극 도왔던 장우근과 스에나가 미사오라는 인물도 꺼림직하다. 장우근은 대한제국 경찰 출신으로 고종의 후궁인 장상궁(張尙宮)의 동생이다. 만주 철령(鐵嶺)으로 이주하여 재만조선인사회와 교육계에서 주로 활동하였다. 1917년 만철(滿鐵) 창고를 빌려 철령육영학교(鐵嶺育英學校)를 창립하고 초대 교장에 취임한 이후 여러 교육 사업에 종사하였다. 주목되는 것은 그가 남만주철도주식회사에서 촉탁을 지냈다는 점과 철령일본영사관으로부터 제2회 국세조사참여원에 위촉된 인물이라는 점이다. 또한 일제의 만주침략 이후 철령조선인민회(鐵嶺朝鮮人民會) 회장을 지내는가 하면, 만주국건국공로장 수여, 조선총독부 시정 25주년 기념표창, 그리고 전만조선인민회연합회 결의로 조선총독부 중추원참의에 추천된 인물이다. 적극적 친일의 대표적 표본이다. 스에나가 역시 일본 극우 단체인 현양사(玄洋社) 사원(社員)과 흑룡회(黑龍會) 회원으로 활동한 인물이다. 1902년 3월에는 흑룡회 후쿠오카(福岡) 지부의 주간(主幹)을 맡았으며, 고려국 건설에 적극 기도한 일본 극우 조직 조국회(肇國會)의 회장을 지내기도 했다. 정안립의 '대고려국' 건설에 대한 순수한 이상이 일제에 의해 농락된 사건임을 알려주는 방증이다.

정안립은 1931년에도 일제가 장작림(張作霖)을 암살할 것이라는 정보를 탐지하고 급히 전보로 알려 그의 위기를 모면케 하는가 하면, 이후 상해로 넘어가 동아국제연맹(東亞國際聯盟)을 조직하여 일본·중국 등을 무대로 활동하였다. 그러나 그의 항일 행보를 추적하던 일제에 의해 체포되어 국내로 압송된 후 경성 중부서에 연금되기도 하였다. 해방 이후에도 남북통일기성회 회장을 맡는 등, 통일운동에 앞장서다가 1948년 사망하였다.

[교력]
정안립의 대종교 교력을 보면, 대종교 중광 직후 입교한 인물이다. 1910년 6월 13일(음력) 장준상(張準相)과 함께 대종교 시교사(施敎師)로 임명된 것을 보아도 알 수 있다. 그의 시교사 선임이 그가 만주로 건너가기 직전에 이루어졌음도 확인된다. 그러므로 만주로 넘어가 활동한 행적들을 보면 대종교 인물들과의 교감 속에 이루어진 것이 대부분이었다. 동삼성한족생계회 활동이나 「대한독립선언서」에서의 역할, 그리고 '대고려국' 건설 추진 과정에서 잘 드러난다.

정안립의 시교사 임명 시기나 만주에서의 대종교 인물들과의 역할 등을 고려하면, 그의 교질(敎秩) 역시 상당한 위치였을 것으로 추정되지만 전하는 기록이 없다. 해방 이후 대종교단에서의 그에 대한 평가 역시 냉랭하다. 『대종교중광육십년사』만이 아니라, 이현익(李顯翼)의 『대종교인과 독립운동연원』이란 글에도 아예 이름이 올라 있지 않다. 더욱이 박명진(朴明鎭)의 『대종교독립운동사』라는 필사본 기록에는 흥미로운 흔적이 나타난다. 정안립을 1910년대 후반 대종교 동일도본사(東一道本司) 주요 교인의 명단으로 앞에 올렸다가 지운 흔적이 그것이다. '대고려국' 건설 계획에서 보인 그의 친일 행적이 문제가 된 듯하다. 추후 보다 치밀한 연구가 요구된다.

[참고문헌]
『종보』제6호(1910년), 『대종교독립운동사』(박명진, 필사본, 1964), 『대종교중광육십년사』(대종교총본사, 1971), 「경성부 내 사립학교 현황(종교학교 제외, 1910년 10월말 현재)」(『한국근대사기초자료짜료집』2, 한국사DB, 국사편찬위원회), 「東省韓族生計會에 관한 건」(不逞團關係雜件-朝鮮人의 部-在滿洲의 部6, 機密公第22號; 秘受 8879號, 한국사DB, 국사편찬위원회), 『동아일보』1920.4.10., 『大正日日新聞』1921.3.37.~4.6., 「排日鮮人의 動靜에 관한 건」(不逞團關係雜件-朝鮮人의 部-在滿洲의 部6, 政機密 第14號; 秘受 7369號, 한국사DB, 국사편찬위원회), 「朝鮮古史硏究會 解散에 關한 件」(不逞團關係雜件-朝鮮人의 部-在滿洲의 部16, 高警 第9818號; 秘受 4347號, 한국사DB, 국사편찬위원회), 『고려대학교70년사』(고려대학교출판부, 1974), 『독립운동사자료집』1~14(독립운동사편찬위원회, 1970~1978), 『지산외유일지』(정원택, 탐구당, 1983), 「大陸浪人」(平野健一郎, 『國史大辭典』8, 吉川弘文館, 1987), 「一九二〇年代'満州'における「大高麗国」建国構想:朝鮮新宗教と日本興亜主義者との邂逅」(佐佐充昭, 『國學院大學日本文化研究所紀要』94, 國學院大學日本文化研究所, 2004)

정연태(鄭演台, 남, 1902-1978)

아호(별명)_ 형직(亨直), 소산(小山)
입교 시기_ 1922년 이전 | 교질_ 미상

경상남도 삼가현(三嘉縣, 합천군) 상백면(上栢面) 안계리(安溪里) 출신이다. 합천군 삼가면(三嘉面) 면장으로 재직 당시인 1938년 12월, 엄동설한에 동면 학리(鶴里)에 있는 한 동네가 모두 불타 일시에 의식주를 모두 잃어버린 사건이 발생했다. 정연태가 갈 곳 없는 이재민 60여호에 사재(私財)를 털어 구휼에 나서자, 주위의 여러 동정이 답지하여 재난을 극복했다. 이에 마을 주민들이 솔선하여 1939년 6월 6일 삼가면 금리(錦里)에 정연태의 송덕비를 건립하였다.
해방 이후인 1947년 11월 1일에는 남북통일기성회(南北統一期成會)의 창립총회에 참여하여 아래 3가지 사항을 제시하기도 하였다.

> 一. 자율적 남북통일정부를 수립하기 위하여 남북 요인(要人)의 회의를 주최할 것
> 一. 미소양주둔군(美蘇兩駐屯軍) 사령관에 대하여 양군 철퇴(撤退) 전에 우선 삼팔선 교통 완화와 물자 교류에 관한 교섭을 개시할 것
> 一. 위 두 사항을 실행하기 위하여 각 정당, 사회단체 및 각 계 요인의 동의를 얻어 교류위원을 파견할 것

당시 회장은 대종교지도자 정안립(鄭安立)이 추대되었으며, 고문에는 조소앙(趙素昻)과 장건상(張建相)이 참여하는가 하면, 정연태 역시 이사로 선출되어 활동하였다.
정연태와 관련된 대종교 교력은 교단 내에는 전하는 것이 없다. 다만 경북 지역 대종교인이었던 성세영(成世英)이 1922년에 기록한 『본사행일기(本司行日記)』를 보면 정연태가 등장한다. 정연태는 대종교를 중광한 홍암(弘巖) 나철(羅喆)이 서거한 1916년 8월(음력) 이후부터 1922년 10월(음력) 이전까지 대종교에 입교한 경상도 지역의 주요 대종교인으로 이름이 올라 있다. 그의 대종교 입교가 1916년~1922년 사이에 이루어진 것이 확인되지만, 교질(教秩) 관계 등은 전하지 않는다.

[참고문헌]
『본사행일기』(세세영, 필사본, 1922), 『동아일보』1939.6.11., 『자유신문』1947.11.12.

정열모(鄭烈模, 남, 1895-1967)

아호(별명)_ 백수(白水), 살별
입교 시기_ 1915년 이전 | 교질_ 정교

충청북도 회인군(懷仁郡) 회인읍(懷仁邑) 사자골[社洞] 출신이다. 일찍이 회인보통학교를 마치고 상경하여 경성고등보통학교를 다니며 주시경의 조선어강습원에 참여하였

정열모

다. 1916년 경성고등교원양성소(京城高等教員養成所)를 수료하고 평안북도에 있는 자성공립보통학교(慈城公立普通學校)와 의주공립보통학교(義州公立普通學校), 독현도공립보통학교(毒縣島公立普通學校) 교원으로 재직하였다.
이후 1921년 3월 도일(渡日)하여 와세다대학 고등사범학부 국어한문과에 입학하고 1925년 3월에 졸업하였다. 정열모는 귀국 후인 1925년 4월 1일부터 중동학교에서 조선어 교원으로 근무하며 후학 양성에 힘을 쏟았다. 이 시기 조선어연구회와 1927년 창간된 동인지 『한글』의 동인으로도 활동하면서 조선어연구회와 조선어학회에서 개최한 강연회와 강습회에도 적극 참여했으며, 조선어사전편찬위원, 한글맞춤법통일안 제정위원, 표준어 사정위원 등으로도 활동하였다.
1931년 4월 김천에 설립된 사립 김천고등보통학교의 교무주임으로 자리를 옮기고, 조선어와 조선사와 수신(修身) 등의 과목을 강의하였다. 그리고 다음 해인 1932년 1월 김천고등보통학교 2대 교장으로 취임하여, 교사(校舍) 증축과 함께 과학관·기숙사 등 학교 시설 건립을 주도하였다. 당시 정열모는 김천의 '천(泉)' 자를 파자하여 백수(白水)라는 호로 삼을 정도로 김천 지역에 대한 애착이 컸다. 그러나 조선어학회사건으로 1943년 3월 7일자로 교장직을 퇴출되 듯 사임하였다. 그리고 곧바로 일제에 의해 체포되어 함경남도 홍원경찰서로 유치되었으나, 1944년 9월 30일 공소 소멸로 석방된 후 김천읍 다수동의 농가에 칩거하였다.
해방 이후인 1945년 8월 18일 조선건국준비위원회 김천지방위원장으로 추대되는가 하면, 9월 8일에는 한국민주당 발기에 참여하여 임시정부 지지 성명서에 서명하였다. 그리고 그 해 10월 숙명여자전문학교 문과 과장으로 취임하였고, 12월 31일에는 통일정권촉성회에도 참여하여 좌우 정당의 합작을 촉구하기도 하였다.
정열모는 1946년 3월 대종교계 대학인 국학전문학교의 초대 교장을 맡았으며, 이어 1947년 6월에는 홍문대학관(弘文大學館) 관장에 취임하였다. 1949년 6월 홍문대학관이 대종교 교육기관인 홍익대학으로 개편되자 초대 학장이 되어 1950년 2월까지 재임하였다. 또한 조선어학회의 후신인 한글학회의 이사로 선임되었고, 한글문화보급회와 신흥국어연구회의 회장으로 추대되어 한글 보급 운동을 적극적으로 전개하였다.
한편 정열모는 김구와 김규식의 남북 협상을 지지하며 1949년 5월 민족자주연맹 서울시연맹 부위원장에 선임되었으나, 「국가보안법」 위반 혐의로 1949년 12월 서울지방검찰청 수사과에 구속되기도 하였다. 또한 1950년 5월 김천에서 제2대 국회의원 선거에 출마하였으나 낙선하였다. 한국전쟁 발발 이후 납북된 정열모는 1955년 10월 김일성

종합대학 언어학 교수, 1958년 4월 사회과학원 언어학 연구실 교수, 1964년 4월 사회과학원 후보 원사로 임명되어 연구와 강의를 지속하였다. 또한 1965년 1월에도 사회과학원 언어학 연구실 교수와 후보 원사 등에 임명되어 향가(鄕歌)를 중심으로 많은 연구 활동을 하다가 1967년 8월 14일 사망하였다.

[주요 저술 및 사상]
정열모는 1926년 『신민(新民)』에 「문화상으로 본 우리말」을 시작으로, 1929년 『신생(新生)』에 「주시경과 그 주위의 사람들」, 1932년 『조선일보』에 「방언 규정(規正)에 노력(努力)이 필요」, 1941년 『조광』에 「십년」 등, 많은 글을 발표하였다. 저서로는 『현대조선어문예독본(現代朝鮮語文藝讀本)』 (1929), 『신편고등국어문법』(1946), 『한글문예독본』(1946) 등이 대표적이며, 납북 이후 북에서는 향가(鄕歌) 연구에 매진하며 『신라향가주해』(1954), 『향가연구』(1965), 『조선어 고어역사』(1965) 등을 출간하였다.
정열모는 주시경의 제자로서 일찍이 대종교에 입문한 인물이다. 그러므로 그의 교육과 한글 연구의 바탕에는 대종교적 정서와 뗄 수 없는 저류(低流)가 흐른다. 이것은 김두봉(金枓奉)·신명균(申明均)·권덕규(權惠奎)·최현배(崔鉉培)·이병기(李秉岐) 등등, 그와 가까이했던 대종교계 한글학자들의 공통된 현상이었다.
가령 정열모는 『신민』에 게재한 「문화상으로 본 우리말」에서, 다른 민족을 동화시키기에 무력(武力)보다 힘이 있는 것이 문화로 간주하였다. 그리고 높은 문화에서 낮은 문화로 흐르는 것이 보편적 이치임을 강조하고, 우리의 언어가 일본어에 미친 영향을 여러 사례를 들어 설명하였다. 그는 신(神)을 의미하는 일본어 '가미(ヵミ)'가 우리말 '검'에서 흘러갔음을 말하면서 우리의 대종교[神敎]가 일본의 신도(神道)에 영향을 준 대표적 사례로 이해했다. 또한 일본에서 불교와 신도의 조화(調和)를 말하는 본지수적설(本地垂迹說) 역시 우리의 현묘지도(玄妙之道)가 건너간 가치임을 강조하였다. 현묘지도는 접화군생(接化群生)의 도(道)로, 대종교를 중광(重光)한 홍암(弘巖) 나철(羅喆)이 인식한 '대종교=현묘지도'라는 가치를 그대로 반영한 이해다.
정열모가 1927년 3월 『조선일보』에 '살별'이란 필명으로 게재한 「우리의 자랑」이란 글에서는 대종교적 정서가 고스란히 모아져 있다. 이 글은 대종교의 기본 교사(敎史)인 『신사기(神事記)』와 중심 교리서(敎理書)인 『삼일신고(三一神誥)』에 그 바탕을 두었다. 그는 우리 겨레의 하느님이 짐승의 삶과도 같은 인간들의 삶을 측은히 여겨 진정한 발원을 통해 인간 문명 생활로 변화시켰음을 강조하였다. 이것은 『신사기』, 「조화기(造化紀)」에 나오는 아래의 내용과 흡사함을 알 수 있다.

"한 옛날 사람들은 풀 옷을 입고 나무 열매를 먹고 깃을 치고 굴속에서 지내니, 어질고 착하여 거짓이 없이 순진한 그대로이므로, 조화주께서 사랑하시사 거듭 복을 주셔서, 그 사람들이 오래 살고 또 귀하게 되어 일찍 죽는 이가 없었느니라."

또한 이러한 변화의 능력은 하느님이 '큰 덕'·'큰 슬기'·'큰 힘'의 권능을 가졌기에 가능하다는 정열모의 이해다. 즉 이러한 하느님의 권능에 의해 짐승의 생활에서 벗어나게 되고, 지혜를 얻고, 빛과 기쁨, 즐거움, 착함을 알게 되었다고 보았다. 이 역시 『삼일신고』 「신훈(神訓)」에 언급되는 아래의 내용과 유사하다.

"하느님은 그 위에 더 없는 으뜸자리에 계시사, 큰 덕과 큰 슬기와 큰 힘을 가지시고 하늘을 내시며 수없는 누리를 주관하시고 만물을 창조하시되, 티끌만한 것도 빠뜨리심이 없고 밝고 신령하시어 감히 이름지어 헤아릴 길이 없느니라. 그 음성 모습에 접하고자 원해도 친히 나타내 보이지 않으시지만, 저마다의 본성에서 한얼 씨알을 찾아보라 너희 머리 속에 내려와 계시느니라.(神在无上一位 有大德大慧大力 生天 主无數無世界 造兟兟物纖 塵无漏 昭昭靈靈 不敢名量 聲氣願禱 絶親見 子性求子 降在爾腦)"

정열모는 "지금부터 사천삼백팔십년전 상원갑자 시월초사흘 이 날은 우리가 다시 새롭게 살게 된 가장 기쁜 날이올시다. 이날에 우리 단군할아버지께서는 하늘에서 인간에 내려오셨습니다. 아아 기쁜 이날! 우리는 한 걸음 나아가 그 때 그날의 광경을 말씀하여야 할 것이올시다."라는 희열을 드러낸다. 단군할아버지가 이신화인(以神化人)의 존재로 늘흰뫼[白頭山] 박달나무 밑에 내려온 것을 새롭고 기쁜 날로 표현하고, 개천(開天)에 의한 교화 의미를 장황하게 새기기도 했다. 이러한 분위기는 1926년 11월 최남선이 『동광(東光)』에 실은 「한배님나리심」이란 아래 시와 그대로 맞물린다. 이 시는 1942년 이극로와 안희제(安熙濟)가 엮은 대종교의 『한얼노래』에 「개천가(開天歌)」라는 노래로 실렸다.

온 누리 캄캄한 속
잘 가지 늦 목숨 없더니
한 새배 빛 붉으리 일매
환이 열린다
모도 살도다
웃는다
한배 한배 한배 우리 한배시니
빛과 목숨의 임이시로다.

늘힌메 빛구름 속
한울 노래 울어 나도다
곱은 아기 맑은 소리로
높이 부른다
별이 받도다
웃는다
한배 한배 한배 우리 한배시니
빛과 목숨의 임이시로다

그리고 정열모는 후대의 사람들이 시월상달에 시골에서 가을에 떡을 하고 하늘에 제사 지내는 것이 단군이 내려온 것을 기리는 유습이라고 했다. 또한 단군의 군주로서의 통치가 신지(神誌)를 통해서는 글을, 고시(高矢)를 통해서는 농사를, 팽우(彭虞)를 통해서는 산천을 다스리고 의식주를 정하게 하였으며, 이러한 다스림을 이를 통해 비로소 문화생활을 영위하게 되었다는 것이다. 삼백육십육사(三百六十六事)를 통한 홍익인간세(弘益人間世)의 구현을 설명한 것이다. 대종교 경전인 『신사기』「치화기(治化紀)」에 나오는 아래 다스림의 질서를 그대로 옮겨 놓았다.

"팽우야, 너는 우관(虞官)이 되어 토지를 맡으라. 크게 거칠고 아직 열리지 못하여 풀과 나무가 얽히어 막혀 백성들이 짐승과 함께 굴속에서 같이 지내니, 산을 뚫어 냇물을 파고 길을 내어 백성들이 살 수 있는 터전을 마련해 줄지어다. 신지야, 너는 사관이 되어 글을 맡으라. …(중략)… 고시야, 너는 농관이 되어 곡식을 맡으라. …(중략)… 지제야, 너는 풍백이 되어 명령을 맡으라. …(중략)… 옥저야, 너는 우사가 되어 병을 맡으라. …(중략)… 숙신아, 너는 뇌공이 되어 명령을 맡으라. …(중략)… 수기야, 너는 운사가 되어 선악(善惡)을 맡으라."

이 밖에도 정열모는 「우리의 자랑」이란 글을 통해 대종교의 어천절(御天節)의 의미를 새기는가 하면, 천손민족(天孫民族)으로서의 당위성을 일깨웠으며, 문자의 발명을 들어 우리나라가 중국, 인도, 메소포타미아, 이집트와 함께 5대문명국의 하나라고까지 주장하였다.

[교력]
정열모의 대종교 입교 시기나 영계(靈戒) 사항과 관련된 기록은 전하지 않는다. 그러나 정열모가 1915년 11월 13일(음력, 이하 음력) 참교(參敎)의 교질(敎秩)을 받은 기록이 있다. 입교와 영계의 단계를 거쳐 얻어지는 교질이 참교의 단계로 이해한다면, 그의 대종교 입교가 그보다 훨씬 전에 이루어졌음을 알 수 있다. 주시경의 영향을 받아 대종교에 입교한 김두봉·최현배 등과 같이, 정열모 역시 주시경의 영향으로 입교했을 가능성이 크다. 주시경이 사망한 때가 1914년 7월(양력)이고 보면, 그 이전에 입교가 이루어졌음을 점칠 수 있다.
한편 정열모와 같은 날 참교를 받은 인물들을 보면, 그가 가장 좋아하며 따랐던 신명균을 비롯하여 이세정(李世禎)·이중건(李重乾)·국기열(鞠錡烈)·이인구(李麟求) 등, 절친한 한글동지들이었다. 이들 모두가 대종교적 어문민족주의를 통한 문화투쟁에 앞장섰던 인물들이다. 특히 정열모는 6살 선배인 신명균과 가깝게 지냈다 한다. 신명균은 이세정(李世禎)·맹주천(孟柱天)·엄주천(嚴柱天)·정인보(鄭寅普) 등 30여명의 비밀사원(秘密社員)들과 일제의 감시로 어려워진 국내 대종교 포교 활동에 중심 역할을 한 인물이다. 또한 대종교 항일단체인 대한군정서(북로군정서)의 귀일당원(歸一黨員)으로도 활동하면서 국내와의 연락책으로도 움직였다. 1924년에는 '대종교총본사기본 및 경상금동독위원(大倧敎總本司基本及經常金董督委員)'으로 임명되어 대종교 예산운용을 감독하였는가 하면, 1924년 4월에는 만주 영고탑에서 개최된 대종교교우회 국내 대표로도 선정될 만

큼 국내 대종교의 핵심이었다.
주목되는 것은 신명균이 1940년 11월 21일 절명(絶命)할 당시, 스승인 홍암 나철의 사진을 가슴에 품고 숨을 끊었다는 점이다. 삶의 문턱을 넘으면서도 대종교적 삶의 의지를 그대로 보여주었다. 그만큼 신명균의 삶에서 차지하는 대종교의 의미는 남달랐다. 그를 존경하며 따랐던 정열모의 삶 속에 새겨졌을 대종교적 가치 역시 엿볼 수 있을 듯하다.
해방 이후 국내로 환국한 대종교에서는 정열모의 종교적 정성을 존중하여 1946년 2월 23일 대종교 남도본사의 특별 추천으로 지교(知敎)를 수여하였다. 그리고 2주 후인 3월 6일에는 경의원(經議院) 참의(參議)로도 선임되어 대종교 원로의 반열에도 올랐다. 그 해 4월 24일 대종교 항일투사 김승학(金承學)·이시열(李時說)·이원태(李源台)와 더불어 상교(尙敎)의 교질에 오르면서 대종교총본사 전강(典講)으로도 임명되었다. 또한 6월 8일에는 종리연구실(倧理研究室) 찬수(撰修)로 참여하여 대종교 연구의 틀을 마련하였다. 이 기구는 조완구(趙琬九)를 책임자로 하여 정열모 외에도 이극로·이시열·신백우(申伯雨)·백남규(白南奎)·안호상(安浩相)·박노철(朴魯澈) 등, 대종교의 석학들이 참여하였다. 종리연구실은 대종교의 도원(道院)으로 후일 삼일원(三一園)으로 개칭된 기관이다.
정열모는 같은 해 7월 17일 오전 6에 개최된 대종교총본사의 독립원도식(獨立願禱式)을 주관하며 폐회(閉會)를 이끌기도 했다. 이 원도식의 배경은, 독립 이후 우리의 정체성을 찾기도 전에 외래풍조로 인한 사상 분열과 국토의 분단으로 인한 불완전한 독립 상태에 대한 우려와 연관된 것이다. 이에 대종교에서는 민족의 정신통일과 조국의 완전한 자주독립을 위하여 이 날 총본사 천궁(天宮)에서 원도식을 거행하였다. 그리고 그 해 11월 24일에는 대종교총본사의 전리(典理)로 임명되어 긴 시간 대종교 종무행정(宗務行政)의 중추적 역할을 담당하였다.

1949년 夏期國學大講座를 마치고 '도기연'이란 수강생에게 수여한 '마친 증서[修了證]'. 왼쪽 끝에 이 강좌를 주관한 전강 정열모의 이름과 직인이 찍혀 있다.

이에 대종교에서는 정열모에게 1949년 1월 2일 정교(正敎)의 교질(敎秩)과 더불어 대형(大兄)의 교호(敎號)를 수여하였

다. 당시 대종교에서 내린 덕담은 '오랜 시간 대종교총본사의 전리의 업무를 보며, 진실로 공평한 태도를 보였다(久典司務 忠厚秉公)'라는 찬사였다. 또한 같은 날 동시에 총본사 전강으로도 재차 임명되었다. 전강이란 대종교의 전리(詮理)와 학리(學理)에 관한 일을 총괄하는 자리로, 교질시선(敎秩試選)과 교리연구(敎理硏究), 교육시설과 교적편찬(敎籍編纂)의 주관하는 중요한 자리였다. 특히 정열모는 그 해 6월 30일부터 총본사 천궁에서 1개월간 개최된 하기국학대강좌(夏期國學大講座)를 주관하였다. 당시 정열모만이 아니라 정인보·안재홍(安在鴻)·이병기·이선근(李瑄根)·정인승(鄭寅承)·양세환(梁世煥) 등이 강사로 참여하여 80여명의 수강생들에게 국어·국사·지리·문학 등을 강의하였다. 이후 1949년 1월 5일에는 대종교중흥회(大倧敎重興會)의 발기인으로 참여하여 중흥회 제1회 중앙상무위원회 교화부장(敎化部長)을 맡는가 하면, 중앙집행위원으로도 선임되어 활동하였다. 또한 정열모는 이 시기 전강으로서의 중요한 역할을 수행하였다. 1949년 6월에 이루어진 『역해종경사부합편(譯解倧經四部合編)』의 출간이 그것이다. 이 책은 제목 그대로 대종교 교리·교사의 근간이 되는 경전 4종『삼일신고』·『신리대전(神理大全)』·『신사기』·『회삼경(會三經)』』을 원문과 더불어 번역 간행한 책이었다. 이 번역작업에는 정열모와 함께, 당시 대종교 교주였던 윤세복(尹世復)을 비롯하여 김영숙(金永肅)·신백우(申伯雨)·권덕규 등의 한글 석학들이 큰 역할을 하였다.

1949년 정열모가 대종교 典講을 맡으며 엮은 『譯解倧經四部合編(全)』

『삼일신고』는 대종교의 우주관(宇宙觀)·신관(神觀)·내세관(來世觀)·인간관(人間觀)·수행관(修行觀) 등, 대종교 교리의 기본적 질서가 모두 담겨있는 경전이다. 또한 『역해종경사부합편』에는 『삼일신고』 원문뿐만이 아니라 발해 국상(國相) 임아상(任雅相)이 쓴 『삼일신고해설』이 담겨 전한다. 또한 발해 고왕 대조영의 「삼일신고예찬(三一神誥禮讚)」과 대조영의 동생 대야발(大野勃)이 쓴 「삼일신고서(三一神誥序)」, 그리고 고구려 개국공신인 마의극재사(麻衣克再思)의 「삼일신고독법(三一神誥讀法)」과 발해 문왕(文王)의 「삼일신고봉장기(三一神誥奉藏記)」도 함께 실려있다.
『신리대전』은 대종교 중광 교주인 나철의 저술로, 『삼일신고』·『신훈(神訓)』에 실린 신의 이치를 설명한 것이다. 신위(神位)·신도(神道)·신인(神人)·신교(神敎)의 4장으로 나뉘어

216자로 정리된 경전이다.
『신사기』는 『삼일신고』와 마찬가지로 대종교의 전래 경전이다. 나철이 대종교를 중광하기 이전인 1906년 1월 우국의 뜻을 품고 도일하였다가 귀국하는 길에 백봉신사(白峯神師)의 명을 받았다는 두암(頭巖, 伯佺宗師) 노인으로부터 『삼일신고』와 함께 전해받았다는 기록이 있다. 내용은 전체 3부분으로 조화기(造化紀)·교화기(敎化紀)·치화기(治化紀)로 나뉘어있다.
끝으로 『회삼경』은 『삼일신고』·『신훈』과 「진리훈(眞理訓)」을 토대로 연역한 것으로, 대한군정서(북로군정서) 총재를 지낸 백포(白圃) 서일(徐一)의 저술한 경전이다. 『삼일신고』에 깔린 대종교 삼일철학의 이치를 '일·삼·삼·일(一·三·三·一)'의 원리를 통한 회삼귀일(會三歸一) 사상으로 정리하였다. 그 구성은 삼신(三神)·삼철(三喆)·삼망(三妄)·삼도(三途)·삼아(三我)·삼륜(三倫)·삼계(三界)·삼회(三會)·귀일(歸一)의 9편으로 엮어졌으며, 삼진귀일사상(三眞歸一思想)의 백미라 할 수 있다.
정열모는 1950년 1월 17일 소집된 대종교중흥회 제2차 회의에서도 집행위원 및 참여(參與, 자문)로 선임되어 대종교 중흥을 위한 최일선에 나서게 된다. 한편 같은 해 5월 7일에는 제7회 대종교교의회에서 경의원이 원로원(元老院)으로 개정되었다. 정열모는 개칭된 원로원의 참의로도 선임되는 등 활동과 역할을 쉬지 않았으나, 한국정쟁의 발발과 납북으로 모든 것이 멈춰버렸다.

[참고문헌]

『대종교보』한국기념호(1946년)·제150호(1946년)·제151호(1946년)·제152호(1946년)·제159호(1948년)·제161호(1949년)·제163호(1949년)·제165호(1950년)·제166호(1950년). 『종문영질』(성세영, 프린트본, 1922). 『譯解倧經四部合編(全)』(정열모 편, 대종교총본사, 1949). 『대종교독립운동사』(박명진, 필사본, 1964). 『대종교중광육십년사』(대종교총본사, 1971). 『한배님나리심』(최남선, 「동광」제7호, 동광사, 1926년 11월). 『正音頒布紀念講演錄―문화상으로 본 우리말』(鄭烈模, 『新民』제20호, 1926년 12월). 『조선일보』1927.3.18. 『가람일기』Ⅰ(이병기, 신구문화사, 1976). 『국어학사』(강신항, 보성문화사, 1979). 『신국어학사』(김민수, 일조각, 1982). 『국어학연구사』(고영근, 학연사, 1985). 「백수 정열모의 생애와 어문민족주의」(최기영, 「한국근현대사연구」25, 한국근현대사학회, 2003). 「1920~1930년대 경북 대구지역 문예지연구―여명과 무명탄을 중심으로―」(박태일, 「한민족어문학」47, 한민족어문학회, 2004).

정영오(鄭永五, 남, 생몰 미상)
입교 시기_ 1937년 이전 | 교질_ 참교

출신지역과 생물연대를 알 수 없는 인물이다. 일제의 문서에서도 드러나지 않으며 1937년 『대종교보(大倧敎報)』에 유일하게 등장한다. 정영오는 항일투사 권종덕(權宗德)·김성일(金成一)·김종우(金鍾禹)와 함께 1937년 2월 2일(음력) 대종교 북일도구(北一道區)를 관할하는 시교원(施敎員)으로 임명된 기록이 있다. 당시 정영오의 교질(敎秩)이 참교(參敎)의 단계이고 보면, 그의 대종교 입교가 그 이전으로 상당히 올라감도 확인된다.

또한 그 시기 대종교 북일도본사가 관할하는 구역은 하얼 빈을 비롯하여 쌍성현(雙城縣)·아성현(阿城縣)·유수현(楡樹縣)·돈화현(敦化縣)·부여현(扶餘縣)·빈강현(濱江縣) 등의 북만주 지역이었다. 대종교에서는 이 지역에 선도회(宣道會)와 시교당(施敎堂)을 설치하여 대종교 포교와 함께 항일투쟁의 주요 거점을 확보하고 있었다.

한편 정영오와 함께 한 권용덕은 1939년 안희제(安熙濟)와 강철구(姜鐵求) 등이 앞장서서 조직한 대종교서적간행회(大倧敎書籍刊行會)에 관여한 인물이다. 또한 김성일은 대종교 교우인 최익한(崔益翰)이 1919년 국내에서 임시정부의 군자금 모집을 펼칠 당시, 상해와의 연결고리 역할을 한 장본인이다. 정영오가 이들과 함께 북만주 지역을 관할하는 대종교 시교원의 역할을 했다는 것은, 이 지역을 중심으로 대종교 포교를 통한 항일투쟁을 전개했다는 것과 동일한 의미였다.

[참고문헌]
『대종교보』제113호(1937년), 『대종교중광육십년사』(대종교총본사, 1971)

정영환(鄭永煥, 남, 생몰 미상)
입교 시기 _ 1926년 이전 | 교질 _ 미상

출신지역과 생몰연대를 알 수 없는 인물이다. 대종교 만주포교금지령으로, 1926년 만주 당국에 압수된 대종교의 문서에 등장하고 있다. 정영환은 1926년 당시 대종교 화광시교당(樺光施敎堂)의 전무(典務, 책임자)를 맡았다. 그의 대종교 입교가 그 이전에 이루어졌음을 확인시켜 준다.

화광시교당은 길림성 화전현(樺甸縣) 밀십합(密什哈)에 있던 시교당으로, 무송현(撫松縣)과 반석현(盤石縣) 지역과 더불어 1910년대 후반부터 대종교 서간도 항일투쟁의 주요 거점 역할을 한 곳이다. 정영환이 화광시교당을 이끌 무렵에도 화광시교당을 포함하여 6개의 시교당이 펼쳐져 있었으며, 약 780명의 핵심 교인들이 이 지역을 중심으로 활동하고 있었다.

또한 정영환은 197명의 교우들을 거느리고 화전현(樺甸縣) 남산(南山) 화수림자(樺樹林子)에 시교당의 연락처를 두고 활동하였다. 그리고 찬무(贊務, 부책임자)를 맡아 정영환을 도운 인물은 노명수(盧明洙)와 문석현(文石鉉)이었다. 그러나 이후 정영환의 대종교 관련 교력이나 활동상황은 전하는 것이 없다.

[참고문헌]
『大倧敎施敎堂一覽表(1926年)』(延边朝鲜族自治州档案馆 全宗号42 目录号1 案卷号343, 和龙县历史档案 和龙县警察所, 令各区查禁韩人设立大倧教堂由, 民国十五年五月十二日)

정용선(鄭龍璿, 남, 생몰 미상)
입교 시기 _ 1926년 이전 | 교질 _ 미상

출신지역과 생몰연대를 알 수 없는 인물로, 대종교단 내의 기록이나 일제의 문서에서도 등장하지 않는다. 대종교 만주포교금지령으로, 1926년 만주 당국에 압수된 대종교의 문서에만 오직 등장하고 있다. 그 문서를 보면, 정용선이 1926년 당시 대종교 청일시교당(靑一施敎堂)의 전무(典務, 책임자)를 맡은 기록이 있다. 그의 대종교 입교가 그 이전에 이루어졌음을 확인시켜 준다. 청일시교당은 화룡현(和龍縣) 명신사(明新社) 청호(靑湖, 혹은 靑坡湖라고도 함)에 소재한 시교당으로, 청호는 1910년대 초반부터 대종교의 중심을 이룬 곳이다.

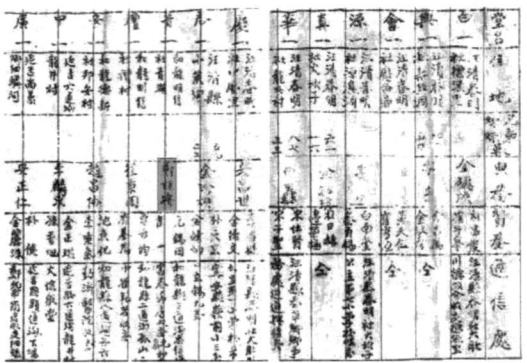

1926년 만주 당국에 압수된 대종교의 문건 가운데 실려 있는 '大倧敎施敎堂一覽表' 중의 일부. 靑一(施敎堂)이라는 글자 아래 鄭龍璿(네모 안)의 이름이 보인다.

일제강점기 대종교에 있어 청호는 최대 성지(聖地)로써, 항일투쟁의 거점만이 아니라 기적의 공간이요 치유의 공간이며 예언의 공간이었다. 어떤 종교집단이 특정 장소를 차지함으로써 발생할 수 있는 장소의 효과, 그리고 그것으로 기대되는 과정 전체를 종교적 의미에서의 '장소권력'이라고 정의해 볼 때, '장소효과'로서의 청파호라는 공간은 독립운동을 넘어 종교적 의미도 다양하게 중첩된 곳이다. 대종교의 기록에서도 청호의 종교적 의미를 다음과 같이 적고 있다.

"청호는 청파호(靑坡湖)라고도 하며 만주 간도 화룡현 삼도구(三道溝)에 있고, 대종사(大宗師, 홍암 나철을 말함-인용자 주)께서 4년간 수도하던 곳이요, 총본사 및 고경각(古經閣)이 있고 또 대종교에서 세운 청일학교가 있으며, 대교(大敎) 이상향으로 뒷날 삼종사(三宗師, 나철·김교헌·서일을 말함-인용자 주)의 유해를 모두 이곳에 모셨다."

그러므로 대종교 선열들의 가슴 속에는 늘 이상향으로 그려지는 곳이 바로 청호다. 대종교를 일으킨 홍암(弘巖) 나철(羅喆)은 1911년 강화와 평양을 거쳐 두만강을 건너 백두산 등의 고적(古蹟)·영적(靈蹟)을 봉심(奉審)하였다. 그리고 백두산 북록인 청호에 총본사와 고경각을 권설(權設, 1914년 음력 5월 13일)하고 교구설정(敎區設定)을 단행하였다. 백두산 북쪽 기슭(만주 화룡현 청파호)에 총본사를 설치하고, 백두산을 중심으로 동도교구(동만주 일대와 노령·연해주 지방 관할), 서도교구(남만주로부터 중국 산해관까지 관할), 남도교구(한반도 전체 관할), 북도교구(북만주 일대 관할)로 나누었다. 아울러 각 교구에, 백포(白圃) 서일(徐一, 동도본사), 예관(睨觀) 신규식(申圭植)과 석오(石吾) 이동녕(李東寧, 서도본사), 보재(溥齋) 이상설(李相卨, 북도본사), 호석(湖石) 강우(姜虞, 남도본사) 등을 임명하였다. 이것은 백두산 기슭 청호 성지를 중심으로 종교적 거점뿐만이 아니라, 항일투쟁의 총본산으로서의 역할을 구도한 것이다.

한편 정용선은 화룡현 삼도구 충신장(忠信場) 부춘약방(富春藥房)에 연락거점을 두고 청일시교당을 이끌었다. 그리고 원석주(元錫周)와 최일(崔一)이 찬무(贊務, 부책임자)를 맡아 정용선을 도왔다. 원석주는 연길현(延吉縣) 국자가(局子街) 잡거지(雜居地)에 거주하며 농무계(農務契) 활동을 이끌었으며, 최일 역시 고려혁명군에서 항일투쟁을 전개했던 인물이다. 정용선이 대종교 항일투쟁에 깊이 관여한 정황이 추찰되나, 그 외의 기록은 전하지 않는다.

[참고문헌]
「大倧敎施敎堂一覽表(1926年)」(延边朝鲜族自治州档案馆 全宗号42 目录号1 案卷号343, 和龙县历史档案 和龙县警察所, 令各区査整韓人设立大倧敎堂由, 民国十五年五月十二日), 「대종교중광육십년사」(대종교총본사, 1971), 「대종교 성지 청파호 연구—종교지리학적 관점을 중심으로」(김동환, 「국학연구」제17집, 국학연구소, 2013)

정운일(鄭雲馹, 남, 1884-1956)
아호(별명) _ 순익(舜翼), 춘주(春洲), 정운일(鄭雲日)
입교 시기 _ 1916년 이전 | 교질_ 상교 | 서훈_ 애국장(1990)

경상북도 대구부(大邱府) 서상면(西上面) 남중동(南中洞) 출신이다. 1909년 최병규(崔丙圭)·이근우(李根雨) 등과 달성친목회(達城親睦會)를 결성하여 애국 계몽운동에 앞장섰다. 대구 지역의 친목 도모와 실업 및 교육의 발전을 목적으로 한 달성친목회는, 후일 조선국권회복단(朝鮮國權恢復團) 설립에 결정적 역할을 하였다. 정운일 등의 달성친목회 회원을 주축으로 단군대황조에 봉사(奉祀)했던 대종교적 민족주의 성향을 그대로 드러낸 집단이 조선국권회복단이었다.

1913년 초, 정운일은 달성친목회의 동지이자 평소 국권회복에 대한 의지를 품고 있던 서상일(徐相日)·이시영(李始榮)·박영모(朴永模)·홍주일(洪宙一) 등과 윤창기(尹昌基)가 대구 근교 안일암(安逸庵)에서 약을 먹기 위해 체재중인 점을 빌미로 모임을 갖기로 하였다. 1913년 1월 15일(음력) 대종교의 중광절(重光節, 대종교가 다시 일어난 날)을 기하여 대구 근교에 위치한 안일암에서 시회(詩會)를 가장해 모여

국권회복에 대한 방안을 협의한 것이다.

당시 이들이 내세운 기치는 "수천년 역사를 가진 우리 조선이 일한병합으로 망했으니 우리 시조 단군대황조(檀君大皇祖)에 미안한 일이니 어떻게 해서든 독립국으로 만들어야 한다"는 주창이었다. 그리고 이들은 이를 실천키 위해 우선 형제의 결의를 맺고 일치된 행동을 펴야 할 것을 다짐하면서, 독립운동을 추진해 갈 비밀결사인 조선국권회복단의 결성을 결의하였다. 주목되는 것은 이들의 맹세가 마치 대종교 중광(重光)의 명분이었던 '국망도존(國亡道存, 나라는 망했으나 정신은 있다)'을 그대로 옮겨 놓은 듯한 의지를 보여준다는 점이다.

또한 정운일 등은 각기 서약서를 작성하고 연서한 후 '단군대황조영위(檀君大皇祖靈位)'란 위패를 세워 그 앞에서 기원을 올리며 자신들의 목적이 관철되도록 가호를 빌고 각자 변치 말고 끝까지 독립투쟁에 진력할 것을 굳게 맹세하였다. 이 역시 홍암(弘巖) 나철(羅喆)이 1909년 음력 1월 15일, 동지들과 더불어 북벽에 '단군대황조신위'를 걸고 대종교를 다시 일으킨 의례와 동일한 것이다. 다음의 그 내용을 보면 이들의 서약이 종교적 맹세와 흡사함을 볼 수 있다.

　一. 한국의 국권을 회복할 것.
　一. 매년 정월 15일 단군의 위패 앞에 목적수행을 기도할 것.
　一. 단원은 마음대로 탈퇴하지 않을 것.
　一. 비밀을 누설치 말 것.
　一. 만약 이를 위반할 경우는 신명(神明)의 주벌(誅罰)을 받을 것.
　一. 결사대로 하여금 살육케 할 것.

첫째 항에 내세운 조국광복이 조선국권회복단의 목적을 말한 것이라면, 둘째 항의 중광절 단군위패 앞에서의 기도는 이 집단의 정신적 구심점, 즉 종교적 신념이 무엇인가를 알려주는 것이다. 또한 셋째와 넷째 항이 행위지침이라면, 다섯째와 여섯째 항은 일벌백계의 응징을 나타낸다 할 수 있다.

주목되는 것은 정운일만이 아니라, 서상일·서병룡·윤창기 등 모두가 그 시기 대종교로 맺어진 동지들이었다는 점이다. 후일 정운일이 참여한 대한광복회(大韓光復會)의 출현 역시 조선국권회복단과 풍기광복단(豊基光復團)의 연합으로 1915년 결성된 것으로, 그 배경에 단군정신이 깔려 있음을 직감할 수 있는 부분이다.

대한광복회는 국내에서 군자금을 조달하여 만주의 기지에서 혁명군을 양성하고 국내에 확보한 혁명기지를 거점으로 적시에 봉기하여 독립을 쟁취할 것을 계획하였다. 이때 행동지침은 비밀·폭동·암살·명령의 4대 강령이었고 각처에 곡물상을 설치하여 혁명기지로 삼는 한편 혁명계획은 군자금 조달, 독립군 및 혁명군의 기지건설, 의협투쟁으로서의 총독처단 계획과 친일부호 처단 등으로 추진되었다.

정운일 역시 군자금 모집을 위해 1916년 8월 최병규·김진

만(金鎭萬)·김진우(金鎭瑀) 등과 권총을 휴대하고 김진만의 장인인 대구 부호 서우순(徐祐淳)의 집에 잠입하였다. 그런데 이를 목격한 그 집의 머슴과 격투가 벌어졌고, 이러한 상황에서 김진우가 머슴에게 권총을 발사함으로써 사정이 여의치 않게 되자 일행은 일단 피신하였다. 정운일은 이 사건으로 일제에 체포되어 그는 1917년 대구지방법원에서 징역 10년형을 선고받고 7년간의 옥고를 치렀다.

정운일의 대종교 입교는 일제강점기에 이루어졌으나, 그와 관련한 기록은 남아 있는 것이 없다. 다만 일제강점기 경북 성주(星州)를 중심으로 대종교 활동을 펼친 나옹(裸翁) 성세영(成世英)의 『본사행일기(本司行日記)』라는 글 속에 1910년대(1916년 음력 8월 이전) 경상북도의 대종교 교인으로 정운일의 이름이 등장하고 있다. 이 일기에 실린 교인 명단은, 성세영이 1922년 후반 경성의 대종교 남도본사를 방문했을 당시 그곳에 비치된 경애록(敬愛錄, 대종교인 명부)에서 경상북도 교인들 부분을 필사한 것이다. 더욱이 서상일이나 윤창기 역시 이름이 올라있음을 보면 정운일의 대종교 입교가 조선국권회복단 활동 시기와 일치됨을 알 수 있다.

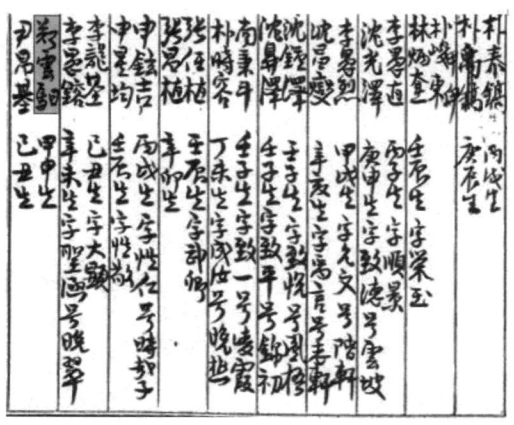

성세영의 『本司行日記』에 기록된 1910년대 경북 지역 대종교 교인 명단의 일부. 왼쪽 끝에 鄭雲馹(네모 안)과 함께 尹昌基의 이름도 보인다.

대종교에서는 정운일의 이러한 종교적 경험을 존중하여, 국내로 환국한 직후인 1946년 3월 14일(음력, 이하 음력) 대종교총본사의 특별추천에 의해 영계(靈戒) 및 참교(參敎)의 교질(敎秩)을 동시에 수여하였다. 또한 같은 날 경의원(經議院) 참의(參議)로 선임하여 원로로서의 예우를 극진히 하였다. 그리고 1947년 4월 22일 지교(知敎)로 승질(陞秩)하였고, 1949년 2월 9일에는 남사도본사(南四道本司)의 찬리(贊理, 부책임자)로도 임명되었다. 해방 직후의 남사도본사는 경상도 지역을 관할하는 대종교 교구로서, 항일투사 이동하(李東夏)가 전리(典理, 책임자)를 맡아 이끌고 있었다. 이어 정운일은 1950년 5월 22일 상교(尙敎)의 교질로 오르고 1954년 12월 27일에는 남사도본사의 책임자인 전무로 임명되었다.

[참고문헌]
『대종교보』환국기념호(1946년)·제154호(1947년)·제161호(1949년)·제166호(1950년), 『본사행일기』(성세영, 필사본, 1922), 『대종교중광육십년사』(대종교총본사, 1971), 『판결문』(1917년 6월 16일, 대구복심법원), 『고등경찰요사』(경상북도경찰부, 1934), 『한민족독립운동사자료집』7(국사편찬위원회, 1989), 「단군을 배경으로 한 독립운동가 – 경상도, 안동 지역을 중심으로 –」(김동환, 『선도문화』제11권, 국학연구원, 2011), 『근대 대구의 애국계몽운동』(권대웅, 선인, 1921)

정원택(鄭元澤, 남, 1890-1971)

아호(별명) _ 구장(久長), 지산(芝山)
입교 시기 _ 1911년 | 교질 _ 사교 | 서훈 _ 애국장(1990)

정원택

충청북도 음성군(陰城郡) 대소면(大所面) 오류리(五柳里) 출신이다. 일찍이 대종교의 인적·지리적 루트를 통하여 상해로 건너가 대종교 항일투쟁을 전개한 인물이다.

정원택은 상해로 건너간 직후, 대종교 선배인 신규식(申圭植) 등이 조직한 동제사(同濟社)에 가입하여 항일운동을 전개하였다. 동제사는 '동주공제(同舟共濟)'의 의미를 담은 조직으로, 상해 교민이 늘어가자 독립운동과 교민들의 상부상조를 위한 비밀결사의 필요성 속에서 1912년 5월 출범시킨 조직이다. 신규식을 비롯하여 박은식(朴殷植)·박찬익(朴贊翊)·김규식(金奎植)·홍명희(洪命憙)·신채호·조소앙(趙素昂)·문일평(文一平)·여운형(呂運亨)·장건상(張建相) 등이 참여하였다. 이 조직은 한때 회원이 300여 명에 이르러, 상하이 본부 이외에도 북경·천진·만주 등과 노령·구미·일본 각지에도 지사를 설치했다. 신규식이 본부의 이사장직을 맡고 총재는 박은식이 담당하여 운영의 중추가 되었다.

동제사의 주축이었던 신규식·박은식·신채호·조소앙·조성환(曺成煥)·박찬익 등은 대종교의 핵심인물들로서, 국혼(國魂)을 중시하는 민족주의적 역사인식이 투철했던 인물들이다. 그러므로 그들에 의해 경영되는 동제사의 기본 이념과 독립운동 방략 역시 대종교적 가치관과 크게 다르지 않았다.

정원택은 1914년에서 1917년까지 대종교 동지인 홍명희(洪命熹)·김덕진(金德鎭)·김진용(金晋鏞)과 함께 홍콩, 보르네오, 싱가폴 등 남양(南洋) 지역을 오랜 기간 주유하였다. 정치적 망명처 탐색과 독립운동자금 마련이라는 동기와 목적이 작용한 것이다. 다시 상해로 돌아온 1918년에는 파리강화회의에 참석할 사절단의 자금을 간도(間島)와 노령(露領) 지역에서 인수하여 전달하였으며, 1919년에는 대한독립의군부(義軍府)의 조직에 참여하여 서무를 담당하였다. 또한 1919년 4월에는 의군부의 기밀(機密) 문제를 안고 상해에 출장하여 이동녕(李東寧) 등과 함께 길림의 상황을 보고하는가 하면, 국내에서 새로 온 청년들에게 폭탄제조법을 가르치기도 하였다.

한편 1919년 4월 조직된 대한민국임시정부에서는 임시의정원의 의원으로 선출되어 의정원 회의에 참석하였다. 당시의 임시정부 가장 큰 문제는 재정(財政) 조달의 어려움이었다. 뜻있는 인사들이 개인적으로 자금을 지참하고 오거나, 인맥이나 단체의 연결을 통하여 자금이 들어오기는 하였으나, 임시방편에 불과하였다. 5월에 개최된 임시정부 제4차 의정원 회의에서 구급의연금(救急義捐金)의 모집을 결정하고, 각 도별로 구급의연금 모집위원을 선출하였지만, 이 역시 성과를 거두지 못하였다. 이에 신규식·조소앙 등 임정 요인들은 동년 5월 초에 새로운 모색을 꾀하였다. 그 중 하나가 국내로 직접 사람을 보내 대종교 교인으로 서울에 거주하는 정두화(鄭斗和)로부터 자금을 확보하는 것이었다. 정두화는 김가진(金嘉鎭)의 며느리인 여성 항일투사이자 정정화(鄭靖和)의 큰오빠가 되는 인물이다. 당시 정원택은 신규식의 친서를 휴대하고 대종교 동지인 김덕진과 함께 그를 국내로 밀파되었으나, 송규헌(宋奎憲) 등의 계략에 빠져 단정사 뒤에서 체포되어 옥고를 치렀다.

정원택은 『지산외유일지(志山外遊日誌)』라는 일기를 남긴 인물로도 알려져 있다. 이 일지는1911년부터 1920년까지의 정원택 자신의 행적을 엮은 기록이다. 이 속에는 중국 망명의 동기, 간도에서의 생활, 상해와 남경에서의 유학 생활, 남양(南洋)에서의 활동과 귀국 상황, 남만주에서의 농장경영, 그리고 대한민국임시정부 수립 이후 국내에서의 체포 과정 및 석방되는 경위 등에 관한 내용들이 담겨있다. 특히 그 과정에 드러나는 수많은 항일투사들과의 교류와 단체·사건에 관여한 정황 수록은, 한국독립운동사에서 보더라도 중요한 사료적 가치를 지닌다.

또한 일지 중에 나오는 대종교 동지인 홍명희·김덕진·김진용과 함께 한 남양 지역 여행에 대한 기록 역시 흥미를 끈다. 남양행 결정의 배경을 보면, 1913년 후반부터 일제의 단속이 강화되고 경제적 어려움이 가중되면서, 정원택 일행은 신해혁명 전후 운동자금 제공에 결정적인 기여를 하였던 남양 화교의 실상을 파악하고자 하였다. 이후 상해, 홍콩, 산다깐, 꾸닷, 꼬따끼나발루, 라부안 등을 거쳐 싱가포르에 긴 시간을 정착하고 쿠알라룸푸르, 삐냉, 자바, 멀라까, 방콕 등지를 오가며 독립운동의 재원 확보 가능성을 타진하고자 하였다.

또한 정원택은 해방 이후 「대교흥쇠(大教興衰)와 국세융체(國勢隆替)의 영향」이란 글을 통해 그의 대종교적 사상의 일단을 드러내기도 하였다. 그는 그 글 속에서 대종교의 기원과 조화·교화·치화 및 삼신일체(三神一體)의 종교적 의미와 함께 대종교의 역대 전승과 그 가치에 대해 설명하고 있다. 그러나 후대 후손들의 망본배원(妄本背源)에 의해 국세(國勢) 및 교세(教勢)가 쇠퇴하고 침잠(沈潛)되었다는 주장이다. 그리고 근대에 들어 홍암(弘巖) 나철(羅喆)에 의해 대종교가 중광하며 부활의 기회를 맞았다는 것이다. 특히 우리에게 있어, 대종교의 흥망성쇠가 곧 우리민족의 흥망성쇠였다는 인식을 드러냄이 주목을 끈다.

정원택이 대종교 副典教로 재임할 당시인 1964년 발표한「大教興衰와 國勢隆替의 影響」이란 글의 첫 쪽.

[교력]

정원택의 대종교 입교는 만주로 건너가기 직전인 1911년에 이루어졌으나, 관련 기록은 전하지 않는다. 그가 1911년 만주로 넘어가는 과정을 당시 대종교 전리(典理)였던 류근(柳瑾)과 부전리(副典理)였던 김교헌(金教獻)이 대종교 루트를 통해 설계해 주었다는 것만 보아도, 그 이전에 입교한 것을 알 수 있다. 또한 만주로 건너간 직후 그에게 지산(志山)이라는 호를 지어준 인물도 대종교 교주였던 홍암 나철로, 교주인 나철로부터 지산이란 호와 더불어 호명사구(號銘四句)를 친히 받았던 인물이다.

정원택은 1916년 4월 23일(음력, 이하 음력)에야 김서종(金書鍾)과 함께 참교(參教)의 교질(教秩)을 받았다. 그리고 해방 이후인 1949년 3월 20일 지교(知教)에 오르고 총전교(總典教, 교주)의 비서인 봉선(奉宣)에 임명되었다. 같은 해 6월 9일에는 '어질고 부지런히 봉선으로서의 업무를 잘하였다(旣賢且勞 協宣經務)'라는 덕담과 더불어 상교(尙教)로 승질(陞秩)하였다. 이어 윤7월 8일에서 대종교총본사의 전범(典範)으로 임명되어 대종교 전체의 의식(儀式)과 상벌(賞罰)의 문제를 책임지게 되었다.

동년 11월 6일에는 전강(典講)과 함께 총본사의 전리대판(典理代辦)을 맡아 대종교 종무(宗務)의 중심에 섰으며,

1950년 1월 4일에는 경의원(經議院) 부원장에 선임되어 최고원로로서의 반열에 올랐다. 그리고 2주 후인 17일에는 대종교중흥회 제2차 집행위원 및 참여(參與, 자문)로도 선임되었다. 또한 1951년 3월 28일에는 대종교규법개정위원(大倧敎規範改正委員)으로 선임되어 대종교의 새로운 도약을 위한 제도 정비에도 많은 기여를 하였다.

정원택은 1954년 5월 2일에는 전교회의(典敎會議) 결의에 의해, 이광(李光)·이흥수(李興秀)·신대식(辛大植)·박창화(朴昌和) 등의 항일투사들과 정교(正敎)로 승질됨과 동시에 대형(大兄)의 교호(敎號)를 받았다. 이어 같은 해에 원로원(元老院) 참의, 삼일원(三一園) 대덕(大德), 원로원 부원장 등의 직책을 두루 역임하며 대종교의 발전에 남다른 노력을 기울인다. 그리고 1958년 4월 18일에는 대종교유지재단의 이사에 선임되었으며, 그 해 9월 3일에는 종사편집부(倧史編輯部) 주간(主幹)으로도 임명되어 대종교 교사(敎史) 정리에 지대한 업적을 남겼다.

또한 1963년 4월 10일에는 대종교총본사의 교무부장(敎務部長)을 맡았으며, 1964년 4월 27일에는 대종교의 2인자인 부전교(副典敎, 부교주)에 취임하였다. 그리고 1964년 5월 15일 이흥수와 더불어 최고의 교질인 사교(司敎)를 받고 도형(道兄)의 교호를 얻게 된다. 나아가 1966년 4월 6일에는 대종교총전교(大倧敎總典敎)에 호선(互選)되면서, 마침내 교주의 지위에 올랐다.

[참고문헌]

『대종교보』제161호(1949년)·제163호(1949년)·제164호(1949년)·제165호(1950년)·제166호(1950년)·제175호(1951년)·제181호(1954년)·제212호(1964년), 『대종교인과 독립운동연원』(이현익, 프린트본, 1962), 『대종교독립운동사』(박명진, 필사본, 1964), 『대종교중광육십년사』(대종교총본사, 1971), 『한국독립사』하(김승학, 독립문화사, 1965), 『대한민국임시정부의정원문서』(국회도서관, 1974), 『독립운동사』9(독립운동사편찬위원회, 1975), 『한국민족운동사료─중국편』(국회도서관, 1976), 『지산외유일지』(정원택, 탐구당, 1983)

정인보(鄭寅普, 남, 1893-1950)

아호(별명) _ 정경업(鄭經業), 경시(京施), 담원(薝園), 위당(爲堂), 미소산인(薇蘇山人)
입교 시기 _ 일제강점기 | 교질 _ 정교 | 서훈 _ 독립장(1990)

한성부 남서(南署) 명례방(明禮坊) 종현동(鍾峴洞 현 중구 명동성당 부근) 출신으로, 어릴 적 이름은 경업(經業)이다. 일찍이 문재(文才)가 넘쳐 많은 사람으로부터 총애를 받았으며, 1910년부터 난곡(蘭谷) 이건방(李建芳)으로부터 양명학을 익혀 학문 세계에 눈을 떴다.

1913년 중국 상해로 건너가 대종교계 비밀결사인 동제사(同濟社)에 가입하여 항일투쟁에 앞장섰다. 동제사는 1912년 5월 대종교지도자 신규식(申圭植) 등이 독립운동과 상해 교민들의 상부상조를 위해 조직된 것이다. 동제사에는 정인보를 비롯하여 신규식·박은식(朴殷植)·박찬익(朴贊翊)·김규식(金奎植)·홍명희(洪命憙)·신채호(申采浩)·조소앙(趙素昻)·문일평(文一平)·여운형(呂運亨)·장건상(張建相) 등

정인보

이 참여하였다. 이 조직은 한때 회원이 300여 명에 이르렀고 상하이 본부 이외에도 북경·천진·만주 등과 노령·구미·일본 각지에도 지사를 설치했다.

특히 동제사는 신규식을 위시한 박은식·신채호·조소앙·조성환·박찬익 등, 그 핵심 인물들이 국혼(國魂)을 중시하는 민족주의적 역사관과 대종교의 국교적(國敎的) 신앙관을 공통으로 가진 집단이었다. 그러므로 그들에 의해 경영되는 동제사의 기본 이념과 독립운동 방략도 이와 크게 다르지 않았다. 정인보는 동제사의 동지들과 항일투쟁에 열정을 보이는 한편, 굶주림과 외로움을 견디면서 동서양의 많은 서적을 탐독하여 연구에 몰두하였다.

그러나 같은 해 9월 국내에 있던 부인이 첫딸을 출산한 후 엿새 만에 산고로 타계했다는 비보를 듣고 급히 귀국하였다. 1914년 식솔들을 거느리고 충남 진천(鎭川)으로 내려간 후, 그 다음 해에는 다시 천안 목천(木川)으로 이거하였다. 당시 정인보는 거의 10년간을 은거하다시피 하며 학문연구에만 매달렸다 한다. 그리고 연희전문학교의 출강이 다시 상경한 계기가 되었다.

정인보는 1922년 4월부터 연희전문학교의 초빙을 받아 조선문학론과 한문을 강의하기 시작하면서, 중앙불교전문학교와 이화여자전문학교 등에서 국학 및 동양사를 가르치며 학생들에게 민족의식을 환기시켰다. 또한 『동아일보』와 『시대일보』의 논설위원으로 활동하면서 촌철살인(寸鐵殺人)의 필봉으로 항일과 역사의식 고양에 앞장섰다. 특히 일제 관학자들의 왜곡된 학설에 철저히 반론을 제기함은 물론, 우리 고대사의 심층 연구를 위해 남다른 열정을 쏟았다.

1926년 융희 황제가 서거 당시는 6·10만세 운동을 적극 지원했고, 충무공 이순신 현창 활동에도 노력을 아끼지 않았다. 특히 『동아일보』에 「단군개천(檀君開天)」이나 「오천년간 조선의 얼」을 연재하면서 민족의 정체성 고양에 앞장섰으며, 1937년에는 『경인훈민정음서(景印訓民正音序)』와 『훈민정음운해해제(訓民正音韻解解題)』 등을 저술하여 우리말 고양에도 크게 기여했다. 정인보 역시 당시 대종교계 학자들의 공통된 정서였던 역사민족주의와 어문민족주의의 정서가 크게 작용했을 듯하다. 그러나 일제가 1940년 2월부터 창씨개명을 본격적으로 강요하자, 병을 핑계로 모든 직에서 휴직하였다. 그리고 1943년 가족을 이끌고 전북 익산군(益山郡)에 있는 황화산(皇華山)으로 들어가 은거하듯 생활하였다.

해방 이후 상경한 정인보는 국학진흥을 위한 학교 교육에도 관여하였다. 대종교 동지인 정열모(鄭烈模)의 뒤를 이어 국학대학 교장에 취임한 것이다. 국학대학은 우리의 국학을 부흥·발전시키기 위해 만들어진 대종교계열의 학

교로, 정인보를 비롯하여 정열모·최현배(崔鉉培)·이극로(李克魯)와 같은 대종교 학자들이 강단에 섰다.

한편 정인보는 정치에도 참여하였다. 1948년 대한민국 정부가 수립되고 감찰위원회가 구성되자 초대 감찰위원장에 취임한 것이다. 감찰위원회는 현재의 감찰원과 흡사한 조직으로, 정인보는 각 기관의 기강 확립 및 부정부패 일소에 나섰다. 그러나 취임한 지 1년쯤 지나 자리에서 물러났다. 학자적 정의와 이상을 실현하기에는 현실의 벽이 너무 컸기 때문이었다.

국학대학장으로 되돌아온 정인보는 국학정신에 입각한 후진 양성에 열성을 쏟았다. 그리고 학교에서 물러난 뒤에도 역사 연구와 집필 활동을 접지 않았다. 그러나 한국전쟁이 일어난 지 얼마 후인 1950년 7월 납북되어 그해 11월 사망했다.

[주요저술과 역사인식]

정인보는 평생을 국학연구에 헌신한 인물로, 국혼(國魂)·경세(警世)·효민(曉民)의 학덕이 높았던 학자이자 교육자였다. 또한 대학에서는 우리의 역사학은 물론이고 국고(國故)·절의(節義)·실학·양명학으로 후학 양성에 남다른 열정을 쏟았다.

그의 저술로는 『조선사연구(朝鮮史研究)』와 『양명학연론(陽明學演論)』이 대표적이다. 또한 그의 국학논고와 시문들을 담은 『담원국학산고(薝園國學散藁)』·『담원문록(薝園文錄)』·『조선문학원류고(朝鮮文學源流考)』·『담원시조집(薝園時調集)』 및 『월남이상재선생전(月南李商在先生傳)』 등도 있다. 특히 『조선사연구』는 1935년 1월 1일부터 1936년 8월 29일, 『동아일보』가 정간될 때까지 연재한 「오천년간 조선의 얼」이라는 글을 해방 이후 상·하 두 권으로 간행한 것이다. 단군으로부터 삼국시대에 이르는 우리나라 고대사를 특정한 주제를 설정해 통사 형식으로 서술하였다.

『조선사연구』의 집필은 일제의 조선사 연구가 조선의 영구식민지를 위한 목적사관이라는 점을 자각한 데서 기인한 것이다. 일제가 1930년대 소위 식민주의적 시각에 의해 한국사, 특히 고대사를 유린해 가는 학문적 풍토를 좌시할 수 없었기 때문이었다. 특히 그 시기 『동아일보』에 연재되었던 신채호의 『조선사연구초(朝鮮史研究草)』가 큰 동기가 되었다. 그러므로 신채호 고대사 연구의 외연을 가장 넓게 확장 시킨 연구가 정인보의 『조선사연구』다.

정인보의 『조선사연구』에 일관하는 역사인식의 기재는 우리의 '얼(정신)'이다. 그는 '얼'의 반영으로 나타나는 것이 곧 역사요, 역사의 대척주(大脊柱)를 찾는 것은 역사의 밑바닥에서 천추만대를 일관하는 '얼'을 찾는 작업이라고 하였다. 따라서 역사학이란 역사의 대척주인 '얼'을 깊이 파헤치는 학문으로서, 역사가는 개개의 역사적 사실을 탐구해 궁극적으로는 역사의 대척주인 '얼'의 큰 줄기를 찾아가야 한다는 것이 정인보의 인식이었다. 이것은 같은 대종교계 역사학자인 김교헌(金教獻)·신채호·박은식의 '신교(神教)', '낭가사상(郎家思想)', '국혼(國魂)' 등의 용어들과 이음동의어라 해도 과언이 아니다. 정인보의 '얼사관' 역시 대종교적 영향 속에 잉태된 것임을 알 수 있다.

『조선사연구』에 실린 주요 화두는 단군실재론, 부여정통론, 백제의 요서경략설(遼西經略說), 그리고 한사군 반도 외 존재설 등을 꼽을 수 있다. 먼저 정인보에 있어 단군은 인간 단군이다. 곰의 아들도 아니고, 하느님도 아니며, 우리 조상인 자연인이란 것이다. 그러므로 단군의 향수(享壽)에 관한 기록은 단군조선의 전세(傳世)로 파악했으며, 단군의 연원 문제는 단군과 천(天)을 연결시키려는 의식의 반영으로 보았다. 또한 단군의 발상지를 백두산으로, 국도는 송화강(松花江) 유역으로 인식하였다.

정인보에게 있어 부여 역시 남 달랐다. 그는 『조선사연구』에서 「정신(精神)의 정적(正嫡)인 부여천자(夫餘天子)」라는 소제목으로, 부여가 고조선족 가운데 가장 풍성하고 넉넉함을 가진 강대한 국가라고 밝히고 있다. 그리고 단군 고조선으로 보면 부여의 천자(天子)가 곧 정통이요 기자조선 준왕(準王)의 아버지인 왕부(王否)는 비정통으로 이해했다. 즉 기자를 이은 삼한정통론이 아닌 단군을 이은 부여정통론을 강조한 것이다.

또한 백제의 요서경략설 역시 주목되는 부분이다. 정인보는 신채호의 백제의 요서경략설을 '백제의 해상 발전'이라는 관점에서 구체화시키고 있다. 사실 백제의 요서 경략에 관한 사료는 의외로 많다. 『송서(宋書)』에 나오는 "백제국은 고구려와 더불어 요동의 동쪽 천리 밖에 있었다. 그 후 고구려는 요동을, 백제는 요서를 경략해 차지하였다. 백제가 통치한 곳은 진평군(晋平郡) 진평현(晉平縣)이라 한다"는 내용을 비롯해, 중국의 사서 10여 곳에 기록된 내용이다. 정인보는 백제가 서진(西晉) 말기 영가(永嘉)의 난(亂)으로 중국이 남북으로 나눠진 이후, 산동과 요동·요서에서 해양 패권을 장악했다고 주장하면서, 그 시기가 전연(前燕, 337-370)이 멸망하는 370년(근초고왕 25)이라고까지 특정하였다.

정인보는 우리 고대사의 가장 큰 쟁점인 한사군 반도 내 존재설을 정면으로 부정하였다. 그의 논리는 의외로 단순·명쾌하였다. 당시 일제 관학자들이 평양과 그 부근에서 '낙랑태수인(樂浪太守印)' 등의 명문이 든 봉니(封泥)의 조각들을 발견했다 하여 평양 근처가 바로 옛 낙랑지역임을 증명하는 증거라 하였다. 그에 대해 정인보는 그러한 봉니가 평양 주변에서 발굴되었다는 것은 오히려 평양이 낙랑이 아니라는 사실을 입증한다는 것이다. 봉니 조각은 비밀문서를 받는 쪽에서 남겨지는 것이기에, 평양 지역에서 이러한 봉니가 발견되었다는 것은 평양이 곧 낙랑의 문서를 받은 곳임을 의미한다는 논리였다.

한편 정인보는 조선 후기 실학시대의 고전을 해설하면서 우리 근대사에 처음으로 국학이라는 용어를 구체화시킨 인물이다. 그는 조선 후기 실학파의 학문과 사상 속에서 의도적으로 개척된 탈중국적인 사상의 흐름을 국학의 계보로 이해하고자 했다. 이것은 실학이라는 용어가 조선 후기 당 시대에는 사용되지 않았지만 후대의 학자들이 명명해 주었던 것과 마찬가지로, 국학이라는 용어도 조선 후기 당 시대에는 사용되지 않았지만, 현금에는 국학이라는 개념 용어로써 의미를 넓혀 온 것과 같은 논리였다. 더욱이 해방 후 정인보가, 대종교 인물들이 중심이 되어 세운 새로운 체제의 대학을 서대문 밖에 설립할 당시, 국학대학(國學大學)이라는 교명(校名)을 지었다라는 기록도 정인보와 국학의 관계를 한층 깊게 해 주었다.

그렇다고 하여 정인보가 1930년대를 풍미하던 조선학을 진정한 국학으로 본 것은 아니었다. 조선 유학의 고질인 사대주의와 개화기 이후 서학을 수용함에 있어 나타나는 몰민족적 자세를 비판한 점에서도 확인된다. 특히 실증사학의 표방으로 1934년에 발족된 진단학회의 학풍을 민족의 현실을 외면한 도피적 사학으로 간주한 점도 이를 뒷받침하고 있다. 즉 우리들의 마음, 실심(實心)에 기초한 학문이 없고 남의 마음, 허심(虛心)에 근거한 국학을 얼빠진 국학으로 비난했던 것이다.

[교력]
정인보의 대종교 입교는 상해 동제사 시절로 알려져 있으나 관련 기록은 전하지 않는다. 그 시절 정인보는 대종교 지도자인 박은식과 신규식의 측근으로 활동하며, 암암리에 대종교 활동을 전개하였다고 한다. 안타깝게도 그의 대종교 입교 시기나 영계(靈戒) 사항에 대해서도 남아있는 것이 없다.

그러나 정인보는 이현익(李顯翼)의 기억에서도 나타나듯, 대종교를 중광(重光)한 홍암(弘巖) 나철(羅喆)의 유훈(遺訓)을 받들어 이세정(李世楨)·맹주천(孟柱天)·신명균(申明均)·엄주천(嚴柱天) 등 수십 인과 대종교 국내비밀사원(國內秘密社員)으로 활동한 인물이다. 대종교 항일투사 박명진(朴明鎭)이 기록한 『대종교독립운동사』(필사본, 1964)에 홍명희·안재홍(安在鴻)·신백우(申伯雨)·정열모(鄭烈模)·백남규(白南圭)·류근(柳瑾)·명제세(明濟世)·서상일(徐相日) 등과 1910년대 후반 대종교 남도본사(南道本司)의 주요 교인으로 언급되는 이유다.

그 시기 정인보가 대종교 중심 인물인 박승익(朴勝益)을 도우며 형제처럼 지낸 기록도 있다. 박승익은 1910년대 초, 박찬익(朴贊翊)과 더불어 대종교시교사로 북간도에 파견된 인물이다. 박승익은 그곳 화룡현(和龍縣) 청파호(靑坡湖)에 있는 대종교시교당 활동을 통해 대종교 항일투쟁을 전개하였다. 이후 박승익은 대종교지도자 강우(姜虞)·백순(白純) 등과 의논하여 1910년대 중반에 국내로 들어와 생계를 위해 충주(忠州)에서 대서업(代書業)을 하기도 했다. 정인보는 1922년, 서울 유지들이 입학난 해소를 위해 설립한 중·고등 과정의 동아강습소(東亞講習所)에 박승익을 강사로 추천하였다. 박승익이 대종교 남도본사를 중심으로 계속 활동할 수 있도록 한 것이다.

정인보는 이러한 대종교적 정서 위에서 그의 학문의 근원인 '얼'을 추구하였다. '얼'의 연원을 대종교의 교의(敎義)인 단군의 홍익인간에 있음을 암시한 아래의 글에서도 확인된다.

"옛날 조선의 조선됨이 그 근본이 되는 연원이 있으니, 삼위태백에서 인간을 홍익할 수 있음을 생각한 그 진정신(眞精神)이 주축(主軸)으로 박히어, 그 건(建)함이 있음이 이로써요, 그 입(立)함이 있음이 이로써요, 그 분발

(慎發)함이 있음이 이로써니, 우선 인간의 홍익을 주(主)로 할진대, 일신(一身)의 이해(利害)나 일가단락(一家團欒)의 보전(保全) 쯤은 저 홍익의 대의(大義) 앞에 단연 파쇄(破碎)되었을 것을 알지라."

그리고 홍익 정신이 원체 큰 겨레의 줏대 되는 정신이니만큼, 그 처음을 하늘에 부탁하여 단군께서 내리시기 전에 이미 하늘이 뜻을 전해준 것이라고 설명하였다. 그러므로 정인보는 인간이 '얼'을 잃어버린 것은 남이 빼앗아 간 것이 아니라 자실(自失)하는 것임을 환기시키면서, 학문이 얼이 아니면 헛것이고, 예교(禮敎)도 얼이 아니면 빈탈이며, 문장(文章)이 얼이 아니면 달(達)할 것이 없고, 역사 정신 또한 '얼'이 아니면 박힐 것이 없음을 강조하면서, 얼은 진(眞)과 실(實)이니 얼이 아니면 가(假)와 허(虛)에 불과하다고 주창하였다.

또한 정인보는 대종교의 근원 역시 단군 개천(開天)에서 찾은 인물이다. 그는 시월(十月) 개천절의 철학적 의미를 다음과 같이 부여하였다.

"삼위태백을 굽히어 보아 인간에 홍익을 도(圖)할 수 있음을 헤오시고 태백산정 신단수 하(下)에 하강하셨다 하는 환웅천왕의 성윤(聖胤)이신 단군은 곧 상천(上天)의 부촉(附囑)을 몸받으신 고의(古義)라. 홍익인간이 단군의 심인(心印)인 동시에 이른바 천부인 삼개(三個)라 함이 환인·환웅·단군 삼위(三位)의 일심(一心)이 한가지 이에 있음이 인(印)침 같다 함을 화전(化傳)함이리니, 그 심인이 있는 곳을 찾으려 할진대 홍익인간이 시(是)요, 인간에 홍익을 도(圖)하시니 만큼 두루요, 또 크되 삼위태백으로 그 베푸심에 근본을 삼으시니 고전(古傳)이 비록 간소할지언정 고정교(古政敎)의 면모를 삼가 계고(稽考)함직하니……."

즉 개천의 의미가 단군이 하늘의 부탁을 받아 홍익인간의 뜻을 이 땅에 새긴 것으로 해석함으로써 천민의식(天民意識)으로서의 자부심과 문화민족으로서의 유구함을 강조하여 민족적 단결을 일깨웠다. 또한 정인보는 대종교의 시원 역시 단군 고정교에 있음을 밝히고 있다.

그러므로 정인보는 대종교의 근원이 단군 교화에 있음을 밝히고, 홍암 나철에 의해 중광된 대종교를 진정한 국교(國敎)로 인식하였다. 그의 「순국선열추념문(殉國先烈追念文)」에 실린 다음 내용을 보더라도 확인 할 수 있다.

"우리 국조(國祖) 형극(荊棘)을 개제(開除)하시고, 정교(正敎)를 베푸신 뒤로 연면(連綿)함이 거의 오천 년을 미치는 그 동안…(중략)…국변(國變) 당시 조야(朝野)를 통하여 열절(烈節)이 계기(繼起)한지라, 수토(守土)의 장리(長吏)를 비롯하여 구원(丘園)에 간정(艱貞)을 지키던 이, 국교(國敎)로 민지(民志)를 뭉치려던 이…(중략)…위로 국조 홍익(弘益)의 성모(聖謀)를 중신(重新)케 하시며 아래로 삼천만의 기원을 맞추어 이루게 하소서."

해방 이후 정인보의 대종교 활동도 주목된다. 정인보는

대종교가 만주로부터 환국한 직후인 1946년 7월 23(음력, 이하 음력)부터 10일간 대종교총본사 천궁(天宮)에서 개최된 국학하기강좌(國學夏期講座)에 과외(科外) 과목 강사로 참여하였다. 이 강좌의 목적은 대종교 정체성의 한 축이 되는 국어·국사에 대한 지식보급과 시사(時事) 및 민족의식에 관한 계몽을 통해 대종교의 외연 확산을 도모하고자 함이었다. 당시 대종교 남녀교우 2백여 명이 수강하였고 이극로(李克魯)와 이병기(李秉岐)가 국어를, 이선근(李瑄根)과 박노철(朴魯徹)이 국사를 담당하였다. 그리고 정인보는 조성환·조소앙·조완구·백남규·안재홍·신익희·안호상·이범석(李範奭)·정열모 등, 대종교지도자들과 더불어 과외를 담당하였다.

한편 대종교에서는 일제강점기 정인보의 종교적 경험을 존중하여, 1946년 8월 26일 영계(靈戒)를 수여하고 다음날인 8월 27일 참교(參敎)의 교질(敎秩)을 내렸다. 또한 그해 개천절, 대종교총본사에서 대종교 항일투사들이 주축이 되어 개최된 개천절 경하식(慶賀式)에서는 황학수(黃學秀)와 더불어 축하사(祝辭)를 담당하였다. 당시 정관(鄭寬)이 의식(儀式)을 이끌었고 이흥수(李興秀)가 원도(願禱)를 맡았다. 또한 정열모가 하사봉독(賀辭奉讀)을 읊었으며 백남규(白南奎)가 신고봉독(神誥奉讀)을 올렸다.

대종교에서는 정인보의 이러한 노력에 대한 보답으로 1946년 11월 29일 지교(知敎)의 교질을 수여하고, 1947년 1월 22일에는 경의원(經議院) 참의(參議)로 선임하여 원로로서의 대접을 극진히 하였다. 그리고 1948년 4월 15일에는 안재홍(安在鴻)·장유순(張裕淳)과 더불어 상교(尙敎)로 승질(陞秩)시켰다. 당시 대종교에서 정인보에게 내린 팔자평어(八字評語)는 "국민들에게 대종교를 잘 알리고 국학을 진흥시켰다(倧敎訓民 國學振興)"라는 덕담이었다. 마침내 1949년 4월 2일, 정인보는 대종교 교유(敎諭) 제218호로 정교(正敎)의 교질에 올랐으며 대형(大兄)의 교호(敎號)를 수여받았다. 정인보에게 정교를 수여할 당시 대종교에서 내린 덕담은 '개천국경일에 대해 민중들의 마음을 감동시켰다(開天國慶 衆心悅服)'라는 구절이었다. 이것은 정인보가 1949년 초부터 개천절 국경일 제정을 위해 남다른 노력을 기울인 것과 무관치 않음을 알 수 있다. 정인보의 이러한 노력으로, 1949년 양력 10월 1일 법률 53호로 '국경일에 관한 법률'이 공포되었고, 양력 10월 3일을 '개천절'이라 이름하여 국경일로 정해지게 된다.

정인보는 1949년 7월 13일 조완구·정관·명제세·안재홍·이세정·맹주천 등과 대종교 제복제기제정위원(祭服祭器制定委員)으로 임명되어 대종교 의례 확립에도 일조하였다. 그 해 9월 19일에는 종리연구실(倧理硏究室) 찬수(贊修, 부책임자)로도 임명되어 해방 이후 대종교 교리·교사의 연구와 정착에 많은 기여를 하였다. 당시 종리연구실의 전수(典修, 책임자)는 조완구가 맡았으며, 정열모·안재홍·안호상(安浩相)·이시열(李時說) 등의 석학들이 정인보와 함께 찬수로 활동하였다. 이 종리연구실은 해방 후 대종교 이론 확립의 산실 역할을 하며, 후일 삼일원(三一圜)으로 개편될 때까지 존속하였다.

정인보는 1950년 1월 17일, 이시영(李始榮)·이범석·신성

모(申性模)·안호상·명제세·안재홍·장유순·김준(金準)·정관(鄭寬) 등과 제2차 대종교중흥회(大倧敎重興會)의 고문으로도 추대되었다. 이 대종교중흥회는 1949년 1월 5일 출범한 조직으로 "홍익인세(弘濟人世)의 이념하에 대종교의 발전을 도모하고, 민족정기를 확립하며 고유문화를 향상하여 인류평화를 기함"을 목적으로 하였다. 또한 1950년 5월 7일에 개최된 제7회 교의회(敎議會)에서, 기존 경의원이 원로원(元老院)으로 개칭될 당시도 참의(參議)로 선임되는 등, 변화를 모색하였으나 한국전쟁의 발발로 인해 모든 것이 좌절되었다.

[참고문헌]
『대종교보』제151호(1946년)·제152호(1946년)·제153호(1947년)·제158호(1948년)·제161호(1946년)·제162호(1949년)·제163호(1949년)·제165호(1950년)·제166호(1950년), 『대종교인과 독립운동연원』(이현익, 프린트본, 1962), 『대종교독립운동사』(박영진, 필사본, 1964), 『대종교중광육십년사』(대종교총본사, 1971), 『한국유이민사』상(현규환, 어문각, 1967), 『위당정인보』(홍이섭, 『한국사의 방법』, 탐구당, 1968), 『독립운동사』4·8·9(독립운동사편찬위원회, 1973·1976·1977), 『우리나라 근대역사학의 발달』(김용섭, 『한국의 역사인식』하, 창작과비평사, 1976), 『독립운동사자료집』13(독립운동사편찬위원회, 1977), 『담원정인보전집』1~6(정인보, 연세대학교출판부, 1983), 『지산외유일지』(정원택, 탐구당, 1983), 『위당 정인보의 고대사 인식』(진영일, 『공주교육대학논총』22-1, 공주교육대학교초등교육연구원, 1986)

정인행(鄭寅行, 남, 1870-1931)

입교 시기 _ 1910년 | 교질 _ 참교 | 서훈 _ 대통령표창(2000)

충청남도 논산군(論山郡) 두마면(豆磨面) 용연리(龍淵里) 출신이다. 일찍이 대종교에 가담하여 임헌일(林憲一)·김재면(金在勉) 등과 공주(公州)를 중심으로 대종교 항일투쟁에 참여한 인물이다.

1920년에는 간도지역의 독립운동 단체인 광복단(光復團)에 가입하여 김국경(金國景)·박재옥(朴在玉) 등과 함께 군자금 모집 등의 활동을 전개하였다. 전라, 경상, 충청도 지역의 광복단 책임자로 임명된 김국경이 국내로 들어와 충청도 논산 지역을 중심으로 군자금 모집과 독립군에 참여할 청년들을 규합할 당시, 이에 적극 가담하여 활동하였다.

정인행은 이주호(李周鎬)·강영의(姜榮義) 등의 동지들과 힘을 모아 대한민국임시정부로부터 군자금 납부명령서를 받은 논산군 성동면(城東面)의 부호 조동시(趙東始)에게서 560원의 군자금을 징수하였다. 또한 서울에서 대한민국임시정부 파견원과 연계하여 군자금 모집의 방안을 모색하는 등 활동하다가 1920년 11월 체포되어, 1921년 5월 20일 공주지방법원에서 징역 6월을 받아 옥고를 치렀다.

정인행의 대종교 교력을 살피면 1910년 3월 27일(음력) 시교사(施敎師)로 임명된 기록이 있다. 그의 대종교 입교가 1909년 대종교 중광(重光) 직후임을 확인시켜 준다. 그리고 공주 출신 백순(白純)·임헌일·김재면을 비롯하여 윤주찬(尹柱瓚)·박승익(朴勝益)·황병욱(黃炳郁)·김인식(金寅植)·조완구(趙琬九)·류근(柳瑾)·이광수(李光秀)·장지연(張志

淵·현천묵(玄天默) 등 수십 인과 1911년 중광절(重光節, 음력 1월 15일)에 참교(參敎)의 교질(敎秩)을 받았다.

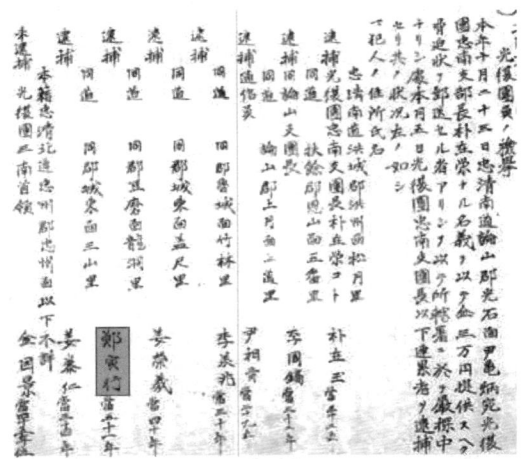

1920년 11월 鄭寅行(네모 안)이 체포된 내용이 담긴 일제의 문서

[참고문헌]
『종보』제6호(1910년), 『倧令』제3호(1911년), 『종문영질』(프린트본, 1922), 『대종교중광육십년사』(대종교총본사, 1971), 『光復團員ノ檢擧』(不逞團關係雜件 朝鮮人ノ部 在內地 十一, 高警第36203號;秘受14968號, 한국사DB, 국사편찬위원회), 『刑事事件簿』(공주지방법원검사국, 1920). 『매일신보』1921.6.15..『조선독립운동』Ⅰ(分冊)(金正明, 原書房, 1967)

정일해(鄭一海, 남, 생몰 미상)
입교 시기 _ 1922년 | 교질 _ 미상

출신지역과 생몰연대를 알 수 없는 인물이다. 일제의 기록에서는 확인이 안 되며, 1922년 12월 16일(음력) 대종교 청일시교당(靑一施敎堂)의 전무(典務, 책임자)를 맡은 기록이 유일하게 남아 있다. 당시 그의 종교적 지위는 '형제'였다. 대종교에서의 '형제(여자는 자매)'란 입교하여 영계(靈戒)를 받기 전단계의 지위를 말한다. 그의 대종교 입교가 그 전에 이루어졌음은 확인할 수 있다.

한편 정일해가 책임을 맡았던 청일시교당은 화룡현(和龍縣) 삼도구(三道溝) 청파호(靑坡湖, 혹은 靑湖)에 있었다. 청파호는 1910년대 초반부터 대종교의 중심을 이룬 곳이다. 특히 홍암(弘巖) 나철(羅喆)이 1914년 5월 13일(음력) 교구설정(敎區設定)을 단행할 당시, 대종교총본사를 설치했던 곳이다. 당시 나철은 청파호의 총본사를 중심으로 4대교구로 나누었다. 백두산을 중심으로, 동만주 일대와 노령·연해주 지방 관할하는 동도교구(東道敎區)와 남만주로부터 중국 산해관까지 관할하는 서도교구(西道敎區), 그리고 한반도 전체를 관할하는 남도교구(南道敎區)와 북만주 일대를 관할하는 북도교구(北道敎區)로 구분한 것이다. 그 시기

각 교구의 책임자는 백포(白圃) 서일(徐一)이 동도본사를, 예관(睨觀) 신규식(申圭植)과 석오(石吾) 이동녕(李東寧)이 서도본사를, 보재(溥齋) 이상설(李相卨)이 북도본사를, 호석(湖石) 강우(姜虞)가 남도본사를 각각 이끌었다. 이것은 대종교에 있어 청파호가 종교적 거점일 뿐만이 아니라, 항일투쟁의 중심이었음을 말해준다.

더욱이 1916년 8월 15일(음력)에 순명조천(殉命朝天)한 나철의 유해가 안장된 곳도 이곳으로, 대종교에 있어 그 의미가 남다른 공간이었다. 정일해가 주관한 청일시교당은 이러한 성지를 지키는 주무시교당으로서의 상징성을 갖고 있었으나, 이후 정일해에 대한 기록은 남아있는 것이 없다.

[참고문헌]
『대종교보』제56호(1922년), 『대종교중광육십년사』(대종교총본사, 1971)

정재필(鄭在弼, 남, 생몰 미상)
입교 시기 _ 1911년 이전 | 교질 _ 참교

출신지역과 생몰연대를 알 수 없으며, 상해임시정부 군자금모집과 연관된 인물이다. 1920년 6월 경성부 수창동(需昌洞) 2번지에 거주하며 군자금모집으로 활동하던 엄준(嚴浚)·유득신(劉得信)·홍준(洪浚) 등에게 거처를 제공하였다. 정재필의 대종교 교력을 보면, 1911년 중광절(重光節, 음력 1월 15일)에 황주현(黃柱顯) 등과 참교(參敎)의 교질을 받았다. 그의 대종교 입교가 상당히 이른 시기에 이루어졌음을 알게 해준다. 이후 1922년 2월 5일(음력)에는 경성 소재 대종교 남도본사(南道本司) 소속의 순교원(巡敎員)으로도 임명되었다. 참교를 함께 받았던 황주현이 시교령(施敎令)으로 있었고, 국내 대종교 비밀결사인 귀일당(歸一黨) 요원이었던 백남규(白南奎) 역시 시교령을 맡아 정재필과 시무하였다.

1922년 음력 6월에 작성된 대종교의 『倧門榮秩』중 參敎의 敎秩을 받은 인물 명단의 일부. 맨 오른쪽 하단에 鄭在弼의 이름이 보인다.

[참고문헌]
『倧令』제3호(1911년), 『종문영질』(프린트본, 1922), 『대종교중광육십년사』(대종교총본사, 1971), 『한민족독립운동사자료집』36(국사편찬위원회, 1998)

정재호(鄭在鎬, 남, 1886-1956)

아호(별명) _ 정재호(鄭在浩)
입교 시기 _ 1922년 | 교질 _ 미상 | 서훈 _ 애족장(1992)

정재호

함경북도 경성군(鏡城郡) 주을 읍(朱乙邑) 용천동(龍川洞) 출신으로, 대한민국임시정부의 연통제(聯通制) 사건과 연관된 인물이다. 1919년 4월 임시정부에서 국내비밀조직인 연통제 실시를 공포하자, 동년 7월 서울에서 활동하고 있는 대종교 동지인 명제세(明濟世)로부터 함경북도 연통제 조직을 요청받았다.

이에 정재호는 자신의 집과 경성읍(鏡城邑) 승암동(勝岩洞)

송완섭(宋玩燮)의 집에서 대종교 동지인 이상호(李相鎬)·송관섭(宋瓘燮)을 비롯한 전재일·김동식(金東湜)·정두현(鄭斗賢)·이운혁(李雲赫)·장창일(張昌逸)·송윤섭(宋允燮) 등, 경성군내 관리·학생·종교계 인사들과 여러 차례 비밀 회합을 갖고 경성군 연통제 총감부를 조직하게 된다. 그리고 군자금 모집과 시위운동, 일본군의 무장 상황과 군경청사의 조사 등을 내용으로 한 유고문(諭告文)·사령서(辭令書)를 만들어 배포하였다. 나아가 시위까지 주도하며 행동하려 하였으나 성공하지 못하고 주동자의 한사람으로 나남경찰서(羅南警察署)에 체포되어 혹독한 취조를 받았다. 그리고 1920년 8월 10일 함흥지방법원 청진지청에서 소위 제령(制令) 제7호 위반으로 징역 1년 6월형을 선고받고 서울 서대문형무소에서 옥고를 치렀다.

정재호의 대종교 교력을 보면, 1922년 10월 1일(음력) 대종교 의일시교당(義一施教堂)의 찬무(贊務, 부책임자)로 임명된 기록이 있다. 그의 대종교 입교가 그 이전에 이루어졌음이 확인된다. 의일시교당은 북간도 항일투쟁의 본거였던 대종교 동일도본사(東一道本司)가 관할한 시교당으로, 혼춘현 순의사(純義社) 남태맹(南泰孟)에 있었다. 이곳은 함북 경성과 두만강을 두고 닿아있는 곳이다. 당시 의일시교당의 전무(典務, 책임자)는 항일투사 채천묵(蔡天默)이 맡았고, 강리호(姜利鎬)가 찬무로 있으면서 정재호와 함께 했으며, 김권협(金權協)·홍명도(洪明道)·이창욱(李昌旭) 등이 시교원(施教員)으로 임명되어 활동했다.

[참고문헌]
『대종교보』제56호(1922년), 『대종교중광육십년사』(대종교총본사, 1971), 『동아일보』1920.8.22·23·27~31., 『일제침략하한국36년사』5(국사편찬위원회, 1970), 『독립운동사자료집』14(독립운동사편찬위원회, 1984), 『鏡城郡誌』(信圃獎學會, 1988)

정주해(鄭周海, 남, 1890-1942)

입교 시기 _ 1934년 이전 | 교질 _ 미상 | 서훈 _ 애국장(1990)

정주택

충청북도 괴산군(槐山郡) 소수면(沼壽面) 아성리(阿城里) 출신이다. 1919년 괴산에서 3·1운동에 참가한 뒤 서간도로 넘어가 유하현(柳河縣)에 설립된 신흥무관학교(新興武官學校)를 졸업하였다.

1920년 서로군정서(西路軍政署)의 지청천(池靑天) 부대에 소속되어 항일투쟁에 참전하였다. 이 해 10월 일본군 대부대가 만주로 출병하여 대대적인 독립군소탕작전과 한국교

민 대학살사건을 벌이자, 부대와 함께 소·만국경을 넘어 노령(露領) 이만시(자유시)로 이동하여 활동하였다. 1926년 이후 다시 만주로 넘어와 1930년 5월초까지 하얼빈도외(哈爾濱道外)에서 동성호(東省號)라는 여관을 경영하며 독립군의 숙식과 연락을 맡아 활동하였다. 러시아공산당원이었던 김진수(金鎭水)가 1928년 8월경 하얼빈도외의 정주해의 집에 머물렀다는 것도 동성호 여관을 말하는 것이다. 그러나 정주해는 1930년 5월 1일 하얼빈일본영사관 습격 사건에 연루되어 일제에 체포되었다. 그리고 1942년 일제가 획책한 대종교지도자 일제구속 사건 당시 다시 체포되어 가혹한 고문을 받고 가석방되었으나, 출옥 후 5일만에 그 후유증으로 숨을 거두었다.

정주해와 관련된 대종교의 영계(靈戒) 사항이나 교질(教秩) 관계에 대한 기록은 남아있는 것이 없다. 그러나 1934년 4월(음력) 하얼빈에서 조직된 대종교선도회(大倧教宣道會, 일명 하얼빈선도회)의 서무사원(庶務司員)으로 참여한 것을 보아, 그 이전에 대종교에 입교한 것이 확인된다. 대종교선도회는 하얼빈시 안평가(安平街)에 대종교총본사의 직할로 설치한 기관으로, 마쓰이조약(三矢條約) 당시 내려진 대종교 포교금지가 풀리자 대종교의 재도약 위해 설치한 조직이었다. 당시 박우진(朴宇鎭, 총무원장)·김서종(金書鍾, 총무원원)·박성태(朴性泰, 총무원원)·김영숙(金永肅, 총무원원) 외에도 박명진(朴明鎭)·이수(李秀)·고평(高平) 등이 참여했다. 주목되는 것은 이들이 모두 대종교의 핵심이자 독립운동의 중추적 인물이었다는 점이다. 그 시기 정주해의 대종교에서의 비중을 가늠할 수 있는 중요한 잣대가 된다.

또한 정주해는 1937년 8월 24일(음력), 대종교 재만교구(在滿教區)의 하얼빈시가지를 관할하는 경상금수납위원(經常金收納委員)으로 임명되었다. 당시 정재호와 함께 하얼빈시가지를 책임진 대종교경상금수납위원은 항일투쟁의 선봉에 섰던 김서종과 이수였다. 김서종은 대종교선도회를 설계하고 설립한 인물이자 실제적으로 이끈 장본인이다. 이수 역시 하얼빈 인근 아성(阿城) 지역의 원성시교당(源成

施教堂)을 중심으로 대종교 항일투쟁의 선봉에 섰던 인물이다.

[참고문헌]
『대종교보』제115호(1937년), 『대종교중광육십년사』(대종교총본사, 1971), 『조선일보』1930.5.4., 『국외용의조선인명부』(조선총독부경무국, 1934), 『일제침략하한국36년사』9(국사편찬위원회, 1974), 『대한민국독립유공인물록』(국가보훈처, 1997)

정현모(鄭顯模, 남, 1893-1965)
아호(별명) _ 효직(孝直), 백하(白下)
입교 시기 _ 일제강점기 | 교질 _ 지교

정현모

경상북도 안동군(安東郡) 임서면(臨西面) 현하리(顯下里) 출신이다. 1907년 임하면(臨河面) 천전리(川前里)에 세워진 협동학교(協東學校)를 졸업한 뒤, 일본으로 유학을 떠나 와세다대학교를 졸업하였다. 1927년 7월 9일 신간회 안동지회의 설립 준비위원으로 참여하여 지회 설립에 기여하였으며 8월 26일 안동지회의 초대 부회장으로 선출되었다. 당시 회장을 맡은 인물은 대종교 동지인 류인식(柳寅植)이었으며, 1928년 1월 18일에는 류인식의 뒤를 이어 신간회 안동지회의 회장으로도 선출되었다.

광복 이후에는 대종교 동지인 이범석(李範奭)이 주도한 민족청년단과 가깝게 지내며, 언론계에 투신하여 『조선일보』와 『시대일보』의 주필을 지냈다. 또한 1948년 제헌국회의원 선거 당시는, 친족청계(親族靑系)로 경상북도 안동을 선거구에서 무소속으로 출마하여 당선되었다. 그리고 그해 10월 19일 경상북도 도지사에 임명되어 기구 개혁과 민생 안정 및 치안 질서 확립에 힘썼으며, 1955년 9월에는 충청북도 도지사로 임명되었다. 역임하였다.

정현모의 대종교 입교는 일제강점기에 이루어졌다고 하나, 그 관련 기록은 전하지 않는다. 대종교에서는 해방 이후인 1946년 8월 26일(음력) 영계(靈戒)를 수여하고, 그 다음 날 참교(參敎)의 교질(敎秩)과 함께 경의원(經議院) 참의(參議)로 선임하였다. 그리고 같은 해 11월 29일(음력) 지교(知敎)의 교질로 승질(陞秩)시킴으로써, 일제강점기 정현모의 종교적 경험을 존중하였다.

[참고문헌]
『대종교보』제151호(1946년)·제152호(1946년), 『대종교중광육십년사』(대종교총본사, 1971), 『동아일보』1927.8.31., 『조선일보』1930.5.4., 『일제침략하한국36년사』8(국사편찬위원회, 1973), 『독립운동사자료집』14(독립운동사편찬위원회, 1978), 『대한민국의정총람』(국회의원총람발간위원회, 1994), 『안동독립운동인물사전』(김희곤, 선인, 2011)

정현오(鄭鉉五, 남, 생몰 미상)
입교 시기 _ 1935년 이전 | 교질 _ 참교

출신지역과 생몰연대를 알 수 없으며, 1930년대 밀산현(密山縣) 지역을 거점으로 대종교 항일투쟁을 전개한 인물이다.

정현오와 관련된 일제의 기록은 찾을 수 없으나, 1935년 10월 4일(음력) 대종교 하일시교당(河一施敎堂)의 전무(贊務, 책임자)를 맡은 기록이 전한다. 당시 그의 교질(敎秩)은 참교(參敎)의 단계에 있었음을 보면, 그의 대종교 입교가 그보다 훨씬 전으로 올라감이 확인된다. 하일시교당은 밀산현 북하촌(北河村)에 소재했던 시교당으로 대종교 동이도본사(東二道本司) 관할이었으며, 송수암(宋壽岩)이 찬무(贊務, 부책임자)를 맡아 정현오와 함께 시무하였다.

정현오는 2년 후인 1937년 8월 24일(음력) 발포된 대종교 재만교구경상금수납위원(大倧敎在滿敎區經常金收納委員)으로도 임명되었다. 그의 관할 지역 역시 하일시교당이 있는 밀산현 북하촌이었으며 송수암과 함께 책임자가 되었다. 밀산현은 1926년 대종교만주포교금지령이 내려진 이후 대종교총본사가 옮겨가 은거한 곳으로, 1930년대 초반까지 대종교 활동이 가장 왕성했던 곳이다. 그러므로 대종교재만교구경상금수납위원을 임명할 때도 밀산현의 조직 저변이 가장 컸다. 경상금 수납 거점이 10개 지역이나 되었으며, 임명된 수납위원만 하더라도 정현오를 포함하여 권상익(權相益)·박세환(朴世桓) 등 23명이나 되었다. 특히 그들 대부분이 대종교 항일투쟁에 몸담은 인물들임을 주목해 보면, 정현오 역시 그와 무관치 않을 듯하다. 그러나 정현오에 대한 그 이후의 행적은 발견되지 않고 있다.

[참고문헌]
『대종교보』제115호(1937년), 『대종교중광육십년사』(대종교총본사, 1971)

정효석(鄭孝奭, 남, 1892-?)
입교 시기 _ 1922년 이전 | 교질 _ 미상

경상남도 고성군(固城郡) 하이면(下二面) 덕명리(德明里) 출신이다. 일찍이 고향에서 한문수학을 하고, 고성지방금융조합(固城地方金融組合)을 중심으로 지역 경제 활동과 구휼 사업에 정성을 쏟았던 인물이다. 한 예로, 1929년 극심한 가뭄으로 인해 고성군 하이면 일대의 가난한 농민들이 호세(戶稅)조차도 감당할 수 없는 처지가 되었을 당시, 정효석은 솔선하여 지역의 박진홍(朴鎭洪)·최용한(崔龍漢)과 함께 141가구의 호세를 대납해 주기도 했다.

정효석과 관련된 대종교 교력은 전하는 것이 없다. 그러나 1913년 오가키 다케오(大垣丈夫)가 정리한 『조선신사대동보(朝鮮紳士大同譜)』를 보면, 정효석의 종교를 대종교(大倧敎)로 기록하고 있다. 정효석의 대종교 입교가 1913 이전임을 확인시켜 준다. 또한 경북 성주(星州) 출신의 성세영(成世英)이 기록한 『본사행일기(本司行日記)』라는 기록에서도, 1922년 이전 경상도 지역 주요 교인의 명단에 정효석의 이름을 찾을 수 있다.

정효석의 미담을 알린 『중외일보』(1930.6.10.) 기사

[참고문헌]
『본사행일기』(성세영, 필사본, 1922). 『朝鮮紳士大同譜』(大垣丈夫, 1913). 『중외일보』1930.6.10.

조경(趙景, 남, 생몰 미상)
입교 시기_1922년 이전 | 교질_참교

출신지역과 생몰연대를 알 수 없으며, 1920년대 만주 사회주의투쟁에 앞장 선 인물이다. 경(景)이란 이름은 대종교에 입교하며 개명한 외자이름일 듯하나 그 역시 확인이 안 된다.

조경은 1924년 10월 10일 조직된 삼도구청년총연맹회(三道溝靑年總聯盟會)의 주요 간부를 맡아 활동하였다. 이 총연맹회는 회원의 덕성을 함양하고 지식의 계발과 풍속 개량을 도모함을 목적으로 한 단체로, 사회주의 성향을 강하게 드러낸 단체였다. 또한 간도 화룡현(和龍縣) 명신사(明新社) 삼도구(三道溝) 충신장(忠信場)에 근거를 두었으며, 당시 국내 경성 화요회(火曜會)로부터 사상적 지도를 많이 받았다. 회장을 맡은 김흥모(金興模)를 비롯하여 김구(金坵)·최상의(崔相宜)·김정(金精)·장규철(張奎哲)·황길봉(黃吉鳳)·박태호(朴泰豪)·최대봉(崔大鳳)·엄계환(嚴桂桓) 등이 조경과 더불어 간부를 맡았다.

조경의 대종교 교력을 살피면, 그 입교 시기와 영계(靈戒) 사항에 대해서는 남아 있는 것이 없다. 다만 1922년 3월 16일(음력) 참교(參敎)의 교질(敎秩)을 받은 기록이 전하는 것으로 보아, 그의 대종교 입교가 그보다 훨씬 이전에 이루어졌음을 알 수 있다.

[참고문헌]
『종문영질』(프린트본, 1922). 「間島 및 琿春地方 朝鮮人의 結社團體 調査報告에 關한 件」(不逞團關係雜件-朝鮮人의 部-在滿洲의 部43, 機密 第591號; 外務省文書課受 第627號, 한국사DB, 국사편찬위원회)

조규은(趙圭恩, 여, 1911-2004)
입교 시기_일제강점기 | 교질_참교

조규은

서울 종로구(鐘路區) 재동(齋洞) 출신으로, 대종교의 항일 원로인 우천(藕泉) 조완구(趙琬九)의 2녀다. 그녀의 모친은, 금산군수 시절 경술국치 소식을 접하고 순절(殉節)한 홍범식(洪範植)의 동생인 홍정식(洪政植)이며, 벽초(碧初) 홍명희(洪命憙)가 그녀에게 외사촌 오빠가 된다.

1914년 부친 조완구가 단신으로 대종교 항일투쟁을 위해 간도로 넘어간 후, 1917년 봄 가족들 모두 용정(龍井)으로 건너갔다. 조규은은 그곳에서 천자문을 익히고 1919년 용정중앙보통학교에 입학하여 수 년 후 졸업하였다. 이 시기 모친을 도와 대종교 항일투사인 김현(金玄)과 연병호(延炳昊) 등의 집을 드나들며 비밀히 심부름을 하기도 했다. 1925년 2월 국내로 들어와 이듬해 3월 진명여자고등보통학교에 입학하여 1930년 초 졸업과 함께 1년 과정의 사법학교 연습과를 1931년 봄 필업하였다. 그리고 그 해 전남 강진군에 있는 강진보통학교로 부임하여 교사 생활을 시작하였다. 2년 후 서울로 옮겨와 서대문의 죽첨보통학교(竹添普通學校)와 덕수보통학교에서 7년간 교사생활을 이어갔다.

조규은의 대종교 입교는 일제강점기로 알려져 있으나, 남아있는 기록은 없다. 그러므로 대종교에서는 과거 교력을 존중하여 환국 직후인 1946년 3월 24일(음력) 총본사의 특별추천으로 영계(靈戒)와 함께 참교(參敎)의 교질(敎秩)을 동시에 수여하였다. 또한 고루 이극로(李克魯)의 부인인 김공순(金恭淳)과 더불어 자매 시교원(施敎員)으로 임명되어 대종교 포교의 일선에 서기도 했다.

[참고문헌]
『대종교보』한국기념호(1946년)·제150호(1946년). 『대종교중광육십년사』(대종교총본사, 1971). 『고독한 승리』(조규은, 한민출판사, 1993)

조남철(趙南哲, 남, 생몰 미상)
입교 시기 _ 1924년 이전 | 교질 _ 상교

출신지역과 생몰연대를 알 수 없는 인물이다. 일제의 문서에서는 일체 드러나지 않는 인물로 일제강점기 만주지역 대종교 항일투쟁의 중심에 섰다. 해방 이후인 1946년 12월 초에는 양근환(梁槿煥)과 함께 건국기금조성회(建國基金調成會)의 고문을 맡았고, 12월 23일 대종교 동지 조완구(趙琬九)의 주창으로 결성된 애국금헌성회국민대회주비회(愛國金獻誠會國民大會籌備會)에도 고문으로 참여하였다.

조남철의 대종교 입교는 일제강점기인 1910년대로 전언되어 오지만 관련 기록은 남아있지 않다. 다만 1924년 11월 17일(음력(이하 음력) 이미 시교원(施教員)으로 임명된 것으로 보아, 그의 대종교 입교가 그보다 훨씬 전으로 올라감이 확인된다. 더욱이 1925년 2월 12일에는 대종교 항일투쟁의 거물들인 김규식(金奎植)·채규오(蔡奎伍)·장도순(張道淳)·한기중(韓基中)·오근태(吳根泰)·이헌(李憲)·공창준(公昌準) 등과 순교원(巡教員)을 맡은 것으로 보아 그의 대종교단에서의 위상이 상당했음을 시사해 준다.

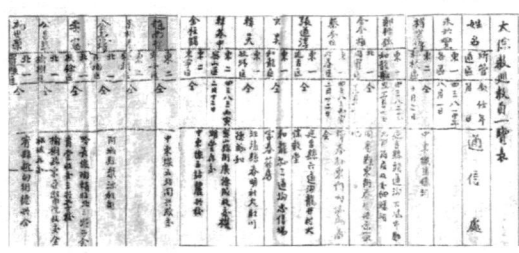

1926년 대종교만주포교금지령 이후 만주 당국에 압수된 대종교 문건 중에 실려 있는 '大倧教巡教員一覽表'. 왼쪽 상단에 趙南哲(네모 안)이라는 이름이 보인다.

한편 어느 때부터인지는 모르지만 조남철이 대종교 목일시교당(穆一施教堂)의 찬무(贊務, 부책임자)를 맡은 기록도 전한다. 목일시교당은 대종교 동이도본사(東二道本司) 관할로 목릉현(穆稜縣) 팔참(八站) 마교하(馬橋河)에 있었다. 당시 전무(典務, 책임자)는 김연목(金璉穆)이었으며 양기형(楊机炯)이 찬무를 맡아 조남철과 함께 했다. 이들은 중동선(中東線) 마교하참 동흥성(同興成)의 몽암(夢庵)을 연락처로 사용하며 101명의 교인을 거느리고 활동하였다.

해방을 맞아 환국한 대종교에서는 조남철의 이러한 교력을 존중하여 1946년 3월 6일 경의원(經議員)의 참의(參議)로 선임함과 더불어, 3월 24일에는 대종교총본사의 특별추천에 의해 '입교→영계(靈戒)→참교(參教)→지교(知教)'의 단계를 모두 건너뛰고 상교(尙教)의 교질(教秩)를 곧바로 수여하였다.

[참고문헌]
『대종교보』환국기념호(1946년), 『대종교중광육십년사』(대종교총본사, 1971), 「大倧教施教堂一覽表(1926年)」(延边朝鮮族自治州档案馆 全宗号42 目录号1 案

卷号343, 和龙县历史档案 和龙县警察所, 令各区查禁韩人设立大倧教堂由, 民国十五年五月十二日), 『자유신문』1945.12.11., 『동아일보』1945.12.26.

조맹선(趙孟善, 남, 1870-1920)
아호(별명) _ 성호(聖浩), 원석(圓石), 조양원(趙養元)
입교 시기 _ 1910년대 | 교질 _ 미상 | 서훈 _ 독립장(1962)

황해도 평산군(平山郡) 고지면(古之面) 오림동(梧林洞) 출신이다. 을사늑약이 체결되자 의병을 일으켜 참모장으로서 평산군에 있는 일본군을 공격하였다. 그리고 경술국치를 당하자 만주로 망명하여 홍범도(洪範圖)·이진룡(李鎭龍) 등과 함께 본격적인 무장항일투쟁에 뛰어든 인물이다.

이후 이진룡과 더불어 평북 운산(雲山)에 진입하여 군자금을 확보하기 위하여 운산금광 송금차를 습격하였으며, 목릉현(穆陵縣) 팔면통(八面通)에 비밀결사 충의사(忠義社)를 조직하고 국내진격을 계획하기도 하였다. 특히 3·1독립만세운동 직후에는 박장호(朴長浩)·백삼규(白三圭)·조병준(趙秉準)·전덕원(全德元) 등과 함께 유하현(柳河縣) 삼원보(三源堡)에 대한독립단(大韓獨立團)을 조직하고 총단장(總團長)으로 추대되었다. 1920년 2월에는 임시정부 직할의 광복군사령부(光復軍司令部)가 조직되자 그 사령장(司令長)에 임명되었고, 일경주재소 습격, 일경사살 등 무력투쟁을 이어갔다.

조맹선은 1910년대 초반 대종교에 입교한 인물이다. 그러나 그와 관련된 기록이 모두 전하지 않는다. 서간도를 중심으로 활동했던 대종교 항일투사 이현익(李顯翼)은, 그 시기 조맹선의 대종교 입교를 기정사실로 적고 있다. 1910년대 초반 서간도 윤세복(尹世復) 시대의 대종교 주요 인물들로 이석대(李錫大)·김동삼(金東三)·이장녕(李章寧)·김동평(金東平)·성호(成虎)·이탁(李倬)·이헌(李憲)·이재유(李在囿)·김성규(金星奎) 등, 수많은 항일 맹장들과 더불어 조맹선을 꼽고 있는 것이다.

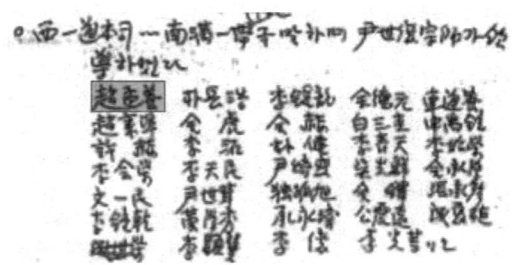

박명진의 『대종교독립운동사』에 적혀 있는 1910년대 후반 서일도본사 소속 주요 교인의 명단. 趙孟善(네모 안)의 이름이 가장 먼저 적혀 있다.

신흥무관학교 출신으로 항일투쟁을 전개한 박명진(朴明鎭)이, 1910년대 후반 대종교 서일도본사(西一道本司)의 주요 교인으로 조맹선을 가장 먼저 꼽는 것도 같은 맥락이다. 그 시기 대종교 서일도본사는 남만주와 국내 평안도를 관할하던 교구였다. 윤세복이 이끌었으며 주요 교인으로는 조맹선을 비롯하여 이진룡·박장호(朴長浩)·전덕원(全德元)·차도선(車道善)·백삼규(白三圭)·신우현(申禹鉉) 등, 수십 인을 적고 있다.

[참고문헌]
『대종교인과 독립운동연원』(이현익, 프린트본, 1963), 『대종교독립운동사』(박명진, 필사본, 1964), 『무장독립운동비사』(채근식, 대한민국공보처, 1949), 『한국독립사』하(김승학, 독립문화사, 1965), 『한국독립운동사』3(국사편찬위원회, 1967), 『독립운동사』4·5(독립운동사편찬위원회, 1972)

조문백(趙文伯, 남, 1889-?)

아호(별명) _ 조영제(趙永濟)
입교 시기 _ 1923년 이전 | 교질 _ 미상

평안남도 삼화군(三和郡) 대하면(大下面) 화조리(花島里) 출신으로, 본명은 조영제(趙永濟)다. 일찍이 평양 숭실중학교를 졸업하고 신민회(新民會)에 가입하여 회원으로 활동하였다.

1910년 평안북도 선천(宣川)에서 안명근(安明根)이 데라우치 마사타케(寺內正毅) 총독을 암살하려다가 실패한 사건이 일어났다. 일제가 이를 구실로 신민회 회원들을 중심으로 총독암살음모사건인 105인 사건을 조작했다. 조문백 역시 이 사건에 연루되어 큰 곤욕을 치르기도 했다. 이후 간도로 넘어가 국자가(局子街) 소영자(小營子)를 중심으로 비밀활동을 통한 항일투쟁을 이어갔다. 1914년 4월 15일 소영자에서 동제회(同濟會)라는 비밀단체를 결성될 때는 실업부장(實業部長)을 맡아 활약했으며, 또한 1920년 무렵에는 국민회에도 가담하여 비밀 연락 활동을 펼치기도 했다.

이후 영안현(寧安縣)으로 옮겨간 조문백은 그곳 황기둔(黃旗屯) 지역에 거처를 마련하고 과거 대한군정서(북로군정서) 동지들과 새로운 투쟁을 도모하기도 했다. 1921년 12월, 대종교 항일단체인 대한군정서 부총재였던 현천묵이 비밀히 사람들을 그곳에 파견하였다. 조문백은 황기둔 자신의 거처에서 정신(鄭信)·채오(蔡伍)·이홍래(李鴻來)·원창경(元昌京)·최수길(崔壽吉) 등 대종교 동지들을 집으로 맞이하여, 결빙기인 연말연시를 틈타 두만강변의 경찰기관 습격 및 요로(要路)의 인물들을 암살할 계획을 마련하여 추진하기도 했다. 그리고 1922년 2월에는 임강현(臨江縣)으로 옮겨와 방사길(方士吉)·박춘봉(朴春逢)·이승신(李昇信)·김양선(金陽善)·김봉준(金奉俊) 등과 의용단(義勇團)을 결성하고 재무원(財務員)으로 임명되어 투쟁을 이어갔다.

조문백의 대종교 입교는 이른 시기에 이루어졌다고 하나, 그와 관련한 기록은 교단 내에는 현전하지 않는다. 다만 1922년 9월 영고탑 대종교총본사에서, 대한군정서 부활 문제로 대종교 항일투사들이 소집할 당시 조문백이 참여한 것이 주목된다. 이 모임은 대종교 교주였던 김교헌(金敎獻)의 주도로 교단 차원에서 마련된 것이다. 또한 1923

년 4월 영고탑에서 결성된 만몽산업회(滿蒙産業會)의 참여는 더욱 특기된다. 이 조직은 청산리독립전쟁 이후 각 곳으로 흩어진 대종교 세력의 재건을 위해 도모된 비밀조직으로, 당시 조문백는 영안현 지역에 거주하며 독립단 간부 및 대종교 간부의 자격으로 이 조직에 참여하였다. 그의 대종교 입교가 상당히 오래되었음을 알게 해 준다.

한편 만몽산업회에 참여한 주요 인물들을 보면 조문백을 비롯하여 고문(顧問)으로 참여한 김교헌(金敎獻, 당시 대종교 교주)과 김좌진(金佐鎭)·조성환(曹成煥)·현천묵(玄天黙) 등과, 김영선(金榮璿)·김원식(金遠植)·우덕순(禹德淳)·원풍·김규식(金奎植)·강윤선(姜允善)·최계화(崔桂華)·김백(金白)·유정근(兪正根)·이재근(李在根)·이종수(李鍾秀) 등, 대종교의 지도급 인사들이 대거 참여하였다. 또한 이 시기 조문백은 대종교 교주 김교헌을 중심으로 이장녕(李章寧)·양백당(梁白堂)·최종성(崔鍾聲)·우덕순(禹德淳)·김영선·원풍 등과 대종교 문제에 깊이 관여하면서, 양백당과 함께 자금확보의 중심을 이루었다.

[참고문헌]
「臨時報 第172號(大倧敎 設立計劃)」(不逞團關係雜件-朝鮮人의 部-在滿洲의 部36, 關機高收 第5452號-1; 機密受第262號, 한국사DB, 국사편찬위원회), 「鮮人이 믿는 宗敎 類似團體인 大倧敎에 관한 건」(不逞團關係雜件-朝鮮人의 部-在滿洲의 部36, 公 第434號; 普通受第484號, 한국사DB, 국사편찬위원회), 『매일신보』1912.8.24., 12.25., 1913.1.25., 3.21., 「不逞鮮人團의 조선경찰기관 습격 및 암살계획에 관한 건」(不逞團關係雜件-朝鮮人의 部-在滿洲의 部31, 機密 第550號; 機密受 第13號, 한국사DB, 국사편찬위원회), 「管內 不逞鮮人의 狀況」(不逞團關係雜件-朝鮮人의 部-在滿洲의 部32, 機密 第8號; 機密受第9號, 한국사DB, 국사편찬위원회), 『한민족독립운동사자료집』1·2(국사편찬위원회, 1986), 『한국독립운동사자료』39(국사편찬위원회, 2003)

조백(趙白, 남, 1887-?)

입교 시기 _ 1917년 | 교질 _ 참교

함경북도 회령(會寧) 출신으로, 대종교 항일단체인 대한군정서(북로군정서)의 모연대장(募捐隊長)을 지내며 신출귀몰했던 인물이다. 백(白)이란 이름은 대종교 입교와 함께 얻은 외자이름일 듯하나 그 연관 기록은 확인이 안 된다.

조백은 청산리독립전쟁 이후인 1921년 1월 초, 대한군정서의 부총재였던 현천묵(玄天黙), 탁지국장(度支局長)을 맡았던 윤정현(尹挺鉉) 등 20여명의 군정서 대원들과 모종의 투쟁 계획을 도모한 기록이 있다. 당시 그는 일행과 연길현(延吉縣) 신선동(神仙洞) 부근에 머물며 비밀문서들을 각지에 발송하고 적절한 투쟁 시기를 엿보고 있었다. 또한 이 시기 워싱턴 군축회담으로도 일컫는 태평양회의 활동 후원금을 확보하기 위해 동분서주한 인물이다.

1921년 5월에는 김좌진(金佐鎭)·장남환(張南煥)·채오(蔡伍) 등 대종교 동지들과 영안현(靈安縣)에 머물면서, 대한군정서 총재였던 서일(徐一)이 밀산현(密山縣)으로부터 보낸 현천묵·나중소(羅仲昭)와 모여 항일투쟁의 기세를 새롭게 하기 위한 회합을 갖기도 했다. 당시 서일이 현천묵 등에게 당부한 주요 사항은 민심의 부활, 독립단체의 수립, 노령지역 공산당의 원조, 중국 관헌들의 협조, 영안현에 사관학교의 건설, 우리에게 유리한 각종 사항에 대한 선전 등이었다. 또한 1921년 12월에는 3명의 동지들을 대동하고 밀산현을 출발하여 대왕청(大汪靑) 유수하(柳樹河)로 넘어와 군자금모집과 일제 관헌의 동정을 조사하고, 동월 15일에는 연길 용정촌(龍井村)으로 잠입하여 동일한 업무를 수행하기도 했다.

조백의 대종교 교력을 살피면 1917년 3월 16일(음력) 참교(參敎)의 교질(敎秩)을 받은 기록이 있다. 그의 대종교 입교가 대한군정서 활동 이전으로 올라감이 확인된다. 중광단(重光團)이나 대한정의단(大韓正義團) 시절로 추정되는 이유다.

또한 조백은 1922년 3월 왕청현 유수하 지역에 설립된 대종교 동일도본사 제일지사(第一支司)에도 참여한 기록이 있다. 당시 산재해 있던 대한군정서 요원들은, 일제의 간도출병(間島出兵) 이후 사방으로 흩어진 동지들을 규합하여 대종교 확산을 도모하고자 했다. 영안현(寧安縣)에는 본부(本部)를 두고 밀산현·액목현(額穆縣)·돈화현(敦化縣) 등 서북간도 각지에 지부(支部)를 만든 후, 각기 학교를 부설하고 상호 연락망을 공고히 하고자 했다. 조백은 대한군정서 기계국(器械局) 보관과장(保管課長)을 지낸 서청(徐靑)과 경찰과장(警察課長)을 맡았던 채신석(蔡信錫) 등, 다수의 군정서 출신의 동지들과 더불어 그곳에 동일도본사 제일지사를 설립한 것이다. 한편 이민혁(李敏赫)이 제일지사의 전사(典司, 책임자)를 맡았고, 한승묵(韓承默)이 감독(監督, 부책임자)으로 임명되었으며, 조백 역시 황문길(黃文吉)과 함께 동일도본사 제일지사 소속 대종교 시교사(施敎師)로 활동하였다.

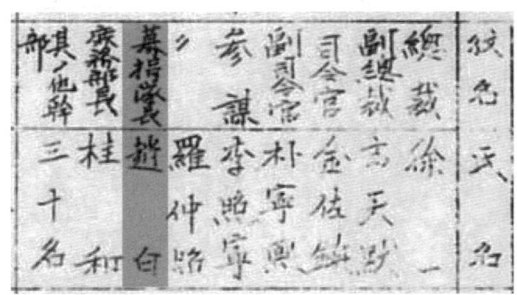

대한군정서의 주요 간부 이름을 기록한 일제의 문서 가운데 일부. 왼쪽에 募捐隊長 趙白의 이름이 보인다.

[참고문헌]
『종문영질』(프린트본, 1922), 「末松吉次가 西澤義徵에게 보내는 書翰」(不逞團關係雜件-朝鮮人의 部-在滿洲의 部26, 한국사DB, 국사편찬위원회), 「軍政署 趙白의 朝鮮 內地 侵入計劃에 관한 건」(不逞團關係雜件-朝鮮人의 部-在滿洲의 部30, 機密 第535號; 秘受 14655號, 한국사DB, 국사편찬위원회), 「國外情報 : 間島地方의 不逞狀況과 大韓獨立團員의 派遣」(大正8年乃至同10年 朝鮮騷擾事件關係書類 共7冊 其2, 密 第33號 其166/高警 第16827號, 한국사DB, 국사편찬위원회), 「間島 및 同 接壤地方에 있어서 排日團體및 親日團體 調査의 건」(不逞團關係雜件-朝鮮人의 部-在滿洲의 部32, 機密 第93號; 機密受第110號, 한국사DB, 국사편찬위원회), 『한국독립운동사자료』38(국사편찬위원회, 2002)

조범석(趙範錫, 남, 생몰 미상)
입교 시기_ 1922년 | 교질_ 상교

출신지역과 생몰연대가 불분명한 인물이다. 다만 그가 경상도 출신 대종교인들이 많이 넘어간 서간도 지역에서 활동했다는 점과, 해방 이후 경상도 지역을 관할하는 대종교 남사도본사(南四道本司)에 소속된 것으로 보아 그곳 출신일 가능성이 높다.

조범석의 이름은 일제의 문서에는 드러나지 않는다. 1922년 12월 5일(음력, 이하 음력) 대종교 서일도본사 추천으로 오근태(吳根泰)·박장빈(朴章彬)·이현익(李顯翼) 등 수십 명의 서간도 항일투사들과 영계(靈戒)와 함께 참교(參敎)의 교질(敎秩)을 받은 기록이 있다. 그가 이 지역에서 대종교 항일투쟁을 전개한 인물일 가능성과 더불어, 그의 대종교 입교가 그 이전으로 올라감을 확인할 수 있다. 1924년 3월 25일에는 '대종교총본사기본 및 경상금수금위원(大倧敎總本司基本及經常金收金委員)'으로도 임명되었다. 당시 그가 관할한 지역은 길림성(吉林省) 남산구(南山區)였으며 길림성 남산 화수림자(樺樹林子) 목기하(木旗河)에 근거를 두었다.

또한 조범석은 이 시기 대종교 기광시교당(旗光施敎堂)의 전무(典務, 책임자)를 맡아 김효선(金孝璇)·최이순(崔而舜)을 찬무(贊務, 부책임자)로 거느리고 활동하였다. 기광시교당은 길림성 화전현(樺甸縣) 목기하에 있었으며, 당시 88명의 교인이 소속되어 있었다. 이후 1937년 2월 2일 서일도본사 소속의 시교원(施敎員)으로도 임명된 기록이 전한다. 당시 그의 교질은 이미 지교(知敎)의 단계에 있었다.

그리고 해방 이후인 1954년 12월 27일 상교(尙敎)의 교질로 승질(陞秩)함과 더불어 경상도 지역을 관할하는 대종교 남사도본사의 찬무가 되었으며, 1956년 4월 5일에는 남사도본사의 책임자인 전무로 임명되어 시무하였다.

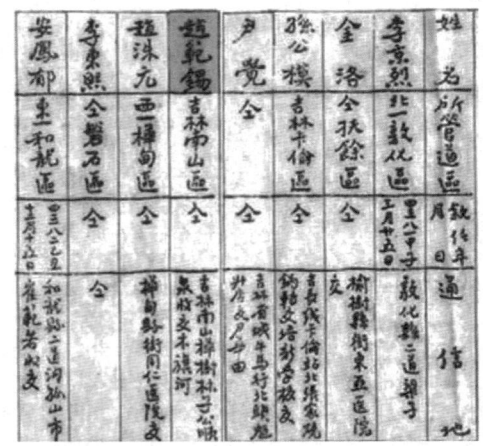

1926년 내려진 대종교만주포교금지령 당시 만주당국에 압수된 대종교의 문서 중에 들어있는 '대종교총본사기본 및 경상금수금위원' 명단. 중간 상단 부분에 趙範錫의 이름이 보인다.

[참고문헌]
『대종교보』제56호(1922년)·제113호(1937년)·제164호(1949년)·제166호(1950년), 「大倧敎施敎堂一覽表(1926年)」,(延边朝鲜族自治州档案馆 全宗号42 目录号1 案卷号343, 和龙县历史档案 和龙县警察所, 令各区査禁韓人设立大倧敎堂由, 民国十五年五月十二日),『대종교중광육십년사』(대종교총본사, 1971)

조병원(曺秉元, 남, 생몰 미상)
입교 시기 _ 1935년 이전 | 교질 _ 참교

출신지역과 생몰연대를 알 수 없는 인물이다. 일찍이 만주로 넘어가 대종교 항일투쟁을 펼친 인물로 전언되지만 당시의 기록은 일체 전하지 않고, 1930년대의 기록만이 남아 있다.

조병원은 1935년 3월 20일(음력) 대종교 성일시교당(誠一施敎堂)의 전무(典務, 책임자)를 맡았던 인물이다. 그 당시 그의 교질(敎秩)이 지교(知敎)이고 보면, 그의 대종교 입교 시기가 상당히 오래되었음을 알 수 있다. 성일시교당은 밀산현(密山縣) 복전촌(福田村)에 소재한 시교당으로 대종교 동이도본사(東二道本司) 관할이었다. 당시 밀산현은 1926년 대종교만주포교금지령 이후 대종교총본사가 은거했던 곳으로, 1930년대까지도 영안현(寧安縣)과 함께 대종교의 주요 거점이었다.

조병원은 1937년 8월 24일(음력) 밀산현 복전촌을 관할하는 대종교 재만교구경상금수납위원(在滿敎區經常金收納委員)으로 임명된 기록이 있다. 더욱이 함께 복전촌의 경상금수납을 책임진 인물이 김용운(金龍雲)이었음이 주목된다. 김용운은 1911년 대종교 시교사(施敎師)이자 항일운동의 거물인 이동춘(李同春)의 권유로 화룡현자치회에 가입하여 항일투쟁을 전개했던 인물이다. 또한 1915년에는 연길현 경찰국에서 통역으로 활동했는가 하면, 1920년 3월에는 러시아 이만(자유시)한인회 회장 이명순과 그 지역 공산계열과 연계하여 항일투쟁을 펼쳤고, 이후 1921년에는 대한통의부에 가담하여 활동한 기록이 있다. 조병원 역시 대종교 항일투쟁과 깊이 연관된 정황을 엿볼 수 있는 부분이다.

[참고문헌]
『대종교보』제115호(1937년), 『대종교중광육십년사』(대종교총본사, 1971)

조병준(趙秉準, 남, 1862-1931)
아호(별명) _ 유평(幼平), 국동(菊東)
입교 시기 _ 1910년대 | 교질 _ 미상 | 서훈 _ 독립장(1963)

평안북도 의주군(義州郡) 비현면(枇峴面) 채마동(替馬洞) 출신이다. 일찍이 의주·창성(昌城) 등지에서 장원섭(張元燮)과 함께 의병을 일으켜 활동하다가 옥고를 치렀으며, 경술국치를 당하자 서간도로 망명하였다.

조병준

이후 백삼규(白三圭)·전덕원(全德元) 등과 함께 환인현(桓仁縣)에서 농무계(農務契)·향약계(鄕約契) 등을 조직하여 동포들의 정착, 자치생활을 도모하고 아울러 독립운동의 기반을 마련에 힘을 기울였다. 1919년 4월 유하현(柳河縣) 삼원보(三源堡)에서 대종교 서일도본사(西一道本司)의 주재로 어천절(御天節, 음력 3월 15일) 경하식(慶賀式)이 있었다. 당시 경하식에 참석한 조병준을 비롯한 윤세복(尹世復)·윤세용(尹世茸)·박장호(朴長浩)·전덕원·백삼규·이진룡(李鎭龍)·조맹선(趙孟善) 등은 경하식이 끝나고 남만주군사운동의 단일기구로 대한독립단(大韓獨立團)을 조직하였다. 그리고 도총재 박장호, 부총재 백삼규, 총단장 조맹선을 선임하고 조병준 역시 총참모를 맡아 항일투쟁에 앞장섰다. 1919년 11월에는 대한민국임시정부 평북 의주 지역 조사원으로 임명되어 장송암(張松岩)·백동규(白東奎)·박현환(朴賢煥) 등과 함께 움직였으며, 그 해 12월에는 임시정부 연통제(聯通制)의 평북독판(平北督辦)에 임명되어 활약하기도 했다.

한편 대한독립단이 왕조의 부흥을 목적으로 하는 복벽주의자(復辟主義者)와 민주정권의 실현을 주장하는 공화주의자(共和主義者)로 양분되었을 때, 민국(民國)을 주장하는 민국독립단(民國獨立團) 도총재로 추대되어 임시정부와 유기적인 연락을 취하였다. 그리고 1920년 각 단체가 통합해 임시정부 산하에 군사기관인 대한광복군사령부(大韓光復軍司令部)와 교민통치기관인 대한광복군참리부(大韓光復軍參理部)가 결성되자 참리부장에 임명되어 활동하였다.

그러나 청산리·봉오동전투에서 대패한 일본군이 1920년 10월 재만교포들을 무수히 참살하는 경신참변을 일으키자, 조병준은 내몽고 지방으로 근거를 옮겼다. 동지들과 가족 100여 세대를 이끌고 그가 옮겨간 곳은 내몽고 수원성(綏遠省) 포두현(包頭縣)이었다. 조병준은 그곳에서 황무지를 개간하여 배달농장(倍達農場)을 만들어 자활의 터전을 마련하는 한편, 의민부(義民府)를 조직하여 총재로 추대되면서 항일투쟁을 이어갔다.

조병준의 교력과 관련된 대종교단 내의 기록은 현전하는 것이 없다. 그러나 1926년 대종교만주포교금지령 이후 만주당국에 압수된 대종교 문서에 보면, 조병준이 수광시교당(綏光施敎堂)의 전무(典務, 책임자)를 맡은 기록이 전한다. 수광시교당은 내몽고 수원성 포두현에 설치된 시교당으로, 조병준이 그곳으로 넘어간 직후인 1920년대 초반에 세워진 시교당이다. 조병준의 대종교 입교가 그 이전에 이루어졌음을 확인시키는 근거로, 1919년 어천절에 조직된 대한독립단 결성 이전으로 올라감을 알 수 있다.

당시 조병준은 포두진 지역의 청산의원(靑山醫院)을 거점으로 64명의 교인을 거느리고 수광시교당을 이끌었으며, 찬무(贊務, 부책임자)를 맡아 조병준을 도운 인물이 제자인 최준(崔濬)과 백기준(白基俊)이었다. 최준은 1921년에 조직된 중한국민호조사총사(中韓國民互助社總社)에서 김규식(金奎植)·김홍서(金弘敍)·신익희·여운형 등과 함께 한국 측 서무와 이사(1922년 9월 현재)를 맡은 인물로, 임시의정원(臨時議政院) 평안도 지역 의원을 지내기도 했다. 또한 백기준은 임시정부과서편찬위원으로 활동하였으며, 그도 역시 중한국민호조사총사의 간사와 함께 임시의정원의 서간도 지역을 대표하는 의원으로 활동한 인물이다. 또한 배달농장과 배달학교를 설립한 것은 수광시교당의 유지책이자 목적사업이었으며, 백순(白純)·신우현(申禹鉉)·김승학(金承學)·황학수(黃學秀)·공진원(公震遠) 등 대종교 핵심들이 드나들며 투쟁의 역량을 극대화시켰다.

한편 신흥무관학교 출신으로 대종교 항일투사였던 박명진(朴明鎭)이 기록한 『대종교독립운동사』(필사본, 1964)에도, 1910년대 후반 서일도본사의 주요 교인으로 조병준의 이름을 올리고 있다. 당시 서일도본사의 관할은 남만주와 국내 평안도 지역이었다. 윤세복(尹世復)이 이끌었으며 조병준을 비롯하여 윤세용(尹世茸)·박장호·전덕원·백삼규·이진룡·조맹선·백삼규·차도선(車道善) 등 수십 인의 이름이 올라 있다. 조병준의 대종교 입교가 1910년대임을 다시금 확인할 수 있으며, 그의 대종교에서의 지위 역시 상당했을 것으로 추정되나 관련 기록은 전하지 않는다.

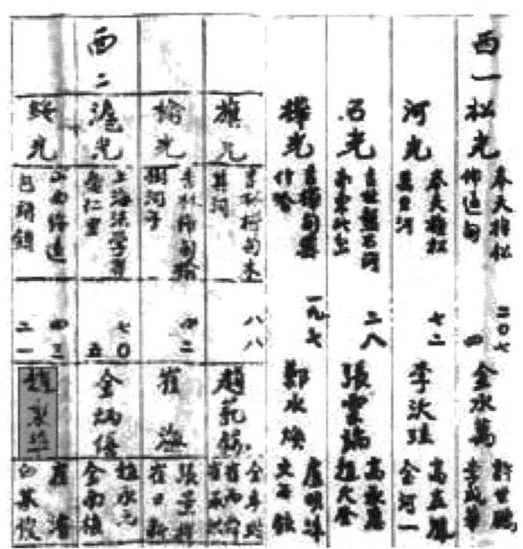

1926년 만주당국에 압수된 대종교 문서 에 들어 있는 '대종교시교당일람표' 중의 일부. 맨 왼쪽 아래에 趙秉準(네모 안)의 이름이 보인다.

[참고문헌]
『大倧敎施敎堂一覽表(1926年)』(延边朝鲜族自治州档案馆 全宗号42 目录号1 案卷号343, 和龙县历史档案 和龙县警察所, 令各区查禁韩人设立大倧敎堂由, 民国十五年五月十二日), 『대종교인과 독립운동연원』(이현익, 프린트본, 1962), 『대종교독립운동사』(박명진, 필사본, 1964), 『고등경찰요사』(경상북도경찰부, 1934), 『무장독립운동비사』(채근식, 대한민국공보처, 1949), 『한국독립사』하(김승학, 독립문화사, 1965), 『海外略記』(황학수, 『국학연구』제21집, 국학연구소, 2017), 『독립

운동사』1·4·5·7(독립운동사편찬위원회, 1970·1973·1976), 『망명객행적록』(박정신 외, 『희산 김승학 독립운동사 자료정리』, 한국학중앙연구원, 2018)

조상호(趙相鎬, 남, 생몰 미상)
아호(별명) _ 조완호(趙完鎬)
입교 시기 _ 1910년 이전 | 교질 _ 참교

충청북도 충주군(忠州郡) 유등면(柳等面) 문박리(文朴里) 출신으로, 대종교 이름은 조완호(趙完鎬)다. 일찍이 국채보상 운동에 참여한 인물로, 1908년 8월에는 권성연(權性淵)·이기환(李基煥)·이제민(李濟敏)·이종만(李宗萬)·이용사(李用史)·안종건(安鍾健)·박주영(朴疇泳) 등과 발기하여 대동체육부(大同體育部)를 조직하였다. 대동체육부의 목적은 아래의 취지문에 잘 드러나 있다.

"인민(人民)은 단체를 조성하는 요소라, 그 나라의 강약은 인민의 강약에 달려있고 인민의 강약은 개인 체간(體幹)의 건강여부에 달려 있으니 체간은 학문을 수용하는 기구(器具)와 지식을 발휘하는 기관이라. 기구가 일결(一缺)에 용수(容受)를 난망이요 기관이 일패(一敗)에 발휘를 막기(莫期)나 이 같이 허약한 신분은 천년도 영형(永亨)키 불능할지라. 분내본무(分內本務)를 감당역량(堪當力量)이 개유(豈有)하리오. …(중략)…지금 우리의 형세는 기백년 이래로 무리한 압제를 받아 사기가 떨어지고 정신은 오리무중에 방황하므로 삼천리삼천의 생식이 불번(不繁)하고 오백년 종묘사직이 유지가 어려우니 어찌하면 우리의 대권을 만회하고…(중략)…대동구락부를 조직하노니 대한동포의 체육을 위하여 이천만 동포가 체육학의 각종 연구를 실행하여 개개인의 건강 체간을 양성하고 체력을 단합하여 강대한 국체(國體)를 완전하여 만국경장장(萬國更張場)에서 기회를 드높여 줄 것을 발표한다."

즉 체육의 각종을 연구 실행하여 개개인의 건강한 체간을 양성하고, 개개인의 양성한 체력을 단합하여 강대한 국체를 완전하게 하여 국권을 보전하는데 있음을 밝힌 것이다. 조상호의 대종교 교력을 살피면 1910년 6월 13일(음력) 조중구(趙重九)·조철구(趙哲九)와 함께 순교원(巡敎員)으로 임명된 기록이 있다. 그의 대종교 입교가 그 이전으로 올라감이 확인된다. 또한 1911년 중광절(重光節, 음력 1월 15일)에는, 대종교의 여러 중광 동지들과 더불어 참교(參敎)의 교질(敎秩)을 받았다. 또한 같은 날 김사홍(金思洪)·조경호(趙京鎬)·황주현(黃柱顯)·윤석동(尹錫東)·이명구(李命求) 등과 찬무(贊務)로도 임명되어, 전무(典務)인 류근(柳瑾)과 부전무(副典務)인 김교헌(金敎獻)을 도와 시무하였다.

[참고문헌]
『종보』제6호(1910년), 『倧令』제3호(1911년), 『대종교중광육십년사』(대종교총본사, 1971), 『황성신문』1907. 6. 1., 『대한매일신보』1908. 8. 12., 한국체육백년사 (이학래, 한국체육학회, 2000)

출신지역과 생몰연대를 알 수 없는 인물로, 1930년대 대종교의 기록에만 등장하고 있다. 1920년대 화전현(樺甸縣)을 중심으로 대종교 활동을 펼친 조범석(趙範錫)과 동일인일 듯하나 확인이 안 된다. 조석범은 1937년 8월 24일 화전현(樺甸縣) 부근 대종교 재만교구경상금수납위원(在滿敎區經常金收納委員)에 이름을 올려 대종교와 독립운동의 재정 확보에 앞장섰다.

대종교는 1926년 만주포교금지령이 내려진 이후 그 본거를 밀산현(密山縣)으로 옮겼다. 그곳에서 8년간이나 와신상담하며 은둔하였다. 그리고 영안현(寧安縣) 동경성(東京城)으로 나와 재기를 모색하게 된다. 재만교구의 재설정과 경상금수납위원의 임명은 이러한 재기를 위한 포석의 하나였다. 만주 지역을 3개 시(市)와 14개 현(縣) 그리고 봉천성(奉天省) 십간방(十間房)까지 18개 지역으로 나누고, 다시 41개 구역으로 획정하였다. 그리고 그 구역을 담당하는 77명의 인물들을 선임하였다. 그들은 그 시기 대종교의 핵심들이자 이현익(李顯翼)·이경렬(李京烈)·양현(梁玄)·채오(蔡五)·김서종(金書鍾)·김백(金白)·이헌(李憲)·고재봉(高在鳳)·현천극(玄天極)·강철구(姜鐵求)·윤충한(尹忠漢)·권상익(權相益)·박세훈(朴世勳)·나경석(羅京錫) 등처럼 항일투쟁의 중진들이었다.

화전현을 책임진 조석범 역시 대종교 항일투쟁과 무관치 않은 인물임을 미루어 알 수 있을 듯하다. 그러나 그의 대종교 입교 시기나 영계(靈戒) 사항 그리고 교질(敎秩)과 관련된 기록은 일체 전하는 것이 없다. 그 이후의 행방 역시 확인이 안 된다.

[참고문헌]
『대종교보』제115호(1937년)

경기도 여주군(驪州郡) 대신면(大神面) 보통리(甫通里) 출신으로, 대종교 외자이름은 욱(煜)이다. 1900년 대한제국 무관학교에 들어가 신규식(申圭植)·서상팔(徐相八) 등과 동기가 되었다. 당시 부패한 군부의 숙청을 주도하다가 발각되어 역종신형(役終身刑)을 선고받았다가 15년형으로 감형되었다. 1904년 칙령으로 풀려나 보병 참위(參尉)로 임관되었으나 국권은 이미 기울어가는 상태였다.

1907년 4월 안창호(安昌浩)·이동녕(李東寧)·양기탁(梁起鐸) 등과 함께 신민회(新民會) 창립에 참가하였으나, 동년 8월 대한제국 군대가 해산되자 본격적인 항일투쟁의 길로 접

조성환

어든다. 신민회 동지들과 구국방략을 협의하고 일단 북경(北京)으로 망명하여 이곳을 근거지로 간도(間島)와 노령(露領) 등지를 편력하면서 독립운동의 터전을 다지기에 총력을 기울였다.

1911년 10월 신해혁명(辛亥革命)이 일어나자 크게 고무되어, 1912년 7월 대종교 동지이자 무관학교 동기생인 신규식과 동제사(同濟社)를 조직에 앞장섰다. 동제사는 중국 혁명세력과의 교류를 통해, 상해 교민들의 상부상조와 독립운동을 도모하기 위한 비밀결사였다. 그러나 조성환은 1912년 만주를 시찰하러 온 일본 총리대신 가츠라타로우(桂太郎)의 암살 계획을 모도했다는 이유로 체포되어 거제도(巨濟島)에 1년간 유배되었다.

이후 다시 상해 건너온 조성환은, 1915년 3월 신규식 등과 신한혁명당(新韓革命黨)을 조직하였다. 조성환·신규식 등은 북경으로부터 온 성낙형(成樂馨)·유동열(柳東說), 대종교의 핵심인물들이었던 이상설(李相卨)·박은식 등과 함께 당시의 국제정세를 관망하면서 운동방략을 협의하였다. 그리고 그 해 3월 제1차 세계대전의 추이를 보고 이를 독립운동의 호기로 판단하여 적절히 활용키 위한 조직으로 신한혁명당을 조직한 것이다. 또한 조성환은 이 해에 대종교 핵심인 신규식·이상설·박은식과 함께 대동보국단(大同輔國團)도 조직하게 된다. 이 조직의 본부는 프랑스 조계(租界) 명덕리(明德里)에 소재했으며, 후일 「대동단결선언(大同團結宣言)」의 주축이 되었다.

「대동단결선언」은 1917년 7월 상해에서 조성환을 비롯한 14인의 명의로 발표된 최초의 독립선언이다. 그 선언에 참여한 14인의 명단은 조성환을 위시하여 신규식·조용은(조소앙)·신백우(申錫雨)·홍명희(洪命熹)·박용만(朴容萬)·김규식(金奎植, 蘆隱이 아닌 尤史)·한흥(韓興)·신채호(申采浩)·박은식·윤세복(尹世復)·박찬익(朴贊翊)·이용혁(李龍爀)·신대모(申大模) 등이다. 주목되는 것은 이들 대다수가 대종교인이었다는 점이다. 「대동단결선언」을 후일 「대한독립선언(무오독립선언)」과 함께 대종교선언이라고 하는 이유라 할 수 있다.

「대동단결선언」은 전문 12면으로, 대동단결의 필요성, 국내동포의 참상폭로, 해외동포의 역할, 당시의 국제환경, 대동단결의 호소, 끝으로 제의(提議)의 강령(綱領)으로 구성되어 있으며, 주권재민론과 대동사상에 기초한 선구적인 독립선언이었다. 주목되는 부분은 민족사적 전통에 근거한 주권불멸론(主權不滅論)을 이론화하여 1910년 융희황제(隆熙皇帝, 순종)의 주권 포기를 국민에 대한 주권 양여로 이해하였다. 선언 참여자들은 국민주권설을 정립한 연후에 일본이 국토를 강점하고 있음을 강조하고, 해외에 거주하는 동포가 주권을 행사할 수밖에 없다는 주장을 폈다. 그러므로 해외동포가 민족대회의를 개최하여 임시정

부를 수립하자는 것이다. 이 선언이 대한민국임시정부의 단초가 되는 선언임을 확인시키고 있다.

조성환은 이후 북만주로 넘어가 해외 독립운동지도자들의 하나된 의지 표명을 위한 새로운 사건을 도모하였다. 1918년 11월 길림(吉林)에서 발표되는 「대한독립선언서(大韓獨立宣言)」의 참여 그것이다. 일명 「무오독립선언서(戊午獨立宣言)」로도 불리는 이 선언은 국내 「기미독립선언서(己未獨立宣言)」의 도화선이 된 외침이었다. 이 선언은 대종교 2세 교주인 김교헌(金敎獻)을 비롯한 국외 대종교지도자들이 중심이 되어 39인의 명의로 발표된 선언이다. 그 준비 과정이 1918년(무오년) 초부터 진행되었으므로 일명 「무오독립선언」으로 많이 알려졌다.

옥파(沃坡, 默巖) 이종일(李鍾一)의 일기인 「옥파비망록(沃坡備忘錄)」 1918년 11월 20일의 기록을 보면, 국내 독립선언이 늦어지는 것에 대해 초조해하면서 간도에서는 중광단원(重光團員)들을 중심으로 39인이 무오독립선언을 이미 진행하고 있음을 밝히고 있다. 이종일은 「대한독립선언서」의 발표시기와 참여 인원수, 그리고 중광단원들을 중심으로 무오년 11월 20일 이전에 이미 이루어지고 있음을 명확히 하고 있는 것이다. 「대한독립선언」을 「무오독립선언」 혹은 「중광단선언」이라고 하는 이유도 분명해진다.

한편 「대한독립선언서」는 「중광단선언」이라 명명한 것에서도 보듯, 그 서명한 대부분이 대종교의 중심인물들이거나 친대종교적 인물들이었다. 또한 그들은 해외독립운동의 지도급 인물이란 점에서 대종교의 독립선언이라 해도 무리가 없을 듯하다. 전체 서명 39인 가운데 대종교단 내의 기록에 적혀 있는 대종교 인물은 조성환을 포함하여 25명이다. 그리고 기독교인 7명이며, 종교 미확인으로 구분되는 인물이 7명이다. 대종교의 기록이 거의 사라진 가운데 확인된 결과라는 점에서 의미가 남다르다.

이후 조성환은 3·1독립만세운동 직전 노령 니콜리스크로 넘어가 유동열(柳東說) 등과 무력투쟁을 계획하였다. 그리고 상해에서 임시정부가 수립하게 되자 이동녕(李東寧)·이시영(李始榮)·조완구(趙琬九)·김동삼(金東三) 등 30여 명과 함께 1919년 3월 하순 노령에서 상해로 와서 대한민국임시정부에 참여하여 군무차장에 임명되었으며, 그 해 4월 23일 서울에서 개최된 국민대회에서 그는 박은식·신채호 등과 함께 평정관(評定官)에 선출되기도 하였다.

조성환은 대종교 항일선언인 「대한독립선언서」에 드러나는 바와 같이 무장항일투쟁의 실천을 위해 다시 만주로 넘어왔다. 그리고 대종교 항일단체인 대한군정서의 조직에 참여하여 군사부장에 임명되었다. 대한군정서는 대종교 집단인 중광단을 계승한 단체로 철저하게 군교일치(軍敎一致)를 지향한 조직이었다. 당시 대한군정서의 총재였던 백포(白圃) 서일(徐一)이 대종교 동도본사(東道本司)의 책임자였던 것만 보아도 이해할 수 있다. 서일은 대종교의 교리(敎理)와 수행(修行)에 독보적인 인물이었다. 그는 대종교 동도본사를 대한군정서 군영에 병설하고 대종교 정신을 통한 독립군 양성에 솔선수범하였다.

대한군정서의 이러한 분위기는 대한군정서의 연성대장을 맡았던 이범석(李範奭)의 회고에서도 확인되는 부분이다.

그 시기 만주 교포의 많은 수가 대종교도였고 대종교의 확장은 곧 독립운동의 확산으로 이어졌다는 것이다. 청산리독립전쟁의 승리 또한 대종교라는 신앙의 힘과 민족정신에 불타는 신념의 결과라는 증언과 함께, 독립군들이 대종교의 신앙에 뭉쳐서 파벌이나 사리잡념이 없이 광명정대했다고 밝히기도 했다. 특히 10월 상달(개천절)이 되면 돌로 제단을 만들어 어려운 재정에도 불구하고 돼지와 소를 잡아 제천보본하고 우리나라의 독립과 민족의 영원한 번영을 빌었다고도 했다.

한편 대한군정서의 체계적 군사양성에는 군에 대한 이론과 실전을 겸전한 조성환의 공이 지대하였다. 또한 그는 대한군정서 총재였던 서일과 함께 노령으로부터 직접 무기를 구입하는 등, 대한군정서의 무장에도 남다른 노력을 기울인 인물이다. 1920년 10월 청산리독립전쟁에서의 대승 배경에도 조성환의 조력이 작지 않았음을 보여주고 있다.

봉오동·청산리전쟁에서의 패전으로 일제는 광분의 토벌작전을 감행하였다. 이에 밀산(密山)으로 옮겨간 10개 독립운동단체들이 1920년 말 대한독립군단(大韓獨立軍團)을 조직하였다. 서일을 총재로 추대하고, 조성환은 홍범도(洪範圖)·김좌진(金佐鎭)과 함께 부총재에 선임되었다. 그러나 조성환은 1921년 6월 자유시참변(自由市慘變)을 당하자 다시 북경으로 돌아와 임시정부 외무위원으로 중국 정부와의 외교 교섭 활동에 힘을 기울였다. 그리고 북만주 영안현(寧安縣)으로 넘어가 대종교 재건과 대종교 항일조직의 부활을 위하여 노력하였다.

그 대표적 사례가 신민부(新民府)의 참여다. 신민부는 대종교계 항일단체로, 1925년 1월 북만주 지역의 대종교계 항일투사들이 목릉현(穆陵縣)에 모여 부여족통일회의(扶餘族統一會議)를 통해 탄생한 조직이다. 이 회의를 통하여 1925년 3월 영안현(寧安縣)에서 조성환을 비롯한 대종교지도자 김혁(金赫)·김좌진·나중소(羅仲昭) 등이 신민부를 조직하였으며, 조성환은 외교부 위원장에 선임되었다. 그 시기 신민부의 군세는 보안대, 별동대를 합하여 530여 명밖에 되지 않았다. 그러므로 이들은 군세를 확장하기 위하여 목릉현(穆陵縣) 소추풍(小秋風)에 성동사관학교(城東士官學校)를 설립하고 년간 2기의 속성교육을 실시하였다. 당시에도 조성환은 대종교 원로인 이범윤(李範允)과 같이 고문에 추대되어 교육 훈련을 적극 지도하였다.

1925년 10월 조성환은, 이상룡(李相龍)이 임시정부의 국무령으로 취임할 당시 국무원(國務員)에 임명되었으나 만주 무장투쟁의 급선무로 취임하지 않았다. 이후 북경으로 넘어간 조성환은 1926년 한국유일독립당촉성회를 조직하고 기관지 촉성보(促成報)를 발행하여 독립운동 단체의 단결과 단합을 호소하였다. 그 노력의 결과로 1927년 11월 14일 상해에서 한국독립당촉성회대표연합회가 개최되자 북경대표로 참석하여 이후 한국독립당 발족에 적지 않은 기여를 하였다.

1931년 12월에는 대종교 동지인 조완구·윤기섭(尹琦燮)·조소앙 등과 임시정부의정원 경기도 의원에 다시 선출되어 의정활동을 이어갔으며, 1932년에도 국무위원, 군무부장, 국무위원 등을 번갈아 맡으며 임시정부를 이끌었다.

특히 1939년 군사위원회 위원으로 황학수(黃學秀)·이준식(李俊植)·왕중량(王仲良) 등과 화북(華北) 지구에 파견되어 병사모집, 군사훈련 등의 임무를 수행하여 광복군 창설의 기틀을 마련하기도 하였다. 또한 1940년 5월 중경(重慶)에서 3당통합운동을 벌여 민족진영 연합인 한국독립당(韓國獨立黨)을 창설하고 그 중앙 집행위원에 선출되어 임시정부의 운영을 활성화하는 데도 크게 기여하였다. 해방 이후에도 대종교의 중흥 활동과 대한독립촉성국민회 위원장 및 유도회 성균관 부총재 등을 맡으며 활동하였다.

[교력]
조성환의 대종교 입교는 1910년 국치 직후에 이루어졌으나, 그의 입교 관련 기록이나 영계(靈戒) 사항에 대한 전거(典據)는 전하지 않는다. 그러나 1917년 「대동단결선언」에 이미 대종교 외자이름인 조욱(曺煜)으로 서명하고 있음을 보아도 그의 대종교 입교가 그 이전에 이루어졌음을 짐작할 수 있다. 당시 「대동단결선언」에는 대종교의 핵심들 대부분이 대종교 외자이름으로 참여하였다. 그 사례를 보면 신규식은 신정(申檉), 홍명희(洪命熹)는 홍위(洪煒), 우사(尤史) 김규식(金奎植)은 김성(金成), 신대모(申大模)는 신빈(申斌), 이용혁(李龍爀)은 이일(李逸)로 서명하였다. 대종교 항일투사 박명진(朴明鎭)이 그의 『대종교독립운동사』라는 기록에서 조성환을 1910년대 후반 대종교 동일도본사의 주요 교인으로 이름을 올린 이유도 여기에 있다. 당시 동일도본사에는 조성환을 비롯하여 여준(呂準)·박찬익·김동삼(金東三)·신팔균(申八均)·김좌진·현천묵(玄天黙) 등 수십 인의 이름이 올라 있다. 조성환은 「대한독립선언」이 구체화 될 무렵인 1918년 5월 10일 김항규(金恒圭)·김명수(金明洙)·허은(許銀)·김하섭(金河燮)·박종문(朴鍾文)·김종락(金鍾洛)·장도순(張道淳) 등의 항일투사들과 참교(參敎)의 교질(敎秩)을 받았다.
조성환이 1923년 4월경 영고탑에서 조직된 만몽산업회(滿蒙産業會)에 고문(顧問)으로 참여한 것도 주목된다. 만몽산업회는 당시 대종교 교주였던 김교헌이 직접 앞장서 주도한 것으로, 청산리독립전쟁 이후 각 곳으로 흩어진 대종교 세력의 재건을 위해 도모된 대종교 중흥을 위한 비밀조직이었다. 만몽산업회에 참여한 주요 인물들을 보면 대한혁명단 거두로 참여한 조성환을 비롯하여 김교헌과 김좌진·현천묵이 함께 고문으로 이름을 올렸다. 또한 김영선(金榮璿)·김원식(金遠植)·우덕순(禹德淳)·원풍(元豊)·김규식(金奎植, 盧隱)·강윤선(姜允善)·김백(金白)·유정근(兪正根)·이재근(李在根)·이종수(李鍾秀)·최계화(崔桂華) 등, 당시 대종교의 지도급 인사들이 대거 참여하였다. 조성환의 대종교 재건의 의지를 확인할 수 있는 대목이다.
대종교 2세 교주 김교헌이 서거하자 단애(檀崖) 윤세복(尹世復)이 3세 교주에 올랐다. 윤세복은 1924년 초 조성환을 영안현(寧安縣) 대종교총본사의 전리대판(典理代辦, 종무책임자 대리)으로 임명하였다. 그리고 1924년 3월 16일(음력, 이하 음력) 조성환은 전리대판의 자격으로 대종교 제2회 교의회(敎議會)를 소집하여 홍범규제(弘範規制)를 수정하였다. 그 당시 조성환의 교질이 이미 지교(知敎)의 단계에 있

었다. 조성환은 교의회의 준비, 소집, 개최를 성공리에 마무리하였다. 이에 대종교에서는 교의회 개최 당일인 3월 16일에 조성환에게 상교(尙敎)의 교질을 수여하였다.
조성환의 신민부 참여 역시 그의 대종교 항일투쟁의 중요한 경험이다. 조성환은 신민부의 외교부위원장과 부설 성동사관학교의 고문으로 활동하였다. 신민부는 중광단의 정신을 이은 대한군정서를 계승한 단체로서, 그 주요 구성원의 대부분이 대종교인이었다. 신민부는 부여정통론(扶餘正統論)의 역사인식을 토대로, 기본철학 역시 대종교의 중광이념과 맞닿아 있었으며 그 궁극적인 목적 역시 홍익인간의 실현이었다. 부여정통론이란 성리학적 기자 중심의 역사관인 삼한정통론(三韓正統論 혹은 馬韓正統論)과 대립되는 개념으로, 우리 고대사의 흐름이 단군조선에서 '부여→고구려'로 이어지는 계통론이라 할 수 있다. 삼한정통론이 주무왕의 책봉을 받은 기자를 중심으로 하는 반도적 역사관이라면, 부여정통론은 단군을 중심으로 하는 대륙적 역사관이라는 점에서도 분명한 차이를 보인다. 이러한 의식은 만주에 대한 대종교인들의 중요한 안목으로 대종교 항일투사들에게도 큰 동력원이 되었다.
한편 1920년대 중반 들어 일제는 만주 군벌 장작림(張作霖)에게 지원을 약속하면서 한국 독립군을 탄압, 근절할 것을 요구하였다. 이에 1925년 6월 '불령선인 취체방법에 관한 조선총독부와 봉천성의 협정'이라는 「미쓰야협정(三矢協定)」이 총독부 경무국장 미쓰야(三矢宮松)와 만주 봉천성 경무국장 우진(于珍) 간에 체결되었다. 독립군은 이 미쓰야협정에 의해 큰 타격을 받았다. 이어 일제가 만주사변을 일으키고 괴뢰국인 만주국을 수립한 이후 만주 일대를 장악함으로써, 이곳을 근거지로 활동하던 독립군은 보다 큰 위협을 받게 되었다. 미쓰야협정의 주요 내용은 다음과 같다.

1. 한국인의 무기 휴대와 한국 내 침입을 엄금하며, 위반자는 검거하여 일본 경찰에 인도한다.
2. 재만한인단체를 해산시키고 무장을 해제하며 무기와 탄약을 몰수한다.
3. 일제가 지명하는 독립운동 지도자를 체포하여 일본 경찰에 인도한다.
4. 한국인 취체의 실황을 상호 통보한다.

특히 대종교에 있어 문제가 되었던 것은 「미쓰야협정」의 '부대조항'에 "대종교는 반일군단(反日軍團)의 모체로서 종교를 가장한 항일단체이니 중국에서 영토책임상 이를 해산시켜야 한다"는 조항이었다. 그 시기 만주 무장투쟁의 주축은 대종교로서, 일제는 청산리독립전쟁의 굴욕적 패배 이후 만주 대종교를 없애는 것이 급선무였다.
이에 호응하여 길림성장 겸 독군(督軍)이었던 장작상(張作相)은 만주 지역 대종교포교금지령(1926년)을 내렸다. 그리고 만주 당국은 대종교들이 중국인으로 귀화하지 않고 잡거구의 간민(墾民)들 사이에 조직되어 있었으며, 종교 활동도 중국 당국에 신고하지 않고 활동하였음은 물론, 대종교 교인들이 불렀던 신가(神歌)에는 정치적인 내용이 많

았다고 몰아세웠다. 또한 1926년 4월 대종교 백일시교당(白一施教堂) 책임자 김려환(金礪煥) 등 9명이 왕청현 소속 제4구 중국 경찰에 검거되면서 작성된 조서(왕청현에서 작성한 당안자료)에 의하면, 화룡현의 대종교 교인 수천 명이 모여서 주야 가리지 않고 집회를 가진 내용과 그들이 중국 당국에 신고하지 않고 비밀리에 활동하고 있었다고 압박하였다. 이것은 단순히 교세의 위축을 넘어서, 교단의 체제와 연락망 그리고 모든 기록의 분실 등과도 연결된 것으로 대종교에 심각한 타격을 안겨준 사건이었다. 당시 만주에 거점을 잡고 있던 대종교로서는 절체절명의 위기였다.

이 대종교포교금지령을 풀기 위해 적극 앞장선 인물이 조성환이다. 그는 대종교 동지인 박찬익과 더불어 길림 지역을 중심으로 1년 동안 항의(抗議)하며 교섭하였으나 효과를 얻지 못하였다. 그럼에도 각계 요로에 대종교 해금령(解禁令)을 위한 외교적 노력을 쉬지 않았다. 1929년 봄에는 남경으로 달려가 국민정부와 교섭하였다. 그 결과 대종교 해금령을 얻어내는데 성공하여 만주 지역에 대종교포교금지령이 해제되었다. 그러나 일제의 만주침략이 본격화 되면서 모든 것이 수포로 돌아갔다. 대종교에서는 대종교만주포교금지령 해제를 위해 남다른 노력을 기울인 조성환에게, 박찬익과 더불어 1927년 정교(政教)의 교질과 대형(大兄)의 교호(教號)를 내렸다.

조성환은 해방 이후에도 대종교 중흥에 누구보다 앞장섰던 인물이다. 그는 대종교의 원로로서, 1946년 7월 17일 오전 6시 대종교총본사에서 민족의 새로운 도약을 위한 독립원도식(獨立願禱式)의 개회사를 맡았다. 당시 엄주천(嚴柱天)이 의식(儀式)을 이끌었으며, 원도(願禱)는 조완구, 폐회사는 정열모(鄭烈模)였다. 또한 1주일 후인 7월 23부터 10일간 대종교총본사 천궁(天宮)에서 개최된 국학하기 강좌에 과외(科外) 과목 강사로도 참여하였다. 그 강좌의 목적은 대종교 정체성의 한 축이 되는 국어·국사에 대한 지식보급과 시사(時事) 및 민족의식에 관한 계몽을 위하여 개최된 것이다. 당시 남녀교우 2백여 명이 수강하였고 이극로(李克魯)와 이병기(李秉岐)가 국어를, 이선근(李瑄根)과 박노철(朴魯澈)이 국사를, 그리고 조완구·조소앙·정인보(鄭寅普)·백남규·안재홍·신익희·안호상·이범석(李範奭)·정열모 등이 조성환과 함께 과외를 담당하였다.

대종교에서는 조성환이 서거한 후인 1950년 2월 1일, 대종교 교주의 시무실(施務室)인 경각(經閣) 곁방[夾室]에 신규식·박찬익과 함께 조성환의 유상(遺像)을 봉안(奉安)하였다. 교주의 방옆에 유상을 모셨다는 것은 대종교 최고 원로로서의 대우를 의미하는 것이다. 그리고 같은 해 5월 8일 대종교에서는 조성환을 비롯한 신규식·박찬익에게 사교(司教)의 교질과 더불어 도형(道兄)의 교호를 추승(追陞)하였다.

더욱 주목되는 것은 당시 대종교 교주였던 윤세복의 기록이다. 윤세복은 1923년부터 해방 이후까지, 나철(1대 교주)과 김교헌(2대 교주)에 이어 대종교의 3대 교주를 역임한 인물이다. 윤세복이 해방 이후 육필로 직접 적은 기록 중에 『우리 스승님들 모습』(1950년)이란 제목의 서책이 전하

다. 말 그대로 대종교를 지켜온 10명의 스승들에 대한 행적을 적은 것이다. 윤세복은 「삼종사약사(三宗師略史)」에 나철과 김교헌 그리고 서일 등 3인을 집어넣었다. 또한 「삼도형약사(三道兄略史)」에서는 조성환과 함께 신규식과 박찬익 등 3인을 기술했으며, 「4선생약전(四先生略傳)」에서는 이동녕·신채호·김동삼·안희제(安熙濟)를 나란히 올려 놓았다. 윤세복이 조성환을 대종교의 삼도형에 올려 대종교의 진정한 스승임을 공표한 것이다.

[참고문헌]
『대종교보』 제151호(1946년)·제159호(1948년)·제165호(1950년)·제166호(1950년). 「종문영질』(프린트본, 1922). 『대종교인과 독립운동연원』(이현익, 프린트본, 1962). 『대종교독립운동사』(박영진, 필사본, 1964). 『우리 스승님들 모습』(윤세복, 필사본, 1950). 『대종교중광육십년사』(대종교총본사, 1971). 「大倧教復興計劃에 관한 건」(不逞團關係雜件-朝鮮人의 部-在滿洲의 部35, 機密 第180號; 機密受第188號, 한국사DB, 국사편찬위원회). 「哈爾賓以東 鐵道沿線 在住鮮人 情況에 관한 件」(朝鮮人에 대한 施政關係雜件 一般의 部3, 機密 제7호, 한국사DB, 국사편찬위원회). 「延吉县尹笳为和龙县垦民池容权等设檀君教聚集男女讲演各县查禁」(第21号全宗第6号目录, 20案卷号, 吉林延吉道尹公署第三六一號, 民國3.12.20). 「查禁鲜民大宗教由」(第32号, 全宗第3号目录, 838案卷号, 民國15.4.24). 『시대일보』 1926.7.14. 『獨立血史』(朴永朗·金舜根·李斗範 共編, 대한문화정보사, 1956). 「雙方商定取締韓人變法綱要:取締韓人辨法施行細則」(顧維鈞, 『中國現代史料叢書』第2輯, 文星書店(臺灣·臺北). 1962). 「鐵驥 李範奭 장군과의 대담」(양대석, 『한얼』 10월호, 한얼청년회, 1971). 『민족해방운동과 나』(이강훈, 제삼기획, 1994). 『한국독립운동사자료』41(국사편찬위원회, 2005). 『대한민국임시정부자료집』1~14·16(국사편찬위원회, 2005~2006). 「청사 조성환(1875~1948)의 항일독립운동」(양대석, 『한국근현대사연구』53, 한국근현대사학회, 2010). 『조성환-독립군을 기르고 광복군을 이끈 군사전문가』(김희곤, 역사공간, 2013). 『한국독립운동인명사전』(한국독립운동정보시스템, 독립기념관).

조소앙(趙素昻, 남, 1887-1958)

아호(별명) _ 경중(敬仲), 조용은(趙鏞殷), 왕문치(王文治)
입교 시기 _ 1910년대 | 교질 _ 미상 | 서훈 _ 대한민국장(1989)

조소앙

경기도 파주목(坡州牧) 오리면(烏里面) 능동리(陵洞里) 출신으로, 본명은 조용은(趙鏞殷)이다. 일찍이 조부로부터 한학을 수학하고 1902년 성균관에 입학하였다. 조선황실유학생으로 선발되어 일본으로 건너가 동경부립(東京府立) 제1중학을 졸업하고 1906년 메이지대학(明治大學) 법학부에 입학하였다. 이 시기 동경 조선인의 각 단체를 통합한 대한흥학회(大韓興學會)를 창립하고 회지 『대한흥학회보』의 주필로 활동하였다. 1910년 경술국치를 당하자 '한일합방성토문'을 작성하고 비상대회 소집을 꾀하려다 발각되어 고초를 겪었으며, 1911년 조선유학생친목회를 창립하고 회장을 맡기도 했다.

조소앙은 대학을 졸업한 1912년 국내로 들어와 경신학

교·양정의숙·대동법률전문학교에서 교편을 잡았다. 1913년에는 중국 상해로 망명하여 신규식(申圭植)·박은식(朴殷植)·신채호(申采浩)·정인보(鄭寅普) 등, 대종교 동지들과 동제사(同濟社) 및 박달학원(博達學院) 참여하여 활동하였다. 동제사는 1911년 3월 상해로 망명한 신규식이 주도한 조직이다. 동제사에는 신규식과 조소앙을 비롯하여 박은식·신채호·문일평(文一平)·김규식(金奎植)·박찬익(朴贊翊)·조성환(曺成煥)·신석우(申錫雨)·윤보선(尹潽善)·여운형(呂運亨)·조동호(趙東祜)·홍명희(洪命憙)·정인보 등, 주로 대종교도들이 참여하였다. 박달학원 역시 동제사에서 설립한 학교로, 조소앙·박은식·신채호·홍명희·문일평 등과 중국혁명의 선구자 농죽(農竹), 그리고 미국 화교(華僑)인 모대위(毛大衛) 등이 강사로 활동했으며, 교과목은 영어·중국어·지리·역사·수학 등이었다.

조소앙은 1917년 「대동단결선언(大同團結宣言)」도 기초하였다. 당시 조소앙은 중국혁명가 진과부(陳果夫)·황각(黃覺)과 함께 항일단체 대동당(大同黨)을 활동하면서 대동사상(大同思想)에 많은 관심을 갖고 연구하던 시기였다. 이 선언에는 조소앙을 비롯한 신규식·신석우·윤세복(尹世復)·박은식·조성환·홍명희·신채호·김규식·박용만(朴容萬)·한흥(韓興)·박기준(朴基駿)·신빈(申斌)·이일(李逸) 등, 주로 대종교인들이 동참하였다. 대종교지도자 신규식이 주도한 이 선언을 보면, 새로이 세울 독립된 나라는 제정(帝政)이 아니라 민(民)이 주인이 되는 민주공화제를 지향하고, 조국의 독립과 민주공화제의 정체를 실현하기 위해서는 조속히 임시정부를 수립하자는 내용이었다. 대한민국임시정부 수립의 첫 기치를 세운 것이다. 조소앙의 「대동단결선언」에 투영된 이러한 정신은, 그가 1917년 스웨덴의 스톡홀름에서 개최된 국제사회당대회에 참석하여 한국문제의 의제로 강조한 '주권불멸론(主權不滅論)'·'민권민유론(民權民有論)'으로도 제창되어 큰 반향을 일으켰다.

조소앙의 「대한독립선언서」의 기초도 주목되는 부분이다. 「대한독립선언서」는 1919년 2월 중국 길림성(吉林省) 길림시(吉林市)에서 대한독립의군부(大韓獨立義軍府)의 명의로 발표된 선언문이다. 대한독립의군부는 「대한독립선언서」의 선포를 위한 임의단체(任意團體)로서, 후일 대한군정서(북로군정서)로 흡수된 단체이다. 특히 1911년에 결성된 대종교의 항일단체 중광단(重光團)의 인물들이 그 중심이 되었다. 「대한독립선언서」를 「중광단선언서」·「무오독립선언서」·「대한의군부독립선언서」·「길림독립선언서」 등 여러 가지 명칭으로 부르는 이유다.

그러므로 이 선언의 바탕에는 대종교의 인적 네트워크가 크게 작용하였다. 이 선언은 당시 대종교 교주였던 김교헌(金敎獻)을 필두로 신규식 등의 주도로 교단적(敎團的) 차원에서 이루어진 사건이었다. 그 서명자 역시 한 곳에 모여 서명한 것이 아니라, 음력 무오년(1918년) 초부터 때로는 회합하고 한편으로는 인물을 통한 연결 그리고 서신 교환 등에 의해 완성된 선언이었다. 만주와 노령의 독립운동단체들이 중심이 되어 발표되었음에도, 국내와 만주·노령·미주·중국 관내에서 활동하고 있던 독립운동지도자 39명이 대거 참여하게 된 배경이다.

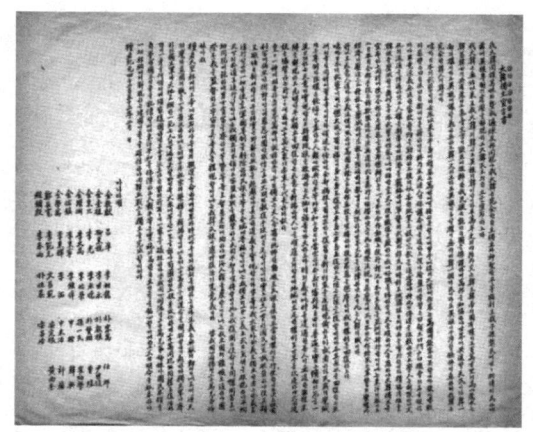

조소앙이 기초한 「대한독립선언서」의 전문과 서명자. 왼편 서명자 부분에 대종교 교주 金敎獻을 필두로 39의 이름이 올라 있다.(국가보훈처)

조소앙은 1919년 3·1독립만세운동 이후 조직된 한성정부(漢城政府)에서는 교통부장에 추대되고 그 해 4월 상해에서 출범한 대한민국임시정부 수립에 참여하였다. 임시정부 참여 이후 민주공화제헌법의 기초를 비롯한 임시정부의 국체와 정체의 이론정립 및 임시정부의 대외홍보 전반에 걸쳐 주역으로 활약하였다. 또한 임시정부헌법·의정원법(議政院法)의 기초위원과 심사위원을 거쳐 초대 국무원 비서장을 역임한 뒤 국무위원에 선임되었다.

1919년 6월에는 파리에 도착하여 김규식(金奎植)과 함께 외교 방면에서 다양한 활동을 전개하였다. 만국평화회의 대표단 지원을 비롯하여 만국사회당대회와 국제사회당집행위원회의 활동을 위하여 프랑스에서 스위스로 네덜란드로 다니면서 한국의 자주독립과 그 당위성을 역설하였다. 뿐만 아니라, 노동당 지도층 인사들과의 폭넓은 교유를 통해 영국 하원에도 한국문제를 정식 제기하도록 활약하였다. 파리에서 철학자 앙리 베르그송과 만나고, 런던에서 인도의 라빈드라나트 타고르와도 만난 것도 이 시기였다. 유럽 순방에 이어 1921년 국제사회당대표단으로 러시아 각지를 시찰한 뒤 모스크바를 경유, 5월 북경으로 들어와 공산주의 비판인 '만주리선언(滿洲里宣言)'을 발표하고 상해로 돌아왔다. 그리고 1922년 임시정부 외무총장·의정원의장이 되고, 세계한인동맹회 회장에 취임하는 한편, 김상옥(金相玉)을 국내로 밀파하기도 하였다.

1930년에는 이동녕(李東寧)·이시영(李始榮)·김구(金九)·안창호(安昌浩) 등과 한국독립당(韓國獨立黨)을 창당하고 삼균주의(三均主義)의 이론 체계를 제시하였다. 조소앙은 한국독립당의 대외선전 및 임시정부의 이론전개와 외교문제를 거의 전담하는가 하면, 삼균주의에 입각한 정강·정책의 '태극기 민족혁명론'을 제창하였다. 삼균주의는 정치균권(政治均權)·경제균부(經濟均富)·교육균지(敎育均知)를 주요 골자로 하는 이념이었다. 이 이념은 1934년 임시정부 국무회의에서 국시(國是)로 세워졌으며, 조소앙은 이를 토대로 '대한민국임시정부건국강령'을 마련하였다.

조소앙은 1937년 한국광복운동단체연합회를 결성에도 앞장서고, 1940년 한국독립당 부위원장으로 선출되어 삼균주의를 더욱 체계화하였다. 1942년 한중문화협회를 창설하여 중국 외교부장 손과(孫科)와 손잡고 김규식과 함께 공동부회장으로 활약하는가 하면, 1943년 한국독립당 집행위원장, 1945년에는 중경(重慶) 임시정부 외무부장이 되어 항일투쟁을 이어갔다.

해방 이후 비상국민회의의 의장이 되어 김구 등과 더불어 임시정부의 정통성 고수를 주장하였다. 비상국민회의가 국민회의로 개편되고 한국민족대표자대회와 통합을 이룰 때에도 다시 의장에 선출되었으며, 반탁투쟁위원회 부위원장과 삼균주의청년동맹 위원장으로도 추대되었다. 1948년 4월 남북협상 문제로 평양을 다녀오는가 하면, 그해 12월 방응모(方應謨)·백홍균(白泓均)·조시원(趙時元) 등과 사회당을 결성하고 당수가 되었다. 1950년 치러진 제2대 국회의원 선거에서는 전국 최다득표로 당선되어 국회에 진출하였으나, 6·25전쟁으로 서울에서 납북되었다.

[주요사상]
① 대종교적 정치관
조소앙 정치사상의 핵심은 삼균주의로, 독립운동의 기본방략 및 미래 조국건설의 지침으로 삼기 위하여 체계화한 민족주의적 정치사상이다. 이 이론은 대한민국임시정부 『건국강령』의 기초이론이자 한국독립당 한독당의 지도이념으로도 채택되었다.

일찍이 조소앙은 도(道)를 전함에는 육성(六聖)이 으뜸이고 정사(政事)의 이치는 삼균(三均) 중에 있으며 변화의 무궁함은 구변(九變)의 판국에 있다고 진단한 인물이다. 삼균주의가 나랏일을 꾸미는데 철학적 기초가 됨을 언급한 것이다. 육성의 으뜸이 단군이요, 삼균의 궁극적 지향이 홍익인간이며, 구변의 근본 질서가 단군의 구변도국(九變圖局)과 연결됨을 볼 때, 조소앙의 삼균주의 역시 단군(대종교)과 뗄 수 없음을 알게 해 준다.

조소앙의 이론적 근거는 단군의 홍익인간과 『신지비사(神誌秘詞)』로, 대종교적 정치관과 밀접하다. 그의 삼균주의나 종교적 구상인 육성교, 그리고 일신교령(一神敎令)이라는 경문 등에서도 살필 수 있듯이, 대종교의 교리적 영향이 크게 작용했다. 조소앙이 기초하고 대종교인들이 중심이 되어 발표한 「대한독립선언서」에 이미 대종교적 사상 요소가 담겨있다는 의견도 무시 할 수 없다. 「대한독립선언서」에 들어 있는 민족평등·평균천하·동권동부(同權同富)·제남녀빈부(齊男女貧富)·등현등수지우노유균(等賢等壽知愚老幼均)·인류의 평등실시 등의 평등주의적 표현이 그것이다.

삼균주의의 이념적 근거도 자연스레 단군 사상으로 연결된다. 근대 대종교 세력이 주목한 『신지비사』의 내용은 홍익인간·재세이화와 더불어 대종교 종교사상의 근간을 이루고 있다. 대종교의 종교사상을 바탕으로 한 조소앙의 삼균주의는 대한민국임시정부와 한국독립당의 중심사상이었으며, 「대한민국건국강령」이나 「한국독립당당의해석」에 보이듯이 독립된 대한민국의 미래상이었다.

조소앙이 내세운 삼균주의의 유일한 역사·사상적 근거를 든다면 『신지비사』에 나오는 '수미균평위(首尾均平位) 흥방보태평(興邦保太平)'이라는 구절이다. 현전하는 이 구절의 가장 오래된 전거(典據)는 『고려사』에 나오는 내용으로, 『용비어천가』제15장 주(註)에도 언급이 있다. 비록 조소앙은 언급하지 않았으나, 중요한 것은 『고려사』의 내용 중 '수미균평위'의 바로 앞부분에 나오는 '뇌덕호정신(賴德護神精)'이라는 구절이다. 연결하면 '①뇌덕호정신 ②수미균평위 ③흥방보태평'이라는 구절로 된다. ③을 구현하기 위한 조건으로 ②에 앞서는 것이 ①이다. 그 ①의 의미는 '덕에 기대어 정성껏 신을 지킨다[賴德護神精]'는 신교적(神敎的) 내용으로, ①의 조건 속에서 ②를 구현하고 궁극적으로 ③을 실현한다는 것이 『신지비사』의 주된 가치다. 공교롭게도 『신지비사』를 전하는 신지(神誌)라는 인물이 대종교경전에 등장하는 주요인물이다. 대종교의 『신사기(神事記)』를 보면 삼백 육십 육사(三百六十六事)를 주관하여 다스리는 삼선사령(三僊四靈) 중, 사관(史官, 문교행정을 관할)의 과업을 맡고 있는 인물이 신지다. 이 『신사기』는 조화기(造化紀)·교화기(敎化紀)·치화기(治化紀)의 3장으로 나누어진 대종교 전래 경전으로, 대종교인들은 이 조화·교화·치화를 정치·교육·경제 영역의 사무로 해석하기도 했다. 이러한 해석은, 마치 '일신(一神)'이 세 기능을 온전히 수행해야 '일신'일 수 있듯이, 공동체 역시 정치·교육·경제의 3방면에서의 정책이 온전히 수행돼야만 통합된 이상사회를 이룰 수 있다는 논리로 나아가는 것이다. 조소앙이 균등을 굳이 세 가지 방면에서 도모하려 한 것도 대종교의 삼분법적 사고에서 영향 받은 것으로 보이지만, 특히 정치·경제·교육의 세 방면에서 균등을 주창한 것도 대종교의 삼일신(三一神) 사상에서 시사받은 것으로 판단된다. 이점은 안호상이나 안재홍 같은 대종교인이 제기한 일민주의(一民主義)나 신민족주의 정치이론도 정치·교육·경제 3영역에서 처방을 내놓고 있는 데서도 확인되고 있다.

근대에 들어와 『신지비사』를 처음으로 언급한 인물도 대종교를 중광한 홍암(弘巖) 나철(羅喆)이었다. 나철은 1914년 「제고령사제문(祭古靈祠祭文)」과 1916년 순교(殉敎) 당시 유시(遺詩)로 남긴 「중광가(重光歌)」 41장에서 언급하고 있다. 조소앙 삼균주의의 역사적 근거가 되는 신지비사 내용 또한 대종교의 영향이 컸음을 암시 받을 수 있는 것이다. 더불어 조소앙이 삼균주의를 통해 이르고자 했던 최고(最高)의 공리(公理)가 홍익인간·이화세계라는 것도, 곧 대종교가 독립운동의 궁극적 목적에 있어, 조국광복을 넘어 배달국 이상향을 지상에 건설하려는 사상적 배경과 일치된다. 즉 대종교의 교의(敎義)인 홍익인간과도 부합된다는 점에서 주목되는 것이다. 특히 나철이 남긴 아래 「중광가」에서는 홍익인간과 『신지비사』를 동시에 언급하고 있어 주목된다.

천악신기(天嶽神記) 보아라 종인도(宗人道) 홍익홍제(弘益弘濟)
흑계적계(黑鷄赤鷄) 운운(云云)과 보화통방(普和統邦) 뉘 알고
신공비사(神公秘詞) 풀어라 칭추극기(秤錘極器) 한 천하

백아강(白牙岡) 균평위(均等位)에 만방세세(萬邦世世) 보태평(保太平)

인용문의 전반부는 『천악신기(天嶽神記)』의 내용을 언급한 것이고, 후반부는 『신공비사(神公秘詞)』의 기록을 말한 것이다. 물론 '홍익홍제'는 '홍익인간'과 통하는 가치이며 『신공비사』는 『신지비사』를 가리키는 말이다. 나철의 「중광가」는 홍익인간과 『신지비사』를 한 자리에서 언급한 최초의 자료가 아닐까 한다. 대종교는 단군시대의 고유문화와 종교를 근대적으로 부활시킨 것이라 자처하는 만큼 역사유산 속에서 단군시대에 대해 언급하는 자료를 열심히 추적하였고, 나철이 「중광가」에서 홍익인간과 신지비사를 언급한 것은 대종교인들 사이에 그러한 자료들이 이미 폭넓게 공유되어 있었음을 보여주는 것이다.

조소앙 역시 1913년 중국에 망명한 이래 신규식 등 대종교인들과 깊이 교유하면서 대종교의 역사인식과 고유문화관을 전달받은 인물이다. 그리고 그 과정에서 대종교인들이 찾아낸 홍익인간과 『신지비사』에 대해서도 알게 됐고, 그를 삼균주의 이론정립에 반영하기에 이른 것으로 판단된다.

② 대종교적 종교관

멀치아 엘리아데(Mircea Eliade)는 인간의 속성을 종교적 인간(Homo Religiosus)이라고 규정한 바 있다. 인간의 삶이 종교현상과 불가분의 관계를 갖는다는 의미다. 또한 그러한 종교에 대한 궁금증 역시 인간의 삶에 있어서 중요한 요소이다. 종교가 우리들에게 매력이 있는 것은 그것이 인간의 삶의 방식과 깊은 관계를 갖게 되기 때문이다. 따라서 인간 이성에 대한 신뢰가 깊이 스며든 현대문명에 있어서도, 종교가 인간의 삶에 차지하는 역할과 그 무게는 여전히 유효하다고 할 수가 있을 듯하다.

조소앙은 종교적 인간으로서의 소질이 남달랐던 인물이다. 일본 유학 시절부터 싹튼 그의 종교에 대한 관심은 육성교(六聖敎) 구상을 통한 세계 대동종교(大同宗敎)로까지의 열망을 보여주었다. 특히 그의 육성교나 대동종교 구상에 깔린 배경을 살핌에 있어, 대종교라는 종교적 영향을 접어두고는 접근하기 힘들 듯하다.

조소앙의 다양한 종교에 대한 관심은 이미 『동유략초(東遊略抄)』에 잘 담겨 있다. 1911년 1월 16일 노자의 『도덕경』을 구입한 이후부터 같은 해 3월 4일 예수가 아브라함에 관심을 갖는 내용까지 집중적으로 드러나 있다. 1911년 2월 28일부터 3월 20일까지 그의 종교와 관련한 고민이 17번이나 등장한다. 특히 1911년 3월 20일에 나타나는 조소앙의 다음 사유를 주목해 보자.

정성으로 하늘을 섬기고 날램으로 인간을 사랑하며
스스로 게으름을 떨치고 치우침 없으면 편안하리라.
광대하신 하느님께서 궁함을 구하라 명하였으니
스스로 처리하고 움직이며 스스로 규율하고 신중하라.
하늘과 이치는 같은 것이며 이치는 곧 자연인 것이니
이 셋이 있음으로 중생들이 힘 입을 것이다.

하늘 섬김[事天]'이 편안함의 최우선 조건이며, '광대한 하느님[蕩蕩上帝]'은 '나' 혹은 '우리'에게 명하여 움직이게 하는 주체로 등장하고 있다. 또한 같은 해 『동유략초』에 실린 「야소(耶蘇)의 일관주의(一貫主義)」에서도, 조소앙 스스로 인류 구성원의 하나임을 전제로 '공자의 충서(忠恕)'·'석가의 자비'·'예수의 희생'을 들먹이며 보편적 가치 지향을 드러내고 있다.

조소앙의 종교적 관심은 상해 시대 이후 단군을 중심으로 변화되었다. 아마도 대종교적 영향기에 접어든 이유일 듯하다. 그의 육성교 구상은 「학지광(學之光)에 기(寄)함」(1915년)이라는 글에 잘 드러나 있다. 단군을 절대자의 육성자(六聖子) 가운데 으뜸으로 놓고 민족(단군정신)을 토대로 한 인류보편적 종교로의 가치지향을 도모함이 주목된다. 그가 절대자인 '성부 하나님'과 '육성자'를 체(體, 一)와 용(用, 六)의 관계로 파악한 것도, 그 쓰임의 수리만이 변용될 뿐 대종교의 체(一)·용(三) 질서와 그대로 부합하고 있다.

이러한 수리적 체·용관계를 근대에 들어 가장 잘 정리한 인물이 나철이다. 나철은 "대종(大倧)의 이치는 삼일(三一)일 뿐이니, 하나만 있고 셋이 없으면 이것은 쓰임(用)이 없을지오, 셋만 있고 하나가 없으면 이것은 그 몸(體)이 없을지라, 그러므로 하나는 셋의 몸이 되고 셋은 하나의 쓰임이 되느니라."라는 논리를 통해 삼과 일의 철학적인 관계를 통해 체·용의 질서를 분명하게 알려주고 있다. 또한 "주재(主宰)하는 것은 오직 하나이나 작용(作用)하는 것은 오직 셋이로다. 진리(眞理)가 아주 심오하니 온갖 것이 포함되도다"는 천명을 통해 삼일의 체·용질서가 온갖 것을 아우르는 이치임을 밝혔다. (아래 그림 참조)

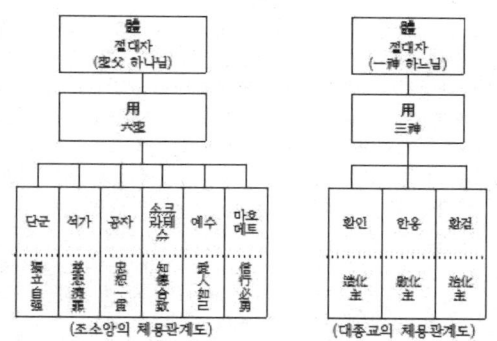

(조소앙의 체용관계도)　(대종교의 체용관계도)

이러한 구상은 조소앙이 1920년경에 지은 「일신교령(一神敎令)」에서는 보다 대종교적 요소로 기울어진다. 즉 '성부 하나님'이 '일신(一神)'으로 드러나면서 "광대한 일신(一神)이 오직 참되고 성스러우시니, 만물의 임자[主]시며 온갖 종교의 조종[百敎之宗]이시라. 신(神)으로써 교(敎)를 만드니[神以爲敎] 한결 같이 덕을 합하여 스스로 몸과 마음을 가다듬어 하나로 모아야만 복록(福祿)이 무궁하리라."고 글의 서두를 시작하고 있다. 여기에 등장하는 '일신'이라는 개념 역시 대종교의 전래 경전의 내용과 무관치 않다. 1912년에 출판된 『삼일신고(三一神誥)』의 「신훈(神訓)」과 「천궁훈(天宮訓)」의 아래 관점과 너무 유사하다.

"하느님은 그 위에 없는 으뜸자리에 계시어, 큰 덕과 큰 지혜와 큰 힘을 가지시고 하늘을 내시다.(神在無上一位 有大德大慧大力 生天)"
"하늘은 하느님의 나라라, 하늘집이 있어, 온갖 착함의 계단으로 섬돌하고 온갖 덕으로 문을 삼았다. 하느님[一神]이 계신 곳이라 뭇 신령과 밝은이들이 모시고 있으니, 지극히 상서로우며 가장 빛나는 곳이다.(天神國 有天宮 階萬善 門萬德 一神攸居 羣靈諸喆護侍 大吉祥大光明處)"

물론 조소앙이 이 같은 대종교 특유의 생각까지 공유하였던지는 확인되지 않는다. 그러나 인류지성의 선구자들을 모두 '일신의 신자육성'으로 간주한 생각 위에 모두를 통합한 종교를 추구하고 그 으뜸 자리에 단군을 배치한 것은, 대종교와의 교류 속에 시사 받은 바 클 것이라는 추측이다. 더욱이 「일신어령」에서 10여회나 반복되는 "아! 우리 종도들이여[咨我宗徒]"라는 표현은 대종교의 경전 『신사기(神事記)』『교화기(教化記)』에 언급되는 "아! 너희무리들이여[咨爾衆]"와 유사하며, "하느님의 씨알인 성스러운 도는 하느님의 뜻으로 몸속에 있으니[神子聖道 在體神意]"란 내용 역시 대종교의 경전 『삼일신고』『신훈』에 나오는 "스스로의 본성에서 하느님의 씨알을 구하라, 너의 머리골 속에 내려와 있다[自性求子降在爾腦]"라는 의미와 거의 일치하고 있다.
조소앙의 대종교로의 가치접근은 「대동종교신창립」에 와서 더욱 심화 되고 있다. '대동'이라는 가치 속에 숨은 '만교합일(萬敎合一)'의 정신 지향과 '종교'라는 배면에 담긴 '신교(神敎)'의 가치가 그것이다. 「대동종교신창립」에서의 '대동'은 조소앙의 대동사상과 밀접하다. 그의 정치적 측면에서의 대동사상 추구가 삼균주의라면, 종교적 측면에서의 대동사상 지향이 육성교와 대동종교라 할 수 있기 때문이다. 주목되는 것은 전·후자의 가치들이 모두 대종교의 영향 속에 성립되었다는 점이다.
조소앙의 육성교 구상은 인류 대동을 구현하기 위한 종교적 설계라 할 수 있다. 그는 '육성일체·만법귀일·금식명상'의 종교를 구상하고 육성을 사상과 연결시키면서 단군은 독립자강(獨立自强)에 불타(佛陀)는 자비제중(慈悲濟衆)에 공자는 충서일관(忠恕一貫)에 소크라테스는 지덕합치(知德合致)에 예수는 애인여기(愛人如己)에 마호메트는 신행필용(信行必勇)에 각기 연결시키고 있다.
또한 조소앙의 대동종교 추구가 대종교가 추구한 이상과도 틀리지 않았다. 대종교의 교리관 자체가 조화와 통섭(統攝)의 원리로 이루어져 있고, 대종교의 교의(教義) 또한 '홍익민족'이 아닌 '홍익인간'이라는 인류보편적 가치를 목표로 삼는다는 점에서도 일치한다. 또한 대종교를 일으킨 나철이 "다른 교인을 달리 보지 말며 외국 사람을 따로 말하지 말라"고 당부한 것이나, 자신의 순교(殉敎)를 민족이 아닌 인류의 죄를 대속하는 것으로 내세운 것, 그리고 모든 종교의 근원을 하나로 본 것 등에서도 확인할 수 있다. 이것은 인류와 미래를 향한 상생적·개방적·보편적·창조적인 가치를 지향한다는 점에서, 현금의 다문화·다종교

사회의 문제 해결에도 중요한 지침이 될 수 있다. 우리 선인들의 더불어 사는 삶의 전통이 잘 드러나는 풍류도의 접화군생(接化群生)이 홍익인간과 불가분의 관계를 갖는다는 안재홍과 정인보의 주장에서도 확인되는 부분이다.
이러한 조소앙의 인식은 박은식이나 신채호·정인보·안채홍 등이 보여주었던 가치관과 일치한다. 즉 대종교가 우리의 국교라는 인식과 동일하다는 것이다. 조소앙이 삼균주의를 통해 이르고자 했던 최고(最高)의 공리(公理)가 대종교의 교의(教義)였던 홍익인간·이화세계라는 것과, 대종교가 독립운동의 궁극적 목적에 있어 조국광복을 넘어 배달국이상향을 지상에 건설하려 했던 사상적 지향과도 유사함을 발견할 수 있다.
조소앙의 「대동종교신창립」에서 또 하나 언급할 것이 다음과 같은 신교(神敎)에 대한 다음과 같은 인식이다.

"우리의 국조 단군은 신(神)으로써 가르침을 베풀어 백성의 임금이 되는 고로 우리 민족을 받들어 신족(神族)이라 칭하였다. 이 교 역시 신교(神敎)와 다를 바 없다."

조소앙은 단군의 종교가 신교(神敎)임을 언급하고 있다. 이러한 인식 역시 대종교의 단군 종교에 대한 인식과 동일한 것으로, 대종교계열의 사서(史書)로 조선조 숙종 때의 기록인 『규원사화(揆園史話)』에 이미 언급되고 있다. "신으로써 교를 베풀다[以神設敎]"는 내용이 그것이다. 또한 대종교의 전래 문건인 『단군교오대종지서(檀君教五大宗旨書)』에는 우리 신교(神敎)에 대한 역사를 정리한 『배달씨족신교사(倍達氏族神敎史)』라는 서책이 언급되고 있으나 전하여지지 않고 있다. 그러나 그 본문 앞부분에는 "대황조의 지극한 도를 틀로 하여 일어난 본교의 종지가, 신교(神敎)라는 행위로 분명히 드러난 것은 대개 흘나사한(訖那沙翰) 철인(哲人)으로부터 비롯되었다. 뒷날에 역사가가 본교를 선교(仙敎)라 칭하는 것이 간혹 있지만 그 연원은 오직 신교(神敎)이다."라는 기록이 적혀 있다. 즉 단군신앙이 신교라는 행위로 분명히 드러나며 세간에 언급되는 선교 역시 그 연원이 신교라고 밝혔다.
그러므로 대종교를 일으킨 나철은, 그 스스로가 1911년에 정리한 『신리대전(神理大全)』을 통해 '신교(神敎)'라는 부분을 따로 설정하기도 한다. 그리고 그 이치를 "대종의 이치는 삼일일 뿐이다."라고 정리했는데, 그의 제자인 백포(白圃) 서일(徐一)은 그것을 주해(註解)하여 "대(大)는 천(天)이요 종(倧)은 신(神)이니 천신교(天神敎)의 의미"라고 규정하였다. 대종교단에서 편찬한 『단조사고(檀祖事攷)』(1911년)에도 "신으로써 교화를 베푸니 대종이라 한다(以神設敎曰大倧)"는 기록이 있으며, 『신단실기(神檀實記)』(1914년)나 『신단민사(神檀民史)』(1914년)에서도 거의 동일하게 나타나고 있다. 특히 박은식은 "종(倧)은 신인(神人)의 칭호이니, 이는 단군의 신교(神敎)를 받드는 것으로 곧 역사적 종교다."라는 인식과 함께 대종교 국교론(國敎論)을 내세웠다. 조소앙 역시 국교적 대종교관에 근접해 있음을 견주어 알게 해 주는 부분이다.
한편 조소앙이 한살임(韓薩任)이라는 이름으로 저술한 「발

해경(渤海經)」(1922년)도 주목된다. 발해의 정신을 서술하는 글에 구태여 '경(經)'이라는 이름을 붙여 종교적 분위기를 드러낸 것부터 특이하다. 전체 40절로 엮어진 이 글은 조소앙의 대종교적 종교관을 살필 수 있는 또 하나의 단서다. 이 글의 마지막 부분을 보자.

"각 40장(에 담긴 정신)은 모두 날램(勇)이다. 그 문장은 창(暢)하고 그 뜻은 격(激)하며 그 말은 두렵다. 발해의 책이 전하지 않아 그 문장을 의심하였으나 꿈에 나를 인도하였다. 내가 임술년(1922년-인용자 주)이 저물어갈 무렵 호강(滬江) 프랑스조계의 숭산(崇山)에 머무를 때 꿈을 꾸었다. 꿈에 대조영이 나타나 이 경(經)을 읊었다. 깨어나 능히 그 경을 암송하고 알게 되었으니, 아 하늘은 이 죄를 아시는가"

꿈에 대조영을 만나 『발해경』을 전해 듣고 각성의 눈을 뜨게 된다는 구조다. 즉 '현실(몽매)→꿈(정체성 경험)→현실(각성)'의 흐름을 통한 자아각성의 과정을 형상화한 것이다. 공교롭게도 이러한 구조는 같은 대종교계열의 역사가인 박은식의 『몽배금태조』(1911년)와 신채호의 『꿈하늘』(1916년)에도 동일하게 나타난다. 조소앙이 대조영을 통해 자아각성을 했다면, 박은식은 금나라 태조(아율아보기)를 통해, 신채호는 을지문덕을 통해 정체성에 눈을 뜸이 다르다. 또한 발해라는 의미는 대종교에 있어 남다른 역사적 실체다. 대종교가 발해 정통 의식과 그대로 직결되기 때문이다. 발해 문왕(文王, 大欽茂)이 지은 것으로 되어 있는 대종교의 「삼일신고봉장기(三一神誥奉藏記)」에는, 「삼일신고」가 단군 시대 신지(神誌)에 의해 씌어진 것이며, 돌과 나무에 기록된 두 개의 「삼일신고」가 전해져오다가 병화로 인해 없어지고 고구려에서 번역한 것이 발해로 전해져왔다 한다는 기록이 있다. 이것은 현재 대종교 경전의 정통이 발해로 연결된다는 의미다. 발해 태조 대조영이 기록했다는 「삼일신고예찬」과 대조영의 동생 대야발(大野勃)이 적었다는 「삼일신고서(序)」, 그리고 발해의 국상(國相) 임아상(任雅相)이 풀었다는 「삼일신고주(註)」 등, 모두 발해 시대 인물들이 차지하고 있다. 여기서는 조소앙 『발해경』의 주인공인 대조영의 「삼일신고예찬」의 앞부분만을 소개해 본다.

높고 높다 저 한밝뫼여
하늘 복판에 우뚝 솟았네.
안개구름 자욱함이여
일만 산악의 조종이로다.
한배검 한울에서 내려오시니
거룩할 사 배달의 대궐이시오.
나라를 세우고 교화를 펴사
온 누리를 싸고 덮었네.

이렇듯 조소앙의 육성교나 대동종교의 구상에는 대종교와 직간접적으로 닿지 않는 부분이 없다. 아마도 이러한 구상은 그의 민족주의를 통한 세계보편주의의 융합을 나타내는 것이라 볼 수 있을 것이다. 당시의 당면 과제인 민족독립을 추구하기 위한 강렬한 민족주의와 이를 보편주의에 융합시키려고 하는 사유 속에 잘 나타난다고 할 수 있을 듯하다.

③ 대종교적 역사관

조소앙의 「건국절단군소사연고(建國節檀君小史演稿)」를 보면, 그의 역사관이 단군시대에 대한 신앙으로부터 출발하고 있음을 알 수 있다. 또한 선조의 행동 기록에 절대적 외경심을 가지고 면밀히 연구하는 과업에서 특히 고유 민족신앙인 단군신앙 곧 선교(仙教)·화랑(花郎)·국선(國仙) 그리고 민족의 영웅·석학에 대해 각별한 동경과 애정을 표시하였다. 조소앙의 역사인식에 대종교가 연결되어 있음을 암시해 주는 부분이다.

조소앙의 역사인식을 살필 수 있는 체계적인 역사기록은 없다. 그럼에도 그의 일기(『동유략초』)나 여타 글 속에서 언급되는 그의 역사적 각성에 관한 편린은 적지 않다. 1905년 11월 19일 을사늑약으로 충격을 "우리 백성이 단군 이래 이처럼 망해버린 것은 처음"이라는 인식과 함께, 같은 해 12월 2일에는 민영환의 순절을 애통해 하며 "5천년 우리의 역사가 종말을 고하니 어찌 이 같은 일이 없을 수 있겠는가" 라는 탄식을 드러내기도 했다. 이어 12월 23일에는 이토오 히로부미(伊藤博文)가 한국통감으로 부임한다는 소식을 신문을 통해 보고 "우리 단군과 기자 이래 4천년 강토" 운운하며 분노의 감정을 감추지 않았다. 1907년 1월 26일 일기에서는 「통고아이천만동포(慟告我二千萬同胞)」라는 글의 서두를 통해 우리 4천년 역사를 회억하며 정몽주·박제상·이순신 등의 충의정신을 호소하는가 하면, 1910년 8월 12일에는 병탄(倂吞)의 소식을 접하고 다음과 같이 통곡하고 있다.

"나라가 망했으니 이 어찌 참을 수 있겠는가. 4천년 역사가 결과적으로 이 날 종말을 고했고 2천만 백성의 삶이 이 날 끝내 질곡에 빠졌으니, 아아, 다시 무슨 말을 하리오. 통곡을 참을 수 없도다."

이 밖에도 "4천년 고국(故國)이 지금 무너졌다"라는 절규나, "이 날은 곧 나라가 열린 4천 2백 43년 최후의 날"이라는 인식을 드러내고 있다. 이것은 조소앙에 있어 나라의 위기와 패망의 슬픔이 단군이나 4천년 역사의식 고양의 계기가 되었음을 알게 해 주는 부분이다.

조소앙의 역사관을 통시적으로 살필 수 있는 글이 1942년에 쓴 「위한중문화협회성립대회, 개소한국사정(爲韓中文化協會成立大會, 介紹韓國事情)」이라는 짤막한 글이다. 말 그대로 '한중문화협회 성립 대회를 기해 한국사정을 소개'한 글이다. 그 글 가운데 '한국사요(韓國史要)'는 단군 건국 이후부터 대한민국이 성립까지를 요약한 것으로 다음과 같다.

"옛날에 단군이 있었는데 환(桓, 환웅·신시-인용자 주)을 이어 조선을 세웠다. 도읍을 평양에 정하고 뒤에 북으로 옮겨 부여가 되었다. 부여가 남으로 내려와 고구려가 되었다.[고구려는 전·후 두 나라가 있었는데, 앞의 나라는 서한(西漢) 이전이고 뒤의 것은 서한 이후로 요하와 송화강과 압록강의 지역이 거점이었다] 남쪽에는 진한·마한·변한의 3한이 있었으며 3한은 부여·고구려와 실제로 한 족속이었다. 발해 또한 고구려를 부흥시킨 나라며, 금나라·청나라 역시 같은 계열에 속하는 것으로 역사서로도 가히 살필 수 있다. 3한을 이어 3국으로 나뉘니 고구려·백제·신라가 이것이다. 3국을 통일한 것이 신라며 신라가 다시 나뉘어 3국이 되고 다시 합하여 하나가 된 것이 왕씨의 고려다. 고려를 이어 나라를 세운 것이 이씨의 조선이며 그 조선을 이어 세운 나라가 대한민국이다. 전체적으로 그것을 말하면, 건국한 지 이미 반만년으로 동방고대문화민족의 한 중추가 되며, 또한 다가올 세계 신질서의 중심에서 다시 성하여 일어날 신국가다."

또한 같은 해 삼일절 선언에서도 "우리 민족은 환국(桓國) 창립 이래로 단군조선, 부여, 3한, 3국, 고려, 조선을 거쳐 대한민국에 이르기까지……"라는 역사인식을 통해 조소앙은 우리민족 반만년의 역사를 일목요연하게 설파했다. 주목되는 것은 위에 언급한 조소앙의 역사관이 대종교사관과 그대로 일맥하고 있다는 점이다. 우선 '환(국)시대→단군시대→부여→고구려'로 이어지는 대종교의 신교사관(神敎史觀)을 그대로 보여준다. 신교사관이란 우리 역사 해석의 관점을 유교나 불교가 아닌 우리 고유의 단군신앙인 신교의 관점에서 파악하려는 역사관이다.

일제 식민주의역사학의 정신적 기반이 일본의 신도(神道)와 연결되는 것과 같이, 일제강점기 우리 민족주의역사학의 근저에 신교(대종교)가 깔려 있었다. 우리 사학사의 흐름을 유교사학·불교사학 그리고 도가사학(道家史學, 즉 神敎史學)의 흐름으로 이해해 볼 때, 신교사학은 철저하게 억눌려 왔다. 근대 대종교의 등장은 그러한 신교사관의 부활과도 통하는 말이다. 따라서 대종교의 역사인식은 과거 유교와 불교중심으로 흘러 내려오는 역사인식을 도가(道家) 또는 신교(神敎), 즉 대종교적 역사인식으로 바꾸는 것을 의미하는 것이었다. 더불어 이러한 요소들의 강조는 당연히 민족적 성향을 강하게 나타내며 타율성(他律性)·정체성(停滯性)·반도사관(半島史觀)으로 위장된 일제 식민주의역사학에 대항하는 민족주의역사학으로 자리 잡았고 나아가 민족적 역사의식의 고취를 통해 항일운동의 중요한 요소로 부각될 수밖에 없었다.

근대에 들어 이러한 신교사관을 개척하고 체계화한 인물이 김교헌이다. 김교헌은 조소앙과 더불어 「대한독립선언서」를 주도했던 인물로, 신교사관의 근대적 위상을 가장 잘 정리한 인물로 평가 되고 있다. 김교헌은 1910년 대종교에 입교한 이후, 대종교 중광 2세 교주까지 역임했다. 그가 저술 혹은 감수한 『신단민사』·『신단실기』·『배달족역사』는 우리민족의 역사적 원형인 신교사관의 정수를 보여주는 책이다. 이 서적들은 대한민국임시정부나 독립운동의 현장에서 교과서로 쓰였는가 하면, 김교헌의 역사인식은 박은식이나 신채호 등등의 민족주의역사학자들에게 많은 영향을 끼쳤다.

박은식이 『한국통사』에서 신교(대종교)가 국교적 가치가 있음을 고증한 것도 그것과 통한다. 박은식은 우리 정신의 근간인 단군신앙이 단군의 신교를 출발점으로 연면히 이어왔다는 점을 강조함으로써, 신교사관의 통시적 당위성을 부여해 주고 있다. 또한 신채호도 "단군이 곧 선인(仙人)의 시조라, 선인은 곧 우리의 국교(國敎)이며"라고 밝힘으로써, 선교(仙敎, 神敎)가 우리 정체성의 근간임을 주창하고 있다. 신채호 역시 신교사관의 본질을 간파한 것이다. 조소앙이 드러낸 역사인식 역시 이러한 대종교적 배경과 밀접하다.

조소앙의 역사인식에서 또 하나 주목되는 것이 남북조사관(南北朝史觀)이다. 남북조사관이란 족통개념(族統槪念)을 통한 대종교의 역사인식이다. 단군조(檀君朝) 배달민족의 후예인 북조(北朝)의 부여와 남조(南朝)의 기씨(箕氏) 이래, 근세의 조선(남조)과 청나라(북조)로 이어지기까지 존재했던 남북강역의 세력과 집단을 단군 후예들의 역사 활동으로 간주하는 역사관이다. 이것은 일제식민지주의사관의 한 줄기인 반도사관의 대항 논리라 할 수 있는 대륙사관(大陸史觀)과도 흡사한 것이다. 즉 한국사의 일부로 취급되는 국가와 한국인의 활동 영역을 한반도뿐만 아니라 만주 또는 발해만 부근과 산동 반도를 비롯한 중국 본토의 동쪽 해안까지 확장하는 역사관이 대륙사관으로, 이 역시 대종교의 강역의식과도 그대로 맞물린다.

조소앙이 인식한 '단군시대→부여→고구려'의 흐름과 발해와 금나라 그리고 청나라를 우리 역사의 범주로 넣은 것도 남북조사관의 전형이라 할 수 있다. 이러한 남북조사관에 대한 틀을 마련한 인물 역시 김교헌이다. 물론 조선조 유득공(柳得恭)이 『발해고』「서문」에서 신라와 발해를 남국과 북국으로 설정하여 남북국시대를 주장한 것이 그 효시라 할 수 있다. 이후 김정호(金正浩)도 『대동지지(大東地志)』『방여총지(方輿總志)』〈발해사〉 항목을 통해 발해사를 독립된 항목으로 다루며 삼한·삼국(신라·가야·백제)·삼국(고구려·신라·백제)·남북국(신라·발해)으로 이어지는 고대사 체계를 제시하였다.

그러나 김교헌의 남북조사관은 그 인식의 근본을 달리했다. 발해(북국)·신라(남국)로 한정되는 남북국이 아니라 열국시대·삼국시대 이후의 모든 역사질서를 남북조로 바라보았다. 이러한 배경에 작용한 것이 대종교의 족통개념과 강역의식이다. 김교헌이 중심이 되어 1911년 대종교에서 발간한 『단조사고(檀祖事攷)』가 그 대표적 증적이다. 『단조사고』 앞 분분에 실린 「배달족원류도(단군혈통)」와 「삼천단부도(단군강역)」의 도표 등에서도 확인된다. 조소앙이 우리의 역사적 무대에서 북강(北疆)과 밀접한 국가(단군시대·부여·고구려·발해·금나라·청나라)들을 중시한 배경도 이러한 인식과 맞물린다.

그러므로 조소앙은 1942년 중국에 거류하면서도, 역사 속의 한·중 국경 관계를 언급하면서도 북조(北朝)의 인식을 양보하지 않았다. 즉 "한·중 양국의 국경이 가까이는 압록강으로부터 멀리는 산해관까지 변동이 많았던 까닭에, 역사의 정론(定論)이 없다. 양민족의 교섭과 문화적 교류가 어느 때 비롯되었고 어느 지역으로부터 시작되었는지도 역사적으로 확실히 단정할 수 없다. 갑자기 정하기는 불가하나 3세기 이전인 은나라 말기·주나라 초기에 이미 문화적 교류의 흔적이 있다."라는 인식을 통해, 만주지역에 대한 강역의식을 담아두었던 것이다.

더욱이 조소앙이 1944년에 발표한「건국절단군소사연고」에서는 보다 중요한 내용이 등장한다. 즉 개천절을 건국절이라고 단정하고『삼국유사』와 거의 동일한 내용의 단군사화를 소개했다. 또한 그와 관련된 유적이 매우 많음을 밝히면서 단군릉으로부터 팔성당(八聖堂)까지 모두 단군기념물이라는 것이다. 보다 주목되는 것은 단군과 관련된 서책(書冊)의 소개다. 조소앙은『고기(古記)』·『위서(魏書)』·『단군고기(檀君古紀)』·『신지비사(神誌秘詞)』·『동국사략(東國史略)』·『동국통감(東國通鑑)』·『진역유기(震域遺記)』·『규원사화(揆園史話)』·『세종실록(世宗實錄)』 등을 언급하면서 모두 단군사적과 간련된 문헌이라고 소개했다. 이 중에서도『신지비사』의 "朝降七十國 賴得護神精 首尾均平位 興邦保太平"이라는 구절이 그의 삼균주의 이론적 근거가 되었다는 것은, 그 스스로도 여러 번 언급했으며 많은 연구에서도 확인되었다.

무엇보다『진역유기』와『규원사화』의 언급은 조소앙의 대종교적 역사관을 추단할 수 있는 중요한 문건들이다. 즉 이 서적들이 대종교적 역사관의 본질이라 할 수 있는 신교사관과 남북조사관의 전형을 드러내주기 때문이다. 다만『진역유기』라는 서책은 현전하지 않는다. 그러나 조선 숙종조 북애자(北崖子)가 쓴『규원사화』에는 "신시씨는 진실로 동방 인류의 조상으로서 태고적 세상이 처음으로 개벽하던 일들이 모두 그에게 힘입어 이루어졌으니, 무릇 단군 이전에 처음으로 나타난 성인이다. 예전에 청평산인(靑平山人) 이명(李茗)이 있었는데, 그는 고려 때의 사람으로서『진역유기』세 권을 저술하였으니, 이는『조대기(朝代記)』를 인용하여 우리나라 옛 역사를 갖추어 실은 것으로서 일연(一然)의 책과 비교하면 서로 사뭇 큰 차이를 보이는 가운데, 선가(仙家)의 말이 많다."라는 기록이 실려 있다. 또한 북애자는『규원사화』저술케 된 동기가 바로『진역유기』였음을 다음과 같이 밝혔다.

"내가 일찍이 나라의 역사를 써보고자 하는 뜻은 있었으나 본디 그 재료로 삼을 만한 것이 없었으며, 또한 이름 있는 산의 석실에 조차 귀하게 비장된 것 하나 없음에, 나와 같이 씻은 듯이 가난하고 보잘 것 없는 사람으로서 이 또한 어쩔 도리가 있었겠는가. 그러나 얼마나 다행한 일인지, 산골짜기에서 청평(淸平)이 저술한『진역유기』를 얻으니, 그 가운데 삼국 이전의 옛 역사가 있음에 비록 간략하여 상세하지는 않으나 항간에 떠도는 구구한 말들에 비하면 자못 내비치는 기상이 견줄 바가 아니라, 여기에 다시 중국의 사서에 전하는 모든 글들을 가려 뽑아 사화(史話)를 지으니, 그 재미로움은 밥 먹는 것도 자주 잊을 지경이었다."

북애자의 기록에 의한다면 그 역사인식이『조대기』(발해 계통의 사서)→『진역유기』(고려조 청평 이암)→『규원사화』(조선조 북애자)'로 이어오고 있다. 여기에 언급된『조대기』는 발해 계통의 역사서로 조선조 세조 3년 5월 26일(무자), 팔도 관찰사에게 고조선비사 등의 문서를 사처에서 간직하지 말 것을 유시(諭示)한 내용에도 포함되어 있다. 적어도『조대기』가 조선조 초기까지도 전해온 문적임이 확인된다. 북애자는『규원사화』를 저술하면서 다음과 같이 탄식했다.

"내가 말하고 싶은 것은 조선에 국사가 없다는 것이 가장 큰 걱정이다.『춘추』를 지어 명분을 세우고『강목』을 써서 정통(正統)과 윤통(閏統)이 나뉘었는데,『춘추』와『강목』은 중국 선비의 힘으로 쓰였다. 우리나라 옛정서의 사서들은 여러 번 병화를 입어 다 흩어지고 없어졌다. 후세의 고루한 자들이 중국책에 빠져서 주나라를 높이는 사대주의만이 옳은 것이라 하고 내 나라 근본을 굳건히 세워 그것을 밝게 빛낼 줄 몰랐다. 이는 등나무나 칡넝쿨이 곧게 뻗어갈 줄 모르고 얽어매기만 하는 것과 같으니, 어떻게 천하다 하지 않을 수 있겠는가."

그가 조선에 국사가 없다고 말한 것은, 우리의 정체성을 대변하는 국사, 즉 신교사서들의 부재를 한탄한 것이다. 그는 그것을 우리의 옛 정서를 담은 사서라 했다. 그것들이 병화에 사라져버리고 오직 중화적 가치에 함몰된 사서들이 득세함을 천박하다고까지 힐난했다. "단군사가 전하거나 부여사가 전하거나, 고흥의 백제사가 전하거나, 이문진의 고구려사가 전하거나 거칠부의 신라사가 전하였으면, 아국(我國)이 금일(今日)에 지(至)하여 민력(民力)이 팽창하여 동아에 칭패(稱霸)함도 가하며, 국위(國威)가 진작(震灼)하여 서구(西歐)를 부시(俯視)함도 가하거늘, 오호라, 고대의 거필(巨筆)은 병화에 투(投)하며 진토(塵土)에 매(埋)하여, 일단편도 전치 못하고 전한 것은 노배(奴輩)의 사필(史筆)뿐이라."고 절규한 신채호의 정서도 동일하다.『규원사화』가 의미를 갖는 것은 신교라는 우리의 정체성을 통해 역사인식을 시도한 점에 있다. 이것은 성리학의 본질적 한계성을 냉철하게 지적하면서, '우리의 아이덴티티(神敎)'에 입각한 단군론을 제시하였다는 면에서 주목된다.

조소앙이『규원사화』와 함께 언급한『진역유기』는 그가 직접 본 것은 아닐 듯하다. 조소앙이『규원사화』를 읽고, 그 모본이 된『진역유기』을 중요시 판단하여 적시한 것임이 적절한 추리일 것이다.『진역유기』역시 북애자의 서술을 빌린다면 동일한 신교관련 사서임을 알 수 있다. 그 역사 정신의 본질이 신교라는 점에는『조대기』→『진역유기』→『규원사화』가 동일하게 일맥한다는 것이다.

아무튼「건국절단군소사연고」에서 언급된 위의 역사서들의 내용적 공통점은 단군과 신교라는데 모아진다. 그것을 잃어버림은 곧 우리 정체성의 망각과 직결되는 것이다. 그리고 망국의 굴레까지도 벗어날 수 없었다. 그 정체성을 되찾고자 한 몸부림이 근대 대종교의 태동이었다. 조소앙은 그 정신을 통한 역사의식을, 위의 대종교적 역사관에서 살핀 바와 같이 그의 삶의 많은 과정에 발산해 놓았다. 조소앙이 해방 이후, 일제강점기를 회억하며 우리의 역사와 문화를 영혼정신으로 규정한 다음의 외침을 주목해 볼 일이다.

"왜적이 한국을 강점하자 한국의 정치를 유린하며 경제를 파멸하기보다도 먼저 한국의 고유한 역사와 문화를 말살하기에 더욱 급급하였던 것이다. 무릇 한 민족의 역사 문화는 그 민족의 영혼정신이 되기 때문이다.”

[교력]

조소앙이 상해로 건너간 이후, 중국에서나 만주에서나 그 주변에는 늘 대종교의 인물들과 함께 했다. 조소앙 자신이 1913년에 상해로 망명한 것도 당시 대종교의 핵심 간부이고 대표적 이론가였던 예관 신규식과의 연락에 의한 것이었다. 상해 시절부터 신규식·박은식·신채호 등과 같이 행동하였으며, 동제사나 박달학원도 실은 신규식을 비롯한 대종교 인물들이 주관한 것이었다.

1916년 무렵 만주와 노령 등지를 찾아다니면서 이상설·이동녕·박찬익 등과도 교유하였다. 모두 대종교의 핵심들이다. 1917년에는 대종교의 동지들을 중심으로 「대동단결선언서」를 작성하여 반포하였다. 참여 14인 대부분이 대종교의 중심인물들이다. 이어 1918년 만주로 들어가 대종교 중심인물들과 접촉하면서 「대한독립선언서」를 작성 배포하였다. 조소앙의 삶에 있어 대종교를 떼어 놓을 수 없는 배경이 된다.

‘육성일체(六聖一體)·만법귀일(萬法歸一)·금식명상(禁食冥想)’의 새로운 민족종교인 육성교를 구상한 것이나, 「발해경」의 집필과 함께 『독립신문』에 「3·1독립신고」를 발표한 것도, 사상적으로나 인맥적으로 모두 대종교와 무관치 않은 행보들이다. 육성교의 구상에서 단군을 제1로 내세운 것은 1909년 1월에 나철이 대종교를 중광한 이후, 당대 지식인들을 중심으로 단군에 대한 관심이 급속도로 높아진 상황과 무관치 않다.

또한 대종교단에서는 경전으로 『단군교포명서』·『단군교오대종지서』·『신사기』·『삼일신고』·『회삼경』 등이 나왔으며, 대종교 역사로는 『단조사고』·『신단실기』·『신단민사』 등이 등장하였다. 그 모든 서책들이 조소앙 사상 형성에 많은 영향을 끼쳤다. 이러한 배경 속에 육성교를 구상하고, 『건국절단군소사연고』를 통해 『신지비사』를 다룬 적도 있으며, 1922년 봄에는 대종교의 교리사상과 밀접한 『발해경』을 꾸민 것이다. 그가 삼균주의의 이념적 근거 역시 단군의 홍익인간과 신지비사의 ‘수비균평위 홍방보태평’에 둔 것도 이와 무관치 않다. 그의 정치관이나 종교관, 역사관 등에 대종교의 가치가 깔려 있음은 이미 언급한 바다.

조소앙의 대종교 입교는 상해 지절인 1910년대 초반에 이루어졌다고 하나, 그 기록은 남아있는 것이 없다. 다만 대종교 항일투사인 박명진(朴明鎭)이 기록한 『대종교독립운동사』에 보면, 1910년대 후반 대종교 동일도본사(東一道本司) 소속 주요 교인으로 조소앙이 올라 있다. 그의 대종교 입교가 1913년 상해로 건너간 직후임을 알려 주는 내용이다. 당시 동일도본사는 북만주 지역을 관할하는 대종교 교구로 백포 서일이 이끌었다. 그 주요 인물들을 보면 여준(呂準)·박찬익·현천묵(玄天默)·정신(鄭信)·조성환(曹成煥)·계화(桂和)·백순(白純)·고평(高平)·김좌진(金佐鎭)·박두희(朴斗熙)·이장녕(李章寧) 등, 수십 명이 적혀 있다. 이들 대부분이 중광단 출신이라는 것과 대한독립의군부(후일 대한군정서)의 구성원이었다는 점이다. 박명진에게 조소앙이 동

일도본사 주요 교인으로 기억하는 시기와 조소앙이 길림을 중심으로 「대한독립선언서」를 준비·진행하던 때와 정확히 맞물린다.

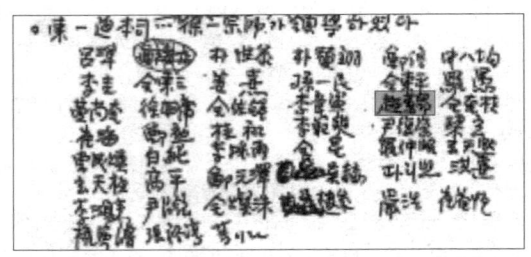

박명진의 『대종교독립운동사』에 적혀 있는 1910년대 후반 동일도본사 주요 교인 명단. 오른쪽 상단에 趙素昻(네모 안)이 보인다.

다만 조소앙의 대종교 참여가 적극적이지는 않았다는 점이다. 해방 이후에도 조소앙은 대종교에 소극적이었다. 1946년 7월 23일(음력), 이극로(李克魯)·이병기(李秉岐)·조성환·조완구(趙琬九)·정인보·신익희·백남규(白南奎)·안호상(安浩相)·이범석(李範奭)·정열모(鄭烈模)와 같은 대종교 동지들과 국학하기강좌 등에 강사로 참여하는 것이 전부였다. 이러한 성향은 그를 대종교로 이끈 신규식의 경우에서도 이미 드러나는 부분이다. 당시 상해 지역 대종교 책임을 맡은 신규식은 조소앙에게 보다 적극적인 대종교 활동을 주문했을 것이다. 그러나 조소앙은 단군을 중심으로 한 육성교의 구상을 신규식에게 설명한 듯하다. 이에 신규식은 그러한 아쉬움을 아래의 시로 표현했다. 그 시에 제목에 붙은 ‘조군에게 새로운 종교상의 이론이 있어 이에 시를 주다(趙君有宗敎上新論, 故詩以贈之)’라는 설명을 보더라도 알 수 있다.

一片靈臺上　한 조각 맑은 영혼에
罪知非我關　죄가 있다면 나와는 무관하도다
仰天長嘯立　하늘을 우러러 탄식하며 섰노라니
明月滿空山　밝은 달빛만 허공에 가득하구나

[참고문헌]

『대종교보』제151호(1946년), 『檀君敎五大宗旨書』(白峯神師親閱), 『譯解倧經四部合編』(정열모 편, 대종교총본사, 1949), 『대종교중광육십년사』(대종교총본사, 1971), 『한국유이민사』상(현규환, 어문각, 1967), 『朝鮮獨立運動』Ⅰ·Ⅱ·Ⅲ(김정명, 原書房, 1967), 『挨園史話』(신학균 역, 대동문화사, 1968), 『한국민족운동사료(중국편)』(국회도서관, 1972), 『일제침략하한국36년사』8·11·12(국사편찬위원회, 1973-1976), 『대한민국임시정부의정원문서』(국회도서관, 1974), 『독립운동사자료집』9·13(독립운동사편찬위원회, 1975·1977), 『조소앙연구』(홍선희, 태극문화사, 1975), 『소앙선생문집』(삼균학회, 햇불사, 1979), 『한국독립운동사자료집-조소앙편(一)』(한국정신문화연구원, 1995), 『예관신규식선생전집』제1권(예관신규식선생전집편찬위원회, 2019), 「조소앙과 대종교」(김동환, 『국학연구』제23집, 국학연구소, 2019), 「무원 김교헌의 역사인식에 대한 연구」(김동환, 『화성독립운동연구』2, 화성시, 2020), 「대종교와 대한독립선언서」(김동환, 『三均主義研究論集』제44집, 삼균학회, 2021).

조수원(趙洙元, 남, 생몰 미상)

입교 시기_ 1924년 이전 | 교질_ 미상

출신지역과 생몰연대를 알 수 없는 인물이다. 1923년 6월 길림성 화전현(樺甸縣)에 거주하면서, 상해의 독립신문사의 의연금 모집에 앞장섰다. 당시 독립신문사는 대종교 동지인 희산(希山) 김승학(金承學)이었다. 김승학 역시 서간도를 중심으로 활동인물임이 주목된다.

조수원과 교력과 관련된 기록은 대종교단 내에는 전하는 것이 없다. 그러나 1926년 대종교만주포교금지령 당시, 만주 당국에 압수당한 대종교문서에는 조수원의 이름이 올라있다. 1924년 3월 25일(음력) '대종교총본사 기본 및 경상금 수금위원(大倧敎總本司基本及經常金收金委員)'으로 임명된 기록이 그것이다. 조수원의 대종교 입교가 그 이전으로 올라감이 확인된다. 당시 이경렬(李京烈)·김락(金洛)·윤각(尹覺)·조범석(趙範錫)·조수원(趙洙元)·이동희(李東熙)·안봉욱(安鳳郁)·손공모(孫公模) 등과 함께 이름을 올린 조수원은 서일도본사(西一道司) 화전구(樺甸區)를 관할했다. 서일도본사에는 화전구와 반석구(盤石區)가 있었으며 반석구의 책임자는 이동희(李東熙)였다. 또한 조수원은 화전현가(樺甸縣街)에 있는 동인의원(同仁醫院)을 연락 거점으로 활동했다.

[참고문헌]
「大倧敎施敎堂一覽表(1926年)」(延边朝鲜族自治州档案馆 全宗号42 目录号1 案卷号343, 和龙县历史档案 和龙县警察所, 令各区查禁韩人设立大倧教堂由, 民国十五年五月十二日), 「독립신문」1923.6.13.

조승호(趙承鎬, 남, 생몰 미상)

입교 시기_ 1909년 | 교질_ 상교

출신지역과 생몰연대가 확실치 않다. 무관 출신으로 대한제국 육군 보병 참위(參尉)로 소대장을 지냈으며, 이후 국내 대종교 활동에 헌신한 인물이다.

조승호는 1910년 1월 4일(음력, 이하 음력) 참교(參敎)의 교질(敎秩)을 받았다. 그의 대종교 입교가 중광(重光, 1909년 1월 15일) 직후에 이루어졌음을 시사해준다. 더욱이 같은 날 함께 참교를 받은 인물들이 신규식(申圭植)·이민걸(李敏杰)·최강(崔岡)·박상환(朴祥煥)·나병원(羅炳元) 등 당대 쟁쟁한 인물들이고 보면, 조승호 역시 당대에 사회적으로나 종교적으로 상당한 비중을 지닌 인물임을 직감케 한다. 1910년 개천절(開天節, 10월 3일)에는 김교헌(金敎獻)·조완구(趙琬九)·이억(李億)·이건(李鍵)·김두봉(金科奉)·손달봉(孫達鳳) 등과 경하식(慶賀式)을 이끌면서, 이미 대종교 중심부에서 활약하였다.

그리고 1911년 중광절(1월 15일)에는 오혁(吳赫)·이건(李鍵)·최전(崔顚)·강우(姜虞)·신규식(申圭植)·박찬익(朴贊翊)·김교헌·김두봉 등의 인물들과 지교(知敎)로 승질(陞秩)하였다. 그리고 같은 날 이채우(李埰雨)와 함께 강실전임시교사(講室專任施敎師)로 선임되어 대종교 포교의 일선에도 섰다. 조승호는 이러한 노력으로 1914년 5월 13일 상교(尙敎)의 교질로 올랐다. 이 날 조승호와 상교에 오른 인물들은 김교헌·오혁·강우·최전·이채우·류근(柳瑾)·조완구·김교준·최강(崔岡)·이건·신규식·박찬익 등 13명이었다. 이들 모두가 대종교의 중추였을 뿐만 아니라, 당대 사회의 지도층이자 항일투사들이었다는 점도 특기되는 부분이다.

1910년 개천절 경하식 행사에서 施敎의 역할을 맡아 의식에 참여한 趙承鎬(네모 안)의 활동을 담은 당시의 신문기사.

조승호는 1916년 8월 15일 대종교 교주 홍암(弘巖) 나철(羅喆)이 순교(殉敎)했을 당시도 중요한 임무를 수행하였다. 같은 달 21일 남도본사의 대표로서 구월산 조천소(朝天所)로 달려가 전례(典禮)를 맡아 의례를 이끈 것이 그것이다. 1922년 어천절(御天節, 3월 15일)에는 경성 계동(桂洞)의 남도본사에서 거행된 기념식을 이끌기도 하고, 동년 4월 1일에는 황훈(黃勳) 등과 시교령(施敎令)으로 임명되기도 했다. 시교령이란 말 그대로 시교활동의 으뜸 책임자를 말한다.

또한 1923년 1월 2일에는 대종교 남일도본사 제1지사를 책임지는 전사(典司)로 임명되기도 했다. 남일도본사 교구 가운데 경성, 경기, 황해, 평남, 평북에 있는 시교당(施敎堂)을 모두 관리하는 기관이 제1지사였다. 이어 같은 달 24일에는 제1지사와 계동에 함께 있었던 계선시교당(桂善施敎堂)의 전무(典務, 책임자)도 맡아, 찬무(贊務, 부책임자)로 임명된 강용구(姜容求)와 함께 포교의 일선에서 서기도 했다.

[참고문헌]
「종보」제5호(1910년), 「倧令」제3호(1911년), 「대종교보」제57호(1923년), 「종문영질」(프린트본, 1922), 「홍암신형조천기」(김교헌 엮음, 대종교총본사, 1954), 「대종교중광육십년사」(대종교총본사, 1971), 「고종실록」1901년 3월 9일(음력), 「승정원일기」1902년 1월 28일(음력), 「조선·대한제국관보」제2882호(1904년), 「매일신보」1910.11.6., 「개벽」제29호(1922년 11월 1일), 「동아일보」1922.4.12.

황해도 평산군(平山郡) 금암면(金岩面) 한포리(汗浦里) 출신이다. 본명은 조병학(趙炳學)으로 대종교에 입교하면서 외자이름 열(烈)로 바꿨다. 일찍이 기호학회 회원으로 참여하였고 공업전습소에 입학하면서 공업연구회의 회원으로 활동하였다.

이 무렵 신민회에도 가입하고, 1910년 8월 그 외곽단체인 청년학우회의 한성연회 창립에서 회장으로 선임되어 활동하였다. 또한 같은 공업전습소 출신이자 공업연구회 활동을 함께 했던 박찬익(朴贊翊)·박승익(朴勝益)·김원식(金遠植)·심근(沈槿) 등과 암암리에 방직공장 설립을 모색하였다. 조열과 더불어 대종교 동지들이기도 했던 이들은, 일련의 계획이 일제에 발각되어 탄압이 가해지자 1910년 12월 북간도 용정(龍井)으로 망명을 단행했다.

간도로 넘어간 조열은 간민교육회(墾民教育會)를 토대로 1913년 4월 출범한 간민회(墾民會)에서 의사원(議事員)으로 선출되었다. 간민회는 문화계몽운동과 세금 징수 등 민족자치 활동, 문맹 퇴치와 식산흥업(殖産興業)과 중국 국적을 얻는 입적(入籍) 운동 등을 전개하며 한인들의 자치운동에 앞장선 조직이다. 조열은 1914년 2월 3~4일 양일 간 국자가(局子街)에서 양일간 개최된 간민회 총회에서도 대종교 핵심이었던 이동춘(李同春)·김영학(金永學) 등과 의사원으로 선출되어 활동을 이어갔다. 특히 당시 회장으로 선출된 인물이 백순(白純)이었으며 박찬익 역시 서기를 맡아 간민회를 이끌었다. 이들 모두가 대종교의 핵심이자 공업연구회로부터 인연이 깊었던 인물들이다.

1913년 간민회 출범 당시 상황을 기록한 일제의 문서 중의 일부. 議事員 명단 두 번째에 趙烈의 이름이 올라 있다.

조열은 간민회의 동제회(同濟會) 활동에도 깊이 관여하였다. 동제회는 1914년 4월 15일 간민회 산하 대동협신회(大同協新會)와 청년친목회(靑年親睦會)가 통합하여 결성된 단체로, 회장에 조희림(趙喜林), 부회장에 남공선(南公善)을 선출하고 조열은 김창근(金昌根)·김갑(金剛)·전일(全一) 등과 평의원(評議員)을 맡아 활동하였다. 당시 동제회의 주

요 목적은 다음과 같았는데, 독립군 양성과 무관치 않았음이 확인된다.

1. 동포의 정신을 움직이게 하여 일본인에게 굴하지 않도록 한다.
2. 청년학생에게 정신적 학문을 교육하여 조국을 회복하도록 한다.
3. 우둔한 민족을 이상적으로 지도하여 일본인의 치하로부터 벗어나도록 한다.
4. 학교는 문학과 공업(工業)을 알게 하되 모두 군사적으로 한다.
5. 민족은 남녀를 가리지 않고 가히 군인이 되도록 지도한다.

이후 국내로 들어와 향리에 머문 조열은, 1920년 초 여운형(呂運亨)·이원식(李元植)·정의도(丁義道) 등과 연결된 임시정부 발행의 독립신문을 조직적으로 배부한 사건에 연루되어 곤혹을 치르기도 했다.

조열의 대종교 교력을 살피면 1911년 중광절(重光節, 음력 1월 15일)에 같은 공업전습소 출신이자 공업연구회 회원이었던 박승익(朴勝益)·성홍석(成洪錫)·김원식 등과 참교(參教)의 교질(教秩)을 받았다. 그의 대종교 입교가 공업전습소 시절로 올라감을 시사해 준다. 또한 1911년 6월경에는 대종교가 화룡현(和龍縣) 학성촌(鶴城村)에 세운 학성학교의 교사로도 재직했다. 학성촌은 대종교인 이정완(李貞完)이 1911 6월경 북간도 포교 활동의 거점을 잡은 곳이다. 아마도 학성학교 역시 그 포교 거점에 병설된 것으로 추정된다. 당시 교장은 김덕현(金德玄)이었으며 한창권(韓昌權, 교감)·나용현(羅龍玄, 학감)·김상원(金相元, 교사) 등이 조열과 함께 했다.

한편 조열은 1911년 10월(음력, 이하 음력)) 대종교 청호시교당(靑湖施教堂)의 찬무(贊務, 부책임자)를 맡은 기록이 있다. 당시 책임자는 윤묵(尹默)이었으며 심근(沈槿)이 조열과 더불어 찬무로 있었으며, 백순·박찬익·김원식이 해당 시교당의 시교사(施教師)를 맡아 포교의 일선에 섰다. 특히 이 시기 조열의 포교 열정은 남달랐다. 조창용(趙昌容)의 일기에 기록된 1912년 9월의 다음의 기록에서도 확인된다.

"23일 맑음. 각처에서 편지 온 것 중에 대종교의 현황이 크게 진전되었다고 말한 것이 있었다. 예수교(耶蘇教)의 교인이 대종교에 모두 들어왔고, 두만강 강역 전체가 대종교에 들어왔는데, 조열(趙烈)의 시교(施教) 성적이 매우 좋았으며 날마다 백여 명이 봉교하였다고 한다. 본 시교당에 이러한 보고가 도착하였다."

조열은 이러한 노력으로 1913년 4월 6일 박승익(朴勝益)·심근(沈槿)과 함께 지교(知教)의 교질로 올랐다. 그리고 이후에도 청호시교당을 거점으로 꾸준히 시무하게 된다. 1914년 초봄, 대종교지도자이자 공업연구회의 고문 역할을 했던 호석(湖石) 강우(姜虞)가, 청호의 대종교총본사에서 조열에게 써 준 아래의 7언율시 2수가 눈에 띤다.

梅發寒窓歲不遲 창가에 매화 피니 세월도 빠른 것이
春眠光覺應天時 봄 졸음을 먼저 깨니 천시(天時)가 이
때로다
白雪滿庭歌也可 백설이 뜰에 가득하니 노래를 부를 것이
靑年前路哭何爲 청년들이 앞을 서니 울 일이 무어 있나
眞經大讀能通否 진경(眞經)을 크게 읽는데 모두들 통달
하는지
寶釼長鳴獨撫之 보검(寶劍)이 울고만 있으니 내 혼자서
어루만져 보네
暗合風期知不遠 풍우 개이고 함께 모일 날 분명 멀지
않은 것이
崇山舊路問樵兒 높은 산 옛 길에 초동(樵童) 만나 물어
보세.

深更詩話故遲遲 깊은 밤에 시 이야기 끊일 줄을 모르니
正是英雄得意時 영웅의 뜻을 펼 때가 바로 이런 것이리
對人如拙終非拙 남 보기에 옹졸함이 옹졸함이 아닌 것을
臨事無爲必有爲 하는 일 없다 해도 반드시 남기리라
黑水中間天己與 흑룡강 그 중간을 하늘이 준 것이니
白山以外我安之 백두산을 여기 두고 어디로 다시 가리
特地風雲籠絡日 세상 뒤집히는 그 날이 오게 되면
丈夫能識丈夫兒 장부를 알아 볼 이 장부밖에 더 있으랴.

조열과 같은 젊은이들이 있기에 희망이 있다는 말이다. 또한 경전을 읽으며 내일을 기다리자는 강우의 마음이 담겨있다. 특히 백두산(白山)은 조열이 활동하던 백두산 북록(北麓)의 화룡현 청호(혹은 靑坡湖)를 비유하는 공간이다. 그곳에서 절차탁마하며 광복의 날을 곱씹는 것이 비장하기까지 하다. 그러나 조열의 대종교와 관련 기록은 그 이후 찾을 수가 없다.

[참고문헌]
『倧報』제3호(1911년), 『종문영질』(프린트본, 1922), 『서북학회월보』제10호(1909년), 『공업계』제1권 제4호(1909년), 『少年』제3권 제4권·제5권·제6호(1910년), 「朝鮮人墾民會에 관한 건 報告」(不逞團關係雜件-朝鮮人의 部-在滿洲의 部2, 公信 第2號>호 13647號, 한국사DB, 국사편찬위원회), 「在間島 排日鮮人結社 同濟會에 관한 건」(不逞團關係雜件-朝鮮人의 部-在滿洲의 部4, 朝憲機 제663호, 한국사DB, 국사편찬위원회), 『한국유이민사』上(현규환, 어문각, 1967), 「호석선생문집」(독립운동사편찬위원회, 독립운동사자료집」12(문화투쟁사자료집), 1977), 『지산외유일지』(정원택, 탐구당, 1983), 『백농실기』(조창용, 독립기념관, 1993), 『한국독립운동사자료』39(국사편찬위원회, 2003), 『위암장지연서간집』2(위암장지연선생기념사업회, 2004)

조영원(趙永元, 남, 1892-1974)
아호(별명)_ 각산(覺山), 조완(趙完), 조용완(趙鏞完)
입교 시기_ 1920년대 | 교질_ 지교 | 서훈_ 애족장(1990)

경기도 포천군(抱川郡) 창수면(蒼水面) 추동리(楸洞里) 출신이다. 1907년 유신학교(維新學校)를 졸업한 인물로, 대종교에서는 완(完)이라는 외자이름으로도 전해진다.
경술국치 이후 조영원은 서간도로 망명한 이동녕(李東寧)·

조영원

이시영(李始寧) 등과의 교감 속에 본격적인 국내 활동을 전개했다. 그리고 1920년 8월 중국 상해로 망명하여 대한민국 임시정부 임시의정원 의원으로 선출되었고 비서장을 겸임하였다. 또한 1921년에는 의열단(義烈團)에도 가입하여 중앙집행위원을 역임하는가 하면, 임시정부 국무원 서무국 참사(參事)로도 참여하였다. 이어 한국유일당촉성회 집행위원으로 피선되어 활약하다가 1926년에는 촉성회 대표로 만주에 파견되기도 했다.
1927년 7월 대종교 항일단체인 신민부(新民府)가 재정비되자 군사부위원에 임명되어 무장항일투쟁을 지도하였다. 1930년에는 신한농민당(新韓農民黨)의 조직부장으로도 활약하였다. 신한농민당은 한족총연합회(韓族總聯合會)의 지도당으로서, 영안현(寧安縣)에서 재만독립운동자들을 규합하여 만든 것이다. 그 목적은 공산주의자들의 방해 공작으로 인해 북만주의 독립운동 노선이 흔들리는 것을 방지하고 정상적인 항일독립투쟁 활동을 전개시키기 위한 것이었다.
조영원은 1932년 이청천(李靑天)이 조직한 한국독립군총사령부(韓國獨立軍總司令部)의 참모로 독립군을 양성하는 등, 항일투쟁의 기치를 내려놓지 않았다. 그러나 1933년 9월 봉천(奉天) 일본영사관 경찰에 의해 체포되어 신의주 형무소에서 3개월간 옥고를 치렀다.
조용원은 1920년 상해로 망명한 직후 대종교에 입교한 인물이다. 그러나 당시의 교력들은 모두 사라져 전하지 않는다. 다만 1926년 만주당국에 압수된 대종교의 문서에는, 당시 대종교 호광시교당(滬光施教堂)의 찬무(贊務, 부책임자)로 임명된 조영원의 이름이 등장한다. 그의 대종교 입교가 그 이전에 이루어졌음을 알 수 있다. 호광시교당은 대종교 서이도본사(西二道本司) 관할로 상해 법조계(法租界) 애인리(愛仁裡)에 있었다. 1922년 음력 9월에 설립된 시교당으로, 설립 시에는 민제호(閔濟鎬)가 책임을 맡았고 김덕진(金德鎭)과 신건식(申健植)이 민제호를 도와 시무하였다.
조영원이 찬무를 맡을 당시는 김병희(金炳僖)가 전무(典務, 책임자)를 맡아 호광시교당을 이끌었으며, 김남식(金南植)도 찬무로 임명되어 75명 교인을 거느리고 활동하였다. 특히 전무를 맡았던 김병희는 1925년 출범한 신민부에 깊이 관여한 기록이 있고, 니콜리스크 주재 외교위원으로 활동하며 국내를 오갔던 인물이다. 1927년 4월에는 신민부 중앙선전부위원으로 있으면서 허성묵(許聖黙) 등과 군자금 모금을 위해 국내로 잠입을 계획하던 중, 하얼빈에서 중국관헌에게 체포되어 신의주경찰로 송치된 경력이 있다.
김남식 역시 1921년 12월 초에 상해 지역 한인동맹저축회

(韓人同盟貯蓄會)에 참여하여 활동한 인물이다. 1925년 1월 에는 임시정부의 기호파 인물들인 김구·조완구·윤기섭·정태희(鄭泰熙)·김우진 등이 조직한 한혈단(韓血團)에도 가입하여 활동했다. 이 단체는 상해 지역 기호파 비밀단체로, 밀정이나 친일부호들의 암살을 계획한 결사체였다.

대종교에서는 조영원의 위와 같은 종교적 경험을 존중하여, 환국 직후인 1946년 2월 23일(음력, 이하 음력) 남도본사의 특별추천에 의해 영계(靈戒)와 함께 참교(參敎)의 교질(敎秩)을 수여하였다. 그리고 2주 후인 3월 6일에는 경의원(經議院) 참의(參議)로 선임하여 원로의 반열에 올렸으며, 얼마 후인 3월 14일에는 대종교총본사의 특별추천으로 지교(知敎)의 교질로 승질(陞秩)시켰다.

조완구

설립된 관립 단기법률교육기관인 법관양성소를 마친 후에는 내부주사(內部主事)로도 직임하였다. 그러나 을사늑약이 체결되자 이에 반대하는 항의 시위를 벌이고 관직 일선에서 물러났다.

1906년 12월 문헌비고교정위원(文獻備考矯正委員)에 임명되는가 하면, 1907년 8월에는 양구군수로 임명되었으나 부임하지 않고 사직하였다. 1907년 1월 지석영(池錫永) 등과 함께 국문 보급을 목적으로 국문연구회 발기인으로 이름을 올렸고, 1908년 1월에는 기호흥학회 창립에도 가담하였다. 1908년 8월에는 제국신문찬성회(帝國新聞贊成會)를 조직한 후, 통감부의 간섭과 탄압으로 경영이 어려워진 제국신문의 구독 확대 운동을 벌였다.

1909년 9월 병합 직전 일제가 신기선(申箕善) 등을 앞세워 대동학회를 조직하여 유림계를 친일화하려는 정치공작을 벌이자, 이에 대응하여 박은식(朴殷植)·장지연(張志淵) 등과 함께 대동교(大同敎)를 창건하여 전례부장(典禮部長)을 맡아 유교개혁운동에 앞장섰다. 그러나 대동교는 경술국치 이후 일제의 탄압으로 와해 되었다.

한편 을사오적(乙巳五賊) 주살(誅殺)을 도모했던 나철(羅喆)이 1909년 1월 15일(음력) 전래 신교(神敎)인 단군교(대종교)를 중광(重光)하자 이에 참여하였다. 그리고 1914년 대종교의 거점이었던 북간도 화룡(和龍) 지역으로 옮겨간 조완구는 그곳을 거점으로 본격적인 대종교 항일투쟁의 길로 들어섰다. 1917년 러시아령 연해주로 옮겨간 조완구는, 그 해 6월 니콜스크-우수리스크 지역 귀화 한인의 자치기관인 고려족중앙총회의 기관지 『청구신보(靑丘新報)』의 주필을 맡았다. 이후 고려족중앙총회는 1918년 1월 또 다른 한인단체인 아령한인회(俄領韓人會)와 통합을 결의하였다. 이에 귀화·비귀화 한인이 모두 참여하는 전로한족회 중앙총회를 결성하였으며, 1919년 초 블라디보스토크에서 대한국민의회로 개편되었다. 대한국민의회는 노령지역의 독립운동자들이 기존의 전로한족회중앙총회를 체코슬로바키아의 국민의회를 모델로 하여 확대 개편한 것으로, 당시에도 조완구는 대종교 동지인 이동녕(李東寧)·조성환(曺成煥) 등과 함께 상설의회 의원으로 선임되었다.

이 시기 조완구는 만주 무장항일투쟁의 중요한 지침이 되는 「대한독립선언서(大韓獨立宣言)」에도 서명하였다. 일명 「무오독립선언서(戊午獨立宣言)」로도 불리는 이 선언은 1918년 11월 길림(吉林)에서 발표되어 국내 「기미독립선언서(己未獨立宣言)」의 도화선이 된 외침이었다. 이 선언은 대종교 2세 교주인 김교헌(金敎獻)을 비롯한 국외 대종교 지도자들이 중심이 되어 39인의 명의로 발표된 선언이다. 그 준비 과정이 1918년(무오년) 초부터 대종교 중광단원들이 중심이 되어 진행되었으므로, 일명 「중광단선언」 혹은 「무오독립선언」으로도 알려졌다.

1926년 만주당국에 압수된 대종교의 문서에 실려 있는 '大倧敎施敎堂一覽表' 중의 일부. 왼쪽 滬光(施敎堂) 아래에 趙永元(네모 안)의 이름이 보인다.

[참고문헌]
『대종교보』,환국기념호(1946년), 「大倧敎施敎堂一覽表(1926年)」(延边朝鲜族自治州档案馆 全宗号42 目录号1 案卷号343, 和龙县历史档案 和龙县警察所, 爲各区查禁韩人设立大倧敎堂由, 民国十五年五月十二日), 『대종교중광육십년사』(대종교총본사, 1971), 『동아일보』1933.9.17., 『국외용의조선인명부』(조선총독부경무국, 1934), 『한국독립사』하(김승학, 독립문화사, 1965), 『독립운동사』2(독립운동사편찬위원회, 1973), 『임시정부의정원 문서』(국회도서관, 1974), 『독립운동사자료집』14(독립운동사편찬위원회, 1978), 『포천군지』(포천군지편찬위원회, 1997)

조완구(趙琬九, 남, 1881-1954)

아호(별명) _ 중담(仲淡), 우천(藕泉), 조량(趙亮)
입교 시기 _ 중광(1909년) 직후 | 교질 _ 사교 | 서훈 _ 대통령장(1989)

한성부 북부(北部) 계생동(桂生洞, 지금의 종로구 계동) 출신이다. 대종교에 입교하면서 외자이름 량(亮)으로 개명하였다. 일찍이 한학을 익히고 효릉(孝陵) 참봉(參奉), 중추원(中樞院) 의관(議官)을 지냈으며, 이후 평리원(平理院) 내에 한편 「대한독립선언서」는 「중광단선언」이라 명명한 것에서도 보듯, 그 서명한 대부분이 대종교의 중심인물들이거나 친대종교적 인물들이었다. 또한 그들은 해외독립운동의 지도급 인물이란 점에서 대종교의 독립선언이라 해도 무리가 없을 듯하다. 당시 항일투쟁의 중심에 있었던 대종교가 국내 「기미독립선언」에 직접 참여하지 않은 이유도 된다. 「대한독립선언서」의 전체 서명자 39인 가운데 대종교단내의 기록에 적혀 있는 대종교 인물은 조완구를 포함하여 25명이다. 그리고 기독교가 7명이며, 종교 미확인으로 구분되는 인물이 7명이다. 대종교의 기록이 거의 사라진 가운데 확인된 결과라는 점에서 의미가 남다르다.

조완구는 1919년 3월 대한민국임시정부를 상해(上海)에 수립할 것을 주장하는 이동녕·조성환 등의 대종교 동지들과 연해주를 떠나 만주 지역에서 김동삼(金東三)·조소앙(趙素昻) 등과 합류하여 상해에 도착하였다. 그곳에서 신규식(申圭植) 등이 이끄는 대종교 서이도본사(西二道本司)를 거점으로 활동하는 한편, 대한민국 임시정부 수립에 적극 참여하였다. 조완구는 1919년 4월 10일 프랑스조계 하비로에서 열린 임시의정원 제1회 회의에서 29명의 의원 가운데 한 사람으로 참여하였다. 이 회의에서 국호와 관제를 정하고 국무원을 선출하고 임시헌장을 제정, 선포하여 4월 11일 대한민국임시정부를 수립하였다. 조완구는 4월 22일 국무원위원에 선출되었으며, 그 해 5월에 있었던 임시의정원 의원 선출에서는 경기도의원으로도 선출되었다.

1919년 8월 노령의 대한국민의회와의 통합정부 수립을 위한 논의 과정에서는 고일청(高一淸)·장붕(張鵬)과 개조임시의정원법기초특별위원에 선출되어 임시의정원법 개정에 착수하였다. 또한 임시정부에서 작성한 국제연맹제출안건을 심사할 특별위원장에 선출되어 활동하였다. 그러나 내부 개혁과 이승만의 위임통치청원 문제 등으로 임시정부에 대한 비판과 불신임이 높아지면서 1921년 2월 국민대회의 소집론이 제기되었다.

이에 임시정부의 주변은 그 변화 문제를 놓고 개조파, 창조파, 정부옹호파로 나뉘어졌다. 당시 조완구는 국민대표회의 소집에 반대하는 정부옹호파의 진영에 섰다. 그리고 위임통치청원 문제 등으로 사임 요구를 받던 대통령 이승만에 대한 절대 지지를 주장하였다. 그러나 얼마 후 이승만이 워싱턴회의 개최를 구실로 미국으로 떠나버리면서, 법무총장 신규식(申圭植)을 국무총리대리로 임명하고 임시정부의 현상유지를 당부하였다. 이때 새로 구성된 내각에서 조완구는 내무차장에 임명되었다.

조완구는 1922년 3월 17일 열린 제10회 임시의정원 회의에서 부의장에 당선되었으나 4월 4일 사임하였다. 이 회의에서 국민대회의 소집을 요구하는 인민청원안이 제출되자, "법리상으로 민법기관인 임시의정원이 있는데 이를 대신할 국민대표회의를 소집하는 것은 위헌"이라는 이유였다. 이후 시국수습을 위한 토의를 목적으로 조직된 시사책진회(時事策進會)에도 참여하여 방법을 모색하였으나 뜻을 이루지 못하였다.

이러한 우여곡절 끝에 1923년 1월 상해에서 국내외 독립운동 단체와 지역 대표 125명이 참가한 가운데 국민대표회의가 열렸다. 그리고 그 해 5월에 열린 임시의정원에서 임시정부의 헌법 개정을 국민대표회의에 위임하자는 결의가 채택되었다. 그러나 정부옹호파에서 "국민대표회의와 임시의정원을 병립하는 것은 의회사상 기치대욕(奇恥大辱)이며, 이 결의는 개조파의 주구가 되어 의회의 신성을 모독"한 것이라는 요지의 성토문을 발표하였다. 국민대표회의는 정부옹호파의 강경한 반대와 개조파와 창조파의 의견 대립으로 1923년 6월 결국 폐회하고 말았다.

조완구는 국민대표회의 실패 이후 조직된 이동녕(국무총리) 내각에서 노동국총판에 임명되었으나 임시의정원에서 각료 신임동의안이 부결되었다. 또한 1924년 6월에 열린 임시의정원에서는 임시의장에 선출되어 회의를 진행하기도 하였다. 1925년 3월 임시대통령 이승만을 탄핵하고, 집단지도체제인 국무위원회제로 개정한 임시헌법을 공포와 함께 새로운 활로를 모색하였으나 이 또한 성공하지 못하였다.

이 과정에서 '이당치국(以黨治國)'을 내세운 민족유일당운동도 등장하였다. 그것은 독립운동세력이 대단결을 이루어 민족유일당을 조직하고 이를 중심으로 임시정부를 운영한다는 것이 요지였다. 1927년 3월 임시정부도 이당치국을 헌법에 명시하고 각 지역의 촉성회가 조직되었다. 조완구는 1927년 4월 한국유일독립당 상해촉성회 창립에 참가하여 집행위원에 선출되었다. 그러나 중국 정세의 급격한 변화와 내부의 이념적 갈등을 극복하지 못하고 1929년 10월 상해촉성회가 해체를 선언함으로써 민족유일당운동도 좌절하고 말았다. 이때 이동녕과 민족주의대표로 해체 성명에 참여하였다.

조완구는 민족유일당운동에 실패한 이후, 1930년 1월 25일 이동녕·안창호 등과 더불어 민족주의 운동전선의 통일을 지향한 한국독립당을 창당하였다. 그는 조소앙 등과 함께 당강(黨綱)·당의(黨義) 기초위원이 되었고 창당 후에는 총무주임으로 활동하였는가 하면, 11월에 있었던 임시의정원 국무위원에 선출되어 내무부장으로도 선임되었다. 조완구는 임시정부가 항주(杭州)로 옮겨간 후에도 경기도의원에 보선되었으나, 한국독립당이 조선민족혁명당에 참여하자 임시정부 사수를 내세우며 한국독립당을 탈당하였다. 이어 이시영·송병조·김구·이동녕 등과 1935년 10월 임시의정원 회의를 개최하고 국무위원에 선출되어 내무장에 선임되었다. 또한 11월에는 임시정부 여당(與黨)으로 한국국민당을 창당하고 이사 겸 비서에 선임되었으며, 임시정부가 이동하던 시기에도 꾸준히 한국국민당의 중심 인물로 활동하였다.

한편 중일전쟁 이후인 1937년 중국 지역의 민족전선 통일 문제가 다시 고개를 들었으나, 임시정부의 해체 문제 등으로 성사되지 못하였다. 1940년 5월 한국국민당과 재건 한국독립당, 조선혁명당이 해체되고 새로이 한국독립당이 조직되자 조완구는 중앙집행위원에 선출되었다. 또한 1940년 10월 임시정부가 단일지도체제인 주석제를 채택하자 김구를 주석으로 하는 국무위원에 선출되어 내무장에 선임되었다. 1942년 11월에는 임시약헌개정위원 9명 가운데 1인으로 선출되어 1944년 임시정부의 마지막 헌법

개정을 주도하였다.

조완구는 임시정부가 중경(重慶)으로 옮겨간 후인 1943년 5월, 조소앙 등과 생계부(生計部) 생활위원에 선출되어 중경 지역 동포들의 생활 안정에 노력하였다. 또한 1943년 11월 임시의정원에서 한국광복군을 중국군사위원회에 예속시킨 「한국광복군9개행동준승(韓國光復軍行動九個準繩)」 문제를 논의할 당시, 조완구는 "행동준승 체결은 매국 행위이고 굶어죽을 각오를 하고 취소하자"고 주장하였다. 이러한 노력에 힘입어 1945년 5월 한국광복군을 임시정부의 국군으로 인정하는 「원조한국광복군판법(援助韓國光復軍辦法)」이 새로이 체결되었다.

1944년 4월에는 중국 관내지역의 민족전선 좌우 진영의 합의로 대한민국임시헌장이 공포될 당시도 임시의정원에서 국무위원 겸 재무부장에 선임되었다. 또한 임시정부는 그 해 10월에 열린 국무회의에서 군사직제를 개정하였다. 즉 군사의 최고 통솔권을 가진 통수부(統帥府) 관제를 당연직인 참모총장과 군무부장 외에 국무위원 한 명을 막료로 임명하도록 고친 것이다. 그 통수부 막료로 임명된 인물이 조완구였다.

조완구는 해방 이후인 1945년 12월 2일 조성환·홍진 등과 함께 임정요인 2진으로 귀국하였다. 조완구는 귀국 후 우선적으로 대종교 재건을 위한 노력을 기울이는 한편, 새로운 국가 건설에 대한 열정을 쉬지 않았다. 신탁통치 문제에 대응하기 위해 결성된 비상국민회의의 재정위원장과 최고정무위원에 선임되는가 하면, 미군정의 자문기관인 남조선대한국민대표민주의원(南朝鮮大韓國代表民主議院)에서는 조직부 위원에 임명되어 활동하였다. 이후에도 남조선과도입법의원 관선의원과 반탁투쟁위원회에 지도위원으로 활동하며 신탁통치를 거부하였고, 남한단독정부 수립을 반대하였다. 그럼에도 남한만의 단독총선거 분위기가 고조되자 김구·김규식(金奎植) 등과 평양을 방문하여 통일정부 수립을 위한 남북협상에 나섰으나 성공하지 못하였다. 한국전쟁 이후 납북된 조완구는 1954년 10월 27일 평양시 용성 지역의 중앙병원에서 사망한 것으로 전해진다.

[교력]

조완구는 대종교 중광 직후에 입교한 것으로 알려졌으나 관련 기록은 전하지 않는다. 그러나 1910년 10월 18일(음력, 이하 음력) 김교준(金敎準)과 함께 시교사(施敎師)로 임명된 것으로 보아, 그의 대종교 입교가 그보다 훨씬 전으로 올라감이 확인되고 있다.

그 해 12월 6일에는 신규식·김교헌·류근과 더불어 대종교 규제기초위원(規制起草委員)으로도 임명되었다. 그가 초기 대종교의 종교적 규칙이나 규정을 만드는데 깊숙이 관여하였음을 알 수 있다. 이러한 배경에는 조완구가 법관양성소 출신이라는 전문성과 무관치 않았을 듯하다. 그가 대한민국임시정부의 개정임시의정원법기초특별위원에 선출되어 임시의정원법 개정에 착수한 것이나, 임시정부에서 작성한 국제연맹제출안건을 심사할 특별위원장에 선출되어 활동한 것 역시 이를 방증한다.

조완구는 1911년 1월 15일 중광절(重光節)을 기해 참교(參敎)의 교질(敎秩)을 받았다. 그리고 같은 날 서무부장(庶務部長)으로도 선임되어 대종교의 일반 사무를 이끌었다. 당시 류근(柳瑾)이 전무(典務, 책임자)를 맡았고 김교헌(金敎獻)이 부전무(副典務)로 함께하였다. 또한 종리부장(宗理部長) 이건(李鍵), 규리부장(規理部長) 이억(李億), 경리부장(經理部長) 신규식 등이 조완구와 호흡을 맞춰 대종교를 이끌었다. 조완구는 이러한 노력으로 같은 해 윤6월 24일 지교(知敎)의 교질에 올랐다.

1914년 대종교의 거점이었던 북간도 화룡(和龍) 지역으로 옮겨간 조완구는 그곳을 거점으로 본격적인 대종교 항일투쟁의 길로 들어섰다. 그리고 그 해 5월 13일에는 김교헌·오기호(吳基鎬)·강우(姜虞)·류근·이채우(李埰雨)·최강(崔岡)·신규식·박찬익 등, 대종교의 중심인물들과 상교(尙敎)의 교질을 받았다. 또한 대종교총본사의 부전리(副典理)로도 임명되었다. 이 시기 대종교 교주 홍암(弘巖) 나철(羅喆)의 '설하석상금식수도(雪下石上禁食修道)'를 목격하고 그 일화를 전해 준 인물도 조완구다. 당시 나철은 무송현(撫松縣) 눈 속에서 72일간 석상기도(石上祈禱)를 행하였다. 백강(白岡) 조경한(趙擎韓) 역시, 나철이 이 기도를 마치고 용정(龍井)이나 혼춘(琿春), 밀산(密山) 등지를 순회하며 수많은 이적(異蹟)을 일으켰다고 증언하였다.

한편 1916년 8월 15일 구월산 삼성사에서 대종교 교주 나철이 순명조천(殉命朝天)하였다. 대종교 남도본사에서는 8월 21일 삼성사 조천소(朝天所)에서의 발인제를 시작으로, 24일 남도본사(경성)에서 제전예식을 거행하고, 25일 영결예식과 장의예식을 거행하였다. 이후 나철의 유해는 청진과 회령 그리고 미전동(米田洞)을 거쳐 9월 24일 간도 용정촌에 도착하였다. 당시 조완구는 총본사의 부전리로서 "오호 선생을 누가 능히 이름 없다 할 것인가. 오직 참과 어짊으로 하늘을 본받은 으뜸 인간이로다"로 시작하는 총본사추모문을 제술(製述)하였다. 또한 나철의 마지막 장례식에서는 애사(哀詞)와 역사고술(歷史告述)을 올렸다. 그리고 강우·심근(沈權)·현천묵(玄天默)·남규일(南圭一)·김백(金白)·나정경(羅正經)·김서종(金書鍾)·계화(桂和) 등과 나철의 유해를 예상(禮床) 앞에 모시는 등, 사실상의 장례를 주관하였다.

이후 상해로 옮겨간 조완구는 대한민국임시정부에 본격 참여하면서, 대종교 서이도본사(西二道本司, 상해와 중국 본토 관할) 활동을 병행하였다. 조완구 1922년 9월 3일 서이도본사의 선리부령(宣理部令)으로 임명되어, 관할 도본사의 종리(宗理)와 계리(計理)에 관한 사항을 관장하였다. 당시 서이도본사의 전리(典理, 책임자)는 백암 박은식이었으며 백연(白淵) 김두봉(金枓奉)이 선강부령(宣講部令)을 맡아 조완구와 함께 했다. 이 시기 임시정부에서 주관하여 열린 개천절이나 어천절 행사 역시 조완구의 역할이 컸다. 특히 1921년 어천절 행사에서는 대종교 동지인 김원식(金遠植)과 대종교의 신가(神歌, 얼노래)를 병창(竝唱)한 것도 주목되는 부분이다.

대종교에서는 조완구의 이와 같은 노력을 존중하여 1925년 1월 16일 열린 제3회 교의회(敎議會)의 공선(公選)으로 그에게 정교(正敎)의 교질과 대형(大兄)의 교호(敎號)를 내렸다. 또한 1926년 1월 18일에는 백순(白純)·정신(鄭信)·김두봉·김교준·채규오(蔡奎伍)·김연원(金演元)·신명균(申明均)·심근 등 대종교의 핵심인물들과 '대종교홍범(大倧敎弘範) 및 규제수정기초위원(規制修正起草委員)'으로 임명되어 대종교규범을 제도화하는데 공헌하였다. 당시 대종교의 홍범(弘範)과 규제(規制)는 교헌(敎憲)과 교법(敎法)과 같은 것으로, 대종교를 지탱하고 운용해 가는 기본적 질서와도 같은 규율이었다. 그 당시 조완구와 함께 임명된 인물들의 거주지가 국내와 북만주 그리고 내몽고와 상해까지 두루 퍼져 있었음도 흥미롭다. 이것은 그 시기 대종교의 인적 네트워크가 활발하게 작동하고 있었음을 알게 해 주는 부분이다.

조완구는 해방 이후 대종교의 재건과 발전을 위해서도 남다른 열정을 기울였다. 귀국한 지 얼마 후인 1946년 4월 6일 종리연구실(倧理硏究室)의 전수(典修, 책임자)를 맡아 대종교의 교리 연구, 종경(倧經) 번역, 교정(敎政) 검토, 의례 심정(審定) 등의 업무를 이끌었다. 종리연구실은 대종교의 교리를 연구하는 기관으로 총전교(總典敎, 교주)에 직속한 기관이었다. 조완구는 찬수(贊修, 부책임자)로 임명된 이극로(李克魯)·이시열(李時說)·신백우(申伯雨)·박노철(朴魯澈)·정열모(鄭烈模)·백남규(白南奎)·안호상(安浩相) 등의 대종교 학자들을 거느리고 대종교의 이론 확립에 기여하였다. 조완구가 이 시기(1946년 7월 상순)에 쓴 아래의 『신단민사(神檀民史)』 「중간서언(重刊序言)」도 의미가 크다.

"이『신단민사』는 무원 김교헌 선생이 지은 뛰어난 책이다. 선생의 깊고 넓은 학문은 모든 것을 바르고 깊게 살폈으니 당시에는 이에 관하여 선생을 따를 이가 없었다. 더욱이 동방의 역사에 오로지 힘을 쏟아 연구를 쉬지 않아 누구든지 그 한 마디 한 글자에 찬사를 아끼지 않은 것은 세상이 다 아는 일이다.
선생이 북만(北滿)에 있을 때는 이미 나라가 허물어졌고 예의는 짓밟힌 지 거의 10년이라는 세월이 지났다. 그때 우리 겨레의 모든 것은 더할 수 없을 정도로 파산되어 남북강토에 남아 있는 백성과 나라의 살림은 한 역사의 과거가 되고 말았다. 또 우리 겨레가 어디로부터 왔는지, 그 자취를 찾아보기 어려울 정도로 비참한 시운(時運)에 이르렀다.
더구나 남쪽 백성들이 왜구에 쫓겨 고국을 등지고 이곳에 몰려들어 가시밭을 개간하고 자갈밭에 도랑을 파서 겨우 입에 풀칠하였다. 그러니 동포들의 말할 수 없는 고통은 두 눈을 뜨고 차마 볼 수 없을 정도였다. 게다가 민족문화의 근본 내력조차 희미하여 조상까지 잊을 날이 멀지 않았다는 것이 그때의 현실이니, 인간의 도리가 한 구석에라도 남아 있는 사람이라면 이를 비통하고 두렵게 느끼지 않을 수 없는 일이었다. 그뿐 아니라, 악독한 원수들이 민족의 뿌리부터 말살하려고 우리 역사의 자취를 보고 듣지 못하게 했으며 드디어 엉뚱한 사설(邪說)과 위서(僞書)를 제멋대로 꾸며 우리의 정신을 바꿔놓으려 했다. 따라서 이 악독한 무리들이 날뛰는 모습이 날로 심하여 선생은 분한 마음을 누를 길이 없어

붓을 들어 겨레의 바른 자취를 밝히기 시작한 것이다.
이 책은 남쪽 강토인 반도 일각에 국한되지 않고 배달겨레가 생겨나서 이어지고, 나뉘어졌다가 합해지고, 흥하였다가 왕조가 바뀌며 발전되어온 사정을 나누어 편술하므로 남북만주에서 우리 자녀들 곧 중학생들을 가르칠 교재로 삼았다.
이 책은 세 시대로 크게 나누어 그 시대마다 흥하고 바뀌고 나뉘며 합한 것에 대하여 기록하였다. 또 단군 이후 각 왕조의 시작과 마침, 정치·종교·문화·풍속 등을 분리하여 기술하므로 한 눈에 밝히 이해되게끔 하였다.
이 책이 처음 출간되어 나라 밖에 있는 자유한국인사회(교포)에서 많이 읽혀졌다. 그러다가 교포들이 사는 지역이 점점 축소되고 그나마 유랑생활의 세월이 길어지고 갈수록 생활이 어려워져서 이 책이 거의 없어지게 되었다.
다행히 지난 해 광복을 맞았다. 이에 신단후손이 다시 살 길이 열려 자연히 우리의 바른 역사가 시급히 나오기를 바라기에 이 귀중한 책을 다시 찍게 되었다. 누구든지 이 책을 자세히 읽어 우리의 유구한 역사적 사실을 잘 아는 것이 무엇보다 시급한 일이다. 이 책을 다시 펴내는 데는 오직 독자가 여러분들의 힘이 컸다. 또 부족한 나에게 머리말을 부탁하므로 반드시 사실을 세상에 알려야할 의무가 있다고 느꼈기 때문에 이 글을 쓴다.
선생이 쓴 사서로『배달족역사』는 소학생 교과서로 사용할 수 있도록 간략하게 요점만 따서 펴낸 것이다. 아울러『진단사승(震旦史乘)』은 원고가 난리 통에 없어진 것을 아직 찾지 못한 것이 유감임을 적어둔다."

이『신단민사』는 대종교총본사의 전강(典講)을 맡았던 정열모를 실무로 하여 교단 차원에서 출간한 서적이다. 해방 조국에서의 역사인식의 중요성을 헤아렸기 때문이다. 조완구는 김교헌과 오랜 인연을 이어왔던 인물로『신단민사』의 무게와 가치를 누구보다도 간파하고 있었음을 알 수 있다. 특히 김교헌의 저술로『진단사승』이 있었다는 것도 이 글을 통해 전해진다.

조완구는 1946년 7월 17일 오전 6시 대종교총본사에서 거행된 독립원도식(獨立願禱式)에서도 원도(願禱)를 맡았다. 독립원도식은 광복을 맞아 민족의 새로운 도약을 위해 간원(懇願)하는 의식이었다. 당시 개회사는 조성환(曺成煥)이 맡았으며 엄주천(嚴柱天)이 의식(儀式)을 이끌었고, 폐회사는 정열모(鄭烈模)가 담당하였다. 또한 1주일 후인 7월 23부터 10일간 대종교총본사 천궁(天宮)에서 개최된 국학하기강좌에 과외(科外) 과목 강사로도 참여하였다. 그 강좌의 목적은 대종교 정체성의 한 축이 되는 국어·국사에 대한 지식보급과 시사(時事) 및 민족의식에 관한 계몽을 위하여 개최된 것이다. 당시 남녀교우 2백여 명이 수강하였고 이극로와 이병기(李秉岐)가 국어를, 이선근(李瑄根)과 박노철이 국사를 담당하였다. 그리고 조완구는 조성환·조소앙·정인보(鄭寅普)·백남규·안재홍·신익희·안호상·이범석(李範奭)·정열모 등과 더불어 과외를 담당하였다. 또한 그 해 8월 28일부터 열린 야간국학강좌에서도 대종교의 교리 부문을 강의하였다.
한편 대종교총본사에서는 1948년 12월 2일부터 1개월간

총본사 직원 및 중견 교우 50여명을 대상으로 갑종강습회(甲種講習會)를 개최하였는데, 조완구는 윤세복·정열모·김영숙(金永肅) 등과 강사로 참여하였다. 이 수료생들을 중심으로 1949년 1월 5일 출범한 조직이 대종교중흥회(大倧教重興會)다. 조완구가 앞장서 발기한 대종교중흥회는 '대종교 발전을 위한 새로운 방안을 모색'한다는 기치를 내세웠다. 대종교중흥회의 총재(總裁)는 대종교 교주였던 윤세복이 직접 맡았으며, 조완구가 부총재로 있으면서 실질적인 주도를 하였다. 대종교중흥회의 목적은 아래의 취지문에 잘 드러나 있다.

"우리 배달민족은 오묘심원한 종리(倧理)가 있으며 전통적 정신인 고유신앙이 있어서 반만년의 찬란한 역사를 가지고 우리의 사상과 생활을 지도하여 왔으며, 그리하여 동서 제국(諸國)은 우리를 흠모하야 예의지방이라 군자지국이라 불렀으며, 또 고구려의 조의(皂依)와 신라의 화랑이 신교(神教)의 연원을 이어서 도의를 강마(講磨)하고 충효를 장려하야 시폐를 광구(匡求)하는 동시에 유, 불, 선 삼교가 차제로 들어와서 우리의 도덕 문화를 찬조함이 많았다.
그러나 세원속해(世遠俗解)하야 종도(倧道)가 일쇠(日衰)러니, 마침내 고려 원종때로부터 내정(內政)은 효란(淆亂)하고 외교(外交)가 실패되야 당시 위정자의 비열한 사대주의로 말미암아 우리의 고유문화는 폐색되고 전통적 정신을 잃게 된 배달족이 비참한 노예 지옥에 떨어져서 거의 멸망하게 된지가 이미 7백 년을 지내었다.
아! 거룩할사! 우리 단군한배님의 묵계를 받으신 홍암대종사 나철께서 거금(距今) 41년 전 기유 정월 15일에 대교(大教)를 중광케 하시니 우리의 족수(族粹)와 국혼이 이에서 부활되었다. 그러자 익년 경술년 7월에 소위 합병이 실행되고 잔폭 무도한 왜로(倭虜)의 억압을 불감(不堪)하야 대종교총본사가 만주로 이전되었던 바, 기미운동 끝에 청산리전쟁을 치르고 임오교변을 겪다가 단애도형 이하 중요 간부 6인이 목단강 감옥으로서 해방을 당하야 환국한지도 또한 3년을 지내었다. 이제 도사교 이하 제위(諸位) 원로의 진성갈력(盡誠竭力)으로서 총본사 직원 40여 인이 대종교리강수회를 조직하야 1개월 간 강수한 결과, 우수한 성적으로 발포되었는바, 이것이 한갖 교세확장으로만 목적한 것이 아니오, 대교의 근본이념인 홍제인세(弘濟人世)를 주관으로 하여야 할 것이다.
그렇다면 우리 강수회원(講修會員)의 책임은 중대하다. 신흥(新興) 국민의 기분을 가져야 할 금일, 오제(吾儕)의 처세와 환경이 너무나 곤란하다. 남북통일을 고조(高調)하면서 자상잔해(自相殘害)의 내란이 목전에 전개되고 외병철퇴(外兵撤退)를 절규하는데 국제 간섭은 여전히 진척되며 민생은 극도로 피폐하고 경제는 전부가 파멸되었거늘, 아직 자급 갱생할 방안을 수립하지 못하였도다. 이것을 광구함에는 반드시 우리 민족의 전통적 정신을 환기하야 자력갱생의 도를 확립하여야 할 것이다.
그러면 우리는 대종교리(大倧教理)를 선전하는 동시에 민족정기를 부식(扶植)하지 않으면 아니 될 것이다. 이 것이 곧 대종교중흥회를 발기하는 취지이오니, 여기에 찬동하시는 만천하 형제자매시어! 심물(心物) 양면을 불

구하시고 궐기 내회(來會)하실 줄 믿고 바래나이다.

개천 4406년 기축 정월 5일

발기인: 정관, 조완구, 김영숙, 정열모, 김승학, 엄주천, 성세영, 이원태, 신철호"

조완구는 1949년 2월 21일 경의원(經議院)의 참의(參議)로 선임되었으며, 같은 해 7월 13일에는 정관(鄭寬)·명제세(明濟世)·정인보·안재홍·이세정(李世禎)·맹주천(孟柱天) 등과 대종교 제복제기제정위원(祭服祭器制定委員)으로 임명되어 대종교 의례 확립에도 일조하였다. 또한 그 해 9월 19일에는 종리연구실의 전수(책임자)를 다시 맡아 정인보·정열모·안재홍·안호상·이시열 등의 석학들을 찬수(부책임자)로 거느리고 해방 이후 대종교 교리·교사의 연구와 정착에 많은 기여를 하였다. 이 종리연구실은 후일 삼일원(三一圜)으로 개편될 때까지 존속하였다.
이 시기 대종교는 교주(教主) 선출 방식에 대한 중요한 전환을 도모하였다. 1950년 4월 30일 대종교 제7회 교의회(教議會)에서, 그동안 내려오던 도통전수제(道統傳授制)를 신권공화제(神權共和制)로 바꾼 것이다. 도통전수제란 기존의 교주가 차기 교주 후보 이름들을 천궁(天宮)에 모시고 영선(靈選, 간절한 원도를 통한 감응)을 통해 후계자를 뽑는 것이다. 한편 신권공화제란, 대종교의 원로지도자들 중에서 선출된 전교(典教)들로 구성된 전교회의(典教會議)에서 호선(互選)으로 총전교(總典教)를 선출하여 교주로 세우는 방법이다. 이후 대종교의 교주는 총전교와 동일한 의미로 사용되었다.
조완구 역시 이 교의회에서 전교로 선출되어 총전교가 될 수 있는 자격을 얻었다. 그리고 그 해 5월 5일에는 전교에게 당연히 주어지는 도형(道兄)의 교호를 승수(陞授)하였으나, 한국전쟁의 발발과 함께 납북되었다.

[참고문헌]
『倧報』제8호(1911년), 『대종교보』제55호(1922년)·제150호(1946년)·제151호(1946년)·제161호(1949년)·제163호(1949년)·제165호(1950년)·제166호(1950년), 『倧令』제3호(1911년), 『종문영질』(프린트본, 1922), 『大倧教施教堂一覽表(1926年)』(延边朝鮮族自治州档案館 全宗号42 目录号1 案卷号343, 和龙县历史档案 和龙县警察所, 令各区查禁韓人設立大倧教堂由, 民国十五年五月十二日), 『神檀民史』(김교헌 저/정열모 엮음, 대종교총본사, 1946), 『홍암신형조천기』(김교헌 편, 대종교총본사, 1953), 『대종교인과 독립운동연원』(이현익, 프린트본, 1962), 『대종교독립운동사』(박영진, 필사본, 1964), 『대종교중광육십년사』(대종교총본사, 1971), 『한국중흥종교교조론』(신철호, 대종교총본사, 1979), 『독립신문』1921.4.30., 『고등경찰요사』(경상북도경찰부, 1934), 『조선독립운동』II (金正明, 原書房, 1967), 『한국민족운동사료(중국편)』(국회도서관, 1976), 『주한일본공사관기록』24(국사편찬위원회, 1992), 『한국독립운동사자료』26(국사편찬위원회, 1994), 『통감부문서』(국사편찬위원회, 1999), 『대한민국임시정부자료집』1·2·6·8·9·31(국사편찬위원회, 2005·2006·2009), 「우천 조완구와 민족독립운동」(최혜경, 『경주사학』24·25, 경주사학회, 2006), 『대종교와 대한민국임시정부, 조완구』(이민원, 역사공간, 2012), 『한국독립운동사인명사전』(독립기념관, 한국독립운동정보시스템)

조용승(曺瑢承, 남, 1891-1966)
아호(별명) _ 성당(惺堂)
입교 시기 _ 1922년 이전 | 교질 _ 미상

경상북도 김천군(金泉郡) 봉산면(鳳山面) 인의리(仁義里) 출신이다. 일찍이 3·1독립만세운동에 참여하고 만주로 건너가 활동하다가 일제에 체포되어 신의주감옥에 투옥되었다. 그의 단군에 대한 인식도 이 시기에 움튼 것으로, 한민족의 재기는 전민족의 주체의식과 단결에 있다는 생각 때문이었다.

출옥 이후 칠곡군 왜관(倭館)에서 대서업(代書業)을 경영했으며, 지리산 기슭에 단(壇)을 만들고 단군에 대한 기도와 수련을 꾸준히 지속했다. 해방 이후 한국전쟁을 겪으면서, 단군을 통한 민족정신의 통일과 단결을 도모하기 위해 수국회(守國會)를 발기하고, 1955년에는 장경래(張景來)·이수기(李壽基)·심정섭(沈貞燮) 등과 협의하여 단민회(檀民會)를 조직하기도 하였다. 이후 당국의 협력을 얻어 왜관을 거점으로 하는 국조전건립기성회를 조직하고, 마침내 왜관읍 석전동(石田洞)에 국조전을 건립하는데 중추가 되었다.

조용승의 대종교 입교는 일제강점기에 이루어졌으나, 교단 내에는 전하는 기록이 없다. 다만 1922년 성주(星州) 지역 대종교인인 나옹(裸翁) 성세영(成世英)이 쓴 『본사행일기(本司行日記)』라는 기록에 보면, 조용승이 1922년 이전 경상도 지역 주요 교인으로 올라가 있다. 그의 대종교 입교가 그 이전으로 소급됨을 알려주는 자료다.

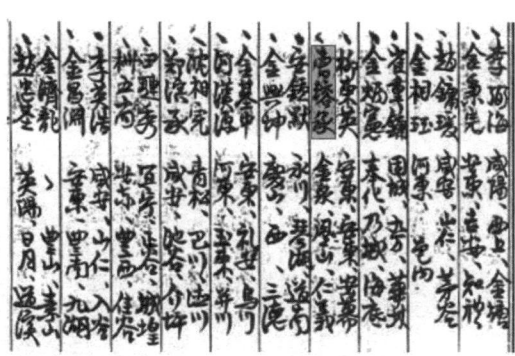

성세영의 『본사행일기』에 적힌 1922년 당시 경상도 지역 대종교 교인 명단의 일부. 가운데 曺瑢承(네모 안)이라는 이름이 보인다.

이것은 조용승이 만주로 건너가 활동하다 체포되어 신의주감옥에 투옥되었을 때 단군에 대해 눈을 뜨게 되었다는 시기와 일치하는 내용이다. 그러나 그의 영계(靈戒) 사항이나 교질(敎秩) 관계에 대해서는 기록이 없다.

[참고문헌]
『본사행일기』(성세영, 필사본, 1922). 『한국신흥종교총감』(이강오, 한국신흥종교연구소, 1992). 『故惺堂曺瑢承先生紀功碑』(칠곡군 왜관읍 석전로 國祖殿 內)

조용원(趙鏞瑗, 남, 생몰 미상)
입교 시기 _ 1922년 이전 | 교질 _ 미상

경상남도 함안군(咸安郡) 산인면(山仁面) 모곡리(茅谷里) 출신이다. 1927년부터 함안군 여항면(餘航面)에 있는 여항보통학교(餘航普通學校)의 교사로 근무한 경험이 있다. 또한 1934년부터는 고향인 함안군 산인면의 면장을 맡아, 면민의 편에 서서 지역민의 계도와 지역 발전에 남다른 열정을 기울인 인물이다.

조용원과 관련된 대종교의 영계(靈戒) 사항이나 교질(敎秩) 관계는 남아있는 것이 없다. 다만 경북 성주(星州) 출신의 대종교인 성세영(成世英)의 일기(『본사행일기(本司行日記)』)를 보면, 1922년 경상도 지역 대종교인의 명단에 조용원의 이름을 적고 있다. 그의 대종교 입교가 그 이전으로 올라감이 확인된다. 특히 조용원의 출신 지역인 함안은, 1910년부터 경남 지역 대종교의 주요 거점으로 수많은 대종교 항일투사들이 배출된 곳이다.

[참고문헌]
『본사행일기』(프린트본, 1922). 『직원록자료』(한국사DB, 국사편찬위원회)

조용해(趙鏞海, 남, 생몰 미상)
입교 시기 _ 1921년 이전 | 교질 _ 참교

출신지역과 생몰연대를 알 수 없으며, 경성의전(京城醫專)을 다닌 인물이다. 재학 당시 경성에 있던 대종교시교당을 드나들며 같은 경성의전생인 이필근(李弼根) 등과 가람 이병기(李秉岐)로부터 우리말본에 대해 청강을 하였으며, 한별 권덕규(權悳奎) 등과도 교류하는 등, 우리말에 연구에 대한 관심이 지대했다. 1920년 6월 당시, 조용해가 일본내무성 경보국(警保局) 보안과(保安課)에서 작성한 '요시찰조선인종별성명표(要視察朝鮮人種別姓名表)'에 을호(乙號) 요시찰인물로 오르게 된 이유다.

조용해의 대종교 교력을 살피면, 경성의전에 재학 중이던 1921년 9월 1일(음력) 참교(參敎)의 교질(敎秩)을 받은 기록이 있다. 그의 대종교 입교가 그 이전으로 올라감이 확인할된다. 당시 조용해와 함께 참교를 받은 인물 중에는 이필근·맹주천(孟柱天) 등이 있었다. 이필근은 1922년 졸업과 함께 그 해 9월 동몽고(東蒙古) 통료현(通遼縣) 시내 백음태래(白音太來)에 통료의원(通遼議院)을 개원하고 10여 년간 활동한 인물이다. 맹주천 역시 경성고보 사범과를 졸업한 인물로, 대종교를 중광한 홍암(弘巖) 나철(羅喆)의 유훈(遺訓)을 받들어 정인보(鄭寅普)·이세정(李世楨)·신명균(申明均)·엄주천(嚴柱天) 등 30여명의 동지들과 함께 국내 대종교 비밀결사원으로 활동하였다. 조용해 역시 대종교와 깊이 관여하며 활동했을 듯하나, 이후의 기록은 전하지 않는다.

[참고문헌]
『종문영질』(프린트본, 1922), 「要視察朝鮮人種別姓名表─要視察人朝鮮人名
簿二關ㅈル件」(『不逞團關係雜件 朝鮮人ノ部 在內地 十一』, 內務省秘第1259號;秘受
08516號, 한국사DB, 국사편찬위원회), 『가람일기』Ⅰ(이병기, 신구문화사, 1976)

조용환(曺龍煥, 남, 1882-?)

아호(별명) _ 성운(聖雲)
입교 시기 _ 1916년 이전 | 교질 _ 미상

경상북도 선산군(善山郡) 신곡면(新谷面) 신곡리(新谷里) 출신으로, 대종교 비밀결사였던 조선국권회복단(朝鮮國權恢復團)과 연관된 인물이다.

조용환은 1918년 7월경, 마산에서 활동하며 안병현(安秉鉉)·강병현(姜秉鉉) 등과 부산 백산상회(白山商會)의 자금 거래와 연관되어 일제의 수사를 받았던 인물이다. 백산상회는 1914년 대종교 핵심이었던 백산(白山) 안희제(安熙濟)가 세운 민족기업으로, 상해임시정부를 비롯한 항일단체에 비밀리에 자금과 정보를 제공하던 조직이었다.

조용환의 영계(靈戒) 사항이나 교질(敎秩) 관계에 대해서는 대종교단 내에 전하는 것이 없다. 그러나 경북 성주(星州) 출신의 대종교인인 성세영(成世英)이 1922년 음력 10월에 기록한 『본사행일기(本司行日記)』에는, 대종교 중광(重光) 교주인 홍암(弘巖) 나철(羅喆) 시대의 경북 지역 대종교인으로 조용환의 이름을 올리고 있다. 나철이 1916년 음력 8월 15일에 구월산에서 순교(殉敎)한 것을 헤아린다면, 조용환의 대종교 입교가 그 이전인 조선국권회복단 활동 시절에 이루어졌음을 알 수 있다.

[참고문헌]
『본사행일기』(프린트본, 1922), 『한민족독립운동사자료집』8(국사편찬위원회, 1989)

조운빈(趙雲斌, 남, 생몰 미상)

입교 시기 _ 1939년 이전 | 교질 _ 참교

출신지역과 생몰연대를 알 수 없는 인물이다. 일제의 문서에서는 찾을 수 없으며 오직 1930년대 후반 대종교의 기록에만 등장하고 있다.

조운빈은 1939년 개천절(음력 10월 3일)에 만주 영안현(靈安縣) 동경성(東京城) 대종교총본사에서 조직된 대종교서적간행회(大倧敎書籍刊行會)에 참여한 기록이 있다. 대종교서적간행회는 1939년 7월(음력)에 강철구(姜鐵求)가 만주의 신경정부(新京政府)에 교섭하여 교적간행의 승인을 얻은 것이 시발이 되었다. 이후 "교화를 보급케 함에는 반드시 문자의 힘을 시뢰(恃賴)할 것이다. 이제 대교(大敎, 대종교-인용자 주) 부흥기에 당하야 만구동성으로 종경(倧經) 요구가 날로 높은 터이다. 이 요구를 수응함은 무엇보다도 대

교 발전상 최대 급무일 것이다. 이것을 공감하는 우리는 미성박력(微誠薄力)을 불고하고 교적간행회를 발기한다."는 취지로 서적간행회를 조직하였다.

백산(白山) 안희제(安熙濟)와 강철구(姜鐵求)의 노력으로 대종교 교인들의 성연금을 모아 1941년 『홍범규제(弘範規制)』 5백부, 『삼일신고(三一神誥)』 2천부, 『신단실기(神檀實記)』 1천부, 『종례초략(倧禮抄略)』 2천부, 『오대종지강연(五大宗旨講演)』 3천부, 『종문지남(倧門指南)』 2천부 등, 6종 1만 5백부를 연길현에서 출판하였다. 그리고 1942년에 『한얼노래』 4천부를 국내 경성(京城)에서 출판하였으나, 같은 해 11월(음력)에 임오교변(壬午敎變, 대종교지도자구속사건)이 일어나 연길에서 출간된 모든 교적(敎籍)이 일제에 압수되었다. 당시 조운빈은 오근태(吳根泰)·이정(李楨)·최익항(崔益恒)·윤정현(尹珽鉉) 등 대종교의 핵심들과 어려운 형편에도 1주(株)를 출연하였다.

조운빈의 대종교 교력을 살피면, 1939년 9월 3일(음력) 대종교총본사의 특별추천에 의해 항일투사 이용태(李容兌)·안태산(安泰山) 등과 참교(參敎)의 교질을 수여받았다. 그의 대종교 입교가 그보다 훨씬 전으로 올라감이 확인된다.

[참고문헌]
『대종교보』제123호(1939년), 『대종교중광육십년사』(대종교총본사, 1971)

조익제(趙益濟, 남, 생몰 미상)

입교 시기 _ 1922년 이전 | 교질 _ 미상

경상남도 하동군(河東郡) 가종면(加宗面) 월횡리(月橫里) 출신이다. 1920년 중앙고보에 입학하여 수학하였으나, 졸업의 가부는 확인이 안 된다.

대한총군부 사령관 김좌진이 파견한 金道深의 거처를 제공한 趙益濟(네모 안)의 기사를 실은 당시의 『매일신보』.

조익제는 대한총군부(大韓總軍府) 군자금모금 사건에 연관된 인물이다. 대한총군부는 대종교 항일단체인 대한군정서(북로군정서)의 후신과 같은 조직으로, 대종교항일투사들이 그 중추를 이루었다. 총재를 맡은 현천묵(玄天默)을 비

롯하여 김좌진(金佐鎭, 사령관)·이장녕(李章寧, 참모부장)·김규식(金奎植, 대대장)·나중소(羅仲昭, 교육부장)·이범석(李範奭, 연대장)·박영희(朴英熙, 기병대대장)·이홍래(李鴻來, 군자금모집부장)·정신(鄭信, 비서과장)·홍진(洪表, 경찰부장) 등 모두 대종교의 핵심들이었다.

조익제는 1924년 3월 당시 경성 관철동(貫鐵洞)에 거주면서, 대한총군부 사령관 김좌진의 참모로 국내로 파견된 김도심(金道深)의 거처를 제공했던 인물이다. 조익제와 관련된 대종교 교력은 교단 내에는 전하는 것이 없다. 다만 성주(星州) 출신의 대종교인인 성세영(成世英)이 기록한 『본사행일기(本司行日記)』에는, 1922년 이전 경상도 지역 대종교 교인 명단에 조익제를 적고 있다. 그의 대종교 입교가 중앙고보 시절로 유추되는 이유다.

[참고문헌]
『대종교보』제123호(1939년), 「대한총군부 파견 군자금모집원 검거에 관한 건」(檢察行政事務에 關한 記錄1, 京東警高秘 제765호의 1, 한국사DB, 국사편찬위원회), 『매일신보』1924.3.25., 『중앙중·고등학교 중앙백년사』(중앙백년사편찬위원회, 2008)

조임호(趙任鎬, 남, 생몰 미상)
입교 시기_ 1920년 이전 | 교질_ 미상

출신지역과 생몰연대를 알 수 없는 인물이다. 1919년 만주 왕청현(汪淸縣) 봉의동(鳳義洞)에서 최진동(崔振東)이 주도하여 조직한 독군부(督軍府)의 동계과장(通計課長)을 지냈다.

조임호의 대종교 교력은 교단 내에는 전하는 것이 없다. 그러나 일제의 문서에 보면, 그가 독군부 통계과장 당시 이미 대종교도였다는 기록이 있다. 이러한 이유로 1920년 8월 26일, 대종교 항일단체인 대한군정서(북로군정서) 총재였던 백포(白圃) 서일(徐一)은 조임호를 대한군정서 내무국(內務局) 서무과장(庶務課長)으로 임명하였다. 그의 대종교 입교가 그 이전으로 올라감이 확인되지만, 구체적인 영계(靈戒) 사항이나 교질(教秩) 관계는 전하지 않는다.

[참고문헌]
『鮮人의 행동에 관한 건(金萬謙에 관한 건 외 8건)』(不逞團關係雜件-朝鮮人의 部-在西比利亞11, 機密 제66호, 한국사DB, 국사편찬위원회)

조종구(趙鍾九, 남, 1889-?)
입교 시기_ 1911년 | 교질_ 상교

함경남도 덕원부(德源府, 지금의 원산) 출신이다. 1908년 대한협회 덕원지부 회원으로 활동하였으며, 경술국치 이후로는 원산을 중심으로 꾸준히 노동운동을 통한 항일투쟁을 전개한 인물이다.

조종구는 1921년 조시원(趙時元)·이향(李鄉) 등과 원산청년회의 창립을 주도하고, 전국적 조직으로 성장시킨 주인공이었다. 또한 1921년 4월 6일에는 상경하여 조선교육개선회의 창립에도 참여하였다. 이 조직은 조선인본위의 교육을 획득하고자 출범한 것으로, 조종구를 비롯한 박사직(朴思稷)·김병규(金秉奎)·김종범(金鍾範)·장덕수(張德秀) 등 70여 인이 앞장섰다. 당시 조종구는 업무집행위원장에 선출되어, 위원으로 뽑힌 김상환(金相桓)·김명식(金明植)·김사국(金思國)·오상근(吳祥根)·장덕수(張德秀)·김종범(金鍾範)·장인환(張仁煥)·양지환(梁址煥)·여병섭(呂炳燮)·박사직(朴思稷)등과 조선교육개선회를 이끌었다. 1922년 3월 서울에서 개최된 조선청년회연합회 제3회 정기총회에서는 유세면(劉世免)·이명섭(李明燮)·김종범(金鍾範)·강제모(姜濟模)·배종철(裵鍾喆)·박운표(朴運杓)·남백우(南百祐)·어선형(魚善亨)·고원섭(高遠涉)·이만규(李萬珪)·여병섭(呂柄燮) 등과 집행위원에 선출되어 활동하였다.

다시 원산으로 내려온 조종구는 1924년 9월 조선일보 원산지국장을 맡아 지역의 언론 계도에 앞장서는가 하면, 1925년에는 조선노동당(韓族勞働黨)에도 그 이름을 올렸다. 1927년에는 8월 에는 원산객주조합(元山客主組合) 이사로도 선임되어 활동하였는데, 원산객주조합은 1919년 3월 동업자 간의 친목과 공동이익의 증진을 도모하고 상공업의 개선발달과 지역의 번영을 목적으로 만들어진 조직이다. 또한 1929년 3월 7일 출범한 함남노동회(咸南勞動會)의 창립총회에 참여하여 이사로 선임되어 활동하는 등, 지역의 노동운동에 지속적으로 참여하였다.

조종구는 해방 이후에도 한민당, 민주의원(民主議院), 반탁독립투쟁위원회, 한국민주당, 사회당, 민주국민당 등에 참여하며 해방 정국의 안정을 위해 노력하면서, 1949년 민족총단결을 지향하는 민족진영협의체 구성에도 동참하기도 했다.

조종구의 대종교 교력을 살피면 1911년 2월 29일(음력, 이하 음력) 김재면(金在冕)·유환정(兪煥正)·홍순영(洪淳英)·조승찬(崔承贊) 등과 경성 대종교총본사의 시교(施教) 사무를 맡은 기록이 있다. 그의 대종교 입교가 그 이전으로 올라감이 확인된다. 그리고 같은 해 7월 19일에는 신덕영(申龜永)·공재철(孔在轍) 등과 참교(參教)의 교질(教秩)을 받았다. 이후 조종구는 원산 지역 대종교의 주요 거점 역할을 하며 북간도로 넘어가는 대종교 항일투사들의 연결 통로 역할을 하였다. 그 대표적 사례가 지산(芝山) 정원택(鄭元澤)의 여정이다. 정원택은 1911년 북간도로 넘어갈 당시, 그 구체적인 여정을 국내 대종교를 이끌던 김교헌(金教獻)·류근(柳瑾)과 상의를 하였다. 그 때도 원산의 연결 거점이 조종구였다.

대종교에서는 위와 같은 일제강점기 조종구의 국내 역할을 높이 평가했다. 대종교총본사가 만주로부터 환국한 직후인 1946년 2월 23일, 남도본사의 특별추천으로 지교(知教)의 교질(教秩)을 수여한 이유다. 또한 그 해 3월 6일에는 경의원(經議院) 참의(參議)로 선임하여 원로로서의 대우를 극진히 하였다. 당시 경의원 원장은 이시영(李始榮)이었으며, 이동하(李東廈)가 부원장을 맡았고 고평(高平)이

비서로 시무하였다. 조종구는 얼마 후인 4월 27일 경의원의 상무참의로 임명되어 경의원의 실무를 이끌었으며, 같은 해 11월 29일에는 상교(尙敎)의 교질까지 승질(陞秩)하였다.

[참고문헌]
『대종교보』환국기념호(1946년)·제150호(1946년)·제152호(1946년), 『倧令』제3호(1911년), 『종문영질』(프린트본, 1922), 『대종교중광육십년사』(대종교총본사, 1971), 『대한협회회보』제3호(1908년), 「韓族勞働黨의 組織에 關한 件」(不逞團關係雜件-朝鮮人의 部-在滿洲의 部40, 機密 第36號; 機密受第47號, 한국사DB, 국사편찬위원회), 『동아일보』1921.4.9., 1922.4.6·8., 1926.1.6., 1935.6.19, 『조선일보』1924.9.27., 『개벽』제54호(1924년), 『조선신문』1929.3.10., 『자유신문』1946.4.14., 1949.1.16., 『지산외유일지』(정원택, 탐구당, 1983), 『한민족독립운동사4』(국사편찬위원회, 1988)

조주승(曹疇承, 남, 생몰 미상)
입교 시기 _ 1923년 | 교질 _ 미상

출신지역과 생몰연대를 알 수 없는 인물이다. 일제의 문서에서는 나타나지 않으며, 오직 1920년대 대종교의 기록에서만 등장하고 있다.

조주승은 1923년 6월 12일(음력) 대종교 분일시교당(芬一施教堂)의 전무(典務, 책임자)로 임명된 인물이다. 당시 조주승의 종교적 위치가 봉계인(奉戒人)이었다. 봉계인이란 입교하여 영계(靈戒)를 받고 참교(參敎)의 교질(敎秩)을 받기 이전 단계를 말한다. 그의 대종교 입교가 그 이전으로 올라감을 알 수 있다. 한편 분일시교당은 대종교 동이도본사(東二道本司) 소속으로 동녕현(東寧縣) 소수분하(小綏芬河) 송하촌(松河村)에 있었으며, 최여진(崔汝眞)과 김응석(金應錫)이 찬무(贊務, 부책임자)를 맡아 조주승을 도왔다.

또한 조주승은 1926년 2월 12일(음력)에도 동이도본사 소속의 시교원(施敎員)으로 임명되었다. 조주승이 관할한 구역은 동녕구(東寧區)로, 중동선(中東線) 6참(六站)에서 박낙현(朴洛鉉)이 경영하는 해동상점(海東商店)을 연락 거점으로 활동하였다. 당시 대종교 동이도본사는 동녕구와 밀산구(密山區), 목릉구(穆綾區)와 영안구(寧安區)를 관할했으며 동녕구는 조주승과 김백련(金百鍊), 밀산구는 오호준(吳昊俊), 목릉구는 윤우현(尹瑀鉉) 그리고 영안구는 서강준(徐康駿)과 이창언(李昌彥)이 시교원으로 책임을 지고 시무하였다. 주목되는 것은 이들 모두가 대종교 항일투쟁의 중진들이었다는 점이다. 조주승 역시 이와 무관치 않음을 시사해 주지만, 그의 영계 사항이나 교질 관계는 전하는 것이 없다.

[참고문헌]
『대종교보』제58호(1923년), 「大倧敎施敎堂一覽表(1926年)」(延边朝鮮族自治州档案馆 全宗号42 目录号1 案卷号343, 和龙县历史档案 和龙县警察所, 令各区查禁韩人设立大倧敎堂由, 民国十五年五月十二日), 『대종교중광육십년사』(대종교총본사, 1971), 『한민족독립운동사연구』(박영석, 일조각, 1984)

조중구(趙重九, 남, 1880-1942)
아호(별명) _ 운뢰(雲雷), 비아(非我), 조환지(趙煥之)
입교 시기 _ 1910년 | 교질 _ 참교 | 서훈 _ 애국장(1990)

조중구

충청남도 부여군(扶餘郡) 세도면(世道面) 청송리(靑松里) 출신으로, 일본의 동경대 교수였던 친일파 조중구(趙重九)와는 동명이인이다.

경술국치 이후인 1914년 5월 서간도로 합니하(哈泥河)로 넘어가 김창식(金昌植)·강봉주(姜鳳周)·윤이병(尹履炳) 등과 광제회(光濟會)를 조직하고 항일투쟁을 위한 군자금 모집에 앞장섰다. 1915년 초 국내로 돌아온 조중구는, 미국 등지에서 발간되는 신한민보(新韓民報)를 국내에 들여와 발행하다가 체포되어 옥고를 치렀다. 1917년 재차 중국으로 망명하여 대한민국임시정부가 수립되자 의정원 활동에 참여하였다. 1920년 임시정부 임시의정원 의원으로 피선되어 1922년 4월까지 의정원 활동을 이어갔다. 1921년 3월 21일에는 임시정부 외무부 임시선전원에도 임명되어 호북성(湖北省) 등지에 파견되어 동년 8월까지 선전활동을 펼쳤다.

1921년 2월 중국 漢口에서 동지들과 함께 찍은 사진. 앞줄 개를 안고 있는 인물이 趙重九다.

1922년 9월에는 상해에서 한중호조사(韓中互助社, 혹은 중한호조사) 이사회 개최 당시는 교제과(交際科) 간사로 선출되어 한중(韓中) 양국의 친선과 공동 항일운동을 위해서 진력하였다.

조중구의 대종교 교력을 보면 1910년 6월 13일(음력, 이하 음력) 조철구(趙哲九)·조상호(趙相鎬)와 함께 순교원(巡敎員)으로 임명된 기록이 있다. 그의 대종교 입교가 그 이전에 이루어졌음을 확인시켜 준다. 또한 1911년 중광절(重光節,

음력 1월 15일)에는 당대 사회지도층에 있었던 백순(白純)·윤주찬(尹柱瓚)·박승익(朴勝益)·조완구(趙琬九)·류근(柳瑾)·조철구(趙哲九)·장지연(張志淵)·현천묵(玄天默) 등과 참교(參敎)의 교질(敎秩)을 받았다. 조중구의 대종교에서의 비중을 알려주는 부분이다.

[참고문헌]
『종보』제6호(1910년), 『倧報』제3호(1911년), 『종문영질』(프린트본, 1922), 『대종교중광육십년사』(대종교총본사, 1971), 『예심종결결정』(1915. 3. 4 경성지방법원), 「北京地方 在住鮮人 一般狀況」(不逞團關係雜件-朝鮮人의 部-在支那各地3, 北情 제97호, 한국사DB, 국사편찬위원회), 「要注意 朝鮮人 寫眞添附에 관한件」(不逞團關係雜件-鮮人의 部-在上海地方3, 高秘 제19505호, 한국사DB, 국사편찬위원회), 『朝鮮民族運動年鑑』(在上海日本總領事館, 東文社書店, 1946), 『대한민국임시정부의정원문서』(국회도서관, 1974), 『대한민국임시정부사』(이현희, 집문당, 1982)

조창용(趙昌容, 남, 1875-1948)

아호(별명) _ 백농(白農)
입교 시기 _ 1912년 | 교질 _ 미상 | 서훈 _ 애국장(1990)

경상북도 영양군(英陽郡) 일월면(日月面) 주곡리(注谷里) 출신이다. 1906년 7월 사립국민사범학교를 졸업하고 대구협성학교에서 잠시 교편을 잡았다. 상경하여 1907년 8월 황성국민교육회(皇城國民敎育會)의 간사원(幹事員)으로 참여하면서 교육구국운동에 앞장섰다.

이후 조창용은 백초(白樵) 류완무(柳完茂)의 주선으로 위암(韋菴) 장지연(張志淵)과 블라디보스토크로 넘어갔다. 조창용은 그곳 신한촌(新韓村)에 설립된 계동학교(啓東學校)의 교사로 근무하면서 교포자녀들에게 민족의식과 독립사상을 교육하였으며, 『대동공보(大東共報)』의 사원이 되어 사회계몽활동을 활발히 전개하였다.

1908년 5월 장지연과 함께 상해로 건너가 대동회관(大東會館) 서기로 활동하였으며, 『대동보(大東報)』를 발간하다가 7월 귀국하였다. 그리고 박은식(朴殷植)·류근(柳瑾) 등을 만나 모종의 일을 꾸미다가 일본경찰에 붙잡혀 고초를 겪고 그 해 11월에 석방되었다. 1909년 12월 장지연의 주선으로 『경남일보(慶南日報)』의 사원이 되어 민족의식 고취에 노력하였다. 그러나 1918년 일본경찰에 붙잡혀 잔혹한 고문을 당한 뒤, 수시로 정신착란증이 발생하여 병사하였다.

조창용의 대종교 영계(靈戒) 사항이나 교질(敎秩) 관계를 알 수 있는 교단 내의 기록은 모두 전하지 않는다. 다만 조창용의 『백농실기(白農實記)』「북간도시찰기-대종교시교당일기」를 보면, 그가 1912년 대종교(大倧敎)에 입교하여, 포교사로 선임되어 북간도 일대를 순회하면서 대종교 항일투쟁을 펼친 내용이 실려 있다. 이 일기는 1912년 3월 24일(음력, 이하 음력)을 기점으로 조창용이 진주 경남일보사를 출발하여 만주 화룡현(和龍縣) 청파호(靑坡湖) 대종교 시교당에서의 대종교 포교 활동을 거쳐, 그 해 11월 3일 다시 진주로 돌아오기까지를 적어놓은 내용이다.

조창용의 이 일기 속에는 그가 대종교 교주인 홍암(弘巖)

나철(羅喆)을 비롯하여 백순(白純)·이상설(李相卨)·신규식(申圭植)·류완무·안태진(安泰鎭)·김영학(金永學)·박승익(朴勝益) 등등, 수많은 대종교지도자들과 만나 활동한 기록이 실려 있다. 하나 눈에 띄는 것은 나철이 만주로 넘어오기 전 마니산에서 읊은 아래의 7언시에 대한 조창용의 헌시(獻詩)다.

塹城壇上拜吾天	제천단에 올라 하늘에 절하니
天祖神靈赫赫然	내 마음에 스미는 한배님의 영검
廣開南北東西至	조상의 자취어린 드넓은 땅
歷遡四千三百年	느리워진 시간 사천 삼백 년
倍達族光從告天	검무리의 밝은 믿음 예로부터 열리어
大倧道脉至今傳	대종교의 진리 골잘 해로 전하네

조창용은 1912년 8월 17일 나철이 지은 위의 시를 운으로 하여 7언율시인 아래의 '참성단시(塹星壇詩)'를 지어 나철에게 바쳤다.

天人報本祭皇天	하늘에 보답하려 한배님께 제 올리니
天祖精靈尙儼然	한배님의 정령이 아직도 엄연하네
敎化無窮三一理	교화가 무궁한 삼일의 이치로
邦家承續四千年	나라가 연이어져 사천 년이라
城壇苔老歸雲宿	참성단의 오랜 이끼에 구름이 머무니
古閣澄淸經史傳	청징한 오랜 누각 역사에 전해지네
白首禱來無限意	흰 머리로 기도하는 무한한 뜻은
尼山落日復光鮮	마니산의 지는 해에 다시 빛이 선명해지길

[참고문헌]
『江都誌』(朴憲用, 1932), 『백농실기』(조창용, 독립기념관, 1993), 『한국독립운동사』1·2(국사편찬위원회, 1965·1966), 『독립유공자공훈록』6(국가보훈처, 1988)

조창협(趙昌協, 남, 생몰 미상)

입교 시기 _ 1915년 이전 | 교질 _ 참교

출신지역과 생몰연대를 알 수 없는 인물이다. 일제의 문서에서도 확인이 안 된다. 조창협은 1915년 1월 20일(음력) 권영준(權寧濬)·김윤국(金潤國) 등과 참교(參敎)의 교질(敎秩)을 받은 기록이 있다. 그의 대종교 입교가 1915년 이전임을 알려주는 내용이다.

특히 함께 참교를 받은 권영준은 대종교 항일단체인 대한군정서(북로군정서)의 고문 역할을 하였으며, 1942년 임오교변(壬午敎變, 대종교지도자 일제 구속 사건)으로 화를 당한 인물이다. 김윤국 역시 대종교계 항일투쟁 단체인 중광단(重光團)의 후신이자 대한군정서(북로군정서)의 전신인 길림군정부(吉林軍政府)에 몸을 담고, 길림군정부의 군무독판(軍務督瓣) 겸 총사령관 김좌진과의 연락 속에 국내로 잠입하여 군자금을 모금하고 불온문서를 각 곳의 부호들에게 발송하는 등의 활동을 하다가 체포된 인물이다. 조창협이 대종교 항일투쟁과 무관치 않은 인물임을 보여주고 있다.

1922년 작성된 『倧門榮秩』에 실린 參敎 수여자 명단의 일부. 오른 쪽 하단에 乙卯(1915년) 1월 20일 趙昌協(네모 안)의 이름이 적혀 있다.

조창협은 1926년 대종교 동일도본사(東一道本司) 관할 안일시교당(安一施敎堂)의 전무(典務, 책임자)를 맡은 기록도 있다. 안일시교당은 화룡현(和龍縣) 덕신사(德新社) 방안촌(邦安村)에 있던 시교당으로 화룡현 팔도하자시(八道河子市) 근재의원(勤濟醫院)을 연락 거점으로 사용하였다. 당시 찬무(贊務, 부책임자)를 맡아 조창협을 도운 인물들은 지어화(池魚化)와 이병기(李秉氣)였다.

[참고문헌]
『종문영질』(프린트본, 1922), 「大倧敎施敎堂一覽表(1926年)」(延边朝鲜族自治州档案馆 全宗号42 目录号1 案卷号343, 和龙县历史档案 和龙县警察所, 令各区查禁韩人设立大倧敎堂由, 民国十五年五月十二日)

조철구(趙哲九, 남, 1891-?)
입교 시기 _ 1910년 | 교질 _ 참교

충청남도 부여군(扶餘郡) 세도면(世道面) 장산리(長山里) 출신이다. 1920년대 초 전라남도 보성군(寶城郡) 출신의 이병화(李秉華)·이덕윤(李德允) 등과 함께 전라도 방면에서 군자금 모집에 종사하다가 체포된 인물이다.

군자금 모집과 연관되어 체포된 趙哲九(네모 안)에 대한 『동아일보』 기사.

조철구의 대종교 교력을 살피면 1910년 6월 13일(음력, 이하 음력) 조중구(趙重九)·조상호(趙相鎬)와 함께 순교원(巡敎員)으로 임명된 기록이 있다. 그의 대종교 입교가 이른 시

기에 이루어졌음을 확인시켜 준다. 1911년 중광절(重光節, 음력 1월 15일)에는 백순(白純)·윤주찬(尹柱瓚)·박승익(朴勝益)·조완구(趙琬九)·류근(柳瑾)·조중구·장지연(張志淵)·현천묵(玄天默) 등, 당대의 지도층 인물들과 참교(參敎)의 교질(敎秩)을 받았다. 조철구의 대종교에서의 비중을 알려주는 부분이나, 이후의 기록은 남아 있지 않다.

[참고문헌]
『종보』 제6호(1910년), 『倧令』 제3호(1911년), 『종문영질』(프린트본, 1922), 『대종교중광육십년사』(대종교총본사, 1971), 『동아일보』 1923.2.22., 3.11.

조철호(趙喆鎬, 남, 1890-1941)
아호(별명) _ 관산(冠山)
입교 시기 _ 1922년 | 교질 _ 미상 | 서훈 _ 애국장(1990)

서울 종로구(鐘路區) 원남동(苑南洞) 출신이다. 일찍이 무관학교(武官學校)를 마치고, 지청천(池靑天)·이응준(李應俊)·김석원(金錫源) 등과 일본으로 유학하여 일본육군사관학교를 졸업한 인물이다.

이후 용산병대(龍山兵隊)에 배속되어 군사기밀을 빼내어 상해 방면으로 망명하려 하였으나 신의주에 이르러 일본경찰에 잡혀 옥고를 치렀다. 출옥후 오산학교(五山學校) 체육교

조철호

사로 근무할 당시 3·1독립만세운동이 일어나자 전교생을 지도하여 만세시위를 주도하였다. 이 일로 다시 옥고를 치렀으며, 출옥 후에는 김성수(金性洙)의 주선으로 중앙학교(中央學校) 체육교사로 자리를 옮겨 병식체조를 가르쳤다.

이 시기 국내 대종교의 핵심이었던 이채우(李埰雨)가 만주 길림성 소재 군정사(軍政司)와 연결하여 독립군자금을 모집할 때, 비밀리에 권총 2정을 구하여 제공한 인물이 조철호다. 이 군정사는 대종교 항일단체인 중광단(重光團)의 후신으로 후일 대한군정서(북로군정서)로 발전한 조직이다. 당시 이채우는 군정사에서 파견한 김영순(金永淳)을 만나 군자금 모집을 목적으로 군정사 독판(督辦) 명의의 군령(軍令)을 작성, 약 30매를 인쇄하여 이시우(李時雨)·이증로(李曾魯)를 경상남도 방면으로 파견하기로 하고, 권총 2정도 이시우에게 교부하였다. 조철호는 김영순의 지인으로써, 이 권총 2정을 구하여 제공하였다.

한편 조철호는 1922년 한국 보이스카우트의 효시가 되는 조선소년군(지금의 대한소년단)을 창단하였다. 그리고 1924년 조선소년군과 소년척후대가 통합되어 소년척후단조선총연맹으로 발전하자 부총무로 취임하는가 하면, 그 해 개최된 어린이날 행사에는 방정환(方定煥)·이종린(李鍾麟) 등과 함께 준비위원으로 피선되기도 한다. 1926년 6·10만

세운동 때에는 배후조종자로 지목되어 체포되어 옥고를 치른 후 북간도로 망명하였다. 북간도의 동광중학교(東光中學校)에 재직하면서 독립군 양성에 힘쓰는 한편, 1931년 학교운영자금을 조달하기 위해 국내에 들어왔다가 다시 일본경찰에 체포되었다. 다행히 김성수의 신원보증으로 풀려나온 뒤, 동아일보사에 근무하면서 조선소년군의 총사령으로 취임하여 본격적인 보이스카우트재건운동을 전개하였다.

그러나 1937년 일제가 조선소년군을 일본보이스카우트에 병합시키려 하자 대항하다가 결국 강제해산을 당하였으며 다시 옥고를 치르게 되었다. 출옥 후인 1939년 보성전문학교(普成專門學校)에 체육교수로 근무하였으나, 수 차례 감옥 생활의 후유증으로 결국 사망하였다.

조철호의 대종교 교력을 보면 1923년 3월 1일(음력) 대종교총본사의 추천으로 영계(靈戒)를 받은 기록이 있다. 그의 대종교 입교가 그 이전으로 올라감이 확인된다. 이어 조철호는 1924년 11월 24일(음력) 경성 대종교남도본사에서 발기한 대종교진흥회(大倧敎振興會) 발기를 주도하였다. 대종교진흥회는 경성 대종교남도본사에서 발기한 모임으로, 당시 박용태(朴龍泰)가 회장을 맡았고 김진우(金振宇, 부회장)·이홍도(李弘道, 총무)·이승천(李承天, 서무)·김종진(金鍾震, 전례) 등이 중심이 되었으며, 조철호 역시 교섭(交涉)이라는 중책을 맡아 활동하였다.

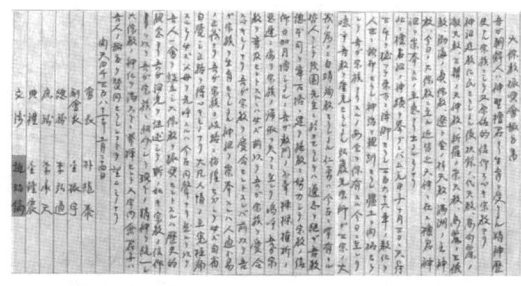

대종교진흥회취지서를 日文으로 번역하여 실은 일제의 문서. 맨 왼쪽 끝에 交涉을 담당한 趙喆鎬의 이름이 보인다.

대종교진흥회의 취지는 대종교를 우리 민족의 역사적 종교로 규정하고, 시대에 따른 그 명칭의 변화에 대한 설명과 함께, 대종교를 일으킨 홍암(弘巖) 나철(羅喆) 순교(殉敎)의 숭고한 가치를 새기면서 대종교진흥의 시대적 사명을 각성시키고 그 동참을 호소하는 내용을 담고 있다. 특히 회장을 맡은 박용태는 천진불변단(天津不變團)의 중심인물이었으며, 대한독립당주비회(大韓獨立黨籌備會)의 기관지 『조선지혈(朝鮮之血)』을 창간하여 주간으로 활동한 인물이었다.

조철호는 1926년 4월에도 대종교진흥회의 의원을 맡아 단조묘궁(檀祖廟宮)의 건축, 숭령전수보(崇靈殿修補), 제천단수축(祭天壇修築), 단조사적(檀祖史籍) 간행 등을 앞장서서 추진하는 등의 열정을 보였으나, 이후의 교력은 남아있는 것이 없다.

[참고문헌]

『대종교보』제57호(1923년), 「獨立運動資金募集者檢擧ノ件」(不逞團關係雜件 朝鮮人ノ部 在內地 八, 高警第28169號;秘受11816號, 한국사DB, 국사편찬위원회), 「大倧敎振興會 趣旨書 譯文 進達ノ件」(不逞團關係雜件-朝鮮人ノ 部-在滿洲의 部40, 機密送 第64號; 機密受第1號, 한국사DB, 국사편찬위원회), 『中央校友會報』第5號,(不許可 出版物 竝 削除記事 槪要譯文, 한국사DB, 국사편찬위원회) 『동아일보』1923.4.30., 1926.4.22., 『시대일보』1925.11.17., 1926.1.3., 『매일신보』1925.7.20., 『중외일보』26.11.15., 1927.1.2., 『고등경찰요사』(경상북도경찰부, 1934), 『일제침략하한국36년사』8(국사편찬위원회, 1973), 『독립운동사』8·10(독립운동사편찬위원회, 1976·1978), 『독립운동사자료집』13·14(독립운동사편찬위원회, 1978), 「관산 조철호에 관한 연구」(조찬석, 『교육논총』12, 인천교육대학, 1981)

주견룡(朱見龍, 남, 생몰 미상)
입교 시기_ 1922년 | 교질_ 참교

출신지역과 생몰연대를 알 수 없는 인물로, 대종교 항일단체인 대한군정서(북로군정서)에 몸을 담고 항일투쟁을 전개했다. 주견룡은 1920년 8월 당시 대한군정서의 군의정(軍醫正)을 맡아 군정서의 의료(醫療)를 책임지는 위치에 있었다. 또한 청산리독립전쟁 이후인 1921년 9월에는 대한군정서의 거점이었던 왕청현(汪淸縣) 봉림동(風林洞)에 대동학교(大東學校)를 설립하고, 4명의 교사와 함께 97명의 학생을 가르친 기록이 있다.

주견룡의 대종교 교력을 살피면 1922년 5월 21일(음력) 대종교총본사의 추천으로 이두석(李斗錫)·강근하(姜根夏)·강훈(姜勳) 등 대한군정서 요원들과 영계(靈戒)를 받은 기록이 있다. 그리고 그 다음 날 참교(參敎)의 교질(敎秩)을 받았다. 그의 대종교 입교가 대한군정서 시절에 이루어졌음을 시사해주는 부분이다. 그리고 같은 해 윤5월 22일(음력) 참교(參敎)의 교질(敎秩)을 받았다. 또한 같은 날 동일도본사 제2지사의 전사대판(典事代辦)으로도 임명되었다. 전사란 지사의 총책임자를 말하는 것이며 대판이란 업무를 대신 처리하는 자리를 말한다.

당시 찬사(贊事, 지사의 부책임자)를 맡아 주견룡을 도운 인물은 대한군정서의 항일투사 박순(朴淳)과 서강준(徐康駿)이었으며, 이두석[계사감정(計事監正)]·이형섭[李洞燮, 규사감정(規事監正)]·강훈[규사감정(規事監督)] 등이 주요 직책을 맡아 지사를 이끌어갔다. 주목되는 것은 이들 모두가 대종교 항일조직인 대한군정서 계열의 독립군들이었다는 점이다. 청산리독립전쟁 이후 대한군정서 구성원들이 삼삼오오 각 지역으로 흩어질 당시, 대종교의 거점이 곧 그들의 또 다른 거점이었음을 보여주고 있다. 동일도본사 제2지사 역시 주견룡이 이끄는 소규모의 대한군정서였음이 확인된다.

[참고문헌]

『대종교보』제54호(1922년), 『종문영질』(프린트본, 1922), 『대종교중광육십년사』(대종교총본사, 1971), 『國外情報 : 大韓軍政署의 日誌에 관한 件』(大正8年乃至同10年 朝鮮騷擾事件關係書類 共7冊 其3, 密 第33號 其33/高警 第1007號, 한국사DB, 국사편찬위원회), 『독립운동사』5(독립운동사편찬위원회편, 1973), 『延吉

敎育志』(延吉市敎育志編纂委員會, 1993)

주대근(朱大根, 남, 생몰 미상)
아호(별명) _ 해산(海山)
입교 시기 _ 일제강점기 | 교질 _ 정교

강원도 출신으로 경상북도(당시는 강원도) 울진군(蔚津郡)에 있던 만흥학교(晩興學校)를 졸업한 인물이다. 만흥학교는 1907년 10월에 울진군 원남면(遠南面) 매화리(梅花里)에 신민회 계열 독립운동가 백운(白雲) 주진수(朱鎭洙)가 설립한 배움터로, 1910년 국권침탈이 되면서 일제에 의하여 폐지되었다.

주대근은 만흥학교 출신인 장식(張植) 등 10여명과 서간도로 이주하여 신흥무관학교를 졸업하고 본격적인 항일투쟁에 뛰어들었다. 당시 신흥강습소(신흥무관학교의 전신) 설립에 참여한 스승 주진수의 영향이 컸던 것으로 추정된다. 1926년 12월에는 사회주의 청년단체인 길성청년회(吉城靑年會)의 선전부위원(宣傳部委員)으로 참여하여 위원장을 맡은 김강사(金剛巳)와 박용(朴鏞, 서무부위원)·황백하(黃白河, 재무부위원)·김온순(金溫順, 선전부위원) 등과 사회주의 항일투쟁에도 앞장섰다.

주대근은 서간도로 망명한 직후인 1910년대 초반에 대종교에 입교한 것으로 알려져 있으나, 당시의 기록은 남아 있는 것이 없다. 해방 이후 그의 영계(靈戒) 사항이나 교질(敎秩) 관계의 변화를 알 수 있는 기록 역시 확인이 안 된다. 다만 1964년 3월 29일(음력, 이하 음력) 항일투사 김진호(金鎭晧) 등과 정교(正敎)의 교질과 더불어 대형(大兄)의 교호(敎號)를 받았다. 또한 같은 날 대종교총본사의 교전부장(敎典部長)으로 임명되고 원로원의 참의(參議)로도 선임된 것을 보면, 그의 대종교에서의 위치가 상당했음을 알 수 있다. 1965년 4월과 9월에는 대종교총본사의 전강(典講)과 전범(典範)을 역임하여 시교(施敎)와 교화(敎化), 규범(規範)과 상벌(賞罰)을 관할하는 중심적 역할을 하였다.

[참고문헌]
『대종교중광육십년사』(대종교총본사, 1971), 「不良鮮人 行動에 關한 件」(不逞團關係雜件-朝鮮人의 部-在滿洲의 部44, 機密公 第323號; 外務省文書課受 第343號, 한국사DB, 국사편찬위원회), 「신흥무관학교」(원병상, 『독립운동사자료집』10, 독립운동사편찬위원회, 1976), 『울진의 독립운동사』(울진문화원, 2011)

주상무(朱相武, 남, 생몰 미상)
입교 시기 _ 1937년 이전 | 교질 _ 참교

출신지역과 생몰연대를 알 수 없는 인물이다. 일제의 문서에서는 확인이 안 되며 오직 대종교의 기록에서만 등장하고 있다.

주상무는 1937년 8월 24일(음력) 길림성(吉林省) 유수현(楡樹縣) 지역을 관할하는 대종교 재만교구경상금수납위원(在滿敎區經常金收納委員)에 임명된 기록이 있다. 그의 대종교 입교가 그 이전으로 올라감이 확인된다. 또한 유수현 관할로 함께 임명된 인물들이 항일투사 김봉림(金鳳林)·최명춘(崔鳴春) 등이고 보면, 당시 대종교단 내에서의 주상무의 비중이 상당했을 것으로 추정된다. 특히 김봉림은 대종교 계열의 항일단체 흥업단(興業團) 안도지단장(安圖支團長)을 맡은 거물로, 청산리독립전쟁 이후 대한군정서(북로정서)가 안도 지역으로 퇴진할 때에 남다른 역할을 한 담당하였다.

이어 주상무는 1939년 3월 1일(음력)에는 대종교 유성시교당(裕成施敎堂)의 찬무(贊務, 부책임자)도 맡기도 했다. 당시 주상무의 교질(敎秩)은 참교(參敎)의 단계에 있었다. 유성시교당은 대종교 북일도본사(北一道本司) 관할로 유수현 동구(東區)에 위치했으며, 항일투사 김인준(金仁濬)이 전무(典務, 책임자)를 맡아 이끌었다. 김인준은 서간도로 넘어가 대한청년단 임원들과 만나 조선 내에 비밀결사를 조직하기로 밀약한 후, 다시 국내로 들어와 대한청년활동단이라는 비밀조직을 결성하고 군자금 모금 활동을 펼친 인물이다. 주상무 역시 대종교 항일투쟁과 뗄 수 없는 인물임을 암시해 준다.

[참고문헌]
『대종교보』제115호(1937년), 『대종교중광육십년사』(대종교총본사, 1971)

주성삼(朱成三, 남, 생몰 미상)
아호(별명) _ 주삼(朱三)
입교 시기 _ 1923년 | 교질 _ 미상

출신지역과 생몰연대를 알 수 없는 인물로 대종교에서는 삼(三)이라는 외자 이름으로 알려져 있다. 주성삼은 대종교 항일단체인 대한군정서(북로군정서)에 참여하여 무기운반에 중요한 업무를 수행하였다.

당시 대한군정서의 무기 구입은 주로 러시아를 통해 이루어졌다. 무기 구입을 위해 대한군정서 총재 서일(徐一)이 직접 출장을 가거나 간부들이 건너가 구입하기도 했다. 대한군정서의 무기구입처는 주로 시베리아에서 철수하는 체코군인과 러시아 과격파였다. 체코군은 시베리아에서 철수하기 위해 블라디보스토크에서 기다리는 동안 그들의 무기를 비교적 저렴하게 한국독립군에게 판매하였다. 대한군정서는 이 체코군으로부터 다량의 무기를 구입한 것이다.

문제는 구입한 무기를 부대까지 옮기는 것이었다. 대한군정서는 무기운반대를 편성하여 근거지까지 인력(人力)으로 운반해야 했다. 일본군과 중국군경(中國軍警)이 국경지방과 철도·도로에서 우리 독립군의 무기 운반을 삼엄히 경계하고 수색하여 압수하였기 때문이다. 대한군정서는 이를 피하기 위하여 일부러 산간(山間)의 밀림로(密林路)를 택하면서 단시일(短時日)에 이를 수행하였다.

한편 대한군정서의 무기운반대는 상설부대가 아니라 필요에 따라 수시로 조직되는 임시부대였다. 경신분국(警信分局) 단위로 관내의 군적자(軍籍者)를 긴급 동원하여 편성하거나 경비대(警備隊)를 무기운반대로 대치하여 편성하기도 하였다. 무기운반대의 조직은 군대조직(軍隊組織)에 의거하여 편성하였다. 경호병(警護兵)과 소대장은 군정서의 현역군인 중에서 차출하여 임명하였으며, 무기운반대 중대장은 경비대 중대장 중에서 임명하거나 경신분국장을 임명하기도 했고, 무기운반대의 총지휘관은 모연대장(募捐隊長) 출신을 임명하기도 하였다.

주성삼 역시 대한군정서의 정식 군인은 아니었다. 대한군정서의 외곽조직인 경신국 소속으로 무기운반대의 일부를 책임진 인물이다. "(1920년) 7월 31일(토요일) 맑음(경신 6월 16일). 무기운반대(武器運搬隊) 2소대는 대장 주성삼·김정(金鼎) 양씨 영솔하여서 오전 9시 십리평을 떠나 러시아로 행진하게 하였다."라는 기록에서도 확인된다. 당시 무기운반대 2개 소대는 제1소대장 최원(崔院)과 제2소대장 안상희(安相熙)가 맡았으며, 그 총지휘는 남진호(南鎭浩)였다. 주성삼은 대한군정서 경신국의 일원으로 그 험난한 노정을 돌파하면서 중차대한 임무를 수행한 것이다.

주성삼의 대종교 교력을 살피면, 1923년 4월 23일(음력) 대종교총본사의 특별추천으로 영계(靈戒)를 받은 기록이 있다. 그의 대종교 입교가 그 이전으로 올라감이 확인된다. 당시 이경렬(李京烈)·이동희(李東熙)·황창극(黃昌極)·이홍기(李弘基) 등 대한군정서 관련 인물들과 함께 영계를 받은 것으로 보면, 그의 대종교 입교가 대한군정서 시절이었음을 알 수 있다. 특히 이경렬(李京烈)은 대한군정서(북로군정서)의 요원이었을 뿐만 아니라 청산리독립전쟁 이후에는 대종교지도자 이홍래(李鴻來) 등과 대한군정서청년모험대(大韓軍政署靑年冒險隊)라는 조직하여 이끈 인물이다.

[참고문헌]

『대종교보』,제58호(1923년),「國外情報 – 大韓軍政署의 日誌에 관한 건」(不逞團關係雜件-朝鮮人의 部-在滿洲의 部26, 高警 第1007號; 秘受 1502號, 한국사 DB, 국사편찬위원회), 『現代史資料(朝鮮3)』27(姜德相, みすず書房, 1966)

주시경(周時經, 남, 1976-1914)

아호(별명)_ 주상호(周商鎬), 경재(經宰), 한힌샘, 한흰메, 백천(白泉), 태백산(太白山)
입교 시기_ 1909년 중광 직후 | 교질_ 미상 | 서훈_ 대통령장(1980)

황해도 봉산군(鳳山郡) 전산방(錢山坊, 돈뫼방) 무릉동(武陵洞) 출신이다. 일찍이 한학을 익히고 1894년 9월 서울의 배재학당에 입학하여 스스로 국어·국문의 과학적 연구를 개척한 인물이다. 재학 당시 서재필(徐載弼)이 『독립신문』을 창간하자, 독립신문사 회계사 겸 교보원(校補員 교정보는 사람)으로 발탁되었다.

당시 『독립신문』은 순한글 신문 제작을 지향하였다. 이에

주시경

한글의 이론과 표기법 통일이 필요하였다. 주시경이 동료 직원들과 '국문동식회(國文同式會)'를 조직하여 본격적인 한글표기법 연구에 몰입하게 된 이유다. 그는 학교를 다니며 일과 연구를 병행했다. 그러나 서재필이 추방당하면서 독립신문사를 그만 두고 『제국신문』의 기재원(記載員)으로 자리를 옮겼다. 이 시기 선교사인 스크랜턴(W. B. Scranton)의 한국어 교사를 맡는 한편 상동청년학원(尙洞靑年學院)에서 강사로도 활동하였다.

1900년 6월 배재학당 보통과를 졸업한 주시경은, 이후에도 흥화학교(興化學校) 양지과(量地科)를 야간반으로 졸업하고, 류일선(柳一宣)이 설립한 정리사(精理舍)에서는 수물학(數物學)을 3년간 공부하는 등, 문이과(文理科)를 넘나드는 학업의 욕심을 접지 않았다. 학업을 마친 주시경은 후진 양성을 위해 교사로서 바쁘게 생활하였다. 동시에 일본의 침략을 당한 처지에서 민족정신을 고양시키기 위해 계몽운동, 국어운동, 국어연구 등의 다양한 활동을 활발히 전개하였다.

애국계몽운동으로는 배재학당협성회 전적과(典籍課) 찬술원(纂述員), 독립협회 위원, 가정잡지 교보원, 서우학회 협찬원, 대한협회 교육부원, 보증친목회 제술원(製述員) 등의 활동이었다. 국어운동으로는 한어개인교사, 상동사립학숙 국어문법과 병설, 상동청년학원 교사 그리고 동교 국어야학과 설치, 국어강습소 및 조선어강습원 개설 등 국어교육과 국어 발전에 앞장섰다. 교사로도 많은 활동을 하였으며 교사로 재직했던 학교는 간호원양성학교·공옥(攻玉)학교·명신(明信)학교·숙명여자고등학교·서우(西友)학교이다. 그 밖에 협성(協成)학교·오성학교·이화학당·흥화학교·기호(畿湖)학교·융희(隆熙)학교·중앙학교·휘문의숙(徽文義塾)·보성학교·사범강습소·배재학당 등에서 강사로 활약하였다. 그는 주로 조선어·주산·지리 등을 가르쳤다. 또한 조선어강습원의 무료강의와 국문동식회를 비롯하여 학교 내의 국어연구회 연구원 및 제술원, 학부 국문연구소 주임위원, 국문연구회 운영, 조선광문회 사전편찬 등의 국어연구 활동을 쉬지 않았다.

특히 주목되는 것은 조선어강습원에서의 수많은 후진 양성이다. 이 강습원은 국어연구학회(國語硏究學會)가 학회의 명칭을 '배달말글몯음[朝鮮言文會]'으로 바꾸고 그 산하의 개설한 강습소였다. 학과는 초등과·중등과·고등과·연구과 등 4개를 두고 초등과·중등과·고등과는 각각 수업연한이 1년이었다. 초등과에 '읽어리 및 소리갈', 중등과에 '씨갈 및 월갈', 고등과에 '높은말본'의 과정을 배정하고, 각 과정은 3학기로 구분하여 실시하였다.

1917년까지 중등과가 6회에 걸쳐 총 265명, 고등과가 5회에 걸쳐 110명을 배출하였고, 초등과는 1914년 1회 졸업생 8명을 내었으나 연구과 출신에 대한 기록은 전하지 않는

다. 김두봉(金枓奉)·이규영(李奎榮)·이병기(李秉岐)·권덕규(權悳奎)·신명균(申明均)·최현배(崔鉉培)·정열모(鄭烈模) 등이 모두 이곳 출신으로 주시경의 제자였다. 이들의 공통점은 모두 대종교도로서, 주시경의 정신을 계승한 언어민족주의를 지향한 인물들이었다.

한편 일제의 압박이 점점 강해지자 주시경 역시 만주 망명을 결심하게 된다. 당시 만주는 1910년부터 수많은 대종교 동지들이 건너가 항일투쟁의 터를 잡은 곳이었다. 마침내 1914년 여름 고향으로 내려가 부모형제들에게 하직을 고하고 서울로 올라왔다. 그러나 망명 직전 그는 뜻밖에 급체(急滯)에 걸리어 이틀 만인 1914년 7월 27일 39세의 나이로 허망하게 사망하였다.

[주요저술 및 사상]

주시경은 대한제국 시기부터 국어문법을 확립과 보급이 무엇보다 중요함을 절감하고 국어국문 연구에 박차를 가하는 여러 편의 연구물을 저술하였다. 1906년에 『대한국어문법(大韓國語文法)』을 저술하고, 1908년에 『국어문전음학(國語文典音學)』을 발간하였다. 또한 1907년에는 국문연구소의 연구위원 신분으로 『국문연구안(國文研究案)』이라는 연구보고서를 제출하기도 하였다.

이어 1909년에는 전국민에게 국문을 교육하기 위한 교과서로 『국문초학(國文初學)』을 간행하는가 하면, 1910년 4월에는 『국어문법(國語文法)』을 출간하였다. 1910년 나라가 망하자 그해 10월 우리나라 고전을 간행 보급하기 위하여 광문회(光文會)에 가입해서 『훈몽자회(訓蒙字會)』 등의 고전을 교정하여 『훈몽자회재간례(訓蒙字會再刊例)』를 간행하고, 이와 함께 『국어사전(國語辭典, 말모이)』의 편찬작업에 최초로 착수하였다. 1914년에는 『말의 소리』를 간행하여 국어음운학의 과학적 기초를 확립하였다. 또한 서우학회(西友學會)의 협찬원과 대한협회(大韓協會)의 교육위원으로서 애국계몽운동을 적극적으로 전개하고, 『서우(西友)』 등을 비롯한 애국계몽잡지에 국민의 분발을 촉구하는 애국논설들을 발표하여 국민을 계몽하였다.

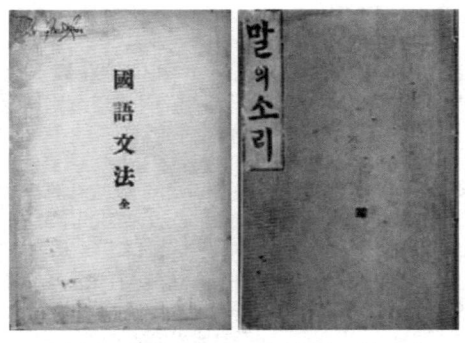

주시경의 저술인 『국어문법』(1910년)과 『말의 소리』(1914년)

한편 주시경 국어연구의 정신적 배경으로 대종교를 말하지 않을 수 없다. 그의 국어연구가 대종교를 접하면서 언

어민족주의의 동력을 얻었기 때문이다. 언어는 집단정체성의 주요 구성요소 중의 하나다. 이것은 그 집단(민족)을 치유하고 통합시키는 데도 중요한 동인이 된다. 민족 집단에 있어 언어는 그 집단의 종교·철학·역사·사상과 더불어 정체성을 지탱하는 핵심요소로써 그 동질성을 유지해 나가는데 기초가 된다.

안타깝게도 훈민정음 등장 이후 조선조 말기까지 우리글은 국어로서의 대접을 받지 못했다. '정음(正音)→언문(諺文)→반절(半切)→국문(國文)→배달글→한글'로 이어오는 우리글이, 20세기 초입까지도 천대와 멸시의 대상이었다는 것은 아이러니다. 이러한 현상의 근본적인 원인은 당시의 사회구조와 밀접하다. 당시 대부분의 사대부들이 조선의 국시(國是)인 유교적 정서를 토대로 한문으로 소양을 쌓고 그것을 통하여 과거에 응시하고 사회적 입지를 굳건히 했던 것이다. 그러므로 그들에 있어 한문이라는 것은, 한시(漢詩)처럼 유희나 망중한을 해소하는 매체이면서, 학문이나 정치·사회 활동 등 모든 지적활동의 중요한 도구가 되었다. 이러한 지적 구조 속에서 중국과의 미묘한 정치사회적 역학 구도와 맞물려 한문숭상주의가 당연히 득세할 수 있었고 훈민정음은 그러한 구조적 벽에 걸려 언문(諺文, 상놈의 글)으로 폄하되어 평가받지 못했다. 그리고 이러한 정서는 구한말까지도 언문 혹은 암클(집 안의 아녀자들이나 쓰는 글)이라는 평가로 지속되어 우리글에 대해 우리 스스로의 긍지를 심지 못했다.

한글이 겨레 앞에 나타나기는 하였지만, 일변에는 고려의 김부식의 붓끝으로써 표현된 사대사상과 한양조선의 유학의 장려로 말미암아, 또 일반민중의 각성이 아직도 미치지 못한 까닭에, 그 훌륭한 성능이 충분히 발휘될 기회를 얻지 못하고 사백여년의 세월이 헛되이 흘렀다. 그러다 갑오개혁으로 인하여 겨우 제 말과 제 글에 대한 각성이 생기게 되고, 다시 주시경의 연구와 교육으로 말미암아 한글이 상당히 제 본질을 얻게 되었으나, 본격적인 발전을 보기 전에 나라의 멸망과 함께 그만 비운의 구렁으로 떨어지고 말았다. 그러므로 일제강점기 한글운동은 우리의 문화적 정체성을 세우는 활동이면서 민중문화의 보편화 운동을 도모하는 작업인 동시에, 일제의 식민지로부터 벗어나 우리의 정신을 지키려는 문화투쟁의 대표적 양상을 필연적으로 갖게 되었다.

이와같은 배경에서 우리글의 의미를 민족문화의 반열 위에 내세운다는 것은 이러한 인식의 틀과 사회구조를 근본적으로 바꾼다는 의미와도 상통한다. 먼저 정신적으로는 유교적 사대모화사상(事大慕華思想)으로 벗어나야 한다는 의미이며, 한편으로는 기득권을 가진 지식층의 한문어(漢文語)를 청산하고 민중보편인 우리글의 확립을 조직적으로 도모해야 한다는 것을 나타내는 것이다. 또한 당대로는, 일제가 우리의 국어를 조선어로 타자화시키는 정책에, 우리 국어를 지키기 위한 통한 투쟁의 길을 모색하는 것이기도 했다.

일제는 경술국치 이후 우리 국어를 조선어로 구축해 버림으로써, 우리 정체성의 요소로부터 망각시키려 하였다. 그들 정체성(일본어)의 이식(移植)을 위한 주요 대상이 우리의 국어였으며, 통합의 방법이 새로운 국어(일본어)로의 대체였다. 일제하 한글운동의 정신적 배경을 살핌에 있어 대종교의 역할을 빼놓을 수 없다. 대종교는 「단군교포명서(檀君敎佈明書)」(1904년)에 이미 조선이라는 말이 배달에서 왔다는 설명과 더불어 배달목·태백산·패강·임검·이사금·이니금·나라·서울 등 우리말에 대한 어원을 상세히 밝히고 있다. 이것은 단군교단이 대종교 중광 이전에 이미 우리말에 대한 관심이 지대했음을 보여주는 부분이다. 또한 대종교를 중광할 당시 단군교단으로부터 받은 「봉교과규(奉敎課規)」 중에 다음과 같은 지침이 나타난다.

"봉교인은 남녀를 가리지 말고 문자를 해득치 못하는 자는 마땅히 국문(한글, 인용자 주)을 먼저 익히게 하되 만일 가난하여 여유가 없는 자에게는 부득이 강행할 것임."

즉 문자를 모르는 교인이 있으면 어떠한 수를 써서라도 국문(한글)을 먼저 습득케 하라는 종교적 규약을 보면, 한글에 대한 대종교 혹은 나철의 방침이 무엇이었는가가 분명하게 확인된다. 또한 대종교의 노래 중 나철이 작사한 「한풍류[天樂]」·「세얼[三神歌]」·「세마루[三宗歌]」·「어천가(御天歌)」 등에 나타나는 나철의 순수한 우리말 사용에 놀라지 않을 수 없다. 한 단어, 한 글자에도 한자어 사용이 없고 유려하고 세련된 조탁에 의해 펼쳐진 이 노랫말 속에서, 나철의 순수 우리말 구사 능력과 그것을 위한 노력의 흔적을 볼 수 있는 것이다. 우리말 연구의 전통이 대종교 중광(重光, 1909년) 이전부터 이어왔음을 확인시켜 준다. 또한 후일 수많은 한글학자들이 이 정신을 배경으로 우리말연구에 헌신하였다.
그 대표적 인물이 주시경이다. 주시경은 우리글의 명칭을 '한글'이라고 처음 명명한 사람으로서, 한글을 통한 언어민족주의와 한글 대중화를 위해 1914년 7월 27일 임종하기까지 오로지 헌신했던 인물이다. 그는 국어학자인 동시에 국어를 통하여 민족혼을 불어넣는 국어운동가라 할 수 있다. 까닭에 그의 국어연구와 운동을 이해함에 있어서는 그의 정신적 배경인 대종교를 떼어놓고는 생각할 수가 없다. 그는 대종교가 나타나기 전인 1908년에 이미 우리말에 대한 연원을 단군시대로부터 찾았으며, 그러한 우수한 언어와 문자에 대해 사천 년 동안 연구가 없어 어전(語典) 한 권도 갖추지 못했음을 개탄한 인물이다. 특히 주시경은 1909년 대종교가 등장한 이후부터는 대종교의 교리와 거의 동일한 주장으로 그의 논리를 펼치고 있다.
즉 그가 1909년 『국문연구』에서 주장한 단군의 신성한 정교(政敎)에 의해 그 언어는 고상하고 국문의 본원도 심원하다고 말한 것이나, 1910년 『국어문법』을 통해 드러낸 대동아주의적 역사관 및 우리 국어의 출현이 단군의 강림에 의한 것이라는 주장 등이 대종교적 가치와 동일하다는 것이다. 특히 1909년에 저술한 『국문초학』에서는 단군의 출현 배경과 조선이라는 국호에 대해 설명하고, 단군신앙과 연관된 유적 소개와 함께, 단군시대의 광활한 영토와 강력한 국력을 찬양하고 있다. 주시경의 이러한 주장은 대종교 사관에 나타나는 '단군―부여 정통론'을 그대로 답습하고 있는 것이며, 단군시대의 신성한 역사에 대한 찬양 또한 대

종교 사관과 일치하는 것이다. 그러므로 주시경의 단군이데올로기를 바탕으로 한 한글운동은 당시 일반 서민들에게도 단군 이념을 보급하는데 크게 기여했다.
한마디로 주시경의 한글연구의 배경에는 철저한 대종교적 정서를 토대로 한 언어민족주의적 가치가 지탱하고 있다. 그것은 나철이 대종교를 중광하면서 내세운 '국망도존(國亡道存, 나라는 망했으나 정신은 있다)'의 명분과 연결되는 것으로, 그 '도(道, 정신)'의 언어적 구현이 바로 주시경의 한글운동이었다.

[교력]
주시경은 1909년 대종교가 중광한 직후 입교한 인물이나, 그 기록은 현전하지 않는다. 그러나 김윤경(金允經)이 정리한 주시경의 전기에는 아래와 같은 기록이 있다.

"선생은 종교가 예수교였는데, 이 때 탑골승방에서 돌아오다가 전덕기 목사를 보고, '무력침략과 종교적 정신 침략은 어느 것이 더 무섭겠습니까?'하고 물을 때에 전 목사는 '정신침략이 더 무섭지.'하매, 선생은 '그러면 선생이나 나는 벌써 정신침략을 당한 사람이니, 그냥 있을 수 없지 않습니까?'하였다. 전목사는 '종교의 진리만 받아들일 것이지 정책을 받지 않으면 될 것이오.'하였지마는, 선생은 과거 사대사상이 종교침략의 결과임을 말하고, 종래의 국교(國敎)인 대종교(곧 단군교)로 개종하여, 동지를 모으려고 최린, 기타 여러 종교인들과 운동을 일으켰으므로, 종교인들에게 비난과 욕을 사게 되었다."

주시경이 무력침략보다 정신적 침략을 더 무서운 것으로 인식하면서 예수교에서 대종교로 개종하는 장면이다. 여기서 주목되는 것은 두 가지다. 하나는 종교를 정체성의 범주로 이해했다는 것, 또 하나는 대종교를 국교(國敎)로 인식했다는 점이다. 공교롭게도 주시경이 1909년 1월 15일(음력) 대종교 중광 이후 저술한 『국문연구』(1909년)·『국문초학』(1909년)·『국어문법』(1910년) 등이 주목된다. 이 저술들에서 주시경은 '단군의 신성한 정교(政敎)', '대동아주의적 역사관' 및 '단군신앙과 연관된 유적 소개', '단군시대의 광활한 영토와 강력한 국력을 찬양'한 것 등이 대종교적 종교관·역사관이 그대로 반영되고 있다. 특히 '언어는 고상하고 국문의 본원도 심원'하다는 인식과 '우리 국어의 출현이 단군의 강림에 의한 것'이라는 주장은 대종교적 언어관을 그대로 반영하고 있다.
한편 김윤경은 위의 정리에서는 주시경이 1907년 대종교로 개종한 것으로 적고 있으나, 그 당시는 대종교가 나타나지 않았을 시기다. 대종교의 중광은 1909년 1월 15일(음력)에 이루어졌다. 따라서 주시경의 대종교 개종 시기 역시 1909년의 오기로 봄이 타당할 듯하다. 이러한 정황은 최현배(崔鉉培)의 기억에서도 찾을 수 있다. 최현배는 1911년 주시경·김두봉(金枓奉)과 같은 민족주의자들의 감화를 받고 대종교에 입교하였다. 다음의 기록에서도 확인된다.

"이 때(경성고보 2학년 때인 1911년-인용자주) 선생님은 학

교에 열심히 다니시는 외에 다른 학생이 안 하는 두 가지 일을 하셨으니, 하나는 주시경 선생님의 한글강습원에 나가셔서 우리말 공부에 열중하시는 일이요, 다른 하나는 나철(羅喆) 대종사를 따라 그가 주관하는 대종교에 다니며, 단군 한배의 가르침과 은덕을 받는 일이었습니다. …(중략)…선생님(최현배-인용자주)이 이 학교(경성고보-인용자주) 3학년 때(1912년-인용자주)의 일입니다. 하루는 담임 선생인 다카하시(高橋亨)가 선생님을 불러 앞에 세우고, '대종교에 다니는 것은 부당하니, 그만두라.'고 하였습니다. 그러나 선생님은 그 뒤에도 몰래 계속하여 다니시며, 『신단실기(神檀實記)』·『삼일신고(三一神誥)』 등, 문헌을 손수 베껴서 읽으셨습니다."

참고로 김두봉은 주시경의 수제자와도 같았다. 김두봉은 1911년 중광절(重光節, 음력 1월 15일)에 이미 지교(知敎)의 교질(敎秩)을 받은 인물이다. 김두봉이 대종교 중광 직후인 1909년 전반기에 입교한 것으로 추정할 수 있는 이유다. 김두봉이 주시경의 영향으로 대종교에 입교한 것으로 본다면, 주시경의 대종교 입교는 김두봉보다 앞선다. 주시경의 대종교 입교가 중광과 더불어 이루어졌음을 확인시키고 있다.

대종교 항일투사 이현익(李顯翼)이 정리한 『대종교인과 독립운동연원』에서, 경제계(經濟界)의 책임자로서 안희제(安熙濟)를 올리고, 김교헌(金敎獻)·류근(柳瑾)·신채호(申采浩)·박은식(朴殷植) 등과 더불어 주시경을 교육계의 책임자로 기록한 것도 이러한 배경과 맞물린다. 그러므로 신흥무관학교 출신으로 서간도 항일투사였던 박명진(朴明鎭)은 그의 『대종교독립운동사』에서 1910년대 국내 대종교의 주요 교인으로 주시경을 꼽고 있다.

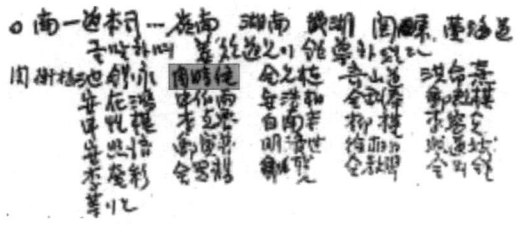

박명진의 『대종교독립운동사』(1964)에 기록된 1910년대 대종교 국내(남도본사) 주요 교인의 명단. 池錫永 다음으로 周時經(네모 안)의 이름이 보인다.

[참고문헌]
『대종교인과 독립운동연원』(이현익, 프린트본, 1962), 『대종교독립운동사』(박명진, 필사본, 1964), 『대종교중광육십년사』(대종교총본사, 1971), 「이력초」(주시경, 필사본, 배재학당기념관소장, 1908·1912), 「주시경 선생 역사」(권덕규, 『청춘』 1, 1914년 10월), 「주시경 선생 전기」(김윤경, 『한글』126, 1960년 2월), 「외솔 최현배 선생님의 전기」(최근학, 『나라사랑』제1집, 외솔회, 1971), 『독립운동사(문화투쟁사)』8권(독립운동사편찬위원회, 1975), 『주시경전집』상·하(이기문 편, 아세아문화사, 1976), 『주시경연구』(김민수, 탑출판사, 1977), 『주시경전집』(김민수, 탑출판사, 1977), 『주시경 선생의 생애와 학문』(허웅·박지홍, 과학사, 1980), 「개화기의 국어연구단체와 국문보급활동-'한글모죽보기'를 중심으로-」(고영근, 『한국학보』30, 일지사, 1983), 『주시경전서』(김민수 편, 탑출판사, 1992), 「대종교 항일운동의 정신적 배경」(김동환, 『국학연구』제6집, 국학연구소, 2001), 「조선어학회 예심종결결정문」(정태진, 『古語讀本(부록)』 정태진선생기념사업회, 2004), 「주

시경과 그 제자들」(이상각, 유리창, 2013)

주운천(朱墨天, 남, 생몰 미상)
입교 시기_ 1922년 | 교질_ 미상

출신지역과 생몰연대를 알 수 없는 인물이다. 일제의 문서에서는 찾을 수 없으며 1920년대 대종교의 기록에서만 등장하고 있다.

주운천은 1922년 2월 12일(음력) 대종교 동일도본사(東一道本司) 제1지사 관할 화일시교당(華一施敎堂)의 찬무(贊務, 부책임자)를 맡은 기록이 있다. 그의 대종교 입교가 그 이전에 이루어졌음을 알 수 있다. 화일시교당은 대종교 항일조직인 대한군정서(북로군정서)의 거점지역이었던 왕청현(汪淸縣) 춘화향(春華鄕) 용북동(龍北洞)에 소재한 시교당이다. 당시 박승명(朴承明)이 전무(典務, 책임자)를 맡아 이끌었으며, 송사현(宋仕賢)이 찬무로서 주운천과 함께 했다.

전무를 맡은 박승명은 대한군정서 시절 경신국(警信局) 제4분국 제1과장을 맡아 그 지역의 경사(警査)와 통신(通信)을 담당한 인물이다. 대한군정서 조직의 근간이 경신조직(警信組織)이었고 그 토대가 대종교 조직이었다. 더욱이 대한군정서가 흩어진 이후의 대종교 항일투사들은 삼삼오오 대종교 시교당을 거점으로 꾸준히 활동을 이어갔다. 주운천 역시 대한군정서 경신요원으로 활동했을 가능성을 높게 해 주는 부분이다.

이어 주운천은 1922년 11월 11일(음력) 송사현·송자성 등과 더불어 영계(靈戒)를 받은 기록이 있으나, 더 이상의 교력이나 연관 기록은 전하지 않는다.

[참고문헌]
『대종교보』제56호(1922년), 「大倧敎施敎堂一覽表(1926年)」(延边朝鲜族自治州档案馆 全宗号42 目录号1 案卷号343, 和龙县历史档案 和龙县警察所, 令各区查禁韩人设立大倧敎堂由, 民国十五年五月十二日), 『대종교중광육십년사』(대종교총본사, 1971)

주익(朱翼, 남, 1891-1943)
아호(별명)_ 주익원(朱翼元)
입교 시기_ 1916년 이전 | 교질_ 미상 | 서훈_ 애국장(2019)

함경남도 북청군(北靑郡) 평산면(坪山面) 용전리(龍田里) 출신이다. 본명은 주익원(朱翼元)으로 대종교에 입교하며 익(翼)이란 외자이름으로 개명하였다. 상경하여 보성전문학교(普成專門學校)를 졸업하였으며 대종교에 입교하면서 본격적인 항일투쟁을 전개하였다.

주익은 1919년 3·1독립만세운동 준비 과정에서 학생들의 참여에 지대한 역할을 한 인물이다. 그는 그 해 1월 26일 박희도(朴熙道)가 주선한 대책회의에서 의견일치를 유도하는데 결정적 공헌을 하였다. 주익이 보성전문학교 졸업생

주익

자격으로 참석한 이 모임에, 재학생으로는 보성전문학교의 강기덕(康基德), 연희전문학교의 김원벽(金元璧)과 윤화정(尹和鼎), 경성전수학교의 윤자영(尹滋英), 세브란스의전의 이용설(李容卨), 경성공전의 주종의(朱種宜), 그리고 경성의전의 김형기(金炯璣) 등 8명이었다. 대체적인 합의를 보았으나 김원벽이 신중론을 펴며 소극적이었다. 주익은 회합을 마친 뒤 박희도를 비롯한 재학생들에게 다음과 같은 시대정세를 토로하였다.

"대전(大戰) 결과 세계는…(중략)…종래에는 속국(屬國)이었던 것이 독립하고, 또는 타국 판도 내에 있던 민족으로 새로 독립국가를 조직하는 국가가 수개 국 있는 것은 확실하다. 우리 조선에 대해서도 강화회의에서 문제시되는 기미가 있으므로, 이때 우리 동포가 일제히 궐기해서 운동을 개시하면 혹은 성공할지도 모르는 정세다. 그리고 지금 이 기회는 운동을 개시할 호시기(好時期)라 생각 되는데 제군들의 의견은 어떠한가"

이에 박희도 등 재학생들이 동조를 표하면서, 김원벽 역시 찬성으로 돌아섰다. 이에 주익은 동년 2월 10일경까지 등과 여러 차례 만나 학생층을 중심으로 독립운동을 전개하기로 협의하였다. 주익은 「독립선언서」를 만들어 발표하기로 하고 초안까지 작성하였다. 그러나 2월 22일경 천도교와 기독교가 합동운동으로 거사하기로 확정된 후, 학생운동 역시 이에 가담하기로 결정되었다. 김원벽은 즉시 승동예배당(勝洞禮拜堂)에서 그 「독립선언서」 원고를 소각하였다.

또한 3.1독립만세운동 이후인 1919년 4월 23일, 13도 대표자들이 인천 만국공원에서 국민대회를 열어 「국민대회취지서(國民大會趣旨書)」와 「임시정부선포문」을 선언할 당시, 주익은 대종교의 선배인 류근(柳瑾)과 함께 13도 대표의 1인으로 이름을 올렸다. 이 임시정부(한성정부) 수립운동은 향후 민족운동을 이끌어 갈 영도기관이 될 것이라는 점에서 민족 구성원의 합의라는 절차가 중시되었기에 국민대회는 합의의 절차로 간주되었다. 즉 국민대회가 갖추어야 할 요건은 국내를 기초로 13도 국민대표로 조직되어야 하며, 임시정부의 정치형태는 민주공화정이어야 한다는 것 등을 내세웠다.

한편 이 국민대회의 실행 과정에서 사회주의 항일투쟁에 앞장섰던 김사국(金思國)의 역할도 주목된다. 당시 대종교 동지였던 김사국에게 명치대(明治大)에 재학 중이던 김유인(金裕寅)을 소개한 인물이 주익이다. 김사국은 1919년 3월 중순 무렵, 주익의 소개로 김유인을 만나면서 장채극(張彩極)·김홍식(金鴻植)·전옥결(全玉玦)·이철(李鐵)·최상덕(崔上德) 등을 끌어들였다. 김사국은 대동단, 천도교, 학생

운동조직 등을 망라하여 명실상부한 국민대회를 추진하고자 했던 것이다.

또한 주익은 그 해 8월 24일 최현(崔鉉)에게 대한청년외교단중앙부(大韓靑年外交團中央部)의 명의로 「국치기념경고문(國恥記念警告文)」이라는 문서를 배포하게 하는 등, 항일투쟁의 분위기를 이어가고자 지속시키고자 노력하였다. 그러나 8월 29일 최현·전영희(全永禧) 등 학생들이 종로경찰서에 체포되자 일제의 눈을 피하여 블라디보스토크로 넘어갔다.

이후 국내로 다시 들어온 주익은 1922년 5월 9일 조선교육협회(朝鮮敎育協會) 이사로 선임되었다. 당시 조선교육회는 국내 대종교 활동의 비밀아지트와도 같았다. 유진태(俞鎭泰)·박일병(朴一秉)·이연건(李鍊乾)·신명균(申明均) 등, 당시 국내 대종교의 핵심인물들이 주익과 함께 이사로 선임된 것을 보아도 짐작할 수 있다. 또한 1923년 3월 말 민립대학기성회(民立大學期成會) 발기총회에서 중앙부 집행위원 30인에 그 이름을 올리고, 함경북도 선전위원으로도 활동하였다. 1924년 4월 말에는 조선물산장려회(朝鮮物産獎勵會)의 이사로 선정되는가 하면, 그 해 8월에는 100주의 주식으로 시대일보 발기인으로 참여하기도 했다. 1926년 9월 25일 함경남도 북청군의 북청고등보통학교기성회(北靑高等普通學校期成會) 임원으로 선출되었다.

주익은 1926년 11월 1일 조선민흥회(朝鮮民興會) 창립준비위원으로도 참여한다. 이 모임은 6·10만세운동 바로 직후인 1926년 7월 8일, 국내 대종교의 핵심이었던 명제세(明濟世)가 조선물산장려회의 비타협적 민족주의자들과 함께 조선공산당에서 배제된 사회주의단체인 서울청년회 계통의 권태석(權泰錫)·송내호(宋乃浩) 등과 합작하여 민족협동전선으로서 발기한 단체였다.

이후에도 주익은 1927년 7월 3일 신간회(新幹會) 북청지회(北靑支會) 설립대회에서 회장으로 추대되었으며, 18일 간사회에서는 회원 모집위원으로 선정되었다. 또한 1929년 5월 26일 북청·이원(利原)·단천(端川) 등 3군 지회의 대표 수십 명의 회합에서 주익은 복대표(複代表) 후보로 선정되어 동월 29일에 열린 신간회 대표위원회에서 중앙집행위원 후보로도 선출되었으며, 그 해 8월 10일에는 신간회 북청지회 임시대회에서 집행위원장으로도 추대되었다. 1936년 2월 24일 여순감옥(旅順監獄)에서 순국(殉國)한 대종교 동지 신채호(申采浩)의 유해가 남대문역(南大門驛)에 도착하여 고향인 청주(淸州)로 내려갈 때, 남대문역 앞에서 출영(出迎)한 인물도 주익이었다.

주익의 대종교 교력을 살피면 비교적 이른 시기인 1916년 4월 16일(음력), 항일투사 김희경(金熙敬)·성관호(成瓘鎬)·나홍균(羅弘均)·나정채(羅正綵) 등과 함께 참교(參敎)의 교질(敎秩)을 받은 기록이 있다. 그의 대종교 입교가 보성전문학교 재학 시절일 것으로 추정되는 이유다. 그리고 1918년 10월 11일(음력)에는 지교(知敎)의 교질로 올랐다. 이후 대종교 남도본사에서 시무(時務)하면서 3·1독립만세운동 등, 국내 항일투쟁에 적극 가담하였다.

이후 국민대회를 통한 한성정부 설립을 추진하다가 검거된 최현·전영희 등의 배후로 지목된 주익은 블라디보스

토크로 건너가 대종교 활동을 이어갔다. 당시 연해주는 대종교 북도본사(北道本司)의 관할로, 일부 기록에 1910년대 후반 대종교 북도본사의 주요 교인 명단에 주익의 이름이 올라 있는 것도 이러한 시대 배경과 맞물린다.

국내로 돌아온 1922년 4월에는 대종교청년회가 주최한 강연회에 김명식(金明植)·홍영후(洪永厚)·황운봉(黃雲鳳) 등과 연사로 참여하여 '종교의 신광(晨光)'이란 주제로 강연을 하기도 했다. 그리고 1922년 6월에는, 대종교 남도본사의 신구(新舊) 교도들 간의 충돌 이후 대종교 남도본사 간부에 대한불신임이 대두되었을 당시, 지도부의 기능이 멈춰지자 박일병·황훈(黃勳)·백남규(白南奎)·권동규(權東奎)·박종식(朴琮植)·김진(金眞)·김상찬(金相鑽) 등과 집행위원으로 선출되어 임시 종무를 담당하기도 했다.

1922년 6월 대종교 남도본사 간부진의 기능 상실로 업무가 마비되자, 그 타개책으로 집행위원을 선출했음을 알리는 「매일신문」의 기사 내용. 왼쪽 집행위원 명단에 朱翼(네모 안)의 이름이 보인다.

[참고문헌]

「종문영질」(프린트본, 1922), 「대종교독립운동사」(박영진, 필사본, 1964), 「騷擾事件ノ槪況」(不逞團關係雜件 朝鮮人ノ部 在內地 七, 秘受6424號, 한국사DB, 국사편찬위원회), 「판결문」(경성복심법원, 1919년 7월 21일), 「동아일보」1922.5.11·18., 1923.4.1., 1929.7.1., 10.7., 「매일신문」22.4.18., 6.6., 1930.1.9., 「조선민족운동연감」(在上海日本總領事館, 東文社書店, 1946), 「한국유이민사」상(현규환, 어문각, 1967), 「三·一運動과 학생층」「3·1운동 50주년기념논총」(김대상, 동아일보사, 1969), 「독립운동사자료집」5(독립운동사편찬위원회, 1975), 「한민족독립운동사자료집」5·11(국사편찬위원회, 1988·1990), 「한민족독립운동사」8(국사편찬위원회, 1990), 「한국독립운동사자료」38(국사편찬위원회, 2002).

주흥섭(朱興燮, 남, ?-1924)

입교 시기_ 1922년 | 교질_ 참교

출신지역과 생몰연대가 불확실한 인물이다. 일제의 문서에서는 확인이 안 되며 1920년대 대종교단의 기록에서만 나타나고 있다.

주흥섭의 교력을 살피면, 1922년 12월 5일(음력, 이하 음력) 방윤풍(方允豊)·김하일(金河一)·박장빈(朴章彬)·홍범장(洪範章)·이현익(李顯翼) 등 서간도 항일투사 36인과 함께 영계(靈戒)를 받은 기록이 있다. 그의 대종교 입교 시기가 그 이전에 이루어졌음을 확인시켜 준다. 그리고 같은 날 참교(參敎)의 교질(敎秩)을 함께 받았다.

1924년 8월 1일에는 대종교 동일도본사(東一道本司)의 각 구(各區)를 관할하는 순교원(巡敎員)으로도 임명되었다. 당시 대종교 순교원에 이름을 올린 인물들을 보면 김규식(金奎植)·채규오(蔡奎五)·장도순(張道淳)·한기중(韓基中)·오근태(吳根泰)·이헌(李憲)·공창준(公昌準) 등, 대종교 항일투쟁의 거물들이었다. 그의 대종교 항일투쟁 방면에서의 위상이 상당했음을 시사해 준다. 그러나 순교원으로 임명된 2주 후인 8월 17일 살해를 당한 기록만 남았을 뿐, 그 구체적 상황은 전하지 않는다.

[참고문헌]

「대종교교보」제56호(1922년), 「大倧敎施敎堂一覽表(1926年)」(延边朝鲜族自治州档案馆 全宗号42 目录号1 案卷号343, 和龙县历史档案 和龙县警察所, 令各区查禁韓人设立大倧教堂由, 民国十五年五月十二日)

지석영(池錫永, 남, 1855-1935)

아호(별명) _ 공윤(公胤), 송촌(松村)
입교 시기_ 1914년 이전 | 교질_ 참교

한성부 중부(中部) 경행방(慶幸坊) 교동(校洞, 지금의 종로구 낙원동) 출신이다. 대한제국 사진작가로 대종교 중광의 중요한 역할을 한 백련(白蓮) 지운영(池運英)의 동생이며, 대종교 항일투사 백산(白山) 지청천(池靑天)의 삼종숙(三從叔)이다.

지석영

일찍이 지석영은 우두법(牛痘法)을 배워 공개적인 종두법 실시의 효시를 이루었으나, 1882년 임오군란이 일어나자 일본에서 종두법을 배워왔다는 죄목으로 체포령이 내려지기도 했다. 당시 종두장은 난민들의 방화로 불타버렸고 정국이 바뀐 후에야 지석영 서울로 돌아와 종두장을 재건하였다. 이후 전주와 공주 등에 우두국을 설치하고 종두법 보급에 앞장서는 한편, 1883년 문과에도 급제하여 성균관전적과 사헌부지평 등을 지내기도 했다.

지석영은 1887년 정치적 변고로 인하여 전라남도 강진의 신지도(新智島)에 유배되어서도 여전히 우두를 실시하였다. 1892년 유배에서 풀려 서울로 돌아온 그는 이듬해 우두보영당(牛痘保嬰堂)을 설립하고 많은 어린이들에게 시종(施種)하였다. 갑오개혁 이후에는 학부대신에게 의학교의 설립을 제의하였고, 1899년 의학교가 설치되자 초대 교장으로 임명되었다. 그는 일본인 교사들을 초빙하고 일본 의학책을 번역하여 가르치게 하였다. 또한 1902년 그의 제창으로 훈동(勳洞)에 의학교의 부속병원이 설립되었고, 이듬해 의학교는 첫 졸업생 19명을 배출했다. 1907년 의학교가 대한의원의육부(大韓醫院醫育部)로 개편된 후에도 학감에 취임하여 3년간을 재직하였다.

의학뿐만이 아니라 사회적 개혁을 위한 노력에도 남다른 열성을 보인 인물이 지석영이다. 1882년에 올린 상소에서 급속한 개화의 필요성을 역설하는가 하면, 이를 위하여 일종의 훈련원을 세우자는 주장도 펼쳤다. 그리고 그곳에 당시의 세계정세를 알 수 있는 책과 외국의 과학기술에 관한 책들을 모으고, 구할 수 있는 여러 가지 문물을 수집하여 전국에서 뽑아온 젊은이들에게 보이고 가르치자는 야심적인 계획이었다. 1890년대 후반에는 독립협회의 주요 회원으로 이름을 올리고 갖가지 토론회에 참가하여 의견을 발표하며 다양한 활동을 전개하였다. 또한 대한자강회의 평의장을 지내면서 국민교육의 고양과 식산(殖産) 증진을 통한 부국강병을 이루자는 자강회의 취지를 솔선하여 선전하였다.

한편 지석영은 우리말에 대한 관심도 남달랐다. 개화가 늦어지는 이유를 어려운 한문 쓰기로 단정하고 1905년에 이미 국문 사용을 통한 교육의 보편적 확산을 주장한 인물이다. 또한 주시경(周時經)과 더불어 우리말의 가로쓰기를 주장한 선구자로, 국문연구소 위원에 임명되어 주시경·박은식(朴殷植) 등과 활동하였다. 특히 그의 우리말 이론에 대한 주장은 많이 공감을 주었으며, 고종은 그의 공을 인정하여 태극장(太極章)·팔괘장(八卦章) 등을 하사하였다. 그러나 경술국치를 당하자 모든 공직을 버리고, 국내 대종교의 부흥과 전선의회 회장 및 동서의학을 절충한 조선병원의 원장으로 활동하였다.

[주요저술]

지석영은 1885년 우리나라 최초의 종두법(種痘法)에 대한 의학 서적인 『우두신설(牛痘新說)』을 썼다. 이 저술은 1879년 종두법을 배운 이후 종두장을 운영하면서 시행해본 경험을 바탕으로 종두법에 대한 여러 이론의 소개와 그 실행방법을 설명한 책이다. 상·하 2권으로 저술된 이 책은 제너의 우두종법 발견으로부터 이 법(法)의 한역서의 소개, 우두의 시종·치료 또는 두묘(痘苗)의 제조와 종우(種牛)의 사양법(飼養法)에 이르기까지 모든 방법을 간명히 서술하였다.

지석영에 있어 특히 주목되는 부분은 우리말 연구와 관련된 저술들이다. 그는 1896년 11월에 우리말 연구에 대한 최초의 글인 「국문론(國文論)」을 발표한다. 1905년 고종에게 올린 다음 상소문은, 그의 우리말에 대한 애착을 그대로 보여 주고 있다.

"삼가 아룁니다. 문명의 근본은 진실로 교육에 있고 교육하는 도구는 백성이 쉽게 알고 쉽게 행할 수 있도록 하는 것보다 좋은 것이 없습니다. 그 도구가 무엇인가 하면 바로 국문(國文)입니다. 우리나라의 국문은 우리 세종대왕께서 나라에 예전부터 문자가 없었던 것을 걱정하여 신묘한 지혜를 발휘함으로써 상형(象形)하고 절음(切音)하여 백성들에게 주신 것입니다. 그 원칙이 간결하면서도 쓰임이 무궁하여 형용하기 어려운 언어와 드러내지 못하는 뜻도 모두 말로 담아 낼 수 있는 데다

배우기가 매우 쉬워서 비록 아녀자나 어린아이같이 지극히 어리석은 사람이라도 며칠만 공부하면 모두 성취할 수 있습니다. 진실로 황실의 보배로운 문자이며 가르치는 도구 가운데 지남(指南)이라 하겠습니다. …(중략)…지금 세계 각 나라가 모두 자국(自國)의 문자를 자국에 사용하니, 자주(自主)의 의리가 그 안에 들어 있지 않음이 없습니다. 이에 타국의 각종 문학(文學)을 모두 자국의 문자로 번역 출판하여 자국의 백성을 가르치지 않는 나라가 없습니다. 그러므로 오주(五洲)의 모든 백성이 문자를 알고 시국에 통달하여 무럭무럭 날마다 문명의 세계로 나아가는 것입니다. 그런데 유독 우리나라만이 통상(通商) 후 몇십 년이 지났는데도 어물어물하여 발전하지 못하는 것은 이해하기 어려운 한문에만 매달려 쉽게 이해할 수 있는 국문을 숭상하지 않기 때문입니다. …(후략)…"

이러한 주장은 그의 『대한국문설(大韓國文說)』에 그대로 연결되어 있으며, 이를 토대로 국문체계의 통일안을 작성하여 정부에 소청하였다. 이 소청이 받아들여져 1905년 7월 19일에 공포된 것이 『신정국문(新訂國文)』이다. 이것은 고종의 재가를 받아 국가에서 공식으로 선포되긴 하였으나 지석영 개인의 의견이 많다는 문제도 있었다. 그럼에도 우리말에 대한 보다 깊은 연구의 필요성을 촉발시켜 대한제국의 학부(學部)에 국문연구소를 설치하게 된 계기가 되었다.

지석영의 1907년 본격적인 국문 관련 저서로는 『자전석요(字典釋要)』를 발간한다. 이 책은 자음과 새김을 모두 한글로 표시하여 편찬한 자전으로, 종래의 운서에서 벗어나 독립된 자서로서의 근대적인 조건을 갖춘 자전이었다. 자음과 새김을 모두 한글로 제시하여 정음과 속음의 구별을 분명히 한 점 등이 그것이다.

지석영이 주요 저술로, 왼쪽부터 『牛痘新說』(1885)·『字典釋要』(1907)·『言文』(1909)이다.

1909년에 편찬한 『언문(言文)』 역시 주목된다. 지석영 저술로 정기선(鄭驥善)이 교열(校閱)한 국어사전 형식의 우리나라 최초의 교과서로 평가되고 있다. 다만 사전으로서의 체재는 미비하여, 한자의 독음(讀音)을 예시한 자음(字音) 색인의 구실밖에 하지 못하는 한계를 갖는다. 지석영은 최세진(崔世珍)의 『훈몽자회(訓蒙字會)』를 참작하여 『훈몽자략(訓蒙字略)』(1909년)도 출간한다. 이 저술은 『훈몽자회』를 독

자적인 방식으로 한자의 석음(釋音)과 자의(字意)에 대한 국문 표기 방법을 연구하여 정리한 책이다. 지석영은 한문과 국문을 견주어 가르칠 수 있는 방법을 고민하였다. 이러한 생각을 바탕으로 한자의 자음과 석음을 국문으로 표시하는 방법을 제시하고자 한 성과물이 『훈몽자략』이다.

[교력]
지석영의 대종교 교력을 살피면 1914년 5월 13일(음력) 참교(參敎)의 교질(敎秩)을 받은 기록이 있다. 그의 대종교 입교가 그 이전으로 올라감이 확인된다. 박명진(朴明鎭)이 지은 『대종교독립운동사』에, 김윤식(金允植)·주시경(周時經)·김두봉(金枓奉)·류근(柳權) 등의 인물들과 1910년대 국내 대종교 주요 교인으로 올라 있는 이유다.
1921년 개천절(음력 11월 3일)에는 대종교 남도본사에서 열린 기념식의 사회를 맡아 진행을 이끌기도 했다. 당시 정삼(鄭森)이 원도(願禱)를 올리고 유진찬(兪鎭贊)이 경하사(慶賀辭)를 낭독했으며 박일병(朴一秉)이 축사를 하였다. 그리고 1922년 9월 1일(음력)에는 김교헌(金敎獻)의 최측근이었던 신최수(申最秀)와 함께 지교(知敎)의 교질로 올랐다. 그리고 이 시기 유진찬·최강(崔岡)·곽동조(郭東朝)·지성채(池盛彩) 등과 종로구 계동(桂洞)에 있던 남도본사의 경배(敬拜) 등에도 열성을 보이기도 했다.

1921년 개천절 당시, 대종교 남도본사에서 거행된 기념식에 사회를 맡은 지석영(네모 안)에 대한 신문기사.

한편 국내 대종교는 1920년대 후반 들어 거의 문을 닫을 지경에 이르렀다. "때는 마침 무단통치시대인지라, 언론 집회는 물론 대금물이어니와, 더구나 이 민족적 색채를 가진 대종교에 대한 감시야 실로 끔직하였지요! 빈궁한 살림살이에 고정한 회당조차 없이 이 집 저 집으로 돌아다니는 곤경에다가, 설상가상으로 그들의 핍박이 날이 갈수록 더욱 심하여, 심지어 교사(敎史) 원고까지 빼앗기는 등, 실로 피가 뛰고 이가 갈리는 비분한 경우도 많이 당하였습니다."라는 기록에서도 알 수 있듯이, 중심부와 떨어진 변두리로 수시로 옮기며 비밀리에 집회활동을 갖기 일

쑤었다. 이러한 분위기 속에서도 이규환(李奎煥) 등과 국내 대종교를 살리기 위한 마지막까지 남다른 열정을 보인 인물이 지석영이다.

[참고문헌]
『대종교보』제55호(1922년), 『종문영질』(프린트본, 1922), 『대종교독립운동사』(박명진, 필사본, 1964), 『본사행일기』(성세영, 필사본, 1922), 『승정원일기』1905년 6월 6일자, 『동아일보』1921.11.3, 1928.1.6, 『朝鮮種痘史』(三木榮, 『醫事新誌』293, 1935), 『우리나라 두창의 유행과 종두법의 실시』(김두종, 『서울대학교논문집(인문사회과학)』4, 1956), 『한국의학사』(김두종, 탐구당, 1966), 『지석영전집』1~3(아세아문화사, 1985), 『송촌 지석영』(대한의사학회, 아카데미아, 1994)

지성구(池成九, 남, 생몰 미상)
입교 시기_1910년 추정 | 교질_미상

출신지역과 생몰연대를 알 수 없는 인물이다. 일찍이 간도로 건너가 1910년 1월 대종교계 동흥학교(東興學校)에서 교편을 잡았던 인물이다. 동흥학교는 간도 수원보(綏遠堡) 무덕사(茂德社) 학성(鶴城)에 소재했으며, 당시 지성구는 서우석(徐禹錫)·진인국(陳仁國)과 40명의 학생을 거느리고 함께 학교를 이끌었다. 주요 교습 과목을 보면 국어·한문·수신(修身)·산술(算術)·체조·창가 등이었다.
지성구의 교력과 관련된 대종교단 내의 기록은 전하지 않는다. 다만 그와 동흥학교를 함께 이끈 서우석이, 1911년 중광절(重光節, 음력 1월 15일)에 참교(參敎)의 교질(敎秩)을 받은 기록이 있다. 서우석은 경성공업전습소 응용화학과를 중퇴하고 일본으로 건너가 중앙대학(中央大學) 전문부 법학과를 졸업한 인물이다. 경성공업전습소 출신으로, 같은 시기 만주로 건너간 박찬익(朴贊翊)·박승익(朴勝益)과도 깊은 연관성이 점쳐지는 이유다. 지성구 역시 이러한 연관 속에 같은 시기 대종교에 입문한 것으로 추정되나, 그 기록은 확인이 안 된다.

[참고문헌]
『종보』제5호(1910년), 『倧彙』제3호(1911년), 『한국근대사자료집성』9(국사편찬위원회, 2004), 『한민족독립운동사』4(국사편찬위원회, 1988)

지성채(池盛彩, 남, 1899-1980)
아호(별명)_춘초(春草), 이대창(李大昌)
입교 시기_1922년 | 교질_정교

서울시 종로구(鐘路區) 가회동(嘉會洞) 출신이다. 대종교 중광(重光)에 지대한 역할을 한 백련(白蓮) 지운영(池雲永)의 장남이자, 송촌(松村) 지석영(池錫永)의 조카다. 일찍이 계산소학교(桂山小學校)와 오성중학교(五星中學校)에서 신학문을 익히고, 1917년 서화미술회에 입학하면서 그림공부를 시작하였다.

지성채

부친 지운영으로부터 한학과 서화에 대한 가르침을 받는 동시에, 1919년 소림(小琳) 조석진(趙錫晋)의 문하생으로 본격적인 화가의 길을 걷게 되었다. 지성채의 산수화에 반복적으로 사용된 독특한 소미점(小米點)에서 지운영의 영향이 엿보이는 이유다. 1923년 제2회 조선미술전람회 동양화부에 입선을 시작으로, 제4회·제5회·제6회·제7회에 연이어 입선하는 등, 발군의 능력을 보였다.

지성채는 26세 때인 1924년 대종교계열의 항일단체와 관련된 국내 군자금 모금원으로도 활동하였다. 그리고 그해 음력 8월에는 모금한 군자금 3천원을 지참하고 만주로 향하였다. 당시 그는 모금한 군자금이 일제에 발각 될까 두려워 때문은 헌옷에 넣고 꿰매어 입은 채로 걸인행색으로 출발했다 한다. 기차를 타고 하얼빈에 도착한 지성채는 대종교지도자 김좌진(金佐鎭)의 처(妻, 吳氏夫人)에 의해 안내되어 치치하얼(齊齊哈爾)로 옮겨가 김좌진에게 그 군자금을 전달하였다.

다시 국내로 돌아온 지성채는 일제의 탄압이 심해지자 붓을 내려놓고 이름을 이대창(李大昌)이라 바꾸어 국내 항일투쟁을 이어갔다. 당시 국내 대종교 탄압으로 인한 비밀결사 활동과 무관치 않은 듯하다. 그러면서도 1938년 제18회부터 1940년 제20회까지 조선미술전람회의 공예부에 3년 연속 입선하는 재능을 이어갔다. 더불어 1931년 11월 15일 개최된 단군신전봉찬회창립총회(檀君神殿奉贊會創立總會)에서 이사로 선임되어 단군정신의 계도에 앞장서기도 했다.

해방 이후인 1948년에는 제1회 서울시문화상 공예부 심사위원으로 위촉되는가 하면, 1970년대 후반부터 다시 그림을 그리면서 1977년 3월 신문회관에서 최초의 개인전을 가졌다. 또한 다음해에는 미도파백화점에서 팔순기념 초대전을 개최했으며, 한국서화협회 중앙회부회장과 한국서도연구회 고문으로도 활동하였다.

지성채의 대종교 교력을 살피면 1922년 4월 15일(음력, 이하 음력) 대종교 남도본사의 종리감찬(宗理監贊)을 맡은 기록이 전한다. 그의 대종교 입교가 그 이전에 이루어졌음을 알 수 있다. 당시 남도본사의 책임자는 항일투사 이채우(李埰雨)였다. 이채우는 만주 대종교 항일단체의 군자금 모금에 앞장선 인물이다. 또한 조승호(趙承鎬)·이규환(李奎煥)·강용구(姜容求) 등, 비밀리에 국내 대종교를 이끌던 인물들이 주축을 이루었다.

지성채는 같은 해 7월 19일 남도본사의 추천으로 영계(靈戒)를 받았다. 함께 영계를 받은 인물 중에는 국내 사회주의 활동에 앞장선 서정록(徐廷祿)를 비롯하여 최양희(崔養熹)·김선진(金善鎭)·이순용(李淳鎔)·이문재(李文載) 등이 포함되어 있다. 지성채가 비밀리에 국내 대종교 항일투쟁에

관여한 정황을 다시금 확인시켜 준다. 이 시기 지성채는 가회동 20번지에 살면서 숙부인 지석영과 더불어 종로구 계동 101번지에 소재했던 대종교남도본사 경배식에 참석하는 등, 대종교 활동에도 적극적으로 참여하였다.

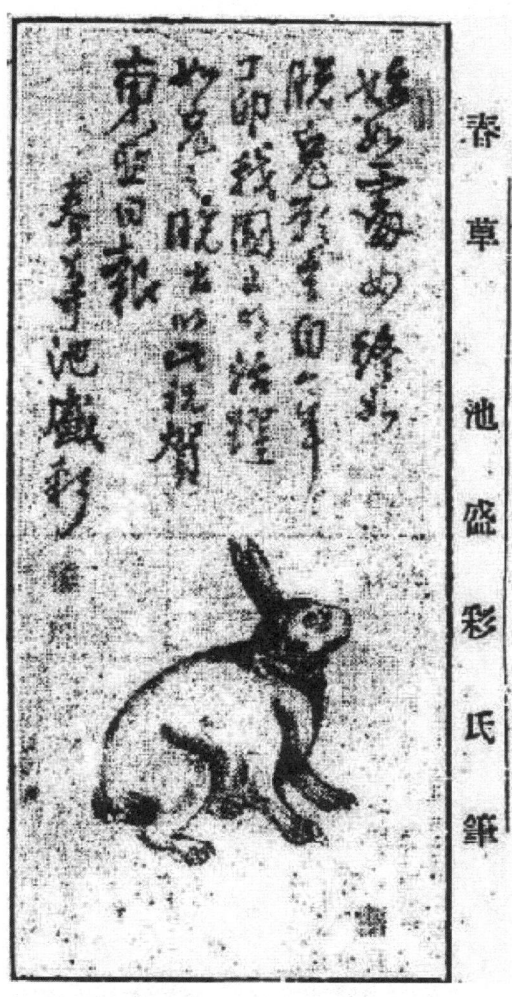

1927년 丁卯年 토끼해에 동아일보에 실린 池盛彩의 신년 휘호.

이러한 지성채의 노력을 높이 평가한 대종교에서는, 해방을 맞아 국내로 환국한 직후인 1946년 2월 23일, 대종교 남도본사의 특별추천으로 참교(參敎)를 건너 뛴 지교(知敎)의 교질(敎秩)을 수여하였다. 또한 같은 해 3월 6일에는 성재(省齋) 이시영(李始榮)이 원장을 맡은 경의원(經議院)의 참의(參議)로도 선임하여 원로서의 대접을 극진히 하였다.

지성채와 관련하여 또 하나 주목되는 것은 단군 천진(天眞, 影幀)이다. 당시 교주였던 단애(檀崖) 윤세복(尹世復)은 만주로부터 환국한 뒤 대종교 원로들과의 의논을 거쳐 단군 천진을 새롭게 모사(模寫)하는 작업을 추진하였다. 이

러한 과정을 통해 당대 최고의 화가로 꼽혔던 지성채가 채색(彩色)으로 모사(模寫)한 것이 지금의 대종교 천진이다. 이 단군 천진은 1948년 대한민국 수립 다음해인 1949년 국회의 동의를 받아 대한민국 국조(國祖) 표준본으로 공인되었다.

1946년 대종교 환국 직후 지성채가 模寫한 채색 단군영정.

[참고문헌]
『대종교보』제55호(1922년)·환국기념호(1946년), 『본사행일기』(성세영, 필사본, 1922), 『대종교중광육십년사』(대종교총본사, 1971), 『동아일보』1927.1.3., 「檀君神殿奉贊會創立總會」集會取締 狀況報告(通報)」(『思想에 關한 情報』1, 京鍾警高秘 제14018호, 한국사DB, 국사편찬위원회), 『서화백년』(김은호, 중앙일보사, 1981), 『한국근대미술의 역사: 한국미술사 사전 1800~1945』(최열, 열화당, 1998), 『춘초지성채옹팔순기념초대전』(미도파백화점, 1978), 「白蓮 池雲英의 미공개 文卷著册 目錄」(柳永博, 『도서관연구』제22권 제3호, 한국도서관협회, 1981), 『단군사묘·유적·유물 집성』(한국민족종교협의회, 2017)

지세훈(池世勳, 남, 생몰 미상)
입교 시기_ 1935년 이전 | 교질 _지교

출신지역과 생몰연대를 알 수 없는 인물이다. 일제의 문서에서는 발견되지 않으며, 1930년대 대종교의 기록에만 등장하고 있다.

지세훈은 1935년 11월 20일(음력) 대종교 북일도본사 관할 아성시교당(阿城施敎堂)의 전무(典務, 책임자)를 맡은 기록이 있다. 당시 그의 교질(敎秩)이 '입교(入敎)→영계(靈戒)→참교(參敎)'의 단계를 넘어서 지교(知敎)의 위치에 있었음을 보면, 그의 대종교 입교 시기가 훨씬 이전임을 헤아리게 된다. 당시 아성시교당은 아성현 동문리(東門里)에 소재한 시교당으로, 만주 항일투쟁의 대표적 인물인 이창근(李昌根)과 김병세(金丙世)가 찬무(贊務, 부책임자)를 맡아 활동했다. 또한 북간도의 항일투사인 지원식(池源植)·이석태(李錫泰)·이중렬(李仲烈) 등이 시교원(施敎員)을 맡아 대종교 정신을 통한 항일투쟁에 앞장섰다. 지원식이 대종교 항일투쟁에도 깊숙이 관여한 인물임을 확인할 수 있다.

또한 1939년 음력 10월에 발기한 대종교교적간행회(大倧敎敎籍刊行會)에도 적극 참여하여 찬성금을 희사했다. 이 교적간행회는 "교화를 보급케 함에는 반드시 문자의 힘을 시뢰(恃賴)할 것이다. 이제 대교 부흥기에 당하야 만구동성으로 종경(倧經) 요구가 날로 높은 터이다. 이 요구를 수응함은 무엇보다도 대교 발전상 최대 급무일 것이다. 이것을 공감하는 우리는 미성박력(微誠薄力)을 불고하고 교적간행회를 발기한다."는 취지로 만들어진 것으로 백산(白山) 안희제(安熙濟)와 해산(海山) 강철구(姜鐵求) 등이 주도하였다.

[참고문헌]
『대종교중광육십년사』(대종교총본사, 1971)

지운영(池雲英, 남, 1852-1935)
아호(별명)_ 백련(白蓮), 설봉(雪峰), 지운영(池運永), 백련거사(白蓮居士)
입교 시기_ 1922년 이전 | 교질_ 참교

서울시 종로구(鐘路區) 가회동(嘉會洞) 출신이다. 한국 대표적 서화가로 대종교인인 지성채(池盛彩)의 부친이며, 종두법 시행의 선구자이자 대종교지도자였던 지석영(池錫永)의 형이다. 또한 개항기 한국인 최초로 고종의 사진을 촬영한 사진가로도 유명하다.

지운영은, 김정희(金正喜)의 제자로 여항문인(閭巷文人)이었던 강위(姜瑋)의 문하에서 시문 등을 배운 인물이다. 여항문인이란 양반이 아닌 중인·서얼·서리·평민과 같은 여항 출신의 문인들을 일컫는다. 강위는 강화도조약 체결 당시 필담(筆談)을 맡은 인물로, 박문국(博文局)을 세웠으며 우

지운영

리나라 최초의 신문인 『한성순보(漢城旬報)』를 창간하였다. 강위는 1870년대 말 청계천 광교 부근에 살던 역관(譯官)과 의관(醫官) 등 기술직 중인(中人)들의 맹주 역할을 하였다. 이들을 중심으로 결성되었던 모임이 육교시사(六橋詩社)로, 지운영 역시 이 모임의 동인으로 활동하였다.

1882년 수신사 박영효(朴泳孝)의 수행원으로 일본에 건너갔을 때 사진술에 처음으로 입문하였다. 이어 1883년 통리군국사무아문(統理軍國事務衙門)의 주사(主事)로 임명되어 귀국하였으며, 이듬해에는 사진관도 설립하였다. 1886년에는 김옥균(金玉均)을 암살하기 위하여 일본에 건너갔으나 미수에 그치고 일본경찰에 체포되어 강제귀국당하여 영변으로 유배되었다. 1889년 유배생활에서 풀려나 중국의 소주(蘇州)와 항주(杭州) 등지를 여행하고 돌아와, 1895년에는 상소문을 올려 재기를 꿈꾸었지만 뜻을 이루지 못하였다.

지운영은 회갑이 되던 해에 경기도 안양(安養)의 관악산 중턱 삼막사(三幕寺)에 백련암(白蓮庵)을 짓고 은둔했다. 본격적으로 시와 그림에 몰두하게 된 때도 이 시기다. 그는 호를 설봉(雪峰)에서 백련(白蓮), 이름을 운영(運永)에서 운영(雲英)으로 바꾸었다. 당시 그가 그린 산수화와 인물화는 천하 명품으로 꼽히며 작품 세계는 초세적(超世的)이라는 평이었다. 『매일신보』(1917년 7월 3일자)에 실린 다음의 평가가 이를 말해 준다.

"지운영 화백은 백련(白蓮)이라 호(號)하여 심전(心田) 안중식(安中植) 화백으로부터 사계(斯界)의 거장(巨匠)이라는 세평(世評)이 있으며, 화백은 십년래(十年來)로 심신(心神)을 선학(禪學)에 투입한 보람이 있어 그 묘사하는 필치는 초세적(超世的) 기분(氣分)이 있더라."

사람들이 지운영의 신묘한 붓재주를 시(詩)·문(文)·서(書)·화(畵)에 능한 '지사절(池四絶)'이라 불렀던 이유다. 윤치호(尹致昊)는 이 시기 지운영을 '미치광이 화가'로 표현할 정도로, 그는 종교적 기행에도 심취해 있었다. 동생 지석영의 집을 찾아와 머물던 지운영을 만난 경험을 적은 윤치호의 아래 일기 내용이 더욱 흥미를 끈다.

"(1917년 10월 7일) 오후 1시 30분에 동생 지석영의 집에 있는 지운영을 방문했다. 지운영의 이야기를 간단히 정리하면 다음과 같다. 지운영은 자신이 서산대사(西山大師)의 후신이라고 믿고 있다. 서산대사를 증오했던 두 악령이 지운영이 어머니 자궁 속에서 생겨났을 때 그를 없애기 위해 어머니의 자궁으로 들어갔다. 관세음보살 염불이 지난 30년 동안, 그 악령들이 지운영의 생명을 파괴하는 것을 막아주었다. 만약 지운영이 현재 19세로 삼청동(三淸洞)에 사는 김정희(金正姬)란 이름의 여인과

결혼을 한다면 그 악령들은 결국 지운영의 가슴에서 축출될 것이다. 지운영은 이미 구력(음력)으로 다음 달에 그 여인과 결혼하기로 약속했다. 지운영은 내가 돈으로 자신의 결혼을 도와주기를 바란다! 지운영은 지금 66세다! 가난하고 미친 노인이 19세 소녀와 결혼하기를 원한다. 도대체 지운영에게 무슨 문제가 생긴 것일까? 나는 늘 지운영이 정신이 온전한 사람이라고 생각했다."

지운영을 '지사절'에 바보[痴]·미치광이[狂]·구도자[禪]·지혜[慧]를 더해 '지팔절(池八絶)'로도 부르게 된 배경이 된다. 위창(葦滄) 오세창(吳世昌)에게 기이한 묵서(墨書)를 선물할 때도 이 시기다.

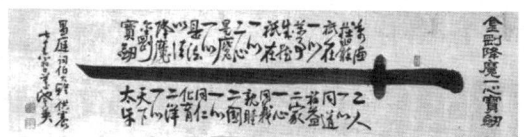
지운영이 자신이 지니고 다니던 보검을 그리고 '金剛降魔一心寶劍'이라는 글자를 써서, 개화파 吳慶錫의 아들인 吳世昌에게 준 墨書.(성균관대 박물관 소장)

지운영은 은둔 속에서도 현실과의 교감을 이어갔다. 1921년 서화협회 정회원으로서 제1회 서화협회전람회 출품을 들 수 있다. 또한 1922년에도 제1회 조선미술전람회에 작품을 보내 입선을 하기도 했다. 그러나 1923년 조선미술전람회의 심사원 차별에 문제를 제기하고 이마저도 관계를 끊었다.

지운영은 백련암 바위에 거북 귀(龜) 자를 세 가지 형태로 새겨놓고 살았다 한다. 이 역시 그의 종교적 기행과 무관치 않은 행적이다. 그가 『동아일보』 1930년 2월 19일자(음력으로 1929년 1월 21일)에 발표한 「기사제석(己巳除夕)」이라는 7언절구 역시 그가 세상에 마지막 남긴 비결시다.

　今夕策鞭千里馬(금석책편천리마)
　明朝打殺兩頭蛇(명조타살양두사)
　雲天地作花天地(운천지작화천지)
　四海春風出吾家(사해춘풍출오가)

이 시는 시제에서 알 수 있듯이 기사년(1929년) 섣달그믐날[除夕]에 쓴 듯하다. 사용된 수사(修辭)는 자구(字句) 해석만으로는 접근이 불가하다. 문학적 해석으로도 난해하기는 마찬가지다. '천리마'·'양두사'·'화천지' 등이 중의적(重義的) 성격으로 사용된 것임은 쉽게 직감할 수 있다. 여타의 비결시·예언시에서 보듯 그 해석 역시 중구난방일 듯하다. 그러나 분명히 공감되는 부분이 있다. '이 세상의 평화가 우리나라로부터 나온다(四海春風出吾家)'는 마지막 행이 예사롭지 않다.

[교력]
지운영은 대종교 중광부터 많은 역할을 한 인물로 전해져 온다. 대종교의 주요 경전(經典)인 『삼일신고(三一神誥)』 등

과 깊은 연관을 짓는 이들이 있다. 심지어 호사가들 중에는 대종교의 선지자적(先知者的) 집단의 우두머리인 백봉신사(白峯神師)와 동일인이라고도 언급한다. 그만큼 대종교와 밀접한 인물이 지운영이다.

또 하나 주목되는 것은 지운영이 대종교 단군 천진(天眞, 影幀)의 효시를 만든 인물이라는 주장이다. 대종교는 1909년 1월 15일(음력) 서울 재동에 있는 취운정 앞 6간 초가집 북벽에 '단군대황조신위(檀君大皇祖神位)'를 모시고 천제(天祭)를 올렸다. 이것이 대종교의 중광(重光, 전래 단군신앙의 부활) 선포다. 그리고 신위를 천진으로 바꾼 시기는 1910년 8월 21일(음력)이다. 대종교단의 기록에는 그 단군 천진을 모사한 인물이 이당(以堂) 김은호(金殷鎬)로 되어 있다. 다음 기록이 그것이다.

"경술년 8월 21일(음력-인용자 주)에 처음으로 천조영정(천진)을 총본사 천전(天殿)에 봉안하고 제례를 행하였다. 이때 봉안한 천진은 당시 궁중화가 김모(金某)씨가 모사한 것인 바, 이 천진본에 대한 사적 고증으로서는 신라 때 농가에 태어난 솔거가 그림에 소질과 취미가 많았으나, 가세가 빈한하여 그 뜻을 이루지 못하고 항상 한배검께 지성으로 기원하였던 바, 감천(感天)의 영험으로 몽중에 신필(神筆)을 얻고 그 현몽되었던 신상(神像)을 그려 전한 것이 효시라고 하며, 그 후 고려 때에는 조령 남쪽과 대관령 북쪽에 천진을 받들지 않은 데가 없으므로, 당시 백운거사 이규보는 영외가가신조상(嶺外家家神祖像)은 당년반시출명공(當年半是出名工)이라는 찬시(讚詩)까지 지어 전한다."

여기서 말하는 궁중화가 김모씨는 친일화가 김은호를 말하는 것이다. 해방 이후 친일의 행적을 철저히 배격한 대종교였기에 그의 이름을 감추고자 한 흔적이 엿보인다.

대종교에서 모신 단군 천진이 지운영의 모사라는 증언은 일석(一石) 백남규(白南奎)로부터 나왔다. 백남규는 1917년 남형우(南亨祐)·류근(柳瑾)·신석우(申錫雨)·안재홍(安在鴻) 등 대종교 동지들과 비밀결사 조선산직장려계(朝鮮産織獎勵稧)를 조직하여 활동한 인물이다. 또한 정인보(鄭寅普)·이세정(李世楨)·맹주천(孟柱天) 등과 홍암 나철의 유훈(遺訓)을 받들던 귀일당(歸一黨)의 비밀요원(秘密要員)으로, 평생을 교육과 언어운동 그리고 대종교 사업에 헌신했던 항일투사였다.

백남규의 증언을 보면, 대종교가 중광한 그 다음 해 1910년 3월 15일(음력) 어천절에 한 노인이 나철에게 찾아왔다 한다. 그의 이름은 고상식[高上植, 또는 공공진인(空空眞人)]으로 강원도 명주군(溟州郡) 석병산(石屛山)에서 왔다고 전했다. 『한국중흥종교교조론(韓國重興宗敎敎祖論)』에 실린 백남규의 증언을 여기 기록해 본다.

"공공진인은 황금빛 비단에 싼 아주 오래된 초상화 한 폭을 전하면서 '내 집에서 대대로 모셔온 천진(天眞)이요. 이 초상화는 신라의 명공 솔거가 그려서 지금까지 전해온 유일본이니 잘 모시도록 하시오.'하고는 일어선다. 대종사(大宗師, 홍암 나철-인용자 주)는 '이 밤중에 어

디를 가시려고 일어섭니까?' 붙들며 만류하였으나, 가야 한다고 기어이 나가더라는 것이다. 그러나 대종사께서는 그 진상 여부를 몰라 모시지 않고 있었다. 그런데 제3대 통감(統監)으로 사내정의(寺内正毅)가 부임해 올 무렵 대종사의 꿈에 공공진인이 전한 그 초상화대로 풀옷을 등에 걸치신 단군대황조께서 오시어 신단(神壇)에 앉으시기에 보니 몸에서 눈부신 광채를 발하시고 그윽한 향기가 자욱하다. 이윽고 단군한배님께서는 미소 지으시면서 '무엇을 머뭇거리느냐, 나를 모시어라. 그러면 마음마다 평화요, 집집마다 경사요, 나라마다 영광이 오리라'하시는 것이 아닌가! 대종사는 이 영몽(靈夢)을 얻고 즉시 지백련(池白蓮, 백련 지운영-인용자 주) 화백에게 부탁하여 다시 그대로 그려서 모사(模寫)케 하여 경술년 8월 21일(음력-인용자 주)에 단군천진을 봉안(奉安)하였다."

백남규가 나철로부터 직접 들은 것인지는 확인되지 않으나, 이 천진은 호석(湖石) 강우(姜虞)가 봉안하여 오다가 후일 충남 부여군 장암면(場岩面) 장하리(長蝦里) 단군전에서 봉안되었다. 그리고 대종교 항일투사들은 이 천진 사본을 가슴에 품고 다니며 대종교 포교와 함께 조국광복을 위하여 신명을 바쳐왔다.

지운영은 1922년 9월 1일(음력) 참교(參敎)의 교질(敎秩)을 받았다. 그의 대종교 입교가 그 이전으로 올라감을 말해 준다. 이 시기는 그가 삼막사에 백련암을 짓고 거처로 거처하던 시기와 맞물린다. 그의 종교적 행적이 대종교와도 무관치 않음을 짐작할 수 있다. 또한 함께 참교를 받은 인물 중에는 육종윤(陸鍾允)이 들어 있다. 육종윤은 1895년 아관파천(俄館播遷) 당시 유길준과 함께 일본으로 망명한 인물이다. 나철이 대종교를 중광하기 이전, 일본 방문 당시 많은 도움을 주었던 인물이다. 대종교단 내에서도 그 시기 지운영과 나철, 그리고 육종윤 등의 긴밀한 교감에 대해 많이 회자(膾炙)되고 있으나, 그 부분에 대해서는 보다 심도 있는 연구가 필요한 부분이다.

[참고문헌]
『대종교보』제55호(1922년), 『대종교중광육십년사』(대종교총본사, 1971), 『한국중흥종교교조론』(신철호, 대종교총본사, 1979), 『매일신보』1917.7.3., 『동아일보』1930.2.19., 『별건곤』제40호(1931년 5월 1일), 『풍운한말비사』(황효정, 가산서림, 1946), 『한국서화인명사서』(김영윤, 한양문화사, 1959), 『한국회화대관』(유복렬 편, 문교원, 1969), 『서화백년』(김은호, 중앙일보사, 1981), 『백련 지운영의 생애와 작품세계』(변경화, 이화여자대학교석사학위논문, 2007), 『국역 윤치호 영문일기』6(국사편찬위원회, 2015), 「민란에서 식민지까지…거친 역사가 형제의 삶에 녹아 있다」(박종인, 『조선일보』2020.8.26.)

지원식(池源植, 남, 생몰 미상)
입교 시기_ 1935년 이전 | 교질_ 참교

출신지역과 생몰연대를 알 수 없는 인물이다. 일제의 문서에서는 확인이 안 되며, 1930년대 대종교단 내의 기록

에서만 언급되고 있다.

지원식은 1935년 11월 20일(음력) 대종교 북일도본사 관할 아성시교당(阿城施教堂)의 시교원(施教員)을 맡은 기록이 있다. 당시 지원식의 교질(教秩)이 참교(參教)였음을 보면, 그의 대종교 입교가 그 이전으로 올라감이 확인된다. 아성시교당은 아성현 동문리(東門里)에 소재한 시교당으로, 당시 지세훈(池世勳)이 전무(典務, 책임자)를 맡았으며, 만주 항일투쟁의 대표적 인물인 이창근(李昌根)과 김병세(金秉世)가 찬무(贊務, 부책임자)를 맡아 이끌던 시교당이다. 또한 지원식과 함께 시교원으로 시무한 이석태(李錫泰)·이중렬(李仲烈) 역시 북간도를 중심으로 활동한 항일투사였음을 볼 때, 지원식 역시 대종교 항일투쟁과 깊은 연관이 있음을 직감할 수 있다.

지원식은 1937년 8월 24일(음력)에는 대종교 재만교구경상금수납위원((在滿教區經常金收納委員)으로도 임명되었다. 당시 그의 교질 단계는 확인이 안 되나, 아성현 부근의 책임을 맡았다. 경상금수납위원은 대종교의 예산 확보와 운용에 중요한 역할을 하는 위치로, 그 지역 책임을 함께 맡은 인물들은 아성시교당의 시교원으로 있던 김병세와 이석태였다. 또한 1939년 음력 10월에 발기된 대종교서적간행회(大倧教教籍刊行會)에도 참여하여 찬성금을 희사하기도 했다. 이 간행회는 대종교의 부흥기를 맞아 경전(經典)의 요구가 높아지므로, 어려움에도 불구하고 기꺼이 교적간행회를 출범시켜야 한다는 취지였다.

[참고문헌]
『대종교보』제115호(1937년), 『대종교중광육십년사』(대종교총본사, 1971)

함경북도 경성(鏡城) 출신이다. 대종교 입교 이후 홍(弘)이라는 외자이름으로 개명했으며, 묵언수행(黙言修行)에 가까운 삶을 살아 대종교에서는 지벙어리라는 별명으로도 칭해진 인물이다. 산포수 출신으로 일찍이 의병(義兵)에 참여하였고, 경술국치 이후 가족을 이끌고 간도로 이주하였다. 서화(書畵)에도 능해, 대종교 동지였던 지창한(池昌翰)과 더불어 이주한인사회에서도 정평이 나 있었다.

국내 3·1독립만세운동이 일어나자 대종교 동지인 이범윤(李範允)·진학신(秦學新)·최우익(崔友翼) 등과 연길현(延吉縣) 명월구(明月溝)에서 의군부(義軍府)를 조직하고 통신부장에 맡았다. 특히 진학신과 함께 의군산포대(義軍山砲隊, 일명 義軍團)를 이끌며 무장항일투쟁에 적극 앞장섰다. 의군산포대는 산포수와 의병출신으로 이루어진 정예부대로서 청산리독립전쟁에도 참여하였다. 당시 대한군정서(북로군정서)는 송림평(松林坪)을, 대한독립군은 두도구(頭道溝)를, 의군부는 버들고개[柳嶺, 함경북도 무산쪽]를 각각 분담하며 미증유의 승리를 거두었다.

지장회는 청산리독립전쟁 이후 밀산(密山) 지역에서 조직된 대한독립군단(大韓獨立軍團)에 합류하여 노령 수이푼(秋豊)으로 들어갔다가 1921년 10월에 부하 17명을 거느리고 연길현 국자가(局子街) 수남궁(水南宮)지방으로 돌아왔다. 이곳에서 태평양회의(太平洋會議)에 한국의 독립을 제의하기 위하여 의군단 서지방부장(西地方部長)이던 이범모(李範模, 李稷 또는 李直)를 방문하여 협의하기도 했다.

이후 대종교총본사가 있던 영안현(寧安縣) 영고탑(寧古塔)에 거주하면서 항일투쟁을 이어갔다. 특히 1925년 3월에 조직된 신민부(新民府)에 참여하여 강규상(姜奎尙)·노호산(盧湖山)·황국민(黃國敏)·강인수(姜寅秀)·손일민(孫一民)·김기남(金基南)·나중소(羅仲昭)·강명현(姜明鉉)·양윤삼(楊允三) 등과 검사원(檢查院)에 속한 검사원(檢查員)으로 활약하였다.

1925년 3월 15일 조직된 新民府의 임원 명단

조직	직책	해당인물
중앙 집행위원회	위원장	김혁(金爀)
	위원	김좌진(金佐鎭)·조성환(曺成煥)·박성전(朴性鑌)·최호(崔灝)·정신(鄭信)·이영백(李英伯)·최정호(崔正浩)·허빈(許斌)·유현(劉賢)
참의원 (參議院)	원장	이범윤(李範允)
	의원	홍종림(洪鍾林)·김진연(金震淵)·김송암(金松岩)·양재헌(梁在憲)·최문일(崔文一)·황공삼(黃公三)·윤각(尹覺)·이장녕(李章寧)·안호연(安浩然)·안용수(安龍洙)·허빈(許斌)·김규현(金奎鉉)·남극(南極)·차동산(車東山)·이백향(李白香)·송상현(宋象鉉)
검사원 (檢查院)	원장	현천묵(玄天黙)
	검사원 (檢查員)	강규상(姜奎尙)·노호산(盧湖山)·황국민(黃國敏)·강인수(姜寅秀)·손일민(孫一民)·김기남(金基南)·나중소(羅仲昭)·지장회(池章會)·강명현(姜明鉉)·양윤삼(楊允三)

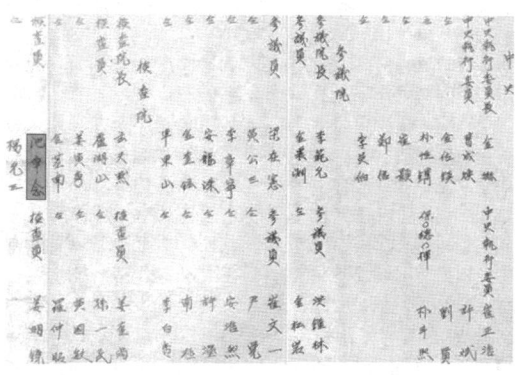

1925년 신민부 조직 당시 참여한 주요 인물들을 기록한 일제의 문서. 왼쪽 끝에 檢查員 池章會(네모 안)의 이름이 보인다.

지장회는 만주로 건너간 직후인 1910년대 초반 대종교에 입교한 인물로 전해지나, 당시의 기록은 모두 없어졌다. 다만 영안현 시절 지장회와 함께 활동했던 이현익(李顯翼

이 쓴 『대종교인과 독립운동연원』이라는 글 속에 보면, 지장회가 대종교 항일단체인 대한군정서와 신민부의 요원으로 활동한 대종교의 원로이자 학자라고 평가하고 있다. 또한 지장회는 1923년 어천절(御天節, 음력 3월 15일)에 조직된 단조기념사업회(檀祖紀念事業會)에도 참여하여 단군의 사상과 문화를 알리는데도 솔선하였다. 이 회는 화전현(樺甸縣)에서 발기한 조직으로, 그 목적은 국내외에 산재해 있는 단조전(檀祖殿)을 한 마음으로 숭배하고, 단조의 옛 도읍에 기념비를 세우며, 사적(事跡)을 등기(謄記)하여 동족 간의 친목을 더욱 돈독히 하는 등, 아래와 같은 규칙을 공포하였다.

[발기요지에 관한 규칙]
- 一. 본회는 국내외를 물론하고 대황조님을 일심숭배하며 유도(遺都)에 기념비를 건(建)하여 사적(事蹟)을 등재(謄載)하며 동족(同族)의 친목을 증독(增篤)함.
- 一. 본회 회원은 조선민족 남녀 17세 이상자로 인정함.
- 一. 중앙 위치는 백두산 신시(神市)로 정함.
- 一. 중앙 총회장은 국내외 분지회(分支會)를 확장한 후에 선정키로 함.
- 一. 각지 분지회를 성립한 후에 발기처(發起處)로 통지하여 호상(互相) 연락케 함.
- 一. 회금(會金)은 매명하(每名下)에 소은(小銀) 2각(貳角)으로 정함.
- 一. 본회 회원이 성미(誠米)를 저축(儲畜)하기로 함
- 一. 회원이 본회의 목적을 위하여 특연(特捐)이나 열심(熱心)으로 각지에 선전하심을 망(望)함.
- 一. 본회 규칙은 분지회 성립통지서(成立通知書)를 접수한 후에 송교(送交)하기로 함.

대종교가 백두산 신시를 중심으로 추구하고자 한 배달국 이상향 건설과도 그대로 부합되는 내용이다. 당시 이 회를 주도한 인물들이 지장회를 비롯하여 공창준(公昌準)·김봉림(金鳳林) 등, 대종교의 중진인 동시에 항일투쟁의 거물들이었다.

한편 지장회가 검사원으로 참여한 신민부 역시 대종교계 항일단체였다. 이 조직은 대한군정서를 계승한 단체로서, 그 주요 구성원의 대부분이 대종교인이었다. 따라서 이들이 신봉하였던 대종교 이념이 자연스레 신민부의 주요한 이념으로 자리 잡았다. 아나키스트로 신민부 요원이기도 했던 이강훈(李康勳)이 "신민부의 기본철학은 대종교의 홍익인간과 중광정신이었다. 그렇다고 해서 결코 봉건적이었다거나 파쇼적인 것은 아니었다."고 회고한 내용에서도 알 수 있다. 신민부가 추구한 정치형태 역시 대종교적 이상을 담은 배달국공화주의를 지향이었다. 이것은 「대동단결선언」(1917년)부터 이어져온 대종교 계열의 전통이기도 했다. 신민부 검사원에 참여한 검사원장 현천묵을 비롯하여 강인수·손일민·나중소 등이 모두 대종교의 중진들이었음을 보면, 지장회 역시 대종교단 내에서의 비중이 상당했음을 알 수 있다.

지장회는 일제가 만주를 완전히 장악한 이후에도 영고탑에 거주하며 생활고뿐만 아니라 병마에 시달리며 고생한 것으로 전해진다. 또한 대종교단 내에서는, 운남군관학교 출신으로 북한 부주석을 지낸 최용건(崔庸健)이 만주 시절 지장회를 양부(養父)로 모셨다는 전언과 함께, 해방 이후 북으로 데려가려 했다는 증언도 있다. 그러나 좀더 확인해야 할 사항들이다.

[참고문헌]
『대종교인과 독립운동연원』(이현익, 프린트본, 1962), 「間島地方에 不逞鮮人의 侵入에 관한 건」(不逞團關係雜件-朝鮮人의 部-在滿洲의 部30, 機密 第443號; 秘受 12610號, 한국사DB, 국사편찬위원회), 「間島 및 同 接壤地方에 있어서 排日團體 및 親日團體 調査의 건」(不逞團關係雜件-朝鮮人의 部-在滿洲의 部32, 機密 第93號; 機密受第110號, 한국사DB, 국사편찬위원회), 「獨立不逞鮮人團體 新民府의 創立 및 組織에 關한 件」(不逞團關係雜件-朝鮮人의 部-在滿洲의 部41, 機密公 第24號; 機密受第27號, 한국사DB, 국사편찬위원회), 『동아일보』1925.3.22, 『독립신문』1925.5.5, 『고등경찰요사』(경상북도경찰부, 1934), 『무장독립운동비사』(채근식, 대한민국공보처, 1949), 『한국독립사』하(김승학, 독립문화사, 1965), 『조선독립운동』Ⅱ·Ⅲ(김정명, 原書房, 1967), 『일제침략하한국36년사』7(국사편찬위원회, 1972), 『중국조선민족미술사』(림무용, 시각과언어, 1993), 『민족해방운동과 나』(이강훈, 제삼기획, 1994), 『한국독립운동사자료』37(국사편찬위원회, 2001)

지창한(池昌翰, 남, 1851-1921)

아호(별명) _ 백송(白松), 대곡자(大笑子)
입교 시기 _ 1915년 | 교질 _ 참교

함경북도 무산(茂山)에서 활동한 인물이지만, 그 출신지역은 불명확하다. 조선말부터 근대기에 활동한 서화가로 유명하며, 그의 작품정신은 불굴불요(不屈不撓)의 민족정신을 담았다는 평가를 받고 있다.

1897년 함경북도관찰사를 시작으로 경무관(警務官, 1899년), 경부서무국장(警部庶務局長, 1900년)을 지냈다. 특히 화폐 주조에도 남다른 조예가 있어, 1901년에는 전환국(典圜局)의 기사로도 근무한 바 있다. 또한 1902년에서 1905년까지 함경북도 무산군수를 지냈다. 무산군수 시절에는 국경 문제에도 관심이 커, 중앙 정부에 그것을 위한 지원 요청도 꾸준히 하였다. 그러나 경술국치 이후를 당하자 러시아로 넘어가 국권회복운동을 펼치기도 했다.

다시 무산으로 돌아온 지창한은 사립학교 설립에 기여하는 등 지역 계몽에 앞장섰으며, 1913년 가족을 이끌고 무산을 떠나 간도로 망명하였다. 길림성 화룡현(和龍縣)에 자리 잡은 지창한은 본격적인 작품 활동을 전개하는가 하면, 1916년 순종에게 금강산기행문을 지어 바쳐 특별하사금을 받기도 하였다. 그 시기 지창한은 서화협회 정회원으로서 함경도뿐만 아니라 평양과 서울을 오가며 활약한 흔적이 있다. 또한 1920년 『동아일보』가 창간되었을 때에는 '二千萬啞一時言 四千萬聾一時明(이천만 벙어리가 한 번에 말을 하고, 사천만 장님이 일시에 눈을 뜨다)'라는 휘호를 실어, 일제식민지 시대의 언론정신을 직접 고무하기도 했다.

지창한의 작품을 보면, 수묵문인화풍(水墨文人畫風)으로 물고기와 게[蟹] 그림을 잘 그렸다. 특히 지창한의 어해도(魚蟹圖 혹은 魚樂圖)는 게의 움직이는 동작을 세밀하게 효

과적으로 잘 표현하였다는 평을 받았다. 게 가운데에서도 밤게를 잘 그려 이 분야에서 이름을 떨쳤다. 지창한은 글씨로서도 일가견을 이룬 인물이다. 그의 글씨는 행서(行書)와 예서(隸書)가 유명하다. 행서는 중국 청대(淸代)의 학자인 하소기(何紹基) 풍의 서체(書體)를 잘 썼고, 예서는 고예(古隸)의 형태와 팔분예서(八分隸書)를 혼용하여 행서의 기미를 가미한 경쾌한 기운이 느껴진다는 평이다.

지창한의 게 그림[蟹圖]인 '無腸公子'.(간송미술관 所藏)

지창한의 대종교 교력을 살피면 1915년 11월 17일(음력) 참교(參敎)의 교질(敎秩)을 받은 기록이 전한다. 그의 대종교 입교가 그 이전으로 올라감을 확인할 수 있다. 또 한 같은 날 함께 참교를 받은 인물들이 김천경(金天經)·이건두(李建斗)·이주상(李注祥)·김성일(金成鎰)·김용기(金容起)·백남규(白南奎) 등, 국내 대종교의 중심인물들이었다. 지창한이 그 시기 화룡, 함경도, 평양, 서울 등을 오가며 활동하던 시기와 맞물린다.

[참고문헌]
『종문영질』(프린트본, 1922), 『승정원일기』1900년 5월 21일(음), 『황성신문』1902.12.24., 『통감부문서』9(국사편찬위원회, 1998), 『순종실록』1916년 1월 31일(음), 『동아일보』1920.8.14., 『중국조선민족미술사』(김무웅, 시각과 언어, 1993), 『예술사』(북경대학조선문화연구소 편, 중국민족출판사/서울대학교출판부, 1994), 『한국역대서화가사전』하(국립문화재연구소 편, 국립문화재연구소, 2011), 『조선시대화가총람』2(정양모, 시공아트, 2017)

지청천(池靑天, 남, 1888-1957)
아호(별명) _ 백산(白山), 이청천(李靑天), 지석규(池錫奎), 지대형(池大亨)
입교 시기 _ 1910년대 후반 | 교질 _ 미상 | 서훈 _ 대통령장(1962)

서울 종로구(鐘路區) 삼청동(三淸洞) 출신으로 본명은 지석규(池錫奎)다. 대종교에서는 이청천(李靑天)으로 많이 언급되는 인물로, 이청천이란 이름은 외가(外家)의 성인(聖人) 이름을 이용하여 명명했다 한다.

지청천

1908년 대한제국 육군무관학교(大韓帝國陸軍武官學校)를 졸업한 후, 일본으로 건너가 동경(東京)의 육군유년학교(陸軍幼年學校)에서 공부하였다. 1912년 일본 육군사관학교를 졸업한 뒤 일본군에 복무하였으나, 1919년 3·1독립만세운동이 일어나자 일본군을 탈출하여 만주(滿洲)로 망명하였다. 그곳 신흥무관학교(新興武官學校)의 교관에 임명되어 학생들에게 군사훈련을 실시하여 많은 독립군 간부를 길러냈으며 신흥무관학교의 교성대장(教成隊長)을 역임하기도 했다.

1920년 말 청산리독립전쟁 이후 중·소 국경지대인 밀산(密山)에 모인 대한군정서(북로군정서)·대한독립군·대한국민회·의군부·혈성단 등이 대한독립군단(大韓獨立軍團)을 조직하게 되자 군사고문 및 부사령관에 임명되어 이 대부대를 이끌었다. 이후 소련 지역 이만시(자유시)로 이동하여 고려혁명군(高麗革命軍)을 조직하고 고려혁명군관학교(高麗革命軍官學校)를 설립하여 교장으로 취임하였다.

그러나 소련이 태도를 바꾸어 고려혁명군의 무장해제를 강요하자 이에 항전하다가 체포되었다. 이른바 자유시참변이다. 지청천은 상해임시정부의 다각적 노력으로 석방되어 다시 만주로 돌아왔다. 1923년 1월 개최된 상해국민대표회의 때는 고려혁명군 대표로 이 회의에 참가하였고 1924년에는 국민위원회 구성에 참여하여 군사위원에 선임되기도 했다. 1925년 만주로 돌아온 지청천은 정의부(正義府)에 가담하여 군사위원장 겸 사령관에 취임하는가 하면, 이념적 항일투쟁의 방략으로 고려혁명당을 창당하고 그 위원에 선출되었다. 1928년에는 3부 통합운동에 노력하다 실패하자 전민족유일당조직협의회(全民族唯一黨組織協議會)에 참가하였다.

한편 1930년 1월 한족총연합회(韓族總聯合會)를 함께 했던 대종교 동지인 김좌진(金佐鎭)이, 연합회를 장악하려던 공산주의 세력에 의해 암살당하는 사건이 벌어졌다. 이에 지청천은 그 해 7월 한족총연합회를 모체로 한국독립당을 창당하고 그 군사조직으로 한국독립군을 만들어 총사령에 취임하였다. 또한 한·중연합군을 조직하여 무장항일투쟁을 계속하였다. 1932년 들어서는 중동철도 연선(沿線)과 동빈현(東賓縣) 등에서 조우전(遭遇戰)을 펼쳤는가 하면, 아성현(阿城縣)·쌍성현(雙城縣)·대전자(大甸子) 전투 등에서 큰 승리를 거두었다. 그러나 일제의 만주 지배 이후, 오랜기간 항전하던 만주를 뒤로하고 지청천은 불가불 산해관(山海關)을 넘어 중국 본토로 넘어갔다.

1933년 10월에는 중국군관학교 낙양분교(洛陽分校)에 한인특별반을 창설하고 총책임자로 취임하는가 하면, 1935년에는 민족혁명당 창당에 참여하여 군사국위원장을 맡기도 하였다. 이후에도 임시정부 의정원의원 및 국무위원, 군무장(軍務長) 등의 중책을 맡았다. 나아가 1940년 9월 17

일 한국광복군총사령부 총사령으로 임명되어, 침모장을 맡은 이범석(李範奭, 참모), 부관장으로 임명된 황학수(黃學秀) 등, 대종교 동지들과 조직을 이끌었다. 1941년에는 지대(支隊)를 편성하고 각지에 파견하여 사병모집 및 훈련, 선전과 정보 수집, 적정 정찰, 유격전 전개 등의 임무를 수행케 하는가 하면, 중국 중앙군 및 주중연합군(駐中聯合軍)과 긴밀한 연락 및 협조를 취하여 항일전을 전개하고 국내 진입 작전을 준비하던 중, 일본군의 항복으로 광복을 맞았다.

[교력]
지청천의 대종교 영계(靈戒) 사항이나 교질(敎秩) 관계에 대해서는 전하는 것이 없다. 그 시기 『대종교보(大倧敎報)』를 비롯한 모든 자료들이 없어졌기 때문이다. 다만 박명진(朴明鎭)의 『대종교독립운동사』(필사본, 1964)에는 1910년대 후반 대종교 서일도본사(西一道本司) 소속의 주요 교인으로 이청천(지청천)을 적고 있다. 지청천의 대종교 입교가 일본군을 탈출하여 만주로 넘어온 시기에 이루어졌음을 알 수 있다.
『대종교독립운동사』를 기록한 박명진은 신흥무관학교 출신으로 대종교 항일투쟁을 펼친 인물이라는 점에서 주목된다. 그는 서로군정서(西路軍政署) 유격대원(遊擊隊員)으로 활동하며 본격적인 항일투쟁에 나섰으며, 1922년에는 대한통의부(大韓統義府) 제4중대원으로 입대하여 섭외도 담당하였다. 그러므로 그 시기 지청천의 주변을 박명진만큼 아는 이도 드물듯하다. 서일도본사는 만주일대와 평안도를 관할하는 대종교 교구였다. 당시 단애(檀崖) 윤세복(尹世復)이 이끌었으며 조맹선(趙孟善)·이시영(李始榮)·박장호(朴長浩)·이진룡(李鎭龍)·전덕원(全德元)·김승학(金承學)·차도선(車道善)·김호(金虎)·김혁(金赫)·박우진(朴宇鎭)·공진원(公震遠)·이광(李光) 등 수십 명의 지도자급 항일투사들이 지청천과 함께 몸을 담았다.

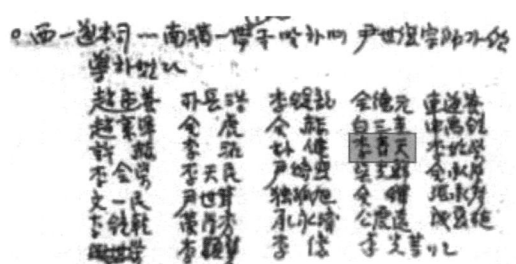

박명진의 『대종교독립운동사』에 기록된 서일도본사 소속 주요 교들의 명단. 李靑天이라 이름이 적혀 있다.

지청천의 대한독립군단 참여 역시 대종교 동지들과의 의기투합이라 해도 과언이 아니다. 대종교 항일단체인 대한군정서를 중심으로, 1920년 12월 출범한 대한독립군단은 대한독립군·대한신민회·대한국민회·군무도독부(軍務都督府)·의군부(義軍府)·혈성단(血誠團)·야단(野團)·대한정의군정사(大韓正義軍政司) 등등의 대표들이 밀산에서 조직

한 단체가 대한독립군단이다. 당시 총재로 추대된 인물은 대종교의 군교일치(軍敎一致)를 추구하던 백포(白圃) 서일(徐一)이다. 또한 부총재 홍범도(洪範圖), 고문 백순(白純)·김호익(金虎翼), 외교부장 최진동(崔振東), 참모부장 김좌진(金佐鎭), 참모 이장녕(李章寧)·나중소(羅仲昭), 제1여단장 김규식(金奎植), 참모 박영희(朴寧熙), 제2여단장 안무(安武), 참모 이단승(李檀承), 제2여단 기병대장 강필립, 중대장 김창환(金昌煥)·오광선(吳光鮮)·조동식(趙東植) 등, 대부분의 인물들이 대종교의 핵심이었다. 지청천 역시 군사고문을 맡았다.

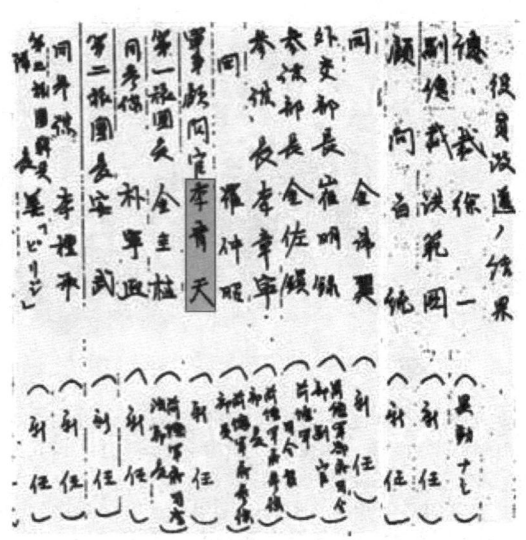

일제의 문서에 기록된 대한독립군단의 주요 역원에 대한 명단. 軍事顧問 李靑天(네모 안)의 이름이 보인다.

지청천이 가담한 한족총연합회 역시 대종교와 불가분의 관계를 가진 조직이었다. 대종교의 거점이었던 영안(寧安)에서 결성된 이 연합회는, 1929년 신민부(新民府) 군정파(軍政派)였던 김좌진·정신(鄭信)·민무(閔武)·김종진(金宗鎭) 등, 대종교의 핵심인물들이 중심이 되고 일부 무정부주의자들이 참여하여 만들어진 단체다. 그러므로 신민부의 후신과도 같았으며 관할구역 역시 신민부가 관장하던 곳이었다. 특히 신민부는 대종교 항일단체인 대한군정서를 계승한 단체로서, 그 주요 구성원의 대부분이 대종교인이었다. 따라서 이들이 신봉하였던 대종교 이념이 자연스레 신민부의 주요한 이념으로 자리 잡았는데, 그 기본철학은 대종교의 홍익인간과 중광정신에 있었다.
그러므로 지청천의 이러한 대종교적 정서는 후일 광복군 사령부 총사령관 재직 당시에도 그대로 투영되고 있다. 지청천이 절규한 아래의 외침이 그것이다.

"사랑하는 동지 동포들! 우리는 신성한 단군대황조의 위대한 자손으로써 반만년의 유구한 역사와 휘황찬란한 고급적 문화를 가지고 꽃다운 삼천리강산에서 아름

다운 살림을 하여오던 가장 문명한 민족의 하나이다.…(중략)…강도 왜적은 우리 조종(祖宗)의 유업(遺業)인 삼천리강토를 빼앗고 삼천만 배달겨레를 노예우마(奴隸牛馬)로 만들었으며 우리의 고급적 문화, 찬란한 역사, 신성불가침의 생존권을 여지없이 유린 박탈하였다.…(중략)…이곳은 만족의 웃음 뿐 최후 승리의 희망이 있을 뿐이다. 네의 분을 풀려느냐. 총과 폭탄이 있다. 배우려느냐 고급적 혁명이론과 정치 군사를 가르치는 학교가 있다. 한국광복군은 제군들의 고급적 이상을 실현하는 용무(用武)의 곳이다. 오라 주저 없이 오라. 최후의 웃음을 같이 웃자!"

단군대황조나 배달겨레 등의 표현은 대종교의 『단군교포명서(檀君教佈明書)』와 『단군교오대종지서(檀君教五大宗旨書)』에서 유래하는 대종교적 사상소. 지청천은 위의 외침에서 대종교적 정서가 투영된 단군대황조의 자긍심을 앞세우면서, 일제에 의해 노예가 되어버린 배달민족의 신성한 족성을 일깨우고 있다.

[참고문헌]
『대종교독립운동사』(박명진, 필사본, 1964), 『대종교중광육십년사』(대종교총본사, 1971), 「露領 이만에서의 獨立軍大會에 관한 건」(不逞團關係雜件-朝鮮人의 部-在西比利亞11, 機密 제214호, 한국사DB, 국사편찬위원회), 『일제침략하한국36년사』8·12·13(국사편찬위원회, 1973·1978), 『임시정부의정원문서』(국회도서관, 1974), 『한국민족운동사료(중국편)』2(국회도서관, 1976), 『민족해방운동과 나』(이강훈, 제삼기획, 1994), 『대한민국임시정부자료집』14(국사편찬위원회, 2006)

진인국(陳仁國, 남, ?-1920)
입교 시기 _ 1910년대 초 | 교질 _ 미상

출신지역을 알 수 없는 인물이다. 일찍이 북간도 화룡현 지역으로 넘어가 대종교 교육활동에 몸을 담았으며, 1919년 3월에 조직된 대한국민회의 제25지회에 소속되어 활동하였다. 진인국은 화룡현에서 5리 가량 떨어진 무덕사(茂德社) 송언동(松堰洞)의 송언지회 지회장을 맡았으며, 당시 부지회장을 맡았던 최흥도(崔興道)와 함께 20명의 대원을 이끌었다. 그러나 봉오동·청산리대첩 이후인 1920년 말, 일제에 의해 자행된 경신대토벌로 순국하였다. 당시 일본군 3백여 명이 무덕사에 진입하여 순순히 포박을 거부하던 진인국 등 14명을 총살한 것이다.
진인국과 관련된 대종교의 영계(靈戒) 사항이나 교질(教秩) 관계는 교단 내에는 전하지 않는다. 대종교 일각에서는 1912년 10월 1일(음력)에 참교(參教)의 교질을 받은 진전국(陳田國)과 동일인이라는 말도 있으나, 그 연관성 역시 확인이 안 된다.
진인국은 1910년 무덕사(茂德社) 학성촌(鶴城村)에 설립된 대종교 동흥학교(東興學校)의 교사를 지낸 기록이 있다. 당시 함께 교사로 활동한 인물이 서우석(徐禹錫, 대종교명 徐典)과 지성구(池成九)다. 특히 서우석은 1910년 2월 25일(음

력) 대종교 순교원(巡教員)으로 임명된 인물로, 1911년 중광절(重光節, 음력 1월 15일)에 참교(參教)의 교질(教秩)을 받았다. 진인국 역시 그 시기에 대종교에 참여했을 가능성을 높게 해 준다. 당시 진인국 등은 국어·한문·수신(修身)·산술(算術)·체조(體操)·창가(唱歌) 등의 교육을 행하며 민족의식 고양에 적극 앞장섰다.

[참고문헌]
「上海 不逞鮮人 發行新聞「震壇」記事의 件」(不逞團關係雜件-鮮人의 部-在上海地方3, 間警 제641호, 한국사DB, 국사편찬위원회), 「朝鮮側 警察이 朝鮮人 金順 等을 拘引시킨 것에 관한 건」(不逞團關係雜件-朝鮮人의 部-在滿洲의 部28, 公 第259號; 受 20669號, 한국사DB, 국사편찬위원회), 「한국근대사자료집성」9(국사편찬위원회, 2009)

진학순(秦學純, 남, 생몰 미상)
입교 시기 _ 1909년 | 교질 _ 참교

출신지역과 생몰연대가 불분명한 인물이다. 1894년 친군통위영(親軍統衛營)의 대관(隊官)을 시작으로, 박문원(博文院)의 번역관보(繙譯官補), 육군무관학교 교관(教官), 육군 보병 정위(正尉), 육군 참령(參領) 등을 두루 거친 무관이었다.
1906년에는 강원도 건봉사(乾鳳寺)의 봉명학교(鳳鳴學校) 설립에도 참여하여 김보운(金寶雲)과 함께 설립취지문을 발표하기도 했다. 봉명학교는 일제를 물리치고 민족 독립을 이루기 위해 민족 인재를 양성하기 위한 취지로 설립한 학교였다. 그 취지문에 나타나는 "비유하자면 보약을 달여서 우리 백성들을 치료하여 여윈 몸이 다시 건강해진다면 대장부들이 이 세상에 뽐내어 이 시대의 인재가 되리라. 그리하여 독립운동도 잘해내고 자유도 잘 누리게 되리니 어떤 적인들 굴복하지 않겠으며, 어떤 일인들 못 이루겠는가."라는 외침에서도 확인된다. 당시 진학순은 교장 직책을 맡았다. 또한 진학순은 1907년 4월 국채보상운동에도 참여하여 경제 주권을 지키기 위한 노력에도 남다른 열정을 나타냈다.

『황성신문』(1907.1.26.) 「雜報」에 실린 봉명학교 취지문. 맨 마지막에 발기인으로 秦學純(네모 안)이 올라있다.

진학순의 대종교 교력을 살피면 1909년 12월 11일(음력) 참교(參教)의 교질(教秩)을 받은 기록이 있다. 같은 날 함께 참교를 받은 이들이 정훈모(鄭薰模)·오기호(吳基鎬)·최동

식(崔東植)·이건(李健)·강우(姜虞) 등이다. 이들 모두 대종교 중광 당시부터 참여한 인물들로서, 진학순 역시 대종교 중광부터 참여한 것을 확인할 수 있으나 이후의 기록은 전하는 것이 없다.

[참고문헌]
『官報』제4호(1909년), 『승정원일기』1894년 11월 14일, 1903년 6월 1일, 1907년 7월 26일, 『황성신문』1907.1.26.

진학신(秦學新, 남, 1883-?)

아호(별명) _ 단산(檀山)
입교 시기 _ 1910년대 | 교질 _ 미상 | 서훈 _ 애국장(1991)

지금의 서울 중구 입정동(笠井洞) 출신으로, 일제의 기록에는 진학신(秦學信)·진단선(陳檀仙) 등으로도 적혀 있다. 1900년 관립외국어학교(官立外國語學校) 독일어과를 졸업하고 이후 대한제국 참리관(參理官)과 관립외국어학교 교사를 역임하였다. 1906년에는 김운곡(金雲谷)·김송암(金松岩) 등과 앞장서 여자교육회(女子敎育會)를 조직하였다. 또한 형 진학주(秦學胄)와 여성교육의 중요성을 고무시키고자 한성에 양규의숙(養閨義塾)의 설립을 발기하기도 하였다.
경술국치를 당하자 북간도로 넘어가 본격적인 항일투쟁에 참여한다. 1913년 8월에 항일민족교육을 위해서 동녕현(東寧縣) 소수분(小綏芬) 토성촌(土城村)에 설립된 호분학교(虎賁學校)에서 이봉조(李鳳祚)·김희철(金熙哲)·김성규(金成奎) 등과 교편을 잡고 1916년 말까지 후진양성에 전념하였다. 특히 이 학교에서 독일어 과목이 중시된 것이 눈에 들어온다. 아마도 진학신이 독일어 전문가로 직접 강의했음을 알 수 있다. 이밖에도 영어·병학(兵學)·체조·격검(擊劍)·유술(柔術)(유술) 등을 강의한 것을 보면, 무관(武官)을 양성하고자 했던 이 학교의 설립 목적과 그대로 부합하고 있다.
1919년 1월에는 노령 니콜리스크에서 한족회(韓族會) 중심으로 수립된 대한임시정부(大韓臨時政府)에서 군보부장(軍報部長)에 맡기도 했다. 당시 임시정부는 군무총장에 이동휘(李東輝)와 비서역에 노백린(盧伯麟), 참모장에 김하석(金夏錫)이 선임되었으며, 동녕현 삼차구(三岔口)에 참모부를 설치하여 독립군의 지휘를 통활함과 아울러 참모부 임시 군보부를 두고 독립군의 군사통신을 전담하였다. 또한 진학신은 그 해 3월 17일 동녕현 삼차구에서 4천 명이 모인 대규모 만세시위운동을 주도하였다. 이 시위에는 혼춘현(琿春縣) 태평구(太平溝)의 오주혁(吳周赫)·황병길(黃炳吉) 등이 합세하였으며, 노령의 독립군과 연락하면서 국내 진공의 무장시위 운동을 계획하였다. 이러한 활동의 연장으로 3천여 명의 장정을 모집하여 삼차구 지방에서 훈련을 시작하였으며 군자금 및 무기 구입 등의 활동도 전개하였다.
진학신은 그 해 4월 연길현(延吉縣) 명월구(明月溝)에서 의군부(義軍府)가 조직되자, 그 참모장에 임명되어 국내진입활동을 지휘하게 된다. 의군부는 국내에서 항일의병항전에 종군하였다가 일제의 경술국치 후 만주로 망명하여 각

지에 산재하고 있던 의병들이 3·1운동 후 재결집하여 조직이었다. 그 중심인물로는 진학신을 비롯하여 대종교계 인물로 총재를 맡은 이범윤(李範允)과 총사령에 임명된 김현규(金鉉奎), 그리고 최우익(崔友翼)·김청봉(金淸鳳) 등이 있었다. 또한 재로한족중앙총회(在露韓族中央總會)가 대한국민의회(大韓國民議會)로 개편된 이후 이범윤·이동휘(李東輝) 등과 함께 혼춘현 탑도구(塔道溝)에 국민의회 지부를 설치하는 동시에 독립군의 국내 진입계획을 지휘하였다.

1920년 6월 항일투쟁의 거물 秦學新(네모 안)이 체포되었다는 내용을 실은 『동아일보』 기사.

1920년 1월 노령의 니콜리스크에 상해임시정부 군정부지부(軍政府支部)가 설치되자 지부원(支部員)으로 활동하였다. 당시 지부장은 강양오(姜良五)였으며, 김찬오(金燦五)·강국모(姜國模)·김진(金震)·이용(李鏞) 등이 진학신과 더불어 지부원으로 활동하였다.
한편 그 시기 진학신은 대종교지도자 백순(白純)·김백(金白) 등과 대종교 항일집단인 대한군정서(북로군정서)에서 사용할 무기 구입에도 깊이 관여하였다. 그리고 강국모 등과 체코군으로부터 구입한 군총(軍銃) 130정을 신한촌(新韓村)에서 흑룡만(黑龍灣)을 건너 수송하였다. 또한 동년 3월에는 대종교지도자 여준(呂準)과 함께 약 3백명의 총기를 휴대한 독립군들을 거느리고 두만강 상류를 건너 무산지방으로 들어와 작전을 펼치기도 했다. 그러나 1920년 6월 상순, 일제로부터 노령지역 배일파(排日派)의 거괴(巨魁)라는 지목을 받고 동지 7~8명과 체포되었다. 국내로 압송되어 고초를 겪고 다시 북만주로 건너간 진학신은 항일투쟁을 멈추지 않았다.
일각에서는 진학신이 1921년 10월 대종교 근거지였던 영안현(寧安縣) 고산둔(孤山屯)에서 밀정에게 암살당하였다고 하지만, 그가 대종교 항일단체인 신민부(新民府)와 연결하며 활동한 기록이 남아있다. 그가 1926년 6월 당시 만주로 건너가 신민부의 민정파(民政派)의 근거지였던 소량자하(小亮子河) 지역에서 신민부와 교감하고 있다는 일제의 기록이 그것이다.
진학신은 1910년대 초반에 대종교에 입교한 인물이나, 그 기록은 남아 있는 것이 없다. 그러나 일제의 문서를 보면, 진학신이 1918년 9월 당시 동녕현 소수분 지역 대종교 책임자로 활동하고 있음이 확인된다. 다음의 기록이 그것이다.
　"대종교는 표면적으로 종교단체임을 가장하고 있으나,

내실(內實)은 순연(純然)한 배일단체(排日團體)로써 신도(信徒)의 대부분이 배일사상을 갖고 있다. 현재 노령의 포온(浦塩), 이르크츠크와 지나령(支那領)의 간도, 밀산부(密山府), 소수분 지방에서 그 교세를 확장하여 각 지방에 관리자를 배치하였다. 즉 포온에는 고평(高平), 이르크츠크에는 이민복(李敏馥), 밀산부에는 백순, 소수분에는 진단선(陳檀仙, 진학신-인용자 주) 등이며 불령선인의 유력자들이다."

1918년 당시 陳檀仙(네모 안, 秦學新)이 東寧縣 小綏芬 지역 대종교 책임을 맡은 기록을 담은 일제의 문서.

진학신이 그 시기 이미 대종교지도자 백순·이민복·고평 등과 종교적 무게가 같았음을 보여주는 내용이다. 진학신의 대종교 입교가 1910년대 초반이라는 대종교단 내의 전언이 틀리지 않음을 알 수 있다. 더욱이 대종교 항일투

사인 박명진(朴明鎭)은 그의 『대종교독립운동사』라는 기록 속에, 진학신을 이범윤·최우익과 함께 1910년대 대종교 동일도본사(東一道本司) 소속으로 의군부를 결성한 인물임을 확인하고 있다.

[참고문헌]

『대종교독립운동사』(박명진, 필사본, 1964), 『대한매일신보』1906.5.9., 『황성신문』1906.11.1., 「在露 不逞鮮人의 現況에 관한 보고의 건」(不逞團關係雜件-朝鮮人의 部-在西比利亞7, 機密 제46호, 한국사DB, 국사편찬위원회), 「不逞鮮人 茂山 間島 잠입에 關한 件」(不逞團關係雜件-朝鮮人의 部-在滿洲의 部16, 機密公信 第46號, 秘受 4281號, 한국사DB, 국사편찬위원회), 「新民府의 近況에 關한 件」(不逞團關係雜件-朝鮮人의 部-在滿洲의 部43, 機密 第444號, 外務省文書課受 第470號, 한국사DB, 국사편찬위원회), 『동아일보』1920.6.28., 『무장독립운동비사』(채근식, 대한민국공보처, 1949), 『한국독립사』(김승학, 독립문화사, 1965), 『現代史資料』27(姜德相, みすず書房, 1965), 『朝鮮獨立運動』Ⅰ(分冊)·Ⅱ·Ⅲ(김정명, 原書房, 1967), 『일제침략하한국36년사』5(국사편찬위원회, 1970), 『독립운동사』3·4·5(독립운동사편찬위원회, 1971·1972·1973), 『한국독립운동사자료』39·42(국사편찬위원회, 2003·2006)

大

차경휘(車庚暉, 남, 생몰 미상)
입교 시기_ 1910년 | 교질_ 미상

출신지역과 생몰연대를 알 수 없는 인물이다. 다만 1919년 평안북도 운산군(雲山郡)의 판임관(判任官, 書記)을 지낸 것으로 보아 이 지역 출신일 가능성이 높다.

이후 중국으로 넘어가 천안(天安) 지역의 용노회(傭勞會)라는 모임에 참여하여 대종교 동지인 황문길(黃文吉)이 주창한 명륜의숙(明倫義塾) 설립에 적극 참여하였다. 1936년 4월에는 북평(北平, 北京)의 재류조선인회(在留朝鮮人會) 의원으로 선출되어 지역의 조선인 공조조합(共助組合)을 통한 권익 증진에 앞장서는가 하면, 그 해 5월 북평에 재류하는 조선인 아동들의 조선어교육의 실현을 위한 보호자회(保護者會)를 결성하고 간사로 피선되어 활동하기도 했다. 당시 조선인 아동들의 교육은 일본어소학교 분교에서 행하여져, 법적으로 조선어교육을 할 수 없는 상황이었다. 이에 회장을 맡은 최용대(崔用大), 부회장으로 선출된 송백헌(宋百憲)과 함께 우리말 교육의 확립을 위해 노력한 것이다.

차경휘의 대종교 교력을 살피면, 1910년 11월 19일(음력) 순교원(巡敎員)으로 임명된 기록이 있다. 그의 대종교 입

교가 이른 시기에 이루어졌음을 알게 해주지만, 이후의 교력에 대해서는 남아있는 것이 없다.

[참고문헌]
『종보』제8호(1910년), 『조선총독부관보』제1985호(1919년), 『중외일보』1928.7.7., 『조선중앙일보』1936.4.15., 5.1.

차동환(車東桓, 남, 생몰 미상)
아호(별명) _ 차갑룡(車甲龍)
입교 시기 _ 1922년 | **교질** _ 미상

함경북도 경성군(鏡城郡) 어랑면(漁郞面) 지방동(芝芳洞) 안교(安郊) 출신으로, 생몰연대는 불분명하다. 본래의 이름은 차갑룡(車甲龍)이었으나 대종교에 입교하면서 차동환(車東桓)으로 개명하였다.
차동환은 1930년에 발생한 간도 5·30사건에 깊숙이 개입한 인물이다. 이 사건은 1930년 5월 29일부터 5월 31일까지 중국공산당만주성위원회(中國共産黨滿洲省委員會) 연변(延邊) 당부 소속의 한인공산주의자들이 주도한 사건이었다. 사건의 배경을 보면, 1928년 말 중국공산당만주성위원회는 심각한 위기에 놓여 있었다. 한편 중국공산당은 극좌적인 이입삼(李立三) 노선으로 대표되는 좌경 모험주의 노선을 정식으로 채택하였다. 만주지역의 정세가 불리하게 된 중국공산당만주성위원회는 일제와 장학량(張學良) 군벌세력을 몰아내기 위해 상해 5·30사건 기념일을 맞아 무장봉기를 계획하였다. 그리고 이 봉기의 주도세력으로 조선인 공산주의자들을 총동원하고자 하였다. 그 당근책이 투쟁 후 중국공산당에 가입시키겠다는 방침 발표였다. 이에 5월 30일 밤 용정(龍井)·연길(延吉)·두도구(頭道購) 등지의 한인공산주의자들을 중심으로 격렬한 시가전이 전개되었고, 이 사건으로 차동환을 비롯한 김근(金槿) 등 39명이 체포되었다. 이들은 경성지법에서 치안유지법 위반으로 기소되어 예심에서 35명은 공판에 회부되었고 4명은 면소되었다. 그리고 1932년 5월 25일 결심공판에서 차동환은 최형익(崔炯益)·천병순(千秉舜)·구연덕(具然德)·홍청석(洪靑石)·원용언(元容彦) 등과 3년 형이 구형되었다.
차동환의 대종교 교력을 보면, 1922년 12월 5일(음력) 대종교 동이도본사(東二道本司)의 추천으로 영계(靈戒)를 받은 기록이 있다. 그의 대종교 입교가 그 이전에 이루어졌음이 확인된다. 당시 함께 영계를 받은 인물들은 대한군정서(북로군정서) 경신국(警信局)에서 활동한 이경상(李京相)을 비롯하여 송응수(宋應洙)·김창순(金昌淳)과 같은 항일투사들이었다. 차동환의 입교 역시 대한군정서 가입 시기와 맞물릴 것으로 추정되나, 영계를 받은 이후의 기록 역시 모두 없어졌다.

[참고문헌]
『대종교보』제56호(1922년)·제57호(1923년), 『조선일보』1932.5.26., 「간도 대폭동 봉기와 조선족 공산주의자들」(박창욱, 『間島史新論』下, 우리들의편지사,

1993), 「1930년대 초 간도지방에서의 한인 봉기」(장세윤, 『동북아 질서의 형성과 변동』, 한국정치외교학회, 1994), 「일제하 간도 봉기의 전개와 한인사회」(황민호, 『한국민족운동사연구』65, 한국민족운동사학회, 2010)

차병철(車炳轍, 남, 1886-?)
아호(별명) _ 차광(車光), 대천온태(大川穩泰)
입교 시기 _ 1910년 | **교질** _ 지교

차병철

함경북도 경성군(鏡城郡) 주남면(朱南面) 출신으로, 대종교 외자이름은 광(光)이다. 1908년, 후일 대종교의 주축이 되는 현천묵(玄天默)·송관섭(宋瓘燮) 등과 대한협회 경성지회 회원으로 참여하여 활동하였다.
또한 1908년 4월에는 서북협성학교에 속성과정으로 개설된 측량과(測量科)에 들어가 1909년 2월 우등으로 졸업하였다. 이후 보성전문학교에 들어가 수학한 후, 고향으로 내려와 줄곧 지역 발전에 기여하였다. 사립온성학교(私立溫成學校) 교장을 역임하는가 하면, 주을온면(朱乙溫面) 면장 등으로 활동하면서 지역의 도로와 철도 확장에 남다른 기여를 하였다.
한편 일제는 1919년 3·1독립만세운동 이후 문화통치를 표방하며 회유정책을 도모하였다. 그 일환으로 같은 해 9월 조선총독부 중추원에 전국에서 추천된 유지들을 모아 놓고 시국강연회를 개최하였다. 차병철도 신태진(申泰鎭)과 함께 함경북도 도지사에 의해 대표로 추천되어 이 회합에 참석하였다. 당시 상해 『독립신문』은 일제의 이러한 시도를 조삼모사(朝三暮四)하는 사기간정(詐欺奸政)으로 몰아세우고, 그 회합 자체를 비판하였다. 또한 참석한 인물들에 대한 시각 역시 곱지 않았다.
참석한 인물들 역시, 위와 같은 시국강연회가 일제의 교활한 술책임을 인식하고 적극적 저항을 도모하고자 하였다. 1919년 대종교의 개천절(음력 10월 3일)을 기해 새로운 소요계획을 세우며 내세운 아래 「포고문」에서 알 수 있다.

이천만 동포에게 경고함

우리들은 이달 중에 아무 것도 알지 못한 채 맹목적으로 사이토 신임 총독의 소환에 응해 경성으로 왔다. 우리들을 불러 모은 목적이 시국강연이라고 하였지만 도저히 우리 민족에게 유리한 강연이라고는 생각할 수 없었다. 그 강연을 듣고 있자면 우리 민족이 희망하는 독립과 자유에 관한 이야기는 털끝만큼도 찾아 볼 수 없고 모두 타이르고 얼러서 우리 민족을 하루 빨리 멸망시키려는 술책에 지나지 않았다.

과거를 살펴보라. 을사년의 5조약과 정미년의 7조약이 어떠하였는가? 그 때도 저들은 한국의 부강과 국민의 복리증진이 목적이라고 말하지 않았던가? 이른바 병합 조약과 조서는 어떠하였는가? 그 때도 저들은 누구나 평등하게 똑같이 사랑한다(一視同仁)든지 또는 조선인의 복리를 증진한다든지 하면서 떠들지 않았던가?

그 때 정해진 조약과 조서라고 하는 것은 어디에다가 처박아두고 지금 새로 발포한 것은 외국인의 눈과 귀를 가리고 우리 민족을 말살하려는 생각임이 명백하다. 우리 동포들은 이러한 존망의 위기를 맞이하여 한층 분발하여 독립자유를 부르짖기를 바란다.

조선 건국 4252년 10월 일

이 「포고문」은 함경북도 대표로 참여한 차병철·신태진·허명훈(許命勳)을 비롯하여 전국의 51명의 명의로 이루어진 것이다. 이들은 위의 「포고문」과 함께 「대한민국임시정부성립축하문」·「축하가(祝賀歌)」·「선언서」 등을 준비하여 움직였으나 성공하지 못했다. "반만년 역사의 권위(權威)와 이천만 민중의 성충(誠衷)에 엎드려, 우리나라가 독립국임과 우리민족이 자주민임을 이에 천하 모든 나라에 선언하고 증언하다."로 시작하는 「선언서」에서는, 근역청구(槿域靑邱)인 우리나라가 식민지가 아니며, 단군의 자손이자 고구려의 겨레인 우리가 결코 노예가 아님을 천명하고 있다. 또한 「축하가」 4절에서 다음의 가사도 나온다.

동포들이여 독립만세 독립만만세 노래해요, 독립만세 독립만만세 단군자손 억만대의 자유를 위해, 이천만이 한 목소리로 독립만만세

'대종교의 개천절'을 기해 거사하려던 것과 '단군자손의식'의 고양에서 대종교적 성격이 강하게 투영되어 있음을 알 수 있다.

차병철은 여타의 대종교 인물들과는 달리 만주로 넘어가 적극적 항일투쟁을 전개하지는 않았다. 그는 향리인 경성 지역을 중심으로 면장 및 의원 등을 맡아 지역 발전에 남다른 역할을 하였다. 그러나 대천온태(大川穩泰)라는 이름으로 창씨개명한 행위는 결코 용서받지 못할 선택이었다. 진보적 천도교인이었던 박달성(朴達成)이 『개벽』에 실은 「함북종횡사십유칠일(咸北縱橫四十有七日)」이란 기행문에서 언급한 다음의 교차된 기억이 그것이다.

시가(市街)는 정연(井然)하고 쇄연(刷然)하다. 전면장(前面長) 차병철(車炳轍)씨의 공로라고 칭성(稱聲)이 만타. 반면에 일선인간(日鮮人間)에 서서 거간(居間) 비슷한 노릇을 한다고 악성(惡聲)도 만타. 자중(自重)해야 될 것을 부탁(付拕)한다.

차병철은 비교적 이른 시기에 대종교에 입교한 인물이다. 1910년 6월 3일(음력, 이하 음력), 시교사(施教師)로 임명된 정안립(鄭安立)과 더불어 같은 날 순교원(巡教員)으로 임명된 것을 보아도 알 수 있다.

대종교 성직(聖職)의 시작은 1909년 12월 11일 '교명(教命)'으로 발포되어, 처음 시교사와 그 아래 순교원 제도가 마련되었다. 그리고 1910년 1월 4일 변우섭과 김찬수를 순교원으로 임명하는 것이 성직 임명의 효시다. 차병철 역시 성직 제도 마련 이후 얼마 되지 않아 순교원을 받았음이 확인된다.

1911년 知教를 받은 인물들의 명단. 맨 마지막에 車光이라는 이름으로 차병철이 적혀 있다.

그리고 1911년 1월 15일 지교(知教)의 교질(教秩) 승질(陞秩)됨과 아울러 시교사로도 임명되었다. 당시 함께 시교사를 받은 인물 중에는 박찬익(朴贊翊)을 비롯하여 이동춘(李同春)·김교준(金教準)·김두봉(金枓奉)·김원식(金遠植) 등, 후일 상해와 만주에서 항일투쟁의 지도자로 활동한 인물들이 대다수였다. 또한 차병철은 1910년대 고향인 경성군 주을 지역을 거점으로 대종교의 주요 인물들이 북간도로 넘어가는 연계 역할을 담당하기도 하였다. 김두봉이나 박

승익(朴勝益)·정원택(鄭元澤) 등의 사례에서도 알 수 있는 부분이다.

[참고문헌]
『倧報』제4호(1909년)·제8호(1910년), 『倧令』제3호(1911년), 『대종교중광육십년사』(대종교총본사, 1971), 『황성신문』1908.4.17., 『대한협회회보』제8호(1908년), 『서북학회월보』제9호(1909년), 『독립신문』1919.11.16., 12.2., 『民情視察ニ關スル件』(大正八年 騷擾事件ニ關スル道長官報告綴 七冊ノ内 七, 地第1553號; 朝鮮總督府 内一補 2667, 한국사DB, 국사편찬위원회), 「京城市内ノ不穩情況」(不逞團關係雑件 朝鮮人ノ部 在内地 九, 高警第33844號; 秘受13799號, 한국사DB, 국사편찬위원회), 『개벽』제43호(1924년 1월), 『매일신보』1943.11.20., 『지산외유일지』(정원택, 탐구당, 1983)

차병헌(車炳憲, 남, 1882-?)
입교 시기_ 1923년 이전 | 교질_참교

출신지역과 생몰연대를 알 수 없는 인물이다. 1920년 당시 화룡현(和龍縣) 이도구(二道溝)에 거주하며 대종교 항일단체인 대한군정서(북로군정서) 활동에 가담하였다. 당시 화룡현 이도구는 대종교의 주요 근거지로 대한군정서의 청산리독립전쟁이 전개된 역사의 현장이기도 하다.
차병헌의 대종교 입교 기록은 남아있는 것이 없다. 다만 그가 1923년 6월 20일(음력) 대종교 동일도본사(東一道本司)의 특별 추천으로 참교(參敎)의 교질(敎秩)을 받은 기록이 있다. 그의 대종교 입교가 그 이전에 이루어졌음을 알 수 있다. 특히 특선에 의한 교질 수여는 이전의 특별한 공로나 인연을 헤아려 수여하는 것으로, 차병헌의 대종교 입교가 훨씬 이전에 이루어졌음을 암시하는 것이다.
당시 함께 참교를 받은 인물들이 김관(金寬)·박순학(朴順學)·김찬(金燦)·박진(朴震)·이근(李槿)·최응규(崔應奎)·최기훈(崔基薰)·최승봉(崔承鵬)·강난주(姜蘭冑)·안정인(安正仁)·김종삼(金宗三) 등, 항일투사들이었다. 김관(金寬)은 대한군정서의 인사부 과장을 지낸 인물이고 보면, 차병헌의 대종교 입교가 1920년대 초반 대종교계 항일투쟁단체인 대한군정서 시절에 입교한 것이 아닐까 추정해 본다.

[참고문헌]
『대종교보』제58호(1923년), 「不逞鮮人 歸順者 名簿에 관한 건」(不逞團關係雑件-朝鮮人ノ部-在滿洲ノ部25, 公信 第207號; 受 709號, 한국사DB, 국사편찬위원회)

차병환(車秉桓, 남, 1904-?)
아호(별명)_ 차정룡(車丁龍)
입교 시기_ 1922년 | 교질_ 미상

함경북도 경성군(鏡城郡) 어랑면(漁郞面) 지방동(芝芳洞) 안교(安郊) 출신으로, 대종교 항일투사인 차동환(車東桓)의 동생이다. 본래의 이름은 차정룡(車丁龍)이었으나 대종교에 입교하면서 차병환(車秉桓)으로 개명하였다.

차병환

차병환은 형 차동환과 1930년에 발생한 간도 5·30사건에 참여하면서 옥고를 치렀다. 이 사건은 1928년 말 중국공산당만주성위원회가 심각한 상황에 처하는 한편, 중국공산당은 극좌적인 이입삼(李立三) 노선으로 대표되는 급진적 노선을 채택하였다. 만주지역의 정세가 불리하게 된 중국공산당만주성위원회는 일제와 장학량(張學良) 군벌세력을 몰아내기 위해 상해 5·30사건 기념일을 맞아 무장봉기를 계획하였다. 그리고 중국공산당에 가입시키겠다는 당근책을 내놓으며, 이 봉기의 주도세력으로 조선인 공산주의자들을 내세웠다.

車秉桓(네모 안)이 '간도 5·30사건'으로 3년형의 언도를 받은 내용을 실은 『매일신보』(1932.6.1.) 기사.

이에 5월 30일 밤 용정(龍井)·연길(延吉)·두도구(頭道購) 등지의 한인공산주의자들을 중심으로 격렬한 시가전이 전개되었고, 이 사건으로 차병환과 차동환을 비롯한 39명이 체포되었다. 차병환은 일행과 더불어 경성지법에서 치안유지법 위반으로 기소되어 1930년 9월 19일 서대문형무소에 수감된 후, 수 차례의 공파 끝에 1932년 5월 31일 3년형을 언도받고 옥고를 치렀다.
차병환의 대종교 교력을 살피면 1922년 12월 5일(음력) 대종교 동이도본사(東二道本司)의 추천으로 영계(靈戒)를 받았다. 그의 대종교 입교가 기 이전에 이루어졌음을 확인할 수 있다. 또한 당시 함께 영계를 받은 인물들을 보면 차동환을 비롯하여 이경상(李京相)·송응수(宋應洙)·김창순(金昌淳)과 같은 항일투사들이었다. 특히 이경상은 대종교 항일단체인 대한군정서(북로군정서) 경신국(警信局) 제1분국의 제8과장과 제33분국 제3과장을 역임한 인물이다. 차병환의 대종교 인연 역시 대한군정서와 연결될 것으로 추정되나 기록은 없다.

한편 차병환은 1923년 2월 12일(음력) 본명인 차정룡을 대종교명인 차병환으로 개명했으며, 같은 날 형인 차갑룡(車甲龍) 역시 차동환이라는 대종교명으로 바꾸었다.

[참고문헌]
『대종교보』제56호(1922년)·제57호(1923년), 『매일신보』1932.6.1., 『조선일보』1932.5.26., 『동아일보』1932.6.1.

차보균(車普均, 남, 생몰 미상)
입교 시기 _ 1923년 이전 | 교질 _ 미상

출신지역과 생몰연대를 알 수 없는 인물이다. 1930년 어랑촌(漁郞村) 농민협회원이었던 김인완(金仁完) 등과 연해주 우스리스크의 자피거우(夾皮溝)를 습격해 무기를 탈취하는 등, 무장항일투쟁을 벌인 기록이 있다. 또한 1936년 11월에는 중국공산당 화룡현(和龍縣) 평강지구(平崗地區) 구책임자로 있으면서, 이도구(二道溝) 지구 책임자인 송남수(宋南洙)와 함께 김이복(金利福) 등을 통해 일제의 주구(走狗)를 처단하는 작업을 진행하기도 했다.
차보균의 대종교 교력을 살피면, 1923년 6월 9일(음력) 대종교 동일도본사(東一道本司)의 특별추천으로 영계(靈戒)를 받았다. 그의 대종교 입교가 그 이전으로 올라감이 확인된다. 당시 함께 영계를 받은 인물 중에는 의군산포대(義軍山砲隊)에 활동한 박리범(朴利範)과 상해임시정부의 특파원이었던 이근(李瑾) 등이 있으나, 이후 차보균에 대한 기록은 전하지 않는다.

[참고문헌]
『대종교보』제58호(1923년), 『韓別 외 23명(치안유지법 위반, 방화 등)』(일제강점기 사회·사상운동자료 해제Ⅰ, 1931 刑 573/1931 豫 15/1933 刑公 167, 한국사DB, 국사편찬위원회), 『매일신보』1935.11.28.

차용순(車龍淳, 남, 생몰 미상)
입교 시기 _ 1922년 이전 | 교질 _ 참교

출신지역과 생몰연대를 알 수 없는 인물이다. 일제의 문서에서는 찾을 수 없으며, 오직 1920년대 대종교의 기록 속에만 등장하고 있다.
차용순은 1922년 6월 4일(음력) 대종교총본사의 특별추천으로 참교(參敎)의 교질(敎秩)을 받았다. 그의 대종교 입교가 훨씬 이전으로 올라감이 확인된다. 특히 같은 날 박두희(朴斗熙)와 박승명(朴承明) 등이 함께 참교를 받았다. 박두희는 대종교 항일단체인 대한군정서(북로군정서) 사관연성소의 학도단장을 맡았던 인물로, 1920년 8월에는 사령관 김좌진의 부관으로도 활약하였다. 박승명 또한 왕청현(汪淸縣) 춘화향(春華鄕) 용북동(龍北洞)에 거주하면서 대한군정서 경신

국(警信局) 제4분국 제1과장을 맡았던 인물이다. 차용순 역시 대한군정서와 관련된 인물임을 시사해준다.
특히 차용순은 1922년 12월 5일(음력)에는 대종교 동이도본사(東二道本司) 제3지사의 전사대판(典事代辦)으로 임명되기도 했다. 전사대판이란 지사를 책임지는 전사의 대리(代理)를 말하는 것으로, 당시 제3지사의 전사였던 한기욱(韓基昱)이 비적(匪賊)의 습격으로 사망하자 그를 대신하여 맡은 것이다. 한기욱은 이상설(李相卨)이 세운 간도 용정촌(龍井村)의 서전의숙(瑞甸義塾)의 숙감(塾監)을 비롯하여 대종교 항일투쟁의 중심에 섰던 지도자였다. 차용순이 그의 대리로 전사로 임명된 것을 보면, 그의 대종교단 내에서의 비중이 작지 않았음을 알게 해 준다.
한편 동이도본사 제3지사는 밀산현(密山縣) 동촌(東村)에 그 근거를 두고, 흑룡강성 의란현(依蘭縣) 전체와 그에 붙어있는 연해주지대의 교구를 관할한 조직이었다. 오호준(吳昊俊)이 종사감정(宗事監正)을 맡아 관할 교구의 시교당(施敎堂) 설당(設) 문제와 사회사업에 관한 업무를 담당하였으며, 계사감정(計事監正)을 맡은 한기중(韓基仲), 종사감찬(宗事監贊)으로 활동한 김백련(金百鍊), 규사감찬(規事監贊)을 맡은 오상세(吳祥世) 등이 차용순을 도와 시무하였다. 주목되는 것은 그들 모두가 대한군정서를 비롯한 대종교 항일투쟁의 거물들이었다는 점이다. 차용순 역시 대종교 항일투쟁에 깊이 관여한 인물임을 짐작할 수 있으나, 이후의 기록은 전하지 않는다.

[참고문헌]
『대종교보』제54호(1922년), 『종문영질』(프린트본, 1922), 『대종교중광육십년사』(대종교총본사, 1971)

차희균(車希均, 남, 생몰 미상)
입교 시기 _ 1922년 | 교질 _ 참교

출신지역과 생몰연대를 알 수 없는 인물로, 일제의 기록에서는 찾을 수 없다. 차희균은 1922년 6월 4일(음력) 대종교 동이도본사(東二道本司)의 추천으로 영계(靈戒)를 받은 기록이 있다. 그의 대종교 입교가 그 이전에 이루어졌음을 알게 해 준다. 또한 같은 날 대종교총본사의 특별 추천에 의해 참교(參敎)의 교질(敎秩)도 받았다. 당시 함께 참교를 수여한 인물들을 보면, 김학만(金學萬)·김필(金㻶)·박두희(朴斗熙)·장병한(張秉漢)·박승명(朴承明)·김정일(金廷一) 등, 항일투쟁의 거물들이었다. 이러한 정황에서 보면, 차희균 역시 대종교 항일투쟁에 깊이 관여한 인물임을 암시받을 수 있으나 연관 기록은 확인이 안 된다.
1923년 6월 29일(음력)에는 대종교 동이도본사(東二道本司) 관할 단일시교당(檀一施敎堂)의 찬무(贊務, 부책임자)로도 임명되었다. 이 시교당은 화룡현(和龍縣) 명신사(明新社) 단촌(檀村)에 소재했던 시교당으로 최병주(崔秉周)가 전무(典務, 책임자)를 맡고 최기만(崔基萬)이 찬무로 임명되어 차희균과 함께 시무하였다. 차희균 일행은 화룡현 이도구(二

道溝) 고산시(孤山市)에 있는 최범약(崔範若)의 집을 연락 거점으로 사용하면서, 대종교만주포교금지령이 내려진 1926년까지 이 시교당을 이끌었다.

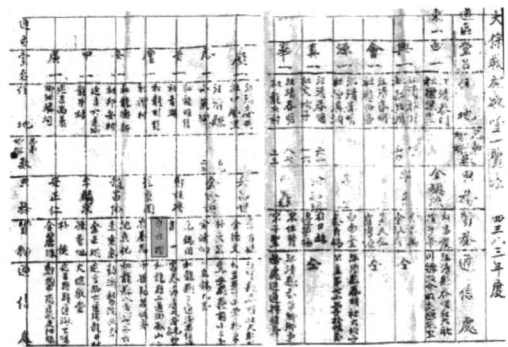

1926년 대종교만주포교금지령 당시, 만주 당국에 압수된 대종교문서 중에 들어있는 '大倧敎施敎堂一覽表'의 일부. 원편 檀一(시교당) 하단 부분에 車希均(네모 안)의 이름이 보인다.

[참고문헌]
『대종교보』,제54호(1922년)·제58호(1923년), 『종문영질』(프린트본, 1922), 「大倧敎施敎堂一覽表(1926년)」(延边朝鲜族自治州档案馆 全宗号42 目录号1 案卷号 343, 和龙县历史档案 和龙县警察所, 令各区查禁韩人设立大倧敎堂由, 民国十五年 五月十二日), 『대종교중광육십년사』(대종교총본사, 1971)

채규오(蔡奎伍, 남, 1881-?)
아호(별명) _ 성언(星彦), 운포(雲圃)
입교 시기 _ 1914년 이전 | 교질 _ 지교

함경북도 경원군(慶源郡) 안농면(安農面) 양동(良洞) 출신으로, 경술국치 이전인 1906년 이미 북간도로 건너가 간민회(墾民會) 활동을 전개한 인물이다.
1914년 3월 왕청현(汪淸縣) 나자구(羅子溝) 상촌(上村) 간민회 분회(分會)의 서기(書記)로 있을 당시, 그곳에 모범학당(模範學堂)이 설립되자 그 관리를 맡았다. 1919년 12월경에는 정의단(正義團)을 확대·개편한 대한군정서(북로군정서)로 자리 잡기 이전인 군정부(軍政府) 군정서(軍務署) 시절부터 서기로 활동하였다.
이후 대한군정서로 자리 잡자 통신부장(通信部長)에 임명되어 서일(徐一, 총재), 현천묵(玄天默, 부총재), 김좌진(金佐鎭, 총사령관), 나중소(羅仲昭, 참모부장), 계화(桂活, 참모부원), 김성(金星, 참모부원), 김득룡(金得龍, 재무부장), 정신(鄭信, 군기국장), 성준용(成駿用, 헌병대장), 채신석(蔡信錫, 모연국장) 등과 중심이 되었다. 또한 경신국장(警信局長), 서무국장(庶務局長) 등을 두루 역임하면서 대한군정서의 행정질서와 연락망을 마련하는데 중요한 역할을 담당하였다. 채규오가 서무국장 시절이던 1920년 7월 대한국정서 경사통신원(警査通信員)에게 시달한 아래의 공문 내용에서도 그 예를 확인할 수 있다.

경신상 사무가 더욱 신찰(迅察)한 차시(此時)에 불가불 일층(一層) 주의할 필요이온 바 기(旣)히 발포한 규훈(規訓)을 좌기(左記) 등으로 인해 갱포(更佈) 하오니 각기 존차(遵此) 실행하심을 절망(切望)함.
一. 경사상직권(警信上職權)
　ㄱ. 민정시찰에 관한 건
　ㄴ. 각 단체 행동에 관한 건
　ㄷ. 적정(敵情) 정탐(偵深)에 관한 건
　ㄹ. 군사상 비밀경찰에 관한 건
　ㅁ. 오족(吾族) 중 불호한(不好漢) 출몰(出沒)에 관한 건
　ㅂ. 임원 신분에 관한 건
　ㅅ. 군인 신분에 관한 건
二. 통신상직권(通信上職權)
　ㄱ. 신보(新報) 전파에 관한 건
　ㄴ. 사고(報告) 또는 통지(通知) 전달에 관한 건
　ㄷ. 서령(署令) 또는 선유광포(宣諭廣佈)에 관한 건
　ㄹ. 하물운반(荷物運搬)에 관한 건
차(此)를 각(各)히 등람(謄覽)

대한민국 2년 7월 27일 군정서 서무국장 채규오

1920년 청산리독립전쟁에서 크게 패한 일제는 그 앙갚음으로 대대적인 토벌작전을 감행하였다. 당시 채규오는 가족들 문제로 피신을 택하지 못하고 형식적 귀순을 선택하였다. 그리고 귀순 후에는 대종교 활동을 통한 항일투쟁의 길을 은밀히 걸었다. 일제는 귀순한 이후 이러한 채규오의 행동을 주시하면서 암암리에 독립군이나 중국 측과 은밀한 교감을 갖은 것으로 꾸준히 주목했다. 그가 대종교의 핵심 교인이라는 점에서 더욱 그러한 의심을 드러냈다. 일제가 1924년 8월에 작성한 문서에 채규오가 귀순 후 대종교에 들어가 교육에 종사하고 있어 위험사상을 갖고 있다고 판단한 것이 그러한 증거이다.
한편 1925년 7월, 임시정부 창조파의 거두 신숙(申肅)이 윤해(尹海) 등과 중국귀화 문제를 은밀히 의논한 인물도 채규오였다. 신숙은 채규오에게 편지를 보내 채규오를 깎듯이 형으로 예우하며 중국으로의 귀화문제를 의논하고 있다. 암암리에 항일투쟁에 관여한 것을 알 수 있음은 물론, 당시 채규오의 무게도 감지할 수 있는 부분이다.
채규오의 대종교 교력을 살피면 1914년 1월 13일(음력, 이하 음력) 소진극(蘇眞極)·엄호(嚴浩)·김백(金白) 등의 항일투사들과 함께 참교(參敎)의 교질(敎秩)을 받은 기록이 전한다. 그의 대종교 입교가 훨씬 이전 시기로 올라감을 알 수 있다. 또한 채규오는 1922년 9월 18일 동일도본사(東一道本司)의 특별추천으로 지교(知敎)로 승급함과 동시에, 같은 날 대종교총본사에서 시교사를 거느리고 시교업무를 총괄하는 시교령(施敎令)으로 선임되었다.
그리고 1924년 3월 25일에는 혼춘구(琿春區)를 관할하는 '대종교총본사기본 및 경상금 동독위원(大倧敎總本司基本及經常金董督委員)'으로 임명되었다. 이 직책은 대종교의 재정을 감독하는 자리로, 당시 채규오를 비롯하여 최창화(崔昌華)·원석주(元錫周)·이균섭(李均燮)·이상호(李相鎬)·심근(沈權)·엄호·소진극·김주학(金柱鶴)·이남철(李南哲)·최익항

(崔益恒)·한기중(韓基中)·홍범장(洪範章)·정윤(鄭潤)·신명균(申明均)·서강준(徐康駿) 등, 대종교의 핵심들이 맡았다.

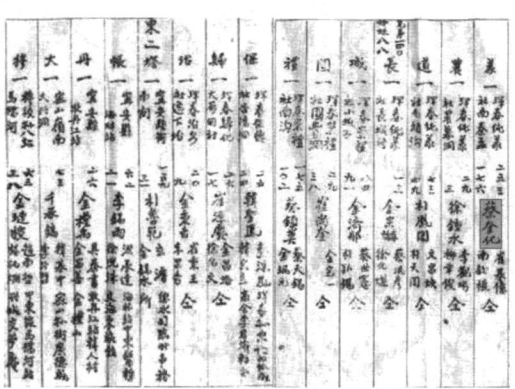

채규오의 귀순 후에도 꾸준히 의심을 품고 주시하고 있음을 적은 일제의 문서.

이어 1926년 2월 12일 공창준(公昌準)·김규식(金奎植)·장도순(張道淳) 등, 항일투쟁의 거물들과 대종교 순교원(巡敎員)으로 임명되어 혼춘구의 대종교포교를 관할하였다. 그 무

렵 채규오는 백순(白純)·조완구(趙琬九)·김두봉(金枓奉)·김교준(金敎準)·신명균·심근(沈權)·정윤 등, 대종교 핵심인물들과 '대종교홍범 및 규제수정기초위원(大倧敎弘範及規制修正起草委員)'으로도 임명되어 대종교 질서의 토대를 마련하기도 했다.

[참고문헌]

『대종교보』제55호(1922년), 『종문영질』(프린트본, 1922), 「大倧敎施敎堂一覽表(1926年)」(延边朝鲜族自治州档案馆 全宗号42 目录号1 案卷号343, 和龙县历史档案 和龙县警察所, 令各区查禁韓人设立大倧敎堂由, 民国十五年五月十二日), 『대종교중광육십년사』(대종교총본사, 1971), 「間島地方에 있어서 不逞鮮人의 行動에 관한 건」(不逞團關係雜件-朝鮮人의 部-在滿洲의 部30, 機密 第439號; 秘受 12589號, 한국사DB, 국사편찬위원회), 「間島 및 接壤地方 不逞鮮人團의 行動에 關한 件」(不逞團關係雜件-朝鮮人의 部-在滿洲의 部40, 機密 第218號; 機密受第226號, 한국사DB, 국사편찬위원회), 「申肅一派의 支那歸化에 관한 報告」(不逞團關係雜件-鮮人의 部-在上海地方5, 機密 제234호, 한국사DB, 국사편찬위원회), 『間琿萬姓大同譜』(姜運球·梁承武, 1929), 『朝鮮獨立運動』Ⅱ(金正明, 原書房, 1967), 『한국독립운동사자료』39·42·43(국사편찬위원회, 2003·2006·2007)

채규화(蔡奎化, 남, 생몰 미상)

입교 시기_ 1926년 이전 | 교질_ 미상

출신지역과 생몰연대를 알 수 없는 인물이다. 1926년 1월, 만선청년회(滿鮮靑年會)를 결성하여 활동한 기록이 있다. 만선청년회는 대종교계 청년회로 혼춘현(琿春縣) 순의향(純義鄕) 남태맹(南泰孟)에 근거를 둔 조직이었다. 최규협(崔奎俠)이 회장을 맡았으며 채규화는 박순(朴淳)과 함께 주요 간부로 참여하였다. 만선청년회는 지(智)·덕(德)·체(體)의 육성을 통해 회원 상호간의 친목 도모를 목적으로하여 70명의 회원을 거느리고 활동하였다.

대종교만주포교금지령이 내려진 1926년 당시, 만주 당국에 압수당한 대종교 문서에 실려 있는 施敎堂一覽表 중의 일부. 맨 오른쪽 하단에 義一(시교당)의 蔡奎化(네모 안)라는 이름이 보인다.

채규화의 대종교 입교나 영계(靈戒) 사항, 그리고 교질(敎秩) 관계에 대해 남아있는 것이 없다. 다만 채규화가 1926

년 대종교 의일시교당(義一施教堂)의 전무(典務, 책임자)를 맡고 있던 기록이 전한다. 채규화가 혼춘현 순의향 남태맹에서 만선청년회 활동하던 때와 정확히 맞물리는 시기로, 채규화의 대종교 입교가 적어도 그 이전으로 올라감은 알 수 있는 부분이다. 의일시교당은 남태맹에 소재했던 시교당으로, 최기억(崔基億)과 남균식(南鈞植)이 찬무(贊務)를 맡아 채규화를 도왔다. 당시 혼춘현 동문(東門) 안에 있는 협성상회(協成商會)를 연락 거점으로 420여명의 교인들이 활동하고 있었다. 이러한 정황으로 보면 당시 채규화의 교질 단계나 대종교에서의 위치가 상당했을 것으로 추정되지만 확인이 안 된다.

한편 만선청년회에서 함께 활동한 박순이 대종교 항일단체인 대한군정서(북로군정서) 경신국(警信局) 제19분국 4과장과 제34분국 분국장을 역임한 인물로, 1919년 1월 26일(음력) 참교(參教)의 교질(教秩)을 받았다. 박순이 대종교의 대한군정서 조직에 참여하기 전에 이미 대종교에 입교한 것을 알 수 있다. 채규화 역시 그 시기에 입교한 인물이 아닐까 추정해 보지만 관련 기록이 전하지 않는다.

[참고문헌]
「大倧教施教堂一覽表(1926年)」(延边朝鮮族自治州档案馆 全宗号42 目录号1 案卷号343, 和龙县历史档案 和龙县警察所, 令各区查禁韩人设立大倧教堂由, 民国十五年五月十二日), 「間島 및 琿春地方 朝鮮人의 結社團體 調査報告에 關한 件」(不逞團關係雜件-朝鮮人의 部-在滿洲의 部43, 外務省文書課受 第627號, 한국사DB, 국사편찬위원회)

채기업(蔡基業, 남, 생몰 미상)

입교 시기 _ 1923년 | 교질 _ 미상

출신지역과 생몰연대를 알 수 없는 인물이다. 일제의 기록에서는 찾을 수 없고, 오직 1920년대 초중반 대종교의 기록에만 등장하고 있다.

채기업은 1923년 2월 28일(음력) 대종교 동도본사 제1지사에 속한 치일시교당(治一施教堂)의 시교원(施教員)으로 임명되었다. 그의 대종교 입교가 그 이전으로 올라감이 확인된다. 그 시기대종교의 시교원이나 시교사(施教師)는 시교당을 거점으로 종교적 포교와 함께 학교 교육을 담당한 직책이다. 경신대토벌 이후 대종교계 학교가 대부분 초토화되었고 시교당을 거점으로 교육이 유지되고 있었다. 당시 치일시교당은 혼춘현 치안사(治安社) 일하태(逸下坮) 지역에 있었으며, 김병길(金秉吉)이 전무(典務, 책임자)를 맡았다. 또한 최병옥(崔秉玉)과 송창수(宋昌秀)가 찬무(贊務, 부책임자)로 활동하였고, 채기업과 함께 강준(姜俊)·채천석(蔡天錫)이 시교원으로 시무하였다. 이들은 29명의 교인을 거느리고 혼춘현 동문(東門) 안에 있는 협성상회(協成商會)를 연락 거점으로 활동을 전개했다.

한편 채기업은 1923년 6월 28일(음력) 대종교 동일도본사의 특별 추천으로, 당시 항일투쟁의 거물인 남창극(南昌植)·김창현(金昌鉉) 등 항일투사 30여명과 더불어 영계(靈

戒)도 받았다. 그러나 그의 교질(教秩) 관계를 비롯한 그 이후의 기록은 전하지 않는다.

[참고문헌]
「대종교교보」제58호(1923년), 「大倧教施教堂一覽表(1926年)」(延边朝鮮族自治州档案馆 全宗号42 目录号1 案卷号343, 和龙县历史档案 和龙县警察所, 令各区查禁韩人设立大倧教堂由, 民国十五年五月十二日), 「대종교중광육십년사」(대종교총본사, 1971)

채동선(蔡東鮮, 남, 1901-1953)

아호(별명) _ 산남(山南)
입교 시기 _ 일제강점기 | 교질 _ 미상

채동선

전라남도 보성군(寶城郡) 벌교읍(筏橋邑) 세망리(世望里) 출신이다. 순천공립보통학교를 졸업한 후 상경하여 경성제일고보(현 경기고)에 유학하였다. 이 시기 홍난파(洪蘭坡)의 바이올린 독주를 보고 감동을 받아 음악에 빠지게 된 계기가 되었다.

1919년 3·1독립만세운동에 참여한 이유로 경성제일고보 4년만을 수료한 채, 일본으로 건너가 와세다 대학에서 영문학을 전공하였다. 졸업 후 도미(渡美)하여 경제학을 공부하려 하였으나 적성에 맞지 않아 중도에 포기하였다. 1924년 자신이 꿈꾸던 음악 공부를 위해 독일로 넘어간 채동선은 바이올린과 작곡을 공부하고 1929년 귀국하였다. 채동선은 연희전문학교와 이화여전에서 강의를 하는 한편, 바이올린 독주회와 실내악 운동을 펴면서 창작과 바이올린에 열중하였다.

일제강점기 채동선은 한복에 두루마기와 고무신을 신고 낮에는 농사꾼으로 밤에는 국악채보에 전념하는 등, 민족음악 수립을 위해 남다른 노력을 기울였다. 일제 말기에는 모두 친일로 변해가는 주변의 분위기에도 불구하고 창씨개명도 거부한 채 은둔하며 생활하였다. 해방 이후에도 고려음악회를 창설하여 관현악 합창 및 취주악 활동을 통한 민족음악 부흥에 노력하다가, 부산 피난 생활 중 얻은 신병으로 1953년 사망하였다.

채동선이 남긴 가곡 역시, 「고향」·「추억」·「동백꽃」 등 우리 민족적 정서가 물씬 풍기는 노래들이다. 특히 그가 작곡하여 『동아일보』에 실은 「조선의 노래」가 눈에 들어온다. 그 노래 가사는 아래와 같다.

백두산 뻗어나려 반도삼천리 / 무궁화 이 동산에 역사 반만년 / 대대로 예사는 우리 이천만 / 복되도다 그 이름 조선이로세

삼천리 아름다운 이내 강산에 / 억만년 살아갈 조선의 자손 / 길러온 재조와 힘을 모두세 / 우리의 앞길은 탄탄하도다
보아라 이 강산에 밤이 새나니 / 이천만 너도나도 함께 나가세 / 광명한 아침날이 솟아오르면 / 깃븜에 북받혀 놀애하리라

이 가사는 1931년 『동아일보』 공모에 당선된 노산(鷺山) 이은상(李殷相)의 시다. 『동아일보』가 3·1운동 정신을 계승하고 민족정신을 고취하려는 의도로 공모한 것이다. 『동아일보』는 이 가사를 1932년 4월 1일 현제명(玄濟明) 작곡의 「조선의 놀애」라는 악보로 실었고, 이틀 후인 4월 3일에는 채동선 작곡의 「조선의 노래」라는 악보로 실었다. 즉 같은 가사 두 가지의 노래로 만들어졌다는 것이다. 현재 「대한의 노래」로 전해져 많이 불리는 곡조는 현제명이 작곡한 것이다.

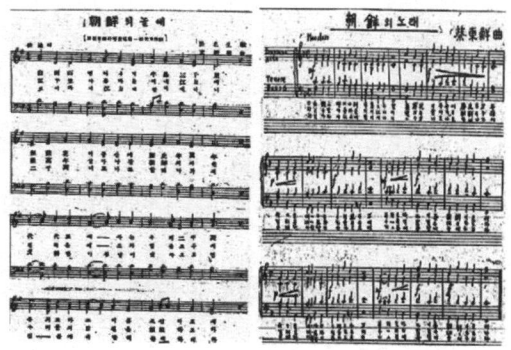

「동아일보」 1932년 4월 1일과 3일에 실린 현제명 작곡 「조선의 놀애」(왼쪽)와 채동선 작곡 「조선의 노래」 악보

[교력]
채동선의 대종교 입교는 이극로의 영향에 의해 이루어졌다고 알려졌으나, 그 시기나 영계(靈戒) 사항에 대한 기록은 전하지 않는다. 채동선은 공교롭게도 대종교를 중광(重光)한 홍암(弘巖) 나철(羅喆)과 출신지(벌교읍)가 같다. 또한 대종교 한글학자인 이극로(李克魯)와 독일 유학 시기가 겹친다. 채동선은 1924년 독일 유학을 떠나 1929년 9월 귀국하였고, 이극로는 이보다 빠른 1922년 독일로 건너가 1929년 1월 귀국한 인물이다. 채동선은 베를린의 슈테른센음악원에서, 이극로 역시 베를린 훔볼트대학에서 정치경제학을 공부하였다. 독일 베를린이라는 같은 공간에서만 4년 이상을 함께 하였다.
채동선을 대종교로 이끈 이극로는 1912년 서간도 시절 대종교에 입교한 인물이다. 또한 이극로는 대종교나 한글을 독일에 알린 장본인으로, 채동선보다는 8살이나 위다. 채동선의 민족적 삶에 이극로와 대종교의 영향이 작지 않았음을 시사해준다. 채동선이 귀국 이후 활동하면서 친일로 기울지 않은 근본적인 이유다. 그가 인생의 전부인 음악을 팽개치고 수유리에 침거하여 고등채소와 관상묘목 농

사를 지은 것이나, 친일로 기울어버린 동료 음악가들과 담을 쌓은 것도 같은 배경이다. 당시 채동선은 친일의 앞잡이 노릇을 한 우익 음악가들은 물론이고 좌익 음악가들과도 거리를 두었다. 이 역시 순수민족주의를 지향하던 대종교 인물들의 행보와 궤적을 같이하는 부분이다.
그러므로 채동선은 일제에 부용하는 음악 활동을 일절 하지 않았다. 그는 일제의 악랄한 감시에서도 언제나 한복을 입었는가 하면, 집의 문패도 한글로 써 붙임으로써 우리의 정체성을 끝까지 지키려 하였다. 또한 해방을 맞을 때까지 창씨개명을 거부한 것이나, 해방 이후 동료 음악가들과 소원해지면서까지 이념에 편향하지도 않았다. 그가 한민족의 정체성을 작품 속에 담아, 민족음악의 불길을 드높인 선각자로 평가받는 이유다.
채동선의 삶에 있어 가장 주목되는 것은 1942년에 완성된 대종교 노래의 작곡을 주도했다는 점이다. 이 노래집은 『곡조한얼노래』라는 제목으로 이극로가 엮었다. 대종교가 중광(重光)한 이후 악보(樂譜)와 함께 엮은 최초의 대종교노래집이라는데 의의가 있다. 당시 이극로는 국내(경성) 조선어학회를 거점으로 만주 동경성(東京城)에 소재한 대종교총본사와 긴밀히 교감하고 있었다. 대종교 교주였던 윤세복은 국내 조선어학회의 이극로에게 대종교의 한얼노래 가사들을 보내 작곡을 의뢰하였다. 그 결과 만들어진 것이 『곡조한얼노래』집이다.
이 책의 서지사항을 좀 더 살피면, 편집인은 이극로, 발행인은 안희제(安熙濟)로 나온다. 또한 발행소는 만주국 목단강성(牧丹江省) 영안현(寧安縣) 동경성(東京城) 가동구(街東區)이며, 인쇄소는 조선 경성부 효제정(孝悌町) 130번지였다. 당시 대종교서적간행위원회 회장을 맡고 있던 안희제를 발행인으로 하고, 경성에서 비밀리에 작곡의 의뢰를 받은 이극로가 편집하여 인쇄를 주도했음을 알 수 있다. 눈에 들어오는 것은 이극로가 『곡조한얼노래』 맨 앞에 직접 쓴 아래의 「머리말」이다.

"한얼 노래는 대종교의 정신을 나타내어, 믿는 마음을 굳게 하며 사는 기운을 펴게 하는 거룩하고 아름다운 노래다. 이 노래는 원도와 함께 믿는 이에게 큰 힘과 기쁨을 주는 것이다. 한얼 노래는 돌아가신 스승님들이 지으신 것을 본을 받아, 새로 스물 일곱 장을 더 지어 보태어, 번호를 매지 아니한 얼노래 한 장을 빼고, 모두 설흔 여섯 장으로 되었다. 이것으로도 신앙과 수양과 예식에 관한 여러 가지 노래가 다 갖추어 있다. 노래 곡조는 우리나라의 작곡가로 이름이 높은 여덟 분의 노력으로써 이루어진 것이다. 진실로 그 예술의 값은 부르는 이나 듣는 이의 마음의 거문고를 울리어, 기쁘고 엄숙하고 원대한 느낌을 준다. 1942년 3월 3일 이극로"

『곡조한얼노래』에 실린 36곡의 노래 가운데, 대종교 중광 이전부터 전해 오는 노래는 「얼노래[神歌, 어아가]」 1곡이다. 이 노래는 고구려에서 제사 때나 군가로도 쓰이던 「고신가(古神歌)」를 대종교 중광 이후 백포(白圃) 서일(徐一)이 새롭게 번역한 것이다. 또한 「한풍류[天樂]」·「세얼[三神歌]」·「세마루[三宗歌]」·「어천가(御天歌)」·「중광가(重光歌)」

는 홍암 나철이 작사하였으며,「가경가(嘉慶歌)」는 백포 서일이,「개천가(開天歌)」는 육당 최남선이 작사하였다. 이외의「곡조한얼노래」에 실린 나머지 노래의 작사는 이극로가 담당하였다.

이극로는 대종교 동지이자 후배인 작곡가 채동선에게 부탁하여, 그를 중심으로 8인의 국내 저명한 작곡가들을 비밀리에 동원하여 이 노래집을 완성하였다. 다만「곡조한얼노래」에는 작곡가의 이름이 빠져 있다. 일제강점기 국내비밀결사로 움직이던 대종교의 교적(教籍)에 이름을 올리는 것이 쉽지 않았기 때문이다. 조선어학회사건이 이 노래의 가사로 인해 발발했음을 보더라도 짐작할 수 있는 부분이다. 만주 동경성의 윤세복이 이 가사들을 조선어학회 이극로에게 보내 작곡을 의뢰하였다. 그러나 이 원고가 조선어학회 이극로의 책상 위에서 발견되면서 조선어학회사건의 직접적 원인이 되었다. 채동선을 비롯하여 작곡가들의 이름이 드러나지 않은 배경이 된다.

[참고문헌]
『대종교보』환국기념호(1946년), 『곡조한얼노래』(이극로 엮음, 대종교총본사, 1942), 『대종교중광육십년사』(대종교총본사, 1971), 『대종교요감』(강수원, 대종교본사, 1983), 『동아일보』1930.12.20., 1932.4.3., 『韓國洋樂百年史』(이유선, 음악춘추사, 1985), 『한겨레음악인대사전』(송방송, 보고사, 2012), 「20세기 초 한국 음악의 감성과 채동선 음악예술의 문화사적 가치」(이혜진, 『한국문학과 예술』24, 한국문학과예술연구소, 2017)

채민언(蔡珉彦, 남, 생몰 미상)
입교 시기_ 1922년 | 교질_ 미상

출신지역과 생몰연대를 알 수 없는 인물로, 1920년대 초반 혼춘(琿春) 지역을 거점으로 대종교 항일활동을 전개하였다.

채민언은 1922년 10월 3일(음력) 대종교 장일시교당(長一施教堂)의 찬무(贊務, 부책임자)를 맡은 기록이 있다. 그의 대종교 입교가 그 이전으로 올라감을 확인시켜 준다. 장일시교당은 대종교 동일도본사(東一道本司)의 관할로 혼춘현 순의사(純義社) 장성촌(長城村)에 있었다. 당시 전무(典務, 책임자)를 맡아 이끈 인물은 김종혁(金宗爀)이었다. 그는 1915년경 황병길(黃炳吉)의 부하로 활동하면서, 대종교지도자 이동춘(李同春) 등과 어울리며 혼춘 지역의 대종교 활동을 통한 항일투쟁을 꾸준히 전개한 인물이다.

한편 서윤혁(徐允爀)이 채민언과 더불어 이 시교당의 찬무를 맡아 시무하였으며, 백인순(白仁淳)·허명기(許明璂)가 시교원(施教員)으로 참여하여 그들을 도왔다. 채민언을 비롯한 이들이 이끈 장일시교당은 1926년 '대종교만주포교 금지령'이 내려질 때까지도 지속되었다. 1926년 당시, 228명의 교우들을 거느리고 혼춘현 동문(東門) 안에 있는 협성상회(協成商會)의 이군빈(李君濱)을 연락책으로 하여 꾸준히 활동하였으나, 이후 채민언에 대한 기록은 드러나지 않는다.

[참고문헌]
『대종교보』제56호(1922년), 「大倧教施教堂一覽表(1926年)」(延边朝鲜族自治州档案馆 全宗号42 目录号1 案卷号343, 和龙县历史档案 和龙县警察所, 令各区查禁韩人设立大倧教堂由, 民国十五年五月十二日)

채세헌(蔡世憲, 남, 생몰 미상)
입교 시기_ 1923년 | 교질_ 미상

출신지역과 생몰연대를 알 수 없는 인물로, 1920년대 초중반 대종교의 기록에만 등장하고 있다. 채세헌은 1923년 6월 28일(음력) 대종교 동일도본사의 특별 추천으로 남창극(南昌極)·김창현(金昌鉉) 등 항일투사들과 영계(靈戒)를 받았다. 그가 그 이전에 대종교 입교한 것을 확인시킨다.

또한 1926년의 기록에도 대종교 성일시교당(城一施教堂)의 찬무(贊務, 부책임자)로 활동한 인물이다. 성일시교당은 당시 혼춘현 숭례사(崇禮社) 소성자(小城子)에 소재했으며, 김제욱(金濟郁)이 전무(典務, 책임자)를 맡고 박홍석(朴弘錫)이 찬무로 임명되어 채세헌과 함께 시무하였다. 특히 책임을 맡은 김제욱이 대종교항일단체인 대한군정서(북로군정서) 경신국(警信局) 활동을 펼쳤던 인물이라는 점이다. 김제욱은 경신국 제16분국의 책임자로, 16분국 관할 각 지역의 9개 과장들을 거느리고 혼춘현 숭례향(崇禮鄉) 지역을 담당하였다.

당시 대종교의 시교당은 곧 학교이자 항일투쟁의 기지였다. 일제가 대종교를 항일단체로 규정하고 대종교인들을 항일투사와 동일시한 근본적 이유다. 그러므로 대종교인들의 집합 장소는 곧 독립운동의 지역적 거점 역할을 하였다. 그 대표적인 사례가 39개 분국까지 펼쳐진 대한군정서의 경신국 조직이다. 이런 점에서 혼춘현을 거점으로 활동한 채세헌 역시 대한군정서 시절부터 경신분국 활동에 가담했을 가능성을 높게 해 준다.

한편 성일시교당 시절 채세헌은 박홍석과 함께 전무인 김제욱을 도와 175명의 교인을 거느리고 시무하였다. 그 주요 연락책은 대부분의 혼춘현 지역 시교당들이 그랬듯이, 혼춘현 동문(東門) 안에서 협성상회(協成商會)를 경영하는 이군빈(李君濱)이었다.

[참고문헌]
『대종교보』제58호(1923년), 「大倧教施教堂一覽表(1926年)」(延边朝鲜族自治州档案馆 全宗号42 目录号1 案卷号343, 和龙县历史档案 和龙县警察所, 令各区查禁韩人设立大倧教堂由, 民国十五年五月十二日)

채수봉(蔡洙鳳, 남, 생몰 미상)
입교 시기_ 1923년 | 교질_ 미상

출신지역과 생몰연대를 알 수 없으며, 한민회(韓民會)의 통장(統長)을 지낸 인물이다. 한민회는 한민단(韓民團)·한민회군(韓民會軍)으로도 불렸으며, 3·1운동 이후 만주 독립운동단체의 국내진공작전과 국내에서의 대응을 전제로 한 독립운동이 재연되자 이에 자극, 고무되어 만들어진 단체였다.

채수봉의 대종교 교력을 보면 1923년 6월 26일(음력) 대종교 동이도본사(東二道本司) 관할 보일시교당(保一施教堂)의 찬무(贊務, 부책임자)를 맡은 기록이 있다. 그 이전에 대종교에 입교한 것이 당시 확인된다. 당시 한성봉(韓聖鳳)이 전무(典務, 책임자)로 있었으며, 한종립(韓宗立)이 찬무를 맡아 채수봉과 함께 했다.

채수봉 등은 1926년 '대종교만주포교금지령'이 내려질 때까지도 똑 같은 체재로 이 시교당을 이어갔다. 그 시기 보일시교당은 혼춘현(琿春縣) 보덕사(保德社) 행원동(杏院洞)에 있었다. 대종교만주포교금지령이 내려질 당시 보일시교당의 교인은 49명이 있었으며, 혼춘현 동문(東門) 안에 있는 협성상회(協成商會)의 이군빈(李君濱)이 그 주요 연락책이었다.

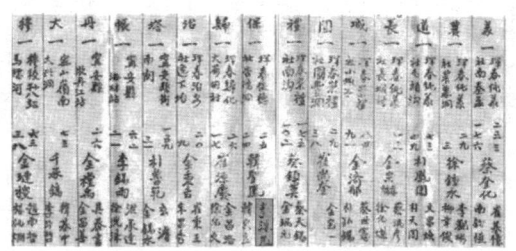

1926년 '대종교만주포교금지령'으로 만주 당국에 압수된 대종교문서에 실린 '大倧教施教堂一覽表' 중의 일부. 가운데 保一(施教堂) 아래에 蔡洙鳳의 이름이 보인다.

[참고문헌]
『대종교보』, 제58호(1923년), 「大倧教施教堂一覽表(1926年)」,(延边朝鲜族自治州档案馆 全宗号42 目录号1 案卷号343, 和龙县历史档案 和龙县警察所, 令各区查禁韩人设立大倧教堂由, 民国十五年五月十二日), 『대종교중광육십년사』(대종교총본사, 1971), 『독립운동사』5(독립운동사편찬위원회, 1973)

채신석(蔡信錫, 남, 생몰 미상)

아호(별명)_ 채신석(蔡信石)
입교 시기_ 1914년 이전 | 교질_ 참교

출신지역과 생몰연대를 알 수 없는 인물로, 일찍이 만주로 넘어가 대종교에 몸을 담고 항일투쟁을 전개하였다.

정의단(正義團)이 대종교들을 중심으로 한 대한군정서(북로군정서)로 재편된 초기, 채신석은 서일(徐一) 밑에서 회계를 총괄하며 살림을 도맡았다. 또한 경신국(警信局) 통신과장(通信課長)과 경찰과장(警察課長)을 맡으면서, 대한군정서의 조직 연계 확립에 많은 기여를 하였다.

청산리독립전쟁 이후 경신대토벌로 은둔하던 채신석은, 1921년 8월 상순 대종교 동지인 정신(鄭信) 등과 왕청현(汪

清縣) 대감자(大坎子) 지역으로 잠입하여 숨겨 놓은 대한군정서 시절 총기(銃器) 확보를 위한 수색을 벌이기도 했다. 또한 1922년 3월에는 과거 대한군정서 동지들의 규합을 통한 대종교 포교 활동에도 뛰어 든다. 당시 산재해 있던 대한군정서 요원들은, 일제의 간도출병(間島出兵) 이후 사방으로 흩어진 동지들을 규합하여 대종교 확산을 도모하고자 했다. 영안현(寧安縣)에는 본부(本部)를 두고 밀산현(密山縣)·액목현(額穆縣)·돈화현(敦化縣) 등 서북간도 각지에 지부(支部)를 만든 후, 각기 학교를 부설하고 상호 연락망을 공고히 하고자 했다. 그 시기 영안현에 있던 채신석은 대한군정서의 보관과장(保管課長)을 맡았던 서청(徐靑) 등과 그 해 3월 16일 왕청현 유수하(柳樹河)로 들어와 대종교 포교에 분주하였다.

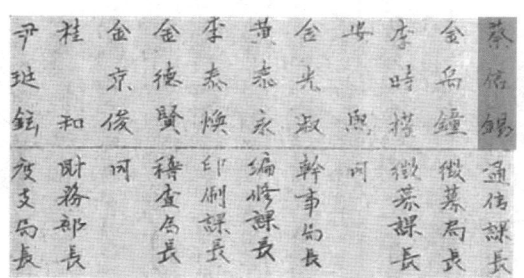

대한군정서의 주요 간부의 이름을 기록한 일제의 문서 중의 일부. 오른쪽 끝에 통신과장 蔡信錫의 이름이 보인다.

채신석의 대종교 교력을 살피면 입교와 영계(靈戒) 사항에 대해서는 남아있는 기록이 없다. 그러나 1914년 3월 2일(음력) 대한군정서의 중심이자 대종교 핵심들이었던 황문길(黃文吉)·서청·김려환(金礪煥)·김관섭(金官燮) 등과 함께 참교(參教)의 교질(教秩)을 받았다. 그의 대종교 입교가 훨씬 이전으로 올라감이 확인된다. 아마도 1910년대 초반에 결성된 대종교 중광단(重光團) 시절이 아닐까 추정해 본다.

채신석이 대종교 재건을 위한 대종교교우회(大倧教教友會)에도 참여한 기록도 있다. 1924년 4월 23일에서 26일까지 만주 영안현 영고탑(寧古塔) 소재 대종교총본사에서 열린 대종교교우회가 그것이다. 이 회의는 당시 국내 대표 3인, 북간도 대표 6인, 서간도 대표 1인, 동지연선지방(東支沿線地方) 대표 5인, 영고탑 대종교총본사 인근 대표 13인 등 도합 27인의 대종교 대표들이 모여 제2대 교주 무원(茂園) 김교헌(金教獻) 서거(逝去) 이후 대종교 중대사를 논하는 자리였다. 영안현 대표로 참석한 채신석은 여타 대표들과 함께 다음의 의제를 다루었다.

1. 전(前) 대종교 교주 김교헌과 고(故) 대종교 동도본사 전리(典理) 서일에 대한 경칭(敬稱) 문제
2. 홍범규제(弘範規制) 개정에 관한 문제
3. 총본사를 용정촌으로 이전하는 문제
4. 교주(教主) 선임에 관한 문제
5. 전항에 속하지 않은 비밀스런 결의 사항 등 다수

위에 열거된 회의 사항들은 대종교의 교종(教宗) 부여에 속하는 종사(宗師) 호칭 문제, 대종교 헌법(홍범) 개정, 대종교 중심거점(총본사)의 이전, 교주의 선출 방식 등, 대종교의 핵심적 사항들과 연결될 문제들이다. 이러한 중대사를 결정하는 회의에 채신석이 포함되었다는 것은, 대종교단 내에서의 그의 비중을 다시금 확인시키는 근거라 할 수 있다. 그러나 이후 채신석의 행적은 확인이 안 된다.

대종교 교인들의 教秩 사항을 기록해 놓은 『倧門榮秩』 '知教' 부분의 일부. 상단 왼쪽 위에 蔡信錫의 이름이 올라있다.

[참고문헌]
『종문영질』(프린트본, 1922), 「管内 著名 排日部落 獨立運動 狀況에 관한 건」(不逞團關係雜件-朝鮮人의 部-在滿洲의 部14, 機密 第28號, 秘受 1974號, 한국사DB, 국사편찬위원회), 「國外情報-大韓軍政署의 日誌에 관한 건」(不逞團關係雜件-朝鮮人의 部-在滿洲의 部26, 高警 第1007號, 秘受 1502號, 한국사DB, 국사편찬위원회), 「朝鮮側 警察이 朝鮮人 金順 等을 拘引시킨 것에 관한 건」(不逞團關係雜件-朝鮮人의 部-在滿洲의 部28, 公 第259號, 受 20669號, 한국사DB, 국사편찬위원회), 「大正 10年 8월 중 間島地方 情況에 관한 건」(不逞團關係雜件-朝鮮人의 部-在滿洲의 部29, 機密 第382號, 秘受 10810號, 한국사DB, 국사편찬위원회), 「寧古塔에서 大倧敎 敎友會 開催 狀況에 관한 건」(不逞團關係雜件-朝鮮人의 部-在滿洲의 部39, 機密受제144호-機密제136호, 한국사DB, 국사편찬위원회), 『한국독립운동사자료』38·42(국사편찬위원회, 2002·2006).

채영(蔡英, 남, ?-1926)

아호(별명)_ 채형묵(蔡亨默), 채영(蔡永), 채룡(蔡龍)
입교 시기_ 1910년대 추정 | 교질_ 미상 | 서훈_ 독립장(2002)

서울 출신으로 생몰연대는 미상이며 본명은 채형묵(蔡亨默)이다. 1913년 9월, 대종교지도자 예관(睨觀) 신규식(申圭植)에 이끌려 상해무상중학교(上海務商中學校)에 입학한 것을 보아 신규식의 주변 인물임을 알 수 있다. 이후 중국의 무관학교(武官學校)에 들어가 졸업 후에는 중국군 육군장교로도 복무하였다.

1919년 대한국민회(大韓國民會)가 조직되자 총부(總部)에 배속되어 무관학교 설비위원(設備委員)으로 활동하였으며, 같은 해 9월 만주 혼춘(琿春)에서 대종교 동지인 홍범도(洪範圖)·이용(李鏞) 등과 함께 대한국민회 산하에 결사대(決死隊)를 조직하고 무기를 구입하여 국내진공계획을 세웠다.

1920년 초 러시아 니콜리스크 지역으로 넘어와 강국모(姜國模)·한희진(韓熙鎭) 등과 대한국민혈성단(大韓國民血誠團)을 조직하고 사령관으로 활동하였다. 같은 해 3월, 왕청현(汪淸縣) 춘양향(春陽鄉) 합마당(蛤蟆塘)에서 북간도(北間島) 동부와 혼춘·노령(露領)의 각 독립단 대표자회의가 개최되자, 홍범도·구춘선(具春先)·이범윤(李範允)·황병길(黃丙吉) 등과 참석하여 각 독립단의 통일문제를 논의하기도 했다. 이후 1921년 소련의 원조 하에 한인연합부대로 결성된 고려혁명군단(高麗革命軍團)에 참여하여 고려혁명군 사관학교(高麗革命軍士官學校)의 교관으로 활동하였다. 당시 교장은 이청천(李靑天)이었으며 이용과 한운용(韓雲龍)이 채영과 더불어 교관으로 활동했다.

1921년 6월 러시아 스보보드니에서 자유시참변이 발생할 당시, 혈성단을 이끌고 대한의용군(大韓義勇軍)에 참여하여 참모부원으로 러시아군대와 전투를 벌였다. 1923년 중국 상해에서 열린 국민대표회의에 참석하였고, 1924년 상해에서 국민위원회(國民委員會) 위원으로 활동하였다. 다시 러시아 우스리스크 지역 이만으로 돌아와 활동하던 채영은, 러시아와 중국 국경인 뽀그라니치나야 역에서 자객에 의해 피살·순국한 것으로 전해진다.

채영의 대종교 영계(靈戒) 사항이나 교질(教秩) 관계에 대한 기록은 현전하지 않는다. 대종교단 내에서는 그가 상해 시절인 1910년대 대종교에 입교한 것으로 회자되지만, 그에 대한 기록 역시 남아있지 않다. 다만 그가 상해 지역 대종교지도자였던 신규식의 주변 인물임을 감안한다면, 신규식에 의해 대종교에 입교하여 동제사(同濟社) 등을 중심으로 활동했을 가능성이 크다. 이 시절 채영이 대종교 인물들과 주로 어울린 정황들도 이를 뒷받침한다. 상해 시절 채영은 해방 이후 대종교총전교(大倧敎總典敎, 교주)를 지낸 정원택(鄭元澤) 등을 비롯한 대종교 인물들과 개천절 행사 등에 동참하며 활동한 기록이 있다.

[참고문헌]
「鮮人의 행동에 관한 건(아누치노 방면 不逞鮮人의 행동에 관한 건 외 9건)」(不逞團關係雜件-朝鮮人의 部-在西比利亞11, 機密 제74호, 한국사DB, 국사편찬위원회), 「在外 要注意 鮮人 別名 雅號 調査에 관한 건」(不逞團關係雜件-朝鮮人의 部-在滿洲의 部39, 機密 第161號, 機密受第169號, 한국사DB, 국사편찬위원회), 『조선일보』1926.5.22., 『무장독립운동비사』(채근식, 대한민국공보처, 1949), 『朝鮮獨立運動』Ⅰ(分冊)·Ⅲ(金正明, 原書房, 1967), 『지산외유일지』(정원택, 탐구당, 1983), 『한민족독립운동사』4·11(국사편찬위원회, 1988·1992), 『대한민국임시정부자료집』6(국회도서관, 2006)

채오(蔡五, 남, 1883-?)
아호(별명)_ 추모(樞圃), 채오(蔡伍)
입교 시기_ 1914년 이전 | 교질_ 상교(尙敎) | 서훈_ 건국포장(2016)

함경남도 출신이라는 것만 알려져 있으며, 생몰연대 역시 불분명하다. 1910년대 만주로 넘어가 대종교에 몸을 담고 항일투쟁을 펼친 인물이다.

1919년 3·1독립만세운동 직후 대종교의 중광단(重光團)을 계승하여 만들어진 정의단(正義團)에 참여하였다. 정의단은 대종교도들을 중심으로 조직된 항일단체로 서일(徐一)·계화(桂和)·양현(梁玄) 등이 주축을 이루었다. 그리고 1919년 말, 정의단이 대한군정서(북로군정서)로 개편되면서 군수과장(軍需課長)을 맡았다. 그 중심인물들은 채오를 비롯하여 서일·현천묵(玄天默)·계화·정신(鄭信)·김좌진(金佐鎭)·이홍래(李鴻來)·이장녕(李章寧)·최해(崔海)·정훈(鄭勳)·이범석(李範奭)·윤복영(尹復榮)·양현 등 모두 대종교의 핵심들이었다.

1921년 12월, 대종교지도자이자 대한군정서 부총재였던 현천묵과 숙의하여 대종교의 본거지였던 영안현(寧安縣) 황기둔(黃旗屯) 지역으로 옮겨가 과거 대한군정서 동지들과 새로운 투쟁을 도모하였다. 채오는 이미 그곳에 자리 잡은 대종교 동지인 조문백(趙文伯)의 거처에서 정신·이홍래·원창경(元昌京)·최수길(崔壽吉) 등 대종교 동지들과 일제에 대한 테러를 계획하였다. 결빙기인 연말연시를 틈타 두만강변의 경찰기관 습격 및 요로(要路)의 인물들을 암살할 계획을 마련하여 추진한 것이다.

이후 1922년 1월경에는 왕청현(汪淸縣) 나자구(羅子溝)에서 대한독립군단 제2지단 외무역원으로 활동하였고, 1923년 8월 15일부터 11월 3일까지 화전현(樺甸縣)에서 개최된 남북만주통일대회에 대종교 항일투사 윤정현(尹挺鉉)·계화

등과 더불어 대한군정서 대표로 참여하였다. 그리고 1925년 영안현(寧安縣)에서 대종교 항일단체인 신민부(新民府)에 가담하여 항일투쟁을 이어면서, 호림현(虎林縣)에 설립될 제2사관학교의 의연금 모집위원으로도 활동하였다.

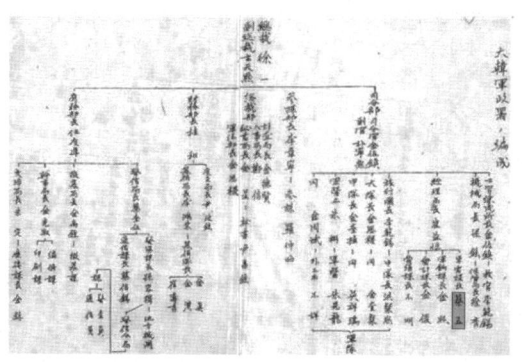

일제의 문서에 담겨진 大韓軍政署의 조직편성표. 오른쪽 하단에 軍需課長 蔡五(네모 안)의 이름이 보인다.

채오는 중광단 시절인 1910년대 초중반에 대종교에 입교한 인물로, 입교나 영계(靈戒) 기록은 남아있지 않다. 그러나 1914년 3월 2일(음력) 참교(參敎)의 교질(敎秩)을 받은 기록이 있다. 그의 대종교 입교가 중광단 시절로 올라감이 확인된다. 또한 1916년 12월 21일(음력) 대한군정서의 핵심간부이자 대종교 중진인 계화(桂和)와 함께 지교(知敎)의 교질로 올랐다. 그리고 1922년 윤5월 8일(음력) 김영숙(金永肅)·계화·신최수(申最秀)·유정근(兪政根) 등 대종교의 중진이자 항일투쟁 지도자들과 함께 대종교 교적역본기초위원(敎籍譯本起草委員)으로도 임명된 기록도 있다.

그 시기 교적역본기초위원의 주된 임무는 1923년 중광절(1월 15일)에 상해 삼일인서관(三一印書館)에서 희산(希山) 김승학(金承學)이 발간한 『종경(倧經)』과 『신단민사(神檀民史)』의 번역·교열하는 것이었다. 당시 『종경』에는 대종교 교리·교사의 근본 축이 되는 『삼일신고(三一神誥)』·『신리대전(神理大全)』·『신사기(神事記)』·『회삼경(會三經)』이 담겨 있다. 채오의 대종교단에서의 비중과 더불어 그의 대종교적 지식이 보통이 넘었음을 알려주는 사례다.

또한 1922년 10월에는 채오를 비롯한 대한군정서 계열의 항일투사들은 현천묵을 중심으로 영안현(寧安縣) 대종교 교당(大倧敎敎堂)에 모여 군정서 재건을 위한 새로운 활동 계획을 모색하였다. 당시 참여한 중심인물들을 보면 채오 외에도 이홍래를 비롯한 현천묵·현갑(玄甲)·김혁(金赫)·유정근·김좌진·정신·이중실(李仲實)·민해양(閔海陽)·이홍래·현준(玄俊)·이단(李檀)·허규(許奎)·최완(崔玩) 등 대종교 지도급에 있는 항일투사들이 모두 동참하였다. 이 모임은 대종교단 차원에서 이루어진 것으로, 이 시기 대종교 교주였던 김교헌(金敎獻)은 이 집회의 고문으로 있으면서 역사서 편찬을 준비하고 있었다. 이 역사서가 채오 등의 교적역본기초위원들의 손을 거쳐 후일 출간되는 『신단민사』로, 민족의식 앙양과 독립의식 고취를 위해 편찬된 것이

다. 이 책은 노령과 만주, 그리고 국내에 있는 조선청년들의 교과서로 사용하기 위함이었다.

채오는 1937년 8월 24일(음력) 대종교 재만교구경상금수납위원(在滿敎區經常金收納委員)으로도 임명되었다. 채오는 영안현 현가(縣街)를 관할하였는데, 그가 그 시기 대종교의 경제적 중심부에 있었음을 말해 주는 부분이다. 이 당시 경상급수납위원은 영안현·아성현·하얼빈시·오상현·쌍성현·유수현·신경(新京)특별시·화전현·돈화현·왕청현·화룡현·도문시(圖門市)·연길현·동빈현·동흥현·파언현(巴彦縣)·밀산현·봉천성시간방(奉天省十間方) 등, 만주 전 지역에 임명되었다. 그 중에서도 대종교총본사가 있던 영안현과, 총본사가 옮기기 전의 거점이었던 밀산현의 수납위원이 가장 많았다. 참고로 영안현 각 지역의 담당자들만 보면 영안현시내(채오), 동경성(東京城, 이현익·이창수), 사란진(沙蘭鎮, 이경렬·이경진), 와룡둔(臥龍屯, 김태익), 대목단(大牡丹, 김희영), 신안진(新安鎭, 김선·양현·윤준선), 해림참(海林站, 김영헌) 등으로, 모두 항일투쟁에 몸담은 인물들이었다.

채오는 일제의 항복 직후인 1945년 7월 18일(음력)에도 대종교 신일시교당(新一施敎堂)의 전무(典務, 책임자)를 맡아 시무하였다. 당시 채오의 교질은 상교(尙敎)로서 대종교의 원로 반열에 있었음을 확인할 수 있다. 신일시교당은 영안현 신안진촌(新安鎭村)에 소재한 시교당으로 동일도본사(東一道本司) 관할이었다. 또한 찬무(贊務, 부책임자)를 맡아 채오를 도운 인물들이 이희춘(李喜春)과 이철원(李哲源)이다. 이희춘은 대한의군산포대(大韓義軍山砲隊)에서 활동한 항일투사였으며, 이철원은 대종교 임오교변(壬午敎變, 1942년 대종교지도자 일제 구속 사건)으로 순교(殉敎)한 이정(李楨)의 아들이었다. 채오는 해방 이후 국내로 들어오지 않고 그곳에서 병사한 것으로 전해진다.

[참고문헌]
『대종교보』제54호(1922년)·제115호(1937년), 『종문영질』(프린트본, 1922), 『대종교인과 독립운동연원』(이현익, 프린트본, 1962), 『대종교중광육십년사』(대종교총본사, 1971), 「中露聯合宣傳部의 活動 및 琿春地方 不逞鮮人 情況에 관한 건」(不逞團關係雜件-朝鮮人의 部-在滿洲의 部25, 機密 第385號; 秘受 265號, 한국사DB, 국사편찬위원회), 「不逞鮮人團의 조선경찰기관 습격 및 암살계획에 관한 건」(不逞團關係雜件-朝鮮人의 部-在滿洲의 部31, 機密 第550號; 機密受 第13號, 한국사DB, 국사편찬위원회), 「間島 및 同 接壤地方에 있어서 排日團體 및 親日團體 調査의 건」(不逞團關係雜件-朝鮮人의 部-在滿洲의 部32, 機密 第93號; 機密受第110號, 한국사DB, 국사편찬위원회), 「樺甸縣에 있어서 南北滿洲不逞鮮人團 統一大會 經過報告의 件」(不逞團關係雜件-朝鮮人의 部-在滿洲의 部37, 公 第185號, 機密受第11號, 한국사DB, 국사편찬위원회), 『한국독립운동사자료』42(국사편찬위원회, 2006)

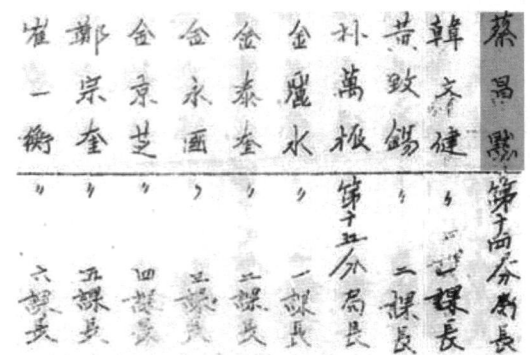

채창묵(蔡昌默, 남, 1879-?)
입교 시기_ 1922년 | 교질_ 미상

함경북도 경원군(慶源郡) 출신으로, 1909년 초부터 의병활동을 전개한 인물이다. 3·1독립만세운동 이후 혼춘현(琿春縣)에서 조직된 한민회(韓民會)에 가담하여 활동하기도

하였다. 한민회는 만주 독립운동단체의 국내진공작전과 국내에서의 대응을 전제로 한 독립운동이 재연되자, 이에 자극을 받아 조직된 단체로 황병길(黃丙吉)·이광택(李光澤) 등이 중심이 되었다.

한편 1919년 말, 대종교 항일단체인 대한군정서(북로군정서)가 결성되면서 경신국(警信局) 14분국장을 맡기도 하였다. 14분국은 함북 경원군 환인향(桓仁鄕) 삼한동(三韓洞) 지역 관할로 한문건(韓文健)과 황치석(黃致錫)이 각기 과장을 맡아 채창묵을 도왔다.

일제의 문서에 실린 대한군정서 경신국 조직원 명단 중의 일부. 맨 오른쪽에 제14분국장 蔡昌默의 이름이 올라 있다.

청산리독립전쟁 이후인 1921년 8월(음력)에는, "선조(先祖)를 위해 구물(舊物)을 회복하고 동포를 위해 원수를 갚음은 우리들 국민의 대의(大義)이다. …(중략)… 이에 일대단결을 꾀하여 독립군단을 조직하고 통일적 행동을 취하기로 하였다."라는 취지로 발족한 대한독립군단(大韓獨立軍團)에 문빈(文斌)과 함께 의민단(義民團) 대표로 참여하기도 하였다. 당시 임시 단장 역시 대종교지도자 이범윤(李範允)이 맡았다.

채창묵의 대종교 교력을 살피면 1922년 9월 18일(음력) 대종교 원일시교당(圓一施敎堂)의 시교원(施敎員)으로 임명된 기록이 있다. 그의 대종교 입교가 그 이전에 이루어졌음을 확인시킨다. 원일시교당은 혼춘현(琿春縣) 숭례사(崇禮社) 원풍동(圓豊洞)에 위치한 시교당으로 대종교 동도본사 관할이었다. 당시 전무(典務)를 맡은 책임자는 김창한(金彰漢)이었고 찬무(贊務, 부책임자)로는 최상규(崔祥奎)가 시무(視務)하였다. 또한 채창묵과 더불어 박종현(朴宗賢)·최하규(崔河奎)·서헌(徐憲)·채선묵(蔡宣默)·최병일(崔秉一)·서병호(徐丙浩)·서재익(徐在益) 등, 항일투사들이 시교원을 맡아 대종교 포교를 통한 항일투쟁의 일선에 섰다.

채창묵은 1922년 개천절(開天節, 음력 10월 3일)에 대종교 동일도본사(東一道本司)의 추천으로 김천길(金千吉)·장시찬(張時讚)·최순범(崔舜範)·이덕기(李德基) 등과 영계(靈戒)도 받았으나, 그 이후의 교질(敎秩) 관계 기록은 남아 있지 않다.

[참고문헌]
『대종교보』제56호(1922년), 『대종교중광육십년사』(대종교총본사, 1971), 『朝鮮

側 警察이 朝鮮人 金順 等을 拘引시킨 것에 관한 건」(不逞團關係雜件-朝鮮人의 部-在滿洲의 部28, 公 第259號; 受 20669號, 한국사DB, 국사편찬위원회), 「不逞鮮人 名簿 送付의 건」(不逞團關係雜件-朝鮮人의 部-在滿洲의 部28, 機密公信 第36號; 秘受 8634號, 한국사DB, 국사편찬위원회), 「不逞鮮人의 不穩文書 配付의 건」(不逞團關係雜件-朝鮮人의 部-在滿洲의 部30, 機密 第527號; 秘受 14551號, 한국사DB, 국사편찬위원회), 『한국독립운동사자료』19(국사편찬위원회, 1990)

채천묵(蔡天黙, 남, 생몰 미상)
입교 시기 _ 1922년 | 교질 _ 미상

출신지역과 생몰연대를 알 수 없는 인물이다. 1922년 10월 1일(음력) 대종교 의일시교당(義一施教堂)의 전무(典務, 책임자)로 임명된 기록으로 보아, 그의 대종교 입교가 그 이전에 이루어졌음을 알 수 있다.

의일시교당은 대종교 동일도본사(東一道本司) 관할로 혼춘현(琿春縣) 순의사(純義社) 남태맹(南泰孟)에 소재했던 시교당이다. 당시 정재호(鄭在鎬)와 강리호(姜利鎬)가 찬무(贊務, 부책임자)를 맡아 채천묵을 도왔으며, 이창욱(李昌旭)·김권협(金權協)·홍명도(洪明道)가 시교원(施教員)을 맡아 대종교 포교를 통한 항일투쟁에 앞장섰다.

찬무를 맡았던 정재호는 대한민국임시정부의 연통제(聯通制) 사건과 연관된 인물이다. 1919년 4월 임시정부에서 국내비밀조직인 연통제 실시를 공포하자, 동년 7월 서울에서 활동하고 있는 대종교 동지인 명제세(明濟世)로부터 함경북도 연통제 조직을 요청받고 적극 개입하였다. 시교원으로 임명된 이창욱 역시 남만주 집안현(輯安縣)에 근거를 둔 대한통의부(大韓統義府) 제2중대의 부사(副士)로 활동했던 인물이다. 이로 보아 채천묵 또한 대종교 항일투쟁의 일선에 섰던 인물로 추정되나, 일제의 기록에는 드러나지 않고 있다. 더불어 이후 그와 관련된 대종교 교력도 전하지 않는다.

[참고문헌]
『대종교보』제56호(1922년), 『대종교중광육십년사』(대종교총본사, 1971)

채천석(蔡天錫, 남, 생몰 미상)
입교 시기 _ 1922년 | 교질 _ 미상

출신지역과 생몰연대를 알 수 없는 인물이다. 1923년 2월 28일(음력) 대종교 동일도본사(東一道本司)가 관할하는 치일시교당(治一施教堂)의 시교원(施教員)을 맡은 기록이 있다. 당시 치일시교당은 혼춘현(琿春縣) 치안사(治安社) 일하태(逸下坮) 지역에 있었으며, 김병길(金秉吉)이 전무(典務, 책임자)를 맡아 이끌었다. 또한 최병옥(崔秉玉)과 송창수(宋昌秀)가 찬무(贊務)를 임명되어 김병길을 도왔고 강준(姜濬)·채기업(蔡基業) 등이 시교원으로 활동하며 채천석과 함께 시무하였다.

채천석은 4개월 후인 1923년 6월 28일, 동일도본사의 특별 추천으로 영계(靈戒)를 받았다. 또한 1926년에는 혼춘현 숭례사(崇禮社) 남구(南溝)에 소재한 예일시교당(禮一施教堂)의 찬무로 시무한 기록으로 보아, 혼춘현 지역을 거점으로 구준히 활동하였음을 알 수 있다. 당시 예일시교당의 전무는 채진막(蔡鎮莫)이었으며, 김민원(金珉元)이 찬무를 맡아 채천석과 함께 했다. 예일시교당의 연락책은 혼춘현 동문(東門) 안에 있는 협성상회(協成商會)의 이군빈(李君濱)이었다. 채천석은 일행과 더불어 277명의 교우를 거느리고 포교를 통한 항일활동을 구준히 전개하였으나, 그의 교질(教秩) 관계는 전하지 않는다.

[참고문헌]
『대종교보』제58호(1923년), 「大倧教施教堂一覽表(1926年)」(延边朝鮮族自治州档案馆 全宗号42 目录号1 案卷号343, 和龙县历史档案 和龙县警察所, 令各区查禁韓人设立大倧教堂由, 民国十五年五月十二日), 『대종교중광육십년사』(대종교총본사, 1971)

채충석(蔡忠錫, 남, 생몰 미상)
입교 시기 _ 1914년 이전 | 교질 _ 참교

출신지역과 생몰연대를 알 수 없는 인물이다. 1921년 7월 말, 왕청현(汪清縣) 대감자(大坎子) 신흥동(新興洞)과 원계동(元溪洞)에 은닉된 무기를 관리했던 기록이 있다. 이곳은 대종교 항일단체인 대한군정서(북로군정서)의 근거지였던 곳으로, 청산리·봉오동 전역(戰役) 이후 경신대토벌이 벌어지자 당시 무기를 숨겨놓고 퇴각하였다. 이후 채충석은 채홍경(蔡洪京)·김창병(金昌炳)·최상흠(崔尙欽) 등과 이 숨겨놓은 무기들을 지켜왔다. 그러나 일제의 밀정인 김우건(金禹鍵)의 밀고로 일제에 빼앗겼다.

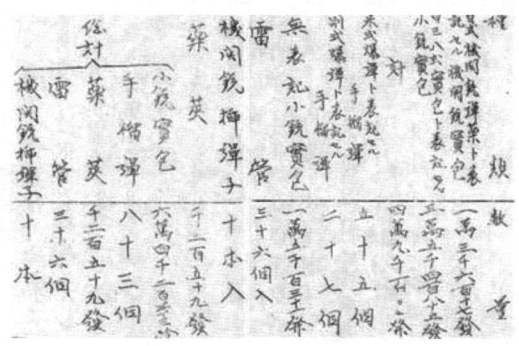

채충석 일행이 은닉해 오던 무기들을 압수할 당시 그 목록을 적어놓은 일제의 문서.

채충석 일행이 당시 일제에 빼앗긴 무기들을 보면 소총실탄 64,233발, 수류탄 83개, 약통(藥筒) 1,259발, 뇌관(雷管) 36개, 기관총삽탄자(機關銃挿彈子) 10본 등이다. 이러한 정황에서 보면 채충석이 대한군정서와 깊이 연관된 인물임을 알 수 있다.

채충석은 대종교 교력을 살피면, 비교적 이른 시기인 1915년 10월 4일(음력) 참교(參教)의 교질(教秩)을 받은 기록이 전한다. 그의 대종교 입교가 그보다 훨씬 전에 이루어졌음을 말해 주고 있다. 또한 같은 날 함께 참교를 받은 인물들이 대한군정서 경신분국(警信局) 제1분국 제2과장을 지낸 이인백(李仁伯)을 비롯하여 최율(崔律)·최기중(崔基重)·허련(許璉)·최창섭(崔昌涉) 등 항일투쟁에 앞장선 인물들이고 보면, 채충석 역시 대종교 항일투쟁과 뗄 수 없는 인물임을 재차 확인할 수 있다.

[참고문헌]

『종문영질』(프린트본, 1922), 『隱匿爆彈 및 小銃彈 押收에 관한 건』(不逞團關係雜件-朝鮮人의 部-在滿洲의 部29, 機密 第323號; 秘受 9390號, 한국사DB, 국사편찬위원회)

채헌묵(蔡憲黙, 남, 1877-?)
입교 시기_ 1923년 | 교질_ 참교

함경북도 무산군(茂山郡) 무계면(茂溪面) 하무계리(下茂溪里) 출신이다. 1906년 가족들과 함께 북간도로 넘어가 혼춘현(琿春縣)을 거점으로 활동하였다.

채헌묵은 1923년 1월 27일(음력, 이하 음력) 혼춘현 숭례사(崇禮社) 남구(南溝)에 있는 대종교 예일시교당(禮一施教堂)의 전무(典務, 책임자)를 맡은 기록이 전한다. 그의 대종교 입교가 그 이전에 이루어졌음을 알 수 있다. 예일시교당은 대종교 동도본사가 관할한 시교당으로, 당시 박병흡(朴炳洽)과 김민원(金珉元)이 찬무(贊務, 부책임자)로 임명되어 채헌묵을 도왔다.

이어 채헌묵은 1923년 3월 3일 대종교총본사의 추천으로 영계(靈戒)를 받았다. 김중화(金重華)·신형규(辛亨奎)·서예상(徐禮尙) 등의 독립투사들도 같은 날 함께 영계를 받았다. 특히 김중화는 일찍이 러시아로 귀화한 인물로, 1911년 무렵 홍범도(洪範圖)·허근(許根)·조장원(趙璋元)·이춘식(李春植)·최병규(崔炳奎)·엄인섭(嚴仁燮) 등과 어울리며 블라디보스토크를 중심으로 항일투쟁을 도모하였다. 또한 신형규도 대한독립단과 고본계(固本禊)를 중심으로 항일투쟁을 펼친 인물이다. 이로 보아 채헌묵 역시 대종교 항일투쟁과 뗄 수 없는 인물임을 알 수 있다.

채헌묵은 1923년 3월 28일 대종교총본사의 특별 추천으로 참교(參教)의 교질(教秩)을 받은 기록도 있으나, 그 이후의 교력(教歷)은 현전하지 않는다.

[참고문헌]

『대종교교보』제57호(1923년), 『대종교중광육십년사』(대종교총본사, 1971), 『間琿萬姓大同譜』(姜運球·梁承武, 1929)

천승호(千承鎬, 남, 생몰 미상)
입교 시기_ 1926년 이전 | 교질_ 미상

출신지역과 생몰연대를 알 수 없는 인물이다. 일제의 문서나 현재 전하는 대종교단 내의 기록에는 발견되지 않는다. 다만 1926년 대종교만주포교금지령 이후 빼앗긴 대종교의 문서(현재 중국 화룡현당안관에 소장되어 있음) 속에 유일하게 언급되고 있다.

그 문서 가운데 실려 있는 '대종교시교당일람표(大倧教施教堂一覽表)'를 보면, 천승호가 대일시교당(大一施教堂)의 전무(典務, 책임자)로 이름을 올리고 있다. 그의 대종교 입교가 훨씬 전에 이루어졌음을 알게 해 준다. 대일시교당은 밀산현(密山縣) 당벽진(當壁鎭) 대흥동(大興洞)에 소재한 시교당으로 한기중(韓基中)과 이두철(李斗哲)이 찬무(贊務, 부책임자)를 맡아 천승호를 도왔다. 또한 밀산현 시내에 있는 광덕성(廣德成)을 그 연락 거점으로 활용하면서, 73명의 교인을 거느리고 시무하였다.

당벽진의 대흥동은 대종교에 있어 남다른 공간이다. 대종교지도자이자 대한군정서(북로군정서) 총재였던 백포(白圃) 서일(徐一)이 청산리독립전쟁 이후 이곳에서 둔전(屯田)을 하다 순교(殉教)한 공간으로, 그의 유해가 처음 묻힌 곳이기도 하다. 이후 대종교 2세 교주인 무원(茂園) 김교헌(金教獻)이, 1923년 1월 15일(음력, 이하 음력) 대일시교당에서 중광절(重光節) 경하식(慶賀式)을 봉행하고 대흥동에 있는 서일의 묘소에 원(○)·방(□)·각(△)의 목책을 건립하였다. 또한 대종교 3세 교주인 단애(檀崖) 윤세복(尹世復)이 일제의 탄압에 쫓겨 8년간을 대종교총본사를 은둔시킨 곳이 이 지역이다. 그는 이곳에 대종교총본사와 함께 대흥학교(大興學校)를 설립하여 대종교 항일투쟁의 거점으로 활용하였다.

한편 대일시교당이 처음 설립된 때는 1921년 10월 13일이다. 당시 전무로 임명된 인물이 방용우(方龍雨)로서, 당시 참교(參教)의 교질(教秩)을 갖고 있었다. 그리고 1922년 3월 17일에는 참교였던 홍응갑(洪應甲)이 전무를 맡아 이끌었으며, 그 이후 천승호가 책임자[典務]가 되어 1926년 포교금지령이 내려질 때까지 대일시교당을 주도하였다.

[참고문헌]

『大倧教施教堂一覽表(1926年)』(延边朝鲜族自治州档案馆 全宗号42 目录号1 案卷号343, 和龙县历史档案 和龙县警察所, 令各区查禁韓人设立大倧教堂由, 民国十五年五月十二日), 『대종교중광육십년사』(대종교총본사, 1971)

최강(崔岡, 남, ?-1928)
아호(별명)_ 석존(石尊)
입교 시기_ 1911년 이전 | 교질_ 상교

경기도 수원군(水原郡) 수원면(水原面) 남수리(南水里) 출신이다. 대한제국 6품 관리인 옥구항(沃溝港) 경무관(警務官)과 군부(軍部) 참서관(參書官) 등을 역임했다.

1903년 1월 경영난에 처한 제국신문(帝國新聞)을 인수해 사장에 취임하였다. 당시 제국신문은 친일 내각과 친일파, 일본의 대한 정책에 대한 비판적인 기사를 자주 보도하였다. 이로 인해 사전 검열에 의해 기사가 삭제되거나 신문이 정간되는 경우도 빈번하였다. 이러한 분위기 속에 최강은 1903년 6월 구속되면서 사장직에서 물러나게 된다.

최강은 1905년 5월 헌정연구회(憲政研究會)에도 참여하였다. 이 연구회는 이준(李儁)·윤효정(尹孝定)·양한묵(梁漢黙)·심의숭(沈宜昇) 등이 발기하여 5월 24일에 창립된 정치 계몽 단체였다. 중요 참여인사로는 언급한 인물들 외에도 최강을 비롯하여 홍필주(洪弼周)·이기(李沂) 등, 후일 대종교 중광(重光)과 연결된 인물들도 많았음이 흥미롭다. 최강은 이후에도 기호흥학회와 대한협회, 그리고 헌정연구회의 후신인 대한자강회 회원으로 활동하면서 다양한 계몽활동에 동참하였다.

1916년 11월 친일단체인 대정친목회(大正親睦會) 결성에 참여하여 간사를 맡으면서 그의 정체성이 애매해졌다. 본래 대정친목회의 취지는 서로간의 의사소통을 통해 정의(情誼)를 두텁게 하고 정신 수양을 꾀하는 데 있었다. 그러나 국가 경축일에 관한 건, 경성번영(京城繁榮)에 관한 건, 경제 및 근검저축, 식산흥업에 관한 건, 법령을 주지시키고 납세의무·위생근행에 관한 건, 예의 질서에 관한 건, 기타 사교상 필요한 사항 등을 연구 사항으로 구체화시켰다. 당대 식민지 백성들을 무단정치로 잘 순치시키기 위한 여러 방안을 연구 과제로 하였던 것이다.

최강은 1919년 7월 경성교풍회(京城矯風會)의 결성에도 앞장선 인물이다. 이 조직은 1919년 7월 20일 경성부윤(京城府尹) 가네후(金谷充)가 조선인 유력자 100명을 경성호텔에 초청, 상호융화와 친목, 인우상조(隣佑相助), 질서유지 및 풍속개량 등을 표방하며 출범한 단체다. 한마디로 귀족·친일지주·예속자본가와 친일분자를 중심으로 한 관주도(官主導)의 친일화 민풍개량 단체였다. 또한 1920년 3월 대정친목회가 창간한 조선일보의 초대 편집국장을 맡기도 했다

한편 『이십사걸전(二十四傑傳)』이란 전래 고서(古書)를 소장했던 인물도 최강이다. 최강은 정교(鄭喬)나 신채호(申采浩)에게 자랑삼아 소개하기도 했다. 이 책의 내용은 신라와 고려 이후 외국을 물리친 명장들의 사적(事蹟)을 기록한 것이라 한다.

최강의 대종교 교력을 살피면 1911년 1월 15일(음력, 이하 음력) 지교(知敎)의 교질(敎秩)을 받은 기록이 있다. '입교(入敎)→영계(靈戒)→참교(參敎)'의 단계를 넘어선 자리가 지교의 위치다. 그의 대종교 입교가 대종교 중광(重光) 시기에 이루어졌음을 짐작케 해 주는 부분이다. 당시 함께 지교를 받은 인물들을 보면 오혁(吳赫)·이건(李鍵)·최전(崔顓)·강우(姜虞)·박상환(朴祥煥)·신규식(申圭植)·박찬익(朴贊翊)·김교헌(金敎獻)·이동춘(李同春)·김두봉(金枓奉) 등, 대종교의 핵심들이었다. 또한 같은 날 경성 대종교 본부의 협리(協理)로도 임명되어 전리(典理, 책임자)를 맡은 류근(柳瑾)과

찬리(贊理, 부책임자)로 임명된 김교헌을 도와 시무하기도 했다.

대종교 교인들의 敎秩 관계를 적어 놓은 『倧門榮秩』 속에 실린 尙敎 부문 명단. 아래 칸 오른 편에 崔岡의 이름이 보인다.

한편 1914년 5월 13일에는 김교헌·오혁·강우·최전·이건·류근·조완구(趙琬九)·신규식·박찬익 등과 드물게 상교(尙敎)의 교질까지 오른다. 당시(1914년 5월 13일 기준) 상교의 교질에 이른 인물들의 총인원 수가 최강을 포함하여 13명이었다. 최강의 대종교단 내에서의 위상이 상당했음을 확인시키는 자료다.

최강은 1922년 10월에도 대종교 남도본사(南道本司)의 경일경배(敬日敬拜)을 이끌며 강도(講道) 등을 행하였으나, 이후의 교단 관계 기록은 전하는 것이 없다.

[참고문헌]

『倧牒』제3호(1911년), 『종문영질』(프린트본, 1922), 『본사행일기』(성세영, 필사본, 1922) 『조선·대한제국관보』제2177호(1902년)·제2521호(1903년), 『황성신문』1905.5.25., 『제국신문』1905.5.27., 『매일신보』1916.12.1., 『大韓季年史』下(국사편찬위원회, 1957), 『일제의 한국침략정책사』(강동진, 한길사, 1980), 『韓國新聞史』(최준, 일조각, 1985), 『국역윤치호영문일기』6(국사편찬위원회, 2015)

부산시 기장군(機張郡) 일광면(日光面) 청광리(靑光里) 출신으로, 본명은 구영필(具榮佖)이다. 일찍이 밀양으로 이사하여 한학을 수학하고, 서울의 경성공업전습소에 들어가 제1회로 졸업하였다.

이후 일본으로 유학하여 와세다대학 정경과에서 공부하고, 경술국치를 당하자 만주로 망명하여 서간도를 중심으로 활동하였다. 1913년 국내 밀양으로 들어와 항일 비밀결사인 일합사(一合社)의 활동에 가담하였다. 그러나 임무 수행을 위해 1916년 만주 봉천으로 가는 도중에 일본 경찰에게 체포되어 1917년 5월 18일 평양복심법원에서 징역 6월형을 선고 받고 옥고를 치렀다.

1917년 12월에는 이종암(李鍾巖)이 근무하던 대구은행의 금고 돈을 지참하고 김대지(金大池) 등과 함께 미국으로 망명하려 했으나 좌절되었다. 이에 중국 상해를 경유하여 길림성으로 넘어가 항일투쟁을 이어갔다. 1918년에는 봉천성에 삼광상회(三光商會), 안동현에 원보상회(元寶商會)를 개설하고 독립운동의 군자금을 확보하여 제공하였으며, 그 연락거점으로도 활용하였다. 1919년에는 대한민국임시정부 의정원 의원으로 선출되어 재무위원으로도 활동하였다. 대종교 동지인 최충호(崔忠浩)·김백(金伯)·이교성(李敎成)·이종수(李鍾秀) 등과 군자금 모연(募捐) 및 항일 선전 활동을 펼친 것도 이 시기였다.

같은 해 5월 길림으로 넘어온 최계화는 대종교 동지인 황상규(黃尙奎) 등과 대한독립의군부 조직에 참여하여 군수과장(軍需課長)과 교통사장(交通司長)을 겸임하였다. 이 독립의군부는 길림군정서(吉林軍政署) 혹은 대한정의단(大韓正義團)과 같은 조직으로, 후일 대종교 항일단체인 대한군정서(북로군정서)로 개편되었다. 최계화를 군정서의 창설멤버로 소개하는 신문기사도 이러한 배경과 맞물리는 것이다.

1920년 3월경 김원봉(金元鳳)의 의열단에 가입하여 국내에 들어와 동지들과 밀양 폭탄 사건을 일으켰다. 일제의 추적이 시작되자 부산으로 은신하였다. 이 때 발생한 사건이 부산전보사건(釜山電報事件)이다. 이 사건은 최계화가 김용술(金用述)·김재현(金在鉉) 등과 조선의 독립 운동을 선동하고 민심을 소란하게 하려는 목적으로 비밀리에 대한독립군정서의 박용만(朴容萬)이 서명한 「경고어내재동포(警告於內在同胞)」라는 경고서와 독립전보(獨立電報)를 인쇄하여 배포한 일이다. 경고서와 전보를 각각 100부씩 인쇄하여 부산의 송태관(宋台觀)·오인규(吳仁奎), 밀양의 손영돈(孫永敦)·진성일(陳盛一)·진교옥(陳敎玉), 대구의 서병주(徐丙周), 동래의 김명익(金明益), 부산공립상업학교 등 15곳에 우편으로 보내고 나머지는 초량동과 영주동의 각 상점에 배포하였다. 1년 후 부산 전보 사건이 발각되어 김용술·김재현은 1921년 12월 2일 체포되었으나 최계화는 피신하여 체포되지 않았다. 그러나 이 사건으로 출판법 위반이라는 죄명을 쓰고 결석 재판에서 징역 3년형을 선

고 받게 된다.

具榮佖(네모 안, 崔桂華)을 (大韓)軍政署의 창설자로 소개하고 있는 『동아일보』의 기사.

이후 최계화는 북만주 영고탑(寧古塔)으로 옮겨가 정착하였다. 그리고 호적 이름 자체를 최계화(崔桂華)로 변경하고 대종교 활동을 중심으로 한 항일투쟁을 이어갔다. 1922년 이곳에서 한교회(韓僑會)와 간민회(墾民會) 등을 설립하였고 대종교 동지이자 사회주의자인 김사국(金思國)과 같이 무산자 교육기관인 대동학원(大同學院)이라는 중학교를 경영하는 등의 활동을 하였다. 그러나 중국 관헌으로부터 간도 사회주의의 요람이었던 동양학원(東洋學院)의 후신이란 혐의로 폐교 처분을 당한다. 또한 여명의숙(黎明義塾)이란 대종교계 학교를 운영하며 2백여명의 학생들을 교육하기도 했다.

이 시기 최계화의 사상 경향도 대종교적 민족주의와 무산자적 사회주의를 병진시키고 있었다. 대종교 활동에 앞장서는 한편, 1924년 적기단(赤旗團)을 결성하고 단장으로 활동하기도 했다. 또한 1925년 3월경에는 이동휘(李東輝)와 함께 신한노농회(新韓勞農會)를 조직하여 재무를 맡아 이주동포를 돕고 독립운동을 지도하였다. 그러나 신민부(新民府)와 적기단의 갈등 속에, 1926년 9월 11일 영고탑에서 신민부 별동대원 황덕환(黃德煥)에게 피살되었다.

구영필이 피살된 원인이 친일 행위에 대한 신민부 측의 처단이라고 알려져 있으나, 좀더 확인해야 할 부분이다. 일각에서는 신민부와 정의부의 알력 관계로 희생된 듯한 기록이 보이고, 또한 표면적 친일을 가장하여 항일에 앞장선 인물로도 일제는 기록하고 있다.

[교력]
최계화의 대종교 입교 시기나 영계(靈戒) 사항에 대한 교단 내의 기록은 전하지 않는다. 그러나 일부 원로들은 그의 대종교 입교가 공업전습소 졸업 시기라고 증언하고 있다. 대종교가 중광한 1909년 무렵 관립공업전습소의 분위기는 대종교와 밀접하였다. 그 중심에는 후일 대종교의 중심이 되는 남파(南坡) 박찬익(朴贊翊)이나 정재(貞齋) 박승익(朴勝益)과 같은 인물들이 있었다. 이들은 공업전습소 시절 일제에 대한 저항의식을 강하게 품었다. 특히 박찬

익은 1909년 1월 15일(음력) 대종교가 중광하자 동교생 전부를 이끌고 입교할 정도로 대종교와 공업전습소의 관계는 뗄 수가 없었다. 구영필(최계화)을 비롯한 박찬익·김원식(金遠植)·성혼석(成洪錫)·김연필(金演弼)·박승익·김천경(金天經) 등이 모두 공업전습소를 졸업한 인물들로, 후일 대종교의 핵심이 되는 인물들이다. 최계화와 대종교와의 연결은 이렇게 시작되었다.

그러므로 대한민국임시정부 의정원 재무위원으로 있으면서, 군자금 모연(募捐) 및 항일 선전 활동을 펼칠 당시 대종교 동지들과 떨어지지 않았다. 또한 대종교 핵심이었던 황상규(黃尙奎)와 함께, 대한군정서의 전신인 대한독립의군부 조직에 참여하여 중추적 역할을 한 것 역시 우연이 아니다.

대종교 비밀결사인 滿蒙産業會에 참여한 인물들을 기록한 일제의 문서. 가운데 부분에 崔桂華(네모 안)라는 이름이 보인다.

특히 최계화와 연관하여, 1923년 4월경 영고탑에서 조직된 만몽산업회(滿蒙産業會)도 주목되는 단체다. 만몽산업회는 당시 대종교 교주였던 김교헌(金敎獻)이 직접 앞장서 주도한 것으로, 청산리독립전쟁 이후 각 곳으로 흩어진 대종교 세력의 재건을 위해 도모된 대종교 중흥을 위한 비밀조직이었다.

만몽산업회에 참여한 주요 인물들을 보면 고문(顧問)으로 이름을 올린 김교헌(당시 대종교 교주)과 김좌진(金佐鎭)·조성환(曹成煥)·현천묵(玄天黙)을 위시하여, 최계화를 비롯한 김영선(金榮璿)·김원식·우덕순·원풍(元豊)·김규식(金奎植)·강윤선(姜允善)·김백·유정근(兪正根)·이재근(李在根)·이종수(李鍾秀) 등, 대종교의 지도급 인사들이 대거 참여하였다. 당시 최계화의 대종교에서의 위상을 확인할 수 있는 부분이다. 특히 일제가 이 문서에서 최계화를 '배일(排日)의 거두(巨頭)'로 언급한 것도 예사롭지 않다.

또한 최계화는 1924년에도 영고탑 지역에서 대종교 학교인 여명의숙을 운영하며 대종교 활동을 이어갔다. 이후 1925년 5월 작성된 일제의 문서에도, 그가 대종교 도사교(都司敎, 교주) 단애(檀崖) 윤세복(尹世復)을 비롯한 이기호(李祈鎬)·최충호와 함께 대종교의 중심인물로 기록되어 있다. 최계화의 대종교를 통한 항일투쟁이 부단히 지속되었음을 확인시키는 부분이다.

그럼에도 해방 이후 최계화에 대한 대종교단 내의 언급은 금기시되었다. 아마도 대종교 항일단체인 신민부와의 갈등이나, 그의 적극적 사회주의 행동, 그리고 그의 친일연루설 등이 그를 묻어두게 한 원인일 듯하다.

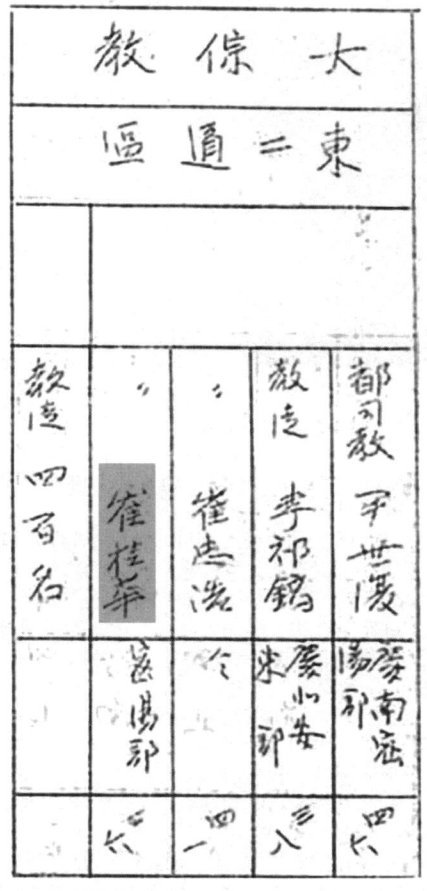

1925년 당시 崔桂華(왼쪽 아래)를 대종교의 중심인물로 기록한 일제의 문서.

[참고문헌]

『공업계』제1권 제1호(공업연구회, 1909), 「不逞鮮人의 行動에 관한 건」(不逞團關係雜件-朝鮮人의 部-在滿洲의 部34, 機密 第234號; 機密受第236號, 한국사DB, 국사편찬위원회), 「臨時報 第172號(大倧敎 設立計劃)」(不逞團關係雜件-朝鮮人의 部-在滿洲의 部36, 朝機高收 第5452號-1; 機密受第262號, 한국사DB, 국사편찬위원회), 「東支東部線에 있어서 鮮人團體의 一般的 狀態」(不逞團關係雜件-朝鮮人의 部-在滿洲의 部41, 哈調情 第350號 速報; 東京支社 154, 한국사DB, 국사편찬위원회), 「分布狀態와 戶口 敎育 宗敎」(朝鮮軍參謀部發 朝特報에 관한 綴(2), 공훈전시자료관, 원문DB), 「南北滿洲에 있어서 不逞鮮人 團體 調査의 件」(不逞團關係雜件-朝鮮人의 部-在滿洲의 部41, 公 第251號; 機密受第760號, 한국사DB, 국사편찬위원회), 『동아일보』1921.12.23., 1926.9.25., 10.18, 『조선독립운동』Ⅱ(김정명, 原書房, 1967), 『독립운동사자료집』11(독립운동사편찬위원회, 1978), 『독립운동사』4·7(독립운동사편찬위원회, 1983), 『한국공산주의운동사』4(김준엽·김창순, 청계연구사, 1986), 『남파박찬익전기』(남파박찬익전기간행위원회편, 을유문화사, 1989)

최관(崔冠, 남, 1900-1979)
아호(별명) _ 정주(正宙)
입교 시기 _ 1910년대 후반 | 교질 _ 상교 | 서훈 _ 애족장(1996)

함경북도 종성군(鍾城郡) 용계면(龍溪面) 연산동(硯山洞) 출신으로, 대종교지도자이자 대종교 항일단체인 대한군정서(북로군정서)의 총재였던 백포(白圃) 서일(徐一)의 사위이다. 최관은 1908년 부모를 따라 북간도 혼춘현(琿春縣) 하곡(河谷) 남별리(南別里)로 이주하였다. 1914년 그곳에 설립된 사립 춘동소학교에서 3년간 수학한 후, 1917년 왕청현(汪淸縣) 덕원리(德源里)에 있

최관

는 명동고등소학교(明東高等小學校)에 입학하여 공부하였다. 이 학교는 대종교가 설립한 학교로, 최관은 이 시기 대종교지도자 서일로부터 대종교의 교리 및 항일의식에 관한 교육도 받았다.

최관은 1919년 국내에서 일어난 3·1독립만세운동과 간도 용정(龍井)을 중심으로 발발한 3·13만세운동에 자극 받아 항일구국의 이념을 더욱 굳게 다졌다. 1920년 3월부터 1927년까지 왕청현 각 지역의 소학교 교원을 역임하면서 항일교육을 펼쳤다. 특히 부인 서죽청(徐竹靑)과 함께 1930년 10월 왕청에서 일어난 소작농 시위에 참여하여 일제의 앞잡이들을 처단하고 친일단체인 민회(民會)를 불사르는가 하면, 이들의 양곡을 몰수하여 소작인들에게 나누어 주기도 하였다. 이 거사는 왕청 주변의 많은 농민들이 참가한 시위로, 덕원리의 대부분 군중들도 적극 호응하였다. 당시 최관의 처남인 서윤제(徐允濟)와 처남댁인 권씨 부인 등도 동참하였다. 이 시기 대종교는 1926년 7월 만주 군벌(중국동북군)에 의해 취해진 대종교포교금지령으로 인해 침체와 은둔의 시간을 보낼 때였다.

그러나 동북군의 무자비한 진압으로 최관과 그 주변 가족들은 위기를 맞았다. 동북군은 거사에 가담한 인물들을 일일이 색출하는가 하면, 마을의 청장년들은 모조리 잡아가 고문을 가했다. 당시 최관의 장인인 서재운(徐在云, 서일의 부친)도 이러한 탄압에 저항하다가 복부에 총을 맞고 숨졌다. 부인 서죽청 역시 그들에게 끌려가는 와중에 돌이 되지 않은 딸(최금순)이 일행의 발에 차여 큰 타박상을 입게 되는 아픔을 겪었다. 최금순은 그 후유증으로 정신착란을 앓았으며, 성장하지 못한 채 4살 되던 해 끝내 요절하고 만다.

최관 역시 1931년 봄, 동지 3명과 함께 백초구(百草溝) 영사관에 체포되어 고문을 받은 후, 교사 생활을 더 이상 할 수 없다는 통고를 받고 북만주 영안현(寧安縣) 해림(海林)으로 이주하였다. 그는 이 시기부터 농사에 종사하며 본격적인 대종교 활동에 가담하여 1946년 대종교 총본사가

서울로 귀환한 뒤에도 만주에 남아 영안현 고려인민회장, 신안진(新安鎭) 조선족 중학교 교장으로 일하였다.

[교력]
최관의 대종교 입교는 덕원리 명동학교 시절로 알려져 있으나, 그 기록은 전하지 않는다. 다만 그의 부인 서죽청과 장모인 채정훈(蔡貞勳, 서일의 부인)이 1922년 6월 4일(음력, 이하 음력) 함께 영계(靈戒)를 받은 기록으로 보아, 최관의 대종교 입교 역시 훨씬 전에 이루어졌음을 알 수 있다.

최관은 1934년 동경성(東京城)으로 이주한 후, 대종교의 3세 교주 단애(檀崖) 윤세복(尹世復)의 적극적 권유로 대종교에 깊숙이 참여하였다. 그는 같은 해 3월 9일 동경성에 경일시교당(京一施敎堂)을 설립하고 전무(典務, 책임자)를 맡는다. 당시 그의 교질(敎秩)이 지교(知敎)의 단계에 있었음을 보면, 최관의 대종교 입교가 덕원리 명동학교 시절임이 다시금 입증되는 근거라 할 수 있다.

최관이 동경성 발해농장 지배인 시절 찍은 사진.(앞줄 오른쪽부터 최관, 이대성, 안희제)

한편 이 시기 최관은 발해농장의 지배인을 맡아 독립자금 확보에도 크게 이바지하였다. 발해농장은 1933년 겨울, 대종교지도자이자 항일투쟁의 거물인 백산(白山) 안희제(安熙濟)가 목단강(牡丹江) 상류에 마련한 농장이다. 발해농장은 대종교 항일투쟁의 경제적 기반이었던 동시에 독립군의 비밀 연락 기관이기도 했다.

1926년 대종교만주포교금지령으로 밀산현(密山縣)에 은둔해 있던 대종교도, 1934년 안희제의 주선으로 영안현 동경성으로 완전 이주하였다. 최관은 경일시교당과 총본사의 업무를 병행하면서 교주 윤세복의 최측근으로 시무하

였다. 특히 1939년 8월 27일 발기된 대종교서적간행회(大倧教書籍刊行會)에도 발기인으로 참여하였다. 이 서적간행회의 취지는 다음과 같았다.

"교화를 보급케 함에는 반드시 문자의 힘을 시뢰(恃賴)할 것이다. 이제 대교(大教) 부흥기에 당하여 만구동성(萬口同聲)으로 종경(倧經) 요구가 날로 높은 터이다. 이 요구를 수용함은 무엇보다도 대교 발전상 최대 급무일 것이다. 이것을 공감하는 우리는 미성박력(微誠薄力)을 불고하고 교적간행회(教籍刊行會)를 발기한다."

이 간행회의 발기인으로 참여한 인물들은 최관을 비롯하여 최관의 처남인 서윤제(徐允濟), 그리고 안희제(安熙濟)·이현익(李顯翼)·안도윤(安道允)·김영숙(金永肅)·변성식(邊成植)·장도순(張道淳) 등, 항일투쟁의 거물들이자 대종교의 중심인물들이었다. 당시 서적간행회의 '약관' 제2조에는 "본회 자금은 매주(每株) 10원씩인 주금(株金)을 모집하되 발기인만은 10주 이상으로 출자할 것"이라는 규정이 있었다. 당시 최관 역시 가세의 어려움에도 불구하고 10주를 기꺼이 출자하였다. 또한 동년 개천절(10월 3일)에 서적간행회가 정식으로 출범하자 이현익(李顯翼)과 함께 간사를 맡아, 회장으로 추대된 안희제와 총무로 선임된 이용태(李容兌)와 더불어 시무하였다.

그러나 호사다마라 할까. 1942년에 최관을 포함한 대종교 지도자들이 일제에 의해 모두 구속되는 사건이 발생한다. 이른 바 임오교변(壬午教變, 임오년 일제에 의해 자행된 대종교 지도자들의 변고)이다. 일제는 대종교 합법화를 구실로 1930년대 초반부터 교단 조직에 대한 모든 정보를 은밀하게 수집하였다. 심지어 밀정을 교단 내에 오랜 기간 잠입시켜 모든 인적 상황까지 낱낱이 조사하였다.

마침내 1942년(임오년) 11월 19일 국내 대종교비밀결사인 조선어학회 간부 검거 사건과 때를 같이하여 국내와 만주 각처에 있던 대종교지도자 20여명이 한 날에 모두 구속되었다. 임오교변은 일제가 식민지 지배를 영구히 하고자 하는 목적으로 일제에 항거하는 항일단체나 독립운동자를 일제히 검거한 정책적인 조치로서, 일제하 희대의 종교적 탄압 사건이었다. 이것은 대종교라는 종교단체가 바로 항일독립운동의 본거지로서, 대종교의 포교와 교육활동 그리고 한글과 우리 역사에 대한 연구 작업 모두가 조국광복을 위한 노력으로 귀착되었다는 점과 연관된 사건이다. 임오교변 당시 일제의 기소장(起訴狀)에 명시된 아래 내용에서도 확인할 수 있다.

"대종교는 조선 고유의 신도(神道) 중심으로 단군문화를 다시 발전하는 표방 하에서 조선민중에게 조선정신을 배양하고 민족자결의 의식을 선전하는 교화 단체이니만큼 조선독립이 그 최후 목적이라."

최관 역시 당시 대종교의 핵심으로서, 1942년 11월 19일 영안현 동경성에서 체포되었다. 곧바로 만주 영안현 특무고감방(特務股監房)으로 옮겨진 최관은 1943년 5월 목단강(牧丹江) 액하감옥(掖河監獄)으로 이감되었다. 그리고 1944

년 6월에 진행된 언도공판에서 치안유지법 위반으로 8년형을 선고 받았다. 그러나 패망이 짙어진 감옥에 갇힌 정치사상범들을 모두 없애려 하였으나, 그 직전 구사일생으로 풀려나왔다.

해방 며칠 전에 출옥한 최관은 곧바로 대종교 교주인 윤세복의 봉선(奉宣)으로 임명되어 활동하였다. 봉선이란 대종교 교주의 비서(秘書)를 일컫는 말이다. 당시 그의 교질도 상교(尙教)의 위치에 있었다. 그러나 부인 서죽청과 함께 대종교총본사의 국내 이전(移轉) 경비 모금에 기꺼이 동참하면서, 국내로 환국하지 않고 그곳에 머물렀다.

[참고문헌]

『대종교보』제124호(1939년)·제148호(1945년), 『대종교중광육십년사』(대종교총본사, 1971), 『임오십현순교실록』(대종교총본사, 1971), 『한국독립운동사』(문일민, 애국동지원호회, 1956), 『독립운동사』8·10(독립운동사편찬위원회, 1976-1978), 『장백산』제6期(1990년), 『죽은 자의 숨결 산 자의 발길』(강용권, 장산, 1996), 「서일종사와 그의 후예들」(강용권, 『온소리』6, 국학연구소, 2008)

최규협(崔奎俠, 남, 생몰 미상)
입교 시기_ 1926년 이전 | 교질_ 미상

출신지역과 생몰연대를 알 수 없는 인물이다. 1926년 1월 만선청년회(滿鮮青年會)를 결성하여 회장을 맡아 활동한 기록이 있다.

만선청년회는 대종교계 청년회로 혼춘현(琿春縣) 순의향(純義鄉) 남태맹(南泰孟)에 근거를 둔 조직이었다. 회장은 최규협이었으며 주요 간부는 박순(朴淳)과 채규화(蔡奎化)였다. 만선청년회는 표면상으로 지(智)·덕(德)·체(體)의 육성을 통해 회원 상호간의 친목을 도모한다는 목적을 내세우고, 70명의 회원을 거느리고 활동하였다.

만선청년회의 주요 간부였던 박순은 대종교 항일단체인 대한군정서(북로군정서)의 경신국(警信局) 제19분국 4과장을 맡았던 인물로, 제34분국이 생기면서 그 분국장도 담당했다. 그는 이미 1919년 1월 26일(음력) 참교(參教)의 교질(教秩)을 받았다. 박순이 대종교의 대한군정서 조직에 참여하기 전에 이미 대종교에 입교한 것을 알 수 있다.

채규화도 1926년 대종교 의일시교당(義一施教堂)의 전무(典務, 책임자)를 맡고 있던 기록으로 보아 그의 대종교 입교가 적어도 그 이전으로 올라감은 알 수 있는 부분이다. 의일시교당 역시 혼춘현 순의향 남태맹에 소재했던 시교당으로, 채규화의 만선청년회 활동 시기와 정확히 맞물린다. 당시 의일시교당은 최기억(崔基億)과 남균식(南鈞植)이 찬무(贊務, 부책임자)를 맡아 채규화를 도왔다. 당시 채규화는 혼춘현 동문(東門) 안에 있는 협성상회(協成商會)를 연락 거점으로 420여명의 교인들이 활동하고 있었다.

박순과 채규화의 대종교 연관성을 보면, 그들을 이끌고 대종교 만선청년회의 회장을 맡은 최규협의 대종교에서의 위상이 상당했을 것으로 추정된다. 그러나 그 이후의 기록 역시 전하는 것이 없다.

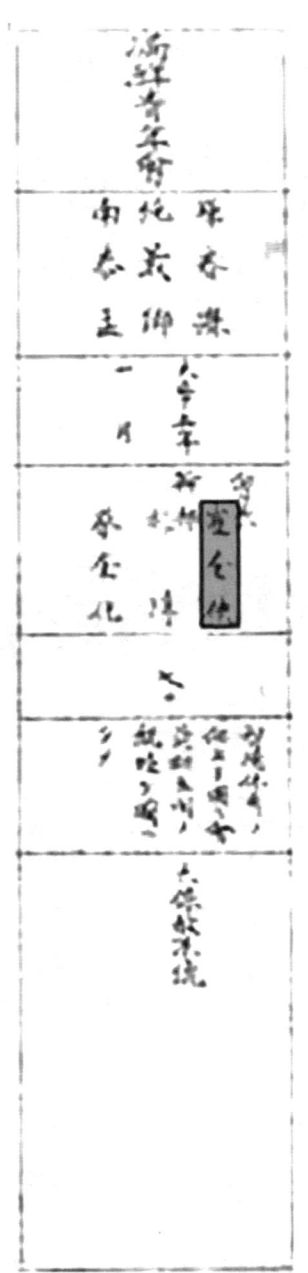

대종교계 만몽청년회의 회장으로 崔奎俠(네모 안)을 기록한 일제의 문서.

[참고문헌]
「間島 및 琿春地方 朝鮮人의 結社團體 調査報告에 關한 件」(不逞團關係雜件-朝鮮人의 部-在滿洲의 部43, 外務省文書課受 第627號, 한국사DB, 국사편찬위원회)

출신지역과 생몰연대를 알 수 없는 인물이다. 다만 그가 신간회(新幹會) 경성지회를 중심으로 활동한 흔적으로 보아 경성 인근 출신이 아닐까 추정해 본다. 근(槿)이라는 이름 역시 본명이 아닌 대종교 외자이름일 듯하나, 그 시기 『대종교보(大倧敎報)』 등의 1차 자료들이 모두 전하지 않아 확인이 안 된다.

최근은 1927년 11월 신간회 경성지회 회원으로 있으면서, 선전활동을 전개하였다. 그 일환으로 선전부원 정의극(鄭義極)·권용범(權庸範)·김사목(金思牧)·신창순(申昌淳) 등과 음악강연회를 계획하고 교섭(交涉) 업무를 담당하였다. 또한 그 해 12월 27일에 개최된 신간회 경성지회 제2회 정기대회에서는 72명으로 구성된 대표회원 후보자로 선정되어 회의를 이끌기도 했다.

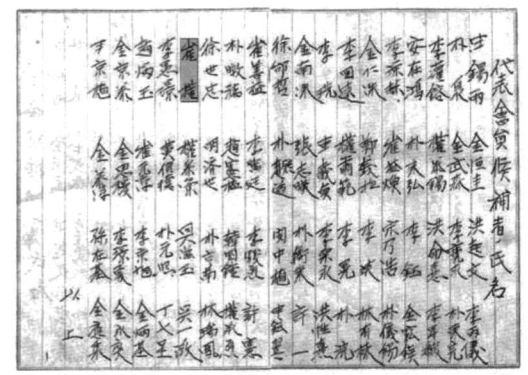

신간회 경성지회 제2회 정기대회 개최(1927.12.27.) 당시 대표회원 후보로 뽑힌 인물들의 명단. 좌측 상단에 崔槿(네모 안)이라는 이름이 보인다.

최근의 대종교 교력을 살피면 1918년 1월 13일(음력), 프롤레타리아 극단 활동을 전개한 강천희(姜天熙), 민립대학기성준비회 원과 조선물산장려회 등에 참여한 김병희(金炳僖), 상무회(商務會) 설립을 주도하기도 한 남홍우(南鴻祐) 등과 참교(參敎)의 교질(敎秩)을 받은 기록이 전한다. 그의 대종교 입교가 그 이전에 이루어졌음을 확인할 수 있으나, 이후의 기록은 남아있는 것이 없다.

[참고문헌]
『종문영질』(프린트본, 1922), 「新幹會 京城支會 音樂講演會 開催 計劃에 關한 件」(思想問題에 關한 調査書類3, 京鍾警高秘 제13161호, 한국사DB, 국사편찬위원회), 「新幹會 京城支會 第2回 定期大會 開催의 件」(思想問題에 關한 調査書類3, 京鍾警高秘 제13909호의 1, 한국사DB, 국사편찬위원회)

최기만(崔基萬, 남, 1886-?)
입교 시기_ 1923년 | 교질_ 참교

함경북도 길주군(吉州郡) 출신으로 대종교 항일단체인 대한군정서(북로군정서)의 경호원(警護員)으로 활동한 인물이다. 또한 대한국민회 동부지방회 제2지회 관할인 지인향(志仁鄉) 농동(農洞)의 경호구장(警護區長)을 맡기도 하였다.

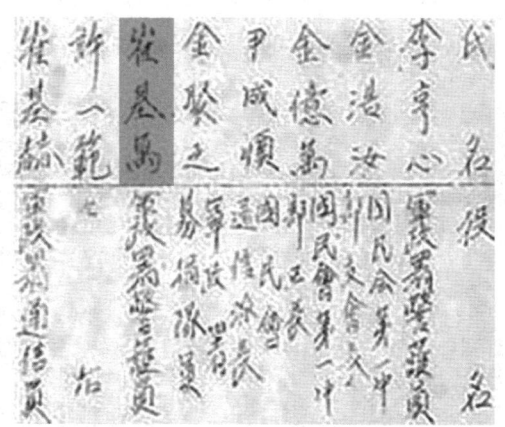

崔基萬(좌측 상단)을 軍政署警護員으로 적어 놓은 일제의 문서.

청산리독립전쟁 이후 일제의 경신대학살이 감행되자 연길현(延吉縣) 상의향(尙義鄉) 동불사조선인거류민회(銅佛寺朝鮮人居留民會)에 이름을 올리고 일제의 눈을 피했다. 이후 노령 징역으로 옮겨가 항일투쟁을 계속하였으며, 1924년 11월경에는 러시아 적군에 의해 쫓겨 10여명의 항일투사들을 이끌고 연추(煙秋) 부근 오지로 숨어들어가 은둔하기도 했다.

최기만의 대종교 교력을 살피면, 1923년 6월 9일(음력, 이하 음력) 대종교 동일도본사의 특별 추천으로 영계(靈戒)를 받은 기록이 있다. 그의 대종교 입교가 훨씬 전으로 올라감이 확인된다. 아마도 대한군정서 시절이 아닐까 추정해 본다. 같은 날 영계를 받은 인물 중에는 박리범(朴利範)과 이근(李瑾) 등이 있다. 박리범은 홍범도(洪範圖)·지장회(池章會)·허은(許垠) 등 대종교 동지들이 조직한 의군산포대(義軍山砲隊)에 소속되어 활동했으며, 이근 역시 상해임시정부의 특파원으로 활동한 인물이다.

최기만은 영계를 받은 10일 후인 6월 20일, 동일도본사 특별 추천에 의해 참교(參敎)의 교질(敎秩)도 받았다. 그리고 며칠 후인 6월 29일 동이도본사 관할 단일시교당(檀一施敎堂) 찬무(贊務, 부책임자)로도 임명된다. 이 시교당은 화룡현(和龍縣) 명신사(明新社) 단촌(檀村)에 소재했던 시교당으로 항일투사 최병주(崔秉周)가 전무(典務, 책임자)를 맡고 차희균(車希均)이 찬무로 임명되어 최기만과 함께 시무하였다. 최기만 일행은 화룡현 이도구(二道溝) 고산시(孤山市)에 있는 최범약(崔範若)의 집을 연락 거점으로 사용하면서, 대

종교만주포교금지령이 내려진 1926년까지도 이 시교당을 이끌었다.

[참고문헌]
『대종교보』제58호(1923년), 「大倧敎施敎堂一覽表(1926年)」(延边朝鮮族自治州档案館 全宗号42 目录号1 案卷号343, 和龙县历史档案 和龙县警察所, 令各区查禁韓人设立大倧敎堂由, 民国十五年五月十二日), 「歸順者 名簿 送付의 건」(不逞團關係雜件-朝鮮人의 部-在滿洲의 部26, 機密 第4號; 秘受 1848號, 한국사DB, 국사편찬위원회), 「朝鮮側 警察이 朝鮮人 金順 等을 拘引시킨 것에 관한 건」(不逞團關係雜件-朝鮮人의 部-在滿洲의 部28, 公 第259號; 受 20669號, 한국사DB, 국사편찬위원회), 「노령에서 불령선인의 행동에 관한 건」(不逞團關係雜件-朝鮮人의 部-在西比利亞15, 機密 제287호, 한국사DB, 국사편찬위원회)

최기섭(崔基燮, 남, 1889-?)
입교 시기_ 1922년 | 교질_ 미상

출신지역을 알 수 없으며, 연길현(延吉縣) 수신향(守信鄉) 학동(鶴洞)에 거주하며 대종교 항일단체인 대한군정서(북로군정서)에서 활동한 인물이다. 일제의 문서에는 최기섭이 대한군정서에 끌려갔다가 1920년 7월경 집으로 돌아왔다고 적고 있으나, 이것은 최기섭이 군정서의 경신(警信)과 모연(募捐) 활동에 종사했음을 말하는 것이다.

최기섭의 대종교 교력을 살피면, 1922년 6월 4일(음력) 대종교 동일도본사(東一道本司)의 추천으로 영계(靈戒)를 받은 기록이 있다. 당시 최기섭은 박승명(朴承明)·김영환(金永煥)·최동범(崔東範)·김빈(金斌)·김우(金祐) 등, 항일투사들과 함께 영계를 받았다. 참고로 1922년 3월 5일(음력)에 발포된 대종교 「교구분리조례(敎區分離條例)」에 의하면, 동일도본사의 주요 관할이 왕청·혼춘·연길·화룡 그리고 국내 함경북도 등으로, 과거 대한군정서의 주요 활동 근거였다는 점이 주목된다.

[참고문헌]
『대종교보』제52호(1922년), 「不逞鮮人 義捐金 募集 狀況에 관한 건」(不逞團關係雜件-朝鮮人의 部-在滿洲의 部20, 機密公 第198號; 秘受 10363號, 한국사DB, 국사편찬위원회)

최기신(崔基信, 여, 1880-1922)
입교 시기_ 1913년 | 교질_ 참교

함경북도 경원군(慶源郡) 출신이다. 어려서 부모를 따라 연해주의 연추(延秋) 지역으로 이가(移家)하여 그곳에서 성장하였다. 이후 대종교도인 한기중(韓基中)과 결혼하면서 밀산현(密山縣)과 연해주를 중심으로 대종교 항일투쟁과 인연을 맺게 된 인물이다.

1913년 대종교에 입교한 최기신은 1915년 영계(靈戒)도 받았다. 그리고 남편 한기중과 더불어 시숙(媤叔)인 한기욱

ㄱ
ㄴ
ㄷ
ㄹ
ㅁ
ㅂ
ㅅ
ㅇ
ㅈ
ㅊ
ㅎ

(韓基昱)을 도와 대종교 포교를 통한 항일투쟁의 일면을 담당하게 된다. 당시 한기욱은 대종교 동이도본사(東二道本司) 제3지사의 전사(典事, 책임자)로 있었고, 한기중은 제3지사의 계사감정(計事監正)과 더불어 연해주 한일시교당(韓一施教堂)의 전무(典務, 책임자)를 맡고 있었다. 동이도본사 제3지사는 밀산현 동촌(東村)에 근거를 두고 의란도(依蘭道) 전지역과 연해주지대를 관할하는 교구였다.

그러나 1922년 9월 7일(음력) 제3지사 일대가 호비(鬍匪)들의 습격을 당하면서 참화를 입는다. 이로 인해 최기신과 한정덕(韓貞德, 최기신의 딸로 당시 14살), 그리고 한기욱과 이섭(李燮)이 피살되었다. 또한 남편 한기중은 중상을 입었다. 특히 함께 화를 당한 이섭은 그 지역 항일투쟁의 핵심 인물이었다. 동북만주 대종교 포교 활동에 뛰어 들어 밀산과 요하(饒河) 사이를 왕래하다면서 대종교 포교와 항일투쟁의 거점 확보에 동분서주했던 인물이다. 그러나 '대종교시교회창립문(大倧教施教會刱立文)'을 각 동지들에게 배포하고 밀산현의 대종교 동이도본사 제3지사에 머물면서 시무하던 중, 변을 당한 것이다.

[참고문헌]
『대종교보』제55호(1922년)

최기억(崔基億, 남, 생몰 미상)
입교 시기_ 1926년 이전 | 교질_ 미상

출신지역과 생몰연대를 알 수 없는 인물이다. 일제의 문서에서는 나타나지 않으며, 1920년대 대종교가 만주당국에 압수당한 문서 속에서 유일하게 등장하고 있다. 이 문서는 1926년, 만주 군벌이 일제와의 협약에 의해 대종교 만주포교금지령이 내리면서 빼앗아간 것 중의 일부다.

그 문서 '대종교시교당일람표(大倧教施教堂一覽表)'라는 부분에는, 최기억이 1926년 당시 대종교 의일시교당(義一施教堂)의 찬무(贊務, 부책임자)를 맡은 인물로 적혀 있다. 그의 대종교 입교가 그 이전으로 올라감이 확인된다. 의일시교당은 혼춘현(琿春縣) 순의사(純義社) 남태맹(南泰孟)에 소재했던 시교당이다. 당시 채규화(蔡奎化)가 전무(典務, 책임자)로 임명되어 시교당을 이끌었으며, 남균식(南鈞植)이 찬무로 최기억과 함께 했다. 그 시기 의일시교당은 420여명의 신도를 거느리고 포교 활동을 전개했으며, 특히 전무인 채규화는 대종교 만선청년회(滿鮮青年會)의 주요 간부로도 활동하면서 대종교 항일투쟁에 앞장선 인물이다. 최기억 역시 혼춘현 동문(東門) 안에 있는 협성상회(協成商會)를 연락 거점으로 활동하면서 대종교 포교를 통한 항일전선에 앞장섰으나, 그의 구체적 교력이나 이후의 기록은 전하지 않는다.

[참고문헌]
「大倧教施教堂一覽表(1926年)」(延边朝鮮族自治州档案馆 全宗号42 目录号1 案卷号343, 和龙县历史档案 和龙县警察所, 令各区查禁韩人设立大倧教堂由, 民国十五年五月十二日)

최기진(崔基珍, 남, 생몰 미상)
입교 시기_ 1926년 이전 | 교질_ 미상

출신지역과 생몰연대가 알려지지 않았다. 1926년 3월 12일, 대종교 신도들이 설립한 신진청년회(新進青年會)에서 활동한 일제의 기록이 유일하게 전한다. 신진청년회는 신흥청년회(新興青年會)의 후신으로, 회원 상호 간의 친목 도모를 통해 교육과 체육 양성과 더불어 풍속을 교정하고자 함을 기치로 출범한 단체다. 그 장소 역시 대종교 계열의 대한군정서의 근거였던 왕청현 춘명향(春明鄕)에 소재한 단체였다.

이 단체의 회원은 110여명에 달했으며 그 주된 목적은 두 가지였다. 첫째는 대종교 신도 간의 단결이었고, 둘째는 당시 사회주의 단체였던 동만청년연맹과 왕청청년연합회에 가입하여 활동하는 회원들에게 말과 행동을 주의시키는 것이었다. 이 단체의 상무집행위원장은 김국권(金國權)이 맡았으며, 최기진은 김운빈(金雲彬)·최령(崔領)·김병학(金炳學) 등과 상무집행위원으로 참여하였다.

최기진의 대종교 교력 역시 오리무중이다. 대종교단 내의 기록이 전하지 않아 그의 입교 시기나 교질 사항 역시 확인할 수가 없다. 다만 최기진이 활동한 신진청년회가 1926년 3월 12일에 대종교 신도들이 조직한 단체라는 점에서, 그 이전에 입교하였음을 알 수 있을 뿐이다.

[참고 문헌]
「間島 及 琿春地方 朝鮮人의 結社團體 調査報告에 關한 件」(不逞團關係雜件-朝鮮人의 部-在滿洲의 部43, 外務省文書課受 第627號, 한국사DB, 국사편찬위원회)

최남선(崔南善, 남, 1890-1957)
아호(별명)_ 육당(六堂), 육당학인(六堂學人), 한샘, 최창흥(崔昌興), 최공육(崔公六), 남악주인(南嶽主人), 곡교인(曲橋人), 대몽(大夢), 백운향도(白雲香徒), 축한생(逐閑生)
입교 시기_ 1910년대 추정 | 교질_ 미상

최남선

한성부 남부 명례방(明禮坊) 동현계(銅峴契) 사정동(絲井洞, 지금의 중구 을지로2가) 출신이다. 1904년 대한제국 황실유학생으로 선발되어 일본 동경부립제일중학교(東京府立第一中學校)에 입학하였으나 곧 중퇴하였다.

1906년 와세다대학 고등사범부 역사지리과에 입학하여 대한유학생회에서 발간하는 『대한유학생회보』의 편집인으로 활동하였다. 그러나 와세다대학교 정치학과 주관의 모의(模擬) 국회 사건으로 퇴학당하였다. 이 사건은 1907년 6월 모의 국회 당시의 안건에 대한 반대가 문제가 되었다. 그 안건이 조선국왕이 일본에 알현하러 오는 가상의 상황을 토의 안건으로 삼자는 것에 대한 반대였기 때문이다. 최남선은 이에 반발하는 한국인 유학생의 총대(總代)를 맡아 앞장섰다.

1907년 겨울 귀국 후 신문관(新文館)을 설립하고 1908년 11월 잡지 『소년(少年)』을 출판하였다. 1910년 10월에는 조선광문회(朝鮮光文會)를 설립해 조선의 고서(古書)를 발간하고, 조선어 사전을 편찬하고자 하였다. 경술국치 이후에도 『붉은 저고리』(1912년), 『아이들보이』(1913년) 『청춘』(1914년) 등의 잡지를 발행하였다.

1919년 3·1운동 때에는 「독립선언서」를 작성해 일제에 체포되어 2년 8개월간 복역하기도 하였다. 출옥 후인 1922년 동명사(東明社)를 창립해 주간지 『동명』을 발행하였다. 1924년 『시대일보』를 창간하였고, 1925년 조선의 문화와 역사를 연구하는 계명구락부(啓明俱樂部)에 참여하였다. 1922년 『동명』에 「조선역사통속강화개제(朝鮮歷史通俗講話開題)」를 연재하였고, 1926년 「불함문화론(不咸文化論)」과 근대 최초의 창작 시조집 『백팔번뇌(百八煩惱)』를 간행하였다. 같은 해 옛 백제 지역을 방문한 『심춘순례(尋春巡禮)』, 1927년 『백두산근참기(白頭山覲參記)』, 1928년 『금강예찬(金剛禮讚)』을 발표하였다.

1928년 10월 조선사편수회 촉탁이 되었고, 같은 해 12월부터 조선사편수회 위원으로 활동하였다. 1933년 12월 조선총독부 보물고적명승천연기념물보존회 위원, 1935년 2월 조선총독부 임시역사교과용도서조사위원회 위원을 지냈다.

그러나 1935년부터 한국과 일본 사이의 '문화동원론(文化同源論)'을 주장하면서 본격적인 친일행보에 나서면서 일본 신도(神道) 보급에 참여하였다. 같은 해 4월 "고신도(古神道)의 큰 뜻을 드높이고 선양"하는 것을 목적으로 한 조선계회(朝鮮禊會)의 고문을 맡았고, 1936년 심전개발(心田開發) 정책의 일환으로 출판된 강연집에 「조선의 고유신앙[朝鮮の固有信仰]」을 발표하였다. 심전개발운동 역시 1930년대 초반 조선인들을 충량한 황국신민으로 만들기 위해 조선 경제를 부흥시킨다는 미명으로 조선총독부가 입안한 정신 계몽운동이었다.

1936년 6월부터 1938년 3월까지 3년간 조선총독부 중추원 참의를 지냈고, 1937년 2월 9일부터 11일까지 3회에 걸쳐 『매일신보』에 「조선 문화의 당면과제[朝鮮文化の當面課題]」를 게재하였다. 이후에도 조선총독부 박물관건설위원회 위원을 맡았으며, 중일전쟁 발발 후에는 만주로 건너가 『만몽일보(滿蒙日報)』의 고문이 되었다. 그리고 1939년 5월 만주 건국대학(建國大學) 교수로 취임하였으며, 건국대학 연구원의 민족연구반과 역사연구반에 소속되었다. 그리고 1937년 11월 「만주가 우리에게 있다」는 글을 필두로, 「건국대학과 조선청년」, 「전쟁과 교육」, 「동방고민족의 신성(神聖) 관념」 등, 일제의 전쟁수행을 지지하는 많은 글을 기고하기도 하였다. 1941년 8월 흥아보국단 준비위원, 같은 해 12월에는 조선임전보국단 발기인이 되었다. 1943년 11월 5일 『매일신보』에 「보람있게 죽자」, 11월 20일 「나

가자 청년학도야」, 11월 25일 「오직 감력할 뿐」, 1944년 1월 1일 「아시아의 해방」, 1945년 3월 7일 「승리엔 젊은이의 힘」 등을 기고하며 일제의 전시동원을 격려하고 고무하는 글을 발표하였다. 또한 『신시대』라는 시국 선전용 대중잡지를 통해 「만주건국의 역사적 유래」, 「성전의 설문(說文)」 등을 발표하여 일제의 식민지 정책에 적극 동조하였다.

나아가 1943년 11월 일본의 조선인 유학생에 학병 지원을 권유하는 '선배 격려단'에 참여하였으며, 같은 달 일본의 조선인 가정 방문과 간담회, 강연회 등을 개최하였다. 11월 14일과 20일에는 일본 메이지대학[明治大學] 강당에서 열린 반도출신출정학도궐기대회에서 학병 지원 관련 연설을 하기도 하였다. 이밖에도 잡지 『방송지우(放送之友)』에 「도의(道義)는 이긴다」, 「신세계 건설의 도화선」, 「특공대의 정신으로 성은(聖恩)에 보답합시다」 등의 글을 발표하였다.

해방 이후인 1949년 2월 반민족행위특별조사위원회(반민특위)에 체포되어 서대문 형무소에 수감되었으나 곧 보석으로 풀려났고, 같은 해 5월 공판을 받았다. 1950년 한국전쟁 당시 해군전사편찬위원회에서 일하였고, 휴전 후 서울시사편찬위원회 고문을 맡으며, 언론을 통해 기고활동을 지속하였다.

[대종교관]

최남선은 대종교 중광 이후부터, 그 중심인물들과 가까이 하면서 대종교적 정서 속에서 학문적인 외연을 키운 인물이다. 그러나 최남선이 대종교를 어떻게 이해했는가를 논구하는 것은 쉽지 않다. 그가 대종교의 역사나 교리에 대하여 직접적으로 언급한 기록들이 거의 없기 때문이다. 특히 대종교의 교리체계와 관련된 기록은 찾아 볼 수 없다. 다만 그가 남긴 「역사적 입장에서 본 대종교 개관」과 1950년 5월에 쓴 대종교 「규범발포문(規範發布文)」 등을 통해, 그의 대종교관을 살필 수 있다.

① 기원관

최남선은 대종교의 기원을 상고로부터 찾았고 그 범위 또한 동북아 전역에 걸쳐 나타난다고 이해했다. 이것은 대종교의 「단군교포명서」에 나타나는 서술한 내용과 그 기원과 범위가 일치하는 것이다. 특히 조선 고유 신앙의 근본이 국조 단군에서부터 나왔다고 단정했는데, 이것은 대종교의 기원이 단군에서 출발함을 분명히 밝힌 것이다.

또한 최남선은 대종교의 본래의 교명(敎名)을 '붉은'(Barkan)과 '부루도(道)'에서 그 기원을 찾고 대종교를 그러한 신앙체계의 근대적 역명(譯名)으로 이해했다. 그는 종(倧)은 '상고(上古)의 신인(神人)'을 의미하는 것으로써, '붉은'교문의 교조(敎祖)로 숭봉되는 단군을 가리키는 것이며, 대(大)는 '그 어른과 그 가르침의 성덕(性德)을 찬미하는 말'이기 때문이라고 밝혔다. 또한 최남선은 대종이라는 말이 한자어이므로, 본디 순수 우리말 명칭으로 바꾸어지기를 희구하기도 했다. 그가 붉은교와 단군교 그리고 대종교를 같은 종교로 인식했음을 볼 때, 그가 소망한 대종교의 순수 우리말이 '붉은교'임을 암시 받을 수 있다.

한편 최남선이 대종교의 기원을 '붉은'이나 '부루'에서 찾고자 한 배경에는 태양숭배사상도 관계가 있을 듯하다. 그가 「불함문화론」에서 '밝(붉)'을 광명사상으로 해석하는 것이나, 동북아시아의 태양거석문화를 '밝'사상과 연결시키면서, 그 중심이 한국이었다고 주장한 것도 이와 무관치 않은 것이다. 그는 "우리 역사의 첫 장을 넘기게 되는 때에는 이미 태양숭배를 알맹이로 하는 훌륭한 민족적 종교를 만들어 가졌었습니다."라고 말하면서, 우리의 하느님 또한 태양의 인격적 호칭임을 피력하기도 했다. 그가 대종교 경전에 나오는 「한배날(개천가)」에서, '한배'의 권능을 '빛과 목숨의 임'이라고 표현한 것도 이것과 연결된다고 할 수 있다.

그러므로 그는 대종교에 의해 나타난 개천절의 연원을 말함에 있어서도, 누가 만들거나 언제부터 시작했다는 것이 아니라, 우리 민족 배태기(胚胎期)로부터 구원한 민속적 사실로 자연히 성립되고 발달해 나온 것이라고 설명했다. 또한 개천의 의미를 인문(人文)의 시작으로 보면서, 어디까지나 종교적이며 철학적이며 예술적이라고 덧붙였다. 더불어 개천절이 보본(報本)을 위한 제천에서 비롯했음을 볼 때, 최남선이 대종교의 기원 또한 상고 제천에서 찾으려 했음을 알 수 있다.

② 우주관
최남선은 대종교의 우주관(혹은 내세관)을 삼계사상(三界思想)으로 바라본 인물이다. 이 삼계사상은 고대 동방아시아 사람들의 공통된 우주관으로써, 상층의 광명계(光明界)와 중층의 인간계(人間界), 그리고 하층의 암흑계(闇黑界)로 구분된다는 것이다. 광명계는 대주재신(大主宰神) 밑에 여러 선신(善神)들이 거주하고, 암흑계는 화해(禍害)의 악령들이 들끓었으며, 인간계는 위로 선(善)의 원리를 기대하고 아래로 악(惡)의 세력을 누르면서 살아가는 공간으로 보았다.

최남선이 대종교의 우주관을 삼계사상으로 바라본 배경에, 대종교의 삼일사상(三一思想)이 역할을 했는지는 의문이다. 그가 삼일사상에 대한 체계적인 이해와 공감을 드러내지 않았기 때문이다. 다만 삼일사상이 존재한다면 천·지·인의 철학적 합일체로써, 종교적 이름과 연결될 것으로 추정했다.

최남선의 삼계사상이 대종교의 「삼일신고」와 「회삼경(會三經)」에 나타나는 교리내용과 일치하고 있다는 점이 주목된다. 먼저 광명계만을 언급한 「삼일신고」의 '천궁훈(天宮訓)'을 보면, "하늘은 하느님의 나라라 한울집이 있어 온갖 착함으로 섬돌하고 온갖 덕으로써 문을 삼았느니라. 하느님이 계신 곳으로 뭇신령들이 모시었나니, 크게 좋고 가장 빛나는 곳이다.(天神國 有天宮 階萬善 門萬德 一神有居 羣靈諸哲 護侍 大吉祥 大光明處)"라고 기록되어 있다. 이것은 최남선이 말하는 광명계의 모습이 「삼일신고」'천궁훈'의 내용과 일치하고 있다는 것을 보여 준다. 즉 대주재신인 일신(一神)을 여러 선신(善神)인 영철(靈哲), 신령(神靈)들이 모시고 있는 대광명처(大光明處)가 바로 최남선의 광명계인 것이다. 또한 대종교지도자 백포(白圃) 서일(徐一)이 지은 「회삼경」

의 '삼계(三界)' 부분은 최남선의 삼계사상과 정확하게 일치하고 있음도 주목되는 부분이다. 「회삼경」은 「삼일신고」의 내용을 보다 구체적으로 밝힌 글로써, 대종교 삼일사상의 철학적 운용을 가장 잘 드러내는 글이라 할 수 있다. 「회삼경」의 다음 내용을 보면,

    "하늘은 상계가 되고 마귀(魔鬼)는 하계가 되어, 그 길이 서로 상반되는지라, 신계(神界)는 크고 마계(魔界)는 작으며 신계는 밝고 마계는 어두우며 신계는 즐겁고 마계는 괴로우니라. 사람은 두 경계에 이웃하여 아득함과 깨달음이 같지 않은지라."

는 구절이 발견된다. 나아가 서일은 상계의 가치인 순전한 착함을 말하여 신도(神道)라 언급하고, 하계의 가치인 순전한 악함을 마업(魔業)이라 칭했으며, 선함도 있고 악함도 있음을 인사(人事)라 규정했다. 이것은 최남선의 삼계사상이 서일의 삼계와 하나도 어긋남이 없음을 알려주는 것으로, 우연인지도 모르겠으나 최남선의 삼계사상에도 대종교적 가치가 투영되고 있음을 알게 된다. 다만 1913년경에 저술된 서일의 「회삼경」내용이, 1920년대에 형성된 것으로 보이는 최남선의 삼계사상에 어떻게 연결되었는지는 좀더 연구해 본 사안이다.

③ 중광관
최남선은 대종교의 시간적 성격을 창교가 아닌 부흥으로 이해함으로써, 대종교가 구한말 나타난 신흥종교가 아님을 강조했다. 이것은 홍암(弘巖) 나철(羅喆)이 1909년 1월 15일(음력), 단군신앙의 부활을 '중광(重光, 다시 일어남)'이라 선포하고, 고려말 몽고침입으로 인한 팔관(八關)의 폐쇄 이후 7백년만의 갱생이라고 이해한 것과 일맥한다. 최남선 역시 고려의 팔관회를 불교의 팔관과는 전혀 다른 것으로 이해하고 우리 고유의 신도적(神道的) 성격의 의례임을 밝히면서, 그 언어학적인 어원를 아래와 같이 '붉은교(단군교)'에서 찾았다.

또한 최남선은 '부루'를 신라말 최치원의 풍류(風流)와 같은 것으로 이해하고, 그 현묘한 종교적 요의(要義)가 대종교의 교의(敎義)와 연결된다고 밝혔다. 이러한 '붉은'의 신앙적 전통은 1년에 한 번 제천제례를 가장 소중하게 봉행하는데, 이것을 우리말로 '붉은이'라 칭하고 '신세(神世)의 표상'을 나타냈다는 것이다. 신라의 불구내(弗矩內), 고려의 팔관회, 조선조의 부군(府君)굿이 다 그것의 연장으로 보았으며, 대종교의 중흥 이후에는 10월 개천절로 자리잡았다고 설명한다. 물론 최남선은 신라 이전의 제천제례의 전통 또한 '붉은이'와 연결됨을 강조했는데, 이러한 이해 또한 그의 스승이라 할 무원(茂園) 김교헌(金敎獻)의 「신단실기(神檀實記)」「역대제천(歷代祭天)」 부분에 나타나는 인식과 유사하다는 점을 발견할 수 있다.

이어 최남선은 단군의 고대 신도(神道)가 신라의 화랑으로 융성하였으나, 그 종교적 방면은 불교에 눌리고, 그 교화적 방면은 유교에 빼앗겼다고 이해했다. 조선 영·정조 이후 천주학(天主學)까지 들어와 민족정신이 흐트러지자, 그

반발로 동학(東學)과 같은 신앙이 나타나게 되었다는 것이다. 그리고,

> "고종조에 자주 외국의 침능(侵陵)을 받고 마침내 국운이 기울어짐을 걷잡을 수 없게 되매, 민족정신이 크게 흥분(興奮)하여 마침내 전통적 고유신앙의 부흥을 바라는 기풍이 날로 더하였습니다. 이 기운에 응하여 광무 10년에 나철·오기호 등이 단군교 중광을 표명하고, 이어 대종교라 명호(名號)를 바꾸어서 크게 국조숭배에 의한 전통 호지(護持)를 주창하여, 일대 인심의 귀향(歸嚮)하는 바가 되었으며, 더불어 병합 이후로 일본의 탄압이 심하여지매, 후계자 김헌(金獻, 金教獻-인용자주)이 교(教)의 본거지를 백두산음(白頭山陰)의 조강(祖疆)인 만주로 옮겨서 한창 팽배(澎湃)한 조국 광복 운동의 정신적 지주가 되고, 이어 허다한 파란을 치르면서 고도(古道)의 중광에 든든한 보무(步武)를 내켜 나왔습니다."

라고 밝힘으로써, 대종교가 단군고도(檀君古道)의 중광을 통해 민심을 단결하고, 항일독립운동의 본거가 되었음을 분명히 천명하고 있다. 따라서 최남선은, 일인 학자 이나바 이와키치(稻葉岩吉)가 3·1운동으로 인해 단군신앙이 왕성해 졌다는 주장에 대해서도 철저하게 공박했다. 즉 단군 숭앙의 힘이 축적되어 독립운동에 미친 영향은 있을지언정, 독립운동 때문에 단군신앙이 고조되었다는 것은 언어도단이라는 것이다. 이 또한 연면한 단군신앙의 역사적인 부활의 힘을 최남선이 긍정하고 있음을 알 수 있는 부분이다.

④ 하느님관
최남선은 대종교의 단군을 천신(天神)의 뜻으로 바라보았다. 또한 '단군=신인(神人)=종(倧)'으로 이해한 부분도 있다. 주목되는 것은 그가 바라 본 우리 고유의 하느님이 대종교적 하느님과 유사하다는 것이 또 주목된다. 그는 하느님의 의미를

> "하느님은 실로 조선인이 철학적 인식의 최후 도달(到達)로, 또 종교적 경험의 최고 통일(統一)로 우주에 있는 지상의 실재자를 부르는 이름이니, 철학적으로는 일체 원리의 구경(究竟)을 이에게 구하고, 종교적으로는 일체 신망(信望)의 해결을 이에게 탁(托)하였던 것입니다."

라고 이해함으로써, 보편적 실재요 최고의 주재로 파악하고 있다. 우리의 이러한 하느님 관념은, 개화기 외국인 선교사들의 눈에도 가감 없이 그대로 인식되었음이 흥미를 끈다. 헐버트(Homer B. Hulbert)와 클락(Charles A. Clark)의 다음 기록을 보면 알 수 있다.

> "이상하게도 한국이 오늘날 소유하고 있는 가장 순수한 종교적 관념은 수입종교와도 전혀 무관하고 조야한 조상숭배와도 극히 거리가 먼 존재인 '하느님'에 대한 신앙이다. 이 '하느님'이라는 말은 '하늘'이라는 말과 '님'이라는 말의 합성어이다. …(중략)… 한국인들은 모두 이 존재를 우주의 최고 통치자로 믿는다. …(중략)… 많은 한국 기독교인들이 처음 기독교 복음에 대한 관심을 가지게 된 것은 그들의 단군과 그의 하느님에 대한 지식을 통해서였다."

> "언더우드가 절간에서 불승을 만났는데, '하느님은 온누리의 주재신이고 부처는 그 밑에 자리한 하급신에 지나지 않는다'고 불승이 말했다면서, 언더우드는 "분명히 한국에서는 불교신자, 유교신자, 무속숭배자 할 것 없이 이 모든 종교인들이 하느님을 우주의 절대자로 숭배한다'고 말했다."

외국인 선교사들은 이미 그들의 기독교가 들어오기 이전에 있었던 우리 고유의 하느님 존재를 분명히 파악하고 있었고, 우주의 주재자요 절대자의 모습으로 확인했던 것이다. 또한 그 하느님은 단군신앙과 밀접하게 연결되고 있음을 그들은 인식했으며, 모든 종교를 초월한 보편적이고 절대적인 하느님이었음을 알려 주고 있다.
이것은 최남선의 하느님관과 다를 바가 없다. 또한 단군 신앙을 중광한 나철이 선가(仙家)의 천선종조(天仙宗祖)나 불교의 제석, 유교의 상제, 기독교의 여호와, 이슬람교의 알라 등을 모두가 한 하느님이라고 파악한 보편적 인식과도 연결되는 내용이다. 최남선 역시 민족적·종교적 특질은 있으나, 나철의 하느님관과 똑같이

> "우리는 시방 우주 최고의 섭리자로 '하느님'을 관념하니, '하느님'은 어의(語義)에 있어서 '하늘이란 어른' 혹 '하늘의 임자'임을 의미한다. 지나(支那)의 상제(上帝)도 조선어로는 '하느님'이라 일컬으며, 인도의 '인드라'도 조선어로는 '하느님'이라 부르며, 유태의 '여호와'도 조선어로는 '하느님'이라고 번역하지만…."

이라고 이해하고 있다. 그러므로 최남선은 대종교의 궁극적 목적이 인간 세상을 홍제(弘濟)하는 큰 종교라고 말했는데, 그것은 이미 신전(神典, 대종교경전)에 밝혀져 있다고 설명했다. 즉 대종교가 과거 국민운동의 정신적 중추 역할로부터 한 단계 나아가, '홍익인간의 철학(弘濟哲理)'을 토대로 인류를 구원하는 사명을 짊어져야 한다는 것이다. 그의 이러한 판단에도 대종교의 하느님관, 즉 우리 고유의 하느님관에 배어있는 인류보편적 성격을 염두해 두었을 것으로 생각된다.
특이한 것은 최남선이 우리의 생활과 접해 있는 하느님을 강조했다는 점이다. 그러므로 그의 하느님의 모습은, 때로 '집안 어른'도 되고 자신의 '시조'로도 나타난다. 그리고 국가문화의 창조자도 되시며, 우주만물의 섭리자로도 나타나는 것이다. 이 또한 대종교의 하느님이 초월적이고 단절된 하느님이 아니라, 초월과 만나서 내재화되는 하느님, 내재화를 통하여 초월로 향하는 하느님, 즉 초월과 내재가 공존하는 하느님 모습이라는 점과 유사하다는 것을 알 수 있다.

⑤ 국교관

최남선이 국교적(國敎的) 대종교관을 가지고 있음도 확인할 수 있다. 국교적 대종교관이란, 일제강점기와 해방 직후 우리의 지도층 인사들이 종교적 신념을 떠나 민족 정체성의 상징으로써 대종교를 받들던 심리적 태도를 말한다.
이러한 대종교의 국교적 관념으로서의 인식은, 대종교가 아닌 당대의 많은 지도층 인사들에게도 나타났다. 그 중 대표적 사례로 임시정부 참여인사들을 꼽을 수 있다. 이것은 임시정부의 태동과 활동에 대종교인들의 절대적인 공헌과 더불어, 망명인들로서의 민족의 상징적 정체성에 대한 공감이 작용했을 것으로 생각된다. 그러므로 이승만이나 안창호와 같은 기독교인들도 거부감 없이 대종교적 정서를 받아들인 것이다. 이동휘와 같은 기독교적 사회주의자 역시 다음과 같은 「개천절축사」를 발표했는데, 그에게서도 곡진한 단군관을 확인할 수 있다.

"대한민국 이년 음 십월 삼일 국무총리 리동휘는 삼가 형뎨자매를 같이하야, 한배님 개천하옵신 경사날을 질기옵나니, 저의의 목숨과 터와 힘을 비롯 열어주심을 깃버 길이오며, 또 거룩하신 영광과 한량없으신 은덕을 길이 사모하오며, 이 날을 질기옴이 참됨을 깨닷나이다. 캄캄한 누리에서 모진 비 눈보라치는 가운대, 한배님의 힘줄을 붓잡고 모든 앞에 겁이 끼고 가리온 것을 연약하나마 직히옵고, 가지엇던 보배를 목숨을 바꾸어서 인류가 없어질 때까지 배달의 환한 빛을 따뜻한 바람과 기쁨진 이슬 속에서 길이 노래하겟나이다."

최남선은 대종교를 표현할 때에 대교(大敎)라는 명칭을 많이 사용하여 국교적 대종교관을 강하게 드러냈다. 그의 기행문인 「송막연운록」이나 대종교 「규범발포문」에 주로 나타나는 대교라는 명칭 사용은, 대종교의 중심인물들이 자신들의 정체성을 강하게 표현할 때 사용하는 말이기 때문이다. 최남선 스스로가 대종교의 역사적 연원을 단군신앙의 태동에서 발견하고 있는 것처럼, 그 연면한 흐름의 현대적 부활인 대종교를 국교적 위상으로 이해하려 한 것은 어쩌면 당연한 사고라고 할 수 있을 것이다.
까닭에 그는 우리나라의 신앙을 해설함에 있어서도, 대종교를 단군고교(檀君古敎)의 현대적 중광임을 설명함과 함께, 모든 종교에 앞서 대종교를 가장 먼저 소개하고 있다. 이러한 인식은 김교헌이 그의 『신단민사(神檀民史)』나 『신단실기』에서 종교를 이야기할 때, 가장 먼저 신교(神敎, 대종교)를 설명하는 것과 다를 바가 아니다. 특히 박은식이 그의 『한국통사』에서 종교를 설명함에 있어, 가장 먼저 단군의 신교(神敎)인 대종교를 내세우며 대종교가 국교적 가치가 있음을 역사적으로 고증하려 한 것이나, 권덕규가 그의 저술인 『조선유기(朝鮮留記)』에서 종교항목의 설명에 있어 신교(神敎, 대종교-필자 주)를 가장 먼저 앞세운 것도, 대종교의 국교적 인식과 부합한다 할 수 있다.
최남선은 그 단군고교(檀君古敎)가 국교적 가치가 있음을 다음과 같이 직접 언급했다.

"지나문화의 영향을 받으매 유교 또는 도교적 색채를 띠게 되고, 인도문화의 훈염(薰染)을 입으매 바라문교 또는 불교적 변화를 지내어, 원의(原義)의 소실되고 진면(眞面)의 엄장(掩藏)된 것이 다다(多多)하지마는, 상당한 방법으로써 도사색금(淘沙索金)과 거잡환원(去雜還元)의 수술(手術)을 행하면, 어떻게 굳은 세력과 넓은 범위로써 고조선의 대종교(大宗敎)가 현대 오인(吾人)의 일상생활 상에 활동적 생명을 가지고 있음을 알 수 있다.…(중략)…오직 조선국교(朝鮮國敎)의 내력을 밝힘으로써, 비로소 천명(闡明)하고 간신히 노득(攎得)하게 되는 난제(難題) 의문(疑問)이 불일이족(不一而足)하다. 조선국교를 밝힘으로써 모를 것을 아는 것도 많으려니와, 대수롭지 않게 알던 것이 금시에 소중하게 되는 것도 적지 아니하다. 더군다나 조선민족의 연원과 조선문화의 계통으로부터 내지는 문적(文籍)을 가지기 이전까지 이르는 동안의 사적은, 오직 조선국교(朝鮮國敎)를 연구함으로써 그 대강을 파악하여 그 개관을 방불(彷佛)하게 된다."

즉 최남선은 조선의 국교가 불교나 유교와는 다른 것으로 이해했다. 그것은 단군시대부터 내려오는 큰 종교로써, 우리의 생활 속에 남아 있다고 본 것이다. 그는 여기서 '단군신앙=조선고교(朝鮮古敎)=조선국교(朝鮮國敎)'라는 등식을 분명하게 확인시켜 주고 있다. 또한 이것은, 그가 단군신앙의 현대적 부흥체로 언급한 대종교적 가치(대종교적 국교관)와 직결되는 것이기도 하다. 위당(爲堂) 정인보(鄭寅普)가 나철의 대종교를 국교로 인식했던 것이나, 학문의 관점에서 불학(佛學)이나 유학(儒學)을 제외한 순수 신교적(神敎的) 관련의 학문을 국학(國學)이라고 규정한 신채호가, "단군은 곧 선인(仙人)의 시조, 선인은 곧 우리의 국교이며"라고 밝힌 것과도 일맥한다 할 것이다. 일찍이 백범 김구가, 우리나라 사람 치고 대종교인 아닌 사람이 어디 있느냐고 말한 데서, 당시 우리 지도층이나 지식층이 갖고 있던 국교적 대종교관의 전형을 단적으로 확인할 수 있다.

[교력]
최남선은 조선광문회 시절 대종교에 입교한 인물로 알려져 있으나 관련 기록은 남아있지 않다. 다만 대종교 원로 중에는 최남선의 대종교명이 최선(崔善)이라고 증언하는 이도 있으나 그 연결고리가 되는 자료는 확인이 안 된다. 최선이란 인물은 1913년 어천절(御天節, 음력 3월 15일)에 참교(參敎)의 교질(敎秩)을 받고, 1914년 3월 3일(음력) 지교(知敎)를 받은 인물이다.
최남선은 대종교와의 밀접한 교감 속에서 그의 국학적 외연을 확대시킨 인물이다. 최남선이 대종교의 영향 속에서 그의 단군론을 형성했을 가능성은, 그의 단군론이 종교적 성격을 강하게 띠었다는 점과 단군을 민족정신의 구심점으로, 신앙의 대상으로 자리매김시키려 했던 그의 노력을 보더라도 알 수 있다.
그는 동북아 문아권론에서의 한국은 그 중심의 위치에 있으며, 단군문화라는 전체집합 속에 일본문화를 부분집합으로 이해하려 했다. 특히 단군문화의 바탕을 단군고도

(壇君古道)라는 신앙의 틀에서 발견코자 했음은, 조선정신의 인격화가 바로 단군신앙이라는 그의 주장에서 확인할 수 있다. 그는 단군이야말로 우리 과거의 응결체인 동시에 우리 미래의 좌표로 보면서, 단군이 바로 우리 민족이요 국가임을 천명하고 있다. 이것은 단군이라는 존재가 우리 민족의 처음이자 끝인 동시에, 우리 민족국가와 더불어 운명공동체임을 나타내는 것이다. 이러한 인식은 홍암 나철이 단군신앙 중흥의 명분으로 내세운 '국망도존(國亡道存: 나라는 망했어도 정신은 존재한다)'의 가치와도 일치하는 것이다. 즉 조선정신이 바로 단군신앙이라는 인식의 공통점이 확인는 부분이다.

최남선은 1909년 대종교가 중광하던 해, 첫 개천절을 기념하여, 「단군절(檀君節)」이라는 8·5조 창가를 그가 주관하던 『소년』에 발표하였다. 그가 「개천절」이 아닌 「단군절」이라는 제목으로 발표한 이유는, 아마도 개천절이라는 명칭이 그 당시까지는 등장하지 않았기 때문인 듯하다. 개천절은 홍암 나철이 1910년 음 9월 27일에 제정되었으며, 그해 음 10월 3일 처음으로 개천절 행사를 봉행했다. 다만 여기서 최남선의 단군 인식이 좀더 구체적으로 진행되고 있음을 확인할 수 있다.

또한 1910년 2월에 발표한 「태백산가(太白山歌)」라는 글에서 단군을 대황조(大皇祖)로 표현한 후로는, 동년 5월과 8월 각각 「소년」에 발표한 글에서도 단군을 대황조로 나타내고 있다. 최남선이 드러내고 있는 대황조 역시, 대종교의 중광과 더불어 보편화된 용어라는 점이 주목된다. 즉 홍암 나철이 1909년 음 1월 15일 '단군대황조신위(檀君大皇祖神位)'를 모시고 제천(祭天)을 통하여 대종교를 중광했음을 상기할 수 있다. 또한 대종교의 「단군교포명서」에는 대황조라는 표현이 무려 36회 사용된 것이 발견된다. 즉 각 문장이나 단락의 주어로 대황조를 사용하면서, 그 능력에 대한 칭송과 찬양으로 일관하고 있음을 확인할 수 있다. 최남선이 「태백에」라는 글에서, 대황조의 절대적인 능력을 다음과 같이 칭송한 것은, 마치 대종교의 「단군교포명서」를 축약한 듯한 느낌마저 든다.

"태백에 꽃이 피니 부귀(富貴)가 쌍전(雙全)이라 / 대국민(大國民)의 저런 역사 영원토록 한결같다 / 대황조 크신 힘은 만년무강(萬年無疆)이로다.
태백에 비 나리니 군물(群物)이 자생(滋生)이라 / 즐거움과 부르짖음 들밖에 가득하다 / 대황조 어지신 화(化)는 만물균점(萬物均霑)이로다.
태백에 달 비치니 사해가 광명이라 / 인간의 그믐밤이 이제부터 거치도다 / 대황조 밝으신 빗은 만물보조(萬物普照)이로다.
태백에 눈이 오니 장엄할 손 위용(威容)이라 / 더러움과 간특(奸慝)함이 뉘라 아니 굴복하리 / 대황조 맑으신 양은 만사개멸(萬邪皆滅)이로다."

최남선의 대종교와의 고리는 조선광문회로부터 본격화되었다. 대종교가 중광한 다음 해인 1910년 10월에 시작된 조선광문회는, 대종교적 구국이념을 받드는 인사들을 중심으로 만들어진 '대종교공동체'로서, 한국의 역사와 언어 및 전통을 중시하는 문화적 민족주의자들의 집합소였다. 당시 최남선은 조선광문회의 주간을 맡아 주요 업무를 주관하였으며, 김교헌·박은식·류근(柳瑾)·주시경·김두봉·이규영·권덕규 등이 참여하여 활동을 했다. 여기서 주목되는 것은 이인승과 남기원을 제외한 나머지 인물들들 모두가, 당시 혹은 그 후 대종교에 참여하여 활동하는 핵심인물들이라는 것이다. 조선광문회를 구성하고 있는 인물들의 대종교적 정서는 최남선에게도 자연적으로 연결되었다. 가령, 조선광문회가 발간하려 했던 『말모이』(辭典-필자 주)의 「알기」(일러두기-필자 주) 부분 중 '한문말 알아두기'에서, 대종교를 가장 먼저 언급하고 있음을 보아도, 조선광문회 혹은 최남선의 대종교적 정서를 쉽게 유추하게 된다.

최남선은 1928년 1월에도, 그가 한국사의 계통을 체계화하고자 한 작품인 「조선역사강화(朝鮮歷史講話)」의 첫 원고를 「한빛」이라는 잡지에 게재한다. 「조선역사강화」는 그가 심혈을 기울여 계획해 온 통사작업으로써, 그 준비연구만도 6년이 걸린 작업으로 1928년 10월에 전체 원고가 탈고되었다. 이 글을 실은 「한빛」이라는 잡지도 대종교 남일도 본사에서 발행한 것으로, 본지의 편집 겸 발행인은 이윤재[李允宰, 대종교명은 이호(李澔)]가 맡았다. 주목되는 것은 이들 모두 대종교 남도본사의 활동 인물들이었다는 점을 볼 때, 최남선이 그가 심혈을 기울인 원고를 그 잡지에 실었다는 것에서도, 그와 대종교의 남다른 관계를 유추할 수 있다.

이 시기 최남선은 『대종교경전』에 「개천가(開天歌)」라는 제목으로 실려 있는 노래가사도 발표한다. 이 글은 최남선이 1928년 「한배날」이라는 제목으로 발표한 것인데, 그 가사를 보면 다음과 같다.

"온누리 캄캄한 속 잘 가지 늦목숨 없더니 / 한 새배 붉으리 일며 환히 열린다 / 모두 살도다 웃는다 / 한배 한배 한배 우리 한배시니 / 빗과 목숨의 임이시로다.
늘 흰뫼 빗구름 속 한울노래 우러나도다 / 곱은 아기 맑은 소리로 노피 부른다 / 별이 밧도다 웃는다 / 한배 한배 한배 우리 한배시니 / 빗과 목숨의 임이시로다."

이 글은 당시 대종교 교주였던 윤세복의 부탁으로 지어진 듯한데, 이 역시 기록이 나타나질 않는다. 여기에 나오는 '한배'를 최남선은 '대황조'의 순수 우리말이라고 풀이했다. 이 글은 최남선의 순수 우리말에 대한 조작 능력과 대종교적 정서를 동시에 확인할 수 있는 부분이다. 특히 '한배'에 대한 체계적인 사용을 처음 시도한 인물도 대종교 중광 교주 나철이라는 것이 그 근거라 할 수 있다. 나철이 작사한 「세얼[三神歌]」이나 「세마루[三宗歌]」라는 가사를 보면, 나철은 '한배'에 '임·웅·검'을 붙여 '한배님'·'한배웅'·'한배검'으로 나누어 '조화주'·'교화주'·'치화주'라는 대종교적 삼신위(三神位)와 연결시켰다. 최남선 역시 이러한 대종교적인 용어를, 우리 말 사용의 일환으로 활용했음을 알 수 있다. 대종교의 한글사랑에 대한 전통은 조선어학회의 정신으로 그대로 나타났으며, 한글 연구·보급에도 지대한 영향을 끼쳤다.

공교롭게도 대종교 계통의 인물들 중에는 순수 우리말로 된 호(號)가 많다는 것도 이러한 전통과 무관하지 않다고 본다. 윤세복(한다물)·주시경(한힌샘)·최남선(한샘)·김두봉(배못)·권덕규(한별)·이규영(검돌)·최현배(외솔) 등의 경우를 보면 알 수 있다. 최남선이 잡지에서도, 한자 명칭인 표지(表紙)를 '책거죽'이라고 쓰고, 삽화(揷畵)를 '그림본', 목판(木版)을 '나무새김', 고선(考選)을 '글꼬누기'라고 썼고, '꽃빛을 맘대로 고치는 법'과 같이 사용한 것도, 우리말 가꾸기 선봉에 섰던 대종교적 정서의 연장에서 이해할수 있는 부분이다.

한편 최남선의 대종교 신봉에 있어 그의 스승이라 할 김교헌과 류근의 영향을 빼놓을 수 없다. 1930년대 최남선이 만주 동경성(東京城) 대종교총본사의 단애(檀崖) 윤세복(尹世復)을 만나 고백한 다음 내용에서 확인할 수 있다.

> "저도 일찍 김무원 종사(金茂園 宗師, 김교헌을 말함-인용자 주)와 류석농 선생(柳石儂 先生, 류근을 말함-인용자 주)의 전통적 훈도를 받은 대종교 숭봉자이오나, 외면에는 불교신자로 행세하면서 단군론을 세상에 문헌으로 밝히려는 일편단심에서 전생애와 역량을 다 바치려고 희생적··侮辱的 이용을 당하면서, 또한 어떠한 의심을 받더라도 목적한 바 성공되는 날 저의 사명을 다 할 줄 압니다."

이 글을 기록한 이현익이라는 인물은, 최남선이 동경성 대종교총본사를 방문할 당시 최남선의 안내를 맡기도 한 인물로서, 당대의 정황을 비교적 정확하게 나타내고 있다. 여기서 최남선은 자신이 김교헌과 류근에게 영향받은 대종교도임을 분명하게 밝히고 있다는 점이다.

최남선의 대종교적 스승이라 할 김교헌과 류근은 친형제처럼 지내던 인물들이었다. 그들은 모두 역사에 대한 조예가 깊었는데, 대종교사관을 잘 드러내 주는 『단조사고(檀祖事攷)』와 『신단실기』가 김교헌의 명의로 나타나 있지마는, 김교헌과 류근 두 사람이 공동 저술했다는 기록이 있을 정도로, 절친하면서도 역사에 대한 공부가 대단했던 인물들이었다. 특히 『신단실기』는 『신단민사』와 더불어, 최남선의 『계고차존(稽古箚存)』에 많은 영향을 주었다. 『계고차존』의 내용이 앞의 두 책과 서술 양태에서 비슷한 부분이 많기 때문이다.

더욱이 1919년 최남선이 기초한 3·1독립선언에도 김교헌의 영향이 있었다는 대종교 측의 주장이 길을 끈다. 당시 대종교 교주였던 김교헌이 「무오독립선언서(일명, 대한독립선언서)」를 필사하여 그의 아들 김정기(金正琪)를 직접 국내로 밀파시켰다는 것이다. 그리고 최남선에게 전하고 격려하며 대종교의 입장에서 참여하도록 했다는 윤세복의 증언이 그것이다. 이것은 총본부를 만주로 옮긴 대종교가, 남도본사(당시 국내관할: 필자 주)의 중심인물이었던 류근 등을 내세워 각 종교·사회단체와 긴밀한 연락을 취해 가며 3·1운동에 참여했다는 기록과도 연결되는 것이다. 김교헌과 류근은 최남선의 스승이면서, 둘 사이는 허물없는 동지였기 때문이다. 또한 김교헌이 만주로 옮긴 후, 류근이 1921년 죽기 전까지의 국내 대종교 중심은 그에 의하여 주도되었다. 즉 남(국내)에는 류근과 북(만주)에는 김교헌이 있었으며 그와 더불어 언제나 최남선이 존재했다. 그리고 그들의 정서적 유대는 대종교라는 구심체에 의하여 연결되었던 것이다.

또한 앞에 인용한 이현익의 기록에 대한 내용은, 최남선이 당시의 기행을 기록한 「송막연운록(松漠燕雲錄)」을 보더라도 알 수 있다. 오히려 당시의 상황이 최남선의 기록을 보면 더욱 구체적으로 서술된다. 최남선 스스로가 윤세복을 만나기 위하여 일부러 동경성을 찾았다는 것이나, 백산(白山) 안희제(安熙濟)와 대종교 식구들이 역전까지 마중나온 것도 상세히 적고 있다. 특히 그의 대종교 교주(당시 윤세복이 교주였음)에 대한 깍듯한 경외는, 그를 아는 세인(世人)들도 쉽게 이해할 수 없을 정도로 극진했다.

최남선의 「송막연운록」은 전체 84항목의 소제목으로 이루어진 장편 기행문이다. 그 소제목의 모두가 지명(地名)이나 고적명(古蹟名)을 붙인 것인데, 유일하게 인명을 붙인 소제목이 10항에 나타나는 '단애선생(檀崖先生)' 항목이다. 단애는 윤세복의 호이며 선생이라는 호칭은 최남선이 쉽게 사용하지 않는 존칭이다. 최남선 스스로가 "나는 지금까지 평생 선생이라고 부르는 이가 없으나, 오직 도산(島山) 한 분만은 선생으로 안다"고 말했다는 기록을 보면, 그가 칭하는 선생이라는 두 자의 가치를 확인해 볼 수 있다. 최남선은 단애 윤세복에 대하여 선생이라는 호칭과 함께, 그의 글에서는 쉽사리 발견할 수 없는 극존칭의 표현으로 일관하고 있다. 더욱이 「송막연운록」의 '단애선생' 항목의 마지막에 읊은 다음 시의 한 구절을 보면, 그의 윤세복에 대한 존경심과 복잡한 참회의 심회가 한 눈에 들어온다. 이것은 단애 윤세복이라는 인물에 대한 존경에 앞서, 자기가 마음으로 의지해 살아온 대종교라는 집단에 대한 외경이라고도 할 수 있다.

> "떠돌던 난봉자식 / 돌아옴만 기뻐하사 / 때씻고 새 옷 입혀 / 사당(祠堂) 절도 시키시니 / 인제야 어버이 마음 / 모른다고 하리까"

최남선은 친일적 자신의 모습을 난봉자식으로 비유하고 있다. 그리고 윤세복이 따뜻하게 맞아줌에 감격도 한다. 또한 윤세복이 단군천진전(사당)에 정중히 절도 시켰다. 윤세복을 어버이로 기대고 있는 최남선의 심회도 엿보인다. 최남선의 다음 술회 또한 이 정황을 보여주는 것이다.

> "석식(夕食)을 초초히 마치고 백산(안희제를 말함-인용자 주)의 인도로 단애 선생을 찾았다. 선생을 뵙는 것이 동경성을 온 기망(期望) 중 가장 주요한 일건(一件)이기 때문이다.…(중략)…몇 번 골목을 꼽쳐서 커다란 기간(旗竿)의 서있는 점막(店幕)같은 어느 노방(路傍) 일방자(一房子)로 도입되었다. 고호(叩戶)에 응하여 '뉘요' 하는 것이 이미 반가운 선생의 음성이다. 여기가 선생의 장수처(藏修處)요, 또 응문(應門)의 척동(尺童)이 없으심이다. 호비(戶扉)를 열뜨리고 이윽이 보시다가, 부복(仆伏)하여 '아무올시다' 하는 말씀을 듣고는, 반기기 보다 감(感)이 극(極)하여 차차우우(嗟嗟吁吁)만 하신다. 빈변(鬢邊)의

백설이 먼저 그 동안의 풍상을 말하는 것 같아서, 나도 한참 속어(續語)할 바를 모르고 미우(眉宇)만을 쳐다 뵈었다. 한참 만에 조금씩 정화(情話)를 주작(酒酌)하여 웃음 반 눈물 반의 장면이 되풀이하는 중에, 선생 본래의 강정(剛正)하신 풍격(風格)이 시방도 의구(依舊)하시기는 새로에 계강(桂薑)의 미(味)가 유구유소(愈久愈疎)하심을 살피고 참으로 든든하다는 생각이 났다. 말은 대교(大敎, 대종교 원로들이 대종교를 높여 부르는 말-인용자 주)의 진행을 중심으로 하여 연연히 끝이 없었다.”

최남선은 윤세복을 만나러 온 것이 동경성에 온 가장 큰 목적임을 밝히고 있다. 그리고 윤세복의 앞에서 공손히 엎드린(俯伏) 자신의 모습을 부끄럼 없이 서술했다. 윤세복이 그를 만나는 순간 반가움에 앞서 길게 탄식(嗟嗟吁吁)하고 있음도 솔직히 드러냈다. 물론 최남선의 친일적 삶에 대한 윤세복의 반응이었을 것이다. 이어서 두 사람의 우여곡절로 이어 지고, 궁극적으로는 대종교의 문제를 화제로 심도 있는 이야기가 오가고 있다. 또한 윤세복이 그의 친일행적을 어버이처럼 꾸짖는 정황도 최남선은 다음과 같이 서술했다.

“거기 이어 불녕(不佞)의 행장(行藏)과 및 종종의 전문(傳聞)에 대하여 책계(責戒)와 격양(激揚)을 섞은 친절하신 제명(提命)을 나루(覼縷)히 하심에는 괴송(愧悚)과 감회에 몸둘 바를 알지 못하였다. 부앙천지(俯仰天地)에 어디 가서 이러한 정리구도(情理俱到)한 회도(誨導)를 다시 받을꼬 하면 이 밤을 다하여 이 말씀을 더 듣자와도 가쁠 줄이 없었다.”

최남선의 친일 소문과 관련하여 윤세복의 자상한 꾸짖음에 대해, 최남선은 부끄러움과 두려운 마음으로 가장 공손하게 받아들이고 있다. 그리고 그 깨우침의 훈도에 감격할 따름이다. 당시 최남선이 대종교총본사에 3일간 체류하며 대종교의 교원(敎源)과 교리(敎理)에 대해 강의하듯 논구한 것도 그의 대종교에 대한 애착과 무관치 않았다. 이렇듯 최남선은 그 정황으로 보나 대종교적 활동으로 보나 대종교와 뗄 수 없는 삶을 살았다. 그러나 최남선은 지사적이고 적극적인 행동주의자는 아니었다. 단군이라는 민족적 혹은 동북아적 의미에 대한 끝없는 궁구의 뒤에는 대종교라는 정서적 모태가 도사리고 있었지마는, 때로는 기회주의적인 자세로 우회했으며 때로는 변절이라는 방법으로 정면돌파를 거부했다.
최남선이 1920년대에 쓴 것으로 추정되는「역사적 입장에서 본 대종교 개관」이라는 글을 대외적으로 끝내 발표하지 않은 것도 이러한 상황과 무관치 않다고 본다. 어쩌면 최남선은 자신이 대종교도였다 해도 그 사실을 밝힐 수 없었을지도 모른다. 다만 그가 대종교의 영향 속에서 그의 단군론을 형성했고, 그 단군론이 종교적 성격을 가질 수밖에 없었으며, 그것을 신앙의 대상으로 승화시키려 한 배경만은 알 수 있는 것이다.
그러므로 최남선은 1919년 3월 당시 박일병(朴一秉)과 더불어 대종교를 드나들며 젊은이들에게 강연을 통해 의기

를 북돋웠다. 또한 1926년 9월에는 대종교선교회(大倧敎宣敎會)의 대표 일원으로, 대종교 성지(聖地)인 구월산 삼성사(三聖祠)를 중건할 계획에 앞장서기도 했다.

1926년 9월 대종교선교회의 일원으로 삼성사 중건에 앞장섰던 최남선에 대한 기사.

당시『별건곤』을 이끌던 차상찬(車相瓚)이 권덕규를 논하는 글에서, 최남선을 아래와 같이 대종교인이라 밝힌 것도 이러한 이유다.

“그(권덕규-인용자 주)는 같은 조선역사연구가 중에도 특히 육당 최남선씨와 기미(氣味)가 상통하는 모양이다. 다 같이 단군 한배를 노래하고 대종교를 신봉한다.”

최남선은 해방 이후에도 대종교와의 깊은 인연을 유지했다. 교주인 윤세복의 의뢰에 의해 1950년 5월 5일(음력) 제

7회 교의회(敎議會)를 통해 발포된 대종교규범(大倧敎規範, 5장 12절 151조로 구성)을 기초한 것도 우연이 아니다. 그 목차만 소개하면 아래와 같다.

제1장 홍범(弘範) 24개조
제2장 의회(議會) 32개조
　제1절 원로원(元老院) 7개조
　제2절 교의회(敎議會) 9개조
　제3절 도의회(道議會) 9개조
　제4절 당의회(堂議會) 7개조
제3장 교사(敎司) 52개조
　제1절 대일각(大一閣) 15개조
　제2절 총본사(總本司) 14개조
　제3절 도본사(道本司) 13개조
　제4절 시교당(施敎堂) 10개조
제4장 도원(道院) 37개조
　제1절 삼일원(三一園) 12개조
　제2절 화성당(化成堂) 10개조
　제3절 홍제원(弘濟院) 10개조
　제4절 중흥회(重興會) 5개조
제5장 부칙(附則) 6개조

이처럼 윤세복은 해방 이후에도 최남선에 대한 연민을 끊지 않았다. 최남선 역시 대종교로 다가오기 위해 부단히 노력하였다. 그러나 끝내 이루어지지 못했다. 그의 친일이라는 업보가 허물 수 없는 담을 만든 것이다. 당시 최남선의 대종교 참여에 대해, 항일투쟁을 펼친 대다수 대종교 원로들이 반대했다고 전한다. 대종교 항일투사 이현익(李顯翼)의 아래 평가가 그러한 미묘한 정서를 대신하여 주고 있다.

"육당 최남선 선생은 만철(滿鐵) 위촉으로 북지순회(北支巡廻) 강연기회(講演機會)에 발해고도 동경성(東京城)을 시찰케 되었다. 그때에 대종교당에 선착(先着)하여 단군 천진전에 참배한 후 윤단애(윤세복-인용자 주) 선생께 진배악수(進拜握手)하시고 두 무릎을 꿇고 말없는 순간두 눈에 손수건만 번갈아 젖어졌다. 너무 감개한 표정으로 말문을 열어 '해외에서 큰 책임을 지시고 계신 선생님을 이처럼 뵈옵고 보니 평소에 하고 싶던 많은 말씀은 다 간 데 없고 그저 황공할 뿐입니다. …(중략)…금일 선생님께 기탄없이 평생 소회를 고백하여 후일의 편달을 기다리오며 끝으로 드릴 말씀은 떠날 때 다시 못 뵈옵고 가겠습니다.' 하였다. 그러면 이 모두 선종사의 훈도로 큰 기대를 가졌던 것은 솔직한 고백일 것이다. 그러나 개인의 운명인지! 민족의 불행인지! 여기에 논평할 것도 아니지만 좌우간 몇 분의 최후가 겨레의 앞에 원망 없는 길로 가셨는가가 궁금할 뿐이다."

[참고문헌]
『대종교보』제115호(1937년), 『대종교인과 독립운동연원』(이현익, 프린트본, 1962), 『대종교중광육십년사』(대종교총본사, 1971), 「朝鮮人槪況 送付에 관한 건」(不逞團關係雜件·朝鮮人의 部·在歐米 7雜, 警秘 제26호, 한국사DB, 국사편찬위원회), 『동아일보』1926.9.5., 『별건곤』제3호(1927년), 『육당 최남선』(조용만, 삼중

당, 1964), 『친일문학론』(임종국, 평화출판사, 1966), 『육당 최남선 전집』1~9(고려대학교아세아문제연구소, 현암사, 1975), 「육당 최남선과 대종교」(김동환, 『국학연구』제10집, 국학연구소, 2005), 『친일반민족행위진상규명 보고서』IV-17: 친일반민족행위자 결정이유서(친일반민족행위자진상규명위원회, 현대문화사, 2009), 『친일인명사전』3(민족문제연구소, 2009)

최남성(崔南星, 남, 생몰 미상)
입교 시기_ 1937년 | 교질_ 참교

출신지역과 생몰연대를 알 수 없는 인물이다. 일제의 문서에서는 드러나지 않으며, 오직 1930년대 대종교의 기록에만 등장하고 있다.
최남성은 1937년 1월 22일(음력) 대종교 신일시교당(信一施敎堂)에서 고성학(高聲鶴)·김성욱(金成郁) 등과 영계(靈戒)를 받았다. 또한 같은 날 참교의 교질을 동시에 받은 기록으로 보아, 그 이전에 이미 대종교 입교가 이루어졌을 가능성이 크다. 당시 신일시교당은 대종교의 거점이면서 사회주의 항일투쟁의 요람이었던 북만주 영안현(寧安縣) 신안진촌(新安鎭村)에 소재해 있었다. 이것은 최남성이란 인물이 1930년대 이 지역을 중심을 대종교 활동한 인물임을 알게 해 준다.

[참고문헌]
『대종교보』제113호(1937년), 『대종교중광육십년사』(대종교총본사, 1971)

최남표(崔南表, 남, 1887-?)
입교 시기_ 1922년 | 교질_ 참교

황해도 출신으로만 알려진 인물이다. 1918년 4월 대종교 지도자 정안립(鄭安立)·여준(呂準) 등이 주도한 동성한족생계회(東省韓族生計會) 조직에 참여한 기록이 있다. 이 조직은 한인 이주자들의 생계를 돕기 위하여 만들어진 단체로, 농업을 권장하고 공상업을 일으켜 가렴주구(苛斂誅求)를 피하며, 원통하고 억울한 일을 씻어내고 자치를 도모하고 교육을 진흥시킨다는 기치를 내걸었다.
이후 최남표는 대한독립단총지단장(大韓獨立團總支團長)을 맡아 항일투쟁에 앞장섰다. 1919년 9월 16일, 수명의 명의 동지들을 이끌고 연길현(延吉縣) 대평구(大平溝)에 잠입하여 독립운동자금 모집에 힘쓰는가 하면, 같은 해 10월 25일에는 집안현(輯安縣) 유수림자(楡樹林子) 이도구(二道溝) 지역에서 80여명의 지역 주민들을 모아 놓고 독립의식 고취를 위한 강연과 함께 지역 조직을 구축하기도 하였다. 그리고 10월 30일에는 김원태(金元泰) 등과 연서(連署)하여 집안현경찰소장(輯安縣警察所長)에게 독립의무금(獨立義務金) 모금에 대한 선처를 바라는 청원문을 올리기도 했다.
최남표의 대종교 교력을 살피면 1922년 12월 5일(음력) 영

계(靈戒)와 수여와 더불어 참교(參敎)의 교질(敎秩)을 함께 받았다. 그의 대종교 입교가 그 이전으로 올라감을 확인할 수 있다. 그리고 다음날 대종교 송광시교당(松光施敎堂)의 전무(典務, 책임자)로 임명됨과 동시에 대종교 서일도본사(西一道本司) 제1지사의 전사대판(典事代辦)을 겸임하기도 했다. 전사란 지사를 대표하는 직위이며 대판은 대리(代理)한다는 의미다.

당시 김병상(金炳尙)이 송광시교당(松光施敎堂)의 찬무(贊務, 부책임자)를 맡아 최남표를 도왔으며, 서일도본사 제1지사의 찬사(贊事, 부책임자)는 김병상과 윤광원(尹光源)이 임명되어 최남표와 함께 시무하였다. 그러나 이후 최남표에 대한 기록은 전하는 것이 없다.

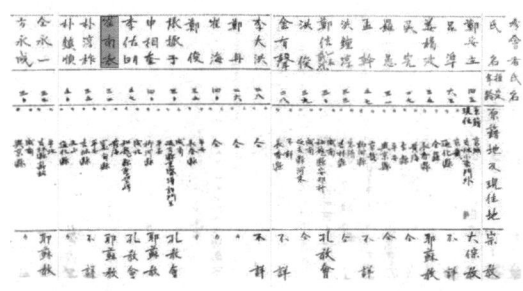

동족한족생계회 출범 당시 집회에 참여한 인물들을 기록한 일제의 문서. 왼쪽 상단에 崔南表(네모 안)라는 이름이 보인다.

[참고문헌]
『대종교교보』제56호(1922년), 『대종교중광육십년사』(대종교총본사, 1971), 『鮮人 騷擾事件 1』(不逞團關係雜件-朝鮮人ノ部-在支那各地1, 關參諜 제652호, 한국사DB, 국사편찬위원회), 『國外情報』(不逞團關係雜件 朝鮮人ノ部 在內地 九, 高警제32776號)秘受13536號, 한국사DB, 국사편찬위원회), 『한국독립운동사자료』 40·41(국사편찬위원회, 2004·2005)

최두봉(崔斗峯, 남, 생몰 미상)
입교 시기_ 1922년 | 교질_ 참교

출신지역과 생몰연대를 알 수 없는 인물이다. 일제의 기록에서는 그의 흔적을 찾을 수 없으며 1920년대 대종교의 기록에만 등장하고 있다. 최두봉은 1922년 6월 4일(음력) 박승명(朴承明)·김영환(金永煥)·최동범(崔東範)·김빈(金斌)·김우(金祐)·최기섭(崔基燮) 등, 대종교 항일투사들과 대종교 동일도본사(東一道本司)의 추천으로 영계(靈戒)를 받았다.

박승명은 대종교 항일단체인 대한군정서(북로군정서) 경신국(警信局) 제4분국 제1과장을 맡았던 인물이다. 김영환역시 대한독립단에서 항일활동을 전개했으며, 한족노동당을 통한 사회주의 노선에 몸을 담고 항일투쟁을 전개했다. 최두봉의 행적 또한 대종교 항일투쟁과 무관치 않음을 시사해 준다.

이후 최두봉은 1922년 11월 17일 김재흠(金才欽)·김빈과

함께 참교(參敎)의 교질(敎秩)을 수여 받았다. 그리고 대종교 백일시교당(白一施敎堂)의 찬무(贊務, 부책임자)를 맡은 기록도 있다. 이 기록은 1926년 대종교만주포교금지령 당시 압수당한 대종교문서(중국 화룡당안관 소장)에 나오는 것이다. 백일시교당은 대한군정서 총재부(總裁部)의 근거였던 왕청현(汪淸縣) 춘명사(春明社) 덕원리(德源里)에 소재한 시교당이다.

당시 최두봉은 춘명사 대감천(大肚川) 덕정회(德政會)에 그 연락거점을 두고 활동하였다. 김려환(金礪煥)이 전무(典務, 책임자)로 있었으며 박창준(朴昌俊)이 찬무로 임명되어 최두봉과 함께 했다. 주목되는 것은 김려환과 박창준이 대종교 항일투쟁의 핵심들이었다는 점이다. 김려환은 대한군정서에 가담하여 경신활동(警信活動)을 벌였던 인물로, 경신 제1분국 제1과장을 맡았다. 당시 제1분국은 왕청현 춘명향이 관할 구역이었다. 춘명향 서대파구(西大坡溝)가 대한군정서의 본부가 자리 잡았던 곳임을 감안한다면, 김려환이 속한 제1분국이 경신활동의 핵심이었음을 알 수 있다.

박창준은 왕청현 나자구(羅子溝) 지역 의용단(義勇團)의 단장을 지낸 인물로, 국민의사부(國民議事部)를 조직하고 독립운동자금을 모집하는 등 항일활동을 펼쳤다. 또한 나자구를 중심으로 도독부(都督府) 조직에도 참여하여 항일투쟁을 이어갔다. 당시 임시독판 겸 군무(軍務)의 총지휘는 홍범도(洪範圖)가 맡았으며 박창준은 그 군기국장(軍器局長)을 맡았다.

최두봉의 대종교 항일투쟁에서의 비중 역시 상당했을 것으로 추정되나, 그의 대종교 교력을 포함한 기타 행적은 파악이 안 된다.

[참고문헌]
『대종교교보』제54호(1922년)·제56호(1922년), 『大倧敎施敎堂一覽表(1926年)』(延边朝鲜族自治州档案馆 全宗号42 目录号1 案卷号343, 和龙县历史档案 和龙县警察所, 令各区查禁韩人设立大倧敎堂由, 民国十五年五月十二日)

최령(崔領, 남, 1908-?)
입교 시기_ 1926년 이전 | 교질_ 미상

만주 왕청 지역을 중심으로 대종교와 사회주의 이념을 통해 활동한 인물로, 출신지역이 불분명하다. 최령은 1926년 10월에 열린 동만청년총연맹(東滿靑年總聯盟)의 임시총회에 왕청청년연합회의 일원으로 참가했다. 당시의 주요 안건은 사회주의를 통한 청년운동, 여성운동, 소년운동, 농촌문제, 종교문제, 교육문제, 기념일문제, 당면문제, 회관(會館)문제, 부조금문제, 집행위원 증원문제 등이었다.

동만청년총연맹은 1926년 1월 25일 용정에서 출범한 단체로, "우리는 합리적인 사회생활의 지적교육과 실지훈련을 목적으로 한다. 우리는 상호부조의 정신으로 대동단결에 힘쓴다. 우리는 대중을 본위로 한 신문화의 향상에 힘쓴다."는 등의 강령을 내세운 사회주의연합체였다. 임시총

회 참여 당시 왕청청년연합회는 동만청년총연맹의 중심 단체였으며, 왕청청년연합회 대표로 최령과 함께 채동헌(蔡東憲)·최일(崔一)·최원용(崔元容)·최륜(崔崙) 등이 함께 하였다.

최령은 1926년 3월 12일, 대종교 신도들이 설립한 신진청년회(新進靑年會)의 핵심 간부로도 활동했다. 신진청년회는 신흥청년회(新興靑年會)의 후신으로, 대종교 계열 대한군정서의 근거였던 왕청현 춘명향(春明鄕)에 소재한 단체였다. 이 단체는 회원 상호 간의 친목 도모를 통해 교육과 체육 양성과 더불어 풍속을 교정하고자 함을 기치로 내세웠다. 신진청년회의 회원은 110여명에 달했으며 그 주된 목적은 두 가지였다. 첫째는 대종교 신도 간의 단결이었고, 둘째는 당시 사회주의 단체였던 동만청년연맹과 왕청청년연합회에 가입하여 활동하는 회원들에게 말과 행동을 주의시키는 것이었다. 이 단체의 상무집행위원장은 김국권(金國權)과이 맡았으며, 최령은 김운빈(金雲彬)·최기진(崔基珍)·김병학(金炳學) 등과 상무집행위원으로 활동하였다.

최령의 대종교의 입교 시기나 교질 사항에 대해 대종교단 내에 남아 있는 것이 없다. 다만 신진청년회가 1926년 3월 12일에 대종교 신도들이 조직한 단체라는 점에서, 그 이전에 입교하였음을 알 수 있을 뿐이다.

[참고 문헌]
「東滿靑年의 總聯盟臨時總會開催에 關한 件」(不逞團關係雜件-朝鮮人의 部-在滿洲의 部43, 外務省文書課受 第588號, 한국사DB, 국사편찬위원회), 「間島 및 琿春地方 朝鮮人의 結社團體 調査報告에 關한 件」(不逞團關係雜件-朝鮮人의 部-在滿洲의 部43, 外務省文書課受 第627號, 한국사DB, 국사편찬위원회), 「동만청년총연맹」(김태국, 『불씨』중국조선족발자취총서2, 연변대학, 1997)

최만길(崔萬吉, 남, 생몰 미상)

입교 시기_ 1923년 | 교질_ 미상

함경북도 온성군(穩城郡) 출신으로 생몰연대는 확인이 안된다. 1919년 3·1독립만세운동 당시 같은 향리에 사는 최기철(崔基哲)이 만세운동을 주도하다 왜병에게 피살되는 사건이 일어났다. 최만길은 주변 사람들과 그 유가족을 구휼하기 위해 돈을 갹출하였다. 최만길은 이러한 소식을 접한 일경에 의해 갹출한 돈을 강탈당하고 자신도 체포되었다.

이후 연해주 지역으로 넘어와, 1923년부터 적기단(赤旗團) 청년단원으로 활동하였다. 적기단은 '원동해방전쟁(遠東解放戰爭)'에 참여했던 추종자들이 1923년 1월 블라디보스토크 신한촌에서 조직한 단체로 이동휘(李東輝)가 지도하였다. 최만길은 1923년 8월 초순, 혼춘현(琿春縣) 초모정자(草帽頂子)으로 들어와 춘화향(春化鄕)에 6개의 적기단 지부를 설치하고 안용준(安龍俊)·최용안(崔龍顏)·주문삼(朱文三)·류치준(柳致俊)·이봉술(李鳳述)·허윤세(許允世) 등을 지부장으로 앉혔다.

최만길의 대종교 교력을 살피면, 1923년 6월 28일(음력) 대

종교 동일도본사(東一道本司)의 특별 추천으로 남창식(南昌植)·김창현(金昌鉉)·김창범(金昌範) 등과 더불어 영계(靈戒)를 받은 기록이 있다. 그의 대종교 입교가 이 이전에 이루어졌음을 알게 해 준다.

최문길이 혼춘현 춘화향에 적기단 지부를 설치할 당시, 관할 지역과 담당 지부장을 기록해 놓은 일제의 문서.

함께 영계를 받은 남창식은 3·1독립만세운동 직후 이르쿠츠크에 거주하는 한인들의 집에 태극기를 게양하고 독립을 외치게 한 인물로, 고려공산당 참여하였다. 김창현 역시 정의부(正義府) 사령부 부관(副官)으로도 활약한 기록이 있으며, 김창범은 조철호(趙喆鎬) 등과 간도 용정에 있던 동흥중학교(東興中學校)를 중심으로 사회주의투쟁을 펼친 인물이다.

[참고문헌]
『대종교보』제54호(1922년)·제56호(1922년), 「間島 및 接壤地方에 있어서 不逞鮮人의 行動에 관한 건」(不逞團關係雜件-朝鮮人의 部-在滿洲의 部36, 機密第269號; 機密受第285號, 한국사DB, 국사편찬위원회), 『대한민국임시정부자료집』32(국사편찬위원회, 2009)

최만원(崔萬源, 남, 생몰 미상)
입교 시기_ 1926년 이전 | 교질_ 미상

출신지역과 생몰연대를 알 수 없는 인물로, 일제의 문서에서도 언급이 없다. 1926년 대종교만주포교금지령 이후, 만주 당국에 압수된 대종교의 문서(현재 연길시 화룡현당안관에 소장되어 있음)에서만 유일하게 등장하고 있다.

그 문서 속에 실린 '대종교시교당일람표(大倧敎施敎堂一覽表)'를 보면, 최만원이 대종교 유성시교당(裕成施敎堂)의 찬무(贊務, 부책임자)를 맡은 기록이 있다. 그의 대종교 입교가 그 이전으로 올라감을 확인할 수 있다. 유성시교당은 대종교 북일도본사(北一道本司) 관할로 길림성 유수현(楡樹縣)에 소재한 시교당이다.

김락(金洛)이 전무(典務, 책임자)로서 시교당을 이끌었고 김영하(金永河)가 찬무로 임명되어 최만원과 함께 했다. 김락은 박명진(朴明鎭)의 『대종교독립운동사』에, 윤복영(尹復榮)·김서종(金書鍾)·우덕순(禹德淳)·김백(金伯)·김정일(金廷一) 등의 거물 독립운동가들과 북만주를 관할하는 대종교 북일도본사의 주요구성원으로 언급되는 인물이다. 김영하 역시 참의부(參議府)에 속한 항일투사로 그 용맹을 떨쳤다. 최만원 등은 유성시교당의 주요 연락거점을 유수현가(楡樹縣) 시내에 있는 동아의원(東亞醫院)에 두고, 78명의 교인들과 함께 대종교 항일투쟁에 앞장섰다.

당시 북일도본사가 관할하는 시교당은 유성시교당 외에도 돈성(敦成, 길림현 돈화현 이도량자), 삼성(三成, 길림성 부여현 삼가자), 원성(源成, 길림성 아성현 취원창), 동성[同成, 길림성 동빈현 원가둔(原家屯)]시교당 등이 있었다. 돈성시교당을 맡은 김정일이나, 원성시교당의 책임자였던 박우진(朴宇鎭), 그리고 동성시교당 대표 신희경(申熙慶) 등이 모두 항일투쟁에서 지도자급의 인물들이다. 최만원 역시 대종교나 항일전선에서 작지 않은 비중의 인물로 보이나, 그 외의 기록은 남아있지 않다.

[참고문헌]
「大倧敎施敎堂一覽表(1926年)」(延边朝鲜族自治州档案馆 全宗号42 目录号1 案卷号343, 和龙县历史档案 和龙县警察所, 令各区查禁韩人设立大倧敎堂由, 民国十五年五月十二日)

최명춘(崔鳴春, 남, 생몰 미상)
입교 시기_ 1937년 이전 | 교질_ 미상

출신지역과 생몰연대를 알 수 없는 인물이다. 일제의 문서에서는 찾을 수 없으며 오직 1930년대 대종교의 기록에서만 등장하고 있다.

최명춘의 대종교 교력을 보면, 1937년 8월 24일(음력) 길림성(吉林省) 유수현(楡樹縣) 지역을 관할하는 대종교 재만교구경상금수납위원(在滿敎區經常金收納委員)에 임명된 기록

이 있다. 그의 대종교 입교가 그 이전으로 이루어졌음을 알 수 있다. 또한 재만교구경상금수납위원이란 말 그대로 만주지역 대종교의 재정적 기초를 확보하는 업무다. 당시 같은 지역을 책임지는 인물들이 김봉림(金鳳林)과 주상무(朱相武)였다. 김봉림은 대종교 계열의 항일단체 흥업단(興業團) 안도지단장(安圖支團長)을 맡은 거물로, 청산리독립전쟁 이후 대한군정서(북로군정서)가 안도 지역으로 퇴진할 때에 남다른 역할을 한 담당한 인물이다. 또한 1923년 어천절(음력 3월 15일)에는 길림성 화전현(樺甸縣)에서 대종교 인물들이 주축이 된 단조기념회(檀祖紀念會)를 발기하는데도 적극 앞장섰다.

수납위원이 대종교에서 핵심 중의 핵심 역할임을 감안한다면, 당시 최명춘의 대종교에서의 비중이 상당했음을 알게 해 준다. 또한 그 주변이 모두 대종교 항일투쟁과 연결된 인물들이란 점도 주목되는 부분이다.

[참고문헌]
『대종교보』제115호(1937년)

최문호(崔文鎬, 남, 1897-?)
아호(별명)_ 최학문(崔學文), 최문호(崔文浩), 이태덕(李泰德)
입교 시기_ 1919년 | 교질_ 미상

최문호

함경북도 온성군(穩城郡) 유포면(柔浦面) 풍리동(豊利洞) 출신이다. 서울의 사립중동야학교(私立中東夜學校) 1학년 재학 중이던 1919년, 3·1독립만세운동에 가담하여 검거된 경험이 있다. 이후 일본으로 건너가 동경에 있는 동양대학교(東洋大學校)에 유학하면서 사회주의와 무정부주의 사상을 본격적으로 접하게 되었다.

1924년에는 최규종(崔圭悰)·김연수(金演秀)와 일본의 황태자 결혼식날에 맞춰 일제의 고관 암살 계획을 계획하다 일제의 감시를 받았다. 또한 사회주의 성향을 띤 만아교육사업동맹(滿亞敎育事業同盟)에 가담하여 편집부원을 맡기도 했다. 1925년 5월 만아교육사업동맹의 지부 설치를 위해 최규종·김연수와 국내로 들어와, 거점 마련을 위한 경비 조달을 위해 동분서주했다. 그 거점의 공간으로 만주를 생각한 최문호 일행은 국내 유명인사들을 접촉하는 등 노력하였으나 성공하지 못했다. 그러자 그 차선으로 만주에 거주하는 현천극(玄天極)·조문백(趙文伯)·이영백(李英伯)·정신(鄭信)·최계화(崔桂華) 등의 인물들을 소개 받아 계획의 실현을 도모하고자 하였다. 그러나 최문호 일행은 1925년 5월 19일, 사회주의 전파 혐의로 종로경찰서에 검거되어 취조를 받았다. 풀려난 후 고향으로 내려간 최문

호는 1925년 11월 29일, 유포면 풍리동에서 농흥청년동맹(農興靑年同盟)을 발족하고 사교부(社交部)를 맡아 지역의 변화를 도모하였다.

이후 만주로 건너가 1926년 3월 조선공산당에 입당하여 동만지구 연길(延吉)지부 책임자가 되었다. 또한 그 해 4월 25일 '간도 농민의 합리적 사회생활을 도모'하고자 창립된 간도농우회(間島農友會)의 집행위원으로도 선출되었으며, 동년 10월에는 용정촌(龍井村) 간도극장(間島劇場)에서 열린 동만청년총연맹(東滿靑年總聯盟) 제1회 임시총회에 대종교 동지인 전성호(全盛鎬)와 함께 연구회 일원으로 참석하여 청년운동문제, 소년운동문제, 농촌문제, 종교문제, 교육문제, 중앙협의회문제, 회관(會館)문제, 부담금(負擔金)문제 등의 주요결의사항을 처리하기도 했다. 동만청년총연맹은 1926년 1월 25일 동진청년회(東進靑年會) 등 20개 단체 대표가 연길현 용정시의 시천교 강당에서 창립대회를 열어 결성한 단체로, 출범 당시 회장으로 선출된 인물이 대종교의 핵심이었던 이인구(李麟求)였다.

崔文鎬 일행이 滿亞敎育事業同盟 사건으로 종로경찰서에 검거된 내용을 실은 『시대일보』(1925.5.29)의 기사.

최문호는 1927년 1월 연길현 용정에서 그 지역 독서회와 연구회를 과학연구회로 통합하고 나종극(羅鍾克)·주채희(朱埰熙)·김기철(金基喆)·김학룡(金鶴龍) 등의 인물들과 그 간부가 맡았다. 같은 해 2월 2일에는 국내 중외일보(中外日報) 간도지국 기자로 임용이 되어 대종교 동지 전성호와 기자로 활동하였으며, 간도기자단의 집행위원을 맡기도 했다. 이 해 봄에는 조선공산당 동만도 조직부장이 되었고 7월에는 동만청년총연맹 위원으로도 선임되었으나, 10월 '제1차 간도공산당 검거사건' 때 검거를 피해 북만주로 피신했다.

한편 대종교계 항일단체인 신민부(新民府)에도 참여한 최문호(최학문)는, 1927년 말부터 신민부 내의 군정파와 민정파가 대립하는 등 내분이 일자, 민정파에 가담하였다. 이후 군정파는 한족총연합회의 중심세력이 되었으며, 민정파는 삼부통일회의를 통해 국민부에 참여하였다. 당시 민정파의 중심인물들로는 최문호를 비롯한 최호(崔顥)·김돈(金墩)·이일세(李一世)·문우천(文宇天)·독고악(獨孤岳)·송상하(宋尙夏)·박성태(朴性泰) 등, 모두 대종교인들이었다. 이들은 대부분 신민부의 조직 당시부터 민사부분을 맡았던 인물들이었다.

최문호는 1929년 6월 조선공산당재건설준비위원회에 가입하였고, 8월에는 고려공산청년회재건설준비위원회 조직에도 참여하였으며, 10월에는 조선공산당재건준비 만주부 결성에도 참가하였다. 1930년 6월 조선공산당재건설준비위 만주부를 해체하고 만주조선인공산주의자동맹으로 개편하는 데 앞장서고, 7월 중국공산당에도 입당하였다. 1931년 2월 중국공산당 연화현위원회(延和縣委員會)의 선전부장이 되었으나, 그 해 4월 만주 국자가(局子街) 일본영사분관경찰서(日本領事分舘警察署)에 체포되어 1933년 12월 경성지법에서 치안유지법 위반으로 징역 6년형을 선고받았다. 해방 이후인 1945년 9월에도 연변노농청총동맹 결성에 참여하고 위원이 되었으며, 노농청총동맹을 연변인민민주대동맹으로 재조직하고 선전부 담당위원이 되었다.

최문호의 대종교 교력을 살피면, 중동야학교 시절 대종교에 입교하였으나 당시의 기록은 남아 있지 않다. 만아교육사업동맹 추진 당시 만나고자 했던 현천극·조문백·이영백·정신·최계화 등, 모두 만주에 거주하는 대종교의 중진들이었다. 또한 사회주의 투쟁 과정에서도 대종교 항일단체인 신민부에 가담한 것도 대종교와의 깊은 인연을 시사해 준다.

특히 그가 중동야학교 학생으로 3·1독립만세운동에 참여했을 당시, 종로구 가회동(嘉會洞)에 있는 대종교당(大倧敎堂) 내에 거주하고 있었다. 또한 시위 혐의로 체포된 최문호는, 일제의 신문조서에서 스스로 본인이 1919년 초부터 단제교(檀帝敎, 대종교를 말함)를 신앙하고 있었다고 밝히고 있다. 그의 대종교 입교가 1919년 초임을 확인시켜 준다.

[참고문헌]

「容疑學生의 行動에 關한 件」(檢察事務에 關한 記錄2, 京鍾警高秘 제5907호의 1;[地檢]秘 제866호, 한국사DB, 국사편찬위원회), 「容疑學生의 行動에 關한 件」(檢察事務에 關한 記錄2, 京鍾警高秘 제5907호의 2;[地檢]秘 제867호, 한국사DB, 국사편찬위원회), 「일제감시대상인물카드」(한국사DB, 국사편찬위원회), 「在間島思想團體의 行動과 共産主義 宣傳員의 活動에 關한 報告」(不逞團關係雜件-朝鮮人의 部-在滿洲의 部43, 機密 第947號; 外務省文書課受 第985號, 한국사DB, 국사편찬위원회), 「廣東에서의 朝鮮兵團 組織에 관한 件 2」(不逞團關係雜件-朝鮮人의 部-在支那各地4, 朝保秘 제639호, 한국사DB, 국사편찬위원회), 『동아일보』1925.5.29., 1927.2.11., 1931.4.12., 『시대일보』1925.5.29., 12.13., 1926.5.4., 『중외일보』1927.2.2., 4.3., 『매일신보』1932.1.27., 「고등경찰요사」(경상북도경찰부, 1934), 『일제강점기 사회·사상운동자료 해제』II (한국사DB, 국사편찬위원회), 『한국독립운동사』4(국사편찬위원회, 1968), 『노동자의 책』(http://laborsbook.org/), 『한국공산주의운동사』4(김준엽·김창순, 고려대아세아문제연구소, 1974), 『한민족독립운동사자료집』13(국사편찬위원회, 1990)

최백은(崔白隱, 남, 생몰 미상)
입교 시기_1914년 이전 | 교질_미상

출신지역과 생몰연대를 알 수 없는 인물이다. 백은(白隱)이라는 이름도 대종교의 교호(教號)일 가능성이 크지만, 그 호를 가진 대종교 인물 역시 확인되지 않는다. 당시의 1차 기록인 『대종교보(大倧教報)』가 모두 없어졌기 때문이다. 최백은에 대해서는 대종교지도자 호석(湖石) 강우(姜虞)의 기록에만 언급되고 있다. 1914년 6월 9일(음력), 대종교 교주인 홍암(弘巖) 나철(羅喆)을 대신하여 강우가 백두산 봉심(奉審)을 떠난 일이 있다. 당시 최백은은 심근(沈槿)·김도은(金島隱)·방성룡(方成龍)과 함께 강우를 시봉(侍奉)하였다. 이것은 그의 대종교 입교가 그 이전에 이루어졌음을 알게 해 주는 동시에, 그 시기 만주 청파호(靑波湖) 지역의 대종교 중심에 있었음을 확인시키고 있다. 최백은 일행은 강우를 중심으로 3일간을 단식·재계하고 하늘을 섬기는 한 마음 한 뜻으로 하느님[上帝]께 맹세하였다. 강우는 왼팔에 천(天)자, 가슴에는 일(一)자를 그어 천일(天一)의 피를 내어서 혈서로 하늘에 기도하였다.
최백은과 함께 시봉한 심근은 박찬익(朴贊翊) 등과 경성공업전습소를 졸업한 인물로 대종교의 항일투쟁의 핵심이었다. 방성룡은 1912년경 가산을 정리하여 부친 방일현(方馹鉉)을 따라 북간도 용정촌(龍井村)으로 망명한 인물이다. 일제의 문서에도 민족주의적 성향을 가진 인물로 분류된 것을 보면, 그 역시 대종교 항일투쟁과 밀접했음을 알 수 있다. 최백은 역시 대종교 항일투쟁과 무관치 않음을 시사해 준다.

[참고문헌]
『대종교중광육십년사』(대종교총본사, 1971), 『호석선생문집』(독립운동사편찬위원회, 『독립운동사자료집』12(문화투쟁사자료집), 1977), 『용의조선인명부』(조선총독부, 1934), 「호석 강우의 사상관」(김동환, 『국학연구』제18집, 국학연구소, 2014)

최병권(崔秉權, 남, 1873-?)
입교 시기_1923년 | 교질_미상

함경북도 경성군(鏡城郡) 주북면(朱北面) 하도동(下都洞) 출신이다. 경술국치를 당하자 두만강을 건너 북간도로 넘어가, 연길현(延吉縣) 국자가(局子街) 공교회(公教會)의 도유사(都有司)를 역임했다. 이후 신민단(新民團)에 가담하여 모연대장(募捐隊長)을 지냈다. 1924년 11월에는 노령 국경지방 초모정자(草帽頂子) 지역에서 신민단 군무부장(軍務部長) 한경현(韓京現) 및 고상준(高尙俊)·송기현(宋基鉉)·황영택(黃永澤) 등과 군자금 모집에 앞장섰다.
최병권의 대종교 교력을 살피면, 1923년 6월 28일(음력) 대종교 동일도본사(東一道本司)의 특별 추천으로 영계(靈戒)를 받은 기록이 있다. 그의 대종교 입교가 그 이전에 이루

어졌음을 확인시킨다. 특히 같은 날 최만길(崔萬吉)·남창식(南昌植)·김창현(金昌鉉)·김창범(金昌範) 등, 대종교 항일투사들과 함께 영계를 받았다. 최만길은 1923년부터 적기단(赤旗團) 청년단원으로서, 1923년 8월 초순 혼춘현(琿春縣) 초모정자로 들어가 춘화향(春化鄉)에 6개의 적기단 지부를 설치한 인물이다. 남창식 역시 3·1독립만세운동 직후 이르크츠크에 거주하는 한인들의 집에 태극기를 게양하고 독립을 외치게 한 인물로, 고려공산당 참여하였다. 김창현 역시 정의부(正義府) 사령부 부관(副官)으로도 활약한 기록이 남아있다.

[참고문헌]
『대종교보』제58호(1923년), 『琿春縣 東溝地方의 情況에 關한 件』(不逞團關係雜件-朝鮮人의 部-在滿洲의 部40, 機密公信 第92號; 機密受第97號, 한국사DB, 국사편찬위원회), 『間琿萬姓大同譜』(姜運球·梁承武, 1929)

최병규(崔秉圭, 남, 1881-1931)
입교 시기_1916년 이전 | 교질_참교 | 서훈_애족장(1990)

경상남도 의령군(宜寧郡) 용덕면(龍德面) 이수리(梨木里) 출신이다. 1919년 3월 14일의 의령읍 장날을 틈타 일어난 독립만세운동을 주동하였다. 당시 용덕면의 면서기였던 최병규는 면장 강제형(姜齊馨)으로부터 독립선언서를 등사해 줄 것을 부탁 받고 동료서기 전용선(田溶璿)과 함께 면사무소의 등사판을 이용하여 수백 매의 독립선언서를 등사하였다. 그리고 구여순(具汝淳)·최정학(崔正學)·전용선 등과, 등사한 선언서와 태극기를 의령읍 장날이었던 14일 배포하자 장꾼 700여명이 적극적으로 호응하였다.
최병규는 그날 오후 1시 많은 시위군중과 함께 의령 장터에서 독립만세를 외쳤다. 이때 의령공립보통학교 학생 3백여 명이 가세하였고, 인근의 주민들이 계속 모여들어 시위군중은 점차 3천여 명으로 늘어났다. 그는 시위군중과 함께 장터와 읍내를 시위행진하고 경찰서 앞에 이르러 독립만세를 외치고 자진 해산하였다. 이튿날 다시 의령향교(宜寧鄉校) 앞에 모인 1천 5백여명의 시위군중과 함께 경찰서와 군청을 시위행진하며, 만세운동을 전개하였다. 시위 혐의로 체포된 최병규는, 1919년 8월 19일 대구복심법원에서 소위 출판법 위반 혐의로 징역 1년형이 확정되어 옥고를 치렀다.
최병규의 대종교 교력을 살피면 1916년 2월 18일(음력) 참교(參教)의 교질(教秩)을 받은 기록이 있다. 그의 대종교 입교와 영계(靈戒) 수여가 그 이전에 이루어졌음을 알 수 있다. 같은 날 함께 참교의 교질을 받은 인물들이 탁동조(卓同朝)·최진규(崔鎭圭)·독고순(獨孤淳)·김광배(金光培)·김사중(金駟重) 등, 모두 학생·교육투쟁에 앞장선 인물들이라는 점도 주목할 부분이다.

[참고문헌]
『종문영질』(프린트본, 1922), 『독립운동사』3(독립운동사편찬위원회, 1971), 『독립

운동사자료집』5(독립운동사편찬위원회, 1973), 『독립유공자공훈록』(국가보훈처, 1987)

최병규(崔秉奎, 남, 1885-1963)

아호(별명) _ 운정(雲廷), 양창규(梁昌奎), 양한규(梁漢奎)
입교 시기 _ 1937년 이전 | 교질 _ 미상 | 서훈 _ 애족장(1990)

충청남도 천안군(天安郡) 북면(北面) 연춘리(延春里) 출신이다. 1916년 중국 북경(北京)에 유학하여 중국어를 수학하였다. 1920년에는 봉천성(奉天省) 안동현(安東縣)으로 이주하여 정미소를 경영한 인물이다.

1922년 10월 흑룡강성(黑龍江省) 동녕현(東寧縣) 육참(六站) 석교촌(石橋村)에 근거를 둔 대한독립군(大韓獨立軍)의 총단장을 맡기도 했다. 이후 부하 몇 명을 수행하고 노령(露領) 추풍(秋豊)으로 넘어가 대종교지도자이자 고려혁명군(高麗革命軍) 총사령관인 김규식(金奎植)으로부터 장총 400정과 다량의 탄환을 수령하여 무장항일투쟁을 전개했다. 1924년 봉천성 신빈현(新賓縣) 사전자(砂甸子)에서 정의부(正義府) 제2소대장으로 군자금 모집에 힘썼으며, 1925년에는 정의부 제6부(第六部) 대표로 선임되어 활동하였다. 그러나 1933년 무장항일투쟁을 전개하던 중 일제에게 체포되어 3년간의 옥고를 치렀다.

최병규의 대종교 교력을 살피면, 그의 입교 시기 및 영계(靈戒), 교질(敎秩) 관계 등은 전하지 않는다. 다만 그가 1937년 8월 24일(음력) 대종교재만교구경상금수납위원(大倧敎在滿敎區經常金收納委員)으로 임명된 기록이 있다. 그의 대종교 입교가 상당히 오래되었음을 시사해주는 동시에, 그의 대종교에서의 위치 또한 평범하지 않았음을 알려주고 있다.

당시 최병규는 엄준섭(嚴俊燮)과 더불어 밀산현(密山縣) 삼성촌(三成村)을 관할하는 책임자였다. 그 시기 밀산현은 대종교 재만교구 가운데 조직이 가장 왕성했던 곳으로, 경상금 수납을 위한 거점 역시 가장 광범위하였다. 삼성촌을 비롯하여 당벽진(當壁鎭)·이인반(二人班)·향양촌(向陽村)·하량자(下亮子)·기성촌(箕城村)·선구촌(船口村)·북하촌(北河村)·복전촌(福田村)·영안촌(永安村)·삼성촌(三成村) 등 10곳의 구역이나 되었음이 이를 방증한다.

[참고문헌]
『대종교보』제115호(1937년), 『국외용의조선인명부』(조선총독부경무국, 1934), 『騎驢隨筆』(국사편찬위원회, 1974), 『독립운동사자료집』9(독립운동사편찬위원회, 1984)

최병률(崔秉律, 남, 생몰 미상)

입교 시기 _ 1923년 이전 | 교질 _ 참교

출신지역과 생몰연대를 알 수 없는 인물이다. 1912년 음

력 8월 당시, 최병률이 길림성(吉林省) 화룡현(和龍縣) 청파호(靑坡湖)에 소재한 대종교시교당을 드나든 것을 보면, 그 이전에 만주로 건너간 인물임이 확인된다.

최병률은 일제의 문서에서는 찾을 수 없으며 1920년대 대종교의 기록에만 등장하고 있다. 그는 1923년 5월 29일(음력) 대종교 연일시교당(淵一施敎堂)의 전무(典務, 책임자)를 맡았던 인물이다. 그의 대종교 입교가 그 이전으로 올라감을 확인할 수 있다. 당시 연일시교당은 대종교 동일도본사(東一道本司) 관할로 항일투쟁의 주요 근거였던 연길현(延吉縣) 용연동(龍淵洞)에 소재했던 시교당이다. 황창준(黃昌俊)과 오영호(吳英浩)가 찬무(贊務, 부책임자)를 맡아 최병률을 도왔다.

[참고문헌]
『대종교보』제58호(1923년), 『대종교중광육십년사』(대종교총본사, 1971), 『백농실기』(조창용, 영인본, 1997)

최병옥(崔秉玉, 남, 생몰 미상)

입교 시기 _ 1923년 이전 | 교질 _ 미상

출신지역과 생몰연대를 알 수 없는 인물이다. 일제의 기록에서는 찾을 수 없고 1920년대 대종교의 기록에서만 등장하고 있다.

최병옥의 대종교 교력을 보면, 1923년 2월 28일(음력) 대종교 치일시교당(治一施敎堂)의 찬무(贊務, 부책임자)로 임명된 기록이 있다. 그의 대종교 입교가 그 이전으로 올라감이 확인된다. 치일시교당은 대종교 동일도본사(東一道本司) 제1지사에 속한 시교당으로 혼춘현(琿春縣) 치안사(治安社) 일하태(逸下坮) 지역에 있었으며, 김병길(金秉吉)이 전무(典務, 책임자)를 맡았다. 또한 송창수(宋昌秀)가 최병옥과 함께 찬무를 맡아 활동하였으며, 강준(姜俊)·채기업(蔡基業)·채천석(蔡天錫) 등이 시교원(施敎員)으로 시무하였다.

최병옥은 1926년 대종교만주포교금지령으로 치일시교당이 강제 폐쇄될 때까지도 김병길·송창수 등과 시교당을 이끌었다. 당시까지 책임을 맡은 김병길은 연길현(延吉縣) 숭례향(崇禮鄕) 지역에서 종모우(種牡牛) 사업에 종사하며 대종교 항일투쟁을 도모한 인물이다. 치일시교당에는 폐쇄 직전에도 29명의 신도가 속해 있었으며, 혼춘현 동문(東門) 안에 있는 협성상회(協成商會)를 연락 거점으로 하였다.

[참고문헌]
『대종교보』제57호(1923년), 『대종교중광육십년사』(대종교총본사, 1971), 『大倧敎施敎堂一覽表(1926)』(延边朝鲜族自治州档案馆 全宗号42 目录号1 案卷号343, 和龙县历史档案 和龙县警察所, 令各区查禁韩人设立大倧教堂由, 民国十五年五月十二日)

출신지역과 생몰연대를 알 수 없는 인물이다. 대종교 항일단체인 흥업단(興業團)·광정단(光正團) 그리고 신민부(新民府) 등에서 활약한 항일투쟁의 맹장이다.

1915년 봄, 일제의 사주를 받은 중국 관헌들에 의해 대종교지도자 윤세복(尹世復, 후일 대종교 3세 교주)을 비롯한 30여 명의 대종교 항일투사들이 일본인 살인 혐의로 체포된 사건이 있었다. 대종교단 내에서는 무송옥사(蕪松獄事)로 칭하는 사건이다. 최병욱은 이 사건으로 체포되어 3년의 옥고를 치르기도 했다.

이후 대종교계 인물들이 주축이 된 사회주의 항일단체인 적기단(赤旗團)에 가입하여 최계화(崔桂華)·김호석(金虎錫)·김철(金鐵) 등과 주요 간부를 맡았다. 적기단이 신민부와 대립하는 과정에 중국 관헌에 체포되기도 하였으나, 이후 신민부 활동에 적극 가담하며 대종교 활동에 전념한 인물이다.

최병욱의 대종교 교력을 살피면, 그의 입교 시기나 영계(靈戒) 사항에 대한 기록은 남아있는 것이 없다. 그러나 1936년 11월 6일(음력)에 대종교 도성시교당(道成施教堂)의 전무(典務, 책임자)를 맡은 기록이 있다. 당시 그의 교질(教秩)은 참교(參教)의 단계에 있었다. 그의 대종교 입교가 훨씬 전으로 소급됨을 알게 해 준다. 도성시교당은 대종교 북일도본사(北一道本司) 관할로 돈화현(敦化縣) 두도량자(頭道梁子)에 소재해 있었다. 그리고 박장빈(朴章彬)과 김병상(金炳尙)이 찬무(贊務, 부책임자)를 맡아 최병욱을 도왔다. 특히 박장빈은 정의부(正義府) 안도현(安圖縣) 관부(管部)의 조직부장을 지낸 인물로, 서간도 지역의 이름난 항일투사였다.

최병욱은 1939년 8월 27일(음력) 발기한 대종교서적간행회(大倧教書籍刊行會)에도 참여한다. 안희제(安熙濟)·강철구(姜鐵求)·김영숙(金永肅) 등이 주동이 된 대종교서적간행회는 "교화를 보급케 함에는 반드시 문자의 힘을 시뢰(恃賴)할 것이다. 이제 대교 부흥기에 당하야 만구동성으로 종경(倧經) 요구가 날로 높은 터이다. 이 요구를 수응함은 무엇보다도 대교(大教) 발전상 최대 급무일 것이다. 이것을 공감하는 우리는 미성박력(微誠薄力)을 불고하고 교적간행회를 발기한다."는 취지로 출발한 모임이다. 또한 이 간행회의 출자금을 모집할 당시 최병욱은 이재유(李在囿)·최세남(崔世男)·김종수(金鍾秀) 등과 3주(株)의 자금으로 동참하였다.

[참고문헌]
『대종교인과 독립운동연원』(이현익, 프린트본, 1962), 『대종교중광육십년사』(대종교총본사, 1971), 『新民府와 赤旗團의 衝突에 關한 報告』(不逞團關係雜件-朝鮮人의 部·在滿洲의 部42, 機密 第37號; 外務省文書課受 第70號, 한국사DB, 국사편찬위원회)

함경북도 경원군(慶源郡) 동원면(東原面) 신건동(新乾洞) 출신으로, 함경북도 명천(明川) 출신의 최병일(崔秉一, 1992년 애족장)과는 동명이인이다. 3·1독립만세운동 이후 북간도로 넘어가 그곳을 중심으로 대종교와 사회주의 항일투쟁에 앞장섰다.

1932년 1월 일경에 의해 검거된 최병일(네모 안)에 대한 신문기사.

일본의 만주 침략으로 만주 군벌이 무너질 당시, 공산주의 진영은 더욱 세력 확산을 도모해 갔다. 그 시기 최병일은 연길현(延吉縣) 태동구(泰東溝) 조선공산당 책임자를 맡았다. 그러나 1932년 1월 13일, 최병일을 포함한 23명이 공산주의 운동 혐의로 일본의 만주 영사관 경찰에 의해 체포되었다.

최병일의 대종교 교력을 살피면 1922년 9월 18일(음력) 대종교 원일시교당(圓一施教堂)의 시교원(施教員)으로 서임된 기록이 있다. 그의 대종교 입교가 그 이전에 이루어졌음을 확인시켜 준다. 원일시교당은 대종교 동일도본사(東一道本司) 관할로 혼춘현(琿春縣) 숭례사(崇禮社) 원풍동(圓豊洞)에 소재한 시교당이다. 당시 김창한(金彰漢)이 전무(典務, 책임자)를 맡고 김영갑(金永甲)·최상규(崔祥奎)가 찬무(贊務, 부책임자)를 맡아 시무하였다. 또한 최병일을 비롯하여 채창묵(蔡昌默)·채동일(蔡東一)·최하규(崔河奎)·서헌(徐憲)·서병호(徐丙浩)·박종현(朴宗賢)·이병철(李秉喆)·이병철(李秉喆)·서재익(徐在益) 등이 시교원으로 임명되어 대종교 포교를 통한 항일투쟁에 앞장섰다. 흥미로운 부분은 최상규 등 여러 인물들이 대한군정서(북로군정서) 경신분국(警信分局)에 속한 경신원(警信員)으로 활동한 경험이 있다는 점이다. 대종교시교당이 곧 항일투쟁의 거점이었다는 공식이 다시금 확인되는 부분이다. 최병일은 그 해 개천절(음력 10월 3일) 대종교 동일도본사의 추천으로 원일시교당의 시무자들과 함께 영계(靈戒)를 받았으나, 그 이후의 행적은 확인이 안 된다.

[참고문헌]
『대종교보』제56호(1922년), 『대종교중광육십년사』(대종교총본사, 1971), 『동아일보』1932.1.15, 「新乾原에 襲擊을 가한 不逞鮮人에 관한 건」(不逞團關係雜件-朝鮮人의 部-在滿洲의 部31, 機密公信 第3號; 機密受第5號, 한국사DB, 국사편찬위원회)

최병주(崔秉周, 남, 1879-?)

입교 시기 _ 1926년 이전 | 교질 _ 미상

출신지역이 확실하지 않은 인물이다. 다만 최병주가 대한협회 경성지회(鏡城支會) 회원으로 활동한 것으로 보아 함경북도 경성군 출신일 가능성이 높다. 한편 러시아에 귀화하여 블라디보스토크의 조선거류민회와 노인단(老人團)의 간부를 지낸 최병주(崔秉周)와는 동명이인이다.

일제의 문서에 기록된 대한군정서 경신국 제17분국 간부의 명단. 오른쪽 상단에 崔秉周의 이름이 보인다.

최병주는 대종교 항일단체인 대한군정서(북로군정서)에 가담하여 경신국(警信局) 제17분국장을 지냈다. 제17분국은 명신사(明新社) 이도구(二道溝) 단촌(檀村) 지역을 관할한 분국으로, 김군평(金君平)·장형근(張亨根)·박세문(朴世文)·배학문(裴文學)·김남선(金南善)·김병운(金秉雲)이 제1과부터 제6과의 과장을 맡아 최병주를 도왔다.
한편 대한군정서 관할 구역에 있는 대다수의 사람들이 대종교 신자들이었다. 그러므로 모연대(募捐隊)를 통한 군자금의 징수와 모금이 훨씬 수월했다. 일제강점기 대종교의 교당은 곧 학교이자 독립운동의 전초기지였다. 그러므로 그들이 내는 종교적 성금은 곧 후학을 기르는 학자금인 동시에 항일투쟁을 위한 군자금이었다. 군교일치(軍敎一致)의 실천을 그대로 확인시키는 부분이다.

대종교의 군교일치를 효율적으로 보여주는 조직이 대한군정서의 경신국 조직이다. 경신국은 경사(警査)와 통신(通信)을 담당하는 기관이었다. 경사 업무는 민정시찰, 각 단체의 행동과 적정(賊情) 정찰, 군사기밀조사, 내부 불순분자 색출, 임원 경호 등이었다. 또한 통신 업무는 신보(新報) 전파, 보도 및 통신 전달, 서령(署令) 및 선유문(宣諭文) 배포, 하물(荷物) 운반 등을 관할하였다. 그 조직은 39분국까지 펼쳐졌다. 나아가 각 분국을 보면, 소분국은 1과에서 대분국은 20과까지를 두어 총 218과를 운영하고 있었다. 더욱이 그 분국장이나 과장들이 대부분 대종교인들이었다. 대한군정서 경신국 조직이 대종교의 시교당·포교소 조직과 동일체라는 것이 드러나는 부분이다.
최병주와 관련된 대종교 입교 기록이나 영계(靈戒) 사항은 전하는 것이 없다. 그의 교질(敎秩) 관계 역시 확인이 안 된다. 그러나 1926년 대종교만주포교금지령 당시 만주 당국에 압수당한 대종교의 문건을 보면, 최병주가 대종교 단일시교당(檀一施敎堂)의 전무(典務, 책임자)를 맡은 기록이 있다. 그의 대종교 입교가 훨씬 전으로 거슬러 올라감을 알 수 있다. 그의 대종교 입교가 대한군정서 경신분국 활동 시절에 이루어졌음을 시사해 준다. 당시 단일시교당은 대종교 동일도본사(東一道本司) 관할로, 그의 생활 근거였던 화룡현(和龍縣) 명신사 단촌에 소재해 있었다. 또한 차희균(車希均)과 최기만(崔基萬)이 찬무(贊務, 부책임자)로 임명되어 최병주를 도와 시무했다. 최병주 일행은 화룡현 이도구(二道溝) 고산시(孤山市)에 있는 최범약(崔範若)의 집을 연락 거점으로 사용하면서 활동하였다. 특히 찬무를 맡았던 최기만 역시 대한국민회 동부지방화 제2지회의 경호구장(警護區長)을 역임한 인물로, 1924년 연해주 연추(煙秋, 크라스키노) 부근에서 부하들을 거느리고 사회주의 항일투쟁을 전개한 인물이다.

[참고문헌]
「大倧敎施敎堂一覽表(1926年)」(延边朝鲜族自治州档案馆 全宗号42 目录号1 案卷号343, 和龙县历史档案 和龙县警察所, 令各区查禁韩人设立大倧教堂由, 民国十五年五月十二日), 『대한협회회보』제3호(1908년), 「不逞鮮人 歸順者 名簿에 관한 건」(不逞團關係雜件-朝鮮人의 部-在滿洲의 部25, 公信 第207號; 受 709號, 한국사DB, 국사편찬위원회)

최붕남(崔鵬南, 남, 1881-?)

입교 시기 _ 1914년 이전 | 교질 _ 참교

함경북도 경성군(鍾城郡) 주을온면(朱乙溫面) 용교동(龍郊洞) 출신이다. 1908년 대한협회 경성지회 회계(會計)를 지냈으며, 서북학회 회원으로도 활동하였다.
1916년에는 주을온면 온천동(溫川洞)에 사립 온천학교 설립을 주도하고 정주환(鄭周煥)·박용회(朴庸准)와 교육에 앞장섰다. 특히 학생들에게 민족의식과 민족혼을 고취시키기 위한 방법으로, 일제의 간섭을 피하기 쉬운 음악과목을 활용코자 하였다. 최붕남은 종래부터 유포되어 오던

최붕남

창가들을 수집하여 교과목 중에 창가란 과목을 만들었다. 그리하여 온천학교 학생들에게 「조국생각가」 혹은 안중근을 칭송하는 창가 등을 비밀리에 가르쳤다.

1919년 7월경에는 상해 대한민국임시정부와 연계된 국내 함경도의 연통제(聯通制) 조직에도 관여하였다. 그 해 8월 초순 대종교 동지 송관섭(宋瓘燮) 등 8명과 비밀리에 회합하고 대종교지도자 이상호(李相鎬)를 경성군 지역 총감부(總監部)의 총감으로 추대하였다. 그리고 전재일(全在一)이 부총감, 송윤섭(宋玧燮)을 총무로 선임하였다. 그리고 최붕남(崔鵬南)은 경성군 주을온면 사감(司監)으로, 정두현(鄭斗賢)은 경성군 오촌면(梧村面) 사감으로, 송관섭(宋瓘燮)은 재무(財務)로, 최병학(崔秉學)은 경성군 주북면(朱北面) 사감으로, 석인욱(石麟郁)은 경성군 나남면(羅南面) 사감으로, 이영순(李永順)은 경성군 용성면(龍城面) 사감으로, 이희복(李熙馥)은 경성군 어랑면(漁郞面) 사감으로 각기 임명되었다.

함흥지방법원 청진지청에서 열린 공판에서 '조선독립을 희망하는가?'라는 판사의 질문에 '희망하다 뿐이요'라고 답하면서, 독립의 의지를 내뱉은 최붕진의 심문내용을 실은 『동아일보』(1920.8.2.) 기사.

그러나 1917년 12월 중순, 경성군 삼향동(三鄉洞)의 삼향학교 교사 박대욱(朴大郁)이 임정발(林正發)과 함께 나남경찰서(羅南警察署)에 체포됨으로써 경성총감부 조직의 실체가 노출되었다. 당시 박대욱은 경성총감부 삼향동 사감부 서기(書記)를 맡고 있었다. 이후 최붕남·김인서(金麟端)을 비롯하여 47명의 동지들이 체포되었다. 이들은 모두 함흥지방법원 청진지청에서 실형을 언도 받았다. 최붕남 역시 2년 6개월을 언도 받았으나, 2심을 포기하고 서대문형무소에서 옥고를 치렀다.

출옥 이후인 1924년 1월경에는 화전현(樺甸縣) 관가(官街)에서 이상룡(李相龍)·강남오(姜南五)·이청천(李青天) 등의 인물들과 서로군정서의 후신인 가칭 중정부(重政府) 조직에 참여하여 헌병대장(憲兵隊長)에 이름을 올리기도 했다. 또한 1926년에는 윤병구(尹秉球)와 함께 『동아일보』 경성지국(鏡城支局) 주을온분국(朱乙溫分局)의 고문(顧問)으로 활동하며, 언론을 통한 지역 계몽에도 앞장섰다.

최붕남의 대종교 교력을 살피면 1914년 5월 13일(음력, 이하 음력) 참교(參教)의 교질(教秩)을 받은 기록이 있다. 그의

대종교 입교가 그 이전으로 올라감을 확인할 수 있다. 특히 경성총감부의 핵심을 이루었던 송관섭이 1914년 5월 17일, 이상호가 1914년 1914년 8월 21일에 참교의 교질을 받았다. 또한 부총감을 맡았던 전재일 역시 그 시기 대종교의 핵심으로 활동하고 있었음이 주목된다.

최붕남을 비롯한 이들의 출신지인 경성은 대종교지도자 백포(白圃) 서일(徐一)을 비롯한 수많은 대종교인들을 배출한 고장이다. 또한 이들 대부분이 대한협회 등에서 김영학(金永學)과 현천묵(玄天默) 등, 후일 대종교의 핵심들과 교감하며 항일의 길을 걸었다. 최붕남의의 대종교 입교에 지역적 연고와 함께 이러한 인적 네트워크가 크게 작용했음 시사해준다.

대종교의 『倧門榮秩』에 실린 參教의 教秩 수여자 명단의 일부. 맨 윗줄 가운데 부분에 崔鵬南의 이름이 보인다.

최봉남은 1923년 3월 15일 어천절(御天節)에 발기한 단조기념회(檀祖紀念會)에도 앞장섰다. 어천절은 개천절(開天節) 다음으로 중요시 되는 대종교의 경절로서, 지상으로 내려왔던 한배검[天祖神]이 다시 하늘로 올라간 날을 기리는 날이다. 대종교의 교리에 의하면, 한배검은 상원갑자년(上元甲子年)에 인간세계에 내려와 125년 동안 신시(神市)를 열어 가르쳤다 한다. 그리고 무진년에 임금의 자리에 올라 93년 동안 다스리는 등, 삼신일체(三神一體)의 자리에 서서 각각의 자리에 따라 조화(造化) · 교화(敎化) · 치화(治化)의 은덕을 217년 동안 베푼 다음, 경자년 3월 15일에 다시 어천하여 올라갔다 한다.

단조기념회는 길림성(吉林省) 화전현에서 조직된 단체로, 이 회의 목적은 국내외에 산재해 있는 단조전(檀祖殿)을 한 마음으로 숭배하고, 단조의 옛 도읍에 기념비를 세우며, 사적(事跡)을 등기(謄記)하여 동족 간의 친목을 더욱 돈독히 하는 데 있었다. 당시 최봉남과 더불어 발기인으로 참여한 인물들 역시 박우진(朴宇鎭) · 공창준(公昌準) · 지장회(池章會) · 김봉림(金鳳林) 등, 대부분이 대종교의 중진인 동시에 항일투쟁의 거물들이었다. 더불어 단조기념회의 목적 구현을 위한 발기취지서(發起趣旨書)에 붙은 지침은 아래와 같다.

一. 본회는 국내외를 물론하고 대황조님을 일심숭배하며 유도(遺都)에 기념비를 건(建)하여 사적을 등재(謄載)하며 동족의 친목을 증독(增篤)함
一. 본회 회원은 조선민족 남녀 17세 이상자로 인정함
一. 중앙 위치는 백두산신시(白頭山神市)로 정함
一. 중앙총회장은 국내외 분지회(分支會)를 확장한 후에 선정키로 함
一. 각지 분지회를 성립한 후에 발기처(發起處)로 통지하여 호상(互相) 연락케 함
一. 회금(會金)은 매명하(每名下)에 소은이각(小銀貳角)으로 정함
一. 본회 회원이 성미(誠米)를 저축하기로 함
一. 회원이 본회의 목적을 위하여 특연(特捐)이나 열심으로 각지에 선전하심을 망(望)함
一. 본회 규칙은 분지회 성립통지서를 접수한 후에 송교(送交)하기로 함

최봉남은 1923년 5월 29일, 류영오(柳泳旿)와 함께 대종교 총본사 소속의 시교령(施敎令)으로 임명되었다. 함께 시교령으로 임명된 류영오 역시 대종교 항일투쟁에 앞장섰던 인물로, 함경북도 명천군(明川郡) 서면(西面) 우동동(雩東洞)에서 3 · 1독립만세운동 직후인 1919년 4월 8일 대규모의 독립만세운동을 주동하였다. 류영오는 그 주모자로 몰려 보안법위반이라는 죄목으로 징역 1년 2월을 언도받고 서대문형무소에 복역하고 만기 출소하였다.

한편 시교령이란, 말 그대로 관할 지역 시교원(施敎員)을 거느리고 포교활동을 책임지는 위치다. 그러므로 시교령으로 임명된 인물들은 대부분 지교(知敎) 이상의 교질에 있었다. 그것도 총본사에 직접 속한 시교령의 무게는 남달랐다. 이것은 최봉남의 대종교단 내에서의 위치가 상당

했음을 방증하는 것이나, 이후의 기록은 전하지 않는다.

[참고문헌]
『대종교보』제58호(1923년). 『종문영질』(프린트본, 1922). 『대종교중광육십년사』(대종교총본사, 1971). 『대한협회회보』제2호(1908년). 『서우』제16호(1908년). 「聯通制組織ノ獨立機關檢擧ノ件」(不逞團關係雜件 朝鮮人ノ部 在內地 九, 高警第348號;秘847549號, 한국사DB, 국사편찬위원회). 「만결문」(경성복심법원, 1920.11.29.). 「不逞鮮人 宣傳文 押收에 관한 건」(不逞團關係雜件-朝鮮人의 部-在滿洲의 部36, 普通受제55호-公제46호, 한국사DB, 국사편찬위원회). 『동아일보』1920.8.22. · 23 · 27~31., 1930.1.9.. 『現代史資料』25(姜德相, みすず書房, 1966). 『한국독립운동사자료』37(국사편찬위원회, 2001)

최상규(崔祥奎, 남, 1896-?)

아호(별명) _ 최상규(崔尙奎)
입교 시기 _ 1922년 | 교질 _ 미상

출신지역이 확실하지 않다. 일찍이 화룡현(和龍縣) 용신사(勇新社) 지역에 거주하며, 1915년 용정(龍井) 명동학교(明洞學校) 중학과 제4회로 졸업한 인물이다. 이후 항일단체 대한국민회에 가입하여, 1919년 12월 당시 김영조(金永祚)와 함께 제1남부지방회(第一南部地方會)의 조직위원으로 임명되었으며, 경호부원(警護部員)으로도 활동하였다. 제1남주지방회는 지신사(智新社) 대랍자(大拉子)를 관할하는 지회였다.

최상규의 대종교 교력을 살피면 1922년 9월 18일(음력) 대종교 원일시교당(圓一施敎堂)의 찬무(贊務, 부책임자)로 임명된 기록이 있다. 그의 대종교 입교가 그 이전에 이루어졌음을 확인시켜 준다. 원일시교당은 대종교 동일도본사(東一道本司) 관할로 혼춘현(琿春縣) 숭례사(崇禮社) 원풍동(圓豊洞)에 소재한 시교당이다. 당시 김창한(金彰漢)이 전무(典務, 책임자)를 맡고 김영갑(金永甲)이 찬무(贊務, 부책임자)를 맡아 최상규와 더불어 시무하였다. 또한 채창묵(蔡昌默)을 비롯한 최병일(崔秉一) · 채동일(蔡東一) · 최하규(崔河奎) · 서헌(徐憲) · 서병호(徐丙浩) · 박종현(朴宗賢) · 이병철(李秉喆) · 이병철(李秉喆) · 서재익(徐在益) 등이 시교원(施敎員)으로 임명되어 대종교 포교를 통한 항일투쟁에 앞장섰다.

일제의 문서에 기록된 대한국민회 제1남주지방회 소속의 주요간부 명단. 중간 부분에 崔祥奎(네모 안)의 이름이 보인다.

주목되는 것은 원일시교당 구성원 대부분이 대한군정서(북로군정서) 경신분국(警信分局)에 속한 경신원(警信員)으로

활동한 경험이 있다는 점이다. 대종교시교당이 곧 항일투쟁의 거점이었다는 공식이 다시금 확인되는 부분이다. 최상규는 그 해 개천절(음력 10월 3일) 대종교 동일도본사의 추천으로 원일시교당의 사무자들과 함께 영계(靈戒)를 받았다. 이후 원일시교당의 전무(책임자)가 되어 1926년 대종교만주교금지령으로 강제 폐쇄될 때까지 김완일(金完一)을 찬무로 하여 67명의 교도들을 거느리고 시교당을 이끌었다. 당시 연락 거점은 혼춘현 동문(東門) 안에 있는 협성상회(協成商會)의 이군빈(李君濱)이었다.

[참고문헌]
『대종교보』제56호(1922년), 『대종교중광육십년사』(대종교총본사, 1971), 「大倧敎施敎堂一覽表(1926年)」(延边朝鮮族自治州档案馆 全宗号42 目录号1 案卷号343, 和龙县历史档案 和龙县警察所, 令各区查禁韩人设立大倧教堂由, 民国十五年五月十二日), 「朝鮮側 警察이 朝鮮人 金順 等을 拘引시킨 것에 관한 건」(不逞團關係雜件-朝鮮人의 部-在滿洲의 部28, 公 第259號; 受 20669號, 한국사DB, 국사편찬위원회), 『한국독립운동사자료』41(국사편찬위원회, 2005)

최성준(崔成俊, 남, 1909-1966)
입교 시기 _ 일제강점기 | 교질 _ 상교 | 서훈 _ 애족장(1990)

평안북도 철산군(鐵山郡) 여한면(餘閑面) 덕산리(德山里) 출신으로, 1925년 항일단체인 정의부(正義府)에 가입하여 활동한 인물이다. 1927년 5월 정의부 제5중대장 김석하(金錫夏)가 인솔하는 특공대에 소속되어 김봉수(金奉秀)·장기천(張基千)·최성춘(崔成椿) 등과 국내에 진입하였다.
최성준 일행은 평북일대에서 5개월간 일경사살 및 군자금 모집 등의 활동을 벌이면서 일경의 경계망을 넘나들었다. 1927년 7월에는 의주군(義州郡) 가산면(加山面)과 구성군(龜城郡) 관서면(館西面), 그리고 고관면(古館面)과 수진면(水鎭面), 운천동(雲川洞) 등지에서 군자금을 모집하였다. 그 과정에서 일경에게 포위되어 총격전이 벌어졌으나 포위망을 뚫고 도피하면서 수진면사무소를 습격·파괴하였다.
또한 최성준 일행은 의주군 구성동(舊城洞) 대장현(大將峴)에 이르러 2인 1조로 나누어 한 조는 식산은행의주지점(殖産銀行義州支店)을, 다른 한 조는 龍灣金融組合을 습격하기로 하였다. 최성준은 농민으로 변장하고 장기천과 함께 금융조합에 들어가 수천원의 현금을 빼앗았다. 이어 문밖으로 나와 장꾼을 모아놓고 '대한독립만세'를 부른 뒤에 국권회복을 고무하는 연설을 하고 시장으로 들어갔다. 도중에 일경을 만나 다시 총격전이 펼쳐지자 소지한 돈을 모두 장꾼들에게 뿌려버리고 자리를 떴다.
이들은 김봉수·최성춘 조와 합류하여 삼엄한 경계망을 돌파하여 압록강을 건넜다. 이후 9월 9일 대안(對岸)의 구련성(九連城)을 지나 본부로 향하던 도중 봉황성(鳳凰城)에서 일경에 의해 체포되었다. 이후 신의주지방법원에서 개정된 결심공판에서 장기천은 무기(無期), 김봉수는 10년, 최성춘은 5년, 최성준은 2년의 징역형이 구형(求刑) 되었으며, 1929년 6월 29일 열린 선고공판에서는 장기천 징역

15년형, 김봉수(金奉秀) 13년형, 최성춘 2년형이 선고 되었고 최성준 역시 2년형을 선고 받고 옥고를 치렀다.
최성준의 대종교 입교는 일제강점기에 이루어졌다고 하나, 그 기록은 전하지 않는다. 그러나 함께 항일투쟁에 몸담았던 많은 대종교 원로들의 증언과 추천으로, 1950년 11월 7일(음력, 이하 음력) 대종교 교무회의(敎務會議)의 특별추천에 의해 참교(參敎)의 교질(敎秩)을 바로 수여 받았다. 그리고 1952년 10월 25일에는 대종교 내선시교당(來善施敎堂)의 찬무(贊務, 부책임자)로 임명되었다. 내선시교당은 부산시 대신동(大新洞)에 소재했던 시교당으로, 흥업단(興業團)과 국민부(國民府)의 주요 간부를 지낸 김진호(金鎭浩)가 전무(典務, 책임자)를 맡아 시무했던 곳이다.

평북 의주와 구성 일대에서 일경사살 및 군자금모집 혐의로 일경에 의해 체포된 최성준(네모 안)에 대한 『동아일보』 기사.

이어 지교(知敎)와 상교(尙敎)의 교질 단계를 거친 최성준은, 1957년 4월 28일 대종교 부산지사(釜山支司)의 찬무로도 서임되었다. 당시 부산지사를 이끌던 인물 역시, 상해독립신문 사장과 참의부(參議府) 참의장 등을 역임한 항일투쟁의 거물 희산(希山) 김승학(金承學)이었다. 함께 찬무를 맡았던 김희남(金熙南)도 중국반만항일군(中國反滿抗日軍), 조선혁명당군(朝鮮革命黨軍), 임시정부 만주특파원 등을 역임한 항일투쟁의 맹장이었음이 주목된다.

[참고문헌]
『대종교보』제168호(1950년), 『대종교중광육십년사』(대종교총본사, 1971), 『동아일보』1927.12.26·28., 1929.6.12·30., 7.16., 『한국독립사』하(김승학, 독립문화사, 1965), 『독립운동사자료집』(독립운동사편찬위원회, 1984), 『독립운동자공훈록』4(국가보훈처, 1987)

최세남(崔世南, 남, 생몰 미상)
입교 시기 _ 1922년 | 교질 _ 미상

출신지역과 생몰연대를 알 수 없는 인물이다. 일제의 기록에는 찾을 수 없으며 대종교단 내의 기록에서만 등장하고 있다.

최세남은 1922년 12월 5일(음력) 대종교 서일도본사(西一道本司)의 추천으로 영계(靈戒)를 받은 기록이 있다. 그의 대종교 입교가 그 이전에 이루어졌음을 확인시킨다. 서일도본사는 서간도 지역을 관할하는 대종교 교구였다. 최세남은 방윤풍(方允豊)·김하일(金河一)·박장빈(朴章彬)·홍범장(洪範章)·이현익(李顯翼) 등 서간도 항일투사 36인과 함께 같은 날 영계를 받았다. 그리고 기록의 부전(不傳)으로 긴 공백을 두었다.

그리고 1939년 8월 27일(음력) 발기한 대종교서적간행회(大倧教書籍刊行會)에 최세남이 등장한다. 대조욕서적간행회는 안희제(安熙濟)·강철구(姜鐵求)·김영숙(金永肅) 등, 대종교 항일지도자들이 주동이 된 단체다. "교화를 보급케 함에는 반드시 문자의 힘을 시뢰(恃賴)할 것이다. 이제 대교 부흥기에 당하야 만구동성으로 종경(倧經) 요구가 날로 높은 터이다. 이 요구를 수용함은 무엇보다도 대교(大教) 발전상 최대 급무일 것이다. 이것을 공감하는 우리는 미성박력(微誠薄力)을 불고하고 교적간행회를 발기한다."는 취지로 출발하였다. 최세남은 이 간행회의 출자금을 모집할 당시 이재유(李在囿)·최병욱(崔秉郁)·김종수(金鍾秀) 등, 대종교 항일투사들과 과 3주(株)의 자금으로 동참하였다.

[참고문헌]
『대종교보』제56호(1922년), 『대종교중광육십년사』(대종교총본사, 1971)

최순범(崔舜範, 남, 생몰 미상)
입교 시기 _ 1922년 | 교질 _ 미상

출신지역과 생몰연대를 알 수 없는 인물이다. 일제의 기록에서는 찾을 수 없으며, 오직 1920년대 대종교의 기록에서만 등장하고 있다.

최순범은 1922년 8월 22일(음력) 대종교 성일시교당(城一施教堂)의 전무(典務, 책임자)를 맡았던 인물이다. 그의 대종교 입교 시기가 그 이전으로 올라감을 알 수 있다. 성일시교당은 대종교 동일도본사(東一道本司) 관할로 혼춘현(琿春縣) 숭례사(崇禮社) 소성자(小城子)에 위치했던 시교당이다. 당시 찬무(贊務, 부책임자)를 맡아 활동한 인물이 항일투사 최율(崔律)과 김제섭(金濟燮)이다. 특히 최율은 혼춘현(琿春縣) 소성자(小城子)에 거주하면서 항일투쟁을 펼친 기록이 있다. 그 해 1월, 노령 송전관(松田館)에 근거를 두고 활동하던 강석훈(姜錫勳) 등 10여명의 항일투사들과 두만강 대안(對岸)인 함경북도 경원부(慶源府) 신건원(新乾原)의 순사주재소(巡査駐在所)와 수비대(守備隊)를 습격한 기록이 전한다. 최순범은 동년 개천절(음력 10월 3일)에 이덕기(李德基)·김창한(金彰漢)·김천길(金千吉)·김영갑(金永甲)·최상규(崔祥奎)·채창묵(蔡昌黙)·최하규(崔河奎)·서헌(徐憲)·서병호(徐丙浩)·최병일(崔秉一)·이병철(李秉喆)·서재익(徐在益)·김제섭 등과 영계(靈戒)를 받았다. 이들 대부분이 항일투쟁의 일선에 섰던 인물들임을 볼 때, 최순범 역시 대종교 항일투쟁과 무관치 않은 인물임을 짐작하게 한다.

[참고문헌]
『대종교보』제56호(1922년), 『대종교중광육십년사』(대종교총본사, 1971)

최숭(崔崇, 남, 1878-?)
입교 시기 _ 1913년 이전 | 교질 _ 참교

출신지역과 생몰연대를 알 수 없는 인물이다. 그이 외자 이름인 숭(崇) 역시 대종교 입교와 함께 개명한 이름인 듯하나 확인이 안 된다.

최숭은 야단(野團)에 가입하여 활동한 인물이다. 야단은 1919년 3·1독립만세운동 직후에 북만주의 청림교(靑林教) 교도들이 주축이 되어 조직한 항일단체였다. 본래 청림교는 동학의 한 교파로 만주 길림(吉林)과 북간도 지방에서 강력한 항일의식을 가지고 교세를 확대시키고 있었다. 청림교는 동학혁명 후 남정(南正)이란 인물이 창시한 종교로, 청림이라는 명칭은 남정의 호가 청림이었기 때문에 붙여진 이름이다. 1904년 남정이 후계자 없이 죽자, 1920년 김상설(金相卨)과 이옥정(李玉汀) 등이 청림교의 간판을 다시 달고 포교활동을 시작하여 그 교세가 만주의 길림과 북간도 방면까지 뻗쳤다.

특히 이 지역의 청림교는 대종교의 교리적 영향이 컸다. 이것은 만주 지역 책임자였던 임창세(林昌世)의 단군 존숭과 밀접한 연관을 갖는다. 그 대표적 사례가 그들의 백두산 단군천제라 할 수 있다. 그들은 백두산에 올라 조선개국신왕 단군제(檀君祭)를 지내면서 일본놈들이 멸망할 것을 바라는 기도를 드렸다. 백두산에서의 단군천제는 1920년부터 1935년까지 15년 동안 그치지 않았다. 또한 매번 제사 때마다 단군께 올리는 제물준비에 온갖 정성을 다하였다. 그들은 개척도 되지 않은 백두산으로 700리 길을 소발구에 제물과 식량을 싣고 오르며, 15년 간 단군천제를 지낸 것이다. 당시 제사 때마다 임창세는 "영명하신 개국신왕 단군님과 선왕님들 그리고 애국충신들이여, 망국노 3천만 백의동포를 가엾이 여기시어 강도 왜놈을 하루 속히 멸망시키고 우리 민족의 국권을 회복시켜주옵소서" 라는 주문을 외웠다 한다.

대종교의 敎秩名簿인 『倧門榮秩』에 기록된 參敎 명단의 일부. 오른쪽 하단에 崔崇의 이름이 올라있다.

그러므로 1910년대초 대종교의 핵심이었던 김철호(金哲浩)가 청림교 계통의 동명학교(東明學校) 교장으로 활동한 것이나, 1921년 7월 청림교에서 세운 용정의 대성중학 학감

을 대종교 항일투사 강훈(姜勳)이 맡은 것도 이러한 배경과 무관치 않았을 것이다. 더욱이 청림교의 항일단체인 야단(野團)이 대종교 계열의 항일단체인 북로군정서에 예속되어 활동한 것도 이런 점을 시사해 준다. 당시 야단은 북로군정서로부터 무기 공급만이 아니라 실질적으로 연계되어 공동작전도 수행했다. 최숭이 청림교 항일단체인 야단에서 활동한 것 역시 이러한 배경과 연결되는 것이다.

최숭의 대종교 교력을 살피면 1913년 어천절(御天節, 음력 3월 15일)에 참교(參敎)의 교질(敎秩)을 받은 기록이 있다. 그의 대종교 입교가 그보다 훨씬 전에 이루어졌음을 알려준다. 특히 같은 날 함께 참교를 받은 인물 중에는 백철(白哲, 대종교지도자 白純의 아들)을 비롯하여 성호(成虎)·남형우(南亨祐)·김현(金玄), 그리고 현갑(玄甲, 대종교지도자 현천묵의 아들) 등이 있다. 모두 항일투쟁의 거물이라는 점이 주목된다.

[참고문헌]
『종문영질』(프린트본, 1922), 「五月中에 있어서 政治犯 自首申告에 관한 건」(不逞團關係雜件-朝鮮人의 部-在滿洲의 部28, 機密 第244號; 秘受 7206號, 한국사DB, 국사편찬위원회), 「간도에서 일어난 반일독립운동─청림교(영막전) 사건」(박창성, 『연변문사자료(종교사료전집)』제8집, 연변정협문사자료위원회, 1997)

최시언(崔時彦, 남, 생몰 미상)
입교 시기_ 1922년 이전 | 교질_ 참교

출신지역과 생몰연대를 알 수 없는 인물이다. 운남군관학교(雲南軍官學校) 출신으로 대종교 항일단체인 흥업단(興業團) 소년경호대원(少年警護隊員)으로 활동했다. 이후 흥업단(興業團) 본부(本部)에서 김혁(金赫)·박장빈(朴章彬)·이옥규(李沃珪)·한승제(韓承濟) 등과 대한군정서의 참모와 군인으로 파견되어 청산리독립전쟁에 참여하여 다대한 공을 세웠다.

이후 대종교 동지인 철기(鐵騎) 이범석(李範奭) 등과 반만항일군(反滿抗日軍)과 더불어 합동작전(合同作戰)을 전개하였으나 일제의 이간질로 큰 효과를 거두지 못하였다. 이어 2년 가까이 마점산(馬占山)·왕덕림(王德林) 부대와 연합작전을 펼치면서, 흑룡강성 강교전투(江橋戰鬪(전투) 등을 통해 일본군을 물리치는 공을 세웠다. 그러나 1933년, 한국독립군과 길림구국군(救國軍)이 연합하여 만주국군과 연합한 일본군과 치른 경박호전투(鏡泊湖戰鬪)에서 행방불명되었다. 당시 한국독립군과 길림구국군의 연합부대는 일본연합군을 대패시켰다. 이 전투에서 일본연합군 400여명 내외가 거의 전멸되었고, 실탄 6천여발, 소총과 경기관총 70여정 등을 노획당하는 수모를 겪었다.

한편 1926년 4월경, 혼춘현(琿春縣) 숭례향(崇禮鄕) 의리합달(依里哈達) 지역에서 창립된 춘신청년회(春信靑年會)의 주요 간부를 맡았던 최시언(崔時彦)이 있으나, 동일인 여부가 확실치 않다. 당시 춘신청년회는 풍속개량과 주색(酒色)·도박

(賭博) 금지, 체육교육진흥과 야학장려(夜學獎勵) 등의 기치를 걸고 활동한 단체다.

최시언의 대종교 교력을 살피면 1922년 5월 23일(음력) 대종교 동이도본사(東二道本司)의 추천으로 영계(靈戒)를 받은 기록이 있다. 그의 대종교 입교가 그 이전으로 올라감을 알 수 있다. 아마도 대종교 항일단체인 흥업단에서 활동한 시절로 추정된다. 또한 같은 날 류림(柳林)·성인호(成仁鎬) 등, 항일투쟁의 거물들과 함께 영계를 받은 것도 특기되는 부분이다.

이어 보름 후인 6월 4일에는 참교(參敎)의 교질(敎秩)을 수여받았다. 당시 대종교총본사의 특별 추천에 참교를 받은 것임이 주목된다. 대종교단 차원에서 그의 종교적 경험을 높이 평가한 것이다. 더욱이 함께 참교를 받은 인물들이 김학만(金學萬)·김정일(金廷一)·박두희(朴斗熙)·김필(金弼)·박승명(朴承明) 등, 대종교 항일투쟁의 지도급 인물들이었다. 특히 박두희와 박승명은 대한군정서를 함께 경험한 인물들이다. 박두희는 신흥무관학교 출신으로, 대한군정서 사관연성소의 학도단장과 김좌진의 부관, 신민부 성동사관학교 교관을 역임한 인물이며, 박승명은 왕청현 춘화향(春華鄕) 용북동(龍北洞)에 거주하면서 대한군정서 경신국(警信局) 제4분국 제1과장을 맡아, 그 지역의 경사(警査)와 통신(通信)을 담당하였다.

[참고문헌]
『대종교보』 제54호(1922년), 『종문영질』(프린트본, 1922), 『대종교인과 독립운동연원』(이현익, 프린트본, 1962), 『間島 및 琿春地方 朝鮮人의 結社團體 調査報告에 關한 件』(不逞團關係雜件-朝鮮人의 部-在滿洲의 部43, 機密 第591號; 外務省文書課受 第627號, 한국사DB, 국사편찬위원회)

최양희(崔養熙, 남, 1894-?)
아호(별명)_ 최양흠(崔養歆), 최양희(崔亮熙)
입교 시기_ 1922년 | 교질_ 참교

강원도 홍천군(洪川郡) 서석면(瑞石面) 풍암리(豊岩里) 출신이다. 1920년 6월 만주 안동현(安東縣)으로 건너가 신민일보(新民日報) 창립에 관여하였다. 신민일보는 1920년 5월 오종섭(吳宗燮)의 명의로 허가 신청서를 제출하고 그 해 6월 15일 안동현 남문 안 패밀리 호텔에서 발기회 개최한 신문이다. 당시 그 지역을 거점으로 활동하던 대종교 동지 박광(朴洸)이 오종섭과 더불어 그 중심역할을 담당하였다.

1921년 2월 15일에는 오종섭이 주도하여 경성부(京城府) 다옥정(茶屋町)에서 만들어진 주식회사 신민공사(新民公司) 설립에도 102주(株)의 주식으로 참여하여 이사를 맡았다. 또한 1921년 신민공론사(新民公論社)의 이사로 재직하면서, 주로 강원도 지역을 왕래하며 그 역할을 수행하였다.

최양희는 1922년 대종교에 입교한 이후, 1923년 8월 농업을 목적으로 만주 중동선(中東線) 목단강(牧丹江) 연안으로 이주하였다. 그리고 그 지역에 거점을 잡고 있던 김좌진(金佐鎭) 등, 대종교 동지들과 접촉하면서 항일투쟁을 전

개했다. 이어 김좌진·박두희(朴斗熙)·최호(崔灝)·조청범(曺靑範)·최정호(崔正浩)·이일우(李一雨) 등과 대종교 항일단체인 신민부(新民府) 결성에도 참여하여 지방교육위원이 되었으며, 그 지역 대종교 학교 동명학교(東明學校)의 교편을 잡기도 했다.

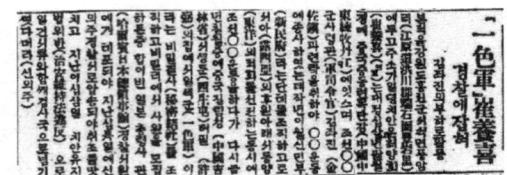

최양희가 신민부와 일색군의 활동으로 체포될 당시의 상황을 기록한 『동아일보』 기사.

1925년 5월에는 중동선 오참(五站) 수분하(綏芬河, 포그라니치나야) 지역으로 근거를 옮겼다. 그리고 같은 해 7월 중순에 그 지역 서쪽에 있는 서모둔(西毛屯)의 허필운(許弼云)의 집에서 최정호·이영백(李永伯)·고평(高平) 등의 대종교 동지들과 사회주의 성격의 일색군(一色軍) 결성에 가담하여 수분하(포그라니치나야) 지역의 지부장을 맡았다. 일색군은 신민부의 비밀결사와 같은 조직으로써, 러시아의 후원도 암암리에 받았다.

그러나 1926년 12월, 최양희는 위와 같은 혐의로 하얼빈 일본총영사관 경찰서원에게 체포되어 같은 달 16일 신의주 경찰서로 압송되었다. 그리고 치안유지법 위반으로 재판에 넘겨져 신의주지방법원에서 징역 2년형에 선고받고 복역하였으며, 1929년 5월 14일 출옥하였다. 이후 최양희는 옥살이 후유증으로 늑막염을 앓아 쇠약해진 건강을 추스르기 위해 경성부 종로구 누하동에 거주하며 한성의원(漢城醫院)에서 치료를 받았다. 그런 와중에도 1931년에는 단군신전봉찬회(檀君神殿奉讚會)에 참여하여 감사(監事)로 활동하였다.

해방 이후인 1945년 10월 18일에는 홍명희(洪命熹)·허헌(許憲)·이극로(李克魯)·김시현(金始顯)·명제세(明濟世) 등의 대종교 동지들과 조선독립운동사편찬발기인회(朝鮮獨立運動史編纂發起人會)의 위원으로 참여하였다. 그리고 조선충의사(朝鮮忠義社) 설치를 통한 순국열사들의 충혼을 위로하는 위령제와 더불어 해방기념탑의 건설 등을 도모하기도 했다.

최양희의 대종교 교력을 살피면, 만주로 건너가기 전인 1922년 윤5월 5일(음력, 이하 음력) 대종교 남일도본사(南一道本司) 계리감찬(計理監贊)으로 임명된 기록이 있다. 그의 대종교 입교가 그 이전에 이루어졌음을 확인시킨다. 이어 같은 해 7월 19일에는 국내 독립운동가 김선진(金善鎭)·이순용(李淳鎔)·이문재(李文載) 등과 대종교 남일도본사의 추천으로 영계(靈戒)를 수여 받았다. 이후 만주로 넘어가 대종교의 신민부와 일색군에 가담하여 본격적인 항일투쟁을 전개하게 된다.

대종교단에서는 최양희의 이러한 경험을 존중하여 대종교총본사가 만주로부터 환국한 직후인 1946년 4월 1일,

참교(參敎)의 교질(敎秩) 수여와 더불어 경의원(經議院) 참의(參議)로 선임하였다.

[참고문헌]
『대종교교보』제54호(1922년)·제55호(1922년)·제150호(1946년), 『대종교중광육십년사』(대종교총본사, 1971), 『동아일보』1920.5.14., 1926.12.28., 1927.10.7., 1929.5.29., 『매일신보』1917.4.19., 1920.6.4·19., 1921.8.20., 1931.11.17., 1945.10.19.

최영(崔英, 남, 생몰 미상)
입교 시기_1923년 | 교질_미상

출신지역과 생몰연대를 알 수 없는 인물이다. 그의 영(英)이라는 외자이름도 대종교 입교와 함께 개명한 이름일 듯하나 그 역시 확인이 안 된다.

최영은 1919년 12월 당시 대한국민회 제1남지방회(第一南部地方會)의 경호부원(警護部員)으로 활동하였다. 제1남주지방회는 화룡현(和龍縣) 지신사(智新社) 대납자(大拉子)를 관할하는 지회로, 대종교 동지였던 최상규(崔祥奎) 역시 경호부원으로 있던 곳이다. 최상규는 1922년 9월 18일(음력) 대종교 원일시교당(圓一施敎堂)의 찬무(贊務, 부책임자)를 맡았던 인물로, 당시 원일시교당은 혼춘현(琿春縣) 숭례사(崇禮社) 원풍동(圓豊洞)에 있었다.

최영의 대종교 교력을 살피면 1923년 6월 9일(음력) 대종교 동일도본사(東一道本司)의 특별추천으로 영계(靈戒)를 받은 기록이 있다. 특별추천이라는 의미는 그 이전에 이미 대종교에 남다른 인연을 갖고 있음을 의미한다. 최영과 대종교와 인연 역시 남다름을 보여주는 것이다. 특히 같은 날 함께 영계를 받은 인물 중에는 박리범(朴利範)·이근(李瑾) 등이 있었다. 박리범은 의군단(義軍團) 소속으로 어랑촌전투(漁郎村戰鬪)에서 큰 전과를 올린 인물로, 어랑촌전투 당시 의군단 소사(小使)로 직접 참전하였다. 이근 역시 상해임시정부의 특파원 등의 활동을 하면서 항일투쟁을 전개하였다. 최영이 대종교 항일투쟁에 깊이 연관되어 있음을 알 수 있으나, 이후의 교력은 전하지 않는다.

[참고문헌]
『대종교교보』제58호(1923년), 「朝鮮側 警察이 朝鮮人 金順 等을 拘引시킨 것에 관한 건」(不逞團關係雜件-朝鮮人의 部-在滿洲의 部28, 公 第259號; 受 20669號, 한국사DB, 국사편찬위원회).

최완(崔玩, 남, 생몰 미상)
입교 시기_1910년대 후반 추정 | 교질_미상

출신지역과 생몰연대를 알 수 없는 인물로, 대종교 항일단체인 대한군정서(북로군정서)를 중심으로 항일투쟁을 전개하였다.

최완은 대한군정서가 노령으로부터 무기를 구입·운반할 당시, 무기운반대 중대장을 맡아 무기운반에 지대한 공을 세웠다. 1920년 7월 9일 무기운반대 제1중대장으로 무기운반에 성공하였으며, 그 해 9월 7일에도 제3중대장으로 참여하여 무기운반 책임을 완수하였다. 당시 9월 무기운반대에는 대한군정서 총재였던 백포(白圃) 서일(徐一)과 고문이었던 조성환(曺成煥)도 직접 함동행하였다. 기계국장(器械局長) 양현(梁玄)과 무기운수부장(武器運輸部長) 현갑(玄甲)이 이들을 배종(陪從)하였으며, 그리고 무기운반대 제1중대장 이교성(李敎成), 제2중대장 이인백(李麟伯), 그리고 제3중대장을 맡은 최완 등이 각기 배속된 부하들과 함께 무기운반에 성공한 것이다.

한편 최완은 1922년 10월, 대종교의 주요 거점인 영안현(寧安縣) 영고탑(寧古塔) 지역에서 최계화(崔桂華)·최충호(崔忠浩)·김영숙(金永肅, 金伯)·이종수(李鐘秀)·이교성(李敎成)·박두희(朴斗熙)·한봉근(韓鳳根) 등 대종교 동지들과 대한민국임시정부와 연계하며 군자금 모금 및 각종 항일문서를 만들어 각지에 배포하기도 하였다. 또한 그 시기 대한군정서 계열의 항일투사들이 현천묵을 중심으로 영안현(寧安縣) 대종교교당(大倧敎敎堂)에 모여 대한군정서 재건을 위한 새로운 활동 계획을 도모할 때도 가담하였다. 이 모임은 대종교단 차원에서 이루어진 것으로, 당시 참여한 중심인물들을 보면 최완을 비롯하여 현천묵·정신(鄭信)·이홍래(李鴻來)·현갑·김혁(金赫)·유정근(兪政根)·김좌진(金佐鎭)·이중실(李仲實)·민해양(閔海陽)·이단(李檀)·허규(許奎)·현준(玄濬) 등 대종교 항일투사들이 모두 동참하였다. 이후 고려혁명군(高麗革命軍) 제3군 소대장으로 활동한 기록도 있다. 고려혁명군은 최완을 비롯한 김규식(金圭植)·고평(高平)·이범석(李範奭) 등, 대종교 대한군정서 출신의 대종교도들이 1923년 5월 연길현(延吉縣) 명월구(明月溝)에서 조직한 항일단체였다. 최완은 이 시기 적기단(赤旗團)에도 가담하여 선전위원(宣傳委員)으로 있으면서 단원 모집을 위하여 연길현 방면에서 노력한 행적도 보인다.

최완의 대종교 입교 시기나 영계(靈戒) 사항에 대한 기록은, 대종교단 내에는 일체 남아있는 것이 없다. 그러나 대한군정서의 주요 보직을 역임한 것과 이후 대한군정서 재건을 위한 영안현 대종교총본사 회의에 참여한 것이 주목된다. 더욱이 이 모임은 대종교단 차원에서 이루어진 것으로, 당시 교주인 김교헌(金敎獻)도 직접 고문으로 참여하였다. 대종교의 핵심이 아니고서는 설명하기 힘든 부분이다. 그의 대종교 입교가 이미 대한군정서 참여 시기로 추정되고 교질(敎秩)를 비롯한 대종교에서의 비중 역시 상당했을 듯하나 전하지 않는다.

[참고문헌]
「國外情報 - 大韓軍政署의 日誌에 관한 건」(不逞團關係雜件-朝鮮人의 部-在滿洲의 部26, 高警 第1007號; 秘受 1502號, 한국사DB, 국사편찬위원회), 「不逞鮮人의 行動에 관한 건」(不逞團關係雜件-朝鮮人의 部-在滿洲의 部34, 機密 第253號; 機密受第256號, 한국사DB, 국사편찬위원회), 「不逞鮮人 玄天黙을 중심으로 한 會合의 건」(不逞團關係雜件-朝鮮人의 部-在滿洲의 部34, 機密 第247號; 機密受第250號, 한국사DB, 국사편찬위원회), 「露支領 不逞鮮人의 行動에 관한 건」(不逞團關係雜件-朝鮮人의 部-在滿洲의 部36, 機密 第184號; 機密受第196號, 한국사DB, 국사편찬위원회)

최우익(崔友翼, 남, 1872-1920)

아호(별명) _ 최우익(崔右翼), 최우익(崔于盒), 최우익(崔禹盒)
입교 시기 _ 1910년대 | 교질 _ 미상 | 서훈 _ 애국장(1991)

함경북도 경성군(鏡城郡) 출신이다. 1919년 4월 연길현(延吉縣) 명월구(明月溝)에서 조직된 대한의군부(大韓義軍府)에 참여하여 검사부장(檢査部長)을 맡아 항일투쟁에 앞장선 인물이다. 의군부는 국내에서 항일의병항쟁에 종군하다가 일제의 한국강점 후 만주로 망명하여 각지에 산재하고 있던 의병들이 3·1 운동 후 재결집하여 조직한 항일무장 독립군단이다. 그 중심인물은 최우익을 비롯하여 이범윤(李範允)·진학신(秦學新)·고평(高平) 등, 대종교의 핵심들이었다. 또한 최우익은 1920년 9월경 대종교지도자 김영학(金永學)과 더불어 대한군정서(북로군정서)의 무기를 연해주로부터 구입하는데도 남다른 역할을 하였다.

대한의군부의 주요 간부 명단을 기록한 일제의 문서. 가운데 檢査部長을 맡은 崔于盒(네모 안)의 이름이 보인다.

한편 1920년 후반 중부의군부(中部義軍府, 조선독립군이라고도 칭함)의 책임자인 고평이 노야령(老爺嶺) 지역에 매복할 당시, 중국군과 충돌하여 불필요한 격전 끝에 양쪽 모두 손해를 입었다. 이 소식을 접한 의군부 본부에서는 총무부장이던 최우익에게 3개 중대를 이끌고 중간촌(中間村)으로 가도록 하였다. 최우익은 퇴각한 중국군 대신 들어온 일본군과 싸워 큰 승리를 거두었다. 그러나 1920년 11월 5일, 이 격전 중 일제에 체포되어 총살을 당했다.

최우익의 대종교 교력을 살피면, 교단 내에는 남아있는 기록이 없다. 그러나 대종교 항일투사인 박명진(朴明鎭)의 『대종교독립운동사』(필사본, 1964)라는 기록을 보면, 최우익이 대종교 동도본사(東道本司) 소속의 이범윤 등과 더불어 의군부를 조직하여 북간도 항일운동에 큰 공을 세웠다고 적고 있다.

또한 최우익을 1910년대 후반 대종교 동이도본사(東二道本司)의 주요 교인으로 올려 놓았다. 그의 대종교 입교가 적어도 1910년대 후반에 이루어졌음을 확인시키는 부분이

다. 당시 동이도본사를 이끈 인물은 대종교지도자이자 대한군정서의 총재였던 백포(白圃) 서일(徐一)이었다. 또한 동이도본사 관할 연해주 지역의 주요 교인의 명단을 보면, 최우익을 비롯하여 이범윤·홍범도(洪範圖)·정도기(정광) 등, 그 지역 항일투쟁의 중심에 섰던 인물들이다.

박명진의 『대종교독립운동사』에 적힌 대종교 동이도본사 연해주 지역 소속 주요 교인 명단. 李範允·丁光(丁道基) 등 의군부의 주요 인물들과 함께 崔友盒(네모 안)의 이름이 올라 있다.

[참고문헌]
『대종교독립운동사』(박명진, 필사본, 1964), 「朝鮮側 警察이 朝鮮人 金順 等을 拘引시킨 것에 관한 건」(不逞團關係雜件-朝鮮人의 部-在滿洲의 部28, 公 第259號; 受 20669號, 한국사DB, 국사편찬위원회), 『무장독립운동비사』(채근식, 대한민국공보처, 1949), 『한국유이민사』하(현규환, 어문각, 1967), 『한민족독립운동사』4(국사편찬위원회, 1988)

최원경(崔源慶, 남, 생몰 미상)

입교 시기 _ 1926년 이전 | 교질 _ 미상

출신지역과 생몰연대를 알 수 없는 인물이다. 일제의 문서뿐만 아니라 대종교단 내의 전하는 기록에서도 찾을 수 없다. 다만 1926년 만주 당국에 압수당한 대종교의 문서에만 등장할 뿐이다.

당시 대종교는 만주항일투쟁의 총본산 역할을 하며 1920년 9월에 청산리독립전쟁의 주역으로 나섰다. 이에 대한 앙갚음으로 일제의 대대적 학살이 자행되었다. 이른바 경신년 대토벌(庚申年大討伐)이다. 일제는 대종교를 독립운동단체로 규정하고 만주에서의 대종교 말살을 도모해 갔다. 1925년 만주군벌(滿洲軍閥)을 겁박하여 맺은 미쓰야협정(三矢協定)이 그 단초다. 이 협정을 근거로 만주 군벌은 1926년 대종교만주포교금지령을 발포하였다. 당시 모든 대종교 교당이 폐쇄되었고 중요한 문건 역서 대부분 압수당했다.

그 문건 가운데 「대종교시교당일람표(大倧敎施敎堂一覽表)」(中國 延吉市 和龍縣檔案館 所藏)라는 문서가 있다. 그 문서에 보면, 최원경이 1926년 당시 대종교 귀일시교당(歸一施敎堂)의 전무(典務, 책임자)로 등장한다. 그의 대종교 입교가 그보다 훨씬 전에 이루어졌음을 알 수 있다. 귀일시교당은 혼춘현(琿春縣) 귀화사(歸化社) 대구전촌(大苟甸村)에 소재한 시교당으로 혼춘현 동문(東門) 안에 있는 협성상회(協成商會)를 연락 거점으로 43명의 교인들이 활동하고 있었다.

또한 김창락(金昌洛)과 서윤문(徐允文)이 찬무(贊務, 부책임자)를 맡아 최원경을 도왔다. 특히 김창락은 1919년 2월 밀산(密山) 지역 한흥동(韓興洞)에 거주하는 이춘화(李春

和)·김병길(金丙吉)·김병순(金炳淳)·김순삼(金淳三)·홍용화(洪龍和)·최승화(崔承和)·주내문(朱乃文)·한몽필(韓夢弼) 등과 한국의 독립을 다지는 맹세를 결의한 인물로, 동녕(東寧)과 혼춘(琿春) 지역으로 옮겨와 대종교 활동을 통한 항일투쟁에 몸을 담았던 인물이다. 최원경 역시 대종교 항일투쟁과 뗄 수 없는 인물임을 알 수 있으나, 그 외의 기록은 전하지 않는다.

[참고문헌]
「大倧敎施敎堂一覽表(1926年)」(延边朝鲜族自治州档案馆 全宗号42 目录号1 案卷号343, 和龙县历史档案 和龙县警察所, 令各区査禁韓人設立大倧敎堂由, 民國十五年五月十二日)

최원규(崔元奎, 남, 1870-?)
아호(별명) _ 공일(公一)
입교 시기 _ 1911년 이전 | 교질 _ 참교

출신지역과 생몰연대가 불확실한 인물이다. 1919년도 조직된 정의단(正義團)에 가담하여 지기룡(池基龍)·이대(李垈)·지송(池松)·이순문(李舜文)·정계근(鄭桂根)·김상호(金尙鎬) 등과 통신부원으로 활동한 기록이 있다.

정의단은 3·1운동 직후 대종교 항일단체인 중광단(重光團)을 모태로, 대종교의 핵심이던 서일(徐一)·현천묵(玄天默)·계화(桂和)·채오(蔡五) 등이 적극적인 항일무력투쟁을 전개하기 위하여 대종교도(大倧敎徒)들을 중심으로 규합한 조직이다. 후일 대한군정서(북로군정서)의 토대가 되었다.

정의단은 당시 대종교 교주였던 김교헌(金敎獻)을 고문으로 추대하고 대종교지도자 서일(徐一)이 단장을 맡아 이끌었다. 그 근거는 왕청현(汪淸縣) 대감자(大坎子)에 두고 만주 각지에 5개 분단과 70여개 지단을 설치하였다. 또한 항일투쟁을 위하여 국내 동포의 일치분발을 촉구하는 창의격문(倡義檄文)을 배포하였다. 또한 군정회(軍政會)를 조직하여 군사의 모집과 훈련에 주력하는가 하면, 『일민보(一民報)』·『신국보(新國報)』 등의 기관지를 발간하여 항일독립투쟁의 필요성과 민족의식을 고취하는 데 크게 기여하였다. 한편 최원규가 일제의 또 다른 문서에 대한군정서의 과장으로도 기록된 것을 보아, 정의단이 대한군정서로 개편된 이후에도 꾸준히 대종교 항일투쟁에 몸담은 것을 알 수 있다.

최원규의 대종교 교력을 살피면, 1911년 4월 1일(음력) 윤정현(尹珽鉉) 등과 참교(參敎)의 교질(敎秩)을 받은 기록이 있다. 윤정현의 대종교 입교가 1910년 5월(음력)이었음을 헤아린다면, 최원규의 대종교 입교 역시 그 무렵으로 추정된다. 최원규가 1911년에 결성된 중광단 이전부터 대종교에 깊이 관여했음을 알 수 있다. 더욱이 같은 날 함께 참교를 받은 윤정현이 대한군정서의 탁지국장(度支局長)을 지낸 인물이고 보면, 최원규 역시 대한군정서에서도 중요한 역할을 수행했음을 듯하나 그 기록은 전하지 않는다.

[참고문헌]
『종문영질』(프린트본, 1922), 「間島 不逞鮮人 團體와 그 動靜에 관한 調査書의 件」(不逞團關係雑件-朝鮮人의 部-在滿洲의 部16, 機密 第14號; 秘受 4059號, 한국사DB, 국사편찬위원회), 「歸順者 名簿 送付의 건」(不逞團關係雑件-朝鮮人의 部-在滿洲의 部26, 機密 第4號; 秘受 1848號, 한국사DB, 국사편찬위원회)

최원일(崔元一, 남, 1884-?)
아호(별명) _ 최현일(崔賢一)
입교 시기 _ 1935년 이전 | 교질 _ 참교

강원도 이천군(伊川郡) 방장면(方長面) 주여주리(住麗州里) 출신으로, 기독교 계열의 항일투쟁에 몸을 담다가 대종교로 넘어온 인물이다.

1919년 1월, 상해의 대종교지도자 신규식(申圭植)이 측근인 박찬익(朴贊翊)을 길림(吉林)으로 밀파하여 '민족자결주의'에 대한 소식을 급히 전하였다. 그리고 만주 지역을 거점으로 이에 호응하는 분위기를 조성해야 한다는 당위성을 역설하였다. 이에 북간도와 연해주(沿海州)를 연계한 집회 계획을 도모하였다. 그 주된 목적은 '민족자결주의'가 적용될 파리강화회의에 대비하여 파견할 대표의 여비를 모으고, 독립을 원하는 한민족의 뜻을 세계에 표시하기 위하여 만세운동을 전개하고자 함이었다.

마침내 1919년 1월 25일 국자가 소영자(小營子)에서 열린 기독교 대전도회의 총회를 기회로, 북간도 한인독립운동가 중 각 지역위원 20여 명이 비밀집회를 열어 계획을 마련하고 대표자 선정을 결의하였다. 당시 최원일도 박경철(朴敬喆)·이성근(李聖根)·서성권(徐成權)·강백규(姜伯奎)·이홍준(李弘俊)·이중집(李中執)·류찬희(柳讚熙) 등과 국자가(局子街) 방면을 대표하여 참여하였다.

이후 최원일은 대종교지도자 김영학(金永學) 등과 간도독립선언운동원(間島獨立宣言運動員) 간부역원(幹部役員)으로 활동하는가 하면, 대한국민회에 가담하여 총부(總部)의 통신부 부부장(副部長)도 맡았다. 또한 1919년 4월에는 고려군중앙정청(高麗軍中央政廳)이라는 기구 설치를 도모하기 위해 이흥수(李興洙)·김하석(金河錫)·김창권(金昌權) 등과 노령에서 회합을 갖기도 했다. 1921년 2월에는 액목현(額穆縣) 자신의 집에 항일투쟁을 위한 청년단 조직의 거점을 두고 대종교 동지인 최충호(崔忠浩)·조문백(趙文伯) 등과 거점 확보를 위해 분주히 움직였다. 1922년 1월경에는 구춘선(具春先)·마진(馬晋)·허영권(許永權)·강구(姜九) 등과 돈화현(敦化縣) 사하연(沙河沿) 지역에 거점을 둔 고려공산당총회에 참여하여 서무부장을 맡기도 했다.

최원일의 대종교 입교 관계나 영계(靈戒) 사항에 대한 기록은 모두 전하지 않는다. 그러나 최원일이 1935년 4월 8일(음력), 대종교 백일시교당(白一施敎堂)의 찬무(贊務, 부책임자)로 임명된 기록이 전한다. 당시 그의 교질(敎秩)은 이미 참교(參敎)의 단계에 있었다. 그의 대종교 입교 시기가 그보다 훨씬 이전으로 올라감을 알 수 있다. 백일시교당은 대한군정서의 근거였던 왕청현(汪淸縣) 백초구(百草溝)

에 소재했던 시교당으로, 항일투사 한상우(韓相愚)가 전무(典務, 책임자)을 맡았다. 그리고 현천극(玄天極)·심동식(沈東植) 등 항일투사들이 최원일과 함께 찬무로 활동하였고, 항일투사 오형묵(吳亨默)이 시교원(施教員)으로 임명되어 대종교 포교를 통한 항일투쟁의 선봉에 섰다.

최원일은 1937년 8월 24일(음력)에는 대종교 재만교구경상금수납위원(在滿教區經常金收納委員)이란 중책도 맡는다. 경상금수납위원이란 관할 지역의 재정을 관리하는 직책으로, 그가 그 시기 대종교의 핵심부에서 활동하고 있었음을 확인시켜 주는 근거다. 당시 최원일은 백일시교당을 함께 이끌던 항일투사 현천극·심동식 등과 왕청현 부근을 관할하는 경상금수납위원이었다.

[참고문헌]
『대종교보』제115호(1937년), 『대종교중광육십년사』(대종교총본사, 1971), 「獨立運動에 관한 건(國外 第38報)」(不逞團關係雜件-朝鮮人의 部-在滿洲의 部9, 騷密 第471號; 秘受 4717號, 한국사DB, 국사편찬위원회), 「朝鮮側 警察이 朝鮮人 金順 等을 拘引시킨 것에 관한 건」(不逞團關係雜件-朝鮮人의 部-在滿洲의 部28, 公 第259號; 受 20669號, 한국사DB, 국사편찬위원회), 「間島 및 同 接壤地方에 있어서 排日團體 및 親日團體 調査의 건」(不逞團關係雜件-朝鮮人의 部-在滿洲의 部32, 機密 第93號; 機密受第110號, 한국사DB, 국사편찬위원회), 「소화사상통제자료」24[北支方に於ける要視察(容疑者を含む)朝鮮人の概況(昭和14年6月末現在)](한국사DB, 국사편찬위원회), 『現代史資料』27(姜德相, みすず書房, 1965), 『지산외유일지』(정원택, 탐구당, 1983), 『한국독립운동사자료』40(국사편찬위원회, 2004)

최원준(崔元俊, 남, 1891-?)
입교 시기_ 1917년 이전 ┃ 교질_ 참교

출신지역과 생몰연대가 불분명한 인물이다. 서간도 참의부(參議府)에서 활동하다 순국한 최원준(崔元俊, 2009년 애국장)과는 동명이인이다.

1920년 6월 홍범도(洪範圖)·최진동(崔振東) 등이 이끄는 연합독립군단인 대한군북로독군부(大韓軍北路督軍府)에 가담하여 봉오동전투에 참전하였다. 그러나 일본의 월강(越境) 추격대(追擊隊)와 격전 중, 삼둔자(三屯子) 근처 후안산(後安山) 지역에서 최진욱(崔鎭旭)·최진포(崔鎭浦)·최진삼(崔鎭三) 등과 체포되었다.

최원준의 대종교 교력을 살피면 1917년 10월 1일(음력), 김종로(金宗魯)와 함께 참교(參教)의 교질(教秩)을 받은 기록이 있다. 그의 대종교 입교가 그 이전으로 상당히 올라감을 알 수 있으나, 그 외의 기록은 전하지 않는다.

[참고문헌]
『종문영질』(프린트본, 1922), 「越境 追擊隊 方面의 捜査復命書의 건」(不逞團關係雜件-朝鮮人의 部-在滿洲의 部19, 機密 第185號; 秘受 9592號, 한국사DB, 국사편찬위원회), 『한국독립운동사자료』42(국사편찬위원회, 2006)

최윤(崔允, 남, 생몰 미상)
입교 시기_ 1940년 이전 ┃ 교질_ 참교

출신지역과 생몰연대를 알 수 없는 인물로, 최덕세(崔德世)와 함께 대한의군부(大韓義軍府) 중부(中部) 단원으로 활약한 기록이 있다. 대한의군부는 1919년 4월 연길현 명월구(明月溝)에서 이범윤(李範允)·진학신(秦學新)·최우익(崔友翼)·고평(高平) 등, 대종교지도자들이 주동이 되어 조직된 항일단체다.

의군부 조직은 크게 본부와 중부로 나뉘었다. 그리고 화룡(和龍)·왕청(汪淸)·혼춘(琿春) 등지로 활동 범위를 확대시켰으며, 그 활동 자금은 교민들의 의연금으로 충당하였다. 특히 그 중부 조직은 조선의용군(혹은 조선독립군)로도 칭해졌으며, 그 책임은 대종교의 핵심이었던 고평이 맡았다. 당시 최윤은 중부군(조선의용군·저선독립군)에 속했던 의군부 단원으로 활동하였다.

최윤의 대종교 교력을 살피면, 1940년 12월 3일(음력) 허민화(許民化)·심택연(沈澤淵)·안두성(安斗性) 등과 대종교총본사의 특별 추천으로 영계(靈戒)와 함께 참교(參教)의 교질(教秩)을 동시에 받았다. 총본사가 특별히 추천하여 참교를 수여한다는 것은, 최윤을 비롯한 그들의 종교적 기여가 남달랐음을 보여주는 것이다. 안두성은 일제강점기 국내 경북지역을 중심으로 대종교 활동을 펼친 인물로, 해방 이후 대종교중흥회의 중앙집행위원과 대종교 남일도본사의 전무(典務, 책임자)를 맡았다. 심택연 역시 1939년 10월 25일(음력) 안희제(安熙濟)를 중심으로 조직된 대종교서적간행회(大倧教書籍刊行會)에 참여하여 지대한 기여를 한 인물이다. 최윤 역시 대종교의 중심부에서 많은 역할을 했을 것으로 추정되나, 그 외의 기록은 전하지 않는다.

[참고문헌]
『대종교보』제128호(1940년), 「大韓義軍府의 行動에 관한 건」(不逞團關係雜件-朝鮮人의 部-在滿洲의 部25, 機密 第32號; 秘受 1237號, 한국사DB, 국사편찬위원회)

최윤극(崔允極, 남, 1890-?)
입교 시기_ 1918년 이전 ┃ 교질_ 참교

함경북도 온성군(穩城郡) 온성면(穩城面) 출신이다. 대종교지도자 이범윤(李範允)이 총재로 있던 의군산포대(義軍山砲隊)에 참여하여 항일투쟁을 전개했다.

일명 의군단(義軍團)이라고도 하는 의군산포대는 홍범도(洪範圖)·지장회(池章會)·허은(許垠)·김종헌(金鍾憲)·진학신(秦學新) 등이 조직한 항일단체로, 왕청현(汪淸縣) 춘양사(春陽社) 북삼차구(北三岔溝)를 거점으로 활동하였다. 의군산포대에 속한 6백여 명의 단원은 소총과 권총 등으로 무장한 의병 출신을 핵심요원들로, 청산리대첩의 한 축을 이루는 어랑촌전투(漁郎村戰鬪)에서 큰 전과를 올렸다. 최윤극은 대종교 동지인 김성극(金星極) 등과 연길현(延吉縣) 용지향(勇智鄕) 대불동(大佛洞)을 관할하는 의군산포대 서지방부(西地方部) 제1지방부 이정국(理正局) 조정구장(調正區長)을 지냈다.

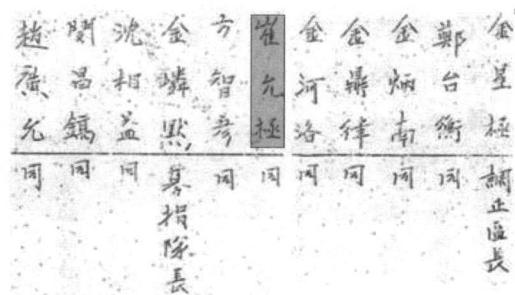

의군산포대 調正區長으로 崔允極(네모 안)의 이름을 올린 일제의 문서

최윤극의 대종교 교력을 살피면 1918년 1월 13일(음력) 대종교 항일투쟁의 거물들인 이동녕(李東寧)·박창순(朴昌淳)·신덕영(申德永)·강천희(姜天熙) 등과 참교(參敎)의 교질(敎秩)을 받았다. 그의 대종교 입교가 그보다 훨씬 전으로 올라감이 확인된다.

[참고문헌]
『종문영질』(프린트본, 1922), 「大韓義軍府의 行動에 관한 건」(不逞團關係雜件-朝鮮人의 部-在滿洲의 部25, 機密 第32號; 秘受 1237號, 한국사DB, 국사편찬위원회), 「列車 內 査察警戒狀況 日報」(檢察事務에 關한 記錄3, 連高秘 제312호, 한국사DB, 국사편찬위원회), 『독립운동사』 5(독립운동사편찬위원회, 1973)

최윤동(崔允東, 남, 1897-1965)
아호(별명) _ 해광(海光), 최진(崔震), 최윤동(崔胤東)
입교 시기 _ 일제강점기 | 교질 _ 지교 | 서훈 _ 애국장(1991)

최윤동

경상북도 대구부(大邱府) 동상면(東上面) 남성리(南城里) 출신으로, 대종교 입교와 함께 진(震)이라는 외자이름으로 개명한 인물이다.
일찍이 대종교계 비밀결사인 대동청년단(大同靑年團)에 가입하여 활동하였다. 대동청년단은 1909년 서울에서 조직되었던 국권회복단체로 아래의 단규(團規)에서 보듯 철저한 비밀결사적 성격의 집단이었다.

一. 단원은 반드시 피로 맹세할 것.
一. 새 단원의 가입은 단원 2명 이상의 추천을 받을 것.

一. 단명(團名)이나 단(團)에 관한 사항은 문자로 표시하지 말 것.
一. 경찰 기타 기관에 체포될 경우 그 사건은 본인에만 한하고 다른 단원에게 연루(連累)시키지 말 것.

최윤동은 후일 대종교의 핵심을 이루는 윤세복(尹世復)·안희제(安熙濟)·남형우(南亨祐)·김동삼(金東三)·신채호(申采浩)·서상일(徐相日)·신백우(申伯雨) 등과 이 단체에 참여하여 그 주축이 되었다. 이 대동청년단은 지금까지도 정확한 내막이 밝혀지지 않을 정도로 치밀한 비밀결사로, 17세부터 30세 미만의 청소년 80~120여명이 남형우의 집에서 조직한 단체였다. 아직까지도 그 조직원 실체가 완전히 밝혀진 것은 아니지만, 당시 단원이었던 윤병호(尹炳浩)의 메모에는 53명의 단원 이름이 등장하고 있다.
출범 당시 대동청년단의 단장은 남형우가 선출되었고 부단장은 안희제가 맡았다. 그리고 참여한 인물들 중, 최윤동을 비롯하여 대종교 3세 교주를 지낸 윤세복과 안희제·이원식(李元植)·남형우·윤병호(尹炳浩)·이경희(李慶熙)·차병철(車秉轍)·이극로(李克魯)·김갑(金甲)·김사용(金思容)·신성모(申性模)·신팔균(申八均)·박광(朴洸)·김동삼(金東三)·신채호·이시열(李時說)·고순흠(高順欽)·이우식(李祐植)·민강(閔橿)·서상일(徐相日)·신백우 등, 40명에 가까운 인물들이 후일 대종교의 중심을 이룬다.
1916년 중국으로 망명한 최윤동은 1918년 운남군관학교(雲南軍官學校)를 졸업한 뒤 3·1독립만세운동에 호응하여 상해 대한민국임시정부에서 길림군정사(吉林軍政司)에 파견되어 군무국장(軍務局長)으로도 활약하였다. 이후 군자금 모금을 위해 국내로 잠입한 입국하여 활동하다가 잡혀 1919년 10월 종로경찰서에 유치되기도 했다.
한편 1920년 10월에는 청산리독립전쟁에도 지대장으로 참전하여 혁혁한 전공을 세웠고, 의용단장으로도 활약하였다. 이후 노령 지역에 모인 항일단체들이 가칭 대한총군부(大韓總軍府)라는 이름으로 통일기관을 도모할 때도 징모국(徵募局)의 군적과장(軍籍課長)으로 선임되기도 했다. 1921년 5월에는 북경으로 넘어가 대종교지도자 조성환(曺成煥)이 이끄는 북경군사통일회의(北京軍事統一會議)에 참가하는가 하면, 김원봉(金元鳳)을 중심으로 한 의열단(義烈團)에도 가입하여 국내와의 연결고리 역할을 하였다.
1922년 9월, 최윤동은 다시 국내로 잠입하여 만주로부터는 일제 식민지 통치기관을 폭파하기 위한 무기와 폭탄을 반입하였다. 그리고 국내에서 군자금을 모집하여 만주로 발송하기 위해 경북 지역에서 본격적인 활동을 펼쳤다. 그러나 이러한 활동을 추적하던 일제의 경찰에 의해 1923년 7월 경북 칠곡에 있는 송림사 근처에서 일본경찰에 잡혀 1924년 11월 대구법원에서 징역 2년 6월을 선고받고 복역하였다. 1926년 9월 29일 출옥한 최윤동은 1927년 8월 대구신간회지회 설치를 위한 준비위원회의 재정위원(財政委員)으로 선출되어 지회 창립의 주도적 역할을 담당하였고, 대구지부장으로도 활약하였다. 또한 중외일보사 전무이사 등을 역임하며, 항일구국의 길을 쉬지 않았다.
최윤동은 광복 이후에도 다양한 정치 활동을 전개하였다.

1948년에는 제1대 국회의원 총선거 당시, 대구 갑구에서 제헌국회의원으로 당선되어, 국회 외무·국방분과 위원장으로 국군조직법 정비를 비롯한 건군작업에 크게 기여하였다. 그리고 한국전쟁 때는 육군중장으로서 유격대사령관으로 참전하여 많은 활약을 펼쳤다.

경북지역 군자금 모집사건으로 복역하던 최윤동이 1926년 9월 29일 출옥했다는 내용을 다룬 『동아일보』 기사.

최윤동의 대종교 입교는 1910년대에 이루어진 것으로 전언되지만, 그 기록은 남아있지 않다. 그 시기의 1차 자료인 『대종교보(大倧教報)』 등이 모두 없어졌기 때문이다. 그러나 안희제·윤세복 등, 많은 대동청년단원들이 1910년대에 대종교에 입교한 것으로 보아 그 시기가 아닐까 짐작해 본다.

대종교단에서는 최윤동의 이러한 종교적 경험을 존중하여, 대종교총본사가 만주로부터 환국한 직후인 1946년 3월 14일(음력), 총본사의 특별 추천에 의해 영계(靈戒)와 함께 참교(參教)의 교질(教秩)을 동시에 수여하였다. 더욱이 같은 날 경의원(經議院) 참의(參議)로도 선임하여 원로로서의 대우를 극진히 하였다. 그리고 같은 해 5월 1일(음력)에는 지교(知教)의 교질로도 승질(陞秩)하였다.

[참고문헌]
『대종교보』한국기념호(1946년)·제150호(1946년), 『대종교중광육십년사』(대종교총본사, 1971), 「在露領 不逞鮮人團의 統一에 관한 件」(不逞團關係雜件-朝鮮人의 部-鮮人과 過激派1, 高警 제12589호, 한국사DB, 국사편찬위원회), 『동아일보』1920.5.31., 1924.4.13·29., 5.23., 10.18., 11.7., 1926.10.1., 「판결문」(대국지방법원, 1926. 6. 23)「중외일보」1927.8.27., 『고등경찰요사』(경상북도경찰부, 1934), 『한국독립사』(김승학, 독립문화사, 1965), 『독립운동사자료집』10(독립운동사편찬위원회, 1976)

최윤호(崔崙昊, 남, 생몰 미상)
입교 시기 _ 1937년 | 교질 _ 참교

출신지역과 생몰연대를 알 수 없는 인물이다. 일제의 기록에서는 찾을 수 없으며, 오직 1930년대 대종교단 내의 기록에서만 등장하고 있다.

최윤호의 대종교 교력을 보면 1937년 2월 28일(음력, 이하 음력) 박응호(朴應浩)·김희수(金希洙)·이진우(李鎭宇) 등과 대종교 도성시교당(道成施教堂)의 추천으로 영계(靈戒)를 받은 기록이 있다. 그의 대종교 입교가 그 이전임을 확인시킨다. 도성시교당은 대종교 북일도본사(北一道本司) 관할로 돈화현(敦化縣) 두도량자(頭道欒子)에 소재해 있었다. 또한 최윤호는 5개월 후인 7월 21일에는 김희수와 더불어 도성시교당의 찬무(贊務, 부책임자)로도 임명된다. 전임 찬무인 박장빈(朴章彬)과 김병상(金炳尚)을 대신한 것이다. 최윤호의 전임 찬무인 박장빈은, 1926년 8월 안도현(安圖縣)에 정의부 안도현 총관부(總管部)를 설치할 때 조직부장을 맡았던 인물이다. 그가 도성시교당의 찬무를 물러난 이유는 교무(教務)로 쇠약해진 몸을 추스르기 위함이었으나, 1937년 끝내 사망하였다.

최윤호는 1937년 8월 24일 대종교 재만교구경상금수납위원(在滿教區經常金收納委員)으로도 임명되었다. 그 시기 최윤호의 대종교에서의 비중이 상당했음을 알게 해 준다. 그는 이옥규(李沃珪)·김희수와 함께 돈화현 두도량자 지역을 관할하였다. 특히 이옥규는 대종교 항일단체인 흥업단(興業團)을 중심으로 항일투쟁을 전개한 인물이다. 흥업단 및 광정단(光正團)의 비서(秘書)로 활동하였으며, 김혁(金赫)·박장빈·최시언(崔時彦)·한승제(韓承濟) 등 흥업단의 대종교 동지들과 대한군정서(북로군정서)에 파견되어 참모 역할도 수행하였다. 또한 대종교 계열 신민부(新民府)의 돈화현 지방 연락원으로 암암리에 활동하면서 대종교를 통한 항일투쟁을 꾸준히 전개하였다. 이러한 정황에서 보면, 최윤호 역시 대종교 항일투쟁과 뗄 수 없는 인물임을 알 수 있다.

최윤호는 1937년 9월 7일 대종교총본사의 특별 추천으로 참교(參教)의 교질(教秩)을 받았으나, 그 이후의 기록은 남아있는 것이 없다.

[참고문헌]
『대종교보』제113호(1937년)·제115호(1937년)

최율(崔律, 남, 생물 미상)
입교 시기 _ 1922년 이전 | 교질 _ 참교

출신지역과 생몰연대를 알 수 없는 인물로, 1922년 혼춘현(琿春縣) 소성자(小城子)에 거주하면서 항일투쟁을 펼친 기록이 있다. 그 해 1월경, 노령 송전관(松田館)에 근거를 두고 활동하던 강석훈(姜錫勳) 등 10여명의 항일투사들이 그의 집으로 넘어와 유숙을 하고, 함께 두만강 대안(對岸)인 함경북도 경원부(慶源府) 신건원(新乾原)의 순사주재소(巡査駐在所)와 수비대(守備隊)를 습격하였다.
최율의 대종교 교력을 살피면 1915년 10월 4일(음력) 참교(參教)의 교질(教秩)을 받은 기록이 있다. 그의 대종교 입교가 그보다 이른 시기에 이루어졌음을 확인시켜준다. 또한 같은 날 함께 참교를 받은 김창훈(金昌勳)은 혼춘한민회(琿春韓民會)·신대한청년회(新大韓靑年會)·통의부(統義府) 등에서 활약한 항일투사였다. 또한 이인백(李仁白) 역시 대한군정서(북로군정서) 경신분국(警信局) 제1분국 제2과장을 맡았던 항일투사다. 이후 최율은 1922년 8월 22일(음력) 대종교 성일시교당(城一施教堂)의 찬무(贊務, 부책임자)를 맡았다. 성일시교당은 최율이 항일투쟁을 전개했던 혼춘현 소성자에 소재했으며, 항일투사 최순범(崔舜範 혹은 崔舜凡)이 전무(典務)로 시무했고, 김제섭(金濟燮)이 찬무를 맡아 최율과 함께 했다.

[참고문헌]
『대종교중광육십년사』(대종교총본사, 1971), 「新乾原에 襲擊을 가한 不逞鮮人에 관한 건」(不逞團關係雜件-朝鮮人의 部-在滿洲의 部31, 機密公信 第3號; 機密受第5號, 한국사DB, 국사편찬위원회)

최이순(崔而舜, 남, 생물 미상)
아입교 시기 _ 1926년 이전 | 교질 _ 미상

출신지역과 생몰연대를 알 수 없는 인물로, 1920년대 만주군벌에 압수당한 대종교의 문건에만 등장하고 있다.
대종교는 1910년대부터 만주항일투쟁의 총본산 역할을 하며 그 기반을 다졌다. 특히 1920년 9월에 청산리독립전쟁의 주역으로 나선 집단도 대종교다. 이에 일제는 경신대학살(庚申大虐殺)을 감행하여 그 앙갚음을 하였다. 당시 죽임을 당한 대종교도가 기만명(幾萬名)이 되었고 수십 곳의 교당도 파괴되었다. 일제의 횡포는 여기서 끝나지 않았다. 1925년 만주군벌(滿洲軍閥)을 겁박하여 맺은 미쓰야협정(三矢協定)의 부대조항에 대종교는 독립운동단체임으로 해산시켜야 한다고 명문화하였다. 이 협정을 근거로 1926년 대종교만주포교금지령이 발포되었다. 만주의 모든 대종교당이 폐쇄되고 수많은 문건들이 압수당하였다. 대종교가 그 본부를 북만주 밀산현(密山縣) 깊은 곳으로 은둔하게 된 배경이다.

그 당시 압수당한 문건 가운데 '대종교시교당일람표(大倧教施教堂一覽表)'라는 문서가 보인다. 현재 연변자치주 화룡당안관(和龍檔案館)에 소장되어 있다. 그 문서에 보면 최이순이 1926년 당시 대종교 기광시교당(旗光施教堂)의 찬무(贊務, 부책임자)를 맡았다는 기록이 있다. 그의 대종교 입교가 그 이전으로 올라감이 확인된다. 당시 기광시교당은 길림성 화전현(樺甸縣) 목기하(木旗河)에 소재한 시교당으로, 조범석(趙範錫)이 전무(典務, 책임자)로 있었으며 김효선(金孝璇)과 최승기(崔承祺)가 찬무를 맡아 시무하였다. 기광시교당은 길림의 남산(南山) 화수림자(樺樹林子) 공순천(公順泉)에 연락 거점을 두고 88명의 교도들을 이끌고 있었다. 일제강점기 대종교시교당은 학교인 동시 항일투쟁의 거점이었다. 이러한 정황에서 보면 최이순 역시 대종교 항일투쟁의 일선에서 활약한 인물임을 알 수 있으나, 그 외의 기록은 전하지 않는다.

[참고문헌]
「大倧教施教堂一覽表(1926年)」(延边朝鲜族自治州档案馆 全宗号42 目录号1 案卷号343, 和龙县历史档案 和龙县警察所, 令各区查禁鲜人设立大倧教堂由, 民国十五年五月十二日)

최익채(崔益采, 남, 1899-?)
아호(별명) _ 고원(高原)
입교 시기 _ 1921년 | 교질 _ 참교

경상북도 울진군(蔚珍郡) 북면(北面) 나곡리(羅谷里) 출신으로, 대종교 항일투사인 최익한(崔益翰)의 동생이다. 고향에서 한학을 익히고 상경하여 신학문을 닦았으며, 이후 일본으로 유학을 떠났다. 귀국 후에는 고향에서 잠시 제동학교(濟東學校) 교사로 재임하며 지역 교육 발전에 앞장섰다.
최익채는 만주 유하현(柳河縣)에 본부를 둔 대한독립단과 연락을 취하며 항일투사 남상정(南相稹, 애족장·1992)을 독립단에 가입시키는 등, 암암리에 항일투쟁을 전개했다. 특히 친형인 최익한이 대한민국 임시정부의 독립 자금 모집책으로, 1,600원을 모아 상하이로 낼 당시도 그 주변 역할을 한 인물이다. 그러나 재인박명(才人薄命)이랄까. 최익채는 얼마 후 젊은 나이에 숨을 거두었다. 『울산군지(蔚山郡誌)』에 최익채를 애도한 다음의 글이 마음에 닿는다.

"당시 지행(知行)과 견문(見聞), 또한 필법(筆法)이 뛰어나고 말솜씨가 누구라도 감동시켜 세인을 놀라게 한 다능다재(多能多才)한 문사(文士)이다. 지병(持病)으로 일찍이 세상을 떠나니 향인(鄕人)들이 슬퍼하였다."

최익채의 대종교 교력을 살피면 1921년 9월 1일(음력) 참교(參教)의 교질(教秩)을 받은 기록이 있다. 그의 대종교 입교가 그 이전에 이루어졌음을 알 수 있다. 아마도 대종교 선배이자 친형인 최익한의 영향이 컸을 듯하다.

또한 같은 날 함께 참교를 받은 인물들이 박치병(朴致秉)·강용구(姜鎔求)·조용해(趙龍海)·이필근(李弼根)·맹주천(孟柱天)·최창식 등, 국내 대종교의 중심을 이루는 엘리트들이었다. 최익채 역시 그 시기 국내 대종교의 핵심부에 있었음을 확인할 수 있는 부분이다. 최익채가 1921년 개천절(開天節, 음력 10월 3일)에 지석영(池錫永)·정삼(鄭森)·유진찬(俞鎭贊)·박일병(朴一秉) 등, 대종교지도자들과 의식을 주관한 것도 이를 뒷받침하는 근거라 할 수 있다. 당시 최익채가 송도(頌禱, 의식을 마치는 원도)를 한 것만 보아도, 그의 종교적 깊이 역시 상당했을 것으로 추정된다.

최익한

립 자금 모집책으로 활약하였다. 이 일로 일제 경찰에 체포되어 1921년 경성복심법원에서 징역 4년을 선고받고 복역하다가 3년 만에 석방되었다. 출옥 후 일본으로 건너가 와세다 대학 정경학부에 입학하였다. 사회주의 사상에 눈을 뜬 시기도 이 무렵이다. 1925년 1월에 재일본 조선인들로 구성된 일월회(一月會)를 시작으로 재일본무산청년동맹, 신흥과학연구회 등에서도 활동하였다. 1926년에는 모스크바 소재 동방노력자공산대학에 입학도 계획하였으나 실행하지 못했다. 이후 중동학교 동창이자 대종교의 절친한 동지인 박락종(朴洛鍾)의 권유로 조선공산당에 입당하여, 1927년 4월 조선공산당 일본부 조직부장을 맡았다.

1921년 대종교남도본사에서 열린 開天節 기념식에서 최익채(네모 안)가 願禱를 했다는 내용을 실은 『동아일보』 기사.

대한민국임시정부의 독립자금 모집책으로 활동하다 체포된 최익한(네모 안)에 대한 기사를 실은 『매일신보』(1921.6.17.)

[참고문헌]
『종문영질』(프린트본, 1922), 『동아일보』1921.11.3., 『가람일기』ㅣ(이병기, 신구문화사, 1975), 『독립운동사자료집』10(독립운동사편찬위원회, 1984), 『한민족독립운동사자료집』37(국사편찬위원회, 1999), 『울진군지』하(울진군지편찬위원회, 2001)

최익한(崔益翰, 남, 1897-?)

아호(별명) _ 창해(滄海)
입교 시기 _ 1910년대 추정 ㅣ 교질 _ 미상

강원도(현 경상북도) 울진군(蔚珍郡) 북면(北面) 나곡리(羅谷里) 출신이다. 대종교 항일투사인 최익채(崔益采)의 형이자, 마르크스주의 역사학자로 사회주의운동을 펼친 이청원(李淸源)의 장인(丈人)이다.
일찍이 곽종석(郭鍾錫)의 문하에서 성리학을 공부하였으며, 1917년 상경하여 1년 만에 중동학교를 마쳤다. 이후 기독교청년회관에서 영문학을 공부하면서, 동서양의 학문을 비롯하여 민족의 현실과 세계사의 흐름에 눈을 뜨게 되었다. 이 시기 3·1독립만세운동을 경험하며 본격적인 민족운동에 몸을 담았다. 특히 경북 영주군(榮州郡)에서 1,600원을 모아 상해로 보내는 등 대한민국 임시정부의 독

서울과 동경을 오가며 민족협동전선 운동의 강화를 위한 이론투쟁 활동을 전개하던 최익한은 1928년 2월, 일제의 조선공산당에 대한 대대적인 검거 당시 동경에서 체포되어 징역 6년을 선고받고 서대문형무소에 수감되었다. 더욱이 대전형무소로 이감 도중 대전 역에서 구호를 외치며 만세 시위를 주도한 혐의로 징역 1년이 더해져 7년 동안 감옥 생활을 하였다. 이 시기 최익한의 큰아들 최재소(崔在韶)와 둘째 아들 최학소(崔學韶) 역시 울진공작당 사건에 연루되어 각각 징역 2년 6월형과 3년형을 선고받았다. 큰아들 최재소는 복역 중이던 1937년 3월 고문의 후유증과 열악한 감옥 생활을 이기지 못하고 옥사하였다.
최익한은 광복 이후 박헌영 중심의 '재건파 공산당'과 대립하며 '장안파 공산당'의 중심인물이 되었다. 또한 조선건국준비위원회 조사부장, 민주주의민족전선 중앙상임위원 및 기획부장으로도 활동하였다. 그리고 1947년 12월 민족자주연맹에 참여한 이후, 1948년 4월 평양에서 열린 남북연석회의에 참가를 계기로 가족과 함께 북으로 넘어간다. 그리고 북한에서 남조선인민대표자대회에서 제1기 최고인민회의 대의원으로 선출되기도 하였으나, 1950년대 후반 이후로 그의 활동이나 생사 역시 오리무중이 되었다.
최익한은 사회주의 이론만이 아니라 우리의 국학과 관련

된 역사와 철학 분야에 다양한 글을 남겼다. 그 중에서도 정약용(丁若鏞) 연구를 통한 다산학(茶山學)의 정립은 실학 연구의 중요한 업적으로 평가된다. 1955년에 저술·간행된 『실학파와 정다산』이 그 결실이다.

[교력]
최익한의 대종교 입교는 1910년대로 알려져 있으나, 그와 관련된 기록은 일체 남아있는 것이 없다. 다만 중동학교 졸업 전후로 추정할 뿐이다. 해방 이후, 최익한에 대한 대종교단 내의 기록 역시 전무한 상태다. 사회주의(공산주의) 인물들에 대한 피기(避記) 현상이 그 주된 원인이다.
그러나 1920년 11월 21일, 가람 이병기(李秉岐)를 대종교에 입교시킨 인물이 최익한이다. 최익한의 대종교 입교가 적어도 그 이전으로 올라감을 확인할 수 있다. 그 날 이병기의 일기에 적힌 아래의 기록에서도 알 수 있다.

"최익한 군을 따라가 한배님 가르치시는 길로 들어가다. 나는 한배님 가르치심을 믿음은 진실로 오랜 것으로 생각한다. 한배님께서는 우리의 등걸에 가장 비롯하고 거룩하시고 높으시고 크시어 다시 우러르고 끝없고 가없는 등걸이다. 고로잘해 먼저부터 우리 등걸들께서 한배님을 가장 높이시고 사랑하시고 믿어오며 우리로부터 고로잘해 그지없는 뒤에도 우리 자손들이 한배님을 가장 높이고 사랑하고 믿을지니라. 이를테면 우리 등걸이든지 우리든지 이승에 생겨나올 적에 반드시 삼신께서 만들어 낳으셨다 하니 삼신이 곧 한배님이시라."

최익한이 군자금 모금으로 체포되어 재판을 받을 당시도, 재판정을 빼지 않고 찾은 인물이 이병기다. 마지막 선고공판 때는 방청하려는 이들이 너무 많아 오랜 시간 그 결과를 밖에서 기다리기도 했다. 그리고 6년형을 선고받았다는 소식에 이병기는 그만 오열하고 만다. 이병기가 1921일 7월 1일에 기록한 그의 다음 일기 내용에서 확인할 수 있다.

"맑다. 아침밥 먹는 길로 재판소에 가다. 한 시간쯤 지나서 최익채군이 오고, 또 두어 시간 지나 최익한군이 와 공판을 연다. 너무 방청인이 많다고 나를 들여보내지 아니한다. 재판소 마당으로 오락가락하다가 두어 시간을 보내서 오포(午砲) 소리가 나고 조금 있으려니까 익한 군이 용수를 쓰고 나온다. 들으니 징역 6년이라고 선고받았다. 바로 눈물이 쏟아진다."

한편 동생 최익채를 대종교로 이끈 인물도 최익한이다. 최익채가 1921년 9월 1일(음력) 참교(參敎)의 교질(敎秩)을 받은 기록으로 보아, 그의 대종교 입교 역시 그 이전에 이루어졌음을 알 수 있다. 그러므로 최익한은 이병기만이 아니라, 당시 국내 대종교청년운동의 중심에 있었던 애류(崖溜) 권덕규(權悳奎), 춘도(春濤) 박일병(朴一秉) 등 수많은 대종교 동지들과도 절친했다.
그의 사회주의 동지인 박락종 역시 1922년 1월 23일(음력) 참교(參敎)의 교질을 받은 기록이 나타난다. 특히 박락종

과 같은 날 함께 참교의 교질을 받은 최익환(崔益煥)·임태호(林泰虎)·박순병(朴舜秉) 등, 모두가 대종교 사회주의자들이다. 이들 역시 당시 사회주의 운동의 대표적 인물들로 대종교의 핵심 세력이기도 했다. 최익환은 대동단(大同團)과 조선민흥회(朝鮮民興會)의 중심이었으며, 임태호는 조선공산당재조직준비위원회(朝鮮共産黨再組織準備委員會) 경성(鏡城) 그룹의 책임자였다. 또한 박순병은 고려공산청년회 중앙위원 후보를 지낸 인물로 일제의 고문에 의해 죽어간 인물이다.
주목되는 것은 최익한이라는 인물을 빼고는 그들의 대종교 입교를 설명할 수 없으나, 최익한에 대한 기억은 대종교단에서 철저히 지워져 있다. 북한으로 넘어간 사회주의라는 벽이 그에 대한 기록마저 외면하게 만든 것이다.

[참고문헌]
『매일신보』1921.6.17., 『조선사회정책사』(최익한, 박문출판사, 1947). 『정약용의 정치경제사상연구』(홍이섭, 한국연구도서관, 1959). 『한국공산주의운동사』 3(김준엽·김창순, 고려대학교 아세아문제연구소, 1973). 『가람일기』 I (이병기, 신구문화사, 1975). 『한국공산주의운동사』1(스칼라피노·이정식, 한홍구 옮김, 돌베개, 1986). 『울진군지』(울진군지편찬위원회, 2001).

최익항(崔益恒, 남, 생몰 미상)

아호(별명) _ 심계(心溪)
입교 시기 _ 1913년 이전 | 교질 _ 정교

함경북도 경원(慶源) 출신으로 생몰연대는 알 수가 없다. 관북(關北) 지역의 올곧은 선비로 명망이 있었으며, 백포(白圃) 서일(徐一)의 진정한 벗으로도 알려진 인물이다. 일찍이 대종교 항일단체인 중광단(重光團)을 시작으로 대한정의단(大韓正義團)과 대한군정서(북로군정서)로 이어지면 대종교 항일 투쟁에 앞장섰다.
특히 대한군정서의 총재부에 속한 경리국장(經理局長)을 맡으면서 모든 살림을 책임졌다. 당시 대한군정서의 중앙조직은 크게 총재부(總裁府)와 사령부(司令部)로 나뉘어 있었다. 총재부는 대한군정서 관내의 전반적인 일들을 지휘·통괄하는 한편, 사령부의 군사활동을 후원하는 역할을 담당하였다. 최익항을 비롯한 총재부를 구성하는 인물들 모두가 '도표'에서 보는 바와 같이 대종교인이었다.

이름	위	종교	출신지	비고
서일(徐一)	총재(總裁)	대종교	함북 경원(慶源)	
현천묵(玄天默)	부총재(副總裁)	대종교	함북 경성(鏡城)	
김성(金星)	비서장(秘書長)	대종교	경남 의령(宜寧)	김병덕(金秉德)
임도준(任道準)	서무부장(庶務部長)	대종교	미상	
계화(桂和)	재무부장(財務部長)	대종교	평북 선천(宜川)	

이름	위	종교	출신지	비고
최익항 (崔益恒)	경리국장 (經理局長)	대종교	함북 경원	
정신(鄭信)	인사국장 (人事局長)	대종교	함남 홍원(洪原)	정윤(鄭潤)
양현(梁玄)	기계국장 (機械局長)	대종교	미상	양만복 (梁萬福)
김사직 (金思稷)	군법국장 (軍法局長)	미상	미상	
김경준 (金京俊)	계사국장 (稽査局長)	대종교	미상	
윤정현 (尹珽鉉)	탁지국장 (度支局長)	대종교	경기 파주(坡州)	
이홍래 (李鴻來)	모연국장 (募捐局長)	대종교	함북 회령(會寧)	
김우종 (金禹鍾)	징모국장 (徵募局長)	미상	미상	
채규오 (蔡奎伍)	경신국장 (警信局長)	대종교	함북 경원	

소관도구	관할지역	책임자	서임일자(음력)
동이도구 (東二道區)	중앙선 구참(九站) 동쪽	김주학(金柱鶴)	1924년 3월 25일
	동녕구	이남철(李南哲)	
동이도구 (東二道區)	동녕구	최익항(崔益恒)	1924년 3월 25일
	밀산구	한기중(韓基中)	
	해림구	서강준(徐康駿)	1924년 12월 5일

뿐만 아니라 사령부의 핵심이었던 김좌진(金佐鎭, 사령관), 이장녕(李章寧, 참모장), 나중소(羅仲紹, 참모부장), 박두희(朴斗熙, 사령부 부관), 이범석(李範奭, 연성대장) 등, 대부분의 인물들도 모두 대종교인이었다. 대종교 항일투쟁의 특징인 군교일치(軍敎一致)의 지향할 수 있었던 근본적인 전형을 확인할 수 있는 부분이다.

최익항은 청산리독립전쟁 이후부터는 대종교의 중심부에 뛰어들었다. 그리고 밀산(密山), 영안(寧安) 등으로 옮겨 다니며 대종교 포교를 통한 대종교 항일투쟁을 이어가다가 영안에서 병사(病死)하였다. 그의 장남(長男, 성명 미상) 역시 광복군(光復軍) 모집(募集) 사업으로 입만(入滿)하였다가 일경(日警)에 체포되었다.

최익항의 대종교 교력을 보면 1913년 8월 1일(음력, 이하 음력) 참교(參敎)의 교질(敎秩)을 받은 기록이 있다. 그의 대종교 입교가 그보다 훨씬 전으로 올라감이 확인된다. 아마도 서일이나 현천묵처럼 중광단 시절로 추정된다. 이어 1916년 4월 1일에는 지교(知敎)의 교질로 승질(陞秩)하였다. 그리고 같은 해 8월, 대종교 교주 홍암(弘巖) 나철(羅喆)이 자진순교(自盡殉敎)할 당시는 아래와 같은 추도만장(追悼輓章) 올려 교주를 보내는 추모의 뜻을 표하기도 했다.

> 倅門無主幾多年　대종교문이 닫힌 지가 몇 해이던가
> 賴有弘師復見天　홍암대종사 덕에 다시 하늘을 만나고
> 重光以後人知祖　대종교 중광으로 근원을 알게 되니
> 檀祖於吾血脉傳　단조께서 우리에게 그 흐름을 전하시다

최익항은 1917년 5월 27일 상교(尙敎)로 교질이 오르고, 1924년 3월 25일에는 '대종교총본사기본 및 경상금동독위원(大倧敎總本司基本及經常金董督委員)'에도 임명되었다. 동독위원이란 감독위원을 말하는 것으로 최익항이 만주 대종교 경제활동의 중심부에 있었음을 알게 해 준다. 당시 최익항이 속한 대종교 동이도본사(東二道本司) 소관지역(所管地域)과 그 책임자들을 보면 다음표와 같다.

최익항은 동녕현 구시가지(舊市街地)에 거주하면서 이남철과 더불어 동독위원의 역할을 수행하였다. 그러나 1925년 6월에 맺어진 미쓰야협정(三矢協定) 이후 대종교의 활동은 급속히 위축되었다. 특히 그 '부대조항'에서 대종교를 항일단체로 규정한 근거를 토대로, 1926년 만주 당국은 대종교만주포교금지령을 내린다. 최익항은 대종교지도부들과 밀산으로 은둔하였다. 그리고 1931년 일제의 만주침략 이후 세워진 만주괴뢰정권하에서는 대종교의 활동이 더욱 침체되었다. 절체절명의 기로에 선 대종교 교주 윤세복(尹世復)은 1933년 어천절(御天節, 음력 3월 15일)을 기해 일대 결단을 내린다. 아래의 다짐과 같이 합법적 승인을 통한 대종교 활동을 도모하고자 한 것이다.

> "우리 대교(大敎, 대종교-인용자 주)가 중광한 지 25년 동안 피일본의 무리한 박해를 늘 받아왔으나 지금 시국의 정세는 더욱 변천되고 갈 데 올 데가 없는 오늘날, 나는 한배검의 묵시를 받고 자신(自身) 순교의 길을 떠나는데, 만일 피당국의 양해를 얻으면 '국수망이나 도가존(國雖亡이나 道可存)'이라 하신 신형(神兄, 홍암 나철을 말함-인용자 주)의 유지(遺志)를 봉승할 것이오, 또 불여의(不如意)하면 나의 일신을 희생하여 선종사(先宗師, 2세 교주 김교헌을 말함-인용자 주)의 부탁하신 대은(大恩)을 갚겠노라"

윤세복은 대종교총본사를 임시로 밀산현 평양진(平壤鎭) 신안촌(新安村)에 존치시키고 대종교 포교의 길을 떠났다. 그리고 그곳에 남아 윤세복으로부터 총본사의 임시사무를 위임 받은 인물이 최익항과 성하식(成夏植)이다. 최익항은 1933년 가경절(嘉慶節, 음력 8월 15일)을 기해 총본사의 전범(典範)으로도 임명되었고, 영안으로 옮겨가기까지 밀산을 중심으로 한 대종교 안정과 보호에 심혈을 기울였다. 전범이란 대종교의 의리(儀理)와 규리(規理)를 관장하는 직책으로, 의식예제(儀式制例)와 회계감사(會計監査), 교인쟁변(敎人爭辯)과 포상징죄(褒賞懲罪)를 관장하는 자리였다. 최익항은 이러한 노력과 기여로, 1938년 중광절(음력 1월 15일)에 정교(正敎)의 교질로 오름과 동시에 대형(大兄)의 교호(敎號)를 받았다. 그리고 1939년 '대종교서적간행회(大倧敎書籍刊行會)'가 출범할 당시는, 어려운 형편에도 불구하고 1주(株)의 투자로 정성을 보였다. 이 서적간행회는 대종교 교화를 위해 반드시 교적(敎籍)이 필요함을 취지로 하여 출범한 모임으로, 안희제(安熙濟)·강철구(姜鐵求)·김영숙(金永肅)·장도순(張道淳) 등이 주도하였다.

[참고문헌]
『종문영질』(프린트본, 1922), 「홍암신형조천기」(김교헌편, 대종교총본사, 1954),
『대종교인과 독립운동연원』(이현익, 프린트본, 1962), 『대종교중광육십년사』
(대종교총본사, 1971), 「大倧教施教堂一覽表(1926年)」(延邊朝鮮族自治州檔案
館 全宗号42 目録号1 案卷号343, 和龍县历史档案 和龙县警察所, 令各区查禁韩
人设立大倧教堂由, 民国十五年五月十二日), 「朝鮮側 警察이 朝鮮人 金順 等
을 拘引시킨 것에 관한 건」(不逞團關係雜件-朝鮮人의 部-在滿洲의 部28, 公 第
259號; 受 20669號, 한국사DB, 국사편찬위원회), 『朝鮮獨立運動』Ⅲ(金正明, 原書
房, 1967), 「北路軍政署의 成立과 活動」(박환, 『국사관논총』11, 국사편찬위원회,
1990)

최익형(崔益亨, 남, 생몰 미상)
입교 시기_1914년 이전 | 교질_참교

출신지역과 생몰연대를 알 수 없는 인물이다. 일제의 기록
에서는 찾을 수 없으며 대종교단 내의 기록에서만 확인되
고 있다.
최익형은 비교적 이른 시기인 1914년 3월 11일(음력) 참교
(參教)의 교질(教秩)을 받은 기록이 있다. 그의 대종교 입교
가 그보다 훨씬 전에 이루어졌음이 확인된다. 또한 1926
년 2월 12일(음력)에는 대종교 시교원(施教員)으로 임명되
어 동일도본사(東一道本司) 소관의 화룡현(和龍縣) 지역을
관할하였다. 당시 동일도본사 소속의 시교원으로는 최익
형과 함께 항일투사 강준(姜濬)·김재선(金在善)·박순(朴淳)
등이었다.
강준은 만주 해성학교(海星學校)와 삼애학교(三愛學校)에서
교사 생활을 통해 항일활동을 전개한 인물이다. 김재선
역시 장건상(張建相)·이소산(李小山)·김대지(金大地) 등과
1919년 11월 만주에서 조직된 의열단의 김원봉을 적극 후
원한 인물로 알려져 있다. 또한 박순은 대종교 항일단체
인 대한군정서(북로군정서) 경신국(警信局) 제19분국 4과장
을 역임한 인물로, 대종교계열의 만선청년회(滿鮮青年會)
에서도 활동하였다. 최익형 역시 대종교 항일투쟁과 밀접
한 인물임을 암시해 준다.
한편 최익형이 속한 동일도본사는, 당시 교주인 김교헌
(金教獻)이 1922년 3월 5일(음력)에 발포한 '교구분리조례(教
區分離條例)'에 의해 만들어진 교구다. 동일도본사 위치는
연길(延吉) 역내(域內)에 두었으며, 제1지사(왕청·혼춘 관할),
제2지사(연길·화룡 관할), 제3지사(함경북도 전지역)로 나누었
다. 최익형은 화룡현 이도구(二道溝) 고산시(孤山市)에 연락
거점을 두고 시교 활동을 펼쳤으며, 나머지 인물들도 혼
춘(강준), 연길(김재선), 화룡(박순) 지역을 맡아 최익형과 함
께 시무하였다.

[참고문헌]
『종문영질』(프린트본, 1922), 『대종교중광육십년사』(대종교총본사, 1971), 「大倧
教施教堂一覽表(1926年)」(延邊朝鮮族自治州檔案館 全宗号42 目録号1 案卷号
343, 和龙县历史档案 和龙县警察所, 令各区查禁韩人设立大倧教堂由, 民国十五年
五月十二日)

최익환(崔益煥, 남, 1889-1959)
아호(별명)_역전(力田), 최경혁(崔庚爀), 최석훈(崔錫勳)
입교 시기_1922년 이전 | 교질_참고 | 서훈_애국장(1990)

최익환

충청남도 홍주군(洪州郡) 주북
면(州北面) 평리(坪里) 출신이
다. 1905년 서울의 광무일어
학교(光武日語學校)에 들어가 2
년간 수학한 뒤 1907년 가을
에 종사도량형사무국(從事度
量衡事務局) 통영관을 거쳐 탁
지부(度支部) 세무주사(稅務主
事)와 충남 서천군(徐川郡) 재
무주사(財務主事)를 지냈다.
1909년 서천군 재무주사 재
직 중, 그는 한때 일진회(一進
會)에 관계했던 자신의 과오
를 반성하며 국외 망명을 결심하였다. 그러나 그 자금을
마련하기 위해 공금 3천여원을 사취했다가 이 일이 발각
됨으로써 징역 7년 형을 선고받고 복역하였다. 출옥 이후
만주 봉천(奉天) 등지를 왕래하던 최익환은 세계정세가 급
변됨을 감지하고 서울로 돌아왔다.
1919년 3·1독립만세운동이 일어나자 절친한 동지인 전협
(全協) 등과 새로운 독립운동의 방략을 모색하였다. 그리
고 1920년 2월, 조선 민족의 정신 통일과 실력 양성이 시
급함을 깨닫고 그의 실천 방안으로써 대동단(大同團)을 결
성하였다. 대동단을 결성한 최익환 등은 귀족·관료·유
림·학생·의병·승려·여성·보부상 등 각층의 사람 수만
명을 포섭하여 참여시켰다. 그리고 인쇄기를 구입하여 비
밀리에 『대동신문』을 발간하고 영업을 펼쳤다. 또한 대한
제국 법부대신을 지낸 김가진(金嘉鎭)을 고문으로 추대하
는가 하면, 왕족 의친왕(義親王) 이강(李堈)을 국외로 탈출
케 하여 상해 임시정부의 지도자로 추대함으로써 외교적
효과를 얻으려는 계획을 세웠다. 최익환 등은 김가진을
먼저 상해로 출발하게 하고, 뒤이어 이강을 만주의 안동
(安東)까지 탈출시켰으나 성공하지 못하였다. 이 사건으로
최익환은 권태석(權泰錫)·나경섭(羅景燮)·김영철(金永喆)
등의 동지들과 일경에 체포되어 보안법 및 출판법 위반죄
로 징역 6년형을 선고받았다.
출옥 후인 1925년에 대동단의 동지였던 권태석과 함께 사
회주의 운동에도 가담하였다. 특히 1926년 10월 대동단의
단원이자 대종교 동지인 명제세(明濟世) 등과 함께 각 계
급을 망라한 민족적 유일기관으로 조선민흥회(朝鮮民興會)
를 조직하고, 상무위원에 선임되어 민족연합전선의 결성
에 주력하였다. 또한 1927년 2월 신간회(新幹會) 창립총회
에서는, 규칙심사위원 및 출판부 간사로 선출되어 활동하
는가 하면, 1928년 다시 만주로 건너가 광복단(光復團)에
서 활동하다가 1937년 귀국하여 1년간 경찰에 구금되기도
하였다.

일제 말기인 1944년에는 비밀리에 대고려재건당(大高麗再建黨)을 조직하려다가 체포되었으며, 1945년 다시 인민정치당을 조직하려다가 붙잡혀 옥고를 치렀다. 광복 직후에는 한독당 중앙상무위원에 피선되었고, 1946년에는 신한민족당(新韓民族黨)을 창당하여 당대표의 자격으로 비상국민회의(非常國民會議)의 최고정무위원(最高政務委員)에 당선되었으며, 민주의원(民主議院) 의원으로도 선임되어 활동하였다. 또한 한국전쟁 중에는 휴전협상을 위해 노력하다가 고초를 겪었는가 하면, 1957년에는 민주혁신당(民主革新黨)의 통제위원장으로도 참여하여 활동하였다.

[주요사상]

최익환은 알려지지 않은 대종교 사상가다. 일제강점기와 해방 직후, 사상적 측면에서의 대종교를 궁구한 인물들은 손에 꼽힐 정도다. 대종교를 중광(重光)한 홍암(弘巖) 나철(羅喆)을 비롯하여, 무원(茂園) 김교헌(金敎獻), 백포(白圃) 서일(徐一), 단애(檀崖) 윤세복(尹世復) 등 종사(宗師)로 추승(追昇)된 인물들과, 대종교의 큰 지도자였던 호석(湖石) 강우(姜虞), 그리고 단암(檀庵) 이용태(李容兌) 등을 꼽아 볼 수 있다.

그런 속에서 최익환이 남긴 연구저술은 체계적 연구가 드문 대종교단으로서는 가뭄에 단비와도 같은 성과물이라 할 수 있다. 특히 그의 연구가 대종교의 교리와 사상을 토대로 연역한 것이라는 특징도 있지마는, 사회과학적 분석 방법을 동원했다는 점에서도 남다른 의미를 갖는다.

그가 남긴 대종교 연구물로는 『배달 민족문화의 사관』과 『배달인의 얼』이라는 두 편의 글이 있다. 두 편 모두 장편의 글은 아니나, 배달(倍達)·단군·한배검·삼신(三神)·대종(大倧)·신인(神人)·홍익인간·이화세계·단국(檀國)·백두산·종통(倧統)·종문(倧門)·밝사상 등, 대종교적 사상을 대변하는 단어들로 넘쳐난다. 이러한 어휘들은 20세기 대종교의 등장과 더불어 정착되고 보편화된 용어들이다. 이러한 용어들은 그 하나하나가 한국종교사(사상사)에서 구명해야 할 사유(思惟)의 덩어리들이다. 여기서는 최익환 글의 제목에 공통으로 나타나는 '배달'이라는 용어를 간략해 보기로 한다.

배달이라는 용어는 근대에 들어 우리민족의 정체성을 확인해 주는 대표적 단어 중의 하나다. 배달족·배달민족·배달겨레·배달얼·배달족역사 등등, 우리민족과 관련한 여러 단어와 합성되어 근대 이후 지금까지 꾸준히 사용되고 있다. 특히 일제강점기 우리민족 정체성의 핵심어이자 독립투쟁을 위한 정신적 가치의 중심으로, 조국광복의 염원과 그 당위성을 한층 고무시켜 준 단어가 배달이다. 지금까지도 대한민국 군대의 홍보방송이나 상품광고의 용어(물론 delivery의 개념이지만)로까지 두루 사용되면서, 우리의 생활 주변에 친숙한 용어로 남아있다.

그러한 배달이란 말은 어느 날 갑자기 생겨날 것이 아니라, 예로부터 유구히 흘러온 단어다. 소리로 전하여 온 것이 점차 문자로 가차된 것으로 이해할 수 있으며, 그 소리 역시 잃어버리지 않고 지금까지 간직해 오고 있다. 그럼에도 그 유래와 의미를 정확하게 드러내지 못했다. 설령

있었다 하더라도 너무 소략하고 추상적 접근에 머물러 있었다. 그러한 배달이라는 용어를 근대에 정착시킨 집단이 대종교다. 대종교의 전래 문적(文籍)인 『단군교포명서(檀君敎佈明書)』(1904)와 『단군교오대종지서(檀君敎五大宗旨書)』(1910년 이전)에 잘 드러나 있다.

그 문적들을 통해 이해해 본다면, 배달은 단군조에 있던 국가명이자 임금의 명칭이다. 그 유래가 단군조로부터 기인하여 연면히 이어져 왔음을 확인시킨다. 또한 '배(倍)'는 '조부(祖父)'를 뜻하며 '달(達)'은 '광채 있는 물건(光輝之物)'을 지칭하는 말로 이해되고 있다. 그러므로 배달의 의미는 곧 '조광(祖光)'과 같은 의미라 하였다. 다만 조광(祖光)이 조광(朝光)으로 나타남은, 중국의 이국(異國)에 대한 멸시적 기록 관습이 그 원인이었음을 지적하고 있다. 광(光)과 선(鮮)은 그 의미 새김으로도 '빛남'이라는 동일성으로 귀착된다. 따라서 배달이 곧 조광(祖光)이요 조선(朝鮮)이라는 연역도 가능해진다. 더불어 배달이라는 명칭이 삼천단부(三千團部)와도 같은 의미로도 쓰였음을 밝히고 있다. 우리 고대 강역의식과도 통하는 이해로, 배달이 삼천단부나 조선 등과 동일한 개념으로 쓰였음도 알게 된다.

나아가 이러한 배달이란 용어는 근대 이후 우리민족의 정체성을 확인해 주는 중요한 용어로 자리 잡으면서, 민족의식 혹은 독립의식과 직결되었다. 그리고 이러한 배달의식의 확산은 조국광복의 중요한 동력이 되었음은 물론, 해방 이후에도 민족 단합과 국가정체성 확립의 요소로 크게 작용해 왔다.

한편 최익환은 배달 등과 같은 대종교적 사상소(思想素) 외에도, 사상 전개의 중요한 틀로 대종교의 주요 경전(經典)을 동원하고 있다. 『삼일신고(三一神誥)』와 『신사기(神事記)』를 연구의 모본으로 삼은 것이 그것이다. 이 두 경전은 대종교 중광 이전부터 전래해 오는 경전으로, 대종교의 교리(敎理)와 교사(敎史)의 양축을 이루는 전적이다.

『삼일신고』는 「천훈(天訓)」·「신훈(神訓)」·「천궁훈(天宮訓)」·「세계훈(世界訓)」·「진리훈(眞理訓)」의 오훈(五訓)으로 구성된 대종교 교리의 근간이 되는 경전이다. 대종교 삼일철학의 질서를 통해 삼신일체(三神一體)의 권능과 삼진귀일(三眞歸一)에 묘리(妙理)에 대한 근본적 이치를 밝히고 있다. 즉 신도(神道)의 차원에서 홍익인간(弘益人間)의 이념을 구현하고, 인도(人道)의 차원에서 성통공완(性通功完)의 공덕을 쌓아 지상천궁(地上天宮)을 세우는 가르침을 담은 경전이다.

『신사기』는 대종교 삼신일체관을 토대로 한 근원적 교사를 정리한 것으로, 「조화기(造化紀)」·「교화기(敎化紀)」·「치화기(治化紀)」의 세 부분으로 나누어졌다. 「조화기」는 하느님[一神]이 인(因, 조화주)의 권능으로 삼선사령(三仙四靈)을 거느리고 우주만물을 창조하고 화육(化育)한 것을 적었다. 「교화기」는 하느님이 웅(雄, 교화주)의 권능으로 오훈(五訓)을 통해 인간 세상에 참이치를 가르쳤다는 내용이다. 그리고 「치화기」는 하느님이 검(儉, 치화주)의 권능으로 배달나라를 세우고 오사(五事)로서 366사를 행했음을 적고 있다.

최익환은 대종교의 근본 경전인 『삼일신고』를 배달민족 최초의 생활이념으로 이해한 인물이다. 그리고 그 종지(宗旨)와 대의(大義) 속에 우리 정신(얼)의 진면목이 있다고

도 인식하였다. 나아가 일제강점기 3·1독립만세운동을 『삼일신고』에 나타나는 조화·교화·치화의 삼신작용에서 연원하였음을 언급하면서, 1919년 3월 1일의 시대적 기운으로 발현된 것이라고 이해하였다. 또한 최익환은 『신사기』의 기본 원리인 일신삼위(一神三位) 사상에 의한 보편적 조화·교화·치화의 섭리도 설명하고 있다.

한마디로 최익환의 사상이 대종교 삼일철학의 이치와 한 치의 어긋남 없음을 보여주는 부분으로, 그의 대종교 교리·교사에 대한 이해가 상당한 경지에 있었음을 알려주고 있다. 향후 보다 체계적이고 심층적인 연구가 요구되는 이유다. 이것은 최익환 개인의 사상적 범주를 넘어 한국 근대 종교사상(철학사상)을 이해하는 데도 중요한 기재가 될 수 있다. 참고로 최익환의 저술인 『배달 민족문화의 사관』과 『배달인의 얼』의 주요 목차만을 아래에 적어본다.

『배달 민족문화의 사관』
1. 총론
2. 목적사관의 생성과 발전
3. 단기문화사관(檀箕文化史觀)의 원심·구심운동
4. 이족문화(異族文化)의 섭리에 나타난 사관
5. 갑오·기미 양대 혁명문화에 나타난 사관
6. 세계의 새로운 지도력의 조성에 나타난 사관
7. 결론

『배달인의 얼』
1. 서론
2. 『삼일신고』는 민족문화의 고전
　1) 배달문화의 기원
　2) 배달 신력(神力)의 원심력
　3) 3·1운동에 나타난 3·1정신의 정체
　4) 배달 고대문화의 3중 분화와 3대 체계
3. 『신사기』의 훈고적 이론
　1) 조화기의 뜻과 이론
　2) 교화기의 뜻과 이론
　3) 치화기의 뜻과 이론
4. 결론:배달 대아(大我) 이념의 인류운동 제시

[교력]
최익환의 대종교 입교 시기나 영계(靈戒) 사항에 대한 기록은 전하는 것이 없다. 해방 이후 대종교단 내의 기록에도 드러나지 않는다. 그 근본적 원인은 일제강점기 대종교 포교금지로 인한 자료의 망실(亡失)과 연관된 것이나, 대종교단 내의 사회주의(공산주의)에 대한 경계와도 무관치 않을 듯하다. 대종교는 1909년 출범 이후부터 정치적 활동을 금지시켰다. 특히 민족 해방을 외치던 사회주의(공산주의) 활동이 1920년대 중반 이후 계급 해방 운동으로 넘어가면서 더욱 경계의 대상이 되었다. 이러한 정서는 해방 이후에도 대종교 사회주의계열의 인물에 대한 피기(避記) 현상으로 이어졌다. 최익환의 기록 부재 역시 이와 무관치 않을 듯하다.

그럼에도 현전하는 대종교의 『종문영질(倧門榮秩)』(프린트본, 1922)이라는 문건에 보면 최익환이 1922년 1월 23일(음

력) 참교(參敎)의 교질(敎秩)을 받은 기록이 남아있다. 입교와 영계의 단계를 거쳐 얻어지는 위치가 참교의 단계이고 보면, 최익환의 대종교 입교 시기가 그보다 훨씬 전으로 올라감을 알 수 있다. 특히 같은 날 최익환과 함께 참교의 교질을 받은 인물들을 보면 임태호(林泰虎)·박순병(朴舜秉)·박락종(朴洛鍾) 등, 모두가 대종교 사회주의자들이다. 임태호는 조선공산당재조직준비위원회(朝鮮共産黨再組織準備委員會) 경성(鏡城) 그룹의 책임자였다. 또한 박순병은 고려공산청년회 중앙위원 후보를 지낸 인물로 일제의 고문에 의해 죽어간 인물이다. 박락종 역시 조선공산당 일본부의 책임비서, 1945년 9월 조선인민공화국 중앙인민위원회 위원, 조선정판사 사장 등을 지냈으며, 조선정판사 위조지폐사건으로 구속되어 목포형무소에 수감 중 한국전쟁이 일어난 직후 총살되었다.

한편 일제강점기 대종교 사회주의투쟁의 중심에는 박일병(朴一秉)이란 인물이 있었다. 박일병은 1912년 이전에 대종교에 입교한 인물이다. 대종교청년회장 등을 역임하며 대종교 홍보를 위한 순회강연과 함께 다양한 포교 활동에 적극 앞장섰다. 또한 1921년 소작인대회를 조직하여 소작인 권익운동에 적극 나서는가 하면, 1922년 무산자동지회와 조선청년회연합회, 1923년에는 신사상연구회, 1924년에는 신흥청년동맹과 화요회, 1925년 8월에는 조선공산당, 그리고 1926년에는 정우회(正友會)에 가입하여 대종교 사회주의투쟁의 일선에 섰던 인물이 박일병이다. 최익환 역시 박일병의 영향에 의해 대종교에 들어온 것으로 전해지나, 이 역시 기록이 없다.

[참고문헌]
『종문영질』(프린트본, 1922). 『大韓帝國官員履歷書』(한국사DB, 국사편찬위원회). 『판결문』(京城公訴院, 1909.12.9.). 『대동단사건판결문』(경성지방법원, 1921). 『고등경찰요사』(경상북도경찰부, 1934). 『國外容疑朝鮮人名簿』(조선총독부경무국, 1934). 『朝鮮獨立運動』I 卷 分冊(金正明, 原書房, 1967). 『독립운동사』3·4·9(독립운동사편찬위원회, 1972·1977). 『한국공산주의운동사』3(김준엽·김창순, 아세아문제연구소, 1973). 『배달민족문화의 사관』(최익환, 『국민문화회보』12·13, 국민문화연구소, 1984·1985). 『대동단실기』(신복룡, 선인, 2003). 『애국지사 최익환』(최기창·신복룡, 선인, 2003). 『애국지사 최익환』2(최기창·신복룡, 선인, 2007)

최일(崔一—, 남, 생몰 미상)
입교 시기 _ 1926년 이전 | 교질 _ 미상

출신지역과 생몰연대를 알 수 없는 인물이다. 일(一)이라는 외자이름도 대종교 입교와 함께 개명한 대종교명일 듯하나 확인이 안 된다.

최일은 전만통일기관(全滿統一機關)의 설치를 위해 1924년 3월 길림에서 결성된 전만통일주비회(全滿統一籌備會) 선전문(宣傳文) 마련에도 관여하고 그 선전원으로도 활동한 기록이 있다. 당시 주비회 준비는 이장녕(李章寧)·이청천(李青天)·윤복영(尹復榮)·이세영(李世永) 등, 대종교지도자들이 앞장섰다. 이 모임은 이후 길림에 전만통일회의주비회

(全滿統一會議籌備會)를 설치하고 이장녕을 주비회장에 추대하였다. 그리고 착실히 준비를 진행한 끝에 1924년 7월 12일, 길림에서 주비 발기회를 개최하게 된다.

최일의 교력과 관련된 대종교단 내의 기록은 전하는 것이 없다. 다만 1926년 만주당국이 내린 대종교만주포교금지령 당시 압수된 대종교 문건에 그의 이름이 등장한다. 그 문건 중에 들어있는 '대종교시교당일람표(大倧敎施敎堂一覽表)'에 보면, 대종교 청일시교당(靑一施敎堂)의 찬무(贊務, 부책임자)에 최일의 이름이 올라 있다. 최일이 1926년 이전에 이미 대종교에 깊이 관여한 정황을 알 수 있다. 화룡현(和龍縣) 삼도구(三道溝) 충신장(忠信場) 부춘약방(富春藥房)에 연락거점을 두고 활동한 청일시교당은 정용선(鄭龍璿)이 전무(典務, 책임자)를 맡아 이끌었으며, 원석주(元錫周)가 찬무로 임명되어 최일과 함께 시무했다. 특히 원석주는 연길현(延吉縣) 국자가(局子街) 잡거지(雜居地)에 거주하며 농무계(農務契) 활동을 이끈 인물임이 주목된다.

[참고문헌]
「大倧敎施敎堂一覽表(1926年)」(延邊朝鮮族自治州档案館 全宗号42 目录号1 案卷号343, 和龙县历史档案 和龙县警察所, 令各区査禁韩人设立大倧教堂由, 民國十五年五月十二日), 「不逞鮮人의 行動에 관한 건」(不逞團關係雜件-朝鮮人의 部-在滿洲의 部39, 公 第92號; 普通受第105號, 한국사DB, 국사편찬위원회)

최전(崔顓, 남, 1850-1918)
아호(별명) _ 최동식(崔東植), 동산(東山), 해운(海耘), 경월당(擎月堂), 덕민(德旻)
입교 시기 _ 1909년 중광 당시 | **교질** _ 사교 | **서훈** _ 애국장(1995)

전라남도 여수(麗水) 출신으로 본명은 최동식(崔東植)이다. 대종교 중광(重光, 다시 일어남)에 참여하면서 외자 이름 전(顓)으로 개명하였다. 약관 시절 순천 송광사에 출가하여 금암선사(錦岩禪師)의 문하생으로 불도를 닦고, 경월당(擎月堂)이라는 당호(堂號)와 덕민(德旻)이라는 법호(法號)를 받았다.

이후 벼슬길로 들어가 대한제국 감찰(監察)을 역임하였고, 1904년 6월 10여 명과 함께 일제의 황무지개척권 요구를 반대하기 위해 소청을 설치하였다. 또한 전국을 순회하며 황무지개척권 허가 반대 운동을 호소하고 궐문 밖에서 허가 반대 상소를 올리자는 통문도 돌렸다. 1905년 나인영(羅寅永, 羅喆)·오기호(吳基鎬)·이기(李沂) 등의 호남인사들과 비밀결사 유신회(維新會)를 결성하는가 하면, 대한자강회에 참여하여 구국운동에 앞장섰다.

1907년 2월 나인영·이기 등과 자신회(自新會)를 결성하고 을사오적 처단을 도모하였다. 그러나 거사가 성공하지 못하고 체포되어 나인영·김동필(金東弼)·강상원(康相元)·지팔문(池八文)·이용태(李容泰)·민형식(閔衡植)·서창보(徐彰輔)·이광수(李光秀)·윤충하(尹忠夏) 등과 10년의 유배형을 받았으나 고종의 특사로 풀려났다. 이후 호남학회에 참여하여 이기·나인영·오기호 등과 평의원(評議員)으로 선임

되는가 하면, 이기·이광수 등과 편집위원을 맡아 활동하였다.

최전은 망국으로 치달아가는 시국을 직시하고, 보다 근본적인 해결책을 위해 한민족 정체성 복원 작업에 동참하게 된다. 1909년 1월 15일(음력, 이하 음력) 대종교 중광에 참여함이 그것이다. 나철이 주도하고 최전을 비롯한 오기호·강우(姜虞)·류근(柳權)·정훈모(鄭薰模)·이기·김인식(金寅植)·김춘식(金春植)·김윤식(金允植) 등 수십 인이 함께하였다. 이들은 한성부 북부(北部) 제동(齋洞) 취운정(翠雲亭) 아래 있는 여섯 간 초가집 북벽(北壁)에 단군대황조신위를 모시고 제천(祭天)의 대례(大禮)를 행하였다. 그리고 『단군교포명서(檀君敎佈明書)』를 공포함으로써, 전래 단군신앙의 부활을 천명하였다.

최전은 1년 후인 1911년 1월 15일 지교(知敎)의 교질(敎秩)로 올랐다. 또한 같은 날 황병욱(黃炳郁)·강우·이채우(李埰雨)·오기호·최강(崔岡)·김사홍(金思洪)·서광숙(徐光肅) 등의 중심 인물들과 대종교총본사의 협리(協理, 부책임자)로 임명되어 교무(敎務)의 일선에 나서게 된다. 그리고 1914년 5월 13일에는 김교헌(金敎獻)·오기호·강우·이채우·류근·신규식(申圭植)·박찬익(朴贊翊)·조완구(趙琬九)·최강 등과 상교(尙敎)의 교질로 승질(陞秩)하였다. 당시 최전은 국내 대종교 핵심으로 활동하면서, 만주 지역의 대종교 항일조직인 중광단(重光團)의 국내 참모 역할도 담당하였다.

최전은 이러한 노력으로 1916년 4월 13일 정교(正敎)의 단계를 건너뛰어 사교(司敎)의 교질로 초승(超陞) 되는 영예를 얻었다. 대종교 2대 교주의 자격을 결정하는 천궁영선식(天宮靈選式)에 참여하게 되었기 때문이다. 천궁영선식이란 대종교의 교주가 후임 교주를 선정함에 원도(願禱)를 통한 천신감응(天神感應)에 의해 결정하는 의식을 말한다. 당시 최전은 김교헌과 영선식의 후보에 올랐다. 비록 김교헌이 2대 교주로 영선되었지마는, 교주 후보에 오를 정도로 교단 내에서 최전에 대한 신망이 두터웠다.

이어 최전은 국내 대종교를 관할하는 남도본사(南道本司)의 전리(典理, 책임자)로 임명되었다. 그리고 1916년 8월 15일 대종교 교주 나철이 구월산 삼성사에서 순명조천(殉命朝天)하자 모든 상장의(喪葬儀)를 주관하였다. 당시 호상(護喪)을 맡아 여러 언론에 광고를 낸 인물도 최전이다. 또한 남도본사의 전리 자격으로 그 해 8월 24일에는 고축문(告祝文)을 올리기도 하였다. 이어 같은 해 9월에 이루어진 김교헌의 2대 교주 취임 때에도 경각부인(經閣符印, 교단의 주요한 도장들)을 맡아서 전하기도 하였다. 그리고 아래와 같은 「계유문(啓由文)」을 올리며 감축하였다.

"단제강세(檀帝降世) 4373(1916-인용자 주)년 병진 9월 정묘 초하루에 불초자손(不肖子孫) 대종교 남도본사 전리 최전 등은 삼신일체 상제(上帝) 한배님께 삼가 고하옵나이다. 무상대도(無上大道)를 부탁한 인물이 있으니 만세일통(萬世一統)으로 그 명을 새롭게 함입니다. 오직 김교헌이 재주가 높고 덕을 숭상하여 종문(倧門)의 운수가 그의 밝은 몸에 있습니다. 모두 마음을 합쳐 따르니 하

늘엔 배달의 이슬비로소이다. 길일(吉日)을 택하여 자리에 오르기로 이렇게 감히 고하노이다."

안타깝게도 이후 최전의 행적은 드러나는 것이 거의 없다. 다만 1918년 국내 경성에서 좌화(坐化, 앉은 채로 귀천하는 일)한 것으로만 전해진다. 그러나 그 구체적인 귀천일(歸天日)이나 장례지(喪葬地)에 대한 기록이 없으며, 그 유족(遺族) 관계 역시 알 수가 없다. 대종교에서는 해방 이후인 1950년 5월 5일, 일제강점기에 사교의 교질을 받고 해방 이전 고인이 된 강우·백순·엄호(嚴浩)·오근태와 더불어 최전에게 도형(道兄)의 교호(教號)를 추승(追陞)하였다.

[참고문헌]
『대종교보』제166호(1950년), 『倧令』제3호, 『종문영질』(프린트본, 1922), 『홍암신형조천기』(김교헌 편, 대종교총본사, 1953), 『대종교인과 독립운동연원』(이현익, 프린트본, 1962), 『대종교중광육십년사』(대종교총본사, 1971), 『황성신문』 1904.6.21·22., 『판결문』(平理院, 1907.7.3), 『대한자강회월보』제13호(1907년), 『호남학보』제1호~제9호(1908년·1909년), 『대종교중흥종교교조론』(신철호, 대종교총본사, 1979)

최종성(崔鍾聲, 남, 1892-?)
입교 시기 _ 1910년대 후반 추정 | 교질 _ 미상

함경북도 부령군(富寧郡) 출신으로 1917년 북간도로 이주해 간 인물이다. 그곳에서 대종교지도자 현천묵(玄天黙)으로부터 지도를 받으며 사제지간(師弟之間)을 맺게 된다. 이후 대종교 항일단체 대한군정서(북로군정서) 총재인 서일(徐一)의 밀명(密命)을 받고 일본군의 행동을 탐지하기 위하여 하얼빈으로 옮겨갔다.

1921년 2월, 우덕순(禹德淳)·강윤선(姜允善) 등 대종교 동지들과 하얼빈 조선민회(朝鮮民會)를 중심으로 일제와 가까이하면서 암암리에 정탐 활동을 전개했다. 동아일보 북만지국장을 맡고 있던 1923년 1월에는, 하얼빈에 거주하는 청년들이 중심이 되어 조직한 고려학생단(高麗學生團)을 실질적으로 지원하였다. 이 학생단은 열성주의(熱誠主義)로 일치단결하여 우리 민족의 문화진흥을 목적으로 하는 조직이었다. 또한 1924년 1월에는 상해 대한민국임시정부로부터 하얼빈지역 중요 책임자로도 임명되었다. 내무총장 김구(金九)가 임명한 민적조사위원(民籍調査委員)과 재무총장 이시영(李始榮)이 임명한 징세위원(徵稅委員)이 그것이다.

최종성의 대종교 입교는 이른 시기에 이루어졌다고 하나, 그와 관련한 기록은 교단 내에는 현전하지 않는다. 다만 최종성이 대한군정서 총재 서일의 밀명을 받고 하얼빈으로 옮겨왔음을 상기할 필요가 있다. 그의 대종교 입교 역시 이 시기일 것으로 추정된다. 1923년 4월 대종교총본사가 있던 영고탑(寧告塔)에서 결성된 만몽산업회(滿蒙産業會)에도 최종성이 참여하였다. 이 조직은 청산리독립전쟁 이후 각 곳으로 흩어진 대종교 세력의 재건을 위해 도모된

비밀조직으로, 당시 최종성은 하얼빈 지역을 대표하는 인물로 이 조직에 참여하였다. 그의 대종교 입교가 상당히 오래되었음을 알게 해 준다.

한편 만몽산업회에 참여한 주요 인물들을 보면 최종성을 비롯하여 고문(顧問)으로 참여한 김교헌(당시 대종교 교주)과 김좌진(金佐鎭)·조성환(曹成煥)·현천묵 등과, 김영선(金榮璿)·김원식(金遠植)·우덕순·원풍(元豊)·김규식(金奎植)·강윤선·최계화(崔桂華)·김백(金白)·유정근(兪正根)·이재근(李在根)·이종수(李鍾秀) 등, 대종교의 지도급 인사들이 대거 참여하였다.

최종성은 1923년 3월 5일 대종교 합성시교당(哈成施教堂) 찬무(贊務, 부책임자)로도 임명된 기록이 있다. 합성시교당은 대종교 북일도본사(北一道本司) 소속으로 하얼빈 부두구(埠頭區) 키타이스카야 거리에 위치한 최종성의 집에 그 시교당을 설치하였다. 당시 합성시교당의 전무(典務, 책임자)는 안중근(安重根)의 절친이자 항일투쟁의 거물이었던 우덕순이었으며, 강윤선이 찬무로 임명되어 최종성과 함께 시무하였다.

하얼빈 崔鍾聲(네모 안)의 집에 대종교시교당을 설치했다고 기록한 일제의 문서.

[참고문헌]
『대종교보』 제57호(1923년), 『대종교중광육십년사』(대종교총본사, 1971), 「臨時報 第172號(大倧敎 設立計劃)」(不逞團關係雜件-朝鮮人의 部-在滿洲의 部36, 機密高收 第5452號-1; 機密受第262號, 한국사DB, 국사편찬위원회), 「鮮人이 믿는 宗敎類似團體인 大倧敎에 관한 건」(不逞團關係雜件-朝鮮人의 部-在滿洲의 部36, 公第434號; 普通受第484號, 한국사DB, 국사편찬위원회), 「高麗學生團 組織에 관한 건」(不逞團關係雜件-朝鮮人의 部-在滿洲의 部35, 機密 第15號; 機密受第23號, 한국사DB, 국사편찬위원회), 「上海臨時政府 地方機關 設置에 관한 건」(不逞團關係雜件-朝鮮人의 部-上海假政府5, 機密 제11호, 한국사DB, 국사편찬위원회)

최준(崔濬, 남, 생몰 미상)

아호(별명) _ 최준(崔浚), 최준(崔睿)
입교 시기 _ 1926년 이전 | 교질 _ 미상

출신지역과 생몰연대가 불분명한 인물이다. 다만 그가 상해 대한민국임시정부 시절 임시의정원(臨時議政院) 평안도 지역 의원을 지낸 것으로 보아, 이 지역 출신임을 간접적으로 알 수가 있다.

최준은 1921년에 조직된 중한국민호조사총사(中韓國民互助社總社)에서 김규식(金奎植)·김홍서(金弘敍)·신익희(申翼熙)·이유필(李裕弼)·조상섭(趙尙燮)·여운형(呂運亨) 등과 함께 한국 측 서무와 이사(1922년 9월 현재)를 맡았으며, 임시의정원 평안도 지역 의원으로 활동하였다. 또한 대한통의부(大韓統義府)의 중국 관헌(官憲) 교섭과 관련하여 임시정부 측 파견요원으로도 활약하였다. 그는 함께 파견된 장덕로(張德魯)와 더불어 1923년 9월 25일, 음식점으로 관전현지사(寬甸縣知事)와 경찰소장을 비롯한 5·6명의 관헌을 초대하여 연회를 베풀고 통의부 활동을 묵인해 주도록 요청하였다. 그리고 1924년 1월에도 관전현지사에게 금줄 회중시계 및 고급주단과 170여 원의 금품을 증여하며 통의부 활동의 편의를 부탁하기도 했다.

최준의 대종교 입교는 1920년대 초반으로 전해져 오지만 관련 기록은 남아있지 않다. 그러나 최준이 1926년 이전에 이미 대종교 수광시교당(綏光施敎堂)의 찬무(贊務, 부책임자)를 지낸 기록이 전한다. 이 기록은 1926년 대종교단에서 작성한 문서에 실려 있다. 이 문서는 만주 대종교포교금지령 이후 압수된 문건[현재 화룡현역사당안관(和龍縣歷史档案館)에 소장되어 있음] 중의 하나이다. 최준의 대종교 입교가 1920년대 초반으로 올라감을 확인시켜 준다.

1920년 청산리독립전쟁 이후 일제의 경신만행(庚申蠻行)에 의해 많은 대종교계 항일투사들이 오지(奧地)로 은둔했다. 그 한 부류가 내몽고 수원성(綏遠城) 포두진(包頭鎭)으로의 이동이다. 1920년 11월 최준은 백순(白純)을 비롯한 조병준(趙秉準)·신우현(申禹鉉)·공진원(公震遠) 등과 내몽고 이곳으로 옮겨가 새로운 근거를 잡았다. 특히 조병준은 신우현·조대칙(趙大則)·허관(許寛) 등과 포두진 중탄(中灘)에 토지를 확보 가족들을 이주 100여 세대를 이끌고 이곳 황무지 개간에 적극 앞장섰다. 주목되는 것은 이들 대부분이 항일투쟁의 지도급 인물들이란 점이다.

한편 이들은 이곳에 대종교 수광시교당(綏光施敎堂)을 설립하고 단군제단(檀君祭壇)을 설치하는 등, 정신적 일체감을 도모하고자 했다. 또한 그 유지책으로 배달농장(倍達農場)을 개척하는가 하면, 배달학교(倍達學校)를 개설하여 후학 양성에도 게을리 하지 않았다. 수광시교당은 그곳 청산의원(靑山醫院)을 거점으로 수많은 대종교항일투사들의 거점이 되었다. 또한 시교당의 전무(典務, 책임자)는 조병준이 맡았고, 그의 제자인 백기준이 최준과 더불어 찬무를 맡아 60여명의 교인을 거느리고 시무하였다.

[참고문헌]
「大倧敎施敎堂一覽表(1926년)」(延边朝鮮族自治州档案馆 全宗号42 目录号1 案卷号343, 和龙县历史档案 和龙县警察所, 令各区查禁韩人设立大倧教堂由, 民国十五年五月十二日), 『독립신문』1922.9.11·30., 1923.4.4. 『한민족독립운동사』4(국사편찬위원회, 1988)

최준삼(崔峻三, 남, 생몰 미상)

입교 시기 _ 1923년 | 교질 _ 미상

출신지역과 생몰연대를 알 수 없는 인물로, 일제의 기록에서는 등장하지 않는다. 최준삼은 1923년 4월 16일(음력) 대종교 연일시교당(淵一施敎堂)의 전무(典務, 책임자)를 맡았던 기록이 있다. 그의 대종교 입교가 그 이전으로 올라감이 확인된다. 대종교시교당은 포교와 항일투쟁 그리고 교육의 역할을 병행하는 삼위일체의 기관으로써, 대종교 항일투쟁의 주요 기지인 동시에 학교의 역할도 함께 수행하였다. 당시 연일시교당은 대종교 동일도본사(東一道本司) 관할로 항일투쟁의 주요 근거였던 연길현(延吉縣) 용연동(龍淵洞)에 소재했던 시교당이다. 황창준(黃昌俊)과 오영호(吳英浩)가 찬무(贊務, 부책임자)를 맡아 최준삼을 도왔으나, 그에 대한 더 이상의 기록은 남아있는 것이 없다.

[참고문헌]
『대종교보』 제58호(1923년), 『대종교중광육십년사』(대종교총본사, 1971), 『한민족독립운동사』2(국사편찬위원회, 1987)

최진규(崔鎭圭, 남, 생몰 미상)

입교 시기 _ 1916년 이전 | 교질 _ 참교

출신지역과 생몰연대를 알 수 없는 인물이다. 관립경성고등교원양성소 출신으로 1917년부터 1930년대 중반까지 함경남도 지역 삼수공립보통학교(三水公立普通學校)와 동하보통학교(東下普通學校) 등을 중심으로 교원 생활을 이어간 인물이다.

최진규는 교원양성소 재학 당시부터 항일의식이 투철했다. 재학 시절에는 동료들과 함께 일본 수학여행의 경험을 『동유지(東遊誌)』라는 답사기로 펴내기도 했다. 1914년

10월에 졸업여행으로 일본을 시찰하고 돌아와 『동유지』 90부를 비밀히 만들어 민족적 토론의 광장을 마련한 것이다. 최진규는 『동유지』를 주도한 인물로 그 「서문」을 썼으며, 대종교 동지인 김광배(金光培)가 끝부분에 붙인 「여행가(旅行歌)」를 썼다. 당시 최진규와 함께 편찬에 참여한 인물들을 보면, 김광배·김하종(金河鍾)·정광호(鄭光好)·이광익(李光翼)·최원순(崔元淳)·독고순(獨孤淳)·이응영(李應泳) 등으로, 대부분의 인물들이 대종교 활동을 함께 한 동지들이었다. 또한 이 『동유지』를 계기로 일선교육을 통하여 경제자립운동을 전개하자는 움직임도 나타났다. 휘문의숙의 교사 남형우(南亨祐)와 사회저명인이었던 최남선(崔南善)의 동조를 얻어, 전국의 교원과 신교육을 받은 인사들이 참여하는 조선산직장려계 결성으로 이어진 것이다. 당시 교원양성소 학생들의 종교적 성향은 대체로 대종교와 기독교로 나누어져 있었다. 이들 간에는 확연한 색채의 구별은 없었으나 단군 문제에 대해 이견이 있었다. 대종교 생도들은 조선의 시조인 단군을 존경하는 것은 곧 조선의 국수를 보존하고 조선의 민족적 정신을 발양하며 국민의 신앙을 통일하는 것이므로 외래교 신앙에 대한 필요성이 없다는 견해였다. 한편 기독교 생도들은 단군을 존숭하는 점에서는 대종교와 다를 바 없으나, 그 종교적 가치가 기독교에 미치지 못한다는 주장이었다. 기독교에 의해 서양의 문명을 받아들이는 것이 조선민족의 발전을 도모할 좋은 방법이라는 입장이었다. 최진규는 이러한 경험 속에서 대종교를 택한 대표적 인물이었다.

최진규의 대종교 교력을 살피면, 관립경성고등학교교원양성소를 졸업하기 직전인 1916년 2월 18일(음력) 김광배·김철현(金澈炫)·독고순(獨孤淳) 등과 참교의 교질을 받은 기록이 있다. 그보다 이전에 대종교에 입교한 것이 확인된다. 이들 모두가 교원양성소 시절에 입교한 것을 알 수 있다.

[참고문헌]
『종문영질』(프린트본, 1922), 『조선총독부직원록』(조선총독부, 1917~1935), 「朝鮮人槪況 送付에 관한 건」(不逞團關係雜件-朝鮮人의 部-在歐米 7雜, 警秘 제26호, 한국사DB, 국사편찬위원회)

최창극(崔昌極, 남, 생몰 미상)
아호(별명) _ 최희(崔喜), 강희춘(姜希春)
입교 시기 _ 1913년 이전 | 교질 _ 지교

함경북도 경성군(鏡城郡) 출신으로 생몰연대는 알 수가 없다. 최창극의 외자이름 희(喜)도 대종교의 입교와 함께 개명한 이름인 듯하나, 그 근거 역시 남아있는 것이 없다. 1910년 9월에 이미 연길현(延吉縣) 국자가(局子街)에 거주하며 북간도조선인민대표(北間島朝鮮人民代表)를 지낸 것으로 보아, 그 이전에 북간도로 넘어갔음을 알 수 있다.

최창극은 1911년 10월 당시 방동규(方東奎)와 함께 연길현(延吉縣) 국자가(局子街)에 설립된 간민모범학당(墾民模範學

堂)의 경비결산책임자로 활동하였다. 당시 대종교지도자 이동춘(李同春)이 모범학당의 후원회장은 맡았으며 박상환(朴祥煥)이 교사로 근무하고 있었다. 1914년에는 현덕승(玄德勝) 등과 간민친목회(墾島親睦會) 발기하는가 하면, 1915년 10월부터는 중국 관리로 참여하여 연길현 용지사(勇智社)의 향장(鄕長)을 시작으로 주요 통역관으로 활동하였다.

일제 군대의 정보를 정찰한 혐의로 체포된 내용을 적은 「매일신보」(1921.1.7.) 기사.

1919년 3월에는 국내의 독립만세운동을 이어받아 간도 지방의 대종교·천도교·기독교를 연계하여 만세시위운동을 주도하기도 했다. 최창극은 김영학(金永學)·이굉모(李宏模)·배형식(裵亨湜) 등과 연길현 용정(龍井) 시위에 주요 역할을 하였다. 이후 1920년 10월에는 국내 경성으로 들어와, 연해주에서 넘어온 러시아 장교 강(姜)필립과 만주와 연해주 그리고 국내의 항일단체 간에 연계 활동을 도모하기도 했다. 그 시기 일제의 문서에는 최창극을 대종교의 수령(首領)으로 기록할 정도로 대종교의 지도급의 인물이었다. 국내 거주 시기인 1920년 개천절(開天節, 음력 10월 3일)에 대종교가 주최한 강연회에서 '높은 은덕'이란 주제로 강의를 한 것도 우연이 아님을 알 수 있다. 당시 권덕규(權悳奎)가 '대종교 위치', 박일병(朴一秉)이 천산(天山, 白頭山)에 대해 강의하였다. 이들 모두가 국내 대종교청년회의 중추였던 인물들이다.

그러나 최창극은 간도 국자가로 넘어간 지 얼마 되지 않은 1920년 12월 21일, 일제의 군대에 체포되었다. 오래 전부터 항일단체와 연락하며 일본군의 정보를 염탐하였다는 혐의였다. 이로 인해 1921년 3월 중국관리 및 통역과 연관된 모든 공직으로부터 면직을 당했다.

최창극의 대종교 교력을 살피면 1913년 7월 23일(음력) 참교(參敎)의 교질(敎秩)을 받은 기록이 있다. 그의 대종교 입교가 이동춘·박상환 등, 대종교 핵심들과 활동하던 국자가 간민모법학당 시절로 올라감을 알 수 있다. 또한 1922년 5월 12일(음력)에는 대종교총본사의 특별 추천으로 지교(知敎)의 교질로 올랐으나, 그 이후의 행적은 전하지 않는다.

[참고문헌]
『대종교보』 제54호(1922년), 『종문영질』(프린트본, 1922), 「北間島朝鮮人民代表會의 龍井總領事 設置 및 韓國統監府 龍井出張所 設置 등에 관한 謹白書」(일제외무성기록, 한국역사정보통합시스템, 공훈전자사료관), 「國外情報 -

不逞鮮人團과 中國 官憲 및 馬賊과의 關係에 관한 건(不逞團關係雜件-朝鮮人의 部-在滿洲의 部26, 高警 第1682號; 秘受 2164號, 한국사DB, 국사편찬위원회), 「間情 第30, 31, 32號 送付(不良鮮人 崔昌極의 免職)」(不逞團關係雜件-朝鮮人의 部-在滿洲의 部27, 機密 第146號; 秘受 3756號, 한국사DB, 국사편찬위원회), 『매일신보』1921.1.7., 『朝鮮獨立運動』Ⅱ(金正明, 原書房, 1966), 『가람일기』Ⅰ(이병기, 신구문화사, 1976), 『한국독립운동사자료』39·40·43(국사편찬위원회, 2003·2004·2007)

최창섭(崔昌涉, 남, 생몰 미상)
입교 시기 _ 1915년 이전 | 교질 _ 참교

출신지역과 생몰연대를 알 수 없는 인물이다. 1920년 6월 21일 용정촌(龍井村) 상부지(商埠地)에 거주하며 대한의군부(大韓義軍府)에 모연(募捐)한 기록이 남아 있다.
최창섭의 대종교 교력을 보면, 1915년 10월 4일(음력) 참교(參敎)의 교질(敎秩)을 받은 기록이 전한다. 그의 대종교 입교가 그 이전에 이루어졌음이 확인된다. 당시 최창섭과 함께 같은 날 참교의 교질을 받은 인물들을 살피면, 아래 '도표'에 나오는 바와 같이 모두 만주 지역 항일투사들이었다.

이 가운데 이인백(李仁白)은 1919년 6월 무렵 화룡현(和龍縣)에 소재한 사립 영성학교(英成學校) 교사로 재직하며 동료교사 조권식(趙權植)과 독립운동에 쓰일 기부금을 모아 상해에 전달한 인물이다. 또한 대종교 항일단체인 대한군정서(북로군정서) 경신분국(警信局) 제1분국 제2과장을 맡아 춘명향(春明鄉) 중경리(中慶里) 지역을 관할하였다. 김창훈(金昌勳) 역시 혼춘한민회(琿春韓民會)와 통의부(統義府) 의용군에서 활동한 대표적 항일투사였으며, 최율(崔律)·채충석(蔡忠錫)·허련(許璉)·이열(李烈) 등 모두가 항일전선에서 활약한 투사들이었다.
이러한 정황에서 보면 최창섭 또한 대종교 항일투쟁에 깊이 관여한 인물일 것으로 추정되지만, 그 외의 기록은 전하지 않는다.

[참고문헌]
『종문영질』(프린트본, 1922), 「大韓義軍府의 行動에 관한 건」(不逞團關係雜件-朝鮮人의 部-在滿洲의 部25, 機密 第32號; 秘受 1237號, 한국사DB, 국사편찬위원회)

최창식(崔昌植, 남, 1892-1957)
아호(별명) _ 운정(云丁·芸丁), 김용수(金龍守), 정창(丁昌)ㅍ
입교 시기 _ 1921년 이전 | 교질 _ 참교 | 서훈 _ 독립장(1983)

평안북도 창성군(昌城郡) 창성면(昌城面) 출신으로, 어릴 적 서울 종로구 계동(桂洞)으로 이사하였다. 일찍이 『황성신문(皇城新聞)』 후기의 소장기자(少壯記者)로도 활동한 인물이다. 1911년 경성에서 김좌진(金佐鎭)과 함께 서간도 독립운동 기지 건설을 위한 군자금 모집에 관여하였다. 1912년부터는 오성학교(五星學校) 역사교사로 재직하면서 학생들에게 민족의식을 고취

최창식

시키다가 1916년 12월 보안법위반으로 체포되어 8개월간 복역하였다.
최창식은 1919년 2월 초 최남선이 기초한 3·1독립선언서를 지참하고 3·1운동 국내대표단으로 상해에 파견되었다. 그 해 3월 하순경부터는 여러 동지들과 독립임시사무소를 설치하고 각국을 향하여 독립선언을 하면서 임시정부 조직 업무에도 착수하였다. 당시 최창식은 신규식(申圭植)·이동녕(李東寧)·이시영(李始榮)·조완구(趙琬九)·조성환(曺成煥)·신채호(申采浩)·조영진(趙英鎭)·여운형(呂運亨)·조소앙(趙素昻)·현순(玄楯)·윤현진(尹顯振)·신익희(申翼熙)·이광수(李光洙)·신석우(申錫雨)·조동호(趙東祜)·김철(金徹)·선우혁(鮮于爀)·한진교(韓鎭敎) 등 30여 명과 프랑스조계인 보창로(寶昌路)에 임시사무소로 정하고, 수시로 모여 임시정부 조직을 위한 비밀회의를 거듭하였다.

대한민국임시정부 조직업무에 참여한 최창식은 임시의정원의 초대 경기도대의원으로 선출된 데 이어 대한민국임시정부의 전원위원회이사(全院委員會理事)·내무위원장·법무총장·선거위원회위원·국제연맹회제출안건작성 특별위원으로 활약하였다. 또한 1919년 11월에는 임시정부 국무원비서장에 선임되는가 하면, 박은식(朴殷植)이 회장으로 있는 대한교육회(大韓敎育會)의 편집부장을 맡기도 했다. 뿐만 아니라 거류민단의 의사원(議事員)을 맡아 활동하는 한편, 시사책진회(時事策進會) 조직에도 참여하면서 활발한 항일투쟁을 이어갔다. 최창식은 1924년 5월에도 제10대임시의정원 의장에 선출되어 1926년 8월 18일까지 임시의정원에 참여하다가 내무를 관장하는 국무위원에 임명되었다. 그리고 1927년 4월 한국노병회(韓國勞兵會)의 이사로 선출되어 활동하였다.

최창식은 임시정부 활동과 더불어 사회주의 활동을 지속적으로 전개한 특이한 행적도 갖고 있다. 1920년대 후반 민족통일전선운동에 적극적으로 나섰으며, 민족주의와 사회주의로 분열된 독립운동을 임시정부를 중심으로 통합시키기 위해 노력했다. 항일투쟁을 성공시키기 위해 독립전선을 통일해야 함을 주장했고, 항일전선을 통일하기 위해서는 임시정부를 중심으로 해야 한다고 강조한 인물이 최창식이다.

1920년 5월 상해 한인공산당에 입당하여 사회주의자가 된 이후 『공산』이라는 잡지를 간행하는가 하면, 이동휘계열과 대립하면서 상해 이르쿠츠크 고려공산당원이 되었다. 1921년 6월부터는 고려공산청년단 상해회의 집행위원장을 맡았고, 김만겸(金萬謙)·박헌영(朴憲永)·김단야(金丹冶)·임원근(林元根)과 함께 사회주의연구소도 만들어 사회주의 활동을 활발히 전개해나갔다. 이뿐 아니라, 이동휘가 임시정부를 떠나면서 임시정부 내의 모든 사회주의세력이 탈퇴했을 때에도 최창식은 이르쿠츠크파 고려공산당계열의 사회주의자로서 임시정부에 남아 끝까지 민족통일전선을 위해 활동했다.

최창식의 민족통일전선운동 역시 특기되는 부분이다. 그는 임시정부 중심의 민족통일전선운동에 공을 들인 인물로, 임시정부를 개조하여 임시정부 안에서 통일전선운동이 실현될 수 있도록 노력했다. 그가 삼일인쇄소(三一印刷所)를 인수하여 운영할 당시, 민족주의와 사회주의 세력 모두의 인쇄물 간행을 맡았던 것도 이러한 노력의 일면이었다. 그러나 1930년 4월, 최창식은 상해 일본영사관 경찰에 체포되어 국내 경성으로 이송되었으며, 그 해 11월 경성지법에서 징역 3년을 선고받았다.

광복 이후에도 최창식의 사회주의 운동은 끝나지 않았다. 상해에서 중한민주혁명동지회(中韓民主革命同志會)를 조직하고, 중국공산당의 신사군(新四軍)과 연계하면서 사회주의운동을 멈추지 않은 것이다. 최창식은 신사군과의 연계 혐의로 다시 상해경비사령부에 의해 체포되어 1년 6개월 동안 구금된 후 석방되었다. 그리고 국내 귀국을 미루고 상해에 머무르다 1957년 5월 21일 숨을 거둔다.

[교력]
최창식의 대종교 교력을 살피면 1921년 9월 1일(음력) 참교(參敎)의 교질(敎秩)을 받은 기록이 있다. 그의 대종교 입교가 그 이전에 이루어졌음을 확인시켜 준다. 당시 최창식과 같은 날 참교를 받은 인물들이 최익채(崔益采)·강용구(姜鎔求)·조용해(趙龍海)·이필근(李弼根)·맹주천(孟柱天)·박치병(朴致秉) 등, 국내 항일투쟁의 중심에 섰던 인물들임도 주목된다.

한편 대종교 항일투사인 박명진(朴明鎭)이 기록한 『대종교 독립운동사』를 보면, 최창식이 대종교 서이도본사(西二道本司) 소속으로 대한민국임시정부 구성에 참여 한 것으로 적고 있다. 최창익의 대종교 입교가 상해로 건너간 직후임을 알 수 있다. 박명진이 꼽은 대종교 서이도본사의 주요 교인으로 임시정부에 참여한 인물들을 보면, 최창식 외에도 신규식·박은식·이동녕·이시영·황학수(黃學秀)·조성환(曹成煥)·조완구(趙琓九)·신익희(申翼熙)·남형우(南亨佑)·김승학(金承學)·신채호·신석우(申錫雨) 등, 30여명을 헤아린다. 주목되는 것은 이들 대부분이 상해 보창로에 독립임시사무소로 설치하고 최창식과 함께 임시정부 조직을 위해 수시로 비밀회의를 가졌던 인물들과 일치한다는 점이다. 그의 대종교 입교가 이 시기였음을 다시금 확인시키고 있다.

대종교 西二道本司 소속으로 대한민국임시정부 구성에 참여한 인물들을 적어 놓은 박명진의 기록. 崔昌植(네모 안)의 이름이 올라 있다.

[참고문헌]
『종문영질』(프린트본, 1922), 『대종교독립운동사』(박명진, 필사본, 1964), 「崔昌植 判決文」(京城地方法院, 1916.11.20.), 「崔昌植 判決文」(京城覆審法院, 1916.12.20.), 『한국독립운동사』(애국동지원호회, 1956), 『한국독립운동사자료』1·2·3(국사편찬위원회, 1970·1971·1973), 『대한민국임시의정원문서』(국회도서관, 1974), 『독립운동사자료집』9(독립운동사편찬위원회, 1975), 『한국민족운동사료(중국편)』(국회서관, 1976), 『한민족독립운동사』3·6(국사편찬위원회, 1987·1989), 『대한민국임시정부자료집』1(국사편찬위원회, 2005), 「崔昌植의 在中獨立運動과 민족통일전선 추구」(이한나, 『한국민족운동사연구』86, 한국민족운동사학회, 2016), 「노동자의 책」(http://www.laborsbook.org/)

최창화(崔昌華, 남, 1894-?)

아호(별명) _ 최창화(崔昌和)
입교 시기 _ 1924년 이전 | 교질 _ 미상

함경북도 경성군(鏡城郡) 출신이다. 1914년 2월, 대종교지도자 백순(白純)이 이끌던 간민회(墾民會)의 연길분회(延吉分會) 간사원(幹事員)으로 활동한 기록이 있다. 이것은 최창화가 비교적 이른 시기에 간도로 넘어간 것을 확인시켜 준다. 이후 최창화는 화룡현(和龍縣) 이도구(二道溝) 구산장(邱山場) 북대지(北大地)에 자리 잡고, 이 지역을 거점으로 꾸준히 활동하였다.

1920년 9월 당시, 최창화가 대종교 항일단체인 대한군정서(북로군정서) 진중(陣中)을 드나든 것으로 보아 대한군정서와 긴밀히 연관된 인물임을 알 수 있다. 청산리독립전쟁 이후에는 일제의 토벌을 피하기 위해 표면적으로 일제에 순응하는 자세를 취했다. 그가 이도구 조선인거류민회에 가입하여 상황을 피해 간 것도 이러한 정황과 맞물린다. 그러나 일제의 문서에서도 드러나 듯, 이면적으로는 항일 선동을 꾸준히 도모했던 인물이 최창화다.

그는 1926년 2월 이도구청년회의 집행위원을 맡기도 했다. 이 청년회는 기존에 있던 광신청년회(光新靑年會)의 뒤를 이어 조직된 것으로, 연길현 수신향(守信鄕) 이도구에 거점을 두고 신용제(申用濟)·양창식(梁昌植)·최헌(崔憲) 등이 집행위원으로 활동하며 최창화와 함께 했다. 이 해 6월 최창화는 이도구민회장 신분으로 간도시찰단을 이끌고 국내 공주(公州)를 방문하여 그 지역 갑부 김갑순(金甲淳)을 만나기도 했다. 같은 해 9월에는 간도 지역 대표적 학교인 동흥중학(東興中學)에, 동량지재 양성에 일조하겠다는 의지로 3백원의 기부금을 희사하기도 했다.

최창화의 대종교 입교(入敎) 시기나 영계(靈戒) 사항과 관련된 기록은 모두 전하지 않는다. 다만 최창화가 1924년 3월 25일(음력) 화룡현 이도구를 관할하는 '대종교총본사 기본 및 경상금 동독위원(大倧敎總本司基本及經常金董督委員)'으로 임명된 기록이 남아 있다. 이 자료는 1926년 만주당국이 내린 '대종교만주포교금지령' 당시, 만주당국이 압수해 간 대종교 문건 중에 들어있는 것이다. 이 문건은 최창화가 그 이전에 대종교에 입교했음을 알게 해 주는 것으로, 그의 입교 시기가 대한군정서 시절로 올라감을 쉽게 유추할 수 있는 부분이다.

1926년 대종교만주포교금지령 당시 압수당한 대종교 문건 중에 실려 있는 '大倧敎總本司基本及經常金董督委員一覽表'. 맨 오른쪽 상단에 崔昌華라는 이름이 실려 있다.

한편 '대종교총본사 기본 및 경상금 동독위원'이란 직책은, 본인이 맡은 소관 구역의 대종교 자금 운용을 감독하는 자리다. 당시 함께 임명된 인물들을 보면, 항일투사 신명균(申明均)·엄호(嚴浩)·정신(鄭信)·이상호(李相鎬)·최익항(崔益恒)·심근(沈槿)·채규오(蔡奎伍)·한기중(韓基中)·홍범

장(洪範章) 등, 국내외 대종교의 지도급 인사들이었다. 최창화가 이들과 더불어 동독위원에 임명되었다는 것은, 그 시기 그가 대종교의 중심부에 자리 잡고 있었음을 방증하는 것이다. 최창화의 소관 구역은 대종교 동일도본사(東一道本司)에 속한 화룡구(和龍區) 이도구 지역이었다. 그는 화룡현 이도구 고산시(孤山市)에 거주하는 최범약(崔範若)이란 인물을 연락 거점으로 하여 시무하였다.

[참고문헌]

「大倧敎施敎堂一覽表(1926년)」(延边朝鲜族自治州档案馆 全宗号42 目录号1 案卷号343, 和龙县历史档案 和龙县警察所, 令各区査禁鮮人设立大倧敎堂由, 民国十五年五月十二日), 「墾民會 開會에 관한 건」(不逞團關係雜件-朝鮮人의 部-在滿洲의 部3, 朝憲機 第131號秘受 1663號, 한국사DB, 국사편찬위원회), 「國外情報 : 大韓軍政署의 日誌에 관한 件」(大正8年乃至同10年 朝鮮騷擾事件關係書類 共7冊 其3, 密 第33號 其33/高警 第1007號, 한국사DB, 국사편찬위원회), 「間島 및 琿春地方 朝鮮人의 結社團體 調査報告에 關한 件」(不逞團關係雜件-朝鮮人의 部-在滿洲의 部43, 機密 第591號; 外務省文書課受 第627號, 한국사DB, 국사편찬위원회), 「매일신보」1926.6.11., 「동아일보」1926.9.29., 「한국독립운동사자료」43(국사편찬위원회, 2007)

최천주(崔天柱, 남, 1901-?)

아호(별명) _ 최재경(崔在景, 崔在京)
입교 시기 _ 1922년 이전 | 교질 _ 미상 | 서훈 _ 애국장(2005)

평안북도 의주군(義州郡) 옥상면(玉尙面) 출신이다. 1921년 5월 대한청년단연합회 회원으로 국내에서 군자금을 모집하고, 1922년 8월에는 평북 위원군(渭原郡) 한당면(漢堂面)에서 천마산대(天摩山隊) 대원으로 활약했다. 당시 일본군과 교전하여 적병(敵兵) 1명을 사살하고 단총 1자루와 탄환 등을 노획하였다. 천마산대는 3·1운동 직후 최천주가 최시흥(崔時興)을 비롯한 최지풍(崔志豊)·박응백(朴應伯)·심용준(沈龍俊)·양봉제(梁鳳濟) 등 동지들과 함께 조직한 단체였다. 군자금 모금, 적의 주요기관 파괴, 일제 군경 및 친일주구 사살 등을 주요 목표로 삼고 활동하였다.

최천주는 1924년 4월 남만군인대표의 일원으로 임시정부를 지지하는 선언서(宣言書)도 발표하였다. 그 선언의 주요 요지는 '임시정부를 견고히 하게 하는 것이 우리의 의무요 본분'이란 취지 아래 '우리 군인은 전민족의 최고기관인 임시정부의 깃발 밑에 모여 대업(大業)을 완성하기로 결심하고 절대로 개인의 야심으로나 또는 국부사회(局部社會)의 편견으로 활동하지 않겠다'는 결의를 다진 것이다.

1924년부터 평북 강계(江界)·위원(渭原)·초산군(楚山郡)에서 윤세용(尹世茸)의 참의부(參議府) 제3중대 제2소대장으로 김원국(金元國)·이영택(李永澤) 등과 밀정을 처단하고 동지 및 군자금을 모집하였다. 한편 윤세용이 물러나자 1927년 3월 임시정부는 새로운 참의장으로 김승학(金承學)을 임명하였다. 김승학은 참의부의 진용을 새롭게 하고 위원장제를 중심으로 각지의 반동단체(反動團體)를 진압하는 동시에, 지방조직에 착수하여 민심회유책으로서 반동자 귀순(歸順)을 허용하였다. 또한 국내로의 자유 왕래 및

실업장려(實業獎勵) 등을 제창하는가 하면, 각종의 경고문 및 격문을 배포하여 주의 보급(主義普及)을 꾀하였다. 최천주는 이 때에도 제4중대장을 맡아 항일투쟁의 일선에서 적극 행동하였다.

남만군인대표들이 임시정부를 중심으로 대동단합하자는 선언서를 발표했다는 내용을 담은 『시대일보』(1924년 5월 21일) 기사. 왼쪽 하단에 崔在京(네모 안)이란 이름이 보인다.

최천주는 1928년 이후 개최된 만주지역 민족유일당운동(民族唯一黨運動)에서도 심용준 등과 더불어 정의부(正義府) 주력 및 신민부(新民府) 민정파(民政派)와 함께 활동하였다. 그리고 1929년 집안현(集安縣) 몽강현(濛江縣) 일대에서 참의부 후계조직의 제1대장으로, 1933년경에는 국민부 민사위원으로 참여하여 항일투쟁을 꾸준히 이어갔다.

최천주 대종교 교력을 살피면 1922년 3월 14일(음력) 대종교 탑일시교당(塔一施敎堂)의 시교원(施敎員)으로 임명된 기록이 전한다. 당시 그의 위치는 봉계인(奉戒人)이었다. 대종교에서의 봉계인이란 입교(入敎)를 한 후 일정 기간을 지나 영계(靈戒)를 받은 사람을 일컫는 명칭이다. 최천주의 대종교 입교와 영계 수여가 그 이전에 이루어졌음을 헤아릴 수 있다.

탑일시교당은 대종교 동이도본사(東二道本司) 관할로 영안현가(寧安縣街) 남관(南關)에 소재했던 시교당이다. 당시 전무(典務, 책임자)는 이화(李華)였으며 현준(玄濬)이 찬무(贊務, 부책임자)를 맡아 최천주와 함께 활동하였다. 이화는 1910년대 후반부터 왕청현(汪淸縣) 춘화향(春華鄕) 봉의동(鳳儀洞)에 거주하며 대한국민회 동부지방(東部地方會) 제16지회 비서(秘書)로 활동한 인물이다. 현준 역시 대종교 항일단체인 대한군정서(북로군정서)의 모연대원(募捐隊員)을 지냈으며, 1922년 10월 영안현 대종교 교당(敎堂)에서 추진된 대한군정서 재건 계획에도 가담한 인물이다. 모두 항일투쟁의 일선에 있던 인물들이고 보면, 최천주 역시 대종교 항일투쟁과 무관치 않음을 암시받을 수 있다.

[참고문헌]
『대종교중광육십년사』(대종교총본사, 1971), 『臨時報 第245號(大韓統義府 反

對党檄文 配布)』(不逞團關係雜件-朝鮮人의 部-在滿洲의 部39, 秘 關機高收 第9842號-1; 機密受第481號, 한국사DB, 국사편찬위원회), 『不逞鮮人團體 鎭東都督府現勢表 進達의 件』(不逞團關係雜件-朝鮮人의 部-在滿洲의 部41, 機密公 第30號; 機密受第33號, 한국사DB, 국사편찬위원회), 『시대일보』1924.5.21., 「국외용의조선인명부」(조선총독부경무국, 1934), 『한국독립사』하(김승학, 독립문화사, 1965)

최철범(崔哲範, 남, 1893-?)
입교 시기_ 1922년 | 교질_ 미상

함경북도 온성군(穩城郡) 출신이다. 대한국민회에 참여하여 제1북지방총회(第一北地方總會)의 부회장을 맡았던 인물이다. 제1북지방총회는 왕청현(汪淸縣) 춘화향(春華鄕) 석현(石峴) 지역을 관할하는 조직으로 김윤덕(金允德)이 총회장으로 있었다. 또한 참사 겸 비서에 한준섭(韓晙燮), 재무에 강봉선(姜鳳善)·이덕순(李德順), 참사에 최광윤(崔光侖)·석형준(石衡俊), 통신부장에 최수창(崔秀昌), 경호부장에 최명덕(崔明德)이 임명되어 활동하였다.

일제의 문서에 기록된 대한국민회 第一北地方總會의 조직원 명단. 오른쪽에 副會長을 맡은 崔哲範(네모 안)의 이름이 보인다.

그러나 봉도동·청산리전쟁 이후 대대적인 경신대토벌이 펼쳐지자 최철범은 춘화향 석현시 조선인거류민회(朝鮮人居留民會) 회장을 맡아 탄압을 피해갔다.

최철범의 대종교 교력을 보면, 1922년 11월 11일(음력) 대종교 동일도본사(東一道本司)의 추천으로 영계(靈戒)를 받은 기록이 있다. 영계란 의식(儀式)이 대종교에 입교한 후 6개월이 지난 후에 행하는 것임을 감안한다면, 그의 대종교 입교가 1922년 전반기에 이루어졌음을 알 수 있다. 최철범은 당시 김창환(金昌煥)·주운천(朱雲天)·송사현(宋仕賢)·송자현(宋子賢) 등과 더불어 영계를 받았으나, 더 이상의 교력이나 연관 기록은 남아있는 것이 없다.

[참고문헌]
『대종교보』, 제56호(1922년), 「朝鮮側 警察이 朝鮮人 金順 等을 拘引시킨 것에 관한 건」(不逞團關係雜件-朝鮮人의 部-在滿洲의 部28, 公 第259號; 受 20669號, 한국사DB, 국사편찬위원회), 「間島 및 同 接壤地方에 있어서 排日團體 및 親日團體 調査의 건」(不逞團關係雜件-朝鮮人의 部-在滿洲의 部32, 機密 第93號; 機密受第110號, 한국사DB, 국사편찬위원회)

함경북도 경성군 출신이다. 1920년대 후반 만주동만청년 회(滿洲東滿青年會)를 중심으로 공산주의 활동을 전개한 최충호(崔忠浩)와는 동일인 여부가 불확실하다.

최충호는 1921년 초 연길현(延吉縣) 국자가(局子街)에 거주하며 안정근(安定根)·최원일(崔元一)·방진성(方眞成)·조문백(趙文伯) 등과 액목현(額穆縣)을 거점으로 하는 청년단을 조직하여 항일활동을 전개하였다. 1922년 10월에는 영안현(寧安縣) 영고탑(寧古塔) 지역 영안입적간민호회(寧安入籍墾民戶會)의 부회장으로 있으면서, 회장 최계화(崔桂華) 및 김영숙(金永肅)·이종수(李鍾秀)·이교성(李敎成)·박두희(朴斗熙)·한봉근(韓鳳根) 등 대종교 동지들과 대한민국임시정부와 연계하며 군자금 모금 및 각종 항일문서를 만들어 각지에 배포하였다. 또한 당시 연해주 추풍(秋豊, 수이푼)에 있는 대종교지도자 김규식(金奎植)과 연락을 취하며 동지연선(東支沿線)을 중심으로 모연대(募捐隊)를 조직하기도 하였다.

1924년 당시 최충호를 '항일투쟁의 巨頭(네모 안)로 기록하고 있는 일제의 문서

1924년 4월에는 대종교 항일단체인 대한군정서(북로군정서) 출신의 현천묵(玄天默)·조성환(曺成煥)·김규식 등이 동빈현(同賓縣)에서 조직한 대한독립군정서(大韓獨立軍政署, 中路軍政署)에도 참여하였다. 이 조직의 주요 간부는 현천묵(총재)·김규식(사령관)·조성환(고문)을 비롯하여 재무부장 양현(梁賢), 모연부장 신청농(申靑儂), 군의(軍醫) 김연원(金演元), 군사부장 이범석(李範奭), 외교부장 박운집(朴雲集), 행정부장 박두희, 검사부장 백계화(白桂華), 서기장(書記長) 신명식(申明植), 서무부장(참모) 나중소(羅仲昭), 참모 김혁(金爀), 참모 김필(金弼), 참모 나중소(羅仲昭), 참모 권영준(權寧濬), 참모 정신(鄭信) 등이었다. 최충호 역시 대한독립군정서의 교통부장을 맡아 큰 역할을 하였다.

이들의 특징은 대부분이 과거 대한군정서 출신으로 대종교도였다는 점이다. 그러므로 대한독립군정서의 지향은 철두철미한 민족주의적 토대 위에 완전한 독립 추구였다. 1924년 4월 하순 조선독립당군정서연합회총회(朝鮮獨立黨軍政署聯合會總會)를 영고탑의 대종교당(大倧教堂)에서 개최한 것도 결코 우연이 아니었다. 이 연합회총회를 개최 당시 결의한 사항은 다음과 같았다.

1. 본부를 동빈현에 둔다.
2. 지부를 영안현에 둔다.
3. 통신기관을 하얼빈, 모아산(帽兒山), 일면파(一面坡), 오길밀하(烏吉密河), 해림(海林), 목단강(牡丹江), 목릉(穆稜), 소수분(小綏芬), 동녕(東寧)에 둔다.
4. 지급(至急) 군인모집에 착수한다.
5. 곧 모연사무(募捐事務)를 개시한다.
6. 무기, 양복(洋服)의 수집 준비를 서두른다.
7. 재정을 긴축하여 기금을 공고히 한다.
8. 한국 민족으로서 왜노(倭奴)의 밀정이 된 자는 곧 살륙한다.
9. 각 지방과의 통신연락을 한층 신속 정확히 한다.
10. 금년은 갑자년에 해당하며 한국독립 실현의 기운이 무르익어 있으므로, 두만강을 건너 삼각산두(三角山頭)에 태극기를 수립(樹立)하고 만세를 고창하며, 우리 민족이 왜노의 압정을 벗어나 열국(列國)에 우리들의 독립을 광희(廣佈)할 최호시기(最好時機)다. 우리들의 행동을 방해하는 자는 군법에 비추어 엄벌할지니, 우리 민족된 자는 이 때에 제(際)하여 전력을 다하여 후원하여야 한다.

[교력]

최충호와 관련된 대종교 입교 기록이나 영계(靈戒) 사항은 전하는 것이 없다. 다만 1921년 12월 1일(음력, 이하 음력) 대종교 항일투사 이종수(李鍾秀)·신최수(申最秀)·오호준(吳昊俊)·이정희(李庭熙)·한성오(韓星五) 등과 참교(參教)의 교질(教秩)을 받은 기록이 전한다. 그의 대종교 입교가 그보다 훨씬 전에 이루어졌음을 확인할 수 있다.

또한 1922년 3월 17일에는 대종교 동이도본사(東二道本司)의 학리감정(學理監正)이라는 주요 보직에도 임명되었다. 당시 동이도본사를 이끈 주요 인물들을 보면 모두 항일투쟁의 거물들로, 아래의 표와 같다.

이름	당시 교질	직책	서임 년월일(음)	관여항일단체
이종수 (李鍾琇)	지교 (知教)	선리부령 (宣理部令)	1922년 3월 15일	고려공산당, 만몽산 업회, 대한혁명단 등
엄호 (嚴浩)	상교 (尙教)	선범부령 (宣範部令)	"	대한군정서 등
김영숙 (金永肅)	"	선강부령 (宣講部令)	"	대한군정서 등
이정 (李楨)	참교 (參教)	종리감정 (倧理監正)	1922년 3월 17일	대한군정서 등
이곤 (李坤)	"	계리감정 (計理監正)	"	미상
류광민 (柳光民)	지교 (知教)	규리감정 (規理監正)	"	영고탑재류선인회 (寧古塔在留鮮人會) 등
최충호 (崔忠浩)	"	학리감정 (學理監正)	"	대한독립군정서 등

한편 최충호는 1922년 9월 28일, 대종교 동지인 참교 정환계(鄭桓桂)의 소상(小祥)에 파견되어 치제식(致祭式)을 이끌기도 했다. 주목되는 것은 최충호를 파견한 인물이 당시 대종교 교주였던 김교헌(金教獻)이었다는 점이다. 이것은 그 시기 최충호의 대종교단 내에서의 비중이 상당했음을 방증하여 주는 사례라 할 수 있다.

나아가 최충호는 1923년 1월 2일 대종교총본사에서 주도한 소부계(蘇扶契) 발기에 앞장서기도 했다. 소부(蘇扶)란 부여(扶餘)와 같은 이름으로 부여민족의 중흥을 내세웠던 대종교의 역사인식을 그대로 담은 명칭이었다. 소부계의 주요 목적은, 대종교 교우 간에 친목을 도모하고, 교인 경조사의 상부상조와 대종교 발전에 협찬하는 것이었다. 또한 각 시교당에 조직케 하고 회의는 매년 어천절(3월 15일)과 개천절(10월 3일)에 개최하도록 하였다. 참고로 「소부계창기사(蘇扶契創起辭)」는 아래와 같았다.

"대교(大教)의 진리는 미(迷)한 자를 제(濟)하며 각(覺)할 자를 계(啓)하여 인생의 쾌락을 도인(導引)키로 자족하였도다. 그 자체의 포부를 보자! 사위(四圍)의 경우를 살피자! 한울에 계신 신(神)만 만능이 아니오, 네게 있는 신(神)도 본래는 만능이니, 딴 데서 구하지 말고 저마다 진성(眞性)을 통하여 자기 뇌에 있는 제 신(神)을 찾으라 함은, 그 자체의 포부이오, 요사이 염세와 이기와 문약과 미신의 폐는 그 사위(四圍)의 경우라, 어디로 보든지 그는 심후한 체웅(体熊)과 익숙한 솜씨가 있도다. 가로 보든지 세로 보든지 그의 포부는 무한과 무궁이오, 개인으로나 민중으로나 세계로나 그 시적(時適)은 유일과 무이라, 이리 두르고 저리 두르자. 이것도 견주고 저것도 견주어보자 오직 진종(眞倧)의 대도보성(大道寶星)이라. 따라서 우리는 그 사명자로 자처하지 아니치 못할지라. 그러나 어떻게 하면 저 화선(化線)의 길상(吉祥)과 복계(福界)의 광명(光明)을 전인류에게 공(供)할까. 아마 우리 앞에는 산과 물이 있을지오, 눈보라와 어둠의 황량함도 있을지니, 미리 차림새가 있어야 할 것은 더 말할 바가 아니라, 그 동안 우리는 헐벗은 옷과 붉은 손으로 인하여 노중(路中) 지체는 고사하고 오히려 그 상광(祥光)을 흐림이 많도다. 어찌 이 같은 차림새로 먼 길을 걸으리오. 십년의 광색(光色)이 머지않은 바는 아니로되 오히려 무한보다 비근할지며, 백만의 금액이 적지 않은 바가 아니로되 오히려 없음보다는 차승(此勝)할지라, 누구나 이 점에 대하여 미리 준비가 있어야 할 것은 다 아시는 바어니와, 이제 저제 미루다가 지금 현상에 이르렀도다. 그리하여 이번 우리 몇 사람이 아래 수강(數綱)을 나타내고 여러 형제자매의 동성(同聲)을 구하노라."

이 소부계를 발기한 인물들을 보면 최충호를 비롯하여 나병수(羅秉洙)·허류·현천극(玄天極)·김근우(金瑾禹)·이종수(李鍾琇)·김연원(金演元)·김영선(金榮璿)·민윤식(閔胤植)·권목(權穆)·이곤(李坤)·원무의(元武儀)·김영숙(金永肅) 등 모두 13인이었다. 이들 대부분이 항일투쟁의 지도급 인물들임이 특기된다.

[참고문헌]
『대종교보』,제55호(1922년)·제57호(1923년), 『종문영질』(프린트본, 1922년), 『대종교중광육십년사』(대종교총본사, 1971), 「間情 第9號 送付(上海臨時政府의 軍資 借款 등에 관한 報告)」(不逞團關係雜件-朝鮮人의 部-在滿洲의 部26, 機密 第56號, 秘受 1722號, 한국사DB, 국사편찬위원회), 「寧古塔 地方 各種 信報」(不逞團關係雜件-朝鮮人의 部-在滿洲의 部39, 機密 第73號, 機密受第78號, 한국사DB, 국사편찬위원회), 「不逞鮮人의 行動에 관한 건」(不逞團關係雜件-朝鮮人의 部-在滿洲의 部34, 機密 第253號, 機密受第256號, 한국사DB, 국사편찬위원회), 『독립신문』,1924.3.28., 『朝鮮獨立運動』Ⅱ(金正明, 原書房, 1967), 『무장독립운동비사』(채근식, 대한민국공보처, 1949)

최태순(崔泰淳, 남, 생몰 미상)
입교 시기_ 1934년 이전 | 교질_ 참교

출신지역과 생몰연대가 불명확한 인물이다. 다만 서북학회 명천군지회(明川郡支會) 사무원으로 활동한 것을 보면, 그의 출신지가 함경북도 명천군일 가능성이 크다.

최태순은 청산리전투 직후, 노령의 니콜리스크와 보크라니치나야 등을 근거로 대종교지도자 고평(高平)을 중심으로 전성환(全成煥)·허승완(許承完) 등과 조선독립군특무대(朝鮮獨立軍特務隊)를 조직하여 활동하였다. 최태순 일행은 1923년 3월경에는 함경남북도 방면으로 들어와 비밀리에 군자금과 군대 모집에 열성을 기울였다. 이후 특무대를 사단으로 편성 확대한 뒤 의열단장 김원봉과 만나 독립운동의 방침에 대해 협의하기도 하였다.

최태순의 대종교 입교 시기나 영계(靈戒) 사항에 대해서는 남아 있는 기록이 없다. 다만 1934년 3월 9일(음력) 대종교 신일시교당(新一施教堂)의 시교원(施教員)을 맡은 기록이 전한다. 당시 최태순의 교질이 참교(參教)의 단계에 있었음을 보면, 그의 대종교 입교 시기가 그보다 훨씬 전에 이루어졌음을 확인시켜 준다. 신일시교당은 대종교의 거점이었던 영안현(寧安縣) 신안진촌(新安鎭村)에 소재한 시교당으로, 광한단(光韓團)에서 항일투쟁을 전개한 김태호(金泰浩)가 전무(典務, 책임자)를 맡았다. 또한 대한의군산포대(大韓義軍山砲隊)에 소속되어 서헌(徐憲)·이원학(李源學)·김가회(金嘉會)·김여수(金汝洙) 등과 항일투쟁을 전개한 이희춘(李喜春)이 찬무(贊務, 부책임자)를 맡아 최태순과 함께 시무하였다.

特務師團編成

대장고평이하의새로운활동

의렬단댱과운동방침을협의

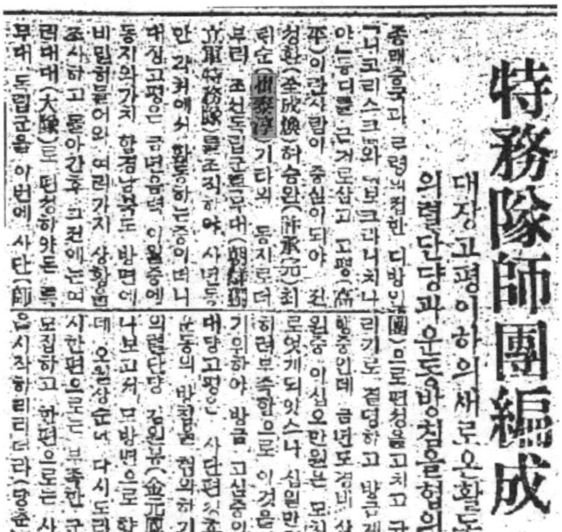

崔泰淳(네모 안)이 대종교지도자 高平 등과 朝鮮獨立軍特務隊 활동을 전개한 내용을 실은 『동아일보』(1923.4.30.) 기사.

[참고문헌]

『대종교중광육십년사』(대종교총본사, 1971). 『서북학회월보』제13호·제14호(1909년). 『동아일보』1923.4.30.. 『독립신문』1923.6.13.

최택(崔澤, 男, 생몰 미상)

아호(별명) _ 동산(東山)

입교 시기 _ 1917년 이전 | 교질 _ 지교

출신지역과 생몰연대를 알 수 없는 인물이다. 택(澤)이라는 이름 역시 대종교 입교와 더불어 개명한 외자이름일 듯하나 그 기록 역시 남아있는 것이 없다.

최택은 중광단(重光團)과 대한정의단(大韓正義團)을 거쳐 결성된 대종교 항일단체 대한군정서(북로군정서)에 깊이 가담하여 활동한 인물이다. 한편 대한국민회 서부지방회(西部地方會)에 속한 화룡현(和龍縣) 명신사(明新社) 방학동(放鶴洞) 제9지회(第九支會)의 통신구장(通信區長)으로도 활동하였다. 이후 대종교 항일단체인 신민부(新民府)에도 참여하여 이옥규(李沃圭)·성하식(成夏植)·이재유(李在囿)·오근태(吳根泰)·이현익(李顯翼)·정순상(鄭舜相)·윤창렬(尹昌烈)·류우식(柳佑植)·우덕순(禹德淳)·이성우(李成宇)·지장회(池章會)·현천극(玄天極)·심근(沈槿)·이정(李楨)·나정련(羅正練)·김영숙(金永肅)·박찬익(朴贊翊) 등 대종교 중추들과 신민부 일선 활동을 적극 지원하기도 했다.

己未年龍井事件 十七人墳墓를移葬

【연길】 기미년 三월十三일 간도 용정만세(龍井萬歲)사건에 그현장에서 희생당한 十七인을 그때 당지에서 남쪽으로 약二十여리는 즉허청리(許靑里)에 매장한바 근년에 계수(溪水)로 인하야 그중 九개분묘(墳墓)만은 거의 침수상태에 잇더라 이 사실을 알은 김영학(金永學) 배정식(裵禎植) 전재일(全在一) 박경림(朴京林) 강병익(姜炳翊) 최택(崔澤) 등 유지제씨의 발기로 오는 二十일 개장(改葬)하기로하고 목하 순비에 노력중이라는바 금번에 겸하야 표석(表石)까지 할예정이라 한다.

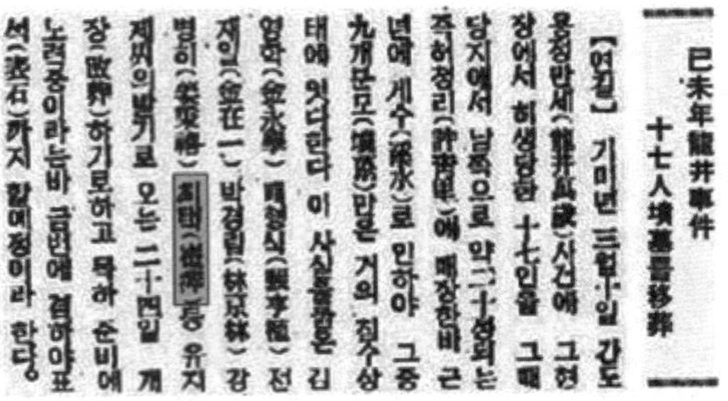

1919년 간도 용정 만세운동 당시 희생된 17인의 묘소 改葬 사업에 앞장섰던 崔澤(네모 안)에 대한 『동아일보』(1936.5.19.) 기사 내용.

또한 1936년 5월에는, 간도 용정(龍井) 만세운동 당시 일경의 발포로 희생당한 17명의 훼손 묘소를 개장(改葬)하는데 앞장섰다. 이 17인의 묘소는 연길 남쪽 지역 허청리(許靑里)에 있었으나, 계수(溪水)로 인하여 많이 침식되어 갔다. 이에 최택을 비롯한 대종교지도자 김영학(金永學) 등이 발기하여 진행된 것이다. 그러나 최택은 해방 조국을 보지 못한 채 만주에서 영양실조로 병사(病死)하였다.

최택의 대종교 입교 시기나 영계(靈戒) 사항에 대해서는 남아있는 기록이 없다. 그러나 1917년 3월 16일(음력) 참교(參敎)의 교질(敎秩)을 받은 기록이 전한다. 그의 대종교 입교가 그 이전에 이루어졌음을 알 수 있다. 그의 입교가 대종교 항일단체인 중광단 시절로 추정되는 이유다.

한편 최택은 1922년 3월 1일(음력), 항일투쟁의 거물들인 이민혁(李敏赫)·원석주(元錫周)·최동악(崔東岳)·한기중(韓基中) 등과 더불어 지교(知敎)의 교질로 올라갔다. 이민혁은 대한군정서를 중심으로 활동한 인물로, 1922년 3월에는 대한군정서 간부를 지낸 서청(徐靑)과 채신석(蔡信錫) 등 대종교 동지들과 왕청현(汪淸縣) 유수하(柳樹河)로 들어와 과거 대한군정서 동지들의 규합을 통한 대종교 항일투쟁을 적극 도모하였다. 원석주 역시 1914년 연길현 국자가(局子街) 잡거지(雜居地)에 거주하며 농무계(農務契) 저항운동을 주도했던 인물이다.

[참고문헌]

『종문영질』(프린트본, 1922). 『대종교인과 독립운동연원』(이현익, 프린트본, 1962). 「朝鮮側 警察이 朝鮮人 金順 等을 拘引시킨 것에 관한 건」(不逞團關係雜件-朝鮮人의 部-在滿洲의 部28, 公 第259號; 受 20669號, 한국사DB, 국사편찬위원회). 『동아일보』1936.5.19.

최하규(崔河奎, 男, 1879-?)

입교 시기 _ 1922년 | 교질 _ 미상

함경북도 경원군(慶源郡) 경원면(慶源面) 관류동(官柳洞) 출신이다. 일찍이 함경북도 관찰부(觀察府) 7급 주사(主事)를 지낸 인물로, 경술국치 이후 간도 혼춘(琿春) 지방으로 이거하였다.

대종교 항일단체인 대한군정서(북로군정서)의 경신활동(警信活動)에 깊이 참여한 것으로 알려져 있으나, 그 기록 역시 전하지 않는다. 청산리독립전쟁 이후 일제의 경신년 대학살이 전개되자, 혼춘조선인거류민회(琿春朝鮮人居留民會)에 참여하여 위기를 피해갔다. 당시 조선인거류민회는 일본총영사관의 감독 하에 조선인의 공동 복리증진 도모를 내세운 친일적 조직이었다. 최하규는 혼춘조선인거류민회의 이사와 부회장까지 역임하면서, 이면적으로는 대종교에 가담하여 대종교 항일투쟁에 일조하였다.

최하규의 대종교 교력을 살피면 1922년 9월 18일(음력) 대종교 원일시교당(圓一施敎堂)의 시교원(施敎員)으로 서임된 기록이 있다. 그 이전에 대종교에 입교했음을 알 수 있다. 원일시교당은 대종교 동일도본사(東一道本司) 관할로 혼춘현 숭례사(崇禮社) 원풍동(圓豊洞)에 소재하였다. 당시 김창한(金彰漢)이 전무(典務, 책임자)를 맡았고 김영갑(金永甲)·최상규(崔祥奎)가 찬무(贊務, 부책임자)를 맡아 활동하였다. 또한 최하규를 비롯한 채창묵(蔡昌默)·채동일(蔡東一)·박종현(朴宗賢)·서헌(徐憲)·서병호(徐丙浩)·최병일(崔秉一)·이병철(李秉喆)·서재익(徐在益) 등이 시교원으로 임명되어 대종교 포교를 통한 항일투쟁에 앞장섰다. 주목되는 것은 최상규 등 인물들 대부분이 대한군정서 시절 경신분국(警信分局)에 속한 경신원(警信員)으로 활동한 경험이 있다는 점이다. 대종교시교당이 곧 항일투쟁의 거점이었다는 공식이 다시금 확인되는 부분이다.

최하규는 1922년 개천절(음력 10월 3일)에 대종교 동일도본사(東一道本司)의 추천으로 영계(靈戒)를 받는다. 당시 김천길(金千吉)·이덕기(李德基)·장시찬(張時讚)·최순범(崔舜範) 등, 항일투사들과 함께 영계를 받았다. 이 중 김천길은 1920년 6월 임병극(林秉極) 등과 혁명군의 구성원에 속해 연길현·왕청현·혼춘현 지방에서 무기운반을 맡아 활동하는가 하면, 일제의 경신대토벌이 벌어지자 노령으로 넘어가 오하묵(吳夏默)의 부대에서 항일투쟁을 이어간 인물이다. 이덕기 역시 1890년대 초반에 블라디보스토크로 망명하여 잡화상을 경영한 인물이다. 대종교 항일투사인 우덕순(禹德淳)의 고모부로, 우덕순의 블라디보스토크 망명을 주선하고 암암리에 후원한 장본이다.

[참고문헌]
『대종교보』 제56호(1922년), 『대종교중광육십년사』(대종교총본사, 1971), 『승정원일기』 1901년 10월 12일(음), 『間琿 및 同 接壤地方에 있어서 排日團體 및 親日團體 調査의 件』(不逞團體關係雜件-朝鮮人의 部-在滿洲의 部32, 機密 第93號; 機密受第110號, 한국사DB, 국사편찬위원회), 『間琿萬姓大同譜』(姜運球·梁承武, 1929)

최해(崔海, 남, 1895-1948)
아호(별명) _ 단사(檀史), 최해일(崔海日)
입교 시기 _ 1926년 이전 | 교질 _ 지교 | 서훈 _ 독립장(1977)

강원도(지금의 경상북도) 울진군(蔚珍郡) 원남면(遠南面) 덕

최해

산리(德山里) 출신이다. 경술국치 이후 서간도로 건너가 1915년 신흥무관학교를 졸업하였다. 1917년 4월 심규섭(沈奎燮)·임운집(林雲集)·박영득(朴永得) 등의 인물들과 화전현(樺甸縣) 이도구(李道溝)에 길창학숙(吉昌學塾, 길창소학교)을 세워, 서기로 활동하며 교포 자제들의 교육에 앞장섰다. 1918년에는 대종교의 중진인 정안립(鄭安立)·박우진(朴宇鎭) 등과 한인 이주자들의 생계를 돕기 위하여 동성한족생계회(東省韓族生計會) 발기인으로 참여 평의원을 맡았으며, 1919년 8월 서일(徐一)·현천묵(玄天默)·정신(鄭信)·김좌진(金佐鎭)·계화(桂和) 등과 더불어 군정부(軍政府)를 조직하는데 참여하였다. 그리고 백두산 서남쪽의 무송현(撫松縣)에서, 윤세복(尹世復)·김혁(金赫)·김호익(金虎翼) 등의 대종교 간부들과 1919년 흥업단(興業團)을 조직하여 군정부와 연계하며 군자금 모집활동을 펼치기도 했다.

1919년 10월, 군정부가 대종교 항일단체인 북로군정서(대한군정서)로 개편되자 동사관학교의 교관과 함께 여단장으로도 임명되어 참모장 이장녕(李章寧), 사단장 김규식(金奎植), 연대장 정훈(鄭勳), 연성대장 이범석(李範奭), 경리 계화(桂和), 군무감독 양현(梁玄) 등과 함께 무력투쟁을 전개하였으며, 청산리독립전쟁에서 미증유의 전공을 거두었다. 1923년 5월에는 김규식·고평(高平)·이범석 등과 연길현(延吉縣) 명월구(明月溝)에서 고려혁명군(高麗革命軍)을 조직하고, 총사령 김규식의 부관으로 임명되어 활동하였다. 이 고려혁명군은 대한군정서 출신의 대종교 인물들이 조직한 무장항일단체로, 일반 교포의 교육과 계몽에 힘쓰는 동시에 둔전제(屯田制)를 실시하며 항일투쟁의 기반을 모색하였다.

이후 최해는 대종교 포교 활동을 통한 항일투쟁에 전념하였다. 특히 일제가 만주를 장악한 1931년 이후에는 길림성 등지에서 대종교 활동에 기반한 재만 한인들의 민족의식 고양에 헌신하였다. 해방 이후 환국하여 광복군사령부의 참모로 임명되어 활동하기도 했으나, 누적된 피로로 병을 얻어 사망하였다.

최해는 흥업단 시절 대종교에 입교한 인물로 전언되어 오지만, 그 기록은 전하지 않는다. 다만 같은 신흥무관학교 출신으로 서간도 항일투쟁에 앞장섰던 박명진(朴明鎭)의 『대종교독립운동사』(필사본, 1964)라는 기록이 주목된다. 여기에는 1910년대 대종교 동일도본사(東一道本司)의 주요 교인으로 최해의 이름이 올라왔다. 당시 동일도본사는 대종교지도자 서일이 이끌고 있었으며, 현천묵·백순(白純)·이홍래(李鴻來)·강희(姜熙)·여준(呂準)·정안립(鄭安立)·신팔균(申八均)·김동삼(金東三)·계화·이장녕(李章寧) 등 수십 명의 항일지도자들이 최해와 함께 이름을 올렸다.

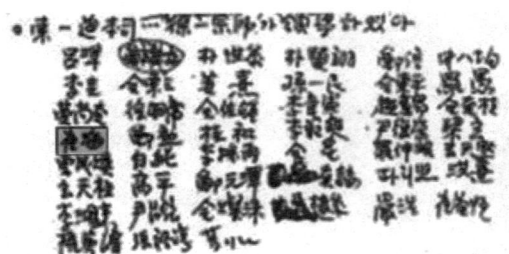

박명진의 『대종교독립운동사』에 실려 있는 동일도본사 주요 교인의 기록. 왼쪽 중간에 崔海(네모 안)라는 이름이 적혀있다.

한편 1926년 대종교만주포교금지령 이후, 만주 당국에 압수된 대종교 문서(현재 중국 화룡현당안관 소장) 역시 중요한 근거가 된다. 그 문서에 들어 있는 '대종교시교당일람표(大倧敎施敎堂一覽表)'을 보면 당시 최해가 대종교 유광시교당(楡光施敎堂)의 전무(典務, 책임자)를 맡은 기록이 있다. 그 문서에는 최해의 교질(敎秩) 단계는 적혀 있지 않지만, 시교당의 책임을 맡았다는 것은 그의 대종교 교력이 오래되었음을 말해주는 것이다. 유광시교당은 서일도본사(西一道本司) 관할로 길림성(吉林省) 화전현(樺甸縣) 유수림자(楡樹林子)에 있었으며 화전현 횡도하자(橫道河子)에 덕유심소과(德裕深燒鍋)라는 양조장이 연락 거점이었다. 장경일(張景穆)과 최일신(崔日新)이 찬무(贊務, 부책임자)를 맡아 최해를 도왔으며, 그 시기 45명의 신도를 거느리고 시무하였다.

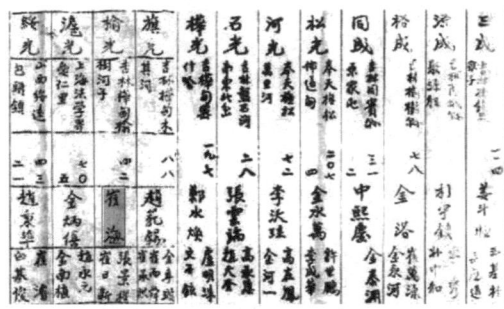

1926년 만주 당국에 압수된 대종교 문서에 실려 있는 '大倧敎施敎堂一覽表' 중의 일부. 왼쪽 楡光(施敎堂) 아래 崔海의 이름이 보인다.

해방 이후 대종교가 확인한 최해의 교질은 지교(知敎)였다. 또한 대종교총본사에서는 최해의 교력을 존중하여 환국 직후인 1946년 4월 12일, 당시 경의원(經議院) 원장으로 추대된 이시영(李始榮)을 비롯한 수많은 대종교 독립원훈들과 함께, 경의원 참의(參議)로 선임하였다.

[참고문헌]
『대종교보』제150호(1946년), 「大倧敎施敎堂一覽表(1926年)」(延边朝鮮族自治州档案館 全宗号42 目录号1 案卷号343, 和龙县历史档案 和龙县警察所, 令各区支禁韩人设立大倧教堂由, 民国十五年五月十二日), 『대종교인과 독립운동연원』(이현익, 프린트본, 1962), 『대종교독립운동사』(박명진, 필사본, 1964), 『대종교중광육십년사』(대종교총본사, 1971), 「東省韓族生計會 組織에 관한 건 續報」(不逞團關係雜件-朝鮮人의 部-在滿洲의 部7, 朝憲機 第330號/秘受 10481號, 한국사

DB, 국사편찬위원회), 『무장독립운동사』(채근식, 대한민국공보처, 1949), 『한국독립사』하(김승학, 독립문화사, 1965), 『독립운동사』5(독립운동사편찬위원회, 1972)

최해준(남, 생몰 미상)
입교 시기_ 1939년 이전 | 교질_ 참교

출신지역과 생몰연대를 알 수 없는 인물로, 그의 한자이름 역시 확인이 안 된다. 최해준은 1939년 3월 1일(음력)에는 대종교 유성시교당(裕成施敎堂)의 찬무(贊務, 부책임자)를 맡은 기록이 유일하게 남아 있다. 당시 최해준의 교질(敎秩)은 참교(參敎)의 단계에 있었다. 그의 대종교 입교가 그보다 훨씬 전에 이루어졌음을 알게 해 준다. 유성시교당은 대종교 북일도본사(北一道本司) 관할로 유수현 동구(東區)에 위치했으며, 항일투사 김인준(金仁濬)이 전무(典務, 책임자)를 맡아 이끌었다. 또한 주상무(朱相武)와 최명춘(崔鳴春) 등이 최해준과 함께 찬무로 임명되어 김인준을 도왔다. 특히 김인준은 서간도로 넘어가 대한청년단 임원들과 만나 조선 내에 비밀결사를 조직하기로 밀약한 후, 다시 국내로 들어와 대한청년활동단이라는 비밀조직을 결성하고 군자금 모금 활동을 펼친 인물이다. 최해준 역시 대종교 항일투쟁과 밀접한 인물임을 암시해 준다.

[참고문헌]
『대종교중광육십년사』(대종교총본사, 1971)

최헌(崔憲, 남, 생몰 미상)
입교 시기_ 1913년 이전 | 교질_ 참교

출신지역과 생몰연대를 알 수 없는 인물이다. 그의 헌(憲)이라는 이름 역시 대종교 입교와 함께 개명한 외자이름일 듯하나, 당시의 『대종교보(大倧敎報)』 등이 전하지 않아 확인이 안 된다.
최헌은 1925년 8월 중동로(中東路) 쌍주(雙珠) 지방 소량하구(小亮河區)에서 결성된 오인청년회(吾人靑年會)의 체육부 위원으로 활동한 기록이 있다. 또한 1926년 2월 22일 연길현(延吉縣) 수신향(守信鄕) 이도구(二道溝) 구산장(邱山場)에서 조직된 이도구청년회(二道溝靑年會)의 집행위원도 맡아, 대종교 동지인 최창화(崔昌華)와 함께 이 조직을 주도하였다. 당시 신용제(申用濟)·양창식(梁昌植)이 집행위원으로 참여했으며, 송명국(宋明國)·신영식(申英植)이 이재부(理財部)를 맡아 활동하였다. 이 청년회는 기존에 있던 광신청년회(光新靑年會)의 뒤를 이어 조직된 것으로, 회원의 일치단결과 상부상조, 산업·덕육(德育)·지육(智育)의 개선을 통한 진보적 행동을 추구하였다.
최헌의 대종교 입교 시기나 영계(靈戒) 사항에 관한 기록은 전하지 않는다. 그러나 1913년 4월 20일(음력) 참교(參

教)의 교질(教秩)을 받은 기록이 남아 있다. 입교(入教)를 거쳐 일정 기간을 지나 영계를 받고, 다시 당자자의 믿음에 대한 확신을 확인한 후에 주어지는 것이 참교의 교질이다. 그의 대종교 입교 시기가 훨씬 이전으로 올라감이 확인된다. 더욱이 같은 날 함께 참교를 받은 인물들이 박은식(朴殷植, 朴紹宗)·신채호(申采浩)·김영학(金永學)·한흥(韓興) 등, 대종교의 핵심이자 항일투쟁의 거물들이었다. 그 시기 최헌 역시 종교적·사회적으로 상당한 비중의 인물이었을 것으로 추정되는 이유다.

대종교의 教秩 관계를 적어 놓은 『倧門榮秩』. 왼쪽 가운데 參教을 받은 崔憲(네모 안)의 이름이 올라있다.

[참고문헌]
『종문영질』(프린트본, 1922). 「不逞新聞 新民報의 記事에 關한 件」(不逞團關係雜件-朝鮮人의 部-在滿洲의 部41, 秘 高警 第3611號; 機密受第319號, 한국사DB, 국사편찬위원회). 「間島 및 琿春地方 朝鮮人의 結社團體 調査報告에 關한 件」(不逞團關係雜件-朝鮮人의 部-在滿洲의 部43, 機密 第591號; 外務省文書課受 第627號, 한국사DB, 국사편찬위원회)

최현배(崔鉉培, 남, 1894-1970)

아호(별명) _ 외솔, 월성현배(月成鉉培)
입교 시기_ 1910년대 | 교질_미상 | 서훈_독립장(1962)

최현배

경상도 울산도호부(蔚山都護府) 내상면(內廂面) 동동리(東洞里) 출신이다. 조선어학회사건으로 재판을 받을 당시, 그의 판결문에 쓰키나리 겐바이(月成鉉培)로 창씨개명을 한 것이 드러나 문제가 되기도 하였다. 그러나 이름은 그대로 둔 채 성씨의 한자 읽는 방식만 바꾼 것이라 하여 개명한 것으로 보지 않았다.

일찍이 고향에서 한문을 수학하고 상경하여 관립한성고등학교(경성고등보통학교, 경기고등학교)에서 공부를 하였다. 재학 당시인 1910년 5월부터 3년간을, 주시경(周時經)이 매주 일요일에 전동(磚洞) 보성학교에서 개최한 조선어강습원(朝鮮語講習院)에서 한글과 국문법을 배우는 한편, 언어민족주의적인 의식 고양과 더불어 항일의식에도 눈을 떴다. 1915년 경성고등보통학교를 졸업한 최현배는 관비 유학생으로 일본으로 떠났다. 그곳 히로시마 고등사범학교에서 공부하고 귀국한 후, 1920년 사립동래고등보통학교 교원으로 부임하여 우리말을 가르치고 연구하기 시작하였다. 1922년 다시 일본으로 유학을 떠난 최현배는 경도제국대학(京都帝國大學) 문학부 철학과에서 교육학을 전공하고, 학사 취득 이후인 1925년 동 대학원에서 교육학을 계속 공부하였다. 대학원에서 수학하던 1926년에는 『동아일보』에 66회에 걸쳐 「조선민족갱생(更生)의 도(道)」를 연재하였다. 이후 연희전문학교 교수로 초빙되어 1937년까지 재직하다가 1938년 2월 대종교 동지인 안재홍(安在鴻) 등과 민족주의자들의 단체인 흥업구락부(興業俱樂部)에 가담하여 독립사상 고취운동을 펼쳤다. 이 일로 일제에 일시 구속되어 조사를 받고 연희전문학교 교수직에서 강제로 해직되었다.

한편 그 시기 조선어연구회(朝鮮語研究會)에 가입하여 한글 연구에도 정진하였다. 1929년 107명으로 구성된 조선어사전편찬회(朝鮮語辭典編纂會)에 참여했으며, 1934년 4월에는 『중등조선말본』을 간행하였다. 또한 흥업구락부 운동으로 실직된 기간에는 한글연구에 더욱 집중하여 1941년에 그의 대표작 『한글갈』을 완성하여 간행하기도 하였다. 최현배는 1942년 10월, 일제의 민족말살정책의 일환으로 자행된 조선어학회사건(朝鮮語學會事件)으로 구속되었다. 그리고 함경남도 홍원경찰서로 옮겨 수감되어 일제의 잔혹한 고문과 악형을 받았다. 당시 일제는 우리 정체성의 근간이 되는 우리의 말·글·얼의 중심이었던 대종교와 조선어학회를 동시에 없애기 위해 암암리에 도모하던 중이었다. 한민족 얼(정신)의 중심인 대종교의 지도자들을 일제히 구속한 임오교변(壬午教變)과, 우리 언어의 중심인 조선어학회 구성원들을 잡아들인 조선어학회사건이 1개월 터울로 자행된 것을 보아도 짐작할 수 있다.

일제강점기 조선어학회는 대종교의 국내 비밀기관과도 같은 역할을 담당하였다. 조선어학회사건의 결정적 계기도, 대종교 교주였던 윤세복(尹世復)이 만주에서 국내 이극로에게 보낸 글이 결정적 도화선이 되었음을 보아도 알 수 있다. 윤세복은 대종교노래와 관련된 가사들을 이극로에게 보내 작곡을 의뢰했다. 이 가사가 조선어학회 이극로의 책상 위에서 일제에 발각됨으로써 조선어학회사건의 결정적인 빌미가 된 것이다.

그 시기 조선어학회는 대종교 정신을 바탕으로 언어민족주의를 몸소 실천했던 주시경의 제자들이 중심이 되어 만든 단체였다. 그러므로 최현배를 비롯하여 이극로·이윤재·권덕규·신명균·이병기·정인보·안호상 등 대종교인들이 대다수였다. 1930년대 이후 국내의 대종교는 일제의 탄압에 의해 거의 붕괴되었던 상황이다. 그러한 암흑기에 조선어학회는 사실상 대종교의 국내 비밀조직의 역할을 담당했다고 한다. 최현배는 이 사건으로 1945년 1월 16일 징역 4년의 선고를 받고 옥고를 치르던 중 8·15광복을 맞아 출옥하였다.

광복 이후 최현배는 더더욱 분주해졌다. 미군정청에서 편수국장을 맡아 국어교과서 행정을 담당하는가 하면, 미군정의 자문기관이던 조선교육심의회의 전체회의에서 교과서와 공문서의 한글전용과 가로쓰기를 통과시키기도 하였다. 이후에는 한글학회 상무이사와 이사장을 겸임하였으며, 1948년에 우리나라 최초의 정부 공인 로마자표기법 제정에도 기여하였다. 한국전쟁 발발 이후인 1951년에는 피난지 부산에서 이승만 대통령의 승인으로 문교부 편수국장을 맡았다.

전쟁이 끝난 후에는 연희대학교로 복직하여 국어국문학과 교수가 되었다. 1955년 연희대학교에서 명예문학박사 학위를 받았으며, 문과대학장과 부총장을 역임했다. 1957년 연희대학교와 세브란스의과대학이 통합하여 연세대학교가 출범하자 초대 부총장에 취임하는 한편, 1958년에 학술원 부원장이 되었다.

[주요 저술 및 사상]
최현배는 "국어는 우리 민족정신의 형성 기반이며 우리의 생각과 행동 세계를 지배하는 것"이라는 주시경의 언어민족주의적 가치관에 감명 받아 국어연구에 뛰어든 인물이다. 그러므로 국어학의 연구와 국어정책의 수립, 그리고 교육학의 연구와 국어운동의 추진에 남다른 열정을 보였다. 1백편이 넘는 관련 논문과 20여권에 달하는 관련 저술을 보더라도 알 수 있다.

대표적 저술로는 『조선민족 갱생의 도』(1926년)·『우리말본』(1937년)·『한글갈』(1940년)·『글자의 혁명』(1947년)·『한글의 투쟁』(1950년)·『한글 가로쓰기 독본』(1963년) 등을 꼽을 수 있다. 특히 『우리말본』과 『한글갈』은 최현배 국어연구의 집약체라고 평가되는 저술이다. 『우리말본』은 주시경 이래의 문법연구를 계승하고 발전시켜 20세기 전반기

의 문법연구를 집대성한 저술이다. 씨가름[품사론]에서 월가름[통사론]에 이르기까지 새로운 체계를 통한 독창적인 국어 연구를 개척하여 국어학사상 중요한 업적으로 평가받는다. 또한 『한글갈』은 훈민정음(한글)에 관한 역사적인 문제와 이론적 문제를 망라하여 체계적으로 고찰한 저술이다. 훈민정음의 창제, 한글발전사, 정음연구사로 역사편을 나누고, 이론편에서는 훈민정음의 해설, 소설 문자의 음가(音價), 병서론(並書論), 한글의 기원 등에 관하여 고찰하였다.

최현배에 있어 또 하나 주목되는 것은 한글만 쓰자는 것과 한글 가로쓰기에 대한 주장이다. 최현배는 촌스럽다는 공박을 당할 정도로 순한글 사용을 주장한 인물이다. 그 이유로는 한자가 워낙 글자 수가 많고 전주문자(轉注文字)인 까닭에 배우기가 몹시 힘들고 헛된 노력을 기울이게 된다는 점을 우선 꼽았으며, 한자로 인하여 문맹자가 많고 무식한 대중이 많다는 것이다. 또한 한자는 인쇄하기가 불편하고 타이프라이터와 같은 문명의 이기를 이용하기 어렵다는 것과 과거 수백 년 동안 한자를 씀으로 인하여 우리말이 사장된 것이 많고 위축되었음을 빼놓지 않았다. 그리고 어려운 한자로 인해 과거의 교육이 문자 교육으로 너무 치우쳐 민족적 독창력을 발휘할 기회가 없었다는 점을 이유로 들었다.

한글 가로쓰기에 대해서도 과학적·합리적인 이유를 들었다. 우선 사람의 두 눈이 나란히 수평으로 나 있고, 그 눈은 가로 째져 있어 좌우로 보는 시야가 넓을 뿐 아니라, 해부학적으로 보더라도 눈알을 움직이는 힘줄이 상하보다 좌우의 것이 더 튼튼해서 좌우운동이 상하운동보다 몇 배나 용이하다는 주장이다. 또한 팔꿈치의 운동 범위가 상하보다 좌우가 훨씬 크며 운동이 편리하고 빠르다는 것 등을 그 주장의 근거로 들었다.

특히 1926년 9월부터 12월까지 『동아일보』에 연재된 『조선민족 갱생의 도』에는, 그의 언어민족주의적 배경이 되는 애국·애족의 사상이 뚜렷이 나타난다. 최현배는 이 글에서 우리 민족의 성격상의 결함과 질병을 진단한 후 그 역사적인 원인을 구명하고, 우리 민족이 되살아날 원리를 말하고 이어 그 원리를 실천하고 노력할 것을 역설하고 있다. 이러한 그의 정신은 광복 이후에 더욱 확대·발전되었다. 그의 저술인 『나라 사랑의 길』과 『나라 건지는 교육』이 그것이다. 여기에도 『조선민족 갱생의 도』의 의취인 나라와 민족을 사랑하는 정신을 더욱 승화시켜, 부강한 자유국가와 훌륭한 자주민족으로 만들어야 한다는 주장으로 연결시키고 있다.

한편 최현배는 우리민족 갱생의 중심으로 대종교를 내세운 인물이다. 민족정체성(얼·말·글)의 상징이었던 대종교를 통해 조국을 독립시키겠다는 목표가 분명했기 때문이다. 당시 최현배는 일제강점기를 고통과 비애의 시대로 보고 아래와 같이 탄식하였다.

"금일의 조선 민족아, 너에게 과연 생명의 자유 발전이 있으며, 생존의 숭고한 영예가 있느냐? 불행하다! 너에게는 다만 쇠잔(衰殘)과 고통이 있으며 영락(零落)과 비

애가 있을 뿐이로다."

이것은 최현배가 『조선민족 갱생의 도』를 통하여, 우리의 침체와 피지배의 현실이라는 억압의 굴레로부터 벗어나 다시 갱생(독립)할 수 있다는 독립투쟁의 지표를 세운 것으로 연결시킬 수 있다. 또한 최현배의 민족적 갱생이 민족독립과 연결되는 것이며, 최현배의 민족 갱생의 노력이란 바로 독립을 위한 투쟁으로 해석할 수 있게 하는 부분이다. 최현배가 한자를 망국적 문자라고까지 절규한 것도 단순한 중화문화에 대한 거부를 넘어선 것이듯, 한자 아닌 일본어·일본문자에 대한 도전 역시 문자로서만이 아니라 피식민적인 악영향을 벗어나기 위한 적극적 항쟁의 선언으로 이해할 수 있다.

그는 일찍이 대종교인으로 조선어학회의 구성원으로 참여하여, 식민지의 질곡을 허덕이며 한글연구의 길을 걸어온 인물이다. 당시에는 대종교에 대한 믿음 그 자체가 독립운동이요, 조선어학회 활동과 한글연구라는 그 현실이 바로 항일투쟁이었다. 그러므로 일제강점기 최현배의 한글운동 역시 단순한 문화운동의 차원이 아니었다. 일제가 지목했듯이, 반체제집단으로서의 대종교와 조선어학회에 가담한 자체가 적극적 항일운동의 일환이었던 것이다.

문(文)의 투쟁은 무(武)의 투쟁 못지않은 힘을 갖는다. 최현배는 무인으로써 총칼을 들고 항일독립운동에 앞장 선 인물은 아니다. 그러나 대종교와 조선어학회의 관여, 그리고 한글연구를 통한 문화항쟁은, 그 어느 무장항일운동보다 중요한 의미를 지닌다. 최현배가 참여한 대종교와 조선어학회는 표리관계의 항일집단이면서, 그의 한글연구 역시 일제의 문화동화정책에 정면으로 대항하는 적극적 항일운동이었기 때문이다. 최현배의 한글투쟁의 배경에 대종교가 있었음을 알게 된다.

[교력]
최현배의 대종교 입교 시기나 영계(靈戒) 사항에 대한 기록은 남아있는 것이 없다. 그의 교질(教秩) 관계 역시 확인이 안 된다. 그러나 최현배는 주시경·김두봉(金枓奉)과 같은 민족주의자들의 감화를 받고 대종교에 들어간 인물로, 「외솔 최현배 선생님의 전기」라는 글을 보면 아래와 같은 내용이 나온다.

"이 때(경성고보 2학년 때인 1911년-인용자주) 선생님은 학교에 열심히 다니시는 외에 다른 학생이 안 하는 두 가지 일을 하셨으니, 하나는 주시경 선생님의 한글강습원에 나가서서 우리말 공부에 열중하시는 일이요, 다른 하나는 나철(羅喆) 대종사(大宗師)를 따라 그가 주관하는 대종교에 다니며, 단군 한배의 가르침과 은덕을 받는 일이었습니다."

최현배의 대종교 입교가 1911년 이전에 이루어졌음을 확인시켜 주는 동시에, 그에 있어 대종교와 한글연구가 둘이 아니었음을 알게 하는 내용이다. 특히 최현배의 스승인 주시경은 단군의 신성한 정교(政教)에 의해 그 언어는

고상하고 국문의 본원도 심원하다는 주장과 함께 우리 국어의 출현이 단군의 강림에 의한 것이라는 논리까지 전개했던 인물이다. 또한 주시경은 무력침략보다 정신침략이 더 무서운 것이라 전제하고, 대종교로 개종한 배경을 아래와 같이 피력하였다.

"선생(주시경-인용자 주)은 종교가 예수교였는데, 이 때 탑골승방에서 돌아오다가 전덕기 목사를 보고, '무력침략과 종교적 정신침략은 어느 것이 더 무섭겠습니까?' 하고 물을 때에 전목사는 '정신침략이 더 무섭지'하매, 선생은 '그러면 선생이나 나는 벌써 정신침략을 당한 사람이니, 그냥 있을 수 없지 않습니까?'하였다. 전목사는 '종교의 진리만 받아들일 것이지 정책을 받지 않으면 될 것이오'하였지마는, 선생은 과거 사대사상이 종교침략의 결과임을 말하고, 종래의 국교(國敎)인 대종교(곧 단군교)로 개종하여, 동지를 모으려고 최린, 기타 여러 종교인들과 운동을 일으키었으므로, 종교인들에게 비난과 욕을 사게 되었다."

최현배가 주시경에 의해 대종교에 입교한 것이 자연스레 이해되는 부분이다. 그러므로 최현배는 대종교에 대한 믿음을 주위의 압력에도 불구하고 굳게 견지하려 했음을, 다음의 기록이 알려주고 있다.

"선생님(최현배-인용자주)이 이 학교(경성고보-인용자주) 3학년 때(1912년-인용자주)의 일입니다. 하루는 담임 선생인 다카하시(高橋亨)가 선생님을 불러 앞에 세우고, '대종교에 다니는 것은 부당하니, 그만두라'고 하였습니다. 그러나 선생님은 그 뒤에도 몰래 계속하여 다니시며, 『신단실기(神檀實記)』·『삼일신고(三一神誥)』 등, 문헌을 손수 베껴서 읽으셨습니다."

이것은 최현배가 경성고보 3학년 때, 일본인 교사에 의해 대종교를 나가지 말라는 경고까지 받았음을 말하는 것이다. 그럼에도 최현배는 대종교의 핵심 교사(敎史)이자 민족사서인 『신단실기(神檀實記)』와 핵심 교리인 『삼일신고(三一神誥)』를 꾸준히 공부했음을 알 수 있는데, 이것은 최현배의 사상적 배경에 대종교의 영향이 컸음을 그대로 보여주는 정황이다. 두 서책이야말로 대종교 교리·교사의 중심을 이루고 있기 때문이다.

『신단실기』는 1914년, 후일 대종교 2세 교주를 지낸 무원(茂園) 김교헌(金敎獻)의 저술로, 신인(神人) 단군의 실제 기록이라는 뜻의 제목을 가진 책이다. 단군관계 사적과 역사 속의 대종교 사상의 자취를 여러 문헌에서 뽑아 대종교의 역사적 연원을 밝힌 것이다. 특히 이 책은 대종교 교단의 입장에서 그들의 원류를 대변해주는 매우 중요한 서적인 동시에, 신흥무관학교 등에서 역사교재로 채택되어 일제하 만주지역에서 벌어진 민족운동에 기여하기도 했다. 『삼일신고』역시 대종교의 중심 교리인 삼일사상의 근본을 이루는 경전으로, 전래되어 오는 대종교의 기본경전이다. 그 구성을 보면, 366자의 한문으로 씌어진 매우 짧은 경전으로, 5부분으로 나누어져 있다. 즉 천훈(天訓)·신훈

(神訓)·천궁훈(天宮訓)·세계훈(世界訓)·진리훈(眞理訓)의 오훈(五訓)으로 구성된다. 또한 그 내용은, 천훈을 통해 천(天)의 무한성을 전제함으로써 천체(天體)·천리(天理)·천도(天道)의 무궁함을 보여주고 있다. 신훈에서는 신의 절대성과 유일성을 밝혔으며, 천궁훈에서는 하느님이 살고 있는 천궁에 이르는 성통공완의 길을 제시하고 있는데, 366가지의 모든 인간사에 공덕을 쌓은 사람만이 여기에 이를 수 있다고 한다. 세계훈은 우주창조의 과정을 설명한 것이며, 진리훈에서는 지감(止感)을 통하여 참성품[眞性]에 이르고, 조식(調息)을 통하여 참목숨[眞命]을 건지며, 금촉(禁觸)을 통하여 참정기[眞精]를 간직한다는, 곧 삼법(三法)으로써 진리의 경지에 이르는 길을 제시하고 있다.

최현배가 『조선민족 갱생의 도』에서, 대종교를 우리 민족에 연면히 내려오는 하느님 신앙으로 이해하고, 이러한 믿음이 부여에서는 대천교(代天敎), 예맥에서는 무천(舞天), 마한에서는 천군(天君), 신라에서는 숭천교(崇天敎), 고려에서는 왕검교(王儉敎)로 흘러와 금일의 대종교가 되었다고 설명한 것도 이와 같은 배경에서 얻어진 결과였다.

한편 1909년 대종교를 중광한 나철 역시 최현배에게 커다란 영향을 준 인물로, 그의 한글에 대한 애착도 남달랐다. 물론 나철 또한 한문 지식을 배경으로 과거에 급제하고 행세한 인물로서, 대종교를 일으킨 후에도 한글에 대한 체계적인 이론이나 논문을 남긴 것은 없다. 그러나 나철이 단교교단으로부터 받은 『단군교포명서』를 보면 우리말에 대한 애착이 많이 나타난다. 즉 조선이라는 말이 배달에서 왔다는 설명과 더불어 배달목·태백산·패강·임검·이사금·이니금·나라·서울 등 우리말에 대한 어원을 밝히고 있다는 것이다. 이것은 단군교단이 대종교 성립 이전에 이미 우리말에 대한 관심이 지대했음을 확인할 수 있으며, 후일 한글운동을 주도한 원인을 찾을 수 있는 부분이기도 하다.

대종교를 중광할 당시 단군교단으로부터 받은 규약문류(規約文類) 중에서도 다음과 같은 지침이 나타나고 있다.

"一. 봉교인은 남녀를 가리지 말고 문자를 해득치 못하는 자는 마땅히 국문을 먼저 익히게 하되, 만일 가난하여 여유가 없는 자에게는 부득이 강행할 것임."

즉 문자를 모르는 교인이 있으면 어떠한 수를 써서라도 국문(한글)을 먼저 습득케 하라는 종교적 규약을 보면, 한글에 대한 대종교 혹은 나철의 방침이 무엇이었는가가 분명하게 확인된다. 또한 대종교의 노래 중 나철이 직접 작사한 「한풍류[天樂]」·「세얼[三神歌]」·「세마루[三宗歌]」·「어천가[御天歌]」 등이 전한다. 그 중 「세마루」라는 노랫말을 보면 아래와 같다.

"저 높은 늘 흰 메이여 골잘 메 마룰세 / 한배님 이에 나리사 검겨레 우릴세 / 검겨레 우릴세 검무리 우릴세 / 한배님 이에 나리사 검겨레 우릴세
저 깊은 송아물이여 골잘 물 마룰세 / 한배웅 이에 나리사 검나라 우릴세 검나라 우릴세 검나라 우릴세 / 한배

웅 이에 나리사 검나라 우릴세
저 빛난 배달나무여 골잘 낡 마룰세 / 한배검 이에 나리사 검무리 우릴세 / 검무리 우릴세 검무리 우릴세 / 한배검 이에 나리사 검무리 우릴세"

당시 한문으로 익숙해 있던 지식인 나철의 순수한 우리말에 사용에 놀라지 않을 수 없다. 한 단어·한 글자에도 한자어 사용이 없고 유려하고 세련된 조탁에 의해 펼쳐진 이 노랫말 속에서, 나철의 순수 우리말 구사 능력과 그것을 위한 노력의 흔적을 볼 수 있는 것이다. 대종교의 이와 같은 분위기는 최현배의 한글운동에 커다란 영향을 끼쳤다. 또한 최현배는 우리 민족적 이상을 단군사화에 있음을 강조하였는데, 이것이야말로 우리 민족만이 가진 이상이라고 내세우면서 다음과 같이 예찬하고 있다.

"야소교(耶蘇敎) 창세기에서 인류의 시조 아담과 이브가 천상낙원에서 죄를 짓고 세상으로 타락한 것이라 함에 대하여, 우리 민족은 이 세상의 인류를 구제할 이상을 가지고 이 세상에 강림한 것이다. 이렇게도 고원하며, 이렇게도 귀중한 이상을 천부적으로 가지고 나온 우리 민족은 실로 인류계의 영광이라 아니할 수도 없도다."

나아가 최현배는 인류구제의 대이상을 품고 이 세상에 내려온 우리 민족이 평화를 사랑하며, 예술을 좋아하며, 지상유일신을 숭배하는 것은 당연한 귀결이라 하면서 대종교의 의미를 다음과 같이 천명하였다.

"사서(史書)에 의하면 단군께옵서 인민을 교화(敎化)하실 새, 강화 마니산에 제단을 설(設)하사 하느님께 제사 지내어 근본을 잊지 아니하며, 이상을 실현하기를 명심하게 하셨다 한다. 그로부터 이 '하느님'을 믿는 교(敎)는 깊이 우리 민족의 심정에 뿌리박혀서 연면부절(連綿不絶)하여 왔다. 부여의 대천교(代天敎), 예맥의 무천(舞天), 마한의 천군(天君), 신라의 숭천교(崇天敎), 고려의 왕검교(王儉敎)는 다 한 가지로 하느님을 믿는 종교이니, 금일의 대종교는 이 구원한 민족적 신앙의 갱생이다."

최현배의 대종교에 대한 관심과 이해의 폭을 단적으로 확인할 수 있는 내용이다. 특히 대종교신앙이 삼신일체 하느님을 신앙하는 종교라는 것을 밝힌 것은 정확한 지적이라 할 수 있을 듯하다.

최현배는 계속하여 단조(檀祖)께서 나라를 세운 이래, 고려 말에 이르기까지 4천 동안 글자의 창제가 있었느냐 없었느냐에 관심을 보이면서, 권덕규(權悳奎)의 고증(考證)을 들어 정음(正音) 이전에도 분명히 글자가 존재하여 단조(檀祖)로부터 부여, 부여에서 고구려로 또 백제·발해로까지 전승되었으며, 남방에서는 신라에서 고려까지 내려 왔음을 단정하고 있다. 또한 그러한 글의 역사적 흐름이 빈번(頻繁)한 병신(兵燼)과 완명(頑冥)한 한학열(漢學熱)로 인하여 그 자형(字形)을 오늘날 명백히 얻어 보지 못함을 천고(千古)의 한(恨)이라고 탄식하면서, 훈민정음의 출현을 다음과 같이 감격해 하였다.

"우리는 우리 민족의 문자에 대한 탁월한 독창력의 최대발견(最大發見)·최후의 완성인 세종조의 훈민정음을 가졌으니, 이것이 하느님께서 우리 민족으로 하여금, 그의 인류구제·문화육성의 대이상을 장래(將來)하는 시대에 실현하게 하시려는 본의(本意)에서 나온 민족적 영예이며, 세계인류의 경복(慶福)이다. …(중략)…이 인류 문화사상에서 유일한 문자적 완성은 조선민족에 더 없는 세계적 영광이요, 조선 민족적 정신의 세계적 탁월이며, 인류적 공헌이다."

또한 최현배는 옛조상의 보편적 이상인 홍익인간의 정신이 삼국시절의 이상과 고려의 이상 등으로 나타나고 이러한 정신이 조선조 훈민정음 창제의 이상으로 나타난다고도 주장하는가 하면, 우리의 단군사화를 민족적 이상으로 설정하고 "홍익인간이라 함은 곧 인문의 발달을 도(圖)하며, 인류의 복지를 증진함을 뜻하니, 이것이 우리의 민족의 탄생이 아니고 무엇이냐?"고 강변한 것도, 이러한 배경에서 도출된 것이다. 이것은 최현배가 한글완성의 민족적·인류적 의미를 부여함에 있어서도 대종교 믿음의 대상, 즉 우리 민족신앙의 하느님이 부여한 신명(神命)임과 함께 대종교의 교의(敎義)인 홍익인간의 정신임을 분명히 밝히고 있는 것이다.

나아가 최현배는 단군을 조상으로 하는 배달겨레의 나라를 뜻하는 '한배나라'야말로 오직 하나인 내 나라임을 강조하면서 한배나라에 대한 지극한 사랑을 주장하였다. 그가 쓴 「나라사랑」이라는 아래의 시 속에서도 대종교적 천민(天民)으로서의 자긍심과 애국심이 잘 나타나 있다.

"아세아 밝은 동쪽 살기 좋은 땅/한배님 나라 세워 끼쳐 주시니/배달의 겨레 살림 반석이 굳다
백두산 높은 영봉 반공에 솟고/고구려 굳센 얼이 혈관에 뛰니/생기가 넘쳐 난다 삼천만 겨레
바치자 무한 사랑 한배 나라에/이루자 밝은 누리 겨레의 이상/태백은 인간 복락 근원이란다"

'한배'라는 용어는 대종교에서 사용하는 우리의 고유어로서, 하느님과 이음동의(異音同義)로 사용되는 말이다. 대종교에 대한 최현배의 위와 같은 정서적 이해를 살펴볼 때, 최현배의 한글사랑·나라사랑, 그리고 그것을 통해 보여준 일제에 대한 문화적 저항의 배경에는 역시 대종교라는 정신적 가치가 굳게 자리잡고 있음이 확인된다.

그러므로 최현배는 해방 후인 1955년 남산 외교회관에서 행한 연설에서도, "우리 민족의 이상이 뭐냐 하는 것도 오래 생각을 하고 생각해 배우며 살아 왔습니다. 단군 한배께서 나라를 세우실 적에 '태백이 가이 홍익인간'이라, 이 인간을 널리 유익하게 할 수 있다고 하는 그런 이상을 세우시고…."라고 밝힘으로써, 우리 민주주의의 뿌리 역시 대종교의 교의인 홍익인간에서 찾았다.

[참고문헌]
『대종교중광육십년사』(대종교총본사, 1971). 『동아일보』1926.9.25., 1927.2.21., 1982.9.6.. 『판결문』(고등법원형사부, 1945.8.13.). 『고투사십년』(이극로, 을유문화사, 1947). 『한글의 투쟁』(최현배, 정음사, 1954). 『한국독립사』하(김승학, 독립문화사, 1965). 『외솔 최현배박사 고희기념논문집』(외솔최현배박사고희기념논문집간행회, 정음사, 1968). 『외솔 최현배박사 해적이』(편집부 편, 『한글』146, 한글학회, 1970). 『외솔 최현배 선생님의 전기』(최근학, 『나라사랑』제1집, 외솔회, 1971). 『반세기의 증언』(이인, 명지대학출판부, 1974). 『독립운동사』8·10(독립운동사편찬위원회, 1976). 『주시경연구』(김민수, 탑출판사, 1977). 『조선민족 갱생의 도』(최현배, 정음문화사, 1987). 『조선어학회예심종결결정문』(정태진선생기념사업회, 「古語讀本(부록)」, 2004). 『외솔 최현배의 항일독립운동』(김동환, 『제563돌한글날기념집현전학술대회논문집』, 외솔회, 2009). 『외솔 최현배 학문과 사상』(김석득, 연세대학교출판부, 2000). 「일제하 항일운동 배경으로서의 단군의 위상」(김동환, 『선도문화』10, 국학연구원, 2011)

최형식(崔亨植, 남, 1890-?)

입교 시기 _ 일제강점기 | 교질 _ 지교

한성부(漢城府) 서부(西部) 마포면(麻浦面) 출신이다. 일찍이 한학을 익히고 경성학원(京城學院) 및 경성청년학원(京城靑年學院) 중등과 등에서 수학하였다. 또한 한학 공부를 토대로 한 한법의학(漢法醫學)에도 조예가 있어 매약업(賣藥業)을 경영하며 영위한 인물이다. 특히 태어난 마포를 중심으로 활동하면서, 그 지역 총대(總代) 및 마포청년회 집행위원장, 그리고 마포보통학교후원회 상무이사(常務理事), 마포양영학교후원회(麻浦養英學校後援會) 상무이사, 마포강습소장(麻浦講習所長) 등을 역임하였다.

한편 최형식은 1925년 무렵 『노농로서아(勞農露西亞)의 진상』(중앙서림, 1925)과 『사회주의학설대요(社會主義學說大要)』(개벽사, 1925) 등 사회주의 서적들을 애독하며, 지역의 빈부격차 문제들을 현안으로 한 사회주의 이론을 체득해 간 인물이다. 1926년에는 마포청년회 집행위원장 및 신인동맹회(新人同盟會, 無産者同盟會)의 최고 간부로 있으면서, 대종교 동지이자 사회주의자인 박일병(朴一秉)이나 미국에서 철학박사를 취득한 이관용(李灌鎔) 등을 초청하여 강연회를 개최하는 등, 사회주의 보급운동에도 열정을 보였던 배경에도 그러한 이유가 작용했다.

또한 이 시기 최형식은 정우회(正友會)의 집행위원을 맡기도 했다. 정우회는 1925년 4월 일제가 '치안유지법(治安維持法)'을 공포하고 그 해 5월 시행에 들어가자, 파벌을 초월한 민족협동전선의 필요성에서 잉태된 조직이다. 사회주의 진영 역시 이에 공감하고 사회주의 단체인 화요회(火曜會)·북풍회(北風會)·조선노동당(朝鮮勞動黨)·무산자동맹회(無産者同盟會) 등 4단체합동위원회를 구성한 후, 1926년 4월 14일 발전적 해체를 통해 정우회를 출범시킨 것이다. 뿐만 아니라 1927년 2월 좌우합작의 기치를 걸고 출범한 신간회(新幹會)에도 참여하였다. 1928년 12월에는 신간회 경서지회(新幹會京西支會) 재정부총무간사(財政部總務幹事)를 맡는가 하면, 서세충(徐世忠) 등과 민족의식 고취와 대중 계몽을 위한 강연에도 적극 앞장섰다.

최형식의 대종교 입교는 일제강점기에 이루어졌다고 하나, 그 기록은 남아있지 않다. 해방 직후 대종교에서는 그의 이와 같은 종교적 경험을 기려 특별히 예우를 했다. 대

종교총본사가 만주로부터 환국한 1946년 2월 23일(음력, 이하 음력), 대종교 남도본사 특별추천으로 영계(靈戒)와 참교(參敎)의 교질(敎秩)을 동시에 수여한 것이 그것이다. 더욱이 2주후인 3월 6일에는 경의원(經議院)의 참의(參議)로도 선임하여 원로의 반열에 올렸으며, 같은 해 8월 27일에는 지교(知敎)의 교질로까지 승질(陞秩)시켰다.

[참고문헌]
『대종교보』환국기념호(1946년)·제151호(1946년), 『대종교중광육십년사』(대종교총본사, 1971), 「新人同盟의 行動取締에 關한 件」(思想問題에 關한 調査書類1,京龍高秘 제494호, 한국사DB, 국사편찬위원회), 「新幹會京西支會 幹部部長의 決定에 關한 件」(思想問題에 關한 調査書類6, 京龍高秘 제228호, 한국사DB, 국사편찬위원회), 『大京城公職者名鑑』(大京城公職者名鑑刊行會, 京城新聞社, 1937), 『한국공산주의운동사』3(김준엽·김창순, 고려대학교아세아문제연구소, 1967), 『朝鮮獨立運動』V(金正明 編, 原書房, 1967)

최호(崔灝, 남, 1877-?)
아호(별명) _ 최호(崔顥), 최학명(崔學明)
입교 시기 _ 1922년 이전 | 교질 _ 미상 | 서훈 _ 애국장(2017)

평안남도 대동군(大同郡, 일제의 기록에는 龍岡郡으로도 나옴) 출신이다. 1922년경 흑룡강성 하얼빈(哈爾賓) 동빈현(同賓縣)에서 성립된 대한독립군단(大韓獨立軍團)의 경신부장(警信部長)으로 활동한 인물이다. 1924년에는 동단체의 제5분단 총무 및 제1구 구장을 역임했으며, 동빈현입적간민권업회(同賓縣入籍墾民勸業會)의 총무 겸 재무부장 등을 맡기도 했다.
최호는 1925년 대종교 항일단체인 신민부(新民府)에도 참여하였다. 신민부는 경신참변과 자유시참변으로 흩어진 항일 독립운동 세력을 규합하는 과정에서 결성되었다. 북만주 지역의 독립운동단체들이 이 지역 독립운동단체들의 통합을 위하여 1925년 1월 목릉현(穆陵縣)에 모여 부여족통일회의(扶餘族統一會議)를 통해 성립된 단체다. 동년 3월 10일 영안현(寧安縣) 성내에 있는 대종교총본사에서 신민부를 정식으로 출범시켰다. 신민부는 대종교 항일단체인 대한군정서(북로군정서)를 계승한 단체로, 그 주요 구성원의 대부분이 대종교인이었다. 따라서 이들의 이념 역시 대종교의 홍익인간과 중광정신이었으며, 신민부가 추구한 정치형태도 대종교의 이상인 배달국 공화주의를 추구한 조직이었다.
당시 신민부에 참여한 각 단체와 지역 대표는 대한독립군단(大韓獨立軍團)·대한독립군정서(大韓獨立軍政署)·북만주 지역의 민선대표(民選代表) 및 국내 단체의 대표 등으로 알려져 있다. 물론 그 주축을 이룬 것은 대한독립군단과 대한독립군정서 계열의 인물들이다. 김좌진(金佐鎭)·남성극(南星極)·최호·박두희(朴斗熙)·유현(劉賢) 등이 대한독립군단을 대표하였고, 김혁(金赫)·조성환(曹成煥)·정신(鄭信) 등이 대한독립군정서에 속한 인물이다. 공통점이라면 모두 대종교인들이었다는 점이다. 최호는 신민부의 중앙집행위원(中央執行委員)으로 선임되어 동빈현 지역 통판(統辦)을

맡았다. 그리고 1926년에는 신민부의 기관지 『신민보(新民報)』 주간과 함께 신민부 재정부위원장, 민사부위원장 등에 선임되어 활동을 이어갔다.
1928년 8월에는 민족유일독립당 재만책진회(在滿策進會)에도 가담하였다. 당시 신민부와 참의부가 결속되어 혁신의회를 조직하여 민족운동을 계속하였다. 한편 기성회와도 의견의 일치를 보게 됨으로써 오랜 숙원이었던 민족유일독립당 재만책진회를 조직하고 협의회 측에 대항할 새로운 진용을 구성하였던 것이다. 당시 최호는 김좌진·황학수(黃學秀)·정신·김시야(金時野) 등과 신민부 측으로 참여하였다.

1925년 5월 21일 작성된 일제의 문서. 신민부 성립 당시 중앙집행위원회의 명단 가운데 崔灝라는 이름이 적혀 있다.

한편 1930년 7월에는 독립군들의 염원이었던 유일당으로서 한국독립당과 그 소속 당군(黨軍)으로서 한국독립군(韓國獨立軍)을 조직하였다. 이는 민족유일당의 조직이라는 시대적 요구에 응하는 것이고, 남만주의 국민부 계열의 조선혁명당과 유사한 성격을 갖는 것이었다. 한국독립군도 역시 조선혁명군과 유사한 역할을 하였으며, 한국독립당은 자치기관으로서의 한국자치연합회와 군사기관으로서의 한국독립군을 정치적으로 지도하는 관계에 섰던 것이다.
한국독립당 역시 대종교도들이 주축이 된 조직으로, 우선 중앙당부에 6개의 위원회를 두었으며 지당부(支黨部)와 구당부(區黨部)를 조직하여 동북 만주의 집단을 총망라하였다. 최호는 한국독립당의 경리를 담당하는 위원장을 맡아 재정과 살림을 책임졌다. 당시 홍진(洪震, 중앙위원장), 신숙(申肅, 총무), 남대관(南大觀, 조직), 조경한(趙擎韓, 선전), 이청천(李靑天, 군사), 이장녕(감찰) 등이 위원장을 맡았으며, 이청천이 한국독립군의 총사령으로 선임되었다.
최호와 관련된 대종교 입교 및 영계(靈戒) 사항에 대해서는 남아있는 기록이 없다. 그러나 대종교단 내에서는 그의 대종교 입교 시기가 1910년대 후반으로 전해져 온다. 박명진(朴明鎭)의 기록인 『대종교독립운동사』에, 최호가 1910년대 대종교 동이도본사(東二道本司)의 주요 교인으로 올라 있는 이유다. 당시 백포(白圃) 서일(徐一)이 주도한 동

이도본사의 주요 교인으로는 최호를 비롯하여 한기욱(韓基昱)·김백(金白)·이민혁(李敏赫)·신채호(申采浩)·신최수(申最秀) 등, 20여인의 이름이 올라 있다.

최호가 1922년 10월 15일(음력) 대종교 숙일시교당(肅一施教堂)의 전무(典務, 책임자)를 맡은 기록도, 그가 1910년대 후반에 대종교에 입교했다는 전언을 뒷받침하는 증거다. 숙일시교당은 동이도본사 소속으로 영안현 자신사(自新社) 밀강(密江) 지역에 있었다. 이현기(李現基)·김철배(金喆培)가 찬무(贊務, 부책임자)를 맡아 최호를 도왔으며, 박창현(朴昌鉉)·홍승달(洪承達)이 시교원(施教員)으로 임명되어 97명의 신도들을 거느리고 포교의 일선에 섰다. 특히 김철배는 1920년 5월경, 흥경현(興京縣) 왕청문(旺淸門)의 조선인들을 규합하여 의용단(義勇團)을 조직하고 단장으로 추대된 인물이다. 그 역시 수시로 국내와 연락하며 암암리에 집회를 주도한 혐의로 일제에 의해 추적 대상이 되자 북간도 영안현으로 넘어가 대종교 항일투쟁에 몸을 담았다. 한편 최호는 밀강 지역(숙일시교당과 동일 공간으로 추정)에 대종교계 대둔학교(大屯學校)도 세우고, 이복(李福, 李現基로 추정됨)을 교장으로 하여 27명의 생도들을 거느리고 민족교육도 실시하였다.

[참고문헌]
『대종교보』제56호(1922년), 『대종교독립운동사』(박명진, 필사본, 1964), 『대종교중광육십년사』(대종교총본사, 1971), 『南北滿洲에 있어서 不逞鮮人 團體調査의 件』(不逞團關係雜件·朝鮮人의 部·在滿洲의 部41, 公 第251號, 機密受第760號, 한국사DB, 국사편찬위원회), 『哈爾賓以東 鐵道沿線 在住鮮人 情況에 관한 件』(朝鮮人에 대한 施政關係雜件 一般의 部3, 機密 제7호, 한국사DB, 국사편찬위원회), 『東部支鮮方面에서 보는 露支鮮의 情況』(朝鮮軍參謀部發朝特報에 관한 綴(2), 공훈전자사료관DB, 한국역사정보통합시스템), 『매일신고』1925.4.8., 『독립신문』1925.5.5., 『동아일보』1925.10.2., 10.16., 『고등경찰요사』(경상북도경찰부, 1934), 『한국독립운동사』4(국사편찬위원회, 1968), 『독립운동사』5(독립운동사편찬위원회, 1972), 『독립운동사자료집』10(독립운동사편찬위원회, 1976), 『한국독립운동사자료』37(국사편찬위원회, 2001)

하달해(河達海, 여, 생몰 미상)
입교 시기 _ 1937년 | 교질 _ 참교

출신지역과 생몰연대를 알 수 없는 인물이다. 여성으로서는 드물게 1930년대 대종교 포교에 앞장섰다. 하달해는 1937년 5월 28일(음력) 대종교총본사의 특별추천에 의

해, 김동욱(金東旭)·이군화(李君化)와 함께 영계(靈戒)를 받은 기록이 있다. 김동욱은 운남사관학교(雲南士官學校) 출신으로 상해대한인거류민단(上海大韓人居留民團)과 대종교 서적간행회(大倧教書籍刊行會) 등에 관여한 인물이다. 이군화 역시 하달해와 같은 여성으로서 대종교 활동에 남다른 열정을 보였다.

하달해가 영계를 받은 날, 대종교총본사에서는 그녀에게 참교(參教)의 교질(教秩)도 수여하였다. 이러한 사례는 흔치 않은 경우로, 특히 여성으로서는 더더욱 드문 일이다. 하달해가 그 이전에 대종교에 깊이 관여한 인물임을 말해주는 부분이다. 한편 같은 날 이철호(李轍鎬)·이종주(李鍾洲) 그리고 이군화 등도 하달해와 함께 참교의 교질을 받았다. 이철호와 이종주는 대종학원(大倧學園)의 교원으로 활동한 인물들이다.

나아가 하달해는 같은 날 이군화와 함께 대종교 남일도본사(南一道本司) 소속의 시교원(施教員)으로도 임명되었다. 당시 대종교총본사는 만주 영안현(寧安縣) 동경성(東京城)에 있었고, 남일도본사(南一道本司)는 국내 경성에 소재하고 있었다. 하달해가 영안현 동경성에서 시교원으로 서임(敍任) 받고 국내로 파견되어 남도본사를 거점으로 포교에 앞장섰음을 말해 준다.

[참고문헌]
『대종교보』제114호(1937년), 『대종교중광육십년사』(대종교총본사, 1971)

한경수(韓景洙, 남, 생몰 미상)
입교 시기 _ 1923년 이전 | 교질 _ 미상

출신지역과 생몰연대를 알 수 없는 인물이다. 일제의 문서에서는 찾을 수 없으며 오직 1920년대 대종교의 기록에서만 등장하고 있다. 한경수는 1923년 4월 26일(음력) 대종교 동일도본사(東一道本司)가 관할하는 명일시교당(明一施教堂)의 전무(典務, 책임자)를 맡은 기록이 전한다. 그의 대종교 입교가 그 이전으로 올라감을 확인할 수 있다. 당시 명일시교당은 연길현(延吉縣) 두도구(頭道溝) 명수동(明水洞)에 있었으며, 김종호(金鍾浩)·이봉화(李逢華)가 찬무(贊務, 부책임자)로 임명되어 한경수를 도와 시무하였다. 특히 두도구 지역은 대종교 항일단체인 대한군정서(북로군정서)의 주요 관할 구역으로, 청산리독립전쟁 이후 경신대학살로 많은 참화를 당한 곳 중의 한 곳이다.

[참고문헌]
『대종교보』제58호(1923년), 『대종교중광육십년사』(대종교총본사, 1971), 『한민족독립운동사』2(국사편찬위원회, 1987)

충청남도 논산시(論山市) 강경읍(江景邑) 황산리(黃山里) 출신이다. 한규섭은 3·1독립 만세 운동 당시, 대종교 동지인 정기섭(鄭沂燮)의 권유로 독립 만세 운동에 참여하였다. 정기섭 역시, 강경읍의 사립 창영학교(昌永學校) 교사로 재직 중이던 엄창섭(嚴昌燮)의 제안을 받아들여 독립 만세 운동에 동참한 인물이다.

1919년 3월 10일 오후 3시, 일행과 군중은 준비된 태극기를 들고 강경읍 북쪽에 위치한 옥녀봉에서 시작하여 강경장 내 웃시장[上市場]에 이르도록 독립 만세를 불렀다. 한규섭 역시 독립 만세 시위에 합류하여 독립 만세를 외쳤으나, 출동한 재향군인(在鄕軍人)과 소방조(消防組)에게 검거되었다. 한규섭은 1919년 4월 14일 공주지방법원에서 징역 6월형을 선고 받고 항소하여, 같은 해 6월 7일 경성복심법원에서 태형 90대를 선고 받았다.

한규섭의 대종교 교력을 살피면, 1923년 3월 1일(음력) 대종교총본사의 특별추천으로 정기섭·김영창(金永昌) 등과 영계(靈戒)를 받은 기록이 있다. 정기섭·김영창은 모두 강경읍 출신으로 한규섭과는 절친한 항일동지였다. 특히 한규섭 등이 국내에서 활동하면서 대종교총본사의 특별추천으로 영계를 받았다는 점이 주목된다. 그 시기 대종교총본사는 만주 영안현(寧安縣) 남관(南關)에 있었다. 한규섭 등이 총본사의 특별추천을 받았다는 것은, 당시 만주의 영안현 총본사를 방문했거나 긴밀한 연결 통로가 있었다는 말과 동일한 의미다.

[참고문헌]
『대종교보』제57호(1923년), 「판결문」(공주지방법원, 1919.4.14.), 「판결문」(경성복심법원, 1919.6.7.), 『독립운동사』(독립운동사편찬위원회, 1971), 『논산 지역의 독립운동사』(논산문화원, 1991)

함경북도 경원군(鏡源郡) 농포면(農圃面) 출신으로 대종교 항일투사 한기중(韓基中)의 친형이다. 러시아와 중국의 접경에 있는 흥개호변(興凱湖邊)에 거처를 마련하고 거처했기에, 많은 사람들이 그를 호정선생(湖亭先生)이라 불렀다. 그의 아호(雅號)가 호정(湖亭)으로 명명된 이유다.

한기욱은 1882년 노령(露領) 연추(延秋, 그라스키노)로 이주하여 황무지 개척을 통한 경제적 기반 조성에 큰 기여를 하였다. 또한 약초를 채집하여 그 지역의 풍토병을 다스리는데도 남다른 공헌을 한 인물이다. 1906년 이상설(李相卨)이 간도 용정촌(龍井村)에 서전서숙(瑞甸義塾)을 세우자

이를 극히 기뻐하고 스스로 넘어가 학감(塾監)으로 시무하였다. 1908년에는 러시아 연추에서 노령 지역 한인학교의 효시인 선흥의숙(鮮興義塾)의 발기인으로 활동하는 등, 민족교육운동에도 적극 앞장섰다.

『해조신문』(1908년 4월 30일)에 鮮興義塾 발기에 앞장선 한기욱(네모 안)에 대한 기사 내용.

이후 길림성(吉林省) 의란도(依蘭道) 밀산부(密山府) 한흥동(韓興洞)으로 옮겨가 근거를 잡은 한기욱은, 그곳에서도 농지 개척과 한인 결집에 부단한 노력을 기울였다. 그가 밀산부 한흥동으로 옮겨간 시기는 정확하지 않다. 다만 한계(韓溪) 이승희(李承熙)가 대종교지도자인 보재(溥齋) 이상설(李相卨)과 의논하여 밀산부 한흥동으로 이주한 시기가 1909년 겨울이다. 그곳의 혹독한 추위 속에 이승희가 우선 거처를 정한 곳이 한기욱의 집이었다. 한기욱의 한흥동으로의 이주가 그 이전에 이루어졌음을 확인시켜 준다.

밀산에 자리 잡은 한기욱은, 이후의 모든 삶을 대종교 포교를 통한 항일투쟁에 헌신했다. 1912년 대종교는 북만주의 포교의 중요성을 인식하고 길림성(吉林省) 의란도(依蘭道) 밀산을 주요 근거로 설정하였다. 그것을 주도하고 설계한 인물이 보재 이상설이다. 한기욱은 이곳을 중심으로 대종교의 거점 확보와 함께, 대종교 항일단체인 대한군정서(북로군정서)의 주요 요원으로 활약하였다.

그러나 한기욱은 1922년 9월 7일(음력), 5백명 호비(鬍匪)들의 습격에 참화를 입었다. 호비 문제는 19세기 중기부터 북간도 지역에 거주하는 수많은 한인들의 골칫거리였다. 더욱이 일제강점기 이후 일제의 사주에 의해 항일단체를 습격하는 경우도 비일비재하였다. 이 참화로 한기욱을 비롯한 그의 제수(弟嫂)인 최기신(崔基信, 한기중의 부인)과 조카 한정덕(韓貞德, 최기신의 딸로 당시 14살), 그리고 항일투사 이섭(李燮) 등 5명이 피살되었다. 또한 한기욱의 부인 류기임(柳基任)과 동생 한기중, 그리고 조카 한종범(韓鍾範)과 한종근(韓鍾權) 등 25명이 중상을 입었다. 특히 함께 화를 당한 이섭은 그 지역 항일투쟁의 핵심인물이었다. 동북만주 대종교 포교 활동에 뛰어 들어 밀산과 요하(饒河) 사이를 왕래하면서 대종교 포교와 항일투쟁의 거점 확보에 동분서주했던 인물이다. 그러나 '대종교시교회창립문(大倧教施教會刱立文)'을 각 동지들에게 배포하고 밀산현의 대종교 동이도본사 제3지사에 머물면서 시무하던 중, 변을 당한 것이다.

[교력]
한기욱은 밀산부 한흥동 시절인 1912년 대종교에 입교한 인물이다. 당시 그 지역의 대종교 거점을 설계했던 이상

설의 영향이 컸을 것으로 추정된다.

그리고 1913년 8월 6일(음력, 이하 음력) 영계(靈戒)와 동시에 참교(參敎)의 교질(敎秩)을 받았다. 이후 시교당(施敎堂) 활동과 한흥의숙을 통한 대종교 포교와 민족교육에 전념하여, 주위의 수십 가구들을 모두 대종교도로 만들었다. 이에 대종교에서는 한기욱에게 1914년 8월 15일 지교(知敎)의 교질을 내렸다. 한기욱은 넉넉하지 않은 생활에서도 가난한 이들을 구휼하는데 솔선수범했으며, 대종교 경절인 개천절(開天節)·어천절(御天節)·중광절(重光節)에는 손수 제천에 쓰일 제수(祭需)들을 정성스레 준비하였다.

1921년 10월 6일 한기욱은 마침내 상교(尙敎)의 교질로 승급하였다. 또한 대종교 동일도본사(東一道本司) 선범부령(宣範部令)을 거쳐 전리(典理, 책임자)의 사무를 대리하다가, 1922년 3월 15일 대종교 동이도본사 제3지사(第三支司)를 책임지는 전사(典事)로 임명되었다. 당시 제3지사는 밀산현 동촌(東村)에 근거를 두고 의란도(依蘭道) 전지역과 연해주지대를 관할하는 교구였다.

그러나 같은 9월 7일, 한기욱은 호비들의 습격 당시 선두에 서서 저항하다가 순명(殉命)하였다. 대종교에서는 한기욱이 순명한 당일, 그의 종교적 덕을 높이 받들어 정교(正敎)의 교질로 추승(追陞)함과 아울러 아래의 덕담과 함께 대형(大兄)의 교호(敎號)를 올렸다.

"동2도 제3지사 전사(典事) 호정(湖亭) 한상교(韓尙敎, 한기욱-인용자 주)는 교무(敎務)를 전담한 지 10년에 이르도록 비상간고(備嘗艱苦)하고 진심갈력(盡心竭力)이도다. 불의에 비적의 변고로 마침내 죽임을 당하니, 우리 대종교의 불행이요 우리 민족의 침통(沈痛)이라. 이에 제도에 의해 정교(正敎)의 교질(敎秩)로 올리고 대형(大兄)의 교호(敎號)를 더하여 종사(倧史)에 전하도록 하니, 이것이야말로 돌아가신 이에게 부끄럽지 않음이로다."

한기욱의 유해는 같은 달 그믐날 밀산 동남쪽 산등성이에 장례가 치러졌다. 장례 당시 그의 죽음을 안타까워하는 이정(李楨, 임오교변으로 순국한 인물)의 다음 만사(輓詞)에서 한기욱의 삶을 간략할 수 있다.

崎嶇人世路 험난한 인생길
五十六年春 오십 육년이로다
異域開荒地 이역의 거친 땅 일구고
貧村救病民 가난한 이들 병에서 구하도다
倧門修道久 대종교 수행은 오래되었고
義塾執鞭頻 교편(敎鞭)을 잡음도 한두 번이 아니로다
七尺鴻毛擲 칠 척의 육신이 미련 없이 사라지니
胡爲賊不仁 비적들의 잔인함 때문이로다

영안현(寧安縣) 영고탑(寧古塔)에 소재한 대종교 동이도본사에서도, 그 해 11월 7일 한기욱을 기리는 곡진한 추도식을 거행하였다. 이 추도식의 사회는 이헌(李憲)이 이끌었으며, 개식원도(開式願禱)는 민윤식(閔胤植), 추도사 낭독은 김연원(金演元), 폐식원도는 김영숙(金永肅)이었다. 모두 지도자급의 항일투사라는 점이 주목된다. 이 추도식에서 김

연원이 낭독한 「추도사(追悼辭)」(『조선일보』 1923년 1월 2일)는 다음과 같다.

『조선일보』에 소개된 한기욱의 추도식에 대한 기사와 추도사 전문

"슬프다. 호정대형(湖亭大兄)의 돌아가심이여! 평일에 누가 이 뜻하던 바이리오. 우리의 더운 눈물과 쓰린 마음이 무슨 느낌이 있음이뇨. 다만 대형의 겪어오시던 괴로움과 정성의 붉음을 못 잊어 합니다. 대형! 대형! 죄산(罪山)에 눌리고 미해(迷海)에 잠긴 우리를 어떻게 버리고 가셨소. 생각할수록 마음이 타고 가슴이 쓰립니다. 한배를 위하시며 민족을 위하시어 아픔을 참으시던 그 뜻을 못 잊겠소이다. 그리하여 매양 대형의 일생은 열열(烈烈)한 지성(至誠)과 정정(正正)한 강의(强毅) 뿐이시라. 어리발늪 외로운 달과 시베리아 들판의 찬바람을 달게 나셨지요. 남모르게 울기도 하고 웃기도 하셨지요. 대형은 그렇게 그리워 못 잊으시던 대교(大敎, 대종교-인용자 주)의 일과 옛흙을 어떻게 하오리까. 대형의 이번 길이 이 일을 위하심인지는 모르겠으나, 쓸쓸한 가을바람에 부딪치던 그 총소리 천추의 한이 맺혀 우리 정신이 아득하고, 앞길이 처량하여 초목이 빛을 잃고 조수(鳥獸)가 슬퍼함을 차마 못 보겠소이다. 한얼께 호소하니 한얼은 묵묵하실 따름이로다. 아! 우리 호정대형이시여!"

[참고문헌]
『대종교보』 제55호(1922년)·제56호(1922년), 『종문영질』(프린트본, 1922), 『대종교인과 독립운동연원』(이현익, 프린트본, 1962), 『대종교독립운동사』(박명진, 필사본, 1964), 『대종교중광육십인년사』(대종교총봉사, 1971), 『해조신문』 1908.4.30.·5.3·15., 『조선일보』 1923.1.2., 『독립운동사』 8(독립운동사편찬위원회, 1976), 『韓溪遺稿』 七(한국사료총서 제23집, 국사편찬위원회, 1980)

한기중(韓基中, 남, 생몰 미상)
입교 시기_ 1917년 이전 | 교질_ 지교

함경북도 경원군(鏡源郡) 농포면(農圃面) 출신으로 대종교

항일투사 한기욱(韓基昱)의 친동생이다. 일찍이 연해주로 이주한 이후 북만주 밀산(密山)에 근거를 두고 친형 한기욱과 함께 대종교 항일투쟁에 헌신하였다.

한기중은 1917년 6월 13일(음력, 이하 음력) 참교(參敎)의 교질(敎秩)을 받았다. 입교(入敎)를 거쳐 일정 기간이 지나 영계(靈戒)를 받고, 다시 믿음의 의지를 확인한 후에 주어지는 것이 참교의 교질이고 보면, 그의 대종교 입교가 그보다 훨씬 이전으로 올라감이 확인된다. 그리고 1922년 3월 1일 지교(知敎)의 교질로 승질(陞秩)하였다. 또한 보름 후인 3월 17일 대종교 동이도본사(東二道本司) 제삼지사(第三支司)의 계사감정(計事監正)으로 서임됨과 동시에 대종교 한일시교당(韓一施敎堂)의 전무(典務, 책임자)로도 임명되었다. 당시의 동이도 제삼지사는 한기욱이 전사(典事, 책임자)를 맡아 이끌었으며, 한일시교당의 찬무(贊務, 부책임자)를 맡아 한기중을 도운 인물은 김백련(金百鍊)이었다. 김백련은 상해(上海)를 거점으로 활동하면서 상해대한인민단(上海大韓人民團) 총회에서 평의원 등을 지낸 인물이다.

그러나 한기중이 밀산을 중심으로 대종교 포교에 진력하던 1922년 9월 7일, 예기치 않은 참화를 당한다. 그 지역 한인들에게 늘 골칫거리였던 5백명의 호비(鬍匪)들이 밀산의 대종교 근거지를 습격한 것이다. 이 참화로 한기중은 친형인 한기욱과 자신의 아내인 최기신(崔基信), 그리고 14세 먹은 여식(女息) 한정덕(韓貞德) 등이 목숨을 잃었다. 또한 한기중 자신과 두 아들 한종범(韓鍾範)과 한종근(韓鍾權), 그리고 형수(兄嫂) 류기임(柳基任) 등이 중상을 입는 아픔을 겪는다.

그럼에도 한기중은 밀산 지역 대종교의 재건을 위해 심기일전하였다. 그가 1924년 3월 25일, 밀산 지역을 관할하는 '대종교총본사기본 및 경상금동독위원(大倧敎總本司基本及 經常金董督委員)'으로 임명된 것에서도 확인할 수 있다. '대종교총본사 기본 및 경상금 동독위원'이란 직책은, 본인이 맡은 소관 구역의 대종교 자금 운용을 감독하는 자리다. 당시 함께 임명된 인물들을 보면, 항일투사 신명균(申明均)·엄호(嚴浩)·정신(鄭信)·이상호(李相鎬)·최익항(崔益恒)·심근(沈權)·채규오(蔡奎伍)·한기중(韓基中)·홍범장(洪範章) 등, 국내외 대종교의 지도급 인사들이었다. 한기중이 이들과 더불어 동독위원에 임명되었다는 것은, 그 시기 그가 대종교의 중심부에 자리 잡고 있었음을 방증하는 것이다. 한기중은 밀산현 남참(南站)에 연락 거점으로 하여 시무하였다.

한편 이 시기 한기중은 대종교 대일시교당(大一施敎堂)의 찬무(贊務, 부책임자)로도 있으면서, 전무(典務, 책임자)를 맡은 천승호(千承鎬)와 찬무인 이두철(李斗哲)과 함께 이 시교당을 이끌었다. 대일시교당은 밀산현 당벽진(當壁鎮) 대흥동(大興洞)에 소재한 시교당으로, 밀산현 시내에 있는 광덕성(廣德成)을 그 연락 거점으로 활용하였다. 한기중 일행은 73명의 교인을 거느리고 시무하였다. 특히 당벽진의 대흥동은 대종교에 있어 남다른 공간이다. 대종교지도자이자 대한군정서(북로군정서) 총재였던 백포(白圃) 서일(徐一)이 청산리독립전쟁 이후 이곳에서 둔전(屯田)을 하다 순교(殉敎)한 공간으로, 그의 유해가 처음 묻힌 곳이기도 하다. 이후 대종교 2세 교주인 무원(茂園) 김교헌(金敎獻)이, 1923년 1월 15일(음력, 이하 음력) 대일시교당에서 중광절(重光節) 경하식(慶賀式)을 봉행하고 대흥동에 있는 서일의 묘소에 원(○)·방(□)·각(△)의 목책을 건립하였다. 또한 대종교 3세 교주인 단애(檀崖) 윤세복(尹世復)이 일제의 탄압에 쫓겨 8년간을 대종교총본사를 은둔시킨 곳도 이 지역이다. 그는 이곳에 대종교총본사와 함께 대흥학교(大興學校)를 설립하여 대종교 항일투쟁의 거점으로 활용하였다.

대종교 문건 중에 실려 있는 '大倧敎總本司基本及經常金董督委員一覽表'. 원편 상단에 韓基中라는 이름이 보인다. 이 문건은 1926년 대종교만주포교금지령 당시 압수당한 것으로, 현재 중국 연변자치주 화룡현당안관에 소장되어 있다.

또 하나 주목되는 것은 한기중이 1926년 2월 12일 대종교 순교원(巡敎員)에도 임명되었다는 점이다. 당시 순교원이란 대종교지도자급으로, 시교원(施敎員)을 거느리고 대종교 포교를 관장하는 중책이었다. 그 시기 대종교 동이도본사에 속한 순교원은 한기중을 포함하여 모두 4명이었다. 한기중의 주요 거점은 밀산현이었고, 중동선(中東線) 오참(五站) 지역은 김주학(金柱鶴)·조남철(趙南哲)이 관장했으며, 그리고 그 외의 지역은 오근태(吳根泰)가 관할하였다.

[참고문헌]
『종문영질』(프린트본, 1922), 「大倧敎施敎堂一覽表(1926年)」(延边朝鲜族自治州档案馆 全宗号42 目录号1 案卷号343, 和龙县历史档案 和龙县警察所, 令各区查禁韩人设立大倧教堂由, 民国十五年五月十二日), 『대종교중광육십년사』(대종교총본사, 1971)

한봉근(韓鳳根, 남, 1894-1927)
아호(별명) _ 금산(錦山)
입교 시기 _ 1922년 이전 | 교질_ 참교 | 서훈_ 독립장(1980)

경상남도 밀양군(密陽郡) 밀양면(密陽面) 가곡동(駕谷洞) 출신으로, 의열단원으로 함께 항일투쟁을 펼친 한봉인(韓鳳仁)의 형이다.

한봉근은 1919년 11월, 길림성(吉林省) 호림(虎林)에서 자신을 비롯한 윤세주(尹世胄)·이성우(李成宇)·곽재기(郭在驥, 郭敬)·강세우(姜世宇)·이종암(李鍾岩)·한봉인·김상윤(金相潤)·신철휴(申喆休)·배동선(裵東宣)·서상락(徐相洛)·권준(權

한봉근

俊) 등과 의열단을 창단한 인물이다.

1920년에는 매국노들과 일제의 중요기관 파괴를 목적으로 의열단원인 김원봉(金元鳳)·신철휴 등과 상의하여 폭탄·권총·탄약 등을 입수하는데 노력하였다. 이에 따라 동지인 이종암 등이 상해에서 폭탄제조법을 익히고, 곽재기·이성우 등은 각종 무기와 폭약을 구하는데 성공하였다. 또한 그는 입수된 무기를 국내로 반입하여 거사 준비에 만전을 기하였다.

한편 1922년 10월에는 대종교의 주요 거점인 영안현(寧安縣) 영고탑(寧古塔) 지역에서, 대종교 활동과 더불어 최계화(崔桂華)·최충호(崔忠浩)·김영숙(金永肅, 金伯)·이종수(李鐘秀)·이교성(李教成)·박두희(朴斗熙) 등 대종교 동지들과 대한민국임시정부와 연계하며 군자금 모금 및 각종 항일문서를 만들어 각지에 배포하기도 하였다.

또한 1923년 12월 국내에 있는 일제의 관청과 친일주구(親日走狗)들을 처단하기 위해 유석현(柳錫鉉)·남영보(南寧保)·이현준(李賢俊) 등과 함께 필요한 폭탄과 무기를 서울로 반입하려 했으나 일경에게 발각되어 실행치 못하였다. 이어 1926년에는 김창숙(金昌淑) 등 국내의 유림(儒林)이 모금한 3천원으로 권총과 실탄을 구입하여 유우근(柳友槿)·이승춘(李承春)·나석주(羅錫疇) 등과 동양척식회사(東洋拓殖會社)를 폭파하고자 하였으나, 나석주만 단독으로 입국하여 투척하였다.

한봉근과 관련된 대종교의 입교 기록이나 영계(靈戒) 사항에 대해서는 남아있는 것이 없다. 그러나 1922년 어천절(御天節, 음력 3월 15일)에 참교(參敎)의 교질(敎秩)을 받은 기록이 전한다. 그의 대종교 입교가 그보다 훨씬 전에 이루어졌음을 알 수 있다. 당시 한봉근은 김창로(金昌魯)·민윤식(閔胤植)·이석(李奭)·함희원(咸熙元) 등, 항일투사들과 함께 참교의 교질을 받았다.

그리고 이틀 후인 3월 17일(음력) 대종교 동이도본사(東二道本司) 제일지사(第一支司)의 규사감정(規事監正)으로도 임명되었다. 규사감정이란 규사감찬(規事監贊)을 거느리고 관할 지사의 의식(儀式)과 예의(禮儀), 쟁변(爭辯)과 상벌(賞罰) 등을 관장하는 직책이었다. 당시 동이도본사 제이지사는 영안현가에 그 거점을 두고 영안과 목릉(穆陵), 그리고 동녕(東寧) 지역을 관할하는 지사였다. 김연원(金演元)이 전사(典司, 총책임자)를 맡아 제이지사를 이끌었으며, 김창로와 민윤식이 각각 종사감정(宗事監正)과 계사감정(計事監正)으로 임명되어 한봉근과 함께 했다.

1922년 10월, 영고탑 지역 韓鳳根(네모 안)의 활동을 기록한 일제의 문서

[참고문헌]

『종문영질』(프린트본, 1922), 『대종교중광육십년사』(대종교총본사, 1971), 「不逞鮮人의 行動에 관한 건」(不逞團關係雜件-朝鮮人의 部-在滿洲의 部34, 機密 第253號; 機密受第256號, 한국사DB, 국사편찬위원회), 『동아일보』1926.8.14., 1927.5.14., 『국외용의조선인명부』(조선총독부경무국, 1934), 『고등경찰요사』(경상북도경찰부, 1934), 『약산과 의열단』(박태원, 백양당, 1947), 『무장독립운동비사』(채근식, 대한민국공보처, 1949), 『한민족독립운동사자료집』30(국사편찬위원회, 1997), 「의열단」(김영범, 『한국독립운동사사전』6, 독립기념관, 2004)

한상우(韓相愚, 남, 1877-?)
아호(별명) _ 백하(白下), 한상원(韓相元)
입교 시기 _ 1935년 이전 | 교질_ 참교

함경남도 함흥군(咸興郡) 출신이다. 일본으로 유학하여 와세다 대학에서 3년간 수학하였다. 이후 만주로 건너가 1920년 3월 대종교 항일단체인 대한군정서(북로군정서)의 모연대(募捐隊) 제3부장을 지냈으며, 그 해 8월에는 국민회 총무 겸 참사(參事)로도 참여한 인물이다.

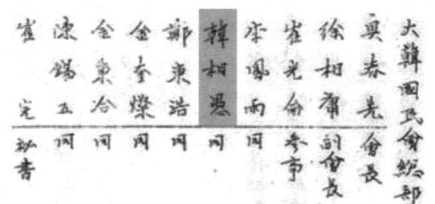

1920년 8월에 개편된 대한국민회 總部 임원들의 명단을 기록한 일제의 문서. 중앙 부분에 韓相愚(參事)의 이름이 적혀있다.

청산리·봉오동전쟁 직후 자행된 일제의 경신대토벌을 피해가기 위해 고덕승(高德昇) 등과 왕청현(汪淸縣) 백초구(百草溝)를 중심으로 민회(民會)를 조직하여 활동하면서, 암암리에 항일투쟁을 전개했다.
또한 1923년 3월에는 용정촌(龍井村)에서 조선민단(朝鮮民團) 설립하기로 하고, 김약연(金躍淵)·김정기(金正琪)·김연군(金演君)·정재면(鄭載冕) 등과 집행위원으로 참여하여, 동월 19일 윤화수(尹和洙)·김연군·김정기 등과 연길도윤공서(延吉道尹公署)를 찾아 설립허가를 관철시키기 위한 남다른 노력을 기울였다. 그 해 8월에는 대종교 동지인 김영학(金永學)·이동춘(李同春)·채규오(蔡奎五) 등 30명과 국자가(局子街)에서 조직된 간도교육협회(間島敎育協會)에도 집행위원으로 참여하여, 간도 조선인들의 교육열을 더욱 고무시키기 위해 노력하였다. 특히 이 협회는 공산당고려부(共産黨高麗部)와도 제휴하여 동양학원생(東洋學院生) 등도 적극 수용하는 노선을 취했다. 한상우는 1925년 6월에도 대성중학교 교사로 근무하며 후학들의 민족교육에 깊이 관여하였다.
한상우와 관련된 대종교의 입교 기록이나 영계(靈戒) 사항은 남아있는 것이 없다. 그러나 한상우가 1935년 4월 8일(음력) 대종교 백일시교당(百─施敎堂)의 전무(典務)를 맡은 기록이 전한다. 당시 그의 교질(敎秩)은 참교(參敎)였다. 그의 대종교 입교 시기가 그보다 훨씬 이전으로 올라감을 알 수 있다. 백일시교당은 대한군정서의 근거였던 왕청현 백초구에 소재했던 시교당으로, 항일투사 현천극(玄天極)·최원일(崔元一)·심동식(沈東植) 등이 찬무(贊務, 부책임자)를 맡아 시무했으며, 대한군정서의 통신원을 지낸 오형묵(吳亨默)이 시교원(施敎員)으로 임명되어 활동하였다.
한상우는 1939년 8월 27일 발기한 대종교서적간행회(大倧敎書籍刊行會)에도 참여하였다. 이 간행회는 안희제(安熙

濟)·강철구(姜鐵求)·김영숙(金永肅)·이현익(李顯翼) 등이 발기한 것으로, "교화를 보급케 함에는 반드시 문자의 힘을 시뢰(恃賴)할 것이다. 이제 대교 부흥기에 당하야 만구동성으로 종경(倧經) 요구가 날로 높은 터이다. 이 요구를 수응함은 무엇보다도 대교(大敎) 발전상 최대 급무일 것이다. 이것을 공감하는 우리는 미성박력(微誠薄力)을 불고하고 교적간행회를 발기한다."는 취지로 출발한 조직이다. 한상우는 이 간행회의 자금을 모집할 당시도 형편의 어려움에도 불구하고 기꺼이 5원을 헌성하였다.

[참고문헌]
『대종교중광육십년사』(대종교총본사, 1971), 「國外情報(間島派遣員報告要旨)」(不逞團關係雜件 朝鮮人ノ部 在內地 十, 高警第7594號;秘受03507號, 한국사DB, 국사편찬위원회), 「間島 不逞鮮人 團體와 그 動靜에 관한 調査書의 件」(不逞團關係雜件-朝鮮人의 部-在滿洲의 部16, 機密 第14號; 秘受 4059號, 한국사DB, 국사편찬위원회), 「軍隊 출동 후의 間島 在住 朝鮮人의 상황」(不逞團關係雜件-朝鮮人의 部-在滿洲의 部22, 한국사DB, 국사편찬위원회), 「朝鮮側 警察이 朝鮮人 金順 等을 拘引시킨 것에 관한 건」(不逞團關係雜件-朝鮮人의 部-在滿洲의 部28, 公 第259號; 受 20669號, 한국사DB, 국사편찬위원회), 「大正 12년 3월 中間島地方 治安情況에 관한 건」(不逞團關係雜件-朝鮮人의 部-在滿洲의 部35, 機密 第107號; 機密受第117號, 한국사DB, 국사편찬위원회), 「要注意 鮮人의 間島敎育協會 組織에 관한 건」(不逞團關係雜件-朝鮮人의 部-在滿洲의 部36, 機密 第283號; 機密受第293號, 한국사DB, 국사편찬위원회), 「한국독립운동사자료」 42·43(국사편찬위원회, 2006·2007)

한상희(韓相羲, 남,1885-?)
입교 시기 _ 1922년 이전 | 교질_ 참교

출신지역과 생몰연대를 알 수 없는 인물이다. 대한제국의 법부(法部) 주사(主事)로 6품 관임관(判任官)을 지냈다. 이후 법관양성소(法官養成所)를 제5회로 졸업하고 일본으로 유학을 하였으며 대한흥학회 회원으로도 활동하였다.
한상희는 1918년 3월 29일(음력) 경성에서, 대종교 동지인 동성(東醒) 김덕진(金德鎭)의 주선으로 민중식(閔仲植)·정원택(鄭元澤)·심종협(沈鍾協)·오윤환(吳允煥) 등과 회합하여 만주 개척 문제를 진지하게 의논하였다. 이것은 일찍이 한상희가 상해에 머물던 단정(檀庭) 김진용(金晋鏞)이란 인물과 진지하게 의논했던 사안이었다. 김진용과 절친했던 김덕진 역시 상해에서 대종교를 토대로 유호청년회(留滬靑年會)와 시사책진회(時事策進會)를 중심으로 활동한 인물이었다. 마침내 1920년 1월 31일, 경성부 종로에서 만주실업(주)이 정식으로 출범하였다. 만주실업(주)은 내외국 물산 무역 및 위탁 판매를 전문으로 하는 회사로, 당시 한상희는 가장 많은 주식을 소유한 대주주로 참여하였다.
또한 한상희는 1931년 11월에 출범한 단군신전봉찬회(檀君神殿奉贊會)의 감사로 참여하였다. 단군신전봉찬회는 단군을 기리고 선양하는 조직으로, 단군성전의 유지와 제사 봉행 등을 목적으로 조직된 단체였다.
한상희의 대종교 입교 시기와 관련된 기록은 남아있지 않다. 그러나 1922년 어천절(御天節, 음력 3월 15일), 한상희가 대종교 남도본사(南道本司)에서 행해진 기념식 행사에서 강도(講道)를 한 기록이 있다. 그의 대종교 입교가 그 이전에 이루어졌음을 알게 해 준다. 아마도 대종교 인물들이었던 김덕진·민중식·정원택 등과 만주 개척 문제를 진지하게 의논하던 시절이 아닐까 추정해 본다.

이후 한상희는 1922년 윤5월 11일(음력) 영계(靈戒)를 받았다. 그리고 그 해 7월 20일(음력) 대종교 남도본사의 추천으로 참교(參敎)의 교질(敎秩)을 수여받았다. 당시 함께 참교를 받은 인물들을 보면, 이간재(李侃宰)·허철(許澈)·정기욱(鄭沂昱)·유병옥(劉秉玉)·황종규(黃宗奎) 등, 국내 대종교 활동의 중심인물들이었다.

한상희는 그 해 개천절(開天節, 음력 10월 3일) 기념식에도 참여하여 '한배의 날 근처에 길을 잃고 방황하는 자손의 앞길을 인도해 달라'는 요지의 원도(願禱)를 올렸으나, 그 이후의 대종교 행적은 전하지 않는다.

1922년 『동아일보』에 실린 대종교 남도본사 어천절 기념식 기사. 韓相羲(네모안)가 講道를 한 내용이 실려 있다.

[참고문헌]
『대종교보』제54호(1922년)·제55호(1922년), 『승정원일기』1902년 7월 1일(음력), 『조선·대한제국관보』제3962호(1908년), 『대한흥학보』제1호(1909년), 『매일신보』1920.2.4., 1931.11.17., 『동아일보』1922.4.12., 11.22., 『朝鮮銀行會社要錄』(東亞經濟時報社, 1923), 『지산외유일지』(정원택, 탐구당, 1983)

한석동(韓錫東, 남, 생몰 미상)
입교 시기_1922년 | 교질_미상

출신지역과 생몰연대를 알 수 없는 인물이다. 일제의 기록에서는 확인이 안 되며 1920년대 대종교의 기록에서만 등장하고 있다.

한석동은 1922년 12월 26일(음력) 대종교 동일도본사(東一道本司)의 추천으로 영계(靈戒)를 받았다. 그의 대종교 입교가 그 이전에 이루어졌음을 알 수 있다. 동일도본사는 1922년 3월 5일(음력) 종령(宗令)으로 발포된 '교구분리조례(敎區分離條例)'에 따라 설치된 것으로, 연길(延吉) 지역 내에 그 근거를 둔 교구였다.

한편 같은 날 함께 영계를 받은 인물들이 국민회 계열의 항일투사였던 김기순(金基順), 대종교계 항일단체인 대한군정서(북로군정서) 사관연성소 출신으로 청산리독립전쟁에 참여한 김창만(金昌萬), 광복군 관련 활동을 펼친 안공섭(安公燮) 등이었다. 이러한 정황에서 보면 한석동 역시 대종교계 항일투쟁에 깊이 관여한 인물일 듯하나, 여타의 기록은 전하지 않는다.

[참고문헌]
『대종교보』제56호(1922년), 『대종교중광육십년사』(대종교총본사, 1971)

한성봉(韓聖鳳, 남, 1888-?)
입교 시기_1923년 이전 | 교질_미상

출신지역과 생몰연대가 불명확한 인물로, 일제의 기록에서도 찾을 수가 없다. 1923년 6월 26일(음력) 대종교 보일시교당(保一施敎堂)의 전무(典務, 책임자)를 맡은 것으로 보아, 그의 대종교 입교가 상당히 오래되었음을 짐작케 한다. 보일시교당은 대종교 동이도본사(東二道本司) 관할로 혼춘현(琿春縣) 보덕사(保德社) 행원리(杏院里)에 소재했으며, 한민회(韓民會) 통장(統長)을 지낸 채수봉(蔡洙鳳)과 참교(參敎)의 교질(敎秩)에 있었던 한종립(韓宗立) 찬무(贊務, 부책임자)를 맡아 한성봉을 도왔다.

한성봉이 이끈 보일시교당은 1926년 '대종교만주포교금지령(大倧敎滿洲布敎禁止令)'이 내려질 때까지도 지속되었다. 찬무 역시 채수봉과 한종립이 그대로 시무하고 있었으며, 혼춘현 동문(東門) 안에 있는 협성상회(協成商會)의 이군빈(李君濱)을 그 주요 연락책으로 삼아, 49명의 교인들을 거느리고 활동하였다.

[참고문헌]
『대종교보』제58호(1923년), 「大倧敎施敎堂一覽表(1926年)」(延边朝鲜族自治州档案馆 全宗号42 目录号1 案卷号343, 和龙县历史档案 和龙县警察所, 令各区查禁韩人设立大倧敎堂由, 民国十五年五月十二日), 『대종교중광육십년사』(대종교총본사, 1971), 『한민족독립운동사』2(국사편찬위원회, 1987)

한순범(韓舜範, 남, 1898-?)
입교 시기_일제강점기 | 교질_참교

함경북도 회령군(會寧郡) 회령면(會寧面) 일동(一洞) 출신으로, 1919년 6월 회령에서 비밀결사 국민회(國民會)에 가담하여 재부부장 겸 군자금모집원으로 활동한 인물이다. 당시 한순범은 3개조를 편성하여 경성(京城)·무산(茂山)·제천(堤川) 지방으로 파견하여 군자금 모집을 펼쳤다.

1920년 7월부터 10월에 걸쳐서는 대종교 동지 김희균(金熙均) 등 20여명과 북간도에 국민회 지부를 설립하는가 하면, 대한민국임시정부 파견원과 교섭하여 회령에 독판부를 설립하기도 하였다. 한순범 등은 폭탄 권총 등을 암암리에 구입하여 각 관청 파괴 및 경찰관 암살 등을 계획하였다. 그리고 1921년 1월 초, 독립운동을 방해하는 성천군(成川郡) 통천면장(通仙面長) 김관종(金觀鍾)을 사살하기 위해 침투하였다. 그러나 면사무실에 있던 지역 금융조합 이사인 나가시게 히데키(永重英吉)만 사살하고 면장과 면서기 등은 도주하였다. 이 사건으로 일제의 추적을 받던 한순범은 동월 16일 강동경찰서에 체포되었다.

한순범의 대종교 입교는 1920년대에 이루어졌다고 하나 관련 기록은 전하지 않는다. 다만 해방을 맞아 대종교가 만주 동경성(東京城)로부터 환국을 결정할 당시, 강성모(姜聖模)·이원갑(李元甲)·태흥선(太興先)·나종순(羅鍾淳) 등과 대종교 교주였던 윤세복(尹世復)의 수행원으로 임명된 기록이 있다. 또한 어려운 상황에서도 대종교총본사 국내 이전 경비의 일부를 부담하기도 하였다. 그가 대종교의 주변인물이 아님을 확인시키는 동시에, 그의 대종교 입교가 그보다 훨씬 전으로 올라감을 알 수 있다.

이에 대종교에서는 환국 직후인 1946년 2월 23일(음력), 한순범에게 대종교 남도본사(南道本司)의 특별 추천으로 영계(靈戒)와 함께 참교(參敎)의 교질(敎秩)을 수여하였다. 또한 2주후인 3월 6일(음력)에는 대종교 경의원(經議院)의 참의(參議)로도 선임하여 원로로서의 대접을 극진히 하였다. 당시 참의원장을 맡은 이시영(李始榮)을 비롯하여 참의로 임명된 대다수(전부라 하여도 과장이 아님)의 인물들이 항일투쟁의 거물이었음도 주목된다.

[참고문헌]
『대종교보』,환국기념호(1923년), 『대종교중광육십년사』(대종교총본사, 1971). 『매일신보』1921.1.15.,「金融組合理事殺害犯人ノ件」(『不逞團關係雜件 朝鮮人ノ部 在内地 十二, 高警第9081號;秘受3893號, 한국사DB, 국사편찬위원회), 『朝鮮獨立運動』1分冊(金正明, 原書房, 1967).『일제침략하한국36년사』6(국사편찬위원회, 1971)

한승권(韓承權, 남, 생몰 미상)
입교 시기 _ 1918년 이전 | 교질 _ 참교

출신지역과 생몰연대를 알 수 없는 인물로, 일찍이 대한국민회(大韓國民會)에 가담하여 항일투쟁을 펼쳤다. 한창권은 1922년 음력 8월 해림(海林)에 거주하며, 대한국민회 안무(安武)·최창선(崔昌善)과 더불어 블라디보스토크의 포크라니치나야 지방으로 움직이며 모종의 활동을 전개하였다. 당시 구춘선(具春先)을 비롯한 대한국민회 수뇌부와

긴밀한 교감 속에 이루어졌다는 점이 주목을 끈다.

한순권과 관련한 대종교의 입교 시기나 영계(靈戒) 사항에 대해서는 전하는 것이 모두 없어졌다. 다만 그가 1918년 7월 29일(음력) 참교(參敎)의 교질(敎秩)을 받은 기록이 남아 있다. 한승권의 대종교 입교가 그보다 훨씬 전으로 올라감이 확인된다.

당시 한승권과 함께 참교를 받은 인물들이 김현묵(金玄默)·김기철(金基哲) 등이란 점도 예사롭지 않다. 김현묵은 대종교 항일단체인 대한군정서(북로군정서)의 경신분국(警信分局)의 조직원으로, 1920년 3월 동지 4명과 더불어 일제의 밀정 안대화(安大和)를 격살하였다. 또한 1920년 11월에는 대한군정서의 모연대장(募捐隊長)으로 국내 진입작전을 수차례 진행하여 다수의 군자금을 모집한 기록이 있다. 김기철 역시 재간도노령류학생친목회(在間島露領留學生親睦會) 집행위원과 동만청년총연맹(東滿靑年總聯盟)의 전행위원(專行委員)과 집행위원 등을 역임하며 사회주의 항일투쟁에 적극 나선 인물이다. 한승권이 대종교 항일투쟁에 적지 않은 역할을 했을 것으로 추정하는 또 다른 방증이다.

[참고문헌]
『종문영질』(프린트본, 1922),「不逞鮮人ノ 行動에 관한 건」(『不逞團關係雜件-朝鮮人ノ部-在滿洲ノ部34, 機密 第251號; 機密受第254號, 한국사DB, 국사편찬위원회)

한승묵(韓承默, 남, 1884-?)
입교 시기 _ 1914년 이전 | 교질 _ 지교

출신지역과 생몰연대가 확실치 않은 인물이다. 1918년 늦가을부터 왕청현(汪淸縣) 춘명사(春明社)에 거주하면서, 그 지역 양전언(梁荃彦)·서정학(徐正學)·소명오(蘇明五) 등과 항일투쟁을 위한 군자금 모집에 앞장섰다. 또한 모금된 돈으로 무기구입을 위해 양전언과 함께 노령으로 넘어가 활동한 기록도 전한다.

청산리 독립전쟁 이후에는 과거 대한군정서(북로군정서)의 동지들과 더불어 대종교 포교를 통한 항일투쟁에 적극 나서기도 했다. 당시 여러 곳으로 산재해 있던 대한군정서 요원들은, 일제의 간도출병(間島出兵) 이후 사방으로 흩어진 동지들을 규합하여 대종교 확산을 도모하고자 했다. 영안현(寧安縣)에는 본부(本部)를 두고 밀산현(密山縣)·액목현(額穆縣)·돈화현(敦化縣) 등 서북간도 각지에 지부(支部)를 만든 후, 각기 학교를 부설하고 상호 연락망을 공고히 하고자 했다.

이것을 실천하기 위해 1922년 3월, 대한군정서 간부를 지낸 서청(徐靑)과 채신석(蔡信錫) 등이 왕청현(汪淸縣) 유수하(柳樹河)로 들어와 과거 대한군정서 동지들의 규합을 통한 대종교 항일투쟁에 앞장설 당시 적극 참여하였다. 이에 다수의 찬동자를 모아 그곳에 대종교 동일도본사(東一道本司) 제일지사(第一支司)를 설립하게 된다. 그리고 그 제일지사의 전사(典司, 책임자)로 이민혁(李敏赫)이 임명되었다. 또한 항일투사 조백(趙白)과 황문길(黃文吉)이 제일지사 소

속 시교사(施敎師)로 활동하였다. 한승묵 역시 그 제일지사의 주요 책임자를 맡아 대종교 항일투쟁을 이어갔다.

한승묵의 대종교 교력을 살피면 1914년 윤5월 27일(음력) 참교(參敎)의 교질(敎秩)을 받은 기록이 있다. 입교(入敎) 이후 일정한 기간을 거친 후 영계(靈戒)를 받고, 다시 믿음의 깊이를 확인하여 주어지는 것이 참교의 교질이다. 이러한 정황에서 보면 그의 대종교 입교 시기가 오래 전에 이루어졌음을 헤아리게 된다. 그리고 1917년 11월 20일(음력) 지교(知敎)의 교질로 승질(陞秩)하였고, 1922년 3월 14일(음력)에는 대종교 동일도본사 제일지사의 종사감정(宗事監正)으로 임명되었다. 종사감정이란 관할 지사 내의 시교당(施敎堂) 설립과 사회사업을 총괄하는 직책으로, 계사감정(計事監正)·규사감정(規事監正)과 더불어 전사(典事, 관할 지사의 책임자)를 도와 시무하는 자리였다.

한편 한승묵은 대종교 재건을 위한 대종교교우회(大倧敎敎友會)에도 이름을 올려 대종교 재건에도 적극 앞장섰다. 1924년 4월 23일에서 26일까지 만주 영안현(寧安縣) 영고탑(寧古塔) 소재 대종교총본사에서 열린 대종교교우회의 참여가 그것이다. 이 회의는 당시 국내 대표 3인, 북간도 대표 6인, 서간도 대표 1인, 동지연선지방(東支沿線地方) 대표 5인, 영고탑 대종교총본사 인근 대표 13인 등 도합 27인의 대종교 대표들이 모여 제2대 교주 무원(茂園) 김교헌(金敎獻) 서거(逝去) 이후 대종교 중대사를 논하는 자리였다. 왕청현 대표로 참석한 채신석은 여타 대표들과 함께 다음의 의제를 다루었다.

1. 전(前) 대종교 교주 김교헌과 고(故) 대종교 동도본사 전리(典理) 서일에 대한 경칭(敬稱) 문제
2. 홍범규제(弘範規制) 개정에 관한 문제
3. 총본사를 용청촌으로 이전하는 문제
4. 교주(敎主) 선임에 관한 문제
5. 전항에 속하지 않은 비밀스런 결의 사항 등 다수

위에 열거된 회의 사항들은 대종교의 교종(敎宗) 부여에 속하는 종사(宗師) 호칭 문제, 대종교 헌법(홍범) 개정, 대종교 중심거점(총본사)의 이전, 교주의 선출 방식 등, 대종교의 핵심적 사항들과 연결될 문제들이었다. 당시 한승묵은 채신석(蔡信錫)·서춘보(徐春甫)와 간도 지역 왕청현 대표로 참석하였다.

한승묵이 이러한 중대사를 결정하는 대종교 주요 회의에 포함되었다는 것은, 대종교단 내에서의 그의 비중이 상당했음을 보여주는 것이나, 이후 한승묵의 행적은 확인이 안 된다.

[참고문헌]
『종문영질』(프린트본, 1922), 『대종교중광육십년사』(대종교총본사, 1971), 「大正十年七月中에 있어서 間島地方 情況에 관한 건」(不逞團關係雜件-朝鮮人의 部-在滿洲의 部29, 秘受9760호-機密제336호, 한국사DB, 국사편찬위원회), 「寧古塔에서 大倧敎 敎友會 開催 狀況에 관한 건」(不逞團關係雜件-朝鮮人의 部-在滿洲의 部39, 密密 第136號; 機密受第144號, 한국사DB, 국사편찬위원회), 『한국독립운동사자료』38·40·42(국사편찬위원회, 2002·2004·2006)

출신지역과 생몰연대를 알 수 없는 인물이다. 대종교단 내의 기록에서는 남아있지 않으며 일제의 문서에서도 일체 등장하지 않고 있다. 그러나 흥업단(興業團)에서 한승제와 함께 활동한 이현익(李顯翼)의 기록에는, 그 시절 대종교의 핵심 인물로 그를 기록하고 있다.

한승제는 대종교계 항일단체인 흥업단의 경리부장(經理部長)을 지낸 인물로 대한군정서(북로군정서)의 참모부원(參謀部員)으로도 활약하였다. 당시 흥업단은 백두산 서남 기슭인 무송현(撫松縣)에 근거를 두었고, 대한군정서는 백두산의 동북 기슭인 왕청현(汪淸縣)에 그 거점을 두었다. 또한 그 시기 대종교총본사(大倧敎總本司)는 백두산 아래 화룡현(和龍縣)에 둥지를 틀고 그 중심역할을 하였다. 흥업단 연무소(鍊武所)에서 대한군정서로 파견된 교관으로는 김성호(金盛鎬)·강승경(姜承卿) 등의 대종교 동지들이 있었고, 흥업단 본부에서 대한군정서로 파견한 참모(參謀)나 군인(軍人)을 보면 한승제를 비롯하여 김혁(金赫)·박장빈(朴章彬)·이옥규(李沃珪)·최시언(崔時彦) 등 수십 명이 되었다. 모두 대종교의 핵심들이었다는 점이 주목된다. 그러나 한승제는 청산리독립전쟁 이후 행방불명되었다.

한승제의 대종교 입교 시기나 영계(靈戒) 사항에 대해서는 남아있는 기록이 없다. 다만 이현익이 그를 흥업단 시절 대종교의 핵심 인물로 꼽고 있음을 보면, 한승제의 대종교 입교가 적어도 1910년대 후반 이전에 이루어졌음을 헤아리게 된다.

[참고문헌]
『대종교인과 독립운동연원』(이현익, 프린트본, 1962)

출신지역과 생몰연대를 알 수 없는 인물이다. 일찍이 대한협회 회원으로 활동하였고, 1920년부터는 국내 사회주의 단체 활동에 몸을 담았다.

한영호는 1921년 10월 2일에 조직된 흥농회(興農會)의 발기인으로 참여한 기록이 있다. 흥농회는 상해과 고려공산당의 국내기관인 사회혁명당의 주도한 조직으로, 당시 『동아일보』와 제휴하여 발기한 농민단체다. 그 주된 취지는 농사에 관한 연구조사와 농업증진발전을 도모함에 두었으며, 그 규정은 다음과 같았다.

제1조 본회는 흥농회라 칭함.
제2조 본회는 본부를 경성에 치(置)함.
제3조 본회의 조직 기타의 결정은 총(總)히 발기인회에

서 차(此)를 행(行)함. 발기인은 기본금으로 일시금(一時金) 백원(百圓) 이상을 납부할 자로 함.
제4조 본회의 수행계획은 여좌(如左)함.
1. 농사[농정(農政) 농촌문제 및 기술]에 관한 연구 및 조사를 행할 사(事)
2. 농사에 관한 특종사항에 대하야 전문가에 연구 ㅼ는 조사를 촉(囑)할 사
3. 농사에 관한 연구 및 조사를 원조할 사
4. 농사에 관한 학술강연 또는 순회강화 및 강습회를 개최하며 잡지를 발행할 사
5. 농사에 관한 내외도서 및 자료를 수집하야 연구자의 편(便)을 도(圖)할 사

또한 한영호는 조선노농총동맹 성립에도 깊숙이 관여하였다. 1924년 4월 15일, 연재준(延載濬)·임종식(林宗植) 등 21명과 경성부(京城府) 경운동(慶雲洞)에 위치한 자신의 집에서 조선노농동맹총창립준비위원회 개최를 의논한 것이다. 그리고 동월 23일 조선청년총동맹집행위원회를 개최하여 연재준(조선청년총동맹집행위원회 임시의장)·이영(李英, 서무부위원)·최창익(崔昌益, 서무부위원)·김찬(金燦, 사회부위원)·조봉암(曺奉岩, 교육부위원)·임봉순(任鳳淳, 조사부위원)·김철수(金喆壽, 상무위원장) 등이 주요 자리에 선임되었다.
한영호의 대종교 교력을 살피면, 1922년 4월 15일(음력) 대종교 남도본사(南道本司)의 선범부찬(宣範部贊, 선범부 부책임자)로 임명된 기록이 있다. 그의 대종교 입교가 그 이전에 이루어졌음을 알 수 있다. 선범부는 도본사를 책임지는 전리실(典理室)에 속하여 의식(儀式)과 예의(禮儀), 회계 검사와 교인의 쟁변(爭辯), 그리고 포상(褒賞)과 징벌(懲罰)에 관한 사를 관장하는 부서였다. 이어 같은 해 윤5월 11일(음력) 서기문(徐基文) 등과 영계(靈戒)를 받은 기록에 있으나, 이후의 행적에 대해서는 알 수가 없다.

[참고문헌]
『대종교보』 제54호(1922년), 『대종교중광육십년사』(대종교총본사, 1971), 『대한협회회보』 제2호(1908년), 『동아일보』 1921.10.2, 1924.4.15, 「勞農大會의 件(檢察行政事務에 關한 記錄1, 京鍾警高秘 제4360호의6;地檢秘 제435호, 한국사DB, 국사편찬위원회), 「朝鮮青年總同盟執行委員會 開催의 件(檢察行政事務에 關한 記錄1, 京鍾警高秘 제4782호;[地檢秘] 제497호, 한국사DB, 국사편찬위원회)

한용봉(韓龍鳳, 남, 생몰 미상)
입교 시기_ 1923년 | 교질_ 미상

출신지역과 생몰연대를 알 수 없는 인물이다. 일제의 기록에서는 찾을 수 없으며, 1920년대 대종교단 내의 기록에서만 확인된다.
한용봉은 1923년 6월 26일(음력) 대종교 동이도본사(東二道本司) 관할 보일시교당(保一施教堂)의 전무(典務, 책임자)를 맡은 기록이 있다. 그 이전에 대종교에 입교한 것이 확인된다. 당시 채수봉(蔡洙鳳)과 한종립(韓宗立)이 찬무(贊務)를 맡아 한용봉을 도왔다. 채수봉은 한민회(韓民會)의 통장(統長)

을 지낸 인물이다. 한민회는 한민단(韓民團)·한민회군(韓民會軍)으로도 불렸으며, 3·1운동 이후 만주 독립운동단체의 국내진공작전과 국내에서의 대응을 전제로 한 독립운동이 재연되자 이에 자극, 고무되어 만들어진 단체였다.
한용봉은 1926년 '대종교만주포교금지령'이 내려질 때까지도 채수봉·한종립을 이끌고 보일시교당을 이어갔다. 그 시기 보일시교당은 혼춘현(琿春縣) 보덕사(保德社) 행원동(杏院洞)에 있었으며, 교인은 49명이었다. 그 주요 연락 거점은 혼춘현 동문(東門) 안에 있는 협성상회(協成商會)의 이군빈(李君濱)이었다.

[참고문헌]
『대종교중광육십년사』(대종교총본사, 1971), 「大倧敎施教堂一覽表(1926年)」(延边朝鲜族自治州档案馆 全宗号42 目录号1 案卷号343, 和龙县历史档案 和龙县警察所, 令各区查禁韩人设立大倧教堂由, 民国十五年五月十二日)

한웅(韓雄, 남, 생몰 미상)
입교 시기_ 일제강점기 | 교질_ 지교

출신지역과 생몰연대가 불분명한 인물이다. 다만 해방 직후 평안북도 신의주에 자리를 잡고 활동한 것으로 보아, 이 지역 출신일 가능성이 높다. 웅(雄)이란 이름도 본명이 아닌 대종교 입교와 더불어 개명한 외자이름인 듯하나, 이 역시 기록이 없다.
한웅은 대종교 항일단체인 대한군정서(북로군정서)의 사관연성소 출신으로 대한군정서의 중대장을 지낸 경험이 있다. 그는 항일투쟁 과정에서 연길현(延吉縣) 상의향(尙義鄕) 노두구(老頭溝) 지역 보리밭에서 일군에게 포로가 되어 서대문형무소에서 옥고를 치렀다. 이후 가족들과 함께 영안현(寧安縣) 동경성(東京城) 인근 왕가둔(王家屯)에 은거하며 생활하였다. 또한 이 시기 한웅은 대종교인인 이귀성(李貴成)의 딸 이근숙(李謹叔)을 자신의 집에 숨겨주며 도와주던 경험도 있다. 이근숙은 단애(檀崖) 윤세복(尹世復)과 형제처럼 지냈던 이수원(李守元)의 손녀이기도 하다. 그녀는 일제의 만주침략 이후 본격적인 항일투쟁에 나선 인물로, 모스크바 대학에 유학을 한 엘리트였다.
모스크바 대학 유학을 마친 후 다시 만주에 들어온 이근숙은 항일연군(抗日聯軍)을 조직하기 위해 왕가둔으로 잠입한 것이다. 이근숙은 처음 그곳 왕씨(王氏)란 인물의 집에 은거하여 활동하다가 그 주인이 흑하(黑河)로 가게 되자 다시 조선인 한웅의 집에 그 근거를 틀게 되었다. 당시 왕가둔에는 조선인이 다섯 집 밖에 없었다 한다. 그러나 이근숙은 한웅의 집에 거점을 두고 그곳에서 10여리 되는 목가촌(穆家村)을 왕복하며 활동하던 중, 그녀를 추적하던 일제에 체포되어 살해당했다.
한웅의 대종교 입교 시기나 영계(靈戒) 사항에 대한 기록은 남아있는 것이 없다. 그러나 그가 1945년 10월 1일(음력), 만주 동경성에 있던 대종교총본사의 특별 추천에 의해 곧바로 지교(知教)의 교질(教秩)을 받은 기록이 주목된

다. 매우 특별한 경우다. 지교의 단계가 '입교→영계→참교(參敎)'의 단계를 거쳐 주어지는 대종교의 교질이고 보면, 그의 대종교 입교가 그보다 훨씬 이전으로 올라감을 알 수 있다. 그의 대종교 입교가 대종교 항일단체인 대한군정서 시절에 이루어졌음을 시사해주는 부분이다.

한응의 대종교에 대한 열정 또한 남달랐다. 왕가둔에서 50여리 떨어진 동경성의 대종교 일요일 경일경배(敬日敬拜)를 빼놓은 적이 없었던 인물이다. 그는 매주 토요일이면 50여리를 걸어 동경성 대종교에 와 일요일 경배를 보고 다시 걸어서 왕가둔으로 돌아갔다. 또한 1946년 초, 대종교총본사가 만주 동경성에서 국내로의 환국이 결정되자 어려운 형편에도 불구하고 이전(移轉) 찬성금을 기꺼이 희사했던 인물이다.

대종교총본사 환국 당시 한응은 함께 오지 않았다. 북녘 평안북도 의주(義州)로 넘어간 한응은 1946년 8월 16일에 만들어진 신의주치안유지회 결성에 참여하게 된다. 그리고 26일 조직된 평안북도자치위원회의 보안부장(保安部長)으로 선출되었다. 당시 민족주의자 이유필(李裕弼)이 위원장을 맡았으며, 부위원장에는 좌익계열인 백용구(白容龜), 그리고 문교부장(文敎部長)에는 함석헌(咸錫憲)이 선출되었다.

[참고문헌]
『대종교보』제148호(1945년), 『대종교중광육십년사』(대종교총본사, 1971), 「해방 직후 북한 인민위원회의 조직과 활동」(김용복, 『해방전후사의 인식』5, 한길사, 1989), 「이수원 일가와 독립운동」(이인희, 『올소리』2, 국학연구소, 2006)

한재호(韓在鎬, 남, 생몰 미상)
입교 시기 _ 1922년 | 교질 _ 미상

출신지역과 생몰연대를 알 수 없는 인물이다. 다만 평안북도 진남포(鎭南浦)를 거점으로 사업을 한 것으로 보아 이 지역 출신일 가능성이 높다. 또한 안성(安城) 지역 3·1독립만세운동과 관련된 한재호(韓在鎬)와는 동명이인이다.

일찍이 한재호는 평양에서 안중근(安重根)·송병운(宋秉雲)과 더불어 석탄(石炭)을 거래하는 삼합의(三合議)라는 상업회사(商業會社)를 만들어 사업을 펼쳤다. 이 회사는 평양 지역의 무연탄 매매업으로 한재호가 거의 출자한 회사였다.

한재호의 대종교 교력을 보면 1922년 12월 26일(음력) 대종교 동일도본사(東一道本司)의 추천으로 영계(靈戒)를 받은 기록이 있다. 그의 대종교 입교가 그 이전으로 올라감이 확인된다. 당시 동일도본사 위치가 연길(延吉) 지역에 그 근거를 두고 왕청현(汪淸縣)·혼춘현(琿春縣)·연길현·화룡현(和龍縣) 그리고 함경북도 전지역을 관할했음을 볼 때, 그 시기 한재호가 북만주 지역으로 옮겨 활동했음을 알 수 있다. 한편 같은 날 한재호와 함께 영계를 받은 인물들을 보면, 대한국민회의 김기순(金基順)을 비롯하여 김창만(金昌萬)·한석동(韓錫東) 등의 항일투사들이 포함되었다. 한재호 역시 대종교 항일투쟁과 밀접한 인물임을 시사해주지만, 구체적 교질(敎秩) 관계는 확인이 안 된다.

[참고문헌]
『대종교보』제56호(1922년), 『한국독립운동사자료』6·7(국사편찬위원회, 1976·1978)

한정길(韓貞姞, 여, 생몰 미상)
입교 시기 _ 1922년 | 교질 _ 미상

러시아 연해주 연추(延秋, 그라스키노) 출신으로, 대종교지도자 한기욱(韓基昱)의 딸이자 항일투사 김백련(金百鍊)의 처다. 한정길은 부친과 남편의 대종교 항일투쟁을 뒷바라지하면서, 당사자들 이상으로 고생을 한 인물이다.

남편인 김백련은 서울 종로 출신이다. 일찍이 상해로 망명하여 독립운동에 뛰어들면서, 대종교 항일투쟁에 평생을 투신하였다. 1919년 9월에 23일에 있었던 상해대한인민단(上海大韓人民團) 총회에서 평의원으로 선출될 만큼 상해의 입지도 단단한 인물이었다. 1920년 9월에는 상해 대한인거류민단(大韓人居留民團)의 의사회의원(議事會議員)을 개선할 당시에도 동구(東區) 선거인으로 당선되기도 했다. 또한 1923년 11월 14일에는 실질적인 의정원(議政院) 의원 선거를 위한 상해대한인교민단 제4회 의원총선거에서도 상해 동구(東區)의 후보자로 당선되었다. 일제가 작성한 1923년 상해에 거주하는 독립운동가들의 명단에 이름을 올린 이유다. 김백련은 대종교에서도 많은 역할과 활동을 펼쳤다. 대종교 동이도본사(東二道本司) 제3지사의 종사감찬(宗事監贊), 연해주에 있는 한일시교당(韓一施敎堂)의 찬무(贊務, 부책임자), 대종교시교원(大倧敎施敎員), 대종교 재만교구경상금수납위원(在滿敎區經常及收納委員), 대종교서적간행회 등에 이름을 올리고 활동하였다.

한편 한정길의 친정(親庭)은 1922년 9월 7일(음력), 5백명 호비(鬍匪, 마적)들의 습격으로 집안 전체가 참화를 입었다. 호비 문제는 19세기 중기부터 북간도 지역에 거주하는 수많은 한인들의 골칫거리였다. 더욱이 일제강점기 이후 일제의 사주에 의해 항일단체를 습격하는 경우도 비일비재하였다. 이 참화로 한정길의 부친인 한기욱을 비롯한 5명이 피살되었고, 모친(母親)인 류기임(柳基任)을 비롯한 25명이 중상을 입었다. 다행인지 모르나, 출가한 한정길은 따로 살았기에 화를 면했다 한다.

한정길과 관련된 대종교 입교 기록이나 영계(靈戒) 사항 등은 남아있는 것이 없다. 부친인 한기욱의 대종교 입교가 1912년이고 남편 김백련이 1921년 이전에 대종교에 깊이 관여한 것을 보면, 한정길의 대종교 입교 역시 1910년대 후반으로 추정되나 확인이 안 된다. 다만 한정길만이 아니라, 대다수 대종교와 관련된 여성들의 기록이 부실하거나 전하지 않는다는 것이 안타까울 뿐이다.

[참고문헌]
『대종교보』제55호(1922년), 『대종교중광육십년사』(대종교총본사, 1971)

한종립(韓宗立, 남, 생몰 미상)

입교 시기 _ 1918년 이전 | 교질 _ 참교

출신지역과 생몰연대를 알 수 없는 인물이다. 일제의 문서에서도 찾을 수가 없으며, 오직 대종교의 기록에서만 등장하고 있다.

한종립은 1918년 12월 22일(음력), 형제로 추정되는 한종정(韓宗貞)과 함께 참교를 받았다. 그의 대종교 입교가 그보다 훨씬 이전으로 올라감이 확인된다. 그리고 1923년 6월 26일(음력)에는 대종교 보일시교당(保一施教堂)의 찬무(贊務, 부책임자)를 맡은 기록도 있다. 보일시교당은 대종교 동이도본사(東二道本司) 관할로 혼춘현(琿春縣) 보덕사(保德社) 행원리(杏院里)에 소재했으며, 한성봉(韓聖鳳)이 전무(典務, 책임자)를 맡아 이끈 시교당이다. 또한 한민회(韓民會) 통장(統長)을 지낸 채수봉(蔡洙鳳)이 찬무로 임명되어 한종립과 더불어 한성봉을 도왔다.

이 보일시교당은 1926년까지도 그대로 지속되다가 '대종교만주포교금지령(大倧教滿州布教禁止令)'이 내려지면서 폐쇄되었다. 그 때까지도 한성봉이 전무를 맡았고 한종립 역시 채수봉과 함께 찬무로 시무하였다. 그 시기 주요 연락 거점은 혼춘현 동문(東門) 안에 있는 협성상회(協成商會)의 이군빈(李君濱)이었으며, 49명의 교인이 소속되어 있었다.

[참고문헌]
『대종교보』 제58호(1923년), 『종문영질』(프린트본, 1922), 「大倧教施教堂一覽表(1926年)」(延边朝鲜族自治州档案馆 全宗号42 目录号1 案卷号343, 和龙县历史档案 和龙县警察所, 令各区查禁韩人设立大倧教堂由, 民国十五年五月十二日), 『대종교중광육십년사』(대종교총본사, 1971)

한종묵(韓宗默, 남, 생몰 미상)

입교 시기 _ 1914년 이전 | 교질 _ 지교

출신지역과 생몰연대를 알 수 없는 인물로, 일제의 기록에서는 일체 등장하지 않는다. 한종묵과 관련된 대종교의 입교나 영계(靈戒) 사항 역시 전하는 기록이 없다. 그러나 한종묵은 1914년 3월 2일(음력) 이미 참교(參敎)의 교질(敎秩)을 받았다. 그의 대종교 입교가 그보다 훨씬 전에 이루어졌음을 알게 해 준다.

특히 같은 날 김려환(金礪煥)·서청(徐靑)·김정호(金鼎鎬)·황문길(黃文吉)·김관섭(金官燮) 등과 함께 참교를 받은 것도 주목되는 부분이다. 이들은 모두가 후일 대종교 항일단체인 대한군정서(북로군정서)를 중심으로 활동한 항일투사였다. 김려환은 대한군정서 경신활동(警信活動)의 핵심이었던 경신국 제1분국 제1과장을 맡았던 인물이다. 서청 역시 대한군정서 기계국(器械局) 보관과장(保管課長)을 맡으면서 화기(火器) 및 군수(軍需) 관리에 만전을 기하였고, 김정호(金鼎鎬)는 대한군정서 군의(軍醫)로 활동하였다. 한

종묵의 대종교 입교 역시 이러한 분위기와 연관된 것으로 파악할 수 있다. 아마도 대한군정서의 전신으로 1910년대 초반에 결성된 대종교 중광단(重光團) 시절이 아닐까 추정해 본다.

한종묵은 1918년 11월 26일(음력) 이정(李楨)·김덕룡(金德龍)과 더불어 지교(知教)의 교질까지 올랐다. 이정은 대한군정서에 가담하여 총재의 막빈(幕賓, 비서)으로 활약한 인물로, 청산리독립전쟁에 참가하여 일본군을 격퇴하는데도 일익을 담당하였다. 이후에는 대한군정서를 재건시키기 위해 대종교 항일투사들과 구준히 노력하는가 하면, 1923년 만주지역의 독립운동단체들을 통합하기 위한 군사연합회의 준비회에도 참여하였다. 이후 대종교의 신민부(新民府)가 출범하자 모연대원(募捐隊員)으로 활동하는가 하면서 대종교비밀결사인 귀일당원(歸一黨員)으로 암약하기도 했다. 김덕룡 역시 대한군정서 경신분국 제10과장을 지낸 인물이고 보면, 한종묵이 대종교 항일투쟁과 불가분의 인물임을 다시금 확인시킨다.

[참고문헌]
『종문영질』(프린트본, 1922)

한진선(韓進善, 남, 생몰 미상)

입교 시기 _ 1937년 | 교질 _ 미상

출신지역과 생몰연대가 불분명한 인물이다. 다만 1927년 당시, 함경북도 성진군(城津郡) 학서면(鶴西面)에서 독서회(讀書會)를 운영한 것으로 보아 이 지역 출신일 가능성이 높다.

한진선은 한철봉(韓喆鳳韓)과 함께 1927년 1월경 성진군 한서면 업억동(業億洞)에서 노동야학(勞働夜學)을 열어 무보수 강의를 맡았다. 이 노동야학은 이전에 만들어진 독서회에 새롭게 개설한 것이다. 독서회는 그 동안 지역의 영재 육성에 많은 공헌을 하였지만, 어려운 사정으로 배우지 못한 아동들에 대한 아쉬움이 컸던 터였다. 이에 20여명의 모아 배움의 기회를 제공한 것이 노동야학이었다. 한진선의 대종교 교력을 살피면 1937년 1월 27일(음력) 대종교 기일(起一施敎堂)의 추천으로 영계(靈戒)를 받았다. 이 시교당은 동이도본사(東二道本司) 관할로 밀산현(密山縣) 기성촌(箕城村)에 소재했던 시교당이다. 기일시교당은 1935년 10월 22일(음력) 개설한 시교당으로, 개설 당시 전무(典務, 책임자)는 허태원(許泰元), 찬무(贊務, 부책임자)는 류진묵(柳鎭黙)·이계용(李啓溶)이었다. 이들 모두 밀산 지역 대종교의 중심인물들이었다.

한편 같은 날, 혼춘(琿春) 지역에서 사회주의 투쟁을 전개하던 박병준(朴秉俊)을 비롯하여, 상해임시정부 남만독판부원(南滿督辦府員)으로 활동하던 김상운(金相雲) 등이 한진선과 더불어 영계를 받았다.

勞働夜學開設

咸北城津郡鶴西面億億洞에잇는 讀書會는創立된伊來三四個月에 同洞의 英才教育에 만흔功獻이잇던바 正月부터 特히同洞內에서 家庭生活上困難한 學齡兒童의 將來를 為하야 年齡二十餘名의 學童을 募集하야 迷路에서 呻吟하는 兒童의 教育을 為하야 卽時勞働夜學을設하고 無報酬로 熱心 教授하는 同時에 그 成績이 매우 良好하야 當地一般人士의 賞讚이 날로 藉藉하다더라 【城津】

韓進善이 성진군에서 勞働夜學을 펼친 내용을 실은 『중외일보』 (1927.5.26.) 기사.

[참고문헌]
『대종교보』제128호(1940년). 『대종교중광육십년사』(대종교총본사, 1971). 『중외일보』1927.5.26.

한천금(韓千金, 남, 1870~?)

입교 시기_ 1912년 이전 | 교질_ 미상

출신지역과 생몰연대가 불분명한 인물이다. 1912년 8월경 회인현[懷仁縣, 1914년부터 환인현(桓仁縣)으로 바뀜] 흥도천(興道村)에 거주하며 대종교 항일투쟁을 전개하였다. 당시 한천금은 그곳 대종교시교당을 거점으로, 지역에 거주하는 한인(韓人)들의 중국 귀화를 저지하는 한편, 윤세복(尹世復)·윤세용(尹世茸)·이원식(李元植)·김경하(金敬河)·독고욱(獨孤郁) 등의 대종교 핵심들과 군자금 모금을 펼쳤다. 또한 이들과 더불어 이석대(李錫大) 부대와도 연계하여 항일투쟁에 앞장섰다.

한천금이 활동하던 대종교시교당은 당시 서간도 항일투쟁의 주요 거점으로, 대종교 시교사(施敎師) 윤세복이 친형인 윤세용과 1911년 음력 정월 만주 회인현 성내(城內)로 이주하여 그 해 개천절(음력 10월 3일)에 개설한 시교당이었다. 윤세복은 시교당과 함께 대종교 동창학교(東昌學校)를 병설하여 동지를 규합과 함께 민족의식 고취를 통한 조국광복의 실현을 도모하였다. 학교의 이름인 '동창(東昌)'은 우리나라의 무궁한 발전과 국권 회복을 기약한다는 취지에서 명명한 것으로, 교장 이원식을 비롯하여 박은식(朴殷植)·이극로(李克魯)·김영숙(金永肅)·김규환(金奎煥)·이시열(李時說)·김진호(金鎭浩)·신채호(申采浩)·김석현(金錫鉉) 등, 모두 대종교의 핵심들이 교사로 참여하였다. 그 주된 교육 내용은 대종교정신을 민족사의 정통으로 삼아, 역사·국어·한문·지리 등을 가르쳤으며, 교내에 기숙사도 설치했다. 심지어 생활이 매우 곤궁한 이주한 동포들의 자제들에게는 기숙사비와 피복비도 학교 측에서 제공하였다.

한천금의 대종교 교력 관련 기록은 대종교단 내에는 일체 전하지 않는다. 그의 영계(靈戒) 사항이나 교질(敎秩) 관계 역시 남아있는 것이 없다. 그러나 1912년 일제의 문서에, 윤세복·윤세용·이원식·박은식·조성환(曺成煥)·김경하·김윤혁·독고욱 등과 그 지역 대종교의 핵심인물로 조사되어 있다. 그의 대종교 입교가 그 이전에 이루어졌음을 확인시키는 자료인 동시에, 당시 그의 대종교에서의 위상 역시 보통 이상일 것으로 추정하는 근거라 할 수 있다.

[참고문헌]
「排日 鮮人 調査의 건(不逞團關係雜件-朝鮮人의 部-在滿洲의 部2, 公 第582號; 受 5644號, 한국사DB, 국사편찬위원회). 『한국독립운동사자료』39(국사편찬위원회, 2003)

한청모(韓清模, 남, 1870~?)

입교 시기_ 1922년 | 교질_ 미상

평안북도 후창군(厚昌郡) 후창면(厚昌面) 내동(內洞) 출신이다. 1922년 2월 서간도 임강현(臨江縣)에서 대종교 동지인 장승언(張承彦)을 비롯한 김시욱(金時旭)·홍창화(洪昌化) 등과 흥복단(興復團, 光復團)이라는 항일조직을 만들어 활동하였다. 장승언은 같은 고향 출신으로 일찍이 임시정부 비밀연락원으로 활동한 인물이다. 후창면장으로 재직 중이던 1920년 7월, 후창군의 악질 군수 계응규(桂膺奎)의 모살범(謀殺犯)으로 쫓겨 그 해 10월 압록강을 건너 서간도로 망명하였다. 한청모의 망명 시기 역시 이 무렵이 아닐까 추정해 본다.

한청모의 대종교 교력을 살피면 1922년 12월 5일(음력) 대종교 서일도본사(西一道本司)의 추천으로 영계(靈戒)를 받은 기록이 있다. 그의 대종교 입교가 그 이전에 이루어졌음이 확인된다. 서일도본사는 서간도 지역을 관할하는 대종교 교구(敎區)로써, 대종교 항일단체인 흥업단(興業團)의 활동 근거이기도 했다. 또한 같은 날 함께 영계를 받은 인물들이 방윤풍(方允豊)·김하일(金河一)·박장빈(朴章彬)·홍범장(洪範章)·이현익(李顯翼)·김수만(金水萬) 등, 서간도 항일투사들이었다.

[참고문헌]
『대종교보』제56호(1922년). 「大正 10년 중에 있어서 管內 不逞鮮人의 狀況」(不逞團關係雜件-朝鮮人의 部-在滿洲의 部32, 機密 第8號; 機密受第9號, 한국사DB, 국사편찬위원회)

한태원(韓泰元, 남, 생몰 미상)

입교 시기_ 1913년 이전 | 교질_ 참교

출신지역과 생몰연대를 알 수 없는 인물로, 대한국민회에서 활동한 경험이 있다. 대한국민회 상의사지부(尚義社支

部) 하동구(下東溝) 지역 소속으로 움직인 한태원은, 김승렬(金升烈)·박남훈(朴南薰)·이호여(李浩汝)·최여철(崔汝哲)·강주일(姜周一) 등과 무기운반의 책임을 맡았다.
한태원의 대종교 입교 시기나 영계(靈戒) 사항에 대한 기록은 전하지 않는다. 다만 1913년 4월 20일(음력) 참교(參教)의 교질(教秩)을 받은 기록이 있다. 대종교의 입교(入教)를 거쳐 영계를 받고, 그 다음 주어지는 것이 참교의 교질이다. 그 기간이 짧게는 수개월에서 길게는 몇 년이 걸리기도 한다. 그의 대종교 입교가 상당히 이른 시기에 이루어졌음을 시사해 준다. 또한 같은 날 함께 참교를 받은 인물들이 김영학(金永學)·신채호(申采浩)·박은식(朴殷植)·한흥(韓興)·이업(李業)·윤극천(尹極天)·함순호(咸舜鎬)·최헌(崔憲) 등, 당대 지도급 인사들이었다. 한태원 역시 상당한 비중을 지닌 인물임이 점쳐지나, 그 외의 기록은 전하지 않는다.

[참고문헌]
『종문영질』(프린트본, 1922), 「歸順者 名簿 送付의 건」(不逞團關係雜件-朝鮮人의 部-在滿洲의 部26, 機密 第4號; 秘受 1848號, 한국사DB, 국사편찬위원회)

한호(韓昊, 남, 생몰 미상)

입교 시기 _ 1922년 이전 | 교질 _ 참교

신지역과 생몰연대를 알 수 없는 인물이다. 그의 외자이름 호(昊)도 본명이 아닌 대종교 입교와 함께 개명한 대종교명일 듯하나, 이 역시 전하는 기록이 없다.
한호는 1922년 윤5월 8일(음력) 대종교총본사의 특별추천으로 항일지도자 유정근(兪政根)과 함께 참교(參教)의 교질(教秩)을 받았다. 그의 대종교 입교가 그 이전에 이루어졌음을 알 수 있다. 또한 함께 참교를 받은 유정근이란 인물은 상해임시정부와 대한군정서(북로군정서) 그리고 후일 신민부(新民府)에서도 활약한 항일투쟁의 거물이었다. 한호 역시 대종교 항일투쟁에서 상당한 역할을 한 인물임이 짐작되는 부분이다.
이후 한호는 대종교 순교원(巡教員)으로도 임명된다. 1926년 2월 12일(음력) 대종교 항일지도자 채규오(蔡奎五)·장도순(張道淳)·현호(玄昊) 등과 더불어 대종교 동일도본사(東一道本司) 소속 순교원으로 임명된 것이 그것이다. 당시 순교원이란 관할 지역 대종교 포교의 우두머리로, 시교원(施教員)을 거느리고 그 지역 포교를 총괄하는 직책이었다. 한호가 관할한 구역은 동일도본사 관할 왕청구(汪清區) 지역으로, 왕청현 춘명사(春明社) 대감천(大肚川)에 활동 거점을 두고 대종교 포교와 함께 항일투쟁을 전개하였다.

[참고문헌]
『대종교보』제54호(1922년), 『종문영질』(프린트본, 1922), 「大倧教施教堂一覽表(1926年)」(延边朝鲜族自治州档案馆 全宗号42 目录号1 案卷号343, 和龙县历史档案 和龙县警察所, 令各区查禁韩人设立大倧教堂由, 民国十五年五月十二日)

한훈(韓焄, 남, 1890-1950)

아호(별명) _ 성초(聖初), 송촌(松村), 한우석(韓禹錫)
입교 시기 _ 일제강점기 | 교질 _ 참교 | 서훈 _ 독립장(1968)

한훈

충청남도 청양군(青陽郡) 사양면(斜陽面) 흥산리(興山里) 출신이다. 본명은 한우석(韓禹錫)으로, 훈(焄)이란 이름은 대종교 외자이름으로 전해지기도 하나 확인이 안 된다. 일찍이 민종식(閔宗植)의병진에 가담하여 홍주성(洪州城) 공방전에서 활약하였다. 이후 부여(扶餘)·공주(公州) 등지에서 계속 활동하다가 친일 인물인 직산군수(稷山郡守)를 사살하고 만주로 망명하였다.
경술국치 이후 다시 국내로 들어온 한훈은 1913년 12월 풍기(豊基)에서 채기중(蔡基中)과 대한광복단(大韓光復團)을 조직하였다. 광복단원으로서 전라도 오성(烏城)에 있는 군자금 모금 및 일헌병 분대를 습격하는 한편, 일본군 수명을 사살하는 등 계속 활동을 펼치다가 동지들이 체포되자 재차 만주로 망명하였다. 다시 국내로 잠입하여 대한광복회(大韓光復會) 활동에 참여하였다. 대한광복회는 1915년 대구지역 조선국권회복단과 풍기광복단(豊基光復團)이 연합·조직한 단체로, 대종교 동지인 권영만(權寧萬)과 우재룡(禹在龍) 등이 주동하였다. 대한광복회는 국권 회복과 공화제 실현을 목적으로 아래의 강령을 내세웠다.

一. 부호의 의연(義捐) 및 일본인이 불법징수하는 세금을 압수하여 무장을 준비한다
一. 만주에 사관학교를 설치하여 독립전사를 양성한다
一. 중국·러시아 등에 의뢰하여 무기를 구입한다
一. 무력이 준비되는 대로 일본인 섬멸전을 단행하여 최후 목적을 달성한다

한훈은 이러한 강령을 토대로 전라도 지역의 책임을 맡고 의열투쟁과 군자금 모집에 나섰다. 1916년 전남 보성의 양재성(梁在誠), 별교의 서도현(徐道賢)을 처단하고 서도현의 당질 서인선(徐仁善)을 납치하여 1만원의 자금을 모집하였고, 순창(淳昌)의 오성(烏城) 헌병분대를 습격하여 무기를 탈취하였다. 대한광복회의 부호 처단 사실이 알려지면서 일본경찰에 단원들이 체포되고 주요 인물들은 사형을 당하여 조직이 와해 되기에 이르렀다. 천행으로 위기를 넘긴 한훈은 다시 만주로 건너가 1919년 5월(음) 조선독립군정서에 가입하여 활동을 이어갔다. 한훈은 1920년 초 재차 귀국하여 박문용(朴文鎔) 등과 군자금 모집 및 독립운동과 관련한 방략을 논의한 후, 그 해 2월 말 중국 상해로 넘어갔다. 그곳 임시정부의 이동녕(李東寧)·이시영(李始榮)·김철(金澈)·이동휘(李東輝) 등과 면담하여 국내의

서울을 중심으로 조선독립군사령부 조직을 승인받았다. 그리고 동년 3월에 다시 서울로 잠입하여 박문용과 함께 그 준비에 착수하였다.

1920년 8월에는 미국 하원의원단이 내한한다는 소식을 듣고 사이토 마고토(齋藤實) 총독 등 일본 고관들을 암살하기 위해 결사대를 조직하였다. 이때 김상옥(金相玉) 등의 암살단과 합류하여 계획을 추진하였으나, 미국위원단이 도착하기 하루 전 일제의 예비검속에 의해 체포되어 8년 형을 선고받았다. 복역 중 이전 대한광복회 요원으로 서도현 등을 처단한 것이 추가로 확인되어 5년 형이 더 추가되었다. 한훈은 영어(囹圄) 생활 속에도 단식을 통해 일제에 투쟁하는 등 불굴의 저항의지를 표출하다가 1929년 형집행 정지로 풀려났다.

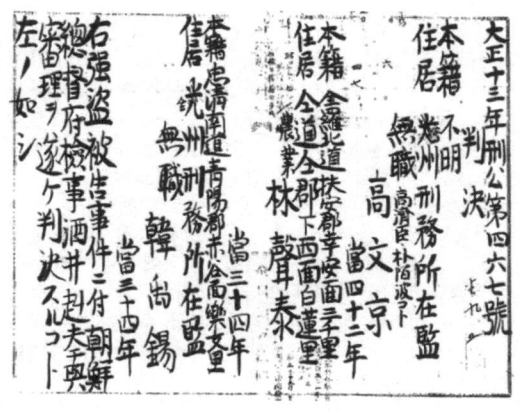

韓焄(韓禹錫)의 형량이 추가될 당시인 1924년 8월 전주지방법원에서 내려진 판결문의 일부

해방을 맞은 한훈은 건국단체가 우후죽순으로 난립하고 정부의 수립이 지연되자 광복단 재건을 결심하였다. 이에 광복정신에 기초한 자주적 독립국가의 완성을 목표로 광복단을 재건하고 그 단장에 취임하였다. 그리고 임시정부의 이념에 따라 자주적 독립국가의 수립을 추진하면서 신탁통치 반대운동을 전개하고, 임시정부를 중심으로 모든 단체가 통합할 것을 주장하였다. 그러나 한국전쟁 당시 북한군에 납치되어 피살되었다 한다.

한훈의 대종교 입교는 대한광복회 시절로 알려졌으나 남아있는 기록은 없다. 대한광복회는 1915년 12월 대종교계 비밀결사인 조선국권회복단(朝鮮國權恢復團)과 대한(풍기)광복단이 결합하여 탄생한 조직이다.

조선국권회복단은 1913년 1월 15일(음력) 대종교의 중광절(重光節, 대종교가 다시 일어난 날)을 기하여 대구에서 조직한 대종교계 비밀결사다. 당시 국권회복에 대한 의지를 품고 있던 서상일(徐相日)·이시영(李始榮)·박영모(朴永模)·홍주일(洪宙一)·정운일(鄭雲馹)·윤창기(尹昌基) 등이 참여하였다. 이들이 내세운 기치는 "수천년 역사를 가진 우리 조선이 일한병합으로 망했으니 우리 시조 단군대황조(檀君大皇祖)에 미안한 일이니 어떻게 해서든 독립국으로 만들어야

한다"는 주창이었다. 그리고 이들은 이를 실천키 위해 우선 형제의 결의를 맺고 일치된 행동을 펴야 할 것을 다짐하면서, 독립운동을 추진해 갈 비밀결사인 조선국권회복단의 결성을 결의하였다. 그 시기 한훈의 대종교 참여 역시 조선국권회복단의 정신과 무관치 않았을 듯하다.

한편 대한광복단은 풍기광복단으로도 불리는 조직으로, 1913년 말에 조직한 비밀단체였다. 당시 참여한 인물들을 보면 한훈을 비롯하여 채기중(蔡基中)·경창순(庚昌淳)·류장렬(柳璋烈)·장두환(張斗煥)·강병수(姜炳洙)·김병렬(金炳烈)·정만교(鄭萬敎)·김상오(金相五)·정운홍(鄭雲洪)·정진화(鄭鎭華)·황상규(黃相圭)·이각(李覺) 등이다. 이들은 비밀·폭동·암살·명령의 4대 행동지침을 토대로 군자금 조달, 독립군 및 혁명군의 기지건설, 의열투쟁 등의 노선을 지향하였다.

대종교에서는 한훈의 위와 같은 경험을 존중하여, 좀 늦은 시기인 1947년 4월 22일(음력) 영계(靈戒)를 내리고, 같은 날 교유(教諭) 제130호에 의해 참교(參敎)의 교질(敎秩)을 수여하였다. 이 시기 대한광복회에서 함께 활동한 정운일이나 권영만 등에게 지교(知敎)나 참교의 교질을 내린 것도 같은 배경이다.

[참고문헌]

『대종교보』제154호(1947년), 『동아일보』1920.8.29., 9.22., 1921.3.6., 7.23.), 『판결문』(1921.11.15., 경성지방법원), 『판결문』(1924.8.28., 공주지방법원), 『한국독립사』하(김승학, 독립문화사, 1965), 『일제침략하한국36년사』7(국사편찬위원회, 1967), 『독립운동사』3·5·7(독립운동사편찬위원회, 1972·1973·1975), 『독립운동사자료집』10(독립운동사편찬위원회, 1976)

한흥(韓興, 남, 1888~1959)

아호(별명)_ 일선(日仙), 한진(韓震), 한준형(韓俊炯), 일선준형(日仙俊炯)
입교 시기_ 1913년 이전 | 교질_ 참교 | 서훈_ 독립장(1968)

한흥

함경남도 신흥군(新興郡) 가평면(加平面) 중상리(中上里) 출신이다. 본명은 한준형(韓俊炯)이나 대종교에서는 외자이름 흥(興) 혹은 진(震)으로 알려져 있다.

보성전문학교(普成專門學校)를 졸업하고, 1912년 4월 대종교의 거점이었던 북간도로 망명하여 화룡현(和龍縣)의 동명학교(東明學校) 강사로 재직하면서 한국교포들에게 민족의식과 독립사상을 고취하였다.

1913년 3월경에는 연해주(沿海州)의 해삼위(海蔘威) 권업신문사(勸業新聞社) 통신원으로 활약하는가 하면, 그 해 여름 상해로 건너가 김규식(金奎植)의 집에 거주하며 그 지역 대종교지도자 신규식(申圭植)을 도와 동제사 활동에 앞장

섰다.

한편 신규식은 1915년 3월 대종교의 핵심인물들이었던 이상설(李相卨)·박은식(朴殷植)·박찬익(朴贊翊), 그리고 북경으로부터 온 성낙형(成樂馨)·유동열(柳東說) 등과 함께 신한혁명당(新韓革命黨)을 조직하였다. 그러나 제정체제(帝政體制)를 표방하고 고종(高宗)을 내세울 필요가 있다는 의견 대두로, 공화주의를 추구하던 신규식의 열정은 미온적으로 흘렀다. 이에 신규식은 또 다른 돌파구를 모색하게 된다. 대종교 핵심인 이상설·박은식과 함께 대동보국단(大同輔國團)을 조직한 것이다. 이 조직의 본부는 프랑스 조계 명덕리(明德里)에 소재했으며, 후일 「대동단결선언(大同團結宣言)」의 주축이 되었다.

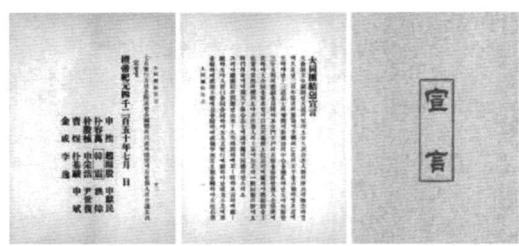

1917년 발표한 「대동단결선언」의 표지(오른쪽)와 서두, 끝부분의 모습. 당시 대종교가 사용하던 檀帝紀元의 연호와 함께 韓震(네모 안)이라는 이름이 보인다.

「대동단결선언」은 1917년 7월 상해에서 신규식과 이상설 등 14인의 명의로 발표된 최초의 독립선언이다. 「대동단결선언」을 모색하는 과정에서 연해주의 이상설과 상해의 신규식을 연락하며 역할한 인물로 전해진다. 한흥이 「대동단결선언」에 참여한 것도 그러한 배경과 무관치 않을 듯하다. 이 선언에 참여한 14인은 한진(韓震, 한흥)을 비롯하여 신규식·조소앙(趙素昻)·신백우(申錫雨)·홍명희(洪命熹)·박용만(朴容萬)·김규식(金奎植, 蘆隱이 아닌 尤史)·신채호·박은식·조성환(曺成煥)·윤세복(尹世復)·박찬익·이용혁(李龍爀)·신대모(申大模) 등으로, 아래 표와 같이 대다수가 대종교인이었다.

「대동단결선언」은 전문 12면으로 된 선언이다. 대동단결의 필요성, 국내동포의 참상폭로, 해외동포의 역할, 당시의 국제환경, 대동단결의 호소, 끝으로 제의(提議)의 강령(綱領)으로 구성되어 있으며, 주권재민론과 대동사상에 기초한 선구적인 독립선언이었다.

주목되는 부분은 민족사적 흐름에 근거한 주권불멸론(主權不滅論)을 이론화하여 1910년 융희황제(隆熙皇帝, 순종)의 주권 포기를 국민에 대한 주권 양여로 이해했다는 점이다. 선언 참여자들은 국민주권설을 정립한 연후에 일본이 국토를 강점하고 있음을 강조하고, 해외에 거주하는 동포가 주권을 행사할 수밖에 없다는 주장을 폈다. 해외동포가 민족대회의를 개최하여 임시정부를 수립하자는 것이다. 이 선언이 대한민국임시정부의 단초가 되는 선언임을 확인시키는 부분이다.

한흥은 「대한독립선언서(무오독립선언서)」에도 서명하였다. 이 선언은 국외 대종교지도자들이 중심이 되어 39인의 명의로 1919년 2월 발표된 선언이다. 그 준비 과정이 1918년(무오년) 초부터 진행되었으므로 일명 「무오독립선언」으로도 알려졌다. 옥파(沃坡, 默巖) 이종일(李鍾一)의 일기인 「옥파비망록(沃坡備忘錄)」(1918년 11월 20일 기록)을 보면, 국내 독립선언이 늦어지는 것에 대해 초조해하면서 간도에서는 중광단원(重光團員)들을 중심으로 39인이 무오독립선언을 이미 진행하고 있음을 밝히고 있다. 이종일은 「대한독립선언」의 발표시기와 참여 인원수, 그리고 중광단원들을 중심으로 무오년 11월 20일 이전에 이미 이루어지고 있음을 명확히 하고 있는 것이다. 「대한독립선언」을 「무오독립선언」 혹은 「중광단선언」이라고 하는 이유도 분명해진다.

한편 「대한독립선언서」는 「중광단선언」이라 명명한 것에서도 보듯, 그 서명한 대부분이 대종교의 중심인물들이거나 친대종교적 인물들이었다. 또한 그들은 해외독립운동의 지도급 인물이란 점에서 대종교의 독립선언이라 해도 무리가 없을 듯하다. 전체 서명 39인 가운데 대종교단내의 기록에 적혀 있는 대종교 인물은 한흥을 포함하여 25명이다. 그리고 기독교가 7명이며, 종교 미확인으로 구분되는 인물이 7명이다. 대종교의 기록이 거의 사라진 가운데 확인된 결과라는 점에서 의미가 남다르다. (아래표 참조)

1917년 「대동단결선언」에 참여한 14인의 기본 신상

순서	「대동단결선언」에 서명한 이름	호	당시 나이	「震壇」 잡지에서 신규식이 밝힌 이름	종교
1	신정(申檉)	예관(睨觀)	37세	신규식(申圭植)	대종교
2	조용은(趙鏞殷)	소앙(素昻)	30세	조용은(趙鏞殷)	대종교
3	신헌민(申獻民)	우창(于蒼)	23세	신석우(申錫雨)	대종교
4	박용만(朴容萬)	우성(又醒)	36세	박용만(朴容萬)	미상
5	한진(韓震)	일선(日仙)	31세	한흥(韓興)	대종교
6	홍위(洪煒)	벽초(碧初)	29세	홍명희(洪命熹)	대종교
7	박은식(朴殷植)	백암(白巖)	58세	박은식(朴殷植)	대종교
8	신채호(申采浩)	단재(丹齋)	37세	신채호(申采浩)	대종교
9	윤세복(尹世復)	단애(檀崖)	36세	윤세복(尹世復)	대종교
10	조욱(曹煜)	청사(晴蓑)	42세	조성환(曺成煥)	대종교
11	박기준(朴基駿)	남파(南坡)	33세	박찬익(朴贊翊)	대종교
12	신빈(申斌)	미상	미상	신대모(申大模)	미상
13	김성(金成)	우사(尤史)	36세	김규식(金奎植)	기독교
14	이일(李逸)	미상	31세	이용혁(李龍爀)	미상

종교	서명자
대종교	김교헌, 김동삼, 조용은, 신규식, 여준, 이범윤, 박은식, 박찬익, 이시영, 이상룡, 윤세복, 이동녕, 신채호, 허혁, 이세영, 이광, 김좌진, 김학만, 손일민, 김규식, 조욱, 한흥, 이탁, 황상규, 박성태
기독교	정재관, 이대위, 이승만, 김약연, 이동휘, 이봉우, 안창호
미확인	문창범, 유동열, 안정근, 최병학, 박용만, 임방, 이종탁

한흥은 1919년 7월에 독립운동자금 확보를 위하여 국내로 들어와 친일 후작(侯爵)인 박영효에게 접근하여 자금 문제를 도모하다가 일제에 피검되기도 하였다. 이후 간도로 넘어가 1920년 선만상보사(鮮滿商報社)를 설립 운영하면서, 그 지역 간북북부총판부(墾北北部總辦部) 서기로 선임되어 활동하였고, 같은 해 군자금 조달차 다시 국내로 들어와 활동하다가 평양에서 붙잡혀 5년을 선고받고 복역하였다. 감옥에서 나온 후인 1925년 3월에는 신간회(新幹會) 상무간사로도 활동하였다. 이어 재차 북경으로 망명한 한흥은 1925년 6월 선두자사(先頭者社)에 가입하여 활동하였다. 한흥은 조남승(趙南升)·원세훈(元世勳)·서왈보(徐曰甫)·박건병(朴健秉)·배천택(裵天澤)·송호(宋虎)·황운룡(黃雲龍)·김세준(金世晙)·류청우(柳青宇) 등과 연서(連署)하여「중국 국민의 구국구족(救國救族) 운동에 당하여 우리 2천만 형제자매에게 고함」이라는 격문을 발포하고 항일독립사상을 고취하였다.
1926년에는 함흥숙명여학교(咸興淑明女學校), 1929년 8월에는 함흥중앙학원(咸興中央學院) 및 유치원을 설립하여 경영하였고, 1931년에는 경성여상(京城女商) 부교장으로 근무하였다. 또한 1938년 4월에는 함흥대흥상업학원(咸興大興商業學院)을 창립하여 후학 양성에 힘썼으며, 1942년 6월에도 함흥대동학원(咸興大東學院)의 원장으로 취임하여 육영사업을 통한 2세 교육에 힘을 기울였다.
한흥은 1910년대 초반에 대종교에 입교한 인물이다. 그러나 그 입교 시기나 영계(靈戒) 사항에 대한 기록은 남아있는 것이 없다. 다만 1913년 4월 20일(음력) 대종교 항일투쟁의 거물이었던 김영학(金永學)·신채호(申采浩)·박은식(朴殷植) 등과 함께 참교(參教)의 교질(教秩)을 받은 기록이 있다. 그의 대종교 입교가 1910년대 초반에 이루어졌음을 확인시켜 준다.
또한 한흥의 대종교 입교에는 상해 지역 대종교지도자 신규식의 역할이 지대했다고 전하나, 그와 관련된 자료 역시 현전하지 않는다. 1910년대 초반 신규식이 조국 광복의 뜻을 잊지 말라고 한흥에게 써준「한흥에게 주다(寄韓興君)」라는 아래의 칠언절구가 참고될 뿐이다.

失志男兒仗劍行　대장부가 뜻을 세워 칼차고 떠나와
奮身當日各奔忙　분주히 움직이며 분발하던 그 시절
申勤寄語韓興子　그대에게 다시금 거듭하여 전하나니
存楚椎秦兩不忘　나라 위한 굳은 마음 잊지 마시게

[참고문헌]
『종문영질』(프린트본, 1922), 『震壇週報』第5號(震壇報社, 1920), 「鮮人의 행동

에 관한 건」(不逞團關係雜件-朝鮮人의 部-在西比利亞8, 機密 제84호, 한국사DB, 국사편찬위원회), 『조선민족운동연감』(재상해일본총영사관, 동문사서점, 1946), 『대한민국건국십년지』(대한민국건국십년지간행회, 건국기념사업회, 1955), 『민족독립투쟁사사료(해외편)』(민족운동연구소 편, 여론사, 1956), 『한국독립사』하(김승학, 독립문화사, 1965), 『朝鮮獨立運動』II(金正明, 原書房, 1967), 『독립운동사』3(독립운동사편찬위원회, 1972), 『대한민국임시정부사』(이현희, 집문당, 1982), 『지산외유일지』(정원택, 탐구당, 1983), 『예관신규식전집』1(예관신규식전집편집위원회, 2019)

함순호(咸舜鎬, 남, 생몰 미상)
입교 시기 _ 1913년 이전 | 교질 _ 참교

출신지역과 생몰연대를 알 수 없는 인물로, 일제의 기록에서도 일체 언급 되지 않는다. 함순호라는 이름은 대종교인들의 교질(教秩) 관계를 정리해 놓은 『종문영질(倧門榮秩)』(프린트본, 1922년)이라는 기록 속에 유일하게 등장하고 있다.
그 기록에는 함순호가 1913년 4월 20일(음력) 참교(參教)의 교질을 받은 인물로 실려 있다. 대종교에서의 참교란 입교(入教)를 거쳐 영계(靈戒)를 받은 다음 주어지는 믿음의 단계다. 그 과정에서의 시간 소요도 짧지 않다. 그의 대종교 입교가 비교적 이른 시기에 이루어졌음을 알 수 있다. 또한 같은 날 함께 참교를 받은 인물들을 보면, 박은식(朴殷植)·김영학(金永學)·신채호(申采浩)·한흥(韓興)·최헌(崔憲)·이업(李業)·윤극천(尹極天)·함태원(韓泰元) 등, 당시 항일투쟁의 거물들이었다. 함순호 역시 대종교 항일투쟁에 적지 않은 비중을 가진 인물로 추정되는 이유다.

[참고문헌]
『종문영질』(프린트본, 1922)

함희(咸熙, 남, 생몰 미상)
아호(별명) _ 함희원(咸熙元)
입교 시기 _ 1922년 이전 | 교질 _ 참교

출신지역과 생몰연대를 알 수 없는 인물로, 본명은 함희원(咸熙元)이다. 대종교 입교 이후 희(熙)라는 외자이름으로 알려져 있으며, 일찍이 대종교 항일단체인 대한군정서(북로군정서)에 가담하여 활동하였다.
함희는 대한군정서 소대장으로 청산리독립전쟁에 참전한 후, 낙오소대(落伍小隊)를 이끌고 밀산(密山)에서 결성된 대한독립군단(大韓獨立軍團)에 합류하였다. 그리고 1921년 1월 하순 화룡현(和龍縣) 명신사(明新社) 송림평(松林坪) 지역으로 들어와 독립군단 조직의 충원을 위해 독립군 지원병 모집에도 앞장섰다. 그리고 그 해 봄에는 돈화현(敦化縣) 양수천자(凉水泉子)에 근거를 두고 활동하던 청년모험대(青年冒險隊)에 몸을 담고, 대장 이홍래(李鴻來)를 비롯한

김성호(金成浩)·이걸(李傑) 등과 대종교지도자 김규식(金奎植)의 고려혁명군과 연락하며 연합 활동을 도모하기도 하였다.

1922년 3월에는 영안현(寧安縣)·액목현(額穆縣)·돈화현(敦化縣) 지방에 흩어져 있던 대한군정서 소속의 대종교 항일투사들의 결속에도 앞장섰다. 함희 등은 이를 통해 대종교 교세의 확장을 도모하고 항일투쟁의 근거를 확고히 하고자 하는 목적이었다. 당시 돈화현에 거주하던 함희는 이경렬(李京烈)·이춘보(李春甫) 등과 대종교의 교당 설치와 포교를 위하여 밀산으로 넘어가기도 하였다. 또한 같은 해 9월경에는 대한군정서 군인이었던 이걸 등 10여명과 더불어 간도 지역으로 파견되어 군자금 모금 등을 펼쳤다.

함희와 관련된 대종교의 입교 기록이나 영계(靈戒) 사항에 대해서는 남아있는 것이 없다. 그러나 1922년 어천절(御天節, 음력 3월 15일)에 참교(參敎)의 교질(敎秩)을 받은 기록이 전한다. 그의 대종교 입교가 그보다 훨씬 전에 이루어졌음을 알 수 있다. 그의 대종교 입교가 대한군정서 시절로 올라감이 확인된다. 또한 같은 날 이화(李華)·김창로(金昌魯)·민윤식(閔胤植)·이석(李奭)·한봉근(韓鳳根) 등, 항일투사들과 함께 참교의 교질을 받았다는 점도 주목되는 부분이다.

[참고문헌]
『종문영질』(프린트본, 1922), 「間情 第13號 送付(間島通信部의 設置 및 軍政署의 軍需品 徵發에 관한 건),(不逞團關係雜件-朝鮮人의 部-在滿洲의 部26, 機密 第72號, 秘受 1916號, 한국사DB, 국사편찬위원회), 「고려혁명군의 행동에 관한 건,(不逞團關係雜件-朝鮮人의 部-在西比利亞13, 高警 제3161호, 한국사DB, 국사편찬위원회), 「高麗革命軍에 連絡을 하는 不逞鮮人의 間島地方에서의 活動計劃에 관한 件,(不逞團關係雜件-朝鮮人의 部-鮮人과 過激派3, 機密 第414호, 한국사DB, 국사편찬위원회), 「한민족독립운동사』4(국사편찬위원회, 1988), 『한국독립운동사자료』38(국사편찬위원회, 2002)

허관(許官, 남, 생몰 미상)
입교 시기 _ 1914년 이전 **| 교질 _** 참교

출신지역과 생몰연대를 알 수 없는 인물로, 서간도 지역에서 대종교 항일투쟁을 전개한 허관(許官)과는 동명이인이다. 그의 이름도 대종교 입교와 함께 개명한 외자이름일 듯하나, 그 관련 자료 역시 남아있는 것이 없다.

허관은 일찍이 신민단(新民團)에 가담하여 항일투쟁을 전개한 기록이 있다. 봉오동·청산리전투 이후 일제의 탄압이 본격화되자 노령 지역에 은거하며 사회주의 경향의 항일활동 전개하였다. 1923년 8월경에는 연해주 접경 혼춘(琿春) 지역에서 모종의 움직임이 포착되기도 하였다.

허관과 관련한 대종교 입교 시기나 영계(靈戒) 사항에 대한 기록은 전하는 것이 없다. 다만 대종교인들의 교질(敎秩) 사항을 정리해 놓은 『종문영질(倧門榮秩)』(프린트본, 1922)이라는 기록에 보면, 1914년 2월 28일(음력) 윤우현(尹瑀鉉)과 함께 참교(參敎)의 교질을 받은 기록이 실려 있다.

그의 대종교 입교가 1910년대 초반에 이루어졌음을 확인시키는 부분이다. 특히 함께 참교를 받은 윤우현이 1910년대 초에 북간도로 넘어가, 간민회(墾民會)가 국자가(局子街)에 설립한 간민모범학당(墾民模範學堂)에서 수학한 인물이라는 점이다. 그리고 대종교 항일투쟁에 몸을 담으며 대한군정서(북로군정서)와 신민부(新民府) 등에서 불굴의 전사로 활동하였음을 볼 때, 허관 역시 이러한 노정과 유사할 것으로 추정된다.

[참고문헌]
『종문영질』(프린트본, 1922), 「間島接壤地 地方에 있어서 不逞鮮人의 行動에 관한 건,(不逞團關係雜件-朝鮮人의 部-在滿洲의 部36, 機密 第275號; 機密受 第284號, 한국사DB, 국사편찬위원회)

허관(許官, 남, 생몰 미상)
입교 시기 _ 1922년 **| 교질 _** 참교

출신지역과 생몰연대를 알 수 없는 인물이다. 관(官)이라는 그의 이름도 개명한 대종교의 외자이름으로 추정되나 확인이 안 된다. 또한 1910년대 초반에 대종교에 가담하여 신민단(新民團)을 중심으로 활동한 허관(許官)과는 동명이인이다.

허관은 대종교 교력을 살피면 1922년 12월 5일(음력) 대종교 서일도본사(西一道本司)의 추천으로 영계(靈戒)를 받은 기록이 있다. 그의 대종교 입교가 그 이전에 이루어졌음이 확인된다. 같은 날 함께 영계를 받은 인물들이 오근태(吳根泰)·박장빈(朴章彬)·이현익(李顯翼) 등, 그 지역 항일투쟁의 중심인물이었다는 점도 주목된다.

오근태는 대종교 항일단체인 흥업단(興業團)의 중심인물로, 후일 대종교 임오교변(壬午敎變, 1942년 대종교지도자 일제 구속 사건)으로 순교(殉敎)한 임오십현(壬午十賢) 중의 1인이다. 또한 박장빈은 정의부(正義府) 안도총관부(安圖摠管府)의 조직부장을 지냈으며, 이현익 역시 흥업단과 대한군정서(북로군정서) 그리고 신민부(新民府)에서 주요 간부를 맡았던 대종교 항일투쟁의 핵심이었다. 이러한 정황에서 허관 역시 대종교 항일투쟁과 밀접한 인물일 것으로 추정되나, 이외의 기록은 전하지 않는다.

[참고문헌]
『대종교보』제56호(1922년)

허동환(남, 생몰 미상)
입교 시기 _ 1939년 이전 **| 교질 _** 미상

출신지역과 생몰연대를 알 수 없는 인물로, 그의 한자 이름 역시 확인이 안 된다. 또한 허동환의 입교 시기나 영

계(靈戒) 사항과 관련된 대종교 교력 역시 남아 있는 것이 없다. 다만 1939년 만주 동경성(東京城) 대종교총본사에서 발기한 대종교서적간행회(大倧敎書籍刊行會)에 대종교 주요 인물과 더불어 이름을 올리고 있다. 그의 대종교 입교가 그 이전에 이루어졌음을 알려 준다.

이 서적간행회는 1939년 8월 27일(음력) 발기된 것으로 "교화를 보급케 함에는 반드시 문자의 힘을 시뢰(恃賴)할 것이다. 이제 대교(大敎, 대종교-인용자 주) 부흥기에 당하여 만구동성(萬口同聲)으로 종경(倧經) 요구가 날로 높은 터이다. 이 요구를 수응함은 무엇보다도 대교 발전상 최대 급무일 것이다. 이것을 공감하는 우리는 미성박력(微誠薄力)을 불고(不顧)하고 교적간행회(敎刊行會)를 발기한다."는 취지로 출범한 것이다.

백산(白山) 안희제(安熙濟)를 비롯하여 김영숙(金永肅)·장도순(張道淳)·이현익(李顯翼)·안도윤(安道允)·변성식(邊成植) 등, 항일투쟁의 거물들이자 대종교의 중심인물들이 주축이 되었다. 당시 허동환 역시 오근태(吳根泰)·윤정현(尹挺鉉)·최익항(崔益恒)·이정(李楨)·김상호(金相鎬)·이수원(李守元) 등과 1주(株)의 지분으로 참여하였다. 주목되는 것은 이들 모두가 대종교로 보나 항일투쟁 방면에서 지도급의 인물들이었다는 점이다. 허동환의 무게감을 가늠해 볼 수 있는 부분이다.

[참고문헌]
『대종교중광육십년사』(대종교총본사, 1971)

업, 통관업, 대리업, 위탁판매업, 노력 청부업, 운송과 관계 되는 금융 보증 행위 등의 업무를 수행하던 회사로, 간도 용정촌(龍井村)에 근거를 두었다.

허록의 대종교 교력을 살피면 1923년 5월 21일(음력) 대종교 동일도본사(東一道本司)의 특별추천으로 영계(靈戒)를 받은 기록이 있다. 그의 대종교 입교가 그 이전으로 올라감이 확인된다. 특히 같은 날 함께 영계를 받은 인물들이 전창국(全昌國)·장홍국(張鴻國)·김희균(金熙均)·박두환(朴斗煥) 등, 함경북도 대종교의 중심인물들이었다는 점이다. 1922년 3월 5일(음력)에 단행된 대종교 교구분리조례(敎區分離條例)에 따르면, 함경북도 지역은 동일도본사 제3지사의 관할이었다.

전창국은 신간회(新幹會) 함경북도 회령지회 지회장을 지냈으며, 박두환은 대한민국 임시정부의 지령으로 조직된 함경북도 연통제(聯通制)와 연관된 인물로 신간회 주을지회(朱乙支會) 집행위원장을 역임하였다. 또한 장홍국은 대종교 항일단체인 대한군정서(북로군정서) 경신국(警信局) 제19분국장(分局長) 출신으로 사회주의 항일투쟁 및 신간회 청진지부 재정을 담당한 경험이 있으며, 김희균 역시 대한군정서 연락원 및 신간회 회령지회(會寧支會) 집행위원장을 지낸 인물이다. 허록을 비롯한 이들이 모두 대종교를 통해 인적 연결이 되어 있음을 확인할 수 있다.

[참고문헌]
『대종교보』, 제58호(1923년), 「共産主義宣傳員檢擧ノ件」(李大鼎, 李昌會(詐欺, 大正八年制令第七號違反, 恐喝], 京高秘第三一五〇號ノ一(寫), 한국사DB,국사편찬위원회), 『朝鮮銀行會社組合要錄』(東亞經濟時報社, 1927·1935년판)

허록(許鹿, 남, 1898-?)
입교 시기_ 1923년 | 교질_ 미상

출신지역과 생몰연대가 불분명한 인물이다. 다만 허록이 함경북도 청진부(淸津府) 신암동(新岩洞)을 중심으로 활동한 것으로 보아, 이 지역 출신일 가능성이 높다.

허록은 1924년 5월 공산주의선전원(共産主義宣傳員) 사건으로 구속되었던 인물이다. 그 배경을 보면, 같은 해 4월 1일 공산청년회원으로 블라디보스토크 치타 제1연대 대원이었던 김창길(金昌吉)이 이대정(李大鼎) 등과 공모하여 공산주의 선전 및 모금을 목적으로 함경북도 부령군(富寧郡)에 잠입하였다. 당시 이대정은 블라디보스토크 신한촌(新韓村)에서 이동휘(李東輝)로부터 여비와 함께 「조선혁명선언」, 『新青年』 등의 문서를 받은 상태였다. 이들과 접선한 허록은 이 문서들을 은닉함과 함께, 이들 외에도 김종구(金鍾九)·윤명화(尹明和)·이귀손(李貴孫) 등과 더불어 위의 문서들을 경성(京城)에 있는 박윤진(朴允進)에게 우송하였다. 그러나 메이데이 건으로 경계 중이던 청진경찰서의 추적 끝에, 그 해 5월 10일 김창길 등과 함께 체포되었다. 이후 1924년 8월에 설립한 함북인쇄(咸北印刷) 주식회사에 참여하여 지배인을 지내는가 하면, 1934년 8월에는 장문길(張浩文) 등과 하주운수(荷主運輸) 주식회사를 설립하여 전무이사로도 활동하였다. 하주운수는 운송 취급업, 창고

허민화(許民化, 남, 생몰 미상)
입교 시기_ 1939년 이전 | 교질_ 참교

출신지역과 생몰연대를 알 수 없는 인물이다. 일제의 기록에서는 발견되지 않으며, 1939년 8월 27일(음력) 만주 동경성(東京城) 대종교총본사에서 발기한 대종교서적간행회(大倧敎書籍刊行會)에서 그 이름을 찾을 수 있다.

대종교서적간행회는 백산(白山) 안희제(安熙濟)를 비롯하여 김영숙(金永肅)·장도순(張道淳)·이현익(李顯翼)·안도윤(安道允)·변성식(邊成植) 등, 항일투쟁의 거물들이자 대종교의 중심인물들이 발기한 것이다. 특히 안희제는 해산(海山) 강철구(姜鐵求)와 더불어 1939년 10월 대종교서적간행회를 정식으로 조직하고 대종교 교우들의 성연금을 모아, 2년 후인 1941년 대대적인 교적간행을 주관하였다. 당시에 출판된 서적 종류와 부수를 본다면 『홍범규제(弘範規制)』 5백부, 『삼일신고(三一神誥)』 2천부, 『신단실기(神檀實記)』 1천부, 『종례초략(倧禮抄略)』 2천부, 『오대종지강연(五大宗旨講演)』 3천부, 『종문지남(倧門指南)』 2천부 등, 6종류의 서적 1만 5백부를 간행하였고, 다음해인 1942년 『한얼노래』 4천부를 국내 경성에서 출판하였다. 당시 허민화는 대종교 중진이자 항일투사였던 오근태(吳根泰)·윤정현(尹挺鉉)·최

익항(崔益恒)·이정(李楨)·김상호(金相鎬)·이수원(李守元) 등
과 1주(株)의 지분으로 참여하였다.

허민화의 대종교 입교 시기나 영계(靈戒) 사항과 관련된
기록은 남아 있는 것이 없다. 그러나 그가 대종교 중진들
과 대종교의 중대사였던 서적간행회에 참여한 것을 보면,
그 이전에 입교한 것을 알 수 있다. 더욱이 1940년 12월 3
일(음력) 대종교총본사의 특별 추천으로 영계(靈戒)와 참교
(參敎)의 교질(敎秩)을 동시에 받았음을 보면, 이전부터 그
의 대종교에 대한 기여가 남달랐음을 시사해 준다.

[참고문헌]
『대종교교보』제128호(1940년), 『대종교중광육십년사』(대종교총본사, 1971)

허범(許範, 남, 1893-?)
입교 시기_ 1910년대 | 교질_ 미상

경상북도 성주군(星州郡) 본아면(本牙面) 송정동(松井洞) 출
신으로, 3·1독립만세운동 당시 대구시위에 참여한 인물
이다. 1919년 3·1독립만세운동이 전국적으로 확산되자
대구에서도 이만집(李萬執)·홍주일(洪宙一) 등이 중심이 되
어 3월 8일에 만세 시위를 열기로 결의하고 준비하였다.
허범은 당시 대구고등보통학교(1925년 대구공립고등보통학교
로 개칭) 학생으로, 자신의 집인 대남여관(大南旅館)에서 하
숙하고 있던 최상원으로부터 만세 시위 참여를 권유받고
동참하게 된다. 이후 신현욱(申鉉旭)·백기만(白基萬)·하윤
실(河允實)·김수천(金洙千)·김재소(金在炘)·박노일(朴魯一)
등과 함께 대구고등보통학교 학생들의 참여를 독려하며
시위를 준비하였다.
1919년 3월 8일 허범을 비롯한 200여 명의 대구고등보통
학교 학생들은 서문시장 근처로 집결하였다. 오후 3시가
되자 이만집의 연설과 김태련(金兌鍊)의 「독립선언서」 낭
독을 시작으로 서문시장에서 만세 시위가 시작되었다. 계
성학교·대구 성경학교·신명여자고등보통학교 학생들과
일반인들이 합세하여 시위 군중은 700여 명으로 늘어났
다. "대한 독립 만세"를 외치며 서문시장을 나선 시위대
는 대구경찰서와 종로를 거쳐 동성로를 향하여 행진하였
다. 시위대가 동성로에 있던 달성군청에 이르자 기관총과
착검한 소총으로 무장한 일제 군경은 시위 군중을 폭압적
으로 진압하여 157명을 검거하고 그중 67명을 재판에 회
부하였다. 허범 역시 일경에 체포되어 1919년 4월 18일 대
구지방법원에서 「보안법」 위반 혐의로 징역 1년형을 언도
받았고, 5월 31일 대구복심법원에서 열린 항소심에서 징
역 6월에 집행유예 2년을 선고 받았다.
허범과 관련한 대종교 입교 시기나 영계(靈戒) 사항에 대
한 기록은 모두 전하지 않는다. 그러나 경북 성주 사람인
성세영(成世英)이 쓴 『본사행일기(本司行日記)』에 보면, 허
범이 1916년 이전에 입교한 경상북도 대종교 교인의 명단
에 올라 있다. 그의 대종교 입교가 대구고등보통학교 시

절에 이루어졌음을 알 수 있다. 『본사행일기』는 대종교인
성세영이 1922년 10월 10일(음력) 경북 성주를 출발하여 경
성(서울) 대종교남도본사를 방문하고 10월 27일 성주로 다
시 돌아가기까지의 과정을 적은 기록물이다.

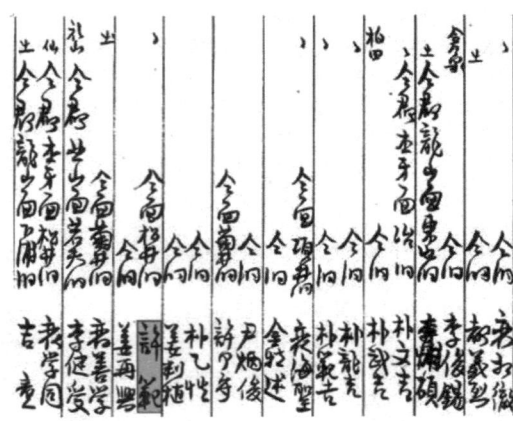

성세영의 『本司行日記』에 실려있는 1916년 이전 경상북도 대종교 교인의
명단 일부. 왼편 하단에 許範(네모 안)이라는 이름이 보인다.

[참고문헌]
『본사행일기』(성세영, 필사본, 1922), 「판결문」(대구지방법원, 1919. 4. 18.), 「판
결문」(대구복심법원, 1919. 5. 31.), 『독립운동사자료집』3(독립운동사편찬위원회,
1971), 『한민족독립운동사』3(국사편찬위원회, 1988), 『대구·경북 항일독립운
동사』(광복회대구경북연합지부, 1991), 『한국향토문화전자대전』(http://www.
grandculture.net/korea)

허빈(許斌, 남, 1891-1931)
아호(별명)_ 백도(白島), 허성(許星), 허성묵(許聖默許腥默)
입교 시기_ 1910년대 | 교질_ 미상 | 서훈_ 독립장(1977)

황해도 송화군(松禾郡) 하리면(下里面) 청량리(淸凉里) 출신
이다. 3·1독립만세운동 이후 황해도 안악(安岳)에서 조직
된 동창청년회(東昌靑年會)에 가입하였으며, 1920년 12월 2
일 서울에서 열린 조선청년회연합회 제1회 창립총회에 의
사원(議事員)으로 참가하여 이봉수(李鳳洙)·이예용(李禮用)
등과 함께 활동하였다.
1919년에는 이창실(李昌實)과 함께 구월산 패엽사(貝葉寺)
에서 임시정부와 연락하여 독립신문을 배포하다 일경에
체포되어 1921년 10월 5일 송화지청에서 징역 6월형을 받
고 옥고를 치렀다. 한편 일제의 문서에는 정신(鄭信)·최창
익(崔昌益) 등과 대종교 항일단체인 대한군정서(북로군정서)
의 간부로도 언급됨을 보면, 이 시기 대한군정서에도 관
여한 것으로 추정된다. 1922년 4월 5일 출옥 후 만주로 망
명한 후, 1924년에는 북간도에 동계중학(冬季中學)을 설립
하고 교장으로 취임하여 청소년들에게 민족의식을 고취
시켰다.

이후 허빈은 신민부(新民府)에 깊이 관여하였다. 1925년 3월 15·16일 양일간에 거쳐 목릉현에서 대종교 항일투사들을 중심으로 부여족통일회의(扶餘族統一會議)가 개최되었다. 그리고 대종교총본사가 있던 영안현(寧安縣)에서 대한독립군단·대한독립군정서 및 16개 지역의 민선대표, 10개의 국내단체 대표들이 참여한 신민부(新民府)가 출범하게 된다. 신민부는 중광단(重光團)과 대한군정서의 정신을 계승한 대종교계 항일단체로 대종교적 공화주의와 대종교적 민족주의를 지향하였다. 그러므로 허빈을 비롯한 그 구성원 대부분이 대종교인이었다.

허빈은 신민부의 중앙집행위원으로 선출되어 교육 및 선전부 위원장을 맡았다. 당시 김혁(金赫)이 위원장을 맡았으며 김좌진(金佐鎭)·조성환(曺成煥)·박성전(朴性銓)·최호(崔灝)·정신·이영백(李英伯)·최창익·유현(劉賢) 등이 중앙집행위원으로 임명되어 허빈과 함께 했다. 또한 참의원(參議院)은 원장 이범윤(李範允)을 비롯하여 홍종림(洪鍾林)·김진연(金震淵)·김송암(金松岩)·양재헌(梁在憲)·최문일(崔文一)·황공삼(黃公三)·윤복영(尹復榮)·이장녕(李章寧)·안호연(安浩然)·안용수(安龍洙)·김규현(金奎鉉)·남극(南極)·차동산(車東山)·이백향(李白香)·송상현(宋象鉉) 등이 의원으로 선임되었으며, 허빈 역시 참의원 의원으로도 참여하여 활동하였다. 검사원(檢事院)은 현천묵(玄天黙)이 원장을 맡고 강상규(姜尙奎)·노호산(盧湖山)·황국민(黃國敏)·강인수(姜寅秀)·손일민(孫一民)·김기남(金基南)·나중소(羅仲昭)·지장회(池章會)·강명현(姜明鉉)·양윤삼(楊允三) 등이 검사원으로 선임되었다.

허빈은 선전부 위원장으로서의 역할 극대화를 위해 신민부 기관지인 『신민보(新民報)』 발간에도 앞장섰다. 1925년 4월 1일 창간된 『신민보』는 허빈 스스로가 편집 겸 발행인을 맡았다. 그리고 최창익이 주필로 앉아 정치·경제·교육·실업과 관련한 신민부의 입장을 표현하고 이를 독자들에게 전달하는 역할을 지향하였다. 『신민보』는 만주 지역만이 아니라 국내, 일본, 미주 하와이까지 배포되었다. 또한 『신민보』는 대종교적 민족주의를 토대로 사회주의와 무정부주의까지 포괄하였으며, 친일인물이나 친일단체들에 대한 경계를 통해 재만 한인들의 항일의식과 결속을 다지는데 주력하였다.

한편 허빈은 1925년 8월 영고탑(寧古塔)에서 대종교 동지인 정신·최창익과 함께 조직한 대진청년회(大震靑年會)에도 참여하여 집행위원으로 활동하였다. 그리고 대진청년회를 중심으로 영고탑에서 각 지역 청년회의 연합회의를 소집하여 청년총동맹을 편성 국내의 조직과의 연계를 도모하였다. 대진청년회는 '썩어빠진 당파 투쟁을 버리고 침략주의를 박멸하기 위한 새로운 청년통일로 혁명전선을 완성하자'라는 기치를 내걸고 창간된 순한글 잡지 『대진』을 통해, 동포 청년들의 사상 계도에 적극 나섰다. 특히 허빈은 정신·최창익 등과 『신민보』나 『대진』의 기자로도 활동하며 많은 기사를 직접 쓰기도 하였다.

그러나 1926년 4월 김일성(金一星)·강경애(姜敬愛) 등이 『신민보』에 투고한 사설이 공산주의 경향을 띠었다고 일본 하얼빈영사관이 문제를 삼으면서 『신민보』는 위기를 맞게

된다. 또한 1927년 4월 허빈을 비롯한 대종교 동지인 김병희(金炳禧) 등 10인의 신민부원은, 김혁(金赫)의 지시로 군자금 모금을 위해 국내로 잠입을 계획하던 중 하얼빈에서 중국관헌에게 체포되어 신의주경찰로 송치되었다. 이 사건으로 허빈은 징역 2년, 김병희는 징역 1년을 언도받았고, 김연수(金演洙)·여봉구(呂鳳九)·이기진(李基珍) 등은 징역 1년에 집행유예 2년을 선고받았다. 허빈은 1929년 2월 28일 가출옥하였으나, 옥고의 후유증으로 오래지 않아 사망하였다.

許斌(許聖黙)에 대한 평양복심법원의 최종 판결 내용을 담은 『동아일보』 기사

허빈과 관련된 대종교의 입교 시기나 영계(靈戒) 사항에 대한 기록은 남아있는 것이 없다. 다만 대종교 항일투사인 박명진(朴明鎭)의 『대종교독립운동사(大倧敎獨立運動史)』(필사본, 1964)라는 기록이 주목된다. 박명진은 대종교 항일단체인 대한군정서(북로군정서)를 계승한 신민부를 언급하면서, 허빈을 대종교 북일도구(北一道區) 소속의 주요 교인으로 신민부에 참여한 인물로 언급하고 있다. 당시 박명진이 언급한 대종교 북일도구 소속으로 신민부에 참여한 인물들을 보면, 허빈을 비롯하여 김혁·최호·김좌진·나중소·조성환·윤복영·박성태(朴性泰)·유정근(兪政根)·정신·이일세(李一世)·박두희(朴斗熙)·황학수(黃學秀) 등을 들 수 있다. 허빈과 함께 한 이들 모두가 항일투쟁의 지도급에 있던 인물들로 대종교의 중진들이었다. 허빈 역시 대종교에서의 위치가 상당했을 것으로 추정되나 이외의 기록은 전하지 않는다.

박명진의 『대종교독립운동사』에 적힌 대종교 북일도구 소속으로 신민부에 참여한 주요 인물들의 명단. 다만 박명진은 許斌과 許聖黙을 다른 인물로 착각하고 있다.

[참고문헌]
『대종교독립운동사』(박명진, 필사본, 1964), 「獨立不逞鮮人團體 新民府의 創立 및 組織에 關한 件」(不逞團關係雜件-朝鮮人의 部-在滿洲의 部41, 機密公 第24號; 機密受第27號, 한국사DB, 국사편찬위원회), 「新民府 幹部 崔昌益 取締狀況에 關한 件」(檢察事務에 關한 記錄1, 京鍾警高秘 제12739호의 1;地檢秘 제호, 한국사DB, 국사편찬위원회), 「不穩雜誌 大震의 記事에 關한 件」(不逞團關

係雜件-朝鮮人의 部-在滿洲의 部41, 秘 高警 第2852號; 機密受第408號, 한국사DB, 국사편찬위원회), 「北滿에 있어서 鮮人의 運動에 關한 件」(不逞團關係雜件-朝鮮人의 部-在滿洲의 部41, 公 第406號; 普通受第417號, 한국사DB, 국사편찬위원회), 『조선일보』1925.1.19., 1927.4.21., 8.3., 『동아일보』1927.10.6., 『高等警察要史』(경상북도경찰부, 1934), 『朝鮮獨立運動』1卷·分册(金正明, 原書房, 1967), 『한국독립운동사자료』37(국사편찬위원회, 2001)

허성룡(許成龍, 남, 1912-?)
입교 시기_ 1937년 | 교질_ 미상

허성룡

함경북도 길주군(吉州郡) 동해면(東海面) 용동(龍洞) 출신이다. 1938년 일제의 치안유지법 위반으로 체포되어 청진지방법원에서 6년형을 언도받았다. 1935년 2월 25일 서대문형무소에서 수감되어 옥고를 치렀다.
허성룡의 대종교 교력을 살피면 1937년 어천절(御天節, 음력 1월 15일)에 대종교 신일시교당(信一施教堂)의 추천으로 영계(靈戒)를 받았다. 그의 대종교 입교가 그 이전에 이루어졌음을 알 수 있다. 아마도 출소 이후 만주 영안현으로 건너가 대종교에 참여한 것으로 추정된다. 신일시교당은 영안현(寧安縣) 신안진촌(新安鎭村)에 소재한 것으로 1934년 3월 9일(음력) 개설한 시교당이다. 한편 허성룡과 같은 날 영계를 받은 인물 중에는 후일 조선의용대 활동을 전개한 김남덕(金南德)도 있었다. 조선의용대는 1938년 민족혁명당의 김원봉(金元鳳)을 중심으로 만들어진 군사조직으로, 1942년 조선의용군의 모태가 된 조직이다. 당시 일부 대원은 한국광복군의 제1지대로 개편·흡수되기도 했는데, 김남덕은 김두봉(金枓奉)·김원봉·류자명(柳子明)·한지성(韓志成)·김학무(金學武)·이달(李達) 등과 조선의용대의 주요 대원으로 활동한 경험이 있다.

[참고문헌]
『대종교교보』제113호(1937년), 「일제감시대상인물카드」(한국사DB, 국사편찬위원회)

허세붕(許世鵬, 남, 생몰 미상)
입교 시기_ 1922년 | 교질_ 미상

출신지역과 생몰연대를 알 수 없는 인물이다. 일제의 문서에서는 찾을 수 없으며, 오직 1920년대 대종교의 기록에서만 등장하고 있다.

허세붕의 대종교 교력을 살피면 1922년 12월 5일(음력) 대종교 서일도본사(西一道本司)의 추천으로 영계(靈戒)를 받은 기록이 있다. 그의 대종교 입교가 그 이전에 이루어졌음이 확인된다. 또한 같은 날 박장빈(朴章彬)·이현익(李顯翼)과 같은 항일투사들과 영계를 함께 받았다. 박장빈은 서간도의 정의부(正義府)에 가담하여 모연활동(募捐活動)을 통한 항일투쟁을 전개한 인물이다. 이현익 역시 대종교 항일단체인 흥업단(興業團)·대한군정서(북로군정서)·신민부(新民府)·에서 활동한 항일투사였다. 허세붕이 대종교 항일투쟁과 무관치 않은 인물임을 알 수 있다.
또한 허세붕은 1926년 당시도 대종교 서일도본사 소속 송광시교당(松光施教堂)의 찬무(贊務, 부책임자)를 맡았다. 송광시교당은 무송현(撫松縣)에 소재한 시교당으로, 김수만(金水萬)이 전무(典務, 책임자)로 있었으며 이성화(李成化)가 찬무를 맡아 허세붕과 더불어 시무하였다. 허세붕 등은 무송현 동문(東門) 안에 있는 고경호(高京浩)를 연락 거점으로 하여, 211명의 교우를 거느리고 포교 활동을 전개하였다.

[참고문헌]
『대종교교보』제56호(1922년), 「大倧敎施敎堂一覽表(1926年)」(延边朝鲜族自治州档案馆 全宗号42 目录号1 案卷号343, 和龙县历史档案 和龙县警察所, 令各区查禁韩人设立大倧教堂由, 民国十五年五月十二日)

허승환(許承煥, 남, 1893-1938)
아호(별명)_ 허철(許鐵), 허승완(許承完)
입교 시기_ 일제강점기 | 교질_ 미상 | 서훈_ 애국장(2012)

허승환

경상남도 통영군(統營郡) 통영면(統營面) 항북동(項北洞) 출신으로, 대종교에서는 허승완(許承完)으로 알려져 있다. 만주로 건너가 신흥무관학교(新興武官學校)를 졸업하고 이범석(李範奭)·박영희(朴寧熙, 朴斗熙) 등과 대종교 항일단체인 대한군정서(북로군정서) 사관연성소의 교관을 지내는가 하면, 의군부(義軍府)에도 가담하여 항일투쟁을 전개했다.
청산리독립전쟁 직후인 1920년 12월 일본군의 간도출병으로 밀산(密山)으로 이동한 독립군 부대들이 대한독립군단을 조직할 당시, 허승환은 대한독립군단의 중대장을 맡았다. 이 독립군단은 1921년 7월 러시아 추풍(秋風, 수이푼)에서 한족공산당(韓族共産黨)에 합류하여 새로운 활로를 모색하였으나, 1922년 10월 러시아 군대에 의해 독립군 부대가 무장해제당하면서 많은 항일지도자들이 중국으로 다시 넘어왔다. 그러나 허승환은 그곳에 머무르며 블라디보스토크 송전관(松田關, 일명 솔밭관)에서 일본 관리를 처단할 목적으로 암살대를 조직하여 활동하였다.

허승환은 1923년 5월경 연길현(延吉縣) 명월구(明月溝)에서 고려혁명군(高麗革命軍)이 조직되어 무장항일투쟁의 전선을 재정비할 당시도 헌병대장(憲兵隊長, 特立隊長)으로 참여하였다. 고려혁명군은 사령관에 김규식(金奎植), 참모장에 고평(高平), 부관장에 최해(崔海), 기병사령에 이범석(李範奭), 사장에 최준형(崔俊亨), 경무관에 허통(許通) 등이 취임하였으며, 그 군세는 400여명으로 이들은 엄격한 교육 아래 조직적으로 행동하였다. 주목되는 것은 허승환을 비롯한 그들 모두가 대종교의 핵심인물들이었다는 점이다. 허승환은 그 해 12월 하순에는 중국 길림성 돈화현(敦化縣) 황토요자(黃土腰子)에서 개최된 대표회의에 의열단(義烈團) 대표 자격으로 참석하는가 하면, 1924년 11월 왕청현(汪淸縣) 나자구(羅子溝)에서 출범한 대한신정부혁명군(大韓新政府革命軍)의 임시 제2중대장으로도 임명된 경험이 있다.

허승환과 관련된 대종교의 입교 시기나 영계(靈戒) 사항에 대한 기록은 남아있는 것이 없다. 다만 대종교 항일투사인 박명진(朴明鎭)이 남긴『대종교독립운동사(大倧敎獨立運動史)』라는 기록을 보면, 허승완(許承完, 허승환)이 대종교 동일도본사(東一道本司) 관할 연길(延吉)에서 조직된 고려혁명군에 참여한 대종교인으로 적고 있다. 박명진은 청산리독립전쟁 이후 대종교 항일단체인 대한군정서(북로군정서)의 정신에 입각하여 조직된 것이 고려혁명군이었음을 적시하고, 그 대표적 대종교도로서 허승완(허승환)을 비롯하여 김규식·고평·최해·이범석·최준형 등을 꼽고 있다. 당시 대종교의 지도자급에 있었던 인물들과 허승환을 동일시하고 있음을 보면, 그의 대종교 입교가 그 이전으로 상당히 올라감을 알게 해 주는 동시에, 대종교단 내에서의 비중 역시 가볍지 않았음을 알 수 있다.

[참고문헌]
『대종교독립운동사』(박명진, 필사본, 1964), 『독립신문』1923.4.4., 『동아일보』1923.4.25., 「在露領 秋豊韓族共産黨의 組織 및 內容」(不逞團關係雜件-朝鮮人의 部-鮮人과 過激派2, 高警 제708호, 한국사DB, 국사편찬위원회), 「間島 및 接壤 露支領에 있어서 不逞鮮人團의 近況에 관한 件」(不逞團關係雜件-朝鮮人의 部-在滿洲의 部38, 機密 第28號; 機密受 第36號, 한국사DB, 국사편찬위원회), 「大韓新政府의 組織 및 그 軍事行動에 關한 件」(不逞團關係雜件-朝鮮人의 部-在滿洲의 部40, 機密 第288號; 機密受第295號, 한국사DB, 국사편찬위원회), 「高麗共産黨系 不逞鮮人의 行動에 關한 件」(不逞團關係雜件-朝鮮人의 部-在滿洲의 部40, 機密 第4號; 機密受第14號, 한국사DB, 국사편찬위원회), 『國外용의 조선인명부』(조선총독부경무국, 1934), 『한민족독립운동사』4(국사편찬위원회, 1988), 『독립유공자공훈록』21(국가보훈처, 2014)

허연(許煉, 남, 생물 미상)
입교 시기 _ 1918년 이전 | 교질 _ 참교

출신지역과 생몰연대를 알 수 없는 인물로, 일제의 문서에는 등장하지 않는다. 오직 1910~1920년대 대종교의 기록 속에, 연해주를 중심으로 대종교 항일투쟁을 전개한

기록이 전해질 뿐이다.

허연과 관련된 대종교의 입교 관계나 영계(靈戒) 사항 역시 전하는 것이 없다. 그러나 허연은 1918년 1월 13일(음력)에 이미 참교(參敎)의 교질(敎秩)을 받은 인물이다. 그의 대종교 입교가 그 이전으로 상당히 올라감을 확인시킨다. 또한 당시 함께 참교를 받은 인물들이 이동녕(李東寧)·박창순(朴昌淳)·원석주(元錫周) 등 연해주 항일투쟁의 중심인물들이었다는 점이다. 당시 대종교 항일투쟁에서 허연의 비중 역시 낮지 않았음을 알 수 있다. 대종교 항일투사 박명진(朴明鎭)이, 그가 기록한『대종교독립운동사』에서 허연을 1910년대 후반 대종교 동이도본사(東二道本司) 소속 주요 항일투사로 언급한 이유다.

그 시기 대종교 동이도본사를 이끈 인물은 대종교지도자 백포(白圃) 서일(徐一)로, 그 관할 구역은 노령 연해주 및 해삼위 지역과 동북만주 일대였다. 그리고 허연을 비롯한 이범윤(李範允)·홍범도(洪範圖)·이화(李華)·정광(丁光)·김익형(金翼衡)·박서연(朴瑞連)·최우익(崔友翼)·황강(黃剛)·김백련(金百練) 등이 주요 교인으로 활동하고 있었다. 허연이 1922년 3월 27일(음력) 대종교 동이도본사 제이지사(第二支社) 관할 철일시교당(哲一施敎堂)의 찬무(贊務, 부책임자)로 임명된 것도 이와 무관치 않다. 제이지사의 철일시교당은 연해주에 위치한 시교당으로 김정희(金正熙)가 전무(典務, 책임자)로서 시교당을 이끌었으며 항일투사 강천희(姜天熙)가 찬무를 맡아 시무하였다.

[참고문헌]
『종문영질』(프린트본, 1922), 『대종교독립운동사』(박명진, 필사본, 1964), 『대종교중광육십년사』(대종교총본사, 1971)

허옥(許○, 남, 생물 미상)
아호(별명) _ 허옥(許沃)
입교 시기 _ 1922년 | 교질 _ 상교

출신지역과 생몰연대를 알 수 없는 인물로, 허옥(許沃+玉)이라는 이름 역시 대종교 입교와 함께 개명한 외자이름일 듯 하나 확인이 안 된다.

허옥은 1923년 어천절(御天節, 음력 3월 15일)에 길림성(吉林省) 화전현(樺甸縣)에서 발기한 단조기념회(檀祖紀念會)에 앞장선 기록이 전한다. 이 회의 목적은 아래와 같이 국내외에 산재해 있는 단조전(檀祖殿)을 한 마음으로 숭배하고, 단조의 옛 도읍에 기념비를 세우며, 사적(事跡)을 등기(謄記)하여 동족 간의 친목을 더욱 돈독히 하는 데 있었다.

─ 본회는 국내외를 물론하고 대황조(大皇祖)님을 일심 숭배하며 유도(遺都)에 기념비를 건(建)하야 사적(事蹟)을 등재(謄載)하며 동족의 친목을 증독(增篤)함
─ 본회 회원은 조선민족 남녀 17세 이상 자로 인정함
─ 중앙 위치는 백두산 신시(神市)로 정함
─ 중앙총회장은 국내외 분지회(分支會) 확장한 후에 선

정키로 함

― 각지 분지회 성립한 후에 발기처로 통지하야 호상 연락케 함
― 회금(會金)은 매명하(每名下)에 소은(小銀) 이각(貳角)으로 정함
― 본회 회원이 성미(誠米)를 저축(儲畜)하기로 함
― 회원이 본회의 목적을 위하야 특연(特捐)이나 열심으로 각지에 선전하심을 망(望)함
― 본회 규칙은 분지회 성립통지서를 접수한 후에 송교(送交)하기로 함

당시 참여한 인물들을 보면 허옥을 비롯하여 공창준(公昌準)·지장회(池章會)·김봉림(金鳳林)·이동희(李東熙) 등, 대종교의 중진인 동시에 항일투쟁의 거물들이었다. 허옥의 무게감을 알 수 있는 부분이다.

이후 허옥은 대종교 항일단체인 신민부(新民府)의 참의원(參議員)으로도 참여하였다. 신민부는 대종교 항일단체인 대한군정서(북로군정서)를 계승한 조직으로 대종교의 이상이었던 배달국 공화주의의 정치형태를 추구한 집단이었다. 당시 중앙집행위원으로 참여한 김혁(金爀, 신민부중앙집행위원장)·조성환(曹成煥, 신민부외교부위원)·김좌진(金佐鎭, 신민부군무부위원)·나중소(羅仲昭, 신민부중앙집행위원)·현천묵(玄天黙, 신민부중앙집행위원)·이범윤(李範允, 신민부중앙집행위원)·최우송(崔友松, 신민부내무부위원)·최강(崔岡, 신민부교통부위원)·이범석(李範奭, 신민부재무부위원)·정신(鄭信, 신민부교육부위원) 등 모두가 대종교인이었다. 뿐만 아니라 허옥을 비롯한 백순(白純)·강인수(姜寅秀)·김규식(金奎植)·이승래(李承來)·이옥규(李沃圭)·성하식(成夏植)·오근태(吳根泰)·이현익(李顯翼)·정순상(鄭舜相)·윤창열(尹昌烈)·류우식(柳佑植)·우덕순(禹德淳)·이성우(李成宇)·지장회(池章會)·현천극(玄天極)·심근(沈權)·윤복영(尹復榮)·이정(李楨)·이재유(李在囿)·나정련(羅正練)·김영숙(金永肅)·박찬익(朴贊翼)·현갑(玄甲) 등, 참의원과 검사원(檢査院)에 속한 대부분의 역원들이 모두 대종교의 핵심들이었다.

허옥의 대종교 교력을 살피면 1922년 12월 11일(음력, 이하 음력) 대종교 하일시교당(河一施教堂)의 전무(典務, 책임자)로 임명된 기록이 있다. 그의 대종교 입교가 그보다 훨씬 전으로 올라감을 알게 해 준다. 하일시교당은 대종교 동이도본사(東二道本司) 관할로 영안현(寧安縣) 철령하(鐵嶺河)에 소재했던 시교당으로 황강(黃剛)과 정대식(鄭大植)이 찬무(贊務, 부책임자)를 맡아 허옥을 도왔다.

대종교 항일투사 박명진(朴明鎭)이, 허옥을 1910년대 후반 대종교 동이도본사의 주요 교인으로 기록한 것도 이러한 배경과 맞물려 있다. 당시 동이도본사는 노령과 동북만주 일대를 관할한 대종교 교구로, 백포(白圃) 서일(徐一)이 이끌고 있었다. 더불어 박명진은 당시 동북만주 일대의 주요 교인으로, 허옥과 함께 한기욱(韓基昱)·이섭(李燮)·신최수(申最秀)·이종수(李鍾琇)·최호(崔灝)·이건(李健)·이창언(李昌彦)·김영숙(金永肅)·이기(李起)·이민혁(李敏赫)·김연원(金演元)·이정(李楨)·이곤(李坤)·현준(玄濬)·이근(李根)·신채호(申采浩) 등을 꼽았다.

박명진의 『대종교독립운동사』에 실린 대종교 동이도본사 관할 동북만주 지역 주요 교도 명단. 가운데 李沃+玉(네모 안)이라는 이름이 보인다.

대종교에서는 허옥에게 1922년 12월 18일 항일투사 나병수(羅秉洙)와 함께 영계를 수여하였다. 나병수는 대한군정서에 깊이 관여한 인물로, 대한군정서 경신제9분국(警信第九分局) 제20분과장으로 활동한 인물이다. 또한 허옥은 같은 날 나병수·이규(李圭)·이근·이원태(李原台)·김간(金侃) 등과 참교(參敎)의 교질(敎秩)도 함께 받았다. 이규는 안도현(安圖縣)에서 조직된 대한정의군정사(大韓正義軍政司)의 총재를 맡았던 인물이며, 이근 역시 대한의군부(大韓義軍府) 소속 대한의군산포대(大韓義軍山砲隊)에 참여하여 중부(中部, 參理部)의 경리국(經理局) 사세감(司稅監)을 맡았던 항일투사다.

이후 허옥은 소부계(蘇扶契)에도 동참하게 된다. 이 조직은 1923년 1월 2일 영안현 대종교총본사 내에서 발기한 것으로 허옥을 위시하여 나병수·현천극(玄天極)·김근우(金瑾禹)·이종수·김연원·최충호(崔忠浩)·김영선(金榮璿)·민윤식(閔胤植)·권목(權穆)·이곤·원무의(元武儀)·김영숙 등, 대종교 항일투사 13인이 발기한 것이다. 소부(蘇扶)란 부여(扶餘)와 같은 이름으로 부여정통론(扶餘正統論)을 내세우던 대종교의 역사인식을 토대로 부여민족의 중흥을 내세웠던 대종교의 정신을 그대로 담은 명칭이었다. 소부계의 주요 목적은, 대종교 교우 간에 친목을 도모하고, 교인 경조사의 상부상조와 대종교 발전에 협찬하는 것이었다. 또한 각 시교당에 조직케 하고 회의는 매년 어천절(음력 3월 15일)과 개천절(음력 10월 3일)에 개최하도록 하였다. 참고로 당시 선언한 「소부계창립기사(蘇扶契創起辭)」는 아래와 같다.

"대교(大敎)의 진리는 미(迷)한 자를 제(濟)하며 각(覺)할 자를 계(啓)하여 인생의 쾌락을 도인(導引)키로 자족하였도다. 그 자체의 포부를 보자! 사위(四圍)의 경우를 살피자! 한울에 계신 신(神)만 만능이 아니오, 네게 있는 신(神)도 본래는 만능이니, 딴 데서 구하지 말고 저마다 진성(眞性)을 통하여 자기 뇌에 있는 제 신(神)을 찾으라 함은, 그 자체의 포부이오, 요사이 염세와 이기와 문약과 미신의 폐는 그 사위(四圍)의 경우라, 어디로 보든지 그는 심후한 체웅(体熊)과 익숙한 솜씨가 있도다. 가로 보든지 세로 보든지 그의 포부는 무한과 무궁이오, 개인으로나 민중으로나 세계로나 그 시적(時適)은 유일과 무이라, 이리 두르고 저리 두르자. 이것도 견주고 저것도 견주어보자 오직 진중(眞衷)의 대도보성(大道寶星)이라. 따라서 우리는 그 사명자로 자처하지 아니치 못할지라. 그러나 어떻게 하면 저 화선(化線)의 길상(吉祥)과 복계(福界)의 광명(光明)을 전인류에게 공(供)할까. 아마 우리 앞에는 산과 물이 있을지오, 눈보라와 어둠의

황량도 있을지니, 미리 차림새가 있어야할 것은 더 말할 바가 아니라, 그 동안 우리는 헐벗은 옷과 붉은 손으로 인하여 노중(路中) 지체는 고사하고 오히려 그 상광(祥光)을 흐림이 많도다. 어찌 이 같은 차림새로 먼 길을 걸으리오. 십년의 광색(光色)이 머지않은 바는 아니로되 오히려 무한보다 비근하지며, 백만의 금액이 적지 않은 바가 아니로되 오히려 없음보다는 차승(此勝)할지라, 누구나 이 점에 대하여 미리 준비가 있어야 할 것은 다아시는 바이어니와, 이제 저제 미루다가 지금 현상에 이르렀도다. 그리하여 이번 우리 몇 사람이 아래 수강(數綱)을 나타내고 여러 형제자매의 동성(同聲)을 구하노라."

허옥은 대종교가 환국한 직후인 1946년 3월 6일, 경의원(經議院) 참의(參議)로 선임되어 원로로서의 대접을 받았다. 또한 2주 후인 3월 24일에는 대종교 항일지도자였던 윤복영(尹復榮)·김진호(金鎭浩)·강용구(姜容求) 등과 대종교총본사 특별추천으로 상교(尙敎)의 교질을 수여 받았으나, 이후의 행적은 전하지 않는다.

[참고문헌]
『대종교보』제56호(1922년)·환국기념호(1946년), 『대종교독립운동사』(박영진, 필사본, 1964), 『대종교중광육십년사』(대종교총본사, 1971), 「不逞鮮人 宣傳文押收에 관한 건」(不逞團關係雜件-朝鮮人의 部-在滿洲의 部36, 公 第46號; 普通受 第55號, 한국사DB, 국사편찬위원회)

허익(許益, 남, 생몰 미상)
아호(별명) _ 허연봉(許連鳳)
입교 시기 _ 1937년 이전 | 교질 _ 참교

출신지역과 생몰연대를 알 수 없는 인물이다. 본명은 허연봉(許連鳳)으로 대종교 입교와 더불어 외자이름 익(益)으로 개명하였다. 한편 1920년 11월 3일 만주 혼춘현(琿春縣)에서 국민회원으로 활동을 하다가 순국한 허익(許益)과는 동명이인이다.

허익은 일제의 기록에서는 찾을 수 없으며 오직 1930년대 대종교의 기록에만 등장하고 있다. 허익의 대종교 교력을 살피면 1937년 1월 27일(음력) 대종교총본사의 특별추천으로 참교(參敎)의 교질(敎秩)을 받은 인물이다. 그리고 같은 날 대종교 대일시교당(大一施敎堂)의 찬무(贊務, 부책임자)로도 임명되었다. 그의 대종교 입교가 매우 이른 시기에 이루어졌음을 시사해주고 있다. 대일시교당은 밀산현(密山縣) 당벽진(當壁鎭)에 소재했던 시교당으로, 당벽진은 1921년 음력 8월 말 대종교지도자 백포(白圃) 서일(徐一)이 순교한 곳이기도 하다. 또한 단애(檀崖) 윤세복(尹世復) 교주 시절, 일제의 탄압에 쫓겨 8년간을 대종교총본사를 은둔시킨 곳이 이 지역이다. 당시 대일시교당의 전무(典務, 책임자)는 항일투사 방용우(方龍雨)가 맡고 있었다.

허익은 1937년 8월 24일(음력) 권상익(權相益)·이두철(李斗哲)과 함께 밀산현 당벽진 대종교재만교구경상금수납위원(大倧敎在滿敎區經常金收納委員)으로도 임명되었다. 그 시

기 밀산현은 대종교 재만교구 가운데 조직이 무척 왕성했던 곳으로, 경상금 수납을 위한 거점 역시 가장 광범위하였다. 당벽진을 비롯하여 이인반(二人班)·향양촌(向陽村)·하량자(下亮子)·기성촌(箕城村)·선구촌(船口村)·북하촌(北河村)·복전촌(福田村)·영안촌(永安村)·삼성촌(三成村) 등 10곳의 구역이나 되었음이 이를 증명한다. 특히 허익과 함께 밀산현 당벽진 담당자였던 권상익이란 인물도 주목된다. 그는 후일 1942년 말 자행된 임오교변(壬午敎變, 일제의 대종교지도자 일제 구속 사건) 당시, 일제의 고문으로 목숨을 잃은 임오십현(壬午十賢, 임오교변 당시 목숨을 잃은 10명의 대종교지도자)의 1인이었다. 이러한 정황에서 보면 허익의 대종교에서의 위상 역시 상당했을 것으로 추정되나, 관련된 여타의 기록은 전하지 않는다.

[참고문헌]
『대종교보』제113호(1937년)·제115호(1937년), 『대종교중광육십년사』(대종교총본사, 1971)

허철(許澈, 남, 1883-?)
아호(별명) _ 일우(一宇)
입교 시기 _ 1910년대 | 교질 _ 참교

출신지역과 생몰연대가 불확실한 인물로, 간도공산당 활동을 전개한 허철(許澈)과는 동명이인이다. 만주 연길현(延吉縣) 상의향(尙義鄕)에 거주할 때인 1922년, 간도 대성중학교 기부금 모집을 위하여 국내로 들어왔다. 이후 경성에 있는 대종교 남도본사(南道本司)에 거점을 두고 대종교 활동과 펼치는 한편, 전라남도 능주(綾州, 지금의 화순)지역 등을 오가며 기부금 확보에도 노력하였다.

허철의 대종교 교력을 보면, 1922년 4월 15일(음력, 이하 음력) 대종교 남도본사의 특별추천에 의해 남도본사의 규리감찬(規理監贊)에 임명된 기록이 있다. 그의 대종교 입교가 이미 만주 시절에 이루어졌음을 알게 해 준다. 그리고 1922년 윤5월 11일 대종교 남도본사의 추천으로 영계(靈戒)를 받았다. 또한 같은 해 7월 20일에는 국내 대종교 활동의 중심인물이던 정기욱(鄭基昱)·이간재(李侃宰) 등과 참교(參敎)의 교질(敎秩)을 수여 받았다. 이어 그 해 12월 13일에는 남일도본사의 찬리(贊理)로도 임명되어 활동하였다.

이어 허철은 1923년 1월 2일 대종교 계선시교당(桂善施敎堂)의 전무(典務, 책임자)로 임명되었다. 계선시교당은 대종교 남도본사에 병설된 시교당으로 경성부(京城府) 계동(桂洞) 101번지에 함께 있었다. 여기서 주목되는 것은 찬무(贊務, 부책임자)를 맡은 강용구(姜鎔求)라는 인물이다. 강용구는 유병옥(劉秉玉)과 찬리를 맡아 허철을 도와 시무하였다. 강용구는 대종교지도자 호석(湖石) 강우(姜虞)의 아들이자 강철구(姜鐵求)의 동생으로 만주 화룡현(和龍縣) 동명학교(東明學校)의 교원과 대한군정서(북로군정서) 경신국장(警信局長) 등을 지냈으며, 강철구와 더불어 독립공채 모금 사건에도 깊이 관여한 인물이다. 허철의 대종교 입교가 만

주 시절 함께 활동했을 강용구 등과 무관치 않음을 시사해주고 있다. 또한 허철의 학교기부금 모금을 위한 국내 잠입이 독립자금 모집과도 연결될 수 있음을 암시하는 부분이다.

허철이 국내로 들어와 간도 대성중학교의 기부금 모금활동을 펼친 내용을 담은 『동아일보』 기사.

그러므로 대종교 항일투사 박명진(朴明鎭)은 그의 『대종교독립운동사』라는 기록에서, 허철을 1910년대 후반 대종교 동이도본사(東二道本司)의 주요 교인으로 언급하고 있다. 당시 동이도본사를 이끈 인물은 백포(白圃) 서일(徐一)이었으며, 허철과 더불어 이화(李華)·정광(丁光)·김익형(金翼衡)·이범윤(李範允)·홍범도(洪範圖)·김백련(金百鍊)·최우익(崔友翼)·황강(黃剛) 등을 꼽고 있다.

[참고문헌]
『대종교보』제54호(1922년)·제55호(1922년)·제56호(1922년)·제57호(1923년), 『본사행일기』(성세영, 필사본, 1922), 『대종교독립운동사』(박명진, 필사본, 1964), 『대종교중광육십년사』(대종교총본사 1971), 『동아일보』1923.5.10.

출신지역과 생몰연대를 알 수 없는 인물이다. 1930년대 대종교 항일투쟁의 주요 거점이었던 밀산현(密山縣)을 중심으로 활동한 기록이 있다.

허태원은 1935년 10월 22일(음력) 대종교 기일시교당(起一施教堂)의 전무(典務, 책임자)로 임명되었다. 당시 그의 교질(教秩)은 이미 지교(知教)의 위치에 있었다. 대종교에서의 지교란 입교(入教)하여 영계(靈戒)를 받고 참교(參教)의 교질을 거친 후 오르게 되는 종교적 지위다. 그 과정에 이르기까지 상당한 시간이 소요된다. 그의 대종교 입교가 1910년대에 이루어졌음을 암시하고 있다.

한편 기일시교당은 밀산현(密山縣) 기성촌(箕城村)에 위치한 시교당이다. 그 시기 밀산현은 영안현(寧安縣)과 더불어 대종교의 중심지역으로, 대종교 교주 단애(檀崖) 윤세복(尹世復)이 만주대종교포교금지령이 내려진 1926년부터 8년간을 은거하던 지역이었다. 허태원은 1937년 초반까지도 그곳을 거점으로 꾸준히 활동하고 있었다. 그 시기 허태원을 도운 인물들은 류진묵(柳鎭默)과 이계용(李啓容)이었다. 두 사람 모두 참교의 교질을 지닌 대종교의 중심으로서, 기일시교당의 찬무(贊務, 부책임자)를 맡아 전무인 허태원을 지원하였다.

허태원은 1937년 8월 24일 밀산현 기성촌(箕城村)을 관할하는 재만교구경상금수납위원(在滿教區經常金收納委員)으로도 임명되었다. 경상금수납위원이란 관할 지역 대종교 재정(財政) 기초를 관리·책임지는 역할이다. 주목되는 것은 대종교의 중심 지역이었던 밀산현에 대종교총본사가 있던 영안현(9곳)보다 2곳이 많은 11곳의 경상금수납 교구가 만들어졌다는 점이다. 대종교의 포교와 항일투쟁의 경제적 기반이 많은 부분 밀산현에서 생성되었음을 보여주는 증거다. 허태원의 관할인 기성촌을 비롯하여 당벽진(當壁鎭)·이인반(二人班)·향양촌(向陽村)·하량자(下亮子)·선구촌(船口村)·북하촌(北河村)·복전촌(福田村)·영안촌(永安村)·삼성촌(三成村) 등 10곳의 구역이나 되었음이 이를 증명한다. 허태원은 박세환(朴世桓)·류진묵과 함께 기성촌을 경상금수납을 책임졌다.

[참고문헌]
『대종교보』제113호(1937년)·제115호(1937년), 『대종교중광육십년사』(대종교총본사 1971)

경상북도 선산군(善山郡) 구미면(龜尾面) 임은동(林隱洞) 출

신이다. 의병대장 허위(許蔿)의 형으로, 본명은 허겸(許蒹)이며 일제의 기록에는 허로(許魯)로도 등장하는 인물이다. 을사늑약 반대상소를 올리며 적극적 투쟁을 펼치는 한편, 을사오적을 살해할 계획을 세우다가 일경에 탐지되어 체포되었다. 그 후 경기도 연천에서 동지 4백여 명을 규합하여 의병활동을 전개하였다.

1912년에는 서간도로 망명하여 김동삼(金東三)·유인식(柳寅植) 등과 함께 중어학원(中語學院)을 개설하여 한중친선과 더불어 한족(韓族)의 이익을 도모하는데 앞장섰다. 또한 경학사(耕學社)가 해체된 이후 이탁(李沰)과 함께 부민단(扶民團)을 조직하여 초대 단장을 맡기도 하였다. 부민단은 "부여 옛 땅에 부여유민이 부흥결사를 세운다"는 의미로, 남만주 일대에 이주한 개척농민의 자치기관 역할을 하며 애족(愛族)·구국운동 등의 사업을 전개하여 음으로 양으로 광복운동에 기여한 조직이다. 부민단은 3·1독립만세운동 직후, 이상룡(李相龍)이 경학사 해체 후 서간도 한인들의 자치·자위 및 교육을 목적으로 조직한 자신계(自新契)와 합하여 한족회(韓族會)로 통합하게 된다.

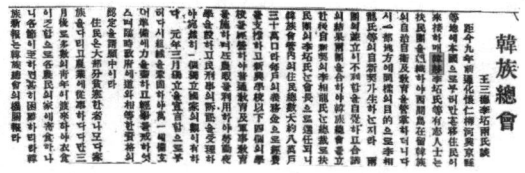
부민단을 세운 許赫(네모 안, 신문에는 韓赫으로 오기함)이 이상룡의 自新契와 합하여 韓族總會로 성립되는 과정을 담은 「독립신문」 기사.

허혁은 「대한독립선언서(무오독립선언서)」에도 서명자로 참여하였다. 「대한독립선언서」는 우리 무장항일투쟁사에 일획을 긋는 사건으로, 서일의 중광단(重光團)이 주축이 된 대종교선언이라고 해도 과언이 아니다. 「대한독립선언서」를 「무오독립선언서」로도 부르게 된 배경에는, 국내 천도교의 장효근(張孝根)이나 이종일(李鍾一)의 일기에 언급되듯이 그 준비 과정과 완성이 무오년 이른 시기에 이미 이루어진 것으로 이해할 수 있을 듯하다. 그 선언의 중심에 있었던 대종교단의 기록에도, 북로군정서의 전신인 중광단이 군단조직 후 무기의 불비(不備)로 군사 활동을 본격적으로 하지 못하고 청년동지에 대한 정신교육과 계몽운동에 주로 힘쓰고 있다가 3·1독립선언의 전주곡으로 39인의 동서(同署)하여 독립선언을 발포하였다고 적고 있다. 국내 「기미독립선언」이 천도교의 천도구국단(天道救國團)이 동인(動因)이었다면, 「대한독립선언」은 국외 대종교의 중광단이 주동이었다. 중광단의 '중광'은 1909년 대종교의 '중광(단군신앙의 부활)'에서 온 명칭이다. 그 구성원들 역시 대종교도들이 주축이 되었으며, 조국독립을 대종교의 정신적 기반 위에 쟁취하자는 외침과 함께, 궁극적으로 한교의 결합과 민족정신을 배양하여 일제의 제국통치권을 벗어나 독립형태인 이상국가인 배달국을 지상에 재건하는 것을 목적으로 삼았다.

「대한독립선언서」의 서명자 대부분이 허혁을 비롯하여 대종교의 중심인물들이었다는 점도 주목된다. 대종교단내의 남아 있는 기록으로만 보아도 전체 서명 39인 가운데 25명이 대종교 인물이었다. 또한 그들 모두가 해외독립운동의 지도급 인물이란 점에서 대종교의 독립선언이라 해도 무리가 없을 듯하다.

허혁은 신흥무관학교와도 인연이 깊었다. 1920년 12월 30일 서간도회사의원(西間島社會議員)의 자격으로 참여한 신흥무관학교 제4기 졸업식에서 "굳건한 신념을 갖고 목적을 이룰 때까지 분투하자"고 역설하는 등, 서간도 항일투사들의 모범이 되었다. 또한 1921년 12월에는 부하 3~4명을 거느리고 국내로 들어와 경성에 거점을 잡고, 부하들로 하여금 경북 의성(義城), 강원도 정선(旌善) 등지로 파견하여 비밀리에 군자금 모집 활동 전개하였다. 그 과정에서 일제의 수사망에 걸려 1922년 7월 28일 동대문경찰서에 체포되었다.

부민단 책임자였던 허혁이 부하를 이끌고 국내로 들어와 군자금 모집 중 체포되었다는 내용을 실은 「매일신보」 기사.

허혁은 서간도로 망명한 직후 대종교에 입교한 인물로 전언되어 오나, 관련된 기록은 남아있는 것이 없다. 그러나 신흥무관학교 출신의 대종교 항일투사인 박명진(朴明鎭)은 허혁을 비롯하여 이상룡·이탁·김동삼·이동녕·박우진(朴宇鎭)을, 1912년 경학사 해산 이후 부민단 조직에 참여한 대종교인으로 적고 있다.

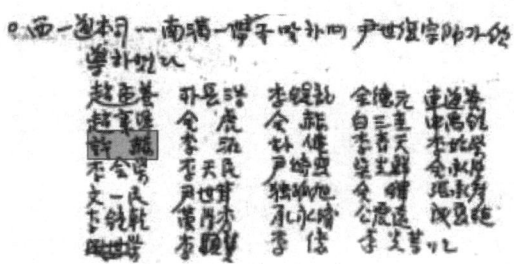
박명진의 「대종교독립운동사」에 실린 1910년대 후반 대종교 西一道本司의 주요 교인 명단. 왼쪽에 許赫(네모 안)이라는 이름이 보인다.

또한 박명진은 1910년대 후반 대종교 서일도본사(西一道本司)의 주요 교인으로도 허혁을 꼽았다. 서일도본사는 윤세복(尹世復)이 이끌었으며, 남만주 일대로부터 국내 평안도 지역을 관할하는 교구였다. 당시 박명진이 허혁과 더불어 열거한 서일도본사의 주요 교인을 보면, 조맹선(趙孟善)·이진용(李鎭龍)·박장호(朴長浩)·전덕원(全德元)·신도선(申道善)·김호(金虎)·신우현(申禹鉉), 이탁·박우진·이청천(李靑天)·이시영(李始榮)·윤기섭(尹奇燮)·오광선(吳光鮮)·김승학(金承學)·문일민(文一民)·윤세용(尹世茸)·독고욱(獨孤旭)·박종건(朴鍾乾)·황학수(黃學秀)·승영제(承永濟)·공진원(公震遠)·성하식(成夏植)·성세영(成世榮)·이광(李光) 등이 있다.

[참고문헌]
『대종교독립운동사』(박명진, 필사본, 1964), 『대종교중광육십년사』(대종교총본사, 1971), 「排日鮮人秘密團體 狀況取調의 건」(不逞團關係雜件-朝鮮人의 部-在滿洲의 部5, 機密公信 第43號; 秘受 8645號, 한국사DB, 국사편찬위원회), 「韓族新報 記事報告의 건」(不逞團關係雜件-朝鮮人의 部-在滿洲의 部14, 公 第23號; 受 4890號, 한국사DB, 국사편찬위원회), 『독립신문』, 1919.10.4., 『매일신보』 1922.7.29., 『한국유이민사』상(현규환, 어문각, 1967), 『한국독립운동사자료』 40·42·43(국사편찬위원회, 2004·2006·2007).

현갑(玄甲, 남, 생몰 미상)

아호(별명)_ 동파(東坡), 현기준(玄機濬), 현도원(玄道元)
입교 시기_ 1913년 이전 | 교질_ 참교

함경북도 경성군(鏡城郡) 어랑면(漁郎面) 부윤동(富潤洞) 출신으로, 대종교지도자이자 항일투쟁의 거두인 백취(白醉) 현천묵(玄天默)의 장남(長男)이다. 본명은 현기준(玄機濬)으로 대종교에 입교하며 외자이름 갑(甲)으로 개명하였다. 대종교 항일단체인 대한군정서(북로군정서) 초창기에 모연대장(募捐隊長)으로 활동했으며, 이후 4대대장도 맡아 왕청현(汪淸縣) 춘명향(春明鄕) 서대파(西大坡) 이도구(二道溝)를 거점으로 항일투쟁의 일선에 섰다.

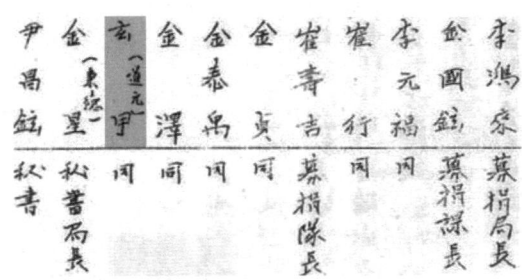

대한군정서 초기 玄甲(왼쪽에서 세 번째)이 募捐隊長을 맡은 기록을 적은 일제의 문서.

현갑은 1920년 6월경, 함경북도 부령군(富寧郡) 청암면(靑岩面) 출신의 장익수(張翼洙) 외 2명에게 회령(會寧)과 청진(淸津) 간의 철도파괴 및 열차전복을 계획하였다. 현갑이 이 사건을 통해 얻고자 한 것은, 민심을 움직여 군자금 모집에 용이하게 하기 위함이었다. 한편 장익수 등은 대한군정서 사관연성소에 입학할 목적으로 두만강을 건넌 인물들이었다. 이들은 이 사건의 실행을 위해 폭탄 12개가 들어있는 상자를 휴대하고, 6월 1일 왕청현 대감자(大坎子)를 출발하여 화룡현(和龍縣) 서작동(西作洞)으로 들어가, 다시 무산(茂山)을 거쳐 부령군(富寧郡)으로 잠입한다는 계획을 세웠으나, 그 실행 여부는 알 수가 없다.

현갑은 청산리독립전쟁 이전인 1920년 7월 중순, 노령지방으로부터 총기반입을 위한 무기운송대의 지휘관으로 선임되어 노령방면으로 파견되기도 하였다. 당시 무기구입의 막후 교섭은 대종교의 핵심이었던 김영학(金永學)과 최우익(崔友翼)의 역할이 지대하였다. 또한 대한군정서 총재였던 백포(白圃) 서일(徐一)과 고문이었던 조성환(曹成煥)이 직접 노령으로 넘어가 9월 7일 무기를 확보하여 대한군정서에 도착하였다. 당시 현갑은 무기운수부장(武器運輸部長)의 임무를 맡아 기계국장(器械局長) 양현(梁玄)과 함께 무기운반대 3개 중대를 거느리고 처음부터 끝까지 지휘하였다. 무기운반대 제1중대장 이교성(李敎成), 제2중대장 이인백(李麟伯), 제3중대장 최완(崔玩) 등이 각기 배속된 부하들과 함께 무기운반대의 노정에 앞장섰다.

청산리독립전쟁 이후인 1921년 3월경, 현갑은 밀산현(密山縣)에서 조직된 독립군 연합체인 대한독립군단에서 경리국장을 맡게 된다. 또한 1922년 10월경에는 부친인 현천묵과 함께 밀산현을 출발하여 소수분(小綏分)으로 넘어가, 그곳에서 대종교 항일투사 김오석(金吾石)과 합류하였다. 그리고 함께 영고탑(寧古塔)으로 넘어가 상해국민주비회 위원이었던 강구우(姜九禹)와 만나, 향후 항일투쟁에 관한 제반 문제를 논의하기도 하였다. 특히 같은 해 10월에는 대한군정서 계열의 항일투사들이 현천묵을 중심으로 영안현(寧安縣) 대종교교당(大倧敎敎堂)에 모여 대한군정서 재건을 위한 새로운 활동 계획을 도모할 때도 가담하였다. 이 모임은 대종교단 차원에서 이루어진 것으로, 당시 참여한 중심인물들을 보면 현갑을 비롯하여 현천묵·정신(鄭信)·이홍래(李鴻來)·현준(玄俊)·김혁(金赫)·유정근(兪政根)·김좌진(金佐鎭)·이중실(李仲實)·민해양(閔海陽)·이단(李檀)·허규(許奎)·최완 등 대종교지도급에 있는 항일투사들이 모두 동참하였다.

이것은 과거 대한군정서의 재건을 위한 대종교 차원에서의 노력이었다는 점에서 의미가 크다. 특히 주목되는 것은 이 시기 대종교 교주였던 김교헌(金敎獻)이 직접 이 집회의 고문으로 맡았으며 역사서 편찬도 준비하고 있었다. 이 역사서가 후일 상해 삼일인서관(三一印書館)에서 김승학(金承學)에 의해 출간되는 『신단민사(神檀民史)』로, 노령과 만주, 그리고 국내에 있는 항일 청년들의 교과서로 사용하기 위함이었다. 이 책은 민족의식 양양과 독립의식 고취에 크게 기여하였다.

현갑은 1923년 8월경, 돈화현(敦化縣) 동화자구(東華子溝)에 근거를 두고 대종교 지도자 정신 등과 모험토일대(冒險討日隊)를 조직하여 대종교 동지인 이성호(李成浩) 등과 선전(宣傳)·모연(募捐)·암살(暗殺) 활동을 전개하기도 했다. 그리고 1925년 대종교 항일단체인 신민부(新民府)가 출범할 당시는 중앙위원회 내무위원 최우송(崔友松)의 밑에서 경호부장으로 임명되어 꾸준히 항일활동을 이어갔다.

현갑과 관련한 대종교 입교 시기나 영계(靈戒) 사항에 대한 기록은 현전하는 것이 없다. 그러나 현갑은 1913년 어천절(御天節, 음력 3월 15일)에 이미 참교(參敎)의 교질(敎秩)을 받은 인물이다. 그의 대종교 입교가 대한군정서의 모태인 중광단(重光團) 시절로 올라감을 알 수 있는 부분이다. 당시 함께 참교를 받은 인물들을 보면, 성호(成虎)·백철(白哲, 대종교지도자 백순의 장남)·김경오(金京五)·남형우(南亨祐)·현호(玄昊)·장수(張修)·김현(金玄)·안태진(安泰鎭, 안중근의 백부) 등, 대종교 항일투쟁의 핵심인물들이었다.

[참고문헌]
『종문영질』(프린트본, 1922), 『대종교인과 독립운동연원』(이현익, 프린트본, 1962), 「不逞鮮人ノ鐵道破壞及列車轉覆計劃ニ關スル件」(不逞團關係雜件-朝鮮人ノ部 在內地 十, 高警第17180號;秘受07360號, 한국사DB, 국사편찬위원회), 「國外情報 - 大韓軍政署の日誌に關する件」(不逞團關係雜件-朝鮮人の部-在滿洲の部26, 高警 第1007號; 秘受 1502號, 한국사DB, 국사편찬위원회), 「間島 및 同 接壤地方에 있어서 排日團體 및 親日團體 調査의 건」(不逞團關係雜件-朝鮮人의 部-在滿洲의 部32, 機密 第93號; 機密受第110號, 한국사DB, 국사편찬위원회), 「不逞鮮人 玄天黙을 중심으로 한 會合의 건」(不逞團關係雜件-朝鮮人의 部-在滿洲의 部34, 機密 第247號; 機密受第250號, 한국사DB, 국사편찬위원회), 「間島 및 接壤地方에 있어서 不逞鮮人의 行動에 관한 건」(不逞團關係雜件-朝鮮人의 部-在滿洲의 部36, 機密 第257號; 機密受第268, 한국사DB, 국사편찬위원회), 「新民府 組織에 關한 件」(不逞團關係雜件-朝鮮人의 部-在滿洲의 部41, 機密 第109號; 機密受第179號, 한국사DB, 국사편찬위원회), 『한국독립운동사자료』42·43(국사편찬위원회, 2006·2007)

현준(玄濬, 남, 1890-?)

아호(별명)_ 일송(一松), 현준(玄俊)
입교 시기_ 1922년 이전 | 교질_ 참교

출신지역과 생몰연대가 불분명한 인물이다. 다만 일제의 문서에는 현준(玄俊)으로 기록됨과 아울러 현천묵(玄天黙)의 아들인 현갑(玄甲)과 친족 관계로 적혀 있음을 보면, 현갑과 마찬가지로 함경북도 경성(鏡城) 출신일 가능성이 높다.
현준은 대종교 항일단체인 대한군정서(북로군정서)의 모연대원(募捐隊員)을 지낸 인물이다. 그리고 1922년 10월에 대한군정서 계열의 항일투사들이 현천묵을 중심으로 영안현(寧安縣) 대종교교당(大倧敎敎堂)에 모여 대한군정서 재건을 위한 새로운 활동 계획을 도모할 때도 가담하였다. 이 모임은 대종교단 차원에서 이루어진 것으로, 당시 참여한 중심인물들을 보면 현준을 비롯한 현천묵·정신(鄭信)·이홍래(李鴻來)·현갑·김혁(金赫)·유정근(兪政根)·김좌진(金佐鎭)·이중실(李仲實)·민해양(閔海陽)·이단(李檀)·허규(許奎)·최완(崔玩) 등 대종교지도급에 있는 항일투사들이 모두 동참하였다. 현준의 대종교 항일투쟁에서의 비중을 알게 해주는 부분이다.
현준과 관련된 대종교 입교 시기나 영계(靈戒) 사항에 대해서는 남아있는 기록이 없다. 그러나 1922년 3월 16일(음력, 이하 음력) 대종교 항일투사 이정(李楨)·이곤(李坤)·조경(趙景) 등과 참교(參敎)의 교질(敎秩)을 받은 기록이 전한다. 그의 대종교 입교가 대한군정서 시절에 이루어졌음을 짐작케 해 준다. 이를 뒷받침하는 또 하나의 증거는 대종교 항일투사 박명진(朴明鎭)의 기록이다. 박명진은 그의 『대종교독립운동사』에서 1910년대 후반 백포(白圃) 서일(徐一)이 이끄는 대종교 동이도본사(東二道本司) 동북만주 지역의 주요 교인으로 한기욱(韓基昱)·이섭(李燮)·신최수(申最秀)·이종수(李鍾琇)·최호(崔灝)·이건(李健)·이창언(李昌彦)·김영숙(金永肅)·이기(李起)·이민혁(李敏赫)·김연원(金演元)·이정(李楨)·이곤(李坤)·이근(李根)·신채호(申采浩) 등과 더불어 현준을 꼽고 있다.
현준은 1922년 3월 17일 대종교 동이도본사 제일지사(第一支司)의 찬사(贊事)로 발탁되었으며, 같은 날 대종교 탑일시교당(塔一施敎堂)의 찬무(贊務, 부책임자)로도 임명되었다. 탑일시교당은 영안현가(寧安縣街) 남관(南關)에 소재한 시교당으로 항일투사 이화(李華)가 전무(典務, 책임자)를 맡아 시무하였다. 현준은 1926년도까지 탑일시교당의 찬무로 있으면서 꾸준히 대종교 포교를 통한 항일투쟁을 이어갔다. 그 시기 탑일시교당의 전무는 박노범(朴魯範)이었으며 김석영(金錫永)이 찬무를 맡아 현준과 함께 했다. 특히 이 시기 탑일시교당은 영안현 남관의 대종교총본사에 임시사무소를 설치하고 190명의 교인들을 거느리고 활동하였다.

[참고문헌]
『대종교보』제56호(1922년), 「大倧敎施敎堂一覽表(1926年)」(延边朝鲜族自治州档案馆 全宗号42 目录号1 案卷号343, 和龙县历史档案 和龙县警察所, 令各区查禁韩人设立大倧教堂由, 民国十五年五月十二日), 『대종교독립운동사』(박명진, 필사본, 1964), 『대종교중광육십년사』(대종교총본사, 1971), 「不逞鮮人 玄天黙을 중심으로 한 會合의 건」(不逞團關係雜件-朝鮮人의 部-在滿洲의 部34, 機密 第247號; 機密受第250號, 한국사DB, 국사편찬위원회)

현천극(玄天極, 남, 1875-1939)

아호(별명)_ 백헌(白軒)
입교 시기_ 1914년 이전 | 교질_ 지교

함경북도 경성군(鏡城郡) 용성면(龍城面) 출신으로, 만주 대종교 항일운동에 시종일관한 인물이다. 1886년에 용성면 사립육영재(私立育英齋)에 입학하여 8년간 한문을 수학하고, 1894년 류기영(柳基英) 문하에 들어가 6년간 의학(醫學)을 공부하였다. 1903년에는 순릉참봉(純陵參奉)으로 임명되는가 하면, 1년간 어의(御醫)로서도 봉직하였다 한다.
이후 만주로 넘어가 대종교에 가담한 후, 대종교 항일단체인 대한군정서(북로군정서)의 창설요원으로 참여하였다. 1923년 초에는 대종교 동지인 황공삼(黃公三)·김창근(金昌根)·양규열(梁奎烈)·고평(高平)·김혁(金爀) 등과 무관학교의 준비 단계인 중동선중학교(中東線中學校) 설립 취지서에도 서명하는가 하면, 1925년 대한군정서를 계승한 단체인 신민부(新民府)의 출범에도 동참하였다. 그리고 1927년 만주동북아육군(滿洲東北亞陸軍)의 군의(軍醫) 및 왕청현공서(汪淸縣公署)의 의관(醫官)으로 10년간 복무하였다.
현천극의 대종교 입교는 1918년에 이루어졌다. 대한군정서의 모체인 중광단(重光團) 시절임을 알 수 있다. 대종교 항일투사 박명진(朴明鎭)이 그의 『대종교독립운동사(大倧敎獨立運動史)』에서, 현천극을 1910년대 후반 대종교 동일도본사(東一道本司) 소속의 주요 교인으로 올린 이유다. 당시 동일도본사는 백포(白圃) 서일(徐一)이 이끌었으며 동만주로부터 함경도 일대를 관할하는 교구였다. 또한 주요 교인으로는 현천극을 비롯하여 현천묵(玄天黙)·백순(白純)·이홍래(李鴻來)·강희(姜熹)·여준(呂準)·정안립(鄭安立)·신팔균(申八均)·김동삼(金東三)·계화(桂和)·이장녕(李章寧)·최해(崔海) 등 수십 명의 항일지도자들이 이름을 올렸다.

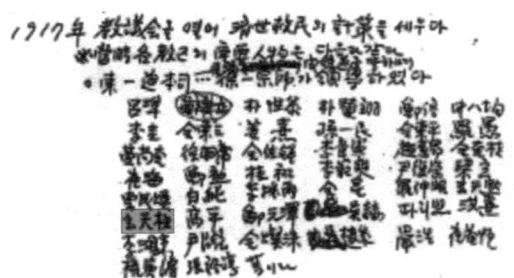

박명진의 『대종교독립운동사』에 대종교 동일도본사 소속의 주요 교인들의 명단. 외편 하단에 玄天極의 이름이 보인다.

현천극은 1922년 1월 11일(음력, 이하 음력), 영계(靈戒)와 함께 참교(參敎) 교질(敎秩)을 받았다. 그리고 같은 해 9월 24일 지교(知敎)로 승질(陞秩)됨과 동시에 대종교 동이도본사의 전리대판(典理代辦)을 맡기도 한다. 전리대판이란 관할도본사를 책임지는 전리(책임자) 자리를 대리(代理)하는 직책을 말한다.

한편 현천극은 소부계(蘇扶契)라는 대종교 자치조직에도 참여하였다. 이 조직은 1923년 1월 2일 영안현 대종교총본사 내에서 발기한 것으로 현천극을 비롯하여 나병수(羅秉洙)·허옥·김근우(金瑾禹)·이종수(李鍾琇)·김연원(金演元)·최충호(崔忠浩)·김영선(金榮璿·민윤식(閔胤植)권목(權穆)·이곤(李坤)·원무의(元武儀)·김영숙(金永肅) 등, 대종교 항일투사 13인이 발기한 것이다. 소부(蘇扶)란 부여(扶餘)와 동일한 이름으로, 부여정통론(扶餘正統論)의 역사인식을 통해 부여민족의 중흥을 내세웠던 대종교의 정신을 그대로 담은 명칭이었다. 소부계의 주요 목적은, 대종교 교우 간에 친목을 도모하고, 교인 경조사의 상부상조와 대종교 발전에 협찬하는 것이었다. 또한 각시교당에 조직케 하고 회의는 매년 어천절(御天節, 3월 15일)과 개천절(開天節, 10월 3일)에 개최하도록 하였다.

1924년 1월에 상교(尙敎)로 승질한 현천극은, 동년 3월에 총본사 전범(典範)으로 선임되었으며, 1925년 1월에는 대종교총본사의 전리대판까지 겸임하게 된다. 이 시기 현천극은 영안현 대종교총본사를 중심으로 한 대종교 포교의 중심에 서는가 하면, 대종교 항일투쟁에도 솔선하여 앞장섰다.

이후 왕청현(汪淸縣)으로 넘어온 후에도 현천극의 대종교 항일투쟁은 지속되었다. 그는 1935년 4월 8일, 대종교 백일시교당(白一施敎堂)의 찬무(贊務, 부책임자)로 임명되어 활동하였다. 백일시교당은 대종교 대한군정서의 근거였던 왕청현 백초구(百草溝)에 소재했던 시교당으로, 항일투사 한상우(韓相愚)가 전무(典務, 책임자)를 맡았다. 그리고 최원

일(崔元一)·심동식(沈東植) 등 항일투사들이 현천극과 함께 찬무로 활동하였으며, 항일투사 오형묵(吳亨黙)이 시교원(施敎員)으로 임명되어 대종교 포교를 통한 항일투쟁의 선봉에 섰다.

현천극은 1936년 6월 대종교 경의원(經議院)의 참의(參議)로 피선되어 원로의 반열에도 올랐다. 또한 1937년 8월 24일에는 대종교 재만교구경상금수납위원(在滿敎區經常金收納委員)으로 선정되기도 한다. 경상금수납위원이란 관할지역의 재정을 관리하는 직책으로, 대종교의 핵심 인물들이 그 직에 임명되었다. 당시 현천극은 최원일·심동식을 이끌고 왕청현 부근의 책임을 맡았다. 특히 최원일이란 인물이 눈길을 끈다. 그는 대종교지도자 김영학(金永學) 등과 간도독립선언운동원(間島獨立宣言運動員) 간부역원(幹部役員)으로 활동하는가 하면, 대한국민회에 가담하여 총부(總部)의 통신부 부부장(副部長)도 맡았던 인물이다. 또한 1919년 4월에는 고려군중앙정청(高麗軍中央政廳)이라는 기구 설치를 도모하기 위해 노령에서 회합을 갖기도 했다. 그리고 1921년 2월에는 액목현(額穆縣) 자신의 집에 항일투쟁을 위한 청년단 조직의 거점을 두고 대종교 동지인 최충호(崔忠浩)·조문백(趙文伯) 등과 거점 확보를 위해 분주히 움직였으며, 1922년 1월경에는 돈화현(敦化縣) 사하연(沙河沿) 지역에 거점을 둔 고려공산당총회에 참여하여 서무부장을 맡기도 했다.

이렇듯 만주에서의 삶을 대종교 항일활동에 동분서주하던 현천극은 1939년 8월 22일 왕청현 대흥구(大興溝) 자택에서 65세의 나이로 귀천(歸天)하였다. 대종교에서는 그의 추모를 극진히 하기 위하여, 같은 해 개천절(10월 3일) 경하식(慶賀式)을 마친 후에 특별히 그의 추도식 거행하였다. 당시 대종교총본사에서 올린 「추도사」를 아래에 적어 본다.

"하늘에는 풍운(風雲)이 있고 사람에겐 화복(禍福)이 있으니, 화복이라는 것은 본디 흉(凶)하고 길(吉)한 것이라. 땅에는 주야(晝夜)가 있고 사람에겐 생사(生死)가 있으니, 생사라는 것은 약시 기쁘고 슬픈 것이라. 길흉은 목숨으로 말미암음이요 비환(悲歡)은 마음을 드러냄이니, 우리가 백헌(白軒)을 곡(哭)함은 사사로움이 아니라 공적(公的)인 것이로다. 백헌은 영안(寧安)에 있으면서 대종교를 위하여 현명하게 힘쓰고, 배움을 거듭하여 법칙을 깨달아 자임(自任)하여 어려움을 구제하였도다. 무원(茂園) 김교헌(金敎獻) 종사(宗師)가 서거(逝去)할 당시 옆에 모시며 가르침을 받았고, 단애(檀崖) 윤세복(尹世復) 교주가 정양(靜養)할 때에는 전리대판(典理代辦)을 맡아 교권(敎權)을 지켰도다. 질곡의 세상을 피해 잠시 홀로이 은거하였으나, 부흥의 때를 맞아 다시 숙원(宿願)을 빌기도 하였도다. 엄습한 병마를 알지 못하고 갑자기 귀천(歸天)하시니, 금석(今昔)의 감회에 눈물만 흐르도다. 백두산의 저녁구름은 천지(天池) 봉우리를 감싸오고, 거울 같은 천지물에 가을달이 비춰오도다."

[참고문헌]
『대종교보』제55호(1922년)·제57호(1923년)·제115호(1937년)·제123호(1939)·

제124호(1939년), 『종문영질』(프린트본, 1922), 『대종교인과 독립운동연원』(이현익, 프린트본, 1962), 『대종교독립운동사』(박영진, 필사본, 1964), 『대종교중광육십년사』(대종교총본사, 1971), 『승정원일기』1903년 9월 7일자. 「東支中學線에서 鮮人中學校 設立計劃에 관한 건」(不逞關係雜件-朝鮮人의 部-在滿洲의 部35, 機密 第165號, 機密第173號, 한국사DB, 국사편찬위원회), 『한국유이민사』상(현규환, 어문각, 1967)

현천묵(玄天默, 남, 1862-1928)

아호(별명) _ 백취(白醉)
입교 시기 _ 중광(1909년) 직후 | 교질 _ 정교 | 서훈 _ 독립장(1963)

함경북도 경성군(鏡城郡) 어랑면(漁郞面) 부운동(富潤洞) 출신으로, 대종교 항일투사인 동파(東坡) 현갑(玄甲)의 부친이다. 1872년부터 3년간 향리의 사숙에서 한문을 수학하고 일본계 학교에서 학감을 역임했으며, 1907년 대한협회 경성지회 회장을 지내기도 했다. 1909년에는 경성군 향교(鄕校)의 책임을 맡았는가 하면, 1910년 경성의 보성학교(普成學校) 교장으로도 활동하였다.

경술국치 이후 북간도로 망명한 현천묵은 대종교를 통한 적극적인 항일투쟁의 길로 들어선다. 그는 1911년 왕청현(汪淸縣)에서 중광단(重光團)을 조직하여 그 중심에 섰다. '중광(重光)'이라는 명칭은 1909년 대종교의 '중광(다시 일으킴, 부활)'에서 가져온 것이다. 대종교를 일으킨 홍암(弘巖) 나철(羅喆)이 대종교 중광의 명분으로 내세운 '나라는 망했어도 정신은 있다[國亡道存]'는 구호와 연결되는 가치다. 그러므로 중광단은 그 명칭의 종교적 배경뿐만이 아니라, 현천묵을 비롯한 서일(徐一)·백순(白純)·박찬익(朴贊翊)·계화(桂和)·김규식(金奎植)·채오(蔡伍)·양현(梁賢)·이홍래(李鴻來)·윤정현(尹挺鉉)등, 그 구성원 대부분이 대종교의 핵심인물들이었다. 이들 정신적·인적 맥락은 후일 대한군정서(북로군정서)와 신민부(新民府)까지도 연결되었다.

현천묵은 1919년 국내의 3·1독립만세운동이 일어나자 그해 3월 24일 연길현(延吉縣) 이도구(二道溝)에서 주민 800여 명과 대대적인 만세시위운동을 주도하였다. 그리고 대종교지도자 백포(白圃) 서일(徐一)과 함께 본격적 무장항일투쟁을 기획하게 된다. 우선 중광단을 대한정의단으로 정비하고 왕청현(汪淸縣)을 중심으로 대종교 정신을 통한 민중적 기반 또한 확고히 다져 갔다. 또한 김좌진(金佐鎭)·조성환(曺成煥)·박성태(朴性泰)·이장녕(李章寧) 등 대종교계 군사전략가들을 대거 영입하여 대한군정서(大韓軍政署, 일명 북로군정서)로 재정비하였다. 본디 대한군정부(大韓軍政府)로 명명하였으나, 상해 임시정부와의 협의 끝에 대한군정서로 이름을 걸었다. 정부하는 명칭이 중첩되었기 때문이다.

당시 대한군정서는 중앙조직 체계를 총재부와 사령부로 나누었다. 대한군정서의 부총재를 맡은 현천묵은 사령관 김좌진 등과 총재 서일을 도와 군사 양성과 아울러 무기구입 등 독립전쟁 준비에 앞장서는 한편, 각 지역을 순회하며 경신조직(警信組織)을 통한 조직의 확산과 안정에 노력하였다. 총재부는 주로 대한정의단의 중심인물들이었으며 사령부는 주로 신흥무관학교 출신들이었다. 물론 그 연결의 끈은 대종교였다. 정신의 상징인 총재부와 행동의 상징인 사령부의 체제는 현천묵·서일 등이 지향하던 군교일치(軍敎一致)·수전병행(修戰並行)의 효율적 전개를 위한 조직체계였다. 또한 대한군정서 관할 구역에 있는 대다수의 사람들이 대종교 신자들이었던 까닭에 경신조직이나 모연대(募捐隊)를 통한 군자금의 징수와 모금도 훨씬 수월하였다. 일제강점기 대종교의 교당은 곧 학교이자 독립운동의 전초기지였다. 그러므로 그들이 내는 종교적 성금은 곧 후학을 기르는 학자금인 동시에 항일투쟁을 위한 군자금이었다. 군교일치의 실천을 그대로 확인시키는 부분이다.

1920년 10월 21일 백운평전투를 시작으로 전개된 청산리전쟁의 승리 요인 역시 이러한 배경이 중요하게 작용하였다. 이범석(李範奭)이 청산리전쟁을 앞두고 성스럽게 전사(戰死)하게 해 달라고 읊은 「기전사가(祈戰死歌)」의 내용에서 확인할 수 있다. 또한 백운평전투가 시작되기 직전, 이범석이 교성대원들에게 피맺힌 목소리로 내뱉은 다음의 일성 역시 이러한 정서의 연장이었다.

> "청산리 산맥은 장백산의 주맥이요 우리 조상의 발상지이다. 지금 이 순간 수 천 수 만의 눈동자가 우리를 주시할 것이요, 무수한 자손의 눈동자도 또한 우리를 바라보고 있을 것이다. 만약 우리의 혈관 속에 아직도 단군의 피가 말라붙지 않았다면, 우리는 마땅히 한 몸을 희생의 제단에 올려놓고 3천만 동포의 원한을 풀어야 할 것이다. …(중략)…우리가 용감히 싸울 때 하늘에 계신 천백세 조상의 영은 반드시 우리를 보우할 것이다."

현천묵은 청산리전쟁 이후 대한군정서를 중심으로 재편된 대한독립군단에서도 서일(총재)에 이어 부총재를 맡아 새로운 길을 도모하였다. 그러나 1921년 6월에 벌어진 자유시참변(흑하사변)으로 숱한 위기와 좌절을 경험하게 된다. 특히 1921년 8월 27일(음력), 대한군정서 총재였던 서일이 밀산(密山)에서 자결한 사건은 현천묵에게 큰 충격을 주었다. 대한군정서의 존폐 위기까지 치닫는 상태였다. 그러한 위기를 수습한 인물이 현천묵이었다. 현천묵은 대종교 동지인 김혁(金赫) 등과 논의하여 대종교의 재건과 대한군정서의 재기를 위하여 본부를 밀산현에서 대종교 총본사가 있는 영안현(寧安縣) 영고탑(寧古塔)으로 이전하였다. 현천묵은 그곳을 중심으로 대종교의 핵심이었던 김좌진·김규식 등과 더불어 독립군단체 통일을 도모한 끝에, 1923년 9월 독립운동단체 통합 결과로 군정서·의군부 등 9개의 단체로 대한독립군단을 재조직하였다.

현천묵은 대종교 원로인 이범윤(李範允)을 대한독립군단의 임시 단장으로 추대하고 북만주지역과 여러 지역의 단체들까지 통합을 도모하였으나 성공하지 못했다. 현천묵이 1924년 3월 대한군정서의 재조직을 시도한 이유다. 현천묵은 재조직된 대한군정서의 총재로 추대되었으며 조성환(曺成煥)·나중소(羅仲昭)·계화·김규식·이장녕·김혁 등, 대종교의 핵심들이 중심이 되었다. 또한 김규식이 이끌던 고려혁명군과의 완전 통합을 추진하고 영고탑 대종교 교당에서 조선독립당군정서연합회총회를 개최하였다. 그 결과 총재 현천묵, 사령관 김규식을 중심으로 고려혁명 군과 대한군정서 요원들로 간부진을 개편·강화하는가 하면, 1924년 5월부터는 하얼빈과 동녕현(東寧縣) 그리고 북 간도 방면에서 무기구입 및 흑룡강성에 사관학교 설립도 계획하기도 했다.

이후 현천묵은 신민부(新民府) 조직에도 동참하였다. 1925 년 1월 목릉현(穆陵縣)에서 개최된 부여족통일회의(扶餘族 統一會議)에 참석하여 북만주 독립운동단체 통일에 뜻을 모은 것이다. 대한군정서와 대한독립군단을 비롯한 중동 선교육회 및 16개 지역 민선대표, 10개의 국내단체대표들 이 참가한 가운데 3월 10일 신민부가 조직되었다. 현천묵 은 신민부로의 통합을 위해 고려혁명군 총사령관인 김규 식과 비밀리에 논의한 후, 대한군정서 본부를 신민부 본 거지로 결정된 영안현으로 옮겼다.

신민부 역시 대종교계 항일단체로 그 주요 구성원의 대 부분이 대종교인이었다. 따라서 이들이 신봉하였던 대종 교 이념이 자연스레 신민부의 주요한 이념으로 자리 잡았 다. 아나키스트로 신민부 요원이기도 했던 이강훈(李康勳) 이 "신민부의 기본철학은 대종교의 홍익인간과 중광정신 이었다. 그렇다고 해서 결코 봉건적이었다거나 파쇼적인 것은 아니었다."는 회고가 이를 방증한다. 그러므로 신민 부가 추구한 정치형태 역시 대종교의 이상인 배달국 공화 주의를 추구하였다. 이것은 「대동단결선언서」(1917년)부터 이어져온 대종교 계열의 전통이기도 했다.

현천묵은 신민부의 중앙집행위원과 사법기관인 검사원의 검사원장을 맡아 신민부 핵심세력으로서 활동하면서, 겸 하여 무관학도를 양성하는 일도 게을리하지 않았다. 한편 그 시기 이상룡(李相龍)이 임시정부 국무령에 취임하면서 무장투쟁가들을 대거 선임하였다. 현천묵 역시 임시정부 국무원에 두 번 선임되었으나 이를 수용하지 않아 해임되 었다. 당시 현천묵이 만주지역 항일단체들의 통합운동 실 현에 우선적으로 매진하려 한 것이 그 배경일 듯하다.

현천묵은 이범윤과 함께 1926년 초 연해주 신한촌에서 열 린 재만조선동포간부회의에도 신민부 대표로 참여하여, 임시정부·고려공산당·정의부·의열단·대한통의부 대표 들과 함께 독립운동방략을 논의하였다. 이어 같은 해 3월 중순에는 김좌진과 함께 신민부 대표로 정의부의 김동삼 (金東三)·이탁(李鐸), 참의부의 오동진(吳東振) 등과 전만주 의 통일을 계획하고 군사기관 확장에 관하여 협의하는 등 항일투쟁의 끈을 놓지 않았다. 이렇듯 일신을 돌보지 않 고 대종교 항일투쟁에 정열을 쏟던 현천묵은 노환으로 늙 게 되어 1928년 사망하였다.

[교력]

현천묵과 관련된 대종교의 입교 시기나 영계(靈戒) 사항 에 대한 기록은 남아 있지 않다. 그러나 『대종교중광육십 년사』에는, 현천묵이 대종교가 중광(重光, 전래 단군신앙의 부 활)한 1909년 1월 15일(음력) 직후에 입교한 인물로 기록되 어 있다. 현천묵이 1909년 2월 하순 경에 당시 한성(서울)

에 머물고 있었던 정황은 당시의 신문에서도 확인이 된 다. 그의 대종교 입교가 이 시기였음을 짐작케 하는 부분 이다.

현천묵의 대종교 입교에는 호석(湖石) 강우(姜虞)의 역할이 컸을 것으로 짐작된다. 현천묵과 갑장(甲長)이었던 강우는 1900년 8월 함경도의 경흥감리서(慶興監理署) 주사(主事)를 시작으로 1901년 10월 성진감리서(城津監理署), 1902년 4월 에는 길주감리서(吉州監理署) 주사로 일했다. 또한 1903년 5월 다시 성진감리서 주사로 전임하여 1904년 5월까지 근 무하였다. 그는 이 시기 러시아의 함경도 경흥 조차(租借) 문제, 성주와 길주의 합군(合郡) 문제 등을 해결하면서 함 경도인들에게 널리 알려진 인물이다. 현천묵과도 관계 역 시 이 시기에 이루어졌으리라 짐작된다. 강우가 현천묵이 사망하였을 당시 추도문을 지었다는 올린 것 또한 그러한 정황과 무관치 않다.

한편 대종교의 만주 포교는 1910년 11월경 시교사(施敎 師) 박찬익(朴贊翊)이 평강(平崗) 상리사(上里社) 청산리(靑山 里) 청호(靑湖, 和龍縣 靑坡湖)로 진출한 것이 그 효시가 된 다. 당시 박찬익은 안중근(安重根)의 백부(伯父) 안태진(安 泰鎭)이 기부한 집에 시교당(施敎堂)과 학당(學堂)을 병설하 여 활동하였다. 또한 이정완(李貞完)이 1911년 6월 두만강 과 접한 화룡현(和龍縣) 학성촌(鶴城村)으로 넘어가 포교와 함께 교육사업을 전개하였다. 이정완은 그곳 미전동(米田 洞)에 포교의 거점을 마련하고 학성학교(鶴城學校)를 병설 하여 교육과 포교를 병행하였다.

경술국치 직후 북간도로 넘어간 현천묵 역시 대종교를 통 한 항일투쟁의 길을 적극 모색하였다. 1911년 1월 15일(음 력) 대종교 항일투쟁의 일선에 있던 백순(白純)·윤주찬(尹 柱瓚)·황병욱(黃炳郁)·조완구(趙琬九)·나형권(羅亨權)·류근 (柳瑾)·장지연(張志淵) 등 수십 명과 참교(參敎)의 교질(敎秩) 도 받았다. 그리고 1911년 3월에는 대종교 중광단을 조직 하여 항일투쟁의 근거를 마련하였다. 중광단은 만주에서 결성된 최초의 항일운동단체로, 후일 무장항일운동단체 발족의 중요한 토대가 된 집단이다. 당시 대종교는 북간 도 지역으로 망명한 많은 독립운동가들이 정신적 안식처 가 되었다. 그러므로 대부분의 항일투사들이 대종교에 귀 의하였다. 이에 대종교인 독립운동가들을 중심으로, 효율 적 독립운동의 필요성에 의해 결성된 단체가 중광단이다. 중광단은 전래 단군 신앙의 부활을 의미하는 '중광(重光, 거듭 일어남)'에서 찾을 수 있듯이, 철저한 대종교 신앙에 기반을 둔 단체였다. 현천묵을 비롯하여 단장인 서일, 그 리고 백순·박찬익(朴贊翊)·계화(桂和)·김병덕(金秉德)·채 오(蔡五)·양현(梁玄)·서상용(徐相庸) 등이 그 중심을 이루었 다. 이들 중 상당수가 함경북도 출신이자 근대적인 교육 을 받은 인물들로, 의병과 무관학교 출신의 유능한 군사 간부를 규합하여 그 세를 결집하였다. 중광단은 출범 당 시 무장의 미비로 직접적이고 적극적인 군사행동을 취하 지는 못하고, 청년들에 대한 정신교육과 계몽사업에 집중 했다. 그 일환으로 중광단에서는 재만농민의 자제들에게 민족교육을 실시하고자 연길현·왕청현·화룡현 등 북간 도 각 지역에 교육기관을 설치하였다.

현천묵은 올바른 역사의식과 민족정체성 부활이 곧 광복의 첩경으로 인식한 인물이다. 그는 대한협회 경성지회를 이끌던 수장으로 교육과 자강을 통해 구국의 방법을 모색하였다. 또한 경성의병(鏡城義兵) 지원과 의식 고취를 통한 항일의 길에도 앞장선 경험이 있다. 그러나 일제의 탄압이 더욱 가중되면서 우리 정체성의 각성을 통한 보다 적극적인 항일투쟁의 길을 찾을 수밖에 없었다. 대종교는 올바른 역사의식과 민족정체성 부활체로서, 현천묵의 정신적 지향과 정확히 일치하였다. 이것은 현천묵만이 아니라 뜻을 품은 항일투사들의 공통된 인식이었다. 대종교가 단군구국론을 통한 항일투쟁의 총본산 역할을 한 것이나, 무장투쟁만이 아니라 정치·외교·문화 방면에서 총체적 항일투쟁의 사표가 된 것도 이러한 배경과 맞물린다.

현천묵을 만나 대종교에 입교하는 과정을 적은 김정규의 일기 원문
(『野史』 8권)

현천묵이 의병장 김정규(金鼎圭)를 대종교에 입교시키는 상황에서도 알 수 있는 부분이다. 당시 김정규는 현천묵에게 "지금 서양의 사조가 크게 동탕(動盪)하여 선비들마다 도를 달리하고 사람들마다 논의를 달리하지만, 오직 단군교로 명분을 삼는 자들만이 조국의 사상을 가지고 있다. 당신의 생각은 어떠신가요?"라고 묻자 현천묵은 아래와 같이 답하였다.

"이 교(敎, 대종교-인용자 주)는 오늘날 이른바 무슨 회 무

슨 교라고 하는 것들과 비견될 수 있는 게 아니다. 우리 민족으로 하여금 조국의 정신을 고무시켜 외부적인 교설을 갖춤으로 국혼을 잃지 않게 하고자 하는 것이다. 단군은 바로 우리나라에서 처음 나온 군주이자 만백성의 종조(宗祖)이시다. 그러므로 임금이 임금답고 신하가 신하다우며 아버지가 아버지답고 자식이 자식답고 형이 형답고 동생이 동생다우며 남편이 남편답고 아내가 아내답게 되는 도리가 주된 취지입니다. 고기(古記)에 이르기를, 단군은 백성들이 두발을 따서 두건을 쓴 다음에 복장은 흰색을 입도록 가르쳤습니다. 그래서 두발을 보존하고 흰옷을 입는 것이 이 교의 형식입니다."

이 상황은 1912년 1월 현천묵으로부터 대종교를 권유받은 상황을 적은 김정규의 일기 내용이다. 현천묵은 김정규에게 대종교에 입교하여 활동하는 것은 "우리의 조국정신(朝國精神)을 고동시켜 외교(外敎)에 대비하고 국혼(國魂)을 잃지 않게 하자"는 것이라고 강조하였다. 김정규는 1881년생으로 현천묵과 같은 고향 출신으로, 성리학을 공부하여 후진 양성에 노력하던 한학자였다. 1908년부터 경성지역 의병에 참여하여 참모장으로도 활동했으며, 1909년 7월 이후 북간도로 망명하여 1912년 현천묵을 만나 대종교에 입교하였다.

현천묵은 1912년 들어서도 왕청현 백초구(百草溝)에 거주하면서 중광단의 세력 확장과 대종교 포교에 노력하였다. 특히 대종교에서 설립한 교육기관의 교장을 맡아 이전부터 추구해온 민족교육에도 적극 앞장섰다. 1912년 9월에는 대종교의 북도본사가 위치한 화룡현 삼도구 청파호에 청일학교(靑一學校), 10월에는 화룡현 명신사 이도구에 동일학교(東一學校)를 각각 설립하였다. 청일학교는 한문·산술·습자·창가·체조 등의 기초교육, 동일학교는 중국·역사·한문·지리·산술·체조·창가·일본어·중국어 등을 중심으로 가르쳤다. 후일 동일학교는 1920년 대한군정서의 훈련을 견학할 정도로 교학일여(敎學一如)·군교일치(軍敎一致)에 의한 독립군 양성을 위한 초석이었다.

1912년 화룡현 청파호 대종교시교당을 중심으로 한 대종교의 활동은 상당히 활발하였다. 교주(敎主) 나철을 중심으로 현천묵·박찬익·박승익(朴勝益)·심근(沈槿)·백순·기길(奇姞, 나철의 부인) 등이 백두산 북녘 화룡지역을 중심으로 대대적인 활동을 전개하였다. 또한 연해주의 이상설(李相卨), 상해의 신규식(申圭植) 그리고 그 지역 류완무(柳完茂)·김영학(金永學) 등이 드나들며 대종교의 발전과 항일투쟁을 모도하던 시기였다. 이 시기 어느날은 5백여 가구가 한꺼번에 입교(入敎)하는 일이 있었는가 하면, 1백여 명이 동시에 입교하는 사례도 발견될 정도로 활발했다. 아래의 기록에 나타나는 1912년 10월 3일(음력) 개천절 행사도 주목된다.

"(10월) 3일 바람 불고 춥다. 이 날은 개천대경절일(開天大慶節日)로 일찍 천궁(天宮)을 아주 새롭게 건축하고 수리하다. 각처의 교우형제자매 7백여 명이 모였다. 먼 곳으로부터 온 3백여 명이 교기(敎旗)를 높이 계양하여 흔들리게 하다. 각 예원(禮員)을 지정하고 천진전(天眞殿)

으로 옮기다. 천진전은, 1 천진전, 2 천궁, 3 수도실, 4 경배실(敬拜室), 5 자매경배실, 6 학도창가실(學徒唱歌室), 7 경전강의실, 8 전무사무실(典務事務室), 9 외교교접실(外交交接室)인데, 교궁(教宮)이 아주 넓고 확 트이다. 하나하나 예식을 엄숙히 정한 후, 학생들이 정렬한 앞으로 여러 형제들이 서고, 계단 아래로 자매들이 정렬하여 서고, 서편으로 각 예원들이 나누어 서다. 당상(堂上)의 홍암대종사(弘巖大宗師, 나철을 말함-인용자 주)께서 개식원도(開式願禱)를 드리니, 그 피눈물 나는 지극 정성의 애절한 말씀에, 여러 형제 그 말씀을 듣고 모두 한꺼번에 감격하여 오열하다. 경하사(慶賀辭)는 현천묵, 폐식원도는 백순이 드리다. 학생들의 노래와 함께 중국인이 음악을 연주하니 그 악조가 너무 아름답다. 이어 다과가 열리니 이 날 기쁨 헤아리기 어려웠다. 그 자리에서 즉시 봉교(奉教)한 사람이 8백 명이 넘었다. 밤에는 화등(花燈) 천여 개를 높이 걸고 학생들의 노래 부름과 예원들의 유희오락에 밤을 새우다."

나철이 개식원도를 하고 경하사는 현천묵이 맡았다. 나철 다음으로 현천묵이 경하사를 맡았다는 사실은, 당시 대종교단 내에서 차지하는 현천묵의 위상을 확인시켜 주는 부분이다. 그 시기 북간도에는 많은 함경도인들 이주하여 거주하였으며 함경도 의병들도 근거지를 마련하고 있었다. 김정규의 사례에서 볼 수 있듯이, 그들을 대종교를 중심으로 뭉치게 한 인물이 현천묵이었다. 이러한 노력으로 현천묵은 1913년 4월 6일(음력) 백순·박승익·조열(趙烈)·심근 등, 북간도 대종교의 핵심이자 항일투쟁의 거물들과 지교(知教)로 승질(陞秩)하였다.

현천묵은 이후에도 대종교의 포교활동을 통한 항일투쟁의 거점 확보에 더욱 힘을 쏟았다. 특히 중광단의 세력 확장에 남다른 열정을 보였다. 그러나 중광단의 영향력이 점점 커지자 만주 군벌(軍閥)과의 마찰도 본격화되었다. 1913년 만주 군벌에 의해 가해진 길림성 일대의 대종교 탄압이 그것이다. 당시 중광단을 이끌던 서일은 박찬익에게 긴급히 도움을 청하였다. 박찬익은 급히 만주 군벌의 2인자 장작상(張作相, 張作霖의 부하)을 만나 해결책을 논의하였다. 당시 장작상은

"너희는 지금 독립운동을 한답시고 우리 만주를 넘보고 있다. 그리고 대종교라는 것이, 나는 너희 나라 국조를 섬기는 교인 줄 알았더니, 백두산을 너희는 대종교들의 천산(天山)이라 부르며, 백두산 일대의 땅은 모두 너희들 땅이라고 생각한다면서! 그래 어느 땅이 감히 너희들 땅이냐!"

라는 격앙된 인식을 보였다 한다. 이에 대해 박찬익은, 만주를 비롯한 백두산이 당연히 예로부터 조선의 땅임은 삼척동자도 아는 것이 아니냐며 단호히 반문하였다. 그러나 대종교가 그 옛 땅을 찾고자 하는 것이 결코 아니며, 일제에 강점당한 조국을 찾겠다는 일념밖에는 아무런 욕심이 없다는 것을 분명히 하면서, 이 모든 것이 일제의 이간질임을 밝혔다. 당시 장작상은 박찬익의 말에 공감하며,

오히려 1만원짜리 어음을 선물로 주었다 한다. 그리고 이 돈은 북로군정서의 뿌리가 된 중광단의 무기구입에 사용되었다.

한편 1916년 8월 15일(음력) 대종교 교주인 나철의 순명조천(殉命朝天)은 우리 사회에 큰 충격을 주었다. 당시 일제는 그들의 신도(神道)를 앞세워 조선정체성을 말살하고 영구식민지배를 획책하였다. 그 핵심 작업이 신도국교화(神道國教化)를 통한 식민지의 완성을 도모였다. 그 거대한 강압을 깨뜨리고자 한 중심에 대종교가 있었고 그 핵심 인물이 나철이었다. 그러나 일제의 대종교 거세를 위한 총체적 압박은, 대종교의 모든 것을 정지시키고 고사(枯死)시켰다. 그 절망의 중심에도 나철이 있었다. 한마디로 나철의 자진(自盡)은 인간적 저항의 최후적 수단으로, 뒤집힌 사회가 강요한 사회적 타살과 무관치 않은 것이다.

또한 나철의 서거는, 의지를 품은 항일투사들의 투쟁의 식를 일깨운 육신제(肉身祭)와도 같았다. 이에 나철의 자결로 인해 우리의 독립운동이 들판의 불길처럼 번져 나갔다. 나철의 구월산 순교는 우리 민족혁명사상 최대결정(最大結晶)으로, 지리멸렬하던 민족전선에 비로소 통일된 구심점을 갖게 한 것이다.

현천묵에게도 나철의 순명조천은 충격과 결의가 교차되는 계기가 되었다. 종교적 교주이자 항일투쟁의 정신적 지주를 잃은 현천묵은 좌절을 딛고 새로운 각오를 다지게 된다. 나철의 서거 당시 현천묵이 읊은 아래의 종교적 추도만장(追悼輓章)도 가슴에 와 닿는다.

四千年去一人來 사천년 만에 한 인물이 와
稟得乾坤正氣回 천성을 얻어 세상의 정기를 돌리도다
大道重光天下日 대종교를 중광하여 온 세상을 밝히니
蒼生爾我活門開 창생들 모두가 삶의 문이 열리도다
九月山中月色多 구월산의 달빛이 오색찬연하니
仲秋佳節綻金花 중추가절에 금꽃이 활짝 피도다
八年泣血猶餘淚 팔년간 피눈물 뿌리고 그 눈물 아직 남았으니
化到天宮訴若何 화하여 천궁에 이르러 하소함이 어떠리까

현천묵은 1917년 5월 27일(음력) 윤정현(尹珽鉉)·김백(金白)·최익항(崔益恒)·김현(金玄) 등의 동지들과 상교(尙敎)의 교질로 올랐다. 이들은 모두가 중광단 시절부터 줄곧 대종교 항일투쟁에 몸담은 중심인물들로 대한군정서(북로군정서)의 출범에도 결정적 역할을 한 인물들이다. 이 중광단이 발전한 것이 대한정의단이다. 대한정의단은 왕청현을 중심으로 대종교 정신을 통한 민중적 기반 또한 확고히 다져 갔다. 이러한 토대 위에 김좌진(金佐鎭)·조성환(曹成煥)·박성태(朴性泰) 등 대종교계 군사전략가들을 대거 영입했다. 이들 역시 대종교의 중심인물들로서 대한정의단의 약점이었던 체계적 무장투쟁을 지도할 수 있는 능력가들이었다. 이러한 배경에서 태동하는 것이 대한군정서(북로군정서)다.

현천묵은 서일 총재의 뒤를 이어 부총재로 추대되었다.

대한군정서는 대종교의 정신을 토대로 철저한 군교일치(軍敎一致)를 지향한 항일단체였다. 대한군정서 내에 대종교 동도본사(東道本司)가 설치된 것에서도 확인된다. 동도본사는 대종교의 사도본사(四道本司) 중의 하나로 북만주와 연해주 일대를 관할하던 교구였다. 또한 현천묵의 대한군정서는 군영 안에 수도실을 마련하여 수행과 더불어 군기(軍紀) 확립의 공간으로도 활용하였다. 김좌진이 병사들의 잘못으로 기합을 줄 때에도 이 공간을 이용한 사례가 있다.

한편 대한군정서 관할 구역에 있는 대다수의 사람들이 대종교 신자들이었던 까닭에 모연대(募捐隊)를 통한 군자금의 징수와 모금이 훨씬 수월했다. 일제강점기 대종교의 교당은 곧 학교이자 독립운동의 전초기지였다. 그러므로 그들이 내는 종교적 성금은 곧 후학을 기르는 학자금인 동시에 항일투쟁을 위한 군자금이었다. 당시 관할 지역 교포의 7할 이상이 대종교도였기에 가능한 일이었다. 대종교의 확장 곧 독립운동의 확장이었다는 이범석의 주장과도 합치된다.

또한 대한군정서 독립군들 대부분이 대종교의 신앙에 뭉쳐서 파벌이나 사리잡념이 없었고 광명정대했다 한다. 그러므로 그들은 10월 상달이 되면 돌로 제단을 쌓아, 어려운 재정에도 불구하고 돼지와 소를 잡아 제천보본하고 우리나라의 독립과 민족의 영원한 번영을 빌었다. 이 역시 대종교 군사제천(軍事祭天)의 전통과도 그대로 부합하는 주장이다. 대종교단에 전해 내려오는 아래의 신가(神歌, 어아가·얼노래) 내력을 알면 이해할 수 있을 듯하다.

"이 신가(얼노래)는 어느 시대부터 비롯된 것인지는 알수 없으나, 고사기(古事記)에 '동명성왕 시절 제천 때가 아니더라도 항상 이 노래를 불렀으며, 광개토대왕 시절 전쟁에 임할 때에 군사들에게 반드시 이 노래를 부르게 하여 사기를 북돋웠다'고 한다"

청산리독립전쟁 당시 대한군정서의 연성대장으로 참전한 이범석은, 청산리전쟁의 승리 또한 대종교라는 신앙의 힘과 민족정신에 불타는 신념의 결과라고 말하고 있다. 서일과 현천묵의 군교일치·수전병행의 행동가치가 승리의 원인임을 알게 해 준다. 서일 총재와 현천묵 부총재를 비롯한 말단사병, 심지어는 경신조직에 참여한 민간인들까지도 대종교 정신으로 무장된 이념집단이었기에 가능했던 것이다. 그러므로 청산리전투에서 대패한 일제는, 그들이 당한 수모를 대종교도들에 대한 무차별 학살로 앙갚음했다. 당시 희생당한 대종교도들만도 수만 명이 넘었다는 것이 대종교 내부의 증언이다.

대한군정서의 경신국(警信局) 조직을 이해하면 이러한 군교일치의 지향이 더욱 확연해진다. 경신국이란 경사(警査)와 통신(通信)을 담당하는 기관이었다. 경사 업무는 민정시찰, 각 단체의 행동과 적정(賊情) 정찰, 군사기밀조사, 내부 불순분자 색출, 임원 경호 등이었다. 또한 통신 업무는 신보(新報) 전파, 보도 및 통신 전달, 서령(署令) 및 선유문(宣諭文) 배포, 하물(荷物) 운반 등을 관할하였다. 대한군

정서의 경신국 조직이 39분국까지 펼쳐졌다는 점도 흥미롭다. 각 분국을 보면, 소분국은 1과에서 대분국은 20과까지를 두어 총 218과를 운영하고 있었다. 더욱이 그 분국장이나 과장들이 모두 대종교인들이었다. 대한군정서 경신국 조직이 대종교의 시교당·포교소 조직과 동일체라는 것이 드러나고 있다.

현천묵은 청산리전쟁과 자유시참변 이후인 밀산 등지로 옮겨다니며 항일투쟁의 길을 모색하였다. 그러던 중 대종교지도자로 대한군정서를 이끌던 서일의 자결 소식을 접하고 현천묵은 서일의 자리에 서게 되었다. 당시의 상황에서 무장투쟁을 견지한다는 것은 현실적으로 불가능하다고 판단되어 본부를 영고탑으로 옮김과 동시에 대종교 포교를 위해 각지에 학교를 세울 것을 계획하고, 당시 대종교 교주인 김교헌과 함께 해림(海林)·하얼빈 등지에 포교기관도 세웠다. 또한 대한군정서의 주요 간부였던 이섭(李燮)·윤정현(尹珽鉉)·정윤(鄭潤)·김진(金眞) 등의 명의로 대종교시교회창기문(大倧敎施敎會刱起文)을 만들어 각지 동포들에게 배포하였다.

이 창기문은 1922년 중광절(重光節, 음력 1월 15일)을 기해 만들어져 대종교 포교를 통한 항일투쟁의 정신을 고무시켰다. 이를 토대로 같은 해 3월에는 과거 대한군정서 동지들이 서로의 규합을 통한 대종교 포교 활동에도 뛰어들었다. 당시 일제의 간도출병(間島出兵) 이후 사방으로 흩어진 동지들을 규합하여 대종교 확산을 도모하고자 한 것이다. 현천묵을 중심으로 한 대한군정서 인물들은 대종교총본사가 있는 영안현에는 그 본부를 두고 밀산현(密山縣)·액목현(額穆縣)·돈화현(敦化縣) 등 서북간도 각지에 지부(支部)를 만든 후, 각기 학교를 부설하고 상호 연락망을 공고히 하고자 하였다.

현천묵이 1923년 4월에 조직된 만몽산업회(滿蒙産業會)에 참여한 것도 주목된다. 만몽산업회는 영안현 영고탑을 중심으로 만들어진 것으로, 당시 대종교 교주 김교헌이 직접 앞장서 주도한 것이다. 청산리전쟁 이후 각 곳으로 흩어진 대종교 세력을 모아 대종교 재건을 위해 도모된 비밀조직이었다. 만몽산업회에 참여한 주요 인물들을 보면 고문(顧問)으로 이름을 올린 김교헌(당시 대종교 교주)과 현천묵·김좌진·조성환 등과, 최계화(崔桂華)·김영선(金榮璿)·김원식(金遠植)·우덕순(禹德淳)·원풍(元豊)·김규식(金奎植)·강윤선(姜允善)·김영숙(金永肅)·유정근(兪正根)·이재근(李在根)·이종수(李鍾秀) 등, 대종교의 지도급 인사들이 대거 참여하였다.

이후 현천묵의 신민부 참여도 눈길을 끈다. 신민부는 북만주 지역의 대종교계 항일투사들이 목릉현에 모여 부여족통일회의(扶餘族統一會議)를 통해 탄생한 조직이다. 신민부는 대한군정서를 계승한 단체로서, 그 주요 구성원의 대부분이 대종교인이었다. 그러므로 부여정통론의 역사인식을 토대로, 기본철학도 대종교의 중광 이념과 맞닿아 있었으며 그 궁극적인 목적 역시 홍익인간의 실현이었다. 부여정통론이란 부여(扶餘)를 정통으로 보려는 역사인식으로, 우리 고대사의 흐름이 단군조선에서 '부여→고구려'로 이어지는 계통론이라 할 수 있다. 이러한 역사인식은

대종교 중광의 계기를 만들어준『단군교포명서(檀君敎佈明書)』(1904년)에 이미 언급되고 있다. 즉『본교(本敎)의 한줄기 광명이 대황조님을 숭봉하는 본류 중 한 지파의 혈통을 이은 후손인 부여 집안에 귀하게 전해져 고구려가 새로 일어날 때…』라는 구절에서 암시받을 수 있다.

홍익인간은 조국(肇國)의 국시(國是)이자 대종교의 교의(敎義)다. 국시란 국민 전체가 지지하는 국가의 이념이나 국가 정책의 근본 방침을 말한다. 홍익인간은『삼국유사』의 단군사화에 나오는 고조선의 건국이념이다. 옛날 환인의 서자(庶子) 환웅이 천하에 뜻을 두고 자주 인간세상을 탐내어 찾았다. 아버지가 아들의 뜻을 알고 아래로 삼위태백(三危太伯)을 굽어보니 '인간을 널리 유익하게[弘益人間]' 할 수 있는 곳이었다. 그리하여 천부인(天符印) 3개를 주어 인간세계로 보내 다스리게 한다는 줄거리로 요약된다. 즉 '하늘이 정해 준 고조선 건국이념(天定國是)'이 홍익인간이다. 그리고 이러한 건국이념은 교화를 중심으로 정치와 종교를 일체화시킴으로써 평화로운 이상국가 건설을 궁극적 목적으로 한 의도와 연결되는 것이다. 대종교지도자들이 백두산 남북마루를 중심으로 배달국이상향을 건설하려던 지향과 맞닿는 가치다.

근대에 들어 홍익인간이라는 용어를 표면화시킨 집단도 대종교다. 대종교의 전래 경전인『신사기(神事記)』에 홍익인세(弘益人世)라는 말로 실린 아래의 내용을 보자.

"삼가 상고 하건데 치화주(治化主)는 한검이시니, 다섯 가지 일들[五事]을 맡으사 널리 인간세상을 유익케 하시며[弘益人世], 나라를 처음 세우사 법통을 만대에 드리우시니라. 세 선관들과 네 신령들에게 명령하사 공경히 직분을 주시어, 사람의 삼백 예순 여섯 가지 일들을 맡아 다스리게 하시니라."

홍익인간에 나타나는 인간의 의미가, 이 시대에 우리가 이해하는 인간이 아니라 '인간세상'의 뜻으로 해석되고 있다. 또한 홍익인세의 통치장치로 등장하는 것이 오사(五事, 主穀·主命·主病·主刑·主善惡)임이 주목된다. 오사란 인간 주생활과 관련된 통치를 말하는 것으로, 먹고 사는 것, 삶 속에서의 위계(位階), 삶의 생로병사(生老病死), 삶의 질서, 삶의 도덕과 윤리 등을 관장한 통치 질서라고 할 수 있다. 그러므로 현천묵과 함께 대한군정서를 이끌던 서일은 오사통치의 의미를 "심고 거둘 때 맞춰하여 백성은 주림이 없고, 행하고 본받음이 마땅함을 얻으니 백성은 어김이 없고, 병 빌미를 알고 미리 막아 백성은 천명을 지키고, 간사한 무리들이 머리 들지 못하니 백성은 송사(訟事)가 없고, 상과 벌이 분명하여 백성은 죄를 범함이 없느니라."라고 새겼다.

현천묵은 신민부의 중앙집행위원과 검사원장으로 참여하여 마지막 열정을 불태웠다. 그는 대종교 항일투사 이현익(李顯翼)의 회고처럼 종교가이자 정치가이며 독립투사였다. 대종교에서는 현천묵의 이러한 초지일관을 귀감으로 받들고, 1927년 1월 16일(음력) 정교(正敎)의 교질과 함께 대형(大兄)의 교호(敎號)를 수여하였다. 1928년 현천묵

의 서거 당시, 국내의 대종교를 이끌고 있던 호석(湖石) 강우는 북만주 영안(寧安)을 바라보며 아래와 같은 추도문을 올렸다.

"아아, 슬프도다 백취(白醉) 선생. 산천이 정기를 모아 생장하신 그 고장은 함경도에서도 북쪽 경성(鏡城)의 남방이었습니다. 자질(姿質)은 영웅 호매(豪邁)하고 인품은 순수 선량하였습니다. 특출한 기개, 활달한 마음에, 의협스러운 높은 기풍, 개결(介潔)한 맑은 지조였습니다. 세상이 소란해지자 마음속으로 분발하여 학교와 서당을 건설하며 사방으로 분주하니 끓어오르는 더운 피로 언제나 교육장에서 울었습니다. 대교(大敎, 대종교-인용자 주)를 숭앙하여 받드는데 게으르고 폐지하는 일이 없이 10년을 한결같은 정성이었습니다. 청파호(靑坡湖) 교당에서 신고(神誥, 三一神誥-인용자 주)를 크게 읽고 한검 교리 널리 펴니, 상교(尙敎)는 천직(天職)이요, 부전(副典, 副典敎-인용자 주)은 인망(人望)이었습니다. 북관(北關)의 호걸이요 동도(東道)의 문장으로, 흰 머리를 흩날리며 청년들을 격려 지도하시었습니다. 오래도록 독실히 믿고 늙으면서 더욱 건강하시니, 백세는 누리리라고 생각하였는데 신병이 어인 일이었소. 풍진 세상에 표박(漂泊)하는 생활, 집과 나라 황량해지니 세상을 개탄하며 오래도록 병석에 누었다가 끝내 저 세상을 가시었습니다. 밀강(密江) 강상에 원한 잠긴 물이 흐르는데, 슬픈 물결은 목메어 울고 수심하는 구름은 처량하게 떠돕니다. 한 마디 소리로 크게 슬퍼하니 태양도 광채가 없습니다.

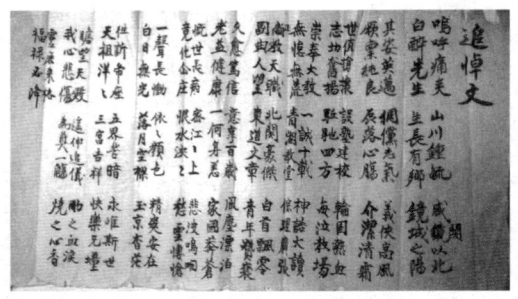

현천묵의 서거 당시 호석 강우가 올린 친필 추도문 原文

보일듯한 그 모습 빈 들보에 지는 달만 비치는데, 정령(精靈)은 어디 계신지 옥경(玉京)이 아득하게 멉니다. 가서 상제 보좌(寶座)에 호소하소서, 한배님 계시오리다. 오계(五界)는 괴롭고 어둡지만 삼궁(三宮)은 길하고 상서롭습니다. 이 세상 길이 떠나서 무강한 쾌락을 누리소서. 천전(天殿)을 우러러 뵈오니, 내 마음 비감하고 멀리서 추도의 의식을 올리며 술을 드리옵니다. 신령이 와서 느끼시면 복록을 반드시 내리오리다."

[참고문헌]
『倧會』제3호(1911년),『종문영질』(프린트본, 1922),『홍암신형조천기』(김교헌 엮음, 대종교총본사, 1954),『대종교인과 독립운동연원』(이현익, 프린트본, 1962),『대종교독립운동사』(박명진, 필사본, 1964).『대종교중광육십년사』(대종교총

본사, 1971), 『대한매일신보』1909.2.17., 『황성신문』 1909.2.21., 『私立實業學校設置關係書類』(朝鮮總督府學務局學務課, 1910), 『野史』권8(1912년 1월 29일 자), 『間島事情』(東洋拓殖株式會社京城支店編, 東洋拓殖株式會社, 1918), 『不逞鮮人 玄天黙을 중심으로 한 會合의 건』(不逞團關係雜件-朝鮮人의 部-在滿洲의 部34, 機密 第247號; 機密受第250號, 한국사DB, 국사편찬위원회), 『臨時報 第172號(大倧敎 設立計劃)』(不逞團關係雜件-朝鮮人의 部-在滿洲의 部36, 關機高收 第5452號-1; 機密受第262號, 한국사DB, 국사편찬위원회), 『독립신문』1924.3.28., 『朝鮮獨立運動』Ⅱ(金正明, 原書房, 1967), 『현대사자료』28(姜德相, みすず書房, 1972), 『독립운동사』5(독립운동사편찬위원회, 1973), 『호석선생문집』(독립운동사편찬위원회, 『독립운동사자료집:문화투쟁사자료집』12, 1977), 『우동불』(이범석, 삼육출판사, 1978), 『지산외유일지』(정원택, 탐구당, 1983), 『남파박찬익전기』(남파박찬익전기간행위원회, 『백농실기(영인본)』(조창용, 독립운동사연구소, 1993), 『한국독립운동사자료』38(국사편찬위원회, 2002), 『백포 서일의 생애와 사상』(김동환, 『만주벌의 혼-독립군 총재 서일』, 백포서일기념사업회, 2011), 「현천묵의 민족운동과 대종교」(박경, 『한국민족운동사연구』90, 한국민족운동사연구회, 2017)

현호(玄昊, 남, 생몰 미상)
입교 시기_ 1913년 이전 | 교질_지교 | 서훈_애국장(2009)

출신지역과 생몰연대를 알 수 없는 인물이다. 호(昊)라는 이름도 대종교 입교와 함께 개명한 외자이름일 듯하나 관련된 자료가 남아있지 않다.
현호의 대종교 입교 및 영계(靈戒) 관련 사항 역시 남아있는 것이 없다. 그러나 비교적 이른 시기인 1913년 어천절(御天節, 음력 3월 15일)에 참교(參敎)의 교질(敎秩)을 받은 기록이 전한다. 그의 대종교 입교가 그 이전에 이루어졌음을 확인할 수 있다. 당시 현호와 함께 참교를 받은 인물들을 보면, 현갑(玄甲, 대종교지도자 현천묵의 장남)·성호(成虎)·백철(白哲, 대종교지도자 백순의 장남)·김경오(金京五)·남형우(南亨祐)·장수(張修)·김현(金玄)·안태진安泰鎭, 안중근의 백부) 등, 대종교 항일투쟁의 핵심인물들이었음이 주목된다. 그리고 1916년 4월 1일(음력)에는 김백(金白)·남규일(南圭一)·이종흡(李鍾翕) 등, 대종교 항일투사들과 지교(知敎)의 교질로도 승질(陞秩)하였다. 현호가 대종교 항일투쟁에 깊이 관여된 인물임을 암시해 준다.

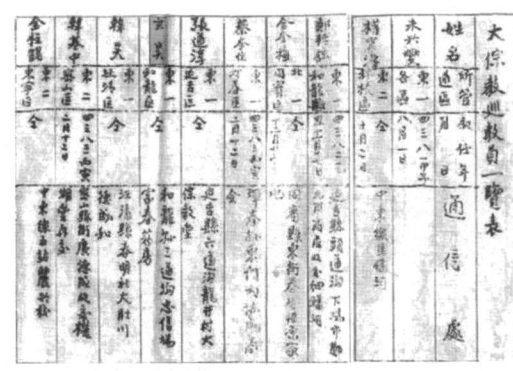

1926년 대종교만주포교금지령 당시 압수 당한 대종교의 문서 가운데 실린 '大倧敎巡敎員一覽表'. 왼편 상단에 玄昊의 이름이 보인다.

더욱이 1926년 2월 12일(음력)에는 대종교순교원(大倧敎巡敎員)으로도 임명되었다. 순교원이란 시교원(施敎員)을 이끌고 관할 구역의 대종교 포교를 책임지는 직책이다. 당시 현호는 대종교 동일도본사(東一道本司) 소속 화룡구(和龍區)를 관할하였으며, 화룡현 삼도구(三道溝) 충신장(忠信場) 부춘약방(富春藥房)에 그 활동 거점을 두고 시무하였다.

[참고문헌]
『종문영질』(프린트본, 1922), 「大倧敎施敎堂一覽表(1926年)」(延边朝鲜族自治州档案馆 全宗号42 目录号1 案卷号343, 和龙县历史档案 和龙县警察所, 令各区查禁韩人设立大倧敎堂由, 民国十五年五月十二日)

현화준(玄華濬, 남, 생몰 미상)
입교 시기_ 1937년 이전 | 교질_ 미상

출신지역과 생몰연대를 알 수 없는 인물로, 1930년대 대종교의 기록에서만 등장하고 있다. 1937년 8월 24일(음력) 왕청현(汪淸縣) 삼차구(三岔口) 대종교 재만교구경상금수납위원(在滿敎區經常金收納委員)으로 임명된 명단에서 현화준의 이름이 등장한다. 경상금수납위원이란 관할 지역의 재정을 관리하는 직책으로, 현화준이 당시 대종교의 중심부에서 활동했음을 시사해 준다. 또한 그의 대종교 입교 시기 역시 상당히 빨랐을 것으로 추정하는 근거라 할 수 있다.
특히 왕청현은 대종교 항일투쟁의 연고가 남다른 곳이다. 1911년 만주 대종교 항일투쟁의 효시가 되는 중광단(重光團)이 만들어진 곳이 왕청현이며, 후일 대한군정서(북로군정서)의 근거 역시 이곳이었다. 그러므로 현화준과 더불어 왕청현 지역 경상금수납위원으로 활동한 현천극(玄天極)·최원일(崔元一)·문장국(文章國) 역시 무장항일투쟁과 뗄 수 없는 인물들이었다. 현화준이 대종교 항일투쟁과 무관치 않음을 확인시키는 정황이다.

[참고문헌]
『대종교보』제115호(1937년)

홍근식(洪勤植, 여, 생몰 미상)
입교 시기_ 1937년 이전 | 교질_ 미상

충청북도 괴산군(槐山郡) 일도면(一道面) 동부리(東部里) 출신이다. 대한제국의 관료로 경술국치의 분통함을 못이겨 자결한 홍범식의 여동생이다. 또한 우천(藕泉) 조완구(趙琬九)의 부인인 홍정식(洪貞植)이 친동생이자, 벽초(碧初) 홍명희(洪命憙)의 고모이기도 하다.
홍근식은 1914년 4월 경성여자고등보통학교를 졸업하고, 1920년 1월에는 정황자(鄭惶子)·박용일(朴容日)·유철경(兪

喆卿)·이영규(李泳奎)·안수경(安守敬) 등과 주식회사 동아부인상회(東亞婦人商會)의 발기인으로 참여하여, 젊은 여성들의 경제활동을 적극 주창하였다. 또한 1925년부터 1930년대 초까지 모교인 경성여자고등보통학교의 촉탁교원으로 근무하면서, 재봉(裁縫) 등과 관련된 후학양성에도 열정을 쏟았다.

洪勤植이 발기인으로 참여한 株式會社 東亞婦人商會의 출범을 알리는 『매일신보』(1920년 1월 31일자) 기사 내용.

홍근식의 대종교 입교 시기나 영계(靈戒) 사항과 관련된 기록은 전하지 않는다. 그러나 그녀가 1917년 3월 18일(음력) 참교(參敎)의 교질(敎秩)을 받은 기록이 남아 있다. 그녀의 대종교 입교가 그보다 훨씬 전에 이루어졌음을 확인시킨다. 또한 그녀는 이정숙(李貞淑)·김삼(金三)·전경순(全京順) 등의 여성들과 같은 날 함께 참교를 받았다. 특히 이정숙은 갑신정변 당시 피살당한 조영하(趙寧夏)의 부인으로, 1906년 6월 명신여학교(明信女學校, 지금의 숙명여자중고등학교)를 설립하고 초대교장으로 취임한 인물이다.

[참고문헌]
『대종교보』제115호(1937년), 『조선총독부관보』제512호(1914년), 『매일신보』1920.1.31., 『조선총독부직원록자료』(한국사DB, 국사편찬위원회), 『고독한 승리』(조규은, 한민출판사, 1993)

홍덕준(洪德俊, 남, 생몰 미상)
입교 시기 _ 1922년 | 교질 _ 참교

경기도 포천군(抱川郡) 출신으로 알려져 있다. 일찍이 간도로 넘어가 간도창의소(間島彰義所) 제2소대의 하사(下士)로 복무하며 항일투쟁에 앞장선 인물이다. 간도창의소는 1915년에 음력 9월 하순경에 안종석(安鍾奭)·한상열(韓相悅) 등이 노령 지역에 거점을 마련하여 조직한 항일단체였다.
홍덕준의 대종교 관련 교력을 보면, 1922년 12월 5일(음력) 대종교 동이도본사(東二道本司)의 추천으로 영계(靈戒)를 받은 기록이 있다. 또한 하루 뒤인 6일에는 참교(參敎)의 교질(敎秩)을 수여받은 기록도 전한다. 그의 대종교 입교가 그 이전으로 올라감을 알 수 있다. 당시 함께 영계를 받은 인물들을 보면, 1919년 6월경 자결운동단대(自決運動團隊)로 조직된 신민단(新民團)에서 활동한 김창순(金昌淳)이 있다. 또한 이경상(李景相)·송응수(宋應洙) 등, 항일투쟁에 앞장선 인물들도 들어있다. 특히 이경상은 대종교 항일단체인 대한군정서 경신국(警信局) 제1분국의 제8과장을

지낸 인물로, 1925년 군자금 모집활동을 전개하다가 간도 일본총영사관 경무서(警務署)에 의해 체포되기도 하였다. 홍덕준 역시 대종교 항일전선에서 꾸준히 활동했을 것으로 추정되나, 이외의 기록은 전하지 않는다.

[참고문헌]
『대종교보』제56호(1922년), 「暴徒首領 安鍾奭 逮捕에 관한 건」(不逞團關係雜件-朝鮮人의 部-在滿洲의 部6, 朝憲警 第76號; 秘受 3312號, 한국사DB, 국사편찬위원회), 『한국독립운동사자료』40(국사편찬위원회, 2004)

홍명도(洪明道, 남, 생몰 미상)
입교 시기 _ 1922년 이전 | 교질 _ 미상

출신지역과 생몰연대를 알 수 없는 인물이다. 일제의 기록에서는 찾을 수 없으며, 오직 1920년대 대종교의 기록에만 등장하고 있다.
홍명도의 대종교 교력을 보면, 1922년 10월 1일(음력) 대종교 의일시교당(義一施敎堂)의 시교원(施敎員)으로 임명된 기록이 있다. 그의 대종교 입교가 그 이전에 이루어졌음이 확인된다. 의일시교당은 북간도 항일투쟁의 본거였던 대종교 동일도본사(東一道本司)가 관할한 시교당이었다. 혼춘현(琿春縣) 순의사(純義社) 남태맹(南泰孟)에 있었으며, 이곳은 함경북도 경성(鏡城)과 두만강을 두고 닿아있는 곳이다. 당시 의일시교당의 전무(典務, 책임자)는 항일투사 채천묵(蔡天默)이 맡았고, 정재호(鄭在鎬)와 강리호(姜利鎬)가 찬무(贊務, 부책임자)로 있으면서 시무하였다. 정재호는 대한민국임시정부의 연통제(聯通制) 사건과 연관된 인물이다. 1919년 4월 임시정부에서 국내비밀조직인 연통제 실시를 공포하자, 동년 7월 서울에서 활동하고 있는 대종교 동지인 명제세(明濟世)로부터 함경북도 연통제 조직을 요청받고 적극 개입하였다. 한편 홍명도와 더불어 시교원으로 임명된 이창욱(李昌旭)이란 인물도 주목된다. 이창욱 역시 남만주 집안현(輯安縣)에 근거를 둔 대한통의부(大韓統義府) 제2중대의 부사(副士)로 활동하였다. 홍명도가 대종교 항일투쟁과 불가분의 인물임을 시사해준다.

[참고문헌]
『대종교보』제56호(1922년), 『대종교중광육십년사』(대종교총본사, 1971)

홍명희(洪命憙, 남, 1888-1968)
아호(별명) _ 벽초(碧初), 가인(可人假人), 백옥석(白玉石)
입교 시기 _ 1910년대 | 교질 _ 미상

충청북도 괴산군(槐山郡) 괴산면(槐山面) 인산리(人山里) 출신이다. 1910년 일제의 병탄에 분개하며 스스로 목숨을 끊은 금산군수(錦山郡守) 홍범식(洪範植)의 아들이자, 국어

홍명희

학자와 한학자로 알려진 홍기문(洪起文)의 부친이다.

일찍이 한학을 익히며 문재(文才)를 드러냈으며, 1902년 서울의 중교의숙(中橋義塾)에 입학하여 처음 신학문을 접하였다. 1906년 일본으로 유학하여 동경의 동양상업학교(東洋商業學校)와 대성중학교(大成中學校)에서 수학하였다. 이 시기 광범한 독서를 통해 서양과 일본의 근대문학과 사상을 적극적으로 받아들였다. 또한 춘원 이광수, 육당 최남선과 교유하며 '도쿄 유학생 중 삼재자(三才子, 세 명의 천재)'라고도 불렸다.

동경 유학시절 홍명희(오른쪽)의 모습. (『삼천리』제1호, 1929년)

홍명희는 1910년 봄 귀국하였다. 그러나 경술국치 당시 부친의 자결로 큰 충격을 받는다. 특히 "죽을지언정 친일을 하지 말고 먼 훗날에라도 나를 욕되게 하지 말아라."는 부친의 유언은 후일 홍명희의 좌우명이 되었다. 1913년 봄 상해로 넘어가, 그 지역 대종교지도자 예관(睨觀) 신규식(申圭植)가 백암(白巖) 박은식(朴殷植) 등을 만나 동제사(同濟社) 활동에 뛰어들었다.

동제사는 1912년 5월 신규식이 주동이 되어 상해 교민들의 독립운동과 상부상조를 위해 만들어진 비밀결사였다. 홍명희가 가담할 당시 동제사에는 신규식을 비롯하여 박은식·박찬익(朴贊翊)·김규식(金奎植)·신채호(申采浩)·조소앙(趙素昻)·문일평(文一平)·여운형(呂運亨)·장건상(張建相) 등 수많은 항일투사들이 참여하였다. 이 조직은 한때 회원이 300여 명에 이르렀고 상하이 본부 이외에도 북경·천진·만주 등과 노령·구미·일본 각지에도 지사를 설치했다. 신규식이 본부의 이사장직을 맡고 총재는 박은식이 담당하여 운영의 중추역이 되었다.

동제사는 홍명희를 비롯하여 그 핵심 인물인 신규식·박은식·신채호·조소앙·조성환·박찬익 등이 민족주의적 역사관과 대종교의 국교적(國敎的) 신앙을 공통으로 가졌던 인물들이다. 그들에 의해 경영되는 동제사의 기본 이념과 독립운동 방략 역시 대종교의 정신이 강하게 투영되었다. 홍명희는 1914년 11월 23일에는 대종교 동지인 김진용(金晉鏞)·김덕진(金德鎭)·정원택(鄭元澤)과 독립운동의 자금기반 조성을 위해 남양군도 지역을 만 3년간 주유하기도 하였다. 홍명희 등은 싱가포르를 중심으로 말레이반도 전역을 돌아다니며 현지의 중국계들 인물들과 접촉하였다. 당시 홍명희 일행이 남양군도로 갈 수 있었던 것 역시, 상해에서 동제사를 이끌며 한인들을 돌봐주고 있던 신규식의 도움이 매우 컸다.

다시 상해로 돌아온 홍명희는 1918년 6월 북경으로 넘어갔다. 그는 대종교의 동지이자 동제사의 사원이었던 정원택과 함께 그곳에서 『조선사』를 집필 중이던 신채호를 방문하였다. 이후 신채호와 한 달 여 동안 문담(文談)과 시국에 관한 의견을 교유하며, 평생지기로서의 막역한 우정을 쌓았다.

홍명희는 1918년 7월 봉천을 거쳐 국내로 귀국하여 고향으로 내려갔다. 그러나 3.1운동 당시 괴산에서 만세운동을 주도한 혐의로 징역 1년 6월의 옥고를 치렀다. 출옥 후인 1921년 서울로 이주한 후 휘문고보와 경신고보 교사로 잠시 근무하였으며, 1923년 7월 대종교청년회장이던 박일병(朴一秉)과 함께 신사상연구회(新思想研究會) 창립회원으로 참여하여 사회주의 투쟁에 발을 디뎠다. 또한 이 모임이 화요회(火曜會)로 개편된 후에도 간부로 계속 활동하였다. 1924년 『동아일보』 주필 겸 편집국장을 시작으로 『시대일보』 편집국장 및 부사장을 역임하였다.

1925년 4월과 12월 화요회의 주도로 1·2차 조선공산당 결성되었으며 여러 단체와의 연계 속에 정우회(正友會)를 발족시켰으며, 1925년 9월 비타협적 민족주의자들이 중심이 된 조선사정조사연구회(朝鮮事情調査研究會) 결성에도 참여하여 좌·우 진영을 망라하는 민족통일전선 추진의 열의를 보였다. 이어 1926년 3월에는 『시대일보』 사장에 올랐으며, 그 해 10월에는 정주 오산학교 교장으로 부임했다가 다음 해 사임하였다.

홍명희는 1927년 2월 신간회(新幹會) 창립에도 가담하여 민족통일전선에 대한 열정을 더욱 심화시켜 갔다. 창립 당시 조직부 총무간사직을 맡아 신간회의 전반기 운영을 주도하다시피 한 인물이 홍명희였다. 특히 대종교 동지인 안재홍(安在鴻)과 더불어, 신간회 지회 설립을 통한 조직 확대에 남다른 열정을 쏟았다. 또한 1928년 6월에는 조선 교육협회의 창립에도 가담하여 대종교 동지인 유진태(兪鎭泰)·이중건(李重乾)·이희석(李喜錫)·최현배(崔鉉培)·신명균(申明均)·정열모(鄭烈模)·이석(李奭) 등과 이사로 참여하여 활동하였다. 그러나 1929년 12월 13일, 광주학생항일운동을 계기로 개최하기로 한 민중대회 사건으로 인해 같은 달 24일 보안법 위반혐의로 체포되어 징역 1년 6월을 선고받았다.

1932년 1월 22일 가출옥으로 출감한 홍명희는 사회적 분위기가 급반전한데 대해 많은 실망을 안게 된다. 신간회는 해소(解消)되고 노동자나 농민들을 통한 대중운동 역시 쉽지 않았다. 일제의 만주 침략 이후 노골화된 탄압이 근본적 원인이었다. 홍명희가 시대를 관망하며『임꺽정』집필에 더욱 몰두하게 된 배경이다.

홍명희는 1939년 말 경기도 양주군 노해면 창동(현재의 서울 도봉구 창동)으로 이주하여 해방될 때까지 은둔하듯 생활하였다. 그리고 창씨개명을 하지 않은 것은 물론, 문필활동이나 강연 등으로 친일에 앞장설 것을 강요하는 일제 당국에 맞서 일체의 사회활동을 중단하고 칩거한 것이다. 그 시기 홍명희의 생활은 혹독한 가난과 무서운 고독과의 싸움이었다. 그럼에도 일제에 대한 타협을 거부하고 끝까지 지조를 지켰다. 해방 후 홍명희가 남달리 평가받는 이유일 것이다.

고향 괴산에서 해방을 맞은 홍명희는 괴산군 치안유지회 회장을 맡아 활동하였다. 이후 조선인민공화국(朝鮮人民共和國)의 고문과 서울신문사 고문, 조선문학가동맹 중앙집행위원장, 에스페란토조선학회 위원장, 조소(朝蘇)문화협회 회장으로 추대되었다. 1945년 12월 15일 결성된 '김일성장군 무정장군 독립동맹 환영준비회'의 위원장을 맡았다. 한편 1945년 12월 '대한민국 임시정부 개선 전국 환영대회'의 부회장으로 홍명희를 추대되는가 하면, 동월 28일 '신탁통치 반대 국민총동원위원회'의 상무위원으로도 선임되었다. 홍명희가 좌우를 넘어 신망 받았음을 알게 해 준다.

홍명희는 1947년 10월 창당된 민주독립당(民主獨立黨)에서도 위원장을 맡았으며, 같은 해 12월 20일 열린 민족자주연맹 결성대회에서는 전형위원(詮衡委員)으로 선임되었다. 1948년 3월 12일에는 김구 등 7명의로 단독선거 반대를 천명하는 '7거두(巨頭) 성명'을 발표하면서, 같은 해 4월 18일부터 30일까지 평양에서 열린 '남북조선 제정당 사회단체 대표자 연석회의', '남북조선 제정당 사회단체 지도자협의회', '김구·김규식·김일성·김두봉의 4자회담' 등을 성사시켰다. 그러나 연석회의 이후 북한에 잔류하면서 조선민주주의인민공화국 부수상, 조선최고인민회의 상임위원회 부위원장, 과학원장, 조국평화통일위원회 위원장 등을 역임하고 1968년 3월 5일 노환으로 사망하였다.

[주요 저술과 사상]
홍명희는 동경 유학시절인 1909년 3월『대한흥학보』에「일괴열혈(一塊熱血)」을 시작으로 여러 편의 글을 발표하였다. 일제강점기『동아일보』와『조선일보』를 비롯한 신문들과『개벽』·『별건곤』·『삼천리』·『신천지』·『근우』·『현대평론』·『동명』 등의 잡지에 실린 글들이 그것이다.

홍명희 문학정신의 저류(底流)는 민중정신이다. 그것을 바탕으로 솟구쳐 나는 사회개혁의 지향이 그의 문학을 지탱하는 뚝심이 된다. 1926년 1월『문예운동』제1호에 실린「신흥문예의 운동」에서 그 단초를 찾을 수 있다.『문예운동』은 양대종(梁大宗)이 편집 및 발행을 맡아 백열사(白熱社)에서 출판한 잡지로 조선프로롤레타리아예술동맹(KAPF)의 준기관잡지(準機關雜誌)의 성격을 띠었다. 홍명희의「신흥문예의 운동」이라는 글에서도 계급문학운동의 의미와 그 가능성을 강조하고 있다.

홍명희의 문학이론이나 사상에서 또 하나 특이한 점은 우리의 전통에 대한 응시라 할 수 있다.「조선문학원류약론(朝鮮文學源流略論)」(『청구학총』, 1931)이나「이조문학논의(李朝文學論議)」(『삼천리문학』, 1938) 등의 고전문학 관계 논문만이 아니라,『임꺽정』(『조선일보』에「林巨正傳」으로 1928년 11월 21일 자부터 연재)과 같은 소설에서 찾을 수 있다. 또한「대 톨스토이의 인물과 작품」과 같은 외국 대문호(大文豪)에 대한 인물론이나,『학창산화(學窓散話)』(조선도서주식회사, 1926)라는 제목으로 엮어진 수필집도 전한다.

그 중에서도『임꺽정』은 홍명희 문학의 백미로 그의 문학사상이 집대성된 작품이다. 어지러운 조선 중기,『조선왕조실록』속에 지방의 도둑으로 간략히 언급되어 있는 임꺽정의 행적을 그의 민중의식을 담아 방대하게 그려내었다. 이 작품은, 홍명희 스스로 언급했듯이, 반봉건적인 천민계층의 인물을 내세워 조선시대 서민들의 생활양식을 총체적으로 형상화하고 있는 것이 특징이다. 이 작품 속에서 귀족계층의 계급적 우월성이 배격되고 오히려 천민의 활약을 당위론적인 측면에서 그려 보이고 있는 것은 작가가 지니고 있는 민중의식 즉 계급적 의식과 세계관을 암시하는 것으로 볼 수 있다.

홍명희의 대하연재소설「林巨正傳」1회를 실은『조선일보』(1928년 11월 21일)

흥미로운 것은 임꺽정이란 인물이 홍명희의 동명소설 이전에는 거의 알려지지 않았던 인물이라는 점이다. 민중야사처럼 흘러오는 천한 인물의 활약상을 예술적으로 형상화하여, 당시 식민지 조선민중들에게 삶의 활력소를 던지고자 한 작가의 의도를 암시받을 수 있다. 더구나 이 작품이 식민지 현실의 모순 그 자체보다도 봉건적인 체제모순에 더욱 비판적인 점은 특기할 만하다. 또한 이 소설에서 다양한 삽화를 처리하는 서사적 기법과 풍부한 토속어의 구사력도 간과할 수 없는 부분이다. 그 서사적 기법의 사용을 통해 조선시대 사회상과 풍속을 재현하는 데에 크게 기여한 것으로 평가되고 있다. 더욱이 풍부한 토속어의 사용은 다양한 어휘구사를 넘어 향토적 친화력, 시대적 현재성이라는 문학적 가치를 더욱 돋보이게 해주고 있다.

한마디로 이 작품은 봉건제도에 저항하는 백정출신의 도적 임꺽정의 활약을 통해 조선시대 민중들의 생활상을 생생하게 재현한 점에서, 식민지시대의 대표적 역사소설이자 한국근대소설사상 기념비적인 작품으로 평가된다.

[교력]
해방 이후 대종교단 내의 일부 원로들은 홍명희를 김두봉(金枓奉)과 더불어 단군이상주의자로 평가하기도 하였다. 그에게 있어 단군의 의미가 남달랐음을 말해주는 부분이다. 홍명희가 일본 유학시절인 1909년 3월에 발표한 「일괴열혈(一塊熱血)」(『대한흥학보』 제1호)에 그 이해의 단초를 찾을 수 있다. 「일괴열혈」은 그의 사상이 가장 잘 집약된 논설로, '한 자손의 피끓는 의기' 정도로 새길 수 있을 듯하다.

홍명희는 이 글에서, 우리 수천만 단군의 후예들이 슬픈 지경에 빠진 최대 원인을 과거 당쟁(黨爭)으로 진단하였다. 그로 인해 한국 인민들이 단합심(團合心)과 독립심(獨立心)이 결여되고 고식심(姑息心)과 의뢰심(依賴心)이 넘치게 되었다고 이해했다. 그리고 홍명희는 아래와 같이 힐난하였다.

"돌이켜 생각할지어다 우리 동포여! 여러분은 모두 단군의 자손이라. 단군의 영(靈)이 하늘에 있어 여러분의 행하는 일을 굽어보시면, 골육(骨肉)의 상쟁(相爭)함이 남만 좋은 일 시키는 것과 같아 우리의 모든 것을 그들의 손에 넘겨주는 것이니, 여러분 누가 불초의 자손이 아니라 할 것인가. 다시 생각할지어다 우리 동포여! 여러분은 모두 만물의 영장인 인간이다. 단군고택(檀君故宅)에 불길이 타오르려 하는데, 그 불길을 잡아야 할 사상(思想)은 조금도 없고 어린아이들이 서로 힐난(詰難)하며 불 속으로 버려짐을 앉아서 보기만 하니, 집안의 제비는 불길이 다가와도 알지는 못하지만 자모상포(子母相哺) 하는데, 알아도 당할 수밖에 없는 여러분은 차가운 눈초리로 방관하는 것이 제비와도 비교치 못할 민족이라 욕먹을 것이다."(현대어법에 맞게 번역·윤문한 것임)

홍명희의 단군 이해가 보통을 넘어서고 있음을 말해 준다. 단군을 우리의 시·공간을 아우르는 정체성(正體性)으로 파악하고 있기 때문이다. '단군의 자손', '단군의 영', '단군고택'이라는 수사(修辭)가 그것이다. '단군의 자손'이란 우리 민족의 혈연성을 강조하는 것으로 배달민족과 동일한 의미다. '단군의 영'은 배달정신과 통하는 말로 우리 민족의 구심점을 뜻한다. '단군고택' 역시 배달고토(倍達故土)와 같은 용어로써 단군의 나라와 다르지 않다. 그러므로 이 글은 단군의 후손으로서, 단군정신을 통해 올바른 단군의 나라를 보전하자는 내용으로 받아들일 수 있다.

한편 유교를 국시로 하는 조선조에서는 기자(箕子)가 우선이었다. 우리 역사의 정체성과는 너무 거리가 멀었다. 조선을 설계한 정도전(鄭道傳)은 조선 건국 당시 국호(國號)를 정함에 있어, 팔조교(八條敎)와 홍범(洪範)을 전한 기자를 기리면서, 조선이 기자조선을 계승하여 입국하였음을

분명히 밝히고 있다. 또한 주무왕(周武王)과 공자(孔子)에 대한 흠모를 내세워, 조선을 동주(東周)로까지 연결시키고 있다. 그러므로 조선에서의 단군은 단지 민족 시조로서 혈연적 의미만이 부여되었던 반면, 기자에게는 한국 사회에 유교를 최초로 도입함으로써 한국 사회를 질적으로 변화시켜 놓은 문화적 군주이자 고조선의 실질적인 비조라는 의미가 부여되었다.

홍명희가 「一塊熱血」에서 단군정신을 강조한 부분.

이렇듯 성리학을 내세운 조선에서의 단군은 종교적·문화적 중심축인 기자에 밀려 형식적·혈연적 시조 정도로 치부되었다. 이러한 인식은 구한말까지 지속되었다. 『독립신문』(독립협회 기관지)이나 『황성신문』 그리고 1906년에 결성된 서우학회(西友學會:후일 西北學會로 개편)와 더불어 『대한매일신보』라는 매체에서의 단군 부각은 그나마 위안이다. 1905년 정교(鄭喬)와 최경환(崔京煥)이 편찬한 『대동역사(大東歷史)』에서도 단군조선을 서술함에 있어, 우리 민족이 단군시대부터 문물제도와 문화를 갖춘 민족이었음을 강조하기도 했다. 그러나 이러한 인식들 또한 기자와 단군을 병치시킨 단기적(檀箕的) 역사인식을 크게 벗어나지 못하였다. 이것은 단군이 기자로부터 완전히 벗어나지 못했다는 것을 의미하는 것으로, 당시까지도 유교적 굴레 속에 갇혀 있었음을 암시하는 부분이기도 하다. 그러므로 유교적 족쇄로부터 완전히 풀려난 단군인식은 20세기 대종교의 등장에서 찾을 수 있다.

홍명희의 「일괴열혈」에 나타나는 단군 이해는 탈유교적 단군의 모습을 선명히 보여주고 있다. 이 글이 주목되는 이유다. 단군의 후손이기에 단군 정신으로 단군의 나라를 보전하자는 것은, 유교 일변도인 기자 중심의 사고로부터 완전히 벗어났다는 것을 의미하는 것이다. 홍명희가 이 글을 발표한 시기는 동경 유학 시절인 1909년 3월이다. 대종교가 중광(重光)한 날은 1909년 1월 15일(음력)로, 양력으로 환산하면 2월 5일이다. 「일괴열혈」이 대종교가 중광한 직후에 발표된 것임이 확인된다. 다만 홍명희가 이른 시기에, 어떠한 루트로 한민족정체성으로서의 단군관을 갖게 되었는지는 좀더 구명해야할 부분이다.

홍명희의 대종교 입교 시기나 영계(靈戒) 사항에 대한 기록은 전하지 않는다. 그러나 홍명희는 1910년대 초반에 대종교에 입교한 인물로, 그 기반 위에서 그의 사상적 외연을 넓혀 갔다. 다만 해방 이후 대종교단 내에서, 북으로 넘어가 부수상까지 역임한 홍명희에 대한 언급은 금기시되어 왔다. 사회주의(공산주의) 인물들에 대한 피기(避記) 현상 때문이다.

홍명희의 고모(姑母)인 홍정식(洪貞植)은 대종교지도자 조완구(趙琬九)의 부인이다. 조완구는 경술국치 이전 박은식과 함께 대동교(大同教)를 창건하여 유교개혁운동에 앞장섰던 인물이었다. 그러나 1909년 대종교의 등장과 함께 대종교에 입교하여 1910년 대종교 시교사(施教師)로 임명되었으며, 이후 나철(羅喆)의 신뢰를 깊이 얻어 대종교의 중추적 역할을 담당했다. 홍명희의 대종교 입교도 이 무렵 조완구의 영향에 의해 이루어졌을 듯하나 확인할 자료는 전하지 않는다. 홍정식 역시 여동생 홍근식(洪勤植)과 함께 1916년 3월 18일(음력)에 대종교 참교(參教)의 교질(教秩)을 받았음을 볼 때, 1916년 이전에 이미 대종교에 입교했음을 알 수 있다. 더욱이 홍정식은 1917년 3월 18일 지교(知教)의 교질까지 오른 인물이다. 당시 대종교단 내에 여자로서 지교 이상의 교질은 4명[기길(奇姞)·류정구(柳貞姤)·강의경(姜儀卿)·김덕이(金德履)] 뿐이었다. 홍정식의 대종교단 내에서의 위상이 상당했음을 시사해 준다.

이러한 정황에서 보면 당시 홍명희와 대종교와의 깊은 관계도 쉽게 유추할 수 있다. 대종교 항일투사인 박명진(朴明鎭)이 홍명희를 1910년대 후반 대종교남도본사의 핵심 교인으로 꼽았던 것에서도 확인된다. 박명진은 당시 지석영(池錫永)·김윤식(金允植)·안재홍(安在鴻)·신백우(申伯雨)·정열모(鄭烈模)·류근(柳瑾)·정인보(鄭寅普)·명제세(明濟世)·장도빈(張道斌) 등과 더불어 홍명희를 언급하고 있다.

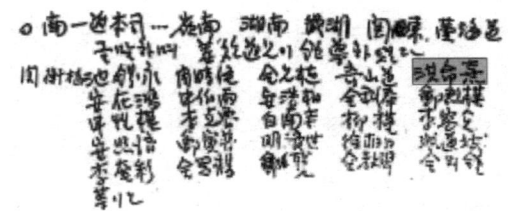

박명진의 『대종교독립운동사』에 기록된 1910년대 후반 대종교 南道本司 소속 주요 교인 명단. 오른 쪽 상단에 洪命熹(네모 안)라는 이름이 적혀 있다.

상해로 건너간 홍명희가 그 지역 대종교지도자 신규식·박은식이 주도하는 대종교계 비밀단체인 동제사나 자유당을 거점으로 활동한 배경도 이해할 수 있는 부분이다. 신규식이 홍명희를 애타게 그리며 자신의 심경을 터뜨린 시나, 대종교적 기원을 통해 자신의 삶을 하소연한 시에도 대종교 후배인 홍명희에 대한 의지가 상당했음을 알 수 있다. 해방 이후 대종교 총전교(總典教, 교주)까지 지낸 정원택의 기록인 『지산외유일지(志山外遊日誌)』 등을 살피더라도 상해 시절 홍명희는 대종교와 늘 함께 있었음이 확인된다.

홍명희가 대종교 동지인 김진용·김덕진·정원택 등과 남양군도의 주유를 떠날 당시, 신규식이 읊어준 칠언율시도 주목을 끈다. 신규식은 홍명희를 보내면서, 대종교 천궁(天宮, 단군대황조를 모셔 놓은 장소)에서 종교의식을 거행하며 「가인에게 드리다(贈可人洪命熹)」라는 아래와 같은 시를 지었다.

聞名江戸才華富　뛰어난 천재라 일본에서 이름 떨치고
握手中原肝膽披　중국에서 손잡으며 속마음 펼쳤어라
昭告天宮皇祖在　한배검 계신 천궁에 우러러 고하니
宣盟海上偉人知　해상에서의 맹세 위인도 아는구나
併生一世寧無意　한 세상 함께 하며 어찌 뜻이 없으랴
好伴青春可有期　좋은 청춘 더불어 또 만날 수 있으리라
此去萬山千水路　이번 떠나는 길 험하고도 험하리니
願君珍重勉旃之　보배로운 자네, 몸 중히 여기시게

[참고문헌]
『대종교독립운동사』(박명진, 필사본, 1964), 『대한흥학보』제1호(1909년), 『동아일보』1928.6.18., 『조선일보』1928.11.21., 「自叙傳」(홍명희, 『삼천리』제1호, 1929년 6월), 「街頭에서 본 人物(1)-洪命熹氏」(『혜성』제2권 제3호, 1932년 3월), 「當代處士 차저(1), 淸貧樂道하는 當代處士 洪明憙氏를 찾어」(홍명희, 『삼천리』제8권 제4호, 1936년 4월), 「洪命熹論(人物 月評)」(朴學甫, 『신세대』제1권 제1호, 1946년 3월), 「碧初論」(이원조, 『신천지』제1권 제3호, 1946년 4월), 『한국유이민사』상(현규환, 어문각, 1967), 『지산외유일지』(정원택, 탐구당, 1983), 『홍명희-어느 민족주의자의 생애』(홍기삼, 건국대학교출판부, 1996), 『벽초 홍명희 평전』(강영

주, 사계절, 2004), 『한국현대문학대사전』(권영민, 서울대학교출판부, 2004), 『한겨레』2008.7.3., 「홍명희의 문학과 사상」(채진홍, 푸른사상, 2018), 『예관신규식전집』1(예관신규식전집편집위원회, 2019)

홍범도(洪範圖, 남, 1868-1943)
아호(별명) _ 여천(汝千), 비장군(飛將軍)
입교 시기 _ 1910년대 | 교질 _ 미상 | 서훈 _ 대한민국장(2018)

홍범도

지금의 평양직할시 중구(中區) 외성리(外城里) 출신이다. 일찍이 노동자 생활을 전전하였으며 1893년부터 10여 년간을 포수로도 생활하였다. 1907년 군대 해산과 함께 「총포 및 화약류 단속법」이 공포되자 이에 불복하며 2백여 명의 동지들을 규합하여 본격적인 의병활동을 전개하였다.

홍범도는 1913년 노령 연해주 블라디보스토크로 망명하여 노동자로 일하면서 군자금으로 비축에 노력하였다. 또한 권업회(勸業會)의 사찰부장으로 활동하며 동지 규합에 앞장서는가 하면, 김만겸(金萬謙) 등이 주축이 되어 건설한 대한국민의회(大韓國民會議) 간도·혼춘(琿春) 지부의 지원을 받아 반일·반백위군(反白衛軍) 투쟁을 전개하였다. 1919년 대한독립군(大韓獨立軍)으로 개칭·재편하고, 1920년 5월 28일 봉오동에서 군무도독부(軍武都督府), 국민회군(國民會軍) 및 신민단(新民團)과 연합하여 대한북로독군부(大韓北路督軍府)를 결성하고 북로제일군(北路第一軍) 사령부장에 선출되었다.

홍범도는 1920년 6월 7일 새벽 봉오동(鳳梧洞)에서 적 300여 명을 사상시키는 승전을 올렸다. 또한 1920년 10월 대종교 항일단체인 대한군정서(북로군정서) 부대 등과 연합하여 청산리의 백운평(白雲坪)·완루구(完樓溝)·천보산(天寶山)·고동하곡(古洞河谷) 등에서 미증유의 청산리 대승리를 거두었다. 이에 대한 보복으로 일제의 경신대토벌(庚申大討伐)이 자행되자 독립군 부대들은 밀산(密山)으로 이동하여 재집결하였다. 그리고 1921년 4월 노령 이만에서 노령·만주의 36개 독립운동단체가 모여 대한독립군단(大韓獨立軍團)이 조직되자, 홍범도는 대종교지도자 서일(徐一) 총재 다음의 부총재로 선출되었다.

홍범도 부대는 자유시사변(自由市事變) 당시에도 엄격한 중립을 지켜 별다른 피해를 입지 않았다. 그리고 1921년 11월 독립군부대들이 제3인터내셔널 동양비서부에 의해 소비에트 적군 제5군단 직속 한인 여단으로 개편되면서, 이르쿠츠크 고려공산당의 오하묵(吳夏默) 측에 가담하였다. 이어 극동인민대표대회의 한인대표, 고려중앙정청(高麗中央政廳)의 고등군인징모위원(高等軍人徵募委員)으로 활동하는가 하면, 1927년에는 정식으로 러시아 공산당에도

입당하였다.

그러나 1937년 스탈린의 한인강제이주정책에 의해 카자흐스탄 공화국으로 강제 이주를 당한 홍범도는, 그곳 크즐오르다에 위치한 고려극장의 수위장과 우슈토베 지역의 정미소 노동자로 일하다가 1943년 1월 25일 사망하였다. 그리고 70여년이 지난 2018년 8월 18일, 그의 유해가 국내로 봉환되어 대전국립현충원 제3묘역에 안장되었다.

[교력]

홍범도는 1910년대 초반에 대종교에 입교한 인물이나, 관련 기록은 전하지 않는다. 또한 해방 이후에도 대종교단 내의 사회주의(공산주의) 관련 인물들에 대한 기록 회피 현상으로, 그에 대한 체계적인 기록이 없다.

홍범도는 체계적으로 지식을 쌓은 유림은 아니었다. 따라서 그의 독립운동에 있어서의 이념적 배경 역시, 일반적인 이념 유형으로 접근하기는 많은 어려움이 따른다. 그의 사상적 편력에 대하여 설왕설래가 많은 이유도 같은 맥락일 것이다. 우리 학계에서는 대체로 홍범도를 민족주의자로서 인식하고 있다. 그러나 연변과 소련 등지의 일각에서는 그를 프롤레타리아 출신으로 거병하여 일제와 싸우다가 나중에 사회주의자로 전향 발전한 모범적 사례로서의 영웅적 인물로 파악하고 있다. 물론 어떤 시각이 정확한 것인가는 쉽지 않은 판단을 요한다. 분명한 것은 홍범도 항일투쟁의 이념은, 그 어떠한 것이라도 국권회복으로 수렴된다는 점에서는 이론이 없을 듯하다.

주목되는 것은 홍범도 항일투쟁의 이념적 배경이 단군이라는 의미와 적지 않게 연관된다는 점이다. 일제하 단군은 이념과 종교를 초월한 중심이었다. 홍범도를 비롯한 의병활동에서도 이러한 분위기가 발견된다. 3.1독립만세운동이 일어나자 서간도 각지에 흩어져 있던 의병장, 보약사(保約社) 대표, 농무계(農務契) 대표, 포수단(砲手團) 대표 등 560여명이, 유하현(柳河縣) 삼원포(三源浦) 서구(西溝) 대화사(大花斜)에 집결하여 종전의 각 단체를 해산하고 대한독립단을 조직하여 「대한독립단선언문」을 발표하였다. 그 발표한 날이 바로 대종교의 어천절(御天節)인 음력 3월 15일이었다. 대한독립단에 깔린 정신적 배경이 대종교와 무관치 않음을 알게 해 주는 부분이다.

박명진의 『大倧敎獨立運動史』(필사본)에 실려 있는 1910년대 후반 대종교 동이도본사의 주요 교인 명단. 洪範圖(네모 안)라는 이름이 보인다.

비록 홍범도의 대종교 입교 기록은 유실되었지만, 신흥무관학교 출신으로 서로군정서에서 활동한 박명진(朴明鎭)의 기록에는 1910년대 후반 대종교 동이도본사(東二道本司)의 주요인물로 홍범도의 이름이 올라 있다. 당시 동이도본사는 노령 연해주 블라디보스토크 지역과 동북만주 일대를

관할한 대종교 교구로, 홍범도와 함께 최재형(崔在亨)·이화(李華)·김익형(金翼衡)·이범윤(李範允)·최우익(崔友翼)·허련(許煉)·황강(黃剛)·허철(許澈) 등의 이름이 주요 교인 명단에 올라 있다.

이현익(李顯翼)의 기록도 주목된다. 이현익은 일제강점기 대종교 항일단체에서 활동한 대종교 항일투사다. 그는 자신의『대종교인과 독립운동연원』이라는 기록에서, 홍범도가 김교헌·서일·윤세복·이시영·이동녕 등등의 인물들과 함께 백두산을 중심으로 중국이나 러시아 지역에 흩어져 사는 동포들을 국교정신(國敎精神)으로 결합하는데 앞장섰다고 적고 있다. 또한 민족전통을 계승하고 풍찬노숙으로 생명과 재산을 오로지 이 나라 이 민족에 바친 인물임을 밝히고,

> "북로군정서 사관(士官) 설립에 밀접한 역할은, 김소림(金嘯林, 본명은 金虎翼으로 金虎라는 외자이름을 쓰기도 함-인용자 주) 선생이 홍범도 장군과 같이하신 것이다. 당시 대종교로서는 자주적 정신의 철저성 없이는 교인이 될 수 없고, 교인이 아니면 이 단체에 가입할 수 없었다."

라는 내용도 적었다. 홍범도가 단군신앙에 깊숙이 들어와 있었음은 확인시켜 준다. 또한 "당시 대종교총본사는 북간도에서, 홍범도 장군은 노령에서, 김소림 선생은 무송(撫松)에서, 이시영 선생은 통화(通化)에서, 천산(天山)을 중심으로 수천 리 주위에 정립하여 각기 기반을 닦았으니, 실로 대종교 중광으로 인한 천신대도(天神大道)의 광명인 것이다."라는 기록에서는, 홍범도와 대종교의 관계를 더욱 분명하게 드러내 준다.

그러므로 이현익은 대종교 정신을 통해 항일운동에 참여했던 사람 100여명을 열거하며 홍범도를 넣었다. 이현익이란 인물은 만주 대종교 항일운동의 일선에서 활동했던 인물로, 홍업단(興業團)에서의 활동과 함께 광정단(匡正團)에서는 북부외교장(北部外交長)으로도 활약했다. 또한 신민부(新民府)에서는 이승림(李承林)이라는 이름으로 활동했을 뿐만 아니라 대종교의 비밀조직인 귀일당(歸一黨)에서는 이일림(李一林)이라는 가명으로 항일운동을 한 인물로서, 당대의 정황을 누구보다도 잘 아는 인물이라는 점이다.

또 하나 눈길을 끄는 것은 단군계열인 단학회(檀學會)라는 비밀집단의 기록이다. 홍범도가 깊숙이 개입하여 활동했음을 알려주기 때문이다. 이 집단은 1914년에 만들어진 단체로 총회원이 5만여 명에 달했다 한다. 물론 이 집단과 대종교의 관련성 역시 파악하기 힘들다. 그 중심인물로는 운초(雲樵) 계연수(桂延壽), 단매(檀梅) 이관집(李觀楫), 석천(石泉) 최시흥(崔時興), 송암(松岩) 오동진(吳東振), 백하(白下) 김효운(金孝雲), 벽산(碧山) 이덕수(李德秀), 일봉(一峰) 박응백(朴應伯), 창춘(昌春) 양승우(楊乘雨), 직송(直松) 이용담(李龍潭), 국은(菊隱) 이태집(李泰相), 녹수(綠水) 서청산(徐靑山), 백주(白舟) 백형규(白亨奎) 등 12선인(仙人)이 등장한다. 모두 항일투쟁의 거물들이었다. 그들은 굳은 제천혈맹(祭天血盟)을 맺고, 민족주의 교학(敎學)과 사관(史觀) 정립을 통해 항일독립통일을 위한 진선(陣線)을 확대하는데

힘을 기울였다. 그 이듬해에는 백암(白岩, 李裕岦의 기록에는 홍범도의 호를 汝千이 아닌 白岩으로도 적고 있다) 홍범도, 석주(石洲) 이상룡(李相龍)의 동조를 얻고, 그해 10월에 박응룡(朴應龍)·정창화(鄭昌和)·박용염(朴龍琰)·김병주(金炳周)·이용준(李龍俊)·이봉우(李奉瑀)·허기호(許基浩)·신찬정(申瓚禎)·이양보(李陽甫)·주상옥(朱尙玉)·이동규(李東奎)·김석규(金錫奎)·손영린(孫榮麟)·이진무(李振武) 등, 14명이 추가로 발기문에 서명하여 모두 28명의 발기인이 참여하였다. 아래의 발기문을 보면, 당시 단학회의 사상적 지향이 무엇인가가 확인된다.

> "국가의 독립이 오직 자강에 있고 자강의 방법은 또한 구아(求我)함에 있나니, 구지(志志)가 있지 못하면 취향(趣向)이 고몽(瞽朦)할 것이오, 아지(我智)가 개(開)치 못하면 사행(事行)이 결루(缺漏)할 것이오, 아력(我力)이 실(實)치 못하면 아권(我權)이 피탈(被奪)할 것이다. 어허! 거세(擧世)의 인(人)이여 노(奴)의 안(眼)으로 슬(膝)을 굴(屈)하고 아유(阿諛)로 구용(求容)하며 도와서 서로 유인(誘引)하여 방일(放逸)하며, 오타(傲惰)하여 구차스러히 편하려는 시월(時月)뿐이니, 반드시 스스로의 주권의식을 오내(五內)의 속에 충영(充盈)할 수 없는 것을 알 것이다. 사람된 자로서 이미 본성을 잃고, 나라로서 또한 주권을 잃는다면 장차 어떻게 능히 세계문명의 대열에 설 수 있는가.
> 여기에서 아등(我等)이 인(人)의 성(性)! 잃을까 두려워하고, 또다시 나라의 권리! 잃음을 한탄하여, 기어코 조국 고유의 신앙을 회복하고 자강정신을 계발하므로써, 잔아(屠蛾)가 촉(燭)에 부(赴)하려는 조국을 구하고 유자(儒子)의 정(井)에 윤(淪)하려는 민인(民人)을 제(濟)하고자 하여, 우리 배달 6천년의 역사로 하여금 고쳐 다시 탄서경존(呑噬競存)하는 시대에서 만장(萬丈)으로 광휘(光輝)하게끔 할 것이다.
> 연(然)이나 군교(群敎)가 제각기 각립(各立)하고 백가(百家)가 형(衡)을 쟁(爭)하여 마침내 첨인귀일(僉人歸一)의 정신을 견(見)할 수 없으니, 국권의 회복과 인성(人性)의 자진(自盡)함을 그 가히 바라리요. 이것이 곧 아등이 매(昧)를 모(冒)하고 치(恥)를 인(忍)하면서 감히 일성(一聲)으로 질호(疾呼)하여 권(勸)하는 것은, 모두 삼신(三神)을 인식하고 함께 모름지기 '일시무시일 일종무종일(一始無始一 一終無終一)'의 진(盡)함 없는 대도(大道)를 체인(體認)한다면, 곧 천제환국(天帝桓國)의 홍익인간주의가 또한 본래 스스로의 신(神)으로 하고 선(仙)으로 하여 인간세상을 탐구(貪求)하는 무량홍원(無量弘願)이 될 것이 분명하다.
> 고구려의 다물주의가 또한 국정개신(國政改新)·국교발천(國敎發闡)·국부증진(國富增進)·국권회복(國權恢復)·국토통일(國土統一)의 주지(主旨)로 구경목적(究竟目的)이 되는 것이니, 어찌 차(此)를 외(外)로 하여 타(他)에 구(求)할 것이리요. 이것이 아(我) 단학회의 발기하게 된 소이(所以)이다. 오직 아(我) 우국동포는 양심을 격발(激發)하여 염(念)을 송(誦)하고 표(標)를 지(持)케 하여 민족 고유의 성(性)을 복원(復原)하고 휴(携)하여, 광명의 일도(一途)에로 등(登)케 하여, 함께 태평일월(太平日月)을 향

(享)하게 할 것을 이것이 구구(區區)한 소망이로다."

이 발기문을 통해, 단학회의 사상적 배경이 단군정신(三神, 天帝桓國, 弘益人間)과 직결되어 있으며, 그 발기 이유 중에 하나가 고구려 다물정신을 통한 국권회복에 있음을 알수 있다. 또한 '강령삼장(綱領三章)'으로는, 첫째 제천보본을 통한 진리 추구, 둘째 경조흥방(敬祖興邦)을 통한 평화추구, 셋째 홍도익중(弘道益衆)을 통한 통일 추구를 외쳐댔다. 모두 단군정신과 불가분의 관계에 있음이 확인된다.
일제강점기 단학회의 활동 기록도 대부분 멸실되었다. 그러므로 홍범도와 단학회와의 긴밀한 관계 역시 문서로 남아 있는 것이 없다. 단학회 역시 비밀결사적 성격으로 움직였기 때문일 것이다. 해학(海鶴) 이기(李沂)의 유지를 이어 단학회를 개창한 계연수라는 인물 역시 오리무중이다. 알려진 바와 같이 이기라는 인물은, 대종교를 일으킨 홍암(弘巖) 나철(羅喆)과도 두터운 친분을 가졌으며 대종교 중광(重光)의 중심에 있었다.
흥미로운 것은 친형제처럼 가까웠던 나철과 이기의 공통된 시대인식이 '국망도존(國亡道存)'이었다는 점이다. 즉 나철이 대종교를 일으킨 시대적 명분이 '나라는 망했어도 정신은 가히 존재한다(國雖亡而道可存)'는 외침이었고, 이기 역시 그러한 정신적 인식을 그대로 보여주었다. 즉 이기가 자진(自盡)할 때에 계연수의 손을 잡고 유언하기를, "도(道)라 함은 나라가 망했다고 해서 폐(廢)할 수 없고, 나라는 반드시 도가 있음으로써 일어나니, 오직 그대는 힘쓸지어다."라고 말한 것이 그것이다. 나철과 이기의 공통된 인식은, 나라는 망했어도 정신[道]을 잃지 않으면 반드시 국권을 찾을 수 있다는 것이다. 두 사람에 있어 그 도가 바로 단군정신이었다는 점도 일치되고 있다.
이렇게 볼 때, 홍범도가 대종교뿐만 아니라 단학회의 활동에도 깊숙이 참여했던 것도 자연스레 이해가 된다. 홍범도에게는 대종교와 단학회 모두가 단군정신으로 하나일 뿐이었다. 그러므로 홍범도는 대종교의 중심에 있으면서 단학회의 사업에도 적극적이었다. 이기의 감수를 거치고 계연수가 엮어낸 『환단고기』라는 역사책 발간에 적극 후원한 것이 한 예다. 그 서책 앞에 계연수가 적은 범례에 보면, "또 홍범도·오동진 두 벗이 돈을 내어 여러분에게 부탁하여 인쇄해 내는 바, 하나는 자아 인간의 주성(主性) 발견으로 크게 기뻐하며, 하나는 민족문화의 표출이념이 됨으로써 크게 기뻐하며, 하나는 세계인류의 대합(對合) 공존으로써 크게 기뻐하는 바이다."라는 기록이 그것이다.
홍범도를 비롯한 단학회 중심멤버들은 『단학회보(檀學會報)』라는 잡지도 발간했다 한다. 이 잡지 발간의 목적 역시, 단군정신을 통해 잘못된 역사관을 바로 세움과 함께 민족의 올바른 전통과 신념을 세워 국가의 주권을 회복하는데 있었다. 다음의 발간사에서 그 정신을 확인할 수 있다.

"유구한 신시개천의 홍익인간주의 사상과 운동은 육천년 이래의 역사적 사회생활의 근본원리와 전통교육을 확립하고, 삼천만 민족은 항상 이 숭고한 환국(桓國)의

오훈(五訓), 부여의 구서(九誓)를 그 하늘의 부인(符印)으로 하는, 대원일(大圓一)의 원리 원칙에 입각하여 삼만리 신시강토(神市疆土)를 수호하면서, 인격적으로 세계인류와의 공존생활을 추구하고 역사적으로 인류문화와의 화조운동(和調運動)을 힘쓰고 있는 것이다.
우리는 여기에서 '조국의 상징'을 찾아 새로운 이념체계와 올바른 사상방법을 세우고 힘있는 의식화의 조직과 자유로운 사회화의 훈련을 펴면서, 개벽탕평(開闢蕩平) 실사구시(實事求是)의 새 기풍을 진작하고 홍익인간 농촌계발(農村啓發)을 그 핵심으로 한, 지생쌍수(智生雙修) 생활종교(生活宗敎)의 육성과 함께 사회문화 복리시설의 향상에 대한 최진(最眞)·최선(最善)·최미(最美)의 노력을 다하여, 세계인류의 구제와 봉사로써 미개발지역의 이용 확대 계획을 실시하며, 세계 최신 문화와의 대합경쟁(對合競爭)에서 우리의 입장을 천명하여 진정한 민족문화의 건설을 제창하며, 전쟁 폐지 인류애 보급을 근본정신으로 세계연합 인류동화주의의 홍익인간 시대에 알맞은 경제·지식·도덕의 체제를 수립하는 데까지 노력하는 것이다.
이제부터 우리 단학회는 우리의 건전한 주체의식과 민족의 전통 및 그 번영을 선행조건으로 한 민주주의에 포착(抱着)하여 실용적인 격치과학(格致科學)과 주의적(主義的)인 실천윤리를 완전일치로 하는, 그 환국의 '홍익인간 탐구인세(弘益人間 貪求人世)' 정신을 사회적으로 인격화하며, 책화보국(責禍報國) 진제애민(賑濟愛民)의 일시동락(一施同樂) 관념을 복리적으로 확대 발전시키어, 우리의 국토, 우리의 역사, 우리의 문화사상에 대한 위학방법(爲學方法)으로 다시금 되살리어, 현실을 통한 민족의 자주독립 성업(聖業)을 성취하는데 일조가 될 뿐이다.
이제부터 단학회는 재래(在來)의 그릇된 역사관을 바루며 민족의 올바른 전통과 신념을 파지(把持)하여 국가의 주권을 회복하므로써, 우리 자손만대의 복지안전과 세계공동의 자유행복의 길을 터줄 것을 다짐하고 우리는 단학회보를 세상에 전포하는 것이다."

그러나 이 『단학회보』는 1919년 3월 16일 창간호가 간행되어 제8호에서 그친다. 당시 어려운 상황에서도, 회보 발간의 비용은 홍범도의 정신적 동지로 서로군정서총재였던 석주 이상룡이었으며, 홍범도의 절친한 동지인 오동진은 교당(敎堂)과 전토(田土)를 사서 기증하기도 했다고 한다. 마지막으로 그 시기 홍범도가 남겼다는 아래의 칠언율시를 적어본다.

敦修檀學得單傳　단학을 진실로 닦아 깨달음을 얻으니
爲此韓民作指南　이로 인해 한민족이 갈 길을 얻었도다
神市歷年千五百　배달의 시대 일천 오백 년이요
天符眞理一二三　천부의 이치는 삼일의 진리로다
三印心旨驗初日　그 진리 마음에 새겨 새로움을 징험하니
五事綸言想翠嵐　오사를 베푼 말씀 우련히 떠오르도다
仗劍渡江微意在　광복의 의기 마음 속 깊이 있으니
懸崖撒手是奇男　절박함도 아랑곳 않는 이것이 사나이로다

[참고문헌]
『대종교인과 독립운동연원』(이현익, 프린트본, 1962), 『대종교독립운동사』(박명진, 필사본, 1964), 『커발한』제5호(1966년), 『한국유이민사』상(현규환, 어문각, 1967), 「홍범도의 대한독립군의 항일무장투쟁」(신용하, 『한국학보』43, 일지사, 1986), 「아직 표상 없는 雲樵 桂延壽─홍범도·이상룡·오동진과 祭天血盟 활동」(이유립, 『大倍達民族史』5, 高麗家, 1987), 『홍범도장군』(강용권·김택, 장산, 1996), 『신흥무관학교와 망명자들』(서중석, 역사비평사, 2001)

홍범장(洪範章, 남, 생몰 미상)

입교 시기 _ 1922년 | 교질 _ 미상

출신지역과 생몰연대를 알 수 없는 인물로, 대종교 일각에서는 홍범도(洪範圖)의 친족으로도 전해져 오나 이 역시 확인이 안 된다. 일제의 문서에서는 일체 드러나지 않으며, 대종교단 내의 일부 기록 속에만 남아있을 뿐이다.

홍범장의 대종교 교력을 살피면, 1922년 12월 5일(음력) 대종교 서일도본사(西一道本司)의 추천으로 영계(靈戒)를 받은 기록이 있다. 그의 대종교 입교가 그 이전으로 올라감이 확인된다. 당시 홍범장은 방윤풍(方允豊)·김하일(金河一)·박장빈(朴章彬)·이현익(李顯翼) 등 서간도 항일투사 36인과 함께 같은 날 영계를 받았다. 홍범장이 항일투쟁과 무관치 않은 인물임을 암시해 주고 있다.

홍범장은 1924년 3월 25일(음력) 엄호(嚴浩)·정신(鄭信)·최익항(崔益恒)·신명균(申明均)·이균섭(李均燮)·이상호(李相鎬)·심근(沈權)·채규오(蔡奎伍)·한기중(韓基中) 등 15명의 대종교지도자들과 '대종교총본사기본 및 경상금동독위원(大倧敎總本司基本及經常金董督委員)'으로도 임명되었다. 이 동독위원은 대종교 전체의 예산운용을 감독하는 직책으로, 홍범장이 대종교 재정운영의 중심에 섰음을 말해주는 것이다. 또한 동독위원으로 임명된 인물들이 모두 항일투쟁의 거물이었다는 점도 주목된다. 홍범장의 대종교 항일투쟁에서의 위상을 다시금 확인해주는 부분이다.

한편 홍범장은 서일도본사 관할로는 유일한 무송현(撫松縣) 지역을 책임지는 동독위원이었다. 무송현은 1910년대 중반, 후일 대종교 3세 교주를 단애(檀崖) 윤세복(尹世復)이 환인현(桓仁縣)으로부터 거점을 옮긴 후 대종교 서일도구의 중심 역할을 하던 곳이다. 윤세복·김호(金虎) 등이 중심이 되어 조직한 흥업단(興業團)의 활동무대 역시 이곳이었다. 당시 홍범장은 무송현 동문(東門) 안에 있는 고경호(高京鎬)라는 인물을 연락 거점으로 삼고 활약하였으나, 이외의 기록은 전하지 않는다.

[참고문헌]
『대종교보』제56호(1922년), 「大倧敎施敎堂一覽表(1926年)」(延边朝鲜族自治州档案馆 全宗号42 目录号1 案卷号343, 和龙县历史档案 和龙县警察所, 令各区查禁韩人设立大倧敎堂由, 民国十五年五月十二日)

홍병수(洪炳秀, 남, 생몰 미상)

입교 시기 _ 1923년 이전 | 교질 _ 미상

출신지역과 생몰연대를 알 수 없는 인물이다. 대종교단 내에도 일체 전하는 기록이 없어, 그와 관련된 대종교 영계(靈戒) 사항이나 교질(敎秩) 관계 역시 남아 있는 것이 없다. 그러나 일제의 문서를 보면, 형 홍인국(洪仁國)과 1923년 4월에 출범한 만몽산업회(滿蒙産業會)의 주요인물로 이름을 올린 홍병수의 기록이 있다. 만몽산업회는 대종교 재건을 위해 설립된 위장단체로, 김교헌(金敎獻) 대종교 교주를 비롯하여 김규식(金奎植)·최계화(崔桂華)·류정근(柳政根)·김좌진(金佐鎭)·조성환(曹成煥)·현천묵(玄天默) 등, 대종교의 주요지도자들이 이름을 올린 단체였다.

당시 대종교 교주 김교헌은 청산리 독립전쟁 이후 일제의 발악으로 인해 근거를 밀산(密山)으로 옮겨가 훗날의 기회를 보며 은인자중하고 있었다. 그 후 새로운 활동을 위해 영안현(寧安縣)으로 대종교총본사를 옮기고 재기를 도모하기 시작한다. 사방으로 흩어졌던 대한군정서의 간부들 역시 대종교 재건을 위한 구체적 행동을 시도했다. 다만 대종교를 표면적으로 내세우면 일제의 감시를 받을 수 있으므로 위장 명칭이 필요했다. 만몽산업회는 바로 그러한 배경에서 만들어진 것으로 대종교재건회와도 같은 조직이었다. 이 산업회의 구성원들 대부분은 대종교의 핵심이자 독립운동의 거물들로서, 그들은 상해의 임시정부를 하얼빈으로 옮겨 제2의 상해를 꿈꾸고자 하였다.

홍병수는 하얼빈 지역에 거점을 잡고 활동하던 이정근(李廷根)·김정구(金鼎九)·박남섭(朴南燮)··김면하(金面河)·전승묵(田昇黙) 등과 이러한 만몽산업회를 통한 대종교 재건계획에 참여하였다. 이것은 홍병수가 그 이전부터 대종교와 깊이 연관되어 있음을 암시해 주는 부분이다. 그러나 그 외의 기록은 확인할 수가 없다.

[참고문헌]
「大倧敎 設立計劃」(不逞團關係雜件-朝鮮人의 部-在滿洲의 部36, 機密受제262호-關機高收제5452호-1, 한국사DB, 국사편찬위원회)

홍봉철(洪奉喆, 남, 생몰 미상)

입교 시기 _ 1939년 이전 | 교질 _ 미상

출신지역과 생몰연대를 알 수 없는 인물이다. 일제의 문서에서는 등장하지 않으며, 1930년대 대종교단 내에 일부 기록에서만 확인되고 있다.

홍봉철은 1939년 1월 5일(음력, 이하 음력) 대종교총본사의 특선(特選, 특별추천)에 의해 영계(靈戒)를 받은 인물이다. 홍봉철이 특선에 의해 영계를 받았다는 것은, 그 이전에 이미 대종교에 대한 남다른 이바지를 한 인물임을 말해주는 것이다. 또한 같은 날 함께 영계를 받은 인물로는 대종교 항일단체인 신민부(新民府)에서 활동한 이상학(李相學)을 비롯하여 사회주의 항일투쟁을 펼친 조필형(趙弼衡)·김태경(金泰經) 등이 있었다. 홍봉철이 대종교 항일투쟁과도 연결되어 있음을 시사해 준다.

1939년 3월 5일, 홍봉철은 대종교 경일시교당(京一施教堂)의 찬무(贊務, 부책임자)로도 임명되었다. 그 시기 경일시교당은 대종교총본사의 부속시교당과 같은 곳으로 대종교총본사와 함께 있었다. 당시 경일시교당의 전무(典務, 책임자)는 항일지도자 김진호(金鎭澔)였으며, 윤봉훈(尹鳳壎)이 찬무를 맡아 홍봉철과 호흡을 맞췄다. 또한 이희영(李禧榮)이 시교원(施教員)으로 이름을 올려 이들과 함께 시무하였다. 홍봉철은 같은 날 대목단분교당(大牡丹分教堂)의 책임자로도 임명되었다. 이 분교당은 영안현 대목단 지역에 소재한 것으로, 경일시교당의 시교원으로 임명된 이희영이 대목단분교당의 관리에도 함께 참여하였다. 주목되는 것은 이희영의 당시 교질(教秩)이 이미 지교(知教)의 단계에 있었다는 점이다. 그러나 대종교총본사의 특별추천으로 영계를 받은 홍봉철은 참교(參教)의 교질을 받기 전이었다. 그럼에도 홍봉철이 분교당의 책임을 맡았다는 것은 홍봉철의 대종교단 내에서의 비중이 상당했음을 말해준다.

홍봉철은 같은 해 8월 27일 발기한 대종교서적간행회(大倧教書籍刊行會)에도 참여하였다. 대종교서적간행회는 "교화를 보급케 함에는 반드시 문자의 힘을 시뢰(恃賴)할 것이다. 이제 대교 부흥기에 당하야 만구동성으로 종경(倧經) 요구가 날로 높은 터이다. 이 요구를 수용함은 무엇보다도 대교(大教) 발전상 최대 급무일 것이다. 이것을 공감하는 우리는 미성박력(微誠薄力)을 불고하고 교적간행회를 발기한다."는 취지로 출발한 모임으로, 항일투사 안희제(安熙濟)·김영숙(金永肅)·이현익(李顯翼) 등과 발기한 것이다. 홍봉철은 어려운 형편에도 불구하고 기꺼이 찬성금을 희사하였다.

[참고문헌]
『대종교보』제121호(1939년), 『대종교중광육십년사』(대종교총본사, 1971)

홍순원(洪淳瑗, 남, 생몰 미상)
입교 시기_ 일제강점기 | 교질_ 참교

경기도 수원군(水原郡) 비봉면(飛鳳面) 남전리(南田里) 출신이다. 경신학교(儆新學校) 1학년 재학중이던 1928년 6월 18일, 경신학교 동맹휴교사건(同盟休校事件)에 연루되어 태관규(太觀奎)·안수길(安壽吉) 등 19명과 무기정학 처분을 받은 기록이 있다.

홍순원의 대종교 입교는 일제강점기에 이루어졌으나, 관련 기록은 남아있는 것이 없다. 다만 대종교에서는 홍순원의 이러한 경험을 존중하여 환국 직후인 1946년 4월 1일 영계(靈戒)를 내렸다. 또한 같은 날 권영만(權寧萬)과 더불어 참교(參教)의 교질(教秩)도 수여하였다. 특히 권영만

은 대한광복회 결성에 앞장섰으며, 1920년 6월(음력)에는 임시정부의 지시로 서울 연지동 경신학교 교정에서 주비단(籌備團)을 결성하고 군자금 모집 활동을 조직적으로 진행한 인물이다. 더욱이 같은 날 홍순원이 대종교 경의원(經議院)의 참의(參議)로 선임되어 원로의 반열에 오른 것도 주목되는 부분이다. 당시 홍순원과 함께 참의로 선임된 인물들을 보면 이현익(李顯翼)·신최수(申最秀)·윤병호(尹炳浩)·권영만 등, 모두 항일투사들이었다.

[참고문헌]
『대종교보』제150호(1946년), 『대종교중광육십년사』(대종교총본사, 1971), 「儆新學校 同盟의 件 續報」(『學生盟休에 關한 情報綴』, 京東警高秘 제1117호 13, 한국사DB, 국사편찬위원회), 「京畿道學生動搖事件」退停學生徒의 處分表에 關한 件」(『思想에 關한 情報綴 第6冊, 京高秘 제4527호, 한국사DB, 국사편찬위원회)

홍순칠(洪淳七, 남, 생몰 미상)
입교 시기_ 1911년 이전 | 교질_ 참교

출신지역과 생몰연대를 알 수 없는 인물로, 해방 이후 독도의용수비대를 결성하고 국립경찰과 공조하여 독도 경비활동을 펼친 홍순칠(洪淳七)과는 동명이인이다. 다만 그가 1907년, 평안도와 황해도 출신의 인물들로 구성된 서우학회(西友學會)에서 활동할 당시 평안남도 영변군(寧邊郡) 지역 회원으로 올라 있음을 보아, 이 지역 출신일 가능성을 점쳐준다.

홍순칠은 부사과(副司果) 및 은율군수(殷栗郡守) 등을 역임했으며, 순종 3년인 1909년에는 정3품까지 가자(加資)된 인물이다. 1986년 독립협회에 가담하여 활동한 것을 시작으로, 이후 대한자강회와 서우학회에서도 활동한 기록이 있다.

홍순칠의 대종교 교력을 살피면, 1911년 중광절(重光節, 음력 1월 15일)에 이미 백순(白純)·윤주찬(尹柱瓚)·황병욱(黃炳郁)·조완구(趙琬九)·장지연(張志淵)·현천묵(玄天默) 등과 참교(參教)의 교질(教秩)을 받았다. 또한 같은 날 홍순칠은 최전(崔顓)·서광숙(徐光肅)·황병욱·강우(姜虞)·이채우(李埰雨)·오혁(吳赫) 등 대종교의 핵심들과 대종교의 협리(協理)로 임명되어 전무(典務, 책임자)를 맡은 류근(柳瑾)과 부전무(副典務, 부책임자)로 있던 김교헌(金教獻)을 도와 대종교의 국내 살림을 이끌었다. 이어 같은 해 3월 7일(음력)에는 1주일 후 어천절(御天節, 음력 3월 15일) 행사의 접대예원(接待禮員)으로도 선임된 기록이 있으나, 이후의 행적에 대해서는 전하지 않는다.

[참고문헌]
『倧令』제3호(1911년), 『종문영질』(프린트본, 1922), 『대조선독립협회회보』제1호(1986년), 『고종시대사』4집(1899년 8월 25일자), 『대한자강회월보』제12호(1907년), 『서우』제5호(1907년) 『조선왕조실록』(1910년 8월 27일자)

출신지역과 생몰연대를 알 수 없는 인물이다. 일제의 문서에서는 찾을 수가 없으며, 오직 1920년대 대종교의 문건에서만 등장하고 있다.

홍승달의 대종교 교력을 살피면 1922년 10월 15일(음력) 대종교 숙일시교당(肅一施敎堂)의 시교원(施敎員)으로 임명된 기록이 있다. 홍승달의 대종교 입교가 그 이전에 이루어졌음을 알 수 있다. 숙일시교당은 대종교 동이도본사(東二道本司) 관할로, 대종교의 근거지였던 영안현(靈安縣) 밀강(密江)에 소재한 시교당이다. 당시 시교당의 총책임자는 항일투쟁의 거물 최호(崔灝)가 맡았으며 항일투사 이현기(李現基)·김철배(金喆培)·박창현(朴昌鉉) 등이 홍승달과 함께 최호를 도와 시무하였다.

또한 홍승달은 1922년 12월 18일(음력), 대종교 동이도본사의 추천으로 영계(靈戒)와 참교(參敎)의 교질(敎秩)을 동시에 받았다. 주목되는 것은 같은 날 홍승달과 함께 참교를 받은 이규(李圭)·이근(李根)·나병수(羅秉洙)와 같은 인물들이다. 이규는 1919년 10월 안도현(安圖縣)에서 조직된 대한정의군정사(大韓正義軍政司)의 총재를 맡았던 인물이다. 이근 역시 대한의군산포대(大韓義軍山砲隊)에 참여하여 중부(中部, 參理部)의 경리국(經理局) 사세감(司稅監)으로 활동했으며, 나병수는 대종교 항일단체인 대한군정서(북로군정서) 경신제9분국(警信第九分局) 제20분과장으로 활약한 인물이다. 홍승달이 대종교 항일투쟁과 밀접하게 연결되었음을 시사해 준다.

홍승달은 1926년 만주 당국에 압수당한 대종교의 문건에도 등장하고 있다. 대종교 장일시교당(帳一施敎堂)의 찬무(贊務, 부책임자)를 맡은 기록이 그것이다. 당시 일제의 사주에 의해 1925년 대종교만주포교령이 내려진 이후, 대종교는 만주 지역에서도 철저한 탄압이 가해졌다. 대종교의 주요 문건들 역시 이 시기에 상당량이 압수당했다. 이 문건도 그 시기 압수당한 문서 중 하나다. 그 기록을 보면 장일시교당(帳一施敎堂)은 영안현(寧安縣) 해림참(海林站)에 소재했던 대종교시교당이다. 이석우(李錫雨)가 전무(典務, 책임자)를 맡아 시교당을 이끌었으며 서광수(徐洸洙)가 찬무로 임명되어 홍승달과 함께 이석우를 도왔다. 책임자였던 이석우는 1924년 1월 당시 권목(權穆)·김영선(金榮璿)·원후상(元厚常)·김흥원(金興元) 등과 해림 지역을 거점으로 대종교 활동을 전개한 인물이다. 한편 홍승달이 활동한 장일시교당은 해림참의 중동의원(中東醫院)과 해동여관(海東旅館)을 연락 거점으로 삼았으며, 80여명의 교도들이 암약하고 있었다.

[참고문헌]
『대종교보』제56호(1922년), 「大倧敎施敎堂一覽表(1926년)」(延边朝鲜族自治州档案馆 全宗号42 目录号1 案卷号343, 和龙县历史档案 和龙县警察所, 令各区直禁韓人设立大倧敎堂由, 民国十五年五月十二日), 『대종교중광육십년사』(대종교총본사, 1971)

한성부(漢城府) 서부(西部) 사동(篩洞) 출신이다. 1893년 2월 8일 문과에 급제하여 홍문관 부수찬(副修撰)과 사간원 정언(正言)에 올랐다. 1896년 황해도 연안군수를 시작으로 과천군수와 장흥군수를 역임했으며, 1898년에는 대한제국 중추원 의관(議官)을 지냈다. 1899년 이후로도 규장각 직각(直閣), 시강원(侍講院) 시독관(侍讀官), 장례원(掌隷院) 상례(相禮), 비서원승(秘書院丞) 등을 두루 거쳤으며, 1907년 중추원 부찬의, 평리원 판사, 강원도 선유사(宣諭使), 경상북도 순찰사(巡察使) 등을 역임하였다.

홍우석은 1905년 11월 26일 을사늑약(乙巳勒約)에 가담한 대신을 처벌하고 협정을 무효화하도록 상소를 올린 인물이다. 그 상소문의 대략은 아래와 같다.

"강한 이웃 나라에 강제로 조약을 체결 당하였는데 부화뇌동하여 조인한 역적들을 응당 처단해야 한다는 것은 사람이라면 말할 수 있습니다. 죄로 말하자면 만 번 처단해도 오히려 가볍고 일로 말해도 처단하지 않을 수 없는 것이 있습니다.

강제로 체결된 조약은 효력이 없다는 것이 공법(公法)에 실려 있고 폐하가 애초에 인허(認許)하지 않았으니 만큼 이것은 강제로 체결된 조약을 도로 물릴수 있는 정당한 근거라고 할 수 있습니다. 하지만 강제로 체결한 조약을 도로 물리기 위하여 각 공사관에다 성명하는 데서 단지 강제로 체결된 조약이라는 것만 가지고 성명하면 각 공사관에서는 필경 말하기를, '이미 도장을 찍어주고서 다시 물리기를 요구한다.'라고 하면서 함께 분해하는 마음으로 의리를 내지 않은 것이 분명합니다.

도장을 찍어준 것은 애초에 폐하의 뜻에서 나온 것이 아니니 속히 역적들을 처단한 다음에 외부 대신(外部大臣)을 임용하여 각 공사관(公使館)들에 통지하기를 '황상의 칙지가 내리지 않았었는데 아울러서 한통속이 되어 가지고 도장을 찍어준 역적들을 지금 이미 모두 처단하였습니다. 강제로 체결된 조약을 도로 물리고 소각하는 것은 천하가 다같이 준수하는 것입니다.'라고 하면 일본 공사가 각 공사관에 할 말이 없을 것이며 그 조약은 폐지될 것입니다. 이것은 의리상 당연한 것이며 일의 형세상 필연적인 것입니다.

황상께서는 생각이 여기에 미치지 못하고 가장 악랄한 자를 수석 대신 서리로 임용했었는데 이렇게 할 것 같으면 강제로 체결된 조약을 인준해 준 것으로 귀결되고 나라는 영영 망합니다. 신이 속히 처단하자고 말하는 까닭은 단지 그들이 저지른 죄 때문만이 아닙니다. 목전의 시국으로 보아 혁연히 분발해서 크게 경장(更張)하지 않으면 망하는 나라를 회복시켜 보전할 도리가 만무하기 때문입니다. 옛날 당(唐)나라 덕종(德宗)은 육지(陸贄)를 내상(內相)으로 임용해서 봉천(奉天)의 포위가 풀렸고 송(宋)나라 고종(高宗)은 이강(李綱)을 정승(政丞)으로 임용해서 임안(臨安)에서 나라를 다시 일으켜 세웠습니다.

원컨대 폐하께서는 지금 원로 대신 중에서 충성스럽고 절개가 곧으며 백관들에게 모범이 되고 기울어져가는 나라를 붙들 수 있는 신하를 선발하여 속히 수상(首相)으로 임용하며 대신(大臣)들과 조정의 모든 관리들도 다 잘 선발해서 알맞은 벼슬을 줌으로써 조정의 제도를 일신시키고 만민의 이목을 놀라게 한 다음에야 외국의 멸시가 사라지고 국권을 회복할 수 있을 것이며 틈을 엿보고 위세로 핍박하던 자들이 두려워 비실비실 피하며 감히 전날의 버릇을 다시 하지 못하게 되어 나라가 보존될 것입니다."

한편 홍우석은 1908년 대동학회 평의원 및 황해도 지방총무, 대동전문학교 교감, 대심원(大審院) 판사, 기호흥학회 회원 및 찬무원, 대동학회 경상도 지방총무, 대동학회 교육부장을 역임했으며 1909년 공자교회 상의원 등을 역임하였다. 그러나 1909년 통감부(統監府) 평양지방재판소 판사로 임직하면서 친일의 길을 걷게 된다. 1910년 10월 1일부터 1913년 5월 1일까지 조선총독부 중추원 부찬의를 역임하는가 하면, 1912년 8월 1일 일본 정부로부터 한국병합기념장을 받기도 하였다.
홍우석의 대종교 교력을 살피면, 1922년 윤5월 11일(음력) 이간재(李偘宰)·허철(許澈)·한상희(韓相羲)·정기욱(鄭沂昱)·유병옥(劉秉玉)·황종규(黃宗奎) 등과 영계(靈戒)를 받은 기록이 있다. 그의 대종교 입교가 그 이전에 이루어졌음을 알 수 있는 부분이다. 당시 친일의 길을 걷던 홍우석이 대종교에 입교한 것도 의문이다. 대종교단 내에서는 두 가지의 의견이 전해져온다. 하나는 개인의 친일적 행적을 희석시키기 위한 선택이었다는 설과 또 하나는 항일적 성격이 강한 대종교의 국내적 기반을 완전 붕괴시키기 위한 접근이라는 것이다. 또 하나의 연구과제가 된다.
한편 이 시기 대종교의 국내 기반은 일제의 탄압으로 연명해가기 급급하던 시기였다. 내부적으로도 신·구교인들의 갈등으로 인해 와해 직전에 놓여있었다. 공교롭게도 이 무렵 홍우석만이 아니라 윤덕영(尹德榮)·민병석(閔丙奭)·이재곤(李載昆) 등의 친일파 거두들이 대종교에 입교하였다. 당시 국내 대종교를 이끌던 인물은 호석(湖石) 강우(姜虞)였다. 강우가 그 시기 첨예하게 대립되었던 대종교 신·구 교인들 간의 갈등을 봉합하고 친일의 행적을 걷는 인물들에게도 개과천선의 길을 열어주고자 했던 것이 아닌가 추정해본다. 이러한 정서는 1921년 11월 2일(음력 10월 3일 개천절) 가람 이병기(李秉岐)의 다음 일기 내용에도 묻어나 있다.

"11월 2일(수) 비 오다. 우리네가 누구든지 느끼고 생각할 한배님 내리신 날이다. 대종교당(大倧敎堂)에 갔다. 모인 이가 400여인. 그 가운데는 윤덕영·민병석·이재곤 등 귀족도 있고, 귀족 부인도 있고, 또한 모르는 이도 많이 있다. 나는 가만히 한배님께 이 형제자매들을 다 사람다운 사람이 되게 해 주옵소서 하고 빌었다."

[참고문헌]
『대종교보』제54호(1922년), 『승정원일기』1897년 4월 4일자(음), 1898년 3월

5일자(음), 1902년 1월 16일자(음), 1904년 10월 27일자(음), 1908년 7월 4일자(음), 『조선왕조실록』1905년(고종42년) 11월 26일자, 『고종시대사』4·5·6(국사편찬위원회, 1970·1971·1972), 『기호흥학회월보』제1호(1908년), 『대동학회월보』제1호·제9호(1908년), 『駐韓日本公使館記錄』24(국사편찬위원회, 1998), 『대한제국관원이력서』(국사편찬위원회, 1971), 『가람일기』l(이병기, 신구문화사, 1976), 『친일반민족행위진상규명보고서』Ⅳ-19(친일반민족행위진상규명위원회, 2009)

홍응갑(洪應甲, 남, 생몰 미상)
입교 시기 _ 1921년 이전 | 교질 _ 참교

출신지역과 생몰연대를 알 수 없으며, 1920년대 대종교의 기록에서만 등장하는 인물이다. 홍응갑의 대종교 교력을 살피면, 1921년 10월 6일(음력) 항일투사 김백련(金百煉)·권영수(權寧洙)와 함께 참교(參敎)의 교질(敎秩)을 받은 기록이 전한다. 그의 대종교 입교가 그보다 훨씬 전에 이루어졌음을 알 수 있다.
특히 홍응갑과 함께 참교를 받은 김백련은, 일찍이 상해로 망명하여 독립운동에 뛰어든 인물이다. 그는 상해전차공사(上海電車公司)의 전차감독으로 근무하면서, 일본 등을 왕래하며 일제에 의해 요주의 인물로 지목되었다. 또한 1919년 9월 23일에 있었던 상해대한인민단(上海大韓人民團) 총회에서 평의원으로 선출될 만큼 상해의 입지도 단단한 인물이었다. 홍응갑이 대종교 항일투쟁과 무관치 않음을 엿볼 수 있는 부분이다.
홍응갑은 1922년 3월 17일(음력)에는 대종교 대일시교당(大一施敎堂)의 전무(典務, 책임자)로도 임명되었다. 대일시교당은 대종교 동이도본사(東二道本司)의 관할로 밀산현(密山縣) 당벽진(當壁鎭)에 소재했던 거점 시교당이다. 특히 당벽진은 1921년 음력 8월 말 대종교지도자 백포(白圃) 서일(徐一)이 순교한 곳이며, 단애(檀崖) 윤세복(尹世復) 교주 시절, 일제의 탄압에 쫓겨 8년간을 대종교총본사를 은둔시킨 곳이 이 지역이었다. 한마디로 밀산은 항일투쟁의 근거지이자 대종교의 종교적 성지이기도 했다.

[참고문헌]
『종문영질』(프린트본, 1922), 『대종교중광육십년사』(대종교총본사, 1971)

홍인국(洪仁國, 남, 생몰 미상)
입교 시기 _ 1923년 이전 | 교질 _ 미상

출신지역과 생몰연대를 알 수 없는 인물로, 대종교 재건을 위한 비밀조직인 만몽산업회(滿蒙産業會)에 함께 참여한 홍병수(洪炳秀)의 형이다. 일찍이 노령으로 망명하여 하얼빈으로 이주하였으며, 일제의 조사에 의하면 1921년 하얼빈 재류(在留) 당시 30만원을 소유한 자산가로 알려진 인물이다.

홍인국은 1915년 6월경, 봉천(奉天)에서 하얼빈으로 넘어온 이종호(李鍾浩) 등과 모종의 기관을 설립하기 위해 논의한 기록이 있다. 또한 1919년 2월 무렵에는 노령에 거주하는 인물들과 연계하여, 재미 항일투사들과 평화회의를 추진하기 위한 대표자 파견을 위해 후원금 모금에 적극 앞장서는가 하면, 그 해 5월 경에는 하얼빈 조선민회장(朝鮮民會長)으로 있으면서 문창범(文昌範)의 독립선언서 우송과 그 배부를 암암리에 돕기도 하였다. 한편 1921년 상해 독립신문 하얼빈시 지국장도 맡으면서 하얼빈 지역의 독립의식 고양에도 일조하였다.

홍인국의 대종교 입교 시기나 영계(靈戒) 사항과 관련한 기록은, 대종교단 내에는 전하는 것이 없다. 그러나 일제의 문서에 보면, 홍인국이 1923년 4월에 출범한 만몽산업회(滿蒙産業會)에 이름을 올린 기록이 있다. 만몽산업회는 대종교 재건을 위해 설립된 위장단체로, 당시 대종교 교주였던 김교헌(金教獻)을 비롯하여 김규식(金奎植)·최계화(崔桂華)·류정근(柳政根)·김좌진(金佐鎭)·조성환(曺成煥)·현천묵(玄天默) 등, 대종교의 주요지도자들이 모두 참여한 단체였다.

당시 대종교 교주 김교헌은 청산리 독립전쟁 이후 일제의 발악으로 인해 근거를 밀산(密山)으로 옮겨가 훗날의 기회를 보며 은인자중하고 있었다. 그 후 새로운 활동을 위해 영안현(寧安縣)으로 대종교총본사를 옮기고 재기를 도모하기 시작한다. 사방으로 흩어졌던 대종교 항일단체인 대한군정서(북로군정서)의 간부들 역시 대종교 재건을 위한 구체적 행동을 시도했다. 다만 대종교를 표면적으로 내세우면 일제의 감시를 받을 수 있으므로 위장 명칭이 필요했다. 만몽산업회는 바로 그러한 배경에서 만들어진 것으로 대종교 재건을 위한 비밀결사와도 같은 조직이었다. 이 산업회의 구성원들 대부분은 대종교의 핵심이자 독립운동의 거물들로서, 그들은 상해의 임시정부를 하얼빈으로 옮겨 제2의 상해를 꿈꾸고자 하였다.

홍인국이 이들 대종교지도자들과 더불어 만몽산업회를 통한 대종교 재건 계획에 참여하였다는 것은, 그의 대종교 입교가 그보다 이전으로 거슬러 올라감을 말해 주는 부분이다.

[참고문헌]
「大倧教 設立計劃」(不逞團關係雜件-朝鮮人의 部-在滿洲의 部36, 機密受제262호-關ъ高収제5452호-1, 한국사DB, 국사편찬위원회), 「한국독립문제에 관한 건」(不逞團關係雜件-朝鮮人의 部-在西比利亞7, 公 제42호, 한국사DB, 국사편찬위원회), 「普通報 第5號(哈爾濱 朝鮮人의 現況)」(不逞團關係雜件-朝鮮人의 部-在滿洲의 部26, 關參諜 第74號」 秘受 1913號, 한국사DB, 국사편찬위원회), 『한국독립운동사자료』40(국사편찬위원회, 2004)

출신지역과 생몰연대를 알 수 없는 인물이다. 다만 홍인순이 근우회(權友會) 출범 이후 함경북도 회령지회(會寧支會) 집행위원장을 맡은 것으로 보아, 이 지역 출신이 아닐까 추정할 뿐이다.

홍인순은 1924년 1월 30일 함경북도 웅기면려청년회(雄基勉勵靑年會)가 주최한 대강연회에서 '고목(枯木)의 맹아(萌芽)'라는 주제로 강연을 할 만큼 그 인지도가 높았던 여성이다. 또한 1927년 근우회 회령지회 집행위원장을 맡아 그 지역 여성운동의 최일선에서도 활동하였다. 근우회는 신간회(新幹會)의 자매단체로, 1920년대 좌·우로 양분되어 있던 여성운동계를 통합하여 1927년 5월 전국적 통일기관으로 결성한 조직이었다. 홍인순은 근우회를 중심으로 활동하면서, 1930년 3월 17일에는 회령부인소비조합준비위원(會寧婦人消費組合準備委員)을 맡는가 하면, 같은 해 4월 4일 회령청년동맹 회관에 1천여명의 군중을 모아 놓고 '과학세계와 여자'라는 주제로 강연을 하기도 하였다.

홍인순의 대종교 입교나 영계(靈戒) 사항과 관련한 기록은 남아있지 않다. 그러나 1922년 중반까지 대종교인들의 교질(教秩) 관계를 정리해 놓은 『종문영질(倧門榮秩)』이란 자료에 보면, 홍인순이 1917년 5월 27일(음력) 강병숙(姜秉嫐)과 더불어 참교(參教)의 교질을 받은 기록이 실려있다. 그녀의 대종교 입교가 그보다 훨씬 전에 이루어졌음을 알 수 있으나, 이후의 기록은 전하지 않는다.

[참고문헌]
『종문영질』(프린트본, 1922), 『동아일보』1924.2.5., 『중외일보』1930.3.22., 4.10·15·19.

출신지역과 생몰연대를 알 수 없는 인물이다. 일제의 문서에서는 찾을 수 없으며 1930년대 대종교의 기록에서만 등장하고 있다.

홍재경의 대종교 입교 시기나 영계(靈戒) 사항에 관한 기록은 전하는 것이 없다. 다만 그가 1937년 6월 21일(음력) 대종교총본사의 특별추천으로 참교(參教)의 교질(教秩)을 받은 기록이 있다. 그의 대종교 입교가 그보다 훨씬 전에 이루어졌음을 알게 해 준다. 또한 같은 날 대종교 태일시교당(泰一施教堂)의 전무(典務, 책임자)로도 임명되었다. 태일시교당은 대종교 동이도본사(東二道本司) 소속으로 북간도의 오지(奧地)이자 노령과 맞닿은 밀산현(密山縣) 향양촌(向陽村)에 소재한 교당이다. 대종교 항일단체인 신민부(新民府)의 간부였던 김정현(金鼎鉉)이 1934년 개설한 시교당이었다.

홍재경은 그 해 8월 24일(음력) 대종교 재만교구경상금수납위원(在滿教區經常金收納委員)으로도 임명되었다. 경상금수납위원이란 관할한 지역 대종교 재정(財政) 기초를 관리·책임지는 역할이다. 당시 홍재경은 김정현과 더불어 밀산현 향양촌을 책임지는 경상금수납위원이었다. 주목되는 것은 대종교의 중심 지역이었던 밀산현에 대종교총본사가 있던 영안현(9곳)보다 2곳이 많은 11곳의 경상금수납 교구가 만들어졌다는 점이다. 대종교의 포교와 항일투쟁의 경제적 기반이 많은 부분 밀산현에서 생성되었음을 보여주는 증거다. 밀산현에는 홍재경의 관할인 향양촌을 비롯하여 당벽진(當壁鎭)·이인반(二人班)·기성촌(箕城村)·하량자(下亮子)·선구촌(船口村)·북하촌(北河村)·복전촌(福田村)·영안촌(永安村)·삼성촌(三成村) 등 10곳의 구역이나 조직되어 있었다.

[참고문헌]
『대종교보』제114호(1937년)·제115호(1937년), 『대종교중광육십년사』(대종교총본사, 1971)

홍재영(洪在榮, 남, 생몰 미상)
입교 시기_1910년대 | 교질_미상

출신지역과 생몰연대를 알 수 없는 인물이다. 대종교단 내의 기록이나 일제의 문서에서도 일체 언급이 없다. 다만 홍재영과 함께 대종교 항일단체인 흥업단(興業團)에서 활동을 한 이현익(李顯翼)의 기록 속에 유일하게 등장하고 있다.
흥업단은 대종교지도자인 윤세복(尹世復)·김호(金虎)·김혁(金赫) 등이 주동이 되어, 1919년 7월 봉천성(奉天省) 무송현(撫松縣)에서 조직된 항일단체였다. 이 지역 이주 한인(韓人)들의 권익을 옹호하고, 청년들에게 군사훈련을 시키면서 독립군 기지 역할을 담당하였다. 홍재영은 흥업단의 유격대장(遊擊隊長)과 광정단(光正團)의 모연대장(募捐隊長)을 맡아 활동하였다. 그는 압록강 연안(沿岸)을 넘나들며 일경(日警)에 대한 공격과 시설(施設) 파괴 등을 주도하였으나, 돈화(敦化)에서 병사(病死)한 것으로 전해진다.

[참고문헌]
『대종교인과 독립운동연원』(이현익, 프린트본, 1962)

홍재호(洪在皞, 남, 1872-?)
아호(별명)_취암(翠嵒)
입교 시기_일제강점기 | 교질_지교

출신지역과 생몰연대가 불분명하다. 시종원(侍從院)과 이왕직(李王職)의 전의(典醫)를 지낸 한의학계의 거두로, 일제강점기 한의학 보급을 통해 민족혼을 지키고자 노력한 인물이다.
홍재호는 1920년 5월 경성부(京城府) 수은동(授恩洞, 지금의 종로구 묘동) 35번지에 찬화의원(贊和醫院)을 개원하고 환자들의 구제와 함께 한의학 보급에 열정을 쏟았다. 또한

홍재호

1921년에 조직된 동서의학연구회(東西醫學研究會) 회원으로 활동하면서, 1928년 10월에는 도은규(都殷珪)·지동섭(池東燮)과 동서의학연구회 자선구호소(慈善救護所)의 상담역(相談役)을 맡기도 하였다. 한편 1931년 11월 15일에는 단군신전봉찬회(檀君神殿奉贊會)의 이사로도 선임되어 국조 단군 선양 운동에도 앞장섰다.
홍재호는 해방 직후인 1945년 10월 18일에는 홍명희(洪命憙)·이극로(李克魯)·명제세(明濟世)·권동진(權東鎭)·오세창(吳世昌)·김창숙(金昌淑)·김법린(金法麟)·이종린(李鍾麟) 등 수십 인과 조선독립운동사편찬발기인회(朝鮮獨立運動史編纂發起人會) 조직에도 참여하였다. 이 조직은 해방 이후 독립운동사 편찬은 물론, 조선충의사(朝鮮忠義社)를 설치하여 순국열사들의 충혼을 위로하는 위령제와 함께 해방기념탑의 건설 등을 계획한 조직이다.

일제강점기 민족계열 제약회사인 太平製藥所에서 간행한 정기간행물 『太平醫藥時報』(1943년 9월)에 실린 약품 광고, 李王職 典醫 출신의 洪在皞가 만든 秘方補藥으로 남성용 陰陽百草精과 여성용 調經百草精의 광고가 실려 있다.

홍재호의 대종교 입교는 일제강점기에 이루어졌으나 그 관련 자료는 남아있지 않다. 그러나 1946년 2월 5일, 국내 대종교 남도본사(南道本司)에서 열린 임시총회에 참여한 것으로 보아 일제강점기 국내 대종교 활동에 깊이 관여한 것이 확인된다. 당시 개최된 임시총회의 의제는 만주 동경성(東京城)에 있는 대종교총본사의 국내 환국을 위한 주비회(籌備會)를 조직하는 문제였다. 홍재호는 김희균(金熙均)·김상호(金相鎬)·이극로·민효식(閔孝植)·이동하(李東廈)·백남규(白南奎)·정열모(鄭烈模) 등, 국내 대종교의 중심인물들과 함께 주비위원으로 선출되었다. 일제강점기 국내 대종교에서의 홍재호의 위치가 상당했음을 시사해주는 부분이다.
홍재호가 대종교총본사의 국내 환국 직후인 1946년 2월 23일(음력, 이하 음력), 남도본사의 특별추천으로 영계(靈戒)와 더불어 참교(參敎)의 교질(敎秩)을 동시에 받은 이유다. 그리고 홍재호는 그 해 3월 6일에는 대종교 경의원(經議

院) 참의(參議)로도 선임되어 원로의 반열에도 오르게 된다. 또한 얼마 후인 3월 24일 대종교총본사의 특별추천으로 지교(知教)의 교질로 승질(陞秩)하였다.

[참고문헌]
『대종교보』환국기념호(1946년), 『대종교중광육십년사』(대종교총본사, 1971). 『승정원일기』1907년 10월 26일자(음력), 『동아일보』1920.5.4., 『東西醫學研究會 定期總會에 關한 件』(思想問題에 關한 調査書類5, 京鍾警高秘 제13713호, 한국사DB, 국사편찬위원회), 『太平醫藥時報』(太平醫藥所, 1943년 9월호), 『매일신보』1931.11.17., 1945.10.19., 『중앙신문』1946.2.8., 『일제침략하한국36년사』2(국사편찬위원회, 1967)

홍정식(洪貞植, 여, 1881-1945)
입교 시기 _ 1916년 이전 | 교질 _ 지교

홍정식

충청북도 괴산군(槐山郡) 일도면(一道面) 동부리(東部里) 출신이다. 대한제국의 관료로 경술국치 이후 자결한 홍범식(洪範植)의 여동생이자, 우천(藕泉) 조완구(趙琬九)의 부인이다. 또한 벽초(碧初) 홍명희(洪命憙)의 고모이면서, 일제강점기 대종교 여성운동가였던 홍근식(洪勤植)의 친언니이기도 하다.

홍정식은 조완구와 결혼 이후, 남편의 대종교 항일투쟁의 뒷바라지로 평생을 일관한 인물이다. 남편 조완구가 을사늑약 이후부터 1914년 해외로 망명하기 전에도 집안의 살림 역시 홍정식의 몫이었다. 특히 조완구가 1914년 북간도 대종교총본사로 망명한 후에는 살림을 꾸려가는 것보다 더 어려운 것이 일제의 감시와 횡포였다. 일제의 앞잡이인 헌병보조원이 걸핏하면 찾아와 연로한 시어머니(조완구의 모친) 앞에서 아들(조완구)의 행방을 추궁하며 행패를 부렸다. 그것을 앞장서서 감당하며 물리친 인물도 홍정식이다.

홍정식은 1917년 초, 부득이 시어머니와 자식 3남매를 이끌고 조완구가 있는 북간도로 망명하였다. 그러나 조완구는 이미 연해주 블라디보스토크 곳으로 옮겨간 후였다. 용정(龍井)에 자리 잡은 홍정식은 대종교지도자인 호석(湖石) 강우(姜虞)를 비롯한 대종교 동지들의 도움으로 구멍가게를 차려 호구지책을 이어갔다. 이후에는 미싱 한 대를 구입하여 '내재봉소'라는 간판까지 걸고 삯바느질로 돈을 모아 생활의 여유를 누리기도 하였다.

한편 홍정식은 그곳 대종교의 중심인물이었던 강우를 비롯하여 연병호(延秉昊)·김현(金玄), 그리고 대종교 교주였던 무원(茂園) 김교헌(金教獻)의 가족들과 내왕하며 대종교 활동도 꾸준히 이어갔다. 연병호 가족이 상해로 옮겨간

후에도 암암리에 서신을 주고받으며 남편의 동정과 대종교 관련 연락을 지속했다. 특히 용정에 살던 홍정식은 대종교 항일투사들의 연락처이면서 독립자금 제공에도 많은 역할을 하였다. 야음을 틈타 찾아온 이들에게는 거처를 마련해 주기도 하였는데, 대종교 동지인 김현의 집이 바로 그곳이었다.

조완구가 블라디보스토크로 넘어가면서 북간도로 건너오는 자신의 가족들에 대한 보살핌을 특별히 부탁한 인물도 김현이다. 홍정식의 집안과 김현 집안의 남다른 관계를 알 수 있는 부분이다. 김현은 1910년대 초반에 대종교에 입교한 인물로 간민회(墾民會) 활동과 함께 은계(隱溪) 백순(白純)과 더불어 밀산현(密山縣) 한흥동(韓興洞) 사업의 재건을 도모한 인물이기도 하다. 또한 대종교를 중광(重光)한 홍암(弘巖) 나철(羅喆)의 도통을 이어 대종교 제2세 교주가 된 김교헌이 1917년 만주 화룡현 대종교총본사로 옮겨갈 당시 강우와 함께 유숙한 곳도 김현의 집이었고, 1919년 강철구(姜鐵求)의 대한군정서(북로군정서) 모금의 거점 역시 그의 집이었다.

홍정식은 9년간의 북간도 생활을 끝내고 1925년 초 국내로 들어왔다. 국내에서의 생활 역시 고생스럽기는 마찬가지였다. 그럼에도 홍정식은 삯바느질을 통해 서울 낙원동을 시작으로 계동, 재동, 익선동의 셋집살이를 거쳐 원동에 조그마한 집을 마련하였다. 한편 그러한 어려움 속에서도 대종교와의 연결은 꾸준히 이어갔다. 당시 국내 대종교는 호석 강우가 이끌고 있었으며 거의 와해 단계에 이르렀을 때다. 홍정식 장녀의 중매를 선 인물이 강우였다. 또한 그 결혼식을 올린 곳도 대종교남도본사의 시교당(施教堂)이었다. 당시 홍정식 삶의 일부가 대종교였음을 말해 주고 있다.

이렇듯 한 시대의 설한풍상을 온몸으로 견뎌내며 여장부처럼 살아온 홍정식은 1945년 2월 숨을 거두었다. 그녀가 자식들에게 입버릇처럼 뇌까리던 "내 눈에 흙 들어가기 전에 왜놈들 망해가는 것을 보고 나라의 독립도 봐야 한다"는 넋두리를 유언처럼 남기도 운명하였다.

홍정식과 관련된 대종교 입교나 영계(靈戒) 사항에 대한 기록은 전하지 않는다. 1910년대의 『대종교보(大倧敎報)』가 모두 없어졌기 때문이다. 그러나 남아 있는 『종문영질(倧門榮秩)』(프린트본, 1922)에 보면, 그녀가 북간도로 넘어가기 전인 1916년 4월 23일(음력) 참교(參敎)의 교질(敎秩)을 받은 기록이 있다. 그녀의 대종교 입교가 그보다 훨씬 전에 이루어졌음을 알 게 해 준다.

이후 홍정식은 북간도로 넘어간 직후인 1917년 3월 18일(음력) 김덕이(金德履)라는 여성과 지교(知敎)의 교질을 받았다. 그녀의 대종교 활동이 그곳에서도 꾸준히 지속되었음을 알 수 있다. 당시 주변에서 홍정식 가족의 정착을 위해 앞장선 인물이 대종교지도자 강우다. 또한 연병호·김현 그리고 김교헌의 가족 등, 그녀의 생활 역시 대종교의 인적 네트워크와 밀접해 있었다. 더욱이 홍정식이 지교를 받은 시기까지 지교에 오른 인물을 보면 홍암(弘巖) 나철(羅喆)의 부인인 기길(奇姞)과 함께 류정구(柳貞姤)·강의경(姜儀卿)·김덕이 등 모두 5명이었다. 홍정식이 대종교 여

성지도자로서의 위치가 상당했음을 방증한다.

[참고문헌]
『종문영질』(프린트본, 1922), 『고독한 승리』(조규은, 한민출판사, 1993)

홍종열(洪鍾悅, 남, 생몰 미상)
입교 시기_ 일제강점기 | 교질_ 지교

출신지역과 생몰연대를 알 수 없는 인물이다. 홍종열은 조선일보 영업국 직원으로 근무할 당시인 1925년 10월, 조선일보 기자 신일용(辛日鎔)·김송은(金松殷)·김형원(金炯元)·류광열(柳光烈) 등 10여명과 함께 해고를 당한 기록이 있다.
그 배경을 보면, 1925년 4월 경성에서 결성된 조선공산당이 조선일보 내에도 침투하였다. 그러나 그들 역시 조선독립을 내세웠기에 민족주의자들과의 구분이 쉽지 않았다. 그러던 그 해 9월 8일 신일용은 그 날 조간(朝刊)에 「조선과 노국(露國)과의 정치적 관계」란 제목의 사설을 통해 "조선의 해방은 오직 사회혁명에 있다…"는 주장을 전개했다. 조선일보는 이것이 문제가 되어 조선총독부로부터 무기정간(無期停刊)의 행정처분을 당하였고, 논설의 필자인 신일용의 구속과 함께 윤전기를 압수당하는 등의 사법처분까지 받았다.
이에 신문사 출자자(出資者)인 신석우(申錫雨)와 최선익(崔善益) 그리고 김동성(金東成)·안재홍(安在鴻) 등은 정간 해제를 풀기 위해 다각적인 노력을 기울이게 된다. 이에 대하여 총독부 당국은 사회주의적인 신문을 만들어서는 안 될 것과 사회주의기자들을 물러나게 할 것을 요구하였다. 부득이 그들이 지목한 신일용·김단야(金丹冶)·박헌영(朴憲永)·임원식(林元植) 등 이른바 적파기자(赤派記者)를 도태하는 동시에, 이상협(李相協) 계로 분류된 백파기자(白派記者)들과 영업국 직원 홍종열 등을 대량 해고를 한 것이다.
홍종열의 대종교 입교는 일제강점기(대종교에서는 1920년대 초반으로 회자됨)에 이루어졌으나, 그 관련 자료는 현전하지 않는다. 대종교에서는 홍종열의 이러한 경험을 인정하여, 만주로부터 환국한 직후인 1946년 3월 14일(음력, 이하 음력) 대종교총본사의 특별추천에 의해 영계(靈戒)와 함께 참교(參敎)의 교질(敎秩)을 동시에 수여하였다. 또한 홍종열은 같은 날 대종교 원로로 구성된 자문기관인 경의원(經議院)의 참의(參議)로도 선임되어 원로의 반열에 들어서게 된다. 그리고 그 해 6월 27일에는 경의원의 상무참의로 뽑히는가 하면, 2개월 후인 8월 27일에는 지교(知敎)의 교질로까지 승질(陞秩)하였다.

[참고문헌]
『대종교보』환국기념호(1946년)·제151호(1946년), 「朝鮮日報社의 狀況에 關한 件(檢察事務에 關한 記錄)1, 京鍾警高秘 제12162호의 1;地檢秘 제677호, 한국사DB, 국사편찬위원회), 『동아일보』1925.10.24., 1961.4.2., 『조선일보오십년사』(조선일보사사편찬위원회, 1970)

홍주일(洪宙一, 남, 1876-1927)
아호(별명)_ 해동(海東)
입교 시기_ 1911년 이전 | 서훈_ 애국장(1990)

홍주일

경상남도 청도군(淸道郡) 운문면(雲門面) 오진리(梧津里) 출신이다. 31세의 늦은 나이에 일본 유학을 떠나 어학을 배우고, 동경 연수학관(研修學館)에서 수학한 인물이다. 귀국 후 평안도 지역에서 교사로 근무하며 지하운동을 전개하기도 하였다. 그후 다시 동경 정칙예비학교(正則豫備學校)로 유학을 떠났다. 졸업 후 귀국하여 경북 예안(禮安)의 사립학교, 경남 구포(龜浦)의 구명학교(龜明學校), 대구의 협성학교(協成學校) 등에서 교편을 잡았다.
홍주일은 1908년 9월 대구에서 결성된 달성친목회(達城親睦會)에 참여하면서 구국의 행로에 발을 디뎠다. 그곳 우현서루(友弦書樓)에 달성친목회 부설 강유원(講遊園)을 개설하고 신학문을 지도하는 등 인재 양성에도 힘을 기울였다. 이 시기 달성친목회 회원이자 후일 대종교의 동지가 되는 서상일(徐相日)과 관련을 맺으면서 그가 경영하던 태궁상회(太弓商會)의 점원이 되었다.
이후 홍주일은 대종교계 비밀결사인 조선국권회복단(朝鮮國權恢復團)에도 가담하였다. 달성친목회의 동지이자 평소 국권회복에 대한 의지를 품고 있던 서상일(徐相日)·이시영(李始榮)·박영모(朴永模)·정운일(鄭雲馹) 등과 윤창기(尹昌基)가 대구 근교 안일암(安逸庵)에서 약을 먹기 위해 체재 중인 점을 빌미로 모임을 갖기로 하였다. 마침내 1913년 1월 15일(음력) 대종교의 중광절(重光節, 대종교가 다시 일어난 날)을 기하여 대구 근교에 위치한 안일암(安逸庵)에서 시회(詩會)를 가장해 모여 국권회복에 대한 방안 협의 끝에 탄생한 것이 조선국권회복단이다.
당시 이들이 내세운 기치는 "수천년 역사를 가진 우리 조선이 일한병합으로 망했으니 우리 시조 단군대황조(檀君大皇祖)에 미안한 일이니 어떻게 해서든 독립국으로 만들어야 한다"는 주창이었다. 그리고 이들은 이를 실천키 위해 우선 형제의 결의를 맺고 일치된 행동을 펴야 할 것을 다짐하면서, 독립운동을 추진해 갈 비밀결사인 조선국권회복단의 결성을 결의하였다. 주목되는 것은 이들의 맹세가 마치 대종교 중광(重光)의 명분이었던 '국망도존(國亡道存, 나라는 망했으나 정신은 있다)'을 그대로 옮겨 놓은 듯한 의지를 보여준다는 점이다.
또한 정운일 등은 각기 서약서를 작성하고 연서한 후 '단군대황조영위(檀君大皇祖靈位)'란 위패를 세워 그 앞에서 기원을 올리며 자신들의 목적이 관철되도록 가호를 빌고 각자 변심치 말고 끝까지 독립투쟁에 진력할 것을 굳게

맹세하였다. 이 역시 대종교를 중광한 홍암(弘巖) 나철(羅
喆)이 1909년 1월 15일(음력)일, 동지들과 더불어 북벽에 '단
군대황조신위'를 걸고 대종교를 다시 일으킨 의례와 동일
한 것이다. 그들의 6가지 서약 역시 종교적 맹세와 흡사
하였다.함을 볼 수 있다. 조국광복의 목적을 밝히고, 매년
중광절에 단군위패 앞에서의 기도를 하자는 종교적 신념
이 드러난다. 또한 비밀누설이나 서약을 위반하면 일벌백
계의 응징을 가한다는 비밀결사로서의 다짐도 새겼다. 홍
주일은 조선국권회복단의 기밀부장으로 활동하다가 체포
되어 대구형무소에서 1년간의 옥고를 치렀다.

홍주일은 대한광복회(大韓光復會)에도 관여하였다. 대한광
복회는 조선국권회복단과 풍기광복단(豊基光復團)이 연합
하여 1915년 결성된 것이다. 대한광복회는 국내에서 군자
금을 조달하여 만주의 기지에서 혁명군을 양성하고 국내
에 확보한 혁명기지를 거점으로 적시에 봉기하여 독립을
쟁취할 것을 계획하였다. 이때 행동지침은 비밀·폭동·암
살·명령의 4대 강령이었고 각처에 곡물상을 설치하여 혁
명기지로 삼는 한편 혁명계획은 군자금 조달, 독립군 및
혁명군의 기지건설, 의협 투쟁으로서의 총독처단 계획과
친일부호 처단 등으로 추진되었다.

1916년 8월, 대한광복회의 최병규(崔丙圭)·김진만(金鎭萬)·
김진우(金鎭瑀)·정운일 등이 군자금 모집을 위해 권총을
휴대하고 김진만의 장인인 대구 부호 서우순(徐祐淳)의 집
에 잠입하였다. 그러나 이를 목격한 그 집의 머슴과 격투
가 벌어졌고, 이러한 상황에서 김진우가 머슴에게 권총을
발사함으로써 사정이 여의치않게 되자 일행은 일단 피신
하는 사건이 벌어졌다. 홍주일 역시 이 사건에 참여하였
다가 1917년 6월 대구 복심 법원에서 징역 5개월을 선고
받고 복역하였다.

이후 대구에 명신학교(明新學校)를 설립하고 교장으로 취
임하여 독립을 위한 동량지재를 기르는데 앞장섰는가 하
면, 여러 항일단체에도 가담하여 항일투쟁을 이어가는 한
편, 각 민족단체의 지도자들과 연락을 취하며 조국독립
의 길을 모색하였다. 그러나 1919년 3월 서울의 이갑성(李
甲成)과 연락을 취하면서 김태련(金兌鍊)·이만집(李萬集) 등
과 대구의 독립만세운동을 계획하던 중, 3월 3일 일제에
예비검속되어 다시 2년간의 옥고를 치렀다. 출옥 후 대구
에서 교남학교(絞南學校)를 설립하고 교육을 통하여 독립
사상을 고취하다가 일제에 의하여 교직을 박탈당하였다.

홍주일은 천도교인으로 알려져 있으나, 일찍이 대종교에
입교하여 항일투쟁을 전개한 인물이다. 그의 입교 시기
나 영계(靈戒) 사항에 대한 기록은 남아있지 않다. 그러나
1911년 2월 17일(음력) 대종교 대구시교당(大邱施教堂) 찬무
(贊務, 부책임자)로 사무 대판(代辦, 代理)에 임명된 기록이 있
다. 당시 그의 대종교에서의 위치는 봉교인(奉敎人)이었
다. 대종교에서의 봉교인이란 입교를 하고 영계를 받기
이전의 단계를 말하는 것임을 볼 때, 그의 대종교 입교가
그 이전에 이루어졌음을 알 수 있다. 이러한 정황에서 보
면 홍주일이 서상일 등과 대구의 태궁상회에서 활동할 시
기에 입교한 듯하나, 이외의 기록이나 이후의 대종교 교
력 역시 전하지 않는다.

[참고문헌]
『倧報』제7호(1911년), 「판결문」(1919년 9월 29일. 대구지검), 『동아일보』
1927.8.3., 『고등경찰요사』(경상북도경찰부, 1934), 『일제침략하한국36년사』(국
사편찬위원회, 1967), 『독립운동사』3·8(독립운동사편찬위원회, 1975·1977), 『한
민족독립운동사자료집』7(국사편찬위원회, 1989), 『청도의 독립운동사』(권대웅,
2010), 「단군을 배경으로 한 독립운동가-경상도, 안동 지역을 중심으로-」
(김동환, 『선도문화』제11권, 국학연구원, 2011), 『근대 대구의 애국계몽운동』(권
대웅, 선인, 1921)

홍충희(洪忠熹, 남, 1878-1946)
아호(별명) _ 우봉(馬峰), 홍희(洪熹), 홍철우, 홍충의(洪忠意), 홍춘관
(洪忠觀), 홍충헌(洪忠憲), 홍충길(洪忠吉)
입교 시기 _ 1920년 이전 | 교질_지교 | 서훈_독립장(1977)

홍충희

한성부 서부(西部) 적선방(積善
坊) 도염동(都染洞) 출신이다.
대종교에서는 희(熹)라는 외
자 이름으로 알려져 있으며,
홍철우(한자명 불명)라는 이름
으로도 전해 오는 인물이다.
1903년 대한제국 무관학교 보
병과를 졸업하고 대한제국 육
군부위(陸軍副尉)를 지냈다.
1919년 3·1운동 당시 민족
대표 33인 가운데의 한 사람
인 권동진(權東鎭)을 도와 참
여한 뒤, 대한제국 무관 장교
출신이자 대종교 핵심인 김규식(金奎植) 등과 함께 북간
도로 망명하였다. 1920년 북간도 왕청현(汪淸縣)에서 서일
(徐一)·현천묵(玄天默)·김좌진(金佐鎭)·김규식·이범석(李範
奭)·조성환(曺成煥) 등과 대종교 항일단체인 대한군정서(북
로군정서)에 가담하여 총사령관 김좌진 휘하의 보병중대장
으로 독립군 양성에 진력하였다. 또한 1920년 10월 일본
군 3개 사단과 싸워 크게 이긴 청산리전투에서는 대대장
대리 제2중대장으로 커다란 전공을 세웠다.

홍충희의 대종교 교력을 살피면, 그의 대종교 입교나 영
계(靈戒) 사항에 대한 기록은 모두 남아있지 않다. 다만 대
종교선도회(大倧教宣道會)에서 홍충희와 함께 활동한 대종
교 항일투사 박명진(朴明鎭)의 기록에는, 1910년대 후반
대종교 동일도본사(東一道本司)의 주요 교인으로 홍충희가
등장하고 있다. 그의 대종교 입교가 그 시기에 이루어졌
음을 짐작케 하는 부분이다. 당시 서일이 이끈 동일도본
사 소속의 항일투사들을 보면 여준(呂準)·정신(鄭信)·신팔
균(申八均)·현천묵(玄天默)·김규식·김찬수(金燦洙) 등 수십
인을 헤아리는데, 모두 당대 항일투쟁의 지도급 인물들이
란 점이 주목된다.

이후 홍충희는 대종교 하얼빈선도회(哈爾濱宣道會, 일명 대
종교선도회)에서도 핵심 역할을 하였다. 하얼빈선도회(대종
교선도회)는 1934년 3월(음력) 하얼빈시 안평가(安平街)에 대
종교총본사의 직할로 설치한 기관으로, 마쓰이조약(三矢

條約) 당시 내려진 대종교포교금지가 풀리자 대종교의 재
도약 위해 설치한 조직이었다. 당시 밀산현(密山縣)에 은
둔하듯 지내던 대종교 교주 윤세복(尹世復)은 대종교의 포
교를 위해서는 부득이 일제의 괴뢰정권인 만주국으로부
터 포교와 선교에 대한 승인을 받지 않을 수 없었다. 이에
윤세복은 대종교총본사의 업무를 일단 성하식(成夏植)과
최익항(崔益恒)에게 일임하고 서행(西行)하여 하얼빈으로
향하였다. 그곳에서 김응두(金應斗)·박관해(朴觀海)의 노력
으로 대종교 재만(在滿) 시교권 인허를 받았다. 그 토대 위
에 다음과 같은 「선도문(宣道文)」을 외치며 출범한 것이 하
얼빈선도회였다.

　"종교는 인류평화의 사명이요 개인 정신의 양식이다.
　우리 대종교는 곧 대도(大道)의 본원(本源)이오 진리의
　보고(寶庫)이며 또 인간 행복의 지침(指針)이다. 우리 대
　종교는 신인(神人) 단군께서 사천년 전에 인간을 홍익키
　위하여 삼진귀일(三眞歸一)의 진리를 밝히시고 화중성
　철(化衆成哲)하는 종문을 열으신지라. 우리 인생은 마땅
　히 지·조·금(止·調·禁) 삼법(三法)으로써 심·기·신(心·氣·
　身) 삼망(三妄)을 돌이켜 성·명·정(性·命·精) 삼진(三眞)에
　나아갈지니, 이것은 곧 우리 인간이 천국화(天國化)하는
　구궁(究竟)이다. 아! 세계 교란을 미워하고 인류 평화를
　사랑하거든 우리 종문으로 들어오라. 현재의 고민을 벗
　고 영원한 행복을 누리려거든 진종대도(眞倧大道)를 믿
　으라. 아! 우리 최경최애(最敬最愛)하는 만천하 동포들
　이시여."

홍충희는 1937년 3월 7일(음력), 김서종(金書鍾)·박성태(朴
性泰)·김영숙(金永肅) 등 항일투쟁의 거물들과 하얼빈선도
회의 총무원원(總務院員)을 맡았으며, 서무사원(庶務司員)도
겸직하여 선도회 발전에 총력을 기울였다. 특기되는 것은
하얼빈선도회에 참여할 당시 홍충희의 대종교 교질(敎秩)
이 지교(知敎)였다는 점이다. '입교(入敎)→영계(靈戒)→참
교(參敎)'의 단계를 거쳐 얻어지는 교질이 이미 지교의 단
계다. 또한 상당한 기간을 거쳐야 얻을 수 있는 단계가 지
교의 교질이다. 홍충희의 대종교 입교가 1910년대 후반에
이루어졌음을 재삼 확인시켜 주고 있다.

[참고문헌]
『대종교중광육십년사』(대종교총본사, 1971), 『독립신문』1921.1.18., 『國外情
報 – 大韓軍政署의 日誌에 관한 건』(不逞團關係雜件-朝鮮人의 部-在滿洲의
部26, 高警 第1007號; 秘受 1502號, 한국사DB, 국사편찬위원회), 「朝鮮側 警察이
朝鮮人 金順 等을 拘引시킨 것에 관한 건』(不逞團關係雜件-朝鮮人의 部-在滿
洲의 部28, 公 第259號; 受 20669號, 한국사DB, 국사편찬위원회), 『한국독립사』하
(김승학, 독립문화사, 1965), 『독립운동사자료집』7(독립운동사편찬위원회, 1973),
『독립운동대사전』(이강훈, 대한민국광복회, 1985)

황강(黃剛, 남, 생몰 미상)
입교 시기_ 1910년대 후반 | 교질_ 미상

출신지역과 생몰연대를 알 수 없는 인물이다. 강(剛)이란
이름 역시 대종교 입교와 함께 개명한 대종교 외자이름일
듯하나, 이 역시 확인이 안 된다. 황강에 대한 기록은 일
제의 문서에서는 확인할 수 없으며, 오직 대종교의 기록
에서만 발견되고 있다.

박명진의 『대종교독립운동사』에 실린 1910년대 후반 대종교 동이도본사
소속 주요 교인의 명단. 왼쪽 하단에 黃剛(네모 안)이라는 이름이 보인다.

대종교 항일투사 박명진(朴明鎭)은 자신의 기록인 『대종교
독립운동사(大倧教獨立運動史)』에서, 황강을 1910년대 후반
대종교 동이도본사 소속 주요 교인으로 언급하고 있다.
당시 동이도본사는 백포(白圃) 서일(徐一)이 이끌고 있었으
며, 황강을 비롯하여 이화(李華)·김익형(金翼衡)·이범윤(李
範允)·홍범도(洪範圖)·최우익(崔友翼) 등, 항일투쟁의 거물
들이 속해 있었다.
한편 황강은 1922년 12월 11일(음력) 대종교 하일시교당(河
一施教堂)의 찬무(贊務, 부책임자)로도 이름을 올렸다. 하일
시교당은 대종교 동이도본사 소속으로 영안현(寧安縣) 철
령하(鐵嶺河)에 소재한 시교당이다. 대종교 항일단체인 신
민부(新民府)의 참의원(參議員)을 맡았던 허옥(許沃+玉)이 전
무(典務, 책임자)로 임명되어 이끌었으며, 정대식(鄭大植)이
찬무를 맡아 황강과 함께 허옥을 도왔다. 정대식 역시 조
선공산당 만주총국(滿洲總局)에 속해 활동하였으며, 1931
년 영고탑(寧古塔) 반제동맹사건(反帝同盟事件)으로 영안현
철령하에서 장태근(張泰根)·안낙원(安樂源) 등과 체포되어
징역 2년을 선고 받은 인물이다.

[참고문헌]
『대종교보』제56호(1922년), 『대종교독립운동사』(박명진, 필사본, 1964), 『대종
교중광육십년사』(대종교총본사, 1971)

황기율(黃起律, 남, 생몰 미상)
입교 시기_ 1914년 이전 | 교질_ 참교

출신지역과 생몰연대를 알 수 없는 인물이다. 다만 그가
1910년대 초반부터 함경도 원산을 중심으로 활동한 것으
로 보아, 이 지역 출신이 아닐까 추정해 본다. 황기율은

일제의 문서에서는 등장하지 않는 인물로, 대종교의 기록에서만 확인되고 있다.

황기율은 1910년대 초반 원산에 거점을 잡고 이미 대종교 활동을 전개한 기록이 있다. 그의 대종교 입교가 그 시기 이전임을 알게 해 주는 부분이다. 당시 원산은 국내 대종교인들이 북간도로 넘어가는 주요 루트였다. 원산을 경유하여 청진, 그리고 회령을 거쳐 북간도로 넘어가는 방법이 그것이다. 황기율은 원산에 자리를 잡고 지산(芝山) 정원택(鄭元澤)을 비롯한 북간도로 넘어가는 많은 대종교 항일투사들의 길잡이 역할을 하였다. 공교롭게도 이 시기는 대종교를 중광(重光)한 홍암(弘巖) 나철(羅喆)의 아들 나정문(羅正紋)이 선린상업학교를 마치고 원산농공은행(元山農工銀行)에서 2년 근무할 때였다. 1913년 대종교지도자 호석(湖石) 강우(姜虞)가 북간도로 넘어갈 때, 그를 영접한 인물이 나정문이다. 그 지역의 중심에 황기율이 있었다.

황기율은 이러한 역할과 노력으로 1914년 5월 13일(음력) 함경도 출신의 항일투사인 최붕남(崔鵬南)·류영오(柳泳旿) 등과 참교(參敎)의 교질(敎秩)을 받았으나, 이후의 행적은 확인이 안 된다.

[참고문헌]
『종문영질』(프린트본, 1922), 『호석선생문집』(독립운동사편찬위원회, 『독립운동사자료집(문화투쟁사자료집)』12, 1977), 『지산외유일지』(정원택, 탐구당, 1983)

황문길(黃文吉, 남, 1893-?)
입교 시기 _ 1914년 이전 | 교질 _ 지교

출신지역과 생몰연대를 알 수 없는 인물로, 의군단(義軍團)에서 활동하였다. 1920년 11월초에는 대원 30여명과 함께 액목현(額穆縣) 금창(金廠) 부근에서 일본의 동지연선수비대(東支沿線守備隊)에서 파견한 일제의 장교척후(將校斥候) 수명을 사살하였다.

이후 남만주로 영구(營口) 지역으로 옮겨간 황문길은, 1926년경 전장태역(田庄台驛) 남쪽 요하(遼河) 동안(東岸) 지역에 중국관청으로부터 1천 정보(町步)의 땅을 수전개발(水田開發)을 위하여 15년간 임차하여 사업에 들어갔으나 자금의 어려움으로 중단되었다. 또한 봉천(奉天) 지역 상무회(商務會)와 청년회 주최로 1928년 1월 10일에서 12일까지 열린 만주조선인대회(滿州朝鮮人大會)에 영구조선인회 대표로 참석하여 2박 3일간 열띤 논쟁을 벌이기도 하였다. 이 회의에서는 대종교 동지인 나경석(羅景錫)을 집행위원장으로 선출되어 재만조선인을 구축(驅逐)하려는 중국관헌에 맞서 투쟁을 펼치기로 결의하였다.

한편 1928년 봄, 황문길은 천진(天津)과 영구 지역 조선인 유지(有志)들과 조선인 후학 교육을 위한 명륜의숙(明倫義塾)을 설립하고 이 지역 지역인사들이 명예 교수직을 맡겨 운영하기도 하였다. 또한 1943년경에는 천진 지역의 양유청(楊柳靑) 농장(農場)의 총무(總務)를 맡아 관리·운영하면서, 지역의 많은 조선인들의 경제적 안정을 위한 노력을

기울였다.

황문길의 대종교 입교나 영계(靈戒) 사항에 대한 기록은 모두 없어져 전하지 않는다. 그러나 1914년 3월 2일(음력) 대종교 항일투사인 김관섭(金官燮)·채오(蔡五)·김이준(金利俊)·이민주(李敏柱)·서청(徐靑) 등과 참교(參敎)의 교질(敎秩)을 받은 기록이 남아있다. 김관섭 등이 모두 대한군정서(북로군정서)의 모체로 왕청현(汪淸縣)에서 조직된 중광단(重光團)의 인물들이고 보면, 황문길의 대종교 입교 역시 중광단 시절이 아닐까 추정해본다. 이후 황문길은 1917년 11월 24일(음력) 대한군정서의 맹장으로 활약한 서청과 함께 지교(知敎)의 교질로 올랐다. 또한 1922년 2월 17일(음력) 순교령(巡敎令)으로도 임명되었다. 순교령이란 대종교의 지역 교구 책임자가 직접 임명하는 자리로 교단의 중진들에게 맡겨지는 주요 직책이었다.

이 시기 황문길은 조백(趙白)과 대종교 동일도본사(東一道本司) 소속 순교령으로 활동하면서 왕청현 유수하(楡樹河) 지역을 중심으로 대종교 항일투쟁의 거점 재건을 위해 노력하였다. 당시 여러 곳으로 흩어져 있던 대한군정서 요원들은, 일제의 간도출병(間島出兵) 이후 산재한 동지들을 규합하여 대종교 확산을 도모하고자 하였다. 영안현(寧安縣)에는 본부(本部)를 두고 밀산현(密山縣)·액목현·돈화현(敦化縣) 등 서북간도 각지에 지부(支部)를 만든 후, 각기 학교를 부설하고 상호 연락망을 공고히 하고자 하였다. 당시 황문길과 조백은 대한군정서 기계국(器械局) 보관과장(保管課長)을 지낸 서청, 경찰과장(警察課長)을 맡았던 채신석(蔡信錫) 등, 다수의 대한군정서 출신의 동지들과 더불어 그곳에 동일도본사 제일지사 활동에 참여한 것이다.

[참고문헌]
『종문영질』(프린트본, 1922), 『대종교중광육십년사』(대종교총본사, 1971), 『間情 第14號 送付(將校斥候 殺害의 不逞團)』(不逞團關係雜件-朝鮮人의 部-在滿洲의 部26, 機密 第76號, 秘受 2010號, 한국사DB, 국사편찬위원회), 『南滿 各地에서의 水田開拓 計劃』(滿蒙 各地에서의 鮮人의 農業關係 雜件3, 關機高куберг 제1092호의 2, 한국사DB, 국사편찬위원회), 『중외일보』1928.1.16., 7.7., 『한국독립운동사자료』38(국사편찬위원회, 2002)

황병욱(黃炳郁, 남, 1860-1924)
아호(별호) _ 소운(小雪), 황진문(黃進文)
입교 시기 _ 중광 직후 | 교질 _ 상교

전라남도 광양군(光陽郡) 진상면(津上面) 비평리(飛坪里·飛村) 출신이다. 『승정원일기』[1886년 7월 22일자(음)]에 "황진문의 이름자를 병욱으로 고쳤다(黃進文名字 改以炳郁)"라는 기록으로 보아 본명이 황진문(黃進文)임을 알 수 있다. 1886년 선공감(繕工監)의 가감역관(假監役官)을 시작으로, 탁지부(度支部) 세무관(稅務官), 재무서(財務署) 재무관(財務官) 등을 역임하고, 1908년부터는 영광재무서(靈光財務署) 서장(署長)을 지내기도 하였다.

일찍이 대종교를 일으킨 홍암(弘巖) 나철(羅喆) 등과 운양(雲養) 김윤식(金允植)의 문인으로 교유하며 나라사랑의 의

기를 품었다. 한말의 의병장으로 활동한 김응백(金應伯, 1995년 독립장)에게 독립자금을 제공한 것 역시 이러한 우국충정의 연장이었다. 그러나 경술국치를 당하자 그 치욕과 울분으로 하루하루를 보냈다. 더욱이 1916년 8월 15일(음력), 막역지우이자 대종교 교주였던 나철이 자진순교(自盡殉敎)하자 1917년 12월 재산을 정리하여 북간도 망명의 길을 택하였다. 이후 연길현(延吉縣) 동불사(銅佛寺) 지역에 자리 잡은 황병욱은 길지 않은 생을 대종교 활동을 통한 항일투쟁에 헌신하며 살았다.

[교력]

1909년 대종교가 중광한 이후부터 1924년 생을 마칠 때까지의 황병욱의 삶은 대종교 그 자체라 해도 과언이 아니다. 그러나 황병욱의 대종교 입교와 영계(靈戒) 사항에 대한 기록은 전하지 않는다. 다만 황병욱이 1911년 중광절(重光節, 음력 1월 15일, 이하 음력)에 참교(參敎)의 교질(敎秩)을 받은 기록이 있다. 그의 대종교 입교가 중광(重光, 1909년 1월 15일) 직후에 이루어졌음을 짐작할 수 있는 부분이다. 더욱이 같은 날 대종교 중광 동지인 최전(崔顓)·강우(姜虞)·오혁(吳赫) 등과 협리(協理)로 선임되어 대종교의 교무행정(敎務行政)에도 적극 관여하였다. 그리고 그 해 9월에는 대종교의 성지(聖地)인 마리산(摩利山)을 찾아「참성단(塹星壇)」이란 제목으로 아래의 칠언율시를 짓기도 하였다.

於皇神祖祭吾天 오호라 한배검께 천제를 드리니
海水茫茫去渺然 끝없는 바다 아득히 펼쳐지도다
丁丑忍言經戰地 호란의 끔찍한 병화가 지나간 곳
戊辰尊奉紀元年 무진년이 숭앙의 기원이로다
衆生受福宜崇報 중생들 복을 받아 숭조보본하니
大道無疆自有傳 대종교의 진리 무궁히 전함이 있도다
瞻掃星壇多曠感 참성단에 참배하니 감회가 하 많아
山河猶是舊朝鮮 세상이 아직도 엣조선이로다

이어 1916년 3월 13일에는 대종교 중광 동지인 윤주찬(尹柱瓚)과 함께 지교(知敎)의 교질에 올랐다. 또한 5개월 뒤인 8월 14일에도 윤주찬과 더불어 상교(尙敎)의 교질까 승질(陞秩)하였다. 그러나 황병욱은 하루 뒤인 8월 15일 교주인 나철이 구월산 삼성사에서 자진순교한 비보(悲報)을 접한다. 특히 나철의 유서 가운데 황병욱 자신에게 남긴「도감(道鑒)」이란 아래의 유서가 있었다.

"소운 형장(兄丈)께 삼가 도감(道鑒)을 드립니다. 신훈(神訓)에서 말한 '자성구자강재이뇌(自性求子降在爾腦)'는 믿음[信]의 근본이며, 진리훈(眞理訓)에서 말한 '지감(止感) 조식(調息) 금촉(禁觸)'은 정성[誠]의 근원이니, 높이 받들어 오로지 수행하십시오. 단제강세 4373년 병진 가경절에 홍암 나철(謹贈 小雲兄丈 道鑒 神訓曰 自性求子降在爾腦 信之本也 眞理訓曰 止感 調息 禁觸 誠之原也 昂哉 專修 檀帝降世四千三百七十三年 丙辰之嘉慶節 弘巖 羅喆)"

도감(道鑒)이란 말 그대로 '수행을 하는데 거울로 삼으라'는 뜻이다. 이 유서의 내용은 크게 두 부분으로 이루어진

다. 하나는 대종교의 경전인『삼일신고(三一神誥)』「신훈」에 담긴 '자성구자강재이뇌'며 또 하나는『삼일신고』「진리훈」에 실린 '지감 조식 금촉'이다. 전자를 믿음의 근본으로 후자를 정성의 근본으로 삼아 오로지 수행하라는 것이 유서의 내용이다.

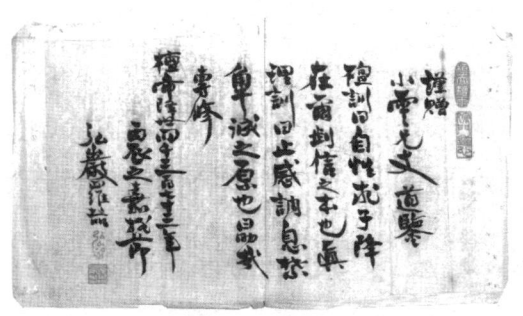

소운 황병욱에게 남긴 나철의 친필 유서「道鑒」의 원본. 기이하고 웅혼한 나철의 필체가 독특하다.

전자의 '자성구자강재이뇌'는 "저마다의 본성에서 하느님의 씨알을 찾으라 너희 머릿속에 내려와 계시느니라"는 의미다. 대종교의 신관(神觀)과 밀접하다. 이러한 신관념은 유일신이나 범신론적인 가치를 넘어 범재신론(凡在神論 Panenthism)에 가깝다. 이러한 신관념에서의 신은 초월적이면서 내재적이다. 지배하고 군림하며 단절되어 있는 하느님이 아니라, 초월과 내재가 공존하며 대화하는 하느님의 모습이 우리 고유의 하느님이다. 문제는 초월과 내재를 일치시키기 위해서는 지극한 정성이 요구된다는 점이다.

유서의 후자에서 나철이 정성의 근본으로 제시한 '지감 조식 금촉'이 주목되는 이유다. 이것이 곧 대종교 수행의 핵심인 삼법수행(三法修行)이기 때문이다. 대종교에서의 인간은 신성분자(神性分子)를 받은 하느님의 분신이다. 즉 삼진[三眞, 하느님의 본성(本性)인 성(性)·명(命)·정(精)]을 타고 낳으나 인간의 탈을 쓰며 얻게 되는 심(心)·기(氣)·신(身) 삼망[三妄, 인간의 욕성(俗性)]이 나타나 서로 대립한다. 삼법수행은 '인간의 욕성을 물리치고[返妄] '하늘의 본성으로 돌아가는 것[卽眞]'을 의미하는 것이다. 지감(마음공부)·조식(숨공부)·금촉(몸공부)은 그 방법론이라 할 수 있다. 마음공부는 때묻은 마음을 씻고 본성(本性)을 발견하는 공부이고, 숨공부는 어지러운 기운을 돌려 본명(本命)을 찾아가는 공부이며, 몸공부는 망가진 몸을 세워 본정(本精)을 일으키는 공부를 이르는 것이다.

대종교의 본질이 수행종교임을 감안한다면, 황병욱이 받은 나철의 유서 내용은 그 수행의 처음과 끝을 함축하고 있다. 더욱이 대종교 수행의 요체를 나철이 유서로서 황병욱에게 남겼다는 것도 예사로운 일이 아니다. 나철의 황병욱에 대한 종교적 기대감과 함께, 당시 대종교에서의 황병욱의 무게감이 대단하였음을 시사해준다. 순교한 나철의 영구(靈柩)가 남대문역에 도착한 때가 1916년 8월 24

일이다. 그리고 대종교 남도본사에 정구소(停柩所)가 차려졌다. 그 날 오후 8시 운양 김윤식이 「치제문(致祭文)」을 올리고 황병욱이 아래와 같은 「만장(輓章)」을 드렸다.

阿達山中秋月色	구월산 한가위 달은
千載照人光赫林	천년을 비추어 눈부시도다
淨若道心絶塵埃	맑은 도심(道心)이 티끌을 끊으니
圓滿無缺覆萬國	너그러운 이치가 온 세상을 덮도다
昔時檀祖化御天	옛적 단조(檀祖)께서 하늘로 오르시니
維我烝民莫非極	오직 백성들을 위한 지극함이로다
神道悠遠民鮮能	신도(神道)의 오래됨을 백성들이 모르니
駸駸日入禽獸域	한순간에 일본이 들어와 금수의 땅이 되도다
維帝生此補天手	오로지 한배께서 이를 살리려 도우시니
迺作之師爲衿式	다시 일으킨 스승께서 공경하고 본받도다
設教經年敷弘化	대종교를 일으켜 나날이 큰 교화를 베푸니
牖我群蒙開茅塞	어리석은 우리 무리를 깨우쳐 주도다
孔席墨埃追前哲	신도의 자취 좇아 동분서주하였으니
双轍環彼不戚北	한밝뫼 북녘 땅을 두루 다님이로다
八月翻翻駕言西	병진년 팔월에 홀연히 서행을 떠나니
是時霖雨猶未息	이때는 아직 장마가 이어질 때라
三聖祠前拜愀然	삼성사전에 숙연히 배알하니
洋洋如在傳寶敕	보배로운 조칙이 양양한 듯 하도다
一言訴盡人間事	한마디로 인간사를 모두 털어 놓으니
倏爾升雲朝帝側	홀연히 구름이 일어 대황조 곁을 싸안도다
爲誰捐斯千金軀	천금 같은 몸을 어느 뉘가 희생하리오
遺誡申申託萬幅	수많은 가르침을 남겨 거듭 깨우치니
嗚呼我徒聽我言	아아 교도들이여 내 말을 들으라
生爾者天之大德	하늘의 큰 고이[德]로 그대들 태어나니
各敬壇儀奉天心	각자의 삼감으로 천심을 받들고
力行修善必受福	힘써 착함을 닦으면 천복을 받으리라
師心如月何時輾	달과 같은 스승의 마음 언제나 걷히려나
前路明明導摘埴	앞길을 훤히 밝혀 어둠을 이끄소서

이후 황병욱의 대종교에 대한 고민은 더욱 깊이 스며들었다. 당시 국내 대종교 상황은 포교금지령으로 인해 와해 직전이었다. 대종교의 근거였던 북간도행을 택하게 된 결정적인 이유다. 황병욱은 1917년 10월 17일 밤에 김윤식을 방문하고 북간도로 넘어갈 계획을 깊이 의논하였다. 그전에 이미 국내 대종교 중심인물들과도 치밀한 계획을 주고받았을 듯하다. 또한 그의 북간도로 가는 행로 역시, 여타 대종교 인물들처럼 대종교 루트(원산→청진→회령→북간도)를 이용했을 가능성이 높다. 이러한 정황은 북간도로 이주하는 황병욱을 기리는 김윤식의 「황소운 세관 병욱을 전송하다(送黃小雲稅官 炳郁 移居北間島)」라는 아래의 오언고시(五言古詩)에서도 묻어난다.

…(전략)…

聞道白山下	듣자니 백두산 아래에는
土膏田未闢	일구지 않은 기름진 땅이 있다는데
檀祖有遺化	단군께서 남기신 교화가 있어
教友若親戚	교우들이 친척과도 같다고 하네
…(중략)…	
緬懷弘巖子	홍암자와의 지난날을 그리나니
精靈侍帝側	그의 정령이 상제 곁에 머물리라
峼嵲古經閣	우뚝 높은 고경각엔
無人尋眞躅	참된 자취 찾는 사람 없네
此去聲光近	이제 떠나면 그 음성과 광채에 가까워지리니
天門開萬德	하늘문 열어 온갖 고이 누리시게
…(후략)…	

대종교에 있어 백두산은 천산(天山)이며 조산(祖山)이다. 그곳에는 천지(天池)가 있고 천평(天坪)이 있었다. 단군이 이신화인(以神化人)하여 하강한 곳으로, 신시(神市)를 베풀고 교화를 펼친 곳이다. 그러므로 대종교인들에게 그곳은 지상천궁(地上天宮)과 같은 성지였다. 왕청(汪淸)·화룡(和龍)·연길(延吉)·무송(撫松)·돈화(敦化) 등, 백두산 서북지역을 중심으로 수많은 대종교인들이 운집하여 가족처럼 의지해 살았다. 그곳이 종교적 공간을 넘어 대종교 항일투쟁의 주요 근거가 된 이유다.

위의 시에 등장하는 '홍암자'는 홍암 나철을 말한다. 나철 역시 순교 당시 그의 유언에 의해 백두산 북쪽 기슭인 화룡현 청파호(靑坡湖)에 묻혔다. 또한 '고경각'은 백두산 어느 곳에 있는 대종교의 성소(聖所) 중의 하나다. 대종교 중광의 계기를 마련해 준 백봉신사(白峯神師) 일행의 행적이 숨쉬는 곳이다. 인용한 시구의 마지막절에는, 김윤식이 황병욱을 떠나보내며 염원하는 마지막 축원이 있다. 부디 만덕문(萬德門)을 열고 하늘집에 들어가기를 앙망함이 그것이다. 이 역시 대종교 경전인 『삼일신고』「천궁훈(天宮訓)」의 아래 구절을 끌어 온 것이다.

"하늘은 하느님의 나라라 하늘집이 있어, 온갖 착함으로 섬돌하고 온갖 덕으로써 문을 삼았느니라.(天神國 有天宮 階萬善 門萬德)"

황병욱이 처음 이주한 곳은 북간도 용정(龍井)이었다. 그리고 1918년 4월(음력) 경에는 그곳에서 30리 떨어진 태평구(太平溝) 계소동(鷄巢洞)으로 옮겨갔다. 이후 최종적으로 정차한 곳이 연길현 상의향(尙義鄕) 동불사 지역이었다. 당시 동불사는 대종교의 주요 인물이자 항일투쟁의 거물인 은계(隱溪) 백순(白純)이나 해산(海山) 강철구(姜鐵求) 등이 거주한 곳이다. 대종교 천영학교(天英學校)가 개설된 곳도 이곳이다. 동불사 지역이 대종교 항일투쟁의 주요 거점임이 다시금 확인된다.

황병욱은 그곳에서 후학들을 가르치는 한편, 대종교 포교 활동을 통한 항일투쟁의 일선에 섰다. 당시 대종교는 교당이 곧 학교이며 독립운동기지였다. 일제가 대종교를 독립운동단체로 규정한 이유다. 청산리독립전쟁 이후 일제는 미쳐 날뛰듯 경신대토벌을 자행하였다. 당시 일제의 주요 표적이 된 대종교 교주 무원(茂園) 김교헌(金教獻) 역시 절체절명의 위기에 봉착하였다. 김교헌이 호석(湖石) 강우(姜虞) 등과 은신하며 구사일생으로 위기를 넘긴 곳도 동불사 황병욱의 집이었다.

황병욱은 1922년 9월 21일 대종교 동일도본사(東一道本司)의 전리대판(典理代辦)이라는 중책을 맡는다. 전리란 관할 도본사의 책임자를 말하며 대판이란 대리를 일컫는 것이다. 당시 동일도본사는 그 근거를 연길에 두고 제3지사까지 두었다. 제1지사는 왕청현 덕원리(德源里)에 두었으며 왕청과 혼춘(琿春) 지역의 교구를 관할케 하고, 제2지사는 연길현 용정촌에 설치하고 연길과 화룡 지역의 교구를 관장케 하였으며, 제3지사는 함경북도 경성(鏡城)을 중심으로 함경북도 전역을 이끌게 하였다.

이후에도 황병욱은 동일도본사의 선범부령(宣範部令)에 이름을 올리는 등, 대종교 일선에서 꾸준히 활동하였으나 그 구체적 행적이 남아있지 않아 아쉬움이 크다.

[참고문헌]
『倧令』제3호(1911년), 『대종교보』제55호(1922년)·제58호(1923년), 『종문영질』(프린트본, 1922), 『홍암신형조천기』(김교헌, 대종교총본사, 1954), 『대종교중광육십년사』(대종교총본사, 1971), 『승정원일기』1886년 7월 22일자(음), 1907년 9월 27일자(음), 11월 28일자(음), 『대한제국직원록(1908·1909)』(한국사DB, 국사편찬위원회), 『매일신보』1911.9.22, 『雲養續集』(金允植 著/李斌承 校正·金琪郁 編輯, 1930), 『纘彡晴史』上·下(김윤식, 국사편찬위원회, 1960), 『호석선생문집』(독립운동사편찬위원회, 『독립운동사자료집』12문화투쟁사자료집, 1977), 『광양뉴스』(http://www.gynet.co.kr)

황봉서(黃鳳瑞, 남, 생몰 미상)
입교 시기_ 1914년 이전 | 교질_ 참교

출신지역과 생몰연대를 알 수 없는 인물이다. 다만 1914년 당시 경상북도 칠곡군(漆谷郡) 왜관(倭館)에 있는 약목시장(若木市場)에서 음식점을 경영한 것으로 보아, 이 지역 출신이 아닐까 추정해 본다.

황병서는 대종교비밀결사인 조선국권회복단(朝鮮國權回復團)의 후신인 대한광복회(大韓光復會)에 가담하여 독립운동 자금 모금에 관여한 기록이 있다. 그 배경을 보면, 달성친목회의 동지이자 평소 국권회복에 대한 의지를 품고 있던 서상일(徐相日)·이시영(李始榮)·박영모(朴永模)·홍주일(洪宙一)·정운일(鄭雲馹) 등이, 윤창기(尹昌基)가 대구 근교 안일암(安逸庵)에서 약을 먹기 위해 묵고 있는 점을 빌미로 모임을 갖기로 하였다. 그리고 1913년 1월 15일(음력) 대종교의 중광절(重光節, 대종교가 다시 일어난 날)을 기하여 달성군 도성면 대명동에 위치한 안일암에서 시회(詩會)를 가장해 출범한 조직이 조선국권회복단이다.

당시 이들이 내세운 기치는 "수천년 역사를 가진 우리 조선이 일한병합으로 망했으니 우리 시조 단군대황조(檀君大皇祖)에 미안한 일이니 어떻게 해서든 독립국으로 만들어야 한다"는 주창이었다. 그리고 이들은 이를 실천키 위해 우선 형제의 결의를 맺고 일치된 행동을 펴야 할 것을 다짐하면서, 독립운동을 추진해 갈 비밀결사인 조선국권

회복단의 결성을 결의하였다. 이들은 각기 서약서를 작성하고 연서한 후 '단군대황조영위(檀君大皇祖靈位)'란 위패를 세워 그 앞에서 기원을 올리며 자신들의 목적이 관철되도록 가호를 빌고 각자 변심치 말고 끝까지 독립투쟁에 진력할 것을 굳게 맹세하였다. 그 맹세의 내용은 다음과 같았다.

一. 한국의 국권을 회복할 것.
一. 매년 정월 15일 단군의 위패 앞에 목적수행을 기도할 것.
一. 단원은 마음대로 탈퇴하지 않을 것.
一. 비밀을 누설치 말 것.
一. 만약 이를 위반할 경우는 신명(神明)의 주벌(誅罰)을 받을 것.
一. 결사대로 하여금 살육케 할 것.

1915년 조선국권회복단은 풍기광복단(豊基光復團)의 연합하여 대한광복회(大韓光復會)의 재편되었다. 대한광복회는 국내에서 군자금을 조달하여 만주의 기지에서 혁명군을 양성하고 국내에 확보한 혁명기지를 거점으로 적시에 봉기하여 독립을 쟁취할 것을 계획하였다. 이때 행동지침은 비밀·폭동·암살·명령의 4대 강령이었고 각처에 곡물상을 설치하여 혁명기지로 삼는 한편 혁명계획은 군자금 조달, 독립군 및 혁명군의 기지건설, 의협 투쟁으로서의 총독처단 계획과 친일부호 처단 등으로 추진되었다.

황봉서 역시 1916년 8월경, 자신이 경영하는 칠곡군 왜관에 있는 약목시장의 음식점을 모임 장소로 제공하여 대한광복회 단원인 손기찬(孫基瓚)·권국필(權國弼)·임봉주(林鳳柱)·임병하(林炳夏) 등과 독립운동자금 모금을 위해 활동한 기록이 있다.

황봉서와 관련된 대종교 입교 시기나 영계(靈戒) 사항에 대한 기록은 남아있는 것이 없다 그러나 1914년 4월 7일(음력) 김은식(金殷植)과 더불어 참교(參敎)의 교질(敎秩)을 받은 것으로 보아, 그의 대종교 입교가 조선국권회복단 시절에 이루어졌음을 짐작할 수 있다. 또한 함께 참교를 받은 김은식은 1920년대 사회주의 노동투쟁에 적극 앞장선 인물로, 1925년 대종교계 사회주의자 권오설(權五卨) 등과 조선노농총동맹(朝鮮勞農總同盟)에 가담하여 적극 활동한 인물임도 주목된다.

[참고문헌]
『종문영질』(프린트본, 1922), 「國權恢復ヲ標榜セル不穩團體員發見處分ノ件續報」(不逞團關係雜件 朝鮮人ノ部 在内地 二, 高第8431號;秘受7693號, 한국사DB, 국사편찬위원회), 『한민족독립운동사자료집』32(국사편찬위원회, 1997)

황상규(黃尙奎, 남, 1890-1931)
아호(별명) _ 백민(白民), 허옥(許鈺), 허탁(許鐸), 허각, 관운장(關雲長)
입교 시기 _ 1910년대 | 교질 _ 미상 | 서훈 _ 독립장(1963)

황상규

경상남도 밀양부(密陽府) 부내면(府內面) 내이리(內二里) 출신이다. 일찍이 향리의 집성학교(集成學校)를 졸업한 뒤 마산의 창신학교(昌信學校)와 밀양의 고명학교(高明學院)을 설립하였다. 또한 황상규는, 고종 때에 설립된 전홍균(全鴻杓)의 동화중학(同和中學)이 1911년 일제에 의해 폐쇄 당하자 이를 인수하여 민족교육의 의지를 계승하였다. 이 동화중학은 3·1독립만세운동 후 일제의 사립학교 탄압으로 폐교될 때까지, 의열단원(義烈團員) 전수봉(崔壽鳳)·김상윤(金相潤)을 비롯하여 김소지(金小池)·박소종(朴小宗)·정동찬(丁銅燦) 등. 많은 항일독립운동가를 배출하였다

특히 1908년에는 직접 『동국사감(東國史鑑)』이라는 국사책을 저술하여 상기한 고명학원·창신학교·동화학원 등에서 교재로 사용하면서, 동량지재들에게 독립과 애국정신을 북돋우는 역사의식 고양에도 앞장섰다.

1913년 경상북도 풍기에서 조직된 대한광복단(大韓光復團)에 참여하며 본격적인 항일 활동을 전개하였다. 대구의 악질부호인 장승원(張承遠)을 사살하며 일제의 주목받게 되자 1918년 만주의 길림(吉林)으로 망명하였다. 그 곳에서 대종교 동지들인 서일(徐一)·유동열(柳東說)·김규식(金奎植)·김좌진(金佐鎭) 등과 함께 대한군정서(북로군정서)의 전단계인 독립의군부(獨立義軍府)를 조직하고 재정 담당에 임명되어 군자금 모금에 주력하였다.

이 시기 대종교인들이 중심이 되어 발표한 「대한독립선언서(무오독립선언서)」에도 서명하여 무장항일투쟁의 의기를 다졌다. 「대한독립선언서」는 대종교의 중광단(重光團)을 중심으로 무오년(1918년) 초부터 준비되어 1919년 2월 (또는 1918년 11월), 만주 길림에서 만주와 연해주 및 중국, 미국 등 해외에서 활동 중인 독립운동가 39명의 명의로 발표된 독립선언서다. 이 선언을 '중광단선언'이라고도 하는 이유도 여기에 있다. 그 주축이 된 중광단은 1911년 대종교도인 현천묵(玄天黙)·박찬익(朴贊翊) 등이 중심이 되어 조직한 독립운동단체로, 1909년 대종교의 중광(重光, 우리 고유의 단군신앙이 다시 부활했다는 의미)에서 그 명칭을 가져온 것이다. 중광단은 1911년 왕청현에 본부를 두고 단장으로 서일을 선출하고, 3·1운동 직후 1919년 4월 대한정의단으로, 그 해 10월에는 대한군정부로 개편하였다. 대한군정부는 같은 해 12월 상해 임시정부의 승인을 받아 대한군정서(북로군정서)가 재편되었다. 이 단체는 만주에서 결성된 최초의 항일운동단체로, 대종교의 정신을 토대

로 적극적인 무장항일운동을 전개했다. 「대한독립선언서」는 그 작성과 서명이 사전에 이루어졌음을 고려하여, 별칭으로 '무오독립선언' 또는 '길림선언'으로 불리기도 하며, 일제강점기 우리 민족이 최초로 선포한 독립선언서로 '2·8동경유학생선언'과 국내 '기미독립선언'의 선구적 역할을 했다고 평가를 받는다.

황상규는 1919년 상해 대한민국임시정부가 수립되자 여기에서도 재정위원에 임명되어 군자금 모금에 힘써 당시 18만원이라는 거액의 자금을 모았다. 특히 같은 해 11월 9일 길림에서 김원봉(金元鳳)·곽재기(郭在驥) 등과 의열단(義烈團)을 조직하여 그 정신적 지주 역할을 하였다. 황상규는 김원봉의 고모부(姑母夫)로서, 당시 남경 금릉대학(金陵大學)에서 재학 중인 김원봉을 길림으로 부른 것도 황상규였다. 또한 김원봉에게 약산(若山)이라는 호를 지어준 것도 황상규로, 김원봉의 실질적 후견인 같은 역할을 하였다.

황상규는 의열단의 목적 구현을 위해 1920년 5월 13일 곽재기 등과 함께 서울에 잠입하였다. 그리고 총독부 요인과 동양척식주식회사 폭파를 위하여 움직이던 중, 경기도 경찰부에 탐지되어 결국 같은 해 6월 모두 체포되었다. 그리고 1921년 경성지방법원에서 7년의 징역형을 선도받고 복역하였다. 만기 출옥 후에도 항일투쟁의 열정을 꺾지 않은 황상규는 신생활사(新生活社)를 창립하는가 하면, 신간회(新幹會)의 서기장, 조선어학회(朝鮮語學會) 간부 등을 역임하였다. 또한 향리로 내려가 요양하던 중에도 노동야학원(勞動夜學院)과 여자야학원(女子夜學院)을 설립하여 교육을 통한 독립운동에 헌신하다가 1931년 9월 병사하였다.

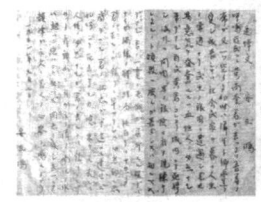

황상규의 추도식 당시 대종교 동지인 民世 安在鴻의 추도사를 기록한 일제의 문서(왼쪽)와 1931년 9월 6일 밀양 선영에서 1만여 명이 운집한 가운데 密陽社會團體聯合葬儀의 주관으로 열린 장례식 사진.

황상규의 대종교 입교는 대한광복단 활동으로부터 만주로 건너간 그 사이로 알려져 있으나, 안타깝게도 그 관련된 기록은 남아있지 않다. 그 시기의 1차 자료인 『대종교보(大倧敎報)』가 모두 없어진 이유가 크다. 다만 대종교 항일투사 박명진(朴明鎭)의 기록인 『대종교독립운동사(大倧敎獨立運動史)』에 보면, 1910년대 후반 대종교 동일도본사(東一道本司) 소속의 주요 교인으로 황상규의 이름을 올리고 있다. 황상규의 대종교 입교가 독립의군부 참여 이전임을 알게 해 준다.

한편 당시 동일도본사는 동만주로부터 국내 함경도 일대를 관할하는 대종교 교구로써, 대종교지도자 백포(白圃)

서일(徐一)이 이끌고 있었다. 그 주요 교도들을 보면 황상규를 비롯하여 여준(呂準)·현천묵(玄天黙)·박성태(朴性泰)·박찬익(朴贊翊)·정신(鄭信)·신팔균(申八均)·이규(李圭)·김동삼(金東三)·강희(姜熹)·손일민(孫一民)·김좌진(金佐鎭)·이장녕(李章寧)·조소앙(趙素昂)·김규식(金奎植)·계화(桂和)·이범석(李範奭)·조성환(曺成煥)·백순(白純)·나중소(羅仲昭) 등 수십 인을 헤아린다. 주목되는 것은 이들 대부분이 황상규와 관련된 독립의군부와 대한군정서의 중추였으며, 『대한독립선언서』의 주동이었다는 점이다.

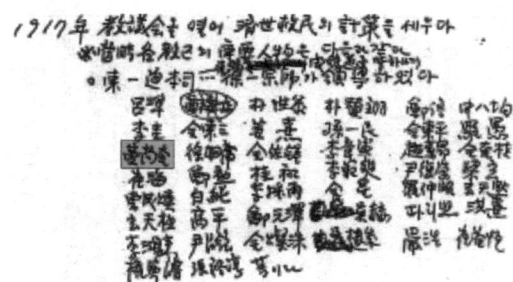
박명진의 『大倧敎獨立運動史』에 실린 1910년대 후반 대종교 동일도본사의 주요 교도 명단. 왼쪽에 黃向奎(네모 안)라는 이름이 보인다.

[참고문헌]
『대종교독립운동사』(박명진, 필사본, 1964). 『동아일보』1926.4.25., 1929.7.6., 1931.9.9. 「新幹會本部 書記長 黃向奎追悼會」 集會取締 狀況報告(通報)(思想에 關한 情報綴1, 京鍾警高秘 제11101호, 한국사DB, 국사편찬위원회). 『무장독립운동비사』(채근식, 대한민국공보처, 1949). 『한국유이민사』상(현규환, 어문각, 1967). 『朝鮮獨立運動』III (金正明, 原書房, 1967). 『독립운동사자료집』11(독립운동사편찬위원회, 1976). 『독립운동사』7(독립운동사편찬위원회, 1976). 『지산외유일지』(정원택, 탐구당, 1983). 『密陽誌』(密陽誌編纂委員會, 密陽文化院, 1987)

황용섭(黃龍涉, 남, 생몰 미상)
입교 시기_1923년 | 교질_미상

출신지역과 생몰연대를 알 수 없는 인물이다. 일제의 문서에는 일체 드러나지 않고 대종교단 내부의 기록에서만 언급되고 있다.
황용섭의 대종교 교력을 살피면 1923년 6월 23일(음력) 대종교 용일시교당(勇一施敎堂)의 전무(典務, 책임자)로 임명된 기록이 있다. 그가 그 이전에 이미 대종교에 깊이 관한 인물임이 확인된다. 용일시교당은 대종교 동이도본사(東二道本司)가 관할하는 시교당으로, 당시 항일투쟁의 주요 거점이었던 혼춘현(琿春縣) 용지향(勇智鄕) 보정사(保定社) 신풍(新豊) 지역에 소재하고 있었다. 또한 채규룡(蔡奎龍)·김노극(金魯極)이 찬무(贊務, 부책임자)로 임명되어 황용섭의 시무를 도운 기록이 있으나, 그 외의 행적은 전하지 않는다.

[참고문헌]
『대종교교보』제58호(1923년). 『대종교중광육십년사』(대종교총본사, 1971)

황정환(黃定煥, 남, 생몰 미상)
입교 시기_일제강점기 | 교질_지교

출신지역과 생몰연대가 불확실한 인물이다. 그러나 그의 선대(先代)가 경상남도 함안(咸安)을 중심으로 활동한 것으로 보아 이 지역 출신임을 점쳐볼 수 있다.
황정환은 1924년, 그의 부친인 황인수(黃麟秀) 지은 『집어(集語)』를 간행한 인물이다. 황인수는 조선후기 학자로, 후산(后山) 이만구(李晩求)에게 경전과 예설(禮說) 등을 배웠다 한다. 『집어』는 황인수의 시가와 산문을 담은 시문집으로 1920년에 이훈호(李薰浩)가 쓴 서문이 담겨 있다.
황정환은 일제강점기에 대종교에 입교하였으나, 그 기록은 남아있는 것이 없다. 그러나 1946년 2월 5일, 국내 대종교 남도본사(南道本司)에서 열린 임시총회에 참여한 것으로 보아 일제강점기 국내 대종교 활동에 깊이 관여한 것이 확인된다. 당시 개최된 임시총회의 의제는 만주 동경성(東京城)에 있는 대종교총본사의 국내 환국을 위한 주비회(籌備會)를 조직하는 문제였다. 황정환은 김희균(金熙均)·김상호(金相鎬)·이극로(李克魯)·민효식(閔孝植)·이동하(李東廈)·백남규(白南奎)·정열모(鄭烈模)·홍재호(洪在皥) 등, 국내 대종교 항일투사들과 함께 주비위원으로 선출되었다. 일제강점기 황정환이 국내 대종교의 중심부에 있었음을 확인해주는 근거다.
이에 대종교에서는 대종교총본사가 국내로 환국한 직후인 1946년 2월 23일(음력, 이하 음력), 남도본사의 특별추천으로 영계(靈戒)와 더불어 참교(參敎)의 교질(敎秩)을 동시에 수여하였다. 그리고 그 해 2주일 후인 3월 6일에는 대종교 경의원(經議院) 참의(參議)로 선임하여 원로로서의 대우를 하게 된다. 또한 같은 해 5월 1일에는 대종교총본사의 특별추천으로 지교(知敎)의 교질로 승질(陞秩)하였다. 그리고 동년 6월 22일 경의원 상무참의로 영전하였고 1950년 1월 17일에는 대종교중흥회(大倧敎中興會) 제2차 집행위원으로 뽑혀, 대종교 재건을 위한 중대사를 도모하는 데 앞장섰으나 한국전쟁으로 유야무야되었다.

[참고문헌]
『대종교보』환국기념호(1946년)·제150호(1946년)·제165호(1950년). 『대종교중광육십년사』(대종교총본사, 1971). 『集語』(黃麟秀著/黃定炳編, 咸安三戒書堂·木板本, 1924). 『중앙신문』1946.2.8.

황종규(黃宗奎, 남, 생몰 미상)
입교 시기_1922년 | 교질_참교

출신지역과 생몰연대를 알 수 없는 인물이다. 다만 1920년대 전라북도 익산군(益山郡) 여산면(礪山面) 호산리(壺山里)를 중심으로 대종교시교당 활동을 전개한 것으로 보아, 이 지역 출신일 가능성이 높다.

황종규의 대종교 교력을 살피면 1922년 윤5월 8일(음력, 이하 음력) 당시 국내를 관할하던 대종교 남일도본사 소속의 시교원(施教員)으로 임명된 기록이 있다. 그의 대종교 입교가 그 이전에 이루어졌음을 알 수 있다. 1920년대의 국내 대종교 활동은 일제의 탄압에 의해 참혹하기 그지없었다. 비밀리에 집회활동을 해야 했고 중심부와 떨어진 변두리로 수시로 옮기며 집회를 갖기 일쑤였다. 대종교를 믿고자 해도 일제의 끔찍한 핍박으로 접근 자체가 쉽지 않았다. 황종규가 남도본사 소속의 시교원으로 임명된 시절 대종교의 교세현황을 보면 지사(支司)와 시교당 수가 48곳이었다. 그러나 국내의 시교당 수는 겨우 6곳에 불과하였다. 대종교의 시교당이 국외에 비해 국내에 8분의 1밖에 설치되지 못한 것이다. 이것은 이 시기 대종교의 국내활동이 얼마나 어려웠던가를 보여주는 단적인 사례라 할 수 있다.

황종규는 같은 해 7월 19일 영계(靈戒)를 받고 다음 날인 7월 20일 참교(參教)의 교질(教秩)을 받았다. 그리고 동년 8월 17일 대종교 여일시교당(礪一施教堂)의 전무(典務, 책임자)로도 임명된다. 여일시교당은 남도본사 소속으로 전북 익산군 여산면 호산리에 개설된 시교당이었다. 또한 그해 10월 9일에는 여산시교당 소속의 시교원도 맡아 교무행정과 포교활동을 병행하는 열정을 보였으나, 이후의 행적은 전하지 않는다.

[참고문헌]
『대종교보』제54호(1922년)·제55호(1922년)·제56호(1922년), 『대종교중광육십년사』(대종교총본사, 1971)

황찬수(黃燦秀, 남, 1886-?)
아호(별명)_ 원가(源嘉), 남파(南坡)
입교 시기_ 1916년 이전 | 교질_ 미상

경상북도 성주군(星州郡) 성주면(星州面) 용산리(龍山里) 상사동(上史洞) 출신이다. 일찍이 출신지역인 성주를 중심으로 대종교 활동을 전개하면서 지역의 의식 고양에 앞장섰다.

황찬수는 성주 지역 유일한 조선인 회사였던 성주검축상회(星州儉蓄商會)에 참여하여 1930년 감사역을 맡았던 기록이 있다. 성주검축상회는 1922년 9월 10일, 도문환(都文煥)·배상준(裵相準)·배준기(裵準琪) 등 대종교 동지들을 중심으로, 경상북도 성주군 성주면 경산동(慶山洞) 설립한 회사다. 주로 일용품 잡화 기타 물품의 매매. 산업 자금의 대부. 이상에 부대하는 업무를 주업으로 하였다. 황찬수가 감사로 참여할 당시인 1930년 8월에는 도문환이 사장을 맡았고 서병호가 황찬수와 더불어 감사를 맡았다.

도문환은 1922년 12월 23일(음력) 대종교 영계(靈戒)를 받은 인물로, 대종교비밀결사인 조선국권회복단과 연결되어 활동하였다. 그는 영계를 받은 날 경북 성주군 성주면 경산동에 소재한 대종교 산선시교당(山善施教堂)의 시교원

(施教員)으로도 임명된 기록도 있다. 서병호 역시 1922년 12월 23일(음력) 대종교 산선시교당의 찬무(贊務, 부책임자)를 맡아, 당시 전무(典務, 책임자)였던 성세영(成世英)을 도와 시무하였다.

황찬수와 대종교 입교 시기나 영계 관련 기록은 남아있는 것이 없다. 그러나 1922년 성주 지역 대종교를 이끈 성세영의 『본사행일기(本司行日記)』라는 기록을 보면, 황찬수가 1916년 이전 경북 지역 대종교 주요 교인으로 올라 있다. 황찬수의 대종교 입교가 1910년대였음을 확인시켜준다.

1930년 8월 5일 열린 성주검축상회 제16회 총회에서 黃燦秀(맨 끝)가 徐丙祜와 함께 감사로 선임된 내용을 기록한 『中外日報』 기사.

[참고문헌]
『본사행일기』(성세영, 필사본, 1922), 『朝鮮銀行會社組合要錄』(中村資良, 東亞經濟時報社, 1923년판), 『중외일보』1930.8.11.

황창준(黃昌俊, 남, 생몰 미상)
입교 시기_ 1923년 이전 | 교질_ 미상

출신지역과 생몰연대를 알 수 없는 인물이다. 1920년대 대종교단 내의 기록에만 일부 등장하며 일제의 문서에서는 찾을 수가 없다.

황창준의 대종교 교력을 보면, 1923년 4월 26일(음력) 대종교 연일시교당(淵一施教堂)의 찬무(贊務, 부책임자)로 임명된 기록이 있다. 그의 대종교 입교가 그 이전에 이루어졌음을 확인시켜 준다. 일제강점기 대종교시교당은 곧 포교의 근거지이자 항일투쟁 기지였으며 그리고 학교를 병행하는 삼위일체의 기관이었다. 일제가 대종교 자체를 항일투쟁 기관을 낙인(烙印)한 이유다. 연일시교당은 대종교 항일투쟁의 주요 근거였던 동일도본사(東一道本司) 소속으로, 연길현(延吉縣) 연집촌(煙集村) 용연동(龍淵洞)에 위치한 시교당이었다. 당시 최준삼(崔峻三)이 전무(典務, 책임자)를 맡아 이끌었으며, 최병률(崔秉律)·오영호(吳英浩)가 황창준과 더불어 찬무를 맡아 최준삼을 도왔다.

[참고문헌]
『대종교보』제58호(1923년), 『대종교중광십년사』(대종교총본사, 1971)

황천오(黃天伍, 남, 생몰 미상)
입교 시기_1918년 이전 | 교질_미상

출신지역과 생몰연대를 알 수 없는 인물이다. 일제의 문서에는 등장하지 않으며 1920년대 대종교의 문건에만 나타나고 있다.

황천오와 관련된 대종교 입교 시기나 영계(靈戒) 관련 사항은 남아있는 기록이 없다. 그러나 1918년 7월 20일(음력) 김병용(金秉鎔) 등과 참교(參敎)의 교질(敎秩)를 받은 황천오의 기록이 전한다. 그의 대종교 입교 시기가 그보다 훨씬 전으로 올라감을 알 수 있다. 특히 함께 참교를 받은 김병용은 사회주의 문예활동에 적극 참여한 인물로, 1929년 4월에는 대종교 동지인 김사국(金思國)이 이끄는 서울청년회에 가입하여 활동하였다.

이후 황천오는 대종교만주포교금지령이 내려지던 1926년 당시도, 최수항(崔秀恒)과 더불어 대종교 회일시교당(會一施敎堂)의 찬무(贊務, 부책임자)를 맡아 시무하였다. 회일시교당은 왕청현(汪淸縣) 춘명사(春明社) 경회동(慶會洞)에 소재한 시교당으로, 당시 시교당의 전무(典務, 책임자)는 공석이었다. 회일시교당의 주요 연락 거점은 춘명사 덕원리(德源裡)로, 대종교 항일단체인 중광단(重光團)이 결성된 곳이다. 또한 백포(白圃) 서일(徐一)이 명동학교(明東學校)를 개설하여 대종교 항일투사들을 기른 곳이며, 대종교 항일단체인 대한군정서(북로군정서)의 총재부가 있었던 공간이다. 더욱이 대종교 2세 교주 무원(茂園) 김교헌(金敎獻)이 만주로 넘어간 직후인 1917년 3월 15일(음력) 대종교 제1회 교의회(敎議會)를 개최하여 본격적인 무장항일투쟁의 길을 설계한 곳도 이곳 덕원리다. 황천오가 중광단 시절에 이미 대종교에 입교했을 가능성을 점쳐주나, 이 외의 기록은 전하지 않는다.

[참고문헌]
『종문영질』(프린트본, 1922), 「大倧敎施敎堂一覽表(1926年)」(延边朝鲜族自治州档案馆 全宗号42 目录号1 案卷号343, 和龙县历史档案 和龙县警察所, 令各区查禁韩人设立大倧教堂由, 民国十五年五月十二日)

황학수(黃學秀, 남, 1879-1953)
아호(별명)_필옥(弼玉), 몽호(夢乎·夢呼), 이국현(李國賢)
입교 시기_1922년 이전 | 교질_정교 | 서훈_독립장(1962)

한성부 북촌의 화동(花洞) 출신이다. 일찍이 충청북도 단양군(丹陽郡) 어상천면(魚上川面) 대전리(大田里)로 내려와 거주하였다. 당시 그 생활권이 제천이었으므로 충청북도 제천 출신으로 많이 알려져 있다. 8세에 지역 한문사숙에 들어가 15년 간을 수학하였다.

1898년 대한제국 육군무관학교에 입학하여 1900년에 졸업하고 육군 참위(參尉)로 임관되었으며, 이후 부위(副尉)

황학수

와 함께 육군유년학교(陸軍幼年學校)의 교관으로도 복무하였다. 1907년 8월 군대가 일제에 의해 강제로 해산되자 귀향하여 동지와 협력, 동명학교(東明學校)를 설립하고 육영사업에 전념하였다.

1919년 3·1운동 이후 중국 상해로 망명하여 대한민국임시정부의 임시의정원의원 및 군무부비서국장으로 선임되어 활약하였다. 그러나 대한민국임시정부의 활동이 어수선해지자 1920년 남만주로 건너가 서로군정서(西路軍政署)에 가담하여 참모장과 중앙집행위원 및 군사부장(軍事部長)을 역임하면서 본격적인 무장독립투쟁에 헌신하였다. 일제의 경신대토벌이 본격화된 1920년 말에는 내몽고 포두진(包頭鎭) 지역으로 옮겨가 조병준(趙秉準)·김승학(金承學)·공진원(公震遠)·신우현(申禹鉉) 등의 대종교 동지들과 잠시 은거하며 항일투쟁을 도모하였다.

1922년 봉천성(奉天省) 환인현(桓仁縣) 하구(河溝)에서 대한통군부(大韓統軍府)가 조직되자 군사부장을 역임하는가 하면, 통의부(統義府)로 확대 개편된 뒤에는 군사위원(또는 참모부장)으로 활동하였다. 통의부에서 내부 갈등이 일어나자 북경으로 잠시 은거하듯 하였으나, 1923년 통의부로 돌아와 다시 군사부장으로 활동하였다. 1923년 한국노병회에 입회하여 특별회원이 되었으며, 1927년 만주로 넘어가 대종교 항일단체인 신민부(新民府)에 참여하였다. 신민부의 중심이자 대종교지도자였던 김혁(金爀) 등 간부가 일경에 체포된 뒤에는 신민부 참모부의 위원장을 역임하면서, 중국 측과 교섭을 통해 신민부 관할의 지방자치를 승인 받는 데 많은 역할을 하였다. 또한 1928년 삼부통합(三府統合)을 위한 회의에 신민부 대표 가운데 한 명으로 참여하였으며 혁신의회의 조직에도 동참하였다. 1930년에는 대한민국임시정부 요인들이 중심이 되어 창당한 한국독립당(韓國獨立黨)에 가담하였으며, 한국독립군을 조직하는데 기여하는가 하면 1932년에는 부사령관으로도 활동하였다.

황학수는 남경으로 이동하여 조선혁명당(朝鮮革命黨)에 참가하였으며, 민족혁명당(民族革命黨)이 출범할 때에도 동참하였다. 1938년 7월에는 대한민국임시정부 군사위원에 취임했다가 1939년에 임시의정원 의원에 재선되는 한편, 조선혁명당의 중앙집행위원도 겸하였다. 대한민국임시정부 군사특파원으로 섬서성(陝西省) 시안(西安)에 주둔 중이던 1941년 광복군사령부가 서안에 설치됨으로써 광복군특별당부 집행위원장으로 활약하였다. 그리고 중경(重慶)으로 넘어가 대한민국임시정부 국무위원이 되었으며 생계부장(生計部長)으로 활동하다가 1945년 광복을 맞아 귀국하였다.

황학수는 귀국 후 대한민국임시정부 요인들과 더불어 한국독립당 재건에 참여하여 중앙감찰위원장을 지냈다. 또한 1946년 3월에는 대종교 동지들을 중심으로 만들어진 단군전봉건회(檀君殿奉建會)에도 참여하였다. 단군전봉건회는 해방 이후 국민적 구심체가 될 수 있는 공간을 마련하여 단군정신을 통해 새로운 활동을 모색하기 위해 조직된 것이다. 황학수는 여기서도 고문과 부위원장으로 참여하여 한족족정체성 확립 운동에 앞장섰다. 한편으로는 대종교 활동에 적극 참여하던 그는 1953년 3월 12일 제천에서 노환으로 귀천(歸天)하였다.

[교력]
황학수는 상해 망명 시기부터 대종교에 깊이 관여한 것으로 알려진 인물이다. 대종교 항일투사 박명진(朴明鎭)의 기록에, 황학수가 1910년대 후반 대종교 서일도본사(西一道本司, 남만주 일대와 평안도 관할)의 주요 교인으로 활동했다는 기록이 이를 뒷받침한다. 또한 박명진은 대종교 서이도본사(西二道本社, 상해 지역 관할) 소속의 대종교 교인으로 대한민국임시정부에 참여한 인물로도 황학수의 이름을 올리고 있다.

특히 1920년 11월경, 일부 대종교지도자들이 내몽고 포두진 지역으로 들어가 포교의 거점을 확보할 때에도 황학수 역시 동참하였다. 당시 이를 이끈 인물은 조병준(趙秉準)으로, 그는 중국 국민당 정부의 주선으로 포두 지역에 농지 3백여 향(60만여 평)을 15년 기한으로 임차하고, 이를 개간하여 '배달농장'이라 이름 지었다. '배달'이란 용어 역시 우리 민족의 고유한 정체성을 드러내는 대종교적 용어다. 조병준 등은 이곳에 배달농장 외에도 의민부(義民府)라는 항일조직과 배달학교 및 대종교 수광시교당(綏光施敎堂)을 설립하였다.

특히 수광시교당의 책임은 조병준이 맡았으며 최준(崔濬)과 백기준(白基俊)이 부책임자를 맡았다. 이들은 이 '배달농장'에 삼위(三位, 단군황조·고구려주몽·임경업장군)의 제단을 건축하고 봄가을로 회집하여 제례도 올렸다. 당시 대종교 수광시교당의 연락 거점은 포두진 지역의 청산의원(靑山醫院)으로, 대종교지도자 백순(白純)·김승학(金承學) 등도 이곳을 드나들며 활동하였다. 황학수 역시 이러한 기억을 그의 『몽호일기(夢乎日記 혹은 海外略記)』에 적고 있음을 보면, 그의 대종교 관계가 1910년대 후반으로 올라감이 확인된다.

그러나 기록에 나타나는 황학수의 대종교 입교는 1922년 개천절(음력 10월 3일, 이하 음력)에 이루어졌다. 그리고 그 이듬해인 1923년 어천절(御天節, 3월 15일)에 영계(靈戒)와 함께 참교(參敎)의 교질(敎秩)을 받았다. 대종교에서는 황학수의 이러한 종교적 경험을 높이 평가하였다. 그러므로 대종교총본사가 만주 동경성으로부터 환국한 직후인 1946년 2월 23일, 대종교 남도본사(南道本司)의 특별 추천으로 지교(知敎)의 교질을 받았다. 그리고 2주 후인 3월 6일에는 대종교 경의원(經議院)의 참의(參議)로도 선임되어 원로의 반열에 올랐다.

황학수는 그 해 개천절 경하식(慶賀式)의 예원으로도 참여하여 광복의 환희를 담은 개천절 제전(祭典)에 동참하였으며, 같은 해 11월 29일에는 교질이 상교(尙敎)로 올랐다.

이어 1947년 2월 26일에는 경의원의 상무참의(常務參議)로 선임되어 대종교 교무에 보다 깊이 관여하면서, 대종교 포교와 선양에 적극 앞장섰다. 대종교에서는 그의 이러한 노력을 기려, 1950년 3월 27일 정교(正敎)의 교질로 승질(陞秩)시킴과 동시에 대형(大兄)의 교호(敎號)를 내렸다. 당시 대종교에서 황학수에게 정교를 수여하며 내린 덕담은 '경의원에 오래 참여하며 연륜과 고이[德]가 더불어 높다(久參經院齒德並高)'라는 칭찬이었다.

1946년 6월 16일 중구 저동에 있던 대종교총본사 앞에서 찍은 대종교 환국기념 사진. 맨 앞줄에 당시 교주였던 尹世復을 비롯하여 李始榮·趙琬九·曺成煥 등의 인물들이 앉아 있다. 그 줄 맨 왼쪽의 인물이 黃學秀다.

황학수는 1950년 4월 29일에 열린 대종교 제7회 교의회(敎議會)에서 의장(議長)을 맡아 회의를 주관하였다. 또한 같은 해 5월 7일에는 원로원(참의원이 개정된 기관)의 참의로 재차 선임되어 활동하던 중, 1953년 봄 제천에서 노환으로 귀천하였다. 대종교총본사에서는 그가 귀천한 해인 1953년 가경절(嘉慶節, 8월 15일)을 기해 그의 서거를 애도하는 추도식 거행하였다. '한얼에 조회하여 인간 일을 이루었음'이라는 추도만련(追悼輓聯, 죽은 사람을 애도하는 글귀 족자)을 느리우고, 대종교의 역원이자 항일투쟁의 동지들이 식전(式典)에 섰다. 정관(鄭寬)이 의식(儀式)을 이끌고, 박명진이 원도(願禱)를 올렸다. 그리고 신성균(申聖均)이 도사(悼詞)를 읊었으며 이진구(李鎭求)가 약력(略歷)을 알리고 조운명(趙雲明)이 송도(頌禱)를 드렸다.

[참고문헌]
『대종교보』한국기념호(1946년)·제152호(1946년)·제153호(1947년)·제161호(1949년)·제165호(1950년)·제166호(1950년)·제180호(1953년), 『대종교인과 독립운동연원』(이현익, 프린트본, 1962), 『대종교독립운동사』(박명진, 필사본, 1964), 『대종교중광육십년사』(대종교총본사, 1971), 『신한민보』1928.10.25., 1940.2.15., 『자유신문』1946.3.30., 4.30., 『한국독립사』하(김승학, 독립문화사, 1965), 『일제침략하한국36년사』5(국사편찬위원회, 1970), 『독립운동사』4·5·6(독립운동사편찬위원회, 1972·1973·1975), 『대한민국임시정부사』(이현희, 집문당, 1982), 『대한민국독립유공인물록』(국가보훈처, 1997), 『海外略記』(崔夢乎, 『자료』국학연구』제21집, 국학연구소, 2017), 『충청일보』2019.9.1.

황호윤(黃浩允, 남, 생몰 미상)
입교 시기 _ 1939년 | 교질 _ 미상

출신지역과 생몰연대를 알 수 없는 인물이다. 대종교 입교 시기나 영계(靈戒) 사항에 대해서도 남아있는 것이 없다. 그러나 황호윤이 1939년 당시 대종교의 집회 참여에 남다른 열성을 보인 것으로 보아, 그 이전에 대종교에 깊이 관여한 것이 확인된다.

특히 황호윤은 1939년 3월(음력, 이하 음력) 영안현(寧安縣) 동경성(東京城) 소재 대종교총본사가 부설한 대종학원(大倧學園)의 교원(敎員)을 맡아 후진 양성에 노력하였다. 그 시기 대종학원의 원장은 항일투쟁의 거물 백산(白山) 안희제(安熙濟)가 맡고 있었다. 대종학원은 1934년 3월 하얼빈에 대종교선도회(大倧敎宣道會)의 설치를 시작으로 발해의 고도인 영안현 동경성에 총본사(總本司)를 이전하면서, 그 재도약의 일환으로 1936년 3월 총본사 안에 설립한 교육기관이다. 당시 초등부·중등부와 여자야간부가 설치되어 정규학교과정 이외에 종경(倧經)과 한국사 과목이 특히 강조되었다. 그러나 또다시 일제의 탄압을 받아 초등부는 1941년 봄에, 중등부와 여자야간부는 다음해 봄 폐지되고 말았다.

일제는 대종학원 설립 자체를 치안유지법 위반으로 보았다. 대종교의 교당이 곧 학교요 독립운동기지라는 등식을 파악하고 있었기 때문이다. 그러므로 1942년 자행된 임오교변(壬午敎變, 임오년 대종교지도자 동시 구속 사건) 당시 기소장(起訴狀)에서도 이러한 시각이 그대로 드러나 있다. 즉 당시 교주인 단애(檀崖) 윤세복(尹世復)을 비롯한 대종교지도자들이 만주침략전쟁 이후 다시 교세확장의 촉진을 결의하고, 대종교의 천전(天殿)이나 학교 건축 등에 관한 사항을 협의·결정했다는 자체를 치안유지법 위반으로 보았다. 이러한 시각에서 보면, 황호윤이 대종학원의 교원으로 참여한 것 역시 직접적 항일투쟁에 해당된다.

황호윤의 대종교 입교 시기나 영계(靈戒) 관련 사항은 전하지 않는다. 그러나 그가 1939년 3월 10일(음력) 대종학원 교원으로 임명될 당시의 종교적 위계가 봉교인(奉敎人)으로 되어있다. 봉교란 입교(入敎)의 대종교적 표현이다. 그 이전에 이미 대종교에 입교한 것이 확인된다. 더욱이 이후 그가 대종교 참여로 보여준 열성은 남달랐다고 한다. 그 이전부터 대종교에 깊이 관여한 인물을 재차 알게 해준다.

[참고문헌]

『대종교보』제121호(1939년)·제123호(1939년), 『대종교중광육십년사』(대종교총본사, 1971)

황훈(黃勳, 남, 1870-?)
아호(별명) _ 황주현(黃柱顯)
입교 시기 _ 1911년 이전 | 교질 _ 상교

출신지역과 생몰연대가 불분명한 인물이다. 본명은 황주현(黃柱顯)이나 대종교에 입교하면서 외자이름인 훈(勳)으로 개명하였다. 한편 황해도 신천(信川) 출신으로, 상해 인성학교(仁成學校) 교사를 지낸 황훈[黃勳, 본명 최중호(崔重鎬)]과는 동명이인이다.

황훈은 1905년 12월 경상남도 진주(晉州)에서 열린 동아개진교육지회(東亞改進敎育支會)의 비밀결사원으로 이름을 올렸다. 이로 인해 진주경무서(晉州警務署)로부터 군율위반(軍律違反)의 처분을 받고 태(笞) 60의 형을 받았다. 또한 대한자강회와 기호흥학회, 대한협회 회원으로 활동하면서 우국계몽활동에 적극 참여한 기록이 있다.

특히 황훈은 대종교 항일단체인 대한군정서(북로군정서)의 전신인 군정사(軍政司)의 군자금 모금에 깊이 관여한 인물이다. 1919년 8월경 경남 고성군(固城郡) 고성면(固城面) 덕산리(德山里)에서, 동지 10여명과 같이 군자금을 모집하다가 일제에 발각되었다. 그 배경에는 국내 대종교의 중심인물이었던 이채우(李採雨)가 있었다. 당시 만주로 넘어간 이채우는 1919년 7월, 「대한독립선언서(일명 무오독립선언서)」의 주축이었던 중국 길림성(吉林省) 소재 군정사와 연결하며 활동을 펼쳤다. 이채우는 군정사에서 파견한 김영순(金永淳)을 만나 군자금 모집을 목적으로 군정사 독판(督辦) 명의의 군령(軍令)을 작성, 약 30매를 인쇄하여 이시우(李時雨)·이증로(李曾魯)를 경상남도 방면으로 파견하기로 하고, 권총 2정도 이시우에게 교부하였다.

당시 황훈과 함께 군자금 확보 모임에 참여한 동지들은 모두 체포되었으나, 황훈 혼자 도주하였다. 그러나 숨어 다니던 황훈은 1922년 3월 24일, 경성부 계동(桂洞) 대종교남도본사(大倧敎南道本司)에 은거해 있다가 일제의 추적망에 걸려 4년만에 동대문경찰서에 체포되었다.

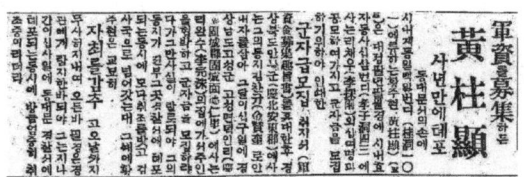

서울 계동 101번지(대종교 남도본사)에 은거하다가, 1922년 3월 24일 군자금 모집 혐의로 체포된 黃柱顯(대종교명 黃勳)의 사건을 소개한 『동아일보』 기사.

황훈의 대종교 교력을 살피면 1911년 1월 15일(음력, 이하 음력)에 백순(白純)·윤주찬(尹柱瓚)·박승익(朴勝益)·황병욱(黃炳郁)·조완구(趙琓九)·류근(柳瑾) 등, 당시 대종교의 핵심인물들과 참교(參敎)의 교질(敎秩)을 받은 기록이 있다. 그의 대종교 입교가 중광(重光, 1909년 1월 15일) 직후에 이루어졌음을 확인시킨다. 또한 같은 해 어천절(御天節, 3월

15일) 행사에는 권영우(權寧愚)·이춘배(李春培)와 더불어 행사 영접위원(迎接禮員)으로도 선임되었다. 이러한 정황에서 보면, 황훈이 그 시기에 이미 대종교의 중심부에 깊이 들어가 있었음을 알 수 있다.

이어 1911년 윤6월 24일 조완구·류근과 더불어 지교(知敎)로 승질(陞秩)하였으며, 1915년 11월 13일에는 김두봉(金枓奉)·나기학(羅紀學)과 더불어 상교(尙敎)로까지 교질이 올랐다. 또한 1922년 1월 16일에는 국내 대종교 활동의 중추였던 일석(一石) 백남규(白南奎) 등과 시교령(施敎令)으로 임명되어 국내 대종교 포교의 중심에 섰다. 1922년 6월 국내 대종교간부불신임 사태로 분규가 발생하자, 그 해결을 위한 집행위원으로 선출되어 임시 종무를 담당하기도 하였다.

[참고문헌]
『倧令』제3호(1911년), 『종문영질』(프린트본, 1922), 『대종교중광육십년사』(대종교총본사, 1971), 『대한자강회월보』제12호(1907년), 『기호흥학회월보』제1호(1908년), 『대한협회회보』제10호(1909년), 『동아일보』1922.3.30, 『매일신보』1922.6.6., 『駐韓日本公使館記錄』24(국사편찬위원회, 1998)

저자

김동환

서울 출생으로 오랜 기간 (사)국학연구소에 몸담고 활동하였으며, 대학에서 대종교독립운동사와 국학 이론을 강의하였다. 주요 저술로는 『단조사고』(편역, 2006), 『종교계의 민족운동』(공저, 2008), 『한국혼』(편저, 2009), 『국학이란 무엇인가』(2011), 『실천적 민족주의 역사가 장도빈』(2013), 『국학과 민족주의』(공저, 2019), 『배달의 역사, 새 길을 열다』(공동편역, 2020), 『독립운동가 희산 김승학의 행적과 이상국가 건설방략』(공저, 2020), 『총을 든 역사학자 김승학-그 삶과 사상』(2021), 『임오교변』(공저, 2022), 『김교헌의 생애와 역사인식』(2023) 외 다수가 있다.